D1748828

Locher · Koeble · Frik
Kommentar zur HOAI

Über folgenden Download-Link werden Sie über den abschließenden **Gesetzesbeschluss zum neuen Bauvertragsrecht** informiert und erhalten die entsprechend angepasste Kommentierung der betroffenen Abschnitte:

http://download.wolterskluwer.de

Ihr Freischaltcode (oben auf der Seite »Freischaltcode einlösen« anklicken):

WKA49PZ1M

Kommentar zur HOAI

Gesamtdarstellung zum Architekten- und Ingenieurrecht

Begründet von

Prof. Dr. Horst Locher (†)

Dr. Wolfgang Koeble

Werner Frik, Freier Architekt BDA (†)

Bearbeitet und herausgegeben von

Dr. Wolfgang Koeble, Fachanwalt für Bau- und Architektenrecht,
Prof. Dr. Ulrich Locher und
Dr. Alexander Zahn, Dipl.-Betriebswirt (BA),
Fachanwalt für Bau- und Architektenrecht
Rechtsanwälte in Reutlingen, www.koeble-kollegen.de

Unter beratender Mitarbeit bei Teil 2–4, Anlage 1 sowie beim Anhang von

Dipl.-Ing. (FH) Dieter Baral, Reutlingen
Dipl.-Ing. Ernst Frey, Stuttgart
Egon Haible, Freier Innenarchitekt, Lörrach
Dipl.-Ing. (FH) Dieter Pfrommer, Stuttgart
Dipl.-Ing. (FH) Heinz Simmendinger, Kornwestheim
Dipl.-Ing. (FH) Rudolf Thorwarth, Karlsruhe
Prof. Dr.-Ing. Edelbert Vees, Leinfelden-Echterdingen

13., neu bearbeitete und erweiterte Auflage

Werner Verlag 2017

Bibliografische Information der Deutschen Nationalbibliothek

Die Deutsche Nationalbibliothek verzeichnet diese Publikation in der Deutschen Nationalbibliografie; detaillierte bibliografische Daten sind im Internet über http://dnb.d-nb.de abrufbar.

ISBN 978-3-8041-4784-3

www.wolterskluwer.de
www.werner-verlag.de

Alle Rechte vorbehalten.

© 2017 Wolters Kluwer Deutschland GmbH, Luxemburger Straße 449, 50939 Köln.

Das Werk einschließlich aller seiner Teile ist urheberrechtlich geschützt. Jede Verwertung außerhalb der engen Grenzen des Urheberrechtsgesetzes ist ohne Zustimmung des Verlages unzulässig und strafbar. Das gilt insbesondere für Vervielfältigungen, Übersetzungen, Mikroverfilmungen und die Einspeicherung und Verarbeitung in elektronischen Systemen.

Verlag und Autor übernehmen keine Haftung für inhaltliche oder drucktechnische Fehler.

Umschlagkonzeption: futurweiss kommunikationen, Wiesbaden
Satz: Satz-Offizin Hümmer GmbH, Waldbüttelbrunn
Druck- und Weiterverarbeitung: Williams Lea & tag GmbH, München

Gedruckt auf säurefreiem, alterungsbeständigem und chlorfreiem Papier.

Vorwort zur 13. Auflage

Die Neuauflage des Kommentars war erforderlich, weil in den letzten drei Jahren seit dem Erscheinen der Vorauflage viele obergerichtliche Entscheidungen ergangen waren und zahlreiche wissenschaftliche Stellungnahmen zur HOAI 2013 sowie zu allgemeinen Fragen des Architekten- und Ingenieurrechts veröffentlicht worden waren.

Nun kamen noch die umfangreichen Neuregelungen des neuen Baurechts 2017 (bestehend aus Änderungen des allgemeinen Werkvertragsrechts, neuen Vorschriften des Bauvertrags- und Verbraucherbauvertragsrechts sowie des Architekten- und Ingenieurrechts und des Bauträgerrechts) hinzu. Die Schwierigkeit beim Redaktionsschluss bestand darin, dass zwar Ausschussberatungen im Bundestag stattgefunden hatten, jedoch die endgültige Fassung mit letzter Lesung im Bundestag noch nicht vorlag bzw. erfolgt war. Die neuen Vorschriften für das Architekten- und Ingenieurrecht waren allerdings im Bundesrat vom Grundsatz her nicht umstritten gewesen und lediglich im Hinblick auf das Anordnungsrecht sowie die Vergütung für Änderungen herrschte zum Zeitpunkt des Redaktionsschlusses Unklarheit. Der Verlag hat sich dann entschlossen, den Kommentar auf der Grundlage des Regierungsentwurfs, welcher unverändert auch nach dem Beschluss des Bundesrats in den Bundestag eingebracht worden war, erscheinen zu lassen. Die Erwerber des Kommentars werden auf dem Laufenden gehalten und online sowohl den abschließenden Gesetzesbeschluss als auch die Anpassung der Kommentierung erhalten. Geben Sie dazu auf der Seite http://download.wolterskluwer.de den Freischaltcode WKA49PZ1M ein.

Ein Überblick über die gesamten, geplanten Neuregelungen des Baurechts 2017 findet sich in der Einleitung Rdn. 10 ff. Die Änderungen des Kaufrechts (Einl. Rdn. 12), die Änderungen des Allgemeinen Werkvertragsrechts (Einl. Rdn. 14 ff.), die Neuregelungen des Bauvertragsrechts (Einl. Rdn. 17 ff.), die vorgesehenen Bestimmungen des Verbraucherbauvertragsrechts (Einl. Rdn. 22), die im vorliegenden Zusammenhang besonders wichtigen Vorschriften des Architekten- und Ingenieurrechts (Einl. Rdn. 23 ff.) und die für den Bauträgervertrag geplanten neuen Vorschriften (Einl. Rdn. 28) werden in einem Überblick dargestellt. Sodann werden die Einzelheiten der für das Architektenrecht maßgebenden Bestimmungen bei den betreffenden Abschnitten, zu denen sie sachlich zugehörig sind, dargestellt und erläutert.

Der besondere Dank für ihren wie immer unermüdlichen Einsatz bei der Erstellung des Manuskripts gebührt Frau Elke Bauernfeind.

Reutlingen im November 2017

Dr. Wolfgang Koeble	Prof. Dr. Ulrich Locher	Dr. Alexander Zahn
Fachanwalt für Bau- und Architektenrecht	Rechtsanwalt	Fachanwalt für Bau- und Architektenrecht

Verzeichnis der beratenden Mitarbeiter

Objektplanung für Gebäude, Ingenieurbauwerke und Verkehrsanlagen sowie Tragwerksplanung:

Dipl.-Ing. (FH) Heinz Simmendinger
Sachverständiger für Architekten- und Ingenieurhonorare
Kornwestheim

Raumbildender Ausbau:

Egon Haible
Freier Innenarchitekt BDIA
ö. b. u. v. Sachverständiger, Lörrach

Städtebauliche Leistungen:

Dipl.-Ing. Ernst Frey
Freier Architekt
Architektur und Stadtplanung, Stuttgart

Landschaftsplanerische Leistungen:

Dipl.-Ing. (FH) Dieter Pfrommer
Freier Garten- und Landschaftsarchitekt BDLA
ö. b. u. v. Sachverständiger, Stuttgart

Vermessungstechnische Leistungen:

Dipl.-Ing. (FH) Dieter Baral
ö. b. u. v. Sachverständiger
Reutlingen

SiGeKo:

Dipl.-Ing. (FH) Rudolf Thorwarth
Beratender Ingenieur
Karlsruhe

Bodenmechanik, Erd- und Grundbau:

Prof. Dr.-Ing. Edelbert Vees
ö. b. u. v. Sachverständiger
anerkannter Sachverständiger nach Bauordnungsrecht
Leinfelden-Echterdingen

Inhaltsverzeichnis

Vorwort V
Verzeichnis der beratenden Mitarbeiter VII
Inhaltsverzeichnis IX
Abkürzungsverzeichnis XI
Literaturverzeichnis XV

HOAI 2013 – Text 1

Synopse HOAI 2002/2009 143

Synopse HOAI 2009/2013 157

Einleitung: Grundlagen des Rechts der Architekten, Ingenieure und
Projektsteuerer 167

MRVG – Kommentierung 397

HOAI – Kommentierung 411

Anlagen 1295
Übersicht 1295
Kommentierung Anlage 1 1298

Anhänge 1365

Anhang 1	DIN 276-1: 2008-12 Kosten im Bauwesen Teil 1 Hochbau (Fassung von Dezember 2008)	1367
Anhang 2	Erweiterte Honorartabelle zur HOAI – RifT	1393
Anhang 3	Tabellen zur Bewertung von Teilgrundleistungen für Architekten- und Ingenieurleistungen	1400
Anhang 3/1	Objektplanung für Gebäude	1401
Anhang 3/2	Objektplanung Innenräume	1412
Anhang 3/3	Objektplanung Freianlagen	1423
Anhang 3/4	Objektplanung Ingenieurbauwerke	1435
Anhang 3/5	Objektplanung Verkehrsanlagen	1445
Anhang 3/6	Fachplanung Tragwerksplanung	1457
Anhang 3/7	Fachplanung Technische Ausrüstung	1462
Anhang 4	Honorarberechnung für Leistungen aus dem Bereich der Sicherheits- und Gesundheitsschutzkoordination (SiGeKo) .	1472
Anhang 5	Leistungs- und Honorarordnung Projektmanagement in der Bau- und Immobilienwirtschaft (Auszug)	1482

Stichwortverzeichnis 1509

Abkürzungsverzeichnis

a. A.	anderer Ansicht
a. a. O.	am angegebenen Ort
Abs.	Absatz
a. F.	alte Fassung
AGB	Allgemeine Geschäftsbedingungen
AGBG	Gesetz zur Regelung des Rechts der Allgemeinen Geschäftsbedingungen
AHO	Ausschuss der Ing.-Verbände u. Ing.-Kammern für die Honorarordnung
AIT	Architektur, Innenarchitektur, Technischer Ausbau; Zeitschrift, Stuttgart
ARGE	Arbeitsgemeinschaft
ArtikelG	Gesetz zur Verbesserung des Mietrechts und zur Begrenzung des Mietanstiegs sowie zur Regelung von Architekten- und Ingenieurleistungen vom 04.11.1971 (MRVerbG)
BauGB	Baugesetzbuch
BauNVO	Baunutzungsverordnung
BauR	baurecht, Zeitschrift für das gesamte öffentliche und zivile Baurecht
BB	Der Betriebsberater
BBauG	Bundesbaugesetz (heute BauGB)
bestr.	bestritten
BGB	Bürgerliches Gesetzbuch
BGBl.	Bundesgesetzblatt
BGH	Bundesgerichtshof
BGHZ	Entscheidungen des Bundesgerichtshofs in Zivilsachen
BR-Drucks.	Bundesrats-Drucksache
BT-Drucks.	Bundestags-Drucksache
BVerfG	Bundesverfassungsgericht
BVerfGE	Entscheidungen des Bundesverfassungsgerichts
BVerwG	Bundesverwaltungsgericht
DAB	Deutsches Architektenblatt
d. h.	das heißt
DIN	Norm des Deutschen Instituts für Normung e. V.
DNotZ	Deutsche Notar-Zeitschrift
Einl.	Einleitung
f./ff.	folgende
FBS	Fuchs/Berger/Seifert, HOAI Kommentar
FWW	Die freie Wohnungswirtschaft
GG	Grundgesetz
GGO	Gemeinsame Geschäftsordnung der Bundesministerien
GOA	Gebührenordnung für Architekten
GOI	Gebührenordnung für Ingenieure

Abkürzungsverzeichnis

h. A.	herrschende Ansicht
Halbs.	Halbsatz
HGB	Handelsgesetzbuch
h. L.	herrschende Lehre
h. M.	herrschende Meinung
HOAI	Honorarordnung für Architekten und Ingenieure
i.Allg.	im Allgemeinen
IBR	Immobilien- u. Baurecht
i. E.	im Einzelnen
i. S.	im Sinne
i. V. m.	in Verbindung mit
JR	Juristische Rundschau
JW	Juristische Wochenschrift
JZ	Juristenzeitung
KG	Kammergericht
KG	Kostengruppe
KMV	Korbion/Mantscheff/Vygen, HOAI Kommentar
LBO	Landesbauordnung
LHO	Leistungs- und Honorarordnung der Ingenieure
LM	Lindenmaier/Möhring, Nachschlagewerk des Bundesgerichtshofs
MDR	Monatsschrift für Deutsches Recht
MNP	Messerschmidt/Niemöller/Preussner, HOAI Kommentar
MRVG auch: MRVerbG	siehe ArtikelG m. w. N.
m. w. N.	mit weiteren Nachweisen
NatSchG	Naturschutzgesetz
n. F.	neue Fassung
NJW	Neue Juristische Wochenschrift
NJW-RR	Neue Juristische Wochenschrift-Rechtsprechungs-Report Zivilrecht
Nr.	Nummer
NZBau	Neue Zeitschrift für Baurecht und Vergaberecht
PDKR	Pott/Dahlhoff/Kniffka/Rath, HOAI Kommentar
RBBau	Richtlinien für die Durchführung von Bauaufgaben des Bundes
Rdn.	Randnummer (in diesem Werk)
Rn.	Randnummer (in zitierter Literatur)
Rspr.	Rechtsprechung
S.	Satz
S.	Seite
SFH	Schäfer/Finnern/Hochstein, Rechtsprechung zum Privaten Baurecht

Abkürzungsverzeichnis

unstr.	unstreitig
UStG	Umsatzsteuergesetz
u. U.	unter Umständen
VE	Verrechnungseinheiten
VersR	Versicherungsrecht
vgl.	vergleiche
v. H.	vom Hundert
VO	Verordnung
VOB	Vergabe- und Vertragsordnung für Bauleistungen
VOPr	Preisverordnung
Vorbem.	Vorbemerkung
WM	Wertpapier-Mitteilungen
ZfBR	Zeitschrift für Deutsches und Internationales Baurecht
ZfIR	Zeitschrift für Immobilienrecht

Literaturverzeichnis

Baumgärtel/ Laumen/Prütting	Handbuch der Beweislast, 3. Aufl. 2016
Beigel, Herbert	Urheberrecht des Architekten, Erläuterungen anhand der Rechtsprechung, 1984
Berger/Fuchs	Einführung in die HOAI, 4. Aufl. 2013
Christiansen-Geiss	Voraussetzungen und Folgen des Koppelungsverbotes, Schriftenreihe zum Deutschen und Internationalen Baurecht, Heft 3, 2009
Cuypers, Manfred	Der Werklohn des Bauunternehmers, 2000
Cuypers, Manfred	Instandhaltung und Änderung baulicher Anlagen, Baurechtliche Schriften Bd. 23, 1993
Deckers	Die neue HOAI in der Praxis, 2009
Eschenbruch, Klaus	Recht der Projektsteuerung, 3. Aufl. 2009
Fischer, Peter	Architektenrecht beim Bauen im Bestand, 2004
Fischer, Peter	Architektenrecht für Praktiker, 1998
FS Baumgärtel	*Stürner, Rolf* (Hrsg.), Prozeßzweck und Verfassung, Festschrift für Baumgärtel, 1990
FS von Craushaar	*Vygen/Böggering* (Hrsg.), Festschrift für Götz von Craushaar zum 65. Geburtstag, 1997
FS Heiermann	*Doerry/Watzke* (Hrsg.), Festschrift für Wolfgang Heiermann zum 60. Geburtstag, 1997
FS Jagenburg	*Brügmann/Oppler* (Hrsg.), Festschrift für Walter Jagenburg zum 65. Geburtstag, 2002
FS Jochem	*Ganten* (Hrsg.), Festschrift für Rudolf Jochem zum 70. Geburtstag, 2014
FS Kapellmann	*Englert/Eschenbruch/Langen/Vygen* (Hrsg.), Vom Bau-SOLL zum Bau-IST, Festschrift für Klaus-Dieter Kapellmann zum 65. Geburtstag, 2007
FS Koeble	*Rolf Kniffka/Ulrich Locher* (Hrsg.), Festschrift für Wolfgang Koeble zum 65. Geburtstag am 19.08.2010, 2010
FS Korbion	*Walter Pastor* (Hrsg.), Festschrift für Hermann Korbion zum 60. Geburtstag am 18. Juni 1986, 1986
FS Kraus	*Vygen/Sienz* (Hrsg.), Baurecht im Wandel, Festgabe für Steffen Kraus zum 65. Geburtstag, 2003
FS Locher	*Löffelmann/Korbion* (Hrsg.), Festschrift für Horst Locher zum 65. Geburtstag, 1990

Literaturverzeichnis

FS Mantscheff	*Jagenburg, Inge* (Hrsg.), Technik und Recht: Festschrift für Jack Mantscheff zum 70. Geburtstag, 2000
FS Motzke	*Ganten/Gross/Englert/Schulzig/Englert* (Hrsg.), Recht und am Bau, Festschrift für Gerd Motzke zum 65. Geburtstag, 2006
FS Soergel	*Maser, Axel* (Hrsg.), Festschrift für Carl Soergel zum 70. Geburtstag, 1993
FS Thode	*Kniffka/Quack/Vogel/Wagner* (Hrsg.), Festschrift für Reinhold Thode zum 65. Geburtstag, 2005
FS Vygen	*Schulze-Hagen* (Hrsg.) Bauen, Planen, Recht. Aktuelle Beiträge zum privaten Baurecht. Festschrift für Klaus Vygen zum 60. Geburtstag, 1999
FS Werner	*Frank Siegburg* (Hrsg.), Festschrift für Ulrich Werner zum 65. Geburtstag, 2005
Fuchs/Berger/Seifert	Beck'scher HOAI- und Architektenrechts-Kommentar: HOAI, 2016
Ganten/Jansen/Voit	Beck'scher VOB-Kommentar, 3. Aufl. 2013
Hartmann/Sangenstedt	HOAI 2013
Hebel	Honorarordnung für Architekten und Ingenieure – HOAI, 2013
Heinrich, Martin	Der Baucontrollingvertrag, Baurechtliche Schriften Bd. 10, 2. Aufl. 1998
Irmler	HOAI-Praktikerkommentar, 2011
Korbion/Mantscheff/Vygen	HOAI Kommentar, 9. Aufl. 2016
Ingenstau/Korbion	VOB, Teile A und B, Kommentar, 19. Aufl. 2015
Jasper, Jens	Die Kardinalpflichten im Bauwerkvertrag, Baurechtliche Schriften Bd. 48, 1999
Jebe/Vygen	Der Bauingenieur und seine rechtliche Verantwortung, 2. Aufl. 1998
Jochem/Kaufhold	HOAI Kommentar, 6. Aufl. 2016
Kapellmann/Messerschmidt	Vergabe- und Vertragsordnung für Bauleistungen mit Vergabeordnung (VgV): VOB, Teile A und B, 5. Aufl. 2015
Kleine-Möller/Merl/Glöckner	Handbuch des privaten Baurechts, 5. Aufl. 2014
Klocke/Arlt	Leitfaden zur HOAI, Band 1, 1976
Kniffka/Koeble	Kompendium des Baurechts, 4. Aufl. 2014
Kniffka/Locher	(Hrsg.) FS Koeble, Festschrift für Wolfgang Koeble zum 65. Geburtstag 2010

Literaturverzeichnis

Knychalla, Rainer	Inhaltskontrolle von Architektenformularverträgen, Baurechtliche Schriften Bd. 8, 1987
Koeble, Wolfgang	Münchener Prozessformularbuch, 4. Aufl. 2013
Koeble, Wolfgang	Rechtshandbuch Immobilien (Loseblattwerk)
Koeble/Zahn	Die neue HOAI 2009, 2009
Koeble/Zahn	Die neue HOAI 2013, 2013
Korbion/Locher/Sienz	AGB und Bauerrichtungsverträge, 4. Aufl. 2006
Krause-Allenstein, Florian	Die Haftung des Architekten für Bausummenüberschreitung und sein Versicherungsschutz, Baurechtliche Schriften Bd. 55, 2001
Kreißl, Olaf	Die Honorarvereinbarung zwischen Auftraggeber und Auftragnehmer nach § 4 HOAI, Baurechtliche Schriften Bd. 50, 1999
Lauer, Jürgen	Die Haftung des Architekten bei Bausummenüberschreitung, Baurechtliche Schriften Bd. 28, 1993
Locher, Horst	Das Private Baurecht, 8. Aufl. 2012
Locher, Ulrich	Die Rechnung im Werkvertragsrecht, Baurechtliche Schriften Bd. 19, 1990
Locher/Koeble/Frik	Kommentar zur HOAI, 11. Aufl. 2012
Locher/Koeble/Frik	Kommentar zur HOAI, 12. Aufl. 2014
Locher-Weiss	Rechtliche Probleme des Schallschutzes, Baurechtliche Schriften Bd. 3, 4. Aufl. 2005
Löffelmann/Fleischmann	Architektenrecht, Kommentar, 6. Aufl. 2012
Messerschmidt/Niemöller/Preussner	HOAI Kommentar, 2015
Messerschmidt/Voit	Privates Baurecht, Kommentar, 2. Aufl. 2012
Miegel, Jürgen	Die Haftung des Architekten für höhere Baukosten sowie fehlerhafte und unterlassene Kostenermittlung, Baurechtliche Schriften Bd. 29, 1995
Möhring/Nicolini	UrhG, Kommentar, 3. Aufl. 2014
Morlock/Meurer	Die HOAI in der Praxis, 9. Aufl. 2014
Motzke/Wolff	Praxis der HOAI, 3. Aufl. 2004
Motzke/Preussner/Kehrberg	Die Haftung des Architekten, 10. Aufl. 2015
Müller-Wrede, Malte	Kommentar zur VOF, 4. Aufl. 2011
Neuenfeld/Baden/Dohna/Groscurth/Schmitz	Handbuch des Architektenrechts, Bd. 2 HOAI (Loseblattsammlung)

Literaturverzeichnis

Osenbrück, Wolf	Die RBBau, Baurechtliche Schriften Bd. 12, 4. Aufl. 2005
Palandt	BGB, Kommentar, 75. Aufl. 2016
Pfarr, Karl-Heinz	Handbuch der kostenbewußten Bauplanung, 1976
Pott/Dahlhoff/Kniffka/ Rath	Honorarordnung für Architekten und Ingenieure, Kommentar, 9. Aufl. 2011
Preussner, Mathias	Der fachkundige Bauherr, Baurechtliche Schriften Bd. 46, 1998
Prinz, Tillman	Urheberrecht für Ingenieure und Architekten, 2001
Reithmann/Martiny	Internationales Vertragsrecht, 8. Aufl. 2015
Schäfer/Conzen	Praxishandbuch der Immobilien-Projektentwicklung, 3. Aufl. 2013
Schmalzl, Max	Der Prüfingenieur für Statik, seine Tätigkeit und seine Haftung, 2. Aufl. 1974
Schmalzl/Krause-Allenstein	Berufshaftpflichtversicherung des Architekten und Bauunternehmers, 2. Aufl. 2006
Lauer/Wurm	Haftung des Architekten und des Bauunternehmers, 6. Aufl. 2012
Scholtissek	HOAI 2009
Seifert/Preussner	Die Praxis des Baukostenmanagements, 2. Aufl. 2003
Siegburg, Peter	Die Bauwerksicherungshypothek, Baurechtliche Schriften Bd. 16, 1989
Siegburg, Peter	Die dreißigjährige Haftung des Bauunternehmers aufgrund Organisationsverschuldens, Baurechtliche Schriften Bd. 32, 1995
Simmendinger	Praxisbeispiele zur HOAI, 2010
Stammkötter, Andreas	BauFordSiG, Kommentar, 3. Aufl. 2009
Steeger	Praxiskommentar zur HOAI, 2009
Thode/Wirth/Kuffer	Praxishandbuch Architektenrecht, 2. Aufl. 2016
Weinbrenner/Jochem/ Neusüß	Der Architektenwettbewerb, 2. Aufl. 2001
Werner/Pastor	Der Bauprozess, 15. Aufl. 2015
Fröhlich, Peter J.	Hochbaukosten, Flächen, Rauminhalte, Kommentar zur DIN 276 und DIN 277, 14. Aufl. 2007
Wirth, Axel	Darmstädter Baurechtshandbuch, 2. Aufl. 2005
Wolf/Lindacher/Pfeiffer	AGB-Recht, Kommentar, 6. Aufl. 2013

Verordnung über die Honorare für Architekten- und Ingenieurleistungen (Honorarordnung für Architekten und Ingenieure – HOAI)

vom 10. Juli 2013

Auf Grund der §§ 1 und 2 des Gesetzes zur Regelung von Ingenieur- und Architektenleistungen vom 4. November 1971 (BGBl. I S. 1745, 1749), die durch Artikel 1 des Gesetzes vom 12. November 1984 (BGBl. I S. 1337) geändert worden sind, verordnet die Bundesregierung:

Inhaltsübersicht

Teil 1	**Allgemeine Vorschriften**	3
§ 1	Anwendungsbereich	3
§ 2	Begriffsbestimmungen	3
§ 3	Leistungen und Leistungsbilder	4
§ 4	Anrechenbare Kosten	5
§ 5	Honorarzonen	5
§ 6	Grundlagen des Honorars	6
§ 7	Honorarvereinbarung	6
§ 8	Berechnung des Honorars in besonderen Fällen	7
§ 9	Berechnung des Honorars bei Beauftragung von Einzelleistungen	7
§ 10	Berechnung des Honorars bei vertraglichen Änderungen des Leistungsumfangs	8
§ 11	Auftrag für mehrere Objekte	8
§ 12	Instandsetzungen und Instandhaltungen	9
§ 13	Interpolation	9
§ 14	Nebenkosten	9
§ 15	Zahlungen	10
§ 16	Umsatzsteuer	10
Teil 2	**Flächenplanung**	10
Abschnitt 1	**Bauleitplanung**	10
§ 17	Anwendungsbereich	10
§ 18	Leistungsbild Flächennutzungsplan	11
§ 19	Leistungsbild Bebauungsplan	11
§ 20	Honorare für Grundleistungen bei Flächennutzungsplänen	11
§ 21	Honorare für Grundleistungen bei Bebauungsplänen	13
Abschnitt 2	**Landschaftsplanung**	15
§ 22	Anwendungsbereich	15
§ 23	Leistungsbild Landschaftsplan	15
§ 24	Leistungsbild Grünordnungsplan	15
§ 25	Leistungsbild Landschaftsrahmenplan	15
§ 26	Leistungsbild Landschaftspflegerischer Begleitplan	16
§ 27	Leistungsbild Pflege- und Entwicklungsplan	16
§ 28	Honorare für Grundleistungen bei Landschaftsplänen	16
§ 29	Honorare für Grundleistungen bei Grünordnungsplänen	18

§ 30	Honorare für Grundleistungen bei Landschaftsrahmenplänen	20
§ 31	Honorare für Grundleistungen bei Landschaftspflegerischen Begleitplänen ...	22
§ 32	Honorare für Grundleistungen bei Pflege- und Entwicklungsplänen	23

Teil 3 Objektplanung 25

Abschnitt 1 Gebäude und Innenräume 25

§ 33	Besondere Grundlagen des Honorars	25
§ 34	Leistungsbild Gebäude und Innenräume	25
§ 35	Honorare für Grundleistungen bei Gebäuden und Innenräumen	26
§ 36	Umbauten und Modernisierungen von Gebäuden und Innenräumen	28
§ 37	Aufträge für Gebäude und Freianlagen oder für Gebäude und Innenräume ...	28

Abschnitt 2 Freianlagen 29

§ 38	Besondere Grundlagen des Honorars	29
§ 39	Leistungsbild Freianlagen	29
§ 40	Honorare für Grundleistungen bei Freianlagen	30

Abschnitt 3 Ingenieurbauwerke 31

§ 41	Anwendungsbereich	31
§ 42	Besondere Grundlagen des Honorars	32
§ 43	Leistungsbild Ingenieurbauwerke	32
§ 44	Honorare für Grundleistungen bei Ingenieurbauwerken	33

Abschnitt 4 Verkehrsanlagen 34

§ 45	Anwendungsbereich	34
§ 46	Besondere Grundlagen des Honorars	34
§ 47	Leistungsbild Verkehrsanlagen	35
§ 48	Honorare für Grundleistungen bei Verkehrsanlagen	36

Teil 4 Fachplanung 37

Abschnitt 1 Tragwerksplanung 37

§ 49	Anwendungsbereich	37
§ 50	Besondere Grundlagen des Honorars	38
§ 51	Leistungsbild Tragwerksplanung	38
§ 52	Honorare für Grundleistungen bei Tragwerksplanungen	39

Abschnitt 2 Technische Ausrüstung 40

§ 53	Anwendungsbereich	40
§ 54	Besondere Grundlagen des Honorars	40
§ 55	Leistungsbild Technische Ausrüstung	41
§ 56	Honorare für Grundleistungen der Technischen Ausrüstung	41

Teil 5 Übergangs- und Schlussvorschriften 43

§ 57	Übergangsvorschrift	43
§ 58	Inkrafttreten, Außerkrafttreten	43

Anlage 1 Beratungsleistungen	44
Anlage 2 Grundleistungen im Leistungsbild Flächennutzungsplan	69
Anlage 3 Grundleistungen im Leistungsbild Bebauungsplan	70
Anlage 4 Grundleistungen im Leistungsbild Landschaftsplan	71
Anlage 5 Grundleistungen im Leistungsbild Grünordnungsplan	72
Anlage 6 Grundleistungen im Leistungsbild Landschaftsrahmenplan	74
Anlage 7 Grundleistungen im Leistungsbild Landschaftspflegerischer Begleitplan ...	75

Anlage 8 Grundleistungen im Leistungsbild Pflege- und Entwicklungsplan 77
Anlage 9 Besondere Leistungen zur Flächenplanung 79
Anlage 10 Grundleistungen im Leistungsbild Gebäude und Innenräume,
           Besondere Leistungen, Objektlisten 82
Anlage 11 Grundleistungen im Leistungsbild Freianlagen, Besondere Leistungen,
           Objektliste 94
Anlage 12 Grundleistungen im Leistungsbild Ingenieurbauwerke, Besondere
           Leistungen, Objektliste 102
Anlage 13 Grundleistungen im Leistungsbild Verkehrsanlagen, Besondere
           Leistungen, Objektliste 116
Anlage 14 Grundleistungen im Leistungsbild Tragwerksplanung, Besondere
           Leistungen, Objektliste 124
Anlage 15 Grundleistungen im Leistungsbild Technische Ausrüstung, Besondere
           Leistungen, Objektliste 132

Teil 1 Allgemeine Vorschriften

§ 1 Anwendungsbereich

Diese Verordnung regelt die Berechnung der Entgelte für die Grundleistungen der Architekten und Architektinnen und der Ingenieure und Ingenieurinnen (Auftragnehmer oder Auftragnehmerinnen) mit Sitz im Inland, soweit die Grundleistungen durch diese Verordnung erfasst und vom Inland aus erbracht werden.

§ 2 Begriffsbestimmungen

(1) Objekte sind Gebäude, Innenräume, Freianlagen, Ingenieurbauwerke, Verkehrsanlagen. Objekte sind auch Tragwerke und Anlagen der Technischen Ausrüstung.

(2) Neubauten und Neuanlagen sind Objekte, die neu errichtet oder neu hergestellt werden.

(3) Wiederaufbauten sind Objekte, bei denen die zerstörten Teile auf noch vorhandenen Bau- oder Anlagenteilen wiederhergestellt werden. Wiederaufbauten gelten als Neubauten, sofern eine neue Planung erforderlich ist.

(4) Erweiterungsbauten sind Ergänzungen eines vorhandenen Objekts.

(5) Umbauten sind Umgestaltungen eines vorhandenen Objekts mit wesentlichen Eingriffen in Konstruktion oder Bestand.

(6) Modernisierungen sind bauliche Maßnahmen zur nachhaltigen Erhöhung des Gebrauchswertes eines Objekts, soweit diese Maßnahmen nicht unter Absatz 4, 5 oder 8 fallen.

(7) Mitzuverarbeitende Bausubstanz ist der Teil des zu planenden Objekts, der bereits durch Bauleistungen hergestellt ist und durch Planungs- oder Überwachungsleistungen technisch oder gestalterisch mitverarbeitet wird.

(8) Instandsetzungen sind Maßnahmen zur Wiederherstellung des zum bestimmungsgemäßen Gebrauch geeigneten Zustandes (Soll-Zustandes) eines Objekts, soweit diese Maßnahmen nicht unter Absatz 3 fallen.

(9) Instandhaltungen sind Maßnahmen zur Erhaltung des Soll-Zustandes eines Objekts.

(10) Kostenschätzung ist die überschlägige Ermittlung der Kosten auf der Grundlage der Vorplanung. Die Kostenschätzung ist die vorläufige Grundlage für Finanzierungsüberlegungen. Der Kostenschätzung liegen zugrunde:
1. Vorplanungsergebnisse,
2. Mengenschätzungen,
3. erläuternde Angaben zu den planerischen Zusammenhängen, Vorgängen sowie Bedingungen und
4. Angaben zum Baugrundstück und zu dessen Erschließung.

Wird die Kostenschätzung nach § 4 Absatz 1 Satz 3 auf der Grundlage der DIN 276 in der Fassung vom Dezember 2008 (DIN 276–1: 2008–12) erstellt, müssen die Gesamtkosten nach Kostengruppen mindestens bis zur ersten Ebene der Kostengliederung ermittelt werden.

(11) Kostenberechnung ist die Ermittlung der Kosten auf der Grundlage der Entwurfsplanung. Der Kostenberechnung liegen zugrunde:
1. durchgearbeitete Entwurfszeichnungen oder Detailzeichnungen wiederkehrender Raumgruppen,
2. Mengenberechnungen und
3. für die Berechnung und Beurteilung der Kosten relevante Erläuterungen.

Wird die Kostenberechnung nach § 4 Absatz 1 Satz 3 auf der Grundlage der DIN 276 erstellt, müssen die Gesamtkosten nach Kostengruppen mindestens bis zur zweiten Ebene der Kostengliederung ermittelt werden.

§ 3 Leistungen und Leistungsbilder

(1) Die Honorare für Grundleistungen der Flächen-, Objekt- und Fachplanung sind in den Teilen 2 bis 4 dieser Verordnung verbindlich geregelt. Die Honorare für Beratungsleistungen der Anlage 1 sind nicht verbindlich geregelt.

(2) Grundleistungen, die zur ordnungsgemäßen Erfüllung eines Auftrags im Allgemeinen erforderlich sind, sind in Leistungsbildern erfasst. Die Leistungsbilder gliedern sich in Leistungsphasen gemäß den Regelungen in den Teilen 2 bis 4.

(3) Die Aufzählung der Besonderen Leistungen in dieser Verordnung und in den Leistungsbildern ihrer Anlagen ist nicht abschließend. Die Besonderen Leistungen können auch für Leistungsbilder und Leistungsphasen, denen sie nicht zugeordnet sind, vereinbart werden, soweit sie dort keine Grundleistungen darstellen. Die Honorare für Besondere Leistungen können frei vereinbart werden.

(4) Die Wirtschaftlichkeit der Leistung ist stets zu beachten.

§ 4 Anrechenbare Kosten

(1) Anrechenbare Kosten sind Teil der Kosten für die Herstellung, den Umbau, die Modernisierung, Instandhaltung oder Instandsetzung von Objekten sowie für die damit zusammenhängenden Aufwendungen. Sie sind nach allgemein anerkannten Regeln der Technik oder nach Verwaltungsvorschriften (Kostenvorschriften) auf der Grundlage ortsüblicher Preise zu ermitteln. Wird in dieser Verordnung im Zusammenhang mit der Kostenermittlung die DIN 276 in Bezug genommen, so ist die Fassung vom Dezember 2008 (DIN 276–1:2008–12) bei der Ermittlung der anrechenbaren Kosten zugrunde zu legen. Umsatzsteuer, die auf die Kosten von Objekten entfällt, ist nicht Bestandteil der anrechenbaren Kosten.

(2) Die anrechenbaren Kosten richten sich nach den ortsüblichen Preisen, wenn der Auftraggeber
1. selbst Lieferungen oder Leistungen übernimmt,
2. von bauausführenden Unternehmen oder von Lieferanten sonst nicht übliche Vergünstigungen erhält,
3. Lieferungen oder Leistungen in Gegenrechnung ausführt oder
4. vorhandene oder vorbeschaffte Baustoffe oder Bauteile einbauen lässt.

(3) Der Umfang der mitzuverarbeitenden Bausubstanz im Sinne des § 2 Absatz 7 ist bei den anrechenbaren Kosten angemessen zu berücksichtigen. Umfang und Wert der mitzuverarbeitenden Bausubstanz sind zum Zeitpunkt der Kostenberechnung oder, sofern keine Kostenberechnung vorliegt, zum Zeitpunkt der Kostenschätzung objektbezogen zu ermitteln und schriftlich zu vereinbaren.

§ 5 Honorarzonen

(1) Die Objekt- und Tragwerksplanung wird den folgenden Honorarzonen zugeordnet:
1. Honorarzone I: sehr geringe Planungsanforderungen,
2. Honorarzone II: geringe Planungsanforderungen,
3. Honorarzone III: durchschnittliche Planungsanforderungen,
4. Honorarzone IV: hohe Planungsanforderungen,
5. Honorarzone V: sehr hohe Planungsanforderungen.

(2) Flächenplanungen und die Planung der Technischen Ausrüstung werden den folgenden Honorarzonen zugeordnet:
1. Honorarzone I: geringe Planungsanforderungen,
2. Honorarzone II: durchschnittliche Planungsanforderungen,
3. Honorarzone III: hohe Planungsanforderungen.

(3) Die Honorarzonen sind anhand der Bewertungsmerkmale in den Honorarregelungen der jeweiligen Leistungsbilder der Teile 2 bis 4 zu ermitteln. Die Zurechnung zu den einzelnen Honorarzonen ist nach Maßgabe der Bewertungsmerkmale und gegebenenfalls der Bewertungspunkte sowie unter Berücksichtigung der Regelbeispiele in den Objektlisten der Anlagen dieser Verordnung vorzunehmen.

§ 6 Grundlagen des Honorars

(1) Das Honorar für Grundleistungen nach dieser Verordnung richtet sich
1. für die Leistungsbilder des Teils 2 nach der Größe der Fläche und für die Leistungsbilder der Teile 3 und 4 nach den anrechenbaren Kosten des Objekts auf der Grundlage der Kostenberechnung oder, sofern keine Kostenberechnung vorliegt, auf der Grundlage der Kostenschätzung,
2. nach dem Leistungsbild,
3. nach der Honorarzone,
4. nach der dazugehörigen Honorartafel.

(2) Honorare für Leistungen bei Umbauten und Modernisierungen gemäß § 2 Absatz 5 und Absatz 6 sind zu ermitteln nach
1. den anrechenbaren Kosten,
2. der Honorarzone, welcher der Umbau oder die Modernisierung in sinngemäßer Anwendung der Bewertungsmerkmale zuzuordnen ist,
3. den Leistungsphasen,
4. der Honorartafel und
5. dem Umbau- oder Modernisierungszuschlag auf das Honorar.

Der Umbau- oder Modernisierungszuschlag ist unter Berücksichtigung des Schwierigkeitsgrads der Leistungen schriftlich zu vereinbaren. Die Höhe des Zuschlags auf das Honorar ist in den jeweiligen Honorarregelungen der Leistungsbilder der Teile 3 und 4 geregelt. Sofern keine schriftliche Vereinbarung getroffen wurde, wird unwiderleglich vermutet, dass ein Zuschlag von 20 Prozent ab einem durchschnittlichen Schwierigkeitsgrad vereinbart ist.

(3) Wenn zum Zeitpunkt der Beauftragung noch keine Planungen als Voraussetzung für eine Kostenschätzung oder Kostenberechnung vorliegen, können die Vertragsparteien abweichend von Absatz 1 schriftlich vereinbaren, dass das Honorar auf der Grundlage der anrechenbaren Kosten einer Baukostenvereinbarung nach den Vorschriften dieser Verordnung berechnet wird. Dabei werden nachprüfbare Baukosten einvernehmlich festgelegt.

§ 7 Honorarvereinbarung

(1) Das Honorar richtet sich nach der schriftlichen Vereinbarung, die die Vertragsparteien bei Auftragserteilung im Rahmen der durch diese Verordnung festgesetzten Mindest- und Höchstsätze treffen.

(2) Liegen die ermittelten anrechenbaren Kosten oder Flächen außerhalb der in den Honorartafeln dieser Verordnung festgelegten Honorarsätze, sind die Honorare frei vereinbar.

(3) Die in dieser Verordnung festgesetzten Mindestsätze können durch schriftliche Vereinbarung in Ausnahmefällen unterschritten werden.

(4) Die in dieser Verordnung festgesetzten Höchstsätze dürfen nur bei außergewöhnlichen oder ungewöhnlich lange dauernden Grundleistungen durch schriftliche Vereinbarung überschritten werden. Dabei bleiben Umstände, soweit sie bereits für die Einordnung in die Honorarzonen oder für die Einordnung in den Rahmen der Mindest- und Höchstsätze mitbestimmend gewesen sind, außer Betracht.

(5) Sofern nicht bei Auftragserteilung etwas anderes schriftlich vereinbart worden ist, wird unwiderleglich vermutet, dass die jeweiligen Mindestsätze gemäß Absatz 1 vereinbart sind.

(6) Für Planungsleistungen, die technisch-wirtschaftliche oder umweltverträgliche Lösungsmöglichkeiten nutzen und zu einer wesentlichen Kostensenkung ohne Verminderung des vertraglich festgelegten Standards führen, kann ein Erfolgshonorar schriftlich vereinbart werden. Das Erfolgshonorar kann bis zu 20 Prozent des vereinbarten Honorars betragen. Für den Fall, dass schriftlich festgelegte anrechenbare Kosten überschritten werden, kann ein Malus-Honorar in Höhe von bis zu 5 Prozent des Honorars schriftlich vereinbart werden.

§ 8 Berechnung des Honorars in besonderen Fällen

(1) Werden dem Auftragnehmer nicht alle Leistungsphasen eines Leistungsbildes übertragen, so dürfen nur die für die übertragenen Phasen vorgesehenen Prozentsätze berechnet und vereinbart werden. Die Vereinbarung hat schriftlich zu erfolgen.

(2) Werden dem Auftragnehmer nicht alle Grundleistungen einer Leistungsphase übertragen, so darf für die übertragenen Grundleistungen nur ein Honorar berechnet und vereinbart werden, das dem Anteil der übertragenen Grundleistungen an der gesamten Leistungsphase entspricht. Die Vereinbarung hat schriftlich zu erfolgen. Entsprechend ist zu verfahren, wenn dem Auftragnehmer wesentliche Teile von Grundleistungen nicht übertragen werden.

(3) Die gesonderte Vergütung eines zusätzlichen Koordinierungs- oder Einarbeitungsaufwands ist schriftlich zu vereinbaren.

§ 9 Berechnung des Honorars bei Beauftragung von Einzelleistungen

(1) Wird die Vorplanung oder Entwurfsplanung bei Gebäuden und Innenräumen, Freianlagen, Ingenieurbauwerken, Verkehrsanlagen, der Tragwerksplanung und der Technischen Ausrüstung als Einzelleistung in Auftrag gegeben, können für die Leistungsbewertung der jeweiligen Leistungsphase
1. für die Vorplanung höchstens der Prozentsatz der Vorplanung und der Prozentsatz der Grundlagenermittlung und
2. für die Entwurfsplanung höchstens der Prozentsatz der Entwurfsplanung und der Prozentsatz der Vorplanung herangezogen werden.

Die Vereinbarung hat schriftlich zu erfolgen.

(2) Zur Bauleitplanung ist Absatz 1 Satz 1 Nummer 2 für den Entwurf der öffentlichen Auslegung entsprechend anzuwenden. Bei der Landschaftsplanung ist Absatz 1 Satz 1 Nummer 1 für die vorläufige Fassung sowie Absatz 1 Satz 1 Nummer 2 für die abgestimmte Fassung entsprechend anzuwenden. Die Vereinbarung hat schriftlich zu erfolgen.

(3) Wird die Objektüberwachung bei der Technischen Ausrüstung oder bei Gebäuden als Einzelleistung in Auftrag gegeben, können für die Leistungsbewertung der Objektüberwachung höchstens der Prozentsatz der Objektüberwachung und die Prozentsätze der Grundlagenermittlung und Vorplanung herangezogen werden. Die Vereinbarung hat schriftlich zu erfolgen.

§ 10 Berechnung des Honorars bei vertraglichen Änderungen des Leistungsumfangs

(1) Einigen sich Auftraggeber und Auftragnehmer während der Laufzeit des Vertrags darauf, dass der Umfang der beauftragten Leistung geändert wird, und ändern sich dadurch die anrechenbaren Kosten oder Flächen, so ist die Honorarberechnungsgrundlage für die Grundleistungen, die infolge des veränderten Leistungsumfangs zu erbringen sind, durch schriftliche Vereinbarung anzupassen.

(2) Einigen sich Auftraggeber und Auftragnehmer über die Wiederholung von Grundleistungen, ohne dass sich dadurch die anrechenbaren Kosten oder Flächen ändern, ist das Honorar für diese Grundleistungen entsprechend ihrem Anteil an der jeweiligen Leistungsphase schriftlich zu vereinbaren.

§ 11 Auftrag für mehrere Objekte

(1) Umfasst ein Auftrag mehrere Objekte, so sind die Honorare vorbehaltlich der folgenden Absätze für jedes Objekt getrennt zu berechnen.

(2) Umfasst ein Auftrag mehrere vergleichbare Gebäude, Ingenieurbauwerke, Verkehrsanlagen oder Tragwerke mit weitgehend gleichartigen Planungsbedingungen, die derselben Honorarzone zuzuordnen sind und die im zeitlichen und örtlichen Zusammenhang als Teil einer Gesamtmaßnahme geplant und errichtet werden sollen, ist das Honorar nach der Summe der anrechenbaren Kosten zu berechnen.

(3) Umfasst ein Auftrag mehrere im Wesentlichen gleiche Gebäude, Ingenieurbauwerke, Verkehrsanlagen oder Tragwerke, die im zeitlichen oder örtlichen Zusammenhang unter gleichen baulichen Verhältnissen geplant und errichtet werden sollen, oder mehrere Objekte nach Typenplanung oder Serienbauten, so sind die Prozentsätze der Leistungsphasen 1 bis 6 für die erste bis vierte Wiederholung um 50 Prozent, für die fünfte bis siebte Wiederholung um 60 Prozent und ab der achten Wiederholung um 90 Prozent zu mindern.

(4) Umfasst ein Auftrag Grundleistungen, die bereits Gegenstand eines anderen Auftrags über ein gleiches Gebäude, Ingenieurbauwerk oder Tragwerk zwischen den Vertragsparteien waren, so ist Absatz 3 für die Prozentsätze der beauftragten Leistungspha-

sen in Bezug auf den neuen Auftrag auch dann anzuwenden, wenn die Grundleistungen nicht im zeitlichen oder örtlichen Zusammenhang erbracht werden sollen.

§ 12 Instandsetzungen und Instandhaltungen

(1) Honorare für Grundleistungen bei Instandsetzungen und Instandhaltungen von Objekten sind nach den anrechenbaren Kosten, der Honorarzone, den Leistungsphasen und der Honorartafel, der die Instandhaltungs- und Instandsetzungsmaßnahme zuzuordnen ist, zu ermitteln.

(2) Für Grundleistungen bei Instandsetzungen und Instandhaltungen von Objekten kann schriftlich vereinbart werden, dass der Prozentsatz für die Objektüberwachung oder Bauoberleitung um bis zu 50 Prozent der Bewertung dieser Leistungsphase erhöht wird.

§ 13 Interpolation

Die Mindest- und Höchstsätze für Zwischenstufen der in den Honorartafeln angegebenen anrechenbaren Kosten und Flächen sind durch lineare Interpolation zu ermitteln.

§ 14 Nebenkosten

(1) Der Auftragnehmer kann neben den Honoraren dieser Verordnung auch die für die Ausführung des Auftrags erforderlichen Nebenkosten in Rechnung stellen; ausgenommen sind die abziehbaren Vorsteuern gemäß § 15 Absatz 1 des Umsatzsteuergesetzes in der Fassung der Bekanntmachung vom 21. Februar 2005 (BGBl. I S. 386), das zuletzt durch Artikel 2 des Gesetzes vom 8. Mai 2012 (BGBl. I S. 1030) geändert worden ist. Die Vertragsparteien können bei Auftragserteilung schriftlich vereinbaren, dass abweichend von Satz 1 eine Erstattung ganz oder teilweise ausgeschlossen ist.

(2) Zu den Nebenkosten gehören insbesondere:
1. Versandkosten, Kosten für Datenübertragungen,
2. Kosten für Vervielfältigungen von Zeichnungen und schriftlichen Unterlagen sowie für die Anfertigung von Filmen und Fotos,
3. Kosten für ein Baustellenbüro einschließlich der Einrichtung, Beleuchtung und Beheizung,
4. Fahrtkosten für Reisen, die über einen Umkreis von 15 Kilometern um den Geschäftssitz des Auftragnehmers hinausgehen, in Höhe der steuerlich zulässigen Pauschalsätze, sofern nicht höhere Aufwendungen nachgewiesen werden,
5. Trennungsentschädigungen und Kosten für Familienheimfahrten in Höhe der steuerlich zulässigen Pauschalsätze, sofern nicht höhere Aufwendungen an Mitarbeiter oder Mitarbeiterinnen des Auftragnehmers auf Grund von tariflichen Vereinbarungen bezahlt werden,
6. Entschädigungen für den sonstigen Aufwand bei längeren Reisen nach Nummer 4, sofern die Entschädigungen vor der Geschäftsreise schriftlich vereinbart worden sind,

7. Entgelte für nicht dem Auftragnehmer obliegende Leistungen, die von ihm im Einvernehmen mit dem Auftraggeber Dritten übertragen worden sind.

(3) Nebenkosten können pauschal oder nach Einzelnachweis abgerechnet werden. Sie sind nach Einzelnachweis abzurechnen, sofern bei Auftragserteilung keine pauschale Abrechnung schriftlich vereinbart worden ist.

§ 15 Zahlungen

(1) Das Honorar wird fällig, wenn die Leistung abgenommen und eine prüffähige Honorarschlussrechnung überreicht worden ist, es sei denn, es wurde etwas anderes schriftlich vereinbart.

(2) Abschlagszahlungen können zu den schriftlich vereinbarten Zeitpunkten oder in angemessenen zeitlichen Abständen für nachgewiesene Grundleistungen gefordert werden.

(3) Die Nebenkosten sind auf Einzelnachweis oder bei pauschaler Abrechnung mit der Honorarrechnung fällig.

(4) Andere Zahlungsweisen können schriftlich vereinbart werden.

§ 16 Umsatzsteuer

(1) Der Auftragnehmer hat Anspruch auf Ersatz der gesetzlich geschuldeten Umsatzsteuer für nach dieser Verordnung abrechenbare Leistungen, sofern nicht die Kleinunternehmerregelung nach § 19 des Umsatzsteuergesetzes angewendet wird. Satz 1 ist auch hinsichtlich der um die nach § 15 des Umsatzsteuergesetzes abziehbaren Vorsteuer gekürzten Nebenkosten anzuwenden, die nach § 14 dieser Verordnung weiterberechenbar sind.

(2) Auslagen gehören nicht zum Entgelt für die Leistung des Auftragnehmers. Sie sind als durchlaufende Posten im umsatzsteuerrechtlichen Sinn einschließlich einer gegebenenfalls enthaltenen Umsatzsteuer weiter zu berechnen.

Teil 2 Flächenplanung

Abschnitt 1 Bauleitplanung

§ 17 Anwendungsbereich

(1) Leistungen der Bauleitplanung umfassen die Vorbereitung der Aufstellung von Flächennutzungs- und Bebauungsplänen im Sinne des § 1 Absatz 2 des Baugesetzbuches in der Fassung der Bekanntmachung vom 23. September 2004 (BGBl. I S. 2414), das zuletzt durch Artikel 1 des Gesetzes vom 22. Juli 2011 (BGBl. I S. 1509) geändert worden ist, die erforderlichen Ausarbeitungen und Planfassungen sowie die Mitwirkung beim Verfahren.

(2) Honorare für Leistungen beim Städtebaulichen Entwurf können als Besondere Leistungen frei vereinbart werden.

§ 18 Leistungsbild Flächennutzungsplan

(1) Die Grundleistungen bei Flächennutzungsplänen sind in drei Leistungsphasen unterteilt und werden wie folgt in Prozentsätzen der Honorare des § 20 bewertet:
1. für die Leistungsphase 1 (Vorentwurf für die frühzeitigen Beteiligungen)
Vorentwurf für die frühzeitigen Beteiligungen nach den Bestimmungen des Baugesetzbuches mit 60 Prozent,
2. für die Leistungsphase 2 (Entwurf zur öffentlichen Auslegung)
Entwurf für die öffentliche Auslegung nach den Bestimmungen des Baugesetzbuches mit 30 Prozent,
3. für die Leistungsphase 3 (Plan zur Beschlussfassung)
Plan für den Beschluss durch die Gemeinde mit 10 Prozent.
Der Vorentwurf, Entwurf oder Plan ist jeweils in der vorgeschriebenen Fassung mit Begründung anzufertigen.

(2) Anlage 2 regelt, welche Grundleistungen jede Leistungsphase umfasst. Anlage 9 enthält Beispiele für Besondere Leistungen.

§ 19 Leistungsbild Bebauungsplan

(1) Die Grundleistungen bei Bebauungsplänen sind in drei Leistungsphasen unterteilt und werden wie folgt in Prozentsätzen der Honorare des § 21 bewertet:
1. für die Leistungsphase 1 (Vorentwurf für die frühzeitigen Beteiligungen)
Vorentwurf für die frühzeitigen Beteiligungen nach den Bestimmungen des Baugesetzbuches mit 60 Prozent,
2. für die Leistungsphase 2 (Entwurf zur öffentlichen Auslegung)
Entwurf für die öffentliche Auslegung nach den Bestimmungen des Baugesetzbuches mit 30 Prozent,
3. für die Leistungsphase 3 (Plan zur Beschlussfassung)
Plan für den Beschluss durch die Gemeinde mit 10 Prozent.
Der Vorentwurf, Entwurf oder Plan ist jeweils in der vorgeschriebenen Fassung mit Begründung anzufertigen.

(2) Anlage 3 regelt, welche Grundleistungen jede Leistungsphase umfasst. Anlage 9 enthält Beispiele für Besondere Leistungen.

§ 20 Honorare für Grundleistungen bei Flächennutzungsplänen

(1) Die Mindest- und Höchstsätze der Honorare für die in § 18 und Anlage 2 aufgeführten Grundleistungen bei Flächennutzungsplänen sind in der folgenden Honorartafel festgesetzt:

HOAI 2013 § 20 Honorare für Grundleistungen bei Flächennutzungsplänen

Fläche in Hektar	Honorarzone I geringe Anforderungen		Honorarzone II durchschnittliche Anforderungen		Honorarzone III hohe Anforderungen	
	von	bis	von	bis	von	bis
	Euro		Euro		Euro	
1.000	70.439	85.269	85.269	100.098	100.098	114.927
1.250	78.957	95.579	95.579	112.202	112.202	128.824
1.500	86.492	104.700	104.700	122.909	122.909	141.118
1.750	93.260	112.894	112.894	132.527	132.527	152.161
2.000	99.407	120.334	120.334	141.262	141.262	162.190
2.500	111.311	134.745	134.745	158.178	158.178	181.612
3.000	121.868	147.525	147.525	173.181	173.181	198.838
3.500	131.387	159.047	159.047	186.707	186.707	214.367
4.000	140.069	169.557	169.557	199.045	199.045	228.533
5.000	155.461	188.190	188.190	220.918	220.918	253.647
6.000	168.813	204.352	204.352	239.892	239.892	275.431
7.000	180.589	218.607	218.607	256.626	256.626	294.645
8.000	191.097	231.328	231.328	271.559	271.559	311.790
9.000	200.556	242.779	242.779	285.001	285.001	327.224
10.000	209.126	253.153	253.153	297.179	297.179	341.206
11.000	216.893	262.555	262.555	308.217	308.217	353.878
12.000	223.912	271.052	271.052	318.191	318.191	365.331
13.000	230.331	278.822	278.822	327.313	327.313	375.804
14.000	236.214	285.944	285.944	335.673	335.673	385.402
15.000	241.614	292.480	292.480	343.346	343.346	394.213

(2) Das Honorar für die Aufstellung von Flächennutzungsplänen ist nach der Fläche des Plangebiets in Hektar und nach der Honorarzone zu berechnen.

(3) Welchen Honorarzonen die Grundleistungen zugeordnet werden, richtet sich nach folgenden Bewertungsmerkmalen:
1. zentralörtliche Bedeutung und Gemeindestruktur,
2. Nutzungsvielfalt und Nutzungsdichte,
3. Einwohnerstruktur, Einwohnerentwicklung und Gemeinbedarfsstandorte,
4. Verkehr und Infrastruktur,

5. Topografie, Geologie und Kulturlandschaft,
6. Klima-, Natur- und Umweltschutz.

(4) Sind auf einen Flächennutzungsplan Bewertungsmerkmale aus mehreren Honorarzonen anwendbar und bestehen deswegen Zweifel, welcher Honorarzone der Flächennutzungsplan zugeordnet werden kann, so ist zunächst die Anzahl der Bewertungspunkte zu ermitteln. Zur Ermittlung der Bewertungspunkte werden die Bewertungsmerkmale wie folgt gewichtet:
1. geringe Anforderungen: 1 Punkt,
2. durchschnittliche Anforderungen: 2 Punkte,
3. hohe Anforderungen: 3 Punkte.

(5) Der Flächennutzungsplan ist anhand der nach Absatz 4 ermittelten Bewertungspunkte einer der Honorarzonen zuzuordnen:
1. Honorarzone I: bis zu 9 Punkte,
2. Honorarzone II: 10 bis 14 Punkte,
3. Honorarzone III: 15 bis 18 Punkte.

(6) Werden Teilflächen bereits aufgestellter Flächennutzungspläne (Planausschnitte) geändert oder überarbeitet, so ist das Honorar frei zu vereinbaren.

§ 21 Honorare für Grundleistungen bei Bebauungsplänen

(1) Die Mindest- und Höchstsätze der Honorare für die in § 19 und Anlage 3 aufgeführten Grundleistungen bei Bebauungsplänen sind in der folgenden Honorartafel festgesetzt:

Fläche in Hektar	Honorarzone I geringe Anforderungen		Honorarzone II durchschnittliche Anforderungen		Honorarzone III hohe Anforderungen	
	von	bis	von	bis	von	bis
	Euro		Euro		Euro	
0,5	5.000	5.335	5.335	7.838	7.838	10.341
1	5.000	8.799	8.799	12.926	12.926	17.054
2	7.699	14.502	14.502	21.305	21.305	28.109
3	10.306	19.413	19.413	28.521	28.521	37.628
4	12.669	23.866	23.866	35.062	35.062	46.258
5	14.864	28.000	28.000	41.135	41.135	54.271
6	16.931	31.893	31.893	46.856	46.856	61.818
7	18.896	35.595	35.595	52.294	52.294	68.992
8	20.776	39.137	39.137	57.497	57.497	75.857
9	22.584	42.542	42.542	62.501	62.501	82.459

HOAI 2013 § 21 Honorare für Grundleistungen bei Bebauungsplänen

Fläche in Hektar	Honorarzone I geringe Anforderungen		Honorarzone II durchschnittliche Anforderungen		Honorarzone III hohe Anforderungen	
	von	bis	von	bis	von	bis
	Euro		Euro		Euro	
10	24.330	45.830	45.830	67.331	67.331	88.831
15	32.325	60.892	60.892	89.458	89.458	118.025
20	39.427	74.270	74.270	109.113	109.113	143.956
25	46.385	87.376	87.376	128.366	128.366	169.357
30	52.975	99.791	99.791	146.606	146.606	193.422
40	65.342	123.086	123.086	180.830	180.830	238.574
50	76.901	144.860	144.860	212.819	212.819	280.778
60	87.599	165.012	165.012	242.425	242.425	319.838
80	107.471	202.445	202.445	297.419	297.419	392.393
100	125.791	236.955	236.955	348.119	348.119	459.282

(2) Das Honorar für die Aufstellung von Bebauungsplänen ist nach der Fläche des Plangebiets in Hektar und nach der Honorarzone zu berechnen.

(3) Welchen Honorarzonen die Grundleistungen zugeordnet werden, richtet sich nach folgenden Bewertungsmerkmalen:
1. Nutzungsvielfalt und Nutzungsdichte,
2. Baustruktur und Baudichte,
3. Gestaltung und Denkmalschutz,
4. Verkehr und Infrastruktur,
5. Topografie und Landschaft,
6. Klima-, Natur- und Umweltschutz.

(4) Für die Ermittlung der Honorarzone bei Bebauungsplänen ist § 20 Absatz 4 und 5 entsprechend anzuwenden.

(5) Wird die Größe des Plangebiets im förmlichen Verfahren während der Leistungserbringung geändert, so ist das Honorar für die Leistungsphasen, die bis zur Änderung noch nicht erbracht sind, nach der geänderten Größe des Plangebiets zu berechnen.

Abschnitt 2 Landschaftsplanung

§ 22 Anwendungsbereich

(1) Landschaftsplanerische Leistungen umfassen das Vorbereiten und das Erstellen der für die Pläne nach Absatz 2 erforderlichen Ausarbeitungen.

(2) Die Bestimmungen dieses Abschnitts sind für folgende Pläne anzuwenden:
1. Landschaftspläne,
2. Grünordnungspläne und landschaftsplanerische Fachbeiträge,
3. Landschaftsrahmenpläne,
4. Landschaftspflegerische Begleitpläne,
5. Pflege- und Entwicklungspläne.

§ 23 Leistungsbild Landschaftsplan

(1) Die Grundleistungen bei Landschaftsplänen sind in vier Leistungsphasen unterteilt und werden wie folgt in Prozentsätzen der Honorare des § 28 bewertet:
1. für die Leistungsphase 1 (Klären der Aufgabenstellung und Ermitteln des Leistungsumfangs) mit 3 Prozent,
2. für die Leistungsphase 2 (Ermittlung der Planungsgrundlagen) mit 37 Prozent,
3. für die Leistungsphase 3 (Vorläufige Fassung) mit 50 Prozent,
4. für die Leistungsphase 4 (Abgestimmte Fassung) mit 10 Prozent.

(2) Anlage 4 regelt die Grundleistungen jeder Leistungsphase. Anlage 9 enthält Beispiele für Besondere Leistungen.

§ 24 Leistungsbild Grünordnungsplan

(1) Die Grundleistungen bei Grünordnungsplänen und Landschaftsplanerischen Fachbeiträgen sind in vier Leistungsphasen zusammengefasst und werden wie folgt in Prozentsätzen der Honorare des § 29 bewertet:
1. für die Leistungsphase 1 (Klären der Aufgabenstellung und Ermitteln des Leistungsumfangs) mit 3 Prozent,
2. für die Leistungsphase 2 (Ermittlung der Planungsgrundlagen) mit 37 Prozent,
3. für die Leistungsphase 3 (Vorläufige Fassung) mit 50 Prozent,
4. für die Leistungsphase 4 (Abgestimmte Fassung) mit 10 Prozent.

(2) Anlage 5 regelt die Grundleistungen jeder Leistungsphase. Anlage 9 enthält Beispiele für Besondere Leistungen.

§ 25 Leistungsbild Landschaftsrahmenplan

(1) Die Grundleistungen bei Landschaftsrahmenplänen sind in vier Leistungsphasen unterteilt und werden wie folgt in Prozentsätzen der Honorare des § 30 bewertet:
1. für die Leistungsphase 1 (Landschaftsanalyse) mit 3 Prozent,
2. für die Leistungsphase 2 (Landschaftsdiagnose) mit 37 Prozent,

3. für die Leistungsphase 3 (Entwurf) mit 50 Prozent,
4. für die Leistungsphase 4 (Endgültige Planfassung) mit 10 Prozent.

(2) Anlage 6 regelt die Grundleistungen jeder Leistungsphase. Anlage 9 enthält Beispiele für Besondere Leistungen.

§ 26 Leistungsbild Landschaftspflegerischer Begleitplan

(1) Die Grundleistungen bei Landschaftspflegerischen Begleitplänen sind in vier Leistungsphasen unterteilt und werden wie folgt in Prozentsätzen der Honorare des § 31 bewertet:
1. für die Leistungsphase 1 (Klären der Aufgabenstellung und Ermitteln des Leistungsumfangs) mit 3 Prozent,
2. für die Leistungsphase 2 (Ermitteln und Bewerten der Planungsgrundlagen) mit 37 Prozent,
3. die Leistungsphase 3 (Vorläufige Fassung) mit 50 Prozent,
4. für die Leistungsphase 4 (Abgestimmte Fassung) mit 10 Prozent.

(2) Anlage 7 regelt die Grundleistungen jeder Leistungsphase. Anlage 9 enthält Beispiele für Besondere Leistungen.

§ 27 Leistungsbild Pflege- und Entwicklungsplan

(1) Die Grundleistungen bei Pflege- und Entwicklungsplänen sind in vier Leistungsphasen zusammengefasst und werden wie folgt in Prozentsätzen der Honorare des § 32 bewertet:
1. für die Leistungsphase 1 (Zusammenstellen der Ausgangsbedingungen) mit 3 Prozent,
2. für die Leistungsphase 2 (Ermitteln der Planungsgrundlagen) mit 37 Prozent,
3. für die Leistungsphase 3 (Vorläufige Fassung) mit 50 Prozent und
4. für die Leistungsphase 4 (Abgestimmte Fassung) mit 10 Prozent.

(2) Anlage 8 regelt die Grundleistungen jeder Leistungsphase. Anlage 9 enthält Beispiele für Besondere Leistungen.

§ 28 Honorare für Grundleistungen bei Landschaftsplänen

(1) Die Mindest- und Höchstsätze der Honorare für die in § 23 und Anlage 4 aufgeführten Grundleistungen bei Landschaftsplänen sind in der folgenden Honorartafel festgesetzt:

§ 28 Honorare für Grundleistungen bei Landschaftsplänen **HOAI 2013**

Fläche in Hektar	Honorarzone I geringe Anforderungen		Honorarzone II durchschnittliche Anforderungen		Honorarzone III hohe Anforderungen	
	von	bis	von	bis	von	bis
	Euro		Euro		Euro	
1.000	23.403	27.963	27.963	32.826	32.826	37.385
1.250	26.560	31.735	31.735	37.254	37.254	42.428
1.500	29.445	35.182	35.182	41.300	41.300	47.036
1.750	32.119	38.375	38.375	45.049	45.049	51.306
2.000	34.620	41.364	41.364	48.558	48.558	55.302
2.500	39.212	46.851	46.851	54.999	54.999	62.638
3.000	43.374	51.824	51.824	60.837	60.837	69.286
3.500	47.199	56.393	56.393	66.201	66.201	75.396
4.000	50.747	60.633	60.633	71.178	71.178	81.064
5.000	57.180	68.319	68.319	80.200	80.200	91.339
6.000	63.562	75.944	75.944	89.151	89.151	101.533
7.000	69.505	83.045	83.045	97.487	97.487	111.027
8.000	75.095	89.724	89.724	105.329	105.329	119.958
9.000	80.394	96.055	96.055	112.761	112.761	128.422
10.000	85.445	102.090	102.090	119.845	119.845	136.490
11.000	89.986	107.516	107.516	126.214	126.214	143.744
12.000	94.309	112.681	112.681	132.278	132.278	150.650
13.000	98.438	117.615	117.615	138.069	138.069	157.246
14.000	102.392	122.339	122.339	143.615	143.615	163.562
15.000	106.187	126.873	126.873	148.938	148.938	169.623

(2) Das Honorar für die Aufstellung von Landschaftsplänen ist nach der Fläche des Planungsgebiets in Hektar und nach der Honorarzone zu berechnen.

(3) Welchen Honorarzonen die Grundleistungen zugeordnet werden, richtet sich nach folgenden Bewertungsmerkmalen:
1. topographische Verhältnisse,
2. Flächennutzung,
3. Landschaftsbild,
4. Anforderungen an Umweltsicherung und Umweltschutz,
5. ökologische Verhältnisse,
6. Bevölkerungsdichte.

(4) Sind auf einen Landschaftsplan Bewertungsmerkmale aus mehreren Honorarzonen anwendbar und bestehen deswegen Zweifel, welcher Honorarzone der Landschaftsplan zugeordnet werden kann, so ist zunächst die Anzahl der Bewertungspunkte zu ermitteln Zur Ermittlung der Bewertungspunkte werden die Bewertungsmerkmale wie folgt gewichtet:
1. die Bewertungsmerkmale gemäß Absatz 3 Nummern 1, 2, 3 und 6 mit je bis zu 6 Punkten und
2. die Bewertungsmerkmale gemäß Absatz 3 Nummern 4 und 5 und mit je bis zu 9 Punkten.

(5) Der Landschaftsplan ist anhand der nach Absatz 4 ermittelten Bewertungspunkte einer der Honorarzonen zuzuordnen:
1. Honorarzone I: bis zu 16 Punkte,
2. Honorarzone II: 17 bis 30 Punkte,
3. Honorarzone III: 31 bis 42 Punkte.

(6) Werden Teilflächen bereits aufgestellter Landschaftspläne (Planausschnitte) geändert oder überarbeitet, so ist das Honorar frei zu vereinbaren.

§ 29 Honorare für Grundleistungen bei Grünordnungsplänen

(1) Die Mindest- und Höchstsätze der Honorare für die in § 24 und Anlage 5 aufgeführten Grundleistungen bei Grünordnungsplänen sind in der folgenden Honorartafel festgesetzt:

Fläche in Hektar	Honorarzone I geringe Anforderungen		Honorarzone II durchschnittliche Anforderungen		Honorarzone III hohe Anforderungen	
	von	bis	von	bis	von	bis
	Euro		Euro		Euro	
1,5	5.219	6.067	6.067	6.980	6.980	7.828
2	6.008	6.985	6.985	8.036	8.036	9.013
3	7.450	8.661	8.661	9.965	9.965	11.175
4	8.770	10.195	10.195	11.730	11.730	13.155
5	10.006	11.632	11.632	13.383	13.383	15.009
10	15.445	17.955	17.955	20.658	20.658	23.167
15	20.183	23.462	23.462	26.994	26.994	30.274
20	24.513	28.496	28.496	32.785	32.785	36.769
25	28.560	33.201	33.201	38.199	38.199	42.840
30	32.394	37.658	37.658	43.326	43.326	48.590

§ 29 Honorare für Grundleistungen bei Grünordnungsplänen HOAI 2013

Fläche in Hektar	Honorarzone I geringe Anforderungen		Honorarzone II durchschnittliche Anforderungen		Honorarzone III hohe Anforderungen	
	von	bis	von	bis	von	bis
	Euro		Euro		Euro	
40	39.580	46.011	46.011	52.938	52.938	59.370
50	46.282	53.803	53.803	61.902	61.902	69.423
75	61.579	71.586	71.586	82.362	82.362	92.369
100	75.430	87.687	87.687	100.887	100.887	113.145
125	88.255	102.597	102.597	118.042	118.042	132.383
150	100.288	116.585	116.585	134.136	134.136	150.433
175	111.675	129.822	129.822	149.366	149.366	167.513
200	122.516	142.425	142.425	163.866	163.866	183.774
225	133.555	155.258	155.258	178.630	178.630	200.333
250	144.284	167.730	167.730	192.980	192.980	216.426

(2) Das Honorar für Grundleistungen bei Grünordnungsplänen ist nach der Fläche des Planungsgebiets in Hektar und nach der Honorarzone zu berechnen.

(3) Welchen Honorarzonen die Grundleistungen zugeordnet werden, richtet sich nach folgenden Bewertungsmerkmalen:
1. Topographie,
2. ökologische Verhältnisse,
3. Flächennutzungen und Schutzgebiete,
4. Umwelt-, Klima-, Denkmal- und Naturschutz,
5. Erholungsvorsorge,
6. Anforderung an die Freiraumgestaltung.

(4) Sind auf einen Grünordnungsplan Bewertungsmerkmale aus mehreren Honorarzonen anwendbar und bestehen deswegen Zweifel, welcher Honorarzone der Grünordnungsplan zugeordnet werden kann, so ist zunächst die Anzahl der Bewertungspunkte zu ermitteln. Zur Ermittlung der Bewertungspunkte werden die Bewertungsmerkmale wie folgt gewichtet:
1. die Bewertungsmerkmale gemäß Absatz 3 Nummer 1, 2, 3 und 5 mit je bis zu 6 Punkten und
2. die Bewertungsmerkmale gemäß Absatz 3 Nummer 4 und 6 mit je bis zu 9 Punkten.

(5) Der Grünordnungsplan ist anhand der nach Absatz 4 ermittelten Bewertungspunkte einer der Honorarzonen zuzuordnen:
1. Honorarzone I: bis zu 16 Punkte,
2. Honorarzone II: 17 bis 30 Punkte,
3. Honorarzone III: 31 bis 42 Punkte.

(6) Wird die Größe des Planungsgebiets während der Leistungserbringung geändert, so ist das Honorar für die Leistungsphasen, die bis zur Änderung noch nicht erbracht sind, nach der geänderten Größe des Planungsgebiets zu berechnen.

§ 30 Honorare für Grundleistungen bei Landschaftsrahmenplänen

(1) Die Mindest- und Höchstsätze der Honorare für die in § 25 und Anlage 6 aufgeführten Grundleistungen bei Landschaftsrahmenplänen sind in der folgenden Honorartafel festgesetzt:

Fläche in Hektar	Honorarzone I geringe Anforderungen		Honorarzone II durchschnittliche Anforderungen		Honorarzone III hohe Anforderungen	
	von	bis	von	bis	von	bis
	Euro		Euro		Euro	
5.000	61.880	71.935	71.935	82.764	82.764	92.820
6.000	67.933	78.973	78.973	90.861	90.861	101.900
7.000	73.473	85.413	85.413	98.270	98.270	110.210
8.000	78.600	91.373	91.373	105.128	105.128	117.901
9.000	83.385	96.936	96.936	111.528	111.528	125.078
10.000	87.880	102.161	102.161	117.540	117.540	131.820
12.000	96.149	111.773	111.773	128.599	128.599	144.223
14.000	103.631	120.471	120.471	138.607	138.607	155.447
16.000	110.477	128.430	128.430	147.763	147.763	165.716
18.000	116.791	135.769	135.769	156.208	156.208	175.186
20.000	122.649	142.580	142.580	164.043	164.043	183.974
25.000	138.047	160.480	160.480	184.638	184.638	207.070
30.000	152.052	176.761	176.761	203.370	203.370	228.078
40.000	177.097	205.875	205.875	236.867	236.867	265.645
50.000	199.330	231.721	231.721	266.604	266.604	298.995

§ 30 Honorare für Grundleistungen bei Landschaftsrahmenplänen HOAI 2013

Fläche in Hektar	Honorarzone I geringe Anforderungen		Honorarzone II durchschnittliche Anforderungen		Honorarzone III hohe Anforderungen	
	von	bis	von	bis	von	bis
	Euro		Euro		Euro	
60.000	219.553	255.230	255.230	293.652	293.652	329.329
70.000	238.243	276.958	276.958	318.650	318.650	357.365
80.000	253.946	295.212	295.212	339.652	339.652	380.918
90.000	268.420	312.038	312.038	359.011	359.011	402.630
100.000	281.843	327.643	327.643	376.965	376.965	422.765

(2) Das Honorar für Grundleistungen bei Landschaftsrahmenplänen ist nach der Fläche des Planungsgebiets in Hektar und nach der Honorarzone zu berechnen.

(3) Welchen Honorarzonen die Grundleistungen zugeordnet werden, richtet sich nach folgenden Bewertungsmerkmalen:
1. topographische Verhältnisse,
2. Raumnutzung und Bevölkerungsdichte,
3. Landschaftsbild,
4. Anforderungen an Umweltsicherung, Klima- und Naturschutz,
5. ökologische Verhältnisse,
6. Freiraumsicherung und Erholung.

(4) Sind für einen Landschaftsrahmenplan Bewertungsmerkmale aus mehreren Honorarzonen anwendbar und bestehen deswegen Zweifel, welcher Honorarzone der Landschaftsrahmenplan zugeordnet werden kann, so ist zunächst die Anzahl der Bewertungspunkte zu ermitteln. Zur Ermittlung der Bewertungspunkte werden die Bewertungsmerkmale wie folgt gewichtet:
1. die Bewertungsmerkmale gemäß Absatz 3 Nummer 1, 2, 3 und 6 mit je bis zu 6 Punkten und
2. die Bewertungsmerkmale gemäß Absatz 3 Nummer 4 und 5 mit je bis zu 9 Punkten.

(5) Der Landschaftsrahmenplan ist anhand der nach Absatz 4 ermittelten Bewertungspunkte einer der Honorarzonen zuzuordnen:
1. Honorarzone I: bis zu 16 Punkte,
2. Honorarzone II: 17 bis 30 Punkte,
3. Honorarzone III: 31 bis 42 Punkte.

(6) Wird die Größe des Planungsgebiets während der Leistungserbringung geändert, so ist das Honorar für die Leistungsphasen, die bis zur Änderung noch nicht erbracht sind, nach der geänderten Größe des Planungsgebiets zu berechnen.

§ 31 Honorare für Grundleistungen bei Landschaftspflegerischen Begleitplänen

(1) Die Mindest- und Höchstsätze der Honorare für die in § 26 und Anlage 7 aufgeführten Grundleistungen bei Landschaftspflegerischen Begleitplänen sind in der folgenden Honorartafel festgesetzt:

Fläche in Hektar	Honorarzone I geringe Anforderungen		Honorarzone II durchschnittliche Anforderungen		Honorarzone III hohe Anforderungen	
	von	bis	von	bis	von	bis
	Euro		Euro		Euro	
6	5.324	6.189	6.189	7.121	7.121	7.986
8	6.130	7.126	7.126	8.199	8.199	9.195
12	7.600	8.836	8.836	10.166	10.166	11.401
16	8.947	10.401	10.401	11.966	11.966	13.420
20	10.207	11.866	11.866	13.652	13.652	15.311
40	15.755	18.315	18.315	21.072	21.072	23.632
100	29.126	33.859	33.859	38.956	38.956	43.689
200	47.180	54.846	54.846	63.103	63.103	70.769
300	62.748	72.944	72.944	83.925	83.925	94.121
400	76.829	89.314	89.314	102.759	102.759	115.244
500	89.855	104.456	104.456	120.181	120.181	134.782
600	102.062	118.647	118.647	136.508	136.508	153.093
700	113.602	132.062	132.062	151.942	151.942	170.402
800	124.575	144.819	144.819	166.620	166.620	186.863
1.200	167.729	194.985	194.985	224.338	224.338	251.594
1.600	207.279	240.961	240.961	277.235	277.235	310.918
2.000	244.349	284.056	284.056	326.817	326.817	366.524
2.400	279.559	324.987	324.987	373.910	373.910	419.338
3.200	343.814	399.683	399.683	459.851	459.851	515.720
4.000	400.847	465.985	465.985	536.133	536.133	601.270

(2) Das Honorar für Grundleistungen bei Landschaftspflegerischen Begleitplänen ist nach der Fläche des Planungsgebiets in Hektar und nach der Honorarzone zu berechnen.

(3) Welchen Honorarzonen die Grundleistungen zugeordnet werden, richtet sich nach folgenden Bewertungsmerkmalen:
1. ökologisch bedeutsame Strukturen und Schutzgebiete,
2. Landschaftsbild und Erholungsnutzung,
3. Nutzungsansprüche,
4. Anforderungen an die Gestaltung von Landschaft und Freiraum,
5. Empfindlichkeit gegenüber Umweltbelastungen und Beeinträchtigungen von Natur und Landschaft,
6. potenzielle Beeinträchtigungsintensität der Maßnahme.

(4) Sind für einen Landschaftspflegerischen Begleitplan Bewertungsmerkmale aus mehreren Honorarzonen anwendbar und bestehen deswegen Zweifel, welcher Honorarzone der Landschaftspflegerische Begleitplan zugeordnet werden kann, so ist zunächst die Anzahl der Bewertungspunkte zu ermitteln. Zur Ermittlung der Bewertungspunkte werden die Bewertungsmerkmale wie folgt gewichtet:
1. die Bewertungsmerkmale gemäß Absatz 3 Nummer 1, 2, 3 und 4 mit je bis zu 6 Punkten und
2. die Bewertungsmerkmale gemäß Absatz 3 Nummer 5 und 6 mit je bis zu 9 Punkten.

(5) Der Landschaftspflegerische Begleitplan ist anhand der nach Absatz 4 ermittelten Bewertungspunkte einer der Honorarzonen zuzuordnen:
1. Honorarzone I: bis zu 16 Punkte,
2. Honorarzone II: 17 bis 30 Punkte,
3. Honorarzone III: 31 bis 42 Punkte.

(6) Wird die Größe des Planungsgebiets während der Leistungserbringung geändert, so ist das Honorar für die Leistungsphasen, die bis zur Änderung noch nicht erbracht sind, nach der geänderten Größe des Planungsgebiets zu berechnen.

§ 32 Honorare für Grundleistungen bei Pflege- und Entwicklungsplänen

(1) Die Mindest- und Höchstsätze der Honorare für die in § 27 und Anlage 8 aufgeführten Grundleistungen bei Pflege- und Entwicklungsplänen sind in der folgenden Honorartafel festgesetzt:

Fläche in Hektar	Honorarzone I geringe Anforderungen		Honorarzone II durchschnittliche Anforderungen		Honorarzone III hohe Anforderungen	
	von	bis	von	bis	von	bis
	Euro		Euro		Euro	
5	3.852	7.704	7.704	11.556	11.556	15.408
10	4.802	9.603	9.603	14.405	14.405	19.207
15	5.481	10.963	10.963	16.444	16.444	21.925
20	6.029	12.058	12.058	18.087	18.087	24.116

HOAI 2013 § 32 Honorare für Grundleistungen bei Pflege- und Entwicklungsplänen

Fläche in Hektar	Honorarzone I geringe Anforderungen		Honorarzone II durchschnittliche Anforderungen		Honorarzone III hohe Anforderungen	
	von	bis	von	bis	von	bis
	Euro		Euro		Euro	
30	6.906	13.813	13.813	20.719	20.719	27.626
40	7.612	15.225	15.225	22.837	22.837	30.450
50	8.213	16.425	16.425	24.638	24.638	32.851
75	9.433	18.866	18.866	28.298	28.298	37.731
100	10.408	20.816	20.816	31.224	31.224	41.633
150	11.949	23.899	23.899	35.848	35.848	47.798
200	13.165	26.330	26.330	39.495	39.495	52.660
300	15.318	30.636	30.636	45.954	45.954	61.272
400	17.087	34.174	34.174	51.262	51.262	68.349
500	18.621	37.242	37.242	55.863	55.863	74.484
750	21.833	43.666	43.666	65.500	65.500	87.333
1.000	24.507	49.014	49.014	73.522	73.522	98.029
1.500	28.966	57.932	57.932	86.898	86.898	115.864
2.500	36.065	72.131	72.131	108.196	108.196	144.261
5.000	49.288	98.575	98.575	147.863	147.863	197.150
10.000	69.015	138.029	138.029	207.044	207.044	276.058

(2) Das Honorar für Grundleistungen bei Pflege- und Entwicklungsplänen ist nach der Fläche des Planungsgebiets in Hektar und nach der Honorarzone zu berechnen.

(3) Welchen Honorarzonen die Grundleistungen zugeordnet werden, richtet sich nach folgenden Bewertungsmerkmalen:
1. fachliche Vorgaben,
2. Differenziertheit des floristischen Inventars oder der Pflanzengesellschaften,
3. Differenziertheit des faunistischen Inventars,
4. Beeinträchtigungen oder Schädigungen von Naturhaushalt und Landschaftsbild,
5. Aufwand für die Festlegung von Zielaussagen sowie für Pflege- und Entwicklungsmaßnahmen.

(4) Sind für einen Pflege- und Entwicklungsplan Bewertungsmerkmale aus mehreren Honorarzonen anwendbar und bestehen deswegen Zweifel, welcher Honorarzone der Pflege- und Entwicklungsplan zugeordnet werden kann, so ist zunächst die Anzahl der

Bewertungspunkte zu ermitteln. Zur Ermittlung der Bewertungspunkte werden die Bewertungsmerkmale wie folgt gewichtet:
1. das Bewertungsmerkmal gemäß Absatz 3 Nummer 1 mit bis zu 4 Punkten,
2. die Bewertungsmerkmale gemäß Absatz 3 Nummer 4 und 5 mit je bis zu 6 Punkten und
3. die Bewertungsmerkmale gemäß Absatz 3 Nummer 2 und 3 mit je bis zu 9 Punkten.

(5) Der Pflege- und Entwicklungsplan ist anhand der nach Absatz 4 ermittelten Bewertungspunkte einer der Honorarzonen zuzuordnen:
1. Honorarzone I: bis zu 13 Punkte,
2. Honorarzone II: 14 bis 24 Punkte,
3. Honorarzone III: 25 bis 34 Punkte.

(6) Wird die Größe des Planungsgebiets während der Leistungserbringung geändert, so ist das Honorar für die Leistungsphasen, die bis zur Änderung noch nicht erbracht sind, nach der geänderten Größe des Planungsgebiets zu berechnen.

Teil 3 Objektplanung

Abschnitt 1 Gebäude und Innenräume

§ 33 Besondere Grundlagen des Honorars

(1) Für Grundleistungen bei Gebäuden und Innenräumen sind die Kosten der Baukonstruktion anrechenbar.

(2) Für Grundleistungen bei Gebäuden und Innenräumen sind auch die Kosten für Technische Anlagen, die der Auftragnehmer nicht fachlich plant oder deren Ausführung er nicht fachlich überwacht,
1. vollständig anrechenbar bis zu einem Betrag von 25 Prozent der sonstigen anrechenbaren Kosten und
2. zur Hälfte anrechenbar mit dem Betrag, der 25 Prozent der sonstigen anrechenbaren Kosten übersteigt.

(3) Nicht anrechenbar sind insbesondere die Kosten für das Herrichten, für die nichtöffentliche Erschließung sowie für Leistungen zur Ausstattung und zu Kunstwerken, soweit der Auftragnehmer die Leistungen weder plant noch bei der Beschaffung mitwirkt oder ihre Ausführung oder ihren Einbau fachlich überwacht.

§ 34 Leistungsbild Gebäude und Innenräume

(1) Das Leistungsbild Gebäude und Innenräume umfasst Leistungen für Neubauten, Neuanlagen, Wiederaufbauten, Erweiterungsbauten, Umbauten, Modernisierungen, Instandsetzungen und Instandhaltungen.

HOAI 2013 § 35 Honorare für Grundleistungen bei Gebäuden und Innenräumen

(2) Leistungen für Innenräume sind die Gestaltung oder Erstellung von Innenräumen ohne wesentliche Eingriffe in Bestand oder Konstruktion.

(3) Die Grundleistungen sind in neun Leistungsphasen unterteilt und werden wie folgt in Prozentsätzen der Honorare des § 35 bewertet:
1. für die Leistungsphase 1 (Grundlagenermittlung) mit je 2 Prozent für Gebäude und Innenräume,
2. für die Leistungsphase 2 (Vorplanung) mit je 7 Prozent für Gebäude und Innenräume,
3. für die Leistungsphase 3 (Entwurfsplanung) mit 15 Prozent für Gebäude und Innenräume,
4. für die Leistungsphase 4 (Genehmigungsplanung) mit 3 Prozent für Gebäude und 2 Prozent für Innenräume,
5. für die Leistungsphase 5 (Ausführungsplanung) mit 25 Prozent für Gebäude und 30 Prozent für Innenräume,
6. für die Leistungsphase 6 (Vorbereitung der Vergabe) mit 10 Prozent für Gebäude und 7 Prozent für Innenräume,
7. für die Leistungsphase 7 (Mitwirkung bei der Vergabe) mit 4 Prozent für Gebäude und 3 Prozent für Innenräume,
8. für die Leistungsphase 8 (Objektüberwachung – Bauüberwachung und Dokumentation) mit 32 Prozent für Gebäude und Innenräume,
9. für die Leistungsphase 9 (Objektbetreuung) mit je 2 Prozent für Gebäude und Innenräume.

(4) Anlage 10 Nummer 10.1 regelt die Grundleistungen jeder Leistungsphase und enthält Beispiele für Besondere Leistungen.

§ 35 Honorare für Grundleistungen bei Gebäuden und Innenräumen

(1) Die Mindest- und Höchstsätze der Honorare für die in § 34 und der Anlage 10, Nummer 10.1, aufgeführten Grundleistungen für Gebäude und Innenräume sind in der folgenden Honorartafel festgesetzt:

Anrechen-bare Kosten in Euro	Honorarzone I sehr geringe Anforderungen		Honorarzone II geringe Anforderungen		Honorarzone III durchschnittliche Anforderungen		Honorarzone IV hohe Anforderungen		Honorarzone V sehr hohe Anforderungen	
	von	bis	von	bis	von	bis	von	bis	von	bis
	Euro		Euro		Euro		Euro		Euro	
25.000	3.120	3.657	3.657	4.339	4.339	5.412	5.412	6.094	6.094	6.631
35.000	4.217	4.942	4.942	5.865	5.865	7.315	7.315	8.237	8.237	8.962
50.000	5.804	6.801	6.801	8.071	8.071	10.066	10.066	10.536	10.536	12.333
75.000	8.342	9.776	9.776	11.601	11.601	14.469	14.469	16.293	16.293	17.727
100.000	10.790	12.644	12.644	15.005	15.005	18.713	18.713	21.074	21.074	22.928
150.000	15.500	18.164	18.164	21.555	21.555	26.883	26.883	30.274	30.274	32.938
200.000	20.037	23.480	23.480	27.863	27.863	34.751	34.751	39.134	39.134	42.578

§ 35 Honorare für Grundleistungen bei Gebäuden und Innenräumen **HOAI 2013**

Anrechen-bare Kosten in Euro	Honorarzone I sehr geringe Anforderungen		Honorarzone II geringe Anforderungen		Honorarzone III durchschnittliche Anforderungen		Honorarzone IV hohe Anforderungen		Honorarzone V sehr hohe Anforderungen	
	von	bis	von	bis	von	bis	von	bis	von	bis
	Euro		Euro		Euro		Euro		Euro	
300.000	28.750	33.692	33.692	39.981	39.981	49.864	49.864	56.153	56.153	61.095
500.000	45.232	53.006	53.006	62.900	62.900	78.449	78.449	88.343	88.343	96.118
750.000	64.666	75.781	75.781	89.927	89.927	112.156	112.156	126.301	126.301	137.416
1.000.000	83.182	97.479	97.479	115.675	115.675	144.268	144.268	162.464	162.464	176.761
1.500.000	119.307	139.813	139.813	165.911	165.911	206.923	206.923	233.022	233.022	253.527
2.000.000	153.965	180.428	180.428	214.108	214.108	267.034	267.034	300.714	300.714	327.177
3.000.000	220.161	258.002	258.002	306.162	306.162	381.843	381.843	430.003	430.003	467.843
5.000.000	343.879	402.984	402.984	478.207	478.207	596.416	596.416	671.640	671.640	730.744
7.500.000	493.923	578.816	578.816	686.862	686.862	856.648	856.648	964.694	964.694	1.049.587
10.000.000	638.277	747.981	747.981	887.604	887.604	1.107.012	1.107.012	1.246.635	1.246.635	1.356.339
15.000.000	915.129	1.072.416	1.072.416	1.272.601	1.272.601	1.587.176	1.587.176	1.787.360	1.787.360	1.944.648
20.000.000	1.180.414	1.383.298	1383.298	1.641.513	1.641.513	2.047.281	2.047.281	2.305.496	2.305.496	2.508.380
25.000.000	1.436.874	1.683.837	1.683.837	1.998.153	1.998.153	2.492.079	2.492.079	2.806.395	2.806.395	3.053.358

(2) Welchen Honorarzonen die Grundleistungen für Gebäude zugeordnet werden, richtet sich nach folgenden Bewertungsmerkmalen:
1. Anforderungen an die Einbindung in die Umgebung,
2. Anzahl der Funktionsbereiche,
3. gestalterische Anforderungen,
4. konstruktive Anforderungen,
5. technische Ausrüstung,
6. Ausbau.

(3) Welchen Honorarzonen die Grundleistungen für Innenräume zugeordnet werden, richtet sich nach folgenden Bewertungsmerkmalen:
1. Anzahl der Funktionsbereiche,
2. Anforderungen an die Lichtgestaltung,
3. Anforderungen an die Raumzuordnung und Raumproportion,
4. technische Ausrüstung,
5. Farb- und Materialgestaltung,
6. konstruktive Detailgestaltung.

(4) Sind für ein Gebäude Bewertungsmerkmale aus mehreren Honorarzonen anwendbar und bestehen deswegen Zweifel, welcher Honorarzone das Gebäude oder der Innenraum zugeordnet werden kann, so ist zunächst die Anzahl der Bewertungspunkte zu ermitteln. Zur Ermittlung der Bewertungspunkte werden die Bewertungsmerkmale wie folgt gewichtet:

1. die Bewertungsmerkmale gemäß Absatz 2 Nummer 1, 4 bis 6 mit je bis zu 6 Punkten und
2. die Bewertungsmerkmale gemäß Absatz 2 Nummer 2 und 3 mit je bis zu 9 Punkten.

(5) Sind für Innenräume Bewertungsmerkmale aus mehreren Honorarzonen anwendbar und bestehen deswegen Zweifel, welcher Honorarzone das Gebäude oder der Innenraum zugeordnet werden kann, so ist zunächst die Anzahl der Bewertungspunkte zu ermitteln. Zur Ermittlung der Bewertungspunkte werden die Bewertungsmerkmale wie folgt gewichtet:
1. die Bewertungsmerkmale gemäß Absatz 3 Nummer 1 bis 4 mit je bis zu 6 Punkten und
2. die Bewertungsmerkmale gemäß Absatz 3 Nummer 5 und 6 mit je bis zu 9 Punkten.

(6) Das Gebäude oder der Innenraum ist anhand der nach Absatz 5 ermittelten Bewertungspunkte einer der Honorarzonen zuzuordnen:
1. Honorarzone I: bis zu 10 Punkte,
2. Honorarzone II: 11 bis 18 Punkte,
3. Honorarzone III: 19 bis 26 Punkte,
4. Honorarzone IV: 27 bis 34 Punkte,
5. Honorarzone V: 35 bis 42 Punkte.

(7) Für die Zuordnung zu den Honorarzonen ist die Objektliste der Anlage 10 Nummer 10.2 und Nummer 10.3 zu berücksichtigen.

§ 36 Umbauten und Modernisierungen von Gebäuden und Innenräumen

(1) Für Umbauten und Modernisierungen von Gebäuden kann bei einem durchschnittlichen Schwierigkeitsgrad ein Zuschlag gemäß § 6 Absatz 2 Satz 3 bis 33 Prozent auf das ermittelte Honorar schriftlich vereinbart werden.

(2) Für Umbauten und Modernisierungen von Innenräumen in Gebäuden kann bei einem durchschnittlichen Schwierigkeitsgrad ein Zuschlag gemäß § 6 Absatz 2 Satz 3 bis 50 Prozent auf das ermittelte Honorar schriftlich vereinbart werden.

§ 37 Aufträge für Gebäude und Freianlagen oder für Gebäude und Innenräume

(1) § 11 Absatz 1 ist nicht anzuwenden, wenn die getrennte Berechnung der Honorare für Freianlagen weniger als 7 500 Euro anrechenbare Kosten ergeben würde.

(2) Werden Grundleistungen für Innenräume in Gebäuden, die neu gebaut, wiederaufgebaut, erweitert oder umgebaut werden, einem Auftragnehmer übertragen, dem auch Grundleistungen für dieses Gebäude nach § 34 übertragen werden, so sind die Grundleistungen für Innenräume im Rahmen der festgesetzten Mindest- und Höchstsätze bei der Vereinbarung des Honorars für die Grundleistungen am Gebäude zu berücksichtigen. Ein gesondertes Honorar nach § 11 Absatz 1 darf für die Grundleistungen für Innenräume nicht berechnet werden.

Abschnitt 2 Freianlagen

§ 38 Besondere Grundlagen des Honorars

(1) Für Grundleistungen bei Freianlagen sind die Kosten für Außenanlagen anrechenbar, insbesondere für folgende Bauwerke und Anlagen, soweit diese durch den Auftragnehmer geplant oder überwacht werden:
1. Einzelgewässer mit überwiegend ökologischen und landschaftsgestalterischen Elementen,
2. Teiche ohne Dämme,
3. flächenhafter Erdbau zur Geländegestaltung,
4. einfache Durchlässe und Uferbefestigungen als Mittel zur Geländegestaltung, soweit keine Grundleistungen nach Teil 4 Abschnitt 1 erforderlich sind,
5. Lärmschutzwälle als Mittel zur Geländegestaltung,
6. Stützbauwerke und Geländeabstützungen ohne Verkehrsbelastung als Mittel zur Geländegestaltung, soweit keine Tragwerke mit durchschnittlichem Schwierigkeitsgrad erforderlich sind,
7. Stege und Brücken, soweit keine Grundleistungen nach Teil 4 Abschnitt 1 erforderlich sind,
8. Wege ohne Eignung für den regelmäßigen Fahrverkehr mit einfachen Entwässerungsverhältnissen sowie andere Wege und befestigte Flächen, die als Gestaltungselement der Freianlagen geplant werden und für die keine Grundleistungen nach Teil 3 Abschnitt 3 und 4 erforderlich sind.

(2) Nicht anrechenbar sind für Grundleistungen bei Freianlagen die Kosten für
1. das Gebäude sowie die in § 33 Absatz 3 genannten Kosten und
2. den Unter- und Oberbau von Fußgängerbereichen, ausgenommen die Kosten für die Oberflächenbefestigung.

§ 39 Leistungsbild Freianlagen

(1) Freianlagen sind planerisch gestaltete Freiflächen und Freiräume sowie entsprechend gestaltete Anlagen in Verbindung mit Bauwerken oder in Bauwerken und landschaftspflegerische Freianlagenplanungen in Verbindung mit Objekten.

(2) § 34 Absatz 1 gilt entsprechend.

(3) Die Grundleistungen bei Freianlagen sind in neun Leistungsphasen unterteilt und werden wie folgt in Prozentsätzen der Honorare des § 40 bewertet:
1. für die Leistungsphase 1 (Grundlagenermittlung) mit 3 Prozent,
2. für die Leistungsphase 2 (Vorplanung) mit 10 Prozent,
3. für die Leistungsphase 3 (Entwurfsplanung) mit 16 Prozent,
4. für die Leistungsphase 4 (Genehmigungsplanung) mit 4 Prozent,
5. für die Leistungsphase 5 (Ausführungsplanung) mit 25 Prozent,
6. für die Leistungsphase 6 (Vorbereitung der Vergabe) mit 7 Prozent,
7. für die Leistungsphase 7 (Mitwirkung bei der Vergabe) mit 3 Prozent,

HOAI 2013 § 40 Honorare für Grundleistungen bei Freianlagen

8. für die Leistungsphase 8 (Objektüberwachung – Bauüberwachung und Dokumentation) mit 30 Prozent und
9. für die Leistungsphase 9 (Objektbetreuung) mit 2 Prozent.

(4) Anlage 11 Nummer 11.1 regelt die Grundleistungen jeder Leistungsphase und enthält Beispiele für Besondere Leistungen.

§ 40 Honorare für Grundleistungen bei Freianlagen

(1) Die Mindest- und Höchstsätze der Honorare für die in § 39 und der Anlage 11 Nummer 11.1 aufgeführten Grundleistungen für Freianlagen sind in der folgenden Honorartafel festgesetzt:

Anrechenbare Kosten in Euro	Honorarzone I sehr geringe Anforderungen		Honorarzone II geringe Anforderungen		Honorarzone III durchschnittliche Anforderungen		Honorarzone IV hohe Anforderungen		Honorarzone V sehr hohe Anforderungen	
	von	bis	von	bis	von	bis	von	bis	von	bis
	Euro		Euro		Euro		Euro		Euro	
20.000	3.643	4.348	4.348	5.229	5.229	6.521	6.521	7.403	7.403	8.108
25.000	4.406	5.259	5.259	6.325	6.325	7.888	7.888	8.954	8.954	9.807
30.000	5.147	6.143	6.143	7.388	7.388	9.215	9.215	10.460	10.460	11.456
35.000	5.870	7.006	7.006	8.426	8.426	10.508	10.508	11.928	11.928	13.064
40.000	6.577	7.850	7.850	9.441	9.441	11.774	11.774	13.365	13.365	14.638
50.000	7.953	9.492	9.492	11.416	11.416	14.238	14.238	16.162	16.162	17.701
60.000	9.287	11.085	11.085	13.332	13.332	16.627	16.627	18.874	18.874	20.672
75.000	11.227	13.400	13.400	16.116	16.116	20.100	20.100	22.816	22.816	24.989
100.000	14.332	17.106	17.106	20.574	20.574	25.659	25.659	29.127	29.127	31.901
125.000	17.315	20.666	20.666	24.855	24.855	30.999	30.999	35.188	35.188	38.539
150.000	20.201	24.111	24.111	28.998	28.998	36.166	36.166	41.053	41.053	44.963
200.000	25.746	30.729	30.729	36.958	36.958	46.094	46.094	52.323	52.323	57.306
250.000	31.053	37.063	37.063	44.576	44.576	55.594	55.594	63.107	63.107	69.117
350.000	41.147	49.111	49.111	59.066	59.066	73.667	73.667	83.622	83.622	91.586
500.000	55.300	66.004	66.004	79.383	79.383	99.006	99.006	112.385	112.385	123.088
650.000	69.114	82.491	82.491	99.212	99.212	123.736	123.736	140.457	140.457	153.834
800.000	82.430	98.384	98.384	118.326	118.326	147.576	147.576	167.518	167.518	183.472
1.000.000	99.578	118.851	118.851	142.942	142.942	178.276	178.276	202.368	202.368	221.641
1.250.000	120.238	143.510	143.510	172.600	172.600	215.265	215.265	244.355	244.355	267.627
1.500.000	140.204	167.340	167.340	201.261	201.261	251.011	251.011	284.931	284.931	312.067

(2) Welchen Honorarzonen die Grundleistungen zugeordnet werden, richtet sich nach folgenden Bewertungsmerkmalen:

1. Anforderungen an die Einbindung in die Umgebung,
2. Anforderungen an Schutz, Pflege und Entwicklung von Natur und Landschaft,
3. Anzahl der Funktionsbereiche,
4. gestalterische Anforderungen,
5. Ver- und Entsorgungseinrichtungen.

(3) Sind für eine Freianlage Bewertungsmerkmale aus mehreren Honorarzonen anwendbar und bestehen deswegen Zweifel, welcher Honorarzone die Freianlage zugeordnet werden kann, so ist zunächst die Anzahl der Bewertungspunkte zu ermitteln. Zur Ermittlung der Bewertungspunkte werden die Bewertungsmerkmale wie folgt gewichtet:
1. die Bewertungsmerkmale gemäß Absatz 2 Nummer 1, 2 und 4 mit je bis zu 8 Punkten,
2. die Bewertungsmerkmale gemäß Absatz 2 Nummer 3 und 5 mit je bis zu 6 Punkten.

(4) Die Freianlage ist anhand der nach Absatz 3 ermittelten Bewertungspunkte einer der Honorarzonen zuzuordnen:
1. Honorarzone I: bis zu 8 Punkte,
2. Honorarzone II: 9 bis 15 Punkte,
3. Honorarzone III: 16 bis 22 Punkte,
4. Honorarzone IV: 23 bis 29 Punkte,
5. Honorarzone V: 30 bis 36 Punkte.

(5) Für die Zuordnung zu den Honorarzonen ist die Objektliste der Anlage 11 Nummer 11.2 zu berücksichtigen.

(6) § 36 Absatz 1 ist für Freianlagen entsprechend anzuwenden.

Abschnitt 3 Ingenieurbauwerke

§ 41 Anwendungsbereich

Ingenieurbauwerke umfassen:
1. Bauwerke und Anlagen der Wasserversorgung,
2. Bauwerke und Anlagen der Abwasserentsorgung,
3. Bauwerke und Anlagen des Wasserbaus ausgenommen Freianlagen nach § 39 Absatz 1,
4. Bauwerke und Anlagen für Ver- und Entsorgung mit Gasen, Feststoffen und wassergefährdenden Flüssigkeiten, ausgenommen Anlagen der Technischen Ausrüstung nach § 53 Absatz 2,
5. Bauwerke und Anlagen der Abfallentsorgung,
6. konstruktive Ingenieurbauwerke für Verkehrsanlagen,
7. sonstige Einzelbauwerke, ausgenommen Gebäude und Freileitungsmaste.

§ 42 Besondere Grundlagen des Honorars

(1) Für Grundleistungen bei Ingenieurbauwerken sind die Kosten der Baukonstruktion anrechenbar. Die Kosten für die Anlagen der Maschinentechnik, die der Zweckbestimmung des Ingenieurbauwerks dienen, sind anrechenbar, soweit der Auftragnehmer diese plant oder deren Ausführung überwacht.

(2) Für Grundleistungen bei Ingenieurbauwerken sind auch die Kosten für Technische Anlagen, die der Auftragnehmer nicht fachlich plant oder deren Ausführung der Auftragnehmer nicht fachlich überwacht,
1. vollständig anrechenbar bis zum Betrag von 25 Prozent der sonstigen anrechenbaren Kosten und
2. zur Hälfte anrechenbar mit dem Betrag, der 25 Prozent der sonstigen anrechenbaren Kosten übersteigt.

(3) Nicht anrechenbar sind, soweit der Auftragnehmer die Anlagen weder plant noch ihre Ausführung überwacht, die Kosten für:
1. das Herrichten des Grundstücks,
2. die öffentliche und die nichtöffentliche Erschließung, die Außenanlagen, das Umlegen und Verlegen von Leitungen,
3. verkehrsregelnde Maßnahmen während der Bauzeit,
4. die Ausstattung und Nebenanlagen von Ingenieurbauwerken.

§ 43 Leistungsbild Ingenieurbauwerke

(1) § 34 Absatz 1 gilt entsprechend. Die Grundleistungen für Ingenieurbauwerke sind in neun Leistungsphasen unterteilt und werden wie folgt in Prozentsätzen der Honorare des § 44 bewertet:
1. für die Leistungsphase 1 (Grundlagenermittlung) mit 2 Prozent,
2. für die Leistungsphase 2 (Vorplanung) mit 20 Prozent,
3. für die Leistungsphase 3 (Entwurfsplanung) mit 25 Prozent,
4. für die Leistungsphase 4 (Genehmigungsplanung) mit 5 Prozent,
5. für die Leistungsphase 5 (Ausführungsplanung) mit 15 Prozent,
6. für die Leistungsphase 6 (Vorbereitung der Vergabe) mit 13 Prozent,
7. für die Leistungsphase 7 (Mitwirkung bei der Vergabe) mit 4 Prozent,
8. für die Leistungsphase 8 (Bauoberleitung) mit 15 Prozent,
9. für die Leistungsphase 9 (Objektbetreuung) mit 1 Prozent.

(2) Abweichend von Absatz 1 Nummer 2 wird die Leistungsphase 2 bei Objekten nach § 41 Nummer 6 und 7, die eine Tragwerksplanung erfordern, mit 10 Prozent bewertet.

(3) Die Vertragsparteien können abweichend von Absatz 1 schriftlich vereinbaren, dass
1. die Leistungsphase 4 mit 5 bis 8 Prozent bewertet wird, wenn dafür ein eigenständiges Planfeststellungsverfahren erforderlich ist,

2. die Leistungsphase 5 mit 15 bis 35 Prozent bewertet wird, wenn ein überdurchschnittlicher Aufwand an Ausführungszeichnungen erforderlich wird.

(4) Anlage 12 Nummer 12.1 regelt die Grundleistungen jeder Leistungsphase und enthält Beispiele für Besondere Leistungen.

§ 44 Honorare für Grundleistungen bei Ingenieurbauwerken

(1) Die Mindest- und Höchstsätze der Honorare für die in § 43 und der Anlage 12 Nummer 12.1 aufgeführten Grundleistungen bei Ingenieurbauwerken sind in der folgenden Honorartafel für den Anwendungsbereich des § 41 festgesetzt.

Anrechen-bare Kosten in Euro	Honorarzone I sehr geringe Anforderungen		Honorarzone II geringe Anforderungen		Honorarzone III durchschnittliche Anforderungen		Honorarzone IV hohe Anforderungen		Honorarzone V sehr hohe Anforderungen	
	von	bis	von	bis	von	bis	von	bis	von	bis
	Euro		Euro		Euro		Euro		Euro	
25.000	3.449	4.109	4.109	4.768	4.768	5.428	5.428	6.036	6.036	6.696
35.000	4.475	5.331	5.331	6.186	6.186	7.042	7.042	7.831	7.831	8.687
50.000	5.897	7.024	7.024	8.152	8.152	9.279	9.279	10.320	10.320	11.447
75.000	8.069	9.611	9.611	11.154	11.154	12.697	12.697	14.121	14.121	15.663
100.000	10.079	12.005	12.005	13.932	13.932	15.859	15.859	17.637	17.637	19.564
150.000	13.786	16.422	16.422	19.058	19.058	21.693	21.693	24.126	24.126	26.762
200.000	17.215	20.506	20.506	23.797	23.797	27.088	27.088	30.126	30.126	33.417
300.000	23.534	28.033	28.033	32.532	32.532	37.031	37.031	41.185	41.185	45.684
500.000	34.865	41.530	41.530	48.195	48.195	54.861	54.861	61.013	61.013	67.679
750.000	47.576	56.672	56.672	65.767	65.767	74.863	74.863	83.258	83.258	92.354
1.000.000	59.264	70.594	70.594	81.924	81.924	93.254	93.254	103.712	103.712	115.042
1.500.000	80.998	96.482	96.482	111.967	111.967	127.452	127.452	141.746	141.746	157.230
2.000.000	101.054	120.373	120.373	139.692	139.692	159.011	159.011	176.844	176.844	196.163
3.000.000	137.907	164.272	164.272	190.636	190.636	217.001	217.001	241.338	241.338	267.702
5.000.000	203.584	242.504	242.504	281.425	281.425	320.345	320.345	356.272	356.272	395.192
7.500.000	278.415	331.642	331.642	384.868	384.868	438.095	438.095	487.227	487.227	540.453
10.000.000	347.568	414.014	414.014	480.461	480.461	546.908	546.908	608.244	608.244	674.690
15.000.000	474.901	565.691	565.691	656.480	656.480	747.270	747.270	831.076	831.076	921.866
20.000.000	592.324	705.563	705.563	818.801	818.801	932.040	932.040	1.036.568	1.036.568	1.149.806
25.000.000	702.770	837.123	837.123	971.476	971.476	1.105.829	1.105.829	1.229.848	1.229.848	1.364.201

(2) Welchen Honorarzonen die Grundleistungen zugeordnet werden, richtet sich nach folgenden Bewertungsmerkmalen:
1. geologische und baugrundtechnische Gegebenheiten,
2. technische Ausrüstung und Ausstattung,
3. Einbindung in die Umgebung oder in das Objektumfeld,

4. Umfang der Funktionsbereiche oder der konstruktiven oder technischen Anforderungen,
5. fachspezifische Bedingungen.

(3) Sind für Ingenieurbauwerke Bewertungsmerkmale aus mehreren Honorarzonen anwendbar und bestehen deswegen Zweifel, welcher Honorarzone das Objekt zugeordnet werden kann, so ist zunächst die Anzahl der Bewertungspunkte zu ermitteln. Zur Ermittlung der Bewertungspunkte werden die Bewertungsmerkmale wie folgt gewichtet:
1. die Bewertungsmerkmale gemäß Absatz 2 Nummer 1, 2 und 3 mit bis zu 5 Punkten,
2. das Bewertungsmerkmal gemäß Absatz 2 Nummer 4 mit bis zu 10 Punkten,
3. das Bewertungsmerkmal gemäß Absatz 2 Nummer 5 mit bis zu 15 Punkten.

(4) Das Ingenieurbauwerk ist anhand der nach Absatz 3 ermittelten Bewertungspunkte einer der Honorarzonen zuzuordnen:
1. Honorarzone I: bis zu 10 Punkte,
2. Honorarzone II: 11 bis 17 Punkte,
3. Honorarzone III: 18 bis 25 Punkte,
4. Honorarzone IV: 26 bis 33 Punkte,
5. Honorarzone V: 34 bis 40 Punkte.

(5) Für die Zuordnung zu den Honorarzonen ist die Objektliste der Anlage 12 Nummer 12.2 zu berücksichtigen.

(6) Für Umbauten und Modernisierungen von Ingenieurbauwerken kann bei einem durchschnittlichen Schwierigkeitsgrad ein Zuschlag gemäß § 6 Absatz 2 Satz 3 bis 33 Prozent schriftlich vereinbart werden.

(7) Steht der Planungsaufwand für Ingenieurbauwerke mit großer Längenausdehnung, die unter gleichen baulichen Bedingungen errichtet werden, in einem Missverhältnis zum ermittelten Honorar, ist § 7 Absatz 3 anzuwenden.

Abschnitt 4 Verkehrsanlagen

§ 45 Anwendungsbereich

Verkehrsanlagen sind:
1. Anlagen des Straßenverkehrs ausgenommen selbstständige Rad-, Geh- und Wirtschaftswege und Freianlagen nach § 39 Absatz 1,
2. Anlagen des Schienenverkehrs,
3. Anlagen des Flugverkehrs.

§ 46 Besondere Grundlagen des Honorars

(1) Für Grundleistungen bei Verkehrsanlagen sind die Kosten der Baukonstruktion anrechenbar. Soweit der Auftragnehmer die Ausstattung von Anlagen des Straßen-, Schienen- und Flugverkehrs einschließlich der darin enthaltenen Entwässerungsanlagen, die

der Zweckbestimmung der Verkehrsanlagen dienen, plant oder deren Ausführung überwacht, sind die dadurch entstehenden Kosten anrechenbar.

(2) Für Grundleistungen bei Verkehrsanlagen sind auch die Kosten für Technische Anlagen, die der Auftragnehmer nicht fachlich plant oder deren Ausführung der Auftragnehmer nicht fachlich überwacht,
1. vollständig anrechenbar bis zu einem Betrag von 25 Prozent der sonstigen anrechenbaren Kosten und
2. zur Hälfte anrechenbar mit dem Betrag, der 25 Prozent der sonstigen anrechenbaren Kosten übersteigt.

(3) Nicht anrechenbar sind, soweit der Auftragnehmer die Anlagen weder plant noch ihre Ausführung überwacht, die Kosten für:
1. das Herrichten des Grundstücks,
2. die öffentliche und die nichtöffentliche Erschließung, die Außenanlagen, das Umlegen und Verlegen von Leitungen,
3. die Nebenanlagen von Anlagen des Straßen-, Schienen- und Flugverkehrs,
4. verkehrsregelnde Maßnahmen während der Bauzeit.

(4) Für Grundleistungen der Leistungsphasen 1 bis 7 und 9 bei Verkehrsanlagen sind
1. die Kosten für Erdarbeiten einschließlich Felsarbeiten anrechenbar bis zu einem Betrag von 40 Prozent der sonstigen anrechenbaren Kosten nach Absatz 1 und
2. 10 Prozent der Kosten für Ingenieurbauwerke anrechenbar, wenn dem Auftragnehmer für diese Ingenieurbauwerke nicht gleichzeitig Grundleistungen nach § 43 übertragen werden.

(5) Die nach den Absätzen 1 bis 4 ermittelten Kosten sind für Grundleistungen des § 47 Absatz 1 Satz 2 Nummer 1 bis 7 und 9
1. bei Straßen, die mehrere durchgehende Fahrspuren mit einer gemeinsamen Entwurfsachse und einer gemeinsamen Entwurfsgradiente haben, wie folgt anteilig anrechenbar:
    a) bei dreistreifigen Straßen zu 85 Prozent,
    b) bei vierstreifigen Straßen zu 70 Prozent und
    c) bei mehr als vierstreifigen Straßen zu 60 Prozent,
2. bei Gleis- und Bahnsteiganlagen, die zwei Gleise mit einem gemeinsamen Planum haben, zu 90 Prozent anrechenbar. Das Honorar für Gleis- und Bahnsteiganlagen mit mehr als zwei Gleisen oder Bahnsteigen kann frei vereinbart werden.

§ 47 Leistungsbild Verkehrsanlagen

(1) § 34 Absatz 1 gilt entsprechend. Die Grundleistungen für Verkehrsanlagen sind in neun Leistungsphasen unterteilt und werden wie folgt in Prozentsätzen der Honorare des § 48 bewertet:
1. für die Leistungsphase 1 (Grundlagenermittlung) mit 2 Prozent,
2. für die Leistungsphase 2 (Vorplanung) mit 20 Prozent,
3. für die Leistungsphase 3 (Entwurfsplanung) mit 25 Prozent,

HOAI 2013 § 48 Honorare für Grundleistungen bei Verkehrsanlagen

4. für die Leistungsphase 4 (Genehmigungsplanung) mit 8 Prozent,
5. für die Leistungsphase 5 (Ausführungsplanung) mit 15 Prozent,
6. für die Leistungsphase 6 (Vorbereitung der Vergabe) mit 10 Prozent,
7. für die Leistungsphase 7 (Mitwirkung bei der Vergabe) mit 4 Prozent,
8. für die Leistungsphase 8 (Bauoberleitung) mit 15 Prozent,
9. für die Leistungsphase 9 (Objektbetreuung) mit 1 Prozent.

(2) Anlage 13 Nummer 13.1 regelt die Grundleistungen jeder Leistungsphase und enthält Beispiele für Besondere Leistungen.

§ 48 Honorare für Grundleistungen bei Verkehrsanlagen

(1) Die Mindest- und Höchstsätze der Honorare für die in § 47 und der Anlage 13 Nummer 13.1 aufgeführten Grundleistungen bei Verkehrsanlagen sind in der folgenden Honorartafel für den Anwendungsbereich des § 45 festgesetzt:

Anrechenbare Kosten in Euro	Honorarzone I sehr geringe Anforderungen		Honorarzone II geringe Anforderungen		Honorarzone III durchschnittliche Anforderungen		Honorarzone IV hohe Anforderungen		Honorarzone V sehr hohe Anforderungen	
	von	bis	von	bis	von	bis	von	bis	von	bis
	Euro		Euro		Euro		Euro		Euro	
25.000	3.882	4.624	4.624	5.366	5.366	6.108	6.108	6.793	6.793	7.535
35.000	4.981	5.933	5.933	6.885	6.885	7.837	7.837	8.716	8.716	9.668
50.000	6.487	7.727	7.727	8.967	8.967	10.207	10.207	11.352	11.352	12.592
75.000	8.759	10.434	10.434	12.108	12.108	13.783	13.783	15.328	15.328	17.003
100.000	10.839	12.911	12.911	14.983	14.983	17.056	17.056	18.968	18.968	21.041
150.000	14.634	17.432	17.432	20.229	20.229	23.027	23.027	25.610	25.610	28.407
200.000	18.106	21.567	21.567	25.029	25.029	28.490	28.490	31.685	31.685	35.147
300.000	24.435	29.106	29.106	33.778	33.778	38.449	38.449	42.761	42.761	47.433
500.000	35.622	42.433	42.433	49.243	49.243	56.053	56.053	62.339	62.339	69.149
750.000	48.001	57.178	57.178	66.355	66.355	75.532	75.532	84.002	84.002	93.179
1.000.000	59.267	70.597	70.597	81.928	81.928	93.258	93.258	103.717	103.717	115.047
1.500.000	80.009	95.305	95.305	110.600	110.600	125.896	125.896	140.015	140.015	155.311
2.000.000	98.962	117.881	117.881	136.800	136.800	155.719	155.719	173.183	173.183	192.102
3.000.000	133.441	158.951	158.951	184.462	184.462	209.973	209.973	233.521	233.521	259.032
5.000.000	194.094	231.200	231.200	268.306	268.306	305.412	305.412	339.664	339.664	376.770
7.500.000	262.407	312.573	312.573	362.739	362.739	412.905	412.905	459.212	459.212	509.378
10.000.000	324.978	387.107	387.107	449.235	449.235	511.363	511.363	568.712	568.712	630.840
15.000.000	439.179	523.140	523.140	607.101	607.101	691.062	691.062	768.564	768.564	852.525
20.000.000	543.619	647.546	647.546	751.473	751.473	855.401	855.401	951.333	951.333	1.055.260
25.000.000	641.265	763.860	763.860	886.454	886.454	1.009.049	1.009.049	1.122.213	1.122.213	1.244.808

(2) Welchen Honorarzonen die Grundleistungen zugeordnet werden, richtet sich nach folgenden Bewertungsmerkmalen:
1. geologische und baugrundtechnische Gegebenheiten,
2. technische Ausrüstung und Ausstattung,
3. Einbindung in die Umgebung oder das Objektumfeld,
4. Umfang der Funktionsbereiche oder der konstruktiven oder technischen Anforderungen,
5. fachspezifische Bedingungen.

(3) Sind für Verkehrsanlagen Bewertungsmerkmale aus mehreren Honorarzonen anwendbar und bestehen deswegen Zweifel, welcher Honorarzone das Objekt zugeordnet werden kann, so ist zunächst die Anzahl der Bewertungspunkte zu ermitteln. Zur Ermittlung der Bewertungspunkte werden die Bewertungsmerkmale wie folgt gewichtet:
1. die Bewertungsmerkmale gemäß Absatz 2 Nummer 1, 2 mit bis zu 5 Punkten,
2. das Bewertungsmerkmal gemäß Absatz 2 Nummer 3 mit bis zu 15 Punkten,
3. das Bewertungsmerkmal gemäß Absatz 2 Nummer 4 mit bis zu 10 Punkten,
4. das Bewertungsmerkmal gemäß Absatz 2 Nummer 5 mit bis zu 5 Punkten,

(4) Die Verkehrsanlage ist anhand der nach Absatz 3 ermittelten Bewertungspunkte einer der Honorarzonen zuzuordnen:
1. Honorarzone I: bis zu 10 Punkte,
2. Honorarzone II: 11 bis 17 Punkte,
3. Honorarzone III: 18 bis 25 Punkte,
4. Honorarzone IV: 26 bis 33 Punkte,
5. Honorarzone V: 34 bis 40 Punkte.

(5) Für die Zuordnung zu den Honorarzonen ist die Objektliste der Anlage 13 Nummer 13.2 zu berücksichtigen.

(6) Für Umbauten und Modernisierungen von Verkehrsanlagen kann bei einem durchschnittlichen Schwierigkeitsgrad ein Zuschlag gemäß § 6 Absatz 2 Satz 3 bis 33 Prozent schriftlich vereinbart werden.

Teil 4 Fachplanung

Abschnitt 1 Tragwerksplanung

§ 49 Anwendungsbereich

(1) Leistungen der Tragwerksplanung sind die statische Fachplanung für die Objektplanung Gebäude und Ingenieurbauwerke.

(2) Das Tragwerk bezeichnet das statische Gesamtsystem der miteinander verbundenen, lastabtragenden Konstruktionen, die für die Standsicherheit von Gebäuden, Ingenieurbauwerken und Traggerüsten bei Ingenieurbauwerken maßgeblich sind.

§ 50 Besondere Grundlagen des Honorars

(1) Bei Gebäuden und zugehörigen baulichen Anlagen sind 55 Prozent der Baukonstruktionskosten und 10 Prozent der Kosten der Technischen Anlagen anrechenbar.

(2) Die Vertragsparteien können bei Gebäuden mit einem hohen Anteil an Kosten der Gründung und der Tragkonstruktionen schriftlich vereinbaren, dass die anrechenbaren Kosten abweichend von Absatz 1 nach Absatz 3 ermittelt werden.

(3) Bei Ingenieurbauwerken sind 90 Prozent der Baukonstruktionskosten und 15 Prozent der Kosten der Technischen Ausrüstung anrechenbar.

(4) Für Traggerüste bei Ingenieurbauwerken sind die Herstellkosten einschließlich der zugehörigen Kosten für Baustelleneinrichtungen anrechenbar. Bei mehrfach verwendeten Bauteilen ist der Neuwert anrechenbar.

(5) Die Vertragsparteien können vereinbaren, dass Kosten von Arbeiten, die nicht in den Absätzen 1 bis 3 erfasst sind, ganz oder teilweise anrechenbar sind, wenn der Auftragnehmer wegen dieser Arbeiten Mehrleistungen für das Tragwerk nach § 51 erbringt.

§ 51 Leistungsbild Tragwerksplanung

(1) Die Grundleistungen der Tragwerksplanung sind für Gebäude und zugehörige bauliche Anlagen sowie für Ingenieurbauwerke nach § 41 Nummer 1 bis 5 in den Leistungsphasen 1 bis 6 sowie für Ingenieurbauwerke nach § 41 Nummer 6 und 7 in den Leistungsphasen 2 bis 6 zusammengefasst und werden wie folgt in Prozentsätzen der Honorare des § 52 bewertet:
1. für die Leistungsphase 1 (Grundlagenermittlung) mit 3 Prozent,
2. für die Leistungsphase 2 (Vorplanung) mit 10 Prozent,
3. für die Leistungsphase 3 (Entwurfsplanung) mit 15 Prozent,
4. für die Leistungsphase 4 (Genehmigungsplanung) mit 30 Prozent,
5. für die Leistungsphase 5 (Ausführungsplanung) mit 40 Prozent,
6. für die Leistungsphase 6 (Vorbereitung der Vergabe) mit 2 Prozent.

(2) Die Leistungsphase 5 ist abweichend von Absatz 1 mit 30 Prozent der Honorare des § 52 zu bewerten:
1. im Stahlbetonbau, sofern keine Schalpläne in Auftrag gegeben werden,
2. im Holzbau mit unterdurchschnittlichem Schwierigkeitsgrad.

(3) Die Leistungsphase 5 ist abweichend von Absatz 1 mit 20 Prozent der Honorare des § 52 zu bewerten, sofern nur Schalpläne in Auftrag gegeben werden.

(4) Bei sehr enger Bewehrung kann die Bewertung der Leistungsphase 5 um bis zu 4 Prozent erhöht werden.

(5) Anlage 14 Nummer 14.1 regelt die Grundleistungen jeder Leistungsphase und enthält Beispiele für Besondere Leistungen. Für Ingenieurbauwerke nach § 41 Num-

mer 6 und 7 sind die Grundleistungen der Tragwerksplanung zur Leistungsphase 1 im Leistungsbild der Ingenieurbauwerke gemäß § 43 enthalten.

§ 52 Honorare für Grundleistungen bei Tragwerksplanungen

(1) Die Mindest- und Höchstsätze der Honorare für die in § 51 und der Anlage 14 Nummer 14.1 aufgeführten Grundleistungen der Tragwerksplanungen sind in der nebenstehenden Honorartafel festgesetzt.

Anrechenbare Kosten in Euro	Honorarzone I sehr geringe Anforderungen		Honorarzone II geringe Anforderungen		Honorarzone III durchschnittliche Anforderungen		Honorarzone IV hohe Anforderungen		Honorarzone V sehr hohe Anforderungen	
	von	bis	von	bis	von	bis	von	bis	von	bis
	Euro		Euro		Euro		Euro		Euro	
10.000	1.461	1.624	1.624	2.064	2.064	2.575	2.575	3.015	3.015	3.178
15.000	2.011	2.234	2.234	2.841	2.841	3.543	3.543	4.149	4.149	4.373
25.000	3.006	3.340	3.340	4.247	4.247	5.296	5.296	6.203	6.203	6.537
50.000	5.187	5.763	5.763	7.327	7.327	9.139	9.139	10.703	10.703	11.279
75.000	7.135	7.928	7.928	10.080	10.080	12.572	12.572	14.724	14.724	15.517
100.000	8.946	9.940	9.940	12.639	12.639	15.763	15.763	18.461	18.461	19.455
150.000	12.303	13.670	13.670	17.380	17.380	21.677	21.677	25.387	25.387	26.754
250.000	18.370	20.411	20.411	25.951	25.951	32.365	32.365	37.906	37.906	39.947
350.000	23.909	26.565	26.565	33.776	33.776	42.125	42.125	49.335	49.335	51.992
500.000	31.594	35.105	35.105	44.633	44.633	55.666	55.666	65.194	65.194	68.705
750.000	43.463	48.293	48.293	61.401	61.401	76.578	76.578	89.686	89.686	94.515
1.000.000	54.495	60.550	60.550	76.984	76.984	96.014	96.014	112.449	112.449	118.504
1.250.000	64.940	72.155	72.155	91.740	91.740	114.418	114.418	134.003	134.003	141.218
1.500.000	74.938	83.265	83.265	105.865	105.865	132.034	132.034	154.635	154.635	162.961
2.000.000	93.923	104.358	104.358	132.684	132.684	165.483	165.483	193.808	193.808	204.244
3.000.000	129.059	143.398	143.398	182.321	182.321	227.389	227.389	266.311	266.311	280.651
5.000.000	192.384	213.760	213.760	271.781	271.781	338.962	338.962	396.983	396.983	418.359
7.500.000	264.487	293.874	293.874	373.640	373.640	466.001	466.001	545.767	545.767	575.154
10.000.000	331.398	368.220	368.220	468.166	468.166	583.892	583.892	683.838	683.838	720.660
15.000.000	455.117	505.686	505.686	642.943	642.943	801.873	801.873	939.131	939.131	989.699

(2) Die Honorarzone wird nach dem statisch-konstruktiven Schwierigkeitsgrad anhand der in Anlage 14 Nummer 14.2 dargestellten Bewertungsmerkmale ermittelt.

(3) Sind für ein Tragwerk Bewertungsmerkmale aus mehreren Honorarzonen anwendbar und bestehen deswegen Zweifel, welcher Honorarzone das Tragwerk zugeordnet werden kann, so ist für die Zuordnung die Mehrzahl der in den jeweiligen Honorarzonen nach Absatz 2 aufgeführten Bewertungsmerkmale und ihre Bedeutung im Einzelfall maßgebend.

(4) Für Umbauten und Modernisierungen kann bei einem durchschnittlichen Schwierigkeitsgrad ein Zuschlag gemäß § 6 Absatz 2 Satz 3 bis 50 Prozent schriftlich vereinbart werden.

(5) Steht der Planungsaufwand für Tragwerke bei Ingenieurbauwerken mit großer Längenausdehnung, die unter gleichen baulichen Bedingungen errichtet werden, in einem Missverhältnis zum ermittelten Honorar, ist § 7 Absatz 3 anzuwenden.

Abschnitt 2 Technische Ausrüstung

§ 53 Anwendungsbereich

(1) Die Leistungen der Technischen Ausrüstung umfassen die Fachplanungen für Objekte.

(2) Zur Technischen Ausrüstung gehören folgende Anlagengruppen:
1. Abwasser-, Wasser- und Gasanlagen,
2. Wärmeversorgungsanlagen,
3. Lufttechnische Anlagen,
4. Starkstromanlagen,
5. Fernmelde- und informationstechnische Anlagen,
6. Förderanlagen,
7. nutzungsspezifische Anlagen und verfahrenstechnische Anlagen,
8. Gebäudeautomation und Automation von Ingenieurbauwerken.

§ 54 Besondere Grundlagen des Honorars

(1) Das Honorar für Grundleistungen bei der Technischen Ausrüstung richtet sich für das jeweilige Objekt im Sinne des § 2 Absatz 1 Satz 1 nach der Summe der anrechenbaren Kosten der Anlagen jeder Anlagengruppe. Dies gilt für nutzungsspezifische Anlagen nur, wenn die Anlagen funktional gleichartig sind. Anrechenbar sind auch sonstige Maßnahmen für technische Anlagen.

(2) Umfasst ein Auftrag für unterschiedliche Objekte im Sinne des § 2 Absatz 1 Satz 1 mehrere Anlagen, die unter funktionalen und technischen Kriterien eine Einheit bilden, werden die anrechenbaren Kosten der Anlagen jeder Anlagengruppe zusammengefasst. Dies gilt für nutzungsspezifische Anlagen nur, wenn diese Anlagen funktional gleichartig sind. § 11 Absatz 1 ist nicht anzuwenden.

(3) Umfasst ein Auftrag im Wesentlichen gleiche Anlagen, die unter weitgehend vergleichbaren Bedingungen für im Wesentlichen gleiche Objekte geplant werden, ist die Rechtsfolge des § 11 Absatz 3 anzuwenden. Umfasst ein Auftrag im Wesentlichen gleiche Anlagen, die bereits Gegenstand eines anderen Vertrags zwischen den Vertragsparteien waren, ist die Rechtsfolge des § 11 Absatz 4 anzuwenden.

(4) Nicht anrechenbar sind die Kosten für die nichtöffentliche Erschließung und die Technischen Anlagen in Außenanlagen, soweit der Auftragnehmer diese nicht plant oder ihre Ausführung nicht überwacht.

(5) Werden Teile der Technischen Ausrüstung in Baukonstruktionen ausgeführt, so können die Vertragsparteien schriftlich vereinbaren, dass die Kosten hierfür ganz oder teilweise zu den anrechenbaren Kosten gehören. Satz 1 ist entsprechend für Bauteile der Kostengruppe Baukonstruktionen anzuwenden, deren Abmessung oder Konstruktion durch die Leistung der Technischen Ausrüstung wesentlich beeinflusst wird.

§ 55 Leistungsbild Technische Ausrüstung

(1) Das Leistungsbild Technische Ausrüstung umfasst Grundleistungen für Neuanlagen, Wiederaufbauten, Erweiterungsbauten, Umbauten, Modernisierungen, Instandhaltungen und Instandsetzungen. Die Grundleistungen bei der Technischen Ausrüstung sind in neun Leistungsphasen zusammengefasst und werden wie folgt in Prozentsätzen der Honorare des § 56 bewertet:
1. für die Leistungsphase 1 (Grundlagenermittlung) mit 2 Prozent,
2. für die Leistungsphase 2 (Vorplanung) mit 9 Prozent,
3. für die Leistungsphase 3 (Entwurfsplanung) mit 17 Prozent,
4. für die Leistungsphase 4 (Genehmigungsplanung) mit 2 Prozent,
5. für die Leistungsphase 5 (Ausführungsplanung) mit 22 Prozent,
6. für die Leistungsphase 6 (Vorbereitung der Vergabe) mit 7 Prozent,
7. für die Leistungsphase 7 (Mitwirkung bei der Vergabe) mit 5 Prozent,
8. für die Leistungsphase 8 (Objektüberwachung – Bauüberwachung) mit 35 Prozent,
9. für die Leistungsphase 9 (Objektbetreuung) mit 1 Prozent.

(2) Die Leistungsphase 5 ist abweichend von Absatz 1 Satz 2 mit einem Abschlag von jeweils 4 Prozent zu bewerten, sofern das Anfertigen von Schlitz- und Durchbruchsplänen oder das Prüfen der Montage- und Werkstattpläne der ausführenden Firmen nicht in Auftrag gegeben wird.

(3) Anlage 15 Nummer 15.1 regelt die Grundleistungen jeder Leistungsphase und enthält Beispiele für Besondere Leistungen.

§ 56 Honorare für Grundleistungen der Technischen Ausrüstung

(1) Die Mindest- und Höchstsätze der Honorare für die in § 55 und der Anlage 15.1 aufgeführten Grundleistungen bei einzelnen Anlagen sind in der folgenden Honorartafel festgesetzt:

HOAI 2013 § 56 Honorare für Grundleistungen der Technischen Ausrüstung

Anrechen-bare Kosten in Euro	Honorarzone I geringe Anforderungen		Honorarzone II durchschnittliche Anforderungen		Honorarzone III hohe Anforderungen	
	von	bis	von	bis	von	bis
	Euro		Euro		Euro	
5.000	2.132	2.547	2.547	2.990	2.990	3.405
10.000	3.689	4.408	4.408	5.174	5.174	5.893
15.000	5.084	6.075	6.075	7.131	7.131	8.122
25.000	7.615	9.098	9.098	10.681	10.681	12.164
35.000	9.934	11.869	11.869	13.934	13.934	15.869
50.000	13.165	15.729	15.729	18.465	18.465	21.029
75.000	18.122	21.652	21.652	25.418	25.418	28.948
100.000	22.723	27.150	27.150	31.872	31.872	36.299
150.000	31.228	37.311	37.311	43.800	43.800	49.883
250.000	46.640	55.726	55.726	65.418	65.418	74.504
500.000	80.684	96.402	96.402	113.168	113.168	128.886
750.000	111.105	132.749	132.749	155.836	155.836	177.480
1.000.000	139.347	166.493	166.493	195.448	195.448	222.594
1.250.000	166.043	198.389	198.389	232.891	232.891	265.237
1.500.000	191.545	228.859	228.859	268.660	268.660	305.974
2.000.000	239.792	286.504	286.504	336.331	336.331	383.044
2.500.000	285.649	341.295	341.295	400.650	400.650	456.296
3.000.000	329.420	393.593	393.593	462.044	462.044	526.217
3.500.000	371.491	443.859	443.859	521.052	521.052	593.420
4.000.000	412.126	492.410	492.410	578.046	578.046	658.331

(2) Welchen Honorarzonen die Grundleistungen zugeordnet werden, richtet sich nach folgenden Bewertungsmerkmalen:
1. Anzahl der Funktionsbereiche,
2. Integrationsansprüche,
3. technische Ausgestaltung,
4. Anforderungen an die Technik,
5. konstruktive Anforderungen.

(3) Für die Zuordnung zu den Honorarzonen ist die Objektliste der Anlage 15 Nummer 15.2 zu berücksichtigen.

(4) Werden Anlagen einer Gruppe verschiedenen Honorarzonen zugeordnet, so ergibt sich das Honorar nach Absatz 1 aus der Summe der Einzelhonorare. Ein Einzelhonorar wird dabei für alle Anlagen ermittelt, die einer Honorarzone zugeordnet werden. Für die Ermittlung des Einzelhonorars ist zunächst das Honorar für die Anlagen jeder Honorarzone zu berechnen, das sich ergeben würde, wenn die gesamten anrechenbaren Kosten der Anlagengruppe nur der Honorarzone zugeordnet würden, für die das Einzelhonorar berechnet wird. Das Einzelhonorar ist dann nach dem Verhältnis der Summe der anrechenbaren Kosten der Anlagen einer Honorarzone zu den gesamten anrechenbaren Kosten der Anlagengruppe zu ermitteln.

(5) Für Umbauten und Modernisierungen kann bei einem durchschnittlichen Schwierigkeitsgrad ein Zuschlag gemäß § 6 Absatz 2 Satz 3 bis 50 Prozent schriftlich vereinbart werden.

(6) Steht der Planungsaufwand für die Technische Ausrüstung von Ingenieurbauwerken mit großer Längenausdehnung, die unter gleichen baulichen Bedingungen errichtet werden, in einem Missverhältnis zum ermittelten Honorar, ist § 7 Absatz 3 anzuwenden.

Teil 5 Übergangs- und Schlussvorschriften

§ 57 Übergangsvorschrift

Diese Verordnung ist nicht auf Grundleistungen anzuwenden, die vor ihrem Inkrafttreten vertraglich vereinbart wurden; insoweit bleiben die bisherigen Vorschriften anwendbar.

§ 58 Inkrafttreten, Außerkrafttreten

Diese Verordnung tritt am Tag nach der Verkündung in Kraft. Gleichzeitig tritt die Honorarordnung für Architekten und Ingenieure vom 11. August 2009 (BGBl. I S. 2732) außer Kraft.

HOAI 2013 Anlage 1

Anlage 1
zu § 3 Absatz 1

Beratungsleistungen

1.1 Umweltverträglichkeitsstudie

1.1.1 Leistungsbild Umweltverträglichkeitsstudie

(1) Die Grundleistungen bei Umweltverträglichkeitsstudien können in vier Leistungsphasen unterteilt und wie folgt in Prozentsätzen der Honorare in Nummer 1.1.2 bewertet werden. Die Bewertung der Leistungsphasen der Honorare erfolgt
1. für die Leistungsphase 1 (Klären der Aufgabenstellung und Ermitteln des Leistungsumfangs) mit 3 Prozent,
2. für die Leistungsphase 2 (Grundlagenermittlung) mit 37 Prozent,
3. für die Leistungsphase 3 (Vorläufige Fassung) mit 50 Prozent,
4. für die Leistungsphase 4 (Abgestimmte Fassung) mit 10 Prozent.

(2) Das Leistungsbild kann sich wie folgt zusammensetzen:

Leistungsphase 1: Klären der Aufgabenstellung und Ermitteln des Leistungsumfangs
– Zusammenstellen und Prüfen der vom Auftraggeber zur Verfügung gestellten untersuchungsrelevanten Unterlagen,
– Ortsbesichtigungen,
– Abgrenzen der Untersuchungsräume,
– Ermitteln der Untersuchungsinhalte,
– Konkretisieren weiteren Bedarfs an Daten und Unterlagen,
– Beraten zum Leistungsumfang für ergänzende Untersuchungen und Fachleistungen,
– Aufstellen eines verbindlichen Arbeitsplans unter Berücksichtigung der sonstigen Fachbeiträge.

Leistungsphase 2: Grundlagenermittlung
– Ermitteln und Beschreiben der untersuchungsrelevanten Sachverhalte aufgrund vorhandener Unterlagen,
– Beschreiben der Umwelt einschließlich des rechtlichen Schutzstatus, der fachplanerischen Vorgaben und Ziele sowie der für die Bewertung relevanten Funktionselemente für jedes Schutzgut einschließlich der Wechselwirkungen,
– Beschreiben der vorhandenen Beeinträchtigungen der Umwelt,
– Bewerten der Funktionselemente und der Leistungsfähigkeit der einzelnen Schutzgüter hinsichtlich ihrer Bedeutung und Empfindlichkeit,
– Raumwiderstandsanalyse, soweit nach Art des Vorhabens erforderlich, einschließlich des Ermittelns konfliktarmer Bereiche,
– Darstellen von Entwicklungstendenzen des Untersuchungsraumes für den Prognose-Null-Fall,
– Überprüfen der Abgrenzung des Untersuchungsraumes und der Untersuchungsinhalte,
– Zusammenfassendes Darstellen der Erfassung und Bewertung als Grundlage für die Erörterung mit dem Auftraggeber.

Leistungsphase 3: Vorläufige Fassung
- Ermitteln und Beschreiben der Umweltauswirkungen und Erstellen der vorläufigen Fassung,
- Mitwirken bei der Entwicklung und der Auswahl vertieft zu untersuchender planerischer Lösungen,
- Mitwirken bei der Optimierung von bis zu drei planerischen Lösungen (Hauptvarianten) zur Vermeidung von Beeinträchtigungen,
- Ermitteln, Beschreiben und Bewerten der unmittelbaren und mittelbaren Auswirkungen von bis zu drei planerischen Lösungen (Hauptvarianten) auf die Schutzgüter im Sinne des Gesetzes über die Umweltverträglichkeitsprüfung vom 24. Februar 2010 (BGBl. I S. 94) einschließlich der Wechselwirkungen,
- Einarbeiten der Ergebnisse vorhandener Untersuchungen zum Gebiets- und Artenschutz sowie zum Boden- und Wasserschutz,
- Vergleichendes Darstellen und Bewerten der Auswirkungen von bis zu drei planerischen Lösungen,
- Zusammenfassendes vergleichendes Bewerten des Projekts mit dem Prognose-Null-Fall,
- Erstellen von Hinweisen auf Maßnahmen zur Vermeidung und Verminderung von Beeinträchtigungen sowie zur Ausgleichbarkeit der unvermeidbaren Beeinträchtigungen,
- Erstellen von Hinweisen auf Schwierigkeiten bei der Zusammenstellung der Angaben,
- Zusammenführen und Darstellen der Ergebnisse als vorläufige Fassung in Text und Karten einschließlich des Herausarbeitens der grundsätzlichen Lösung der wesentlichen Teile der Aufgabe,
- Abstimmen der Vorläufigen Fassung mit dem Auftraggeber.

Leistungsphase 4: Abgestimmte Fassung
Darstellen der mit dem Auftraggeber abgestimmten Fassung der Umweltverträglichkeitsstudie in Text und Karte einschließlich einer Zusammenfassung.

(3) Im Leistungsbild Umweltverträglichkeitsstudie können insbesondere die Besonderen Leistungen der Anlage 9 Anwendung finden.

1.1.2 Honorare für Grundleistungen bei Umweltverträglichkeitsstudien

(1) Die Mindest- und Höchstsätze der Honorare für die in Nummer 1.1.1 aufgeführten Grundleistungen bei Umweltverträglichkeitsstudien können anhand der folgenden Honorartafel bestimmt werden:

HOAI 2013 Anlage 1

Fläche in Hektar	Honorarzone I geringe Anforderungen		Honorarzone II durchschnittliche Anforderungen		Honorarzone III hohe Anforderungen	
	von	bis	von	bis	von	bis
	Euro		Euro		Euro	
50	10.176	12.862	12.862	15.406	15.406	18.091
100	14.972	18.923	18.923	22.666	22.666	26.617
150	18.942	23.940	23.940	28.676	28.676	33.674
200	22.454	28.380	28.380	33.994	33.994	39.919
300	28.644	36.203	36.203	43.364	43.364	50.923
400	34.117	43.120	43.120	51.649	51.649	60.653
500	39.110	49.431	49.431	59.209	59.209	69.530
750	50.211	63.461	63.461	76.014	76.014	89.264
1.000	60.004	75.838	75.838	90.839	90.839	106.674
1.500	77.182	97.550	97.550	116.846	116.846	137.213
2.000	92.278	116.629	116.629	139.698	139.698	164.049
2.500	105.963	133.925	133.925	160.416	160.416	188.378
3.000	118.598	149.895	149.895	179.544	179.544	210.841
4.000	141.533	178.883	178.883	214.266	214.266	251.615
5.000	162.148	204.937	204.937	245.474	245.474	288.263
6.000	182.186	230.263	230.263	275.810	275.810	323.887
7.000	201.072	254.133	254.133	304.401	304.401	357.461
8.000	218.466	276.117	276.117	330.734	330.734	388.384
9.000	234.394	296.247	296.247	354.846	354.846	416.700
10.000	249.492	315.330	315.330	377.704	377.704	443.542

(2) Das Honorar für die Erstellung von Umweltverträglichkeitsstudien kann nach der Gesamtfläche des Untersuchungsraumes in Hektar und nach der Honorarzone berechnet werden.

(3) Umweltverträglichkeitsstudien können folgenden Honorarzonen zugeordnet werden:
1. Honorarzone I (geringe Anforderungen),
2. Honorarzone II (durchschnittliche Anforderungen),
3. Honorarzone III (hohe Anforderungen).

(4) Die Zuordnung zu den Honorarzonen kann anhand folgender Bewertungsmerkmale für zu erwartende nachteilige Auswirkungen auf die Umwelt ermittelt werden:

Anlage 1   **HOAI 2013**

1. Bedeutung des Untersuchungsraumes für die Schutzgüter im Sinne des Gesetzes über die Umweltverträglichkeitsprüfung (UVPG),
2. Ausstattung des Untersuchungsraumes mit Schutzgebieten,
3. Landschaftsbild und -struktur,
4. Nutzungsansprüche,
5. Empfindlichkeit des Untersuchungsraumes gegenüber Umweltbelastungen und -beeinträchtigungen,
6. Intensität und Komplexität potenzieller nachteiliger Wirkfaktoren auf die Umwelt.

(5) Sind für eine Umweltverträglichkeitsstudie Bewertungsmerkmale aus mehreren Honorarzonen anwendbar und bestehen deswegen Zweifel, welcher Honorarzone die Umweltverträglichkeitsstudie zugeordnet werden kann, kann die Anzahl der Bewertungspunkte nach Absatz 4 ermittelt werden; die Umweltverträglichkeitsstudie kann nach der Summe der Bewertungspunkte folgenden Honorarzonen zugeordnet werden:
1. Honorarzone I: Umweltverträglichkeitsstudien mit bis zu 16 Punkten
2. Honorarzone II: Umweltverträglichkeitsstudien mit 17 bis 30 Punkten
3. Honorarzone III: Umweltverträglichkeitsstudien mit 31 bis 42 Punkten.

(6) Bei der Zuordnung einer Umweltverträglichkeitsstudie zu den Honorarzonen können nach dem Schwierigkeitsgrad der Anforderungen die Bewertungsmerkmale wie folgt gewichtet werden:
1. die Bewertungsmerkmale gemäß Absatz 4 Nummern 1 bis 4 mit je bis zu 6 Punkten und
2. die Bewertungsmerkmale gemäß Absatz 4 Nummern 5 und 6 mit je bis zu 9 Punkten.

(7) Wird die Größe des Untersuchungsraumes während der Leistungserbringung geändert, so kann das Honorar für die Leistungsphasen, die bis zur Änderung noch nicht erbracht sind, nach der geänderten Größe des Untersuchungsraumes berechnet werden.

1.2 Bauphysik

1.2.1 Anwendungsbereich

(1) Zu den Grundleistungen für Bauphysik können gehören:
– Wärmeschutz und Energiebilanzierung,
– Bauakustik (Schallschutz),
– Raumakustik.

(2) Wärmeschutz und Energiebilanzierung kann den Wärmeschutz von Gebäuden und Ingenieurbauwerken und die fachübergreifende Energiebilanzierung umfassen.

(3) Die Bauakustik kann den Schallschutz von Objekten zur Erreichung eines regelgerechten Luft- und Trittschallschutzes und zur Begrenzung der von außen einwirkenden Geräusche sowie der Geräusche von Anlagen der Technischen Ausrüstung umfassen. Dazu kann auch der Schutz der Umgebung vor schädlichen Umwelteinwirkungen durch Lärm (Schallimmissionsschutz) gehören.

(4) Die Raumakustik kann die Beratung zu Räumen mit besonderen raumakustischen Anforderungen umfassen.

HOAI 2013 Anlage 1

(5) Die Besonderen Grundlagen der Honorare werden gesondert in den Teilgebieten Wärmeschutz und Energiebilanzierung, Bauakustik, Raumakustik aufgeführt.

1.2.2 Leistungsbild Bauphysik

(1) Die Grundleistungen für Bauphysik können in sieben Leistungsphasen unterteilt und wie folgt in Prozentsätzen der Honorare in Nummer 1.2.3 bewertet werden:
1. für die Leistungsphase 1 (Grundlagenermittlung) mit 3 Prozent,
2. für die Leistungsphase 2 (Mitwirken bei der Vorplanung) mit 20 Prozent,
3. für die Leistungsphase 3 (Mitwirken bei der Entwurfsplanung) mit 40 Prozent,
4. für die Leistungsphase 4 (Mitwirken bei der Genehmigungsplanung) mit 6 Prozent,
5. für die Leistungsphase 5 (Mitwirken bei der Ausführungsplanung) mit 27 Prozent,
6. für die Leistungsphase 6 (Mitwirkung bei der Vorbereitung der Vergabe) mit 2 Prozent,
7. für die Leistungsphase 7 (Mitwirkung bei der Vergabe) mit 2 Prozent.

(2) Die Leistungsbild kann sich wie folgt zusammensetzen:

Grundleistungen	Besondere Leistungen
LPH 1 Grundlagenermittlung	
a) Klären der Aufgabenstellung b) Festlegen der Grundlagen, Vorgaben und Ziele	– Mitwirken bei der Ausarbeitung von Auslobungen und bei Vorprüfungen für Wettbewerbe – Bestandsaufnahme bestehender Gebäude, Ermitteln und Bewerten von Kennwerte – Schadensanalyse bestehender Gebäude – Mitwirken bei Vorgaben für Zertifizierungen
LPH 2 Mitwirkung bei der Vorplanung	
a) Analyse der Grundlagen b) Klären der wesentlichen Zusammenhänge von Gebäude und technischen Anlagen einschließlich Betrachtung von Alternativen c) Vordimensionieren der relevanten Bauteile des Gebäudes d) Mitwirken beim Abstimmen der fachspezifischen Planungskonzepte der Objektplanung und der Fachplanungen e) Erstellen eines Gesamtkonzeptes in Abstimmung mit der Objektplanung und den Fachplanungen f) Erstellen von Rechenmodellen, Auflisten der wesentlichen Kennwerte als Arbeitsgrundlage für Objektplanung und Fachplanungen	– Mitwirken beim Klären von Vorgaben für Fördermaßnahmen und bei deren Umsetzung – Mitwirken an Projekt-, Käufer- oder Mieterbaubeschreibungen – Erstellen eines fachübergreifenden Bauteilkatalogs

Grundleistungen	Besondere Leistungen
LPH 3 Mitwirkung bei der Entwurfsplanung	
a) Fortschreiben der Rechenmodelle und der wesentlichen Kennwerte für das Gebäude b) Mitwirken beim Fortschreiben der Planungskonzepte der Objektplanung und Fachplanung bis zum vollständigen Entwurf c) Bemessen der Bauteile des Gebäudes d) Erarbeiten von Übersichtsplänen und des Erläuterungsberichtes mit Vorgaben, Grundlagen und Auslegungsdaten	– Simulationen zur Prognose des Verhaltens von Bauteilen, Räumen, Gebäuden und Freiräumen
LPH 4 Mitwirkung bei der Genehmigungsplanung	
a) Mitwirken beim Aufstellen der Genehmigungsplanung und bei Vorgesprächen mit Behörden b) Aufstellen der förmlichen Nachweise c) Vervollständigen und Anpassen der Unterlagen	– Mitwirken bei Vorkontrollen in Zertifizierungsprozessen – Mitwirken beim Einholen von Zustimmungen im Einzelfall
LPH 5 Mitwirkung bei der Ausführungsplanung	
a) Durcharbeiten der Ergebnisse der Leistungsphasen 3 und 4 unter Beachtung der durch die Objektplanung integrierten Fachplanungen b) Mitwirken bei der Ausführungsplanung durch ergänzende Angaben für die Objektplanung und Fachplanungen	– Mitwirken beim Prüfen und Anerkennen der Montage- und Werkstattplanung der ausführenden Unternehmen auf Übereinstimmung mit der Ausführungsplanung
LPH 6 Mitwirkung bei der Vorbereitung der Vergabe	
Beiträge zu Ausschreibungsunterlagen	
LPH 7 Mitwirkung bei der Vergabe	
Mitwirken beim Prüfen und Bewerten der Angebote auf Erfüllung der Anforderungen	– Prüfen von Nebenangeboten
LPH 8 Objektüberwachung u. Dokumentation	
	– Mitwirken bei der Baustellenkontrolle – Messtechnisches Überprüfen der Qualität der Bauausführung und von Bauteil- oder Raumeigenschaften
LPH 9 Objektbetreuung	
	– Mitwirken bei Audits in Zertifizierungsprozessen

HOAI 2013 Anlage 1

1.2.3 Honorare für Grundleistungen für Wärmeschutz und Energiebilanzierung

(1) Das Honorar für die Grundleistungen nach Nummer 1.2.2 Absatz 2 kann sich nach den anrechenbaren Kosten des Gebäudes gemäß § 33 nach der Honorarzone nach § 35, der das Gebäude zuzuordnen ist und nach der Honorartafel in Absatz 2 richten.

(2) Die Mindest- und Höchstsätze der Honorare für die in Nummer 1.2.2 Absatz 2 aufgeführten Grundleistungen für Wärmeschutz und Energiebilanzierung können anhand der folgenden Honorartafel bestimmt werden:

Anrechenbare Kosten in Euro	Honorarzone I sehr geringe Anforderungen		Honorarzone II geringe Anforderungen		Honorarzone III durchschnittliche Anforderungen		Honorarzone IV hohe Anforderungen		Honorarzone V sehr hohe Anforderungen	
	von	bis	von	bis	von	bis	von	bis	von	bis
	Euro		Euro		Euro		Euro		Euro	
250.000	1.757	2.023	2.023	2.395	2.395	2.928	2.928	3.300	3.300	3.566
275.000	1.789	2.061	2.061	2.440	2.440	2.982	2.982	3.362	3.362	3.633
300.000	1.821	2.097	2.097	2.484	2.484	3.036	3.036	3.422	3.422	3.698
350.000	1.883	2.168	2.168	2.567	2.567	3.138	3.138	3.537	3.537	3.822
400.000	1.941	2.235	2.235	2.647	2.647	3.235	3.235	3.646	3.646	3.941
500.000	2.049	2.359	2.359	2.793	2.793	3.414	3.414	3.849	3.849	4.159
600.000	2.146	2.471	2.471	2.926	2.926	3.576	3.576	4.031	4.031	4.356
750.000	2.273	2.617	2.617	3.099	3.099	3.788	3.788	4.270	4.270	4.614
1.000.000	2.440	2.809	2.809	3.327	3.327	4.066	4.066	4.583	4.583	4.953
1.250.000	2.748	3.164	3.164	3.747	3.747	4.579	4.579	5.162	5.162	5.579
1.500.000	3.050	3.512	3.512	4.159	4.159	5.083	5.083	5.730	5.730	6.192
2.000.000	3.639	4.190	4.190	4.962	4.962	6.065	6.065	6.837	6.837	7.388
2.500.000	4.213	4.851	4.851	5.745	5.745	7.022	7.022	7.916	7.916	8.554
3.500.000	5.329	6.136	6.136	7.266	7.266	8.881	8.881	10.012	10.012	10.819
5.000.000	6.944	7.996	7.996	9.469	9.469	11.573	11.573	13.046	13.046	14.098
7.500.000	9.532	10.977	10.977	12.999	12.999	15.887	15.887	17.909	17.909	19.354
10.000.000	12.033	13.856	13.856	16.408	16.408	20.055	20.055	22.607	22.607	24.430
15.000.000	16.856	19.410	19.410	22.986	22.986	28.094	28.094	31.670	31.670	34.224
20.000.000	21.516	24.776	24.776	29.339	29.339	35.859	35.859	40.423	40.423	43.683
25.000.000	26.056	30.004	30.004	35.531	35.531	43.427	43.427	48.954	48.954	52.902

(3) Für Umbauten und Modernisierungen kann bei einem durchschnittlichen Schwierigkeitsgrad ein Zuschlag bis 33 Prozent auf das Honorar schriftlich vereinbart werden.

Anlage 1   HOAI 2013

1.2.4 Honorare für Grundleistungen der Bauakustik

(1) Die Kosten für Baukonstruktionen und Anlagen der Technischen Ausrüstung können zu den anrechenbaren Kosten gehören. Der Umfang der mitzuverarbeitenden Bausubstanz kann angemessen berücksichtigt werden.

(2) Die Vertragsparteien können vereinbaren, dass die Kosten für besondere Bauausführungen ganz oder teilweise zu den anrechenbaren Kosten gehören, wenn hierdurch dem Auftragnehmer ein erhöhter Arbeitsaufwand entsteht.

(3) Die Mindest- und Höchstsätze der Honorare für die in Nummer 1.2.2 Absatz 2 aufgeführten Grundleistungen der Bauakustik können anhand der folgenden Honorartafel bestimmt werden:

Anrechenbare Kosten in Euro	Honorarzone I geringe Anforderungen		Honorarzone II durchschnittliche Anforderungen		Honorarzone III hohe Anforderungen	
	von	bis	von	bis	von	bis
	Euro		Euro		Euro	
250.000	1.729	1.985	1.985	2.284	2.284	2.625
275.000	1.840	2.113	2.113	2.431	2.431	2.794
300.000	1.948	2.237	2.237	2.574	2.574	2.959
350.000	2.156	2.475	2.475	2.847	2.847	3.273
400.000	2.353	2.701	2.701	3.108	3.108	3.573
500.000	2.724	3.127	3.127	3.598	3.598	4.136
600.000	3.069	3.524	3.524	4.055	4.055	4.661
750.000	3.553	4.080	4.080	4.694	4.694	5.396
1.000.000	4.291	4.927	4.927	5.669	5.669	6.516
1.250.000	4.968	5.704	5.704	6.563	6.563	7.544
1.500.000	5.599	6.429	6.429	7.397	7.397	8.503
2.000.000	6.763	7.765	7.765	8.934	8.934	10.270
2.500.000	7.830	8.990	8.990	10.343	10.343	11.890
3.500.000	9.766	11.213	11.213	12.901	12.901	14.830
5.000.000	12.345	14.174	14.174	16.307	16.307	18.746
7.500.000	16.114	18.502	18.502	21.287	21.287	24.470
10.000.000	19.470	22.354	22.354	25.719	25.719	29.565
15.000.000	25.422	29.188	29.188	33.582	33.582	38.604
20.000.000	30.722	35.273	35.273	40.583	40.583	46.652
25.000.000	35.585	40.857	40.857	47.008	47.008	54.037

HOAI 2013 Anlage 1

(4) Für Umbauten und Modernisierungen kann bei einem durchschnittlichen Schwierigkeitsgrad ein Zuschlag bis 33 Prozent auf das Honorar schriftlich vereinbart werden.

(5) Die Leistungen der Bauakustik können den Honorarzonen anhand folgender Bewertungsmerkmale zugeordnet werden:
1. Art der Nutzung,
2. Anforderungen des Immissionsschutzes,
3. Anforderungen des Emissionsschutzes,
4. Art der Hüllkonstruktion, Anzahl der Konstruktionstypen,
5. Art und Intensität der Außenlärmbelastung,
6. Art und Umfang der Technischen Ausrüstung.

(6) § 52 Absatz 3 kann sinngemäß angewendet werden.

(7) Objektliste für die Bauakustik

Die nachstehend aufgeführten Innenräume können in der Regel den Honorarzonen wie folgt zugeordnet werden:

	Honorarzone		
Objektliste – Bauakustik	I	II	III
Wohnhäuser, Heime, Schulen, Verwaltungsgebäude oder Banken mit jeweils durchschnittlicher Technischer Ausrüstung oder entsprechendem Ausbau	x		
Heime, Schulen, Verwaltungsgebäude mit jeweils überdurchschnittlicher Technischer Ausrüstung oder entsprechendem Ausbau		x	
Wohnhäuser mit versetzten Grundrissen		x	
Wohnhäuser mit Außenlärmbelastungen		x	
Hotels, soweit nicht in Honorarzone III erwähnt		x	
Universitäten oder Hochschulen		x	
Krankenhäuser, soweit nicht in Honorarzone III erwähnt		x	
Gebäude für Erholung, Kur oder Genesung		x	
Versammlungsstätten, soweit nicht in Honorarzone III erwähnt		x	
Werkstätten mit schutzbedürftigen Räumen		x	
Hotels mit umfangreichen gastronomischen Einrichtungen			x
Gebäude mit gewerblicher Nutzung oder Wohnnutzung			x
Krankenhäuser in bauakustisch besonders ungünstigen Lagen oder mit ungünstiger Anordnung der Versorgungseinrichtungen			x
Theater-, Konzert- oder Kongressgebäude			x
Tonstudios oder akustische Messräume			x

Anlage 1   **HOAI 2013**

1.2.5 Honorare für Grundleistungen der Raumakustik

(1) Das Honorar für jeden Innenraum, für den Grundleistungen zur Raumakustik erbracht werden, kann sich nach den anrechenbaren Kosten nach Absatz 2, nach der Honorarzone, der der Innenraum zuzuordnen ist, sowie nach der Honorartafel in Absatz 3 richten.

(2) Die Kosten für Baukonstruktionen und Technische Ausrüstung sowie die Kosten für die Ausstattung (DIN 276 – 1: 2008–12, Kostengruppe 610) des Innenraums können zu den anrechenbaren Kosten gehören. Die Kosten für die Baukonstruktionen und Technische Ausrüstung werden für die Anrechnung durch den Bruttorauminhalt des Gebäudes geteilt und mit dem Rauminhalt des Innenraums multipliziert. Der Umfang der mitzuverarbeitenden Bausubstanz kann angemessen berücksichtigt werden.

(3) Die Mindest- und Höchstsätze der Honorare für die in Nummer 1.2.2 Absatz 2 aufgeführten Grundleistungen der Raumakustik können anhand der folgenden Honorartafel bestimmt werden.

Anrechenbare Kosten in Euro	Honorarzone I sehr geringe Anforderungen		Honorarzone II geringe Anforderungen		Honorarzone III durchschnittliche Anforderungen		Honorarzone IV hohe Anforderungen		Honorarzone V sehr hohe Anforderungen	
	von	bis	von	bis	von	bis	von	bis	von	bis
	Euro		Euro		Euro		Euro		Euro	
50.000	1.714	2.226	2.226	2.737	2.737	3.279	3.279	3.790	3.790	4.301
75.000	1.805	2.343	2.343	2.882	2.882	3.452	3.452	3.990	3.990	4.528
100.000	1.892	2.457	2.457	3.021	3.021	3.619	3.619	4.183	4.183	4.748
150.000	2.061	2.676	2.676	3.291	3.291	3.942	3.942	4.557	4.557	5.171
200.000	2.225	2.888	2.888	3.551	3.551	4.254	4.254	4.917	4.917	5.581
250.000	2.384	3.095	3.095	3.806	3.806	4.558	4.558	5.269	5.269	5.980
300.000	2.540	3.297	3.297	4.055	4.055	4.857	4.857	5.614	5.614	6.371
400.000	2.844	3.693	3.693	4.541	4.541	5.439	5.439	6.287	6.287	7.136
500.000	3.141	4.078	4.078	5.015	5.015	6.007	6.007	6.944	6.944	7.881
750.000	3.860	5.011	5.011	6.163	6.163	7.382	7.382	8.533	8.533	9.684
1.000.000	4.555	5.913	5.913	7.272	7.272	8.710	8.710	10.069	10.069	11.427
1.500.000	5.896	7.655	7.655	9.413	9.413	11.275	11.275	13.034	13.034	14.792
2.000.000	7.193	9.338	9.338	11.483	11.483	13.755	13.755	15.900	15.900	18.045
2.500.000	8.457	10.979	10.979	13.501	13.501	16.172	16.172	18.694	18.694	21.217
3.000.000	9.696	12.588	12.588	15.479	15.479	18.541	18.541	21.433	21.433	24.325
4.000.000	12.115	15.729	15.729	19.342	19.342	23.168	23.168	26.781	26.781	30.395
5.000.000	14.474	18.791	18.791	23.108	23.108	27.679	27.679	31.996	31.996	36.313
6.000.000	16.786	21.793	21.793	26.799	26.799	32.100	32.100	37.107	37.107	42.113
7.000.000	19.060	24.744	24.744	30.429	30.429	36.448	36.448	42.133	42.133	47.817
7.500.000	20.184	26.204	26.204	32.224	32.224	38.598	38.598	44.618	44.618	50.638

HOAI 2013 Anlage 1

(4) Für Umbauten und Modernisierungen kann bei einem durchschnittlichen Schwierigkeitsgrad ein Zuschlag bis 33 Prozent auf das Honorar vereinbart werden.

(5) Innenräume können nach den in Absatz 6 genannten Bewertungsmerkmalen folgenden Honorarzonen zugeordnet werden:
1. Honorarzone I: Innenräume mit sehr geringen Anforderungen,
2. Honorarzone II: Innenräume mit geringen Anforderungen,
3. Honorarzone III: Innenräume mit durchschnittlichen Anforderungen,
4. Honorarzone IV: Innenräume mit hohen Anforderungen,
5. Honorarzone V: Innenräume mit sehr hohen Anforderungen.

(6) Für die Zuordnung zu den Honorarzonen können folgende Bewertungsmerkmale herangezogen werden:
1. Anforderungen an die Einhaltung der Nachhallzeit,
2. Einhalten eines bestimmten Frequenzganges der Nachhallzeit,
3. Anforderungen an die räumliche und zeitliche Schallverteilung,
4. akustische Nutzungsart des Innenraums,
5. Veränderbarkeit der akustischen Eigenschaften des Innenraums.

(7) Objektliste für die Raumakustik

Die nachstehend aufgeführten Innenräume können in der Regel den Honorarzonen wie folgt zugeordnet werden:

Objektliste – Raumakustik	Honorarzone				
	I	II	III	IV	V
Pausenhallen, Spielhallen, Liege- und Wandelhallen	x				
Großraumbüros		x			
Unterrichts-, Vortrags- und Sitzungsräume					
– bis 500 m³		x			
– 500 bis 1 500 m³			x		
– über 1 500 m³				x	
Filmtheater					
– bis 1 000 m³			x		
– 1 000 bis 3 000 m³				x	
– über 3 000 m³					x
Kirchen					
– bis 1 000 m³			x		
– 1 000 bis 3 000 m³				x	
– über 3 000 m³					x

Objektliste – Raumakustik	Honorarzone				
	I	II	III	IV	V
Sporthallen, Turnhallen					
– nicht teilbar, bis 1 000 m³		x			
– teilbar, bis 3 000 m³			x		
Mehrzweckhallen					
– bis 3 000 m³				x	
– über 3 000 m³					x
Konzertsäle, Theater, Opernhäuser					x
Tonaufnahmeräume, akustische Messräume					x
Innenräume mit veränderlichen akustischen Eigenschaften					x

(8) § 52 Absatz 3 kann sinngemäß angewendet werden.

1.3 Geotechnik

1.3.1 Anwendungsbereich

(1) Die Leistungen für Geotechnik können die Beschreibung und Beurteilung der Baugrund- und Grundwasserverhältnisse für Gebäude und Ingenieurbauwerke im Hinblick auf das Objekt und die Erarbeitung einer Gründungsempfehlung umfassen. Dazu gehört auch die Beschreibung der Wechselwirkung zwischen Baugrund und Bauwerk sowie die Wechselwirkung mit der Umgebung.

(2) Die Leistungen können insbesondere das Festlegen von Baugrundkennwerten und von Kennwerten für rechnerische Nachweise zur Standsicherheit und Gebrauchstauglichkeit des Objektes, die Abschätzung zum Schwankungsbereich des Grundwassers sowie die Einordnung des Baugrundes nach bautechnischen Klassifikationsmerkmalen umfassen.

1.3.2 Besondere Grundlagen des Honorars

(1) Das Honorar der Grundleistungen kann sich nach den anrechenbaren Kosten der Tragwerksplanung nach § 50 Absatz 1 bis 3 für das gesamte Objekt aus Bauwerk und Baugrube richten.

(2) Das Honorar für Ingenieurbauwerke mit großer Längenausdehnung (Linienbauwerke) kann ergänzend frei vereinbart werden.

1.3.3 Leistungsbild Geotechnik

(1) Grundleistungen können die Beschreibung und Beurteilung der Baugrund- und Grundwasserverhältnisse sowie die daraus abzuleitenden Empfehlungen für die

Gründung einschließlich der Angabe der Bemessungsgrößen für eine Flächen- oder Pfahlgründung, Hinweise zur Herstellung und Trockenhaltung der Baugrube und des Bauwerks, Angaben zur Auswirkung des Bauwerks auf die Umgebung und auf Nachbarbauwerke sowie Hinweise zur Bauausführung umfassen. Die Darstellung der Inhalte kann im Geotechnischen Bericht erfolgen.

(2) Die Grundleistungen können in folgenden Teilleistungen zusammengefasst und wie folgt in Prozentsätzen der Honorare der Nummer 1.3.4 bewertet werden:
1. für die Teilleistung a (Grundlagenermittlung und Erkundungskonzept) mit 15 Prozent,
2. für die Teilleistung b (Beschreiben der Baugrund- und Grundwasserverhältnisse) mit 35 Prozent,
3. für die Teilleistung c (Beurteilung der Baugrund- und Grundwasserverhältnisse, Empfehlungen, Hinweise, Angaben zur Bemessung der Gründung) mit 50 Prozent.

(3) Das Leistungsbild kann sich wie folgt zusammensetzen:

Grundleistungen	Besondere Leistungen
Geotechnischer Bericht	
a) Grundlagenermittlung und Erkundungskonzept – Klären der Aufgabenstellung, Ermitteln der Baugrund- und Grundwasserverhältnisse auf Basis vorhandener Unterlagen – Festlegen und Darstellen der erforderlichen Baugrunderkundungen b) Beschreiben der Baugrund- und Grundwasserverhältnisse – Auswerten und Darstellen der Baugrunderkundungen sowie der Labor- und Felduntersuchungen – Abschätzen des Schwankungsbereiches von Wasserständen und/oder Druckhöhen im Boden – Klassifizieren des Baugrunds und Festlegen der Baugrundkennwerte c) Beurteilung der Baugrund- und Grundwasserverhältnisse, Empfehlungen, Hinweise, Angaben zur Bemessung der Gründung – Beurteilung des Baugrunds – Empfehlung für die Gründung mit Angabe der geotechnischen Bemessungsparameter (zum Beispiel Angaben zur Bemessung einer Flächen- oder Pfahlgründung)	– Beschaffen von Bestandsunterlagen – Vorbereiten und Mitwirken bei der Vergabe von Aufschlussarbeiten und deren Überwachung – Veranlassen von Labor- und Felduntersuchungen – Aufstellen von geotechnischen Berechnungen zur Standsicherheit oder Gebrauchstauglichkeit, wie zum Beispiel Setzungs-, Grundbruch- und Geländebruchberechnungen – Aufstellen von hydrogeologischen, geohydraulischen und besonderen numerischen Berechnungen – Beratung zu Dränanlagen, Anlagen zur Grundwasserabsenkung oder sonstigen ständigen oder bauzeitlichen Eingriffen in das Grundwasser – Beratung zu Probebelastungen sowie fachtechnisches Betreuen und Auswerten – geotechnische Beratung zu Gründungselementen, Baugruben- oder Hangsicherungen und Erdbauwerken, Mitwirkung bei der Beratung zur Sicherung von Nachbarbauwerken – Untersuchungen zur Berücksichtigung dynamischer Beanspruchungen bei der Be-

Anlage 1   **HOAI 2013**

Grundleistungen	Besondere Leistungen
– Angabe der zu erwartenden Setzungen für die vom Tragwerksplaner im Rahmen der Entwurfsplanung nach § 49 zu erbringenden Grundleistungen – Hinweise zur Herstellung und Trockenhaltung der Baugrube und des Bauwerks sowie Angaben zur Auswirkung der Baumaßnahme auf Nachbarbauwerke – Allgemeine Angaben zum Erdbau – Angaben zur geotechnischen Eignung von Aushubmaterial zur Wiederverwendung bei der betreffenden Baumaßnahme sowie Hinweise zur Bauausführung	messung des Objekts oder seiner Gründung sowie Beratungsleistungen zur Vermeidung oder Beherrschung von dynamischen Einflüssen – Mitwirken bei der Bewertung von Nebenangeboten aus geotechnischer Sicht – Mitwirken während der Planung oder Ausführung des Objekts sowie Besprechungs- und Ortstermine – geotechnische Freigaben

1.3.4 Honorare Geotechnik

(1) Honorare für die in Nummer 1.3.3 Absatz 3 aufgeführten Grundleistungen können nach der folgenden Honorartafel bestimmt werden.

Anrechenbare Kosten in Euro	Honorarzone I sehr geringe Anforderungen		Honorarzone II geringe Anforderungen		Honorarzone III durchschnittliche Anforderungen		Honorarzone IV hohe Anforderungen		Honorarzone V sehr hohe Anforderungen	
	von	bis	von	bis	von	bis	von	bis	von	bis
	Euro		Euro		Euro		Euro		Euro	
50.000	789	1.222	1.222	1.654	1.654	2.105	2.105	2.537	2.537	2.970
75.000	951	1.472	1.472	1.993	1.993	2.537	2.537	3.058	3.058	3.579
100.000	1.086	1.681	1.681	2.276	2.276	2.896	2.896	3.491	3.491	4.086
125.000	1.204	1.863	1.863	2.522	2.522	3.210	3.210	3.869	3.869	4.528
150.000	1.309	2.026	2.026	2.742	2.742	3.490	3.490	4.207	4.207	4.924
200.000	1.494	2.312	2.312	3.130	3.130	3.984	3.984	4.802	4.802	5.621
300.000	1.800	2.786	2.786	3.772	3.772	4.800	4.800	5.786	5.786	6.772
400.000	2.054	3.179	3.179	4.304	4.304	5.478	5.478	6.603	6.603	7.728
500.000	2.276	3.522	3.522	4.768	4.768	6.069	6.069	7.315	7.315	8.561
750.000	2.740	4.241	4.241	5.741	5.741	7.307	7.307	8.808	8.808	10.308
1.000.000	3.125	4.836	4.836	6.548	6.548	8.334	8.334	10.045	10.045	11.756
1.500.000	3.765	5.827	5.827	7.889	7.889	10.041	10.041	12.103	12.103	14.165
2.000.000	4.297	6.650	6.650	9.003	9.003	11.459	11.459	13.812	13.812	16.165
3.000.000	5.175	8.009	8.009	10.842	10.842	13.799	13.799	16.633	16.633	19.467
5.000.000	6.535	10.114	10.114	13.693	13.693	17.428	17.428	21.007	21.007	24.586

HOAI 2013 Anlage 1

Anrechen-bare Kosten in Euro	Honorarzone I sehr geringe Anforderungen		Honorarzone II geringe Anforderungen		Honorarzone III durchschnittliche Anforderungen		Honorarzone IV hohe Anforderungen		Honorarzone V sehr hohe Anforderungen	
	von	bis	von	bis	von	bis	von	bis	von	bis
	Euro		Euro		Euro		Euro		Euro	
7.500.000	7.878	12.192	12.192	16.506	16.506	21.007	21.007	25.321	25.321	29.635
10.000.000	8.994	13.919	13.919	18.844	18.844	23.983	23.983	28.909	28.909	33.834
15.000.000	10.839	16.775	16.775	22.711	22.711	28.905	28.905	34.840	34.840	40.776
20.000.000	12.373	19.148	19.148	25.923	25.923	32.993	32.993	39.769	39.769	46.544
25.000.000	13.708	21.215	21.215	28.722	28.722	36.556	36.556	44.063	44.063	51.570

(2) Die Honorarzone kann bei den geotechnischen Grundleistungen aufgrund folgender Bewertungsmerkmale ermittelt werden:
1. Honorarzone I: Gründungen mit sehr geringem Schwierigkeitsgrad, insbesondere gering setzungsempfindliche Objekte mit einheitlicher Gründungsart bei annähernd regelmäßigem Schichtenaufbau des Untergrundes mit einheitlicher Tragfähigkeit und Setzungsfähigkeit innerhalb der Baufläche;
2. Honorarzone II: Gründungen mit geringem Schwierigkeitsgrad, insbesondere
   – setzungsempfindliche Objekte sowie gering setzungsempfindliche Objekte mit bereichsweise unterschiedlicher Gründungsart oder bereichsweise stark unterschiedlichen Lasten bei annähernd regelmäßigem Schichtenaufbau des Untergrundes mit einheitlicher Tragfähigkeit und Setzungsfähigkeit innerhalb der Baufläche,
   – gering setzungsempfindliche Objekte mit einheitlicher Gründungsart bei unregelmäßigem Schichtenaufbau des Untergrundes mit unterschiedlicher Tragfähigkeit und Setzungsfähigkeit innerhalb der Baufläche;
3. Honorarzone III: Gründungen mit durchschnittlichem Schwierigkeitsgrad, insbesondere
   – stark setzungsempfindliche Objekte bei annähernd regelmäßigem Schichtenaufbau des Untergrundes mit einheitlicher Tragfähigkeit und Setzungsfähigkeit innerhalb der Baufläche,
   – setzungsempfindliche Objekte sowie gering setzungsempfindliche Bauwerke mit bereichsweise unterschiedlicher Gründungsart oder bereichsweise stark unterschiedlichen Lasten bei unregelmäßigem Schichtenaufbau des Untergrundes mit unterschiedlicher Tragfähigkeit und Setzungsfähigkeit innerhalb der Baufläche,
   – gering setzungsempfindliche Objekte mit einheitlicher Gründungsart bei unregelmäßigem Schichtenaufbau des Untergrundes mit stark unterschiedlicher Tragfähigkeit und Setzungsfähigkeit innerhalb der Baufläche;
4. Honorarzone IV: Gründungen mit hohem Schwierigkeitsgrad, insbesondere
   – stark setzungsempfindliche Objekte bei unregelmäßigem Schichtenaufbau des Untergrundes mit unterschiedlicher Tragfähigkeit und Setzungsfähigkeit innerhalb der Baufläche,
   – setzungsempfindliche Objekte sowie gering setzungsempfindliche Objekte mit bereichsweise unterschiedlicher Gründungsart oder bereichsweise stark unterschiedlichen Lasten bei unregelmäßigem Schichtenaufbau des Untergrundes

mit stark unterschiedlicher Tragfähigkeit und Setzungsfähigkeit innerhalb der Baufläche;
5. Honorarzone V: Gründungen mit sehr hohem Schwierigkeitsgrad, insbesondere stark setzungsempfindliche Objekte bei unregelmäßigem Schichtenaufbau des Untergrundes mit stark unterschiedlicher Tragfähigkeit und Setzungsfähigkeit innerhalb der Baufläche.

(3) § 52 Absatz 3 kann sinngemäß angewendet werden.

(4) Die Aspekte des Grundwassereinflusses auf das Objekt und die Nachbarbebauung können bei der Festlegung der Honorarzone zusätzlich berücksichtigt werden.

1.4 Ingenieurvermessung

1.4.1 Anwendungsbereich

(1) Leistungen der Ingenieurvermessung können das Erfassen raumbezogener Daten über Bauwerke und Anlagen, Grundstücke und Topographie, das Erstellen von Plänen, das Übertragen von Planungen in die Örtlichkeit sowie das vermessungstechnische Überwachen der Bauausführung einbeziehen, soweit die Leistungen mit besonderen instrumentellen und vermessungstechnischen Verfahrensanforderungen erbracht werden müssen. Ausgenommen von Satz 1 sind Leistungen, die nach landesrechtlichen Vorschriften für Zwecke der Landesvermessung und des Liegenschaftskatasters durchgeführt werden.

(2) Zur Ingenieurvermessung können gehören:
1. Planungsbegleitende Vermessungen für die Planung und den Entwurf von Gebäuden, Ingenieurbauwerken, Verkehrsanlagen sowie für Flächenplanungen,
2. Bauvermessung vor und während der Bauausführung und die abschließende Bestandsdokumentation von Gebäuden, Ingenieurbauwerken und Verkehrsanlagen,
3. sonstige vermessungstechnische Leistungen:
   – Vermessung an Objekten außerhalb der Planungs- und Bauphase,
   – Vermessung bei Wasserstraßen,
   – Fernerkundungen, die das Aufnehmen, Auswerten und Interpretieren von Luftbildern und anderer raumbezogener Daten umfassen, die durch Aufzeichnung über eine große Distanz erfasst sind, als Grundlage insbesondere für Zwecke der Raumordnung und des Umweltschutzes,
   – vermessungstechnische Leistungen zum Aufbau von geographisch-geometrischen Datenbasen für raumbezogene Informationssysteme sowie
   – vermessungstechnische Leistungen, soweit sie nicht in Absatz 1 und Absatz 2 erfasst sind.

1.4.2 Grundlagen des Honorars bei der Planungsbegleitenden Vermessung

(1) Das Honorar für Grundleistungen der Planungsbegleitenden Vermessung kann sich nach der Summe der Verrechnungseinheiten, der Honorarzone in Nummer 1.4.3 und der Honorartafel in Nummer 1.4.8 richten.

HOAI 2013 Anlage 1

(2) Die Verrechnungseinheiten können sich aus der Größe der aufzunehmenden Flächen und deren Punktdichte berechnen. Die Punktdichte beschreibt die durchschnittliche Anzahl der für die Erfassung der planungsrelevanten Daten je Hektar zu messenden Punkte.

(3) Abhängig von der Punktdichte können die Flächen den nachstehenden Verrechnungseinheiten (VE) je Hektar (ha) zugeordnet werden.

sehr geringe Punktdichte	(ca. 70 Punkte/ha)	50 VE
geringe Punktdichte	(ca. 150 Punkte/ha)	70 VE
durchschnittliche Punktdichte	(ca. 250 Punkte/ha)	100 VE
hohe Punktdichte	(ca. 350 Punkte/ha)	130 VE
sehr hohe Punktdichte	(ca. 500 Punkte/ha)	150 VE

(4) Umfasst ein Auftrag Vermessungen für mehrere Objekte, so können die Honorare für die Vermessung jedes Objektes getrennt berechnet werden.

1.4.3 Honorarzonen für Grundleistungen bei der Planungsbegleitenden Vermessung

(1) Die Honorarzone kann bei der Planungsbegleitenden Vermessung aufgrund folgender Bewertungsmerkmale ermittelt werden:

a) Qualität der vorhandenen Daten und Kartenunterlagen

sehr hoch	1 Punkt
hoch	2 Punkte
befriedigend	3 Punkte
kaum ausreichend	4 Punkte
mangelhaft	5 Punkte

b) Qualität des vorhandenen geodätischen Raumbezugs

sehr hoch	1 Punkt
hoch	2 Punkte
befriedigend	3 Punkte
kaum ausreichend	4 Punkte
mangelhaft	5 Punkte

c) Anforderungen an die Genauigkeit

sehr hoch	1 Punkt
hoch	2 Punkte
befriedigend	3 Punkte
kaum ausreichend	4 Punkte
mangelhaft	5 Punkte

d) Beeinträchtigungen durch die Geländebeschaffenheit und bei der Begehbarkeit

sehr gering	1 bis 2 Punkte
gering	3 bis 4 Punkte
durchschnittlich	5 bis 6 Punkte
hoch	7 bis 8 Punkte
sehr hoch	9 bis 10 Punkte

e) Behinderung durch Bebauung und Bewuchs
sehr gering	1 bis 3 Punkte
gering	4 bis 6 Punkte
durchschnittlich	7 bis 9 Punkte
hoch	10 bis 12 Punkte
sehr hoch	13 bis 15 Punkte

f) Behinderung durch Verkehr
sehr gering	1 bis 3 Punkte
gering	4 bis 6 Punkte
durchschnittlich	7 bis 9 Punkte
hoch	10 bis 12 Punkte
sehr hoch	13 bis 15 Punkte

(2) Die Honorarzone kann sich aus der Summe der Bewertungspunkte wie folgt ergeben:

Honorarzone I	bis 13 Punkte
Honorarzone II	14 bis 23 Punkte
Honorarzone III	24 bis 34 Punkte
Honorarzone IV	35 bis 44 Punkte
Honorarzone V	45 bis 55 Punkte.

1.4.4 Leistungsbild Planungsbegleitende Vermessung

(1) Das Leistungsbild Planungsbegleitende Vermessung kann die Aufnahme planungsrelevanter Daten und die Darstellung in analoger und digitaler Form für die Planung und den Entwurf von Gebäuden, Ingenieurbauwerken, Verkehrsanlagen sowie für Flächenplanungen umfassen.

(2) Die Grundleistungen können in vier Leistungsphasen zusammengefasst und wie folgt in Prozentsätzen der Honorare der Nummer 1.4.8 Absatz 1 bewertet werden:
1. für die Leistungsphase 1 (Grundlagenermittlung) mit 5 Prozent,
2. für die Leistungsphase 2 (Geodätischer Raumbezug) mit 20 Prozent,
3. für die Leistungsphase 3 (Vermessungstechnische Grundlagen) mit 65 Prozent,
4. für die Leistungsphase 4 (Digitales Geländemodell mit 10 Prozent.

(3) Das Leistungsbild kann sich wie folgt zusammensetzen:

Grundleistungen	Besondere Leistungen
1. Grundlagenermittlung	
a) Einholen von Informationen und Beschaffen von Unterlagen über die Örtlichkeit und das geplante Objekt b) Beschaffen vermessungstechnischer Unterlagen und Daten c) Ortsbesichtigung	– Schriftliches Einholen von Genehmigungen zum Betreten von Grundstücken, von Bauwerken, zum Befahren von Gewässern und für anordnungsbedürftige Verkehrssicherungsmaßnahmen

Grundleistungen	Besondere Leistungen
d) Ermitteln des Leistungsumfangs in Abhängigkeit von den Genauigkeitsanforderungen und dem Schwierigkeitsgrad	
2. Geodätischer Raumbezug	
a) Erkunden und Vermarken von Lage- und Höhenfestpunkten b) Fertigen von Punktbeschreibungen und Einmessungsskizzen c) Messungen zum Bestimmen der Fest- und Passpunkte d) Auswerten der Messungen und Erstellen des Koordinaten- und Höhenverzeichnisses	– Entwurf, Messung und Auswertung von Sondernetzen hoher Genauigkeit – Vermarken aufgrund besonderer Anforderungen – Aufstellung von Rahmenmessprogrammen
3. Vermessungstechnische Grundlagen	
a) Topographische/morphologische Geländeaufnahme einschließlich Erfassen von Zwangspunkten und planungsrelevanter Objekte b) Aufbereiten und Auswerten der erfassten Daten c) Erstellen eines Digitalen Lagemodells mit ausgewählten planungsrelevanten Höhenpunkten d) Übernehmen von Kanälen, Leitungen, Kabeln und unterirdischen Bauwerken aus vorhandenen Unterlagen e) Übernehmen des Liegenschaftskatasters f) Übernehmen der bestehenden öffentlich-rechtlichen Festsetzungen g) Erstellen von Plänen mit Darstellen der Situation im Planungsbereich mit ausgewählten planungsrelevanten Höhenpunkten h) Liefern der Pläne und Daten in analoger und digitaler Form	– Maßnahmen für anordnungsbedürftige Verkehrssicherung – Orten und Aufmessen des unterirdischen Bestandes – Vermessungsarbeiten unter Tage, unter Wasser oder bei Nacht – Detailliertes Aufnehmen bestehender Objekte und Anlagen neben der normalen topographischen Aufnahme wie zum Beispiel Fassaden und Innenräume von Gebäuden – Ermitteln von Gebäudeschnitten – Aufnahmen über den festgelegten Planungsbereich hinaus – Erfassen zusätzlicher Merkmale wie zum Beispiel Baumkronen – Eintragen von Eigentümerangaben – Darstellen in verschiedenen Maßstäben – Ausarbeiten der Lagepläne entsprechend der rechtlichen Bedingungen für behördliche Genehmigungsverfahren – Übernahme der Objektplanung in ein digitales Lagemodell
4. Digitales Geländemodell	
a) Selektion der die Geländeoberfläche beschreibenden Höhenpunkte und Bruchkanten aus der Geländeaufnahme b) Berechnung eines digitalen Geländemodells c) Ableitung von Geländeschnitten	

Grundleistungen	Besondere Leistungen
d) Darstellen der Höhen in Punkt-, Raster- oder Schichtlinienform e) Liefern der Pläne und Daten in analoger und digitaler Form	

1.4.5 Grundlagen des Honorars bei der Bauvermessung

(1) Das Honorar für Grundleistungen bei der Bauvermessung kann sich nach den anrechenbaren Kosten des Objekts, der Honorarzone in Nummer 1.4.6 und der Honorartafel in Nummer 1.4.8 Absatz 2 richten.

(2) Anrechenbare Kosten können die Herstellungskosten des Objekts darstellen. Diese können entsprechend § 4 Absatz 1 und
1. bei Gebäuden entsprechend § 33,
2. bei Ingenieurbauwerken entsprechend § 42,
3. bei Verkehrsanlagen entsprechend § 46
ermittelt werden.

Anrechenbar können bei Ingenieurbauwerken 100 Prozent, bei Gebäuden und Verkehrsanlagen 80 Prozent der ermittelten Kosten sein.

(3) Die Absätze 1 und 2 sowie die Nummer 1.4.6 und Nummer 1.4.7 finden keine Anwendung für vermessungstechnische Grundleistungen bei ober- und unterirdischen Leitungen, Tunnel-, Stollen- und Kavernenbauwerken, innerörtlichen Verkehrsanlagen mit überwiegend innerörtlichem Verkehr, bei Geh- und Radwegen sowie Gleis- und Bahnsteiganlagen. Das Honorar für die in Satz 1 genannten Objekte kann ergänzend frei vereinbart werden.

1.4.6 Honorarzonen für Grundleistungen bei der Bauvermessung

(1) Die Honorarzone kann bei der Bauvermessung aufgrund folgender Bewertungsmerkmale ermittelt werden:
a) Beeinträchtigungen durch die Geländebeschaffenheit und bei der Begehbarkeit
    sehr gering   1 Punkt
    gering   2 Punkte
    durchschnittlich   3 Punkte
    hoch   4 Punkte
    sehr hoch   5 Punkte
b) Behinderungen durch Bebauung und Bewuchs
    sehr gering   1 bis 2 Punkte
    gering   3 bis 4 Punkte
    durchschnittlich   5 bis 6 Punkte
    hoch   7 bis 8 Punkte
    sehr hoch   9 bis 10 Punkte

c) Behinderung durch den Verkehr
   sehr gering — 1 bis 2 Punkte
   gering — 3 bis 4 Punkte
   durchschnittlich — 5 bis 6 Punkte
   hoch — 7 bis 8 Punkte
   sehr hoch — 9 bis 10 Punkte
d) Anforderungen an die Genauigkeit
   sehr gering — 1 bis 2 Punkte
   gering — 3 bis 4 Punkte
   durchschnittlich — 5 bis 6 Punkte
   hoch — 7 bis 8 Punkte
   sehr hoch — 9 bis 10 Punkte
e) Anforderungen durch die Geometrie des Objekts
   sehr gering — 1 bis 2 Punkte
   gering — 3 bis 4 Punkte
   durchschnittlich — 5 bis 6 Punkte
   hoch — 7 bis 8 Punkte
   sehr hoch — 9 bis 10 Punkte
f) Behinderung durch den Baubetrieb
   sehr gering — 1 bis 3 Punkte
   gering — 4 bis 6 Punkte
   durchschnittlich — 7 bis 9 Punkte
   hoch — 10 bis 12 Punkte
   sehr hoch — 13 bis 15 Punkte.

(2) Die Honorarzone kann sich aus der Summe der Bewertungspunkte wie folgt ergeben:
Honorarzone I — bis 14 Punkte
Honorarzone II — 15 bis 25 Punkte
Honorarzone III — 26 bis 37 Punkte
Honorarzone IV — 38 bis 48 Punkte
Honorarzone V — 49 bis 60 Punkte.

1.4.7 Leistungsbild Bauvermessung

(1) Das Leistungsbild Bauvermessung kann die Vermessungsleistungen für den Bau und die abschließende Bestandsdokumentation von Gebäuden, Ingenieurbauwerken und Verkehrsanlagen umfassen.

(2) Die Grundleistungen können in fünf Leistungsphasen zusammengefasst und wie folgt in Prozentsätzen der Honorare der Nummer 1.4.8 Absatz 2 bewertet werden:
1. für die Leistungsphase 1 (Baugeometrische Beratung) mit 2 Prozent,
2. für die Leistungsphase 2 (Absteckungsunterlagen) mit 5 Prozent,
3. für die Leistungsphase 3 (Bauvorbereitende Vermessung) mit 16 Prozent,
4. für die Leistungsphase 4 (Bauausführungsvermessung) mit 62 Prozent,
5. für die Leistungsphase 5 (Vermessungstechnische Überwachung der Bauausführung) mit 15 Prozent.

(3) Das Leistungsbild kann sich wie folgt zusammensetzen:

Grundleistungen	Besondere Leistungen
1. Baugeometrische Beratung	
a) Ermitteln des Leistungsumfanges in Abhängigkeit vom Projekt b) Beraten, insbesondere im Hinblick auf die erforderlichen Genauigkeiten und zur Konzeption eines Messprogramms c) Festlegen eines für alle Beteiligten verbindlichen Maß-, Bezugs- und Benennungssystems	– Erstellen von vermessungstechnischen Leistungsbeschreibungen – Erarbeiten von Organisationsvorschlägen über Zuständigkeiten, Verantwortlichkeit und Schnittstellen der Objektvermessung – Erstellen von Messprogrammen für Bewegungs- und Deformationsmessungen, einschließlich Vorgaben für die Baustelleneinrichtung
2. Absteckungsunterlagen	
a) Berechnen der Detailgeometrie anhand der Ausführungsplanung, Erstellen eines Absteckungsplanes und Berechnen von Absteckungsdaten einschließlich Aufzeigen von Widersprüchen (Absteckungsunterlagen)	– Durchführen von zusätzlichen Aufnahmen und ergänzende Berechnungen, falls keine qualifizierten Unterlagen aus der Leistungsphase vermessungstechnische Grundlagen vorliegen – Durchführen von Optimierungsberechnungen im Rahmen der Baugeometrie (zum Beispiel Flächennutzung, Abstandsflächen) – Erarbeitung von Vorschlägen zur Beseitigung von Widersprüchen bei der Verwendung von Zwangspunkten (zum Beispiel bauordnungsrechtliche Vorgaben)
3. Bauvorbereitende Vermessung	
a) Prüfen und Ergänzen des bestehenden Festpunktfeldes b) Zusammenstellung und Aufbereitung der Absteckungsdaten c) Absteckung: Übertragen der Projektgeometrie (Hauptpunkte) und des Baufeldes in die Örtlichkeit d) Übergabe der Lage- und Höhenfestpunkte, der Hauptpunkte und der Absteckungsunterlagen an das bauausführende Unternehmen	– Absteckung auf besondere Anforderungen (zum Beispiel Archäologie, Ausholzung, Grobabsteckung, Kampfmittelräumung)
4. Bauausführungsvermessung	
a) Messungen zur Verdichtung des Lage- und Höhenfestpunktfeldes b) Messungen zur Überprüfung und Sicherung von Fest- und Achspunkten	– Erstellen und Konkretisieren des Messprogramms – Absteckungen unter Berücksichtigung von belastungs- und fertigungstechnischen Verformungen

HOAI 2013 Anlage 1

Grundleistungen	Besondere Leistungen
c) Baubegleitende Absteckungen der geometriebestimmenden Bauwerkspunkte nach Lage und Höhe d) Messungen zur Erfassung von Bewegungen und Deformationen des zu erstellenden Objekts an konstruktiv bedeutsamen Punkten e) Baubegleitende Eigenüberwachungsmessungen und deren Dokumentation f) Fortlaufende Bestandserfassung während der Bauausführung als Grundlage für den Bestandplan	– Prüfen der Maßgenauigkeit von Fertigteilen – Aufmaß von Bauleistungen, soweit besondere vermessungstechnische Leistungen gegeben sind – Ausgabe von Baustellenbestandsplänen während der Bauausführung – Fortführen der vermessungstechnischen Bestandspläne nach Abschluss der Grundleistungen – Herstellen von Bestandsplänen
5. Vermessungstechnische Überwachung der Bauausführung	
a) Kontrollieren der Bauausführung durch stichprobenartige Messungen an Schalungen und entstehenden Bauteilen (Kontrollmessungen) b) Fertigen von Messprotokollen c) Stichprobenartige Bewegungs- und Deformationsmessungen an konstruktiv bedeutsamen Punkten des zu erstellenden Objekts	– Prüfen der Mengenermittlungen – Beratung zu langfristigen vermessungstechnischen Objektüberwachungen im Rahmen der Ausführungskontrolle baulicher Maßnahmen und deren Durchführung – Vermessungen für die Abnahme von Bauleistungen, soweit besondere vermessungstechnische Anforderungen gegeben sind

(4) Die Leistungsphase 4 ist abweichend von Absatz 2 bei Gebäuden mit 45 bis 62 Prozent zu bewerten.

1.4.8 Honorare für Grundleistungen bei der Ingenieurvermessung

(1) Die Honorare für die in Nummer 1.4.4 Absatz 3 aufgeführten Grundleistungen der Planungsbegleitenden Vermessung können sich nach der folgenden Honorartafel richten.

Verrechnungseinheiten	Honorarzone I sehr geringe Anforderungen		Honorarzone II geringe Anforderungen		Honorarzone III durchschnittliche Anforderungen		Honorarzone IV hohe Anforderungen		Honorarzone V sehr hohe Anforderungen	
	von	bis	von	bis	von	bis	von	bis	von	bis
	Euro		Euro		Euro		Euro		Euro	
6	658	777	777	914	914	1.051	1.051	1.170	1.170	1.289
20	953	1.123	1.123	1.306	1.306	1.489	1.489	1.659	1.659	1.828
50	1.480	1.740	1.740	2.000	2.000	2.260	2.260	2.520	2.520	2.780
103	2.225	2.616	2.616	3.007	3.007	3.399	3.399	3.790	3.790	4.182
188	3.325	3.826	3.826	4.327	4.327	4.829	4.829	5.330	5.330	5.831
278	4.320	4.931	4.931	5.542	5.542	6.153	6.153	6.765	6.765	7.376

Anlage 1 **HOAI 2013**

Verrech-nungsein-heiten	Honorarzone I sehr geringe Anforderungen		Honorarzone II geringe Anforderungen		Honorarzone III durchschnittliche Anforderungen		Honorarzone IV hohe Anforderungen		Honorarzone V sehr hohe Anforderungen	
	von	bis	von	bis	von	bis	von	bis	von	bis
	Euro		Euro		Euro		Euro		Euro	
359	5.156	5.826	5.826	6.547	6.547	7.217	7.217	7.939	7.939	8.609
435	5.881	6.656	6.656	7.437	7.437	8.212	8.212	8.994	8.994	9.768
506	6.547	7383	7.383	8.219	8.219	9.055	9.055	9.892	9.892	10.728
659	7.867	8.859	8.859	9.815	9.815	10.809	10.809	11.765	11.765	12.757
822	9.187	10.299	10.299	11.413	11.413	12.513	12.513	13.625	13.625	14.737
1.105	11.332	12.667	12.667	14.002	14.002	15.336	15.336	16.672	16.672	18.006
1.400	13.525	14.977	14.977	16.532	16.532	18.086	18.086	19.642	19.642	21.196
2.033	17.714	19.597	19.597	21.592	21.592	23.586	23.586	25.582	25.582	27.576
2.713	21.894	24.217	24.217	26.652	26.652	29.086	29.086	31.522	31.522	33.956
3.430	26.074	28.837	28.837	31.712	31.712	34.586	34.586	37.462	37.462	40.336
4.949	34.434	38.077	38.077	41.832	41.832	45.586	45.586	49.342	49.342	53.096
7.385	46.974	51.937	51.937	57.012	57.012	62.086	62.086	67.162	67.162	72.236
11.726	67.874	75.037	75.037	82.312	82.312	89.586	89.586	96.862	96.862	104.136

(2) Die Honorare für die in Nummer 1.4.7 Absatz 3 Grundleistungen der Bauvermessung können sich nach der folgenden Honorartafel richten.

Anrechen-bare Kosten in Euro	Honorarzone I sehr geringe Anforderungen		Honorarzone II geringe Anforderungen		Honorarzone III durchschnittliche Anforderungen		Honorarzone IV hohe Anforderungen		Honorarzone V sehr hohe Anforderungen	
	von	bis	von	bis	von	bis	von	bis	von	bis
	Euro		Euro		Euro		Euro		Euro	
50.000	4.282	4.782	4.782	5.283	5.283	5.839	5.839	6.339	6.339	6.840
75.000	4.648	5.191	5.191	5.734	5.734	6.338	6.338	6.881	6.881	7.424
100.000	5.002	5.586	5.586	6.171	6.171	6.820	6.820	7.405	7.405	7.989
150.000	5.684	6.349	6.349	7.013	7.013	7.751	7.751	8.416	8.416	9.080
200.000	6.344	7.086	7.086	7.827	7.827	8.651	8.651	9.393	9.393	10.134
250.000	6.987	7.804	7.804	8.621	8.621	9.528	9.528	10.345	10.345	11.162
300.000	7.618	8.508	8.508	9.399	9.399	10.388	10.388	11.278	11.278	12.169
400.000	8.848	9.883	9.883	10.917	10.917	12.066	12.066	13.100	13.100	14.134
500.000	10.048	11.222	11.222	12.397	12.397	13.702	13.702	14.876	14.876	16.051
600.000	11.223	12.535	12.535	13.847	13.847	15.304	15.304	16.616	16.616	17.928

HOAI 2013 Anlage 1

Anrechen-bare Kosten in Euro	Honorarzone I sehr geringe Anforderungen		Honorarzone II geringe Anforderungen		Honorarzone III durchschnittliche Anforderungen		Honorarzone IV hohe Anforderungen		Honorarzone V sehr hohe Anforderungen	
	von	bis	von	bis	von	bis	von	bis	von	bis
	Euro		Euro		Euro		Euro		Euro	
750.000	12.950	14.464	14.464	15.978	15.978	17.659	17.659	19.173	19.173	20.687
1.000.000	15.754	17.596	17.596	19.437	19.437	21.483	21.483	23.325	23.325	25.166
1.500.000	21.165	23.639	23.639	26.113	26.113	28.862	28.862	31.336	31.336	33.810
2.000.000	26.393	29.478	29.478	32.563	32.563	35.990	35.990	39.075	39.075	42.160
2.500.000	31.488	35.168	35.168	38.849	38.849	42.938	42.938	46.619	46.619	50.299
3.000.000	36.480	40.744	40.744	45.008	45.008	49.745	49.745	54.009	54.009	58.273
4.000.000	46.224	51.626	51.626	57.029	57.029	63.032	63.032	68.435	68.435	73.838
5.000.000	55.720	62.232	62.232	68.745	68.745	75.981	75.981	82.494	82.494	89.007
7.500.000	78.690	87.888	87.888	97.085	97.085	107.305	107.305	116.502	116.502	125.700
10.000.000	100.876	112.667	112.667	124.458	124.458	137.559	137.559	149.350	149.350	161.140

1.4.9 Sonstige vermessungstechnische Leistungen

Für sonstige vermessungstechnische Leistungen nach Nummer 1.4.1 kann ein Honorar ergänzend frei vereinbart werden.

Anlage 2
zu § 18 Absatz 2

Grundleistungen im Leistungsbild Flächennutzungsplan

Das Leistungsbild Flächennutzungsplan setzt sich aus folgenden Grundleistungen je Leistungsphase zusammen:

1. Leistungsphase 1: Vorentwurf für die frühzeitigen Beteiligungen
   a) Zusammenstellen und Werten des vorhandenen Grundlagenmaterials
   b) Erfassen der abwägungsrelevanten Sachverhalte
   c) Ortsbesichtigungen
   d) Festlegen ergänzender Fachleistungen und Formulieren von Entscheidungshilfen für die Auswahl anderer fachlich Beteiligter, soweit notwendig
   e) Analysieren und Darstellen des Zustandes des Plangebiets, soweit für die Planung von Bedeutung und abwägungsrelevant, unter Verwendung hierzu vorliegender Fachbeiträge
   f) Mitwirken beim Festlegen von Zielen und Zwecken der Planung
   g) Erarbeiten des Vorentwurfes in der vorgeschriebenen Fassung mit Begründung für die frühzeitigen Beteiligungen nach den Bestimmungen des Baugesetzbuchs
   h) Darlegen der wesentlichen Auswirkungen der Planung
   i) Berücksichtigen von Fachplanungen
   j) Mitwirken an der frühzeitigen Öffentlichkeitsbeteiligung einschließlich Erörterung der Planung
   k) Mitwirken an der frühzeitigen Beteiligung der Behörden und Stellen, die Träger öffentlicher Belange sind
   l) Mitwirken an der frühzeitigen Abstimmung mit den Nachbargemeinden
   m) Abstimmen des Vorentwurfes für die frühzeitigen Beteiligungen in der vorgeschriebenen Fassung mit der Gemeinde
2. Leistungsphase 2: Entwurf zur öffentlichen Auslegung
   a) Erarbeiten des Entwurfes in der vorgeschriebenen Fassung mit Begründung für die Öffentlichkeits- und Behördenbeteiligung nach den Bestimmungen des Baugesetzbuchs
   b) Mitwirken an der Öffentlichkeitsbeteiligung
   c) Mitwirken an der Beteiligung der Behörden und Stellen, die Träger öffentlicher Belange sind
   d) Mitwirken an der Abstimmung mit den Nachbargemeinden
   e) Mitwirken bei der Abwägung der Gemeinde zu Stellungnahmen aus frühzeitigen Beteiligungen
   f) Abstimmen des Entwurfs mit der Gemeinde
3. Leistungsphase 3: Plan zur Beschlussfassung
   a) Erarbeiten des Planes in der vorgeschriebenen Fassung mit Begründung für den Beschluss durch die Gemeinde
   b) Mitwirken bei der Abwägung der Gemeinde zu Stellungnahmen
   c) Erstellen des Planes in der durch Beschluss der Gemeinde aufgestellten Fassung.

Anlage 3
zu § 19 Absatz 2

Grundleistungen im Leistungsbild Bebauungsplan

Das Leistungsbild Bebauungsplan setzt sich aus folgenden Grundleistungen je Leistungsphase zusammen:
1. Leistungsphase 1: Vorentwurf für die frühzeitigen Beteiligungen
   a) Zusammenstellen und Werten des vorhandenen Grundlagenmaterials
   b) Erfassen der abwägungsrelevanten Sachverhalte
   c) Ortsbesichtigungen
   d) Festlegen ergänzender Fachleistungen und Formulieren von Entscheidungshilfen für die Auswahl anderer fachlich Beteiligter, soweit notwendig
   e) Analysieren und Darstellen des Zustandes des Plangebiets, soweit für die Planung von Bedeutung und abwägungsrelevant, unter Verwendung hierzu vorliegender Fachbeiträge
   f) Mitwirken beim Festlegen von Zielen und Zwecken der Planung
   g) Erarbeiten des Vorentwurfes in der vorgeschriebenen Fassung mit Begründung für die frühzeitigen Beteiligungen nach den Bestimmungen des Baugesetzbuchs
   h) Darlegen der wesentlichen Auswirkungen der Planung
   i) Berücksichtigen von Fachplanungen
   j) Mitwirken an der frühzeitigen Öffentlichkeitsbeteiligung einschließlich Erörterung der Planung
   k) Mitwirken an der frühzeitigen Beteiligung der Behörden und Stellen, die Träger öffentlicher Belange sind
   l) Mitwirken an der frühzeitigen Abstimmung mit den Nachbargemeinden
   m) Abstimmen des Vorentwurfs für die frühzeitigen Beteiligungen in der vorgeschriebenen Fassung mit der Gemeinde
2. Leistungsphase 2: Entwurf zur öffentlichen Auslegung
   a) Erarbeiten des Entwurfes in der vorgeschriebenen Fassung mit Begründung für die Öffentlichkeits- und Behördenbeteiligung nach den Bestimmungen des Baugesetzbuchs
   b) Mitwirken an der Öffentlichkeitsbeteiligung
   c) Mitwirken an der Beteiligung der Behörden und Stellen, die Träger öffentlicher Belange sind
   d) Mitwirken an der Abstimmung mit den Nachbargemeinden
   e) Mitwirken bei der Abwägung der Gemeinde zu Stellungnahmen aus frühzeitigen Beteiligungen
   f) Abstimmen des Entwurfs mit der Gemeinde
3. Leistungsphase 3: Plan zur Beschlussfassung
   a) Erarbeiten des Planes in der vorgeschriebenen Fassung mit Begründung für den Beschluss durch die Gemeinde
   b) Mitwirken bei der Abwägung der Gemeinde zu Stellungnahmen
   c) Erstellen des Planes in der durch Beschluss der Gemeinde aufgestellten Fassung.

Anlage 4
zu § 23 Absatz 2

Grundleistungen im Leistungsbild Landschaftsplan

Das Leistungsbild Landschaftsplan setzt sich aus folgenden Grundleistungen je Leistungsphase zusammen:

1. Leistungsphase 1: Klären der Aufgabenstellung und Ermitteln des Leistungsumfangs
    a) Zusammenstellen und Prüfen der vom Auftraggeber zur Verfügung gestellten planungsrelevanten Unterlagen
    b) Ortsbesichtigungen
    c) Abgrenzen des Planungsgebiets
    d) Konkretisieren weiteren Bedarfs an Daten und Unterlagen
    e) Beraten zum Leistungsumfang für ergänzende Untersuchungen und Fachleistungen
    f) Aufstellen eines verbindlichen Arbeitsplans unter Berücksichtigung der sonstigen Fachbeiträge
2. Leistungsphase 2: Ermitteln der Planungsgrundlagen
    a) Ermitteln und Beschreiben der planungsrelevanten Sachverhalte auf Grundlage vorhandener Unterlagen und Daten
    b) Landschaftsbewertung nach den Zielen und Grundsätzen des Naturschutzes und der Landschaftspflege
    c) Bewerten von Flächen und Funktionen des Naturhaushalts und des Landschaftsbildes hinsichtlich ihrer Eignung, Leistungsfähigkeit, Empfindlichkeit und Vorbelastung
    d) Bewerten geplanter Eingriffe in Natur und Landschaft
    e) Feststellen von Nutzungs- und Zielkonflikten
    f) Zusammenfassendes Darstellen der Erfassung und Bewertung
3. Leistungsphase 3: Vorläufige Fassung
    a) Formulieren von örtlichen Zielen und Grundsätzen zum Schutz, zur Pflege und Entwicklung von Natur und Landschaft einschließlich Erholungsvorsorge
    b) Darlegen der angestrebten Flächenfunktionen und Flächennutzungen sowie der örtlichen Erfordernisse und Maßnahmen zur Umsetzung der konkretisierten Ziele des Naturschutzes und der Landschaftspflege
    c) Erarbeiten von Vorschlägen zur Übernahme in andere Planungen, insbesondere in die Bauleitpläne
    d) Hinweise auf Folgeplanungen und -maßnahmen
    e) Mitwirken bei der Beteiligung der nach den Bestimmungen des Bundesnaturschutzgesetzes anerkannten Verbände
    f) Mitwirken bei der Abstimmung der Vorläufigen Fassung mit der für Naturschutz und Landschaftspflege zuständigen Behörde
    g) Abstimmen der Vorläufigen Fassung mit dem Auftraggeber
4. Leistungsphase 4: Abgestimmte Fassung
    Darstellen des Landschaftsplans in der mit dem Auftraggeber abgestimmten Fassung in Text und Karte.

Anlage 5
zu § 24 Absatz 2

Grundleistungen im Leistungsbild Grünordnungsplan

Das Leistungsbild Grünordnungsplan setzt sich aus folgenden Grundleistungen je Leistungsphase zusammen:

1. Leistungsphase 1: Klären der Aufgabenstellung und Ermitteln des Leistungsumfangs
   a) Zusammenstellen und Prüfen der vom Auftraggeber zur Verfügung gestellten planungsrelevanten Unterlagen
   b) Ortsbesichtigungen
   c) Abgrenzen des Planungsgebiets
   d) Konkretisieren weiteren Bedarfs an Daten und Unterlagen
   e) Beraten zum Leistungsumfang für ergänzende Untersuchungen und Fachleistungen
   f) Aufstellen eines verbindlichen Arbeitsplans unter Berücksichtigung der sonstigen Fachbeiträge
2. Leistungsphase 2: Ermitteln der Planungsgrundlagen
   a) Ermitteln und Beschreiben der planungsrelevanten Sachverhalte auf Grundlage vorhandener Unterlagen und Daten
   b) Bewerten der Landschaft nach den Zielen des Naturschutzes und der Landschaftspflege einschließlich der Erholungsvorsorge
   c) Zusammenfassendes Darstellen der Bestandsaufnahme und Bewertung in Text und Karte
3. Leistungsphase 3: Vorläufige Fassung
   a) Lösen der Planungsaufgabe und Erläutern der Ziele, Erfordernisse und Maßnahmen in Text und Karte
   b) Darlegen der angestrebten Flächenfunktionen und Flächennutzungen
   c) Darlegen von Gestaltungs-, Schutz-, Pflege- und Entwicklungsmaßnahmen
   d) Vorschläge zur Übernahme in andere Planungen, insbesondere in die Bauleitplanung
   e) Mitwirken bei der Abstimmung der vorläufigen Fassung mit der für den Naturschutz zuständigen Behörde
   f) Bearbeiten der naturschutzrechtlichen Eingriffsregelung
      aa) Ermitteln und Bewerten der durch die Planung zu erwartenden Beeinträchtigungen des Naturhaushalts und des Landschaftsbildes nach Art, Umfang, Ort und zeitlichem Ablauf
      bb) Erarbeiten von Lösungen zur Vermeidung oder Verminderung erheblicher Beeinträchtigungen des Naturhaushalts und des Landschaftsbildes in Abstimmung mit den an der Planung fachlich Beteiligten
      cc) Ermitteln der unvermeidbaren Beeinträchtigungen
      dd) Vergleichendes Gegenüberstellen von unvermeidbaren Beeinträchtigungen und Ausgleich und Ersatz einschließlich Darstellen verbleibender, nicht ausgleichbarer oder ersetzbarer Beeinträchtigungen
      ee) Darstellen und Begründen von Maßnahmen des Naturschutzes und der

Landschaftspflege, insbesondere Ausgleichs-, Ersatz-, Gestaltungs- und Schutzmaßnahmen sowie Maßnahmen zur Unterhaltung und rechtlichen Sicherung von Ausgleichs- und Ersatzmaßnahmen
- ff) Integrieren ergänzender, zulassungsrelevanter Regelungen und Maßnahmen aufgrund des Natura 2000-Gebietsschutzes und der Vorschriften zum besonderen Artenschutz auf Grundlage vorhandener Unterlagen

4. Leistungsphase 4: Abgestimmte Fassung

Darstellen des Grünordnungsplans oder Landschaftsplanerischen Fachbeitrags in der mit dem Auftraggeber abgestimmten Fassung in Text und Karte.

HOAI 2013 Anlage 6

Anlage 6
zu § 25 Absatz 2

Grundleistungen im Leistungsbild Landschaftsrahmenplan

Das Leistungsbild Landschaftsrahmenplan setzt sich aus folgenden Grundleistungen je Leistungsphase zusammen:

1. Leistungsphase 1: Klären der Aufgabenstellung und Ermitteln des Leistungsumfangs
   a) Zusammenstellen und Prüfen der vom Auftraggeber zur Verfügung gestellten planungsrelevanten Unterlagen
   b) Ortsbesichtigungen
   c) Abgrenzen des Planungsgebiets
   d) Konkretisieren weiteren Bedarfs an Daten und Unterlagen
   e) Beraten zum Leistungsumfang für ergänzende Untersuchungen und Fachleistungen
   f) Aufstellen eines verbindlichen Arbeitsplans unter Berücksichtigung der sonstigen Fachbeiträge
2. Leistungsphase 2: Ermitteln der Planungsgrundlagen
   a) Ermitteln und Beschreiben der planungsrelevanten Sachverhalte auf Grundlage vorhandener Unterlagen und Daten
   b) Landschaftsbewertung nach den Zielen und Grundsätzen des Naturschutzes und der Landschaftspflege
   c) Bewerten von Flächen und Funktionen des Naturhaushalts und des Landschaftsbildes hinsichtlich ihrer Eignung, Leistungsfähigkeit, Empfindlichkeit und Vorbelastung
   d) Bewerten geplanter Eingriffe in Natur und Landschaft
   e) Feststellen von Nutzungs- und Zielkonflikten
   f) Zusammenfassendes Darstellen der Erfassung und Bewertung
3. Leistungsphase 3: Vorläufige Fassung
   a) Lösen der Planungsaufgabe und
   b) Erläutern der Ziele, Erfordernisse und Maßnahmen in Text und Karte
   Zu Buchstabe a) und b) gehören:
      aa) Erstellen des Zielkonzepts
      bb) Umsetzen des Zielkonzepts durch Schutz, Pflege und Entwicklung bestimmter Teile von Natur und Landschaft und durch Artenhilfsmaßnahmen für ausgewählte Tier- und Pflanzenarten
      cc) Vorschläge zur Übernahme in andere Planungen, insbesondere in Regionalplanung, Raumordnung und Bauleitplanung
      dd) Mitwirken bei der Abstimmung der vorläufigen Fassung mit der für den Naturschutz zuständigen Behörde
      ee) Abstimmen der Vorläufigen Fassung mit dem Auftraggeber
4. Leistungsphase 4: Abgestimmte Fassung
   Darstellen des Landschaftsrahmenplans in der mit dem Auftraggeber abgestimmten Fassung in Text und Karte.

Anlage 7
zu § 26 Absatz 2

**Grundleistungen im Leistungsbild
Landschaftspflegerischer Begleitplan**

Das Leistungsbild Landschaftspflegerischer Begleitplan setzt sich aus folgenden Grundleistungen je Leistungsphase zusammen:

1. Leistungsphase 1: Klären der Aufgabenstellung und Ermitteln des Leistungsumfangs
   a) Zusammenstellen und Prüfen der vom Auftraggeber zur Verfügung gestellten planungsrelevanten Unterlagen
   b) Ortsbesichtigungen
   c) Abgrenzen des Planungsgebiets anhand der planungsrelevanten Funktionen
   d) Konkretisieren weiteren Bedarfs an Daten und Unterlagen
   e) Beraten zum Leistungsumfang für ergänzende Untersuchungen und Fachleistungen
   f) Aufstellen eines verbindlichen Arbeitsplans unter Berücksichtigung der sonstigen Fachbeiträge

2. Leistungsphase 2: Ermitteln und Bewerten der Planungsgrundlagen
   a) Bestandsaufnahme:
      Erfassen von Natur und Landschaft jeweils einschließlich des rechtlichen Schutzstatus und fachplanerischer Festsetzungen und Ziele für die Naturgüter auf Grundlage vorhandener Unterlagen und örtlicher Erhebungen
   b) Bestandsbewertung:
      aa) Bewerten der Leistungsfähigkeit und Empfindlichkeit des Naturhaushalts und des Landschaftsbildes nach den Zielen und Grundsätzen des Naturschutzes und der Landschaftspflege
      bb) Bewerten der vorhandenen Beeinträchtigungen von Natur und Landschaft (Vorbelastung)
      cc) Zusammenfassendes Darstellen der Ergebnisse als Grundlage für die Erörterung mit dem Auftraggeber

3. Leistungsphase 3: Vorläufige Fassung
   a) Konfliktanalyse
   b) Ermitteln und Bewerten der durch das Vorhaben zu erwartenden Beeinträchtigungen des Naturhaushalts und des Landschaftsbildes nach Art, Umfang, Ort und zeitlichem Ablauf
   c) Konfliktminderung
   d) Erarbeiten von Lösungen zur Vermeidung oder Verminderung erheblicher Beeinträchtigungen des Naturhaushalts und des Landschaftsbildes in Abstimmung mit den an der Planung fachlich Beteiligten
   e) Ermitteln der unvermeidbaren Beeinträchtigungen
   f) Erarbeiten und Begründen von Maßnahmen des Naturschutzes und der Landschaftspflege, insbesondere Ausgleichs-, Ersatz- und Gestaltungsmaßnahmen sowie von Angaben zur Unterhaltung dem Grunde nach und Vorschläge zur rechtlichen Sicherung von Ausgleichs- und Ersatzmaßnahmen

g) Integrieren von Maßnahmen aufgrund des Natura 2000-Gebietsschutzes sowie aufgrund der Vorschriften zum besonderen Artenschutz und anderer Umweltfachgesetze auf Grundlage vorhandener Unterlagen und Erarbeiten eines Gesamtkonzepts
h) Vergleichendes Gegenüberstellen von unvermeidbaren Beeinträchtigungen und Ausgleich und Ersatz einschließlich Darstellen verbleibender, nicht ausgleichbarer oder ersetzbarer Beeinträchtigungen
i) Kostenermittlung nach Vorgaben des Auftraggebers
j) Zusammenfassendes Darstellen der Ergebnisse in Text und Karte
k) Mitwirken bei der Abstimmung mit der für Naturschutz und Landschaftspflege zuständigen Behörde
l) Abstimmen der Vorläufigen Fassung mit dem Auftraggeber

4. Leistungsphase 4: Abgestimmte Fassung
Darstellen des Landschaftspflegerischen Begleitplans in der mit dem Auftraggeber abgestimmten Fassung in Text und Karte.

Anlage 8
zu § 27 Absatz 2

Grundleistungen im Leistungsbild Pflege- und Entwicklungsplan

Das Leistungsbild Pflege- und Entwicklungsplan setzt sich aus folgenden Grundleistungen je Leistungsphase zusammen:

1. Leistungsphase 1: Klären der Aufgabenstellung und Ermitteln des Leistungsumfangs
   a) Zusammenstellen und Prüfen der vom Auftraggeber zur Verfügung gestellten planungsrelevanten Unterlagen
   b) Ortsbesichtigungen
   c) Abgrenzen des Planungsgebiets anhand der planungsrelevanten Funktionen
   d) Konkretisieren weiteren Bedarfs an Daten und Unterlagen
   e) Beraten zum Leistungsumfang für ergänzende Untersuchungen und Fachleistungen
   f) Aufstellen eines verbindlichen Arbeitsplans unter Berücksichtigung der sonstigen Fachbeiträge
2. Leistungsphase 2: Ermitteln der Planungsgrundlagen
   a) Ermitteln und Beschreiben der planungsrelevanten Sachverhalte aufgrund vorhandener Unterlagen
   b) Auswerten und Einarbeiten von Fachbeiträgen
   c) Bewerten der Bestandsaufnahmen einschließlich vorhandener Beeinträchtigungen sowie der abiotischen Faktoren hinsichtlich ihrer Standort- und Lebensraumbedeutung nach den Zielen und Grundsätzen des Naturschutzes
   d) Beschreiben der Zielkonflikte mit bestehenden Nutzungen
   e) Beschreiben des zu erwartenden Zustands von Arten und ihren Lebensräumen (Zielkonflikte mit geplanten Nutzungen)
   f) Überprüfen der festgelegten Untersuchungsinhalte
   g) Zusammenfassendes Darstellen von Erfassung und Bewertung in Text und Karte
3. Leistungsphase 3: Vorläufige Fassung
   a) Lösen der Planungsaufgabe und Erläutern der Ziele, Erfordernisse und Maßnahmen in Text und Karte
   b) Formulieren von Zielen zum Schutz, zur Pflege, zur Erhaltung und Entwicklung von Arten, Biotoptypen und naturnahen Lebensräumen bzw. Standortbedingungen
   c) Erfassen und Darstellen von Flächen, auf denen eine Nutzung weiter betrieben werden soll und von Flächen, auf denen regelmäßig Pflegemaßnahmen durchzuführen sind sowie von Maßnahmen zur Verbesserung der ökologischen Standortverhältnisse und zur Änderung der Biotopstruktur
   d) Erarbeiten von Vorschlägen für Maßnahmen zur Förderung bestimmter Tier- und Pflanzenarten, zur Lenkung des Besucherverkehrs, für die Durchführung der Pflege- und Entwicklungsmaßnahmen und für Änderungen von Schutzzweck und -zielen sowie Grenzen von Schutzgebieten

e) Erarbeiten von Hinweisen für weitere wissenschaftliche Untersuchungen (Monitoring), Folgeplanungen und Maßnahmen
f) Kostenermittlung
g) Abstimmen der Vorläufigen Fassung mit dem Auftraggeber
4. Leistungsphase 4: Abgestimmte Fassung
Darstellen des Pflege- und Entwicklungsplans in der mit dem Auftraggeber abgestimmten Fassung in Text und Karte.

Anlage 9
zu § 18 Absatz 2, § 19 Absatz 2, § 23 Absatz 2, § 24 Absatz 2,
§ 25 Absatz 2, § 26 Absatz 2, § 27 Absatz 2

Besondere Leistungen zur Flächenplanung

Für die Leistungsbilder der Flächenplanung können insbesondere folgende Besondere Leistungen vereinbart werden:
1. Rahmensetzende Pläne und Konzepte:
   a) Leitbilder
   b) Entwicklungskonzepte
   c) Masterpläne
   d) Rahmenpläne
2. Städtebaulicher Entwurf:
   a) Grundlagenermittlung
   b) Vorentwurf
   c) Entwurf
      Der Städtebauliche Entwurf kann als Grundlage für Leistungen nach § 19 der HOAI dienen und Ergebnis eines städtebaulichen Wettbewerbes sein.
3. Leistungen zur Verfahrens- und Projektsteuerung sowie zur Qualitätssicherung:
   a) Durchführen von Planungsaudits
   b) Vorabstimmungen mit Planungsbeteiligten und Fachbehörden
   c) Aufstellen und Überwachen von integrierten Terminplänen
   d) Vor- und Nachbereiten von planungsbezogenen Sitzungen
   e) Koordinieren von Planungsbeteiligten
   f) Moderation von Planungsverfahren
   g) Ausarbeiten von Leistungskatalogen für Leistungen Dritter
   h) Mitwirken bei Vergabeverfahren für Leistungen Dritter (Einholung von Angeboten, Vergabevorschläge)
   i) Prüfen und Bewerten von Leistungen Dritter
   j) Mitwirken beim Ermitteln von Fördermöglichkeiten
   k) Stellungnahmen zu Einzelvorhaben während der Planaufstellung
4. Leistungen zur Vorbereitung und inhaltlichen Ergänzung:
   a) Erstellen digitaler Geländemodelle
   b) Digitalisieren von Unterlagen
   c) Anpassen von Datenformaten
   d) Erarbeiten einer einheitlichen Planungsgrundlage aus unterschiedlichen Unterlagen
   e) Strukturanalysen
   f) Stadtbildanalysen, Landschaftsbildanalysen
   g) Statistische und örtliche Erhebungen sowie Bedarfsermittlungen, zum Beispiel zur Versorgung, zur Wirtschafts-, Sozial- und Baustruktur sowie zur soziokulturellen Struktur
   h) Befragungen und Interviews
   i) Differenziertes Erheben, Kartieren, Analysieren und Darstellen von spezifischen Merkmalen und Nutzungen

j) Erstellen von Beiplänen, zum Beispiel für Verkehr, Infrastruktureinrichtungen, Flurbereinigungen, Grundbesitzkarten und Gütekarten unter Berücksichtigung der Pläne anderer an der Planung fachlich Beteiligter
k) Modelle
l) Erstellen zusätzlicher Hilfsmittel der Darstellung zum Beispiel Fotomontagen, 3D-Darstellungen, Videopräsentationen

5. Verfahrensbegleitende Leistungen:
   a) Vorbereiten und Durchführen des Scopings
   b) Vorbereiten, Durchführen, Auswerten und Dokumentieren der formellen Beteiligungsverfahren
   c) Ermitteln der voraussichtlich erheblichen Umweltauswirkungen für die Umweltprüfung
   d) Erarbeiten des Umweltberichtes
   e) Berechnen und Darstellen der Umweltschutzmaßnahmen
   f) Bearbeiten der Anforderungen aus der naturschutzrechtlichen Eingriffsregelung in Bauleitplanungsverfahren
   g) Erstellen von Sitzungsvorlagen, Arbeitsheften und anderen Unterlagen
   h) Wesentliche Änderungen oder Neubearbeitung des Entwurfs nach Offenlage oder Beteiligungen, insbesondere nach Stellungnahmen
   i) Ausarbeiten der Beratungsunterlagen der Gemeinde zu Stellungnahmen im Rahmen der formellen Beteiligungsverfahren
   j) Leistungen für die Drucklegung, Erstellen von Mehrausfertigungen
   k) Überarbeiten von Planzeichnungen und von Begründungen nach der Beschlussfassung (zum Beispiel Satzungsbeschluss)
   l) Verfassen von Bekanntmachungstexten und Organisation der öffentlichen Bekanntmachungen
   m) Mitteilen des Ergebnisses der Prüfung der Stellungnahmen an die Beteiligten
   n) Benachrichtigen von Bürgern und Behörden, die Stellungnahmen abgegeben haben, über das Abwägungsergebnis
   o) Erstellen der Verfahrensdokumentation
   p) Erstellen und Fortschreiben eines digitalen Planungsordners
   q) Mitwirken an der Öffentlichkeitsarbeit des Auftraggebers einschließlich Mitwirken an Informationsschriften und öffentlichen Diskussionen sowie Erstellen der dazu notwendigen Planungsunterlagen und Schriftsätze
   r) Teilnehmen an Sitzungen von politischen Gremien des Auftraggebers oder an Sitzungen im Rahmen der Öffentlichkeitsbeteiligung
   s) Mitwirken an Anhörungs- oder Erörterungsterminen
   t) Leiten bzw. Begleiten von Arbeitsgruppen
   u) Erstellen der zusammenfassenden Erklärung nach dem Baugesetzbuch
   v) Anwenden komplexer Bilanzierungsverfahren im Rahmen der naturschutzrechtlichen Eingriffsregelung
   w) Erstellen von Bilanzen nach fachrechtlichen Vorgaben
   x) Entwickeln von Monitoringkonzepten und -maßnahmen
   y) Ermitteln von Eigentumsverhältnissen, insbesondere Klären der Verfügbarkeit von geeigneten Flächen für Maßnahmen

6. Weitere besondere Leistungen bei landschaftsplanerischen Leistungen:
   a) Erarbeiten einer Planungsraumanalyse im Rahmen einer Umweltverträglichkeitsstudie
   b) Mitwirken an der Prüfung der Verpflichtung, zu einem Vorhaben oder eine Planung eine Umweltverträglichkeitsprüfung durchzuführen (Screening)
   c) Erstellen einer allgemein verständlichen nichttechnischen Zusammenfassung nach dem Gesetz über die Umweltverträglichkeitsprüfung
   d) Daten aus vorhandenen Unterlagen im Einzelnen ermitteln und aufbereiten
   e) Örtliche Erhebungen, die nicht überwiegend der Kontrolle der aus Unterlagen erhobenen Daten dienen
   f) Erstellen eines eigenständigen allgemein verständlichen Erläuterungsberichtes für Genehmigungsverfahren oder qualifizierende Zuarbeiten hierzu
   g) Erstellen von Unterlagen im Rahmen von artenschutzrechtlichen Prüfungen oder Prüfungen zur Vereinbarkeit mit der Fauna-Flora-Habitat-Richtlinie
   h) Kartieren von Biotoptypen, floristischen oder faunistischen Arten oder Artengruppen
   i) Vertiefendes Untersuchen des Naturhaushalts, wie z. B. der Geologie, Hydrogeologie, Gewässergüte und -morphologie, Bodenanalysen
   j) Mitwirken an Beteiligungsverfahren in der Bauleitplanung
   k) Mitwirken an Genehmigungsverfahren nach fachrechtlichen Vorschriften
   l) Fortführen der mit dem Auftraggeber abgestimmten Fassung im Rahmen eines Genehmigungsverfahrens, Erstellen einer genehmigungsfähigen Fassung auf der Grundlage von Anregungen Dritter.

HOAI 2013 Anlage 10

Anlage 10
zu § 34 Absatz 4, § 35 Absatz 7

Grundleistungen im Leistungsbild Gebäude und Innenräume, Besondere Leistungen, Objektlisten

10.1 Leistungsbild Gebäude und Innenräume

Grundleistungen	Besondere Leistungen
LPH 1 Grundlagenermittlung	
a) Klären der Aufgabenstellung auf Grundlage der Vorgaben oder der Bedarfsplanung des Auftraggebers b) Ortsbesichtigung c) Beraten zum gesamten Leistungs- und Untersuchungsbedarf d) Formulieren der Entscheidungshilfen für die Auswahl anderer an der Planung fachlich Beteiligter e) Zusammenfassen, Erläutern und Dokumentieren der Ergebnisse	– Bedarfsplanung – Bedarfsermittlung – Aufstellen eines Funktionsprogramms – Aufstellen eines Raumprogramms – Standortanalyse – Mitwirken bei Grundstücks- und Objektauswahl, -beschaffung und -übertragung – Beschaffen von Unterlagen, die für das Vorhaben erheblich sind – Bestandsaufnahme – technische Substanzerkundung – Betriebsplanung – Prüfen der Umwelterheblichkeit – Prüfen der Umweltverträglichkeit – Machbarkeitsstudie – Wirtschaftlichkeitsuntersuchung – Projektstrukturplanung – Zusammenstellen der Anforderungen aus Zertifizierungssystemen – Verfahrensbetreuung, Mitwirken bei der Vergabe von Planungs- und Gutachterleistungen
LPH 2 Vorplanung (Projekt- und Planungsvorbereitung)	
a) Analysieren der Grundlagen, Abstimmen der Leistungen mit den fachlich an der Planung Beteiligten b) Abstimmen der Zielvorstellungen, Hinweisen auf Zielkonflikte c) Erarbeiten der Vorplanung, Untersuchen, Darstellen und Bewerten von Varianten nach gleichen Anforderungen, Zeichnungen im Maßstab nach Art und Größe des Objekts d) Klären und Erläutern der wesentlichen Zusammenhänge, Vorgaben und Bedingungen (zum Beispiel städtebauliche, gestalterische, funktionale, technische, wirt-	– Aufstellen eines Katalogs für die Planung und Abwicklung der Programmziele – Untersuchen alternativer Lösungsansätze nach verschiedenen Anforderungen einschließlich Kostenbewertung – Beachten der Anforderungen des vereinbarten Zertifizierungssystems – Durchführen des Zertifizierungssystems – Ergänzen der Vorplanungsunterlagen auf Grund besonderer Anforderungen – Aufstellen eines Finanzierungsplanes – Mitwirken bei der Kredit- und Fördermittelbeschaffung

Grundleistungen	Besondere Leistungen

schaftliche, ökologische, bauphysikalische, energiewirtschaftliche, soziale, öffentlich-rechtliche)
e) Bereitstellen der Arbeitsergebnisse als Grundlage für die anderen an der Planung fachlich Beteiligten sowie Koordination und Integration von deren Leistungen
f) Vorverhandlungen über die Genehmigungsfähigkeit
g) Kostenschätzung nach DIN 276, Vergleich mit den finanziellen Rahmenbedingungen
h) Erstellen eines Terminplans mit den wesentlichen Vorgängen des Planungs- und Bauablaufs
i) Zusammenfassen, Erläutern und Dokumentieren der Ergebnisse
	– Durchführen von Wirtschaftlichkeitsuntersuchungen
	– Durchführen der Voranfrage (Bauanfrage)
	– Anfertigen von besonderen Präsentationshilfen, die für die Klärung im Vorentwurfsprozess nicht notwendig sind, zum Beispiel
	  – Präsentationsmodelle
	  – Perspektivische Darstellungen
	  – Bewegte Darstellung/Animation
	  – Farb- und Materialcollagen
	  – digitales Geländemodell
	– 3-D oder 4-D Gebäudemodellbearbeitung (Building Information Modelling BIM)
	– Aufstellen einer vertieften Kostenschätzung nach Positionen einzelner Gewerke
	– Fortschreiben des Projektstrukturplanes
	– Aufstellen von Raumbüchern
	– Erarbeiten und Erstellen von besonderen bauordnungsrechtlichen Nachweisen für den vorbeugenden und organisatorischen Brandschutz bei baulichen Anlagen besonderer Art und Nutzung, Bestandsbauten oder im Falle von Abweichungen von der Bauordnung

LPH 3 Entwurfsplanung (System- u. Integrationsplanung)	
a) Erarbeiten der Entwurfsplanung, unter weiterer Berücksichtigung der wesentlichen Zusammenhänge, Vorgaben und Bedingungen (zum Beispiel städtebauliche, gestalterische, funktionale, technische, wirtschaftliche, ökologische, soziale, öffentlich-rechtliche) auf der Grundlage der Vorplanung und als Grundlage für die weiteren Leistungsphasen und die erforderlichen öffentlich-rechtlichen Genehmigungen unter Verwendung der Beiträge anderer an der Planung fachlich Beteiligter. Zeichnungen nach Art und Größe des Objekts im erforderlichen Umfang und Detaillierungsgrad unter Berücksichtigung aller fachspezifischen Anforderungen, zum Beispiel bei Gebäuden im Maßstab 1:100, zum Beispiel bei Innenräumen im Maßstab 1:50 bis 1:20	– Analyse der Alternativen/Varianten und deren Wertung mit Kostenuntersuchung (Optimierung) – Wirtschaftlichkeitsberechnung – Aufstellen und Fortschreiben einer vertieften Kostenberechnung – Fortschreiben von Raumbüchern

Grundleistungen	Besondere Leistungen
b) Bereitstellen der Arbeitsergebnisse als Grundlage für die anderen an der Planung fachlich Beteiligten sowie Koordination und Integration von deren Leistungen c) Objektbeschreibung d) Verhandlungen über die Genehmigungsfähigkeit e) Kostenberechnung nach DIN 276 und Vergleich mit der Kostenschätzung f) Fortschreiben des Terminplans g) Zusammenfassen, Erläutern und Dokumentieren der Ergebnisse	
LPH 4 Genehmigungsplanung	
a) Erarbeiten und Zusammenstellen der Vorlagen und Nachweise für öffentlich-rechtliche Genehmigungen oder Zustimmungen einschließlich der Anträge auf Ausnahmen und Befreiungen, sowie notwendiger Verhandlungen mit Behörden unter Verwendung der Beiträge anderer an der Planung fachlich Beteiligter b) Einreichen der Vorlagen c) Ergänzen und Anpassen der Planungsunterlagen, Beschreibungen und Berechnungen	– Mitwirken bei der Beschaffung der nachbarlichen Zustimmung – Nachweise, insbesondere technischer, konstruktiver und bauphysikalischer Art, für die Erlangung behördlicher Zustimmungen im Einzelfall – Fachliche und organisatorische Unterstützung des Bauherrn im Widerspruchsverfahren, Klageverfahren oder ähnlichen Verfahren
LPH 5 Ausführungsplanung	
a) Erarbeiten der Ausführungsplanung mit allen für die Ausführung notwendigen Einzelangaben (zeichnerisch und textlich) auf der Grundlage der Entwurfs- und Genehmigungsplanung bis zur ausführungsreifen Lösung, als Grundlage für die weiteren Leistungsphasen b) Ausführungs-, Detail- und Konstruktionszeichnungen nach Art und Größe des Objekts im erforderlichen Umfang und Detaillierungsgrad unter Berücksichtigung aller fachspezifischen Anforderungen, zum Beispiel bei Gebäuden im Maßstab 1:50 bis 1:1, zum Beispiel bei Innenräumen im Maßstab 1:20 bis 1:1 c) Bereitstellen der Arbeitsergebnisse als Grundlage für die anderen an der Planung fachlich Beteiligten, sowie Koordination und Integration von deren Leistungen	– Aufstellen einer detaillierten Objektbeschreibung als Grundlage der Leistungsbeschreibung mit Leistungsprogramm*) – Prüfen der vom bauausführenden Unternehmen auf Grund der Leistungsbeschreibung mit Leistungsprogramm ausgearbeiteten Ausführungspläne auf Übereinstimmung mit der Entwurfsplanung*) – Fortschreiben von Raumbüchern in detaillierter Form – Mitwirken beim Anlagenkennzeichnungssystem (AKS) – Prüfen und Anerkennen von Plänen Dritter, nicht an der Planung fachlich Beteiligter auf Übereinstimmung mit den Ausführungsplänen (zum Beispiel Werkstattzeichnungen von Unternehmen, Aufstellungs- und Fundamentpläne nutzungsspezifischer oder betriebstechnischer Anlagen), soweit die

Grundleistungen	Besondere Leistungen
d) Fortschreiben des Terminplans e) Fortschreiben der Ausführungsplanung aufgrund der gewerkeorientierten Bearbeitung während der Objektausführung f) Überprüfen erforderlicher Montagepläne der vom Objektplaner geplanten Baukonstruktionen und baukonstruktiven Einbauten auf Übereinstimmung mit der Ausführungsplanung	Leistungen Anlagen betreffen, die in den anrechenbaren Kosten nicht erfasst sind *) Diese Besondere Leistung wird bei Leistungsbeschreibung mit Leistungsprogramm ganz oder teilweise Grundleistung. In diesem Fall entfallen die entsprechenden Grundleistungen dieser Leistungsphase.
LPH 6 Vorbereitung der Vergabe	
a) Aufstellen eines Vergabeterminplans b) Aufstellen von Leistungsbeschreibungen mit Leistungsverzeichnissen nach Leistungsbereichen, Ermitteln und Zusammenstellen von Mengen auf der Grundlage der Ausführungsplanung unter Verwendung der Beiträge anderer an der Planung fachlich Beteiligter c) Abstimmen und Koordinieren der Schnittstellen zu den Leistungsbeschreibungen der an der Planung fachlich Beteiligten d) Ermitteln der Kosten auf der Grundlage vom Planer bepreister Leistungsverzeichnisse e) Kostenkontrolle durch Vergleich der vom Planer bepreisten Leistungsverzeichnisse mit der Kostenberechnung f) Zusammenstellen der Vergabeunterlagen für alle Leistungsbereiche	– Aufstellen der Leistungsbeschreibungen mit Leistungsprogramm auf der Grundlage der detaillierten Objektbeschreibung*) – Aufstellen von alternativen Leistungsbeschreibungen für geschlossene Leistungsbereiche – Aufstellen von vergleichenden Kostenübersichten unter Auswertung der Beiträge anderer an der Planung fachlich Beteiligter *) Diese Besondere Leistung wird bei einer Leistungsbeschreibung mit Leistungsprogramm ganz oder teilweise zur Grundleistung. In diesem Fall entfallen die entsprechenden Grundleistungen dieser Leistungsphase.
LPH 7 Mitwirkung bei der Vergabe	
a) Koordinieren der Vergaben der Fachplaner b) Einholen von Angeboten c) Prüfen und Werten der Angebote einschließlich Aufstellen eines Preisspiegels nach Einzelpositionen oder Teilleistungen, Prüfen und Werten der Angebote zusätzlicher und geänderter Leistungen der ausführenden Unternehmen und der Angemessenheit der Preise d) Führen von Bietergesprächen e) Erstellen der Vergabevorschläge, Dokumentation des Vergabeverfahrens f) Zusammenstellen der Vertragsunterlagen für alle Leistungsbereiche	– Prüfen und Werten von Nebenangeboten mit Auswirkungen auf die abgestimmte Planung – Mitwirken bei der Mittelabflussplanung – Fachliche Vorbereitung und Mitwirken bei Nachprüfungsverfahren – Mitwirken bei der Prüfung von bauwirtschaftlich begründeten Nachtragsangeboten – Prüfen und Werten der Angebote aus Leistungsbeschreibung mit Leistungsprogramm einschließlich Preisspiegel*) – Aufstellen, Prüfen und Werten von Preisspiegeln nach besonderen Anforderungen

Grundleistungen	Besondere Leistungen
g) Vergleichen der Ausschreibungsergebnisse mit den vom Planer bepreisten Leistungsverzeichnissen oder der Kostenberechnung h) Mitwirken bei der Auftragserteilung	*) Diese Besondere Leistung wird bei Leistungsbeschreibung mit Leistungsprogramm ganz oder teilweise Grundleistung. In diesem Fall entfallen die entsprechenden Grundleistungen dieser Leistungsphase.
LPH 8 Objektüberwachung (Bauüberwachung) und Dokumentation	
a) Überwachen der Ausführung des Objektes auf Übereinstimmung mit der öffentlich-rechtlichen Genehmigung oder Zustimmung, den Verträgen mit ausführenden Unternehmen, den Ausführungsunterlagen, den einschlägigen Vorschriften sowie mit den allgemein anerkannten Regeln der Technik b) Überwachen der Ausführung von Tragwerken mit sehr geringen und geringen Planungsanforderungen auf Übereinstimmung mit dem Standsicherheitsnachweis c) Koordinieren der an der Objektüberwachung fachlich Beteiligten d) Aufstellen, Fortschreiben und Überwachen eines Terminplans (Balkendiagramm) e) Dokumentation des Bauablaufs (zum Beispiel Bautagebuch) f) Gemeinsames Aufmaß mit den ausführenden Unternehmen g) Rechnungsprüfung einschließlich Prüfen der Aufmaße der bauausführenden Unternehmen h) Vergleich der Ergebnisse der Rechnungsprüfungen mit den Auftragssummen einschließlich Nachträgen i) Kostenkontrolle durch Überprüfen der Leistungsabrechnung der bauausführenden Unternehmen im Vergleich zu den Vertragspreisen j) Kostenfeststellung, zum Beispiel nach DIN 276 k) Organisation der Abnahme der Bauleistungen unter Mitwirkung anderer an der Planung und Objektüberwachung fachlich Beteiligter, Feststellung von Mängeln, Abnahmeempfehlung für den Auftraggeber l) Antrag auf öffentlich-rechtliche Abnahmen und Teilnahme daran	– Aufstellen, Überwachen und Fortschreiben eines Zahlungsplanes – Aufstellen, Überwachen und Fortschreiben von differenzierten Zeit-, Kosten- oder Kapazitätsplänen – Tätigkeit als verantwortlicher Bauleiter, soweit diese Tätigkeit nach jeweiligem Landesrecht über die Grundleistungen der LPH 8 hinausgeht

Grundleistungen	Besondere Leistungen
m) Systematische Zusammenstellung der Dokumentation, zeichnerischen Darstellungen und rechnerischen Ergebnisse des Objekts n) Übergabe des Objekts o) Auflisten der Verjährungsfristen für Mängelansprüche p) Überwachen der Beseitigung der bei der Abnahme festgestellten Mängel	
LPH 9 Objektbetreuung	
a) Fachliche Bewertung der innerhalb der Verjährungsfristen für Gewährleistungsansprüche festgestellten Mängel, längstens jedoch bis zum Ablauf von fünf Jahren seit Abnahme der Leistung, einschließlich notwendiger Begehungen b) Objektbegehung zur Mängelfeststellung vor Ablauf der Verjährungsfristen für Mängelansprüche gegenüber den ausführenden Unternehmen c) Mitwirken bei der Freigabe von Sicherheitsleistungen	– Überwachen der Mängelbeseitigung innerhalb der Verjährungsfrist – Erstellen einer Gebäudebestandsdokumentation, – Aufstellen von Ausrüstungs- und Inventarverzeichnissen – Erstellen von Wartungs- und Pflegeanweisungen – Erstellen eines Instandhaltungskonzepts – Objektbeobachtung – Objektverwaltung – Baubegehungen nach Übergabe – Aufbereiten der Planungs- und Kostendaten für eine Objektdatei oder Kostenrichtwerte – Evaluieren von Wirtschaftlichkeitsberechnungen

10.2 Objektliste Gebäude

Nachstehende Gebäude werden in der Regel folgenden Honorarzonen zugerechnet.

	Honorarzone				
Objektliste Gebäude	I	II	III	IV	V
Wohnen					
Einfache Behelfsbauten für vorübergehende Nutzung	x				
Einfache Wohnbauten mit gemeinschaftlichen Sanitär- und Kücheneinrichtungen		x			
Einfamilienhäuser, Wohnhäuser oder Hausgruppen in verdichteter Bauweise				x	x
Wohnheime, Gemeinschaftsunterkünfte, Jugendherbergen, -freizeitzentren, -stätten				x	x

HOAI 2013 Anlage 10

	Honorarzone				
Objektliste Gebäude	I	II	III	IV	V
Ausbildung/Wissenschaft/Forschung					
Offene Pausen-, Spielhallen	x				
Studentenhäuser				x	x
Schulen mit durchschnittlichen Planungsanforderungen, zum Beispiel Grundschulen, weiterführende Schulen und Berufsschulen			x		
Schulen mit hohen Planungsanforderungen, Bildungszentren, Hochschulen, Universitäten, Akademien				x	
Hörsaal-, Kongresszentren				x	
Labor- oder Institutsgebäude				x	x
Büro/Verwaltung/Staat/Kommune					
Büro-, Verwaltungsgebäude				x	x
Wirtschaftsgebäude, Bauhöfe				x	x
Parlaments-, Gerichtsgebäude				x	
Bauten für den Strafvollzug				x	x
Feuerwachen, Rettungsstationen				x	x
Sparkassen- oder Bankfilialen				x	x
Büchereien, Bibliotheken, Archive				x	x
Gesundheit/Betreuung					
Liege- oder Wandelhallen	x				
Kindergärten, Kinderhorte			x		
Jugendzentren, Jugendfreizeitstätten			x		
Betreuungseinrichtungen, Altentagesstätten			x		
Pflegeheime oder Bettenhäuser, ohne oder mit medizinisch-technischer Einrichtungen,				x	x
Unfall-, Sanitätswachen, Ambulatorien		x	x		
Therapie- oder Rehabilitations-Einrichtungen, Gebäude für Erholung, Kur oder Genesung				x	x
Hilfskrankenhäuser			x		
Krankenhäuser der Versorgungsstufe I oder II, Krankenhäuser besonderer Zweckbestimmung				x	

Anlage 10   **HOAI 2013**

	Honorarzone				
Objektliste Gebäude	I	II	III	IV	V
Krankenhäuser der Versorgungsstufe III, Universitätskliniken					x
Handel und Verkauf/Gastgewerbe					
Einfache Verkaufslager, Verkaufsstände, Kioske		x			
Ladenbauten, Discounter, Einkaufszentren, Märkte, Messehallen				x	x
Gebäude für Gastronomie, Kantinen oder Mensen				x	x
Großküchen, mit oder ohne Speiseräume				x	
Pensionen, Hotels				x	x
Freizeit/Sport					
Einfache Tribünenbauten			x		
Bootshäuser			x		
Turn- oder Sportgebäude				x	x
Mehrzweckhallen, Hallenschwimmbäder, Großsportstätten				x	x
Gewerbe/Industrie/Landwirtschaft					
Einfache Landwirtschaftliche Gebäude, zum Beispiel Feldscheunen, Einstellhallen	x				
Landwirtschaftliche Betriebsgebäude, Stallanlagen			x	x	x
Gewächshäuser für die Produktion			x		
Einfache geschlossene, eingeschossige Hallen, Werkstätten			x		
Spezielle Lagergebäude, zum Beispiel Kühlhäuser				x	
Werkstätten, Fertigungsgebäude des Handwerks oder der Industrie			x	x	x
Produktionsgebäude der Industrie				x	x
Infrastruktur					
Offene Verbindungsgänge, Überdachungen, zum Beispiel Wetterschutzhäuser, Carports		x			
Einfachen Garagenbauten			x		
Parkhäuser, -garagen, Tiefgaragen, jeweils mit integrierten weiteren Nutzungsarten			x	x	
Bahnhöfe oder Stationen verschiedener öffentlicher Verkehrsmittel				x	
Flughäfen				x	x

HOAI 2013 Anlage 10

Objektliste Gebäude	Honorarzone				
	I	II	III	IV	V
Energieversorgungszentralen, Kraftwerksgebäude, Großkraftwerke				x	x
Kultur-/Sakralbauten					
Pavillons für kulturelle Zwecke		x	x		
Bürger-, Gemeindezentren, Kultur-, Sakralbauten, Kirchen				x	
Mehrzweckhallen für religiöse oder kulturelle Zwecke				x	
Ausstellungsgebäude, Lichtspielhäuser				x	x
Museen				x	x
Theater-, Opern-, Konzertgebäude				x	x
Studiogebäude für Rundfunk oder Fernsehen				x	x

10.3 Objektliste Innenräume

Nachstehende Innenräume werden in der Regel folgenden Honorarzonen zugerechnet:

Objektliste Innenräume	Honorarzone				
	I	II	III	IV	V
einfachste Innenräume für vorübergehende Nutzung ohne oder mit einfachsten seriellen Einrichtungsgegenständen	x				
Innenräume mit geringer Planungsanforderung, unter Verwendung von serienmäßig hergestellten Möbeln und Ausstattungsgegenständen einfacher Qualität, ohne technische Ausstattung		x			
Innenräume mit durchschnittlicher Planungsanforderung, zum überwiegenden Teil unter Verwendung von serienmäßig hergestellten Möbeln und Ausstattungsgegenständen oder mit durchschnittlicher technischer Ausstattung			x		
Innenräume mit hohen Planungsanforderungen, unter Mitverwendung von serienmäßig hergestellten Möbeln und Ausstattungsgegenständen gehobener Qualität oder gehobener technischer Ausstattung				x	
Innenräume mit sehr hohen Planungsanforderungen, unter Verwendung von aufwendiger Einrichtung oder Ausstattung oder umfangreicher technischer Ausstattung					x
Wohnen					
einfachste Räume ohne Einrichtung oder für vorübergehende Nutzung	x				

Anlage 10 HOAI 2013

Objektliste Innenräume	Honorarzone				
	I	II	III	IV	V
einfache Wohnräume mit geringen Anforderungen an Gestaltung oder Ausstattung		x			
Wohnräume mit durchschnittlichen Anforderungen, serielle Einbauküchen			x		
Wohnräume in Gemeinschaftsunterkünften oder Heimen			x		
Wohnräume gehobener Anforderungen, individuell geplante Küchen und Bäder				x	
Dachgeschoßausbauten, Wintergärten				x	
individuelle Wohnräume in anspruchsvoller Gestaltung mit aufwendiger Einrichtung, Ausstattung und technischer Ausrüstung					x
Ausbildung/Wissenschaft/Forschung					
einfache offene Hallen	x				
Lager- oder Nebenräume mit einfacher Einrichtung oder Ausstattung		x			
Gruppenräume zum Beispiel in Kindergärten, Kinderhorten, Jugendzentren, Jugendherbergen, Jugendheimen			x	x	
Klassenzimmer, Hörsäle, Seminarräume, Büchereien, Mensen			x	x	
Aulen, Bildungszentren, Bibliotheken, Labore, Lehrküchen mit oder ohne Speise- oder Aufenthaltsräume, Fachunterrichtsräume mit technischer Ausstattung				x	
Kongress-, Konferenz-, Seminar-, Tagungsbereiche mit individuellem Ausbau und Einrichtung und umfangreicher technischer Ausstattung				x	
Räume wissenschaftlicher Forschung mit hohen Ansprüchen und technischer Ausrüstung					x
Büro/Verwaltung/Staat/Kommune					
innere Verkehrsflächen	x				
Post-, Kopier-, Putz- oder sonstige Nebenräume ohne baukonstruktive Einbauten		x			
Büro-, Verwaltungs-, Aufenthaltsräume mit durchschnittlichen Anforderungen, Treppenhäuser, Wartehallen, Teeküchen			x		
Räume für sanitäre Anlagen, Werkräume, Wirtschaftsräume, Technikräume			x		
Eingangshallen, Sitzungs- oder Besprechungsräume, Kantinen, Sozialräume				x	x

HOAI 2013 Anlage 10

Objektliste Innenräume	Honorarzone				
	I	II	III	IV	V
Kundenzentren, -ausstellungen, -präsentationen			x	x	
Versammlungs-, Konferenzbereiche, Gerichtssäle, Arbeitsbereiche von Führungskräften mit individueller Gestaltung oder Einrichtung oder gehobener technischer Ausstattung				x	
Geschäfts-, Versammlungs- oder Konferenzräume mit anspruchsvollem Ausbau oder anspruchsvoller Einrichtung, aufwendiger Ausstattung oder sehr hohen technischen Anforderungen					x
Gesundheit/Betreuung					
offene Spiel- oder Wandelhallen	x				
einfache Ruhe- oder Nebenräume		x			
Sprech-, Betreuungs-, Patienten-, Heimzimmer oder Sozialräume mit durchschnittlichen Anforderungen ohne medizintechnische Ausrüstung				x	
Behandlungs- oder Betreuungsbereiche mit medizintechnischer Ausrüstung oder Einrichtung in Kranken-, Therapie-, Rehabilitations- oder Pflegeeinrichtungen, Arztpraxen				x	
Operations-, Kreißsäle, Röntgenräume				x	x
Handel/Gastgewerbe					
Verkaufsstände für vorübergehende Nutzung	x				
Kioske, Verkaufslager, Nebenräume mit einfacher Einrichtung und Ausstattung		x			
durchschnittliche Laden- oder Gasträume, Einkaufsbereiche, Schnellgaststätten			x		
Fachgeschäfte, Boutiquen, Showrooms, Lichtspieltheater, Großküchen				x	
Messestände, bei Verwendung von System- oder Modulbauteilen			x		
individuelle Messestände				x	
Gasträume, Sanitärbereiche gehobener Gestaltung, zum Beispiel in Restaurants, Bars, Weinstuben, Cafés, Clubräumen				x	
Gast- oder Sanitärbereiche zum Beispiel in Pensionen oder Hotels mit durchschnittlichen Anforderungen oder Einrichtungen oder Ausstattungen			x		

Anlage 10 HOAI 2013

Objektliste Innenräume	Honorarzone				
	I	II	III	IV	V
Gast-, Informations- oder Unterhaltungsbereiche in Hotels mit individueller Gestaltung oder Möblierung oder gehobener Einrichtung oder technischer Ausstattung				x	
Freizeit/Sport					
Neben- oder Wirtschafträume in Sportanlagen oder Schwimmbädern		x			
Schwimmbäder, Fitness-, Wellness- oder Saunaanlagen, Großsportstätten				x	x
Sport-, Mehrzweck- oder Stadthallen, Gymnastikräume, Tanzschulen				x	x
Gewerbe/Industrie/Landwirtschaft/Verkehr					
Einfache Hallen oder Werkstätten ohne fachspezifische Einrichtung, Pavillons		x			
Landwirtschaftliche Betriebsbereiche		x	x		
Gewerbebereiche, Werkstätten mit technischer oder maschineller Einrichtung				x	x
Umfassende Fabrikations- oder Produktionsanlagen				x	
Räume in Tiefgaragen, Unterführungen		x			
Gast- oder Betriebsbereiche in Flughäfen, Bahnhöfen				x	x
Kultur-/Sakralbauten					
Kultur- oder Sakralbereiche, Kirchenräume				x	x
individuell gestaltete Ausstellungs-, Museums- oder Theaterbereiche				x	x
Konzert- oder Theatersäle, Studioräume für Rundfunk, Fernsehen oder Theater					x

HOAI 2013 Anlage 11

Anlage 11
zu § 39 Absatz 4, § 40 Absatz 5

Grundleistungen im Leistungsbild Freianlagen, Besondere Leistungen, Objektliste

11.1 Leistungsbild Freianlagen

Grundleistungen	Besondere Leistungen
LPH 1 Grundlagenermittlung	
a) Klären der Aufgabenstellung aufgrund der Vorgaben oder der Bedarfsplanung des Auftraggebers oder vorliegender Planungs- und Genehmigungsunterlagen b) Ortsbesichtigung c) Beraten zum gesamten Leistungs- und Untersuchungsbedarf d) Formulieren von Entscheidungshilfen für die Auswahl anderer an der Planung fachlich Beteiligter e) Zusammenfassen, Erläutern und Dokumentieren der Ergebnisse	– Mitwirken bei der öffentlichen Erschließung – Kartieren und Untersuchen des Bestandes, Floristische oder faunistische Kartierungen – Begutachtung des Standortes mit besonderen Methoden zum Beispiel Bodenanalysen – Beschaffen bzw. Aktualisieren bestehender Planunterlagen, Erstellen von Bestandskarten
LPH 2 Vorplanung (Projekt- u. Planungsvorbereitung)	
a) Analysieren der Grundlagen, Abstimmen der Leistungen mit den fachlich an der Planung Beteiligten b) Abstimmen der Zielvorstellungen c) Erfassen, Bewerten und Erläutern der Wechselwirkungen im Ökosystem d) Erarbeiten eines Planungskonzepts einschließlich Untersuchen und Bewerten von Varianten nach gleichen Anforderungen unter Berücksichtigung zum Beispiel – der Topographie und der weiteren standörtlichen und ökologischen Rahmenbedingungen, – der Umweltbelange einschließlich der natur- und artenschutzrechtlichen Anforderungen und der vegetationstechnischen Bedingungen, – der gestalterischen und funktionalen Anforderungen, – Klären der wesentlichen Zusammenhänge, Vorgänge und Bedingungen, – Abstimmen oder Koordinieren unter Integration der Beiträge anderer an der Planung fachlich Beteiligter	– Umweltfolgenabschätzung – Bestandsaufnahme, Vermessung – Fotodokumentationen – Mitwirken bei der Beantragung von Fördermitteln und Beschäftigungsmaßnahmen – Erarbeiten von Unterlagen für besondere technische Prüfverfahren – Beurteilen und Bewerten der vorhanden Bausubstanz, Bauteile, Materialien, Einbauten oder der zu schützenden oder zu erhaltenden Gehölze oder Vegetationsbestände

Grundleistungen	Besondere Leistungen
e) Darstellen des Vorentwurfs mit Erläuterungen und Angaben zum terminlichen Ablauf f) Kostenschätzung, zum Beispiel nach DIN 276, Vergleich mit den finanziellen Rahmenbedingungen g) Zusammenfassen, Erläutern und Dokumentieren der Vorplanungsergebnisse	
LPH 3 Entwurfsplanung (System- und Integrationsplanung)	

a) Erarbeiten der Entwurfsplanung auf Grundlage der Vorplanung unter Vertiefung zum Beispiel der gestalterischen, funktionalen, wirtschaftlichen, standörtlichen, ökologischen, natur- und artenschutzrechtlichen Anforderungen Abstimmen oder Koordinieren unter Integration der Beiträge anderer an der Planung fachlich Beteiligter
b) Abstimmen der Planung mit zu beteiligenden Stellen und Behörden
c) Darstellen des Entwurfs zum Beispiel im Maßstab 1:500 bis 1:100, mit erforderlichen Angaben insbesondere
  – zur Bepflanzung,
  – zu Materialien und Ausstattungen,
  – zu Maßnahmen aufgrund rechtlicher Vorgaben,
  – zum terminlichen Ablauf
d) Objektbeschreibung mit Erläuterung von Ausgleichs- und Ersatzmaßnahmen nach Maßgabe der naturschutzrechtlichen Eingriffsregelung
e) Kostenberechnung, zum Beispiel nach DIN 276 einschließlich zugehöriger Mengenermittlung
f) Vergleich der Kostenberechnung mit der Kostenschätzung
g) Zusammenfassen, Erläutern und Dokumentieren der Entwurfsplanungsergebnisse
	– Mitwirken beim Beschaffen nachbarlicher Zustimmungen
	– Erarbeiten besonderer Darstellungen, zum Beispiel Modelle, Perspektiven, Animationen
	– Beteiligung von externen Initiativ- und Betroffenengruppen bei Planung und Ausführung
	– Mitwirken bei Beteiligungsverfahren oder Workshops
	– Mieter- oder Nutzerbefragungen
	– Erarbeiten von Ausarbeitungen nach den Anforderungen der naturschutzrechtlichen Eingriffsregelung sowie des besonderen Arten- und Biotopschutzrechtes, Eingriffsgutachten, Eingriffs- oder Ausgleichsbilanz nach landesrechtlichen Regelungen
	– Mitwirken beim Erstellen von Kostenaufstellungen und Planunterlagen für Vermarktung und Vertrieb
	– Erstellen und Zusammenstellen von Unterlagen für die Beauftragung von Dritten (Sachverständigenbeauftragung)
	– Mitwirken bei der Beantragung und Abrechnung von Fördermitteln und Beschäftigungsmaßnahmen
	– Abrufen von Fördermitteln nach Vergleich mit den Ist-Kosten (Baufinanzierungsleistung)
	– Mitwirken bei der Finanzierungsplanung
	– Erstellen einer Kosten-Nutzen-Analyse
	– Aufstellen und Berechnen von Lebenszykluskosten

Grundleistungen	Besondere Leistungen
LPH 4 Genehmigungsplanung	
a) Erarbeiten und Zusammenstellen der Vorlagen und Nachweise für öffentlich-rechtliche Genehmigungen oder Zustimmungen einschließlich der Anträge auf Ausnahmen und Befreiungen, sowie notwendiger Verhandlungen mit Behörden unter Verwendung der Beiträge anderer an der Planung fachlich Beteiligter b) Einreichen der Vorlagen c) Ergänzen und Anpassen der Planungsunterlagen, Beschreibungen und Berechnungen	– Teilnahme an Sitzungen in politischen Gremien oder im Rahmen der Öffentlichkeitsbeteiligung – Erstellen von landschaftspflegerischen Fachbeiträgen oder natur- und artenschutzrechtlichen Beiträgen – Mitwirken beim Einholen von Genehmigungen und Erlaubnissen nach Naturschutz-, Fach- und Satzungsrecht – Erfassen, Bewerten und Darstellen des Bestandes gemäß Ortssatzung – Erstellen von Rodungs- und Baumfällanträgen – Erstellen von Genehmigungsunterlagen und Anträgen nach besonderen Anforderungen – Erstellen eines Überflutungsnachweises für Grundstücke – Prüfen von Unterlagen der Planfeststellung auf Übereinstimmung mit der Planung
LPH 5 Ausführungsplanung	

a) Erarbeiten der Ausführungsplanung auf Grundlage der Entwurfs- und Genehmigungsplanung bis zur ausführungsreifen Lösung als Grundlage für die weiteren Leistungsphasen
b) Erstellen von Plänen oder Beschreibungen, je nach Art des Bauvorhabens zum Beispiel im Maßstab 1:200 bis 1:50
c) Abstimmen oder Koordinieren unter Integration der Beiträge anderer an der Planung fachlich Beteiligter
d) Darstellen der Freianlagen mit den für die Ausführung notwendigen Angaben, Detail- oder Konstruktionszeichnungen, insbesondere
  – zu Oberflächenmaterial, -befestigungen und -relief,
  – zu ober- und unterirdischen Einbauten und Ausstattungen,
  – zur Vegetation mit Angaben zu Arten, Sorten und Qualitäten,
  – zu landschaftspflegerischen, natur-
	– Erarbeitung von Unterlagen für besondere technische Prüfverfahren (zum Beispiel Lastplattendruckversuche)
	– Auswahl von Pflanzen beim Lieferanten (Erzeuger)

Grundleistungen	Besondere Leistungen
schutzfachlichen oder artenschutzrechtlichen Maßnahmen e) Fortschreiben der Angaben zum terminlichen Ablauf f) Fortschreiben der Ausführungsplanung während der Objektausführung	
LPH 6 Vorbereitung der Vergabe	
a) Aufstellen von Leistungsbeschreibungen mit Leistungsverzeichnissen b) Ermitteln und Zusammenstellen von Mengen auf Grundlage der Ausführungsplanung c) Abstimmen oder Koordinieren der Leistungsbeschreibungen mit den an der Planung fachlich Beteiligten d) Aufstellen eines Terminplans unter Berücksichtigung jahreszeitlicher, bauablaufbedingter und witterungsbedingter Erfordernisse e) Ermitteln der Kosten auf Grundlage der vom Planer bepreisten Leistungsverzeichnisse f) Kostenkontrolle durch Vergleich der vom Planer bepreisten Leistungsverzeichnisse mit der Kostenberechnung g) Zusammenstellen der Vergabeunterlagen	– Alternative Leistungsbeschreibung für geschlossene Leistungsbereiche – Besondere Ausarbeitungen zum Beispiel für Selbsthilfearbeiten
LPH 7 Mitwirkung bei der Vergabe	
a) Einholen von Angeboten b) Prüfen und Werten der Angebote einschließlich Aufstellen eines Preisspiegels nach Einzelpositionen oder Teilleistungen, Prüfen und Werten der Angebote zusätzlicher und geänderter Leistungen der ausführenden Unternehmen und der Angemessenheit der Preise c) Führen von Bietergesprächen d) Erstellen der Vergabevorschläge Dokumentation des Vergabeverfahrens e) Zusammenstellen der Vertragsunterlagen f) Kostenkontrolle durch Vergleichen der Ausschreibungsergebnisse mit den vom Planer bepreisten Leistungsverzeichnissen und der Kostenberechnung g) Mitwirken bei der Auftragserteilung	

HOAI 2013 Anlage 11

Grundleistungen	Besondere Leistungen
LPH 8 Objektüberwachung (Bauüberwachung) und Dokumentation	
a) Überwachen der Ausführung des Objekts auf Übereinstimmung mit der Genehmigung oder Zustimmung, den Verträgen mit ausführenden Unternehmen, den Ausführungsunterlagen, den einschlägigen Vorschriften sowie mit den allgemein anerkannten Regeln der Technik b) Überprüfen von Pflanzen- und Materiallieferungen c) Abstimmen mit den oder Koordinieren der an der Objektüberwachung fachlich Beteiligten d) Fortschreiben und Überwachen des Terminplans unter Berücksichtigung jahreszeitlicher, bauablaufbedingter und witterungsbedingter Erfordernisse e) Dokumentation des Bauablaufes (zum Beispiel Bautagebuch), Feststellen des Anwuchsergebnisses f) Mitwirken beim Aufmaß mit den bauausführenden Unternehmen g) Rechnungsprüfung einschließlich Prüfen der Aufmaße der ausführenden Unternehmen h) Vergleich der Ergebnisse der Rechnungsprüfungen mit den Auftragssummen einschließlich Nachträgen i) Organisation der Abnahme der Bauleistungen unter Mitwirkung anderer an der Planung und Objektüberwachung fachlich Beteiligter, Feststellung von Mängeln, Abnahmeempfehlung für den Auftraggeber j) Antrag auf öffentlich-rechtliche Abnahmen und Teilnahme daran k) Übergabe des Objekts l) Überwachen der Beseitigung der bei der Abnahme festgestellten Mängel m) Auflisten der Verjährungsfristen für Mängelansprüche n) Überwachen der Fertigstellungspflege bei vegetationstechnischen Maßnahmen o) Kostenkontrolle durch Überprüfen der Leistungsabrechnung der bauausführenden Unternehmen im Vergleich zu den Vertragspreisen	– Dokumentation des Bauablaufs nach besonderen Anforderungen des Auftraggebers – fachliches Mitwirken bei Gerichtsverfahren – Bauoberleitung, künstlerische Oberleitung – Erstellen einer Freianlagenbestandsdokumentation

Anlage 11   **HOAI 2013**

Grundleistungen	Besondere Leistungen
p) Kostenfeststellung, zum Beispiel nach DIN 276 q) Systematische Zusammenstellung der Dokumentation, zeichnerischen Darstellungen und rechnerischen Ergebnisse des Objekts	
LPH 9 Objektbetreuung	
a) Fachliche Bewertung der innerhalb der Verjährungsfristen für Gewährleistungsansprüche festgestellten Mängel, längstens jedoch bis zum Ablauf von 5 Jahren seit Abnahme der Leistung, einschließlich notwendiger Begehungen b) Objektbegehung zur Mängelfeststellung vor Ablauf der Verjährungsfristen für Mängelansprüche gegenüber den ausführenden Unternehmen c) Mitwirken bei der Freigabe von Sicherheitsleistungen	– Überwachung der Entwicklungs- und Unterhaltungspflege – Überwachen von Wartungsleistungen – Überwachen der Mängelbeseitigung innerhalb der Verjährungsfrist

11.2 Objektliste Freianlagen

Nachstehende Freianlagen werden in der Regel folgenden Honorarzonen zugeordnet:

	Honorarzone				
Objekte	I	II	III	IV	V
In der freien Landschaft					
einfache Geländegestaltung	x				
Einsaaten in der freien Landschaft	x				
Pflanzungen in der freien Landschaft oder Windschutzpflanzungen, mit sehr geringen oder geringen Anforderungen	x	x			
Pflanzungen in der freien Landschaft mit natur- und artenschutzrechtlichen Anforderungen (Kompensationserfordernissen)			x		
Flächen für den Arten- und Biotopschutz mit differenzierten Gestaltungsansprüchen oder mit Biotopverbundfunktion				x	
Naturnahe Gewässer- und Ufergestaltung			x		
Geländegestaltungen und Pflanzungen für Deponien, Halden und Entnahmestellen mit geringen oder durchschnittlichen Anforderungen	x	x			

HOAI 2013 Anlage 11

Objekte	Honorarzone				
	I	II	III	IV	V
Freiflächen mit einfachem Ausbau bei kleineren Siedlungen, bei Einzelbauwerken und bei landwirtschaftlichen Aussiedlungen		x			
Begleitgrün zu Objekten, Bauwerken und Anlagen mit geringen oder durchschnittlichen Anforderungen		x	x		
In Stadt- und Ortslagen					
Grünverbindungen ohne besondere Ausstattung				x	
innerörtliche Grünzüge, Grünverbindungen mit besonderer Ausstattung				x	
Freizeitparks und Parkanlagen				x	
Geländegestaltung ohne oder mit Abstützungen				x	x
Begleitgrün zu Objekten, Bauwerken und Anlagen sowie an Ortsrändern			x	x	
Schulgärten und naturkundliche Lehrpfade und -gebiete				x	
Hausgärten und Gartenhöfe mit Repräsentationsansprüchen				x	x
Gebäudebegrünung					
Terrassen- und Dachgärten					x
Bauwerksbegrünung vertikal und horizontal mit hohen oder sehr hohen Anforderungen				x	x
Innenbegrünung mit hohen oder sehr hohen Anforderungen				x	x
Innenhöfe mit hohen oder sehr hohen Anforderungen				x	x
Spiel- und Sportanlagen					
Ski- und Rodelhänge ohne oder mit technischer Ausstattung	x	x			
Spielwiesen		x			
Ballspielplätze, Bolzplätze, mit geringen oder durchschnittlichen Anforderungen		x	x		
Sportanlagen in der Landschaft, Parcours, Wettkampfstrecken			x		
Kombinationsspielfelder, Sport-, Tennisplätze u. Sportanlagen mit Tennenbelag oder Kunststoff- oder Kunstrasenbelag			x	x	
Spielplätze				x	
Sportanlagen Typ A bis C oder Sportstadien				x	x

Anlage 11 **HOAI 2013**

Objekte	Honorarzone				
	I	II	III	IV	V
Golfplätze mit besonderen natur- und artenschutzrechtlichen Anforderungen oder in stark reliefiertem Geländeumfeld				x	x
Freibäder mit besonderen Anforderungen, Schwimmteiche				x	x
Schul- und Pausenhöfe mit Spiel- und Bewegungsangebot				x	
Sonderanlagen					
Freilichtbühnen				x	
Zelt- oder Camping- oder Badeplätze, mit durchschnittlicher oder hoher Ausstattung oder Kleingartenanlagen			x	x	
Objekte					
Friedhöfe, Ehrenmale, Gedenkstätten, mit hoher oder sehr hoher Ausstattung				x	x
Zoologische und botanische Gärten					x
Lärmschutzeinrichtungen				x	
Garten- und Hallenschauen					x
Freiflächen im Zusammenhang mit historischen Anlagen, historische Park- und Gartenanlagen, Gartendenkmale					x
Sonstige Freianlagen					
Freiflächen mit Bauwerksbezug, mit durchschnittlichen topographischen Verhältnissen oder durchschnittlicher Ausstattung			x		
Freiflächen mit Bauwerksbezug, mit schwierigen oder besonders schwierigen topographischen Verhältnissen oder hoher oder sehr hoher Ausstattung				x	x
Fußgängerbereiche und Stadtplätze mit hoher oder sehr hoher Ausstattungsintensität				x	x

HOAI 2013 Anlage 12

Anlage 12
zu § 43 Absatz 4, § 44 Absatz 5

Grundleistungen im Leistungsbild Ingenieurbauwerke, Besondere Leistungen, Objektliste

12.1 Leistungsbild Ingenieurbauwerke

Grundleistungen	Besondere Leistungen
LPH 1 Grundlagenermittlung	
a) Klären der Aufgabenstellung aufgrund der Vorgaben oder der Bedarfsplanung des Auftraggebers b) Ermitteln der Planungsrandbedingungen sowie Beraten zum gesamten Leistungsbedarf c) Formulieren von Entscheidungshilfen für die Auswahl anderer an der Planung fachlich Beteiligter d) bei Objekten nach § 41 Nummer 6 und 7, die eine Tragwerksplanung erfordern: Klären der Aufgabenstellung auch auf dem Gebiet der Tragwerksplanung e) Ortsbesichtigung f) Zusammenfassen, Erläutern und Dokumentieren der Ergebnisse	– Auswahl und Besichtigung ähnlicher Objekte
LPH 2 Vorplanung	
a) Analysieren der Grundlagen b) Abstimmen der Zielvorstellungen auf die öffentlich-rechtlichen Randbedingungen sowie Planungen Dritter c) Untersuchen von Lösungsmöglichkeiten mit ihren Einflüssen auf bauliche und konstruktive Gestaltung, Zweckmäßigkeit, Wirtschaftlichkeit unter Beachtung der Umweltverträglichkeit d) Beschaffen und Auswerten amtlicher Karten e) Erarbeiten eines Planungskonzepts einschließlich Untersuchung der alternativen Lösungsmöglichkeiten nach gleichen Anforderungen mit zeichnerischer Darstellung und Bewertung unter Einarbeitung der Beiträge anderer an der Planung fachlich Beteiligter	– Erstellen von Leitungsbestandsplänen – vertiefte Untersuchungen zum Nachweis von Nachhaltigkeitsaspekten – Anfertigen von Nutzen-Kosten-Untersuchungen – Wirtschaftlichkeitsprüfung – Beschaffen von Auszügen aus Grundbuch, Kataster und anderen amtlichen Unterlagen

Grundleistungen	Besondere Leistungen
f) Klären und Erläutern der wesentlichen fachspezifischen Zusammenhänge, Vorgänge und Bedingungen g) Vorabstimmen mit Behörden und anderen an der Planung fachlich Beteiligten über die Genehmigungsfähigkeit, gegebenenfalls Mitwirken bei Verhandlungen über die Bezuschussung und Kostenbeteiligung h) Mitwirken beim Erläutern des Planungskonzepts gegenüber Dritten an bis zu 2 Terminen i) Überarbeiten des Planungskonzepts nach Bedenken und Anregungen j) Kostenschätzung, Vergleich mit den finanziellen Rahmenbedingungen k) Zusammenfassen, Erläutern und Dokumentieren der Ergebnisse	
LPH 3 Entwurfsplanung	
a) Erarbeiten des Entwurfs auf Grundlage der Vorplanung durch zeichnerische Darstellung im erforderlichen Umfang und Detaillierungsgrad unter Berücksichtigung aller fachspezifischen Anforderungen, Bereitstellen der Arbeitsergebnisse als Grundlage für die anderen an der Planung fachlich Beteiligten sowie Integration und Koordination der Fachplanungen b) Erläuterungsbericht unter Verwendung der Beiträge anderer an der Planung fachlich Beteiligter c) fachspezifische Berechnungen, ausgenommen Berechnungen aus anderen Leistungsbildern d) Ermitteln und Begründen der zuwendungsfähigen Kosten, Mitwirken beim Aufstellen des Finanzierungsplans sowie Vorbereiten der Anträge auf Finanzierung e) Mitwirken beim Erläutern des vorläufigen Entwurfs gegenüber Dritten an bis zu drei Terminen, Überarbeiten des vorläufigen Entwurfs auf Grund von Bedenken und Anregungen f) Vorabstimmen der Genehmigungsfähigkeit mit Behörden und anderen an der Planung fachlich Beteiligten	– Fortschreiben von Nutzen-Kosten-Untersuchungen – Mitwirken bei Verwaltungsvereinbarungen – Nachweis der zwingenden Gründe des überwiegenden öffentlichen Interesses der Notwendigkeit der Maßnahme (zum Beispiel Gebiets- und Artenschutz gemäß der Richtlinie 92/43/EWG des Rates vom 21. Mai 1992 zur Erhaltung der natürlichen Lebensräume sowie der wildlebenden Tiere und Pflanzen (ABl. L 206 vom 22.07.1992, S. 7) – Fiktivkostenberechnungen (Kostenteilung)

Grundleistungen	Besondere Leistungen
g) Kostenberechnung einschließlich zugehöriger Mengenermittlung, Vergleich der Kostenberechnung mit der Kostenschätzung h) Ermitteln der wesentlichen Bauphasen unter Berücksichtigung der Verkehrslenkung und der Aufrechterhaltung des Betriebes während der Bauzeit i) Bauzeiten- und Kostenplan j) Zusammenfassen, Erläutern und Dokumentieren der Ergebnisse	
LPH 4 Genehmigungsplanung	
a) Erarbeiten und Zusammenstellen der Unterlagen für die erforderlichen öffentlich-rechtlichen Verfahren oder Genehmigungsverfahren einschließlich der Anträge auf Ausnahmen und Befreiungen, Aufstellen des Bauwerksverzeichnisses unter Verwendung der Beiträge anderer an der Planung fachlich Beteiligter b) Erstellen des Grunderwerbsplanes und des Grunderwerbsverzeichnisses unter Verwendung der Beiträge anderer an der Planung fachlich Beteiligter c) Vervollständigen und Anpassen der Planungsunterlagen, Beschreibungen und Berechnungen unter Verwendung der Beiträge anderer an der Planung fachlich Beteiligter d) Abstimmen mit Behörden e) Mitwirken in Genehmigungsverfahren einschließlich der Teilnahme an bis zu vier Erläuterungs-, Erörterungsterminen f) Mitwirken beim Abfassen von Stellungnahmen zu Bedenken und Anregungen in bis zu zehn Kategorien	– Mitwirken bei der Beschaffung der Zustimmung von Betroffenen
LPH 5 Ausführungsplanung	
a) Erarbeiten der Ausführungsplanung auf Grundlage der Ergebnisse der Leistungsphasen 3 und 4 unter Berücksichtigung aller fachspezifischen Anforderungen und Verwendung der Beiträge anderer an der Planung fachlich Beteiligter bis zur ausführungsreifen Lösung b) Zeichnerische Darstellung, Erläuterungen und zur Objektplanung gehörige Berech-	– Objektübergreifende, integrierte Bauablaufplanung – Koordination des Gesamtprojekts – Aufstellen von Ablauf- und Netzplänen – Planen von Anlagen der Verfahrens- und Prozesstechnik für Ingenieurbauwerke gemäß § 41 Nummer 1 bis 3 und 5, die dem Auftragnehmer übertragen werden, der

Grundleistungen	Besondere Leistungen
nungen mit allen für die Ausführung notwendigen Einzelangaben einschließlich Detailzeichnungen in den erforderlichen Maßstäben c) Bereitstellen der Arbeitsergebnisse als Grundlage für die anderen an der Planung fachlich Beteiligten und Integrieren ihrer Beiträge bis zur ausführungsreifen Lösung d) Vervollständigen der Ausführungsplanung während der Objektausführung	auch die Grundleistungen für die jeweiligen Ingenieurbauwerke erbringt
LPH 6 Vorbereiten der Vergabe	
a) Ermitteln von Mengen nach Einzelpositionen unter Verwendung der Beiträge anderer an der Planung fachlich Beteiligter b) Aufstellen der Vergabeunterlagen, insbesondere Anfertigen der Leistungsbeschreibungen mit Leistungsverzeichnissen sowie der Besonderen Vertragsbedingungen c) Abstimmen und Koordinieren der Schnittstellen zu den Leistungsbeschreibungen der anderen an der Planung fachlich Beteiligten d) Festlegen der wesentlichen Ausführungsphasen e) Ermitteln der Kosten auf Grundlage der vom Planer (Entwurfsverfasser) bepreisten Leistungsverzeichnisse f) Kostenkontrolle durch Vergleich der vom Planer (Entwurfsverfasser) bepreisten Leistungsverzeichnisse mit der Kostenberechnung g) Zusammenstellen der Vergabeunterlagen	– detaillierte Planung von Bauphasen bei besonderen Anforderungen
LPH 7 Mitwirken bei der Vergabe	
a) Einholen von Angeboten b) Prüfen und Werten der Angebote, Aufstellen des Preisspiegels c) Abstimmen und Zusammenstellen der Leistungen der fachlich Beteiligten, die an der Vergabe mitwirken d) Führen von Bietergesprächen e) Erstellen der Vergabevorschläge, Dokumentation des Vergabeverfahrens f) Zusammenstellen der Vertragsunterlagen	– Prüfen und Werten von Nebenangeboten

Grundleistungen	Besondere Leistungen
g) Vergleichen der Ausschreibungsergebnisse mit den vom Planer bepreisten Leistungsverzeichnissen und der Kostenberechnung h) Mitwirken bei der Auftragserteilung	
LPH 8 Bauoberleitung	

a) Aufsicht über die örtliche Bauüberwachung, Koordinierung der an der Objektüberwachung fachlich Beteiligten, einmaliges Prüfen von Plänen auf Übereinstimmung mit dem auszuführenden Objekt und Mitwirken bei deren Freigabe
b) Aufstellen, Fortschreiben und Überwachen eines Terminplans (Balkendiagramm)
c) Veranlassen und Mitwirken beim Inverzugsetzen der ausführenden Unternehmen
d) Kostenfeststellung, Vergleich der Kostenfeststellung mit der Auftragssumme
e) Abnahme von Bauleistungen, Leistungen und Lieferungen unter Mitwirkung der örtlichen Bauüberwachung und anderer an der Planung und Objektüberwachung fachlich Beteiligter, Feststellen von Mängeln, Fertigung einer Niederschrift über das Ergebnis der Abnahme
f) Überwachen der Prüfungen der Funktionsfähigkeit der Anlagenteile und der Gesamtanlage
g) Antrag auf behördliche Abnahmen und Teilnahme daran
h) Übergabe des Objekts
i) Auflisten der Verjährungsfristen der Mängelansprüche
j) Zusammenstellen und Übergeben der Dokumentation des Bauablaufs, der Bestandsunterlagen und der Wartungsvorschriften
	– Kostenkontrolle
	– Prüfen von Nachträgen
	– Erstellen eines Bauwerksbuchs
	– Erstellen von Bestandsplänen
	– Örtliche Bauüberwachung:
	  – Plausibilitätsprüfung der Absteckung
	  – Überwachen der Ausführung der Bauleistungen
	  – Mitwirken beim Einweisen des Auftragnehmers in die Baumaßnahme (Bauanlaufbesprechung)
	  – Überwachen der Ausführung des Objektes auf Übereinstimmung mit den zur Ausführung freigegebenen Unterlagen, dem Bauvertrag und den Vorgaben des Auftraggebers
	  – Prüfen und Bewerten der Berechtigung von Nachträgen
	  – Durchführen oder Veranlassen von Kontrollprüfungen
	  – Überwachen der Beseitigung der bei der Abnahme der Leistungen festgestellten Mängel
	  – Dokumentation des Bauablaufs
	– Mitwirken beim Aufmaß mit den ausführenden Unternehmen und Prüfen der Aufmaße
	– Mitwirken bei behördlichen Abnahmen
	– Mitwirken bei der Abnahme von Leistungen und Lieferungen
	– Rechnungsprüfung, Vergleich der Ergebnisse der Rechnungsprüfungen mit der Auftragssumme
	– Mitwirken beim Überwachen der Prüfung der Funktionsfähigkeit der Anlagenteile und der Gesamtanlage
	– Überwachen der Ausführung von Tragwerken nach Anlage 14.2 Honorarzone I und II mit sehr geringen und geringen Planungsanforderungen auf Übereinstimmung mit dem Standsicherheitsnachweis

Grundleistungen	Besondere Leistungen
LPH 9 Objektbetreuung	
a) Fachliche Bewertung der innerhalb der Verjährungsfristen für Gewährleistungsansprüche festgestellten Mängel, längstens jedoch bis zum Ablauf von fünf Jahren seit Abnahme der Leistung, einschließlich notwendiger Begehungen b) Objektbegehung zur Mängelfeststellung vor Ablauf der Verjährungsfristen für Mängelansprüche gegenüber den ausführenden Unternehmen c) Mitwirken bei der Freigabe von Sicherheitsleistungen	– Überwachen der Mängelbeseitigung innerhalb der Verjährungsfrist

12.2 Objektliste Ingenieurbauwerke

Nachstehende Objekte werden in der Regel folgenden Honorarzonen zugerechnet:

Gruppe 1 – Bauwerke und Anlagen der Wasserversorgung	Honorarzone				
	I	II	III	IV	V
Zisternen	x				
einfache Anlagen zur Gewinnung und Förderung von Wasser, zum Beispiel Quellfassungen, Schachtbrunnen		x			
Tiefbrunnen			x		
Brunnengalerien und Horizontalbrunnen				x	
Leitungen für Wasser ohne Zwangspunkte	x				
Leitungen für Wasser mit geringen Verknüpfungen und wenigen Zwangspunkten		x			
Leitungen für Wasser mit zahlreichen Verknüpfungen und mehreren Zwangspunkten			x		
Einfache Leitungsnetze für Wasser		x			
Leitungsnetze mit mehreren Verknüpfungen und zahlreichen Zwangspunkten und mit einer Druckzone			x		
Leitungsnetze für Wasser mit zahlreichen Verknüpfungen und zahlreichen Zwangspunkten				x	
einfache Anlagen zur Speicherung von Wasser, zum Beispiel Behälter in Fertigbauweise, Feuerlöschbecken		x			
Speicherbehälter			x		

Gruppe 1 – Bauwerke und Anlagen der Wasserversorgung	Honorarzone				
	I	II	III	IV	V
Speicherbehälter in Turmbauweise				x	
einfache Wasseraufbereitungsanlagen und Anlagen mit mechanischen Verfahren, Pumpwerke und Druckerhöhungsanlagen			x		
Wasseraufbereitungsanlagen mit physikalischen und chemischen Verfahren, schwierige Pumpwerke und Druckerhöhungsanlagen				x	
Bauwerke und Anlagen mehrstufiger oder kombinierter Verfahren der Wasseraufbereitung					x
Gruppe 2 – Bauwerke und Anlagen der Abwasserentsorgung	Honorarzone				
mit Ausnahme Entwässerungsanlagen, die der Zweckbestimmung der Verkehrsanlagen dienen, und Regenwasserversickerung (Abgrenzung zu Freianlagen)	I	II	III	IV	V
Leitungen für Abwasser ohne Zwangspunkte	x				
Leitungen für Abwasser mit geringen Verknüpfungen und wenigen Zwangspunkten		x			
Leitungen für Abwasser mit zahlreichen Verknüpfungen und zahlreichen Zwangspunkten			x		
einfache Leitungsnetze für Abwasser		x			
Leitungsnetze für Abwasser mit mehreren Verknüpfungen und mehreren Zwangspunkten			x		
Leitungsnetze für Abwasser mit zahlreichen Zwangspunkten				x	
Erdbecken als Regenrückhaltebecken		x			
Regenbecken und Kanalstauräume mit geringen Verknüpfungen und wenigen Zwangspunkten			x		
Regenbecken und Kanalstauräume mit zahlreichen Verknüpfungen und zahlreichen Zwangspunkten, kombinierte Regenwasserbewirtschaftungsanlagen				x	
Schlammabsetzanlagen, Schlammpolder		x			
Schlammabsetzanlagen mit mechanischen Einrichtungen			x		
Schlammbehandlungsanlagen				x	
Bauwerke und Anlagen für mehrstufige oder kombinierte Verfahren der Schlammbehandlung					x
Industriell systematisierte Abwasserbehandlungsanlagen, einfache Pumpwerke und Hebeanlagen		x			

Gruppe 2 – Bauwerke und Anlagen der Abwasserentsorgung	Honorarzone				
mit Ausnahme Entwässerungsanlagen, die der Zweckbestimmung der Verkehrsanlagen dienen, und Regenwasserversickerung (Abgrenzung zu Freianlagen)	I	II	III	IV	V
Abwasserbehandlungsanlagen mit gemeinsamer aerober Stabilisierung, Pumpwerke und Hebeanlagen			x		
Abwasserbehandlungsanlagen, schwierige Pumpwerke und Hebeanlagen				x	
Schwierige Abwasserbehandlungsanlagen					x
Gruppe 3 – Bauwerke und Anlagen des Wasserbaus	**Honorarzone**				
ausgenommen Freianlagen nach § 39 Absatz 1	I	II	III	IV	V
Berieselung und rohrlose Dränung, flächenhafter Erdbau mit unterschiedlichen Schütthöhen oder Materialien		x			
Beregnung und Rohrdränung			x		
Beregnung und Rohrdränung bei ungleichmäßigen Boden- und schwierigen Geländeverhältnissen				x	
Einzelgewässer mit gleichförmigem ungegliedertem Querschnitt ohne Zwangspunkte, ausgenommen Einzelgewässer mit überwiegend ökologischen und landschaftsgestalterischen Elementen	x				
Einzelgewässer mit gleichförmigem gegliedertem Querschnitt und einigen Zwangspunkten		x			
Einzelgewässer mit ungleichförmigem ungegliedertem Querschnitt und einigen Zwangspunkten, Gewässersysteme mit einigen Zwangspunkten				x	
Einzelgewässer mit ungleichförmigem gegliedertem Querschnitt und vielen Zwangspunkten, Gewässersysteme mit vielen Zwangspunkten, besonders schwieriger Gewässerausbau mit sehr hohen technischen Anforderungen und ökologischen Ausgleichsmaßnahmen					x
Teiche bis 3 m Dammhöhe über Sohle ohne Hochwasserentlastung ausgenommen Teiche ohne Dämme		x			
Teiche mit mehr als 3 m Dammhöhe über Sohle ohne Hochwasserentlastung, Teiche bis 3 m Dammhöhe über Sohle mit Hochwasserentlastung			x		
Hochwasserrückhaltebecken und Talsperren bis 5 m Dammhöhe über Sohle oder bis 100.000 m³ Speicherraum				x	
Hochwasserrückhaltebecken und Talsperren mit mehr als 100.000 m³ und weniger als 5.000.000 m³ Speicherraum					x

HOAI 2013 Anlage 12

Gruppe 3 – Bauwerke und Anlagen des Wasserbaus ausgenommen Freianlagen nach § 39 Absatz 1	Honorarzone				
	I	II	III	IV	V
Hochwasserrückhaltebecken und Talsperren mit mehr als 5.000.000 m³ Speicherraum					x
Deich und Dammbauten		x			
schwierige Deich- und Dammbauten			x		
besonders schwierige Deich- und Dammbauten				x	
einfache Pumpanlagen, Pumpwerke und Schöpfwerke		x			
Pump- und Schöpfwerke, Siele			x		
schwierige Pump- und Schöpfwerke				x	
Einfache Durchlässe	x				
Durchlässe und Düker		x			
schwierige Durchlässe und Düker			x		
besonders schwierige Durchlässe und Düker				x	
einfache feste Wehre		x			
feste Wehre			x		
einfache bewegliche Wehre			x		
bewegliche Wehre				x	
einfache Sperrwerke und Sperrtore			x		
Sperrwerke				x	
Kleinwasserkraftanlagen			x		
Wasserkraftanlagen				x	
Schwierige Wasserkraftanlagen, zum Beispiel Pumpspeicherwerke oder Kavernenkraftwerke					x
Fangedämme, Hochwasserwände			x		
Fangedämme, Hochwasserschutzwände in schwieriger Bauweise				x	
eingeschwommene Senkkästen, schwierige Fangedämme, Wellenbrecher					x
Bootsanlegestellen mit Dalben, Leitwänden, Festmacher- und Fenderanlagen an stehenden Gewässern	x				
Bootsanlegestellen mit Dalben, Leitwänden, Festmacher- und Fenderanlagen an fließenden Gewässern, einfache Schiffslösch- u. -ladestellen, einfache Kaimauern und Piers		x			

Gruppe 3 – Bauwerke und Anlagen des Wasserbaus ausgenommen Freianlagen nach § 39 Absatz 1	Honorarzone				
	I	II	III	IV	V
Schiffslösch- und -ladestellen, Häfen, jeweils mit Dalben, Leitwänden, Festmacher- und Fenderanlagen mit hohen Belastungen, Kaimauern und Piers			x		
Schiffsanlege-, -lösch- und -ladestellen bei Tide oder Hochwasserbeeinflussung, Häfen bei Tide- und Hochwasserbeeinflussung, schwierige Kaimauern und Piers				x	
Schwierige schwimmende Schiffsanleger, bewegliche Verladebrücken					x
Einfache Uferbefestigungen	x				
Uferwände und -mauern		x			
Schwierige Uferwände und -mauern, Ufer- und Sohlensicherung an Wasserstraßen			x		
Schifffahrtskanäle mit Dalben, Leitwänden, bei einfachen Bedingungen			x		
Schifffahrtskanäle mit Dalben, Leitwänden, bei schwierigen Bedingungen in Dammstrecken, mit Kreuzungsbauwerken				x	
Kanalbrücken					x
einfache Schiffsschleusen, Bootsschleusen		x			
Schiffsschleusen bei geringen Hubhöhen			x		
Schiffsschleusen bei großen Hubhöhen und Sparschleusen				x	
Schiffshebewerke					x
Werftanlagen, einfache Docks			x		
schwierige Docks				x	
Schwimmdocks					x
Gruppe 4 – Bauwerke und Anlagen für Ver- und Entsorgung mit Gasen, Energieträgern, Feststoffen einschließlich wassergefährdenden Flüssigkeiten, ausgenommen Anlagen nach § 53 Absatz 2	Honorarzone				
	I	II	III	IV	V
Transportleitungen für Fernwärme, wassergefährdende Flüssigkeiten und Gase ohne Zwangspunkte	x				
Transportleitungen für Fernwärme, wassergefährdende Flüssigkeiten und Gase mit geringen Verknüpfungen und wenigen Zwangspunkten		x			

Gruppe 4 – Bauwerke und Anlagen für Ver- und Entsorgung mit Gasen, Energieträgern, Feststoffen einschließlich wassergefährdenden Flüssigkeiten, ausgenommen Anlagen nach § 53 Absatz 2	Honorarzone				
	I	II	III	IV	V
Transportleitungen für Fernwärme, wassergefährdende Flüssigkeiten und Gase mit zahlreichen Verknüpfungen oder zahlreichen Zwangspunkten			x		
Transportleitungen für Fernwärme, wassergefährdende Flüssigkeiten und Gase mit zahlreichen Verknüpfungen und zahlreichen Zwangspunkten				x	
Industriell vorgefertigte einstufige Leichtflüssigkeitsabscheider		x			
Einstufige Leichtflüssigkeitsabscheider			x		
mehrstufige Leichtflüssigkeitsabscheider				x	
Leerrohrnetze mit wenigen Verknüpfungen			x		
Leerrohrnetze mit zahlreichen Verknüpfungen				x	
Handelsübliche Fertigbehälter für Tankanlagen	x				
Pumpzentralen für Tankanlagen in Ortbetonbauweise			x		
Anlagen zur Lagerung wassergefährdender Flüssigkeiten in einfachen Fällen			x		
Gruppe 5 – Bauwerke und Anlagen der Abfallentsorgung	Honorarzone				
	I	II	III	IV	V
Zwischenlager, Sammelstellen und Umladestationen offener Bauart für Abfälle oder Wertstoffe ohne Zusatzeinrichtungen	x				
Zwischenlager, Sammelstellen und Umladestationen offener Bauart für Abfälle oder Wertstoffe mit einfachen Zusatzeinrichtungen		x			
Zwischenlager, Sammelstellen und Umladestationen offener Bauart für Abfälle oder Wertstoffe, mit schwierigen Zusatzeinrichtungen			x		
Einfache, einstufige Aufbereitungsanlagen für Wertstoffe			x		
Aufbereitungsanlagen für Wertstoffe				x	
Mehrstufige Aufbereitungsanlagen für Wertstoffe				x	
Einfache Bauschuttaufbereitungsanlagen			x		
Bauschuttaufbereitungsanlagen				x	
Bauschuttdeponien ohne besondere Einrichtungen			x		
Bauschuttdeponien			x		

Anlage 12   HOAI 2013

Gruppe 5 – Bauwerke und Anlagen der Abfallentsorgung	Honorarzone				
	I	II	III	IV	V
Pflanzenabfall-Kompostierungsanlagen ohne besondere Einrichtungen		x			
Biomüll-Kompostierungsanlagen, Pflanzenabfall-Kompostierungsanlagen			x		
Kompostwerke				x	
Hausmüll- und Monodeponien			x		
Hausmülldeponien und Monodeponien mit schwierigen technischen Anforderungen				x	
Anlagen zur Konditionierung von Sonderabfällen				x	
Verbrennungsanlagen, Pyrolyseanlagen					x
Sonderabfalldeponien				x	
Anlagen für Untertagedeponien				x	
Behälterdeponien				x	
Abdichtung von Altablagerungen und kontaminierten Standorten			x		
Abdichtung von Altablagerungen und kontaminierten Standorten mit schwierigen technischen Anforderungen				x	
Anlagen zur Behandlung kontaminierter Böden einschließlich Bodenluft				x	
einfache Grundwasserdekontaminierungsanlagen				x	
komplexe Grundwasserdekontaminierungsanlagen					x
Gruppe 6 – konstruktive Ingenieurbauwerke für Verkehrsanlagen	Honorarzone				
	I	II	III	IV	V
Lärmschutzwälle ausgenommen Lärmschutzwälle als Mittel der Geländegestaltung	x				
Einfache Lärmschutzanlagen		x			
Lärmschutzanlagen			x		
Lärmschutzanlagen in schwieriger städtebaulicher Situation				x	
Gerade Einfeldbrücken einfacher Bauart			x		
Einfeldbrücken				x	
Einfache Mehrfeld- und Bogenbrücken				x	
Schwierige Einfeld-, Mehrfeld- und Bogenbrücken					x

HOAI 2013 Anlage 12

Gruppe 6 – konstruktive Ingenieurbauwerke für Verkehrsanlagen	Honorarzone				
	I	II	III	IV	V
Schwierige, längs vorgespannte Stahlverbundkonstruktionen					x
Besonders schwierige Brücken					x
Tunnel- und Trogbauwerke			x		
Schwierige Tunnel- und Trogbauwerke				x	
Besonders schwierige Tunnel- und Trogbauwerke					x
Untergrundbahnhöfe			x		
schwierige Untergrundbahnhöfe				x	
besonders schwierige Untergrundbahnhöfe und Kreuzungsbahnhöfe					x
Gruppe 7 – sonstige Einzelbauwerke	Honorarzone				
sonstige Einzelbauwerke, ausgenommen Gebäude und Freileitungs- und Oberleitungsmaste	I	II	III	IV	V
Einfache Schornsteine			x		
Schornsteine			x		
Schwierige Schornsteine				x	
Besonders schwierige Schornsteine					x
Einfache Masten und Türme ohne Aufbauten	x				
Masten und Türme ohne Aufbauten		x			
Masten und Türme mit Aufbauten			x		
Masten und Türme mit Aufbauten und Betriebsgeschoss				x	
Masten und Türme mit Aufbauten, Betriebsgeschoss und Publikumseinrichtungen					x
Einfache Kühltürme			x		
Kühltürme				x	
Schwierige Kühltürme					x
Versorgungsbauwerke und Schutzrohre in sehr einfachen Fällen ohne Zwangspunkte	x				
Versorgungsbauwerke und Schutzrohre mit zugehörigen Schächten für Versorgungssysteme mit wenigen Zwangspunkten		x			
Versorgungsbauwerke mit zugehörigen Schächten für Versorgungssysteme unter beengten Verhältnissen			x		

Anlage 12 **HOAI 2013**

Gruppe 7 – sonstige Einzelbauwerke	Honorarzone				
sonstige Einzelbauwerke, ausgenommen Gebäude und Freileitungs- und Oberleitungsmaste	I	II	III	IV	V
Versorgungsbauwerke mit zugehörigen Schächten in schwierigen Fällen für mehrere Medien				x	
Flach gegründete, einzeln stehende Silos ohne Anbauten		x			
Einzeln stehende Silos mit einfachen Anbauten, auch in Gruppenbauweise			x		
Silos mit zusammengefügten Zellenblöcken und Anbauten				x	
Schwierige Windkraftanlagen				x	
Unverankerte Stützbauwerke bei geringen Geländesprüngen ohne Verkehrsbelastung als Mittel zur Geländegestaltung und zur konstruktiven Böschungssicherung	x				
Unverankerte Stützbauwerke bei hohen Geländesprüngen mit Verkehrsbelastungen mit einfachen Baugrund-, Belastungs- und Geländeverhältnissen			x		
Stützbauwerke mit Verankerung oder unverankerte Stützbauwerke bei schwierigen Baugrund-, Belastungs- oder Geländeverhältnissen			x		
Stützbauwerke mit Verankerung und schwierigen Baugrund-, Belastungs- oder Geländeverhältnissen				x	
Stützbauwerke mit Verankerung und ungewöhnlich schwierigen Randbedingungen					x
Schlitz- und Bohrpfahlwände, Trägerbohlwände			x		
Einfache Traggerüste und andere einfache Gerüste			x		
Traggerüste und andere Gerüste				x	
Sehr schwierige Gerüste und sehr hohe oder weitgespannte Traggerüste, verschiebliche (Trag-)Gerüste					x
eigenständige Tiefgaragen, einfache Schacht- und Kavernenbauwerke, einfache Stollenbauten				x	
schwierige eigenständige Tiefgaragen, schwierige Schacht- und Kavernenbauwerke, schwierige Stollenbauwerke				x	
Besonders schwierige Schacht- und Kavernenbauwerke					x

Anlage 13
zu § 47 Absatz 2, § 48 Absatz 5

Grundleistungen im Leistungsbild Verkehrsanlagen, Besondere Leistungen, Objektliste

13.1 Leistungsbild Verkehrsanlagen

Grundleistungen	Besondere Leistungen
LPH 1 Grundlagenermittlung	
a) Klären der Aufgabenstellung aufgrund der Vorgaben oder der Bedarfsplanung des Auftraggebers b) Ermitteln der Planungsrandbedingungen sowie Beraten zum gesamten Leistungsbedarf c) Formulieren von Entscheidungshilfen für die Auswahl anderer an der Planung fachlich Beteiligter d) Ortsbesichtigung e) Zusammenfassen, Erläutern und Dokumentieren der Ergebnisse	– Ermitteln besonderer, in den Normen nicht festgelegter Einwirkungen – Auswahl und Besichtigen ähnlicher Objekte
LPH 2 Vorplanung	
a) Beschaffen und Auswerten amtlicher Karten b) Analysieren der Grundlagen c) Abstimmen der Zielvorstellungen auf die öffentlich-rechtlichen Randbedingungen sowie Planungen Dritter d) Untersuchen von Lösungsmöglichkeiten mit ihren Einflüssen auf bauliche und konstruktive Gestaltung, Zweckmäßigkeit, Wirtschaftlichkeit unter Beachtung der Umweltverträglichkeit e) Erarbeiten eines Planungskonzepts einschließlich Untersuchung von bis zu 3 Varianten nach gleichen Anforderungen mit zeichnerischer Darstellung und Bewertung unter Einarbeitung der Beiträge anderer an der Planung fachlich Beteiligter Überschlägige verkehrstechnische Bemessung der Verkehrsanlage, Ermitteln der Schallimmissionen von der Verkehrsanlage an kritischen Stellen nach Tabellenwerten Untersuchen der möglichen Schallschutzmaßnahmen, ausgenommen detaillierte schalltechnische Untersuchungen	– Erstellen von Leitungsbestandsplänen – Untersuchungen zur Nachhaltigkeit – Anfertigen von Nutzen-Kosten-Untersuchungen – Wirtschaftlichkeitsprüfung – Beschaffen von Auszügen aus Grundbuch, Kataster und anderen amtlichen Unterlagen

Grundleistungen	Besondere Leistungen
f) Klären und Erläutern der wesentlichen fachspezifischen Zusammenhänge, Vorgänge und Bedingungen g) Vorabstimmen mit Behörden und anderen an der Planung fachlich Beteiligten über die Genehmigungsfähigkeit, gegebenenfalls Mitwirken bei Verhandlungen über die Bezuschussung und Kostenbeteiligung h) Mitwirken bei Erläutern des Planungskonzepts gegenüber Dritten an bis zu 2 Terminen i) Überarbeiten des Planungskonzepts nach Bedenken und Anregungen j) Bereitstellen von Unterlagen als Auszüge aus der Voruntersuchung zur Verwendung für ein Raumordnungsverfahren k) Kostenschätzung, Vergleich mit den finanziellen Rahmenbedingungen l) Zusammenfassen, Erläutern und Dokumentieren	
LPH 3 Entwurfsplanung	
a) Erarbeiten des Entwurfs auf Grundlage der Vorplanung durch zeichnerische Darstellung im erforderlichen Umfang und Detaillierungsgrad unter Berücksichtigung aller fachspezifischen Anforderungen Bereitstellen der Arbeitsergebnisse als Grundlage für die anderen an der Planung fachlich Beteiligten, sowie Integration und Koordination der Fachplanungen b) Erläuterungsbericht unter Verwendung der Beiträge anderer an der Planung fachlich Beteiligter c) Fachspezifische Berechnungen ausgenommen Berechnungen aus anderen Leistungsbildern d) Ermitteln der zuwendungsfähigen Kosten, Mitwirken beim Aufstellen des Finanzierungsplans sowie Vorbereiten der Anträge auf Finanzierung e) Mitwirken beim Erläutern des vorläufigen Entwurfs gegenüber Dritten an bis zu 3 Terminen, Überarbeiten des vorläufigen Entwurfs auf Grund von Bedenken und Anregungen	– Fortschreiben von Nutzen-Kosten-Untersuchungen – Detaillierte signaltechnische Berechnung – Mitwirken bei Verwaltungsvereinbarungen – Nachweis der zwingenden Gründe des überwiegenden öffentlichen Interesses der Notwendigkeit der Maßnahme (zum Beispiel Gebiets- und Artenschutz gemäß der Richtlinie 92/43/EWG des Rates vom 21. Mai 1992 zur Erhaltung der natürlichen Lebensräume sowie der wildlebenden Tiere und Pflanzen (ABl. L 206 vom 22.07.1992, S. 7) – Fiktivkostenberechnungen (Kostenteilung)

Grundleistungen	Besondere Leistungen
f) Vorabstimmen der Genehmigungsfähigkeit mit Behörden und anderen an der Planung fachlich Beteiligten g) Kostenberechnung einschließlich zugehöriger Mengenermittlung, Vergleich der Kostenberechnung mit der Kostenschätzung h) Überschlägige Festlegung der Abmessungen von Ingenieurbauwerken i) Ermitteln der Schallimmissionen von der Verkehrsanlage nach Tabellenwerten; Festlegen der erforderlichen Schallschutzmaßnahmen an der Verkehrsanlage, gegebenenfalls unter Einarbeitung der Ergebnisse detaillierter schalltechnischer Untersuchungen und Feststellen der Notwendigkeit von Schallschutzmaßnahmen an betroffenen Gebäuden j) Rechnerische Festlegung des Objekts k) Darlegen der Auswirkungen auf Zwangspunkte l) Nachweis der Lichtraumprofile m) Ermitteln der wesentlichen Bauphasen unter Berücksichtigung der Verkehrslenkung und der Aufrechterhaltung des Betriebes während der Bauzeit n) Bauzeiten- und Kostenplan o) Zusammenfassen, Erläutern und Dokumentieren der Ergebnisse	
LPH 4 Genehmigungsplanung	
a) Erarbeiten und Zusammenstellen der Unterlagen für die erforderlichen öffentlich-rechtlichen Verfahren oder Genehmigungsverfahren einschließlich der Anträge auf Ausnahmen und Befreiungen, Aufstellen des Bauwerksverzeichnisses unter Verwendung der Beiträge anderer an der Planung fachlich Beteiligter b) Erstellen des Grunderwerbsplanes und des Grunderwerbsverzeichnisses unter Verwendung der Beiträge anderer an der Planung fachlich Beteiligter c) Vervollständigen und Anpassen der Planungsunterlagen, Beschreibungen und Berechnungen unter Verwendung der Beiträge anderer an der Planung fachlich Beteiligter	– Mitwirken bei der Beschaffung der Zustimmung von Betroffenen

Grundleistungen	Besondere Leistungen
d) Abstimmen mit Behörden e) Mitwirken in Genehmigungsverfahren einschließlich der Teilnahme an bis zu 4 Erläuterungs-, Erörterungsterminen f) Mitwirken beim Abfassen von Stellungnahmen zu Bedenken und Anregungen in bis zu 10 Kategorien	
LPH 5 Ausführungsplanung	
a) Erarbeiten der Ausführungsplanung auf Grundlage der Ergebnisse der Leistungsphasen 3 und 4 unter Berücksichtigung aller fachspezifischen Anforderungen und Verwendung der Beiträge anderer an der Planung fachlich Beteiligter bis zur ausführungsreifen Lösung b) Zeichnerische Darstellung, Erläuterungen und zur Objektplanung gehörige Berechnungen mit allen für die Ausführung notwendigen Einzelangaben einschließlich Detailzeichnungen in den erforderlichen Maßstäben c) Bereitstellen der Arbeitsergebnisse als Grundlage für die anderen an der Planung fachlich Beteiligten und Integrieren ihrer Beiträge bis zur ausführungsreifen Lösung d) Vervollständigen der Ausführungsplanung während der Objektausführung	– Objektübergreifende, integrierte Bauablaufplanung – Koordination des Gesamtprojekts – Aufstellen von Ablauf- und Netzplänen
LPH 6 Vorbereiten der Vergabe	
a) Ermitteln von Mengen nach Einzelpositionen unter Verwendung der Beiträge anderer an der Planung fachlich Beteiligter b) Aufstellen der Vergabeunterlagen, insbesondere Anfertigen der Leistungsbeschreibungen mit Leistungsverzeichnissen sowie der Besonderen Vertragsbedingungen c) Abstimmen und Koordinieren der Schnittstellen zu den Leistungsbeschreibungen der anderen an der Planung fachlich Beteiligten d) Festlegen der wesentlichen Ausführungsphasen e) Ermitteln der Kosten auf Grundlage der vom Planer (Entwurfsverfasser) bepreisten Leistungsverzeichnisse	– detaillierte Planung von Bauphasen bei besonderen Anforderungen

Grundleistungen	Besondere Leistungen
f) Kostenkontrolle durch Vergleich der vom Planer (Entwurfsverfasser) bepreisten Leistungsverzeichnisse mit der Kostenberechnung g) Zusammenstellen der Vergabeunterlagen	
LPH 7 Mitwirken bei der Vergabe	
a) Einholen von Angeboten b) Prüfen und Werten der Angebote, Aufstellen der Preisspiegel c) Abstimmen und Zusammenstellen der Leistungen der fachlich Beteiligten, die an der Vergabe mitwirken d) Führen von Bietergesprächen e) Erstellen der Vergabevorschläge, Dokumentation des Vergabeverfahrens f) Zusammenstellen der Vertragsunterlagen g) Vergleichen der Ausschreibungsergebnisse mit den vom Planer bepreisten Leistungsverzeichnissen und der Kostenberechnung h) Mitwirken bei der Auftragserteilung	– Prüfen und Werten von Nebenangeboten
LPH 8 Bauoberleitung	

a) Aufsicht über die örtliche Bauüberwachung, Koordinierung der an der Objektüberwachung fachlich Beteiligten, einmaliges Prüfen von Plänen auf Übereinstimmung mit dem auszuführenden Objekt und Mitwirken bei deren Freigabe
b) Aufstellen, Fortschreiben und Überwachen eines Terminplans (Balkendiagramm)
c) Veranlassen und Mitwirken daran, die ausführenden Unternehmen in Verzug zu setzen
d) Kostenfeststellung, Vergleich der Kostenfeststellung mit der Auftragssumme
e) Abnahme von Bauleistungen, Leistungen und Lieferungen unter Mitwirkung der örtlichen Bauüberwachung und anderer an der Planung und Objektüberwachung fachlich Beteiligter, Feststellen von Mängeln, Fertigen einer Niederschrift über das Ergebnis der Abnahme
f) Antrag auf behördliche Abnahmen und Teilnahme daran
	– Kostenkontrolle
	– Prüfen von Nachträgen
	– Erstellen eines Bauwerksbuchs
	– Erstellen von Bestandsplänen
	– Örtliche Bauüberwachung:
	  – Plausibilitätsprüfung der Absteckung
	  – Überwachen der Ausführung der Bauleistungen
	  – Mitwirken beim Einweisen des Auftragnehmers in die Baumaßnahme (Bauanlaufbesprechung)
	  – Überwachen der Ausführung des Objektes auf Übereinstimmung mit den zur Ausführung freigegebenen Unterlagen, dem Bauvertrag und den Vorgaben des Auftraggebers
	– Prüfen und Bewerten der Berechtigung von Nachträgen
	– Durchführen oder Veranlassen von Kontrollprüfungen
	– Überwachen der Beseitigung der bei der Abnahme der Leistungen festgestellten Mängel
	– Dokumentation des Bauablaufs

Grundleistungen	Besondere Leistungen
g) Überwachen der Prüfungen der Funktionsfähigkeit der Anlagenteile und der Gesamtanlage h) Übergabe des Objekts i) Auflisten der Verjährungsfristen der Mängelansprüche j) Zusammenstellen und Übergeben der Dokumentation des Bauablaufs, der Bestandsunterlagen und der Wartungsvorschriften	– Mitwirken beim Aufmaß mit den ausführenden Unternehmen und Prüfen der Aufmaße – Mitwirken bei behördlichen Abnahmen – Mitwirken bei der Abnahme von Leistungen und Lieferungen – Rechnungsprüfung, Vergleich der Ergebnisse der Rechnungsprüfungen mit der Auftragssumme – Mitwirken beim Überwachen der Prüfung der Funktionsfähigkeit der Anlagenteile und der Gesamtanlage – Überwachen der Ausführung von Tragwerken nach Anlage 14.2 Honorarzone I und II mit sehr geringen und geringen Planungsanforderungen auf Übereinstimmung mit dem Standsicherheitsnachweis
LPH 9 Objektbetreuung	
a) Fachliche Bewertung der innerhalb der Verjährungsfristen für Gewährleistungsansprüche festgestellten Mängel, längstens jedoch bis zum Ablauf von fünf Jahren seit Abnahme der Leistung, einschließlich notwendiger Begehungen b) Objektbegehung zur Mängelfeststellung vor Ablauf der Verjährungsfristen für Mängelansprüche gegenüber den ausführenden Unternehmen c) Mitwirken bei der Freigabe von Sicherheitsleistungen	– Überwachen der Mängelbeseitigung innerhalb der Verjährungsfrist

13.2 Objektliste Verkehrsanlagen

Nachstehende Verkehrsanlagen werden in der Regel folgenden Honorarzonen zugeordnet:

	Honorarzone				
Objekte	I	II	III	IV	V
a) Anlagen des Straßenverkehrs					
Außerörtliche Straßen					
ohne besondere Zwangspunkte oder im wenig bewegten Gelände		x			
mit besonderen Zwangspunkten oder in bewegtem Gelände			x		

HOAI 2013 Anlage 13

Objekte	Honorarzone				
	I	II	III	IV	V
mit vielen besonderen Zwangspunkten oder in stark bewegtem Gelände				x	
im Gebirge					x
Innerörtliche Straßen und Plätze					
Anlieger- und Sammelstraßen		x			
sonstige innerörtliche Straßen mit normalen verkehrstechnischen Anforderungen oder normaler städtebaulicher Situation (durchschnittliche Anzahl Verknüpfungen mit der Umgebung)			x		
sonstige innerörtliche Straßen mit hohen verkehrstechnischen Anforderungen oder schwieriger städtebaulicher Situation (hohe Anzahl Verknüpfungen mit der Umgebung)				x	
sonstige innerörtliche Straßen mit sehr hohen verkehrstechnischen Anforderungen oder sehr schwieriger städtebaulicher Situation (sehr hohe Anzahl Verknüpfungen mit der Umgebung)					x
Wege					
im ebenen Gelände mit einfachen Entwässerungsverhältnissen	x				
im bewegtem Gelände mit einfachen Baugrund- und Entwässerungsverhältnissen		x			
im bewegtem Gelände mit schwierigen Baugrund- und Entwässerungsverhältnissen			x		
Plätze, Verkehrsflächen					
einfache Verkehrsflächen, Plätze außerorts	x				
innerörtliche Parkplätze		x			
verkehrsberuhigte Bereiche mit normalen städtebaulichen Anforderungen			x		
verkehrsberuhigte Bereiche mit hohen städtebaulichen Anforderungen				x	
Flächen für Güterumschlag Straße zu Straße			x		
Flächen für Güterumschlag in kombinierten Ladeverkehr				x	
Tankstellen, Rastanlagen					
mit normalen verkehrstechnischen Anforderungen		x			
mit hohen verkehrstechnischen Anforderungen			x		

	Honorarzone				
Objekte	I	II	III	IV	V
Knotenpunkte					
einfach höhengleich		x			
schwierig höhengleich			x		
sehr schwierig höhengleich				x	
einfach höhenungleich			x		
schwierig höhenungleich				x	
sehr schwierig höhenungleich					x
b) Anlagen des Schienenverkehrs					
Gleis und Bahnsteiganlagen der freien Strecke					
ohne Weichen und Kreuzungen	x				
ohne besondere Zwangspunkte oder in wenig bewegtem Gelände		x			
mit besonderen Zwangspunkten oder in bewegtem Gelände			x		
mit vielen Zwangspunkten oder in stark bewegtem Gelände				x	
Gleis- und Bahnsteiganlagen der Bahnhöfe					
mit einfachen Spurplänen		x			
mit schwierigen Spurplänen			x		
mit sehr schwierigen Spurplänen				x	
c) Anlagen des Flugverkehrs					
einfache Verkehrsflächen für Landeplätze, Segelfluggelände		x			
schwierige Verkehrsflächen für Landeplätze, einfache Verkehrsflächen für Flughäfen			x		
schwierige Verkehrsflächen für Flughäfen				x	

HOAI 2013 Anlage 14

Anlage 14
zu § 51 Absatz 5, § 52 Absatz 2

Grundleistungen im Leistungsbild Tragwerksplanung, Besondere Leistungen, Objektliste

14.1 Leistungsbild Tragwerksplanung

Grundleistungen	Besondere Leistungen
LPH 1 Grundlagenermittlung	
a) Klären der Aufgabenstellung aufgrund der Vorgaben oder der Bedarfsplanung des Auftraggebers im Benehmen mit dem Objektplaner b) Zusammenstellen der die Aufgabe beeinflussenden Planungsabsichten c) Zusammenfassen, Erläutern und Dokumentieren der Ergebnisse	
LPH 2 Vorplanung (Projekt- u. Planungsvorbereitung)	
a) Analysieren der Grundlagen b) Beraten in statisch-konstruktiver Hinsicht unter Berücksichtigung der Belange der Standsicherheit, der Gebrauchsfähigkeit und der Wirtschaftlichkeit c) Mitwirken bei dem Erarbeiten eines Planungskonzepts einschließlich Untersuchung der Lösungsmöglichkeiten des Tragwerks unter gleichen Objektbedingungen mit skizzenhafter Darstellung, Klärung und Angabe der für das Tragwerk wesentlichen konstruktiven Festlegungen für zum Beispiel Baustoffe, Bauarten und Herstellungsverfahren, Konstruktionsraster und Gründungsart d) Mitwirken bei Vorverhandlungen mit Behörden und anderen an der Planung fachlich Beteiligten über die Genehmigungsfähigkeit e) Mitwirken bei der Kostenschätzung und bei der Terminplanung f) Zusammenfassen, Erläutern und Dokumentieren der Ergebnisse	– Aufstellen von Vergleichsberechnungen für mehrere Lösungsmöglichkeiten unter verschiedenen Objektbedingungen – Aufstellen eines Lastenplanes, zum Beispiel als Grundlage für die Baugrundbeurteilung und Gründungsberatung – Vorläufige nachprüfbare Berechnung wesentlicher tragender Teile – Vorläufige nachprüfbare Berechnung der Gründung
LPH 3 Entwurfsplanung (System- u. Integrationsplanung)	
a) Erarbeiten der Tragwerkslösung, unter Beachtung der durch die Objektplanung integrierten Fachplanungen, bis zum kons-	– Vorgezogene, prüfbare und für die Ausführung geeignete Berechnung wesentlich tragender Teile

Grundleistungen	Besondere Leistungen
truktiven Entwurf mit zeichnerischer Darstellung b) Überschlägige statische Berechnung und Bemessung c) Grundlegende Festlegungen der konstruktiven Details und Hauptabmessungen des Tragwerks für zum Beispiel Gestaltung der tragenden Querschnitte, Aussparungen und Fugen; Ausbildung der Auflager- und Knotenpunkte sowie der Verbindungsmittel d) Überschlägiges Ermitteln der Betonstahlmengen im Stahlbetonbau, der Stahlmengen im Stahlbau und der Holzmengen im Ingenieurholzbau e) Mitwirken bei der Objektbeschreibung bzw. beim Erläuterungsbericht f) Mitwirken bei Verhandlungen mit Behörden und anderen an der Planung fachlich Beteiligten über die Genehmigungsfähigkeit g) Mitwirken bei der Kostenberechnung und bei der Terminplanung h) Mitwirken beim Vergleich der Kostenberechnung mit der Kostenschätzung i) Zusammenfassen, Erläutern und Dokumentieren der Ergebnisse	– Vorgezogene, prüfbare und für die Ausführung geeignete Berechnung der Gründung – Mehraufwand bei Sonderbauweisen oder Sonderkonstruktionen, zum Beispiel Klären von Konstruktionsdetails – Vorgezogene Stahl- oder Holzmengenermittlung des Tragwerks und der kraftübertragenden Verbindungsteile für eine Ausschreibung, die ohne Vorliegen von Ausführungsunterlagen durchgeführt wird – Nachweise der Erdbebensicherung
LPH 4 Genehmigungsplanung	
a) Aufstellen der prüffähigen statischen Berechnungen für das Tragwerk unter Berücksichtigung der vorgegebenen bauphysikalischen Anforderungen b) Bei Ingenieurbauwerken: Erfassen von normalen Bauzuständen c) Anfertigen der Positionspläne für das Tragwerk oder Eintragen der statischen Positionen, der Tragwerksabmessungen, der Verkehrslasten, der Art und Güte der Baustoffe und der Besonderheiten der Konstruktionen in die Entwurfszeichnungen des Objektplaners d) Zusammenstellen der Unterlagen der Tragwerksplanung zur Genehmigung e) Abstimmen mit Prüfämtern und Prüfingenieuren oder Eigenkontrolle	– Nachweise zum konstruktiven Brandschutz, soweit erforderlich unter Berücksichtigung der Temperatur (Heißbemessung) – Statische Berechnung und zeichnerische Darstellung für Bergschadenssicherungen und Bauzustände bei Ingenieurbauwerken, soweit diese Leistungen über das Erfassen von normalen Bauzuständen hinausgehen – Zeichnungen mit statischen Positionen und den Tragwerksabmessungen, den Bewehrungsquerschnitten, den Verkehrslasten und der Art und Güte der Baustoffe sowie Besonderheiten der Konstruktionen zur Vorlage bei der bauaufsichtlichen Prüfung anstelle von Positionsplänen – Aufstellen der Berechnungen nach militärischen Lastenklassen (MLC)

Grundleistungen	Besondere Leistungen
f) Vervollständigen und Berichtigen der Berechnungen und Pläne	– Erfassen von Bauzuständen bei Ingenieurbauwerken, in denen das statische System von dem des Endzustands abweicht – Statische Nachweise an nicht zum Tragwerk gehörende Konstruktionen (zum Beispiel Fassaden)
LPH 5 Ausführungsplanung	
a) Durcharbeiten der Ergebnisse der Leistungsphasen 3 und 4 unter Beachtung der durch die Objektplanung integrierten Fachplanungen b) Anfertigen der Schalpläne in Ergänzung der fertig gestellten Ausführungspläne des Objektplaners c) Zeichnerische Darstellung der Konstruktionen mit Einbau- und Verlegeanweisungen, zum Beispiel Bewehrungspläne, Stahlbau- oder Holzkonstruktionspläne mit Leitdetails (keine Werkstattzeichnungen) d) Aufstellen von Stahl- oder Stücklisten als Ergänzung zur zeichnerischen Darstellung der Konstruktionen mit Stahlmengenermittlung e) Fortführen der Abstimmung mit Prüfämtern und Prüfingenieuren oder Eigenkontrolle	– Konstruktion und Nachweise der Anschlüsse im Stahl- und Holzbau – Werkstattzeichnungen im Stahl- und Holzbau einschließlich Stücklisten, Elementpläne für Stahlbetonfertigteile einschließlich Stahl- und Stücklisten – Berechnen der Dehnwege, Festlegen des Spannvorganges und Erstellen der Spannprotokolle im Spannbetonbau – Rohbauzeichnungen im Stahlbetonbau, die auf der Baustelle nicht der Ergänzung durch die Pläne des Objektplaners bedürfen
LPH 6 Vorbereitung der Vergabe	
a) Ermitteln der Betonstahlmengen im Stahlbetonbau, der Stahlmengen in Stahlbau und der Holzmengen im Ingenieurholzbau als Ergebnis der Ausführungsplanung und als Beitrag zur Mengenermittlung des Objektplaners b) Überschlägiges Ermitteln der Mengen der konstruktiven Stahlteile und statisch erforderlichen Verbindungs- und Befestigungsmittel im Ingenieurholzbau c) Mitwirken beim Erstellen der Leistungsbeschreibung als Ergänzung zu den Mengenermittlungen als Grundlage für das Leistungsverzeichnis des Tragwerks	– Beitrag zur Leistungsbeschreibung mit Leistungsprogramm des Objektplaners*) – Beitrag zum Aufstellen von vergleichenden Kostenübersichten des Objektplaners – Beitrag zum Aufstellen des Leistungsverzeichnisses des Tragwerks *) diese Besondere Leistung wird bei Leistungsbeschreibung mit Leistungsprogramm Grundleistung. In diesem Fall entfallen die Grundleistungen dieser Leistungsphase

Grundleistungen	Besondere Leistungen
LPH 7 Mitwirkung bei der Vergabe	
	– Mitwirken bei der Prüfung und Wertung der Angebote Leistungsbeschreibung mit Leistungsprogramm des Objektplaners – Mitwirken bei der Prüfung und Wertung von Nebenangeboten – Mitwirken beim Kostenanschlag nach DIN 276 oder anderer Vorgaben des Auftraggebers aus Einheitspreisen oder Pauschalangeboten
LPH 8 Objektüberwachung	
	– Ingenieurtechnische Kontrolle der Ausführung des Tragwerks auf Übereinstimmung mit den geprüften statischen Unterlagen – Ingenieurtechnische Kontrolle der Bauhelfe, zum Beispiel Arbeits- und Lehrgerüste, Kranbahnen, Baugrubensicherungen – Kontrolle der Betonherstellung und -verarbeitung auf der Baustelle in besonderen Fällen sowie Auswertung der Güteprüfungen – Betontechnologische Beratung – Mitwirken bei der Überwachung der Ausführung der Tragwerkseingriffe bei Umbauten und Modernisierungen
LPH 9 Dokumentation und Objektbetreuung	
	– Baubegehung zur Feststellung und Überwachung von die Standsicherheit betreffenden Einflüssen

14.2 Objektliste Tragwerksplanung

Nachstehende Tragwerke können in der Regel folgenden Honorarzonen zugeordnet werden:

	Honorarzone				
	I	II	III	IV	V
Bewertungsmerkmale zur Ermittlung der Honorarzone bei der Tragwerksplanung					
Tragwerke mit sehr geringem Schwierigkeitsgrad, insbesondere – einfache statisch bestimmte ebene Tragwerke aus Holz, Stahl, Stein oder unbewehrtem Beton mit ruhenden Lasten, ohne Nachweis horizontaler Aussteifung	x				

HOAI 2013 Anlage 14

	Honorarzone				
	I	II	III	IV	V
Tragwerke mit geringem Schwierigkeitsgrad, insbesondere – statisch bestimmte ebene Tragwerke in gebräuchlichen Bauarten ohne Vorspann- und Verbundkonstruktionen, mit vorwiegend ruhenden Lasten		x			
Tragwerke mit durchschnittlichem Schwierigkeitsgrad, insbesondere – schwierige statisch bestimmte und statisch unbestimmte ebene Tragwerke in gebräuchlichen Bauarten und ohne Gesamtstabilitätsuntersuchungen			x		
Tragwerke mit hohem Schwierigkeitsgrad, insbesondere – statisch und konstruktiv schwierige Tragwerke in gebräuchlichen Bauarten und Tragwerke, für deren Standsicherheit- und Festigkeitsnachweis schwierig zu ermittelnde Einflüsse zu berücksichtigen sind				x	
Tragwerke mit sehr hohem Schwierigkeitsgrad, insbesondere statisch u. konstruktiv ungewöhnlich schwierige Tragwerke					x
Stützwände, Verbau					
unverankerte Stützwände zur Abfangung von Geländesprüngen bis 2 m Höhe und konstruktive Böschungssicherungen bei einfachen Baugrund-, Belastungs- und Geländeverhältnissen	x				
Sicherung von Geländesprüngen bis 4 m Höhe ohne Rückverankerungen bei einfachen Baugrund-, Belastungs- und Geländeverhältnissen wie z. B. Stützwände, Uferwände, Baugrubenverbauten			x		
Sicherung von Geländesprüngen ohne Rückverankerungen bei schwierigen Baugrund-, Belastungs- oder Geländeverhältnissen oder mit einfacher Rückverankerung bei einfachen Baugrund-, Belastungs- oder Geländeverhältnissen wie z. B. Stützwände, Uferwände, Baugrubenverbauten				x	
schwierige, verankerte Stützwände, Baugrubenverbauten oder Uferwände				x	
Baugrubenverbauten mit ungewöhnlich schwierigen Randbedingungen					x
Gründung					
Flachgründungen einfacher Art		x			
Flachgründungen mit durchschnittlichem Schwierigkeitsgrad, ebene und räumliche Pfahlgründungen mit durchschnittlichem Schwierigkeitsgrad			x		
schwierige Flachgründungen, schwierige ebene und räumliche Pfahlgründungen, besondere Gründungsverfahren, Unterfahrungen				x	

Anlage 14 HOAI 2013

	Honorarzone				
	I	II	III	IV	V
Mauerwerk					
Mauerwerksbauten mit bis zur Gründung durchgehenden tragenden Wänden ohne Nachweis horizontaler Aussteifung		x			
Tragwerke mit Abfangung der tragenden beziehungsweise aussteifenden Wände			x		
Konstruktionen mit Mauerwerk nach Eignungsprüfung (Ingenieurmauerwerk)				x	
Gewölbe					
einfache Gewölbe			x		
schwierige Gewölbe und Gewölbereihen				x	
Deckenkonstruktionen, Flächentragwerke					
Deckenkonstruktionen mit einfachem Schwierigkeitsgrad, bei vorwiegend ruhenden Flächenlasten		x			
Deckenkonstruktionen mit durchschnittlichem Schwierigkeitsgrad			x		
schiefwinklige Einfeldplatten				x	
schiefwinklige Mehrfeldplatten					x
schiefwinklig gelagerte oder gekrümmte Träger				x	
schiefwinklig gelagerte, gekrümmte Träger					x
Trägerroste und orthotrope Platten mit durchschnittlichem Schwierigkeitsgrad				x	
schwierige Trägerroste und schwierige orthotrope Platten					x
Flächentragwerke (Platten, Scheiben) mit durchschnittlichem Schwierigkeitsgrad				x	
schwierige Flächentragwerke (Platten, Scheiben, Faltwerke, Schalen)					x
einfache Faltwerke ohne Vorspannung				x	
Verbund-Konstruktionen					
einfache Verbundkonstruktionen ohne Berücksichtigung des Einflusses von Kriechen und Schwinden			x		
Verbundkonstruktionen mittlerer Schwierigkeit				x	
Verbundkonstruktionen mit Vorspannung durch Spannglieder oder andere Maßnahmen					x

	Honorarzone				
	I	II	III	IV	V
Rahmen- und Skelettbauten					
ausgesteifte Skelettbauten			x		
Tragwerke für schwierige Rahmen- und Skelettbauten sowie turmartige Bauten, bei denen der Nachweis der Stabilität und Aussteifung die Anwendung besonderer Berechnungsverfahren erfordert				x	
einfache Rahmentragwerke ohne Vorspannkonstruktionen und ohne Gesamtstabilitätsuntersuchungen			x		
Rahmentragwerke mit durchschnittlichem Schwierigkeitsgrad				x	
schwierige Rahmentragwerke mit Vorspannkonstruktionen und Stabilitätsuntersuchungen					x
Räumliche Stabwerke					
räumliche Stabwerke mit durchschnittlichem Schwierigkeitsgrad				x	
schwierige räumliche Stabwerke					x
Seilverspannte Konstruktionen					
einfache seilverspannte Konstruktionen				x	
seilverspannte Konstruktionen mit durchschnittlichem bis sehr hohem Schwierigkeitsgrad					x
Konstruktionen mit Schwingungsbeanspruchung					
Tragwerke mit einfachen Schwingungsuntersuchungen				x	
Tragwerke mit Schwingungsuntersuchungen mit durchschnittlichem bis sehr hohem Schwierigkeitsgrad					x
Besondere Berechnungsmethoden					
schwierige Tragwerke, die Schnittgrößenbestimmungen nach der Theorie II. Ordnung erfordern				x	
ungewöhnlich schwierige Tragwerke, die Schnittgrößenbestimmungen nach der Theorie II. Ordnung erfordern					x
schwierige Tragwerke in neuen Bauarten					x
Tragwerke mit Standsicherheitsnachweisen, die nur unter Zuhilfenahme modellstatischer Untersuchungen oder durch Berechnungen mit finiten Elementen beurteilt werden können					x
Tragwerke, bei denen die Nachgiebigkeit der Verbindungsmittel bei der Schnittkraftermittlung zu berücksichtigen ist					x

Anlage 14 **HOAI 2013**

	Honorarzone				
	I	II	III	IV	V
Spannbeton					
einfache, äußerlich und innerlich statisch bestimmte und zwängungsfrei gelagerte vorgespannte Konstruktionen			x		
vorgespannte Konstruktionen mit durchschnittlichem Schwierigkeitsgrad				x	
vorgespannte Konstruktionen mit hohem bis sehr hohem Schwierigkeitsgrad					x
Trag-Gerüste					
einfache Traggerüste und andere einfache Gerüste für Ingenieurbauwerke		x			
schwierige Traggerüste und andere schwierige Gerüste für Ingenieurbauwerke				x	
sehr schwierige Traggerüste und andere sehr schwierige Gerüste für Ingenieurbauwerke, zum Beispiel weit gespannte oder hohe Traggerüste					x

HOAI 2013 Anlage 15

Anlage 15
zu § 55 Absatz 3, § 56 Absatz 3

Grundleistungen im Leistungsbild Technische Ausrüstung, Besondere Leistungen, Objektliste

15.1 Grundleistungen und Besondere Leistungen im Leistungsbild Technische Ausrüstung

Grundleistungen	Besondere Leistungen
LPH 1 Grundlagenermittlung	
a) Klären der Aufgabenstellung aufgrund der Vorgaben oder der Bedarfsplanung des Auftraggebers im Benehmen mit dem Objektplaner b) Ermitteln der Planungsrandbedingungen und Beraten zum Leistungsbedarf und gegebenenfalls zur technischen Erschließung c) Zusammenfassen, Erläutern und Dokumentieren der Ergebnisse	– Mitwirken bei der Bedarfsplanung für komplexe Nutzungen zur Analyse der Bedürfnisse, Ziele und einschränkenden Gegebenheiten (Kosten-, Termine und andere Rahmenbedingungen) des Bauherrn und wichtiger Beteiligter – Bestandsaufnahme, zeichnerische Darstellung und Nachrechnen vorhandener Anlagen und Anlagenteile – Datenerfassung, Analysen und Optimierungsprozesse im Bestand – Durchführen von Verbrauchsmessungen – Endoskopische Untersuchungen – Mitwirken bei der Ausarbeitung von Auslobungen und bei Vorprüfungen für Planungswettbewerbe
LPH 2 Vorplanung (Projekt- und Planungsvorbereitung)	
a) Analysieren der Grundlagen Mitwirken beim Abstimmen der Leistungen mit den Planungsbeteiligten b) Erarbeiten eines Planungskonzepts, dazu gehören zum Beispiel: Vordimensionieren der Systeme und maßbestimmenden Anlagenteile, Untersuchen von alternativen Lösungsmöglichkeiten bei gleichen Nutzungsanforderungen einschließlich Wirtschaftlichkeitsvorbetrachtung, zeichnerische Darstellung zur Integration in die Objektplanung unter Berücksichtigung exemplarischer Details, Angaben zum Raumbedarf c) Aufstellen eines Funktionsschemas bzw. Prinzipschaltbildes für jede Anlage d) Klären und Erläutern der wesentlichen fachübergreifenden Prozesse, Randbedin-	– Erstellen des technischen Teils eines Raumbuches – Durchführen von Versuchen und Modellversuchen

Grundleistungen	Besondere Leistungen
gungen und Schnittstellen, Mitwirken bei der Integration der technischen Anlagen e) Vorverhandlungen mit Behörden über die Genehmigungsfähigkeit und mit den zu beteiligenden Stellen zur Infrastruktur f) Kostenschätzung nach DIN 276 (2. Ebene) und Terminplanung g) Zusammenfassen, Erläutern und Dokumentieren der Ergebnisse	
LPH 3 Entwurfsplanung (System- u. Integrationsplanung)	
a) Durcharbeiten des Planungskonzepts (stufenweise Erarbeitung einer Lösung) unter Berücksichtigung aller fachspezifischen Anforderungen sowie unter Beachtung der durch die Objektplanung integrierten Fachplanungen, bis zum vollständigen Entwurf b) Festlegen aller Systeme und Anlagenteile c) Berechnen und Bemessen der technischen Anlagen und Anlagenteile, Abschätzen von jährlichen Bedarfswerten (z. B. Nutz-, End- und Primärenergiebedarf) und Betriebskosten; Abstimmen des Platzbedarfs für technische Anlagen und Anlagenteile; Zeichnerische Darstellung des Entwurfs in einem mit dem Objektplaner abgestimmten Ausgabemaßstab mit Angabe maßbestimmender Dimensionen Fortschreiben und Detaillieren der Funktions- und Strangschemata der Anlagen Auflisten aller Anlagen mit technischen Daten und Angaben zum Beispiel für Energiebilanzierungen Anlagenbeschreibungen mit Angabe der Nutzungsbedingungen d) Übergeben der Berechnungsergebnisse an andere Planungsbeteiligte zum Aufstellen vorgeschriebener Nachweise; Angabe und Abstimmung der für die Tragwerksplanung notwendigen Angaben über Durchführungen und Lastangaben (ohne Anfertigen von Schlitz- und Durchführungsplänen) e) Verhandlungen mit Behörden und mit anderen zu beteiligenden Stellen über die Genehmigungsfähigkeit	– Erarbeiten von besonderen Daten für die Planung Dritter, zum Beispiel für Stoffbilanzen, etc. – Detaillierte Betriebskostenberechnung für die ausgewählte Anlage – Detaillierter Wirtschaftlichkeitsnachweis – Berechnung von Lebenszykluskosten – Detaillierte Schadstoffemissionsberechnung für die ausgewählte Anlage – Detaillierter Nachweis von Schadstoffemissionen – Aufstellen einer gewerkeübergreifenden Brandschutzmatrix – Fortschreiben des technischen Teils des Raumbuches – Auslegung der technischen Systeme bei Ingenieurbauwerken nach Maschinenrichtlinie – Anfertigen von Ausschreibungszeichnungen bei Leistungsbeschreibung mit Leistungsprogramm – Mitwirken bei einer vertieften Kostenberechnung – Simulationen zur Prognose des Verhaltens von Gebäuden, Bauteilen, Räumen und Freiräumen

Grundleistungen	Besondere Leistungen
f) Kostenberechnung nach DIN 276 (3. Ebene) und Terminplanung g) Kostenkontrolle durch Vergleich der Kostenberechnung mit der Kostenschätzung h) Zusammenfassen, Erläutern und Dokumentieren der Ergebnisse	
LPH 4 Genehmigungsplanung	
a) Erarbeiten und Zusammenstellen der Vorlagen und Nachweise für öffentlich-rechtliche Genehmigungen oder Zustimmungen, einschließlich der Anträge auf Ausnahmen oder Befreiungen sowie Mitwirken bei Verhandlungen mit Behörden b) Vervollständigen und Anpassen der Planungsunterlagen, Beschreibungen und Berechnungen	
LPH 5 Ausführungsplanung	
a) Erarbeiten der Ausführungsplanung auf Grundlage der Ergebnisse der Leistungsphasen 3 und 4 (stufenweise Erarbeitung und Darstellung der Lösung) unter Beachtung der durch die Objektplanung integrierten Fachplanungen bis zur ausführungsreifen Lösung b) Fortschreiben der Berechnungen und Bemessungen zur Auslegung der technischen Anlagen und Anlagenteile Zeichnerische Darstellung der Anlagen in einem mit dem Objektplaner abgestimmten Ausgabemaßstab und Detaillierungsgrad einschließlich Dimensionen (keine Montage- oder Werkstattpläne) Anpassen und Detaillieren der Funktions- und Strangschemata der Anlagen bzw. der GA-Funktionslisten Abstimmen der Ausführungszeichnungen mit dem Objektplaner und den übrigen Fachplanern c) Anfertigen von Schlitz- und Durchbruchsplänen d) Fortschreibung des Terminplans e) Fortschreiben der Ausführungsplanung auf den Stand der Ausschreibungsergebnisse und der dann vorliegenden Ausführungsplanung des Objektplaners, Übergeben der	– Prüfen und Anerkennen von Schalplänen des Tragwerksplaners auf Übereinstimmung mit der Schlitz- und Durchbruchsplanung – Anfertigen von Plänen für Anschlüsse von beigestellten Betriebsmitteln und Maschinen (Maschinenanschlussplanung) mit besonderem Aufwand (zum Beispiel bei Produktionseinrichtungen) – Leerrohrplanung mit besonderem Aufwand (zum Beispiel bei Sichtbeton oder Fertigteilen) – Mitwirkung bei Detailplanungen mit besonderem Aufwand, zum Beispiel Darstellung von Wandabwicklungen in hochinstallierten Bereichen – Anfertigen von allpoligen Stromlaufplänen

Grundleistungen	Besondere Leistungen
fortgeschriebenen Ausführungsplanung an die ausführenden Unternehmen f) Prüfen und Anerkennen der Montage- und Werkstattpläne der ausführenden Unternehmen auf Übereinstimmung mit der Ausführungsplanung	
LPH 6 Vorbereitung der Vergabe	
a) Ermitteln von Mengen als Grundlage für das Aufstellen von Leistungsverzeichnissen in Abstimmung mit Beiträgen anderer an der Planung fachlich Beteiligter b) Aufstellen der Vergabeunterlagen, insbesondere mit Leistungsverzeichnissen nach Leistungsbereichen, einschließlich der Wartungsleistungen auf Grundlage bestehender Regelwerke c) Mitwirken beim Abstimmen der Schnittstellen zu den Leistungsbeschreibungen der anderen an der Planung fachlich Beteiligten d) Ermitteln der Kosten auf Grundlage der vom Planer bepreisten Leistungsverzeichnisse e) Kostenkontrolle durch Vergleich der vom Planer bepreisten Leistungsverzeichnisse mit der Kostenberechnung f) Zusammenstellen der Vergabeunterlagen	– Erarbeiten der Wartungsplanung und -organisation – Ausschreibung von Wartungsleistungen, soweit von bestehenden Regelwerken abweichend
LPH 7 Mitwirkung bei der Vergabe	
a) Einholen von Angeboten b) Prüfen und Werten der Angebote, Aufstellen der Preisspiegel nach Einzelpositionen, Prüfen und Werten der Angebote für zusätzliche oder geänderte Leistungen der ausführenden Unternehmen und der Angemessenheit der Preise c) Führen von Bietergesprächen d) Vergleichen der Ausschreibungsergebnisse mit den vom Planer bepreisten Leistungsverzeichnissen und der Kostenberechnung e) Erstellen der Vergabevorschläge, Mitwirken bei der Dokumentation der Vergabeverfahren f) Zusammenstellen der Vertragsunterlagen und bei der Auftragserteilung	– Prüfen und Werten von Nebenangeboten – Mitwirken bei der Prüfung von bauwirtschaftlich begründeten Angeboten (Claimabwehr)

Grundleistungen	Besondere Leistungen
LPH 8 Objektüberwachung (Bauüberwachung) u. Dokumentation	
a) Überwachen der Ausführung des Objekts auf Übereinstimmung mit der öffentlich-rechtlichen Genehmigung oder Zustimmung, den Verträgen mit den ausführenden Unternehmen, den Ausführungsunterlagen, den Montage- und Werkstattplänen, den einschlägigen Vorschriften und den allgemein anerkannten Regeln der Technik b) Mitwirken bei der Koordination der am Projekt Beteiligten c) Aufstellen, Fortschreiben und Überwachen des Terminplans (Balkendiagramm) d) Dokumentation des Bauablaufs (Bautagebuch) e) Prüfen und Bewerten der Notwendigkeit geänderter oder zusätzlicher Leistungen der Unternehmer und der Angemessenheit der Preise f) Gemeinsames Aufmaß mit den ausführenden Unternehmen g) Rechnungsprüfung in rechnerischer und fachlicher Hinsicht mit Prüfen und Bescheinigen des Leistungsstandes anhand nachvollziehbarer Leistungsnachweise h) Kostenkontrolle durch Überprüfen der Leistungsabrechnungen der ausführenden Unternehmen im Vergleich zu den Vertragspreisen und dem Kostenanschlag i) Kostenfeststellung j) Mitwirken bei Leistungs- u. Funktionsprüfungen k) fachtechnische Abnahme der Leistungen auf Grundlage der vorgelegten Dokumentation, Erstellung eines Abnahmeprotokolls, Feststellen von Mängeln und Erteilen einer Abnahmeempfehlung l) Antrag auf behördliche Abnahmen und Teilnahme daran m) Prüfung der übergebenen Revisionsunterlagen auf Vollzähligkeit, Vollständigkeit und stichprobenartige Prüfung auf Übereinstimmung mit dem Stand der Ausführung n) Auflisten der Verjährungsfristen der Ansprüche auf Mängelbeseitigung	– Durchführen von Leistungsmessungen und Funktionsprüfungen – Werksabnahmen – Fortschreiben der Ausführungspläne (zum Beispiel Grundrisse, Schnitte, Ansichten) bis zum Bestand – Erstellen von Rechnungsbelegen anstelle der ausführenden Firmen, zum Beispiel Aufmaß – Schlussrechnung (Ersatzvornahme) – Erstellen fachübergreifender Betriebsanleitungen (zum Beispiel Betriebshandbuch, Reparaturhandbuch) oder computer-aided Facility Management-Konzepte – Planung der Hilfsmittel für Reparaturzwecke

Grundleistungen	Besondere Leistungen
o) Überwachen der Beseitigung der bei der Abnahme festgestellten Mängel p) Systematische Zusammenstellung der Dokumentation, der zeichnerischen Darstellungen und rechnerischen Ergebnisse des Objekts	
LPH 9 Objektbetreuung	
a) Fachliche Bewertung der innerhalb der Verjährungsfristen für Gewährleistungsansprüche festgestellten Mängel, längstens jedoch bis zum Ablauf von fünf Jahren seit Abnahme der Leistung, einschließlich notwendiger Begehungen b) Objektbegehung zur Mängelfeststellung vor Ablauf der Verjährungsfristen für Mängelansprüche gegenüber den ausführenden Unternehmen c) Mitwirken bei der Freigabe von Sicherheitsleistungen	– Überwachen der Mängelbeseitigung innerhalb der Verjährungsfrist – Energiemonitoring innerhalb der Gewährleistungsphase, Mitwirkung bei den jährlichen Verbrauchsmessungen aller Medien – Vergleich mit den Bedarfswerten aus der Planung, Vorschläge für die Betriebsoptimierung und zur Senkung des Medien- und Energieverbrauches

Anlage 15.2 Objektliste

	Honorarzone		
	I	II	III
Anlagengruppe 1 Abwasser-, Wasser- oder Gasanlagen			
Anlagen mit kurzen einfachen Netzen	x		
Abwasser-, Wasser-, Gas- oder sanitärtechnische Anlagen mit verzweigten Netzen, Trinkwasserzirkulationsanlagen, Hebeanlagen, Druckerhöhungsanlagen		x	
Anlagen zur Reinigung, Entgiftung oder Neutralisation von Abwasser, Anlagen zur biologischen, chemischen oder physikalischen Behandlung von Wasser, Anlagen mit besonderen hygienischen Anforderungen oder neuen Techniken (zum Beispiel Kliniken, Alten- oder Pflegeeinrichtungen)			x
Gasdruckreglerstationen, mehrstufige Leichtflüssigkeitsabscheider			
Anlagengruppe 2 Wärmeversorgungsanlagen			
Einzelheizgeräte, Etagenheizung	x		

	Honorarzone		
	I	II	III
Gebäudeheizungsanlagen, mono- oder bivalente Systeme (zum Beispiel Solaranlage zur Brauchwassererwärmung, Wärmepumpenanlagen) Flächenheizungen Hausstationen verzweigte Netze		x	
Multivalente Systeme Systeme mit Kraft-Wärme-Kopplung, Dampfanlagen, Heißwasseranlagen, Deckenstrahlheizungen (zum Beispiel Sport- oder Industriehallen)			x
Anlagengruppe 3 Lufttechnische Anlagen			
Einzelabluftanlagen	x		
Lüftungsanlagen mit einer thermodynamischen Luftbehandlungsfunktion (zum Beispiel Heizen), Druckbelüftung		x	
Lüftungsanlagen mit mindestens zwei thermodynamischen Luftbehandlungsfunktionen (zum Beispiel Heizen oder Kühlen), Teilklimaanlagen, Klimaanlagen Anlagen mit besonderen Anforderungen an die Luftqualität (zum Beispiel Operationsräume) Kühlanlagen, Kälteerzeugungsanlagen ohne Prozesskälteanlagen Hausstationen für Fernkälte, Rückkühlanlagen			x
Anlagengruppe 4 Starkstromanlagen			
Niederspannungsanlagen mit bis zu zwei Verteilungsebenen ab Übergabe EVU, einschließlich Beleuchtung oder Sicherheitsbeleuchtung mit Einzelbatterien Erdungsanlagen	x		
Kompakt-Transformatorenstationen, Eigenstromerzeugungsanlagen (zum Beispiel zentrale Batterie- oder unterbrechungsfreie Stromversorgungsanlagen, Photovoltaik-Anlagen) Niederspannungsanlagen mit bis zu drei Verteilebenen ab Übergabe EVU, einschließlich Beleuchtungsanlagen zentrale Sicherheitsbeleuchtungsanlagen Niederspannungsinstallationen einschließlich Bussystemen Blitzschutz- oder Erdungsanlagen, soweit nicht in HZ I oder HZ III erwähnt Außenbeleuchtungsanlagen		x	
Hoch- oder Mittelspannungsanlagen, Transformatorenstationen, Eigenstromversorgungsanlagen mit besonderen Anforderungen (zum Beispiel Notstromaggregate, Blockheizkraftwerke, dynamische unterbrechungsfreie Stromversorgung) Niederspannungsanlagen mit mindestens vier Verteilebenen oder mehr als 1.000 A Nennstrom Beleuchtungsanlagen mit besonderen Planungsanforderungen (zum Beispiel Lichtsimulationen in aufwendigen Verfahren für Museen oder Sonderräume)			x

Anlage 15 **HOAI 2013**

	Honorarzone		
	I	II	III
Blitzschutzanlagen mit besonderen Anforderungen (zum Beispiel für Kliniken, Hochhäuser, Rechenzentren)			x
Anlagengruppe 5 Fernmelde- oder informationstechnische Anlagen			
Einfache Fernmeldeinstallationen mit einzelnen Endgeräten	x		
Fernmelde- oder informationstechnische Anlagen, soweit nicht in HZ I oder HZ III erwähnt		x	
Fernmelde- oder informationstechnische Anlagen mit besonderen Anforderungen (zum Beispiel Konferenz- oder Dolmetscheranlagen, Beschallungsanlagen von Sonderräumen, Objektüberwachungsanlagen, aktive Netzwerkkomponenten, Fernübertragungsnetze, Fernwirkanlagen, Parkleitsysteme)			x
Anlagengruppe 6 Förderanlagen			
Einzelne Standardaufzüge, Kleingüteraufzüge, Hebebühnen	x		
Aufzugsanlagen, soweit nicht in Honorarzone I oder III erwähnt, Fahrtreppen oder Fahrsteige, Krananlagen, Ladebrücken, Stetigförderanlagen		x	
Aufzugsanlagen mit besonderen Anforderungen, Fassadenaufzüge, Transportanlagen mit mehr als zwei Sende- oder Empfangsstellen			x
Anlagengruppe 7 Nutzungsspezifische oder verfahrenstechnische Anlagen			
7.1. Nutzungsspezifische Anlagen			
Küchentechnische Geräte, zum Beispiel für Teeküchen	x		
Küchentechnische Anlagen, zum Beispiel Küchen mittlerer Größe, Aufwärmküchen, Einrichtungen zur Speise- oder Getränkeaufbereitung, -ausgabe oder -lagerung (keine Produktionsküche) einschließlich zugehöriger Kälteanlagen		x	
Küchentechnische Anlagen, zum Beispiel Großküchen, Einrichtungen für Produktionsküchen einschließlich der Ausgabe oder Lagerung sowie der zugehörigen Kälteanlagen, Gewerbekälte für Großküchen, große Kühlräume oder Kühlzellen			x
Wäscherei- oder Reinigungsgeräte, zum Beispiel für Gemeinschaftswaschküchen	x		
Wäscherei- oder Reinigungsanlagen, zum Beispiel Wäschereieinrichtungen für Waschsalons		x	
Wäscherei- oder Reinigungsanlagen, zum Beispiel chemische oder physikalische Einrichtungen für Großbetriebe			x
Medizin- oder labortechnische Anlagen, zum Beispiel für Einzelpraxen der Allgemeinmedizin	x		

HOAI 2013 Anlage 15

	Honorarzone		
	I	II	III
Medizin- oder labortechnische Anlagen, zum Beispiel für Gruppenpraxen der Allgemeinmedizin oder Einzelpraxen der Fachmedizin, Sanatorien, Pflegeeinrichtungen, Krankenhausabteilungen, Laboreinrichtungen für Schulen		x	
Medizin- oder labortechnische Anlagen, zum Beispiel für Kliniken, Institute mit Lehr- oder Forschungsaufgaben, Laboratorien, Fertigungsbetriebe			x
Feuerlöschgeräte, zum Beispiel Handfeuerlöscher	x		
Feuerlöschanlagen, zum Beispiel manuell betätigte Feuerlöschanlagen		x	
Feuerlöschanlagen, zum Beispiel selbsttätig auslösende Anlagen			x
Entsorgungsanlagen, zum Beispiel Abwurfanlagen für Abfall oder Wäsche,	x		
Entsorgungsanlagen, zum Beispiel zentrale Entsorgungsanlagen für Wäsche oder Abfall, zentrale Staubsauganlagen			x
Bühnentechnische Anlagen, zum Beispiel technische Anlagen für Klein- oder Mittelbühnen		x	
Bühnentechnische Anlagen, zum Beispiel für Großbühnen			x
Medienversorgungsanlagen, zum Beispiel zur Erzeugung, Lagerung, Aufbereitung oder Verteilung medizinischer oder technischer Gase, Flüssigkeiten oder Vakuum			x
Badetechnische Anlagen, zum Beispiel Aufbereitungsanlagen, Wellenerzeugungsanlagen, höhenverstellbare Zwischenböden			x
Prozesswärmeanlagen, Prozesskälteanlagen, Prozessluftanlagen, zum Beispiel Vakuumanlagen, Prüfstände, Windkanäle, industrielle Ansauganlagen			x
Technische Anlagen für Tankstellen, Fahrzeugwaschanlagen			x
Lagertechnische Anlagen, zum Beispiel Regalbediengeräte (mit zugehörigen Regalanlagen), automatische Warentransportanlagen			x
Taumittelsprühanlagen oder Enteisungsanlagen		x	
Stationäre Enteisungsanlagen für Großanlagen zum Beispiel Flughäfen			x
7.2. Verfahrenstechnische Anlagen			
Einfache Technische Anlagen der Wasseraufbereitung (zum Beispiel Belüftung, Enteisenung, Entmanganung, chemische Entsäuerung, physikalische Entsäuerung)		x	
Technische Anlagen der Wasseraufbereitung (zum Beispiel Membranfiltration, Flockungsfiltration, Ozonierung, Entarsenierung, Entaluminierung, Denitrifikation)			x

Anlage 15 HOAI 2013

	Honorarzone		
	I	II	III
Einfache Technische Anlagen der Abwasserreinigung (zum Beispiel gemeinsame aerobe Stabilisierung)		x	
Technische Anlagen der Abwasserreinigung (zum Beispiel für mehrstufige Abwasserbehandlungsanlagen)			x
Einfache Schlammbehandlungsanlagen (zum Beispiel Schlammabsetzanlagen mit mechanischen Einrichtungen)		x	
Anlagen für mehrstufige oder kombinierte Verfahren der Schlammbehandlung			x
Einfache Technische Anlagen der Abwasserableitung		x	
Technische Anlagen der Abwasserableitung			x
Einfache Technische Anlagen der Wassergewinnung, -förderung, -speicherung		x	
Technische Anlagen der Wassergewinnung, -förderung, -speicherung			x
Einfache Regenwasserbehandlungsanlagen		x	
Einfache Anlagen für Grundwasserdekontaminierungsanlagen		x	
Komplexe Technische Anlagen für Grundwasserdekontaminierungsanlagen			x
Einfache Technische Anlagen für die Ver- und Entsorgung mit Gasen (zum Beispiel Odorieranlage)		x	
Einfache Technische Anlagen für die Ver- und Entsorgung mit Feststoffen		x	
Technische Anlagen für die Ver- und Entsorgung mit Feststoffen			x
Einfache Technische Anlagen der Abfallentsorgung (zum Beispiel für Kompostwerke, Anlagen zur Konditionierung von Sonderabfällen, Hausmülldeponien oder Monodeponien für Sonderabfälle, Anlagen für Untertagedeponien, Anlagen zur Behandlung kontaminierter Böden)		x	
Technische Anlagen der Abfallentsorgung (zum Beispiel für Verbrennungsanlagen, Pyrolyseanlagen, mehrfunktionale Aufbereitungsanlagen für Wertstoffe)			x
Anlagengruppe 8 Gebäudeautomation			
Herstellerneutrale Gebäudeautomationssysteme oder Automationssysteme mit anlagengruppenübergreifender Systemintegration			x

Synopse HOAI 2002/2009

§ HOAI 2002	Titel	Bemerkungen	§ HOAI 2009
§ 1–9	Allgemeine Vorschriften		
1	Anwendungsbereich	geändert	1
2 Abs. 1	Leistungen	weggefallen	–
2 Abs. 2		geändert	3 Abs. 2 S. 1
2 Abs. 3		geändert	3 Abs. 3/Anlage 2
3	Begriffsbestimmungen	geändert/ ergänzt	2
4 Abs. 1	Vereinbarung des Honorars		7 Abs. 1
4 Abs. 2			7 Abs. 3
4 Abs. 3			7 Abs. 4
4 Abs. 4			7 Abs. 6 S. 1
4a S. 1	Abweichende Honorarermittlung	geändert	6 Abs. 2
4a S. 2			7 Abs. 5
4a S. 3		weggefallen	–
5 Abs. 1	Berechnung des Honorars in besonderen Fällen	geändert	8 Abs. 1
5 Abs. 2		geändert	8 Abs. 2
5 Abs. 3		weggefallen	–
5 Abs. 4		weggefallen	–
5 Abs. 4a		geändert/ teilweise weggefallen	7 Abs. 7 S. 1
5 Abs. 5		weggefallen	–
5a	Interpolation		13
6	Zeithonorar	weggefallen	–
7	Nebenkosten	geändert	14

Synopse HOAI 2002/2009

§ HOAI 2002	Titel	Bemerkungen	§ HOAI 2009
8 Abs. 1	Zahlungen	geändert	15 Abs. 1
8 Abs. 2			15 Abs. 2
8 Abs. 3		geändert	15 Abs. 3
8 Abs. 4		15 Abs. 4	
9 Abs. 1		geändert	16 Abs. 1
9 Abs. 2			4 Abs. 1 S. 4
§ 10–27	Leistungen bei Gebäuden, Freianlagen und raumbildenden Ausbauten		
10 Abs. 1	Grundlagen des Honorars	geändert	6 Abs. 1
10 Abs. 2		geändert	4 Abs. 1 S. 2, 3 und 8 Abs. 1 Nr. 1, § 2 Nr. 13, 14
10 Abs. 3			4 Abs. 2
10 Abs. 3a		weggefallen	–
10 Abs. 4		geändert	32 Abs. 2
10 Abs. 4a			37 Abs. 1
10 Abs. 5		geändert	32 Abs. 3
10 Abs. 6		geändert	37 Abs. 2
11 Abs. 1	Honorarzonen für Leistungen bei Gebäuden		5 Abs. 1
11 Abs. 2			34 Abs. 2
11 Abs. 3			34 Abs. 5
12	Objektliste für Gebäude		Anlage 3.1
13 Abs. 1	Honorarzonen für Leistungen bei Freianlagen		5 Abs. 1
13 Abs. 2			39 Abs. 2
13 Abs. 3			39 Abs. 3
14	Objektliste für Freianlagen		Anlage 3.2

Synopse HOAI 2002/2009

§ HOAI 2002	Titel	Bemerkungen	§ HOAI 2009
14a Abs. 1	Honorarzonen für Leistungen bei raumbildenden Ausbauten		5 Abs. 1
14a Abs. 2			34 Abs. 3
14a Abs. 3			34 Abs. 5
14b	Objektliste für raumbildende Ausbauten		Anlage 3.3
15 Abs. 1	Leistungsbild Objektplanung für Gebäude, Freianlagen und raumbildende Ausbauten		3 Abs. 4 und 33
15 Abs. 2			33 und Anlage 11
15 Abs. 3		weggefallen	–
15 Abs. 4			Anlage 2.6.10
16 Abs. 1	Honorartafel für Grundleistungen bei Gebäuden und raumbildenden Ausbauten		34 Abs. 1
16 Abs. 2		weggefallen	–
16 Abs. 3		geändert	7 Abs. 2
17 Abs. 1	Honorartafel für Grundleistungen bei Freianlagen		39 Abs. 1
17 Abs. 2		teilweise weggefallen	7 Abs. 2
17 Abs. 3		weggefallen	–
18	Auftrag über Gebäude und Freianlagen		11 Abs. 1 und 32 Abs. 4 und 37 Abs. 3
19 Abs. 1–3	Vorplanung, Entwurfsplanung und Objektüberwachung als Einzelleistung	geändert	9 Abs. 1
19 Abs. 4		geändert	9 Abs. 2 Nr. 2
20	Mehrere Vor- oder Entwurfsplanungen		10
21	Zeitliche Trennung der Ausführung	weggefallen	–
22 Abs. 1	Auftrag für mehrere Gebäude	geändert	11 Abs. 1 S. 1
22 Abs. 2		geändert	11 Abs. 2
22 Abs. 3		weggefallen	–
22 Abs. 4		geändert	11 Abs. 3

Synopse HOAI 2002/2009

§ HOAI 2002	Titel	Bemerkungen	§ HOAI 2009
23	Verschiedene Leistungen an einem Gebäude	weggefallen	–
24 Abs. 1	Umbauten und Modernisierungen von Gebäuden	geändert	35
24 Abs. 2		weggefallen	–
25	Leistungen des raumbildenden Ausbaus	weggefallen	–
26	Einrichtungsgegenstände und integrierte Werbeanlagen	weggefallen	–
27	Instandhaltungen und Instandsetzungen		36
§ 28–32	**Zusätzliche Leistungen**		
28	Entwicklung und Herstellung von Fertigteilen	weggefallen	–
29	Rationalisierungswirksame besondere Leistungen	weggefallen	–
30	(weggefallen)	weggefallen	–
31	Projektsteuerung	weggefallen	–
32	Winterbau	weggefallen	–
§ 33 und 34	**Gutachten und Wertermittlungen**		
33	Gutachten	weggefallen	–
34	Wertermittlungen	weggefallen	–
35 Abs. 1	Anwendungsbereich	geändert	17 Abs. 1
§ 35–42	**Städtebauliche Leistungen**		
35 Abs. 2		geändert	17 Abs. 2
36	Kosten von EDV-Leistungen	weggefallen	–
36a Abs. 1	Honorarzonen für Leistungen bei Flächennutzungsplänen		20 Abs. 7
36a Abs. 2			20 Abs. B
36a Abs. 3			20 Abs. 9

Synopse HOAI 2002/2009

§ HOAI 2002	Titel	Bemerkungen	§ HOAI 2009
37 Abs. 1	Leistungsbild Flächennutzungsplan		18 Abs. 1
37 Abs. 2			18 Abs. 1 und Anlage 4
37 Abs. 3			18 Abs. 2
37 Abs. 4			9 Abs. 1
37 Abs. 5			7 Abs. 6
38 Abs. 1–6	Honorartafel für Grundleistungen bei Flächennutzungsplänen	geändert	20 Abs. 1–6
38 Abs. 7			7 Abs. 2
38 Abs. 8		weggefallen	–
38 Abs. 9		weggefallen	–
38 Abs. 10			10
39	Planausschnitte		12
39a	Honorarzonen für Leistungen bei Bebauungsplänen		21 Abs. 3
40 Abs. 7	Leistungsbild Bebauungsplan		19 Abs. 1 und 18 Abs. 1
40 Abs. 2			19 Abs. 1 S. 2 und Anlage 5
41 Abs. 1	Honorartafel für Grundleistungen bei Bebauungsplänen		21 Abs. 1
41 Abs. 2 S. 1–2			21 Abs. 2 S. 1–2
41 Abs. 2 HS 2		weggefallen	–
41 Abs. 3		weggefallen	–
41 Abs. 4 S. 1			21 Abs. 4
41 Abs. 4 S. 2		weggefallen	–
41 Abs. 5			7 Abs. 2
41 Abs. 6			10 und 12
42	Sonstige städtebauliche Leistungen	weggefallen	–

Synopse HOAI 2002/2009

§ HOAI 2002	Titel	Bemerkungen	§ HOAI 2009
§ 43–50	Landschaftsplanerische Leistungen		
43 Abs. 1	Anwendungsbereich	geändert	22 Abs. 1
43 Abs. 2 Nr. 1–2			22 Abs. 2 Nr. 1–2
43 Abs. 2 Nr. 3		geändert	22 Abs. 2 Nr. 3 und Anlage 1.1
44	Anwendung von Vorschriften aus den Teilen II und V	teilweise weggefallen	12
45 Abs. 1	Honorarzonen für Leistungen bei Landschaftsplänen		5 Abs. 2, 4 und 28 Abs. 3
45 Abs. 2			28 Abs. 4
45 Abs. 3			28 Abs. 5
45a Abs. 1	Leistungsbild Landschaftsplan	geändert	23 Abs. 1
45a Abs. 2		geändert	23 Abs. 1 und Anlagen 6 und 2.3
45a Abs. 3		weggefallen	–
45a Abs. 4			9 Abs. 3
45a Abs. 5			7 Abs. 6
45a Abs. 6			Anlage 2.3.2
45a Abs. 7			23 Abs. 2
45b Abs. 1–2	Honorartafel für Grundleistungen bei Landschaftsplänen	–	28 Abs. 1–2
45b Abs. 3		weggefallen	–
45b Abs. 4			–
46 Abs. 1	Leistungsbild Grünordnungsplan	geändert	24 Abs. 1 S. 1 und 23 Abs. 1 S. 1
46 Abs. 2			24 Abs. 1 S. 2 und Anlage 7
46 Abs. 3			9 Abs. 3
46 Abs. 4		geändert	24 Abs. 2 und 23 Abs. 2
46a Abs. 1	Honorartafel für Grundleistungen bei Grünordnungsplänen		29 Abs. 1

Synopse HOAI 2002/2009

§ HOAI 2002	Titel	Bemerkungen	§ HOAI 2009
46a Abs. 2			29 Abs. 2
46a Abs. 3			29 Abs. 3
46a Abs. 4		weggefallen	–
46a Abs. 4a			29 Abs. 5
46a Abs. 5		geändert	29 Abs. 4
47 Abs. 1	Leistungsbild Landschaftsrahmenplan	weggefallen	–
47 Abs. 2			25 Abs. 1
47 Abs. 3			25 Abs. 1 und Anlage 8
47 Abs. 4			25 Abs. 2
47 Abs. 5			Anlage 2.4.1
47a	Honorartafel für Grundleistungen bei Landschaftsrahmenplänen		30
48	Honorarzonen für Leistungen bei Umweltverträglichkeitsstudien		Anlage 1.1
48a	Leistungsbild Umweltverträglichkeitsstudie		Anlage 1.1
48b	Honorartafel für Grundleistungen bei Umweltverträglichkeitsstudien		Anlage 1.1
49	Honorarzonen für Leistungen bei Landschaftspflegerischen Begleitplänen		26 Abs. 2
49a Abs. 1	Leistungsbild Landschaftspflegerischer Begleitplan		26 Abs. 1
49a Abs. 2			26 Abs. 1 und Anlage 9
49a Abs. 3			26 Abs. 2
49b Abs. 1	Honorarzonen für Leistungen bei Pflege- und Entwicklungsplänen		5 Abs. 2, 4 und 31 Abs. 3
49b Abs. 2			31 Abs. 4
49b Abs. 3			31 Abs. 3

Synopse HOAI 2002/2009

§ HOAI 2002	Titel	Bemerkungen	§ HOAI 2009
49c Abs. 1	Leistungsbild Pflege- und Entwicklungsplan	weggefallen	–
49c Abs. 2			27
49c Abs. 3			27 und Anlage 10
49c Abs. 4			7 Abs. 6
49d Abs. 1	Honorartafel für Grundleistungen bei Pflege- und Entwicklungsplänen		31 Abs. 1
49d Abs. 2			31 Abs. 2
49d Abs. 3			7 Abs. 2
50	Sonstige landschaftsplanerische Leistungen	weggefallen	–
§ 51–61	Leistungen bei Ingenieurbauwerken und Verkehrsanlagen		
51 Abs. 1	Anwendungsbereich		40
51 Abs. 2		geändert	44
52 Abs. 1	Grundlagen des Honorars	geändert	6 Abs. 1
52 Abs. 2			4 Abs. 1 S. 2, 3 und 6 Abs. 1 Nr. 1 und 21 Nr. 13, 14 und 41 Abs. 1
52 Abs. 3			4 Abs. 2 und 41 Abs. 2
52 Abs. 4			45 Abs. 2
52 Abs. 5			45 Abs. 3.
52 Abs. 6		weggefallen	–
52 Abs. 7			41 Abs. 3
52 Abs. 8			10 und 11
52 Abs. 9		weggefallen	–

Synopse HOAI 2002/2009

§ HOAI 2002	Titel	Bemerkungen	§ HOAI 2009
53 Abs. 1	Honorarzonen für Leistungen bei Ingenieurbauwerken und Verkehrsanlagen		5 Abs. 1
53 Abs. 2			43 Abs. 2 und 47 Abs. 2
53 Abs. 3			43 Abs. 3 und 47 Abs. 2
53 Abs. 4			43 Abs. 4 und 47 Abs. 2
54 Abs. 1	Objektliste für Ingenieurbauwerke und Verkehrsanlagen		–
54 Abs. 2			Anlage 3.5
55 Abs. 1	Leistungsbild Objektplanung für Ingenieurbauwerke und Verkehrsanlagen		42 Abs. 1 und 33 S. 1
55 Abs. 2			42 Abs. 1 und Anlagen 12 und 2.8.9
55 Abs. 3			42 Abs. 3
55 Abs. 4			Anlage 2.8.5
55 Abs. 5			Anlage 2.8.9
56 Abs. 1	Honorartafeln für Grundleistungen bei Ingenieurbauwerken und Verkehrsanlagen	–	43 Abs. 1
56 Abs. 2			47 Abs. 1
56 Abs. 3		teilweise weggefallen	7 Abs. 2
57	Örtliche Bauüberwachung		Anlage 2.8.8
58	Vorplanung und Entwurfsplanung als Einzelleistung		9 Abs. 1
59 Abs. 1	Umbauten und Modernisierung von Ingenieurbauwerken und Verkehrsanlagen	geändert	42 Abs. 2
59 Abs. 2		weggefallen	–
59 Abs. 3		geändert	48 Abs. 3
60	Instandhaltungen und Instandsetzungen	teilweise geändert	42 Abs. 2 und 36 Abs. 2

Synopse HOAI 2002/2009

§ HOAI 2002	Titel	Bemerkungen	§ HOAI 2009
61	Bau- und landschaftsgestalterische Beratung	weggefallen	–
	Verkehrsplanerische Leistungen		
61a	Honorar für verkehrsplanerische Leistungen	weggefallen	–
§ 62–67	**Leistungen bei der Tragwerksplanung**		
62 Abs. 1	Grundlagen des Honorars	teilweise weggefallen	6 Abs. 1
62 Abs. 2			4 Abs. 1 S. 2, 3 und 6 Abs. 1 Nr. 1 und 2 Nr. 13, 14 und 48 Abs. 1
62 Abs. 3		geändert	4 Abs. 2
62 Abs. 4			48 Abs. 1
62 Abs. 5			48 Abs. 2
62 Abs. 6			48 Abs. 3
62 Abs. 7			48 Abs. 4
62 Abs. 8			48 Abs. 6
63 Abs. 1	Honorarzonen für Leistungen bei der Tragwerksplanung		5 Abs. 1 und 50 Abs. 2
63 Abs. 2			50 Abs. 3
64 Abs. 1	Leistungsbild Tragwerksplanung		3 Abs. 4 und 49 Abs. 1
64 Abs. 2			49 Abs. 2
64 Abs. 3			49 Abs. 1 und Anlage 13
64 Abs. 4			Anlage 2.10.9
65 Abs. 1	Honorartafel für Grundleistungen bei der Tragwerksplanung		50 Abs. 1
65 Abs. 2		teilweise weggefallen	7 Abs. 2
66 Abs. 1–4	Auftrag über mehrere Tragwerke und bei Umbauten	geändert	11

Synopse HOAI 2002/2009

§ HOAI 2002	Titel	Bemerkungen	§ HOAI 2009
66 Abs. 5		geändert	49 Abs. 3
66 Abs. 6		weggefallen	–
67 Abs. 1	Tragwerksplanung für Traggerüste bei Ingenieurbauwerken	weggefallen	–
67 Abs. 2			48 Abs. 5
67 Abs. 3		weggefallen	–
67 Abs. 4		weggefallen	–
§ 68–76	Leistungen bei der Technischen Ausrüstung		
68 S. 1	Anwendungsbereich	geändert	51
68 S. 2		weggefallen	
69 Abs. 1	Grundlagen des Honorars		52 Abs. 1
69 Abs. 2			54 Abs. 3
69 Abs. 3		geändert	4 Abs. 1 5.2,3 und 6 Abs. 1 Nr. 1 und 2 Nr. 13, 14 und 52 Abs. 1
69 Abs. 4		teilweise weggefallen	4 Abs. 2
69 Abs. 5		weggefallen	–
69 Abs. 6		geändert	52 Abs. 4
69 Abs. 7		gändert/ teilweise weggefallen	10, 11, 53 Abs. 3
71 Abs. 1	Honorarzonen für Leistungen bei der Technischen Ausrüstung	weggefallen (wohl red. Fehler)	–
71 Abs. 2			54 Abs. 2
71 Abs. 3		weggefallen	–
72	Objektliste für Anlagen der Technischen Ausrüstung		Anlage 3.6
73 Abs. 1	Leistungsbild Technische Ausrüstung		53 Abs. 1
73 Abs. 2			53 Abs. 2

Synopse HOAI 2002/2009

§ HOAI 2002	Titel	Bemerkungen	§ HOAI 2009
73 Abs. 3			53 Abs. 1 und Anlage 14
73 Abs. 4			Anlage 2.11.8
74 Abs. 1	Honorartafel für Grundleistungen bei der Technischen Ausrüstung		54 Abs. 1
74 Abs. 2		teilweise weggefallen	7 Abs. 2
75	Vorplanung, Entwurfsplanung und Objektüberwachung als Einzelleistung		9 Abs. 1
76 Abs. 1	Umbauten und Modernisierungen von Anlagen der Technischen Ausrüstung		53 Abs. 3
76 Abs. 2		weggefallen	–
§ 77–79	**Leistungen für Thermische Bauphysik**		
77	Anwendungsbereich		Anlage 1.2.1
78	Wärmeschutz	teilweise weggefallen (wohl red. Fehler)	Anlage 1.2.2
79	Sonstige Leistungen für Thermische Bauphysik	weggefallen	–
§ 80–90	**Leistungen für Schallschutz und Raumakustik**		
80	Schallschutz		Anlage 1.3.1
81	Bauakustik	teilweise weggefallen (wohl red. Fehler)	Anlage 1.3.2
82	Honorarzonen für Leistungen bei der Bauakustik		Anlage 1.3.3 Abs. 1–2
83	Honorartafel für Leistungen bei der Bauakustik		Anlage 1.3.3 Abs. 3
84	Sonstige Leistungen für Schallschutz	weggefallen	–
85	Raumakustik		Anlage 1.3.4

Synopse HOAI 2002/2009

§ HOAI 2002	Titel	Bemerkungen	§ HOAI 2009
86	Raumakustische Planung und Überwachung	teilweise weggefallen (wohl red. Fehler)	Anlage 1.3.5
87	Honorarzonen für Leistungen bei der raumakustischen Planung und Überwachung		Anlage 1.3.6 Abs. 1–3
88	Objektliste für raumakustische Planung und Überwachung		Anlage 1.3.7
89	Honorartafel für Leistungen bei der raumakustischen Planung und Überwachung		Anlage 1.3.6 Abs. 4
90	Sonstige Leistungen für Raumakustik	weggefallen	–
	bis 95 Leistungen für Bodenmechanik, Erd- und Grundbau		
91	Anwendungsbereich		Anlage 1.4.1
92	Baugrundbeurteilung und Gründungsberatung	geändert	Anlage 1.4.2
93	Honorarzonen für Leistungen bei der Baugrundbeurteilung und Gründungsberatung		Anlage 1.4.3 Abs. 1–2
94	Honorartafel für Leistungen bei der Baugrundbeurteilung und Gründungsberatung		Anlage 1.4.5 Abs. 3
95	Sonstige Leistungen für Bodenmechanik, Erd- und Grundbau	weggefallen	–
§ 96–100	**Vermessungstechnische Leistungen**		
96	Anwendungsbereich		Anlage 1.5.1
97	Grundlagen des Honorars bei der Entwurfsvermessung	geändert	Anlage 1.5.2
97a	Honorarzonen für Leistungen bei der Entwurfsvermessung		Anlage 1.5.3
97b	Leistungsbild Entwurfsvermessung		Anlage 1.5.4
98	Grundlagen des Honorars bei der Bauvermessung	geändert/ teilweise weggefallen	Anlage 1.5.5

Synopse HOAI 2002/2009

§ HOAI 2002	Titel	Bemerkungen	§ HOAI 2009
98a	Honorarzonen für Leistungen bei der Bauvermessung		Anlale 1.5.6
98b	Leistungsbild Bauvermessung		Anlage 1.5.7
99	Honorartafel für Grundleistungen bei der Vermessung		Anlage 1.5.8
100	Sonstige vermessungstechnische Leistungen	weggefallen	–
§ 101–103	Schluss- und Überleitungsvorschriften		
101	(hier nicht abgebildet)	weggefallen	–
102	(gegenstandslos)	weggefallen	–
103	Inkrafttreten und Überleitungsvorschriften	geändert	55 und 56

Synopse HOAI 2009/2013

§ HOAI 2009	Titel / Stichwort	Bemerkungen	§ HOAI 2013
1	Anwendungsbereich	sprachlich geändert	1
2 Nr. 1	Definition Objekte	sprachlich geändert	2 Abs. 1
2 Nr. 2	Definition Gebäude	weggefallen	
2 Nr. 3	Definition Neubauten/Neuanlagen		2 Abs. 2
2 Nr. 4	Definition Wiederaufbauten	geändert	2 Abs. 3
2 Nr. 5	Definition Erweiterungsbauten		2 Abs. 4
2 Nr. 6	Definition Umbauten	geändert	2 Abs. 5
2 Nr. 7	Definition Modernisierungen		2 Abs. 6
2 Nr. 8	Definition raumbildende Ausbauten		§ 34 Abs. 2
2 Nr. 9	Definition Instandsetzungen	geändert	2 Abs. 8
2 Nr. 10	Definition Instandhaltungen		2 Abs. 9
2 Nr. 11	Definition Freianlagen	geändert	§ 39 Abs. 1
2 Nr. 12	Definition f. a. Regeln der Technik	weggefallen	
2 Nr. 13	Definition Kostenschätzung	geändert	2 Abs. 10
2 Nr. 14	Definition Kostenberechnung	geändert	2 Abs. 11
2 Nr. 15	Definition Honorarzonen	weggefallen	
3 Abs. 1	Honorarregelung	sprachlich geändert	3 Abs. 1
3 Abs. 2 S. 1	Leistungen	sprachlich geändert	3 Abs. 2 S. 1
3 Abs. 2 S. 2	Andere Leistungen	weggefallen	
3 Abs. 3	Besondere Leistungen	geändert	3 Abs. 3
3 Abs. 4	Gliederung Leistungsbilder		3 Abs. 2 S. 2 + jew. Leistungsbild
3 Abs. 5	Gliederung Leistungsbilder		51 Abs. 1

Synopse HOAI 2009/2013

§ HOAI 2009	Titel / Stichwort	Bemerkungen	§ HOAI 2013
3 Abs. 6 S. 1	Gliederung Leistungsbilder		3 Abs. 2 S. 2 + jew. Leistungsbild
3 Abs. 6 S. 2	Beachtung Wirtschaftlichkeit		3 Abs. 4
3 Abs. 7	Bewertung Leistungsphasen		jew. Leistungsbild
3 Abs. 8	Ergebniserörterung		Anlage zum jew. Leistungsbild
4 Abs. 1	Anrechenbare Kosten	sprachlich geändert	4 Abs. 1
4 Abs. 2	Anrechenbare Kosten	sprachlich geändert	4 Abs. 2
5 Abs. 1	Honorarzonen	geändert	5 Abs. 1
5 Abs. 2	Honorarzonen	geändert	5 Abs. 2
5 Abs. 3	Honorarzonen	geändert	5 Abs. 2
6 Abs. 1	Grundlagen des Honorars	geändert	6 Abs. 1
6 Abs. 2	Baukostenvereinbarung		6 Abs. 3
7 Abs. 1	Honorarvereinbarung		7 Abs. 1
7 Abs. 2	Honorarvereinbarung	geändert	7 Abs. 2
7 Abs. 3	Honorarvereinbarung – Ausnahmefall		7 Abs. 3
7 Abs. 4	Honorarvereinbarung – Ausnahmefall		7 Abs. 4
7 Abs. 5	Änderung des Leistungsumfangs	geändert	10 Abs. 1
7 Abs. 6	Geltung der Mindestsätze	geändert	7 Abs. 5
7 Abs. 7	Bonus-/Malushonorar	sprachlich geändert	7 Abs. 6
8 Abs. 1	Einzelne Leistungsphasen	geändert	8 Abs. 1
8 Abs. 2 S. 1	Einzelne Leistungen	geändert	8 Abs. 2 S. 1
8 Abs. 2 S. 2	Teile von Leistungen	geändert	8 Abs. 2 S. 3
8 Abs. 2 S. 3	Koordinierungsaufwand	geändert	8 Abs. 3
9 Abs. 1	Einzelleistung Objektplanung	geändert	9 Abs. 1

Synopse HOAI 2009/2013

§ HOAI 2009	Titel / Stichwort	Bemerkungen	§ HOAI 2013
9 Abs. 1	Einzelleistung Bauleitplanung	geändert	9 Abs. 2
9 Abs. 2	Einzelleistung Objektüberwachung	geändert	9 Abs. 3
9 Abs. 3	Einzelleistung vorläufige Planfassung	weggefallen	
10	Mehrere Vorentwurfs- oder Entwurfsplanungen	geändert	10 Abs. 2
11 Abs. 1 S. 1	Getrennte Abrechnung mehrerer Objekte		11 Abs. 1
11 Abs. 1 S. 2	Summierung der anrechenbaren Kosten	geändert	11 Abs. 2
11 Abs. 2	Wiederholungsfaktor	geändert	11 Abs. 3
11 Abs. 2	Wiederholungsfaktor TA	geändert	54 Abs. 3 S. 1
11 Abs. 3	Wiederholung der Leistung eines anderen Auftrags	geändert	11 Abs. 4
11 Abs. 3	Wiederholung der Leistung eines anderen Auftrags TA	geändert	54 Abs. 3 S. 2
11 Abs. 4	Mehrere Objekte bei der Flächenplanung	weggefallen	
12	Planausschnitte Flächennutzungsplan	geändert	20 Abs. 6
12	Planausschnitte Bebauungsplan	geändert	21 Abs. 5
13	Interpolation	sprachlich geändert	13
14 Abs. 1	Nebenkosten	sprachlich geändert	14 Abs. 1
14 Abs. 2	Nebenkosten		14 Abs. 2
14 Abs. 3	Nebenkosten		14 Abs. 3
15 Abs. 1	Schlusszahlungsanspruch	geändert	15 Abs. 1
15 Abs. 2	Abschlagszahlungsanspruch	geändert	15. Abs. 2
15 Abs. 3	Fälligkeit Nebenkosten	geändert	15 Abs. 3
15 Abs. 4	Andere Zahlungsweisen		15 Abs. 4
16 Abs. 1	Umsatzsteuer		16 Abs. 1
16 Abs. 2	Umsatzsteuer		16 Abs. 2
17 Abs. 1	Anwendungsbereich Bauleitplanung	geändert	17 Abs. 1

Synopse HOAI 2009/2013

§ HOAI 2009	Titel / Stichwort	Bemerkungen	§ HOAI 2013
17 Abs. 2	Anwendungsbereich Bauleitplanung		17 Abs. 1
18 Abs. 1	Leistungsbild Flächennutzungsplan	geändert	18 Abs. 1 und 2 + Anlage 2
18 Abs. 2	Sitzungsteilnahme	Besondere Leistung	Anlage 9 Nr. 5r)
19 Abs. 1	Leistungsbild Bebauungsplan		19 Abs. 1 und 2 + Anlage 3
19 Abs. 2	Sitzungsteilnahme	Besondere Leistung	Anlage 9 Nr. 5r)
20 Abs. 1	Honorartafel Flächennutzungsplan	geändert	20 Abs. 1
20 Abs. 2–5	Honorarermittlung Flächennutzungsplan	geändert	20 Abs. 2
20 Abs. 6	Mindesthonorar Flächennutzungsplan	weggefallen	
20 Abs. 7–9	Honorarzone Flächennutzungsplan	geändert	20 Abs. 3 bis 5
21 Abs. 1	Honorartafel Bebauungsplan	geändert	21 Abs. 1
21 Abs. 2	Honorarermittlung Bebauungsplan	geändert	20 Abs. 2
21 Abs. 3	Honorarzone Bebauungsplan	geändert	21 Abs. 3 bis 4
21 Abs. 4	Honorarermittlung Bebauungsplan	weggefallen	
22 Abs. 1	Anwendungsbereich Landschaftsplanung	geändert	22 Abs. 1
22 Abs. 2	Anwendungsbereich Landschaftsplanung	sprachlich geändert	22 Abs. 2
23 Abs. 1	Leistungsbild Landschaftsplan	geändert	23 Abs. 1
23 Abs. 2	Sitzungsteilnahme	Besondere Leistung	Anlage 9 Nr. 5r)
24 Abs. 1	Leistungsbild Grünordnungsplan	sprachlich geändert	24 Abs. 1
24 Abs. 2	Sitzungsteilnahme	Besondere Leistung	Anlage 9 Nr. 5r)
25 Abs. 1	Leistungsbild Landschaftsrahmenplan	geändert	25 Abs. 1
25 Abs. 2	Fortschreibung Landschaftsrahmenplan	weggefallen	
26 Abs. 1	Leistungsbild landschaftspflegerischer Begleitplan	geändert	26 Abs. 1

Synopse HOAI 2009/2013

§ HOAI 2009	Titel / Stichwort	Bemerkungen	§ HOAI 2013
26 Abs. 2	Leistungsbild landschaftspflegerischer Begleitplan	weggefallen	
27	Leistungsbild Pflege- und Entwicklungsplan	geändert	27 Abs. 1
28 Abs. 1	Honorartafel Landschaftsplan	geändert	28 Abs. 1
28 Abs. 2	Honorarermittlung Landschaftsplan	sprachlich geändert	28 Abs. 2
28 Abs. 3–5	Honorarzone Landschaftsplan		28 Abs. 3–5
29 Abs. 1	Honorartafel Grünordnungsplan	geändert	29 Abs. 1
29 Abs. 2–3	Honorarermittlung Grünordnungsplan	geändert	29 Abs. 2
29 Abs. 4	Honorarzone Grünordnungsplan	geändert	29 Abs. 3–5
29 Abs. 5	Honorarermittlung Grünordnungsplan	weggefallen	
30 Abs. 1	Honorartafel Landschaftsrahmenplan	geändert	30 Abs. 1
30 Abs. 2	Honorarermittlung Landschaftsrahmenplan	geändert	30 Abs. 2
30 Abs. 3	Honorarzone Landschaftsrahmenplan	geändert	30 Abs. 3–5
31 Abs. 1	Honorartafel Pflege und Entwicklungsplan	geändert	32 Abs. 1
31 Abs. 2	Honorarermittlung Pflege- und Entwicklungsplan	sprachlich geändert	32 Abs. 1
31 Abs. 3–5	Honorarzone Pflege- und Entwicklungsplan		32 Abs. 3–5
32 Abs. 1	Objektplanung Gebäude und raumbildende Ausbauten	sprachlich geändert	33 Abs. 1
32 Abs. 2	Kosten technischer Anlagen	sprachlich geändert	33 Abs. 2
32 Abs. 3	Nicht anrechenbare Kosten		33 Abs. 3
32 Abs. 4	Anrechenbare Kosten Freianlage < € 7.500,00		37 Abs. 1
33	Leistungsbild Gebäude und raumbildende Ausbauten	geändert	34 Abs. 1 und 2
34 Abs. 1	Honorartafel Gebäude und raumbildende Ausbauten	geändert	35 Abs. 1

Synopse HOAI 2009/2013

§ HOAI 2009	Titel / Stichwort	Bemerkungen	§ HOAI 2013
34 Abs. 2–5	Honorarzone Gebäude und raumbildende Ausbauten		35 Abs. 2–6
35 Abs. 1	Umbauten und Modernisierungen	geändert	36 Abs. 1
35 Abs. 2	Umbauten und Modernisierungen	geändert	6 Abs. 2
36 Abs. 1	Instandhaltungen/Instandsetzungen – Objektüberwachung	sprachlich geändert	12 Abs. 2
36 Abs. 2	Instandhaltung/Instandsetzung		12 Abs. 1
37 Abs. 1	Anrechenbare Kosten Freianlagen	geändert	38 Abs. 1
37 Abs. 2	Anrechenbare Kosten Freianlagen		38 Abs. 2
37 Abs. 3	Anrechenbare Kosten > € 7.500	weggefallen	
38 Abs. 1	Leistungsbild Freianlagen	geändert	39 Abs. 2 und 3
39 Abs. 1	Honorartafel Freianlagen	geändert	40 Abs. 1
39 Abs. 2–4	Honorarzone Freianlagen	sprachlich geändert	40 Abs. 2–5
40	Anwendungsbereich Ingenieurbauwerk		41
41 Abs. 1	Anrechenbare Kosten Ingenieurbauwerk		42 Abs. 1 S. 1
41 Abs. 2	Anrechenbare Kosten Ingenieurbauwerk – Technische Anlagen		42 Abs. 2
41 Abs. 3	Nicht anrechenbare Kosten Ingenieurbauwerk	geändert	42 Abs. 3
41 Abs. 3 Nr. 5	Anrechenbare Kosten Ingenieurbauwerk – Maschinentechnik		42 Abs. 1 S. 2
42 Abs. 1	Leistungsbild Ingenieurbauwerk	geändert	43 Abs. 1 und 2
42 Abs. 2	Leistungen im Bestand/Instandsetzungen/Instandhaltungen	geändert	44 Abs. 6
42 Abs. 3	Sitzungsteilnahme	geändert	Anlage 12.1 LP 4e)
43 Abs. 1	Honorartafel Ingenieurbauwerke	geändert	44 Abs. 1
43 Abs. 2–4	Honorarzone Ingenieurbauwerke	geändert	44 Abs. 2–5
44	Anwendungsbereich Verkehrsanlage		45
45 Abs. 1	Anrechenbare Kosten Verkehrsanlage	geändert	46 Abs. 1
45 Abs. 1	Anrechenbare Kosten Verkehrsanlage – Technische Anlagen		46 Abs. 2

Synopse HOAI 2009/2013

§ HOAI 2009	Titel / Stichwort	Bemerkungen	§ HOAI 2013
45 Abs. 1	Nicht anrechenbare Kosten Verkehrsanlage		46 Abs. 3
45 Abs. 2	Anrechenbare Kosten Verkehrsanlage		46 Abs. 4
45 Abs. 3	Anrechenbare Kosten Verkehrsanlage		46 Abs. 5
46 Abs. 1 und 2	Leistungsbild Verkehrsanlage	geändert	47 Abs. 1
46 Abs. 3	Leistungen im Bestand	geändert	48 Abs. 6
46 Abs. 3	Instandsetzung/Instandhaltung	geändert	12
47 Abs. 1	Honorartafel Verkehrsanlagen	geändert	48 Abs. 1
47 Abs. 2	Honorarzone Verkehrsanlagen	geändert	48 Abs. 2–5
48 Abs. 1	Anrechenbare Kosten Tragwerksplanung Gebäude		50 Abs. 1
48 Abs. 2	Anrechenbare Kosten Tragwerksplanung Gebäude	geändert	50 Abs. 2
48 Abs. 3	Anrechenbare Kosten Tragwerksplanung Ingenieurbauwerke	geändert	50 Abs. 3
48 Abs. 4	Nicht anrechenbare Kosten Tragwerksplanung	weggefallen	
48 Abs. 5	Anrechenbare Kosten Tragwerksplanung – Traggerüste		50 Abs. 4
48 Abs. 6	Anrechenbare Kosten Tragwerksplanung – Vereinbarung		50 Abs. 5
49 Abs. 1	Leistungsbild Tragwerksplanung	geändert	51 Abs. 1
49 Abs. 2	Leistungsbild Tragwerksplanung	geändert	51 Abs. 2
49 Abs. 3	Leistungen im Bestand	geändert	52 Abs. 4
49 Abs. 3	Instandsetzung/Instandhaltung	geändert	12
50 Abs. 1	Honorartafel Tragwerksplanung	geändert	52 Abs. 1
50 Abs. 2–3	Honorarzone Tragwerksplanung	geändert	52 Abs. 2–3
51 Abs. 1	Anwendungsbereich Technische Ausrüstung		53 Abs. 1
51 Abs. 2	Anlagengruppen	geändert	53 Abs. 2
52 Abs. 1	Anrechenbare Kosten Technische Ausrüstung	geändert	54 Abs. 1

Synopse HOAI 2009/2013

§ HOAI 2009	Titel / Stichwort	Bemerkungen	§ HOAI 2013
52 Abs. 2	Anrechenbare Kosten Technische Ausrüstung	geändert	54 Abs. 2–3
52 Abs. 3	Anrechenbare Kosten Technische Ausrüstung		54 Abs. 4
52 Abs. 4	Technische Ausrüstung in Baukonstruktion		54 Abs. 5
53 Abs. 1	Leistungsbild Technische Ausrüstung	geändert	55 Abs. 1
53 Abs. 2	Leistungsbild Technische Ausrüstung	geändert	55 Abs. 2
53 Abs. 3	Leistungen im Bestand	geändert	56 Abs. 5
53 Abs. 3	Instandsetzung/Instandhaltung	geändert	12
54 Abs. 1	Honorare für Leistungen bei der Technischen Ausrüstung	geändert	56 Abs. 1
54 Abs. 2–3	Honorarzone Technische Ausrüstung	geändert	56 Abs. 2–4
55	Übergangsvorschrift		57
56	Inkrafttreten		58
Anlage 1.1	Beratungsleistung – Umweltverträglichkeitsstudie	geändert	Anlage 1.1
Anlage 1.2	Beratungsleistung Thermische Bauphysik	geändert	Anlage 1.2
Anlage 1.3	Beratungsleistung Schallschutz und Raumakustik	geändert	Anlage 1.2
Anlage 1.4	Beratungsleistung Bodenmechanik …	geändert	Anlage 1.3
Anlage 1.5	Beratungsleistung Vermessungstechnische Leistungen	geändert	Anlage 1.4
Anlage 2.1	Besondere Leistungen Flächennutzungsplan	geändert	Anlage 9
Anlage 2.2	Besondere Leistungen Bebauungsplan	geändert	Anlage 9
Anlage 2.3	Besondere Leistungen Landschaftsplan	geändert	Anlage 9
Anlage 2.4	Besondere Leistungen Landschaftsrahmenplan	geändert	Anlage 9

Synopse HOAI 2009/2013

§ HOAI 2009	Titel / Stichwort	Bemerkungen	§ HOAI 2013
Anlage 2.5	Besondere Leistungen Pflege- und Entwicklungsplan	geändert	Anlage 9
Anlage 2.6	Besondere Leistungen Gebäude und raumbildende Ausbauten	geändert	Anlage 9
Anlage 2.7	Besondere Leistungen Freianlagen	geändert	Anlage 9
Anlage 2.8	Besondere Leistungen Ingenieurbauwerke	geändert	Anlage 9
Anlage 2.9	Besondere Leistungen Verkehrsanlagen	geändert	Anlage 9
Anlage 2.10	Besondere Leistungen Tragwerksplanung	geändert	Anlage 9
Anlage 2.11	Besondere Leistungen Technische Ausrüstung	geändert	Anlage 9
Anlage 3.1	Objektliste Gebäude	geändert	Anlage 10.2
Anlage 3.2	Objektliste Freianlagen	geändert	Anlage 11.2
Anlage 3.3.	Objektliste Raumbildende Ausbauten	geändert	Anlage 10.3
Anlage 3.4	Objektliste Ingenieurbauwerke	geändert	Anlage 12.2
Anlage 3.5	Objektliste Verkehrsanlagen	geändert	Anlage 13.2
Anlage 3.6	Objektliste Technische Ausrüstung	geändert	Anlage 15.2
Anlage 4	Leistungen Flächennutzungsplan	geändert	Anlage 2
Anlage 5	Leistungen Bebauungsplan	geändert	Anlage 3
Anlage 6	Leistungen Landschaftsplan	geändert	Anlage 4
Anlage 7	Leistungen Grünordnungsplan	geändert	Anlage 5
Anlage 8	Leistungen Landschaftsrahmenplan	geändert	Anlage 6
Anlage 9	Leistungen Landschaftspflegerischer Begleitplan	geändert	Anlage 7
Anlage 10	Leistungen Pflege- und Entwicklungsplan	geändert	Anlage 8
Anlage 11	Leistungen Gebäude und raumbildende Ausbauten	geändert	Anlage 10.1
Anlage 11	Leistungen Freianlagen	geändert	Anlage 11.1

Synopse HOAI 2009/2013

§ HOAI 2009	Titel / Stichwort	Bemerkungen	§ HOAI 2013
Anlage 12	Leistungen Ingenieurbauwerke	geändert	Anlage 12.1
Anlage 12	Leistungen Verkehrsanlagen	geändert	Anlage 13.1
Anlage 13	Leistungen Tragwerksplanung	geändert	Anlage 14.1
Anlage 14	Leistungen Technische Ausrüstung	geändert	Anlage 15.1

Einleitung
Grundlagen des Rechts der Architekten, Ingenieure und Projektsteuerer

Übersicht

	Rdn.
1. Die HOAI und ihre Rechtsgrundlage (MRVG)	1
a) Rechtsgrundlage der HOAI	1
b) Wirksamkeit der HOAI	4
2. Gültige Fassung der HOAI, frühere und künftige Novellen	5
a) Reformbestrebungen	6
b) Inkrafttreten der 7. HOAI-Novelle	8
c) Ausblick auf die 8. HOAI-Novelle	9
3. Das neue Baurecht 2017	10
a) Grundlagen	12
b) Überblick über die Neuregelungen	13
c) Änderungen im Allgemeinen Werkvertragsrecht (§§ 631–650 BGB)	14
d) Neuregelung des Bauvertragsrechts (§§ 650a–g BGB)	17
e) Neuregelung des Verbraucherbauvertragsrechts (§§ 650h–n BGB)	22
f) Neuregelung betreffend den Architekten- und Ingenieurvertrag (§§ 650o–s BGB)	23
g) Neuregelung betreffend den Bauträgervertrag (§§ 650t–u BGB)	28
4. Überblick über die HOAI; Einstieg in die HOAI	29
5. Die Rechtsnatur des Architektenvertrags und das Werk des Architekten	34
a) Rechtslage nach BGB a. F.	34
b) Neues Recht nach BGB 2017 (§ 650o Abs. 1 BGB n. F.)	39
6. Zustandekommen, Inhalt und Umfang des Architektenvertrages	46
a) Ausdrückliche Beauftragung	46
b) Stillschweigende (konkludente) Beauftragung; Abgrenzung zur Akquisition; Abgrenzung zur Zielfindungsphase	47
c) Kaufmännisches Bestätigungsschreiben	59
d) Der »unverbindliche« und der »kostenlose« Auftrag	60
e) Bedingungen	64
f) Umfang des Vertrages	66
g) Stufenweise und abschnittsweise Beauftragung	75
h) Vorprellen (Vorpreschen) des Architekten	79
i) Kompensationsabrede	81
j) Vorvertrag; Rahmenvertrag	82
7. Probleme hinsichtlich der Vertragspartnerschaft	84
a) Aus dem Lager des Auftraggebers	84
b) Probleme der Parteirolle beim Auftragnehmer	89
8. Gründe für die Unwirksamkeit des Architektenvertrages	92
a) »Bestimmtheit des Vertrages«	93
b) Widerruf des Vertrages	94
c) »Form« des Architektenvertrages	95
d) Schmiergeldzahlungen	102
e) Schwarzarbeit u. Ä.	104
f) Folgen der Unwirksamkeit	105

Einleitung

		Rdn.
9.	Vollmacht des Architekten	106
	a) Arten der Vollmacht	109
	b) Umfang der Vollmacht im Rahmen der technischen Bauabwicklung	111
	c) Vollmacht zur Erteilung von Aufträgen	114
	d) Folgen vollmachtlosen Handelns	116
10.	Das Werk des Architekten	117
	a) Inhalt der Leistungspflichten	118
	b) Vorvertragliche Aufklärungs- und Beratungspflichten	119
	c) Die rechtsbesorgende Tätigkeit des Architekten	122
	d) Rechtsberatung und Rechtsdienstleistungsgesetz	129
11.	Die Abnahme	132
	a) Voraussetzungen für die ausdrückliche und konkludente Abnahme	133
	b) Darlegungs- und Beweislast für die Abnahme	137
	c) Folgen der Abnahme	138
	d) Besondere Formen der Abnahme, Abnahmesurrogate	139
	aa) Abnahmefiktion nach § 640 Abs. 1 S. 3 BGB a. F.	139
	bb) Abnahmefiktion nach § 640 Abs. 2 BGB 2017	140
	e) Abnahmesurrogate (Verweigerung; kein Verlangen der Erfüllung; Abwicklungs- und Abrechnungsverhältnis)	144
	f) Teilabnahme	145
	aa) Teilabnahme nach BGB a. F.	145
	bb) Teilnahme nach BGB 2017	148
	g) Abnahme bei vorzeitiger Beendigung des Vertrages	153
	h) Abnahmeverweigerung und Zustandsfeststellung (§ 650p i. V. m. § 650 f BGB 2017)	154
12.	Grundlagen der Haftung	157
	a) Mangeltatbestände	157
	b) Zeitpunkt für die Beurteilung der Mangelhaftigkeit	160
	c) Erfüllung und Nacherfüllung	162
	d) Allgemeine Voraussetzungen der sekundären Mängelrechte; Selbstvornahme	165
	e) Minderung	168
	f) Rücktritt	169
	g) Schadensersatz	170
	h) Garantie	175
13.	Geltendmachung von Mängelansprüchen	176
	a) Symptomrechtsprechung des BGH	176
	b) Anscheinsbeweis	179
	c) Klageform, Aufrechnung, Verrechnung, Vorbehaltsurteil	180
14.	Haftung des Architekten wegen Verzugs	183
15.	Überblick über die Ansätze für die Haftung des Architekten im Kostenbereich	184
16.	Bausummengarantie	186
17.	Fehler im Zusammenhang mit Kostenermittlungen (»Bausummenüberschreitung«)	187
	a) Fehler	188
	b) Toleranzrahmen	191
	c) Schaden	193
	d) Ursächlichkeit	198
	e) Verschulden	199

Einleitung

		Rdn.
	f) Kündigung und sonstige Sanktionen	200
	g) Verjährung	201
18.	Ansprüche bei Kostenlimit, Kostenrahmen, Kostenobergrenze und einseitigen Kostenvorgaben	202
	a) Beschaffenheitsvereinbarung	202
	b) Toleranz?	205
	c) Ursächlichkeit, Schaden; Kündigung; Verjährung	206
19.	Ansprüche im Zusammenhang mit Förderung und Bezuschussung	209
20.	Der unverbindliche Kostenanschlag	210
21.	Haftung gegenüber Dritten	212
22.	Die Haftung des Architekten bei Verantwortlichkeit mehrerer Beteiligter	216
	a) Gesamtschuldnerische Haftung zwischen Architekt und Unternehmer	216
	b) Gesamtschuldnerische Haftung zwischen Architekt und Sonderfachleuten	219
	c) Gesamtschuldnerische Haftung zwischen planendem und objektüberwachendem Architekten	221
	d) Der Gesamtschuldnerausgleich	223
	e) Haftungsausgleich bei gestörten Gesamtschuldverhältnissen	226
	f) Vergleich mit einem Gesamtschuldner	227
23.	Die Verjährung der Mängelansprüche	228
24.	Die Beendigung des Architektenvertrages und ihre Folgen	242
	a) Die freie Kündigung des Architektenvertrags	242
	b) Die Ermittlung der Vergütung bei einer freien Kündigung durch den Auftraggeber nach § 649 S. 2 BGB	244
25.	Kündigung aus wichtigem Grund und Aufhebung im gegenseitigen Einvernehmen	254
26.	Sonderkündigungsrecht nach Beendigung der »Zielfindungsphase« nach § 650q BGB-E	266
27.	Der unbeendete Architektenvertrag	272
28.	Herausgabe von Unterlagen	276
29.	Haftungsbeschränkungen und Kündigungsklauseln in Formularverträgen	277
	a) Der Anwendungsbereich der §§ 305 ff. BGB auf Architektenverträge	280
	b) Haftungsbeschränkungen	284
	c) Aufrechnungsverbot	299
	d) Kündigungsvoraussetzungsklauseln	301
	e) Kündigungsfolgeklauseln	302
	h) Vertragsbestimmungen, die der Auftraggeber »stellt«, insbesondere Bestimmungen in Architekten- und Ingenieurverträgen der öffentlichen Hand	306
30.	Die Sicherungshypothek des Architekten	321
31.	Bauhandwerkersicherung nach § 648a BGB	330
32.	Das Bauforderungssicherungsgesetz (BauFordSiG)	336
33.	Die Verjährung des Vergütungsanspruchs der Architekten und Ingenieure	340
34.	Das Urheberrecht des Architekten	347
35.	Architekten und Ingenieure und unlauterer Wettbewerb	360
36.	Die rechtliche Einordnung des Ingenieurvertrages	370
	a) Die Beauftragung des Ingenieurs	376
	b) Die Abnahme der Ingenieurleistungen	379
	c) Mängelansprüche	381
	d) Haftungsabgrenzung zum Architekten	384

Einleitung

	Rdn.
e) Sekundärhaftung der Fachingenieure	385
f) Maßgeblicher Zeitpunkt für das Vorliegen eines Mangels	387
g) Die Verjährung von Mängelansprüchen	388
37. Die Haftung für die in die HOAI aufgenommenen Ingenieurleistungen im Einzelnen	389
38. Rechtsfragen der Tragwerksplanung	399
a) Die Sicherungshypothek des Tragwerksplaners	402
b) Die Beauftragung des Tragwerksplaners	403
c) Die Haftung des Tragwerksplaners	408
39. Der Prüfingenieur für Baustatik	418
40. Der Generalplanervertrag	424
a) Die Funktion des Generalplanervertrags	424
b) Vergütungsfragen	427
c) Haftungsfragen	436
41. Sicherheits- und Gesundheitsschutzkoordinator (SiGeKo)	441
a) Baustellenverordnung als Grundlage	441
b) Zusammenhänge von Baustellenverordnung (BaustellV), Regelwerk zum Arbeitsschutz auf Baustellen (RAB) und Leistungsbild	448
c) Grundlagen des Leistungsbildes	456
d) Honorarfragen	465
e) Haftung des SiGeKo	470
42. Der Projektmanagement- und Projektsteuerungsvertrag	473
a) Die Aufgaben des Projektmanagements und der Projektsteuerung	473
b) Das Projektmanagement und die Abgrenzung zur Projektsteuerung	476
c) Die Bedeutung der Projektsteuerung und ihrer Regelung in § 31 HOAI 1996	479
d) Das Leistungsbild der Projektsteuerung nach dem AHO-Vorschlag	488
e) Abgrenzungsfragen	492
f) Die rechtliche Qualifizierung des Projektsteuerungsvertrags	499
g) Die Haftung des Projektsteuerers zwischen Auftraggeber, Architekt und Bauunternehmer	508
h) Kündigungsrechte des Auftraggebers	517
i) Die Vergütung des Projektsteuerers	520
j) Rechtsberatende Tätigkeit des Projektsteuerers?	528
43. Building Information Modeling (BIM)	529
44. Auswirkungen der Euro-Umstellung	532
45. Außergerichtliche Streiterledigung und Schiedsgerichtsverfahren	534

1. Die HOAI und ihre Rechtsgrundlage (MRVG)

a) Rechtsgrundlage der HOAI

1 **Rechtsgrundlage** der HOAI ist das Gesetz zur Verbesserung des Mietrechts und zur Begrenzung des Mietanstiegs sowie zur Regelung von Ingenieur- und Architektenleistungen (MRVG) vom 04.11.1971 (BGBl. I S. 1745). In Art. 10 MRVG ist das »Gesetz zur Regelung von Ingenieur- und Architektenleistungen« enthalten.[1] Dieses Gesetz ent-

---

1 Vgl. die Kommentierung dieses Gesetzes unten S. 391 ff.

hält neben der **Rechtsgrundlage** für den Erlass der HOAI auch die Vorschrift über das sog. **Koppelungsverbot**.[2] Es wird hier als MRVG abgekürzt. Gelegentlich finden sich auch andere Abkürzungen[3]. In der Literatur wird z. T. auch nicht nach MRVG zitiert, sondern hinsichtlich des Art. 10 dieses Gesetzes zur Regelung von Ingenieur- und Architektenleistungen vom GIA oder IngAIG oder von ArchLG. Letzteres wäre sicher zutreffender, jedoch hat sich MRVG eingebürgert.

Das MRVG wurde geändert durch das Gesetz vom 12.11.1984 (BGBl. I S. 1337). In Art. 10 § 1 Abs. 3 Nr. 1 bzw. § 2 Abs. 3 Nr. 1 MRVG wurde eingefügt, dass die Mindestsätze »durch schriftliche Vereinbarung in Ausnahmefällen unterschritten werden können«.[4] 2

Die Rechtsgrundlage der HOAI in der im Jahre 1984 geänderten Fassung erfüllt die Vorgaben der Entscheidung des BVerfG[5] und ist damit als **Ermächtigungsgrundlage für die HOAI wirksam**. 3

b) **Wirksamkeit der HOAI**

Abgesehen von Reformbestrebungen in den 90er Jahren, mit welchen der Mindest- und Höchstpreischarakter der HOAI abgeschafft werden sollte, gab es und gibt es verschiedene Stimmen, welche Zweifel an der **Wirksamkeit der HOAI** äußern. Die HOAI hat schon zahlreiche Angriffe auf ihre Gültigkeit überstanden. Solche Angriffe gibt es jedoch auch heute noch von verschiedener Seite (vgl. i. E. § 1 Rdn. 3). In **europarechtlicher Hinsicht** wird zu klären sein, ob die Dienstleistungsfreiheit von ausländischen Architekten und Ingenieuren trotz der hinsichtlich des Anwendungsbereichs eingeschränkten Neufassung des § 1 seit der HOAI 2009 (Auftragnehmer »mit Sitz im Inland«) beeinträchtigt ist oder ob gar eine Inländerdiskriminierung durch diese neue Vorschrift gegeben ist (dazu § 1 Rdn. 28 f., 41 f.). Das wird im vorliegenden Kommentar beides verneint. Auch die neue HOAI ist nach hier vertretener Auffassung verfassungsrechtlich und europarechtlich abgesichert, selbst wenn sie einzelne Bestimmungen enthält, die unwirksam sind (vgl. § 1 Rdn. 3).[6] Die **europäische Kommission** hat allerdings im Rahmen eines Vertragsverletzungsverfahrens Klage gegen die Bundesrepublik Deutschland eingereicht (vgl. § 1 Rdn. 41 ff.). Mit **bundesrepublikanischem Recht** ist die HOAI in der jetzigen Fassung ohne Zweifel vereinbar. Das gilt auch im Hinblick auf die preisrechtlichen Regelungen, vor allem hinsichtlich des Mindest- und Höchstpreischarakters.[7] Z. T. wird die Auffassung vertreten, der Mindest- und Höchstpreischarakter sei nicht verfassungskonform umgesetzt, weil in § 8 Abs. 2 4

---

2 Art. 10 § 3 MRVG; vgl. hierzu unten S. 394 ff.
3 MRVerbG in der Entscheidung des BVerfGE 58, 238.
4 Vgl. §§ 1, 2 MRVG, Rdn. 3.
5 BVerfG v. 20.10.1981 – 2 BvR 201/80; vgl. dazu Rdn. 2 zu §§ 1, 2 MRVG.
6 Z. B. die Regelung über das Baukostenvereinbarungsmodell, vgl. § 6 Rdn. 56 oder im Hinblick auf die Wirksamkeit des § 15 HOAI vgl. § 15 Rdn. 8.
7 So ausdrücklich BVerfG BauR 2005, 1946 m. Anm. *Schwenker* = NZBau 2005, 121; *Motzke*, FS Koeble, 2010, S. 417.

Einleitung

nur die einzelnen Leistungsphasen berücksichtigt seien und die Teilleistungen aus den Leistungsbildern preisrechtlich keiner Einzelbewertung zugeführt seien.[8]

2. Gültige Fassung der HOAI, frühere und künftige Novellen

5   Die HOAI gilt derzeit in der Fassung 2013.[9] Die Urfassung stammt aus dem Jahre 1977 und erlebte bis zum heutigen immerhin 7 HOAI-Novellen.[10] Mit der 6. HOAI-Novelle wurde die HOAI grundlegend abgeändert und kein einziger Paragraf blieb gleich wie früher.[11] Auch die 7. HOAI-Novelle von 2013 brachte dann erhebliche Änderungen, und zwar sowohl inhaltliche als auch formale (z. B. zusätzliche Paragraphen und Änderungen vor allem ab dem 2. Teil.[12]

a) Reformbestrebungen

6   Der Bundesrat hatte die Bundesregierung im Zusammenhang mit der 6. HOAI-Novelle aufgefordert, die HOAI zu ändern. Zwar hatte er mit Beschluss vom 12.06.2009[13] der 6. HOAI-Novelle zugestimmt. Er hatte jedoch auch erklärt, die Bundesregierung möge die HOAI in einem zweiten Schritt inhaltlich weiterentwickeln und modernisieren. Letzteres betraf vor allem die Leistungsbilder, welche auch vereinheitlicht werden sollten. Darüber hinaus sollten die sog. Beratungsleistungen, welche in der Anlage 1 zur HOAI nur noch in unverbindlicher Form geregelt waren, wiederum in die HOAI – und zwar in den verbindlichen, preisrechtlichen Teil – aufgenommen werden. Darüber hinaus wurde der Bundesregierung aufgegeben, die Honorarstruktur zu überprüfen und eine weitere Verschlankung anzustreben. Die Bundesregierung sollte innerhalb eines Jahres nach Inkrafttreten über die Entwicklung sowie über Anpassungsmaßnahmen berichten. Auch die örtliche Bauüberwachung bei Ingenieurbauwerken und Verkehrsanlagen sollte nach Auffassung des Bundesrats wieder in die HOAI – in den verbindlichen, preisrechtlichen Teil – integriert werden.

7   Von diesen Anforderungen hat die Bundesregierung mit der 7. HOAI-Novelle lediglich die Aufforderung zur Weiterentwicklung und Modernisierung der Leistungsbilder erfüllt, die anderen Vorgaben wurden dagegen bis heute nicht erledigt. Der Bundesrat hatte deshalb in seinem Zustimmungsbeschluss – welcher mit einer Stimme Mehrheit gefallen ist – vom 07.06.2013 in außergewöhnlich dezidierter Form die Bundesregierung gerügt.[14] Insbesondere wurde beanstandet, dass nach wie vor für die sog. Beratungsleistungen keine verbindliche Regelung aufgenommen wurde und auch nicht über die Entwicklung im Hinblick auf notwendige Anpassungsmaßnahmen insbeson-

---

8 Vgl. dazu § 8 Rdn. 10 ff.
9 7. HOAI-Novelle, die am 17.07.2013 in Kraft trat; vgl. dazu § 58 Rdn. 21 ff.
10 Vgl. i. E. *Locher/Koeble/Frik*, 11. Aufl., § 56 Rn. 3 ff.; vgl. unten § 58 Rdn. 1 ff.
11 Vgl. die Zusammenfassung der Änderungen bei § 58 Rdn. 23 ff.
12 Vgl. dazu § 58 Rdn. 21 ff.
13 BR-Drs. 295/09, z. B. abgedruckt bei *Koeble/Zahn*, Die neue HOAI 2009, S. 261.
14 Beschluss des Bundesrates vom 07.06.2013 – BR-Drs. 334/13, z. B. abgedruckt bei *Koeble/Zahn*, Die neue HOAI 2013, Buchstabe E.

dere hinsichtlich der Auskömmlichkeit der Honorarstruktur berichtet worden sei. Mit Befremden stellte der Bundesrat fest, dass die Länder so spät informiert worden seien, dass sie keine Einflussmöglichkeit mehr gehabt hätten. Ebenso bemängelte der Bundesrat, dass die örtliche Bauüberwachung für Ingenieurbauwerke und Verkehrsanlagen nicht in den verbindlichen Teil rückgeführt wurde.

b) Inkrafttreten der 7. HOAI-Novelle

Das Bundeskabinett hatte die HOAI am 25.04.2013 verabschiedet. Die Ausschüsse des Bundesrats gaben dazu am 29.05.2009 Empfehlungen ab.[15] Am 03.06.2013 stimmte der Bundesrat unter weitgehender Übernahme dieser Empfehlungen zu. Die **Neufassung der HOAI** gilt nun für Verträge, die seit ihrem Inkrafttreten abgeschlossen wurden. Die Neufassung wurde am 16.07.2013 im Bundesgesetzblatt verkündet (BGBl. I, Nr. 37 S. 2276). Das maßgebende Datum ist deshalb der 17.07.2013.[16]   8

c) Ausblick auf die 8. HOAI-Novelle

Die HOAI wurde nun zwar zum 7. Mal novelliert, jedoch ist der Reform- und Aktualisierungsbedarf noch nicht erledigt.[17] Schon aus den Aufgaben, welche der Bundesrat in seinem Beschluss vom 07.06.2013 (vgl. oben Rdn. 7) gestellt hat, ergibt sich, dass die Bundesregierung weiterhin tätig sein muss. In der laufenden Legislaturperiode ist dies allerdings sanktionslos nicht geschehen.   9

3. Das neue Baurecht 2017

Eine Bund-Länder-Arbeitsgruppe unter Leitung des BMJ hatte in der letzten Legislaturperiode einen Entwurf des Bauvertragsrechts vorgelegt.[18] Dieser betraf die Definition des Bauvertrages – einschließlich der Architekten- und Ingenieurverträge – die geschuldete Leistung, die vertragliche Festlegung der Bauzeit, die Vergütung sowie Abschlagszahlungen und anderes mehr. Speziell für das Architekten- und Ingenieurrecht waren Sonderregelungen vorgeschlagen worden. Auch der Deutsche Baugerichtstag hatte sich im Mai 2012 mit den gesamten Fragen des Bauvertragsrechts – auch unter dem Aspekt Architekten- und Ingenieurrecht – befasst. Die Entschließungen des 4. Deutschen Baugerichtstags[19] sowie die Beschlüsse des 5. Deutschen Baugerichtstags[20] sind dann ebenso wie der Abschlussbericht einer beim Bundesministerium der Justiz im Januar 2010 gebildeten Arbeitsgruppe[21] berücksichtigt worden. Mit Datum vom   10

---

15 Vgl. dazu *Koeble/Zahn*, Die neue HOAI 2013.
16 Vgl. zum Ganzen §§ 57, 58.
17 Zu einzelnen Reformfragen vgl. die Beschlüsse des 6. Deutschen Baugerichtstags BauR 2016, 1622.
18 Vgl. homepage des BMJV.
19 BauR 2012, 1471 ff.
20 Beschlüsse des 5. Deutschen Baugerichtstags 2014 BauR 2014, 1544 ff.
21 Abschlussbericht der Arbeitsgruppe vom 28.06.2013, abrufbar auf der Homepage des BMJV.

Einleitung

24.09.2015 wurde nämlich ein Referentenentwurf »eines Gesetzes zur Reform des Bauvertragsrechts und zur Änderung der kaufrechtlichen Mängelhaftung« vorgelegt.[22] Dazu gab es umfangreiche Stellungnahmen und Erläuterungen.[23]

11 Das neue Bauvertragsrecht wird auch erhebliche Änderungen im Bereich des Architekten- und Ingenieurrechts nach sich ziehen. Das gilt sowohl für grundlegende Änderungen im allgemeinen Werkvertragsrecht als auch für die besonderen Neuregelungen im Untertitel 2 Architektenvertrag und Ingenieurvertrag.[24]

a) Grundlagen

12 Im Koalitionsvertrag der Regierungsparteien waren der **Verbraucherschutz** und das Bauvertragsrecht genannt. Notwendig war ferner eine Änderung im **Kaufrecht** auf der Grundlage einer Entscheidung des EuGH.[25] Dieser hat entschieden, dass der Verkäufer einer beweglichen Sache im Rahmen einer Nacherfüllung verpflichtet sein kann, die bereits in eine andere Sache eingebaute, mangelhafte Kaufsache auszubauen und die Ersatzsache einzubauen oder die Kosten für beides zu tragen. Nach deutschem Recht galt dies nicht für Verträge zwischen Unternehmern und auch nicht zwischen Verbrauchern, sondern nur beim Verbrauchsgüterkauf.[26] Sowohl für die Neuregelung im Kaufrecht als auch im Hinblick auf das neue Bauvertragsrecht legte das BJMV mit Bearbeitungsstand vom 10.09.2015 einen Referentenentwurf vor, welcher auf dem Abschlussbericht der vom Ministerium eingerichteten Arbeitsgruppe Bauvertragsrecht beruhte. Nach Anhörung der betroffenen Kreise folgte dann am 02.03.2016 der Regierungsentwurf, zu dem der Bundesrat mit Beschluss vom 22.04.2016[27] Änderungsvorschläge gemacht hatte. Die Bundesregierung brachte dann den Regierungsentwurf unverändert am 25.05.2016 in den Bundestag ein. Nach Beratung in den Ausschüssen ist der endgültige Gesetzesbeschluss bei Redaktionsschluss noch offen. Die Neuregelungen des Architekten- und Ingenieurrechts sind weitgehend unstrittig (Ausnahme: Anordnungsrecht und Folgen). Die nachfolgende Darstellung folgt dem Wortlaut des Regierungsentwurfs.[28]

---

22 Abrufbar auf der Homepage des BMJV.
23 Stellungnahme des IfBF, abrufbar auf dessen Homepage (www.ifbf.de); *Langen* NZBau 2015, 658 zum Werkvertrags- und Bauvertragsrecht; *Pause/Vogel* NZBau 2015, 667 zum Verbraucherbau- und Bauträgervertrag; *Fuchs* NZBau 2015, 675 zu Architekten- und Ingenieurverträgen; *Dauner-Lieb* NZBau 2015, 684 zum Kaufrecht; *Voit* JM 2015, 402 zum Bauvertragsrecht; *Messerschmidt* JM 2015, 453 zum Architekten- und Ingenieurrecht; *Schreiner/Pisal* BauR 2016, 182 zum Regressanspruch bei Materialmängeln; *Fuchs/Berger*, Schuldrecht bleibt Schuldrecht, NZBau 2016, Heft 5 Editorial; *Orlowsky*, Das gesetzliche Bauvertragsrecht, ZfBR 2016, 419; *Meier/Leidner*, zu § 650s, BauR 2016, 1375 (1384 f.); *Schranke/Keilmann*, Anordnungsrecht, NZBau 2016, 333.
24 Vgl. dazu unten Rdn. 14 ff., 17 ff., 23 ff.
25 vom 16.06.2011 – C 65/09 und C 87/09.
26 BGH NJW 2013, 220 zu § 439 Abs. 2 BGB; Palandt/*Weidenkaff* § 439 Rn. 11.
27 Bundesrats-Drucksache 123/16.
28 RegE v. 02.03.2016, der am 25.05.2016 eingebracht wurde.

b) Überblick über die Neuregelungen

Das neue Recht, welches im BGB unter dem Titel 9. Werkvertrag und ähnliche Verträge untergebracht wurde, gliedert sich in 5 Abschnitte: 13
- Allgemeines Werkvertragsrecht (Titel 9, Untertitel 1 Werkvertragsrecht, Kap. 1 Allgemeine Vorschriften; §§ 631–650 BGB n. F.)
- Bauvertragsrecht (Titel 9, Untertitel 1 Werkvertragsrecht, Kap. 2 Bauvertrag, §§ 650a–g BGB n. F.)
- Verbraucherbauvertragsrecht (Titel 9, Unterteil 1, Kap. 3; §§ 650h–m BGB n. F.)
- Architekten- und Ingenieurrecht (Titel 9, Untertitel 2 Architektenvertrag und Ingenieurvertrag; §§ 650o–s BGB n. F.)
- Bauträgervertrag (Titel 9, Untertitel 3 Bauträgervertrag; §§ 650t–u BGB n. F.).

c) Änderungen im Allgemeinen Werkvertragsrecht (§§ 631–650 BGB)

Schon zum dritten Mal wurde die Vorschrift über die **Abschlagszahlungen** (§ 632a BGB) umgestaltet. Hier sind zwei Änderungen hervorzuheben: Die Berechtigung zur Abschlagszahlung besteht nunmehr »in Höhe des Wertes« der vom Unternehmer »erbrachten und nach dem Vertrag geschuldeten Leistungen«.[29] Die 2. Änderung betrifft das Vorliegen von Mängeln, wobei bislang wesentliche Mängel eine Totalblockade der betreffenden Abschlagszahlung zum Gegenstand hatten, was nunmehr geändert und die Reduzierung auf einen »angemessenen Teil« beschränkt wurde.[30] Ob beide Änderungen auch für das Architekten- und Ingenieurrecht ihre Bedeutung erlangen, wird noch zu klären sein.[31] 14

Ganz sicher auch für die Architekten- und Ingenieurleistung uneingeschränkt anwendbar ist die Neuregelung über die **Abnahme** (§ 640 BGB), wobei vor allem die schon früher existierende Abnahmefiktion in zweierlei Hinsicht geändert wurde: Nach den Vorstellungen des Gesetzgebers soll die Abnahmereife nicht mehr notwendig sein, sondern die »Fertigstellung des Werks«. Bei einem Verbraucher soll die **Abnahmefiktion** darüber hinaus nur gelten, wenn zusammen mit der Aufforderung zur Abnahme auf die Folgen in Textform hingewiesen wurde.[32] 15

Ebenfalls voll zur Geltung kommt die Neuregelung betreffend die **Kündigung aus wichtigem Grund** (§ 648a BGB). Mit dieser Vorschrift ist nicht nur die Streitfrage geklärt, ob beim Werkvertrag ein Recht zur Kündigung aus wichtigem Grund besteht, sondern das Kündigungsrecht ist auf beide Vertragsparteien erstreckt, der wichtige Grund wird definiert, die Teilkündigung wird für einen »abgrenzbaren Teil« des geschuldeten Werks zugelassen und über die zeitlichen sowie förmlichen Voraussetzungen der Kündigung wird Klarheit geschaffen (Verweis auf § 314 Abs. 2, 3 BGB). Beide Vertragsparteien haben die Möglichkeit, eine gemeinsame Feststellung des Leistungs- 16

---

29 Vgl. im Einzelnen dazu § 15 Rdn. 93 ff.
30 Vgl. dazu im Einzelnen § 15 Rdn. 96 f.
31 Vgl. dazu Rdn. 90 ff.
32 Vgl. dazu im Einzelnen Einl. Rdn. 140 ff.

Einleitung

standes zu verlangen. Welche Folgen eine Kündigung aus wichtigem Grund im Hinblick auf das Honorar bzw. im Hinblick auf darüber hinausgehende Schadensersatzansprüche hat, wird zu klären sein.[33]

d) Neuregelung des Bauvertragsrechts (§§ 650a–g BGB)

17 Von den Vorschriften, welche für das neue Bauvertragsrecht gelten, sind verschiedene auch im Architekten- und Ingenieurrecht anwendbar. Das gilt zunächst für das **Anordnungsrecht des Bestellers** (§ 650b BGB). Die Befugnis zur Anordnung unterscheidet sich je nachdem, ob eine Änderung zur Erreichung des vereinbarten Werkerfolgs »notwendig« ist, oder nicht. In beiden Fällen sollen die Vertragsparteien klar »Einvernehmen« über die Änderung und die Mehr- bzw. Mindervergütung anstreben. Erreichen Sie aber keine Einigung, dann besteht bei notwendigen Änderungen ein Anspruch und sonst nur, wenn dem Unternehmer die Ausführung zumutbar ist. Eine Besonderheit gilt dann, wenn die Planung nicht beim Unternehmer liegt. Die gesetzliche Regelung sieht vor, dass ein Anspruch auf **einstweilige Verfügung** gegeben sein soll, mit dem Änderungen sanktioniert werden können. Für diesen Fall bedarf es keiner Glaubhaftmachung des Verfügungsgrundes (Dringlichkeit).[34]

18 Als Pendant zum Anordnungsrecht ist eine **Anpassung der Vergütung** bei Anordnungen vorgesehen (§ 650c BGB). Diese Vorschrift gilt allerdings nicht unmittelbar für Architekten- und Ingenieurverträge, sondern soll erst in dritter Linie – soweit nicht die HOAI Regelungen enthält oder die Parteien eine Einigung gefunden haben – heranzuziehen sein.[35] Auch im Hinblick auf die Vergütung soll eine einstweilige Verfügung zur Erwirkung einer Abschlagszahlung möglich sein.[36]

19 Marginale Änderungen finden sich im Bereich der **Bauhandwerkersicherung** (§ 650e BGB). Das betrifft zum einen die Änderung von »vom-Hundert« in »Prozent«. Zum anderen wird die Ausnahmeregelung betreffend Einfamilienhäuser und Einliegerwohnungen auf Verbraucher allgemein erstreckt, ohne dass es auf das konkrete Objekt ankommt.[37]

20 Von gewisser Bedeutung kann auch beim Architekten- und Ingenieurvertrag die **Zustandsfeststellung** bei **Verweigerung der Abnahme** sein (§ 650f BGB). Hier wird ein praktikables Verfahren vorgeschlagen, was auch für Architekten und Ingenieure umsetzbar zu sein scheint.[38]

---

33 Zu den gesamten Themen bei der Kündigung aus wichtigem Grund vgl. Einl. Rdn. 234 ff.
34 Vgl. zum Anordnungsrecht des Bestellers und zur Vergütung § 10 Rn. 43 ff.
35 Zu den Einzelheiten vgl. § 10 Rdn. 56 ff.
36 Zu den Einzelheiten vgl. § 10 Rdn. 56 ff.
37 Dazu im Einzelnen Einl. Rdn. 330 ff.
38 Dazu im Einzelnen Einl. Rdn. 154 ff.

Ebenfalls für den Architekten- und Ingenieurvertrag von wichtiger Bedeutung ist es, dass jede Art von **Kündigung** beider Vertragsparteien nur wirksam ist, wenn die **Schriftform** eingehalten ist (§ 650g BGB).[39]   21

e) Neuregelung des Verbraucherbauvertragsrechts (§§ 650h–n BGB)

Der Architekten- und Ingenieurvertrag sind keine Verbraucherbauverträge. Die spezifischen Vorschriften zum Schutze der Verbraucher (§§ 650h–n BGB n. F.) sind deshalb nicht anwendbar. Das betrifft insbesondere die Bestimmungen über die Baubeschreibung, den Fertigstellungszeitpunkt und den Widerruf.   22

f) Neuregelung betreffend den Architekten- und Ingenieurvertrag (§§ 650o–s BGB)

Aufgenommen wurde zunächst eine **Definition des Architekten- und Ingenieurvertrags** (§ 650o Abs. 1 BGB). Inwieweit diese Definition Auswirkungen auf den Inhalt des Vertrages haben kann, ist zu klären.[40]   23

Von erheblicher Bedeutung ist die Regelung betreffend die **Zielfindungsphase** und das **Sonderkündigungsrecht** nach Abschluss dieser Etappe (§ 650o Abs. 2 und § 650q BGB).[41]   24

Ebenfalls von erheblicher Bedeutung ist die Regelung betreffend das **Anordnungsrecht**, welches aus dem Bauvertragsrecht übernommen wurde und die daraus folgende **Vergütungsanpassung** (§ 650p Abs. 2 und § 650q BGB).[42]   25

Außer den Änderungen betreffend die Abnahmefiktion[43] ist die Regelung über die **Teilabnahme** (§ 650r BGB n. F.) von erheblicher Bedeutung.   26

Gleiches gilt auch für die Vorschrift betreffend die **subsidiäre Haftung** im **Gesamtschuldverhältnis**, beschränkt auf Ausführungsfehler des Bauunternehmers kombiniert mit Überwachungsfehlern des Architekten bzw. Ingenieurs (§ 650s BGB n. F.).[44]   27

g) Neuregelung betreffend den Bauträgervertrag (§§ 650t–u BGB)

Außer einer Definition des Bauträgervertrages, welche in ähnlicher Form schon in § 632a Abs. 2 BGB enthalten war (§ 650t Abs. 1 BGB n. F.) ist für den Bauträgervertrag nur wenig Neues vorgesehen. Die hauptsächlichen Probleme dieses Vertragstyps sind nicht gelöst. Differenziert wird nur im Hinblick auf Errichtung bzw. Umbau eines Gebäudes einerseits und die Verschaffung des Eigentums am Grundstück andererseits. Im Hinblick auf das Erstere gilt – was schon Rechtsprechung seit den 80er Jahren ist –   28

---

39 Dazu im Einzelnen Einl. Rdn. 242 ff.
40 Dazu Einl. Rdn. 39 ff.
41 Dazu im Einzelnen Einl. Rdn. 266 ff.
42 Vgl. dazu § 10 Rdn. 43 ff.
43 Dazu Einl. Rdn. 140 ff. und 148 ff.
44 Vgl. dazu im Einzelnen Einl. Rdn. 217, 234.

Einleitung

Werkvertragsrecht und im Übrigen Kaufrecht. Darüber hinaus finden sich einzelne Änderungen und Ergänzungen (§ 650t BGB betreffend die Baubeschreibung).

4. Überblick über die HOAI; Einstieg in die HOAI

29 Die Gliederung der HOAI 2013 ist übersichtlicher als früher. Die Einteilung in einen Allgemeinen Teil (§§ 1–16), die Flächenplanung (§§ 17–32), die Objektplanung (§§ 33–48) und die Fachplanung (§§ 49–56) ist gelungen. Die Übergangsvorschrift und die Regelung über das Inkrafttreten stehen am Ende (§§ 57, 58). Weshalb allerdings die Flächenplanung vor der Objektplanung und der Fachplanung rangiert, bleibt unklar. Der praktischen Handhabung wird diese Reihenfolge sicherlich nicht dienen.

30 Im Allgemeinen Teil finden sich vor die Klammer gezogene Vorschriften, die für alle Architekten- und Ingenieurleistungen aus der HOAI anwendbar sind. Neben den Vorschriften betreffend den Anwendungsbereich, Begriffbestimmungen, Honorarvereinbarung, Honorar in besonderen Fällen und den Regelungen betreffend die Fälligkeit und die Nebenkosten sowie die Interpolation wurden zusätzlich auch allgemeine Grundsätze für Leistungen und Leistungsbilder (§ 3), die anrechenbaren Kosten (§ 4), die Honorarzone (§ 5), die Berechnung des Honorars bei Beauftragung von Einzelleistungen (§ 9), das Honorar für mehrere Vor- und Entwurfsplanungen (§ 10) und auch das Honorar bei Auftrag für mehrere Objekte (§ 11) für alle Architekten- und Ingenieurleistungen gültig nach vorne in den Allgemeinen Teil verlagert.

31 Ausgegliedert blieben in der Anlage die Regelungen über Besondere Leistungen (vgl. dazu § 3 Rdn. 13 ff.), die sog. Beratungsleistungen aus den früheren Teilen X–XIII der HOAI 2002 und auch die Umweltverträglichkeitsstudie (dazu § 3 Rdn. 4 ff. und die Anlage 1).

32 Die Einteilung in drei verschiedene Gruppen ist sachgerecht:
– **Flächenplanung**, worunter zunächst die Bauleitplanung[45] und sodann die Landschaftsplanung[46] zu verstehen sind (§§ 17–32).
– **Objektplanung**, wozu die Planung für Gebäude, Raumbildende Ausbauten, Freianlagen, Ingenieurbauwerke und Verkehrsanlagen gehört (§§ 33–48).
– **Fachplanung**, zu welcher nur noch die Tragwerksplanung und die Technische Ausrüstung gerechnet werden (§§ 49–56).

33 Die HOAI selbst ist schon durch die Fassung 2009 übersichtlicher geworden. Eine Verschlankung konnte allerdings nur deshalb erreicht werden, weil weite Teile in die Anlagen verlegt wurden und dort z. T. als verbindlich und z. T. als unverbindlich geregelt sind (vgl. dazu § 3 Rdn. 4 ff.).

---

45 Flächennutzungsplan, Bebauungsplan.
46 Landschaftsplan, Grünordnungsplan, Landschaftsrahmenplan, Landschaftspflegerischer Begleitplan und Pflege- und Entwicklungsplan.

Einleitung

5. Die Rechtsnatur des Architektenvertrags und das Werk des Architekten

a) Rechtslage nach BGB a. F.

Das BGB kannte keine speziellen Regelungen für den Architektenvertrag und auch nicht für den Ingenieurvertrag.[47] Für die rechtliche Einordnung kamen das Dienstvertragsrecht des BGB (§§ 661 ff. BGB) und das Werkvertragsrecht des BGB (§§ 631 ff. BGB) in Frage, weil ein Architektenvertrag, der die vollen Architektenleistungen zum Gegenstand hat, gleichermaßen werkvertragliche und dienstvertragliche Momente enthält: Die Planung ist ergebnisorientiert, Teile der Objektüberwachung dagegen nicht, d. h., für den Erfolg seiner Planung hat der Architekt selbst einzustehen; dafür, dass seine Tätigkeit, die der Verwirklichung dieses Planes dienen soll, zum Erfolg führt, dagegen nicht unter allen Umständen. Er hat die Überwachung und Betreuung des Objekts zwar mit aller Sorgfalt vorzunehmen; es besteht aber jederzeit die Möglichkeit, dass seine Anweisungen auf der Baustelle nicht befolgt werden oder während seiner Abwesenheit Fehler unterlaufen. Die Unterschiede zwischen Dienst- und Werkvertragsrecht sind z. T. erheblich.[48]

34

Nach 50-jährigem Streit über die rechtliche Einordnung des Architektenvertrags hatte sich der BGH in einer Grundsatzentscheidung vom Jahre 1959 eindeutig für die werkvertragliche Qualifikation des Architektenvertrags ausgesprochen, soweit die **gesamte Architektenleistung** Vertragsgegenstand ist.[49] In Weiterführung seiner Rechtsprechung hatte der BGH[50] zunächst entschieden, dass auch dann ein Werkvertrag vorliegt, wenn einem Architekten zwar nicht der Vorentwurf, der Entwurf und die Bauvorlagen, jedoch die sonstigen Architektenleistungen nach der GOA in Auftrag gegeben waren. Für die HOAI konnte daraus gefolgert werden, dass bei Übertragung der Ausführungsplanung, Vorbereitung der Vergabe, Mitwirkung bei der Vergabe, Objektüberwachung und Objektbetreuung Werkvertrag anzunehmen war. Schließlich ordnete der BGH[51] auch den Vertrag über die örtliche Bauaufsicht nach der GOA sowie über die **Objektüberwachung** nach HOAI ausdrücklich als Werkvertrag ein. Der geschuldete Werkerfolg war auch in diesem Fall nicht das Bauwerk selbst, sondern die mangelfreie Bewirkung des Bauwerks durch Erbringung von Einzelleistungen unter gleichzeitiger Leistung von einzelnen Teilerfolgen sowie Erfüllung von Sachwalterpflichten.[52]

35

Unter Zugrundelegung der Grundsätze der zuletzt genannten Entscheidung des BGH[53] waren damit auch die Vorbereitung der Vergabe und die Mitwirkung bei der **Vergabe** (Leistungsphasen 6, 7) dem Werkvertragsrecht zuzuordnen, da auch diese

36

---

47 Vgl. dazu unten Einleitung Rdn. 370 ff.; zum Projektsteuerungsvertrag vgl. unten Rdn. 473 ff.; zur Projektentwicklung vgl. § 1 Rdn. 9.
48 Vgl. *Kniffka/Koeble*, Kompendium, 12. Teil, Rn. 355, 357.
49 BGHZ 31, 224 = NJW 1960, 431.
50 BGH BauR 1974, 211 = NJW 1974, 898.
51 BauR 1982, 79 = NJW 1982, 438.
52 Zutreffend hinsichtlich des ersten Merkmals OLG Naumburg NJW-RR 2006, 1315; vgl. unten Rdn. 117.
53 BGH BauR 1992, 79 = NJW 1982, 438.

Einleitung

Leistungen auf den Erfolg – die mangelfreie Errichtung des Bauwerks – gerichtet sind. Anders war die Situation dagegen bei der **Objektbetreuung und Dokumentation** (Leistungsphase 9). Die dort aufgeführten Leistungen dienen nicht originär der Errichtung des Objekts, sondern der Beseitigung von Mängeln, die nach der Abnahme auftreten, und der restlichen Abwicklung des Bauvorhabens. Dennoch war auch bei Übertragung der ganzen Leistungsphase die Ergebnisorientierung ausschlaggebend für Werkvertragsrecht, was bei Vergabe von Teilleistungen anders zu beurteilen sein konnte.[54] Problematisch war aber weiter, ob **Teilleistungen** aus dem Bereich der Objektüberwachung nicht doch dienstvertraglich zu qualifizieren sind.[55] Dies käme vor allem für folgende Leistungen in Frage: Führen eines Bautagebuches; gemeinsames Aufmaß mit dem bauausführenden Unternehmen; Rechnungsprüfung; Auflistung der Gewährleistungsfristen. Da aber auch diese Tätigkeiten in die ordnungsgemäße Erstellung des Bauvorhabens eingebunden sind, war auf der Grundlage der Entscheidung des BGH auch hier Werkvertragsrecht zugrunde zu legen. Die Richtigkeit dieser Auffassung wurde auch durch die Rechtsprechung zur Übertragung von Teilleistungen im Rahmen einer sog. **Qualitätskontrolle** bestätigt. Wurden einem Auftragnehmer nur Teilleistungen aus dem Bereich der Objektüberwachung wie z. B. das Überwachen der Ausführung bestimmter Bauleistungen oder Bauabschnitte übertragen, so war die vertragliche Beziehung zwischen den Parteien dennoch als Werkvertrag einzustufen.[56] Dabei musste – trotz ausdrücklicher, abweichender Aufzählung der Leistungspflichten – die Tätigkeit nicht unbedingt auf den vertraglich ausdrücklich genannten Umfang beschränkt sein, wenn sich dies aus anderen vertraglichen Regelungen oder aus dem Gesamtzweck der Vereinbarung ergibt. Werden im Vertrag eine bestimmte Anzahl von Baustellenterminen bzw. -kontrollen vereinbart, dann kann es zur Haftung kommen, wenn im Rahmen dieser Baustellenbesuche dem Auftragnehmer hätte auffallen müssen, dass »eine Menge Fehler« aufgetreten sind.[57] Die Auslegung kann ergeben, dass außer den vereinbarten Leistungspflichten zusätzliche Pflichten zur Erreichung des Gesamterfolgs hinzutreten (dazu unten § 34 Rdn. 14 ff.). Im Übrigen war der Auftragnehmer auch in solchen Fällen zum Hinweis verpflichtet, wenn bestimmte Leistungen nötig sind, welche aber von seinem Leistungsumfang nicht umfasst sind. Abgesehen davon, dass es auf den konkreten Umfang der Leistungspflichten ankommt, ist auch im Rahmen des Verschuldens zu berücksichtigen, ob Anhaltspunkte für eine Feststellung des streitgegenständlichen Mangels durch den Auftragnehmer gegeben wa-

---

54 Zum Projektsteuerungsvertrag vgl. unten Rdn. 473 ff.; zur Rechtsnatur der Ingenieurverträge vgl. unten Rdn. 371 ff.; zur Projektentwicklung vgl. § 1 Rdn. 9.
55 Vgl. OLG Hamm BauR 1995, 579 = NJW-RR 1995, 400 zur Beratung wegen Mängelrechten.
56 BGH BauR 2002, 315 = NJW 2002, 749, auch zu einem vertraglichen Haftungsausschluss; OLG Brandenburg Urt. v. 14.10.2015 – 4 U 6/12 = BeckRS, 18208 = NJW-RR 2016, 215; OLG Düsseldorf BauR 2016, 1343 zur Beauftragung mit den »erforderlichen« Leistungen im Rahmen einer Baubegleitung; zu zahlreichen Fragen der baubegleitenden Qualitätskontrolle; zum Ganzen eingehend *Vygen*, FS Jagenburg, 2002, S. 933; *Neyheusel* BauR 2004, 401; *Röhrich* BauR 2004, 413; auch bei Dienstvertrag gilt die HOAI, vgl. § 1 Rdn. 4.
57 So OLG Brandenburg Urt. v. 14.10.2015 – 4 U 6/12 = BeckRS 2015, 18208 = NJW-RR 2016, 215 für den Fall, dass 10 Baustellenkontrollen in visueller Form vereinbart waren.

ren.[58] Haftungsbeschränkungen bzw. -ausschlüsse können im Ergebnis nicht dazu führen, dass die gesamte werkvertragliche, ergebnisorientierte Tätigkeit im rechtsfreien Raum erbracht wird.[59]

Der Architekt schuldet **nicht das Bauwerk als körperliche Sache**, sondern das Werk des Architekten setzt sich im Gegensatz zur Leistung des Bauunternehmers aus vielfältigen Einzelleistungen geistiger Art zusammen. Der Architekt hat eine technisch und wirtschaftlich **einwandfreie Planung** mit einem Leistungseinsatz zu erbringen, der unter Beachtung der im Verkehr erforderlichen Sorgfalt und entsprechend dem Stand der Technik auf die Verwirklichung der Planung in ein mangelfreies Bauwerk gerichtet ist. Wenn das Bauwerk selbst geschuldet wäre, müsste der Architekt für Mängel einstehen, die er auch bei sorgfältiger Überwachung nicht verhindern konnte. Neben dem Planungsergebnis schuldet der Architekt vermittels Vergabe-, Koordinierungs-, Überwachungs- und wirtschaftlicher Leistungen das **Bewirken der Entstehung** des Objekts. Auf diese globale Ergebnisorientierung ist der Architektenvertrag jedoch nicht beschränkt. Vielmehr enthält er zahlreiche »Einzelwerke« (vgl. dazu § 8 Rdn. 16 ff.). Welche Leistungspflichten den Architekten treffen, ist durch Auslegung der vertraglichen (auch mündlichen) Vereinbarungen zu ermitteln (vgl. dazu unten Rdn. 118 ff.). 37

Der Architektenvertrag, der Grundleistungen des § 15 zum Gegenstand hat, stellt **keinen Geschäftsbesorgungsvertrag** dar.[60] Der Architekt hat zwar auch die Vermögensinteressen des Auftraggebers zu wahren, d. h. für ihn kostengünstig zu bauen und sich im Rahmen des ihm an die Hand gegebenen Bauzuschnittes zu bewegen; er übt aber selbst keine selbstständige, vermögensnahe Tätigkeit für den Auftraggeber aus, soweit nicht entsprechende »Besondere Leistungen« hinzukommen. 38

b) Neues Recht nach BGB 2017 (§ 650o Abs. 1 BGB n. F.)

Die neue Bestimmung des § 650o Abs. 1 lautet folgendermaßen: 39

§ 650o. *Vertragstypische Pflichten aus Architekten- und Ingenieurverträgen* 40

(1) Durch einen Architekten- oder Ingenieurvertrag wird der Unternehmer verpflichtet, die Leistungen zu erbringen, die nach dem jeweiligen Stand der Planung und Ausführung des Bauwerks oder der Außenanlage erforderlich sind, um die zwischen den Parteien vereinbarten Planungs-und Überwachungsziele zu erreichen.

(2)...

---

58 Vgl. dazu OLG Brandenburg Urt. v. 14.10.2015 – 4 U 6/12 = BeckRS 2015, 18208 = NJW-RR 2016, 215 im Hinblick auf einen Fehler des Vermessungsingenieurs betreffend die Höhenlage eines Gebäudes, welcher ohne besondere Anhaltspunkte durch den Auftragnehmer nicht erkennbar war.
59 BGH BauR 2002, 315 = NJW 2002, 749; OLG Brandenburg NJW-RR 2016, 2015, auch zur Abnahme der Leistungen.
60 Vgl. BGHZ 45, 223.

Einleitung

41 Mit der neuen Vorschrift wird klargestellt, dass die von Abs. 1 erfassten Verträge dem Werkvertragsrecht zuzuordnen sind. Insoweit hat sich gegenüber der früheren Rechtslage (dazu oben Rdn. 34 ff.) nichts geändert. Das gilt auch insoweit, als ausnahmsweise Teilleistungen nur beauftragt werden, welche eindeutig dem Dienstvertragsrecht zuzuordnen sind und für die dann auch Dienstvertragsrecht anwendbar ist (vgl. oben Rdn. 36 und § 1 Rdn. 4).

42 Verträge sind nur dann und insoweit dem Architektenrecht zuzuordnen, als es um die Planung oder Überwachung eines »**Bauwerks**« oder einer »**Außenanlage**« geht. Auch insoweit hat sich gegenüber der bisherigen Rechtslage nichts geändert. Der konkrete Bauwerksbezug wird in aller Regel nicht nur bei Planungs- und Überwachungsleistungen im Architekten- oder Ingenieurbereich zu bejahen sein, sondern auch bei **gutachterlicher Tätigkeit**, sofern sie nicht allgemeiner Art, sondern z. B. im Hinblick auf den Baugrund oder im Hinblick auf bauphysikalische Erhebungen für ein einzelnes Objekt erstellt sind.[61]

43 Durch das Gesetz zur Reform des Werkvertragsrechts wurde der Architekten- und Ingenieurvertrag dem Werkvertragsrecht zugeordnet. Unter dem Begriff **Bauwerk** sind typischerweise Gebäude, Innenräume und Ingenieurbauwerke zu verstehen. Mit dem Begriff **Außenanlage** sind Freianlagen, Verkehrsanlagen aber wohl auch Technische Ausrüstung in Freianlagen und Ingenieurbauwerke in freier Landschaft gemeint.

44 Nach der Regelung des Abs. 2 sind zunächst die Planungs- und Überwachungsziele zu klären. Der Oberbegriff dürfte »**Leistungsziele**« sein. Darunter sind nicht die zu erbringenden Architekten- und Ingenieurleistungen oder deren Leistungsumfang zu verstehen, sondern die **Festlegung des Objekts** (Gebäude, Freianlage, Ingenieurbauwerk, Verkehrsanlage, mehrere solcher Objekte) und die **auszuführende Maßnahme** (Neubau, Umbau, Instandsetzung, Instandhaltung, Renovierung usw.) zu verstehen. Soweit diese Leistungsziele, bestehend aus Planungs- und Überwachungszielen, noch nicht feststehen, kann der Architektenvertrag bzw. Ingenieurvertrag auch mindestens teilweise unbestimmt sein.[62] Bis zur Vereinbarung der Leistungsziele ist nach der Rechtsprechung des BGH nur die Leistungsphase 1 wirksam beauftragt. Im Hinblick auf die weiteren Leistungen muss der Auftraggeber sein Leistungsbestimmungsrecht (§§ 315, 316 BGB) ausüben, falls sich die Vertragsparteien nicht einigen. Ob ein solches Leistungsbestimmungsrecht besteht, muss im Wege der Auslegung geklärt werden. Nach Werkvertragsrecht 2017 besteht ein Anordnungsrecht des Auftraggebers.[63] Die Beendigung der sog. Zielfindungsphase mit anschließendem Kündigungsrecht unterscheidet sich

---

61 Vgl. im einzelnen *Koeble* in Kniffka/Koeble, Kompendium, 12. Teil Rn. 2 ff. (6) und OLG Hamburg v. 04.07.2012 – 11 U 178/11 – NZB durch Beschl. des BGH v. 26.06.2014 – VII ZR 14/13 zurückgewiesen, betr. ein Schadstoffgutachten und dessen Abnahme.
62 BGH Urt. v. 23.04.2015 – VII ZR 131/13 = BauR 2015, 1352 = NZBau 2015, 429 für einen Architektenvertrag über vier Mietshäuser, bei denen noch nicht feststand, welches mit welchen Maßnahmen (Erweiterung, Umbau, Modernisierung, Instandhaltung/Instandsetzung) zu bearbeiten sein würde.
63 Vgl. dazu § 10 Rdn. 43 ff.

von der Rechtsprechung des BGH.[64] Vorzulegen ist eine **Kosteneinschätzung**, welche die Anforderungen nach DIN 276 nicht erfüllen muss, aber wohl meist als Kostenschätzung auszugestalten sein wird.

Mit der Definition des Architektenvertrages wurde gleichzeitig die Rechtsprechung und Literatur bestätigt, wonach mit den Leistungen nicht »vorgeprescht« (»vorgeprellt«) werden darf, sondern nur die jeweils nach dem **Stand der Planung** und Ausführung des Bauwerks **notwendigen Leistungen** zu erbringen sind.[65] 45

6. Zustandekommen, Inhalt und Umfang des Architektenvertrages

a) Ausdrückliche Beauftragung

Soweit der Architekt Vergütungsansprüche geltend machen will, muss er (mindestens) den Abschluss eines mündlichen Architektenvertrages darlegen und beweisen können. Der **ausdrückliche, mündliche** Vertragsabschluss (»... beauftrage ich Sie hiermit ...« und »... danke ich für den erteilten Auftrag ...«.) ist selten und er ist mit Zeugen nur sehr schwer zu beweisen. Er liegt z. B. bei Ausstellung einer Vollmacht durch den Auftraggeber vor; hier bezieht sich der Auftrag zumindest auf die in der Vollmacht enthaltenen Aufgaben.[66] Die Erklärung beider Parteien, bei einem bestimmten Projekt zusammenarbeiten zu wollen, dürfte im Normalfall für einen Teilauftrag ausreichen, nicht jedoch für die Übertragung der Vollarchitektur.[67] Im Normalfall wird es auch als Auftragserteilung auszulegen sein, wenn der Auftraggeber erklärt, es gehe jetzt los und es sollten Vorentwürfe und Entwürfe gefertigt werden.[68] Ein rechtsgeschäftliches Angebot des Bauherrn ist jedoch zu verneinen, wenn dieser darum bittet, dass unverbindlich die Vorstellungen für die Bebauung eines Grundstücks übermittelt werden sollen.[69] Besondere Bedeutung kommt der Thematik zu, wann durch konkludentes Verhalten die Annahme eines Angebots des Architekten zum Abschluss eines Architek- 46

---

64 Zur Zielfindungshase mit Sonderkündigungsrecht vgl. Einl. Rdn. 266 ff.
65 Vgl. dazu Einl. Rdn. 79.
66 KG BauR 1988, 624 = NJW-RR 1988, 21; a. A. für einen Sonderfall betr. eine Bauherrengemeinschaft und einen Bebauungsplan OLG München BauR 2009, 1461.
67 A. A. im Hinblick auf den Teilauftrag KG BauR 2001, 1929, welches dazu bei einem Honorarvolumen über 3.500.000 € zu Unrecht eine Vermutung für einen konkludent vereinbarten Schriftformvorbehalt annimmt.
68 A. A. allerdings OLG Düsseldorf BauR 2003, 1251 = NZBau 2003, 442 für den Fall, dass ein projektbeteiligter Dritter eine solche Erklärung abgegeben hatte, welche das OLG im Übrigen für zu allgemein hält; wie hier dagegen OLG München, Beschl. v. 18.11.2013 – 7 U 743/13 (NZB zurückgewiesen durch BGH vom 10.09.2015 – VII ZR 338/13), wonach die Worte »Legen Sie los, fangen Sie an« dann einen Auftrag bedeuten können, wenn der Architekt zuvor darauf hinweist, dass er für vom Bauherrn angesprochene Möglichkeiten der Nutzungsänderung eines Gebäudes keinen Auftrag hat.
69 LG Stendal NJW-RR 2000, 230.

Einleitung

tenvertrages anzunehmen ist (dazu Rdn. 47 ff.).[70] Davon zu unterscheiden ist die Problematik, dass der Auftraggeber zwar die Erteilung des Auftrags nicht bestreitet, jedoch behauptet, es sei Kostenlosigkeit vereinbart gewesen (dazu unten Rdn. 60 ff.). Verschiedentlich ist die Auftragserteilung auch von einer aufschiebenden Bedingung abhängig (dazu Rdn. 64). Streit gibt es häufig auch über den Inhalt und Umfang eines unstreitig mündlich erteilten Auftrages (dazu Rdn. 66 ff.). Von großer praktischer Bedeutung sind Fragen im Zusammenhang mit der stufenweisen und abschnittsweisen Beauftragung (dazu Rdn. 75 ff.). Ebenfalls im vertraglichen Zusammenhang häufig sind Probleme mit Vorverträgen und Rahmenverträgen (dazu Rdn. 82 ff.).

b) **Stillschweigende (konkludente) Beauftragung; Abgrenzung zur Akquisition; Abgrenzung zur Zielfindungsphase**

47 Der Architektenvertrag kann durch **konkludentes Verhalten** zustande kommen. Dieses kann die **Annahme** eines Angebots des Architekten auf **Abschluss** eines entgeltlichen Architektenvertrages bedeuten. Das gilt auch für **Zusatzaufträge** bzw. **Nachträge** zu einem bestehenden Architekten- oder Ingenieurvertrag.[71] Sowohl für den Abschluss eines Architektenvertrages als auch für die Beauftragung mit Zusatzleistungen kann ein wesentliches Auslegungsmerkmal sein, ob der Auftraggeber durch **Entgegennahme oder Verwertung** der Leistung schlüssig zu erkennen gibt, dass diese Architektenleistungen seinem Willen entsprechen. Die Abgrenzung zur **Akquisitionsphase** ist allerdings kompliziert (vgl. unten). Entsprechendes gilt für die Abgrenzung der Akquisitionsphase von der **Zielfindungsphase**.[72] Nach den Vorstellungen des Gesetzgebers sind die Leistungen in der Zielfindungsphase honorarpflichtig und damit rechtsgeschäftlich beauftragt. Im Ergebnis ist die Geschäftsbeziehung des Bauherrn zu Architekten und Ingenieuren damit dreistufig: Akquisitionsphase, Zielfindungsphase, Vertragsphase.[73]

48 Da der Architekt in der Regel entgeltlich tätig wird, liegt vor allem in der Verwertung einer Architektenleistung durch den Auftraggeber oftmals stillschweigend auch die Übernahme der Honorarzahlungspflicht. Dieser Gesichtspunkt ist bei der **Auslegung** zu berücksichtigen. Zusätzlich spielen **alle Umstände** des konkreten Falles eine Rolle.

---

70 Siehe auch *Fischer*, Architektenrecht für Praktiker, S. 21 ff.; *Morlock/Meurer*, Die HOAI in der Praxis, 7. Aufl., S. 7 ff.; *Wirth* in KMV Grdl. Rn. 122 ff.; *Motzke/Wolff*, Praxis der HOAI, S. 7 ff.; *Schwenker* in Thode/Wirth/Kuffer, Praxishandbuch Architektenrecht, § 4 Rn. 72 ff.; *Kniffka/Koeble*, Kompendium 12. Teil, Rn. 9 ff.
71 Vgl. BGH Urt. v. 09.02.2012 – VII ZR 31/11 Ziff. 21 = BauR 2012, 829 = NJW 2012, 1792 mit Anm. *Preussner* = NZBau 2012, 298 für den Fall, dass ein Tragwerksplaner neben der beauftragten Gebäudestatik noch die statische Berechnung für eine zusätzliche Stützmauer zu erbringen hat; OLG München Urt. v. 28.09.2010 – 28 U 2119/10 mit NZBau des BGH vom 26.04.2012 – VII ZR 177/10; zu den Schwierigkeiten und Anforderungen bezüglich der Darlegung von Zusatzaufträgen neben einem schriftlichen Vertrag für den Leistungsinhalt bei Innenräumen (Raumbildender Ausbau) vgl. OLG Düsseldorf BauR 2015, 2003 = NJW-RR 2015, 213.
72 Vgl. zur Zielfindungsphase und zum Sonderkündigungsrecht im Einzelnen unten Rdn. 266 ff.
73 Vgl. dazu unten Rdn. 266 ff.

Einleitung

Nur im Rahmen einer **Gesamtwürdigung** kann entschieden werden, ob in der Verwertung oder Entgegennahme von Architektenleistungen eine Auftragserteilung zu sehen ist.[74] Die bloße Tatsache, dass der Architekt Leistungen erbracht hat, genügt jedenfalls dann nicht, wenn der Auftraggeber einen rechtsgeschäftlichen Auftrag bestreitet und die Parteien später einen schriftlichen Vertrag noch abschließen wollten.[75] Andererseits scheitert der Abschluss eines Architektenvertrages selbstverständlich nicht daran, dass eine Honorarvereinbarung fehlt,[76] es sei denn, dass die Parteien noch eine Honorarvereinbarung treffen wollten (vgl. § 7 Rdn. 66 ff.). Im Rahmen der Auslegung sind insbesondere Umstände zu berücksichtigen, die eine **Entgegennahme oder Verwertung** der Leistungen dokumentieren. Zu berücksichtigen sind **sämtliche weiteren Umstände**, die für die Entscheidung eine Rolle spielen, ob **reine Akquisition** oder **rechtsgeschäftliche Beauftragung** vorliegt, weshalb alleine mit Faustformeln nicht gearbeitet werden kann.[77] In Zweifelsfällen wird man nicht davon ausgehen können, dass eine rechtsgeschäftliche Beauftragung vorliegt, weil der beiderseitige rechtsgeschäftliche Bindungswille in irgendeiner Form aber im Ergebnis klar zum Ausdruck kommen muss. Erfahrungsgemäß gibt es die Situation, dass eigentlich vergütungspflichtige Leistungen in einem vorvertraglichen Stadium bereits erbracht wurden.[78] Sämtliche Umstände des Einzelfalls sind also zu berücksichtigen und im Rahmen der Entscheidung miteinzubeziehen. Auch die Kenntnis des Architekten, dass die Finanzierung bei einem Großprojekt noch nicht gesichert ist, spricht gegen einen Bindungswillen des Auftraggebers; Gleiches gilt auch, wenn der Architekt einer Erklärung des Auftraggebers, wonach erst bei erfolgreicher Suche eines In-

---

74 Aus der neueren Rechtsprechung z. B. OLG Celle BauR 2016, 1202 betreffend alle Umstände und ggf. Dokumente sowie eine Gesamtwertung, wobei auch fehlende Vorbehalte des Bauherrn bei der Entgegennahme von Leistungen von Bedeutung sein können; vgl. zum Ganzen grundlegend. *Berger* in FBS, 1. Teil Rn. 26 ff.; *Koeble* in: *Kniffka/Koeble*, Kompendium, 12. Teil Rn. 14 ff.; *Locher*, Das private Baurecht, Rn. 355; *Löffelmann/Fleischmann*, Rn. 848; *Morlock/Meurer*, Die HOAI in der Praxis, S. 7 ff.; *Motzke/Wolff*, Praxis der HOAI, Rn. 7 ff.; *Rodemann* in *TWK § 4 Rn. 95 ff.; Werner* in *Werner/Pastor*, Rn. 624 ff.; *Orlowsky*, BauR 2012, 1550.
75 BGH BauR 1997, 1160 = NJW 1997, 3017 = ZfBR 1997, 305; OLG Hamm BauR 2010, 239; OLG Hamm BauR 2010, 1782 = NJW-RR 2010, 1319; OLG Düsseldorf BauR 2003, 1251 = NZBau 2003, 442 für einen Fall des bloßen Tätigwerdens, ohne dass Leistungen verwertet wurden; OLG Schleswig BauR 2009, 996.
76 Thür.OLG Jena VergabeR 2004, 1006 m. Anm. *Voppel.*.
77 Entgegen *Berger*, FBS, 1. Teil Rn. 42 wurde hier noch nie mit Faustformeln gearbeitet, sondern stets und mehrfach darauf hingewiesen, dass alle Umstände des Einzelfalles zu berücksichtigen sind; die Entgegennahme oder Verwertung können aber sehr wohl von ausschlaggebender Bedeutung sein, wenn sie einzigen Auslegungsmerkmale sind.
78 Gegen die Annahme einer »Akquisitionsphase« *Keldungs*, FS Kapellmann, 2007, S. 179, wonach es Akquisition im Wesentlichen nur bei Großbauvorhaben und dann geben soll, wenn Architekten auf Bauherren zugehen; zur Abgrenzung zwischen Akquisition und Auftrag; vgl. auch OLG Koblenz NZBau 2006, 184, wobei es im entschiedenen Fall aber in erster Linie um die Bestimmtheit einer vorvertraglichen Vereinbarung ging; dazu unten Rdn. 82; OLG Düsseldorf BauR 2012, 119 zu den Voraussetzungen des Auftrags.

Einleitung

vestors Zahlungen geleistet werden sollen, nicht widerspricht.[79] Zu berücksichtigen sind auch Umstände, die während der Anfangsphase noch einer Realisierung des Projektes entgegenstehen oder diese unsicher machen.[80] Andererseits können aber auch im Einzelfall der große Umfang und die lange Zeitdauer der Erbringung von Architektenleistungen für den konkludenten Abschluss eines entgeltlichen Architektenvertrages sprechen.[81] Eine besondere Situation ergibt sich immer dann, wenn im Rahmen von Architekten-Wettbewerben der Auftraggeber eine **Überarbeitung der Wettbewerbsaufgabe** von einem oder mehreren Wettbewerbern verlangt. Soweit die VOF zugrunde liegt, kann sich hier ein Vergütungsanspruch des Auftragnehmers aus § 20 Abs. 3 VOB 2009 (§ 24 Abs. 3 VOF 2006) ergeben. Voraussetzung für eine Vergütungspflicht ist danach, dass »Lösungsvorschläge für Planungsleistungen angefordert« werden und dass es sich insoweit auch um eine qualitativ und quantitativ höherwertige Leistung als eine branchenübliche Bewerbungsleistung handelt.[82] Soweit die VOF nicht zugrunde liegt, kann sich aber auch im Wege der Auslegung ergeben, dass die Anforderung einer Überarbeitung vergütungspflichtig ist.

49   Noch nicht höchst richterlich geklärt ist, ob für die **Akquisitionsphase** statt Kostenlosigkeit eine **Aufwandsentschädigung** wirksam vereinbart werden kann. In der Rechtsprechung wird dies z. T. bejaht mit dem Hinweis, dass statt Kostenlosigkeit auch eine gewisse Kompensation für den Leistungsaufwand vereinbart werden könne.[83] Das dürfte jedoch deshalb nicht zutreffend sein, weil nur die Alternative zwischen von der HOAI erfasster, entgeltpflichtiger Architektenleistung einerseits und kostenloser Architektenleistung andererseits besteht, weshalb andernfalls der Mindestpreischa-

---

79   OLG Düsseldorf NZBau 2009, 457.
80   So OLG Frankfurt Urt. v. 07.12.2012 – 10 U 183/11 für den Fall, dass die Realisierung eines Großprojektes noch nicht gesichert war, der Architekt aber schon umfangreiche Leistungen erbrachte hatte.
81   OLG Frankfurt NZBau 2012, 505 für den Fall, dass ein Architekt für acht städtebauliche Großprojekte nach Aufforderung des Bürgermeisters über einen Zeitraum von eineinhalb Jahren Leistungen erbracht hat, die mehrere Aktenordner füllen; zur Frage der »Form« eines Architektenvertrages mit einer Gemeinde vgl. unten Rdn. 97.
82   OLG Koblenz Urt. v. 06.07.2012 – 8 U 45/11 = BeckRS 2012, 19656 = ZfBR 2012, 830; OLG München VergabeR 2016, 127 betr. § 20 Abs. 3 VOF a. F. als eigene Anspruchsgrundlage; zur VergabeVO, die eine solche Vorschrift nicht enthält, vgl. *Stolz* VergabeR 2016, 351 (363) und *Schmeer/Heller* VergabeR 2016, 1 ff.; *Motzke* NZBau 2016, 603; soweit eine Entschädigung im Vergabeverfahren verjährt ist, kann der AN kein Honorar nach HOAI beanspruchen: BGH Urt. v. 19.04.2016 – X ZR 77/14 = NZBau 2016, 368, vgl. § 7 Rdn. 8. *Orlowsky* BauR 2012, 1550, wonach dies auch für ausländische Architekten und auch soweit der Tafelhöchstwert überschritten ist, gelten soll; *Weyand*, Vergaberecht, 4. Aufl., Teil 5 Rn. 21.
83   OLG München BauR 2006, 1491 mit NZB des BGH, wonach bei Unklarheit darüber, ob im Hauptauftraggeber einen Auftrag erteilen wird, bei einem Großprojekt, dessen Verwirklichung noch nicht klar war, eine Aufwandsentschädigung wirksam vereinbart werden kann; ebenso OLG Jena Urt. v. 08.01.2014 – 2 U 156/13 = IBR 2014, 278 = NJW 2014, 2510 m. abl. Anm. *Wessel*, wonach während der Akquisitionsphase eine freie Honorarvereinbarung auch unterhalb der Mindestsätze möglich sein müsse.

rakter der HOAI durch Vereinbarungen jeder Art ausgehebelt werden könnte.[84] Möglich ist sicherlich die Erstattung von Auslagen bzw. Nebenkosten i. S. § 14, weil es sich diesbezüglich nicht um Honorar, sondern um sonstige Entgeltsbestandteile handelt und der Mindestpreischarakter nur für das Honorar gilt (vgl. § 1 Rdn. 34). Dagegen lassen sich Honorarvereinbarungen nicht mit dem Argument halten, es finde sozusagen ein privater Wettbewerb statt, welcher ja außerhalb der HOAI steht und deshalb dem Mindestpreischarakter nicht unterliege.[85] Ist nämlich nur ein Architekt beteiligt, dann findet kein »Wettbewerb« statt, weil dieser Konkurrenz voraussetzen würde. Vielmehr geht es entweder um Bewerbung oder um einen Auftrag.

Mit der **Verwertung** der Architektenleistung dokumentiert der Auftraggeber in der Regel seinen rechtsgeschäftlichen Willen zur Beauftragung. Die Benutzung oder der Einsatz von Architektenleistungen ist auch nach den Vorstellungen der Bevölkerung kostenpflichtig. Es sind aber auch diesbezüglich noch alle Umstände des konkreten Falles zu berücksichtigen.[86] Als Verwertung der Leistung kommen zahlreiche **Sachverhalte** in Frage: die Unterschrift des Bauherrn unter Pläne, unter eine Bauvoranfrage oder unter ein Baugesuch bedeutet im Allgemeinen die Verwertung der Leistung. Mit der Einreichung einer Bauvoranfrage oder gar eines Baugesuchs durch den Bauherrn werden die dafür notwendigen Planungsunterlagen verwertet.[87] Die Weiterleitung der Vorplanung seitens des Bauherrn an den Grundstücksnachbarn, um dessen Zustimmung zum Bauvorhaben herbeizuführen, ist ein Fall der Verwertung,[88] ebenso wie die Nutzung der Pläne im Rahmen der Vermarktung eines Objekts.[89] Fordert der Auftraggeber vom Architekten eine Grundlagenermittlung und Vorplanung, um einem Investor ein Angebot unterbreiten zu können, dann kann diese Leistung auch dann vergütungspflichtig sein, wenn der Auftrag für das gesamte Investitionsprojekt erst noch zurückgestellt worden war.[90] Umgekehrt kann noch nicht zwingend auf einen Auftrag durch ein Projektteam geschlossen werden, wenn dieses bei der Präsentation von Ideen des Architekten diese

50

---

84 Ebenso *Wesse*l NJW 2014 in Anm. zu OLG Jena NJW 2014, 2510.
85 So *Rodemann*, TGW, § 4 Rn. 109 f; zur Frage der Honorierung bei Wettbewerben vgl. § 7 Rdn. 8 und 128.
86 Vgl. oben Rdn. 47.
87 OLG Saarbrücken NJW-RR 1999, 1035; OLG Stuttgart BauR 2005, 1202 = NZBau 2005, 350, auch für den Fall, dass das Grundstück noch nicht erworben wurde; vgl. aber OLG Hamm BauR 2001, 1466 = ZfBR 2001, 329 für den Sonderfall, dass sich beide Parteien noch gemeinsam um einen Großauftrag des Hauptauftraggebers bemühten und unklar war, wer Vertragspartner werden sollte. Letzteres dürfte aber nicht ausschlaggebend sein, weil sich mit der Verwertung der Leistung die Vertragspartnerschaft konkretisieren kann; vgl. auch OLG Frankfurt BauR 2004, 112, welches trotz Einreichung einer Bauvoranfrage und der Unterschrift unter eine Vollmacht die Vertragspartnerschaft verneinte, weil hier Umstände vorlagen, die für eine Auftragserteilung durch einen Dritten sprachen; OLG Hamm BauR 2008, 2062 = NZBau 2009, 48 m. NZB des BGH vom 13.03.2008 – VII ZR 208/06 – betreffend die Einreichung eines Bauantrags.
88 OLG Frankfurt NJW-RR 1987, 535.
89 KG NZBau 2005, 522.
90 OLG Frankfurt BauR 2006, 1922 m. NZ-Beschluss des BGH.

gut findet und Änderungs- bzw. Verbesserungsvorschläge macht.[91] Verwendet der Bauherr die vom Auftragnehmer vorgelegten Pläne für Verhandlungen mit Behörden und/oder Mietinteressenten, dann kann er sich auch dann nicht auf reine Akquisition berufen, wenn der Auftragnehmer sich später an einer Art privatem Wettbewerb mehrerer Architekten oder Ingenieure beteiligt.[92] Die Entgegennahme von Ausführungsplänen, mit denen gebaut werden soll, vor allem aber auch deren Übergabe an am Bau Beteiligte oder an Ingenieure genügt für die Beauftragung[93] ebenso wie die Verwendung von Ausschreibungsunterlagen,[94] ebenfalls die Leistung von Abschlagszahlungen mit oder ohne entsprechende Anforderung.[95] In solchen Fällen der Verwertung ändert es am konkludenten Vertragsabschluss nichts, wenn zuvor der Auftraggeber das Angebot des Architekten auf Abschluss eines schriftlichen Architektenvertrages nicht angenommen hat.[96]

51 Im Ausnahmefall kann aber die Verwertung nicht als **Indiz für den rechtsgeschäftlichen Bindungswillen** des Bauherrn gewertet werden. Das gilt z. B. sogar für die Einreichung einer Bauvoranfrage, wenn die Parteien später noch einen schriftlichen Architektenvertrag nach Durchführung der Bauvoranfrage abschließen wollten und der Auftraggeber behauptet, die Leistungen sollten bis zu diesem Zeitpunkt kostenlos sein.[97] Ebenso können noch keine Rückschlüsse auf den Auftragswillen des Bauherrn gezogen werden, wenn er eventuell das Grundstück verkaufen wollte und der Architekt hier noch vom Erwerber einen lukrativen Auftrag hätte erhalten können.[98] Für die Verwertung genügt es aber, wenn auf der Grundlage der Architektenleistung eine Entscheidung getroffen wird. Eine Verwertung von Architektenleistungen liegt auch dann vor, wenn der Bauherr davon eine Entscheidung abhängig macht: Entschließt sich der Bauherr nach Vorliegen einer Kostenberechnung, das Objekt nicht zu bebauen oder nicht zu erwerben, so ist hinsichtlich der erbrachten Architektenleistungen ein Architektenvertrag zustande gekommen. Entsprechendes gilt auch dann, wenn sich der Bauherr auf der Basis einer Objektbeschreibung oder Kostenermittlung entschließt, billiger oder anders zu bauen. Auch die Verwendung einer Kostenermittlung des Architekten für Finanzierungszwecke[99] stellt eine Verwertung von Architektenleistungen dar. Gleiches gilt, wenn der Auftraggeber das Ergebnis einer Bauvoranfrage hinsichtlich der Art und des Maßes der baulichen Nutzung eines Grundstücks im Rahmen seiner Werbung

---

91 OLG Düsseldorf NZBau 2009, 457.
92 OLG Düsseldorf BauR 2002, 1726.
93 Vgl. BGH BauR 1985, 582 = NJW-RR 1986, 18.
94 OLG Karlsruhe BauR 2009, 1170.
95 Vgl. BGH a. a. O. und OLG Hamm BauR 2010, 1782 = NJW-RR 2010, 1319.
96 OLG Naumburg Urt. v. 10.02.2012 – 10 U 2/11 mit NZB des BGH vom 11.10.2013 –VII ZR 89/12.
97 BGH BauR 1997, 1060 = NJW 1997, 3077 = ZfBR 1997, 305; vgl. auch OLG Schleswig BauR 2009, 996 für den Fall, dass noch kein schriftlicher Vertrag abgeschlossen werden sollte, sowie OLG München BauR 2009, 1461.
98 OLG Hamm NJW-RR 1996, 83.
99 Z. B. Verhandlungen mit den Banken oder zur Erlangung öffentlicher Mittel oder von Steuervorteilen.

für den Verkauf eines Grundstücks oder Objekts benutzt. Leistet der Auftraggeber Abschlagszahlungen an den Architekten oder nimmt er Ausführungspläne entgegen, mit denen gebaut werden soll, so dokumentiert er hiermit ebenfalls den Abschluss eines Architektenvertrages.[100] Die Verwertung genügt selbst dann, wenn unklar war, wer Vertragspartner werden sollte, weil dadurch die Konkretisierung erfolgt.[101] Im Einzelfall kann auch von Bedeutung sein, ob der Auftraggeber das zu bebauende Grundstück bereits erworben hat oder ob dies erst noch geschehen soll. Vor allem bei privaten Auftraggebern ist bei noch nicht erfolgtem Grundstückserwerb der rechtsgeschäftliche Bindungswille – über die konkret erforderlichen Leistungen hinaus – regelmäßig zu verneinen.[102] In diesem Zusammenhang kann als Auslegungsmerkmal auch eine entscheidende Rolle spielen, ob die Verwirklichung des Projekts noch unklar war.[103] Letzteres ist auch bei größeren Bauvorhaben ein wesentliches Merkmal dafür, ob und in welchem Umfang überhaupt Architektenleistungen beauftragt wurden[104]

Bei der bloßen **Entgegennahme von Architektenleistungen** besteht noch keine Vermutung für den Abschluss eines rechtsgeschäftlichen Vertrages. Vielmehr sind hier sämtliche Umstände sorgfältig zu würdigen. Im Rahmen einer Abwägung kann z. B. eine Rolle spielen, ob die Initiative vom Bauherrn ausgegangen ist und ob dieser schriftliche Vorgaben für den Auftragnehmer gemacht hat.[105] Ein Architektenvertrag kommt allerdings noch nicht allein dadurch zustande, dass ein Architekt von sich aus einer Stadtverwaltung einen Entwurf unterbreitet und diese auf seinen Wunsch hin mit ihm die Möglichkeit einer Realisierung erörtert.[106] Anders ist es, wenn ein privater oder öffentlicher Auftraggeber einen Architekten ohne weitere Absprache einfach tätig werden lässt und die Leistung dann tatsächlich in Anspruch nimmt oder auf andere Weise dokumentiert, dass er mit ihr einverstanden ist.[107] Angesichts der »Formvorschriften« des Kommunalrechts kann die konkludente Auftragserteilung im Einzelfall zu verneinen sein.[108]

52

---

100 BGH BauR 1985, 582 [583] = NJW-RR 1986, 18 = ZfBR 1985, 222 [223].
101 A. A. OLG Frankfurt BauR 2004, 112 und OLG Hamm BauR 2001, 1466 = ZfBR 2001, 329 für den Sonderfall, dass sich beide Parteien noch gemeinsam um einen Großauftrag bemüht hatten.
102 Vgl. OLG Celle BauR 2004, 361.
103 OLG Frankfurt NZBau 213, 311.
104 Vgl. OLG Jena Urt. v. 19.12.2014 – 1 U 509/14 mit NZB des BGH vom 08.10.2015 – VII ZR 18/15, wobei allerdings im Einzelfall zu klären ist, ob nicht mindestens Teilleistungen bis zur Entscheidung des Bauherrn, ob und in welchem Umfang gebaut werden soll, beauftragt sind.
105 OLG Celle NZBau 2004, 683, wonach aber zutreffenderweise auch zu berücksichtigen ist, dass der Architekt dann erst dreieinhalb Jahre später – ohne sinnvolle Erklärung – seine Rechnung erstellt hat.
106 So mit Recht OLG Oldenburg NJW-RR 1987, 1166 = BauR 1988, 620.
107 LG Amberg SFH Nr. 14 zu § 632 BGB.
108 Vgl. OLG Dresden BauR 2001, 1769; ferner unten Rdn. 95 ff. und § 7 Rdn. 47 ff.

Einleitung

53 Die **Grenze zwischen Auftrag und Akquisition** kann nicht generell festgelegt werden.[109] Notwendig ist ferner, dass die erbrachten Leistungen von einigem Gewicht sind. So kann für die stillschweigende Vereinbarung einer Vergütung eine erhebliche Rolle spielen, wie viele Besprechungen mit anderen Partnern stattgefunden haben und auch wie umfangreich die Beratungsleistungen für das in Aussicht genommene Bauprojekt waren.[110] Allerdings reichen umfangreiche Architektenleistungen für sich alleine noch nicht aus, um eine Vermutung für den Abschluss eines Vertrages anzunehmen.[111] Es bedarf im Einzelfall der **Auslegung** anhand der **gesamten Umstände**. Die standesrechtliche Pflicht, gegen Entgelt tätig zu werden, gibt keinen sicheren Anhalt, weil kostenlose Tätigkeit – wenn auch verbotenermaßen – doch gelegentlich vorkommt. Ganz sicher ist von einem rechtsgeschäftlichen Auftrag auszugehen, wenn der Architekt durch Urkunden (z. B. Zeichnungen, Vergabeunterlagen, Abrechnungsschreiben, Rechnungsprüfungsunterlagen) nachweist, dass er Leistungen aus den Leistungsphasen 6–8 erbracht hat.[112] Eine Vermutung für einen rechtsgeschäftlichen Auftrag ist jedenfalls dann anzunehmen, wenn der Bauherr Leistungen aus Leistungsphasen 1 – 6 entgegengenommen hat, weil so weitgehende Leistungen auch für nicht sachkundige Bauherren erkennbar auf rechtsgeschäftlicher Basis erbracht werden.[113] Auch das Abverlangen und/oder Entgegennehmen von Leistungen aus Leistungsphase 5 Ausführungsplanung reicht dafür im Normalfall aus. Entsprechendes gilt auch für die Leistungen aus der vollständigen Genehmigungsplanung.[114] Auch privaten Bauherren dürfte im Normalfall klar sein, dass die Entgegennahme und erst recht die Verwertung eines vollständigen Baugesuchs mit allen bis dahin notwendigen Planungsleistungen nur auf vertraglicher Grundlage geschehen sein kann. Allerdings ist einschränkend hinzuzufügen, dass gegen diese Annahme auch erhebliche Umstände sprechen können und – wie in allen Fällen – sämtliche Umstände im Rahmen der Auslegung zu berücksichtigen sind.[115] Ein Auftrag wird meist sogar schon dann anzunehmen sein, wenn der Architekt mit Willen des Bauherrn Leistungen der Entwurfsplanung (Leistungsphase 3) erbringt.[116] Dagegen muss dies bei lediglich vorbereitender Tätigkeit (Leistungsphase 1) in aller Regel verneint werden, zumal dann, wenn die Verwirklichung des Objekts

---

109 Gegen die sog. »Akquisitionsphase« vgl. *Keldungs*, FS Kapellmann, 2007, S. 179.
110 Vgl. OLG Düsseldorf Urt. v. 24.05.2006 – 15 U 43/05, wonach auch langjährige Freundschaft der Parteien in einem solchen Fall nicht für Unentgeltlichkeit spricht.
111 OLG Frankfurt NZBau 2013, 311.
112 So mit Recht OLG Celle BauR 2004, 1969, wonach dann das bloße Bestreiten des Bauherrn und die Behauptung der Unentgeltlichkeit nicht ausreichen.
113 OLG Brandenburg NZBau 2011, 627 = NJW-RR 2011, 1393.
114 A. A. sogar im Hinblick auf Leistungsphasen 1 – 4 OLG Celle BauR 2010, 926; OLG Celle Urt. v. 26.10.2011 – 14 U 54/11 = Analyse *Koeble* auf www.jurion.de/Modul Werner Baurecht.
115 Vgl. OLG Celle Urt. v. 26.10.2011 – 14 U 54/11 – BauR 2012, 527 = NJW-RR 2012, 21 = Analyse *Koeble* auf www.jurion.de/Modul Werner Baurecht, für einen Fall, in dem schon Leistungen aus Leistungsphase 4 erbracht waren, aber sich ein entgegenstehender Parteiwille aus den Umständen ergab.
116 Vgl. OLG Hamm BauR 1990, 636 = NJW-RR 1990, 91.

Einleitung

noch nicht feststeht.[117] Ist sich der Bauherr erklärtermaßen noch nicht schlüssig, ob und ggf. in welchem Umfang er investieren will, dann ist vor allem bei größeren Bauvorhaben mit Baukosten von beispielsweise 2.500.000 € bis 7.500.000 € auch bei Teilleistungen aus Leistungsphase 2 noch von Akquisition auszugehen.[118] Anderes gilt dann, wenn die Architektenleistungen in einem solchen Fall – z. B. durch Abstandnahme vom Projekt auf der Grundlage einer Kostenermittlung – verwertet werden (vgl. oben Rdn. 50). Sind Leistungen der Vorplanung (Leistungsphase 2) erbracht worden, kommt es auf deren Umfang und die sonstigen Umstände an. Liegen keine sonstigen Umstände vor, dann dürfte die Entgegennahme der vollständigen Leistungen aus Grundlagenermittlung und Vorplanung (Leistungsphasen 1 + 2) im Regelfall als konkludente Auftragserteilung anzusehen sein.[119] Ob die vom Bauherrn entgegengenommenen Leistungsphasen 1 und 2 für eigene Baumaßnahmen bestimmt sind oder diesem für ein Vermietungsangebot an einen Dritten dienen, ist unerheblich.[120] Gibt es dagegen besondere Umstände, dann kann sowohl in einem früheren Stadium bereits der Auftrag erteilt sein als auch bei vollständiger Erbringung der Leistungen aus der Vorplanung der Auftrag noch zu verneinen sein. So wird man noch von Akquisition bei Beauftragung mit einer Bauvoranfrage ausgehen müssen, wenn der Eigentümer erklärtermaßen verkaufen will und der Architekt hier später noch einen lukrativen Auftrag erhalten könnte.[121] Umgekehrt könnte eine rechtsgeschäftliche Beauftragung schon zu einem früheren Stadium zu bejahen sein, wenn die Umstände dafür sprechen.[122] Lautete der Auftrag, die Bebauungsmöglichkeiten zu klären, dann können die Leistungen aus Leistungsphase 1 hierfür ggf. ausreichen und es spricht noch nicht für eine konkludente Beauftragung, wenn der Bauherr dann die per Fax übermittelten Vorplanungsleistungen (Leistungsphase 2) entgegennimmt.[123] Nicht über das Akquisitionsstadium hinaus geht ein Auftrag, der Architekt möge ein Honorarangebot abgeben, auch dann, wenn dazu erhebliche Vorarbeiten[124] notwendig sind.[125]

---

117 KG BauR 1988, 621.
118 OLG Düsseldorf NJW-RR 2000, 19 = NZBau 2000, 253.
119 Ebenso OLG München BauR 1996, 417 = NJW-RR 1996, 341 betreffend die Beauftragung mit »Entwürfen für eine mögliche Bebauung«, wobei die Leistungsphasen 1 und 2 gemeint waren; ebenso OLG Koblenz BauR 1996, 888 = NJW-RR 1996, 1045 für »Vorarbeiten«; vgl. aber OLG Düsseldorf BauR 2003, 1251 = NZBau 2003, 442 einschränkend bei Vorliegen zusätzlicher Umstände und OLG Schleswig BauR 2009, 996 = Analyse *Koeble* auf www.jurion.de/Modul Werner Baurecht, wenn Ziel der Abschluss eines Generalunternehmervertrages ist.
120 Auch dann ist von entgeltlicher Beauftragung auszugehen: OLG Düsseldorf NJW-RR 1998, 1317.
121 OLG Hamm NJW-RR 1996, 83.
122 OLG Stuttgart BauR 1997, 681.
123 BGH BauR 1999, 1319 = NJW 1999, 3554, wonach dann zu klären ist, ob der Auftrag, die Bebauungsmöglichkeiten zu ermitteln, im Hinblick auf die dafür notwendigen Leistungen untersucht werden muss.
124 Z. B. eine Bestandsaufnahme.
125 OLG Köln NJW-RR 1998, 309.

54 Die **Schwelle** für die Annahme einer vergütungspflichtigen Leistung kann **höher** sein bei **Freundschaft** oder **Verwandtschaft**[126] und **Mitgliedschaft** in einem Verein.[127] Handelt es sich aber um eine umfangreiche Tätigkeit, dann spricht auch langjährige Freundschaft der Parteien nicht für eine rein akquisitorische Beziehung.[128] Ebenfalls eine höhere Schwelle ist anzusetzen für direkte Vertragsbeziehungen **im Dreiecksverhältnis**. Nimmt ein Dritter die Leistungen eines im fremden Vertragsverhältnis stehenden Architekten in Anspruch, dann werden dadurch nicht von vornherein zusätzliche Vertragsbeziehungen begründet.[129] Nur bei Vorliegen besonderer Umstände, wie z. B. der Verhandlung über ein gesondertes Honorar, direkter Beauftragung mit umfangreichen Leistungen und deren Verwertung, werden zusätzlich Vertragsbeziehungen hier geschaffen. Das gilt sowohl dann, wenn Auftraggeber des Architekten ein Wohnungsbauunternehmen ist und der Bauherr »Sonderwünsche« planen lässt, als auch dann, wenn der eigentliche Bauherr einen Generalplaner beauftragt hat und dann aber direkt mit dem Subplaner Einzelheiten abspricht. Besondere Probleme ergeben sich auch dann, wenn zwar nicht ein vertragliches Dreiecksverhältnis besteht, jedoch **mehrere** (juristische) **Personen als Auftraggeber** in Frage kommen. Hier muss im Einzelfall neben der Verwertung oder Entgegennahme der Leistung dargetan werden, weshalb gerade der in Anspruch Genommene den Auftrag erteilt haben soll.[130] Die Entgegennahme oder Verwertung von Architekten- und Ingenieurleistungen ist auch dann nicht von vornherein als konkludente Auftragserteilung anzusehen, wenn es einen schriftlichen Vertrag gibt, in dem die Leistungsinhalte genau definiert sind. Der Vertrag enthält zunächst eine Vollständigkeitsvermutung, und zwar auch im Hinblick auf weitere, bereits vorher erbrachte bzw. beauftragte Leistungen.[131] Sodann müssen die Leistungen für den konkreten Bauherrn erkennbar aus dem vertraglichen Rahmen herausfallen, wenn man aus seiner Entgegennahme bzw. Verwertung einen Rechtsbindungswillen folgern will.

55 Der konkludente Abschluss eines Architektenvertrags ist allerdings ohne Vorliegen besonderer Umstände im Normalfall zu verneinen, wenn ein Architekt Architektenleistungen als Angestellter oder Geschäftsführer eines **Bauträgers** bzw. **Generalunternehmers** erbringt und später gar kein Architektenvertrag, sondern ein Baubetreuungs-, Bauträger- oder Generalunternehmervertrag o. Ä. abgeschlossen werden soll.[132] Dies

---

126 Vgl. OLG Oldenburg BauR 1984, 541.
127 Vgl. OLG Köln OLGZ 1990, 233; ferner Rdn. 58.
128 OLG Düsseldorf Urt. v. 24.05.2006 – 15 U 43/05 – für den Fall, dass bei einem Bauobjekt im zweistelligen Millionenbereich 39 Besprechungen mit anderen Partnern stattgefunden haben und umfangreiche Beratungsleistungen erbracht worden waren.
129 OLG München BauR 1996, 417 = NJW-RR 1996, 341; OLG Nürnberg BauR 2013, 1694 für einen Bebauungsplan.
130 Vgl. zu einem solchen Fall OLG München BauR 1996, 417 = NJW-RR 1996, 341; OLG Frankfurt BauR 2004, 112; eine unklare Situation auf Auftraggeberseite kann auch für Akquisition sprechen, vgl. dazu OLG Celle BauR 2004, 361, OLG Frankfurt NZBau 2013, 313 und oben Rdn. 52.
131 OLG Hamm BauR 2010, 239.
132 Ebenso OLG Hamm BB 1993, 1618 = NJW-RR 1993, 1368 = ZfBR 1993, 279 für Leistungen aus den Leistungsphasen 1 und 2; OLG Frankfurt BauR 1992, 798 für die Herstel-

Einleitung

gilt auch für den **Architekten**, der **baugewerblich tätig** ist und neben seiner Tätigkeit für ein Wohnungsbauunternehmen oder ein gewerbliches Bauunternehmen noch ein eigenes Architekturbüro hat. In allen diesen Fällen muss der Architekt oder der GU klarstellen, dass er »als Architekt« die Leistungen erbringt. Einer Klarstellung bedarf es nicht, wenn der Bauherr in diesen Fällen die Doppelstellung des Architekten kennt oder von vornherein dessen Architekturbüro in Anspruch nimmt. Fehlt es am klaren Auftrag für Architektenleistungen, dann gehören die Grundlagenermittlung und Vorplanung zur Akquisition.[133] Geht die Architektentätigkeit in allen diesen Fällen jedoch über die Anfertigung von Strichskizzen oder Vorplanungsleistungen insgesamt hinaus oder verwertet der Auftraggeber die Leistungen gar, so ist auch beim Baubetreuer, Bauträger, Generalunternehmer oder baugewerblich tätigen Architekten ein Vergütungsanspruch zu bejahen, wenn die Schwelle der Akquisition für den Bauherrn erkennbar überschritten ist.[134] Aus den oben genannten Gründen kann z. B. ein **Bauunternehmer** keinen Anspruch auf Planungshonorar geltend machen, wenn er zwar Planungsleistungen erbringt, jedoch der Abschluss eines Bauvertrags vorgesehen war.[135] Die Erstattung von Kosten für ein vergebliches Angebot scheidet aus.[136] Das gilt auch für die planerische Gestaltung von Gaststätteninventar, wenn ein Angebot über die Einrichtung der Gaststätte verlangt war,[137] und für eine Bauvoranfrage einer Firma, die eigentlich als Makler tätig werden sollte.[138]

Problematisch sind Fälle, in denen die im Akquisitionsstadium gefertigten Pläne des Architekten oder eines Wohnungsbauunternehmens vom Bauherrn oder von einem Konkurrenzunternehmen **abgekupfert** und/oder **zum Bau verwendet** werden. Ansprüche aus Urheberrecht oder UWG sind hier meist nicht gegeben.[139] In aller Regel können hier aber **vertragliche Ansprüche** bejaht werden, weil mit der Verwertung der Pläne konkludent der Auftrag erteilt wird. Das korrespondierende Angebot des Architekten auf Abschluss eines Architektenvertrages liegt stillschweigend bereits bei Übergabe der Pläne vor. Dem Bauherrn seinerseits ist klar, dass Planungsleistungen jedenfalls dann 56

---

lung eines Wohnanlagenentwurfs zu Zwecken der Werbung; OLG Koblenz BauR 1998, 542 = NJW-RR 1998, 813; OLG Celle BauR 2000, 1069 auch zum Anspruch aus Verschulden bei Vertragsabschluss; OLG Schleswig BauR 2009, 996 = Analyse *Koeble* auf www.jurion.de/Modul Werner Baurecht; *Werner* in *Werner/Pastor* Rn. 618; a. A. Korbion/Mantscheff/Vygen-*Wirth*, § 1 Rn. 53 ff.

133 Ebenso OLG Hamm, OLG Koblenz, OLG Celle a. a. O. und OLG Schleswig BauR 2009, 996 = Analyse *Koeble* auf www.jurion.de/Modul Werner Baurecht.
134 Z. B. bei Entgegennahme der vollständigen Entwurfsplanung, Einreichung der Planung und Kostenermittlung zur Finanzierung oder zum Erhalt einer Förderung oder eines sonstigen eigenen Vorteils.
135 OLG Celle BauR 2001, 1135 auch zum Fall der Verwertung, vgl. ferner unten Rdn. 58.
136 OLG Köln BauR 1992, 98; a. A. *Hahn* BauR 1989, 670 und *Vygen*, FS Korbion, S. 439.
137 OLG Düsseldorf BauR 1991, 613 = SFH Nr. 17 zu § 632 BGB.
138 OLG Hamm NJW-RR 1992, 468.
139 Vgl. aber OLG Karlsruhe WRP 1986, 623; zum Ganzen *Nestler* BauR 1994, 589; zur Verwendung von Angebotsunterlagen vgl. LG Stuttgart BauR 1994, 650.

Einleitung

nicht kostenlos bleiben können, wenn sie verwertet werden.[140] Verneint man hier vertragliche Ansprüche, dann bleibt ein Bereicherungsanspruch aus Eingriffskondiktion, weil die Pläne für den Adressaten erkennbar auch dann einen Zuweisungsgehalt haben, wenn sie keinen Urheberrechtsschutz genießen.

57 Gelegentlich kommt auch eine **Doppelverwertung** von Plänen in der Praxis vor. Auch diesbezüglich können urheberrechtliche Ansprüche bestehen, wenn die Planungsleistung urheberrechtsfähig ist.[141] Liegt kein urheberrechtsfähiges Werk vor, dann scheidet ein Anspruch aus § 812 BGB aus.[142] Zu prüfen ist hier dennoch, ob nicht vertragliche Ansprüche geltend gemacht werden können, was in der Regel zu bejahen ist.[143]

58 Die **Messlatte** für die Annahme einer rechtsgeschäftlichen Beauftragung kann im Einzelfall auch aus anderen Gründen **höher liegen**. So ist der konkludente Abschluss eines Architektenvertrages nicht schon dann zu bejahen, wenn ein **Vereinsmitglied** für einen eigenen Verein Architektenleistungen erbringt. Hier bedarf es zum Beweis des Auftrags zusätzlicher Gesichtspunkte.[144] Die Schwelle zur Vergütungspflicht beginnt allerdings auch hier spätestens mit der Realisierung des Projektes, in aller Regel aber schon mit der Einreichung eines Baugesuchs auf der Basis der Planung des Architekten. Zu verneinen ist der konkludente Abschluss eines Architektenvertrages auch dann, wenn der potenzielle Auftraggeber vom Architekten oder einem seiner Verwandten noch **zusätzliche Grundstücke oder Parzellen erwerben** muss.[145] Das kann jedoch nicht allein mit der unklaren Situation und der Notwendigkeit des Grundstückserwerbs bejaht werden, sondern im vorliegenden Fall deshalb, weil der abzuschließende Architektenvertrag wegen Verstoß gegen das Koppelungsverbot[146] unwirksam wäre.

c) Kaufmännisches Bestätigungsschreiben

59 Der Architektenvertrag kann auch durch sog. **kaufmännisches Bestätigungsschreiben** zustande kommen. Die Voraussetzungen für die Wirkung eines solchen Schreibens sind Folgende:
– Die Grundsätze gelten zunächst dann, wenn der **Adressat** Kaufmann im Sinne des Handelsrechts ist, aber auch dann, wenn eine Person **wie ein Kaufmann** in größerem

---

140 So mit Recht OLG Celle BauR 2001, 1135.
141 Vgl. dazu unten Rdn. 347.
142 BGH Urt. v. 10.01.2013 – VII ZR 259/11 = BauR 2013, 628 = NJW 2013, 781 = NZBau 2013, 241 mit Anm. *M. Schwab* NJW 2013, 1135 gegen OLG Hamm BauR 2012, 1433, Analyse *Koeble* auf www.jurion.de/Modul Werner Baurecht.
143 *M. Schwab*, NJW 2013, 1135; *Koeble* in Anm. zu OLG Hamm vom 29.11.2011 auf www.jurion.de/Modul Baurecht, beide gegen das Ergebnis von BGH Urt. v. 10.01.2013 – VII ZR 259/11 = BauR 2013, 628 = NJW 2013, 781 = NZBau 2013, 241 m. Anm. *M. Schwab* NJW 2013, 1135.
144 OLG Köln OLGZ 1990, 233.
145 Vom Ergebnis ebenso OLG Celle BauR 2004, 361.
146 Vgl. unten die Kommentierung zu § 3 MRVG S. 367.

Einleitung

Umfang am Rechtsleben teilnimmt[147] und der Bestätigung des Architekten Vertragsverhandlungen vorausgegangen sind. Ebenso gelten die Grundsätze für Gemeinden und Behörden im fiskalischen Tätigkeitsbereich.[148] In diesem Sinne kann Adressat eines kaufmännischen Bestätigungsschreibens auch ein Nichtkaufmann sein, welcher als Geschäftsführer verschiedener gewerblicher Unternehmen auftritt und ein Grundstück für den Bau eines Einkaufszentrums sucht.[149] Als solche Person, die in größerem Umfang am Rechtsleben teilnimmt, ist **auch** der **Architekt** anzusehen,[150] sodass auch kaufmännische Bestätigungsschreiben gegenüber dem Architekten verbindliche vertragliche Regelungen wiedergeben, soweit ihnen der Architekt nicht unverzüglich widerspricht.

– Im Hinblick auf die Wirkung des kaufmännischen Bestätigungsschreibens ist eine Einschränkung zu machen. Beim Architekten- und Ingenieurvertrag hat das kaufmännische Bestätigungsschreiben jedoch nur Bedeutung für den **Abschluss des Vertrages selbst** und für sonstige Vereinbarungen, **nicht** jedoch **für die Honorarvereinbarung**, da hierfür Schriftform erforderlich ist (vgl. § 7 Rdn. 47 ff.). Auch ein Telefax kann kaufmännisches Bestätigungsschreiben sein.[151] Nachdem Schriftform nicht erforderlich ist, dürfte auch die elektronische Form (§ 126a BGB) zumindest dann ausreichen, wenn der Aussteller seinen Namen hinzugefügt hat und das elektronische Dokument mit einer »qualifizierten elektronischen Signatur nach dem Signaturgesetz« versehen ist. Aber auch ohne die Signatur dürfte die elektronische Form ausreichen, ebenso wie die Textform (§ 126b BGB). Der sichere Weg ist allerdings eine schriftliche Erklärung, deren Zugang auch bewiesen werden kann.

– Als **Absender** kommen neben dem Vertragspartner auch andere Personen in Frage. Die Rechtsprechung hat die Wirkung des kaufmännischen Bestätigungsschreibens auch auf solche Personen erstreckt, die im Auftrag einer Partei an Verhandlungen teilnehmen, jedoch nach Behauptung dieser Partei keine Vertretungsvollmacht haben.[152]

– Die Bedeutung des kaufmännischen Bestätigungsschreibens geht weit über den **Vertragsabschluss** hinaus. Abgesehen von Honorarvereinbarungen (vgl. oben) können Gegenstand der Verhandlungen **jede Art von Themen** und Vereinbarungen sein. Das betrifft die Bauzeit, bestimmte Zusatzleistungen, Leistungseinschränkungen oder vertragliche Ergänzungen. Derartige Vereinbarungen können auch in Protokollen Dritter enthalten sein, wie z. B. von Projektmanagern oder Projektsteuerern. Nach Rechtsprechung des BGH gelten die Grundsätze nämlich nicht nur für Vertragsverhandlungen selbst, sondern auch im Hinblick auf Protokolle betreffend Besprechungen und Verhandlungen nach Vertragsabschluss. Die Bestätigungen von

---

147 BGH BauR 2011, 669 = NJW 2011, 1965 mit im Erg. zust. Anm. *Grothe* = NZBau 2011, 303; BGH BauR 1975, 67; OLG Köln OLGZ 1974, 8.
148 BGH BauR 2011, 669 = NJW 2011, 1965 mit im Erg. zust. Anm. *Grothe* = NZBau 2011, 303.
149 OLG Koblenz NJW-RR 2007, 813.
150 BGH BauR 1975, 67.
151 OLG Hamm BB 1994, 1107.
152 BGH BauR 2011, 669 = NJW 2011, 1965 mit im Erg. zust. Anm. *Grothe* = NZBau 2011, 303.

Einleitung

solchen Besprechungen kommen einem kaufmännischen Bestätigungsschreiben inhaltlich und ihrem Zweck so nahe, dass es gerechtfertigt ist, die Grundsätze auch insoweit anzuwenden.[153] Der Einwand des Adressaten eines solchen Schreibens, der betreffende Mitarbeiter habe keine Vollmacht gehabt, ist unerheblich, wenn der Bestätigung nicht unverzüglich widersprochen wird. Der BGH stützt dieses Ergebnis auf die Grundsätze der Anscheins- oder Duldungsvollmacht. Soweit der Auftraggeber Personen zu Verhandlungen entsendet, setzt er mindestens einen Anschein dafür, dass diese auch Vollmacht haben. Im Einzelfall dürfte hier sogar rechtsgeschäftliche Außenvollmacht zu bejahen sein (vgl. unten Rdn. 109).

– Der Inhalt eines kaufmännischen Bestätigungsschreibens gilt als vereinbart, wenn der Adressat nicht unverzüglich widerspricht. Das muss innerhalb weniger Tage im normalen geschäftlichen Ablauf passieren. Den Zugang des Schreibens hat der Adressat zu beweisen, wie umgekehrt der Absender den Zugang des Bestätigungsschreibens beweisen muss.

d) Der »unverbindliche« und der »kostenlose« Auftrag

60   Gelegentlich wird vom Auftraggeber behauptet, er habe den Architekten nur aufgefordert, ihm **»unverbindlich«** oder **»freibleibend«** einen Vorschlag über die Möglichkeiten der Bebauung und deren Kosten zu machen. Damit ist jedoch nicht auch gesagt, dass die Leistungen »kostenlos« sein sollten; »unverbindlich« ist in aller Regel nicht gleichzusetzen mit »kostenlos«.[154] Unverbindlich bedeutet vielmehr im Regelfall, dass sich der Auftraggeber durch die Inanspruchnahme von Leistungen des Architekten noch nicht hinsichtlich der weiteren Architektenleistungen und im Hinblick auf die Durchführung des Bauvorhabens überhaupt endgültig binden will. In Ausnahmefällen allerdings kann unverbindlich auch einmal gleichzusetzen sein mit kostenlos, so in einem vom BGH[155] entschiedenen Fall: Hier hatte ein öffentlicher Auftraggeber den Architekten unverbindlich mit der Bebauungsplanung für ein Gebiet beauftragt. Eine zusätzliche, weitergehende Tätigkeit kam also nicht in Frage, sodass unverbindlich hier nur Kostenlosigkeit bedeuten konnte.

61   Behauptet der Auftraggeber, es habe Einigkeit darüber bestanden, dass die Architektenleistungen **»unentgeltlich«** oder **»kostenlos«** erbracht werden sollten, so trägt er hierfür die volle **Beweislast**.[156] Der **Auftragnehmer** muss jedoch in allen diesen Fällen »den

---

153   BGH BauR 2011, 669 = NJW 2011, 1965 mit im Erg. zust. Anm. *Grothe* = NZBau 2011, 303; KG Urt. v. 18.09.2012 – 7 U 227/11 mit NZB des BGH vom 11.10.2013 – VII ZR 301/12 für Baustellenprotokolle.
154   Vgl. OLG Köln v. 05.02.1993, SFH Nr. 36 zu § 631 BGB für eine »unverbindliche Kostenschätzung«; OLG Düsseldorf BauR 1993, 108 = NJW-RR 1992, 1172; OLG Schleswig *Schäfer/Finnern* Z 3.01 Bl. 197; *Hartmann*, § 1 Rn. 6; KMV-*Wirth*, Einführung § 1 Rn. 142.
155   *Schäfer/Finnern* Z 3.01 Bl. 380.
156   BGH BauR 1987, 454 = NJW 1987, 2742 = ZfBR 1987, 187; OLG München BauR 2009, 1461; OLG Hamm BauR 1990, 636 = NJW-RR 1990, 91; OLG Stuttgart *Schäfer/Finnern* Z 3.01 Bl. 460; OLG Düsseldorf BauR 2012, 119.

Einleitung

Auftrag« **selbst darlegen und beweisen.** Er kann dies, indem er Umstände für einen konkludenten Vertragsabschluss beweist (vgl. oben Rdn. 47 ff.). Gelingt ihm dies nicht, so muss er Umstände darlegen, nach denen die erbrachten Architektenleistungen nur gegen eine Vergütung zu erwarten sind.[157] Dafür muss der Auftragnehmer die von ihm erbrachten Leistungen aufführen. Je weitergehend diese Architektenleistungen sind, desto eher ist die Üblichkeit einer Vergütung für diese Leistungen zu bejahen. So hat der BGH[158] mit Recht eine entgeltliche Tätigkeit bejaht, wenn vom Architekten Bestandspläne, ein Aufmaß des Gebäudes, Vorplanungsleistungen, eine Baukostenermittlung und eine Wirtschaftlichkeitsberechnung erstellt werden. Derartige Leistungen sind nicht so geringfügig, dass sie üblicherweise unentgeltlich erbracht werden. Ebenfalls »nicht so geringfügig« i. S. der Rechtsprechung des BGH ist die Erwirkung einer öffentlichen Zusage der Förderung einer Modernisierung und eine Kostenermittlung nach DIN 276. Sicherlich können einzelne Vorplanungsleistungen noch zur Werbungsphase gehören;[159] ist jedoch bereits eine Kostenschätzung nach DIN 276 erbracht, so ist diese Leistung auch wegen des Stellenwerts der Kostenermittlung nach DIN 276 keine geringfügige Leistung mehr. Entsprechendes gilt auch für umfangreiche Vorplanungsleistungen, und zwar sogar dann, wenn der Auftraggeber sich auf ihrer Grundlage negativ entscheidet, d. h. vom Bauvorhaben etwa Abstand nimmt. Sind Leistungen der Entwurfsplanung erbracht, so gibt es keinen Zweifel daran, dass hier keine geringfügigen Leistungen mehr vorliegen.[160]

Noch nicht höchstrichterlich geklärt ist, ob auch Vereinbarungen, wonach die Leistung **quasi kostenlos** zu erbringen ist, wirksam sein können. Im Ergebnis würde dies zu einer Veränderung des Vergütungssystems der HOAI führen, sodass die Vereinbarung einer andersartigen Gegenleistung Grenzen unterliegen muss (vgl. auch unten Rdn. 81). Die Vereinbarung einer geringfügigen Aufwandsentschädigung für Architektenleistungen dürfte normalerweise wegen Unterschreitung des Mindestsatzes angreifbar sein.[161] Sollen hier Leistungen mit einigem Gewicht aus den Leistungsphasen 1–3 erbracht werden, dann wird die Vereinbarung in aller Regel unwirksam sein. 62

Die **Vereinbarung der Kostenlosigkeit** kann auch **mündlich** erfolgen. Es war zwar zunächst umstritten, ob wegen § 7 HOAI nicht eine schriftliche Vereinbarung erforderlich ist. Diesbezüglich wurde argumentiert, es handele sich bei der Vereinbarung kostenloser Architektenleistungen um die extremste Abweichung vom Mindestsatz, sodass auch hier nach § 7 Abs. 3 HOAI die Schriftform eingehalten werden müsse. Dem hat jedoch der BGH[162] widersprochen, für einen Fall, in dem der Auftraggeber behauptet 63

---

157 BGH BauR 1987, 454.
158 BauR 1987, 454.
159 Vgl. OLG Hamm NJW-RR 1986, 1280.
160 OLG Hamm BauR 1990, 636 = NJW-RR 1990, 91.
161 Vgl. dazu i. E. oben Rdn. 61.
162 BauR 1985, 467 = JZ 1985, 639 = ZfBR 1985, 181; ebenso OLG Karlsruhe BauR 1985, 236.

Einleitung

hatte, der Architekt habe seine Planungsleistungen zunächst »**auf eigenes Risiko**« und damit kostenlos erbracht.[163]

e) **Bedingungen**

64 Der BGH hat zu Recht betont, dass **Bedingungen** für die Honorarpflicht auch mündlich vereinbart werden können. Zur Bedingung kann z. B. die Durchführung des Objekts gemacht werden (»Planung auf eigenes Risiko«).[164] Entsprechendes gilt auch für eine Regelung in einem Wettbewerb, wonach die Beauftragung mit weitergehenden Leistungen von der Durchführung des Objekts überhaupt abhängig ist.[165] Auch der Erwerb des Grundstücks kann als Bedingung vereinbart sein[166] oder auch eine Förderungszusage.[167] Auch die mündliche Vereinbarung, dass eine Zahlung nur nach Erteilung der Baugenehmigung und der Findung eines Ankermieters in Frage komme, ist eine wirksame Bedingung.[168] Auch die stufenweise Beauftragung ist ein Fall der aufschiebenden Bedingung.[169] Gleiches gilt auch für einen Optionsvertrag über mehrere Gebäude, wobei es sich um einen Fall der abschnittsweisen Beauftragung handelt.[170] So ist z. B. eine Klausel, wonach bis zur Genehmigung bzw. Aufnahme der Maßnahme in das Finanzierungsprogramm des Landes als Abschlag 30.000 € fällig sein sollen und der Rest nach diesem Zeitpunkt, hinsichtlich der weiteren Leistungen als Bedingung anzusehen.[171] Die entsprechende Vereinbarung ist auch im Hinblick auf das Honorar für die weitergehenden Leistungen wirksam, weil keine Unterschreitung des Mindestsatzes vorliegt.[172]

65 Die **Beweislast** für das Fehlen und den Eintritt der aufschiebenden **Bedingung** trifft den Auftragnehmer.[173] Voraussetzung dafür, dass diese sog. Leugnungstheorie eingreift, ist jedoch ein substanziierter Vortrag des Auftraggebers über die Umstände und den Inhalt der Vereinbarung einer Bedingung. Insoweit gelten die gleichen Anforderungen wie bei der Behauptung eines Auftraggebers beim Bauvertrag, es sei eine Pau-

---

163 Zur Bedingung vgl. Rdn. 64 und zur Kompensationsabrede vgl. unten Rdn. 81.
164 BGH BauR 1998, 579; OLG Braunschweig Beschluss vom 27.03.2012 – 8 U 188/11.
165 OLG Celle Beschl. v. 15.07.2010 – 13 Verg 9/10 = BeckRS 2010, 17499.
166 OLG Hamm BauR 1987, 582.
167 KG BauR 1988, 624 = NJW-RR 1988, 21; ebenso OLG Oldenburg NJW-RR 1997, 785 für die Aufnahme des Objekts in ein Krankenhausinvestitionsprogramm.
168 OLG Hamm BauR 2008, 2062 = NZBau 2009, 48 m. NZB des BGH vom 13.03.2008 – VII ZR 208/06; OLG Braunschweig Beschluss vom 27.03.2012 – 8 U 188/11.
169 BGH BauR 2009, 264 = NJW-RR 2009, 447 und unten Rdn. 75.
170 BGH BauR 2009, 523 = NJW-RR 2009, 598; vgl. unten Rdn. 78.
171 OLG Dresden BauR 2008, 1654.
172 Anders im Fall des OLG Celle Urt. v. 27.11.2003 = IBR 2004, 81, in dem ein Honorar in Höhe von 50 % vereinbart war, also die HOAI vom Grundsatz her eingreifen sollte.
173 H. M.: BGH NJW 1985, 497; *Palandt/Ellenberger*, Einf. vor § 158 Rn. 14; Münch-Komm-*H. P. Westermann*, § 158 Rn. 49; *Koeble* BauR 1997, 191 [193]; *Motzke/Wolff*, Praxis der HOAI, S. 13; *Locher* Rn. 357; allg. *Baumgärtel*, Handbuch der Beweislast, § 158 BGB Rn. 4 ff.

schale vereinbart worden.¹⁷⁴ Beim schriftlichen Vertrag streitet gegen die Leugnungstheorie die Vollständigkeitsvermutung, sodass dargelegt werden muss, weshalb die Bedingung nicht im Vertrag enthalten ist und sich die Beweislast im Übrigen umkehrt.¹⁷⁵

f) **Umfang des Vertrages**

Beim mündlichen Architektenvertrag stellt sich häufig die Frage des **Umfangs der Beauftragung**, vor allem dann, wenn die Baumaßnahme nicht durchgeführt wird und/oder die Vertragsbeziehungen abgebrochen werden. Während die Rechtsprechung einiger Oberlandesgerichte in den 70er Jahren noch eine »**Vermutung für einen Gesamtauftrag**« angenommen hatte, verneinte dies der BGH¹⁷⁶ zutreffenderweise mit dem Argument, es spreche im Stadium vor Baubeginn eher eine Vermutung für die sukzessive Beauftragung. Es war dann überlegt worden, ob nicht im Planungsstadium wenigstens ein Gesamtplanungsauftrag unterstellt und nach Leistungsblöcken differenziert werden könne. Das hat das OLG Hamm¹⁷⁷ dann abgelehnt. Dieser Auffassung ist zuzustimmen. Kommt es in der Planungsphase (vor Baubeginn) zur Beendigung der Geschäftsbeziehung, muss der Architekt nachweisen, dass ihm weitergehende Leistungen als die bereits erbrachten in Auftrag gegeben waren. Es wird jedoch eine Einschränkung zu machen sein: soweit bereits erhebliche Teilleistungen aus einer Leistungsphase erbracht sind, dürfte noch immer die Vermutung dafür sprechen, dass zumindest diese Leistungsphase auch in Auftrag gegeben war. 66

Im Hinblick auf den Auftragsumfang sind **sämtliche Umstände** des Einzelfalles bei der **Auslegung** zu berücksichtigen. Der Erwerb des zu bebauenden Grundstücks alleine dürfte noch keine Indizwirkung für die Beauftragung mit bestimmten Leistungen haben, ebenso wenig die Tatsache, dass der Bauherr die Finanzierung auf die Beine gestellt hat.¹⁷⁸ Auch die Bitte an den Architekten, z. B. Angebote von am Bau Beteiligten (eventuell Generalunternehmern) einzuholen, lässt noch keine Rückschlüsse auf einen über die dafür nötigen Leistungen hinausgehenden Auftrag zu. Entsprechendes gilt auch für die öffentlich-rechtliche Bauleitererklärung, die der Architekt im Rahmen des Baugenehmigungsverfahrens und für die Baufreigabe abgegeben hat. Hier handelt es sich noch nicht um ein Indiz für die Beauftragung des Architekten mit über die Leistungsphase 4 hinausgehenden Tätigkeiten. Es besteht auch dann keine Vermutung für einen Vollauftrag, wenn der Auftragnehmer einen Vertragsentwurf für die Leistungsphasen 1–8 vorgelegt hat und dieser aber vom Auftraggeber noch nicht unterschrieben 67

---

174 Dazu BGH BauR 1992, 505 = NJW-RR 1992, 848 = ZfBR 1992, 173.
175 *Koeble* BauR 1997, 191 [195] und *Koeble* in: Kniffka/Koeble, Kompendium, 12. Teil Rn. 33 ff.; *Werner* in *Werner/Pastor*, Rn. 637.
176 BauR 1980, 84 = NJW 1980, 122.
177 BauR 1990, 636 = NJW-RR 1990, 91.
178 Anders kann dies im Hinblick auf die Auftragserteilung selbst sein, vgl. oben Rdn. 50 ff., und im Hinblick auf eine Bedingung, vgl. oben Rdn. 64 f.

Einleitung

war.[179] Ist allerdings bereits mit dem Bau begonnen worden, dann deutet alles auf eine Vollbeauftragung des Architekten hin.

68 Ein solcher Vollauftrag umfasst dann in der Regel die Leistungsphasen 1–8. Dagegen besteht keine **Vermutung** für eine zusätzliche **Beauftragung der Leistungsphase 9**.[180] Dem wird entgegengehalten, dass einer gesonderten Beauftragung der Leistungsphase 9 »das Interesse des Bauherrn entgegenstehen« würde und der Bauherr regelmäßig die Beratung des Architekten nach Abschluss des Bauvorhabens wegen Mängeln benötige.[181] Ob das Interesse des Bauherrn alleine maßgebend ist und ob nicht sein Interesse zunächst einmal darin besteht, die Leistungsphase 9 nicht bezahlen zu müssen, mag dahingestellt bleiben. Unzutreffend ist auf jeden Fall, dass die Beratung wegen Mängelansprüchen ausschließlich in der Leistungsphase 9 angeordnet wäre (vgl. Anlage 10.1 Leistungsphase 8 t und Einordnung der Überwachungstätigkeit bei Mängeln durch die Leistungsphase 9 heute als Besondere Leistung). Im Übrigen dürfte es durchaus dem Interesse des Bauherrn entsprechen, bei Auftreten von Mängeln nach den Abnahmen der Bauleistungen einen gesonderten Auftrag für eine Teilleistung (Besondere Leistung) beraten hinsichtlich der nachträglich aufgetretenen Mängel und Überwachen der entsprechenden Mängelbeseitigung) zu erteilen und hierfür ein Teilhonorar nur bezahlen zu müssen.[182] Soweit also der Architekt hierfür eine Vergütung beansprucht, muss er den Auftrag für Leistungsphase 9 auch dann beweisen, wenn er unstreitig die übrigen Architektenleistungen in Auftrag hatte. Eine andere Situation ergibt sich dann, wenn der Auftraggeber Schadensersatzansprüche wegen Fehlern aus Leistungsphase 9 geltend machen will.[183] Hier trifft ihn die Darlegungs- und Beweislast bezüglich des Auftrags für diese Leistungsphase.[184] Eine weitere Frage ist schließlich die, wen die Darlegungs- und Beweislast für die Beauftragung mit Leistungsphase 9 in dem Fall trifft, dass der Architekt sich auf Verjährung beruft und die Beauftragung bestreitet. Für die Voraussetzungen der Verjährung ist der Architekt darlegungs- und beweisbelastet, sodass er den entsprechenden Auftrag widerlegen muss.[185]

69 Im Einzelfall kann es problematisch sein, welchen **Umfang der konkrete Auftrag** hat. Der Leistungsumfang und die Leistungspflichten lassen sich auch nicht per se über Leistungsphasen und/oder Teilleistungen aus der HOAI definieren. Soweit sich die Parteien auf bestimmte, vom Auftragnehmer zu erbringende Erfolge oder Ergebnisse einigen, handelt es sich um eine bürgerlich-rechtliche »Beschaffenheitsvereinbarung«. Die HOAI listet in den Leistungsbildern zwar (auch) Leistungen auf, welche zu Leistungspflichten werden können. Ihr Ziel ist es aber, die Bausteine für das Honorar zu regeln. Soweit sich die Vertragsparteien über einzelne Aufgaben einig werden, ist des-

---

179 OLG Düsseldorf BauR 1995, 733.
180 So mit Recht OLG Düsseldorf BauR 2001, 672 und OLG Celle BauR 2009, 1461.
181 So *Rodemann* in TWK § 4 Rn. 159.
182 Zur Leistungsphase 9 vgl. auch unten Rdn. 73.
183 Vgl. dazu OLG Hamm BauR 2008, 1480.
184 OLG Düsseldorf BauR 2001, 672; *Kniffka/Koeble*, Kompendium, 12. Teil, Rn. 32.
185 OLG Düsseldorf BauR 2005, 1660 m. NA-Beschluss des BGH vom 28.04.2005 – VII ZR 221/04; vgl. *Kniffka/Koeble*, Kompendium, 12. Teil, Rn. 32 und 502.

Einleitung

halb nicht von vornherein auf ein Leistungsbild nach HOAI und die dortigen Leistungsabschnitte abzustellen.[186] Vielmehr ist zunächst im Wege der Auslegung zu klären, welche Leistungen sich die Parteien im Einzelnen vorgestellt haben und welche zur Erfüllung der Aufgabe im Einzelfall notwendig und üblich sind (§ 633 Abs. 2, S. 1 und 2 BGB). Allerdings wird sich die Auslegung vor allem zur Ausfüllung des dritten Mangeltatbestandes (§ 633 Abs. 2 S. 2 Nr. 2 BGB) meist an den aufeinander aufgebauten Leistungsphasen und auch an vielen der Teilleistungen daraus zu orientieren haben. Dabei können die Leistungsbilder der HOAI – auch wenn die HOAI nicht ausdrücklich zum Gegenstand der vertraglichen Leistungspflichten gemacht ist – eine Auslegungshilfe darstellen (vgl. unten Rdn. 117 und § 34 Rdn. 17 ff.). Im Folgenden wird typischerweise auf Leistungsphasen aus der HOAI Bezug genommen, wo dies in der Praxis dem üblichen Standard entspricht.

Im Zusammenhang mit dem Leistungsumfang ergeben sich in der Praxis zahlreiche Einzelfragen. Hat der Architekt »die Bebaubarkeit« zu klären, dann stellt dies in der Regel einen Auftrag für eine **Bauvoranfrage** dar.[187] Entsprechendes gilt auch für die Aufgabe, die »Ausnutzung eines Grundstücks« zum Zwecke der Wohnbebauung planerisch zu untersuchen und die Grundlage dafür zu erarbeiten.[188] Gehen die Parteien davon aus, dass die Durchführung des Bauvorhabens insgesamt von der Klärung noch offener Fragen abhängt, so ist ein Auftrag zunächst nur zur Klärung dieser Fragen anzunehmen.[189] Welche Architektenleistungen zur Erfüllung eines solchen Auftrags erforderlich sind, ist im Einzelfall zu klären. Für die Bauvoranfrage sind regelmäßig mindestens die Leistungsphasen 1 und 2 zu erbringen.[190] Im Einzelfall können jedoch wegen der Komplexität der Genehmigungsproblematik auch Teilleistungen aus der bzw. die gesamte Leistungsphase 3 oder gar die vollständige Genehmigungsplanung mit diesem Auftrag umfasst sein.[191] Entsprechendes gilt auch für Aufträge, die **Förderungsfähigkeit** eines Projektes zu klären. Zur Prüfung nach den Förderrichtlinien ist hier meist mehr erforderlich, als die bloße Vorplanung. Notwendig ist es hier sogar häufig, dass eine Kostenberechnung auf der Grundlage einer Entwurfsplanung erstellt wird. Dagegen kann der Auftrag auch auf Leistungsphase 1 im Einzelfall beschränkt sein. Das gilt z. B. dann, wenn **grundlegende Probleme** der Baumaßnahme entgegenstehen könnten oder jedenfalls ein erhebliches Risiko darstellen. So muss der Architekt, der mit dem Bau eines Mehrfamilienhauses beauftragt wird und weiß, dass das Grundstück mit Bauschutt aufgefüllt worden ist, den Auftraggeber auf die Notwendigkeit eines Bo-

70

---

186 Vgl. BGH BauR 2008, 543 = NJW 2008, 1880 m. Anm. *Scholtissek* = NZBau 2008, 260 betreffend Leistungsphasen 1–3 im Hinblick auf einen Auftrag für die Genehmigungsplanung; dazu auch unten Rdn. 72.
187 OLG Stuttgart BauR 1997, 681.
188 OLG Düsseldorf BauR 1995, 270 = NJW-RR 1995, 276.
189 OLG Hamm BauR 1987, 582.
190 Vgl. OLG Stuttgart BauR 1997, 681; OLG Hamm BauR 1997, 507.
191 OLG Düsseldorf BauR 1996, 292 = NJW-RR 1995, 1361 für Teilleistungen aus Leistungsphase 3; OLG Stuttgart BauR 1997, 681 für ein im Ausnahmefall notwendiges Baugesuch; vgl. zum Ganzen *Weyer* BauR 1995, 446; *Koeble* in: *Kniffka/Koeble*, Kompendium, 12. Teil, Rn. 33 ff.

dengutachtens hinweisen. Er darf den Auftraggeber nur so verstehen, dass sein Auftrag auf die Leistungsphase 1 gerichtet ist.[192]

71 Soweit es sich wie bei der Bauvoranfrage und bei der Klärung von Förderungsfragen um Besondere Leistungen handelt, ist nach neuem Recht keine schriftliche Honorarvereinbarung mehr erforderlich. Im Hinblick auf isolierte, insbesondere vorgezogene Besondere Leistungen (vgl. § 3 Rdn. 14 ff.) bedurfte es auch nach altem Recht keiner schriftlichen Honorarvereinbarung.[193] Erhält der Architekt dagegen einen Auftrag für Leistungsphasen 1 ff. und soll zusätzlich eine Bauvoranfrage erstellen, dann bedurfte es einer schriftlichen Honorarvereinbarung, wenn er außer für die Leistungsphasen 1 ff. auch für die Bauvoranfrage selbst eine Vergütung geltend machen wollte. Hier handelt es sich nämlich um Besondere Leistungen, die zu Grundleistungen hinzutreten (§ 5 Abs. 4 HOAI a. F.). War in einem solchen Fall für die Bauvoranfrage eine schriftliche Honorarvereinbarung getroffen worden, dann schloss dies nicht aus, dass neben dem betreffenden Honorar auch für zusätzlich erbrachte und notwendige Leistungen aus Leistungsphasen 1 und 2 eine Vergütung beansprucht werden konnte, weil dafür eine schriftliche Honorarvereinbarung nicht erforderlich war.[194]

72 Auslegungsprobleme gibt es verschiedentlich, wenn der Architekt den **Auftrag** hat, **den Bauantrag zu erstellen oder die Baugenehmigung zu erwirken.** Gleichbedeutend ist der Auftrag, das Baugesuch einzureichen. Auch der Auftrag, »die endgültige Planung« zu fertigen, bedeutet, dass die Genehmigungsplanung zu erstellen ist.[195] Verschiedentlich wird argumentiert, es sei in solchen Fällen nur die **Leistungsphase 4 (Genehmigungsplanung) isoliert** in Auftrag gegeben worden und deshalb müssten die vorausgehenden Leistungen nicht bezahlt werden. Das ist jedoch unzutreffend. Die Leistungsphase 4 kann nicht ohne die ordnungsgemäße Grundlagenermittlung, Vorplanung und vor allem eine vollständige Entwurfsplanung erbracht werden. Diese stellen eine notwendige Vorstufe dar. Nach bisheriger Rechtsprechung hatte deshalb der Architekt Anspruch auf Vergütung nicht nur für die Leistungsphase 4, sondern für alle notwendigen Leistungen aus Leistungsphase 1–3[196], wobei normalerweise mindestens die Leistungs-

---

192 OLG Hamm NJW-RR 1997, 1310; zur Haftung und zu den Leistungspflichten im Zusammenhang mit dem Baugrund vgl. § 34 Rdn. 113 ff.
193 OLG Düsseldorf BauR 1995, 270 = NJW-RR 1995, 276; OLG München BauR 2007, 1436 m. NZ-Beschluss des BGH vom 11.07.2007 – VII ZR 148/06, wonach der Auftrag sowohl die Grundleistungen aus Leistungsphasen 1 und 2 erfasst und auch ein gesondertes Honorar für eine vorgezogene, isolierte Besondere Leistung betreffend die Bauvoranfrage selbst berechtigt ist.
194 OLG München BauR 2007, 1436 m. NZ-Beschluss des BGH vom 11.07.2007 – VII ZR 148/06.
195 OLG Düsseldorf BauR 2000, 908 = NJW-RR 2000, 900 = NZBau 2000, 295.
196 OLG Düsseldorf BauR 1982, 597; OLG Hamm NJW-RR 1990, 522; KG BauR 1996, 892; OLG Hamm BauR 1998, 1277; OLG Düsseldorf NJW-RR 1999, 1694 = BauR 2000, 915; OLG Düsseldorf BauR 2000, 908 = NJW-RR 2000, 900 = NZBau 2000, 295.

phase 1 mit erfasst ist.[197] Dieser Rechtsprechung scheint der BGH[198] ein Ende bereitet zu haben. Er erklärte nämlich, dass die Leistungsphasen 1–3 noch nicht allein deshalb zum Gegenstand des Architektenvertrages würden, weil sie einen der übertragenen Leistungsphase 4 notwendigerweise vorausgehenden Entwicklungsschritt darstellen würden. In Wirklichkeit hat der BGH sich damit aber keineswegs gegen die Honorierung von Leistungsphasen 1–3 in einem solchen Fall entschieden. Vielmehr hat er lediglich betont, dass es keine Automatik gebe, nach der in einem Vertragsverhältnis automatisch Regelungen über Leistungsphasen der HOAI zur Grundlage werden. Der BGH hat mit dieser Entscheidung also letzten Endes nur zum wiederholten Male erklärt, dass die HOAI kein Vertragsrecht darstellt. Was Vertragsgegenstand ist, ergibt sich sowohl im Hinblick auf die Leistungspflichten als auch hinsichtlich der Vergütung aus dem Vertrag und seiner Auslegung. Soweit hier eine ausdrückliche Beschaffenheitsvereinbarung nicht getroffen ist, ist zu klären, welche Leistungen üblicherweise zur Erfüllung der übertragenen Aufgabe erforderlich sind und erbracht wurden. Hier schließt sich allerdings nun der Kreis: Die Auslegung kann sich hier nirgends anders orientieren, als an den Leistungsbildern der HOAI und danach wird sich ergeben, dass die maßgebenden, in den Leistungsphasen 1–3 aufgeführten Leistungen als notwendige Vorleistungen für die Leistungsphase 4 zu erbringen und damit auch zu honorieren sind. Unter diesem Aspekt sind auch die folgenden Ausführungen zu anderen Fallkonstellationen zu sehen.

Ein **isolierter Auftrag für Leistungsphase 3** kommt nur ausnahmsweise in Frage, wenn 73
ein anderer Auftragnehmer die Leistungsphasen 1 und 2 erbracht hat und diese dem Nachfolger zur Verfügung gestellt werden.[199] Der Auftrag, die »**endgültige Planung** zu fertigen«, geht sogar noch über die Architektenleistungen hinaus. Hier ist zugleich auch der Auftrag für die insoweit notwendigen Leistungsphasen 1–4 aus der Tragwerksplanung erteilt.[200] Noch weitergehend kann bei einer Regelung in einem Kaufvertrag, wonach die »Planung für die Bebauung incl. Statik« geschuldet ist, auch die Leistungsphase 5 aus der Tragwerksplanung erfasst sein.[201] Ebenso kann der Auftrag sich konkludent auch auf andere Fachingenieurleistungen beziehen. Das gilt z. B. für die im Rahmen eines Baugesuchs notwendigen Vermessungsingenieur-, Freianlagen- oder Verkehrsanlagenplanungs- und Tragwerksplanungsleistungen ebenso wie für die aus der Technischen Ausrüstung (z. B. Entwässerungsgesuch) erforderlichen Leistungen sowie auch für den nach jeweiligem Landesbaurecht ggf. nötigen Wärmeschutz-, Brandschutz- oder Schallschutznachweis. Wird ein Innenarchitekt mit den für einen Umbau oder eine Modernisierung erforderlichen Leistungen beauftragt, dann kann dies außer der Objektplanung je nach den Erfordernissen des Einzelfalls auch konklu-

---

197 So mit Recht OLG Düsseldorf BauR 2000, 908 = NJW-RR 2000, 900 = NZBau 2000, 295.
198 BauR 2008, 543 = NJW 2008, 1880 m. Anm. *Scholtissek* = NZBau 2008, 260.
199 KG BauR 2002, 1279 = NZBau 2002, 341 für einen Tragwerksplaner; im Hinblick auf die Leistungsphase 1 dürfte dies in aller Regel aber unzutreffend sein, weil sich jeder Auftragnehmer selbst in die Aufgabe einarbeiten muss.
200 OLG Düsseldorf BauR 2000, 908 = NJW-RR 2000, 900 = NZBau 2000, 295.
201 OLG Köln NJW-RR 1995, 593 = ZfBR 1995, 134.

Einleitung

dent die aus der Tragwerksplanung oder der Technischen Ausrüstung nötigen Planungs- und Überwachungsleistungen erfassen. Auch der Auftrag an den Tragwerksplaner, die Genehmigungsplanung zu fertigen, umfasst normalerweise die Leistungsphasen 1–4.[202] Hat der Architekt den Auftrag (gehabt), die Ausführungsplanung zu erstellen, dann sind dafür die Grundleistungen aus Leistungsphasen 1–3 erforderlich und vom Auftrag mitumfasst, wenn sie dem Architekten nicht zur Verfügung gestellt werden.[203] Der Auftrag, »ein Objekt nach den Vorgaben eines Sachverständigengutachtens zu sanieren«, erstreckt sich auf die Leistungsphasen 1–8 des § 33 HOAI.[204] Um die Vergabeleistungen (Leistungsphasen 6 und 7) ordnungsgemäß erbringen zu können, sind mindestens wesentliche Teile aus Leistungsphase 5 erforderlich.[205] Im Normalfall dürfte ein unstreitiger Auftrag für Leistungsphase 9 auch dafür sprechen, dass der Architekt mit den zuvor im Rahmen der Bauüberwachung notwendigen Leistungen mindestens konkludent beauftragt war.[206]

74 Ein weiteres Auslegungsproblem ergibt sich dann, wenn **ausdrücklich bestimmte Leistungen** in Auftrag gegeben und andere vom Leistungsumfang **ausgenommen** sind. In der Praxis der öffentlichen Auftraggeber wird häufig die Leistungsphase 1 Grundlagenermittlung aus dem Leistungsumfang gestrichen, um die dafür vorgesehenen 3 % des Honorars zu sparen. Ob in solchen Fällen, in denen kein Dritter die entsprechende Grundleistung erbringt, trotz entgegenstehender vertraglicher Regelung ein Vergütungsanspruch entstehen kann, war zu klären. Der BGH[207] hat hier die Entscheidung des OLG nicht akzeptiert, wonach sich alleine aus der HOAI ergebe, dass auch die Leistungsphase 1 notwendige Voraussetzung für die weiteren Leistungsphasen darstelle und deshalb vergütungspflichtig sein müsse.[208] Mit der Entscheidung ist aber die Auslegung, welche Leistungen zum tatsächlichen Leistungsumfang und damit auch in den Rahmen der Vergütungspflicht gehören, noch nicht beendet. Der gleiche Senat des BGH hat nämlich im Hinblick auf notwendige, nicht ausdrücklich im Vertrag enthaltene Leistungen erklärt, diese seien unabhängig von der Regelung in der HOAI geschuldet und er hat insoweit den Vertrag durch Auslegung der Leistungspflichten erweitert.[209] Wird die Grundlagenermittlung als notwendige Leistung im Wege der Auslegung zur Leistungspflicht des Auftragnehmers, obwohl sie vertraglich

---

202 OLG Hamm BauR 1998, 1277; OLG Düsseldorf NJW-RR 1999, 1694 = BauR 2000, 915; OLG Düsseldorf BauR 2000, 908 = NJW-RR 2000, 900 = NZBau 2000, 295.
203 OLG Düsseldorf NJW-RR 1998, 454.
204 OLG Hamm BauR 2002, 1113.
205 Thür. OLG Jena v. 04.11.2003 – 5 U 1099/01 – NA-Beschluss BGH v. 24.02.2005 – VII ZR 337/03.
206 OLG Celle Urt. v. 23.12.2014 – 14 U 78/14, allerdings kommt es auch hier auf die gesamten Umstände an und wenn z. B. ein anderer Architekten für Leistungsphasen 1 – 8 beauftragt war, kommt eine konkludente Beauftragung für den in Leistungsphase 9 hinzugezogenen Architekten für weitere Leistungsphasen kaum in Frage.
207 BauR 2007, 571 = NJW-RR 2007, 378 = NZBau 2007, 180 m. zust. Anm. *Schwenker/ Thode* ZfBR 2007, 213.
208 So OLG Naumburg BauR 2005, 1357.
209 BGH BauR 1997, 154 = NJW 1997, 586 = ZfBR 1997, 74; vgl. dazu § 33 Rdn. 14 ff.

nicht an ihn übertragen wurde, dann kann sie im Hinblick auf die Vergütungsseite nicht außen vor bleiben. Ob dann die Teilleistungen aus Leistungsphase 1 auch zwingend Auftragsgegenstand werden, ist ebenfalls durch Auslegung zu klären. Entscheidend wird es dabei auf die üblicherweise notwendigen Leistungen ankommen.[210] Offen bleiben auch in solchen Fällen immer Ansprüche aus Geschäftsführung ohne Auftrag sowie aus ungerechtfertigter Bereicherung.[211]

g) Stufenweise und abschnittsweise Beauftragung

Sowohl in den Musterverträgen der öffentlichen Hand als auch in Verträgen von (meist gewerblichen) privaten Auftraggebern finden sich des Öfteren Regelungen über die **stufenweise Beauftragung**. Die vertragliche Regelung sieht hier so aus, dass zwar zum Gegenstand des Vertrages alle Architektenleistungen gemacht werden, jedoch der rechtsgeschäftliche Auftrag in Stufen erteilt wird. Anzutreffen sind Formularverträge, in denen die Leistungsphasen 1–4 als Stufe 1, die Leistungsphasen 5–7 als Stufe 2 und die Leistungsphasen 8–9 als Stufe 3 beauftragt werden. Ebenso sind jedoch Fälle anzutreffen, in denen nicht die gesamten Leistungsphasen, sondern nur Teile davon beauftragt werden.[212] In rechtlicher Hinsicht sind die Vereinbarungen so konstruiert, dass der Architekt bereits ein bindendes Angebot für die Erbringung der Leistungen abgegeben hat und der Auftraggeber dieses in Stufen annehmen kann. Meist sind die vertraglichen Regelungen so konstruiert, dass die schriftliche Erklärung des Auftraggebers eine aufschiebende Bedingung darstellt.[213] 75

In AGB und Formularverträgen des Auftraggebers begegnen diese Klauseln in verschiedener Hinsicht Bedenken.[214] Wirksam dürften vertragliche Regelungen sein, wonach eine Verpflichtung des Auftraggebers zur Beauftragung besteht, sofern das Projekt durchgeführt wird. Zulässig dürfte es auch sein, einen zeitlichen Rahmen für die Verpflichtung (Bindung des Auftragnehmers) aufzunehmen, wobei dieser aber nicht zu kurz sein darf.[215] Während die Bestimmtheit solcher Regelungen meist nicht problematisiert wird, wendet sich die Literatur vereinzelt gegen die Gesamtkonstruktion, wobei diese nach hier vertretener Auffassung keine unangemessene Benachteiligung des Auf- 76

---

210 § 633 Abs. 2 BGB, 3. Mangeltatbestand.
211 BGH BauR 1997, 154.
212 So z. B. das RBBau-Muster mit der Beauftragung für die HU-Bau, die ihrerseits Leistungsphasen 1 und 2 ganz und Leistungsphase 3 zu einem erheblichen Teil umfasst.
213 Vgl. dazu oben Rdn. 64.
214 Vgl. *Werner* BauR 1992, 695; *Werner* in *Werner/Pastor* Rn. 694, 802; *Koeble* in Kniffka/Koeble, Kompendium, 12. Teil, Rn. 57 ff.; vgl. ferner unten Rdn. 306 ff.; zu den Auswirkungen bei der Honorarvereinbarung vgl. § 7 Rn. 67 und im Hinblick auf das Inkrafttreten einer neuen Fassung der HOAI § 57 Rdn. 3 ff.
215 Drei Jahre nach Formular RBBau erscheint angemessen; a. A. *Ludgen* NZBau 2015, 198, der eine 3-Jahresfrist für unangemessen und allenfalls 24 Monate für akzeptabel hält; auch *Thode/Kuhn* ZfBR 2015, 419 halten die Befristungsklausel für unwirksam.

Einleitung

tragnehmers darstellt, wenn eine Verpflichtung des Auftraggebers zur Beauftragung bei Ausführung des Objekts besteht.[216]

77 Mit dem Abruf der weiteren Leistungen kommt dann erst der tatsächliche Auftrag zustande,[217] was im Hinblick auf mögliche Honorarvereinbarungen[218] und im Hinblick auf die einschlägige Fassung der HOAI erhebliche Bedeutung haben kann[219]. Entsprechendes gilt für die Frage der Haftung und Mangelhaftigkeit. Ist nämlich z. B. nur die Leistungsphase 3 in Auftrag gegeben, dann sind auch nur daraus die Leistungen geschuldet. Die Frage der Mangelhaftigkeit der Planung des Architekten kann dann nicht nach Anforderungen gemessen werden, die sich erst aus nachfolgenden Leistungsphasen ergeben.[220] Nach zutreffender Auffassung des BGH kann dann die Entwurfsplanung zu bezahlen sein, auch dann, wenn die Genehmigungsplanung nicht gelingt. Mit Eintritt der aufschiebenden Bedingung kommt ein **einheitlicher Vertrag** auch über die später einbezogenen Leistungen zustande und kein neuer Vertrag, weshalb auch keine unterschiedlichen Verjährungsfristen für die Leistungsstufen laufen.[221]

78 Ebenfalls in Verträgen mit öffentlichen Auftraggebern und gewerblichen Auftraggebern finden sich Bestimmungen über die **abschnittsweise Beauftragung**. Im Unterschied zur stufenweisen Beauftragung geht es hier nicht um eine Abspaltung einzelner Architektenleistungen und die Erteilung von Teilaufträgen insoweit. Vielmehr geht es hier um die Beauftragung mit Architektenleistungen für Teile eines Bauwerks oder bei mehreren Objekten mit nur einem Objekt. Die Option des Auftraggebers auf Annahme des Angebots des Architekten wird dann hinsichtlich der weiteren Objekte vereinbart. Die Probleme sind meist die gleichen, wie bei der stufenweisen Beauftragung. Auch hier liegt ein Fall der aufschiebenden Bedingung vor.[222]

h) Vorprellen (Vorpreschen) des Architekten

79 Auch dann, wenn feststeht, welchen Leistungsumfang der Architektenvertrag hat, ist es dem Architekten nicht freigestellt, welche Leistungen er erbringen will. Vielmehr darf er nach allgemeiner Meinung nur die notwendigen Leistungen erbringen. Dafür, dass die bis zum Zeitpunkt der Beendigung der Geschäftsbeziehung bereits erbrachten Leistungen auch tatsächlich notwendig waren, spricht keine Vermutung. Im Gegenteil ist es so, dass auch bei bereits erteiltem Vollauftrag vom Architekten nur diejenigen Leistungsphasen oder Teilleistungen erbracht werden dürfen, die jeweils nach dem Stand

---

216 A. A. *Ludgen* NZBau 2015, 198, der die stufenweise Beauftragung auch dann für unwirksam hält.
217 BGH BauR 2009, 264 = NJW-RR 2009, 447; vgl. oben Rdn. 64.
218 »Bei Auftragserteilung«, vgl. § 7 Rdn. 56 ff.
219 Vgl. dazu i. E. § 57 Rdn. 3.
220 BGH BauR 1997, 1065 = NJW 1998, 135 = ZfBR 1998, 25.
221 So mit Recht *Rodemann*, TWK, § 5 Rn. 16 und *Berger*, FBS, A II Rn. 47 zu Recht gegen OLG Dresden Urt. v. 17.06.2010 – 10 U 1648/08.
222 BGH BauR 2009, 523 = NJW-RR 2009, 598; vgl. oben Rdn. 64 und 77.

der Planung des Bauvorhabens **erforderlich sind.**[223] Ist z. B. die Erteilung einer Baugenehmigung zweifelhaft, dann ist der Architekt gehalten, in aller Regel einer Bauvoranfrage einzureichen, wenn damit die entscheidenden Fragen geklärt werden können.[224] Desgleichen sind Leistungen aus den Bereichen der Ausführungsplanung oder der Vergabe in solchen Fällen nur dann honorarpflichtig, wenn der Bauherr sie in Kenntnis des Risikos abverlangt hat oder wenn aus anderen Gründen – z. B. zeitlichen Anforderungen – die Notwendigkeit der Erbringung solcher Leistungen bereits im Voraus bestand.[225]

Probleme ergeben sich auch im Hinblick auf die **noch nicht erbrachten Leistungen** und das entsprechende Honorar nach § 649 Satz 2 BGB, wenn der Durchführung des Objekts noch bekannte Hinderungsgründe entgegenstanden, diese jedoch nicht als Bedingung vereinbart waren. Das OLG Hamm[226] will hier eine Aufklärungspflicht des Architekten annehmen, wonach dieser auf das Risiko der vorzeitigen Erbringung von Architektenleistungen hinweisen müsse. Eine solche Aufklärungspflicht geht jedoch zu weit. Beide Parteien sind sich des Risikos bei Abschluss eines umfassenden Architektenvertrages bewusst und der Auftraggeber hat Möglichkeiten der Vereinbarung (z. B. Bedingungen), die er nutzen kann. 80

i) **Kompensationsabrede**

Von der HOAI nicht erfasst sind sog. **Kompensationsabreden.** Es handelt sich hier um Vereinbarungen zwischen Architekten und/oder Ingenieuren, wonach diese sich gegenseitig Leistungen erbringen und dafür kein oder ein unter den Mindestsätzen der HOAI liegendes Honorar für eine Partei vereinbart wird. Nach gegenteiliger Auffassung be- 81

---

223 BGH BauR 2007, 1761 (1765) = NZBau 2007, 653 m. Anm. *Scholtissek*; vgl. ferner BGH *Schäfer/Finnern* Z 3.01 Bl. 385; OLG Düsseldorf BauR 1986, 469; LG Mannheim *Schäfer/Finnern* Z 3.01 Bl. 258; OLG Düsseldorf BauR 1994, 534 = NJW-RR 1994, 858; OLG Koblenz Urt. v. 29.09.2011 – 5 U 224/11.
224 OLG Düsseldorf BauR 1986, 469; vgl. im Einzelnen oben Rdn. 70 ff. und zur Genehmigungsfähigkeit unten § 34 Rdn. 106 ff.
225 BGH BauR 2007, 1761 (1765) = NZBau 2007, 653 m. Anm. *Scholtissek*; vgl. ferner OLG Düsseldorf BauR 1994, 534 = NJW-RR 1994, 858 für Leistungen aus Leistungsphase 6, die ohne »Not« und Aufklärung des Bauherrn vor Erteilung der Baugenehmigung erbracht wurden; vgl. ferner OLG Hamm BauR 1994, 795 für die Ausführungsplanung eines Statikers, bevor die Baugenehmigung erteilt ist; OLG Düsseldorf NJW-RR 1997, 915 für die Fertigung der Ausführungsplanung, obwohl statische Probleme aufgetreten waren; OLG Düsseldorf NJW-RR 1996, 269 zur Frage, welche Leistungen ein Vermessungsingenieur in Auftrag hat, wenn die Durchführung des Bauvorhabens noch nicht entschieden ist; OLG Koblenz Urt. v. 29.09.2011 – 5 U 224/11 für den Fall, dass mit der Ausführungsplanung begonnen wird, obwohl die Baugenehmigung noch nicht erteilt ist und der Bauherr nicht aufgeklärt wurde, dass vergütungspflichtige Arbeiten zu erbringen sind, die sich ggf. als überflüssig erweisen können.
226 BauR 1987, 582.

Einleitung

dürfen derartige Honorarvereinbarungen der Schriftform.[227] Diese Auffassung verkennt jedoch, dass eine Kompensationsabrede im Grunde nichts anderes enthält als eine Vereinbarung beiderseitiger Kostenlosigkeit.[228] Die HOAI regelt nicht die gegenseitigen Leistungspflichten, die sich aus dem BGB ergeben. Ebenso wie die Vereinbarung von Bedingungen und die Vereinbarung der Kostenlosigkeit formfrei möglich sind, können auch Kompensationsvereinbarungen in dieser Weise getroffen werden. Die HOAI füllt lediglich den Rahmen aus, wenn nach BGB eine Vergütungspflicht besteht.

j) Vorvertrag; Rahmenvertrag

82 Häufig sind sog. **Verpflichtungserklärungen**, mit denen sich ein Bauherr bindet, dem Architekten die Architektenleistungen für ein bestimmtes Bauvorhaben auf der Grundlage eines noch abzuschließenden Architektenvertrages zu übertragen. Hier handelt es sich um einen **Vorvertrag**. Voraussetzung für die Wirksamkeit einer vorvertraglichen Verpflichtung ist, dass ausreichende **Bestimmtheit** gegeben ist. Dafür muss der Hauptvertrag zwar nicht in allen Einzelheiten vorgegeben sein. Es ist jedoch erforderlich, dass sowohl das Objekt selbst als auch die vertraglichen Leistungspflichten festgelegt sind.[229] Eine Honorarvereinbarung ist dagegen (selbstverständlich) nicht erforderlich. Der BGH[230] hat klargestellt, dass diese Vereinbarungen zwar verbindlich sind und Schadensersatzansprüche des Architekten auslösen, wenn sich der Bauherr nicht daran hält. Voraussetzung ist jedoch neben der Bestimmtheit eines solchen Vorvertrages, dass das **Objekt überhaupt durchgeführt** wird.[231] Ist dies nicht der Fall, dann reicht die Verpflichtung aus einem solchen Vorvertrag nur bis zur Leistungsphase 4 Genehmigungsplanung. Insoweit kann der Architekt bei Nichtbeauftragung auch Schadensersatzansprüche geltend machen. Darüber hinausgehende Ansprüche stehen ihm nur zu, wenn der Bauherr das Objekt tatsächlich auch ohne seine Mitwirkung durchführt.[232]

83 Verschiedentlich werden zwischen Architekten und Wohnungsbauunternehmen auch **Rahmenverträge** über die Durchführung mehrerer Bauvorhaben abgeschlossen. Soweit darin keine Verpflichtung für den Abschluss konkreter Architektenverträge enthalten ist, legen derartige Rahmenverträge nur die Bedingungen für später erteilte, ggf. mündliche Aufträge fest. Die Vereinbarung eines Architekten mit einem Generalübernehmer allerdings, wonach der Architekt für mehrere Bauvorhaben Planungsleistungen auf eigenes Risiko erbringen soll, während sich der Generalübernehmer verpflichtet, bei Durchführung seines Bauvorhabens mit dem Architekten über den Abschluss eines Architektenvertrages zu einem nach HOAI zu berechnenden Pauschalhonorar zu verhandeln, führt dagegen zu einer Verpflichtung des Generalübernehmers, den Architekten

---

227 So OLG Hamm BauR 1987, 467 = ZfBR 1987, 154; unentschieden Korbion/Mantscheff/Vygen-*Wirth*, Einführung § 1 Rn. 141.
228 Zur Kostenlosigkeit vgl. oben Rdn. 60 f.
229 Vgl. OLG Koblenz NZBau 2006, 184 m. w. Nachw.
230 BauR 1988, 234 = NJW 1988, 1261.
231 Zur Form vgl. Rdn. 92 ff.
232 BGH BauR 1988, 234.

hinzuzuziehen. Verhandelt der Generalübernehmer dann mit dem Architekten nicht und lehnt er den Abschluss eines Vertrages ohne sachlichen Grund ab, dann kann er zum Schadensersatz verpflichtet sein.[233]

7. Probleme hinsichtlich der Vertragspartnerschaft

a) Aus dem Lager des Auftraggebers

Vor allem im Hinblick darauf, dass auch Ehegatten als Zeugen in Frage kommen, soweit sie nicht **Vertragspartner** sind, ist für den Auftragnehmer wesentlich, wer seine Vertragspartner sind. Beim schriftlichen Vertrag sind Auftraggeber alle Personen, die den Vertrag unterschrieben haben bzw. für die der Unterzeichnende als Vertreter mitgehandelt hat. Probleme können sich aber auch hier wegen unklarer Parteibezeichnung ergeben.[234] Ist im Vertrag eine BGB-Gesellschaft als Auftraggeber genannt, so ist diese auch im Rechtsstreit als teilrechtsfähige Person prozessfähig und sie kann verklagt werden. Die Gesellschafter können daneben als Gesamtschuldner persönlich in Anspruch genommen werden.[235]

84

Beim **mündlichen Vertrag** muss der Auftragnehmer beweisen, dass alle diejenigen Personen Auftraggeber sind, die er als solche bezeichnet. Er kann nicht von vornherein davon ausgehen, dass auch die Ehegatten Auftraggeber sind. Andererseits ist es jedoch nicht erforderlich, dass beide Ehegatten die Verhandlungen mit ihm führen, wenn beide Ehegatten gemeinsam Grundstückseigentümer sind und der Ehemann zum Beispiel erklärt, der Auftragnehmer möge für ihn und seine Frau ein Haus planen.[236] Es ist nicht erforderlich, dass der Auftrag durch einen Ehegatten ausdrücklich im Namen des anderen mit erteilt wird. Vielmehr kann sich der Auftrag für den anderen Ehegatten auch aus den Umständen ergeben (§ 164 Abs. 1 Satz 2 BGB). Bei der Auslegung sind alle Umstände zu berücksichtigen[237] Neben dem Handeln im fremden Namen muss der Handelnde auch Vollmacht (vgl. dazu unten Rdn. 108 ff.) gehabt haben. Es sind in diesem Zusammenhang alle Umstände zu prüfen, die für eine Duldungs- oder Anscheinsvollmacht des Handelnden sprechen könnten. Dabei spielt ebenfalls die Eigentümerstellung eine gewisse Rolle und auch die Tatsache, wer sonst auf den Bauablauf und die Entscheidungen Einfluss genommen hat.[238] Bei anfänglicher Un-

85

---

233 BGH BauR 1992, 531 = NJW-RR 1992, 977 = ZfBR 1992, 215.
234 Vgl. BGH BauR 1999, 668 = ZfBR 1999, 210, wonach noch kein versteckter Einigungsmangel anzunehmen ist, wenn sich der Auftraggeber unter »Planungsgruppe 5« fälschlicherweise ein Büro mit mehreren Architekten vorstellt.
235 Zum Ganzen: *Palandt/Sprau*, BGB, § 705 Rn. 23 ff. m. w. Nachw.; vgl. dazu auch unten Rdn. 87 sowie 88 f. zur Vertragspartnerschaft einer BGB-Gesellschaft auf Auftragnehmerseite; zur Organhaftung *Freund* NJW 2013, 2545.
236 OLG Düsseldorf Urt. v. 19.09.1980 – 22 U 107/80.
237 Zu den Einzelheiten vgl. *Koeble* in Kniffka/Koeble, Kompendium, 12. Teil Rn. 106 ff.; OLG Celle Urt. v. 23.09.2013 – 13 U 94/11 m. NZB BGH v. 28.01.2016 – VII ZR 287/13, wonach es ausreicht, wenn der den Auftrag erteilende Ehegatte den Wunsch äußert, der Schriftverkehr und die Rechnungslegung solle an die Eheleute erfolgen.
238 Vgl. OLG Düsseldorf Urt. v. 19.09.1980 – 22 U 107/80 und OLG Dresden NJW-RR 1999,

Einleitung

klarheit über den Vertragspartner kann ein konkludenter Auftrag durch Verwertung in Frage kommen (vgl. Rdn. 54). Beim **schriftlichen Vertrag** kann es ebenfalls Zweifelsfragen hinsichtlich der Vertragspartnerschaft geben.[239]

86 Vertragsbeziehungen können auch durch **Schuldbeitritt** entstehen.[240] Ein solcher Fall ist (mindestens) anzunehmen, wenn bei einem schriftlichen Vertrag eine nicht als Auftraggeber aufgeführte Person zusätzlich unterschrieben hat. Im Dreiecksverhältnis dagegen kommt ein Schuldbeitritt nicht schon dadurch zustande, dass jemand Leistungen aus einem fremden Vertragsverhältnis für eigene Zwecke in Anspruch nimmt.[241] Mischt sich eine ursprünglich am Vertragsverhältnis nicht beteiligte Person oder Firma in dieses ein und behandelt es sozusagen als eigenes, dann kann sie hinsichtlich der Vergütung passiv legitimiert werden.[242]

87 Mehrere Auftraggeber haften dem Architekten bzw. Ingenieur in der Regel als **Gesamtschuldner** auf das volle Honorar (§ 427 BGB). Eine Ausnahme gilt allerdings bei **Bauherrenmodellen** zur Errichtung von Eigentumswohnungen.[243] Nach ständiger Rechtsprechung des BGH haften die **Bauherren** hier nur nach ihren **Miteigentumsanteilen**.[244] Für sog. Verwaltungsschulden, die während der Nutzungsphase auf die Wohnungseigentümergemeinschaft zukommen, ist dagegen gesamtschuldnerische Haftung angenommen worden.[245] Entsprechendes gilt auch vom Grundsatz her für den geschlossenen Immobilien-Fonds, und zwar betreffend die Aufbauphase.[246]

88 Auch der **Verwalter einer WEG** kann zur Vertretung berechtigt sein. Im Rahmen der »ordnungsgemäßen Instandhaltung und Instandsetzung des Gemeinschaftseigentums« kann er berechtigt sein, für die Wohnungseigentümer einen Architektenvertrag abzuschließen. Allerdings sind davon nicht »außergewöhnliche, nicht dringende« Maßnahmen größeren Umfangs erfasst.[247] In solchen Fällen kann der Architekt nicht darauf vertrauen, dass Vollmacht besteht, sodass auch die Grundsätze der Anscheins- und Duldungsvollmacht nicht eingreifen.

897, welches die Anscheinsvollmacht des Ehegatten aus zusätzlichen Indizien wie Adressieren der Korrespondenz, der Abnahmeprotokolle und von Nachträgen an beide Ehegatten, gefolgert hat.
239 Zu den Einzelheiten vgl. *Koeble* in Kniffka/Koeble, Kompendium, 12. Teil Rn. 110 f.
240 Schuldübernahme ist dagegen äußerst selten.
241 OLG München NJW-RR 1996, 341; zum Direktauftrag vgl. oben Rdn. 54; zur Form des Beitritts vgl. § 7 Rdn. 53.
242 BGH BauR 1987, 82 = ZfBR 1987, 30.
243 I. E. dazu *Kniffka/Koeble*, Kompendium, 12. Teil, Rn. 71 ff.
244 Für sog. Aufbauschulden: z. B. BGH NJW 1959, 2160; BGH NJW 1977, 294; BGH NJW 1979, 2101; BGH NJW 1980, 992 und speziell für den Architektenvertrag LG Kiel NJW 1982, 390.
245 Vgl. i. E. *Koeble* in Kniffka/Koeble, Kompendium, 12. Teil, Rn. 73.
246 Dazu *Grziwotz/Koeble*, Handbuch Bauträgerrecht, 2004, 1. Teil, Rn. 38 m. w. Nachw.
247 KG Urt. v. 09.11.2010 – 21 U 133/09; NZB zurückgewiesen durch Beschluss des BGH vom 22.03.2012 – VII ZR 206/10.

b) Probleme der Parteirolle beim Auftragnehmer

Soweit Architekten in einer BGB-Gesellschaft verbunden sind, kann Honoraransprüche nicht der einzelne Gesellschafter alleine geltend machen. Ihn müsste die Gesellschaft bevollmächtigen bzw. – bei Geltendmachung im eigenen Namen – ermächtigen. Im ersteren Fall tritt dann die Gesellschaft ebenfalls als Partei im Rechtsstreit auf, vertreten durch den bevollmächtigten Gesellschafter. Im letzteren Fall kann – das rechtliche Interesse für die Prozessführungsbefugnis ist in aller Regel zu bejahen – der einzelne ermächtigte Gesellschafter auf Leistung an sich klagen. 89

Aktivlegitimiert sind also nicht einzelne Gesellschafter, sondern die teilrechtsfähige BGB-Gesellschaft. Sie kann als Prozesspartei auftreten, weil ihre Parteifähigkeit zwischenzeitlich bejaht wurde.[248] Dabei ist jedoch hinsichtlich der Bezeichnung im Rubrum Vorsicht geboten.[249] Die Klage einzelner Gesellschafter ist mangels Aktivlegitimation abzuweisen. Haben jedoch alle Gesellschafter, welche zum Zeitpunkt der Begründung des Vertragsverhältnisses an der BGB-Gesellschaft beteiligt waren, die Klage erhoben, dann ist diese im Wege der Auslegung als Klage der BGB-Gesellschaft anzusehen.[250] Im Hinblick auf die Klage von Bauherren gegen Architekten oder Ingenieure als BGB-Gesellschaft dürfte mit der Bejahung der Parteifähigkeit auch der Verwaltungssitz einer solchen Gesellschaft zum Gerichtsstand i. S. d. § 17 ZPO geworden sein.[251] 90

Die Stellung einer Rechnung durch eine andere juristische Person und die Zahlung des Auftraggebers auf diese Rechnung bedeuten noch nicht, dass der Aussteller der Rechnung auch Vertragspartner ist, vielmehr schließt dies nicht aus, dass der Vertrag mit einer anderen juristischen Person zustande gekommen ist.[252] Das nachträgliche Verhalten durch Stellung einer Rechnung ist kein Beweis, sondern ein bei der Auslegung zu berücksichtigendes Indiz. 91

8. Gründe für die Unwirksamkeit des Architektenvertrages

Der Architektenvertrag kann infolge Anfechtung wegen arglistiger Täuschung unwirksam werden.[253] Auch eine Irrtumsanfechtung kommt in Ausnahmefällen sicherlich in Betracht. Der Vertrag kann per se unwirksam sein, wenn er nicht die notwendige **Bestimmtheit** hat (dazu unten a). Bei Verbrauchergeschäften kommt ein **Widerruf** von 92

---

248 BGH BauR 2001, 775 = ZfBR 2001, 392; die Grundsätze zur Haftung der Gesellschafter einer Scheinsozietät gelten auch für Architekten und Ingenieure; vgl. OLG Frankfurt NZBau 2012, 306.
249 Vgl. dazu *Kemke* NJW 2002, 2218.
250 BGH Urt. v. 14.09.2005 – VIII ZR 117/04 = NJW-RR 2006, 42; BGH Urt. v. 23.04.2015 – VII ZR 131/13 = BauR 2015, 1352 = NZBau 2015, 429; zu dieser letzteren Entscheidung vgl. auch unten Rdn. 93.
251 So mit Recht *Breyer/Zwecker* BauR 2001, 705; *Koeble* in Kniffka/Koeble, Kompendium, 12. Teil, Rn. 6250.
252 OGL Celle BauR 2014, 2091.
253 Zur Täuschung über die Architekteneigenschaft vgl. § 1 Rdn. 23 ff.

Einleitung

Verträgen in Frage, welche außerhalb von Geschäftsräumen abgeschlossen wurden (dazu unten b). Neben diesen Sachverhalten kommt Unwirksamkeit dann in Frage, wenn eine bestimmte Form vorgeschrieben und nicht eingehalten ist (dazu Rdn. 95 ff.). Darüber hinaus können Verträge auch wegen Schmiergeldvereinbarungen unwirksam sein (dazu Rdn. 102). In seltenen Fällen kommt auch eine Unwirksamkeit wegen Schwarzarbeit des Architekten in Frage (dazu Rdn. 104). Schließlich können Verträge unwirksam sein, die gegen das sog. Koppelungsverbot verstoßen, weil sie nämlich im Zusammenhang mit Grundstücksgeschäften abgeschlossen wurden.[254]

a) »Bestimmtheit des Vertrages

93 Wirksamkeitsvoraussetzung für jeden Vertrag – ebenso wie für jede Honorarvereinbarung[255] – ist nach allgemeinem Schuldrecht die Bestimmtheit der vertraglichen Vereinbarung. Das gilt zunächst für das Objekt selbst, welches hinreichend bezeichnet sein muss (Lage des Grundstücks, Angabe Gebäude, Ingenieurbauwerk usw.). Sodann ist aber auch die konkret Maßnahme im Einzelnen zu beschreiben (z. B. Neubau, Umbau usw.). Schließlich bedarf es der genauen Festlegung, welche Leistungen der Auftragnehmer – vor allem bei mehreren Objekten – zu erbringen hat.[256] Zutreffend wurde vom BGH jedoch darauf abgehoben, dass ein solcher Vertrag nicht vollständig unwirksam sein kann, bei dem unter Verweis auf alle Leistungsphasen eine Zuordnung der jeweiligen Maßnahme (Erweiterung, Umbau, Modernisierung usw.) für die konkreten vertragsgegenständlichen Gebäude nicht ausdrücklich erfolgt ist. Der BGH hat vielmehr erklärt, dass der Vertrag nicht vollständig unbestimmt und unwirksam ist, zumal die Leistungsphase 1 die Klärung der Aufgabenstellung zum Gegenstand hat. Im Hinblick auf diese Leistungsphase ist er Vertrag hinreichend bestimmt.[257] Anderes kann hinsichtlich der Leistungsphasen 2 – 9 und im Hinblick auf die Zuordnung der konkreten Leistung und Leistungsphasen für einzelne Objekte gelten. Hier ist aber dann zu prüfen, ob sich im Wege der Auslegung nicht ergibt dass die Parteien ein Leistungsbestimmungsrecht (§§ 315, 316 BGG) für den Auftraggeber vereinbart haben. In diesem Zusammenhang ist zu berücksichtigen, dass dem Auftraggeber – in Grenzen – ein Anordnungsrecht zusteht.[258] Im konkreten Fall kann über die Entscheidung des Bauherrn, welche Baumaßnahmen bei welchem Gebäude durchgeführt werden sollen, eine Lösung herbeigeführt werden. Kommt es allerdings zu keinen Anordnungen diesbezüglich, dann bleibt dem Architekten nur der Weg über den Annahmeverzug (§§ 642, 643 BGB) offen. Voraussetzung für eine solche Lösung ist allerdings, dass der Vertrag

---

254 Dazu unten § 3 MRVG Rdn. 14 ff.
255 Vgl. zur Honorarvereinbarung § 7 Rdn. 33.
256 BGH Urt. v. 23.04.2015 – VII ZR 131/13 = BauR 2015, 1352 = Analyse *Koeble* auf www.jurion.de/Modul Werner Baurecht = NZBau 2015, 429 m. Anm. H. Fuchs und Anm. *Popescu* NZBau 2015, 536.
257 BGH Urt. v. 23.04.2015 – VII ZR 131/13 = BauR 2015, 1352 = Analyse *Koeble* auf www.jurion.de/Modul Werner Baurecht = NZBau 2015, 429 m. Anm. *H. Fuchs* und Anm. *Popescu* NZBau 2015, 536.
258 Vgl. dazu § 10 Rdn. 21.

im Wege der Auslegung so zu verstehen ist, dass eine Vertragspartei die Entscheidungsbefugnis über die Konkretisierung der Baumaßnahme hat. Nur dann sind die Anforderungen an die Bestimmtheit erfüllt.

b) Widerruf des Vertrages

Soweit der Architektenvertrag mit einem Verbraucher (§ 13 BGB) abgeschlossen wird, kann ein Widerrufsrecht zur Verfügung stehen, wenn er außerhalb von Geschäftsräumen abgeschlossen wurde (§ 312g BGB). Nicht anwendbar sind dagegen auf den Architektenvertrag nach neuem Bauvertragsrecht die Bestimmungen über den Widerruf von Verbraucherbauverträgen (§ 650k i. V. m. § 650p BGB n. F.). 94

c) »Form« des Architektenvertrages

Während die HOAI selbst eine bestimmte Form nur für die Honorarvereinbarung und nicht dagegen für den Architektenvertrag selbst vorschreibt, gibt es in verschiedenen gesetzlichen Bestimmungen »Formvorschriften«, die auch am Bau und insbesondere für Architekten- und Ingenieurverträge eine Rolle spielen. Dazu gehören die gemeinderechtlichen Vorschriften, Regelungen für Landkreise[259] und Zweckverbände (dazu unten Rdn. 97 ff.). Zu nennen sind ferner kirchenrechtliche Regelungen (dazu unten Rdn. 100). Schließlich sind von Bedeutung die Formvorschriften des Genossenschaftsgesetzes, weil als Auftraggeber von Architekten und Ingenieuren verschiedentlich Wohnungsbauunternehmen auftreten und diese – zumal die ehemals Gemeinnützigen – häufig in der Form der Genossenschaft organisiert waren (dazu § 25 GenG). Neben diesen gesetzlichen Regelungen gibt es auch häufig in Architektenverträgen – vor allem in Formularen von Auftraggebern – Bestimmungen über die Einhaltung bestimmter Schriftformerfordernisse. 95

In AGB von Auftraggebern sind Regelungen unwirksam, nach denen **Honorare für Zusatzleistungen** oder Änderungsleistungen von der vorherigen **schriftlichen Vereinbarung** oder von der schriftlichen Beauftragung abhängig sind.[260] Gleiches gilt auch für vertragliche Bestimmungen in AGB von Auftraggebern, wonach bei stufenweiser und abschnittsweiser Beauftragung die weitere Stufe nur in schriftlicher Form wirksam abgerufen bzw. beauftragt werden kann. 96

Von besonderer Bedeutung sind die Regelungen in den **Gemeindeordnungen** der einzelnen Bundesländer. Entsprechendes gilt auch für die Landkreisordnungen und für die Zweckverbandsgesetze der einzelnen Bundesländer.[261] Nach diesen Grundlagen gibt es unterschiedliche Vorschriften für den Abschluss von Verträgen. Danach ist (mindestens) die Schriftform, meist auch die Unterschrift des Bürgermeisters unter Beifügung seiner Amtsbezeichnung und des Dienstsiegels, z. T. aber auch zusätzlich die 97

---

259 Dazu OLG Stuttgart BauR 2001, 288.
260 BGH BauR 2012, 975 Ziff. 18 = NJW-RR 2012, 653 = NZBau 2012, 370; BGH BauR 2004, 488 = NZBau 2004, 146 zum Bauvertrag.
261 Vgl. für die Landkreisordnung BW OLG Stuttgart BauR 2001, 288.

Einleitung

Unterschrift eines weiteren Mitglieds des Gemeindevorstandes erforderlich. Zu prüfen ist nach den jeweiligen landesrechtlichen Vorschriften und nach dem Kommunalverfassungsrecht immer, ob nicht ein ggf. nicht »formbedürftiges« Geschäft gegeben ist bzw. in wessen Zuständigkeit es fällt.[262] Es handelt sich bei diesen Regelungen um landesrechtliche Vorschriften, weshalb die Rechtsprechung darin keine **gesetzlichen Formvorschriften** i. S. des § 125 BGB sieht. Sie hält die Verträge aber nach § 177 BGB wegen **Überschreitung der Vertretungsmacht** für schwebend unwirksam.[263] Das ist insoweit ein erheblicher Unterschied gegenüber der Unwirksamkeit nach § 125 BGB, als der Auftraggeber nach § 179 Abs. 1 BGB die Möglichkeit zur Genehmigung hat.[264] Verweigert er die Genehmigung, dann steht dem Auftragnehmer grundsätzlich kein Vergütungsanspruch nach Vertragsrecht zu.[265] Der vollmachtlos Handelnde kann selbst haften, jedoch nicht nach § 179 Abs. 1 BGB, sondern nur unter den Voraussetzungen des § 839 BGB.[266]

98 Die »Formvorschriften« gelten nicht für den **Vollzug** wirksam begründeter Verpflichtungen für die genannten öffentlichen Auftraggeber.[267] Insoweit ist zu nennen ein wirksamer Vorvertrag, aber auch der Abruf von weiteren Leistungen bei stufenweiser Beauftragung (vgl. oben Rdn. 75 ff.). Darüber hinaus bedarf es nicht der nach den genannten gesetzlichen Grundlagen vorgeschriebenen »Form«, wenn die Verpflichtung aus Ziff. 7.1 GRW 1995 zum Abschluss eines Architekten- oder Ingenieurvertrages umgesetzt wird.[268] In diesen Fällen genügt sogar der mündliche Auftrag durch den Ortsvorsteher oder Bürgermeister. Auch eine Vollmacht zum Abschluss eines Architekten- oder Bauvertrages muss nicht den Anforderungen des Hauptgeschäfts genügen (§ 167 Abs. 2 BGB). Ebenso wenig muss ein von einem wirksam bevollmächtigten Architekten für die Gemeinde abgeschlossener Bauvertrag den »Formvorschriften« der Gemeindeordnung entsprechen.[269]

99 Vor Inkrafttreten der Gemeindeordnungen in den **neuen Bundesländern** war zweifelhaft, welche Vollmacht ein Bürgermeister zum Abschluss von Verträgen hatte. Zum Schutz der Gemeinden war hier zunächst eine eher formale und hinsichtlich der Voll-

---

262 Vgl. dazu z. B. OLG Brandenburg NJW-RR 2011, 1393 und OLG Stuttgart BauR 2016, 1315 betreffend das Handeln des 1. Bürgermeisters in Bayern.
263 BGH NJW 1980, 117; BGH BauR 1994, 363 = NJW 1994, 1528 = ZfBR 1994, 123; BGH Urt. v. 04.12.2003 – III ZR 30/02 = BGHZ 157, 168 = WM 2004, 182 = IBR 2005, 1132 *Schulze-Hagen.*.
264 BGH BGHZ 157, 168.
265 OLG Celle Beschl. v. 27.03.2006 – 14 U 237/05, IBR 2006, 338 *Fischer.*.
266 BGH BauR 2001, 1416 = NJW 2001, 2626.
267 Anders für den Fall, dass eine wirksame Verpflichtung durch Vertrag oder Vorvertrag noch nicht vorliegt, mit Recht OLG Stuttgart BauR 2001, 288.
268 So mit Recht *Weinbrenner/Jochem/Neusüß*, Der Architektenwettbewerb, 2. Aufl., S. 218.
269 OLG Köln BauR 1994, 112 = NJW-RR 1994, 211 = ZfBR 1994, 18; OLG Rostock BauR 1993, 762 = NJW-RR 1994, 651.

macht restriktive Auffassung in der Rechtsprechung vertreten worden.[270] Der BGH[271] hat jedoch gegenteilig entschieden und rechtsgeschäftliche Erklärungen auch ohne Gemeinderatsbeschluss für wirksam gehalten. In der Zeit bis zum Inkrafttreten der neuen Gemeindeordnungen galt das DDR-Kommunalverfassungsrecht. Danach waren rechtsgeschäftliche Erklärungen regelmäßig für die Gemeinde verbindlich, wenn sie der internen gesetzlichen Aufgabenverteilung zwischen Gemeindevertretung und Bürgermeister oder der internen gemeindlichen Willensbildung entsprachen.[272]

Ein weiterer Fall, in dem Architekten- und Ingenieurverträge bestimmten »Formvorschriften« unterliegen, ergibt sich aus **kirchenrechtlichen Regelungen.** Nach dem jeweiligen Landeskirchenrecht der betreffenden Kirche kann neben dem Handeln des Gemeindevertreters noch die Genehmigung der bischöflichen Behörde (Katholisches Landeskirchenrecht) oder der jeweiligen Landessynode (Evangelisches Kirchenrecht) erforderlich sein. Auch hier handelt es sich nicht um bundesrechtliche »Formvorschriften«, sodass entgegen diesen Bestimmungen abgeschlossene Verträge nicht per se unwirksam sind, sondern schwebend unwirksam bis zur Entscheidung über die Genehmigung.[273] Die Berufung auf die »Formvorschriften« ist auch hier unerheblich, wenn es sich nur um den Vollzug eines wirksam begründeten Geschäftes handelt (vgl. unten Rdn. 98) oder wenn das zuständige Organ das vollmachtlose Handeln gebilligt hat (vgl. unten Rdn. 101). 100

Auf die Verletzung der »Formvorschriften« kann sich die Gemeinde im Übrigen **nicht berufen,** wenn dies zu einem schlechthin unerträglichen Ergebnis für den Vertragspartner führen würde. Das hat der BGH[274] mit Recht bejaht, wenn das nach der Gemeindeordnung **zuständige Organ** den Abschluss des Verpflichtungsgeschäfts »**gebilligt hat**«.[275] Soweit der Bürgermeister nach der Kommunalverfassung zuständig ist, sind damit die Fälle unproblematisch geworden, in denen es lediglich an den Formalien (Amtszusatz und Dienstsiegel) gefehlt hat.[276] Ist nach der Kommunalverfassung ein Gemeinderatsbeschluss für das Handeln erforderlich, dann dürfte es dennoch genügen, wenn der Gemeinderat in anderer Form als durch Beschluss das Handeln »billigt«. Diese Billigung kann auch in der Entgegennahme der entsprechenden Leistung des Architekten 101

---

270 Z. B. OLG Naumburg ZfBR 1994, 133.
271 BauR 1998, 576 = ZfBR 1998, 147.
272 BGH BauR 1998, 868 = ZfBR 1998, 240.
273 OLG Hamm BauR 1988, 742 = MDR 1988, 860 = NJW-RR 1998, 464; *Koeble* in Kniffka/Koeble, Kompendium, 12. Teil, Rn. 41, 66 mit Hinweis auf taktische Überlegungen bezüglich der Genehmigung vor allem im Hinblick auf Vertragsbeziehungen und Gewährleistungsansprüche.
274 BauR 1994, 363 = NJW 1994, 1528 = ZfBR 1994, 123.
275 Demgegenüber will das OLG Stuttgart BauR 2001, 288 zu Unrecht die Billigung durch einen Kreisratsbeschluss nur ausreichen lassen, wenn darin eine eindeutige, auf Beauftragung hindeutende Formulierung enthalten ist.
276 Vgl. hierzu schon OLG Frankfurt NJW-RR 1989, 1425; vgl. jedoch früher anders OLG Frankfurt NJW-RR 1989, 1505, dessen Entscheidung aber durch die genannte BGH-Rechtsprechung überholt ist.

seitens des Gemeinderats oder in der Verwertung der Leistung bei Kenntnis des Gemeinderats zu sehen sein. Bei Unwirksamkeit vertraglicher Vereinbarungen wegen fehlender »Form« kann sogar eine **Schadensersatzpflicht des Auftraggebers** bestehen. Weist z. B. eine kommunale Selbstverwaltungskörperschaft auf die notwendige Genehmigung durch die Aufsichtsbehörde nicht hin, dann kann sie aus Verschulden bei Vertragsabschluss haften.[277] Das gilt auch dann, wenn ein Architekt umfangreiche Leistungen auf Aufforderung des Bürgermeisters für acht städtische Großprojekte über einen Zeitraum von eineinhalb Jahren hin erbringt und der Bürgermeister den Architekten auch noch von der schriftlichen Fixierung des Vertrages abgehalten hat.[278]

d) Schmiergeldzahlungen

102 In der Praxis kommen (leider) Schmiergeldvereinbarungen in verschiedenen Sachverhalten vor. So gibt es Fälle, in denen sich Architekten, Ingenieure oder Projektsteuerer von am Bau Beteiligten oder von Baustofflieferanten Provisionszahlungen versprechen lassen, wenn die Betreffenden vom Bauherrn Aufträge erhalten. Des Weiteren gibt es Fälle, in denen Architekten, Ingenieure oder Projektsteuerer selbst an beim Auftraggeber beschäftigte Personen Zahlungen versprechen, für den Fall der Auftragserteilung. Es besteht kein Zweifel daran, dass die sog. Provisionsvereinbarungen selbst unwirksam sind.[279]

103 Die Wirksamkeit des Architekten-, Ingenieur- oder Projektsteuerungsvertrages selbst ist davon aber im Regelfall nicht berührt. In allen diesen Fällen hat der Auftraggeber ein Kündigungsrecht aus wichtigem, vom Auftragnehmer zu vertretendem Grund.[280] Diesen Weg wird er auch wählen, wenn er selbst vertragliche Gegenansprüche (z. B. wegen Verzugs oder wegen Mängeln) geltend machen will. Im o. g. zweiten Fall hat er auch die Wahl, eine Genehmigung des Vertrages nach § 179 Abs. 1 BGB zu versagen, weil nämlich nach zutreffender Auffassung des BGH der für den Auftraggeber Handelnde als vollmachtloser Vertreter abgeschlossen hat.[281] Den Weg, die Genehmigung zu verweigern, wird der Auftraggeber dann wählen, wenn ihm an vertraglichen Gegenansprüchen nicht gelegen ist, weil z. B. mit dem Bau noch nicht begonnen wurde. Ausnahmsweise schlägt die Unwirksamkeit der Provisionsabrede auf die Honorarvereinbarung des Vertrages auch dann durch, wenn nicht gekündigt wird und die Genehmigung gem. § 179 Abs. 1 BGB erfolgt. War nämlich das Schmiergeld sozusagen auf den Mindestsatz aufgesattelt worden, dann ist die Honorarvereinbarung insoweit unwirksam und es kann nur der richtige Mindestsatz beansprucht werden.

---

277 BGH NJW 1999, 3335.
278 OLG Frankfurt NZBau 2012, 505, das in einem solchen Fall einen Anspruch aus culpa in contrahendo, gerichtet auf Aufwendungsersatz, bejaht.
279 Vgl. BGH BauR 1999, 1047 = NJW 1999, 2226 = LM Heft 11/99 § 134 BGB Nr. 165 m. Anm. *Koeble*..
280 BGH BauR 1999, 1047 = NJW 1999, 2226 = LM Heft 11/99 § 134 BGB Nr. 165 m. Anm. *Koeble*..
281 BGH BauR 1999, 1047.

Einleitung

e) Schwarzarbeit u. Ä.

Ein beiderseitiger Verstoß gegen das Gesetz zur Bekämpfung der Schwarzarbeit machte den gesamten Architekten- oder Ingenieurvertrag schon immer unwirksam.[282] Das galt z. B. auch für eine mündliche Honorarvereinbarung, die ein Honorar ohne Umsatzsteuer zum Gegenstand hat.[283] Allein der Umstand aber, dass »ohne Rechnung« bezahlt werden soll, führte nach früherer Rechtsprechung nicht zur Unwirksamkeit des Vertrages.[284] Auch soweit ein Vertrag mit einer »ohne-Rechnung-Abrede« unwirksam war, blieb der Auftraggeber hinsichtlich seiner Mängelansprüche geschützt. Es standen ihm die vertraglichen Mängelrechte zur Verfügung, weil sich der Auftragnehmer nicht auf die Unwirksamkeit des Vertrags berufen konnte.[285] Diese Rechtsprechung hat der BGH geändert.[286] Der Verstoß gegen das Schwarzarbeitsverbot führt zur Nichtigkeit des gesamten Vertrages. Die beiden Partner können keinerlei Ansprüche gegeneinander geltend machen. Das gilt sowohl für den »Vergütungsanspruch« des Unternehmers als auch für Mängelbeseitigungsansprüche des Auftraggebers und schließlich auch für Bereicherungsansprüche gerichtet auf Rückzahlung der schwarz bezahlten Entgeltsanteile.[287] Treffen die Parteien eine nachträgliche Schwarzgeldabrede, dann erfasst die Nichtigkeit auch einen etwa zuvor wirksam abgeschlossenen Architektenvertrag und sie betrifft das gesamte Vertragsverhältnis, sodass auch aus einem solchen Vertrag weder Honorar- noch Mängelansprüche und auch keine Rückzahlungsrechte hergeleitet werden können.[288]

104

f) Folgen der Unwirksamkeit

Ist der Vertrag zwischen den Parteien unwirksam oder wirksam angefochten, dann sind die gegenseitigen Vertragsbeziehungen (Vergütungsansprüche und Gegenansprüche) nicht auf vertraglicher Basis abzuwickeln.[289] Die gegenseitigen Ansprüche sind nach den Regeln über die Geschäftsführung ohne Auftrag (§§ 683, 670 BGB) abzuwi-

105

---

282 Vgl. i. E. BGH BauR 2001, 632; BGH Urt. v. 01.08.2013 – VII ZR 6/13; OLG Schleswig Urt. v. 16.08.2013 – 1 U 24/13; *Kniffka* in Kniffka/Koeble, Kompendium, 5. Teil, Rn18 f zur Rechtsvereinheitlichung der Schwarzarbeitsproblematik vgl. Stamm NZBau 2009, 78.
283 OLG Hamm BauR 1997, 501 = NJW-RR 1997, 722.
284 BGH BauR 2001, 630 = NJW-RR 2001, 380 = ZfBR 2001, 179, OLG Düsseldorf BauR 2011, 1980 (1988).
285 BGH BauR 2008, 1301 = NJW-RR 2008, 1050 für Mängelansprüche beim Bauvertrag und BGH BauR 2008, 1330 für Mängelansprüche beim Ingenieurvertrag; insoweit zustimmend *Peters* NJW 2008, 2478; vgl. auch *Orlowsky* BauR 2008, 1963.
286 BGH Urt. v. 01.08.2013 – VII ZR 6/13 zwar mit Hinweis auf eine etwas geänderte Rechtslage, jedoch wohl. auch für die Vergangenheit.
287 BGH Urt. v. 11.06.2015 – VII ZR 216/14 = BauR 2015, 1655 = NZBau 2015, 551; zu den Folgen der Schwarzarbeit = NZBau 2016, 173 mit Anm. *Jerger* NZBau 2016, 137; vgl. auch *Popescu* ZfBR 2015, 3.
288 OLG Stuttgart Urt. v. 10.11.2015 – 10 U 14/15 = NJW 2016, 1394 m.krit.Anm. *Nassall*.
289 Zu den Folgen des Verstoßes gegen das Koppelungsverbot vgl. § 3 MRVG Rdn. 22 ff.

ckeln.²⁹⁰ Nur dann, wenn deren Grundsätze nicht anwendbar sind, muss auf die Vorschriften über die ungerechtfertigte Bereicherung nach §§ 812 ff. BGB zurückgegriffen werden.²⁹¹ Hinsichtlich des Honorars führt dies dazu, dass nur die Mindestsätze für die verwerteten Leistungen geltend gemacht werden können.²⁹² Die Gegenansprüche können damit praktisch nur als Verrechnungsposten im Rahmen der Honoraransprüche Berücksichtigung finden.²⁹³ Neben diesen Ansprüchen kann auch ein Anspruch des Auftragnehmers aus Verschulden bei Vertragsabschluss (culpa in contrahendo) bestehen. Soweit nämlich ein Vertrag an kommunal-rechtlichen Vorschriften scheitert und der Bürgermeister den Auftragnehmer auch noch von der schriftlichen Fixierung des Vertrages abgehalten hat, kann ein Aufwendungsersatzanspruch bestehen.²⁹⁴

9. Vollmacht des Architekten

106 Als Sachwalter des Bauherrn kann der Architekt bei der Abwicklung des Bauvorhabens verschiedentlich in Situationen geraten, die ein rechtsgeschäftliches Handeln seinerseits für den Bauherrn nahelegen oder gar erfordern. Wirksam für den Bauherrn sind seine Handlungen jedoch nur, wenn er »im fremden Namen« tätig geworden ist (dazu unten Rdn. 107) und wenn ihm auch eine Vollmacht (dazu unten Rdn. 108 ff.) gewährt worden war.

107 Voraussetzung dafür, dass sein rechtsgeschäftliches Handeln für den Bauherrn wirksam wird, ist zunächst, dass der Architekt »**im fremden Namen**« tätig geworden ist. Es genügt, wenn sich das Handeln für den Bauherrn aus den Umständen ergibt (§ 164 Abs. 1 S. 2 BGB). Ohne besondere Umstände wird man jedenfalls nicht davon ausgehen können, dass der Architekt im eigenen Namen handeln will, sondern in der Regel namens des Bauherrn tätig wird.²⁹⁵ Von einem Handeln in fremdem Namen wird man ausgehen müssen, wenn der Architekt ein konkretes Bauvorhaben und einen bestimmten Bauherrn benennt. Soweit der Name des Bauherrn nicht deutlich gemacht wird, dürften die Umstände für ein Handeln in fremdem Namen nicht ausreichen. Der Zusatz der Berufsbezeichnung Architekt auf einem entsprechenden Auftragsschreiben genügt für sich alleine nicht, um auf eine Vertreterstellung hinzuweisen.²⁹⁶ Weil der Architekt jedoch normalerweise Aufträge nicht im eigenen Namen erteilt und erteilen

---

290 Vgl. für einen entsprechenden Fall beim Bauvertrag BGH BauR 1994, 110 = NJW 1994, 3196 = LM Heft 2/94 § 677 BGB Nr. 32 m. Anm. *Koeble* = ZfBR 1994, 15.
291 BGH BauR 2002, 1245.
292 BGH BauR 1994, 651 = ZfBR 1994, 220; OLG Brandenburg Urt. v. 13.07.2010 – 11 U 7/10, NZB zurückgewiesen.
293 Zum Vorgehen vgl. *Koeble* in Kniffka/Koeble, Kompendium, 12. Teil, Rn. 87 f. sowie oben Rdn. 97 a. E.
294 OLG Frankfurt NZBau 2012, 505 auch zur Frage des Mitverschuldens des Auftragnehmers, was im konkreten Fall verneint wurde.
295 OLG Köln BauR 1996, 254 = NJW-RR 1996, 212; OLG Köln NJW-RR 1999, 1615; OLG Brandenburg BauR 2002, 476 = NJW-RR 2002, 1099.
296 BGH BauR 2007, 574 = NJW-RR 2007, 529.

Einleitung

will, genügt es, wenn dem am Bau Beteiligten durch sonstige eindeutige Umstände klar werden muss, für wen der Architekt tätig wird.

Neben dem Handeln im fremden Namen bedarf es zur Wirksamkeit für den Bauherrn auch der **Vollmacht**.[297] Diese kann in verschiedener Weise bestehen (vgl. dazu Rdn. 109). Streitig ist meistens der Umfang der Vollmacht im Rahmen der technischen Bauabwicklung (dazu Rdn. 111 ff.) und vor allem im Hinblick auf die Erteilung von Zusatzaufträgen (dazu Rdn. 114 ff.). Die Folgen vollmachtlosen Handelns sind ebenfalls ein häufiges Kapitel in der Rechtspraxis (dazu Rdn. 116 ff.). Etwaige rechtsgeschäftliche Befugnisse des Architekten erlöschen mit der Eröffnung eines Insolvenzverfahrens über das Vermögen seines Bauherrn.[298]

108

a) Arten der Vollmacht

Die ausdrückliche, **schriftliche Vollmacht** mit genauem Leistungsumfang ist leider selten. Die üblichen schriftlichen Vollmachten beziehen sich lediglich auf wenige Gegenstände, nämlich auf das Verhandeln mit Nachbarn und auf die Vertretung gegenüber Behörden. Damit sind keine weitergehenden, rechtsgeschäftlichen Befugnisse verknüpft. Anders sieht es dann aus, wenn der Architekt zur »allumfänglichen Vertretung« des Bauherrn berufen ist, weil dann aus Sicht des Adressaten eine umfassende rechtsgeschäftliche Vollmacht anzunehmen sein wird.[299] Neben der **ausdrücklichen**, mündlichen Vollmacht sind hervorzuheben auch die Fälle der **Außenvollmacht**. Diese Form der rechtsgeschäftlichen Vollmacht ist gar nicht so selten, z. B. ist sie dann anzunehmen, wenn Erklärungen gegenüber Dritten abgegeben werden, wonach der Architekt die entsprechende Tätigkeit übernehme.[300] Um eine Außenvollmacht kann es sich auch handeln, wenn ein Vertragspartner (z. B. der Architekt) an sich nicht bevollmächtigte Personen zu einer Besprechung schickt, im Rahmen derer bestimmte Vertrags- oder Abwicklungsfragen geklärt und vereinbart werden sollen.[301] Von gewisser Bedeutung ist auch die **konkludent erteilte Vollmacht**, die immer dann vorliegen wird, wenn der Auftraggeber einen Auftrag erteilt, der sich ohne Vertretungsbefugnis nicht sachgerecht durchführen lässt.[302]

109

---

297 Zum gesamten Thema: *Palandt/Ellenberger*, 75. Aufl., §§ 164–181; *Werner* in Werner/Pastor Rn. 1332 ff.; *Sonntag* in FBS A IX Rn. 1 ff.; *Rodemann* in TWK § 6 Rn. 1 ff.; *Koeble* in Kniffka/Koeble, Kompendium, 12., Teil Rn. 118 ff.
298 Dazu und zu anderen Vollmachtsfragen im Zusammenhang mit der Insolvenz vgl. *Heidland* BauR 2009, 159.
299 OLG Köln NJW-RR 2013, 265 = NZBau 2013, 169.
300 Vgl. OLG Hamburg BauR 1996, 256 und OLG Düsseldorf BauR 2000, 895.
301 Insoweit kann mindestens Anscheins- oder Duldungsvollmacht angenommen werden; vgl. dazu BGH BauR 2011, 669 = NJW 2011, 1965 mit im Erg. zust. Anm. *Grothe* = NZBau 2011, 303.
302 Vgl. OLG Düsseldorf BauR 1995, 257 = NJW-RR 1995, 592 für einen Verhandlungsauftrag.

Einleitung

110 Eine Form der **Rechtsscheinvollmacht** ist die **Duldungsvollmacht**.[303] Sie liegt vor, wenn der Architekt ohne ausdrückliche Vollmacht im Rechtsverkehr als Vertreter des Auftraggebers in Erscheinung tritt und dieser das Verhalten des Architekten kennt und duldet. Das kann z. B. dann vorliegen, wenn der Bauherr Kopien von Aufträgen entgegennimmt, die der Architekt in seinem Namen erteilt hat und wenn er darauf hin noch Teil- oder Abschlagszahlungen an die am Bau Beteiligten auf solche Ansprüche leistet, die sich aus diesen Aufträgen ergeben.[304] Wenn der Architekt in der irrigen Annahme einer Vollmacht einen Unternehmer beauftragt, dann muss der Bauherr ihn darauf hinweisen, wenn er dies erkennt bzw. erkennen muss.[305] Ein Fall der Duldungsvollmacht ist auch dann gegeben, wenn der Auftraggeber weiß, dass an dem einvernehmlich mit dem Auftraggeber anberaumten Abnahmetermin der Architekt für ihn teilnimmt und ihm hinterher ein Protokoll zugeht, in dem der Architekt mit dem Zusatz »i. A.« aufgeführt ist und unterschrieben hat.[306] Eine **Anscheinsvollmacht**[307] liegt vor, wenn der Auftraggeber zwar das Handeln des Architekten in seinem Namen nicht kennt, es aber bei Anwendung pflichtgemäßer Sorgfalt hätte erkennen und verhindern können. Die Entsendung des Architekten zur Abnahme genügt allein noch nicht, jede Art von rechtsgeschäftlichen Handlungen zu sanktionieren.[308] Ebenso wenig reicht die Unterschrift unter ein Vergabeverhandlungsprotokoll, um die Befugnis für die Erteilung von Zusatzaufträgen annehmen zu können.[309] Unterzeichnet der Architekt über einen Zeitraum von mehreren Monaten schriftliche Verträge und ist er Ansprechpartner für den Unternehmer bei Baubesprechungen, erklärt er Abnahmen und rügt er Mängel, dann ist mindestens von Anscheinsvollmacht auszugehen.[310] Ebenso wenig erweckt ein Auftraggeber, der einen Architekten mit der Einholung von Angeboten beauf-

---

303 Dazu *Palandt/Ellenberger*, § 172 Rn. 8; *Rodemann* in TWK § 6 Rn. 20 ff.; *Sonntag* in FBS A IX Rn. 69; *Werner/Pastor* Rn. 1353; *Koeble* in *Kniffka/Koeble*, 12. Teil, Rn. 123.
304 OLG Brandenburg BauR 2002, 476 = NJW-RR 2002, 1099.
305 BGH BauR 2001, 1412 = NJW 2001, 3184 = NZBau 2001, 571 = ZfBR 2001, 455.
306 OLG Düsseldorf BauR 2013, 1874; zum ähnlichen Fall, dass der Bauherr den Architekten ausdrücklich zum anberaumten Abnahmetermin schickt vgl. oben Rdn. 109 zur Außenvollmacht.
307 Dazu *Palandt/Ellenberger*, § 172 Rn. 11; *Rodemann* in TWK § 6 Rn. 20 ff.; *Sonntag* in FBS A IX Rn. 709 ff.; *Werner/Pastor* Rn. 1354 ff.; *Koeble* in Kniffka/Koeble, 12. Teil, Rn. 123.
308 A. A. OLG Saarbrücken BauR 2000, 753 = NJW-RR 2000, 826 für eine Anscheinsvollmacht zur Verkürzung der Gewährleistungsfrist; zu einem ähnlichen Problem der Entsendung eines nicht Bevollmächtigten zu einem Vertragsverhandlungstermin vgl. BGH BauR 2011, 669 = NJW 2011, 1965 mit im Erg. zust. Anm. *Grothe* = NZBau 2011, 303.
309 OLG Düsseldorf BauR 2000, 801; zu Zusatzaufträgen vgl. unten Rdn. 114 ff.
310 OLG Brandenburg NJW-RR 2009, 235, das hier eine Genehmigung durch den Bauherrn oder widersprüchliches Verhalten annimmt, wenn der Bauherr später die Vollmacht bestreitet.

tragt, den Anschein, dass der Architekt zur Auftragsvergabe bevollmächtigt sei.[311] Mit der Formulierung, der Architekt habe **originäre Vollmacht**, ist nicht viel gewonnen.[312]

b) Umfang der Vollmacht im Rahmen der technischen Bauabwicklung

Im Laufe der Bauabwicklung hat der Architekt in zahlreichen Situationen Erklärungen abzugeben oder entgegenzunehmen, die in rechtsgeschäftlicher Hinsicht von Bedeutung sein können. Rechtliche Einordnungen grundsätzlicher Art sind nicht möglich, vielmehr ist die einzelne Handlung isoliert zu beurteilen. Im Zusammenhang mit der Abrechnung der am Bau Beteiligten ist der Architekt bevollmächtigt, das **gemeinsame Aufmaß** mit bindender Wirkung für den Auftraggeber vorzunehmen.[313] Ebenfalls im Zusammenhang mit der Abrechnung der am Bau Beteiligten ergibt sich das Problem, ob der **Prüfvermerk** des Architekten ein Anerkenntnis für den Bauherrn gegenüber den am Bau Beteiligten darstellt. Das ist zu verneinen, weil die Rechnungsprüfung ein reines Internum gegenüber dem Bauherrn ist und auch bei Versendung der geprüften Fassung an am Bau Beteiligte keine zusätzlichen Wirkungen eintreten.[314] Der Prüfvermerk enthält überhaupt keine rechtsgeschäftliche Erklärung, sodass Dritte daraus keine Rechte herleiten können, und zwar weder gegen den Bauherrn noch gegen den Architekten selbst. Der Architekt ist ferner berechtigt, **Mängelrügen** auszusprechen und die Handwerker schriftlich zur Mängelbeseitigung anzuhalten sowie zu mahnen.[315] Diesbezüglich kommen alle Erklärungen in Frage, die keine rechtsgestaltenden Inhalte zum Gegenstand haben. Anders verhält es sich mit dem Rücktritt, der Kündigung und mit Anfechtungserklärungen ebenso wie mit der Wahl bestimmter Mängelrechte. All dies ist ohne besondere Vollmacht dem Auftraggeber alleine vorbehalten.

111

Zu **rechtsgeschäftlichen Eingriffen** in den bestehenden Bauvertrag ist der Architekt nicht befugt. Aus diesem Grund hat er auch keine Vollmacht zu Anordnungen nach § 1 Nr. 4 VOB (B), weil dadurch Ansprüche des am Bau Beteiligten nach § 2 Nr. 6 VOB (B) ausgelöst werden können.[316] Ebenso wenig kann er einen Einheitspreisvertrag in einen Stundenlohnvertrag umwandeln. Ebenso wenig steht ihm ein Recht zu Änderungen (§ 1 Abs. 3 VOB/B) oder Anordnungen betreffend die Leistung (§ 1 Abs. 4 VOB/B) zu. Vertragliche Vergütungsansprüche des Bauunternehmers können in solchen Fällen nur nach den Grundsätzen der Duldungs- und Anscheinsvollmacht entste-

112

---

311 OLG Köln BauR 1993, 243; zur Vergabe von Aufträgen vgl. ferner unten Rdn. 114.
312 So mit Recht *Quack* BauR 1995, 441; zur gesamten Rechtsprechung und Literatur vgl. ferner *Kaiser* ZfBR 1980, 263; v. *Craushaar* BauR 1982, 421; *Meissner* BauR 1987, 497; *Pauly* BauR 1998, 1143; *Dören*, Jahrbuch BauR 2003, 131; *Koeble* in: *Kniffka/Koeble*, Kompendium, 12. Teil, Rn. 118 ff.; Rodemann in TWK § 6 Rn. 5 ff., der die originäre Architektenvollmacht auf die nicht ausdrücklich sondern konkludent erteilte Vollmacht zurückführt; insoweit gibt es eine Überdeckung mit der rechtsgeschäftlichen Außenvollmacht (dazu oben Rdn. 109); *Sonntag* in FBS A IX Rn. 13 ff.
313 BGH NJW 1974, 646; *Ingenstau/Korbion/Locher*, § 14 Abs. 2 Rn. 35 ff.
314 So mit Recht BGH BauR 2002, 613 = NJW-RR 2002, 661; OLG Hamm BauR 1996, 739.
315 BGH NJW 1960, 859; *Werner* in *Werner/Pastor* Rn. 1347.
316 BGH BauR 2004, 488 = NZBau 2004, 146.

Einleitung

hen.³¹⁷ Die Abzeichnung von Stundenlohnzetteln durch den Architekten gibt dem Bauunternehmer deshalb noch nicht das Recht, auf dieser Basis auch abzurechnen.³¹⁸ In den Zuständigkeitsbereich des Architekten fällt dagegen die Prüfung der Anzahl der Stunden und insoweit hat seine Erklärung Bindungswirkung für den Bauherrn. Dieser kann das deklaratorische Anerkenntnis zwar angreifen, es trifft ihn aber die Beweislast für die von ihm behaupteten Zeiteinheiten. Ebenfalls im Zusammenhang mit der Schlussrechnung von am Bau Beteiligten kann es eine Rolle spielen, ob der zu einer Besprechung über diese Rechnung entsandte Architekt Vollmacht hat, Vereinbarungen über die Höhe zu treffen. Das ist grundsätzlich zu verneinen, sodass auch dann keine Vollmacht zu einem Anerkenntnis oder zu einem Vergleich über den Werklohn bejaht werden kann.³¹⁹ Allerdings gelten die in einem solchen Fall vom Architekten bestätigten Leistungen als prüffähig abgerechnet.³²⁰

113 Eine Befugnis zur rechtsgeschäftlichen **Abnahme** steht dem Architekten nicht zu. In § 34 Abs. 2 Nr. 8 HOAI ist die technische Abnahme gemeint. Die technische Abnahme ist lediglich als Überprüfung des Werks auf vorhandene Mängel einzuordnen. Auch dann, wenn in einem Vertrag ausdrücklich für den Architekten Vollmacht zur Abnahme erklärt wird, berechtigt diese noch nicht zu weiterem, rechtsgeschäftlichem Handeln.³²¹ Entsendet der Bauherr den Architekten zur förmlichen Abnahme, dann ist damit noch nicht von vornherein auch eine Vollmacht zum **Vertragsstrafenvorbehalt** verknüpft, vielmehr wäre diese gesondert zu erteilen.³²²

c) **Vollmacht zur Erteilung von Aufträgen**

114 Das Hauptproblem ist, ob und inwieweit der Architekt Vollmacht zur Erteilung von Aufträgen oder **Zusatzaufträgen** hat.³²³ Die heutige Tendenz der Rechtsprechung ist es, auch bei kleinen Zusatzaufträgen mit der Annahme einer Vollmacht zurückhaltend zu sein.³²⁴ Das gilt vor allem dann, wenn mit dem betreffenden am Bau Beteiligten ein Pauschalvertrag abgeschlossen ist.³²⁵ Eine Vollmacht besteht jedenfalls nicht für Ände-

---

317 Vgl. dazu unten Rdn. 114.
318 BGH BauR 1994, 760 = BB 1994, 2169 = ZfBR 1995, 15.
319 OLG Düsseldorf BauR 1996, 740.
320 OLG Nürnberg BauR 2000, 730 = NJW-RR 1999, 1136.
321 OLG Düsseldorf BauR 2000, 1878.
322 LG Leipzig NJW-RR 1999, 1183; *Werner* in *Werner/Pastor*, Rn. 1346; *Ingenstau/Korbion/Döring* B § 11 Nr. 4 Rn. 12; *Steeger* BauR 2001, 554.
323 Vgl. dazu aus der älteren Rechtsprechung: BGH BauR 1960, 859; OLG Stuttgart NJW 1966, 1462; BGH BauR 1975, 358; OLG Köln NJW 1973, 1798; OLG Köln BauR 1986, 443; OLG Köln BauR 1996, 254 = ZfBR 1996, 97; OLG Stuttgart MDR 1982, 1016; OLG Stuttgart BauR 1994, 789; zum Ganzen *Rodemann* in TWK § 6 Rn. 13; *Sonntag* in FBS A IX Rn. 59; *Werner* in *Werner/Pastor* Rn. 1332 ff.; *Koeble* in Kniffka/Koeble, 12. Teil Rn. 123; zur Befugnis von Anordnungen des Architekten gegenüber am Bau Beteiligten vgl. oben Rdn. 112.
324 Vgl. OLG Naumburg NZBau 2000, 143 und OLG Oldenburg BauR 2009, 1917.
325 OLG Saarbrücken NJW-RR 1999, 668.

rungsaufträge, die mit erheblichen Kostensteigerungen verknüpft sind.[326] In Ausnahmefällen kann aber Duldungs- oder Anscheinsvollmacht zu bejahen sein (vgl. oben Rdn. 110). Auch aus vertraglichen Regelungen können rechtsgeschäftliche Befugnisse gefolgert werden. So genügt es, wenn nach dem Vertrag Zusatzleistungen mit dem Architekten abgestimmt werden können und im Zusammenhang damit eine Vergütungsregelung getroffen wird.[327] Ergibt sich aus einem Bauvertrag, dass der Architekt nur in technischer Hinsicht befugt sein soll, dann scheidet die Annahme einer Anscheinsvollmacht jedoch aus.[328] Problematisch ist eine Entscheidung des OLG Düsseldorf,[329] wonach Vollmacht zum Schuldbeitritt für bereits erbrachte Leistungen bestehen soll, wenn der Bauherr den Architekten zu einer Besprechung mit einem Subunternehmer schickt, bei der es um die Weiterarbeit und die Übernahme von Kosten für erbrachte Leistungen geht. Vollmachten sind grundsätzlich eng auszulegen, weil der Architekt für die Baubeteiligten bekanntermaßen nicht der Rechtsgestalter ist. Sind Zusatz- oder Nachtragsaufträge nach dem Bauvertrag von der schriftlichen Beauftragung abhängig, scheitert die Vollmacht des Architekten schon daran.[330] Eine Vollmacht zur Vergabe von Zusatzaufträgen kann aber bejaht werden, wenn der Auftraggeber den Architekten den Bauvertrag und das Verhandlungsprotokoll hat unterzeichnen lassen sowie dazuhin noch im Bauvertrag vorgesehen ist, dass sich der Baubeteiligte mit allen Angelegenheiten an den Architekten wenden und dessen Anordnungen befolgen soll und auch dessen Zustimmung eingeholt werden soll, wenn Kosten verursachende Maßnahmen abgestimmt werden müssen.[331] Ebenso ist zu Recht eine Anscheinsvollmacht bejaht worden, wenn der Architekt schon den Bauvertrag verhandelt und im Namen des Bauherrn unterzeichnet hat.[332]

Dem Architekten steht auch von Haus aus keine Vollmacht zur **Erteilung von Aufträgen an Ingenieure bzw. Sonderfachleute** zu.[333] Soweit er z. B. den Vermessungsingenieur oder den Tragwerksplaner einschaltet, muss er sorgfältig klären, ob der Bauherr ihn dazu bevollmächtigt. Verneinendenfalls entstehen direkte Vertragsbeziehungen zwischen ihm und dem Sonderfachmann. Vom Auftrag des Bauherrn an ihn kann allerdings die eventuell notwendige Leistung des Vermessungsingenieurs oder Tragwerksplaners erfasst sein. Eventuell kommt auch eine Genehmigung des vollmachtlosen Handelns in Frage, wenn der Bauherr die Leistungen der Sonderfachleute durch Ein-

115

---

326 OLG Düsseldorf BauR 2000, 1198.
327 OLG Düsseldorf BauR 2000, 895; *Sonntag* in FBS A IX Rn. 8.
328 OLG Düsseldorf BauR 2000, 1878.
329 BauR 1995, 297 = NJW-RR 1995, 592.
330 *Locher*, FS Korbion, S. 283 ff.; zu Klauseln über die persönliche Beauftragung durch den Bauherrn vgl. unten Rn. 260 ff.
331 OLG Frankfurt BauR 2008, 1144 m. NZ-Beschluss des BGH vom 20.12.2007 – VII ZR 116/07.
332 KG BauR 2008, 97 m. NA-Beschluss des BGH vom 27.09.2007; nach dieser Entscheidung kann sich die Anscheinsvollmacht auch auf die Rechnungsprüfung erstrecken.
333 Vgl. dazu i. E. Rdn. 114 ff. sowie *Koeble* in: *Kniffka/Koeble*, Kompendium, 12. Teil, Rn. 124 ff.

reichen des Baugesuchs akzeptiert.[334] Im Normalfall dürfte hier aber die Entgegennahme und Verwertung der Leistung des Architekten und damit ein direkter Anspruch des Architekten wegen der Sonderleistungen anzunehmen sein.

d) Folgen vollmachtlosen Handelns

116 Erteilt der Architekt einen Auftrag ohne Vollmacht, dann steht dem am Bau Beteiligten gegen ihn nach § 179 Abs. 1 BGB ein Erfüllungsanspruch zu. Dieser ist dann ausgeschlossen, wenn der am Bau Beteiligte das Fehlen der Vollmacht kannte oder kennen musste.[335] Häufig finden sich Regelungen in Bauverträgen, wonach Zusatzaufträge nur vom Bauherrn erteilt werden können. Solche Klauseln sind wirksam, weil sie der gesetzlichen Rechtslage entsprechen.[336] Eine Haftung des Architekten scheidet in derartigen Fällen dann nach § 179 Abs. 3 BGB aus, weil der am Bau Beteiligte das Fehlen der Vollmacht erkennen musste.[337] In solchen Fällen kann der am Bau Beteiligte auch nicht davon ausgehen, dass der Architekt Aufträge im eigenen Namen erteilen will.[338] Das Einzige, was dem am Bau Beteiligten als Möglichkeit zur Verfügung steht, ist der eventuell gegebene Anspruch aus Geschäftsführung ohne Auftrag (§§ 683, 670 BGB) oder aus ungerechtfertigter Bereicherung (§ 812 BGB) gegen den Bauherrn. Diese Ansprüche sind jedoch problematisch, weil die durchgeführten Maßnahmen nicht immer dem Willen des Bauherrn entsprechen, vor allem dann nicht, wenn dieser bei Kenntnis des Auftrags eine andere Art der Ausführung gewählt hätte.[339] Im Übrigen sind Ansprüche aus GoA auf Aufwendungsersatz gerichtet und nicht auf die übliche Vergütung. Ähnliches gilt für Bereicherungsansprüche.

10. Das Werk des Architekten

117 Der Architektenvertrag ist in der Regel nach altem und nach neuem Recht dem Werkvertragsrecht zuzuordnen (vgl. oben Rdn. 34 ff.). Damit ist jedoch noch nichts über den Inhalt sowie Umfang der Leistungspflichten und den geschuldeten Werkerfolg gesagt. Die Leistungspflichten ergeben sich aus dem Bürgerlichen Recht, genauer gesagt aus dem Architektenvertrag und der Auslegung seines Leistungsumfangs.[340] Maßgebend ist immer das zu erreichende Ziel, in der Regel die Errichtung eines Bauwerks, nicht jedoch das Bauwerk selbst. Letzteres ist nicht das vom Architekten geschuldete

---

334 OLG Celle BauR 2000, 289.
335 § 179 Abs. 3 BGB; zur Kenntnis der fehlenden Vollmacht, wenn genügend Anhaltspunkte vorliegen, vgl. OLG Saarbrücken NJW-RR 2001, 453.
336 OLG Düsseldorf BauR 1985, 339; OLG Frankfurt SFH Nr. 6 zu § 179 BGB; LG Bochum BauR 1990, 636; BGH BauR 1994, 760 = BB 1994, 2169 = ZfBR 1995, 15; OLG Düsseldorf NJW-RR 1996, 1485 = BauR 1997, 337 für eine ähnliche Klausel.
337 OLG Düsseldorf BauR 1985, 339; OLG Frankfurt SFH Nr. 6 zu § 179 BGB und LG Bochum BauR 1990, 636.
338 OLG Köln BauR 1996, 254 = NJW-RR 1996, 212 = ZfBR 1996, 97.
339 Vgl. OLG Düsseldorf BauR 2000, 1198.
340 BGH BauR 1997, 154 = NJW 1997, 586 = LM Heft 4/1997 HOAI Nr. 32 m. Anm. *Koeble* = ZfBR 1997, 74; BGH BauR 1999, 187 = ZfBR 1999, 92.

»Werk« (vgl. Einleitung Rdn. 37), sondern das **Bewirken der Entstehung** des Bauwerks in technisch und wirtschaftlich einwandfreier Hinsicht.[341] Die dafür notwendigen Planungs-, Vergabe- und Überwachungsleistungen sowie die erforderlichen Aufklärungs-, Beratungs-, Informations- und Koordinierungspflichten sind vom Architekten zu erfüllen. In der HOAI sind zahlreiche Leistungsbilder enthalten, die eine detaillierte Beschreibung von typischen Architekten- und Ingenieurleistungen enthalten.[342] Man ist sich darüber einig, dass diese Leistungsbilder (z. B. § 34 HOAI) **keine unmittelbaren Leistungspflichten** begründen können, weil die HOAI als Verordnung lediglich die typischerweise für die Erfüllung eines bestimmten Honoraranspruchs notwendigen Leistungen beschreibt. Dennoch hat das jeweilige Leistungsbild Bedeutung sowohl für den notwendigen Leistungsumfang als auch insbesondere für die Auslegung einzelner, konkreter Leistungspflichten und Tätigkeiten (vgl. i. E. § 34 Rdn. 14 ff.). Insofern stellt die Regelung eines jeden Leistungsbilds der HOAI mindestens eine **Auslegungshilfe** dar.[343] Das gilt vor allem dann, wenn die Parteien im schriftlichen Architektenvertrag den **Leistungsumfang durch Inbezugnahme** eines Leistungsbildes (z. B. § 15 HOAI) oder einzelner Leistungsphasen bzw. Teilleistungen ausgefüllt haben.[344] Auch dann kann jedoch die Auslegung angesichts der konkreten Vereinbarungen der Parteien oder des Leistungsziels im konkreten Fall ergeben, dass zusätzliche Tätigkeiten und Leistungspflichten hinzukommen oder umgekehrt bestimmte Leistungen nicht erforderlich sind (vgl. § 34 Rdn. 14 ff.). Auch **ohne Bezugnahme** auf eines der Leistungsbilder aus der HOAI ist die Beschaffenheitsvereinbarung der Parteien im Regelfall darauf gerichtet, dass die Leistungen in Anlehnung an die Vorschriften der HOAI erbracht werden.[345] Insoweit stellen die Leistungsbilder Auslegungshilfen dar (vgl. oben). Erbringt der Architekt seine Leistungen mangelhaft oder verletzt er Vertragspflichten,[346] dann stehen dem Bauherrn entweder Mängelansprüche oder Ansprüche wegen Leistungsstörungen zur Verfügung (dazu unten Rdn. 168 ff.).

---

341 Zum Werkbegriff z. B. *Fuchs* in FBS A V Rn. 2 ff.; *Kniffka* Bauvertragsrecht, § 633 Rn. 68 ff.; *Locher*, Das Private Baurecht, Rn. 369; *Hebel* in TWK, § 15 Rn. 1 ff.;; *Koeble*, FS Locher, S. 117; *Motzke*, FS Jagenburg, S. 639 ff.; *Motzke/Preussner/Kehrberg/Kesselring*, Die Haftung des Architekten, F Rn. 3 ff.; *Putzier* NZBau 2004, 177 ff.; *Putzier*, FS Jagenburg, S. 745 ff.; *Rath*, FS Thode, S. 487 ff.
342 Zu den Leistungsbildern vgl. § 3 Rn. 9 ff.
343 BGH BauR 2007, 1762 = NZBau 2007, 653 m. Anm. *Scholtissek*; OLG Düsseldorf BauR 2011, 1980 (1988); *Kniffka* BauR 1996, 774; *Kniffka/Koeble*, Kompendium des Baurechts, 12. Teil, Rdn. 426; weitergehend *Motzke* BauR 1999, 1251; vgl. auch unten § 3 Rdn. 9 ff. und § 34 Rdn. 17 ff.
344 Vgl. dazu BGH BauR 2004, 1640 = NJW 2004, 2588 = NZBau 2004, 509; BGH BauR 2005, 400; BGH Urt. v. 16.12.2004 – VII ZR 174/03 und zur Honorarminderung unten § 8 Rdn. 16 ff.
345 Zu den Möglichkeiten einer genauen, vertraglichen Leistungsbeschreibung vgl. die positiven Ansätze bei *Eich* BauR 2002, 1021 und *Rauch*, Verträge am Bau, S. 133.
346 Vgl. zum Vorliegen von Mängeln und Pflichtverletzungen unten Rdn. 157 ff.

Einleitung

a) Inhalt der Leistungspflichten

118 Bei der Ermittlung des Leistungsumfangs spielen alle Umstände des Einzelfalls eine Rolle. Zu berücksichtigen ist auch die Stellung des Architekten als Sachwalter des Auftraggebers. Der Inhalt der Leistungspflichten ist maßgeblich durch diese Stellung im Lager des Auftraggebers bestimmt. Dem entspringt auch die Verschwiegenheitspflicht des Architekten.[347] In diesem Lichte sind auch Auskunftspflichten, Pflichten zur Einsichtsgewährung in Bauakten, Verwahrungspflichten hinsichtlich der Unterlagen und die allgemeine Treuepflicht und ggf. auch die Verkehrssicherungspflicht zu sehen.[348] Eine der wichtigsten Pflichten ist die Beratungspflicht. Sie beginnt bereits im vorvertraglichen Stadium (dazu unten Rdn. 119) und setzt sich während des gesamten Projektablaufs fort (unten Rdn. 119 ff.; § 34 Rdn. 30). Während der Bauausführung ist die Objektüberwachung eine zentrale Leistung (vgl. § 34 Rdn. 212). Die Überwachungstätigkeit kann auch die Leistungen von Sachverständigen und Fachplanern betreffen.

b) Vorvertragliche Aufklärungs- und Beratungspflichten

119 Schon im vorvertraglichen Stadium gibt es ein vertragsähnliches Vertrauensverhältnis zwischen dem Auftraggeber und dem Architekten, aus dem **Sorgfalts-, Aufklärungs-, Beratungs- und Treuepflichten** entstehen, die im Falle der Verletzung eine Schadensersatzpflicht unter dem Gesichtspunkt des Verschuldens bei Vertragsabschluss zur Folge haben können (§§ 311 Abs. 2, 241 Abs. 2 BGB). Für Ansprüche wegen solcher Pflichtverletzungen haftet der Architekt für seit 01.01.2002 begründete Vertragsverhältnisse 3 Jahre ab Ende des Jahres, in dem der Anspruch entstanden ist und der Auftraggeber von den anspruchsbegründenden Umständen Kenntnis erlangt oder grob fahrlässig nicht erlangt hat (§ 199 BGB). Im Einzelfall kann wegen Verletzung dieser Pflichten bei besonderer Schwere und daraus sich ergebender tiefgreifender Vertrauensstörung auch eine Kündigung aus wichtigem Grund in Frage kommen (vgl. dazu unten Rdn. 254 ff.). Des Weiteren kann bei fehlender Aufklärung z. B. über die nicht vorhandene Architekten- oder Ingenieureigenschaft auch eine Anfechtung des gesamten Vertragsverhältnisses in Frage kommen (dazu § 1 Rdn. 23 ff.).

120 Im Normalfall ist der Architekt nicht zur **Aufklärung über die Höhe des Mindestsatzes** des Honorars nach HOAI verpflichtet. Eine solche Aufklärungspflicht hinsichtlich des Honorars ergibt sich nur bei Vorliegen besonderer Umstände.[349] Die Rechtsprechung hat besondere Umstände für eine Aufklärungspflicht verschiedentlich bejaht. Das gilt z. B. für den Fall, dass dem Architekten das Vorliegen eines niedrigen Konkurrenzangebotes bekannt ist, das sich allerdings im Rahmen der Mindestsätze bzw. der zulässigen Honorarvereinbarungen nach HOAI halten muss.[350] Ebenso ist eine Aufklärungspflicht dann zu bejahen, wenn für den Architekten erkennbar falsche Vorstellungen

---

347 *Locher*, Das private Baurecht, Rn. 466.
348 Zu den Pflichten und zur Haftung vgl. i. E. § 34 Rdn. 14 ff.
349 Zum Ganzen *Pauly* BauR 2000, 808.
350 OLG Karlsruhe BauR 1984, 538.

bei den Bauherren über die Höhe des Honorars existieren und diese Bauherren Baulaien sind.[351] Nach einer älteren Einzelfallentscheidung des OLG Stuttgart[352] besteht eine Aufklärungspflicht auch in dem Fall, dass der Bauherr eine Art Architektenwettbewerb zu einem Pauschalhonorar durchführt und dieses dem Architekten nennt. Der Architekt soll hier verpflichtet sein, auf den zutreffenden Mindestsatz nach HOAI hinzuweisen. Die Entscheidung ist abzulehnen, weil damit der Mindestpreischarakter außer Kraft gesetzt werden könnte.[353]

Ein Schadensersatzanspruch wegen Verletzung der Aufklärungspflicht hinsichtlich des Honorars ist jedoch nur in seltenen Fällen gegeben. Der Auftraggeber müsste nämlich für die Ursächlichkeit zu einem konkreten Schaden darlegen können, dass er in der Lage gewesen wäre, einen anderen Architekten zu beauftragen, der den Mindestsatz in zulässiger Weise wirksam hätte unterschreiten können.[354] 121

c) Die rechtsbesorgende Tätigkeit des Architekten

Der Architekt ist zwar kein »Bauanwalt« oder »Bautreuhänder« und deshalb vom Grundsatz her nicht zur Rechtsberatung verpflichtet,[355] er wird aber durch das in der HOAI festgelegte Leistungsbild und die Rechtsprechung zu rechtsbesorgenden Tätigkeiten gedrängt (vgl. dazu § 34 Rdn. 183, 188). So hat er in der Leistungsphase 6 des § 34 HOAI die Vergabe vorzubereiten, in der Leistungsphase 7 die Angebote auch auf die Angemessenheit der Preise zu prüfen und zu werten sowie Vergabevorschläge zu erstellen und in der Leistungsphase 8 Verjährungsfristen aufzulisten und Rechnungen zu prüfen. Daneben hat die Rechtsprechung dem Architekten im Bereich der Beratungspflicht rechtsbesorgende Pflichten auferlegt. So hat er die Verpflichtung, seinen Auftraggeber auf das Erfordernis des Vorbehalts der Vertragsstrafe hinzuweisen,[356] und zwar »durch nachdrückliche Hinweise an den Bauherrn sicherzustellen«, dass der Vorbehalt nicht unterbleibt.[357] Des Weiteren hat der Architekt auf die Folgen voreiliger Selbsthilfe hinzuweisen, etwa wenn der »voreilige Auftraggeber« keine Frist zur Nacherfüllung gem. § 13 Abs. 5 Nr. 2 VOB/B setzt.[358] Über Vor- und Nachteile von Unternehmenseinsatzformen auch im rechtlichen Bereich hat er aufzuklären (vgl. 122

---

351 OLG Köln BauR 1994, 271 = ZfBR 1994, 88 mit Zusammenfassung der Fälle der Aufklärungspflicht; OLG Hamm BauR 1999, 1477, das bei Verstoß einen wichtigen Grund für die Kündigung annimmt.
352 BauR 1989, 630 = NJW 1989, 1183; dazu *Knacke* BauR 1990, 395.
353 So zutreffend *Knacke* BauR 1990, 395; ebenso *Schwenker* in Thode/Wirth/Kuffer, Praxishandbuch Architektenrecht, § 4 Rn. 46; zum Mindestpreischarakter vgl. § 7 Rdn. 21, 95 ff.
354 Vgl. BGH BauR 1993, 239 = NJW 1993, 661 = LM Heft 6/1993 § 242 (Cd) BGB Nr. 325 m. Anm. *Koeble* = ZfBR 1993, 68 und unten § 7 Rdn. 105 ff.
355 So zutreffend *Rath*, FS Koeble, 2010, S. 457 (460).
356 BGH BauR 1979, 345; vgl. § 34 Rdn. 256.
357 Zur Kritik: *Locher* Rn. 301.
358 BGH NJW 1973, 1457.

Einleitung

§ 34 Rdn. 22 f.). Eine Beratung über das rechtliche Vorgehen bei Mängeln schuldet der Architekt dagegen nicht.[359]

123 Der Architekt muss die einschlägigen öffentlich-rechtlichen Bestimmungen, die Grundzüge des Werkvertragsrechts des BGB und der VOB ebenso kennen wie die einschlägigen nachbarrechtlichen Bestimmungen. Er muss seinen Auftraggeber hierüber aufklären. Er hat einen genehmigungsfähigen Plan zu erstellen (vgl. dazu i. E. § 34 Rdn. 106 ff.). Insofern muss er das öffentliche Baurecht »kennen«, nicht nur wie im BGB-Werkvertrags- und VOB-Recht die »Grundzüge«. Er darf im Rahmen des Zusammenstellens der Verdingungsunterlagen die VOB den Bauverträgen zugrunde legen, muss aber seinen Auftraggeber über grundlegende Unterschiede zum BGB-Werkvertragsrecht, insbesondere die kürzeren Verjährungsfristen für Mängelansprüche, informieren. Auf besonders schwieriges Gebiet begibt er sich, wenn er den Verdingungsunterlagen Besondere und Zusätzliche Bedingungen hinzufügt bzw. die VOB-Regelung abändert. Hier kann AGB-rechtlich die Privilegierung der VOB verloren und die isolierte Inhaltskontrolle »eingehandelt« werden. Es fragt sich, ob zum **Zusammenstellen** der Verdingungsunterlagen[360] die **Ausarbeitung** der Verträge gehört. *Kniffka*[361] zählt zu den Leistungspflichten des Architekten zutreffenderweise nur einen »einfachen, an den Grundzügen des gesetzlichen Werkvertragsrechts oder der VOB/B orientierten Vertragsentwurf«. Ein »selbstständiger Entwurf« und ein Verhandeln rechtlich schwieriger Bauverträge fielen aus dem Aufgabenbereich des Architekten heraus. Hier müsse der Architekt Beratung unterlassen und auf die Notwendigkeit qualifizierter Rechtsberatung durch einen Anwalt verweisen. Die Grenzziehung ist außerordentlich schwierig und ungeklärt. Nicht ausreichend ist es, dem Architekten, welchem die Leistungsphasen 6 und 7 des § 34 HOAI übertragen sind, lediglich als Leistungspflicht aufzuerlegen, hinsichtlich der Materialmengen und der Leistungsbeschreibung »Verdingungsunterlagen zu erstellen«, im Übrigen aber nur zu »sammeln«, zu »ordnen«.[362] Auf jeden Fall ist dem Architekten zu raten, den Bauverträgen die VOB ohne Einschränkungen durch Besondere oder Zusätzliche Bedingungen zugrunde zu legen.[363]

124 Der Architekt muss den Auftraggeber über die Möglichkeit und den Sinn eines Vertragsstrafeversprechens aufklären. Dagegen muss er dann, wenn der Auftraggeber die Vereinbarung einer Vertragsstrafe wünscht, das Vertragsstrafeversprechen in den Verdingungsunterlagen nicht formulieren. Von einem Architekten kann nicht das juristische Wissen verlangt werden, welches für eine formularmäßige Vertragsstrafevereinbarung etwa in Bezug auf die summenmäßige Begrenzung oder die Verschuldensabhängigkeit

---

359 Vgl. aber OLG Celle BauR 2004, 1350 m. abl. Anm. *Knacke* BauR 2004, 1852.
360 Leistungsphase 7 des § 33 HOAI.
361 ZfBR 1994, 256.
362 *Pott/Dahlhoff/Kniffka/Rath*, § 33 Rn. 70.
363 Vgl. zum Ganzen auch *Steeger* BauR 2001, 554 und unten § 34 Rdn. 204 ff.

Einleitung

erforderlich ist.[364] [365] Wenn der Architekt aber ohne dazu verpflichtet zu sein, eine Klausel mit einem unwirksamen formularmäßigen Vertragsstrafeversprechen anfertigt, haftet er dafür. Ebenso hat er den Auftraggeber bei der Abnahme über das Erfordernis des Vorbehalts der Vertragsstrafe aufzuklären.[366]

Der Architekt schuldet in der Leistungsphase 8 des § 34 HOAI das Auflisten der Verjährungsfristen für Mängelansprüche (vgl. dazu § 34 Rdn. 235). Hier muss der Architekt, will er sachgerecht den Ablauf der Verjährungsfristen für Mängelansprüche für die einzelnen Gewerke bezeichnen, den Abnahmezeitpunkt feststellen. Dies kann insbesondere bei VOB-Verträgen rechtlich außerordentlich schwierig sein.[367] Er wird auch in die Auflistung aufnehmen müssen, ob der Ablauf der Verjährungsfrist gehemmt ist bzw. war und inwieweit eine schriftliche Mängelanzeige Auswirkungen auf den Verjährungsablauf hat, soweit ihm die Hemmungstatbestände bekannt sind[368]. Nicht ausreichend ist es in diesem Fall, die Hemmungstatbestände bei der Auflistung der Gewährleistungsfristen nicht zu berücksichtigen und alleine – ohne dass eine förmliche Abnahme erfolgt ist – auf den Zeitpunkt der technischen Abnahmereife abzustellen[369]. Das Auflisten der Gewährleistungsfristen hat für den Bauherren eine große Bedeutung für die Frage, ob Mängelansprüche noch geltend gemacht werden können oder ob diese verjährt sind. Hier ist von dem Architekten als Sachwalter des Bauherrn zu verlangen, dass dieser ihm bekannte Hemmungstatbestände bei der Auflistung der Gewährleistungsfristen berücksichtigt, um diesen jedenfalls über den sicher feststehenden Zeitraum für die Möglichkeit der Durchsetzung von Mängelansprüchen zu informieren. 125

Im Rahmen der Leistungsphase 8 des § 34 HOAI hat der Architekt die Rechnungen zu prüfen (vgl. i. E. § 34 Rdn. 223 ff.). Er hat also den Auftraggeber über die Höhe von Mängelbeseitigungskosten, welche Auswirkungen auf Einbehalte habe, aber auch über die Freigabe von Sicherheitseinbehalten zu beraten. Er muss prüfen, ob die Rechnungen prüffähig sind, ob Fälligkeit eingetreten ist und ob die Voraussetzungen des Skontoabzugs vorliegen. 126

Daneben gibt es rechtsbesorgende Tätigkeiten des Architekten, die nicht ohne weiteres aus der HOAI ablesbar sind, wie die Beratung über die Sachdienlichkeit und den Nutzen eines selbstständigen Beweisverfahrens. 127

Der Architekt ist nicht verpflichtet und berechtigt, rechtsgestaltende Erklärungen für den Auftraggeber abzugeben (vgl. oben Rdn. 111 ff.). Werden Mängel festgestellt, so hat der Architekt den Auftraggeber über Art und Beseitigungsmöglichkeit der Mängel 128

---

364 Vgl. BGH BauR 2003, 870 = NJW 2003, 1805 = NZBau 2003, 321 und BGH BauR 2004, 1609 = NJW-RR 2004, 1463 = NZBau 2004, 609; *Kniffka* in: *Kniffka/Koeble*, Kompendium, 7. Teil, Rn. 70 ff.; vgl. ferner § 34 Rdn. 205.
365 *Sonntag* in FBS Syst. G Rn. 30; a. A. OLG Brandenburg BauR 2003, 1751 = NZBau 2003, 684.
366 BGH BauR 1979, 345.
367 Z. B. Problem der vereinbarten, aber vergessenen förmlichen Abnahme.
368 Vgl. i. E. *Locher* BauR 1991, 135.
369 *Sonntag* in FBS Syst. G Rn. 42.

Einleitung

zu beraten. Er muss Mängel rügen und zur Beseitigung gegebenenfalls unter Fristsetzung auffordern. Er darf jedoch keine Erklärungen abgeben, die unmittelbar Rechtsfolgen auslösen. Insbesondere darf er nicht die Entziehung des Auftrags androhen oder/und Kündigungen aussprechen, es sei denn, er hat hierzu den Auftrag und eine besondere Vollmacht. Die Grenze liegt da, wo der Architekt die Entscheidung über mehrere alternative Mängelrechte treffen und in die Rechte des Auftraggebers eingreifen würde.[370]

d) Rechtsberatung und Rechtsdienstleistungsgesetz

129 Es war bereits für das bis zum 01.06.2008 geltende **Rechtsberatungsgesetz** (RBerG) anerkannt, dass der Architekt im Rahmen seines vertraglich geschuldeten Leistungsprofils vom Anwendungsbereich des Rechtsberatungsgesetzes ausgenommen war. Dies wurde teilweise aus der Natur seiner Tätigkeit oder in analoger Anwendung des Art. 1 § 5 RBerG gefolgert.[371] Entscheidend war, ob es sich um die Wahrnehmung wirtschaftlicher Belange oder um die Klärung rechtlicher Verhältnisse handelte. Da nahezu jede wirtschaftliche Tätigkeit von Rechtsfragen durchdrungen ist, war darauf abzustellen, ob die Tätigkeit auch von einem anderen Dienstleister erbracht werden konnte, ohne die Qualität und Funktionsfähigkeit der Rechtspflege zu beeinträchtigen. Deshalb wurde bei einer isolierten fachtechnischen Überprüfung von Architektenhonorarrechnungen kein Verstoß gegen das RBerG angenommen.[372] Dies bedeutete jedoch keinen Freibrief für den Architekten. Sollte er vom Anwendungsbereich des Rechtsberatungsgesetzes ausgenommen bleiben, so konnte sich dies nur auf Tätigkeiten beziehen, die in engem unmittelbarem Zusammenhang mit seiner Leistungspflicht standen. Auch hier waren die Grenzen fließend. Nicht richtig war es aber, eine rechtsbesorgende Tätigkeit nur dann als erlaubt anzusehen, wenn ohne die Einbeziehung der Rechtsbesorgung eine ordnungsgemäße Erledigung der eigentlichen Aufgaben nicht möglich ist. Wollte man z. B. nur einfache Verträge in die Leistungspflicht des Architekten »einbeziehen« oder den Hinweis auf eine mögliche Vertragsstrafe für ausreichend ansehen, so konnte man nicht dem Architekten, der einen schwierigeren Bauvertrag mit besonderen Bestimmungen verfasst oder vorlegt oder einen solchen, der eine Vertragsstrafe ausformuliert hatte, zum unerlaubten Rechtsbesorger stempeln. Nicht jede nicht notwendig mit der Leistungspflicht des Architekten verbundene Rechtsbesorgung stellt eine unerlaubte Rechtsbesorgung dar. Nur dann, wenn die beanstandete Tätigkeit den engen und unmittelbaren Zusammenhang mit der geschuldeten Leistung nicht aufgewiesen hatte, lag ein Verstoß gegen das Rechtsberatungsgesetz vor. Dies konnte z. B. der Fall sein, wenn der Architekt den Bauherrn vor dem Verwaltungsgericht – auch im Genehmigungsverfahren – vertrat, wenn er Anspruchsschreiben gegenüber anderen Baubeteiligten verfasst und Klage angedroht hatte oder wenn er bei der Aufteilung von Wohnungseigentum tätig war. Nach OLG Dresden NZBau 2000, 250 verstieß die Verpflichtung zur Erstellung und Beurkundung einer Teilungserklärung durch

---

370 *Löffelmann/Fleischmann* Rn. 565.
371 Vgl. *Kniffka* ZfBR 1994, 254.
372 BGH BauR 2007, 576 = NJW 2007, 182 m. Anm. *Bruns.*.

ein Wohnungsbauunternehmen bei einer Beauftragung mit der gesamten Umgestaltung von Miet- in Eigentumswohnungen nicht gegen Art. 1 § 1 RBerG. Anders war dies, wenn der Architekt mit der Konfliktlösung und der rechtlichen Beratung im Zusammenhang mit der Auseinandersetzung des Bauherrn gegen am Bau Beteiligte befasst wurde.[373]

Durch das ab dem 01.07.2008 geltende **Rechtsdienstleistungsgesetz** (RDG) wurde der zulässige Umfang von rechtsbesorgenden Tätigkeiten für den Architekten zumindest nicht eingeschränkt. Nunmehr ist bei außergerichtlichen Tätigkeiten zunächst zu prüfen, ob es sich bei der Tätigkeit um eine Rechtsdienstleistung nach § 2 RDG handelt und ob diese nach § 5 RDG eine Nebenleistung zum Berufs- und Tätigkeitsbild des Architekten darstellt. Wird ein Architekt mit der Überprüfung einer Honorarschlussrechnung beauftragt, ist von einer Rechtsdienstleistung auszugehen, weil sich diese Tätigkeit in der Regel nicht nur in einer Überprüfung der anrechenbaren Kosten erschöpft, sondern die Anwendung der komplexen Normen der HOAI erfordert.[374] Eine Rechnungsprüfung ist aber trotzdem erlaubt, weil sie eine Nebentätigkeit zum Berufsbild des Architekten darstellt.   130

Zulässig war schon nach dem RBerG eine Vertretung des Architekten durch die Rechtsberatungs- und Honorareinzugsstelle des BDA bei der Durchsetzung von Honoraransprüchen. Diese ist eine auf berufsständischer Grundlage i. S. d. Art. 1 § 7 RBerG gebildete Stelle und deshalb auch zur gerichtlichen Geltendmachung treuhänderisch abgetretener Forderungen im eigenen Namen aktivlegitimiert.[375]   131

11. Die Abnahme

Die Abnahme, auch als »Dreh- und Angelpunkt des Bauvertrags« bezeichnet, bildet auch beim Architekten- und Ingenieurvertrag eine Zäsur zwischen Erfüllungsebene einerseits und Mängelansprüchen andererseits. Es ist nahezu unbestritten, dass Architekten- und Ingenieurleistungen abnahmefähig sind.[376] Vereinzelt wird allerdings argumentiert, die Leistungsphasen 8 und 9 seien nicht der Abnahme zugänglich, weil sie Dienstvertragscharakter hätten.[377] Im Hinblick auf die Leistungsphase 8 hat sich die Rechtsprechung jedoch anders entschieden (vgl. oben Rdn. 36). Ferner besteht das Werk des Architekten nicht (nur) aus einzelnen Teilerfolgen, sondern im Bewirken der Entstehung des Bauwerks (vgl. oben Rdn. 117). Auch wenn einzelne Teilleistungen zutreffend als nicht abnahmefähig eingeordnet werden, dann gilt dies nicht für ganze Leistungsphasen, auch nicht für Leistungsphase 9. Neben der Dokumentation aus dieser Leistungsphase ist auch die Tätigkeit im Hinblick auf die Beseitigung von nach den Bauabnahmen aufgetretenen Mängeln zu bewirken. Es bedarf also nicht des Rückgriffs auf   132

---

373 *Helm/Knütel* ZfBR 2003, 731.
374 A. A. *Bruns* NJW 2007, 844, der Rechnungsprüfungen für »einfach gehaltene Rechtsvorgänge« hält.
375 OLG Düsseldorf NJW-RR 1998, 1317.
376 Vgl. z. B. BGH BauR 2000, 128 = NJW 2000, 133 = NZBau 2000, 23.
377 So *Peters* BauR 2011, 1563.

Einleitung

die Vollendung oder Teilvollendung i. S. d. § 646 BGB. Anstelle der billigenden körperlichen Übergabe tritt die Billigung des Werks als einer im Wesentlichen vertragsgemäßen Leistung, die aber die vertragsgemäße Erbringung aller im Architektenvertrag vorgesehenen und vom Architekten geschuldeten Leistungen voraussetzt. Dies bedeutet nicht, dass das Architektenwerk ohne jeden Mangel vollendet sein müsste. Es genügt, wenn das Werk im Großen und Ganzen »in der Hauptsache« vertragsgemäß erstellt ist und keine wesentlichen Mängel aufweist.[378] Liegen die Voraussetzungen der Abnahmefähigkeit vor, so hat der Auftraggeber eine Verpflichtung zur Abnahme des Architektenwerks.

a) Voraussetzungen für die ausdrückliche und konkludente Abnahme

133 Die Abnahme setzt die **Vollendung** des vertragsgemäß geschuldeten Architektenwerks voraus, es sei denn, die Parteien hätten eine »vorgezogene Abnahme« vereinbart (zur Teilabnahme vgl. unten Rdn. 145). Der Zeitpunkt der **Abnahmefähigkeit** ist vom Inhalt und der Ausgestaltung des Architektenvertrags abhängig. Ist der Architekt lediglich mit der Planung für das Bauwerk beauftragt, so ist die Leistung des Architekten mit der Übergabe der Pläne erbracht. Übernimmt er darüber hinaus weitere Aufgaben aus der Vergabe und/oder Objektüberwachung, dann ist jeweils der Zeitpunkt für das vom Architekten zu erstellende Werk anders zu bestimmen, weil er nicht automatisch mit der Abnahme des Bauwerks zusammenfällt.[379] So kann das Architektenwerk als abgenommen anzusehen sein, wenn der Auftragnehmer die geschuldeten Leistungen insgesamt erbracht und auch übergeben hat – z. B. Entgegennahme der Rechnungsprüfung sowie der Kostenfeststellung – und der Auftraggeber dann nach einer Abschlussbesprechung das Bauwerk in Benutzung genommen hat.[380] Der BGH hat die konkludente Abnahme dann bejaht, wenn der Besteller nach Fertigstellung der Leistung, Bezug des fertiggestellten Bauwerks und Ablauf einer **Prüfungsfrist von 6 Monaten** keine Mängel der Architektenleistungen rügt.[381] Dabei genügt es sogar, dass nicht alle Leistungen vollständig erbracht sind, wobei es sich aber nicht um wesentliche Leistungen handeln darf.[382] In der Inbenutzungnahme und den sonstigen Umständen kann in einem solchen Fall die Billigung gesehen werden. Das kann auch dann gelten, wenn die Leistungsphase 9 zum Aufgabenbereich des Auftragnehmers gehört und daraus nur noch geringe Restleistungen zu erbringen sind.[383] Voraussetzung ist aber dass nicht andere wesentliche Teilleistungen aus der Objektüberwachung bzw. aus der Objektbetreuung zu erbringen sind.

---

378 § 640 Abs. 1 S. 2 BGB; *Werner* in *Werner/Pastor*, Rn. 1165 ff.; *Messerschmidt* in TWK, § 10 Rn. 60 ff.; ders. NZBau 2015, 331; *Preussner* in MNT, § 15 Rn. 27; *Stein* in FBS, 3. Teil, § 15 Rn. 8.
379 Vgl. OLG Düsseldorf NJW-RR 2011, 1530 (1534) = NZBau 2011, 692 (697).
380 BGH BauR 1972, 251; BGH Urt. v. 26.09.2013 – VII ZR 220/12 = BauR 2013, 2031 = NZBau 2013, 779 für 6-monatige Nutzung ohne Mängelrüge.
381 BGH BauR 2013, 2031 = NZBau 2013, 779; OLG Brandenburg NJW-RR 2016, 1115.
382 BGH BauR 2014, 1023 für den Fall, dass noch gewisse Detailpläne fehlten.
383 BGH BauR 2014, 1023.

Einleitung

Die nach der Rechtsprechung als objektive Voraussetzung notwendige »**Vollendung** der vertraglich geschuldeten Leistungen«[384] ist vom jeweiligen Leistungsumfang des konkreten Vertrages abhängig. Sind die beauftragten Leistungen erbracht und bezahlt der Auftraggeber eine Schlussrechnung, so liegt darin in der Regel eine Billigung der Architektenleistung.[385] Dagegen genügt das konkludente Handeln eines Dritten – z. B. der Bezug durch einen Mieter – für die Abnahme seitens des Auftraggebers nicht.[386] Ebenso wenig reicht es bei einem Auftrag für Leistungsphasen 1–8 als Abnahme aus, wenn die verschiedenen Bauteile gegenüber den am Bau Beteiligten abgenommen werden und das Objekt mit festlicher Einweihung übergeben und ab dann genutzt wird.[387] Die Inbenutzungnahme des Bauwerks scheidet für eine konkludente Abnahme auch dann aus, wenn nicht alle Leistungen vollständig erbracht sind.[388] Entsprechendes gilt auch dann, wenn der Bauherr vor der Ingebrauchnahme ausdrücklich erklärt hat, das Werk sei nicht abnahmefähig.[389] Dagegen kann bei einem Tragwerksplaner-Vertrag eine konkludente Abnahme vorliegen, wenn der Bauherr die Pläne entgegennimmt und gegenüber dem Tragwerksplaner zu erkennen gibt, er wolle die Leistung als in der Hauptsache vertragsgemäß billigen. Es genügt dann der Ablauf einer angemessenen Prüfungsfrist hinsichtlich der Leistungen (mehrere Monate nach Bezug und Erhalt der Leistung, auch wenn das Bauwerk nur nahezu fertig gestellt ist) und die Zahlung der Rechnung erfolgt.[390]

134

Zur Abnahmefähigkeit des Architektenwerks gehört, dass der Architekt, dem die **Objektüberwachung übertragen** ist, die Bauunternehmer zur Mangelbeseitigung auffordert, gegebenenfalls Frist zur Beseitigung setzt und die Mangelbeseitigung überwacht (vgl. § 15 Rdn. 12 ff.). Dies auch dann, wenn ihn an dem Mangel kein Verschulden trifft. Kommt allerdings der Bauunternehmer der Aufforderung des Architekten zur Mangelbeseitigung nicht nach, so darf sich der Architekt nicht in die Rolle des umfassenden Baurechtsgestalters drängen lassen und Gestaltungserklärungen wie Kündigung abgeben oder auch nur die Kündigung androhen. Er hat in solchen Fällen dem Auftraggeber von dem Vorgang Kenntnis zu geben, damit dieser seinerseits die entsprechenden rechtlichen Schritte ergreifen kann.

135

Treten **nach Abnahme Baumängel** auf, die der Architekt zu vertreten hat, so gehört die Beaufsichtigung der Mangelbeseitigungsarbeiten der Bauunternehmer zu den im Rahmen der Leistungsphase 8 vom Architekten geschuldeten Leistungen. Ein Anspruch auf Abnahme der Architektenleistungen nach Leistungsphase 8 entsteht deshalb erst

136

---

384 BGH BauR 2006, 396 = NJW-RR 2006, 303; BGH BauR 2011, 876; vgl. dazu auch *Joh. Meier* BauR 2016, 565 (573 ff.).
385 OLG Hamm BauR 2006, 704 = NZBau 2006, 324; KG BauR 2008, 1025; OLG Hamm BauR 2008, 1480; für den Tragwerksplaner vgl. OLG München BauR 2016, 874.
386 BGH BauR 1999, 1472 = NJW-RR 2000, 164 = ZfBR 2000, 26.
387 A. A. allerdings OLG Dresden BauR 2007, 1599.
388 BGH BauR 2011, 876 für die entsprechende Situation bei einem Bauvertrag; OLG Brandenburg NZBau 2015, 433 für die Vollendung der Leistungsphase 9 als Voraussetzung der konkludenten Abnahme.
389 Ebenfalls für einen Bauvertrag OLG Stuttgart BauR 2011, 1824.
390 BGH BauR 2010, 795 = NJW-RR 2010, 748 = NZBau 2010, 318.

Einleitung

dann, wenn die Mängelbeseitigungsarbeiten abgeschlossen und gegebenenfalls abgenommen sind.[391] Das Gleiche gilt auch für die Überwachung der Beseitigung von Mängeln, derentwegen sich der Auftraggeber bei Abnahme seine Rechte vorbehalten hat Da zu den Grundleistungen der **Leistungsphase 9** die Objektbegehung zur Mängelfeststellung vor Ablauf der Verjährungsfristen der Gewährleistungsansprüche gegenüber den bauausführenden Unternehmen zählt, kann die Abnahme des Architektenwerks bei Mitübertragung der Leistungsphase 9 erst ab bzw. nach diesem Zeitpunkt stattfinden.[392] Erteilt der Architekt in solchen Fällen **verfrüht** – z. B. nach Abschluss der Leistungsphase 8 – eine **Schlussrechnung** und erklärt er, er habe sämtliche Leistungen erbracht, dann stellt die Zahlung des Bauherrn dennoch keine konkludente Abnahme dar.[393] Voraussetzung ist nämlich auch hier, dass die in Leistungsphase 9 genannten Tätigkeiten, insbesondere die Objektbegehung, erbracht sind.[394] Im Regelfall wird in der Zahlung der Schlussrechnung in einem solchen Fall auch keine Teilabnahme zu sehen sein.[395] Bei einem Auftrag für die Leistungsphasen 1–5 kann die Abnahme nicht schon darin gesehen werden, dass der letzte, nach dem Vertrag zu fertigende Plan übergeben und auf dieser Grundlage mit dem Bau begonnen wird.[396] Die bloße Anknüpfung an die »letzte erbrachte Leistung gemäß dem Vertrag« ohne Umstände, die auf den Willen des Auftraggebers Rückschlüsse zulassen, ist auch bei der Tragwerksplanung nicht ausreichend.[397] In der vorbehaltlosen Schlusszahlung der Honorarrechnung eines Tragwerksplaners kann konkludent die billigende Entgegennahme seiner Leistungen (Abnahme) liegen.[398] Die Stellungnahme des Prüfingenieurs zu der statischen Berechnung und Planung reicht dagegen nicht aus.[399] Zweifelhaft ist es, die Abnahme des Rohbaus durch den Bauherrn auch als Abnahme der Tragwerksplanung anzusehen, weil das Werk des Statikers nicht isoliert, sondern bauwerksbezogen zu sehen sei.[400]

---

391 Das gilt auch dann, wenn für die Leistungspflicht die HOAI 2013 Anlage 10.1 zugrunde liegt, obwohl danach das Überwachen der Beseitigung der nach der Abnahme aufgetretenen Mängel nur noch als Besondere Leistung ausgewiesen ist, weil im vorliegenden Fall der Mangel vom Auftragnehmer (mit) zu vertreten ist.
392 BGH NJW 1994, 1276 = BauR 1994, 392 = ZfBR 1994, 131; BGH BauR 2000, 1513; Thür.OLG Jena BauR 2008, 1927; OLG Köln BauR 1992, 803 = NJW-RR 1992, 1173; dagegen mit beachtlichen Gesichtspunkten *Putzier*, FS Jagenburg, S. 745; *Putzier* NZBau 2004, 177; zur Problematik der Leistungsphase 9 vgl. auch § 15 Rdn. 16 ff.
393 BGH BauR 2006, 396 = NJW-RR 2006, 303.
394 BGH BauR 2006, 396 und schon BGH BauR 1994, 392.
395 BGH BauR 2006, 1392 = NZBau 2006, 519 = NJW-RR 2006, 1248 gegen OLG Düsseldorf NZBau 2006, 124; vgl. zum Ganzen *Scholtissek* NZBau 2006, 623; *Kniffka/Koeble*, Kompendium, 12. Teil, Rn. 682 ff. und zur Teilabnahme Rn. 694 sowie unten Rdn. 145 ff.
396 OLG Braunschweig Urt. v. 10.12.2006 – 13 U 55/06, Analyse *Koeble* auf www.jurion.de/ Modul Werner Baurecht.
397 A. A. OLG Dresden BauR 2007, 1599.
398 LG München I BauR 2009, 270.
399 LG München I BauR 2009, 270.
400 So aber LG München I BauR 2009, 270.

b) Darlegungs- und Beweislast für die Abnahme

Die **Darlegungs- und Beweislast** für den Leistungsumfang sowie die Abnahme der Leistungen trägt jeweils diejenige Partei, welche sich darauf beruft. Beansprucht der Auftragnehmer eine Vergütung für die Leistungsphase 9, dann trifft ihn die Darlegungs- und Beweislast für deren Übertragung (vgl. oben Einl. Rdn. 68 ff.). Macht der Auftraggeber Ansprüche wegen Fehlern aus Leistungsphase 9 geltend, dann hat er dazulegen und zu beweisen, dass diese beauftragt war.[401] Beruft sich der Architekt auf die Einrede der Verjährung, dann trifft ihn die Beweislast dafür, dass die Leistungsphase 9 nicht beauftragt war.[402] Entsprechendes gilt im Hinblick auf die Abnahme seiner Leistung.

137

c) Folgen der Abnahme

Durch die Abnahme tritt eine Umkehr der **Beweislast** ein: Ab Abnahme hat der Auftraggeber die Beweislast für Mängel, vor Abnahme der Architekt für die Erfüllung seiner vertraglich geschuldeten Leistung. Die Gefahr des zufälligen Untergangs geht mit der Abnahme auf den Auftraggeber über. Eine Vertragsstrafe kann nicht mehr durchgesetzt werden, falls sie nicht bei Abnahme vorbehalten wird (§ 341 Abs. 3 BGB). Zwar war die **Fälligkeit der Vergütung** des Architekten und Ingenieurs abweichend von § 641 BGB **nicht** von der Abnahme, sondern gem. § 15 Abs. 1 HOAI 2002/2009 von der »vertragsgemäßen Erbringung der Leistung« und damit von einem objektiven Maßstab (Abnahmefähigkeit) abhängig.[403] Jedoch wurde dies geändert (vgl. § 15 Rdn. 2, 19). Ebenso ist der Beginn der **Verjährungsfrist für Mängelansprüche** an die Abnahme geknüpft (§ 634a BGB). Schließlich hat die Abnahme noch bei bekannten Mängeln den Verlust von Nachbesserung, Wandelung und Minderung – mit Ausnahme von Schadensersatz[404] – zur Folge (§ 640 Abs. 2 BGB). Diese gesamten Wirkungen und Folgen der Abnahme treten nicht nur bei ausdrücklicher Abnahme ein. Sie ergeben sich auch bei konkludenter Abnahme, Teilabnahme, Abnahmefiktion und bei Vorliegen von Abnahmesurrogaten (zum Ganzen Rdn. 139 ff.).

138

d) Besondere Formen der Abnahme, Abnahmesurrogate

aa) Abnahmefiktion nach § 640 Abs. 1 S. 3 BGB a. F.

Die durch das **Gesetz zur Beschleunigung fälliger Zahlungen** für Verträge nach dem 01.05.2000 eingeführten neuen Abnahmeformen sind im Grundsatz auch auf den Architektenvertrag anwendbar. So kann der Architekt nach § 640 Abs. 1 S. 3 BGB dem zur Abnahme verpflichteten Bauherrn eine angemessene Frist setzen, mit deren Ablauf

139

---

401 Vgl. dazu OLG Hamm BauR 2008, 1480 und oben Rdn. 68 ff.
402 OLG Düsseldorf BauR 2005, 1660 m. NA-Beschluss des BGH vom 28.04.2005 – VII ZR 221/04.
403 BGH BauR 1986, 596; BGHZ 125, 111 = BauR 1994, 392 = NJW 1994, 1276 = ZfBR 1994, 131; *Thode* ZfBR 1999, 116; vgl. § 15 Rdn. 12.
404 Vgl. BGH BauR 1980, 460 = BB 1980, 1124.

Einleitung

die Abnahmewirkungen eintreten (**Abnahmefiktion**). Für den Architekten bietet sich diese Möglichkeit einer fiktiven Abnahme dann an, wenn ihm die Leistungsphasen 1–8 übertragen sind oder wenn im Falle einer Beauftragung auch mit der Leistungsphase 9 eine Teilabnahme nach Beendigung der Leistungsphase 8 vereinbart wurde (vgl. dazu unten Rdn. 145). Voraussetzung für die fiktive Abnahme ist jedoch, dass die Leistungen in abnahmefähigem Zustand (»Abnahmereife«) erbracht sind. Es müssen also die Leistungen vollendet sein und dürfen keine wesentlichen Mängel vorliegen.

bb) Abnahmefiktion nach § 640 Abs. 2 BGB 2017

140 Während nach bisheriger Regelung die **Abnahmefähigkeit** Voraussetzung für das Eingreifen der Abnahmefiktion war, soll dies nach dem Willen des Gesetzgebers nun nicht mehr der Fall sein. Mit der Formulierung »Fertigstellung des Werks« (nach dem Referentenentwurf noch: »Vollendung«) sollen weder die Anforderungen der Rechtsprechung an die »vollständige Fertigstellung« nach § 3 Abs. 2 MaBV maßgebend sein, noch die bisherigen Grundsätze. Danach soll nicht schon das Vorliegen »wesentlicher Mängel« oder auch wesentlicher Restarbeiten die Abnahmefähigkeit hindern.[405] Es genügt vielmehr die objektive Fertigstellung durch Abarbeitung der vertraglich geschuldeten Leistungen, »unabhängig davon, ob Mängel vorliegen oder nicht«. Dieses Ergebnis dürfte aber mit dem Begriff »Fertigstellung« nicht erreicht worden sein. Zwar ist die »vollständige« Fertigstellung danach nicht notwendig, jedoch sind nach der hier vertretenen Auffassung **wesentliche Mängel** ein Hinderungsgrund für die fiktive Abnahme. Diesbezüglich hat sich – hinsichtlich der Abnahmefähigkeit – gegenüber der früheren rechtlichen Situation durch die gesetzliche Regelung nichts geändert. Hinsichtlich der **Restarbeiten** wird die Rechtsprechung des BGH zur konkludenten Abnahme maßgebend sein, wonach restliche Leistungen geringen Umfangs (z. B. Übergabe fehlender Detailpläne) die Abnahmereife nicht beeinträchtigen (vgl. oben Rdn. 133).

141 Voraussetzung für die Abnahmefiktion ist, dass eine »**angemessene Frist**« gesetzt wurde und abgelaufen ist. In der Literatur orientiert man sich hier z. T. an § 12 Abs. 1 VOB/B (12 Werktage). Das dürfte zutreffend sein. Die Setzung einer unangemessenen Frist führt allerdings nicht zur Unwirksamkeit des Abnahmeverlangens, sondern nur dazu, dass eine angemessene Frist in Lauf gesetzt wird. Kommen dann innerhalb dieser angemessenen Frist Erklärungen des Auftraggebers zur »Angabe von Mängeln«, dann greift die Fiktion nicht ein.

142 Nach der Neuregelung kann der Besteller den Eintritt der Fiktion nur dann vermeiden, wenn er innerhalb der Frist die Abnahme »unter **Angabe von Mängeln** verweigert« hat. Die bloße Angabe von Mängeln dürfte aber nicht ausreichend sein. Die **Mängel** müssen nach hier vertretener Auffassung **vorliegen** und auch **wesentlich sein**. Letzteres stellt allerdings der Gesetzgeber in seiner Amtlichen Begründung in Frage.[406] Klar sind dabei folgende beiden Fälle: Äußert sich der Besteller überhaupt nicht oder nur allgemein, indem er – ohne Angaben von Mängeln – die Abnahme verweigert, dann

---

405 Amtliche Begründung, S. 53 f.
406 Amtliche Begründung, S. 53 f.

tritt die Wirkung der Fiktion ein. Umgekehrt tritt die Fiktion selbstverständlich nicht ein, wenn der Besteller konkrete Mängel benennt und es sich hierbei um »wesentliche« handelt. Ein Problem aus der Vorschrift ergibt sich aber dann, wenn der Besteller entweder solche Mängel benennt, die gar nicht vorhanden sind bzw. gar nicht bestätigt werden, oder wenn es sich nur um unwesentliche Mängel handelt. Letzteres verhindert nach hier vertretener Auffassung (vgl. oben Rdn. 140) den Eintritt der Fiktion. Die bloße Angabe von Mängeln dürfte nicht ausreichen, vielmehr müssen sie mindestens vorliegen und nach hier vertretener Auffassung auch noch »wesentlich« sein.

Die Abnahmeverweigerung dürfte bei Architekten- und Ingenieurleistungen auch dann berechtigt sein, wenn zwar keine Mängel vorliegen, jedoch eine »**erhebliche Pflichtverletzung**«. Das gilt im Zusammenhang mit Aufklärungs-, Beratungs-, Hinweis-, Koordinierungs- und Überwachungspflichten erheblichen Umfangs. 143

e) **Abnahmesurrogate (Verweigerung; kein Verlangen der Erfüllung; Abwicklungs- und Abrechnungsverhältnis)**

Vor allem beim Architekten- und Ingenieurvertrag, aber auch beim hängengebliebenen Bauvertrag stellt sich gelegentlich die Frage, ab wann Verjährungsfristen für Mängelansprüche zu laufen beginnen. Lässt sich eine ausdrückliche oder konkludente Abnahme nicht feststellen, bleibt das Problem, ob ein **Abnahmesurrogat**[407] vorliegt. Anstelle der Abnahme tritt mit den gleichen Wirkungen zunächst die **unberechtigte Abnahmeverweigerung**. Dafür müsste der Auftragnehmer eigentlich dartun, dass seine Leistung vollendet, also abnahmefähig war (dazu oben Rdn. 133). Die Rechtsprechung hat aber auch bei (endgültiger) **berechtigter Verweigerung** der Abnahme angenommen, dass die Verjährungsfrist für Mängelansprüche zu laufen beginnt.[408] Zur Begründung wird angeführt, dass sonst Mängelansprüche ohne zeitliche Beschränkung erhoben werden könnten, obwohl die Vertragsbeziehungen beendet sind und der Besteller den Mangel kennt. Darüber hinaus hat die Rechtsprechung weitere Abnahmesurrogate entwickelt, die vor allem im Hinblick auf den Verjährungsbeginn von erheblicher Bedeutung sind.[409] Die Verjährungsfrist beginnt danach auch dann, »wenn der Bauherr **keine Erfüllung des Vertrages**[410] mehr verlangt« oder ferner dann, wenn »das vertragliche **Erfüllungsverhältnis** aus anderen Gründen in ein **Abwicklungs- und Abrechnungsverhältnis** 144

---

407 Dazu *Koeble* BauR 2012, 1153; *Messerschmidt* NZBau 2015, 331 [337]; *Th. Müller* NZBau 2015, 337, auch zum Verjährungsbeginn; *Retzlaff* BauR 2016, 733.
408 BGH BauR 2000, 128 = NZBau 2000, 22 = ZfBR 2000, 97; OLG Düsseldorf NZBau 2010, 177; *Prütting/Wegen/Weinreich-Leupertz*, BGB, § 634a Rn. 13; *Koeble* BauR 2012, 1153; *Messerschmidt* NZBau 2015, 331 [337]; *Th. Müller* NZBau 2015, 337.
409 BGH BauR 2011, 1032 = NJW 2011, 1224 = werner–baurecht.de mit Analyse *Koeble*; *Messerschmidt* NZBau 2015, 331; *Th. Müller* NZBau 2015, 337; *Koeble* BauR 2012, 1153.
410 Neben BGH a. a. O. vgl. OLG Düsseldorf Urt. v. 18.02.2015 – 21 U 220/13 betreffend die Minderung der Werklohnforderung beim Bauvertrag; OLG Brandenburg NZBau 2015, 433 in einem Fall, in dem die Erfüllung des Vertrages nicht mehr in Betracht kam, weil die Gewährleistungsfristen aller Bauunternehmer abgelaufen waren; *Messerschmidt* NZBau 2015, 331 [337]; *Th. Müller* NZBau 2015, 337; *Koeble* BauR 2012, 1153.

Einleitung

umgewandelt wird.«[411] Diese Rechtsprechung gilt jedenfalls für Altverträge, im Rahmen derer § 634a BGB n. F. Anwendung findet. Offengelassen wurde, ob sie für Neuverträge auf der Grundlage des § 634 BGB seit 01.01.2002 heranzuziehen ist. Das dürfte zu bejahen sein, weil die Mängelrechte des § 634a BGB auch schon vor der Abnahme zur Verfügung stehen.[412] Die Voraussetzungen dafür, dass der Bauherr **keine Erfüllung des Vertrages** mehr geltend macht, sind dann zu bejahen, wenn z. B. sekundäre Mängelrechte (Rücktritt, Minderung, Schadensersatz statt der Leistung) erhoben werden. Eine Aufrechnung gegenüber dem Honoraranspruch wird normalerweise ebenso die Frist in Lauf setzen. Jedoch weist der BGH zu Recht darauf hin, dass diesbezüglich alle Umstände zu berücksichtigen seien. So schließt eine Aufforderung des Bauherrn, der Architekt soll im Rahmen der Leistungsphase 9 tätig werden, den Fristenlauf trotz Aufrechnung mit Schadensersatz aus, weil insoweit »Erfüllung« verlangt wird. Das weitere Abnahmesurrogat der »Umwandlung des vertraglichen Erfüllungsverhältnisses« in ein **Abwicklungs- und Abrechnungsverhältnis** wird bei Kündigung anzunehmen sein.[413] Ähnliche Fälle sind diejenigen, in denen der Bauherr einen anderen Architekten beauftragt oder das Projekt abbricht. In den letzteren Fällen dürfte meist eine konkludente Kündigung zu bejahen sein. Es bleiben dann noch wenige Fälle übrig, in denen der Architektenvertrag hängengeblieben ist und für die dann die 5-jährige Verjährungsfrist nicht zu laufen beginnt.[414]

f) Teilabnahme

aa) Teilabnahme nach BGB a. F.

145 Soweit der Auftragnehmer auch die **Leistungsphase 9** (Objektbetreuung und Dokumentation) zu erbringen hat, kann sich dies auf die »vertragsgemäße Erbringung der Leistung« (vgl. § 15 Rdn. 12 ff.) und auch auf die Abnahme auswirken. In solchen Fällen kann ohne besondere vertragliche Vereinbarung weder das Honorar nach Abschluss der Leistungsphase 8 beansprucht werden, noch kann die Verjährungsfrist für Mängelansprüche zu laufen beginnen. In der Praxis wird verschiedentlich eine Lösung gewählt, wonach die Leistungsphase 9 abgekoppelt und in einem gesonderten Vertrag beauftragt wird.

146 Eine Lösung bietet bei Vollauftrag aber auch die **Vereinbarung der Teilabnahme** bei Abschluss der Leistungsphase 8. Ohne gesonderte Vereinbarung besteht kein Anspruch auf Teilabnahme. Wegen des berechtigten Interesses der Auftragnehmer ist auch in Verträgen der öffentlichen Hand die Teilabnahme vorgesehen. Das ist auch

---

411 BGH BauR 2011, 1032 = NJW 2011, 1224 = werner–baurecht.de mit Analyse *Koeble*; OLG Dresden Urt. v. 25.4.013 – 10 U 1082/12 mit NZB des BGH v. 11.06.2015 – VII ZR 116/13.
412 Sehr str.; vgl. unten Rdn. 162 und *Koeble* BauR 2012, 1153.
413 So mit Recht OLG Oldenburg Urt. v. 06.09.2012 – 8 U 96/12 = BauR 2013, 119 = Analyse *Koeble* auf www.jurion.de/Modul Werner Baurecht, wonach in einem solchen Fall die Beweislast übergeht; OLG Dresden Urt. v. 25.4.013 – 10 U 1082/12 mit NZB des BGH v. 11.06.2015 – VII ZR 116/13; OLG Celle BauR 2016, 1337.
414 In Sonderfällen kann sich der Auftragnehmer auch auf Treu und Glauben berufen: vgl. OLG München NZBau 2012, 711.

Einleitung

in verschiedenen Formularverträgen der Fall.⁴¹⁵ Auch in AGB von Architekten ist die Vereinbarung der Teilabnahme nach Erbringung der Leistungen aus Leistungsphase 8 wirksam.⁴¹⁶ Allerdings darf sich eine solche Regelung über die Teilabnahme nicht unter der Überschrift »Gewährleistungs- und Haftungsdauer« finden, weil sie sonst überraschend und damit unwirksam ist.⁴¹⁷ Sie muss darüber hinaus eine Verpflichtung zur Teilabnahme bzw. eine konkrete Form der Teilabnahme zum Gegenstand haben. Die frühere Formulierung in Einheits-Architektenverträgen genügte dafür nicht.⁴¹⁸

Für die Vereinbarung und das Vorliegen einer Teilabnahme trägt der Architekt die Beweislast.⁴¹⁹ In der Unterzeichnung von Baugesuchen liegt noch keine Teilabnahme der Baugenehmigungsplanung. Die Genehmigungsfähigkeit in der Planung kann der Bauherr im Zeitpunkt der Unterzeichnung und Einreichung der Bauvorlagen nicht beurteilen. Es liegt insofern dann auch keine Billigung vor.⁴²⁰ Erstellt der mit den Leistungsphasen 1–9 beauftragte Architekt verfrüht – nach Abschluss der Leistungsphase 8 – eine Schlussrechnung und bezahlt der Bauherr diese vollständig, liegt darin keine konkludente Vereinbarung einer Teilabnahme für Leistungsphasen 1 – 8.⁴²¹ 147

bb) Teilnahme nach BGB 2017

Im neuen Architekten- und Ingenieurrecht wurde eine Neuregelung über die Teilabnahme (§ 650r BGB) aufgenommen: 148

§ 650r Teilabnahme. Der Unternehmer kann ab der Abnahme der letzten Leistung des bauausführenden Unternehmers oder der bauausführenden Unternehmer eine Teilabnahme der von ihm bis dahin erbrachten Leistungen verlangen.

Nach der Begründung des Regierungsentwurfs (S. 80) geht die Zielsetzung dieser Vorschrift in zwei Richtungen: Zunächst soll ein »Gleichlauf der Verjährungsfrist mit der des bauausführenden Unternehmers« erfolgen, was dann eine Verkürzung der Haftung von Architekten und Ingenieuren mit sich bringen würde. Sodann soll aber auch verhindert werden, dass der Bauunternehmer über den Umweg des Regresses über die eigentliche Gewährleistungsfrist hinaus noch haftet. 149

Das hauptsächliche Problem besteht in der Teilleistung **Objektbegehung** vor Ablauf der Verjährungsfristen bei Leistungsphase 9. Diese Teilleistung ist nämlich nach der Rechtsprechung des BGH keine nachvertragliche oder nebensächliche Tätigkeit, son- 150

---

415 Vgl. *Knacke*, FS Jagenburg, S. 341 zur Teilabnahme und der damit zusammenhängenden Verjährungsproblematik; ferner *Koeble*, FS Werner, 2005, S. 123, *Koeble* in Kniffka/Koeble, 12. Teil, Rn. 402; *Leupertz*, Die Teilabnahme von Architektenleistungen, BauR 2009, 393.
416 BGH BauR 2001, 1928; *Koeble* LM H.6/1994 HOAI Nr. 24; *Schotten* BauR 2001, 1313.
417 BGH BauR 2006, 1332 = NZBau 2006, 519 = NJW-RR 2006, 1248; dazu eingehend *Scholtissek* NZBau 2006, 623.
418 BGH BauR 2006, 1332.
419 BGH BauR 1974, 215.
420 OLG Düsseldorf BauR 1986, 472.
421 BGH BauR 2006, 396 = NJW-RR 2006, 303; vgl. dazu auch oben Rdn. 136.

Einleitung

dern eine für die Vollendung der Leistung notwendige Voraussetzung.[422] Aber auch bei bloßer Übertragung der Leistungen bis Leistungsphase 8 kann die Abnahme der Architekten- oder Ingenieurleistung mit derjenigen der letzten Bauleistung stark auseinanderfallen. Die Aufnahme einer Vorschrift über die Teilabnahme erscheint deshalb vom Grundsatz her sinnvoll. Die Regelung selbst ist jedoch nicht unproblematisch.

151 Unklar ist zunächst, was die »**Abnahme der letzten Leistung**« des bauausführenden Unternehmers ist. Bei Objekten mit mehreren Unternehmern dürfte es rein zeitlich derjenige sein, welcher als letzter am Bau tätig ist. Eine allgemeine Festlegung ist deshalb nicht möglich. Bei Einfamilienhäusern könnte es vielleicht der Maler sein. Wenn die Außenanlagen dazu gehören und eine Abnahme der Architektenleistung erst nach Ausführung der sog. Freianlagen in Betracht kommt, kämen diese Arbeiten in Frage. Ob die Leistung dann aber abnahmefähig ist, muss bezweifelt werden. In Frage kommt hier allenfalls eine Teilabnahme der bis zu diesem Zeitpunkt vollendeten Teilleistungen (eventuell Überwachungstätigkeit). Meist folgen aber nach den Abnahmen der am Bau Beteiligten auch aus Leistungsphase 8 noch erhebliche Grundleistungen, wie z. B. das gemeinsame Aufmaß, die Rechnungsprüfung, die Kostenfeststellung, der Antrag auf behördliche Abnahmen und die Teilnahme dabei, die Übergabe des Objekts und die Zusammenstellung von Unterlagen sowie schließlich das Auflisten der Verjährungsfristen, die Überwachung der Beseitigung der bei den Abnahmen festgestellten Mängel. Die Teilabnahme dürfte hinsichtlich dieser noch folgenden Grundleistungen keine Wirkung haben, sondern nur im Hinblick auf die bis zu diesem Zeitpunkt erbrachten Planungs-, Vergabe- und Teil-Überwachungsleistungen.

152 Unklar ist darüber hinaus, **wie** die Abnahme geschehen soll. Geregelt ist lediglich, dass der Unternehmer sie »verlangen« kann. Eine Automatik oder gar Fiktion – wie bei § 640 Abs. 2 BGB 2017 vorgesehen – gibt es hier nicht. Vielmehr muss der Architekt bzw. Ingenieur die Teilabnahme seiner bis zum betreffenden Zeitpunkt erbrachten Leistungen ausdrücklich verlangen und notfalls auf Teilabnahme klagen, wenn der Auftraggeber sie verweigert. In entsprechender Anwendung des § 640 Abs. 1 S. 2 BGB dürfte auch die Teilabnahme wegen wesentlicher Mängel vom Auftraggeber verweigert werden können.[423] Zweifelhaft ist, ob auch die Abnahmefiktion des § 640 Abs. 2 BGB 2017 für die Teilabnahme gelten soll. Das dürfte zu bejahen sein, zumal nun die neue gesetzliche Systematik in § 640 (Abs. 3) nahelegt, dass die Abnahmefiktion selbstständige, generelle Bedeutung erlangen soll. Ebenso wie bei der Abnahme selbst gelten auch im Hinblick auf die Teilabnahme die sog. Abnahmesurrogate.[424] Verweigert der Auftraggeber die Teilabnahme, dann stellt sich die Frage, ob auch entsprechend § 648a Abs. 4 bzw. § 650 f BGGB 2017 eine Zustandsfeststellung verlangt werden kann. Das ist eindeutig zu bejahen (vgl. § 650p i. V. m. § 650 f BGB 2017).[425]

---

422 Vgl. dazu im Einzelnen Rdn. 132 ff.
423 Vgl. dazu oben Rdn. 139 ff.
424 Vgl. dazu unten Rdn. 144.
425 Zur Feststellung des Zustands bei Verweigerung der Abnahme vgl. Rdn. 154 ff.

g) Abnahme bei vorzeitiger Beendigung des Vertrages

Bei vorzeitiger Beendigung des Vertrages durch Kündigung oder bei einvernehmlicher Aufhebung beginnt die Verjährungsfrist für Mängelansprüche noch nicht zu laufen; vielmehr ist auch hier eine Abnahme des erbrachten Teils der Leistung erforderlich,[426] während für die Fälligkeit des Honorars auch bei Kündigung früher nach HOAI 1996/2002 sowie 2009 »nur« die »vertragsgemäße Erbringung der Leistung« (§§ 8 Abs. 1, 15 Abs. 1 HOAI 2002/1996 bzw. 2009) notwendig ist. Nach HOAI 2013 ist dagegen die Abnahme der Architektenleistung Fälligkeitsvoraussetzung (§ 15 Abs. 1 HOAI 2013). Anstelle der Abnahme gilt selbstverständlich auch die (unberechtigte) Abnahmeverweigerung. Der Auftragnehmer muss hier einen Anspruch auf Abnahme oder auf Feststellung der unberechtigten Abnahmeverweigerung haben, um Klarheit schaffen zu können. Erweist sich die Kündigung als unberechtigt, dann kommt es für den Verjährungsbeginn auf den Zeitpunkt an, in dem der Architekt auf die Kündigung des Bauherrn hin seine Leistungen einstellt.[427]

153

h) Abnahmeverweigerung und Zustandsfeststellung (§ 650p i. V. m. § 650 f BGB 2017)

Die Abnahme kann nur verweigert werden, wenn wesentliche Mängel vorliegen (§ 640 Abs. 1 S. 2 BGB). Andernfalls ist die Verweigerung unberechtigt.[428] Ein wesentlicher Mangel kann sowohl dann vorliegen, wenn die Pflichtverletzung bzw. der Fehler des Architekten selbst ein besonderes Gewicht hat als auch dann, wenn (nur) die Folgen in Gestalt von Baumängeln gravierend sind.

154

Verweigert der Besteller die Abnahme unter Angabe von Mängeln, dann hat der Architekt/Ingenieur ein Recht zur Feststellung des Zustandes. Das gleiche dürfte auch dann gelten, wenn die Verweigerung ohne Angabe von Mängeln erfolgt und unabhängig davon, ob die Mängelrügen berechtigt sind oder nicht.

155

Der Anspruch auf Zustandsfeststellung besteht auch bei berechtigter Verweigerung der Abnahme. Die Form der Zustandsfeststellung ist genau vorgeschrieben (§ 650 f Abs. 1 S. 2 BGB 2017). Die Unterschrift der Vertragsparteien dürfte keine konstitutive Bedeutung, sondern Beweisfunktion haben. Die Verweigerung der Unterschrift ändert also nichts an der Wirkung der gemeinsamen Feststellung. Im neuen Abs. 2 sind die die Folgen geregelt, wenn der Besteller den Termin zur Zustandsfeststellung nicht wahrnimmt. Die Wirkung einer einseitigen Zustandsfeststellung dürfte dann die gleiche sein, wie sie die gemeinsame Zustandsfeststellung nach Abs. 1 hat. Der Abs. 3 ist wegen der Gefahrtragung aufgenommen worden, weil ja eine Abnahme in solchen Fällen

156

---

426 BGH BauR 2003, 689 = NJW 2003, 1450 = ZfBR 2003, 353 für den Bauvertrag.
427 BGH BauR 1971, 270 = NJW 1971, 1840; OLG Stuttgart BauR 1987, 462 = NJW-RR 1987, 913; vgl. ferner auch zu weiteren Problemen *Koeble* in Kniffka/Koeble, 12. Teil, Rn. 820 f. und unten Rdn. 238 ff.; zur Frage des hängengebliebenen Vertrags und des Verjährungsbeginns für Mängelansprüche ohne Abnahme vgl. oben Rdn. 140.
428 Vgl. oben Rdn. 140.

Einleitung

noch nicht erfolgt ist. Der Unternehmer soll jedoch so gestellt werden, als sei die Gefahr übergegangen, wenn Mängel im Protokoll über die Zustandsfeststellung nicht enthalten sind.

12. Grundlagen der Haftung

a) Mangeltatbestände

157 Schon früher war umstritten, ob neben den eigentlichen Planungs-, Vergabe- und Überwachungsfehlern auch die sonstigen **Pflichtverletzungen als Werkmangel** einzustufen sind. Dies war schon unter der Geltung des alten Rechts zu bejahen und gilt erst recht im Hinblick auf den heutigen Mangelbegriff, welcher die Beschaffenheit in allen Bereichen abdeckt. Dazu gehört nicht nur der rein bauliche, technische Leistungsbereich, sondern auch die im wirtschaftlichen, steuerlichen oder gesundheitlichen Bereich liegenden Pflichten.[429] Angesichts der Rechtsprechung des BGH zu den Teilerfolgen (vgl. dazu § 8 Rdn. 16 ff.) kann heute von einer zusätzlichen Absicherung dieser Auffassung ausgegangen werden. Für Schadensersatzansprüche ist das Problem ohnehin ohne Bedeutung, weil diese sich nach Maßgabe der §§ 280 ff. BGB ergeben. Hinsichtlich der zur Verfügung stehenden Mängelrechte und im Hinblick auf die Verjährung ergeben sich Unterschiede.[430] Festzuhalten ist, dass die vertraglichen Pflichten weitestgehend in das Werk einbezogen sind und damit Mängelansprüche geltend zu machen sind, wenn solche Pflichten verletzt werden. Dem Sachmangel ist der Rechtsmangel gleichgestellt, was für Architekten- und Ingenieurrechtsfälle erhebliche Bedeutung haben kann. Die Leistungen des Auftragnehmers können nämlich dann mangelhaft sein, wenn er zwar ein urheberrechtsfähiges Werk abliefert, selbst aber nicht der alleinige oder der eigentliche Urheber ist.[431]

158 Der **dreistufige Mangeltatbestand** in § 633 Abs. 2 BGB kann zu verschiedenen Problemen führen. Vorrangig ist zwar die Frage, welche »Beschaffenheit«, also welchen Leistungsumfang die Parteien hinsichtlich des Architektenwerkes vereinbart haben. Falls auf die HOAI und eines von deren Leistungsbildern betreffend den Leistungsumfang Bezug genommen ist oder eine an den Leistungsphasen der HOAI »orientierte vertragliche Vereinbarung« getroffen[432] wird, sind die dort genannten Leistungen und ggf. darüber hinausgehende Leistungen zu erbringen (vgl. oben Rdn. 117 ff.). Fehlt eine solche Vereinbarung, dann wird im Wege der Auslegung zu ermitteln sein, ob die Beschaffenheitsvereinbarung (erster Mangeltatbestand) im Wesentlichen aus den Leistungsphasen und Teilleistungen des betreffenden Leistungsbildes zu ermitteln ist oder ob über die dritte Fallgruppe ebenfalls das einschlägige Leistungsbild aus der HOAI zum Vertragsgegenstand werden kann. Das ist jedoch Auslegungsfrage im Einzelfall, wobei sämtliche Umstände zu berücksichtigen sind.[433] Die anerkannten Regeln der

---

429 *Koeble*, FS Kraus, 2003, S. 389 (390).
430 Zur Verjährung vgl. unten Rdn. 228 ff.
431 *Koeble*, FS Kraus, 2003, S. 389 f.; vgl. auch unten Rdn. 347 ff.
432 BGH BauR 2004, 1640 = NJW 2004, 2588 = NZBau 2004, 509 und dazu § 8 Rdn. 20 ff.
433 Vgl. oben Rdn. 117 und unten § 34 Rdn. 17 ff.

Einleitung

Technik sind als Minimum sicherlich einzuhalten. Soweit sie in Kollision mit der vertraglichen Beschaffenheitsvereinbarung kommen, ergibt sich die Frage, ob § 633 Abs. 2 BGB eine Reihenfolge (Stufenfolge) von 3 Mangeltatbeständen enthält und vorrangig die Beschaffenheitsvereinbarung ist. Das ist im Ergebnis zu verneinen.[434]

Bei der Auslegung der Beschaffenheitsvereinbarung ist auch für den Architekten- und Ingenieurvertrag der **funktionale Mangelbegriff** maßgebend. Danach kommt es auch für die Planung und Überwachung im Ergebnis darauf an, dass ein funktionstaugliches und zweckentsprechendes Werk hergestellt wird.[435] Das wird verschiedentlich von Gerichten übersehen.[436] Auch dann, wenn die vereinbarte Beschaffenheit voll erfüllt ist, jedoch die übliche Beschaffenheit[437] nicht erfüllt werden kann, liegt ein Mangel vor. Der BGH löst das Problem mit dem funktionalen Mangelbegriff. Im Ergebnis handelt es sich dabei um eine Auslegung dahingehend, dass im Rahmen der vereinbarten Beschaffenheit als Minimalkonsens die Einhaltung der anerkannten Regeln der Technik und die Funktionalität einbezogen sind. Nur so lässt sich auch ein Verstoß des deutschen Rechts gegen europäisches Recht, nach welchem die drei Mangeltatbestände kumulativ zu sehen sind, vermeiden. Soweit jedoch die Mangelhaftigkeit verneint würde und[438] eine Aufklärungspflichtverletzung angenommen wird, kann dies zu fatalen Folgen führen. Das gilt einmal im Hinblick auf die Darlegungs- und Beweislast.[439] Die richtige Einordnung als Mangel hat aber auch im Hinblick auf ein Nacherfüllungsrecht des Architekten, im Hinblick auf die Verjährung und auch in Bezug auf die die Eintrittspflicht der Berufshaftpflichtversicherung entscheidende Bedeutung.

159

---

434 Zum Mangelbegriff und zu den einzelnen Auffassungen betreffend das genannte Problem vgl. grundlegend *Thode* NZBau 2002, 297; *Thierau/Schmidt* in TWK § 9 Rn. 3 ff.; *Preussner* in FBS B Rn. 14 ff.; *Koeble*, FS Kraus, 2003, S. 389; *Mundt* NZBau 2003, 73; *Vorwerk* BauR 2003, 1.
435 Vgl. BGH BauR 2000, 411 = NZBau 2000, 74; BGH BauR 2001, 823; BGH BauR 2003, 236 = NZBau 2003, 33; BGH BauR 2007, 700 = NZBau 2007, 243; BGH BauR 2008, 344 = NJW 2008, 511 = NZBau 2008, 109; BGH BauR 2012, 115; BGH BauR 2013, 624 = NZBau 2013, 244, wonach eine einschalige Bauweise trotz Vereinbarung mit dem Bauträger mangelhaft ist, weil dieser zweischalig zu liefern hat; BGH BauR 2013, 1468 zur Haftung des Statikers. *Kniffka/Koeble*, Kompendium, 6. Teil, Rn. 22 ff.; *Leupertz* BauR 2011, Heft 11, S. I f in Anmerkung zu *Englert/Fuchs* BauR 2011, 1725; *Lucenti* NJW 2008, 962, sämtliche für die entsprechende Situation beim Bauvertrag.
436 So z. B. von OLG Celle BauR 2010, 1039 = Analyse *Koeble* auf www.jurion.de/Modul Werner Baurecht betreffend den Fachwerkhaus-Fall oder OLG Koblenz NJW-RR 2011, 1037 = NZBau 2011, 495 betreffend die Dauerhaftigkeit eines Schutzanstrichs.
437 Im Fachwerkhaus-Fall: Einhaltung der Luftdichtigkeitswerte nach DIN 4108.
438 So z. B. OLG Celle a. a. O. und OLG Koblenz a. a. O.
439 Vgl. Analyse *Koeble* zu OLG Celle auf www.jurion.de/Modul Werner Baurecht; für die Behauptung, der Mangel sei durch bindende Anordnung des AG entstanden, trifft den AN die Darlegungs- und Beweislast: BGH BauR 2012, 115.

Einleitung

b) Zeitpunkt für die Beurteilung der Mangelhaftigkeit

160 Oftmals stellt sich die Frage, auf welchen **Zeitpunkt für die Beurteilung der Mangelfreiheit** abgehoben werden soll. Die Architektenleistungen sind zunächst zu messen an den **anerkannten Regeln** der Technik zum Zeitpunkt der **Planung, Ausführung und Abnahme** der Architektenleistung.[440] Als anerkannte Regel der Technik sind hier nicht nur die geschriebenen – und noch anerkannten – Normen zu berücksichtigen, sondern auch diejenigen, welche sich durch Anerkennung in der Wissenschaft und Übung in der Praxis herausgebildet haben. Obwohl rein formal auf die Abnahme abzustellen wäre, kann dies in vielen Fällen nicht zutreffend sein, weil die Planungsleistungen u. U. viele Monate oder Jahre vor Abnahme der gesamten Architektenleistung erbracht werden (müssen). In solchen Fällen wird man hinsichtlich der anerkannten Regeln der Technik auf den Zeitpunkt der Leistungserbringung abstellen müssen.[441] Der Architekt muss auch nicht voraussehen, dass sich die anerkannten Regeln der Technik im Laufe der Bauausführung ändern.

161 Für die **Mangelhaftigkeit** selbst kommt es dagegen auf den späteren Zeitpunkt bis zum Ablauf der **Verjährungsfrist für Mängelansprüche** an. Es können also Mängel vorliegen, obwohl die anerkannten Regeln der Technik zum Zeitpunkt der Ausführung bzw. Abnahme eingehalten waren. Jedoch liegt in solchen Fällen bei Einhaltung der anerkannten Regeln der Technik kein Verschulden vor, sodass Schadensersatzansprüche ausscheiden.[442] Entsprechend kommt auch eine Haftung des Architekten für ungeeignete Baustoffe nicht in Frage, wenn im Zeitpunkt der Planung und Ausführung ausreichende Erfahrung mit dem Baustoff bestand und er erst später als problematisch oder ungeeignet erkannt wurde.[443]

c) Erfüllung und Nacherfüllung

162 Vor der Abnahme steht dem Auftraggeber ein Erfüllungsanspruch zu. **Nach der Abnahme** kann er die Nacherfüllung und die sekundären Mängelrechte geltend machen. Umstritten ist, ob der Auftraggeber auch vor der Abnahme sich auf die Mängelrechte, vor allem die Ersatzvornahme und die Minderung stützen kann. Dagegen scheint der Gesetzeswortlaut (§ 633 Abs. 1 BGB) zu sprechen, weil der Auftragnehmer vor der Abnahme das Werk frei von Sach- und Rechtsmängeln »zu verschaffen« hat. Dennoch ist dem Besteller ein Wahlrecht zuzusprechen, ob er sich vor der Abnahme auf die Bestim-

---

440 BGH BauR 1998, 872 = NJW 1998, 2814 = ZfBR 1998, 247 für Planungsmängel beim Bauträgervertrag; OLG Düsseldorf BauR 2011, 1994 (1996); KG NJW-RR 2001, 1385 = NZBau 2002, 160 für den Zeitpunkt der Abnahme hinsichtlich der Einhaltung der anerkannten Regeln der Technik beim Planungsvertrag.
441 OLG München Beschl. v. 15.01.10215 – 9 U 3395/14.
442 Vgl. BGH NJW 1968, 43; OLG Frankfurt NJW 1983, 486; BGH BauR 1985, 567; BGH BauR 1987, 207; BGH BauR 1995, 230 = NJW-RR 1995, 472; BGH NZBau 2002, 611; BGH BauR 2006, 375 = NJW-RR 2006, 240 = NZBau 2006, 112.
443 OLG Hamm BauR 2003, 567; zum nicht erprobten Baustoff bzw. zu nicht erprobten Konstruktionen vgl. auch § 34 Rdn. 48.

Einleitung

mungen des allgemeinen Leistungsstörungsrechts (§§ 323 ff., 280 f. BGB) stützen will oder ob er die Mängelansprüche (§ 634 BGB) ausüben will. Diese Auffassung ist trotz der Regelung in § 634a BGB, wonach die Mängelansprüche in 5 Jahren ab der Abnahme verjähren, vorzuziehen. Andernfalls wäre der Auftraggeber auch schlechter gestellt, als wenn er die Abnahme erklären würde. Dem Auftraggeber stehen deshalb alle Mängelrechte auch vor der Abnahme zur Verfügung, was allerdings nicht der h. M. in Literatur und Rechtsprechung entspricht.[444] Mit der Entscheidung, ein bestimmtes Recht geltend zu machen, sind andere Ansprüche aber noch nicht endgültig ausgeschlossen. Erst dann, wenn ein Gestaltungsrecht (Rücktritt, Minderung, Schadensersatz statt der Leistung) gewählt wurde, erlischt das Wahlrecht des Auftraggebers. Bestimmte Ansprüche können auch nebeneinander geltend gemacht werden. Das gilt insbesondere dann, wenn unterschiedliche Lebenssachverhalte zum gleichen Ergebnis führen. Hat der Auftraggeber Schadensersatzansprüche wegen Fehlern der Ausführungsplanung geltend gemacht und sind diese rechtskräftig entschieden, dann kann wegen des gleichen Sachverhalts noch wegen Fehlern der Entwurfsplanung oder der Objektüberwachung vorgegangen werden.[445]

Sowohl dem Bauherrn als auch dem Architekten steht als Mangelrecht in erster Linie die Nacherfüllung zur Verfügung. Allerdings sind hier Einschränkungen zu machen. Hinsichtlich der Pläne und Ausschreibungsunterlagen besteht ein **Nacherfüllungsrecht des Architekten**, solange noch nicht danach gebaut bzw. vergeben worden ist.[446] Es besteht auch bei Problemen der Genehmigungsfähigkeit.[447] Auch im Hinblick auf Fehler bei der Baukostenermittlung kann nicht sofort gekündigt werden, weil auch insoweit

163

---

444 So mit Recht *Vorwerk* BauR 2003, 1 [8 f.]; *Staudinger/Peters*, § 633 Rn. 99: »Aus Gründen der praktischen Vernunft« §§ 633 ff. a. A. OLG Hamm BauR 2015, 1861 = NJW 2015, 960; OLG Brandenburg NJW 2015, 1611; OLG Naumburg NJW 2014, 1539; OLG Schleswig Urt. v. 16.07.2015 = 7 U 124/14 = BeckRS 2015, 17684; OLG Brandenburg BauR 2015, 215, wobei die vorgenannten Gerichte häufig den Sachverhalt der Unmöglichkeit der Beseitigung von Mängel bzw. der Erfüllungsverweigerung zu entscheiden hatten; ferner OLG Koblenz Urt. v. 18.10.2007 – 5 U 521/07 = BeckRS 2007, 19699 = IBR 2008, 81; *Leupertz* in: Prütting/Wegen/Weinreich, BGB, 4. Aufl., § 633 Rn. 5; *Voit*, FS Koeble, 2010, S. 225; *Voit* BauR 2011, 1063; *Palandt/Sprau*, Vorbem. § 633 Rn. 7, wonach die Mängelrechte vor der Abnahme nur bei Fertigstellung des Werkes geltend gemacht werden können; differenzierend *Kniffka/Krause-Allenstein*, Bauvertragsrecht, § 634 Rn. 10 f.; zum Ganzen auch *Folnovic* BauR 2008, 1360 und *Koeble* BauR 2012, 1153 (1157 ff.).
445 BGH BauR 2008, 869 = NJW-RR 2008, 762 = NZBau 2008, 325.
446 BGH BauR 2007, 2083 = NZBau 2008, 188 m. Anm. *Scholtissek* = Analyse *Koeble* auf www.jurion.de/Modul Werner Baurecht; *Achilles/Baumgärtel* BauR 2003, 1125; *Löffelmann/Ihle* BauR 2008, 579; BGH BauR 1989, 97 [100 f.] m. Nachw.; *Jansen* BauR 2005, 1089.
447 OLG Düsseldorf BauR 1986, 469; OLG München BauR 1992, 534 [535], das die Nacherfüllung zu Recht ablehnt, wenn diese unmöglich ist und die Neuplanung ein anderes Gebäude zum Gegenstand hätte; OLG Naumburg v. 27.09.2001 – NA-Beschluss des BGH v. 04.07.2002 – VII ZR 401/01; zu Fragen der Genehmigungsfähigkeit vgl. § 34 Rdn. 106 ff.

Einleitung

ein Nacherfüllungsrecht des Architekten besteht.[448] In verschiedenen Architektenvertragsmustern findet sich dazu eine Berechtigung des Architekten, Baumängel beseitigen zu dürfen. Diese Klausel wird von der Rechtsprechung z. T. als wirksam angesehen.[449] Eine Klausel, »der Architekt kann verlangen, mit der Beseitigung eines Mangels ganz oder teilweise beauftragt zu werden«, ist zumindest insoweit unbedenklich, als der Architekt berechtigt ist, Mängelbeseitigungsarbeiten Dritter zu überwachen; er muss sich also Kosten des Bauherrn für den Einsatz eines anderen Architekten nur unter den gesetzlichen Voraussetzungen[450] gefallen lassen.[451] Im Hinblick auf konkrete Baumängel des Objektes besteht nur in absoluten Ausnahmefällen nach Treu und Glauben ein Anspruch auf Mangelbeseitigung durch den Architekten.[452] Der **Auftragnehmer** kann den Mangel nach seiner **Wahl** beseitigen oder ein neues Werk herstellen.[453] Für den Architekten- und Ingenieurvertrag bedeutet dies, dass der Auftragnehmer vor allem in der Planungs- und Vergabephase seine Vor-, Entwurfs-, Genehmigungs- und Ausführungsplanung korrigieren oder auch neue Pläne herstellen kann. Entsprechendes gilt für die Vergabeleistungen, wie das Aufstellen neuer Leistungsbeschreibungen, das Eintragen richtiger Mengen, das nochmalige Ausschreiben von bestimmten Leistungen und anderes mehr. Nur im Ausnahmefall steht dem Auftragnehmer das Wahlrecht nicht zu; der Auftraggeber hat nämlich dann einen Anspruch auf **Neuherstellung**, wenn nur in dieser Weise der Mangel nachhaltig beseitigt werden kann.[454] Die Darlegungs- und Beweislast für diese Ausnahmesituation treffen den Auftraggeber.

164 Eine **Fristsetzung** zur Nacherfüllung ist **entbehrlich**, wenn sich der Fehler bereits im Bauwerk niedergeschlagen[455] oder – bei Bausummenproblemen – im Vermögen realisiert hat. Einer Fristsetzung bedarf es auch dann nicht, wenn feststeht, dass die Frist nicht eingehalten werden wird. In solchen Ausnahmefällen kann der Bauherr schon vorher Schadensersatz verlangen.[456] Schließlich bedarf es keiner Fristsetzung durch den

---

448 Vgl. dazu auch unten Rdn. 200 und OLG Hamm BauR 1987, 464; OLG Düsseldorf BauR 1988, 237; OLG Düsseldorf BauR 1994, 133 = NJW-RR 1994, 18; OLG Hamm BauR 1995, 413 = ZfBR 1995, 142, das auch noch zu Recht **nach Kündigung** ein Nacherfüllungsrecht des Architekten bejaht. Letzteres bestätigt BGH BauR 2001, 667 = NZBau 2001, 211 = ZfBR 2001, 177.
449 OLG Hamm NJW-RR 1992, 467.
450 Fristsetzung mit Ablehnungsandrohung nach altem Recht und Ablauf einer angemessenen Frist nur Nacherfüllung nach neuem Recht, vgl. Rdn. 165 ff.
451 OLG Celle BauR 1999, 676.
452 Vgl. *Locher*, FS v.Craushaar, 1997, S. 21 und eingehend *Achilles/Baumgärtel* BauR 2003, 1125.
453 Bei Neuherstellung kann er Herausgabe der mangelhaften Sache, z. B. der Pläne oder der Leistungsverzeichnisse verlangen; § 635 Abs. 4 BGB.
454 BGH BauR 1986, 93 = NJW 1986, 717 = ZfBR 1986, 23.
455 BGH BauR 2007, 2083 = NZBau 2008, 188 m. Anm. *Scholtissek* = Analyse *Koeble* auf www.jurion.de/Modul Werner Baurecht.
456 BGH NZBau 2002, 688 = ZfBR 2003, 30.

Einleitung

Auftraggeber, wenn dieser das Interesse an der Leistung verloren hat, weil sie ihren vertraglich vorgesehenen Zweck nicht mehr erfüllen kann.[457]

d) Allgemeine Voraussetzungen der sekundären Mängelrechte; Selbstvornahme

Voraussetzung für die Geltendmachung von sekundären Mängelrechten (Mängelrechte außer Erfüllung und Nacherfüllung) ist die Setzung und der Ablauf einer angemessenen **Frist zur Nacherfüllung** (vgl. oben Rdn. 163 f.). Ebenso stehen diese sekundären Mängelrechte dem Auftraggeber zur Verfügung, wenn der Unternehmer die Nacherfüllung verweigert, weil sie »nur mit unverhältnismäßigen Kosten möglich ist« oder wenn die Nacherfüllung in einem groben Missverhältnis zum Leistungsinteresse des Auftraggebers steht oder schließlich, wenn der Auftragnehmer die Nacherfüllung persönlich zu erbringen hat und sie ihm unzumutbar ist (§ 635 Abs. 3 BGB i. V. m. § 275 Abs. 2, 3 BGB). Schließlich kann Schadensersatz auch schon vor Ablauf einer gesetzten, angemessenen Frist geltend gemacht werden, wenn feststeht, dass der Auftragnehmer die Frist nicht einhalten wird.[458]

165

Unter den genannten Voraussetzungen hat der Auftraggeber das Recht zur **Selbstvornahme** (§ 637 BGB). Voraussetzung ist nur das Vorliegen eines Mangels und der Ablauf der angemessenen Frist zur Nacherfüllung, nicht dagegen Verzug. Die Setzung einer angemessenen Frist zur Nacherfüllung ist **entbehrlich**, wenn sich der Auftragnehmer ernsthaft und endgültig weigert, die Nacherfüllung vorzunehmen oder wenn besondere Umstände vorliegen, die unter Abwägung beiderseitiger Interessen die sofortige Selbstvornahme rechtfertigen oder wenn die Nacherfüllung fehlgeschlagen oder dem Auftraggeber unzumutbar ist.[459] Von praktischer Bedeutung ist das Recht zur Selbstvornahme im Grunde nur bei Planungs- und Vergabefehlern, in seltenen Fällen dagegen im Überwachungsbereich. Soweit sich Mängel im Bauwerk niedergeschlagen haben, sind sie weder »nacherfüllbar« noch durch Selbstvornahme zu beseitigen. Der Abbruch von Bauteilen und die Neuerrichtung sind deshalb in aller Regel gegen Architekten und Ingenieure nur im Wege des Schadensersatzes geltend zu machen. Die entsprechenden Planungs- und Vergabeleistungen zur Mangelbeseitigung gehören dagegen zur Nacherfüllung und insoweit können Kosten von anderen Auftragnehmern nur erstattet verlangt werden, wenn zuvor eine angemessene Frist zur Nacherfüllung gesetzt wurde und diese abgelaufen ist. Von erheblicher praktischer Bedeutung ist auch, dass der Architekt/Ingenieur im Rahmen der Objektüberwachung berechtigt und verpflichtet ist, die Mängelbeseitigungsmaßnahmen der am Bau Beteiligten zu überwachen. Soweit der Auftraggeber ohne entsprechende Fristsetzung und deren Ablauf einen Dritten mit diesen Maßnahmen beauftragt, kann er die Kosten hierfür nicht erstattet verlangen.[460] Für die **Angemessenheit** der Frist sind zahlreiche Faktoren maß-

166

---

457 BGH BauR 2005, 400 = NJW-RR 2005, 398 = NZBau 2005, 158.
458 BGH BauR 2002, 1847 = NZBau 2002, 668 = ZfBR 2003, 30.
459 §§ 637 Abs. 2, 323 Abs. 2 BGB; vgl. ferner oben Rdn. 164.
460 OLG Hamm NJW-RR 2013, 591 = NZBau 2013, 313 betreffend die Überwachung von Mangelbeseitigungsarbeiten im Rahmen der Leistungsphase 9.

Einleitung

gebend, wie z. B. die Eilbedürftigkeit der Baumaßnahme, die Art des eingetretenen Mangels und die übliche Zeit für Korrektur der Planung und Vergabe. Im Normalfall sind Fristen unter einer Woche zu kurz und Fristen von mehr als zwei Wochen nicht erforderlich. Die Setzung einer zu kurzen Frist ist nicht wirkungslos. Es wird eine angemessene Frist in Lauf gesetzt, vor deren Ablauf sich der Auftraggeber hüten sollte, die Mangelbeseitigung selbst in die Wege zu leiten bzw. an einen anderen Architekten oder Ingenieur zu vergeben. Die Angemessenheit der Frist wird auch dadurch mitbestimmt werden, dass der Auftragnehmer in bestimmten Fällen Erklärungen abgibt, in welchem zeitlichen Rahmen ihm die Nacherfüllung möglich ist. Das Gebot der Rücksichtnahme (Kooperationspflicht) führt dazu, dass der Auftraggeber auch die Interessen des Auftragnehmers im Zusammenhang mit solchen Fristen respektieren muss. Ein **Aufwendungsersatz-** und **Vorschussanspruch** besteht gegen Architekten und Ingenieure nur hinsichtlich deren eigener Leistungen, **nicht** im Hinblick auf **Mängel des Bauwerks**[461] selbst. Der Vorschussanspruch (§ 637 Abs. 3 BGB) ist bei Objekten, die im Rahmen der Honorartafeln der HOAI liegen, im System der normalen Honorarabrechnung zu spezifizieren (anrechenbare Kosten, Honorarzone, Prozentsätze für die erbrachten Leistungen). Ein **Anspruch** auf Selbstvornahme und Aufwendungsersatz bzw. Vorschuss ist **ausgeschlossen**, wenn die Nacherfüllung vom Auftragnehmer zu Recht verweigert wird.[462] Das Unvermögen des Auftragnehmers genügt dagegen nicht.

167 Während das Recht des Auftragnehmers auf **Nacherfüllung erlischt**, wenn die angemessene Frist zur Nacherfüllung abgelaufen ist,[463] ist dies beim **Recht des Bestellers** auf Nacherfüllung nicht der Fall. Hier muss die Wahl eines der sekundären Mängelrechte hinzukommen. Der Auftraggeber kann diese Wahl auch noch rückgängig machen, wenn es sich nicht um eines der Gestaltungsrechte (Rücktritt, Minderung) handelt oder wenn er nicht Schadensersatz statt der Leistung verlangt hat (§ 281 Abs. 4 BGB).

e) **Minderung**

168 Als weiteres Recht nach Ablauf einer angemessenen Frist zur Nacherfüllung bzw. wenn diese entbehrlich ist (vgl. oben Rdn. 164) steht dem Auftraggeber die **Minderung** zur Verfügung.[464] Es muss sich dabei nicht um wesentliche Mängel handeln, vielmehr genügen auch einfache Mängel, z. B. ein nicht vollständiges Leistungsverzeichnis, bei dem eine Position fehlt,[465] und Verschulden ist nicht erforderlich. Sowohl der Auftraggeber als auch der Auftragnehmer haben jedoch hier in erster Linie ein Nacherfüllungsrecht (vgl. oben Rdn. 163 f.). Die Minderung wirkt sich so aus, dass der Honoraranspruch reduziert wird (zur Minderung bei Weglassen von Leistungen vgl. § 8 Rdn. 16 ff.). Angesichts dessen, dass die Minderung verschuldensunabhängig geltend

---

461 BGH BauR 2001, 425; vgl. auch unten Rdn. 170.
462 §§ 637 Abs. 1, 635 Abs. 3 BGB wegen unverhältnismäßiger Kosten, wegen groben Missverhältnisses und wegen Unzumutbarkeit.
463 BGH BauR 2003, 693; *Kenter/Brügmann* BauR 2004, 395; *Kniffka*, ibr-online-Kommentar, § 633 Rn. 16 ff.
464 § 634 Nr. 3 i. V. m. § 638 BGB.
465 Vgl. OLG Celle NZBau 2007, 794.

gemacht werden kann, erstaunt es, dass sie in der Praxis nicht mindestens hilfsweise des Öfteren Verwendung findet. Die **Berechnung der Minderung** orientiert sich daran, in welchem Verhältnis »der Wert des Werks in mangelfreiem Zustand zu dem wirklichen Wert gestanden haben würde« (§ 638 Abs. 3 S. 1 BGB.). Für den Architekten- und Ingenieurvertrag bedeutet dies, dass nicht die Kosten für die tatsächliche Mangelbeseitigung, sondern der entsprechende Honoraranteil für die ordnungsgemäße Leistung im Verhältnis zur nicht ordnungsgemäßen Leistung ermittelt werden muss.[466] Dabei müssen nicht nur Teilleistungen, sondern auch Teile von Teilleistungen (Anteil der Überwachungsleistung für bestimmte Gewerke, wie z. B. die Abdichtung gegen Feuchtigkeit) bewertet werden. Die Tatsache, dass die Berechnung der Minderung »zum Zeitpunkt des Vertragsabschlusses« erfolgen muss (§ 638 Abs. 3 BGB), ist für das Bauvertragsrecht in verschiedener Hinsicht problematisch. Das gilt jedoch nicht für das Architekten- und Ingenieurhonorarrecht, weil hier Grundlage die zum Zeitpunkt des Vertragsabschlusses gültig Fassung der HOAI ist. Soweit hier Teilleistungen oder Teile von Teilleistungen bewertet werden müssen, finden sich die Grundlagen in den von der Praxis und von der Rechtsprechung anerkannten **Bewertungstabellen**.[467] Neben der Minderung können nach heute gültigem Recht auch Ansprüche auf Schadensersatz neben der Leistung (§ 280 Abs. 1 BGB) geltend gemacht werden.[468] Das hat z. B. in Fällen der Baukostenproblematik erhebliche Bedeutung. Hier kann der Auftraggeber wegen einer fehlerhaften oder nicht erbrachten Kostenermittlung einerseits das Honorar mindern und zum anderen Schadensersatz wegen Bausummenüberschreitung geltend machen.[469]

f) Rücktritt

Bei Vorliegen von Mängeln der Architektenleistung steht dem Auftraggeber von den Buchstaben des Gesetzes her auch das Recht zum **Rücktritt** zur Verfügung.[470] Für die Geltendmachung dieses sekundären Mängelrechts genügt die Setzung und der Ablauf einer angemessenen Frist zur Nacherfüllung (vgl. oben Rdn. 169 f.). Der Rücktritt ist jedoch in bestimmten Fällen **ausgeschlossen**.[471] Das gilt zunächst für den Fall, dass »die Pflichtverletzung **unerheblich** ist«.[472] Dabei wird es entgegen dem Wortlaut hier für Architekten- und Ingenieurfälle nicht auf die Pflichtverletzung, sondern bei Mängeln am Bauwerk auf den Grad der Mangelhaftigkeit des Objektes ankommen.[473] Gerade bei Architekten- und Ingenieurverträgen wird der Rücktritt meist an dem zweiten

169

---

466 *Koeble*, FS Kraus, 2003, S. 389 [395].
467 Vgl. § 8 Rdn. 16 ff. und den Anh. 4 zu diesem Kommentar.
468 Z. B. *Palandt/Sprau*, § 634 Rn. 8.
469 Zur Bausummenproblematik vgl. unten Rdn. 184 ff.
470 § 634 Nr. 3 i. V. m. § 636 BGB; zum Rücktritt nach neuem und altem Recht *Acker/Konopka* BauR 2002, 1307.
471 §§ 634 Nr. 3, 323 Abs. 5 S. 1 und S. 2 BGB.
472 §§ 634 Nr. 3, 323 Abs. 5 S. 1 BGB.
473 *Koeble*, FS Kraus, 2003, S. 389 [394]; *Preussner* in FBS B Rn. 90 ff.; *Koeble* in Kniffka/Koeble, Kompendium, 12. Teil, Rn. 670.

Einleitung

Ausschlusstatbestand scheitern.[474] Meist sind nämlich Teilleistungen von Auftragnehmern erbracht und der Rücktritt dann nur möglich, wenn der Auftraggeber daran »**kein Interesse hat**«. Angesichts der Rechtsprechung zur Kooperationspflicht wird dieses Merkmal streng auszulegen sein. Nur in Ausnahmefällen – wenn der Bauherr begründetermaßen vom Bauvorhaben Abstand nimmt oder wenn eine vollständige Umgestaltung notwendig wäre – wird das Recht zum Rücktritt zur Verfügung stehen. Der **Teilrücktritt** scheitert beim Planervertrag daran, dass für erbrachte Teilleistungen die Erfüllungswirkung (»bewirkt«) ohne besondere Vereinbarung nicht eintreten kann. Unabhängig davon wird sich der Auftraggeber überlegen müssen, ob er mit den gesetzlichen Folgen des Rücktritts zurechtkommt oder ob er nicht lieber den Weg über die Kündigung aus wichtigem, vom Auftragnehmer zu vertretendem Grund gehen will (vgl. unten Rdn. 254 ff.).

g) Schadensersatz

170 Beruht der Mangel, der dem Architektenwerk anhaftet, auf einem Verschulden des Architekten, so kann der Auftraggeber **Schadensersatz** verlangen.[475] Ein Vorschussanspruch scheidet regelmäßig aus (vgl. oben Rdn. 166). Eine als Vorschussklage bezeichnete Klage kann als Schadensersatzklage auszulegen sein, wenn sich der dahin gehende Wille aus sonstigen Äußerungen ergibt.[476] Auf die Notwendigkeit zur Geltendmachung von Schadensersatzansprüchen statt Vorschuss muss das Gericht hinweisen, und zwar auch dann, wenn der Klägervertreter entsprechende Bemerkungen des Beklagtenvertreters »falsch aufgenommen« hat.[477]

171 Dem Auftraggeber steht zunächst der Anspruch auf **Schadensersatz neben der Leistung** zur Verfügung.[478] Voraussetzung dafür ist lediglich eine schuldhafte Pflichtverletzung bzw. ein schuldhaft verursachter Mangel. Diesen Schadensersatzanspruch hatte die Rechtsprechung bereits vor der Schuldrechtsreform entwickelt. Die in der Literatur vertretene Auffassung, dass von § 280 Abs. 1 BGB nicht der »Schaden am Bauwerk« (Mangelbeseitigungskosten) erfasst sei, ist für Architekten- und Ingenieurverträge unzutreffend.[479] Hier sind nämlich die **Bauwerksschäden als Folgeschäden** anzusehen und ohne Fristsetzung zur Nacherfüllung erstattungsfähig.[480] Anderes gilt im Hinblick auf die Architektenleistungen selbst.[481] Seinem **Umfang** nach ist der Schadensersatz-

---

474 § 634 Nr. 3 i. V. m. § 323 Abs. 5 S. 2 BGB.
475 § 634 Nr. 4 i. V. m. §§ 280 ff. BGB.
476 BGH BauR 2001, 425.
477 BGH BauR 2004, 1477 = NZBau 2004, 512 = NJW-RR 2004, 1247 = ZfBR 2004, 777.
478 §§ 634 Nr. 4, 280 Abs. 1 BGB.
479 So aber *Palandt/Heinrichs*, Ergänzungsband zur 61. Aufl., § 280 Rn. 18; wie hier: *Kniffka*, ibr-online-Kommentar, § 636 Rn. 29; *Palandt/Sprau*, § 634 Rn. 8; *Koeble*, FS Kraus, S. 389 [395]; *Kniffka/Koeble*, Kompendium, 12. Teil, Rn. 380 f.; *Preussner* in Thode/Wirth/Kuffer, Praxishandbuch Architektenrecht, § 9 Rn. 142 f.
480 So mit Recht OLG Stuttgart BauR 2012, 1987 mit NZB des BGH v. 28.06.2012 – VII ZR 225/10.
481 *Messerschmidt/Voit*, Privates Baurecht, § 636, Rn. 146.

anspruch auf die im Zusammenhang mit der Mangelbeseitigung entstehenden Kosten, Aufwendungen und Schäden gerichtet. Beim vorsteuerabzugsberechtigten Auftraggeber gibt es keinen Anspruch auf die **Mehrwertsteuer**.[482] Ebenso wie beim Bauvertrag kann vor Sanierung (ohne tatsächlichen Anfall der Umsatzsteuer) keine Mehrwertsteuer im Wege des Schadensersatzes beansprucht werden.[483]

Die Einordnung der Bauwerksschäden als Folgeschäden i. S. d. § 280 Abs. 1 BGB hat eine weitere, gravierende Auswirkung. Nach früherem Recht konnte die **Minderung** nicht **neben dem Schadensersatz** geltend gemacht werden (§ 635 BGB a. F. »statt«.). Nach heutigem Recht ist die Minderung zwar als Gestaltungsrecht ausgebildet, sodass hinsichtlich des konkreten Mangels Erfüllung, Nacherfüllung Selbstvornahme, Rücktritt und Schadensersatz statt der Leistung ausgeschlossen sind, wenn Minderung gewählt wird. Neben der Minderung ist allerdings ein Anspruch auf Schadensersatz neben der Leistung weiterhin gegeben.[484] Das führt dazu, dass nach neuem Recht sowohl das Honorar wegen eines Mangels (Fehler der Ausführungsplanung führt zu Bauwerksschäden) gemindert werden kann, als auch die Schäden am Bauwerk geltend gemacht werden können.[485] 172

Der Schadensersatz muss regelmäßig durch Geldausgleich geleistet werden. Deswegen kommt in aller Regel kein Zurückbehaltungsrecht, sondern nur ein **Aufrechnungsrecht** des Bauherrn wegen Schadensersatzansprüchen in Frage.[486] Ein Schadensersatzanspruch gegen den Architekten scheidet aus, wenn feststeht, dass der Bauherr an den Handwerker insoweit keinen Werklohn bezahlen muss.[487] Der Schadensersatzanspruch gegen den Architekten kann auch die Kosten eines Vorprozesses gegen den Bauunternehmer umfassen.[488] Ob der Architekt auch auf Ersatz von Prozesskosten haftet, wenn er dem Bauherrn falsche Empfehlungen gibt, ist problematisch.[489] Einer Unterscheidung von Mängelansprüchen einerseits und Ansprüchen wegen positiver Forderungsverletzung andererseits bedarf es im Hinblick auf die Voraussetzungen für den Schadensersatzanspruch nicht mehr, weil auch letztere Ansprüche[490] auf der Grundlage der §§ 280 ff. 173

---

[482] BGH BauR 2010, 1752, wobei für den Vorschussanspruch anderes gilt, der aber beim Architektenvertrag normalerweise nicht einschlägig ist, dazu oben Rdn. 166; zu weiteren Schadensproblemen vgl. unten Rdn. 173.
[483] BGH NJW 2010, 3085 = NZBau 2010, 690; BGH NJW 2015, 1875.
[484] *Palandt/Sprau*, § 634 Rn. 5.
[485] *Kniffka/Koeble*, Kompendium, 12. Teil, Rn. 381.
[486] Vgl. OLG Köln NJW 1978, 429; OLG Düsseldorf NJW-RR 1999, 244; OLG Düsseldorf NJW-RR 1999, 1616.
[487] BGH BauR 1996, 732 = NJW 1996, 2370 = ZfBR 1996, 264.
[488] OLG Celle BauR 2000, 759; *Lenzen* BauR 1998, 62; *Messerschmidt/Voit*, Privates Baurecht, § 634 Rn. 102.
[489] Bejahend OLG Celle BauR 2004, 1350; verneinend zu Recht *Knacke* BauR 2004, 1852.
[490] §§ 241 Abs. 2, 311 Abs. 2 BGB.

Einleitung

BGB abgewickelt werden.[491] Ein Anspruch auf **Schadensersatz statt der Leistung** steht vom Grundsatz nur nach Setzung und Ablauf einer angemessenen Frist zur Nacherfüllung zur Verfügung. Im Ausnahmefall bedarf es einer solchen Fristsetzung nicht (vgl. oben Rdn. 163 ff.). Der Anspruch ist ausgeschlossen bei unwesentlichen Pflichtverletzungen sowie dann, wenn die erbrachte Teilleistung für den Bauherrn von Wert ist (§ 281 Abs. 1 S. 2, 3 BGB). Letzteres wird regelmäßig dann zu bejahen sein, wenn der Auftraggeber weiterbaut und das Objekt nutzt (vgl. oben Rdn. 169). Im Einzelfall trifft den Auftraggeber auch eine **Schadensminderungspflicht**.[492] Diese kann sogar dazu führen, dass dem Architekten Gelegenheit zur Beseitigung von Bauwerksmängeln gegeben wird, widrigenfalls ein Mitverschulden eingewandt werden kann.[493] Der konkret geltend gemachte Schaden muss in einem **Ursachenzusammenhang** zum behaupteten Fehler stehen. Aus diesem Grund können Schadensersatzansprüche im Bereich der Objektüberwachung oftmals daran scheitern, dass der Fehler frühestens nach Ausführung der Arbeiten festgestellt werden konnte. Entsprechendes gilt auch im Hinblick auf Schadensersatzansprüche, die auf Zahlung der gesamten Baukosten Zug um Zug gegen Übertragung des Grundstücks mit Bauwerk gerichtet sind. Zu berücksichtigen ist auch die Vorteilsausgleichung. Als Spezialfall sind die sog. **Sowieso-Kosten** im Normalfall abzuziehen. Ausnahmsweise kommen diese nicht in Abzug, wenn der Auftraggeber bei von Beginn an ordnungsgemäßer Herstellung des Werks nicht mit diesen Mehrkosten belastet geblieben wäre, weil er sie bei Veräußerung (des Grundstücks) an den Erwerber hätte weitergeben können.[494] Die **Veräußerung** des Objekts führt nicht automatisch zum Verlust von Schadensersatzansprüchen.[495]

174 Neben vertraglichen Ansprüchen können dem Auftraggeber auch solche aus **unerlaubter Handlung** zustehen (§§ 823 ff. BGB). Voraussetzung dafür ist entweder die Verletzung eines Schutzgesetzes oder eines nach § 823 Abs. 1 BGB geschützten Rechtsgutes. Ansprüche aus unerlaubter Handlung bestehen aber in der Regel neben vertraglichen Ansprüchen nicht, weil die mangelhafte Errichtung eines Bauwerks nach der Rechtsprechung des BGH noch keine Eigentumsverletzung darstellt. Anderes gilt für sonstiges Eigentum des Auftraggebers oder die Verletzung von Personen. Wegen solcher Sachverhalte können auch Dritte Ansprüche geltend machen, wie z. B. Mieter, deren Besitz oder Eigentum beschädigt wird.[496] Entsprechendes gilt auch für den Bauunterneh-

---

491 Im Hinblick auf die Verjährung könnten sich aber Unterschiede ergeben (vgl. dazu Rdn. 228 ff.); zur Schadensschätzung nach § 287 ZPO vgl. BGH BauR 2012, 829 = NJW 2012, 1792 m. Anm. *Preussner* = NZBau 2012, 298.
492 Vgl. OLG Celle BauR 2001, 1468 hinsichtlich der Kosten eines für die Mangelbeseitigung beauftragten anderen Architekten.
493 *Achilles/Baumgärtel* BauR 2003, 1125 [1126] m. w. Nachw. und oben Rdn. 163 ff.
494 OLG Hamm BauR 2011, 269 = NJW-RR 2011, 237, OLG Dresden Urt. v. 27.11.2011 – 10 U 469/11, wonach beim Global-Pauschalvertrag keine Sowieso-Kosten zu berücksichtigen sind.
495 OLG Schleswig BauR 2015, 2028.
496 BGH BauR 1987, 116 = NJW 1987, 1013 = ZfBR 1987, 84; BGH BauR 1991, 111 = BB 1990, 2437 = ZfBR 1991, 17; OLG Köln NJW-RR 1994, 89 = ZfBR 1994, 22; *Kniffka* ZfBR 1991, 2; *Werner* in *Werner/Pastor*, Rn. 2368 ff.

mer.⁴⁹⁷ Für Fehler im Zusammenhang mit Sanierungsarbeiten können Bauunternehmer oder Architekten aus unerlaubter Handlung haften. Das gilt aber dann nicht, wenn der geltend gemachte Schaden lediglich den auf der Mangelhaftigkeit beruhenden Unwert der Sache für das Nutzungs- und Äquivalenz-Interesse des Erwerbers ausdrückt. Dagegen kommt ein Anspruch aus § 823 Abs. 1 BGB in Betracht, wenn das nicht der Fall ist, der geltend gemachte Schaden also nicht stoffgleich mit dem der Sache von Anfang an anhaftenden Mangelunwert ist.⁴⁹⁸ Hinsichtlich der Kosten für die Beseitigung des Mangels der in Auftrag gegebenen Bauleistung selbst besteht kein deliktischer Anspruch. Das gilt auch dann, wenn durch die mangelhafte Leistung ein Schaden an Bauteilen entsteht, die zwar nicht erneuert werden, jedoch derart in die Sanierungsaufgabe integriert sind, dass ohne diese Einbeziehung der vertraglich geschuldete Erfolg nicht erzielt werden kann.⁴⁹⁹ Auch einem Nachbarn haftet der Architekt wegen Eigentumsverletzung, wenn er Sicherungsmaßnahmen, die ein Bodengutachter vorgeschlagen hat, nicht umsetzt und dadurch das Nachbargrundstück beeinträchtigt wird.⁵⁰⁰

h) Garantie

In selteneren Fällen kann auch eine Haftung aus **Garantie** in Frage kommen.⁵⁰¹ Dies hat das OLG Stuttgart⁵⁰² für einen Fachingenieur bejaht, der die ordnungsgemäße Durchführung einer Dachsanierung durch ein ihm bekanntes Unternehmen zugesichert hatte. Auf ein eigenes Verschulden des Auftragnehmers kommt es dann nicht an. 175

13. Geltendmachung von Mängelansprüchen

a) Symptomrechtsprechung des BGH

Für den Bauvertrag hat der BGH im Einzelnen geklärt, welche **Anforderungen an die Substanziierung von Mängeln** für den Auftraggeber (Bauherrn) bestehen (vgl. auch Rdn. 165 ff.). Er hat dazu erklärt, dass es erforderlich ist, aber auch genügt, wenn der »**Mangel in seinem äußeren Erscheinungsbild**« beschrieben wird.⁵⁰³ So hat der BGH⁵⁰⁴ eine Mängelrüge, wonach ein Dach an zwei Stellen undicht sei, für das gesamte Dach ausreichen lassen. Entsprechend entschied er in einem ähnlich gelagerten Fall eines über mehrere selbstständige Gebäude gehenden Daches.⁵⁰⁵ Die Beschreibung 176

---

497 BGH BauR 1990, 501.
498 BGH BauR 2005, 705 = NJW 2005, 1423.
499 BGH BauR 2005, 705 für die Beschädigung wiederverwendeter tragender Bauteile.
500 BGH BauR 2005, 577 für Fehler bei der Gründungsplanung, ohne dass es darauf ankommt, ob der Architekt eine Vertragspflicht gegenüber seinem Auftraggeber verletzt hat; OLG Rostock BauR 2004, 1026.
501 Zur Bausummengarantie vgl. unten Rdn. 186 ff.
502 NJW-RR 1989, 210.
503 Zur Symptomrechtsprechung grundlegend vgl. *Kniffka/Koeble*, Kompendium, 6. Teil, Rn. 75; *Kniffka/Koeble*, Kompendium, 12. Teil, Rn. 385 sowie zum Ganzen eingehend *Putzier* BauR 2004, 1060.
504 NJW 1987, 381.
505 BGH BauR 1987, 443.

Einleitung

von Symptomen genügt auch, wenn der Mangel sinnlich wahrgenommen wird.[506] Eine Rüge von Rissen im Außenputz erstreckt sich auch auf später auftretende Risse, wenn die gleiche Mangelursache zugrunde liegt.[507] Sogar dann, wenn Mängel für bestimmte Balkone gerügt werden, sind damit auch Mängel an anderen Balkonen erfasst, die die gleiche Mangelursache haben.[508] Entsprechendes gilt für die Rüge, einzelne Firstpfetten seien fehlerhaft verankert.[509] Mit der Rüge, der »unzureichenden Beheizbarkeit der Wohnungen« sind sämtliche dafür in Frage kommenden Mangelursachen (Wärmedämmung oder unzureichende Heizung oder anderes) erfasst.[510] Sogar die Angabe falscher Mangelursachen ist unerheblich, weil Mangelursachen überhaupt nicht angegeben werden müssen.[511]

177 Die Symptomrechtsprechung ist anwendbar für die schriftliche Mängelanzeige nach § 13 Abs. 4 VOB (B), für das Nacherfüllungsverlangen nach BGB, für den Klagantrag auf Erfüllung und Nacherfüllung, für die Klage auf Vorschuss,[512] für die Hemmung der Verjährung bei Prüfung eines Mangels durch den Auftragnehmer nach § 639 Abs. 2 BGB a. F., für den Nachbesserungsversuch,[513] für das Anerkenntnis des Auftragnehmers bzw. die Hemmung der Verjährung nach § 639 Abs. 2 BGB a. F. durch Nachbesserungsversuch,[514] für die Verjährungsunterbrechung durch selbstständiges Beweisverfahren[515] und für den Beginn der neuen Gewährleistungsfrist nach Abnahme der Mangelbeseitigungsleistung gem. § 13 Nr. 5 Abs. 1 S. 3 VOB (B).[516] Sie gilt auch im Hinblick auf die Fristsetzung mit Ablehnungsandrohung und im Hinblick auf die Aufrechnung mit Gegenansprüchen.[517] Entsprechendes gilt für die Mängelrechte nach neuem Recht.

178 Der BGH[518] hat diese Rechtsprechung auch auf den **Architektenvertrag** übertragen. Das bedeutet, dass der Auftraggeber weder in außergerichtlichen Schreiben noch in Schriftsätzen, mit denen er seine Ansprüche geltend macht, eine Mangelursache angeben muss. Es genügt vielmehr, wenn auch Gegenansprüche gegen den Architekten alleine mit dem »äußeren Erscheinungsbild« eines Mangels substanziiert werden. Auch die allgemeine Angabe, welchem Bereich der Mangel zuzuordnen ist (Planungs-, Ver-

---

506 Z. B. »die Heizleistung der aufgestellten Heizkessel ist nicht ausreichend«; BGH BauR 1988, 474 = NJW-RR 1988, 1047.
507 BGH NJW 1987, 376; BGH BauR 1989, 603 = NJW-RR 1989, 79.
508 BGH BauR 1989, 79 = NJW-RR 1989, 148.
509 BGH BauR 1989, 606.
510 BGH BauR 1997, 1029 = NJW-RR 1997, 1376.
511 BGH BauR 1999, 391 = ZfBR 1999, 135.
512 BGH BauR 1989, 81 usw.
513 BGH BauR 1989, 606 usw.; BGH BauR 1990, 356 = NJW 1990, 1472.
514 BGH BauR 1990, 356 = NJW 1990, 1472.
515 BGH BauR 1989, 79 = NJW-RR 1989, 148.
516 BGH BauR 1989, 606 usw.
517 BGH BauR 2000, 261 = NZBau 2000, 73 = ZfBR 2000, 116.
518 BauR 1997, 1065 = NJW 1998, 135 = ZfBR 1998, 25.

Einleitung

gabe- oder Überwachungsfehler) ist nach Auffassung des BGH nicht erforderlich.[519] Erforderlich ist allerdings als Minimum eine genaue Beschreibung des Mangels, damit Zweifel ausgeschlossen sind.[520] Nachdem die Symptomrechtsprechung auch auf Überwachungsfehler erstreckt wurde, gilt dies auch für Fehler der Rechnungsprüfung, weshalb bei Freigabe zu hoher Abschlagszahlungen gegenüber einer Schlussrechnung die Einzeldarlegung durch den Bauherrn nicht erforderlich ist. Eine Mangelursache in technischer Hinsicht muss ebenfalls nicht angegeben werden. Eine falsche Angabe würde aber auch nicht schaden (vgl. oben 1. Absatz Rdn. 176). Eine Hemmung der Verjährung tritt deshalb schon bei einem bloßen Hinweis auf eine Mangelerscheinung ein, und zwar auch ohne dass der Auftraggeber diese einem Fehler zuordnet.[521]

b) Anscheinsbeweis

Die Frage der Substanziierung ist jedoch zu unterscheiden von der Frage der Beweislast. Über die Beweislast für das Vorliegen eines Fehlers – vor allem nach der Abnahme – ist mit der Symptomrechtsprechung nichts gesagt und auch gegenüber der gesetzlichen und rechtlichen Regelung nichts verändert worden. Entsprechendes gilt für die rechtlichen Voraussetzungen wegen Planungs- oder Überwachungsfehlern.[522] Für den Ausnahmefall hat der BGH jedoch auch im Rahmen der Haftung wegen Überwachungspflichtverletzung den **Anscheinsbeweis** zugunsten des Auftraggebers zugelassen.[523] Als Anknüpfungspunkt wurden **schwerwiegende Baumängel** angesehen. Im Rahmen der **Haftung mehrerer Beteiligter** wurde der Anscheinsbeweis ebenfalls zugelassen. Beides ist problematisch, weil das äußere Erscheinungsbild von Mängeln nicht zwingend auf die Verantwortlichkeit einzelner von mehreren Baubeteiligten Rückschlüsse zulässt. Das hat die Rechtsprechung auch bereits bei der Einschränkung der Haftung wegen Organisationsverschuldens bestätigt. Der Anwendungsbereich der Rechtsprechung zum Anscheinsbeweis sollte auf den entschiedenen Ausnahmefall beschränkt bleiben. 179

c) Klageform, Aufrechnung, Verrechnung, Vorbehaltsurteil

Die **aktive Geltendmachung** von Mängelansprüchen erfolgt im Regelfall durch Schadensersatzklage. Im Baurecht ist jedoch auch die **Feststellungsklage** verbreitet. Sie wird von der Rechtsprechung dann und insoweit zugelassen, als Mängel noch später zu Schäden führen können.[524] Sie wird auch dann zuzulassen sein, wenn neben einem bezifferten Schadensersatzantrag ein Feststellungsantrag wegen weiterer, ggf. noch ent- 180

---

519 BGH BauR 1997, 1065; BGH BauR 2003, 1247 = NZBau 2003, 501 = ZfBR 2003, 559 auch dazu, dass eine Schadensschätzung kombiniert mit Beweisantritt durch Sachverständigengutachten ausreicht.
520 So für die Feststellungsklage BGH BauR 2002, 613 = NJW-RR 2002, 661.
521 BGH BauR 2008, 514 für die falsche Zuordnung zu einem Bedienungsfehler.
522 Vgl. i. E. die Kommentierung zu § 15.
523 Kniffka, IBR-Online-Kommentar, § 636 Rn. 29.
524 BGH BauR 2010, 812 = NJW-RR 2010, 750.

Einleitung

stehender Schäden zulässig wäre.[525] Allerdings muss im Feststellungsantrag ein konkreter Vorwurf bzw. eine Pflichtverletzung eindeutig bezeichnet sein, weil er sonst unbestimmt und damit unzulässig wäre.[526]

181 Von erheblicher Bedeutung kann es im Einzelfall sein, ob der Auftraggeber seine Gegenrechte im Wege der **Aufrechnung** geltend machen muss oder ob er auf die **Verrechnung** zurückgreifen kann. Sowohl bei vertraglichen Aufrechnungsklauseln als auch im Falle der Insolvenz kann dies entscheidend sein. Darüber hinaus gibt es Unterschiede im Hinblick auf den Streitwert, die Rechtskraft und den Erlass eines Vorbehaltsurteils.[527] Während einige Oberlandesgerichte die Verrechnung nicht nur bei der ursprünglich zugestandenen Form des großen Schadensersatzes bejaht hatten, entschied dann der BGH, dass die Verrechnung im Regelfall auf den großen Schadensersatz beschränkt bleibt.[528] Nur in diesen Fällen stellt die Vergütung im Rahmen des Schadensersatzes einen reinen Verrechnungsposten dar. Ein Verrechnungsverhältnis dürfte auch bei gekündigtem Architektenvertrag bestehen, wenn wegen Mangelhaftigkeit der Architektenleistung Schadensersatzansprüche geltend gemacht werden, das Werk aber im Übrigen behalten wird.[529] In allen anderen Fällen ist es richtig, nur die Aufrechnung – unter deren Voraussetzungen und wenn sie zulässig ist – als Gegenrecht zuzulassen.[530] Die Geltendmachung eines Verzugsschadensersatzanspruchs gegen den Vergütungsanspruch – auch hilfsweise – ist nicht als Verrechnung anzusehen, vielmehr handelt es sich insoweit um Aufrechnung.[531] Zu prüfen ist im Einzelfall, ob der Vertrag ein wirksames **Aufrechnungsverbot** enthält. Solche Aufrechnungsverbote sind allerdings nicht schon dann wirksam, wenn sie Ausnahmen für rechtskräftig festgestellte bzw. unbestrittene Gegenforderungen enthalten, sie benachteiligen den Vertragspartner auch dann im Regelfall.[532]

182 Im Honorarprozess kann das Gericht ein **Vorbehaltsurteil** erlassen, wenn der Rechtsstreit über die Honorarforderung entscheidungsreif ist und die vom beklagten Bauherrn geltend gemachten Gegenansprüche noch der Klärung bedürfen.[533] Das gilt

---

525 OLG Celle Urt. v. 28.03.2007 – 7 U 188/06 = Analyse *Koeble* auf www.jurion.de/Modul Werner Baurecht.
526 OLG München Beschl. v. 15.10.2014 – 9 U 1644/14.
527 Vgl. zum Ganzen *Koeble*, FS v. Craushaar, S. 259 ff.; *Werner* in *Werner/Pastor*, Rn. 3048; *Putzier* BauR 2002, 1632.
528 BGH BauR 2005, 1477 = NJW 2005, 2771.
529 OLG Köln Urt. v. 06.09.2000 – 11 U 261/99, IBR 2001, 673 *Quack*.
530 BGH BauR 2005, 1477 = NJW 2005, 2771.
531 OLG Hamm BauR 2005, 1803.
532 BGH BauR 2011, 1185 = NZBau 2011, 428 = Analyse *Koeble* auf www.jurion.de/Modul Werner Baurecht; vgl. dazu auch *Preussner* NZBau 2011, 599, wonach sogar im Individualvertrag wegen des Synallagmas ein Aufrechnungsverbot unwirksam sein soll; BGH Urt. v. 09.12.2011 – VII ZR 33/11.
533 OLG Düsseldorf BauR 2001, 290 für eine Entscheidung in zweiter Instanz, wonach dies trotz der vorläufigen Vollstreckbarkeit ohne Sicherheit keinen Nachteil für den Auftraggeber darstellt, weil er auch bei später auftretenden Mängeln ebenso gestellt sei und eine Haftpflichtversicherung für die Gegenansprüche bestehe; ebenso OLG Düsseldorf BauR

seit der Änderung des § 302 ZPO auch für Gegenansprüche aus »demselben Rechtsverhältnis«, nicht aber bei Geltendmachung eines Zurückbehaltungsrechts.[534] Der Erlass eines Vorbehaltsurteils kann nicht mehr mit der Begründung abgelehnt werden, die Gegenansprüche seien nicht im Wege der Aufrechnung, sondern durch Verrechnung geltend gemacht worden.[535] Allerdings bleibt das Vorbehaltsurteil eher die Ausnahme, weil sein Erlass dann ausgeschlossen ist, wenn der Besteller gegenüber einer Werklohnforderung mit einem Anspruch auf Ersatz der **Kosten der Mangelbeseitigung** oder der Fertigstellung aufrechnet.[536] Entsprechendes gilt auch für den Fall, dass der Unternehmer gegenüber dem Anspruch des Bestellers wegen Mängelbeseitigungskosten oder Fertigstellungsmehrkosten mit einem Werklohnanspruch aus demselben Vertragsverhältnis aufrechnet.[537] Zur Begründung wurde zutreffend darauf abgestellt, dass andernfalls der aufrechnende Besteller gegenüber demjenigen, der ein Zurückbehaltungsrecht geltend macht, benachteiligt wäre. Umgekehrt würde man denjenigen Auftragnehmer bevorteilen, der sogar auf eine Fristsetzung zur Mangelbeseitigung nicht reagiert hat. Es wäre nicht angemessen, ihm, der eine Frist zur Nacherfüllung versäumt hat, eine Chance auf ein Vorbehaltsurteil einzuräumen. Diese Begründung ist im Hinblick auf den Bauvertrag tragfähig. Sie betrifft jedoch nicht den Normalfall in Architekten- und Ingenieursachen. Hier ist der Schadensersatzanspruch derjenige, welcher im Regelfall geltend gemacht wird. Auf eine Fristsetzung zur Nacherfüllung kommt es im Normalfall nicht an. Für Architekten- und Ingenieurverträge erscheint es deshalb grundsätzlich richtig, die Möglichkeit des Vorbehaltsurteils auch dann zuzulassen, wenn gegenüber dem Vergütungsanspruch Mängelansprüche geltend gemacht werden, zumal insoweit Deckung durch eine Haftpflicht bestehen kann.[538]

14. Haftung des Architekten wegen Verzugs

Der Architekt haftet nicht schon deshalb, weil die Ausführung des Bauwerks verzögert wird oder die Fertigstellung verspätet erfolgt. Eine Haftung wegen Verzugs greift vielmehr nur ein, wenn für seine, von ihm zu erbringenden Leistungen Fristen oder Termine vereinbart wurden und diese nicht eingehalten werden (§ 286 Abs. 2 Nr. 1 BGB). Entsprechendes gilt auch dann, wenn der Architekt Planungs- oder Überwachungsleistungen erbringen müsste und auch auf Mahnung hin nicht erbringt. Das sind

---

2002, 510; OLG Hamburg BauR 2002, 514; LG Düsseldorf BauR 2003, 414; *Büscher* BauR 2002, 870; a. A. OLG Koblenz BauR 2002, 1124, welches § 302 ZPO wegen Annahme eines Verrechnungsverhältnisses ausschließt; so auch OLG München BauR 2003, 421 für Minderung und Schadensersatz; OLG Oldenburg BauR 2003, 1079 = NJW-RR 2003, 829 = NZBau 2003, 439 für die Geltendmachung einzelner Schadensersatzansprüche und KG NJW-RR 2000, 757 = NZBau 2000, 294 für Gegenansprüche aus Überzahlung; OLG Düsseldorf NJW-RR 2015, 400.
534 KG BauR 2002, 1127.
535 BGH BauR 2005, 1477 = NJW 2005, 2771; vgl. oben vorheriger Absatz.
536 BGH BauR 2006, 411 = NZBau 2006, 169.
537 BGH BauR 2007, 2052; OLG Schleswig BauR 2007, 1925 m. Anm. *Gross..*
538 So mit Recht OLG Düsseldorf NZBau 2015, 373 = NJW-RR 2015, 400 vor allem für den Fall, dass die Beendigung der Leistung viele Jahre zurückliegt.

Einleitung

sehr seltene Sachverhalte und es ist kaum möglich, die verzögerliche Erbringung von Architektenleistungen nachzuweisen.[539] Soweit in Architekten- und Ingenieurverträgen Termine oder Fristen genannt sind, muss zunächst geprüft werden, ob diese auch für die Leistungserbringung des Architekten verbindlich sein sollen und vom Architekten eingehalten werden können. Im Hinblick auf Regelungen in einem Bauzeitenplan, der nicht Gegenstand des Architektenvertrages geworden ist, sowie für die Einhaltung der Fristen für die notwendigen Bauleistungen, dürfte dies zu verneinen sein. Zu prüfen sind jedoch alle Umstände des Einzelfalls und es gibt sicherlich auch Fälle, in denen der Architekt für die Fertigstellung des Objekts oder für die Erbringung bestimmter Bauleistungen von am Bau Beteiligten einstehen will. Für eine solche Garantie müssen jedoch eindeutige Umstände gegeben sein, zumal es untypisch ist, für die von anderen Personen zu erbringenden Leistungen und deren Rechtzeitigkeit verbindliche Erklärungen abzugeben. Soweit es sich um Planungstermine handelt, die aus einem Bauzeitenplan hervorgehen, sind diese ebenfalls nicht per se verbindliche Vertragsfristen für den Architekten.[540] Zwar muss er auf diese Fristen seine eigenen Leistungen einstellen, jedoch haftet er nicht ohne zusätzliche, klare und ausdrückliche Vereinbarung für die Rechtzeitigkeit der Bauleistungen der am Bau Beteiligten.

15. Überblick über die Ansätze für die Haftung des Architekten im Kostenbereich

184 Zu dem komplizierten Themenkreis der Haftung im Kostenbereich gibt es Spezialliteratur. Daraus sollen die wichtigsten Stellungnahmen (alphabetisch) hervorgehoben werden.[541]

---

539 Zu einem solchen Fall vgl. OLG Celle BauR 2011, 881 = NZBau 2011, 238.
540 So mit Recht OLG Düsseldorf Urt. v. 04.02.2011 – 22 U 123/10 unter entsprechender Anwendung des § 5 Abs. 1 S. 2 VOB/B.
541 *Anker/Adler*, Die echte Bausummenüberschreitung als ein Problem des Schadensrechts, BauR 1998, 465; *Böhme*, Einige Überlegungen zum vereinbarten Kostenlimit, BauR 2004, 397; *Hartmann*, Die Legende vom Toleranzrahmen, BauR 1995, 151; *Jochem*, Die Kostenplanung im Leistungsbild des Architekten und Ingenieurs, FS v. Craushaar, 1997, S. 1; *Kniffka*, Bauvertragsrecht, § 633 Rn. 99 ff.; *Koeble* in: Kniffka/Koeble, Kompendium, 12. Teil, Rn. 772 ff.; *Krause-Allenstein*, Die Haftung des Architekten für Bausummenüberschreitung und sein Versicherungsschutz, Baurechtliche Schriften Heft 55, 2001; *Kuhn* in TWK § Rn. 1 ff.; *Lauer*, Die Haftung des Architekten bei Bausummenüberschreitung, Baurechtliche Schriften, Bd. 28, 1993; *Lauer* BauR 1991, 401; *Locher*, Das private Baurecht, 8. Aufl., 2012, Rn. 424 ff.; *Miegel*, Die Haftung des Architekten für höhere Baukosten u. a., Baurechtliche Schriften Bd. 29, 1995; *Miegel* BauR 1997, 923; *Preussner* in FBS, B Rn. 198 ff.; *Quack*, Baukosten als Beschaffenheitsvereinbarung und die Mindestsatzgarantie der HOAI, ZfBR 2004, 315; *Retzlaff*, Schadensersatzansprüche bei Bausummenüberschreitung, BauR 2015, 1725; *Schotten*, Zur Einstandspflicht des Architekten für die Gesamtbaukosten bei vereinbarter Kostenobergrenze, FS Koeble, 2010, S. 499; *Werner*, Die Haftung der Architekten und Ingenieure wegen Baukostenüberschreitung, Schriftenreihe der Deutschen Gesellschaft für Baurecht e. V., Bd. 20, S. 36 ff.; *Werner* in *Werner/Pastor*, Der Bauprozess, Rn. 2284 ff.; *Stefan*, Schadensersatz wegen fehlerhafter Baukostenermittlung und Verlust öffentlicher Förderung, BauR 1997, 62.

Einleitung

Für die Haftung des Architekten im Kostenbereich gibt es verschiedene Grundlagen: 185
– Schadensersatzansprüche können sich daraus ergeben, dass die Pflicht zur **Klärung des finanziellen oder wirtschaftlichen Rahmens** des Bauherrn nicht erfüllt wurde (dazu § 34 Rdn. 28, 47). In solchen Fällen müssen die gesamten Anspruchsvoraussetzungen vorliegen, nämlich die Pflichtverletzung muss ursächlich für einen Schaden sein[542] und der Fehler muss schuldhaft verursacht worden sein.[543]
– Eine Haftung kommt auch dann in Frage, wenn der Architekt eine **unwirtschaftliche, kostentreibende Planung** vorlegt (dazu § 34 Rdn. 25, 28, 47 und 82). Auch diesbezüglich muss neben dem Fehler Ursächlichkeit für einen konkreten Schaden gegeben sein[544] und der Verstoß muss schuldhaft geschehen sein.[545]
– Die für den Architekten einschneidendsten Haftungsfolgen ergeben sich, wenn er eine **Bausummengarantie** nicht eingehalten hat (dazu unten Rdn. 186).
– Viel häufiger sind **Fehler im Zusammenhang mit der Kostenermittlung**, wobei das Weglassen von Kostenermittlungen, falsche Kostenermittlungen, Fehler bei der Kostenfortschreibung und/oder Kostenkontrolle zu nennen sind (dazu unten Rdn. 187 ff.).
– Schadensersatzansprüche können auch bestehen, wenn der Architekt zwar keine Garantie für die Kosten abgegeben hat, jedoch zwischen ihm und dem Bauherrn als **Beschaffenheitsvereinbarung** ein **Kostenlimit** oder ein Kostenrahmen oder eine Kostenobergrenze vereinbart wurde. In diese Fallgruppe ordnet der BGH auch die Nichteinhaltung **einseitiger Kostenvorstellungen** des Bauherrn ein (dazu unten Rdn. 202 ff.).
– Ansprüche kommen auch dann in Frage, wenn der Architekt in die **öffentlich-rechtliche Förderung** eines Projektes eingeschaltet war und dabei Fehler unterlaufen sind (dazu unten Rdn. 209).
– Schließlich gibt es Fälle, in denen ein **unverbindlicher Kostenvoranschlag** gemacht wurde und dieser nicht eingehalten wird (dazu unten Rdn. 210).

16. Bausummengarantie

Im Wege der Auslegung ist als Erstes zu klären, ob überhaupt eine Garantie im konkreten Fall abgegeben wurde. Die bloße Verwendung des Begriffs »Garantie« ist dafür nicht ausreichend. Vielmehr sind alle Umstände des Einzelfalles zu berücksichtigen. 186

---

542 Vgl. dazu unten Rdn. 193 ff., 198; BGH BauR 2013, 982 = Analyse *Koeble* auf www.jurion.de/Modul Werner Baurecht; OLG München BauR 2015, 1703; OLG Celle BauR 2015, 2021; OLG Hamm BauR 2012, 1981.
543 BGH Urt. v. 21.03.2013 – VII ZR 230/11 = BauR 2013, 1143 = NZBau 2013, 386 m. Anm. *Jochem* NZBau 2013, 352 = Analyse *Koeble* auf www.jurion.de/Modul Werner Baurecht; vgl. dazu unten Rdn. 199 zur Kündigung und sonstigen Sanktionen vgl. unten Rdn. 200 und zur Verjährung Rdn. 201.
544 Vgl. dazu OLG Brandenburg NJW 2015, 1611 m. Anm. *Motzke* NJW 2015, 1565 und unten Rdn. 193 ff., 198 sowie § 34 Rdn. 26, 29, 48 und 93.
545 Vgl. dazu unten Rdn. 205; zur Kündigung und sonstigen Sanktionen vgl. Rdn. 206 und zur Verjährung Rdn. 201.

Einleitung

Das gilt auch für die Frage, was von einer eventuell gegebenen Garantie umfasst sein soll (Leistungsumfang gemäß damaligem Planungsstand oder notwendige Zusatzarbeiten). Für die Annahme einer echten Garantie müsste erkennbar sein, dass der Architekt sich persönlich verpflichten wollte, sämtliche, den angegebenen Betrag der Baukosten übersteigenden Mehrkosten ohne Verschulden selbst zu übernehmen.[546] Voraussetzung dürfte sein, dass sich der genaue Umfang des für die angeblich garantierte Bausumme zu erbringenden Leistungsumfangs festmachen lässt und eine konkrete Planung vorliegt. Eine Baukostengarantie dürfte an rechtlicher Wirksamkeit verlieren, wenn die ursprüngliche Planung mit Wissen und Wollen des Bauherrn grundlegend geändert wird.[547]

17. Fehler im Zusammenhang mit Kostenermittlungen (»Bausummenüberschreitung«)

187 Unter dem Stichwort »Bausummenüberschreitung« werden in Literatur und Rechtsprechung zahlreiche einzelne Sachverhalte behandelt, wobei diese Fallgruppe von den anderen unterschieden werden muss, welche ebenfalls zu einer Haftung im wirtschaftlichen Bereich führen können (dazu oben Rdn. 185). Diese Fallgruppe ist auch zu unterscheiden von Ansprüchen wegen Überschreitung eines Kostenlimits, eines Kostenrahmens oder einer Kostenobergrenze, welche von Rechtsprechung und Literatur unter dem Stichwort Nichteinhaltung einer Beschaffenheitsvereinbarung betreffend die Kosten behandelt wird (dazu unten Rdn. 202 ff.) Im Rahmen der Bausummen- oder Baukostenüberschreitung werden in der Literatur unterschiedliche Fehlerquellen zusammengefasst (vgl. unten Rdn. 188). Ein Schadensersatzanspruch wegen Fehlern im Zusammenhang mit den Baukosten kann unter folgenden Voraussetzungen geltend gemacht werden:
– Zunächst ist zu prüfen, ob ein **Fehler** des Architekten vorliegt (dazu Rdn. 188 ff.).
– Darüber hinaus muss geprüft werden, ob dem Architekten wegen seiner Kostenangaben ein **Toleranzrahmen** zur Verfügung steht (dazu Rdn. 191 f.).
– Der Bauherr muss darüber hinaus seinen **Schaden** darlegen und beweisen (dazu Rdn. 193 ff.).
– Der behauptete Fehler muss **ursächlich** für den konkreten Schaden sein (dazu Rdn. 198).
– Schließlich muss ein **Verschulden** des Architekten vorliegen bzw. dieser muss sich für seinen Fehler ggf. entlasten (dazu Rdn. 199).
– Vom Grundsatz her steht dem Auftragnehmer auch bei Fehlern im wirtschaftlichen Bereich ein **Nacherfüllungsrecht** zur Verfügung. Voraussetzung für die Geltendma-

---

546 BGH BauR 2013, 485 = NJW 2013, 930 m. Anm. *Scholtissek*, S. 908 = Analyse *Koeble* auf www.jurion.de/Modul Werner Baurecht; OLG Celle BauR 1998, 1030; OLG Düsseldorf BauR 1993, 356; OLG Düsseldorf NJW-RR 1995, 1361; OLG Düsseldorf BauR 2003, 1604; OLG Düsseldorf BauR 2013, 632; OLG Stuttgart BauR 2010, 1260 = Analyse *Koeble* auf www.jurion.de/Modul Werner Baurecht; LG Dresden BauR 2003, 925.
547 Vgl. OLG Düsseldorf NJW-RR 1995, 1361 für erhebliche Grundrissänderungen und Änderungen der Raumaufteilung.

chung von Schadensersatzansprüchen ist, dass der Auftragnehmer dieses Recht verloren hat (dazu Rdn. 200).
– Darüber hinaus kommt als Sanktion neben dem Schadensersatz auch die **Kündigung** aus wichtigem Grund in Frage (dazu Rdn. 200).
– Zu prüfen ist schließlich noch die Frage, in welcher Frist die Ansprüche **verjähren** (dazu Rdn. 201).

a) Fehler

Als Ansatz für die Haftung gibt es im Kostenbereich mehrere Fehlerquellen. Dazu gehört zunächst die falsche Kostenermittlung, wobei wiederum falsche Mengen- oder Kostenansätze, vergessene Kostengruppen oder nicht berücksichtigte Bauleistungen die Ursache sein können. Dafür kann es wiederum mehrere Ursachen geben, nämlich unzureichende Baugrunduntersuchungen oder eine zu aufwendige Planung.[548] Ein weiterer Ansatz für die Haftung sind vergessene Kostenermittlungen. Unterlässt der Architekt die Kostenschätzung oder Kostenberechnung oder den Kostenanschlag bzw. die Vorlage eines verpreisten Leistungsverzeichnisses, dann kann dies ursächlich für einen konkreten Schaden sein.[549] Auch die gegenüber den Leistungsphasen des § 15 HOAI verspätete Vorlage von Kostenermittlungen genügt als Ansatz für eine Haftung.[550] Auch die Kostenfortschreibung[551] und die Kostenkontrolle[552] können Grundlage für die Haftung sein (vgl. zu diesen Pflichten § 34 Rdn. 5 und passim). Auch eine vorvertragliche Kostenschätzung[553] und eine Grobkostenschätzung in einem frühen Stadium[554] können bei Fehlern Schadensersatzansprüche auslösen. Verstößt der Architekt gegen die Verpflichtung, den wirtschaftlichen Rahmen des Bauherrn abzustecken, dann kann auch dies Ansatz für eine Haftung sein (dazu oben Rdn. 185). Genau so kommt eine Haftung in Frage, wenn die Planung unwirtschaftlich ist (dazu oben Rdn. 185). 188

Problematisch ist, was der Bauherr **hinsichtlich des Fehlers vortragen** muss. Lehnt man sich an die Symptomrechtsprechung des BGH zu technischen Mängeln an, dann müsste der reine Vortrag, dass die Kosten gegenüber der Kostenermittlung höher waren, genügen.[555] Das sieht die Rechtsprechung in diesem Bereich jedoch zu Recht nicht so. Allerdings dürfen die Anforderungen an den Vortrag des Bauherrn nicht überspannt 189

---

548 Vgl. zu einem falschen Mengenansatz OLG Köln NJW-RR 1994, 981; für das Weglassen ganzer Kostengruppen oder der Mehrwertsteuer oder für den Ansatz unrealistischer Kubikmeterpreise vgl. BGH BauR 1997, 335 = NJW-RR 1997, 402 = ZfBR 1997, 145.
549 OLG Stuttgart BauR 2000, 1893.
550 So mit Recht jetzt BGH BauR 2005, 400 = NZBau 2005, 158 = NJW-RR 2005, 318 = ZfBR 2005, 178 unter Abkehr von BGH BauR 1997, 1067 = NJW-RR 1997, 1376 = ZfBR 1998, 22.
551 Vgl. OLG Stuttgart BauR 1987, 462 = NJW-RR 1987, 913, dazu, dass diese Pflicht nicht überspannt werden darf.
552 Vgl. dazu *Kniffka* BauR 1996, 773.
553 Vgl. dazu LG Düsseldorf BauR 2003, 1604.
554 Dazu KG BauR 2002, 1425.
555 Vgl. zur Symptomrechtsprechung oben Rdn. 176 ff.

Einleitung

werden. Zwar trifft den Bauherrn die Darlegungs- und Beweislast für Fehler.[556] Es genügt jedoch, wenn er z. B. eine Kostenschätzung mit dem Argument angreift, die geschätzten Kosten seien zum damaligen Zeitpunkt unrealistisch niedrig gewesen.[557] Dafür genügt es, wenn der Bauherr die **realistischen Zahlen** nennt und durch Sachverständigengutachten unter Beweis stellt. Sicherlich erfüllt der Bauherr auch dadurch seine Darlegungslast, dass er eine Gegenüberstellung der Kostenermittlung einerseits und der tatsächlichen Baukosten andererseits (unter Abzug zusätzlicher, nicht vorhersehbarer Kosten) vorlegt.[558] Erforderlich ist eine derartige Aufstellung jedoch nicht.[559] In allen Fällen der Darlegung des Fehlers ist jedoch Vortrag zu dem nach der falschen Kostenermittlung geplanten Ausbau-Standard notwendig.[560] Soweit in einem Grundurteil die Haftung wegen Bausummenüberschreitung bejaht wurde, kann im anschließenden Betragsverfahren die Klage nicht einfach mit der Begründung abgewiesen werden, die Kostenschätzung sei nicht fehlerhaft.[561]

190 Vor allem dann, wenn **überhaupt keine Kostenermittlung** vorgelegt wurde, ergibt sich die Frage, an welchem Vergleichsmaßstab nun die tatsächlich entstandenen Kosten zu messen sind. Es wird hier zu ermitteln sein, ob an anderer Stelle Angaben gemacht wurden und dafür genügen auch die Angaben im Baugesuch, weil hier ausdrücklich (schon nach dem Formularblatt) Angaben zu den Kostengruppen 300 und 400 nach DIN 276 gemacht werden. Diese Zahlenangaben sind dann die Grundlage für die Überprüfung auf ihre Richtigkeit. Weil sie im zeitlichen Rahmen der Entwurfsplanung vorgelegt werden, muss sich der Architekt an den Maßstäben für die Kostenberechnung messen lassen.[562] Allerdings ist als Grundlage die mit dem Baugesuch eingereichte Entwurfsplanung zugrunde zu legen. Diese Auffassung hat der BGH im Ergebnis bestätigt.[563] Bei unterlassener oder wegen besonderer Umstände falscher Kostenermittlung trifft den Auftragnehmer eine gesteigerte Aufklärungspflicht darüber, dass diese Kostenermittlung für »die Investitionsentscheidung« nicht herangezogen werden darf. Das betrifft z. B. Angaben über Kosten in Baugesuchen, zu Finanzierungs- und Förderzwecken.

---

556 BGH BauR 1988, 734 = NJW-RR 1988, 1361.
557 So OLG Köln SFH Nr. 88 zu § 635 BGB a. F.; OLG Braunschweig BauR 2003, 1066 – NA-Beschluss BGH v. 19.12.2002 – VII ZR 101/03; OLG Düsseldorf BauR 2003, 1604; OLG Koblenz BauR 2008, 851 m. NZ-Beschluss des BGH v. 12.07.2007 – VII ZR 138/06; *Koeble* in *Kniffka/Koeble*, Kompendium, 12. Teil, Rn. 779.
558 Vgl. BGH BauR 1997, 494 = NJW-RR 1997, 850 = ZfBR 1997, 195 für einen Fall des vereinbarten Kostenrahmens.
559 A. A. OLG Stuttgart BauR 2000, 1893.
560 OLG Koblenz BauR 2008, 851 m. NZ-Beschluss des BGH v. 12.07.2008 – VII ZR 138/06.
561 BGH BauR 2011, 1690 = NZBau 2011, 564 = Analyse *Koeble* auf www.jurion.de/Modul Werner Baurecht.
562 A. A. OLG Stuttgart BauR 2000, 1893, das Kostenangaben im Baugesuch bei Fehlen sonstiger Kostenangaben nicht als Haftungsgrundlage ausreichen lässt.
563 BGH BauR 2005, 400 = NJW-RR 2005, 398 = NZBau 2005, 158 = ZfBR 2005, 178.

b) Toleranzrahmen

Im Normalfall steht dem Architekten für Fehler im Zusammenhang mit der Kostenermittlung ein Toleranzrahmen zur Verfügung, weil Kostenermittlungen schon per se keine genauen Zahlenangaben zum Gegenstand haben können. Allerdings hat der BGH entschieden, dass **bei groben Fehlern keine Toleranz** zur Verfügung stehe.[564] Diese Auffassung ist in dieser Allgemeinheit abzulehnen, weil es auf die Gesamtsicht ankommt und ein grober Fehler in einem kleinen Bereich sich nicht unbedingt im Gesamtzusammenhang als erheblich auswirken muss. So kann das Weglassen eines kleinen Gewerks (z. B. eines Balkonanstrichs) ein grober Fehler sein, jedoch fällt er im Gesamtzusammenhang nicht erheblich ins Gewicht. Für die Praxis ist jedoch von der Auffassung des BGH auszugehen.[565] Ob in solchen Fällen ein Schaden zu bejahen wäre, ist im Einzelfall zu prüfen (dazu unten Rdn. 193 ff.).

191

Der Toleranzrahmen kann **nicht generell** festgelegt werden.[566] Zunächst einmal ist zu differenzieren nach dem Genauigkeitsgrad der Kostenermittlung.[567] Bei der **Kostenschätzung** dürfte er im Bereich von 30–40 % liegen,[568] wobei der höhere Wert jedoch für besondere Problemfälle (komplizierte Umbausituationen) oder für eine vorgezogene Grobkostenschätzung[569] gilt. Für die **Kostenberechnung** dürfte der Rahmen im Allgemeinen bei 20–25 % und für den **Kostenanschlag** bei 10–15 % liegen.[570] Eine starre Festlegung ist jedoch gefährlich. Es kommt immer auf die Umstände des Einzelfalles an. Neben dem Verfeinerungsgrad der jeweiligen Kostenermittlung können sich für die Bemessung der Toleranz auch andere Gesichtspunkte als maßgebend erweisen. Solche Umstände können sich aus der allgemeinen wirtschaftlichen Lage des Auftraggebers, aus konkreten Bedingungen und Anforderungen des Objekts (z. B. Altbausanierung) oder aus Sachverhalten im Zusammenhang mit dem Grundstück bzw. den am Bau Beteiligten ergeben.[571]

192

---

[564] BGH BauR 1997, 335 = NJW-RR 1997, 402 = ZfBR 1997, 145 für die vergessene Mehrwertsteuer und für unrealistische Kubikmeterpreise; ähnlich *Kniffka*, Bauvertragsrecht, § 633 Rn. 104.
[565] H. M.; a. A. *Hartmann* BauR 1995, 151, der generell gegen die Berücksichtigung eines Toleranzrahmens argumentiert.
[566] Ebenso *Miegel*, S. 98 ff.; *Motzke/Wolff*, S. 22.
[567] Vgl. BGH BauR 1997, 494 = NJW-RR 1997, 850 = ZfBR 1997, 195.
[568] OLG Koblenz BauR 2008, 851 m. NZ-Beschluss des BGH v. 12.07.2007 – VII ZR 138/06.
[569] Vgl. dazu KG BauR 2002, 1425.
[570] Vgl. OLG Hamm BauR 1991, 246 für 14,86 % beim Kostenanschlag.
[571] So kann der Toleranzrahmen bei einem vom Bauherrn geplanten Renditeobjekt niedriger sei, vgl. OLG Köln Urt. v. 12.01.2007 – 17 U 128/06, Analyse *Koeble* auf www.jurion.de/Modul Werner Baurecht für eine Haftung bei Überschreitung um 34 %.

Einleitung

c) Schaden

193 Schadensersatzansprüche setzten auch im Kostenbereich voraus, dass der Auftragnehmer **Gelegenheit zur Nacherfüllung** hatte bzw. kein Interesse des Auftraggebers mehr an einer Nacherfüllung besteht bzw. diese ausgeschlossen ist.[572] Für die Schadensberechnung stehen dem Bauherrn mehrere Möglichkeiten zur Verfügung.[573] Auch die nachfolgenden Ansätze sind nicht abschließend.[574] Fest steht jedoch, dass sich der Bauherr für die Schadensdarlegung **nicht** auf die **Differenz zwischen der Kostenermittlung** und den tatsächlichen **Baukosten** stützen kann, weil dies nur im Rahmen des Tatbestandsmerkmals »Fehler« von Bedeutung ist.[575] Unsubstantiiert ist also die Behauptung des Bauherrn, es sei ihm aus der Differenz zwischen der Kostenermittlung und den tatsächlichen Kosten ein Schaden entstanden. Derartige Darlegungen sind nur dann substantiiert, wenn es sich um eine Bausummengarantie handelt, während in allen anderen Fällen – auch bei Baukostenlimit – der Schaden in der Differenz zwischen entstandenen Baukosten einerseits und dem Wert des Objekts für den Bauherrn zu ermitteln ist.[576] Bei Fehlern und Pflichtverletzungen ist der Schaden durch **Vergleich** der **Vermögenslage** mit und ohne den Fehler zu ermitteln, wobei selbstverständlich auch die Grundsätze der **Vorteilsausgleichung** zu berücksichtigen sind.[577] Dem scheint nun aber eine neuere Entscheidung des BGH zu widersprechen. Das Berufungsgericht hatte den Schaden in der Differenz zwischen der Kostenvereinbarung einerseits und den entstandenen Kosten andererseits gesehen.[578] Der BGH hat diese Ausgangsposition für die Schadensberechnungen gestützt und Folgendes erklärt: »Der Schaden kann zwar in den überschießenden Baukosten bestehen, der Bauherr erleidet jedoch

---

572 Zur Nacherfüllung allgemein vgl. oben Rdn. 165 f.; im Hinblick auf die Kosten aus neuerer Zeit OLG Hamm BauR 2012, 1981.
573 A. A. wohl OLG Stuttgart BauR 2000, 1893.
574 Vgl. dazu auch *Koeble* in Kniffka/Koeble, Kompendium, 12. Teil, Rn. 782 ff. m. w. Nachw.
575 BGH BauR 2013, 485 = NJW 2013, 930 m. Anm. *Scholtissek*, S. 908 = Analyse *Koeble* auf www.jurion.de/Modul Werner Baurecht; BGH BauR 2013, 982 = Analyse *Koeble* auf www. jurion.de/Modul Werner Baurecht; BGH BauR 1994, 268 = NJW 1994, 856; BGH BauR 1997, 335 = NJW-RR 1997, 402 = ZfBR 1997, 145; BGH BauR 1997, 494 (495) = NJW-RR 1997, 850 = ZfBR 1997, 195 sogar für den Fall des vereinbarten Kostenrahmens.
576 BGH BauR 2011, 1690 = NZBau 2011, 564 = Analyse *Koeble* auf www.jurion.de/Modul Werner Baurecht; BGH BauR 1997, 494 = NJW-RR 1997, 850; OLG Köln Urt. v. 12.01.2007 – 19 U 128/06 = Analyse *Koeble* auf www.jurion.de/Modul Werner Baurecht; a. A. für das Baukostenlimit OLG Frankfurt BauR 2008, 555 = Analyse *Koeble* auf www. jurion.de/Modul Werner Baurecht und OLG Hamm Urt. v. 15.03.2013 – 12 U 152/12 = Analyse *Koeble* auf www.jurion.de/Modul Werner Baurecht = NJW-RR 2013, 795 = NZBau 2013, 388.
577 BGH BauR 2013, 982 = Analyse *Koeble* auf www.jurion.de/Modul Werner Baurecht; zur Vorteilsausgleichung vgl. auch oben Rdn. 170 ff. und OLG Hamm BauR 2013, 1301 = NJW-RR 2013, 795 = NZBau 2013, 388.
578 Im entschiedenen Fall waren € 530.000 vereinbart und € 47.000 zusätzlich angefallen; vgl. BGH BauR 2015, 1515 = NZBau 2015, 477 = NJW-RR 015, 1048 und dazu *Retzlaff* BauR 2015, 1725.

insoweit keinen Schaden, als der zu seinen Lasten gehende Mehraufwand zu einer Wertsteigerung des Objekts geführt hat«.[579] Es könnte durchaus sein, dass damit die Schadensberechnung des OLG gestützt wird und dies wäre eine Abweichung von der bisherigen, grundsätzlich anderen – oben geschilderten – Rechtsprechung. Die Korrektur würde dann nur über die Vorteilsausgleichung erfolgen. Im Zusammenhang mit der Vorteilsausgleichung stellt der BGH zu Recht fest, dass es Fälle gibt, in denen dem Bauherrn die Anrechnung sämtlicher Vorteile nicht zumutbar sein kann.[580]

194 Im Regelfall kann der Schaden durch **Gegenüberstellung des Verkehrswerts** des Objekts einerseits **und der Baukosten** andererseits dokumentiert werden. Als **Verkehrswert** ist bei eigen genutzten Gebäuden in der Regel der Sachwert, bei gewerblich genutzten oder vermieteten Objekten der Ertragswert zugrunde zu legen.[581] Bei gemischt genutzten Objekten ist eine Mischung aus Sach- und Ertragswert für den Verkehrswert maßgebend. Im Einzelfall können besondere Faktoren bei der Berechnung eine Rolle spielen.[582] **Maßgebender Zeitpunkt** für die Berechnung des Verkehrswertes ist die letzte mündliche Verhandlung und nicht der ggf. frühere Zeitpunkt der sog. Liquiditätsbeengung.[583] Die **Baukosten** kann der Auftraggeber auf der Grundlage der Kostenfeststellung des Architekten berechnen, weil es nicht darauf ankommt, was er an die am Bau Beteiligten bezahlt hat, sondern was er bezahlen muss.[584]

195 Ergibt sich bei einer Gegenüberstellung der Kosten und des Wertes des Objekts ein Schaden, dann muss sich der Bauherr die entsprechenden **Vorteile im Wert anrechnen** lassen. Jedoch hat er die Möglichkeit, **Mehrfinanzierungszinsen** als Schaden geltend zu machen.[585] Auch im Falle der Schadensberechnung über die Mehrfinanzierungszinsen muss sich der Bauherr Vorteile[586] anrechnen lassen.[587] Auch Steuervor- und -nachteile sind bei der Schadensberechnung zu berücksichtigen.[588]

196 Kommt es zum **Notverkauf** oder zur **Zwangsversteigerung**, dann steht dem Bauherrn eine weitere Möglichkeit zur Schadensberechnung zur Verfügung. Er kann hier die Dif-

---

579 BGH BauR 2015, 1515 = NZBau 2015, 477 = NJW-RR 2015, 1048 unter Ziff. 19 und dazu *Retzlaff* BauR 2015, 1725.
580 BGH BauR 2015, 1515 = NZBau 2015, 477 = NJW-RR 2015, 1048 und dazu *Retzlaff* BauR 2015, 1725.
581 BGH NJW 1970, 2018 für ein überwiegend eigen genutztes Familienhaus: Sachwert; BGH BauR 1979, 74 für ein eigen genutztes Betriebsgebäude: Sachwert; ebenso OLG Celle BauR 1998, 1030; OLG Düsseldorf BauR 1974, 354 [356] und KG SFH Nr. 20 zu § 635 BGB für ein gewerblich genutztes Objekt: Ertragswert; OLG Stuttgart BauR 2000, 1893.
582 Vgl. *Koeble* a. a. O.
583 So mit Recht BGH BauR 1997, 335 = NJW-RR 1997, 402 = ZfBR 1997, 145.
584 BGH BauR 2005, 400 = NJW-RR 2005, 318 = NZBau 2005, 158 = ZfBR 2005, 178.
585 OLG Köln NJW-RR 1994, 981; BGH BauR 1994, 268 = LM Heft 7/1994 Nr. 102 zu § 635 BGB m. Anm. *Koeble*; OLG Köln VersR 1996, 458, das zutreffend nicht die Tilgungsleistungen, sondern nur die Zinsen als erstattungsfähig ansieht.
586 Z. B. größere Wohnung und damit höherer Erlös.
587 BGH BauR 1994, 268; OLG Celle BauR 1998, 1030.
588 BGH BauR 2005, 400 = NJW-RR 2005, 318 = NZBau 2005, 158 = ZfBR 2005, 178.

Einleitung

ferenz zwischen dem Verkehrswert und dem tatsächlichen Erlös geltend machen.[589] Im Falle der Zwangsversteigerung ist Grundlage die Verkehrswertschätzung aus dem Verfahren. Voraussetzung ist, dass die Liquiditätsbeengung infolge Bausummenüberschreitung ursächlich für Notverkauf und Zwangsversteigerung war. Dafür ist der Bauherr darlegungs- und beweispflichtig.

197 Eine weitere Möglichkeit der Schadensberechnung kommt z. B. für Wohnungsbauunternehmen in Frage. Erstellen und veräußern diese nämlich ihre Häuser bzw. Wohnungen auf der Grundlage einer falschen Kostenschätzung oder Kostenberechnung des Architekten, dann können erhebliche Schäden entstehen, wenn die Kostenermittlung zu niedrig war. Lässt sich in solchen Fällen nachweisen, **dass höhere Baukosten an Erwerber** hätten weitergegeben werden können, kann dies ebenfalls eine Form der Schadensberechnung darstellen.[590] Sollten diese Umstände nicht gegeben sein, lässt sich für einen Bauträger in dieser Situation ggf. dadurch eine Schadensberechnung darstellen, dass er bei Kenntnis der höheren Kostenermittlung vom Projekt Abstand genommen hätte. In diesem Fall wären dann etwaige Verluste mindestens als Schaden geltend zu machen.

d) Ursächlichkeit

198 Der Fehler muss zu einem konkreten Schaden geführt haben. Dazu muss der Bauherr substanziiert vortragen.[591] In aller Regel muss er dazu behaupten (können), dass er bei richtiger Kostenermittlung nicht oder mindestens nicht in dieser Form gebaut hätte[592] oder das Bauvorhaben gar gestoppt hätte.[593] Auf eine Vermutung für beratungsgerechtes Verhalten kann sich der Bauherr alleine nicht stützen.[594] Steht dagegen fest, dass das Projekt ohnehin durchgeführt worden wäre, fehlt es an der Ursächlichkeit.[595] Die bloße Tatsache, dass weiter gebaut wurde in Kenntnis von Mehrkosten alleine genügt für die Unterbrechung des Kausalzusammenhangs noch nicht, weil immerhin auch ein wirtschaftlicher Zwang zum Weiterbau bestehen kann.[596] Ist die Verletzung einer anderen Pflicht, wie z. B. der Kostenfortschreibungspflicht, die Grundlage für Schadensersatz-

---

589 OLG München BauR 2000, 437 zu dem Fall, dass statt der geplanten Vermietung verkauft werden muss; a. A. OLG Celle BauR 1998, 1030 und anscheinend auch OLG Stuttgart BauR 2000, 1893.
590 LG Potsdam Urt. v. 26.11.2008 – 6 O 73/08; *Kniffka/Koeble*, Kompendium des Baurechts, 12. Teil, Rn. 786.
591 BGH BauR 2013, 982 = Analyse *Koeble* auf www.jurion.de/Modul Werner Baurecht; BGH BauR 1997, 494 = NJW-RR 1997, 850 = ZfBR 1997, 195; OLG Braunschweig BauR 2003, 1066.
592 Vgl. BGH BauR 1997, 494 (497) = NJW-RR 1997, 850 = ZfBR 1997, 195; ferner zutreffend OLG Saarbrücken BauR 2005, 1957 und OLG Koblenz BauR 2008, 851 (855).
593 Vgl. zu Letzterem OLG Hamm BauR 2005, 130.
594 OLG Hamm Urt. v. 15.03.2013 – 12 U 152/12 = Analyse *Koeble* auf www.jurion.de/Modul Werner Baurecht = NJW-RR 2013, 795 = NZBau 2013, 388.
595 OLG Köln SFH Nr. 88 zu § 635 BGB; OLG Stuttgart BauR 2000, 1893; vgl. auch OLG Düsseldorf NJW-RR 1999, 1696 zum Kostenlimit.
596 BGH BauR 2005, 400 = NJW-RR 2005, 398 = NZBau 2005, 158 = ZfBR 2005, 178.

Einleitung

ansprüche, dann muss der Bauherr auch insoweit zur Ursächlichkeit für einen konkreten Schaden vortragen.[597] Dagegen wird man davon ausgehen müssen, dass der Bauherr eine Kostenüberschreitung akzeptiert, wenn er in Kenntnis eines höheren Generalunternehmer- oder Bauträgerangebots den Bauauftrag erteilt.[598] Die Pflichten im Zusammenhang mit den Kosten entfallen nicht schon dann, wenn ein Pauschalhonorar vereinbart ist oder der Bauherr Eigenleistungen erbringt.[599]

e) Verschulden

Insoweit ist der Architekt entlastungspflichtig. Er kann sich u. U. auch auf ein Mitverschulden des Bauherrn berufen, wenn dieser keine Einschränkungen vornimmt oder sogar zusätzliche Leistungen aufwendiger Art in Auftrag gibt, obwohl er die Überschreitung der Baukosten erkennt. 199

f) Kündigung und sonstige Sanktionen

Die Baukostenüberschreitung darf sich auch bei der **Honorarberechnung** nicht zugunsten des Architekten auswirken. Zwar widerspricht dies dem System der HOAI bei der Abrechnung, jedoch erstreckt sich der Schadensersatzanspruch auch darauf, dass nicht die tatsächliche Kostenfeststellung mit dem höheren Betrag für die Leistungsphasen 8 und 9 als **Abrechnungsgrundlage** gelten kann, sondern auch hier die **ursprünglichen Kostenermittlungen** zugrunde zu legen sind.[600] Erkennt der Bauherr den Fehler während der Bauabwicklung, dann kann er nicht sofort die **Kündigung** aussprechen, ohne vorher eine Fristsetzung mit Kündigungsandrohung vorgenommen zu haben.[601] Die Setzung einer angemessenen Frist zur Nacherfüllung ist also vorrangig, weil der Auftragnehmer selbst ebenfalls ein **Nacherfüllungsrecht** hat.[602] Eine solche Fristsetzung ist jedoch »entbehrlich«, wenn der Besteller das Interesse an der Leistung deshalb verloren hat, weil die Leistung ihren vertraglich vorgesehenen Zweck nicht mehr erfüllen kann.[603] Bei Überschreitung der Toleranz liegt in aller Regel ein wichtiger, vom Archi- 200

---

597 OLG Braunschweig BauR 2003, 1066 – NA-Beschluss BGH v. 19.12.2002 – VII ZR 101/03.
598 Vgl. dazu auch unten Rdn. 206 f. und zur Erkennbarkeit einer Verteuerung OLG Köln NZBau 2005, 467.
599 OLG Hamm NZBau 2005, 525.
600 Vgl. *Koeble* in *Kniffka/Koeble*, Kompendium, 12. Teil, Rn. 297 ff.;; *Werner* in *Werner/Pastor*, Rn. 2315; vgl. zur Bausummengarantie, zur Überschreitung der Baukosten und zum Kostenlimit i. E. § 4 Rdn. 33 und zum Kostenlimit auch unten Rdn. 202 ff.
601 OLG Stuttgart BauR 2000, 1893; vgl. ferner oben Rdn. 165; *Koeble* in *Kniffka/Koeble*, Kompendium, 12. Teil, Rn. 793; *Locher*, Rn. 431.
602 OLG Düsseldorf BauR 1988, 237; OLG Stuttgart IBR 2001, 377 *Schotten*; OLG Celle Urt. v. 12.02.2014 – 14 U 103/13 bei erheblicher Überschreitung (Bausumme € 691.630,97 statt € 425.000).
603 BGH BauR 2005, 400 = NJW-RR 2005, 398 = NZBau 2005, 158 = ZfBR 2005, 178.

Einleitung

tekten zu vertretender Grund für die Kündigung vor.[604] Entsprechendes gilt auch dann, wenn eine Kostenermittlung nicht oder verspätet vorgelegt wird und daraus nachteilige Folgen für den Auftraggeber entstehen.[605]

g) Verjährung

201   Nicht höchstrichterlich ist entschieden, ob es sich bei Ansprüchen wegen Bausummenüberschreitung um Mängelansprüche handelt und damit die 5-Jahres-Frist nach § 634a BGB eingreift oder ob es sich um Ansprüche aus positiver Forderungsverletzung mit der Folge der dreijährigen Verjährungsfrist handelt. Während die Tendenz in den letzten Jahren dazu ging, die wirtschaftliche Tätigkeit in die Werkleistung einzubeziehen und deshalb die Verjährungsfrist des § 634a BGB anzuwenden,[606] wurde dann wieder gelegentlich von positiver Forderungsverletzung gesprochen.[607] Richtig ist es, die wirtschaftliche Tätigkeit in das Werk mit einzubeziehen und damit die fünfjährige Verjährungsfrist zugrunde zu legen. Die 5-jährige Verjährungsfrist beginnt mit der Abnahme bzw. der ernsthaften und endgültigen Verweigerung der Abnahme zu laufen.[608]

18. Ansprüche bei Kostenlimit, Kostenrahmen, Kostenobergrenze und einseitigen Kostenvorgaben[609]

a) Beschaffenheitsvereinbarung

202   Die Vereinbarung eines Limits o. Ä. stellt keine Garantie dar, sondern eine **Beschaffenheitsvereinbarung**.[610] Rechtsgrundlage für Ansprüche des Bauherrn sind deshalb

---

604   OLG Hamm BauR 1987, 464; OLG Düsseldorf BauR 1988, 237; OLG Naumburg NJW-RR 1996, 1302; OLG Stuttgart IBR 2001, 377 *Schotten*..
605   OLG Düsseldorf, Urt. v. 06.07.2007 – 22 U 44/05, Analyse *Koeble* auf www.jurion.de/ Modul Werner Baurecht.
606   So OLG Stuttgart BauR 1987, 462 = NJW-RR 1987, 913; OLG Düsseldorf BauR 2003, 1604; OLG Düsseldorf BauR 2006, 547; OLG Düsseldorf BauR 2010, 800.
607   OLG Stuttgart BauR 2000, 1893.
608   OLG Düsseldorf BauR 2010, 800 = NZBau 2010, 177.
609   Vgl. vor allem *Miegel*, Die Haftung des Architekten für höhere Baukosten, Baurechtliche Schriften Bd. 29, 1995; *Kniffka*, Bauvertragsrecht, § 633 Rn. 99 ff.; *Miegel* BauR 1997, 923; *Koeble* in *Kniffka/Koeble*, Kompendium, 12. Teil Rn. 796 ff., *Schotten*, Zur Einstandspflicht des Architekten für die Gesamtbaukosten bei vereinbarter Kostenobergrenze, FS Koeble, 2010, S. 499.
610   BGH Urt. v. 06.10.2016 – VII ZR 185/13; BGH BauR 2015, 1515 = NZBau 2015, 477; BGH BauR 2013, 1143 = NZBau 2013, 386 m.Anm. *Jochem*, S. 352 = Analyse *Koeble* auf www.jurion.de/Modul Werner Baurecht; BGH BauR 2003, 1061 = NJW-RR 2003, 877 = NZBau 2003, 388 = ZfBR 2003, 452; BGH BauR 2003, 566 = NJW-RR 2003, 593 = NZBau 2003, 281 = ZfBR 2003, 359; BGH BauR 1997, 494 = NJW-RR 1997, 850 = ZfBR 1997, 195; vgl. OLG Brandenburg BauR 1999, 1202; OLG Düsseldorf NJW-RR 1999, 1696; OLG Düsseldorf BauR 2013, 632 »Baukostenbudget«; OLG Celle BauR 2015, 2021; KG Urt. v. 23.05.2013 – 27 U 155/11 m. NZB des BGH v. 10.02.2016 – VII ZR 175/13.

§§ 633 ff. BGB.[611] In diese Rubrik ordnet der BGH auch **einseitige Kostenvorstellungen des Bauherrn** ein, wenn der Architekt ihnen nicht widerspricht.[612] Es genügt danach die einseitige Nennung von Kostenvorstellungen durch den Bauherrn, ohne dass es einer Willenserklärung des Architekten bedarf, auch nicht durch schlüssiges Verhalten. Die Kostenvorstellungen muss der Bauherr noch nicht einmal persönlich äußern. Vielmehr genügt es, wenn diese »von den am Aufklärungsgespräch mit dem Architekten beteiligten Familienmitgliedern geäußert werden und der Auftraggeber ihnen nicht widerspricht oder anderweitig zum Ausdruck bringt, dass dies auch seine Vorstellungen sind«. Auch dann bedarf es keiner Willenserklärung des Architekten oder einer konkludenten Annahme dieser einseitigen Bauherrenvorstellungen. Mit der Entscheidung wird ferner betont, dass solche verbindlichen, einseitigen Kostenvorstellungen des Bauherrn auch dann beachtlich sind, »wenn sie nicht eine genaue Bausummenobergrenze enthalten, sondern nur Angaben zur ungefähren Bausumme«. Ausdrücklich erklärt der BGH, eine vom Bauherrn mit »ca.« bezeichnete Summe sei für den Planer »insoweit beachtlich, als sie ungefähr einzuhalten ist«. Inwieweit eine solche Angabe Spielraum nach oben lässt, hängt von den Umständen des Einzelfalles ab. Hat der Bauherr ca.-Angaben gemacht und erstellt der Architekt Kostenermittlungen (Kostenschätzung und Kostenberechnung) in dieser Größenordnung, dann darf er darauf vertrauen, dass diese Größenordnung akzeptiert ist, wenn der Bauherr den dargestellten Herstellungskosten nicht widerspricht oder seine bislang noch unpräzisen Angaben verdeutlicht. Ebenfalls aus der Entscheidung wird deutlich, dass Angaben in einem Bauantrag in der Regel nicht geeignet sind, den Inhalt des Architektenvertrages zu bestimmen und die Angaben von Baukosten in Höhe von DM 1.541.700,– in einem dem Bauherrn bekannten Bauantrag seine Vorstellung von Baukosten in Höhe von DM 800.000,– noch nicht beseitigen muss. Der Senat betont allerdings, dass eine Haftung nur bei Ursächlichkeit für einen konkreten Schaden in Frage komme.

Mit dieser Rechtsprechung sind frühere Stellungnahmen in der Literatur und Rechtsprechung überholt. Ausreichen wird es für eine Beschaffenheitsvereinbarung z. B., wenn der Architekt auf Frage des Bauherrn, ob bestimmte Kosten eingehalten werden können, erklärt, »das schaffen wir schon«.[613] Von einem Limit kann heute auch dann ausgegangen werden, wenn der Bauherr erklärt, »die Baukosten sollen maximal netto

203

---

611 BGH a. a. O.; OLG Köln BauR 2002, 978; OLG Düsseldorf BauR 2003, 1604.
612 BGH Urt. v. 21.03.2013 – VII ZR 230/11 = BauR 2013, 1143 = NZBau 2013, 386 m. Anm. *Jochem*, S. 352 = Analyse *Koeble* auf www.jurion.de/Modul Werner Baurecht; anderer Ansicht *Kniffka*, Bauvertragsrecht, § 633 Rn. 99, wonach »einseitige Kostenvorstellungen des Bestellers« als Beschaffenheitsvereinbarung nicht ausreichen; a. A. auch nach wie vor der Verfasser, weil für eine Beschaffenheitsvereinbarung zwei Willenserklärungen – und die Annahmeerklärung mindestens durch schlüssiges Verhalten – gehören; selbstverständlich muss der Architekt einseitige Kostenvorstellungen berücksichtigen, jedoch bilden diese keine Beschaffenheitsvereinbarung mit der Folge, dass ohne Toleranz gehaftet wird.
613 A. A. die bisherige Rechtsprechung und Literatur, z. B. OLG Düsseldorf BauR 2002, 1583 = NZBau 2002, 686; OLG Celle NZBau 2007, 794 = BauR 2008, 122, wonach es nicht genügt, wenn die Kosten mit … veranschlagt werden; vgl. auch OLG Celle BauR 2004, 359, vor allem mit dem nach wie vor maßgebenden Argument, dass eine Beschaffenheitsvereinbarung von zwei Parteien getroffen wird und eine solche Vereinbarung auch klar und

Einleitung

... nicht überschreiten«.[614] Eine Beschaffenheitsvereinbarung über die Kosten ist aber dann noch nicht anzunehmen, wenn der Auftraggeber im Rahmen einer Angebotsabfrage Kostenvorstellungen gegenüber den am Bau Beteiligten äußert und der Auftragnehmer diesen nicht ausdrücklich entgegentritt.[615] Ausreichend sein dürfte nach dieser Rechtsprechung des BGH auch – trotz mangelnder Bestimmtheit – eine vertragliche Vereinbarung sein, wonach der »vom Auftraggeber vorgegebene, maximale Investitionsaufwand einzuhalten« ist. Notwendig ist es nach Auffassung des BGH insbesondere nicht, dass der **Bauherr** deutlich erkennbar **entscheidenden Wert** auf die Einhaltung der genauen, inhaltlich eindeutigen Kostenvorgabe legt und vom **Architekten** eine **eindeutige Stellungnahme** erhält, dass dieser Rahmen auch eingehalten wird.[616] Eine vertragliche Regelung, wonach ein bestimmter Kostenrahmen als Obergrenze verbindlich sein soll, genügt selbstverständlich ebenso, wie die Angabe, es handle sich um einen Höchstpreis.[617]

204 Unzutreffend ist die Entscheidung des OLG München,[618] wonach der Architekt eine substanziiert behauptete Vereinbarung einer Kostenvorgabe widerlegen müsse. Es gibt keinen Grund für eine Ausnahme von allgemeinen Grundsätzen der **Beweislast**, und danach hat der Bauherr seine Behauptung, es sei ein Kostenrahmen o. a. verbindlich vereinbart, darzulegen und zu beweisen.[619] Die Vereinbarung einer Kostenobergrenze in **AGB** bzw. Formularverträgen ist nicht per se bedenklich. Das gilt auch unabhängig davon, ob die an der offengelassenen Stelle eingesetzte Summe ausgehandelt war oder nicht. Jedoch darf die entsprechende Regelung wegen ihres für die Architekten im Hinblick auf die Haftung und das Honorar einschneidenden Folgen nicht an überraschender Stelle stehen. Letzteres ist jedoch der Fall, wenn die Regelung über das Kostenlimit sich unter § 2 »Grundlagen des Vertrages« befindet, wo im Allgemeinen nur die Rechtsgrundlagen oder in Bezug genommene Unterlagen sowie Pläne aufgeführt sind. Ist im letzteren Fall eine Durchsprache und einvernehmliche Festlegung der Obergrenze nicht beweisbar erfolgt, dann ist die Regelung unwirksam (§ 305c BGB). Haben die Parteien einen **schriftlichen Vertrag** abgeschlossen, dann streitet die Vollständigkeitsvermutung dieses Vertrages gegen die Vereinbarung eines Baukostenlimits,

---

deutlich von beiden Vertragsparteien geäußert werden muss; für die Praxis ist die Auffassung des BGH zugrunde zu legen.

614 A. A. OLG Frankfurt BauR 2008, 703 = Analyse *Koeble* auf www.jurion.de/Modul Werner Baurecht; ebenfalls a. A. der vorliegende Kommentar.
615 Pfälz.OLG Zweibrücken, Beschl. vom 11.03.2009, Analyse *Koeble* auf www.jurion.de/Modul Werner Baurecht.
616 So aber nach wie vor die hier vertretene Auffassung; vgl. auch OLG Celle BauR 2004, 395; OLG Düsseldorf BauR 2002, 1583; OLG Celle BauR 2009, 997 = NJW-RR 2009, 1177; Brandenburgisches OLG BauR 1999, 1202.
617 OLG Brandenburg, BauR 2011, 1999 = NZBau 2011, 633; vgl. auch OLG Frankfurt NZBau 2012, 306 zu einem Investitions- und Finanzkonzept.
618 BauR 1996, 417 = NJW-RR 1996, 341.
619 BGH Urt. v. 06.10.2016 – VII ZR 185/13; OLG Stuttgart BauR 2010, 1260 = Analyse *Koeble* auf www.jurion.de/Modul Werner Baurecht.

wenn dieses noch nicht einmal ansatzweise im Vertrag enthalten ist.[620] Die Beschaffenheitsvereinbarung muss auch bestimmt sein. Ohne klare – im Wege der Auslegung allenfalls zu ermittelnde – Vereinbarung, welche Kosten die Obergrenze umfassen soll, entspricht diese nicht dem Bestimmtheitsgrundsatz. Die bloße Angabe »Baukosten« dürfte deshalb nicht genügen und es wird wohl auch ein konkretes Planungskonzept Grundlage sein müssen.[621] Bestimmt genug ist eine Vereinbarung, wonach »für Kosten der Baumaßnahme nach Kostengruppen 300 und 400 gem. DIN 276« netto ein bestimmter Betrag zur Verfügung stehen soll.[622]

b) Toleranz?

Ob auch bei Nichteinhaltung eines Kostenlimits eine **Toleranz** zu gewähren ist, ist problematisch. Die Rechtsprechung hat erklärt, Toleranzen stünden hier nur zur Verfügung, wenn sich »im Vertrag Anhaltspunkte finden«, aus denen keine strikte Verbindlichkeit der Zahlen zu folgern sei.[623] Richtig dürfte es demgegenüber sein, auch hier immer eine Toleranz zu gewähren, weil es sich nicht um eine Garantie, sondern »lediglich« um eine Beschaffenheitsvereinbarung handelt. Ein Mangel kann nicht bereits bei geringfügiger Überschreitung bejaht werden. Die Toleranz, die normalerweise für den Kostenanschlag gewährt wird von 10 %, müsste auch hier im Regelfall gewährt werden.

205

c) Ursächlichkeit, Schaden; Kündigung; Verjährung

Verschiedentlich werden vereinbarte **Kostenvorgaben** später **wieder (konkludent) aufgehoben**. Das ist zum Beispiel zu bejahen, wenn der Bauherr an einen Generalunternehmer einen Auftrag mit höheren Kosten erteilt. Gleiches gilt, wenn der Bauherr den Architekten mit weiteren Planungsleistungen aus Entwurfs- und Genehmigungsplanung beauftragt, obwohl die vorgelegte Kostenschätzung über dem angeblich vereinbarten Limit liegt.[624] Die Aufhebung eines Limits kann auch konkludent erfolgen. Das ist allerdings noch nicht schon dann anzunehmen, wenn in einem Bauantrag vom Bauherrn höhere Kosten akzeptiert werden.[625]

206

---

620 OLG Saarbrücken BauR 2005, 1957 m. NZ-Beschluss des BGH.
621 So wohl OLG Frankfurt Urt. v. 02.05.2007 – 3 U 211/06 = IBR 2008, 663; a. A. *Schotten*, FS Koeble, 2010, S. 499 (501 ff.).
622 OLG Brandenburg, BauR 2011, 1999 = NZBau 2011, 633.
623 BGH BauR 1997, 494 = NJW-RR 1997, 850 = ZfBR 1997, 195; BGH BauR 2003, 1061 = NJW-RR 2003, 877 = NZBau 2003, 388 = ZfBR 2003, 452; OLG Düsseldorf BauR 2003, 1604; OLG Stuttgart, BauR 2010, 1260 = Analyse *Koeble* auf www.jurion.de/Modul Werner Baurecht; OLG Brandenburg, BauR 2011, 1999 = NZBau 2011, 633; *Kniffka*, Bauvertragsrecht, § 633 Rn. 104; *Schotten*, FS Koeble, 2010, S. 499 (500 f.).
624 OLG Düsseldorf NJW-RR 1999, 1696.
625 BGH BauR 2003, 1061 = NJW-RR 2003, 877 = NZBau 2003, 388 = ZfBR 2003, 452; vgl. auch oben Rdn. 190.

Einleitung

207 Der Bauherr muss auch bei Überschreitung eines Kostenrahmens einen **Schaden nachweisen** wie bei Bausummenüberschreitung.[626] Er kann sich nicht darauf beschränken, dass allein die Differenz zwischen Limit und tatsächlichen Kosten erstattungsfähig wäre, weil es sich nicht um eine Garantie handelt, sondern der Schaden aus der Differenz des Vermögens mit und ohne schädigendes Ereignis zu ermitteln ist.[627] Der Schaden kann auch darin liegen, dass bezahltes Honorar zurückverlangt wird oder die an andere Beteiligten bezahlten Honorare oder Gebühren verlangt werden.[628] Im Hinblick auf die **Ursächlichkeit** des Fehlers im Verhältnis zum Schaden gilt Gleiches wie bei den allgemeinen Problemen der Bausumme (vgl. oben Rdn. 198). Im Hinblick auf ein etwaiges Verschulden muss sich der Architekt entlasten.[629] Für einen Schadensersatzanspruch ist auch **Verschulden** des Architekten erforderlich. Dieses dürfte zu verneinen sein, wenn sich Umstände kostensteigernd auswirken, die außerhalb des Einfluss- und Verantwortungsbereichs des Architekten liegen, wie z. B. die Kosten der Technischen Ausrüstung des Gebäudes, welche von den vom Bauherrn hinzuzuziehenden Ingenieuren zur Verfügung zu stellen sind.[630] Als Sanktion bei Überschreitung der Kostenvorgabe steht die **Kündigung** zur Verfügung, wobei allerdings die Fristsetzung mit Kündigungsandrohung vorausgegangen sein muss.[631] Eine weitere Folge ist es, dass das **Honorar** nur aus dem vereinbarten Kostenrahmen und nicht aus der Kostenfeststellung für Leistungsphasen 8–9 berechnet werden kann.[632] Damit wird keineswegs der Mindestpreischarakter der HOAI ausgehebelt und der Parteidisposition ausgeliefert.[633] Die Entschei-

---

626 BGH BauR 1997, 494 = 495) = NJW-RR 1997, 850 = ZfBR 1997, 195; OLG Frankfurt NZBau 2012, 306; vgl. oben Rdn. 201 ff.
627 So mit Recht BGH BauR 1997, 494 = NJW-RR 1997, 850 = ZfBR 1997, 195; OLG Köln BauR 2008, 697 = Analyse *Koeble* auf www.jurion.de/Modul Werner Baurecht, wonach der Verkehrswert den bereinigten Kosten der Limitvereinbarung gegenüberzustellen ist; auch wenn man die Korrektur über die Vorteilsausgleichung vornimmt, dann trifft den Bauherrn die Erstdarlegungslast, vgl. BGH BauR 2015, 1515 = NZBau 2015, 477 und BGH Urt. v. 06.10.2016 – VII ZR 185/13.
628 OLG Brandenburg BauR 2011, 1999 = NZBau 2011, 633, wonach jedoch zu Recht für eine Rückzahlung des Honorars betreffend Leistungsphasen 1 und 2 nur dann Raum besteht, wenn der Bauherr darlegt, dass diese Leistungen für ihn gänzlich unbrauchbar waren, was z. B. dann zu verneinen ist, wenn sich die Planung noch nicht auf ein bestimmtes Gebäude fokussiert hatte.
629 OLG Celle BauR 2009, 997 = NJW-RR 2009, 1177 und oben Rdn. 199.
630 So mit Recht *Schotten*, FS Koeble, 2010, S. 499 (505 f.).
631 Vgl. oben Rdn. 200; OLG Celle BauR 2009, 997 = NJW-RR 2009, 1177 auch zu den Ausnahmen; OLG Naumburg NJW-RR 1996, 1302; OLG Köln BauR 2002, 978 betreffend die Kündigung und OLG Celle BauR 2004, 359 betreffend den Schadensersatzanspruch; OLG Hamm BauR 2006, 1766 = NZBau 2006, 554 = IBR 2006, 570 *Moufang*; KG vgl. oben Fn. 610.
632 BGH BauR 2003, 566 = NJW-RR 2003, 593 = NZBau 2003, 281 = ZfBR 2003, 359; OLG Köln BauR 2013, 1708.
633 So aber *Quack* ZfBR 2004, 315; dem BGH beitretend *Böhme* BauR 2004, 397.

dung lässt sich sowohl aus Treu und Glauben als auch auf der Grundlage von Schadensersatz wegen Mängelansprüchen begründen.⁶³⁴

Ansprüche wegen Verletzung des Kostenrahmens unterliegen der gleichen **Verjährung** wie diejenigen aus Bausummenüberschreitung (vgl. oben Rdn. 201). Es handelt sich um vertragliche Ansprüche, sodass die 5-jährige Verjährungsfrist ab der Abnahme einschlägig ist.⁶³⁵   208

19. Ansprüche im Zusammenhang mit Förderung und Bezuschussung

Ohne ausdrückliche Vereinbarung muss der Architekt nicht die Voraussetzungen für Zuschüsse oder eine bestimmte Förderung herbeiführen.⁶³⁶ Nur wenn er in das »verwaltungstechnische Förderverfahren mit einbezogen« ist, treffen ihn spezielle Pflichten, die Anträge zu stellen und die notwendigen Unterlagen zu beschaffen bzw. rechtzeitig einzureichen.⁶³⁷ Stehen dem Architekten allerdings Informationen zur Verfügung, die der Auftraggeber im Zusammenhang mit der Förderung benötigt, so muss er diese liefern.⁶³⁸ Übernimmt der Architekt allerdings diese Leistungen, dann muss er sie auch ordnungsgemäß erbringen, ebenso dann, wenn sie zu den ihm übertragenen Leistungen gehören.⁶³⁹   209

20. Der unverbindliche Kostenanschlag

Die Grundsätze des § 650 BGB gelten nach zutreffender Auffassung des BGH⁶⁴⁰ nicht für die Kostenermittlungen des Architekten. In § 650 BGB ist nur der Kostenanschlag gemeint, der sich mit eigenen Kosten befasst, währenddessen die Kostenermittlungen des Architekten ausschließlich (mit Ausnahme der Kostengruppe 7 nach DIN 276) fremde Kosten betreffen.   210

Dennoch kann die Vorschrift des § 650 auch für den Architektenvertrag von Bedeutung sein, wenn nämlich vom Architekten eine Schätzung der bei ihm entstehenden Kosten verlangt wird. Gibt er dann auf der Grundlage bestimmter, zum damaligen Zeitpunkt vorliegender Kostenermittlungen einen Kostenanschlag für das Honorar ab, treffen ihn vom Grundsatz die Pflichten des § 650 Abs. 2 BGB, wenn sich eine wesentliche Überschreitung ergibt. Verletzt er die Anzeigepflicht, dann führt dies allerdings in aller Regel nicht zu einem Schaden, weil der Mindestpreischarakter der HOAI dazu zwingt,   211

---

634 *Böhme* BauR 2004, 397.
635 § 634a Abs. 1 S. 2 BGB.
636 BGH BauR 1988, 734 = NJW-RR 1988, 1361; OLG Hamm BauR 2003, 923.
637 BGH BauR 1988, 734 = NJW-RR 1988, 1361; OLG München BauR 2001, 981.
638 OLG Hamm BauR 2003, 923.
639 BGH BauR 1996, 418 = NJW 1996, 1278 = ZfBR 1996, 155; BGH BauR 1996, 570; vgl. zum Ganzen auch *Stefan* BauR 1997, 62 und zu den Schadensproblemen *Steinert* BauR 1988, 552.
640 *Schäfer/Finnern* Z. 3.00 Bl. 234.

Einleitung

den richtigen Mindestsatz nach den richtigen anrechenbaren Kosten abzurechnen (vgl. § 7 Rdn. 95). Der Auftraggeber kann nicht darlegen, dass er eine andere Person als Auftragnehmer mit niedrigeren anrechenbaren Kosten und niedrigerem Honorar beauftragt hätte.[641]

21. Haftung gegenüber Dritten

212 Eine **Haftung** des Architekten oder Sonderfachmanns kommt auch **gegenüber Dritten**, die nicht Vertragspartner sind, in Frage.[642] Hier hat die Rechtsprechung vor allem bei **Gutachten** eines Architekten eine Haftung aus einem Vertrag mit Schutzwirkung für Dritte bejaht. In die Schutzwirkungen des Vertrags sind alle diejenigen einbezogen, denen das Gutachten nach seinem für den Sachverständigen erkennbaren Zweck für Entscheidungen über Vermögensdispositionen vorgelegt werden soll, wenn die zu schützende Personengruppe objektiv abgrenzbar ist.[643] Dies gilt insbesondere für Ertrags- und Verkehrswertgutachten, die erkennbar einem potenziellen Erwerber oder einem finanzierenden Kreditinstitut oder einem Bürgen für die Kreditgewährung vorgelegt werden sollen,[644] ebenso für ein von einem Verkäufer in Auftrag gegebenes Boden- oder Altlastengutachten.[645] Muss der Sachverständige damit rechnen, dass das Gutachten zur Erlangung von Krediten dient, kommen als Dritte auch eine namentlich nicht bekannte Vielzahl Kreditgeber oder Kapitalanleger in Betracht.[646] Dabei ist es nicht erforderlich, dass der Sachverständige öffentlich bestellt sein oder in sonstiger Weise über eine herausragende Kompetenz verfügen muss, weil der Grundsatz der Vertragsfreiheit den Parteien jedes Gutachtervertrags erlaubt, Schutzpflichten zu Gunsten des Dritten zu begründen.[647] Selbst dann, wenn die Unrichtigkeit des Gutachtens auf falschen Angaben des Auftraggebers beruht, muss sich der Dritte dessen Verschulden im Verhältnis zu dem Sachverständigen nicht zurechnen lassen.[648]

213 Keine Schutzwirkung entfaltet ein **Wertermittlungsgutachten** im Zwangsversteigerungsverfahren, weil die Wertfestsetzung nach § 74a Abs. 5 ZVG nicht die Interessen des Ersteigerers schützen soll. Eine Haftung scheitert hier schon an einer fehlenden vertraglichen Beziehung zwischen dem Vollstreckungsgericht und dem Sachverständi-

---

641 Zum Mindestpreischarakter vgl. § 7 Rdn. 95 ff.
642 Zur Haftung wegen unerlaubter Handlung vgl. oben Rdn. 174.
643 BGH BauR 1998, 189; BGH NJW 1987, 1758.
644 BGH BauR 1984, 189; BGHZ 127, 378 = NJW 1995, 392; BGH BauR 1998, 189; BGH BauR 2005, 122 = NJW 2004, 3035; vgl. dazu i. E. *Locher*, FS v.Craushaar 1997, S. 393; *Finn* NJW 2004, 3752.
645 BGH BauR 2001, 426.
646 BGH BauR 2005, 122 = NJW 2004, 3035.
647 BGH BauR 2001, 430.
648 BGHZ 127, 378 = NJW 1995, 392.

gen.[649] In diesem Fall kann aber bei einer grob fahrlässigen Falschbegutachtung ein Schadensersatzanspruch nach § 839a BGB bestehen.[650]

Eine Dritthaftung eines Architekten gegenüber einem Bauherrn kommt dagegen auch dann in Frage, wenn Abschlagszahlungen in einem Generalunternehmervertrag nach dem Erreichen bestimmter Bautenstände sowie einer **Bautenstandsbestätigung** des Architekten vereinbart wurden und der Erwerber aufgrund einer falschen Bautenstandsbestätigung zu unbegründeten Abschlagszahlungen veranlasst wird.[651]   214

Eine Haftung des Architekten wegen schuldhafter Verletzung eines **Auskunftsvertrags** gegenüber einer Bank wurde ebenfalls bejaht, wenn er seinem Bauherrn eine falsche Baufortschrittsanzeige vorlegt, deren Zwecke er kennt,[652] und wenn er eine unzutreffende Bescheinigung ausstellt, nach der bestimmte Bauarbeiten ordnungsgemäß ausgeführt worden seien.[653] Die Begründung eines Auskunftsvertrags »für den, den es angeht«, ist fragwürdig. Näher liegend ist auch in diesen Fällen eine Haftung aus einem Vertrag mit Schutzwirkung für Dritte. Im Ausnahmefall bestehen auch Ansprüche Dritter wegen sittenwidriger Schädigung durch ein fehlerhaftes Gutachten.[654]   215

22. Die Haftung des Architekten bei Verantwortlichkeit mehrerer Beteiligter

a) Gesamtschuldnerische Haftung zwischen Architekt und Unternehmer

Haften sowohl **Bauunternehmer** als auch **Architekt** für einen Mangel, so besteht nach der ständigen Rechtsprechung ein gesamtschuldnerisches Haftungsverhältnis gegenüber dem Auftraggeber, obwohl wegen der unterschiedlichen Leistungsinhalte für die primären Leistungspflichten aus den beiden Werkverträgen kein Gesamtschuldverhältnis vorliegt. Der Große Zivilsenat des BGH[655] hatte dies mit der Begründung bejaht, dass zwischen beiden eine planmäßige Zweckgemeinschaft besteht, deren Sinn darin liege, dass Architekt und Unternehmer jeder auf seine Art für die Beseitigung desselben Schadens einzustehen habe, den der Auftraggeber dadurch erleidet, dass jeder von ihnen seine vertraglich geschuldeten Pflichten mangelhaft erfüllt hat.[656] Der Auf-   216

---

649 BGH BauR 2003, 1599 = NJW 2003, 2825; OLG Stuttgart BauR 2006, 712; OLG Celle BauR 2004, 1481; OLG Brandenburg BauR 2000, 1518; OLG Frankfurt BauR 2000, 1286.
650 BGH BauR 2006, 987; BGH BauR 2014, 322 = NZBau 2014, 5; OLG Celle BauR 2016, 136.
651 BGH BauR 2002, 814 = NJW 2002, 1196; BGH BauR 2008, 2058 = NJW 2009, 217; OLG Dresden IBR 2012, 591.
652 OLG Hamm BauR 1987, 458 = NJW-RR 1987, 209; OLG Köln NJW-RR 1988; OLG Saarbrücken IBR 2008, 660.
653 OLG Karlsruhe NJW-RR 1987, 912.
654 BGH BauR 2003, 1599 = NJW 2003, 2825; BGH BauR 1992, 101 = NJW 1991, 3282; OLG Hamm BauR 1994, 129.
655 BGHZ 43, 227 = NJW 1965, 1175; BGHZ 51, 275 = NJW 1969, 653; zuletzt BGH BauR 2007, 1875 = NZBau 2007, 721.
656 Vgl. dazu *Soergel* BauR 2005, 239; *Glöckner* BauR 2005, 251; *Locher*, Rn. 443 ff.

Einleitung

traggeber kann nach den Regeln der gesamtschuldnerischen Haftung wahlweise entweder den Unternehmer oder den Architekten auf den vollen Schaden in Anspruch nehmen. Der BGH[657] hat ein **Gesamtschuldverhältnis** auch dann bejaht, wenn dem Auftraggeber gegen den Bauunternehmer Nacherfüllungs- und gegen den Architekten Schadensersatzansprüche zustehen. In diesem Fall kann sich der Architekt nicht darauf berufen, dass der Auftraggeber zunächst die Voraussetzungen für eine Haftung des Unternehmers zu schaffen hat oder diesen zur Nacherfüllung auffordern muss, sodass auch im Unterlassen des Setzens einer Nacherfüllungsfrist kein Verstoß gegen die Schadensminderungspflicht des Auftraggebers liegt.[658] Dies gilt nur dann nicht, wenn die Inanspruchnahme des Architekten ausnahmsweise rechtsmissbräuchlich wäre, weil der Unternehmer ohne Einschränkungen sofort zur Mängelbeseitigung bereit ist und über deren Umfang kein Streit besteht.[659]

217 Der **Regierungsentwurf zum Bauvertragsrecht** enthält in § 650s BGB-E erstmals eine Teilregelung zur Haftung von Architekt und Unternehmer für einen gemeinsam verursachten Mangel. Zunächst wird in Übereinstimmung mit der Rechtsprechung ausdrücklich klargestellt, dass in diesem Fall eine gesamtschuldnerische Haftung besteht, so dass den dagegen von Teilen der Literatur erhobenen Bedenken aufgrund dieser ausdrücklichen gesetzlichen Regelung der Boden entzogen wird. Sodann wird das im Falle einer gesamtschuldnerischen Haftung grundsätzlich bestehende Wahlrecht des Gläubigers auf die freie Auswahl bei der Inanspruchnahme des Schuldners für den Fall eines Ausführungsfehlers des Unternehmers sowie eines Objektüberwachungsfehlers des Architekten dadurch eingeschränkt, dass der Architekt die Leistung so lange verweigern kann, bis eine dem Unternehmer gesetzte Nacherfüllungsfrist erfolglos abgelaufen ist (zur Verjährung vgl. Rdn. 234). Nach der Amtlichen Begründung soll dadurch ein »Vorrang der Nacherfüllung« eingeführt werden. Diese Einschränkung des Wahlrechts soll im Falle eines Planungsfehlers des Architekten und einer unterlassenen Bedenkenanmeldung des Unternehmers keine Anwendung finden, weil der Architekt, welcher in diesem Fall die primäre Mängelursache setzt, dadurch nicht privilegiert werden soll. Probleme bei der Haftung des Architekten ergeben sich dann, wenn der Auftraggeber den für den Mangel verantwortlichen Unternehmer nicht feststellen kann. In diesem Fall besteht für den Architekten eine Aufklärungs- und Auskunftspflicht. Kommt der Architekt dieser Verpflichtung nicht nach oder erteilt er eine falsche Auskunft, kann er sich nicht auf die vorherige Inanspruchnahme des verantwortlichen Unternehmers berufen. Diese ist für den Auftraggeber dann unzumutbar. Dasselbe gilt dann,

---

657 BGHZ 51, 275 = NJW 1969, 653.
658 BGH BauR 2004, 111 = NZBau 2004, 50; BGH BauR 2007, 1875 = NZBau 2007, 721; BGH NJW 2012, 1071; OLG Karlsruhe IBR 2007, 418; OLG Frankfurt NJW 2011, 862; einschränkend *Voit* BauR 2011, 392, 396 ff., der den Anspruch gegen den nachbesserungswilligen Unternehmer und damit ein Gesamtschuldverhältnis auf die Höhe der Selbstnachbesserungskosten begrenzen will; a. A. *Kirberger*, FS Koeble, S. 115 ff.; *Putzier* BauR 2012, 143.
659 BGH NJW 1963, 1401; BGH BauR 2007, 1875 = NZBau 2007, 721; OLG Karlsruhe IBR 2007, 418; KG BauR 2006, 400; vgl. dazu *Scholtissek* NZBau 2007, 767.

wenn der Auftraggeber oder der Architekt die Mangelursache und damit den verantwortlichen Unternehmer nicht ermitteln können, etwa weil dafür Spezialkenntnisse erforderlich sind, über die der Architekt nicht verfügt.

Trotz der gesamtschuldnerischen Haftung kann der Unternehmer bei Inanspruchnahme durch den Auftraggeber den Einwand erheben, der Mangel beruhe auch auf einem Fehler des Architekten. Diesen muss sich der Auftraggeber im Verhältnis zum Unternehmer als **Mitverschulden** nach den §§ 254, 278 BGB dann entgegenhalten lassen, wenn der Architekt sein **Erfüllungsgehilfe** ist, also eine Tätigkeit entfaltet, die zu den Obliegenheiten des Auftraggebers im Verhältnis zum Unternehmer gehört. Deshalb haftet der Unternehmer bei **Planungsfehlern des Architekten** gegenüber dem Auftraggeber nur auf seine Mitverschuldensquote.[660] Nach Auffassung des BGH[661] besteht zwar keine vertragliche Pflicht des Auftraggebers gegenüber dem Unternehmer zur Übergabe von ordnungsgemäßen Plänen, wohl aber eine Mitwirkungsobliegenheit, deren Verletzung sich der Bauherr ebenfalls nach den §§ 254, 278 BGB zurechnen lassen muss. Dagegen hat der Auftraggeber keine Obliegenheit gegenüber dem Unternehmer zur Beaufsichtigung von dessen Tätigkeit. Der bauüberwachende Architekt ist somit nicht Erfüllungsgehilfe des Auftraggebers gegenüber dem Unternehmer. Dieser kann sich deshalb bei einem Ausführungsfehler nicht mit der Behauptung entlasten, der Architekt sei seiner Pflicht oder Obliegenheit zur **Objektüberwachung** nicht nachgekommen.[662] In diesem Fall haften beide in vollem Umfang als Gesamtschuldner. 218

b) Gesamtschuldnerische Haftung zwischen Architekt und Sonderfachleuten

Ein Gesamtschuldverhältnis besteht auch zwischen **Architekt und Sonderfachleuten**. Dies gilt auch für das Verhältnis des Architekten zum Innenarchitekten[663], zum Freianlagenplaner[664] und zum Statiker.[665] Ein Gesamtschuldverhältnis besteht auch mit dem Prüfingenieur für Baustatik (vgl. unten Rdn. 418), dem Vermessungsingenieur[666] und bei der Haftung von Architekt, Unternehmer und Statiker.[667] Entsprechendes gilt 219

---

660 Z. B. BGH BauR 1978, 405 = NJW 1978, 2393; BGH BauR 1984, 395 [397]; BGH BauR 2002, 1536; BGH BauR 2005, 1016 = NZBau 2005, 400.
661 BGH BauR 2009, 515 = NJW 2009, 582; vgl. dazu *Leupertz*, FS Koeble, S. 139; *ders.* BauR 2010, 1999, 2006.
662 Vgl. BGH BauR 2007, 1875 = NZBau 2007, 721; BGH BauR 2002, 1423 = NJW-RR 2002, 1175 = NZBau 2002, 514; OLG Celle BauR 2010, 1613; *Locher* Rn. 449; *Koeble* in Kniffka/Koeble, 12. Teil, Rn. 749; *Vorwerk* in TWK, § 19 Rn. 35.
663 Vgl. *Locher* BauR 1971, 69.
664 BGH BauR 2016, 1943 = NJW 2016, 3022.
665 BGH BauR 1971, 269; BGH BauR 2003, 1918 = NJW-RR 2003, 1454; OLG Düsseldorf BauR 2007, 1914; OLG Karlsruhe BauR 2008, 1027; OLG Hamm BauR 2011, 1687; *Soergel* BauR 2005, 239, 245; *Glöckner* BauR 2005, 251, 268; vgl. zur Haftungsabgrenzung Rdn. 411 ff.
666 BGH NJW 1961, 460.
667 BGH BauR 1971, 265.

Einleitung

auch für die Haftung von Architekt, Baugrundgutachter und Statiker[668] (zur gesamtschuldnerischen Haftung und Abgrenzung vgl. Rdn. 384 ff.). Voraussetzung für ein Gesamtschuldverhältnis mit einem Sonderfachmann ist zunächst eine Haftung des Architekten. Dieser hat dem Sonderfachmann die für seine Leistungen erforderlichen Informationen (z. B. Angaben über Bodenverhältnisse oder Grundwasserstand) zu erteilen und sich zu vergewissern, dass der Sonderfachmann von den richtigen Grundlagen ausgegangen ist[669]. Von dem Architekten kann eine Überprüfung der Planung des Sonderfachmanns nur dort erwartet werden, wo er über die notwendigen Kenntnisse verfügt.[670]

220 Neben dem von dem Auftraggeber in Anspruch genommenen Architekten konnte sich der Sonderfachmann gegenüber dem Auftraggeber nach der bisherigen Rechtsprechung nicht auf ein **Mitverschulden des Architekten** berufen, weil keine vertragliche Verpflichtung des Auftraggebers zur Vorlage einer ordnungsgemäßen Planung des Architekten gegenüber dem Sonderfachmann besteht. Umgekehrt war der durch einen selbstständigen Vertrag beauftragte Sonderfachmann regelmäßig nicht Erfüllungsgehilfe des Bauherrn im Verhältnis zum Architekten.[671] Der BGH hatte es ausdrücklich offengelassen, ob diese Auffassung, die auf eine vertraglich übernommene Pflicht abstellt, nach der neuen Rechtsprechung zu den Mitwirkungsobliegenheiten des Bauherrn aufrechterhalten werden kann.[672] Bei der Haftung von Architekt und Sonderfachmann ist kein Unterschied erkennbar, der es in Bezug auf die Risikoverteilung im Falle einer Zurechnung eines Planungsfehlers rechtfertigen würde, die Anwendung der §§ 278, 254 BGB im Gegensatz zu dem Verhältnis zwischen planendem und bauüberwachendem Architekt abzulehnen. Dies hat der BGH[673] inzwischen für den Fall entschieden, dass der Auftraggeber oder der von ihm beauftragte Architekt dem Tragwerksplaner fehlerhafte Pläne oder Unterlagen zu den zu berücksichtigenden Boden- und Grundwasserverhältnissen zur Verfügung gestellt hatte. Dasselbe gilt für den Fall, dass der mit der Objektplanung beauftragte Architekt dem Freianlagenplaner Pläne zur Verfügung stellen muss.[674] Den Bauherrn trifft in beiden Fällen eine Mitwirkungsobliegenheit, dem Architekten oder dem Sonderfachmann die jeweils erforderlichen Planungen des anderen zur Verfügung zu stellen. Deren Verletzung führt zu einer Zurechnung des Planungsverschuldens nach den §§ 254, 278 BGB[675]. Etwas anderes gilt für die Haftung des Architekten oder des Fachplaners dann, wenn deren Planung nicht auf

---

668 OLG Stuttgart BauR 1996, 748; OLG Köln NJW 2016, 2430.
669 Vgl. dazu *Engbers* NZBau 2013, 618 m. w. N.
670 BGH BauR 1996, 404 = NJW-RR 1996, 852; BGH BauR 2001, 823 = NZBau 2001, 270; BGH BauR 2003, 1918 = NZBau 2003, 567; BGH BauR 2003, 1918 = NZBau 2003, 567; OLG Düsseldorf BauR 2005, 423 für Fehler eines Brandschutzgutachtens.
671 BGH BauR 1971, 265, 267; BGH BauR 2002, 1719 = NZBau 2002, 616; BGH BauR 2003, 1918 = NZBau 2003, 567; vgl. Rdn. 376.
672 Vgl. BGH BauR 2009, 515 = NJW 2009, 582; bejahend OLG Hamm BauR 2011, 1687 = NJW 2011, 316; OLG Dresden BauR 2012, 1837; vgl. OLG Düsseldorf NZBau 2015, 89.
673 BGH BauR 2013, 1468 = NZBau 2013, 519.
674 BGH NJW 2016, 3022.
675 Vgl. *Vorwerk* in TWK, § 19 Rn. 35; *Koeble* in Kniffka/Koeble, 12. Teil Rn. 750; *Schlemmer* FS Jochem S. 285, 299 ff.; a. A. für den Fall, dass der Architekt seine Ausfüh-

der ihnen übergebenen fehlerhaften Planung aufbaut, sondern unabhängig davon zu erstellen ist.[676]

c) Gesamtschuldnerische Haftung zwischen planendem und objektüberwachendem Architekten

Ein Gesamtschuldverhältnis besteht auch bei der **Haftung zweier Architekten**, von denen der eine die **Planung** und der andere die **Überwachung** in Auftrag hat.[677] Wird der Planer in Anspruch genommen, kann er sich nicht auf einen Fehler des Überwachers berufen.[678] Umstritten ist die Frage, ob der nur überwachend tätige Architekt dem Bauherrn ein Mitverschulden des planenden Architekten nach den §§ 278, 254 BGB entgegenhalten kann, weil dieser **Erfüllungsgehilfe des Bauherrn** ist. Dies wurde von der früher h. M. mit der Begründung verneint, dass der Bauherr nicht verpflichtet sei, dem bauleitenden Architekten mangelfreie Pläne zur Vermeidung von Baumängeln zur Verfügung zu stellen. Vielmehr sei es Aufgabe des bauleitenden Architekten, für eine mangelfreie Errichtung des Bauwerkes zu sorgen.[679] Diese Auffassung ist abzulehnen. Sie verkennt, dass der bauleitende Architekt seine Tätigkeit nur auf der Grundlage von ordnungsgemäßen Ausführungsplänen erbringen kann. Erkennt er einen Fehler in diesen Plänen, kann er vom Bauherrn eine einwandfreie Planung verlangen. Insoweit besteht kein Unterschied zur Situation des bauausführenden Unternehmers. So sind beide im Rahmen ihrer Fachkunde verpflichtet, den Bauherrn auf erkennbare Fehler hinzuweisen. Nach zutreffender Auffassung des BGH[680] trifft den Bauherrn eine Obliegenheit im Sinne eines Verschuldens gegen sich selbst, dem bauleitenden Architekten ebenso wie dem Unternehmer ordnungsgemäße Pläne zur Verfügung zu stellen. Eine Verletzung dieser Obliegenheit hat zur Folge, dass der bauleitende Architekt gegenüber Schadensersatzansprüchen des Bauherrn ein Mitverschulden des Planers nach den §§ 278, 254 BGB einwenden kann.[681] Dasselbe gilt für das Verhältnis des objektplanenden Architekten zum Freianlagenplaner.[682]

221

---

rungsplanung auf der Grundlage einer mangelhaften Statik erstellt *Langen* NZBau 2015, 1; OLG Düsseldorf NZBau 2015, 98; OLG Hamm BauR 2011, 1687 = NZBau 2011, 48.
676 Insoweit zutreffend OLG Dresden BauR 2012, 1837.
677 BGH BauR 1989, 97 = NJW-RR 1989, 96; OLG Köln BauR 1997, 505; OLG Karlsruhe BauR 2004, 363 = NZBau 2004, 617; vgl. dazu *Lenzen* BauR 2000, 816.
678 BGH BauR 1989, 97 = NJW-RR 1989, 96; BGH BauR 2009, 515 = NJW 2009, 582.
679 OLG Bamberg NJW-RR 1992, 91; OLG Köln BauR 1997, 505 = NJW-RR 1997, 597; OLG Düsseldorf BauR 1998, 582 = NJW-RR 1998, 741; BauR 2008, 2070; OLG Stuttgart BauR 2003, 1062, 1064; OLG Karlsruhe BauR 2004, 363 = NZBau 2004, 617; *Glöckner* BauR 2005, 251, 269.
680 BauR 2009, 515 = NJW 2009, 582; vgl. dazu *Leupertz* BauR 2010, 1999.
681 *Langen* NZBau 2015, 1; *Werner/Frechen* in Werner/Pastor, Rn. 2498; *Gartz* BauR 2010, 703; I. E. ebenso OLG Celle BauR 2003, 104; OLG Frankfurt NJW-RR 2009, 1244; *Lenzen* BauR 2000, 816, 819; *Soergel* BauR 2005, 239, 246; *Kirberger* BauR 2006, 239; *Locher*, Rn. 449; *Löffelmann*, FS Motzke, S. 232 ff.; *Löffelmann/Fleischmann*, Rn. 680; *Löffelmann*, FS Werner, S. 219, 228.
682 BGH BauR 2016, 1943 = NJW 2016, 3022.

Einleitung

222 Bei der Bemessung der Verschuldensanteile des planenden und des objektüberwachenden Architekten ist zu berücksichtigen, dass der Bauüberwachung für die Realisierung des Bauvorhabens eine zentrale Bedeutung zukommt und deshalb ein vollständiges Zurücktreten der Haftung des objektüberwachenden Architekten in der Regel nicht in Betracht kommt. Hier wird deshalb im Normalfall ein etwas höherer Mitverschuldensanteil des überwachenden Architekten anzusetzen sein als beim Unternehmer, der einen Planungsfehler übersieht.[683]

d) Der Gesamtschuldnerausgleich

223 Dem von dem Auftraggeber in Anspruch genommenen Gesamtschuldner stehen nach § 426 BGB zwei selbstständige Anspruchsgrundlagen für den Gesamtschuldnerausgleich zur Verfügung. § 426 Abs. 1 BGB gewährt einen eigenständigen gesetzlichen Ausgleichsanspruch, der bereits mit der Begründung der Gesamtschuld entsteht.[684] Nach § 426 Abs. 2 BGB geht die Forderung mit der Bezahlung durch einen Gesamtschuldner im Wege einer Legalzession auf diesen in Höhe der im Innenverhältnis bestehenden Quote über. Der Ausgleichsanspruch nach § 426 Abs. 1 BGB unterliegt der **Regelverjährung**.[685] Diese beträgt nach § 195 BGB 3 Jahre.[686] Dagegen richtet sich die Verjährungsfrist des nach § 426 Abs. 2 BGB übergegangenen Anspruchs nach der Verjährungsfrist für diesen Anspruch des Auftraggebers gegenüber dem nicht in Anspruch genommenen Gesamtschuldner.

224 Der **Umfang der Ausgleichspflicht** hängt von den Umständen des Einzelfalls nach dem Grad der Verantwortlichkeit des einzelnen Gesamtschuldners für den Baumangel ab.[687] Diese Abwägung kann dazu führen, dass im Innenverhältnis ein Gesamtschuldner den Schaden ausnahmsweise alleine zu tragen hat oder dass der Schaden zwischen den Gesamtschuldnern aufzuteilen ist. Begeht der Architekt einen Planungsfehler, den der Unternehmer fahrlässiger Weise nicht erkannt und auf den er gemäß § 4 Abs. 3 VOB (B) nicht hingewiesen hatte, so wird dem Architekten im Innenverhältnis der Schaden überwiegend zur Last fallen.[688] Die auch in der Rechtsprechung gelegentlich vertretene Auffassung, dass in diesem Fall die alleinige Verantwortung im Innenverhältnis den Architekten trifft, würde der Bedeutung der Prüfungs- und Hinweisobliegenheit des Unternehmers nicht gerecht werden, weil der Schaden im Falle einer ordnungsgemäßen Prüfung der Pläne und eines darauf folgenden Hinweises vollständig vermieden worden wäre.[689] Hat dagegen der Unternehmer den Planungsfehler positiv erkannt und

---

683 BGH BauR 2009, 515 = NJW 2009, 582.
684 BGHZ 59, 92; BGH BauR 2009, 1458.
685 BGH BauR 1971, 60.
686 Vgl. dazu BGH BauR 2009, 1458 = NJW 2010, 60; BGH BauR 2009, 1609 = NJW 2010, 62; *Klein/Moufang*, Jahrbuch Baurecht 2006, S. 205 ff.
687 Vgl. hierzu i. E. *Soergel*, FS Heiermann, S. 309; *Kniffka* BauR 2005, 274.
688 Vgl. OLG Stuttgart BauR 1992, 806; OLG Koblenz NZBau 2012, 649; kritisch *Kniffka* BauR 2005, 274, 276; vgl. auch BGH BauR 2005, 1016, 1018 f.
689 BGH BauR 2005, 1016; *Kniffka* BauR 2005, 274.

trotzdem keine Bedenken gegen die Ausführung angemeldet, trifft ihn in aller Regel die alleinige Verantwortung.[690]

Ist der Baumangel entscheidend durch den Ausführungsfehler des Unternehmers verursacht worden, den der Architekt im Rahmen seiner Bauaufsicht infolge normaler Fahrlässigkeit nicht erkannt hatte, so wird im Innenverhältnis überwiegend der Unternehmer belastet werden.[691] Ebenso wie bei dem oben erwähnten Fall eines Planungsfehlers des Architekten ist aber die Objektüberwachungspflicht des Architekten im Falle eines Ausführungsfehlers in der Regel nicht als derart gering zu bewerten, dass dessen Haftungsquote im Innenverhältnis vollständig gegenüber dem Ausführungsfehler zurücktritt. Der Architekt hatte es in der Hand, den Mangel und den daraus resultierenden Schaden durch eine ordnungsgemäße Objektüberwachung zu verhindern[692].Hier ist immer eine Einzelfallabwägung unter Berücksichtigung der Verursachungsanteile vorzunehmen. Dies gilt auch dann, wenn Planungsfehler des Architekten mit Ausführungsfehlern des Unternehmers zusammentreffen[693] oder beim Zusammentreffen von Fehlern des planenden und des bauüberwachenden Architekten.[694]   225

e) **Haftungsausgleich bei gestörten Gesamtschuldverhältnissen**

Probleme ergeben sich bei der »**gestörten Gesamtschuld**«. Architekten- und BGB- sowie VOB-Bauverträge unterscheiden sich hinsichtlich der Haftung und der Verjährung. Der Auftraggeber kann mit einem der Gesamtschuldner (Architekt oder Bauunternehmer) haftungserleichternde Abreden treffen. Auch können Mängelansprüche gegen den Unternehmer verjährt sein, während diese gegen den mit den Leistungsphasen 1–9 des § 34 HOAI beauftragten Architekten noch nicht verjährt sind. Es fragt sich dann, ob sich diese Privilegierung auf den Anspruch des Gläubigers gegen den nicht begünstigten anderen Gesamtschuldner oder auf den gesamtschuldnerischen Ausgleichsanspruch des von dem Auftraggeber in Anspruch genommenen nicht privilegierten Gesamtschuldners auswirkt.[695] Nach Auffassung des BGH[696] kann in diesen Fällen der nicht begünstigte Gesamtschuldner von dem Gläubiger voll in Anspruch genommen werden. Als Folge verhindert die Privilegierung des anderen Gesamtschuld-   226

---

690 BGH BauR 1991, 79; OLG Bamberg BauR 2002, 1708; *Kniffka* BauR 2005, 274, 277.
691 *Werner* in *Werner/Pastor*, Rn. 2493; kritisch zu einer alleinigen Haftung des Unternehmers *Kniffka* BauR 2005, 274, 277, der zu Recht darauf hinweist, dass der Architekt durch die mangelhafte Bauaufsicht die eigentliche Ursache für die weiteren Schäden setzt; a. A. OLG Stuttgart BauR 2006, 1772, das von einer alleinigen Haftung ausgeht, soweit nicht besonders schwerwiegende Fehler vorliegen oder besonders gefahrträchtige Abschnitte betroffen sind; ebenso KG BauR 2009, 692.
692 BGH BauR 2009, 515 = NZBau 2009, 185; OLG Düsseldorf BauR 2015, 864; *Kniffka* in Kniffka/Koeble, 6. Teil Rn. 92.
693 OLG Frankfurt BauR 1987, 322 für Mängel eines Flachdachs.
694 Vgl. Rdn. 222; a. A. für eine alleinige Haftung des planenden Architekten im Innenverhältnis OLG Frankfurt BauR 2004, 1329.
695 Vgl. dazu *Stamm* BauR 2004, 240; *Glöckner* BauR 2005, 251, 271.
696 BGHZ 58, 216 = BauR 1972, 246; BGH BauR 2009, 1609 = NZBau 2010, 45.

ners nicht dessen Inanspruchnahme nach § 426 Abs. 1 BGB durch den nicht privilegierten Gesamtschuldner. Dagegen wird teilweise in der Literatur eine Lösung vertreten, wonach sich der Anspruch des Auftraggebers gegen den nicht privilegierten Gesamtschuldner um den Verantwortungsanteil des haftungsbegünstigten Gesamtschuldners vermindern soll.[697]

f) Vergleich mit einem Gesamtschuldner

227 Schließt der Auftraggeber mit einem Gesamtschuldner einen **Vergleich** über die Mängelansprüche, stellt sich die Frage nach den Auswirkungen auf die Ansprüche gegen den anderen Gesamtschuldner, der an dem Vergleich nicht beteiligt ist. Nach der h. M. haben Vergleiche mit einem Gesamtschuldner i. d. R. keine (auch nicht eine beschränkte) Gesamtwirkung.[698] Der Auftraggeber kann dann etwa nach einem Vergleich mit dem Unternehmer die restlichen Ansprüche in vollem Umfang gegen den Architekten geltend machen,[699] was wiederum zu einem Regress des Architekten gegen den Unternehmer nach § 426 Abs. 1 BGB führen kann. Der Auffassung des BGH, welcher ohne besondere Anhaltspunkte eine beschränkte Gesamtwirkung des Vergleichs ablehnt, ist zu folgen. Zwar liegt eine endgültige Abgeltung und Erledigung der gegen ihn gerichteten Ansprüche im Interesse des Schuldners. Demgegenüber ist das Interesse des Gläubigers darauf gerichtet, sich an den anderen Gesamtschuldnern schadlos zu halten, so dass im Regelfall nicht von einem teilweisen Erlass der Forderung gegen die übrigen Gläubiger auszugehen ist. Wurde keine eindeutige Vereinbarung getroffen, kann deshalb eine Auslegung des Vergleichs nur aufgrund von besonderen Umständen dazu führen, dass auch die Verbindlichkeit des nicht am Vergleich beteiligten Gesamtschuldners insoweit erlöschen soll, als sie dessen Mithaftungsquote im Innenverhältnis übersteigt (**beschränkte Gesamtwirkung**). Davon ist dann auszugehen, wenn beide Parteien eine abschließende Regulierung der gegen den Schuldner bestehenden Ansprüche treffen wollten.[700] Dafür ist es aber nicht schon ausreichend, dass den Schuldner im Innenverhältnis die alleinige oder jedenfalls ganz überwiegende Haftung trifft. Vielmehr kommt es auf den Willen beider Parteien an, den Schuldner auch von dem Risiko zu befreien, dass der Vergleich durch einen Gesamtschuldnerausgleich entwertet würde.[701] Ohne

---

697 *Medicus* JZ 1967, 398; *Werner/Frechen* in *Werner/Pastor*, Rn. 2518; a. A. *Stamm* BauR 2004, 240; MünchKomm-*Selb* 4. Aufl. § 426 BGB Rn. 20; *Zerr* NZBau 2002, 241, 244; *Langen* NZBau 2015, 71.
698 Z. B. BGH NJW 1972, 943; BGH NJW 1986, 1097; BGH NJW 2000, 1942; BGH NJW 2012, 1071; BGH Urt. v. 22.03.2012 – VII ZR 129/11 = IBR 2012, 1172; OLG Celle BauR 2008, 1489; OLG Celle BauR 2009, 1161; *Maase* BauR 2013, 527; a. A. *Klein/Moufang*, Jahrbuch Baurecht 2006, S. 203 ff.; vgl. dazu *Ganten* BauR 2011, 404 ff.
699 OLG Hamm NJW-RR 1988, 1174; OLG Hamm BauR 1990, 638 = MDR 1990, 338.
700 *Kniffka* BauR 2005, 274, 283; vgl. dazu i. E.*Kniffka* in Kniffka/Koeble, 1. Teil Rn. 26 ff.
701 BGH NJW 2012, 1071; a. A. OLG Köln BauR 1993, 744; OLG Dresden BauR 2005, 1954; OLG Düsseldorf BauR 2007, 2097, die eine beschränkte Gesamtwirkung schon aus der alleinigen Haftung im Innenverhältnis herleiten.

derartige besondere Anhaltspunkte verbleibt es bei der Einzelwirkung des Vergleichs.[702]

23. Die Verjährung der Mängelansprüche

Die Vorschriften der Verjährung dienen dem Rechtsfrieden. In Bausachen sind kurze Verjährungsfristen deshalb problematisch, weil ein Mangel häufig erst spät erkannt wird. Die Mängelansprüche gegen den Architekten einschließlich der Mangelfolgeschäden verjähren in fünf Jahren nach der Abnahme, weil es sich um die Erbringung von Planungs- oder Überwachungsleistungen für Bauwerke handelt (§ 634a Abs. 1 Nr. 2 BGB).[703] Diese Frist gilt auch für die Minderung und den Rücktritt, obwohl es sich dabei um Gestaltungsrechte handelt, die nicht der Verjährung unterliegen. Insoweit ist über § 634a Abs. 4, 5 BGB mit dem Verweis auf § 218 BGB eine Angleichung erfolgt. Die Verjährung stellt eine Einrede dar. Für die Voraussetzungen ist der Auftragnehmer darlegungs- und beweispflichtig. Die Einrede kann auch noch in der Berufungsinstanz erhoben werden, wenn der Sachverhalt bzw. die zugrunde liegenden tatsächlichen Umstände unstreitig sind.[704] 228

Bei der **Verletzung von Nebenpflichten**, die Schadensersatzansprüche nach § 280 BGB begründen, gilt dagegen die Regelverjährung des § 195 BGB.[705] Trotzdem unterliegen Mängelrechte wegen einer Pflichtverletzung bei der Ausführung der in den Leistungsbildern in der HOAI[706] aufgeführten Leistungen nicht der Regelverjährung, weil diese Leistungen Bestandteil des geschuldeten Gesamtwerks sind. Dies gilt nicht nur für Planung, Vergabe und Überwachung, sondern auch für Beratungs- und Aufklärungspflichten.[707] Die Abgrenzung von § 634a Abs. 1 Nr. 2 BGB zu Planungs- und Überwachungsleistungen bei der Herstellung und Veränderung einer Sache nach § 634a Abs. 1 Nr. 1 BGB entspricht der Abgrenzung zwischen Bauwerken und Grundstücken nach altem Recht.[708] Unter die zweijährige Verjährungsfrist des § 634a Abs. 1 Nr. 1 BGB fallen somit auch Ansprüche gegen den Architekten wegen der Planung oder Überwachung von reinen Abbrucharbeiten.[709] 229

Die Verjährung der Mängelansprüche beginnt mit der **Abnahme**, die die Vollendung des Werks voraussetzt, oder mit einer endgültigen Abnahmeverweigerung.[710] Da der Architekt nicht die Errichtung des Bauwerks schuldet, sondern nur eine geistige Leis- 230

---

702 BGH NJW 2012, 1071.
703 *Dölle* in *Werner/Pastor*, Rn. 2865; *Stern* in TWK, § 23 Rn. 3.
704 BGH NJW 2008, 3434 = BauR 2009, 131; vgl. dazu *Kroppenberg* NJW 2009, 642 auch zur Berücksichtigung unstreitigen, neuen Vorbringens in der Berufungsinstanz sowie zur Beweisaufnahme als mittelbare Folge der Berücksichtigung unstreitigen Vorbringens.
705 OLG Zweibrücken NZBau 2009, 389; MünchKomm/*Busche* § 634a Rn. 10; *Löffelmann/Fleischmann* Rn. 1981.
706 Z. B. Anlage 10 zu § 34 HOAI.
707 Vgl. i. E. *Koeble*, FS Locher, S. 117.
708 *Dölle* in *Werner/Pastor*, Rn. 2849; *Löffelmann/Fleischmann*, Rn. 1912.
709 BGH BauR 2004, 1798 = NZBau 2004, 434.
710 BGH BauR 2000, 128 = NZBau 2000, 22.

Einleitung

tung zu erbringen hat, erfolgt in der Praxis häufig keine förmliche Abnahme der Architektenleistungen, so dass es auf eine konkludente Annahme ankommt (vgl. dazu Einl. Rdn. 133 ff.). Liegt keine dieser Voraussetzungen vor, etwa weil sich ein Mangel vor der Abnahme zeigt und die Abnahme nicht endgültig verweigert wird, beginnt die Verjährungsfrist des § 634a Abs. 1 Nr. 2 BGB trotzdem erst mit der Abnahme oder mit der endgültigen Abnahmeverweigerung zu laufen. In diesen Fällen gilt nach Auffassung des BGH, der seine gegenteilige Rechtsprechung ausdrücklich aufgegeben hat, nicht die Regelverjährung.[711] Kommt es zu keiner Abnahme des Architektenwerks, so beginnt der Lauf der Verjährungsfrist erst ab dem Zeitpunkt, zu dem das Architektenwerk und die Abnahme endgültig abgelehnt wurden. Eine derartige Ablehnung kann auch in einer **Kündigung** des Architektenvertrags liegen.[712]

231 Probleme mit dem Verjährungsbeginn ergeben sich dann, wenn der Architekt die **Leistungsphase 9** des § 34 HOAI in Auftrag erhalten hat (vgl. Einl. Rdn. 136). Der Beginn der Verjährungsfrist setzt dann die Erbringung der in der Leistungsphase 9 geschuldeten Leistungen voraus. Da zu den Grundleistungen der Leistungsphase 9 auch die Objektbegehung zur Mängelfeststellung vor Ablauf der Verjährungsfristen der Gewährleistungsansprüche gegen die bauausführenden Unternehmen zählt, führt die Mitübertragung dieser Leistungsphase faktisch nahezu zu einer Verdoppelung der Verjährungsfristen, weil die Abnahme der Architektenleistung erst nach der Objektbegehung vor Ablauf der Verjährungsfrist für das letzte Gewerk stattfinden kann (zur Unwirksamkeit von Klauseln die zu einer Verkürzung der Verjährungsfrist führen vgl. Rdn. 294 ff.).[713] Beruft sich der Architekt auf den Ablauf der Verjährungsfrist mit der bestrittenen Behauptung, dass ihm die Leistungsphase 9 nicht mit übertragen worden sei, ist er dafür beweispflichtig, weil der Schuldner den Beginn und den Ablauf der Verjährungsfrist zu beweisen hat.[714] Da eine konkludente Abnahme eine vollständige Fertigstellung des Werks voraussetzt, kann in der verfrühten Bezahlung der Schlussrechnung eines mit der Leistungsphase 9 beauftragten Architekten etwa nach Fertigstellung des Gebäudes keine Abnahme gesehen werden.[715] Der Lauf der Verjährungsfrist beginnt in diesen Fällen erst dann, wenn feststeht, dass der Architekt keine Leistungen mehr zu erbringen hat, etwa wenn die Verjährungsfristen gegen alle bauausführenden Unternehmen abgelaufen sind. Der Architektenvertrag wandelt sich in diesem Zeit-

---

711 BGH BauR 2010, 1778 = NJW 2010, 3573; BGH BauR 2011,1032; a. A. noch BGH BauR 2000, 128 = NZBau 2000, 22; OLG Hamm BauR 2008, 1482 = NJW-RR 2008, 1053; *Koeble*, FS Kraus, S. 398; *Schwartmann* NZBau 2000, 60.
712 BGH VersR 1963, 881; BGH BauR 2000, 128 = NZBau 2000, 22; OLG Hamm BauR 2008, 1482 = NJW-RR 2008, 1053; vgl. dazu *Kniffka* ZfBR 1998, 113, 118.
713 BGH NJW 1994, 1276 = BauR 1994, 392; BGH BauR 2000, 1513; OLG Köln BauR 1992, 803 = NJW-RR 1992, 1173; Thür. OLG Jena BauR 2008, 1927; OLG Celle BauR 2012, 673; vgl. Rdn. 136.
714 OLG Düsseldorf BauR 2005, 1660.
715 BGH BauR 2006, 396 = NZBau 2006, 122.

Einleitung

punkt in ein Abwicklungsverhältnis um, sodass es für den Lauf der Verjährungsfrist keiner Abnahme mehr bedarf.[716]

Nach der Rechtsprechung beginnt die Verjährungsfrist nicht zu laufen, wenn der Architekt auf Frage des Auftraggebers nach der Verantwortlichkeit für einen erkannten Mangel seine eigenen Planungs- oder Überwachungsfehler nicht zugibt. Weitergehend hat der BGH in ständiger Rechtsprechung entschieden, dass der Architekt aufgrund seiner **Sachwalterstellung** von sich aus ungefragt zur Offenbarung der eigenen Fehler verpflichtet sei.[717] Geschieht dies nicht, wird eine **Sekundärhaftung des Architekten** wegen der Verletzung dieser Aufklärungspflicht begründet mit der Folge, dass er sich nicht auf die Verjährung von Ansprüchen wegen der offenbarungspflichtigen Mängel berufen kann. Diese Aufklärungspflicht ist nicht davon abhängig, ob dem Architekten die Leistungsphasen 4 oder 9 des § 34 HOAI übertragen worden sind.[718] Die Sachwalterstellung erfordert aber eine umfassende Beauftragung mit den zentralen Leistungsphasen, die bis zur Leistungsphase 8 reichen muss.[719] Der Schadensersatzanspruch unterliegt der Regelverjährung des § 195 BGB und nicht der fünfjährigen Verjährungsfrist des § 634a BGB.[720] Er verjährt deshalb drei Jahre nach Kenntnis oder grob fahrlässiger Unkenntnis von den anspruchsbegründenden Umständen und somit von der Verletzung der Aufklärungspflicht durch den Architekten, spätestens aber nach zehn Jahren. Auch die spätere Beendigung des Architektenvertrags lässt die einmal begründete Sekundärhaftung des Architekten nicht entfallen.[721] Voraussetzung für eine Sekundärhaftung des Architekten ist, dass der Bauherr nicht selbst sachkundig ist oder sich eines sachkundigen Dritten bedient.[722] Sachkunde wurde z. B. bejaht bei Einsatz eines Ingenieurs durch den Bauherrn.[723] Diese Auffassung ist nicht unbedenklich.[724] Tritt der

232

---

716 OLG München NJW 2012, 3188 = NZBau 2012, 711; OLG Brandenburg NJW 2012, 2594 = NZBau 2012, 507; BauR 2015, 699 = NJW 2015, 1888.
717 BGHZ 71, 144 = BauR 1978, 235 = NJW 1978, 1311; BGH BauR 1986, 112 = NJW-RR 1986, 182; BGH BauR 1987, 343 = NJW 1987, 2743 auch zu den Ausnahmen; BGH BauR 1996, 418 = NJW 1996, 1278; BGH BauR 2000, 1513 = NJW 2000, 525; BGH BauR 2007, 423 = NJW 2007, 365; BGH BauR 2009,1607 = NJW 2009, 3360; OLG Hamm BauR 2006, 704; OLG München BauR 2008, 1929; vgl. dazu i. E. *Lauer* BauR 2003, 1639; *v. Rintelen* NZBau 2008, 209; *J. Jochem* BauR 2012, 16; gegen die Anwendung der Grundsätze der Sekundärhaftung auf den Architekten: *Reinelt/Pasker* BauR 2010, 983; *Scholtissek*, FS Koeble, S. 489.
718 BGH BauR 2007, 423 = NJW 2007, 365, der ohne dies zu problematisieren, bei der Beauftragung mit den Leistungsphasen 1 – 8 eine Sekundärhaftung bejaht hatte; BGH BauR 2013, 2031 = NZBau 2013, 779; v. *Rintelen* NZBau 2008, 209; *J. Jochem* BauR 2012, 16 f.
719 BGH BauR 2009,1607 = NJW 2009, 3360; vgl. dazu *Nossek/Klaft* BauR 2010, 152; *Scholtissek* NZBau 2010, 94.
720 BGH BauR 2004, 1476; BGH BauR 2007, 423 = NJW 2007, 365.
721 BGH BauR 2002, 1718 = NZBau 2002, 617.
722 BGH BauR 1986, 112 = NJW-RR 1986, 182.
723 OLG Jena BauR 2008, 1927.
724 Vgl. i. E. *Koeble*, FS Locher, S. 117 [122 ff.]; OLG Köln BauR 1991, 649.

Einleitung

Mangel erst nach Ablauf der Verjährungsfrist auf, fehlt es an der Ursächlichkeit der Verletzung von Sekundärpflichten für den Verjährungseintritt.[725]

233 Dagegen hat der BGH[726] eine **Sekundärhaftung des Tragwerksplaners** und somit im Ergebnis auch von anderen Fachingenieuren abgelehnt, weil diesen nicht die zentrale Sachwalterstellung eines umfassend beauftragten Architekten zukommt, die ein Vertrauen des Bauherrn auf die umfassende Aufklärung über eigene Mängel begründen kann (vgl. dazu i. E. Rdn. 385).[727]

234 Die Verjährungsfrist kann in AGB und Formularverträgen nicht wirksam verkürzt werden (vgl. oben Rdn. 294 ff.). Eine **Subsidiaritätsklausel** (zur Wirksamkeit der Klausel vgl. oben Rdn. 285) kann auf den **Verjährungsbeginn** entscheidende Auswirkungen haben.[728] Nach Auffassung des BGH[729] beginnt die Frist in diesem Fall erst zu laufen, wenn feststeht, dass Ansprüche gegen die am Bau Beteiligten nicht realisiert werden können.[730] Dasselbe gilt für den im Regierungsentwurf zum Bauvertragsrecht neu eingeführten § 650s BGB-E. Danach kann der Architekt die Leistung so lange verweigern, bis eine von dem Bauherren gegenüber dem Unternehmer gesetzte Nacherfüllungsfrist erfolglos abgelaufen ist. Da der Anspruch gegen den Architekten bereits vor dem Ablauf der Nacherfüllungsfrist entstanden ist, steht dieser somit nicht unter einer aufschiebenden Bedingung der vorherigen Inanspruchnahme des Unternehmers. Dem Architekten wird lediglich ein Recht zur Leistungsverweigerung eingeräumt. Die Verjährungsfrist beginnt somit mit der Abnahme der Architektenleistung. Im Falle einer Inanspruchnahme des Unternehmers durch den Bauherren wird die Verjährung der Schadensersatzansprüche gegen den Architekten gehemmt.[731]

235 Solange sich der Architekt im Einvernehmen mit dem Auftraggeber bemüht zu prüfen, ob ein von diesem behaupteter Mangel des Architektenwerks vorliegt oder einen Mangel mit Hilfe des Bauunternehmers zu beseitigen versucht, ist die **Verjährung** nach § 203 BGB so lange **gehemmt**, bis er dem Auftraggeber das Ergebnis dieser Prüfung mitteilt, ihm gegenüber den Mangel für beseitigt erklärt oder aber sich weigert, die Beseitigung durchzuführen. Auch sonstige Verhandlungen über den Anspruch führen nunmehr nach § 203 BGB zur Hemmung der Verjährung. Ein in der Praxis häufig vorkommender Fall der Hemmung liegt vor, wenn der Architekt eine Mängelanzeige zur weiteren Veranlassung seiner Haftpflichtversicherung weiterleitet und dies dem Auf-

---

725 KG BauR 2008, 1025; OLG Hamm BauR 2008, 1450; *Koeble* in Kniffka/Koeble, 12. Teil, Rn. 831 m. w. Nachw.
726 BGH BauR 2002, 108 = NJW 2002, 288 = NZBau 2002, 42.
727 BGH BauR 2011, 1840 = NZBau 2011, 691.
728 Vgl. zum Beginn der Verjährungshemmung OLG Köln NZBau 2011, 430.
729 BauR 1987, 343 = NJW 1987, 2743; OLG Hamm BauR 2006, 704 = NZBau 2006, 324; vgl. auch OLG Köln NZBau 2011, 430, das für die zugrunde liegende Klausel von einer Hemmung der Verjährung im Falle einer Inanspruchnahme des Unternehmers ausgeht.
730 Vgl. i. E. *Koeble*, FS Locher, S. 117 [122 ff.].
731 Vgl. OLG Köln NZBau 2011, 430.

traggeber mitteilt.⁷³² Die Hemmung tritt hier mit der Information des Auftraggebers ein, nicht schon durch die bloße Weiterleitung ohne Nachricht.⁷³³

Die **Hemmung** der Verjährung nach § 203 BGB beginnt mit einer Reaktion des Architekten, aus der sich für den Auftraggeber ergibt, dass sich dieser auf eine Diskussion über die Forderung einlässt.⁷³⁴ Ausreichend ist jeder Meinungsaustausch über den Mangel, sofern der Architekt eine Haftung nicht sofort und eindeutig ablehnt.⁷³⁵ Ist der Zeitpunkt der Verhandlungen bzw. der Einverständniserklärung des Architekten nicht feststellbar, beginnt die Hemmung mit dem ersten Mangelbeseitigungsversuch. Der bloßen tatsächlichen Beendigung von Mangelbeseitigungen kann, zumindest dann, wenn damit gerechnet werden muss, dass die Nachbesserungsversuche sich als erfolglos erweisen, nicht ohne Weiteres die Erklärung entnommen werden, der Mangel sei beseitigt.⁷³⁶ 236

Das BGB unterscheidet nicht zwischen »offenen« und »versteckten« Mängeln. Werden jedoch Mängel **arglistig verschwiegen**, was voraussetzt, dass der Verschweigende die Mangelhaftigkeit seiner Leistung kennt, sich bewusst ist, dass dadurch die Bauleistung erheblich beeinträchtigt ist und doch den Mangel nicht offenbart, obwohl er zur Mitteilung verpflichtet ist, gilt die Regelung des § 634a Abs. 3 i. V. m. Abs. 1 Nr. 2 BGB. Danach verjähren die Mängelansprüche in der Regelfrist. Da diese kürzer als die 5-jährige Verjährungsfrist des § 634a Abs. 1 Nr. 2 BGB sein kann, regelt § 634a Abs. 3 S. 1 BGB, dass die Verjährung nicht vor Ablauf der 5-Jahres-Frist eintritt. Dabei muss aber eine positive Kenntnis von dem Mangel bestehen, weil ansonsten die Grenze zur Verjährung von Ansprüchen wegen einer fahrlässigen Verletzung der Objektüberwachungspflicht überschritten würde.⁷³⁷ 237

Ein **arglistiges Verschweigen** eines Mangels liegt auch dann vor, wenn der mit der Bauüberwachung beauftragte Architekt verschweigt, dass er keine Bauüberwachung vorgenommen oder einzelne überwachungspflichtige Gewerke nicht überwacht hatte und dies verschweigt.⁷³⁸ Dabei kann sich die unterlassene Bauüberwachung auf einen abgrenzbaren und besonders schadensträchtigen Teil der Baumaßnahme beschränken.⁷³⁹ Ebenso kann es ausreichend sein, dass der Architekt weiß, dass er die Objektüberwachung unzureichend ausgeführt hatte und deshalb ein Mangel auftreten kann, 238

---

732 BGH BB 1982, 149; BauR 1985, 202.
733 *Kniffka/Koeble*, 12. Teil, Rn. 515.
734 *Stern* in TWK, § 24 Rn. 8.
735 BGH BauR 2007, 380 = NZBau 2007, 184.
736 OLG Düsseldorf BauR 1994, 1461.
737 OLG München BauR 2008, 1334.
738 BGH BauR 2004, 1476; BGH BauR 2010, 1966 = NZBau 2010, 771; OLG Brandenburg NJW-RR 2016, 1115.
739 BGH BauR 2010,1966 = NZBau 2010, 771; KG BauR 2006, 2094.

Einleitung

ohne dass er den Auftraggeber darüber aufklärt.[740] Dabei hat er sich die Kenntnis von eingesetzten Bauleitern zurechnen zu lassen.[741]

239 Nach der früheren Rechtsprechung, auch des BGH,[742] war als Erfüllungsgehilfe des Unternehmers bei der Offenbarungspflicht derjenige anzusehen, der mit der Ablieferung des Werks an den Auftraggeber betraut war oder daran mitwirkte. Nur dann war eine Hilfsperson des Unternehmers, die nicht mit der Ablieferung des Werks befasst war, Erfüllungsgehilfe für die Offenbarungspflicht, wenn allein ihr Wissen und ihre Mitteilung an den Unternehmer diesen in den Stand setzte, seine Offenbarungspflicht zu erfüllen. Bei **Organisationsmängeln**, insbesondere bei arbeitsteilig hergestellten Bauwerken, aufgrund derer keine klare Zuständigkeit und kein kompetenter Erfüllungsgehilfe vorhanden war, fehlte es danach an der Voraussetzung einer arglistigen Verletzung einer Offenbarungspflicht. Der BGH[743] hat diese Lücke geschlossen. Er nimmt eine Organisationsobliegenheit des Auftragnehmers für den gesamten Herstellungsprozess an.[744] Dieser wird zwar nicht verpflichtet, organisatorische Maßnahmen zu treffen, die gewährleisten, dass Mängel der Ausführung vermieden werden. Er muss aber durch eine entsprechende Organisation gewährleisten, dass die organisatorischen Maßnahmen getroffen werden, die zur Erkennung und Offenbarung von Mängeln führen. Dabei handelt es sich um keine vertragliche Verbindlichkeit des Auftragnehmers gegenüber dem Auftraggeber, sondern um eine Obliegenheit.[745] Dies gilt nicht nur für die selbst herbeigeführte Unkenntnis von eklatanten Mängeln,[746] sondern auch bei fehlerhafter arbeitsteiliger Organisation für Standardmängel. Die Entscheidung des BGH[747] bezieht sich zunächst auf sämtliche Mängel, ohne Unterscheidung, ob es sich um schwere, leicht erkennbare oder versteckte Mängel handelt. Lediglich bei der Frage der Beweislast wird ausgeführt, dass die Art und Intensität des Mangels ein Indiz für ein Organisationsverschulden sein kann.

240 Die Rechtsprechung zum **Organisationsverschulden** ist auch auf den **Architektenvertrag** übertragbar. Dabei ist es umstritten, ob die Grundsätze des Organisationsverschuldens auch für den alleine tätigen **Einzelarchitekten** gelten.[748] Mit der Rechtsfigur des Organisationsverschuldens soll eine Lücke geschlossen werden, die dadurch entsteht,

---

740 OLG Hamm BauR 2008, 1023; OLG Stuttgart IBR 2008, 398.
741 BGH BauR 2004, 1476; BGH BauR 2009, 515.
742 BGH NJW 1974, 553.
743 BauR 1992, 500 = NJW 1992, 1754.
744 Vgl. auch BGH BauR 2008, 87 = NZBau 2008, 60; BGH BauR 2010, 1959 = NZBau 2010, 763.
745 BGH BauR 2008, 87 = NZBau 2008, 60; BGH BauR 2009, 515 = NJW 2009, 582.
746 So *Wirth* BauR 1994, 37.
747 BauR 1992, 500.
748 So OLG Düsseldorf NZBau 2005, 402 mit Nichtannahmebeschluss des BGH v. 22.09.2005 – VII ZR 310/04, der die Ausführungen zum Organisationsverschulden für rechtlich fehlerhaft hält; OLG Düsseldorf IBR 2008, 37; a. A. BGH BauR 2009, 515 = NJW 2009, 582; OLG Köln IBR 2007, 1193; OLG Düsseldorf IBR 2007, 35; OLG Hamm BauR 2008, 1023; OLG Brandenburg NJW-RR 2016, 1115.

dass sich ansonsten der arbeitsteilig organisierte Unternehmer durch Unwissenheit einer Arglisthaftung mit einer verlängerten Verjährungsfrist entziehen könnte. Dieses arbeitsteilige Vorgehen stellt somit eine wesentliche Voraussetzung für das Organisationsverschulden dar, sodass eine Obliegenheitsverletzung eines Einzelarchitekten ausscheidet. Diesen kann nur nach den Grundsätzen des arglistigen Verschweigens eine längere Verjährungsfrist treffen, insbesondere dann, wenn er sich bewusst unwissend hält.[749]

Treten an einem Bauvorhaben gravierende Mängel auf, die durch eine ordnungsgemäße Bauüberwachung vermeidbar gewesen wären, können diese auch ein Indiz für eine unzureichende Organisation darstellen. Dabei ist aber zu berücksichtigen, dass Baumängel immer auftreten und oft auch nicht durch eine ordnungsgemäße Bauüberwachung verhindert werden können. Erforderlich für einen **Anscheinsbeweis für ein Organisationsverschulden** ist deshalb ein Rückschluss von dem Mangel darauf, dass der Architekt Personal zur Bauüberwachung eingesetzt hatte, von dem er weiß oder wissen musste, dass es seiner Pflicht zur Offenbarung nicht nachkommen wird. Dies ist nur in Ausnahmefällen zu bejahen, weil ein derartiger Anschein selbst bei schwerwiegenden Baumängeln dann nicht besteht, wenn der zugrunde liegende Überwachungsfehler auch einem sorgfältig ausgewählten und eingesetzten Bauleiter unterlaufen kann.[750] Der arbeitsteilig vorgehende Architekt muss sich darauf einrichten, dass er, will er eine längere Haftung vermeiden, eine sachgerechte Organisation zu dokumentieren hat. Zu einer solchen Organisation gehört, dass der Bauleiter sorgfältig ausgewählt und kompetent ist, dass er genügend Zeit für die jeweilige Baustelle zur Verfügung bekommt. Auch die sonstigen Mitarbeiter des Architekten müssen für ihre Aufgabe kompetent, gegebenenfalls auch technisch und rechtlich geschult und weitergebildet sein. Die organisatorischen Maßnahmen müssen sicherstellen, dass beim Architekten kein Informationsdefizit auftritt, aufgrund dessen die Offenbarung vorhandener Mängel unterlassen wird.[751]

241

---

749 OLG Düsseldorf BauR 2008, 1917; *Stern* in TWK, § 23 Rn. 28.
750 BGH BauR 2009, 515 = NJW 2009, 582; BGH BauR 2010, 1959 = NZBau 2010, 763; OLG Dresden BauR 2010, 1785; zutreffend *Stern* in TWK, § 23 Rn. 26, 29, der sich gegen einen leichtfertigen Rückschluss von der Art des Mangels auf eine Verletzung der Organisationsobliegenheit ausspricht.
751 Zur Organisationsobliegenheit des Architekten: BGH BauR 2008, 87 = NZBau 2008, 60; BGH BauR 2009, 515 = NJW 2009, 582; BGH BauR 2010, 1959 = NZBau 2010, 763; *Knipp* BauR 2007, 944; *Koeble* in Kniffka/Koeble, 12. Teil Rn. 813; *Locher*, Rn. 392; *Stern* in TWK § 23 Rn. 28 ff. und umfassend *Siegburg*, Die dreißigjährige Haftung des Bauunternehmers aufgrund Organisationsverschuldens, Baurechtliche Schriften, Band 32, 1995.

Einleitung

24. Die Beendigung des Architektenvertrages und ihre Folgen

a) Die freie Kündigung des Architektenvertrags

242 Der Architektenvertrag kann nach § 649 BGB jederzeit ohne besonderen Grund durch den **Auftraggeber** gekündigt werden. Für die Kündigung ist keine bestimmte Form vorgesehen. Sie kann somit auch mündlich oder durch schlüssiges Verhalten (vgl. dazu Rdn. 272 f.) erfolgen. Nach § 650p BGB-E i. V. m. § 650g BGB-E des **Regierungsentwurfs zum Bauvertragsrecht** bedarf die Kündigung im Falle der Umsetzung des Entwurfs zukünftig der Schriftform.

243 Ein Kündigungsrecht des Architekten besteht dagegen nur bei Verletzung einer Mitwirkungsobliegenheit des Auftraggebers (§ 642 BGB), fehlender Sicherheitsleistung (§ 648a BGB) und beim Vorliegen eines wichtigen Grundes. Macht der Auftraggeber von seinem **Kündigungsrecht nach § 649 BGB** Gebrauch, behält der Architekt den Anspruch auf volle Vergütung auch hinsichtlich der noch nicht ausgeführten Leistungen. Er muss sich jedoch ersparte Aufwendungen sowie einen anderweitigen Erwerb anrechnen lassen. Dies gilt selbst dann, wenn sich der Auftraggeber darauf nicht beruft, weil der vertragliche Vergütungsanspruch von vornherein nur abzüglich der Ersparnis besteht.[752] Der Architekt hat deshalb im Falle einer Kündigung des Architektenvertrags nach § 649 BGB seine Rechnung immer in zwei Teile aufzuteilen. Dabei hat er zunächst das Honorar für die erbrachten Leistungen[753] und in einem zweiten Schritt das Honorar für die aufgrund der Kündigung nicht mehr ausgeführten Leistungen abzüglich ersparter Aufwendungen und eines anderweitigen Erwerbs zu ermitteln. Eine Ausnahme gilt nur dann, wenn der Architekt bis zur Kündigung überhaupt keine oder nur geringfügige Leistungen erbracht hat. Auch im letzteren Fall ist es jedenfalls bei einem Pauschalvertrag zulässig, dass er die gesamte Leistung als nicht erbracht zugrunde legt und die für die Gesamtleistung ersparten Aufwendungen von der Vergütung absetzt.[754] Der formularmäßige Ausschluss des Vergütungsanspruchs nach § 649 Satz 2 BGB verstößt gegen § 307 BGB.[755] Über diesen Vergütungsanspruch hinaus bestehen keine weitergehenden Ansprüche des Architekten, z. B. auf Erstattung von Vorhaltekosten.[756]

b) Die Ermittlung der Vergütung bei einer freien Kündigung durch den Auftraggeber nach § 649 S. 2 BGB

244 Die Ermittlung des Vergütungsanspruchs nach § 649 S. 2 BGB ist deshalb äußerst schwierig, weil der Architekt im Gegensatz zum Bauunternehmer keine Bauleistungen erbringt, die materieller Natur sind und deren Aufwand deshalb mittels einer – notfalls nachzuholenden – Urkalkulation exakt ermittelt werden kann.[757] Vielmehr handelt es

---

[752] BGH BauR 1981, 198.
[753] Vgl. dazu bei der Beauftragung von Teilleistungen OLG Celle BauR 2014, 1029.
[754] BGH BauR 2005, 385 = NZBau 2005, 157.
[755] BGH BauR 2007, 1724 = NJW 2007, 3423; OLG Zweibrücken BauR 1989, 227.
[756] BGH BauR 1988, 739 = NJW-RR 1988, 1295.
[757] Dazu grundlegend *Koeble* in Kniffka/Koeble, 12. Teil Rn. 138 ff.

Einleitung

sich hier um typische Leistungen eines Freiberuflers mit einem erheblichen schöpferischen Anteil. Die frühere Rechtsprechung umging diese Problematik dadurch, dass die ersparten Aufwendungen im Regelfall pauschal mit 40 % der Vergütung angesetzt wurden.[758] Der BGH hat diese Rechtsprechung im Jahre 1996 aufgegeben.[759] Nunmehr wird verlangt, dass der Vergütungsanspruch nach § 649 S. 2 BGB nicht mehr abstrakt, sondern konkret für den jeweiligen Vertrag zu ermitteln ist. Dies bedeutet nicht, dass der Architekt seinen Vergütungsanspruch auf der Basis einer notfalls nachzuholenden Kalkulation mit Gegenüberstellung der Leistungsphasen und Honorare des § 34 HOAI ermitteln muss. Er hat aber die Einzelheiten der ersparten Aufwendungen und des anderweitigen Erwerbs darzulegen.[760] Dabei ist zu beachten, dass dem Architekten die Darlegungs- und Beweislast für die Höhe der ersparten Aufwendungen oder des anderweitigen Erwerbs nicht obliegt. Diese liegt weiterhin bei dem Auftraggeber.[761]

Da Letzterer aber die internen Verhältnisse des Architekten nicht kennt, trifft den Architekten die **Erstdarlegungslast** hinsichtlich der Ersparnisse und des anderweitigen Erwerbs.[762] Kommt der Architekt dieser Erstdarlegungslast nicht nach, ist die Rechnung nicht prüffähig. Dies betrifft nur den Rechnungsteil über den Vergütungsanspruch nach § 649 S. 2 BGB. In diesem Umfang ist die Klage als derzeit unbegründet abzuweisen. Davon unberührt bleibt der Rechnungsteil über die Vergütung für die bereits ausgeführten Leistungen.[763]

245

Das eigentliche Problem besteht somit darin, was vom Architekten im Rahmen seiner Erstdarlegungslast vorgetragen werden muss.[764] Diese Darlegungslast umfasst folgende Punkte, wobei zu berücksichtigen ist, dass es sich nur um die Erstdarlegungslast handelt, an die keine überzogenen Anforderungen gestellt werden darf:

246

In einem ersten Schritt sind Angaben zu den **Sachkosten** zu machen. Dabei ist zwischen allgemeinen Fixkosten[765] und projektbezogenen Sachkosten zu unterscheiden. Nur Letztere stellen ersparte Aufwendungen dar. Darunter fallen Aufwendungen für Papier, Zeichenmaterial, Fahrten zur Baustelle unter 15km und Kommunikationsaufwand.

247

---

758 BGH NJW 1969, 419; BGH *Schäfer/Finnern* Z 3.01 Bl. 351; BGH NJW-RR 1992, 1077; *Frik* DAB 1986, 1389.
759 BGH BauR 1996, 412 = NJW 1996, 1751.
760 BGH BauR 1996, 412 = NJW 1996, 1751; BGH BauR 2000, 126 = NJW 2000, 205; OLG Düsseldorf BauR 2002, 510, 513.
761 BGH BauR 2011, 1331, 1334 = NZBau 2011, 407 (zum Bauvertragsrecht); BGH BauR 2001, 666 = NJW-RR 2001, 385; *Koeble* in Kniffka/Koeble, 12. Teil Rn. 137; *Löffelmann/Fleischmann*, Rn. 1721.
762 BGH BauR 2000, 430 = NJW 2000, 635; OLG Frankfurt BauR 2008, 550; *Koeble* BauR 2000, 791.
763 BGH BauR 1999, 265 = ZfBR 1999, 88; BGH BauR 2000, 126 = NJW 2000, 205.
764 Vgl. dazu *Brügmann* NJW 1996, 2982; *Eich/Eich* DAB 1996, 2066; *Niestrate* ZfBR 1997, 9; *Werner/Siegburg* BauR 1997, 182; *Koeble* BauR 1997, 191; *Koeble* BauR 2000, 785, 790; *Koeble* in Kniffka/Koeble, 12. Teil Rn. 136 ff.; *Wirth/Freund*, FS Vygen, S. 88.
765 Wie z. B. Beschaffung und Unterhalt von Bürogeräten, EDV, CAD, nicht objektbezogenen Versicherungen.

Einleitung

Nur letztere projektbezogene Sachkosten fallen unter die Aufwendungen, die im Falle einer Kündigung eingespart werden können.[766] An die Darlegungslast der projektbezogenen Sachkosten sind keine hohen Anforderungen zu stellen. Der Bauherr muss aber in der Lage sein, die Richtigkeit des dafür eingesetzten Betrags zu beurteilen. Dafür ist es ausreichend, wenn der Architekt die Sachmittel darlegt, für die er einen Abzug vornimmt, und dafür eine an Erfahrungswerten orientierte Gesamtpauschale ansetzt.[767] Diese projektbezogenen Kosten stellen nur einen sehr geringen Teil des Honorars dar, weil es sich nur um Kosten handeln kann, die nicht nach § 14 HOAI als Nebenkosten zusätzlich zu vergüten sind.[768]

248 In einem zweiten Schritt sind die eingesparten **Personalkosten** zu ermitteln. Diese können je nach der Bürostruktur völlig unterschiedlich ausfallen. Bei einem Ein-Mann-Büro gibt es keine Ersparnis von Personalkosten, wenn der Inhaber den Auftrag alleine abgewickelt hätte.[769] Nimmt der Architekt einen anderen Auftrag an, der ohne die Kündigung die Kapazitäten seines Büros überschritten hätte, ist dies keine Frage von ersparten Aufwendungen, sondern beim anderweitigen Erwerb zu berücksichtigen. Ansonsten muss er sich den ersparten eigenen Zeitaufwand nicht anrechnen lassen.[770] Bei einem Büro mit Angestellten oder freien Mitarbeitern muss der Architekt zunächst darlegen, was die mit dem gekündigten Projekt befassten Mitarbeiter während der fiktiven Laufzeit des Projekts getan haben. Werden diese Mitarbeiter gekündigt oder wird aufgrund der Vertragskündigung eingeplantes Personal nicht eingestellt, handelt es sich um ersparte Aufwendungen. Der Büroinhaber ist aber nicht verpflichtet, eine aufgrund der Kündigung des Architektenvertrags rechtlich mögliche betriebsbedingte Kündigung von Mitarbeitern vorzunehmen, weil § 649 S. 2 BGB alleine auf die tatsächliche Ersparnis abstellt.[771] Für die Bezifferung der eingesparten Personalkosten sind die durch die nicht mehr erforderlichen Leistungen ersparten Stunden und die darauf anfallenden Kosten ohne Gewinn- und Gemeinkostenzuschlag zu ermitteln. Der Stundensatz für fest angestellte Mitarbeiter ergibt sich aus der Lohnsumme pro Jahr einschließlich Arbeitgeberleistungen und sonstigen vertraglichen Zuwendungen. Dieser Betrag ist dann durch die jährliche Regelarbeitszeit zu teilen. Für die Erfassung der Personalkosten von freien Mitarbeitern und Subunternehmern sind die vertragsspezifischen Vereinbarungen maßgebend. Auch hier ist eine konkrete Abrechnung erforderlich.[772] Werden die Mitarbeiter aufgrund der Kündigung bei anderen Projekten eingesetzt, handelt es sich nicht um ersparte Aufwendungen, sondern um eine Frage des anderweitigen Erwerbs.[773] Diesen hat der Architekt dann in einem weiteren Schritt darzulegen. Dafür ist der Vortrag ausreichend, dass der gekündigte Architektenvertrag mit

---

766 *Motzke/Preussner/Kehrberg/Kesselring*, V Rn. 11.
767 BGH BauR 2000, 430 = NJW 2000, 653 für eine Pauschale von 2 Promille.
768 OLG Düsseldorf BauR 2002, 649, 652; *Franz* in FBS, Syst. A VIII Rn. 41.
769 Vgl. dazu OLG Celle BauR 1999, 191.
770 OLG Düsseldorf BauR 2002, 510, 513.
771 BGH BauR 2000, 430; *von Rintelen* BauR 1998, 603 f.
772 BGH BauR 2000, 430.
773 BGH BauR 2000, 430.

dem vorhandenen Personal neben den anderen Aufträgen durchgeführt worden wäre und diese somit nicht als Füllaufträge anzusehen sind.[774]

Von einem **anderweitigen Erwerb** ist nur dann auszugehen, wenn Aufträge ausgeführt werden, die bei Durchführung des gekündigten Vertrags nicht angenommen worden wären, weil der Architekt dazu aus Kapazitätsgründen nicht in der Lage gewesen wäre.[775] Derartige Füllaufträge erfordern deshalb eine Auslastung des Architekturbüros. Ein anderweitiger Erwerb kann deshalb nur dann vorliegen, wenn der neue Auftrag in dem Zeitraum ausgeführt wird, der dem Zeitraum für den aufgrund der Kündigung nicht mehr ausgeführten Vertragsteil entspricht.[776]   249

Zur Vermeidung dieser Schwierigkeiten enthalten Formularverträge häufig **Kündigungsfolgeklauseln**, wonach der Anspruch nach § 649 S. 2 BGB in Anlehnung an die frühere Rechtsprechung auf 60 % oder einen anderen Prozentsatz pauschaliert wird. Derartige Pauschalierungsklauseln sind nur in sehr engen Grenzen wirksam (vgl. dazu i. E. Rdn. 302 ff.).   250

Ist jedoch die vorzeitige Kündigung des Architektenvertrags auf ein vertragswidriges Verhalten des Architekten zurückzuführen, wobei der Auftraggeber die Voraussetzungen für den vom Architekten zu vertretenden wichtigen Grund darzulegen und zu beweisen hat,[777] so beschränkt sich die Vergütung auf die vom Architekten geleistete Tätigkeit.[778] Voraussetzung dafür ist, dass die Leistungen mangelfrei sind. Dafür ist der Architekt beweispflichtig.[779] Ist dies der Fall, kann der Auftraggeber einwenden, dass die Leistung unabhängig von ihrer Mangelfreiheit für ihn unbrauchbar oder ihre Verwertung unzumutbar ist. Die Darlegungs- und Beweislast für diese Einwendungen liegen beim Auftraggeber.   251

Umstritten ist, ob das für ab dem 01.01.2009 abgeschlossene Verträge geltende Forderungssicherungsgesetz zu einer grundlegenden Änderung der Darlegungs- und Beweislast bei der Berechnung der Vergütung für den aufgrund einer Kündigung nach § 649 BGB nicht mehr erbrachten Teil der übertragenen Architektenleistung führt. Der neu eingeführte **§ 649 S. 3 BGB** enthält eine gesetzliche Vermutung, dass der Anspruch nach § 649 S. 2 BGB 5 Prozent der auf den noch nicht erbrachten Teil der Werkleistung entfallenden vereinbarten Vergütung beträgt. Der Gesetzgeber wollte damit dem Bauunternehmer die Durchsetzung seines Vergütungsanspruchs erleichtern und ihm die Möglichkeit einräumen, ohne Probleme mit der Prüffähigkeit und der Darlegungslast auf einem einfachen Weg zu einem Titel zu gelangen. Er hat es dabei trotz in der Anhörung im Rechtsausschuss des Bundestags erhobener Bedenken bewusst in Kauf genommen, dass diese Vermutung für alle Werkverträge und damit auch für Architek-   252

---

774   BGH BauR 2000, 126 = NJW 2000, 205; OLG Celle BauR 1999, 191; OLG Düsseldorf BauR 2002, 649, 652.
775   BGH BauR 2000, 126 = NJW 2000, 205. Werner in Werner/Pastor, Rn. 1128.
776   *Franz* in FBS Syst. A VIII Rn. 44.
777   BGH BauR 1990, 632 = NJW-RR 1990, 1109 = ZfBR 1990, 227.
778   BGHZ 31, 224.
779   BGH BauR 1997, 1060 = NJW 1997, 3017 = ZfBR 1997, 293.

Einleitung

tenverträge gilt. Dabei ist zu beachten, dass insbesondere bei einer Mitarbeit des Büroinhabers an dem Projekt oder gar bei einem Einmannbüro der Vergütungsanspruch nach § 649 S. 2 BGB im Regelfall weit über 5 % liegt und die Rechtsprechung dem Architekten bis zum Jahr 1996 ohne jeden Nachweis einen Vergütungsanteil von 60 % zugesprochen hatte. Der mit dem Forderungssicherungsgesetz verfolgte Zweck einer leichteren und schnelleren Durchsetzung von Vergütungsansprüchen wird mit dieser Regelung beim gekündigten Architektenvertrag nicht erreicht.

253 Will der Architekt einen höheren Anspruch als 5 % durchsetzen, trifft ihn zunächst die sekundäre Darlegungslast. Insoweit besteht kein Unterschied zu der vor dem 01.01.2009 geltenden Rechtslage, nach der er bereits die anspruchsbegründenden Tatsachen und somit die Ersparnis und einen anderweitigen Erwerb darzulegen hatte. Dagegen ist es fraglich, ob sich die Beweislast geändert hat. Dafür spricht der Wortlaut des § 649 S. 3 BGB, der eine widerlegliche Vermutung nahelegt. Dann hätte der Architekt, der einen höheren Anspruch nach § 649 S. 2 BGB als 5 % der vereinbarten Vergütung geltend macht, den Anspruch zu beweisen.[780] Nach Auffassung des BGH[781] führt die Vermutung in § 649 S. 3 BGB zu keiner Änderung der Darlegungs- und Beweislast. Diese ergibt sich weiterhin aus § 649 S. 2 BGB, während mit der Einführung von S. 3 dem Auftragnehmer lediglich eine Erleichterung seiner sekundären Darlegungslast ermöglicht werden sollte. Dessen Funktion besteht danach nur darin, dass es für die Durchsetzung des Anspruchs keiner weiteren Darlegung bedarf, wenn der Auftragnehmer von der Pauschalierung Gebrauch macht.[782]

25. Kündigung aus wichtigem Grund und Aufhebung im gegenseitigen Einvernehmen

254 Der Architektenvertrag kann sowohl vom Auftraggeber als auch vom Architekten aus **wichtigem Grund** gekündigt werden. Daran hat sich auch durch das Schuldrechtsmodernisierungsgesetz nichts geändert.[783] Die Tatsache, dass § 314 BGB eine Kündigung für Dauerschuldverhältnisse vorsieht und der Architektenvertrag kein Dauerschuldverhältnis darstellt, beseitigt nicht das besondere Bedürfnis des Bestellers nach einer Lösung vom Vertrag. Deshalb ist in § 649 BGB sogar das Recht zur freien Kündigung vorgesehen. Durch die Einführung des § 314 BGB wollte der Gesetzgeber nicht die Kündigung des Werkvertrags aus wichtigem Grund ausschließen.[784] Auch die Rechtsprechung geht weiterhin von der Zulässigkeit einer Kündigung des Architektenvertrages

---

780 *Werner* in *Werner/Pastor*, Rn. 1132; *Kniffka/Schmitz*, IBR-online-Kommentar Bauvertragsrecht, § 649 Rn. 87 f.; Staudinger/*Jacoby*, § 649 Rn. 39.
781 BGH BauR 2011, 1328 = NJW 2011, 3030; BGH BauR 2011, 1331 = NZBau 2011, 407; vgl. *Staudinger/Jacoby*, § 649 Rn. 39.
782 Ebenso KG BauR 2014, 1524 (LS) = IBR 2014,551; *Vogel* BauR 2011, 313, 324 f. m. w. N.; *Franz* in FBS, Syst. A VIII Rn. 69 f.; *Preussner* in MNP, Grundl. Rn. 202.
783 A. A. *Boldt* NZBau 2002, 655; *Böttcher* ZfBR 2003, 213.
784 I. E. ebenso *Voit* BauR 2002, 1776; *Locher*, Rn. 127; *Kniffka* in Kniffka/Koeble, 7. Teil Rn. 28; *Löffelmann/Fleischmann*, Rn. 1676; *Wirth* in KMV, Grundlagen Rn. 250; *Weyer*, FS Kapellmann, S. 463 f.; *Fuchs* in FBS, Syst. A VIII Rn. 74.

aus wichtigem Grund aus, ohne dies weiter zu problematisieren.[785] Ein wichtiger Grund liegt immer dann vor, wenn dem Kündigenden die Fortsetzung des Vertrages unter Berücksichtigung aller Umstände des Einzelfalles nicht mehr zugemutet werden kann. Gegen das Vorliegen eines wichtigen Grunds spricht es deshalb, wenn der Auftraggeber den Vertrag zunächst aus wichtigem Grund kündigt und später Verhandlungen mit dem Architekten über die Fortsetzung des Vertragsverhältnisses oder den Abschluss eines neuen Vertrags aufnimmt. Ein Nachschieben von Gründen ist möglich.[786]

Ein wichtiger Grund liegt **für den Auftraggeber** vor, wenn für ihn ein Festhalten an dem Vertrag nicht mehr zumutbar ist. Dies setzt gerade bei Pflichtverletzungen des Architekten in der Regel eine vorherige Abmahnung voraus. Diese ist dann entbehrlich, wenn das Vertrauensverhältnis derart gestört ist, dass es auch durch ein pflichtgemäßes Verhalten nicht mehr wiederhergestellt werden kann. Von einem wichtigen Grund ist auszugehen, wenn das Bauvorhaben durch den Wegfall des vorgesehenen Nutzers nicht realisiert wird[787] oder der Architekt ohne Zustimmung des Auftraggebers Provisionen von Bauhandwerkern entgegennimmt,[788] wenn trotz mehrfacher Aufforderung keine Kostenschätzung erbracht wird,[789] wenn der Architekt nicht bereits während der Grundlagenermittlung oder Vorplanung die Genehmigungsfähigkeit überprüft[790] – hier kommt es auf die konkrete Situation an –, wenn sich der Architekt trotz Fristsetzung mit Kündigungsandrohung weigert, die von ihm gefertigte Leistungsbeschreibung und den erstellten Preisspiegel herauszugeben,[791] wenn eine unzulässige Baukostenüberschreitung einzutreten droht,[792] wenn der vereinbarte Kostenrahmen gesprengt wird,[793] wenn der Architekt nicht rentabel baut, obwohl das Objekt zu Renditezwecken errichtet werden soll[794]. 255

Ein Recht zur Kündigung aus wichtigem Grund kann auch bei erheblichen Planungsfehlern bestehen. Dies gilt sowohl für technische Fehler, die im Falle einer Umsetzung zu Mängeln an dem Bauwerk führen würden als auch für den Fall, dass die Planung nicht genehmigungsfähig ist[795]. Die Fehler müssen aber derart schwerwiegend sind, 256

---

785 Vgl. z. B. OLG Bremen IBR 2012, 651; OLG Oldenburg BauR 2013, 119.
786 BGH NJW 1993, 1972; OLG Hamm NJW-RR 1986, 764; OLG Celle NZBau 2007, 794, 797 = NJW-RR 2008, 180; *Weyer*, FS Kapellmann, S. 463, 467 ff.; *Locher*, Rn. 130; einschränkend zum Bauvertragsrecht OLG Stuttgart IBR 2012, 15 m. w. N.
787 OLG Düsseldorf BauR 2002, 660.
788 BGH BauR 1977, 363; OLG Düsseldorf BauR 1996, 574.
789 OLG Naumburg IBR 2007, 694.
790 OLG Nürnberg BauR 2006, 2083.
791 OLG München BauR 2008, 1335.
792 Vgl. oben Rdn. 187 ff.; eine Kündigung aus wichtigem Grund scheidet aber aus, wenn der Auftraggeber in Kenntnis der Bausummenüberschreitung das Bauvorhaben über einen längeren Zeitraum hinweg fortführt; vgl. OLG Saarbrücken NJW-RR 2011, 1464.
793 BGH BauR 2003, 1061 = NZBau 2003, 388; OLG Stuttgart IBR 2001, 377 *Schotten*..
794 BGH BauR 1975, 434; *Locher* Rn. 536; *Fuchs* in FBS, Syst. A VIII Rn. 80.
795 OLG Nürnberg BauR 2006, 2083 = NZBau 2006, 320; *Rodemann* in TWK, § 4 Rn. 239; *Fuchs* in FBS, Syst. A VIII Rn. 80.

Einleitung

dass dem Auftraggeber ein Festhalten an dem Vertrag nicht mehr zumutbar ist[796]. Dabei ist zu beachten, dass dem Architekten vorab Gelegenheit zur Nacherfüllung zu geben ist, falls der Mangel noch beseitigt werden kann.[797]

257 Ein wichtiger Grund liegt auch dann vor, wenn der Architekt zu Unrecht die Arbeit einstellt – etwa wegen nicht bezahlten Abschlagsforderungen, die aber nicht fällig sind[798] oder die weitere Tätigkeit von der Bezahlung von Abschlagsrechnungen aus anderen Bauvorhaben abhängig gemacht wird, obwohl sich der Auftraggeber der Zahlungspflicht nicht entziehen will[799] oder wenn der Architekt treuwidrig ein höheres als das vereinbarte Honorar fordert.[800]

258 Überempfindlichkeit ist dabei nicht am Platz. So liegt kein wichtiger Grund vor, wenn der Architekt versucht, zeitraubende und ineffektive Gespräche mit dem Auftraggeber zu vermeiden und strukturierte Absprachen zu erreichen. Ebenso wenig muss der Architekt ständig erreichbar sein[801]. Ein wichtiger Grund besteht auch dann nicht, wenn der Architekt auf einen »schlichten Hinweis« seines Auftraggebers den vertraglich vereinbarten Nachweis seiner Haftpflichtversicherung nicht erbracht hatte.[802] Der unterlassene Abschluss einer Haftpflichtversicherung stellt dagegen regelmäßig einen wichtigen Grund dar.[803] Ebenso wenig soll ein Baustellenverweis eines Bevollmächtigten des Auftraggebers genügen.[804] Auch berechtigen vertragswidrige Eigenmächtigkeiten oder Pflichtverstöße des Architekten nicht zur Kündigung aus wichtigem Grund, wenn sie von dem Auftraggeber über einen längeren Zeitraum hin ohne Beanstandungen oder Abmahnungen hingenommen wurden.[805]

259 Für eine Kündigung aus wichtigem Grund kommt es nicht entscheidend darauf an, ob dieser **schuldhaft herbeigeführt wurde**[806]. Ein wichtiger Grund ist deshalb auch dann anzunehmen, wenn der Architekt ernsthaft erkrankt und auch seine Mitarbeiter nicht in der Lage sind, den Architektenvertrag ordnungsgemäß zu erfüllen[807] oder wenn die Durchführung des Bauvorhabens unmöglich ist, weil eine nicht vorhersehbare Bebauungsplanänderung eintritt. Die Fortsetzung des Vertragsverhältnisses ist in diesen Fällen für den Auftraggeber ebenso unzumutbar wie bei einem von dem Architekten schuldhaft verursachten Kündigungsgrund. Kündigt der Auftraggeber den Vertrag

---

796 OLG Celle BauR 2015, 1356.
797 OLG Braunschweig BauR 2002, 333; *Werner* in *Werner/Pastor*, Rn. 1157; *Koeble* in Kniffka/Koeble, 12. Teil Rn. 163; vgl. zum Nacherfüllungsrecht Rdn. 163.
798 OLG Celle NZBau 2007, 794, 797 = NJW-RR 2008, 180.
799 OLG Celle BauR 2016, 699.
800 OLG Nürnberg BauR 1998, 1273.
801 OLG Celle BauR 2015, 1356.
802 BGH BauR 1993, 755.
803 BGH BauR 1993, 755.; *Löffelmann/Fleischmann*, Rn. 1691.
804 BGH SFH Nr. 48 zu § 633 BGB.
805 OLG Düsseldorf BauR 2002, 649.
806 OLG Düsseldorf BauR 2002, 660; *Morlock/Meurer* Rn. 270; MüKo/*Gaier*, § 314 Rn. 10; a. A. *Fuchs* in FBS, Syst. A VIII Rn. 75.
807 *Rodemann* in TWK, § 4 Rn. 240; *Werner* in *Werner/Pastor*, Rn. 1152.

aus wichtigem Grund, ohne dass ein solcher vorliegt, ist der Vertrag ohne einen entgegenstehenden Willen in eine freie Kündigung umzudeuten[808]. Dem Architekten steht dann für die aufgrund der Kündigung nicht erbrachten Leistungen ein Vergütungsanspruch nach § 649 S. 2 BGB zu.[809]

In diesem Fall geht der Nacherfüllungsanspruch des Architekten für Planungsfehler, welche sich noch nicht in dem Bauwerk realisiert haben, nicht unter, sodass der Vergütungsanspruch des Architekten nicht entfällt.[810]   260

Im Falle einer Kündigung des Architektenvertrages aus wichtigem Grund durch den Auftraggeber entfällt der Vergütungsanspruch des Architekten für die aufgrund der Kündigung nicht mehr erbrachten Leistungen. Der Vergütungsanspruch für die bis zur Kündigung ausgeführten Leistungen bleibt grundsätzlich bestehen. Er entfällt aber, wenn die Leistungen derart schwerwiegende Mängel aufweisen, dass sie nicht nachbesserungsfähig und deshalb für den Auftraggeber wertlos sind. Andernfalls kann der Auftraggeber einwenden, dass die Leistung für ihn unbrauchbar oder ihre Verwertung unzumutbar ist.[811]   261

Ein **wichtiger Grund** zur Kündigung des Architektenvertrags **für den Architekten** kann gegeben sein, wenn tiefgreifende Meinungsverschiedenheiten zwischen den Vertragsparteien auftreten, wenn der Auftraggeber vom Architekten Leistungen verlangt, die dessen Ansehen schaden, wenn er ihn zu einer Bauausführung zwingen will, die von den genehmigten Plänen abweicht oder wenn er ehrverletzende Behauptungen über den Architekten aufstellt. Das Gleiche gilt, wenn sich der Auftraggeber trotz Fristsetzung weigert, das vereinbarte Honorar oder angemessene Abschlagszahlungen gemäß § 15 HOAI zu bezahlen,[812] nicht aber, wenn die Abschlagsforderung – etwa wegen nachbesserungsfähiger Mängeln – nicht fällig ist.[813] Ein wichtiger Grund ist auch dann gegeben, wenn der Bauherr seinen Mitwirkungsobliegenheiten nach den §§ 642, 643 BGB nicht nachkommt.[814] Voraussetzung für eine Kündigung ist nach § 643 BGB eine Fristsetzung mit Kündigungsandrohung. Die **Verletzung einer Mitwirkungsobliegenheit** kann darin liegen, dass der Auftraggeber dem Architekten nicht die für seine Planung erforderlichen Unterlagen oder Angaben zur Verfügung stellt,[815] dass der Auftraggeber ohne sachlichen Grund den Baubeginn verzögert[816] oder Umplanungsleistungen abverlangt, ohne dafür eine zusätzliche Vergütung entrichten zu wollen.[817]   262

---

808 BGH BauR 2003, 1889 = NZBau 2003, 665; *Fuchs* in FBS, Syst. A VIII Rn. 97.
809 BGH BauR 1996, 412 = NJW 1996, 1751; BGH BauR 1999, 1319, 1322 = NJW 1999, 3554; OLG Braunschweig BauR 2002, 333.
810 OLG Celle BauR 2015, 1356.
811 BGH BauR 1997, 1060 = NJW 1997, 3017; OLG Düsseldorf BauR 2013, 776; *Rodemann* in TWK § 4 Rn. 245; *Koeble* in Kniffka/Koeble,12. Teil, Rn. 165.
812 BGH BauR 1998, 866 = ZfBR 1998, 236; BGH BauR 2000, 592 = NJW 2000, 1114; OLG Stuttgart IBR 2015, 609 = BeckRS 2015, 16254; *Weyer*, FS Kapellmann, S. 463 ff.
813 OLG Celle NZBau 2007, 794, 797 = NJW-RR 2008, 180.
814 OLG München BauR 2007, 1442; *Motzke/Preussner/Kehrberg/Kesseling*, V Rn. 43 ff.
815 Vgl. dazu OLG Düsseldorf BauR 1998, 880.
816 OLG Stuttgart IBR 2006, 275.
817 KG IBR 2006, 505; OLG München BauR 2007, 1442.

Einleitung

Ebenso dürfte ein wichtiger Grund vorliegen, wenn der Auftraggeber das Grundstück verkauft[818], wobei in diesen Fällen meist schon eine Kündigung des Auftraggebers durch schlüssiges Verhalten vorliegt[819]. Ein wichtiger Grund kann für den Architekten auch dann bestehen, wenn er alleiniger Büroinhaber mit dem Risiko einer persönlichen Haftung ist und er selbst den Auftrag aufgrund einer schweren Erkrankung nicht ausführen kann. In diesem Fall muss sich der Architekt auch nicht auf eine Fortführung des Vertragsverhältnisses durch Mitarbeiter verweisen lassen, weil für ihn aufgrund einer fehlenden Kontrollmöglichkeit und des Risikos der persönlichen Haftung eine Fortsetzung des Vertrages unzumutbar ist.

263 Beruht der wichtige Grund auf der Verletzung einer Vertragspflicht oder einer Mitwirkungsobliegenheit, hat der Architekt – ebenso wie im umgekehrten Fall einer Kündigung durch den Auftraggeber aus wichtigem Grund – die Vertragskündigung gegenüber dem Auftraggeber zuvor anzudrohen und ihn abzumahnen.[820] Eine Abmahnung ist dann entbehrlich, wenn diese nichts an der Tatsache ändern würde, dass dem Architekten ein Festhalten an dem Vertrag nicht mehr zumutbar ist. Dies ist vor allem dann der Fall, wenn die Vertragsverletzung derart schwerwiegend war, dass das Vertrauensverhältnis auch im Fall einer Abmahnung nicht mehr wieder hergestellt werden könnte.

264 Kündigt der Architekt den Architektenvertrag aus einem wichtigem Grund, den der Auftraggeber zu vertreten hat, so hat er neben dem Anspruch auf Vergütung der erbrachten Leistungen einen Schadensersatzanspruch nach den §§ 280, 281 BGB. Sein Schaden besteht in der Vergütung für noch nicht erbrachte Leistungen abzüglich ersparter Aufwendungen.[821] Ihm steht also ein Anspruch auf das volle Honorar für die übertragenen Leistungen abzüglich ersparter Aufwendungen zu.[822] Selbst im Falle einer unberechtigten Kündigung steht dem Architekten ein Anspruch auf Vergütung der erbrachten und verwerteten Leistungen zu.[823] In diesem Fall liegt aber eine ernsthafte und endgültige Erfüllungsverweigerung durch den Architekten vor, so dass Schadensersatzansprüche des Auftraggebers nach § 280 BGB auf kündigungsbedingte Mehrkosten bestehen können.[824]

265 Wird der Architektenvertrag im **gegenseitigen Einvernehmen aufgehoben** und wurde keine Regelung über die Vergütung für die nicht erbrachten Leistungen getroffen, so kann in der Regel nicht davon ausgegangen werden, dass der Architekt damit auf seinen

---

818 A. A. LG Stuttgart Urt. v. 01.04.1982 – 21 O 368/81, das einen wichtigen Grund erst dann annimmt, wenn feststeht, dass der Erwerber den Architektenvertrag nicht übernimmt; zweifelnd *Preussner* in MNP, Grundl. Rn. 208.
819 Vgl. Rdn. 272.
820 Vgl. z. B. OLG Celle BauR 2015, 1356; OLG Oldenburg BauR 2013, 119 = NJW-RR 2013,463; *Preussner* in MNP, Grundl. Rn. 207; *Fuchs* in FBS SystA VIII Rn. 92.
821 BGH BauR 1989, 626 = NJW-RR 1989, 1248.
822 BGH BauR 1990, 632, 634; BGH BauR 2005, 861 = NZBau 2005, 335 – zum Bauvertragsrecht –, OLG Düsseldorf BauR 2002, 510, 513; OLG München BauR 2007, 1442; OLG Stuttgart IBR 2015, 609 = BeckRS 2015, 16254 = BauR 2015, 2046 (LS.).
823 OLG Düsseldorf BauR 2001, 434.
824 BGH BauR1989, 626 = NJW-RR 1989, 1248.

Honoraranspruch für nicht erbrachte Leistungsteile verzichtet.[825] Der Vergütungsanspruch des Architekten richtet sich danach, welche Rechte er zum Zeitpunkt der Vertragsaufhebung geltend machen konnte.[826] Ein Anspruch nach § 649 S. 2 BGB besteht dann nicht, wenn dies die Parteien ausdrücklich bestimmt haben, wenn sich aus den Umständen des Falles eine entsprechende Einigung der Parteien ergibt oder wenn der Auftraggeber den Vertrag aus wichtigem Grund hätte kündigen können.[827] Wird die Durchführung des Architektenvertrags wegen eines von dem Auftraggeber gelieferten Stoffs – etwa dann, wenn ein Umbau mangels Bausubstanz nicht ausführbar ist – unmöglich, richtet sich die Vergütung auch im Falle einer einvernehmlichen Aufhebung des Architektenvertrages nach § 645 BGB.[828] Alleine aus der Tatsache, dass der Architekt die Bauüberwachung nicht mehr durchführt und der Auftraggeber ihn nicht mehr hinzuzieht, kann eine Vertragsaufhebung durch schlüssiges Verhalten nicht entnommen werden.[829] Nach einer einvernehmlichen Aufhebung besteht die Möglichkeit, noch einen wichtigen Grund »nachzuschieben« mit der Folge, dass der Honoraranspruch des Architekten für nicht erbrachte Leistungsteile entfällt, wenn der Kündigungsgrund zum Zeitpunkt der Vertragsbeendigung tatsächlich vorgelegen hat.[830]

26. Sonderkündigungsrecht nach Beendigung der »Zielfindungsphase« nach § 650q BGB-E

In dem Regierungsentwurf zum Bauvertragsrecht wird dem Auftraggeber erstmals ein Sonderkündigungsrecht für den Fall eingeräumt, dass die wesentlichen Planungs- und Überwachungsziele beim Vertragsschluss noch nicht feststehen und somit auch nicht im Wege einer Beschaffenheitsvereinbarung Vertragsbestandteil sein können. Ausgangspunkt ist § 650a Abs. 2 BGB-E, wonach von dem Architekten dann, wenn wesentliche Planungs- und Überwachungsziele noch nicht vereinbart werden können, eine Planungsgrundlage zu erstellen ist, in welcher diese Ziele definiert sind. Diese Planungsgrundlage ist dann zusammen mit einer Kostenschätzung dem Auftraggeber zur Zustimmung vorzulegen. Im Anschluss daran steht dem Auftraggeber innerhalb einer Frist von zwei Wochen ein Sonderkündigungsrecht nach § 650q Abs. 1 BGB-E zu mit der Folge, dass ein Vergütungsanspruch des Architekten nur für die bis zu diesem Zeitpunkt erbrachten Leistungen besteht.

266

Bei Verbraucherverträgen erlischt dieses Sonderkündigungsrecht nur dann, wenn der Verbraucher von dem Architekten nach Vorlage der Unterlagen darüber, die Frist und die Rechtsfolgen in Textform unterrichtet worden ist. Werden die Unterlagen

267

---

825 BGHZ 62, 208 = BauR 1974, 213 = NJW 1974, 945; BGH BauR 1973, 319; OLG Koblenz BauR 2003, 570 = NZBau 2003, 282; *Preussner* in MNP, Grundl. Rn. 211; *Fuchs* in FBS, Syst. A VIII Rn. 105.
826 BGH BauR 2005, 735 = NZBau 2005, 285.
827 OLG Saarbrücken NJW-RR 2011, 1465; *Löffelmann/Fleischmann*, Rn. 1710.
828 BGH BauR 2005, 735 = NZBau 2005, 285; *Löffelmann/Fleischmann*, Rn. 1711.
829 OLG Düsseldorf BauR 2002, 336 = NZBau 2002, 515; *Koeble* in Kniffka/Koeble, 12. Teil Rn. 180.
830 BGH BauR 1976, 140.

Einleitung

von dem Architekten nicht übergeben oder erfolgt gegenüber einem Verbraucher keine ordnungsgemäße Belehrung, steht dem Auftraggeber das Sonderkündigungsrecht auch noch zu einem späteren Zeitpunkt zu. Im Falle der Ausübung des Sonderkündigungsrechts hat dieser nur die bis zum Ende der Zielfindungsphase ausgeführten Leistungen nach § 650q Abs. 3 BGB-E zu vergüten, wenn die zeitlich nachfolgenden Leistungen nicht verwertet werden. Im Falle einer Verwertung sind auch die bis zur Kündigung erbrachten Leistungen zu vergüten.

268 Im Grunde wird damit eine Zweistufigkeit des Architektenvertrags eingeführt. Bis zu der Festlegung der wesentlichen Planungs- und Überwachungsziele ist der Abschluss eines umfassenden Vertrags für den Auftraggeber im Ergebnis weitgehend unverbindlich, weil er mit einem geringen Kostenaufwand das Sonderkündigungsrecht ausüben kann. Erst dann, wenn diese Ziele feststehen und sich damit die werkvertragliche Erfolgsverpflichtung auf deren Verwirklichung konkretisieren kann, soll der Vertrag ohne eine einfache Lösungsmöglichkeit fortgeführt werden. Ab diesem Zeitpunkt gilt dann im Falle einer Kündigung die Vergütungsregelung des § 649 S. 2 BGB.

269 Damit stellt sich die Frage nach dem Ende der Zielfindungsphase. Die Einführung des Sonderkündigungsrechts beruht auf einem Vorschlag des Deutschen Baugerichtstags. Danach soll es sich um ein sehr frühes Stadium der Bedarfsplanung handeln, bei der auf die DIN 18205 (Bedarfsplanung im Bauwesen) und auf Ziff. 3.4.1 DIN 276-1 zurückgegriffen werden kann. Dabei handelt es sich um ein äußerst grobflächiges Raster, welches lediglich quantitative und qualitative Bedarfsangaben enthält. Diese Leistungen sind den in den Leistungsbildern der HOAI beschriebenen Leistungen vorgelagert. Sie sollen zeitlich noch vor der Grundlagenermittlung stehen.[831] Nach der amtlichen Begründung[832] wurde in § 650o Abs. 2 BGB-E der Begriff »Planungsgrundlagen« bewusst verwendet, »um zu verdeutlichen, dass es noch nicht um die eigentliche Planung geht«. In dieser Phase sei »lediglich eine Grundlage, etwa eine erste Skizze oder eine Beschreibung des zu planenden Vorhabens geschuldet, auf der dann die Planung aufbauen kann«. Danach würde es sich um Leistungen der Leistungsphase 1 und allenfalls eines sehr frühen Teils der Leistungsphase 2 handeln.

270 Richtigerweise ist von dem Zweck der Regelung auszugehen, dass zunächst die Planungs- und Überwachungsziele zu bestimmen sind. Ohne diese kann keine Beschaffenheitsvereinbarung getroffen werden. Damit scheidet auch eine Bestimmung der Leistungspflichten des Architekten und des geschuldeten Leistungserfolgs aus[833]. Nimmt man diese Vorgaben ernst, können die wesentlichen Planungs- und Überwachungsziele erst dann definiert werden, wenn das Objekt in seinem Zuschnitt und auch in seiner Gestaltung in ersten Zügen feststeht. Dies ist erst dann der Fall, wenn der Auftraggeber im Rahmen der Vorplanung eine Variante als Grundlage für die wei-

---

831 *Dammert* BauR 2012, 1501; *Simon* BauR 2012, 1504.
832 S. 76 f.
833 Vgl. dazu auch BGH BauR 2015, 1352 = NZBau 2015, 429, der bei nicht feststehenden Leistungszielen von einem Vertrag über die Leistungsphase 1 und ggf. von einem Leistungsbestimmungsrecht des Auftraggebers bei den weiteren Leistungsphasen ausgeht.

teren Planungsschritte ausgewählt hat. Zu diesem Zeitpunkt entspricht die »Kosteneinschätzung« in der Regel einer Kostenschätzung nach DIN 276 BGB, weil diese bereits erstellt werden kann.

Spiegelbildlich zu dem Sonderkündigungsrecht des Auftraggebers besteht auch ein Sonderkündigungsrecht des Architekten nach § 650q Abs. 2 BGB-E. Dieser kann dem Auftraggeber nach Übergabe der Unterlagen eine Frist zur Zustimmung nach § 650o Abs. 2 S. 2 BGB-E setzen. Wird die Zustimmung innerhalb dieser Frist nicht erteilt oder verweigert, kann der Architekt den Vertrag kündigen. In diesem Fall steht ihm ebenso wie bei einer Ausübung des Sonderkündigungsrechts durch den Auftraggeber nach § 650q Abs. 1 BGB-E nur ein Anspruch auf das Honorar für die bis zur Kündigung erbrachten Leistungen zu. 271

27. Der unbeendete Architektenvertrag

Das Problem des sog. **unbeendeten Architektenvertrags** ist in Literatur und Rechtsprechung bislang nicht gelöst. In vielen dieser Fälle ist die Lösung darin zu sehen, dass eine **konkludente Kündigung** des Auftraggebers vorliegt. Immer dann, wenn der Auftraggeber nach außen hin zum Ausdruck bringt, dass er das Bauvorhaben nicht fortsetzen will oder jedenfalls mit dem Architekten nicht fortsetzen will, ist von einer Kündigung durch schlüssiges Verhalten auszugehen[834]. So kann eine Kündigungserklärung etwa darin liegen, dass der Auftraggeber nach vorheriger Ankündigung die ausstehenden Leistungen selbst ausführt und den Architekten nicht mehr zuzieht,[835] oder darin, dass der Auftraggeber einen anderen Architekten mit der Abwicklung des Bauvorhabens beauftragt[836] oder auch im Verkauf des Grundstücks[837], weil zum einen wegen des Koppelungsverbots nicht von einer wirksamen Vertragsübernahme durch den Erwerber ausgegangen werden kann und zum anderen der Architekt zu einer solchen auch nicht verpflichtet ist. Voraussetzung für eine konkludente Kündigung ist aber immer, dass der Auftraggeber diesen Sachverhalt dem Architekten in irgendeiner Weise zur Kenntnis bringt[838]. Sollte der **Regierungsentwurf zum Bauvertragsrecht** umgesetzt werden, scheidet zukünftig eine konkludente Kündigung aus, weil die Kündigung nach § 650p BGB-E i. V. m. § 650g BGB-E der Schriftform bedarf. Dann muss der Architekt entweder selbst den Vertrag aus wichtigem Grund kündigen oder nach den §§ 642, 643, 645 Abs. 2 BGB vorgehen (vgl. Rdn. 274). 272

Vor einer konkludenten Kündigung ist zu überprüfen, ob nicht – etwa in der Fortführung der Arbeiten durch einen anderen Architekten Unmöglichkeit eingetreten ist. 273

---

834 Palandt/*Sprau* § 649 Rn. 3; A. A. *Wirth* in KMV, Grundl. Rn. 259, der hier immer auf die §§ 642 ff. BGB zurückgreifen will.
835 Vgl. BGH WM 1972, 1025; OLG Düsseldorf BauR 2002, 336 = NZBau 2002, 514; OLG Celle BauR 2006, 2069 zum Bauvertragsrecht.
836 BGH BauR 1980, 84 = NJW 1980, 122; OLG Düsseldorf BauR 2002, 336 = NZBau 2002, 514; *Oberhauser* in Messerschmidt/Voit § 649 Rn. 9 zum Bauvertragsrecht.
837 *Motzke/Preussner/Kehrberg/Kesselring*, V Rn. 79.
838 *Kniffka* in Kniffka/Koeble 9. Teil Rn. 1.

Einleitung

Diese hat zur Folge, dass der Architekt seinen Vergütungsanspruch nach Maßgabe des § 326 Abs. 2 BGB behält.[839] Dieser Anspruch entspricht der Höhe nach demjenigen des § 649 S. 2 BGB.

274 Bei einem rein **passiven Verhalten des Auftraggebers**, das etwa im unterlassenen Abruf weiterer Planungsleistungen oder einem Unterlassen des Baubeginns ohne ausdrückliche Kündigung liegen kann, und in dem keine konkludente Kündigung oder Unmöglichkeit gesehen werden kann, kann der Architekt wegen einer Verletzung der Mitwirkungsobliegenheiten des Auftraggebers nach den §§ 642, 643 BGB vorgehen und den Vertrag kündigen.[840] Dem Architekten steht dann ein Anspruch auf Entschädigung nach § 642 BGB sowie auf Auslagenersatz nach § 645 Abs. 1 S. 2 BGB zu.[841] Der Anspruch nach § 642 BGB entspricht der Höhe nach nicht dem Vergütungsanspruch nach § 649 S. 2 BGB im Falle einer freien Kündigung. Da in diesen Fällen die Mitwirkungshandlung des Auftraggebers in aller Regel schuldhaft unterbleibt, steht dem Architekten für die nicht erbrachten Leistungen auch ein Schadensersatzanspruch nach § 645 Abs. 2 BGB zu, der sich ebenso wie bei einer Kündigung durch den Architekten aus wichtigem Grund in der Regel auf die Vergütung für noch nicht erbrachte Leistungen abzüglich ersparter Aufwendungen beläuft[842]. Ansonsten hätte es der Auftraggeber in der Hand, den Architekten durch eine unterlassene Mitwirkung zu einem Vorgehen nach § 643 BGB mit für ihn günstigeren Rechtsfolgen zu zwingen.

275 Streitig ist, ob bei einem Ein-Mann-Büro oder dann, wenn bei einem größeren Büro ein Architekt der einzige Ansprechpartner war und ein besonderes Vertrauensverhältnis bestand, der **Tod des Architekten** das Vertragsverhältnis beendet[843] oder ob es dafür einer Kündigung aus wichtigem Grund bedarf.[844] Wer sich bewusst einem bestimmten Architekten als Sachwalter anvertraut, erwartet eine eigenpersönliche, »höchstpersönliche Leistung« und will nicht »automatisch« in ein Vertragsverhältnis mit einem Nachfolger eintreten, der häufig noch nicht einmal Erbe nach § 1922 BGB ist. Deshalb hat der Architektenvertrag in diesem Fall höchstpersönlichen Charakter, so dass nach § 275 Abs. 1 BGB von einer Unmöglichkeit auszugehen ist. Anders dürfte es sein, wenn der Auftraggeber mit einer Architektengesellschaft kontrahiert, die durch den Tod des Gesellschafters nicht aufgelöst wird, ohne dass ein bestimmter Architekt von dem Auftraggeber höchstpersönlich für die Projektbearbeitung ausgesucht wurde. In diesem Fall ist weder von einer Unmöglichkeit auszugehen noch ist für den Auftrag-

---

839 BGH NJW-RR 2005, 357; *Kniffka* in Kniffka/Koeble, 9. Teil Rn. 1.
840 OLG Düsseldorf BauR 1998, 680 f.; OLG Stuttgart IBR 2006, 275; vgl. dazu *Jochem*, FS Motzke, S. 137 ff; *Rodemann* in TWK, § 4 Rn. 248 ff.
841 *Koeble* in Kniffka/Koeble, 12. Teil Rn. 181; *Wirth* in KMV, Grundl. Rn. 259.
842 *Koeble* in Kniffka/Koeble, 12. Teil Rn. 181; *Wirth* in KMV, Grundl. Rn. 259.
843 So *Bindhardt/Jagenburg*, § 12 Rn. 15; *Locher*, Rn. 335; *Koeble* in Kniffka/Koeble, 12. Teil Rn. 189.
844 *Löffelmann/Fleischmann*, Rn. 1713; *Werner* in Werner/Pastor, Rn. 1153; *Rodemann* in TWK, § 4 Rn. 278; *Fuchs* in FBS, Syst. A VIII Rn. 82. *Motzke/Preussner/Kehrberg/Kesselring*, V Rn. 43 ff.

geber eine Fortsetzung des Vertrags unzumutbar, so dass auch eine Kündigung aus wichtigem Grund ausscheidet[845].

28. Herausgabe von Unterlagen

Der Architekt hat nach den Leistungsbildern der HOAI 2013 bei Beauftragung mit den Leistungsphasen 1–3 die jeweiligen Ergebnisse am Ende einer jeden Leistungsphase zusammenzufassen, zu erläutern und zu dokumentieren. Das Ergebnis dieser Dokumentation ist dem Auftraggeber zu übergeben. Außerdem bestehen aus einer vertraglichen Nebenpflicht aus dem Architektenvertrag Herausgabeansprüche des Auftraggebers im Hinblick auf weitere Unterlagen wie Pläne – insbesondere Ausführungspläne –, Ausschreibungs- und Vertragsunterlagen sowie das Bautagebuch soweit der Architekt die entsprechenden Leistungen nach dem Vertrag zu erbringen hat[846]. Dieser Anspruch besteht nicht grenzenlos. 276

So muss der Auftraggeber vielmehr ein berechtigtes Interesse an der Herausgabe der Unterlagen nachweisen[847]. Einen Anspruch auf die Originale der Pläne hat der Auftraggeber dagegen nicht[848], jedoch auf Abzüge und nach z. T. vertretener zutreffender Auffassung auch auf Mutterpausen, die aber aufgrund der Digitalisierung heute nicht mehr gebräuchlich sind.[849] Der Herausgabeanspruch erstreckt sich heute auf Planunterlagen in digitalisierter Form. Ohne eine ausdrückliche gegenteilige Vereinbarung müssen diese nicht bearbeitbar sein[850]. Dem Architekten steht gegen den Anspruch auf Herausgabe kein Zurückbehaltungsrecht wegen fälliger Honorarforderungen zu, weil er hinsichtlich der Pläne, Ausschreibungs- und Vertragsunterlagen vorleistungspflichtig ist.[851] Das gilt auch nach einer Kündigung.[852] Der Anspruch auf Herausgabe von Unterlagen kann im Klagewege geltend gemacht werden, wenn dringende Gefahr für eine fristgerechte Abwicklung des Bauvorhabens besteht, kann sogar ein Verfügungsgrund für eine einstweilige Verfügung bestehen.[853]

29. Haftungsbeschränkungen und Kündigungsklauseln in Formularverträgen

Alle Architektenvertragsformulare enthalten Abänderungen der BGB-Folgen zugunsten oder zuungunsten der Architekten. Die Zahl der im Verkehr befindlichen Muster ist groß. Die Bundesarchitektenkammer hatte Formulare erarbeitet und die Verwen- 277

---

845 *Rodemann* in TWK, § 4 Rn. 279.
846 Vgl. dazu *Lotz* BauR 2012, 157; *Koeble* in Kniffka/Koeble, 12. Teil Rn. 191; *Fuchs* in FBS, Syst. A V Rn. 83.
847 *Digel/Jacobsen* BauR 2014, 1405.
848 *Digel/Jacobsen* BauR 2014, 1405.
849 OLG Hamm BauR 2000, 295; vgl. dazu i. E. *Koeble* in Kniffka/Koeble, 12. Teil Rn. 191.
850 *Fuchs* in FBS, Syst. A V Rn. 83; vgl. zum Anspruch auf die Herausgabe von digitalen Planfassungen *Digel/Jacobsen* BauR 2015, 1405.
851 OLG Hamm BauR 2000, 295; OLG Köln BauR 1999, 189.
852 *Werner* in *Werner/Pastor*, Rn. 1947.
853 OLG Köln BauR 1973, 251; OLG Köln BauR 1999, 189; OLG Hamm NJW-RR 1999, 96; OLG Hamm BauR 2000, 295; *Bruns* BauR 1999, 529; *Lauer* BauR 2000, 812.

Einleitung

dung der Vertragsmuster vom Bundeskartellamt genehmigt bekommen. Es handelte sich hierbei um den sog. Architekten-Vorplanungsvertrag und den Einheits-Architektenvertrag. Auch auf der Bauherrenseite haben Bund, Länder und Kommunen sowie Kirchen eigene Formularverträge geschaffen, die allerdings die berechtigten Belange der Architekten und Ingenieure nicht immer berücksichtigen. Die Bundesarchitektenkammer hatte am 29.07.1994 beim Bundeskartellamt die Neufassung des Einheitsarchitektenvertrags mit allgemeinen Vertragsbestimmungen nach § 36 Abs. 2 Nr. 3 GWB angemeldet.[854]

278 Diese Fassung wurde von der Bundesarchitektenkammer im Hinblick auf die Rechtsprechung des BGH zurückgezogen, was aber nicht bedeutet, dass die Bestimmungen dieser Fassung in der Praxis völlig »aus dem Verkehr gezogen« wären. Ein erheblicher Teil, insbesondere Kündigungsvoraussetzungen und Kündigungsfolgen betreffend, hält einer AGB-rechtlichen Inhaltskontrolle nicht Stand.

279 Auch sonstige Architektenvertragsmuster enthalten Abänderungen der BGB-Folgen überwiegend zugunsten der Architekten. Während die AGB nach den §§ 305 ff. BGB zu überprüfen sind, unterliegen Individualverträge einer Überprüfung nach den §§ 138, 242 BGB; auch sie dürfen keine Regelungen enthalten, die aufgrund einseitiger Interessenwahrnehmung das Gerechtigkeitsgebot verletzen.[855]

a) Der Anwendungsbereich der §§ 305 ff. BGB auf Architektenverträge

280 Die §§ 305 ff. BGB führen bei Architekten – Formularverträgen zu tiefgreifenden Beschränkungen bei der Vertragsgestaltung.[856] Die AGB-rechtliche Inhaltskontrolle findet nach der Definition des § 305 Abs. 1 BGB Anwendung auf »alle für eine Vielzahl von Verträgen vorformulierten Vertragsbedingungen, die eine Vertragspartei (Verwender) der anderen Vertragspartei bei Abschluss eines Vertrages stellt«. Dabei kann sich aus dem Inhalt und der Gestaltung der Klausel – insbesondere wenn diese allgemein und abstrakt gehalten ist – ein vom Verwender zu widerlegender Anschein für eine beabsichtigte Mehrfachverwendung ergeben.[857]

281 Eine Sonderregelung wurde durch die Einführung des § 310 Abs. 3 BGB für Verbraucherverträge getroffen. Danach gelten bei Verträgen zwischen einer Person, die in Ausübung ihrer gewerblichen oder beruflichen Tätigkeit handelt, und einer natürlichen Person, die den Vertrag zu einem Zweck abschließt, der weder einer gewerblichen noch einer selbständigen beruflichen Tätigkeit zugerechnet werden kann, AGB als vom Unternehmer gestellt, es sei denn, dass sie durch den Verbraucher in den Vertrag eingeführt wurden. Außerdem sind die §§ 305c Abs. 2, 306 und 307–309 BGB auf

---

854 Zur Literatur hierzu: *Bartsch* BauR 1994, 314; *Löffelmann* BauR 1994, 563; *Locher* DAB 1994, 2071; BauR 1995, 143; *Korbion/Locher/Sienz*, AGB und Baurrichtungsverträge, L Rn. 1 ff.
855 OLG Celle NZBau 2006, 651.
856 Vgl. dazu *Korbion/Locher/Sienz*, AGB und Baurrichtungsverträge, L Rn. 1 ff.; *Locher*, Rn. 473 ff.
857 BGH BauR 2015, 2015, 1154 = NJW 2015, 1952; BGH, Urt. v. 08.09.2016 – VII ZR 168/15.

vorformulierte Vertragsbestimmungen auch dann anzuwenden, wenn diese nur zur einmaligen Verwendung bestimmt sind, soweit der Verbraucher aufgrund der Vorformulierung auf ihren Inhalt keinen Einfluss nehmen konnte. Dazuhin sind nach § 310 Abs. 3 Nr. 3 BGB bei der Beurteilung der unangemessenen Benachteiligung nach § 307 BGB auch die den Vertragsabschluss begleitenden Umstände zu berücksichtigen. Die Sonderregelung des § 310 Abs. 3 BGB ist vor allem für Architekten oder Ingenieure von Bedeutung, die für private Auftraggeber tätig werden.

Nach § 310 Abs. 1 BGB gelten die §§ 305 Abs. 2, 3 und 308 f. BGB nicht für Allgemeine Geschäftsbedingungen, die gegenüber einem Unternehmer, einer juristischen Person des öffentlichen Rechts oder einem öffentlich-rechtlichen Sondervermögen verwendet werden. Unter den Unternehmerbegriff i. S. d. § 14 BGB fallen auch Freiberufler und somit Architekten.[858] Nicht ausgenommen sind jedoch Geschäftsbedingungen, die diesem Personenkreis gegenüber verwendet werden, von einer Überprüfung nach der Generalklausel des § 307 BGB, wonach Bestimmungen in Allgemeinen Geschäftsbedingungen dann unwirksam sind, wenn sie den Vertragspartner des Verwenders entgegen den Geboten von Treu und Glauben unangemessen benachteiligen. 282

Schwierigkeiten bereitet die Abgrenzung zwischen Allgemeinen Geschäftsbedingungen und individuell ausgehandelten Vertragsbedingungen.[859] Letztere sind nach der Begriffsbestimmung des § 305 Abs. 1 S. 3 BGB, soweit sie im Einzelnen ausgehandelt worden sind, vom Anwendungsbereich der Inhaltskontrolle ausgenommen. Ein Aushandeln liegt nur dann vor, wenn der Verwender den in seinen AGB enthaltenen gesetzesfremden Kerngehalt inhaltlich ernsthaft zur Disposition stellt und dem Verhandlungspartner Gestaltungsfreiheit zur Wahrung eigener Interessen einräumt mit der Möglichkeit, die inhaltliche Ausgestaltung der Vertragsbedingungen beeinflussen zu können. Kommt es zu keiner Änderung der gestellten Vertragsbedingungen, kann nur im Ausnahmefall von einem Aushandeln ausgegangen werden, wenn es nach gründlicher Erörterung bei dem gestellten Entwurf verbleibt.[860] Es reicht dagegen nicht aus, wenn der Verwender den Inhalt einer Klausel lediglich erörtert und erläutert.[861] Der BGH hat dazu festgestellt, dass es nicht genüge, wenn der Vertragspartner des Verwenders nur Abschlussfreiheit hat, ob er den Vertrag zu den vom anderen Teil vorformulierten Bedingungen abschließen könne oder darauf verzichten wolle. Erforderlich sei eine Gestaltungsfreiheit, also die Möglichkeit, die inhaltliche Ausgestaltung der Vertragsbedingungen zu beeinflussen. 283

---

858 *Korbion/Locher/Sienz*, 2005, L Rn. 8; *Sonntag* in FBS, Syst A IV Rn. 24.
859 Vgl. i. E. *Pfeiffer* in Wolf/Lindacher/Pfeiffer, § 305 Rn. 35 ff.
860 BGH BauR 1992, 228; BGH BauR 1998, 1094 = ZfBR 1998, 308; BGH BauR 2003, 870 = NJW 2003, 1805; BGH BauR 2013, 462 = NJW 2013, 856.
861 *Rodemann* in Thode/Wirth/Kuffer, § 4 Rn. 136; *Korbion/Locher/Sienz*, L Rn. 6; *Sonntag* in FBS, Syst A IV Rn. 16.

Einleitung

b) Haftungsbeschränkungen

284 Besonders einschneidend ist die AGB-rechtliche Inhaltskontrolle nach den §§ 305 ff. BGB hinsichtlich der **Haftungsbeschränkungsbestimmungen** von Formularverträgen. § 309 Nr. 7b BGB erklärt einen formularmäßigen Ausschluss oder eine Begrenzung der Haftung für einen Sachschaden, der auf einer grob fahrlässigen Vertragsverletzung des Verwenders oder eines gesetzlichen Vertreters oder Erfüllungsgehilfen des Verwenders beruht, für unwirksam. Liegt **grobe Fahrlässigkeit** vor, so können bei AGB-Verträgen hiernach Haftungsausschluss- und Haftungsbeschränkungsklauseln keinen Bestand haben. Das Klauselverbot erfasst nicht nur Schadensersatzansprüche wegen Mängeln an dem Bauwerk, sondern auch solche für Begleitschäden nach § 280 BGB sowie aus Verschulden bei Vertragsschluss. Außervertragliche Ansprüche werden jedoch durch die Klausel nicht erfasst.

285 § 309 Nr. 8b aa BGB verbietet **Subsidiaritätsklauseln**, die die Haftung des Verwenders von einer vorherigen gerichtlichen Inanspruchnahme Dritter abhängig machen. Die in § 6 Nr. 1 Satz 5 AVA (alte Fassung) vorgesehene Subsidiaritätsklausel bei einem Bauaufsichtsverletzungsfehler des Architekten ist deshalb unwirksam.[862] Dabei wird aber nur eine Klauselkontrolle am Maßstab des § 309 Nr. 7 BGB und nicht an § 309 Nr. 8b aa BGB vorgenommen. Es verstößt jedoch nicht gegen § 309 Nr. 8b aa BGB, wenn eine Subsidiaritätsklausel dem Auftraggeber lediglich auferlegt, sich zunächst außergerichtlich an mithaftende Dritte zu wenden, bevor er gegen den Architekten vorgeht[863]. Derartige Klauseln können jedoch intransparent sein, wenn der Begriff der »außergerichtlichen Inanspruchnahme« nicht näher präzisiert wird.[864] Der Regierungsentwurf zum Bauvertragsrecht sieht in § 650s BGB im Falle eines Überwachungsfehlers ausdrücklich eine subsidiäre Haftung des Architekten vor. Dieser kann die Leistung solange verweigern bis eine von dem Unternehmer gesetzte Frist zur Mängelbeseitigung erfolglos abgelaufen ist (zum Verjährungsbeginn bei einer Subsidiaritätsklausel vgl. Rdn. 234). Die Rechtsprechung zur AGB-rechtlichen Unwirksamkeit von Subsidiaritätsklauseln beim Bauträgervertrag[865] ist auf den Architektenvertrag nicht anwendbar.[866]

286 In Musterverträgen ist gelegentlich folgende Bestimmung anzutreffen: »Wird der Architekt für einen Schaden in Anspruch genommen, für den auch ein Dritter einzutreten hat, so haftet er nur in dem Umfang, in dem er im Verhältnis zu dem Dritten haftbar ist« (Quotenhaftungsklausel). Hierdurch wird die **gesamtschuldnerische Haftung** zwischen Architekt und Bauunternehmer, ein von der Rechtsprechung entwickeltes Grundprinzip des Architektenhaftungsrechts, berührt. Eine gesamtschuldnerische

---

862 A.A. OLG Schleswig BauR 2009, 1770, das eine Subsidiaritätsklausel, die auch eine gerichtliche Inanspruchnahme umfasst, bei einer Beschränkung auf normale Fahrlässigkeit für wirksam hält.
863 Darmstädter Baurechtshandbuch/*Leupertz*, S. 1403; *Sonntag* in FBS, Syst A IV Rn. 80; *Werner* in *Werner/Pastor*, Rn. 2735.
864 *Wirth* in KMV, Grundlagen B Rn. 182.
865 BGH BauR 2002, 1385 = NJW 2002, 2470.
866 *Korbion/Locher/Sienz*, L Rn. 63.

Haftung des Architekten mit dem Bauunternehmer ist zwar nicht völlig beseitigt; sie besteht jedoch nur dann, wenn der Architekt im Innenverhältnis zu dem Unternehmer einen Teil des Schadens zu tragen hat. Die Klausel führt in der Praxis dazu, dass sich der Auftraggeber im Allgemeinen bei einem Aufsichtsverschulden des Architekten nur zu einem geringen Teil an diesen halten könnte. Diese Klausel ist nach § 309 Nr. 8b aa BGB unwirksam.[867] Darüber hinaus wird die Geltendmachung von Ansprüchen gegen den Architekten insoweit unangemessen erschwert, als der Anspruchsteller den Quotenanteil zwischen dem in Anspruch genommenen Architekten und dem gesamtschuldnerisch mithaftenden Dritten oft ohne Kenntnis der Verantwortlichkeit im Inneren bei vollem Prozessrisiko festlegen müsste. Die Klausel ist deshalb auch nach § 307 BGB unwirksam.

287 Durch eine **Verschuldensklausel** (»... haftet nur für nachweislich von ihm schuldhaft verursachten Schaden...«) wird die Haftung für verschuldensunabhängige Ansprüche ausgeschlossen und außerdem die Beweislast umgekehrt. Die Klausel verstößt gegen § 309 Nr. 8b bb BGB, nach überwiegender Meinung gegen § 309 Nr. 8b aa BGB sowie gegen die §§ 309 Nr. 12a, § 307 Abs. 2 BGB und ist unwirksam.[868]

288 Eine **Beweislastklausel**, die in jedem Fall dem Auftraggeber die Beweislast für die Pflichtverletzung und das Verschulden des Architekten auferlegt, verstößt gegen § 309 Nr. 12a BGB, wobei zu berücksichtigen ist, dass nach der Rechtsprechung dem Auftraggeber durch die Einräumung eines Anscheinsbeweises die Beweisführung für eine Pflichtverletzung erleichtert und dann eine Umkehr der Beweislast zu Lasten des Architekten angenommen wird, wenn die Schadensursache typischerweise aus dem Gefahrenkreis des Architekten stammt.[869] Ein Verstoß gegen § 309 Nr. 12a BGB liegt nicht nur bei einer Beweislastumkehr vor, sondern schon beim Versuch, die Beweisposition des Vertragspartners zu verschlechtern.[870]

289 Unwirksam, weil unklar und intransparent (§§ 305c Abs. 2, 307 Abs. 1 BGB), ist eine Beschränkung der Haftung auf Schäden, die der Architekt durch seine **Haftpflichtversicherung** »hätte decken können«.[871] Unwirksam ist die Beschränkung auf eine »übliche Deckungssumme«, die es nämlich nicht gibt. Die Beschränkung für nicht versicherbare Schäden auf die Honorarhöhe ist unangemessen und verstößt gegen § 307 BGB, weil eine Haftungshöchstsummenklausel die vertragstypischen vorhersehbaren Schäden einschließlich der Folgeschäden abdecken muss.[872] Gerade bei Bausummenüberschreitungen kann der Schadensbetrag das Honorar bei Weitem übersteigen.

---

867 OLG München NJW-RR 1988, 337; OLG Oldenburg IBR 2009, 221 = BeckRS 2009, 09364; *Löffelmann/Fleischmann*, Rn. 2099; *Korbion/Locher/Sienz*, L Rn. 60.
868 BGH BauR 1990, 488 = NJW-RR 1990, 856; OLG München NJW-RR 1990, 1358; *Koeble* in Kniffka/Koeble, 12. Teil Rn. 766.
869 Vgl. *Locher* BauR 1974, 300; *Vogel* ZfBR 2004, 424; *Sonntag* in FBS, Syst A IV Rn. 81.
870 OLG Düsseldorf BauR 1995, 739; *Werner* in Werner/Pastor, Rn. 2730.
871 OLG Celle BauR 2014, 134.
872 OLG Celle BauR 2014, 134; vgl. *Korbion/Locher/Sienz*, L Rn. 45 ff.; *Weber* ZfBR 2010, 107, 111 f; *Sonntag* in FBS, Syst A IV Rn. 79.

Einleitung

290 In den AVA 1985 5.3 wurde, für den Fall, dass der Architekt keine Versicherung abgeschlossen hat, die Haftung beschränkt auf bestimmte **Deckungssummen**, die sich nach den honorarfähigen Herstellungskosten richten. Bei anrechenbaren Kosten bis zu 1,5 Mio. DM soll eine Mindeststumme von 150.000 DM, für anrechenbare Kosten über 1,5 Mio. DM hinaus eine solche von mindestens 300.000 DM für sonstige Schäden vereinbart werden. In der Literatur ist es streitig, ob diese Klausel der Inhaltskontrolle nach § 307 BGB standhält.[873] Insbesondere die Beschränkung auf 150.000 € für sonstige, auch sehr hohe Schäden bei großen Bausummen ist unangemessen.[874]

291 Der später zurückgezogene Einheitsarchitektenvertrag von 1994 hatte diese Staffelung beseitigt. Er lässt die Haftungsbegrenzungssumme im Falle leichter Fahrlässigkeit offen, vermerkt aber, dass der Betrag angemessen sein müsse und die Deckungssumme der Haftpflichtversicherung hierzu eine Orientierungshilfe sein könne. Zu beachten ist dabei, dass nach der Neufassung des § 309 Nr. 7a BGB ein Ausschluss oder eine Begrenzung der Haftung bei Verletzung des Lebens, des Körpers oder der Gesundheit immer unwirksam ist, sodass nur noch ein Haftungsausschluss für Sach- oder Vermögensschäden bei leichter Fahrlässigkeit unter Ausschluss der Verletzung von Kardinalpflichten in Frage kommt.[875]

292 Im Übrigen wird damit eine differenzierte Behandlung der Haftungsbegrenzung beseitigt, je nachdem, ob es sich um versicherbare oder nicht versicherbare Schäden handelt. Damit wurde den Bedenken Rechnung getragen, die in Rechtsprechung und Literatur im Hinblick auf die wirksame Einbeziehung der Versicherungsbedingungen und die Verletzung des Transparenzgebots im Rahmen des § 307 BGB erhoben wurden.[876]

293 Nicht in jedem Fall ist sichergestellt, dass der Ausschluss des Schadensersatzanspruchs und dessen Begrenzung bei Einhaltung der Voraussetzungen der §§ 309 Nr. 8b bb, 307 BGB einer Inhaltskontrolle standhält. Bei Verletzung der sog. »**Kardinalpflichten**«, also Pflichten, die die ordnungsgemäße Durchführung des Vertrags überhaupt erst ermöglichen und bei deren Verletzung die Erreichung des Vertragszwecks gefährdet wird, ist eine Haftungsbegrenzung auf leichte Fahrlässigkeit oder der Ausschluss des Schadensersatzanspruchs unwirksam[877]. Eine generelle Haftungsbegrenzung für Sach- und Vermögensschäden im Falle leichter Fahrlässigkeit ist somit nicht möglich. Der Versuch einer Haftungsbegrenzung auf Fälle soweit keine Verletzung von wesentlichen Vertragspflichten (Kardinalpflichten) vorliegt, ist problematisch, weil die Grenzziehung zwischen verkehrswesentlichen »Kardinalpflichten« und sonstigen Pflichten

---

873 Bejahend *Beigel* BauR 1986, 37; a. A. *Hartmann*, FS Locher, S. 341; *Korbion/Locher/Sienz*, L Rn. 51.
874 Beispiel: Bausumme 45 Mio. €, Haftungsbegrenzung 150.000 €.
875 Vgl. *Löffelmann/Fleischmann*, Rn. 2105.
876 OLG Stuttgart Urt. v. 10.10.1991 – 13 U 190/90; *Locher*, FS Soergel, S. 181 ff.
877 *Damann* in Wolf/Lindacher/Pfeiffer A 194; *Christensen* in Ulmer/Brandner/Hensen, Anh. § 310 Rn. 40; *Sonntag* in FBS, Syst A IV Rn. 79.

Einleitung

nicht befriedigend erfolgt und auch nicht möglich ist.[878] Eine derartige Klausel verstößt somit gegen das Transparenzgebot.[879]

In den meisten der vor Inkrafttreten des AGB-Gesetzes entworfenen Vertragsmustern wurde die **Verjährungsfrist** für Schadensersatz- oder sonstige Mängelansprüche gegen den Architekten auf zwei Jahre **abgekürzt**, während diese nach der Regelung des § 634a Abs. 1 Nr. 2 BGB fünf Jahre beträgt. Eine formularmäßige Abkürzung der 5-Jahres-Frist verstößt gegen das Klauselverbot des § 309 Nr. 8b ff. BGB. Dies gilt auch gegenüber Unternehmern oder juristischen Personen des öffentlichen Rechts nach § 307 BGB. Eine Verkürzung der Verjährungsfrist auf sechs Monate oder zwei Jahre ist deshalb nach § 307 BGB unwirksam.[880]

294

Nach § 310 Abs. 1 S. 3 BGB findet das Verbot der formularmäßigen Verkürzung von Verjährungsfristen im Falle der AGB-rechtlichen Privilegierung der VOB/B keine Anwendung. Dies bedeutet, dass der Unternehmer und der Architekt, falls sie Gesamtschuldner sind, unabhängig von dem unterschiedlichen Abnahmezeitpunkt verschieden lange für die Mängelansprüche des Auftraggebers haften können. Für den Unternehmer gilt dann die vierjährige Verjährungsfrist des § 13 Abs. 4 VOB (B), für den Architekten die fünfjährige Frist des § 634a BGB. Die VOB kann nicht den Architekten- und Ingenieurleistungen zugrunde gelegt werden.[881]

295

Der Architekt ist deshalb davor zu warnen, in Vertragsmustern, die die Dauer der Verjährungsfrist im Formular nicht ausdrucken, jedoch auf die Regelung der VOB verweisen, durch Einfügen der Zahl »4« eine vierjährige und damit unwirksame Verjährungsfrist zu vereinbaren. Das Einsetzen einer Ziffer in einen Formularvertrag führt nicht zu einem Aushandeln. Die Abkürzung der Verjährungsfrist hält deshalb einer Inhaltskontrolle nicht Stand.[882]

296

Die Verjährungsfrist kann formularmäßig auch nicht dadurch verkürzt werden, dass von der BGB-Regelung abweichende Bestimmungen über den **früheren Beginn der Verjährungsfrist** vorgesehen werden.[883] Wird der vertragliche Verjährungsbeginn gegenüber dem nach der gesetzlichen Regelung vorgesehenen Zeitpunkt vorverlegt, so werden die gesetzlichen Verjährungsfristen mittelbar verkürzt, was nach den §§ 309 Nr. 8b ff, 307 BGB zur Unwirksamkeit der Klausel führt[884]. Die Verjährung der Mängelansprüche beginnt nach § 634a Abs. 2 BGB mit der Abnahme der Architektenleis-

297

---

878 Vgl. *Löffelmann/Fleischmann*, Rn. 2104; *Jasper*, Die Kardinalpflichten im Bauwerkvertrag, Baurechtliche Schriften, Bd. 48.
879 *Korbion/Locher/Sienz*, L Rn. 59; *Damann* in Wolf/Lindacher/Pfeiffer, A 194; *Christensen* in Ulmer/Brandner/Hensen, Anh. § 310 Rn. 40; *Sonntag* in FBS, Syst A IV Rn. 79.
880 Für den Ingenieurvertrag BGH BauR 1999, 670 = ZfBR 1999, 187; BGH BauR 2014, 127 = NZBau 2014, 47.
881 BGH BauR 2000, 1330, 1332 = NJW 2000, 2991; OLG Karlsruhe BauR 2005, 893.
882 BGH BauR 1987, 113 = ZfBR 1987, 40; OLG Naumburg BauR 2008, 124; OLG München NJW-RR 1988, 86; OLG Düsseldorf BauR 1985, 341.
883 Vgl. zum Begriff der Ingebrauchnahme BGH BauR 1985, 200.
884 *Sonntag* in FBS, Syst A IV Rn. 79.

Einleitung

tung. Dieser Zeitpunkt ist nicht identisch mit dem Zeitpunkt der Abnahme des Bauwerks.[885] So wird in der Regel die Rechnungsprüfung zum Zeitpunkt der Abnahme des Bauwerks noch nicht abgeschlossen sein, und Teile der Leistungsphase 8 sowie insbesondere die Leistungsphase 9 des § 34 HOAI werden noch zu erbringen sein (vgl. oben Rdn. 136 f.). Wird deshalb der Verjährungsbeginn formularmäßig an die Abnahme des Bauwerks geknüpft, so liegt auch hier ein Verstoß gegen § 309 Nr. 8b ff. BGB bzw. § 307 Abs. 1 BGB vor.[886] Dasselbe gilt für eine Klausel, wonach bei Beauftragung mit der Leistungsphase 9 die Verjährung mit der Ingebrauchnahme des Gesamtobjekts beginnt[887]. Zulässig ist die Vereinbarung einer **Teilabnahme** der Architektenleistungen nach der Leistungsphase 8 auch unter dem Gesichtspunkt einer mittelbaren Verkürzung der Verjährungsfristen.[888] Voraussetzung dafür ist aber die ausdrückliche Vereinbarung einer Teilabnahme und nicht nur eine Regelung über den Beginn der Verjährung im Falle einer Teilabnahme.[889]

298 In den Allgemeinen Vertragsbedingungen werden dem Architekten häufig Schadensbeseitigungsrechte eingeräumt. Diese **Schadensbeseitigungsklauseln** verstoßen nicht gegen § 309 Nr. 8b bb BGB. Dies gilt auch dann, wenn sich das Schadensbeseitigungsrecht nicht auf die Architektenleistungen, sondern auf den Mangel am Bauwerk bezieht,[890] weil es sich hierbei nicht um eine Nachbesserung des Architektenwerks, sondern um einen Schadensersatzanspruch im Wege der Naturalrestitution handelt.[891] Eine solche Klausel ist auch nicht unangemessen nach § 307 BGB.[892]

c) Aufrechnungsverbot

299 Ein **formularmäßiges Aufrechnungsverbot** ist nach § 309 Nr. 3 BGB dann unwirksam, wenn dem Vertragspartner des Verwenders die Befugnis genommen wird, mit einer unbestrittenen oder rechtskräftig festgestellten Forderung aufzurechnen. Entspricht eine Klausel diesen Einschränkungen, ist weiter zu beachten,[893] dass das formu-

---

885 BGH BauR 1987, 113 = NJW-RR 1987, 144.
886 BGH BauR 1987, 113 = NJW-RR 1987, 144; BGH BauR 1992, 794 = NJW 1992, 2759; KG NZBau 2004, 337; *Korbion/Locher/Sienz*, L Rn. 74; *Werner* in *Werner/Pastor*, Rn. 2727.
887 BGH, Urt. v. 08.09.2016 – VII ZR 168/15.
888 BGH BauR 2001, 1616; vgl. auch BGH BauR 2006, 1332 = NZBau 2006, 519; KG NZBau 2004, 337; *Leupertz* BauR 2009, 393, 399; *Locher* Rn. 479; *Korbion/Locher/Sienz*, L Rn. 80; *Schotten* BauR 2001, 1519; *Löffelmann/Fleischmann*, Rn. 2109; a. A. OLG Schleswig BauR 2001, 1286; OLG Naumburg BauR 2001, 1615.
889 BGH BauR 2006, 1332 = NZBau 2006, 592; BGH BauR 2014, 127 = NJW 2013, 6; BGH, Urt. v. 08.09.2016 – VII ZR 168/15.
890 A. A. *Christensen* in Ulmer/Brandner/Hensen, Anh. § 310 Rn. 39; *Hartmann*, FS Locher, S. 343.
891 OLG Hamm NJW-RR 1992, 467; OLG Celle BauR 1999, 676; OLG Hamm BauR 2004, 528; *Sonntag* in FBS, Syst A IV Rn. 84; i. E. ebenso *Löffelmann/Fleischmann*, Rn. 2095.
892 *Locher*, FS von Craushaar 1997, S. 24; *Korbion/Locher/Sienz*, L Rn. 64 ff.; *Achilles/Baumgärtel* BauR 2003, 1125.
893 OLG Düsseldorf BauR 1998, 199; NJW-RR 1999, 244; OLG Frankfurt BauR 2000, 437;

larmäßige Aufrechnungsverbot immer noch an § 307 BGB zu messen ist. Der BGH[894] hatte bereits in einer früheren Entscheidung angedeutet, dass Aufrechnungsverbote nach § 307 BGB unwirksam sind, soweit sich Ansprüche, welche synallagmatisch mit dem Honoraranspruch eng verbunden sind wie Mängelrechte oder Ansprüche auf Fertigstellungskosten gegenüberstehen.[895] Diese Auffassung wurde inzwischen bestätigt. Danach ist ein formularmäßiges Aufrechnungsverbot in einem Architektenvertrag jedenfalls dann nach § 307 BGB unwirksam, wenn dieses auch für Schadensersatzansprüche gilt, die die Kosten zur Beseitigung des Mangels am Architektenwerk selbst umfassen (etwa die Überarbeitung einer fehlerhaften Planung oder die Kosten für die Beauftragung eines weiteren Architekten mit diesen Leistungen).[896] Die gegenteilige frühere Rechtsprechung[897] ist somit überholt. Noch nicht abschließend geklärt ist die Wirksamkeit eines formularmäßigen Aufrechnungsverbots, wenn Schadensersatzansprüche ausgenommen werden, die auf die Fertigstellungsmehrkosten oder die Mängelbeseitigungskosten des Architektenwerks gerichtet sind.

Der Zulässigkeit eines formularmäßig vereinbarten Aufrechnungsverbots steht nicht Art. 3 Abs. 3 Anh. 1b der EG-Richtlinie 93/13/EWG des Rates vom 05.04.1993 über missbräuchliche Klauseln in Verbraucherverträgen entgegen.[898] Zu unterscheiden von der Aufrechnung ist die Verrechnung, die von einem Aufrechnungsverbot nicht umfasst ist. Umstritten ist, ob diese nur bei Anwendung der Differenzmethode vorliegt, wenn der Auftraggeber das Werk zurückweist oder ob es der Zurückweisung nicht bedarf und eine Verrechnung mit einer Schadensersatzforderung aus demselben Schuldverhältnis vorliegt. Der BGH[899] hat seine frühere Rechtsprechung, dass ein Verrechnungsverhältnis besteht,[900] ausdrücklich aufgegeben. Er geht jetzt zutreffend von einer Aufrechnung aus.[901]

300

d) Kündigungsvoraussetzungsklauseln

Der formularmäßige Ausschluss des freien Kündigungsrechts des Auftraggebers nach § 649 BGB ist nach § 307 Abs. 2 unwirksam.[902] Entscheidend ist der mit § 649

301

OLG Oldenburg ZfBR 2001, 269; OLG Schleswig BauR 2001, 1615; OLG Karlsruhe BauR 2006, 1165, 1167; *Korbion/Locher/Sienz*, L Rn. 24 ff.
894 BauR 2005, 1477 = NJW 2005, 2771.
895 *Kessen* BauR 2005, 1691; *Korbion/Locher/Sienz*, L Rn. 26.
896 BGH BauR 2011, 1186 = NZBau 2011, 429; vgl. *Koeble* in Kniffka/Koeble, 12. Teil Rn. 767; *Sonntag* in FBS, Syst A IV Rn. 61.
897 OLG Düsseldorf BauR 1998, 199; NJW-RR 1999, 244; OLG Frankfurt BauR 2000, 437; OLG Oldenburg ZfBR 2001, 269; OLG Schleswig BauR 2001, 1615; OLG Karlsruhe BauR 2006, 1165, 1167.
898 OLG Hamm BauR 2004, 1643.
899 BauR 2005, 1476 = NJW 2005, 2771.
900 BGH BauR 2001, 1616; BGH BauR 2002, 1615.
901 Ebenso *Koeble*, FS v.Craushaar 1997, S. 259; *Putzier* BauR 2002, 1621.
902 BGH BauR 1999, 1294 = NJW 1999, 3216, für den Bauvertrag unter ausdrücklicher Erwähnung der identischen Interessenlage beim Architektenvertrag; OLG Düsseldorf BauR

Einleitung

S. 1 BGB verfolgte Zweck, dem Auftraggeber gerade bei Langzeitverträgen wie Bau- und Architektenverträgen aufgrund beim Vertragsschluss nicht voraussehbarer nachträglich eingetretener Umstände die Möglichkeit zu einer Lösung vom Vertrag zu ermöglichen. Zwar kann auch der Architekt ein berechtigtes Interesse an der Vertragsdurchführung haben. Dieses ist aber primär auf den Vergütungsanspruch gerichtet, der durch § 649 S. 2 BGB gesichert wird. Ein Ausschluss des Vergütungsanspruchs nach § 649 S. 2 BGB in einem von dem Auftraggeber gestellten Formularvertrag verstößt ebenfalls gegen § 307 BGB.[903]

e) Kündigungsfolgeklauseln

302 Der BGH hat 1996 seine bisherige Rechtsprechung aufgegeben, wonach der Anteil der aufgrund der Kündigung ersparten Aufwendungen mit 40 % angesetzt wird. Er verlangt nunmehr, dass der Architekt die Einzelheiten seiner Kalkulation und des anderweitigen Erwerbs darlegt (vgl. dazu i. E. Rdn. 244 ff.).[904] Da dies für den Architekten mit einem erheblichen Aufwand verbunden ist, enthalten zahlreiche Formularverträge **Pauschalierungsklauseln**, wonach die Ersparnis in Anlehnung an die frühere Rechtsprechung mit 40 % oder auch mit einem anderen Prozentsatz pauschal festgelegt wird.

303 Derartige Klauseln sind dann nach den §§ 309 Nr. 5b, 309 Nr. 7 BGB unwirksam, wenn der Nachweis einer größeren Ersparnis oder die Anrechnung eines anderweitigen Erwerbs abgeschnitten wird.[905] Neuere Architektenformularverträge enthalten deshalb vielfach eine Öffnungsmöglichkeit.[906] Auch eine derartige Klausel ist unwirksam, weil der anderweitige Erwerb keine Berücksichtigung findet.[907] Noch nicht entschieden ist die Wirksamkeit einer Pauschalierungsklausel, die sowohl den Nachweis einer geringeren Ersparnis ermöglicht als auch die Berücksichtigung eines anderweitigen Erwerbs oder eines böswillig unterlassenen anderweitigen Erwerbs i. S. d. § 649 S. 2 BGB zulässt. Eine derartige Klausel mit einer Pauschalierung der Ersparnis auf 40 % ist nicht unangemessen i. S. d. § 308 Nr. 7 BGB. Beurteilungsmaßstab dafür ist nicht der konkrete Einzelfall, sondern der »typische Anwendungsfall« bei vorzeitiger Vertragsbeendigung.[908] Auch wenn die Höhe der ersparten Aufwendungen und auch ein anderweitiger

---

 1999, 1482 = NJW-RR 2000, 166; OLG Hamburg BauR 1993, 123 = MDR 1992, 1059; *Korbion/Locher/Sienz*, L Rn. 82 ff.; *Rodemann* in *Thode/Wirth/Kuffer*, § 4 Rn. 260; *Löffelmann/Fleischmann*, Rn. 1679.
903 BGH BauR 2007, 1724 = NJW 2007, 3423; OLG Zweibrücken BauR 1989, 227.
904 BGH BauR 1996, 412 = NJW 1996, 1751.
905 BGH BauR 1997, 156 = NJW 1997, 259; OLG Frankfurt BauR 2008, 550; *Korbion/Locher/Sienz*, L Rn. 90; *Werner/Siegburg* BauR 1997, 181; *Löffelmann/Fleischmann* Rn. 1684.
906 »In allen anderen Fällen behält der Auftraggeber den Anspruch auf das vertragliche Honorar, jedoch unter Abzug ersparter Aufwendungen. Sofern der Bauherr im Einzelfall keinen höheren Anteil an ersparten Aufwendungen nachweist, wird dieser mit 40 % des Honorars für die vom Architekten noch nicht erbrachten Leistungen vereinbart.«.
907 BGH BauR 1998, 866 = ZfBR 1998, 236.
908 BGH BauR 2011, 1328 = NJW 2011, 3030 zum Bauvertragsrecht; *Koeble* in Kniffka/Koeble 12. Teil Rn. 154.

Einleitung

Erwerb gerade beim gekündigten Architektenvertrag je nach Bürostruktur völlig unterschiedlich ausfallen können (vgl. dazu Rdn. 250 ff.), hat sich in der Praxis herausgestellt, dass eine konkrete Abrechnung der ersparten Aufwendungen häufig über der Pauschale von 40 % liegt.[909] Soweit diese Pauschale unter Hinweis auf die Vermutung des § 649 S. 3 BGB für zu hoch und damit unwirksam gehalten wird[910], wird übersehen, dass die Pauschale von 5% ersichtlich auf die Vergütung beim Bauvertrag abstellt und zu den ersparten Aufwendungen beim Architektenvertrag, welcher sich gerade nicht durch eine Bauleistung mit einem hohen Materialkostenanteil sondern durch eine schöpferische Leistung auszeichnet, keinen Bezug hat[911]. Darüber hinaus soll § 649 S. 3 BGB nach der Rechtsprechung (vgl. Rdn. 304) lediglich die Durchsetzung des Anspruchs nach § 649 S. 2 BGB erleichtern. Es ist deshalb nicht nachvollziehbar, weshalb diese abdingbare und mit der Realität des Architektenvertrags nicht zu vereinbarende Pauschale von 5% zu einer Begrenzung einer formularmäßigen Pauschale auf maximal 10 bis 20 % der Vergütung für die aufgrund der Kündigung nicht ausgeführten Leistungen führen soll.[912] Da ein anderweitiger Erwerb zusätzlich zu den pauschalierten Aufwendungen anspruchsmindernd zu berücksichtigen ist, verstößt eine derartige Klausel nicht gegen die §§ 308 Nr. 7, 307 BGB.[913]

Es ist umstritten, ob das für ab dem 01.01.2009 geschlossene Verträge geltende Forderungssicherungsgesetz zu einer Änderung der Berechnung der Vergütung für den aufgrund einer Kündigung nach § 649 BGB nicht mehr erbrachten Teil der Architektenleistung führt. Der neu eingeführte § 649 S. 3 BGB enthält eine gesetzliche Vermutung, dass der Anspruch nach § 649 S. 2 BGB 5 Prozent der auf den noch nicht erbrachten Teil der Werkleistung entfallenden vereinbarten Vergütung beträgt (vgl. Rdn. 255). Nach Auffassung des BGH[914] führt die Vermutung des § 649 S. 3 BGB zu keiner Änderung der Darlegungs- und Beweislast, weil sich diese weiterhin aus § 649 S. 2 BGB ergibt und S. 3 dem Auftraggeber lediglich eine Erleichterung der sekundären Darlegungslast ermöglichen soll. Eine Pauschalierungsklausel hält deshalb unter den oben erwähnten Einschränkungen weiterhin einer Inhaltskontrolle stand. **304**

Bei Verwendung einer AGB-widrigen Pauschalierungsklausel kann sich nur der **Vertragspartner des Verwenders** auf deren **Unwirksamkeit** berufen.[915] Dem Architekten ist es deshalb untersagt, sich auf die Unwirksamkeit einer von ihm verwendeten 40 **305**

---

909 Vgl. dazu *Eich/Eich* DAB 1996, 2064, 2066 f.
910 *Sonntag* in FBS, Syst A IV Rn. 86.
911 *Preussner* in MNP, Grundl. Rn. 199.
912 *Sonntag* in FBS, Syst A IV Rn. 86.
913 OLG Düsseldorf BauR 2002, 1583; *Werner/Siegburg* BauR 1997, 181; *von Rintelen* BauR 1998, 603; *Werner* in *Werner/Pastor*, Rn. 1137; *Locher* Rn. 481; *Christensen* in Ulmer/Brandner/Hensen, Anh. § 310 Rn. 41; *Motzke* in Motzke/Preussner/Kehrberg/Kesselring, U Rn. 33.
914 BGH BauR 2011, 1328 = NJW 2011, 3030; BGH BauR 2011, 1331 = NZBau 2011, 407.
915 BGH BauR 1998, 357 = NJW-RR 1998, 594; *Löwe* ZfBR 1998, 121, 128; *Korbion/Locher/Sienz*, L Rn. 97; *Koeble* in Kniffka/Koeble, 12. Teil Rn. 155; *Rodemann* in TWK, § 4 Rn. 151.

Einleitung

%-Klausel zu berufen und mittels einer konkreten Abrechnung einen höheren Anspruch nach § 649 S. 2 BGB geltend zu machen. Ist dagegen der Auftraggeber Verwender einer unwirksamen Pauschalierungsklausel, kann der Architekt entweder die darin enthaltene Pauschale verlangen oder einen höheren Anspruch im Wege einer konkreten Berechnung geltend machen.

h) Vertragsbestimmungen, die der Auftraggeber »stellt«, insbesondere Bestimmungen in Architekten- und Ingenieurverträgen der öffentlichen Hand

306 In der Praxis sind häufig Klauseln anzutreffen, die AGB-rechtlich bedenklich sind und die die öffentliche Hand oder Wohnungsbau- und Bauträgergesellschaften gegenüber Architekten und Ingenieuren »stellen«. Zwar sind die Vorschriften der §§ 305 Abs. 2, 3, 308, 309 BGB nicht anzuwenden gegenüber einem Unternehmer oder einer juristischen Person des öffentlichen Rechts (§ 310 Abs. 1 BGB). Diese sind insoweit also nicht geschützt. Der Vertragspartner einer juristischen Person des öffentlichen Rechts unterliegt jedoch voll dem Schutz der §§ 305 ff. BGB.

307 Bei Architekten- und Ingenieurverträgen der öffentlichen Hand sind zunächst die Einbeziehungsvoraussetzungen besonders sorgfältig zu prüfen, weil häufig in Verträgen mit der öffentlichen Hand auf Dienstanweisungen, Verwaltungsanweisungen, haushaltsrechtliche Bestimmungen und technische Richtlinien verwiesen wird, ohne dass diese dem Vertrag beiliegen (§ 305 Abs. 2 BGB).

308 Aus der Interessenlage ergibt sich, dass im Allgemeinen in solchen Verträgen die Mängelrechte nach dem BGB nicht eingeschränkt werden, weil diese sehr weitgehend den Auftraggeber schützen, dass jedoch Honorarminderungen gegenüber den Honorarermittlungsgrundlagen der HOAI vorgenommen werden, dass Kündigungsfolgeregelungen in Abweichung von der werkvertraglichen Regelung vorgesehen und die Urheberrechte des Architekten und Ingenieurs beschränkt werden.[916]

309 **Bauverträge der öffentlichen Hand** sind weitgehend charakterisiert durch die **RBBau**, welche nunmehr durch eine Online – Fassung ständig aktualisiert wird. Derzeit gilt der Stand vom 18.04.2016[917]. Die Richtlinien für die Durchführung von Bauaufgaben des Bundes im Zuständigkeitsbereich der Finanzbauverwaltungen – RBBau – wollen ein einheitliches Vorgehen bei Bauvorhaben des Bundes gewährleisten. Sie werden vom Bundesministerium für Verkehr, Bau und Stadtentwicklung veröffentlicht. Neben allgemeinen Richtlinien enthält die RBBau auch Vertragsmuster, die in den Anhang aufgenommen sind, insbesondere für Architekten und Ingenieure. Hinzu kommen die »Hinweise« zu den Allgemeinen Vertragsbestimmungen, nach denen die AVB Verträgen mit freiberuflich Tätigen zugrunde gelegt werden sollen. Wenn die Bauverwaltung als öffentlicher Auftraggeber einen Architekten- oder Ingenieurvertrag abschließt, so geschieht dies in der Regel nach den Vertragsmustern der RBBau. Die RBBau-Bestimmungen stellen zwar behördeninterne Dienstanweisungen dar, denen grundsätzlich

---

916 *Korbion/Locher/Sienz*, L Rn. 120 ff.
917 Vgl. i. E. *Osenbrück*, Die RBBau, Baurechtliche Schriften, 4. Aufl. 2004.

Einleitung

keine Außenwirkung zukommt. Sie unterliegen erst durch Einbeziehung in den Vertrag richterlicher Kontrolle. Sowohl die Allgemeinen Vertragsbestimmungen wie auch das Vertragsmuster und die Hinweise unterliegen jedoch der Inhaltskontrolle, da sie vorformulierte Regelungen enthalten. Auch die Hinweise zum Vertragsmuster – z. B. Technische Ausrüstung (RBBau Anh. 11) – stellen vorformulierte Regelungen dar, die zur wiederholten Anwendung bei jedem Vertragsschluss vorgeschrieben sind. Dass es sich um echte Dienstanweisungen mit Anwendungsverpflichtung handelt, ergibt sich schon aus dem Wortlaut:

»1.1 Wenn dazu freiberuflich tätige Ingenieure eingeschaltet werden, ist das Vertragsmuster – Technische Ausrüstung – zu verwenden. Die AVB dürfen nicht geändert werden.

1.2 Als Frist, in der weitere Leistungen übertragen werden, sollen in der Regel in 3.1 24 Monate eingesetzt werden.«

Von Auftraggebern und insbesondere von öffentlichen Auftraggebern gestellte Klauseln zeichnen sich häufig dadurch aus, dass der Honoraranspruch des Architekten oder Ingenieurs eingeschränkt werden soll. Dabei ist zu beachten, dass die HOAI für die Honorierung von Leistungen der Architekten und der Ingenieure, die dem gesetzlichen Preisrecht unterliegen, **Leitbild i. S. d. § 307 BGB** ist[918]. Jede gravierende Abweichung vom Honorarermittlungssystem der HOAI, die zu einer Unterschreitung der Mindestsätze führen kann, stellt deshalb eine unangemessene Regelung nach § 307 BGB dar[919].   310

Danach kommt auch § 15 Abs. 2 HOAI Leitbildcharakter zu, falls man mit dem BGH von dessen Wirksamkeit ausgeht (vgl. § 15 Rdn. 8). Werden **Abschlagszahlungen** ausgeschlossen oder wird der Anspruch auf Abschlagszahlungen z. B. in Höhe von 90% oder 95% abweichend vom Leitbild des § 15 HOAI zulasten des Architekten geregelt, so liegt eine unangemessene Benachteiligung des Architekten gemäß § 307 BGB vor[920].   311

Dies gilt auch für die formularmäßige Vereinbarung von **Sicherheitseinbehalten**.[921] Eine solche verstößt zumindest dann gegen § 307 BGB, wenn dem Architekten alle Leistungsphasen des § 34 Abs. 3 HOAI i. V. m. der Anlage 10 übertragen worden sind und der Sicherheitseinbehalt erst dann entfällt, wenn die Leistungsphase 9 erbracht wurde und die Schlusszahlung fällig wird[922]. Bei Beauftragung auch mit der Leistungsphase 9 liegt selbst dann ein Verstoß gegen § 307 BGB vor, wenn dem Architekten die Möglichkeit einer Ablösung des Sicherheitseinbehalts durch eine Bankbürgschaft eingeräumt wird, weil die Verjährungsfrist dann nahezu auf 10 Jahre ab Fertigstellung des Bauvorhabens verdoppelt wird und eine derart langandauernde Stellung einer Sicherheit für den Architekten unzumutbar ist. Die Rechtsprechung zu Sicherheiten im Bau-   312

---

918 BGH NJW 1981, 2351; BGH BauR 2006, 674 = NZBau 2006, 245; vgl. i. E. § 1 Rdn. 14.
919 *Sonntag* in FBS, Syst A IV Rn. 41.
920 BGH NJW 1981, 2351; BGH BauR 2006, 674 = NZBau 2006, 245; *Sonntag* in FBS, Syst A IV Rn. 52; *Preussner* in M/N/P § 15 Rn. 127.
921 BGH NJW 1981, 2351; BGH BauR 2006, 674 = NZBau 2006, 245; LG Köln BauR 1999, 1206; *Osenbrück*, Die RBBau, 4. Aufl., § 7 AVB Rn. 18.
922 BGH BauR 2006, 674 = NZBau 2006, 245.

Einleitung

vertragsrecht ist bei der Beurteilung der »Angemessenheit« auf den Architektenvertrag auch deshalb nicht übertragbar, weil hier bereits durch den Nachweis einer Haftpflichtversicherung für einen Großteil der in Frage kommenden Gewährleistungsansprüche eine Sicherheit besteht. Hinzu kommt, dass durch die Einführung des Kostenberechnungsmodells in der HOAI 2009 ein sehr früher Anknüpfungspunkt für den gesamten Honoraranspruch geschaffen wurde, so dass auch die Gefahr von Überzahlungen gegenüber der Rechtslage bei der HOAI 2002 deutlich reduziert wurde. Diesen Besonderheiten versucht *Schmitz*[923] dadurch gerecht zu werden, dass er eine Vertragserfüllungssicherheit in Höhe von maximal 5 % des Honorars und eine Gewährleistungssicherheit in Höhe von maximal 3 % des Honorars als zulässig ansieht. Dabei wird aber die faktische Verdoppelung der Verjährungsfrist bei Übertragung der Leistungsphase 9 nicht berücksichtigt.

313 Auch die Auffassung, dass eine Sicherheit alleine wegen des Risikos einer Überzahlung wegen veränderter anrechenbarer Kosten auf jeden Fall formularmäßig vereinbart werden kann[924], lässt sich nach der Einführung des Kostenberechnungsmodells kaum mehr aufrechterhalten, weil danach für eine spätere Reduzierung der geleisteten Abschlagszahlungen allenfalls noch eine spätere Anpassung der anrechenbaren Kosten für bereits ausgeführte und abgerechnete Leistungen nach § 10 Abs. 1 HOAI in Frage kommt. Diese betrifft aber nur die von einer Änderung betroffenen künftigen Grundleistungen, nicht aber die vor der Änderung ausgeführten und möglicherweise schon durch eine Abschlagsrechnung abgerechneten Grundleistungen. Deshalb ist auch unter Berücksichtigung der Interessen des Auftraggebers die formularmäßige Vereinbarung eines Sicherheitseinbehalts nur unter engen Voraussetzungen möglich. Zum einen muss eine Ablösungsmöglichkeit des Einbehalts durch die Stellung einer Sicherheit ermöglicht werden. Zum anderen muss dem Architekten spätestens bei Beendigung der Leistungsphase 8 die Möglichkeit einer Teilabnahme und einer Teilschlusszahlung eingeräumt werden, so dass der bis dahin vorgenommene Einbehalt entfällt oder eine dafür zur Ablösung gestellte Sicherheit nach dem dadurch früher eintretenden Ablauf der Verjährungsfrist zurückzugeben ist. Zumindest bei größeren länger dauernden Projekten sind auch noch weitere Teilschlusszahlungen – etwa nach der Leistungsphase 3 –, welche zum Entfall der bis dahin gestellten Sicherheiten führen, einzuräumen.

314 § 8.2 AVB a. F. gewährte für die Leistungen der Objektüberwachung lediglich den Ersatz für die nachgewiesenen notwendigen Aufwendungen im Falle der Kündigung des Vertrages. Diese Regelung widersprach dem Leitbild des § 649 BGB, wonach die vereinbarte Vergütung für die erbrachte Leistung voll, für den nicht erbrachten Teil abzüglich ersparter Aufwendungen und anderweitigen Erwerbs zu entrichten ist. Die Klausel ist deshalb gemäß § 307 Abs. 2 Nr. 2 BGB unwirksam.[925] In der Neufassung seit 1995

---

923 *Schmitz* in FBS Syst C Rn. 18 f.
924 *Kniffka* in Kniffka/Koeble, 5. Teil Rn. 279.
925 *Korbion/Locher/Sienz*, Q Rn. 18.

werden die ersparten Aufwendungen mit 60 % pauschaliert, wobei Bedenken gegen die Angemessenheit dieses Prozentsatzes bestehen.[926]

Auch dann, wenn die Mindestsätze der HOAI durch die konkrete Fallgestaltung nicht unterschritten werden, kann bei einem gravierenden Abweichen vom Leitbild der HOAI oder der sonstigen gesetzlichen Regelung ein Verstoß gegen § 307 BGB vorliegen, weil sich das gesetzliche Leitbild nicht nur auf den Fall einer Mindestsatzunterschreitung sondern auch auf die grundlegenden Berechnungsgrundlagen der HOAI bezieht[927]. Dies gilt insbesondere für Klauseln, wonach das endgültige Honorar für die Leistungen nach den anrechenbaren Kosten der **genehmigten oder bestätigten Kostenberechnung** zu ermitteln ist. Somit wird dem Auftraggeber ein einseitiges Leistungsbestimmungsrecht eingeräumt, das zur Unwirksamkeit gemäß § 307 BGB führt.[928] Ein einseitiges Leistungsbestimmungsrecht wird auch eingeräumt, wenn die anrechenbaren Kosten nach der »baufachlich geprüften Kostenberechnung« oder den »anerkannten Bauplanungsunterlagen« bemessen werden sollen.[929] Dasselbe gilt, wenn das Honorar von der »bestätigten Auftragssumme« abhängig gemacht wird. Unwirksam ist es auch, Honorarzahlungen von der Behebung von Baumängeln oder vom Eingang der amtlichen Gebrauchsabnahmebescheinigung abhängig zu machen. Sind die Baumängel nicht vom Architekten verschuldet, so hat dieser keine Einflussmöglichkeit. 315

In der Neufassung wird die Honorierung nach 6.1.1.1 an die »bestätigte Kostenberechnung« geknüpft. Da Ergebnis und Zeitpunkt der Prüfung von dem Auftraggeber bestimmt werden können, verstößt auch diese Klausel gegen § 307 BGB.[930] 316

Gelegentlich wird der Versuch unternommen, dem Architekten durch sogenannte **Komplettheitsklauseln** zusätzliche Leistungen aufzuerlegen, die sich nicht unmittelbar aus dem Architektenvertrag ergeben (Beispiel[931]: »*Der AN ist verpflichtet, für das Bauvorhaben sämtliche beauftragten Leistungen und die darin enthaltenen und dafür erforderlichen Leistungs- und Arbeitsschritte zu erbringen und dabei alle Pflichten zu erfüllen, die sich aus dem beauftragten Leistungsinhalt und -umfang, den vereinbarten Vertragszielen und den Bestandteilen dieses Vertrages ergeben und die für die Herbeiführung der geschuldeten Teilerfolge und des geschuldeten Gesamterfolgs erforderlich sind. Die im Vertrag benannten Leistungen sind unter Umständen nicht vollständig. Es handelt sich um die Mindestanforderungen, damit der Auftragnehmer den geschuldeten Werkerfolg erreicht. Dieser schuldet daher auch Leistungen, die im Vertrag nicht aufgeführt und erforderlich sind, um den Werkerfolg zu erreichen.*«). Bei der Beurteilung der Wirksamkeit derartiger Klauseln ist zwischen der Übertragung von Leistungspflichten und 317

---

926 *Osenbrück*, Die RBBau, S. 188; *Korbion/Locher/Sienz*, Q Rn. 17.
927 *Sonntag* in FBS, Syst A IV Rn. 41; *Korbion* in KMV, § 34 Rn. 65.
928 *Locher* BauR 1986, 644 für Ingenieurverträge; *Korbion/Locher/Sienz*, L Rn. 121; *Osenbrück*, Die RBBau, S. 335 f.
929 KG BauR 1991, 251; *Sonntag* in FBS, Syst A IV Rn. 57.
930 *Osenbrück*, Die RBBau, S. 336.
931 Nach *Wellensiek* BauR 2014, 340, 341.

Einleitung

der Wirksamkeit der Honorarvereinbarung zu unterscheiden.[932] Soweit in derartigen Klauseln nur die funktional erforderlichen Leistungen zur Erreichung des vertraglich geschuldeten Werkerfolgs konkretisiert werden, bestehen dagegen keine Bedenken, weil sie der Rechtslage entsprechen[933]. Etwas anderes gilt dann, wenn dadurch dem Architekten Leistungen auferlegt werden, die über den geschuldeten Werkerfolg hinausgehen und ihm Leistungen aus anderen Leistungsbildern oder Leistungen, welche in den Leistungsbildern nicht enthalten sind (z. B. SiGeKo) abverlangen[934]. Auf der Honorarseite ist zunächst zu überprüfen, ob hier ein Verstoß gegen den Mindestpreischarakter des § 7 Abs. 3 HOAI vorliegt, weil bereits das Honorar für die tatsächlich ausgeführten dem zwingenden Honorarrecht unterliegenden Leistungen nicht mehr von dem Mindestsatz abgedeckt wird. Ist dies nicht der Fall, bestehen Bedenken gegen die Honorarvereinbarung im Hinblick auf das Transparenzgebot, weil der Eindruck erweckt wird, dass ein einmal vereinbartes Pauschalhonorar unabänderlich sei und damit auch beim Vertragsschluss überhaupt noch nicht vorhersehbare Leistungen mit umfasst sind, selbst wenn diese dem gesetzlichen Preisrecht unterliegen und zu einer Mindestsatzunterschreitung führen.[935]

318 **Urheberrechtsklauseln**, die eine Erweiterung der Veränderungsmöglichkeit und eine Beseitigung des Veränderungsverbots vorsehen oder die Nutzungsbefugnis des Auftraggebers unangemessen erweitern, verstoßen gegen § 307 BGB.[936]

319 Ähnliche den Vertragspartner des Verwenders unangemessen benachteiligende AGB-rechtliche Regelungen finden sich in **Ingenieurverträgen** der öffentlichen Hand, insbesondere in den RBBau-Vertragsmustern. Auch dort wird an die bestätigte Kostenberechnung angeknüpft. Hier gilt das für die Architektenverträge der öffentlichen Hand Gesagte.[937]

320 Es können auch versteckte Mindestsatzunterschreitungen anzutreffen sein. So wurden etwa früher in den Hinweisen zum Vertragsmuster Technische Ausrüstung (Anlage 11) in Ziff. 2.5 für die Lösung der Planungsaufgabe Entwurfsplanung 10 % statt wie in der HOAI 1996 15 % eingesetzt. In der Neufassung sind nunmehr die vollen Prozentsätze enthalten. Vergleicht man das Leistungsprofil, das der öffentliche Auftraggeber verlangt, mit § 53 HOAI und der Anlage 14, so sind alle Grundleistungen abgefordert. Dazu kommen noch bestimmte Pläne und Darstellungen mit einem Beitrag zum Erläuterungsbericht. Ein Verstoß gegen § 307 Abs. 2 Nr. 1 BGB liegt vor, wenn wie in älteren Fassungen eine generelle Unterschreitung der Mindestsätze vorgenommen wird[938]. Im konkreten Einzelfall ist eine derartige Honorarvereinbarung unabhängig von dem Verstoß gegen § 307 BGB, welcher darüber hinaus Unterlassungsansprüche

---

932 Vgl. dazu i. E. *Wellensiek* BauR 2014, 340, 353.
933 *Fuchs* in FBS, Syst A V Rn. 77.
934 *Wellensiek* BauR 2014, 340, 352 ff.; *Fuchs* in FBS Syst A V Rn. 77.
935 *Wellensiek* BauR 2014, 340, 353.
936 Vgl. *Korbion/Locher/Sienz*, L Rn. 138 ff.
937 *Locher* BauR 1986, 643; *Osenbrück*, Die RBBau, S. 335.
938 OLG Zweibrücken BauR 1989, 227.

nach § 1 UKlagG begründet, schon nach § 7 Abs. 3 HOAI unwirksam. Ein Verstoß gegen § 307 BGB liegt auch dann vor, wenn in Ingenieurverträgen der öffentlichen Hand, die AGB-Charakter haben, im Falle der Kündigung des Vertrags durch den Auftraggeber der Ingenieur nur die Vergütung für in sich abgeschlossene und nachgewiesene Einzelleistungen erhalten soll, im Übrigen aber der Anspruch nach § 649 S. 2 BGB abgeschnitten wird.[939]

30. Die Sicherungshypothek des Architekten

Der »Unternehmer eines Bauwerks oder einzelner Teile eines Bauwerks« kann nach § 648 BGB für seine Forderungen aus dem Vertrag die Einräumung einer **Sicherungshypothek** an dem Baugrundstück des Bestellers verlangen. Als »Unternehmer eines Bauwerks« wird durch die Einordnung des Architektenvertrags als Werkvertrag auch der Architekt angesehen.[940] Die geistige Leistung des Architekten erhöht den Wert des Grundstücks. Hierbei entstehen keine Probleme, wenn sich das Werk des Architekten im Bauwerk selbst realisiert hat; wurde aber vom Architekten lediglich die Planung erbracht und wurde diese nicht zumindest teilweise realisiert (vgl. Rdn. 327), besteht kein Anspruch auf Eintragung einer Sicherungshypothek, weil sich der Wert des Grundstücks noch nicht erhöht hat.[941] Die Wertsteigerung erfordert eine Verkörperung der geistigen Leistung in dem Bauwerk und damit eine Wertsteigerung des Grundstücks. Eine mittelbare Wertsteigerung etwa durch eine erteilte Baugenehmigung, ohne dass diese realisiert wurde und sich die geistige Leistung in dem Bauwerk verkörpert hat, ist für einen Sicherungsanspruch nach § 648 BGB nicht ausreichend[942]. 321

Ist die Architektentätigkeit ausnahmsweise dienstvertraglich einzuordnen (vgl. oben Rdn. 34 ff.), so besteht ebenfalls kein Anspruch auf Eintragung einer Sicherungshypothek.[943] Wird ein Architektenvertrag, der sich auf die Vollarchitektur bezieht, vom Auftraggeber aus von ihm selbst zu vertretenden Gründen vorzeitig gekündigt, so bleibt der Anspruch auf eine Sicherungshypothek auch für Schadensersatzansprüche wegen entgangener Vergütung bestehen.[944] 322

Die Fälligkeit der Vergütung ist nicht Voraussetzung für die Eintragung einer Sicherungshypothek. Wurde die Werkleistung mangelhaft erbracht, so stehen die Mängelansprüche des Auftraggebers dem Anspruch des Architekten auf Bestellung einer Sicherungshypothek grundsätzlich nicht entgegen. Allerdings müssen Mängel insoweit berücksichtigt werden, als eine Sicherungshypothek nur für die Vergütung solcher Leis- 323

---

939 OLG Zweibrücken BauR 1989, 227.
940 BGHZ 51, 190 = NJW 1969, 420; *Schwenker/Wessel* in TWK, § 20 Rn. 262.
941 OLG Hamburg BauR 2009, 1452 = NZBau 2010, 182; OLG Koblenz NZBau 2006, 188; OLG Hamm BauR 2000, 1087; BauR 2000, 900; OLG Düsseldorf BauR 1999, 1482 = NZBau 2000, 577; *Busche* in MüKo § 648 Rn. 13; *Kniffka* BauR 2007, 246, 249; *Rath*, FS Jagenburg, S. 763 f.; *Schwenker/Wessel* in TWK, § 20 Rn. 263.
942 A. A. *Schmidt* in MNP, Grundl. Rn. 214.
943 *Budde* in TWK, 1. Aufl. § 25 Rn. 49; *Koeble* in Kniffka Koeble 10. Teil Rn. 26.
944 BGHZ 51, 190 = NJW 1969, 420; *Rath*, FS Jagenburg, S. 763 f.

Einleitung

tungen des Architekten eingetragen werden darf, die dem Grundstück einen Wertzuwachs zuführen. Solange das Werk des Architekten Mängel aufweist, hat dieser keine »Leistung« erbracht, die gemäß § 648 BGB sicherungsfähig wäre. Ein Anspruch auf Eintragung einer Sicherungshypothek besteht dann nur in dem Umfang, in dem das Grundstück bereits einen Wertzuwachs erfahren hat.[945] Hat sich der Mangel im Bauwerk realisiert und macht der Auftraggeber deshalb Schadensersatzansprüche gegen den Architekten geltend, reduziert sich der sicherungsfähige Vergütungsanspruch um diese Gegenansprüche. Damit hat der BGH zu Recht die in Rechtsprechung und Literatur vertretenen Auffassungen abgelehnt, wonach die Mängel keinen Einfluss haben, solange der Unternehmer noch nachbessern könne,[946] sodass bei einem ausnahmsweise noch nachbesserungsfähigen Mangel wegen eines dem Auftraggeber zustehenden Zurückbehaltungsrechts die Eintragung einer Vormerkung oder Hypothek Zug um Zug gegen ordnungsgemäße Nachbesserung zuzulassen sei.[947]

324 Nicht sicherungsfähig sind Nebenleistungen wie Finanzierung, Beratung und Geldbeschaffung, Ansprüche auf Vertragsstrafe und auf Kosten der Rechtsverfolgung.

325 Die Sicherungshypothek kann nach § 648 BGB nur auf dem Baugrundstück des Auftraggebers eingetragen werden. Der Auftraggeber muss in rechtlicher Hinsicht mit dem Eigentümer identisch sein; wirtschaftliche Übereinstimmung genügt regelmäßig nicht.[948] Auch die Veräußerung des Grundstücks durch den Auftraggeber schließt in der Regel die Eintragung einer Bauhandwerkersicherungshypothek aus[949]. Die Berufung auf die Personenverschiedenheit kann jedoch gegen Treu und Glauben verstoßen.[950] Erstreckt sich das Bauvorhaben über mehrere Grundstücke des Auftraggebers, kann der Architekt an jedem Grundstück die Einräumung einer Sicherungshypothek in voller Höhe in Form einer Gesamthypothek (§ 1132 BGB) verlangen.[951] Im Falle einer Übersicherung kann eine Verpflichtung des Architekten zur Löschungsbewilligung der Sicherungshypothek für einzelne Grundstücke bestehen.[952]

326 Die Klage auf Eintragung einer Sicherungshypothek ist in der Regel zu zeitraubend und birgt die Gefahr in sich, dass das Grundstück während des Prozesses belastet wird. In der Baupraxis hat sich deshalb die Sicherung durch eine **einstweilige Verfügung auf**

---

945 BGH BauR 1977, 208 = NJW 1977, 947; OLG Hamm BauR 1998, 885; OLG Celle BauR 2003, 133.
946 OLG Düsseldorf BauR 1976, 211; *Jagenburg* BauR 1975, 216; *Kapellmann* BauR 1976, 323.
947 OLG Frankfurt *Schäfer/Finnern* Z 2.321 Bl. 20; differenzierend hinsichtlich Nacherfüllung bzw. Minderung und Schadensersatz *Peters* NJW 1981, 2550; a. A. *Siegburg*, Die Bauwerksicherungshypothek, Baurechtliche Schriften Bd. 16; *Werner* in *Werner/Pastor*, Rn. 234.
948 BGH NJW 1988, 3255 = BauR 1988, 88.
949 BGH BauR 2015, 659 = NJW 2015, 552.
950 BGH BauR 2015, 659 = NJW 2015, 552; OLG Hamm BauR 1990, 366; OLG Frankfurt BauR 2001, 1129; OLG Celle BauR 2003, 576 = NZBau 2003, 332; OLG Dresden IBR 2008, 152; *Rath*, FS Jagenburg, S. 763, 765 ff.; *Werner* in *Werner/Pastor*, Rn. 253 ff.
951 BGH BauR 2000, 1083; *Messerschmid/Voit/Hildebrand*, § 648 BGB Rn. 35.
952 BGH BauR 2000, 1083.

Einleitung

Eintragung einer Vormerkung[953] als zweckmäßig erwiesen. Für die Glaubhaftmachung des Anspruchs ist es ausreichend, wenn der Architekt eine prüffähige Rechnung vorlegt und deren Richtigkeit einschließlich der Richtigkeit der Kostenermittlung nach § 4 Abs. 1 HOAI mit einer eidesstattlichen Versicherung unterlegt[954]. Allerdings muss dabei berücksichtigt werden, dass die Eintragung der Vormerkung nur erfolgen darf, wenn der Antrag oder das gerichtliche Ersuchen innerhalb der Vollziehungsfrist des § 929 Abs. 2 ZPO eingegangen ist.[955]

Die Sicherungsfähigkeit gemäß § 648 BGB setzt voraus, dass der Honoraranspruch zumindest zum Teil entstanden ist und zu einer Wertsteigerung des Grundstücks geführt hat. Zwar muss das Bauvorhaben noch nicht vollendet sein, es muss aber mit der eigentlichen Bauleistung schon begonnen worden sein.[956] Vorbereitende Maßnahmen genügen nicht. Zu ihnen gehören die Planung einschließlich der Baugenehmigung sowie der Abtrag des Mutterbodens.[957] Der vom Anspruchsteller zu erbringende Leistungsteil muss in Angriff genommen sein. Für den nur planenden Architekten bedeutet dies, dass zumindest mit den Ausschachtungsarbeiten begonnen worden sein muss.[958] Ist die übertragene Leistung noch nicht vollendet, so kann der Architekt nur für einen der geleisteten Arbeit entsprechenden Teil der Vergütung die Eintragung einer Sicherungshypothek verlangen.[959] Die Höhe der zu beanspruchenden Sicherungshypothek richtet sich deshalb nach dem jeweiligen Fortschritt. Ein Sicherungsanspruch besteht deshalb für den Architekten nicht für denjenigen Teil seiner Vergütung, der dem nicht ausgeführten Teil seiner geschuldeten Leistung entspricht. Insoweit hat das Grundstück keine Werterhöhung durch Leistungen des Architekten erfahren. 327

Beschränkt sich die Aufgabe des **Innenarchitekten** auf die Planung von Innenräumen, ohne in die Bausubstanz einzugreifen, so ist ein Anspruch gemäß § 648 BGB nicht gegeben. Das Gleiche gilt, wenn der Innenarchitekt lediglich mit der Herstellung von Einrichtungsgegenständen betraut ist.[960] Werden dem Innenarchitekten aber Aufgaben übertragen, die zu einem Eingriff in den Bestand oder die Baukonstruktion führen, so besteht ein Anspruch auf Eintragung einer Sicherungshypothek für die von ihm erbrachten Leistungen. 328

Durch eine individualvertragliche Vereinbarung kann der Anspruch auf eine Sicherungshypothek ausgeschlossen werden. Dieser Ausschluss kann allerdings bei Arglist 329

---

953 § 885 Abs. 1 Satz 1 BGB.
954 OLG Naumburg BauR 2013, 2034.
955 OLG Düsseldorf BauR 1995, 424; vgl. hierzu LG Köln *Schäfer/Finnern* Z 2.321 Bl. 50; *Werner* in *Werner/Pastor*, Rn. 283.
956 LG Fulda NJW-RR 1991, 790 = BauR 1992, 110.
957 OLG Hamm BauR 2000, 900.
958 OLG Düsseldorf BauR 1999, 1482 = NJW-RR 2000, 166 = NZBau 2000, 577; OLG Hamm BauR 2000, 1087; OLG Frankfurt BauR 1986, 343; *Werner* in *Werner/Pastor*, Rn. 238.
959 § 648 Abs. 1 Satz 2 BGB.
960 *Siegburg*, S. 149; *Werner* in *Werner/Pastor*, Rn. 214.

Einleitung

oder aufgrund einer wesentlichen Vermögensverschlechterung des Auftraggebers unwirksam sein.[961] Ein Ausschluss des Anspruchs auf Einräumung einer Sicherungshypothek in AGB verstößt gegen § 307 BGB und ist unwirksam.[962] Der Ausschluss ist nicht mit dem gesetzlichen Leitbild des Werkvertragsrechts zu vereinbaren, wonach die Sicherungshypothek ein Äquivalent für die Vorleistungspflicht des Werkunternehmers und für den Mehrwert, den das Grundstück des Auftraggebers durch die Leistung des Unternehmers erfahren hat, gewährt.

31. Bauhandwerkersicherung nach § 648a BGB

330 § 648a BGB gibt dem Unternehmer eines Bauwerks für die von ihm zu erbringenden Vorleistungen einen Sicherungsanspruch gegen den Auftraggeber, der sofort nach Vertragsschluss geltend gemacht werden kann. »Unternehmer« sind insofern wie bei dem Anspruch nach § 648 BGB auch der Architekt und Ingenieur, wenn diese eine dem Bauvorhaben zu Gute kommende geistige Leistung zu erbringen haben.[963] Umstritten ist, ob der Architekt im Unterschied zu dem Anspruch auf Eintragung einer Bauhandwerkersicherungshypothek nach § 648 BGB auch dann eine Sicherheit verlangen kann, wenn sich die planerische Leistung des Architekten noch nicht im Bauwerk realisiert hat.[964] Da § 648a BGB im Gegensatz zu § 648 BGB keine dingliche Sicherung bewirkt, sondern das Insolvenzrisiko des vorleistungspflichtigen Unternehmers und Architekten absichern soll, scheidet eine Beschränkung auf bereits erbrachte Leistungen aus, die zu einer Wertsteigerung des Grundstücks führen müssen. Es ist mit dem Sicherungszweck des § 648a BGB unvereinbar, dass dem Architekten ein Sicherungsverlangen so lange verwehrt ist, bis sich seine Planung im Grundstück realisiert hat. Zu diesem Zeitpunkt (Beginn der Leistungsphase 8) sind nach dem Leistungsbild Gebäude des § 34 Abs. 3 HOAI bereits 66 % des Honorars angefallen, die nach der Gegenauffassung nicht abgesichert werden könnten.

331 Nach § 648a BGB kann der Architekt von seinem Auftraggeber Sicherheit für die von ihm zu erbringenden Vorleistungen in der Weise verlangen, dass er dem Auftraggeber zur Leistung der Sicherheit eine angemessene Frist bestimmt. Die Stellung einer Sicherheit kann eingeklagt werden. Die Sicherheit kann außer durch die in § 232 BGB vorgesehenen Arten auch durch eine Garantie oder ein sonstiges Zahlungsversprechen eines entsprechenden Kreditinstituts oder Kreditversicherers geleistet werden. Der Ar-

---

961 OLG Köln BauR 1974, 282; *Werner* in *Werner/Pastor*, Rn. 192.
962 BGH BauR 1984, 413; OLG Düsseldorf BauR 1999, 1482 NZBau 2000, 577.
963 Amtliche Begründung zum Entwurf BT-Drucks. 12/1836 v. 13.12.1991, S. 8; *Joussen* in Ingenstau/Korbion, Anh. 1 Rn. 142; *Werner* in *Werner/Pastor*, Rn. 323; *Schmitz* in FBS, Syst C Rn. 1.
964 Bejahend: OLG Düsseldorf BauR 2005, 585 = NZBau 2005, 164; OLG Naumburg NZBau 2014, 364; *Kniffka* BauR 2007, 246, 249; *Rath*, FS Jagenburg, S. 766 ff.; *Scholtissek* NZBau 2009, 91, 93; *Koeble* in Kniffka/Koeble, 10. Teil Rn. 112; *Cramer* in *Messerschmid/Voit*, § 648a BGB Rn. 14; *Werner* in *Werner/Pastor*, Rn. 323; *Schwenker/Wessel* in TWK, § 20 Rn. 265; a. A. *Joussen* in Ingenstau/Korbion, Anh. 1 Rn. 146; *Palandt/Sprau*, § 648a Rn. 7.

Einleitung

chitekt oder der Ingenieur hat dann dem Besteller die üblichen Kosten der Sicherheitsleistung bis zu einem Höchstsatz von 2 % pro Jahr zu erstatten. Dies gilt nicht, soweit eine Sicherheit wegen Einwendungen des Auftraggebers gegen den Vergütungsanspruch des Architekten oder Ingenieurs aufrechterhalten werden muss und sich die Einwendungen als unbegründet erweisen. Soweit nach § 648a BGB Sicherheit geleistet wird, ist der Anspruch auf Einräumung einer Sicherungshypothek nach § 648 Abs. 1 BGB ausgeschlossen.

Wird die verlangte Sicherheit nicht innerhalb einer angemessenen Frist, die im Normalfall nicht mehr als 14 Tage beträgt[965], geleistet, so kann der Architekt die Aufnahme der Arbeiten verweigern. Wurde die Sicherheitsleistung erst während der Ausführung der Arbeiten beansprucht, können die Arbeiten eingestellt werden. Bei nach dem 01.01.2009 abgeschlossenen Verträgen besteht auch die Möglichkeit zur sofortigen Kündigung des Vertrags nach Fristablauf ohne weitere Nachfristsetzung oder Kündigungsandrohung. Dabei ist die anteilige Vergütung für die erbrachten Leistungen vom Auftraggeber zu bezahlen. Dem Architekten steht außerdem für die aufgrund der Kündigung nicht mehr ausgeführten Leistungen ein Anspruch auf die volle Vergütung abzüglich ersparter Aufwendungen sowie eines anderweitigen bzw. böswillig unterlassenen anderweitigen Erwerbs zu. Dieser entspricht der Höhe nach dem Vergütungsanspruch bei einer freien Kündigung nach § 649 BGB (vgl. zur Berechnung Rdn. 246 ff.). Dabei besteht eine widerlegliche Vermutung, dass sich dieser auf 5 % der Vergütung beläuft. **332**

Bei Architekten- und Ingenieurverträgen macht die Festlegung des »voraussichtlichen Vergütungsanspruchs«, der zuzüglich einer Pauschale von 10% für Nebenforderungen gesichert werden kann und somit die Höhe der Sicherheit Schwierigkeiten. Zum Zeitpunkt des Vertragsschlusses ist nur eine ungefähre Abrechnungssumme bekannt, weil in der Regel die anrechenbaren Kosten noch nicht feststehen. Als Grundlage für die Ermittlung des zu sichernden Vergütungsanspruchs für noch nicht erbrachte Leistungen kommen somit die zum Zeitpunkt des Sicherungsverlangens vorhandenen Kostenermittlungen nach § 6 Abs. 1 Nr. 1 HOAI in Betracht.[966] Geht man mit der hier vertretenen Auffassung davon aus, dass das Sicherungsverlangen vom Architekten bereits nach Vertragsschluss gestellt werden kann, ist es nicht erforderlich, bis zum Vorliegen der Kostenberechnung zuzuwarten.[967] Grundlage für das Sicherungsverlangen kann bereits die im Rahmen der Vorplanung zu erbringende Kostenschätzung nach DIN 276 oder eine zuvor zu erstellende »überschlägige Kostenschätzung« sein. Beruft sich der Architekt auf eine Unwirksamkeit der Honorarvereinbarung aufgrund einer Mindestsatzunterschreitung, richtet sich die Höhe der Sicherheit nach dem sich aus einer Mindestsatzabrechnung ergebenden Honorar. Der Architekt hat dann im Streitfall die Mindestsatzunterschreitung ebenso wie in einem Honorarprozess darzulegen[968]. **333**

---

965 Ebenso *Schmitz* in FBS, Syst C Rn. 1.
966 *Koeble in* Kniffka/Koeble, 10. Teil Rn. 125.
967 Vgl. *Wirth* in KMV, Grundlagen. Rn. 325.
968 *Schmitz* in FBS Syst C Rn. 2.

Einleitung

334 Davon zu unterscheiden ist die Frage nach dem Umfang des Sicherungsverlangens. Nach dem Wortlaut des § 648a Abs. 1 BGB kann der Architekt »Sicherheit für die vereinbarte und noch nicht gezahlte Vergütung verlangen«. Damit hat sich die vor Inkrafttreten des Forderungssicherungsgesetzes umstrittene Frage erledigt, ob der Unternehmer berechtigt ist, auch eine Sicherheit für bereits erbrachte Leistungen zu verlangen, die noch nicht bezahlt sind[969] oder ob sich das Sicherheitsverlangen auf die Vergütung für diejenigen Leistungen beschränkt, die noch nicht erbracht sind.[970]

335 Ein weiteres Problem besteht darin, ob der Architekt berechtigt ist, Sicherheit in Höhe seiner gesamten Vergütung zu fordern, obwohl ihm nach § 15 Abs. 2 HOAI ein Anspruch auf Abschlagszahlungen zusteht. Nach Auffassung des BGH[971] wird der Sicherungsanspruch des Werkunternehmers und somit auch des Architekten dadurch nicht begrenzt, weil sie sich nicht auf eine Einstellung der Arbeiten bzw. Kündigung des Vertrags verweisen lassen müssen, was im Einzelfall mit erheblichen Risiken verbunden sein kann. In der Neufassung des § 648a BGB im Forderungssicherungsgesetz wurde inzwischen klargestellt, dass die Sicherheit für die gesamte noch nicht gezahlte Vergütung einschließlich dazu gehöriger Nebenforderungen verlangt werden kann (§ 648a Abs. 1 S. 1 BGB). Mängelansprüche oder sonstige aufrechenbare Gegenforderungen führen nur dann zu einer Reduzierung der Sicherheit, wenn sie unstreitig oder rechtskräftig festgestellt sind (§ 648a Abs. 1 S. 4 BGB).

32. Das Bauforderungssicherungsgesetz (BauFordSiG)

336 Das Gesetz über die Sicherung der Bauforderungen (GSB) stammt vom 01.06.1909: Durch das Forderungssicherungsgesetz wurde es nicht nur mit der neuen Bezeichnung **Bauforderungssicherungsgesetz (BauFordSiG)** versehen[972]. Vielmehr wurde die Haftung des Baugeldempfängers für ab dem 01.01.2009 geschlossene Verträge erheblich ausgeweitet. Danach ist der Empfänger von Baugeld verpflichtet, das Baugeld zur Befriedigung solcher Personen, die an der Herstellung des Baues aufgrund eines Werkvertrags beteiligt sind, zu verwenden. Eine anderweitige Verwendung des Baugeldes ist nur bis zu dem Betrag statthaft, zu welchem der Empfänger aus anderen Mitteln Gläubiger der bezeichneten Art bereits befriedigt hat. Unter den Begriff »Baugeld« fallen wie bei der bisherigen Regelung Geldbeträge, die zum Zweck der Bestreitung der Kosten eines Baues in der Weise gewährt werden, dass der Sicherung der Ansprüche des Geldgebers eine Hypothek oder Grundschuld an dem zu bebauenden Grundstück dient oder die Übertragung des Eigentums an dem Grundstück erst nach gänzlicher oder teil-

---

[969] BGH BauR 2001, 386 = NJW 2001, 822 = NZBau 2001, 129; OLG Karlsruhe NJW 1997, 263; OLG Dresden BauR 1999, 1314; *Werner* in *Werner/Pastor*, Rn. 329.
[970] OLG Schleswig NJW-RR 1998, 532; *Siegburg* BauR 1997, 40.
[971] BauR 2001, 386 = NJW 2001, 822; *Schmitz*, Sicherheiten für die Bauvertragsparteien, Rn. 384.
[972] RGBl. I 1909, 449; vgl. zum Ganzen *Koeble*, Rechtshandbuch Immobilien, Kap. 16 Rn. 165 ff.; *Koeble* in Kniffka/Koeble, 10. Teil Rn. 192 ff.; *Stammkötter*, BauFordSiG, 3. Aufl., 2009; *Joussen* in Ingenstau/Korbion, Anh. 1 Rn. 255 ff.

Einleitung

weiser Herstellung des Baues erfolgen soll.[973] Nach der Neufassung des § 1 Abs. 3 Nr. 1 BauFordSiG liegt Baugeld auch dann vor, wenn der Baugeldempfänger Zahlungen von einem Dritten für eine im Zusammenhang mit der Herstellung des Baus stehende Leistung erhalten hat. In diesem Fall bedarf es keiner dinglichen Absicherung der Zahlung. Dadurch sind von dem Baugeldbegriff alle Zahlungen umfasst, die der Baugeldempfänger erhalten hat.[974] Zu den Baugläubigern zählen auch Architekten und Ingenieure, soweit deren Leistung eine so enge Beziehung zum Bauvorhaben aufweist, dass sich der Wert des Grundstücks erhöht hat.[975]

Der Baugeldempfänger ist verpflichtet, das empfangene Baugeld zur Befriedigung der Personen zu verwenden, die an der Herstellung des Baues beteiligt sind. Besteht Streit über die Baugeldeigenschaft oder die ordnungsgemäße Verwendung von Baugeld, hat der Baugeldempfänger nach § 1 Abs. 4 BauFordSiG zu beweisen, dass kein Baugeld vorliegt oder dass dieses ordnungsgemäß verwendet wurde. Das Gesetz enthält eine Strafvorschrift für den Fall, dass gegen diese Verpflichtung zur ordnungsgemäßen Verwendung von Baugeld vorsätzlich verstoßen wurde und dadurch Baugläubiger ausfallen (§ 2 BauFordSiG). Die Verwendungsregelung ist ein Schutzgesetz i. S. d. § 823 Abs. 2 BGB. Darin liegt die zentrale Bedeutung des BauFordSiG. Im Falle der Insolvenz des Baugeldempfängers ist jeder der gegen die in § 1 Abs. 1 BauFordSiG vorgeschriebene Verwendungspflicht verstoßen hat, zum Schadensersatz verpflichtet. 337

Auch nach Einführung des § 648a BGB behält das BauFordSiG seine Bedeutung für die Fälle, in denen die Sicherungsmöglichkeiten des § 648a BGB oder der Bauhandwerkersicherungshypothek nicht mehr zur Verfügung stehen, so etwa, wenn die Vorleistungspflicht und damit die Sicherungsmöglichkeit nach § 648a BGB aufgrund der bereits vollständig erbrachten Werkleistungen entfallen ist, oder wenn der Auftraggeber während der Ausführungsphase in Insolvenz gerät, nachdem bereits Vorleistungen erbracht wurden und eine Sicherheit nach § 648a BGB noch nicht erlangt ist. 338

In den Schutzbereich des Gesetzes fallen die auf Planfertigung, Koordinierung und Objektüberwachung gerichteten Tätigkeiten von Architekten und Ingenieuren[976] sowie von Baubetreuern im technischen Leistungsbereich. 339

33. Die Verjährung des Vergütungsanspruchs der Architekten und Ingenieure

Für nach dem 01.01.2002 geschlossene Verträge gilt für den Honoraranspruch der Architekten und Ingenieure die **Regelverjährungsfrist** des § 195 BGB von 3 Jahren ab Fälligkeit und Kenntnis bzw. grob fahrlässiger Unkenntnis vom Anspruch und der Person des Schuldners. Dabei ist zu beachten, dass die Fälligkeit der Honorarforderung nach § 15 Abs. 1 HOAI von der Erteilung einer prüffähigen Schlussrechnung abhängig ist. 340

---

973 § 1 Abs. 3 Nr. 1 BauFordSiG.
974 *Stammkötter*, BauFordSiG, 3. Aufl., 2009 § 1 Rn. 312 ff.
975 *Hagenloch*, Handbuch zum Gesetz über die Sicherung der Bauforderungen [GSB 1991], Rn. 275; *Stammkötter* BauR 1998, 845.
976 Vgl. BGH BauR 1991, 237.

Einleitung

Nach der Neufassung des § 15 Abs. 1 HOAI 2013 ist auch die Abnahme Fälligkeitsvoraussetzung für die Schlussrechnung (vgl. dazu § 15 Rdn. 11). Eine formulamäßige Verkürzung der Verjährungsfrist auf zwei Jahre ist nach § 307 BGB unwirksam.[977]

341 Die Verjährungsfrist für den Honoraranspruch des Architekten betrug für **vor dem 01.01.2002 geschlossene Verträge** seit der Entscheidung des BGH vom 06.07.1972 zwei Jahre.[978] Diese galt auch dann, wenn die fälligkeitsbegründende Erteilung der Schlussrechnung erst nach dem 01.01.2002 erfolgt ist.[979] Da die Rechtsprechung die Verjährungsfrist für vor dem 01.01.2002 geschlossene Verträge aus § 196 Nr. 7 BGB a. F. entnommen hatte, verjährte die Honorarforderung eines Architekten auch dann in zwei Jahren, wenn die Leistung für »den Gewerbebetrieb« eines Kaufmanns erfolgt ist. Die vierjährige Verjährungsfrist nach § 196 Abs. 2 BGB a. F. kam nicht zur Anwendung. Anders war es allerdings dann, wenn eine unter § 196 Abs. 1 Nr. 1 BGB a. F. fallende Person (Kaufmann) Architektenleistungen erbracht hatte. Hier galt die vierjährige Verjährung nach § 196 Abs. 2 BGB a. F., falls die Leistungen für den Gewerbebetrieb des Auftraggebers erbracht werden sollten.[980] Umgekehrt verjährten auch die Vergütungsansprüche gegen den Architekten in zwei Jahren, sofern der Anspruchsberechtigte unter § 196 Abs. 1 BGB a. F. fiel, da der Architekt regelmäßig kein Gewerbe betreibt.[981] Ausnahmen waren insofern möglich, wenn der Architekt als Kaufmann i. S. des § 196 Abs. 1 Nr. 1 BGB a. F. Architektenleistungen erbracht hatte. Diese Grundsätze galten auch in vollem Umfang für Ingenieure, auch für den Statiker.[982]

342 Nach der **Übergangsregelung** des Art. 229 EGBGB § 6 gilt das alte Recht weiter, soweit die Verjährungsfrist nach dem neuen Verjährungsrecht länger als nach dem alten Recht wäre, also in den Fällen der zweijährigen Verjährungsfrist.[983] Ist die Verjährungsfrist nach dem neuen Recht kürzer (nach altem Recht beträgt die Verjährungsfrist 4 Jahre), dann gilt die neue Verjährungsfrist. Sie wird allerdings erst ab dem 01.01.2002 berechnet. Wenn dann die Verjährungsfrist nach altem Recht früher abläuft, bleibt diese maßgebend.[984]

343 Die Frage nach dem **Beginn der Verjährungsfrist** ist nach der Rechtsprechung des BGH einheitlich zu beantworten. Fest steht, dass die Verjährung am Ende des Jahres zu laufen beginnt, in dem der Honoraranspruch fällig wird. Auf die bloße Entstehung des Anspruchs kommt es also nicht an, sondern auf die Durchsetzbarkeit. Da der BGH § 15 HOAI für wirksam hält und auch bei vorzeitiger Beendigung des Vertrags heran-

---

977 BGH NJW 2013, 525 = NZBau 2013, 104.
978 BGHZ 59, 163 = BauR 1972, 321 = NJW 1972, 1799; BGHZ 60, 98 = BauR 1973, 125 = NJW 1973, 364; BGH BauR 1977, 143 = NJW 1977, 375.
979 OLG Celle BauR 2009, 533.
980 BGH NJW 1980, 447 = ZfBR 1980, 21.
981 BGH SFH Nr. 2 zu § 196 BGB.
982 BGH NJW 1983, 870 = BauR 1983, 170.
983 Vgl. OLG Celle BauR 2009, 533.
984 LG Berlin BauR 2005, 886.

zieht,[985] ist die Übersendung einer prüffähigen Honorarschlussrechnung maßgebend (vgl. i. E. vor allem zur Prüffähigkeit als Voraussetzung für den Lauf der Verjährungsfrist § 15 Rdn. 57 ff.). Nach § 15 Abs. 1 bedarf es für die Fälligkeit außerdem einer **Abnahme** oder des Vorliegens eines Abnahmesurrogats. Nach § 199 Abs. 1 BGB hängt der Verjährungsbeginn zusätzlich von der Kenntnis bzw. grob fahrlässigen Unkenntnis der anspruchsbegründenden Umstände und der Person des Schuldners ab.[986] Da diese Kenntnis aber in aller Regel spätestens mit der Übersendung der Schlussrechnung vorliegt, ergeben sich dadurch in der Praxis keine Auswirkungen auf den Lauf der Verjährungsfrist.

Verlangt der Auftraggeber die Rückzahlung von zu viel gezahltem Honorar, etwa weil die Honorarvereinbarung aufgrund einer Höchstsatzüberschreitung unwirksam ist, fehlt es an einer grob fahrlässigen Unkenntnis der den Rückforderungsanspruch begründenden Tatsachen i. S. d. § 199 Abs. 1 Nr. 2 BGB auch dann, wenn er ohne konkrete Anhaltspunkte zum Zeitpunkt der Zahlung keine Ermittlungen über die zulässige Honorarhöhe angestellt hatte.[987] 344

Da die Verjährungsfrist mit dem Schluss des Jahres, in dem der Anspruch entstanden ist, zu laufen beginnt, also dem Zeitpunkt der Fälligkeit, hätte es der Architekt in der Hand, die Fälligkeit und damit den Verjährungsbeginn hinauszuzögern, indem er keine prüffähige Schlussrechnung überreicht, weil nach der HOAI anders als nach § 14 Abs. 4 VOB/B nicht die Möglichkeit besteht, die Schlussrechnung selbst auf Kosten des Architekten aufstellen zu lassen. Nach Auffassung des BGH[988] kann der Auftraggeber »einem mit der Schlussrechnung säumigen Architekten eine angemessene Frist zur Rechnungsstellung setzen«. Kommt dieser seiner Obliegenheit dann nicht alsbald nach, so kann dies dazu führen, dass er sich hinsichtlich der Verjährung seines Honoraranspruchs nach Treu und Glauben[989] so behandeln lassen muss, als sei die Schlussrechnung innerhalb angemessener Frist erteilt worden (vgl. i. E. § 15 Rdn. 62). 345

Verlangt der Architekt Abschlagszahlungen, so beginnt die Verjährungsfrist mit Übersendung der Rechnung zu laufen.[990] Ist die Abschlagsforderung verjährt, so kann sie nicht mehr selbständig durchgesetzt werden, sofern der Auftraggeber die Verjährungseinrede erhebt. Der Architekt ist aber nach wie vor berechtigt, diese Abschlagsforderung in seine spätere Schlussrechnung einzustellen, um sie mit dieser geltend zu machen.[991] 346

---

985 BGH BauR 1986, 596 = NJW-RR 1986, 1279; BGH BauR 2000, 589 = NZBau 2000, 202.
986 § 195 Abs. 1 Nr. 2 BGB.
987 BGH BauR 2013, 117 = NJW 2012, 3569.
988 BGH BauR 1986, 597.
989 § 162 Abs. 1, § 242 BGB.
990 BGH BauR 1999, 267 = NJW 1999, 713; BGH BauR 1982, 185; OLG Celle BauR 1991, 371 und die h. M.; a. A.: *Neuenfeld*, § 8 HOAI Rn. 2; *Jochem*, § 15 Rn. 53.
991 Bejahend: BGH BauR 1999, 267 = NJW 1999, 713; *Wirth* in KMV, § 15 Rn. 50; vgl. i. E. § 15 Rdn. 105 f.

Einleitung

34. Das Urheberrecht des Architekten

347 Zu den nach § 2 Abs. 1 Ziff. 4 UrhG geschützten Werken gehören die Werke der bildenden Künste einschließlich der Werke der Baukunst und der angewandten Kunst und die Entwürfe solcher Werke, nach § 2 Abs. 1 Ziff. 7 UrhG die Darstellungen wissenschaftlicher oder technischer Art wie Zeichnungen, Pläne, Karten, Skizzen, Tabellen und plastische Darstellungen.[992]

348 Der Urheberrechtsschutz gilt nicht dem künstlerischen Schaffensprozess, sondern dem geschaffenen Werk. Er wirkt nicht nur dem Vertragspartner gegenüber, sondern gegen jedermann. Geschützt werden nach § 2 Abs. 2 UrhG Werke, die persönliche geistige Schöpfungen darstellen.

349 Hieraus ergibt sich, dass nicht jedes vom Architekten gestaltete Bauwerk urheberrechtlichen Schutz genießt, sondern nur Bauten, die auf einer besonderen künstlerischen Gestaltung beruhen, solche, die »persönliche und geistige Schöpfungen« darstellen. Verlangt wird also eine gewisse Gestaltungshöhe, Individualität, die »Handschrift« des Architekten, die in einer eigenpersönlichen Leistung im Bauwerk Gestalt gewonnen hat. Trotz aller Definitionsversuche von Literatur und Rechtsprechung[993] sind mit der Subsumption des konkreten Architektenwerks unter § 2 Abs. 2 UrhG erhebliche Unschärfen verbunden, weil die Frage, ob eine persönliche geistige Schöpfung vorliegt, trotz aller Objektivierungsversuche letztendlich auch ästhetische Beurteilungen impliziert[994].

350 Das Urheberrecht hat eine vermögensrechtliche und eine geistige Seite: das **Urheberpersönlichkeitsrecht**, das die persönlichen, Beziehungen des Urhebers zu seinem Werk schützt,[995] und die **Verwertungsrechte** (Verbreitungs-, Vervielfältigungs-, Ausstellungsrecht).

351 Das Urheberrecht wird vom Urheber nur für die einmalige Errichtung eines Bauwerks zur Verfügung gestellt. Ein **Nachbau** durch den Auftraggeber ist nicht zulässig, es sei denn, der Entwurf des Architekten ist von vornherein für eine Serie von Bauwerken bestimmt.[996] Dagegen darf der Architekt seine Planung auch anderweitig verwenden, es sei denn, aus der besonderen Art und Gestaltung des Bauwerks ergäbe sich ein Verbot des Nachbaus. Solche besonderen Umstände können in der räumlichen Nähe des Bauwerks, im besonderen Gebrauchszweck und darin liegen, dass ein berühmter Architekt sein in der Fachwelt diskutiertes Bauwerk für einen anderen Auftraggeber wiederholt.

---

992 Vgl. dazu BGH BauR 2000, 438; OLG Celle BauR 2011, 1187.
993 Vgl. zuletzt OLG Karlsruhe NZBau 2013, 712 mit Hinweisen auf die Rspr.; *Glöckner* in FBS Syst H Rn. 14 ff.; *Locher*, Rn. 541 ff.; *Werner* BauR 2004, 750; *Locher*, FS Mantscheff, S. 15 ff.; *Werner* in *Werner/Pastor*, Rn. 2437 ff.; *Neuenfeld*, FS Koeble, S. 433 ff.
994 Vgl. *Wirth* in TWK, Einl. Rn. 367 ff.
995 Namensbenennung (BGH BauR 1994, 784 = ZfBR 1994, 268), Änderungs-, Plagiatverbot, Rückrufsrecht.
996 BGH BauR 1981, 298 = ZfBR 1981, 30.

Werden dem Architekten alle in § 34 HOAI aufgeführten Leistungen übertragen und führt er diese auch aus, so erhält er seine Vergütung auch für die Nutzung der Planung durch den Auftraggeber. Er überträgt die urheberrechtlichen Befugnisse (Nutzungsrecht) an seinen Plänen, soweit diese zur Errichtung des Bauwerks benötigt werden. Diese Leistung wird durch das Architektenhonorar abgegolten.[997] Eine Kündigung des Architektenvertrags ändert daran nichts.[998] 352

Anders verhält es sich, wenn dem Architekten lediglich die Vorplanung oder die Grundlagenermittlung und Vorplanung übertragen wurden. Damit ist dem Auftraggeber noch kein Nutzungsrecht übertragen und noch nicht gestattet, das Bauwerk nach dieser Vorplanung ohne Mitwirkung des planenden Architekten von einem anderen Architekten ausführen zu lassen.[999] In der Regel kann auch bei Beauftragung mit Vorplanung und Entwurfsplanung allein noch nicht davon ausgegangen werden, dass ein Nachbaurecht eingeräumt wird[1000]. Anders ist es, wenn dem Architekten darüber hinaus auch die Erstellung der Genehmigungsplanung und deren Vorlage bei der Genehmigungsbehörde übertragen worden ist.[1001] Werden Vorplanung, Entwurfs- und Genehmigungsplanung übertragen, so ist das Nutzungsrecht in der Regel mit übertragen, weil es dem Zweck der Vereinbarung entspricht, die Genehmigungsplanung nutzen zu dürfen.[1002] 353

Ergibt sich aus dem Architektenvertrag – ggf. im Wege der Auslegung –, dass der Architekt zu einer Zweitverwertung der urheberrechtsfähigen Planung nicht befugt ist, steht dem Auftraggeber im Falle einer rechtswidrigen Zweitverwertung durch den Architekten neben einem Schadensersatzanspruch nach § 97 UrhG auch ein Anspruch auf Herausgabe des Verletzergewinns aufgrund einer Eingriffskondiktion nach § 812 Abs. 1 S. 1 2. Alt. BGB zu. Ist die Planung dagegen nicht urheberrechtsfähig, scheidet auch ein Anspruch aus einer Eingriffskondiktion aus.[1003] 354

Besondere Bedeutung für den Architekten hat das **Änderungsverbot**. Aus den §§ 14, 23 und 39 UrhG ergibt sich, dass der Urheber grundsätzlich ein Recht auf Erhaltung der unveränderten Gestalt seines Werks hat.[1004] Das Änderungsverbot ist dem Urheberrecht »als einer Herrschaftsmacht des schöpferischen Menschen über sein Geisteswerk immanent«.[1005] Die »Handschrift«, die als Kriterium für die Beurteilung des Werks 355

---

997 OLG Nürnberg NJW-RR 1989, 407.
998 BGH BauR 1975, 363 = NJW 1975, 1165; *Locher*, Rn. 547; *Werner* in *Werner/Pastor*, Rn. 899; a. A. BGH GRUR 1973, 663, 665.
999 BGHZ 42, 55; BGH NJW 1984, 2818; OLG Jena BauR 1999, 672; OLG Hamm BauR 1999, 1198; OLG Celle NJW-RR 2000, 191; OLG Celle BauR 2011, 1187; a. A. *Meier* BauR 2012, 867, 871.
1000 Vgl. dazu *Glöckner* in FBS, Syst H Rn. 185 ff.
1001 OLG München NJW-RR 1995, 474; *v. Gamm* BauR 1982, 113; *Schulze* NZBau 2007, 537, 541; *Locher*, Rn. 550.
1002 Vgl. BGH BauR 2013, 628, 630 = NJW 2013, 781; OLG Frankfurt NZBau 2007, 322.
1003 BGH BauR 2013, 628, 630 = NJW 2013, 781; vgl. dazu *Schwab* NJW 2013, 1135.
1004 BGH BauR 1999, 272 = NJW 1999, 790; BGH BauR 2008, 1911.
1005 BGH NJW 1970, 2247.

Einleitung

eines Architekten gesehen wird, darf durch Änderungen nicht unbillig geschmälert werden. Das Verbot richtet sich nicht nur gegen eine künstlerische Verschlechterung des Bauwerks, sondern auch gegen Änderungen, die für sich genommen ein eigenständiges schutzfähiges Werk darstellen.[1006] Andererseits darf das Urheberrecht des Architekten nicht dazu führen, Bauwerke vom technischen Fortschritt auszuschließen. Änderungen, die durch Gesetz, durch die technische Entwicklung (z. B. Heizung, Beleuchtung, Entlüftung) erforderlich sind, können, wenn sie »schonend« erfolgen, gerechtfertigt sein. Insbesondere bei Zweckbauten wird man funktionell notwendige Änderungen in der Regel zulassen müssen. Bestehen verschiedene zumutbare Gestaltungsmöglichkeiten, so ist dem Eigentümer grundsätzlich zuzumuten, diejenige zu wählen, die das Bauwerk am wenigsten berührt und in das Urheberrecht des Architekten am geringsten eingreift. In Zweifelsfällen ist eine Interessenbilanz vorzunehmen, soweit keine Entstellung vorliegt.[1007] Besitzt ein Bauwerk trotz urheberrechtlicher Schutzfähigkeit nur eine geringe künstlerische Gestaltungshöhe und sind die funktionalen Änderungsbedürfnisse zwingend, so wird bei der Interessenabwägung das Bedürfnis des Auftraggebers, eine Änderung vorzunehmen, stärker zu berücksichtigen sein als bei Werken besonderer schöpferischer eigenpersönlicher Ausprägung und geringer funktionaler Änderungsmöglichkeiten. Ebenso können die Interessen des Urhebers im Rahmen der Abwägung nach seinem Tod ein geringeres Gewicht als zu seinen Lebzeiten haben[1008]

356 Muss ein Bauwerk instand gesetzt oder geändert werden, so fragt es sich, ob der Auftraggeber ein Recht hat, zu der Durchführung dieser Maßnahmen herangezogen zu werden. Dies wird von Neuenfeld[1009] in Anlehnung an Ulmer[1010] bejaht. Nach h. M. besteht jedoch kein Kontrahierungszwang des Auftraggebers gegenüber dem Erstarchitekten.[1011] Der Erstarchitekt hat urheberrechtliche Ansprüche, wenn bei urheberrechtlich geschützten Werken Änderungen in extrem schlechter Gestaltungsweise durchgeführt werden. Der Auftraggeber kann aber ein wohlbegründetes Interesse – auch finanzieller Art – daran haben, einen anderen Architekten seines Vertrauens mit der Bauaufgabe zu betrauen. Der Erstarchitekt kann alt werden und dem Baufortschritt nicht mehr Rechnung tragen. Das Verhältnis zwischen ihm und dem Auftraggeber kann sich zwischenzeitlich getrübt haben.

357 Verletzt der Auftraggeber oder ein Dritter (z. B. ein Zweitarchitekt) das Urheberrecht des Architekten, so kann dieser einen Unterlassungsanspruch geltend machen (§ 97 UrhG). Es genügen objektiv widerrechtliche Urheberrechtsverletzungen; ein Verschulden ist nicht Voraussetzung, jedoch eine Wiederholungsgefahr. Ist die Urheberrechts-

---

1006 BGH BauR 1999, 272 = NJW 1999, 790; vgl. dazu *Locher*, FS Mantscheff, S. 15, 19 ff.
1007 BGH BauR 2008, 1911; vgl. zur Abwägung i. E. OLG Stuttgart IBR 2011, 28; *Neuenfeld*, FS Locher, S. 409; *Werner* in *Werner/Pastor*, Rn. 2458; *Schulze* NZBau 2007, 611.
1008 BGH BauR 2012, 283; OLG Stuttgart IBR 2011, 28.
1009 BauR 1975, 373; *Neuenfeld*, FS Locher, S. 410; *Neuenfeld*, FS Koeble, S. 433, 437.
1010 *Ulmer*, Der Architekt 1969, 81.
1011 *Hesse* BauR 1971, 209; *Locher*, Rn. 548.

verletzung schuldhaft begangen, so bestehen Schadensersatzansprüche. Die Schadensberechnung kann in dreifacher Weise geschehen:
1. Der Architekt kann den ihm durch die Verletzung seines Urheberrechts entgangenen Gewinn, das bei Beachtung seines Urheberrechts verdiente Architektenhonorar, verlangen.
2. Er kann auch – was aber bei Verletzung des Urheberrechts des Architekten selten vorkommt – die Herausgabe des durch die Urheberrechtsverletzung erzielten Gewinns verlangen. Anspruchsgrundlage dafür ist auch eine Eingriffskondiktion nach § 812 Abs. 1 S. 1 2. Alt. BGB, die aber nicht besteht, wenn der Planung kein Urheberrechtsschutz zukommt.[1012]
3. Er kann stattdessen die Verletzung seines Rechts hinnehmen und eine angemessene Lizenzgebühr verlangen, also die Vergütung, die ihm bei Einigung über die Urheberrechtsnutzung zugestanden hätte.

Schwierigkeiten bereitet die Beantwortung der Frage, ob, in welchem Umfang und gegen welches Entgelt der Auftraggeber den Architekten tatsächlich herangezogen hätte, wenn er dessen Urheberrechte beachtet hätte. Dies ist vor allem dann problematisch, wenn der Architekt mit einer Vor- oder Entwurfsplanung beauftragt wird und nach diesen Plänen durch einen anderen Architekten ohne Übertragung der urheberrechtlichen Befugnisse gebaut wird (vgl. dazu Rdn. 353). Dafür kann die Vergütung nach der HOAI den Ausgangspunkt darstellen, auch wenn das danach zu bestimmende Honorar nicht darauf abstellt, ob das Werk urheberrechtlich geschützt ist.[1013] Unabhängig davon, dass kein anderer brauchbarer Anhaltspunkt zur Bestimmung der Lizenzanalogie besteht, stellt das Honorar nach der HOAI die Obergrenze für die Bemessung des Schadensersatzanspruchs des Architekten dar. Dieser umfasst hier nur die urheberrechtsrelevanten Leistungsphasen. Dies sind in der Regel die Planungsleistungen der Leistungsphasen 1–3, 5.[1014] Davon sind dann noch ersparte Aufwendungen des Architekten abzuziehen. Diese hat der Bauherr darzulegen und zu beweisen.[1015] Abzulehnen ist die Auffassung des OLG Jena,[1016] wonach hier keine einzelfallbezogene Ermittlung der ersparten Aufwendungen in Anlehnung an die Rechtsprechung zu § 649 S. 2 BGB vorzunehmen sei. Da die Schadensberechnung im Wege einer Lizenzanalogie nur in Anlehnung an die HOAI erfolge, könne hier im Rahmen einer Schätzung nach § 287 ZPO auf die frühere Rechtsprechung zur Pauschalierung des Vergütungsanspruchs nach § 649 S. 2 BGB in Höhe von 60 % zurückgegriffen werden. Für einen »Gewinnanteil« von 60 % gibt es aber keinen tatsächlichen Anknüpfungspunkt oder

358

1012 BGH BauR 2013, 628, 630 = NJW 2013, 781; *Schwab* NJW 2013, 1135.
1013 a. A. *Glöckner* in FBS, Syst. H Rn. 82.
1014 OLG Jena BauR 1999, 672; OLG Nürnberg NJW-RR 1998, 47 [LPH 1, 2, 3, 5]; OLG Hamm BauR 1999, 1198; OLG Celle NJW-RR 2000, 191 [LPH 1, 2, 3, 5 und 5 % der LPH 8]; a. A. OLG München NJW-RR 1995, 474 [LPH 1–4]; *Neuenfeld* BauR 2011, 180, 186; *Werner* in *Werner/Pastor*, Rn. 2473; *Morlock/Meurer*, Rn. 315.
1015 OLG Celle NJW-RR 2000, 191, 193.
1016 BauR 1999, 672.

Einleitung

Erfahrungswert, sodass dieser auch nicht zur Grundlage einer Schätzung gemacht werden kann.

359 Eine Urheberrechtsverletzung kann auch strafrechtliche Folgen nach sich ziehen.[1017] Es ist dem Architekten deshalb dringend zu empfehlen, sich über etwaige Urheberrechte von bereits hinsichtlich des Bauwerks tätigen Architekten zu unterrichten und diese zu beachten.

35. Architekten und Ingenieure und unlauterer Wettbewerb

360 Architekten und Ingenieure sind im wettbewerbsrechtlichen Sinne »Unternehmer« und treten zueinander in Leistungskonkurrenz. Sie unterliegen den Vorschriften des Gesetzes zur Bekämpfung unlauteren Wettbewerbs (UWG). Ihre Berufsbezeichnung ist geschützt. In den Architektengesetzen der Bundesländer sind Regelungen enthalten, wonach die Berufsbezeichnung »Architekt« oder »Landschaftsarchitekt« nur von demjenigen geführt werden darf, der in die Architektenliste der zuständigen Architektenkammer eingetragen ist. Diese Berufsbezeichnungen fallen somit unter § 5 Abs. 1 Nr. 3 UWG. Es ist deshalb wettbewerbswidrig, wenn sich »Nichtarchitekten« als Architekten bezeichnen, mit »Architektur« oder einzelnen Wortbestandteilen des Begriffs »Architekt« werben.[1018]

361 Wettbewerbswidrig sind Honorarangebote von Architekten und Ingenieuren unter den Mindestsätzen der HOAI.[1019] Außerdem haben die Architekten nach den Berufsordnungen der Architektenkammern, die die wichtigsten Berufsgrundsätze enthalten, ihre Leistungen auf der Grundlage der jeweils gültigen Honorarordnung zu vereinbaren und abzurechnen. Nur wenn ein Ausnahmefall und eine schriftliche Vereinbarung vorliegen, ist die Unterschreitung der Mindestsätze wirksam (vgl. § 7 Rdn. 97 ff.). Setzt sich ein Architekt oder Ingenieur über diese Mindestsatzregelung der HOAI zielgerichtet und planmäßig hinweg, so verletzt er nicht nur Berufsrecht, sondern verschafft sich auch einen nach § 3a UWG unzulässigen ungerechtfertigten Wettbewerbsvorsprung durch Rechtsbruch, weil das Preisrecht der HOAI eine Marktverhaltensregelung darstellt, deren Einhaltung auch im Interesse der Mitbewerber liegt.[1020] Der Wettbewerbsverstoß muss aber nach § 3 UWG geeignet sein, den Wettbewerb zum Nachteil der Mitbewerber nicht nur unerheblich zu beeinträchtigen. Dabei ist eine Abwägung sowohl der subjektiven als auch der objektiven Elemente vorzunehmen, um ein im Einzel-

---

1017 Vgl. i. E. *Weber*, Der strafrechtliche Schutz des Urheberrechts, 1976.
1018 BGH BauR 2011, 136 = NZBau 2011, 45; OLG München GRUR 1992, 458, »Architektenhaus« als Produktbezeichnung; OLG Stuttgart WRP 1987, 510 »Ingenieurbüro für Architektur«; OLG Nürnberg BauR 1983, 290 »Archiplan«; LG Düsseldorf BauR 1992, 796 »Lichtarchitektur«; OLG Frankfurt NZBau 2001, 36 »Pro Architektur«; OLG Karlsruhe BauR 2004, 553 = IBR 2004, 76 »Architektur«; OLG Düsseldorf IBR 2004, 77 »Dipl.-Ing. Archt.«; vgl. dazu *Köhler/Bornkamm*, § 5 UWG 5.151.
1019 Vgl. dazu *Kniffka*, FS Ullmann, S. 669 ff.
1020 BGH BauR 1991, 638; BGH BauR 1997, 490 = ZfBR 1997, 182; *Kniffka*, FS Ullmann, S. 669 ff.; *Köhler/Bornkamm*, § 3a UWG 1.257.

Einleitung

fall unverhältnismäßiges Verbot einer Mindestsatzunterschreitung zu vermeiden.[1021] Da der Architekt und Ingenieur seine Honorarordnung kennen muss, ist häufig davon auszugehen, dass Unterschreitungen der Mindestsätze vorsätzlich verwirklicht werden. Ein solcher vorsätzlicher Verstoß legt es nahe, dass der Architekt oder Ingenieur sich generell über die verletzten Vorschriften hinwegsetzt und der Tatbestand des § 3a UWG erfüllt ist. Anders ist die Rechtslage zu beurteilen, wenn ein Honorar – etwa ein Pauschalhonorar – vereinbart wird, von dem die Parteien beim Vertragsschluss ausgegangen waren, dass es nicht unter den Mindestsätzen liegt und sich der Verstoß gegen den Mindestpreischarakter erst später bei einer Vergleichsberechnung nach Vorlage der Kostenberechnung herausstellt.[1022]

Wettbewerbsverstöße können auch von Auftraggebern durch **Honoraranfragen** und **Ausschreibungen** begangen werden, durch die Honorarangebote unter den Mindestsätzen angestrebt werden.[1023] Zu beachten ist dabei aber, dass sich das Gebot zur Einhaltung des Preisrechts der HOAI und das daraus abgeleitete Verbot die Mindestsätze zu unterschreiten, an die Architekten und Ingenieure nicht aber an den Anbieter richtet. Dieser ist deshalb nur dann Störer, wenn er die mit der Ausschreibung angesprochenen Architekten und Ingenieure vorsätzlich durch gezielte, von dem zwingenden Preisrecht der HOAI abweichende Vorgaben zu einer Unterschreitung der Mindestsätze aufgefordert hatte.[1024] Dies kann auch dadurch geschehen, dass von vornherein ein einheitliches Gliederungsschema für die Darlegung der Honorarforderung vorgegeben wird, welches zur Unterschreitung der HOAI-Mindestsätze führen muss.[1025] Häufig anzutreffen sind Pauschalangebote des Auftraggebers, die unter den Mindestsätzen liegen. Hierin kann eine Anstiftung zu einem wettbewerbswidrigen Verhalten des Architekten liegen.[1026] 362

Darüber hinaus können auch **Verstöße gegen die Berufsordnung**, die keine Verstöße gegen die HOAI darstellen, wettbewerbswidrig sein und Ansprüche nach § 3a UWG auslösen. Dies gilt zunächst für die auf der Grundlage der Architektengesetze in verschiedenen Berufsordnungen der Architekten enthaltenen Werberichtlinien. Verletzt der Architekt bewusst die Werberichtlinien, so versucht er sich einen ungerechtfertigten Wettbewerbsvorsprung vor berufsgerecht handelnden Kollegen zu verschaffen. 363

Nach den Berufsordnungen sind die Architekten verpflichtet, nur an solchen **Architektenwettbewerben** teilzunehmen, deren Verfahrensregelung der **GRW 1995** oder der 364

1021 *Ullmann* GRUR 2003, 822; *Kniffka*, FS Ullmann, S. 669, 672; *Köhler/Bornkamm*, § 3a UWG 1.94 ff.
1022 Vgl. *Ebersbach* ZfBR 2006, 529, 535.
1023 BGH BauR 1991, 638; OLG München BauR 1996, 238 = NJW 1996, 1571; OLG Bremen BauR 1997, 499; OLG Düsseldorf BauR 2001, 274 = NZBau 2000, 578; OLG Stuttgart WRP 1987, 510; vgl. dazu *Locher* BauR 1995, 146 ff.
1024 BGH NJW-RR 2003, 1685 = NZBau 2003, 622; BGH BauR 2005, 580 = NZBau 2005, 161; vgl. *Köhler/Bornkamm*, § 8 UWG 2.5, 2.15a.
1025 BGH BauR 1991, 640.
1026 LG Nürnberg-Fürth BauR 1993, 105; LG Freiburg BauR 2004, 554 = IBR 2004, 1026.

Einleitung

RPW 2013 entsprechen.[1027] Problematisch ist die Teilnahme an Architektenwettbewerben außerhalb der GRW 1995 oder der RPW 2013, wenn die Vergütung unter den Mindestsätzen der HOAI liegt. In diesen Fällen liegt kein Verstoß gegen das gesetzliche Preisrecht und somit auch kein wettbewerbswidriges Verhalten des Architekten vor. Die Teilnahme an Wettbewerben wird bereits in aller Regel deshalb nicht von der HOAI umfasst, weil diese den Abschluss eines Architektenvertrags mit gegenseitigen Rechten und Pflichten voraussetzt. Bei den meisten Wettbewerben wird keine Leistungspflicht des teilnehmenden Architekten begründet, sodass die Grundlage für eine Anwendung des § 7 HOAI fehlt. Der Architekt beabsichtigt mit der Teilnahme am Wettbewerb im Anschluss daran einen Architektenauftrag zu erhalten. Es handelt sich deshalb um eine akquisitorische Tätigkeit außerhalb des erst später abzuschließenden Architektenvertrags.[1028]

365 Dieser Gesichtspunkt kommt bei einem so genannten Gutachterverfahren nicht mehr zum Tragen. Hier wird mit mehreren Architekten ein Vertrag über die Lösung einer Planungsaufgabe geschlossen, wobei dem Gewinner eine Weiterbeauftragung in Aussicht gestellt wird. Durch das Zustandekommen eines Vertrags mit gegenseitigen Rechten und Pflichten wird der Bereich einer kostenlosen Akquisition verlassen. Nach der früher h. M. gilt der Mindestpreischarakter des § 7 HOAI, wobei kein Ausnahmefall nach § 7 Abs. 3 HOAI anzunehmen sei,[1029] weil hier nichts anderes als ein Architektenvertrag über die teilweise Erbringung von Grundleistungen abgeschlossen würde. Dann würde auch die damit beabsichtigte Akquisitionstätigkeit keinen Ausnahmefall begründen.[1030]

366 Nach Auffassung des BVerfG[1031] stellt dagegen die Anwendung der HOAI auf die Vergütung bzw. Aufwandsentschädigung für die Teilnahme an einem Wettbewerb außerhalb der GRW 1995 oder an einem sonstigen »Gutachterverfahren« einen unzulässigen Eingriff in die Berufsausübungsfreiheit des Architekten nach Art. 12 Abs. 1 GG dar. Danach soll mit den Mindestsätzen der Gefahr einer Qualitätsminderung der Architektenleistung durch einen ruinösen Preiswettbewerb begegnet werden. Diese Gefahr bestehe aber bei Wettbewerben nicht, weil es gerade deren Ziel sei, den besten Vorschlag zu ermitteln und zu realisieren. Ohne eine entsprechende Qualität der Planung würde keine Chance auf den Gewinn des Wettbewerbs bestehen. Der Mindestpreischarakter würde deshalb in diesen Fällen den Zweck der Qualitätssicherung verfehlen, der alleine

---

[1027] Zum Architektenwettbewerb vgl. *Budiner/Voitl* in TWK, § 3 Rn. 1 ff.; *Weinbrenner/Jochem/Neusüß*, Der Architektenwettbewerb, 2. Aufl., 1998; *Kratzenberg/Ettinger-Brinckmann/Knapschinsky*, Die neuen Regelungen für Architekten- und Ingenieurwettbewerbe, 2009; *Müller/Wrede*, Der Architektenwettbewerb, 2012; zum Schadensersatz, wenn keiner der Preisträger beauftragt wird, vgl. *Schudnagies* BauR 2005, 1244.
[1028] BGH BauR 1997, 490; *Werner* in Werner/Pastor, Rn. 661; *Koeble* LM § 305 BGB Nr. 65; vgl. § 7 Rdn. 128.
[1029] A. A. VGH Kassel NJW-RR 1995, 1299; VGH Kassel BauR 1998, 1037.
[1030] BVerwG NJW 1999, 1542; *Klepsch* ZfBR 1996, 1; a. A. *Koeble* in Kniffka/Koeble, 12. Teil Rn. 427.
[1031] BauR 2005, 1946 vgl. dazu *Kniffka*, FS Ullmann, S. 669, 678.

zu einer Einschränkung der Berufsfreiheit berechtigen würde. Eine grundrechtskonforme Auslegung des § 7 HOAI müsse deshalb dazu führen, dass der Mindestpreischarakter auf jede Art eines Architektenwettbewerbs unanwendbar sei. Wird der Architekt als Preisträger später mit weiteren Architektenleistungen beauftragt, muss er allerdings eine dem § 7 HOAI entsprechende Honorarvereinbarung treffen.

Bei einem Wettbewerb nach der GRW 1995 oder der RPW 2013 stellt nicht jeder formale Verstoß gegen die Auslobungsbedingungen einen Wettbewerbsverstoß dar. Werden aber die Auslobungsbedingungen oder die Bestimmungen der GRW zielbewusst verletzt, so handelt der Architekt insoweit wettbewerbswidrig. Dies gilt insbesondere bei irreführenden Angaben über Herkunft und Ursprung und hinsichtlich der Verfassererklärung. 367

Die Nutzung einer fremden Architektenplanung durch einen anderen (»Zweitarchitekten«) kann sowohl aus urheber- wie wettbewerbsrechtlichen Gründen unzulässig sein. Liegt in der Planung des »Erstarchitekten« eine eigenpersönliche geistige Leistung, ist sie also schutzfähig, so kann die Ausnutzung dieser Leistung durch einen »Zweitarchitekten«, der diese als eigene Leistung ausgibt, das Urheberrecht des »Erstarchitekten« verletzen (vgl. Rdn. 347 ff.). Ein Verstoß bei der Verwertung von urheberrechtlich nicht geschützten Plänen gegen § 3a UWG kommt allenfalls in besonderen Einzelfällen in Frage[1032]. 368

Das **Verbot baugewerblicher Tätigkeit** für freie Architekten in den Berufsordnungen will bewirken, dass der Auftraggeber sicher sein kann, dass er sich einem Architekten gegenübersieht, den er ausschließlich als seinen Sachwalter betrachten kann und der nicht selbst oder über nahe Angehörige eigene Vermögensinteressen verfolgt (Baustoffhandel, Bauträgergesellschaft). Diese berufsrechtliche Verpflichtung schützt zunächst den Auftraggeber. Ein baugewerblich tätiger Architekt darf sich nicht als freier oder freischaffender Architekt bezeichnen, damit sein Vertragspartner schon aus der Firmierung erkennen kann, dass er sich nicht einem Architekten gegenübersieht, der sein ausschließlicher Sachwalter ist. Verwendet er trotzdem die Berufsbezeichnung »Freier Architekt«, verstößt er gegen die Berufsordnung. Damit verstößt er auch gegen § 5 Abs. 1 Nr. 3 UWG, indem er zu Unrecht unter einer geschützten Berufsbezeichnung im geschäftlichen Verkehr auftritt. Er verschafft sich aber auch nach § 3a UWG einen unzulässigen Wettbewerbsvorsprung gegenüber den baugewerblich tätigen Architekten, die sich an die Bestimmungen der Berufsordnung halten und nicht vortäuschen, als seien sie freie Architekten. 369

36. Die rechtliche Einordnung des Ingenieurvertrages

Die in die HOAI aufgenommenen Architekten- und Ingenieurleistungen sind in der Regel werkvertraglich zu qualifizieren. Dies entsprach der h. M. bei Übertragung der planerischen Aufgabe allein, aber auch bei Übertragung der Planung zugleich mit der Bauüberwachung, schon bevor der BGH für das Architektenrecht die aus- 370

1032 Vgl., dazu *Glöckner* in FBS, Syst H Rn. 105 ff.

Einleitung

schließliche Übertragung der Bauaufsicht (Objektüberwachung) werkvertraglich qualifiziert hatte.[1033] Dienstvertragsrecht kam nach weit verbreiteter Meinung in Betracht, sofern nur Aufgaben der Bauüberwachung (technische Oberleitung, örtliche Bauaufsicht) Gegenstand des Ingenieurvertrags waren oder lediglich eine beratende Tätigkeit in Frage kam. Nach der Rechtsprechung des BGH dienen aber auch die Bauleitung, die Koordination und die technische Beratung der Verwirklichung des Bauwerks. Der BGH[1034] stellt ausdrücklich fest, dass sowohl der Beitrag des bauleitenden Architekten als auch der des planenden Architekten, des Bauunternehmers und etwa eingesetzter Sonderfachleute die Erfolgsbezogenheit, nämlich das mangelfreie Bauwerk, bewirken sollen. Auch die Ausführungen des BGH über die Sachgerechtigkeit des Werkvertragsrechts im Vergleich mit dem Dienstvertragsrecht treffen auf Ingenieurverträge zu. Deshalb sind auch die Aufsichtstätigkeiten, die Tätigkeiten für Gutachten, Messungen, Kostenuntersuchungen, Bewertungen für fachtechnische Abnahmen oder Funktionsprüfungen nach **Werkvertragsrecht** zu behandeln.

371 Werkvertragsrecht wurde angenommen für den Vertrag mit dem **Tragwerksplaner**, dem **Heizungsingenieur**,[1035] dem **Ingenieur für Sanitär- und Elektroarbeiten** (Technische Ausrüstung)[1036] sowie dem **Baugrundgutachter** (vgl. Rdn. 374). Der Ingenieurvertrag als Werkvertrag ist ein – außerhalb des Architektenvertrags – stehender Vertragstyp, der Planungs- und Projektierungs-, Überwachungs- und Beratungsleistungen zum Gegenstand hat.[1037] Die konstruktive Seite steht im Vordergrund, die gestalterische Seite tritt gegenüber dem Architektenvertrag zurück. Eine eigene Bauleistung ist im Rahmen des Ingenieurvertrags nicht zu erbringen.

372 Auch die Ingenieurverträge über die in die HOAI aufgenommenen Leistungen unterliegen weitgehend Werkvertragsrecht. Dies gilt für die Leistungen bei **Ingenieurbauwerken** (§§ 41 ff.) und **Verkehrsanlagen** (§ 45 ff.). Auch wenn die Bauoberleitung (Leistungsphase 8 des § 43 HOAI) isoliert übertragen wird, so gilt diese dem Werkerfolg und ist werkvertraglich zu qualifizieren. Dasselbe gilt für die örtliche Bauüberwachung als Besondere Leistung nach der Anlage 12.

373 Die Fachplanungsleistungen für die **Technische Ausrüstung** (Teil 4 Abschnitt 2 der HOAI) richten sich ebenfalls nach Werkvertragsrecht. Auch wenn der Ingenieur lediglich bei Vorverhandlungen mit Behörden und anderen an der Planung fachlich Beteiligten über die Genehmigungsfähigkeit mitwirkt oder dies bei der Kostenschätzung oder Kostenberechnung bei Anlagen und Gebäuden tut und diese Leistungen isoliert

---

1033 BGH NJW 1982, 438 = BauR 1982, 79; OLG Naumburg NJW-RR 2006, 1315; vgl. zur rechtlichen Qualifikation i. E. *Locher*, Rn. 365 ff.; *Koeble* in Kniffka/Koeble, 12. Teil Rn. 1 ff.; *Wirth* in KMV, Einf. Rn. 107 ff.
1034 BGH NJW 1982, 438 = BauR 1982, 79.
1035 BGH NJW 1979, 214; OLG München NJW 1974, 2238; OLG Frankfurt BauR 2000, 598.
1036 OLG München NJW 1974, 2238 m. Anm. *Ganten* NJW 1975, 391, OLG Stuttgart BauR 1980, 82.
1037 *Locher*, Rn. 560; *Jebe/Vygen*, Der Bauingenieur und seine rechtliche Verantwortung, 2. Aufl., 1998.

übertragen würden, wäre Werkvertragsrecht anzuwenden. Auch diese Leistungen dienen dem Erfolg: dem mangelfrei errichteten Bauwerk. Dasselbe gilt für Leistungen für **Bauphysik** (Ziff. 1.2 der Anlage 1 zu § 3 Abs. 1). So ist etwa das Aufstellen des Energiebedarfsausweises nach der EnEV eine typisch erfolgsbezogene werkvertragliche Leistung. Dies gilt aber auch für das Abstimmen des geplanten **Wärmeschutzes** mit der Ausführungsplanung und der Vergabe. Auch die **Schallschutz- und Raumakustischen Leistungen**[1038] sind in der Regel werkvertraglich zu qualifizieren. Vor allem gilt dies für Planungs- und Überwachungstätigkeiten, Messungen, Modelluntersuchungen. Reine Beratungstätigkeiten ohne Übertragung eigentlicher Planungsaufgaben können jedoch dienstvertraglichen Charakter haben.

374 Werkvertraglich sind in der Regel auch die Leistungen der **Geotechnik** (Bodenmechanik, Erd- und Grundbau) einzuordnen (Ziff. 1.3 der Anlage 1 zu § 3 Abs. 1 ff.).[1039] Dies gilt für Gutachten, die erfolgsbezogen sind, aber auch für die Baugrundbeurteilung, das Ausschreiben und Überwachen der Anschlussarbeiten und das Aufstellen von Setzungs-, Grundbruch- und anderen erdstatischen Berechnungen. Wird der Ingenieur lediglich zur Beratung bei der Sicherung von Nachbarbauwerken hinzugezogen, so kann diese Tätigkeit dienstvertraglich beurteilt werden. Es ist jedoch immer zu prüfen, ob es sich um eine echte »Beratung« handelt oder um eine planerische Leistung. Abnahmen und Vorschläge für die Gründung sind nach Werkvertragsrecht zu beurteilen.

375 Schließlich ist Werkvertragsrecht auch auf die Leistungen der **Ingenieurvermessung** (Ziff. 1.4 der Anlage 1 zu § 3 Abs. 1)[1040] anzuwenden (zur Haftung vgl. Rdn. 389), vor allem für Lage- und Höhenbestimmungen von Festpunkten, das Anfertigen von vermessungstechnischen Lageplänen, Höhenplänen, Profilen und Schnitten, das Herstellen von Absteckungsunterlagen, das Aufmaß, die Vermessung bestehender Objekte sowie das lage- und höhenmäßige Erfassen von Leitungen, Kanälen und sonstigen unterirdischen Leitungssystemen. Die beratende Tätigkeit nach der Fertigstellung von Objekten ist dienstvertraglich zu qualifizieren.

a) Die Beauftragung des Ingenieurs

376 Ein Ingenieur kann sowohl vom Auftraggeber selbst oder vom Architekten oder im Namen des Auftraggebers durch den Architekten beauftragt werden. Der Ingenieurvertrag bedarf keiner bestimmten Form, sondern kann schriftlich, mündlich oder durch schlüssiges Verhalten zustande kommen, individualvertraglich ausgehandelt oder ein Formularvertrag sein. Hier gelten dieselben Grundsätze wie für das Zustandekommen des Ar-

---

1038 Vgl. dazu *Locher-Weiss*, Rechtliche Probleme des Schallschutzes, 4. Aufl. 2005.
1039 Vgl. BGH NJW 1979, 214 = BauR 1979, 76; BGH NJW 1976, 1502 = BauR 1976, 354; OLG Bamberg BauR 2007, 1444; OLG Dresden BauR 2007, 1599; OLG Celle BauR 2006, 402; OLG Köln BauR 1998, 812 = NJW-RR 1998, 1320; *Döbereiner* BauR 1982, 11.
1040 Vgl. BGH BauR 1972, 255; BGH NZBau 2013, 175; OLG Düsseldorf BauR 1992, 665; OLG Hamm BauR 1992, 78; OLG Köln IBR 2014, 490.

Einleitung

chitektenvertrags;[1041] ebenso hinsichtlich der Bauhandwerkersicherung nach den §§ 648, 648a BGB, der Verjährung des Vergütungsanspruchs, der Haftung, der Beendigung des Vertrags, der Abnahme und der Haftungsbeschränkungen. Besteht der Vertrag zwischen Bauherr und Ingenieur, so ist dieser nach der bisherigen Rechtsprechung im Regelfall nicht **Erfüllungsgehilfe** des Bauherrn gegenüber dem Architekten.[1042] Dies gilt auch umgekehrt.[1043] Ob diese Rechtsprechung nach dem Glasfassadenurteil des BGH[1044] weiter gilt, ist fraglich (vgl. Rdn. 219).

377 Die Aufnahme der Ingenieurleistungen in die HOAI bedeutet nicht, dass der Architekt nicht im Rahmen seiner Leistungspflichten auch planerische und objektüberwachende Zusammenhänge aus dem Ingenieurleistungsbereich zu berücksichtigen hätte. Wenn er ein mangelfreies Werk nach dem Stand der Technik auch ohne Einschaltung eines Fachingenieurs erbringen will, muss er zumindest die DIN-Normen für Schallschutz (DIN 4109), gegebenenfalls auch die Empfehlungen für einen erhöhten Schallschutz seiner Planung zugrunde legen. Ebenso muss er dem Wärmeschutz sowie den Grundlagen des Brandschutzes im Zuge seiner Tätigkeit Beachtung schenken. Andererseits hat die Aufnahme der Aufstellung des prüffähigen Nachweises des Energiebedarfs in den Ingenieurteil (Anlage 1.2) klargestellt, dass es sich dabei nicht um Leistungen des Architekten handelt, die in dem Leistungsbild Gebäude und Innenräume des § 34 enthalten und nach § 35 zu vergüten sind.

378 Hat der Architekt keine Vertretungsmacht zur Beauftragung eines Sonderfachmanns, so haftet er im Falle von dessen Beauftragung im Namen des Bauherren als vollmachtsloser Vertreter.[1045] Häufig wird die vollmachtslose Beauftragung eines Sonderfachmanns von dem Bauherrn durch konkludentes Verhalten genehmigt, weil seine Leistungen etwa durch das Einreichen der Pläne oder deren Realisierung verwertet werden.[1046] (Zur Beauftragung des Tragwerksplaners durch den Architekten im eigenen Namen vgl. Rdn. 405 ff.).

b) Die Abnahme der Ingenieurleistungen

379 Hierfür kann weitgehend auf die Grundsätze, die zur Abnahme der Architektenleistungen dargestellt sind, zurückgegriffen werden (vgl. Rdn. 132 ff.). Da in der Praxis meist keine ausdrückliche Abnahme der Ingenieurleistungen erfolgt, stellt sich die Frage,

---

1041 Zur Abgrenzung zwischen Akquisition und konkludentem Vertragsschluss OLG Hamm NJW-RR 1998, 309.
1042 BGH BauR 2002, 1719 = NZBau 2002, 616; BGH BauR 2003, 1918 = NJW-RR 2003, 1454; *Werner* in *Werner/Pastor*, Rn. 2941.
1043 Vgl. BGH BauR 2003, 1918 = NJW-RR 2003, 1454; OLG Karlsruhe BauR 2002, 1884, das den Architekten nur dann nicht als Erfüllungsgehilfen ansieht, wenn der Bauherr nicht ausdrücklich gegenüber dem Fachingenieur die Verpflichtung übernommen hat, diesem Unterlagen für seine Planung zur Verfügung zu stellen.
1044 BauR 2009, 515 = NJW 2009, 575; vgl. auch BGH BauR 2013, 1468.
1045 *Werner* in *Werner/Pastor*, Rn. 1893.
1046 OLG Celle BauR 2000, 289.

wann von einer **konkludenten Abnahme** und somit einer Billigung als im Wesentlichen vertragsgerechter Leistung auszugehen ist. Eine Abnahme von Ingenieurleistungen liegt nicht schon in der Entgegennahme der vertraglich geschuldeten Leistung. Vielmehr ist eine Billigung erforderlich.[1047] Hat der Ingenieur lediglich einen Planungsauftrag, so ist die vertraglich geschuldete Leistung mit der Vorlage der im Wesentlichen mangelfreien Pläne erbracht. Darin liegt aber noch keine Billigung der Leistung. Diese muss dem Ingenieur gegenüber erkennbar zum Ausdruck gebracht werden.[1048] Eine Billigung liegt in der Regel in der Bezahlung der Schlussrechnung.[1049] Sie kann auch darin liegen, dass der Auftraggeber die Pläne entgegennimmt und nach einer angemessenen Prüfungsfrist nach Bezug des Gebäudes keine Mängel rügt.[1050] Ist der Ingenieur auch mit der Leistungsphase 9 beauftragt, wird die Schlussrechnung aber bereits nach der Leistungsphase 8 gestellt, liegt in der verfrühten Bezahlung in der Regel keine konkludente Abnahme, weil diese eine vollständige Fertigstellung des Werks voraussetzt.[1051] Der Lauf der Verjährungsfrist beginnt in diesen Fällen erst dann, wenn feststeht, dass der Fachingenieur keine Leistungen mehr zu erbringen hat. Der Architektenvertrag wandelt sich in diesem Zeitpunkt in ein Abwicklungsverhältnis um, sodass es für den Beginn der Verjährungsfrist keiner Abnahme mehr bedarf.[1052]

Schwierigkeiten bereitet die Festlegung des Abnahmezeitpunkts der von dem Ingenieur zu erbringenden Leistungen bei der Übertragung von Planungs- mit Überwachungsleistungen oder reinen Überwachungsleistungen. Auch nach Fertigstellung der baulichen Anlage sind noch weitere Leistungen, wie die Rechnungsprüfung oder die Kostenfeststellung, zu erbringen (vgl. z. B. Anlage 15 zu § 55 LPH 8). 380

c) **Mängelansprüche**

Hinsichtlich der Mängelansprüche bestehen keine Besonderheiten gegenüber der Haftung des Architekten, so dass zunächst auf die Ausführungen dazu verwiesen werden kann (Rdn. 157 ff.). Häufig scheidet eine Nacherfüllung aus, weil sich der Mangel bereits in dem Objekt verkörpert hat. sic Es kann jedoch auch Fälle geben, in denen nach begonnener Bauausführung Nacherfüllung verlangt werden kann, etwa dann, wenn ein Planungsfehler vor der Umsetzung erkannt wird oder wenn die Planung aus rechtlichen Gründen mangelhaft ist und durch eine baurechtliche Befreiung, die der Ingenieur be- 381

1047 *Locher*, Rn. 561; *Koeble* in Kniffka/Koeble, 12. Teil Rn. 687.
1048 BGH NJW 1975, 95 = BauR 1974, 67; a. A. OLG Dresden BauR 2007, 1599, dabei ist unklar, ob das OLG Dresden seine Auffassung, wonach die Abnahme mit der Erbringung der letzten Leistung erfolgt, nur aus einer abweichenden Klausel im Ingenieurvertrag herleitet; LG München I BauR 2009, 270.
1049 OLG Köln BauR 1991, 649; OLG Stuttgart BauR 2003, 1066; OLG München BauR 2009, 273; OLG Saarbrücken IBR 2012, 716,.
1050 BGH BauR 2010, 795 = NZBau 2010, 318.
1051 BGH BauR 2006, 396 = NJW-RR 2006, 303.
1052 OLG München NJW 2012, 3188 = NZBau 2012, 711; OLG Brandenburg NJW 2012, 2594 = NZBau 2012, 507.

Einleitung

antragt, nachträglich eine Genehmigung oder bauaufsichtsrechtliche Abnahme erreicht werden kann.[1053]

382 Ist die Planung des Ingenieurs mangelhaft, so haftet er, wenn dieser Mangel zu einem Mangel am Bauwerk führt – bei Vorliegen der übrigen Voraussetzungen –, nach § 280 Abs. 1 BGB auf Schadensersatz, wenn sich der Mangel bereits in dem Objekt realisiert hat. Das Setzen einer Nacherfüllungsfrist ist nicht erforderlich.[1054] Der Rücktritt hat nur dann Bedeutung, wenn sich die fehlerhafte Planung noch nicht in einem Bauwerksmangel niedergeschlagen hat. Dann ist auch die Planung rückabwicklungsfähig. Liegen die Voraussetzungen für einen Rücktritt vor, kommt auch eine Kündigung aus wichtigem Grund in Frage. Sind Einzelleistungen des Ingenieurs nicht oder nur unvollständig erbracht und führen diese mangelhaften Teilleistungen zu keinem Mangel am Bauwerk, so ist eine Minderung ebenso wie beim Architektenvertrag nur dann gegeben, wenn diese Teilleistungen als selbständiger Leistungserfolg geschuldet sind (vgl. dazu i. E. § 8 Rdn. 16 ff.).

383 Der Fachingenieur ist im Wesentlichen bezüglich seines Pflichtenkreises und seiner Haftung dem Architekten gleichgestellt.[1055] Dies betrifft auch die Pflichten im wirtschaftlichen Bereich. Auch er hat die wirtschaftlichen Interessen seines Auftraggebers zu beachten. Er muss auf die bestehenden wirtschaftlichen und finanziellen Vorgaben Rücksicht nehmen und die Baukosten möglichst genau ermitteln[1056].

d) Haftungsabgrenzung zum Architekten

384 Der Architekt und der Ingenieur können wegen desselben Bauwerksmangels gesamtschuldnerisch haften.[1057] Eine Mitverantwortlichkeit des Architekten für einen Planungsfehler des Ingenieurs ist aber nur gegeben, wenn der Architekt nach der Sachlage begründete Zweifel haben musste, ob der eingeschaltete Ingenieur die Aufgabenstellung bewältigen konnte oder bewältigt hat oder wenn der Architekt aufgrund seines Fachwissens den Fehler erkennen konnte.[1058] (Zur Haftungsabgrenzung zwischen Architekt und Statiker vgl. Rdn. 411 ff.). Eine Mitverantwortung des Architekten wird vor allem bei einem eklatanten Fehlverhalten des Ingenieurs anzunehmen sein (total falsche Berechnung des Energiebedarfs). Grundsätzlich kann sich der Architekt auf das Spezialwissen des Fachingenieurs verlassen, so etwa, dass ihm ein Vermessungsingenieur korrekte Daten für die Platzierung des Bauwerks gibt oder das Schnurgerüst rich-

---

1053 OLG Hamm MDR 1978, 226.
1054 OLG Hamm BauR 1992, 76; OLG Hamm BauR 2000, 293 = NJW-RR 1999, 1545.
1055 BGH BauR 1988, 734.
1056 *Fischer* in TWK, § 18 Rn. 91.
1057 BGH BauR 1971, 265; BGH BauR 2003, 1918 = NJW-RR 2003, 1454; *Glöckner* BauR 2005, 251, 268; *Soergel* BauR 2005, 239; 246.
1058 BGH BauR 1997, 488 (Baugrundgutachter) BGH BauR 2001, 823 = NZBau 2001, 270; BGH BauR 2003, 1918 = NZBau 2003, 567; OLG Düsseldorf NZBau 2006, 187 (Brandschutz); OLG Karlsruhe BauR 2007, 908 (Bodengeologe); OLG Düsseldorf NZBau 2014, 506 (Sonnenschutz, Bauphysik); *Koeble* in Kniffka/Koeble, 12. Teil Rn. 749.

tig einschneidet, sofern keine offenkundigen Fehler erkennbar sind. Der Architekt hat die Einmessung aber darauf selbstständig zu überprüfen, ob diese nach zutreffenden Vorgaben erfolgt ist und ob der Einmessplan mit der genehmigten Planung übereinstimmt.[1059]

e) Sekundärhaftung der Fachingenieure

Umstritten ist die Frage, ob ein umfassend beauftragter Ingenieur zur Aufklärung auch über selbst zu verantwortende Mängel verpflichtet ist und sich daraus eine Sekundärhaftung des Fachingenieurs ergeben kann. Während der BGH dies für den Architekten in ständiger Rechtsprechung bejaht (vgl. Rdn. 232), wird dies für den Tragwerksplaner abgelehnt.[1060] Begründet wird die Sekundärhaftung mit der umfassenden Beauftragung des Architekten und seiner sich daraus ergebenden zentralen Sachwalterstellung bei der Planung und Durchführung des Bauvorhabens. Da der Architekt auch nach Fertigstellung des Bauvorhabens der primäre Ansprechpartner des Bestellers ist, bestehen auch Sachwalterpflichten bei der Durchsetzung der Ansprüche gegen die anderen am Bau Beteiligten. Dem Tragwerksplaner kommt eine vergleichbare zentrale Stellung nicht zu. Seine Aufgaben beschränken sich nur auf Teile der Planung und in der Regel nicht auf die Überwachung. Er ist weder bei der Durchführung noch nach der Fertigstellung des Bauvorhabens primärer Ansprechpartner des Bauherrn.

385

Problematisch ist die Anwendung dieser Grundsätze auf eine **Sekundärhaftung des Fachingenieurs.** Dieser ist zwar nicht primärer Ansprechpartner des Bauherrn in Bezug auf das Bauvorhaben, wohl aber im Falle einer umfassenden Beauftragung mit den Leistungsphasen 1–9 des § 55 Abs. 1 für die ihm übertragenen Fachingenieurleistungen (z. B. Elektroplanung). Auch er hat – soweit die gesamten Leistungsbilder der HOAI zum Vertragsgegenstand gemacht wurden – bezogen auf die übertragenen Fachingenieurleistungen dem Architekten vergleichbare Leistungen zu erbringen. Dies betrifft im Gegensatz zum Tragwerksplaner insbesondere Leistungen im Zusammenhang mit der Mängelfeststellung bei und nach der Abnahme (§ 55 Abs. 1 Leistungsphasen 8 und 9). Gerade bei der Mängelfeststellung und Mängelbeseitigung der seine Fachingenieurleistungen betreffenden Gewerke kommt dem Ingenieur somit eine dem Architekten vergleichbare Sachwalterstellung zu. Es ist deshalb naheliegend, im Falle einer umfassenden Beauftragung des Fachingenieurs Aufklärungspflichten über eigene Fehler zu bejahen, deren Verletzung zu einer Sekundärhaftung führt.[1061] Der BGH[1062] hat dagegen eine Sachwalterstellung des Sonderfachmanns als Voraussetzung für eine Sekundärhaftung mit der Begründung verneint, dass Sonderfachleute keine dem Architekten vergleichbare zentrale Stellung bei der Planung und Durchführung des Bau-

386

1059 OLG Nürnberg NZBau 2005, 701; OLG Köln IBR 2014, 490.
1060 BauR 2002, 108 = NJW 2002, 288; a. A. OLG Bamberg BauR 2005, 1729, dem das Urteil des BGH offensichtlich unbekannt war.
1061 OLG Karlsruhe, BauR 2005, 893, 896 a. A. *Koeble* in Kniffka/Koeble, 12. Teil Rn. 827; *v. Rintelen* NZBau 2008, 209.
1062 BGH BauR 2011, 1840 = NZBau 2011, 691.

Einleitung

werks einnehmen und deshalb auch nicht primärer Ansprechpartner des Bauherrn für das Bauvorhaben als Ganzes sind.

f) Maßgeblicher Zeitpunkt für das Vorliegen eines Mangels

387 Die Abnahme ist der maßgebliche Zeitpunkt für die Beurteilung der anerkannten Regeln der Technik (vgl. Einl. Rdn. 160).[1063] Auch bei Beachtung der anerkannten Regeln der Technik kann ein Mangel i. S. d. § 633 BGB vorliegen, wenn die Leistung nicht zur Entstehung eines mängelfreien zweckgerichteten Werks führt und die vereinbarte Beschaffenheit deshalb nicht eingehalten wird.[1064] Dann bestehen zumindest verschuldensunabhängige Mängelansprüche.

g) Die Verjährung von Mängelansprüchen

388 Die gegen den Sonderfachmann geltend gemachten Mängelansprüche verjähren nach § 634a Abs. 1 Nr. 2 BGB in 5 Jahren nach der Abnahme (vgl. dazu Rdn. 379),[1065] unabhängig davon, ob der Ingenieur vom Auftraggeber selbst oder vom Architekten in fremdem oder in eigenem Namen beauftragt wurde.[1066] Dienen die Leistungen des Ingenieurs nicht der Durchführung von Bau- bzw. Erneuerungsarbeiten, sondern wie bei Vermessungsleistungen nur der planmäßigen Erfassung eines Leitungsnetzes zum Zwecke der Durchführung zukünftiger Erhaltungsmaßnahmen, gilt die zweijährige Verjährungsfrist des § 634a Abs. 1 Nr. 1 BGB.[1067] Für die fünfjährige Verjährungsfrist fehlt es in diesen Fällen an der Bauwerksbezogenheit. Eine formularmäßige Verkürzung der Verjährungsfrist in einem Ingenieurvertrag verstößt auch im kaufmännischen Verkehr gegen § 307 BGB. Sie ist deshalb unwirksam.[1068] Nach der hier vertretenen Auffassung kann sich eine weitere Verlängerung der Verjährungsfrist nach den Grundsätzen der Sekundärhaftung ergeben (vgl. Rdn. 386).

37. Die Haftung für die in die HOAI aufgenommenen Ingenieurleistungen im Einzelnen

389 **Vermessungsingenieur:**

390 Der Vermessungsingenieur ist nach der bisherigen Rspr.[1069] kein Erfüllungsgehilfe des Bauherrn im Verhältnis zum Architekten.[1070] Er haftet insbesondere für richtiges Ein-

---

1063 BGH BauR 1998, 872 = NJW 1998, 2814; OLG Hamm BauR 1990, 104; KG NJW-RR 2001, 1385 = NZBau 2002, 160; vgl. i. E. Rdn. 160.
1064 BGH BauR 1985, 567 für die Planung des Heizungsingenieurs, die zu Korrosionsschäden führt; OLG Hamm BauR 2003, 567; *Werner* in *Werner/Pastor*, Rn. 1994.
1065 BGH NJW 1967, 2259.
1066 OLG München NJW 1974, 2238 m. Anm. *Ganten..*
1067 OLG Köln BauR 2010, 1089.
1068 BGH BauR 1999, 670 = ZfBR 1999, 187; BGH BauR 2014, 127 = NZBau 2014, 47.
1069 Vgl. aber BGH BauR 2009, 515 = NJW 2009, 575.
1070 OLG Hamm BauR 2000, 1361.

Einleitung

messen im Rahmen der Bauvermessung.[1071] Dabei hat er vor dem Ausflocken der Baugrube und dem Einschneiden des Schnurgerüsts die aktuellen Grundstücksgrenzen zu ermitteln.[1072] Die Einmessung einer 4m von der Grundstücksgrenze geplanten, diesen Abstand aber deutlich unterschreitenden Lagerhalle ist unabhängig davon mangelhaft, ob der nach öffentlichem Recht einzuhaltende Grenzabstand 4m oder 3m betrug.[1073] In besonderen Fällen, in denen infolge von Höhenunterschieden die Sichtmöglichkeiten eingeschränkt sind, muss der Vermessungsingenieur erkennen, dass der diagonale Verlauf des Schnurgerüstes möglicherweise nicht erkannt wird. Er hätte deshalb den ausführenden Bauunternehmer darauf hinweisen müssen, dass ein Eckschnurgerüst nicht angebracht worden war.[1074] Der mit der Berechnung der Abstandsflächen beauftragte Vermessungsingenieur ist nicht zur baurechtlichen Überprüfung der Zulässigkeit des sog. Schmalseitenprivilegs verpflichtet. Dies ist Aufgabe des für die Genehmigungsfähigkeit der Planung verantwortlichen Architekten.[1075] Der Vermessungsingenieur haftet nicht für fehlerhafte Unterlagen des Katasteramts, wenn bei ihm keine Anhaltspunkte für die Fehlerhaftigkeit vorliegen.[1076]

Elektroingenieur: 391

Der Elektroingenieur hat, will er Schadensersatzansprüche vermeiden, Beleuchtungskörper unmissverständlich und den anerkannten Regeln der Technik entsprechend auszuschreiben.[1077] 392

Heizungsingenieur: 393

Die Projektierung einschließlich der Wärmebedarfsberechnung muss den Bedürfnissen des Auftraggebers angepasst sein und den anerkannten Regeln der Technik entsprechen.[1078] 394

Baugrundgutachter: 395

Der Umfang der für ein Baugrundgutachten erforderlichen Untersuchungen hängt auch davon ab, inwieweit der Baugrund durch geologische Baugrundkarten und örtliche Erfahrungen als bekannt angenommen werden kann. Der Baugrundgutachter muss bei der Prüfung, in welcher Tiefe ein Nachbargebäude zu unterfangen ist, sich über die örtlichen Kenntnisse in Form von Karten, Plänen, der statischen Berechnung sowie der Baubeschreibung informieren.[1079] Der Baugrundgutachter hat sich auch 396

1071 BGH BauR 1972, 255; OLG Nürnberg NZBau 2005, 701; OLG Stuttgart BauR 2013, 2047; OLG Köln IBR 2014, 490.
1072 OLG Stuttgart BauR 2013, 2047.
1073 OLG Düsseldorf BauR 1994, 174.
1074 OLG Hamm BauR 1992, 78.
1075 OLG Hamm BauR 1999, 1204.
1076 OLG Hamm NZBau 2006, 788.
1077 OLG Hamm BauR 1990, 104; vgl. ferner BGH NJW 1979, 214.
1078 Vgl. BGH BauR 1985, 567; OLG München NJW 1974, 2238 m. Anm. *Ganten* NJW 1975, 391; OLG Celle BauR 2007, 2103.
1079 OLG Düsseldorf IBR 2003, 148.

Einleitung

über die Wasserstände zu informieren und den Auftraggeber auf drückendes Wasser und sich daraus ergebende Abdichtungsmaßnahmen hinzuweisen.[1080] Er hat sich gegebenenfalls beim zuständigen Amt zu erkundigen, ob ein bereits 25 Jahre alter Grundwassergleichenplan noch den aktuellen Werten entspricht.[1081] Insbesondere darf er sich nicht darauf verlassen, dass ihn der Auftraggeber von sich aus auf alle wesentlichen Punkte der Boden- und Grundwasserverhältnisse hinweist.[1082] Der Baugrundgutachter hat in Zweifelsfällen eine Standsicherheitsberechnung vorzunehmen, um auszuschließen, dass unter Berücksichtigung der Bodenkennwerte die Grundbruchsicherheit nicht den erforderlichen Wert erreicht.[1083] Er hat den Auftraggeber bei schwierigen Bodenverhältnissen auch darauf hinzuweisen, dass er vor Ausführung der Gründung noch einmal vor Ort zur Beurteilung der Gründungsmaßnahme hinzugezogen werden muss.[1084]

397 **Der Ingenieur für Siedlungswasserbau:**

398 Der Ingenieur für Siedlungswasserbau, der mit Mengenberechnungen und Kostenanschlag, Ausführungsplanung, Oberleitung der Bauausführung und örtlicher Bauleitung beauftragt ist, haftet nicht, wenn es an den Beckenlängswänden eines Regenüberlaufbeckens aufgrund von Temperaturunterschieden und des dadurch bedingten Belastungszustands zu Rissen gekommen ist, weil bei der statischen Konstruktion keine ausreichende Bewehrung vorgesehen wurde.[1085]

38. Rechtsfragen der Tragwerksplanung

399 **Der Vertrag über die Tragwerksplanung (Statikervertrag)**

400 Der Tragwerksplaner hat konstruktive und rechnerische Aufgaben. Er hat die vom Architekten vorgegebene Planung in konstruktiver Hinsicht umzusetzen. Der Architekt hat die Konsequenzen aus der Tragwerksplanung in der Objektplanung umzusetzen. Er muss im Rahmen der Architektenpläne die Konstruktionsart und -stärken der tragenden Teile berechnen und so festlegen, dass die Standsicherheit des Gebäudes gewahrt wird. Seine Konstruktion hat er im konstruktiven Entwurf, in den Schal-, Bewehrungs-, Stahlbau- und Holzkonstruktionsplänen niederzulegen, die mit den Berechnungsgrundlagen übereinstimmen müssen. Die Berechnungen des Tragwerksplaners sind übersichtlich und leicht prüfbar festzuhalten. Dasselbe gilt auch für die Aufstellung der Material- und Eignungsnachweise. Der Tragwerksplaner hat darauf zu achten, dass er die Genehmigung des von der Behörde bestellten Prüfstatikers erhält und die Statik bei späteren Überprüfungen frei von begründeten Beanstandungen bleibt.[1086]

1080 BGH BauR 2003, 1918 = NZBau 2003, 567.
1081 OLG Köln BauR 1992, 804; vgl. BGH NJW 1979, 214; OLG Stuttgart BauR 1996, 749.
1082 OLG Köln BauR 1998, 812 = NJW-RR 1998, 1320; für Hydrogeologen: BGH NJW-RR 1992, 1078; OLG Köln BauR 1999, 429.
1083 OLG Celle BauR 2006, 402.
1084 OLG Karlsruhe BauR 2007, 908.
1085 OLG Nürnberg BauR 1990, 492.
1086 OLG Stuttgart BauR 1973, 64.

Einleitung

Der Vertrag über die Tragwerksplanung ist in der Regel als Werkvertrag zu qualifizieren.[1087] Ist der Tragwerksplaner jedoch nur beratend tätig, kann Dienstvertragsrecht vorliegen.   401

a) Die Sicherungshypothek des Tragwerksplaners

Aus der werkvertraglichen Qualifizierung ergibt sich, dass der Statiker »Unternehmer eines Bauwerks« ist, soweit seine geistige Leistung sich im Bauwerk oder in einem Teil desselben verkörpert. Er hat deshalb in diesen Fällen das Recht, zur Sicherung seines Vergütungsanspruchs die Eintragung einer Sicherungshypothek gemäß § 648 BGB oder einer entsprechenden Vormerkung zu verlangen.[1088] Wie die Leistung des Architekten realisiert sich auch diejenige des Tragwerksplaners im Bauwerk, wenn dieses nach der Statik gebaut wird.   402

b) Die Beauftragung des Tragwerksplaners

Ein Tragwerksplaner kann vom Auftraggeber selbst oder vom Architekten oder im Namen des Auftraggebers durch den Architekten beauftragt werden. Schließt der Auftraggeber einen Vertrag mit einem Tragwerksplaner ab, dann ist dieser nach der früheren Rechtsprechung nicht **Erfüllungsgehilfe** des Auftraggebers gegenüber dem Architekten.[1089] Diese Rechtsprechung ist nach dem Glasfassadenurteil[1090] auch im Verhältnis zwischen Architekt und Statiker nicht mehr aufrecht zu halten (vgl. Rdn. 219). So hat der BGH inzwischen seine Auffassung, wonach der Architekt nicht Erfüllungsgehilfe des Bauherrn im Verhältnis zum Statiker ist, aufgegeben und klargestellt, dass den Auftraggeber die **Obliegenheit** trifft, dem Tragwerksplaner Pläne mit den bei seiner Statik zu berücksichtigenden Boden- und Grundwasserverhältnissen zur Verfügung zu stellen. Erfolgt dies durch den planenden Architekten, ist dieser Erfüllungsgehilfe des Bauherrn.[1091] Da der Tragwerksplaner für seine Leistungen immer planerische Vorgaben des Architekten benötigt, ist letzterer regelmäßig Erfüllungsgehilfe des Bauherrn.   403

Beauftragt der Architekt einen Tragwerksplaner im Namen des Auftraggebers, so muss geprüft werden, ob diese Beauftragung durch die **Architektenvollmacht** gedeckt ist. Wurde keine ausdrückliche Vereinbarung getroffen, so ist der Architekt alleine aus   404

1087 BGHZ 48, 257; BGH BauR 1972, 180; BGH BauR 2010, 795 = NZBau 2010, 318; BGH BauR 2013, 1468 = NZBau 2013, 519; *Locher*, Rn. 560.
1088 BGHZ 48, 257 für Bauingenieure; MünchKomm-*Busche*, § 648 Rn. 14; *Groß*, Bauhandwerkersicherungshypothek, S. 31.
1089 BGH BauR 2002, 1719 = NZBau 2002, 616; *Schmalzl*, FS Locher, S. 225 ff.; *Koeble* in Kniffka/Koeble, 12. Teil Rn. 750, *Motzke/Preussner/Kehrberg/Kesselring*, C Rn. 69; a. A. OLG Düsseldorf BauR 2001, 277; OLG Köln BauR 1987, 460; OLG Frankfurt NJW-RR 1990, 1496.
1090 BGH BauR 2009, 515 = NJW 2009, 575; a. A. OLG Hamm BauR 2010, 1981 = NZBau 2011, 48.
1091 BGH BauR 2013, 1468 = NZBau 2013, 519; vgl. auch OLG Köln NJW 2016, 2430; *Koeble* in Kniffka/Koeble, 12. Teil Rn. 750; *Schlemmer*, FS Jochem S. 285, 299 ff.

Einleitung

dem Architektenvertrag nicht zur Beauftragung eines Statikers bevollmächtigt (vgl. dazu i. E. Rdn. 114 ff.).

405 Von der Frage, ob die Vertretungsmacht des Architekten für die Beauftragung eines Tragwerksplaners ausreicht, ist die Frage zu unterscheiden, ob der Architekt den Vertrag mit dem Statiker erkennbar als Vertreter des Auftraggebers schließt. Geschieht dies nicht, so bleibt es bei der Regelung des § 164 Abs. 2 BGB. Der Architekt kann den Statiker im eigenen oder im Namen des Bauherrn beauftragen. Er kann auch durch schlüssiges Verhalten zum Ausdruck bringen, dass er in fremdem Namen handelt. So kann er etwa den Statiker beauftragen, die Tragwerksplanung für ein bestimmtes gebietsmäßig bezeichnetes Bauvorhaben (»Gewand Ringelbach«) zu erstellen. Der Statiker kann in der Regel nicht davon ausgehen, dass der Architekt Aufträge im eigenen Namen erteilen will. Vielmehr wird der Architekt ohne besondere Umstände den Vertrag im Namen des Bauherrn abschließen wollen, sodass hier ein Handeln in fremdem Namen vorliegen kann, auch wenn dies nicht ausdrücklich erklärt wird.[1092] Zu beachten ist aber weiter, dass der Architekt auch als Generalplaner tätig sein und Ingenieurleistungen an den Statiker als Subplaner vergeben kann (vgl. Rdn. 424 ff.). Es besteht deshalb keine uneingeschränkte Vermutung für ein Handeln in fremdem Namen.[1093] Deshalb ist gerade bei der Beauftragung des Statikers aber auch von anderen Fachingenieuren durch den Architekten genau zu prüfen, ob hier die Umstände im Einzelfall für eine Beauftragung im Namen des Bauherrn sprechen.

406 Beauftragt der Architekt einen Tragwerksplaner im eigenen Namen, ohne die Statik zu schulden, und ist diese mangelhaft, stellt sich die Frage, ob dem Bauherrn Schadensersatzansprüche gegen den Statiker zustehen, mit dem er in keiner unmittelbaren vertraglichen Beziehung steht. Eine Haftung des Architekten, der ja die Statik oder die Leistung eines anderen Sonderfachmanns nicht schuldet, besteht gegenüber dem Bauherrn nur dann, wenn der Fehler auf seinen unzureichenden Vorgaben beruht, er einen unzuverlässigen Sachverständigen ausgewählt hat oder wenn die Fehler mit den von einem Architekten zu erwartenden Kenntnissen erkennbar waren.[1094] Man wird in diesem Falle im Wege der Schadensliquidation im Drittinteresse dem Auftraggeber solche Ansprüche gegen den Statiker zubilligen müssen.

407 Ist die Beauftragung des Statikers nicht von der Vertretungsmacht des Architekten umfasst, kann in der Vorlage der Statik beim Prüfstatiker oder in der Durchführung des Bauvorhabens unter Verwendung der Statik eine Genehmigung des Vertrags durch den Bauherrn nach § 177 Abs. 1 BGB liegen.[1095] Ansonsten bestehen bei Durchfüh-

---

1092 OLG Köln BauR 1996, 254 = NJW-RR 1996, 212; OLG Brandenburg BauR 2002, 476 = NJW-RR 2002, 1099; *Koeble* in Kniffka/Koeble, 12. Teil Rn. 125; vgl. aber BGH BauR 2007, 574 = NJW-RR 2007, 529, wonach alleine die Tatsache, dass eine schriftliche Beauftragung die Berufsbezeichnung »Architekt« enthält, für eine Vertreterstellung nicht ausreichend ist.
1093 Vgl. OLG Köln BauR 1986, 717; *Werner* in *Werner/Pastor*, Rn. 1335.
1094 Zur Haftung des Architekten: BGH BauR 1997, 488.
1095 OLG Celle BauR 2000, 289.

rung des Bauvorhabens Ansprüche des Statikers nach den §§ 677, 683, 670 BGB oder nach § 812 Abs. 1 S. 1 BGB in Höhe der Mindestsätze der HOAI gegen den Bauherrn. Der Statiker kann ohne Genehmigung durch den Bauherrn auch den Architekten nach § 179 Abs. 1 BGB als Vertreter ohne Vertretungsmacht in Anspruch nehmen, es sei denn, er habe den Mangel der Architektenvollmacht gekannt oder kennen müssen (§ 179 Abs. 3 BGB). Den Statiker trifft in solchen Fällen aber in aller Regel keine Erkundigungspflicht. Nur dann hat er sich über Grenzen und Umfang der Vollmacht des Architekten zu vergewissern, wenn sich ihm begründete Zweifel an dessen Bevollmächtigung aufdrängen mussten.[1096]

c) Die Haftung des Tragwerksplaners

408 Eine statische Berechnung kann hinsichtlich der konstruktiven Lösung oder der Berechnung, aber auch aus wirtschaftlichen Gründen fehlerhaft sein, etwa weil sie unnötig umfangreiche Fundamente vorsieht oder die Planung überdimensioniert ist.[1097] Entscheidend kommt es auf eine Abweichung von der vereinbarten Beschaffenheit an, welche sich auch aus der Funktion des Werks ergibt. Diese besteht in erster Linie darin, die Standfestigkeit des zu errichtenden Gebäudes zu gewährleisten.[1098] Der vorhandene Baugrund und seine Tragfähigkeit sind dabei zu berücksichtigen[1099]. Ein Mangel liegt auch dann vor, wenn der Statiker es unterlässt, bei seinen Baukontrollen auf die Verletzung seiner Planungsvorgaben hinzuweisen.[1100] Hinweispflichten im Hinblick auf die Gebrauchsfähigkeit, soweit sie mit der Konstruktion zusammenhängen, dürfen jedoch nicht überzogen werden. Der Statiker ist zwar verpflichtet, schon im Rahmen der Leistungsphase 2 der Anlage 14 zu § 51 HOAI die vorhandene Bausubstanz bei einer Aufstockung zu überprüfen und gegebenenfalls auf statische Bedenken aufmerksam zu machen,[1101] er muss aber nicht darauf hinweisen, dass rissgefährdete Wände zu vermeiden sind.[1102] Der Statiker hat ebenso wie der Architekt dem ausführenden Unternehmer besonders schadensträchtige Details in einer jedes Risiko auszuschließenden Weise zu verdeutlichen.[1103] Dieser hat ausnahmsweise die richtige Ausführung seiner Pläne zu überwachen, sofern die ihm nach der HOAI als Besondere Leistung eingestufte Mitwirkung bei der Überwachung übertragen wurde.[1104]

409 Bereits im Rahmen der Grundlagenermittlung hat der Statiker standortbezogene Einflüsse unter Berücksichtigung der Bodenverhältnisse zu klären. Bestehen Zweifel an der

---

1096 BGH NJW-RR 1987, 307; BGH NJW-RR 2005, 268; *Fischer* in TWK, § 18 Rn. 22.
1097 BGH BauR 2009, 1611 = NJW 2009, 2947; zur Abgrenzung zum Aufgabenbereich des Prüfstatikers vgl. Rdn. 418.
1098 BGH BauR 2013, 1468 = NZBau 2013, 519; OLG Naumburg BauR 2014, 1813 = NJW-RR 2014, 1299; *Fischer* in TWK, § 18 Rn. 94.
1099 BGH BauR 2013, 1468 = NZBau 2013, 519.
1100 OLG Hamm NJW-RR 1990, 915.
1101 OLG Düsseldorf BauR 1997, 685.
1102 OLG Hamm NJW-RR 1992, 1302.
1103 OLG Naumburg BauR 2014, 1813 = NJW-RR 2014, 1299.
1104 OLG Karlsruhe MDR 1971, 45; OLG München VersR 1977, 380.

Einleitung

Standsicherheit, hat er diese mit dem Auftraggeber zu erörtern und dessen eigenverantwortliche Entscheidung herbeizuführen. Zumindest hat er für eine sachgerechte Beratung durch andere Planer oder Fachingenieure zu sorgen.[1105] Der Statiker ist nicht verpflichtet, eine **Baugrunduntersuchung** zu veranlassen. Dies ist Aufgabe des Architekten. Es ist ausreichend, wenn er seinen Berechnungen eine angenommene Bodenpressung oder sonstige Annahmen zur Tragfähigkeit zugrunde legt und den Architekten darauf ausdrücklich hinweist, dass die Zulässigkeit dieser Annahme vor Baubeginn zu überprüfen ist.[1106] Eine Haftung kann aber dann bestehen, wenn seine Annahme fragwürdig ist und er den Auftraggeber nicht darauf hinweist oder wenn ihm später – etwa bei einer Besichtigung der Baugrube – Zweifel an der Richtigkeit seiner Annahme aufkommen müssen und er diese trotzdem ohne weitere Überprüfung seiner Berechnung zugrunde legt.[1107] Beteiligt sich der Statiker am Entwurf der konstruktiven Verbindung nicht tragender mit tragenden Teilen,[1108] so muss er Wirkungen der Statik beachten.[1109] Übernimmt ein Fassadenhersteller den **Standsicherheitsnachweis** der Fassadenkonstruktion, wird dadurch die Haftung des Statikers bezüglich der Tragfähigkeit der zur Befestigung der Fassade dienenden Ausfachung nicht berührt.[1110] Ebenso hat er die Vorgaben der Architektenpläne zu beachten und darf etwa keine darin eingezeichneten Säulen in einer Tiefgarage versetzen.[1111]

410 Nach fehlerhafter Berechnung der Statik kann der Statiker nicht verlangen, dass der Geschädigte auf einen Architekten und einen Prüfingenieur verzichtet und die nochmaligen Dienste des den Fehler verursachenden Statikers in Anspruch nimmt.[1112] Sobald sich der Fehler in dem Bauwerk verkörpert hat, steht dem Auftraggeber sofort ein Schadensersatzanspruch nach § 280 BGB zu (vgl. Rdn. 382).

411 Die **Haftungsabgrenzung zwischen Statiker und Architekt** bereitet in der Praxis erhebliche Schwierigkeiten. Der Architekt haftet grundsätzlich dem Auftraggeber nicht für die Richtigkeit der statischen Berechnung, sondern kann sich darauf verlassen, dass der Sonderfachmann ihn auf etwaige Bedenken hinweist, die in konstruktiver Hinsicht gegen die geplante Ausführung sprechen.[1113] Der Architekt ist nicht verpflichtet, die Berechnungen des Tragwerksplaners im Einzelnen nachzuprüfen,[1114] wie umgekehrt der

---

1105 BGH BauR 2013, 1472 = NZBau 2013, 515; BGH BauR 1971, 265.
1106 BGH BauR 1971, 265; BGH BauR 2013, 1468 = NZBau 2013, 519; OLG Koblenz BauR 2005, 422; OLG Karlsruhe BauR 2007, 1911; vgl. *Schlemmer*, FS Jochem S. 285, 290 f.
1107 BGH BauR 2013, 1468 = NZBau 2013, 519; OLG Karlsruhe BauR 2007, 1911; vgl. Rdn. 412.
1108 Kragplatten starr verbundener Fassadenteile.
1109 OLG Düsseldorf BauR 1994, 395.
1110 OLG Düsseldorf BauR 2002, 506.
1111 OLG Hamm BauR 2000, 293 = NJW-RR 1999, 1545.
1112 OLG Hamm NJW-RR 1993, 1044.
1113 BGH VersR 1967, 260.
1114 BGH BauR 1971, 265; BGH BauR 2003, 1247 = NZBau 2003, 501; OLG Hamm BauR 2000, 293; OLG Stuttgart BauR 2009, 846.

Einleitung

Tragwerksplaner die Pläne des Architekten auch nicht überprüfen muss.[1115] Er darf diesem aber auch nicht blindlings vertrauen. So muss er bei handgreiflichen Fehlern, die sich ihm aufdrängen müssen, eingreifen.[1116] In jedem Fall muss der Architekt die statische Berechnung daraufhin überprüfen, ob der Tragwerksplaner von den örtlichen Gegebenheiten und der richtigen Bodenbeschaffenheit ausgegangen ist[1117] und ob er auch die in den Leistungsbereich des Architekten fallenden Pläne seinen Berechnungen tatsächlich zugrunde gelegt hat.[1118] Umgekehrt muss der Tragwerksplaner aufgrund seines Spezialwissens den Architekten auf Bedenken gegen die Ausführung hinweisen und diesen ggf. auch auf das Erfordernis von weiteren Untersuchungen hinweisen.[1119] Wird der Architekt mit der Objektüberwachung beauftragt, so kann er sich schadensersatzpflichtig machen, wenn er gebotene Maßnahmen hinsichtlich des Einsturzes einer Dachkonstruktion nicht ergriffen hat.[1120] Ihm kann auch die Verpflichtung obliegen, die Verankerung eines Daches zu prüfen, ungeachtet etwaiger von ihm nicht erkannter Fehler in der statischen Berechnung.[1121] Er muss feststellen, ob die planerisch vorgesehene Bewehrung eingebracht ist, nicht jedoch prüfen, ob diese in statisch konstruktiver Hinsicht in Ordnung ist.

Berührungspunkte zwischen den Aufgaben des Tragwerksplaners und denen des Architekten bestehen vor allem hinsichtlich der **Überprüfung von Bodenverhältnissen**, wobei hier primär der Architekt oder der Baugrundgutachter die Verantwortung trägt.[1122] Es hängt vom Einzelfall ab, ob der Tragwerksplaner sich darauf verlassen kann, dass der Architekt die Baugrundverhältnisse tatsächlich untersuchen ließ oder ob er ausnahmsweise besonderen Anlass hat, von sich aus die Baugrundverhältnisse zu überprüfen[1123] oder sich zu vergewissern, dass eine Untersuchung stattgefunden hat.[1124] Grundsätzlich wird man davon ausgehen müssen, dass es nicht Aufgabe des Statikers ist, die Bodenbeschaffenheit, die ihm vom Architekten mitgeteilt wurde, zu überprüfen. Es ist im Einzelfall Tatfrage, ob der Statiker von sich aus Bodenuntersuchungen veranlassen muss, wenn sie ihm vom Architekten nicht zur Verfügung gestellt werden und er deren Notwendigkeit erkennen muss.[1125] Zumindest darf er in einem solchen Fall die Statik

412

1115 OLG Köln BauR 1986, 714 = NJW-RR 1986, 183; OLG Köln BauR 1988, 241.
1116 BGH BauR 2003, 1247 = NZBau 2003, 501; OLG Stuttgart BauR 1975, 432; OLG Hamm BauR 2000, 293; OLG Hamm BauR 2011, 1687 = NJW 2011, 316; *Koeble* in Kniffka/Koeble, 12. Teil Rn. 749 f.; *Motzke/Preussner/Kehrberg/Kesselring*, C Rn. 57 ff.
1117 Vgl. hierzu i. E. BGH BauR 1971, 265; *Schlemmer*, FS Jochem S. 285, 293.
1118 Vgl. OLG Oldenburg VersR 1981, 541; *Gautier/Zerhusen* BauR 2015, 410, 419.
1119 BGH BauR 2013, 1472 = NZBau 2013, 515.
1120 BGH VersR 1964, 1250.
1121 BGH BauR 1970, 62.
1122 Vgl. OLG Koblenz BauR 2005, 422; OLG Rostock IBR 2005, 225; OLG Karlsruhe BauR 2007, 1911.
1123 Vgl. OLG Stuttgart BauR 1973, 124; OLG Koblenz BauR 2005, 422 = IBR 2004, 705; OLG Karlsruhe BauR 2008, 1027.
1124 OLG Düsseldorf NZBau 2000, 526.
1125 BGH BauR 1971, 265.

nicht ohne Kenntnis von den tatsächlichen Verhältnissen erstellen.[1126] Besteht aber kein Anlass, von einem problematischen Baugrund auszugehen, ist es ausreichend, dass der Statiker seiner Berechnung ohne vorherige Baugrunduntersuchung realistische Werte zugrunde legt und darauf sowie das Erfordernis einer Überprüfung hinweist (vgl. Rdn. 409).

413 **Abgrenzungsschwierigkeiten** hinsichtlich der Verantwortlichkeit zwischen Architekt und Tragwerksplaner bei größeren Bauvorhaben, aber auch zwischen Architekt, Tragwerksplaner, Bodenmechaniker und Bauphysiker, ergeben sich auch bei der Anlegung von **Dehnungsfugen**. In der Rechtsprechung und der Literatur ist es streitig, ob der Architekt oder der Tragwerksplaner die Verantwortung für die Planung von Dehnungsfugen trägt. Teilweise wird diese ausschließlich dem Architekten auferlegt.[1127] Nach der herrschenden Meinung[1128] liegt die Verantwortung für das Anlegen von Dehnungsfugen in erster Linie bei dem Tragwerksplaner. Diesen trifft aber in der Regel nicht die alleinige Verantwortung, weil bei der Planung von Dehnfugen kein Spezialwissen des Statikers erforderlich ist. Die dafür erforderlichen Kenntnisse gehören vielmehr auch zum Fachwissen eines jeden Architekten. Deshalb sind sowohl der Architekt als auch der Statiker verpflichtet, die Notwendigkeit von Dehnfugen zu erkennen und diese dann planerisch umzusetzen.[1129] Dies gilt insbesondere für das Anlegen von Dehnfugen wegen der thermisch bedingten Bewegung von unterschiedlichen Baumaterialien.[1130]

414 **Wärmedämmmaßnahmen** bei tragenden Teilen sind vom Statiker und nicht vom Architekten vorzusehen.[1131] Dagegen ist der Statiker nicht für die Ausführung des **Brandschutzes** verantwortlich. Führt die Umsetzung seiner Planung zu einer Durchdringung der Brandschutzwand, liegt ein Planungsfehler des Architekten vor. Der Statiker hat sich nur mit den Möglichkeiten der Realisierung in statischer Hinsicht zu befassen. Seine Aufgabe besteht lediglich darin, statische Berechnungen, ggf. auch Alternativvorschläge, dem Architekten vorzuschlagen. Dieser hat dann zusammen mit dem Bauherren über die tatsächliche Umsetzung der aufgezeigten Möglichkeiten zu entscheiden und zu prüfen wie die statische Planung mit den Wünschen des Bauherren und den Brandschutzvorschriften in Übereinstimmung gebracht werden kann.[1132]

415 Sind sowohl der Tragwerksplaner wie der Architekt für einen Schaden verantwortlich, so haften beide als **Gesamtschuldner** gemäß § 426 BGB (vgl. Rdn. 219).[1133] Dies vor

---

1126 BGH BauR 2013, 1472 Rn. 44 = NZBau 2013, 519; *Schlemmer*, FS Jochem S. 285, 286 ff.; *Fischer* in TWK, § 18 Rn. 95.
1127 OLG Karlsruhe MDR 1969, 49.
1128 BGH BauR 1971, 267; OLG Stuttgart BauR 1973, 41; OLG Köln BauR 1988, 245; OLG Nürnberg BauR 1990, 492; OLG Düsseldorf BauR 2001, 1468 = NJW-RR 2001, 739; OLG Naumburg IBR 2015, 495.
1129 OLG Düsseldorf BauR 1973, 252; KG IBR 2006, 509.
1130 OLG Düsseldorf BauR 2007, 1914.
1131 OLG Köln BauR 1987, 460; OLG Frankfurt BauR 1991, 785.
1132 OLG Celle BauR 2013, 2036.
1133 BGH BauR 1971, 269; BGH BauR 2003, 1918 = NJW-RR 2003, 1454; OLG Karlsruhe BauR 2008, 1027; *Soergel* BauR 2005, 239, 245; *Glöckner* BauR 2005, 251, 268.

allem dann, wenn die Pläne des Statikers unrichtig sind und der Architekt diese trotz offensichtlicher Mangelhaftigkeit nicht beanstandet hat oder bei Übertragung der ingenieurtechnischen Überwachung an den Statiker der Architekt offensichtliche Abweichungen von den Plänen nicht bemerkt hat.[1134] Dabei ist davon auszugehen, dass nach der neueren Rechtsprechung[1135] eine Obliegenheit des Auftraggebers besteht, dem Architekten und Statiker jeweils ordnungsgemäße Pläne des anderen vorzulegen (vgl. Rdn. 403). Beim gesamtschuldnerischen Haftungsausgleich wird in der Regel zu berücksichtigen sein, dass der Tragwerksplaner im Hinblick auf seine größere Schadensnähe und seine spezifische Berufserfahrung eine überwiegende Pflicht zur Tragung des Schadens hat.[1136]

Zur Verantwortlichkeit und Haftungsabgrenzung zwischen Statiker und planendem Ingenieur bei einem Ingenieurbauwerk:[1137] Probleme ergeben sich auch aus dem Verhältnis zum Prüfstatiker (vgl. unten Rdn. 418 f.). **416**

Der Fachingenieur kann auch aus einem Garantievertrag haften, wenn er die ordnungsgemäße Durchführung einer Dachsanierung zugesagt hat.[1138] **417**

39. Der Prüfingenieur für Baustatik

Landesbauordnungen bzw. Bauvorlagenverordnungen der Länder sehen spätestens für die Baufreigabe vor, dass dem Antrag auf Erteilung der Baugenehmigung die statische Berechnung (Standsicherheitsnachweis) beigefügt werden muss. Der Bauaufsichtsbehörde obliegt die Prüfung der statischen Berechnung. Sie setzt hierfür Prüfingenieure für Baustatik ein. Im öffentlichen Interesse kontrolliert der Prüfingenieur die bei der Baurechtsbehörde eingereichten Pläne hinsichtlich ihrer statischen Sicherheit. Er übt also hoheitliche Gewalt aus soweit seine Arbeit mit der Verwaltungstätigkeit der Baurechtsbehörde auf das engste zusammenhängt und die Prüfung gerade einen Bestandteil der hoheitlichen Tätigkeit bildet[1139]. Die Baurechtsbehörde prüft die statische Berechnung durch den Prüfingenieur lediglich im Hinblick auf das öffentliche Interesse an der Gefahrenabwehr, ob die vorgelegten Unterlagen in sich schlüssig und rechnerisch richtig und vollständig sind, nicht aber im Hinblick auf die Vermögensinteressen des Bauherrn.[1140] Ist die Prüfstatik deshalb fehlerhaft und entsteht hierdurch ein Schaden, so ergeben sich im Falle einer hoheitlichen Tätigkeit keine Ansprüche des Bauherrn gegen den Prüfstatiker nach den §§ 633 ff. BGB. Das Ergebnis der Prüfung hat nicht in jedem Fall Aussagekraft für die Statik selbst. So kann diese trotz Freigabe **418**

1134 OLG Celle BauR 1985, 244.
1135 BGH BauR 2009, 515 = NJW 2009, 582; BGH BauR 2013, 1468 = NZBau 2013, 519.
1136 OLG Hamm BauR 2000, 293 = NJW-RR 1999, 1545.
1137 OLG Nürnberg BauR 1990, 492.
1138 OLG Stuttgart NJW-RR 1989, 210.
1139 Zur Abgrenzung zu einer privatrechtlichen Tätigkeit vgl. BGH BauR 2016, 1197; sowie Rdn. 419.
1140 OLG Hamm OLGR 1992, 3; OLG Düsseldorf BauR 2003, 506; OLG Stuttgart BauR 2014, 865, 870.

mangelhaft sein und dem Bauherrn können Mängelansprüche zustehen. Umgekehrt liegt aber meist eine fehlerhafte Statik vor, wenn sie nicht einmal geeignet ist, die Freigabe herbeizuführen. In letzterer Hinsicht kommt es aber darauf an, ob die Beanstandungen des Prüfingenieurs zutreffend waren oder nicht.

419 An die Stelle des hoheitlich handelnden Prüfingenieurs kann allenfalls nach Art. 34 Satz 1 GG die öffentlich-rechtliche Körperschaft als Trägerin der Bauaufsicht treten. Dabei muss aber § 839 BGB beachtet werden, d. h. eine dem Bauherrn gegenüber obliegende Amtspflicht verletzt sein. Stürzt ein Bauwerk infolge einer mangelhaften Prüfstatik ein oder liegt ein sonstiger Mangel vor und wird der Bauherr zwar in seinem Vermögen, nicht jedoch körperlich geschädigt, so liegt keine Verletzung der Amtspflicht gegenüber dem Bauherrn vor.[1141] Übersieht also der Prüfingenieur einen Fehler in der statischen Berechnung oder Konstruktion, so entlastet dies den Tragwerksplaner und/oder Architekten des Bauherrn nicht.[1142] Dem Bauherrn stehen wegen solcher Fehler des Prüfingenieurs im Rahmen der bloßen Kontrolle auch keine Schadensersatzansprüche gegen die Bauaufsichtsbehörde zu. Eine gesamtschuldnerische Haftung mit dem Statiker würde selbst bei Verletzung einer Amtspflicht an der Subsidiarität der Amtshaftung nach § 839 Abs. 1 S. 2 BGB scheitern.[1143]

420 Voraussetzung für eine hoheitliche Tätigkeit des Prüfstatikers ist aber, dass seine Arbeit mit der Verwaltungstätigkeit der Baurechtsbehörde auf das engste zusammenhängt und die Prüfung einen Bestandteil der hoheitlichen Tätigkeit bildet. Wenn in einzelnen Landesbauordnungen[1144] aus Gründen der Beschleunigung die baurechtliche von der bautechnischen Prüfung getrennt wird und die bautechnischen Prüfungs- und Überwachungsaufgaben auf den Bauherrn bzw. von diesem zu beauftragende Prüfingenieure übertragen werden, liegt keine hoheitliche Tätigkeit vor. Vielmehr besteht dann ein Werkvertrag zwischen Bauherr und Prüfingenieur, so dass auch bei Mängeln, welche sich nur in dem Objekt und somit im Vermögen des Bauherrn niederschlagen, werkvertragliche Schadensersatzansprüche nach den §§ 633, 280 BGB bestehen.[1145] Für die Frage, ob ein hoheitliches Handeln vorliegt, kommt es somit entscheidend darauf an, ob der Prüfingenieur von der Behörde oder von dem Bauherrn beauftragt wird.

421 Haftungsprobleme treten auf, wenn der Prüfingenieur spezielle Anordnungen oder Anweisungen erteilt. Derartige Anordnungen (z. B. durch Grüneintrag) eines Prüfingenieurs sind sowohl vom Architekten als auch vom Tragwerksplaner zu beachten und in die eigene Planung zu übernehmen. Führen solche Anordnungen zu Baumängeln,[1146]

1141 BGH *Schäfer/Finnern* Z 3.00 Bl. 78; OLG Stuttgart BauR 2014, 865, 870; *Steiner* ZfBR 2009, 632.
1142 OLG Hamm OLGR 1992, 3; OLG Düsseldorf BauR 2003, 506; OLG Jena IBR 2004, 599.
1143 *Steiner* ZfBR 2009, 632 f.
1144 Vgl. z. B. HBO 2002.
1145 BGH BauR 2016, 1197.
1146 Beispiel: Der Prüfingenieur ordnet eine Verdübelung zwischen Altbau und Anbau an und dies führt zu Rissen.

dann ist zu klären, ob dem Tragwerksplaner insoweit ein eigener Fehler unterlaufen ist. Die bloße Tatsache der Anordnung seitens des Prüfingenieurs entlastet ihn nicht, sodass er solche Grüneinträge auch nicht »sklavisch« übernehmen darf.[1147] Er haftet nur dann nicht, wenn es für ihn mit seinem Fachwissen ausnahmsweise nicht erkennbar ist, dass Anordnungen des Prüfingenieurs zu Mängeln am Bauwerk führen[1148]. In allen anderen Fällen besteht eine Verpflichtung, den Bauherrn auf Bedenken hinsichtlich der Anordnungen hinzuweisen, wenn diese nach seinem Fachwissen zu Mängeln führen würden. Besteht der Bauherr trotz des Hinweises auf der Ausführung gemäß Anordnung des Prüfingenieurs, werden Architekt und Tragwerksplaner von ihrer Haftung frei.[1149] Auch dann, wenn der Prüfstatiker Bedenken gegen die im Ergebnis zutreffende Statik äußert, hat der Tragwerksplaner diesen durch einen rechnerischen Nachweis von der Richtigkeit seiner Statik zu überzeugen. Der Tragwerksplaner wird erst dann von seiner Haftung befreit, wenn der Prüfingenieur dann den zutreffenden rechnerischen Nachweis nicht akzeptiert. Deshalb haftet der Tragwerksplaner auch dann, wenn er keine vollständige Berechnung vorgenommen hat und der Prüfstatiker selbst eine Lösung entwickelt, die technisch zu aufwändig ist. Er hat in diesem Fall seine eigene Berechnung trotzdem nachzuholen und dem Prüfstatiker vorzulegen.[1150]

Die Honorierung des Prüfingenieurs ist in der HOAI nicht geregelt.[1151] Hierfür gelten die Verordnungen und Verwaltungsvorschriften der Länder.[1152] 422

Der Vergütungsanspruch des Prüfstatikers verjährt in zwei Jahren gemäß § 196 Abs. 1 Nr. 15 BGB a. F. für vor dem 01.01.2002 geschlossene Verträge.[1153] Für danach geschlossene Verträge gilt die dreijährige Verjährungsfrist des § 195 BGB. 423

40. Der Generalplanervertrag

a) Die Funktion des Generalplanervertrags

Die Einschaltung von Generalplanern kommt einem weit verbreiteten Bedürfnis von Auftraggebern entgegen, die Planungsaufgaben nicht mehr gesondert an Architekten und einzelne Sonderfachleute zu vergeben, sondern vielmehr einen Planer mit der Erbringung sämtlicher oder zumindest eines wesentlichen Teils der für eine Baumaßnahme erforderlichen Architekten- und Ingenieurleistungen zu beauftragen. So kann der Generalplaner verpflichtet werden, die Leistungen der Objektplanung sowie der Technischen Ausrüstung, der Tragwerksplanung, der Bauphysik, der Geotechnik sowie 424

1147 Ebenso *Werner* in *Werner/Pastor*, Rn. 2058.
1148 OLG Stuttgart BauR 2014, 865, 871.
1149 Rechtsgedanke des § 4 Abs. 3 VOB (B).
1150 BGH BauR 2012, 829 = NJW 2012, 1792; OLG Stuttgart BauR 2011, 1358; *Steiner* ZfBR 2009, 632.
1151 Vgl. zum Rechtsweg für eine Vergütungsklage des Bauingenieurs OLG Braunschweig BauR 2000, 1891; LG Saarbrücken BauR 2002, 343; OVG Sachsen BauR 2006, 707.
1152 Vgl. i. E. zum Prüfingenieur für Statik: *Schmalzl*, Der Prüfingenieur für Statik, seine Tätigkeit und seine Haftung, 2. Aufl. 1974; *Trapp/Trapp* BauR 1995, 57.
1153 OVG Sachsen BauR 2006, 707.

Einleitung

der Ingenieurvermessung zu erbringen. Dabei besteht zwischen Auftraggeber und Generalplaner Einigkeit darüber, dass der beauftragte Planer einen Großteil der Leistungen im eigenen Namen an andere Planer weiter vergeben kann[1154]. Der Auftraggeber erwartet dann eine einheitliche Gesamtplanung, vermeidet Lücken in der Ausschreibung sowie Streit um die Verantwortlichkeit einzelner Planungsbeteiligter im Falle der Haftung. Fachliche Überlegungen der Fachingenieure können so bereits bei der Entwicklung und Formulierung der Planungsaufgabe im Rahmen der »strategischen« Planungsphase eingebracht werden.[1155]

425 Die dem Generalplaner übertragenen Leistungen kann dieser, wenn er dazu in der Lage ist, sowohl im eigenen Büro erbringen, als auch ganz oder teilweise durch Subplaner, sodass ihm Koordination, Organisation und Haftung verbleiben. Die Gesamtplanung kann aber auch eine ARGE übernehmen, die in verschiedensten Formen ausgebildet sein kann, sowie eine Generalplaner-GmbH oder eine Partnerschaftsgesellschaft.[1156]

426 Durch den Abschluss eines Generalplanervertrags erhöht sich das Risiko für den Generalplaner beträchtlich.[1157] Er trägt das Insolvenzrisiko der Subplaner im Verhältnis zum Auftraggeber ebenso wie das Insolvenzrisiko des Auftraggebers im Verhältnis zum Subplaner. Er muss gegebenenfalls im Verhältnis zum Subplaner vorleisten, obwohl der Auftraggeber Zahlungen zurückbehält. Der Generalplaner hat einen erheblichen tatsächlichen und finanziellen Mehraufwand und hat die Erhöhung seines Versicherungsrisikos ebenso wie steuerliche Fragen (Einkünfte durch Fremdleistungen als gewerbliche Einkünfte) zu bedenken.

b) **Vergütungsfragen**

427 Bei der Vertragsgestaltung sind Besonderheiten zu berücksichtigen. Die Regelung der Zahlungen und insbesondere der **Fälligkeit der Vergütung** im General- und Subplanervertrag sind aufeinander abzustimmen. Der mit dem Subplaner vereinbarte Zeitplan sollte einen »Puffer« gegenüber dem mit dem Auftraggeber vereinbarten Zahlungsplan von etwa zwei Wochen vorsehen.[1158] Die Zahlung des Generalplaners an den Subplaner kann in Formularverträgen nicht von der Bezahlung des Honorars des Generalplaners für entsprechende Subplanerleistungen durch dessen Auftraggeber abhängig gemacht werden (»**pay-when-paid**«-**Klausel**). Eine solche »Durchstellung« scheitert an § 307 BGB, sofern es sich um allgemeine Geschäftsbedingungen handelt. Nur beim

---

1154 *Fischer* in TWK, § 18 Rn. 184.
1155 Generalplanung, Hinweise und Arbeitshilfen, BdA 1998 Einleitung.
1156 Vgl. dazu i. E. *Locher* in Darmstädter Baurechtshandbuch, 2. Aufl., 2005, Teil X Rn. 514 ff.; *Wenner* BauR 1998, 1150; *Kehrberg* BauR 2001, 1824; *Fischer* in TWK, § 18 Rn. 179.
1157 Vgl. i. E. U. *Locher*, FS Motzke, S. 221 ff.
1158 *Locher* in Darmstädter Baurechtshandbuch 2. Aufl., Teil X S. 1473 f.; *Fischer* in TWK, § 18 Rn. 237.

Vorliegen einer Individualvereinbarung oder individuellen Aushandelns kann eine solche Klausel wirksam vereinbart werden.[1159]

Hat der Subplaner die für seine Vergütung maßgeblichen Kostenermittlungen nicht selbst erstellt und auch sonst keine Kenntnis von der Höhe der anrechenbaren Kosten, steht ihm ein Auskunftsanspruch gegen den Generalplaner zu (vgl. § 6 Rdn. 27). Dieser Anspruch besteht dann nicht, wenn der Generalplaner selbst keine Kenntnis von den anrechenbaren Kosten hat und sein Auftraggeber ihm gegenüber auch nicht zur Auskunft in der Lage oder bereit ist.[1160]   428

Die **Mindest- und Höchstsätze** der HOAI gelten auch für den **Subplanervertrag**. Dabei hat der Subplaner sein Honorar nach den anrechenbaren Kosten zu ermitteln, die dem Subplanervertrag zugrunde liegen.[1161] Dies kann zu unbilligen Ergebnissen führen, weil der Subplaner im Verhältnis zu dem für seine Leistung von dem Auftraggeber an den Generalplaner bezahlten Honorar möglicherweise ein höheres Honorar verlangen kann. Diese Situation kann dann eintreten, wenn die für sein Honorar zugrunde zu legenden anrechenbaren Kosten geringer als die gesamten anrechenbaren Kosten sind. Der Subplaner stellt sich dann honorarmäßig besser, weil in seinem Honorar wegen der geringeren Honorarbezugsgröße auch ein geringerer Degressionsverlust steckt. Dies ist beispielsweise dann der Fall, wenn unterschiedliche Architekten mit der Gebäude- und der Innenraumplanung beauftragt werden oder dann, wenn eine Anlagengruppe des § 53 Abs. 2 HOAI von zwei jeweils nur mit einem Teil der Planungsleistungen beauftragten Ingenieuren erbracht wird.[1162] Der BGH meint in der oben zitierten Entscheidung, dass es dem Generalplaner ja frei stünde, mit dem Bauherrn ein Honorar zu vereinbaren, das diesen Nachteil bei Degressionsdifferenz ausgleicht (vgl. dazu unten Rdn. 430). Dies wird aber in der Praxis nur in den seltensten Fällen von dem Generalplaner durchgesetzt werden können. Deshalb ist in der Praxis eine Regelung anzutreffen, die unter Berücksichtigung des § 8 Abs. 2 HOAI dem Generalplaner gegenüber dem Subplaner einen Honorarabzug zubilligt, der nach *Jochem* 5 % bis 10 % des Honorars des Subplaners ausmachen soll[1163]. Dies wird damit begründet, dass der Subplaner bei der Durchführung seiner Subplaneraufgabe durch den Generalplaner entlastet wird und dass häufig die Grundlagenermittlung entfällt, da der Generalplaner den Subplaner umfassend in das Projekt einweist. Ferner koordiniert der Generalplaner, übernimmt die Haftung gegenüber dem Auftraggeber und organisiert und steuert die Gesamtplanung.   429

1159 OLG Köln IBR 2010, 278; OLG München NJW-RR 2011, 867; *Werner* in *Werner/Pastor*, Rn. 1413.
1160 OLG Köln NJW-RR 2013, 462.
1161 BGH BauR 1994, 787.
1162 *Locher*, FS Motzke, S. 221 ff.; *Wenner* BauR 1998, 1150; *Fischer/Krüger* BauR 2013, 1176, 1182; *Fischer* in TWK, § 18 Rn. 224.
1163 *Jochem/Kaufhold*, § 1 Rn. 59; vgl. auch *Fischer* in TWK, § 18 Rn. 235, der einen Abschlag von 1,5–2% für HOAI-konform hält.

Einleitung

430 Ob dieser Weg der Herausnahme von Teilleistungen aus dem Subplanervertrag unter dem Gesichtspunkt einer unzulässigen **Mindestsatzunterschreitung** gangbar ist, um dem Generalplaner eine angemessene Vergütung zu verschaffen, kann nur für den jeweiligen Einzelfall beurteilt werden. Dabei ist im Hinblick auf eine Unterschreitung der Mindestsätze auf die Leistungen des Subplaners abzustellen und zu klären, ob und in welchem Umfang von diesem keine Grundleistungen zu erbringen sind. In diesem Umfang kann dessen Vergütung nach § 8 Abs. 2 HOAI reduziert werden.[1164] Die Vereinbarung eines pauschalen prozentualen Abzugs ist deshalb unwirksam, soweit dadurch die Mindestsätze unterschritten werden.

431 Abzulehnen ist die Auffassung, dass alleine der erhöhte Koordinierungsaufwand des Generalplaners einen **Ausnahmefall** nach § 7 Abs. 3 HOAI rechtfertigt.[1165] Der Koordinierungsaufwand mag zwar für den Generalplaner höher sein. Für den Subplaner ist es aber unerheblich, ob dieser mit dem Bauherrn oder einem Generalplaner kontrahiert. Ein geringerer Arbeitsaufwand fällt bei ihm nicht an. Soweit die Aufgaben des Subplaners bei Einschaltung eines Generalplaners durch das Nichterbringen einzelner Teilgrundleistungen erleichtert werden, ist dies über eine eingeschränkte Beauftragung und einen angemessenen Honorarabzug für die nicht beauftragten Teilleistungen nach § 8 Abs. 2 in HOAI-konformer Weise auszugleichen. Ebenso wenig kann ein Ausnahmefall darin gesehen werden, dass ein Subplaner über einen längeren Zeitraum hinweg eine Vielzahl von Aufträgen für den Generalplaner ausführt und somit eine enge wirtschaftliche Beziehung besteht. Die wiederkehrende Zusammenarbeit von Ingenieuren in der Weise, dass ein Ingenieur einen anderen als Subplaner beauftragt, stellt eine durchaus übliche Vertragsgestaltung dar und rechtfertigt deshalb kein Abweichen vom gesetzlichen Preisrecht.[1166]

432 Eine andere Frage ist es, ob sich der Subplaner im Falle einer die **Mindestsätze unterschreitenden Honorarvereinbarung** auf deren **Unwirksamkeit** berufen darf oder ob er daran nach Treu und Glauben gehindert ist, weil der Generalplaner die faktische Honorarerhöhung aufgrund des bestehenden Generalplanervertrags nicht mehr an seinen Auftraggeber weitergeben kann. Aus diesem Grunde wird teilweise eine Abrechnung auf der Basis der Mindestsätze abgelehnt.[1167] Diese Auffassung ist mit der h. M. abzulehnen.[1168] Der BGH[1169] hat sich dieser Auffassung angeschlossen und in dem Nichtannahmebeschluss zu dem Urteil des OLG Koblenz ausdrücklich ausgeführt, dass »das Berufungsgericht in zutreffender Weise rechtlichen Überlegungen des OLG Nürn-

---

1164 *Berger* in FBS, Syst A III Rn. 31.
1165 *Frechen*, FS Jagenburg, S. 201, 210; *Rauch* BauR 2006, 1662; *Berger* in FBS, Syst A III Rn. 31; a. A. *Werner* in *Werner/Pastor*, Rn. 858; *Wenner* BauR 1998, 1150.
1166 BGH BauR 2012, 271, 273 = NJW 2012, 848.
1167 OLG Nürnberg NJW-RR 2003, 1326; OLG Stuttgart BauR 2003, 1425; IBR 2005, 377.
1168 OLG Köln IBR 2000, 83; OLG Koblenz BauR 2006, 551; *Frechen*, FS Jagenburg, S. 201, 211; *Locher*, FS Motzke S. 221 ff.; *Koeble* in Kniffka/Koeble, 11. Teil Rn. 72; *Berger* in FBS, Syst A III Rn. 31; *Korbion* in KMV, Grundl. Rn. 84.
1169 BauR 2006, 554.

berg[1170] nicht folgt«. Voraussetzung für eine ausnahmsweise Bindung an eine unwirksame Honorarvereinbarung nach Treu und Glauben ist zunächst, dass der Auftraggeber auf die Wirksamkeit der Vereinbarung vertraut hat und vertrauen durfte.[1171] Nur dies begründet eine Schutzwürdigkeit des Auftraggebers, die im Ergebnis zu einem Abweichen von einer eindeutigen gesetzlichen Regelung führt. Ein derartiges Vertrauen liegt bei einem sachkundigen Generalplaner nicht vor. Dieser vertraut nur darauf, dass sich der Subplaner nicht auf die von ihm erkannte oder zu erkennende Unwirksamkeit der Honorarvereinbarung beruft und kein höheres Honorar nachfordert.

Da der Generalplaner bei einem Generalplanervertrag umfangreichere Leistungen als ein Architekt zu erbringen hat,[1172] kann er – soweit durchsetzbar – im Verhältnis zum Bauherrn einen **Generalplanerzuschlag** für diese zusätzlichen Tätigkeiten als Besondere Leistung vereinbaren.[1173] Dadurch können die Höchstsätze überschritten werden[1174]. 433

Ein wirtschaftlich vernünftiges Ergebnis kann auch dadurch erzielt und dem Vorwurf der Mindestsatzunterschreitung begegnet werden, indem eine ARGE in Form einer BGB-Gesellschaft oder eine Innengesellschaft als **Konsortium** gebildet wird. Hier stellt die Vergütung des einzelnen Planers eine Ausschüttung von Gesellschaftsanteilen dar, die weder unter die Regelung der HOAI noch unter die Inhaltskontrolle der §§ 307 ff. BGB fällt. Der Generalplaner tritt als alleiniger Auftragnehmer auf, handelt jedoch intern auf Rechnung des Konsortiums.[1175] Es ist möglich, das Insolvenzrisiko auf die Konsorten zu verteilen. Steuerlich ist allerdings zu berücksichtigen, dass der als Freiberufler auftretende Generalplaner darauf achtet, dass sich keine GmbH am Konsortium beteiligt. 434

Die Rechtsnatur des Konsortialvertrags ist nicht völlig geklärt. Teils werden zwei hintereinander geschaltete Werkverträge angenommen, teils wird die Einordnung als gemischter Vertrag mit gesellschafts- und werkvertraglichen Elementen vertreten. Richtig dürfte es sein, eine Gesellschaft bürgerlichen Rechts anzunehmen.[1176] Bei der Innengesellschaft, welche der Konsortialvertrag begründet, gibt es kein typisches Gesellschaftsvermögen. Die Gesellschaftsbeiträge werden gemeinschaftliches Eigentum zur gesamten Hand. Die Verwaltung des gemeinsamen Kontos erfolgt treuhänderisch. Der Gewinn und Verlust entsteht nicht bei dem Konsortium, sondern bei jedem einzelnen Konsorten in unterschiedlicher Höhe. Es gibt kein Auseinandersetzungsguthaben und keine Nachschusspflicht gem. § 735 BGB. 435

1170 NJW-RR 2003, 1326.
1171 BGH BauR 1997, 677 = NJW 1997, 2329.
1172 Vgl. dazu *Fischer* in TWK, § 18 Rn. 200.
1173 *Werner* in *Werner/Pastor*, Rn. 857; *Wenner* BauR 1998, 1150, 1152; *Kehrberg* BauR 2001, 1824; *Motzke/Wolff*, S. 640.
1174 A. A. *Fischer* in TWK, § 18 Rn. 199.
1175 *Wenner* BauR 1998, 1153.
1176 *Lotz* ZfBR 1996, 240.

Einleitung

c) Haftungsfragen

436 Der Generalplanervertrag zwischen Auftraggeber und Generalplaner ist ebenso werkvertraglich zu qualifizieren wie der Subplanervertrag. Erbringt der Generalplaner nicht alle Leistungen selbst oder in Form einer Arbeitsgemeinschaft, so ist er außerdem Auftraggeber der Subplaner. Letzterer kann im Falle eines Planungsfehlers gegen den Schadensersatzanspruch des Generalplaners kein **Mitverschulden** einwenden, weil der Generalplaner im Verhältnis zum Subplaner nicht zur Kontrolle von dessen Planungsleistungen verpflichtet ist.[1177] Der Subplaner ist **Erfüllungsgehilfe** des Generalplaners im Verhältnis zu dessen Auftraggeber. Fraglich kann sein, ob der Auftraggeber Erfüllungsgehilfe des Generalplaners gegenüber dem Subplaner sein kann und der Generalplaner etwa haftet, wenn der Auftraggeber das zu bebauende Grundstück nicht zur Verfügung stellt.[1178]

437 Der BGH hat für den Generalunternehmervertrag entschieden, dass der Generalunternehmer gegenüber dem Subunternehmer nach den Grundsätzen der **Vorteilsausgleichung** keine Schadensersatzansprüche mehr geltend machen kann, wenn Ansprüche des Auftraggebers gegen den Generalunternehmer wegen dieses Mangels verjährt sind oder der Generalunternehmer aus anderen Gründen nicht mehr in Anspruch genommen werden kann.[1179] Der Generalunternehmer hat im Hinblick auf die ihm nach § 254 Abs. 2 S. 1 BGB obliegende Schadensminderungspflicht vielmehr die Obliegenheit, die Einrede der Verjährung gegenüber seinem Auftraggeber zu erheben. Diese Grundsätze gelten nicht für den Generalplanervertrag, wenn im Rahmen der werkvertraglichen Leistungskette feststeht, dass der Generalplaner von seinem Auftraggeber wegen Mängeln nicht mehr in Anspruch genommen werden kann, weil es sich bei im Bauwerk verkörperten Fehlern des Planers um Mangelfolgeschäden handelt. Die Korrektur erfolgt hier über die Schadensminderungspflicht nach § 254 Abs. 2 BGB.[1180] Im Gegensatz zum Generalunternehmervertrag soll der Generalplaner in diesen Fällen zu einer Minderung des Honorars des Subplaners auch dann berechtigt sein, wenn er das volle Honorar von seinem Auftraggeber erhalten hat.[1181] Der Rechtsgedanke der Vorteilsausgleichung soll hier nicht zum Tragen kommen, weil der Minderwert der Planung zu dem Folgeschaden (Mangel am Gebäude) keinen Bezug haben soll. Dies ist deshalb fragwürdig, weil der Minderwert gerade in dem Planungsfehler besteht, welcher zu dem Mangel am Gebäude führt. Durch diesen werden auch Schadensersatzansprüche nach § 280 BGB ausgelöst, die aufgrund der Schadensminderungspflicht nicht mehr durchgesetzt werden können.

1177 OLG Düsseldorf BauR 2001, 1468 = NZBau 2002, 42.
1178 Für das Verhältnis Auftraggeber-Generalunternehmer-Subunternehmer: vgl. *Kniffka* ZfBR 1992, 9.
1179 BGH BauR 2007, 1564 = NJW 2007, 2695; vgl. *Kniffka* in Kniffka/Koeble 6. Teil Rn. 251.
1180 BGH BauR 2016, 855; a. A. OLG Stuttgart BauR 2015, 1705.
1181 BGH BauR 2016, 855; a. A. OLG Stuttgart BauR 2015, 1705; vgl. dazu *Zahn* BauR 2016, 1232; *Oberhauser* NZBau 2016, 626.

Einleitung

Besondere Schwierigkeiten bei der Haftung des Subplaners bereitet die **Verschiedenheit der Abnahmezeitpunkte** für die Generalplaner- sowie die Subplanerleistung. Die Generalplanerleistung ist häufig erst zu einem späteren Zeitpunkt vertragsgemäß erbracht und abnahmefähig als die Subplanerleistung, die nur einen Teil der Generalplanerleistung darstellt. Da die Verjährungsfrist ab der Abnahme zu laufen beginnt, können die Leistungen der Subplaner schon zu einem sehr viel früheren Zeitpunkt vollendet und abgenommen sein, wodurch der Lauf der Verjährungsfrist im Subplanervertrag in Gang gesetzt wird. Hieraus kann sich die für den Generalplaner nachteilige Konsequenz ergeben, dass er dem Bauherrn für Mängel, die der Subplaner verursacht hat, gewährleistungspflichtig ist, diese Mängelansprüche dem Subplaner gegenüber aber nicht mehr durchsetzen kann, weil die Ansprüche diesem gegenüber bereits verjährt sind. 438

Häufig sind deshalb in der Vertragspraxis **Harmonisierungsklauseln** anzutreffen, wonach die Verjährungsfrist für Ansprüche gegen den Subplaner erst mit Beginn der Verjährungsfrist für Ansprüche gegen den Generalplaner zu laufen beginnen soll. Solche Klauseln verstoßen aufgrund der vielfältigen Abnahmewirkungen gegen § 307 BGB, weil der Subplaner beispielsweise Gefahr läuft, bei erheblich verzögerter Abnahme oder Verweigerung der Abnahme der Leistungen des Generalplaners in unangemessen langer Weise zur Haftung verpflichtet zu bleiben. Wird im Subplanervertrag formularmäßig die Abnahme auf den Zeitpunkt verschoben, zu dem der Generalplaner mit dem Auftraggeber eine Abnahme vornimmt, so ist der Zeitpunkt für den Subplaner völlig ungewiss und kann von diesem weder berechnet noch herbeigeführt werden. Die Klausel verstößt deshalb gegen § 307 BGB.[1182] Ein maßvolles Hinausschieben des Abnahmezeitpunkts um bis vier Wochen hat der BGH im Generalunternehmerbereich zugelassen.[1183] Auch ein Hinausschieben bis zu sechs Wochen dient dem berechtigten Interesse des Generalplaners und soll noch wirksam sein.[1184] Dagegen wurde eine pauschale Verlegung des Abnahmezeitpunkts um sechs Monate ab der Fertigstellung für unwirksam erklärt.[1185] Der Generalplaner kann sich vor dem in den unterschiedlichen Abnahmezeitpunkten liegendem Verjährungsrisiko weitgehend dadurch schützen, indem er in dem Subplanervertrag die Möglichkeit von **Teilabnahmen** vereinbart. Dies ist AGB – rechtlich zulässig (vgl. Rdn. 297). 439

Die normale **Berufshaftpflichtversicherung** für Architekten umfasst nicht das Generalplanerrisiko. Dieses muss durch eine besondere, das Generalplanerrisiko einschließende Haftpflichtversicherung gedeckt werden. Empfehlenswert ist eine Objektversicherung, sofern der Versicherer eine Nachhaftung übernimmt.[1186] 440

1182 *Wolf/Lindacher/Pfeiffer*, § 23 Rn. 291; *Fischer* in TWK, § 18 Rn. 243; BGH NJW 1997, 394 für den Generalunternehmervertrag.
1183 BGH NJW-RR 1986, 825.
1184 *Sangenstedt/v. Berchem*, Rechtshandbuch für Architekten und Ingenieure, S. 697.
1185 BGHZ 107, 75.
1186 *Fischer* in *TWK*, § 18 Rn. 246 f.

Einleitung

41. Sicherheits- und Gesundheitsschutzkoordinator (SiGeKo)

a) Baustellenverordnung als Grundlage

441 Durch die Baustellenverordnung vom 10.06.1998 – BGBl. I 1283 – novelliert durch Gesetz v. 29.12.2004, BGBl. I 3816 – wurden – für das deutsche Recht eigenartig – neue Pflichten für den **Bauherrn** im Hinblick auf den Arbeitsschutz der auf der Baustelle Tätigen begründet.[1187] Die Ausarbeitung des Sicherheits- und Gesundheitsplanes (§ 2 Abs. 3 BaustellV), die Koordinationspflicht (§ 3 Abs. 2 Nr. 1 BaustellV), die Aufstellung des Sicherheits- und Gesundheitsschutzplanes (§ 3 Abs. 2 Nr. 2 BaustellV) sowie die Zusammenstellung einer sog. »Unterlage« (§ 3 Abs. 2 Nr. 3 BaustellV) gehören zur Vorbereitung der Durchführung des Objekts und in die Überwachungsphase. Nachdem die Tätigkeiten unmittelbar vor Baubeginn einsetzen, ist es sachgerecht, sie der Überwachungstätigkeit zuzuordnen.

442 Der SiGeKo wurde als **Unterstützung des Bauherrn** im Hinblick auf die Erfüllung von **arbeitsschutzrechtlichen Verpflichtungen**, die sich aus der BaustellenV ergeben, eingeführt. Seine Tätigkeit dient dem Schutz der an der Baustelle eingesetzten Personen, sie ist jedoch nicht bei den entsprechenden Handwerkern bzw. Baufirmen angesiedelt, sondern im Lager des Bauherrn.[1188] Der SiGeKo wird auch zur Entlastung des Bauherrn im Hinblick auf Verkehrssicherungspflichten tätig (vgl. dazu unten Rdn. 456 ff.).

443 Die gesamten Tätigkeiten gehören **nicht zu den Leistungen**, welche der Auftragnehmer nach einem Leistungsbild aus der HOAI zu erbringen hat.[1189]

444 Das einzige, was der Architekt insoweit ohne Zusatzauftrag leisten muss, ist der **Hinweis** auf die Pflicht zur Voranmeldung und allgemein auf die Notwendigkeit der Beachtung der Vorschriften (vgl. § 34 Rdn. 33).

1187 Zur BaustellV vgl. *v. Berchem*, Die neue BaustellV, Schriftenreihe Ingenieur-Recht-Praxis, 2000; *Hebel* in Thode/Wirth/Kuffer, Praxishandbuch Architektenrecht, § 17 Rn. 1 ff.; *Noebel*, Broschüre des Gerling-Konzerns, Die BaustellenV, 2000; *Siegburg*, Haftung von Architekt und Bauherr für Bauunfälle: EU-Baustellenrichtlinie, 1997; *Rozek/Röhl* BauR 1999, 1394; *Moog* BauR 1999, 795; *Kleinhenz* ZfBR 1999, 179; *Kollmer*, BaustellenV, 2. Aufl., 2004; *Portz* BauR 2002, 1180; *Quack* AHO-Mitteilungen 2/1999; *Quack* BauR 2002, 541; *von Wietersheim/Noebel*, BaustellenV, 2002; *Thorwarth*, Wirtschaftsdienst für Ingenieure und Architekten, 2005, Heft 10, S. 18; *G. K* BauR 2006, 597 zur obergerichtlichen Rechtsprechung betreffend die BaustellVO; *Sohn*, Der Sicherheits- und Gesundheitsschutzkoordinator – Rechtsstellung, Aufgaben und Haftung des »SiGeKo«, FS Koeble, 2010, S. 549 ff.; *G. Meyer* BauR 2015, 913, Obergerichtliche Rechtsprechung.
1188 *Sohn*, FS Koeble, S. 549.
1189 Ebenso OLG Celle BauR 2004, 1649; *Quack* BauR 2002, 541; *Portz* BauR 2002, 1180; *Sohn*, FS Koeble, S. 549 ff.; a. A. *Wingsch* BauR 2001, 314.

Einleitung

Für die frühere Rechtslage war umstritten, ob es sich bei den Leistungen des Sicherheits- 445
und Gesundheitsschutzes um Besondere Leistungen oder um solche Leistungen handelt, die völlig außerhalb der HOAI stehen.[1190] Die Streitfrage hat sich in der Zwischenzeit erledigt, weil die Besonderen Leistungen ohnehin aus dem preisrechtlichen Regelungsbereich der HOAI in den unverbindlichen Anhang (Anlagen 9 – 15) der HOAI 2013 verschoben wurden. Bei den nach der Baustellenverordnung zu erbringenden Leistungen handelt es sich damit um solche, die völlig außerhalb der HOAI stehen und ihre Honorierung erfolgt ausschließlich über § 632 BGB.[1191]

Auch hinsichtlich der Tätigkeit des SiGeKo in der Ausführungsphase des Bauvor- 446
habens wäre es – genauso wie im Hinblick auf die sog. Beratungsleistungen aus Anlage 1 – wünschenswert gewesen, in die HOAI 2013 eine preisrechtlich verbindliche Regelung für die Honorierung aufzunehmen. Im Rahmen der Novellierung war überlegt worden, alle Leistungen nach Baustellenverordnung in Form eines zusätzlichen Leistungsbildes in die HOAI aufzunehmen. Einige Thesen der vom Bundesministerium für Wirtschaft und Arbeit 2005 in Auftrag gegebenen Studie »Untersuchung zur Umsetzung der Baustellenverordnung bei ausgewählten Bauvorhaben[1192] tragen dieser Tatsache Rechnung. In dem Bericht wird angeregt, der Verordnungsgeber möge mindestens auf eine indirekte Regelung für eine auskömmliche Honorierung des SiGeKo achten. Dennoch hielt sich die Koordinierungsgruppe zur Aktualisierung der Leistungsbilder der HOAI 2013 nicht an diese Empfehlung. In ihrem Abschlussbericht wurde im Beschluss Nr. 17 festgelegt, dass die Leistungen nach Baustellenverordnung nicht als originäre Ingenieurleistungen, sondern als Bauherrenleistung zu beurteilen seien. Diese Empfehlung der seinerzeitigen Koordinierungsgruppe wurde vom Verordnungsgeber übernommen, sodass es zu keiner Aufnahme eines Leistungsbildes »Baustellenverordnung« in die HOAI 2013 kam.

Umso wichtiger ist es daher geworden, aus der Baustellenverordnung und dem Regel- 447
werk zum Arbeitsschutz auf Baustellen ein exaktes Leistungsbild zu entwickeln und daraus eine für Auftraggeber und Auftragnehmer gerechte Honorierungsempfehlung zu geben.

b) Zusammenhänge von Baustellenverordnung (BaustellV), Regelwerk zum Arbeitsschutz auf Baustellen (RAB) und Leistungsbild

Auf der Grundlage des RAB war es möglich, die sehr knapp gehaltenen Vorschriften der 448
BaustellV in praxisgerechte Anwendungsvorschriften umzusetzen. Es konnte auf dieser Grundlage ein Leistungsbild erarbeitet werden. Grundlegende Bedeutung haben insofern sieben zentrale Dokumente:

[1190] Für Letzteres OLG Celle BauR 2004, 1649, *Quack* BauR 2002, 541, *Portz* BauR 2002, 1180; für die Einordnung als Besondere Leistung *Locher/Koeble/Frik*, 9. Aufl., Einl. Rn. 272.
[1191] Vgl. § 1 Rdn. 13.
[1192] Vgl. homepage des BMWi.

Einleitung

- RAB 01 Gegenstand, Zustandekommen, Aufbau, Anwendung und Wirksamwerden der RAB[1193]
- RAB 10 Begriffsbestimmungen[1194]
- RAB 25 Arbeiten in Druckluft[1195]
- RAB 30 Geeigneter Koordinator[1196]
- RAB 31 Sicherheits- und Gesundheitsschutzplan[1197]
- RAB 32 Unterlagen für spätere Arbeiten[1198]
- RAB 33 Allgemeine Grundsätze nach § 4 des Arbeitsschutzgesetzes[1199]

449 Die Grundlagen für ein Leistungsbild fanden sich auch in der AHO-Praxishilfe zur Honorarermittlung von Leistungen nach der BaustellV.[1200] Diese Inhalte wurden bereits bei der Erarbeitung der RAB berücksichtigt. Dennoch bemühte sich bereits seit dem Jahr 2004 die im AHO zuständige Fachkommission um eine Weiterentwicklung der »Praxishilfe zur Honorarermittlung für die Leistungen nach der BaustellV« und damit um eine breitere Akzeptanz seitens der Auftraggeber und Auftragnehmer.

450 Zur Überprüfung der Honorarsituation wurde vom V. S. G. K. e. V. am Lehr- und Forschungsgebiet Baubetrieb und Bauwirtschaft der Universität Wuppertal eine bundesweite Fragebogenaktion bei den Fachverbandsmitgliedern und den Mitgliedern der Ingenieur- und Architektenkammern durchgeführt.

451 Gegenüber der ursprünglichen Erhebung aus dem Jahre 2000 lagen hierfür zwischenzeitlich wesentlich mehr abgeschlossene Baumaßnahmen vor, wodurch eine größere Bandbreite an Vorhaben untersucht und damit die Dichte der Daten zur Absicherung der Ergebnisse erhöht wurde. Weiteres Ziel war die Untersuchung weiterer honorarbeeinflussender Faktoren, insbesondere der Umfang einzelner Teilleistungen und baustellenspezifischer Faktoren.

452 Die Auswertung erbrachte eine umfangreiche Analyse des Leistungs- und Vergütungsspektrums. Um die Komplexität der Ermittlung einer repräsentativen Honorarermittlung deutlich zu machen, seien einige maßgebliche Faktoren aufgeführt:
- Beurteilung der Repräsentativität der abgegebenen Fragebögen
- Spezifika des Bauvorhabens nach
- Art (z. B. Hochbau, Tiefbau)
- Nutzung Hochbau (Büro, Industrie, Wohnungsbau, Sakralbau)
- Art der Bauherrschaft (gewerblich, öffentlich, privat)
- Auftraggeber des Koordinators (Bauherr, beauftragter Dritter)
- Zeitpunkt der Beauftragung (vor LP 8, ab LP 8 gem. HOAI)

1193 BarbBl. 1/2001, S. 77 ff.
1194 Konkretisierung von Begriffen aus der BaustellV, BarbBl. 3/2004, S. 42 ff.
1195 Konkretisierung zur Druckluftverordnung, BarbBl. 3/2004, S. 48 ff.
1196 Konkretisierung zu § 3 BaustellV, BarbBl. 6/2003, S. 64 ff.
1197 Konkretisierung zu § 2 Abs. 3 BaustellV, BarbBl. 3/2004, S. 59 ff.
1198 Konkretisierung zu § 3 Abs. 2 Nr. 3 BaustellV, BarbBl. 6/2003, S. 73 ff.
1199 Bei Anwendung der BaustellV, BarbBl. 3/2004, S. 65 ff.
1200 Heft Nr. 15, 2. Auflage vom März 2011.

Einleitung

– Erbringung weiterer Leistungen (z. B. Objektüberwachung)
– Größe des Bauvorhabens (geringe, mittlere oder hohe Herstellungskosten)
– Bauzeit des Bauvorhabens (wenige oder viele Monate)

Die Ergebnisse fanden ihren Niederschlag in der 2., vollständig überarbeiteten und erweiterten Auflage der AHO-Praxishilfe, Heft Nr. 15 vom März 2011 »Leistungen nach der Baustellenverordnung« – Leistungsbild und Honorierung – . 453

Der Vollständigkeit halber sei erwähnt, dass sich der Verband der Sicherheits- und Gesundheitsschutzkoordinatoren Deutschlands (V. S. G. K. e. V.) in Kooperation mit dem AHO ebenfalls mit der Aufarbeitung der Fortentwicklung von Erfahrungen mit der BaustellenV befasst. Die Ergebnisse werden laufend aktualisiert und in einer verbandseigenen Schriftenreihe veröffentlicht. Diese Schriftenreihe gibt für den Praktiker eine wertvolle Hilfestellung bei der Kalkulation, bei der Ausübung der Leistungen und bei der Honorarabrechnung für solche Leistungen des Sicherheits- und Gesundheitsschutzes auf Baustellen.[1201] 454

Kernelement der gegenüber der Urfassung des Hefts 15 veränderten Darlegungen ist eine Anpassung an die Begrifflichkeiten der HOAI. Folgende Leistungsbildstruktur wurde erarbeitet: 455

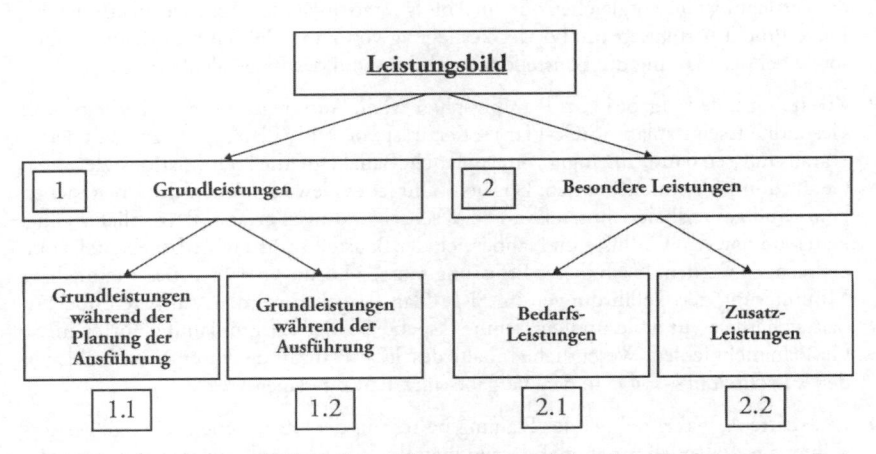

Abbildung 1: Das Leistungsbild der Sicherheits- und Gesundheitsschutzkoordination gem. BaustellV, AHO-Leitfaden. 2. Auflage März 2011

1201 Vgl. *Scheyk, Thorwarth, Zieglowski, Schlüter* Die Honorierung von Leistungen nach der Baustellenverordnung, Schriftenreihe des Verbandes der Sicherheits- und Gesundheitsschutzkoordinatoren Deutschlands V. S. G. K. e. V., Band 5; 2006 (z.Zt. in Überarbeitung).

Einleitung

c) Grundlagen des Leistungsbildes

456 Auf der Grundlage der o. g. Unterlagen und Vorschläge wurde das Spektrum der Erfordernisse in Form von zwei verschiedenen Leistungstypen (1 Grundleistungen, 2 Besondere Leistungen) mit jeweils zwei verschiedenen »Leistungsarten« entwickelt:
- Grundleistungen während der Planung der Ausführung der Baumaßnahme (1.1)
- Grundleistungen während der Ausführung der Baumaßnahme (1.2)
- Besondere Leistungen, erforderlich nur bei Bedarf unter besonderen Randbedingungen (2.1)
- Besondere Leistungen als zusätzliche Leistungen, nicht direkt aus der BaustellV ableitbar (2.2)

457 Nach BaustellV sind in der Planungsphase der Bauausführung (1.1) vier zentrale Grundleistungsteile vom Koordinator zu erbringen.[1202] Diese Phase tritt ein, wenn die Genehmigungsplanung abgeschlossen ist und die Ausführung hinreichend konkretisiert ist, im Allgemeinen folglich die Ausschreibung kurz bevorsteht.[1203]

458 Es besteht **erstens** die Pflicht, die allgemeinen Grundsätze des Arbeitsschutzgesetzes (vgl. § 4, Ziff. 1 bis 5 ArbSchG) zwischen allen voraussichtlich am Baugeschehen Beteiligten zu koordinieren. Dies bedeutet insbesondere, dass eine Mitwirkungspflicht bei der Festlegung von zeitgleichen oder in Abfolge stattfindenden Arbeiten zu erfüllen ist. Diese Pflicht besteht ebenso bei der Festlegung von Bauverfahren und Baumethoden sowie bei der Planung der Baustelleneinrichtung und des Baustellenbetriebs.

459 **Zweite** zentrale Aufgabe in der Planungsphase ist die Ausarbeitung des Sicherheits- und Gesundheitsschutzplans (SiGe-Plan). Hierzu ist vorab die Planung[1204] zu analysieren. Daraus müssen dann, abhängig vom geplanten Bauablauf, die koordinationsrelevanten Gefährdungen ermittelt werden. Das heißt, für jedes Gewerk werden alle arbeitssicherheits- und gesundheitsschutzrelevanten Wechselwirkungen erfasst. Betriebliche Tätigkeiten und andere Einflüsse im Nahbereich der Baustelle müssen hierbei ebenfalls miteinbezogen werden. Nach dieser Erfassung müssen Lösungen[1205] zur Beseitigung bzw. Minimierung der Gefährdungen im SiGe-Plan festgelegt werden. Aussagen über Arbeitssicherheits- und Gesundheitsschutz-Aspekte bei der Terminplanung dürfen im SiGe-Plan nicht fehlen. Wesentliche Inhalte des SiGe-Plans finden ihren Niederschlag in der Ausschreibung sowie in den Vergabe- und Bauunterlagen.[1206]

460 Der **dritte** Aufgabenteil bei der Planung besteht in der »Zusammenstellung« der sog. »Unterlage«[1207], auch genannt »Baumerkmalsakte«. Nach Analyse der Genehmigungs-

---

1202 Vgl. AHO-Praxishilfe, Heft 15, 2. Auflage März 2011, Seiten 6–7.
1203 Vgl. Definition der Projektphase »Planung der Ausführung« nach RAB 10.
1204 In Abhängigkeit von der bereits vom Fachplaner erbrachten HOAI-Leistungsphase.
1205 Vgl. Allgemeine Grundsätze nach § 4 ArbSchG.
1206 Vgl. Mindestanforderungen an den SiGe-Plan gem. RAB 31.
1207 Vgl. *Meyer/Rüggeberg/Schröder*, Die »Unterlage« nach Baustellenverordnung, Schriftenreihe des Verbandes der Sicherheits- und Gesundheitsschutzkoordinatoren Deutschlands V. S. G. K. e. V., Band 2, 2009.

Einleitung

und Ausführungsplanung ist es Aufgabe des Koordinators, gefährliche Arbeiten an der späteren baulichen Anlage im Verlauf ihres Nutzungszeitraums zu ermitteln. Um spätere Arbeiten am Bauwerk sicher und gesundheitsgerecht durchführen zu können, sind dann entsprechende sicherheitstechnische Einrichtungen vorzusehen. Diese werden in der Unterlage zusammengestellt. Auch hier besteht die Mitwirkungspflicht des Koordinators, diese Einrichtungen in die Ausschreibung aufzunehmen.

Schließlich hat **viertens** der Koordinator in der Planungsphase eine Mitwirkungspflicht bei der Erstellung der Vorankündigung, die der Bauherr oder der von ihm beauftragte Dritte vor Baubeginn an die Gewerbeaufsicht zu übermitteln hat. Dabei erweist es sich in der Praxis als zielführend, die erforderlichen Daten vom Bauherrn einzuholen, auf dieser Grundlage dann die Vorankündigung zu erarbeiten und sie dem Bauherrn zur Gegenzeichnung und Weiterleitung an die Gewerbeaufsicht zu übersenden. 461

Die Grundleistungen während der Ausführung der Baumaßnahme (1.2) umfassen den folgenden 10-Punkte-Katalog, der unbedingt zu erledigen ist:[1208] 462

1. Mitwirken bei der Planung der Baustelleneinrichtung im Hinblick auf Arbeitssicherheit und Gesundheitsschutz

In Absprache mit den zu diesem Zeitpunkt beauftragten Unternehmen muss nach den Vorgaben des Sicherheits- und Gesundheitsschutzplanes die Baustellen-Einrichtung geplant werden. Hierbei wirkt der Koordinator in beratender Funktion mit. Er ist jedoch nach BaustellV nicht verpflichtet, einen Baustellen-Einrichtungsplan selbst zu erstellen. Vielmehr ist diese Aufgabe als Besondere Leistung zu beauftragen, falls der Bauherr diese Leistung benötigt.

2. Bekanntmachen der Sicherheits- und Gesundheitsschutzplanung und Erläutern der festgelegten Maßnahmen

Alle Unterlagen zur Sicherheits- und Gesundheitsschutz-Planung müssen den ausführenden Firmen zugänglich gemacht werden und auf der Baustelle vorliegen. Damit diese auch beachtet und verstanden werden, ist eine entsprechende Einweisung spätestens bei Baubeginn unumgänglich.

Eingewiesen werden sollten Verantwortliche aller Unternehmen (einschließlich der Nachunternehmer), die wiederum – im Rahmen ihrer Weisungsbefugnis und ihrer Verpflichtungen nach Arbeitsschutzgesetz – gemäß § 5 (2) BaustellV auch ihre Beschäftigten entsprechend unterweisen müssen, sowie zusätzlich alle Unternehmer ohne Beschäftigte. Dies erhöht die Akzeptanz bei allen Beteiligten und fördert die schnelle und bessere Umsetzung der zu treffenden Maßnahmen.

3. Koordinieren der Anwendung der allgemeinen Grundsätze nach § 4 des Arbeitsschutzgesetzes *(vgl. § 3 (3) 1. BaustellV)*

Die Grundsätze des § 4 des Arbeitsschutzgesetzes, deren Beachtung verpflichtend ist für alle Arbeitgeber, sind wesentlicher Bestandteil der Baustellenverordnung. Während

---

1208 Vgl. AHO-Praxishilfe, Heft 15, 2. Auflage März 2011, Seiten 7–10.

Einleitung

der Ausführung des Bauvorhabens muss der Koordinator die Anwendung dieser Grundsätze mit allen Beteiligten abstimmen.[1209]

4. **Hinwirken auf die Einhaltung und die Umsetzung der nach Sicherheits- und Gesundheitsschutzplanung erforderlichen Arbeitsschutzmaßnahmen sowie der Pflichten nach Baustellenverordnung durch die beteiligten Unternehmen** *(vgl. § 3 (3) 2. BaustellV)*

Gemäß §§ 5 und 6 BaustellV sind die Arbeitgeber und Unternehmer ohne Beschäftigte unabhängig von den zu treffenden Maßnahmen nach §§ 2 und 3 BaustellV verpflichtet, ihren Arbeitsschutz-Verpflichtungen eigenverantwortlich und uneingeschränkt nachzukommen.

Der Koordinator wirkt darauf hin, dass die in der Sicherheits- und Gesundheitsschutzplanung dokumentierten Lösungen und Maßnahmen umgesetzt werden. Des Weiteren muss er bei seinen Baustellen-Begehungen darauf achten, dass die beteiligten Unternehmen ihren aus der Baustellenverordnung resultierenden Verpflichtungen nachkommen.

Ein Anspruch auf vollständige Erfassung aller möglichen Mängel ist ausgeschlossen, da der Koordinator in der Regel nicht täglich auf der Baustelle ist.

5. **Anpassen und Fortschreiben des Sicherheits- und Gesundheitsschutzplanes und der Unterlage** *(analog § 3 (3) 3. BaustellV)*

Gemäß Baustellenverordnung muss der SiGe-Plan bei erheblichen Änderungen angepasst werden. Es handelt sich dabei in der Regel um Planungs-, Leistungs-, Bauzeit- oder Bauablauf-Änderungen. Diese Anpassung kann in solchen Fällen mit einem erheblichen Mehraufwand verbunden sein und muss daher gesondert vergütet werden. Man sollte jedoch davon ausgehen, dass es bei entsprechender Planung nicht zu erheblichen Änderungen kommen wird.

Anders sieht es bei der Fortschreibung des SiGe-Planes aus, die sich zwingend aus den üblichen Planungsabläufen ergibt. Im Rahmen dieser Fortschreibung werden z. B. viele Details für den Endausbau erst weit nach Ausführungsbeginn des Bauvorhabens festgelegt. Für deren Erstellung und Ausführung muss der SiGe-Plan zu gegebener Zeit rechtzeitig im Rahmen der Grundleistungen ergänzt und fortgeschrieben werden.

Gleiches gilt für die Unterlage. Die im Rahmen der Planung der Ausführung festgelegten Einrichtungen und Maßnahmen werden möglicherweise im Zuge der Objekt-Erstellung modifiziert oder grundlegend geändert. Insofern muss nach Abschluss der Baumaßnahme durch den Koordinator eine Kontrolle stattfinden, inwieweit die ihm bekannten Planungen umgesetzt worden sind. Festgestellte Abweichungen hiervon müssen in die Unterlage eingearbeitet werden, ehe sie an den Bauherrn übergeben wird.

Sollte der Änderungsbedarf an der Unterlage erheblich werden, wäre dafür ein zusätzliches Honorar gerechtfertigt.

1209 Vgl. hierzu auch RAB 33.

Einleitung

6. **Organisieren des Zusammenwirkens der Arbeitgeber hinsichtlich Arbeitssicherheit und Gesundheitsschutz** *(vgl. § 3 (3) 4. BaustellV)*

Hierbei hat der Koordinator darauf hinzuwirken, dass die Tätigkeiten der ausführenden Firmen, die insbesondere zeit- und ortsnah ablaufen, so organisiert werden, dass gegenseitige Gefährdungen weitgehend ausgeschlossen, zumindest aber minimiert werden können.

7. **Koordinieren der Überwachung der ordnungsgemäßen Anwendung der Arbeitsverfahren durch die Arbeitgeber, zum Beispiel durch das Einfordern von Nachweisen** *(vgl. § 3 (3) 5. BaustellV)*

Der Koordinator muss die ausführenden Firmen im Hinblick auf die Überwachung der ordnungsgemäßen Anwendung der Arbeitsverfahren koordinieren. Da ihm für komplexere Ausführungen im Regelfall die nötige Sachkunde fehlt, kann er zum Beispiel durch das Einfordern von entsprechenden Nachweisen dieser Verpflichtung ausreichend Rechnung tragen. In jedem Fall besteht keine alleinige Überprüfungspflicht des Koordinators.

8. **Organisieren und Durchführen von Sicherheitsbegehungen und Sicherheitsbesprechungen**

Die zuvor genannten Aufgaben erfüllt der Koordinator durch regelmäßige Baustellen-Begehungen. Die Baustellen-Verordnung bestimmt jedoch nicht, in welchem Umfang und in welcher Regelmäßigkeit Begehungen durchgeführt werden sollen. Es obliegt deshalb dem Koordinator im Rahmen seiner Fachkunde und im Rahmen der jeweiligen Bauabläufe, seine Arbeit vor Ort entsprechend einzuteilen.

Hilfreich ist stets eine eindeutige, einzelfallbezogene vertragliche Vereinbarung zwischen Bauherr und Koordinator, in der eine durchschnittliche Begehungshäufigkeit festgelegt werden sollte. Diese kann durchaus für bestimmte Bauphasen unterschiedlich sein. Wichtig ist jedoch, dass eine durchgehende Koordination gewährleistet ist. Hierfür ist der Koordinator verantwortlich.

Gleichfalls ist es die Aufgabe des Koordinators, zu gegebener Zeit (z. B. beim Ausführungsbeginn neuer Gewerke, vor Beginn besonders gefährlicher Arbeiten oder bei einem allgemein schlechten Arbeitsschutz-Niveau auf der Baustelle) Sicherheitsbesprechungen durchzuführen.

9. **Stichprobenartiges Überprüfen der gemeinsam genutzten Sicherheitseinrichtungen auf ordnungsgemäßen Zustand, ggf. durch Einsichtnahme in Prüfnachweise**

Gemeinsam genutzte Sicherheitseinrichtungen (wie z. B. Gerüste) werden in der Regel von einem oder mehreren verschiedenen Unternehmen – oft Subunternehmungen verschiedener Auftraggeberfirmen – aufgebaut und vorgehalten und stehen dann z. T. vielen anderen Gewerken für die sichere Ausführung ihrer Arbeiten zur Verfügung.

Wenn diese Einrichtungen nicht nach den allgemeinen Regeln der Technik im Hinblick auf ihre Standsicherheit und Gebrauchstauglichkeit erstellt wurden, können damit alle diese Einrichtung nutzenden Beschäftigten gefährdet werden. Daher muss

Einleitung

der Koordinator darauf achten, dass sich die gemeinsam genutzten Sicherheitseinrichtungen in ordnungsgemäßem Zustand befinden. Falls ihm dazu die nötige Sachkunde fehlt, hat er das Vorhandensein notwendiger Prüfprotokolle, Sicherheitsnachweise und/ oder technischer Unterlagen zu kontrollieren.

10. Dokumentation

Zusätzlich zu von allen geführten Gesprächen vor Ort sind von allen Baustellen-Begehungen Begehungsprotokolle, Aktenvermerke o. Ä. anzufertigen. Rein formal reicht es aus, wenn sie zeitnah dem Bauherrn oder seinem Vertreter vor Ort (i. d. R. der Bauleiter nach Landesbauordnung) übermittelt werden. Es empfiehlt sich jedoch, die vorgenannten Dokumente auch den ausführenden Firmen zuzusenden, um einen schnelleren Informationsfluss zu gewährleisten.

Durch diese Dokumentation werden die im Regelfall nicht selbst auf der Baustelle tätigen Arbeitgeber informiert, sodass sie ihrerseits ihren vor Ort Beschäftigten entsprechende Weisungen erteilen können. Diese ihnen obliegende Verpflichtung ergibt sich aus § 5 (1) BaustellV. Danach sind die Hinweise des Koordinators und des Sicherheits- und Gesundheitsschutz-Planes zu berücksichtigen.

463 Ferner gibt es **Besondere Leistungen, die nicht generell anfallen, jedoch bei Bedarf unbedingt erbracht werden müssen (2.1)**:[1210] Sofern spezielle Randbedingungen vorliegen, sind diese Bedarfsleistungen gesondert zu vereinbaren. Hierzu gehören insbesondere folgende 5 Blöcke:

1. Anpassen des Sicherheits- und Gesundheitsschutzplanes bei erheblichen Änderungen

Gemäß den Anforderungen der Baustellenverordnung muss der Sicherheits- und Gesundheitsschutzplan bei erheblichen Änderungen angepasst werden. Wenn der dafür dem Koordinator entstehende Aufwand das Maß der üblichen Fortschreibung überschreitet, müssen diese Leistungen gesondert vergütet werden. Da der Aufwand im Vorhinein nicht abschätzbar ist, muss beim Eintreten eines solchen Falles eine einzelfallbezogene Regelung mit dem Bauherrn getroffen werden.

2. Zusätzlicher Koordinationsaufwand in der Ausführungsphase

Planungsänderungen, erhebliche Bauablaufstörungen, Bauzeitverlängerungen etc. können dazu führen, dass der Koordinator gegenüber seiner ursprünglichen Kalkulation einen erheblichen Mehraufwand leisten muss, indem er beispielsweise deutlich mehr Baustellenbegehungen durchführen muss. In einem solchen Fall müssen die zusätzlichen Leistungen gesondert vergütet werden.

3. Anpassen der Unterlage bei erheblichen Änderungen

Wenn im Rahmen der Ausführung des Bauvorhabens erhebliche Planungsänderungen dazu führen, dass Einrichtungen und Maßnahmen für die sichere Ausführung von War-

---

1210 Vgl. AHO-Praxishilfe, Heft 15, 2. Auflage März 2011, Seiten 10–11.

Einleitung

tungs- und Instandsetzungsarbeiten an der baulichen Anlage verändert werden müssen, kann das zu einem deutlichen Mehraufwand für den Koordinator führen, der im Vorhinein nicht abschätzbar ist. Beim Eintreten eines solchen Falles muss eine einzelfallbezogene Regelung mit dem Bauherrn getroffen werden.

4. Eigenverantwortliches **Erstellen der Vorankündigung und deren Übermittlung an die zuständige Stelle**

Die Erstellung der Vorankündigung und deren Übermittlung an die staatliche Arbeitsschutzbehörde obliegen dem Bauherrn oder dem von ihm beauftragten Dritten. Soll diese Leistung auf Wunsch des Bauherrn der Koordinator eigenverantwortlich erbringen, kann er eine angemessene Vergütung dafür verlangen. Entsprechendes gilt für die Anpassung der Vorankündigung bei erheblichen Änderungen. Die entsprechende Grundleistung beinhaltet nur die »Mitwirkung« bei der Vergabe.

5. **Abstimmen beim Vorhandensein mehrerer Koordinatoren**

Gemäß Baustellenverordnung kann der Bauherr die danach zu erbringenden Leistungen an einen oder mehrere Koordinatoren vergeben, z. B. getrennt für die Phasen »Planung der Ausführung« und »Ausführung des Bauvorhabens«. Bei den notwendigen Abstimmungen der Koordinatoren untereinander kann es zu einem nicht unerheblichen Mehraufwand kommen, der besonders vergütet werden muss.

Besondere Leistungen als zusätzliche Leistungen, die sich nicht direkt aus der BaustellV ableiten, jedoch oft auf Wunsch des Bauherrn vom Koordinator erbracht werden (2.2).[1211] Es handelt sich um Leistungen, die nicht nach der Baustellen-Verordnung erfüllt werden müssen. Sie stehen im Zusammenhang mit der Erfüllung der dort geforderten Maßnahmen und können von einem Koordinator als weitere Dienstleistung erbracht werden. Ihre Aufzählung ist nicht enumerativ, da im Einzelfall auch andere Betätigungsfelder aus dem Bereich der Arbeitssicherheit die Arbeit des Koordinators tangieren können. Es ist deshalb sinnvoll, diese Zusatzleistungen explizit zu beschreiben und gesondert zu beauftragen. Es ist außerdem angeraten, dass der Koordinator bei seinem jeweiligen Versicherer abklärt, inwieweit die Haftpflichtversicherung evtl. hieraus resultierende Schadensersatzansprüche abdeckt. Der Vergütungsanspruch ist einzelfallbezogen als Pauschale oder auf Zeitnachweis zu vereinbaren und in einer besonderen vertraglichen Vereinbarung sicherzustellen. **Im Einzelnen** (ohne Anspruch auf Vollständigkeit):

– **Übernahme der Funktion des beauftragten Dritten** *(nach § 4 BaustellV)*
Die Baustellenverordnung sieht vor, dass der Bauherr seine ihm obliegenden Verpflichtungen an einen sogenannten Dritten übertragen kann. Dieser Dritte tritt rechtlich und tatsächlich an die Stelle des Bauherrn und muss alle notwendigen Entscheidungen in alleiniger Verantwortung treffen und alle notwendigen Maßnahmen veranlassen. Er übernimmt damit alle öffentlich-rechtlichen Verpflichtungen und sonstigen zivilrechtlich bedeutsamen Risiken. Der Dritte muss nicht, kann aber bei entsprechender fach-

---

1211 Vgl. AHO-Praxishilfe, Heft 15, 2. Auflage März 2011, Seiten 11–15.

Einleitung

licher Eignung die Aufgaben des Koordinators selbst übernehmen. Ferner kann der Bauherr auch nur Teile der nach § 2 und § 3 (1) Satz 1 BaustellV zu treffenden Maßnahmen an einen Dritten übertragen. Die Leistungen des beauftragten Dritten, die nicht im Grundleistungsbild enthalten sind, müssen deshalb gesondert und einzelfallbezogen vergütet werden.

– **Analysieren der Vor- oder mehrerer Entwurfsplanungen und Feststellen von arbeitssicherheits- und gesundheitsschutzrelevanten Wechselwirkungen zwischen den Arbeiten der einzelnen Gewerke auf die Baustelle und anderen betrieblichen Tätigkeiten oder Einflüssen auf oder in der Nähe der Baustelle**

In Analogie zur RAB 10, wonach die »Planung der Ausführung« spätestens beginnt, wenn ein Entwurf hinreichend konkret erarbeitet und dargestellt ist, ist die o. g. Gefährdungsanalyse für die Entwurfs- und Genehmigungsplanung als Grundleistung beschrieben. Im Falle einer schon frühzeitigeren beratenden Tätigkeit des Koordinators (Beratung im Rahmen der Vorplanung und/oder des Prozesses mehrerer Entwurfsplanungen) muss diese besondere Beratungsleistung gesondert vergütet werden. Der Umfang der Leistungen in diesem frühen Entwurfsstadium kann nicht einheitlich definiert werden, da er von der jeweiligen Planungstiefe und der Anzahl der zu untersuchenden Entwürfe abhängt.

– **Kostenanalysen zu technischen oder organisatorischen Maßnahmen für Arbeitssicherheit und Gesundheitsschutz**

Bei verschiedenen Baukonstruktionen ist es durchaus möglich, dass die notwendigen Sicherungsmaßnahmen während der Baumaßnahme einen nicht unerheblichen Anteil an den Baukosten haben. Es ist ebenso denkbar, dass gleichwertige Schutzkonzepte unterschiedlich monetär zu bewerten sind. In diesen Fällen kann es sinnvoll sein, verschiedene Lösungsmöglichkeiten zu Aspekten der Arbeitssicherheit und des Gesundheitsschutzes im Hinblick auf die sie verursachenden Kosten zu untersuchen. Diese Aufgabe kann vom Koordinator nur als zusätzliche Leistung mit übernommen werden.

– **Vorbereiten und Mitwirken bei der Vergabe sicherheitstechnischer Einrichtungen**

Der Koordinator wirkt im Rahmen der von ihm zu erbringenden Grundleistungen mit bei der Erarbeitung von Lösungsmöglichkeiten zur Vermeidung bzw. Minimierung von Sicherheits- und Gesundheitsrisiken während der Bauausführung. Gleichfalls ist er beratend bei der Planung bleibender sicherheitstechnischer Einrichtungen für mögliche spätere Arbeiten an der baulichen Anlage beteiligt. Da der Koordinator ohnehin darauf hinwirken soll, dass alle auf Sicherheit und Gesundheitsschutz ausgerichteten Leistungen in Ausschreibungen berücksichtigt werden, liegt es nahe, ihn mit dem Erstellen der kompletten, diesbezüglichen Ausschreibungsteile zu beauftragen, sofern der beauftragte Architekt/Ingenieur diese Teilleistung (aus fachlichen Gründen) nicht erbringen kann. In diesem Fall muss diese Leistung analog der HOAI-Leistungsphase 6 (Vorbereiten der Vergabe) gesondert und einzelfallbezogen honoriert werden.

– **Überprüfen von Angeboten in sicherheitstechnischer Hinsicht** (z. B. bei Funktionalausschreibungen, Alternativangeboten oder Sondervorschlägen)

Die Ergebnisse der im Leistungsbild beschriebenen Gefährdungs-Analysen und beratenden Tätigkeit des Koordinators sollten in die Ausschreibungsunterlagen einfließen.

Einleitung

Nicht selten werden jedoch von Anbietern Alternativen oder Sondervorschläge angeboten, die nicht mehr zu dem ursprünglichen Arbeitssicherheits-Konzept passen. Die dadurch notwendigen Folgen für die SiGe-Planung müssen überprüft und bewertet werden. Diese Aufgabe sollte sinnvollerweise der Koordinator übernehmen. Da diese jedoch zusätzlich zu erbringen ist und möglicherweise eine komplette Überarbeitung der SiGe-Planung zur Folge hat, ist die Leistung gesondert zu honorieren. Eine Sonderstellung nimmt die Funktionalausschreibung ein. Hierbei werden in der Regel nur grobe Vorgaben zu Fragen der Arbeitssicherheit und des Gesundheitsschutzes gemacht. Gleichwohl müssen alle, u. U. sehr verschiedene Angebote in dieser Hinsicht überprüft werden, ehe die Planung der Ausführung nach der Vergabe abgeschlossen werden kann.[1212]

– **Regelmäßige Teilnahme an allgemeinen Baubesprechungen**
In den regelmäßig durchgeführten Baubesprechungen der Bauüberwachung des Bauherrn mit den Bauleitern und Fachbauleitern der Auftragnehmer wird der Leistungsstand abgeglichen. Konkrete Ausführungstermine und offene Ausführungsdetails werden abgestimmt und formale Aspekte (Aufmaß, Abrechnung, Bautageberichte) durchgesprochen. Diese Sachverhalte betreffen nicht den Koordinator, sofern die Baumaßnahme vom Umfang, Inhalt sowie Zeitplan planmäßig verläuft und sich kein Änderungsbedarf an den Festlegungen der Sicherheits- und Gesundheitsschutzplanung ergibt. – Um den erforderlichen Zeitaufwand des Koordinators im Rahmen der Grundleistungen auf den zweckmäßigen Umfang zu begrenzen, ist davon auszugehen, dass der Koordinator nicht oder nur eingeschränkt an den regelmäßigen Baubesprechungen teilnimmt bzw. dass er in Abstimmung mit dem Bauherrn gesonderte Besprechungen veranlasst und durchführt. Eine sinnvolle Begrenzung lässt sich durch Aufnahme eines gesonderten Protokollpunktes (z. B. Punkt 1 der Tagesordnung: Sicherheits- und Gesundheitsschutz-Koordination) und dessen Bearbeitung in den Baubesprechungen in regelmäßigen Abständen oder nach Erfordernis erreichen. – Wünscht der Bauherr die regelmäßige Teilnahme des Koordinators an den Baubesprechungen auch über die Dauer des ihn betreffenden Tagesordnungspunktes hinaus oder erweist sich die Teilnahme aufgrund ständiger kurzfristiger Änderungen des Bauablaufes oder noch nicht feststehender Ausführungsplanung als erforderlich, ist der damit verbundene Aufwand des Koordinators als Besondere Leistung gesondert zu vereinbaren und einzelfallbezogen zu vergüten.

– **Erstellen eines Baustellen-Einrichtungsplanes**
Je beengter die Verhältnisse auf einer Baustelle sind, desto notwendiger ist das Vorhandensein eines Baustellen-Einrichtungsplanes und desto schwieriger ist dessen Erstellung. Die hierfür notwendige Vorplanung ist häufig zwangsläufig Bestandteil der Vorbereitung zur Ausarbeitung des Sicherheits- und Gesundheitsschutzplanes. Daher liegt es nahe, diese Aufgabe als zusätzliche Leistung dem Koordinator mit zu übertragen, da er ohnehin bei der Planung der Baustelleneinrichtung mitwirken muss.

1212 Vgl. hierzu auch RAB 10.

Einleitung

– **Erstellen einer Baustellen-Ordnung**
Es ist nach der Baustellenverordnung nicht erforderlich, eine Baustellen-Ordnung auszuarbeiten. Gleichwohl macht eine derartige Baustellen-Ordnung auch im Hinblick auf Arbeitssicherheit und Gesundheitsschutz Sinn, weil in ihr alle wesentlichen Regeln für einen reibungslosen und ungestörten Baustellenbetrieb festgehalten werden können. Die Baustellen-Ordnung kann daher gut in die Sicherheits- und Gesundheitsschutzplanung integriert werden. Dies wird auch in der RAB 30 als Option für die Koordinator-Aufgaben so beschrieben. Die Erstellung dieses Dokumentes ist daher eine sinnvolle Besondere Leistung und separat zu honorieren.

– **Beraten zu notwendigen verkehrssichernden Maßnahmen des Bauherrn oder der ausführenden Firmen (im Sinne von § 823 (1), BGB)**
Gemäß § 1 Abs. 1 BaustellV »dient die Verordnung der wesentlichen Verbesserung von Sicherheit und Gesundheitsschutz der Beschäftigten auf Baustellen«. Damit wird eindeutig die Zielgruppe definiert, für die alle weiteren aus der Baustellenverordnung resultierenden Maßnahmen ausgelegt werden und ist im Sinne von § 823 Abs. 2 BGB eine Verordnung mit Schutzwirkung zugunsten Dritter. Das bedeutet, dass Beschäftigte, die in keinem direkten Vertragsverhältnis zum Koordinator stehen, bei nachweislich von ihm verursachten Schäden Ersatzansprüche geltend machen können. Der Koordinator ist dagegen nach den Anforderungen der Baustellenverordnung nicht für den Schutz Dritter, also an der Baumaßnahme Unbeteiligter, verantwortlich und muss auch nicht im Rahmen der von ihm zu erbringenden Grundleistungen dahingehende Maßnahmen koordinieren. Es steht allerdings dem Koordinator frei, z. B. von Bauherrenseite festgelegte Lösungen in den Sicherheits- und Gesundheitsschutzplan mit aufzunehmen.[1213] – Für die allgemeine Verkehrssicherung nach § 823 Abs. 1 BGB, ist immer unmittelbar der Verursacher verantwortlich. Das sind primär die ausführenden Firmen und ist sekundär der Bauherr als Veranlasser der Baumaßnahme. Insofern ist das mögliche Planen und Festlegen von verkehrssichernden Maßnahmen durch den Koordinator vertraglich genau zu definieren und gesondert zu honorieren.

– **Erstellen von Fluchtwegplänen und/oder Rettungskonzepten**
Gerade das Bauen im Bestand ist häufig mit einer Reduzierung oder Sperrung von Verkehrs- und damit auch Rettungswegen verbunden. Der Bauherr muss sich daher, zumindest wenn innerhalb eines betroffenen Objektes mit größeren Personenansammlungen (z. B. in Schulen) zu rechnen ist, Gedanken um die Evakuierung im Katastrophenfall machen. Diese Aufgabe kann der Koordinator übernehmen, weil er zum einen mit der Baumaßnahme und den Örtlichkeiten und zum anderen mit der Arbeitsstätten-Verordnung vertraut ist, in der u. a. Anforderungen an Fluchtwege gestellt werden.

– **Erstellen von Verkehrslenkungsplänen**
Bei Arbeitsstellen an Straßen oder größeren Baumaßnahmen, die mit Eingriffen in das öffentliche Straßennetz verbunden sind, müssen unter Umständen Verkehrslenkungspläne erstellt werden. Ggf. ist es sinnvoll, diese Aufgabe als Besondere Leistung dem Koordinator zu übertragen.

1213 Vgl. inhaltliche Empfehlungen, RAB 31.

Einleitung

– **Einholen von straßenverkehrsrechtlichen Anordnungen**
Wenn infolge eines Baustellenbetriebes ein Eingriff in den öffentlichen Straßenverkehr vorgenommen werden muss, ist nach den Richtlinien für die Sicherung von Arbeitsstellen an Straßen (RSA) bei der zuständigen Straßenverkehrsbehörde eine verkehrsrechtliche Anordnung einzuholen. Da diese nicht nur den anderen Verkehrsteilnehmern, sondern letztlich auch häufig dem Schutz der Beschäftigten auf der Baustelle dient, kann diese Aufgabe auch vom Koordinator erbracht werden. Gleichfalls kann er die Funktion des Verantwortlichen im Sinne der RSA übernehmen, sofern er die seit 01.01.2001 nach MVAS 99[1214] geforderten Qualifikationen besitzt.

– **Entwickeln von Konzepten und Organisieren von Maßnahmen zu Sicherheitsfragen (im Sinne von »security«)**
In bestimmten Fällen ist der Bauherr daran interessiert, die Baustelle oder einzelne Abschnitte des Betriebes zu sichern. Diese Sicherung ist zum Beispiel im Hinblick auf Diebstahl und Vandalismus oder im Hinblick auf Zugangskontrollen in sensiblen Bereichen erforderlich. Die hierfür ggf. notwendigen Konzepte können vom Koordinator mit entwickelt und/oder eine diesbezügliche Sicherheits-Organisation mit übernommen werden.

d) Honorarfragen

Die Frage, welches **Honorar** für die Leistungen im Zusammenhang mit der SiGe-Koordination verlangt bzw. vereinbart werden kann, bleibt definitiv ungeklärt. Ein Honorar steht auf jeden Fall demjenigen zur Verfügung, der zusätzliche Leistungen im Rahmen der Objektplanung erbringt, weil die originären Leistungen der SiGe-Koordination ganz sicher nicht zu den Leistungen gehören, welche durch das Honorar nach HOAI abgedeckt sind (vgl. oben Rdn. 443). Die frühere Streitfrage, ob es sich um Besondere Leistungen oder völlig außerhalb der HOAI stehende Leistungen handelt, hat sich erledigt (vgl. oben Rdn. 445). Die Vertragsparteien können das Honorar für die Leistungen völlig frei vereinbaren. Die Vereinbarung unterliegt auch keinen Formvorschriften. Sie muss weder schriftlich noch bereits bei Auftragserteilung erfolgen. Möglich ist es, ein Pauschalhonorar oder auch Zeithonorar zu vereinbaren oder auch für Teile der Leistungen eine Pauschale und im Übrigen Zeithonorar. Dennoch wird selbstverständlich empfohlen, von Beginn an einen gesonderten schriftlichen Vertrag für die Leistungen nach Baustellenverordnung (»SiGeKo-Vertrag«) mit dem Bauherrn abzuschließen. 465

Fehlt eine Honorarvereinbarung, dann steht dem Auftragnehmer die übliche Vergütung für die konkrete Leistung zu (§ 632 Abs. 2 BGB; vgl. § 1 Rdn. 13). Insoweit kann die AHO-Praxishilfe, zweite vollkommen neu bearbeitete Auflage, März 2011 eine Hilfe darstellen. Ob es sich insoweit schon um die übliche Vergütung handelt, muss ggf. im Rechtsstreit durch Sachverständigengutachten geklärt werden. Nachdem der V. S. G. K. e. V. für diese Praxishilfe projektspezifische Umfragen durchgeführt und weitere planungsrelevante Erhebungen vorgenommen hat, dürfte es richtig sein, diese, 466

1214 Merkblatt über Rahmenbedingungen für erforderliche Fachkenntnisse zur Verkehrssicherung von Arbeitsstellen an Straßen.

Einleitung

gegenüber früheren Erhebungen, genaueren Ergebnisse im Rahmen der Ermittlung einer übliche Vergütung heranzuziehen. Die o. g. AHO-Praxishilfe hat seit ihrer Veröffentlichung hinsichtlich der dort erarbeiteten »Grundleistungen nach Baustellenverordnung« eine hohe Akzeptanz erreicht. Allerdings können die dazugehörigen Honorare in den seltensten Fällen erzielt werden.

467 Für die Ermittlung des angemessenen Honorars gibt es verschiedene Modelle. Ein Anhaltspunkt für die Praxis ist auch, dass eine gerichtliche Entscheidung ein Honorar in Höhe von 0,4–0,6 % der Nettobausumme als akzeptabel angesehen hat.[1215] Die meisten der seit Einführung der Baustellenverordnung im Jahr 1998 erarbeiteten Vorschläge für eine Honorierung haben sich jedoch in der Praxis nicht bewährt und wurden deshalb seit inzwischen mehr als 10 Jahren nicht fortgeschrieben (z. B. Freie Honorarvereinbarung in Abhängigkeit von der Qualifikation des Auftragnehmers und die Stundensätze des früheren § 6 HOAI a. F.).[1216] Auch das bereits 1999 von der Architektenkammer Nordrhein-Westfalen herausgegebene Honorarmodell scheiterte an einer hinreichenden Absicherung wegen nicht genügender, abgeschlossener Projekte. Die Honorarempfehlungen der Vereinigung der Koordinatoren für Sicherheits- und Gesundheitsschutz (BVKSG e. V.) wurden bereits im Jahre 2001 wieder zurückgezogen.

468 Einzig der Ausschuss der Verbände und Kammern der Ingenieure und Architekten für die Honorarordnung e. V. (AHO) hat zusammen mit dem V. S. G. K. e. V., Verband der Sicherheits- und Gesundheitsschutzkoordinatoren Deutschlands, eine Fachkommission zur vollständigen Überarbeitung und Erweiterung des bereits 2001 in erster Auflage erschienenen Praxisleitfadens »Leistungen nach Baustellenverordnung«, Schriftenreihe des AHO, Heft Nr. 15 eingerichtet. Ziel war die Aufstellung eines eng an die Baustellenverordnung gekoppelten Leistungsbildes für die Sicherheits- und Gesundheitsschutzkoordination. Daraus resultierend wurde eine gerechte Honorarsystematik erarbeitet. Die Empfehlungen liegen, wie mehrfach zitiert, in Form einer 2. vollständig überarbeiteten und erweiterten Auflage mit dem Titel »Leistungen nach der Baustellenverordnung« – Leistungsbild und Honorierung[1217] – seit 2011 vor. Die für die Honorarfindung maßgebenden Faktoren sind im **Anhang 5** abgedruckt.

469 Unter Bezugnahme auf die Praxisempfehlungen 2011 des AHO kann festgestellt werden, dass der Ansatz von 0,4 % bis 0,6 %, wie ihn das OLG Celle für akzeptabel hält, nach wie vor nicht generell zutreffend ist.

e) Haftung des SiGeKo

470 Die Leistungen des SiGeKo dürften dienstvertraglich zu qualifizieren sein, weshalb primär eine Haftung auf Schadensersatz wegen etwaiger Pflichtverletzung in Frage kommt (§§ 241, 280 f. BGB). Neben der Pflichtverletzung sind keine weiteren Voraussetzun-

---

1215 OLG Celle BauR 2004, 1649.
1216 *Tepasse*, Handbuch der Sicherheits- und Gesundheitsschutz-Koordination, 3. Aufl., 2001.
1217 ISBN 978-3-89817-940-9, zu beziehen über AHO e. V., Berlin; Fax (030) 31 01 917–11 oder www.aho.de/schriftenreihe.

gen gegeben mit Ausnahme des Verschuldens, wobei jedoch leichte Fahrlässigkeit ausreicht. Ansprüche verjähren in drei Jahren, beginnend ab Ende des Jahres, in dem die Kenntnis bzw. grob fahrlässige Unkenntnis der anspruchsbegründenden Umstände eintritt (§§ 195, 199 BGB).

Der SiGeKo kann auch primär bzw. sekundär verkehrssicherungspflichtig werden.[1218] 471
Umstritten ist, ob der Bauherr durch Einsatz des SiGeKo von der Verkehrssicherungspflicht befreit wird. Das ist zu verneinen.[1219]

Als Haftungsgrundlagen kommen vertragsrechtliche Ansprüche und auch deliktische 472
Ansprüche in Frage.[1220] Bezüglich der Verjährung dieser Ansprüche kann es im Einzelfall Zweifelsfragen geben.[1221] Für beide Arten von Ansprüchen gilt normalerweise die Regelverjährungsfrist von 3 Jahren (§ 195 BGB), beginnend ab Kenntnis bzw. grob fahrlässiger Unkenntnis der anspruchsbegründenden Umstände (§ 199 Abs. 1 BGB). Die Höchstfrist beträgt für Sachschäden 10 Jahre und für die Verletzung von Körper oder Gesundheit 30 Jahre (§ 199 Abs. 2, 3 BGB).

42. Der Projektmanagement- und Projektsteuerungsvertrag

a) Die Aufgaben des Projektmanagements und der Projektsteuerung

Mit dem **Projektmanagement** und insbesondere mit der **Projektsteuerung** hat sich ein 473
neues Berufsbild als selbstständiger technisch-wirtschaftlicher Leistungsbereich durchgesetzt. Gerade bei der Realisierung komplexer Immobilienprojekte in fest vorgegebenen Zeiträumen sind Auftraggeber mit der Koordinierung, Steuerung und Überwachung der Geschehensabläufe in technischer, rechtlicher und wirtschaftlicher Hinsicht überfordert. Diese originären Bauherrenaufgaben werden deshalb von den Auftraggebern, bei denen es sich häufig um reine Investoren handelt, auf Projektsteuerer übertragen[1222]. Mochte es zum Zeitpunkt des Inkrafttretens der HOAI noch streitig sein, ob dem Projektsteuerer neben dem Architekten und Fachingenieur eine sinnvolle fachliche Betätigung zukommt, so haben sich das Projektmanagement und die Projektsteuerung längst als selbständige technisch-wirtschaftliche Leistungsbereiche[1223] durchgesetzt. Mit dem Entstehen eines bedeutsamen Markts wurde auch ein neues Berufsbild entwickelt, welches eine Honorarregelung nahelegt.

In der amtlichen Begründung zu § 31 HOAI 1996 wurde dies für die Projektsteuerung 474
wie folgt beschrieben:

»*Mit steigendem Bauvolumen wachsen die Anforderungen an den Auftraggeber, seine Vor-* 475
stellungen von der Bauaufgabe in die Praxis umzusetzen, wobei er die Geschehensabläufe

---

1218 Vgl. die entsprechenden Ausführungen bei § 34 Rdn. 250 f.
1219 *Sohn*, FS Koeble, S. 549 (555) m. w. N.; vgl. auch § 34 Rdn. 250 f. entsprechend.
1220 *Sohn*, FS Koeble, S. 549 (556 f.).
1221 *Sohn*, FS Koeble, S. 549 (558 ff.).
1222 Vgl. dazu OLG Düsseldorf BauR 2015, 154 = NZBau BauR 2014, 644.
1223 *Eschenbruch*, Rn. 2.

Einleitung

in technischer, rechtlicher und wirtschaftlicher Hinsicht zu koordinieren, zu steuern und zu überwachen hat. Diese Tätigkeiten sind originäre Aufgaben des Auftraggebers und von den Leistungen des Architekten und Ingenieurs zu trennen. Infolge der zunehmenden Kompliziertheit der Geschehensabläufe, insbesondere durch Einschaltung von anderen an der Planung fachlich Beteiligten sind Auftraggeber ab einer bestimmten Größenordnung des Projekts nicht immer in der Lage, sämtliche Steuerungsleistungen selbst zu übernehmen. In der Praxis werden in diesen Fällen Aufträge für Leistungen bei der Projektsteuerung erteilt. Die Aufträge umfassen insbesondere Beratungs-, Koordinations-, Informations- und Kontrollleistungen. Da keine repräsentativen Untersuchungen für eine angemessene Honorierung vorliegen, beschränkt sich die Verordnung darauf, die Leistungen der Projektsteuerung zu umschreiben und hinsichtlich der Honorierung die freie Vereinbarung zuzulassen.«

b) Das Projektmanagement und die Abgrenzung zur Projektsteuerung

476 Die Begriffe »Projektmanagement« und »Projektsteuerung« sind gesetzlich nicht definiert. Ihnen kommt deshalb kein klar umrissener Inhalt zu, der eine eindeutige Abgrenzung ermöglichen würde. In § 1 der »Leistungs- und Honorarordnung Projektmanagement in der Bau- und Immobilienwirtschaft« des AHO, Stand Mai 2014 (vgl. Rdn. 488) wurde eine Definition des Begriffs »Projektmanagement« auf der Grundlage der DIN 69901-5: 2009-01 vorgenommen. Danach umfasst das **Projektmanagement** die Gesamtheit von Führungsaufgaben, -Organisation, -Techniken und -Mitteln für die Abwicklung eines Projekts. Dabei gliedert sich das Projektmanagement in die **Projektsteuerung** und die **Projektleitung**. Leistungen der Projektsteuerung werden von Auftragnehmern erbracht, wenn sie Funktionen in beratender Unterstützung des Auftraggebers bei der Steuerung von Projekten mit mehreren Fachbereichen übernehmen. Dagegen beinhaltet die Projektleitung Unterstützungsleistungen für den Auftraggeber bei der Realisierung des Projekts in Organisations-, Entscheidungs- und Durchsetzungsfunktion. Die Projektleitung stellt die für die Dauer eines Projekts geschaffene Organisationseinheit dar, welche für Planung, Steuerung und Überwachung dieses Projekts verantwortlich ist. Bereits aus dieser Definition ergibt sich, dass eine exakte Abgrenzung nicht möglich ist.[1224]

477 Der Begriff »**Projektmanagement**« stellt danach einen Oberbegriff dar und ist somit weiter als der Begriff der Projektsteuerung gefasst. Auch er geht in Anlehnung an die DIN 69901-5: 2009-01 davon aus, dass das Projektmanagement die Gesamtheit aller Führungsaufgaben, -Organisation, -Techniken und -Mittel für die Initiierung, Definition, Planung, Steuerung vor dem Abschluss von Projekten umfasst, während die Projektsteuerung mehr operativ unterstützende Funktionen enthält.

478 In rechtlicher Hinsicht ist diese unscharfe Abgrenzung ohne Bedeutung, weil es weder eine gesetzliche Begriffsbestimmung noch eine gesetzliche Honorarregelung gibt, sodass der Umfang der von dem Projektmanager/Projektsteuerer geschuldeten Leistungen ebenso vertraglich festzulegen ist, wie dessen Vergütung.

1224 *Eschenbruch*, Rn. 183 f.

Einleitung

c) **Die Bedeutung der Projektsteuerung und ihrer Regelung in § 31 HOAI 1996**

In § 31 Abs. 1 HOAI 1996 war eine Definition von Projektsteuerungsleistungen enthalten und in Abs. 2 der Vergütungsanspruch von einer schriftlichen Honorarvereinbarung bei Auftragserteilung abhängig gemacht worden. Nachdem der BGH das Schriftformerfordernis in Abs. 2 für nichtig erklärt[1225] und außerdem festgestellt hatte, dass die HOAI auf den Projektsteuerungsvertrag nicht anwendbar war,[1226] kam der Vorschrift lediglich als Abgrenzungskriterium und beispielhafte Beschreibung von Projektsteuerungsleistungen Bedeutung zu. Es war deshalb naheliegend, dass der funktionslose § 31 HOAI in der 6. HOAI-Novelle vollständig gestrichen wurde. Der in § 31 HOAI 1996 aufgeführte Leistungskatalog enthielt keine vollständige Auflistung aller Projektsteuerungsleistungen. Es konnten auch nur Teilleistungen aus diesem Katalog oder weitere Leistungen erbracht werden. Schon damals gab es kein allgemein gültiges Leistungsbild und keine Beschreibung, die verbindlich die Leistungspflichten erschöpfend geregelt hatte. In der Praxis sind deshalb sehr verschiedene und über die in § 31 HOAI 1996 aufgeführten Leistungsbilder hinausgehende Leistungen anzutreffen. 479

Im Einzelnen konkretisierte sich der **Leistungskatalog des § 31 HOAI 1996** u. a. wie folgt: 480

Zu Projektstufe 1 »Klären der Aufgabenstellung«:

Vorbereitung, Terminierung und Einberufung von Sitzungen nebst Tagesordnung und Protokollierung, Organisationspläne, Herstellung des Leistungsprogramms.

Zu Projektstufe 2 »Klärung der Voraussetzungen für den Einsatz von Planern und anderen an der Planung fachlich Beteiligten«: 481

Trennung und Vorschläge hinsichtlich benötigter Sonderfachleute, Eignungsprüfung nicht bekannter Planer, Technischer Überwachungsverein, übergreifende Verkehrsplanung.

Zu Projektstufe 3 »Aufstellung und Überwachung von Organisations-, Termin- und Zahlungsplänen«: 482

Festlegung der Honorare der übrigen Planungsbeteiligten, Investitionsplanung, Betreiben der erforderlichen Genehmigungsprozesse nebst Vorgesprächen, Terminplanung als differenziertes Balkendiagramm oder als Netzplan.

Zu Projektstufe 4 »Koordinierung und Kontrolle der Projektbeteiligten«: 483

Überprüfung der Vertragserfüllung durch die Projektbeteiligten, Kontrolle hinsichtlich Einhaltung der Termine und der Erfüllung der übernommenen Leistungsverpflichtungen und fachliche Kontrolle der Planungsdaten.

1225 BGH BauR 1997, 497 = NJW 1997, 1694.
1226 BGH BauR 2007, 724 = NJW-RR 2007, 596.

Einleitung

484 **Zu Projektstufe 5 »Vorbereitung und Betreuung der Beteiligung von Planungsbetroffenen«:**

Dies kann sich beziehen auf Betriebsräte, besondere von der Planung betroffene Mitarbeiter, kommunale Gremien, Bürgerinitiativen.

485 **Zu Projektstufe 6 »Fortschreibung der Planungsziele und Klärung von Zielkonflikten«:**

Anpassung an betrieblich-organisatorische Veränderungen, Finanzierungsmittel reichen nicht aus und müssen erhöht werden.

486 **Zu Projektstufe 7 »Laufende Information des Auftraggebers über die Projektabwicklung und rechtzeitiges Herbeiführen von Entscheidungen des Auftraggebers«:**

Benennung von planungsbehindernden Ursachen und von Vorschlägen für die Beseitigung dieser Hindernisse.

487 **Zu Projektstufe 8 »Koordinierung und Kontrolle der Bearbeitung von Finanzierungs-, Förderungs- und Genehmigungsverfahren«:**

Finanzierung über Bundes- und Landesmittel, Stiftungen, private Geldgeber, Banken, Förderungsverfahren, Genehmigungsverfahren.

d) Das Leistungsbild der Projektsteuerung nach dem AHO-Vorschlag

488 Aufgrund der Lückenhaftigkeit des Leistungsbildes des § 31 HOAI 1996, der nicht geregelten Höhe der jeweiligen Honorierung sowie der rasanten Entwicklung der Projektsteuerung hatte der Deutsche Verband der Projektsteuerer bereits in den Jahren 1990 bis 1994 Entwürfe zum Leistungsbild und zur Honorierung der Projektsteuerung veröffentlicht. Diese Vorschläge sind in den Entwurf einer »Leistungs- und Honorarordnung Projektmanagement in der Bau- und Immobilienwirtschaft« der gegründeten Fachkommission »Projektsteuerung/Projektmanagement« des AHO[1227] eingegangen.[1228] Die jetzige Fassung vom Mai 2014[1229] enthält eingehende Regelungsvorschläge für eine umfassende Honorarordnung für Projektsteuerungsleistungen. Dabei wurde der Versuch einer Abgrenzung zu den Leistungen der Objektplanung nach der HOAI 2013 unternommen, die durch die Aufnahme von Koordinierungs-, Termin- und Kostensteuerungsaufgaben eine Erweiterung des Leistungsbilds auch in Richtung auf Projektsteuerungsleistungen enthält. Der Entwurf des AHO stellt heute die am weitesten verbreitete aber keinesfalls die einzige[1230] Vertragsgrundlage für die Übertragung von Projektsteuerungsleistungen dar. Er ist deshalb im **Anhang 5** abgedruckt. Hierin wird in Anlehnung an die sonstigen in der HOAI enthaltenen Leistungsbilder ein voll-

---

[1227] Ausschuss für die Honorarordnung der Ingenieurkammern und Verbände.
[1228] Zur Entwicklung vgl. *Eschenbruch*, Rn. 56 ff.
[1229] Projektmanagementleistungen in der Bau- und Immobilienwirtschaft, 4. Aufl. AHO Schriftenreihe Nr. 9.
[1230] Zu erwähnen ist insbesondere der Projektmanagement-Mustervertrag BBR.

Einleitung

ständiges Leistungsbild entwickelt und es werden die Projektsteuerungsleistungen auch hinsichtlich der anrechenbaren Kosten in das Gesamtsystem der HOAI eingebunden.[1231]

Die Projektsteuerung wird in fünf Honorarzonen je nach Projektsteuerungsanforderungen eingestuft. Die Leistungen sind in § 2 in 5 Projektstufen zusammengefasst (Projektvorbereitung, Planung, Ausführungsvorbereitung, Ausführung, Projektabschluss).[1232] Die Projektstufen enthalten jeweils fünf Handlungsbereiche (A–E), die jeweils in einzelne Teilleistungen untergliedert sind. **489**

A. Organisation, Information, Koordination und Dokumentation
B. Qualitäten und Quantitäten
C. Kosten und Finanzierung
D. Termine, Kapazitäten und Logistik
E. Verträge und Versicherungen

In § 1 befindet sich eine Definition des Anwendungsbereichs des Leistungsbilds mit einer Definition der Leistungen des Projektmanagements, der Projektsteuerung und Projektleitung. Das Leistungsbild der Projektsteuerung ist in § 2 und das Leistungsbild der Projektleitung in § 3 enthalten. In § 4 sind allgemeine Vorschläge und Regelungen zu Honorierung aufgeführt, § 5 regelt die Bemessung des Honorars nach anrechenbaren Kosten sowie die Einordnung in Honorarzonen und § 6 die Honorierung von Teilleistungen der Projektsteuerung als Einzelleistung. In § 7 ist eine Honorartafel enthalten. § 9 regelt die Honorierung nach Zeitaufwand, § 10 Nebenkosten, § 11 Zahlungen und § 12 die Umsatzsteuer. Im Anschluss daran werden die einzelnen Leistungen kommentiert. Die Honorarermittlung nach dem AHO-Modell übernimmt somit die Systematik der §§ 3 ff. HOAI für die in § 2 Abs. 1 HOAI aufgeführten Objekte. **490**

Zu beachten ist, dass die Anwendung des AHO-Modells sowohl hinsichtlich des Umfangs der beauftragten Projektsteuerungsleistungen als auch – insoweit in Abweichung von sonstigen in der HOAI enthaltenen Leistungsbildern – hinsichtlich der Honorierung eine **ausdrückliche Vereinbarung** voraussetzt. Die in dem AHO-Modell enthaltene prozentuale Bewertung für die einzelnen Projektstufen kann auch ohne Vereinbarung dieses Vertragsmodells als Anhaltspunkt für die Bewertung der erbrachten Leistungen bei nicht vollständiger Durchführung eines Projektsteuerungsvertrages dienen, wenn in diesem Vertrag keine anderweitige Bewertung der Einzelleistungen vereinbart wurde.[1233] **491**

1231 Zur Bewertung von Teilleistungen nach dem AHO-Modell 2014 vgl. *Eschenbruch/Schneider* BauR 2015, 400; nach dem AHO-Modell 2009 *dies.* BauR 2010, 389.
1232 Die Leistungs- und Honorarordnung nach dem AHO-Modell ist im Anhang 5 abgedruckt.
1233 OLG Hamburg NJW-RR 2003, 1670 = NZBau 2003, 686.

Einleitung

e) Abgrenzungsfragen

492 Die **Abgrenzung** zwischen den **Leistungen des Projektsteuerers und** des planenden **Architekten** ist schwierig und unscharf.[1234] In einem engen Zusammenhang damit steht die Frage, ob die Projektsteuerungsleistungen an Architekten nur selbständig oder auch zusätzlich zu den Leistungen der Objektplanung und gegebenenfalls weiteren Leistungen übertragen werden können. Dies wäre vor allem dann zweifelhaft, wenn kein Abgrenzungskriterium zwischen den delegierbaren Bauherrenleistungen (Projektsteuerungsleistungen) und den Leistungen des Planers gefunden werden könnte. Die Trennung von Architekten- und Projektsteuerungsleistungen soll nach einer älteren Auffassung dadurch erfolgen, dass das Bauwerk als »Objekt« dem »Projekt« gegenübergestellt wird.[1235] Auf das »Projekt« ziele die Absicht und das Bemühen des Bauherrn oder einzelner Leistungsträger, »die für die Errichtung des Bauwerks (Objekt) erforderlichen direkten und/oder mittelbaren Leistungen« zu erbringen.

493 Diese Abgrenzungsproblematik wird am Beispiel der Zeitplanung dargestellt. Zu den Grundleistungen nach § 34 Leistungsphase 8 HOAI gehört das Aufstellen, Fortschreiben und Überwachen eines Terminplanes (Balkendiagramm). Zu den Besonderen Leistungen zählen: »Aufstellen, Überwachen und Fortschreiben von differenzierten Zeit-, Kosten- und Kapazitätsplänen«. Zu den Projektsteuerungsleistungen gehören die Aufstellung und Überwachung von Organisations-, Termin- und Zahlungsplänen, bezogen auf Projekt und Projektbeteiligte. Der Terminplan nach § 34 HOAI würde eine »prinzipielle und weniger detaillierte Zeitplanung« verlangen, die sich lediglich auf den materiellen Prozess der Bauwerksentwicklung in der Leistungsphase 8 beziehen würde. Der Terminplan im Rahmen der Projektsteuerung beziehe sich dagegen auf den Gesamtprozess der Bauwerksentwicklung und sei zeitlich und inhaltlich weit umfangreicher als der Zeit- und Leistungsbereich des Architekten nach der Anlage 10 zu § 34 Abs. 2 HOAI. Die Zeitplanung des Projektsteuerers gehe auch inhaltlich über die des Architekten hinaus. Er disponiere die prinzipielle Leistungsbereitschaft der für die Bauwerksentwicklung erforderlichen Leistungsträger.

494 Richtig hieran ist, dass etwa die Klärung der Aufgabenstellung, sowie Erstellung und Koordinierung des Programms für das Gesamtprojekt über die Leistungen des planenden Architekten hinausgehen können und dass die Koordinierungspflichten für das Gesamtobjekt umfassender sein können als diejenigen, die der Architekt zu erbringen hat. Ebenso können die Anforderungen an Terminpläne nach Detaillierung und Dauer der darin einbezogenen Termine umfassender sein, obwohl sie für den Architekten in der Anlage 10 zu § 34 HOAI 2013 eine deutliche Erweiterung erfahren haben. Außerdem waren schon in den beispielhaft angeführten Grundleistungen des § 31 HOAI 1996 Leistungen enthalten, die der Architekt nicht zu erbringen hat.[1236] Diese Leistungen

---

1234 Vgl. *Eschenbruch*, Rn. 189 ff.; *Motzke/Wolff*, S. 479 f.; *Saerbeck*, FS Jochem S. 271 ff.
1235 *Will* BauR 1984, 333; vgl. dazu *Eschenbruch*, Rn. 189 ff., der diese Auffassung zutreffenderweise ablehnt.
1236 Projektprogramm für das Gesamtprojekt, Überwachung von Organisations-, Termin- und Zahlungsplänen, Betreuung der Beteiligung von Planungsbetroffenen, laufende Informa-

Einleitung

decken sich nicht mit denjenigen aus den Leistungsbildern des § 34 HOAI, weil die Leistungen der Projektsteuerung im Wesentlichen zu den Funktionen des Auftraggebers gehören. Die Koordinierung[1237] der Geschehensabläufe in technischer, rechtlicher und wirtschaftlicher Hinsicht obliegt dem Auftraggeber auch dann, wenn er einen Architekten heranzieht. Die daneben bestehenden Koordinierungspflichten des Architekten ändern hieran nichts.

Andererseits ist aber zu beachten, dass die Klärung der Aufgabenstellung oder das in der Leistungsphase 2 enthaltene Abstimmen der Zielvorstellungen und das Aufstellen eines Katalogs für die Planung und Abwicklung der Programmziele durch den Architekten ebenfalls der Projektverwirklichung dienen und eine zweckgerichtete Bemühung hierzu darstellt. Die umfassende Sachwalterpflicht des Architekten bezieht sich auch auf die Steuerung und Beratung der Entscheidungsschritte des Auftraggebers. In der Unterscheidung von Projekt und Objekt ist zwar tendenziell die Richtung der Abgrenzung bestimmt. Überschneidungen sind jedoch vorhanden. So haben sowohl der Architekt wie auch der Auftraggeber Zielkonflikte zu klären. Der Architekt hat den Auftraggeber laufend zu informieren. Es wird in der Praxis kaum möglich sein, die Steuerungs- und Überwachungsfunktionen des Architekten eindeutig von denen des Bauherrn zu trennen[1238]. Diese Problematik wurde durch die verstärkte Aufnahme von Koordinierungs-, Termin- und Kostensteuerungsaufgaben in das Leistungsbild Objektplanung in der HOAI 2013 (§ 34 Anlage 10) noch verstärkt. Hier liegen Überschneidungen zu den Projektsteuerungsleistungen vor, welche eine abstrakte Abgrenzung der gegenseitigen Leistungen ausschließen. Es wird also für die Abgrenzung im Wesentlichen auf den Umfang der Übertragung der Auftraggeberaufgaben im jeweiligen Projektsteuerungsvertrag ankommen[1239] und im Hinblick auf mögliche Überschneidungen eine Einzelfallüberprüfung notwendig sein.[1240] Umso mehr ist auf eine klare Abgrenzung im Rahmen der Vertragsgestaltung bei der Übertragung der Projektsteuerungsleistungen zu achten, um aus den Überschneidungen resultierende Doppelbeauftragungen zu vermeiden.[1241] 495

Aufgrund der Unterschiede zwischen Objektplanungs- und Projektsteuerungsleistungen ergibt sich auch, dass einem **Architekten neben Objektplanungs- auch Projektsteuerungsleistungen übertragen** werden können. Trotz Abgrenzungsschwierigkeiten und möglichen Überschneidungen ist es nicht unmöglich, dass dem mit der Objektplanung beauftragten Architekten auch die Projektsteuerung übertragen wird.[1242] Es kann 496

---

tion des Auftraggebers über die Projektabwicklung, Koordinierung und Kontrolle der Bearbeitung von Finanzierungs-, Förderungs- und Genehmigungsverfahren.
1237 Zu den Koordinationspflichten des Architekten vgl. *Fischer* BauR 2014, 1998, 2000 ff.
1238 Vgl. *Saerbeck*, FS Jochem S. 271, 281 ff.; *Eschenbruch*, Rn. 208.
1239 Ähnlich *Jochem*, 4. Aufl. § 31 Rn. 2; *Eschenbruch*, Rn. 199.
1240 *Korbion* in KMV, Grundl. Rn. 805.
1241 Vgl. dazu *Eschenbruch* Rn. 199 ff.
1242 BGH BauR 1997, 497; 499 = NJW 1997, 1694; OLG Nürnberg BauR 2001, 438; KG BauR 2004, 389 = IBR 2004, 31; OLG Hamm BauR 2008, 2062; *Eschenbruch*, Rn. 223; *Werner* in *Werner/Pastor*, Rn. 1925.

Einleitung

allerdings von einer wirksamen Kontrolle dann nicht die Rede sein, wenn die an der Entwicklung des Bauwerks beteiligten Leistungsträger sich selbst kontrollieren.

497 ▶ **Beispiel:**

Die Ausschreibung des planenden Architekten ist lückenhaft, oder der Zeitplan mit Balkendiagramm ist falsch; der Architekt als Projektsteuerer berichtigt diesen Fehler nicht.

498 Überträgt aber der Auftraggeber einem Projektsteuerer typische Bauherrenaufgaben, so wird der Projektsteuerungsvertrag nicht dadurch nichtig, dass sich ein Teil dieser Leistungen mit den Leistungspflichten überschneidet, die der Projektsteuerer als Architekt zu erbringen hat.[1243] Der Projektsteuerer haftet für die Erbringung seiner Projektsteuerungsleistungen unabhängig von seiner Haftung als Architekt, wie wenn er diese Projektsteuerungsleistungen gegenüber einem fremden planenden Architekten zu erfüllen hätte. Es ist auch kein schutzwürdiges Interesse des Auftraggebers anzuerkennen, vor einer teilweisen Doppelhonorierung geschützt zu werden, wenn er diese Unschärfe der Abgrenzung und Überschneidung hinnimmt. Diese ist besonders bei öffentlichen Auftraggebern festzustellen, die nicht selten auch zur haushaltsrechtlichen »Deckung« und zur bequemeren Abwicklung Projektsteuerer beauftragen und ein sehr unscharf abgegrenztes Leistungsbild für die Projektsteuerung vereinbaren oder sich ein solches durch Projektsteuerer aufdrängen lassen. Dabei ist gelegentlich festzustellen, dass dieses vom Projektsteuerer vorgeschlagene Leistungsbild mehr in den Bereich der »Rechts- und Honorarlyrik« gehört, als dass es in fassbarer und klarer juristischer Terminologie vom Leistungsbild der Architekten und Ingenieure abgrenzbar wäre.[1244]

f) Die rechtliche Qualifizierung des Projektsteuerungsvertrags

499 Noch nicht völlig durch die Rechtsprechung geklärt ist die Rechtsnatur des Projektsteuerungsvertrags. Der BGH[1245] weist auf die Parallele zum Architektenhonorarrecht hin und verlangt für die Einordnung als Werkvertrag die Vereinbarung werkvertraglicher Erfolgsverpflichtungen. In dem vom BGH entschiedenen Fall war das Leistungsbild des § 31 HOAI 1996 übertragen worden. Dabei ging es also nicht nur um Beratungs- und Informationspflichten, sondern auch um Erstellung und Koordinierung des Programms für das Gesamtprojekt, die Aufstellung von Organisations- und Zahlungsplänen bezogen auf das Projekt und Projektbeteiligte, Koordinierung und Kontrolle der Projektbeteiligten, Fortschreiben der Planungsziele und die Koordinierung und Kontrolle der Bearbeitung von Finanzierungs-, Förderungs- und Genehmigungsverfahren.

1243 OLG Hamm BauR 2008, 2062.
1244 Vgl. zur Vergütung bei einer Doppelbeauftragung unten Rdn. 526 f.
1245 BauR 1995, 572.

Einleitung

Nach Auffassung des BGH[1246] ist für die rechtliche Qualifikation des Projektsteue- 500 rungsvertrags als Dienst- oder Werkvertrag der Inhalt der konkreten vertraglichen Vereinbarungen maßgeblich. Wenn der Projektsteuerer Aufgaben übernommen hat, bei denen die Erfolgsorientierung überwiegt und den Vertrag prägt, ist Werkvertragsrecht anzuwenden. Dies trifft vor allem dann zu, wenn die zentrale Aufgabe des Projektsteuerers die technische Bauüberwachung eines Generalübernehmers ist. Dabei schadet es für die Einordnung als Werkvertrag nicht, wenn der Projektsteuerer nicht ausschließlich erfolgsorientierte Pflichten übernommen hat. Auch bei Übernahme eines Bündels verschiedener Aufgaben und Überwiegen der erfolgsorientierten Aufgaben liegt ein Werkvertrag vor. Im entschiedenen Fall war kein Vertrag abgeschlossen, der das Leistungsbild des § 31 HOAI 1996 enthielt. Vielmehr waren die Leistungen »lediglich in Anlehnung an § 31 HOAI 1996« vereinbart und in einem Katalog von neun Punkten im Einzelnen spezifiziert worden.

Dagegen hat das OLG Düsseldorf[1247] bei einem Projektsteuerungsvertrag, der sich an 501 das Leistungsbild des § 31 Abs. 1 HOAI 1996 angelehnt hatte, aus der Einzelaufstellung über die auszuführenden Leistungen gefolgert, dass hier vorrangig Beratungs- und Koordinationsleistungen erbracht werden sollten, sodass ein Dienstvertrag mit Geschäftsbesorgungscharakter anzunehmen sei. In einer weiteren Entscheidung hat das OLG Düsseldorf[1248] bei Vereinbarung »des Vollbildes« der Leistungen nach § 31 HOAI 1996 oder des vergleichbaren im Wesentlichen gegenüber § 31 HOAI 1996 nur genauer differenzierten AHO/DVP-Modells ohne Abrede konkreter werkvertraglicher Verpflichtungen den Dienstvertragscharakter bejaht, während der BGH[1249] bereits bei der Beauftragung der ersten beiden Stufen des AHO/DVP-Modells (Projektvorbereitung und Planung) von einem Werkvertrag ausgeht. Bei Projektsteuerungsverträgen mit umfassenden Leistungsbildern hat sich inzwischen in der Rechtsprechung die werkvertragliche Qualifizierung durchgesetzt.[1250]

Die Kontroverse um die Einordnung als Dienst- oder Werkvertrag ist nicht nur aka- 502 demischer Natur, sondern hat erhebliche praktische Bedeutung. Haftungsgrundlagen und Haftungsfolgen sind verschieden:
– Verschuldensunabhängige Mängelansprüche bei Werkverträgen, verschuldensabhängige Haftung bei Dienstverträgen
– unterschiedliche Verjährungsfristen
– unterschiedliche Fälligkeit der Vergütung
– Kündigungsmöglichkeiten und ihre Folgen[1251]
– Sicherungshypothek, Bauhandwerkersicherung[1252] nur bei Werkverträgen.

1246 BauR 1999, 1317 = NJW 1999, 3118; BauR 2002, 316 = NJW 2002, 749.
1247 BauR 1999, 508.
1248 BauR 1999, 1049.
1249 BauR 2007, 724 = NJW-RR 2007, 596.
1250 Vgl. auch OLG Naumburg BauR 2009, 1171 bei Beauftragung mit Aufgaben, die über die Leistungsbilder des AHO-Modells hinausgehen.
1251 §§ 621, 627 BGB/§ 649 BGB.
1252 Vgl. dazu *Eschenbruch* Rn. 1935 ff.

Einleitung

503 In der Literatur ist die rechtliche Qualifizierung des Projektsteuerungsvertrages streitig. Während *Jochem*[1253] den Projektsteuerungsvertrag grundsätzlich als Dienstvertrag qualifiziert, weil der Projektsteuerer keinen Erfolg schulde und ausschließlich Betreuungs- und Beratungsleistungen erbringe, spricht sich *Neuenfeld*[1254] grundsätzlich für eine rechtliche Einordnung als Werkvertrag aus.

504 Richtiger Ansicht nach muss zunächst anhand des konkreten Vertrags ermittelt werden, ob die Leistungsverpflichtung des Projektsteuerers dienst- oder werkvertraglichen Charakter hat, ob er sich auf die Steuerung des gesamten Projektes bezieht, also einen »ganzheitlichen Ansatz« verfolgt,[1255] oder ob er lediglich Beratungs-, Informations- und einzelne Koordinationsleistungen zur Unterstützung des Auftraggebers zum Gegenstand hat. Wurde das Leistungsbild des § 31 HOAI 1996 übertragen, so geht es nicht nur um Beratungs- und Informationspflichten, sondern auch um die Erstellung und Koordinierung des Programms für das Gesamtobjekt, die Aufstellung von Organisations- und Zahlungsplänen, bezogen auf das Projekt und Projektbeteiligte, Koordinierung und Kontrolle der Projektbeteiligten, Fortschreiben der Planungsziele und die Koordinierung und Kontrolle der Bearbeitung von Finanzierungs-, Förderungs- und Genehmigungsverfahren. Es ist deshalb Werkvertragsrecht anwendbar.[1256] Nach dem Leistungsbild des AHO obliegen dem Projektsteuerer bei Vollübertragung der Projektsteuerungsleistungen die Projektvorbereitung, die Planungssteuerung, die Ausführungsvorbereitung, die Ausführungssteuerung und der Projektabschluss. Der Projektsteuerer hat danach Leistungen zu erbringen, die der mangelfreien Erstellung des Bauwerks dienen. Das Leistungsbild enthält umfassende Tätigkeiten mit dem geschuldeten Werkerfolg der optimalen Verwirklichung des Bauprojekts, sodass ein Werkvertrag vorliegt.[1257]

505 Ebenso wenig wie der Architekt schuldet der Projektsteuerer das mangelfreie Bauwerk als körperliche Sache. Nachdem der BGH die Objektüberwachungstätigkeit des Architekten werkvertraglich eingeordnet hat, muss dies auch für das in starkem Maße durch Kontrollpflichten geprägte Modell des Projektsteuerers gelten.

506 Unabhängig von der rechtlichen Qualifikation und davon, ob Leistungen gem. § 31 HOAI a. F. oder nach dem Entwurf des AHO übertragen sind, übt der Projektsteuerer eine vermögensnahe wirtschaftliche Tätigkeit aus, sodass der Projektsteuerungsvertrag einen Geschäftsbesorgungsvertrag nach § 675 BGB darstellt.[1258] Hieran ändert nichts,

---

[1253] 4. Aufl., § 31 Rn. 2.
[1254] *Neuenfeld/Baden/Dohna/Groscurth*, § 31 Rn. 16.
[1255] *Eschenbruch*, Rn. 1162.
[1256] *Werner* in *Werner/Pastor*, Rn. 1930 ff.; *Eschenbruch*, Rn. 1162; *Schill*, S. 61; a. A. OLG Düsseldorf BauR 1999, 1049.
[1257] BGH BauR 2007, 724 = NJW-RR 2007, 596; *Werner* in *Werner/Pastor*, Rn. 1933; *Eschenbruch*, Rn. 1162 f.; *Locher*, Rn. 580; a. A. OLG Düsseldorf BauR 1999, 1049 = NJW 1999, 3129; *Motzke/Wolff*, S. 485.
[1258] *Korbion* in KMV, Grundl. Rn. 810; *Eschenbruch*, Rn. 1181 ff.; *Locher*, Rn. 582; *Motzke/Wolff*, S. 485; *Kniffka* ZfBR 1995, 10, 13.

dass § 675 BGB auf § 670 BGB verweist. Dadurch, dass Auslagenersatz nach § 670 BGB verlangt werden kann, entfällt nicht die Vergütungspflicht und ändert sich nichts daran, dass der Projektsteuerer eine selbständige Tätigkeit wirtschaftlicher Art ausübt. Allerdings werden die Vorschriften des Auftragsrechts (§§ 663, 665–670, 672–674 BGB) in der Praxis häufig abbedungen und in Projektsteuerungsverträgen vertraglich abweichend geregelt.

Die Einordnung des Projektsteuerungsvertrags als Werkvertrag gem. § 675 BGB ist nicht unstreitig. So verneint dies *Schill*[1259] mit der Begründung, dass die vom Projektsteuerer zu erbringenden Leistungen nicht als Übernahme bereits bestehender Obliegenheiten des Bauherrn anzusehen seien, weil durch die Beauftragung des Projektsteuerers erst der Aufgabenkreis geschaffen werde. Im Zeitpunkt der Beauftragung des Projektsteuerers habe der Bauherr noch keine Obliegenheiten gegenüber Dritten zu erfüllen. Der Projektsteuerer wahrt aber selbständig fremde Vermögensinteressen, insbesondere dann, wenn er umfassend, auch »in kaufmännischer Hinsicht entlastender Form« und als selbständiger Leistungsträger beauftragt und tätig wird. Diese Voraussetzung wird vor allem dann erfüllt, wenn dem Projektsteuerer Vertretungsbefugnisse eingeräumt werden, wie dies in der Regel der Fall ist.[1260]

507

g) Die Haftung des Projektsteuerers zwischen Auftraggeber, Architekt und Bauunternehmer

Ist der Projektsteuerungsvertrag ein Werkvertrag, so richtet sich die Haftung des Projektsteuerers nach §§ 633 ff. BGB. Ist die Projektsteuerungsleistung mangelhaft, besteht zunächst ein Nacherfüllungsanspruch des Auftraggebers (§ 635 BGB), soweit eine Nacherfüllung noch möglich ist. Erst wenn der Projektsteuerer einer Nacherfüllungsaufforderung nicht innerhalb der gesetzten Frist nachgekommen ist, kann der Auftraggeber den Mangel selbst beseitigen und Ersatz der erforderlichen Aufwendungen verlangen. Setzt der Auftraggeber eine angemessene Frist, so kann der Auftraggeber nach Ablauf der Frist Minderung geltend machen, bei Verschulden Schadensersatz. Es gilt die fünfjährige Verjährungsfrist des § 634a Abs. 1 Nr. 2 BGB,[1261] weil gerade im Falle einer werkvertraglichen Qualifizierung Planungs- und Überwachungsleistungen für ein Bauwerk erbracht werden. Die gegenteilige Auffassung,[1262] die zwischen Leistungen für ein Bauwerk (Objekt) und für ein Projekt unterscheidet, verkennt, dass diese bereits für die Bestimmung der Tätigkeit des Projektsteuerers ungeeignete Begriffsbestimmung (vgl. Rdn. 492 ff.) erst recht für die Anwendung des § 634a Abs. 1 Nr. 2 BGB untauglich ist, weil dieser weder den Begriff Objekt noch Projekt kennt. Die Verjährungsfrist des § 634a Abs. 1 Nr. 2 BGB beginnt mit der Abnahme. Der Abnahmezeitpunkt der Leistungen des Projektsteuerers ist nicht immer leicht feststellbar. Sie setzt Vollendung der Projektsteuerungsleistungen und deren billigende Entgegen-

508

1259 S. 75.
1260 So *Eschenbruch*, Rn. 1183.
1261 *Fischer* in TWK, § 18 Rn. 144; *Eschenbruch*, Rn. 2038 ff.
1262 *Motzke/Wolff*, S. 487.

Einleitung

nahme voraus. Letztere ist zumindest dann anzuwenden, wenn die Rechnung des Projektsteuerers rügelos bezahlt wird.

509 Die Grundsätze der Sekundärhaftung (vgl. Rdn. 232) gelten auch für den umfassend beauftragten Projektsteuerer, weil diesem im Falle einer umfassenden Beauftragung eine dem Architekten vergleichbare Sachwalterstellung zukommt[1263]und der Projektsteuerungsvertrag im Regelfall ein besonderes Vertrauensverhältnis zwischen den Parteien begründet.[1264]

510 Da der Projektsteuerer typische Auftraggeberfunktionen erfüllt, kann er insofern auch **Erfüllungsgehilfe** des Auftraggebers gegenüber anderen Baubeteiligten sein.[1265] Dies bedeutet, dass der Auftraggeber sich das **Mitverschulden** durch den Projektsteuerer insoweit anrechnen lassen muss, als er sich des Projektsteuerers zur Erfüllung einer Verbindlichkeit bedient hatte[1266]. Dies wird vor allem bei einem Planungs- und Koordinationsverschulden des Projektsteuerers in Frage kommen.[1267] Nicht jedoch können sich Architekten oder sonstige Baubeteiligte auf ein Verschulden durch den Projektsteuerer berufen, wenn dieser Kontrollfunktionen des Auftraggebers übernimmt, weil insoweit keine Obliegenheit des Auftraggebers gegenüber den Baubeteiligten besteht (vgl. Rdn. 227). Dies gilt z. B. für Schäden infolge mangelnder Kontrolle, ungenügender Prüfung und Überwachung.

511 Fraglich ist es, inwieweit der von seinem Auftraggeber wegen mangelhafter Erbringung der Projektsteuerungsleistung in Anspruch genommene Projektsteuerer sich auf das Mitverschulden des Auftraggebers durch das Verhalten von dessen Architekten berufen kann.

512 Dies hängt davon ab, inwieweit das Verhalten des Architekten eine Pflicht oder Obliegenheit des Auftraggebers dem in Anspruch genommenen Projektsteuerer gegenüber verletzt und der Architekt somit **Erfüllungsgehilfe** des Bauherrn im Verhältnis zum Projektsteuerer ist. Soweit der Auftraggeber dem Projektsteuerer gegenüber keine Pflicht oder Obliegenheit zu einem bestimmten Verhalten hat, muss sich dieser ein Mitverschulden des Architekten nach den §§ 254, 278 BGB im Verhältnis zum Projektsteuerer nicht anrechnen lassen. Setzt der Auftraggeber den Projektsteuerer zu an sich von ihm zu erbringenden und seiner Sicherheit dienenden Kontrollen ein wie nach dem AHO – Modell »Überprüfen der Kostenschätzung« oder zum »Prüfen und Freigabevorschläge der Rechnungen der Planungsbeteiligten« (Projektstufe 2 C) oder zum »Überprüfen der von den Planungsbeteiligten auf der Grundlage bepreister Leistungsverzeichnisse erstellten Kostenermittlungen« (Projektstufe 3 C), besteht insofern keine Verpflichtung des Auftraggebers dem Architekten gegenüber.

1263 *Eschenbruch* Rn. 2052; *von Rintelen* NZBau 2008, 209.
1264 Vgl. dazu BGH BauR 1999, 1469 = NZBau 2002, 29.
1265 Architekten, sonstige Sonderfachleute, Bauunternehmer.
1266 BGH BauR 2015, 1202 Rn. 46 = NZBau 2015, 268.
1267 Vgl. *Eschenbruch*, Rn. 2209 ff.; *Locher*, Rn. 584.

Einleitung

Anders ist es, wenn der Projektsteuerer Planungs- oder Koordinierungstätigkeiten ausführt, etwa aufgrund von Angaben des Architekten den Terminrahmen »aufstellt« (Projektstufe 1 D) oder »fortschreibt« (Projektstufe 2 D) oder Deckungsbestätigungen für Aufträge vorgibt (Projektstufe 3 C). Hier ist also im Einzelfall nach der jeweils geschuldeten Tätigkeit zu differenzieren. 513

Fraglich ist es, ob bei gemeinschaftlicher Verantwortlichkeit für einen Mangel eine **gesamtschuldnerische Haftung** neben dem Architekten, dem Fachingenieur oder dem ausführenden Unternehmer besteht.[1268] Dies ist zu verneinen, weil die für eine gesamtschuldnerische Haftung nach Auffassung des BGH erforderliche planmäßige Zweckgemeinschaft oder eine Gleichstufigkeit der Haftung nicht gegeben sind. Der Projektsteuerer nimmt Bauherrenaufgaben wahr und steht damit im Lager des Auftraggebers.[1269] Diese Auffassung beruht auch nicht auf einem überholten Sphärendenken, weil bis auf Grenzbereiche zwischen Projektsteuerungs- und Objektplanungsleistungen unterschieden werden kann. Nur dann, wenn der Projektsteuerer »wie ein Architekt handelt«, also Architektenleistungen ausführt, ist von einem Gesamtschuldverhältnis auszugehen.[1270] 514

Angesichts des umfangreichen Leistungsspektrums des Projektsteuerers kommen zahlreiche haftungsbegründende Pflichtverletzungen in Frage. Trotzdem gibt es dazu nur wenige Entscheidungen. Der Grund dafür dürfte darin liegen, dass neben dem Projektsteuerer in der Regel der Architekt oder ein sonstiger Baubeteiligter haften und ein substantiierter Vortrag zu deren Pflichtverletzung und dem daraus resultierenden Schaden häufig einfacher als zu einer Pflichtverletzung des Projektsteuerers und deren Kausalität für den Schaden ist. 515

Aus der Rechtsprechung sind folgende Beispiele zu nennen: Mangelhafte Überprüfung der Architektenpläne bei Übertragung dieser Aufgabe an den Projektsteuerer[1271], Verletzung von Vergabevorschriften oder fehlende Dokumentation der Vergabe und daraus resultierende Rückerstattung von Zuwendungen, wenn der Projektsteuerer für eine Erfüllung der Auflagen eines Zuwendungsbescheides zu sorgen hat[1272] sowie unzureichende Erstellung einer Mehrkostenabrechnung und daraus resultierende Nichtdurchsetzbarkeit von Schadensersatzansprüchen beim gekündigten Bauvertrag nach § 8 Abs. 2, 3 VOB/B.[1273] In Frage kommen auch Schadensersatzansprüche wegen Mängeln aus dem Bereich der Koordination und des Belastungsmanagements. Diese werden aber häufig daran scheitern, dass dem Auftraggeber kein substantiierter Vortrag 516

1268 So OLG Düsseldorf BauR 2015, 154, 158 = NZBau BauR 2014, 644; *Eschenbruch*, Rn. 2169 ff.; *ders.* in FBS, Syst J Rn. 125; *Pastor* in *Werner/Pastor*, Rn. 2064.
1269 *Locher*, Rn. 585; *Diederichs* in Hartmann, § 31 Rn. 12; *Korbion* in KMV, Grundl. Rn. 816.
1270 *Cramer* in Messerschmidt/Voit, 2. Aufl. Rn. 170.
1271 OLG Düsseldorf BauR 2009, 1483.
1272 OLG Düsseldorf BauR 2015, 154 = NZBau 2014, 644.
1273 OLG München BauR 2003, 415.

Einleitung

zu den Pflichtverletzungen des Projektsteuerers und deren Kausalität für den Schaden gelingen wird.[1274]

h) Kündigungsrechte des Auftraggebers

517 Wird der Projektsteuerungsvertrag als **Dienstvertrag** eingeordnet, so ist nach § 621 BGB eine **ordentliche Kündigung** möglich. Daneben gibt es erleichternde Möglichkeiten der **außerordentlichen Kündigung** (§§ 626, 627 BGB). Nach § 627 BGB ist die Kündigung auch ohne wichtigen Grund zulässig, wenn der zur Dienstleistung Verpflichtete, ohne in einem dauernden Dienstverhältnis mit festen Bezügen zu stehen, Dienste höherer Art zu leisten hat, die aufgrund besonderen Vertrauens übertragen zu werden pflegen. Projektsteuerungsleistungen sind im Regelfall solche Dienste höherer Art, wobei der konkrete Vertrag darauf zu untersuchen ist, ob die Projektsteuerungsleistungen tatsächlich aufgrund besonderen Vertrauens übertragen wurden.[1275] Der BGH[1276] betont ausdrücklich, dass der Projektsteuerungsvertrag unmittelbar auf das Vertrauen in die persönliche Leistungserbringung abstelle und »Elemente des persönlichen Vertrauens« enthalte. Die Voraussetzungen des § 627 BGB sind deshalb gegeben,[1277] falls nicht ausnahmsweise keine besondere Vertrauensstellung vorliegt. Dieses Recht zur Kündigung aus wichtigem Grund kann nicht in AGB ausgeschlossen werden.[1278]

518 Wird der Projektsteuerungsvertrag als **Werkvertrag** eingeordnet, so sieht § 649 BGB die jederzeitige Kündigungsmöglichkeit des Auftraggebers vor. Im Falle einer solchen Kündigung ist der Auftragnehmer nach § 649 S. 2 BGB berechtigt, die vereinbarte Vergütung zu verlangen, wobei er sich dasjenige anrechnen lassen muss, was er in Folge der Aufhebung des Vertrages an Aufwendungen erspart oder durch anderweitige Verwendung seiner Arbeitskraft erwirbt oder zu erwerben böswillig unterlässt. Dies setzt voraus, dass der Projektsteuerer die erbrachten Leistungen spezifiziert und die Vergütung für die erbrachten Leistungen substanziiert darlegt und von dem Anspruch auf die Vergütung für die aufgrund der Kündigung nicht mehr erbrachten Leistungen nachvollziehbar abgrenzt.[1279] Dabei kann ohne Anhaltspunkte im Projektsteuerungsvertrag auf die Bewertung der Einzelleistungen nach dem AHO-Honorarmodell zurückgegriffen werden.[1280]

519 Beim Projektsteuerungsvertrag kommt unabhängig von einer dienst- oder werkvertraglichen Qualifizierung der **Kündigung aus wichtigem Grund** eine besondere Bedeutung

---

1274 OLG Naumburg BauR 2009, 1171 Rn. 244 ff.
1275 *Eschenbruch* NZBau 2000, 409; *Eschenbruch*, Rn. 2175.
1276 BGH BauR 1999, 1469 = NZBau 2000, 29; vgl. auch OLG Dresden NJW-RR 2000, 652; OLG Karlsruhe IBR 2005; 385.
1277 OLG Düsseldorf BauR 1999, 1049, 1051 = NJW-RR 1999, 3129; OLG Celle BauR 2004, 1800 = NZBau 2004, 684.
1278 BGH BauR 2005, 1772 = NZBau 2005, 509.
1279 OLG Dresden IBR 2003, 90.
1280 OLG Hamburg NJW-RR 2003, 1670; zur Bewertung von Teilleistungen nach dem AHO-Modell vgl. *Eschenbruch/Schneider* BauR 2015, 400.

zu, weil das Recht zur freien Kündigung meist vertraglich ausgeschlossen wird, was beim Dienstvertrag in AGB zulässig ist.[1281] Eine außerordentliche Kündigung ist sowohl beim Dienst- (§ 626 BGB) als auch beim Werkvertrag (vgl. Einl. Rdn. 254 ff.) möglich. Das dem Projektsteuerungsvertrag in der Regel immanente besondere Vertrauensverhältnis führt dazu, dass die Anforderungen an eine Kündigung aus wichtigem Grund niedrig sind.[1282] So treffen den Projektsteuerer zum einen besonders umfangreiche Informationspflichten – etwa über die Beendigung des Dienstverhältnisses mit dem maßgeblichen Projektmitarbeiter.[1283] Die dem Projektsteuerungsvertrag immanenten Elemente persönlichen Vertrauens führen auch zu gesteigerten Loyalitätspflichten, sodass der Versuch einer Irreführung des Auftraggebers zum eigenen Vorteil ebenso für eine Kündigung aus wichtigem Grund ausreichend ist[1284] wie die Information Dritter, dass der Auftraggeber angeblich seine Pflichten aus dem Projektsteuerungsvertrag nicht einhält.[1285]

i) Die Vergütung des Projektsteuerers

Nach dem Wortlaut des § 31 Abs. 2 HOAI 1996 durften Honorare für Leistungen bei der Projektsteuerung nur berechnet werden, wenn sie bei Auftragserteilung schriftlich vereinbart worden waren. Diese Wirksamkeitsvoraussetzung von Honorarvereinbarungen wurde vom BGH für unwirksam erklärt.[1286] An dieser Rechtslage hat sich durch das völlige Herausnehmen von Projektsteuerungsleistungen aus der HOAI nichts geändert. Das Honorar ist frei vereinbar, ohne dass die Honorarvereinbarung schriftlich getroffen werden muss. Eine bestimmte Relation zu anrechenbaren Kosten und zu Honoraren für Leistungen des Objektplaners muss nicht eingehalten werden. **520**

Regeln die Parteien – was unbedingt anzuraten ist – die Vergütung im Projektsteuerungsvertrag nicht, so ist das Honorar nach allgemeinen Gesichtspunkten festzulegen, und zwar bei Dienstvertragscharakter gem. § 612 Abs. 2 BGB »als übliche Vergütung«, bei Werkvertragscharakter gem. § 632 Abs. 2 BGB mangels einer Taxe ebenfalls »als übliche Vergütung«. Auch der Vorschlag des AHO stellt keine Taxe i. S. d. § 632 Abs. 2 BGB dar.[1287] **521**

Für die Üblichkeit der Vergütung ist es entscheidend, was zur Zeit des Vertragsabschlusses nach Auffassung der beteiligten Kreise am Ort der Leistung für eine entsprechende Dienst- oder Werkleistung dieser Art bezahlt wird. Lässt sich eine übliche Vergütung nicht feststellen, dann ist der Projektsteuerer ausnahmsweise berechtigt, diese nach §§ 315, 316 BGB zu bestimmen.[1288] **522**

1281 BGH BauR 2005, 1772 = NZBau 2005, 509.
1282 BGH BauR 1999, 1469 = NZBau 2000, 29; *Eschenbruch* in FBS, Syst J Rn. 141.
1283 OLG Dresden NJW-RR 2000, 652.
1284 BGH BauR 1999, 1469 = NZBau 2000, 29.
1285 OLG Karlsruhe IBR 2005; 385.
1286 BGH BauR 1997, 497 = NJW 1997, 1694; OLG Hamm BauR 2008, 2062.
1287 *Eschenbruch*, Rn. 1579; *Schill*, a. a. O., S. 124.
1288 *Staudinger/Peters/Jacoby*, BGB, § 632 Rn. 48.

Einleitung

523 Bei der Beurteilung der »Üblichkeit« ist eine gewisse Vorsicht gegenüber interessenbestimmten Vergütungsvorschlägen am Platze. So werden die Honorarvorschläge der AHO-Fachkommission nicht ohne weiteres als übliche Vergütung herangezogen werden können.

524 Im Einzelnen sind eine Reihe von Vorschlägen für die Vergütung des Projektsteuerers gemacht worden. So schlägt Neuenfeld[1289] eine zeitanteilige Festsetzung von Monat zu Monat vor und wird im Gutachten von Pfarr[1290] eine anrechenbare projektkostengebundene Pauschalvergütung empfohlen. Dazu hat Will[1291] eine differenziertere Honorartabelle entwickelt, die auch den Schwierigkeitsgrad des Projekts berücksichtigt. Die meistverbreitete Honorarregelung basiert auf den Vorschlägen des AHO (vgl. Anhang 5). Diese ist allerdings nicht unbedingt interessenungebunden und kann in manchen Fällen an der oberen Grenze der angemessenen Vergütung liegen. Nicht selten wird auch bei kleineren Projekten eine Vergütung nach Stundensätzen vereinbart. Eine Umfrage der AHO-Fachkommission von 1995 ergab bei 47 ausgewählten Hochbauobjekten einen Mittelwert von 1,5 % der anrechenbaren Kosten als Projektsteuerungsvergütung. Dabei ist zu berücksichtigen, dass sich die Vergütung der herstellungskostenabhängigen Honorarmodelle nicht immer am Markt durchsetzen lassen und deshalb häufig eine niedrigere Vergütung vereinbart wird.[1292]

525 Fraglich ist es, ob der Projektsteuerer eine **Vergütungsanpassung** für Mehraufwendungen oder wiederholt erbrachte Leistungen infolge von **Störungen** oder **Änderungen der Bauausführung** verlangen kann. Die entsprechenden Regelungen der HOAI sind auf den Projektsteuerungsvertrag unanwendbar. Da der Projektsteuerer Auftraggeberleistungen zu erbringen hat, begründen nicht aus der Sphäre des Auftraggebers stammende Störungen wie Verzögerungen aufgrund einer Insolvenz von Baubeteiligten oder verspätet erteilter Genehmigungen, Änderungsanordnungen, soweit der Projektsteuerer das Änderungsmanagement übernommen hatte, und verzögerte oder mangelhafte Leistungen von Planern oder Unternehmern keinen Anspruch auf eine zusätzliche Vergütung. Vielmehr bezweckt die umfassende Beauftragung eines Projektsteuerers gerade die Bewältigung dieser Probleme und das Erreichen des Projekterfolgs auch unter schwierigen Bedingungen.[1293] Ein Anspruch auf Mehrvergütung entsteht nur dann, wenn der Auftraggeber selbst Eingriffe in das Projekt vornimmt, indem er Änderungen der Bauausführung anordnet, das Projektziel ändert oder Mitwirkungsobliegenheiten verletzt, etwa indem er von ihm zu treffende Entscheidungen nicht rechtzeitig mitteilt.[1294]

1289 *Neuenfeld/Baden/Dohna/Groscurth*, § 31 Rn. 14.
1290 *Pfarr*, Grundlagen für die Bewertung von Planungsleistungen der Architekten und Ingenieure, zit. nach *Stapelfeld* BauR 1994, 693.
1291 BauR 1994, 335, 348.
1292 *Eschenbruch*, Rn. 1574.
1293 *Eschenbruch*, Rn. 1621 ff.
1294 Vgl. i. E. *Eschenbruch*, Rn. 1623 ff.

Einleitung

Erbringt ein Architekt **neben Leistungen der Objektplanung auch Projektsteuerungsleistungen**,[1295] so ändert dies nichts an der Freistellung der Projektsteuerungsleistungen vom Preisrecht der HOAI.[1296] Erbringt der Projektsteuerer Leistungen nach den §§ 34, 43, 51, 55 HOAI neben Projektsteuerungsleistungen, so ist für die Beurteilung der Frage, ob sich die HOAI auf solche Anbieter von Verbundleistungen erstreckt, darauf abzuheben, wo der Schwerpunkt des Leistungspakets liegt. So hat der BGH entschieden, dass sich die HOAI nicht auf Paketanbieter erstreckt, die unmittelbare Bauleistungen und daneben auch die hier erforderlichen Architekten- und Ingenieurleistungen zu erbringen haben (Bauträger, Generalunternehmer). Dasselbe gilt für Projektentwicklungs- und Baubetreuungsleistungen, wobei entscheidend ist, ob die eigentlichen Projektentwicklungsleistungen im Vordergrund stehen und den Gesamtcharakter des Vertrags prägen.[1297] Es ist kein Grund ersichtlich, von dieser Rechtsprechung zu Verbundleistungen im Bereich Projektsteuerungs-, Architekten- und Ingenieurleistungen abzugehen. Der Projektsteuerer kann seine Vergütung frei kalkulieren und frei vereinbaren, wenn er neben »klassischen« Projektsteuerungsleistungen auch im Verhältnis dazu geringfügige Architektenleistungen übernimmt. Er unterliegt aber dem Preisrecht der HOAI, wenn Architekten- und Ingenieurleistungen den Schwerpunkt des Vertrags bilden.[1298]

526

In diesem Fall dürfen durch die Vereinbarung eines **einheitlichen Pauschalhonorars für Objektplanungs- und Projektsteuerungsleistungen** die preisrechtlichen Vorschriften des § 7 HOAI für die Architektenleistungen nicht umgangen werden. Da die HOAI keine Honorartabellen für den Projektsteuerungsvertrag enthält und das Honorar des Projektsteuerers somit frei vereinbart werden kann, scheidet insoweit auch eine unwirksame Mindestsatzunterschreitung bzw. Höchstsatzüberschreitung aus. Es kann nur dann eine unzulässige Mindestsatzunterschreitung des Honorars für die Architektenleistungen vorliegen, wenn das Honorar insgesamt unter den Mindestsätzen für die Architektenleistungen liegt. Ist danach von einer unzulässigen Mindestsatzunterschreitung auszugehen, kann der Architekt aufgrund der nach § 7 Abs. 3 HOAI unwirksamen Honorarvereinbarung sein Honorar durch Vorlage einer konkreten Berechnung auf der Basis der Mindestsätze abrechnen. Er kann aber ebenso sein Honorar auf der Basis der – unwirksamen – Honorarvereinbarung abrechnen, ohne daneben noch zum richtigen Mindestsatz vortragen zu müssen.[1299] Nichts anderes gilt bei der Kombination von Architekten- und Projektsteuerungsleistungen. Eine getrennte Abrechnung des Pauschalhonorars ist deshalb nicht erforderlich.[1300]

527

1295 Vgl. zur Wirksamkeit einer »Doppelbeauftragung« Rdn. 496 f.
1296 OLG Nürnberg BauR 2001, 438 = NZBau 2001, 337; *Eschenbruch* NZBau 2001, 308.
1297 BGH BauR 1998, 183; a. A. OLG Hamm BauR 2015, 693, 695.
1298 *Eschenbruch* in FBS, Syst J Rn. 92; *Eschenbruch* NZBau 2001, 308.
1299 BGH BauR 2000, 1926 = NZBau 2001, 690; BGH BauR 2005, 739.
1300 *Eschenbruch* NZBau 2001, 308, 309; *Eschenbruch*, Rn. 1338; *Motzke/Wolff*, S. 489; *Werner* in *Werner/Pastor*, Rn. 1938; a. A. OLG Nürnberg BauR 2001, 438 = NZBau 2001, 337; *Schill* NZBau 2002, 203.

Einleitung

j) Rechtsberatende Tätigkeit des Projektsteuerers?

528 Während § 31 HOAI 1996 nur andeutungsweise die rechtliche Beratung ansprach,[1301] wird in dem AHO-Entwurf deutlicher die rechtliche Steuerung angesprochen, insbesondere das Vertragsmanagement und das Änderungsmanagement, welches auch der Abwehr von Nachtragsforderungen dient. Es muss deshalb auch hier im Einzelfall der Projektsteuerungsvertrag durchleuchtet und die Bestimmungen des Vertrages daraufhin überprüft werden, ob die wirtschaftlichen, technischen und organisatorischen Aufgaben im Vordergrund stehen, oder ob das sog. Vertragsmanagement so im Vordergrund steht, dass die Grenze zum Rechtsdienstleistungsgesetz (RDG) überschritten wird (vgl. Einl. Rdn. 129 ff.). Auch der frühere AHO/DVP-Entwurf war in einzelnen Punkten im Hinblick auf einen Verstoß gegen das frühere Rechtsberatungsgesetz bedenklich, so wenn das Mitwirken beim Durchsetzen von Vertragspflichten, die Vorgabe einheitlicher Verdingungsunterlagen für alle Leistungsbereiche und gar die Mitwirkung bei der Wahrnehmung der Rechte des Auftraggebers bei Vergleichen, Insolvenzen, Pfändungen und Abtretungen angesprochen wurde.[1302] Diesen Bedenken wurde in späteren Fassungen weitgehend Rechnung getragen. Eine allgemeine Aussage über die Vereinbarkeit von Projektsteuerungsleistungen mit dem RDG lässt sich nicht treffen. Auch bei Übernahme des Vertragsmanagements (Fertigen von Vertragsentwürfen) und der Verwendung eigener Verträge für Fachplanerleistungen liegt kein Verstoß gegen das RDG vor, wenn die technische und wirtschaftliche Betreuung Schwerpunkt der Projektsteuerungstätigkeit ist, weil es sich dann um eine Nebenleistung nach § 5 RDG handelt.[1303] Es ist deshalb im Einzelfall der Umfang der rechtsbesorgenden Tätigkeit im Verhältnis zu den sonstigen im Projektsteuerungsvertrag übertragenen Leistungen zu überprüfen.[1304] Die Grenze zur unzulässigen Rechtsberatung können Bestimmungen in Projektsteuerungsverträgen mit Bezeichnungen wie Vertragsdatei, Vertragsanalyse, Vertragsnetz oder Nachforderungsmanagement überschreiten.

43. Building Information Modeling (BIM)

529 Building Information Modeling (BIM) stellt eine Planungsmethode, bei der mittels dreidimensionaler Darstellung und bauteilorientiertes Arbeiten und aufgrund der Verknüpfung der Bauteile mit einer Vielzahl von Gebäudeinformationen und zusätzlicher Informationen (z.B. Kosten, Termine, Qualitäten} ein komplexes Planungsobjekt entsteht.[1305] Aufgrund des Umstandes, dass Informationen von allen am Planungsprozess Beteiligter einfließen, ist eine frühzeitige Kollisionsprüfung und eine genauere Massen-

---

1301 Vgl. dazu *Wagner* ZfBR 1996, 185.
1302 Vgl. i. E. *Kniffka* ZfBR 1995, 13.
1303 OLG Köln BauR 2005, 741; OLG Naumburg BauR 2009, 1171 zum RBerG.
1304 *Werner* in Werner/Pastor, Rn. 1927; *Locher*, Rn. 583; *Fischer* in TWK, § 18 Rn. 128; *Eschenbruch*, Rn. 1202 ff.; *Kniffka* ZfBR 1995, 10.
1305 Vgl. zur Erläuterung *Eschenbruch* in Eschenbruch/Leupertz, Kap. 2 Rn. 2 ff. und *Eschenbruch/Grüner* NZBau 2014, 402; *Fischer/Jungdeitering* BauR 2015, 8 ff.

Einleitung

ermittlung möglich.[1306] Das einmal erstellte Modell kann, bei regelmäßiger Aktualisierung bis zum Zeitpunkt der Fertigstellung Grundlage des Facility Managements sein.[1307] Da BIM nicht nur als eine Softwareanwendung, sondern als Planungsmethode anzusehen ist, bei der alle an der Planung Beteiligte und auch die ausführenden Unternehmen frühzeitig am gleichen Planungsobjekt gemeinsam arbeiten, erfordert diese Methode eine entsprechende hard- und softwaremäßige Ausstattung und die Erbringung zusätzlicher Koordinierungsleistungen, um die Leistungen aller an der Planung Beteiligter zu integrieren. In der Literatur wird er als BIM-Planungskoordinator bezeichnet und dessen Leistung den Objekt- und Fachplanern zugeordnet.[1308]

Auf der übergeordneten Ebene angeordnet ist der BIM-Manager,[1309] dem die Aufgabe zukommt, den Bauherrn in strategischer Hinsicht über den Einsatz von BIM innerhalb des Planungsprozesses zu informieren und den Einsatz des BIM-Systems so zu organisieren, dass alle an der Planung und am Bau Beteiligte in das System integriert und mitarbeiten können. Hierbei geht es insbesondere um das BIM-System als solches im Hinblick auf die einzusetzende Software und insbesondere aber auch um die Festlegung, welche Auftraggeber-Informations-Anforderungen (AIA) bestehen, d.h. wann welche Informationen benötigt werden[1310] und auch um die Festlegung der level of details (LOD), mit denen festgelegt wird, welche Informationen in welcher Detailtiefe den jeweiligen Bauteilen zugeordnet werden sollen.[1311] Eine Besonderheit beim Einsatz dieser Planungsmethode im Vergleich zu den derzeit angewandten Planungsmethoden liegt darin, dass Planungsleistungen mit einem höheren Detaillierungsgrad zu früheren Zeitpunkten erbracht werden müssen. 530

Der Verordnungsgeber hat die Planungsmethode BIM bei der Novellierung der HOAI 2013 berücksichtigt. Als Besondere Leistung der Leistungsphase 2 in Anlage 10 zur HOAI 2013 wurde die 3- oder 4-D-Gebäudemodellbearbeitung (Building Information Modeling BIM) mit aufgenommen. Da es sich insoweit um eine Besondere Leistung handelt, ist das Honorar für diese Leistung frei zu vereinbaren. Ob damit allerdings eine abschließende Zuordnung durch den Verordnungsgeber erfolgt ist und jegliche Planungsleistungen bei Einsatz von BIM als Besondere Leistungen anzusehen sind (und damit Grundleistungen verdrängt), ist zumindest fraglich. Zweifel wirft insbesondere der Umstand auf, dass es sich bei BIM letztlich um eine bestimmte Planungsmethode handelt, mit der die eigentlichen Planungsleistungen lediglich umgesetzt werden.[1312] Der Planer hat eine ganze Reihe von Planungsleistungen zu erbringen, die methodenunabhängig sind. Ferner ist zu berücksichtigen, dass der Verordnungsgeber diese Leistungen als Leistung qualifiziert hat, die zu den Grundleistungen hinzutreten und nicht an die Stelle derselben treten und damit zu Grundleistung werden, 531

1306 *Eschenbruch* a.a.O.
1307 *Eschenbruch* a.a.O.
1308 *Eschenbruch* a.a.O. und Rdn. 78; *Eschenbruch/Elixmann* BauR 2015, 745, 749.
1309 Zum Leistungsbild des BIM-Managers vgl. *Eschenbruch/Elixmann* BauR 2015, 745 ff.
1310 *Eschenbruch* Rn. 38.
1311 *Eschenbruch* Rn. 38.
1312 *Eschenbruch/Lechner* in Eschenbruch/Leupertz, Kap. 7 Rn. 25.

Einleitung

wie dies beispielsweise in der Leistungsphase 5 in Anlage 10 HOAI 2013 für die Besondere Leistung Aufstellen einer detaillierten Objektbeschreibung als Grundlage der Leistungsbeschreibung mit Leistungsprogramm vorgesehen Ist. Wird darüber hinaus der Wortlaut berücksichtigt, der (nur) auf Modellbearbeitung abstellt, spricht einiges dafür, die spezifischen Tätigkeiten, die mit dem Einsatz von BIM gerade aufgrund des Einsatzes dieser Planungsmethode als Besondere Leistungen und die übrigen Planungsleistungen (weiterhin) als Grundleistungen zu qualifizieren.[1313] Mit den Grundleistungshonoraren werden die methodenunabhängigen Planungsleistungen abgegolten und abgerechnet. Noch nicht abschließend geklärt ist allerdings, ob aufgrund des Umstandes, dass Grundleistungen im Vergleich zu den Vorstellungen des Verordnungsgebers zu früheren Zeitpunkten erbracht werden müssen.[1314] Wenn die Grundleistungen nur zu einem früheren Zeitpunkt, inhaltlich jedoch unverändert erbracht werden, führt dies nicht zu einer Änderung des Honorars, allenfalls zu einer abweichenden Bewertung der betroffenen Leistungsphasen. Hinzu treten Besondere Leistungen[1315] aufgrund des Einsatzes der Planungsmethode BIM, für die ein zusätzliches Honorar frei vereinbart werden kann. Diese Besonderen Leistungen beschränken sich jedoch nicht auf Leistungen der Leistungsphase 2 in Anlage 10, sondern können auch in allen anderen Leistungsphasen anfallen.[1316] Zu diesen Leistungen können die Leistungen des BIM-Managers gehören, soweit diese Leistungen nicht bereits außerhalb des Anwendungsbereiches der HOAI liegen.[1317] Sollten aufgrund des Einsatz von BIM einzelne Grundleistungen nicht mehr erforderlich sein und deren Erbringung deshalb vertraglich nicht übertragen werden, kommt § 8 HOAI zur Anwendung.

44. Auswirkungen der Euro-Umstellung

532 Neben anderen Gesetzen und Verordnungen wurde auch die HOAI mit dem Neunten-Euro-Einführungsgesetz (BT-Drucks. 14/5937) mit Wirkung zum 01.01.2002 auf Euro umgestellt. Der Grundsatz der genauen Umrechnung von 1 € = 1,95583 DM ist durchgängig eingehalten worden.

533 Die **Signalwerte** sind jedoch nicht deckungsgleich mit den früheren Signalwerten, sondern es handelt sich um gerundete Euro-Beträge. Es werden damit im Ergebnis andere Eckpfeiler für die Interpolation zugrunde gelegt, sodass wegen der unterschiedlichen Degression zwischen den DM-Werten aus den alten Tafeln und den €-Werten aus den neuen Tafeln geringfügig andere Honorare sich ergeben können. Das Problem ist

---

1313 So bereits *Eschenbruch/Lechner* in Eschenbruch/Leupertz, Kap. 7 Rd. 30; wohl auch *Haacke/Heinlein* in MNP § 34 Rn. 313; a. A. *Seifert/Fuchs* in FBS § 34 Rn. 108: (»HOAI praktisch nicht mehr anwendbar«); ebenfalls a. A. *Kemper* BauR 2016, 426.
1314 Hierzu *Fahrenbruch* ibr-online, IBR 2015, 1063 ff. Rn. 22, der als Möglichkeit eine andere Gewichtung der Grundleistungen nennt.
1315 Beispiele für Besondere Leistungen bei *Eschenbruch/Lechner* in Eschenbruch/Leupertz, Kap. 7 Rn. 36 ff.
1316 Worauf *Fahrenbruch* in ibr-online, IBR 2015, 1063 ff. Rn. 24 hinweist.
1317 *Fischer/Jungdeitering* BauR 2015, 8 ff. für den Fall, dass vom BIM-Manager (nur) untergeordnete Grundleistungen erbracht werden sollen.

deshalb besonders entschärft, weil der Zwischenraum zwischen den Signalwerten durch die €-Umstellung auf nahezu die Hälfte reduziert ist. Während die Honorartafeln streng umgerechnet wurden, gibt es andere Umstellungen, bei denen Werte geglättet wurden.

45. Außergerichtliche Streiterledigung und Schiedsgerichtsverfahren

Neben den sonstigen Möglichkeiten zur außergerichtlichen Streiterledigung in Bausachen[1318] ist speziell für Architekten- und Ingenieursachen die **Anrufung einer Schiedsstelle** bei den Architekten- und Ingenieurkammern von Bedeutung.[1319] Die meisten Architekten- und Ingenieurkammern in den einzelnen Bundesländern haben solche Schiedsstellen eingerichtet und auch eine entsprechende Verfahrensordnung beschlossen. Es empfiehlt sich, bei der zuständigen Kammer im betreffenden Bundesland anzufragen, ob eine Schiedsstelle existiert. Diese Schiedsstellen sind mit erfahrenen Juristen und Architekten bzw. Ingenieuren besetzt, die einen unverbindlichen Vorschlag für eine Einigung den Parteien unterbreiten. Die Einigungsversuche sind wegen der juristischen und technischen Sachkunde häufig von Erfolg gekrönt. Die Vorschläge sind aber nicht verbindlich, sodass jede Partei nach dem Ende der Schlichtung auch den Rechtsweg beschreiten kann. 534

Ruft der Bauherr die Schiedsstelle an, dann muss der Architekt und Ingenieur Kraft berufsrechtlicher Vorschriften an der Verhandlung teilnehmen. Zur Anrufung der Schiedsstelle genügt es, den Sachverhalt darzustellen. Eine förmliche Klage oder schriftsätzliche Ausführungen sind nicht erforderlich. Es empfiehlt sich jedoch, den Sachverhalt im Einzelnen darzustellen und so die Verhandlung vorzubereiten. Die notwendigen schriftlichen Unterlagen sollten der Schiedsstelle spätestens im Termin vorgelegt werden. Die Kosten der Schiedsstelle sind im Verhältnis zu den Gerichtskosten gering. 535

Auch im Verhältnis zwischen Bauherren und Architekten bzw. Ingenieuren kann es sinnvoll sein, **Schiedsgerichtsvereinbarungen** zu treffen. Allerdings bedarf es hier der Zustimmung des Haftpflichtversicherers, weil eine Bindung des Haftpflichtversicherers nur bei einer »richterlichen Entscheidung«[1320] gegeben ist. Darunter ist ein rechtskräftiges Urteil zu verstehen und ein Schiedsspruch im schiedsgerichtlichen Verfahren genügt nicht.[1321] Der Versicherungsschutz erlischt zwar durch die Beteiligung an einem Schiedsgerichtsverfahren nicht automatisch. Jedoch ist der Versicherer nach überwiegender Meinung nicht gebunden und kann im Deckungsprozess mit seinem Versicherungsnehmer alle Einwendungen vorbringen, auch solche, die im schiedsgerichtlichen Verfahren im Ergebnis keine Rolle gespielt haben. 536

1318 Vgl. *Kniffka/Koeble*, Kompendium, 1. Teil, Rn. 3 ff.
1319 Vgl. dazu eingehend und auch zu allen Fragen der außergerichtlichen Streitbeilegung *Sigler*, DAB 2001, Hefte 5 und 6, S. 50 ff.
1320 § 3 Ziff. II 1 Abs. 1 AHB.
1321 *Schmalzl/Krause-Allenstein*, Die Berufungshaftpflichtversicherung des Architekten und des Bauunternehmers, NJW-Schriftenreihe, Bd. 48, 2. Aufl. 2006, Rn. 395 f.

Einleitung

537 Neben den Möglichkeiten der außergerichtlichen Streiterledigung durch einvernehmliche Regelung zwischen den Parteien, durch Mediation und Schlichtung gibt es auch in verschiedenen Bundesländern die gerichtliche Mediation.[1322] Daneben gibt es Bestrebungen, ein ähnliches Verfahren wie die **Adjudication aus dem englischen Recht auch in das deutsche Recht einzuführen**.[1323]

1322 Vgl. dazu z. B. Arbeitskreis III des Deutschen Baugerichtstags 2008, BauR 2008, 1723 ff.
1323 Eingehend *Boldt*, Jahrbuch BauR 2009, 115 ff.; und die aus Aktivitäten des Deutschen Baugerichtstags entstandenen Veröffentlichungen in BauR 2007, 1950 ff. Vgl. *Schultze-Hagen*, Plädoyer für Adjudikation in Deutschland, BauR 2007, 1950; *Gralla/Sundermeier*, Bedarf außergerichtlicher Streitlösungsverfahren für den Deutschen Baumarkt – Ergebnisse der Umfrage des Deutschen Baugerichtstags e. V., BauR 2007, 1961; *Harbst/Winter*, Adjudication in England – Das erste Jahrzehnt, BauR 2007, 1974; *Schramke*, Gesetzliche Regelungen für eine »Adjudikation« in Bausachen? – Tätigkeit und vorläufige Ergebnisse des Arbeitskreises VII des Deutschen Baugerichtstags, BauR 2007, 1983; *Mahnken*, Adjudication, Dispute Boards und die Rolle des Gesetzgebers – aus der Sicht eines Anlagenbauers, BauR 2007, 1994; *Duve* BauR 2008, 1531 betreffend Alternativen zum Dispute Board, BauR 2008, 1531; Empfehlungen des 2. Deutschen Baugerichtstags, BauR 2008, 1768 und dazu *Roquette* BauR 2008, 1779; *Englert/Schalle* BauR 2009, 874; *Wagner* BauR 2009, 1491; *Lembcke/Sundermeier* BauR 2009, 741; *Eidenmüller/Prause* NJW 2008, 2737; *Huhn* BauR 2009, 1648; *Joussen* BauR 2010, 518; Beschlüsse des 3. Deutschen Baugerichtstags BauR 2010, 1421; Gessner, FS Koeble, 2010, S. 613; *Grieger*, FS Koeble, 2010, S. 619; *Hök*, ZfBR 2010, 73; *Lembcke* BauR 2010, 1122; *Hök* Zum internationalen baurechtlichen Schiedsgerichtsverfahren im Allgemeinen und nach FIDIC, ZfBR 2011, 107; *Quack* ZfBR 2010, 211; *Vygen/Joussen*, Bauvertragsrecht nach VOB und BGB, 4. Aufl. 2008, Rn. 3287; ein Adjudicationverfahren schlägt auch die Streitlösungsordnung für das Bauwesen, herausgegeben von der Deutschen Gesellschaft für Baurecht und dem Deutschen Betonverein, vor; *Lembcke*, Adjudication: vollendete Tatsachen und Justizgewährleistung im materiellen Prozessrecht, BauR 2011, 1897 und insbesondere das Rechtsgutachten von *Papier/Schröder* als Beilage zum Heft 7 der Zeitschrift BauR 2013.

Gesetz zur Regelung von Ingenieur- und Architektenleistungen (Fassung MRVG)

Artikel 10 des Gesetzes zur Verbesserung des Mietrechts und zur Begrenzung des Mietanstiegs sowie zur Regelung von Ingenieur- und Architektenleistungen (Artikelgesetz) vom 4. November 1971 (BGBl. I, S. 1745, 1749), geändert durch Gesetz zur Änderung des Gesetzes zur Regelung von Ingenieur- und Architektenleistungen vom 12.11.1984 (BGBl. I, S. 1337)

– Auszug –

§ 1 MRVG Ermächtigung zum Erlass einer Honorarordnung für Ingenieure

(1) Die Bundesregierung wird ermächtigt, durch Rechtsverordnung mit Zustimmung des Bundesrates eine Honorarordnung für Leistungen der Ingenieure zu erlassen. In der Honorarordnung sind Honorare für Leistungen bei der Beratung des Auftraggebers, bei der Planung und Ausführung von Bauwerken und technischen Anlagen, bei der Ausschreibung und Vergabe von Bauleistungen sowie bei der Vorbereitung, Planung und Durchführung von städtebaulichen und verkehrstechnischen Maßnahmen zu regeln.

(2) In der Honorarordnung sind Mindest- und Höchstsätze festzusetzen. Dabei ist den berechtigten Interessen der Ingenieure und der zur Zahlung der Honorare Verpflichteten Rechnung zu tragen. Die Honorarsätze sind an der Art und dem Umfang der Aufgabe sowie an der Leistung des Ingenieurs auszurichten. Für rationalisierungswirksame besondere Leistungen des Ingenieurs, die zu einer Senkung der Bau- und Nutzungskosten führen, können besondere Honorare festgesetzt werden.

(3) In der Honorarordnung ist vorzusehen, dass
1. die Mindestsätze durch schriftliche Vereinbarung in Ausnahmefällen unterschritten werden können;
2. die Höchstsätze nur bei außergewöhnlichen oder ungewöhnlich lange dauernden Leistungen überschritten werden dürfen;
3. die Mindestsätze als vereinbart gelten, sofern nicht bei Erteilung des Ingenieurauftrages etwas anderes schriftlich vereinbart ist.

§ 2 MRVG Ermächtigung zum Erlass einer Honorarordnung für Architekten

(1) Die Bundesregierung wird ermächtigt, durch Rechtsverordnung mit Zustimmung des Bundesrates eine Honorarordnung für Leistungen der Architekten (einschließlich der Garten- und Landschaftsarchitekten) zu erlassen. In der Honorarordnung sind Honorare für Leistungen bei der Beratung des Auftraggebers, bei der Planung und Ausführung von Bauwerken und Anlagen, bei der Ausschreibung und Vergabe von Bauleistungen sowie bei der Vorbereitung, Planung und Durchführung von städtebaulichen Maßnahmen zu regeln.

(2) In der Honorarordnung sind Mindest- und Höchstsätze festzusetzen. Dabei ist den berechtigten Interessen der Architekten und der zur Zahlung der Honorare Verpflichteten Rechnung zu tragen. Die Honorarsätze sind an der Art und dem Umfang der Aufgabe sowie an der Leistung des Architekten auszurichten. Für rationalisierungswirksame besondere Leistungen des Architekten, die zu einer Senkung der Bau- und Nutzungskosten führen, können besondere Honorare festgesetzt werden.

(3) In der Honorarordnung ist vorzusehen, dass
1. die Mindestsätze durch schriftliche Vereinbarung in Ausnahmefällen unterschritten werden können;
2. die Höchstsätze nur bei außergewöhnlichen oder ungewöhnlich lange dauernden Leistungen überschritten werden dürfen;
3. die Mindestsätze als vereinbart gelten, sofern nicht bei Erteilung des Architektenauftrages etwas anderes schriftlich vereinbart ist.

Übersicht   Rdn.
1. Rechtsgrundlage für die HOAI 1
2. Wirksamkeit der Ermächtigungsgrundlage (Art. 10 §§ 1, 2 MRVG) 2
3. Wirksamkeit der HOAI 3
4. Umfang der Ermächtigung 4

1. Rechtsgrundlage für die HOAI

1   Das Gesetz zur Verbesserung des Mietrechts und zur Begrenzung des Mietanstiegs sowie zur Regelung von Ingenieur- und Architektenleistungen vom 04.11.1971 war die Grundlage für den Erlass der HOAI als Verordnung. In Art. 10 dieses Gesetzes ging es nämlich um die Regelung von Ingenieur- und Architektenleistungen (zum Begriff MRVG und anderen Bezeichnungen des Gesetzes vgl. Einl. Rdn. 1). Artikel 10 dieses Gesetzes regelt in § 3 das Koppelungsverbot. Die HOAI als Rechtsverordnung findet in Art. 10 §§ 1 und 2 MRVG ihre gesetzliche Grundlage. Die Ermächtigungsnorm des Artikels 10 beschreibt zunächst, für welche Art von Leistungen von Architekten und Ingenieuren die Honorarordnung Vergütungen vorsehen darf. Sie legt dann Grundlagen der Honorarordnung fest, in deren Rahmen sich die Honorarordnung bewegen darf. Die wichtigsten Regelungen sind:
– die Festsetzung von Mindest- und Höchstsätzen,
– die Anbindung der Honorarsätze an Art und Umfang der Aufgabe des Architekten und des Ingenieurs,
– die Geltung der Mindestsätze, sofern bei Auftragserteilung nichts anderes schriftlich vereinbart ist,
– die Möglichkeit der Überschreitung der Höchstsätze nur bei außergewöhnlichen und ungewöhnlich lange dauernden Leistungen,
– die seit 10.06.1985 geltende Regelung, dass die Mindestsätze nur in Ausnahmefällen unterschritten werden können.

2. Wirksamkeit der Ermächtigungsgrundlage (Art. 10 §§ 1, 2 MRVG)

Im früheren Schrifttum waren Vorbehalte wegen der möglichen nicht ausreichenden Bestimmtheit des Ausmaßes der gesetzlichen Ermächtigung vorgebracht worden. Die Festlegungen in der Ermächtigungsnorm sind jedoch ausreichend, die Bindung der Honorarsätze an Art und Umfang der Aufgabe sowie die Leistung des Architekten und Ingenieurs in Verbindung mit der Regelung über die anrechenbaren Kosten bestimmt genug, um durch den Ermessensspielraum des Verordnungsgebers in verfassungsmäßig ordnungsgemäßer Weise ausgefüllt werden zu können.[1]

3. Wirksamkeit der HOAI

Rechtsprechung und Literatur gehen von der Wirksamkeit der HOAI stillschweigend aus.[2] Dagegen war § 4 Abs. 2 HOAI in der ursprünglichen Fassung von 1977 zum Teil (»in Ausnahmefällen«) nicht von der Ermächtigung gedeckt.[3] Mit der Änderung des Art. 10 § 1 Abs. 3 Nr. 1 und § 2 Abs. 3 Nr. 1 MRVG durch die Gesetze zur Änderung des MRVG vom 12.11.1984 (BGBl. I S. 1337) wurde die Rechtsgrundlage für die Regelung in § 4 Abs. 2 HOAI a. F. bzw. § 7 Abs. 3 HOAI n. F. geschaffen, wonach die Mindestsätze nur »in Ausnahmefällen« unterschritten werden können. Damit hatte der Gesetzgeber der Entscheidung des BVerfG Rechnung getragen. Der Verordnungsgeber hatte auf dieser Grundlage mit der 2. Verordnung zur Änderung der HOAI in § 4 Abs. 2 wieder die Worte »in Ausnahmefällen« eingefügt.[4]

4. Umfang der Ermächtigung

Mit der HOAI war die gesetzliche Ermächtigung für den Bereich der Architektenleistungen weitestgehend ausgenutzt worden. Auf dem Gebiet der Ingenieurleistungen war dagegen zunächst nur der Bereich Tragwerksplanung erfasst. Mit der ersten VO zur Änderung der HOAI vom 17.07.1984 (BGBl. I S. 948) waren dann seit 01.01.1985 die Honorare für Leistungen nahezu aller am Bau beteiligten Ingenieure in der HOAI geregelt (vgl. § 58 Rdn. 3 ff.).

Zweifel können sich jedoch im Einzelnen bei der Frage erheben, ob alle in der Honorarordnung getroffenen Regelungen durch die Ermächtigungsnormen des Artikels 10 §§ 1, 2 MRVG abgesichert sind. Umstritten war, ob § 8 HOAI 2002 von §§ 1, 2 MRVG gedeckt ist. Der BGH hat dies zwar bejaht; in der Literatur und von den Instanzgerichten wird die Frage aber verschiedentlich verneint (vgl. § 15 Rdn. 6 ff.). Ebenso umstritten waren und sind Regelungen betreffend **Bauzeitverlängerung**, weil die HOAI Rahmengebühren festlegt und eine Überschreitung des Höchstsatzes nur

---

1 So BVerfG v. 20.10.1981 – 2 BvR 201/80 –, BVerfGE 58, 238; BGH BauR 1981, 582 m. Anm. *Locher* = NJW 1981, 2352 [2353].
2 Dazu § 7 Rdn. 19 und § 1 Rdn. 3, 28 f., 41 ff.; *Motzke*, FS Koeble, 2010, S. 417.
3 Vgl. BVerfGE 58, 238 und § 7 Rdn. 122.
4 2. ÄndVO v. 10.06.1985 – BGBl. I S. 961; vgl. § 58 Rdn. 6 ff.

in den von Abs. 3 Nr. 2 vorgesehenen Fällen durch die HOAI geregelt werden kann (vgl. aber DBGT BauR 2016, 1623!?).

§ 3 MRVG Unverbindlichkeit der Koppelung von Grundstückskaufverträgen mit Ingenieur- und Architektenverträgen

Eine Vereinbarung, durch die der Erwerber eines Grundstücks sich im Zusammenhang mit dem Erwerb verpflichtet, bei der Planung oder Ausführung eines Bauwerks auf dem Grundstück die Leistungen eines bestimmten Ingenieurs oder Architekten in Anspruch zu nehmen, ist unwirksam. Die Wirksamkeit des auf den Erwerb des Grundstücks gerichteten Vertrags bleibt unberührt.

Übersicht   Rdn.
1. Früherer Rechtszustand 1
2. Heutiger Rechtszustand; rechtspolitischer Grund 2
3. Wirksamkeit des Koppelungsverbots 3
4. Geschützter Personenkreis 4
5. Erwerb eines Grundstücks 5
6. Verpflichtung zur Inanspruchnahme von Leistungen 9
7. Planung oder Ausführung eines Bauwerks 10
8. Die betroffenen Architekten und Ingenieure 12
9. Inhalt der Vereinbarung; Zusammenhang mit dem Grundstückserwerb 14
10. Folgen des Verstoßes 22

1. Früherer Rechtszustand

1 Bereits vor Inkrafttreten des § 3 MRVG wurde in Rechtsprechung und Literatur die Auffassung vertreten, dass Architekten- und Ingenieurverträge als Koppelungsgeschäft in Verbindung mit Grundstücksverträgen unwirksam seien.[1] Die Wirksamkeit des Architektenvertrages wurde damals unter dem Gesichtspunkt der Sittenwidrigkeit nach § 138 BGB diskutiert.

2. Heutiger Rechtszustand; rechtspolitischer Grund

2 Ein ausdrückliches Verbot der Architekten- und Ingenieurbindung wurde dann durch Art. 10 § 3 des Gesetzes vom 04.11.1971 eingeführt.[2] Der rechtspolitische Grundgedanke wurde in der Amtlichen Begründung wie folgt beschrieben: »Bei dem knappen Angebot an Baugrundstücken erwirbt ein Ingenieur bzw. Architekt, dem Grundstücke anhand gegeben sind, eine monopolartige Stellung, die nicht auf eigener beruflicher Leistung beruht.« Damit wird für Architekten und Ingenieure der reine Leistungswettbewerb in den Vordergrund gestellt.

---

[1] Vgl. BGH BauR 1973, 117 = NJW 1973, 315; *Hesse* BauR 1977, 74; *Hesse* BauR 1985, 30.
[2] Zum Ganzen eingehend die Monographie von *Christiansen-Geiss*, Voraussetzungen und Folgen des Koppelungsverbotes, Schriftenreihe zum Deutschen und Internationalen Baurecht, Heft 3, 2009 sowie *Christiansen-Geiss* BauR 2009, 421.

3. Wirksamkeit des Koppelungsverbots

Die Berechtigung dafür wurde in den letzten Jahren des Öfteren und zu Recht in Frage gestellt. Der Deutsche Baugerichtstag hat die Abschaffung des Koppelungsverbots empfohlen.[3] Die Vorschrift ist jedoch wirksam, und es gibt keinen Anlass, rechtspolitische Gesichtspunkte bei der Auslegung des Koppelungsverbots zu berücksichtigen. Berechtigte Zweifel an der Wirksamkeit sind aufgrund einer Abwägung in bestimmten Fällen (Bindung durch eine Stadt an preisgekrönte Entwürfe) in der Literatur vorgebracht worden.[4] Auch im Hinblick auf die Dienstleistungsfreiheit werden Bedenken gegen die Wirksamkeit des Koppelungsverbots vorgebracht.[5] Sowohl der BGH[6] als auch das Bundesverfassungsgericht[7] haben die **Wirksamkeit des Koppelungsverbots** ausdrücklich bestätigt.[8] Die von der Gesetzesbegründung in den Vordergrund gestellten Gesichtspunkte der Auswahlmöglichkeit des Bauherrn und des Wettbewerbs unter den Architekten werden durch diese Entscheidungen hervorgehoben und es wird ausdrücklich erklärt, dass das Koppelungsverbot zur Erreichung dieses Zwecks geeignet sei.[9]

3

4. Geschützter Personenkreis

Unwirksam ist eine Verpflichtung, die der **Erwerber eines Grundstücks** im Hinblick auf die Inanspruchnahme der Leistungen eines bestimmten Architekten oder Ingenieurs eingeht. Unerheblich ist also, ob der Erwerber Verbraucher, Privatmann, Kaufmann oder öffentlicher Auftraggeber ist. Es genügt, dass Identität zwischen dem Erwerber und demjenigen besteht, der sich zur Inanspruchnahme der Leistungen eines bestimmten Ingenieurs oder Architekten verpflichtet. Soweit sich dagegen ein Dritter aus Eigeninteresse zur Zahlung von Architektenhonorar verpflichtet, greift das Koppelungsverbot von vornherein nicht ein.[10] Deshalb dürfte auch die Verpflichtung eines Projektentwicklers gegenüber dem Architekten, den Vertrag weiterzugeben, wirksam sein, wenn der Projektentwickler als Dritter aus Eigeninteresse die entsprechende Verpflichtung übernimmt.[11] Ob auch Bauträger, Baubetreuer und Projektentwickler zum geschützten Personenkreis gehören, ist inzwischen umstritten.[12]

4

---

3 Vgl. BauR 2006, 1615 ff.
4 *Christiansen-Geiss*, Voraussetzungen und Folgen des Koppelungsverbots, a. a. O., S. 41 ff.; *Christiansen-Geiss* BauR 2009, 421.
5 *Christiansen-Geiss* a. a. O., S. 77 ff.
6 BGHZ 178, 130 = BauR 2008, 2059 = NJW 2008, 3633 = NZBau 2008, 772 m. zust. Anm. *Scholtissek*; BGHZ 186, 314 = BauR 2010, 1772 = NJW 2010, 3154 = NZBau 2010, 633.
7 BVerfG BauR 2011, 1837 = NZBau 2011, 563.
8 Ebenso *Motzke*, FS Koeble, 2010, S. 417.
9 BVerfG BauR 2011, 1837 Rn. 13.
10 BGH BauR 2006, 1334 = NZBau 2006, 520 = NJW-RR 2006, 1249 für einen Projektentwickler.
11 Ebenso *Knipp*, FS Koeble, 2010, S. 385 (388 f.); a. A. OLG Frankfurt NJW RR 2010, 1394 = NZBau 2010, 637.
12 Zum Ganzen *Christiansen-Geiss*, a. a. O., S. 83 ff. m. w. Nachw.

5. Erwerb eines Grundstücks

5 Erfasst sind alle **Verpflichtungsgeschäfte**, die zum Erwerb eines Grundstücks führen können, also nicht nur Kaufverträge, sondern z. B. auch Tauschverträge oder Schenkungsverträge. Auf die schuldrechtliche Grundlage des Erwerbsvorgangs kommt es nicht an.

6 Nicht höchstrichterlich geklärt ist, ob der **Erwerb eines Erbbaurechts** gleichzustellen ist. Trotz der Formulierung des § 3 ist dies zu bejahen.[13] Der Erwerber des Erbbaurechts erhält eine dingliche Stellung, die im Hinblick auf den Schutzzweck der Vorschrift derjenigen eines Grundstückserwerbers gleichzustellen ist. Entsprechendes gilt auch für andere dingliche Rechte, die den Erwerber in die Lage versetzen, auf dem Grundstück ein Gebäude zu errichten.[14]

7 Eine Ausnahme gilt nach Auffassung des BGH für den **Erwerb von Wohnungseigentum**.[15] Dem ist jedoch nicht uneingeschränkt zuzustimmen.[16] Für den entschiedenen Fall, in dem ein Privatmann im Wege der »Vorratsteilung« gem. § 8 WEG Wohnungseigentum gebildet hat und dieses mit einer konkreten Gestaltung nach Planung veräußert hat, ist der Auffassung des BGH zu folgen. Hier ist die Bindung der Erwerber an die zur Begründung des Wohnungseigentums notwendigen Architektenleistungen aus Leistungsphasen 1–5 des § 34 HOAI unbedenklich. Entsprechendes gilt bei Bauherrenmodellen, wenn der Baubetreuer eine Bauherrengemeinschaft zusammenführt und für diese einen Architektenvertrag mit einem bestimmten Architekten abschließt. Soweit jedoch ein Architekt der Eigentümer ist, in Wohnungseigentum aufteilt und die Erwerber zum Abschluss eines Architektenvertrages mit ihm hinsichtlich der Bauerrichtung »konditioniert« werden, kann eine wirksame Architektenbindung nicht zustande kommen.

8 Der **Erwerb eines Gesellschaftsanteils** einer BGB-Gesellschaft oder GmbH, die ihrerseits bereits einen Architekten- oder Ingenieurvertrag abgeschlossen haben, fällt nicht unter das Koppelungsverbot. Daran ändert sich auch nichts, wenn der Erwerber eines Gesellschaftsanteils gleichzeitig einen Architekten- oder Ingenieurvertrag abschließt bzw. gemeinsam mit den anderen Gesellschaftern abschließen muss. Die Beteiligung an einer Gesellschaft ist nicht unmittelbar als Grundstückserwerb anzusehen. Das bestätigt auch die Rechtsprechung zu § 313 BGB, wonach der Erwerb eines Gesellschaftsanteils sogar dann nicht der notariellen Form bedarf, wenn das Grundstück einziges Gesellschaftsvermögen ist.[17] Ebenso ist es unbedenklich, wenn sich ein Architekt oder Ingenieur und ein Baubetreuer oder sonstiger gewerblicher Wohnungsunternehmer als BGB-Gesellschaft zusammenschließen, um ein Grundstück zu erwerben und dieses zu bebauen. Der Architekten- und/oder Ingenieurvertrag zwischen den Gesell-

---

[13] Ebenso KG NJW-RR 1992, 916 = ZfBR 1992, 70; Korbion/Mantscheff/Vygen-*Kuffer*, Art. 10 § 3 MRVG Rn. 11.
[14] So mit Recht Korbion/Mantscheff/Vygen-*Kuffer*, a. a. O. Rn. 12.
[15] BGH BauR 1986, 464 = NJW 1986, 1811; ebenso *Christiansen-Geiss*, a. a. O., S. 91.
[16] Differenzierend auch Korbion/Mantscheff/Vygen-*Kuffer*, Art. 10 § 3 MRVG Rn. 10.
[17] Vgl. BGH NJW 1983, 1110; vgl. auch BGH NJW 1996, 1279 = BB 1996, 1353 für den Abschluss eines Gesellschaftsvertrages mit dem Zweck »Verwaltung und Verwertung«.

schaftern und einzelnen Mitgliedern der Gesellschaft ist wirksam, weil hier im Paket Wohnungsbau und nicht in erster Linie die Architektenleistung eines Freien Architekten oder Ingenieurs angeboten wird.[18]

6. Verpflichtung zur Inanspruchnahme von Leistungen

Unwirksam ist eine Vereinbarung, die den Erwerber zur Inanspruchnahme der Leistungen eines bestimmten Architekten oder Ingenieurs verpflichtet. Es sind hier sowohl die Architekten- und Ingenieurverträge selbst als auch Vorverträge erfasst. Die Vereinbarung und auch die Verpflichtung sind sowohl bei mündlicher als auch bei schriftlicher Form unwirksam, und § 3 MRVG greift auch dann ein, wenn sie in einem notariellen Vertrag enthalten sind. Derartige Verpflichtungen werden auch nicht dadurch wirksam, dass der Erwerber über das Koppelungsverbot aufgeklärt wird. Die Vorschrift des § 3 MRVG ist nicht disponibel.   9

7. Planung oder Ausführung eines Bauwerks

Die Begriffe **Planung** und **Ausführung** decken die gesamten Architekten- und Ingenieurleistungen ab, die in den Leistungsbildern der HOAI enthalten sind. Vereinbarungen, die auch nur Teilleistungen aus diesen Leistungsbildern zum Gegenstand haben, unterfallen ebenfalls dem Koppelungsverbot. Anderes gilt jedoch im Hinblick auf nicht von Leistungsbildern der HOAI erfasste Gegenstände. Dazu gehören insbesondere die sog. Beratungsleistungen (vgl. § 3 Rdn. 6) und die Besonderen Leistungen (vgl. § 3 Rdn. 13 ff.). Ebenso wenig gehört dazu die Beratungstätigkeit oder die Erstellung von Gutachten (vgl. § 1 Rdn. 5 ff.).   10

Als **Bauwerk** sind nicht nur Hochbauten gemeint, sondern alle Objekte i. S. d. § 2 HOAI. Es gehören damit auch alle Ingenieurbauwerke, Verkehrsanlagen, Tiefbauten usw. hierher (vgl. § 2 Rdn. 1 ff.). Dementsprechend sind Planungs- und Ausführungsleistungen aus allen Teilen der HOAI angesprochen.   11

8. Die betroffenen Architekten und Ingenieure

Unzulässig ist auch die Bindung an einen **freischaffenden Architekten oder Ingenieur** als **Generalübernehmer** oder **Generalunternehmer**.[19] Gleiches gilt auch dann, wenn ein freiberuflich tätiger Architekt oder Ingenieur als **Bauträger** auftritt.[20] Dagegen gilt das Koppelungsverbot nicht für einen Bauträger, Generalunternehmer oder -übernehmer mit **Planungsverpflichtung**, soweit auf einem dem Erwerber vorweg übertragenen Grundstück gebaut wird.[21]   12

---

18 A. A. OLG Hamm BauR 1983, 482; wie hier Korbion/Mantscheff/Vygen-*Kuffer*, § 3 MRVG Rn. 9.
19 BGH SFH Nr. 1 zu Art. 10 § 3 MRVG; OLG Köln BauR 1976, 288; a. A. LG Düsseldorf BauR 1984, 418.
20 BGH BauR 1991, 114 = ZfBR 1991, 14.
21 BGH NJW 1984, 732 = BauR 1984, 192; BGH BauR 1989, 95 = NJW-RR 1989, 147 = ZfBR 1989, 29; OLG Düsseldorf NJW-RR 1993, 667 für die Vereinbarung eines Planungs-

13 Der BGH sieht das Koppelungsverbot zu Recht **berufsstands-** und **nicht leistungsbezogen**.[22] Er wendet es bei einem Baubetreuungsvertrag eines Wohnungsbauunternehmens auch dann nicht an, wenn zunächst nur Architektenleistungen aus Leistungsphasen 1 und 2 zu erbringen sind und der Baubetreuer das Grundstück anhand hat.[23] Dies ist vom Grundsatz her richtig. Da aber auch den baugewerblich tätigen Architekten oder Ingenieuren die Erbringung von Architekten- bzw. Ingenieurleistungen erlaubt ist, können in solchen Fällen erhebliche Abgrenzungsprobleme auftreten. Ist der Architekt oder Ingenieur gleichzeitig Inhaber eines Wohnungsunternehmens, so muss das MRVG anwendbar sein, wenn er wie ein freischaffender Architekt oder Ingenieur im Vorfeld zunächst Planungsleistungen erbringt und für diese ein gesondertes Honorar entweder in einem gesonderten Vertrag oder als Rate des später abzuschließenden Wohnungsbauvertrags erhält.[24] Anderes gilt, wenn der baugewerblich Tätige nicht speziell Architekten- oder Ingenieurleistungen erbringt, sondern diese gleichsam im Paket mit den Bauleistungen angeboten werden.

Personen, die **weder Architekten noch Ingenieure** sind, fallen unstreitig nicht unter das Koppelungsverbot; auch eine entsprechende Anwendung scheidet aus.[25] Adressat des Koppelungsverbots können solche Unternehmen aber dann sein, wenn sie zur Umgehung dieses Verbots gegründet wurden.[26] Dagegen würde man den Anwendungsbereich des Koppelungsverbots unzulässig ausweiten, wenn Firmen mit einem umfassenderen Unternehmensgegenstand – wie Baubetreuung, Bauträger oder Generalunternehmer) Verträge über Architekten-/Ingenieurleistungen in Kombination mit Grundstücksverträgen verboten wären.[27]

9. Inhalt der Vereinbarung; Zusammenhang mit dem Grundstückserwerb

14 Unwirksam ist die Verpflichtung des Erwerbers zur Inanspruchnahme von Architekten- und Ingenieurleistungen, wenn sie im **Zusammenhang mit dem Erwerb des Grundstücks** steht. Dies ist ganz sicher dann der Fall, wenn der Veräußerer den Verkauf des Grundstücks **davon abhängig macht**, dass der Erwerber einem bestimmten Architekten den Auftrag zusagt.[28] Die missbilligte Verpflichtung kann sich aber auch aus den

---

honorars zwischen GU und Bauherr in Vorbereitung eines Grundstücksvertrags; a. A. OLG Hamm BB 1982, 764; Hess. VGH BauR 1985, 224 für den Fall, dass ein Wohnungsunternehmen nur Planungs- oder Betreuungsleistungen erbringt; vgl. zur Baubetreuung und Bauträgerschaft i. E. *Locher/Koeble*, Baubetreuungs- und Bauträgerrecht, 4. Aufl. 1985, Rn. 64 ff.; *Koeble* BauR 1973, 25 [26 ff.].
22 BGH BauR 1991, 114 = ZfBR 1991, 14; *Koeble* BauR 1973, 25 [26 ff.].
23 BGH BauR 1993, 490 = ZfBR 1993, 186.
24 *Koeble* BauR 1973, 25 [26 ff.]; ebenso OLG Hamm BauR 1993, 494 m. zust. Anm. *Haß*.
25 Vgl. BGH BauR 1984, 193 = NJW 1984, 732; BGH BauR 1989, 95 = NJW-RR 1989, 147 = ZfBR 1989, 29; LG Köln BauR 1990, 634.
26 BGH a. a. O.; OLG Hamm BauR 2014, 1017.
27 So aber OLG Hamm BauR 2014, 1027, wenn solche Firmen mit isolierten Architekten-/Ingenieurleistungen in Konkurrenz zu Architekten/Ingenieuren treten.
28 Vgl. *Custodis* DNotZ 1973, 532.

Umständen ergeben, und zwar sogar dann, wenn der Architekt erklärt, das Grundstück werde ohne Bindung verkauft,[29] oder dann, wenn der Erwerb an Auflagen geknüpft wird, die den Auftraggeber zum Abschluss eines Vertrages mit einem bestimmten Architekten oder Ingenieur zwingen.[30] Ein Zusammenhang zwischen dem Veräußerer und dem Architekten muss für die Unwirksamkeit der Verpflichtung des Erwerbers nicht gegeben sein. Entscheidend ist, dass dem Erwerber das Grundstück nicht ohne seine Verpflichtung gegenüber dem Architekten von diesem vermittelt worden wäre.[31] Maßgebender Gesichtspunkt ist, ob der Architekt oder Ingenieur aus objektiv berechtigter Sicht des Erwerbers das Grundstück »**an der Hand**« hat. Ob beim Erwerber berechtigtermaßen ein **psychologischer Zwang** zum Abschluss eines Architekten- oder Ingenieurvertrags besteht, ist durch Auslegung zu ermitteln, wobei alle Umstände der Anbahnung und Abwicklung der Geschäftsbeziehung zu berücksichtigen sind.[32]

Dabei bleibt es **gleichgültig, von wem die Initiative** zu der Verpflichtung des Architekten ausgegangen war.[33] Ein Verstoß gegen das Koppelungsverbot liegt deshalb vor, wenn ein Erwerber gegenüber dem Veräußerer die Verpflichtung eingeht, einen bereits abgeschlossenen Architektenvertrag von diesem zu übernehmen.[34] Es kommt auch nicht darauf an, ob der Architekt das Grundstück **selbst** an der Hand hatte. Es genügt, wenn das Grundstück der Frau des Architekten bzw. Ingenieurs gehört.[35] Unwirksam ist auch die von einem Makler verlangte Koppelung.[36] Voraussetzung der Nichtigkeit ist auch nicht, dass der Grundstückserwerbsvertrag und der Architektenvertrag **gleichzeitig** abgeschlossen werden.[37] Nur dann, wenn der Erwerber das Grundstück ohne Übernahme der Architektenleistung erwerben kann, fehlt es an der missbilligten Koppelung. Die **zeitliche Abfolge** kann hier entscheidende Hinweise geben. Wird der Architekten- oder Ingenieurvertrag (kurz) vor oder gleichzeitig mit dem Grundstücksvertrag abgeschlossen, ist dies ein starkes Indiz für den Zusammenhang. Dagegen kann von einer Bindungswirkung nicht mehr ausgegangen werden, wenn kein enger zeitlicher Zusammenhang zum Grundstücksgeschäft mehr besteht.

15

Der Zusammenhang wird verneint, wenn weder vom Architekten noch vom Grundstückseigentümer der Anstoß für die Koppelung ausgegangen ist. So hat der BGH[38] entschieden, dass kein Verstoß vorliege, wenn ein **Bauwilliger an den Architekten herantritt** und diesen darum bittet, ein passendes Grundstück zu vermitteln und später dann

16

---

29 BGH BauR 1981, 295 = NJW 1981, 1840.
30 BGH BauR 1982, 183 = ZfBR 1982, 77.
31 BGH BauR 1975, 290 = NJW 1975, 1218.
32 Vgl. *Christiansen-Geiss*, a. a. O., S. 137 ff.
33 OLG Hamm BauR 1974, 135; vgl. aber unten Rdn. 16 zur Initiative des Erwerbers gegenüber dem Architekten.
34 BGH BauR 1993, 104 = NJW-RR 1992, 1372 = ZfBR 1993, 19.
35 BGH SFH Nr. 1 zu Art. 10 § 3 MRVG.
36 BGH BauR 1998, 579 = LM Heft 9/1998 MRVG Nr. 23 m. Anm. *Koeble* = NJW-RR 1998, 952 = ZfBR 1998, 186.
37 BGH BauR 1975, 139.
38 BauR 2008, 2059 = NJW 2008, 3633 = NZBau 2008, 772 m. zust. Anm. *Scholtissek*.

noch ein Architektenvertrag mit diesem Architekten abgeschlossen wird. Eine verbotene Bindung liegt hier sogar dann nicht vor, wenn der Architekt die Vermittlung vom Abschluss des Architektenvertrages abhängig gemacht hat. Diese Entscheidung macht deutlich, dass das Koppelungsverbot in Zukunft vielleicht nicht mehr so weit ausgedehnt wird. Der Senat erklärt nämlich ausdrücklich, dass er nicht mehr uneingeschränkt an dem der bisherigen Rechtsprechung zugrunde liegenden weiten Verständnis des Koppelungsverbots festhalte. Damit dürfte eine Wende in der Rechtsprechung verbunden sein.[39]

17 Eine unzulässige Architekten- bzw. Ingenieurbindung ist zum Beispiel dann zu verneinen, wenn der Verkäufer bereits einen Architektenvertrag mit einem Architekten abgeschlossen hatte und nun im Kaufvertrag mit dem Erwerber eine **Abstandszahlung** für das vom Veräußerer bereits bezahlte bzw. zu bezahlende Architektenhonorar vereinbart wird.[40] Die Preisbildung beim Verkauf ist frei, und deshalb kann dabei auch ein bereits angefallenes Honorar einfließen. Unwirksam ist dagegen die Vereinbarung mit einem Architekten als Eigentümer, dass diesem auch zusätzliche Planungskosten erstattet werden.[41] Unzulässig soll es auch sein, dass der Veräußerer eines Grundstücks vom Erwerber entweder den Abschluss eines Architektenvertrags mit seinem bereits beauftragten Architekten oder die Zahlung einer Abstandssumme als Alternative verlangt.[42] Gegen das Verbot verstoßen Abreden, wonach dem Auftragnehmer dafür eine Abstandszahlung geleistet werden muss, dass dieser keine Leistungen erbringen soll.[43] Ebenso hat es der BGH[44] für unzulässig angesehen, dass ein Veräußerer auf die Übernahme einer eventuell entstandenen Honorarpflicht gegenüber einem von ihm hinzugezogenen Architekten hinwirkt. Hier könnte die mittelbare Verpflichtung zur Übernahme des Architekten entstehen und der Erwerber bei der Beauftragung eines Architekten nicht frei sein (vgl. auch unten Rdn. 19). Zulässig ist es dagegen, dass der Veräußerer im Zusammenhang mit dem Erwerb eines Baugrundstücks dem Erwerber Vorteile für den Fall verspricht, dass er – ohne Übernahme einer Verpflichtung hierzu – bei der Planung oder Ausführung des Bauwerks einen bestimmten Architekten beauftragt.[45]

18 Auch bei **öffentlichen Planungswettbewerben** gilt das Koppelungsverbot.[46] Verweist eine Stadt nach Durchführung eines Wettbewerbs die Grundstückserwerber an den Preisträger, so liegt nach Auffassung des BGH[47] darin eine unzulässige Bindung,[48] auch dann und insoweit, als ein Bauwilliger nur zur Klärung der Bebauungsmöglichkei-

---

39 So zutreffend *Scholtissek* a. a. O.
40 BGH BauR 1978, 230; vgl. auch BGH BauR 1979, 530; ebenso OLG Frankfurt NJW-RR 1995, 1485 für die Erstattung aufgewendeter Architektenkosten.
41 OLG Koblenz OLGR 2001, 285.
42 BGH NJW 1983, 227 = BauR 1983, 93.
43 OLG Köln SFH Art. 10 § 3 MRVG Nr. 22.
44 BauR 2000, 1213 = NZBau 2000, 343 = ZfBR 2000, 463.
45 BGH BauR 1979, 169 = SFH Nr. 5 zu Art. 10 § 3 MRVG = ZfBR 1979, 72.
46 KG NJW-RR 1992, 916 = ZfBR 1992, 70.
47 NJW 1982, 2189 = BauR 1982, 512.
48 A. A. Hess. VGH BauR 1985, 224.

ten dem Architekten die Vorplanung in Auftrag gegeben hat. Das Verlangen einer Gemeinde, die Bebauung in einem Sanierungsgebiet nach der preisgekrönten Planung eines Architekten durchzuführen, begründet keinen Abschlusszwang, weshalb ein mit diesem abgeschlossener Architektenvertrag wirksam ist.[49] Ein verbotenes Koppelungsgeschäft liegt auch dann nicht vor, wenn sich die Erwerber von Grundstücken einer Gemeinde nach Abschluss des Kaufvertrags frei entscheiden können.[50]

Zweifel sind dagegen angebracht, ob eine verbotene Architekten- bzw. Ingenieurbindung auch dann vorliegt, wenn der Auftragnehmer bei Abschluss des Grundstücksvertrags **darauf hinweist**, dass **keine Bindung** an einen bestimmten Architekten oder Ingenieur bestehe und der Erwerber bauen könne, mit wem er wolle. Dies hat jedoch das OLG Düsseldorf[51] bejaht aufgrund der in diesem Fall gegebenen einflussreichen Vermittlerstellung des Auftragnehmers.[52] Das OLG Hamm[53] hält sogar einen Gesellschaftsvertrag zwischen Architekt, Baubetreuer und Statiker für unwirksam, nach dem das Grundstück nach den Plänen des Architekten und Statikers bebaut und weiterverkauft werden soll. Das Gericht erstreckt dies sogar auf einen Vertrag über einen Fertigbausatz. Zwar falle dieser vom Grundsatz her nicht unter das Verbot, aber dann, wenn mit dem Bausatz Ingenieurleistungen angeboten würden, greife das Koppelungsverbot ein. Dieser Rechtsprechung kann nicht gefolgt werden (vgl. oben Rdn. 12 f.). 19

Eine unzulässige Architektenbindung liegt auch dann vor, wenn der Architekt zunächst Planungsleistungen für den Veräußerer erbracht hat, und zwar keine rechtliche Bindung an den Architekten beim Grunderwerb vorliegt, aber eine tatsächliche Bindung insoweit vorhanden ist, als der Erwerber einen Verzicht des Architekten auf seine Beauftragung hätte erwirken müssen.[54] 20

Auch dann, wenn ein Bauinteressent durch Inaussichtstellen eines Grundstückserwerbes zum Abschluss eines Architektenvertrags veranlasst wird und der Grundstückserwerbsvertrag nicht zustande kommt, kann der Architektenvertrag nichtig sein. Die Wirksamkeit hängt nicht von dem späteren Eintritt des Grundstückserwerbs ab.[55] 21

10. Folgen des Verstoßes

Ist der Vertrag wegen Verstoßes gegen das Koppelungsverbot unwirksam, so kann der Architekt bzw. Ingenieur nicht in jedem Fall die **Zahlung seines Honorars** nach den 22

---

49 Vgl. OLG Köln NJW-RR 1990, 1110 = BauR 1991, 642.
50 Für Unwirksamkeit des Koppelungsverbots in solchen Fällen *Christiansen-Geiss*, a. a. O., S. 46 ff.
51 BauR 1980, 480.
52 Vgl. auch BGH BauR 1981, 295, sogar in dem Fall, dass der Architekt ausdrücklich betont, das Grundstück werde ohne Bindung verkauft.
53 BauR 1983, 482.
54 OLG Köln BauR 1976, 290 = *Schäfer/Finnern* Z 3.000 Bl. 10; vgl. auch oben Rdn. 17.
55 OLG Düsseldorf BauR 1976, 74.

Vorschriften über die ungerechtfertigte Bereicherung (§§ 812 ff. BGB) verlangen. Zu prüfen ist, ob ihm **für die erbrachten** Leistungen ein Honorar aus Geschäftsführung ohne Auftrag nach §§ 683, 670 BGB zusteht. Das dürfte in entsprechender Anwendung einer Entscheidung zur Unwirksamkeit eines Bauvertrags im Regelfall zu bejahen sein.[56] Greifen diese Grundsätze nicht ein, dann besteht für erbrachte Leistungen ein Bereicherungsanspruch in Höhe des Mindestsatzes nur dann, wenn und soweit der Auftraggeber die **Leistungen verwertet** hat.[57] Dies gilt auch, wenn der Auftraggeber Kosten für den Einsatz eines anderen Auftragnehmers erspart hat. Vom Bauherrn geltend gemachte Mängel sind im Rahmen des § 818 Abs. 2 BGB bereicherungsmindernd zu berücksichtigen.[58] Wurden die Architektenleistungen dagegen nicht verwertet und ist dem Vermögen des Auftraggebers kein Vorteil zugeflossen, so steht dem Architekten bzw. Ingenieur kein Bereicherungsanspruch zu.[59] Er muss dann seinerseits ein etwa bereits bezahltes Teilhonorar nach den Vorschriften über die ungerechtfertigte Bereicherung (§§ 812 ff. BGB) zurückbezahlen. Hat der Architekt bzw. Ingenieur in diesem Fall jedoch schon Leistungen erbracht und Aufwendungen gehabt, so ist er in diesem Umfang nicht mehr bereichert. Die Höhe der Aufwendungen ist also von dem bezahlten Teilhonorar abzusetzen, und sie dürfte mit 40 % des Honorars für die erbrachten Teilleistungen anzunehmen sein.[60]

23 **Ansprüche wegen Mängeln** bzw. Fehlern des Architekten kann der Auftraggeber bei nichtigem Architektenvertrag ebenfalls nur über die Grundsätze der GoA bzw. der ungerechtfertigten Bereicherung (§§ 812 ff. BGB) geltend machen. Der **Vertrag** ist nicht nur relativ oder teilweise, sondern **absolut unwirksam**.[61] Damit sind alle vertraglichen Regelungen – auch solche über die Bauzeit oder ein Kostenlimit oder eine Kostengarantie – ebenfalls nichtig. Dem Erwerber wird man aber über Treu und Glauben quasi vertragsrechtliche Ansprüche zur Verfügung stellen können. Die rechtliche Begründung wird hierfür z. T. in den Grundsätzen des »venire contra factum proprium« gesehen.[62] Das ist schon deshalb zutreffend, weil der Erwerber als der einzige Geschützte nicht von der Norm benachteiligt werden kann und dem Architekten schon die Berufung auf das Koppelungsverbot verwehrt ist. Das bedeutet, dass der Erwerber nicht nur Minderung

---

56 Vgl. BGH NJW 1993, 3196 = BauR 1994, 110 = LM H. 2/94 § 677 BGB Nr. 32 m. Anm. *Koeble* = ZfBR 1994, 15.
57 Vgl. BGH BauR 1994, 651 = ZfBR 1994, 220; OLG Düsseldorf BauR 1993, 630 = NJW-RR 1993, 1173 für den insoweit gleichzubehandelnden Fall der Anfechtung; OLG Hamm BauR 1986, 710; OLG Hamm BauR 1986, 711 = NJW-RR 1986, 449; vgl. BGH BauR 1982, 84 = NJW 1982, 879 für die gleich gelagerte Problematik bei der GOA; vgl. auch BGH NJW 1984, 1035 = SFH Nr. 5 zu § 19 GOA.
58 *Löffelmann/Fleischmann*, Rn. 872; *Schwenker* in Thode/Wirth/Kuffer, Praxishandbuch Architektenrecht, § 4 Rn. 134.
59 Vgl. BGH BauR 1994, 651; *Bultmann* BauR 1995, 335.
60 Vgl. OLG Düsseldorf BauR 1975, 141.
61 Ebenso Korbion/Mantscheff/Vygen-*Kuffer*, § 3 MRVG Rn. 34.
62 OLG Köln Urt. v. 30.07.2014 – 11 U 133/13 = BauR 2015, 144 = Analyse *Koeble* auf www.jurion.de/Modul Werner Baurecht.

des Honorars – ggf. Rückzahlung – verlangen kann.[63] Vielmehr kann er auch alle anderen Mängelrechte und insbesondere Schadensersatz beanspruchen.[64]

Während der Grundstücksvertrag wirksam bleibt, sind andere mit dem unwirksamen Vertrag verknüpfte Geschäfte ebenfalls ungültig.[65] Entsprechendes gilt auch für einen zusätzlichen Baubetreuungsvertrag. 24

---

63 LG Mönchengladbach BauR 1988, 246.
64 Zutreffend OLG Köln Urt. v. 30.07.2014 – 11 U 133/13 = BauR 2015, 144 = Analyse *Koeble* auf www.jurion.de/Modul Werner Baurecht; zum Ganzen *Locher*, FS Vygen, 1999, S. 28.
65 So für einen Bauvertrag KG SFH Nr. 8 zu Art. 10 § 3 MRVG.

Verordnung über die Honorare für Architekten- und Ingenieurleistungen (Honorarordnung für Architekten und Ingenieure – HOAI)

vom 10. Juli 2013 (BGBl. I S. 2276)

Teil 1 Allgemeine Vorschriften

§ 1 HOAI Anwendungsbereich

Diese Verordnung regelt die Berechnung der Entgelte für die Grundleistungen der Architekten und Architektinnen und der Ingenieure und Ingenieurinnen (Auftragnehmer oder Auftragnehmerinnen) mit Sitz im Inland, soweit die Grundleistungen durch diese Verordnung erfasst und vom Inland aus erbracht werden.

Übersicht | Rdn.
1. Anwendungsbereich; Änderungen durch die HOAI 2009 und 2013, Angriffe auf die Wirksamkeit der HOAI 1
   a) Anwendungsbereich der HOAI 1
   b) Änderungen durch die HOAI 2009 und 2013 2
   c) Angriffe auf die Wirksamkeit der HOAI 3
2. Sachlicher Anwendungsbereich der HOAI 4
   a) Erfasste Objekte und Leistungen 4
   b) Nicht von der HOAI erfasste Leistungen 5
   c) Geltung für Paketanbieter 11
   d) Honorare für Leistungen außerhalb der HOAI; übliche Vergütung (§ 632 Abs. 2 BGB) 13
3. Preisrechtliche Regelungen (Regelungscharakter der HOAI) 14
4. Geltungsbereich des Teils I (§§ 1–16 HOAI) 16
5. Persönlicher Anwendungsbereich der HOAI 17
   a) Der Begriff Architekt 18
   b) Der Begriff Ingenieur 19
   c) Geltung für Nichtarchitekten und Nichtingenieure 20
   d) Verträge zwischen Architekten und/oder Ingenieuren 21
   e) Aufklärung über die fehlende Architekten- und/oder Ingenieureigenschaft ... 23
   f) Geltung für Auftragnehmer mit »Sitz im Inland« (Inländer-HOAI) 28
   g) Inländerdiskriminierung durch die neue HOAI? 29
6. Räumlicher Anwendungsbereich der HOAI 30
   a) Anwendbares Recht bei Bauvorhaben im Inland mit Beteiligung von Ausländern 30
   b) Anwendbarkeit der HOAI bei Bauvorhaben im Inland mit Beteiligung von Ausländern 31
   c) Geltung der HOAI für Bauvorhaben im Ausland 32
   d) Geltung der HOAI für die neuen Bundesländer 33

§ 1 HOAI Anwendungsbereich

	Rdn.
7. Der Begriff Entgelt	34
8. Gerichtsstand für die Honorarklage	35
9. Gerichtsstand für die Schadensersatzklage des Auftraggebers	40
10. HOAI und europäisches Recht	41

1. Anwendungsbereich; Änderungen durch die HOAI 2009 und 2013, Angriffe auf die Wirksamkeit der HOAI

a) Anwendungsbereich der HOAI

1   Die Bestimmung des § 1 HOAI regelt den Anwendungsbereich der Verordnung. Voraussetzung für die Geltung der HOAI mit ihrem Mindest- und Höchstpreischarakter sowie ihren Formvorschriften, Abrechnungsregeln und Fälligkeitsbestimmungen ist es, dass die Objekte und Leistungen vom sachlichen Anwendungsbereich der HOAI erfasst sind (dazu Rdn. 4 ff.), dass der persönliche Anwendungsbereich der HOAI gegeben ist (dazu Rdn. 17 ff.) und dass der räumliche Anwendungsbereich der HOAI (dazu Rdn. 30 ff.) nicht überschritten ist. Wenn alle diese Voraussetzungen für den Geltungsbereich der HOAI vorliegen, dann bedeutet dies noch nicht, dass im konkreten Fall der **Mindest- und Höchstpreischarakter** der HOAI eingreift. Es gibt zahlreiche Ausnahmefälle, welche den preisrechtlichen Regelungen nicht unterliegen (dazu § 7 Rdn. 6 ff.).

b) Änderungen durch die HOAI 2009 und 2013

2   Sie wurde durch die HOAI-Novelle 2009 mit Wirkung zum 18.08.2009 (dazu § 58 Rdn. 26 ff.) geändert.[1] Zunächst wurde – auch in der Überschrift und Bezeichnung der HOAI – nach Aussage des Verordnungsgebers dem »Gender Mainstreaming«[2] Rechnung getragen, indem auch Architektinnen, Ingenieurinnen und **Auftragnehmerinnen** angesprochen wurden. Diese Änderung ist sicherlich trotz des anderen Wortlauts des MRVG verfassungsrechtlich gedeckt. Die HOAI gilt seit der Novelle nur für Auftragnehmer »mit **Sitz im Inland**, soweit die **Leistungen ... vom Inland aus** erbracht werden« (dazu unten Rdn. 28). Mit dem Anschluss des Soweit-Satzes wollte der Verordnungsgeber an der Rechtsprechung des BGH zur leistungsbezogenen Anwendung der HOAI (dazu Rdn. 17 ff.) nichts ändern.

Die 7. HOAI-Novelle 2013 brachte inhaltlich keine Änderung des § 1. Es wurde lediglich aus dem Begriff Leistungen der Terminus »Grundleistungen«, weil dieser wieder als Abgrenzung zu den Besonderen Leistungen neu eingeführt wurde.[3]

---

1 Zur Neuregelung vgl. Einl. Rdn. 5.
2 § 42 Abs. 5 S. 2 GGO.
3 Vgl. dazu i. E. unten § 3 Rdn. 2.

c) Angriffe auf die Wirksamkeit der HOAI

Nach der hier vertretenen Auffassung ist die **HOAI wirksam**. Allerdings gibt es verschiedene **Angriffe** gegen die Wirksamkeit der HOAI: 3

– Obwohl die HOAI im Jahr 2009 im Geltungsbereich auf Inländer und vom Inland aus erbrachte Leistungen beschränkt wurde, werden die preisrechtlichen Regelungen dennoch für unwirksam gehalten (dazu unten Rdn. 29).

– Ein neuer Ansatz für die Unwirksamkeit kommt aus der Tatsache, dass nur für einzelne Leistungsphasen Prozentsätze vorgesehen sind und nicht für die Teilleistungen innerhalb der einzelnen Leistungsphasen. Insoweit wird argumentiert, dass die verfassungsrechtlichen Anforderungen an Preisrecht von der HOAI nicht erfüllt würden, weil die Bewertung von Teilleistungen den Parteien überlassen bleibe (vgl. dazu § 8 Rdn. 10).

– Darüber hinaus wird auch bei einzelnen Vorschriften der HOAI bezweifelt, dass diese wirksam sind. Das gilt zunächst für § 6 Abs. 3 HOAI und das dort verankerte sog. Baukostenvereinbarungsmodell (vgl. dazu § 6 Rdn. 36). Sodann werden auch gegen die Wirksamkeit der Fälligkeitsregelung in § 15 verfassungsrechtliche Bedenken geäußert (vgl. dazu § 15 Rdn. 8).

– Die EU-Kommission hat gegen die Bundesrepublik Deutschland ein Vertragsverletzungsverfahren eingeleitet, weil feste Honorarsätze wie der Mindest- und Höchstsatz den Wettbewerb unter freiberuflichen Dienstleistungen beschränke und sich als diskriminierend, überverhältnis- und unverhältnismäßig erweisen würden. Ob dies zutrifft, ist stark umstritten (vgl. unten Rdn. 41).

2. Sachlicher Anwendungsbereich der HOAI

a) Erfasste Objekte und Leistungen

Seiner Zielrichtung nach ermöglicht es das MRVG,[4] die Honorare für alle Architekten- 4 und Ingenieurleistungen zu regeln, welche Objekte (Bauvorhaben) aller Art betreffen. Die heute gültige HOAI 2009 macht davon nicht (mehr) in vollem Umfang Gebrauch. Vielmehr sind sog. Beratungsleistungen[5] ausgegliedert worden und in einem Anhang als Empfehlung untergebracht worden (vgl. Anlage 1). Hinsichtlich des Gegenstandes der Leistung kann es sich um **Objekte** des Hochbaus, Tiefbaus und Ingenieurbaus handeln. In der neuen HOAI sind die von ihr behandelten Objekte nunmehr definiert (vgl. § 2 Nr. 1). Vom Gegenstand her sind alle denkbaren Objekte erfasst, die im Rahmen von Bauarbeiten entstehen können.[6] Eine Einschränkung des Regelungsbereichs der HOAI ergibt sich jedoch aus § 1 HOAI selbst: Die Honorare für die genannten Objekte sind nur geregelt, soweit die **Leistungen von der HOAI erfasst** sind. Werden Leistungen aus der HOAI erbracht, dann ist diese anwendbar unabhängig von der Einord-

---

4 Gesetzliche Grundlage der HOAI.
5 Frühere Teile VI, X bis XIII der HOAI a. F.; dazu unten § 3 Rdn. 6 ff. sowie Anlage 1 mit Kommentierung.
6 Zu Abgrenzungsfragen vgl. § 2 Rdn. 3 ff., 24 ff.

nung des jeweiligen Vertrages als **Dienst-** oder **Werkvertrag**.[7] Für die Anwendbarkeit der HOAI genügt es, wenn **Teilleistungen** aus einem Leistungsbild erbracht werden.[8] Selbstverständlich gilt die HOAI nicht nur für Leistungen bei Neubauten, sondern auch für Umbauten, Modernisierungen u. a. (vgl. § 2).[9] Auch die Überwachung von Mangelbeseitigungsmaßnahmen und deren Planungen enthält Teilleistungen aus der HOAI, weshalb deren Vorschriften anwendbar sind.[10]

b) Nicht von der HOAI erfasste Leistungen

5   Soweit **Leistungen nicht in den** Teilen 2–4 der **HOAI geregelt** sind, ist die HOAI nicht anwendbar und das Honorar kann frei vereinbart werden. Dies gilt in erster Linie für die sog. **Beratungsleistungen**, welche mit der HOAI-Novelle 2009 aus dem zwingenden Preisrecht in den Anhang ausgegliedert wurden.[11] Das trifft auch zum Beispiel auf die **reine Beratungstätigkeit** des Architekten oder des Ingenieurs zu.[12] Nicht anwendbar ist die HOAI auch auf **Gutachten aller Art**. Der **Abbruch von Gebäuden** ist in der HOAI nach wie vor nicht geregelt (vgl. § 33 Rdn. 15). Keine Grundlage enthält die HOAI für die **Leistungen von Sonderingenieuren**, die nicht in der Verordnung erfasst sind, wie z. B. die Planung von Leitsystemen für den Verkehr in Einkaufsmärkten, Krankenhäusern, Kongresszentren, Flughafengebäuden, Bahnhofsgebäuden o. Ä. mehr.[13] Insoweit kann es sich um Besondere Leistungen handeln, deren Honorierung im preisrechtlichen Teil der HOAI nicht geregelt ist und hinsichtlich deren eine freie, formlose Vereinbarung möglich ist und andernfalls die übliche Vergütung bei Erteilung eines Auftrags abgerechnet werden kann (vgl. Rdn. 13). Dagegen ist durch die HOAI 2009 im Hinblick auf die **Prozess- und Verfahrenstechnik** eine Änderung eingetreten. Diese gehört nämlich zu der Kostengruppe 470 und damit zur Technischen Ausrüstung (Technische Anlagen). Das bedeutet, dass Planungs- und Überwachungsleistun-

---

7   BGH BauR 2000, 1512 = NZBau 2000, 479 = ZfBR 2000, 481.
8   Vgl. OLG Düsseldorf BauR 1999, 1477 für die Überwachung von Sanierungsarbeiten.
9   BGH BauR 2005, 1349 = NJW-RR 2005, 1260 = NZBau 2005, 465 für die Feststellung von Mängeln und die Entwicklung eines Sanierungskonzepts.
10 OLG Celle BauR 2007, 728 auch zur Frage der anrechenbaren Kosten in einem solchen Fall: Kosten der Mangelbeseitigung.
11 Dazu § 3 Rdn. 6 und Anlage 1.
12 Ebenso *Wirth/Galda* in KMV, § 1 Rn. 22; vgl. § 2 MRVG Rn. 6; so richtig OLG Köln NZBau 2000, 298 für die Beratung bei der Beschaffung eines Telekommunikationssystems; ebenso OLG Hamm BauR 1999, 1323 für die Hinzuziehung des Architekten zu einer Hausbesichtigung für den Kauf eines Objekts; OLG Nürnberg NJW-RR 2003, 961 = ibr 2002, 81 *Eich* betreffend die Beratung zu einem vom Bauherrn ausgearbeiteten Baukonzept, die Vorbereitung von und Teilnahme an Behördengesprächen und Gesprächen mit den Bauunternehmern; OLG Celle BauR 2003, 1603 betreffend die Beratung für die Beschaffung einzelner Ausstattungsobjekte von Tapeten und Teppichböden einschließlich der damit verbundenen Farb- und Stilberatung; OLG Celle BauR 2004, 1800 = NZBau 2004, 684 hinsichtlich der wirtschaftlichen Beratung und der technischen Betreuung [Projektentwicklung]; vgl. ferner Rdn. 6.
13 Vgl. auch § 41 Rdn. 9 ff.

gen diesbezüglich im Teil 4 Abschnitt 2 der HOAI geregelt sind.[14] Soweit es um Honorare für die Objektplanung bei Gebäuden geht, gehören die nutzungsspezifischen Anlagen heute als Technische Anlagen zu den gemindert anrechenbaren Kosten (vgl. § 33 Rdn. 6 ff.). Entsprechendes gilt auch für Ingenieurbauwerke (§ 41 Rdn. 45). Das Honorar des **Sicherheits- und Gesundheitskoordinators (SiGeKo)** ist in der HOAI nicht geregelt. Die Streitfrage, ob es sich um eine Besondere Leistung oder um eine außerhalb der HOAI stehende Leistung handelt, hat sich erledigt, weil auch für Besondere Leistungen ein formloser Auftrag möglich und wirksam ist.[15] Nicht erfasst sind die **Honorare des Prüfingenieurs** für Baustatik und für die **Vermessung im hoheitlichen Auftrag**, soweit dafür landesrechtliche Regelungen existieren (vgl. Einl. Rdn. 418 ff.). Honorarvereinbarungen im Rahmen von **Wettbewerben** fallen nicht unter die HOAI. Bei solchen nach GRW, RPW bzw. VOF ergibt sich dies daraus, dass kein Werkvertrag, sondern eine Auslobung vorliegt, bei privaten Wettbewerben ist § 7 verfassungskonform auszulegen.[16] Umstritten ist, ob und inwieweit Leistungen betreffend den **Brandschutz** als Grundleistungen von den Leistungsbildern der HOAI erfasst sind. In der Literatur wird z. T. die Auffassung vertreten, der Architekt schulde – bei Einbeziehung der HOAI als Leistungsprogramm – nicht die notwendigen Leistungen aus dem konstruktiven, baulichen Brandschutz.[17] Weder diese noch die gegenteilige Auffassung dürften richtig sein. Selbstverständlich gehört es zu den Leistungspflichten des Architekten, die Anforderungen an den Brandschutz im Rahmen seiner Planungsleistungen zu berücksichtigen (dazu § 34 Rdn. 115). Ebenso ist der Architekt verpflichtet, den Bauherrn darauf hinzuweisen, wenn im konkreten Fall spezielle Sachkunde aus dem Bereich des Brandschutzes notwendig ist und er diese Leistung nicht erbringen kann. Bereits im Rahmen der Leistungsphase 1 muss er diesbezüglich Entscheidungshilfen für die Beauftragung eines entsprechenden Sonderfachmanns formulieren (vgl. § 34 Rdn. 33, 51). Die Leistungen für den Brandschutz sind also sehr wohl in der HOAI erfasst, soweit es sich um normalerweise mit den Kenntnissen des Architekten zu erbringende Leistungen aus dem Bereich der Bauphysik handelt. Wenn aller-

---

14 § 53 Abs. 2 Nr. 7 HOAI Verfahrenstechnische Anlagen.
15 Vgl. Einl. Rdn. 461 ff. und zur alten Rechtslage *Locher/Koeble/Frik*, 9. Aufl., § 1 Rn. 3.
16 BVerfG v. 26.09.2005 – 1 BvR 82/03, BauR 2005, 1946 m. Anm. *Schwenker* = NZBau 2006, 121; OLG Frankfurt Beschl. v. 23.07.2014 – 13 U 44/12, wonach sich der Auftragnehmer bei Vereinbarung einer Entschädigung von € 6.000,– für eine Planungsstudie im Rahmen eines VOF-Verfahrens sich hinterher nicht auf die Mindestsätze der HOAI berufen kann; die Nichtzulassungsbeschwerde gegen diesen Beschluss hat der BGH mit Beschl. v. 21.04.2015 – X ZR 77/14 – zurückgewiesen; BGH Urt. v. 19.04.2016 – X ZR 77/14 = NZBau 2016, 368, wonach im Rahmen eines VOF-Verfahrens für Leistungen, welche über die Bearbeitung der Angebotsunterlagen hinausgehen, keine Vergütung nach HOAI beansprucht werden kann und Pauschalhonorarvereinbarungen deshalb wirksam sind; vgl. auch oben Rdn. 5, vgl. zu Wettbewerben auch § 7 Rdn. 6 ff. und 130.
17 So *Quack/Seifert* BauR 2011, 915; *Budiner*, FS Haible 2012, S. 23; a. A. *Rohrmüller* BauR 2011, 1078; differenzierend *Schweer/Mauruschat* BauR 2013, 153; vgl. die Veröffentlichung in der Schriftenreihe des AHO Nr. 17 Leistungen für Brandschutz – Leistungsbild und Honorierung zu den Einzelheiten, 3. Aufl., Juni 2015; zu beziehen beim AHO, Uhlandstr. 14, 10623 Berlin.

§ 1 HOAI Anwendungsbereich

dings darüber hinausgehende Leistungen – z. B. bauordnungsrechtliche Nachweise für den vorbeugenden und organisatorischen Brandschutz – erforderlich sind, bedarf es des Hinweises des Architekten auf die Einschaltung eines Sonderfachmanns.[18] Nicht erfasst ist nach der Rechtsprechung des BGH auch eine **Prämie** für die Einhaltung einer **Bausummengarantie,** und zwar handelt es sich hier weder um eine Grundleistung noch um eine Besondere Leistung.[19] Eine solche Prämie kann demnach uneingeschränkt und nicht nach HOAI kontrollierbar sowie formlos vereinbart werden. Das gilt auch dann, wenn sie in Kombination mit Honoraren für Grundleistungen und/oder Besondere Leistungen vereinbart wird.

6 Eine weitere Einschränkung des Anwendungsbereichs der HOAI ergibt sich daraus, dass sich die Leistungen auf **bestimmte Objekte** beziehen müssen. Dabei handelt es sich um Gebäude, Innenräume (früher als »Raumbildende Ausbauten« bezeichnet), Freianlagen, Ingenieurbauwerke und Verkehrsanlagen.[20] Die Definition des Begriffs »Objekte« enthält § 2 Nr. 1 HOAI. Nur für diese ist die HOAI maßgebend. Deshalb unterliegt z. B. ein Auftrag an eine Designerin, einen Zaun mit schmiedeeisernem Gartentor und Briefkasten, Sprechanlage sowie Tiefgaragentor zu entwerfen, nicht der HOAI.[21] Die Leistungsbilder und anderen Bestimmungen der HOAI erfassen ferner nicht **alle Leistungen für alle Objekte.** Das gilt z. B. für die Abgrenzung zwischen Leistungen der Objektplanung Innenräume zu nicht von der HOAI erfassten Leistungen. Wird die Designerin im genannten Beispielsfall für eine Freianlage tätig, zu der das Gartentor gehört, dann ist ihre Tätigkeit dennoch nicht von der HOAI erfasst. Erbringt ein Designer oder Künstler gestalterische Leistungen für ein Gebäude (z. B. für die Fassade oder das Dach), so steht ihm dafür die übliche Vergütung nach § 632 Abs. 2 BGB zu. Ebenso nicht von der HOAI erfasst sind die Entwicklung und Ausarbeitung von corporate identity-Konzepten, die grafische Gestaltung von Firmenbezeichnungen u. Ä., die Ausarbeitung von Prospekten, Werbeschriften, Flyern u. Ä., die Herstellung von Software für Ausstellungskataloge und -beschreibungen, die Wohnberatung, die Bedarfsanalyse für Arbeitsplätze und Technische Ausstattung, die Arbeitsvorbereitung (Werkstattdetails), bauhistorische Dokumentationen oder Aufnahmen und die Brandschutz-, Sicherheitsanalyse sowie -konzeption. Nur dann und insoweit, als er auch Leistungen aus Teil 3 Objektplanung erbringt, hat der Auftragnehmer einen Honoraranspruch auf der Grundlage der Honorarvorschriften des Teils 3.[22] Überhaupt gilt die HOAI nur für Gebäude und bauliche Anlagen sowie die sonst in § 2 erfassten und definierten Objek-

---

18 BGH BauR 2012, 979 = NJW 2012, 1575 m. Anm. *Scholtissek* = NZBau 2012, 243 m. Anm. *Budiner/Blomeyer.*
19 BGH BauR 2013, 485 = NJW 2013, 930 m. Anm. *Scholtissek*, S. 908 = Analyse *Koeble* auf www.jurion.de/Modul Werner Baurecht; vgl. auch § 3 Rdn. 15.
20 Soweit in § 2 auch von Raumbildenden Ausbauten (HOAI 2009), Tragwerken und Anlagen der Technischen Ausrüstung die Rede ist, handelt es sich eigentlich nicht um Objekte; vgl. § 2 Rdn. 3.
21 Im Ergebnis richtig OLG Frankfurt NJW-RR 1993, 1305.
22 Vgl. auch *Motzke/Wolff*, S. 116.

te, nicht dagegen für nur lose mit dem Erdboden verbundene Gegenstände (vgl. § 2 Rdn. 5).

Problematisch ist auch das Honorar für die **Fassadenplanung**. Hier hat sich ein spezieller Berufszweig herausgebildet, für den es in der HOAI noch kein eigenes Leistungsbild gibt.[23] Im Einzelfall ist hier zu prüfen, ob Planungsleistungen aus Teil 3 für Teile eines Gebäudes erbracht wurden, was im Regelfall zu bejahen ist. Meist kommen jedoch auch Leistungen aus der Fachplanung (Teil 4 der HOAI) hinzu, wie z. B. aus der Tragwerksplanung (Teil 4 Abschnitt 1) oder aus der Bauphysik.[24] Soweit der Fassadenplaner auch Beratungsleistungen übernimmt, die normalerweise der Fachunternehmer erbringt, steht ihm hierfür – auch ohne schriftliche Honorarvereinbarung – ein zusätzliches Honorar zu, wenn er einen entsprechenden Auftrag erhalten hat. Für die Abrechnung seiner Leistungen aus Teil 3 der HOAI betreffend die Planung der Fassade hat der Fassadenplaner die Kosten des Teilobjekts zugrunde zu legen (vgl. § 4 Rdn. 39 ff.). Die Prozentsätze für die erbrachten Leistungen ergeben sich aus dem jeweiligen Leistungsbild. Für nicht in einem Teil der HOAI enthaltene Leistungen steht dem Fassadenplaner die übliche Vergütung zu, wenn er einen rechtsgeschäftlichen Auftrag nachweisen kann. Eine schriftliche Honorarvereinbarung ist dafür keine Anspruchsvoraussetzung, auch wenn es sich um eine Besondere Leistung handelt (vgl. § 3 Rdn. 13). 7

Keine Regelung enthält die HOAI bisher auch für den Planungsbereich **Altlasten**. Es gibt weder ein eigenes Leistungsbild, noch sind die Vorschriften des Teils 3 Abschnitt 3 betreffend Ingenieurbauwerke anwendbar. Die Erwähnung der Altlasten in der Objektliste für Ingenieurbauwerke ändert daran nichts. Werden dem Auftragnehmer neben Ingenieurleistungen aus Teil 3 Abschnitt 3 oder neben Leistungen der Objektplanung bei Gebäuden oder Freianlagen aus Teil 3 Abschnitt 1 und 2 aus dem Bereich Altlasten Planungs-, Vergabe- oder Überwachungsleistungen in Auftrag gegeben, dann handelt es sich hier um nicht von der HOAI erfasste Leistungen, hinsichtlich deren es zur Honorierung keiner schriftlichen Honorarvereinbarung bedarf und im Falle des Fehlens einer Honorarvereinbarung die übliche Vergütung verlangt werden kann.[25] Die Schwierigkeit besteht dann darin, die übliche Vergütung für derartige Leistungen zu dokumentieren. Als Handhabe für die Leistungen und ihre Honorierung gibt es bereits Untersuchungen.[26] 8

Die HOAI gilt auch nicht für Tätigkeiten im Zusammenhang mit der **Projektentwicklung**.[27] Hierher gehört z. B. die Tätigkeit eines Auftragnehmers im Zusammenhang mit 9

---

23 Vgl. das in der Schriftenreihe des AHO veröffentlichte Leistungsbild für die Fassadenplanung, welches üblicherweise in den Verträgen zugrunde gelegt wird: AHO-Schriftenreihe Heft Nr. 28 Fachingenieurleistungen für die Fassadentechnik, zu beziehen beim AHO, Uhlandstr. 14, 10623 Berlin.
24 Wärme- und Schallschutz aus dem Anhang, Anl. 1.2 und 1.3.
25 Vgl. zu den Besonderen Leistungen § 3 Rdn. 13 ff.
26 Vgl. die Untersuchungen für ein Leistungsbild und zur Honorierung für den Planungsbereich Altlasten – Nr. 8 der Schriftenreihe des AHO.
27 BGH BauR 1998, 193 = NJW 1998, 1228 = ZfBR 1998, 94; OLG Düsseldorf NZBau 2014, 298.

§ 1 HOAI Anwendungsbereich

der Umwandlung von Mietwohnungen in Wohnungseigentum. Wenn hier der eigentliche Gegenstand der Tätigkeit die Objektprüfung, -erfassung, eine Wirtschaftlichkeitsanalyse, eine Wertermittlung, eine Kaufpreiskalkulation, die Erstellung von Teilungsplänen u. Ä. Gegenstand sind, dann greift die HOAI nicht ein.[28] Das gilt auch dann, wenn einzelne, im Gesamtzusammenhang untergeordnete Tätigkeiten Teilleistungen aus einem Leistungsbild der HOAI enthalten. Nicht erfasst sind von der HOAI auch Tätigkeiten der Projektentwicklung im Zusammenhang mit der Akquisition von Grundstücken, Zusammenführung von Bauherrengemeinschaften, Suche nach Investoren oder der Erstellung von Machbarkeitsstudien, Suche nach einem Nutzungskonzept und nach Nutzern.[29] Die Projektentwicklung in beiden geschilderten Formen ist dienstvertraglich zu qualifizieren.[30] Das hat zur Folge, dass – wie beim Projektsteuerungsvertrag[31] – eine besondere Vertrauensstellung besteht und Dienste höherer Art geleistet werden, weshalb auch die Kündigung nach §§ 627 f. BGB möglich ist und die Abrechnung des Honorars nach § 628 BGB erfolgt. Für die Projektentwicklung gelten die Bestimmungen der HOAI – Mindest- und Höchstsatz – auch dann nicht, wenn sie neben Architekten- und Ingenieurleistungen erbracht werden, es sei denn, das Schwergewicht der Leistung liegt auf den Architekten- und Ingenieurleistungen.[32]

10 Die HOAI ist auch für sog. **Paketanbieter** nicht anwendbar (dazu unten Rdn. 11 f.). Für die Leistungen der **Projektsteuerung** – heute zunehmend auch als **Projektmanagement**[33] bezeichnet, wenn die Projektleitung hinzukommt – gilt sie überhaupt nicht mehr.[34] Nicht erfasst von der HOAI ist auch die **Bedarfsplanung**.[35] Hierbei handelt es sich um eine eigentliche Bauherrenleistung, die jedoch wegen der erforderlichen speziellen Sachkunde im konkreten Fall von Auftraggeberseite nicht ohne Hinzuziehung eines Fachmanns erbracht werden kann (z. B. im Krankenhausbereich).

Keine Grundleistungen aus einem der Leistungsbilder der HOAI erbringt auch der **BIM-Manager**, sodass die HOAI hinsichtlich seines Honorars nicht anwendbar ist.[36] Ebenfalls ein Kind der neueren Zeit ist der sog. **Value-Engineering-Vertrag**, welcher ebenfalls nicht von den Grundleistungen her in einem Leistungsbild der HOAI erfasst ist.[37]

---

28 BGH BauR 1998, 193.
29 Zur Immobilienprojektentwicklung vgl. i. E. *Schäfer/Conzen*, Praxishandbuch der Immobilien-Projektentwicklung, München, 2. Aufl.
30 OLG Celle BauR 2004, 1800 = NZBau 2004, 684.
31 Dazu BGH BauR 1999, 1469 = NJW 2000, 2002 = NZBau 2000, 29 = ZfBR 2000, 34.
32 OLG Düsseldorf NZBau 2014, 298 (299) und i. E. unten Rdn. 11 f. für einen solchen Fall eines Paketanbieters.
33 Vgl. OLG Düsseldorf Urt. v. 24.05.2006 – 15 U 43/05.
34 Grundlegend *Eschenbruch*, Der Projektsteuerungsvertrag, passim; vgl. Einl. Rdn. 473 ff.
35 Vgl. dazu § 3 Rdn. 17, § 41 Rdn. 9 ff.
36 Vgl. dazu z. B. *Fischer/Jungedeitering* BauR 2015, 8; *Eschenbruch/Elixmann* BauR 2015, 745 auch unter Verwendung und Erläuterung des Begriffs BIM-Koordinator; *Eschenbruch/Leupertz* BIM und Recht, 2016; vgl. dazu i. E. Einl. Rdn. 532.
37 Dazu eingehend *Eschenbruch/Bodden* NZBau 2015, 587.

c) Geltung für Paketanbieter

Soweit Generalunternehmer, Projektsteuerer, Projektentwickler, Baubetreuer oder Bauträger Architekten- oder Ingenieurverträge über **Leistungen aus der HOAI** abschließen, gilt für sie ebenso die HOAI, wie für Nichtarchitekten.[38] Unerheblich ist dabei, ob Architekten oder Ingenieure in ihren Reihen versammelt sind (so h. M.).

Zweifelhaft ist, ob die HOAI auch auf solche Verträge anwendbar ist, in denen Architekten- und Ingenieurleistungen **neben andersartigen Leistungen** zum Gegenstand gemacht sind.[39] Schließen die Parteien einen Bauvertrag, Massivhausvertrag, Regiehausvertrag, Projektentwicklungsvertrag, Projektsteuerungsvertrag, Baubetreuungsvertrag oder Bauträgervertrag ab, mit dem gleichzeitig auch gewisse Architekten- und Ingenieurleistungen erbracht werden, dann gilt die HOAI hierfür nicht.[40] Die HOAI ist für den Vertrag eines solchen **Paketanbieters** auch dann unanwendbar, wenn es nicht zur Bauausführung kommt.[41] Der Auftragnehmer kann also in diesen Fällen nicht für im Gesamtpaket enthaltene Architekten- und Ingenieurleistungen den Mindestsatz nach HOAI beanspruchen. Umgekehrt kommt dem Auftraggeber auch der Höchstpreischarakter nicht zugute. Die gegenteilige Meinung wendet die HOAI auch bei einem Paketanbieter-Vertrag an, weil damit »für den Architekten und Ingenieur« die Möglichkeit eröffnet würde, »die Mindestsätze der HOAI zu unterbieten oder bei entsprechender Marktlage die Höchstsätze zu überschreiten«.[42] Die Möglichkeit der Unterschreitung des Mindestsatzes ist hier jedoch gerade nicht das Thema, sondern das Vertrauen des Auftraggebers in die Wirksamkeit einer Vereinbarung, die sich nicht schwerpunktmäßig auf Architekten- und/oder Ingenieurleistungen bezieht.

Ob ein solches Vertragspaket vorliegt oder ob es sich um einen Architekten- und Ingenieurvertrag mit zusätzlichen Besonderen Leistungen handelt, ist im Einzelfall im Wege der **Auslegung** zu klären. Die bloße Tatsache, dass Architekten und Ingenieure bzw. Nichtarchitekten und Nichtingenieure als Vertragspartner beteiligt sind, darf konsequenterweise nach der Rechtsprechung des BGH keine Rolle spielen. Vielmehr kommt es auf das **Schwergewicht der vertraglichen Tätigkeit** an.[43] Zu ähnlichen Ergebnissen wird man kommen, wenn man nicht auf das »Schwergewicht«, sondern da-

---

38 So h. M.; vgl. unten Rdn. 20.
39 Zur Projektentwicklung und zur Projektsteuerung vgl. oben Rdn. 9 f.
40 Ebenso BGH BauR 1997, 677 = NJW 1997, 2329 = LM Heft 10/1997 HOAI Nr. 35 m. Anm. *Koeble* = ZfBR 1997, 250; OLG Brandenburg NZBau 2013, 176 (178), wonach die Grundsätze für die Honorarminderung bei gekündigtem Vertrag aus der HOAI übernommen werden können; OLG Düsseldorf BauR 2012, 119 (121); OLG Stuttgart BauR 1989, 917; *Motzke/Wolff*, S. 113 ff.; *Thierau*, FS Werner, 2005, S. 131 ff.; *Aengenvoort* in MNP § 1 Rn. 19; *Vogel* in FBS, § 1 Rn. 43 ff.; a. A. *Konrad* BauR 1989, 653 [654]; *Wirth/Galda* in KMV, § 1 Rn. 53 ff.
41 OLG Köln BauR 2000, 910 = NJW-RR 2000, 611 = NZBau 2000, 205.
42 *Wirth/Galda* in KMV, § 1 Rn. 53.
43 Vgl. für einen Vertrag über die Lieferung und den Einbau von Einrichtungsgegenständen, im Rahmen dessen zusätzliche Leistungen erbracht werden: OLG Celle BauR 2003, 1603; ebenso *Aengenvoort* in MNP § 1 Rn. 19; *Vogel* in FBS, § 1 Rn. 43 ff.

rauf abstellt, welche Tätigkeit »in erheblichem Umfang prägend« für das Vertragsverhältnis ist.[44] Kritisch sind Baubetreuungsfälle, in denen neben den technischen Baubetreuungsleistungen nur einzelne wirtschaftliche Leistungen beauftragt werden. Soweit hier Architekten und Ingenieure tätig werden, wird man die Anwendung der HOAI bejahen müssen. Die Anwendung wird man aber ausnahmsweise sogar dann verneinen müssen, wenn die Vollarchitektur übertragen ist, diese aber mit zahlreichen, unterschiedlichen Leistungen aus verschiedenen Leistungsbereichen kombiniert ist.[45] Hier werden dann in aller Regel Grundleistungen kombiniert mit Besonderen Leistungen vorliegen. Liegt das Schwergewicht auf zu erbringenden Architekten- oder Ingenieurleistungen, dann greift die HOAI ein. Ebenso ist sie anwendbar, wenn ein sonst als Paketanbieter auftretender Unternehmer im Einzelfall tatsächlich nur Architekten- und Ingenieurleistungen erbringt.[46] Entsprechendes gilt für einen sonst als Generalunternehmer Tätigen, der im konkreten Fall aber ausschließlich Planungs- oder Vorplanungsleistungen erbringt.[47] Schließlich ist die HOAI auch dann anwendbar, wenn zwar ein Vertrag mit einem Leistungspaket bestehend aus Architektenleistungen einerseits und anderstypischen Leistungen andererseits abgeschlossen wurde, jedoch der Architektenteil gesondert mit einer **speziellen Honorarvereinbarung** und der sonstige Leistungsteil mit einer davon getrennten Vergütungsvereinbarung niedergelegt wurde. Aus diesem Grund ist die HOAI bei einem zweistufigen GMP-Vertrag hinsichtlich der ersten Vertragsstufe anwendbar, während sie in der zweiten Stufe (Ausführung) nicht gilt.[48]

d) **Honorare für Leistungen außerhalb der HOAI; übliche Vergütung (§ 632 Abs. 2 BGB)**

13 Für alle diese, von den preisrechtlichen Vorschriften der HOAI nicht erfassten Tätigkeiten steht dem Auftragnehmer nach § 632 Abs. 2 BGB die übliche Vergütung zu, soweit nicht landesrechtliche Vorschriften gelten (vgl. Einl. Rdn. 418 ff.). Dies gilt sowohl im Hinblick auf die Art der Abrechnung als auch bezüglich der Höhe, z. B. von Stundensätzen. Sofern die Tätigkeit wie bei der bloßen Beratung dem Dienstvertragsrecht zuzuordnen ist, besteht ein Anspruch auf übliche Vergütung nach § 612 Abs. 2 BGB.[49] Sowohl die übliche Art der Vergütung als auch die Höhe bedürfen im Streitfall der Vorklärung durch Sachverständigengutachten. Nicht ausgeschlossen ist es aller-

---

44 So OLG Hamm BauR 2015, 693.
45 Vgl. OLG Hamm BauR 2015, 693 bei zusätzlicher Übertragung des Zahlungsverkehrs, der Vermietungstätigkeit, der Verwaltung des Wohn- und Geschäftshauses für die ersten fünf Jahre u. a. m.
46 OLG Oldenburg BauR 2002, 332 = NZBau 2002, 283.
47 Thür. OLG Jena BauR 2002, 1724; OLG Düsseldorf BauR 2012, 119 (121) zu Recht auch für den Fall, dass hinterher ggf. noch ein Bauvertrag abgeschlossen werden sollte.
48 So mit Recht *Werner* in *Werner/Pastor*, Rn. 615.
49 Zur Haftung nach Dienstvertragsrecht in einem solchen Fall: OLG Hamm BauR 1999, 1323; zum Kündigungsrecht bei Diensten höherer Art wegen Vertrauensstellung: OLG Celle BauR 2004, 1800 = NZBau 2004, 684.

dings, dass auch die Sätze der HOAI als übliche Vergütung für bestimmte Leistungen anzusehen sind, jedoch greift insoweit dann nicht der Mindest- und Höchstpreischarakter ein. Ebenso wenig sind in solchen Fällen die Formvorschriften der HOAI maßgebend, sodass mündliche Vereinbarungen vorrangig sind vor dem, was die HOAI für die konkrete Leistung als Berechnungssystem zur Verfügung stellt. Zu solchen Fällen gehören die Ingenieur- und Architektenleistungen von Ausländern bzw. von Deutschen, die ihr Büro im Ausland haben und die Leistungen für Projekte im Inland erbringen.[50] Soweit es sich um Leistungen für Objekte handelt, die in der HOAI erfasst sind und die Leistungen dort beschrieben sind, bleibt praktisch kein anderer Weg als die Heranziehung der HOAI als übliche Vergütung. Ob dann der Mindestsatz immer das Richtige ist oder ob höhere Sätze eingreifen, ist im Einzelfall zu klären.[51]

3. Preisrechtliche Regelungen (Regelungscharakter der HOAI)

Die Bestimmungen der HOAI sind nahezu ausschließlich Preisrecht. Zweifelhaft ist dies allerdings für die Regelung über die Fälligkeit von Zahlungen und Zahlungsmodalitäten nach § 15 HOAI (§ 8 HOAI a. F.), da diese Vorschrift in das Vertragsrecht des BGB (§ 631 ff.) eingreift. Der BGH[52] hielt den nahezu gleichlautenden § 8 HOAI a. F. aber für wirksam (vgl. i. E. § 15 Rdn. 6 f.). Als Preisrecht legt die HOAI für Grundleistungshonorare verbindlich sowohl den – richtig im System und nach den Parametern der HOAI berechneten – Höchstsatz als auch den ebenso ermittelten Mindestsatz fest. Von beidem kann nur bei Vorliegen des § 7 HOAI abgewichen werden. Die HOAI ist auch nicht abdingbar. Die Vertragsparteien können also nicht wirksam vereinbaren, dass die HOAI in ihrem Vertragsverhältnis nicht gelten soll (z. B. »es gilt die LHO« oder »es gilt das BGB und nicht die HOAI«). Greift keine der Parteien eine unwirksame Vereinbarung später an, so bleibt es allerdings dabei (vgl. i. E. § 7 Rdn. 25). Der Verstoß gegen die HOAI zieht keinerlei straf- oder bußgeldrechtliche Konsequenzen nach sich. Aus diesem Grund gibt es auch keinerlei behördliche Ermittlungen wegen etwaiger Verstöße gegen den Mindest- und Höchstpreischarakter der HOAI. Auch im Zivilprozess wird nicht von Amts wegen ermittelt, ob der Höchstsatz überschritten oder der Mindestsatz unterschritten ist. Es gilt nach wie vor die Verhandlungs- und Dispositionsmaxime (vgl. § 7 Rdn. 25). Die Frage, ob der Mindestsatz nach **HOAI** auch die **übliche Vergütung** i. S. d. § 632 Abs. 2 BGB darstellt, hat keine große Bedeutung (vgl. dazu § 7 Rdn. 96). Soweit die HOAI vom Regelungsbereich her nicht eingreift, können ihre Honorarvorschriften auch nicht automatisch als »übliche Vergütung« herangezogen werden, es sei denn, es hätte sich eine entsprechende Praxis in Anlehnung z. B. an die Stundensätze des § 6 HOAI a. F. herausgebildet. Verstöße gegen den Mindest- und Höchstpreischarakter haben auch nicht wettbewerbsrechtliche Folgen. Zwar

14

---

50 Vgl. dazu unten Rdn. 28.
51 Für eher höhere Sätze bei der üblichen Vergütung als den Mindestsatz: *Pott/Dahlhoff/Kniffka/Rath*, § 4 Rn. 31a; zum Ganzen auch *Werner* in *Werner/Pastor*, Rn. 821 f., wonach dem Auftragnehmer ein Bestimmungsrecht zusteht. Die Kontrolle über die Billigkeit wird zum gleichen Ergebnis führen, wie hier vertreten.
52 NJW 1981, 2351 [2354] = BauR 1981, 582 [588] m. Anm. *Locher*.

ist es unlauter i. S. § 3 UWG, wenn ein Wettbewerber einer gesetzlichen Vorschrift zuwider handelt, die auch dazu bestimmt ist, im Interesse der Marktteilnehmer das Marktverhalten zu regeln (§ 4 Nr. 11 UWG). Davon sind auch die preisrechtlichen Vorschriften der HOAI erfasst.[53] Ein entsprechender Verstoß ist zwar nicht strafbar (vgl. §§ 16 ff. UWG), jedoch ist eine Unterlassungsklage bei wesentlichen Eingriffen möglich. Nach den Maßstäben des Bundesdeutschen Rechts ist die HOAI mit ihrem Mindest- und Höchstpreischarakter jedoch wirksam.[54]

15 Während der Reformbemühungen war umstritten, ob der preisrechtliche Charakter beibehalten werden solle. Die Vorgabe des MRVG konnte der Verordnungsgeber nicht ändern. Durch Herausnahme verschiedener Leistungen aus dem Regelungsbereich (vgl. dazu § 3 Rdn. 4 ff.) wurde der preisrechtlich verbindliche Teil reduziert. Die im Anhang Anlage 1 aufgeführten Beratungsleistungen sind vom Preisrecht nicht erfasst. Auch über die Regelung des § 15 HOAI betreffend die Fälligkeit hinaus gibt es in der neuen HOAI Vorschriften, die keinen unmittelbar honorarrechtlichen Bezug haben und deren Bedeutung zweifelhaft ist. Das gilt z. B. für die Regelung betreffend die Wirtschaftlichkeit der Leistung.[55] Entsprechendes gilt auch für die Verpflichtung zur Erörterung der Ergebnisse aus den Leistungsphasen.[56]

4. Geltungsbereich des Teils I (§§ 1–16 HOAI)

16 Der Teil I enthält Allgemeine Bestimmungen, die für alle Teile der HOAI gelten. Soweit ein Leistungsbild aus den Teilen 2–4 der HOAI einschlägig ist und Honoraransprüche auf der Grundlage von Vorschriften der HOAI berechnet werden, gelten immer die allgemeinen Vorschriften. Die gegenteilige Auffassung, wonach der Allgemeine Teil der HOAI nur dann anwendbar sei, wenn es sich um »preisrechtliche« Vorschriften handelt, ist unzutreffend.[57]

5. Persönlicher Anwendungsbereich der HOAI

17 Der persönliche Anwendungsbereich der HOAI erstreckt sich auf Leistungen der Architekten und Ingenieure. Beide sind Auftragnehmer nach der Definition der HOAI. Auftragnehmer kann auch eine BGB-Gesellschaft oder eine GmbH von Architekten oder Ingenieuren sein. Aber auch für solche Personen, die nicht Architekten oder Ingenieure sind, wird die HOAI nach h. M. angewendet (vgl. unten Rdn. 20 ff.). Der Vertragspartner wird in der HOAI Auftraggeber genannt. Die vom Verordnungsgeber eingeführte Ergänzung »Architektinnen und Ingenieurinnen« (»Auftragnehmerinnen«; vgl. oben Rdn. 1) wird im vorliegenden Kommentar aus Gründen der Platzersparnis nicht übernommen. Die Begriffe Auftraggeber und Auftragnehmer werden neutral beurteilt.

---

53 Zur üblichen Vergütung vgl. oben Rdn. 13 und unten Rdn. 28.
54 Vgl. Einl. Rdn. 4 und § 3 MRVG Rdn. 3 sowie § 7 Rdn. 19 ff.
55 § 3 Abs. 4 HOAI und dazu § 3 Rdn. 24.
56 § 3 Abs. 8 HOAI 2009.
57 So aber OLG Schleswig BauR 2000, 1886; dazu auch § 15 Rdn. 3 ff.

a) Der Begriff Architekt

Den Begriff des Architekten definiert die HOAI nicht. Unzweifelhaft fallen darunter 18 alle diejenigen Personen, die nach den Architektengesetzen der Länder zur Führung der Berufsbezeichnung »Architekt« berechtigt sind.[58] Dazu gehören Freie Architekten, angestellte, beamtete und baugewerblich tätige Architekten. Ob sie als Hochbauarchitekt, Garten- und Landschaftsarchitekt, Innenarchitekt, Rationalisierungsfachmann, Städte- oder Landschaftsplaner tätig sind, ist unerheblich. Weder das MRVG noch die HOAI differenzieren danach, in welcher Stellung der jeweilige Architekt tätig ist, sodass eine derartige Unterscheidung rechtlich nicht möglich ist. Die HOAI gilt auch für Architekten, die sich in einer BGB-Gesellschaft oder GmbH zusammengeschlossen haben und Architektenleistungen erbringen.[59] Auf das Dienstverhältnis oder Beamtenverhältnis selbst ist die HOAI dagegen in den o. g. Fällen nicht anwendbar.[60]

b) Der Begriff Ingenieur

Der Begriff des Ingenieurs ist in der HOAI ebenfalls nicht definiert. Er ist deckungs- 19 gleich mit demjenigen des früheren Ingenieurgesetzes vom 07.07.1965 (BGBl. I, S. 601). Dieses Ingenieurgesetz wurde zwar vom Bundesverfassungsgericht für verfassungswidrig erklärt. Die Länder haben jedoch nahezu gleichlautende Ingenieurgesetze erlassen. Alle Personen, die nach diesen Landesingenieurgesetzen zur Führung der Berufsbezeichnung »Ingenieur« befugt sind, sind auch Ingenieure i. S. der HOAI. Erfasst sind alle diejenigen Berufsbezeichnungen, die das Wort »Ingenieur« auch in Wortverbindungen enthalten, wie z. B. Bauingenieur. Unerheblich ist, ob der Ingenieur selbstständig, angestellt oder als Beamter tätig ist.[61]

c) Geltung für Nichtarchitekten und Nichtingenieure

Von Anfang an stark umstritten war die Frage, ob die HOAI auch zu Gunsten und zu 20 Lasten solcher Personen eingreift, die nach den obigen Definitionen weder Architekt noch Ingenieur sind. Der BGH hat sich dafür entschieden, die Anwendbarkeit der **HOAI leistungsbezogen und nicht personenbezogen** zu sehen.[62] Das entsprach der h. M. in Rechtsprechung und Literatur.[63] Das Argument, dass ein ruinöser Preiswett-

---

58 Vgl. zu den Architektengesetzen der Bundesländer *Werner* in *Werner/Pastor*, Rn. 603 Fn. 13; zum Architektenbegriff nach europäischem Recht vgl. EuGH Urt. v. 16.04.2015 – C 477/13 = NZBau 2015, 302 und zur Anerkennung von Architekten im Binnenmarkt *Lachmayer* NZBau 2015, 472.
59 Zum Innenverhältnis zwischen Gesellschaftern bzw. ARGE-Mitgliedern vgl. § 15 Rdn. 3 ff.
60 BGH BauR 1985, 582 = NJW-RR 1986, 18; vgl. auch unten Rdn. 21 f.
61 Zu berufsrechtlichen Fragen für Ingenieure vgl. *Alberts/Hirsch* in Thode/Wirth/Kuffer, Praxishandbuch Architektenrecht, 1. Aufl., § 1 Rn. 1 ff.
62 BGH BauR 1997, 677 = NJW 1997, 2329 = LM Heft 10/1997 HOAI Nr. 35 m. Anm. *Koeble* = ZfBR 1997, 250; BGH BauR 1998, 813 = NJW 1998, 2672 = ZfBR 1998, 239.
63 OLG Naumburg BauR 1996, 890; OLG Düsseldorf BauR 1993, 630 = NJW-RR 1993, 1173; OLG Brandenburg NJW-RR 2012, 535 = NZBau 2012, 302 betr. eine Gesellschaft

bewerb – als Zielrichtung des Mindestpreischarakters – nur dann verhindert werden könne, wenn alle Anbieter an die HOAI gebunden seien, überzeugt allerdings nicht. Die gleichen Bedenken wie früher gelten auch noch heute: Die Rechtsgrundlage für die HOAI (MRVG) ist als Berufsschutzgesetz hinsichtlich des Mindestpreischarakters ungeeignet. Ebenso wie beim MRVG ist auch die Formulierung bei der HOAI personenbezogen zu sehen.[64] Die Überschriften zu §§ 1, 2 MRVG und die Formulierung des Gesetzes sind eindeutig. Rein sachliche Erwägungen sprechen auch gegen die h. M. Es ist nicht gerechtfertigt, wenn der Bauzeichner, Bautechniker, Student im ersten Semester oder Künstler durch den Mindestpreischarakter der HOAI geschützt wäre, soweit er Leistungen aus der HOAI (z. B. Grundlagenermittlung und Vorplanung) erbringt. Der Höchstpreis der HOAI ist insoweit kein geeignetes Gegenargument. Es bleibt deshalb dabei, dass die von der h. M. vertretene Auffassung abzulehnen ist.[65] Für die Praxis allerdings ist von der Rechtsprechung des BGH auszugehen. An der Auffassung des BGH zur Leistungsbezogenheit der HOAI hat sich durch die Neuregelung nichts geändert. Angesichts dessen, dass der Relativsatz (»Soweit die Leistungen ...«) an Architekten und Ingenieure mit Sitz im Inland anschließt, ist die Formulierung zwar unglücklich, jedoch wollte der Verordnungsgeber die Rechtslage nicht verändern.

d) Verträge zwischen Architekten und/oder Ingenieuren

21 Die HOAI ist auch auf Verträge zwischen Architekten und/oder Ingenieuren über Leistungen, die von ihr erfasst sind, anwendbar.[66] Dies gilt sowohl dann, wenn ein Auftragnehmer einen anderen Auftragnehmer selbst mit der Erbringung von Teilleistungen beauftragt (z. B. Beauftragung eines Architektenkollegen mit der Objektüberwachung), als auch dann, wenn ein Architekt neben den Architektenleistungen vom Auftraggeber auch die Statik oder andere Ingenieurleistungen übertragen bekommt und diese weitervergibt (Generalplaner und Subplaner). Vom Grundsatz her kann deshalb der Subplaner den richtigen Mindestsatz nach HOAI für die von ihm erbrachten Leistungen beanspruchen.[67] Ein Ausnahmefall liegt hier noch nicht per se vor, sodass der Mindestsatz trotz gegenteiliger – sogar individual vertraglicher – Vereinbarung verlangt werden kann. Regelungen in Subplanerverträgen, wonach dieser nur dann und in der Höhe Geld bekommen soll, wie dies der Generalplaner von seinem Auftraggeber erhält, sind unwirksam.[68]

---

als AN, die keine Architekten/Ingenieure als Gesellschafter hat; wie BGH: *Aengenvoort* in MNP § 1 Rn. 18; *Schwenker/Wessel* in TWK § 20 Rn. 14; *Vogel* in FBS, § 1 Rn. 37; *Wirth/Galda* in KMV, § 1 Rn. 51.
64 Vgl. dazu oben § 3 MRVG Rdn. 12 f.
65 Ebenso *Frei* BauR 1998, 815; *Locher*, Rn. 508; vgl. auch *Stein* in FBS, 2. Teil, Rn. 9 f. und *Werner* in *Werner/Pastor*, Der Bauprozess, Rn. 603 f.
66 BGH BauR 1985, 582 = NJW-RR 1986, 18; ebenso OLG Hamm BauR 1987, 467.
67 OLG Koblenz BauR 2006, 551 m. NZ-Beschl. BGH v. 10.11.2005 – VII ZR 238/04 mit Hinweis darauf, dass es sich bei OLG Nürnberg NJW-RR 2003, 1326 um einen Ausnahmefall wegen Zusammenarbeit bei mehreren Objekten gehandelt hat.
68 Ebenso für den Subunternehmervertrag *Korbion/Locher/Sienz*, AGBG und Bauerrichtungsverträge, K Rn. 134 ff.; *Wenner* BauR 1998, 1150 [1152]; *v. Westphalen*, FS Locher, S. 375

Ein Honoraranspruch nach HOAI besteht dagegen nicht, soweit ein **Anstellungsver-** 22
hältnis gegeben ist. Gleiches gilt auch für einen Vertrag mit einem **freien Mitarbeiter**,
wenn dieser arbeitnehmerähnlich ausgestaltet ist, also insbesondere ein Weisungsrecht
des Auftraggebers besteht.[69] Für eine Kompensationsabrede zwischen Architekten oder
Ingenieuren greift die HOAI nicht ein.[70]

e) **Aufklärung über die fehlende Architekten- und/oder Ingenieureigenschaft**

Die fehlende Architekteneigenschaft macht den Vertrag zwar nicht per se unwirksam.[71] 23
Der Vertrag ist aber anfechtbar. Eine Anfechtung des abgeschlossenen Werkvertrags
wegen arglistiger Täuschung gemäß § 123 BGB ist nicht nur dann möglich, wenn
der Auftragnehmer eine nicht vorhandene Architekteneigenschaft behauptet hat,[72] sondern auch dann, wenn er die Aufklärung über das Fehlen der Architekteneigenschaft
oder der Ingenieureigenschaft unterlassen hat.[73] Letzteres ist z. B. zu bejahen, wenn
der Nichtarchitekt einen Einheitsarchitektenvertrag zur Unterschrift vorlegt.[74] Die Aufklärungspflicht besteht auch dann, wenn der Auftragnehmer bereits zahlreiche andere
Bauvorhaben durchgeführt hat, und auch dann, wenn dem Auftraggeber die fehlende
Architekteneigenschaft bekannt war[75] oder z. B. wegen der Firmierung bekannt sein
konnte. Anderes gilt z. B., wenn er auf einem bestimmten Gebiet eine Spezialisierung
erworben hat und erfolgreich tätig geworden ist.

Zweifelhaft ist, ob eine Aufklärungspflicht auch dann besteht, wenn der Auftragnehmer 24
die **Voraussetzungen für eine Eintragung** in die Architektenliste besitzt und lediglich
formell die Eintragung nicht vorgenommen ist und deshalb die Berufsbezeichnung Architekt nicht geführt werden darf. Entscheidend kommt es hier auf das schutzwürdige
Interesse des Auftraggebers im konkreten Einzelfall an. Die Auffassung des OLG Düsseldorf,[76] wonach der Auftraggeber in diesen Fällen keine schützenswerten Interessen
bezüglich der Aufklärung haben soll, ist aber unrichtig. Im Unterschied zu dem nicht in
die Architektenliste Eingetragenen unterliegt der Architekt nach dem Standesrecht
zahlreichen Verpflichtungen, die dem Schutz seines Auftraggebers dienen. Bei der Be-

---

[386 ff.]; vgl. zum Verhältnis zwischen Generalplaner und Subplaner ferner grundlegend Einl. Rdn. 424 ff. und *Rauch* BauR 2006, 1662; zum Ausnahmefall vgl. § 7 Rdn. 122 ff.
69 Ebenso OLG Frankfurt BauR 2002, 1874; OLG Stuttgart BauR 2014, 11964 (1966)
70 A. A. OLG Hamm BauR 1987, 467; widersprüchlich *Wirth* in KMV Grdl. Rn. 141 bzw. § 1 Rdn. 43; vgl. i. E. Einl. Rdn. 81.
71 OLG Köln SFH Nr. 2 zu § 1 HOAI.
72 Vgl. hierzu OLG Stuttgart BauR 1979, 259; *Hebel* in TWK § 15 Rn. 7 ff.
73 OLG Düsseldorf BauR 1973, 329 ff.; OLG Köln BauR 1980, 372; OLG Köln SFH Nr. 2 zu § 1 HOAI; OLG Hamm BauR 1987, 582 [583]; OLG Düsseldorf BauR 1993, 630 = NJW-RR 1993, 1173; *Weyer* BauR 1987, 131 ff.; OLG Köln v. 19.01.1996 – 3 U 204/93 betreffend die Stellung als Ingenieur; OLG Nürnberg BauR 1998, 1273 = NJW-RR 1998, 1713 für unterlassenen Hinweis, dass der Auftragnehmer weder Architekt noch Ingenieur ist.
74 Vgl. LG Köln BauR 1990, 634.
75 OLG Düsseldorf BauR 1993, 630.
76 BauR 1982, 86.

auftragung eines »Architekten« geht der Auftraggeber davon aus, dass diese Standespflichten eingehalten werden müssen. Er hat insoweit ein erhebliches schutzwürdiges Interesse, weshalb auch derjenige aufklärungspflichtig ist, der ohne weiteres die Eintragung in die Architektenliste erlangen könnte.[77] Bei Aufträgen an eine Planungs-GmbH (Architektur- und/oder Ingenieurbüro) kann das schutzwürdige Interesse nicht an Einzelpersonen festgemacht werden. Hier genügt es, wenn die GmbH befähigte Personen in ihren Reihen (z. B. als angestellte Architekten oder Ingenieure) oder als Subplaner bzw. sonstige Vertragspartner an der Hand hat.[78]

25 Der Auftraggeber kann den Architektenvertrag auch **wegen Irrtums** über die Architekteneigenschaft **anfechten**.[79] Die Möglichkeit zur Anfechtung besteht allerdings nicht mehr, wenn die Leistungen bereits voll erbracht sind.[80]

26 Zweifelhaft ist, ob der Nichtarchitekt auch verpflichtet ist, den Bauherrn über die **Höhe** eines einem Architekten nach der HOAI zustehenden **Honorars aufzuklären**. Die h. M. wird das bejahen müssen, weil sie die HOAI auch auf Nichtarchitekten und Nichtingenieure anwendet.[81] Eine solche Aufklärungspflicht ist jedoch zu verneinen, da dem Nichtarchitekten damit eine Kenntnis der Honorarordnung abverlangt würde, die er nicht haben muss, weil sie auf ihn nicht anzuwenden ist. In Fällen gravierender Abweichung vom Höchstsatz der HOAI kann dem Auftraggeber § 138 Abs. 2 BGB zugutekommen. Ein Anhaltspunkt könnte es sein, wenn der Nichtarchitekt diesen um mehr als 30 % überschreitet. Die Parallele zur Rechtsprechung bezüglich der §§ 4, 5 WiStG bietet sich in diesem Zusammenhang an. Dagegen ist § 134 BGB auf den Vertrag eines Nichtarchitekten nicht anzuwenden, da die Honorarordnung kein Verbotsgesetz i. S. des § 134 BGB darstellt.[82]

27 Die Anfechtung führt zur Unwirksamkeit des Vertrags und die Folgen sind die gleichen wie beim Verstoß gegen das Koppelungsverbot.[83] Ansprüche aus Geschäftsführung ohne Auftrag (§§ 683, 670 BGB) dürften allerdings nur selten in Frage kommen, weil der Wille des Auftraggebers der Geschäftsführung meist entgegenstehen dürfte. Es bestehen damit Ansprüche nur aus sog. ungerechtfertigter Bereicherung (§ 812

---

77 Ebenso OLG Oldenburg BauR 2014, 2108 und wohl OLG Köln BauR 1980, 372; *Hebel* in TWK § 15 Rn. 13.
78 So mit Recht OLG Stuttgart BauR 1997, 681 auch für einen Planer, der mit einem eingetragenen Architekten oder Ingenieur kooperiert.
79 Vgl. OLG München v. 23.11.1977 – 3 U 2195/77; vgl. zur Anfechtung im ähnlichen Fall, dass ein Handwerker nicht in die Handwerksrolle eingetragen ist, OLG Nürnberg BauR 1985, 322; OLG Hamm NJW-RR 1990, 523 und zur Kündigung aus wichtigem Grund in einem solchen Fall OLG Hamm BauR 1988, 727.
80 OLG Köln BauR 1985, 338.
81 Vgl. oben Rdn. 20; zur Frage, wann überhaupt eine **Aufklärungspflicht über die Höhe** des Honorars besteht, vgl. Einl. Rdn. 126.
82 Vgl. oben OLG Köln SFH Nr. 2 zu § 1 HOAI.
83 Vgl. oben § 3 MRVG Rdn. 22 ff.

BGB), wenn die Leistung auch tatsächlich verwertet wurde.[84] Neben dem Recht zur Anfechtung steht dem Auftraggeber ein Schadensersatzanspruch aus Verschulden bei Vertragsabschluss zu (§ 311 Abs. 2 BGB.). Der Auftraggeber kann verlangen, so gestellt zu werden, wie wenn der Architektenvertrag nicht abgeschlossen worden wäre,[85] sodass ihm allerdings auch kein entgangener Gewinn zusteht. Das Fehlen der Architekten- und/oder Ingenieureigenschaft stellt auch einen wichtigen Grund für die Kündigung dar, wenn darüber nicht aufgeklärt wurde. Diesen Weg wird der Auftraggeber – in Kombination mit dem Schadensersatz aus Verschulden bei Vertragsabschluss – immer dann gehen und nicht anfechten, wenn der Auftragnehmer verwertete oder verwertbare Leistungen erbracht hat, für die er auch nach Vertragsrecht haften soll.[86]

f) Geltung für Auftragnehmer mit »Sitz im Inland« (Inländer-HOAI)

Mit primärem europäischem Recht ist die HOAI nach der hier vertretenen Auffassung trotz ihres preisrechtlichen Charakters vereinbar (vgl. unten Rdn. 41). Davon gehen die Entscheidungen des BGH[87], des BVerfG[88] und aller Obergerichte in ständiger Rechtsprechung aus. Anlass für die Änderung des Anwendungsbereichs in § 1 HOAI war aber die Dienstleistungsrichtlinie der EU, welche bis zum 01.01.2010 in nationales Recht umzusetzen war. Es gab die Befürchtung, dass der Mindest- und Höchstpreischarakter einen unzulässigen Eingriff in die Dienstleistungsfreiheit und Niederlassungsfreiheit darstellen könnte. Eine Ausnahme für den Verbraucherschutz beim Bauen sieht die Dienstleistungsrichtlinie nicht vor. Um Streitigkeiten über die **Ausländerdiskriminierung** zu entgehen, hat der Verordnungsgeber den Anwendungsbereich der HOAI auf Auftragnehmer »mit Sitz im Inland« beschränkt, »soweit die Leistungen ... vom Inland aus erbracht werden«. Nachdem die Dienstleistungsrichtlinie nur für »Dienstleistungen in einem anderen Mitgliedsstaat als demjenigen ihrer Niederlassung« gilt,[89] ist mit dieser Neuregelung europarechtlichen Bedenken Genüge getan. Der Verordnungsgeber war nach Bundesrecht auch dazu berechtigt, die Geltungskraft der Vorschriften auf in Deutschland ansässige Auftragnehmer zu beschränken.[90]

28

Die HOAI knüpft für ihre Anwendbarkeit **nicht** an die **Staatsangehörigkeit** an. Unerheblich ist auch, ob der Auftragnehmer eine deutsche oder eine ausländische Gesellschaft ist. Für alle Auftragnehmer mit Sitz im Inland ist die HOAI anwendbar. Als **Sitz im Inland** ist auf jeden Fall ausreichend, wenn es sich um eine Niederlassung handelt. Von einem »Sitz«

---

84 Vgl. BGH BauR 1994, 651 = ZfBR 1994, 220 für einen entsprechenden Sachverhalt; *Bultmann* BauR 1995, 335.
85 OLG Köln SFH Nr. 2 zu § 1 HOAI; OLG Köln v. 19.01.1996 – 3 U 204/93.
86 Vgl. *Kniffka/Koeble*, Kompendium, 12. Teil Rn. 103 f.
87 Zuletzt BGH Urt. v. 24.04.2014 – VII ZR 64/13 = BauR 2014, 1332 = NJW 2014, 2354 m. Anm. *Preussner* = NZBau 2014, 501.
88 Sogar für die alte HOAI BVerfG Beschl. v. 26.09.2005 – 1 BvR 82/03 = BauR 2005, 1946 m. Anm. *Schwenker* = NZBau 2006, 181.
89 Vgl. unten Rdn. 41, zur Wirksamkeit der HOAI nach bundesdeutschem Recht vgl. Einl. Rdn. 4, § 3 MRVG Rdn. 3 und § 7 Rdn. 19.
90 BGH BauR 2003, 749 = NZBau 2003, 396 = ZfBR 2003, 362.

ist aber auch dann auszugehen, wenn ein Auftragnehmer ». . . seine Tätigkeit faktisch mittels einer festen Einrichtung auf unbestimmte Zeit in Deutschland ausübt«,[91] weil er dann i. S. der Dienstleistungsrichtlinie niedergelassen ist.[92] Die **Leistung muss »vom Inland aus«** erbracht werden, wobei aber nicht erforderlich ist, dass dies in dem konkreten Büro geschieht. Ob dieses Büro ausreichend besetzt ist, spielt keine Rolle. Die Rechtslage ist insoweit gegenüber den Überleitungsvorschriften betreffend DDR und BRD anders.[93] Hat ein Büro Sitze im Ausland und im Inland, dann ist es als Vertragspartner mit dem ausländischen Standort nicht an die HOAI gebunden, mit dem inländischen dagegen schon. Maßgebend ist, von welchem Standort aus die Leistungen erbracht werden. In der Praxis können sich hier Umgehungen ergeben, was jedoch angesichts der Formulierung des § 1 HOAI hinzunehmen ist.[94] Hat der Auftragnehmer zwei Büros, eines im EU-Ausland und das andere im Inland, dann kommt es auf die Gesamtwürdigung aller Umstände an. Sitzt der Vertragspartner im Inland und wird dort auch im Wesentlichen die Leistung erbracht, gilt die HOAI und andernfalls nicht.

Soweit der Auftragnehmer **keinen Sitz im Inland** hat, gilt die HOAI für ihn nicht unmittelbar. Erbringt ein solcher Auftragnehmer (Ausländer oder Deutscher) Leistungen aus einem der Leistungsbilder der HOAI betreffend die Objekt- oder Fachplanung und für ein von der HOAI erfasstes Objekt, dann steht ihm für seine werkvertragliche Leistung die übliche Vergütung zu (§ 632 Abs. 2 BGB), wenn deutsches Recht anwendbar ist. Diese ist – nach vorheriger Klärung durch Sachverständigengutachten – in aller Regel aus der HOAI zu entnehmen, weil es sonst für solche Tätigkeiten im Inland keine üblichen Honorargepflogenheiten gibt.[95]

g) Inländerdiskriminierung durch die neue HOAI?

29 Ob diese Regelung eine unzulässige Inländerdiskriminierung darstellt, muss noch höchstrichterlich geklärt werden. Es handelt sich hier um kein europarechtliches Thema (dazu unten Rdn. 41 ff.). Von der Dienstleistungsrichtlinie her ist die neue Vorschrift nicht zu beanstanden (vgl. oben Rdn. 28). Ob sich allerdings inländische Auftragnehmer mit dem Argument der Diskriminierung gegenüber ausländischen Auftragnehmern gegen die Wirksamkeit der HOAI wenden können, wird uneinheitlich beantwortet. Das hauptsächliche Argument für die Unwirksamkeit der HOAI liegt nicht in einem Verstoß gegen die Berufsausübungsfreiheit (vgl. dazu Rdn. 41), sondern in einem Verstoß gegen den Gleichheitsgrundsatz nach Art. 3 GG.[96] Im Vordergrund

---

91 Amtliche Begründung, S. 5.
92 Die Amtliche Begründung verweist auf Erwägungsgrund 37 und Art. 4 Nr. 4 der Dienstleistungsrichtlinie; ebenso *Berger/Fuchs* Rn. 93.
93 Vgl. dazu BGH BauR 1997, 1065 = NJW 1998, 135.
94 Dazu eingehend *Messerschmidt* NZBau 2009, 568 (569); *Messerschmidt*, FS Koeble, S. 393 (395 f.); *Vogel* in FBS, § 1 Rn. 11 ff.
95 Vgl. zum Ganzen oben Rdn. 13 m. w. Nachw.
96 So z. B. *Deckers*, Rn. 126, 127; *Deckers* BauR 2007, 1128; *Pott/Dahlhoff/Kniffka/Rath*, § 1 Rn. 25; *Preussner*, FS *Quack*, S. 183 ff.; *Messerschmidt/Voit-Schwenker/Wessel*, Privates Bau-

steht dabei das Argument, dass deutsche Auftragnehmer im Grenzbereich gegenüber ausländischen Auftragnehmern benachteiligt seien. Die Gegenmeinung äußert zwar Bedenken im Hinblick auf eine gewisse Benachteiligung unter dem Aspekt des Mindest- und Höchstpreischarakters, sie hält jedoch die HOAI bei Abwägung der Vor- und Nachteile für den inländischen Auftragnehmer für wirksam.[97] Bei Abwägung der Vor- und Nachteile für im Inland ansässige Auftragnehmer ergibt sich, dass die HOAI wirksam ist. Die Honorarvorschriften der HOAI sind mit Gebührentatbeständen anderer Mitgliedsstaaten praktisch nicht vergleichbar, weil schon das Berufsbild erheblich anders ist[98] und die Vielfalt der Honorarregelungen groß ist.[99] Auf die Berufsausübungsfreiheit werden sich Inländer nicht berufen können, weil deren Beschränkung aus Gründen des Verbraucherschutzes gerechtfertigt ist.[100] In aller Regel ist der Auftragnehmer durch den Mindestpreischarakter geschützt und nicht benachteiligt. Strafrechtliche oder bußgeldrechtliche Sanktionen hat er nicht zu erwarten (vgl. oben Rdn. 14). Auch im Zivilprozess wird nicht von Amts wegen auf die Einhaltung von Mindest- und Höchstsätzen geachtet (vgl. § 7 Rdn. 25). Auch wettbewerbsrechtliche Sanktionen sind praktisch nicht zu befürchten (vgl. oben Rdn. 14). Ob es standesrechtlich (berufsrechtlich) wirksam ist, an eine Unterschreitung Sanktionen zu knüpfen, ist eine andere Frage.[101] Den Vorteilen der HOAI für die Auftragnehmer mit Sitz im Inland stehen auch Nachteile gegenüber. Allerdings sind die Schriftform, der frühe Zeitpunkt und der Rahmen als Wirksamkeitsvoraussetzungen für die Honorarvereinbarung im Verhältnis zu den Vorteilen relativ unbedeutend, sodass von einer Ungleichbehandlung gegenüber Auftragnehmern mit Sitz im Inland nicht gesprochen werden kann.

6. Räumlicher Anwendungsbereich der HOAI

a) Anwendbares Recht bei Bauvorhaben im Inland mit Beteiligung von Ausländern

Der räumliche (örtliche) Anwendungsbereich ist in der HOAI nicht ausdrücklich geregelt. Die HOAI gilt unzweifelhaft für Leistungen deutscher Architekten und Ingenieure im Inland. Für die Vertragsbeziehungen zwischen **ausländischen Auftragneh-**

30

---

recht, 2. Aufl., § 1 HOAI Rn. 6; Dieselben in TWK § 20 Rn. 18; *Wirth/Galda* in KMV, § 1 Rn. 15 ff.; *Aengenvoort* in MNP § 1 Rn. 52; *Vogel* in FBS, § 1 Rn. 16 ff.

97 So *Jochem*, Jahrbuch BauR 2010, 291 (294), *Koeble/Zahn*, Teil B Rn. 9; Scholtissek NJW 2009, 3057; § 1 Rn. 11 f.; wohl auch *Messerschmidt*, FS Koeble, S. 393 (395 ff.), *Messerschmidt* NZBau 2009, 568 und *Steeger*, Praxiskommentar, § 1 Rn. 22, trotz Bedenken.
98 Vgl. auch *Koeble* BauR 2008, 894 (900).
99 Amtliche Begründung, S. 4 ff.
100 Vgl. dazu BVerfG, unten Rdn. 41; vgl. ferner Amtliche Begründung zu § 1 HOAI 2013, S. 136; a. A. *Messerschmidt/Voit-Schwenker-Wessel*, Privates Baurecht, 2. Aufl., § 1 HOAI Rn. 6.
101 Vgl. die Entscheidung der Europäischen Kommission vom 24.06.2004 – COMP 38.549 – PO = NZBau 2005, 229 betreffend Mindestsätze, die von der Belgischen Architektenkammer festgesetzt waren.

§ 1 HOAI Anwendungsbereich

mern und **inländischen Auftraggebern** betreffend Bauvorhaben **im Inland** ist die Anwendung deutschen Rechts umstritten.

Ausgangspunkt im Hinblick auf die **schuldrechtlichen Vertragsbeziehungen** für Architekten und Ingenieurverträge **bis 16.12.2009** ist Art. 28 EGBGB a. F., womit über die Anwendbarkeit der **HOAI noch nichts gesagt** ist (dazu unten Rdn. 31). Danach spricht eine Vermutung für die Anwendbarkeit des ausländischen Rechts.[102] Eine Ausnahme von dieser Vermutung gilt dann, wenn sich aus der Gesamtheit der Umstände ergibt, dass der Vertrag engere Verbindungen mit einem anderen Staat aufweist.[103] Für den Bauvertrag allgemein wird in der Literatur z. T. die Auffassung vertreten, dass das Recht des Baustellenlandes maßgebend sei, z. T. wird jedoch das Schwergewicht der Tätigkeit nicht am Ort des Bauvorhabens gesehen, weshalb es bei der Vermutung des Art. 28 Abs. 2 Satz 2 EGBGB verbleibt.[104] Für die Architektenleistung dürfte es richtig sein, in vertragsrechtlicher Hinsicht das Schwergewicht nicht am Ort des Bauvorhabens zu sehen, sondern am Bürositz des Architekten.[105] Damit ist ausländisches Werkvertragsrecht anwendbar.[106] Allerdings ist zu prüfen, ob die Parteien eine konkludente Rechtswahl nach Art. 27 Abs. 1 S. 2 EGBGB getroffen haben.[107]

Für Architekten- und Ingenieurverträge **seit 17.12.2009** gelten die Vorschriften der Rom I-VO.[108] Auch danach haben die Parteien in erster Linie die freie Rechtswahl. Ob eine Rechtswahl getroffen ist, ist im Wege der Auslegung zu klären (Rom I 3). Gibt es keine Anhaltspunkte für eine von den Parteien getroffene Rechtswahl, dann ist bei »Dienstleistungsverträgen« das Recht desjenigen Staates anwendbar, in dem der Dienstleister seinen »gewöhnlichen Aufenthalt« hat. Die zwischen Architekten und Ingenieuren einerseits und Bauherren andererseits abgeschlossenen Verträge sind solche Dienstleistungsverträge. Im Regelfall ist als Anknüpfungspunkt für diese Verträge der Ort des Büros maßgebend, nicht dagegen die Baustelle.[109] Gegenüber der Rechtslage nach Art. 28 EGBGB a. F. (dazu oben) hat sich also nichts Entscheidendes geändert. Eine Rolle können allerdings die Regelungen betreffend Verbraucherverträge (Rom I 6) spielen.

---

102 Art. 28 Abs. 2 Satz 2 EGBGB.
103 Art. 28 Abs. 5 EGBGB.
104 So BGH BauR 1999, 677 = ZfBR 1999, 208 für den Bauvertrag; *Thode* ZfBR 1989, 43 [47]; *Thode* in Reithmann/Martiny, Internationales Vertragsrecht, Rn. 960; *Thode* in Thode/Wenner, Internationales Architekten- und Bauvertragsrecht, Rn. 280; *Wenner*, RIW 1998, 173 [176]; *Wenner* FS Mantscheff, 2000, S. 205 [208]; Palandt/*Heldrich*, 68. Aufl., Art. 28 EGBGB Rn. 14 jew. m. Nachw.
105 So für einen österreichischen Architekten Brandenb. OLG BauR 2002, 119, Revision vom BGH nicht angenommen.
106 Ebenso MünchKomm-*Martiny*, Art. 28 EGBGB, Rn. 139; *Thode* in Reithmann/Martiny, a. a. O., Rn. 960; *Thode/Wenner*, a. a. O., Rn. 280, 311; *Wenner* RIW 1998, 173 [176]; *Wenner*, FS Mantscheff, 2000, S. 205 [208]; a. A. *Jochem*, § 1 Rn. 14.
107 Vgl. BGH BauR 2001, 979 = NJW 2001, 1936 = NZBau 2001, 333 = ZfBR 2001, 309 zur Abwägung der gesamten Umstände.
108 Vgl. Palandt-*Thorn*, 75. Aufl., IPR Rom I Vorbemerkung Rn. 1.
109 Palandt-*Thorn*, IPR, Rom I 4 Rn. 10.

b) Anwendbarkeit der HOAI bei Bauvorhaben im Inland mit Beteiligung von Ausländern

Mit der Anwendbarkeit deutschen Rechts ist jedoch noch nichts über die **Geltung der HOAI** gesagt. Diese enthält nämlich wegen des Höchst- und Mindestpreischarakters zwingendes Recht. Insoweit regelt die HOAI nicht schuldrechtliche Fragen, sondern es handelt sich um zwingendes öffentliches Recht i. S. Art. 34 EGBGB a. F. bzw. um eine Eingriffsnorm i. S. von Rom I 9.[110] In derartigen Fällen ist nach Art. 34 EGBGB die Vorschrift des Art. 28 EGBGB und seine Vermutung nicht anwendbar und es gilt die HOAI sogar dann, wenn deutsches Recht gar nicht anwendbar ist.[111] Das gilt für Verträge, die bis zum 16.12.2009 abgeschlossen wurden. Die Rechtslage hat sich aber durch Inkrafttreten der Rom I-VO nicht geändert, weil für Eingriffsnormen auch hier Vorrang eingeräumt ist (Rom I 9). Entsprechendes gilt für die bezüglich Verträgen ab 17.12.2009 anwendbaren Vorschriften von Rom I, 4 bzw. 9.[112] Die gegenteilige Auffassung, wonach die HOAI keine Eingriffsnorm mehr i. S. Rom I 9 enthalte, dürfte unzutreffend sein. Begründet wird diese Auffassung damit, dass die HOAI seit 2009 keine Geltung mehr Bauvorhaben im Ausland beanspruche, weil die mit ihr verfolgten Zwecke dort ohnehin nicht durchgesetzt werden können.[113] Weshalb zwischen deutschen bzw. hier niedergelassenen Vertragspartnern bei einem Auslandsbauvorhaben die Durchsetzung der HOAI nicht möglich sein soll, ist nämlich nicht verständlich. Alleine dadurch, dass zwischen Inländern Verträge über Auslandsbauvorhaben abgeschlossen werden, ergibt sich der vollständige Inlandsbezug. Sicherlich bedarf es der Abgrenzung und Abwägung im Einzelfall. Richtig erscheint es in solchen Fällen, auf den Schwerpunkt und das hauptsächliche Gewicht der Architekten- und Ingenieurleistung abzustellen. Unzweifelhaft ist hier, dass das eigentliche Gepräge für die Architekten- und Ingenieurleistung das Bauobjekt darstellt. Aus diesem Grund findet die HOAI für ausländische Architekten und Ingenieure in vollem Umfang Anwendung. Unzweifelhaft ist die HOAI anwendbar, soweit der ausländische Architekt oder Ingenieur sein Büro im Inland hat.[114] Darüber hinaus ist es nach hier vertretener Auffassung für die alte HOAI 1996/2002 richtig, auch bei Bauvorhaben im Inland die HOAI heranzuziehen, wenn der ausländische Auftragnehmer seinen Sitz bzw. sein Büro nur im Ausland hat. Die Rechtslage hat sich jedoch durch die HOAI 2009 für **Verträge seit 17.08.2009** geändert. Seither ist der Anwendungsbereich für ausländische Auftragnehmer auf diejenigen Fälle eingeschränkt, in

31

---

110 So mit Recht BGH BauR 2001, 979 = NJW 2001, 1936 = NZBau 2001, 333 = ZfBR 2001, 309; BGH BauR 2003, 749 = NJW 2003, 2020 = NZBau 2003, 386 = ZfBR 2003, 367 und dazu *Quack* ZfBR 2003, 419 sowie *Wenner* ZfBR 2003, 421; *Wenner* BauR 1993, 257; *Wenner* DAB 1994, 1107; *Wenner* RIW 1998, 173; *Hartmann*, HOAI, § 1 Rn. 13; *Neuenfeld*, HOAI, § 1 Rn. 17; *Neuenfeld/Groscurth*, Handbuch des Architektenrechts, Bd. 1, I Rn. 50; *Glöckner* in FBS, 1. Teil I Rn. 131 ff.
111 OLG Stuttgart NZBau 2011, 110; in der Revision vom BGH diesbezüglich nicht beanstandet, vgl. § 7 Rdn. 109.
112 Vgl. dazu Palandt-*Thorn*, IPR, Rom I 9 Rn. 1; *Glöckner* in FBS, 1. Teil I Rn. 131 ff.
113 *Hausmann* in Glöckner/v. Berg, 2. Aufl., Rom I-VO Rn. 92.
114 So *Werner* in *Werner/Pastor*, Rn. 620; *Löffelmann/Fleischmann*, Rn. 10; *Motzke/Wolff*, S. 119 ff.

§ 1 HOAI Anwendungsbereich

denen der Sitz des Büros im Inland ist und die Leistung vom Inland aus erbracht wird (dazu Rdn. 28 f.). Ob über Rom I 9 deutsches Recht anzuwenden ist, muss hier im Einzelfall geprüft werden. Bejahendenfalls wäre die HOAI – zwar nicht als Preisrecht mit Mindest- und Höchstsatz, aber – als übliche Vergütung heranzuziehen (vgl. oben Rdn. 13). Sofern die HOAI als zwingendes, deutsches öffentliches Recht über Art. 34 EGBGB anwendbar ist, stellt sich die Frage, ob damit auch automatisch § 15 HOAI gilt. Richtigerweise ist dies zu verneinen, weil diese Vorschrift kein Preisrecht enthält.[115]

c) Geltung der HOAI für Bauvorhaben im Ausland

32 Zweifelhaft ist ferner, ob die HOAI auf Leistungen deutscher Architekten und Ingenieure im Ausland anzuwenden ist. Allein mit der Formulierung »vom Inland aus erbracht« ergibt sich für die Anwendbarkeit der HOAI bei grenzüberschreitenden Verträgen noch nichts.[116]

Voraussetzung für die Geltung der HOAI ist, dass überhaupt **deutsches Recht** anwendbar wäre. Haben Auftragnehmer und Auftraggeber die Anwendbarkeit deutschen Rechts vereinbart, so ist die HOAI unbeschränkt heranzuziehen.[117] Diese Vereinbarung kann sowohl ausdrücklich als auch stillschweigend erfolgen. Eine stillschweigende Vereinbarung deutschen Rechts ist etwa dann anzunehmen, wenn die Parteien einen deutschen Gerichtsstand vereinbart haben.[118] Ebenso genügt es, wenn sich aus anderen Umständen die Vereinbarung deutschen Rechts ergibt.[119] Lassen sich keine Umstände in dieser Art ermitteln, so ist auf den Vertrag zwischen einem deutschen Architekten oder Ingenieur und einem deutschen Bauherrn über ein Bauvorhaben im Ausland dennoch deutsches Recht und damit die HOAI anwendbar, weil auch insoweit die Regelung des Art. 28 Abs. 2 Satz 1 EGBGB bzw. für Verträge seit 17.12.die I 4-VO eingreift.[120] Das ist allerdings hoch umstritten und wird überwiegend abgelehnt.[121] Etwas anderes gilt, wenn der deutsche Architekt sein Büro im Ausland hat. In diesem Fall

---

115 So mit Recht *Hartung* NZBau 2003, 553; die h. M. sieht dies aber wohl anders, vgl. dazu § 15 Rdn. 6 f.
116 A. A. *Aengenvoort* in MNP 3 1 Rn. 35.
117 OLG Brandenburg Urt. v. 21.01.2012 – 4 U 112/08 = NJW-RR 2012, 535 = NZBau 2012, 302 = Analyse *Koeble* auf www.jurion.de/Modul Werner Baurecht.
118 Vgl. Palandt/*Heldrich*, Vorbem. vor Art. 12 EGBGB Anm. 2a bb; a. A. *Pott/Dahlhoff/Kniffka/Rath*, § 1 Rn. 13.
119 OLG Brandenburg Urt. v. 21.01.2012 – 4 U 112/08 = NJW-RR 2012, 535 = NZBau 2012, 302 = Analyse *Koeble* auf www.jurion.de/Modul Werner Baurecht: für eine vertragliche Regelung, wonach die Abrechnung mit dem Nachweis der vertragsgerecht erbrachten Leistung gemäß § 320 BGB erfolgen und deutsche USt. gelten soll; zust. *Fuchs*, Jahrbuch BauR 2003, 82 (109 ff.).
120 Vgl. Palandt/*Heldrich*, Art. 28 Rn. 14; *Palandt/Thorn* Rom I 9 Rn 6, 8.
121 *Glöckner* in FBS, 1. Teil I Rn. 134; *Aengenvoort* in MNP § 1 Rn. 38; *Schwenker/Wessel* in TWK, § 20 Rn. 21; vgl. auch *Hausmann* in Glöckner/v. Berg, 2. Aufl., Rom I-VO Rn. 92 und dazu oben Rdn. 31; aus der Entscheidung des BGH v. 27.02.2003 – VII ZR 169/02 = BauR 2003, 748 = NJW 2003, 2020 lässt sich für diesen Sachverhalt nichts herleiten.

gilt ausländisches Recht und die HOAI erlangt ohne ausdrückliche oder stillschweigende Vereinbarung keine Geltung.[122] Die Anwendung der HOAI auf Auslandsfälle unter Deutschen bedeutet nicht, dass damit alle Vorschriften der HOAI gelten würden. Insbesondere die Regelungen über die anrechenbaren Kosten[123] sind nicht unmittelbar anzuwenden, sondern lediglich sinngemäß heranzuziehen, weil die DIN 276 nur für Bauvorhaben im Bundesgebiet konzipiert ist. Extrem niedrige oder hohe Baukosten im Ausland sind damit für die HOAI nicht maßgebend. Vielmehr ist hier der für Bauvorhaben im Inland ortsübliche Preis im Rahmen einer Kostenermittlung nach DIN 276 zugrunde zu legen. Auch die Regelung des Art. 34 EGBGB führt nicht zu einem anderen Ergebnis, weil der zwingende Charakter des Mindest- und Höchstsatzes nur für das Inland gelten kann. Die HOAI gilt auch dann, wenn ein deutscher Architekt von einem Ausländer einen Auftrag für ein Auslandsbauvorhaben erhält, er dafür die Planung im Inland erstellt und übergibt.[124] Zweifelhaft ist dies, wenn auch die Überwachungstätigkeit hinzukommt. Besonderheiten gibt es bei Auslandsprojekten auch hinsichtlich des Gerichtsstands (vgl. unten Rdn. 39).

d) Geltung der HOAI für die neuen Bundesländer

Einige Sonderfragen ergaben sich durch die Übergangsvorschriften nach dem Einigungsvertrag. Angesichts des kurzen Zeitraums für Verträge zwischen dem 03.10.1990 und 31.12.1992 hat dies jedoch nur noch historische Bedeutung.[125] 33

7. Der Begriff Entgelt

Der Begriff Entgelt ist der Oberbegriff für die in der HOAI verwendeten Begriffe Honorar, Nebenkosten (§ 14) und Umsatzsteuer (§ 16). Der Mindest- und Höchstpreischarakter betrifft ausschließlich das Honorar und nicht die sonstigen Bestandteile des Entgelts. Dies ergibt sich aus §§ 1 Abs. 2; 2 Abs. 2 MRVG sowie aus § 14 Abs. 1–4 HOAI.[126] Nebenkosten können also ebenso wie die Umsatzsteuer zusätzlich zu den Mindest- bzw. Höchstsätzen verlangt werden. 34

8. Gerichtsstand für die Honorarklage

Als Gerichtsstand für die Honorarklage steht dem Architekten und Ingenieur zunächst das **Gericht am Wohnsitz** des Auftraggebers zur Verfügung (§ 13 ZPO). Als weiterer Gerichtsstand für die Honorarklage ist ausnahmsweise der Gerichtsstand gegeben, an dem der Auftraggeber gegen den Auftragnehmer etwa wegen mangelhafter Leistung **auf Schadensersatz** geklagt hat (§ 33 ZPO). Dieser Gerichtsstand für die **Widerklage** 35

---

122 Zum Gerichtsstand vgl. unten Rdn. 35 ff.
123 Z. B. §§ 2 Nr. 13, 14; 4, 32 HOAI.
124 *Zahn* in Koeble/Zahn, B Rn. 42 unter Hinweis auf BGH NJW 1999, 2442, wonach Abs. 5 nicht schon deshalb eingreift, weil sich das Bauvorhaben im Ausland befindet.
125 Vgl. zu den Einzelheiten die 9. Auflage § 1 Rn. 20.
126 BGH BauR 2004, 356 = NZBau 2004, 102 = ZfBR 2004, 150.

§ 1 HOAI Anwendungsbereich

gilt jedoch nur für den Kläger, nicht aber für Dritte.[127] Hat aber der Auftraggeber seine Schadensersatzansprüche abgetreten und klagt der Zessionar, dann kann Drittwiderklage gegen den Auftraggeber auch beim gleichen Gericht erhoben werden, wenn sich der Gegenstand mit der Klage deckt.[128] Entsprechendes gilt umgekehrt für die Widerklage des Auftraggebers, wenn der Architekt oder Ingenieur abgetreten hat. Mit der Entscheidung des BGH[129] zur Parteifähigkeit der BGB-Gesellschaft ist auch die Anwendbarkeit des § 17 ZPO zu bejahen.[130] Das bedeutet, dass die Honorarklage gegen die BGB-Gesellschaft an deren **Verwaltungssitz** erhoben werden kann.

36 Zweifelhaft war lange, ob der Auftragnehmer auch das für den **Ort des Bauvorhabens** zuständige Gericht anrufen kann. Durch eine Entscheidung des BGH[131] wurde dann aber für den Bauwerkvertrag klargestellt, dass Erfüllungsort für die beiderseitigen Verpflichtungen regelmäßig der Ort des Bauwerks ist. Es besteht kein Grund, weshalb diese Rechtsprechung nicht auch für den Architekten- und Ingenieurvertrag gelten sollte.[132] Damit können Architekt und Ingenieur ihre Honorarforderung auch am Ort des Bauvorhabens einklagen, soweit das Projekt unter ihrer Mitwirkung realisiert wird. Probleme ergeben sich nur dann, wenn das **Objekt nicht gebaut** wird oder wenn der Auftragnehmer **nicht die Objektüberwachung** in Auftrag hat. Im ersteren Fall ist der Ort des Bauvorhabens nicht Erfüllungsort.[133] Im zweiten Fall ist entscheidend, ob die Architekten- oder Ingenieurleistung im Bauwerk realisiert wurde.[134] Diese Auffassung wird dem Grundgedanken der Entscheidung des BGH gerecht, wonach die Sachnähe zum Baugrundstück maßgebend ist. Die gegenteilige Rechtsprechung der genannten Gerichte überzeugt demgegenüber nicht.

37 Nicht abschließend geklärt ist, ob auch der **Bürositz des Auftragnehmers** Erfüllungsort i. S. des § 29 ZPO und damit Gerichtsstand sein kann. Das LG München I[135] hat dies für einen Honoraranspruch aus Leistungsphasen 1 und 2 des § 15 HOAI bejaht,

---

127 BGH BauR 1993, 635 = NJW 1993, 2120 = ZfBR 1993, 220.
128 BGH BauR 2001, 1288 = NZBau 2001, 388 = ZfBR 2001, 405.
129 BauR 2001, 775.
130 So mit Recht *Breyer/Zwecker* BauR 2001, 705.
131 BauR 1986, 241 = BB 1986, 350 = NJW 1986, 935.
132 Ebenso BGH BauR 2001, 979 = NJW 2001, 1936 = NZBau 2001, 333 = ZfBR 2001, 309; *Pott/Dahlhoff/Kniffka/Rath*, § 8 Rn. 21; *Werner* in *Werner/Pastor*, Rn. 420; *Koeble* BauR 1997, 191; a. A. *Deckers* BauR 2001, 1834, wonach nur am Wohnsitz des Bauherrn geklagt werden können soll.
133 Ebenso OLG Zweibrücken BauR 1990, 513.
134 Ebenso OLG Celle v. 03.02. 2009 Analyse *Koeble* auf www.jurion.de/Modul Werner Baurecht auch für den Fall der Kündigung, wenn Überwachungsleistungen erbracht wurden; LG Ellwangen NZBau 2010, 255; *Pott/Dahlhoff/Kniffka/Rath*, § 8 Rn. 21; *Werner* in *Werner/Pastor*, Rn. 421; *Koeble* BauR 1997, 191; *Schneidenbach* ZfBR 2007, 634; a. A. BayObLG NJW-RR 1998, 814; LG Flensburg BauR 1998, 1047 für den Bodengutachter; LG Tübingen BauR 1991, 739 m. Anm. *Bühler*; OLG Köln SFH Nr. 2 zu § 269 BGB = NJW-RR 1994, 986 für Leistungsphase 5.
135 NJW-RR 1993, 212.

ebenso das LG Flensburg[136] für den Bodengutachter, wenn die Analyse von Proben im Büro durchgeführt wird.[137] Bei weitergehenden Planungsleistungen lehnt die bisher veröffentlichte Rechtsprechung dies allerdings ab.[138] Das ist jedoch nicht sachgerecht.[139] Erst dann, wenn die Objektüberwachung oder Teile der Überwachungsleistung hinzukommen, dürfte der Bürositz des Auftragnehmers nicht mehr Schwerpunkt der beiderseitigen Leistungspflichten sein. Das gilt für Verträge mit Architekten und Ingenieuren über Leistungen, die in der HOAI geregelt sind. Soweit es dagegen um nicht in der HOAI erfasste Leistungsbereiche geht, kann eine andere Beurteilung gerechtfertigt sein. So wird bei einem Projektsteuerer, Projektmanager oder Projektcontroller, der nur gelegentliche Baustellenbesuche und Überprüfungen vornehmen soll, eventuell im Wege der Schwerpunktmethode der Bürositz Erfüllungsort bleiben.[140]

Im Architekten- oder Ingenieurvertrag enthaltene **Gerichtsstandvereinbarungen** sind unwirksam, soweit sie von den soeben genannten gesetzlichen Gerichtsständen abweichen und soweit nicht beide Vertragspartner Vollkaufleute sind (§§ 29 Abs. 2; 38 Abs. 1 ZPO). Architekten und Ingenieure sind keine Vollkaufleute, sodass von bzw. mit ihnen getroffene Gerichtsstandvereinbarungen – auch soweit es sich um Regelungen zu ihren Gunsten handelt – unwirksam sind.[141] Erhebliche Probleme ergeben sich auch für Gerichtsstandsvereinbarungen in Architektenverträgen mit Auslandsbezug.[142] Eine Gerichtsstandsvereinbarung zwischen zwei Deutschen über ein Bauvorhaben in Frankreich ist allerdings wirksam, sofern es sich nicht um einen Verbrauchervertrag handelt.[143] 38

Zu unterscheiden von der Frage, welches Recht anzuwenden ist und ob dann die HOAI gilt (vgl. oben Rdn. 30 f.), ist die Frage, welche Gerichte bei **grenzüberschreitenden Architekten- und Ingenieurverträgen** zuständig sind.[144] Erbringt z. B. ein deutscher Architekt oder Ingenieur Leistungen für einen EG-Ausländer, so kommt es nach Art. 5 Nr. 1 EuGVÜ darauf an, was als »Erfüllungsort« anzusehen ist. Der konkrete Erfüllungsort i. S. dieser Vorschrift richtet sich nach demjenigen Recht, das nach den Kollisionsnormen des mit dem Rechtsstreit befassten Gerichts für die streitige Verpflichtung maßgeblich ist.[145] Da sich das Büro des Architekten oder Ingenieurs in Deutschland 39

---

136 BauR 1998, 1047.
137 A. A. zu Unrecht LG Ulm BauR 2001, 441.
138 LG München I BauR 1996, 421 für Leistungsphasen 1–4; ebenso KG BauR 1999, 940 und LG Mainz NJW-RR 1999, 670; vgl. auch für eine Bodensanierung LG Karlsruhe BauR 1997, 519 und für Leistungsphase 5 OLG Köln SFH Nr. 2 zu § 269 BGB = NJW-RR 1994, 986; ebenso *Manteufel* in KMV, Grdl. B Rn. 643.
139 Vgl. *Koeble* BauR 1997, 191.
140 So LG Heidelberg NJW-RR 2013, 268, welches nach der Schwerpunktmethode diese Entscheidung trifft, wobei jedoch keine Objektüberwachung geschuldet war, sondern nur »Kontrollleistungen« an der Baustelle zu erbringen waren.
141 OLG Nürnberg BauR 1977, 70.
142 Dazu eingehend *Preussner*, Jahrbuch Baurecht 2002, 205.
143 BGH BauR 2006, 1669.
144 Vgl. i. E. *Kartzke* ZfBR 1994, 1, auch zu Art. 29 EGBGB.
145 OLG München BauR 1986, 242; LG Kaiserslautern NJW 1988, 652.

befindet, gilt hierfür deutsches Recht.[146] Soweit das Bauvorhaben im Inland ist, führt dies zur Zuständigkeit der deutschen Gerichte,[147] wenn nicht nur Planungsleistungen erbracht werden, sondern das Bauwerk auch errichtet wird. Werden dagegen lediglich Planungsleistungen erbracht, ohne dass das Objekt realisiert wird, so ist das ausländische Gericht, das für den Auftraggeber zuständig ist, anzurufen.[148] Die Zuständigkeit eines deutschen Gerichts kann sich bei Auslandsbauvorhaben auch aus § 23 ZPO ergeben. Erforderlich ist dabei, dass der Auftraggeber Vermögen im Inland in einer Höhe hat, welches die Vollstreckung bezüglich der Verfahrenskosten abdeckt. Darüber hinaus ist ein Inlandsbezug der Streitsache erforderlich, wobei dieser nicht mit dem im Inland belegenen Vermögen zusammenhängen muss. Vielmehr genügt es, wenn der Architekt oder Ingenieur seinen Sitz im Inland hat.[149]

9. Gerichtsstand für die Schadensersatzklage des Auftraggebers

40 Für die Mängel- bzw. Schadensersatzklage des Auftraggebers steht dem Gericht am Wohnsitz des Auftragnehmers (§ 13 ZPO) auch der Gerichtsstand am Ort des Bauvorhabens zur Verfügung.[150] Letzteres gilt jedenfalls dann, wenn das Objekt ausgeführt wurde, und zwar auch dann, wenn der Auftragnehmer nicht die Objektüberwachung in Auftrag hatte.[151] In den anderen Fällen steht dem Auftraggeber nur der Wohnsitz des Auftragnehmers als Gerichtsstand offen. Für Ansprüche wegen fehlerhafter Kostenermittlung aus Bausummenüberschreitung ist der Gerichtsstand des Bauvorhabens ebenfalls nicht einschlägig, da sich die Ergebnisse der Kostenermittlung nicht im Bauwerk bzw. Grundstück niederschlagen.[152]

10. HOAI und europäisches Recht

41 Neben den verfassungsrechtlichen Angriffen mit Bezug auf deutsches Recht (vgl. oben Rdn. 3) gab und gibt es auch aus europarechtlichen Gründen Stellungnahmen, wonach die HOAI unwirksam sei. Ob die HOAI in der seit 2009 geltenden Fassung eine Inländerdiskriminierung zur Folge hat, ist keine europarechtliche Thematik, sondern nach deutschem Recht zu beurteilen (dazu oben Rdn. 29).

42 Die **europäische Kommission** hat ein **Vertragsverletzungsverfahren** gegen Deutschland und andere europäische Staaten eingeleitet.[153] Das Verfahren richtet sich gegen

---

146 OLG München BauR 1986, 242; LG Kaiserslautern NJW 1988, 652.
147 LG Kaiserslautern NJW 1988, 652.
148 LG Kaiserslautern NJW 1988, 652; vgl. auch EuGH NJW 1987, 1131 m. Anm. *Geimer*.
149 BGH NJW 2013, 386.
150 § 29 ZPO; BGH BauR 1986, 241 = BB 1986, 350 = NJW 1986, 935; OLG Stuttgart BauR 1977, 72 m. Anm. *Locher*; LG Baden-Baden BauR 1982, 606; *Manteufel* in KMV B Grdl. Rn. 643.
151 Im Hinblick auf Letzteres a. A. LG Tübingen BauR 1991, 795 m. Anm. *Bühler*; wie hier *Werner* in *Werner/Pastor*, Rn. 421.
152 A. A. *Werner* in *Werner/Pastor*, Rn. 420 unter Hinweis auf § 635 BGB a. F. als Anspruchsgrundlage.
153 Pressemitteilung der Europäischen Kommission vom 18.06.2015 und Aufforderungsschrei-

Deutschland, Österreich, Polen und Spanien und betrifft inhaltlich Regelungen für Vergütungen von freien Berufen, im Hinblick auf die Bundesrepublik Deutschland speziell die HOAI sowie die Vergütungsverordnung für Steuerberater (StBVV).[154] Der Vorwurf gegenüber der HOAI geht dahin, dass sie sowohl primäres als auch sekundäres Europarecht verletze. Im Hinblick auf das primäre Europarecht geht der Angriff nicht (mehr) in die Stoßrichtung Dienstleistungsfreiheit, weil die HOAI hinsichtlich ihrer Anwendbarkeit auf Inländer beschränkt ist. Vielmehr ist Zielpunkt des Angriffs nunmehr die Niederlassungsfreiheit. Insoweit wird argumentiert, sie werde unzulässig eingeschränkt und eine Rechtfertigung mit dem Thema Verbraucherschutz komme nur in Frage, wenn zwischen Qualitätssicherung und Preisregulierung in substantiierter Form vorgetragen werden könne.[155]

Gegen **primäres Europarecht** verstößt die HOAI nach hier vertretener Auffassung 43 nicht. Für Mindestgebühren betreffend italienische Rechtsanwälte hat der EuGH[156] zwar erklärt, dass dadurch eine **Einschränkung der Dienstleistungsfreiheit** gegeben sei. Diese könne aber aus Gründen des Verbraucherschutzes **gerechtfertigt** sein. Darüber sollen nach der Entscheidung des EuGH die nationalen Gerichte urteilen.[157] Das in Deutschland in letzter Instanz zuständige Gericht, das Bundesverfassungsgericht, hat dies im Hinblick auf die Mindestsätze nach HOAI bereits getan:[158] Zu dieser Entscheidung des BVerfG wird zwar heute z. T. erklärt, sie sei »älter« (2005!) und könne die Frage der Benachteiligung deutscher Auftragnehmer gegenüber ausländischen Auftragnehmern nicht beantworten.[159] Das ist aber keine Thematik des Europarechts (vgl. dazu oben Rdn. 29) und um dieses geht es aber im vorliegenden Zusammenhang. Die Gesichtspunkte, welche das BVerfG in seiner Entscheidung im Einzelnen nennt, sind durch die Änderung der HOAI in § 1 auf eine Inländer-HOAI nicht weggefallen.

»Die Sicherung und Verbesserung der Qualität der Tätigkeit der Architekten stellt ein 44 legitimes Ziel dar. Zu seiner Herbeiführung sind verbindliche Mindesthonorarsätze ge-

---

ben der Kommission vom 19.06.2015; am 25.02.2016 wurde die zweite Stufe, nämlich das Vertragsverletzungsverfahren, eingeleitet und die Bundesregierung hat dazu am 13.05.2016 gegenüber der Kommission Stellung genommen. Die Klage zum EuGH wurde am 17.11.2016 eingereicht, wobei »verbindliche Mindesthonorare« nur einer der Gründe ist; vgl. IBR-Online v. 18.11.2016.
154 Zum Ganzen *Eschenbruch* NZBau 2015, Heft 8 Editorial; *Schäfer/Kleen/Riegler*, Freie Preise für freie Berufe? NJW 2015, 3404; ferner eingehend *Motzke* NZBau 2016, 323 unter Abwägung aller Gesichtspunkte.
155 Dazu *Schäfern/Kleen/Riegler* NJW 2015, 3404 (3405 f.); ferner eingehend *Motzke*, Die HOAI im Klammergriff der EU – Bewertung der Standpunkte im Vertragsverletzungsverfahren, NZBau 2016, 323.
156 V. 05.12.2006 – Rs C-03/04 und Rs C-2002/04 = BauR 2007, 368 = NZBau 2007, 43.
157 Zum Ganzen: Stellungnahmen beim 2. Deutschen Baugerichtstag von *Wessely, Vorwerk, Koeble* und *Prinz* BauR 2008, 1732; *Forkert* BauR 2006, 586; *Vogel* BauR 2006, 744; *Beckers* BauR 2007, 1128 und *Hatje* NJW 2007, 2357 (2363); *Motzke* NZBau 2016, 323 ff.
158 BVerfG, Beschl. v. 26.09.2005 – 1 BvR 82/03 = BauR 2005, 1946 m. Anm. *Schwenker* = NZBau 2006, 181.
159 *Schwenker/Wessel* in TWK § 20 Rn. 18.

eignet, da sie den Architekten jenseits von Preiskonkurrenz den Freiraum schaffen, hochwertige Arbeit zu erbringen, die sich im Leistungswettbewerb der Architekten bewähren muss.«

45 Damit sind Bedenken gegen die europarechtliche Wirksamkeit wegen Verstoßes gegen primäres Europarecht unter dem Gesichtspunkt der Ausländerdiskriminierung nicht gerechtfertigt[160] (zur Inländerdiskriminierung vgl. oben Rdn. 29). Unabhängig davon müsste dargetan werden, dass die Mindest- und Höchstsatzregelungen eine Marktzugangsbeschränkung i. S. von Art. 43, 49 EGV darstellen.[161]

46 Die HOAI ist deshalb nach hier vertretener Auffassung europarechtskonform und wird deshalb von bisherigem EU-Recht nicht eingeschränkt oder abgeändert. Die »**Richtlinie** des Rates der Europäischen Gemeinschaften über die Koordinierung der Verfahren zur **Vergabe öffentlicher Dienstleistungsaufträge**«[162] ließ die HOAI unberührt (vgl. i. E. Einl. Rdn. 4 ff.).

47 Ob die zum 01.01.2010 in nationales Recht umzusetzende **Dienstleistungsrichtlinie** gegen den Mindestpreischarakter streitet, muss nicht mehr entschieden werden. Mit der 7. HOAI-Novelle wurde § 1 auf im Inland ansässige Auftragnehmer beschränkt.[163] Der Geltungsbereich der Dienstleistungsrichtlinie ist nur auf »Dienstleistungen in einem anderen Mitgliedsstaat als demjenigen der Niederlassung« beschränkt. Sie gilt also nur für **grenzüberschreitende Verträge**. Das war schon nach bisherigem Verständnis des Art. 49 EGV nach deutschem Recht so.[164] Ob die Neuregelung eine **Inländerdiskriminierung** zur Folge hat, ist kein europarechtliches Thema. Diese Frage wird streitig diskutiert. Sie ist nach Abwägung aller Argumente zu verneinen (vgl. oben Rdn. 29).

§ 2 HOAI Begriffsbestimmungen

(1) **Objekte sind Gebäude, Innenräume, Freianlagen, Ingenieurbauwerke, Verkehrsanlagen. Objekte sind auch Tragwerke und Anlagen der Technischen Ausrüstung.**

(2) **Neubauten und Neuanlagen sind Objekte, die neu errichtet oder neu hergestellt werden.**

(3) **Wiederaufbauten sind Objekte, bei denen die zerstörten Teile auf noch vorhandenen Bau- oder Anlagenteilen wiederhergestellt werden. Wiederaufbauten gelten als Neubauten, sofern eine neue Planung erforderlich ist.**

---

160 Zu dieser Frage ebenso Schwenker/Wessel § 20 Rn. 18, die aber eine Inländerdiskriminierung sehen; vgl. dazu oben Rdn. 29; a. A. *Aengenvoort* in MNP § 1 Rn. 41; zum Ganzen unter Abwägung aller Gesichtspunkte *Motzke* NZBau 2016, 323.
161 Vgl. EuGH v. 29.03.2011 – C-565/08 = NZBau 2011, 300 betreffend Höchstsätze für Rechtsanwaltsgebühren in Italien.
162 Richtlinie 92/50/EWG des Rates v. 18.06.1992 – ABl. Nr. L 209 v. 24.07.1992.
163 Vgl. dazu oben Rdn. 28 f.
164 BGH, NA-Beschl. v .27.09.2006 – VII ZR 11/06; ebenso OLG Köln BauR 2007, 132 m. Anm. *Sangenstedt*.

(4) Erweiterungsbauten sind Ergänzungen eines vorhandenen Objekts.

(5) Umbauten sind Umgestaltungen eines vorhandenen Objekts mit wesentlichen Eingriffen in Konstruktion oder Bestand.

(6) Modernisierungen sind bauliche Maßnahmen zur nachhaltigen Erhöhung des Gebrauchswertes eines Objekts, soweit diese Maßnahmen nicht unter Absatz 4, 5 oder 8 fallen.

(7) Mitzuverarbeitende Bausubstanz ist der Teil des zu planenden Objekts, der bereits durch Bauleistungen hergestellt ist und durch Planungs- oder Überwachungsleistungen technisch oder gestalterisch mitverarbeitet wird.

(8) Instandsetzungen sind Maßnahmen zur Wiederherstellung des zum bestimmungsgemäßen Gebrauch geeigneten Zustandes (Soll-Zustandes) eines Objekts, soweit diese Maßnahmen nicht unter Absatz 3 fallen.

(9) Instandhaltungen sind Maßnahmen zur Erhaltung des Soll-Zustandes eines Objekts.

(10) Kostenschätzung ist die überschlägige Ermittlung der Kosten auf der Grundlage der Vorplanung. Die Kostenschätzung ist die vorläufige Grundlage für Finanzierungsüberlegungen. Der Kostenschätzung liegen zugrunde:
1. Vorplanungsergebnisse,
2. Mengenschätzungen,
3. erläuternde Angaben zu den planerischen Zusammenhängen, Vorgängen sowie Bedingungen und
4. Angaben zum Baugrundstück und zu dessen Erschließung.

Wird die Kostenschätzung nach § 4 Absatz 1 Satz 3 auf der Grundlage der DIN 276 in der Fassung vom Dezember 2008 (DIN 276-1: 2008-12) erstellt, müssen die Gesamtkosten nach Kostengruppen mindestens bis zur ersten Ebene der Kostengliederung ermittelt werden.

(11) Kostenberechnung ist die Ermittlung der Kosten auf der Grundlage der Entwurfsplanung. Der Kostenberechnung liegen zugrunde:
1. durchgearbeitete Entwurfszeichnungen oder Detailzeichnungen wiederkehrender Raumgruppen,
2. Mengenberechnungen und
3. für die Berechnung und Beurteilung der Kosten relevante Erläuterungen.

Wird die Kostenberechnung nach § 4 Absatz 1 Satz 3 auf der Grundlage der DIN 276 erstellt, müssen die Gesamtkosten nach Kostengruppen mindestens bis zur zweiten Ebene der Kostengliederung ermittelt werden.

Übersicht Rdn.
1. Änderungen durch die HOAI 2009 1
2. Änderungen durch die HOAI 2013 2
3. Objekte (Abs. 1) 3

§ 2 HOAI Begriffsbestimmungen

	Rdn.
4. Gebäude und bauliche Anlagen	5
a) Frühere und heutige Fassung(en) der HOAI	5
b) Gebäude als Objekte bzw. Bauwerke	6
c) Bauliche Anlagen nach HOAI 1996/2002 bzw. 2009 und 2013	7
d) Gebäude nach HOAI 2013	8
e) Abgrenzung zwischen Gebäuden und Ingenieurbauwerken	9
5. Neubauten und Neuanlagen (Abs. 2)	10
6. Wiederaufbauten (Abs. 3)	11
7. Erweiterungsbauten (Abs. 4)	12
8. Umbauten (Abs. 5)	13
9. Modernisierung (Abs. 6)	14
10. Mitzuverarbeitende Bausubstanz (Abs. 7)	18
11. Instandsetzungen (Abs. 8)	21
12. Instandhaltungen (Abs. 9)	23
13. Freianlagen (§ 39 Abs. 2 HOAI)	24
14. Allgemein anerkannte Regeln der Technik (Nr. 12 aus HOAI 2009)	25
15. Kostenschätzung (Abs. 10)	26
16. Kostenberechnung (Abs. 11)	28
17. Honorarzonen (§ 2 Nr. 15 HOAI 2009)	30

1. Änderungen durch die HOAI 2009

1 Die Bestimmung des § 2 – der frühere § 3 HOAI 2002 — wurde geändert und neu gefasst durch die HOAI 2009. Der Objektbegriff wurde erweitert (Nr. 1). Es wurde eine Definition für den Begriff »Gebäude« aufgenommen (Nr. 2). Die Definitionen von Neubauten und Neuanlagen (Nr. 3), Wiederaufbauten (Nr. 4) und Erweiterungsbauten (Nr. 5) wurden z. T. sprachlich anders gefasst, waren jedoch inhaltlich und sachlich gleich geblieben. Der Begriff Umbau wurde verändert, und die Streichung des Wortes »wesentlichen« vor den Begriffen »Eingriffen in Konstruktion oder Bestand« führte dazu, dass weit häufiger ein Umbau anzunehmen war als früher (Nr. 6). Die Definitionen der Modernisierungen (Nr. 7) und der Raumbildenden Ausbauten (Nr. 8) waren inhaltlich und sachlich gleich geblieben. Eine Definition von Einrichtungsgegenständen und integrierten Werbeanlagen wurde nicht mehr aufgenommen, weil die korrespondierende Honorarvorschrift (§ 26 HOAI a. F.) weggefallen war. Die Definitionen der »Instandsetzungen« (Nr. 9) und »Instandhaltungen« (Nr. 10) waren ebenso gleich geblieben wie diejenige der »Freianlagen« (Nr. 11). Neu waren die Regelungen über »fachlich allgemein anerkannte Regeln der Technik« (Nr. 12), die »Kostenschätzung« (Nr. 13), die »Kostenberechnung« (Nr. 14) und die Honorarzonen (Nr. 15).

2. Änderungen durch die HOAI 2013

2 Um Klarstellung handelt es sich bei den Änderungen betreffend den Objektbegriff (unten Rdn. 3). Weggefallen ist die Definition des Begriffs Gebäude (unten Rdn. 5). Von entscheidender Bedeutung ist die erneute Änderung des Begriffs Umbau (unten Rdn. 13). Die Definition für den früheren »Raumbildenden Ausbau« wurde in den Teil 3 Abschnitt 1 verlegt und definiert wird jetzt der richtige Begriff »Innenräume«

(§ 34 Abs. 2). Ebenso von erheblicher Bedeutung für das Bauen im Bestand ist der neu definierte Begriff »mitzuverarbeitende Bausubstanz« (unten Rdn. 18). Der früher in § 2 Nr. 11 HOAI 2009 erläuterte Begriff Freianlagen ist jetzt in § 39 Abs. 1 HOAI 2013 überführt. Weggefallen ist die gewagte Beschreibung der allgemein anerkannten Regeln der Technik (dazu Rdn. 25). Ebenso weggelassen wurde eine Definition des Begriffs Honorarzonen, weil dafür die Regelung in § 5 HOAI 2013 ausreichend ist. Die Beschreibungen der Inhalte von Kostenschätzung und Kostenberechnung wurden ergänzt und der DIN 276 angepasst (unten Rdn. 26 ff.).

3. Objekte (Abs. 1)

Der Begriff **Objekt** ist der **Oberbegriff** für alle Gegenstände, hinsichtlich deren in der HOAI Planungs- und Überwachungsleistungen geregelt sind.[1] Neben Gebäuden, Innenräumen, Freianlagen, Ingenieurbauwerken und Verkehrsanlagen sollen dazu auch »Tragwerke« und »Anlagen der Technischen Ausrüstung« gehören. Insoweit ist dem Verordnungsgeber jedoch ein Fehler unterlaufen. Soweit »Tragwerke« genannt sind, handelt es sich insoweit eigentlich ebenso wenig um selbstständige Objekte, vielmehr um Bestandteile von Objekten (z. B. von einem Gebäude oder von einem Ingenieurbauwerk usw.). Auch die Anlagen der Technischen Ausrüstung sind keine selbstständigen Objekte, sondern die Ausrüstung eines Objekts, wie der Name schon sagt. Nach dem ausdrücklichen Willen des Verordnungsgebers sind jedoch Tragwerke und Anlagen der Technischen Ausrüstung den Objekten gleichgestellt und als solche i. S. der HOAI zu behandeln. Eine Erläuterung des Objektbegriffs wird in Nr. 1 nicht gegeben, jedoch werden die einzelnen Objekte aufgezählt. Die Unterscheidung von bestimmten Objekten, die im S. 1 erfasst sind, und solchen, die im S. 2 erfasst sind, erschließt sich aus § 54 Abs. 1 S. 1 und Abs. 2 S. 1, womit klargestellt ist, dass Technische Ausrüstung nur einmal als solche abgerechnet werden kann und nicht als Technische Ausrüstung in Tragwerken oder gar in Technischer Ausrüstung selbst.

Der Begriff Objekt ist eigentlich gleichzusetzen mit dem Begriff **Bauwerk,** jedoch durch die unsystematische Einbeziehung der Tragwerke und der Anlagen der Technischen Ausrüstung durch den Verordnungsgeber in den Bereich der Objekte, heute umfassender.[2] Unter einem Bauwerk versteht man eine »unbewegliche, durch Verwendung von Arbeit und Material in Verbindung mit dem Erdboden hergestellte Sache«.[3] Es gehören damit nicht nur die Gebäude, sondern auch alle Innenräume, Freianlagen, Ingenieurbauwerke und Verkehrsanlagen dazu. Bauwerke können u. a. sein: Brunnen, Gleisanlagen, Kanalisationen, Staudämme, Wehre, Deiche, Abfallbeseitigungsanlagen, Windkraftwerke, aber auch die Lieferung von Fertigbauteilen an einem Bauwerk, wenn der Unternehmer statische Berechnungen und einen individuellen Verlegungsplan mitliefert. Auch die Herstellung einzelner Teile des Bauwerks, wie Fenster, Dächer, Böden, kann für die Annahme von Arbeiten bei einem Bauwerk genügen.

---

1 Zum Ganzen *Fischer/Krüger* BauR 2013, 1176.
2 *Fischer/Krüger* BauR 2013, 1176; *Seifert/Berger* in FBS, § 2 Rn. 11.
3 BGHZ 57, 60; *Seifert/Berge* in FBS, § 2 Rn. 5.

§ 2 HOAI Begriffsbestimmungen

4   Die Honorare für **unterschiedliche Objekte** sind **getrennt** nach jeweils eigenen anrechenbaren Kosten **abzurechnen**. Das war auch schon nach alter HOAI der Fall.[4] Nach neuem Recht ist dies durch § 11 Abs. 1 S. 1 festgelegt (vgl. i. E. § 11 Rdn. 1 ff.). Im Unterschied zu früher sind auch die Innenräume selbstständig abrechenbares Objekt.

Von der eigenständigen Abrechnung selbstständiger Objekte gibt es aber auch **Ausnahmen** (z. B. §§ 11 Abs. 2, 3 und 4, Abs. 1–3). Dazu gehört auch der Fall, dass ausnahmsweise die Leistungen für die unterschiedlichen Bereiche tatsächlich nicht voneinander getrennt werden können.[5]

Das vollständige Objekt muss nicht immer zwingend auch der **Vertragsgegenstand** eines Architekten- oder Ingenieurvertrags sein, Vielmehr haben es die Vertragsparteien in der Hand, nur **Teile eines Objekts** zum Leistungsgegenstand bzw. Vertragsgegenstand zu machen.[6]

4. Gebäude und bauliche Anlagen

a) Frühere und heutige Fassung(en) der HOAI

5   Die HOAI 1996/2002 enthielt keine Definition des Begriffs »Gebäude«. In der Fassung der HOAI 2009 (§ 2 Nr. 2) wurde der Versuch einer Definition auf der Grundlage der Musterbauordnung (MBO) unternommen. Wegen Abgrenzungsschwierigkeiten zu Ingenieurbauwerken wurde er in der HOAI 2013 wieder gestrichen. Damit dürfte der ursprüngliche Zustand aus der HOAI 1996/2002 wieder hergestellt sein und – abgesehen von Anhaltspunkten[7] aus den Objektlisten – die alte Definition wiederum gelten.[8]

b) Gebäude als Objekte bzw. Bauwerke

6   Der **Gebäudebegriff** muss zunächst einmal die Anforderungen an den Objektbegriff erfüllen. Wie bei allen Bauwerken muss es sich demnach um »unbewegliche durch Verwendung von Arbeit und Material in Verbindung mit dem Erdboden hergestellte Sachen« handeln (vgl. oben Rdn. 3). An einer solchen **Verbindung mit dem Erdboden** fehlt es z. B. bei Wohnwagen, in der Regel auch bei Zelten und oftmals auch bei Messeständen. Dabei handelt es sich bei einer mindestens losen Verbindung mit dem Erdbo-

---

4   Vgl. BGH BauR 2004, 1963 (1968) = NZBau 2004, 680 für Ingenieurbauwerke einerseits und Verkehrsanlagen andererseits.
5   BGH NZBau 2015, 564.
6   Vgl. dazu § 4 Rdn. 39 ff.; *Seifert/Berger* in FBS, § 2 Rn. 13 sehen dann darin das Objekt und unterscheiden damit nicht zwischen dem nach HOAI maßgebenden Objekt und dem von den Parteien ggf. davon abweichend festgelegten Vertragsgegenstand.
7   Wohlgemerkt »Anhaltspunkte«, weshalb kein Widerspruch zu unten Rdn. 8 besteht, den aber *Seifert/Berger* in FBS, § 2 Rn. 4 sehen wollen.
8   Vgl. *Fischer/Krüger* BauR 2013, 1176; *Seifert/Berger* in FBS, § 2 Rn. 4f; *Locher/Koeble/Frik*, 9. Aufl., § 3 Rn. 2.

den allerdings oftmals um die Erstellung von Innenräumen i. S. d. § 34 Abs. 2.[9] Soweit es an der Verbindung mit dem Erdboden vollständig fehlt, fallen die betreffenden Objekte nicht unter die HOAI.[10] Es ist hier eine freie Honorarvereinbarung möglich. Der in der Literatur gelegentlich vertretenen Auffassung, wonach unter Gebäuden nur diejenigen Objekte zu verstehen seien, die in den Objektlisten (Anlage 3) enthalten sind, kann nicht gefolgt werden. Eine solche Begriffsbestimmung ist zu eng, weil die Objektlisten lediglich Regelbeispiele enthalten und damit den Gebäudebegriff nicht abschließend definieren.[11]

c) Bauliche Anlagen nach HOAI 1996/2002 bzw. 2009 und 2013

Nach **HOAI 1996/2002** gab es den Begriff Bauliche Anlagen noch nicht, jedoch den Begriff »Anlagen«. Von Bedeutung war er dagegen nach **HOAI 2009**, weil die Gebäudedefinition (§ 2 Nr. 2) mit dem Begriff der »Baulichen Anlagen« arbeitete. Der Begriff »**Bauliche Anlagen**« ist in den Landesbauordnungen als »mit dem Erdboden verbundene, aus Baustoffen und Bauteilen hergestellte Anlagen« definiert. Hiernach besteht auch eine Verbindung mit dem Erdboden, wenn die Anlage durch eigene Schwere auf dem Boden ruht oder auf ortsfesten Bahnen begrenzt beweglich ist oder wenn die Anlage nach ihrem Verwendungszweck dazu bestimmt ist, überwiegend ortsfest benutzt zu werden (§ 2 MBO). Es sind deshalb auch Garagen als bauliche Anlagen einzustufen, wenn sie nicht fest mit dem Fundament verbunden sind.[12] Von dem Anlagenbegriff sind auch die Anlagen der Technischen Ausrüstung[13] erfasst. Die **Abgrenzung** der Baulichen Anlagen zu den **Gebäuden** war **nach HOAI 2009** deshalb nicht mehr von Bedeutung, weil diese nach ihrer Gebäudedefinition auch für Bauliche Anlagen gilt. Hinsichtlich der Abgrenzung kann deshalb auf frühere Darlegungen verwiesen werden.[14] Die bloße Einstufung als bauliche Anlage genügt jedoch nach **HOAI 2013** für die Einordnung als Gebäude noch nicht. Das Unterscheidungsmerkmal zwischen baulicher Anlage einerseits und Gebäude andererseits besteht darin, dass Gebäude zum nicht nur vorübergehenden Aufenthalt von Menschen geeignet und bestimmt sein müssen (vgl. Rdn. 8).

Für eine bauliche Anlage ist nicht nur die Verbindung mit dem Erdboden notwendig, sondern auch, dass sie »aus Bauprodukten hergestellt« ist. Aus diesem Grund scheiden Wohnwagen und Zelte aus. Dagegen sind Container als bauliche Anlagen einzustufen, wenn sei die Funktion eines Gebäudes erfüllen und z. B. dem Wohnen oder dem Schulbetrieb oder als Baustellenbüro genutzt werden.[15]

---

9 *Fischer/Krüger* BauR 2013, 1176 zur Abgrenzung zwischen Gebäuden und Innenräumen.
10 Ebenso *Simmendinger*, FS Koeble, S. 531 (532 ff.); *Simmendinger*, Jahrbuch BauR 2011, S. 269 (272 ff.).
11 Ebenso *Fischer/Krüger* BauR 2013, 1176.
12 Vgl. die weiteren Beispiele bei *Simmendinger*, FS Koeble, S. 531 (532) und *Simmendinger*, Jahrbuch BauR 2011, S. 269 (272).
13 Technische Anlagen nach Kostengruppe 400 der DIN 276.
14 Vgl. *Locher/Koeble/Frik*, 9. Aufl., § 3 Rn. 4.
15 Ebenso *Pott/Dahlhoff/Kniffka/Rath*, § 2 Rn. 5.

d) Gebäude nach HOAI 2013

8 Für die Einordnung als Gebäude müssen zunächst die Anforderungen für ein Objekt bzw. Bauwerk gegeben sein. Das bedeutet, dass eine Verbindung mit dem Erdboden bestehen muss (vgl. oben Rdn. 5). Darüber hinaus ist zu prüfen, ob eine **selbstständige Benutzbarkeit** und eine **Überdeckung** gegeben sind. Schließlich ist nach hier vertretener Auffassung erforderlich, dass die bauliche Anlage »**von Menschen betreten** werden« kann und darüber hinaus geeignet **und** bestimmt ist, dem **Schutz von Menschen** zu dienen. Im Unterschied zu einer baulichen Anlage ist es dagegen für ein **Gebäude erforderlich**, dass eine Bestimmung und **Eignung** zum **nicht nur vorübergehenden Aufenthalt** von Menschen gegeben ist.[16] Gerade dieses Merkmal der Eignung und Bestimmung für den nicht nur vorübergehenden Aufenthalt von Menschen ist auch das Abgrenzungsmerkmal zu den Ingenieurbauwerken (dazu Rdn. 9).

e) Abgrenzung zwischen Gebäuden und Ingenieurbauwerken

9 Von erheblicher Bedeutung ist die **Abgrenzung** zwischen **Gebäuden** einerseits und **Ingenieurbauwerken** andererseits.[17] Nach **HOAI 1996/2002** war maßgebend, ob ein Objekt zum nicht nur vorübergehenden Aufenthalt von Menschen sowohl geeignet als auch bestimmt ist (vgl. oben Rdn. 8). In diesem Fall handelt es sich um ein Gebäude und andernfalls um ein Ingenieurbauwerk. Die Verbrennungsanlage, der öffentliche Kanal und die Abfallbeseitigungsanlage können z. B. betreten werden und sind zum kurzen Aufenthalt von Menschen **geeignet,** jedoch nicht dazu **bestimmt,** dauerhaft dem Aufenthalt zu dienen. Bei diesen Objekten handelt es sich um Ingenieurbauwerke. Ein Parkhaus ist zum Aufenthalt von Menschen sowohl geeignet als auch bestimmt und – auch wegen der sanitären Anlagen und einzelnen Räume – zum nicht nur vorübergehenden Aufenthalt in der Lage. Es handelt sich deshalb um ein Gebäude.[18] Der Anwendungsbereich für Gebäude war in der **HOAI 2009** aber demgegenüber noch erweitert worden. Es genügte nämlich, dass das Betreten von Menschen möglich ist und das Objekt zum Schutz von Menschen, Tieren oder Sachen geeignet oder bestimmt ist (vgl. oben Rdn. 5). Das wird sogar noch für ein Technikobjekt z. B. in einer Kläranlage zu bejahen sein.[19] An der Einordnung als Gebäude ändert sich auch nichts dadurch, dass bestimmte Objekte als Regelbeispiele in einer Objektliste eines anderen Teils der HOAI aufgenommen sind. Die Einordnung in Objektlisten ist nicht verbindlich. Entscheidend ist, ob die Definition des Gebäudes erfüllt ist oder nicht.[20] Dagegen wurde

---

16 Vgl. zu diesem Erfordernis die frühere Kommentierung in *Locher/Koeble/Frik*, HOAI, 9. Aufl., § 3 Rn. 2 und unten; zum Ganzen ferner eingehend *Simmendinger*, a. a. O.
17 Dazu eingehend *Simmendinger*, FS Koeble, S. 531 (534 ff.); *Simmendinger*, Jahrbuch BauR 2011, S. 269 (276 ff.); *Fischer/Krüger* BauR 2013, 1176 (1180) auch zur Abgrenzung zwischen Ingenieurbauwerken und Verkehrsanlagen.
18 Vgl. zur Abgrenzung auch § 41 Rdn. 6, 22 und 25.
19 Ähnlich *Wirth*, Aktualisierungsband zur 7. Aufl., S. 26; vgl. i. E. *Simmendinger*, FS Koeble, S. 531 (534 ff.); *Simmendinger*, Jahrbuch BauR 2011, S. 269 (276 ff.).
20 Während dies hier für selbstständige Tiefgaragen und Parkhäuser bejaht wird, verneint die Literatur dies z. T.: *Pott/Dahlhoff/Kniffka/Rath*, § 2 Rn. 6; wie hier: *Simmendinger*, FS

durch die **HOAI 2013** der alte Rechtszustand wieder hergestellt. Für den Begriff Gebäude ist demnach heute wieder maßgebend, ob eine Verbindung mit dem Erdboden vorhanden ist (vgl. Rdn. 5, 8), ob eine Überdeckung vorhanden ist, ob eine selbstständige Benutzbarkeit gegeben ist und ob die Eignung und Bestimmung zum nicht nur vorübergehenden Aufenthalt von Menschen zu bejahen ist. Nach der Amtlichen Begründung zu § 2 soll eine »Negativabgrenzung zu anderen Objekten, z. B. im Anwendungsbereich der Ingenieurbauwerke gem. § 41 HOAI bestehen«. Damit soll wohl gesagt sein, dass die Objektliste zwingend den Charakter als Ingenieurbauwerk festlegt und insofern die Annahme eines Gebäudes ausscheidet. Das dürfte jedoch unzutreffend sein, weil die Objektlisten nur Regelbeispiele enthalten und damit keinen bestimmenden Charakter für die Einordnung in einzelne Teile und Abschnitte der HOAI haben. Zwar werden Objekte wie Tiefgaragen (vgl. § 41 Rdn. 25), Hochbauten für Wasserwerke, Maschinenhallen bei Kläranlagen oder Abfallverwertungsanlagen in der Regel als Ingenieurbauwerke einzustufen sein. Das ist aber durch die Bestimmung des § 41 HOAI nicht zwingend zementiert. Vielmehr ist auch hier im Einzelfall zu prüfen, ob nicht die Kriterien für ein Gebäude vorliegen. Das kann ausnahmsweise der Fall sein.

5. Neubauten und Neuanlagen (Abs. 2)

Neubauten und Neuanlagen sind Objekte, die nicht auf vorhandenen Bau- oder Anlageteilen aufbauen. § 2 Abs. 3 Satz 2 stellt die Wiederaufbauten den Neubauten in gebührenrechtlicher Hinsicht gleich, sofern eine neue Planung erforderlich ist. Für die Neubauten wie auch für die Neuanlagen ist charakteristisch, dass die betreffenden Objekte neu geplant werden müssen. Eine Neuanlage liegt zum Beispiel vor, wenn die Planung und Einrichtung einer zentralen Heizungsanlage für ein bestehendes Gebäude erfolgt, das zuvor keine derartige Anlage hatte. 10

6. Wiederaufbauten (Abs. 3)

Bei Wiederaufbauten erhält der Auftragnehmer die Honorarsätze nach der HOAI unter der Voraussetzung, dass eine **neue**, möglicherweise geänderte **Planung erforderlich** ist. Neben dieser Voraussetzung, dass eine vollständig neue Planung erfolgen muss, ist für den Wiederaufbau erforderlich, dass ein vorhandenes Objekt teilweise oder ganz zerstört ist.[21] Die Bausubstanz muss erheblich beeinträchtigt und in ihrer Funktionsfähigkeit stark eingeschränkt sein. Ein Objekt ist nicht »zerstört«, wenn etwa lediglich durch einen Sturm Teile der Dachbedeckung abgetragen sind oder durch einen Brand das Treppenhaus zerstört wurde. In diesen Fällen ist die Wiederherstellungsmaßnahme eine Instandsetzung.[22] Sind von einem Objekt noch wesentliche Bauteile vorhanden, die benützt werden können, so wird es sich in der Regel um Instandsetzung handeln. 11

Koeble, S. 531 (535 f.); *Simmendinger*, Jahrbuch 2011, S. 269 (276 ff.); *Fischer/Krüger* BauR 2013, 1176 (1180).
21 A. A. *Krumb* in MNP § 2 Rn. 17, wonach bei völliger Zerstörung ein Neubau vorliegt.
22 Vgl. dazu *Cuypers*, Instandhaltung und Änderung baulicher Anlagen, Baurechtliche Schriften, Band 23, 1993.

Die Grenzen zwischen Wiederaufbau und Instandsetzung werden also im Wesentlichen von dem Bestand des wiederherzustellenden Gebäudes bestimmt. Die Abgrenzung war nach HOAI 2009 deshalb nicht mehr von erheblicher Bedeutung, weil sowohl § 10 Abs. 3a HOAI 2002 betreffend die Anrechnung der wiederverwendeten Bausubstanz als auch § 27 HOAI 2002 betreffend eine Erhöhung des Honorars um bis zu 50 % durch Vereinbarung weggefallen waren. Die Honorare waren danach in allen Fällen auf der Grundlage der richtigen anrechenbaren Kosten, der zutreffenden Honorarzone, der einschlägigen Honorartafel und der Prozentsätze für die erbrachten Leistungen zu ermitteln. Darauf hinzuweisen ist allerdings, dass Wiederherstellungen gleichzeitig oftmals Umbau- und/oder Modernisierungsmaßnahmen darstellten und deshalb ein Umbauzuschlag[23] in Frage kam. Nach HOAI 2013 ist die **wiederverwendete Bausubstanz** auch im Rahmen eines Wiederaufbaus zu berücksichtigen (Abs. 7).[24]

7. Erweiterungsbauten (Abs. 4)

12 Erweiterungsbauten sind ergänzende **Anbauten** an ein vorhandenes Objekt oder **Aufstockungen** eines solchen. Entscheidendes Kriterium ist die unmittelbare **körperliche Verbindung** mit einem bereits vorhandenen Objekt. Erweiterungsbauten können vorliegen, wenn nach bereits vorhandenen oder nach neuen Plänen gebaut wird. Die Formulierung des § 2 Nr. 5 ist insofern unscharf, als Ergänzungen eines vorhandenen Objekts nicht immer auch Erweiterungsbauten sein müssen. Eine »Ergänzung« muss zu keiner Erweiterung führen. Bei Erweiterungsbauten muss es immer zu einer **räumlichen Ausdehnung** kommen. Ein Anbau an ein Krankenhaus mit Treppen, Fluren und Versorgungsstraßen sowie Aufzügen ist als Erweiterungsbau anzusehen und nicht als Umbau oder Neubau.[25] Die **Honorierung** von Erweiterungsbauten erfolgt nach den anrechenbaren Kosten, der Honorarzone, der Honorartafel und den erbrachten Leistungen. Erfolgen Erweiterungsbauten auf vorhandener Bausubstanz, so ist hierfür in der Regel ein Eingriff in Konstruktion oder Bestand dieser Bausubstanz notwendig. Es liegt dann **insgesamt ein Umbau** vor. In diesen Fällen kommt zusätzlich der **Umbauzuschlag** auf das **volle Honorar** für die Gesamtmaßnahme[26] zum Tragen.[27] Das ergibt sich auch daraus, dass die gesonderte Abrechnung von Erweiterung einerseits und Umbau andererseits (§ 23 HOAI 2002) weggefallen ist und nur noch ein einheitliches Objekt vorliegt. Die Gegenmeinung lässt die Abrechnung eines Umbauzuschlags nur im Verhältnis zwischen einerseits Umbau und andererseits Erweiterung zu.[28] Ein Teil der Literatur lehnt in Fällen der Kombination von Erweiterung und Umbau einen

---

23 Bei der Objektplanung für Gebäude z. B. § 35 Abs. 1 HOAI.
24 So auch *Seifert/Berger* in FBS, § 2 Rn. 19.
25 OLG Düsseldorf BauR 2002, 117 = NJW-RR 2002, 163.
26 Z. B. nach § 35 Abs. 1 HOAI für Gebäude.
27 Ebenso *Korbion/Mantscheff/Vygen*, § 3 Rn. 27; *Scholtissek*, § 2 Rn. 8; vgl. auch unten Rdn. 13 sowie § 36 Rdn. 6 ff.
28 Z. B. *Wirth/Galda* in KMV, § 2 Rn. 14; *Preussner* BauR 2012, 711; vgl. dazu ferner unten Rdn. 13; *Werner* in *Werner/Pastor* Rn. 1007.

Umbauzuschlag völlig ab mit dem Argument, es handle sich dann um einen Erweiterungsbau.[29] Einen teilweisen Umbauzuschlag kennt die HOAI nicht. Aber auch die Zuordnung eines kombinierten Projekts aus Umbau und Erweiterung alleine zu einem Erweiterungsbau ist sachlich nicht gerechtfertigt. Soweit eine Umbaumaßnahme zu bejahen ist, enthält sie immer einen wesentlichen Eingriff in den Bestand und damit ist sie auf jeden Fall für die Gesamtmaßnahme prägend, auch wenn ein Erweiterungsbau größeren Umfangs dazu kommt. Es ist deshalb gerechtfertigt, den vollem Umbauzuschlag auf das Gesamtobjekt anzusetzen. Das wollte der Verordnungsgeber mit dem Umbauzuschlag auf das Gesamtobjekt kompensieren.

Wegen Wegfalls des § 10 Abs. 3a HOAI 2002 kam die wiederverwendete Bausubstanz nach **HOAI 2009** nur unter den Voraussetzungen des § 4 Abs. 2 Nr. 4 HOAI 2009 (vgl. dazu § 4 Rdn. 52 ff.) in Frage. Für die **HOAI 2013** spielt dagegen die mitverwendete Bausubstanz (Abs. 7) auch bei Erweiterungsbauten wieder eine entscheidende Rolle.

8. Umbauten (Abs. 5)

Nach **HOAI 2002** war der Umbau dadurch gekennzeichnet, dass ein »wesentlicher« Eingriff in Konstruktion oder Bestand vorgelegen hat. Die **HOAI 2009** verzichtete dann auf das Wort »wesentlich«, sodass bloße Eingriffe in Konstruktion oder Bestand ausreichen. Nunmehr ist durch die **HOAI 2013** der alte Rechtszustand wieder hergestellt und eine Umbaumaßnahme liegt nur dann vor, wenn ein **wesentlicher** Eingriff in Konstruktion oder Bestand erfolgt. Der Begriff wesentlich ist genau so zu verstehen, wie dies in der HOAI 2002 der Fall war. Für das Vorliegen eines Umbaus ist es ausreichend, dass **entweder** in die Konstruktion **oder** in den Bestand in wesentlicher Form eingegriffen wird.[30]

Mit **Konstruktion** ist in der Regel das Tragwerk gemeint. Soweit das statische Gefüge eines Objekts verändert wird, nämlich z. B. durch Entfernen oder Einbringen tragender Wände, Fundamente, Unterfangungen, Stützen, Decken, Unterzüge oder der Dachkonstruktion, liegt immer ein wesentlicher Eingriff vor, sodass nach allen Fassungen der HOAI ein Umbau zu bejahen ist. Weitergehend wird in der Literatur der Begriff »Konstruktion« auch auf nichttragende Teile des Bauwerks erstreckt.[31] Die Frage dürfte deshalb keine entscheidende Bedeutung haben, weil nach hier vertretener Auffassung bei wesentlichen Eingriffen in nichttragende Teile ein Fall des Umbaus des »Bestands« vorliegt.

Ein Eingriff in den **Bestand** liegt dann vor, wenn Treppen eingebaut werden, Installationen (vgl. oben) ausgeführt werden und auch dann, wenn nicht tragende Zwischenwände verändert werden. Ob es sich dann um einen wesentlichen Eingriff handelt,

---

29 *Berger/Seifert* in FBS, § 2 Rn. 22; so wohl auch *Preussner* in MNP § 6 Rn. 47, allerdings in Widerspruch zu der Annahme einer Quote in BauR 2012, 711.
30 Zum Bauen im Bestand grundl. *Voppel* BauR 2013, 1758.
31 So *Seifert/Berger* in FBS, § 2 Rn. 26.

entscheidet sich im Einzelfall danach, wie stark der Bestand verändert wird. Die Veränderungen müssen gegenüber dem Bestand einen gewissen prozentualen Anteil erreichen, wobei man vielleicht die Grenze bei 10 bis 20 % ziehen kann. Grundlegende Nutzungsänderungen eines Gebäudes führen in der Regel zu wesentlichen Eingriffen in Konstruktion oder Bestand. Das gilt z. B. für die Umnutzung eines Bürogebäudes zu Wohnzwecken und im Zusammenhang damit z. B. den zusätzlichen Einbau von nicht tragenden Zwischenwänden, Treppen, Fenstern und Technischer Ausrüstung. Auch bei Innenräumen (Raumbildende Ausbauten), Freianlagen oder Ingenieurbauwerken und Verkehrsanlagen sowie hinsichtlich der Technischen Ausrüstung können Umbaumaßnahmen vorliegen. Als wesentlicher Eingriff in den Bestand genügt auch die Aufteilung einer Dachgeschosswohnung in zwei Wohnungen unter Einbeziehung des Spitzbodens, und zwar auch dann, wenn nur eine einzige Trennwand eingezogen wird.[32] Nachdem jedoch heute wiederum ein »wesentlicher Eingriff« erfolgen muss, genügt das Abschlagen von Putz nicht mehr, um einen Umbau annehmen zu können. Nach HOAI 2013 kommt beim Umbau – wie bei der HOAI 2002 – die mitzuverarbeitende Bausubstanz bei den anrechenbaren Kosten zum Ansatz.[33] Treffen **Umbau und Erweiterungsbau** zusammen, dann handelt es sich um ein **einheitliches** Objekt. Im Unterschied zur früheren Regelung (§ 23 HOAI 2002) erfolgt keine **getrennte Abrechnung** mehr. Die Folge daraus ist, dass für das einheitliche Gesamtobjekt ein Umbauzuschlag auf das volle Honorar für die Gesamtmaßnahme berechnet werden kann. Den Ansatz eines teilweisen Umbauzuschlags kennt die HOAI nicht.[34]

9. Modernisierung (Abs. 6)

14 Die Definition des Begriffs »Modernisierung« hat sich nicht verändert. Es wurde zwar durch die HOAI 2009 bereits der Zusatz gestrichen, wonach die durch Modernisierung verursachten »Instandsetzungen« hinzuzurechnen sind. Inhaltlich hat sich aber geändert, dass Modernisierung in Verbindung mit Instandsetzung auftreten kann.[35] Bei der Regelung der **HOAI 2009** ist zu beachten, dass zwar die Streichung des § 10 Abs. 3a HOAI 2002 betreffend die Wiederverwendung der vorhandenen Bausubstanz von Bedeutung sein kann, jedoch im Einzelfall nicht von Nachteil für den Auftragnehmer sein muss.[36] Auch für die Modernisierung gelten die gemeinsamen Regelungen über das Bauen im Bestand (§ 36 HOAI).

15 Unter Modernisierung sind bauliche Maßnahmen zu verstehen, die der **nachhaltigen Erhöhung des Gebrauchswerts** eines Objekts dienen, wie etwa Verbesserung des seitherigen Zustandes der Wohnqualität durch bessere Raumausnutzung, Grundriss-

---

32 Vgl. OLG Düsseldorf BauR 1996, 893 nach altem Recht für den Fall, dass Wände versetzt und Treppen eingebaut wurden.
33 Vgl. zu den anrechenbaren Kosten unten Rdn. 26 ff. und § 4 Rdn. 10 ff. sowie zur mitzuverarbeitenden Bausubstanz unten Rdn. 18 ff.
34 Diese Frage ist stark umstritten; vgl. i. E. oben Rdn. 12 mit w. Nachw. und unten § 6 Rdn. 45
35 Dazu oben Rdn. 1 und unten Rdn. 21.
36 Vgl. dazu § 4 Rdn. 52.

zuschnitt, funktionelle Abläufe, Belichtung, Belüftung, bauliche Maßnahmen zur Verbesserung der Verkehrswege, wie Aufzüge, insbesondere verbessernde Maßnahmen für Behinderte oder ältere Menschen. Die nachhaltige Erhöhung des Gebrauchswertes bezieht sich jedoch nicht nur auf Gebäude, sondern auch auf alle übrigen Objekte, wie zum Beispiel Grünanlagen oder Raumbildende Ausbauten, Ingenieurbauwerke und Verkehrsanlagen, Anlagen der Technischen Ausrüstung oder die Verbesserung des Wärme- und Schallschutzes. Wesentliche Voraussetzung der Modernisierung ist immer die nachhaltige Erhöhung des Gebrauchswertes des Objekts. Dies schließt also eine Erhöhung des reinen Verkaufs- oder Handelswertes des Objekts allein aus. Unter dem **Gebrauchswert** ist der Wert zu verstehen, der ein Objekt nach Nutzung, funktionellen Eigenschaften, Wirtschaftlichkeit und Anforderungen an den Stand der Erkenntnis und Technik qualifiziert. Auch gestalterisch-ästhetische Verbesserungen können als Teilmaßnahmen den Gebrauchswert erhöhen.[37] Als alleinige Maßnahmen sind sie jedoch keine Modernisierung, sondern in der Regel Instandsetzung oder Instandhaltung. Modernisierungen können nach allgemeinem Sprachgebrauch auch Erweiterungsbauten (Abs. 4), Umbauten (Abs. 5) oder Instandsetzungen (Abs. 8) sein. Abs. 6 legt jedoch fest, dass im Sinne der HOAI Modernisierungen nicht bei baulichen Maßnahmen zur nachhaltigen Erhöhung des Gebrauchswerts vorliegen, soweit sie Erweiterungsbauten, Umbauten und Instandsetzungen sind, »jedoch einschließlich der durch diese Maßnahmen verursachten Instandsetzungen«. Treffen Modernisierung und Erweiterung zusammen, dann handelt es sich um ein einheitliches Objekt (vgl. oben Rdn. 12 und 13). Die Situation ist genau wie beim Umbau, welcher mit Erweiterungsbaumaßnahmen zusammentrifft. Auch hier kommt der Umbauzuschlag auf das volle Honorar für die Gesamtmaßnahme hinzu (vgl. oben Rdn. 13).

Die **Abgrenzung** der **Modernisierung** vom **Umbau** ist schwierig und heute nicht mehr 16 von so erheblicher Bedeutung, weil für beide Leistungen die gleiche Honorarvorschrift betreffend die **Leistungen im Bestand** (§ 35 HOAI) gilt. Auch hinsichtlich der anrechenbaren Kosten ergeben sich durch die Entscheidung zwischen Umbau und Modernisierung keine Unterschiede. Beide sind hinsichtlich der Honorarberechnung gleichgestellt. Auch im Hinblick auf die Bestimmung der Honorarzone ergeben sich für beide Leistungen die gleichen Probleme (vgl. dazu § 6 Rdn. 48). Das Bewertungsmerkmal »Anforderungen an die Konstruktion« kann sich bei beiden nicht auf die tragende Gebäudekonstruktion beziehen, zumal für den Umbau heute der Eingriff in die Konstruktion und/oder den Bestand ausreicht, auch wenn er nicht wesentlich ist. Für die Ermittlung der Honorarzone sind in beiden Fällen statt des Bewertungsmerkmals »Konstruktion/konstruktive Anforderungen« die durch die beauftragten Maßnahmen bedingten, technischen Anforderungen des konstruktiven Ausbaus und der technischen Ausgestaltung der Baumaßnahme zugrunde zu legen.

Von einer Modernisierung kann nur dann gesprochen werden, wenn das Objekt als 17 Ganzes besteht, aber nicht mehr den heutigen Ansprüchen an Wohnqualität, Nutzung,

---

[37] Ebenso *Krumb* in MNP § 2 Rn. 26; *Seifert/Berger* in FBS, § 2 Rn. 30; *Wirth/Gallda* in KMPV § 2 Rn. 21.

§ 2 HOAI Begriffsbestimmungen

Technische Ausrüstung, Ausbau, Gestaltung, Immissionen, Wärmeschutz u. a. genügt. Das unterscheidet die Modernisierung auch **von der Instandsetzung**. Wird eine defekte Heizungsanlage wiederhergestellt, so handelt es sich um eine Instandsetzung nach Abs. 8, wenn nicht gleichzeitig die Heizungsanlage auf den neuesten Stand der Technik gebracht wird, was eine Modernisierungsmaßnahme wäre. Wird statt einer noch intakten, jedoch energieunwirtschaftlichen Heizungsanlage eine wirtschaftliche eingebaut, so liegt mit Sicherheit ebenfalls eine Modernisierung mit nachhaltiger Erhöhung des Gebrauchswerts vor. Wird dagegen statt einer intakten Etagenheizung eine Zentralheizung eingebaut, so handelt es sich auf jeden Fall um eine Modernisierung. Daneben kann wegen der in solchen Fällen notwendigen Eingriffe in den Bestand auch ein Umbau vorliegen. So genannte Sanierungen von Objekten, die als Einzel- oder Sammelmaßnahmen im Bereich von Sanierungsgebieten oder auf Einzelinitiative durchgeführt werden, umfassen meist alle vorhandenen Leistungen, wie Umbauten, Modernisierungen und Instandsetzungen. Dennoch kann für Instandsetzungsarbeiten in diesen Fällen kein gesondertes Honorar in Ansatz gebracht werden. Der zweite Halbsatz des Abs. 6 stellt klar, dass hier nur ein Honorar für Modernisierungen aus den erhöhten anrechenbaren Kosten berechnet werden darf. Im Zuge von Sanierungsarbeiten, die in der Regel eine Mischung aus Modernisierungs- und Umbaumaßnahmen einschließlich Instandsetzungsarbeiten umfassen, ist zu prüfen, ob aus der vorhandenen Bausubstanz (Bauteile) zusätzliche anrechenbare Kosten erwachsen (vgl. dazu § 4 Rdn. 52 ff.).

10. Mitzuverarbeitende Bausubstanz (Abs. 7)

18 Die Vorschriften über das Bauen im Bestand sind über die HOAI verteilt. In § 2 Abs. 7 wird die mitzuverarbeitende Bausubstanz definiert, in § 4 Abs. 3 wird festgelegt, in welchem Umfang sie zu den anrechenbaren Kosten gehört, in § 6 Abs. 2 ist das System für das Abrechnungsverfahren festgelegt und der Umbauzuschlag dem Grunde nach normiert und sodann finden sich über den Umbauzuschlag noch Regelungen in den Teilen 2 – 4 der HOAI.

19 In Abs. 7 wird nun die früher in § 10 Abs. 3 HOAI 2002 enthaltene **Definition** der **mitzuverarbeitenden Bausubstanz** normiert.[38] Die Fassungen unterscheiden sich nur dadurch, dass in Abs. 7 zusätzlich festgelegt wird, wie die technische oder gestalterische Mitverarbeitung zu erfolgen hat, nämlich durch Planungs- oder Überwachungsleistungen. Darüber hinaus wird festgelegt, dass mitzuverarbeitende Bausubstanz »bereits durch Bauleistungen hergestellt« ist. Durch letzteres Merkmal ist die Abgrenzung zu den vorhandenen Baustoffen oder Bauteilen (§ 4 Abs. 2 Nr. 4 HOAI) vorzunehmen.

---

38 Zu den Parametern für die Honorarberechnung bei Raumbildendem Ausbau vgl. bezüglich der anrechenbaren Kosten § 33 Rdn. 26 ff. hinsichtlich der Honorarzone § 35 Rdn. 16 ff. betreffend die erbrachten Leistungen § 34 passim, hinsichtlich der Honorartafel § 35 Rdn. 4 ff. und zum Zuschlag wegen Bauens im Bestand oben Rdn. 12 und 13 sowie § 6 Rdn. 39 ff. (43) und § 36 Rdn. 5 ff.; zum Ganzen *Fischer* FS Haible, 2012, S. 89 ff. und *Heymann* ebda, S. 99 ff. und *Krüger*, ebda, S. 109 ff.

Werden z. B. Fensterelemente oder Türen aus einem Altbau ausgebaut und später nach Zwischenlagerung wieder eingebaut, sind sie mit den ortsüblichen Preisen (§ 4 Abs. 2 Nr. 4 HOAI) bei den anrechenbaren Kosten zu berücksichtigen. Unter dem Begriff Bausubstanz können Teile der Konstruktion oder aber auch der Installation bzw. Technischen Ausrüstung zu verstehen sein, soweit eine feste Verbindung mit dem Bauwerk besteht. Das kann zahlreiche Gewerke, vor allem aus der Technischen Ausrüstung betreffen. Nach der Amtlichen Begründung soll mit der Formulierung »durch Bauleistungen« hergestellt, eine Abgrenzung zur »unbearbeiteten Substanz« wie z. B. der Vegetation bei Freianlagen hergestellt werden.[39] Danach können aber im Einzelfall Vegetationsbestände z. B. als anrechenbar berücksichtigt werden, wenn sie in die Bausubstanz eingebunden und gestaltet werden, wie z. B. bei begrünten Flachdächern. Dagegen soll unbearbeitete Substanz vorliegen, wenn bei Verkehrsanlagen Deckschichten des Fahrbahnoberbaus erneuert werden, wobei dann die Binder- und Tragschichten keine mitzuverarbeitende Bausubstanz darstellen. Der Begriff Bausubstanz ist nicht identisch mit den in § 4 Abs. 2 Nr. 4 HOAI verwendeten Begriffen »Baustoffe oder Bauteile«. Im Unterschied zu diesen Gegenständen muss Bausubstanz fest mit dem Bauwerk verbunden sein, sodass z. B. Erdmaterial, Dachziegel, Fensterläden o. Ä. zwar von § 4 Abs. 2 Nr. 4 HOAI, nicht aber von §§ 2 Abs. 7 bzw. 4 Abs. 3 HOAI erfasst sind.[40] Zur Bausubstanz können zahlreiche Kostengruppen aus der DIN 276 gehören. Das gilt insbesondere für die Kostengruppe 300 Bauwerk-Baukonstruktionen und die Kostengruppe 400 Bauwerk-Technische Anlagen. Im Hinblick auf die Kostengruppen 500 Außenanlagen und 600 Ausstattung und Kunstwerke kommt es darauf an, ob eine feste Verbindung (Befestigung) mit dem Bauwerk vorhanden ist und auch verbleibt.[41] Gerade die Kostengruppe 600 kann beim Bauen im Bestand anrechenbare Kosten auch bei **Innenräumen** generieren. Das gilt insbesondere für die Kostengruppe 619.[42] Das betrifft z. B. mit Wänden fest verbundene Gegenstände, insbesondere auch Kunstwerke in Gebäuden (z. B. in einem alten Schloss oder in einem Pflegeheim). Beim Honorar eines Innenarchitekten können die vorhandene Bausubstanz und ein Umbauzuschlag zu berücksichtigen sein, auch wenn das Objekt überhaupt erst neu errichtet wird.[43]

Voraussetzung ist, dass die Bausubstanz **technisch oder gestalterisch mitverarbeitet** 20 wird. Die technische Verarbeitung bezieht sich sowohl auf die statisch-konstruktiv verwendeten Bauteile als auch auf solche Bauteile und Konstruktionen, die ohne statischen Nachweis mitverarbeitet werden, wie z. B. nicht tragende Konstruktionen und Bauelemente. Der Begriff »mitverarbeitet« bedeutet, dass die Teile mit in die Planung einbezo-

---

39 Amtliche Begründung zu § 2 Abs. 7 (S. 138 der Kabinettsvorlage).
40 Ebenso für die frühere Rechtslage Korbion/Mantscheff/Vygen-*Seifert*, HOAI, 5. Aufl., § 10 Rn. 34; *Pott/Dahlhoff/Kniffka*, HOAI, 6. Aufl., § 10 Rn. 34; *Grünenwald* BauR 2005, 1234; *Locher/Koeble/Frik*, HOAI, 9. Aufl., § 10 Rn. 92.
41 Ähnlich Korbion/Mantscheff/Vygen-*Seifert*, HOAI, 5. Aufl., § 10 Rn. 34.
42 Zur Bestimmung des Werts der mitzuverarbeitenden Bausubstanz bei Innenräumen vgl. im Einzelnen die Broschüre Nr. 1 aus der AHO-Schriftenreihe HOAI – Planen und Bauen im Bestand, Oktober 201, S. 21 ff.
43 Vgl. den Fall OLG Düsseldorf NJW-RR 2015, 400.

gen sein, müssen. Dies kann in erster Linie in rein konstruktiver Hinsicht der Fall sein, aber in zweiter Linie auch im Hinblick auf gestalterische Fragen wie Grundriss- und Fassadenlösungen. Der Begriff mitverarbeiten ist wegen der gestalterischen Komponente weit auszulegen.[44] Die Grenze wird dort liegen, wo sich der Auftragnehmer mit der vorhandenen Bausubstanz nicht auseinander setzen oder befassen muss und lediglich eine zeichnerische Darstellung des Bestandes nach vorhandenen Planunterlagen oder einer Bauaufnahme erfolgt. Ob ein körperlicher Eingriff in die vorhandene Bausubstanz erforderlich ist, war umstritten und wird es auch nach der Neuregelung sein.[45] Die Frage ist angesichts der Regelung zu verneinen.

11. Instandsetzungen (Abs. 8)

21 Die Definition der Instandsetzungen ist inhaltlich gleich geblieben. Der Zusatz durch die HOAI 2009 (»... soweit sie nicht unter Nr. 4 fallen oder durch Maßnahmen nach Nr. 7 verursacht sind«) änderte an der vorherigen Rechtslage nichts, weil er inhaltlich gleichbedeutend in § 3 Nr. 6 HOAI 2002 enthalten war (vgl. oben Rdn. 1, 14). Mit der HOAI 2013 ist der Zusatz wieder weggefallen, ohne dass sich dadurch eine Änderung der Rechtslage ergibt.

22 Der Abs. 8 definiert Instandsetzungen als Maßnahmen zur Wiederherstellung des zum bestimmungsmäßigen Gebrauch geeigneten Zustandes (Soll-Zustandes) eines Objekts. Das Objekt muss also Schaden erlitten haben, soll eine Instandsetzung vorliegen können. Der Schaden kann durch Witterungseinflüsse, altersbedingte Abnutzung, mechanische Einflüsse, wie Verkehrserschütterungen, chemische Einflüsse, wie Emissionen, oder durch Elementargewalten, wie Erdbeben, Sturm, Wasser oder Feuer, eingetreten sein. Ist die Zerstörung total, so liegt ein Wiederaufbau gemäß Abs. 3 vor. Bestimmendes Kriterium ist die Herstellung zum bestimmungsmäßigen Gebrauch. Wird der Soll-Zustand nicht nur erreicht, sondern überschritten, sodass eine Erhöhung des Gebrauchswerts vorliegt, so handelt es sich um eine Modernisierung (Abs. 6). Instandsetzungen können z. B. sein: Umdecken eines schadhaften Daches, Erneuerung schadhafter Wand-, Boden- und Deckenbeläge, Erneuerung schadhafter Bauteile außen oder im Inneren, wie bei Restaurierungsarbeiten an denkmalgeschützten Objekten. Das Honorar richtet sich nach den zutreffenden anrechenbaren Kosten, der Honorarzone, der Honorartafel und den Prozentsätzen für die erbrachten Leistungen. Die Möglichkeit, eine Erhöhung des Honorars zu vereinbaren (§ 27 HOAI 2002), ist in der HOAI 2009 erhalten geblieben, sodass Erschwernisse im Rahmen der Honorarvereinbarung formlos und jederzeit berücksichtigt werden können (§ 12 Rdn. 3). Ebenso wie bei Wiederaufbauten, Umbauten und Instandhaltungen ist auch bei Instandsetzungen zu

---

44 *Grünenwald* BauR 2005, 1234; zu Unrecht gehen *Werner/Siegburg* BauR 2013, 1499 (2013) davon aus, dass die Mitverarbeitung in »technischer oder gestalterischer« Hinsicht weggefallen sei.
45 Bejahend mit beachtlichen Gründen *Grünenwald* BauR 2005, 1234; a. A. *Locher/Koeble/Frik*, HOAI, 9. Aufl., § 10 Rn. 93.

berücksichtigen, dass die mitzuverarbeitende Bausubstanz im Rahmen der anrechenbaren Kosten angesetzt werden kann (§§ 2 Abs. 7, 4 Abs. 3 HOAI).

12. Instandhaltungen (Abs. 9)

Die Begriffsbestimmung für die Instandhaltung ist aus sich heraus verständlich. In Abgrenzung zur Instandsetzung liegt hier noch keine Zerstörung oder Beeinträchtigung des Objekts vor und es sollen vorbeugende bzw. konservierende Maßnahmen getroffen werden, um eine Beeinträchtigung bzw. Zerstörung zu verhindern. Für die Honorarabrechnung gilt das Gleiche wie bezüglich der Instandsetzungen (vgl. oben Rdn. 21 ff.). Wegen der neuen Definition des Umbaus in Nr. 6 des § 2 HOAI 2009 (vgl. oben Rdn. 13), wonach kein »wesentlicher« Eingriff mehr erforderlich war, hatte sich der Anwendungsbereich der Instandsetzung im Grunde erledigt.[46] Die Abgrenzungsfrage entsteht aber durch die neue Begriffsbestimmung für den Umbau heute wieder. Unterschiede ergeben sich allerdings nicht bei den anrechenbaren Kosten, weil auch im Rahmen von Instandhaltungen die mitzuverarbeitende Bausubstanz als anrechenbare Kosten angesetzt werden kann (§§ 2 Abs. 7, 4 Abs. 3 HOAI). Jedoch geht es um den Umbauzuschlag und die Möglichkeiten der Vereinbarung in diesem Zusammenhang. Durch das Merkmal »wesentlich« ist auch diesbezüglich eine klare Abgrenzung zum Umbau gegeben (vgl. oben Rdn. 13). 23

13. Freianlagen (§ 39 Abs. 2 HOAI)

Die Begriffsbestimmung der Freianlagen war sowohl in der HOAI 2002 als auch in der HOAI 2009 gleichgeblieben. Sie ist nun in § 39 Abs. 1 HOAI 2013 überführt worden (vgl. die Kommentierung dort).[47] 24

14. Allgemein anerkannte Regeln der Technik (Nr. 12 aus HOAI 2009)

Die frühere, in der HOAI 2009 enthaltene Definition der »fachlich allgemein anerkannten Regeln der Technik« ist mit der HOAI 2013 wieder entfallen. Die Definition war auch unvollständig und alleine wegen § 4 Abs. 1 S. 2 HOAI 2009/2013 nicht erforderlich (vgl. § 4 Rdn. 11 ff.). 25

15. Kostenschätzung (Abs. 10)

In § 2 Nr. 13 HOAI 2009 ist eine Definition der Kostenschätzung und zusätzlich eine Regelung aufgenommen worden, wie und in welcher Fassung der DIN 276 diese erfolgen soll. Letzteres und auch die Festlegung, dass die Kostenschätzung bis zur ersten Ebene der Kostengliederung der DIN 276 in der Fassung vom Dezember 2008 erstellt werden soll, gehört systematisch eigentlich zu § 4 Abs. 1.[48] 26

---

46 *Simmendinger*, Jahrbuch BauR 2011, S. 269 (278).
47 Zur Abgrenzung zwischen Gebäuden und Freianlagen vgl. *Fischer/Krüger* BauR 2013, 1176.
48 Vgl. zur Kommentierung dieser Fragen § 4 Rdn. 10 ff.

§ 2 HOAI Begriffsbestimmungen

27 Die Definition der Kostenschätzung ist in Anlehnung an die DIN 276 (Fassung 12/2008) Nr. 3.4.2 erfolgt. Die dort genannten Bausteine sind in Nr. 13 festgelegt. Ebenso ist die Gliederungstiefe der DIN 276 entnommen.[49] Durch die HOAI 2013 wurde der Regelung über die Gliederungstiefe geändert, und zwar so, dass die Kosten nicht »bis zur ersten Ebene«, sondern »mindestens bis zur ersten Ebene« der Kostengliederung durchzuführen ist. Die Amtliche Begründung weist darauf hin, dass vor allem die Anforderungen im Leistungsbild Technische Ausrüstung höher seien und dort die Gesamtkosten »sogar bis zur zweiten Ebene zu ermitteln« sind (Anlage 15.1 Lph. 2 f). Entsprechendes kann aber auch in anderen Teilen bzw. Abschnitten der HOAI der Fall sein, wenn die konkrete Aufgabe eine größere Verfeinerung der Kostenermittlung erfordert.

16. Kostenberechnung (Abs. 11)

28 Mit § 2 Nr. 14 HOAI 2009 ist eine Definition der Kostenberechnung und zusätzlich eine Regelung aufgenommen worden, wie und in welcher Fassung der DIN 276 diese erfolgen soll. Letzteres und auch die Festlegung, dass die Kostenberechnung bis zur ersten Ebene der Kostengliederung der DIN 276 in der Fassung vom Dezember 2008 erstellt werden soll, gehört systematisch eigentlich zu § 4 Abs. 1.[50]

29 Die Definition der Kostenberechnung ist in Anlehnung an die DIN 276 (Fassung 12/2008) Nr. 3.4.3 erfolgt. Sowohl in § 2 Nr. 14 HOAI 2009 als auch in § 2 Abs. 11 HOAI 2013 hat der Verordnungsgeber den Bezug auf die Fassung der DIN 276 vom Dezember 2008 vergessen. Es handelt sich um ein offensichtliches redaktionelles Versehen, sodass für die Praxis auch bezüglich der Kostenberechnung beim Hochbau die Fassung vom Dezember 2008 zugrunde zu legen ist. Hinsichtlich der **Gliederungstiefe** ist nun in der HOAI 2013 vorgeschrieben, dass diese »mindestens bis zur zweiten Ebene« durchgeführt werden soll. Auch hier wird – wie bei der Kostenschätzung – auf die Anforderungen im Leistungsbild Technische Ausrüstung hingewiesen (Anlage 15.1 Lph 3 f: 3. Ebene). Jedoch ist zu betonen, dass auch in anderen Teilen und Abschnitten der HOAI durchaus die Kostenberechnung – wenn es die konkrete Aufgabe erfordert – sogar bis zur dritten Ebene durchgeführt werden muss.

17. Honorarzonen (§ 2 Nr. 15 HOAI 2009)

30 Neu war in der HOAI 2009 die Definition der Honorarzonen. Sie brachte jedoch gegenüber der bisherigen Regelung nichts Zusätzliches.[51] In der HOAI 2013 wird der Begriff nicht mehr definiert und die frühere Vorschrift gestrichen. Die Charakterisierung der Honorarzonen ergibt sich aus § 5 HOAI.

---

49 Zu den Einzelheiten der Kostenschätzung vgl. § 4 Rdn. 18 ff.
50 Vgl. zur Kommentierung dieser Fragen § 4 Rdn. 18 ff.
51 Zur Kommentierung vgl. § 5 Rdn. 5 ff.

§ 3 HOAI Leistungen und Leistungsbilder

(1) Die Honorare für Grundleistungen der Flächen-, Objekt- und Fachplanung sind in den Teilen 2 bis 4 dieser Verordnung verbindlich geregelt. Die Honorare für Beratungsleistungen der Anlage 1 sind nicht verbindlich geregelt.

(2) Grundleistungen, die zur ordnungsgemäßen Erfüllung eines Auftrags im Allgemeinen erforderlich sind, sind in Leistungsbildern erfasst. Die Leistungsbilder gliedern sich in Leistungsphasen gemäß den Regelungen in den Teilen 2 bis 4.

(3) Die Aufzählung der Besonderen Leistungen in dieser Verordnung und in den Leistungsbildern ihrer Anlagen ist nicht abschließend. Die Besonderen Leistungen können auch für Leistungsbilder und Leistungsphasen, denen sie nicht zugeordnet sind, vereinbart werden, soweit sie dort keine Grundleistungen darstellen. Die Honorare für Besondere Leistungen können frei vereinbart werden.

(4) Die Wirtschaftlichkeit der Leistung ist stets zu beachten.

Übersicht	Rdn.
1. Änderungen durch die HOAI 2009	1
2. Änderungen durch die HOAI 2013	2
3. Zusammenspiel mit anderen Vorschriften	3
4. Preisrechtliche und unverbindliche Regelungen; sog. Beratungsleistungen (Abs. 1)	4
a) Verbindliches Preisrecht	5
b) Sog. Beratungsleistungen	6
c) Bedeutung der Anlage 1	7
5. Begriffe Leistungen und Leistungsbilder (Abs. 2 S. 1)	9
6. Honorare für »andere Leistungen« (Abs. 2 S. 2 HOAI 2009)	12
7. Besondere Leistungen (Abs. 3)	13
a) Neuregelung 2009/2013; Voraussetzungen für die Honorierung	13
b) Arten von Besonderen Leistungen	14
c) Abgrenzung von anderen Leistungen	15
d) Beispiele für Besondere Leistungen	16
e) Abgrenzung der Grundleistungen von den Besonderen Leistungen	21
8. Wirtschaftlichkeit der Leistung (Abs. 4)	24

1. Änderungen durch die HOAI 2009

Die Bestimmung des § 3 HOAI 2009 war in weiten Teilen neu. Dies gilt insbesondere für den gesamten Abs. 1 betreffend die Abgrenzung von preisrechtlichen Regelungen und nicht verbindlichen Regelungen in der Anlage (sog. Beratungsleistungen). Dies gilt aber auch für Abs. 2 betreffend »andere Leistungen«, Abs. 3 für die neuen Besonderen Leistungen, Abs. 4 für die allgemeine Aufgliederung der Leistungsbilder und die Besonderheiten insoweit für Tragwerksplanung (Abs. 5) und Flächenplanung (Abs. 6 S. 1) und schließlich auch für die Festlegung von Prozentsätzen für die Leistungsphasen (Abs. 7). Lediglich Abs. 2 S. 2 ist in anderer Form in § 2 Abs. 2 HOAI 2002 enthalten gewesen und der Abs. 3 dieser alten Vorschrift ist in geänderter Form in die Anlage 2

1

§ 3 HOAI Leistungen und Leistungsbilder

verschoben worden. Neu war auch eine Regelung, wonach die Wirtschaftlichkeit der Leistung stets zu beachten ist (Abs. 6 S. 2 HOAI 2009). Gleiches gilt auch für die Erörterung der Ergebnisse jeder Leistungsphase mit dem Auftraggeber (Abs. 8 HOAI 2009).

2. Änderungen durch die HOAI 2013

2 Der Begriff Grundleistungen, welcher durch die HOAI 2009 dem ersten Anschein nach abgeschafft worden war, wurde jetzt sinnvollerweise zur Abgrenzung von den Besonderen Leistungen wieder eingeführt. Die mit der HOAI 2009 (§ 3 Abs. 2 S. 2) eingeführten »anderen Leistungen« wurden wieder gestrichen. Im Hinblick auf die Besonderen Leistungen wurde eine zusätzliche Regelung aufgenommen (§ 3 Abs. 3 S. 2). Die Aufgliederung der Leistungsbilder konnte entfallen, weil diesbezüglich auf die Regelungen in den Teilen 2 – 4 verwiesen wird (§ 3 Abs. 2 S. 2). Als selbstständiger Absatz wurde ausgestaltet die Forderung, wonach die Wirtschaftlichkeit der Leistung stets zu beachten ist (Abs. 4). Entfallen ist dagegen die frühere Regelung, wonach das Ergebnis jeder Leistungsphase mit dem Auftraggeber zu erörtern ist, weil diese Teilleistung in die einzelnen Leistungsbilder integriert wurde.

3. Zusammenspiel mit anderen Vorschriften

3 Die Leistungen und Leistungsbilder sind als Bausteine der Honorarabrechnung von Bedeutung (§ 6 Abs. 1). Die Leistungsphasen und die einzelnen Leistungen sind ferner von Bedeutung, wenn es um das Honorar für nicht vollständig übertragene Leistungen bzw. Leistungsphasen geht (§ 8 HOAI). Hinsichtlich der sog. Beratungsleistungen und der Besonderen Leistungen ist der Anhang (Anlage 1 und 2) zu beachten.

4. Preisrechtliche und unverbindliche Regelungen; sog. Beratungsleistungen (Abs. 1)

4 Die Bestimmung des § 3 Abs. 1 HOAI war mit der HOAI 2009 eingeführt worden und sie ist durch die HOAI 2013 nicht verändert worden. Die Vorschrift war notwendig, weil im Unterschied zur HOAI 2002 verschiedene, bisher preisrechtlich geregelte Ingenieurleistungen aus dem verbindlichen Teil in den Anhang (Anlage 1) verschoben worden waren.

a) Verbindliches Preisrecht

5 Verbindliches Preisrecht enthalten nur noch die Regelungen über die Flächenplanung (Teil 2), über die Objektplanung für Gebäude, Ingenieurbauwerke und Verkehrsanlagen (Teil 3) und die Fachplanung hierfür bezüglich Tragwerk und Technischen Anlagen (Teil 4). Der Inhalt des Preisrechts setzt sich aus zwei verschiedenen Komponenten zusammen, nämlich aus verbindlichen Festlegungen (Parameter) für die korrekte Ermittlung des Mindest- und Höchstsatzes (vgl. dazu § 6 Rdn. 6 ff.) einerseits. Zum anderen ergeben sich daraus Beschränkungen für die Wirksamkeit von Honorarvereinbarungen (dazu § 7 Rdn. 28 ff.). Eine verbindliche Regelung findet sich nur für **Honorare**, nicht dagegen für die sonstigen Bestandteile des Entgelts (zum Entgelt vgl. § 1

Rdn. 34). Das steht in gewissem Widerspruch zur Nebenkostenregelung (§ 14 Abs. 1 S. 2 HOAI).

b) Sog. Beratungsleistungen

Aus dem verbindlichen Teil der alten HOAI 2002 wurden herausgenommen die Umweltverträglichkeitsstudie (§§ 48 ff. HOAI 2002), die Leistungen der Thermischen Bauphysik (Teil X der HOAI 2002), die Leistungen für Schallschutz und Raumakustik (Teil XI HOAI 2002), die Leistungen für Bodenmechanik, Erd- und Grundbau (Teil XII HOAI 2002) und die vermessungstechnischen Leistungen (Teil XIII HOAI 2002). Sie sind alle in der Anlage 1 unter dem Stichwort Beratungsleistungen aufgeführt. Dabei handelt es sich der Sache nach um Ingenieurleistungen, die für die Planung und Durchführung von Bauvorhaben eine entscheidende Bedeutung haben. Von Beratungsleistungen kann keine Rede sein. Aus diesem Grund hat auch der Bundesrat auf Empfehlung seiner Ausschüsse (BR-Drucks. 395/1/09) beschlossen, der Bundesregierung die Wiederaufnahme der Teile X bis XIII HOAI a. F. aufzugeben. Die Bundesregierung hat dies jedoch in der 7. HOAI-Novelle nicht aufgegriffen, was wiederum den Bundesrat verärgert hat.[1] Die Leistungsbilder und die Honorarregelungen, welche in der Anlage 1 für die sog. Beratungsleistungen empfohlen werden, wurden durch die HOAI 2013 in großem Umfang verändert.[2]

6

c) Bedeutung der Anlage 1

Nach der Formulierung des Verordnungsgebers hat der Anhang (Anlage 1) nur Empfehlungscharakter. Es gelten also **weder** die **Mindest- und Höchstsätze** noch die formalen Anforderungen an die Wirksamkeit von **Honorarvereinbarungen**. Die Vertragsparteien sollen angehalten werden, Vereinbarungen entsprechend den Leistungsbildern und Honorarvorschlägen zu treffen. Derartige Vereinbarungen können mündlich und jederzeit – vor, während und nach der Ausführung der Leistung – getroffen werden. Der **Auftrag** für die im Anhang enthaltenen Leistungen kann auch konkludent durch Verwertung und/oder Entgegennahme der Leistung erteilt werden (vgl. dazu Einl. Rdn. 47 ff.). Voraussetzung für einen rechtsgeschäftlichen Auftrag ist aber, dass dem Auftraggeber klar sein musste, einen zusätzlich Auftrag zu erteilen (rechtsgeschäftlicher Funke). Bei weitgehenden, umfangreichen Leistungen wird dies in der Regel zu bejahen sein, bei bloßen Teilleistungen dagegen normalerweise nicht.

7

Treffen die Parteien allerdings **keine Honorarvereinbarung**, dann stellt sich die Frage, ob bei Beauftragung mit Leistungen aus der Anlage 1 die dort vorgesehenen Honorarvorschriften eingreifen. Weil es sich lediglich um Empfehlungen handelt, kann dies nicht per se bejaht werden. Eine Taxe i. S. d. § 632 Abs. 2 BGB liegt nicht vor, weil die Vergütungssätze im Anhang eben nicht verbindlich festgelegt sind. Allerdings

8

---

1 BR-Drucks. 334/13, Beschluss vom 07.06.2013; abgedruckt z. B. bei *Koeble/Zahn*, Die neue HOAI 2013, Buchstabe E.
2 Vgl. zu den Änderungen und ihren Auswirkungen unten bei der Kommentierung der HOAI-Anlagen.

§ 3 HOAI Leistungen und Leistungsbilder

kann sich im Laufe der Zeit ergeben, dass die in der Anlage 1 vorgesehene Vergütung die »**übliche Vergütung**« (§ 632 Abs. 2 BGB) für solche Leistungen darstellt. Das wird im Einzelfall – ggf. unter Hinzuziehung eines Sachverständigen, der die Auffassung der beteiligten Kreise feststellen muss – zu klären sein. Allein schon deshalb, weil die bisherigen Honorarregelungen für die genannten Gegenstände dem Preisrecht angehörten, kann nicht davon ausgegangen werden, dass die Honorare auch üblich geworden sind. Vielmehr ist dies erst im Laufe der Zeit aufgrund der Praxis feststellbar.[3]

5. Begriffe Leistungen und Leistungsbilder (Abs. 2 S. 1)

9   Die Vorschrift des Abs. 2 S. 1 entspricht derjenigen des § 2 Abs. 2 HOAI 2002. Mit der HOAI 2009 war der Begriff »Grundleistungen« durch »Leistungen« ersetzt worden. Heute wurde der Begriff Grundleistungen richtigerweise wieder eingeführt. Inhaltlich hat sich durch dies alles nichts geändert. Die »Leistungen« waren früher im Anhang zur HOAI 2009 (Anlage 4) enthalten. Nunmehr sind die Grundleistungen für die Flächenplanung in den Anlagen 2 – 9 und im Hinblick auf die Objektplanung für Gebäude und Innenräume in der Anlage 10, für die Objektplanung von Freianlagen in der Anlage 11, für die Objektplanung von Ingenieurbauwerken in der Anlage 12, für die Objektplanung von Verkehrsanlagen in der Anlage 13, für die Fachplanung Tragwerksplanung in der Anlage 14 und für die Fachplanung Technische Ausrüstung in der Anlage 15 enthalten. Jedes der Leistungsbilder enthält nun wiederum sowohl die Grundleistungen als auch die Besonderen Leistungen und in den Anlagen ist jeweils auch die Objektliste für die Honorarzone für das betreffende Objekt enthalten. Im Hinblick auf die Grundleistungen aus den Leistungsbildern und im Hinblick auf die Objektlisten enthalten die Anlagen 2 – 15 **preisrechtliche Regelungen**. Das ergibt sich aus der unterschiedlichen Inbezugnahme.[4]

10 In Abs. 2 S. 2 sind die **Leistungsbilder** angesprochen. Sie sind in den Teilen 2–4 aufgegliedert in bis zu 9 Leistungsphasen. Diese Leistungsphasen sind mit Prozentsätzen bewertet. Eine Bewertung der einzelnen Teilleistungen hat der Verordnungsgeber nicht vorgenommen. Insoweit ist nach wie vor auf die vom BGH[5] anerkannten Tafelwerke, u. a. des vorliegenden Kommentars (**Anhang 3**), zurückzugreifen (zum Ganzen unten § 8 Rdn. 14 ff.). Die einzelnen Grundleistungen für die jeweiligen Leistungsbilder sind abschließend aufgezählt.[6] Werden Grundleistungen aus verschiedenen Leistungsbildern erbracht, dann sind sie vom Grundsatz her getrennt nach dem jeweiligen Teil bzw. Abschnitt der HOAI abzurechnen, wenn sich die Leistung mit dem betreffenden

---

3   Ebenso *Koeble/Zahn*, Die neue HOAI 2009, Rn. 267.
4   Vgl. einerseits die Regelungen in den Leistungsbildern der Flächenplanung, Objektplanung und Fachplanung und andererseits § 3 Abs. 1 S. 1.
5   BauR 2005, 588 = NZBau 2005, 163.
6   Pott/Dahlhoff/Kniffka/Rath-*Rath*, HOAI, § 2 Rn. 4; ebenso *Weyer* BauR 1995, 446 (448); *Fuchs/Seifert* in FBS, § 3 Rn. 15; *Wirth* in KMV, § 3 Rn. 33; die gegenteilige Meinung von *Boldt* NZBau 2012, 482 [484] lässt sich mit BGH BauR 2012, 979 = NZBau 2012, 243 nicht begründen, weil es dort um den Pflichtenkatalog ging und nicht um die Frage der Vergütung für nicht notwendige Leistungen aus Leistungskatalogen.

Objekt aus dem konkreten Teil oder Abschnitt der HOAI befasst. Maßgebend ist also, ob für verschiedene Objekte Leistungen erbracht werden (zum Objektbegriff vgl. § 2 Rdn. 3 f.). Eine Ausnahme ergibt sich dann, wenn Grundleistungen aus fremden Teilen für ein konkretes Objekt erbracht werden und das Objekt aus dem fremden Teil nicht bearbeitet wird. Hier sind die Grundleistungen aus anderen Teilen oder Abschnitten der HOAI ausnahmsweise Besondere Leistungen in einem bestimmten Leistungsbild (vgl. unten Rdn. 21). Hinzu kommen nur noch die **Wirtschaftlichkeit** (Abs. 4) und das **Zusammenfassen, Erläutern und Dokumentieren der Ergebnisse** (vgl. die jeweiligen Leistungsbilder). Diese honorarrechtliche Feststellung gilt jedoch nicht im Hinblick auf die **Leistungspflichten**, welche Architekten und Ingenieure im Einzelfall treffen können, wofür die Leistungskataloge der HOAI eine **Auslegungshilfe** darstellen können (dazu § 34 Rdn. 14). Die Formulierung, dass die Leistungen »zur ordnungsgemäßen Erfüllung ... im Allgemeinen« erforderlich sind, bestätigt, dass nicht bei allen Leistungen, die im Einzelfall nicht erforderlich sind und/oder nicht erbracht werden, auch ein Honorarabzug erfolgen muss (dazu § 8 Rdn. 14 ff.). Der Formulierung wird in der Literatur unterschiedliche Bedeutung zugemessen. Neuerdings wird die Auffassung vertreten, in Abs. 2 S. 1 sei lediglich »das methodische Vorgehen des Verordnungsgebers zur Ermittlung der Grundleistungen, die vom verbindlichen Preisrecht erfasst sein sollen«, enthalten. Eine darüber hinausgehende Bedeutung kommt dieser Regelung nach der genannten Meinung nicht zu.[7] Demgegenüber steht die h. M. auf dem Standpunkt, dass die Auflistung alles im Allgemeinen Denkbare enthält und nicht dasjenige, was im Einzelfall auch gebührenrechtlich geschuldet sein muss. Ein Teil der Literatur spricht hier davon, dass in den Leistungskatalogen die »übliche Beschaffenheit« aufgeführt sei, welche im Einzelfall nicht in dieser Form zum Tragen kommen müsse.[8] In die gleiche Richtung geht die hier vertretene Auffassung, wonach gebührenrechtlich nur diejenigen Leistungen aus den allgemeinen Leistungskatalogen geschuldet sind, die im konkreten Fall erforderlich werden. Die gegenteilige Position (methodisches Vorgehen) ist aus dem Wortlaut nicht nachvollziehbar (vgl. i. e. § 8 Rdn. 14 ff.).

Die Leistungsbilder, welche in der HOAI aufgeführt sind, enthalten preisrechtliche Bestimmungen. Anderes gilt für diejenigen aus dem Anhang 1 Beratungsleistungen (vgl. oben Rdn. 6). Dabei betreffen einzelne Leistungsbilder mehrere Objekte und mehrere Maßnahmen. Das gilt z. B. für das Leistungsbild Objektplanung für Gebäude und Innenräume, welches die Leistungen für Neubauten, Neuanlagen und zahlreiche andere Maßnahmen umfasst (§ 34 S. 1 HOAI). 11

6. Honorare für »andere Leistungen« (Abs. 2 S. 2 HOAI 2009)

Die HOAI 2009 hatte mit der Vorschrift des § 3 Abs. 2 S. 2 große Verwirrung ausgelöst. Es waren neben den Grundleistungen und den Besonderen Leistungen noch »andere Leistungen« eingeführt worden, unter denen sich niemand so richtig etwas vorstel- 12

---

7 *Fuchs/Seifert* in FBS, § 3 Rn. 14.
8 *Preussner* in MNP § 3 Rn. 29; ders. BauR 2006, 898 [905].

len konnte.⁹ Es gab zahlreiche Streitfragen, die sich damit und im Zusammenhang mit dem Honorar für Planungsänderungen befassten. Das Honorar für Planungsänderungen ist heute in verständlicher und für die Praxis umsetzbarer Weise in § 10 neu geregelt worden.

7. Besondere Leistungen (Abs. 3)

a) Neuregelung 2009/2013; Voraussetzungen für die Honorierung

13 Die Besonderen Leistungen wurden durch die HOAI 2009 in den nicht verbindlichen, preisrechtlich ungebundenen Anhang verwiesen. Dabei ist es in der HOAI 2013 geblieben. Damit gelten auch die sonstigen Wirksamkeitsvoraussetzungen für Honorarvereinbarungen (§ 7 Abs. 1 HOAI) nicht. Im Unterschied zu der früheren Regelung (§ 5 Abs. 4, 5 HOAI 2002) bedarf es auch keiner schriftlichen Vereinbarung als Anspruchsvoraussetzung für ein zusätzliches Honorar. Entsprechende Vereinbarungen können auch mündlich getroffen werden, müssen jedoch bewiesen werden. Dem Grunde nach besteht ein Anspruch auf Honorar für Besondere Leistungen dann, wenn ein zusätzlicher Auftrag erteilt wurde. Im Einzelfall ist dies durch Auslegung der beiderseitigen Erklärungen bzw. Verhaltensweisen zu ermitteln (vgl. Einl. Rdn. 47 ff.). Ist ein Auftrag erteilt, jedoch eine Honorarvereinbarung unterblieben, dann steht dem Auftragnehmer die übliche Vergütung (§ 632 Abs. 2 BGB) zu. Insoweit ist zunächst zu klären, welche Art der Abrechnung üblich ist. Das kann z. B. die Abrechnung auf der Grundlage eines Zeithonorars zu in der Praxis üblichen Sätzen sein, aber auch der Ansatz einer Pauschale, wenn die konkrete Leistung üblicherweise zum Pauschalpreis vergeben wird.

b) Arten von Besonderen Leistungen

14 Eine Unterscheidung in zusätzliche und ersetzende Besondere Leistungen und auch in isolierte oder vorgezogene Besondere Leistungen ist heute nicht mehr erforderlich.¹⁰ Alle diese Leistungen stehen heute außerhalb des preisrechtlich verbindlichen Teils der HOAI.

c) Abgrenzung von anderen Leistungen

15 Die **Abgrenzung** der **Besonderen Leistungen** von den **Grundleistungen** ergibt sich aus § 3 HOAI und aus der Definition der Grundleistungen in Anlage 10–15. Alles, was dort nicht als Teilleistung aufgeführt ist, kann Besondere Leistung sein. Die Tatsache, dass sich Grundleistungen und Besondere Leistungen vom Grundsatz her ausschließen, war schon immer unstreitig. Sie wird jetzt bestätigt durch § 3 Abs. 3 S. 2 HOAI 2013. Davon gibt es praktisch nur eine einzige Ausnahme (vgl. unten Rdn. 21 ff.). Darüber hi-

---

9 Vgl. zum Ganzen eingehend *Locher/Koeble/Frik*, HOAI, 11. Aufl., § 3 Rn. 12 ff. sowie zum Streitstand ausführlich *Fuchs/Seifert* in FBS, § 3 Rn. 7
10 Vgl. dazu *Locher/Koeble/Frik*, 9. Aufl., § 2 Rn. 16 ff. und BGH Urt. v. 26.01.2012 – VII ZR 128/11 = BauR 2012, 979.

naus hat der BGH für **Planungsänderungen** erklärt, dass es sich diesbezüglich um **wiederholt erbrachte Grundleistungen** und nicht um Besondere Leistungen handle.[11] Aus diesem Grund sind auch Änderungen infolge Änderung der anerkannten Regeln der Technik wiederholt erbrachte Grundleistungen.[12]

Die **Unterscheidung** zwischen **Besonderen Leistungen** und **sonstigen Zusatzleistungen** hat keine große praktische Bedeutung mehr. Auch für Letztere gelten nämlich die gleichen Grundsätze wie für die Besonderen Leistungen (vgl. oben Rdn. 13). Aus den Beispielen für Besondere Leistungen in der Anlage ergibt sich, dass Besondere Leistungen nach wie vor solche sind, die mit der **Errichtung** des Objekts in einem irgendwie gearteten **Zusammenhang** stehen. Es muss sich nicht um typisch berufsbezogene Leistungen von Architekten und Ingenieuren handeln.[13] Zu Letzteren sind z. B. elektrotechnische Leistungen zu rechnen, die ausschließlich mit der Nutzung eines Objekts als Computerzentrum zu tun haben und nicht mit der Errichtung und Herstellung der Funktionsfähigkeit des Objekts selbst. Ebenso gehören dazu die Planung der Beschilderung und Verkehrsführung betreffend Straßen aus Anlass des Baues eines Ingenieurbauwerkes. Die Streitfrage, ob Aufgaben eines Sicherheits- und Gesundheitsschutzkoordinators (**SiGeKo**) Besondere Leistungen darstellen oder nicht, hat sich ebenfalls erledigt, weil das Honorar in jedem Fall außerhalb der HOAI zu berechnen ist (vgl. dazu Einl. Rdn. 461 ff.).

Nach HOAI 2002 war es für das Vorliegen von Besonderen Leistungen erforderlich, dass »**besondere Anforderungen** an die Ausführung des Auftrags« (§ 2 Abs. 3 S. 1 HOAI 2002) gestellt werden. Das wurde von der Rechtsprechung z. B. im Hinblick auf eine Baukostengarantie und die dafür vereinbarte Prämie verneint.[14] Für die HOAI 2013 hat sich das Problem erledigt, weil Besondere Leistungen als völlig außerhalb der HOAI stehende behandelt werden und es keiner besonderen Anforderungen an die Tätigkeit/Leistung mehr bedarf.

d) **Beispiele für Besondere Leistungen**

In den Leistungsbildern der Anlagen 10 – 15 sind die Besonderen Leistungen nicht abschließend aufgezählt (Abs. 3 S. 1). Als zusätzliche Besondere Leistungen kommen z. B. in Frage: die Beratung und/oder Unterstützung beim Erwerb oder Verkauf eines Grundstücks, Leistungen der Projektentwicklung (vgl. § 1 Rdn. 9), die Hereinholung

16

---

11 BGH BauR 2007, 1761 (1764) = NZBau 2007, 653; BGH BauR 2010, 1957 = NZBau 2010, 706 = NJW-RR 2010, 1668; BGH BauR 2012, 975 Ziff. 18 = NJW-RR 2012, 653 = NZBau 2012, 370 = Analyse *Koeble* auf www.jurion.de/Modul Werner Baurecht; vgl. dazu § 10 Rdn. 25.
12 Ebenso *Mischok/Hirsch* NZBau 2012, 480.
13 Ebenso für das frühere Recht OLG Düsseldorf BauR 1993, 758 = NJW-RR 1993, 476; OLG Hamm BauR 1993, 761 für Verwaltungsleistungen nach der II. BVO; *Korbion/Mantscheff/ Vygen*, § 2 Rn. 13; vgl. *Locher/Koeble/Frik*, 9. Aufl., § 2 Rn. 5.
14 BGH BauR 2013, 485 = NJW 2013, 930 m. Anm. *Scholtissek*, S. 908 = Analyse *Koeble* auf www.jurion.de/Modul Werner Baurecht.

§ 3 HOAI Leistungen und Leistungsbilder

öffentlicher und privater Finanzierungsmittel, die Verwaltung von Finanzierungsmitteln,[15] die Mitwirkung bei der öffentlichen Erschließung, eine Tätigkeit im Hinblick auf die Nutzung des Objekts, etwa durch Mithilfe bei der Vermietung, Beratung beim Abschluss von Mietverträgen oder eines Verwaltervertrages. Dagegen ist dem Architekten oder Ingenieur die Vorbereitung und Abfassung von Verträgen mit Bewerbern oder mit dem Verwalter nicht erlaubt.[16] Ebenso wenig ist es dem Auftragnehmer erlaubt, seinen Auftraggeber in einem Bauprozess oder in einem Verwaltungsverfahren zu vertreten.[17] Entsprechendes gilt auch für die Vertretung in einem Vergabenachprüfungsverfahren (vgl. dazu auch Einl. Rdn. 122 ff.). Die Grenzziehung zur unerlaubten Rechtsbesorgung ist schwierig.[18] Die Mitwirkung in technischer Hinsicht ist im Rahmen eines Gewährleistungsprozesses jedoch selbstverständlich erlaubt.[19] Die Vertretung des Bauherrn in irgendeinem Verfahren geht jedoch zu weit. Dies gilt sowohl für den Architekten des Bauherrn als auch für den Architekten eines Nachbarn. Beide sind auf keinen Fall zur verfahrensmäßigen Abwicklung berechtigt. Sie dürfen jedoch die Beratung hinsichtlich der technischen Probleme insbesondere zur Unterstützung des Prozessbevollmächtigten der jeweiligen Partei übernehmen. Berät der Architekt den Nachbarn eines Bauherrn in diesem Umfang, so erbringt er eine Leistung, die nicht nach HOAI zu honorieren ist. Da der Architekt hier auch keine Grundleistungen aus der HOAI in Auftrag hat, ist diese überhaupt nicht anwendbar: deshalb gelten weder die Mindest- bzw. Höchstsätze noch das Schriftformerfordernis für eine Honorarvereinbarung. Fehlt eine Honorarvereinbarung, so steht dem Architekten Anspruch auf die übliche Vergütung zu.[20] Der Auftragnehmer muss und darf auch nicht die Schriftsätze für den Auftraggeber in einem derartigen Verfahren fertigen.[21] Zu den Besonderen Leistungen zählen z. B. auch die Planungs- und Überwachungsleistungen im Zusammenhang mit der Altlastenentsorgung. Ebenso gehören hierher die Logistikplanung für Lagerhallen oder auch für die Abläufe in Flughäfen, für Distributionszentren und andere Gebäude oder auch für Ingenieurbauwerke (vgl. auch § 1 Rdn. 5). Genauer Überprüfung bedarf es hinsichtlich Bauphysikalischer Leistungen wie z. B. beim Brandschutz (vgl. § 1 Rdn. 5 und § 34 Rdn. 115).

17 Als weitere Besondere Leistung kommt die **Wohnflächen-** oder **Nutzflächenberechnung** in Frage (vgl. § 34 Rdn. 138). Hierbei handelt es sich nicht generell um Besondere Leistungen.[22] Weitere Besondere Leistungen sind grundsätzlich die Beurteilung von Architektenleistungen eines Vorgängers oder bereits erbrachter Bauleistungen, die Prüfung von Architektenhonorarrechnungen oder die Aufstellung einer Schluss-

---

15 Vgl. LG Köln BauR 1971, 280 = NJW 1972, 1302.
16 BGH BauR 1978, 60 = NJW 1978, 322.
17 OVG Münster NJW 1979, 2165.
18 Vgl. i. E. *Kniffka* ZfBR 1994, 253 und ZfBR 1995, 10 sowie oben Einl. Rdn. 129 ff.
19 OLG Frankfurt NJW 1972, 216.
20 §§ 612 Abs. 2; 632 Abs. 2 BGB; vgl. § 1 Rdn. 13.
21 So mit Recht *Beigel* a. a. O.
22 Vgl. aber OLG Düsseldorf BauR 1993, 758 = NJW-RR 1993, 476.

rechnung des Bauunternehmers nach § 14 Nr. 4 VOB (B).[23] Auch die **Bedarfsplanung** kann als Besondere Leistung in Frage kommen, wenn sie nicht isoliert, sondern neben Grundleistungen beauftragt wird.[24]

Besondere Leistungen können ferner bei der Schaffung von **Wohnungseigentum** anfallen. Das Ausrechnen der Baukostenanteile, die auf jeden Wohnungseigentümer entfallen, gehört nicht zu den Grundleistungen. Als Besondere Leistungen sind ferner die Mitwirkung bei der Aufstellung der **Teilungserklärung** und die **Berechnung von Miteigentumsanteilen** sowie die Anfertigung von **Aufteilungsplänen** zu nennen (vgl. § 34 Rdn. 139). Ebenso ist die wirtschaftliche Baubetreuung eine Besondere Leistung,[25] soweit sie in den Leistungsphasen nicht in Teilabschnitten enthalten ist. Auch wohnungswirtschaftliche Verwaltungsleistungen sind Besondere Leistungen.[26] Die Aufstellung einer Teilungserklärung ist zwar Besondere Leistung, für den Architekten und Ingenieur aber nicht erlaubt.[27]   18

Besondere Leistungen treten vor allem auch bei **Modernisierungs- oder Sanierungsaufgaben** zu den Grundleistungen. Sie sind hier natürlich nicht mit den Regelungen des § 36 HOAI abgedeckt. Als Besondere Leistungen in diesem Bereich kommen vor allem in Frage: eine Bestandsaufnahme mit Sonderverfahren zur maßlichen und technischen Erfassung der Altbausubstanz auch im Hinblick auf Mieterdaten, detaillierte Untersuchungen des konstruktiven Bestandes und deren Auswertung, die sich schrittweise durch mehrere Leistungsphasen erstrecken können, Kostenermittlungen nach Bauteilkatalog, Kosten-Nutzen-Berechnungen, das Aufstellen eines Zeit- und Organisationsplans zur Information der Mieter u. a. m. Die EDV-mäßige Überarbeitung alter Bauzeichnungen zur Anfertigung eines Aufmaßes der vorhandenen Bausubstanz ist eine besondere Leistung.[28] Auch für die Besonderen Leistungen bei **Bauen im Bestand** gab es in der Anlage 2.6.10 zur HOAI 2009 eine beispielhafte Auflistung der Besonderen Leistungen, die zwar weggefallen ist, aber immer noch fachliche Bedeutung hat.   19

Für die HOAI 2002 war umstritten, ob die Übernahme einer **Baukostengarantie** eine Besondere Leistung darstellt.[29] Für die HOAI 2013 spielt dies keine Rolle mehr, weil die Besonderen Leistungen einfach solche Leistungen sind, die außerhalb der Grundleistungen aus den Leistungsbildern stehen. Die Besonderen Leistungen fallen nicht unter die HOAI und das Honorar kann selbstverständlich frei vereinbart werden. Die Situation ist die gleiche wie bei Leistungen ohne jeden Bezug zur HOAI.   20

---

23 So mit Recht OLG Düsseldorf BauR 1993, 758.
24 Vgl. *Preussner* BauR 2009, 415 m. w. Nachw.
25 Vgl. auch OLG Celle BauR 1970, 247.
26 OLG Hamm BauR 1994, 797 = NJW-RR 1994, 985.
27 Vgl. OLG Dresden NZBau 2000, 250, das die Leistung für Baubetreuer, Bauträger und Makler wohl für unbedenklich hält.
28 OLG Hamm BauR 2001, 1614 = NZBau 2002, 161.
29 Verneinend BGH BauR 2013, 485 = NJW 2013, 930 m. Anm. *Scholtissek*, S. 908 = Analyse *Koeble* auf www.jurion.de/Modul Werner Baurecht.

e) Abgrenzung der Grundleistungen von den Besonderen Leistungen

21 Grundleistungen aus einem Leistungsbild können vom Grundsatz her niemals Besondere Leistungen sein und umgekehrt stellen Besondere Leistungen keine Leistungen dar, welche in der HOAI preisrechtlich verbindlich geregelt sind. Das ergibt sich eindeutig aus dem Zusammenspiel von Abs. 1 und Abs. 3. Das wird heute auch bestätigt durch Abs. 3 S. 2, wonach Besondere Leistungen auch in anderen Leistungsphasen vereinbart werden können, soweit sie dort keine Grundleistungen darstellen. Grundleistungen aus einem Leistungsbild können auch im Regelfall nicht Grundleistungen in einem anderen Leistungsbild sein. In der Praxis kann es aber vorkommen, dass solche Grundleistungen aus einem fremden Leistungsbild erbracht werden müssen. Das gilt z. B. bei der »Erstellung eines Grunderwerbsplans und des Grunderwerbsverzeichnisses«. Es handelt sich hier um eine Grundleistung aus Leistungsphase 4 Objektplanung für Ingenieurbauwerke (§ 43 Abs. 4 i. V. m. Anlage 12.1). Wird die entsprechende Leistung bei der Objektplanung für Gebäude verlangt, dann ist sie dort keine Grundleistung. Sie wird auch nicht als Grundleistung aus dem Leistungsbild Objektplanung Ingenieurbauwerke erbracht. Hier handelt es sich vielmehr ausnahmsweise um eine Besondere Leistung, welche im Rahmen der Objektplanung Gebäude auch als Besondere Leistung honoriert werden muss.

Für die Abrechnung nach der HOAI spielt es also keine Rolle, ob die Besonderen Leistungen vollständig oder – vertragswidrig – gar nicht erbracht wurden. Ist Letzteres der Fall, dann entstehen insoweit keine Vergütungsansprüche und es können aus der Nichterbringung vertraglich geschuldeter Besonderer Leistungen Gegenansprüche entstehen, die jedoch aktiv oder im Wege der Aufrechnung gegenüber dem Honoraranspruch für die Leistungen geltend gemacht werden müssen. Eine Verrechnung oder eine einheitliche Beurteilung gibt es insoweit nicht.

22 In vertragsrechtlicher Hinsicht können Besondere Leistungen dagegen geschuldet sein, um das Werk ordnungsgemäß herzustellen (vgl. dazu § 34 Rdn. 14 ff.). Werden solche Leistungen vom Auftraggeber verlangt, liegt darin regelmäßig eine rechtsgeschäftliche Beauftragung, es sei denn, dass es sich um Mangelbeseitigung handelt. Im Falle eines zusätzlichen Auftrags entsteht dann für die Besondere Leistung ein Anspruch auf zusätzliche Vergütung (vgl. oben Rdn. 13).

23 Verlangt der Auftraggeber die kostenlose Erbringung von Besonderen Leistungen, hat dies keinen Einfluss auf die Honorarabrechnung für die Leistungen selbst. Im Einzelfall kann in einer entsprechenden Vereinbarung aber die unzulässige Unterschreitung des richtigen Mindestsatzes liegen. Ob daraus ein Anspruch auf zusätzliches Honorar für die Besondere Leistung entsteht, ist im Einzelfall zu klären.

8. Wirtschaftlichkeit der Leistung (Abs. 4)

24 Völlig unsystematisch findet sich in Abs. 4 eine Bestimmung, wonach »die Wirtschaftlichkeit der Leistung ... stets zu beachten« ist. Sie galt auch nach § 3 Abs. 6 S. 2 HOAI 2009 nicht nur für die Flächenplanung, obwohl diese Vorschrift verunglückt war, (Redaktionsversehen). Fest steht, dass der Verordnungsgeber nicht befugt ist, Leistungs-

pflichten zu normieren. Es handelt sich also nicht um eine vertragsrechtliche Bestimmung, sondern um eine solche mit Auswirkungen nur für das Honorarrecht. Man wird davon ausgehen müssen, dass es sich hier um eine vor die Klammer gezogene Leistung aus den Leistungsbildern handeln soll. Dabei ist die Wirtschaftlichkeit ohnehin maßgebender Parameter für die Mangelfreiheit von Architekten- und Ingenieurleistungen.[30] Ansprüche wegen Verletzung der Verpflichtung zur Wirtschaftlichkeit sind sehr schwer darzulegen und durchzusetzen.[31]

Die Wirtschaftlichkeit ist honorarrechtlich beachtlich. Dabei ergibt sich jedoch nichts anderes, als wenn sie vertragsrechtlich zu beurteilen wäre. In beiden Fällen geht es um die Frage der Minderung oder von Schadensersatzansprüchen wegen Unwirtschaftlichkeit (vgl. § 8 Rdn. 14 ff.). Schwierigkeiten für Auftraggeber ergeben sich schon daraus, dass die Wirtschaftlichkeit sehr schwer zu substanziieren ist. Allein der Vergleich zwischen einer bestimmten, ausgeschriebenen Ausführungsart und einem erheblich kostengünstigeren Alternativangebot genügt nicht, um die Unwirtschaftlichkeit zu belegen. Vielmehr wird es auf die allgemeine Marktsituation ankommen und nicht darauf, ob im Einzelfall aus besonderen Gründen einer der Bieter eine nach seinem Angebot kostengünstigere Ausführungsart angeboten hat oder hätte.

§ 4 HOAI Anrechenbare Kosten

(1) Anrechenbare Kosten sind Teil der Kosten für die Herstellung, den Umbau, die Modernisierung, Instandhaltung oder Instandsetzung von Objekten sowie für die damit zusammenhängenden Aufwendungen. Sie sind nach allgemein anerkannten Regeln der Technik oder nach Verwaltungsvorschriften (Kostenvorschriften) auf der Grundlage ortsüblicher Preise zu ermitteln. Wird in dieser Verordnung im Zusammenhang mit der Kostenermittlung die DIN 276 in Bezug genommen, so ist die Fassung vom Dezember 2008 (DIN 276-1:2008-12) bei der Ermittlung der anrechenbaren Kosten zugrunde zu legen. Umsatzsteuer, die auf die Kosten von Objekten entfällt, ist nicht Bestandteil der anrechenbaren Kosten.

(2) Die anrechenbaren Kosten richten sich nach den ortsüblichen Preisen, wenn der Auftraggeber
1. selbst Lieferungen oder Leistungen übernimmt,
2. von bauausführenden Unternehmen oder von Lieferanten sonst nicht übliche Vergünstigungen erhält,
3. Lieferungen oder Leistungen in Gegenrechnung ausführt oder
4. vorhandene oder vorbeschaffte Baustoffe oder Bauteile einbauen lässt.

---

30 Vgl. dazu BGH Urt. v. 09.07.2009 – VII ZR 130/07, Analyse *Koeble* auf www.jurion.de/ Modul Werner Baurecht; BGH BauR 2005, 400 = NJW-RR 2005, 318 = NZBau 2005, 158 = ZfBR 2005, 178; OLG Hamm BauR 2006, 1766 = NZBau 2006, 584; vgl. ferner *Kniffka/Koeble*, Kompendium, 12. Teil, Rn. 405, 407 jew. m. w. Nachw.; vgl. i. E. Einl. Rdn. 185 ff. nach § 34 Rdn. 47.
31 Vgl. dazu Einl. Rdn. 190 ff.; *Kniffka/Koeble*, Kompendium, 12. Teil, Rn. 455 ff.

§ 4 HOAI Anrechenbare Kosten

(3) Der Umfang der mitzuverarbeitenden Bausubstanz im Sinne des § 2 Absatz 7 ist bei den anrechenbaren Kosten angemessen zu berücksichtigen. Umfang und Wert der mitzuverarbeitenden Bausubstanz sind zum Zeitpunkt der Kostenberechnung oder, sofern keine Kostenberechnung vorliegt, zum Zeitpunkt der Kostenschätzung objektbezogen zu ermitteln und schriftlich zu vereinbaren.

Übersicht
		Rdn.
1.	Änderungen durch die HOAI 2009	1
2.	Änderungen durch die HOAI 2013	3
3.	Zusammenspiel mit anderen Vorschriften	4
	a) Grundlagen der Honorarberechnung	4
	b) Vorschriften betreffend die anrechenbaren Kosten	5
4.	Definition der anrechenbaren Kosten (Abs. 1 S. 1)	6
5.	Maßgebende Kostenermittlung für die Honorarberechnung	9
6.	Form und Inhalt der Kostenermittlung (Abs. 1 S. 2, 3)	10
	a) Bisherige Grundlagen	10
	b) Grundlage: Allgemein anerkannte Regeln der Technik und Verwaltungsvorschriften (Kostenvorschriften)	11
	c) Geltung der DIN 276 im Regelfall	13
	d) Fassung der DIN 276	15
	e) Inhalt der DIN 276 Fassung 12/08	18
	f) Verwendung eines Formblatts; Prüfbarkeit; Checkliste	22
	g) Ortsübliche Preise	27
	h) Umsatzsteuer	31
7.	Ausnahmen von der Kostenermittlung	33
	a) Baukostengarantie; Kostenlimit	33
	b) Wirksame Honorarvereinbarung mit anderem Inhalt	35
	c) Pauschalhonorarvereinbarung	36
	d) Treu und Glauben	37
	e) Beauftragung eines Generalunternehmers zum Pauschalpreis	38
8.	Anrechenbare Kosten bei Teilobjekten und bei Kündigung	39
9.	Ansatz ortsüblicher Preise (Abs. 2)	43
	a) Bedeutung des Abs. 2; ortsübliche Preise	44
	b) Eigenleistungen (Nr. 1)	45
	c) Vergünstigungen (Nr. 2)	46
	d) Rabatte, Provisionen, Skonti	47
	e) Kompensationsgeschäfte (Nr. 3)	48
	f) Vorhandene Baustoffe oder Bauteile (Nr. 4)	49
	g) Besonderheiten bei Freianlagen	51
10.	Einbeziehung der Bausubstanz nach HOAI 2009?	52
11.	Einbeziehung der Bausubstanz nach HOAI 2013 (Abs. 3)	56
	a) Angemessene Berücksichtigung	57
	b) Maßgebender Zeitpunkt	60
	c) Objektbezogene Berücksichtigung	61
	d) Schriftliche Vereinbarung	62
	e) Tragweite von Vereinbarungen über die Bausubstanz	63
	f) Grundsätze und Beispiele für die Bewertung der mitzuverarbeitenden Bausubstanz nach AHO-Modell	64

	Rdn.
aa) Darstellung der 5 Schritte zur Ermittlung der mitzuverarbeitenden Bausubstanz für alle Objekte sowie alle Objektplanungs- und Fachplanungsleistungen	65
bb) Bestimmung des Werts der mitzuverarbeitenden Bausubstanz bei der Objektplanung für Gebäude	66
cc) Bestimmung des Werts der mitzuverarbeitenden Bausubstanz bei der Objektplanung für Ingenieurbauwerke	67

1. Änderungen durch die HOAI 2009

Allgemeine Bestimmungen über die anrechenbaren Kosten wurden aus den früheren Teilen betreffend die Planungsleistungen herausgenommen und jetzt im vorangestellten, allgemein für alle Architekten- und Ingenieurleistungen gültigen Allgemeinen Teil geregelt. Das gilt für § 10 Abs. 2 HOAI 2002 betreffend die maßgebenden Grundlagen für anrechenbare Kosten und Kostenermittlungen, welcher in § 4 Abs. 1 S. 2 und 3 HOAI nun enthalten ist. § 10 Abs. 1 HOAI a. F. über die Art und Weise der Honorarberechnung ist ebenfalls in eine Allgemeine Vorschrift eingeflossen, und zwar in § 6 Abs. 1 HOAI. Die Bestimmung des § 6 Abs. 1 HOAI ersetzt auch entsprechende Regelungen aus anderen Teilen der HOAI, wie z. B. den § 52 Abs. 2 HOAI 2002 betreffend die anrechenbaren Kosten von Ingenieurbauwerken und Verkehrsanlagen. 1

Die Vorschriften über die anrechenbaren Kosten enthalten folgende, wesentliche **Unterschiede** gegenüber der alten HOAI 2002: 2
- Maßgebende **Abrechnungsgrundlage** ist für alle Leistungen bei der Flächen-, Objekt- und Fachplanung nur noch die **Kostenberechnung** und ausnahmsweise die Kostenschätzung. Eine mehrstufige Abrechnung z. B. unter Ansatz des Kostenanschlags für Leistungsphasen 5–7 und der Kostenfeststellung für Leistungsphasen 8 und 9 gibt es nicht mehr (vgl. Rdn. 9 f.).
- Im Unterschied zu § 10 Abs. 2 HOAI 2002 ist im Hinblick auf Form und Inhalt der Kostenermittlung nicht mehr auf die DIN 276 in der alten Fassung von April 1981 verwiesen worden. Vielmehr enthält die Neuregelung eine teilweise dynamische Verweisung auf die allgemein anerkannten Regeln der Technik und damit auf die **jeweils gültige DIN 276**, welche zum Zeitpunkt des Erlasses der HOAI die Fassung von Dezember 2008 war (vgl. Rdn. 11 ff.).
- Die Vorschrift des § **10 Abs. 3a HOAI 2002** und entsprechende Vorschriften aus den anderen Teilen der HOAI waren gestrichen worden, wobei sich insoweit die Frage der Anwendbarkeit des Abs. 2 Nr. 4 stellt (vgl. dazu Rdn. 52 ff.).

2. Änderungen durch die HOAI 2013

Die Abs. 1 und 2 sind inhaltlich gleichgeblieben, wobei allerdings der Abs. 1 gegenüber der HOAI 2009 sprachlich etwas verändert wurde. Grundlegend neu ist der Abs. 3, welcher sich mit der **mitzuverarbeitenden Bausubstanz** befasst (dazu unten Rdn. 56 ff.). 3

§ 4 HOAI Anrechenbare Kosten

3. Zusammenspiel mit anderen Vorschriften
a) Grundlagen der Honorarberechnung

4   Systematisch hätte die grundlegende Vorschrift über die Honorarberechnung in § 6 Abs. 1 HOAI Vorrang gehabt vor den §§ 3, 4 und 5. Dort sind nämlich die grundlegenden und für die Bestimmung des richtigen Mindest- und Höchstsatzes maßgebenden vier Parameter aufgezählt:
- Die anrechenbaren Kosten des Objekts (dazu unten Rdn. 6 ff.).
- Das Leistungsbild (dazu § 3).
- Die Honorarzone (dazu § 5).
- Die Honorartafel (dazu § 6).

In § 6 sind auch die Grundlagen für das **Kostenberechnungsmodell** (dazu § 6 Rdn. 14 ff.) und die zwischenzeitlich vom BGH für unwirksam erklärte **Baukostenvereinbarung** (§ 6 Rdn. 56 ff.) niedergelegt.

b) Vorschriften betreffend die anrechenbaren Kosten

5   Die anrechenbaren Kosten sind einer der vier Eckpfeiler für die Honorarberechnung nach HOAI. Über sie finden sich an verschiedenen Stellen in der HOAI nähere Bestimmungen:
- In § 2 Abs. 10 ist die Kostenschätzung und in § 2 Abs. 11 die Kostenberechnung definiert.
- Die Vorschrift des § 4 bringt in Abs. 1 eine Definition der anrechenbaren Kosten und legt die Grundlagen für Form und Inhalt der Kostenermittlung fest. In Abs. 2 sind die ortsüblichen Preise als maßgebend erklärt worden, wenn dem Bauherrn in bestimmten Fällen keine oder keine ortsüblichen Preise und Kosten entstehen.
- In § 6 Abs. 1 Nr. 1 HOAI ist die Kostenberechnung und hilfsweise die Kostenschätzung als Grundlage der Kostenermittlung festgelegt.
- Für die Objektplanung und für die Fachplanung ist im jeweiligen Teil der HOAI für Gebäude und Innenräume (§ 33), für Freianlagen (§ 38), für Ingenieurbauwerke (§ 42), für Verkehrsanlagen (§ 46), für die Tragwerksplanung (§ 50) und für die Technische Ausrüstung (§ 54) eine Spezialregelung über die konkret anrechenbaren Kosten getroffen.

4. Definition der anrechenbaren Kosten (Abs. 1 S. 1)

6   In Abs. 1 ist der Begriff der anrechenbaren Kosten erläutert als **Teil der** – untechnisch gesagt – **Gesamtkosten** einschließlich aller mit dem Projekt zusammenhängender Aufwendungen. Damit wird gleichzeitig zum Ausdruck gebracht, dass nicht alle Kosten und Aufwendungen in die anrechenbaren Kosten eingehen. Die Einzelheiten ergeben sich aus den Regelungen für die Objekt- und Fachplanung (vgl. oben Rdn. 5) und aus der ergänzenden Vorschrift des Abs. 2 im Hinblick auf eine Erhöhung der entstandenen Kosten und Aufwendungen.

7   Die einzelnen **Objekte**, für die Abs. 1 maßgebend sein soll, sind nicht genannt. Aus dem Begriff »Kosten zur Herstellung« und der Stellung der Vorschrift im Allgemeinen

Teil der HOAI (Teil 1) ergibt sich aber, dass Gebäude, Freianlagen, Innenräume (Raumbildende Ausbauten), Ingenieurbauwerke und Verkehrsanlagen erfasst sind.

Als **Maßnahmen**, für welche Abs. 1 gilt, sind neben der Herstellung der Umbau, die Modernisierung, die Instandhaltung und die Instandsetzung genannt. Unter dem Begriff »Herstellung« sind auch der Neubau, der Wiederaufbau und der Erweiterungsbau zu subsumieren. Damit gilt Abs. 1 für alle in der HOAI enthaltenen Objekte bzw. Planungsleistungen hierfür und im Hinblick auf alle von ihr erfassten Maßnahmen (§ 2 Nr. 1–11). Bei der Flächenplanung (Teil 2 der HOAI) sind statt Kostenberechnung/ Kostenschätzung die Flächengrößen oder Verrechnungseinheiten für die Honorarberechnung zugrunde zu legen (§ 6 Rdn. 35). 8

5. Maßgebende Kostenermittlung für die Honorarberechnung

Der Begriff **Kostenermittlung** wird in der HOAI nicht verwendet. Es handelt sich dabei um den Oberbegriff für den Kostenrahmen, die Kostenschätzung, die Kostenberechnung, den Kostenanschlag und die Kostenfeststellung nach DIN 276.[1] Für das Honorarrecht sind nur noch die Kostenberechnung und die Kostenschätzung maßgebend (vgl. dazu § 6 Rdn. 15). Im Rahmen seiner – nicht in der HOAI geregelten – Leistungspflichten hat der Auftragnehmer aber auch die anderen Kostenermittlungen wie z. B. den Kostenanschlag und die Kostenfeststellung regelmäßig zu erstellen.[2] Im Hinblick auf Kostenberechnung und Kostenschätzung ergeben sich verschiedene Einzelfragen (vgl. dazu § 6 Rdn. 14 ff.). 9

6. Form und Inhalt der Kostenermittlung (Abs. 1 S. 2, 3)

a) Bisherige Grundlagen

Nach der früheren HOAI 2002 waren die für die anrechenbaren Kosten maßgebenden Kostenermittlungen auf der Grundlage der DIN 276 in der Fassung von April 1981 zu erstellen. Zwischenzeitlich waren aber zwei neue Fassungen der DIN 276 in Kraft getreten, die sich strukturell völlig von der alten DIN unterschieden hatten. Schließlich wurde die letzte Fassung vom Oktober 2006 noch durch die Fassung vom Dezember 2008 ergänzt und neu formuliert.[3] Eine Abkoppelung der HOAI von der alten DIN aus dem Jahre 1981 war deshalb notwendig. Angesichts der Neuregelungen hat sich die Problematik, ob neuere Fassungen der DIN gegenüber der Regelung in § 10 Abs. 2 HOAI a. F. eine Rolle spielen konnten und ob eine Verpflichtung des Auftragnehmers besteht, die DIN 276 in zwei Fassungen für Kostenermittlungen zu verwenden,[4] erledigt. 10

---

1 Ziff. 3.4 DIN 276–1: 2008–12; vgl. Anhang 1.
2 Vgl. zu den Leistungspflichten § 34 Rdn. 14 ff.
3 Vgl. DIN 276–1: 2008–12 Anhang 1.
4 Dazu *Locher/Koeble/Frik*, 9. Aufl., § 10 Rn. 8 ff.

§ 4 HOAI   Anrechenbare Kosten

b) Grundlage: Allgemein anerkannte Regeln der Technik und Verwaltungsvorschriften (Kostenvorschriften)

11 Die anrechenbaren Kosten sollen auf der Grundlage ortsüblicher Preise (dazu unten Rdn. 27 ff.) ermittelt werden und dafür sind entweder »allgemein anerkannte Regeln der Technik« oder aber »Verwaltungsvorschriften« (»Kostenvorschriften«) zugrunde zu legen (Abs. 1 S. 2). Die Vorschrift stellt weder dem Auftragnehmer noch den Vertragsparteien ein **Wahlrecht** zwischen Regeln der Technik oder Verwaltungsvorschriften zur Verfügung, obwohl sie dem Wortlaut nach diese Auslegung zulässt. Wollte man nämlich ein Wahlrecht des Auftragnehmers annehmen, dann wären keine klaren Grundlagen für die Ermittlung des Mindest- und Höchstsatzes mehr gegeben. Eine solche Absicht kann dem Verordnungsgeber nicht unterstellt werden. Ferner wäre es durch Parteivereinbarung möglich, über die Grundlagen der anrechenbaren Kosten – neben § 6 Abs. 3 – verbindliche Regelungen zu treffen. Auch dadurch würden die preisrechtlichen Vorschriften der HOAI im Ergebnis ausgehebelt. Die Vorschrift enthält vielmehr eine **Rangfolge**. Soweit für die betreffenden Objekte und Architekten- bzw. Ingenieurleistungen anerkannte Regeln der Technik betreffend die Kostenermittlungen vorhanden sind, sind diese auch zugrunde zu legen.[5] Das gilt derzeit für die DIN 276 Teil 1 betreffend den Hochbau (vgl. dazu auch unten Rdn. 13 ff.).

12 Soweit keine allgemein anerkannte Regel der Technik existiert, können **Verwaltungsvorschriften (Kostenvorschriften)** für die Kostenermittlung und Honorarabrechnung maßgebend sein. Das kann z. B. für Ingenieurbauwerke und Verkehrsanlagen zutreffen, für die zwar eine **DIN 276 Teil 4** betreffend den Tiefbau seit August 2009 in Kraft ist, jedoch zweifelhaft ist, ob bzw. seit wann diese sich als anerkannte Regel der Technik durchgesetzt hat (vgl. auch unten Rdn. 15). Soweit dies nicht der Fall ist und auch für nicht in der DIN erfasste Objekte sind andere Regeln anwendbar. Das gilt z. B. für das HIV-KOM oder die HIV-StB bzw. nunmehr die HVA-F-StB. Aber nicht nur öffentliche Auftraggeber, sondern auch institutionelle Auftraggeber haben ihre eigenen Kostengliederungen (z. B. Bahn oder Post). In allen Bereichen, in welchen solche Verwaltungsvorschriften zur Grundlage der Kostenermittlung gemacht werden, kann die DIN 276 Teil 4 mangels Anerkennung in der Praxis nicht zur anerkannten Regel der Technik werden.[6] Hier müssen dann die betreffenden Kostenermittlungen zur Grundlage für die Festlegung der anrechenbaren Kosten gemacht werden. Dabei hat eine Orientierung an der jeweiligen Regelung des betreffenden Teils und Abschnitts der HOAI über die anrechenbaren Kosten zu erfolgen. Die Verwaltungsvorschriften können also – nach Überprüfung im Einzelfall und cum grano salis – für die Kostenermittlung und Honorarabrechnung herangezogen werden, soweit die DIN nicht eingreift (vgl. oben

---

5 Zustimmend *Seifert*, Aktualisierungsband zur 7. Aufl., S. 38; wie hier ebenfalls *Deckers*, Rn. 659; *Simmendinger* IBR 2011, 1076; *Seifert/Fuchs* in FBS, § 4 Rn. 19; *Meurer/Rothärmel* in KMV, § 4 Rn. 20; *Klein* in MNP § 4 Rn. 19 f.

6 Mit dieser Auslegung hat der Satz in der Amtlichen Begründung, S. 140, eine eingeschränkte Bedeutung, wonach sich die HOAI nur auf den Teil 1 der DIN 276 betreffend den Hochbau beziehe und nicht auf den Teil 4 betreffend den Ingenieurbau.

Rdn. 11). Ist die DIN 276 anwendbar, dann können die Parteien abweichende Kostenermittlungen nur dann wirksam vereinbaren, wenn im Ergebnis der – auf der richtigen Grundlage berechnete – Mindest- und Höchstsatz eingehalten sind (vgl. § 7 Rdn. 23 f.). Für Bereiche, in denen sich die DIN 276 Teil 4 nicht als anerkannte Regel der Technik durchgesetzt hat bzw. hatte, können die Verwaltungsvorschriften aber keine willkürlichen Festlegungen bezüglich der anrechenbaren Kosten enthalten. Vielmehr ist – wie bereits gesagt – zu prüfen, ob die Regelungen über die anrechenbaren Kosten der HOAI selbst eingehalten sind und ob die auch insoweit heranzuziehenden und zu berücksichtigenden Grundlagen der DIN 276 Teil 4 nicht wesentlich verändert sind. Wollte man die völlige Freiheit der Festlegung von anrechenbaren Kosten in Verwaltungsvorschriften bejahen, dann würde dies dazu führen, dass der Auftraggeber letzten Endes die preisrechtlichen Grundlagen für die Ermittlung des Mindest- und Höchsthonorars einseitig festlegen könnte.[7]

c) Geltung der DIN 276 im Regelfall

Zwar ist in erster Linie auf die allgemein anerkannten Regeln der Technik abgestellt und die DIN 276 ist nur in S. 3 angesprochen. Sie taucht aber auch in § 2 Abs. 10 und 11 auf. Im Hinblick auf den **Hochbau** ist diese **DIN 276 Teil 1** (Fassung Dezember 2008) derzeit als anerkannte Regel der Technik anzusehen. Im Hinblick auf den **Tiefbau** hat sich dies nach Inkrafttreten der **DIN 276 Teil 4** (vgl. oben Rdn. 12) wegen der Verwaltungspraxis wohl in der Zwischenzeit wohl ebenfalls ergeben. 13

Soweit in S. 3 ausdrücklich geregelt ist, dass die DIN 276 in der **Fassung vom Dezember 2008** gemeint sei, wenn sie in dieser Verordnung in Bezug genommen wird, hat dies Gründe, welche im Zusammenhang mit der **teilweise dynamischen Verweisung** auf die DIN 276 stehen (dazu unten Rdn. 15 ff.). 14

d) Fassung der DIN 276

Die alten Regelungen der DIN 276 von September 1971, April 1981, Juni 1993 und Oktober 2006 sind durch die DIN 276 Fassung Dezember 2008 (vgl. **Anhang 1**) als anerkannte Regeln der Technik abgelöst. Sie gilt als aktuelle, anerkannte Regel der Technik i. S. d. Abs. 1 S. 2. Für Ingenieurbauwerke hat sich Entsprechendes nach Inkrafttreten des Teil 4 der DIN 276[8] bisher wohl zwischenzeitlich wohl ebenfalls ergeben. Im Streitfall wird dies die Rechtsprechung – unter Hinzuziehung von Sachverständigen – überprüfen müssen. Eventuell wird sich dann bestätigen, dass die DIN 276 in der Fassung von Dezember 2008 Teil 1 betreffend Gebäude und in der Fassung von August 2009 Teil 4 betreffend Ingenieurbauwerke und Verkehrsanlagen sowohl von der Theorie anerkannt als auch in der Praxis bewährt ist. Sollte dies für eine gewisse Übergangszeit noch nicht der Fall gewesen sein, wäre zu prüfen, welche anerkannten Regeln dann zugrunde zu legen sind. Im Hinblick auf Gebäude ist dies nicht die 15

---

7 Vgl. zu diesem Thema auch *Simmendinger* IBR 2011, 1076.
8 Abdruck vgl. Anhang 2 zur 11. Aufl. dieses Kommentars.

§ 4 HOAI Anrechenbare Kosten

DIN 276 in der Fassung von 1981, sondern diejenige aus Oktober 2006.[9] Für Ingenieurbauwerke kommen unterschiedliche Grundlagen in Frage (vgl. oben Rdn. 12).

16 Im Falle des Inkrafttretens einer **neuen DIN 276** und ihrer Herausbildung als anerkannte Regel der Technik wird die **Neufassung** verbindlich werden. Das ergibt sich eindeutig aus der **dynamischen Verweisung** in Abs. 1 S. 2 auf die allgemein anerkannten Regeln der Technik.[10] Ein Teil der Literatur sieht in Abs. 1 S. 2 keine dynamische Verweisung, sondern einen ausdrücklichen Hinweis auf die DIN 276 Fassung Dezember 2008, der »klar und unmissverständlich« sei.[11] Zum Teil wird auch die Auffassung vertreten, es handle sich um keine dynamische Verweisung, was im Übrigen auch unzulässig wäre, sondern um eine »mittelbare dynamische Verweisung«.[12] Allerdings wird dabei verkannt, dass der S. 3 des Abs. 1 nicht an den S. 2 anknüpft. Die Meinung, wonach ausdrücklich und zwingend auf die DIN 276 in der Fassung von Dezember 2008 verwiesen werde, kann auch nicht erklären, warum in Abs. 1 S. 2 eine Bezugnahme auf die anerkannten Regeln der Technik erfolgt ist und welche Bedeutung dies haben soll, wenn etwas anderes gelten soll. Immerhin sind die Voraussetzungen des Abs. 1 S. 3 gerade nicht erfüllt, weil in S. 2 nicht auf die DIN 276 verwiesen wurde. Die Vorschrift des S. 3 gilt für andere Fälle (vgl. oben Rdn. 13). Eine Erklärung, weshalb S. 3 eine über seinen Wortlaut hinausgehende Bedeutung auch für S. 2 haben soll, wird nicht gegeben. Die frühere Form der Inbezugnahme der DIN 276 in statischer Gestalt – auf die Fassung von April 1981 – wurde also aufgegeben. Aus Gründen der Bestimmtheit und der Einflussnahme des Normungsausschusses auf die Honorarberechnung nach HOAI könnte die dynamische Verweisung verfassungsrechtlichen Bedenken unterliegen. Angesichts dessen, dass es nur um das »Korsett« für die Honorarberechnung und nicht um den Inhalt der Kostenermittlung (dazu unten Rdn. 18 ff.) geht, ist dies aber zu verneinen. Im Übrigen handelt es sich nur um eine **teilweise dynamische** Verweisung, weil der Verordnungsgeber die DIN 276 in der Fassung vom Dezember 2008 direkt für anwendbar erklärt, soweit in der HOAI auf die DIN 276 Bezug genommen wurde (Abs. 1 S. 3). Dabei ist einschränkend allerdings zu sagen, dass nur in § 2 Nr. 13 – und dort noch mit dem Zusatz Fassung vom Dezember 2008 – und in § 2 Nr. 14 sowie in den Leistungsbildern in der Anlage auf die DIN 276 Bezug genommen wurde. Die zuerst genannten beiden Bestimmungen schreiben aber in den zweiten Halbsätzen nicht die Fassung von Dezember 2008 vor. Sie regeln nur die Gliederungs-

---

9 A. A. *Averhaus* NZBau 2009, 473 (475), der vom richtigen Ansatz ausgeht, jedoch nicht berücksichtigt, dass seit Ende 2006 anerkannt und bewährt war die Fassung von Oktober 2006, welche im Übrigen im Wesentlichen der Fassung von Dezember 2008 entspricht; für den Tiefbau vgl. oben Rdn. 12 ff.
10 Ebenso *Averhaus* NZBau 2009, 473 (475); *Deckers*, Rn. 656; *Jochem*, Jahrbuch BauR 2010, 291 (309); *Koeble/Zahn*, Teil B Rn. 110; *Meurer/Rothärmel* in KMV, § 4 Rn. 10.
11 So *Werner* in *Werner/Pastor*, Rn. 978; *Werner/Siegburg*, FS Koeble, S. 585 (590); *Seifert*, Aktualisierungsband zur 7. Aufl., S. 37; *Preussner* BauR 2010, 340 (345); zweifelnd *Scholtissek*, § 4 Rn. 16; *Klein* in MNP § 4 Rn. 25.
12 *Seifert/Fuchs* in FBS, § 4 Rn. 12 ff. (14) wobei die Unzulässigkeit sicherlich kein Argument für den Willen des Verordnungsgebers ist bzw. sein kann und unklar ist, was eine »mittelbare« dynamische Verweisung darstellen soll.

tiefe, **wenn** der Auftragnehmer die DIN 276 in dieser Fassung verwendet. In den Leistungsbildern ist hinsichtlich der Honorare ebenfalls die Fassung von Dezember 2008 festgeschrieben.

Fraglich ist, welcher **Zeitpunkt** für die Bestimmung der maßgebenden Fassung der 17
DIN 276 oder der allgemein anerkannten Regeln der Technik gelten soll. In aller Regel hat der Auftragnehmer beim Werkvertrag zwar die anerkannten Regeln der Technik zum Zeitpunkt der Abnahme seiner Leistung einzuhalten (vgl. Einl. Rdn. 160). Das gilt jedoch nur im Hinblick auf die Leistungspflichten und kann für eine Kostenermittlung betreffend das Gerüst der Honorarabrechnung nicht maßgebend sein. Richtig erscheint es deshalb insoweit, auf den Zeitpunkt abzustellen, in dem die Kostenermittlung nach der vertraglichen Leistungsabfolge vom Auftragnehmer vorzunehmen war.

e) Inhalt der DIN 276 Fassung 12/08

Die DIN 276–1: 2008 definiert die Begriffe Kosten im Bauwesen, Kostenplanung, 18
Kostenvorgabe und Kostenermittlung. Darüber hinaus sind noch die Kostenkontrolle, die Kostensteuerung, die Begriffe Kostenkennwert, Kostengliederung, Kostengruppe, Gesamtkosten, Bauwerkskosten, Kostenprognose und Kostenrisiko erläutert (Ziff. 2 der DIN 276). Als **Kostenermittlung** nennt die DIN 276 fünf Stufen:
- 2.4.1 Kostenrahmen, worunter die Ermittlung der Kosten auf der Grundlage der Bedarfsplanung zu verstehen ist,
- 2.4.2 Kostenschätzung, wobei es um die Ermittlung der Kosten auf der Grundlage der Vorplanung geht,
- 2.4.3 Kostenberechnung, welche die Ermittlung der Kosten auf der Grundlage der Entwurfsplanung darstellt,
- 2.4.4 Kostenanschlag, welcher die Ermittlung der Kosten auf der Grundlage der Ausführungsvorbereitung (Vergabe) zum Gegenstand hat,
- 2.4.5 Kostenfeststellung, wobei es sich um die Ermittlung der endgültigen Kosten handelt.

Die Begriffe Kostenrahmen (3.4.1), Kostenschätzung (3.4.2), Kostenberechnung 19
(3.4.3), Kostenanschlag (3.4.4) und Kostenfeststellung (3.4.5) sind in der DIN im Einzelnen noch erläutert (vgl. Anhang 1). Entsprechendes gilt auch für Kostenkontrolle und Kostensteuerung (3.5).

Im Hinblick auf die Gliederungstiefe stehen nach der DIN 276 Fassung Dezember 20
2008 **drei Gliederungsebenen** zur Verfügung. In der **ersten Ebene** der Kostengliederung ergeben sich folgende Kostengruppen:
- 100 Grundstück
- 200 Herrichten und Erschließen
- 300 Bauwerk – Baukonstruktionen
- 400 Bauwerk – Technische Anlagen
- 600 Ausstattung und Kunstwerke
- 700 Baunebenkosten

21 Die DIN 276 enthält eine Untergliederung in **drei Ebenen**. Für die nach HOAI maßgebenden Kostenermittlungen sind jedoch nur die erste Ebene betreffend die Kostenschätzung und die zweite Ebene betreffend die **Kostenberechnung** maßgebend (§ 2 Nr. 13 und 14 HOAI). Die **zweite Ebene** verlangt eine detaillierte Darstellung.[13] Die Vorgaben der DIN 276 sind aber **nicht starr**: »Soweit es die Umstände des Einzelfalls zulassen (z. B. im Wohnungsbau) oder erfordern (z. B. bei Modernisierungen), können die Kosten vorrangig ausführungsorientiert gegliedert werden, indem bereits die Kostengruppen der ersten Ebene der Kostengliederung nach ausführungs- oder gewerkeorientierten Strukturen unterteilt werden. Dies entspricht der **zweiten Ebene** der Kostengliederung. Hierfür kann die Gliederung in Leistungsbereiche entsprechend dem Standardleistungsbuch für das Bauwesen verwendet werden«. Die dritte Ebene wird im Rahmen des Kostenanschlags und der Kostenfeststellung zum Tragen kommen, objektabhängig auch im Ausnahmefall bei der Kostenberechnung. Zu berücksichtigen sind noch die Anmerkungen, welche Einzelheiten und bautechnische Merkmale zum Gegenstand haben.

f) Verwendung eines Formblatts; Prüfbarkeit; Checkliste

22 Die DIN 276 gilt in derjenigen Fassung für die Kostenermittlung, welche zum Zeitpunkt in Kraft ist, zu dem die Kostenberechnung bei ordnungsgemäßem Vertragsablauf erstellt werden muss. Derzeit ist dies die Fassung von Dezember 2008. Für die Prüfbarkeit einer Honorarschlussrechnung, aber auch von Abschlagszahlungsforderungen[14] muss diese Fassung herangezogen werden. Soweit eine falsche DIN als Gliederungsgrundlage verwendet wird, ist die Rechnung weder prüfbar noch sachlich richtig (vgl. § 15 Rdn. 26).

23 Eine andere Frage ist die, ob die Kostenermittlung nur dann ordnungsgemäß ist, wenn ein **Formular nach DIN 276** verwendet wird. Fest steht, dass es dabei nicht auf die Verwendung eines **Formblattes** ankommt, zumal ein solches nicht mehr vorgeschlagen wird.[15] Problematisch ist aber, ob der Architekt die einzelnen **Kostengruppen 1–7** nach DIN 276 aufführen und die **Gliederung nach DIN 276** beibehalten muss. Die Anforderungen an die Form dürfen nicht überspannt werden.[16] Liefert der Architekt eine **sachlich gleichwertige** oder sogar eine **bessere** Kostenermittlung, so hindert dies die Fälligkeit seiner Honorarforderung nicht.

24 Fraglich ist, ob die Kostenermittlung des Architekten **alle 7 Kostengruppen der DIN 276** aufführen muss. Der vom Verordnungsgeber mit der Verwendung der

---

13 Vgl. zur KG 300 unten Rdn. 24.
14 Vgl. grundlegend § 15 Rdn. 20 ff. und 98 f.
15 Der beim vorliegenden Kommentar beratend mitwirkende Sachverständige Dipl.-Ing. *Simmendinger* hat ein Formblatt auf der Grundlage der aktuellen DIN entwickelt, welches unter http://www.hoai-gutachter.de/pdf/Formblatt_DIN276.pdf heruntergeladen werden kann.
16 Zu den allgemeinen Grundsätzen für die Prüfbarkeit vgl. § 15 Rdn. 20 ff. auch zum Verlust des Rügerechts betreffend die Fälligkeit.

DIN 276 beabsichtigte Zweck bestand darin, dass dem Bauherrn eine Checkliste über die möglichen Gesamtbaukosten an die Hand gegeben wird. Der Auftragnehmer sollte bei denjenigen Positionen Zahlenangaben machen, die er zu bearbeiten hat und im Übrigen dem Bauherrn die Möglichkeit verschaffen, die Liste zu ergänzen, um so zu einem realistischen Gesamtbetrag zu kommen. Stellt man diesen Gesichtspunkt in den Vordergrund, dann muss der Auftragnehmer das Schema verwenden und alle dort aufgeführten Kostengruppen angeben. Dieser Gesichtspunkt hat jedoch mit der Prüfbarkeit und den entsprechenden Interessen des Auftraggebers nicht unmittelbar etwas zu tun. Der BGH hat deshalb erklärt, dass nicht das Formblatt notwendig sei, sondern dass es ausreiche, wenn das **Gliederungssystem der DIN 276** verwendet werde.[17] In der gleichen Entscheidung erklärte der BGH ausdrücklich, dass Erläuterungen und Belege sowie gewerkeweise Angaben der Zahlen zu den einzelnen Kostengruppen nicht erforderlich seien. Zutreffend entschied er weiter, dass noch nicht einmal das ganze Gliederungsschema verwendet werden müsse, sondern dass es ausreicht, wenn einzelne Kostengruppen angegeben sind und diese für eine Prüfung anhand § 10 Abs. 3–5 HOAI ausreichen.[18] Damit ist der richtige Maßstab genannt: dem Auftraggeber muss es möglich sein, die anrechenbaren Kosten zu überprüfen. Das setzt im Regelfall voraus, dass der Auftragnehmer zu folgenden Kostengruppen Angaben macht:
– Kostengruppe 210 Herrichten
– Kostengruppe 230 Nicht öffentliche Erschließung
– Kostengruppe 300 Bauwerk – Baukonstruktionen, gegliedert in 310 Baugrube, 320 Gründung, 330 Außenwände, 340 Innenwände, 350 Decken, 360 Dächer, 370 baukonstruktive Einbauten, 390 sonstige Maßnahmen für Baukonstruktionen.
– Kostengruppe 400 Bauwerk – Technische Anlagen aufgegliedert in die Anlagengruppen
– Kostengruppe 500 Außenanlagen
– Kostengruppe 600 Ausstattung und Kunstwerke.

Die heutige **Rechtsprechung des BGH** verlangt für die Prüfbarkeit von Rechnungen und damit als deren Grundlage auch von Kostenermittlungen Angaben, »die nach dem geschlossenen Vertrag und der HOAI objektiv unverzichtbar sind, um die sachliche und rechnerische Prüfung des Honorars zu ermöglichen«.[19] Damit hat sich der BGH dazu bekannt, dass objektive Merkmale für die Prüfbarkeit maßgebend sind (vgl. § 15 Rdn. 26). Die Minimalanforderungen hinsichtlich der anrechenbaren Kosten sind an den Spezialvorschriften für die Objektplanung und Fachplanung zu orientieren, damit der Auftraggeber feststellen kann, ob und welche Kosten voll, gemindert oder nur unter bestimmten Voraussetzungen bzw. gar nicht anrechenbar sind.[20]

---

[17] BGH BauR 1999, 1318 = BB 1999, 2053 = NJW-RR 1999, 1541 = ZfBR 2000, 30; zum Ganzen *Koeble* BauR 2000, 785 [788]; *J. Schmidt* BauR 1999, 720.
[18] BGH BauR 1999, 1467 = BB 1999, 2159 = ZfBR 2000, 30; OLG Düsseldorf BauR 2001, 1137 [1141]; *Koeble* BauR 2000, 785 [788]; *J. Schmidt* BauR 1999, 720.
[19] BGH BauR 2004, 216 = NZBau 2004, 216 m. Anm. *Hartung* NZBau 2004, 249.
[20] Vgl. z. B. § 32 HOAI.

26 Die einzelnen Vorschriften aus den Teilen 3 Objektplanung und 4 Fachplanung betreffend die anrechenbaren Kosten nehmen zwar auf die Ziffern der DIN 276 nicht Bezug. Die Begriffe sind jedoch inhaltlich so gefasst, dass der Auftragnehmer die DIN 276 für die Aufgliederung der Kosten verwenden muss. Es ist deshalb kaum denkbar, dass andere Kostengliederungen den Anforderungen an die Prüfbarkeit und Richtigkeit der Abrechnung genügen. Allerdings können – auch spätere – Erläuterungen etwaige Mängel beheben (vgl. § 15 Rdn. 25).

g) Ortsübliche Preise

27 Sowohl die Kostenermittlung nach anerkannten Regeln der Technik als auch diejenige nach Verwaltungsvorschriften ist »auf der Grundlage ortsüblicher Preise« zu erstellen. Dafür stehen verschiedene Wege zur Verfügung. Einmal kann es sich um **unternehmerisch kalkulierte Einzelpreise** für Bauleistungen oder Lieferungen handeln. Dabei können regionale oder temporäre Preisschwankungen einfließen, aber auch ausgeglichen werden.

28 Dem Auftragnehmer ist es überlassen, ob er die Kostenwerte summarisch nach Mengen- und Kostenansatz oder nach Erfahrungswerten oder pauschalierten Angaben ermittelt. Für die **Kostenschätzung** können die **Mengenangaben geschätzt** sein ebenso wie der Kostenansatz. Bei der **Kostenberechnung** dagegen müssen die Mengen auf der Grundlage der Entwurfsplanung **berechnet** werden.

29 Die Ermittlung der Kosten kann auch nach Mengenansätzen und **Erfahrungswerten**, Datenbankanwendungen wie z. B. des BKI (Baukosteninformationszentrum Deutscher Architektenkammern) und anderen Kostenkennwertdateien erfolgen. Das kann sich sowohl auf die erste Komponente der Kostenermittlung, nämlich die Mengenansätze, als auch auf die Verwendung von Kostenansätzen beziehen. Im Hinblick auf die Mengenansätze ist auf die DIN 277 zurückzugreifen. Die bereits erwähnten Kostenkennwerte des BKI sind bundesweit anerkannt und eingeführt, sodass bei richtiger Anwendung dieser Kostenkennwerte kaum Zweifel entstehen dürfen. Auskünfte können auch über regionale Besonderheiten und Unterschiede erteilt werden.

30 Der Begriff **Kostenkennwert** ist in DIN 276 unter Ziff. 2.7. aufgeführt und definiert als Wert, der das Verhältnis von Kosten zu einer Bezugseinheit darstellt. Der Kostenkennwert ist nicht nur eine grundlegende Vorbedingung für die Kostenplanung nach Ziff. 2.2, sondern auch für die Ermittlung der anrechenbaren Kosten als Grundlage für das Honorar in Form der Kostenschätzung bzw. Kostenberechnung von ganz besonderer Bedeutung. Er stellt somit einen Schlüsselwert dar.[21] Der Kostenkennwert wird durch Kostengliederung nach DIN 276 in Ebenen unterschiedlichen Genauigkeitsgrades aus den Kostendaten ausgeführter Objekte gewonnen und mit Mengen wie Rauminhalt, Flächen nach Messregeln (s. o.), aber auch nach Einheiten z. B. pro Bett, pro Per-

---

21 *Seifert/Preussner*, Baukostenplanung, Teil B Ziff. 3.9; gegen den Ansatz von Erfahrungswerten zu Unrecht OLG Celle Urt. v. 17.07.2013 – 14 U 202/13.

son usw. in Bezug gesetzt. Zur Methode der Erfassung von Kostendaten kann ebenfalls auf den BKI (Baukostenteil 3) verwiesen werden.

h) Umsatzsteuer

Die Umsatzsteuer ist zwar nach DIN 276 Ziff. 3.3.11 zu berücksichtigen und gesondert auszuweisen. Jedenfalls muss die Kostenermittlung dann eine besondere Angabe enthalten, wenn die Umsatzsteuer nicht enthalten sein soll. Das gilt auf jeden Fall für den privaten Auftraggeber, aber auch für den gewerblichen Auftraggeber. Letzterer kalkuliert zwar »netto« (anders i. d. R. der Bauträger). Angesichts der Einheitlichkeit von Kostenermittlungen muss aber auch hier die Umsatzsteuer deutlich ausgewiesen werden oder es muss eindeutig von »Netto-Baukosten« gesprochen werden. 31

Für die Honorarberechnung jedenfalls wird die Umsatzsteuer herausgerechnet, und zwar auch dann, wenn der Auftragnehmer der Meinung war, er habe Netto-Kosten angegeben, dies dem Auftraggeber aber nicht erkennbar war. 32

7. Ausnahmen von der Kostenermittlung

a) Baukostengarantie; Kostenlimit

Nur in **Ausnahmefällen** sind die **Kostenermittlungsgrundlagen** nach Nr. 1 **nicht zugrunde zu legen**, wenn nämlich der Auftragnehmer eine **Baukostengarantie** abgegeben hat und diese niedriger liegt als die später von ihm erstellte Kostenschätzung bzw. Kostenberechnung. In diesem Fall muss sich der Auftragnehmer auch für die Honorarberechnung an seiner Baukostengarantie orientieren und diese als anrechenbare Kosten zugrunde legen.[22] Die bloße Zusicherung einer niedrigeren Bausumme reicht dafür aber nicht aus.[23] 33

Daneben kann der Auftragnehmer als Folge von Schadensersatzansprüchen des Bauherrn gezwungen sein, andere Kosten als die der Kostenermittlung bei der Abrechnung zugrunde zu legen. Das gilt z. B. für Fehler durch **Bausummenüberschreitung** bzw. falsche Kostenermittlung,[24] aber auch dann, wenn Ansprüche wegen Nichteinhaltung eines **Kostenlimits** oder einer Kostenobergrenze bestehen.[25] 34

---

22 Vgl. BGH VersR 1970, 930 [932] = BB 1970, 1684 = WM 1970, 1139; allgemeine Meinung.
23 OLG Hamm BauR 1995, 415 = ZfBR 1995, 135; zur Baukostengarantie vgl. Einl. Rdn. 186.
24 Vgl. OLG Koblenz NZBau 2002, 231; OLG München BauR 1996, 417 = NJW-RR 1996, 341; OLG Köln BauR 1995, 138; *Koeble* in Kniffka/Koeble, Kompendium, 12. Teil Rn. 299, 795 ff.; vgl. i. E. Einl. Rdn. 200 a. E.
25 Vgl. BGH BauR 2003, 566 = NZBau 2003, 281 = NJW-RR 2003, 593 = ZfBR 2003, 359; OLG Koblenz NZBau 2002, 231; OLG München BauR 1996, 417 = NJW-RR 1996, 341; *Koeble* in Kniffka/Koeble, Kompendium, 12. Teil Rn. 299, 795 ff.; zum ganzen Einl. Rdn. 207 a. E.

§ 4 HOAI Anrechenbare Kosten

b) Wirksame Honorarvereinbarung mit anderem Inhalt

35 Ein weiterer Ausnahmefall liegt dann vor, wenn die Vertragsparteien eine **Honorarvereinbarung** getroffen haben, die sich nicht an den anrechenbaren Kosten orientiert.[26] Solche Vereinbarungen sind zwar möglich. Sie müssen sich – wenn die davon benachteiligte Partei es will – am richtig nach HOAI berechneten Höchst- und Mindestsatz messen lassen (vgl. § 7 Rdn. 25 ff.). Der BGH hat das **Baukostenvereinbarungsmodell** für unwirksam erklärt. Das bedeutet aber noch nicht, dass – im Rahmen der korrekt berechneten Mindest- und Höchstsätze und unter den Voraussetzungen des § 7 Abs. 1 – die Parteien keine Honorarvereinbarungen auf dieser Grundlage treffen können (dazu § 6 Rdn. 56 ff.).

c) Pauschalhonorarvereinbarung

36 Auch bei Honorarvereinbarungen in Form des Pauschalhonorars müssen die Kostenermittlungen zur Berechnung des Honorars nicht vorgelegt werden, zumal die Vereinbarung des Pauschalhonorars wirksam ist, soweit der Höchstsatz nicht überschritten (hierzu § 7 Rdn. 25, 38 ff.) und der Mindestsatz nicht unterschritten wurde (hierzu § 7 Rdn. 94 ff.). Eine weitere Ausnahme muss dann gelten, wenn der Auftragnehmer nur Leistungsphase 1 isoliert oder aber nur eine Teilleistung aus Leistungsphase 2 vertragsgemäß erbringen soll, jedoch gerade **nicht die Kostenschätzung.** Hier kann der Auftragnehmer nicht verpflichtet sein, kostenlos die Kostenschätzung zu erbringen, allein deshalb, damit er sein Honorar berechnen kann. Vielmehr muss ihm in diesem Fall eine von §§ 6 Abs. 1 Nr. 1, 4 Abs. 1 abweichende Abrechnung möglich sein. Da ein Fall des Zeithonorars nicht vorliegt, kann der Auftragnehmer eine »überschlägige Kostenschätzung« zugrunde legen (vgl. § 6 Rdn. 18). Sind dem Auftragnehmer weitergehende Leistungen als die Vorplanung übertragen, jedoch mit Ausnahme der Kostenermittlungen, so fragt sich, wie er sein Honorar hier berechnen kann. Da der Auftragnehmer nicht verpflichtet ist, die Kostenermittlung vorzunehmen, kann man ihn aus gebührenrechtlichen Gründen hierzu mittelbar auch nicht zwingen. Andererseits hat der Auftraggeber in aller Regel keine Kostenermittlung erbracht, sodass ein Auskunfts- oder Herausgabeanspruch ins Leere geht. Hier muss es deshalb ebenfalls genügen, wenn der Auftragnehmer statt der vollständigen Kostenberechnung eine überschlägige Kostenschätzung vorlegt.[27]

d) Treu und Glauben

37 Weitere **Ausnahmen** können sich aus dem **Gesichtspunkt von Treu und Glauben** ergeben.[28] In dem ersten vom BGH entschiedenen Fall war zwischen den Parteien eine un-

---

26 Ebenso *Meurer/Rothärmel* in KMV, § 4 Rn. 22 ff.; *Neuenfeld*, § 10 Rn. 11 vgl. auch unten Rdn. 36.
27 Ebenso OLG Stuttgart v. 05.12.1984 – 3 U 279/83.
28 BGH BauR 1990, 97 = NJW-RR 1990, 90 = ZfBR 1990, 19; BGH BauR 1990, 379 = ZfBR 1990, 173; zu weitgehend aber OLG Koblenz BauR 2001, 828 und *Maurer*, FS Locher, S. 189 [192 ff.].

wirksame Honorarvereinbarung getroffen worden, später der Vertrag gekündigt und das Bauvorhaben mit einem anderen Architekten zum Pauschalpreis fertig gestellt worden. Dem Bauherrn war hier zu Recht der Einwand fehlender Kostenermittlung abgeschnitten.[29] Im zweiten Fall entschied der BGH, dass eine Kostenberechnung nicht nachgeholt werden müsse, »wenn die nachträgliche Rekonstruktion der Kostensätze aufgrund der besonderen Umstände des Einzelfalles praktisch nicht möglich oder unzumutbar« sei. Das wurde bejaht, weil das Objekt nicht gebaut bzw. weitergeführt wurde und weil wegen der unterschiedlichen Planungskonzepte eine Kostenberechnung einen erheblichen Aufwand und Kosten verursacht hätte, ohne dass damit eine größere Genauigkeit erzielt worden wäre.

e) **Beauftragung eines Generalunternehmers zum Pauschalpreis**

Die Kostenermittlungen werden keinesfalls schon dadurch entbehrlich, dass die Absicht besteht, einen **Generalunter- bzw. -übernehmervertrag** mit **Pauschalpreis** abzuschließen.[30] Erst dann, wenn der Vertrag abgeschlossen ist, bedarf es keiner weiteren Kostenermittlung mehr während des Bauablaufs. Das Problem, wie bei Verträgen mit dem GU ein Kostenanschlag bzw. eine Kostenfeststellung ordnungsgemäß aufzustellen war, hat sich für die Honorarberechnung nach HOAI erledigt.[31] Durch Beauftragung eines GU zum Pauschalpreis ergibt sich kein Unterschied mehr für die Abrechnung, weil hierfür alleine die Kostenberechnung aus der Entwurfsplanung maßgebend ist.

38

8. Anrechenbare Kosten bei Teilobjekten und bei Kündigung

Soweit der Auftragnehmer nur mit Teilen eines Objekts befasst ist, für das insgesamt eine Kostenermittlung nach DIN 276 zu erstellen ist, muss geklärt werden, wie die Abrechnung auszusehen hat. Denkbar wäre es einerseits, nur die **Teilkosten** für den Teil des Objekts anzusetzen, mit welchem der Auftragnehmer befasst ist. Denkbar wäre es aber auch, die **Gesamtkostenermittlung** für das ganze Objekt zugrunde zu legen und dann bei der Bewertung der erbrachten Leistungen (Teilleistungen) den entsprechenden Abzug vorzunehmen. Letzteres ist von der Systematik der HOAI und der Einbeziehung der DIN 276 her aus zwei Gründen zutreffend: Zum einen gibt es in der DIN 276 nur die Gesamtkostenermittlung für ein Objekt und darauf sind auch die Honorartafeln abgestellt. Zum anderen würde eine Aufteilung nach anrechenbaren Kosten wegen der Degression der Honorartafeln zu einer Erhöhung des Honorars führen, wenn zwei verschiedene Auftragnehmer sich den Gesamtauftrag für das ganze Objekt teilen. Diese hier nach wie vor vertretene Auffassung hat jedoch der BGH abgelehnt.

39

Für den Auftrag an einen Subplaner betreffend die Planung und Überwachung einer Heizung für eines von mehreren Gebäuden hatte der BGH[32] erstmals entschieden, dass die anrechenbaren Kosten von vornherein **durch den Vertragsgegenstand** be-

40

---

29 Vgl. zu solchen Fällen auch oben Rdn. 35.
30 Ebenso LG Tübingen Urt. v. 11.09.1981 – 2 O 259/81.
31 Vgl. zu diesem Thema *Locher/Koeble/Frik*, 9. Aufl. § 10 Rn. 72.
32 BauR 1994, 787 = NJW-RR 1994, 1295 = ZfBR 1994, 280.

§ 4 HOAI Anrechenbare Kosten

schränkt sind. Damit begann die sog. **Teilgewerke-Rechtsprechung** des BGH. Zugrunde zu legen sind danach nur diejenigen Teile eines Objekts, mit denen der Auftragnehmer befasst ist. Diese Rechtsprechung wurde fortgesetzt auch bei Modernisierung eines Altbaus, wenn der Auftragnehmer nur mit bestimmten Teilen (z. B. Fassade ohne Fenster) befasst ist.[33] In diesem Fall hat der BGH sogar betont, dass es unwirksam sei, wenn die Vergütungsvereinbarung zwischen den Parteien die Einbeziehung nicht vom Auftragsumfang erfasster Kosten einbeziehe. Die beiden genannten Entscheidungen hätte man wegen der Besonderheit der Fälle noch in Einklang mit der hier vertretenen Auffassung bringen können.[34] Der BGH hat seine Rechtsprechung jedoch verfestigt und allgemein und generell erklärt, dass die **anrechenbaren Kosten** sich immer nach dem **jeweiligen Vertragsgegenstand** richten.[35] Unproblematisch ist dies z. B. dann, wenn der Auftragnehmer mit Mängelbeseitigungsmaßnahmen beauftragt ist, wobei für die Abrechnung die Mängelbeseitigungskosten zugrunde zu legen sind.[36]

41   Die Auffassung des BGH ist nach wie vor abzulehnen, weil sie nicht mit der Systematik der HOAI und der Kostenermittlung nach DIN 276 in Einklang zu bringen ist.[37] Das aus der Rechtsprechung des BGH resultierende Problem besteht darin, wie nun die Kosten in zuverlässiger Weise ermittelt werden sollen, zumal es Kostenermittlungen für Teile von Objekten nicht gibt und die Honorartafeln dafür auch nicht konzipiert sind, sondern auf **Objekte als Ganzes** schon in den Voruntersuchungen der HOAI 1977 angelegt wurden. Der BGH hat erklärt, es könne z. B. von den Gesamtkosten ausgegangen werden und unter Berücksichtigung des Anteils der anrechenbaren Kosten des Vertragsgegenstands eine Quote gebildet werden. Dazu werden Sachverständige eine geeignete Formel entwickeln müssen, was aber bis heute nicht geschehen ist und vielleicht auch gar nicht realisierbar ist. Ebenso muss noch geklärt werden, ob für jede Teilleistungs- oder für jede Leistungsphase, in der vielleicht noch weitere Teilobjekte (Gegenstände) hinzukommen, spezielle anrechenbare Kosten ermittelt werden müssen. Konsequenterweise müsste dies nach der Rechtsprechung geschehen.

42   Ob die Rechtsprechung des BGH auch auf den Fall der **Kündigung** des Vertrages zu übertragen ist, erscheint zweifelhaft. Hier werden wohl die **Gesamtkosten** als maßgebende Abrechnungsgrundlage heranzuziehen sein. Nach hier vertretener Auffassung ist dies ohnehin der Fall.[38] Diese Auffassung ist auch mit der oben dargestellten Teilge-

---

33   BGH BauR 1999, 1045 = ZfBR 1999, 312.
34   Vgl. zum Ganzen *Knipp* BauR 2004, 1855; eine weitere Ausnahme hätte man für die Abrechnung von Überwachungsmaßnahmen zur Mängelbeseitigung und auch deren Planung annehmen können; vgl. dazu OLG Celle BauR 2007, 728.
35   BGH BauR 2006, 693 = NZBau 2006, 248 für einen Innenarchitekten, der nicht nur diejenigen Kosten von Gewerken als Abrechnungsgrundlage herangezogen hatte, mit denen er unmittelbar zu tun hatte, sondern auch die anderen Kosten des Innenausbaus.
36   OLG Celle BauR 2007, 728 und OLG Schleswig BauR 2007, 139 für die Kosten der Möblierung einer Klinik.
37   Kritisch ebenfalls *Klein* in MNP § 4 Rn. 71 ff.
38   Ebenso OLG Köln BauR 1992, 668; OLG Düsseldorf NJW-RR 1999, 669; vgl. auch *Börner* BauR 1995, 391; zu den anrechenbaren Kosten bei Arbeitsteilung vgl. § 6 Rdn. 25.

werke-Rechtsprechung des BGH vereinbar. Der maßgebliche »Vertragsgegenstand« ist nämlich von der Ausgangslage her das gesamte Objekt, für welches nach DIN 276 die Kosten zu ermitteln sind. Die Korrektur dessen, dass die Gesamtkosten heranzuziehen sind, findet dann bei den Prozentsätzen bezüglich der erbrachten Leistungen statt. Diesbezüglich sind dann die tatsächlich erbrachten Leistungen als Teil der Gesamtleistung anzusetzen und zu bewerten. Hier kann dann auch der Wert der noch nicht erbrachten und bearbeiteten Bauleistungen eine Rolle spielen.

9. Ansatz ortsüblicher Preise (Abs. 2)

Die Bestimmung des Abs. 2 ist unverändert aus § 10 Abs. 3 HOAI 2002 übernommen worden. Sie wurde in den Allgemeinen Teil überführt, zumal die früher im Bereich der Objektplanung angesiedelte Bestimmung in den anderen Teilen der HOAI in Bezug genommen worden war. An der bisherigen Regelung hat sich nichts geändert. Es stellt sich lediglich die Frage, ob von Nr. 4 auch die Mitverarbeitung vorhandener Bausubstanz (früher § 10 Abs. 3a HOAI 2002) erfasst ist (dazu unten Rdn. 52 ff.). 43

a) Bedeutung des Abs. 2; ortsübliche Preise

In verschiedenen Fällen entstehen für den Bauherrn niedrigere Baukosten durch besondere Umstände. Hier hat der Verordnungsgeber vernünftigerweise festgelegt, dass der Auftragnehmer sozusagen einen »Zuschlag« für die anrechenbaren Kosten zugrunde legen darf. Gelöst wurde das Problem so, dass die ortsüblichen Preise in bestimmten Fällen angesetzt werden können. Der Begriff »**ortsübliche**« **Preise** ist gleichbedeutend mit dem in § 15 Abs. 1 Ziff. 2 VOB (B) verwendeten.[39] Maßgebend sind somit die Sätze, wie sie für das betreffende Gewerk zur Zeit der Bauleistung an dem Ort ihrer Ausführung oder in dessen engerem Bereich allgemein und daher üblicherweise bezahlt werden.[40] Bei Vorhaben im Ausland kommt es auf die in der Bundesrepublik Deutschland gültigen Preise an, da die HOAI das Honorar in Relation zu den hier üblichen Preisen festlegt (vgl. dazu auch § 1 Rdn. 32). **Ausgangspunkt** für die anrechenbaren Kosten ist der **Vertragspreis** der maßgebenden Bauleistungen. Schon damit sind zahlreiche Probleme geklärt, ohne dass es noch auf § 4 Abs. 2 ankäme: Skontonachlässe (dazu auch Rdn. 47) und auch Vorauszahlungsrabatte (dazu auch Rdn. 47) sind ohne Bedeutung für die anrechenbaren Kosten, weil sie Zahlungsmodalitäten sind, die nur unter weiteren Voraussetzungen zu Vorteilen für den Auftraggeber führen. Auch die Berücksichtigung von **Abgeboten** ist damit entschieden: Der Vertragspreis ist der ermäßigte Preis und nur dann, wenn das Abgebot unüblich hoch ist (mehr als ca. 5 % auf jeden Fall), kann der Auftragnehmer sich auf Nr. 2 berufen (vgl. unten Rdn. 46). 44

---

39 Ebenso *Klein* in MNP § 4 Rn. 37; *Meurer/Rorthärmel* in KMV, § 4 Rn. 33 *Kromik*, DAB 1979, 1047; *Neuenfeld*, § 10 Rn. 13; vgl. ferner *Mantscheff*, FS Vygen, S. 234 ff.
40 *Ingenstau/Korbion*, B § 15 Abs. 1 Rn. 4.

b) Eigenleistungen (Nr. 1)

45 Nr. 1 erfasst neben den **Eigenleistungen** des Auftraggebers auch – wie früher – Leistungen durch Dritte, die in persönlicher Beziehung zum Auftraggeber stehen oder die Leistung aus irgendwelchen Gründen für den Auftraggeber günstiger als für die übliche Vergütung oder kostenlos erbringen. Dies ergibt sich aus dem Wortlaut, wonach die ortsüblichen Preise einzusetzen sind für Leistungen, die der Auftraggeber »übernimmt«. Es ist also nicht erforderlich, dass es sich um eine eigenhändige Ausführung durch den Auftraggeber handelt.[41] Die ortsüblichen Preise gelten somit auch dann, wenn z. B. die Anlieferung von einzubauendem Erdmaterial kostenlos oder gegen zusätzliche Zahlung eines Lieferanten erfolgt, der seinerseits das Material gegen Gebühr und mit höheren Kosten auf eine Deponie verbringen müsste. Sie gelten ferner dann, wenn der Unternehmer für die Abfuhr keine Kosten verrechnet, weil er ausnahmsweise günstiger lagern oder wiederverwenden kann, oder wenn er eine eigene Erddeponie hat.

c) Vergünstigungen (Nr. 2)

46 Bei Nr. 2 stellt sich die Frage, ob bei jeglicher – also auch geringfügiger – Abweichung von der ortsüblichen Vergütung die ortsüblichen Preise einzusetzen sind. Die Nr. 2 spricht jedoch nicht von Abweichungen von der üblichen Vergütung, sondern von »sonst nicht üblichen **Vergünstigungen**«. Dies bedeutet, dass eine Abweichung von den ortsüblichen Preisen hingenommen werden muss, sofern die Abweichung nicht absolut unüblich ist. Maßstab ist also nicht die Abweichung von der üblichen Vergütung, sondern eine unübliche, außergewöhnlich hohe Abweichung durch eine Vergünstigung.[42] Unüblich ist auch ein Angebotspreis, der erkennbar die Selbstkosten einer qualifizierten Ausführung deutlich unterschreitet, wenn er nur dazu dient, den Auftrag zu erhalten oder die Konkurrenz zu unterbieten. Die ortsübliche Vergütung ist auch dann zugrunde zu legen, wenn der Auftraggeber einem Unternehmer hohe Vorauszahlungen gewährt und dafür einen Nachlass in unüblicher Höhe erhält. Anderes kann hinsichtlich Vorauszahlungen auf Material gelten, da diese Praxis fast schon gebräuchlich geworden ist.

d) Rabatte, Provisionen, Skonti

47 Als Vergünstigungen im Sinne der Nr. 2 sind auf jeden Fall **Rabatte** jeder Art, **Boni** und **Provisionen** anzusehen.[43] Nicht hierher gehört das sog. **Abgebot** auf einen ursprünglichen Angebotspreis. Hierbei handelt es sich um keine Vergünstigung. Vielmehr kommt der ursprüngliche Vertrag zu dem niedrigeren Preis zustande. Dieser niedrigere Preis ist dann auch bei den anrechenbaren Kosten zugrunde zu legen, soweit er in die

---

41 Ebenso *Jochem*, § 4 Rn. 18; *Meurer/Rothärmel* in KMV, § 4 Rn. 34; *Kromik* DAB 1979, 1047; *Klein* in MNP § 4 Rn. 40; *Seifert/Fuchs* in FBS, § 4 Rn. 81.
42 Ebenso *Klein* in MNP § 4 Rn. 42; *Meurer/Rothärmel* in KMV, § 4 Rn. 34; *Seifert/Fuchs* in FBS, § 4 Rn. 81; *Kromik* DAB 1979, 1047.
43 Vgl. *Klein* in MNP § 4 Rn. 42; *Meurer/Rothärmel* in KMV, § 4 Rn. 35; *Seifert/Fuchs* in FBS, § 4 Rn. 83 ff.; *Koeble* BauR 1983, 323.

Schlussrechnung des betreffenden Unternehmers eingegangen ist (vgl. auch oben Rdn. 44). Etwas anderes gilt, wenn das Abgebot unüblich hoch ist und damit eine nicht zu berücksichtigende Vergünstigung darstellt. Ob die Höhe des Abgebots unüblich hoch ist, muss der Betrachtung im Einzelfall – auch unter Berücksichtigung der sonstigen Angebote – überlassen bleiben.[44] Ebenso unüblich ist ein Abgebot im Rahmen eines Pauschal-Bauvertrags, das sich nur auf einzelne Teile wie z. B. die Technikgewerke bezieht. Zweifelhaft ist, ob auch Skonti als Vergünstigung anzusehen sind. Dies wird zum Teil in der Literatur bejaht, wobei allerdings vereinzelt Skonti nicht für üblich angesehen werden, weshalb man zu dem Ergebnis gelangt, dass Skonti von den anrechenbaren Kosten nicht abzusetzen sind. Die Berechtigung zum Skontoabzug stellt jedoch keine Vergünstigung im Sinne des Abs. 2 dar. Vergünstigungen in diesem Sinne sind nur die vertraglich von vornherein feststehenden Nachlässe, nicht jedoch Vorteile, deren Entstehung noch ungewiss ist. Es widerspricht dem Sinn der Regelungen über die anrechenbaren Kosten, diese so klar wie möglich zu umreißen, dass die Höhe der anrechenbaren Kosten von einem Vorteil abhängen soll, den der Auftraggeber durch baldige Zahlung in Anspruch nehmen kann oder nicht. Vergünstigungen im Sinne der Nr. 3 müssen in der Sache selbst begründet liegen, sie können nicht allein in der Art und Weise der Zahlung begründet sein. Da Skonti nicht den Vertragspreis beeinflussen (vgl. oben Rdn. 44), sind sie nicht von den anrechenbaren Kosten abzuziehen.[45]

e) Kompensationsgeschäfte (Nr. 3)

In Nr. 3 sind vor allem Tauschgeschäfte angesprochen, bei denen die **Gegenleistung** 48 nicht in Geld, sondern ebenfalls in einer Leistung oder in der Lieferung einer Ware besteht. Wird nur ein Teil der Leistung durch ein Gegengeschäft verrechnet, so ist für den restlichen Teil der vereinbarte Preis bei den anrechenbaren Kosten anzusetzen. Hier kommt es dann zu verschiedenen Kostenansätzen bei der Erbringung einer einheitlichen Leistung.[46]

f) Vorhandene Baustoffe oder Bauteile (Nr. 4)

In **Nr. 4** sind die »**vorhandenen oder vorbeschafften Baustoffe oder Bauteile**« auf- 49 geführt. Hierher gehören auch unstreitig geschenkte oder gestiftete Baustoffe bzw. Bauteile, da diese ja ebenfalls aus der Sicht der am Bau Beteiligten und des Architekten vorhanden sind. Die Nr. 4 ist anwendbar auf Wiederaufbauten, bei denen verwendete Bauteile zu den im Zeitpunkt des Wiederaufbaus geltenden ortsüblichen Preisen anzusetzen sind,[47] aber auch auf Erweiterungsbauten, Modernisierungen, Instandsetzungen

---

44 Vgl. *Klein* in MNP § 4 Rn. 43; *Meurer/Rothärmel* in KMV, § 4 Rn. 35 a. E.
45 Im Ergebnis ebenso *Klein* in MNP § 4 Rn. 43;*Meurer/Rothärmel* in KMV, § 4 Rn. 35; *Seifert/Fuchs* in FBS, § 4 Rn. 84; *Koeble* BauR 1983, 323; *Kromik* DAB 1979, 1048; *Löffelmann/Fleischmann*, Rn. 1373; *Neuenfeld*, § 10 Rn. 16, die z. T. den Skonto nicht für »üblich« halten.
46 *Klein* in MNP § 4 Rn. 46 ff.; *Meurer/Rothärmel* in KMV, § 4 Rn. 37; *Seifert/Fuchs* in FBS, § 4 Rn. 89-; *Kromik* DAB 1979, 1048.
47 Ebenso *Jochem*, § 4 Rn. 34.

und schließlich auch auf Umbauten.[48] Dies galt auch trotz des seit 01.04.1988 eingefügten § 10 Abs. 3a HOAI 2002, da dieser nur einen Ausschnitt aus Nr. 4 betrifft, nämlich die »vorhandene Bausubstanz« (vgl. auch unten Rdn. 52 ff.).

50 Die Begriffe »Baustoffe« und »Bauteile« sind gleichbedeutend mit den in § 1 VOB (A) verwendeten.[49] Damit gehören zu den Baustoffen die einzelnen Arten des Materials, die für die Errichtung des Bauwerks be- und verarbeitet werden, wie z. B. Holz, Sand, Zement, Farbe, Bausteine, Erdmaterial, Humus, Steine usw. Daneben gehören aber auch die Hilfsmittel für die Be- oder Verarbeitung dazu, wie z. B. Wasser, Strom usw.[50] Bauteile sind Sachen, die bereits aus Baustoffen im angeführten Sinn gebildet worden sind, wie z. B. Stahlträger, Heizkörper, Türen, Fenster usw.[51] Eine vergleichbare Situation wie bei Nr. 4 liegt auch bei **Leasing** vor, weshalb hier die ortsüblichen Preise anzusetzen sind.

g) Besonderheiten bei Freianlagen

51 Bei der Ermittlung der anrechenbaren Kosten für **Freianlagen** (§ 39 Abs. 1) erhebt sich die Frage, ob vorhandener oder beschaffter Humus oder sonstiges Bodenmaterial für Erdbaumaßnahmen als anrechenbare Kosten mit ortsüblichen Preisen anzusetzen ist. Humus oder sonstiges Bodenmaterial gehört bei Freianlagen zu den anrechenbaren Kosten. Dagegen ist der Einbau von geliefertem Humus oder Bodenmaterial bei der Objektplanung für Gebäude nicht zu berücksichtigen, auch nicht, wenn der Auftragnehmer dies plant, bei der Vorbereitung mitwirkt, bei der Vergabe tätig ist und den Einbau des gelieferten Humus überwacht. Die Kosten für Abheben, Transporte, Lagern, Sichern und Wiederverwenden von Humus gehören in jedem Fall zu den anrechenbaren Kosten.

10. Einbeziehung der Bausubstanz nach HOAI 2009?

52 Die ausdrückliche Erklärung des Verordnungsgebers für die HOAI 2009 ging dahin, dass die wiederverwendete Bausubstanz nicht mehr zu den anrechenbaren Kosten gehört. Nach der Vorstellung des Verordnungsgebers sollte die Frage der Bausubstanz über den Zuschlag und eine entsprechende Vereinbarung der Parteien in diesem Zusammenhang gelöst werden. Man ging also offensichtlich davon aus, dass Nr. 4 die Sachverhalte aus § 10 Abs. 3a HOAI 2002 noch nicht einmal zum Teil abdeckt. Es wird noch zu klären sein, ob und inwieweit Abs. 2 Nr. 4 in gewisser Weise doch wiederverwendete Bauteile und Baustoffe zu den anrechenbaren Kosten rechnet (dazu

---

48 Vgl. hierzu BGH BauR 1986, 593 = NJW-RR 1986, 1214 = ZfBR 1986, 233 und unten Rdn. 52 ff.
49 Ebenso *Klein* in MNP § 4 Rn. 49; *Meurer/Rothärmel* in KMV, § 4 Rn. 38; *Seifert/Fuchs* in FBS, § 4 Rn. 91; *Kromik* DAB 1979, 1048; *Löffelmann/Fleischmann* Rn. 1380.
50 *Klein* in MNP § 4 Rn. 49 ff.; *Meurer/Rothärmel* in KMV, § 4 Rn. 38 ff.; *Seifert/Fuchs* in FBS, § 4 Rn. 91 ff.; *Kromik* DAB 1979, 1048.
51 *Klein* in MNP § 4 Rn. 50; *Meurer/Rothärmel* in KMV, § 4 Rn. 40; *Seifert/Fuchs* in FBS, § 4 Rn. 91; *Kromik* DAB 1979, 1048.

Rdn. 54). Nach absolut h. M. ist jedenfalls vom Grundsatz her die wiederverwendete Bausubstanz bei den anrechenbaren Kosten für die HOAI 2009 nicht mehr zu berücksichtigen.[52] Zur Beantwortung der Frage ist ein Rückblick auf frühere Fassungen der HOAI und eine Entscheidung des BGH aus dem Jahr 1986 erforderlich.

In einer grundlegenden Entscheidung hatte der BGH[53] Folgendes entschieden: »Eine Unterscheidung danach, ob mit dem Grundstück festverbundene Bauteile bei einem Wiederaufbau oder bei einem Umbau verwendet werden, ist sachlich nicht gerechtfertigt. Von Belang ist nur, ob der Architekt diese Bauteile **planerisch und baukonstruktiv in seine Leistung einbeziehen**, die alte Bausubstanz also in den Wiederaufbau oder in den Umbau eingliedern muss.« In diesen Fällen waren für Verträge bis zum 31.03.1988 vorhandene Bausubstanz oder vorhandene Bauteile bei den anrechenbaren Kosten nach § 10 Nr. 3 a. F. mit dem ortsüblichen Preis anzusetzen, der im Zeitpunkt der Durchführung der Baumaßnahme gilt.[54] Der Verordnungsgeber hatte auf diese Entscheidung reagiert und durch die 3. HOAI-Novelle den § 10 Abs. 3a eingeführt. Als **Ausnahme** vom Grundsatz der Berücksichtigung von ortsüblichen Preisen war nach dieser Bestimmung die vorhandene und mitverarbeitete »**Bausubstanz**« nur »angemessen« mit einzubeziehen. 53

Mit der damaligen Neuregelung des § 10 Abs. 3a HOAI 2002 war festgelegt, dass nicht die ortsüblichen Preise für mit verarbeitete Bausubstanz gelten, sondern eine angemessene Berücksichtigung der ersparten Kosten erfolgen solle. Der Inhalt der Vorschrift war stark umstritten.[55] Mit der damaligen Einführung des § 10 Abs. 3a HOAI 2002 einher ging eine Änderung von Abs. 3 Nr. 4. Statt des Wortes »mit verarbeiten« wurde das heute noch in Nr. 4 verwendete Wort »einbauen« eingefügt. Es stellt sich nun die Frage, ob nach Wegfall des § 10 Abs. 3a HOAI 2002 die mitverarbeitete, vorhandene Bausubstanz wiederum mit der ortsüblichen Vergütung nach Nr. 4 zu berücksichtigen ist. Die Grundsätze der Rechtsprechung des BGH zu dieser Vorschrift gelten nach wie vor (vgl. oben Rdn. 53). Allerdings wurde ja der Begriff »mitverarbeiten« ersetzt durch den Begriff »**einbauen**«. Insoweit hat sich eine Änderung ergeben. Für das Mitverarbeiten würde es ausreichen, wenn die Bausubstanz unverändert bleibt. Von einem Einbauen kann man jedoch nur sprechen, wenn mit der Bausubstanz etwas 54

---

52 Nahezu allgem. Meinung: z. B.: *Averhaus* NZBau 2009, 473 (477); *Berger/Fuchs*, Rn. 216; *Deckers*, Rn. 704 ff.; *Pott/Dahlhoff/Kniffka/Rath*, § 4 Rn. 26; *Werner* in *Werner/Pastor*, Rn. 990; *Werner/Siegburg* FS Koeble, S. 585 (595); a. A. lediglich *Morlock/Meurer*, Rn. 799 und *Scholtissek* § 35 Rn. 2, die aber übersehen, dass die ursprüngliche Fassung des § 10 Abs. 3 Nr. 4 geändert wurde (dazu unten Rdn. 54).
53 BauR 1986, 593 = NJW-RR 1986, 1214 = ZfBR 1986, 133.
54 BGH BauR 1986, 593.
55 Zu den Fragen Schriftform als Anspruchsvoraussetzung, Art und Weise der Mitverarbeitung, Art und Weise der angemessenen Berücksichtigung vgl. BGH BauR 2003, 745 = NJW 2003, 1676 = NZBau 2003, 279 = ZfBR 2003, 364; KG v. 13.01.2011 – 27 U 34/10 = Analyse *Koeble* auf www.jurion.de/Modul Werner Baurecht zum Umfang des Vortrags für den Ansatz in den einzelnen Leistungsphasen; ferner *Locher/Koeble/Frik*, 9. Aufl. § 10 Rn. 89 ff.; *Grünenwald* BauR 2005, 1234.

passiert, z. B. der Ausbau und der Wiedereinbau. Das bloße Einbeziehen, ohne bauliche Maßnahme an der Substanz selbst, genügt also nicht. Damit sind nur noch solche Bauteile und Baustoffe aus der Altsubstanz anrechenbar, die ausgebaut und (wieder) eingebaut werden. Das kommt eventuell für Türen und Fenster oder auch sonstige Bauteile in Frage, die beim Ausbau nicht (wesentlich) beschädigt werden.

55 Eine vollständige Berücksichtigung der wiederverwendeten Bausubstanz – ohne erneuten Einbau – kann auch nicht aus Ziff. 3.3.6 der DIN 276 in der Fassung von Dezember 2008 (vgl. unten Anhang 1) hergeleitet werden. Die Regelung, wonach der Wert vorhandener Bausubstanz und wiederverwendeter Teile bei den betreffenden Kostengruppen gesondert auszuweisen ist, kann jederzeit auch so verstanden werden, dass dies zum Zwecke der Bereinigung im Hinblick auf die anrechenbaren Kosten geschehen muss. Weshalb die umgekehrte Auslegung die einzige sein soll, ist nicht nachvollziehbar. Auch aus anderen Gründen ist das Argument aus der DIN 276 nicht stichhaltig. Die DIN 276 ist gegenüber den ausdrücklichen Regelungen betreffend die anrechenbaren Kosten nachrangig. Der Verordnungsgeber hat § 10 Abs. 3a HOAI 2002 vollständig gestrichen und es bei § 4 Abs. 2 belassen. Nach seinem Willen war dies aus zwei Gründen berechtigt: Zum einen wurde für den Umbauzuschlag die Messlatte herabgesetzt.[56] Zum anderen wurde der Umbauzuschlag vom Höchstsatz her auf 80 % angehoben, wobei allerdings eine Vereinbarung notwendig ist (dazu § 35 Rdn. 17). In § 32 Abs. 1 ist zwar auf Begriffe aus der DIN 276 Bezug genommen worden. Damit ist aber noch nicht gesagt, dass alles aus der DIN 276 auch zu den anrechenbaren Kosten gehört. Vielmehr gibt es hinsichtlich der Bausubstanz die Spezialregelung des § 4 Abs. 2. Darüber hinaus stellt auch Absatz 1 klar, dass nur »Baukosten« bzw. »Aufwendungen« anrechenbare Kosten sein können. Gegen die Auffassung, wonach die Bausubstanz anrechenbar sein soll, spricht auch, dass für die nach Ziff. 3.3.6 der DIN 276 Fassung Dezember 2008 gesondert auszuweisenden Kosten der Bausubstanz noch eine andere Kategorie bei der Anrechenbarkeit eingefügt werden müsste als diejenigen, welche die HOAI kennt: Die vollständige Anrechnung und auch die Anrechnung mit ortsüblichen Preisen würden ohnehin ausscheiden, eine abgeminderte oder bedingte Anrechenbarkeit wäre ebenfalls nicht zu begründen und ebenso wenig könnte auf die frühere »angemessene« Berücksichtigung ausgewichen werden.

11. Einbeziehung der Bausubstanz nach HOAI 2013 (Abs. 3)

56 Mit der Neufassung der HOAI 2013 hat der Verordnungsgeber wiederum eine Kehrtwende vollzogen und die mitzuverarbeitende Bausubstanz wie nach HOAI 2002 bei den anrechenbaren Kosten berücksichtigt. Voraussetzung ist, dass es sich um mitzuverarbeitende Bausubstanz handelt (§ 2 Abs. 7).[57] Die Festlegungen, wie und unter welchen Voraussetzungen die Bausubstanz bei den anrechenbaren Kosten zu berücksichtigen ist, bringt nun Abs. 3:
– Die mitzuverarbeitende Bausubstanz soll angemessen berücksichtigt werden.

---

56 Keine wesentlichen Eingriffe mehr erforderlich; vgl. § 2 Rdn. 13.
57 Vgl. dazu i. E. oben § 2 Rdn. 18.

- Die Berücksichtigung soll auf den Zeitpunkt der Kostenberechnung bzw. Kostenschätzung bezogen sein.
- Der Ansatz soll objektbezogen sein.
- Umfang und Wert sollen schriftlich vereinbart werden.

a) **Angemessene Berücksichtigung**

Mit der gleichen Formulierung wie in § 10 Abs. 3a HOAI 2002 wird nun allerdings nicht nur der Umfang, sondern auch der Wert der Bausubstanz einbezogen. Inhaltlich macht dies keinen Unterschied. Als Maßstab für die Angemessenheit sind nach wie vor zwei Komponenten von Bedeutung. Zum einen ist dies der **Wertfaktor** als der dem effektiven Erhaltungszustand der vorhandenen Bausubstanz entsprechende Wert. Zum anderen ist zu berücksichtigen der **Leistungsfaktor**, welcher entsprechend der früheren Amtlichen Begründung zu § 10 Abs. 3a HOAI 2002 von den beim Mitverarbeiten erforderlichen planerischen und überwachenden Leistungen abhängt.[58] Weil der Leistungsfaktor innerhalb der Leistungsphasen eines Leistungsbildes differieren kann, hat die Rechtsprechung entschieden, dass die **Bausubstanz leistungsbezogen** bei den anrechenbaren Kosten zu berücksichtigen ist.[59] Insoweit hat sich gegenüber der früheren Regelung nichts geändert und die Rechtsprechung ist auch auf die Neufassung anwendbar. Die Leistungsbezogenheit führt dazu, dass u. U. in jeder **einzelnen Leistungsphase** genau geprüft werden muss, inwieweit die Bausubstanz mitzuverarbeiten ist. Es wird deshalb nach wie vor notwendig sein, dass der Auftragnehmer die einzelnen Teilleistungen benennt und sie in Relation zur vorhandenen Bausubstanz bringt. Er muss also genau beschreiben, welche der Teilleistungen **im konkreten Fall** im Zusammenhang mit der Bausubstanz steht. Es kann sich dabei eine völlig unterschiedliche Gewichtung ergeben.[60] Für das **durchschnittliche Objekt** können **üblicherweise** folgende Anhaltspunkte berücksichtigt werden: In den Leistungsphasen 1–3 werden bei der Gebäude- und Innenraumplanung die Kosten der Bausubstanz meist vollständig anrechenbar sein. Anderes gilt jedoch für die Leistungsphase 4, wobei allerdings bei Denkmal-, Ensemble- oder Brandschutzauflagen auch hier – zumindest bei Innenräumen – der volle Ansatz in Frage kommen kann. Für die Leistungsphase 5 muss im Einzelfall überprüft werden, wie die Bausubstanz einbezogen wurde, meist wird dies vollständig der Fall sein. Dabei ist wie bei allen Planungsleistungen zu berücksichtigen, dass die bloße Darstellung des Bestandes in den Plänen nicht ausreicht, sondern sich der Auf-

---

58 Für die neue HOAI 2013: *Koeble/Zahn*, Die neue HOAI 2013, Teil C, Rn. 19; *Werner/Siegburg* BauR 2013, 1499 (1508); *Meurer/Rothärmel* in KMV, § 4 Rn. 47; *Voppel* BauR 2013, 1758 (1762); a. A. *Fuchs/Berger/Seifert* NZBau 2013, 729 (733) unter Hinweis auf die Amtliche Begründung *Seifert/Fuchs* in FBS, § 4 Rn. 108; vgl. aus der älteren Literatur z. B. *Seifert* BauR 1999, 304; *Grünenwald* BauR 2005, 1234.
59 BGH BauR 2003, 745 = NJW 2003, 1667 = NZBau 2003, 279 = ZfBR 2003, 364; *Grünenwald* BauR 2005, 1234.
60 Vgl. die Darstellung bei *Grünenwald* BauR 2005, 1234, wonach zutreffenderweise im Rahmen der Vergabe die Bausubstanz selten eine Rolle spielen wird und im Rahmen der Objektüberwachung eine geringere als in den Planungsphasen.

tragnehmer technisch und/oder gestalterisch mit der mitzuverarbeitenden Bausubstanz regelmäßig auseinandersetzen muss. In den Leistungsphasen 6 und 7 ist die Bausubstanz normalerweise nur von untergeordneter Bedeutung. Anderes gilt wiederum für die Objektüberwachung selbst, wobei allerdings für andere Teilleistungen wie Aufmaß, Rechnungsprüfung, Kostenkontrolle, Abnahme und Auflistung der Gewährleistungsfristen die Bausubstanz keine Bedeutung hat. Ähnliches gilt auch für die Leistungsphase 9.

58 Es ist also je nach Leistungsphase zu differenzieren, welche Kosten aus der Bausubstanz den aus der Kostenberechnung maßgebenden anrechenbaren Kosten hinzuzurechnen sind. Obwohl es dem System der HOAI widerspricht, müsste danach **für jede einzelne Leistungsphase** ein **gesondertes Honorar** ermittelt werden.[61] Damit ist das System der anrechenbaren Kosten nicht durchbrochen, sondern es wird auf jede einzelne Leitungsphase hin durch den Ansatz unterschiedlicher Kosten bei der Bausubstanz verfeinert.

59 In der Praxis wurden bereits früher **Verfahren** zur Ermittlung der anrechenbaren Kosten aus der mitzuverarbeitenden Bausubstanz entwickelt. Diese Verfahren haben auch für die HOAI 2013 ihre Bedeutung. Im Wesentlichen werden **Sachverständige** hier Grundlagen für die Ermittlung der Kosten entwickeln müssen (vgl. unten Rdn. 63). Dabei werden sie sich hinsichtlich der Kosten für einzelne Bauteile oder Bauelemente an Zahlen des BKI orientieren können. Eine angemessene Berücksichtigung bedeutet aber nicht, dass die ortsübliche Vergütung angesetzt werden darf, vielmehr ist ein Abschlag zu machen. Vor allem können auch nicht die Kosten für eine heute in anderer Form errichtete Baumaßnahme (altes Schloss mit Mauerwerk) nach heutigen Kosten angesetzt werden, allenfalls so, dass heute übliche Konstruktionen bei der Ausgangsberechnung zugrunde gelegt werden. Historische Bausubstanz ist also unter diesem Blickwinkel besonders zu betrachten. Stehen der Umfang und der Wert fest, dann muss die Aufteilung in die einzelnen Leistungsphasen erfolgen (vgl. oben).

b) Maßgebender Zeitpunkt

60 Richtigerweise wird als Bezugspunkt die Kostenberechnung bzw. der Zeitpunkt, in dem sie erstellt werden muss, genommen. Das ist der Moment, in dem die vollständige Entwurfsplanung vorliegt. Der Zusatz, dass es dann auf die Kostenschätzung ankomme, wenn die Kostenberechnung nicht vorliegt, betrifft allein diejenigen Fälle, die im Stadium der Abrechnung nach Kostenschätzung stecken bleiben, und nicht diejenigen, in denen vertragswidrig keine Kostenberechnung vorgelegt wird.[62] Soweit davon die Rede ist, dass maßgebend der »Zeitpunkt der Kostenberechnung« sei, bedeutet dies keine zeitliche Beschränkung für die Vereinbarung. Sicherlich sind Vereinbarungen über die Bausubstanz bis zum Vorliegen der Kostenberechnung unproblematisch, jedoch sind sie auch dann wirksam, wenn sie nach Vorliegen dieser Kostenermittlung getroffen werden.[63] Die Vereinbarung über die mitzuverarbeitende Bausubstanz muss also eindeutig **nicht** bereits **bei Auftragserteilung** getroffen werden.

---

[61] BGH BauR 2003, 745 = NJW 2003, 1667 = NZBau 2003, 279 = ZfBR 2003, 364.
[62] Vgl. dazu § 6 Rdn. 16.
[63] *Koeble/Zahn*, Die neue HOAI 2013, Teil C Rn. 23; wie hier wohl *Werner/Siegburg* BauR

c) Objektbezogene Berücksichtigung

Mit dem Merkmal der objektbezogenen Berücksichtigung wird eine klarere Basis geschaffen. Es muss für eine angemessene Berücksichtigung die Relation zwischen verwendeter Bausubstanz und Neubaumaßnahme hergestellt werden (vgl. oben Rdn. 57). 61

d) Schriftliche Vereinbarung

Nach der Formulierung sind »Umfang und Wert« der mitzuverarbeitenden Bausubstanz »schriftlich zu vereinbaren«. Die **Schriftform** ist allerdings **keine zwingende Voraussetzung** für den Ansatz der Bausubstanz überhaupt. Insoweit unterscheidet sich die Regelung nicht von § 10 Abs. 3a HOAI 2002, für welche Vorschrift die Rechtsprechung dies so bestätigt hatte.[64] Das Schriftformerfordernis hat **Klarstellungsfunktion** und soll vermeiden, dass Unklarheiten oder Streitigkeiten im Hinblick auf den Wert und den Umfang der Bausubstanz, welche bei den anrechenbaren Kosten zu berücksichtigen ist, entstehen können. Voraussetzung ist allerdings, dass ein Einigungsversuch zwischen den Parteien stattfindet. Fehlt es an einem Einigungsversuch und kommt es nicht zu einer schriftlichen Vereinbarung – welche im Übrigen jederzeit nachgeholt werden kann –, dann ist die Bausubstanz trotzdem angemessen zu berücksichtigen.[65] 62

e) Tragweite von Vereinbarungen über die Bausubstanz

Mit der Regelung in Abs. 3 ist der Vereinbarung zwischen den Parteien Vorrang eingeräumt. Allerdings ist die **Berücksichtigung preisrechtlich zwingend** angeordnet (»... ist bei den anrechenbaren Kosten angemessen zu berücksichtigen«). Dementsprechend sind Vereinbarungen über die Bausubstanz von demjenigen angreifbar, welcher durch sie benachteiligt wird. Im Regelfall wird dies der Auftragnehmer sein, wenn die Parteien die vorhandene Bausubstanz entweder überhaupt nicht oder nur völlig unzureichend bei den anrechenbaren Kosten berücksichtigen. Im Hinblick auf den zwingenden Charakter der Regelung hat sich gegenüber der HOAI 2002 nichts geändert Abs. 3 wird also genau so wie § 10 Abs. 3a HOAI 2002 zum preisrechtlichen Charakter der HOAI gehören[66]. Letzten Endes ist damit eine Kontrolle auf »angemessene« Berück- 63

2013, 1499 (1509); zweifelnd *Orlowsky* ZfBR 2013, 315 (319), der zwar zu Recht eine frühere Vereinbarung vor der Kostenberechnung zulässt, jedoch zu Unrecht eine Vereinbarung danach für unwirksam hält und dabei nicht berücksichtigt, dass mit der Festlegung des Zeitpunktes nur der Bezugspunkt für die Bewertung festgelegt werden soll.

64 BGH BauR 2003, 745 = NJW 2003, 1667 = NZBau 2003, 279 = ZfBR 2003, 364; ebenso für die HOAI 2013: *Fuchs/Seifert/Berger* NZBau 2013, 729 (734); *Koeble/Zahn*, Die neue HOAI 2013, Teil C Rn. 25; *Messerschmidt* BauR 2014, 359 (364); *Voppel* BauR 2013, 1758 (1760); *Werner/Siegburg* BauR 2013, 1499 (1509); *Werner/Wagner* BauR 2014, 1386 (1391); *Klein* in MNP § 4 Rn. 56; *Meurer/Rothärmel* in KMV, § 4 Rn. 50; *Seifert/Fuchs* in FBS, § 4 Rn. 110.

65 So der BGH BauR 2003, 745 = NJW 2003, 1667 = NZBau 2003, 279 = ZfBR 2003, 364 für die frühere Vorschrift des § 10 Abs. 3a HOAI 2002; ebenso für die HOAI 2013: *Voppel* BauR 2013, 1758 (1760); *Werner/Wagner* BauR 2014, 1386 (1391).

66 Vgl. BGH BauR 2003, 745 = NJW 2003, 1667 = NZBau 2003, 279 = ZfBR 2003, 364 für

sichtigung möglich, jedoch haben die Parteien hier einen Wertungsspielraum.[67] Im Übrigen ist zu berücksichtigen, dass nicht schon bei bloßer Abweichung von Abs. 3 der Mindest- und/oder Höchstpreischarakter verletzt ist, sondern dass es diesbezüglich auf eine Gesamtbetrachtung ankommt.[68] Probleme können sich ergeben, wenn die Parteien z. B. vertraglich durchgängig einen bestimmten Betrag als anrechenbar aus der Bausubstanz festlegen. Die entsprechende Vereinbarung kann hier nicht aufgeteilt werden auf einzelne Leistungsphasen und ist im Regelfall so zu verstehen, dass sie für alle Leistungsphasen durchgängig gilt. Der Auftraggeber kann sich gegen diesen Ansatz z. B. mit den Argumenten über die Störung der Geschäftsgrundlage bzw. wegen Überschreitung des richtig berechneten Höchstsatzes wehren.[69] Die Berücksichtigung der Bausubstanz über den Mindestpreischarakter kann dann scheitern, wenn ein Ausnahmefall vorliegt oder wenn das Verhalten des Auftragnehmers eine Bindung an die unwirksame Honorarvereinbarung zur Folge hat.[70]

f) Grundsätze und Beispiele für die Bewertung der mitzuverarbeitenden Bausubstanz nach AHO-Modell

64 Zur Berücksichtigung der mitzuverarbeitenden Bausubstanz haben sich bezüglich der HOAI 2013 bereits anerkannte Sachverständige eingehende Gedanken gemacht. Zurückgreifen konnten sie dabei auf zwei Grundlagen: zum einen auf das sog. »Lechner-Gutachten« und zum anderen auf das »BMWi-Gutachten«.[71] Die Ergebnisse sind in einer Broschüre aus der **AHO-Schriftenreihe** dargestellt worden.[72] Die dort aufgestellten Grundsätze sind im konkreten Einzelfall – vor allem im Hinblick auf den individuellen Leistungsfaktor – anzupassen bzw. umzusetzen. Die Sachverständigen schlagen vor, die Bestimmung des Wertes der mitzuverarbeitenden Bausubstanz in fünf Schritten nachzuvollziehen:[73]

---

die frühere Vorschrift des § 10 Abs. 3a HOAI 2002 im Hinblick auf den preisrechtlichen Charakter der Bestimmung; zur neuen Regelung nach HOAI 2013: *Voppel* BauR 2013, 1758 (1760); *Werner/Siegburg* BauR 2013, 1499 (1509); *Fuchs/Berger/Seifert* NZBau 2013, 729 (733); *Klein* in MNP § 4 Rn. 58; *Meurer/Rothärmel* in KMV, § 4 Rn. 50; *Seifert/Fuchs* in FBS, § 4 Rn. 98.

67 Zum Wertungsspielraum vgl. ferner § 7 Rdn. 24.
68 Vgl. dazu § 7 Rdn. 25.
69 Vgl. dazu auch *Grünenwald* BauR 2005, 1234.
70 Vgl. zur Bindung an die unwirksame Honorarvereinbarung und zum Ausnahmefall § 7 Rdn. 113, 122 und ferner *Grünenwald* BauR 2005, 1234.
71 Beide abzurufen auf der Homepage des BMWi.
72 Eine Fachkommission des AHO, unter Leitung des Sachverständigen Dipl. Ing. Architekt Walter Ziser, hat die Grundsätze für die Ermittlung der mitzuverarbeitenden Bausubstanz und für die Vereinbarung eines Umbauzuschlags erarbeitet; die Broschüre – Nr. 1 HOAI – Planen und Bauen im Bestand – ist zu beziehen beim AHO, Ausschuss der Verbände und Kammern der Ingenieure und Architekten für die Honorarordnung e. V., Uhlandstr. 14, 10623 Berlin, erschienen im Bundesanzeiger-Verlag.
73 Die folgende Darstellung sowohl des Schemas als auch der 5 Schritte folgt den Vorschlägen aus der AHO-Broschüre zum Bauen im Bestand, oben Fn. 72.

aa) Darstellung der 5 Schritte zur Ermittlung der mitzuverarbeitenden Bausubstanz für alle Objekte sowie alle Objektplanungs- und Fachplanungsleistungen

1. Schritt	2. Schritt	3. Schritt	4. Schritt	5. Schritt
Identifizieren der mitzuverarbeitenden Bausubstanz	Bestimmung der Menge der mitzuverarbeitenden Bausubstanz	Festlegung der Kostenkennwerte (KKW)	Ermittlung des Wertfaktors (WF)	Ermittlung des Leistungsfaktors (LF) vgl. oben Rdn. 57
Bezeichnung	Menge	KKW	WF	LF
Wert der mitzuverarbeitenden Bausubstanz (mvB) =		Menge × KKW × WF × LF		

bb) **Bestimmung des Werts der mitzuverarbeitenden Bausubstanz bei der Objektplanung für Gebäude**

Schritt 1: Identifizierung der mitzuverarbeitenden Bausubstanz – Beispiele

Der zuvor beschriebene Grundsatz, dass eine Mitverarbeitung dann vorliegt, wenn vorhandene Bausubstanz von neuer Bausubstanz direkt betroffen ist oder mit dieser verbunden wird, wird durch Beispiele aus der Objektplanung Gebäude erläutert.

▶ Beispiel 1:

In einem Gebäude werden die Bodenbeläge erneuert, die Estriche bleiben erhalten. Zwischen den Estrichen als vorhandene Bausubstanz und den neuen Bodenbelägen entsteht eine Verbindung, weshalb die Estriche mitzuverarbeitende Bausubstanz sind (anders wohl Amtl. Begründung mit Bsp. Deckenerneuerung Fahrbahn).

▶ Beispiel 2:

In einem Gebäude werden neue abgehängte Decken eingebaut. Der vorhandene Deckenputz bleibt erhalten.

Die Verbindung entsteht zwischen der vorhandenen Decke, an der die neuen abgehängten Decken befestigt werden. Die Deckenkonstruktionen sind aus diesem Grund vorhandene Bausubstanz. Zwischen dem vorhandenen Deckenputz und abgehängter Decke entsteht keine Verbindung, weshalb der Deckenputz in der Planung nicht berücksichtigt werden muss und keine mitzuverarbeitende Bausubstanz ist.

▶ Beispiel 3:

Ein Gebäude wird durch ein Wärmedämmverbundsystem gedämmt. Wird das Wärmedämmverbundsystem auf den vorhandenen Außenputz geklebt, entsteht eine Verbindung mit dem Außenputz, der damit zur mitzuverarbeitenden Bausubstanz wird.

Wird aber das Wärmedämmverbundsystem mit der Außenwand verdübelt, entsteht eine Verbindung zur Außenwand, die damit zur mitzuverarbeitenden Bausubstanz wird. In diesem Fall wird der Außenputz in der Planung nicht berücksichtigt und ist keine mitzuverarbeitende Bausubstanz. Der Wert der Außenwand kann, in Abhängigkeit von der notwendigen Planungsleistung, über den Leistungsfaktor angepasst werden.

Schritt 2: Bestimmung der Mengen der mitzuverarbeitenden Bausubstanz

Für die im ersten Schritt identifizierten **Bauelemente** (wegen der Abgrenzung von »Baustoffen« und »Bauteilen« im Sinne von § 2 Abs. 7 HOAI einerseits und er mitzuverarbeitenden Bausubstanz andererseits, wird im Folgenden der Begriff »Bauelement« für jegliche Art von mitzuverarbeitender Bausubstanz verwendet) sind die Mengen zu ermitteln. Eine Bestimmung der Menge über den Brutto-Rauminhalt oder die Brutto-Grundfläche kann, wie bereits erwähnt, zu ungenau sein, da in solchen Fällen eine aus Demontage und Teilabbruch bedingte Minderung nur geschätzt werden kann.

Werden die Mengen der zweiten Ebene der Kostengliederung, d. h. der Grobelemente bestimmt, ist zu beachten, dass Grobelemente aus Schichten, den sog. Feinelementen bestehen.

Das Grobelement der Kostengruppe 330 Außenwand der zweiten Ebene der Kostengliederung besteht beispielsweise aus folgenden Kostengruppen der dritten Ebene bzw. den Feinelementen:
- 331 Tragende Außenwände
- 332 Nichttragende Außenwände
- 333 Außenstützen
- 334 Außentüren- und Fenster
- 335 Außenwandbekleidungen, außen
- 336 Außenwandbekleidungen, innen
- 337 Elementierte Außenwände
- 339 Außenwände, sonstiges

Sind nicht alle Feinelemente eines solchen Grobelementes mitzuverarbeiten oder sind einzelne Feinelemente nur teilweise zu berücksichtigen, muss eine zugehörige Minderung ebenfalls bestimmt werden.

Die genaueste Methode ergibt sich bei der Bestimmung der Mengen der mitzuverarbeitenden Bausubstanz nach der dritten Ebene der Kostengliederung.

Schritt 3: Festlegung der Kostenkennwerte

Der Wert der mitzuverarbeitenden Bausubstanz entspricht der fiktiven Neuherstellung (Neubauwert) dieser Bausubstanz zum Zeitpunkt der Kostenberechnung. Es handelt sich hier um die gleichen ortsüblichen Preise, die auch bei der neu geplanten Bausubstanz angesetzt werden.

Schritt 4: Ermittlung des Wertfaktors

Gemäß dem Urteil des BGH vom 9. Juni 1986 (VII ZR 260/84) zählt der effektive, dem Erhaltungszustand entsprechende Wert der mitzuverarbeitenden Bausubstanz zu den anrechenbaren Kosten.

Das bedeutet, dass, wenn ein **Bauelement**, das mitverarbeitet wird, in keinem technisch einwandfreien Zustand ist, der Wert dieses **Bauelements** zu mindern ist.

Problematisch ist die Bestimmung dieser Minderung, die in aller Regel denjenigen Kosten von Bauleistungen entspricht, die für Reparaturen bzw. Ertüchtigungsmaßnahmen aufgewendet werden müssen. Die Kosten solcher Reparaturen sind zu Beginn einer Planung nicht immer bekannt bzw. werden erst nach Bauteilöffnungen ersichtlich.

Der Abminderungsfaktor bildet den Erhaltungszustand der mitverarbeiteten Bausubstanz ab und liegt zwischen 1,0 (praktisch neuwertig) und 0,7 (noch erhaltenswert). Der Faktor 0,7 stellt im Allgemeinen nach der Broschüre des AHO die Untergrenze dar, bis zu der eine Weiterverwendung bestehender Bauteile sinnvoll ist. Die individuelle Leistung im Einzelfall kann aber eine erhebliche Abminderung notwendig machen (zu den Faktoren vgl. Rdn. 57).

▶ **Beispiel:**

Nach Demontage von Bodenbelägen wird ein wegen Rissen schadhafter Estrich vorgefunden. Der Auftraggeber entscheidet, den Estrich zu erhalten. Der Estrich, in den durch Bauleistung eingegriffen wird, zählt zur mitzuverarbeitenden Bausubstanz, wobei aber die individuelle Leistung (vgl. oben Rdn. 57) zu berücksichtigen ist. Auch der Umstand, dass durch den Erhalt dieses Estrichs dem Auftraggeber die Kosten für Abbruch und Neuherstellung erspart werden, belegt diese Einschätzung.

Im Gegenzug sind die Kosten für die Reparatur dieses Estrichs bei der Bestimmung des Wertes dieses Estrichs in Abzug zu bringen. Dabei kann der Wert dieses Estrichs im Ergebnis gegen Null gehen.

Werden nicht alle Leistungsphasen übertragen, z. B. einem Auftragnehmer die Leistungsphasen 1–4 und einem anderen die Leistungsphasen 5–9, dann ist nach Auffassung der Sachverständigen eine etwas andere Bewertung vorzunehmen.[74]

Schritt 5: Bestimmung des Leistungsfaktors

Grundlage der Bewertung in der AHO-Broschüre betreffend das Bauen im Bestand ist das BMWi-Gutachten. Danach ergeben sich allgemein gesehen folgende Leistungsfaktoren:

LPH	Bezeichnung	Bewertung Gebäude	Leistungsfaktoren
1	Grundlagenermittlung	2,00 %	0,90
2	Vorplanung	7,00 %	0,90
3	Entwurfsplanung	15,00 %	0,90
4	Genehmigungsplanung	3,00 %	0,90
5	Ausführungsplanung	25,00 %	0,90

---

74 Vgl. dazu die Broschüre aus der AHO-Schriftenreihe betreffend das Bauen im Bestand, oben Fn. 70.

§ 4 HOAI Anrechenbare Kosten

LPH	Bezeichnung	Bewertung Gebäude	Leistungsfaktoren
6	Vorbereitung der Vergabe	10,00 %	0,90
7	Mitwirkung bei der Vergabe	4,00 %	0,30
8	Objektüberwachung	32,00 %	0,60
9	Objektbetreuung	2,00 %	0,50
	Summen	100,00%	

Der Leistungsfaktor über alle Leistungsphasen beträgt:

LPH	Bezeichnung	Bewertung Gebäude	Leistungs-faktoren	Gewichtete Leistungs-faktoren Gebäude
1	Grundlagenermittlung	2,00 %	0,90	0,018
2	Vorplanung	7,00 %	0,90	0,063
3	Entwurfsplanung	15,00 %	0,90	0,135
4	Genehmigungsplanung	3,00 %	0,90	0,027
5	Ausführungsplanung	25,00 %	0,90	0,225
6	Vorbereitung der Vergabe	10,00 %	0,90	0,09
7	Mitwirkung bei der Vergabe	4,00 %	0,30	0,012
8	Objektüberwachung	32,00 %	0,60	0,192
9	Objektbetreuung	2,00 %	0,50	0,01
	Summen	100,00%		
	Leistungsfaktor gewichtet			0,77

Für die beiden genannten gebräuchlichen Vertragsgestaltungen ergibt sich:

Auftrag über Leistungsphasen 1 bis 4:

LPH	Bezeichnung	Bewertung Gebäude	Leistungs-faktoren	Gewichtete Leistungs-faktoren Gebäude
1	Grundlagenermittlung	2,00 %	0,90	0,018
2	Vorplanung	7,00 %	0,90	0,063
3	Entwurfsplanung	15,00 %	0,90	0,135
4	Genehmigungsplanung	3,00 %	0,90	0,027
	Summen	27,00%		0,24
	Leistungsfaktor LPH 1 bis 4	Formel: 0,24/27,00*100		0,90

Auftrag über Leistungsphasen 5 bis 9:

LPH	Bezeichnung	Bewertung Gebäude	Leistungs- faktoren	Gewichtete Leistungs- faktoren Gebäude
5	Ausführungsplanung	25,00 %	0,90	0,225
6	Vorbereitung der Vergabe	10,00 %	0,90	0,09
7	Mitwirkung bei der Vergabe	4,00 %	0,30	0,012
8	Objektüberwachung	32,00 %	0,60	0,192
9	Objektbetreuung	2,00 %	0,50	0,01
	Summen	73,00%		0,53
	Leistungsfaktor LPH 5 bis 9	Formel: 0,53/73,00*100		0,72

cc) **Bestimmung des Werts der mitzuverarbeitenden Bausubstanz bei der Objektplanung für Ingenieurbauwerke**

Auch für Ingenieurbauwerke empfiehlt es sich, in der Reihenfolge der 5 Schritte vorzugehen, wie dies von der Fachkommission des AHO empfohlen wird.[75]

Schritt 1: Identifizierung der mitzuverarbeitenden Bausubstanz

▶ Beispiel 1:

In einem Trinkwasserbehälter wird zur Sanierung eine Innenbeschichtung auf den Wänden und Decken, die ausschließlich aus Beton bestehen, geplant, die vorhandenen Wände und Decken bleiben erhalten. Zwischen den Wänden und Decken als vorhandene Bausubstanz und der neuen Innenbeschichtung entsteht eine Verbindung, weshalb die Wände und Decken mitzuverarbeitende Bausubstanz sind, wobei auch hier der individuelle Leistungsfaktor (vgl. Rdn. 57) zu berücksichtigen ist.

▶ Beispiel 2:

In einem Absetzbecken, dessen Wände mit Fliesen verkleidet sind, werden zusätzliche neue Einbauen in Beton oder Stahl vorgesehen. Die vorhandenen Fliesen bleiben erhalten. Die Verbindung der Bauteile entsteht zwischen der vorhandenen Betonkonstruktion, an der die neuen Beton-/Stahlbauteile befestigt werden. Die vorhandenen Betonkonstruktionen sind aus diesem Grund mitzuverarbeitende Bausubstanz. Zwischen den vorhandenen Fliesen und den neuen Einbauten entsteht keine Verbindung, weshalb die Fliesen in der Planung nicht weiter berücksichtigt werden und keine mitzuverarbeitende Bausubstanz darstellen.

---

75 Vgl. die Darstellung der 5 Schritte oben und die Broschüre des AHO, oben Fn. 70.

> **Beispiel 3:**
>
> Eine Stahlbrücke wird saniert und Teile der Konstruktion (Querträger, Steifen) verstärkt. Das Haupttragsystem bleibt unverändert. Die Blechverstärkungen werden nur auf die Querträger und Steifen geschweißt. Daher stellen nur diese verstärkten Bauteile die mitzuverarbeitende Bausubstanz dar.

Schritt 2: Bestimmung der Mengen der mitzuverarbeitenden Bausubstanz

Für die im ersten Schritt identifizierten **Bauelemente** (wegen der Abgrenzung von »Baustoffen« und »Bauteilen« i. S. von § 2 Abs. 7 HOAI einerseits und der mitzuverarbeitenden Bausubstanz andererseits wird im Folgenden der Begriff »Bauelemente« für jegliche Art von mitzuverarbeitender Bausubstanz verwendet) sind die Mengen zu ermitteln. Eine Bestimmung der Menge über das Bauvolumen oder die Grundfläche ist in vielen Fällen ausreichend genau und kann aus der in den Plänen dargestellten Geometrie ermittelt werden. Sollte dieser erste Schritt keine zufriedenstellende Genauigkeit erreichen, so sind die Kosten der mitzuverarbeitenden Bausubstanz nach Bauteilen bez. Grob-Elementen nach DIN 276, Teil 4 herzuleiten.

Im Einzelfall kann bei der Berechnung der mitzuverarbeitenden Bausubstanz bis auf die dritte Ebene der Kostengliederung (Fein-Element) vertieft werden. Sind nicht alle Fein-Elemente eines solchen Grob-Elements mitzuverarbeiten oder sind einzelne Fein-Elemente nur teilweise zu berücksichtigen, muss eine zugehörige Minderung ebenfalls bestimmt werden.

Schritt 3: Festlegung der Kostenkennwerte

Der Wert der mitzuverarbeitenden Bausubstanz entspricht der fiktiven Neuherstellung (Neubauwert) dieser Bausubstanz zum Zeitpunkt der Kostenberechnung. Es handelt sich hier um die gleichen ortsüblichen Preise, die auch bei der neu geplanten Bausubstanz angesetzt werden.

Schritt 4: Ermittlung des Wertfaktors

Gemäß dem Urteil des BGH vom 9. Juni 1986 (VII ZR 260/84) zählt der effektive, dem Erhaltungszustand entsprechende Wert der mitzuverarbeitenden Bausubstanz zu den anrechenbaren Kosten. Das bedeutet: Wenn ein Bauteil mitverarbeitet wird und in keinem technisch einwandfreien Zustand ist, ist der Wert dieses Bauteils zu mindern.

Problematisch ist die Bestimmung dieser Minderung, die in aller Regel denjenigen Kosten von Bauleistungen entspricht, die für Reparaturen bzw. Ertüchtigungsmaßnahmen aufgewendet werden müssen. Die Kosten solcher Reparaturen sind zu Beginn einer Planung nur ansatzweise bekannt bzw. werden erst nach Bauteiluntersuchungen ausreichend genau ersichtlich. Daher wird der Neuwert mit einem objektspezifischen Abminderungsfaktor multipliziert.

Dieser Abminderungsfaktor bildet den Erhaltungszustand der mitverarbeiteten Bausubstanz ab und liegt zwischen 1,0 (praktisch neuwertig) und 0,7 (noch erhaltenswert). Der Faktor 0,7 stellt im Allgemeinen die Untergrenze dar, bis zu der eine Weiterverwendung bestehender Bauteile sinnvoll ist. Bei großen Massenbauteilen im Wasserbau (Staumauern, Kaianlagen, Schleusenbecken etc.) kann eine Erhaltung der Bausubstanz bis zu einem Abminderungsfaktor von 0,6 sinnvoll sein. Die individuelle Leistung (vgl. oben Rdn. 57 und nachfolgend) kann den Faktor darüber hinaus aber noch beeinflussen.

Schritt 5: Bestimmung des Leistungsfaktors

Wie zuvor dargestellt, werden für die Festlegung der Leistungsfaktoren die Ausführungen aus dem BMWi-Gutachten verwendet.

Der gewichtete Leistungsfaktor für Leistungen bei **Ingenieurbauwerken** und über alle Leistungsphasen berechnet sich zu **0,74**:

LPH	Bezeichnung	Bewertung Ingenieurbauwerke	Leistungsfaktoren	Gewichtete Leistungsfaktoren Ingenieurbauwerke
1	Grundlagenermittlung	2,00 %	0,90	0,02
2	Vorplanung	20,00 %	0,90	0,18
3	Entwurfsplanung	25,00 %	0,80	0,20
4	Genehmigungsplanung	5,00 %	0,70	0,04
5	Ausführungsplanung	15,00 %	1,00	0,15
6	Vorbereitung der Vergabe	13,00 %	0,50	0,07
7	Mitwirkung bei der Vergabe	4,00 %	0,60	0,02
8	Objektüberwachung	15,00 %	0,40	0,06
9	Objektbetreuung	1,00 %	0,50	0,01
	Summen	100,00 %		
	Leistungsfaktor gewichtet			**0,74**

Sofern nicht alle Leistungsphasen übertragen sind, werden im Folgenden für zwei gebräuchliche Fallgestaltungen die Leistungsfaktoren dargestellt:

Bei einem Auftrag über die Leistungsphasen 1 bis 4 berechnet sich folgender Leistungsfaktor:

LPH	Bezeichnung	Bewertung Ingenieurbauwerke	Leistungsfaktoren	Gewichtete Leistungsfaktoren Ingenieurbauwerke
1	Grundlagenermittlung	2,00 %	0,90	0,018
2	Vorplanung	20,00 %	0,90	0,18
3	Entwurfsplanung	25 %	0,80	0,2

Koeble

§ 5 HOAI   Honorarzonen

LPH	Bezeichnung	Bewertung Ingenieur-bauwerke	Leistungs-faktoren	Gewichtete Leistungs-faktoren Ingenieur-bauwerke
4	Genehmigungsplanung	5,00 %	0,70	0,035
	Summen	52,00 %		0,43
	Leistungsfaktor LPH 1–4	Formel: 0,43/52,00*100		0,83

Bei einem Auftrag über die Leistungsphasen 5 bis 9 berechnet sich folgender Leistungsfaktor:

LPH	Bezeichnung	Bewertung Ingenieur-bauwerke	Leistungs-faktoren	Gewichtete Leistungs-faktoren Ingenieur-bauwerk
5	Ausführungsplanung	15 %	1,00	0,15
6	Vorbereitung der Vergabe	13,00 %	0,50	0,07
7	Mitwirkung bei der Vergabe	4 %	0,60	0,02
8	Objektüberwachung	15,00 %	0,40	0,06
9	Objektbetreuung	1,00 %	0,50	0,01
	Summen	48,00 %		0,30
	Leistungsfaktor LPH 5–9	Formel: 0,30/48,00*100		0,63

Der Wert der mitzuverarbeitenden Bausubstanz wird bezüglich der Anrechenbarkeit zur jeweiligen Kostengruppe nach DIN 276 gerechnet.

Wird der Wert ausschließlich aus Elementen der Kostengruppe 300 berechnet, zählt er zu den voll anrechenbaren Kosten. Andernfalls zählt er – je nach Kostengruppe, der er zuzuordnen ist – zu den **beschränkt** oder **bedingt** anrechenbaren Kosten.

§ 5 HOAI Honorarzonen

(1) Die Objekt- und Tragwerksplanung wird den folgenden Honorarzonen zugeordnet:
1. Honorarzone I: sehr geringe Planungsanforderungen,
2. Honorarzone II: geringe Planungsanforderungen,
3. Honorarzone III: durchschnittliche Planungsanforderungen,
4. Honorarzone IV: hohe Planungsanforderungen,
5. Honorarzone V: sehr hohe Planungsanforderungen.

(2) Flächenplanungen und die Planung der Technischen Ausrüstung werden den folgenden Honorarzonen zugeordnet:
1. Honorarzone I: geringe Planungsanforderungen,
2. Honorarzone II: durchschnittliche Planungsanforderungen,
3. Honorarzone III: hohe Planungsanforderungen.

(3) Die Honorarzonen sind anhand der Bewertungsmerkmale in den Honorarregelungen der jeweiligen Leistungsbilder der Teile 2 bis 4 zu ermitteln. Die Zurechnung zu den einzelnen Honorarzonen ist nach Maßgabe der Bewertungsmerkmale und gegebenenfalls der Bewertungspunkte sowie unter Berücksichtigung der Regelbeispiele in den Objektlisten der Anlagen dieser Verordnung vorzunehmen.

Übersicht   Rdn.
1. Änderungen durch die HOAI 2009   1
2. Änderungen durch die HOAI 2013   2
3. Zusammenspiel mit anderen Vorschriften   3
4. Vorgehen bei der Ermittlung der Honorarzone   5
5. Honorarzone und Honorarvereinbarung 10
6. Honorarzone als Rechtsfrage 12

1. Änderungen durch die HOAI 2009

Inhaltlich hat sich durch die HOAI 2009 hinsichtlich der Honorarzonen nichts verändert. Der Verordnungsgeber hatte seine ursprüngliche Absicht, die Objektlisten völlig wegfallen zu lassen, aufgegeben und diese nun als Regelbeispiele in den Anhang eingegliedert. Sie haben jedoch nach wie vor die gleiche Bedeutung wie früher (vgl. dazu unten Rdn. 5 ff.). Eine Änderung ergab sich jedoch hinsichtlich der Stellung der Objektliste. Die jeweils dazugehörige Objektliste findet sich nämlich in der Anlage 3 zur HOAI 2009 (3.1 Gebäude, 3.2 Freianlagen, 3.3 Raumbildende Ausbauten, 3.4 Ingenieurbauwerke, 3.5 Verkehrsanlagen und 3.6 Anlagen der Technischen Ausrüstung). 1

2. Änderungen durch die HOAI 2013

Die Objektlisten wurden gegenüber den früheren Fassungen der HOAI umgestaltet. Es ist nicht mehr eine Ordnung nach Honorarzonen vorgenommen worden, sondern nach »Objekttypen«. Inhaltlich soll sich allerdings dadurch nichts geändert haben. Nach wie vor sind die Objektlisten in der Anlage zu finden, allerdings sind sie jetzt nicht mehr in Anlage 3, sondern in Anlagen 10.2 für Gebäude, 10.3 für Innenräume, 11.2 für Freianlagen, 12.2 für Ingenieurbauwerke, 13.2 für Verkehrsanlagen, 14.2. für die Tragwerksplanung und 15.2 für die Technische Ausrüstung enthalten. Während § 5 Abs. 1 gleichgeblieben ist, wurden Abs. 2 und 3 zusammengefasst. Für die gesamte Flächenplanung und für die Technische Ausrüstung gibt es nun einheitlich drei Honorarzonen. Der frühere § 5 Abs. 4 HOAI 2009 wurde in etwas veränderter Form zu Abs. 3. 2

3. Zusammenspiel mit anderen Vorschriften

In § 2 Nr. 15 HOAI 2009 war eine Definition der Honorarzone enthalten, die jedoch gegenüber dem alten Recht nichts Zusätzliches brachte, weshalb sie durch die HOAI 2013 wieder gestrichen wurde. Ausgangspunkt für die Honorarberechnung ist die grundlegende Vorschrift des § 6, in der die Honorarzone als einer der vier Eckpfeiler für die Honorarberechnung genannt ist (vgl. § 6 Rdn. 6 ff.). 3

§ 5 HOAI Honorarzonen

4   In § 5 findet sich nur eine allgemeine Beschreibung der jeweiligen Honorarzonen, und zwar gegliedert nach Objekt-, Bauleit- und Tragwerksplanung (Abs. 1) einerseits und in Flächenplanung sowie die Planung der Technischen Ausrüstung (Abs. 2) andererseits. In den jeweiligen Teilen und Abschnitten der HOAI finden sich dann noch Spezialvorschriften über die Honorarzonen.

4. Vorgehen bei der Ermittlung der Honorarzone

5   Soweit **Objektlisten** zur Verfügung stehen,[1] empfiehlt es sich zunächst zu prüfen, ob das konkrete Objekt dort in einer Honorarzone aufgeführt ist. Bejahendenfalls sind die in § 5 genannten Merkmale für die einzelnen Schwierigkeitsgrade im Hinblick auf das konkrete Objekt zu überprüfen. In einem weiteren Schritt sind die Bewertungsmerkmale, welche für das konkrete Objekt nach dem jeweiligen Teil der HOAI zur Verfügung stehen, heranzuziehen und es ist eine Einzelbewertung der im jeweiligen Teil vorgeschriebenen Merkmale vorzunehmen.[2] Ist das Objekt **nicht als Regelbeispiel** verzeichnet, dann beginnt die Prüfung sofort anhand der Bewertungsmerkmale aus Abs. 1 i. V. m. den Detailbewertungsmerkmalen aus dem jeweiligen Teil der HOAI. Dabei kommt es auf das **konkrete Objekt** an, wie es **Vertragsgegenstand** geworden ist.[3] Die Vertragsparteien können also auf der Grundlage der sog. Teilobjekts-Rechtsprechung des BGH auch Einfluss auf die Honorarzone nehmen, weil nicht das tatsächlich errichtete, sondern das vertraglich festgelegte Objekt maßgebend ist.

6   Treffen die **Bewertungsmerkmale** aus Abs. 1 und Abs. 3 S. 1 i. V. m. den Bewertungsmerkmalen aus den einzelnen Leistungsbildern für ein Objekt zu, dann ist die Bestimmung der Honorarzone abgeschlossen. Einer Einzelbewertung mit Bewertungspunkten bedarf es dann nicht. Dies ergibt sich aus der – aus § 11 Abs. 2 HOAI 2002 bzw. entsprechenden Vorschriften übernommenen – Regelung in den einzelnen Teilen der HOAI (für Gebäude z. B. § 35 Abs. 4). Danach kommt es auf die **Punktbewertung** nämlich nur an, wenn Bewertungsmerkmale »aus mehreren Honorarzonen anwendbar« sind »und ... deswegen Zweifel« bestehen (Abs. 3, 1. Hs.).

7   Ist das Objekt dagegen **zwar ein Regelbeispiel** einer Objektliste aus Anlage 10–15, liegen jedoch ausschließlich die Bewertungsmerkmale aus einer **anderen** Honorarzone nach der jeweiligen Regelung in einem Teil der HOAI (z. B. § 35 Abs. 2 für Gebäude) vor, so ist die Bewertung nach Abs. 1 maßgebend, da die Anlage (z. B. Anlage 10.2 für Gebäude) lediglich Regelbeispiele nennt und die Einordnung bei Vorliegen eines Regelfalls noch nicht endgültig ist, das Objekt ausnahmsweise also durchaus nach den

---

1   Vgl. Anlage 10–15 zur HOAI.
2   Abs. 3 S. 1 i. V. m. den Bewertungsmerkmalen aus den Leistungsbildern, z. B. § 35 Abs. 2, 4, 6 für Gebäude.
3   BGH BauR 2009, 521 = NJW-RR 2009, 519 betreffend Schutz- und Leiteinrichtungen, Beschilderung und Markierungen einer Verkehrsanlage; zur Teilobjekts-Rechtsprechung vgl. auch § 6 Rdn. 26; wie hier *Seifert* in FBS, § 5 Rn. 3.

Maßstäben in einem Teil der HOAI in eine andere Honorarzone passen kann.[4] Da es sich hierbei jedoch um die **Ausnahme** handelt, muss derjenige, der sich auf das Vorliegen einer anderen Honorarzone beruft – dies kann bei einer höheren Honorarzone nach Abs. 1 der Auftragnehmer, bei einer niedrigeren der Auftraggeber sein –, die Voraussetzungen der von ihm **behaupteten Zone beweisen.** Die Einordnung nach den Objektlisten ist damit nicht zwingend. Ausschlaggebend sind stets die Bewertungsmerkmale aus dem jeweiligen Teil der HOAI, wenn Divergenzen bestehen.[5] Nach Anlage 10.2 gehören z. B. Musikpavillons in die Honorarzone II. Stellt ein solcher Musikpavillon nur sehr geringe Anforderungen an die Einbindung in die Umgebung und in gestalterischer Hinsicht, hat er nur eine Funktionsbereich und ist er von einfacher Konstruktion, so fällt er in die Honorarzone I. Allerdings kann ein Musikpavillon auch so hohe Anforderungen an die städtebauliche Einordnung oder in gestalterischer und auch künstlerischer Hinsicht stellen, dass eine Einstufung durchaus in die höhere Honorarzone III angemessen sein kann.

Die obige Darstellung bezog sich auf die mögliche und sinnvolle Reihenfolge der einzelnen Prüfschritte. In rechtlicher Hinsicht ergibt sich die Frage, ob die Zuordnung einer der Objektlisten in eine bestimmte Honorarzone als **Regelbeispiel** rechtliche Bedeutung hat. Das ist zu bejahen. Ebenso wie im Falle der Objektlisten aus der alten HOAI haben auch die neuen ihre Bedeutung. Die Tatsache, dass die **Objektliste** lediglich in der Anlage enthalten ist, ändert an ihrer **Verbindlichkeit** nichts. Das ist in Abs. 3 S. 2 niedergelegt. Der Verweis ist keinesfalls fakultativ, sondern preisrechtlich verbindlich (»... ist ... anhand der Regelbeispiele in den Objektlisten der Anlagen vorzunehmen«). An der Reihenfolge und an den Verbindlichkeiten der einzelnen Regelungen hat sich gegenüber früher nichts geändert. Liegt ein **Regelbeispiel** vor und sind dazu hin noch die **Bewertungsmerkmale** aus dem betreffenden Teil der HOAI (z. B. § 35 Abs. 2) gegeben, dann ist die Einordnung abgeschlossen. Eine **Punktbewertung** nach dem jeweiligen Teil der HOAI ist dann **nicht erforderlich.**[6] Der Auftragnehmer muss also in einem solchen Fall – auch nicht in einem Rechtsstreit – keine Darlegungen über die Punktbewertung machen. Beruft sich der Auftraggeber auf eine **andere Honorarzone**, dann trifft ihn für das Vorliegen einer davon abweichenden Honorarzone die **Darlegungs- und Beweislast.** Umgekehrt gilt dies auch für den Auftragnehmer, wenn er aus einer höheren Honorarzone abrechnen will.[7] Entsprechendes ist auch dann der Fall, wenn ein Regelbeispiel aus Anlage 10.2 vorliegt, die Einzelmerkmale aber zweifelhaft sind. Generell trägt derjenige, welcher die Einordnung als Regelbeispiel anzweifelt bzw.

8

---

4 Ebenso *Neuenfeld*, § 5 Rn. 3; *Pott/Dahlhoff/Kniffka/Rath*, § 5 Rn. 1; *Werner* in *Werner/Pastor*, Rn. 907 ff.
5 Ebenso *Meurer/Rothärmel* in KMV, § 5 Rn. 10; *Neuenfeld*, § 11 Rn. 3; *Pott/Dahlhoff/Kniffka/Rath*, § 5 Rn. 1; *Werner* in *Werner/Pastor*, Rn. 907 ff.
6 Vgl. OLG Frankfurt BauR 1982, 602.
7 Ebenso OLG Köln SFH Nr. 36 zu § 631 BGB; *Jochem*, § 5 Rn. 15; *Werner* in *Werner/Pastor*, Rn. 914; *Seifert* in FBS, § 5 Rn. 18.

§ 5 HOAI Honorarzonen

widerlegen will, die Darlegungs- und Beweislast.[8] Dabei kann er darauf abheben, dass im konkreten Fall das Typische für ein Regelbeispiel nicht gegeben ist.[9]

9   Die Einzelbewertung in Streitfällen hat dann auf der Grundlage der Regelungen aus dem jeweiligen Teil der HOAI zu erfolgen (vgl. dazu z. B. § 35 Abs. 2, 4 und 5). Beim Bauen im Bestand ist nach wie vor problematisch, welche der Merkmale bei der Einzelbewertung zugrunde zu legen sind (vgl. dazu § 6 Rdn. 48 ff.).

5. Honorarzone und Honorarvereinbarung

10 Ergibt die Ermittlung der Honorarzone, dass die Parteien eine **Honorarvereinbarung** mit einer **höheren Honorarzone** getroffen haben, so ist diese Vereinbarung noch nicht unwirksam. Nur durch genaue Ermittlung des möglichen Höchsthonorars nach den richtigen Bemessungsgrundlagen insgesamt kann der Höchstsatz ermittelt werden.[10] Entsprechendes gilt auch dann, wenn die Parteien eine **niedrigere Honorarzone** vereinbart haben, als tatsächlich richtig wäre. Hier steht dem Auftragnehmer das richtig nach HOAI berechnete Mindesthonorar aus der zutreffenden Honorarzone zu.[11]

11 Bei der Einordnung in eine bestimmte Honorarzone haben die Parteien vom Grundsatz her auch keinen **Bewertungsspielraum**.[12] Die Vereinbarung einer zu niedrigen oder zu hohen Honorarzone ist preisrechtlich nicht möglich. Allerdings ist die Vereinbarung einer falschen Honorarzone **nicht per se unwirksam**, weil es nicht auf einzelne Honorarparameter ankommt, sondern darauf, ob die Honorarvereinbarung insgesamt den Mindest- oder Höchstpreischarakter verletzt (Gesamtbetrachtung).[13] Für die Einordnung in eine Honorarzone kommt es auf eine **objektive Beurteilung** der für die Bewertung maßgeblichen Kriterien im jeweiligen Teil der HOAI an. Insoweit gibt es jedoch eine **Ausnahme**: »Soweit die Parteien im Rahmen des ihnen durch die HOAI eröffneten Beurteilungsspielraums eine vertretbare Festlegung der Honorarzone vorgesehen haben, ist dies vom Richter regelmäßig zu berücksichtigen.«[14] Das bedeutet aber nicht, dass die Parteien die Honorarzone völlig verändern könnten. In Grenzfällen – z. B. bei Einordnung eines Objekts um ein oder zwei Bewertungspunkte in eine bestimmte Honorarzone – kann aber eine Honorarvereinbarung wirksam sein, obwohl beispielsweise ein Sachverständiger in einem Rechtsstreit um einen Bewertungspunkt eine andere Honorarzone ermittelt hat.[15] Alles, was aber darüber hinausgeht, ist vom Bewer-

---

8   Ebenso OLG Köln SFH Nr. 36 zu § 631 BGB.
9   So mit Recht OLG Frankfurt BauR 2007, 1906 = Analyse *Koeble* auf www.jurion.de/Modul Werner Baurecht für ein Funkhaus, wenn Studios für Rundfunk nur auf 12,5 % der Fläche geplant sind.
10 Vgl. i. E. § 7 Rdn. 25, 98; *Werner* in *Werner/Pastor*, Rn. 912.
11 Vgl. i. E. § 7 Rdn. 25, 98.
12 BGH BauR 2004, 354 = NJW-RR 2004, 233 = NZBau 2004, 159.
13 BGH BauR 2005, 735; vgl. zum Mindestsatz § 7 Rdn. 98 und zum Höchstsatz § 7 Rdn. 25.
14 BGH BauR 2004, 354 = NJW-RR 2004, 233 = NZBau 2004, 159.
15 Ähnlich *Haack/Heinlein* in MNP§ 5 Rn. 20 f.; *Meurer/Rothärmel* in KMV, § 5 Rn. 3, *Seifert* in FBS, § 5 Rn. 8; OLG Hamm Urt. v. 13.01.2015 – 24 U 136/12 für den Fall, dass die

tungsspielraum der Parteien nicht gedeckt. Andernfalls bestünde gerade für die Honorarzone das Einfallstor, durch das der Mindest- und Höchstpreischarakter der Parteidisposition überlassen werden würde. Deshalb wurde auch zutreffend entschieden, dass der Auftragnehmer den Mindestsatz aus Honorarzone IV abrechnen kann, wenn die Honorarvereinbarung auf Honorarzone III Mittelsatz lautet, jedoch der Sachverständige zum eindeutigen Ergebnis Honorarzone IV – ohne Spielraum – gekommen ist.[16] Haben die Parteien eine bestimmte Honorarzone und einen bestimmten Honorarrahmen vereinbart (z. B. Honorarzone II Mitte) und ergibt sich, dass der Auftragnehmer wegen Verstoß gegen den Mindestpreischarakter Honorarzone III geltend machen kann, dann kann er sich aus der unwirksamen Honorarvereinbarung nicht die »Rosinen« heraussuchen und nunmehr die höhere Honorarzone unter Berücksichtigung aller Faktoren der Vereinbarung geltend machen (nicht: Honorarzone III Mitte), sondern nur den Mindestsatz aus der zutreffenden Honorarzone ansetzen.[17] Im umgekehrten Fall einer zu hohen Honorarzone bleibt immerhin der Höchstsatz für die nächst niedrigere Honorarzone (dazu § 7 Rdn. 142).

6. Honorarzone als Rechtsfrage

Die Einordnung in eine Honorarzone verlangt zwar, dass die Charakteristika des Objekts überprüft werden. Dennoch handelt es sich letztendlich um eine Rechtsfrage, wobei Wertungen vorzunehmen sind.[18] Diese Wertungen wird der Richter jedoch erst nach technischer Vorklärung durch einen Sachverständigen (z. B. Punktbewertung) vornehmen können und müssen.

12

§ 6 HOAI Grundlagen des Honorars

(1) Das Honorar für Grundleistungen nach dieser Verordnung richtet sich
1. für die Leistungsbilder des Teils 2 nach der Größe der Fläche und für die Leistungsbilder der Teile 3 und 4 nach den anrechenbaren Kosten des Objekts auf der Grundlage der Kostenberechnung oder, sofern keine Kostenberechnung vorliegt, auf der Grundlage der Kostenschätzung,
2. nach dem Leistungsbild,
3. nach der Honorarzone,
4. nach der dazugehörigen Honorartafel.

(2) Honorare für Leistungen bei Umbauten und Modernisierungen gemäß § 2 Absatz 5 und Absatz 6 sind zu ermitteln nach
1. den anrechenbaren Kosten,

Bewertung um zwei Punkte von der vereinbarten Honorarzone abweicht; kritisch dazu wieder *Seifert* a. a. O. und *Fuchs* IBR 2015, 552.
16 OLG Koblenz BauR 2008, 851.
17 So zutreffend OLG Stuttgart BauR 2011, 1358; vgl. i. E. § 7 Rdn. 104.
18 OLG Frankfurt BauR 2007, 1906 = Analyse *Koeble* auf www.jurion.de/Modul Werner Baurecht; *Seifert* in FBS, § 5 Rn. 9; *Meurer/Rothärmel* in KMV, § 5 Rn. 5.

§ 6 HOAI Grundlagen des Honorars

2. der Honorarzone, welcher der Umbau oder die Modernisierung in sinngemäßer Anwendung der Bewertungsmerkmale zuzuordnen ist,
3. den Leistungsphasen,
4. der Honorartafel und
5. dem Umbau- oder Modernisierungszuschlag auf das Honorar.

Der Umbau- oder Modernisierungszuschlag ist unter Berücksichtigung des Schwierigkeitsgrads der Leistungen schriftlich zu vereinbaren. Die Höhe des Zuschlags auf das Honorar ist in den jeweiligen Honorarregelungen der Leistungsbilder der Teile 3 und 4 geregelt. Sofern keine schriftliche Vereinbarung getroffen wurde, wird unwiderleglich vermutet, dass ein Zuschlag von 20 Prozent ab einem durchschnittlichen Schwierigkeitsgrad vereinbart ist.

(3) Wenn zum Zeitpunkt der Beauftragung noch keine Planungen als Voraussetzung für eine Kostenschätzung oder Kostenberechnung vorliegen, können die Vertragsparteien abweichend von Absatz 1 schriftlich vereinbaren, dass das Honorar auf der Grundlage der anrechenbaren Kosten einer Baukostenvereinbarung nach den Vorschriften dieser Verordnung berechnet wird. Dabei werden nachprüfbare Baukosten einvernehmlich festgelegt.

Übersicht   Rdn.
1. Änderungen durch die HOAI 2009 1
2. Änderungen durch die HOAI 2013 2
3. Zusammenspiel mit anderen Vorschriften 4
4. Grundsätze für die Honorarabrechnung (System HOAI) 6
5. Bedeutung des Abrechnungssystems 11
6. Maßgebende Kostenermittlung für die Honorarberechnung bei Objekt- und Fachplanung (Kostenberechnungsmodell) 14
   a) Kostenberechnung bzw. Kostenschätzung 15
   b) Nachholen der Kostenberechnung 17
   c) Honorarpflicht für nachgeholte Kostenberechnung 19
   d) Korrektur einer zu hohen Kostenermittlung? 20
   e) Anpassung der Kostenberechnung bei Erweiterungen, Änderungen und Nachträgen? 21
   f) Bedeutung des Kostenanschlags und der Kostenfeststellung 24
   g) Kostenberechnung bei Teilleistungen, Teilobjekten und bei Kündigung 25
   h) Auskunft, Einsichtnahme und Herausgabe bezüglich der Kostenberechnung . 27
7. Prozessuales hinsichtlich der anrechenbaren Kosten 32
8. Maßgebende Abrechnungsgrundlage bei Flächenplanung 35
9. Weitere Parameter für die Honorarabrechnung 36
   a) Leistungsbild 36
   b) Honorarzone 37
   c) Honorartafel 38
10. Honorar für Leistungen bei Umbauten und Modernisierungen (Abs. 2) 39
   a) Die Begriffe »Umbau« und »Modernisierung« 43
   b) Die anrechenbaren Kosten bei Umbauten und Modernisierungen 46
   c) Die Einordnung von Umbauten und Modernisierungen in die Honorarzone . 48
   d) Möglichkeiten eines Honorarzuschlags 51

	Rdn.
e) Keine Untergrenze für die Vereinbarung eines Umbau- und Modernisierungszuschlags	54
f) Form und Zeitpunkt der Vereinbarung des Umbau- und Modernisierungszuschlags	55
11. Baukostenvereinbarungsmodell (Abs. 3)	56

1. Änderungen durch die HOAI 2009

In § 6 sind zwei verschiedene Dinge zusammengefasst. Zunächst handelt es sich in Abs. 1 um die grundlegende Vorschrift für die Honorarberechnung nach HOAI. Die entsprechende Vorschrift fand sich in § 10 Abs. 1, 2 HOAI 2002 für die Objektplanung bei Gebäuden und in den entsprechenden Vorschriften für die anderen Objekte. Sodann enthält § 6 Abs. 2 HOAI 2009 eine Bestimmung über die Honorarvereinbarung (sog. Baukostenvereinbarungsmodell), die eigentlich systematisch in § 7 hätte angesiedelt werden müssen. Das Baukostenvereinbarungsmodell kam in der alten HOAI 2002 in anderer Form vor (§ 4a HOAI 2002). 1

2. Änderungen durch die HOAI 2013

Eine Änderung in Abs. 1 HOAI 2013 betrifft die Flächenplanung des Teils 2. Hier wurde in Nr. 1 festgelegt, dass die Abrechnung nicht mehr nach »Flächengrößen oder Verrechnungseinheiten«, sondern nach der »Größe der Fläche« erfolgt. Die entsprechenden Regelungen finden sich dann auch im Teil 2. 2

Eine weitere Änderung ergibt sich durch den neuen Abs. 2, weil nunmehr für das Bauen im Bestand eine grundsätzliche Neuregelung eingefügt wurde, die von derjenigen des § 35 HOAI 2009 in zahlreichen Punkten abweicht und sich wieder an der früheren Regelung des § 24 HOAI 2002 orientiert (vgl. Rdn. 39 ff.). Der frühere Abs. 2 betreffend das Baukostenvereinbarungsmodell wurde dadurch zu Abs. 3. Außer dem Abrechnungssystem für das Bauen im Bestand ist in Abs. 2 S. 2–4 noch im Einzelnen festgelegt, welcher Umbauzuschlag vereinbart werden kann bzw. gilt. Diesbezüglich ist allerdings eine Ergänzung in dem jeweiligen Teil und Abschnitt der HOAI für die betreffende Planung enthalten. 3

3. Zusammenspiel mit anderen Vorschriften

Im Hinblick auf die anrechenbaren Kosten gelten verschiedene Vorschriften neben Abs. 1. Das gilt z. B. für § 2 Abs. 10 und 11 sowie für § 4 und auch für die Einzelregelungen in den jeweiligen Teilen der HOAI (z. B. § 33 für die Objektplanung Gebäude und Innenräume). Hinsichtlich des Leistungsbildes ist zunächst auf die grundlegende Vorschrift des § 3 betreffend Grundleistungen und Leistungsbilder zu verweisen und sodann auf die Leistungsbilder der einzelnen Teile der HOAI (z. B. für die Objektplanung von Gebäuden und Innenräumen § 34) und die jeweils zu den Leistungsbildern gehörenden einzelnen Leistungen jeder Leistungsphase (z. B. Anlage 10.1 für das Leistungsbild Gebäude und Innenräume). 4

§ 6 HOAI Grundlagen des Honorars

5   Für die Honorarzone findet sich die grundlegende Regelung in § 5. Die Einzelbewertung ist dann in den jeweiligen Teilen der HOAI vorgenommen betreffend die einzelnen Objekte (z. B. § 35 Abs. 2–5 betreffend das Leistungsbild Gebäude und Innenräume). In der Anlage sind dann Regelbeispiele in Objektlisten enthalten (Anlage 10.2 betreffend die Objektliste Gebäude). Die Honorartafeln finden sich in den jeweiligen Teilen der HOAI. Die ergänzenden Vorschriften über das Bauen im Bestand sind in § 36 enthalten.

4. Grundsätze für die Honorarabrechnung (System HOAI)

6   Treffen die Vertragsparteien keine wirksame Honorarvereinbarung oder wird eine Honorarvereinbarung auf Einhaltung des Höchst- oder Mindestsatzes überprüft (vgl. i. E. § 7 Rdn. 25 ff.), so sind für die **Berechnung des Honorars** Angaben zu den folgenden **vier Komponenten** der Honorarberechnung nötig.[1] Beim Bauen im Bestand kommt eine **fünfte Komponente** hinzu. Hier müssen nämlich Angaben zu den Vorschriften des § 6 Abs. 2 HOAI 2013 und des § 36 HOAI 2013 berücksichtigt und in der Rechnung aufgenommen werden. Umstritten war für die Fassung des § 6 HOAI 2009, wonach allgemein für alle Objekte auf §§ 35 und 36 HOAI 2009 verwiesen wurde, ob diese Regelung auch für die Freianlagen anwendbar war.[2]

7   – Zunächst sind die **anrechenbaren Kosten** nach §§ 4, 33 Abs. 1–3 betreffend die Objektplanung Gebäude und Innenräume zu ermitteln. Die anrechenbaren Kosten sind derjenige Betrag, aus dem das Honorar nach Ermittlung der Honorarzone zu berechnen ist. Die linke Spalte aller Honorartafeln enthält die anrechenbaren Kosten. Für die anrechenbaren Kosten bedarf es keiner verschiedenen Kostenermittlungen als Grundlage für die Abrechnung mehr. Vielmehr ist durch die Einführung des **Kostenberechnungsmodells** die **Kostenberechnung** als **einzige Grundlage** für alle Leistungsphasen heranzuziehen.[3]

8   – Die zweite Komponente für die Honorarbestimmung ist die **Honorarzone des Objekts**. Für die Bestimmung der Honorarzone sieht die HOAI allgemeine Bestimmungen (§ 5) und Spezialregelungen in den einzelnen Teilen (vgl. § 5 Rdn. 3 f.) und in der zu jedem Teil dazugehörigen Objektliste vor.

9   – Stehen die anrechenbaren Kosten und die Honorarzone fest, so lässt sich aus den **Honorartafeln** der Mindest- und Höchstsatz für das Honorar ablesen. Damit ist der Honorarrahmen jedoch noch nicht bestimmt.

10 – Die vierte Komponente für die Honorarberechnung sind die **erbrachten Leistungen** und die dafür vorgesehenen Prozentsätze. Diesbezüglich sind maßgebend die erbrachten Leistungen aus den jeweiligen Leistungsphasen (§ 3), die im jeweiligen Teil der HOAI mit Prozentsätzen bewertet sind. Für die einzelnen Teilleistungen, die zum Leistungsbild jeweils dazugehören, jedoch – in allerdings verbindlicher

---

1   Vgl. BGH BauR 2004, 316 = NZBau 2004, 216 m. Anm. *Hartung* NZBau 2004, 249; OLG Bamberg NJW-RR 1998, 22; *Kniffka/Koeble*, Kompendium, 12. Teil Rn. 170 ff.
2   Vgl. 11. Aufl. dazu *Motzke* ZfBR 2012, 3; zur Neuregelung nach HOAI 2013 vgl. 11. Aufl. § 37 Rn. 21.
3   Zu den Einzelproblemen vgl. unten Rdn. 14 ff.

Weise – in der Anlage festgelegt sind, gibt es keine Einzelbewertung der HOAI. Insoweit haben sich jedoch verschiedene Fachleute Gedanken über die Ansätze gemacht (vgl. dazu **Anhang 3**). Besondere Bedeutung erlangen die neuen Tabellen, weil die Beschreibung der Grundleistungen erheblich verändert wurde und die Prozentsätze für die einzelnen Leistungsphasen anders festgelegt wurden.

5. Bedeutung des Abrechnungssystems

Das vorstehende Schema, das **System HOAI**, ist einzuhalten. Es ist einer der Grundsätze der HOAI für die **Prüfbarkeit** der Honorarrechnung.[4] Es gibt nur wenige **Ausnahmen** davon (vgl. § 4 Rdn. 33 ff.). Eine Abrechnung auf Zeithonorarbasis war schon früher selten möglich.[5] Die **Zeithonorarabrechnung** ist in der neuen HOAI gar nicht mehr vorgesehen. Das bedeutet allerdings nicht, dass Zeithonorarvereinbarungen völlig ausgeschlossen wären. Sofern sie sich im Rahmen der Mindest- und Höchstsätze halten, sind Honorarvereinbarungen aller Art möglich (vgl. § 7 Rdn. 23). Andere Regeln für die Abrechnung gelten außerhalb des Anwendungsbereichs der HOAI (vgl. § 1 Rdn. 1 ff.). Ebenso ist das Abrechnungssystem aber auch für die **inhaltliche Richtigkeit** der Abrechnung maßgebend[6]. Auch dann, wenn der Auftraggeber mit dem Einwand der fehlenden Prüfbarkeit ausgeschlossen ist, kann der gleiche Einwand bei der Richtigkeit eine Rolle spielen, weil die vier Komponenten für die Honorarberechnung absolut notwendig sind (vgl. § 15 Rdn. 26 ff.). 11

Nicht nur für die Schlussrechnung, sondern auch für **Abschlagszahlungsforderungen** hat das Abrechnungssystem nach HOAI seine Bedeutung. Auch insoweit betrifft die Systematik der HOAI nicht nur die Prüfbarkeit, sondern auch die Richtigkeit der Rechnung (vgl. § 15 Rdn. 38 f., 98 f.). 12

Schließlich hat das Abrechnungssystem Bedeutung für die Ermittlung des **richtigen Mindest- und Höchstsatzes** im Einzelfall, wenn eine der Vertragsparteien getroffene Honorarvereinbarungen überprüfen und ggf. bei der Abrechnung davon abweichen will (vgl. § 7 Rdn. 25 ff.). 13

6. Maßgebende Kostenermittlung für die Honorarberechnung bei Objekt- und Fachplanung (Kostenberechnungsmodell)

Von den vier maßgebenden Parametern für die Honorarermittlung (vgl. oben Rdn. 6 ff.) sind die anrechenbaren Kosten ein maßgebender Baustein, im Rahmen dessen sich die meisten Einzelfragen ergeben. Grundlegende Fragen der anrechenbaren Kosten sind auch in anderen Vorschriften der HOAI behandelt (vgl. oben Rdn. 3 f.). Dazu gehört die Problematik, was unter anrechenbaren Kosten und Kostenermittlung 14

---

4 BGH BauR 2004, 316 = NZBau 2004, 216 m. Anm. *Hartung* NZBau 2004, 249; vgl. § 15 Rdn. 20 ff.
5 BGH BauR 1990, 236 = NJW-RR 1990, 277 = ZfBR 1990, 75; vgl. i. E. *Locher/Koeble/Frik*, 9. Aufl., § 6 Rn. 2.
6 Ebenso *Fuchs/Seifert* in FBS, § 6 Rn. 18.

zu verstehen ist (vgl. § 4 Rdn. 6 ff.). Ebenso sind die Form und der Inhalt der Kostenermittlung zu nennen (dazu § 4 Rdn. 10 ff.). In einer Positivliste ist ferner festgelegt, welche Kosten anrechenbar, gemindert anrechenbar und unter bestimmten Voraussetzungen anrechenbar sind (dazu § 33 Rdn. 5 ff.). In § 6 Abs. 1 Nr. 1 ist das sog. **Kostenberechnungsmodell** verankert. Darunter ist die Abkehr von einer Aufteilung des Honorars nach bestimmten Leistungsphasen zu verstehen. Während früher bei der Objektplanung z. B. die Kostenberechnung, aber auch der Kostenanschlag und die Kostenfeststellung maßgebend waren,[7] ist heute für die Gesamtabrechnung aller Honorare aus den Leistungsphasen nur noch die **Kostenberechnung** maßgebend. Die Gründe für die Entscheidung des Verordnungsgebers liegen einmal in einer Vereinfachung der Abrechnung, aber zum anderen vor allem darin, dass eine gewisse Kostensicherheit und ein Interesse des Auftragnehmers an der Einhaltung der Kosten bestehen sollen. Ob und inwieweit hier zu hohe Kostenberechnungen korrigiert werden können, muss in der Praxis geklärt werden (dazu unten Rdn. 20). Maßgebend ist die Kostenberechnung für das konkrete Objekt, auch wenn sie bei **Arbeitsteilung** von einem **anderen Auftragnehmer** erstellt wurde (vgl. unten Rdn. 25).

a) Kostenberechnung bzw. Kostenschätzung

15 Grundlage für die Abrechnung bei der Objekt- und Fachplanung (Teile 3 und 4 der HOAI) ist die »Kostenberechnung oder, **soweit** diese nicht vorliegt«, die Kostenschätzung. Die Formulierung weicht von der früheren Regelung ab, wonach die Kostenberechnung maßgebend war, »**solange** die Kostenschätzung nicht vorliegt« (§ 10 Abs. 2 Nr. 1 HOAI 2002). Sie ist jedoch gleichbedeutend.[8] Es gilt deshalb die frühere Rechtsprechung und Literatur in entsprechender Form.

16 Die **Kostenschätzung** ist unstreitig maßgebend, wenn der Auftragnehmer nur einen Auftrag für Leistungsphasen 1 und 2 gehabt hat oder die Vertragsbeziehungen in einem Stadium wirksam beendet werden, in dem die Kostenberechnung in Leistungsphase 3 **noch nicht erbracht werden musste**.[9] Eine ähnliche Situation liegt vor, wenn der Auftragnehmer ab Leistungsphase 4 beauftragt wird und deshalb keine Kostenberechnung machen muss. Hier kann er die Kostenschätzung zugrunde legen.[10] Ist ausnahmsweise eine **Kostenschätzung nicht formgerecht möglich**, dann kann dennoch kein Zeithonorar abgerechnet werden, weil es Vorschriften über das Zeithonorar in der neuen HOAI nicht mehr gibt. Der Auftragnehmer kann hier eine »überschlägige« Kostenschätzung vornehmen, die nicht an der DIN 276 orientiert ist.[11] Bei einer Umplanung in der Ent-

---

7 Dazu *Locher/Koeble/Frik*, 9. Aufl., § 10 Rn. 49 ff.
8 Ebenso *Werner* in *Werner/Pastor*, Rn. 976; *Koeble/Zahn*, B Rn. 99.
9 Vgl. z. B. OLG München BauR 1991, 650 = SFH Nr. 2 zu § 22 HOAI; *Börner* BauR 1995, 331 [333] m. w. Nachw.; *Klein* in MNP§ 4 Rn. 8; *Wirth/Galda* in KMV, § 6 Rn. 13.
10 OLG Düsseldorf BauR 2001, 434 = NJW-RR 2000, 822; *Fuchs/Seifert* in FBS, § 6 Rn. 32; *Preussner* in MNP § 6 Rn. 23.
11 So für den Auftrag über eine Bauvoranfrage, im Rahmen derer keine vollständige Vorplanung nötig ist, OLG Düsseldorf BauR 1996, 292 = NJW-RR 1995, 1361 und OLG Düsseldorf

wurfsplanung – vor Erstellung der Kostenberechnung – kann für die »verlorene Planung« die Kostenschätzung zugrunde gelegt werden.[12]

b) **Nachholen der Kostenberechnung**

Wird die Kostenberechnung vom Auftragnehmer nicht erstellt, obwohl **sie nach dem Vertrag geschuldet** und der entsprechende **Leistungsstand auch erreicht** ist, so stellt sich die Frage, ob auch die Abrechnung und Geltendmachung einer Abschlagszahlung oder der Schlusszahlung auf der Basis der Kostenschätzung erfolgen kann. Dies ist zu verneinen. Die Kostenberechnung muss hier vielmehr **nachgeholt werden**.[13] Sind dagegen nur **Teilleistungen** aus Leistungsphase 3 beauftragt, die eine Kostenberechnung als Basis nicht ermöglichen, dann muss diese ebenso wenig erstellt werden wie bei **Kündigung** während dieser Phase. Es kann hier die Kostenschätzung zugrunde gelegt werden.[14] Die Zahlen aus der Kostenschätzung müssen nur bei substanziiertem Gegenvortrag angepasst werden.[15] In allen anderen Fällen muss die Kostenberechnung dagegen nachgeholt werden.[16] Sinn und Zweck des § 6 Abs. 1 ist es nämlich, je nach Baufortschritt genauere und zuverlässigere Grundlagen für die Honorarberechnung zugrunde zu legen. Damit müssen fehlende Kostenermittlungen nachgeholt werden. Geschieht dies nicht, so ist die Klage abzuweisen (vgl. § 15 Rdn. 45 ff.). Auch dann, wenn feststeht, dass die **nachzuholende Kostenberechnung** ein **höheres Ergebnis** als die in der Honorarschlussrechnung fälschlicherweise zugrunde gelegte Kostenschätzung bringt, bedarf es dennoch der Vorlage einer Kostenberechnung. Die gegenteilige Auffassung[17] sieht darin nur eine Förmelei. Angesichts dessen, dass der Auftraggeber aber z. B. anhand der Vorschriften aus den jeweiligen Teilen der HOAI betreffend die anrechenbaren Kosten überprüfen können muss, welche Teile aus der Kostenberechnung überhaupt anrechenbar sind, kann davon keine Rede sein. Nicht ausreichend ist es auch, dass die Kostenschätzung eine Information über gemindert anrechenbare Kosten zulässt.[18] Die Prüfbarkeit der Rechnung kann auch dann noch eine Rolle spielen, wenn der Höhe nach Bindungswirkung über die Schlussrechnung besteht, weil immerhin

17

NJW-RR 1996, 470; *Börner* BauR 1995, 331; Korbion/Mantscheff/Vygen-*Wirth* § 6 Rn. 16; a. A. *Hartmann*, § 6 Rn. 7.
12 KG BauR 2002, 1425.
13 Unstr.; z. B. OLG Hamm ZfBR 1996, 158; OLG Düsseldorf BauR 1996, 422; OLG Düsseldorf BauR 1994, 133 = NJW-RR 1994, 18; OLG Köln NJW-RR 1992, 667; *Börner* BauR 1995, 331 [334]; ferner OLG Düsseldorf BauR 1983, 283; OLG Frankfurt BauR 1985, 344; OLG Celle BauR 1985, 591; OLG Düsseldorf BauR 1986, 244 für den Fall der vorzeitigen Vertragsbeendigung; *Fuchs/Seifert* in FBS, § 6 Rn. 31.
14 BGH BauR 2000, 1511 = NJW 2000, 1333 = NZBau 2000, 328; OLG Celle BauR 2007, 794.
15 OLG Celle BauR 2007, 794.
16 A. A. OLG Düsseldorf NJW-RR 1996, 535 [536] für den Fall, dass der AG neben der Kostenschätzung noch weitere Informationen hat.
17 OLG Köln NJW-RR 1992, 667 und ähnlich OLG Hamm BauR 1996, 578 für den Fall, dass bereits ein Sachverständiger die Kosten ermittelt hat.
18 A. A. OLG Düsseldorf NJW-RR 1996, 535 [536].

Rückforderungsansprüche wegen überzahlter Abschläge möglich sind (dazu § 15 Rdn. 115).

18 Problematisch ist in den Fällen der **nachgeholten Kostenberechnung** zunächst, ob für die Honorarberechnung eine **höhere Kostensumme** aus der nachgebrachten Kostenberechnung zugrunde gelegt werden kann. Sicher ist, dass eine Bindung der Höhe nach besteht, wenn eine falsche Kostenermittlung in die Honorarschlussrechnung eingegangen ist und diese Bindungswirkung entfaltet (vgl. § 15 Rdn. 70 f.). Wird die Kostenberechnung erst während des Projektablaufs und ggf. sehr spät nachgeholt, dann könnte der Architekt sein Honorar nachträglich durch eine übertrieben hohe Kostenberechnung erheblich verbessern. Um dies zu verhindern, wird zum Teil vertreten, dass eine Bindung der Höhe nach an die Kostenschätzung besteht, und zwar auch dann, wenn Änderungen oder Sonderwünsche zwischen der Vorplanung und der Entwurfsplanung hinzugekommen sind.[19] Für Änderungen und Ergänzungen ist diese Auffassung jedoch ganz sicher nicht gerechtfertigt. Soweit aber zwischen Vorplanung und Entwurfsplanung keine wesentlichen Änderungen oder Erweiterungen erfolgt sind, sind als Obergrenze die Kostenangaben zugrunde zu legen, die in dem Zeitpunkt vorlagen, als die Kostenberechnung hätte erstellt werden müssen (Schadensersatz wegen fehlerhafter Kostenermittlung).[20] Das wird meist die Kostenschätzung sein. Fehlt auch diese, so sind die Angaben aus dem Bauantrag maßgebend, weil dort ausdrücklich Angaben nach DIN 276 zu den Kostengruppen 3.1 und 3.2 nach der alten Fassung bzw. 300 und 400 nach der neuen Fassung gemacht werden müssen und es sich im Stadium der Genehmigungsplanung damit nur um die Kostenberechnung handeln kann.[21]

c) Honorarpflicht für nachgeholte Kostenberechnung

19 Die zweite Frage bei der nachgeholten Kostenberechnung ist, ob hierfür noch ein Honorar beansprucht werden kann. Dies ist zu verneinen, soweit die nachgebrachte Kostenermittlung lediglich dazu dient, den Honoraranspruch des Architekten fällig zu machen.[22]

d) Korrektur einer zu hohen Kostenermittlung?

20 Fraglich ist, ob und wann der Auftraggeber eine **Reduzierung** der sich aus der Kostenberechnung ergebenden **anrechenbaren Kosten** verlangen kann. Im Regelfall sind beide Parteien hinsichtlich der Abrechnung an die Kostenberechnung gebunden.[23] Anderes

---

19 So OLG Frankfurt BauR 1985, 344; OLG Celle BauR 2007, 794.
20 Ebenso *Wirth/Galda* in KMV, § 6 Rn. 14 f.
21 Im Ergebnis ebenso BGH BauR 2005, 400 = NJW-RR 2005, 398 = NZBau 2005, 158, wonach der Architekt auf die Unverbindlichkeit solcher Kostenangaben hinweisen muss; vgl. auch Einl. Rdn. 202 ff.
22 Ebenso *Weyer* BauR 1982, 314; vgl. i. E. zum Honorarabzug § 8 Rdn. 16 ff.
23 Anderes kann dann gelten, wenn sich Erweiterungen oder Verkleinerungen des Bauobjekts mit Auswirkungen auf die anrechenbaren Kosten nach oben oder nach unten ergeben; vgl. dazu unten Rdn. 21 f.

gilt nur dann, wenn die **Kostenberechnung** vom Auftragnehmer **schuldhaft erheblich zu hoch** angesetzt wurde.[24] Es muss sich dabei um eine **grobe Fehlschätzung** handeln, weil auch insoweit dem Auftragnehmer nach oben eine Toleranz eingeräumt werden muss. Diese wird sich ähnlich wie im umgekehrten Fall bei der Bausummenüberschreitung bemessen.[25] Maßgebend für den Tatbestand der groben Fehleinschätzung sind nicht die tatsächlich entstandenen Kosten und auch nicht die Angebote der Baubeteiligten, sondern der Vergleich mit den realistischen Kosten.[26] Eine schuldhafte Fehlschätzung des Auftragnehmers liegt nicht schon dann vor, wenn der Auftraggeber durch eigene Verhandlungen oder Schwarzarbeit niedrigere Preise erzielt.[27] Die Gegenmeinung steht auf dem Standpunkt dass jede Kostenberechnung wegen Fehlern ohne jegliche Toleranz nach unten zu korrigieren ist.[28] Das würde aber letzten Endes dazu führen, dass die tatsächlichen Kosten maßgebend wären, was der Verordnungsgeber aber vermeiden wollte.

e) **Anpassung der Kostenberechnung bei Erweiterungen, Änderungen und Nachträgen?**

Bei Erweiterungen oder Reduzierungen des Bauvolumens, mit denen Änderungen der Baukosten einhergehen, stellt sich die Frage, ob der Auftragnehmer eine neue Kostenberechnung oder eine fortgeschriebene Kostenberechnung erstellen muss oder kann. Der bloße **Anstieg der Baupreise** und auch der Indexwerte bzw. der ortsüblichen Preise genügt dafür alleine nicht, um auf der Basis einer neuen, erhöhten Kostenberechnung abrechnen zu können. Anderes gilt dann, wenn gestiegene Baupreise (z. B. Stahlpreise) eine Umplanung erfordern. In diesem Fall sind **Planungsänderungen** auf jeden Fall gesondert – neben dem Honorar für das gebaute Objekt – zu honorieren.[29]   21

Besondere Umstände können es notwendig machen, dass eine **Art fortgeschriebener Kostenberechnung** für die Ermittlung des Honorars zugrunde gelegt wird. Das gilt insbesondere bei **Reduzierungen** bzw. einer Verkleinerung des Objekts einerseits und **Erweiterungen** des Objekts andererseits, aber auch bei **Nachträgen**, die allesamt nicht durch Fehler des Auftragnehmers verursacht wurden. In diesen Fällen ist die Kostenberechnung auf der Grundlage des **vollständigen Entwurfs** maßgebend.[30] Die Leistungs-   22

---

24 OLG Düsseldorf BauR 1987, 708 = SFH Nr. 1 zu § 6 HOAI; OLG Düsseldorf NJW-RR 1998, 1317; Korbion/Mantscheff/Vygen-*Wirth*, § 6 Rn. 17 ff.; *Meurer* BauR 2003, 328.
25 Vgl. hierzu zum alten Recht mit vier Kostenermittlungen: OLG Düsseldorf BauR 1998, 1317, das von einem Toleranzrahmen von 20 % bis 40 % – je nach Art der Kostenermittlung – ausgeht und *Meurer* BauR 2003, 328, der eine Toleranz von bis zu 10 % bei der Kostenschätzung, 5–7 % bei der Kostenberechnung und 2–5 % beim Kostenanschlag annimmt; zum Parallelproblem vgl. die Toleranzen bei Einl. Rdn. 191.
26 Vgl. zum entsprechenden Problem bei Bausummenüberschreitung Einl. Rdn. 189.
27 OLG Düsseldorf BauR 1998, 1317.
28 *Klein* in MNP ›§ 4 Rn. 90; *Seifer/Fuchs* in FBS, § 4 Rn. 50 f.
29 Dazu § 10 Rdn. 10 ff., 18 ff. und unten Rdn. 22.
30 Ebenso für eine Fortschreibung der Kostenberechnung auf den Stand der letzten Entwurfs- und Genehmigungsplanung: *Werner* in Werner/Pastor, 13. Aufl., Rn. 981; *Pott/Dahlhoff/*

§ 6 HOAI Grundlagen des Honorars

phase 3 als System- und Integrationsplanung hat den für die Baugenehmigung und damit für die Bauausführung maßgebenden Entwurf zum Ergebnis und auf **dieser Grundlage** wird die **Kostenberechnung** erstellt. Werden auch später noch Änderungen bzw. Nachträge erforderlich, dann beeinflusst dies die **Entwurfsplanung** und in solchen Fällen auch die auf dieser Basis zu erstellende Kostenberechnung. Der Auftragnehmer kann und muss (z. B. bei Reduzierung des Bauvolumens) dann eine neue Kostenberechnung erstellen. Sie ist dann Grundlage des Honorars für das tatsächlich gebaute Objekt. Diese Auffassung steht in Einklang mit der DIN 276, welche ebenfalls für die Kostenberechnung die **maßgebende Entwurfsplanung** als Grundlage hat (Ziff. 3.4.3 der DIN 276 Fassung Dezember 2008). Diese Grundsätze gelten auch dann, wenn der Auftragnehmer berechtigt ist, ein gesondertes Honorar für Planungsänderungen bzw. verlorene Planungen abzurechnen (dazu § 10 Rdn. 10 ff.). Im Beispiel der verlorenen Planung wird dann auf der ursprünglichen Grundlage die Grundleistung und auf der Basis der späteren Kostenberechnung die Änderungsleistung mit Leistungsprozenten abgerechnet. Eine Korrektur der Kostenberechnung ist ferner auch dann berechtigt, wenn die **Sonderfachleute des AG** (z. B. Ingenieure für Technische Ausrüstung oder der Tragwerksplanung) noch keine oder falsche Zahlen im Rahmen ihrer Mitwirkung bei der Kostenberechnung geliefert haben und diese erst später vorgelegt oder konkretisiert werden. Nachdem diese Zahlen vom Architekten in die Kostenermittlung zu integrieren sind, müssen sie in richtiger Form eingesetzt werden. Ein weiterer Ansatz für Auftragnehmer in den Fällen von Erweiterungen, Ergänzungen und Änderungen ist es, die **Honorarzone** zu überprüfen. Allerdings ist es für eine Anpassung der Kostenberechnung nicht ausreichend, dass sich – ohne Einflussnahme aus der Sphäre des Auftraggebers – alleine die Kosten verändern, auch wenn dies völlig **unerwartet** oder gar vom Auftragnehmer **verschuldet** ist.[31] Mit der HOAI 2013 wurde aber noch eine zusätzliche **Möglichkeit der Honoraranpassung** (§ 10 Abs. 1 HOAI) geschaffen, die auch in solchen Fällen gilt, in denen die Parteien keine Honorarvereinbarung getroffen haben (vgl. § 10 Rdn. 18 ff.).

23 Für den **Kostenanschlag** nach § 10 Abs. 2 HOAI 2002 hat der BGH entschieden, dass **Nachträge** nicht mehr berücksichtigt werden können.[32] Maßgebend für die Berücksichtigung anrechenbarer Kosten im Rahmen des Kostenanschlags ist nach dieser Entscheidung der »Planungsstand vor der Vergabe«. Für die Honorarabrechnung nach HOAI hat die Entscheidung keine unmittelbare Bedeutung mehr, weil der Kosten-

---

Kniffka/Rath, § 6 Rn. 22; *Werner/Siegburg*, FS Koeble, S. 585 (588); ferner *Messerschmidt*, FS *Haible*, S. 153; *Klein* in MNP § 4 Rn. 88; *Wirth/Galda* in KMPV § 6 Rn. 15; vgl. auch *Seifert/Fuchs* in FBS, § 4 Rn. 50 ff.

31 Mehrkosten wegen Fehlern können nach Treu und Glauben (dolo petit) nicht berücksichtigt werden: BGH BauR 2012, 829 = NJW 2012, 1792 m. Anm. *Preussner* = NZBau 2012, 298 = Analyse *Koeble* auf www.jurion.de/Modul Werner Baurecht; zur Anpassung einer Honorarvereinbarung in diesen Fällen und zur entsprechenden Anwendung des § 7 Abs. 5 in den hier behandelten Fällen vgl. § 7 Rdn. 168 ff.

32 BGH BauR 2010, 1957 = NZBau 2010, 706 = NJW-RR 2010, 1668 = Analyse *Koeble* auf www.jurion.de/Modul Werner Baurecht.

anschlag für die Berechnung nicht relevant ist. Wichtig kann dennoch werden, dass der BGH bei fehlender oder falscher Ausführungsplanung (kein Planungsstand) eine Berücksichtigung von später entstehenden Kosten wohl noch zulassen dürfte. Wichtig ist ferner die Begründung des BGH, dass nämlich Änderungen oder nachträgliche bzw. zusätzliche Leistungen gegenüber dem Kostenanschlag nach der alten DIN 276 Fassung April 1981 Ziff. 4c im Rahmen der Kostenfeststellung zu berücksichtigen waren. Es stellt sich die Frage, ob diese Argumente auch im Hinblick auf eine Fortschreibung der Kostenberechnung auf den letzten Stand der endgültigen Entwurfsplanung eine Rolle spielen können.[33] Das ist jedoch zu verneinen. Die DIN 276 in der maßgebenden Fassung von Dezember 2008 enthält eine entsprechende Bestimmung nicht mehr. Vielmehr ist in Ziff. 3.4.5 ohne Bezug auf vorherige Kostenermittlungen ganz konkret angegeben, welche Angaben im Rahmen der Kostenfeststellung erfolgen müssen. Abgesehen davon wäre die Entscheidung zum Kostenanschlag nach alter HOAI/DIN auch deshalb nicht anwendbar, weil die Einführung des Kostenanschlags als Abrechnungsgrundlage ganz andere Gründe hatte und diese durch die Rechtsprechung des BGH sicherlich gewürdigt werden mussten. Im Hinblick auf die Kostenberechnung ist dies gerade nicht so.

f) Bedeutung des Kostenanschlags und der Kostenfeststellung

Der Kostenanschlag ist im Leistungsbild (Anlage 10.1 Lph 6, 7) weggefallen, jedoch nach wie vor in der DIN 276 vorgesehen. Die Kostenfeststellung ist noch in Lph 8 aufgeführt. Beide Kostenermittlungen spielen aber für die Honorarabrechnung bei den anrechenbaren Kosten keine Rolle. Soweit der Auftragnehmer die Kostenfeststellung weglässt, kann dies aber zu einer Honorarminderung führen (vgl. dazu § 8 Rdn. 16 ff.). Die Kostenermittlungen können aber zu den Leistungspflichten gehören, welche allerdings nicht unmittelbar in der HOAI geregelt sind (dazu Einl. Rdn. 117). 24

g) Kostenberechnung bei Teilleistungen, Teilobjekten und bei Kündigung

Soweit der Auftragnehmer nur Teilleistungen erbringt, sind auch hierfür die Kostenberechnung und nur im Ausnahmefall die Kostenschätzung (vgl. oben Rdn. 15 f.) maßgebend. Soweit der Auftragnehmer – z. B. bei einer Beauftragung nur mit Leistungsphase 8 – die Kostenberechnung nicht selbst zu erstellen hat, stehen ihm verschiedene Möglichkeiten zur Verfügung, um die Abrechnungsgrundlagen zu erhalten (vgl. Rdn. 27 ff.). Maßgebend ist die Kostenberechnung aus Leistungsphase 3 für die Abrechnung auch dann, wenn sie – bei **Arbeitsteilung** – von einem anderen Auftragnehmer erstellt wurde.[34] Das ist zwar für einen nachfolgenden Auftragnehmer, welcher die Leistungsphase 3 nicht in Auftrag hat, u. U. bitter. Es bleiben ihm aber nur die gleichen Möglichkeiten, eine Fortschreibung der Kostenberechnung zu verlangen, wenn sich die Entwurfs- und Genehmigungsplanung als Grundlage für die Kostenberechnung geän- 25

---

33 Diese Meinung vertritt *Preussner* NJW 2011, 1713 (1715).
34 Ebenso *Werner* in *Werner/Pastor*, Rn. 981; *Werner/Siegburg*, FS Koeble, S. 585 (588).

dert hat (vgl. oben Rdn. 22). Soweit er zusätzlich Grundleistungen aus ihm zunächst nicht übertragenen Leistungsphasen erbringen soll und auch erbringt, steht ihm ein gesonderter Honoraranspruch zu.

26 Wird der Auftragnehmer nur mit **Teilen eines Objekts** beauftragt, stellt sich die Frage, ob er die volle Kostenermittlung seiner Abrechnung zugrunde legen kann und dann bei den Prozentsätzen für die erbrachten Leistungen mindern muss oder ob er schon die anrechenbaren Kosten auf den ihm übertragenen Objektteil reduzieren muss. Nach Auffassung des BGH werden die anrechenbaren Kosten von vornherein **durch den Vertragsgegenstand beschränkt** (vgl. dazu § 4 Rdn. 39 ff.). Im Falle der **Kündigung** dürfte die Abrechnung dagegen auch nach Auffassung des BGH aus den vollen anrechenbaren Kosten bei Ansatz von Teilprozenten für die erbrachten Leistungen vorzunehmen sein, was generell als zutreffend erscheint (dazu § 4 Rdn. 39 ff.).

h) Auskunft, Einsichtnahme und Herausgabe bezüglich der Kostenberechnung

27 Im Hinblick auf die Kostenfeststellung war früher problematisch, welche Rechte dem Auftragnehmer zur Verfügung stehen, wenn er die für die Abrechnung **maßgebende Kostenermittlung** nicht zu erstellen hatte und sie ihm **nicht zur Verfügung** stand.[35] Hinsichtlich der Kostenberechnung werden sich dann ähnliche Probleme ergeben, wenn dem Auftragnehmer die Leistungsphase 3 nicht in Auftrag gegeben war, sondern er beispielsweise erst ab der Leistungsphase 5 oder nur mit der Leistungsphase 8 beauftragt wird.

28 Dem Auftragnehmer steht auch hier in entsprechender Anwendung der bisherigen Rechtsprechung ein **Auskunftsanspruch** zur Verfügung.[36] Der Auskunftsanspruch ist ein vertraglicher Anspruch. Er kann selbstständig geltend gemacht werden. Er besteht auch dann, wenn der Auftragnehmer schätzen könnte.[37] Der Auftragnehmer kann ihn auch dann geltend machen, wenn die getroffene Pauschalhonorarvereinbarung möglicherweise die Mindestsätze unterschreitet und er die Kostenermittlung zum Zwecke der Feststellung des richtigen Mindestsatzes benötigt.[38] Ein Subplaner soll ausnahmsweise keinen Anspruch auf Auskunft für die anrechenbaren Kosten haben, wenn sein Auftraggeber sie selbst nicht kennt und deshalb nicht in der Lage ist, Informationen über die anrechenbaren Kosten zu geben.[39] Das dürfte deshalb problematisch sein, weil der Auftraggeber des Subplaners – z. B. als Generalplaner – mindestens selbst einen Anspruch auf Auskunft gegen den Bauherrn hat und aus der vertraglichen Verpflichtung zum Sub gehalten sein dürfte, diesen entweder geltend zu machen oder abzutreten.

---

35 Vgl. *Locher/Koeble/Frik*, 9. Aufl., § 10 Rn. 63 ff.
36 BGH BauR 1995, 126 = NJW 1995, 401 = LM H 4/1995 HOAI Nr. 28 m. Anm. *Koeble* = ZfBR 1995, 73; BGH BauR 1998, 813 = NJW 1998, 2672 = ZfBR 1998, 239.
37 OLG Düsseldorf NJW-RR 1996, 1109.
38 KG BauR 2002, 1576.
39 So OLG Köln NJW-RR 2013, 462 = NZBau 2013, 318.

Darüber hinaus steht dem Auftragnehmer ein gerichtlich durchsetzbarer Anspruch auf **Einsichtnahme in die Unterlagen** sowie auf **Herausgabe der Original-Kostenermittlung** zu.[40] Ein Angebot des Auftraggebers auf bloße Einsichtnahme genügt nicht. Die Herausgabe von Originalunterlagen kann nur aus wichtigem Grund verweigert werden, dann ist aber eine Kopie zu übermitteln.[41] Nach richtiger Auffassung steht es nicht im Ermessen des Bauherrn, wie er die Auskunft erteilen will, vielmehr hat der Auftragnehmer einen Anspruch auf Einsichtnahme und/oder Herausgabe der Baukostenzusammenstellungen.[42] 29

In entsprechender Anwendung der Rechtsprechung zur Kostenfeststellung kann der Auftragnehmer in solchen Fällen aber auch eine **eigene Kostenberechnung** aufstellen.[43] Die Richtigkeit dieser, vom Auftragnehmer aufgestellten Kostenberechnung kann der Auftraggeber dann nicht unsubstanziiert bestreiten. In einem Rechtsstreit muss er vielmehr die ggf. von einem anderen Auftragnehmer vorgelegte Kostenberechnung in substanziierter Weise gegen die Kostenermittlung des Auftragnehmers stellen. Andernfalls hat er nicht substanziiert bestritten. 30

Die **vorherige Aufforderung zur Herausgabe** einer Kostenberechnung durch den Auftraggeber ist zwar sinnvoll. Der Auftragnehmer muss jedoch nicht in dieser Weise vorgehen. Im Rechtsstreit allerdings wird er sich auf die vom Auftraggeber dann vorgelegte, maßgebende Kostenberechnung einlassen und eventuell seine Klage umstellen müssen. In diesem Fall trägt er die Kosten, wenn er im Voraus nicht zur Herausgabe der Kostenberechnung aufgefordert hat. 31

7. Prozessuales hinsichtlich der anrechenbaren Kosten

Ebenso wie das Abrechnungssystem haben die Einzelheiten betreffend die anrechenbaren Kosten Bedeutung sowohl im Hinblick auf die Prüfbarkeit als auch im Hinblick auf die inhaltliche Richtigkeit einer Rechnung (vgl. oben Rdn. 11). Darüber hinaus sind sie für die Ermittlung des Mindest- und Höchstsatzes nach HOAI maßgebend (vgl. oben Rdn. 13). 32

Für eine **Klage** genügt es im Normalfall, die Daten und **Ergebnisse der Kostenberechnung** vorzutragen.[44] Erst dann, wenn der Bauherr die Einzelansätze der Kostenberechnung mit konkreten Zahlen als zu hoch bestreitet und beispielsweise die Mengen oder die angesetzten Preise substanziiert angreift, ist eine Spezifizierung der Ansätze und 33

---

40 Vgl. OLG Stuttgart BauR 1992, 539; KG NJW-RR 1995, 536; KG BauR 2007, 1439 = Analyse *Koeble* auf www.jurion.de/Modul Werner Baurecht: Herausgabe an einen Dritten zu treuen Händen; OLG Oldenburg BauR 2007, 1082 auch zur Stufenklage.
41 KG BauR 2007, 1439.
42 Wie hier *Werner* in *Werner/Pastor*, Rn. 980; a.A. OLG München BauR 2013, 267 = NJW-RR 2012, 785 = NJW-RR 2013, 19 = NZBau 2012, 785.
43 Rechtsgedanke des § 162 BGB; vgl. OLG Düsseldorf BauR 1987, 465; OLG Hamm BauR 1992, 260 = NJW-RR 1991, 1430; BGH BauR 1995, 126 = NJW 1995, 401.
44 BGH BauR 2002, 1421 = NZBau 2002, 513 = ZfBR 2002, 665; OLG Hamm NJW-RR 1992, 979.

§ 6 HOAI Grundlagen des Honorars

auch ein Beweisantritt für die Richtigkeit der zugrunde gelegten Kosten nötig.[45] Nur ausnahmeweise ist ein solch substanziiertes Bestreiten nicht erforderlich, wenn auch der Bauherr die Kostenberechnung nicht vorliegen hat.[46]

34 Eine weitere Frage ist die, ob der Auftragnehmer **mit der Klage** alle maßgebenden Kostenermittlungen **vorlegen** muss. Dies dürfte zu verneinen sein.[47] Das Gericht hat die anrechenbaren Kosten nicht von Amts wegen zu überprüfen. Vielmehr können die Parteien diese unstreitig stellen. Prüfbarkeitsvoraussetzung ist allerdings, dass der Auftraggeber die Kostenermittlung während der Abwicklung des Bauvorhabens bekommen hat, andernfalls muss sie natürlich noch übergeben werden. Angesichts dessen, dass es bei der Übergabe der Kostenermittlungen um die Prüfbarkeit geht, bedarf es jedoch einer generellen Vorlage bei Gericht nicht. Über die Frage der Prüfbarkeit kann der Auftraggeber disponieren.

8. Maßgebende Abrechnungsgrundlage bei Flächenplanung

35 Bei der Flächenplanung nach Teil 2 gibt es keine Kostenermittlung. Als Grundlage für die Abrechnung sind deshalb nach HOAI 2009 die Flächengrößen oder Verrechnungseinheiten heranzuziehen und nach HOAI 2013 die Größe der Fläche zugrunde zu legen (vgl. §§ 17 ff.).

9. Weitere Parameter für die Honorarabrechnung

a) Leistungsbild

36 Die zu erbringenden Leistungen und das Leistungsbild sind als zweiter Baustein für die Abrechnung genannt (dazu § 3). Soweit Leistungen nur teilweise übertragen oder erbracht werden, kommt eine Minderung des Honorars in Frage (§ 8).

b) Honorarzone

37 Für die Honorarzone finden sich Regelungen an verschiedener Stelle in der HOAI sowie in der Anlage (vgl. § 5).

c) Honorartafel

38 Jeder Teil der jetzigen HOAI betreffend Flächen -und Objektplanung enthält Honorartafeln. Diese sind in ihrem Anwendungsbereich auf bestimmte Werte beschränkt (vgl. § 7 Rdn. 87 ff.).

---

45 BGH BauR 2002, 1421; BGH BauR 1992, 265 = NJW-RR 1992, 278 = ZfBR 1992, 66; OLG Celle BauR 1999, 518; OLG Hamm NJW-RR 1992, 979.
46 Vgl. OLG Düsseldorf BauR 2000, 290 für die Kostenfeststellung und die dazu notwendigen Baurechnungen.
47 A. A. OLG Rostock BauR 1993, 762; anscheinend auch OLG Hamm NJW-RR 1992, 979.

10. Honorar für Leistungen bei Umbauten und Modernisierungen (Abs. 2)

Umbauten und Modernisierungen bringen meist für den Planer eine Mehrbelastung mit sich. Es ergeben sich nicht selten besonders schwierige statische Probleme, die oftmals bei Baubeginn nicht vorausgesehen werden können. Eine intensivere Bauaufsicht ist erforderlich. Häufig treten besondere technische Schwierigkeiten auf, die spezifisch mit dem Umbau verbunden sind. Oft sind Sofortmaßnahmen erforderlich. Erhöhte Schwierigkeiten treten bei der Koordinierung der Arbeiten auf. Die Anforderungen an die Verkehrssicherungspflicht sind oftmals gesteigert. Kostenschätzung und Kostenberechnung bieten besondere Probleme. Das Haftungsrisiko ist in technischer und wirtschaftlicher Hinsicht größer.[48] Diesen Gesichtspunkten trägt der Umbau- und Modernisierungszuschlag Rechnung. Der Auftragnehmer ist mit diesen Schwierigkeiten bereits in den Leistungsphasen 1 und 2 befasst. Es ist deshalb nicht gerechtfertigt, bei einer Kündigung in der Leistungsphase 2 den Umbauzuschlag zu versagen, zumal die HOAI keine Einschränkung des Umbau- und Modernisierungszuschlags auf einzelne Leistungsphasen kennt.[49]

In § 6 Abs. 2 S. 1 sind die Berechnungselemente für das Honorar bei Umbauten und Modernisierungen aufgeführt. Diese waren in § 35 des Teils 3 Abschnitt 1 der HOAI 2009 (Gebäude und Raumbildende Ausbauten) enthalten und wurden aus systematischen Gründen in den Allgemeinen Teil verschoben, weil der Umbau- und Modernisierungszuschlag für alle Objekte der Teile 3 und 4 gilt, was in der HOAI 2009 für Freianlagen umstritten war. In § 6 Abs. 2 S. 2 wird klargestellt, dass der Umbau- und Modernisierungszuschlag unter Berücksichtigung des Schwierigkeitsgrads schriftlich zu vereinbaren und die Höhe jeweils in den Leistungsbildern geregelt ist (Abs. 2 S. 3). Sodann wird in § 6 Abs. 2 S. 4 eine unwiderlegliche Vermutung eingeführt, dass ab einem durchschnittlichen Schwierigkeitsgrad ein Zuschlag von 20 Prozent vereinbart ist.

Während nach der **HOAI 2002** bei Umbauten und Modernisierungen in zweifacher Hinsicht eine Honorarerhöhung vorzunehmen war, nämlich zum einen durch den Umbau- und Modernisierungszuschlag und zum anderen durch eine Erhöhung der anrechenbaren Kosten über eine angemessene Berücksichtigung des Werts der technisch und gestalterisch mitzuverarbeitenden Bausubstanz nach § 10 Abs. 3a HOAI 2002, wurde die letztere Möglichkeit in der **HOAI 2009** ersatzlos gestrichen.[50] Eine Honorarerhöhung ist ausschließlich über die Vereinbarung eines Umbau- oder Modernisierungszuschlags nach § 35 HOAI 2009 erfolgt, dessen Rahmen deutlich erweitert wurde. So galt bereits ab der Honorarzone II ohne Vereinbarung ein Zuschlag von 20 %. Ebenso war die Vereinbarung eines Zuschlags bis zu 80 % möglich, während nach der HOAI 2002 ohne Vereinbarung nur bei durchschnittlichem Schwierigkeitsgrad ein Zuschlag von 20 % anzusetzen war. Außerdem sah die HOAI 2002 für diesen Fall nur einen Zuschlag von 20 % bis 33 % vor. Voraussetzung für einen Umbau war

---

48 Grundlegend zur Haftung beim Bauen im Bestand *Jochem* BauR 2007, 281.
49 So aber OLG Düsseldorf BauR 2002, 648.
50 Vgl. 11. Aufl. § 35 Rn. 20.

§ 6 HOAI Grundlagen des Honorars

nach der Definition des § 2 Nr. 6 HOAI 2009 nur noch ein Eingriff in Konstruktion und Bestand. Das Erfordernis der Wesentlichkeit des Eingriffs war entfallen.

42 In der Praxis hat sich gezeigt, dass diese Kompensationsregelungen für den Wegfall der Erhöhung der anrechenbaren Kosten um den Wert der technisch und gestalterisch mitzuverarbeitenden Bausubstanz unzureichend waren, weil die Vereinbarung eines höheren Umbau- oder Modernisierungszuschlags in den meisten Fällen von dem Planer nicht durchgesetzt werden konnte. Aus diesem Grund wurde in der HOAI 2013 die Regelung über den Umbau- und Modernisierungszuschlag wieder grundlegend geändert und stark an die alte Regelung in der HOAI 2002 angepasst. Ein Umbau setzt nach § 2 Abs. 5 wieder einen wesentlichen Eingriff in Konstruktion oder Bestand voraus. Ohne Honorarvereinbarung gilt der Zuschlag von 20 % erst ab einem durchschnittlichen Schwierigkeitsgrad (Honorarzone III). Die Höhe des Zuschlags wird objektbezogen unterschiedlich begrenzt. So gilt z. B. für Gebäude mit einem durchschnittlichen Schwierigkeitsgrad nach § 36 Abs. 1 wieder die Obergrenze von 33%. Insbesondere wurde in § 4 Abs. 3 eine mittelbare Honorarerhöhung über die Erhöhung der anrechenbaren Kosten durch eine angemessene Berücksichtigung des Werts der mitzuverarbeitenden Bausubstanz eingeführt.

a) Die Begriffe »Umbau« und »Modernisierung«

43 § 6 Abs. 2 enthält keine Definition des Begriffs der »**Umbauten**«. Umbauten setzen nach der Definition des § 2 Abs. 5 einen wesentlichen Eingriff in Konstruktion und Bestand voraus. Der Begriff Konstruktion umfasst die für die Konstruktion des Objekts maßgeblichen Teile der KGR 300 der DIN 276 und somit im Wesentlichen die statisch relevanten Teile wie tragende Wände, Fundamente, Gründungen etc. Dagegen ist der Begriff Bestand weiter gefasst. Darunter fallen Technische Anlagen der Kostengruppe 400 und nicht statisch relevante Teile der Kostengruppe 300 (vgl. dazu i. E. § 2 Rdn. 13). Während in der HOAI 2009 die Tatbestandsvoraussetzung eines »wesentlichen Eingriffs« entfallen war, liegt nach § 2 Abs. 5 eine Umbaumaßnahme nur dann vor, wenn ein **wesentlicher Eingriff** in Konstruktion oder Bestand erfolgt. Ein wesentlicher Eingriff in die Konstruktion liegt immer dann vor, wenn das statische Gefüge eines Objekts verändert wird. Ein wesentlicher Eingriff in den Bestand ist davon abhängig, wie stark der Bestand verändert wird (vgl. dazu i.E § 2 Rdn. 13).

44 Neben den Umbauten betrifft § 6 Abs. 2 auch die **Modernisierungen**. Dieser Begriff ist in § 2 Abs. 6 definiert. Danach sind Modernisierungen »bauliche Maßnahmen zur nachhaltigen Erhöhung des Gebrauchswertes eines Objekts, soweit sie nicht unter Absatz 4, 5 oder 8 fallen« (vgl. § 2 Rdn. 14).

45 Die Regelung des § 23 HOAI 2002, die für den Fall, dass neben einem Umbau gleichzeitig ein **Erweiterungsbau** i. S. d. § 2 Abs. 4 durchgeführt wurde, eine getrennte Abrechnung vorgesehen hatte, ist entfallen. Der Umbaubegriff in § 2 Abs. 5 führt dazu, dass dann, wenn ein Erweiterungsbau zu einem wesentlichen Eingriff in Konstruktion oder Bestand des vorhandenen Objekts führt oder in dem vorhandenen Objekt neben einem Erweiterungsbau ein Umbau durchgeführt wird, von einem Umbau i. S. d. § 6

Abs. 2 auszugehen ist.[51] Dies kann gerade bei **Erweiterungsbauten** dazu führen, dass **insgesamt ein Umbau** vorliegt, weil hier ein Objekt (Gebäude) vorliegt und der Umbauzuschlag für das Objekt insgesamt und nicht für einzelne Teile des Objekts zu ermitteln ist. Der ersatzlos entfallene § 23 HOAI 2002 hatte von diesem Grundsatz der einheitlichen objektbezogenen Abrechnung gerade eine Ausnahme dargestellt.

b) Die anrechenbaren Kosten bei Umbauten und Modernisierungen

Nach § 6 Abs. 2 Nr. 1 richten sich die anrechenbaren Kosten bei Umbauten und Modernisierungen ebenso wie beim Honorar für neuerrichtete Objekte der Teile 3 und 4 nach den anrechenbaren Kosten des Objekts auf der Grundlage der Kostenberechnung oder ggf. der Kostenschätzung, auch wenn diese Kostenermittlungen nicht ausdrücklich erwähnt sind. Der Verordnungsgeber hat hier die in § 35 Abs. 2 HOAI 2009 enthaltene Regelung in den Allgemeinen Teil verschoben, ohne dass damit eine inhaltliche Änderung herbeigeführt werden sollte.   46

Für die Kostenermittlungen gilt § 4 Abs. 1. Zu beachten ist aber, dass Umbauten und Modernisierungen ohne Einbeziehung des vorhandenen Bestands und somit der technisch oder gestalterisch **mitzuverarbeitenden Bausubstanz** nahezu undenkbar sind, sodass in diesem Fall die anrechenbaren Kosten um den Umfang der mitzuverarbeitenden Bausubstanz nach § 4 Abs. 3 angemessen zu erhöhen sind.[52] Die Erhöhung der anrechenbaren Kosten um die mitzuverarbeitende Bausubstanz findet ihre Begründung nicht ihn den Erschwernissen durch den Umbau bzw. die Modernisierung, sondern darin, dass der Planer ansonsten beim Bauen im Bestand mit der Erhaltung der vorhandenen Bausubstanz aufgrund der niedrigeren anrechenbaren Kosten schlechter als bei einem Abriss und anschließenden Neubau gestellt würde. Damit soll ein nachhaltiges Bauen nicht durch ein geringeres Honorar bestraft werden. Dies ändert freilich nichts daran, dass bei einem Umbau oder einer Modernisierung eine doppelte Honorarerhöhung über den Umbau- und Modernisierungszuschlag einerseits und mittelbar über die Erhöhung der anrechenbaren Kosten über die mitzuverarbeitende Bausubstanz andererseits erfolgt.   47

c) Die Einordnung von Umbauten und Modernisierungen in die Honorarzone

Nach § 6 Abs. 2 Nr. 2 ist für die **Honorarzone** nicht diejenige des bisherigen Objekts (z. B. Gebäudes) maßgebend, sondern diejenige des Umbaus oder der Modernisierung.[53] Damit kann beispielsweise bei Gebäuden, die eigentlich in die Honorarzone V einzuordnen wären, für die Umbau- oder Modernisierungsmaßnahme im Extremfall sogar die Honorarzone II zugrunde zu legen sein. Entsprechendes gilt natürlich auch umgekehrt. Die Honorarzone ist in sinngemäßer Anwendung der für Leistungen bei   48

---

51 *Fuchs/Seifert* in FBS, § 2 Rn. 20; PDKR § 2 Rn. 12; *Scholtissek*, § 2 Rn. 8; einschr. *Löffelmann/Fleischmann*, Rn. 457 ff.; *Wirth/Galda* in KMV, § 2 Rn. 14; *Preussner* BauR 2012, 711 für Umbauquote; *Werner* in *Werner/Pastor* Rn. 1007; vgl. oben § 2 Rdn. 13.
52 Vgl. zur Berechnung der mitzuverarbeitenden Bausubstanz § 4 Rdn. 56 ff.
53 Vgl. OLG Düsseldorf BauR 1995, 733 = NJW-RR 1995, 1425.

einem neuen Objekt geltenden **Bewertungsmerkmale** und somit auch anhand der Objektlisten in den Anlagen 10–15 nach § 5 Abs. 3 zu ermitteln. Daraus folgt, dass nur diejenigen Bewertungsmerkmale zum Ansatz kommen können, die überhaupt vorliegen. Sowohl bei der Grobbewertung als auch bei der Feinbewertung kommt damit meistens für Umbauten an Gebäuden die Planungsanforderung des § 35 Abs. 2 Nr. 1 »Einbindung in die Umgebung« in Wegfall, wenn das Objekt in seiner äußeren Gebäudehülle nicht verändert wird und der Umbau damit keinen Einfluss auf die Umgebung ausübt und umgekehrt. Es kann in diesem Fall also nicht der Ansatz von 0 Punkten erfolgen[54]. Diese Auffassung widerspricht bereits dem Wortlaut des § 6 Abs. 2 S. 3 (»in sinngemäßer Anwendung der Bewertungsmerkmale«). Sie würde auch dazu führen, dass eine Einordnung in die höchste Honorarzone kaum möglich wäre und durchgängig in fast jedem Fall eine Einordnung in die nächstniedrigere Honorarzone erfolgen würde, sodass im Ergebnis eine von § 5 Abs. 1 abweichende Einordnung vorgenommen würde. Vielmehr bleibt das Bewertungsmerkmal völlig außer Ansatz, und die Gesamtpunktzahl verringert sich.[55] Eine andere Meinung will anstelle der beim Neubau passenden Merkmale für den Umbau entsprechende heranziehen.[56] Dies kann jedoch nur bei einzelnen der Merkmale überhaupt gelingen und ist schon aus diesem Grund abzulehnen. Darüber hinaus haben die für den Umbau adaptierten Merkmale keine Konturen. Es ist auch keineswegs zwingend, das Bewertungsmerkmal »Einbindung in die Umgebung« durch ein Bewertungsmerkmal »Einbindung in das vorhandene Gebäude« zu ersetzen. Dies gilt vor allem auch für die Zuordnung derselben Punktezahl. Deshalb ist auf den Einzelfall abzustellen und zu prüfen, ob z. B. bei Veränderungen der Außenfassade, der Fenster oder des Dachs auf die Einbindung in die Umgebung Rücksicht genommen werden muss. In diesem Fall ist das Merkmal zu berücksichtigen und andernfalls nicht. Soweit weitere Merkmale beim konkreten Umbau keine Bedeutung haben, ist die Punktbewertung in entsprechender Form anzupassen, wodurch im Einzelfall sogar ausschließlich die Schwierigkeit des Umbaus maßgebend werden kann. Entfällt z. B. bei Gebäuden das Bewertungsmerkmal »Anforderungen an die Einbindung in die Umgebung«, so verringert sich die Gesamtpunktzahl und entsprechend sind die Bewertungsgrenzen in dem Verhältnis 36 zu 42 zu mindern.

49 ▶ **Beispiel (ohne Berücksichtigung des Merkmals Einbindung in die Umgebung):**

In einem Krankenhaus der Versorgungsstufe III, welches nach der Objektliste in der Anlage 10.2 zu § 5 Abs. 3 in die Honorarzone V fällt, sollen Teile des Untergeschosses für Versorgungseinrichtungen und Therapieräume umgebaut werden. Gem. § 6 Abs. 2 ist § 34 sinngemäß anzuwenden. Eine Grobbewertung ergibt folgendes Ergebnis:

---

54 A. A. OLG Jena IBR 2001, 262; IBR 2002, 424.
55 Ebenso *Koeble* in Kniffka/Koeble, 12. Teil Rn. 339; *Morlock/Meurer* Rn. 916.
56 So OLG Düsseldorf BauR 1995, 733 = NJW-RR 1995, 1425; für das Merkmal »Einbindung in die Umgebung« soll danach das Merkmal »Einbindung in das vorhandene Gebäude« treten; so auch *Jochem/Kaufhold*, § 35 Rn. 8; *Wirth/Galda* in KMV, § 6 Rn. 33; *Löffelmann/Fleischmann* Rn. 1146; *Fuchs/Seifert* in FBS, § 6 Rn. 49.

Grundlagen des Honorars § 6 HOAI

		Honorarzonen				
		I	II	III	IV	V
		Punktbewertung				
		≤ 10	11-18	19-26	27-34	35-42
Planungsanforderungen		sehr geringe	geringe	durchschnittliche	überdurchschnittliche	sehr hohe
Bewertungsmerkmale						
≤ 6	Einbindung in die Umgebung					
≤ 9	Anzahl der Funktionen			X		
≤ 9	Gestaltung			X		
≤ 6	Konstruktion				X	
≤ 6	Technische Gebäudeausrüstung				X	
≤ 6	Ausbau			X		

Es liegen Bewertungsmerkmale aus verschiedenen Honorarzonen vor. Die Feinbewertung nach Bewertungsmerkmalen ergibt folgende Bewertung:

Planungsanforderungen[1]	Bewertungspunkte
1 Einbindung in die Umgebung	–
2 andere einfache Funktionsbereiche	5
3 durchschnittliche gestalterische Anforderungen	4
4 überdurchschnittliche konstruktive Anforderungen	5
5 überdurchschnittliche technische Ausrüstung	5
6 durchschnittlicher normaler Ausbau	4
	23

[1] Es empfiehlt sich, die Bewertung der einzelnen Planungsanforderungen zu begründen, z. B. für Ziff. 4 Unterfangung von Bauteilen, Einziehen von Abfangkonstruktionen, verbunden mit Änderungen am Tragwerk.

Die Umbaumaßnahme würde danach zunächst in die Honorarzone III des § 34 Abs. 4 mit 19–26 Bewertungspunkten fallen. Die 23 Bewertungspunkte sind aber noch im Verhältnis 36 zu 42 zu quoteln, weil hier nur maximal 36 Punkte zu vergeben sind. Danach liegen 26,83 Punkte vor. Die Umbaumaßnahme ist deshalb in die Honorarzone IV (27–34 Punkte) einzustufen.

§ 6 HOAI Grundlagen des Honorars

50 ▶ **Beispiel (mit Berücksichtigung des Merkmals Einbindung in die Umgebung):**

Nach hier vertretener Auffassung kann die Einbindung in die Umgebung auch bei einem Umbau nur in Sonderfällen eine Rolle spielen (vgl. oben Rdn. 48). Die gegenteilige Auffassung muss sich entsprechende Bewertungsmerkmale aus dem bestehenden Objekt als Maßstab nehmen. Das bedeutet, dass z. B. die Einbindung in eine vorhandene, denkmalgeschützte Bausubstanz berücksichtigt werden könnte. Angenommen, ein unter Denkmalschutz stehendes Wohngebäude aus der Gründerzeit stünde in keiner Beziehung zu der umgebenden, ohnehin ausdruckslosen Bebauung. Müssen hier Änderungen im Rahmen von Umbau und/oder Modernisierung auch an den Fassaden vorgenommen werden, dann kann statt der Einbindung in die Umgebung ein entsprechendes Merkmal »Einbindung in« oder »Berücksichtigung von vorhandener Bausubstanz« treten. Die Grobbewertung sieht dann wie folgt aus:

Planungsanforderungen	Bewertungsmerkmale	I ≤ 10 / sehr geringe	II 11-18 / geringe	III 19-26 / durchschnittliche	IV 27-34 / überdurchschnittliche	V 35-42 / sehr hohe
≤ 6	Einbindung in oder Berücksichtigung vorhandener Bausubstanz				X	
≤ 9	Anzahl der Funktionen			X		
≤ 9	Gestaltung				X	
≤ 6	Konstruktion			X		
≤ 6	Technische Gebäudeausrüstung			X		
≤ 6	Ausbau			X		

Es liegen Bewertungsmerkmale aus verschiedenen Honorarzonen vor. Die Feinbewertung führt zu folgendem Ergebnis:

Planungsanforderungen   Bewertungspunkte
1. Einbindung in vorhandene denkmalgeschützte Bausubstanz   5
   mit überdurchschnittlichen Planungsanforderungen
2. mehrere einfache Funktionen   4

3. überdurchschnittliche gestalterische Anforderungen	7
4. durchschnittliche konstruktive Anforderungen	4
5. durchschnittliche Technische Ausrüstung	4
6. überdurchschnittlicher Ausbau	5
	29

Die Umbaumaßnahme fällt mit 29 Punkten in Honorarzone IV des § 34 Abs. 4 mit 27–34 Punkten.

d) Möglichkeiten eines Honorarzuschlags

Nach § 6 Abs. 2 ergeben sich folgende Möglichkeiten für einen Zuschlag: 51

Bei Umbauten und Modernisierungen kann ein Zuschlag vereinbart werden, dessen Obergrenze bei einem durchschnittlichen Schwierigkeitsgrad objektbezogen in den Honorarregelungen der Leistungsbilder der Teile 3 und 4 enthalten ist (§ 36 für Gebäude und Innenräume, § 40 Abs. 6 für Freianlagen, § 44 Abs. 6 für Ingenieurbauwerke, § 48 Abs. 6 für Verkehrsanlagen, § 56 Abs. 5 für die Technische Ausrüstung). Die in der HOAI 2002 enthaltene Regelung, wonach bei der Vereinbarung der Zuschlagshöhe insbesondere der Schwierigkeitsgrad der Leistung zu berücksichtigen ist, wurde in § 6 Abs. 2 S. 2 wieder eingeführt. Es handelt sich dabei nur um eine Empfehlung, welcher keine unmittelbare Bedeutung zukommt. Eine Vereinbarung über einen Zuschlag kann somit für Umbauten und Modernisierungen aller Schwierigkeitsgrade getroffen werden. Diese bestimmen sich zunächst nach den für die Einordnung in die Honorarzone maßgeblichen Planungsanforderungen.

Da der Schwierigkeitsgrad außer bei einem durchschnittlichen Schwierigkeitsgrad (vgl. z. B. § 36) somit keine unmittelbaren Auswirkungen auf die Vereinbarung der Höhe des Umbau- und Modernisierungszuschlags hat, wurden von der Fachkommission »Planen und Bauen im Bestand« des AHO zusätzlichen Kriterien für die Vereinbarung der Höhe des Zuschlags erarbeitet, die über die für die Einordnung in die Honorarzone wesentlichen Planungsanforderungen hinausgehen und eine Orientierungshilfe für die Vereinbarung der Höhe des Zuschlags bieten können[57]. Im Folgenden werden die Kriterien für die Objektplanung exemplarisch aufgeführt:

Integration
- Auseinandersetzung mit und Berücksichtigung von vielfältigen Bedingungen und Zwängen durch Bestand
- Berücksichtigung von Fördermitteln
- Einbindung, Anpassung oder Übernahme von Vorgaben aus Konstruktion, Technik und Gestaltung
- Mehrere Maßnahmen an einem Objekt
- Zusätzliche Fachplanungen, Berücksichtigung zusätzlicher Gutachten
- Zusätzliche Maßnahmen im Bestand aufgrund behördlicher Auflagen

---

[57] AHO Schriftenreihe Nr. 1 »HOAI – Planen und Bauen im Bestand« Stand Oktober 2014.

§ 6 HOAI   Grundlagen des Honorars

- Änderung der Anforderung/Nutzung
- Anpassung heutiger Anforderungen an den Bestand

Flexibilität
- Diskontinuierlicher Planungsablauf durch Terminbindung und mögliche Unterbrechungen
- Ergänzung der Ausführungsplanung aus Anforderungen im Bestand
- Substanzbedingt ungebräuchliche Konstruktionen
- Substanzbedingt ungebräuchliche Details
- alternative Bauausführungen
- Anpassung der Substanz an gültige Vorschriften und Normen

Risiko
- Haftungsrisiko
- Verkehrssicherung
- Schutz und Sicherung von fertig gestellten Teilbereichen
- Kostenermittlungsrisiko mit bestandsbedingten Unwägbarkeiten
- Terminplanung mit bestandsbedingten Unwägbarkeiten
- Vorschädigung der Substanz

Komplexität
- Erschwernisse bei den Kostenermittlungen
- Erschwernisse bei der Kostenkontrolle
- Zusätzliche Aufmaßkontrolle überdeckter Bauteile
- Mehraufwand LV-Wertung
- Mehraufwand Rechnungsprüfung

Organisation
- laufender Betrieb
- Realisierung in Abschnitten
- Temporäre Zwischenlösungen und deren Rückbau
- längere Bauzeit als Neubau
- Hohe Baustellenpräsenz
- erhöhter Dokumentationsaufwand

52   Wurde **keine Vereinbarung** über einen Zuschlag getroffen, besteht eine unwiderlegliche Vermutung dafür, dass für Leistungen ab durchschnittlichem Schwierigkeitsgrad ein Zuschlag von 20 % vereinbart worden ist. Bei der Höhe des Zuschlags ergibt sich gegenüber der bisherigen Regelung kein Unterschied. Die HOAI 2013 gewährt diesen Zuschlag aber ab durchschnittlichem Schwierigkeitsgrad. Darunter ist nach § 5 Abs. 1 bei der Objekt- und Tragwerksplanung die Honorarzone III und bei der Technischen Ausrüstung die Honorarzone II (§ 5 Abs. 2) zu verstehen, während § 35 Abs. 1 HOAI 2009 von einem Zuschlag ab der Honorarzone II ausging. In § 6 Abs. 2 S. 4 wurde eine **unwiderlegliche Vermutung** eingeführt, dass ein Zuschlag von 20 % vereinbart ist. Durch den Begriff »unwiderlegliche Vermutung« soll klargestellt werden, dass in diesen Fällen ein Zuschlag von 20 % in jedem Fall eingreift.

Liegt eine wirksame Vereinbarung über einen Umbau- oder Modernisierungszuschlag 53
vor, so ergibt sich die zulässige Höhe aus den Honorarregelungen der jeweiligen Leistungsbilder (z. B. § 36 für Gebäude und Innenräume). Wird die darin enthaltene Obergrenze überschritten und führt dies zu einer Überschreitung des insgesamt zulässigen Höchstsatzes, ist eine derartige Vereinbarung nach § 7 Abs. 4 unwirksam. Die in den einzelnen Leistungsbildern enthaltenen Höchstsätze gelten nur bei Objekten mit einem durchschnittlichen Schwierigkeitsgrad. Da der Umbau- und Modernisierungszuschlag nach § 6 Abs. 2 S. 2 unter Berücksichtigung des Schwierigkeitsgrads der Leistungen zu vereinbaren ist, können auch für Objekte mit einem unterdurchschnittlichen Schwierigkeitsgrad nur die jeweiligen Höchstsätze (z. B. 33 % für Gebäude nach § 36) vereinbart werden. Ansonsten würde der Höchstsatz bei einem durchschnittlichen Schwierigkeitsgrad keinen Sinn ergeben[58]. Weist das Objekt dagegen einen überdurchschnittlichen Schwierigkeitsgrad auf, kann der Zuschlag frei ohne jede Obergrenze vereinbart werden. Diese wird alleine durch die Sittenwidrigkeit nach § 138 BGB gezogen. In diesen Fällen kann der Umbau- und Modernisierungszuschlag für eine Höchstsatzüberschreitung keine Rolle spielen.

e) Keine Untergrenze für die Vereinbarung eines Umbau- und Modernisierungszuschlags

Während nach § 24 Abs. 1 HOAI 2002 bei durchschnittlichem Schwierigkeitsgrad ein 54
Umbauzuschlag von 20–33 % vereinbart werden konnte, kann nunmehr ein Zuschlag
von bis zu 33% vereinbart werden. Eine Untergrenze von 20 % ist in § 6 Abs. 2 nicht
mehr enthalten. Während die vergleichbare Regelung in § 35 HOAI 2009 der Amtlichen Begründung widersprach und auf einem Redaktionsversehen beruhte,[59] wurde
in § 6 Abs. 2 bewusst von einer Untergrenze abgesehen, weil die Höhe des Zuschlags
nach unten frei vereinbar sein soll.[60] Es kann somit auch auf einen Umbauzuschlag
durch eine entsprechende Vereinbarung selbst bei einem überdurchschnittlichen
Schwierigkeitsgrad völlig verzichtet oder ein Zuschlag von unter 20 % vereinbart werden.[61] Damit besteht ein Wertungswiderspruch zu der unwiderleglichen Vermutung
eines Zuschlags von 20 % ohne jede Vereinbarung, weil schwer zu verstehen ist, dass
dem Planer im Falle einer Honorarvereinbarung ein geringeres Honorar als ohne Vereinbarung zustehen soll. Dies wird aber vom Verordnungsgeber hingenommen. Der
Wegfall einer Untergrenze für den Umbau- und Modernisierungszuschlag führt auch
dazu, dass diesem für eine Mindestsatzunterschreitung nach § 7 Abs. 3 keine Bedeutung zukommt. Da es für die Beurteilung einer Mindestsatzunterschreitung auf eine
Gesamtbewertung aller Honorarparameter ankommt, ist auch der Umbau- bzw. Modernisierungszuschlag nicht in die Vergleichsberechnung auf der Grundlage der Min-

---

58 Vgl. § 36 Rdn. 5.
59 Vgl. 11. Aufl., § 35 Rn. 17 m. w. N. sowie unten § 7 Rdn. 21.
60 BR- Drucks. 334/13 S. 141.
61 Ebenso *Wernerer/Wagner* BauR 2014, 1386, 1391; *Voppel* BauR 2013, 1758; *Koeble/Zahn*, Die neue HOAI 2013, Rn. 34; *Fuchs/Seifert* in FBS, § 6 Rn. 57; *Preussner* in MNP, § 6 Rn. 68.

destsätze einzustellen, weil dieser zulässigerweise mit 0 % vereinbart werden kann. Im Ergebnis führt dies dazu, dass bei Umbauten und Modernisierungen der Mindestpreischarakter über die Nichtberücksichtigung des Umbau- und Modernisierungszuschlags weitgehend ausgehebelt werden kann.

f) Form und Zeitpunkt der Vereinbarung des Umbau- und Modernisierungszuschlags

55 Im Gegensatz zu § 35 Abs. 1 S. 1 HOAI 2009 wird in § 6 Abs. 2 S. 2 klargestellt, dass die Vereinbarung eines Umbau- oder Modernisierungszuschlags schriftlich zu erfolgen hat. Die gesetzliche **Schriftform** ist deshalb für die Wirksamkeit der Vereinbarung konstitutiv. Über den **Zeitpunkt** der Vereinbarung eines Zuschlages ist in § 6 Abs. 2 ebenso wie in § 35 HOAI 2009 nichts geregelt. Deshalb kann eine Vereinbarung auch später als »bei Auftragserteilung« noch nachgeholt bzw. getroffen werden. Trotzdem könnte die Auffassung vertreten werden, dass sich der Zeitpunkt »bei Auftragserteilung« als Wirksamkeitsvoraussetzung für die Vereinbarung eines Zuschlags aus § 7 Abs. 5 ergibt, weil damit gleichzeitig ein Abweichen von den Mindestsätzen verbunden ist. Davon scheint auch der Verordnungsgeber auszugehen, der in der amtlichen Begründung ausdrücklich auf das Erfordernis einer schriftlichen Vereinbarung bei Auftragserteilung nach § 7 Abs. 1 hinweist.[62] Diese Auffassung ist abzulehnen. Der BGH[63] hat gerade für die Frage des Zeitpunkts einer wirksamen Honorarvereinbarung zutreffend klargestellt, dass die entsprechende Regelung des § 24 HOAI 2002 der Regelung des § 4 Abs. 4 HOAI 2002 vorgeht.[64] Daran hat sich für das Verhältnis von § 6 Abs. 2 zu § 7 Abs. 5 nichts geändert[65].

11. Baukostenvereinbarungsmodell (Abs. 3)

56 Vollständig neu war in der HOAI 2009 die Regelung, wonach die Vertragsparteien völlig abweichend vom Berechnungssystem der HOAI eine Vereinbarung über die Baukosten treffen können. Sie war in der HOAI 2013 inhaltlich unverändert geblieben, jedoch in den Abs. 3 verschoben worden. Die Vorschrift enthielt Teile des früheren § 4a HOAI 2002[66] Die Möglichkeit der Baukostenvereinbarung trat als selbstständige Form neben die sonst in § 7 geregelte Honorarvereinbarung.[67] In Abweichung vom üb-

---

62 Drucksache 334/13 S. 157.
63 BauR 2009, 264 = NJW-RR 2009, 447.
64 Ebenso Amtliche Begründung zu § 24 Abs. 1 Satz 1 a. F.; *Werner/Siegburg* BauR 2013, 1499, 1507; *Werner* in *Werner/Pastor*, Rn. 986; PDKR § 35 Rn. 17; *Löffelmann/Fleischmann*, Rn. 948, 1148; *Werner*, FS Soergel, 1993, S. 291 [295].
65 Ebenso *Preussner* in MNP, § 6 Rn. 55; *Wirth/Galda* in KMV, § 6 Rn. 40; *Werner/Wagner* BauR 2014, 1386; differenzierend *Fuchs/Seifert* in FBS, § 6 Rn. 71, die in Abweichung von der Rechtsprechung davon ausgehen, dass der Umbau- und Modernisierungszuschlag dem gesetzlichen Preisrecht unterworfen ist und Honorarvereinbarungen bei Auftragserteilung nachträglich jederzeit schriftlich geändert werden können.
66 Vgl. auch oben Rdn. 1.
67 Zum Verhältnis zu dieser Vorschrift vgl. § 7 Rdn. 85.

lichen Honorarberechnungsmodell (Abs. 1, 2) sollten die Vertragsparteien eine verbindliche Honorarvereinbarung auf der Grundlage bestimmter Baukosten treffen können.

Gegen die Wirksamkeit der Regelung in § 6 Abs. 2 HOAI 2009 bzw. § 6 Abs. 3 HOAI 2013 waren in der Literatur erhebliche Bedenken vorgebracht worden.[68] Der BGH hat dann die Bestimmung des § 6 Abs. 2 HOAI 2009 für unwirksam erklärt.[69] Zur Begründung hebt der Senat zutreffend darauf ab, dass die Regelung nicht von der Ermächtigungsgrundlage der HOAI gedeckt sei, weil mit dem Baukostenvereinbarungsmodell eine beliebige Unterschreitung der Mindestsätze möglich gewesen wäre, ohne dass ein Ausnahmefall i. S. §§ 1, 2 MRVG vorliegt.

57

Die Einzelheiten der alten Regelung betreffend das Baukostenvereinbarungsmodell sind heute nach der Entscheidung des BGH nicht mehr von Bedeutung. Dagegen ist eine **Honorarvereinbarung**, mit welcher die Parteien sich auf bestimmte Baukosten oder anrechenbare Kosten abstützen, nicht per se unwirksam. Die Unwirksamkeit von § 6 Abs. 2 HOAI 2009 bzw. § 6 Abs. 3 HOAI 2013 hat keineswegs zur Folge, »dass die Vertragsparteien gehindert sind, eine Honorarvereinbarung i. R. der Mindest- und Höchstsätze zu treffen, in der die anrechenbaren Kosten oder die ihnen zugrunde liegenden Faktoren im Vertrag festgelegt werden. Eine solche Vereinbarung ist wirksam, wenn sie nicht dazu führt, dass die Mindestsätze der HOAI unterschritten oder die Höchstsätze überschritten werden.«[70]

58

§ 7 HOAI Honorarvereinbarung

(1) Das Honorar richtet sich nach der schriftlichen Vereinbarung, die die Vertragsparteien bei Auftragserteilung im Rahmen der durch diese Verordnung festgesetzten Mindest- und Höchstsätze treffen.

(2) Liegen die ermittelten anrechenbaren Kosten oder Flächen außerhalb der in den Honorartafeln dieser Verordnung festgelegten Honorarsätze, sind die Honorare frei vereinbar.

(3) Die in dieser Verordnung festgesetzten Mindestsätze können durch schriftliche Vereinbarung in Ausnahmefällen unterschritten werden.

(4) Die in dieser Verordnung festgesetzten Höchstsätze dürfen nur bei außergewöhnlichen oder ungewöhnlich lange dauernden Grundleistungen durch schriftliche Vereinbarung überschritten werden. Dabei bleiben Umstände, soweit sie bereits für

---

68 *Locher/Koeble/Frik*, HOAI, 12. Aufl., § 6 Rn. 64 m. w. Nachw.
69 BGH Urt. v. 24.04.2014 – VII ZR 164/13 = BauR 2014, 1332 = NJW 2014, 2354 m. Anm. *Preussner* = NZBau 2014, m. Anm. *Mieschok/Hübner* = Analyse *Koeble* auf www.jurion.de/Modul Werner Baurecht.
70 BGH Urt. v. 24.04.2014 – VII ZR 164/13 Ziff. 25 = BauR 2014, 1332 = NJW 2014, 2354 m. Anm. *Preussner* = NZBau 2014, m. Anm. *Mieschok/Hübner* = Analyse *Koeble* auf www.jurion.de/Modul Werner Baurecht; vgl. zur Honorarvereinbarung § 7 Rdn. 23.

§ 7 HOAI Honorarvereinbarung

die Einordnung in die Honorarzonen oder für die Einordnung in den Rahmen der Mindest- und Höchstsätze mitbestimmend gewesen sind, außer Betracht.

(5) Sofern nicht bei Auftragserteilung etwas anderes schriftlich vereinbart worden ist, wird unwiderleglich vermutet, dass die jeweiligen Mindestsätze gemäß Absatz 1 vereinbart sind.

(6) Für Planungsleistungen, die technisch-wirtschaftliche oder umweltverträgliche Lösungsmöglichkeiten nutzen und zu einer wesentlichen Kostensenkung ohne Verminderung des vertraglich festgelegten Standards führen, kann ein Erfolgshonorar schriftlich vereinbart werden. Das Erfolgshonorar kann bis zu 20 Prozent des vereinbarten Honorars betragen. Für den Fall, dass schriftlich festgelegte anrechenbare Kosten überschritten werden, kann ein Malus-Honorar in Höhe von bis zu 5 Prozent des Honorars schriftlich vereinbart werden.

Übersicht	Rdn.
1. Änderungen durch die HOAI 2009	1
2. Änderungen durch die HOAI 2013	3
3. Zusammenspiel mit anderen Vorschriften	5
4. Anwendungsbereich des Mindest- und Höchstsatzes	6
5. Inhalt und Zweck der Vorschrift	13
6. Preisrecht	19
a) Höchstpreischarakter	20
b) Mindestpreischarakter	21
c) Die Begriffe Mindest- und Höchstsatz	22
7. Möglichkeiten und Arten der Honorarvereinbarung	23
8. Bewertungsspielraum im Rahmen von Honorarvereinbarungen	24
9. Gesamtbetrachtung für richtige Mindest- und Höchstsätze	25
10. Wirksamkeitsvoraussetzungen der Honorarvereinbarung	28
a) Schriftform	29
b) Zeitpunkt »bei Auftragserteilung«	30
c) Einhaltung des Höchstsatzes	31
d) Einhaltung des Mindestsatzes	32
e) Bestimmtheit der Vereinbarung	33
f) Beschränkung durch den Vertragsgegenstand	35
g) Honorarvereinbarungen in AGB	36
h) Transparenzgebot	37
11. Spezialfragen zum Pauschalhonorar	38
a) Wirksamkeitsvoraussetzungen	38
b) Geltungsumfang der Pauschalhonorarvereinbarung	39
c) Klage auf Pauschalhonorar	40
d) Beweislast für Pauschalhonorarvereinbarung	41
e) Änderung bzw. Anpassung der Pauschale	42
f) Ausnahmen von der Anpassung	44
12. Spezialfragen zur Zeithonorarvereinbarung	46
13. Schriftform als Voraussetzung für alle Honorarvereinbarungen	47
a) Geltungsbereich	47
b) Inhalt	48
c) Kaufmännisches Bestätigungsschreiben; wechselseitige Bestätigungen	50

		Rdn.
d)	Telefax; elektronische Form	51
e)	Zugang der Annahmeerklärung	52
f)	Änderung und nochmalige Unterschrift; Schuldbeitritt	53
g)	Folgen des Verstoßes	54
h)	Ausnahmen vom Formerfordernis	55

14. **Zeitpunkt für die Honorarvereinbarung (»bei Auftragserteilung«)** ... 56
    a) Geltungsbereich ... 56
    b) Definition »bei Auftragserteilung« ... 57
    c) Verfassungsrechtliche Wirksamkeit des Merkmals ... 58
    d) Auslegung des Merkmals und Zielsetzung des Verordnungsgebers ... 59
    e) Auftragserteilung, Umfang und Abgrenzung zur Akquisition; vorherige Aufträge ... 61
    f) Spätere Honorarvereinbarung bei »Änderung des Leistungsziels« ... 63
    g) Spätere Honorarvereinbarung bei Teilauftrag ... 64
    h) Spätere Honorarvereinbarung bei unwirksamem Vertrag ... 65
    i) Spätere Honorarvereinbarung bei offenem Dissens (§ 154 BGB) ... 66
    j) Spätere Honorarvereinbarung bei Vorvertrag ... 68
    k) Spätere Honorarvereinbarung bei Rahmenvertrag, stufenweiser und abschnittsweiser Beauftragung ... 69
    l) Spätere Abweichungen vom fingierten Mindestsatz (Erlass, Vergleich, Verzicht und Vereinbarungen) nach »Beendigung der Leistung« ... 70
    m) Abänderung von wirksamen Honorarvereinbarungen ... 74
    n) Notwendiger Vortrag zur »Auftragserteilung« im Honorarprozess ... 81
15. **Bestätigung unwirksamer Honorarvereinbarungen** ... 82
16. **Parameter für die Vereinbarung von Honoraren zwischen Mindest- und Höchstsatz; Tragweite und Geltungsbereich einer Honorarvereinbarung** ... 83
17. **Abgrenzung der Regelung über die Honorarvereinbarung (Abs. 1) vom Baukostenvereinbarungsmodell (§ 6 Abs. 3)** ... 85
18. **Honorare außerhalb der Tafelwerte (Abs. 2)** ... 87
19. **Honorare unterhalb der Tafelwerte** ... 94
20. **Der Mindestpreischarakter; Voraussetzungen für die Vereinbarung eines Honorars unterhalb der Mindestsätze; Folgen der unwirksamen Unterschreitung** ... 95
    a) Bedeutung des Mindestpreischarakters ... 95
    b) Mindestsatz und übliche Vergütung ... 96
    c) Voraussetzungen für Honorare unterhalb des Mindestsatzes ... 97
    d) Maßstab für die Unterschreitung des Mindestsatzes (Gesamtbetrachtung); Darlegungs- und Beweislast ... 98
    e) Die versteckte Unterschreitung des Mindestsatzes ... 101
    f) Gesamtbetrachtung für die Beurteilung eines Verstoßes gegen den Mindestpreischarakter ... 102
21. **Folgen der unwirksamen Unterschreitung des Mindestsatzes** ... 103
    a) Unwirksamkeit des Vertrages? ... 103
    b) Teilweise Wirksamkeit der Honorarvereinbarung (»Rosinen«)? ... 104
    c) Abwehrstrategien des Auftraggebers gegen Mindestsatz ... 105
    d) Klage aus einer unwirksamen Honorarvereinbarung? ... 106
22. **Ausnahmen vom Mindestpreischarakter (Abwehrstrategien des Auftraggebers)** . 107
    a) Allgemeines ... 107
    b) Verletzung einer Aufklärungspflicht des Auftragnehmers ... 108
    c) Ausnahme: Arglistige Täuschung ... 112

§ 7 HOAI Honorarvereinbarung

	Rdn.
d) Ausnahme: Bindung an die (unwirksame) Honorarvereinbarung (§ 242 BGB)	113
e) Unterschreitung des Mindestsatzes »in Ausnahmefällen« (Abs. 3)	122
23. Wettbewerbswidrige Angebote	127
24. Wettbewerbswidrige Ausschreibungen von Auftraggebern; Teilnahme an Wettbewerben	128
25. Beweislast für die Behauptung, es sei ein bestimmtes Honorar vereinbart	131
26. Der Höchstpreischarakter und die möglichen Verstöße	132
a) Der richtige Höchstsatz	132
b) Darlegungs- und Beweislast	134
c) Die möglichen Verstöße	135
d) Honorar für urheberrechtliche Nutzungsrechte	137
e) Ausnahmen vom Höchstpreischarakter (Abs. 4)	140
f) Rechtsfolgen von Verstößen gegen den Höchstpreischarakter	141
27. Außergewöhnliche und ungewöhnlich lange dauernde Leistungen (Abs. 4)	145
a) Form der Vereinbarung	146
b) Inhalt der Vereinbarung	147
c) Außergewöhnliche Leistungen	148
d) Ungewöhnlich lange dauernde Leistungen	149
e) Höhe der Vergütung	151
f) Zeitpunkt der Vereinbarung	152
g) Zusätzliche Voraussetzungen	153
h) Verhältnis zur Anpassung wegen Störung der Geschäftsgrundlage	154
i) Folgen der unwirksamen Vereinbarung	157
j) Darlegungs- und Beweislast	158
28. Vereinbarungen über die Bauzeitverlängerung	159
29. Änderung von Honorarvereinbarungen (§ 7 Abs. 5 HOAI 2009)	167
30. Geltung des Mindestsatzes (unwiderlegliche Vermutung; Abs. 5)	168
31. Bonus-/Malushonorar (Abs. 6)	171
a) Bonushonorar	171
b) Malushonorar	176

1. Änderungen durch die HOAI 2009

1 In § 7 sind die grundlegenden Vorschriften betreffend die Honorarvereinbarung enthalten. Er ersetzt den § 4 HOAI 2002. In Abs. 1 ist der Mindest- und Höchstpreischarakter niedergelegt (§ 4 Abs. 1 HOAI 2002). Der Abs. 2 war neu, sagt jedoch nur das, was Rechtsprechung und Literatur bereits zur HOAI 2002 formuliert hatten: Außerhalb der Tafelwerte sind die Honorare sowohl der Form nach als auch der Höhe nach völlig frei vereinbar.

2 Neu war in der HOAI 2009 eine Vorschrift, die eine Änderung von getroffenen Honorarvereinbarungen auch während des Projektablaufs zulässt (Abs. 5). Ebenso neu war die Bestimmung des Abs. 7, welche die Vereinbarung eines Bonus- und/oder Malushonorars ermöglicht. Heute findet sich diese Vorschrift in Abs. 6.

2. Änderungen durch die HOAI 2013

Die seit der HOAI 2009 in § 7 Abs. 5 HOAI enthaltene Regelung über die Anpassung von Honorarvereinbarungen wurde in veränderter Form nach § 10 Abs. 1 HOAI 2013 überführt. Sie hat nunmehr erhebliche Bedeutung, und zwar weit über die bisherige Vorschrift hinaus.[1] Dadurch ist Abs. 6 aus der früheren Fassung zu Abs. 5 geworden und Entsprechendes gilt für Abs. 7, der nun Abs. 6 ist. In letzterem Abs. 6 wird klargestellt, dass es sich um »Planungsleistungen« handeln muss, welche die Kostensenkung zur Folge haben. Neu ist auch, dass das Malus-Honorar einer schriftlichen Vereinbarung der Vertragsparteien bedürfen soll, wobei diese allerdings nicht bei Auftragserteilung getroffen werden muss.[2]

Während in allen früheren Fassungen bei fehlender oder unwirksamer Honorarvereinbarung eine **Fiktion des Mindestsatzes** vorgesehen war, wird nunmehr in solchen Fällen »**unwiderleglich vermutet**«, dass die jeweiligen Mindestsätze vereinbart sind.[3]

3. Zusammenspiel mit anderen Vorschriften

Überschneidungen ergeben sich mit dem in § 6 Abs. 3 geregelten Baukostenvereinbarungsmodell.[4] Wichtig ist auch die neue Vorschrift des § 10 Abs. 1 HOAI 2013, mit der Honorarvereinbarungen angepasst werden können (früherer Abs. 5 des § 7).

4. Anwendungsbereich des Mindest- und Höchstsatzes

Die Vorschrift gilt nur für die von der **HOAI erfassten Sachverhalte** (vgl. § 1 Rdn. 1 ff.). Außerhalb des Anwendungsbereichs der HOAI[5] ist § 7 nicht anwendbar. Eine weitere Einschränkung ergibt sich daraus, dass die Bestimmung eine **honorarrechtliche Regelung** ist. Vereinbarungen über die **Vergütungspflicht selbst** sind von ihr nicht erfasst. Insoweit handelt es sich um Regelungen über eine Hauptleistungspflicht nach § 631 BGB, die von der Verordnung nicht betroffen sind. Die HOAI greift nur ein, soweit nach Bürgerlichem Recht eine Vergütungspflicht überhaupt besteht. Die Vorschrift des § 7 gilt damit insbesondere für folgende Sachverhalte nicht:[6]
- Formlos und damit auch mündlich wirksam sind Vereinbarungen, wonach Architekten- und Ingenieurleistungen »**kostenlos**« sein sollen[7] oder »auf Risiko des Auftragnehmers« erbracht werden sollen oder die Auftragserteilung ganz oder z. T. von einer **Bedingung** abhängig sein soll.[8]
- Die Teilnahme an **privaten oder öffentlichen Wettbewerben** fällt ebenfalls nicht unter die HOAI. Das gilt neben privaten Wettbewerben auch für solche nach GRW

---

1 Vgl. dazu i. E. § 10 Rdn. 9 ff.
2 Zu den Einzelheiten und zur Wirksamkeit der Schriftformregelung vgl. unten Rdn. 176 ff.
3 Zur Bedeutung dieses Unterschieds vgl. unten Rdn. 168.
4 Zum Verhältnis dazu vgl. Rdn. 85 f.
5 Vgl. dazu auch Abs. 2 und dazu unten Rdn. 87 ff.
6 Zum Ganzen jetzt auch *Berger* in FBS, § 7 Rn. 13 ff.
7 Dazu Einl. Rdn. 60 ff.
8 Vgl. i. E. Einl. Rdn. 64 f.

§ 7 HOAI Honorarvereinbarung

und nach VOF.[9] Aus diesem Grund ist auch bei zusätzlicher Beauftragung mit einer Überarbeitung bei Wettbewerben wie nach früherer VOF die HOAI nicht einschlägig.[10]

9 – Ebenso wenig gilt § 7 im Hinblick auf eine **Kompensationsabrede** zwischen Architekten und/oder Ingenieuren, da hier Kostenlosigkeit für die wechselseitig zu erbringenden Leistungen vereinbart ist.[11]

10 – Die Vorschrift findet auch dann keine Anwendung, wenn die HOAI die **freie Honorarvereinbarung** zulässt. Dies gilt insbesondere für diejenigen Fälle, in denen anrechenbare Kosten außerhalb der Honorartafel des jeweiligen Teils der HOAI vorliegen.[12]

11 – Als preisrechtliche Bestimmung gilt § 7 auch im Hinblick auf die derzeit in der Anlage 1 zur HOAI geregelten Sachverhalte nicht (dazu § 3 Rdn. 4 ff.). Das betrifft vor allem die vom Verordnungsgeber sog. **Beratungsleistungen** sowie die **Besonderen Leistungen** (Anlage 10.1 – 15.1 rechte Spalte).

12 – Schließlich findet die Vorschrift keine Anwendung, soweit zwischen Architekten und/oder Ingenieuren ein **Anstellungsverhältnis** vereinbart ist, soweit ferner die weisungsabhängige **freie Mitarbeit** (dazu § 1 Rdn. 22) Gegenstand der Vereinbarungen ist und auch dann, wenn zwischen den Architekten und/oder Ingenieuren eine **gesellschaftsvertragliche Beziehung** besteht oder ins Leben gerufen werden soll und im Vorgriff auf eine Partnerschaft oder Zusammenarbeit Architekten- und Ingenieurleistungen eines Teils erbracht werden.[13] Auch für die Auseinandersetzung einer **ARGE zwischen Architekten** und/oder Ingenieuren gilt die HOAI nicht unmittelbar.[14] Erst recht kann die HOAI keine preisrechtliche Bedeutung haben, wenn ein stiller Gesellschafter seine Einlage in Form von Architekten- oder Ingenieurleistungen erbringt.[15] Sie kann aber in solchen Fällen als Auslegungshilfe Bedeutung haben.

---

9 Vgl. unten Rdn. 127 f. sowie § 1 Rdn. 5.
10 BGH Urt. v. 19.04.2016 – X ZR 77/14 = NZBau 2016, 368, wonach Pauschalhonorarvereinbarungen in solchen Verfahren nicht mit dem Mindestpreischarakter angreifbar sind; vgl. auch unten Rdn. 128.
11 Ebenso *Berger* in FBS, § 7 Rn. 13; a. A. OLG Hamm BauR 1987, 467; *Wirth/Galda* in KMV, § 1 Rn. 43; vgl. ferner Einl. Rdn. 81.
12 Z. B. bei der Objektplanung für Gebäude höhere anrechenbare Kosten als € 25 000 000,–; vgl. Abs. 2 und dazu unten Rdn. 87.
13 Vgl. OLG Hamm BauR 1987, 467, welches bei gesellschaftsvertraglicher Beziehung die Anwendung des Mindes- und Höchstpreischarakters ausschließt; abweichend von der hier vertretenen Meinung hält das OLG Stuttgart BauR 2014, 1964 (1967) die HOAI mit ihrem Mindest- und Höchstpreischarakter für anwendbar, wenn eine Gesellschaft noch nicht gegründet ist, sondern nur die Absicht besteht, dies zu tun, weil dadurch Missbrauchsgefahr besteht; andererseits steckt nach hier vertretener Auffassung in dem Willen, eine Gesellschaft zu gründen, die Absicht, ein Vertragsverhältnis außerhalb der HOAI entstehen zu lassen; wie hier *Berger* in FBS, § 7 Rn. 17.
14 Vgl. BGH BauR 1999, 1471.
15 So OLG Stuttgart BauR 2016, 1350 = BeckRS 2016, 07929; n. rechtskr.

Die Abgrenzung zwischen **ARGE und Subplanerverhältnis** ist schwierig. In aller Regel wird man von einer Beauftragung als **Subplaner** ausgehen müssen, wenn ein Auftragnehmer alleine nach außen zum Hauptauftraggeber in rechtsgeschäftliche Beziehungen tritt und dann seinerseits an einen anderen Auftragnehmer Leistungen weitergibt. Indiz kann die Art der Rechnungsstellung und der Zahlung sein.[16] Sämtliche Vereinbarungen und Abwicklungsumstände müssen im Einzelfall bei der Auslegung berücksichtigt werden. Ist z. B. kein Gesellschaftsvermögen – in Form eines gemeinschaftlichen Kontos oder eines von einer Partei eingerichteten, speziellen Gesellschaftskontos – vorhanden und sind die Leistungen streng horizontal getrennt, dann kann die HOAI auch im Verhältnis zwischen zwei Architekten/ Ingenieuren eingreifen. Andernfalls könnte auch eine **Innengesellschaft** unter den Architekten/Ingenieuren vorliegen. Neben einem gemeinschaftlichen Konto sprechen dafür auch die gemeinsame Begleichung von Rechnungen und die Vornahme gemeinsamer Investitionen (z. B. Anmietung eines Baubüros). In letzterem Fall folgt die Auseinandersetzung zwischen den Partnern dem BGB-Gesellschaftsrecht, und erst bei Vorliegen einer Gewinn- und Verlustrechnung besteht hier ein Anspruch auf Ausschüttung im Rahmen der Auseinandersetzung. Der Auseinandersetzungsanspruch wird sich dann allerdings ebenfalls nach den Gesellschaftsbeiträgen der einzelnen Partner und damit nach den Prozentsätzen der HOAI richten. Vorab sind jedoch die Verbindlichkeiten abzusetzen, sodass nicht der Mindestsatz nach HOAI, sondern nur die prozentuale Aufteilung maßgebend sein dürfte.[17]

5. Inhalt und Zweck der Vorschrift

Das erste Ziel der HOAI ist es, eine **Berechnungsmethode** zur Verfügung zu stellen, wenn die Parteien keine Honorarvereinbarung getroffen haben. Das von der HOAI vorgeschriebene Berechnungsverfahren dient ferner dazu, jede Honorarvereinbarung auf die **Einhaltung des Höchstpreises** und **des Mindestsatzes** überprüfen zu können. 13

Die Regelung des § 7 betrifft ihrer Überschrift nach zwar nur die Honorarvereinbarung. Wegen ihres konkreten Inhalts hat sie jedoch darüber hinaus erhebliche Bedeutung. Im Einzelnen regelt sie in Abs. 1 und 5 14

- die Grenzen und Voraussetzungen aller Arten von Honorarvereinbarungen in denjenigen Fällen, in denen die HOAI Mindest- und Höchstsätze festlegt,
- das Honorar bei Fehlen einer Honorarvereinbarung und auch bei – aus irgendwelchen Gründen – unwirksamer Honorarvereinbarung,
- wann und unter welchen Voraussetzungen die Höchstsätze überschritten werden dürfen,
- wann und unter welchen Voraussetzungen die Mindestsätze unterschritten werden dürfen,

---

16 Vgl. OLG München v. 28.03.1995 – 9 U 4421/94; NA-Beschl. des BGH v. 28.03.1996 – VII ZR 139/95.
17 Vgl. dazu BGH BauR 1999, 1471; *Kniffka/Koeble*, Kompendium, 12. Teil, Rn. 150.

§ 7 HOAI Honorarvereinbarung

- unter welchen Voraussetzungen ein Honorar zwischen Mindest- und Höchstsatz wirksam vereinbart werden kann.

15 Der Abs. 2 befasst sich mit anrechenbaren Kosten oberhalb der Tafelwerte und erklärt die Honorare insoweit für völlig frei und formlos vereinbar.

16 In Abs. 3 geht es um die Unterschreitung der Mindestsätze in Ausnahmefällen (dazu Rdn. 122 ff.) und in Abs. 4 (dazu Rdn. 145 ff.) um die Überschreitung des Höchstsatzes ebenfalls in besonderen Fällen.

17 Die Bestimmung des Abs. 5 regelt, was ohne bzw. bei unwirksamer Honorarvereinbarung gilt. Hier findet sich heute eine »unwiderlegliche Vermutung«, dass die jeweiligen Mindestsätze vereinbart sind.[18]

18 Mit der HOAI 2009 wurde eine Regelung eingeführt, wonach ein Bonushonorar vereinbart und auch ein Malushonorar vertraglich festgelegt werden kann (dazu Rdn. 171 ff.). Früher handelte es sich um den Abs. 7, der heute zum Abs. 6 geworden ist.

6. Preisrecht

19 Der zwingende preisrechtliche Charakter der HOAI kommt insbesondere in § 7 und speziell in dessen Abs. 1, 3, 4 und 5 zum Ausdruck. Die Regelung in § 7 ist als Preisrecht verbindlich und kann durch Vereinbarung nicht abbedungen werden (vgl. § 1 Rdn. 14 f.). Preisrechtliche Regelungen enthält die HOAI in zwei Richtungen: im Hinblick auf den Höchstsatz und im Hinblick auf den Mindestsatz. Beide greifen zwar in die Berufsausübungsfreiheit bzw. Dienstleistungsfreiheit ein (vgl. § 1 Rdn. 41 ff.). Sie sind jedoch nach Bundesrecht[19] und auch gemäß hier vertretener Auffassung nach Europäischem Recht durch Gründe des Gemeinwohls (Verbraucherschutz) gerechtfertigt (vgl. § 1 Rdn. 28 f., 41 f.).

a) Höchstpreischarakter

20 Keine Besonderheit stellt es dar, dass die HOAI Höchstpreischarakter hat. Schon die GOA als Vorgängerin der HOAI hatte auf gesetzlicher Grundlage die gleiche Wirkung. Die Folge eines Verstoßes gegen den Höchstpreischarakter ist, dass die Honorarvereinbarung umzudeuten ist (vgl. unten Rdn. 141 ff.).

b) Mindestpreischarakter

21 Der Mindestpreischarakter bedeutet, dass jedem Architekten und Ingenieur vom Grundsatz her der richtig nach allen Faktoren der HOAI (vgl. Rdn. 25 ff.) berechnete **Mindestsatz** für die von ihm erbrachten Grundleistungen **zusteht**. Ist eine Honorarvereinbarung nicht in Einklang mit § 7 Abs. 3 HOAI getroffen worden, so hat diese zur Folge, dass der Mindestsatz nach § 7 Abs. 5 abgerechnet werden kann. An Honorarver-

---

18 Zur Frage der unwiderleglichen Vermutung bzw. Fiktion vgl. unten Rdn. 168 ff.
19 BVerfG BauR 2005, 1946 m. Anm. *Schwenker* = NZBau 2005, 121; *Motzke*, FS Koeble, S. 417; vgl. § 1 Rdn. 5 und § 3 MRVG Rdn. 3.

einbarungen, die den richtig berechneten Mindestsatz nach HOAI unterschreiten, sind der Architekt und der Ingenieur vom Grundsatz her also nicht gebunden. Sie können sich allerdings auch nicht die **Rosinen** aus einer (unwirksamen) Honorarvereinbarung heraussuchen (dazu unten Rdn. 104). Ein Anspruch auf den Mindestsatz besteht in bestimmten Fällen ausnahmsweise nicht. Das gilt z. B., wenn die eigentlich unwirksame Honorarvereinbarung seitens des Architekten oder Ingenieurs in eine Honorarschlussrechnung einfließt. Die Bindungswirkung an die Honorarschlussrechnung kann nämlich auch dann bestehen, wenn durch die Rechnung im Ergebnis der Mindestsatz unzulässig unterschritten würde.[20] Ferner kann nach Treu und Glauben (§ 242 BGB) auch eine Bindung an unwirksame Honorarvereinbarungen bestehen (dazu unten Rdn. 113 ff.) oder ein Ausnahmefall vorliegen (dazu unten Rdn. 122 ff.).

c) **Die Begriffe Mindest- und Höchstsatz**

Während die früheren Preisverordnungen (GOA und GOI) lediglich Höchstpreischarakter hatten, legt die HOAI auch Mindestsätze fest. Abs. 1 sieht vor, dass die Honorarvereinbarung im Rahmen des Mindest- und Höchstsatzes zu treffen ist. Die Festsetzung von Mindest- und Höchstsatz ist durch Art. 10 §§ 1 Abs. 2 Satz 1; 2 Abs. 2 Satz 1 MRVG vorgeschrieben (vgl. oben). Mindest- und Höchstsatz in diesem Sinne sind z. B. Folgende: Die Sätze aus den Honorartafeln der einzelnen Teile der HOAI und die Zuschläge für das Bauen im Bestand nach früherer HOAI (z. T. § 35 Abs. 1 HOAI 2009 bzw. § 24 Abs. 1 S. 4 HOAI 2002), dagegen nicht der 20 %ige Zuschlag nach der heute gültigen HOAI (§ 6 Abs. 2 S. 2–4 HOAI).[21] Nur für Mindest- und Höchstsätze gelten die Regelungen des § 7 Abs. 1, Abs. 5, wonach eine Honorarvereinbarung »bei Auftragserteilung« getroffen sein muss. In allen anderen Fällen ist eine spätere Vereinbarung möglich, es sei denn, die HOAI schreibt auch dann einen bestimmten Zeitpunkt oder eine bestimmte Form vor. Die Folge der Einordnung als Mindestsatz bzw. -zuschlag ist, dass ohne wirksame Vereinbarung die Mindestsätze bzw. -zuschläge gelten bzw. verlangt werden können. 22

7. **Möglichkeiten und Arten der Honorarvereinbarung**

Die HOAI schreibt keineswegs vor, dass der Auftragnehmer sein Honorar nach den Abrechnungsvorschriften der Teile 2–4 vereinbart. Zulässig sind vielmehr auch Honorarvereinbarungen, die von den **Abrechnungsgrundsätzen** der HOAI **abweichen**.[22] Jeder Auftragnehmer hat z. B. die Möglichkeit, ein **Pauschalhonorar** (vgl. unten Rdn. 38 ff.) 23

---

20 BGH BauR 1993, 239 = NJW 1993, 661 = ZfBR 1993, 68 = LM H. 6/93 § 242 [Cd] BGB Nr. 325 m. Anm. *Koeble*; dazu auch *Scholtissek* BauR 1993, 394 und *Locher* BauR 1993, 492; vgl. zu den Voraussetzungen für die Bindungswirkung an die Honorarschlussrechnung § 15 Rdn. 70 ff.
21 Zum Umbauzuschlag und zur preisrechtlichen Qualifizierung als Mindestsatz vgl. § 6 Rdn. 54 sowie *Koeble/Zahn*, Die neue HOAI 2013 Teil C Rn. 30 ff.
22 BGH BauR 2009, 1162 = NJW 2009, 2199 = NZBau 2009, 450; ebenso *Börgers* BauR 2006, 914; *Jochem*, § 7 Rn. 96 ff. *Wirth/Galda* in KMV, § 7 Rn. 43; *Söns* in MNP § 7 Rn. 16; *Berger* in FBS, § 7 Rn. 81;; *Morlock/Meurer*, Rn. 479; *Werner* in *Werner/Pastor*, Rn. 739 ff.;

zu vereinbaren. Er kann bei der Honorarvereinbarung aber auch an die Berechnungsweise der HOAI anknüpfen oder eine **völlig andere Berechnungsbasis** wählen als diejenige, die die HOAI für den konkreten Fall vorsieht: So kann ein **Zeithonorar** auch für vom Preisrecht der HOAI erfasste Leistungen vereinbart werden (vgl. unten Rdn. 46).[23] Die maßgebende Entscheidung des BGH zum Zeithonorar erging zwar zum alten Recht, welches noch Vorschriften für die Abrechnung von Zeithonorar und Stundensätze vorsah. Sie ist aber eindeutig mit Blick auf die neue HOAI formuliert (1. Leitsatz, 2. S.). Möglich ist auch die **Abänderung einzelner Berechnungsgrundlagen**, die die HOAI zur Verfügung stellt: So kann der Leistungsumfang anders festgelegt werden als im jeweiligen Leistungsbild, und die Prozentsätze für die einzelnen Leistungsphasen können abgeändert werden; es können auch die anrechenbaren Kosten anders als in der HOAI vorgesehen geregelt werden,[24] oder die Honorarzone kann abweichend von der eigentlichen Regelung nach der HOAI festgelegt werden. Möglich ist es auch, dass die Parteien andere Honorartafeln als die für das konkrete Leistungsbild geltenden vereinbaren. Über die Wirksamkeit derartiger Honorarvereinbarungen ist damit noch nichts gesagt (vgl. unten Rdn. 28 ff.). Jede durch die Honorarvereinbarung **benachteiligte Partei** kann die **Unwirksamkeit** der Honorarvereinbarung **behaupten** und die nach HOAI günstigere Position gegenüber der Honorarvereinbarung durchsetzen (vgl. oben Rdn. 25). Eine weitere Möglichkeit der Honorarvereinbarung eröffnet das sog. **Baukostenvereinbarungsmodell**.[25] Das gilt weiterhin, obwohl der BGH die Regelung des § 6 Abs. 3 betreffend das Baukostenvereinbarungsmodell für unwirksam erklärt hat.[26] Auch derartige Honorarvereinbarungen sind unter den gleichen Voraussetzungen zu beurteilen.

8. Bewertungsspielraum im Rahmen von Honorarvereinbarungen

24 Die Veränderung von Honorarparametern aus der HOAI ist nicht per se ausgeschlossen, jedoch kann die jeweils betroffene Partei sich mit einer Darlegung des richtigen, nach den zutreffenden Kriterien der HOAI ermittelten Mindest- bzw. Höchstsatzes wehren. Der Auftragnehmer kann Honorarvereinbarungen jeder Art wegen Verstoßes gegen den Mindestpreischarakter angreifen (dazu Rdn. 98 ff.) und der Auftraggeber kann sich wegen Überschreitung des Höchstsatzes von der Honorarvereinbarung lossagen (dazu Rdn. 132 ff.). Beide Vertragsparteien haben darüber hinaus die Möglichkeit, Honorarvereinbarungen wegen fehlender Schriftform oder weil sie zu spät getroffen

---

Randhahn BauR 2011, 1086; zum Ganzen *Kreißl*, Die Honorarvereinbarung zwischen Auftraggeber und Auftragnehmer nach § 4 HOAI, Baurechtliche Schriften, Band 50, 1999.
23 BGH BauR 2009, 1162 = NJW 2009, 2199 = NZBau 2009, 456; *Börgers* BauR 2006, 914; *Motzke*, FS Koeble, S. 417 (420) auch zu den aktuellen Zeithonorarsätzen; vgl. auch OLG München NZBau 2011, 172 = Analyse *Koeble* auf www.jurion.de/Modul Werner Baurecht und dazu ferner unten Rdn. 46; zur Abrechnung bei Zeithonorar vgl. § 15 Rdn. 53.
24 Vgl. OLG Düsseldorf BauR 1987, 590; OLG Hamm NJW-RR 1994, 984.
25 § 6 Abs. 3; vgl. dazu § 6 Rdn. 56 ff.
26 Zur Entscheidung des BGH und zur Möglichkeit der Honorarvereinbarung auf der Basis von Baukosten vgl. § 6 Rdn. 56 ff. (58).

wurden (»bei Auftragserteilung«) anzugreifen. Ein Bewertungsspielraum steht den Parteien nur dort zu, wo die HOAI ihn ausdrücklich gewährt oder mit wertenden Tatbestandsmerkmalen zulässt. Das ist bei den Faktoren anrechenbare Kosten, Honorartafel, Honorarzone und Prozentsatz für die erbrachten Leistungen regelmäßig ebenso zu verneinen wie für den Ansatz mehrerer Objekte (§ 11 Abs. 1 HOAI).[27] In solchen Fällen liegt in der Regel eine versteckte Unterschreitung des Mindestsatzes vor (vgl. unten Rdn. 101). Ein Bewertungsspielraum kann den Parteien jedoch in bestimmten Fällen zugebilligt werden. Das gilt zunächst für die Einordnung in eine bestimmte Honorarzone, wenn die objektive Bewertung davon nur geringfügig abweicht.[28] Soweit dem Auftragnehmer nur Teilleistungen aus einer Leistungsphase in Auftrag gegeben werden (z. B. die reine Überwachungstätigkeit), entscheidet letzten Endes ebenfalls eine Bewertung über die Richtigkeit und deshalb wird auch in diesem Zusammenhang den Vertragsparteien ein gewisser Rahmen zugebilligt werden müssen (vgl. § 8 Rdn. 10 ff.). Gleiches gilt auch für den Fall, dass bei funktionaler Ausschreibung und Vergabe an einen Generalunternehmer zum Pauschalpreis nicht alle Grundleistungen erbracht werden müssen und an ihre Stelle Besondere Leistungen treten (vgl. dazu § 34 Rdn. 22 ff.).

9. Gesamtbetrachtung für richtige Mindest- und Höchstsätze

Den Vertragsparteien ist es unbenommen, Honorarvereinbarungen jeder Art zu treffen (vgl. oben Rdn. 23). Die HOAI nennt nur bestimmte Wirksamkeitsvoraussetzungen (dazu Rdn. 28 ff.). Die Wirksamkeit von Honorarvereinbarungen ist im Zivilprozess **nicht von Amts wegen** zu überprüfen. Vielmehr ist es den Parteien unbenommen, auch unwirksame Honorarvereinbarungen zum gemeinsamen Gegenstand ihres Vortrags im Prozess zu machen. So ist der Auftragnehmer berechtigt, eine unwirksame, möglicherweise die Mindestsätze unterschreitende Pauschalhonorarvereinbarung einzuklagen und er muss **nicht** die **korrekte Hilfsberechnung** nach HOAI vorlegen, wenn der Auftraggeber sich gegen die Honorarvereinbarung im Rechtsstreit nicht wehrt (vgl. unten Rdn. 106). Der Mindest- und Höchstpreischarakter greifen ohnehin nur dann ein, wenn sich **eine der Parteien** auf die **Unwirksamkeit** getroffener Honorarvereinbarungen **beruft** und eine für sie günstigere Beurteilung nach Mindest- oder Höchstsatz verlangt.[29] 25

Ob ein Verstoß gegen den Mindestpreischarakter vorliegt, entscheidet sich nicht daran, dass einzelne Parameter für die Honorarberechnung verändert sind. Maßgebend ist vielmehr alleine, ob das **Gesamthonorar** nach den vertraglichen Regelungen berechnet auf vertraglicher Grundlage niedriger liegt als dasjenige, welches sich bei einer fiktiven Honorarberechnung ergibt, welche an den richtigen Bemessungsgrundlagen der HOAI orientiert ist. Die Faktoren für die Ermittlung des richtigen Mindestsatzes sind nach 26

---

27 Ebenso im Wesentlichen *Randhahn* BauR 2012, 1706.
28 BGH BauR 2004, 354 = NJW-RR 2004, 233 = NZBau 2004, 159 sowie *Randhahn* BauR 2012, 1706; zur Honorarzone vgl. § 5 Rdn. 10 ff.
29 BGH BauR 2001, 1926 = NJW-RR 2002, 159 = NZBau 2001, 690.

objektiven Gesichtspunkten zu ermitteln. Im Einzelfall kann den Vertragsparteien aber ein Bewertungsspielraum zur Verfügung stehen (dazu oben Rdn. 24).

27 Ein Verstoß gegen den Mindest- und Höchstpreischarakter der HOAI liegt nicht schon dann vor, wenn die Parteien **einen der Parameter** für die Honorarabrechnung verändert haben. Vielmehr kommt es darauf an, ob die **gesamte vertragliche Vereinbarung** zu einem Honorar unterhalb des richtig, nach den Faktoren der HOAI ermittelten Mindestsatzes bzw. oberhalb des entsprechenden Höchstsatzes liegt.[30]

10. Wirksamkeitsvoraussetzungen der Honorarvereinbarung

28 Alle Honorarvereinbarungen stehen unter bestimmten Voraussetzungen bzw. unterliegen speziellen Grenzen. Diese ergeben sich zum Teil aus der HOAI und z. T. auch aus dem bürgerlichen Recht. Im Einzelnen handelt es sich um folgende Anforderungen:

a) Schriftform

29 Jede Honorarvereinbarung, die von den Mindestsätzen der HOAI nach oben oder nach unten abweicht oder die Berechnungsgrundsätze der HOAI abändert, bedarf der Schriftform (vgl. unten Rdn. 47 ff.). Dies gilt auch, soweit z. B. von den anrechenbaren Kosten des jeweiligen Abschnitts der HOAI abgewichen werden soll.[31]

b) Zeitpunkt »bei Auftragserteilung«

30 Die HOAI verlangt in vielen Fällen, dass Honorarvereinbarungen bereits bis zu einem bestimmten Zeitpunkt getroffen werden. Die Vereinbarung eines Honorars für Grundleistungen, das zwischen dem Mindest- und Höchstsatz liegt, bedarf nicht nur der Schriftform. Eine derartige Vereinbarung muss vielmehr spätestens »bei Auftragserteilung« getroffen sein (vgl. unten Rdn. 56 ff.). Ob dieses Merkmal auch für Vereinbarungen eines Honorars unterhalb der Mindestsätze (vgl. unten Rdn. 97) oder oberhalb der Höchstsätze (vgl. unten Rdn. 163) gilt, ist umstritten. Auch für die Baukostenvereinbarung[32] ist die Einhaltung eines bestimmten Zeitpunkts für die Wirksamkeit entscheidend. Hier muss die Vereinbarung ebenfalls spätestens im Zeitpunkt der Beauftragung getroffen worden sein (§ 6 Rdn. 56 ff.).

c) Einhaltung des Höchstsatzes

31 Grenze jeder Honorarvereinbarung ist der nach HOAI zu ermittelnde Höchstsatz. Alle Honorarvereinbarungen müssen sich an einer fiktiven Honoraraufstellung unter Heranziehung der Grundsätze nach den Teilen 2 bis 4 messen lassen. Ein Verstoß gegen den Höchstpreischarakter der HOAI liegt aber nur dann vor, wenn das vereinbarte Ho-

---

30 BGH BauR 2005, 735 = NJW-RR 2005, 669 = NZBau 2005, 285; BGH BauR 2009, 1162 = NJW 2009, 2199 = NZBau 2009, 450; OLG Frankfurt Urt. v. 02.05.2013 – 3 U 212/11; vgl. zum Mindestsatz unten Rdn. 132 und zum Höchstsatz Rdn. 57 f.
31 Vgl. OLG Düsseldorf BauR 1987, 590.
32 § 6 Abs. 3 und dazu § 6 Rdn. 56 ff.

norar im Ergebnis gesehen den an sich zulässigen Höchstbetrag übersteigt, und nicht schon dann, wenn einzelne Berechnungsgrundlagen der HOAI zugunsten des Auftragnehmers verändert werden.[33]

d) Einhaltung des Mindestsatzes

Darüber hinaus muss sich jede Honorarvereinbarung am richtig berechneten Mindestsatz messen lassen (vgl. unten Rdn. 98 ff.). Die Mindestsätze dürfen nicht, ohne dass die Voraussetzungen des § 7 Abs. 3 vorliegen, unterschritten werden. Die Ermittlung des Mindestsatzes erfolgt ebenso wie die Ermittlung des Höchstsatzes durch eine fiktive, nach den Grundsätzen der HOAI aufgestellte Vergleichsberechnung (vgl. oben Rdn. 25). 32

e) Bestimmtheit der Vereinbarung

Wirksamkeitsvoraussetzung für jede Honorarvereinbarung ist nach allgemeinem Schuldrecht die Bestimmtheit der Vereinbarung. Die Anforderungen an die Bestimmtheit dürfen allerdings nicht überspannt werden. Es muss keinesfalls von vornherein ein bestimmter Betrag vereinbart werden, da dies auch nach der HOAI wegen des Berechnungssystems der HOAI gar nicht möglich wäre.[34] Es genügt, wenn das Honorar entsprechend den Vereinbarungen nach Erbringung der Architekten- bzw. Ingenieurleistungen zuverlässig ermittelt und überprüft werden kann.[35] Eine Honorarvereinbarung, die nach den Berechnungsgrundsätzen der HOAI ergänzt werden kann, ist keinesfalls unbestimmt. So kann z. B. ein Honorar von 10 % über dem Mindestsatz vereinbart werden. Es ist dann eine Honorarberechnung auf der Basis der zutreffenden Honorarzone und nach den erbrachten Leistungen vorzunehmen. Gleiches gilt z. B. dann, wenn eine »Mittelgebühr aus Mindest- und Höchstsatz« vereinbart ist oder wenn ein »Abschlag von 5 % auf den Höchstsatz« oder »10 % unter dem Bis-Satz« vereinbart ist; unter dem »Bis-Satz« versteht die HOAI den Höchstsatz. Bestimmt ist auch die Vereinbarung von »20 % des Honorarrahmens«. 33

Ausreichend ist es ferner, wenn genaue Kriterien für eine spätere Festlegung des Honorars im Vertrag enthalten sind, z. B. durch Vereinbarung eines Schiedsgutachtens.[36] Zweifelhaft ist dagegen, ob es ausreicht, wenn dem Auftragnehmer ein Honorarbestimmungsrecht nach Maßgabe der §§ 315, 316 BGB eingeräumt wird.[37] Damit ist sicher 34

---

33 Vgl. unten Rdn. 132 f. und oben Rdn. 25.
34 Vgl. BGH BauR 2009, 1162 = NJW 2009, 2199 = NZBau 2009, 450; OLG Düsseldorf BauR 1985, 234 zum Fall einer nicht genügend bestimmten Regelung; ebenso *Söns* in MNP § 7 Rn. 16; *Wirth/Galda* in KMV, § 7 Rn. 21.
35 BGH BauR 2009, 1162 = NJW 2009, 2199 = NZBau 2009, 450l für eine Zeithonorarvereinbarung.
36 A. A. *Wirth/Galda* in KMV, § 7 Rn. 23.
37 Vgl. die von *Motzke* [BauR 1982, 319] vorgeschlagene Klausel: »... Einigkeit, dass der Architekt den Honorarsatz unter Berücksichtigung der für die Einordnung maßgeblichen Kriterien nach billigem Ermessen im Rahmen der Mindest- und Höchstsätze bestimmt«.

§ 7 HOAI Honorarvereinbarung

»etwas anderes« (§ 7 Abs. 5) als der Mindestsatz vereinbart. Ob damit der Klarstellungs- und Schutzfunktion des § 7 Genüge getan ist, ist allerdings fraglich. Könnte man doch argumentieren, für den Auftraggeber sei damit klar, dass das Honorar höher als der Mindestsatz ausfalle, so ist dies im Hinblick auf den Schutzgedanken nicht der Fall. Dennoch müssen Honorarvereinbarungen i. S. d. §§ 315, 316 BGB auch im Preisrecht zulässig sein, soweit dessen Grenzen eingehalten werden und sonstige rechtliche Regelungen (z. B. §§ 307 ff. BGB) nicht entgegenstehen.[38]

f) Beschränkung durch den Vertragsgegenstand

35 Die Möglichkeit von Honorarvereinbarungen wird beschränkt durch den Vertragsgegenstand selbst. In die Regelungen betreffend das Honorar können deshalb nur Umstände und Kosten einbezogen werden, die mit dem konkreten Objekt zusammenhängen.[39] Entgegenstehende Vereinbarungen wären auch im Individualvertrag wegen Verstoß gegen die zwingenden Preisvorschriften der §§ 7 und 11 unwirksam.

g) Honorarvereinbarungen in AGB

36 Soweit Honorarvereinbarungen in AGB oder Formularverträgen enthalten sind, müssen sie sich an den Bestimmungen der §§ 305 ff. BGB messen lassen.[40] Hier kommt es jeweils darauf an, wer Verwender des Vertrags ist. Zugunsten seines Vertragspartners gelten die Einbeziehungsvoraussetzungen und die sonstigen Regelungen sowie die Inhaltskontrolle. Der Auftraggeber und der Auftragnehmer können in Formularverträgen jedenfalls nicht zu weit von den Abrechnungsgrundsätzen sowie den Vorschriften über die anrechenbaren Kosten und über die Fälligkeiten abweichen (vgl. § 15 Rdn. 114 f.).

h) Transparenzgebot

37 Zu beachten ist auch das Transparenzgebot. Dieses betrifft sowohl vom dispositiven Recht abweichende rechtliche Regelungen als auch preis- und leistungsbestimmende Klauseln (§ 307 Abs. 1 S. 2, Abs. 3 S. 2 BGB). Soweit es möglich ist, wird von den vertraglichen Regelungen eine genaue Beschreibung der Leistungen erwartet werden müssen. Für die Leistungen von Architekten und Ingenieuren dürfen die Anforderungen insoweit aber nicht überspannt werden, weil sich diese Leistungen nicht generell und für jeden Einzelfall beschreiben lassen.[41] Das Transparenzgebot hat jedoch Bedeutung für die üblichen Honorarvereinbarungen. Es ist aber noch nicht verletzt, wenn man annehmen muss, dass der Auftraggeber zur Ermittlung des Honorars auf die HOAI angewiesen ist und er mit dem System der HOAI nicht vertraut ist.[42] Angesichts dessen,

---

38 So mit Recht *Motzke* BauR 1982, 319.
39 BGH BauR 1999, 1045 = ZfBR 1999, 312; vgl. dazu auch § 6 Rdn. 24.
40 Dazu Einl. Rdn. 277 ff. sowie zum Transparenzgebot unten Rdn. 37; ferner grundlegend *Randhahn* BauR 2011, 1086.
41 Vgl. Palandt/*Grüneberg* § 307 Rn. 22.
42 So aber *Thode* NZBau 2002, 360 (366); verneinend *Kniffka*, Bauvertragsrecht, § 633 Rn. 30; *Koeble*, FS Kraus, 2003, S. 389 (401 f.).

dass man dann im Ergebnis die HOAI als Verordnung dem Transparenzgebot aussetzen würde, dürfte dies nämlich zu verneinen sein. Unabhängig davon wäre bei Unwirksamkeit einer (intransparenten) Honorarvereinbarung der – ebenfalls kompliziert nach System HOAI zu ermittelnde – Mindestsatz geschuldet. Wirksam dürfte es auch in AGB sein, wenn die Parteien als Honorarvereinbarung den »Mittelsatz« oder »Bis-Satz« vereinbaren, weil diese Begriffe in der HOAI und in der Rechtspraxis gängig sind und deshalb jederzeit nachvollzogen werden können.[43] Ebenso wenig ist es intransparent, wenn nach der vertraglichen Honorarvereinbarung ein Dritter die Honorarberechnungsparameter festlegen darf.[44]

11. Spezialfragen zum Pauschalhonorar

a) Wirksamkeitsvoraussetzungen

Den Vertragsparteien bleibt es unbenommen, ein Pauschalhonorar zu vereinbaren. Auch wenn diese Möglichkeit in § 7 oder auch in dem früheren § 6 Abs. 3 nicht genannt ist, ist sie ohne jeden Zweifel zulässig. § 7 stellt nur ganz bestimmte Voraussetzungen für die einzelne Honorarvereinbarung auf und verlangt keineswegs, dass sich die Vertragsparteien dabei an den übrigen Abrechnungskriterien orientieren. Ein weitergehender Eingriff in die vertragliche Gestaltungsfreiheit ist durch Preisrecht im vorliegenden Sinne auch nicht möglich, sofern die preisrechtliche Zielsetzung des Höchstsatzes und Mindestsatzes im Ergebnis durch die Vereinbarung nicht verletzt wird.[45] Die Vereinbarung eines Pauschalhonorars ist wirksam, wenn die Schriftform eingehalten ist (vgl. Rdn. 47 ff.), wenn der Höchstsatz nicht überschritten sowie der Mindestsatz nicht unterschritten wird[46] und wenn die Vereinbarung bestimmt ist (vgl. oben Rdn. 33). Meist muss die Honorarvereinbarung auch schon »bei Auftragserteilung« getroffen sein (vgl. Rdn. 56 ff.). Pauschalhonorare werden aus einem dieser Gesichtspunkte meist unwirksam vereinbart sein. Häufig führt die Ermittlung des richtigen Mindestsatzes nach den Honorarberechnungskomponenten der HOAI zu einer Unwirksamkeit der Pauschalvereinbarung wegen Unterschreitung des Mindestsatzes.[47] Die Folge davon ist, dass sich der Auftragnehmer im Regelfall nach Abs. 5 auf die Geltung des Mindestsatzes (vgl. Rdn. 102 ff.) berufen kann, jedoch nicht muss, sondern auch aus einer offensichtlich unwirksamen Honorarvereinbarung vorgehen und ggf. klagen kann (vgl. Rdn. 106). Weil aber die Möglichkeit der Geltendmachung des Mindestsatzes besteht, bedarf es einer Anpassung wegen Störung der Geschäftsgrundlage oftmals nicht. Es genügt häufig die Darlegung der Unwirksamkeit der Honorarverein-

38

---

43 *Koeble*, FS Kraus, 2003, S. 389 (401); weitere Beispiele vgl. oben Rdn. 33.
44 A. A. *Randhahn* BauR 2011, 1086, der sich für seine Meinung auf zwei Entscheidungen beruft, die jedoch mit diesem Thema nichts zu tun haben.
45 Ebenso BGH BauR 1988, 364; *Wirth/Galda* in KMM § 1 Rn. 61; *Berger* in FBS, Syst A VI Rn. 12 ff.; *Werner* in *Werner/Pastor*, Rn. 1087 ff.
46 Maßstab: Berechnung des richtigen Honorars nach den Grundlagen der HOAI; vgl. oben Rdn. 25.
47 Vgl. z. B. BGH BauR 1993, 239 = NJW 1993, 661 = ZfBR 1993, 68 = LM H. 6/93 § 242 [Cd] BGB Nr. 325 m. Anm. *Koeble*; *Werner* in *Werner/Pastor*, Rn. 1090.

barung und der Berechnungsfaktoren für den zutreffenden Mindest- bzw. Höchstsatz in schlüssiger Form.[48]

b) Geltungsumfang der Pauschalhonorarvereinbarung

39 Eine Pauschalhonorarvereinbarung bezieht sich von vornherein nur auf das **konkrete Objekt**, wobei es sich um ein bestimmtes Gebäude oder Ingenieurbauwerk, eine Frei- oder Verkehrsanlage handeln kann. Sie betrifft darüber hinaus nur den **speziellen Leistungsumfang**. Zusätzliche, von der Pauschale nicht abgedeckte Honorare können geltend gemacht werden, wenn sich das Objekt auf Anordnung des Auftraggebers ändert (vgl. § 10 Rdn. 8) und/oder wenn zusätzliche Leistungen – z. B. Planungsänderungen (vgl. § 10 Rdn. 10 ff.) – erbracht werden sollen. Auf die »Geschäftsgrundlage« kommt es diesbezüglich als Anspruchsvoraussetzung nicht an. Diese ermöglicht aber ggf. beiden Parteien ein Recht auf Anpassung der Vergütung, wenn sich die **Objekt- oder Arbeitsbedingungen** »schwerwiegend« ändern (vgl. unten Rdn. 42 ff.). **Zusatzaufträge** sind honorarfähig auch ohne, dass ein bestimmtes Volumen erbracht sein muss (keine Toleranzgrenze). Allerdings ist der Nachweis einer mindestens konkludent erfolgten Beauftragung notwendig. Das setzt in der Regel voraus, dass dem Auftraggeber bei Abruf, Entgegennahme oder Verwertung einer Zusatzleistung bewusst werden musste, dass diese Leistung nicht unentgeltlich erbracht werden würde.

c) Klage auf Pauschalhonorar

40 Soweit der Auftragnehmer sich bei seiner Honorarrechnung und ggf. Klage auf eine Pauschalvereinbarung stützt, genügt es, wenn er zu den Anspruchsvoraussetzungen »Schriftform« und Vereinbarung »bei Auftragserteilung« substanziiert vorträgt. Einer komplizierten **Darlegung**, dass die Vereinbarung sich »**im Rahmen der Mindest- und Höchstsätze**« hält, bedarf es nicht.[49] Behauptet der Auftraggeber gegenüber einer Abrechnung des Auftragnehmers auf Mindestsatzbasis, es sei eine niedrigere Pauschale vereinbart worden, so trifft ihn dafür die Beweislast.[50] Das bloße Bestreiten der Wirksamkeit einer Honorarvereinbarung durch den Auftraggeber, ohne dass zusätzlich die Behauptung aufgestellt wird, der Mindestsatz sei niedriger, ist unsubstanziiert.[51]

d) Beweislast für Pauschalhonorarvereinbarung

41 Der Mindestpreischarakter und vor allem das Schriftformerfordernis in Abs. 2 haben besondere Bedeutung für die Frage der Beweislast bei behaupteter Pauschalhonorarvereinbarung durch den Auftraggeber. Die Rechtsprechung geht dahin, dass der Auftraggeber für die Vereinbarung der kostenlosen Tätigkeit des Architekten beweispflichtig sei (vgl. i. E. Einl. Rdn. 61). Behauptete jedoch der Auftraggeber, es sei eine geringere

---

48 Vgl. OLG Naumburg BauR 2009, 267 und unten Rdn. 102.
49 Vgl. oben Rdn. 23, 25 und unten Rdn. 106.
50 OLG Hamm m. NA-Beschl. BGH BauR 2002, 1720 und BGH BauR 2002, 1877 = NJW-RR 2002, 1397 = NZBau 2002, 618 = ZfBR 2003, 28; vgl. dazu auch unten Rdn. 41.
51 OLG Celle NZBau 2005, 470.

Vergütung als die nach der GOA vereinbart worden, so hatte der Auftragnehmer die Beweislast für das Gegenteil, wenn die Honorarvereinbarung substanziiert vom Auftraggeber behauptet worden war.[52] Auch für den Bauvertrag gibt es Rechtsprechung, wonach der Auftragnehmer eine substanziierte Behauptung des Auftraggebers, es sei eine Pauschale vereinbart, widerlegen muss.[53] Nach der HOAI ist die Situation grundsätzlich anders. Fehlt eine **schriftliche Vereinbarung**, so können die Mindestsätze nach Abs. 3 nicht wirksam unterschritten werden. Die Behauptung des Auftraggebers, es sei **mündlich** ein niedrigeres Honorar vereinbart worden, ist **unschlüssig**, da für die Vereinbarung eines niedrigeren Honorars Schriftform erforderlich ist.[54] Allerdings kann in solchen Fällen ausnahmsweise eine Korrektur nach Treu und Glauben notwendig sein (vgl. Rdn. 55). Ein schlechthin unerträgliches Ergebnis liegt z. B. dann vor, wenn der Auftraggeber den Auftragnehmer arglistig von der Wahrung der Form abgehalten hat oder wenn der Auftraggeber vom Auftragnehmer auf ausdrückliches Befragen die falsche Antwort erhält, Schriftform sei für die Unterschreitung der Mindestsätze nicht erforderlich. Für solche Behauptungen trifft den Auftraggeber aber die Beweislast. Die Auffassung, wonach auch eine mündliche Vereinbarung Beweiskraft entsprechend der Rechtsprechung des BGH zur Bindungswirkung (vgl. Rdn. 113 ff.) habe, geht demgegenüber zu weit.[55]

e) Änderung bzw. Anpassung der Pauschale

In der Regel hat die Vereinbarung eines Pauschalhonorars für beide Vertragsparteien Bindungswirkung, wenn die oben (Rdn. 38) genannten Voraussetzungen eingehalten sind.[56] Nur in Ausnahmefällen kann eine Anpassung des Honorars verlangt werden.[57] In § 10 Abs. 1 wurde nun durch die 7. HOAI-Novelle eine spezielle Regelung für Änderungen von Honorarvereinbarungen aufgenommen (dazu § 10 Rdn. 10 ff.). Diese Vorschrift tritt neben die bürgerlich-rechtlichen Möglichkeiten zur Anpassung und Änderung von Pauschalvereinbarungen. Durch die Honorarvorschrift des § 10 Abs. 1 werden die übergelagerten rechtlichen Möglichkeiten aus dem Vertragsrecht nicht beseitigt. Rechtliche Grundlage für eine Anpassung sind deshalb in erster Linie die von der Rechtsprechung entwickelten Grundsätze über die **Störung der Geschäftsgrundlage** und für Verträge seit 01.01.2002 die Bestimmung des § 313 BGB.[58] Eine Anpassung des Honorars ist danach möglich, wenn sich

42

---

52 Z. B. BGH NJW 1980, 122 = BauR 1980, 84 = SFH Nr. 1 zu § 19 GOA; BauR 1983, 366 = SFH Nr. 12 zu § 632 BGB = ZfBR 1983, 186.
53 BGH BauR 1992, 505 = NJW-RR 1992, 848.
54 BGH BauR 2002, 1720 = NJW-RR 2002, 1397 = ZfBR 2003, 28; OLG Düsseldorf BauR 2010, 482; OLG Hamm BauR 2002, 1877; OLG Düsseldorf BauR 2010, 482; *Jochem*, § 7 Rn. 50 ff.; *Werner* in *Werner/Pastor*, Rn. 1087.
55 So aber KG BauR 1999, 432 = NJW-RR 1999, 242.
56 Zum Inhalt und zur Anpassung der Pauschalvereinbarung vgl. eingehend *Lenzen* BauR 1991, 692; *Werner* in *Werner/Pastor*, Rn. 1093 ff.
57 Zur Anpassung des Vertrags selbst wegen fehlender Förderungswürdigkeit des Objekts vgl. BGH BauR 1990, 379 = NJW-RR 1990, 601.
58 Vgl. hierzu eingehend *Stahl* BauR 1973, 279; *Schmitz* BauR 1982, 219 [223 f.]; *Werner*, FS

§ 7 HOAI Honorarvereinbarung

- Umstände, die zur Grundlage des Vertrags geworden sind bzw. wesentliche Vorstellungen, die zur Grundlage des Vertrags geworden sind,
- nach Vertragsschluss schwerwiegend verändert haben und
- die Parteien den Vertrag nicht oder mit anderem Inhalt geschlossen hätten, wenn sie die Veränderung vorausgesehen hätten.

Eine Anpassung kann dann verlangt werden, wenn einem Teil unter Berücksichtigung aller Umstände des Einzelfalls, insbesondere der vertraglichen oder gesetzlichen Risikoverteilung, das Festhalten an einer unveränderten Honorarvereinbarung nicht zugemutet werden kann.

Eine erste Orientierungsmarke für eine »schwerwiegende« Änderung der Umstände stellt hier § 2 Abs. 7 VOB (B) und die dazu ergangene Rechtsprechung dar.[59] Eine Änderung des vertraglich vereinbarten Honorars ist nur dann möglich, wenn die eingetretenen Umstände bei Vertragsabschluss nicht vorhersehbar waren und derart schwerwiegend sind, dass der betreffenden Vertragspartei ein Festhalten an der vereinbarten Pauschale unzumutbar ist, d. h. zu einem schlechthin untragbaren Ergebnis führen würde. Die Veränderung gegenüber der Situation bei Vertragsabschluss kann auf Veränderungen bei der Gründung[60] oder auf Bedingungen bzw. Auflagen des Baugenehmigungsverfahrens oder schließlich auf Maßnahmen bzw. Zusatzwünschen des Auftraggebers beruhen. Meist wird auch eine gravierende Änderung bei den anrechenbaren Kosten – sei es durch Wegfall oder Hinzukommen von Bauleistungen oder Änderungen des Zuschnitts bzw. Bauvolumens – zur Störung der Geschäftsgrundlage führen. In diesen Fällen wird eine Anpassung über die Geschäftsgrundlage aber meist überflüssig sein, weil der Mindestsatz unter- bzw. der Höchstsatz überschritten ist (vgl. oben Rdn. 38). Liegen die anrechenbaren Kosten außerhalb der betreffenden Honorartafel, dann hat die Anpassung wegen Änderung der Kosten jedoch große praktische Bedeutung.

43 Die Schwelle für die Störung der Geschäftsgrundlage und die Anpassung einer Pauschalhonorarvereinbarung (vgl. oben Rdn. 42) kann nicht generell festgelegt werden. Sie ist aber noch nicht überschritten, wenn das Honorar bei richtiger Berechnung um etwa 12 % über dem Pauschalhonorar liegen würde.[61] Eine Störung der Geschäftsgrundlage scheidet auch dann aus, wenn bei gleichem Bauvolumen und -zuschnitt sich lediglich die Kosten erheblich verändert haben, etwa durch Teuerungen oder durch Inflation oder natürlich auch durch grobe Fehlschätzung des Auftragnehmers. Mit der Pauschalvereinbarung sollten nämlich gerade solche Kostensteigerungen honorarneutral gestaltet sein.[62] Entsprechendes gilt auch insoweit, als die Kosten durch weggefal-

---

Locher, S. 289 [302]; zu den Möglichkeiten der Geltendmachung eines erhöhten Honorars bei Verzögerung der Bauzeit vgl. eingehend *Schwenker/Schramm* ZfIR 2005, 121 sowie unten Rdn. 145 ff. und 148 ff.
59 Zu Einzelheiten unten Rdn. 43.
60 A. A. zu Unrecht AG Kempten BB 1980, 179 für den Statiker.
61 OLG Frankfurt BauR 1985, 585.
62 So mit Recht OLG Düsseldorf BauR 1986, 719 [722].

lene Eigenleistungen höher wurden, da die Eigenleistungen schon im Voraus nach § 4 Abs. 2 Nr. 1 hätten berücksichtigt werden können bzw. müssen.[63] In der Regel dürften Änderungen – Steigerungen oder Verringerungen – von weniger als 20 % bis 25 % weder bei den Baukosten noch beim Honorar selbst beachtlich sein. Diese Feststellungen betreffen nur die Anpassung der Pauschale, nicht dagegen die Abrechnung nach dem richtigen Mindestsatz gemäß HOAI (dazu oben Rdn. 39).

f) Ausnahmen von der Anpassung

Der Auftragnehmer muss nicht nur seine Behauptung, die Geschäftsgrundlage sei weggefallen, substanziieren, sondern auch eine genaue Behauptung hinsichtlich der Anpassung vorbringen: So muss er die für die Pauschalvereinbarung maßgebenden Bemessungsfaktoren und die Relation zum Mindestsatz nach HOAI darlegen und dieses Verhältnis auf die neue Situation übertragen.[64] Andernfalls ist seine Klage mangels Substanziierung als unbegründet abzuweisen. Entsprechendes gilt auch für den Auftraggeber, wenn er eine Herabsetzung der Pauschale verlangt. 44

Keine Berechtigung zur Anpassung besteht dagegen auch bei außergewöhnlichen Leistungen i. S. des § 7 Abs. 4, da hierfür eine ausdrückliche schriftliche Honorarvereinbarung nötig ist (vgl. hierzu i. E. Rdn. 145 ff.). Fehlt diese Vereinbarung, so kann der Auftragnehmer in der Regel nicht im Nachhinein über die Störung der Geschäftsgrundlage den Abschluss einer Vereinbarung erzwingen (vgl. unten Rdn. 159 ff.). Das Vorstehende gilt nur im Anwendungsbereich der HOAI, also z. B. nicht bei anrechenbaren Kosten außerhalb der Honorartafeln. Keiner Anpassung bedarf es dann, wenn durch einen der genannten Umstände ein völlig anderes Objekt errichtet werden soll, da die Pauschalhonorarvereinbarung nur für ein bestimmtes Objekt getroffen ist. Haben die Vertragsparteien zum Beispiel eine Honorarvereinbarung für Leistungen bei der Errichtung eines Einfamilienhauses mit Einliegerwohnung getroffen, so kann diese Vereinbarung nicht auf ein stattdessen zu errichtendes gewerbliches Objekt erstreckt werden. Der Auftragnehmer hat hier Anspruch auf das Honorar für die erbrachten Leistungen und die übrige Vergütung abzüglich der ersparten Aufwendungen unter Berücksichtigung der Pauschalvereinbarung. Hinsichtlich des ausgeführten Objekts richtet sich das Honorar nach den Regeln der HOAI. 45

12. Spezialfragen zur Zeithonorarvereinbarung

In allen Fassungen der HOAI war früher eine Vorschrift über das Zeithonorar enthalten und darüber hinaus hatten alle diese Fassungen auch Regelungen, wann und unter welchen Umständen auf Zeithonorarbasis abgerechnet werden kann. Durch die HOAI 2009 wurde sowohl das eine als auch das andere aus der HOAI gestrichen. Es gibt also keine Vorschriften mehr für Zeithonorar. Das bedeutet jedoch nicht, dass Zeithonorarvereinbarungen unzulässig wären. Vielmehr hängt die Wirksamkeit einer solchen Zeithonorarvereinbarung nicht davon ab, ob die Preisvorschriften der HOAI eine Ab- 46

---

63 OLG Düsseldorf BauR 1986, 719.
64 OLG Frankfurt BauR 1985, 585; OLG Düsseldorf BauR 1986, 719.

rechnung nach Zeithonorar anordnen oder zulassen.[65] Der Auftraggeber kann sich gegen eine Zeithonorarvereinbarung demnach wirkungsvoll prozessual nicht alleine mit der Behauptung wenden, eine solche Vereinbarung sei unzulässig. Wenn er eine solche Vereinbarung angreifen will, dann muss er substantiiert zur Unwirksamkeit und auch dazu vortragen, wie weit er benachteiligt sein will.[66] Die Abrechnung von Zeithonorar muss in prüfbarer Form geschehen.[67] Hinsichtlich der inhaltlichen Richtigkeit der Abrechnung ist zu betonen, dass der Auftragnehmer grundsätzlich nur darlegen muss, wie viele Stunden für die Erbringung der Vertragsleistungen angefallen sind und nicht aufteilen muss, was in jeder Stunde geleistet wurde.[68] Dagegen ist es Sache des Auftraggebers, Darlegungen im Hinblick auf die Unangemessenheit oder Unwirtschaftlichkeit der aufgewendeten Stunden zu machen. Diesbezüglich liegt die Darlegungs- und Beweislast beim Auftraggeber. Allerdings muss der Auftragnehmer zu Art und Inhalt der nach Zeitaufwand abgerechneten Leistungen jedenfalls so viel vortragen, dass dem für die Unwirtschaftlichkeit der Leistungsausführung darlegungspflichtigen Besteller eine sachgerechte Rechtswahrung ermöglicht wir (sekundäre Darlegungslast des Auftragnehmers).[69] Neben der Angabe, welcher Zeitaufwand für die erbrachten Leistungen angefallen ist, muss auch dargelegt werden, wie viele Stunden für die Erbringung der Vertragsleistungen mit welchen Stundensätzen angefallen sind.[70] Im Rechtsstreit bedarf es nicht des schriftsätzlichen Vortrags aller Einzelheiten aus der Rechnung, vielmehr kann darauf Bezug genommen werden. Es handelt sich diesbezüglich um den fakultativen Inhalt eines Schriftsatzes und nicht um zwingende Angaben, sodass die Anforderungen an den schriftsätzlichen Vortrag nicht übersteigert werden dürfen.[71]

13. Schriftform als Voraussetzung für alle Honorarvereinbarungen

a) Geltungsbereich

47 Für alle Honorarvereinbarungen, die vom Mindestsatz nach oben oder unten abweichen, ist Schriftform erforderlich. Die Schriftform muss im gesamten Geltungsbereich

---

65 BGH BauR 2009, 1162 = NJW 2009, 2199 = NZBau 2009, 450.
66 Vgl. BGH BauR 2001, 1926; BGH BauR 2005, 739; ebenso im Ergebnis OLG München NZBau 2011, 172 = Analyse *Koeble* auf www.jurion.de/Modul Werner Baurecht, welches aber überflüssigerweise »Treu und Glauben« bemüht, weil eine laufende Geschäftsbeziehung zwischen den Parteien bestand; im Übrigen übersieht das OLG, dass die HOAI auf Leistungen betreffend die Gebäudeleittechnik in der Fassung von 2002 gar nicht anwendbar war.
67 Zur Prüfbarkeit vgl. § 15 Rdn. 53.
68 BGH BauR 2009, 1291 = NJW 2009, 3426 zum Bauvertrag; ebenso BGH Urt. v. 08.03.2012 – VII ZR 51/10 = BeckRS 2012, 06467 = Analyse *Koeble* auf www.jurion.de/Modul Werner Baurecht für einen Architekten- bzw. Ingenieurvertrag.
69 BGH Urt. v. 08.03.2012 – VII ZR 51/10 = BeckRS 2012, 06467 = Analyse *Koeble* auf www.jurion.de/Modul Werner Baurecht.
70 OLG Hamm Urt. v. 27.03.2012 – I-24 U 61/11 = Analyse *Koeble* auf www.jurion.de/Modul Werner Baurecht.
71 OLG Hamm Urt. v. 27.03.2012 – I-24 U 61/11 = Analyse *Koeble* auf www.jurion.de/Modul Werner Baurecht.

des § 7 eingehalten sein (vgl. oben Rdn. 6 ff.). Sie gilt damit bei Honorarvereinbarungen aller Art, die eine Abweichung von den Mindestsätzen zum Inhalt haben, und ferner dann, wenn die HOAI sie sonst vorschreibt. Ein Beispiel für Ersteres ist der über 20 % hinausgehende Zuschlag für Bauen im Bestand (§ 36 Abs. 1), ein Beispiel für Letzteres die Nebenkostenpauschale nach § 14 Abs. 3 Satz 2.[72] Das Schriftformerfordernis nach HOAI betrifft aber lediglich die Honorarvereinbarung, **nicht** jedoch den **Architekten- und Ingenieurvertrag selbst**.[73] Die Wirksamkeit des Vertrages scheitert deshalb nicht an einer fehlenden Honorarvereinbarung.[74] Dieser kann aber aus anderen Gründen formbedürftig sein (vgl. Einl. Rdn. 95 ff.). Vereinbarungen über die Leistungspflicht selbst bedürfen ebenfalls nicht der Schriftform. Deshalb können Bedingungen für die Beauftragung (Einl. Rdn. 64), die Kostenlosigkeit (Einl. Rdn. 60) und auch Kompensationsabreden (Einl. Rdn. 81) formlos vereinbart bzw. getroffen werden. Gewillkürte Schriftformregelungen für Zusatzhonorare in AGB von Auftraggebern können unwirksam sein (vgl. § 10 Rdn. 38). Das Schriftformerfordernis für die Honorarvereinbarung ist verfassungsrechtlich unbedenklich (davon geht die Rechtsprechung stillschweigend aus). Nicht ausreichend für eine schriftliche Vereinbarung ist auf jeden Fall die **Textform** (§ 126b BGB). Auch die **elektronische Form** (E-Mail; vgl. unten Rdn. 51) ist in aller Regel nicht genügend.

b) Inhalt

Nach § 126 Abs. 1 und 2 BGB ist die Schriftform gewahrt, wenn beide Vertragsparteien die Urkunde eigenhändig unterschrieben haben. Der Vertragstext selbst kann maschinell hergestellt oder geschrieben sein. Die Unterschriften können dabei räumlich getrennt sein und nacheinander stehen.[75] Statt einer eigenhändigen Namensunterschrift kann auch durch notariell beglaubigtes Handzeichen unterzeichnet werden (§ 126 Abs. 1 BGB). Die Schriftform kann auch durch notarielle Beurkundung ersetzt werden (§ 126 Abs. 4 BGB). Sie ist auch eingehalten, wenn jede Partei die für die andere Partei bestimmte Vertragsurkunde unterzeichnet. Es muss also nicht unbedingt eine Vertragsurkunde mit zwei Unterschriften vorliegen (vgl. § 126 Abs. 2 Satz 2 BGB).

48

Ebenso wie beim Mietvertrag ist auch hier Urkundeneinheit notwendig,[76] die sich sowohl körperlich als auch durch sonstige Umstände wie fortlaufende Paginierung und Paraphierung ergeben kann. Die Verweisung auf Anlagen kann genügen, wenn sich die Einheit von Urkunde und Anlage zweifelsfrei ergibt.[77] Die Schriftform ist für den Fall des – heute nicht mehr in der HOAI im Preisrecht enthaltenen – Berechnungshonorars (§ 57 HOAI a. F.) auch dann gewahrt, wenn ein Angebot mit einem Prozent-

49

---

72 Dazu BGH BauR 1994, 131 = NJW-RR 1994, 280 = ZfBR 1994, 73.
73 BGH BauR 2006, 693 = NZBau 2006, 248; unstr.
74 Thür. OLG VergabeR 2004, 1006 m. Anm. *Voppel*.
75 OLG Köln SFH Nr. 2 zu § 1 HOAI = BauR 1986, 467.
76 Vgl. BGH NJW 1999, 2591 m. w. Nachw.
77 BGH BauR 1999, 504 = ZfBR 1999, 150.

satz von 2,65 % vorausgeht und der Vertrag dann das Berechnungshonorar nennt, ohne dass nochmals 2,65 % der anrechenbaren Kosten genannt werden.[78] Allerdings ist zweifelhaft, ob die Schriftform auch dann gewahrt ist, wenn auf eine nur von einer Partei unterschriebene Anlage Bezug genommen wird.[79]

c) Kaufmännisches Bestätigungsschreiben; wechselseitige Bestätigungen

50 Nicht ausreichend ist es, wenn eine Vertragspartei der anderen eine Besprechung schriftlich bestätigt und die andere Partei nicht reagiert. Die einseitige Auftragsbestätigung und auch das kaufmännische Bestätigungsschreiben genügen nicht.[80] Dagegen ist Letzteres für den Abschluss des Architekten- oder Ingenieurvertrags selbst ausreichend (vgl. Einl. Rdn. 66). Die einseitige Zusage eines Auftraggebers genügt für die Honorarvereinbarung ebenfalls nicht.[81] Zweifelhaft ist, ob es genügt, wenn eine Seite ein schriftliches Angebot macht und die andere Seite schriftlich bestätigt. Das hat der BGH[82] für wechselseitige schriftliche Bestätigungen betreffend die Vereinbarung einer Nebenkostenpauschale verneint.[83] Die Begründung, es liege keine einheitliche Vertragsurkunde vor, ist zwar richtig. § 126 Abs. 2 Satz 2 BGB greift hier auch nicht ein, da die Vorschrift voraussetzt, dass mehrere gleichlautende Urkunden aufgenommen werden. Dennoch dürfte hier einer der Ausnahmefälle vorliegen, in denen sich der Vertragspartner nicht auf die Unwirksamkeit berufen kann.[84] Entsprechendes gilt auch dann, wenn eine Partei sich später von ihrer einseitigen schriftlichen Bestätigung distanzieren will, sowie dann, wenn der Auftragnehmer eine mündliche Honorarvereinbarung schriftlich bestätigt.[85] Die h. M. in Rechtsprechung und Literatur ist jedoch strenger als die hier vertretene Auffassung.

d) Telefax; elektronische Form

51 Ähnliche Fragen ergeben sich bei der Honorarvereinbarung per Telefax. Die Schriftform ist hier erfüllt, wenn eine Vertragspartei ein Angebot übermittelt und die andere das erhaltene Fax unterzeichnet und zurücksendet.[86] Wechseln die Parteien dagegen für Angebot und Annahme gesonderte Faxe, so ist dem Buchstaben des § 126 Abs. 2 Satz 1 BGB ebenso wenig Rechnung getragen, wie im o. g. Fall (vgl. Rdn. 50). Jedoch dürfte auch hier Treu und Glauben dem Vertragspartner die Berufung auf den Form-

---

78 BGH BauR 2010, 793 = NJW-RR 2010, 821 = NZBau 2010, 320 = Analyse *Koeble* auf www.jurion.de/Modul Werner Baurecht.
79 Bejahend mit Recht OLG Düsseldorf BauR 2002, 1583.
80 BGH BauR 1989, 222 = NJW-RR 1989, 786 = ZfBR 1989, 104.
81 A. A. OLG Hamm BauR 1994, 398 [399] für die Schriftform nach § 5 Abs. 4 HOAI a. F.; wie hier *Weyer* BauR 1995, 446 [447]; zur Berufung auf die Schriftform vgl. unten Rdn. 55.
82 BauR 1994, 131 = NJW-RR 1994, 280 = ZfBR 1994, 73.
83 Ebenso schon LG Waldshut-Tiengen BauR 1981, 80 [83] und *Wirth/Galda* § 7 Rn. 17; *Söns* in MNP § 7 Rn. 19; *Berger* in FBS, § Rn. 61.
84 Ebenso KG BauR 1998, 818; vgl. ferner OLG Celle NZBau 2005, 470.
85 Zu Treu und Glauben vgl. auch unten Rdn. 55.
86 Ebenso *Söns* in NMP § 7 Rn. 20; a. A. *Berger* in FBS, § 7 Rn. 59.

mangel verbieten.[87] Gleiches gilt, wenn die Honoraranfrage des Auftraggebers ohne Unterschrift erfolgt ist, der Auftragnehmer aber per Refax mit seiner Unterschrift bestätigt hat.

Für den Abschluss einer schriftlichen Honorarvereinbarung kann in seltenen Fällen auch die **elektronische Form** ausreichen. Voraussetzung dafür ist, dass der Aussteller der Erklärung dieser seinen **Namen hinzufügt** und das elektronische Dokument mit einer qualifizierten **elektronischen Signatur** nach dem Signaturgesetz versieht (§§ 126 Abs. 3, 126 a Abs. 1 BGB). Für die schriftliche Honorarvereinbarung bedarf es dann noch der entsprechenden Erklärung des Vertragspartners auf der gleichen Urkunde (§ 126a Abs. 2 BGB).[88] Wechselseitige E-Mails reichen nach dem Buchstaben des § 126 Abs. 1 S. 1 BGB ebenso wenig aus wie wechselseitige schriftliche Bestätigungen oder Faxe (vgl. die hier vertretende abweichende Auffassung oben Rdn. 50 f.).

e) Zugang der Annahmeerklärung

Voraussetzung für die Wirksamkeit von Angebot und Annahme ist jeweils der Zugang dieser Erklärungen. Nimmt der eine Vertragspartner die ihm gegenüber schriftlich abgegebene Angebotserklärung des anderen erst später durch Unterschrift an, so wird ein schriftlicher Vertrag nur gültig, wenn auch diese Annahmeerklärung noch zugeht.[89] Den Anforderungen genügt auch nicht ein schriftlicher Vermerk des Adressaten auf einem Angebot, wenn dieser nicht zugeht.[90] Ein stillschweigender Verzicht auf den Zugang der Annahme (§ 151 Satz 1 BGB) wird allein durch Übergabe eines unterschriebenen Vertragsexemplars noch nicht angenommen werden können. Problematisch ist der Nachweis des Zugangs auch bei Telefax. Während ein Senat des OLG München[91] das Sendeprotokoll noch nicht als Nachweis des Zugangs ausreichen ließ, spricht nach Auffassung eines anderen Senats des gleichen Gerichts[92] in solchen Fällen der Anscheinsbeweis für den Zugang.[93]

52

---

[87] A. A. die h. M.
[88] Die Entscheidungen des OLG Frankfurt Beschl. v. 30.04.2012 – 4 U 269/11 = IBR 2012, 386 und auch das OLG Jena Urt. v. 26.11.2015 – 1 U 209/15 = BeckRS 2016, 02826 sind für das hier behandelte Thema nicht einschlägig, weil es dort um eine eventuell nach § 127 Abs. 2 BGB zu behandelnde »vereinbarte« Schriftform ging; vgl. dazu auch die grundlegenden Ausführungen von *Weyer* IBR 2012, 386 und auch OLG Frankfurt Urt. v. 16.03.2016 – 4 U 265/14 = BeckRS 2016, 02467, wonach E-Mail bei vertraglich vereinbarter Schriftform für eine Kündigung eines Architektenvertrages genügt. .
[89] So mit Recht OLG Stuttgart BauR 1991, 491.
[90] OLG Hamm BauR 1999, 1204.
[91] NJW 1993, 2447; ebenso OLG Köln NJW 1995, 1228 und LG Darmstadt NJW 1993, 2448.
[92] OLG München NJW 1994, 527.
[93] Offen gelassen von BGH NJW 1995, 665.

f) Änderung und nochmalige Unterschrift; Schuldbeitritt

53 Nimmt der Vertragspartner bei einem schriftlichen Vertragsangebot des anderen Teils Änderungen vor und unterschreibt er dann den Vertrag, so gilt dies im Regelfall als Ablehnung des Angebots, verbunden mit einem neuen Antrag (§ 150 Abs. 2 BGB). Die Schriftform ist jedoch dann gewahrt, wenn beide Parteien mit den Änderungen einverstanden sind und dann der Vertrag in geänderter Form unterschrieben zurückgegeben wird. Einer erneuten Unterschrift bedarf es nicht, wenn sich die Parteien über die Änderungen und darüber einig sind, dass die Unterschriften auch für den veränderten Inhalt gelten sollen.[94] Das Schriftformerfordernis dürfte auch im Falle eines Schuldbeitritts eines Dritten gelten, da es selbstverständlich auch für die Honorarvereinbarung durch mehrere Beteiligte gilt. Für die Vertragsübernahme durch einen Dritten hat der BGH eine erneute schriftliche Honorarvereinbarung nicht für erforderlich gehalten.[95]

g) Folgen des Verstoßes

54 Ist das Schriftformerfordernis nicht gewahrt, so ist die Honorarvereinbarung nach § 125 BGB nichtig. In Abweichung von §§ 125, 139 BGB bedeutet dies jedoch nicht, dass das gesamte Rechtsgeschäft unwirksam ist, vielmehr ist lediglich die Honorarvereinbarung unwirksam. Anstelle der unwirksamen Honorarvereinbarung tritt die Fiktion des Abs. 5 wonach die jeweiligen Mindestsätze als vereinbart gelten. Der Vertrag bleibt in allen übrigen Punkten gültig. Der Mindestsatz gilt sowohl dann, wenn die Vereinbarung den Zweck hatte, ein höheres Honorar als den Mindestsatz zu vereinbaren, als auch dann, wenn ein niedrigeres Honorar als der Mindestsatz vereinbart werden sollte (vgl. unten Rdn. 95 ff.).

h) Ausnahmen vom Formerfordernis

55 Die Berufung auf die Formunwirksamkeit kann im Einzelfall gegen Treu und Glauben verstoßen. Nach den Absichten des Verordnungsgebers, eine eindeutige Klarstellung der vertraglichen Beziehungen zu erreichen, kann dies nur bei einem unerträglichen Ergebnis der Fall sein.[96] Die von der Rechtsprechung zur Bindung an eine unwirksame Honorarvereinbarung entwickelten Grundsätze (vgl. unten Rdn. 113 ff.) dürften dafür noch nicht ausreichen.[97] Ein derartiger Ausnahmefall liegt aber vor, wenn eine Partei die andere arglistig von der Wahrung der Form abgehalten hat (vgl. auch oben

---

94 OLG Karlsruhe [Freiburg] BauR 1993, 109 [111]; BGH NJW 2004, 2962 für einen längerfristigen Mietvertrag.
95 BGH BauR 2000, 592 = NJW 2000, 1114 = NZBau 2000, 139.
96 OLG Koblenz BauR 2001, 828; OLG Celle NZBau 2005, 470; OLG Düsseldorf BauR 2012, 284; *Koeble*, Anm. zu BGH, LM Heft 10/1997 HOAI Nr. 35; *Th. Schwarz* BauR 2001, 708.
97 A. A. OLG München NZBau 2011, 172 = Analyse *Koeble* auf www.jurion.de/Modul Werner Baurecht, wonach bei längerem Praktizieren einer Zeithonorarvereinbarung die Berufung auf die Form treuwidrig sein soll.

Rdn. 50). Nicht ausreichend ist es, wenn die Parteien einverständlich auf das Schriftformerfordernis verzichtet haben und die Vereinbarung nach ihrer Auffassung auch ohne schriftliche Fixierung gültig sein sollte. Die Rechtsprechung wird sich bei der Frage der Schriftform an der zu § 313 BGB a. F. bzw. § 311b BGB n. F. entwickelten Grundsätzen orientieren.[98] Allerdings ist dabei zu berücksichtigen, dass die Schriftform in aller Regel eine Schutzbestimmung für den Auftraggeber darstellt. Bei wechselseitigen schriftlichen Bestätigungen dürfte die Berufung auf den Formmangel im Regelfall für beide Parteien ausgeschlossen sein,[99] nicht allein aber bei einseitiger Zusage des Auftraggebers.[100]

14. Zeitpunkt für die Honorarvereinbarung (»bei Auftragserteilung«)

a) Geltungsbereich

Die Vereinbarung eines höheren Honorars als des Mindestsatzes muss schriftlich bereits bei Auftragserteilung getroffen werden (§ 7 Abs. 1, 5). Umstritten ist, ob auch Honorare unterhalb des Mindestsatzes (§ 7 Abs. 3) und oberhalb des Höchstsatzes (§ 7 Abs. 4) bereits »bei Auftragserteilung« vereinbart werden müssen (vgl. hierzu unten Rdn. 97 ff., 163 ff.). 56

b) Definition »bei Auftragserteilung«

Mit dem vom Verordnungsgeber gewählten untechnischen Begriff der Auftragserteilung ist der **Abschluss des Architekten- und Ingenieurvertrags** gemeint.[101] Ein solcher Vertrag kommt (mündlich) zustande, wenn sich Auftraggeber und Auftragnehmer einig sind, dass der Auftragnehmer die Architekten- bzw. Ingenieurleistungen für ein bestimmtes Objekt erbringen soll. Erforderlich ist dabei, dass sich die Vertragsparteien über das Objekt selbst und über den Umfang der Leistungen des Auftragnehmers einig sind. Nicht erforderlich ist dagegen, dass auch eine Einigung über die Höhe des Honorars erfolgt ist, da in diesen Fällen die Honorarpflicht aus § 632 Abs. 2 BGB und die Höhe des Honorars aus § 7 Abs. 5 HOAI folgt. Da der Architekten- und Ingenieurvertrag auch mündlich sowie durch konkludentes Verhalten (vgl. Einl. Rdn. 47 ff.) wirksam abgeschlossen werden kann und nach Abschluss des Vertrags getroffene, auch schriftliche Honorarvereinbarungen unwirksam sind mit der Folge, dass die Mindestsätze gelten,[102] sind die Auslegung und die Tragweite des Merkmals »bei Auftragserteilung« von entscheidender Bedeutung. Das Merkmal dürfte auch für später unterschreibende Auftraggeber und für den Schuldbeitritt gelten.[103] 57

---

98 Ebenso *Söns* in MNP § 7 Rn. 21.
99 A. A. BGH BauR 1994, 131 = NJW-RR 1994, 280 = ZfBR 1994, 73; vgl. aber KG BauR 1998, 818; zum Ganzen oben Rdn. 49 f.
100 Ebenso *Weyer* BauR 1995, 446 [447]; a. A. OLG Hamm BauR 1994, 398 [399] für Besondere Leistungen nach § 5 Abs. 4 HOAI a. F.
101 BGH BauR 2009, 1162 = NJW 2009, 2199 = NZBau 2009, 450.
102 § 7 Abs. 1, 5 HOAI; § 134 BGB.
103 Vgl. aber zur Schriftform oben Rdn. 47.

c) Verfassungsrechtliche Wirksamkeit des Merkmals

58 Zunächst ist festzustellen, dass die zeitliche Beschränkung der Honorarvereinbarung auf die »Auftragserteilung« wirksam ist und § 4 auch insoweit vom MRVG gedeckt ist.[104] Die rechtspolitischen Bedenken gegen diese Anforderungen an eine Honorarvereinbarung ändern daran nichts.[105]

d) Auslegung des Merkmals und Zielsetzung des Verordnungsgebers

59 Die erste Frage ist, ob das Merkmal eng auszulegen ist oder ob schriftliche Honorarvereinbarungen auch dann noch möglich sind, wenn sie zwar nicht gleichzeitig mit dem Abschluss des Vertrags getroffen werden, sondern **später**, jedoch noch »in engem zeitlichen Zusammenhang mit der Auftragserteilung« stehen. Die h. M. lehnt eine weite Auslegung des Merkmals ab und verlangt mit Recht den gleichzeitigen oder vorherigen Abschluss der Honorarvereinbarung.[106] Die gegenteilige Meinung lässt sich nicht mit der preisrechtlichen Zielsetzung in Einklang bringen: Die Notwendigkeit der frühzeitigen Vereinbarung des Honorars hat Klarstellungsfunktion und Schutzfunktion zugunsten des Auftraggebers. Es sollen nachträgliche Streitigkeiten und damit eine Art Erpressbarkeit des Auftraggebers vermieden werden. Gerade diese Situation könnte jedoch bei kurzer Zeit nach Auftragserteilung getroffenen Vereinbarungen gegeben sein. Deshalb haben das OLG Düsseldorf[107] bei schriftlicher Honorarvereinbarung 7 Tage nach mündlicher Auftragserteilung und das OLG Schleswig[108] für den klaren Fall der schriftlichen Vereinbarung kurz vor Einreichung des Baugesuchs zutreffend den Mindestsatz zugrunde gelegt. Eine Honorarvereinbarung für die beauftragten Leistungen kommt auch zu spät, wenn bereits vorher eine Bauvoranfrage mit Teilleistungen aus Leistungsphasen 1–3 erbracht ist.[109] Ebenso ist es nicht mehr bei Auftragserteilung, wenn der Auftragnehmer bereits mit der Erstellung der Planungsunterlagen für den Bebauungsplan beauftragt war und der Bauherr entsprechende Leistungen schon verlangt und verwertet hat.[110]

60 Wirksam sind aber Honorarvereinbarungen, die bereits **vor Auftragserteilung** getroffen wurden, weil »bei Auftragserteilung« nur den **spätesten Zeitpunkt** benennt.[111] Die mit dem Merkmal »bei Auftragserteilung« bezweckte Schutzfunktion ist in solchen Fällen

---

104 So nahezu einhellige Meinung, inzidenter z. B. BGH BauR 1985, 582 = NJW-RR 1986, 18; BGH BauR 1987, 112 = NJW-RR 1987, 13; BGH BauR 1987, 706 = NJW-RR 1987, 1374 = ZfBR 1987, 284; BGH BauR 1988, 364; BGH BauR 1998, 866 = ZfBR 1998, 236.
105 Vgl. die zutreffenden Ausführungen von *Werner*, FS Soergel, 1993, S. 291 ff.
106 So z. B. *Groß* BauR 1980, 9 [10 f.]; *Wirth/Galda* in KMV, § 7 Rn. 25; *Söns* in MNP § 7 Rn. 22; *Berger* in FBS, § 7 Rn. 70; a. A. *Werner* in *Werner/Pastor*, Rn. 805.
107 BauR 1988, 766.
108 NJW-RR 1987, 535.
109 OLG Düsseldorf NJW-RR 1995, 1361.
110 OLG Hamm BauR 2010, 1782 = NJW-RR 2010, 1319.
111 BGH BauR 2009, 264 = NJW 2009, 447; ebenso *PDKR*, § 7 Rn. 12; *Berger* in FBS, § 7 Rn. 70.

gewahrt.[112] Das hat Bedeutung für Rahmenverträge[113] und bei stufenweiser sowie abschnittsweiser Beauftragung.[114]

e) **Auftragserteilung, Umfang und Abgrenzung zur Akquisition; vorherige Aufträge**

Im Einzelfall ist jedoch immer sorgfältig zu prüfen, ob und inwieweit der Auftrag tatsächlich erteilt ist bzw. war. Hierbei muss berücksichtigt werden, dass es immer eine **Akquisitionsphase** gibt, in der die Art und die Rahmenbedingungen des Objekts festgelegt und während der Architekten- oder Ingenieurleistungen mindestens zum Teil erbracht werden müssen.[115] Dass mit den Leistungen vor Abschluss der Honorarvereinbarung begonnen wurde, genügt alleine noch nicht für die Annahme einer Auftragserteilung.[116] Die Grenze zwischen Akquisition einerseits und konkludentem Auftrag andererseits ist schwer zu ziehen.[117] Eine Auftragserteilung i. S. des § 4 wird frühestens dann anzunehmen sein, wenn die für eine Honorarvereinbarung mindestens erforderlichen Parameter feststehen und die Vereinbarung über das Honorar damit getroffen werden könnte: Die Art und der Umfang des Objekts, der für die Honorarzone maßgebende Zuschnitt und die zumindest zunächst zu erbringenden Leistungen des Architekten oder Ingenieurs müssen festliegen.[118] Die Akquisitionsphase kann sich über die Leistungsphase 1 sogar in die Leistungsphase 2 erstrecken.[119]   61

Erfasst sind hier nur Aufträge für Leistungen aus dem Regelungsbereich der HOAI. Werden dem Auftragnehmer im Voraus Besondere Leistungen – z. B. eine Bestandsaufnahme oder eine Bauvoranfrage – in Auftrag gegeben und nach deren Abschluss die Leistungen aus einem Teil der HOAI beauftragt, dann kann hinsichtlich dieser Leistungen ohne Weiteres noch eine wirksame Honorarvereinbarung getroffen werden.[120] Entsprechendes gilt aber auch für abgeschlossene andere Leistungen, die mit dem späteren Gegenstand des Vertrages nicht identisch sind.   62

---

112 BGH BauR 2009, 264 = NJW-RR 2009, 447 für die stufenweise Beauftragung und BGH BauR 2009, 523 für die abschnittsweise Beauftragung.
113 Vgl. Einl. Rdn. 82 ff.; dazu auch unten Rdn. 69.
114 Vgl. Einl. Rdn. 75 ff. und unten Rdn. 69.
115 Ebenso OLG Karlsruhe [Freiburg] BauR 1993, 109 [111]; *Werner*, FS Soergel, 1993, S. 291 [293]; *Werner* in *Werner/Pastor*, Rn. 798; *Berger* in FBS, § 7 Rn. 71; zum Ganzen Einl. Rdn. 47 ff.
116 BGH BauR 2009, 1162 = NJW 2009, 2199 = NZBau 2009, 450; BGH BauR 2005, 735 = NZBau 2005, 285.
117 Vgl. zur Frage der Kostenlosigkeit die Ausführungen des BGH BauR 1987, 454 = NJW 1987, 2742 = ZfBR 1987, 187 und oben Einl. Rdn. 60 ff.
118 Ebenso *Wirth/Galda* in KMV, § 7 Rn. 33; *Söns* in MNP § 7 Rn. 23.
119 *Werner* in *Werner/Pastor*, Rn. 798.
120 OLG Karlsruhe BauR 2008, 384 m. NZB des BGH für den Fall, dass zuvor eine Bauvoranfrage beauftragt war.

f) Spätere Honorarvereinbarung bei »Änderung des Leistungsziels«

63 Eine spätere Honorarvereinbarung ist auf jeden Fall dann möglich, wenn sich nach Auftragserteilung »das Leistungsziel ändert«.[121] Eine derartige Änderung des Leistungsziels kann sich entweder im Hinblick auf die Art und den Umfang des Objekts selbst (z. B. anderes Gebäude; Umbau statt Anbau) oder auch im Hinblick auf die Leistungen des Auftragnehmers ergeben. Veränderungen des Bauobjekts können eintreten aufgrund nicht vorhergesehener Umstände (z. B. Gründungsprobleme, Auflagen der Behörden), aber auch infolge zusätzlicher Wünsche oder geänderter Vorstellungen des Auftraggebers. In letzterer Hinsicht ist z. B. an die Ausführung zusätzlicher Bauten oder Geschosse zu denken oder aber an den Fall, dass zunächst als Baumaßnahme z. B. eine Instandsetzung geplant war, später jedoch ein Umbau durchgeführt wird. In allen diesen Fällen kann der Auftragnehmer die Übernahme der neuen Leistungen oder des veränderten Auftrags von dem Abschluss einer neuen Honorarvereinbarung abhängig machen.[122]

g) Spätere Honorarvereinbarung bei Teilauftrag

64 Das Leistungsziel ändert sich auch dann, wenn der ursprüngliche Auftrag des Architekten oder Ingenieurs lediglich Teilleistungen zum Gegenstand hatte und zu einem späteren Zeitpunkt weitere Leistungen übertragen werden. Betrifft der ursprüngliche Auftrag z. B. nur die Planungsleistungen der Leistungsphasen 1–4 und wird später die Ausführungsplanung und/oder Objektüberwachung zusätzlich vergeben, so kann bei Erteilung des Auftrags über diese Leistungen eine Honorarvereinbarung hierfür wirksam getroffen werden.[123] Dies gilt auch dann, wenn für die zuvor in Auftrag gegebenen Leistungen kein bestimmtes Honorar vereinbart war und der Mindestsatz nach § 7 Abs. 5 zugrunde lag.[124] In diesen Fällen werden sich die Vertragsparteien meist darüber streiten, wie weit der ursprüngliche Auftrag ging. Hier wird – im Unterschied zur Parallelproblematik bei der Auftragserteilung überhaupt – der Auftraggeber ein Interesse daran haben, dass der Auftrag soweit wie möglich bereits abgesprochen war. Eine Vermutung besteht dafür allerdings nicht. Es trifft in diesem Fall den Auftraggeber die **Beweislast** für den von ihm behaupteten Umfang des ursprünglichen Auftrags.[125] Die gegenteilige Meinung hätte zur Folge, dass für den gleichen Sachverhalt

---

121 Vgl. BGH BauR 1988, 364 = ZfBR 1988, 134; Bedenken allerdings im NA-Beschl. des BGH zu OLG Dresden IBR 2005, 376; *Werner* in *Werner/Pastor*, Rn. 809 ff.; *De Pascalis*, Jahrb. BauR 2013, 126 (136 ff.).
122 *Koeble* BauR 1977, 372 [375]; *Berger* in FBS, § 7 Rn. 74.
123 BGH BauR 1998, 866 = ZfBR 1998, 236 für die Vereinbarung des Mittelsatzes in einem schriftlichen Vertrag im Hinblick auf Teilleistungen, die vorher noch nicht beauftragt waren; ebenso LG Köln BauR 1990, 634, wonach zu Recht in die Vereinbarung das Honorar für die erbrachten Leistungen mit eingestellt werden kann.
124 Ebenso; *Groß* BauR 1980, 9 [11]; *Werner* in *Werner/Pastor*, Rn. 802 ff.
125 A. A. *Löffelmann/Fleischmann*, Rn. 952; *Neuenfeld/Baden/Dohna/Groscurth*, Band 1 Teil II Rn. 33.

(Auftragserteilung oder nicht bzw. nicht vollständig) je nach Ausgangslage immer der Auftragnehmer beweispflichtig wäre.

h) Spätere Honorarvereinbarung bei unwirksamem Vertrag

Eine nachträgliche Honorarvereinbarung kann auch in den Fällen noch getroffen werden, in denen der ursprüngliche Vertrag aus irgendeinem Grund unwirksam oder unbestimmt war, was z. B. wegen anfänglichen Verstoßes gegen § 3 MRVG der Fall sein könnte. Die Vorschrift des § 7 Abs. 1, 5 ist dahin zu ergänzen, dass hier nur die wirksame Erteilung des Auftrags gemeint ist.[126]

i) Spätere Honorarvereinbarung bei offenem Dissens (§ 154 BGB)

Der Architekten- und Ingenieurvertrag selbst kann jedoch auch mündlich abgeschlossen werden. In diesem Fall müsste gleichzeitig mit mündlichem Abschluss des Vertrags eine schriftliche Honorarvereinbarung fixiert werden. Bringt der Auftragnehmer bei Vertragsabschluss zum Ausdruck, dass in jedem Fall noch eine schriftliche Honorarvereinbarung getroffen werden muss, und unterbleibt diese später, so liegt offener Dissens (§ 154 BGB) vor. In diesem Fall ist der Vertrag noch nicht wirksam abgeschlossen, sodass eine schriftliche Honorarvereinbarung nachgeholt werden kann.[127] Anders ist es aber dann, wenn die Honorarfrage überhaupt nicht erörtert wird. § 154 BGB gilt hier nicht.[128] Sind sich die Parteien darüber einig, dass die mündliche Vereinbarung schriftlich niedergelegt werden soll, so kann dies bedeuten, dass der Vertrag schon mündlich endgültig abgeschlossen sein soll und die Schriftform lediglich deklaratorischen Charakter hat oder dass ein mündlicher Vorvertrag abgeschlossen ist oder dass der Vertrag erst mit schriftlicher Niederlegung wirksam werden soll. Ersteres ist zu bejahen, wenn sich die Parteien über alles einig waren und nur die Absicht hatten, den Vertrag noch zu Beweiszwecken schriftlich zu formulieren.[129] Hier kommt die spätere schriftliche Honorarvereinbarung zu spät. Im Zweifel ist die Vereinbarung der Parteien aber im letzten Sinne auszulegen.[130] Dies gilt insbesondere für den Architekten- und Ingenieurvertrag mit Honorarvereinbarung, da anzunehmen ist, dass der Wille der Parteien auf die Einhaltung der gesetzlichen Form (§ 7 Abs. 5) gerichtet ist.[131] Besonders bei öffentlichen Auftraggebern muss unterstellt werden, dass diese die Formvorschriften als konstitutiv ansehen.[132]

---

126 Ebenso OLG Hamm BauR 1995, 129 = ZfBR 1995, 33 für die zunächst mündliche unwirksame Beauftragung durch eine Gemeinde.
127 Ebenso *Groß* BauR 1980, 9 [11 f.]; *Hartmann*, § 4 Rn. 5; *Jochem*, § 7 Rn. 75; *Koeble* BauR 1977, 376; einschränkend *Weyer*, FS für Korbion, S. 489.
128 OLG Stuttgart BauR 1985, 346.
129 Vgl. OLG München BauR 1991, 650 = SFH Nr. 2 zu § 22 HOAI.
130 *Larenz* AT § 27 I c.
131 Vgl. auch *Neuenfeld/Groscurth*, II Rn. 36.
132 So mit Recht: OLG Hamm BauR 1995, 129 = ZfBR 1995, 33; OLG Dresden BauR 2001, 1769; *Werner* in *Werner/Pastor* Rn. 800.

§ 7 HOAI Honorarvereinbarung

67 Waren sich die Parteien jedoch bei der Besprechung einig, dass kein schriftlicher Vertrag abgeschlossen werden solle, schließen sie dann dennoch später einen schriftlichen Vertrag ab, so kann eine spätere schriftliche Honorarvereinbarung nicht mehr wirksam werden. Soweit später solche Leistungen in Auftrag gegeben werden, die ursprünglich nicht vom mündlichen Auftrag erfasst waren, kann zu diesem späteren Zeitpunkt eine schriftliche Honorarvereinbarung für die Zusatzleistungen getroffen werden. § 7 Abs. 5 kann nicht dadurch umgangen werden, dass bei Abschluss eines mündlichen Vertrags ohne Honorarvereinbarung später dieser mündliche Vertrag aufgehoben und ein schriftlicher Vertrag abgeschlossen wird. Sofern das Bauvorhaben identisch mit dem ursprünglich vereinbarten ist, ist die spätere Honorarvereinbarung als Umgehungsgeschäft unwirksam.[133]

j) Spätere Honorarvereinbarung bei Vorvertrag

68 Wird ein schriftlicher Vorvertrag abgeschlossen, so liegt darin noch nicht die »Auftragserteilung«.[134] Die Vertragsparteien können also wirksam später noch eine Honorarvereinbarung treffen, die von den Mindestsätzen abweicht. Dies muss jedoch spätestens mit Abschluss des Hauptvertrags geschehen.[135] Gegen die hier vertretene Auffassung wird vorgebracht, dass aus dem Vorvertrag ein klagbarer Anspruch auf Abschluss des Hauptvertrags bestehe und dies die Bestimmbarkeit des Honorars voraussetze.[136] Beides ist zutreffend, hat aber nichts mit dem (einvernehmlichen) Abschluss des Hauptvertrags zu tun. Ein Vorvertrag liegt dann vor, wenn sich die Vertragsparteien zum späteren Abschluss eines Vertrags verpflichtet haben. Dafür ist nötig, dass sich beide mit dem Vorvertrag binden wollten.[137] Ein wirksamer Vorvertrag liegt ferner nur dann vor, wenn sich die Vertragsparteien über alle wesentlichen Punkte geeinigt haben und der Inhalt des abzuschließenden Hauptvertrags zumindest bestimmbar ist.[138] Dazu bedarf es in jedem Fall der Festlegung eines bestimmten Objekts im Hinblick auf Standort und Funktion sowie der Vereinbarung des wesentlichen Leistungsumfangs des Auftragnehmers. Auf Einzelleistungen aus den jeweiligen Leistungsphasen muss ebenso wenig eingegangen werden wie auf die Frage Besonderer Leistungen, außergewöhnlicher oder ungewöhnlich lange dauernder Leistungen. Die Honorarfrage muss im Rahmen des Vorvertrags noch nicht einmal Gegenstand der Erörterung gewesen sein.

---

133 Ebenso OLG Stuttgart BauR 1985, 346.
134 Vgl. BGH BauR 2009, 523 in Abgrenzung zum Optionsvertrag und BGH BauR 1988, 234 = NJW 1988, 1261; *Berger* in FBS, § 7 Rn. 72; *Söns* in MNP § 7 Rn. 25 .
135 Ebenso *Groß* BauR 1980, 9 [11]; Korbion/Mantscheff/Vygen-*Galda*, § 7 Rn. 36; *Koeble* BauR 1977, 375.
136 *Löffelmann/Fleischmann*, Rn. 945.
137 Zum Umfang der Bindungswirkung eines Vorvertrags vgl. Einl. Rdn. 82 f.
138 Palandt/*Heinrichs*, Einl. vor § 145 Rn. 19 ff. m. Nachw.

k) **Spätere Honorarvereinbarung bei Rahmenvertrag, stufenweiser und abschnittsweiser Beauftragung**

Von einer Auftragserteilung kann auch dann noch nicht gesprochen werden, wenn die Vertragsparteien für mehrere Bauvorhaben einen Rahmenvertrag abgeschlossen haben.[139] Die Auftragserteilung i. S. des § 7 HOAI liegt hier erst vor, wenn der Auftrag für das konkrete Einzelobjekt erteilt ist. Es muss also nicht bereits im Rahmenvertrag eine vom Mindestsatz abweichende Honorarvereinbarung getroffen werden. Geschieht dies jedoch, so ist die im Rahmenvertrag getroffene Honorarvereinbarung natürlich wirksam, obwohl sie ja bereits vor Auftragserteilung abgeschlossen wurde. Es genügt, wenn die Honorarvereinbarung »bis« zur Erteilung des konkreten Einzelauftrags zustande gekommen ist (vgl. oben Rdn. 60). Soweit die Vertragsmuster – z. B. das kommunale – eine stufenweise Beauftragung vorsehen, ist der Auftrag hinsichtlich der weiteren Leistungen erst mit »Abruf« erteilt.[140] Entsprechendes gilt für die sog. abschnittsweise Beauftragung betreffend einzelne Gebäude oder Objekte.[141] In beiden Fällen kann hier bei »Abruf« eine Honorarvereinbarung getroffen werden. In beiden Fällen sieht der BGH[142] zutreffend den aufschiebend bedingten Abschluss eines Architekten- bzw. Ingenieurvertrags. Allerdings genügt es, wenn die Honorarvereinbarung bereits im früher geschlossenen Vertrag enthalten ist. Sie muss dann bei »Abruf« der weiteren Leistungen nicht wiederholt werden.[143] Der Zielsetzung des Verordnungsgebers genügt es, wenn die Vereinbarung spätestens bei Auftragserteilung getroffen wird (vgl. oben Rdn. 60). Wird bei einem späteren Zusatzauftrag keine Honorarvereinbarung getroffen, dann genügt es nicht, wenn im ursprünglichen Vertrag nur das Honorar für die anfangs beauftragten Leistungen geregelt ist.[144]

69

l) **Spätere Abweichungen vom fingierten Mindestsatz (Erlass, Vergleich, Verzicht und Vereinbarungen) nach »Beendigung der Leistung«**

Fraglich ist, **ab wann bei Fehlen einer wirksamen Honorarvereinbarung vom Mindestsatz**, der nach § 7 Abs. 5 fingiert wird, abgewichen werden kann. Diese Frage ist zu unterscheiden von dem Problem der Abänderung einer wirksam getroffenen Honorarvereinbarung (vgl. hierzu unten Rdn. 74 ff.). Fest steht, dass die HOAI weder den **Verzicht** auf das Honorar noch den Erlass des Honorars oder einen **Vergleich** ausschließen wollte.[145] Dennoch geht die h. M. dahin, dass ein Honorarvergleich erst nach Be-

70

---

139   BGH BauR 2009, 523 in Abgrenzung zum Optionsvertrag; *Berger* in FBS, § 7 Rn. 72; *Söns* in MNP § 7 Rn. 25; vgl. auch LG München I BauR 1996, 576; vgl. auch BGH BauR 1992, 531 = NJW-RR 1992, 977 = ZfBR 1992, 215, wonach Schadensersatzansprüche bei Verweigerung der Einzelaufträge bestehen können; vgl. ferner Einl. Rdn. 89.
140   BGH BauR 2009, 264 = NJW-RR 2009, 447; *Berger* in FBS, § 7 Rn. 72; *Söns* in MNP § 7 Rn. 26; *Wirth/Galda* in KMV, § 7 Rn. 27.
141   BGH BauR 2009, 523.
142   BauR 2009, 523.
143   A. A. *Werner* BauR 1992, 695 [698]; *Werner*, FS Soergel, 1993, S. 291 [296].
144   OLG Bamberg Urt. v. 13.05.2005 – 6 U 49/04.
145   So einhellige Meinung: BGH BauR 1987, 112 = NJW-RR 1987, 13; BGH BauR 1996,

endigung der Leistung (vgl. unten Rdn. 71) wirksam sein kann. Eine höchstrichterliche Entscheidung aus neuerer Zeit zu dieser Frage liegt bisher nicht vor. Fest steht, dass nach Beendigung der Leistung sogar ein mündlich abgeschlossener Vergleich wirksam wäre.[146] Vor Beendigung der Leistung muss aber ebenfalls ein Honorarvergleich in wirksamer Form möglich sein, zumal die aus dem bürgerlichen Recht sich ergebenden Möglichkeiten von den Vertragsparteien sicherlich dann genutzt werden können, wenn die preisrechtlichen Bestimmungen der HOAI nicht umgangen werden (sollen). Die h. M., wonach ein solcher Vergleich nicht wirksam möglich sein soll, müsste es als Ergebnis hinnehmen, dass ein in einem Abschlagszahlungsprozess des Architekten abgeschlossener gerichtlicher Vergleich keine Gültigkeit hätte.[147] Widersprüchlich ist es allerdings dann, wenn man den Verzicht auf das Honorar zulässt, weil der Vergleich einen Teilverzicht zum Gegenstand hat. Es muss also ein Vergleich über das Honorar auch vor Beendigung der Leistung in wirksamer Form möglich sein. Das gilt erst recht für eine Vereinbarung (Vergleich) betreffend sowohl das **Honorar** als auch **Gegenansprüche** des Bauherrn. Eine solche Vereinbarung muss **auch vor Beendigung** der Leistungen wirksam sein.[148]

71 Der BGH hat erklärt, dass spätere Abänderungen des nach § 7 Abs. 5 fingierten Mindestsatzes erst »nach **Beendigung** der Architekten- oder Ingenieurtätigkeit« wirksam sind.[149] Diese Auffassung ist vom Ansatzpunkt her zutreffend im Falle des § 7 Abs. 5 HOAI und in diesem Kommentar noch nie bestritten worden.[150] Honorarvereinbarungen, welche zunächst möglicherweise unwirksam waren, können nach Beendigung der Leistung wirksam abgeändert werden und Grundlage für eine Honorarklage darstellen.[151] Davon zu unterscheiden ist die Frage, ob auch während der Vertrags- und Leistungszeit Änderungen von Honorarvereinbarungen möglich sind.[152]

---

414 = LM Heft 8/1996 § 305 BGB m. Anm. *Koeble* = NJW-RR 1996, 728 = ZfBR 1996, 211; BGH BauR 2001, 1612 = NZBau 2001, 572; OLG Hamm NJW-RR 1998, 811, das allerdings zu Unrecht einen stillschweigenden Erlass bei Abrechnung unterhalb des Mindestsatzes und Zahlung annimmt; zutreffend OLG Celle Urt. v. 10.06.2015 – 14 U 164/14 = BauR 2016, 286, das an den Verzicht strenge Anforderungen stellt; OLG Stuttgart v. 14.04.1983 – 11 U 168/82; OLG Düsseldorf BauR 1987, 348; OLG Düsseldorf BauR 1987, 587; *Werner* in *Werner/Pastor*, Rn. 811.

146 *Koeble* in *Kniffka/Koeble*, Kompendium; 12. Teil Rn. 447 m. w. Nachw.
147 So aber BGH BauR 1987, 706 = NJW-RR 1987, 1374 = ZfBR 1987, 284; *Schwenker/Wessel* in TWK § 20 Rn. 86; *Werner* in *Werner/Pastor* Rn. 811.
148 KG BauR 2007, 1597 = NJW-RR 2007, 967 = Analyse *Koeble* auf www.jurion.de/Modul Werner Baurecht.
149 BGH BauR 1985, 582 = NJW-RR 1986, 18; BGH BauR 1987, 112 = NJW-RR 1987, 13; BGH BauR 1987, 706 = NJW-RR 1987, 1374 = ZfBR 1987, 284; BGH BauR 1988, 364 = ZfBR 1988, 134; OLG Düsseldorf NJW-RR 2015, 400 auch bezüglich konkludenter bzw. stillschweigender Abänderung; *De Pascalis*, Jahrb. BauR 2013, 125 (136 ff.).
150 Etwas anderes gilt im Hinblick auf die Abänderung wirksam getroffener Honorarvereinbarungen; vgl. hierzu unten Rdn. 74 ff.
151 KG BauR 2009, 676 m. NZB des BGH v. 13.11.2008 – VII ZR 27/08.
152 Dazu Abs. 5.

Das vom BGH verwendete Merkmal »Beendigung der Tätigkeit« ist jedoch ungeeignet.[153] Die Formulierung ist im Übrigen bisher weder im Gesetz noch in einer Verordnung verwendet worden: aus § 640 BGB ist die »Abnahme« bekannt, aus § 646 BGB die »Vollendung« der Leistung und aus § 34 Abs. 1 HOAI die »vertragsgemäße Erbringung der Leistungen«. Es ist unklar, ob sich davon die Beendigung der Architektentätigkeit unterscheiden soll, und wenn ja, in welchem Umfang. Abgrenzungsfragen werden sich vor allem deshalb ergeben, weil nicht klar ist, ob eine rein tatsächliche, vertragswidrige Beendigung der Tätigkeit ausreicht oder ob eine wirksame Beendigung durch Kündigung bzw. vollständige und vertragsgemäße Erbringung der Leistungen notwendig ist. Einen ersten Schritt in Richtung Klarstellung hat der BGH getan, indem er Beendigung jedenfalls dann annahm, wenn die Leistung des Auftragnehmers abgenommen ist und kein Streit darüber besteht, ob die Werkleistung mangelhaft ist.[154] 72

Richtig dürfte es deshalb sein, auf die »vertragsgemäße Erbringung« der Leistungen entsprechend § 34 Abs. 1 HOAI abzustellen. Wird der Vertrag wirksam beendet oder gekündigt, so ist dieser Zeitpunkt maßgebend.[155] Vergleichbare Regelungen müssen darüber hinaus auch im Hinblick auf bereits erbrachte Leistungsphasen möglich sein. Es besteht keinerlei Schutzbedürfnis des Auftraggebers, wenn sich die Vertragsparteien im Hinblick auf angeforderte Abschlagszahlungen einigen. Im Übrigen wollte der Verordnungsgeber nicht die Einschränkung der Vertragsfreiheit auf Dauer, sondern nur im Hinblick auf die weitere Abwicklung des Projekts. Es muss deshalb erlaubt sein, für bereits abgeschlossene Leistungsphasen und im Hinblick auf diese Leistungsphasen betreffende Abschlagszahlungen eine wirksame Regelung durch Vergleich zu treffen.[156] 73

m) Abänderung von wirksamen Honorarvereinbarungen

Von der soeben erörterten Frage ist vollständig zu unterscheiden das Problem, ob eine schriftliche wirksame Honorarvereinbarung, die bei Auftragserteilung getroffen wurde, später aufgehoben oder abgeändert werden kann. Diese Frage wurde zwar vom BGH[157] verneint; nach dieser Entscheidung können Vereinbarungen über das Honorar erst »nach Beendigung der Architekten- oder Ingenieurtätigkeit« getroffen werden. Das Problem ist jedoch mit dieser Entscheidung noch nicht endgültig geklärt. Sicher ist allerdings, dass in dem ersten denkbaren Fall, wenn nämlich die Architekten- oder Ingenieurleistungen **vertragsgemäß erbracht** sind oder wenn der Architektenvertrag ein- 74

---

153 Ebenso *Wirth/Galda* in KMV, § 7 Rn. 38, *Berger* in FBS, § 7 Rn. 77; a. A. *Söns* in MNP § 7 Rn. 27.
154 BGH BauR 2003, 749 = ZfBR 2003, 367; für die Abnahme als maßgebenden Zeitpunkt *Berger* in FBS, § 7 Rn. 77.
155 OLG Hamm MittBl. ARGE BauR 1998, 110 zur Honorarvereinbarung nach Kündigung.
156 Ebenso OLG Düsseldorf BauR 1999, 507 für einen mündlichen Vergleich nach Beendigung der Tätigkeit, wenn nur noch die Übergabe der Planunterlagen offen ist; vgl. Korbion/Mantscheff/Vygen-*Galda* § 7 Rn. 35.
157 BauR 1988, 364 = ZfBR 1988, 134.

vernehmlich aufgehoben oder **wirksam gekündigt** wird, Vereinbarungen über das Honorar formlos, also auch mündlich, wirksam sind.[158]

75 In dem zweiten Fall, dass **Leistungen** des Auftragnehmers »**noch nicht beendet**« sind, seine Leistungen noch nicht vertragsgemäß erbracht oder abgenommen sind, ist streitig, ob eine Änderung der Honorarvereinbarung möglich ist. Auf der Grundlage des § 7 Abs. 5 HOAI 2009 bzw. § 10 Abs. 1 HOAI 2013 und bei Vorliegen von dessen Voraussetzungen sind Honorarvereinbarungen abänderbar (vgl. unten Rdn. 167 ff.). Soweit diese Voraussetzungen nicht vorliegen, ist die Antwort auf die gestellte Frage umstritten. Vorweg ist zu betonen, dass eine Aufhebung des gesamten Vertrags natürlich auch hier möglich ist und dann wie im ersten Fall eine auch mündliche Vereinbarung über das noch zu zahlende Honorar wirksam ist. Unterschiedliche Meinungen gibt es für die Konstellation, dass die Vertragsbeziehungen weiter bestehen und noch weitere Leistungen erbracht werden müssen.

76 – Ein Teil der Rechtsprechung und Literatur ist hier der Meinung, dass jegliche Änderung der Honorarvereinbarung ausgeschlossen ist.[159] Der BGH will auch hier Änderungsvereinbarungen erst nach Beendigung der Tätigkeit zulassen.[160]

77 – Die zweite Meinung geht dahin, dass Änderungen zwar ausgeschlossen sind, die Vertragsparteien aber die Möglichkeit haben müssen, eine Honorarvereinbarung so zu modifizieren, dass der Mindestsatz gilt und damit der Vermutung des § 7 Abs. 5 Geltung verschafft wird.[161]

78 – Eine dritte Meinung, die in diesem Kommentar vertreten wird, hält eine Änderung der wirksam getroffenen Honorarvereinbarung für möglich, auch wenn die Vertragsbeziehungen noch nicht abgewickelt sind und noch weitere Leistungen erbracht werden müssen.[162] Nach dieser Meinung stellt sich dann nur noch die Frage, ob vor Beendigung der Tätigkeit bzw. vertragsgemäßer Erbringung der Leistungen oder Abnahme (vgl. hierzu oben) eine Änderungsvereinbarung schriftlich oder mündlich erfolgen muss. Da es sich um eine Honorarvereinbarung nach § 7 handelt, muss sie während der Laufzeit der Vertragsbeziehungen schriftlich getroffen werden.[163]

---

158 Vgl. BGH BauR 1988, 364; OLG Düsseldorf BauR 1987, 587 und die zum Vergleich zitierte Rechtsprechung oben; vgl. zur Unwirksamkeit eines Vergleichs OLG Naumburg BauR 2002, 1587 = NZBau 2003, 44, wonach eigentlich konsequenterweise vor »Beendigung der Leistungen« auch ein Vergleich mit Abänderung von Honorarvereinbarungen unwirksam ist.
159 BGH BauR 1988, 364 m. w. N.; OLG Düsseldorf BauR 2002, 499 = NZBau 2003, 41; *Hartmann*, 6. Aufl., § 4 Rn. 2; *Wirth/Galda* in KMV, § 7 Rn. 38; *Löffelmann/Fleischmann*, Rn. 941; *Sangenstedt* BauR 1991, 292; *Werner* in *Werner/Pastor*, Rn. 813; *Weyer*, FS für Korbion, S. 481 [490].
160 BGH BauR 1988, 364; ähnlich OLG Düsseldorf BauR 1987, 348, wonach Änderungen »nach vollständiger Erbringung der Leistungen« formlos möglich sind; vgl. auch LG Magdeburg BauR 2001, 987 für eine Nachlassvereinbarung während der Bauphase.
161 *Korbion/Mantscheff/Vygen*, 6. Aufl., § 4 Rn. 27.
162 Ebenso OLG Düsseldorf SFH Nr. 5 zu S 4 HOAI;.; *Jagenburg* BauR 1988, 155 [158 f.]; *Koeble* BauR 1977, 372 [376]; *Groß* BauR 1980, 9 [12 f.]; *Motzke* BauR 1982, 318 [319 f.]; ebenso neuerdings *Berger* in FBS Rn. 41 ff., 76 mit eingehender Begründung.
163 A. A. OLG Düsseldorf SFH Nr. 5 zu § 4 HOAI; dagegen OLG Düsseldorf BauR 1986, 719.

Die Argumente der ersten und zweiten genannten Meinung sind nicht überzeugend. 79
Bei der zweiten Meinung kommt noch hinzu, dass es inkonsequent erscheint, wenn eine Aufhebung der Honorarvereinbarung mit dem Ziel des Mindestsatzes wirksam sein soll. Begründet werden diese Auffassungen damit, dass es dem Klarstellungs- und Schutzzweck widerspreche, wenn Vereinbarungen abgeändert werden könnten. Dies ist jedoch nicht richtig. Derjenige, der eine wirksame Honorarvereinbarung getroffen hat, weiß, dass er sich nicht auf eine Abänderung einlassen muss. Insoweit ist er im Hinblick auf Änderungen gerade nicht schutzwürdig. Der Klarstellungsfunktion ist dadurch Genüge getan, dass die ursprüngliche Vereinbarung rechtzeitig bei Auftragserteilung getroffen war. Gegen diese Auffassung des BGH spricht entscheidend der Wortlaut des § 7 Abs. 5. Die Parteien haben nämlich bei Auftragserteilung »etwas anderes« vereinbart, sodass die Fiktion des Abs. 5 gar nicht eingreift. Streng genommen wäre ein Verzicht, Erlass oder Vergleich über das Honorar nicht möglich. Auch ein gerichtlicher Vergleich im Prozess über eine Abschlagszahlung oder vor Erbringung der Leistungsphase 9 des § 34 wäre damit unverbindlich! Dagegen hilft sich die Rechtsprechung mit der Einführung eines neuen Begriffs, der »Beendigung der Architekten- oder Ingenieurtätigkeit«.[164] Dieses Merkmal hilft jedoch bei Abschlagszahlungen und vor Erbringung der Leistungsphase 9 nicht weiter – oder sollen dieses Leistungen »nach Beendigung« der Architekten- oder Ingenieurtätigkeit sein? Gegen die erste und zweite Auffassung spricht entscheidend auch, dass die HOAI nicht die Vertragsfreiheit für alle Zeit und auch nicht während der gesamten Vertragsabwicklung ausschließen wollte. Im Übrigen könnte kraft Vertragsfreiheit der gesamte Vertrag wirksam aufgehoben und ein neuer Vertrag mit Honorarvereinbarung abgeschlossen werden. Soweit hier kein unmittelbarer Zusammenhang, der eine Umgehung nahelegen würde, gegeben ist, wäre dies wirksam. Schließlich spricht entscheidend gegen die genannte Auffassung, dass damit die Vertragsparteien sich noch nicht einmal wirksam über die Höhe von Abschlagszahlungen mit Bindungswirkung einigen können.

Der hier vertretenen Auffassung, nach der wirksame Honorarvereinbarungen auch 80
während der Vertragsabwicklung aufgehoben und abgeändert werden können, ist deshalb der Vorzug zu geben. Problematisch ist lediglich der Fall, dass die Vertragsparteien im Architekten- oder Ingenieurvertrag den Mindestsatz als Honorar vereinbart hatten. Aber auch hier ist es richtig, spätere Änderungen zuzulassen, da die Vermutung des Abs. 5 in diesen Fällen ebenso wenig eingreift. Es besteht auch in diesen Fällen kein Schutzbedürfnis, da der Auftraggeber sich klar über die getroffene und wirksame Honorarvereinbarung ist und deshalb keine Zwangssituation für ihn wegen etwaiger Verhandlungen über die Honorarhöhe auftreten kann. Die hier vertretene Auffassung lässt auch die Aufhebung einer Honorarvereinbarung zwanglos zu, was bei den anderen Auffassungen doch einen gewissen Widerspruch bedeutet.[165] Schwierigkeiten hat die Gegenansicht auch bei späteren Änderungen (z. B. bei Auftragserteilung wurden 50 % des

---

164 Vgl. zur Kritik hierzu oben.
165 Für die Zulässigkeit der Aufhebung einer Honorarvereinbarung: *Korbion/Mantscheff/Vygen*, 6. Aufl., § 4 Rn. 27.

Honorarrahmens vereinbart, später auf 25 % reduziert): Gilt hier der ursprünglich vereinbarte Satz oder – wegen zumindest teilweiser Aufhebung – der Mindestsatz?

n) Notwendiger Vortrag zur »Auftragserteilung« im Honorarprozess

81 Im Honorarprozess muss der Auftragnehmer substanziiert vortragen, dass die über dem Mindestsatz liegende Honorarvereinbarung rechtzeitig bei Auftragserteilung abgeschlossen wurde. Ohne entsprechenden Tatsachenvortrag ist sein Vortrag zur Höhe des Honorars unschlüssig, und das Gericht kann ihm nur den Mindestsatz zusprechen, auch wenn der Auftraggeber zum Zeitpunkt der Honorarvereinbarung nichts vorträgt. Neben der Darlegungslast trifft den Auftragnehmer auch die Beweislast, wenn der Auftraggeber die Rechtzeitigkeit der Vereinbarung bestreitet.[166] Ein solches Bestreiten ist aber nur beachtlich, wenn es substanziiert ist.[167]

15. Bestätigung unwirksamer Honorarvereinbarungen

82 Da nach Auffassung des BGH eine Änderung der Honorarvereinbarung erst »nach Beendigung der Tätigkeit« möglich ist, scheiden auch spätere stillschweigende Änderungen oder Bestätigungen (§ 144 BGB) aus. Dies gilt auch, wenn der Auftraggeber Abschlagszahlungen leistet.[168]

16. Parameter für die Vereinbarung von Honoraren zwischen Mindest- und Höchstsatz; Tragweite und Geltungsbereich einer Honorarvereinbarung

83 Besondere, zusätzliche Voraussetzungen für die Vereinbarung eines Honorars oberhalb des Mindestsatzes müssen nicht vorliegen. Die Parteien sind in der Wahl des Honorars im Rahmen von Mindest- und Höchstsatz völlig frei. Bei der Verhandlung über das Honorar kann der Auftragnehmer verschiedene Gesichtspunkte geltend machen: besondere Umstände der einzelnen Aufgabe, die Schwierigkeit, der notwendige Arbeitsaufwand, der künstlerische Gehalt des Objekts, Einflussgrößen hinsichtlich der Zeit, der Umwelt, der Institutionen, der Nutzung oder der Herstellung oder sonstige für die Bewertung der Leistung wesentliche fachliche oder wirtschaftliche Gesichtspunkte. Aufwandsbezogene Einflussgrößen können sein:[169]
– standortbezogene Einflussgrößen betreffend das Grundstück (unebene Oberfläche des Grundstücks, mittleres Gefälle des Grundstücks, starkes Gefälle [Hanglage], schlechter Baugrund, Grundwasser, Wasserhaltung) und betreffend die Einordnung (Baulücke, Anbau, Integration alter Bausubstanz, Denkmalschutz);
– herstellungsbezogene Einflussgrößen (besondere Gründung, konventionelle Bauweise, Vorfertigung usw.);

---

166 Zum Auftragsumfang vgl. oben Rdn. 61 ff.
167 So mit Recht OLG Düsseldorf BauR 2001, 1137, wonach der Auftraggeber darlegen muss, wann, bei welcher Gelegenheit und unter welchen Umständen es zum mündlichen Vertragsabschluss gekommen sein soll.
168 OLG Düsseldorf NJW-RR 2015, 400; vgl. ferner *Werner*, FS Locher, S. 289 [290 f.].
169 Vgl. die RBBau des BMVBS, 2010, Anhang 10, S. 4 und unten § 44 Rdn. 5.

– zeitbezogene Einflussgrößen (kurze oder lange Planungszeit, kurze oder lange Bauzeit, Bindung an Ablaufpläne, Festtermine usw.);
– ökonomische Aspekte (besondere Finanzierungsbedingungen, Festpreis, Kostenrichtwerte);
– Einflussgrößen aus Randbedingungen wie Institutionen (viele einzelne Unternehmer, Generalplaner, Generalunternehmer, Generalübernehmer, einmaliges Bauvorhaben des Bauherrn, wiederholte Bauvorhaben des Bauherrn, öffentliche Hand als Bauherr) oder betreffend den organisatorischen Ablauf (öffentliche Ausschreibung, beschränkte Ausschreibung, freihändige Vergabe, Leistungsbeschreibung mit Leistungsprogramm, Bauabschnitte) oder sonstiges, wie Winterbau usw.

Da die Vereinbarung eines Honorars zwischen Mindest- und Höchstsatz ohne irgendeine Begründung möglich ist, können als Begründung für die Einstufung auch Gesichtspunkte herangezogen werden, die bereits in anderem Zusammenhang von Bedeutung waren, wie z. B. die Bewertungsmerkmale für die Honorarzonen. Wichtig ist, dass der Mindestsatz keineswegs der Regelsatz ist. 84

Nicht generell geklärt ist die Frage, ob **vertragliche Regelungen** über Parameter des Honorars auch für **Vertragserweiterungen** gelten. Haben die Parteien z. B. eine Honorarvereinbarung »Mittelsatz« getroffen, kann sich die Frage stellen, ob für zusätzliche Objekte (weitere Gebäudeteile oder zusätzlich Freianlagen) oder für zusätzliche Architekten- und Ingenieurleistungen (z. B. statt Leistungsphasen 1–4 dann zusätzlich Leistungsphasen 5–8) die vertraglich vereinbarten Honorarparameter gelten. Vom Grundsatz her ist dies zu bejahen. Hier gelten die gleichen Grundsätze wie für Nebenabreden beim Bauvertrag. Im Einzelfall ist jedoch zunächst im Wege der Auslegung zu prüfen, ob sich Anhaltspunkte aus den Vereinbarungen zwischen den Parteien ergeben und erst dann ist auf die grundsätzliche Anwendbarkeit der vertraglichen Parameter abzustellen.

17. Abgrenzung der Regelung über die Honorarvereinbarung (Abs. 1) vom Baukostenvereinbarungsmodell (§ 6 Abs. 3)

Die Regelungen über die Honorarvereinbarung und die Folgen unwirksamer Honorarvereinbarungen in § 7 HOAI sind die grundlegenden Vorschriften. Eine **Spezialregelung** über die Vereinbarung bestimmter Baukosten enthielt dagegen § 6 Abs. 3 HOAI. Der BGH hat die Regelung jedoch für unwirksam erklärt.[170] 85

Obwohl die Regelung in § 6 Abs. 3 betreffend das Baukostenvereinbarungsmodell für unwirksam erklärt wurde, hat die Vereinbarung, wonach die Abrechnung über die Baukosten erfolgen soll, ihre Bedeutung nicht verloren. Das hat der BGH in der maßgebenden Entscheidung ausdrücklich betont.[171] Die Baukostenvereinbarung stellt heute einen ganz einfachen, normalen Fall der Honorarvereinbarung dar, sodass sich das Ver- 86

---

170 Vgl. zum Ganzen § 6 Rdn. 56 ff.
171 Vgl. i. E. § 6 Rdn. 56 ff.

18. Honorare außerhalb der Tafelwerte (Abs. 2)

87 Bei anrechenbaren Kosten oberhalb der Tafelwerte – neuerdings ab € 25.000.000,– – kann das Honorar frei vereinbart werden, was jetzt ausdrücklich geregelt ist (Abs. 2). Es besteht demnach weder eine Bindung an die Höchst- und Mindestsätze bei anrechenbaren Kosten des oberen Tafelwerts noch an die Einordnung in die einzelnen Honorarzonen. Die **HOAI** ist jedoch in solchen Fällen **nicht völlig unanwendbar**. Werden Leistungen aus Leistungsbildern der Teile 2–4 erbracht, dann gilt die **Fälligkeitsregelung** des § 15 HOAI auch für Honorare bei anrechenbaren Kosten oberhalb der Tafelwerte.[172] Das hat Auswirkungen auf die **Fälligkeit** und die **Verjährung** (vgl. § 15 Rdn. 55, 68). Nicht nur dann, wenn die HOAI vertraglich einbezogen ist, können bei anrechenbaren Kosten oberhalb der Honorartafeln auch andere Vorschriften aus der Verordnung anwendbar sein.[173]

88 Ob der **Rahmen der Honorartafel verlassen** ist, entscheidet sich nach den Kriterien, die die HOAI aufstellt. Mehrere Objekte (§ 11) können dabei nicht zusammengerechnet werden, vielmehr ist für sie jeweils einzeln ein Honorar anzusetzen. Die Frage, ob ein einheitliches Objekt oder mehrere einzelne Objekte vorliegen, entscheidet sich nach den gleichen Kriterien wie zu § 11 Abs. 1 (vgl. dort Rdn. 16 ff.). Die gegenteilige Auffassung würde dazu führen, dass sich die Parteien durch Zusammenrechnung der anrechenbaren Kosten von verschiedenen Gebäuden der Höchst- und Mindestpreisbindung nach der HOAI entziehen könnten. Dies wäre unzulässig.[174] Sind mehrere Objekte Vertragsgegenstand, dann ist die Honorarvereinbarung schon dann frei, wenn eines davon höhere anrechenbare Kosten hat.[175]

89 Die **Vereinbarung eines Honorars** bei anrechenbaren Kosten oberhalb der Tafelwerte kann auch **mündlich** erfolgen. § 7 Abs. 1, 5 ist nicht anwendbar, da es sich um keine Abweichung von Mindestsätzen handelt.[176] Der Mindest- und Höchstpreischarakter der HOAI sowie ihre **Formvorschriften** gelten hier nicht. Die Honorarvereinbarung könnte z. B. eine **lineare Fortschreibung** der Honorartafel beinhalten, aber z. B. auch ein Zeithonorar oder eine Pauschale.[177] Die Honorarvereinbarung kann aber auch

---

172 BGH BauR 2006, 674 (676).
173 Vgl. OLG Stuttgart BauR 2009, 842 mit NZB des BGH zur Abrechnung mehrerer Objekte.
174 Vgl. BGH BauR 1991, 638; ebenso *Berger* in FBS, § 7 Rn. 133; *Söns* in MNP § 7 Rn. 29; *Wirth/Galda* in KMV, § 7 Rn. 45 ff.
175 BGH BauR 2012, 975 = NJW-RR 2012, 653 = NZBau 2012, 370 = Analyse *Koeble* auf www.jurion.de/Modul Werner Baurecht, wonach bei Technischen Anlagen aber nicht alle Anlagen, sondern die Anlagen aus den einzelnen Anlagegruppen zusammengerechnet werden.
176 BGH BauR 2004, 1640 = NJW 2004, 2588 = NZBau 2004, 509; *Koeble* BauR 1977, 375; *Müller-Wrede* BauR 1996, 322.
177 Vgl. KG NZBau 2000, 257.

ein Honorar unterhalb des Mindestsatzes des höchsten Tafelwerts zum Gegenstand haben. Weil der Mindestpreischarakter nicht gilt, können die Tafelwerte der HOAI nicht unmittelbar zur Überprüfung bzw. Korrektur einer Vereinbarung herangezogen werden.[178] Es erscheint aber auch nicht richtig zu sein, dass die Parteien völlig freie Honorarvereinbarungen treffen können. Nach hier vertretener Auffassung ist die Grenze in § 242 BGB zu suchen.[179] Richtig ist es danach, als Grenze für die Honorarvereinbarung zwischen den Parteien nicht den Mindestsatz für den letzten Tafelwert zugrunde zu legen, sondern als **Maßstab** die **übliche Vergütung** heranzuziehen. Bei erheblichen Abweichungen der Honorarvereinbarung davon ist diese unwirksam und es kann vom Auftragnehmer die übliche Vergütung beansprucht werden. Wann die Unterschreitung der üblichen Vergütung »erheblich« ist, muss im Einzelfall entschieden werden. Der Ansatz von null als Honorar ist auch dann unzulässig, wenn er für wesentliche Besondere Leistungen oder für wesentliche Leistungen aus anderen Teilen bzw. Abschnitten der HOAI erfolgt.[180] Die Grenze dürfte im Regelfall bei einer mehr als 20 %igen Unterschreitung der üblichen Vergütung liegen.[181]

Haben die Parteien jedoch **keine Honorarvereinbarung** getroffen, oder kann der Auftragnehmer die behauptete Honorarvereinbarung nicht beweisen, ist zweifelhaft, welches Honorar er beanspruchen kann. Eine **Extrapolation** – Fortschreibung der Honorartafel über den Honorarrahmen hinaus – kommt nicht in Frage, da alle Honorartafeln in sich abgeschlossen sind und keine Parameter dafür enthalten, wie sich das Honorar bei höheren anrechenbaren Kosten entwickeln soll. Da die HOAI nicht gilt, ist die **übliche Vergütung** nach § 632 Abs. 2 BGB zu ermitteln, und es können nicht die Mindest- oder Höchstsätze für den höchsten Tafelwert zugrunde gelegt werden.[182] Die gegenteilige Meinung, wonach der Auftragnehmer in solchen Fällen zunächst das Honorar festlegen kann (§§ 315 f. BGB) und der Auftraggeber dann eine Überprüfung im Gerichtsverfahren (nach § 319 BGB) auf »Billigkeit« herbeiführen kann,[183] hat der BGH abgelehnt.

---

178 BGH BauR 2012, 975 = NJW-RR 2012, 653 = NZBau 2012, 370 = Analyse *Koeble* auf www.jurion.de/Modul Werner Baurecht, wonach jedenfalls der Mindestsatz für die höchsten anrechenbaren Kosten kein Korrektiv darstellt; a. A. *Müller-Wrede* BauR 1996, 322 und *Werner* in *Werner/Pastor*, Rn. 765, die als Untergrenze den Mindestsatz für den oberen Tafelwert ansehen.
179 A. A. *Berger* in FBS, § 7 Rn. 137, wonach als Prüfungsmaßstab allein § 138 BGB in Frage kommt.
180 So mit Recht VK BW, Beschl. v. 27.04.2011 – 1 VK 14/11 = Werkstattbeitrag IBR v. 02.05.2011 mit Anm. *Kulartz*, wonach in einem Fall der Bepreisung einzelner Leistungspositionen mit null Euro wegen Umgehung der Regelungen der HOAI § 11 Abs. 5 S. 3 VOF 2009 verletzt ist.
181 Ablehnend *Berger* in FBS, § 7 Rn. 137, der die Bewertung von Teilleistungen mit null EURO zulassen will.
182 BGH BauR 2004, 1640 = NJW 2004, 2588 = NZBau 2004, 509.
183 So KG NZBau 2000, 257; *Neuenfeld* § 16 Rn. 10.

§ 7 HOAI   Honorarvereinbarung

91 Zu klären ist dann noch, wie **die übliche Vergütung zu ermitteln** ist. Im Streitfall wird dazu die Einholung eines Sachverständigengutachtens notwendig sein. Soweit sich dieses an den von öffentlichen Auftraggebern entwickelten, **fortgeschriebenen Honorartafeln**[184] orientiert, ist es für die Entscheidung zugrunde zu legen.[185] Das gilt vor allem bei Verträgen mit der öffentlichen Hand. Hier sind dann die in den betreffenden Bundesländern entwickelten Tabellen heranzuziehen, wie z. B. die Richtlinien der Staatlichen Hochbauverwaltung Baden-Württemberg (RiFT), der obersten Baubehörde im Bayerischen Staatsministerium des Inneren oder der Runderlass des Ministeriums Bauen und Wohnen NRW. Alle diese Tafeln führen zu ähnlichen Werten. Hält sich der geltend gemachte Honoraranspruch im Rahmen dieser Werte, dann liegt er im Rahmen der üblichen Vergütung. Die gegenteilige Meinung,[186] wonach völlig abweichend von diesen Tabellen die Erfahrungen und Berechnungen bzw. Erkenntnisse des konkret beauftragten Sachverständigen maßgebend sein sollen, ist unzutreffend. Für die Üblichkeit kommt es auf die »gelebte Praxis« an, wie sie im Laufe eines längeren Zeitraums geübt wurde.[187]

92 Haben die Vertragsparteien während der Verhandlungen unterschiedliche Interpolationskurven für Werte über 25 000 000 € vorgelegt, ist eine Einigung aber nicht erfolgt, so gilt – als Minimalkonsens – der niedrigere Wert.[188]

93 Früher war umstritten, ob die HOAI schon dann unanwendbar ist, wenn **eine** der Kostenermittlungen außerhalb der Honorartafel liegt oder ob dafür sämtliche Kostenermittlungen höhere Werte als den höchsten Tafelwert zum Gegenstand haben mussten.[189] Dieses Problem stellt sich heute nicht mehr, weil ausschließlich die **Kostenberechnung maßgebend** ist und alleine auf die sich daraus ergebende Summe der anrechenbaren Kosten (nicht Gesamtkosten) abzustellen ist. Je nach Entwicklung des Projekts gegenüber dem Zeitpunkt der Honorarvereinbarung bis zum **Zeitpunkt der Kostenberechnung** können sich hier aber dennoch Probleme ergeben. Eine an sich unwirksame Honorarvereinbarung – z. B. wegen fehlender Schriftform oder wegen Überschreitung des Höchstsatzes oder auch Unterschreitung des Mindestsatzes – kann wirksam werden, wenn die Kostenberechnung höhere anrechenbare Kosten enthält als der obere Tafelwert. Umgekehrt können freie Honorarvereinbarungen unwirksam werden, wenn die Kostenberechnung sich im Rahmen der Honorartafel hält.[190]

---

184 Vgl. dazu das Heft 14 (August 2016) des AHO mit den erweiterten Honorartafeln; siehe auch *Flemming* BauR 2014, 469.
185 OLG Düsseldorf BauR 2002, 1726; KG Urt. v. 18.11.2003 – 7 U 132/03 – berichtet in IBR 2004, 327 [*Seifert*] mit Nichtannahmebeschl. des BGH v. 11.11.2004 – VII ZR 365/03; BayObLG NZBau 2002, 348 [349]; *Jochem*, § 7 Rn. 14; *Wirth/Galda* in KMV, § 7 Rn. 45 ff.; *Werner* in *Werner/Pastor*, Rn. 765.
186 KG NZBau 2005, 522 – berichtet bei IBR 2004, 377 [*Eich*]. 11.
187 So mit Recht *Eich* a. a. O.; *Wirth/Galda* in KMV, § 7 Rn. 45 ff.
188 So mit Recht KG DAB 1990, 754.
189 Vgl. *Locher/Koeble/Frik*, 9. Aufl., § 16 Rn. 15.
190 Ebenso *Berger* in FBS, § 7 Rn. 133; *Wirth/Galda* in KMV, § 7 Rn. 45 ff.

19. Honorare unterhalb der Tafelwerte

Eine Regelung für Honorare unterhalb des niedrigsten Tafelwertes der anrechenbaren Kosten gibt es nicht mehr.[191] Die frühere Vorschrift des § 16 Abs. 2 HOAI 2002 ist weggefallen.[192] Damit gibt es in solchen Fällen keinen Mindest- und Höchstsatz, auch nicht denjenigen für anrechenbare Kosten des niedrigsten Tafelwerts.[193] Die Parteien sind in der Honorarvereinbarung völlig frei und können auch mündlich sowie nach Auftragserteilung das Honorar wirksam vereinbaren. Ohne Honorarvereinbarung steht dem Auftragnehmer die übliche Vergütung zu (dazu oben Rdn. 89 und § 35 Rdn. 5).

94

20. Der Mindestpreischarakter; Voraussetzungen für die Vereinbarung eines Honorars unterhalb der Mindestsätze; Folgen der unwirksamen Unterschreitung

a) Bedeutung des Mindestpreischarakters

Die HOAI hat auch Mindestpreischarakter.[194] Dieser kommt zunächst dadurch zum Ausdruck, dass bei **Fehlen** einer Honorarvereinbarung nach Abs. 5 die Mindestsätze als vereinbart gelten. Er kommt ferner dadurch zum Ausdruck, dass auch bei **Unwirksamkeit** einer Honorarvereinbarung die **Mindestsätze gelten**.[195] Allerdings kann es im **Ausnahmefall** unzulässig sein, dass sich der Auftragnehmer bei mündlicher Vereinbarung eines Honorars unterhalb der Mindestsätze später auf die Formvorschrift des § 7 Abs. 1 beruft. Wird der Auftraggeber in Abweichung von einer (unwirksamen) Honorarvereinbarung mit einem Anspruch des Auftragnehmers auf den korrekt berechneten Mindestsatz konfrontiert, stehen ihm verschiedene **Abwehrstrategien** zur Verfügung: Er kann sich zunächst darauf berufen, dass die HOAI im vorliegenden Fall nicht anwendbar sei.[196] Darüber hinaus kann er in manchen Fällen darlegen, dass die getroffene Honorarvereinbarung wirksam sei (z. B. Honorarvereinbarung zwischen Mindest- und Höchstsatz). Des Weiteren kann er sich gelegentlich darauf berufen, dass der Architekten- oder Ingenieurvertrag nicht wirksam zustande gekommen sei bzw. wegen Irrtums oder arglistiger Täuschung (Verschweigen) betreffend die Architekten- oder Ingenieurgesellschaft angefochten worden sei.[197] Im Einzelfall kann der Auftraggeber u. U. auch eine arglistige Täuschung im Zusammenhang mit dem Abschluss des Vertrages und der Absicht, später ein anderes als das vereinbarte Honorar verlangen zu

95

---

191 So auch *PDKR*, § 1 Rn. 43.
192 Vgl. zur jetzigen Rechtslage Rdn. 87.
193 Ebenso *PDKR*, § 1 Rn. 43.
194 Ständige Rechtsprechung des BGH, vgl. Rdn. 21; BVerwG NJW-RR 1999, 1542 = NZBau 2000, 30.
195 BGH BauR 1997, 677 = NJW 1997, 2329 = LM Heft 10/1997 HOAI Nr. 35 m. Anm. Koeble = ZfBR 1997, 250; BGH BauR 1998, 813 = NJW 1998, 2672 = ZfBR 1998, 239; BGH BauR 2000, 1512 = NZBau 2000, 473 = ZfBR 2000, 420; zu dem Sonderfall, dass durch formell wirksame Honorarvereinbarung die Höchstsätze überschritten sind, vgl. unten Rdn. 140 ff.
196 Zum Anwendungsbereich vgl. § 1 Rdn. 1 ff. und § 7 Abs. 2.
197 Dazu § 1 Rdn. 23 ff.

wollen, vorbringen (dazu Rdn. 107 ff.). Gelegentlich liegen auch die Voraussetzungen eines Ausnahmefalls vor (dazu Rdn. 122 ff.). In der Praxis berufen sich Auftraggeber oftmals auch auf die Rechtsprechung zur Bindung an eine unwirksame Honorarvereinbarung (dazu Rdn. 113 ff.).

b) Mindestsatz und übliche Vergütung

96 Die Frage, ob der in Abs. 5 angegebene Mindestsatz als »übliche Vergütung« i. S. d. § 632 Abs. 2 BGB anzusehen ist, hat keine große praktische Bedeutung.[198] Sie ist zu verneinen. Zu Recht wurde zum Teil darauf hingewiesen, dass die Fiktion der Vereinbarung einer »üblichen Vergütung« voraussetze, dass im konkreten Fall die Höhe der Vergütung nicht bestimmt ist.[199] Nach § 7 Abs. 5 gelten jedoch die Mindestsätze als vereinbart, die Höhe der Vergütung ist also insoweit bestimmt, sodass es an einer tatbestandlichen Voraussetzung des § 632 Abs. 2 BGB fehlt. Die Mindestsätze nach der HOAI sind deshalb nicht als übliche Vergütung anzusehen.[200] Soweit tatsächlich im Regelungsbereich der HOAI ausnahmsweise kein Mindestsatz festgelegt ist, kann der verordnete Mindestsatz auch nicht als übliche Vergütung angesetzt werden. Im Einzelfall ist zu prüfen, was üblicherweise als Honorar vereinbart wird. Ob man dabei allerdings ohne weitere Anhaltspunkte vom Mittelsatz ausgehen kann, erscheint zumindest zweifelhaft.[201]

c) Voraussetzungen für Honorare unterhalb des Mindestsatzes

97 Eine Unterschreitung der Mindestsätze ist nur wirksam, wenn eine schriftliche Vereinbarung vorliegt (vgl. oben Rdn. 47 ff.). Darüber hinaus darf der Mindestsatz nur in Ausnahmefällen unterschritten werden (vgl. unten Rdn. 122 ff.). In AGB des Auftraggebers ist die Unterschreitung des Mindestsatzes unwirksam.[202] Umstritten ist, ob als weitere Voraussetzung das Merkmal »bei Auftragserteilung« gilt. Diese Auffassung vertritt der BGH.[203] Diese Meinung wird aus Abs. 5 abgeleitet. Dabei wird jedoch verkannt, dass Abs. 5 keine selbstständige Regelung enthält, sondern nur an den Fall des Abs. 1 und dessen Voraussetzungen anknüpft. Im Unterschied zu Abs. 3 und Abs. 4 enthält nämlich Abs. 1 das Merkmal »bei Auftragserteilung«. Es gibt keinen an-

---

198 Zur Frage der Beweislast bei behaupteter Pauschalvereinbarung vgl. oben Rdn. 41.
199 Früher Korbion/Mantscheff/Vygen-*Wirth*, 6. Aufl. § 1 Rn. 3.
200 Ebenso OLG Düsseldorf BauR 1981, 402; a. A. *Werner* in *Werner/Pastor*, Rn. 821; vgl. auch die Stellungnahme der GPA Baden-Württemberg DAB [BW] 1987, 235.
201 Korbion/Mantscheff/Vygen, 6. Aufl., § 1 Rn. 3; vgl. auch *Werner* in *Werner/Pastor*, Rn. 821 ff.
202 OLG Zweibrücken BauR 1989, 227, vgl. § 15 Rdn. 114.
203 BGH BauR 1988, 364; vgl. auch BGH BauR 1985, 582 = NJW-RR 1986, 18; BGH BauR 1987, 112 = NJW-RR 1987, 13; BGH BauR 1987, 706 = NJW-RR 1987, 1374 = ZfBR 1987, 284, wonach § 7 Abs. 6 für alle Fälle gilt, in denen nicht bereits bei Auftragserteilung »eine nach § 7 Abs. 1, 3 und 4 HOAI zulässige Honorarvereinbarung getroffen« wurde; ebenso *Groß* BauR 1980, 9 [19 f.];; *Jochem*, § 7 Rn. 144; *Konrad* BauR 1989, 653 [656]; *Werner* in *Werner/Pastor*, Rn. 751.

deren Grund, weshalb die Abs. 3 und 4 das Merkmal nicht nennen, als den, dass diese zeitliche Beschränkung nicht gegeben sein muss. Die gegenteilige Meinung ist deshalb zutreffend.[204]

d) Maßstab für die Unterschreitung des Mindestsatzes (Gesamtbetrachtung); Darlegungs- und Beweislast

Ob der Mindestsatz unterschritten ist, ist immer an einer hypothetischen, nach HOAI richtig aufgestellten Honorarabrechnung zu überprüfen. Dabei kommt es darauf an, ob das Honorar im Rahmen einer **Gesamtbetrachtung** nach den richtigen Parametern der HOAI höher ausfällt als das vereinbarte Honorar. Die bloße Veränderung einzelner Honorarparameter genügt also für einen Verstoß gegen den Mindestpreischarakter noch nicht, weil dieser sich nur im Gesamtergebnis niederschlägt.[205] Das Gericht muss den entsprechenden Behauptungen jedoch nur nachgehen, wenn der Auftragnehmer dies substanziiert darlegt und die dafür erforderlichen Tatsachenangaben hinsichtlich anrechenbarer Kosten, Honorarzone usw. macht. Die Darlegungs- und Beweislast für die (unzulässige) Unterschreitung des Mindestsatzes durch die konkrete Honorarvereinbarung trägt – auch beim Pauschalhonorar[206] – der Auftragnehmer (vgl. dazu oben Rdn. 41). 98

Der Mindestpreischarakter bedeutet nicht, dass der Auftragnehmer nur den richtig berechneten Mindestsatz geltend machen kann. Vielmehr bleibt es ihm überlassen, auch aus einer unwirksamen Honorarvereinbarung zu klagen. Der Vorlage einer zusätzlichen Abrechnung auf Mindestpreisbasis bedarf es nicht (dazu Rdn. 40, 106). 99

Maßgebend dafür, ob eine Unterschreitung des Mindestsatzes vorliegt, ist nicht der Zeitpunkt des Planungsbeginns oder des Abschlusses der Honorarvereinbarung. Entscheidend ist vielmehr, welche Faktoren das **tatsächlich errichtete Objekt** im abschließenden Zustand erfüllt.[207] Eine ursprünglich wirksame Honorarvereinbarung kann also durchaus später angesichts der konkreten Umstände und des real erstellten Bauwerks unwirksam werden. 100

e) Die versteckte Unterschreitung des Mindestsatzes

Eine (unzulässige) Unterschreitung des Mindestsatzes kann in vielfältiger Weise geschehen,[208] so z. B. durch Einordnung in eine falsche Honorarzone,[209] durch Vereinbarung zu niedriger anrechenbarer Kosten, durch Ansatz zu niedriger Prozentsätze aus den 101

---

204 Wie hier *Groß* BauR 1980, 9, 16; *Koeble* BauR 1977, 376; *Neuenfeld*, § 1 Rn. 4 ff.; ebenso mit eingehender Begründung jetzt *Berger* in FBS Rn. 44, 142 ff., 161.
205 BGH BauR 2005, 735 = NZBau 2005, 285 = NJW-RR 2005, 669; zum gleichen Thema bei Überschreitung des Höchstsatzes vgl. Rdn. 132.
206 Dazu *Lenzen* BauR 1991, 692.
207 So richtig OLG Düsseldorf BauR 2002, 510.
208 Zum Ganzen *Steeger* BauR 2003, 794; *Kniffka/Koeble*, Kompendium, 12. Teil, Rn. 419.
209 LG Stuttgart NJW-RR 1997, 1380.

§ 7 HOAI   Honorarvereinbarung

Leistungsbildern für die betreffenden Leistungsphasen,[210] durch Zusammenfassung eigentlich getrennt abzurechnender Objekte oder Tätigkeiten und anderes mehr.[211] Die Zusammenfassung mehrerer Objekte, die Anwendbarkeit einer bestimmten Honorartafel und die Verleitung zum Angebot geringerer Prozentsätze als in einem Leistungsbild angegeben, hat der BGH[212] zu Recht als Verstoß gegen den Mindestpreischarakter angesehen.[213] Das Angebot, Besondere Leistungen kostenlos zu erbringen oder keine Nebenkosten abzurechnen, genügt dagegen nach dieser Entscheidung nicht. Auch Objekte aus unterschiedlichen Bereichen der HOAI und verschiedene Ingenieurbauwerke können abrechnungsmäßig nicht zusammengefasst werden.[214] Auch die Vereinbarung falscher Bezugsgrößen kann einen Verstoß gegen den Mindestpreischarakter darstellen.[215] Ebenso stellt der Ansatz eines Wiederholungsfaktors bei mehreren Objekten (§ 11 Abs. 1) eine Veränderung der Parameter für den richtigen Mindestsatz dar.[216] Ob darin ein Verstoß gegen den Mindestpreischarakter in allen diesen Fällen zu sehen ist, entscheidet sich nach dem **Gesamtergebnis** im konkreten Einzelfall (vgl. unten Rdn. 102). In Einzelfällen kann den Parteien hinsichtlich der Honorarvereinbarung ausnahmsweise ein **Beurteilungsspielraum** zur Verfügung stehen (dazu Rdn. 24). Ebenso kann der Auftragnehmer den richtigen Mindestsatz aus Honorarzone IV abrechnen, wenn die Honorarvereinbarung Honorarzone III Mittelsatz lautet.[217]

f) Gesamtbetrachtung für die Beurteilung eines Verstoßes gegen den Mindestpreischarakter

102   Ob in allen diesen Fällen ein Verstoß gegen den Mindestpreischarakter vorliegt und der nach HOAI berechnete Mindestsatz verlangt werden kann, hängt nicht von der Vereinbarung einzelner Faktoren ab, sondern davon, wie sich das **Gesamtergebnis** aus der Honorarvereinbarung einerseits zu dem Gesamtergebnis einer richtigen, fiktiven Abrechnung nach HOAI verhält.[218] Vom Grundsatz her sind auch im Bereich der Honorarzone objektive Maßstäbe anzulegen, wobei jedoch die Rechtsprechung einen kleinen Bewertungsspielraum für die Parteien offengehalten hat.[219]

---

210   Vgl. LG Nürnberg/Fürth BauR 1993, 105; OLG München und BGH Beschl. v. 28.03.1996 – VII 139/95 zur angeblichen Herausnahme der künstlerischen Oberleitung aus der Objektüberwachung und Abzug von 6 %.
211   Vgl. i. E. *Geyer* Ingenieurblatt [BW] 1987, 44; *Locher* BauR 1986, 643 zu unzulässigen Honorarminderungen in Ingenieurverträgen der öffentlichen Hand; *Konrad* BauR 1989, 661 ff.
212   BauR 1991, 638.
213   Zur Wettbewerbswidrigkeit von Ausschreibungen vgl. unten Rdn. 128 f.
214   BGH BauR 2004, 1963 = NZBau 2004, 680.
215   OLG Koblenz NZBau 2005, 466.
216   OLG Braunschweig BauR 2007, 903.
217   OLG Koblenz BauR 2008, 851 m. NZB des BGH v. 12.07.2007 – VII ZR 138/06 für den Fall, dass die Bewertung der Honorarzone keinen Spielraum zulässt; dazu auch oben Rdn. 24 und § 5 Rdn. 10 f.
218   Vgl. oben Rdn. 25 ff., 98 und unten Rdn. 132.
219   Vgl. BGH BauR 2004, 354 = NJW-RR 2004, 233 = NZBau 2004, 159 und dazu § 5 Rdn. 10 f.

21. Folgen der unwirksamen Unterschreitung des Mindestsatzes
a) Unwirksamkeit des Vertrages?

Ist die Vereinbarung eines Honorars unterhalb der Mindestsätze unwirksam, weil Schriftform fehlt oder weil kein Ausnahmefall vorliegt oder weil[220] die Vereinbarung nicht bereits bei Auftragserteilung getroffen wurde, so bleibt der **Architekten- und Ingenieurvertrag** dennoch entgegen § 139 BGB **wirksam**.[221] Das Gleiche gilt auch, wenn die von den Parteien getroffene Baukostenvereinbarung nach § 6 Abs. 3 unwirksam ist.   103

b) Teilweise Wirksamkeit der Honorarvereinbarung (»Rosinen«)?

Problematisch ist, welche Folge eine unwirksame Vereinbarung im Hinblick auf den Honoraranspruch des Auftragnehmers hat. Dem Auftragnehmer gesteht die absolut h. M. hier als Ausfluss des Mindestpreischarakters **im Regelfall den Mindestsatz** nach HOAI zu.[222] Das gilt für alle Fälle der Unwirksamkeit einer Honorarvereinbarung (Schriftform, Zeitpunkt, Rahmen der Mindest- und Höchstsätze) und nicht nur bei Fehlen der Schriftform.[223] Die drei Voraussetzungen in Abs. 1 sind gleichrangig für die Wirksamkeit aller Honorarvereinbarungen genannt, wobei hinsichtlich des Honorarrahmens aber eine Besonderheit bezüglich der Darlegungs- und Beweislast gilt (vgl. Rdn. 106). Der Auftragnehmer muss die Anforderungen an Mindest- und Höchstsätze nicht generell darlegen, wenn er sich auf eine Honorarvereinbarung stützt, sondern nur dann, wenn er den Mindestsatz abweichend von einer getroffenen Honorarvereinbarung geltend macht. Den Mindestsatz hat er in einem solchen Fall **substantiiert darzulegen** und zu **beweisen**.[224]   104

Dabei kann sich der Auftragnehmer nicht die **Rosinen aus der Honorarvereinbarung** heraussuchen und im Übrigen sich auf den nach HOAI berechneten Mindestsatz stützen. Vielmehr sind alle Faktoren dann auf der Grundlage des zutreffenden Mindestsatzes nach HOAI anzusetzen,[225] soweit sie für den richtigen Mindestsatz maßgebend sind. Das gilt z. B. für die anrechenbaren Kosten, die Honorarzone, die Prozentsätze für erbrachte Leistungen und auch für Honorarvereinbarungen zwischen Mindest- und Höchstsatz (z. B. »Mittelsatz«). Alle diesbezüglichen vertraglichen Regelungen sind bei der Ermittlung des korrekten Mindestsatzes nicht zu berücksichtigen. Etwas anderes gilt für solche Vereinbarungen, die mit dem Mindest- und Höchstpreischarakter nichts zu tun haben. In diesem Zusammenhang ist zunächst die Vereinbarung von Nebenkosten (z. B. Pauschale) zu nennen, weil die Nebenkosten nicht zum Honorar gehören. Eine solche Vereinbarung kann auch dann bei der Schlussrechnung berechtigtermaßen berücksichtigt werden, wenn sich der Auftragnehmer sonst nicht an die Ho-

---

220 So h. M.
221 Unstr.; vgl. auch oben Rdn. 54.
222 Vgl. Rdn. 25, 98 und 132.
223 So aber *Berger* in FBS, § 7 Rn. 30 ff.
224 Vgl. OLG Naumburg BauR 2009, 267.
225 OLG Stuttgart BauR 2011, 1358; ebenso *Kaufmann* BauR 2011, 1387 (1391).

norarvereinbarung hält, weil die übrige Vereinbarung betreffend die Vergütung nicht dem Mindestpreischarakter gerecht wird.[226] Eine Sonderstellung nimmt der Umbauzuschlag ein. Sieht man darin keinen den Mindestsatz beeinflussenden Faktor,[227] bleiben diesbezügliche Vereinbarungen (z. B. 30 % Umbauzuschlag) ohnehin wirksam. Aber auch dann, wenn man in den 20 % einen Mindestzuschlag sieht,[228] wird man Honorarvereinbarungen über den Umbauzuschlag für wirksam halten müssen.[229] Die Regelung über den Umbauzuschlag hatte schon nach altem Recht eine Sonderstellung, weil die Vereinbarung nicht bei Auftragserteilung getroffen werden musste.[230] Nach neuer HOAI stellt der Umbauzuschlag keinen preisrechtlich relevanten Mindestzuschlag mehr dar.[231]

c) **Abwehrstrategien des Auftraggebers gegen Mindestsatz**

105 Gegenüber der Geltendmachung des Mindestsatzes seitens des Auftragnehmers kann der Auftraggeber umfangreiche **Abwehrstrategien** entwickeln.[232] Ein Recht zur Kündigung des Auftraggebers aus wichtigem Grund stellt die Geltendmachung des richtigen Mindestsatzes nur dar, wenn die Honorarvereinbarung wirksam ist.[233]

d) **Klage aus einer unwirksamen Honorarvereinbarung?**

106 Zweifelhaft ist, ob der Auftragnehmer aus der unwirksamen Honorarvereinbarung klagen kann oder ob er in jedem Fall eine richtige Abrechnung des korrekten Mindestsatzes nach HOAI vorlegen muss. Letzteres ist zu verneinen. Die Überprüfung einer (unwirksamen) Honorarvereinbarung erfolgt nicht von Amts wegen, sondern nur dann, wenn sich die betroffene Partei gegen die Honorarvereinbarung wendet. In diesem Fall muss der Auftragnehmer eine getroffene Honorarvereinbarung mit den Darlegungen des richtigen Mindestsatzes stützen, andernfalls kann er sich auch bei unwirksamer Honorarvereinbarung auf diese Honorarvereinbarung zunächst berufen.[234] Die gegenteilige Auffassung, die von vornherein bei jeder Art von Honorarverein-

---

226 Vgl. zur Nebenkostenregelung § 14 Rdn. 1, 15.
227 So *Motzke* ZfBR 2011, 3;
228 Vgl. die Vorauflage § 35 Rdn. 17.
229 So mit Recht *Randhahn* BauR 2012, 1706.
230 Vgl. die Vorauflage § 35 Rdn. 18.
231 Vgl. dazu § 6 Rdn. 54.
232 Dazu *Koeble* BauR 2009, 381 und unten Rdn. 107 ff.
233 A. A. OLG Nürnberg BauR 1998, 1273 = NJW-RR 1998, 1713.
234 So mit Recht BGH BauR 2001, 1926 = NZBau 2001, 690 = NJW-RR 2002, 159; BGH BauR 2005, 739 = NJW-RR 2005, 749; OLG Düsseldorf BauR 1993, 690; für eine Pauschalhonorarvereinbarung mit Unterschreitung des Mindestsatzes: OLG Düsseldorf BauR 1996, 746 = NJW-RR 1996, 1421; OLG Koblenz OLGR 1998, 317 = BauR 2000, 755; *Kniffka/Koeble*, Kompendium, 12. Teil, Rn. 421; *Koeble* BauR 1997, 191 [197 f.]; *Werner* in *Werner/Pastor*, Rn. 1091; vgl. auch OLG Düsseldorf BauR 1997, 163 = NJW-RR 1996, 1421 und zur Prüfbarkeit OLG Stuttgart BauR 1991, 491; OLG Hamm BauR 1993, 630 und OLG Koblenz OLGR 1998, 317 = BauR 2000, 755.

barung auch die Untermauerung durch Angaben zum richtigen Mindestsatz verlangen würde, geht zu weit. Im Übrigen könnte nach dieser Auffassung noch nicht einmal ein Versäumnis- oder Anerkenntnisurteil im Rechtsstreit ergehen. Anders ist es, wenn sich eine der Parteien gegen die Unwirksamkeit der Honorarvereinbarung wendet. Ist dies der **Auftragnehmer**, so trifft ihn die **Darlegungs- und Beweislast** für die Unwirksamkeit und die Richtigkeit seiner jetzigen, neuen Rechnung. Wendet sich der **Auftraggeber** gegen die Richtigkeit der Honorarforderung, dann kann er dies entweder mit dem Argument, es sei der Höchstsatz unzulässig überschritten, oder mit dem Argument, die Wirksamkeitsvoraussetzungen für ein Honorar oberhalb des Mindestsatzes lägen nicht vor. Für beides ist er dann darlegungs- und beweispflichtig[235], weshalb er zu den anrechenbaren Kosten, zur Honorarzone, den erbrachten Leistungen oder anderen für die Honorarberechnung bedeutsamen Faktoren (z. B. Anzahl der Objekte, Zuschläge für Bauen im Bestand) vortragen muss. Nur wenn sich aus seinem Vortrag ein Verstoß gegen Preisrecht ergibt, hat dies das Gericht von Amts wegen zu beachten.

22. Ausnahmen vom Mindestpreischarakter (Abwehrstrategien des Auftraggebers)

a) Allgemeines

Dem Auftraggeber stehen verschiedene Möglichkeiten zur Verfügung, sich gegen eine Klage auf der Grundlage des korrekt berechneten Mindestsatzes nach HOAI zu wehren, wenn die Parteien eine (unwirksame) Honorarvereinbarung getroffen hatten. Der Auftraggeber hat hier zu prüfen, ob die HOAI überhaupt räumlich, sachlich und/ oder vom persönlichen Anwendungsbereich her gilt (vgl. § 1 HOAI). Er wird ferner darauf ein Augenmerk haben müssen, ob die anrechenbaren Kosten aus den einschlägigen Honorartafeln (Höchstwert) überschritten sind. Des Weiteren muss er prüfen, ob die Honorarvereinbarung nicht ausnahmsweise wirksam ist (vgl. Rdn. 95). Darüber hinaus muss er überlegen, ob Schadensersatzansprüche wegen Verletzung einer Aufklärungspflicht bestehen (dazu unten Rdn. 108). Eine weitere Ausnahme vom Mindestpreischarakter gilt bei arglistiger Täuschung (dazu unten Rdn. 112). In der Praxis ist die vom BGH entwickelte Rechtsprechung zur Bindung an eine unwirksame Honorarvereinbarung von größter Bedeutung (dazu unten Rdn. 113 ff.).

107

b) Verletzung einer Aufklärungspflicht des Auftragnehmers

Ein Teil der Literatur hält den Auftragnehmer für schadensersatzpflichtig, weil er seiner generellen Aufklärungspflicht im Hinblick auf die Wirksamkeit einer Honorarvereinbarung nicht nachgekommen sei.[236] Eine solche Pflicht zur Aufklärung über die Wirksamkeitsvoraussetzungen für eine Honorarvereinbarung besteht aber nicht generell,

108

---

235 BGH BauR 2001, 1926 = NZBau 2001, 690 = NJW-RR 2002, 159; OLG Celle BauR 2015, 1356 m. NZB BGH v. 05.02.2015 – VII ZR 237/14,
236 So *Weyer* BauR 1987, 131 [138 ff.]; ebenso z. T. *Konrad* BauR 1989, 653 und *Loritz* BauR 1994, 38.

§ 7 HOAI Honorarvereinbarung

sondern nur dann, wenn »besondere Umstände« vorliegen.[237] Neuerdings wird die Auffassung vertreten, der Architekt müsse über die Möglichkeiten der Beauftragung mit Teilleistungen zu Teilhonoraren aufklären.[238] Diese Auffassung wird wohl auch eine Beratungspflicht hinsichtlich Form und Inhalt der Honorarvereinbarung bejahen müssen, weil sonst Vereinbarungen über Teilhonorare nicht wirksam wären und eine Aufklärung für unwirksame Honorarvereinbarungen sicher nicht geschuldet sein kann. Solche allgemeinen Aufklärungspflichten sind jedoch abzulehnen, weil mit diesem Argument im Ergebnis sämtliche Formvorschriften des BGB und anderer Gesetze ausgehebelt werden könnten.[239] Vorstehende Grundsätze gelten auch für Pauschalhonorarvereinbarungen (vgl. Rdn. 38 ff.), wenn sie, ohne dass ein Ausnahmefall vorliegt, den Mindestsatz unterschreiten.[240] Zum Teil wird entsprechend der Zielsetzung der HOAI mit einleuchtenden Argumenten die Auffassung vertreten, auch mit dem Einwand der unzulässigen Rechtsausübung könne der Mindestpreischarakter nicht unterlaufen werden.[241] Vom Ansatz her ist dies sicher richtig; Ausnahmen nach Treu und Glauben können aber nicht generell ausgeschlossen werden (vgl. unten Rdn. 113 ff.).

109 Wie bereits betont, können aber Schadensersatzansprüche des Auftraggebers im Ausnahmefall durchaus bestehen. Grundlage dafür kann jedoch nicht allein ein Verstoß gegen Treu und Glauben (widersprüchliches Verhalten) sein. Es genügt deshalb noch nicht, wenn der Auftragnehmer die Honorarvereinbarung vorgeschlagen hat.[242] Vielmehr bedarf es einer schuldhaften Pflichtverletzung des Auftragnehmers.[243]

110 Der Auftragnehmer haftet wegen Verschuldens bei Vertragsschluss, wenn er auf ausdrückliche Frage nach den Wirksamkeitsvoraussetzungen einer Honorarvereinbarung diese nicht nennt oder sogar den Auftraggeber vom Abschluss einer wirksamen schriftlichen Vereinbarung abhält.[244] Schadensersatzansprüche können auch dann bestehen, wenn der Auftragnehmer von vornherein die Absicht hat, den Mindestsatz abzurechnen und dennoch eine mündliche, niedrigere Vereinbarung mit dem Auftraggeber eingeht. Verletzt der Auftragnehmer seine Aufklärungspflicht, so hat er den Auftraggeber so zu stellen, wie er im Falle der Aufklärung gestellt gewesen wäre.[245]

---

237 Vgl. BGH BauR 1997, 1062 = NJW-RR 1997, 1448 = ZfBR 1997, 305; ebenso *Berger* in FBS, § 7 Rn. 107; *Söns* in MNP § 7 Rn. 5; *Wirth/Galda* in KMV, § 7 Rn. 70 ff.
238 *Kniffka* BauR 2015, 883 (893) unter Berufung auf *Fuchs* in FBS 1. Teil Kap. A V 3; vgl. dazu § 8 Rdn. 10 ff.
239 Ebenso *Korbion/Mantscheff/Vygen*, 6. Aufl., § 4 Rn. 95.
240 BGH BauR 1993, 239 = NJW 1993, 661 = ZfBR 1993, 68 = LM H. 6/93 § 242 [Cd] BGB Nr. 325 m. Anm. *Koeble*.
241 So *Werner*, FS Locher, S. 289 [295].
242 A. A. *Lenzen* BauR 1991, 692 [695].
243 Vgl. BGH BauR 1993, 239 = NJW 1993, 661 = ZfBR 1993, 68 = LM H. 6/93 § 242 [Cd] BGB Nr. 325 m. Anm. *Koeble*; BGH BauR 1995, 126 = NJW 1995, 401 = ZfBR 1995, 73 = LM H. 4/95 HOAI Nr. 28 m. Anm. *Koeble*.
244 Ebenso OLG Hamm NJW-RR 1990, 522.
245 Ebenso OLG Oldenburg BauR 1984, 541.

Schadensersatzansprüche bestehen jedoch nur dann, wenn der Auftraggeber substanziiert darlegt, dass er einen anderen Auftragnehmer an der Hand gehabt hat, der die Leistungen zu einem Honorar unterhalb der Mindestsätze angeboten hätte. Für die substanziierte Darlegung ist weiter Voraussetzung, dass ein Ausnahmefall i. S. v. Abs. 2 vorgelegen hat. Dafür genügt es nämlich nicht, dass der Auftraggeber einen Architekten oder Ingenieur benennt, der unter Verstoß gegen Standespflichten bzw. § 7 Abs. 3 den Mindestsatz unterschritten hätte. Der Schaden kann mit einem Verstoß eines anderen Auftragnehmers gegen die HOAI nicht begründet werden.[246] Die Darlegung eines Schadens ist eventuell noch dann möglich, wenn ein angestellter Architekt oder ein Generalunternehmer mit Planungsleistungen (Paketanbieter) beauftragt worden wäre.

111

c) Ausnahme: Arglistige Täuschung

In Fällen der arglistigen Täuschung kann darüber hinaus der Geltendmachung des Mindestsatzes der Einwand der Arglist (§ 242 BGB) entgegenstehen.[247] Der Nachweis wird dem Auftraggeber meist nicht gelingen. Anhaltspunkte für die Überzeugungsbildung beim Gericht können z. B. eine vorherige Korrespondenz über den Mindestpreischarakter oder die vorherige Rechtsberatung sein. Hat der Auftragnehmer im Übrigen bei mündlicher Honorarvereinbarung sein Honorar nach einer unwirksamen Vereinbarung abgerechnet, so kann er dennoch nicht nachträglich den Mindestsatz fordern, soweit er an seine Honorarschlussrechnung gebunden ist.[248] Die bloße Abrechnung eines Pauschalhonorars gibt jedoch keine Anhaltspunkte für einen stillschweigenden Erlassvertrag her.[249]

112

d) Ausnahme: Bindung an die (unwirksame) Honorarvereinbarung (§ 242 BGB)

Die Rechtsprechung des BGH geht bei unwirksamer Unterschreitung des Mindestsatzes zu Recht davon aus, dass **im Regelfall der Mindestsatz** geltend gemacht werden kann.[250] Die Abrechnung auf Mindestpreisbasis verstößt noch nicht schon deshalb

113

---

246 Ebenso BGH BauR 1993, 239 = NJW 1993, 661 = ZfBR 1993, 68 = LM H. 6/93 § 242 [Cd] BGB Nr. 325 m. Anm. *Koeble*.
247 Ebenso OLG München BauR 1997, 164; auch unten Rdn. 123 ff.
248 So mit Recht BGH BauR 1993, 239 = NJW 1993, 661 = ZfBR 1993, 68 = LM H. 6/93 § 242 [Cd] BGB Nr. 325 m. Anm. *Koeble*; OLG Düsseldorf BauR 1982, 390 = NJW 1982, 1541 für einen unwirksam vereinbarten Rabatt; vgl. zur Bindung an die Honorarschlussrechnung § 15 Rdn. 70 ff.
249 A. A. OLG Hamm BauR 1998, 819 = NJW-RR 1998, 811.
250 BGH BauR 1997, 677 = NJW 1997, 2329 = LM Heft 10/1997 HOAI Nr. 35 m. Anm. *Koeble* = ZfBR 1997, 250; dazu die Folgeentscheidung OLG Zweibrücken Urt. v. 12.03.1998 – IBR 1999, 259 *Schulze-Hagen*; BGH BauR 1998, 813 = NJW 1998, 2672 = ZfBR 1998, 239; BGH BauR 2000, 1512 = NZBau 2000, 473 = ZfBR 2000, 480; BGH BauR 2009, 262 = NZBau 2009, 33 = ZfBR 2009, 146; BGH BauR 2010, 1249 = NZBau 2010, 443 = ZfBR 2010, 568; BGH Urt. v. 27.10.2011 – VII ZR 163/10 = BauR 2012, 271 = NJW 2012, 848 = NZBau 2012, 174. OLG Hamm BauR 2010,

gegen Treu und Glauben, weil sich der Auftragnehmer bei früheren Verträgen an abweichende Honorarvereinbarungen gehalten hat und auch nicht deshalb, weil er Abschlagszahlungen auf der Grundlage des Vertrages angefordert hat.[251] Die **unwirksame Honorarvereinbarung** hat jedoch **Bindungswirkung**, wenn folgende Umstände vorliegen:[252]

114 *»Vereinbaren die Parteien eines Architektenvertrages ein Honorar, das die Mindestsätze in unzulässiger Weise unterschreitet, so verhält sich der Architekt, der später nach den Mindestsätzen abrechnen will, widersprüchlich. Dieses widersprüchliche Verhalten steht nach Treu und Glauben einem Geltendmachen der Mindestsätze entgegen, sofern der Auftraggeber auf die Wirksamkeit der Vereinbarung vertraut hat und vertrauen durfte und er sich darauf in einer Weise eingerichtet hat, dass ihm die Zahlung des Differenzbetrages zwischen dem vereinbarten Honorar und den Mindestsätzen nach Treu und Glauben nicht zugemutet werden kann.«*

115 Damit hat der BGH[253] die Anforderungen für die Bindungswirkung einer unwirksamen Honorarvereinbarung verbindlich und in den Kategorien des § 242 BGB zutreffend festgelegt.[254] Im Einzelnen müssen – damit die Bindungswirkung vom Auftraggeber reklamiert werden kann – **folgende 5 Voraussetzungen kumulativ** vorliegen:

116 aa) Zunächst muss sich die Erstellung einer neuen Rechnung auf Mindestsatzbasis als **widersprüchliches Verhalten** des Auftragnehmers darstellen. Ein solches Verhalten ist im Regelfall zu bejahen, wenn keine besonderen Umstände das Abweichen von der ursprünglich getroffenen Honorarvereinbarung rechtfertigen. Das gilt sowohl dann, wenn der Auftragnehmer die Honorarvereinbarung vorgeschlagen hat als auch dann, wenn der Auftraggeber sie verlangt hat. Wendet sich der Auftraggeber später selbst gegen die getroffene Honorarvereinbarung, dann ist das Verhalten des Auftragnehmers, nunmehr den richtigen Mindestsatz abzurechnen, nicht wider-

---

1782 = NJW-RR 2010, 1319 = NZBau 2010, 569 = Analyse *Koeble* auf www.jurion.de/Modul Werner Baurecht; KG Urt. v. 13.01.2011 – 27 U 34/10 = Analyse *Koeble* auf www.jurion.de/Modul Werner Baurecht; *Koeble* in Koeble/Kniffka, Kompendium, 12. Teil, Rn. 276 ff.; zum Ganzen *Neuenfeld* BauR 1998, 458; *Th. Schwarz* BauR 2001, 708; *Weber*, FS Mantscheff, 2000, S. 33; *Werner* in *Werner/Pastor*, Rn. 767 ff.
251 Zutreffend OLG Hamm BauR 2008, 2062 = NZBau 2009, 48 m. NZB des BGH v. 13.03.2008 – VII ZR 208/06.
252 BGH BauR 1997, 677 = NJW 1997, 2329 = LM Heft 10/1997 HOAI Nr. 35 m. Anm. *Koeble* = ZfBR 1997, 250 und BGH v. 27.10.2011 – VII ZR 163/10 = BauR 2012, 271 = NJW 2012, 848 = NZBau 2012, 174 = Analyse *Koeble* auf www.jurion.de/Modul Werner Baurecht; mit dieser Entscheidung wurde das Urt. des OLG Stuttgart v. 21.09.2010 – 10 U 50/10 = NZBau 2011, 110 aufgehoben; das OLG hatte in Einklang mit der h. M. in der Literatur einen Ausnahmefall wegen ständiger Geschäftsbeziehung angenommen; vgl. auch OLG Düsseldorf BauR 2012, 284; OLG Düsseldorf BauR 2009, 1616; OLG Naumburg NZBau 2014, 439 m. Anm. *Fuchs* und zum Ganzen *Koeble* BauR 2009, 381.
253 BGH a. a. O., vorherige Fn.
254 Vgl. den Musterfall OLG Köln NJW-RR 2007, 455; OLG Düsseldorf BauR 2012, 284; OLG München BauR 2013, 984 = NJW-RR 2013, 922; Korbion/Mantscheff/Vygen-Galda, § 7 Rn. 64 ff.; *Werner* in *Werner/Pastor*, Rn. 767 ff.; *Kniffka/Koeble*, Kompendium, 12. Teil, Rn. 429 ff.

sprüchlich.²⁵⁵ Entsprechendes gilt, wenn sich die für den Abschluss der Honorarvereinbarung maßgebende Situation geändert hat. In diesem Zusammenhang können höhere anrechenbare Kosten oder eine unerwartet längere Bauzeit eine Rolle spielen.²⁵⁶ Bei Änderungen der anrechenbaren Kosten müssen dabei keineswegs die Voraussetzungen für die Störung der Geschäftsgrundlage vorliegen. Vielmehr genügt eine nennenswerte Abweichung ab einem Bereich von etwa 10 %.²⁵⁷ Für die Umstände, die gegen widersprüchliches Verhalten sprechen, ist der **Auftragnehmer darlegungs- und beweispflichtig.**²⁵⁸ Dazu gehören z. B. eine längere Bauzeit, Änderungen der Planung oder des Baukonzepts oder des Bauvolumens und der Kosten. Nicht erforderlich ist, dass diese Umstände erheblich anders werden, und die Voraussetzungen für die Störung der Geschäftsgrundlage müssen ebenso wenig vorliegen.

bb) Weitere Voraussetzung für die Bindung an die (unwirksame) Honorarvereinbarung ist, dass der Auftraggeber **auf die Wirksamkeit** der Honorarvereinbarung **vertraut** hat. Auch hier sind sämtliche Umstände, vor allem im Zusammenhang mit dem Abschluss der Vereinbarung von Bedeutung. Äußerungen und Schreiben im Vorfeld können Rückschlüsse auf das Vertrauen in die Wirksamkeit zulassen. Die **Erstdarlegungslast** hinsichtlich des Merkmals »Vertrauen« trifft den Auftraggeber. Umstände, die gegen dessen Vertrauen sprechen, muss jedoch der **Auftragnehmer darlegen und beweisen.**²⁵⁹ Solche Umstände können darin liegen, dass der Bauherr dem Architekten vorwirft, nicht nach HOAI abgerechnet zu haben.²⁶⁰ Entsprechendes gilt dann, wenn der Auftraggeber vom Auftragnehmer im Vorfeld eine Abrechnung auf Mindesthonorarbasis nach HOAI verlangt. 117

cc) Weitere Voraussetzung ist, dass der Auftraggeber **auf die Wirksamkeit** der Honorarvereinbarung **vertrauen durfte.** Hier kommt nun ein subjektives Element (Schutzwürdigkeit) hinzu. Der Auftraggeber, der sich vor Abschluss des Architektenvertrages über Möglichkeiten der Unterschreitung des Mindestsatzes erkundigt und den Mindestsatz dabei kennen lernt, ist im Regelfall nicht schutzwürdig. Entsprechendes gilt für denjenigen **Auftraggeber**, der **den Mindestsatzcharakter** aufgrund beruflicher Erfahrung **kennt**, Letzteres gilt für Wohnungsbauunternehmen 118

---

255 Ebenso OLG Oldenburg BauR 2004, für den Fall, dass sich der Auftraggeber gegen eine von ihm selbst vorgeschlagene Honoraranpassungsklausel wendet und auch den nach seiner Meinung offenstehenden Restbetrag nicht auszahlt.
256 Vgl. aber OLG Köln NJW-RR 2007, 455, das die gestiegenen Baukosten zu Recht dann nicht berücksichtigt, wenn der Auftragnehmer die Pauschalhonorarvereinbarung in seine Schlussrechnung umgesetzt hat.
257 Vgl. OLG Oldenburg BauR 2004, 526 für eine Steigerung von 1 000 000 DM auf 1 364 000 DM.
258 Ebenso OLG Köln NJW-RR 2007, 455.
259 OLG Köln NJW-RR 2007, 455.
260 Vgl. dazu KG Urt. v. 08.05.2007 – 7 U 37/05, Analyse *Koeble* auf www.jurion.de/Modul Werner Baurecht; OLG Brandenburg BauR 2008, 127 betreffend die Rückforderung von Honorar; OLG Düsseldorf BauR 2009, 1616, wenn sich der AG von einer Honorarvereinbarung lösen will.

§ 7 HOAI Honorarvereinbarung

als Auftraggeber, aber insbesondere auch für sachkundige Abteilungen von öffentlichen Auftraggebern und ferner auch für Architekten und Ingenieure (z. B. als Generalplaner) als Auftraggeber selbst im Verhältnis zu Subplanern;[261] zum Verhältnis General- und Subplaner vgl. Einl. Rdn. 424 ff.). Wird der Auftraggeber in den Vertrags- und Honorarverhandlungen durch einen des Mindestpreischarakters Kundigen (z. B. durch einen Architekten bei Verhandlungen mit Ingenieuren) vertreten, dann muss er sich die Kenntnis zurechnen lassen.[262] Gleiches gilt für Auftraggeber, die sich bei Vertragsabschluss von einem Rechtsanwalt oder einem Projektsteuerer vertreten bzw. beraten lassen.[263] Bei bestimmten Projekten, die von ihrer Größe her Erfahrung und Kenntnisse im Bauwesen verlangen, kann das normalerweise ebenfalls angenommen werden.[264] Alle diese Auftraggeber werden sich **in der Regel nicht auf Unkenntnis** des Mindestpreischarakters berufen können. An dieser Ausgangslage hat sich auch durch **zwei Entscheidungen des BGH** nichts geändert. Danach sind aber **Ausnahmen** möglich. Vor allem dann, wenn sich ein professioneller Auftraggeber (Bauträger) auf eine in der höchstrichterlichen Rechtsprechung noch nicht geklärte Rechtsfrage in einer vertretbaren Weise entscheidet.[265] Dies gilt z. B., wenn der Auftraggeber in vertretbarer Weise Voraussetzungen für gegeben hält, die eine Mindestsatzunterschreitung ausschließen, wobei als Beispiel zu nennen ist, dass der Auftraggeber glaubt, der erteilte Auftrag enthalte nicht alle vollständigen Grundleistungen und es sei deshalb eine Kürzung des Honorars geboten.[266] In die-

---

[261] Ebenso OLG Oldenburg BauR 2004, 526, OLG Köln NZBau 2005, 467; OLG Köln NJW-RR 2007, 455; KG Urt. v. 07.07.2005 – 4 U 113/04; KG Urt. v. 13.01.2011 – 27 U 34/10 = Analyse *Koeble* auf www.jurion.de/Modul Werner Baurecht; OLG Hamm BauR 2010, 1782 = NJW-RR 2010, 1319 = NZBau 2010, 569 = Analyse *Koeble* auf www.jurion.de/Modul Werner Baurecht für einen professionellen Bauträger; OLG München BauR 2013, 984 = NJW-RR 2013, 922 = NZBau 2013, 317 betr. Geschäftserfahrung als AG von 2 BAB-Brücken; a. A. für ein Immobilienunternehmen OLG Düsseldorf BauR 2012, 284.
[262] OLG Köln Urt. v. 03.11.1999 – 26 U 14/99; ebenso Thür. OLG Jena Urt. v. 04.11.2003 – 5 U 1099/01 sowie NZ-Beschl. BGH v. 24.02.2005 – VII ZR 337/03 für einen Baubetreuer als Vertreter des Bauherrn.
[263] OLG Frankfurt BauR 2007, 1906 = Analyse *Koeble* auf www.jurion.de/Modul Werner Baurecht = BauR 2008, 703.
[264] OLG Hamm Urt. v. 26.07.2007 – 24 U 69/05, Analyse *Koeble* auf www.jurion.de/Modul Werner Baurecht für den Auftraggeber eines größeren Fachmarktzentrums mit Kosten von 10.000.000 €, welcher die Entwicklung, den Bau und die Vermietung des Projekts durchführt.
[265] BGH BauR 2009, 523 = NZBau 2009, 33 = ZfBR 2009, 146; BGH v. 27.10.2011 – VII ZR 163/10 = BauR 2012, 271 = NJW 2012, 848 = NZBau 2012, 174 = Analyse *Koeble* auf www.jurion.de/Modul Werner Baurecht; mit dieser Entscheidung wurde das Urt. des OLG Stuttgart v. 21.09.2010 – 10 U 50/10 = NZBau 2011, 110 aufgehoben; das OLG hatte in Einklang mit der h. M. in der Literatur einen Ausnahmefall wegen ständiger Geschäftsbeziehung angenommen.
[266] BGH Urt. v. 27.10.2011 – VII ZR 163/10 = BauR 2012, 271 = NJW 2012, 848 = NZBau 2012, 174 = Analyse *Koeble* auf www.jurion.de/Modul Werner Baurecht.

sem Zusammenhang kann es nach Auffassung des BGH sogar ausreichen, wenn der Auftraggeber »auf der Grundlage einer vertretbaren Rechtsauffassung davon ausgeht, die Preisvereinbarung sei wirksam«. Ein Rechtsirrtum über die Voraussetzungen des § 4 Abs. 2 HOAI a. F. lässt nach der Entscheidung des BGH nicht ohne weiteres das schutzwürdige Vertrauen entfallen. Auch andere Umstände können das besondere Vertrauen und die Schutzwürdigkeit rechtfertigen. Dafür genügt es nach Auffassung des BGH zwar noch nicht, wenn eine einmalige Bereitschaft bestehe, einen Vertrag unterhalb der Mindestsätze abzuschließen und schließlich auch auf der Basis einer (unwirksamen) Pauschalhonorarvereinbarung abzurechnen. Jedoch ist nach seiner Auffassung gerade die »ständige Geschäftsbeziehung«, im Rahmen derer »eine Vielzahl von Verträgen ... unter den Mindestsätzen abgeschlossen« wurden, geeignet, ein besonderes Vertrauen in eine Pauschalabrede zu erwecken. Die »Beständigkeit« hinsichtlich der Mindestsatzunterschreitung kann nach der Entscheidung des BGH ein entscheidender Umstand sein.[267] Maßgebend war nach bisher herrschender Auffassung die Kenntnis des Mindestpreischarakters der HOAI. Dagegen kam es auf die Frage, ob der Auftraggeber sich auf die Treue seines Vertragspartners zur Honorarvereinbarung verlassen konnte, nicht an.[268] Dem hat nun der BGH jedoch widersprochen und erklärt, dass es einem Auftragnehmer nach Treu und Glauben versagt sein könne, nach Mindestsätzen abzurechnen, wenn er durch sein Verhalten ein besonderes Vertrauen des Auftraggebers dahin erweckt habe, er werde sich an die unter dem Mindestsatz liegende Pauschalvereinbarung halten.[269] Dafür genügt es allerdings noch nicht, wenn eine einmalige Bereitschaft besteht, einen Vertrag unterhalb der Mindestsätze abzuschließen. Eine ständige Geschäftsbeziehung, im Rahmen derer eine Vielzahl von Verträgen unter den Mindestsätzen abgeschlossen wird, könne allerdings geeignet sein, einen Vertrauenstatbestand in zulässiger Weise entstehen zu lassen.[270] Ein nachträgliches Verhalten des Auftraggebers lässt nicht immer Rückschlüsse auf seine Kenntnis zum Zeitpunkt der Auftragserteilung zu.[271]

dd) Sodann ist weitere Voraussetzung, dass sich der Auftraggeber **auf die Wirksamkeit der Honorarvereinbarung eingerichtet** hat. Nach der ersten Entscheidung des

119

---

267 BGH Urt. v. 27.10.2011 – VII ZR 163/10 = BauR 2012, 271 = NJW 2012, 848 = NZBau 2012, 174 = Analyse *Koeble* auf www.jurion.de/Modul Werner Baurecht.
268 Ebenso OLG Hamm BauR 2008, 2062 = NZBau 2009, 48 m. NZB des BGH v. 13.03.2008 – VII ZR 208/06; a. A. OLG Stuttgart BauR 2003, 1423 für das Verhältnis zu einem Subplaner; vgl. dazu unten Rdn. 125 ff.
269 BGH v. 27.10.2011 – VII ZR 163/10 = BauR 2012, 271 = NJW 2012, 848 = NZBau 2012, 174; mit dieser Entscheidung wurde das Urt. des OLG Stuttgart v. 21.09.2010 – 10 U 50/2010 = NZBau 2011, 110 aufgehoben; das OLG hatte in Einklang mit der h. M. in der Literatur einen Ausnahmefall wegen ständiger Geschäftsbeziehung angenommen.
270 BGH v. 27.10.2011 – VII ZR 163/10 = BauR 2012, 271 = NJW 2012, 848 = NZBau 2012, 174.
271 OLG Köln NJW-RR 2007, 455 für den Sachverhalt, dass der Auftraggeber die Prüfbarkeit und Fälligkeit der Honorarforderung im Rechtsstreit gerügt hat; anderes gilt aber, wenn er die Honorarvereinbarung bestreitet bzw. Abrechnung nach HOAI verlangt.

BGH gilt dies z. B. für einen Bauträger, der auf der Basis einer mit dem Architekten getroffenen Honorarvereinbarung die Preise für die von ihm zu veräußernden Häuser oder Wohnungen kalkuliert hat.[272] Entsprechendes gilt aber auch für private Bauherren, die auf der Grundlage der Honorarvereinbarung ihre Finanzierung beantragen und genehmigt bekommen. Gleiches gilt für Förderanträge, die unter Berücksichtigung der Honorarpauschale als Baunebenkosten gestellt werden.[273] Eine bloße Erklärung des Auftragnehmers, er werde die Abrechnung nach der HOAI rechtlich überprüfen lassen, lässt die Voraussetzung noch nicht entfallen, zumal dann, wenn der Auftraggeber sich bereits vorher bei der Vertragsgestaltung darauf verlassen hat, nicht mehr bezahlen zu müssen.[274] Im Rechtsstreit müssen dazu die **Tatsachen substanziiert vorgetragen** werden. Es genügt also nicht die floskelhafte Behauptung, der Auftraggeber habe sich »im Rahmen der Finanzierung« auf die Honorarvereinbarung eingestellt.[275] Weist der Auftraggeber die Schlussrechnung sofort zurück, fehlt es normalerweise an einem »Einrichten«.[276] Ob die Zahlung des Restbetrages aus der Schlussrechnung ein »Einrichten« darstellt, muss im Einzelfall geklärt werden. Jedenfalls ist in den meisten Fällen der Nichtzahlung das Einrichten zu verneinen.[277]

120   ee) Weitere Voraussetzung für einen Ausschluss der Nachforderung auf Mindestpreisbasis ist, dass dem Auftraggeber »die **Zahlung des Differenzbetrages**« nach Treu und Glauben **nicht zugemutet** werden kann. Dazu wird die Meinung vertreten, ein solcher Fall liege nicht schon dann vor, wenn die Folgen für die betroffene Vertragspartei nur hart seien. Vielmehr müsse gefordert werden, dass die Folgen schlechthin untragbar seien.[278] Eine unzumutbare Belastung kann sich nicht nur

---

272 Vgl. dazu OLG Düsseldorf BauR 2012, 284 und OLG Dresden Urt. v. 28.10.2003 – 9 U 2083/01; zu einem Baubetreuungsfall vgl. BGH BauR 1997, 677 = NJW 997, 2329 = LM Heft 10/1997 HOAI Nr. 35 m. Anm. *Koeble* = ZfBR 1997, 250 und dazu die Folgeentscheidung OLG Zweibrücken Urt. v. 12.03.1998 – IBR 1999, 259 *Schulze-Hagen*; OLG Köln NZBau 2005, 467 für die sofortige Zurückweisung einer Schlussrechnung.
273 OLG Köln NJW-RR 2007, 455.
274 BGH v. 27.10.2011 – VII ZR 163/10 = BauR 2012, 271 = NJW 2012, 848 = NZBau 2012, 174; mit dieser Entscheidung wurde das Urt. des OLG Stuttgart v. 21.09.2010 – 10 U 50/10 = NZBau 2011, 110 aufgehoben; das OLG hatte in Einklang mit der h. M. in der Literatur einen Ausnahmefall wegen ständiger Geschäftsbeziehung angenommen.
275 So mit Recht OLG Düsseldorf BauR 2002, 510 und OLG Koblenz NZBau 2005, 466; OLG Köln NJW-RR 2007, 455, wonach es aber ausreicht, wenn Förderanträge vorgelegt werden, in denen die gesamten Baunebenkosten mit 10 % angegeben sind und dies der Höhe des Honorars auf der Grundlage der Pauschalvereinbarung entspricht.
276 OLG Köln NZBau 2005, 467; vgl. für die Bindungswirkung an die Schlussrechnung OLG Düsseldorf BauR 2007, 1767 = Analyse *Koeble* auf www.jurion.de/Modul Werner Baurecht für den Fall, dass die Abrechnung nicht den Vereinbarungen zwischen den Parteien entspricht, inhaltlich falsch ist und vom Auftraggeber deshalb zurückgewiesen wird.
277 OLG Düsseldorf NJW-RR 2015, 400.
278 Hans. OLG Hamburg Urt. v. 10.03.2004 – 11 W 4/03, berichtet in IBR 2004, 258, welches bei einer Differenz zwischen 94 000 € als Pauschalhonorarvereinbarung und 146 000 € als Mindestsatz noch kein unerträgliches Ergebnis annahm; OLG Hamm BauR 2004, 1643;

aus der konkreten Abrechnung im betreffenden Vertragsverhältnis ergeben, sondern bei Zusammenarbeit im Rahmen mehrerer Vertragsverhältnisse auch aus einer Vielzahl von Abrechnungen auf Mindestsatzbasis, weil nunmehr schlagartig wirtschaftliche Unzumutbarkeit insgesamt gegeben sein kann[279]

Für das Vorliegen der o. g. Umstände zusammen ist der **Auftraggeber darlegungs- und beweispflichtig**. Eine Ausnahme gilt hinsichtlich des Merkmals des widersprüchlichen Verhaltens, weil dem Auftraggeber insoweit Darlegungen nicht möglich sind. Will der Auftragnehmer den Vorwurf widersprüchlichen Verhaltens entkräften, dann muss er die entsprechenden Umstände dazu darlegen und beweisen. Zur Voraussetzung des »Einrichtens« auf die unwirksame Honorarvereinbarung muss dagegen der Auftraggeber von vornherein in substanziierter Form vortragen.[280] Eine Aufweichung der Grundsätze betreffend die Bindung an eine unwirksame Honorarvereinbarung ist nicht möglich. Aus diesem Grund genügt es auch nicht, wenn der Auftragnehmer wusste, dass sein Auftraggeber mit dem eigentlichen Bauherrn ebenfalls eine Honorarvereinbarung unterhalb der Mindestsätze getroffen hat.[281] Ebenso wenig reicht es aus, wenn weitere Aufträge zur Kompensation der Unterschreitung des Mindestsatzes in Aussicht gestellt wurden.[282] Auch die bloße Tatsache, dass der Generalplaner zwischen allen Stühlen sitzen würde, wenn sein Subplaner nachträglich die höheren Mindestsätze anfordert, rechtfertigt keineswegs das Abgehen von den Grundsätzen, welche die Rechtsprechung entwickelt hat.[283]

121

e) Unterschreitung des Mindestsatzes »in Ausnahmefällen« (Abs. 3)

Die ursprüngliche Fassung des § 4 Abs. 2 HOAI 1977, wonach die Mindestsätze nur in Ausnahmefällen unterschritten werden konnten, war nach Auffassung des BVerfG[284]

122

OLG Köln NJW-RR 2007, 455, wonach eine Steigerung um zwei Drittel nicht hinnehmbar ist; anders aber der Sachverhalt bei BGH BauR 1997, 677 = NJW 1997, 2329 = ZfBR 1997, 250, wonach 65 % als nicht erheblich angesehen wurden; OLG Hamm BauR 2010, 1782 = NJW-RR 2010, 1319 = NZBau 2010, 569 = Analyse *Koeble* auf www.jurion.de/Modul Werner Baurecht; wonach 42 % nicht unzumutbar sind; OLG München BauR 2013, 984 = NJW-RR 2013, 922 bei € 127 000,– statt pauschal € 54 000,–; *Scholtissek* NZBau 2009, 24 (26), wonach z. T. bis zu 85 % noch zumutbar sind; vgl. auch *Locher*, Rn. 505.

279 BGH v. 27.10.2011 – VII ZR 163/10 = BauR 2012, 271 = NJW 2012, 848 = NZBau 2012, 174; mit dieser Entscheidung wurde das Urt. des OLG Stuttgart v. 21.09.2010 – 10 U 50/10 = NZBau 2011, 110 aufgehoben; das OLG hatte in Einklang mit der h. M. in der Literatur einen Ausnahmefall wegen ständiger Geschäftsbeziehung angenommen.
280 Vgl. OLG Düsseldorf BauR 2002, 510; OLG Hamm BauR 1998, 819 = NJW-RR 1998, 811; ferner auch OLG Nürnberg BauR 1998, 1273 = NJW-RR 1998, 1713, das allerdings zu Unrecht ein Kündigungsrecht bei Geltendmachung des Mindestsatzes zubilligt.
281 A. A. OLG Köln NZBau 2003, 43.
282 A. A. OLG Köln NZBau 2003, 43 was hier aber die Frage des Ausnahmefalles hätte prüfen müssen; zum Letzteren vgl. unten Rdn. 122 ff.
283 A. A. OLG Nürnberg NJW-RR 2003, 1326.
284 NJW 1982, 373 = BauR 1982, 74.

unwirksam, da diese Einschränkung nicht von der Ermächtigungsvorschrift des Art. 10 §§ 1, 2 MRVG gedeckt war. Damit konnte der Mindestsatz auch dann unterschritten werden, wenn kein Ausnahmefall vorlag. Durch das Gesetz vom 12.11.1984[285] wurde in das MRVG eingefügt, dass die Mindestsätze durch schriftliche Vereinbarung »in Ausnahmefällen« unterschritten werden können (vgl. Einl. 1). Hierdurch war die Rechtsgrundlage für die 2. ÄndVO zur HOAI gegeben, die ihrerseits wiederum in § 4 Abs. 2 die Worte »in Ausnahmefällen« mit Wirkung zum 14.06.1985 eingefügt hatte.[286] Durch die HOAI 2013 wurden drei Sachverhalte ausdrücklich als Ausnahmefall normiert.[287]

123 Das Merkmal »in Ausnahmefällen« ist keineswegs nur in standesrechtlicher Hinsicht von Bedeutung. Vielmehr kann bei Hinzutreten besonderer Umstände auch zur Sicherung des Leistungswettbewerbs der Architekten und Ingenieure die Einhaltung des Mindestpreischarakters der HOAI verlangt werden.[288] Liegt kein Ausnahmefall vor, so steht dem Auftragnehmer der Mindestsatz zu.[289]

124 Der Begriff Ausnahmefall wird subjektiv und objektiv zu fassen sein. Subjektiv erlangt er insofern Bedeutung, als der einzelne Auftragnehmer nicht generell unterschreiten darf, sondern nur in Ausnahmefällen. Die größere Bedeutung liegt jedoch in objektiver Hinsicht:

»Ein Ausnahmefall, in dem die Unterschreitung der Mindestsätze zulässig ist, liegt vor, wenn aufgrund der besonderen Umstände des Einzelfalles unter Berücksichtigung des Zwecks der Mindestsatzregelung ein unter den Mindestsätzen liegendes Honorar angemessen ist.«[290]

Es »können alle die Umstände eine Unterschreitung der Mindestsätze rechtfertigen, welche das Vertragsverhältnis deutlich von den übrigen Vertragsverhältnissen unterscheiden« und es rechtfertigen, dass ein unter den Mindestsätzen liegendes Honorar angemessen ist.[291] Dabei sind sicherlich alle Umstände des Einzelfalles in subjektiver und objektiver Hinsicht zu berücksichtigen.[292]

---

285 BGBl. I S. 1337.
286 2. ÄndVO v. 10.06.1985 – BGBl. I S. 961.
287 Vgl. §§ 44 Abs. 7, 52 Abs. 5 und 56 Abs. 6 HOAI 2013.
288 Vgl. OLG Hamm BauR 1988, 366 = NJW-RR 1988, 466; *Lehmann* BauR 1986, 512; vgl. unten Rdn. 130 f.
289 Vgl. hierzu und auch zu den Ausnahmen davon oben Rdn. 102 ff.
290 BGH BauR 1997, 677 = NJW 1997, 2329 = LM Heft 10/1997 HOAI Nr. 35 m. Anm. *Koeble* = ZfBR 1997, 250; vgl. *De Pascalis*, Jahrb. BauR 2013, 125 (129 ff.) m. Überblick über die gesamte Rspr.
291 BGH v. 27.10.2011 – VII ZR 163/10 = BauR 2012, 271 = NJW 2012, 848 = NZBau 2012 174 – Analyse *Koeble* auf www.jurion.de/Modul Werner Baurecht; mit dieser Entscheidung wurde das Urt. des OLG Stuttgart v. 21.09.2010 – 10 U 50/10 = NZBau 2011, 110 aufgehoben; das OLG hatte in Einklang mit der h. M. in der Literatur einen Ausnahmefall wegen ständiger Geschäftsbeziehung angenommen.
292 *Stassen*, FS Koeble, S. 563.

Der BGH nahm mit diesen Sätzen eine gegenüber der früheren, in der Literatur herr- 125
schenden Auffassung weitere und offenere Position ein. Er ließ es damit zu, dass ein
Ausnahmefall nicht nur im persönlichen und/oder sozialen Bereich angenommen werden kann. Vielmehr genügt es nach der Entscheidung, dass »**enge Beziehungen rechtlicher, wirtschaftlicher, sozialer oder persönlicher Art** oder sonstige Besondere
Umstände« vorliegen. Solche letzteren, **besonderen Umstände** sollen sogar in der mehrfachen Verwendung einer Planung liegen, obwohl die HOAI dafür spezielle Vorschriften kennt. Letzteres ist deshalb unzutreffend. Zu beachten ist aber, dass ein Ausnahmefall sich aus zahlreichen Gründen ergeben kann. Als Beziehungen **rechtlicher Art** kann
z. B. die Verflechtung des Auftraggebers mit dem Auftragnehmer in Frage kommen. Als
Beziehungen **wirtschaftlicher Art** können ständige Geschäftsbeziehungen, z. B. ein
Rahmenvertrag zwischen einem Wohnungsbauunternehmen und einem Architekten
oder Ingenieur, genügen. Als Grund für einen »Rabatt« muss es nämlich ausreichen,
wenn durch **ständige Geschäftsbeziehungen** für den Auftragnehmer eine gewisse Sicherheit und Stabilität geschaffen wird und wenn darüber hinaus noch dem Auftragnehmer Teilleistungen oder auch die Koordinierungstätigkeit erleichtert oder gar erspart werden. Allerdings hat der **BGH** ausdrücklich erklärt, eine enge wirtschaftliche
Beziehung könne nicht allein daraus hergeleitet werden, dass ein Ingenieur als Nachunternehmer über längere Zeit eine **Vielzahl von Aufträgen** zu einem unter dem Mindestsatz liegenden Pauschalhonorar ausführt.[293] Er hat ausdrücklich entschieden, »die
wiederkehrende Zusammenarbeit von Ingenieuren in der Weise, dass der eine Ingenieur einen anderen als Nachunternehmer« beauftrage, sei keine ungewöhnliche Zusammenarbeit. Der Nachunternehmer verdiene deshalb den gleichen Schutz. Es sei
zwar denkbar, dass besondere Umstände vorliegen, die eine andere Beurteilung rechtfertigen könnten. Allein die Tatsache, dass der Auftragnehmer bis zu 20 % seines Jahresumsatzes aus solchen ziehe, reiche dafür aber nicht aus. Ebenso wenig genüge es, dass
der Auftragnehmer möglicherweise Leistungen teilweise kostengünstig im Ausland erbringen könne. Damit dürfte es nur noch seltene Fälle geben, in denen Rahmenverträge
oder ständige Geschäftsbeziehungen zwischen einem Auftraggeber und einem Auftragnehmer einen Ausnahmefall rechtfertigen können.[294] Die Entscheidung ist aber ersichtlich auf das Verhältnis zwischen einem Architekten oder Ingenieur als Auftraggeber für

---

293 BGH v. 27.10.2011 – VII ZR 163/10 = BauR 2012, 271 = NJW 2012, 848 = NZBau 2012, 174; zur Bindung an eine unwirksame Honorarvereinbarung in einem solchen Fall vgl. oben Rdn. 109 ff. und BGH v. 27.10.2011 – VII ZR 163/10 = BauR 2012, 271 = NJW 2012, 848 NZBau 2012, 174; KG v. 13.01.2011 – 27 U 34/10 = Analyse *Koeble* auf www.jurion.de/Modul Werner Baurecht, wonach der bloße Abschluss eines Rahmenvertrages nicht genügt, sondern eine ständige Geschäftsbeziehung erforderlich ist, durch welche für den Auftragnehmer eine gewisse Sicherheit und Stabilität begründet und darüber hinaus dem Auftragnehmer Teilleistungen oder auch die Koordinationstätigkeit erleichtert werden.

294 Gegen die Annahme eines Ausnahmefalls auch eindrücklich *Stassen*, FS Koeble, S. 563; OLG Stuttgart v. 31.03.2015 – 10 U 107/14 – verneint einen Ausnahmefall zutreffend für die Unterbreitung eines Pauschalangebots, mit welchem der Architekt die Eingehung einer ständigen Geschäftsbeziehung erreichen will.

einen anderen Architekten abgestellt. In der Amtlichen Begründung der Bundesregierung[295] hat nämlich der Verordnungsgeber zur 6. HOAI-Novelle ausdrücklich Folgendes erklärt:

»... ein Ausnahmefall kann auch angenommen werden, wenn eine ständige Geschäftsbeziehung zwischen den Parteien besteht, z. B. ein Rahmenvertrag zwischen einem Unternehmen und einem Architekten.«

Es wird zu klären sein, inwieweit die Amtliche Begründung eine gegenüber der Rechtsprechung des BGH zu § 4 Abs. 2 HOAI a. F. abweichende Beurteilung rechtfertigt. Die Amtliche Begründung ist zwar letzten Endes nicht der einzige Maßstab für die Auslegung, sie wird aber mit zu berücksichtigen sein. Ebenso werden die o. g. Umstände von Bedeutung sein. Im Ergebnis kann nach hier vertretener Auffassung nach § 7 Abs. 3 bei Vorliegen einer Geschäftsbeziehung auf gleicher Marktstufe dennoch ein Ausnahmefall gegeben sein.[296]

Nicht einsehbar ist es, dass der **außergewöhnlich geringe Aufwand** alleine für eine Unterschreitung genügen soll.[297] Ebenso wenig genügt das Interesse des Bauherrn an einer kostengünstigen Ausführung.[298] Die Rahmengebühren nach HOAI sind immer Risiko und Chance, weshalb ein besonders geringer Aufwand ebenso wenig eine Rolle spielt, wie ein besonders hoher und ruinöser Büroeinsatz. Ein Ausnahmefall kann allerdings vorliegen, wenn die Genehmigungsplanung nach standardisierten und aus einer Reihe von vorherigen Aufträgen bereits bekannten Vorgaben des Endkunden zu erstellen ist.[299] Die **Freundschaft** zwischen dem Auftraggeber und dem Auftragnehmer dürfte nicht grundsätzlich genügen.[300] Ebenfalls nicht als Ausnahmefall anzuerkennen ist es, wenn beide Parteien Mitglieder im gleichen Tennisverein sind und sich duzen und der Auftragnehmer sich bereits im Ruhestand befindet.[301] Mit den beiden zuletzt genannten Entscheidungen hat der BGH deutlich gemacht, dass ein Ausnahmefall nur

---

295 Vom 30.04.2009 – BR-Drucks. 395/09, S. 142–212 zu § 7 Honorarvereinbarung; abgedruckt z. B. bei *Koeble/Zahn*, Die neue HOAI 2009, S. 225.
296 OLG Düsseldorf Urt. v. 14.04.2016 – 5 U 73/14; a. A. *Stassen*, FS Koeble, S. 563 (570) unter Hinweis auf Entscheidungen, die ein Subverhältnis betrafen; dazu oben; wie hier schon für das alte Recht KG v. 13.01.2011 – 27 U 34/10 = Analyse *Koeble* auf www.jurion.de/Modul Werner Baurecht, wonach der bloße Abschluss eines Rahmenvertrages nicht genügt, sondern eine ständige Geschäftsbeziehung erforderlich ist, durch welche für den Auftragnehmer eine gewisse Sicherheit und Stabilität begründet und darüber hinaus dem Auftragnehmer Teilleistungen oder auch die Koordinationstätigkeit erleichtert werden.
297 *Locher*, Rn. 504; so aber von BGH a. a. O. angedeutet; vgl. auch OLG Naumburg BauR 2009, 267.
298 OLG Köln NZBau 2005, 467.
299 OLG Naumburg NZBau 2008, 774, welches hier den Auftragnehmer dann in der Pflicht sieht, die Umstände für einen Ausnahmefall zu erschüttern.
300 So jedenfalls für den Fall, dass sie sich erst im Laufe der geschäftlichen Zusammenarbeit entwickelt hat: BGH BauR 1997, 1062 = NJW-RR 1997, 1448 = ZfBR 1997, 305.
301 BGH BauR 1999, 1044 = ZfBR 1999, 272.

in besonderer Situation gegeben sein kann. Allerdings kann dies auch bei **Zusammentreffen mehrerer Umstände** zu bejahen sein, die für sich gesehen alleine nicht ausreichen würden. Notwendig ist also eine Gesamtbewertung aller Faktoren. Der Mindestpreischarakter verlangt diese einschränkende Auslegung. Nicht als Ausnahmefall einzustufen ist die Teilnahme an einem privaten Gutachterwettbewerb.[302] Die Beauftragung eines Architekten oder Ingenieurs als **Subplaners** durch einen Generalplaner stellt ebenfalls nicht von vornherein einen Ausnahmefall dar.[303] Ob und inwieweit die HOAI auf solche privaten Wettbewerbe anwendbar ist, ist eine andere Frage.[304]

Die Vertragsparteien müssen den Ausnahmefall nicht schriftlich fixieren. Es genügt, wenn der Ausnahmefall tatsächlich gegeben ist und später bewiesen werden kann. Die Beweislast für das Vorliegen trifft denjenigen, der den Ausnahmefall behauptet.[305] Folgt man der Auffassung, wonach auch der Mindestsatz wirksam nur durch Vereinbarung »bei Auftragserteilung« unterschritten werden kann (vgl. Rdn. 97), so muss der Auftraggeber auch diese Voraussetzung darlegen und beweisen. 126

23. Wettbewerbswidrige Angebote

Inzwischen geklärt ist die Frage, ob die Unterschreitung des Mindestsatzes auch ohne Vorliegen eines Ausnahmefalls wettbewerbswidrig ist.[306] Richtig ist, dass § 7 Abs. 3 eine »wertneutrale Ordnungsvorschrift« enthält, deren Verletzung nur dann einen Wettbewerbsverstoß darstellt, wenn besondere wettbewerbliche Merkmale hinzutreten, die das Verhalten auch aus wettbewerbsrechtlicher Sicht als anstößig erscheinen lassen.[307] Dies wird mit Recht bejaht, wenn sich ein Architekt oder Ingenieur bewusst und planmäßig über die Vorschriften der HOAI hinwegsetzt und für ihn erkennbar ist, dass er sich auf diese Weise einen sachlich nicht gerechtfertigten Vorsprung vor seinen Mitbewerbern verschafft. Derartige Umstände können gefolgert werden aus Angebotsschreiben, die die Bereitschaft zur Unterschreitung der Mindestsätze dokumentieren, aber auch durch entsprechende mündliche Erklärungen.[308] Entsprechendes gilt, wenn der Architekt oder Ingenieur im Hinblick auf ein bereits vorliegendes Honorarangebot eines anderen Auftragnehmers, das sich im Rahmen der Mindest- und Höchstsätze hält, ein Angebot unterhalb der Mindestsätze abgibt. Klagebefugt wegen eines solchen Wettbewerbsverstoßes nach § 13 Abs. 1 UWG sind – neben den unmittelbaren Wettbewerbern – auch die Berufsverbände und Kammern; zu den Berufsverbänden rechnen auch die Interessenverbände.[309] Wettbewerbswidrig ist es auch, wenn der Auf- 127

---

302 So BVerwG NJW-RR 1999, 1542 = NZBau 2000, 30 gegen VGH Kassel NJW-RR 1995, 1299.
303 Vgl. Einl. Rdn. 430 ff. und oben Rdn. 118.
304 Vgl. dazu unten Rdn. 130.
305 Ebenso *Korbion/Mantscheff/Vygen*, 6. Aufl., § 4 Rn. 86.
306 Vgl. BGH BauR 1991, 638; *Locher* BauR 1995, 146.
307 OLG Hamm BauR 1988, 366 = NJW-RR 1988, 466; LG Nürnberg/Fürth BauR 1993, 105; ebenso Korbion/Mantscheff/Vygen-*Galda*, § 7 Rn. 57; *PDKR*, § 7 Rn. 54.
308 Vgl. OLG Hamm BauR 1988, 366; LG Nürnberg/Fürth BauR 1993, 105.
309 OLG Hamm BauR 1988, 366 m. Anm. *Sangenstedt*.

traggeber für bestimmte Leistungen ein Honorar in Höhe von null Euro anbietet, was dazuhin noch einen Verstoß gegen § 11 Abs. 5 S. 3 VOF 2009 darstellt.[310]

24. Wettbewerbswidrige Ausschreibungen von Auftraggebern; Teilnahme an Wettbewerben

128 Wegen Verstoßes gegen den Mindestpreischarakter können auch Ausschreibungen von Auftraggebern wettbewerbswidrig sein. So hat der BGH[311] mit Recht die Wettbewerbswidrigkeit eines Blanketts eines öffentlichen Auftraggebers bejaht, in dem Ingenieure als Anbieter dazu verleitet wurden, mehrere Objekte zu einem zusammenzufassen, wodurch natürlich infolge Degression der Honorartafel ein niedrigeres Honorar als der Mindestsatz vereinbart werden sollte. Entsprechendes wurde im Hinblick auf die vertragliche Zugrundelegung einer Honorartafel für mehrere Bauvorhaben bestätigt und auch im Hinblick auf das Verleiten eines Auftragnehmers zur Reduzierung der Prozentsätze aus den einzelnen Leistungskatalogen. Verneint hat der BGH in der Entscheidung einen Verstoß gegen den Mindestpreischarakter durch kostenloses Angebot von Besonderen Leistungen oder Nichtabrechnung von Nebenkosten. Das LG Marburg[312] hat die Anfrage eines (öffentlichen) Auftraggebers für ein »Bauvorhaben Parkierungsgebäude Uni-Gelände« ebenfalls beanstandet. Die Aufforderung, ein Honorarangebot zu machen, ist dann wettbewerbswidrig, wenn die zu erbringenden Leistungen nicht genau bezeichnet sind, da es dann zu einer Unterschreitung des Mindestsatzes kommen kann,[313] und auch dann, wenn sie dem Auftragnehmer die Unterschreitung nahelegt.[314]

129 Entsprechendes gilt auch für Ausschreibungen.[315] Gleiches gilt auch für Honorarangebote privater Auftraggeber, mit denen die Prozentsätze des § 15 HOAI herabgesetzt werden, ohne dass dem eine echte Reduzierung der Leistung entspricht.[316] Wettbewerbswidrig ist es auch, wenn der Auftraggeber um Abgabe von Angeboten »in Anlehnung an die HOAI« bittet.[317] Nicht nur die ausdrückliche Aufforderung an Architekten oder Ingenieure, Angebote unterhalb der Mindestsätze abzugeben, ist wettbewerbswidrig.[318] Vielmehr genügt es, wenn die Honoraranfrage im Ergebnis zu einer

---

310 So mit Recht VK BW v. 19.04.2011 – 1 VK 14/11 mit Werkstattbeitrag IBR v. 02.05.2011 *Kulartz/Stieber*; dazu oben Rdn. 87 ff.
311 BauR 1991, 638.
312 BauR 1994, 271.
313 Vgl. zum Ganzen auch *Osenbrück* DAB 1992, 83.
314 OLG Düsseldorf BauR 2001, 274.
315 OLG Celle BauR 1995, 266, auch zur Störereigenschaft und zur Wiederholungsgefahr; ein Auftraggeber, der den Auftragnehmer zum Unterbieten der HOAI anstiftet, kann aber nicht selbst als Störer auf Unterlassung in Anspruch genommen werden, vgl. BGH NZBau 2003, 622; OLG München BauR 1996, 283 = NJW-RR 1996, 1517; OLG Düsseldorf NZBau 2000, 78; OLG Düsseldorf BauR 2001, 274; zum Ganzen *Locher* BauR 1995, 146.
316 LG Nürnberg/Fürth BauR 1993, 105.
317 OLG Bremen v. 14.11.1996 – 2 U 75/96 – AHO-Info 8/97.
318 Dazu OLG München BauR 1996, 283.

Unterschreitung des Mindestsatzes führt, indem beispielsweise die Honorarbasis fehlt, eine Bewertung der Grundleistungen nicht in Prozent erfolgt, das Erstellen der bauphysikalischen Nachweise (Wärme- und Schallschutz) als Besondere Leistung eingeordnet wird oder der Umbau- und Anpassungszuschlag als Besondere Leistung eingesetzt wird.[319]

Die **Teilnahme an Wettbewerben** nach GRW oder neueren Bedingungen (RPW bzw. VOF) ist dagegen zulässig. Die HOAI gilt hier **bis zur Preisverleihung** nicht. Z. T. wird dies mit einer Analogie zu den Vorschriften über das Preisausschreiben (§ 661 BGB) begründet.[320] Eine andere Auffassung argumentiert, es bestehe keine Leistungspflicht des Architekten und damit fehle die Grundlage für die HOAI.[321] Z. T. war sogar ein Ausnahmefall i. S. d. § 4 Abs. 2 HOAI a. F. angenommen worden (vgl. dazu oben Rdn. 122 ff.). Richtig ist es, sowohl für den Wettbewerb nach GRW als auch für private Wettbewerbe die HOAI überhaupt nicht anzuwenden.[322] Durch mündliche Vereinbarung zwischen den Parteien können Architektenleistungen z. B. kostenlos zu erbringen sein oder die Honorarpflicht von einer Bedingung abhängig gemacht werden (vgl. dazu Einl. Rdn. 60 ff., 64 f.). Derartige Vereinbarungen sind jederzeit wirksam. Die Frage der Vergütungspflicht bemisst sich nämlich nach bürgerlichem Recht. Die HOAI kann hier als Verordnung keine Wirkung entfalten. Auch nach der Preisverleihung ist die HOAI in der **Phase der Überarbeitung** nicht anwendbar, sodass Honorarvereinbarungen mit abweichendem Inhalt wirksam sind.[323] Beim **privaten Wettbewerb** und auch bei einem Wettbewerb auf der Grundlage der GRW geschieht nichts anderes: hier wird Akquisition vertraglich als kostenlos oder mit einer Aufwandsentschädigung durch Preisgeld oder Ankauf vereinbart, was erst recht möglich sein muss. Auch wenn ein entgeltlicher Werkvertrag im Einzelfall vorliegt, sind solche Wettbewerbe dennoch zulässig, weil die Schutzfunktion des Mindestpreischarakters hier nicht eingreift.[324] Die HOAI findet auch in einem **VOF-Verfahren** keine Anwendung, wenn für die Erstellung einer Planungsstudie eine »Entschädigung« von € 6.000 angeboten wird und der Auftragnehmer damit einverstanden war. Hier kann nicht hinterher nach den richtigen Mindestsätzen (konkret: € 250.000) abgerechnet werden.[325]

130

---

319   OLG Düsseldorf NZBau 2000, 578.
320   *Neuenfeld/Großcurth*, Handbuch des Architektenrechts Bd. 1 Abschnitt 8 Rn. 16 f.; *Loritz* BauR 1994, 38 [43].
321   *Weinbrenner/Jochem*, Der Architektenwettbewerb, S. 38 f.
322   BGH Urt. v. 19.04.2016 – X ZR 77/14 = NZBau 2016, 368 auch für die Überarbeitung der Wettbewerbsaufgabe; *Koeble* LM Heft 8/1996 § 305 BGB, Nr. 65; BGH BauR 1997, 490 = ZfBR 1997, 182 konnte die Frage offen lassen, weil der Unterlassungsanspruch gegen den Auslober gerichtet war und dessen Störereigenschaft wegen der unklaren Rechtslage zu verneinen war.
323   BGH Urt. v. 19.04.2016 – X ZR 77/14 = NZBau 2016, 368. *Motzke* NZBau 2016, 603; vgl. auch Einl. Rdn. 49 und § 1 Rdn. 5.
324   BVerfG v. 26.09.2005 – 1 BvR 82/03 = BauR 2005, 1946 m. Anm. *Schwenker* = NZBau 2006, 181; vgl. § 1 Rdn. 41.
325   OLG Frankfurt Beschl. v. 23.07.2014 – 13 U 44/12, nicht rechtskräftig, weil der BGH mit Beschl. v. 21.04.2015 – X ZR 77/14 – die Nichtzulassungsbeschwerde angenommen hat.

§ 7 HOAI Honorarvereinbarung

25. Beweislast für die Behauptung, es sei ein bestimmtes Honorar vereinbart

131 Der Mindestpreischarakter und vor allem das Schriftformerfordernis in Abs. 3 haben besondere Bedeutung für die Frage der Beweislast bei behaupteter Pauschalhonorarvereinbarung durch den Auftraggeber. Die Rechtsprechung geht dahin, dass der Auftraggeber für die Vereinbarung der kostenlosen Tätigkeit des Architekten beweispflichtig sei (vgl. i. E. Einl. Rdn. 60 ff.). Behauptete jedoch der Auftraggeber, es sei eine geringere Vergütung als die nach der GOA vereinbart worden, so hatte der Auftragnehmer die Beweislast für das Gegenteil, wenn die Honorarvereinbarung substanziiert vom Auftraggeber behauptet worden war.[326] Nach der HOAI ist die Situation grundsätzlich anders. Fehlt eine schriftliche Vereinbarung, so können die Mindestsätze nach Abs. 2 nicht wirksam unterschritten werden. Die Behauptung des Auftraggebers, es sei **mündlich** ein **niedrigeres Honorar** vereinbart worden, ist unschlüssig, da für die Vereinbarung eines niedrigeren Honorars Schriftform erforderlich ist.[327] Allerdings wird auch hier – wie im Falle des § 313 BGB – ausnahmsweise eine Korrektur nach Treu und Glauben notwendig sein. Ein schlechthin unerträgliches Ergebnis liegt z. B. dann vor, wenn der Auftraggeber den Auftragnehmer arglistig von der Wahrung der Form abgehalten hat oder wenn der Auftraggeber vom Auftragnehmer auf ausdrückliches Befragen die falsche Antwort erhält, Schriftform sei für die Unterschreitung der Mindestsätze nicht erforderlich. Für solche Behauptungen trifft den Auftraggeber aber die Beweislast. Die Auffassung, wonach auch eine mündliche Vereinbarung Beweiskraft entsprechend der Rechtsprechung des BGH (vgl. Rdn. 115 ff.) zur Bindungswirkung habe, geht demgegenüber zu weit.[328]

26. Der Höchstpreischarakter und die möglichen Verstöße

a) Der richtige Höchstsatz

132 Ebenso wie ihre Vorgängerin GOA und die ehemalige GOI hat die HOAI Höchstpreischarakter. Die Höchstsätze gelten für alle Arten der Honorarvereinbarungen, also auch für die Vereinbarung eines Pauschalhonorars.[329] Höchstsätze sind dabei nicht nur die Höchstbeträge nach den Honorartafeln, sondern auch andere Festsetzungen der HOAI (vgl. Rdn. 22). Dagegen stellen die einzelnen Bemessungsgrundlagen, die die HOAI für die Berechnung eines bestimmten Honorars zur Verfügung stellt, keine absoluten Grenzen dar. Ein Verstoß gegen den Höchstpreischarakter liegt nicht schon dann vor, wenn die vertragliche Honorarvereinbarung **einzelne**, in der HOAI vorgesehene **Parameter für die Honorarberechnung** verändert. Maßgebend ist vielmehr alleine, ob das gesamte, nach den vertraglichen Regelungen berechnete Honorar höher liegt als dasjenige, welches sich bei einer fiktiven Honorarberechnung ergibt, welche an

---

326 Z. B. BGH NJW 1980, 122 = BauR 1980, 84 = SFH Nr. 1 zu § 19 GOA; BGH BauR 1983, 366 = SFH Nr. 12 zu § 632 BGB = ZfBR 1983, 186 zum Bauvertrag; Palandt/*Thomas*, § 632 Anm. 4 m. w. N.
327 Ebenso OLG Stuttgart Urt. v. 04.02.1981 – 1 U 67/80, abgedruckt in DAB 1981, 907.
328 So aber KG BauR 1999, 432 = NJW-RR 1999, 242.
329 Zu den Möglichkeiten der Honorarvereinbarung vgl. Rdn. 23 ff.

den richtigen Bemessungsgrundlagen der HOAI orientiert ist.[330] Schließen die Parteien z. B. die Berücksichtigung der ortsüblichen Vergütung bei Eigenleistungen (entgegen § 4 Abs. 2) aus oder legen sie eine andere Honorarzone zugrunde oder fassen sie mehrere Objekte zu einem Objekt abrechnungstechnisch zusammen oder vereinbaren sie einen niedrigeren oder höheren Umbauzuschlag als in der HOAI vorgesehen, dann ist die Honorarvereinbarung noch nicht per se unwirksam. Erst bei einer **Gesamtwürdigung** der getroffenen Honorarvereinbarung mit dem richtig berechneten Mindest- oder Höchstsatz ergibt sich, ob die Honorarvereinbarung nicht doch Bestand hat.[331] Die Wirksamkeit einer Honorarvereinbarung zwischen den Parteien ist damit nicht an einzelnen Vorschriften oder Bemessungsgrundlagen der HOAI zu messen, sondern im Vergleich zu einer fiktiven Berechnung des eigentlich zulässigen, nach den richtigen Faktoren der HOAI ermittelten Höchsthonorars.[332]

In diese fiktive Berechnung des Höchsthonorars sind auch etwa vereinbarte und zum Honorar nach HOAI zusätzlich zu erbringende Leistungen (z. B. die heute nicht mehr in der HOAI geregelten Besonderen Leistungen) einzubeziehen. Wurde z. B. ein Pauschalhonorar für alle Leistungen aus der Objektplanung Gebäude bei anrechenbaren Kosten von 300 000 € und Honorarzone III in Höhe von 40 000 € (Höchstsatz: 37 643 €). vereinbart, so muss in die Berechnung des höchstzulässigen Honorars auch die zusätzliche Vergütung für eine Besondere Leistung Bauvoranfrage mit einbezogen werden, wenn der Auftragnehmer diese vereinbarungsgemäß erbracht hat.

b) Darlegungs- und Beweislast

Die Darlegungs- und Beweislast dafür, dass eine nach der HOAI formell wirksame Honorarvereinbarung den Höchstpreischarakter verletzt, trifft den Auftraggeber. Da die HOAI die abweichende Honorarberechnung aufgrund einer Vereinbarung zulässt und für die Honorarvereinbarung bestimmte formelle Anforderungen stellt, besteht die Vermutung, dass eine entsprechend diesen Anforderungen aufgestellte Vereinbarung auch wirksam ist. Kommt es zum Rechtsstreit über die Frage der Verletzung des Höchstpreischarakters, so muss der Auftragnehmer keineswegs die für die fiktive Honorarberechnung nach den Bemessungsgrundlagen der HOAI erforderlichen Voraussetzungen schaffen. Eine Überschreitung des Höchstsatzes muss das Gericht zwar von Amts wegen berücksichtigen. Es muss aber die Honorarvereinbarung nicht von sich aus überprüfen. Ebenso wenig muss der Auftragnehmer die Einhaltung des Höchstsatzes substanziiert darlegen.[333] Vielmehr muss der **Auftraggeber** die **notwendigen Tatsachenbehauptungen** (Angabe der anrechenbaren Kosten, Honorarzone u. a.) aufstellen und beweisen. Ergibt sich aus seinen Zahlenangaben nichts für eine Überschreitung des Höchstsatzes, dann muss das Gericht von der Wirksamkeit der Ho-

---

330 Ebenso BGH BauR 2005, 735 = NZBau 2005, 285.
331 BGH BauR 2005, 735.
332 Zum Mindestsatz vgl. Rdn. 25, 98, 102.
333 So aber *Lenzen* BauR 1991, 692.

norarvereinbarung ausgehen.[334] Einen **Verstoß gegen preisrechtliche Vorschriften muss derjenige darlegen, der ihn behauptet.** Deshalb kann sich der Auftragnehmer in einer Klage auf eine Honorarvereinbarung (auch: Pauschalhonorarvereinbarung) stützen, ohne darlegen zu müssen, dass sich diese im Rahmen der Mindest- und Höchstsätze hält.[335] Auch bei gekündigtem oder einvernehmlich beendetem Vertrag kann der Auftragnehmer eine anteilige Pauschale für die erbrachten Leistungen geltend machen, ohne auf die richtige Abrechnung nach HOAI und den zutreffenden Höchstsatz eingehen zu müssen.[336] Folgt man der Auffassung, dass auch Honorare über dem Höchstsatz bereits bei Auftragserteilung vereinbart werden müssen (vgl. Rdn. 163), dann muss der Auftragnehmer dazu substanziiert vortragen. Für die Wirksamkeit der Überschreitung trägt der Auftragnehmer die Darlegungs- und Beweislast.[337]

c) Die möglichen Verstöße

135 Wird durch eine Honorarvereinbarung der **höchstzulässige Satz überschritten**, so ist es unerheblich, worin der eigentliche Fehler der Honorarvereinbarung besteht.[338] Haben die Vertragsparteien Bemessungsgrundlagen vereinbart, bei deren Beachtung der zulässige Höchstsatz für das Gesamthonorar überschritten wird, dann ist diese Honorarvereinbarung unwirksam.[339] Verstöße gegen den Höchstpreischarakter können u. a. dadurch bedingt sein, dass durch Vereinbarung eines Pauschalbetrags der zulässige Höchstsatz überschritten ist; dass ein Honorar für außergewöhnliche oder ungewöhnlich lange dauernde Leistungen vereinbart wird, ohne dass die Voraussetzungen hierfür vorliegen (§ 7 Abs. 4); dass eine falsche Honorarzone vereinbart ist; dass falsche anrechenbare Kosten zugrunde gelegt werden;[340] dass für mehrere Vor- oder Entwurfsplanungen das volle Honorar vereinbart wird; dass im Falle des § 11 Abs. 2–4 keine Honorarminderung vorgenommen wird.

136 Dagegen stellt es keinen Verstoß gegen den Höchstpreischarakter dar, wenn auch noch so einschneidende **Haftungsbeschränkungen** vereinbart werden,[341] da hier eine Korrektur über die Wirksamkeitskontrolle nach §§ 305 ff. BGB stattfindet.

d) Honorar für urheberrechtliche Nutzungsrechte

137 Ein Verstoß gegen den Höchstpreischarakter liegt aber dann vor, wenn sich der Auftragnehmer für die Übertragung von urheberrechtlichen Nutzungsrechten ein zusätzliches Honorar bezahlen lässt. Ist die Übertragung urheberrechtlicher Nutzungsrechte Be-

---

334 OLG Köln BauR 1986, 467 = SFH Nr. 2 zu § 1 HOAI; *Werner* in *Werner/Pastor*, Rn. 785.
335 BGH BauR 2001, 1926 = NZBau 2001, 690 = NJW-RR 2002, 159; BGH BauR 2005, 739 = NJW-RR 2005, 669 = NZBau 2005, 285.
336 BGH BauR 2005, 739 = NJW-RR 2005, 669 = NZBau 2005, 285.
337 So mit Recht *Werner* in *Werner/Pastor*, Rn. 785.
338 Ebenso OLG Hamm BauR 1995, 129 [131] = ZfBR 1995, 33 [34].
339 OLG Hamm BauR 1995, 129.
340 Ebenso *Weyer* BauR 1982, 314.
341 A. A. *Hesse* BauR 1970, 193.

standteil der architektenvertraglichen Leistungen, so läge in der Vereinbarung und Bezahlung eines zusätzlichen Honorars ein Verstoß gegen den Höchstpreischarakter.[342] Soweit jedoch mit der Erbringung der Architektenleistungen die Urheberrechte noch nicht übertragen sind, kann ein solches Honorar beansprucht werden, ohne dass der Höchstpreischarakter verletzt wird.[343]

Nach der grundlegenden Entscheidung des BGH[344] ergibt sich folgende Rechtslage: Ist **138** der Architekt von vornherein nur mit der Planung beauftragt, oder wird der auf die Gesamtarchitektur gerichtete Vertrag nach Durchführung von Grundlagenermittlung und Vorplanung, Entwurfsplanung und gegebenenfalls Genehmigungsplanung vom Auftraggeber gekündigt, so ist ihm über das Honorar nach HOAI hinaus ein weiteres Entgelt für die Nutzung der Pläne nicht zuzubilligen.[345] Das gilt sogar dann, wenn der Architekt nicht durch ein den Verwendungszweck gefährdendes Verhalten die Kündigung veranlasst hat. Anders verhält es sich, wenn dem Architekten lediglich die Grundlagenermittlung und Vorplanung übertragen werden. Mit der Fertigung und Übergabe der Vorplanung an den Auftraggeber ist das Urheberrecht noch nicht übertragen. Verlangt der Auftragnehmer hierfür ein besonderes Entgelt, so wird der Höchstpreischarakter dadurch nicht berührt. Das Gleiche gilt, wenn der Auftragnehmer dem Auftraggeber das Recht überträgt, seine Pläne für andere Bauten weiter zu verwenden (vgl. i. E. Einl. Rdn. 349 ff.).

Von der hier behandelten Honorarfrage ist die Frage zu unterscheiden, ob der planende **139** Architekt den Weiterbau durch den Auftraggeber bzw. einen von diesem beauftragten weiteren Auftragnehmer verhindern kann (vgl. dazu Einl. Rdn. 349 ff.).

e) **Ausnahmen vom Höchstpreischarakter (Abs. 4)**

Die HOAI kennt einige Ausnahmen, in denen Höchstsätze nicht gelten oder über- **140** schritten werden können. Hierher gehören zunächst die Fälle, in denen eine freie Honorarvereinbarung zulässig ist (§ 7 Abs. 2). Mit der 6. HOAI-Novelle wurde der Regelungsbereich der HOAI geringer und dementsprechend konnten auch viele Vorschriften wegfallen, in denen früher die freie Honorarvereinbarung als zulässig erklärt worden war.[346] Vom Höchstpreischarakter erfasst sind nur die dem persönlichen, sachlichen, räumlichen, zeitlichen und internationalen Anwendungsbereich unterliegenden Sachverhalte (§ 1 Rdn. 1 ff.). Ferner gehören hierher als Ausnahmen die in Abs. 4

---

342 Ebenso OLG Nürnberg NJW-RR 1989, 407 [409]; Korbion/Mantscheff/Vygen-*Galda*, § 7 Rn. 79; *Jochem*, § 7 Rn. 213 ff.; *PDKR*, § 7 Rn. 33; einschränkend *Neuenfeld*, § 4 Rn. 15 ff.
343 Ähnlich *Kroppen*, Schriftenreihe der Deutschen Gesellschaft für Baurecht e. V., Band VII, S. 42.
344 BauR 1975, 363 = NJW 1975, 1165 = *Schäfer/Finnern* Z 9.1 Bl. 25; vgl. hierzu teilweise abweichend *Ern* ZfBR 1979, 136 und *v. Gamm* BauR 1982, 97 ff., auch zu anderen urheberrechtlichen Fragen.
345 Vgl. auch OLG München NJW-RR 1995, 474.
346 Vgl. *Locher/Koeble/Frik*, 9. Aufl., § 4 Rn. 68.

geregelten Fälle der außergewöhnlichen und ungewöhnlich lange dauernden Leistungen (dazu unten Rdn. 141 ff.).

f) Rechtsfolgen von Verstößen gegen den Höchstpreischarakter

141 Die Rechtsfolge eines Verstoßes gegen den Höchstpreischarakter ist zunächst, dass die entsprechende Honorarvereinbarung unwirksam ist. Ein Auftragnehmer, der höhere Honorare als die Höchstsätze vereinbart, ohne dass einer der Ausnahmefälle vorliegt (vgl. Rdn. 145 ff.), verstößt gegen ein gesetzliches Verbot (§ 134 BGB). Dadurch wird jedoch entgegen § 139 BGB nicht der gesamte Architekten- bzw. Ingenieurvertrag unwirksam. Der Wille der Parteien geht dahin, dass der Vertrag bestehen bleibt und das Honorar zu ermäßigen ist.[347]

142 Fraglich ist in diesen Fällen, ob der Auftragnehmer bei Überschreitung die **Höchstsätze oder** nach § 7 Abs. 5 den **Mindestsatz** verlangen kann. Diese Vorschrift greift jedoch nicht ein, da die Honorarvereinbarung der Parteien in eine wirksame Honorarvereinbarung umzudeuten ist (§ 140 BGB). Die Umdeutung der unwirksamen Honorarvereinbarung ergibt, dass die Vertragsparteien zumindest die Höchstsätze vereinbaren wollten. Dieser Kern steckt in der unwirksamen Vereinbarung. Abs. 5 ist nicht unmittelbar anwendbar, da hier vorausgesetzt ist, dass eine formunwirksame Honorarvereinbarung getroffen wird, was hier nicht der Fall ist. Eine Umdeutung ist gegenüber der Analogie dogmatisch vorrangig, weshalb der Auftragnehmer den Höchstsatz beanspruchen kann.[348]

143 Ein besonderes Problem ergibt sich dann, wenn den Vertragschließenden der Verstoß gegen den **Höchstpreischarakter bekannt** war und der Auftraggeber in Kenntnis dessen das überhöhte Honorar bezahlt hat. Hier stellt sich die Frage, ob er das überhöhte Honorar nach § 817 Satz 1 BGB zurückfordern kann oder ob dem Rückforderungsanspruch § 817 Satz 2 BGB entgegensteht. Letzteres ist zu bejahen.[349] Dieses Ergebnis ist sachgerecht, da die Preisvorschrift nicht ausschließlich oder in erster Linie dem Schutz des Auftraggebers dient. Der Auftraggeber ist nicht generell der »wirtschaftlich Schwächere«.[350] Die gegenteilige Meinung[351] verkennt dies. Unstreitig ist, dass der Rückforderungsanspruch ausscheidet, wenn der Auftraggeber bei Zahlung weiß, dass er dazu nicht verpflichtet ist (§ 814 BGB).

---

347 BGH BauR 2007, 2081 = NZBau 2008, 55 m. krit. Anm. *Scholtissek* = NJW 2008, 55; BGH BauR 1990, 239 = NJW-RR 1990, 276 = ZfBR 1990, 72; OLG Düsseldorf BauR 2007, 1270; *Deckers* BauR 2008, 1801.
348 BGH BauR 2007, 2081 = NZBau 2008, 55 m. krit. Anm. *Scholtissek* = NJW 2008, 55; BGH BauR 1990, 239 = NJW-RR 1990, 276 = ZfBR 1990, 72; OLG Düsseldorf BauR 2007, 1270; *Deckers* BauR 2008, 1801.
349 Wie hier *Werner*, FS Locher, S. 299; vgl. allgemein BGH NJW 1953, 740.
350 Vgl. Palandt/*Thomas*, § 817 Rn. 22.
351 Korbion/Mantscheff/Vygen-*Galda*, § 7 Rn. 96.

Auch dann, wenn der Auftraggeber das vereinbarte, **überhöhte Honorar anerkennt**, kann der Auftragnehmer nur den Höchstsatz nach der HOAI verlangen, da das Anerkenntnis nur die nach der HOAI berechtigte Forderung abdecken kann.[352] 144

27. Außergewöhnliche und ungewöhnlich lange dauernde Leistungen (Abs. 4)

Die Höchstsätze der HOAI können nur in Ausnahmefällen überschritten werden (vgl. oben Rdn. 140). Zwei dieser Fälle regelt Abs. 4 der Bestimmung. Die Regelung in Abs. 4 entspricht der früheren Vorschrift des § 4 Abs. 3 HOAI a. F. mit der – inhaltlich unerheblichen – Änderung, dass in S. 2 die Berücksichtigung von Besonderen Leistungen weggelassen wurde, weil diese ja nur noch unverbindlich in der Anlage zur HOAI geregelt sind. Die Vorschrift des Abs. 4 wird in der Literatur z. T. aus europarechtlichen Gründen für unwirksam gehalten.[353] 145

a) Form der Vereinbarung

Bei außergewöhnlichen oder ungewöhnlich lange dauernden Leistungen kann der Höchstsatz durch schriftliche Vereinbarung überschritten werden. Der Begriff Schriftform ist gleichbedeutend mit demjenigen in Abs. 1.[354] Im Falle einer lediglich mündlichen Vereinbarung hat der Auftragnehmer seine Leistungen zu den Sätzen der HOAI zu erbringen. Die HOAI fingiert hier einen Vertragsabschluss zu den in den Honorartafeln geregelten Mindestsätzen. Aus dem eindeutigen Wortlaut der Bestimmung ergibt sich ferner, dass der Auftragnehmer keinen klagbaren Anspruch auf ein höheres Honorar hat. Er ist im Regelfall auf die entsprechende Bereitschaft des Auftraggebers angewiesen, eine von den Höchstsätzen nach oben abweichende Honorarvereinbarung zu treffen. 146

b) Inhalt der Vereinbarung

An den Inhalt der Honorarvereinbarung für außergewöhnliche oder ungewöhnlich lange dauernde Leistungen stellt Abs. 4 keine besonderen Anforderungen. Es genügt, wenn die Vereinbarung bestimmt ist. Ausreichend ist auch, dass ein Honorar oberhalb von den Höchstsätzen vereinbart wird, ohne dass im Vertrag die Leistung als außergewöhnliche bezeichnet wird.[355] Der Auftragnehmer ist nicht verpflichtet, seine Leistung als außergewöhnliche Leistung ausdrücklich hervorzuheben. Liegt also eine schriftliche Honorarvereinbarung vor, wonach die Höchstsätze überschritten sind, und wird durch Sachverständigengutachten festgestellt, dass es sich um eine außergewöhnliche Leistung handelt, so ist die Honorarvereinbarung wirksam. Hinsichtlich der Höhe des Honorars schreibt die HOAI keine Grenzen vor. Die Vereinbarung ist gültig, auch wenn ein Sachverständiger die Höhe nicht für angemessen hält, es sei denn, die Voraussetzungen des § 138 Abs. 2 BGB lägen vor. 147

---

352 Vgl. BGH BauR 1974, 356 = BB 1974, 999.
353 So *Deckers* BauR 2008, 1801 (1805); vgl. dazu § 1 Rdn. 41.
354 Vgl. § 126 BGB und oben Rdn. 46 ff.
355 Ebenso *Berger* in FBS, § Rn. 159.

c) Außergewöhnliche Leistungen

148 Der Begriff außergewöhnliche Leistungen ist in der HOAI nicht definiert.[356] In der Regierungsbegründung ist er in Übereinstimmung mit der Literatur zu § 2 VOPr 66/50 als überdurchschnittliche Leistung auf künstlerischem, technischem oder wirtschaftlichem Gebiet definiert. Derartige Leistungen liegen nur vor, wenn die Architekten- oder Ingenieurleistung überdurchschnittlich ist. Gegen die Gleichstellung von »außergewöhnlichen« mit »überdurchschnittlichen« Leistungen wendet sich *Kroppen*. Nach seiner Auffassung liegen außergewöhnliche Leistungen nur dann vor, wenn sie »neu, außergewöhnlich, eigenschöpferisch, also originär, in gewissem Sinne genial sind und wenn es bisher kein Vorbild oder Entsprechendes gegeben hat«. Dem ist insoweit zuzustimmen, als nicht jede auch nur in geringem Maße über dem Durchschnitt liegende Architekten- oder Ingenieurleistung schon dadurch zu einer außergewöhnlichen wird. Nicht erforderlich ist allerdings, dass es sich um Leistungen handeln muss, »von denen es bisher kein Vorbild und nichts Entsprechendes gibt«. Überdurchschnittlich kann eine Leistung durchaus auch dann sein, wenn sie weder genial ist noch unbekanntes, ungewöhnliches, künstlerisches oder technisches Können freisetzt. Auch solche Leistungen, die sich an vorhandenen Vorbildern orientieren, können überdurchschnittlich sein. Im Einzelfall werden die Gerichte hier unter Beiziehung eines Sachverständigen entscheiden können. Allein die Größe eines Objekts oder der anrechenbaren Kosten reicht nicht aus, um eine »außergewöhnliche Leistung« anzunehmen. Ebenso wenig genügt eine normale Ersparnis bei den Baukosten.[357] Sofern die Außergewöhnlichkeit der Leistung im künstlerischen Bereich liegen soll, ist in der Regel erforderlich, dass es sich um ein urheberrechtsschutzfähiges Werk handelt.[358] Zu weitgehend ist allerdings die Auffassung, wonach für die Beurteilung der Außergewöhnlichkeit alle Umstände außer Betracht bleiben müssen, die schon für die Honorarparameter und die Honorarvereinbarung (im Rahmen der Mindest- und Höchstsätze) eine Rolle spielen.[359] Sonst wären kaum noch Gesichtspunkte verwertbar.

d) Ungewöhnlich lange dauernde Leistungen

149 Ungewöhnlich lange dauernde Leistungen erfordern einen Zeitaufwand, der erheblich über das Normale hinausgeht. Da genaue Maßstäbe und exakte Möglichkeiten zur Abgrenzung fehlen, ist es zweckmäßig, in die Architektenverträge eine Regelbauzeit aufzunehmen. Dabei sind zweckmäßigerweise auch die Folgen der Überschreitung der Re-

---

356 Vgl. zum Ganzen *Kroppen*, Schriftenreihe der Deutschen Gesellschaft für Baurecht, Bd. 7, S. 21 ff. und *Kroppen*, FS für Korbion, S. 227 ff.
357 Korbion/Mantscheff/Vygen-*Galda*, § 7 Rn. 79; zur Übernahme eines Besonderen Risikos vgl. OLG München BauR 2008, 1332 betreffend ein Honorar für städtebauliche Leistungen, wobei gleichzeitig ein niedrigeres Honorar vereinbart war, falls der Bebauungsplan nicht erlassen wird.
358 So mit Recht OLG Stuttgart Urt. v. 29.05.2012 – 10 U 142/11 = IBR 2012, 400 = BauR 2012, 1269 = BeckRS 2012, 13706 = NJW-RR 2012, 1043 = NZBau 2012, 582.
359 So aber OLG Stuttgart Urt. v. 29.05.2012 – 10 U 142/11 = IBR 2012, 400 = BauR 2012, 1269 = BeckRS 2012, 13706 = NJW-RR 2012, 1043 = NZBau 2012, 582.

gelbauzeit festzulegen. Es dürfte jedoch ausreichen, wenn die Regelbauzeit festgelegt ist und die Parteien eine Erhöhung gemäß § 7 Abs. 4 vorgesehen haben, ohne dass die Gebühr, um die sich die Sätze der Honorarordnung erhöhen, im Einzelnen vereinbart ist.[360]

Der BGH[361] hat in einem Einzelfall eine Überschreitung der Regelbauzeit von 60–85 % als ungewöhnlich bezeichnet. Mit Recht wird in der Literatur darauf hingewiesen, dass damit nicht die Frage entschieden ist, ob eine Zeitüberschreitung von weniger als 60–85 % für die Möglichkeit einer erhöhten Honorierung wegen ungewöhnlich lange dauernder Leistungen ausreicht. Eine solche kann im Einzelfall durchaus bei einer geringeren zeitlichen Überschreitung angenommen werden. 150

e) Höhe der Vergütung

Die Höhe der Mehrvergütung bei außergewöhnlichen und ungewöhnlich lange dauernden Leistungen ist in der HOAI nicht festgelegt. Eine bestimmte Relation zum Honorar für die Grundleistungen nennt Abs. 4 nicht.[362] Dagegen bestimmt Abs. 4 Satz 2, dass diejenigen Umstände keine Berücksichtigung finden dürfen, die bereits für die Einordnung in Honorarzonen oder Schwierigkeitsstufen und für die Einordnung in den Rahmen der Mindest- und Höchstsätze mitbestimmend gewesen sind. Damit soll die Überschreitung der Höchstsätze auf Ausnahmefälle beschränkt bleiben. Umstände, die bereits für eine anderweitige Bewertung der Leistung im Rahmen der Mindest- und Höchstsätze bestimmend gewesen sind, sollen nicht nochmals herangezogen werden können, um eine Überschreitung der Höchstsätze zu rechtfertigen. 151

f) Zeitpunkt der Vereinbarung

Die Vereinbarung eines zusätzlichen Honorars für außergewöhnliche und ungewöhnlich lange dauernde Leistungen muss nach der Rechtsprechung des BGH bereits **bei Auftragserteilung** erfolgen.[363] Besonders für die ungewöhnlich lange Dauer erstaunt dies. In rechtlicher Hinsicht überzeugt die Auffassung auch nicht, weil Abs. 4 eine selbstständige Regelung enthält und nicht an Abs. 1 anknüpft.[364] Ebenso wenig gilt Abs. 6 für die Fälle des Abs. 4. Für die Praxis ist jedoch von der Rechtsprechung des BGH auszugehen. 152

---

360 Vgl. BGH BauR 1998, 184 = ZfBR 1998, 79 auch zur Darlegung des Mehraufwands für die Bauleitung wegen vom Bauherrn zu vertretender Bauzeitverlängerung.
361 *Schäfer/Finnen* Z 3.01 Bl. 311.
362 Vgl. zur Vereinbarung *Groß* BauR 1980, 9 [18 f.].
363 BGH BauR 2005, 118 = NZBau 2005, 46 = ZfBR 2005, 169; a. A. *Berger* in FBS, § 7 Rn. 161; *Groß* BauR 1980, 9; *Koeble* BauR 1977, 372 [376]; *Werner* in *Werner/Pastor*, Rn. 781; *PDKR*, § 7 Rn. 30; *Jochem*, § 7 Rn. 68.
364 Wie hier *Berger* in FBS, § 7 Rn. 161.

g) Zusätzliche Voraussetzungen

153 Nach dem Wortlaut des Abs. 4 spielt es für das Honorar bei ungewöhnlich langer Dauer keine Rolle, ob der Auftragnehmer die Dauer zu vertreten hat. Im Ergebnis steht ihm in solchen Fällen dennoch kein Zusatzhonorar zu, weil der Auftraggeber ein wirksam vereinbartes Honorar entweder wegen Mangelhaftigkeit der Leistung mindern könnte oder einem solchen Honoraranspruch Schadensersatzansprüche wegen Verzugs entgegensetzen könnte.

h) Verhältnis zur Anpassung wegen Störung der Geschäftsgrundlage

154 Neben den Regelungen des Abs. 4 sind auch vertragsrechtliche Vorschriften zu berücksichtigen. Bedeutung hat dies hinsichtlich der Honorare für ungewöhnlich lange Dauer bezüglich der Störung der Geschäftsgrundlage. Dass diese Grundsätze neben Abs. 4 nicht ausgeschlossen waren, stand fest.[365] Der BGH[366] hat dies nun konkretisiert. Soweit es sich um solche Bauzeitverlängerungen handelt, die zum Zeitpunkt der Vertragsvereinbarung voraussehbar sind, ist Abs. 4 einschlägig. Im Hinblick auf alle anderen, zu diesem Zeitpunkt noch nicht vorhersehbaren Bauzeitverlängerungen gelten dagegen die Grundsätze über die Störung der Geschäftsgrundlage (§ 313 BGB). In letzterer Hinsicht können die Parteien durchaus wirksame Vereinbarungen treffen. Diese können auch einen Anspruch auf Verhandlung und Vereinbarung zum Gegenstand haben.[367] Die Vereinbarung muss dann aber bestimmt bzw. geeignet sein, im konkreten Einzelfall eine Berechnung zuzulassen. Enthält die Regelung lediglich eine Verpflichtung zur Verhandlung und zur Erstattung eines angemessenen Mehraufwands, dann kann der Auftragnehmer bei Weigerung des Auftraggebers nicht nur die Einwilligung in eine angemessene Vergütung, sondern die Zahlung dieser angemessenen Vergütung verlangen.[368] Die Faktoren, wie die Honorare z. B. für eine Verlängerung der Überwachungszeit zu ermitteln sind, muss der Auftragnehmer darlegen.

155 Hier kann unter engen Voraussetzungen in besonderen Fällen unverschuldeter, ungewöhnlich langer Leistungsdauer mit erheblichem zusätzlichem Arbeitseinsatz des Auftragnehmers eine Anpassung des Vertragsverhältnisses nach Treu und Glauben vorgenommen werden.[369] Der Anpassung des Honorars nach den Grundsätzen über die Störung der Geschäftsgrundlage steht die Formvorschrift des § 7 Abs. 4 nicht entgegen.[370] Für die Störung der Geschäftsgrundlage genügt nicht die Bauzeit allein,

---

365 Zur Störung der Geschäftsgrundlage vgl. auch oben Rdn. 41 f.; zu den Möglichkeiten eines erhöhten Honorars bei Verzögerung der Bauzeit vgl. eingehend *Schwenker/Schramm* ZfIR 2005, 121; *Preussner* BauR 2006, 203; *Messerschmidt* NZBau 2007, 746; *Schramm/Schwenker* ZfBR 2008, 3.
366 BauR 2005, 118 = NZBau 2005, 46 = ZfBR 2005, 169.
367 Vgl. BGH BauR 2005, 118 und oben Rdn. 165.
368 BGH BauR 2005, 118.
369 Ebenso BGH BauR 2005, 118 = NZBau 2005, 46 = ZfBR 2005, 169.
370 BGH BauR 2005, 118 = NZBau 2005, 46 = ZfBR 2005, 169; a. A. OLG Hamm a. a. O. BauR 1995, 126.

auch nicht die Leistungsbereitschaft; vielmehr muss es sich um ungewöhnlich lange dauernde Leistungen handeln, die insbesondere dann, wenn die Verlängerung der Leistungszeit aus der Sphäre des Auftraggebers (etwa wegen Finanzierungsstopp) herrührt, einen unzumutbaren Arbeitsmehraufwand des Architekten verursachen.[371] Die Beweislast dafür, dass die Voraussetzungen einer solchen Anpassung vorliegen, trifft den Auftragnehmer. Wird trotz Vorliegens der Voraussetzungen des § 10 Abs. 1 vom Auftraggeber eine Anpassung verweigert, so kann ein wichtiger Grund zur Kündigung des Architekten- und Ingenieurvertrags für den Auftragnehmer gegeben sein. Die hier vertretene Auffassung, dass in Ausnahmefällen im Wege des Wegfalls der Geschäftsgrundlage eine Anpassung vorgenommen werden kann, steht einer Kündigung aus wichtigem Grund nicht entgegen, da der Auftragnehmer in solchen Fällen im Allgemeinen nicht gezwungen werden kann, einen vertrauensstörenden, langdauernden Prozess gegen den Auftraggeber zu führen. Dagegen kann es bei Leistungen von ungewöhnlich langer Dauer so sein, dass eine erhebliche Überschreitung der Regelbauzeit bei Abschluss des Vertrags noch nicht vorhersehbar war.

Soweit die Parteien eine Verlängerungsklausel[372] vereinbart haben, steht dem Auftragnehmer nicht nur ein Anspruch auf Verhandlungen zu, sondern er hat auch – bei Verweigerung von Verhandlungen – das Recht, dass der Auftraggeber in eine angemessene Vergütung der Leistungen einwilligt.[373] Im Rechtsstreit tritt an die Stelle des Anspruchs auf Verhandlung und Einwilligung der Anspruch auf Zahlung der angemessenen Vergütung. Diese ist unter Berücksichtigung der gesamten Umstände, insbesondere der vertraglichen Vereinbarung, zu bemessen. Fehlen solche Umstände, dann kann Grundlage eines Zusatzhonorars der Mehraufwand im Verhältnis zum kalkulierten Aufwand sein.

156

i) Folgen der unwirksamen Vereinbarung

Hat der Auftragnehmer eine schriftliche Vereinbarung über außergewöhnliche Leistungen nicht getroffen, so steht ihm wegen dieser Leistungen auch kein Anspruch aus ungerechtfertigter Bereicherung (§§ 812 ff. BGB) zu. Ein solcher Anspruch ist auch dann nicht gegeben, wenn die Voraussetzungen des Abs. 4 im Übrigen vorliegen und eine vom Auftraggeber »nachzuweisende Wertsteigerung des Bauwerks erfolgte«. Die §§ 812 ff. BGB sind deshalb unanwendbar, weil der Auftragnehmer seine Leistungen nicht ohne Rechtsgrund, sondern mit Rücksicht auf die Verpflichtung erbracht hat.

157

j) Darlegungs- und Beweislast

Für das Bestehen einer Vereinbarung im Sinne des Abs. 4 ist der Auftragnehmer beweispflichtig. Beweist er, dass eine schriftliche Vereinbarung vorliegt, dann trägt der Auf-

158

---

371 So im Ergebnis auch *Neuenfeld*, § 4 Rn. 8.
372 Vgl. OLG Düsseldorf BauR 2009, 1764 und auch oben Rdn. 161 ff. zur Verlängerungsklausel betreffend § 7 Abs. 4 hinsichtlich nicht unvorhersehbarer Ereignisse.
373 BGH BauR 2005, 118 = NZBau 2005, 46 = ZfBR 2005, 169.

§ 7 HOAI Honorarvereinbarung

traggeber die Beweislast für seine etwaige Behauptung, die Voraussetzungen von »außergewöhnlichen« oder ungewöhnlich lange dauernden Leistungen lägen nicht vor.[374] Gelingt dem Auftraggeber dieser Beweis, so kann der Auftragnehmer aus der Vereinbarung insoweit keine Rechte herleiten, als die Höchstsätze der HOAI hierdurch überschritten werden. Dem Auftragnehmer nützt eine Honorarvereinbarung dann nichts, wenn gerichtlich festgestellt wird, dass die Voraussetzungen der Erhöhung nicht vorlagen. In diesem Fall verstößt die schriftliche Vereinbarung gegen den Höchstpreischarakter der HOAI.

28. Vereinbarungen über die Bauzeitverlängerung

159 Als Grundlage für Ansprüche wegen außergewöhnlich langer Dauer genügt auch eine **Vereinbarung**, wonach die Parteien sich bei Bauzeitverlängerung zur Honoraranpassung verpflichten.[375] Ebenso genügt eine vertragliche Vereinbarung, wonach die Parteien verpflichtet sind, »über eine angemessene Erhöhung des Honorars für die Bauüberwachung zu verhandeln«.[376] Eine solche Vereinbarung enthält nicht nur die Pflicht, Verhandlungen aufzunehmen und in eine angemessene Vergütung einzuwilligen, sondern auch die Pflicht, eine angemessene Vergütung zu bezahlen. Darauf konzentriert sich der Anspruch des Auftragnehmers, sodass er auf diese angemessene Vergütung klagen kann.[377] Eine solche Verhandlungsklausel verstößt auch nicht von vornherein gegen den Höchstpreischarakter der HOAI. Soweit es sich nämlich um eine Anpassung wegen **nicht vorhersehbarer Umstände** handelt (vgl. dazu unten Rdn. 161 ff.), betrifft die vertragliche Vereinbarung die Geschäftsgrundlage und damit das Bürgerliche Recht. Die Vorschriften der HOAI sind insoweit nicht einschlägig.[378]

160 Fehlt eine solche **vertragliche Vereinbarung** für ein Honorar betreffend die Bauzeitverlängerung, dann gibt es vom Grundsatz her nach der HOAI keine Möglichkeit für die Geltendmachung eines Zusatzhonorars, zumal die frühere Vorschrift des § 21 HOAI a. F. betreffend die zeitliche Trennung der Ausführung weggefallen ist. Die HOAI stellt Rahmengebühren zur Verfügung, welche die Risiken einer längeren Dauer und die Chance einer schnelleren Abwicklung des Objekts beinhalten. Eine **Ausnahme** kann nur dann gelten, wenn eine **Honorarvereinbarung** getroffen wurde und die Voraussetzungen für eine Anpassung wegen **Störung der Geschäftsgrundlage** vorliegen.[379] In sol-

---

374 OLG Stuttgart Urt. v. 29.05.2012 – 10 U 142/11 = IBR 2012, 400 = BeckRS 2012, 13706, das zutreffend darauf hinweist, dass die Anforderungen an die Darlegungslast nicht überspannt werden dürfen.
375 Vgl. dazu Brandenburg. OLG BauR 2001, 1772 = NZBau 2002, 233; vgl. auch OLG Naumburg NZBau 2015, 566.
376 BGH BauR 2005, 118 = NZBau, 2005, 46 = ZfBR 2005, 169.
377 BGH BauR 2005, 118.
378 BGH BauR 2005, 118.
379 KG Urt. v. 13.04.2010 – 21 U 191/08 m. NZB BGH v. 24.05.2012 – VII ZR 80/10; vgl. ferner oben Rdn. 41 ff. und unten Rdn. 161 ff.; zu einer Preisanpassungsklausel und zum Wegfall der Geschäftsgrundlage vgl. auch OLG Düsseldorf BauR 2007, 1277; grundlegend zum Thema Honorar bei Bauzeitverlängerung vgl. KG BauR 2007, 906; *Preussner*

chen Fällen ist bei Überschreitung der beiderseits vorausgesetzten Bauzeit eine Fortschreibung der Honorarvereinbarung möglich (vgl. Rdn. 41, 161). Eine weitere Möglichkeit für ein Zusatzhonorar eröffnet § 642 BGB, wobei außer dem Annahmeverzug die Höhe der Entschädigung zu substanziieren wäre.

Für **Verträge der öffentlichen Hand** mit der nachfolgenden Klausel gibt es auch bereits Rechtsprechung: 161

»Dauert die Bauausführung länger als 15 Monate, so sind die Parteien verpflichtet, über eine angemessene Erhöhung des Honorars für die Bauüberwachung (§ 15 Abs. 2 HOAI, Leistungsphase 8) zu verhandeln. Der nachgewiesene Mehraufwand ist dem Architekten in jedem Fall zu erstatten, es sei denn, dass der Architekt die Bauzeitüberschreitung zu vertreten hat.«

Nach zutreffender Auffassung des BGH handelt es sich hier nicht um eine Regelung, welche den Anforderungen des § 7 Abs. 4 HOAI (Schriftform, bei Auftragserteilung) unterliegt. Dort sind nämlich nur solche Zusatzhonorare für Bauzeitverlängerung erfasst, bei denen die Bauzeitverlängerung **im Zeitpunkt des Vertragsabschlusses** schon **vorhersehbar** ist.[380] Nicht vorhersehbare – und auch nicht vom Auftragnehmer zu vertretende – Bauzeitverlängerungen betreffen die Geschäftsgrundlage des Vertrages. Entsprechende Regelungen darüber sind wirksam und neben der HOAI möglich.[381] 162

In den Vertragsmustern der öffentlichen Hand finden sich z. T. faire und die Interessen des Auftragnehmers auch berücksichtigende Regelungen betreffend Honorare für Bauzeitverlängerung. Dem Vertragsmuster des Bundes ist in § 6.3 – nach vorheriger Festlegung der Bauzeit im Vertrag selbst – Folgendes geregelt: 163

»Verzögert sich die Bauzeit durch Umstände, die der Auftragnehmer nicht zu vertreten hat, wesentlich, so ist für die Mehraufwendungen eine zusätzliche Vergütung zu vereinbaren. Eine Überschreitung bis zu 20 v. H. der festgelegten Ausführungszeit, maximal jedoch sechs Monate, ist durch das Honorar abgegolten.«

In § 2.8 der RBBau ist folgende ergänzende Vorschrift enthalten: 164

»Für den daran anschließenden Zeitraum soll der Auftragnehmer für die nachweislich gegenüber den Grundleistungen entstehenden Mehraufwendungen eine zusätzliche Vergütung bis zum Höchstbetrag der Vergütung je Monat erhalten, die er als Anteil der Vergütung für die Objektüberwachung je Monat der vereinbarten Ausführungszeit erhalten hat.«

In allen oben zitierten Klauselfällen stellt sich die Frage, ob dem Auftragnehmer auch dann ein Honorar wegen Bauzeitverlängerung dem Grund nach zusteht, wenn der Auftragnehmer über die Honorierung nicht verhandelt und auch keine Einigung erzielt 165

BauR 2006, 203; *Messerschmidt* NZBau 2007, 746; *Schramm/Schwenker* ZfBR 2008, 3; V. *Schmidt* NJW-Spezial Heft 16, 492.
380 BGH BauR 2005, 118 = NZBau 2005, 46.
381 Vgl. auch Rdn. 159 ff.

§ 7 HOAI   Honorarvereinbarung

wird. Der BGH hat hier zutreffend eine **Pflicht des Auftraggebers** angenommen, **Verhandlungen aufzunehmen**. Darüber hinaus ist der Auftraggeber verpflichtet, in eine angemessene Vergütung einzuwilligen. Geschieht dies alles nicht, dann kann der Auftragnehmer die **Zahlung einer angemessenen Vergütung** beanspruchen.[382]

166 In der zuletzt genannten Entscheidung befasst sich der BGH auch mit dem **Anspruch der Höhe nach**. Er lehnt die Auffassung ab, wonach Aufwendungen nur dann erstattungsfähig wären, wenn sie die gesamte Gebühr übersteigen, also auch den Gewinn ausgezehrt hätten. Darüber hinaus lehnt er auch die Auffassung ab, es müsse eine Aufstellung über die Tätigkeit des Architekten während der gesamten Ausführungszeit im Einzelnen nach Tagen und Stunden, Personen und Tätigkeitsinhalten vorgelegt und im Rechtsstreit vorgetragen werden. Vielmehr lässt es der Senat ausreichen, wenn der Mehraufwand für Überwachungspersonen spezifiziert wird.

29. Änderung von Honorarvereinbarungen (§ 7 Abs. 5 HOAI 2009)

167 Die frühere Regelung aus der HOAI 2009, wonach Honorarvereinbarungen unter bestimmten Voraussetzungen abgeändert werden können – nach oben oder nach unten –, ist nunmehr in § 10 Abs. 1 HOAI 2013 überführt worden.[383] Für die alte Regelung des § 7 Abs. 5 HOAI 2009 war umstritten, ob diese auch eine Honoraranpassung ohne Honorarvereinbarung ermöglichte. Nach richtiger Auffassung war dies zu verneinen.[384] Anderes gilt allerdings für die heutige Nachfolgevorschrift in § 10 Abs. 1.[385]

30. Geltung des Mindestsatzes (unwiderlegliche Vermutung; Abs. 5)

168 Treffen die Parteien nicht frühzeitig (»bei Auftragserteilung«) eine schriftliche Honorarvereinbarung, dann sollen klare Verhältnisse herrschen und der Mindestsatz zur Anwendung kommen. Die Regelung in Abs. 5 will die Parteien also veranlassen, frühzeitig eine Einigung über die Honorarsätze herbeizuführen.

169 Die Vorschrift gilt zunächst für diejenigen Fälle, in denen die drei Wirksamkeitsvoraussetzungen für Honorarvereinbarungen aus Abs. 1 nicht eingehalten sind (Schriftform; Vereinbarung bei Auftragserteilung; zwischen den Mindest- und Höchstsätzen). Umstritten ist, ob sie auch für alle anderen Fälle gilt, in denen Honorarvereinbarungen unwirksam sind. Von der Rechtsfolge her ist dies unzweifelhaft zu bejahen. Ob aus Abs. 5 allerdings gefolgert werden kann, dass Honorarvereinbarungen unterhalb des Mindestsatzes – bei Vorliegen eines Ausnahmefalls nach Abs. 3 – nur wirksam »bei Auftragserteilung« vereinbart werden können, ist zweifelhaft und nach der hier vertretenen Meinung zu verneinen.[386] Sofern die Vereinbarung bei Auftragserteilung getroffen werden

---

382 BGH BauR 2005, 118 = NZBau 2005, 46; BGH BauR 2007, 1592 = Analyse *Koeble* auf www.jurion.de/Modul Werner Baurecht.
383 Vgl. die dortige Kommentierung bei § 10 Rdn. 1 ff.
384 Vgl. dazu i. E. § 10 Rdn. 7.
385 Vgl. dazu i. E. § 10 Rdn. 18 ff.
386 A. A. h. M., vgl. hierzu Rdn. 97 und die Überschreitung der Höchstsätze (umstritten, vgl. Rdn. 163).

muss und dies nicht in schriftlicher Form geschieht, so ist dieses Versäumnis nach h. M. nur noch in besonderen Fällen (vgl. Rdn. 60 ff.) korrigierbar, es sei denn, es läge eine außergewöhnliche oder ungewöhnlich lange dauernde Leistung vor (vgl. Rdn. 60 ff.). In diesen Fällen kann eine Erhöhung auch noch nach Vertragsabschluss wirksam werden, allerdings unter den Voraussetzungen des Abs. 4. Das Honorar nach Abs. 4 kann bis zur Beendigung der Leistungen wirksam vereinbart werden.

Die frühere Regelung ging dahin, dass »die jeweiligen Mindestsätze ... als vereinbart« galten. Statt dieser **Fiktion des Mindestsatzes** hat der Verordnungsgeber nun – ohne darauf in der Amtlichen Begründung einzugehen – eine »**unwiderlegliche Vermutung**« eingeführt. Inhaltlich ergibt sich daraus keine Änderung. Die sprachliche Anpassung geschah wohl deshalb, weil eine Fiktion voraussetzt, dass der Sachverhalt nicht vorliegen kann, was aber hier gerade möglich ist. Rechtliche Auswirkungen hat die Neuformulierung nicht. Zu erwähnen ist, dass auch beim Umbauzuschlag eine unwiderlegliche Vermutung eingeführt wurde, dass dort jedoch der Umbauzuschlag keinen Mindestsatz im preisrechtlichen Sinne darstellt.[387]

170

31. Bonus-/Malushonorar (Abs. 6)

a) Bonushonorar

Neu ist seit der HOAI 2009 die Möglichkeit, wonach die Vertragsparteien entweder ein Erfolgshonorar (Bonus) oder ein Malus-Honorar vereinbaren können. Das Bonushonorar tritt an die Stelle der Regelung in § 5 Abs. 4a HOAI 2002. Allerdings ist die Regelung nach Abs. 6 nicht mehr »zuvor« zu treffen, sondern sie enthält keine zeitliche Beschränkung (vgl. unten Rdn. 172). Ein Anwendungsfeld des Bonushonorars bietet sich für das sog. **Value Engineering**.[388]

171

Die Vereinbarung muss zwar **schriftlich** getroffen werden.[389] Sie muss jedoch **nicht bereits** »bei Auftragserteilung« geschlossen werden, vielmehr kann sie auch während des Projektablaufs und bis zum Ende und auch nach Beendigung der Leistungen wirksam getroffen werden.[390] Zu klären ist, welche **Folgen** sich bei einer nicht schriftlichen Vereinbarung ergeben. Dieser Fall kann bei mündlichen Vereinbarungen, aber auch bei einseitig, schriftlich angebotenen Regelungen vorliegen. Man wird hier keine Unwirksamkeit der Prämien- oder Bonusvereinbarung annehmen dürfen. Immerhin ist es nach BGB möglich, eine **Prämie für eine Baukostengarantie** formlos wirksam zu vereinbaren.[391] Ein solches Bonushonorar fällt nämlich nicht unter die HOAI. Bei der Garantie geht es nicht um Senkung der Baukosten, sondern um ihre Begrenzung der Höhe

172

---

387 Vgl. dazu die Kommentierung in § 6 Rdn. 54.
388 Dazu eingehend *Eschenbruch/Bodden* NZBau 2015, 587; vgl. auch oben § 1 Rdn. 10.
389 Zur Schriftform vgl. Rdn. 47 ff.
390 Ebenso *Deckers*, Rn. 532; *Deckers* NZBau 2012, 315; *Wirth*, Aktualisierungsband, S. 54 f.; vgl. auch KG BauR 2010, 642 (644) für das Merkmal »zuvor« nach § 5 Abs. 4a HOAI a. F., welches in Abs. 6 nicht mehr als Wirksamkeitsvoraussetzung genannt ist.
391 Vgl. zu diesem Sachverhalt BGH BauR 2013, 485 = NZBau 2013, 172 = Analyse *Koeble* auf www.jurion.de/Modul Werner Baurecht.

nach. Die Prämie für eine Baukostengarantie stellt auch kein Entgelt für eine Architektenleistung, sondern eine Zahlung für die Übernahme eines Risikos dar.[392] Eine nach bürgerlichem Recht wirksame Vereinbarung kann nicht durch die HOAI – eine Verordnung – besonderen Formvorschriften unterworfen werden. Angesichts dieser Rechtsprechung des BGH gibt es Zweifel, ob die Bestimmung des Abs. 6 S. 1 insoweit wirksam ist, als sie für das Bonushonorar zusätzliche Voraussetzungen überhaupt aufstellt.

173 Als Erfolgshonorar können die Parteien **bis zu 20 % des Honorars** wirksam festlegen. **Anknüpfungspunkt** soll eine **Kostenunterschreitung** sein. Das bedingt wiederum, dass die Kosten von den Parteien einvernehmlich festgelegt wurden. § 7 Abs. 6 greift deshalb auf jeden Fall ein, wenn die Parteien das Honorar nach dem **Baukostenvereinbarungsmodell** (§ 6 Abs. 3 HOAI) festgelegt haben.[393] Fehlt eine solche Vereinbarung von Baukosten, stellt sich die Frage, ob die Kostenschätzung oder die Kostenberechnung maßgebende Vergleichsgrundlage sein soll. Dazu muss zunächst geklärt werden, ob die tatsächlichen Baukosten oder die anrechenbaren Kosten heranzuziehen sind. Angesichts dessen, das die **Baukosten** für den Auftraggeber die entscheidende Grundlage sind, werden diese der Maßstab sein.[394] Sie ergeben sich aus den Kostenermittlungen und sind nicht nach den einschlägigen Vorschriften der HOAI betreffend die anrechenbaren Kosten anzupassen. Bei fehlender Vereinbarung über die Kostenbasis dürfte die **Kostenschätzung** maßgebend sein. Das alles ist jedoch Frage der Auslegung im Einzelfall, wobei alle Umstände zu berücksichtigen sind.[395]

174 Voraussetzung für das Bonushonorar ist, dass die Kosten »unter **Ausschöpfung** technisch-wirtschaftlicher oder umweltverträglicher Lösungsmöglichkeiten« gesenkt wurden. Die Anforderungen an die Ursachen der Kostenunterschreitung sind nicht sehr hoch.[396] Die Ausschöpfung technisch-wirtschaftlicher Lösungsmöglichkeiten lässt jede Art von technischer Änderung zu, die **gleichwertig** ist und sich als **wirtschaftlich günstiger** darstellt. Eine Verminderung des vertraglich festgelegten Standards darf nicht erfolgen. Mit der 7. HOAI-Novelle 2013 wurde klargestellt, dass es sich um »Planungsleistungen« handeln muss, welche die Kostensenkung herbeiführen. EineÄnde-

---

392 So ausdrücklich BGH BauR 2013, 485 = NZBau 2013, 172 = Analyse *Koeble* auf www.jurion.de/Modul Werner Baurecht.
393 *Oppler*, FS Koeble, S. 445 (451); *Wirth*, Aktualisierungsband, S. 53.
394 Ähnlich wie hier *Deckers*, Rn. 392 ff., der die Kostengruppen, welche für § 5 Abs. 4a HOAI maßgebend waren, heranziehen will; a. A. *Scholtissek*, § 7 Rn. 30, der sich gegen den Wortlaut für die anrechenbaren Kosten als Grundlage ausspricht.
395 Ebenso *Oppler*, FS Koeble, S. 445 (452), der auch Hinweise für die Vereinbarung gibt.
396 Ähnlich *Oppler*, FS Koeble, S: 445 (454), der sogar weitergehend keine Anspruchsvoraussetzung, sondern nur eine beispielhafte Beschreibung des planerischen Vorgehens annimmt; ähnl. *Deckers*, Rn. 384, 386, der darlegt, das Merkmal erschöpfe sich darin, dass der Architekt/Ingenieur den Bonus trotz Kostensenkung nicht erhält, wenn er seine Leistungen nicht ordnungsgemäß erbracht hat und für den Anfall des Bonus den Beweis konkreter Leistungen nicht für erforderlich hält; vgl. auch *Scholtissek*, Rn. 30; nach KG BauR 2010, 642 (644) bedarf es für die alte Fassung des § 5 Abs. 4a HOAI a. F. mindestens des substantiierten Vortrags zur Optimierung mit konkreten Darlegungen.

rung gegenüber der früheren Rechtslage ergibt sich dadurch nicht. Notwendig ist aber auch, dass eine »**wesentliche Kostensenkung**« eintritt. Ob dies bei einer Unterschreitung von 1 %–2 % der Fall sein wird, mag bezweifelt werden.

Der **Höhe** nach sind die Parteien in der Vereinbarung des **Erfolgshonorars** frei. Es darf jedoch 20 % des vereinbarten Honorars nicht überschreiten.[397] Fehlt diese Beschränkung oder wird sie überschritten, ist die Vereinbarung unwirksam. Die Vereinbarung eines Bonushonorars könnte folgendermaßen lauten: 175

> »*Für Unterschreitung der vereinbarten Baukosten in Höhe von €. . . erhält der Auftragnehmer 25 % des Differenzbetrages, höchstens jedoch 20 % des vereinbarten Honorars, wenn die Kostenunterschreitung unter Ausschöpfung technisch-wirtschaftlicher oder umweltverträglicher Lösungsmöglichkeiten ohne Verminderung des vertraglich festgelegten Standards herbeigeführt wird.*«

b) **Malushonorar**

Dem Bonushonorar korrespondiert die Möglichkeit zur Vereinbarung eines **Malus-Honorars** in Höhe von bis zu 5 % des Honorars. Voraussetzung für eine solche Vereinbarung ist, dass die Parteien die »anrechenbaren Kosten einvernehmlich festgelegt« haben. Im Unterschied zum Bonushonorar geht es **nicht um die Baukosten**, sondern um die anrechenbaren Kosten. Das stellt auch einen Widerspruch zur Basis des Baukostenvereinbarungsmodells nach § 6 Abs. 2 HOAI dar. Das Malus-Honorar muss gedeckelt sein mit 5 % des Gesamthonorars, andernfalls ist die Regelung ungültig. Die bloße Bezugnahme auf die Malusregelung in § 7 Abs. 6 S. 2 HOAI genügt nicht, vielmehr muss auch insoweit eine **Vereinbarung** getroffen werden **über die Art und Weise der Berechnung** des Malus-Honorars. Diese ist nämlich ebenso wenig beim Bonushonorar vorgesehen, sondern die Vorschrift enthält lediglich eine Obergrenze. Möglich wäre eine Vereinbarung folgenden Inhalts: 176

> »*Werden die einvernehmlich festgelegten anrechenbaren Kosten in Höhe von €. . . durch Verschulden des AN überschritten, trägt der Auftragnehmer davon . . . %, höchstens jedoch 5 % des vereinbarten Honorars.*«

Im Unterschied zum Bonushonorar war in der HOAI 2009 von einer »**schriftlichen**« Vereinbarung bezüglich des Malus-Honorars **nicht die Rede**. Nach dem Wortlaut dürfte sie damit nicht nur später als »bei Auftragserteilung«, sondern auch mündlich möglich (gewesen) sein.[398] Die Beweisbarkeit (Beweislast beim Auftraggeber) ist eine andere Frage. Die Schriftform für die Malusregelung ergab sich auch nicht aus § 7 177

---

397 Für diese Wirksamkeitsgrenze schon im Hinblick auf § 5 Abs. 4a HOAI: KG BauR 2010, 642.
398 Ebenso *Oppler*, FS Koeble, S. 445 (446); *Scholtissek*, Rn. 32; unentschieden *Wirth*, Aktualisierungsband, S. 54; a. A. *Deckers*, Rn. 526, der in Abs. 6 S. 2 eine Honorarvereinbarung sieht, dann aber aus Abs. 1 nur die Schriftform als Wirksamkeitsvoraussetzung heranziehen will; *Deckers* NZBau 2012, 315.

Abs. 1, 5 HOAI, weil diese Bestimmungen das Grundhonorar betreffen und nicht zusätzliche Entgeltbestandteile.

178 Ob die **Malusregelung** als eine Bestimmung in der HOAI **wirksam** ist, muss wahrscheinlich nicht geklärt werden. Entscheidend ist, ob eine solche **Vereinbarung** zwischen den Parteien bürgerlich-rechtlich wirksam ist. Bejahendenfalls wäre sie gegenüber der HOAI vorrangig. Ob dann eine Malusregelung in Abs. 6 S. 2 enthalten ist oder nicht, hätte dann nur deklaratorischen Charakter. Entscheidend für die Frage der zivilrechtlichen Wirksamkeit ist es, ob man die Malusregelung als eine Art **Vertragsstrafe** oder Draufgabe ansieht. Das ist im Ergebnis zu bejahen.[399] Damit kommt es darauf an, ob eine vertragliche Malusregelung den Bestimmungen des BGB entspricht.[400] Als Vertragsstrafenregelung wäre sie wirksam, wenn **Verschulden** Voraussetzung ist.[401] Im **Formularvertrag** bzw. in AGB dürfte eine Malusregelung eine unangemessene Benachteiligung des Auftragnehmers darstellen, weil nach der jetzigen Regelung die Honorarminderung eingreift, ohne dass der Auftragnehmer irgendeinen Einfluss auf die Überschreitung der Kosten haben muss, geschweige denn ein Verschulden mindestens in Form der Fahrlässigkeit gegeben sein muss (§ 307 Abs. 2 Nr. 2 BGB).[402] Probleme können sich ferner ergeben, wenn solche Klauseln im Kontext mit Honorarvereinbarungen stehen, weil dies für eine Vertragsstrafe überraschend wäre. Hinsichtlich der **Höhe von bis zu 5 %** des Honorars orientiert sich die Malusregelung an der Rechtsprechung des BGH zur Angemessenheit von Vertragsstrafen in Bauverträgen. Insoweit dürfte kein Anstand zu nehmen sein.[403] Das Problem besteht jedoch darin, dass Vertragsstrafen in Verträgen mit Architekten und Ingenieuren sachfremd sind. Ob die Malusregelung wegen unzulässiger Unterschreitung des Mindestsatzes wirksam ist, muss angesichts der bürgerlich-rechtlichen Wirksamkeit einer solchen Vereinbarung nicht geklärt werden. Der Verordnungsgeber beruft sich darauf, dass der Mindestsatz nach der gesetzlichen Grundlage in Ausnahmefällen unterschritten werden könne.

179 Mit der Neuregelung durch die 7. HOAI-Novelle wurde in Abs. 6 ergänzt, dass auch das Malus-Honorar einer »**schriftlichen**« **Vereinbarung** der Vertragsparteien bedarf, welche allerdings nicht bei Auftragserteilung getroffen werden muss. Es stellt sich die Frage, ob mündliche Malus-Vereinbarungen unwirksam sind. Das ist aus den o. g. Gründen zu verneinen. Der Verordnungsgeber ist nicht dazu befugt, bürgerlich-rechtlich mögliche und wirksame Vereinbarungen von zusätzlichen Voraussetzungen abhängig zu machen. Nachdem es sich um eine Vertragsstrafe handelt, muss diese gemäß den Regeln des BGB wirksam getroffen werden können und damit auch mündlich. Die Schriftform aus Abs. 6 S. 2 ist also keine Anspruchsvoraussetzung.

---

399 Ebenso *Oppler*, FS Koeble, S. 445 (448); *Scholtissek*, Rn. 33; *Wirth*, Aktualisierungsband, S. 54 f.; *Averhaus* NZBau 2009, 473 (477).
400 Ebenso *Oppler*, FS Koeble, S. 445 (449); *Wirth*, Aktualisierungsband, S. 55 f.
401 So mit Recht: *Messerschmidt* NZBau 2009, 573.
402 Für Wirksamkeit auch im Formularvertrag: *Messerschmidt*, FS Koeble, S. 393 (403).
403 *Messerschmidt*, FS Koeble, S. 393 (403) auch zur Vereinbarung hinsichtlich des Umfangs.

§ 8 HOAI Berechnung des Honorars in besonderen Fällen

(1) Werden dem Auftragnehmer nicht alle Leistungsphasen eines Leistungsbildes übertragen, so dürfen nur die für die übertragenen Phasen vorgesehenen Prozentsätze berechnet und vereinbart werden. Die Vereinbarung hat schriftlich zu erfolgen.

(2) Werden dem Auftragnehmer nicht alle Grundleistungen einer Leistungsphase übertragen, so darf für die übertragenen Grundleistungen nur ein Honorar berechnet und vereinbart werden, das dem Anteil der übertragenen Grundleistungen an der gesamten Leistungsphase entspricht. Die Vereinbarung hat schriftlich zu erfolgen. Entsprechend ist zu verfahren, wenn dem Auftragnehmer wesentliche Teile von Grundleistungen nicht übertragen werden.

(3) Die gesonderte Vergütung eines zusätzlichen Koordinierungs- oder Einarbeitungsaufwands ist schriftlich zu vereinbaren.

Übersicht	Rdn.
1. Änderungen durch die HOAI 2009	1
2. Änderungen durch die HOAI 2013	4
3. Zusammenspiel mit anderen Vorschriften	5
4. Regelungsbereich und verwandte Probleme	6
5. Honorar bei Übertragung einzelner Leistungsphasen (Abs. 1)	7
6. Honorar bei Übertragung einzelner Grundleistungen und Teilleistungen (Abs. 2 S. 2 und 3)	9
a) Voraussetzungen für die Honorierung bei Nichtübertragung aller Grundleistungen (Abs. 2 1)	9
b) Fehlende Prozentpunkte für die einzelnen Grundleistungen – Unwirksamkeit der HOAI?	10
c) Honorar bei Übertragung von Teilen einzelner Grundleistungen (Abs. 2 S. 3)	13
7. Kürzung des Honorars bei Nichtübertragung von Grundleistungen bzw. Teilen von Grundleistungen	14
a) Voraussetzungen für die Reduzierung des Honorars	14
b) Höhe des Abzugs	17
8. Koordinierungs- oder Einarbeitungsaufwand (Abs. 3)	18
9. Weglassen übertragener Leistungen (»Honorarminderung«)	21
a) Honorarminderung nach Rechtsprechung des BGH	22
b) Konsequenzen und Folgen der Rechtsprechung	25
c) Notwendige Ausnahmen von der Rechtsprechung	26
d) Voraussetzungen für die Minderung	29
e) Darlegungs- und Beweislast	30
f) Leistungspflichten ohne konkrete Parteivereinbarung	31
g) Höhe der Minderung	32
10. Honorarkürzung bei unvollständiger Erbringung von Teilleistungen	44
11. Honorar bei Kündigung	45

1. Änderungen durch die HOAI 2009

Die Bestimmungen des Abs. 1 und 2 sind aus § 5 Abs. 1, 2 HOAI 2002 übernommen worden und der Text wurde z. T. verändert. In Abs. 1 wurde statt des Begriffs »Teilho- 1

§ 8 HOAI Berechnung des Honorars in besonderen Fällen

norare« der Begriff »Prozentsätze« verwendet. Darüber hinaus wurde ergänzt, dass die anteiligen Prozentsätze nicht nur berechnet, sondern auch so nur vertraglich vereinbart werden dürfen.

2 In Abs. 2 war statt von Grundleistungen von Leistungen die Rede, weil der Begriff Grundleistungen infolge Ausgliederung der Besonderen Leistungen entfallen war. Darüber hinaus wurde auch hier aufgenommen, dass bei Teilleistungen nur ein vermindertes Honorar »vereinbart werden« darf.

3 § 5 Abs. 3 HOAI 2002 betreffend die Erbringung von Grundleistungen durch andere fachlich Beteiligte ist weggefallen. Entsprechendes gilt auch für § 5 Abs. 4 und 5, weil die Besonderen Leistungen aus dem Preisrecht gestrichen wurden (vgl. dazu § 3 Rdn. 13 ff.). § 5 Abs. 4a HOAI 2002 betreffend eine bestimmte Form des Erfolgshonorars wurde z. T. in § 7 Abs. 6 (Bonushonorar) übernommen.

2. Änderungen durch die HOAI 2013

4 Nach den Feststellungen in der Amtlichen Begründung blieb § 8 »weitgehend unverändert«. Das dürfte jedoch unzutreffend sein. Zum einen wurde der Koordinierungs- und Einarbeitungsaufwand auf alle Sachverhalte der Teilübertragung von Leistungen erstreckt (Abs. 3), wohingegen er früher in allen älteren Fassungen der HOAI nur dann anwendbar war, wenn nicht alle Leistungen einer Leistungsphase übertragen wurden. Zum anderen aber wurde die Berechnung von Teilhonoraren und auch der Koordinierungs- und Einarbeitungsaufwand der Formulierung nach von einer »schriftlichen Vereinbarung« abhängig gemacht. Ob dies eine Anspruchsvoraussetzung ist, muss geklärt werden.

3. Zusammenspiel mit anderen Vorschriften

5 Die Begriffe Leistungen und Leistungsbilder sind in § 3 geregelt.[1] Vom Honorar für besondere Fälle ist zu unterscheiden das bei der Flächenplanung bekannte Honorar für Planausschnitte (§ 20 Abs. 6 betreffend Flächennutzungspläne und § 21 Abs. 5 betreffend Bebauungspläne). Ebenso ist davon zu unterscheiden die Honorierung von Einzelleistungen (vgl. § 9).

4. Regelungsbereich und verwandte Probleme

6 In § 8 sind nur solche Fälle erfasst, in denen die Vertragsparteien **nur Teilleistungen übertragen** (dazu Rdn. 7–15). Verwandt sind die Fälle, in denen zwar alle Leistungen **übertragen** sind, jedoch Teile davon **nicht erbracht** werden. Hier ist die Vorschrift nicht unmittelbar anwendbar. Für solche Fälle hat die Rechtsprechung jedoch die Grundlagen für die Ermittlung von Minderungen gelegt (vgl. dazu unten Rdn. 16 ff.).

---

1 Zur Kommentierung vgl. § 3 Rdn. 9 ff.

5. Honorar bei Übertragung einzelner Leistungsphasen (Abs. 1)

Der Auftraggeber kann sämtliche oder nur einen Teil der Leistungsphasen (dazu § 3 Rdn. 9 ff.) dem Auftragnehmer übertragen. Er kann etwa die Ausführungsplanung oder die Objektüberwachung einem anderen Auftragnehmer übertragen als die Grundlagenermittlung, Vorplanung und Entwurfsplanung. In diesem Fall dürfen nach Abs. 1 nur die für die übertragenen Leistungsphasen vorgesehenen Honorarsätze berechnet werden. Die Vereinbarung höherer Sätze verstößt gegen die **preisrechtliche Bestimmung** des Abs. 1. Der Aufteilung des Gesamthonorars entspricht die Festsetzung von Prozentsätzen des Gesamthonorars für die einzelnen Leistungsphasen.[2] Eine Ausnahme von Abs. 1 enthält § 9. Neu ist, dass bei Übertragung einzelner Leistungsphasen ein zusätzlicher **Koordinierungs- oder Einarbeitungsaufwand** schriftlich vereinbart werden kann (dazu unten Rdn. 18 ff.). 7

Die Bestimmung des Abs. 1 enthält eine Selbstverständlichkeit. Preisrechtlich gesehen darf für nicht übertragene Leistungsphasen kein Honorar vereinbart werden und nur das anteilige Honorar für die übertragenen Leistungen vereinbart bzw. berechnet werden. Soweit dann in Abs. 1 S. 2 angeordnet wird, dass die Vereinbarung in **Schriftform** zu erfolgen hat, ist dies unverständlich. Nach Abs. 1 S. 1 werden nämlich nur die Grenzen der Vereinbarungsmöglichkeiten festgelegt. Insoweit hat die Schriftformregelung keine Aussagekraft.[3] Im Übrigen ist die Vorschrift des Abs. 1 S. 2 auch insofern bedeutungslos, als mit Sicherheit auch ohne schriftliche Vereinbarung bei Übertragung einzelner Leistungsphasen das dafür vorgesehene Mindesthonorar geltend gemacht werden kann.[4] 8

6. Honorar bei Übertragung einzelner Grundleistungen und Teilleistungen (Abs. 2 S. 2 und 3)

a) Voraussetzungen für die Honorierung bei Nichtübertragung aller Grundleistungen (Abs. 2 1)

Von Abs. 1 zu unterscheiden ist der Fall, dass zwar alle Leistungsphasen, nicht jedoch alle Grundleistungen einer bestimmten Leistungsphase dem Auftragnehmer übertragen werden. In einem solchen Fall darf der Auftragnehmer nach Abs. 2 nur ein Honorar berechnen, welches dem Anteil der übertragenen Grundleistung an den gesamten Leistungen der Leistungsphase entspricht. Die Vertragsparteien haben dann die übertragenen und die nicht übertragenen Grundleistungen im Einzelfall selbst zu bewerten. Geschieht dies nicht sachgerecht in der Weise, dass trotz nur teilweiser Übertragung der Grundleistungen in einer Leistungsphase das volle oder ein zu hohes Honorar verein- 9

---

[2] Vgl. z. B. § 34 für die Objektplanung Gebäude.
[3] Ebenso *Kniffka* BauR 2015, 883 (884 Fn 3), der die Bedeutung bei der Bewertung der Grundleistung sieht; ebenso *Werner/Siegburg* BauR 2013, 1499 (1512); *Werner/Wagner* BauR 2014, 1386; *Preussner* in FBS, § 7 Rn. 38.
[4] *Koeble/Zahn*, Die neue HOAI 2013, Teil C Rn. 56; zur Bedeutung der Vorschrift und zur Schriftform a. M. *Preussner* in FBS, § 8 Rn. 39.

§ 8 HOAI   Berechnung des Honorars in besonderen Fällen

bart wird, so kann der Höchstpreischarakter der HOAI verletzt sein.[5]. Der geringere Leistungsaufwand in einer Leistungsphase wird im Regelfall nur durch eine Reduzierung des Prozentsatzes berücksichtigt und nicht etwa durch eine Verringerung der anrechenbaren Kosten. Eine Ausnahme von diesem Grundsatz gilt nach der Rechtsprechung des BGH. Wird der Auftragnehmer nur mit einem Teil eines Objekts beauftragt, dann kann er seiner Abrechnung die Kosten aus dem übertragenen Bauteil zugrunde legen und die Prozentsätze für das Honorar voll ansetzen[6] (sog. **Teilgewerke-Rechtsprechung des BGH**). Soweit auch diesbezüglich die **Schriftform der Vereinbarung** verlangt ist (Abs. 2 S. 2), ist dies ebenso wie im Fall des Abs. 1 S. 2 ohne Regelungsinhalt (vgl. oben Rdn. 8). Keine Probleme ergeben sich bei Nichtübertragung ganzer **Leistungsphasen** hinsichtlich der **Höhe der Honorarreduzierung** selbst. Diesbezüglich stellt die HOAI in allen Leistungskatalogen und Leistungsbildern Prozentsätze für die Bewertung auf. Es handelt sich diesbezüglich um die »**kleinste Einheit für die Bewertung**« von Leistungsanteilen.[7]

b) **Fehlende Prozentpunkte für die einzelnen Grundleistungen – Unwirksamkeit der HOAI?**

10   Die Tatsache, dass die HOAI für die **einzelnen Grundleistungen keine Prozentpunkte** des Honorars ausweist, sondern nur für ganze Leistungsphasen, wird in der Literatur beanstandet.[8] Es wird darauf hingewiesen, dass es sich um einen häufigen Fall handle, wenn nur Teilleistungen übertragen werden bzw. Grundleistungen aus einzelnen Leistungsphasen nicht beauftragt werden. Häufiger noch dürfte der Fall sein, dass übertragene Grundleistungen (teilweise) nicht erbracht werden.[9] Weiter wird argumentiert, dass für diese vielen Fällen, in denen die Parteien tatsächlich Grundleistungen oder Teile davon nicht übertragen haben, eine feste Bewertung des Honorars für diese Grundleistungen nicht zur Verfügung stehe. Die verfassungsrechtlichen Anforderungen an das Preisrecht werden nach der genannten Auffassung in einem solchen Fall nicht erfüllt, weil die Bewertung von Teilleistungen den Parteien überlassen werde. Zwingendes Preisrecht könne es sich nicht leisten, die Bewertung von Grundleistungen – wie es die Amtliche Begründung zum ursprünglichen § 5 HOAI erklärt habe – den Parteien selbst zu überlassen. Mit dieser Begründung werde das zwingende Preisrecht ad absurdum geführt, weil die Parteien über den Mindest- bzw. Höchstpreis disponieren könnten und damit der mit den Mindestsätzen bezwecke Schutz der Architekten und Ingenieure außer Kraft gesetzt sei. Die Folge davon sei ein Preischaos. Die Ursache dafür sei in dem elementaren Verstoß gegen den verfassungsrechtlich gesicherten Grundsatz zu sehen, wonach ein Ordnungsrecht so sein müsse, dass jeder Bürger erken-

---

5   Ebenso *Rodemann* in TWK § 4 Rn. 165; vgl. im Einzelnen § 7 Rdn. 132 ff.
6   Dazu i. E. § 4 Rdn. 39 ff.
7   Amtliche Begründung zur HOAI 1977; BGH Urt. v. 16.12.2004 – VII ZR 174/03 = BauR 2004, 1640 = NJW 2004, 2588 = NZBau 2004, 509.
8   *Kniffka* BauR 2015, Heft 5 Editorial, S. I; *Kniffka* BauR 2015, 883 ff.
9   Dazu *Kniffka/Koeble*, Kompendium des Baurechts, 12. Teil Rn. 354.

nen kann, ob er sich an die Ordnung hält oder nicht.[10] Ein weiteres, wesentliches und schlagkräftiges Argument ist es, dass die Zielsetzung, als kleinste Einheit die Leistungsphasen preisrechtlich zu bewerten, mit § 8 Abs. 2 sozusagen unterlaufen werde. Nach der genannten Auffassung behauptet der Verordnungsgeber mit der Regelung in Abs. 2, es gebe eine sichere Grundlage für die Bewertung von Honoraren bei Erbringung von Teilleistungen bzw. von Teilen von Teilleistungen,

Die neue Auffassung rührt an die Grundlagen des Preisrechts und zeigt auf, dass bei der Detailregelung durchaus Ungereimtheiten auftreten können. Nach hier vertretener Auffassung sind diese jedoch durch Auslegung zu meistern. Unstreitig ist, dass der Verordnungsgeber als kleinste Einheit für die von ihm vorgenommene Bewertung die Leistungsphasen zugrunde gelegt hat.[11] Von einer Einzelbewertung von Grundleistungen wurde Abstand genommen, weil diese im Einzelfall ohne konkrete Bedeutung sein können, weil sie in jedem einzelnen Fall darüber hinaus eine völlig unterschiedliche Wertigkeit haben können. Das steht in Einklang mit der Ermächtigungsgrundlage zur HOAI. Dort wurde keineswegs vorgeschrieben, dass der Verordnungsgeber auch Grundleistungen mit Einzelbewertungen (Prozentsätzen) versehen muss oder gar Teile von Grundleistungen (z. B. nur Aufstellen von Leistungsverzeichnissen für den Rohbau) mit Einzelbewertungen ausstatten muss. Dennoch hat der Verordnungsgeber zu Recht versucht, die Umgehung des Preisrechts durch Einzelvereinbarungen im konkreten Fall zu verhindern, indem er für Grundleistungen und Teile von Grundleistungen die Bewertung mit Abs. 2 verlangt. Nicht richtig ist auch das Argument, dass die Bewertung von Teilleistungen den Parteien überlassen werde. Soweit es im Einzelfall objektive Maßstäbe gibt, sind diese selbstverständlich heranzuziehen und eine Honorarvereinbarung über anteilige Prozentsätze ist danach zu kontrollieren. Nur so ist es gewährleistet, dass der Mindest- und Höchstsatz eingehalten ist. Das ist nach hier vertretener Auffassung für preisrechtliche Regelungen aber auch ausreichend. Als Gegenprobe für die Richtigkeit der Auffassung ist das Argument anzuführen, dass der Verordnungsgeber ja auch bestimmte Teilleistungen in den Leistungsbildern einfach hätte weglassen können. Weshalb soll er dann umgekehrt verpflichtet sein, für diese einen anteiligen Prozentsatz – gültig für alle Fälle – aufzunehmen, wenn er sie in das Leistungsbild nach HOAI einstellt? Der Verordnungsgeber hat sich hier ausdrücklich freigezeichnet, indem er z. B. in Anlage 10.1 für die Objektplanung Gebäude lediglich »die zur ordnungsgemäßen Erfüllung eines Auftrags im Allgemeinen erforderlichen« Grundleistungen (§ 3 Abs. 2 S. 1) aufgenommen hat. Berücksichtigen muss man ferner, dass der Architekten-und Ingenieurvertrag als Werkvertrag eingestuft wurde. Wenn man diese Einordnung vornimmt, dann muss man sich klar darüber sein, dass nicht jede einzelne Teilleistung »das Werk« ist. Vielmehr geht die HOAI davon aus, dass in einzelnen Leistungsphasen bestimmte Ergebnisse und Stufen erreicht werden und sie setzt dafür ein Mindesthonorar an. Dabei nimmt sie schon in Kauf, dass im Einzelfall auch für ganze

---

10 Vgl. i. E. *Kniffka* BauR 2015, Heft 5 Editorial, S. I; *Kniffka* BauR 2015, 883 ff; vgl. auch *Preussner* in FBS, § 8 Rn. 48.
11 Amtliche Begründung zu § 5 HOAI 1977; BGH Urt. v. 16.12.2004 – VII ZR 174/03 = BauR 2004, 1640 = NJW 2004, 2588 = NZBau 2004, 509.

§ 8 HOAI Berechnung des Honorars in besonderen Fällen

Leistungsphasen eine andere Gewichtung der Prozentsätze möglich und vielleicht sogar geboten wäre. Auch dies muss man hinnehmen, wenn man es akzeptiert, dass Preisrecht bei einem Werkvertrag möglich ist. Das Honorar wird für das Ergebnis bezahlt und nicht für Teile von einzelnen Teilleistungen. Dabei ist durchaus klar, dass außer dem Gesamtergebnis auch zahlreiche Einzelwerke (nach Rechtsprechung des BGH »Arbeitsergebnisse« bzw.»Teilerfolge«) geleistet werden müssen. Nach hier vertretener Auffassung hätte es sich der Verordnungsgeber sogar leisten können, für echte, ganze Etappen des Planungs- und Überwachungsprozesses ein Teilhonorar festzulegen.

12 Im Rahmen der Auftragserteilung stellt sich verschiedentlich die Frage, ob und ggf. welche Leistungsphasen, Grundleistungen oder Teile von Grundleistungen **überhaupt beauftragt** sind. Hier wird die Meinung vertreten, die Beauftragung von Teilleistungen stehe unter der aufschiebenden Bedingung, dass diese auch zur ordnungsgemäßen Erbringung der Gesamtleistung erforderlich seien.[12] Diese Auffassung dürfte nicht dem Parteiwillen entsprechen. Weder der Auftraggeber noch der Auftragnehmer werden den Willen haben, sozusagen Stück für Stück weitere Teilleistungen zu beauftragen. Vielmehr gehen die Tendenz und das Interesse beider Parteien dahin, bestimmte Ergebnisse zu erhalten bzw. zu erbringen. Noch weitergehend wird z. T. eine Aufklärungspflicht dahingehend bejaht, dass der Architekt dem Bauherrn mitteilen müsse, welche Leistungen nicht notwendig seien und damit aus dem Leistungskatalog herausgenommen werden müssten, ferner für sie nach Abs. 2 eine Reduzierung des Honorars vereinbart werden müsse.[13] Eine Aufklärungspflicht im Hinblick auf Vorteile des Bauherrn für Honorarersparnis dürfte aber zu weit gehen. Es kann dem Architekten diesbezüglich nicht abverlangt werden, gegen seine Interessen den Bauherrn sozusagen als neutraler Honorarberater zu unterstützen. Mit einer solchen Stellung wäre der Architekt wegen Interessenkollision überfordert.

c) Honorar bei Übertragung von Teilen einzelner Grundleistungen (Abs. 2 S. 3)

13 Eine Reduzierung des Prozentsatzes ist in entsprechender Weise vorzunehmen, wenn **Grundleistungen** nur **zum Teil übertragen** werden (z. B. bei Vorbereitung der Vergabe nur die Teilleistung Aufstellen von Leistungsbeschreibungen und diese nur für die Rohbaugewerke). Dies stellt der Abs. 2 S. 3 klar.

7. Kürzung des Honorars bei Nichtübertragung von Grundleistungen bzw. Teilen von Grundleistungen

a) Voraussetzungen für die Reduzierung des Honorars

14 Ob eine Reduzierung des Honorars auch für solche Leistungen notwendig ist, welche dienstvertraglich zu qualifizieren sind und keinen selbstständigen Arbeitsschritt bzw. keinen selbstständigen Teilerfolg darstellen, ist zur Diskussion gestellt worden. Nach

---

12 *Kniffka* BauR 2015, 883 (891); vgl. auch OLG Düsseldorf BauR 2016, 1342 und Einl. Rdn. 47 ff.
13 *Kniffka* BauR 2015, 883 (893); *Fuchs* in FBS, 1. Teil, Kap. A V 3.

bisher allgemeiner Meinung waren Einschränkungen im Hinblick auf Leistungen **dienstvertraglicher Art** und im Hinblick auf solche Leistungen, welche im konkreten Einzelfall **nicht notwendig** waren, bejaht worden.[14] Demgegenüber wird nunmehr die Auffassung vertreten, jede einzelne Teilleistung sei mit einem anteiligen Prozentsatz zu bewerten, auch dann, wenn sie dienstvertraglich zu qualifizieren sei und auch dann, wenn sie selbst im konkreten Fall nicht erforderlich, also keinen »selbstständigen Arbeitsschritt« bzw. keinen »selbstständigen Teilerfolg« i. S. der Rechtsprechung des BGH darstelle.[15]

Abgesehen davon, dass diese Auffassung nicht in Einklang mit der Rechtsprechung des BGH betreffend Arbeitsschritte und Teilerfolge zu bringen ist, geht sie auch von einem anderen, neuen Werkbegriff für Architekten- und Ingenieurleistungen aus. Bisher herrschte Einigkeit darüber, dass die Werkleistung des Architekten nicht in der sklavischen Erbringung einzelner Grundleistungen oder Teilen von Teilleistungen besteht, sondern in der Herbeiführung und im Bewirken des Erfolgs bei gleichzeitiger zusätzlicher Erbringung der notwendigen Teilerfolge.[16] Alle anderen Leistungen, die keinen selbstständigen Arbeitserfolg zum Gegenstand haben, wären auch nicht abnahmefähig und damit nicht werkvertraglich zu qualifizieren. Die genannte Auffassung kann auch nicht erklären, weshalb die in den Leistungsbildern aufgelisteten Grundleistungen nach ausdrücklicher Regelung der HOAI nicht die in jedem Fall im Einzelnen zu erbringenden Leistungen sind, sondern solche, die zur ordnungsgemäßen Erfüllung eines Auftrags im Allgemeinen erforderlich sind (§ 3 Abs. 2 S. 1). Die genannte Auffassung lässt sich auch mit der Systematik der HOAI in ihren praktischen Ergebnissen nicht in Einklang bringen. Einzelne Teilleistungen sind z. B. nur in einer Leistungsphase aufgeführt, betreffen aber die gesamte Leistung oder sie können auch in anderen Leistungsphasen auftreten (z. B. Beraten zum gesamten Leistungsbedarf nach Leistungsphase 1, Kostenkontrolle aus Leistungsphase 6, Kostenfortschreibung und Koordinierung, Verhandeln mit Behörden (Leistungsphase 3)). Theoretisch müsste die genannte Auffassung einen Abzug vornehmen, wenn die Leistungen nicht in der betreffenden Leistungsphase, sondern später erbracht werden. Der Verordnungsgeber hat von einer Festlegung von Teilprozenten für einzelne Grundleistungen abgesehen, weil manche der Leistungen wegen des dienstvertraglichen Charakters eben keine Ergebnisse zeitigen und zur Unterstützung und ordnungsgemäßen Erfüllung der Gesamtleistung nur im Einzelfall virulent werden. In der Literatur ist bisher völlig unstreitig, dass keine einheitliche Bewertung von Grundleistungen möglich ist, sondern es diesbezüglich auf das konkrete Objekt und den konkreten Auftraggeber sowie dessen Informationsbedürfnis ankommt. Sicherlich wird man argumentieren, wenn schon eine starre Bewertung von einzelnen Grundleistungen nicht möglich sei, dann könne auch kein Preisrecht installiert werden. Dabei würde man aber außer Betracht lassen, dass gerade bei den Beson-

---

14 PDKR, 9. Aufl., § 8 Rn. 11; *Meurer/Eisterhuesin* KMV, § 8 Rn. 9 ff.; *Steeger* BauR 2003, 794 (796); *Meissner*, FS Vygen, S. 38 (41); *Meurer* BauR 2015, 1725.
15 So *Kniffk*a BauR 2015, 883 (passim).
16 BGH BauR 2004, 1640 = NJW 2004, 2588 = NZBau 2004, 509; BGH BauR 2005, 400 = NJW-RR 2005, 318 = NZBau 2005, 158; BGH BauR 2005, 588 = NZBau 2005, 163.

derheiten des Architekten- und Ingenieurvertrags nicht von vornherein feststeht, welche Leistungen anfallen können und welches Gewicht sie im Einzelfall haben. Ein Verordnungsgeber wäre dann – auch abgesehen vom Preisrecht – niemals in der Lage, einzelne Prozentsätze für Grundleistungen festzulegen. Das hat der Gesetzgeber auch bei Honorarordnungen für andere Freiberufler nicht getan. Er hat genauso wie für Architekten und Ingenieure bei anderen Freiberuflern Rahmengebühren zugrunde gelegt, deren Wirksamkeit man dann ebenfalls hinterfragen müsste, weil sie noch weniger aufgeschlüsselt sind als die immerhin in einzelne Leistungsphasen untergliederten Prozentsätze des Gesamthonorars nach HOAI. Die genannte Auffassung würde zu dem Ergebnis führen, dass es keinen Fall mehr gibt, in dem das 100 %ige Honorar vereinbart werden darf.

16 Richtig erscheint es deshalb, mit der bisher allgemeinen Auffassung in Rechtsprechung und Literatur nach werkvertraglichen Kriterien vorzugehen. Eine Kürzung des Prozentsatzes ist daher nur dann nötig, wenn dem Auftragnehmer »**wesentliche Teile**« von Leistungen nicht übertragen werden, die einen werkvertraglichen selbstständigen Arbeitsschritt bzw. Teilerfolg darstellen. Bei der Frage, ob eine Teilleistung in diesem Sinne wesentlich ist oder nicht, muss auf den konkreten Einzelfall abgestellt werden. Für Leistungen, die objektiv im Einzelfall gar nicht erbracht werden müssen, kommt ein »Nichtübertragen« bzw. »Herausnehmen aus dem Leistungsumfang« überhaupt nicht in Frage. Sind also z. B. im Einzelfall energiewirtschaftliche, biologische oder ökologische Zusammenhänge nicht zu klären oder Vorverhandlungen mit Behörden nicht zu führen, so kann der Auftraggeber eine Honorarminderung nicht verlangen, da diese Leistungen im konkreten Einzelfall nicht wesentlich sind.[17] Sicherlich gibt es Leistungen, die typischerweise als wesentlich anzusehen sind. Dennoch ist im Einzelfall nach den jeweiligen Umständen zu entscheiden, ob und welche Leistungen wesentlich sind. Die hier vertretene Auffassung steht auch in Einklang mit dem Wortlaut des § 3 Abs. 2 S. 1, wonach die Leistungsbilder für Architekten- und Ingenieurleistungen diejenigen Leistungen aufführen, die zur ordnungsgemäßen Erfüllung eines Auftrags im Allgemeinen erforderlich sind. Mit dieser Formulierung wird nämlich deutlich, dass die Leistungsbilder nur die möglichen Architekten- und Ingenieurleistungen aufführen; jedoch ist keineswegs damit verknüpft, dass diese Leistungen auch in jedem Einzelfall anfallen müssen.[18]

b) Höhe des Abzugs

17 Steht fest, dass es sich um eine wesentliche Leistung handelt, die entfällt, so ist ein Abzug vorzunehmen. Die **Höhe des Abzugs** kann nicht generell festgelegt werden.[19] Den Vertragsparteien steht dafür ein Bewertungsspielraum zur Verfügung.[20] Im Übrigen ist hier ein zusätzlicher Koordinierungs- und Einarbeitungsaufwand zu berücksichtigen.

---

17 Ebenso Korbion/Mantscheff/Vygen-*Seifert*, § 8 Rn. 31; *PDKR*, § 8 Rn. 12.
18 Zu den Leistungspflichten und zur Honorarminderung vgl. unten Rdn. 16 ff.
19 Vgl. die Bewertungstabellen im **Anhang 3** und unten Rdn. 30 ff.
20 LG Nürnberg/Fürth BauR 1993, 105 [106]; Korbion/Mantscheff/Vygen-*Seifert* § 8 Rn. 32; *Pott/Dahlhoff/Kniffka*, § 8 Rn. 9.

Nicht jede Leistung, die vereinbarungsgemäß aus dem Leistungsumfang herausgenommen ist, führt also zu einer Minderung des Honorars. Wird z. B. die Grundleistung »Vorverhandlungen mit Behörden und anderen an der Planung fachlich Beteiligten über die Genehmigungsfähigkeit« aus Leistungsphase 2 herausgenommen, so ist hier nicht in jedem Fall ein Abzug gerechtfertigt. Fallen nämlich überhaupt keine Vorverhandlungen an, so ist die Leistung nicht wesentlich. Sind dagegen tatsächlich Verhandlungen zu führen, die dann der Auftraggeber selbst übernimmt, so ist das Honorar nach Abs. 2 S. 3 zu kürzen.[21]

8. Koordinierungs- oder Einarbeitungsaufwand (Abs. 3)

Der neue Abs. 3 legt fest, dass bei einer Aufteilung der Teilleistungen einer Leistungsphase und neuerdings auch bei Übertragung nicht aller, sondern einzelner Leistungsphasen ein zusätzlicher **Koordinierungs- und Einarbeitungsaufwand** zu berücksichtigen ist. Koordinierung ist hier nicht im gleichen Sinne wie in den Leistungsbildern (z. B. für die Objektplanung Gebäude in Anlage 10.1) zu verstehen. Dort handelt es sich um die Koordinierung fremder Leistungen. Unter Koordinierungsaufwand im Sinne des Abs. 3 ist ein zusätzlicher Arbeitsaufwand oder eine Erschwernis bei der Erbringung von Teilleistungen bzw. einzelner Leistungsphasen zu verstehen, die wegen der Nichtübertragung der ganzen Leistungsphasen und Leistungen auftreten. Auch ein nur kleinerer zusätzlicher Arbeitsaufwand ist zu berücksichtigen. Davon, dass ein »nicht unwesentlicher Arbeits- oder Zeitaufwand« gegeben sein müsste, ist in Abs. 3 nicht die Rede. Nach der Definition des Koordinierungsaufwandes kommt es nicht darauf an, ob die herausgenommene Leistung bzw. Leistungsphase(n) von einem anderen Auftragnehmer oder von dem Auftraggeber erbracht wird. Ebenso ist denkbar, dass ein zusätzlicher Arbeitsaufwand dann erforderlich wird, wenn eine Teilleistung bzw. Leistungsphase ganz entfällt. Eine Koordinierungstätigkeit i. S. von Abs. 3 setzt nicht voraus, dass die Leistungen anderer koordiniert werden. 18

Der Koordinierungsaufwand i. S. von Abs. 3 ist keine Besondere Leistung. Ein Koordinierungsaufwand fällt in der Regel in der jeweiligen Leistungsphase an, er kann jedoch auch in anderen Leistungsphasen entstehen. Ob ein zusätzlicher Koordinierungsaufwand gegeben ist, muss im Einzelfall geprüft werden. Die HOAI spricht hierfür zwar keine Vermutung aus, in der Regel wird jedoch zusätzlicher Koordinierungsaufwand anfallen, da alle Grundleistungen für den Planungs- und Überwachungsprozess erforderlich sind und nicht aus dem Leistungsumfang herausgenommen werden können, ohne diesen empfindlich zu stören.[22] Der Koordinierungsaufwand kann im Einzelfall sehr verschieden sein, je nach den Schwierigkeiten, die sich durch die Herausnahme einzelner Grundleistungen im Planungs- oder Überwachungsprozess ergeben. Es ist durchaus denkbar, dass der volle Prozentsatz einer Leistungsphase in Ansatz gebracht werden kann, obwohl nur Teilleistungen erbracht werden. 19

---

21 OLG Frankfurt BauR 1982, 600, das in einem derartigen Fall das Honorar der Leistungsphase 2 um 10 % auf 6,3 % gekürzt hat.
22 *Pfarr*, Handbuch der kostenbewussten Planung, S. 65.

§ 8 HOAI Berechnung des Honorars in besonderen Fällen

20 Der Koordinierungsaufwand ist nach dem Wortlaut des Abs. 3 **schriftlich zu vereinbaren**. Die Vorschrift kann nicht anders gelesen werden, als dass die schriftliche Vereinbarung Anspruchsvoraussetzung ist.[23] Im Unterschied zu der früheren Regelung betreffend die Übertragung von Teilleistungen hat der Auftragnehmer heute **keinen Anspruch** auf automatische Berücksichtigung eines Koordinierungs- oder Einarbeitungsaufwands.[24] Allerdings kann dem Auftragnehmer ein Honorar auch für Grundleistungen zustehen, welche nicht in seinen dem ersten Anschein nach festgelegten Zuständigkeitsbereich gehören. Im Einzelfall ist nämlich durch Auslegung zu ermitteln, ob nicht über die ausdrücklich genannten Teilleistungen oder Leistungsphasen hinaus weitere Teilleistungen oder Leistungsphasen konkludent mitübertragen sind. Häufig ist der Fall, dass ein Auftragnehmer nach Kündigung eines anderen Auftragnehmers einsteigt und eine vertragliche Vereinbarung über die restlichen, weiteren zu erbringenden Grundleistungen getroffen wird. Wird dann in einem Vertrag geregelt, dass die Leistungsphasen 5 – 8 übertragen werden, kann es notwendig werden, Leistungen aus der Entwurfs- und/oder Genehmigungsplanung zu erbringen. Der entsprechende Auftrag kann in der Vereinbarung zwischen den Parteien stecken. Das bedarf der sorgfältigen Auslegung der gesamten Umstände im Hinblick auf den Vertragsabschluss. Selbstverständlich steht dem Auftragnehmer dann auch ohne schriftliche Vereinbarung für zusätzlich zu erbringende Grundleistungen ein Anspruch entweder auf den korrekten Mindestsatz oder bei vertraglicher Vereinbarung auch für diese Teile auf das Vertragshonorar zu. Dies ist durch Abs. 3 nicht ausgeschlossen.

9. Weglassen übertragener Leistungen (»Honorarminderung«)

21 Von der Frage der Honorierung der einzelnen Leistungsphase bei herausgenommen, nach der vertraglichen Vereinbarung nicht zu erbringenden Teilleistungen ist zu unterscheiden das Problem der Bemessung der Vergütung in Fällen, in denen der Auftragnehmer ganze Teilleistungen oder eine ganze Leistungsphase nicht oder nicht vollständig erbracht hat, obwohl sie ihm übertragen war. Diese Fälle sind in § 8 HOAI nicht erfasst, da die Vorschrift ausdrücklich nur die Situation betrifft, dass nicht alle Grundleistungen einer Leistungsphase »übertragen« sind, das heißt aufgrund vertraglicher Vereinbarungen nicht alle Grundleistungen erbracht werden müssen. Die Frage der Honorierung von Teilleistungen oder Leistungsphasen, die der Auftragnehmer zwar übertragen erhalten hat, aber nicht erbringt, ist auch in anderen Vorschriften der HOAI nicht geregelt. Dieses Problem ist auch mit einer Rechtsverordnung betreffend die Honorare nicht zu lösen. Vielmehr handelt es sich um eine Frage, die das Werkvertragsrecht des BGB zu klären hat.

---

23 *Koeble/Zahn*, Die neue HOAI 2013, Rn. 58; a. A. *Werner/Siegburg* BauR 2013, 1499 (1512); Werner/Wagner BauR 2014, 1386.
24 Ebenso *Preussner* in MNP § 8 Rn. 10; *ders.* in FBS, § 8 Rn. 85.

a) Honorarminderung nach Rechtsprechung des BGH

Die Rechtsgrundlage für Abzüge wegen Nichterbringung einzelner Grundleistungen oder ganzer Leistungsphasen sieht der BGH nicht im Honorarrecht. Nach seiner Auffassung entfällt der Honoraranspruch »ganz oder teilweise nur dann, wenn der Tatbestand einer Regelung des **allgemeinen Leistungsstörungsrechts** des BGB oder des **werkvertraglichen Gewährleistungsrechts** erfüllt ist, die den Verlust oder die Minderung der Honorarforderung als Rechtsfolge vorsieht«.[25] In Einklang mit der allgemeinen Auffassung in Rechtsprechung und Literatur sieht der BGH die Grundlage (Umfang und Inhalt) der geschuldeten Leistung im Vertragsrecht des BGB.

22

Fehlt eine vertragliche Regelung über die Leistungspflichten, dann ist der vom Auftragnehmer geschuldete Gesamterfolg im Regelfall nicht darauf beschränkt, dass er die Aufgaben wahrnimmt, welche für die mangelfreie Errichtung des Bauwerks erforderlich sind. Vielmehr sind nach »dem Grundsatz einer interessengerechten Auslegung die durch den konkreten Vertrag begründeten Interessen des Auftraggebers an den **Arbeitsschritten** zu berücksichtigen, die für den vom Auftragnehmer geschuldeten Werkerfolg erforderlich sind. Der Auftraggeber wird im Regelfall ein Interesse an den Arbeitsschritten haben, die als Vorgaben aufgrund der Planung des Architekten für die Bauunternehmer **erforderlich sind**, damit diese die **Planung vertragsgerecht umsetzen** können. Er wird regelmäßig ein Interesse an den Arbeitsschritten haben, die es ihm ermöglichen, zu **überprüfen**, ob der Auftragnehmer den geschuldeten **Erfolg vertragsgemäß bewirkt** hat, die ihn in die Lage versetzen, etwaige **Gewährleistungsansprüche** gegen Bauunternehmer **durchzusetzen**, und die erforderlich sind, die Maßnahmen zur Unterhaltung des Bauwerks und deren Bewirtschaftung zu planen«.[26] Die Regelungen aus den Leistungsbildern der HOAI sind also nicht per se maßgebend für den Leistungsumfang sondern insofern, als sie **selbstständige Arbeitsschritte** bzw. **selbstständige Teilerfolge** i. S. der Rechtsprechung des BGH darstellen. Bei der Feststellung solcher Arbeitsschritte bzw. Teilerfolge können die z. B. in § 34 HOAI aufgeführten Leistungsphasen und auch die Teilleistungen innerhalb der Leistungsphasen eine **Auslegungshilfe** darstellen.[27] Auf ihrer Grundlage kann deshalb durchaus überprüft werden, welche der Leistungsphasen und Teilleistungen »Arbeitsschritte« bzw. »Teilerfolge« darstellen, welche dem Auftraggeber eine Überprüfung der Architekten- und Ingenieurleistung ermöglichen oder Ansprüche gegen am Bau Beteiligte durchzusetzen oder welche erforderlich sind, um Maßnahmen zur »Unterhaltung« und »Bewirtschaftung« des Bauwerks erfordern. Über die **Rechtsprechung des BGH hinaus** soll eine Honorarminderung wegen Nichteinhaltung der Beschaffenheitsvereinbarung auch dann stattfinden, wenn **andere Leistungen** als solche selbstständigen Teilerfolge nicht erbracht sind.[28] Nach dieser Auffas-

23

---

25 BGH BauR 2004, 1640 = NJW 2004, 2588 = NZBau 2004, 509; BGH BauR 2005, 400 = NJW-RR 2005, 318 = NZBau 2005, 158 = ZfBR 2005, 178; BGH BauR 2005, 588 = NZBau 2005, 163; ferner OLG Rostock BauR 2005, 742.
26 BGH BauR 2005, 588 = NZBau 2005, 163.
27 Vgl. dazu § 34 Rdn. 14 ff.
28 *Kniffka* BauR 2015, 1031.

§ 8 HOAI Berechnung des Honorars in besonderen Fällen

sung ist in jedem Fall ein Abzug vorzunehmen, wenn die formalen Voraussetzungen für Mängelrechte gegeben sind. Darauf, ob das Bauwerk im Ergebnis mangelfrei geplant wurde oder – trotz unzureichender Objektüberwachung – mangelfrei erstellt wurde, kommt es nach dieser Auffassung nicht an. Das ist ein völlig neuer Werkbegriff, der jedenfalls für die Einordnung von Architekten- und Ingenieurverträgen nicht geeignet ist.[29] Vielleicht kommt die genannte Auffassung aber zu den gleichen Ergebnissen, weil sie ja gar nicht feststellen kann, ob dienstvertragliche Leistungen erbracht wurden oder nicht erbracht wurden. Wenn dann allerdings dem Auftragnehmer die Darlegungs- und Beweislast auferlegt wird, wäre dies sicherlich nicht gerechtfertigt.[30] Es wird deshalb richtig sein, weiterhin der Auffassung des BGH zu folgen und dessen Entscheidungen auch in ihrer Formulierung mit den Arbeitsschritten und Teilerfolgen beim Wort zu nehmen und deshalb Minderungen bei dienstvertraglichen und nicht erforderlichen Leistungen abzulehnen.[31] Eine Korrektur der Auffassung stellen die Formalien dar (ggf. vorherige Aufforderung zur Nacherfüllung mit Fristsetzung; Vorbehalt bei der Abnahme mit eventuellem Verlust des Minderungsrechts).[32]

24 Haben die Parteien ausdrücklich **bestimmte Leistungen** zum **Vertragsgegenstand** gemacht – etwa durch einen speziellen Leistungskatalog –, dann gehören diese zum Leistungsumfang. Hinzu kommen aber auf jeden Fall all diejenigen Leistungen, welche – auch ohne ausdrückliche Vereinbarung und Erwähnung im Vertrag – zur ordnungsgemäßen Erfüllung des Auftrags des Auftragnehmers oder Ingenieurs erforderlich sind.[33] Für die Vereinbarung des Leistungskatalogs in § 34 HOAI als Leistungsumfang genügt es, wenn »**eine an den Leistungsphasen** des § 34 HOAI **orientierte vertragliche Vereinbarung**« vorliegt. Sie begründet im Regelfall, dass der Auftragnehmer die vereinbarten Arbeitsschritte als »Teilerfolg des geschuldeten Gesamterfolgs« zu erbringen hat. Sofern der Auftragnehmer einen derartigen Teilerfolg nicht erbringt, ist sein geschuldetes Werk mangelhaft. Nach Auffassung des BGH ist in einem solchen Fall die »Zusammenstellung der Vorplanungsergebnisse« aus Leistungsphase 2 ein solcher geschuldeter Teilerfolg, sodass die Vergütung gemindert werden kann, wenn die Voraussetzungen des § 634 BGB vorliegen.[34] Ebenso verhält es sich mit den Kostenermittlungen, wenn eines der Leistungsbilder der HOAI zum Leistungsinhalt gemacht ist.[35] Eine Minderung des Honorars kommt auch dann in Frage, wenn die vertraglich vereinbarten Leistungen zu spät erbracht werden.[36] Die Vereinbarung eines Pauschalhonorars

---

29 Vgl. dazu zunächst oben Rdn. 10 ff.
30 Zur Darlegungs- und Beweislast vgl. unten Rdn. 30.
31 Vgl. die unten bei Rdn. 26 zitierte Literatur sowie die gesamte ältere Rechtsprechung, zuletzt OLG Brandenburg BauR 2014, 1804; zusätzlich *Siemens* BauR 2005, 1843; *Motzke* NZBau 2005, 364; *Werner/Pastor*, Rn. 871.
32 *Kniffka* BauR 2015, 1031 (1037 ff).
33 BGHZ 133, 399 = BauR 1997, 154 = NJW 1997, 586 = ZfBR 1997, 74 = LM Heft 4/1997 HOAI Nr. 32 m. Anm. *Koeble*; BGH BauR 1999, 187 = ZfBR 1999, 92; vgl. dazu auch § 34 Rdn. 6.
34 BGH BauR 2004, 1640 = NJW 2004, 2588 = NZBau 2004, 509.
35 BGH BauR 2005, 400 = NJW-RR 2005, 318 = NZBau 2005, 158 = ZfBR 2005, 178.
36 BGH a. a. O. für eine zunächst weggelassene und erst später vorgelegte Kostenberechnung.

unterhalb des Mindestsatzes schließt die Minderung nicht aus.[37] Allerdings scheiden Abzüge dann aus, wenn die Parteien für das einer konkreten Teilleistung entsprechende Honorar schon bei der Honorarvereinbarung Abzüge vorgenommen haben.[38]

b) Konsequenzen und Folgen der Rechtsprechung

Die Rechtsprechung des BGH wurde in der Literatur uneinheitlich aufgenommen.[39] Für die Praxis ist sie zugrunde zu legen. In aller Regel führt sie zu gleichen Ergebnissen wie die früher vertretene Auffassung von den »Zentralen Leistungen«, welche keineswegs eine honorarrechtliche Auffassung war, sondern im Synallagma von Leistung und Gegenleistung (Vergütung) Abzüge für nicht erbrachte Leistungen – wie beim Einheitspreisvertrag z. B. ebenfalls – für notwendig hielt. Zu klären ist bei Zugrundelegung der Rechtsprechung des BGH, ob nicht Ausnahmen in solchen Fällen zu machen sind, die entweder **dienstleistungsähnliche Tätigkeiten** betreffen oder aber Teilerfolge, die im konkreten Einzelfall zur ordnungsgemäßen **Erfüllung der Aufgabe nicht erforderlich** sind (dazu Rdn. 21 ff.). Darüber hinaus muss geklärt werden, wann dem Auftraggeber – ohne vorherige **Aufforderung zur Nacherfüllung** und ohne Ablauf einer angemessenen Frist – sofort das Recht zur Minderung zur Verfügung steht (dazu Rdn. 24). Eine sehr wichtige Problematik im Einzelfall ist auch, wen die **Darlegungs- und Beweislast** für das Fehlen notwendiger Leistungen trifft (dazu Rdn. 25). Darüber hinaus ist zu klären, welche **Leistungspflichten** der Auftragnehmer hat, wenn weder ausdrücklich noch stillschweigend ein konkretes Leistungsbild aus der HOAI zur vertraglichen Grundlage gemacht wurde (dazu Rdn. 26). Schließlich ist von entscheidender Bedeutung für die Praxis die Frage, in welcher **Höhe** der Auftraggeber eine **Minderung** bei Weglassen von Teilerfolgen geltend machen kann (dazu Rdn. 27 ff.).

25

c) Notwendige Ausnahmen von der Rechtsprechung

Mit der Entscheidung, dass bei Nichterbringung »selbstständiger Arbeitsschritte« oder »selbstständiger Teilerfolge« ein Mangel vorliegt, hat der BGH schon darauf hingewiesen, dass nicht alle Leistungen im Bewertungsschema einen eigenen Stellenwert haben und die Werkleistung noch nicht schon dann als mangelhaft anzusehen ist, wenn nicht alle Teilleistungen erbracht wurden. Vielmehr scheiden mit der Formulierung (»selbstständige Arbeitsschritte« bzw. »selbstständige Teilerfolge«) in der Regel solche **Leistungen** aus, die **dienstvertraglich** zu qualifizieren sind. Dagegen wird – abweichend von der Auffassung des BGH – vertreten, dass **alle Leistungen** im Rahmen einer Beschaffenheitsvereinbarung ihren Stellenwert hätten.[40]

26

---

37 OLG Hamm BauR 2005, 1350.
38 OLG Rostock BauR 2005, 742; dazu oben Rdn. 10 ff.
39 Vgl. *Motzke* BauR 2005, 364; *Siemens* BauR 2005, 1843; *Preussner* BauR 2006, 898; *Fuchs* BauR 2006, 1679; *Pauly* NZBau 2006, 295; *Brückl* NZBau 2006, 491; *Werner* in *Werner/Pastor*, Rn. 861 ff.; *Kniffka/Koeble*, Kompendium, 12. Teil, Rn. 354 ff.
40 *Kniffka* BauR 2015, 1031 passim; dazu oben Rdn. 23.

27 Zu klären sein wird in diesem Zusammenhang, welche der in den Leistungsbildern der HOAI genannten Leistungen selbstständige »Arbeitsschritte« oder »Teilerfolge« darstellen können. Die in verschiedenen Leistungsbildern enthaltenen Teilleistungen »Klären der Aufgabenstellung«, »Beraten zum gesamten Leistungsbedarf«, »Analyse der Grundlagen«, »Klären und Erläutern der Vorgänge und Bedingungen« sind mit Sicherheit dienstvertraglich einzuordnen und dies gilt für zahlreiche weitere Teilleistungen ebenfalls. Hier gibt es keine selbstständigen Arbeitsschritte oder Teilerfolge, sodass die Rechtsprechung auf diese Sachverhalte nicht anwendbar ist.[41]

28 Darüber hinaus sind die einzelnen Arbeitsschritte nicht per se auch als werkvertragliche Teilerfolge anzusehen. Vielmehr sind davon diejenigen Leistungen ausgeschlossen, die **im Einzelfall nicht** zur ordnungsgemäßen Erfüllung der Aufgabe **erforderlich** sind.[42] Auch hier kann nicht von einem Mangel gesprochen werden, weil zum einen die ordnungsgemäße Erfüllung der Aufgabe als Gesamtziel erreicht ist und das Weglassen einzelner Teilleistungen sich im konkreten Fall nicht als Fehler erwiesen hat. Die Beschaffenheitsvereinbarung der Parteien geht – auch wenn auf ein Leistungsbild der HOAI Bezug genommen ist – nicht dahin, dass alle Teilleistungen zu erbringen sind, sondern sie erfasst nur die im konkreten Fall zur ordnungsgemäßen Erfüllung der Gesamtaufgabe notwendigen Leistungen.[43] Dagegen sind in den Leistungsbildern alle diejenigen Leistungen erfasst, welche zur ordnungsgemäßen Erfüllung eines Auftrags »im Allgemeinen« erforderlich sind (§ 3 Abs. 2).

d) Voraussetzungen für die Minderung

29 Soweit Arbeitsschritte oder Teilerfolge nicht erbracht werden, stellt sich die Frage, **welche Mängelrechte** dem Auftraggeber zur Verfügung stehen. Sein Interesse wird in aller Regel dahin gehen, entweder Minderung oder Schadensersatz zu verlangen. Normalerweise sind diese sekundären Mängelansprüche erst gegeben, wenn dem Auftragnehmer eine **angemessene Frist zur Nacherfüllung** gesetzt wurde und diese abgelaufen ist. Soweit die Leistung vom Auftragnehmer nachträglich noch so erbracht werden kann, dass sie für den Auftraggeber von Wert ist, bedarf es der vorherigen Fristsetzung. Dabei genügt nicht die pauschale Aufforderung für ganze Leistungsphasen, sondern für die jeweils beanstandeten Teilleistungen muss Gelegenheit zur Nacherfüllung gegeben werden.[44] In den meisten Fällen ist es jedoch so, dass die Leistung zwar noch erbracht werden kann (z. B. eine Kostenberechnung nachgeholt werden kann), diese aber für den Auftraggeber nur im Bauablauf selbst und nicht später eine sinnvolle Entscheidungsgrundlage dargestellt hätte. Obwohl die sonstigen Voraussetzungen für sekundäre Män-

---

41 Ebenso OLG Oldenburg BauR 2013, 119 = NJW-RR 2013, 463 = Analyse *Koeble* auf www.jurion.de/Modul Werner Baurecht; *Motzke* NZBau 2005, 364.
42 Vorverhandlungen über die Genehmigungsfähigkeit in Leistungsphasen 2 und 3, Ergänzen und Anpassen der Planungsunterlagen, Beschreibungen und Berechnungen in Leistungsphase 4 müssen z. B. im Einzelfall gar nicht notwendig werden.
43 Im Ergebnis ebenso *Brückl* NZBau 2006, 491 (492 f.) und *Siemens* BauR 2005, 1843.
44 OLG Oldenburg BauR 2013, 119 = NJW-RR 2013, 463 = Analyse *Koeble* auf www.jurion.de/Modul Werner Baurecht.

gelrechte nicht vorliegen, hat der BGH hier zutreffend entschieden, dass dem Auftraggeber die Minderung oder auch der Schadensersatz zur Verfügung steht, wenn die Nachholung einer Leistung für den Auftraggeber »... nicht mehr von Interesse ist«.[45]

e) Darlegungs- und Beweislast

Ein weiteres Problem ergibt sich für die Praxis daraus, dass der Auftragnehmer gar nicht 30 in der Lage ist, viele der »Arbeitsschritte« prozessual darzulegen und deren Erbringung zu beweisen. Auch wenn er die Leistungen erbracht hat, wird es dem Auftragnehmer in vielen Fällen nicht möglich sein, den »Leistungsnachweis« zu erbringen. Der Auftragnehmer ist regelmäßig nicht in der Lage, die »Analyse der Grundlagen« oder das »Abstimmen der Zielvorstellungen« in Leistungsphase 2 zu dokumentieren. Kann es richtig sein, dem Auftragnehmer die **Darlegungs- und Beweislast** für alle Leistungen aufzuerlegen, obwohl dies bei eher dienstvertraglich orientierten Tätigkeiten gar nicht möglich ist? Das ist generell zu verneinen. Weil es sich nach Auffassung des BGH um ein **Mangelproblem** handelt, trifft den Auftraggeber die volle **Darlegungslast**. Es genügt also nicht, wenn der Auftraggeber die angeblich überhaupt nicht oder nicht vollständig erbrachten Grundleistungen aus der Anlage 10.1 einfach aufzählt oder gar in seinen Schriftsatz – was gelegentlich vorkommt – einscannt.[46] Erst dann, wenn er substantiiert bestreitet – wozu auch gehören dürfte, dass der Auftraggeber erklärt, weshalb ihm bestimmte Leistungen gefehlt bzw. genützt hätten –, muss der Auftragnehmer Einzelheiten vortragen.[47] Für die **Beweislast** kommt es darauf an, ob die Leistungen abgenommen sind. Vor der Abnahme trifft den Auftragnehmer die Beweislast im Hinblick auf die ordnungsgemäße Erbringung seiner Leistungen, jedoch bleibt es dabei, dass die Darlegungslast den Auftraggeber trifft.[48] Nach der Abnahme liegt die Beweislast beim Auftragnehmer.[49]

f) Leistungspflichten ohne konkrete Parteivereinbarung

Noch nicht höchstrichterlich geklärt ist die Frage, woraus sich die notwendigen Leis- 31 tungspflichten in solchen Fällen ergeben, in denen die Vertragsparteien weder ein Leistungsbild nach HOAI vereinbart haben noch sich bei der Formulierung des vertraglichen Leistungsumfangs an ein solches Leistungsbild angelehnt haben. **Ohne** entspre-

---

45 BGH BauR 2005, 400 = NJW-RR 2005, 318 = NZBau 2005, 158 = ZfBR 2005, 178 für eine Kostenberechnung; BGH BauR 2005, 588 = NZBau 2005, 163; BGH BauR 2011, 1677 = NJW-RR 2011, 1463 für das Bautagebuch; vgl. auch OLG Hamm BauR 2007, 1773 m. NZB des BGH vom 10.05.2007 – VII ZR 145/06 = Analyse *Koeble* auf www.jurion.de/Modul Werner Baurecht.
46 OLG Oldenburg BauR 2013, 119 = NJW-RR 2013, 463 = Analyse *Koeble* auf www.jurion.de/Modul Werner Baurecht.
47 Ebenso *Fuchs* BauR 2006, 1679; *Kniffka/Koeble*, Kompendium, 12. Teil, Rn. 245; vgl. zum Parallelproblem bei den anrechenbaren Kosten als Honorarparameter § 6 Rdn. 25 f.
48 *Fuchs* BauR 2006, 1679; *Kniffka/Koeble*, 12. Teil, Rn. 245.
49 OLG Oldenburg BauR 2013, 119 = NJW-RR 2013, 463 = Analyse *Koeble* auf www.jurion.de/Modul Werner Baurecht.

§ 8 HOAI Berechnung des Honorars in besonderen Fällen

chende **Parteivereinbarung über den Leistungsumfang** muss im Wege der Auslegung ermittelt werden, welche selbstständigen Arbeitsschritte und Teilerfolge vom Auftragnehmer erbracht werden müssen.[50] Die Auslegung hat sich an den konkreten Gegebenheiten und an dem zu orientieren, was üblicherweise für die ordnungsgemäße Erfüllung der Gesamtaufgabe notwendig ist. In aller Regel wird man auch insoweit auf die Leistungsbilder der HOAI zurückgreifen können.[51] Dabei muss man sich allerdings bewusst sein, dass diese Leistungsbilder Honorarrecht und keine bürgerlich-rechtlichen Leistungspflichten regeln. Sie enthalten jedoch die »im Allgemeinen« für die ordnungsgemäße Erfüllung der Aufgabe notwendigen Leistungen und dies ist nicht nur honorarrechtlich, sondern auch vom Leistungserfolg her entscheidend. Die HOAI gibt also nicht nur dann, wenn auf sie Bezug genommen wurde, sondern auch sonst eine Auslegungshilfe hinsichtlich des Leistungsumfangs (vgl. auch § 34 Rdn. 14 ff.).

g) Höhe der Minderung

32 Auch zur Höhe von Minderungen bei Weglassen von Leistungen hat sich die Rechtsprechung bereits geäußert.[52] Einigkeit besteht darüber, dass Abzüge nicht durch Verringerung der anrechenbaren Kosten, sondern durch **Minderung des Prozentsatzes** für die erbrachten Leistungen vorzunehmen sind.[53] Der BGH[54] erklärte für die HOAI 2002, es sei für die Festlegung von Prozentsätzen bei Teilleistungen (entschieden für den Fall der Kündigung)»nicht erforderlich, wenn auch naheliegend«, die Abrechnung in diesen Fällen nach der Steinfort-Tabelle o. ä. Berechnungswerken vorzunehmen.[55] Diese Berechnungsvorschläge beruhen danach in der Regel auf dem Durchschnitt der Erfahrungswerte von sachverständigen Praktikern, sodass sie sich als Orientierungshilfe auch für die Bewertung nicht erbrachter Leistungen eignen. Im Einzelfall können nach der genannten Entscheidung aber auch abweichende Berechnungsmaßstäbe herangezogen werden.

33 Die **Steinfort-Tabelle** kann für die HOAI 2013 nicht mehr zugrunde gelegt werden. Die Prozentsätze für die einzelnen Leistungsphasen haben sich bei allen Leistungsbil-

---

50 So mit Recht *Preussner* BauR 2006, 898 (900 f.); *Preussner*, FS Motzke, 2006, 347; vgl. auch OLG Hamm Urt. v. 01.12.2005 – 24 U 89/05; OLG Hamm BauR 2006, 1766 = NZBau 2006, 584 für einen mündlichen Architektenvertrag »in Anlehnung an § 15 HOAI« a. F.
51 Zutreffend *Preussner* BauR 2006, 898 [890 f.]; *Preussner*, FS Motzke, 2006, 347.
52 Dazu eingehend *Preussner* BauR 2006, 898 (900 ff.); *Preussner*, FS Motzke, 2006, 347.
53 OLG Düsseldorf BauR 2007, 1767 = Analyse *Koeble* auf www.jurion.de/Modul Werner Baurecht.
54 BauR 2005, 588 = NZBau 2005, 163.
55 Als solche wurden vom BGH genannt: *PDKR*, HOAI, 7. Aufl., Anh. III; *Locher/Koeble/Frik*, HOAI, 8. Aufl., Anh. 4; vgl. dazu auch OLG Hamm BauR 2007, 1773 m. NZB des BGH vom 10.05.2007 – VII ZR 145/06 = Analyse *Koeble* auf www.jurion.de/Modul Werner Baurecht; im **Anhang 3** zu diesem Kommentar sind neue Bewertungstabellen abgedruckt, welche vom Sachverständigen Simmendinger erstellt wurden und in denen die neuen Prozentsätze nach HOAI 2013 für die Leistungsphasen berücksichtigt sind.

dern geändert. Unabhängig davon wäre die Steinfort-Tabelle aus verschiedenen Gründen auch nicht geeignet (starre Prozentsätze nach arithmetischem Mittel bzw. rechnerischem Anteil der Teilleistungen an der Leistungsphase). Die in der **Anlage 3** abgedruckten Tabellen sind untergliedert in solche, die für die HOAI vor dem Jahr 2013 anzuwenden sind und solche, die nach HOAI 2013 gelten. Diesbezüglich werden zwar starre Werte angegeben, jedoch geschieht dies mit dem ausdrücklichen Hinweis, dass im Einzelfall Schwankungen von 0,5 – 1,5 % oder gar mehr möglich sind. Die starren Werte wurden deshalb eingesetzt, damit nicht die Gefahr besteht, dass mehr oder weniger als 100 % angesetzt werden. Ebenso ist von entscheidender Bedeutung, dass manche Teilleistungen mit null Prozent zu bewerten sind, weil sie keine Arbeitserfolge darstellen oder im Einzelfall nur ordnungsgemäßen Erfüllung nicht nötig sind.[56]

Überprüft man § 34 Abs. 2 daraufhin, welche Leistungen **selbstständige Teilerfolge** i. S. der Rechtsprechung des BGH sein können, so ergibt sich Folgendes:[57]   34

– In **Leistungsphase 1** ist kein Teilerfolg im Sinne der Rechtsprechung des BGH enthalten, ohne den im Einzelfall das Architektenwerk nicht vollständig wäre. Das gilt auch für das »Zusammenfassen, Erläutern und Dokumentieren der Ergebnisse«, wenn die Ergebnisse für den Auftraggeber bereits festliegen[58]. Die Leistungsphase 1 stellt nämlich – mit Ausnahme der Beratungstätigkeit, die jedoch während des gesamten Projektablaufs zu leisten ist, und der Entscheidungshilfen –, die Einarbeitungsphase für den Auftragnehmer in seine Aufgabe dar (vgl. § 34 Rdn. 27 ff.). Hinsichtlich der Entscheidungshilfen für den Einsatz von Sonderfachleuten kommt es darauf an, ob ein solcher Einsatz notwendig ist.[59]   35

– Dagegen gehören in **Leistungsphase 2** das Erarbeiten der Vorplanung, Untersuchen, Darstellen und Bewerten von Varianten nach gleichen Anforderungen und die Kostenschätzung nach DIN 276[60] zu den selbstständigen Teilerfolgen. Für den Wegfall der Vorverhandlungen über die Genehmigungsfähigkeit wurde in der Rechtsprechung[61] ein Abzug von 0,7 % des Gesamthonorars, also von 10 % aus Leistungsphase 2 angesetzt. Hervorzuheben ist, dass der BGH das »Zusammenstellen aller Vorplanungsergebnisse« (heute Zusammenfassen, Erläutern und Dokumentieren der Ergebnisse) für einen selbstständigen Arbeitsschritt hält und eine Minderung – wie vom OLG mit 0,3 % des Gesamthonorars angesetzt – für möglich hält.[62] Diese Auffassung ist jedoch abzulehnen (vgl. § 34 Rdn. 67).Ob für das Aufstellen eines planungsbezogenen Zielkatalogs ein Abzug gerechtfertigt ist, entscheidet sich da-   36

---

56 Vgl. dazu oben Rdn. 21 ff. mit Nachweisen aus der Literatur.
57 Vgl. auch eingehend unter Zusammenstellung der Rechtsprechung *Preussner* BauR 2006, 898; *Preussner*, FS Motzke, 2006, S. 347; *Preussner* in FBS, § 8 Rn. 45 ff.
58 Vgl. § 34 Rdn. 34; zum Abzug bei Notwendigkeit der Zusammenfassung vgl. OLG Brandenburg BauR 2014, 1804 (1806).
59 OLG Brandenburg BauR 2014, 1804 (1806).
60 Ebenso OLG Karlsruhe [Freiburg] BauR 1993, 109; OLG Düsseldorf BauR 2000, 290.
61 OLG Frankfurt BauR 1982, 600; vgl. auch OLG Brandenburg BauR 2014, 1804 (1806), welches für diese Leistung und die Kostenschätzung zusammen 1,5 % ansetzt.
62 BGH BauR 2004, 1640 = NJW 2004, 2588 = NZBau 2004, 506.

§ 8 HOAI Berechnung des Honorars in besonderen Fällen

nach, wie die vorgelegten Pläne zu bewerten sind.[63] Soweit der Auftragnehmer keine Varianten vorlegt und auch ein Integrieren der Leistungen anderer an der Planung fachlich Beteiligter nicht vornimmt, kann es zu einem Abzug führen.[64] Entsprechendes gilt auch für das Klären und Erläutern der wesentlichen Zusammenhänge, Vorgänge und Bedingungen.[65]

37 – Gleiches gilt bei **Leistungsphase 3** für das Erarbeiten der Entwurfsplanung, die Objektbeschreibung[66] und die Kostenberechnung nach DIN 276.[67] Eine Kürzung um 0,8 % des Gesamthonorars wurde für angemessen gehalten, wenn die Kostenberechnung erst nachträglich zur Honoraraufstellung gefertigt wurde.[68] Dagegen wurden 2 % angesetzt, wenn die Kostenberechnung erhebliche Bedeutung hatte.[69] Ein Abzug von je 1 % bei Weglassen von Kostenschätzung, Kostenberechnung und Kostenfeststellung wurde ebenfalls bereits vorgenommen.[70] Im Einzelfall wurde auch ein Abzug von 1 % für die Kostenberechnung für richtig gehalten.[71] Ebenso wenig wie bei der Vorplanung ist das Zusammenfassen der Unterlagen als selbstständiger Arbeitserfolg anzusehen.[72] Dagegen können sich Mängel der Planung auf die Vergütung mindernd auswirken.[73]

38 – In der **Leistungsphase 4** ist entscheidend das Erarbeiten und Zusammenstellen der Vorlagen. Angesichts der Rechtsprechung des BGH zum Zusammenstellen der Vorplanungsergebnisse (vgl. oben) wird man annehmen müssen, dass nicht nur das »Erarbeiten der Vorlagen«, sondern auch das »Einreichen dieser Unterlagen« sowie das »Vervollständigen und Anpassen« (heute: Ergänzen und Anpassen der Planungsunterlagen usw.) selbstständige Arbeitsschritte darstellen. Fällt eine Planungsleistung weg oder ist sie mangelhaft, dann kommt eine Minderung in Betracht.[74]

---

63 Vgl. für ein Sanierungskonzept OLG Brandenburg BauR 2014, 1804 (1806).
64 OLG Brandenburg BauR 2014, 1804 (1807).
65 OLG Brandenburg BauR 2014, 1804 (18o7).
66 Ebenso OLG Düsseldorf BauR 1994, 133 = NJW-RR 1994, 18, wonach aber zu Recht kein Abzug vorzunehmen ist, wenn stattdessen eine umfangreiche Bauteil-Kostenberechnung erstellt wurde.
67 Ebenso OLG Karlsruhe BauR 1993, 109; OLG Hamm NJW-RR 1990, 522; OLG Hamm BauR 1994, 793 = NJW-RR 1994, 982; OLG Düsseldorf BauR 2000, 290; OLG Brandenburg BauR 2014 (1804 (1808).
68 OLG Hamm NJW-RR 1990, 552.
69 OLG Hamm BauR 1994, 793 = NJW-RR 1994, 982.
70 OLG Düsseldorf BauR 2000, 290.
71 OLG Braunschweig BauR 2003, 1066; vgl. auch OLG Hamm BauR 2005, 1350, das für KB und KA zusammen 1 % Abzug im konkreten Fall vornimmt; OLG Hamm BauR 2006, 1766 = NZBau 2006, 584 sowie OLG Celle BauR 2008, 122 für 1,5 % als Abzug bei einer vergessenen bzw. verspäteten Kostenberechnung.
72 A. A. BGH BauR 2004, 1640 = NJW 2004, 2588 = NZBau 2004, 506 für die Vorplanung.
73 So mit Recht OLG Brandenburg NZBau 2013, 176 (179) für Leistungsphasen 3 und 4 bei Fehlern der statischen Berechnung des Tragwerkplaners; OLG Brandenburg BauR 2014, 1804 (1808) für die Objektplanung Gebäude des Architekten.
74 Vgl. dazu OLG Brandenburg NZBau 2013, 176 (179) im Hinblick auf die Leistungen eines Tragwerksplaners.

– In **Leistungsphase 5** ist die Ausführungsplanung selbstständiger Arbeitsschritt, und 39
zwar als vollständige Planung der notwendigen Details und Erarbeiten der Grundlagen für die anderen an der Planung fachlich Beteiligten sowie die Integrierung ihrer Beiträge (vgl. § 34 Rdn. 150 ff.). Werden nicht alle notwendigen Ausführungspläne gefertigt, erfolgt ein anteiliger Honorarabzug.[75] Soweit eine Funktionalausschreibung erfolgt, können auch Besondere Leistungen, die anstelle der Ausführungsplanung treten,[76] wesentliche Grundleistungen werden, die einen selbstständigen Arbeitserfolg darstellen.

– Die **Leistungsphase 6** stellt einerseits das Ermitteln und Zusammenstellen von Mengen und andererseits das Aufstellen von Leistungsbeschreibungen als selbstständige 40 Arbeitsschritte in den Vordergrund.[77] Wenn überhaupt keine Ausschreibung durchgeführt wird, ist das Honorar für die Leistungsphase 6 vollständig zu streichen.[78] Herauszuheben ist von den neuen Leistungen der HOAI 2013 das Ermitteln der Kosten auf der Grundlage vom Planer bepreister Leistungsverzeichnisse. Diese Leistung tritt anstelle des früheren Kostenanschlags in Leistungsphase 7 und wird ebenso zu bewerten sein, wie dieser (vgl. unten Rdn. 36).

– In **Leistungsphase 7** sind nach HOAI 2002 und 2009 entscheidend das Zusammenstellen der Vertragsunterlagen, das Einholen von Angeboten, das Prüfen und Werten 41 der Angebote einschließlich Aufstellen eines Preisspiegels und der Kostenanschlag nach DIN 276.[79] Das Weglassen des Kostenanschlags und von Preisspiegeln kann mit 2 % zu bewerten sein.[80] Auch der Kostenanschlag selbst kann schon mit 2 % zu Buche schlagen.[81] Z. T. wurde der Kostenanschlag aber auch niedrig, nämlich mit 0,4 % des Gesamthonorars bzw. 10 % des Honorars für Leistungsphase 7 bewertet.[82] Im Einzelfall ist ein Abzug nicht berechtigt, wenn zwar die Preisspiegel unvollständig aufgestellt wurden oder nur ein Bieter vorhanden war, bei förmlichen Abnahmen nicht teilgenommen wurde und gemeinsame Aufmaße nicht hergestellt wurden und auch eine Kostenfeststellung erst später vorgelegt wurde.[83] Letzteres sind

---

75 OLG Hamm BauR 2006, 1766 = NZBau 2006, 584, welches eine anteilige Minderung vornimmt, wenn statt 23 notwendigen Plänen nur 2 gefertigt wurden; OLG Brandenburg BauR 2014, 1804 (1809).
76 Baubuch, Raumbuch, Prüfen und Freigeben von Plänen der am Bau Beteiligten, Erarbeiten von Detailmodellen, Prüfen und Anerkennen von Werkstattplänen u. a.; vgl. zu Letzterem § 34 Rdn. 161 ff. und 168; zu weiteren Fragen vgl. OLG Frankfurt BauR 2008, 703 = Analyse *Koeble* auf www.jurion.de/Modul Werner Baurecht.
77 Vgl. die heutigen Teilleistungen aus Leistungsphase 6 bei § 34 Rdn. 173 ff.; zu den einzelnen Teilleistungen vgl. OLG Brandenburg BauR 2014, 1804 (1809).
78 OLG Braunschweig BauR 2003, 1066.; zu weiteren Fragen vgl. OLG Frankfurt BauR 2008, 703 = Analyse *Koeble* auf www.jurion.de/Modul Werner Baurecht.
79 Vgl. OLG Düsseldorf NJW-RR 1996, 835.; zu weiteren Fragen vgl. OLG Frankfurt BauR 2008, 703 = Analyse *Koeble* auf www.jurion.de/Modul Werner Baurecht; zu den einzelnen Teilleistungen vgl. OLG Brandenburg BauR 2014, 1804 (1809). .
80 OLG Braunschweig BauR 2003, 1066.
81 OLG Düsseldorf BauR 2000, 290.
82 OLG Hamm BauR 2002, 1721.
83 OLG Hamm BauR 2002, 1721; vgl. dazu auch unten, nächster Spiegelstrichabsatz am Ende.

Grundleistungen aus Leistungsphase 8. Nach HOAI 2013 handelt es sich um Teilleistungen betreffend das Einholen von Angeboten, Prüfen und Werten dieser Angebote, das Führen von Bietergesprächen, das Erstellen von Vergabevorschlägen und die Dokumentation des Vergabeverfahrens sowie um das Zusammenstellen der Vertragsunterlagen und das Vergleichen der Ausschreibungsergebnisse.

42 — Wesentlich in **Leistungsphase 8** ist zunächst das Überwachen der Ausführung des Objekts.[84] Damit ist noch nicht gesagt, dass der Architekt zur ständigen Überwachung verpflichtet wäre. Nur dann, wenn der Architekt vollständige Gewerke überhaupt nicht überwacht, kam nach bisheriger Rechtsprechung ein Honorarabzug zum Tragen. Angesichts dessen, dass die Überwachungstätigkeit kein »Arbeitsschritt« ist, dürfte es bei dieser Rechtsprechung verbleiben. Die Kostenfeststellung ist mit 1 % noch niedrig bewertet.[85] Für die HOAI 2002 bzw. 2009 wurde hier vertreten, das Bautagebuch (Dokumentation des Bauablaufs nach HOAI 2013) und der Zeitplan seien nicht selbstständig zu bewerten. Angesichts der Aufwertung dieser Leistung ist dies für die HOAI 2013 zu revidieren, und zwar sowohl für die Dokumentation des Bauablaufs als auch für die vom Verordnungsgeber zentral in den Vordergrund gestellten Leistungen im Zusammenhang mit dem Terminplan (Balkendiagramm).[86] Ferner sind wesentlich die Rechnungsprüfung und die Kostenfeststellung nach DIN 276. Gleiches gilt für die mit der 5. HOAI-Novelle eingefügte Form der Kostenkontrolle durch schriftlichen Kostenvergleich.[87] Lässt der Auftragnehmer die Kostenkontrolle weg und erstellt auch keine Liste der Gewährleistungsfristen, dann kann ihn dies 10 % der Leistungsphase 8 bzw. 2,5 % des Gesamthonorars kosten.[88] Die übrigen in Leistungsphase 8 aufgelisteten Leistungen sind zwar zum Teil sehr wesentlich und auch haftungsträchtig. Weder das gemeinsame Aufmaß – das zahlreiche Rechtsstreite über Aufmaßprobleme vermeiden könnte –, noch das Auflisten der Gewährleistungsfristen sind so entscheidend, dass die Architektenleistung in jedem Fall ohne ihre Erbringung nicht vollständig wäre.[89] Das Bautagebuch hält der BGH[90] aber für den Neubau sowie für das Bauen im Bestand und für die Instandsetzung für eine entscheidende Leistung. Der Inhalt betreffend den Bauablauf, Störungen, Auseinandersetzungen mit anderen Beteiligten und die Abwicklung ist tatsächlich so wesentlich, dass die Nichtführung eines Bautagebuchs zur Minderung führen muss.[91] Im Einzelfall ist ein Abzug dann nicht berechtigt,

---

84 Zu einzelnen Abzügen vgl. OLG Frankfurt BauR 2008, 703 = Analyse *Koeble* auf www.jurion.de/Modul Werner Baurecht; zur Intensität der Überwachung vgl. § 34 Rdn. 212 ff.; 240 ff.; zu Abzügen für einzelne Teilleistungen vgl. OLG Brandenburg BauR 2014, 1804 (1810 f.).
85 OLG Düsseldorf BauR 2000, 290.
86 Vgl. OLG Düsseldorf NJW-RR 1996, 835; OLG Düsseldorf BauR 2000, 290.
87 Vgl. § 34 Rdn. 97, 227.
88 OLG Hamm BauR 2002, 1721; vgl. auch OLG Celle BauR 2005, 1790.
89 OLG Düsseldorf BauR 2000, 290; OLG Celle BauR 2006, 1161, das aber zutreffend darauf hinweist, dass vorher eine Aufforderung zur Nacherfüllung erfolgen muss.
90 BauR 2011, 1677 = NJW-RR 2011, 1463; dazu *Preussner* NZBau 2012, 93.
91 Zu Anhaltspunkten für die Höhe der Minderung vgl. Anhang 3.

wenn bei behördlicher Abnahme nicht teilgenommen wurde und ein gemeinsames Aufmaß deshalb nicht erstellt wurde und weil es nicht erforderlich ist[92] oder die Kostenfeststellung infolge von Umständen, die der Auftragnehmer nicht zu vertreten hat, erst später erstellt wurde.[93] Auch das Bautagebuch kann wesentliche Leistung sein.[94]

– Bei **Leistungsphase 9** ist zweifelhaft, ob hier überhaupt eine wesentliche Leistung enthalten ist.[95] Man könnte allenfalls bei der Objektbegehung zur Mängelfeststellung daran denken. Allerdings muss auch hier gesagt werden, dass es sich um keine Leistung handelt, bei deren Fehlen im Einzelfall davon ausgegangen werden muss, dass der Architekt seine Leistungspflichten nicht voll erfüllt hat. Vor allem dann, wenn es keinerlei Anhaltspunkte dafür gibt, dass irgendwelche Mängel vorliegen, kann nicht erwartet werden, dass das Honorar gemindert wird.

43

10. Honorarkürzung bei unvollständiger Erbringung von Teilleistungen

Gleichzustellen mit den soeben behandelten Fällen sind diejenigen, in denen eine Teilleistung nur unvollständig erbracht wird. Nach der hier vertretenen Auffassung spielt es auch keine Rolle, ob eine Teilleistung mangelhaft erbracht ist und dies zu einem Mangel am Werk führt oder nicht. Eine Minderung des Honorars kann nur vorgenommen werden, sofern ein selbstständiger Arbeitserfolg im soeben beschriebenen Sinn nicht erbracht wurde. Im Übrigen ist der Auftraggeber auf Mängelansprüche verwiesen.

44

11. Honorar bei Kündigung

Eine ganz andere Frage ist die, ob der Auftragnehmer bei vorzeitiger Kündigung des Vertrags durch den Auftraggeber berechtigt ist, das Honorar für eine ganze Leistungsphase zu beanspruchen, die er noch nicht vollständig erbracht hat. Soweit die Kündigung des Auftraggebers berechtigt ist, kann der Architekt hier ein Honorar lediglich für die bislang erbrachte Leistung verlangen.[96]

45

§ 9 HOAI Berechnung des Honorars bei Beauftragung von Einzelleistungen

(1) Wird die Vorplanung oder Entwurfsplanung bei Gebäuden und Innenräumen, Freianlagen, Ingenieurbauwerken, Verkehrsanlagen, der Tragwerksplanung und der Technischen Ausrüstung als Einzelleistung in Auftrag gegeben, können für die Leistungsbewertung der jeweiligen Leistungsphase
1. für die Vorplanung höchstens der Prozentsatz der Vorplanung und der Prozentsatz der Grundlagenermittlung und

---

92 Vgl. § 34 Rdn. 222 unten.
93 OLG Hamm BauR 2002, 1721.
94 Vgl. OLG Celle BauR 2005, 1790 und OLG Celle BauR 2006, 1161.
95 Vgl. dazu OLG Schleswig BauR 2003, 1425 betreffend die »Systematische Zusammenstellung«.
96 Vgl. zum Ganzen Einl. Rdn. 242 ff. und zu den anrechenbaren Kosten § 4 Rdn. 39 ff.

§ 9 HOAI Berechnung des Honorars bei Beauftragung von Einzelleistungen

2. für die Entwurfsplanung höchstens der Prozentsatz der Entwurfsplanung und der Prozentsatz der Vorplanung herangezogen werden.

Die Vereinbarung hat schriftlich zu erfolgen.

(2) Zur Bauleitplanung ist Absatz 1 Satz 1 Nummer 2 für den Entwurf der öffentlichen Auslegung entsprechend anzuwenden. Bei der Landschaftsplanung ist Absatz 1 Satz 1 Nummer 1 für die vorläufige Fassung sowie Absatz 1 Satz 1 Nummer 2 für die abgestimmte Fassung entsprechend anzuwenden. Die Vereinbarung hat schriftlich zu erfolgen.

(3) Wird die Objektüberwachung bei der Technischen Ausrüstung oder bei Gebäuden als Einzelleistung in Auftrag gegeben, können für die Leistungsbewertung der Objektüberwachung höchstens der Prozentsatz der Objektüberwachung und die Prozentsätze der Grundlagenermittlung und Vorplanung herangezogen werden. Die Vereinbarung hat schriftlich zu erfolgen.

Übersicht	Rdn.
1. Änderungen durch die HOAI 2009	1
2. Änderungen durch die HOAI 2013	2
3. Vereinbarung als Anspruchsvoraussetzung?	3
4. Einzelheiten	5

1. Änderungen durch die HOAI 2009

1 Bis zur Neufassung der HOAI 2009 war das Honorar für die Beauftragung mit Einzelleistungen separat für die einzelnen Teile geregelt (§ 19 HOAI 2002 für die Objektplanung, § 37 Abs. 4 HOAI 2002 für die Bauleitplanung, §§ 45a Abs. 4, 46 Abs. 3 HOAI 2002 für die Landschaftsplanung, § 58 HOAI 2002 für Ingenieurbauwerke und Verkehrsanlagen, § 75 HOAI 2002 für die Technische Ausrüstung). In der HOAI 2009 wurde die Regelung für alle einschlägigen Objekte in den Allgemeinen Teil in den § 9 vorgezogen. Bei der Beauftragung mit Einzelleistungen war für folgende Planungsbereiche eine Erhöhung des Honorars möglich, die auch zu einer Überschreitung der Höchstsätze führen konnte: Bauleitpläne, Gebäude, Raumbildende Ausbauten, Freianlagen, Ingenieurbauwerke und Verkehrsanlagen, Technische Ausrüstung. Dies entsprach auch der früheren Rechtslage in der Fassung der 5. HOAI-Novelle.

2. Änderungen durch die HOAI 2013

2 § 9 hat in der HOAI 2013 zunächst eine strukturelle Änderung erfahren. § 9 Abs. 1 enthält eine Honorarvorschrift für alle darin aufgeführten Objekte, wenn die Vor- oder die Entwurfsplanung als Einzelleistung beauftragt wird. Neu ist die Erweiterung der Honorarregelung des § 9 Abs. 1 auf Leistungen der Tragwerksplanung. In § 9 Abs. 2 findet sich eine entsprechende Regelung für die Flächenplanung (Bauleitplanung und Landschaftsplanung), welche sich bisher in den Abs. 1 und 3 des § 9 HOAI 2009 befunden hatte. § 9 Abs. 3 regelt wie bisher das Honorar für die Beauftragung der Objektüberwachung für Leistungen an Gebäuden und der Technischen Aus-

rüstung als Einzelleistung. In Abweichung von § 9 Abs. 2 der HOAI 2009 wird die Möglichkeit einer Honorarvereinbarung für die Objektüberwachung als Einzelleistung auf die Prozentsätze der Grundlagenermittlung und der Vorplanung beschränkt. Neu ist, dass jede Honorarerhöhung nach § 9 einer schriftlichen Vereinbarung bedarf.

3. Vereinbarung als Anspruchsvoraussetzung?

Dem Auftragnehmer gibt die Vorschrift die Möglichkeit, gegenüber den in den Leistungsbildern für die einzelnen Leistungsphasen enthaltenen Prozentsätzen ein höheres Honorar zu vereinbaren, wenn lediglich Einzelleistungen – die Leistungsphase 2 oder 3 oder 8 – in Auftrag gegeben werden. Wenn die Tatbestandsvoraussetzungen des § 9 gegeben sind und sich der Honorarzuschlag in dem vorgegebenen Rahmen hält, liegt keine Höchstsatzüberschreitung nach § 7 Abs. 4 vor. 3

Während es bislang umstritten war, ob die Vereinbarung über den Honorarzuschlag wegen einer Abweichung von den Mindestsätzen nach § 7 Abs. 6 HOAI 2009 schriftlich und bei Auftragserteilung getroffen werden musste,[1] wird nunmehr in jedem Absatz des § 9 eine schriftliche Vereinbarung verlangt. Dieses Schriftformerfordernis ist angesichts des klaren Wortlauts und des Willens des Verordnungsgebers[2] für die Wirksamkeit der Vereinbarung konstitutiv. Gleichzeitig ist aus dem Wortlaut des § 9 zu entnehmen, dass die Vereinbarung nicht bei Auftragserteilung geschlossen werden muss. Insoweit geht die Regelung des § 9 als lex specialis der allgemeinen Regelung des § 7 Abs. 5 vor.[3] Soweit für die gegenteilige Auffassung darauf verwiesen wird, dass die HOAI nach der Ermächtigungsgrundlage in § 1 Abs. 3 Nr. 3 ArchLG eine Regelung enthalten muss, wonach die Mindestsätze als vereinbart gelten, sofern nicht bei Auftragserteilung etwas anderes schriftlich vereinbart ist (§§ 7 Abs. 1, 5) und deshalb die §§ 7 Abs. 1, 5 auch im Rahmen des § 9 Anwendung finden müssten[4], überzeugt dies nicht. Hier liegt der besondere Fall der isolierten Beauftragung einer Grundleistung vor, welcher bei dem Architekten oder Ingenieur zu einem höheren Aufwand gegenüber einer umfassenderen Beauftragung führt. Für diesen Fall wird ein höheres Honorar durch die Erhöhung der in den einzelnen Leistungsbildern für die betreffende Leistungsphase enthaltenen prozentualen Anteile ermöglicht. Dies hat mit einer Mindestsatzüberschreitung nichts zu tun, weil hier für eine besondere Konstellation bereits dem Grunde nach ein Honorarzuschlag vereinbart werden kann. Damit ist noch nicht geklärt, ob für die höheren Prozentsätze nach § 9 die Mindest- oder die Höchstsätze gelten sollen. Nur für die Vereinbarung von über den Mindestsätzen liegenden Honorarsätzen greift die Ermächtigungsgrundlage des § 1 Abs. 3 Nr. 3 ArchLG ein. In diesem Fall bedarf es auch bei Anwendung des § 9 einer schriftlichen Honorarvereinbarung bei Auftragserteilung. Sonst gelten die Mindestsätze allerdings unter Anwendung der erhöhten Prozentsätze nach § 9 als vereinbart. 4

---

1 Vgl. 11. Aufl., § 9 Rn. 2 f.
2 Vgl. Amtliche Begründung S. 143.
3 Ebenso *Korbion* in KMV, § 9 Rn. 6; *Preussner* in MNP § 9 Rn. 25; a. A. *Seifert* in FBS, § 9 Rn. 20.
4 *Seifert* in FBS, § 9 Rn. 20.

§ 9 HOAI   Berechnung des Honorars bei Beauftragung von Einzelleistungen

4. Einzelheiten

5   Der Auftragnehmer kann das erhöhte Honorar nach § 9 nur dann wirksam vereinbaren, wenn entweder die Vorplanung oder die Entwurfsplanung als Einzelleistung in Auftrag gegeben ist. Hat der Auftragnehmer sowohl die Vorplanung als auch die Entwurfsplanung zu erbringen, ist § 9 unanwendbar[5].
Der Prozentsatz ist dann ausschließlich den Leistungsbildern für die beauftragten Leistungsphasen zu entnehmen. Gleiches gilt, wenn ein weitergehender Auftrag für eine der übrigen Leistungsphasen – etwa die Grundlagenermittlung – erteilt wurde. Der Auftragnehmer kann die Vorschrift des § 9 und damit den Höchstpreischarakter der Verordnung auch nicht dadurch umgehen, dass er sich stufenweise Aufträge über Einzelleistungen erteilen lässt, so beispielsweise zunächst für die Vorplanung und sodann für die Entwurfsplanung. Auch in diesem Fall bemisst sich die Vergütung ausschließlich nach den in den Leistungsbildern für die beauftragten Leistungsphasen enthaltenen Prozentsätzen. Umgekehrt bleibt es bei der Erhöhung nach § 9, wenn später nach dem Auftrag für die Einzelleistung noch ein weiterer Auftrag erteilt wird. Entscheidend ist somit allein, ob die Parteien den Honorarzuschlag nach § 9 für die Ausführung der Vorplanung, Entwurfsplanung oder Objektüberwachung als Einzelleitung vereinbaren wollten und somit zum Zeitpunkt des Vertragsschlusses keine weitergehende Beauftragung beabsichtigt war[6].

6   **Absatz 1** regelt die Honorierung der Einzelleistung Vorplanung oder Entwurfsplanung bei allen Objekten nach § 2 Abs. 1 und somit bei Gebäuden und Innenräumen, Freianlagen, Ingenieurbauwerken, Verkehrsanlagen, der Tragwerksplanung sowie der Technischen Ausrüstung. Während z. B. die Vorplanung im Leistungsbild des § 34 Abs. 1 bei Gebäuden und Innenräumen mit 7 % der Gesamtleistung bewertet wird, lässt Absatz 1 Nr. 1 die Vereinbarung einer Erhöhung bis zum Prozentsatz der vorangehenden Leistungsphase 1 (Grundlagenermittlung) und somit auf 9 % zu. Sind dem Auftragnehmer neben der Vorplanung oder der Entwurfsplanung zusätzlich auch die Leistungen der Grundlagenermittlung nach der Leistungsphase 1 übertragen, so kann das Erhöhungshonorar nach § 9 Abs. 1 nicht mehr beansprucht werden, da es sich um keine Einzelleistung handelt. Da die Vorplanung nicht ohne eine Grundlagenermittlung erstellt werden kann und diese in aller Regel auch nicht vom Auftraggeber zur Verfügung gestellt wird, kommt es nur in seltenen Fällen zur Beauftragung mit der Vorplanung als Einzelleistung.

7   Unter **Vorplanung** im Sinne des Absatzes 1 ist die gesamte Leistungsphase 2 der §§ 34 (Gebäude und Innenräume), 39 (Freianlagen), 43 (Ingenieurbauwerke), 47 (Verkehrsanlagen), 51 (Tragwerksplanung) und 55 (Technische Ausrüstung) zu verstehen. Es ist also nicht ausreichend, wenn nur einzelne Leistungen aus dieser Leistungsphase vereinbart und erbracht werden. Umgekehrt muss es aber genügen, wenn die Leistungsphase im Wesentlichen übertragen wird. Der Leistungsumfang ergibt sich aus den Leistungs-

---

5   *Seifert* in FBS, § 9 Rn. 12.
6   *Korbion* in MKV, § 9 Rn. 15; *Preussner* in MNP, § 9 Rn. 17; *Seifert* in FBS, § 9 Rn. 21 ff.

bildern in den Anlagen 10 ff. Auch der Begriff »**Entwurfsplanung**« umfasst die gesamten Leistungen der Leistungsphase 3 der §§ 34, 39, 43, 47, 51 sowie 55. Die Leistungen aus der Leistungsphase 2 (Vorplanung) müssen vom Auftragnehmer nicht erbracht werden, wenn lediglich ein Auftrag für die Entwurfsplanung erteilt wurde, etwa weil ihm eine fremde Vorplanung zur Ausgestaltung für seine Entwurfsplanung übergeben wird.

Erhält der Auftragnehmer den Auftrag für **mehrere Vorplanungen oder Entwurfsplanungen**, so ist es fraglich, ob das erhöhte Honorar Grundlage für die Honorarberechnung der weiteren Vor- oder Entwurfsplanung nach § 10 ist. Dies ist zu bejahen.[7] Die gegenteilige Auffassung hätte zur Folge, dass der Auftragnehmer für die zweite Vorplanung etwa bei Gebäuden nach § 34 für dieselbe Leistung mit demselben Aufwand nur einen geringeren Honoraranteil beanspruchen könnte. Soweit dabei auf die erste Vor- oder Entwurfsplanung zurückgegriffen werden kann, wird dem geringeren Aufwand für die zweite Planung durch den Wiederholungsfaktor nach § 10 Abs. 2 Rechnung getragen. 8

Erhält der Architekt den Auftrag, »einen Bauplan« zu fertigen, so ist es fraglich, ob hierunter die Vorplanung oder die Entwurfsplanung zu verstehen ist. Der Auftragnehmer kann hier nicht ohne Weiteres das Honorar für einen etwa gefertigten Entwurf beanspruchen. Vielmehr muss er zunächst feststellen, ob der Auftraggeber von ihm eine Vorplanung oder bereits eine Entwurfsplanung verlangt. Erbringt er, ohne die Zweifelsfrage zu klären, die Entwurfsplanung, so steht ihm dennoch nur ein Honorar für die Vorplanung zu, wenn die Vorplanung ausreichend gewesen wäre, weil er nicht eigenmächtig vorprellen darf (vgl. auch Einl. Rdn. 79).[8] Der Auftragnehmer hätte es hier aufgrund seiner Sachkenntnis in der Hand gehabt, die Begriffe eindeutig klarzustellen. In diesen Fällen wird es aber meistens an der Vereinbarung der Vor- bzw. Entwurfsplanung als Einzelleistung oder gar eines Zuschlags nach § 9 fehlen. 9

Die Vorschrift des **Absatzes 2** enthält eine vergleichbare Möglichkeit der Honorarerhöhung für die **Flächenplanung** (Bauleitplanung und Landschaftsplanung). Dabei ist zu berücksichtigen, dass die Verweisung in § 9 Abs. 2 auf den § 9 Abs. 1 S. 1 gerichtet ist. Während bei der Bauleitplanung für den Entwurf der öffentlichen Auslegung (Leistungsphase 2) nur § 9 Abs. 1 S. 1 Nr. 2 entsprechend anzuwenden ist, gilt bei der Landschaftsplanung die Verweisung auf § 9 Abs. 1 S. 1 Nr. 1 für die vorläufige Fassung (Leistungsphase 3) sowie auf § 9 Abs. 1 S. 1 Nr. 2 für die abgestimmte Fassung (Leistungsphase 4). Wird etwa beim Leistungsbild Bebauungsplan nach § 19 der Entwurf zur öffentlichen Auslegung (Leistungsphase 2) als Einzelleistung beauftragt, steht dem Planer zunächst der dafür vorgesehene Honoraranteil von 30 % zu. Außerdem kann eine Honorarerhöhung bis zum Prozentsatz der Leistungsphase 1 von weiteren 60 % vereinbart werden. 10

---

7 Ebenso *Korbion* in KMV, § 9 Rn. 12; *Seifert* in FBS, § 9 Rn. 16.
8 *Korbion* in KMV, § 9 Rn. 12.

§ 10 HOAI Berechnung d. Honorars b. vertragl. Änderungen des Leistungsumfangs

11 **Absatz 3** enthält die entsprechenden Regelungen für die **Objektüberwachung** als Einzelleistung. Sie gilt im Gegensatz zu Abs. 1 nur für die Objektüberwachung bei Gebäuden und der Technischen Ausrüstung, nicht aber bei den übrigen Objekten i. S. d. § 2 Abs. 1. In Abweichung von § 9 Abs. 2 HOAI 2009 enthält die HOAI 2013 eine einheitliche Berechnungsmethode für die Vereinbarung des Zuschlags. Dabei wird für die Objektüberwachung als Einzelleistung in Anlehnung an Abs. 1 bestimmt, dass eine Honorarerhöhung gegenüber den in den §§ 34 Abs. 1 Nr. 8 bzw. 55 Abs. 1 Nr. 8 vorgesehenen Prozentsätzen um die Prozentsätze für die Leistungsphasen 1 und 2 in Höhe von 9% bei Gebäuden bzw. 11% bei der Technischen Ausrüstung vereinbart werden kann.

12 Nach § 6 Abs. 1 Nr. 1 stellt die **Kostenberechnung** die maßgebliche Honorarberechnungsgrundlage für die Objektüberwachung dar, auch wenn diese als Einzelleistung beauftragt wird. Dies ist deshalb nicht unproblematisch, weil der Objektüberwacher an eine lange zuvor im Rahmen der Leistungsphase 3 zu erstellende Kostenermittlung gebunden ist und er darauf keinerlei Einfluss hat. Deshalb wird die Auffassung vertreten, dass das Honorar nach § 9 Abs. 3 auf der Grundlage der anrechenbaren Kosten der Kostenfeststellung zu ermitteln ist.[9] Diese Auffassung verstößt zum einen gegen den eindeutigen Wortlaut des § 6 Abs. 1 HOAI. § 9 Abs. 3 enthält keine gegenteilige Regelung, wonach die Kostenberechnung nicht die maßgebliche Kostenermittlungsgrundlage darstellen soll.[10] Sie würde außerdem zu dem unhaltbaren Ergebnis führen, dass das Honorar im Falle einer Einzelbeauftragung der Leistungsphase 8 auf der Grundlage der Kostenfeststellung zu ermitteln ist, während im Falle einer Beauftragung mit den Leistungsphasen 8 und 9 wieder auf der Grundlage der Kostenberechnung abzurechnen wäre. Zu beachten ist aber, dass auch bei der Beauftragung der Objektüberwachung als Einzelleistung im Falle der Änderung des Umfangs der beauftragten Leistung gegenüber dem Stand zur Zeit der Kostenberechnung eine Anpassung der anrechenbaren Kosten nach § 10 Abs. 1 möglich ist.

§ 10 HOAI Berechnung des Honorars bei vertraglichen Änderungen des Leistungsumfangs

(1) Einigen sich Auftraggeber und Auftragnehmer während der Laufzeit des Vertrags darauf, dass der Umfang der beauftragten Leistung geändert wird, und ändern sich dadurch die anrechenbaren Kosten oder Flächen, so ist die Honorarberechnungsgrundlage für die Grundleistungen, die infolge des veränderten Leistungsumfangs zu erbringen sind, durch schriftliche Vereinbarung anzupassen.

(2) Einigen sich Auftraggeber und Auftragnehmer über die Wiederholung von Grundleistungen, ohne dass sich dadurch die anrechenbaren Kosten oder Flächen ändern, ist das Honorar für diese Grundleistungen entsprechend ihrem Anteil an der jeweiligen Leistungsphase schriftlich zu vereinbaren.

---

9 *Pott/Dahlhoff/Kniffka/Rath*, § 9 Rn. 17.
10 *Preussner* in MNP, § 9 Rn. 45.

Berechnung d. Honorars b. vertragl. Änderungen des Leistungsumfangs § 10 HOAI

Übersicht | Rdn.
1. Änderungen durch die HOAI 2009 1
2. Änderungen durch die HOAI 2013 3
3. Zusammenspiel mit anderen Vorschriften 4
4. Bedeutung und Regelungsbereich der Vorschrift (Abs. 1 und 2) 5
5. Anpassung des Honorars (Abs. 1) 9
   a) Anpassung bei Honorarvereinbarung 10
   b) Anpassung beim Kostenberechnungsmodell (ohne Honorarvereinbarung) ... 18
6. Wiederholung von Grundleistungen; Änderungen (Abs. 2) 20
   a) Anordnungsrecht; Pflicht zur Erbringung von Änderungsleistungen ... 21
   b) Abgrenzung zur Planung für ein anderes Objekt 24
   c) Grundlagen für Wiederholungshonorare nach Rechtsprechung des BGH und Literatur 25
   d) Voraussetzungen für Wiederholungshonorare nach Abs. 2 30
   e) Vertragliche Regelungen für zusätzliche Honorare (verstärkende Schriftformklauseln) 38
7. Anordnungsrecht und zusätzliche Vergütung nach Bauvertragsrecht 2017 43
   a) Anordnungsrecht des Auftraggebers 43
   b) Vergütungsanpassung bei Anordnungen 56

1. Änderungen durch die HOAI 2009

Die Vorschrift des § 10 entspricht derjenigen des § 20 HOAI 2002. Die damalige Regelung befand sich jedoch im Teil II Objektplanung für Gebäude und war dann in den Allgemeinen Teil der HOAI verlagert worden, weil sie für alle Objekte und die dafür zu erbringenden Architekten- und Ingenieurleistungen gelten sollte. Statt des Begriffs »dasselbe Gebäude« wurde deshalb der Begriff »dasselbe Objekt« verwendet. 1

Die Bestimmung wurde darüber hinaus abgeändert, und zwar lautet sie erstmals so, dass das betreffende Änderungshonorar »... vertraglich zu vereinbaren« war, während nach der früheren Regelung das Honorar »berechnet« werden konnte. Darüber hinaus enthielt der frühere § 20 HOAI 2002 eine Deckelung des Honorars für Alternativen auf 50 %. Diese war in der HOAI 2009 weggefallen. Die Parteien konnten die Art und Weise der Honorierung und auch die Anteile des Honorars vertraglich vereinbaren. 2

2. Änderungen durch die HOAI 2013

Eine ausdrückliche Honorarvorschrift enthielt der frühere § 10 HOAI 2009 nur für Planungsleistungen »nach grundsätzlich verschiedenen Anforderungen«. Damit war die allgemeine und grundlegende Frage nach einer Honorierung von Änderungen bzw. wiederholt erbrachten Grundleistungen auch nicht im Ansatz beantwortet. Die Vorschrift des § 10 HOAI 2009 und die Vorgängervorschriften hatten nach absolut h. M. keinen eigentlichen Regelungsinhalt.[1] Im Hinblick auf die Vorschrift des § 10 3

---

1 *Fischer*, FS Koeble, S. 327 (328); *Simmendinger* IBR 2011, 1016 Nr. 1 und 2; Korbion/Mantscheff/Vygen-*Seifert*, HOAI, 8. Aufl., § 10 Rn. 3; a.A. *Saerbeck*, FS Koeble, S. 471 (482).

§ 10 HOAI Berechnung d. Honorars b. vertragl. Änderungen des Leistungsumfangs

HOAI 2009 wird auf die früheren Kommentierungen dazu verwiesen.[2] Mit der Neuregelung in § 10 sind §§ 3 Abs. 2 S. 2 und 7 Abs. 5 HOAI 2009 entfallen.

3. Zusammenspiel mit anderen Vorschriften

4 Honorare für Änderungen fanden sich früher auch an anderen Stellen in der HOAI 2009. So eröffnete § 3 Abs. 2 S. 2 HOAI 2009 die Möglichkeit zur freien Honorarvereinbarung im Hinblick auf bestimmte Änderungen. Die Vorschrift galt allerdings nur dann, wenn eine Vereinbarung getroffen wurde. Die Neuregelung in § 10 Abs. 1 knüpft an § 7 an, welcher die Grundlagen für die Honorarvereinbarung festlegt.

4. Bedeutung und Regelungsbereich der Vorschrift (Abs. 1 und 2)

5 Beide Absätze des § 10 befassen sich mit Sachverhalten, die ein höheres oder geringeres Honorar als den Mindestsatz bzw. als es die getroffene Honorarvereinbarung hergibt, rechtfertigen können. Der **Abs. 1** ermöglicht eine **Anpassung des Honorars** und der **Abs. 2** stellt die Grundlage für die **Abrechnung** eines **zusätzlichen Honorars** unter bestimmten Voraussetzungen zur Verfügung. Während die Anpassung nach Abs. 1 entweder an eine Honorarvereinbarung oder an die Abrechnung des Mindestsatzes auf der Grundlage des Kostenberechnungsmodells anknüpft, verändert Abs. 2 die Abrechnungsgrundlage für die erbrachte Leistung nicht. Letztere Vorschrift ermöglicht vielmehr die zusätzliche Abrechnung für die Wiederholung von Grundleistungen allgemein.

6 Die Vorschrift des **Abs. 1** betrifft die Anpassung des Honorars sowohl **nach oben** als auch **nach unten**. Im Unterschied zur Vorgängerregelung des § 7 Abs. 5 HOAI 2009 ist Abs. 1 viel weiter und erfasst zwei Sachverhalte:
– Die Anpassung des Honorars **bei Honorarvereinbarung** (vgl. unten Rdn. 10 ff.) und
– die Anpassung des Honorars auch **ohne Honorarvereinbarung**, nämlich beim sog. Kostenberechnungsmodell (vgl. unten Rdn. 18 ff.).

7 Während nämlich § 7 Abs. 5 HOAI 2009 unter dem Segel des § 7 »Honorarvereinbarung« segelte und ausdrücklich eine Anpassung nur der »dem Honorar zugrunde liegenden Vereinbarung« ermöglichte, sind diese beiden einschränkenden Formulierungen in § 10 Abs. 1 weggefallen. Weder Abs. 1 noch Abs. 2 stellen eine **Anspruchsgrundlage** für zusätzliche Vergütungsansprüche dar. Diese ergibt sich aus dem BGB und die HOAI greift nur dann ein, wenn nach dessen Vorschriften eine Vergütungspflicht besteht. Sowohl in Abs. 1 als auch in Abs. 2 ist die bürgerlich-rechtlich notwendige »Einigung« zwischen den Vertragsparteien als Voraussetzung für die Anpassung bzw. für den zusätzlichen Vergütungsanspruch genannt. Die entsprechende Vereinbarung kann schriftlich, ausdrücklich mündlich oder auch konkludent getroffen werden (vgl. unten Rdn. 13 und 33). Der Tenor der beiden Absätze des § 10 ist also ho-

---

[2] Vgl. z. B. Korbion/Mantscheff/Vygen-*Seifert*, HOAI, 8. Aufl., § 10 Rn. 17 ff.; *Locher/Koeble/Frik*, HOAI, 11. Aufl., § 10 Rn. 22 ff.; *Pott/Dahlhoff/Kniffka/Rath*, 9. Aufl., § 10 Rn. 1 ff.

norarrechtlich und besteht darin, dass mit dem Honorar für Grundleistungen Änderungen im Bereich des Objekts (Leistungsziels) und des Leistungsumfangs (wiederholt erbrachte Grundleistungen) nicht abgegolten sind.

Die **Vorschriften des Abs. 1 und Abs. 2** schließen sich dem Buchstaben nach gegenseitig aus, weil im einen Fall eine Änderung der anrechenbaren Kosten (Abs. 1) als Voraussetzung genannt ist und im anderen Fall (Abs. 2) gerade keine Änderung diesbezüglich vorliegen darf. Die **sprachlich unglückliche Regelung in Abs. 2** soll jedoch nicht bedeuten, dass nur bei unveränderten anrechenbaren Kosten Wiederholungshonorare abgerechnet werden können. Vielmehr soll diese Formulierung bedeuten, dass Abs. 2 auch dann anwendbar ist, wenn die Voraussetzungen des Abs. 1 (Änderung der anrechenbaren Kosten) nicht vorliegen, sodass Abs. 2 die Lücke in Abs. 1 schließen wollte. In Abs. 2 ist also im Ergebnis zu ergänzen, dass wiederholt erbrachte Grundleistungen »auch dann« honorarfähig sind, wenn sich die anrechenbaren Kosten nicht ändern.[3] Die Vorschriften des Abs. 1 und 2 können auch zusammentreffen. Das gilt jedoch nur in dem Fall, dass wiederholt erbrachte Grundleistungen zu einer Änderung des beauftragten Leistungsumfangs und zu einer Änderung der anrechenbaren Kosten führen.

8

5. Anpassung des Honorars (Abs. 1)

Die Bestimmung des Abs. 1 ist zwar die Nachfolgeregelung des § 7 Abs. 5 HOAI 2009, jedoch erfasst jene nun zusätzliche Sachverhalte: sowohl die Anpassung bei Honorarvereinbarung als auch die Anpassung ohne Honorarvereinbarung beim sog. Kostenberechnungsmodell und bei beidem die Anpassung nach oben und auch nach unten.[4]

9

a) Anpassung bei Honorarvereinbarung

Die Anpassung von getroffenen Honorarvereinbarungen kann auf drei Rechtsgrundlagen gestützt werden, die in der folgenden Reihenfolge geprüft werden sollten:
– Zunächst sind zu nennen **vertragliche Vereinbarungen** über eine Anpassung des Honorars, ähnlich solchen betreffend die Bauzeitverlängerung, wobei derartige Vereinbarungen über den korrekt nach HOAI berechneten Mindest- und/oder Höchstsatz angreifbar sind.
– Vorrangig vor der HOAI ergibt sich die Möglichkeit der Anpassung von Honorarvereinbarungen bei **Störung der Geschäftsgrundlage** nach Bürgerlichem Recht (§ 313 BGB).[5]

10

---

3 *Koeble/Zahn*, Die neue HOAI 2013, Teil C Rn. 61, 76; so wohl auch *Werner/Siegburg* BauR 2013, 1499 (1513); vgl. zur weiteren Begründung unten Rdn. 32; vgl. auch 6. DBGT BauR 2016, 1625.
4 *Koeble/Zahn*, Die neue HOAI 2013, Teil C Rn. 61; vgl. dazu i. E. unten Rdn. 6, 7, 10 ff., 18 ff.; sowie *FBS* NZBau 2013, 729; *Messerschmidt* NZBau 2014, 3; *Rohrmüller* BauR 2015, 19.
5 Vgl. dazu § 7 Rdn. 42, 145 ff., 148 ff.; *Wirth/Galda* in KMV, Einführung Rn. 264; *Werner* in *Werner/Pastor*, Der Bauprozess, 14. Aufl., Rn. 1094 ff. jew. m. w. Nachw.

§ 10 HOAI Berechnung d. Honorars b. vertragl. Änderungen des Leistungsumfangs

– Schließlich kann eine **Anpassung auch nach § 10 Abs. 1 HOAI 2013** infrage kommen. Mit diesem Tatbestand befassen sich die nachfolgenden Ausführungen.

11 Nach herrschender Rechtsprechung des BGH sind Honorarvereinbarungen erst nach Beendigung der Leistung abänderbar (dazu § 7 Rdn. 71). Demgegenüber eröffnet die Vorschrift des § 10 Abs. 1 die Möglichkeit für eine Anpassung von Honorarvereinbarungen, wenn sich während der Laufzeit des Vertrages bestimmte Parameter ändern. Ein Anspruch auf angepasste Vergütung besteht dann, wenn »der Umfang der beauftragten Leistung geändert wird« (dazu aa), wenn sich die Vertragsparteien »während der Laufzeit des Vertrages« auf diese Änderung des Leistungsumfangs »einigen« (dazu bb) und wenn sich durch die Leistungsänderung »die anrechenbaren Kosten oder Flächen ... ändern« (dazu cc). Die Honorarberechnungsgrundlage für die Grundleistungen soll dann angepasst werden (dazu dd) und die Parteien sollen über die Anpassung eine schriftliche Vereinbarung (dazu ee) treffen. Die Vorschrift gilt zwar für alle Arten von Objekten, sie betrifft aber nur »dasselbe Objekt« (dazu ff). Für die Vorgängerregelung des § 7 Abs. 5 HOAI 2009 war unstreitig, dass diese sowohl Honorarvereinbarungen nach § 7 Abs. 1 als auch solche im Rahmen des **Baukostenvereinbarungsmodells** (jetzt § 6 Abs. 3) erfasst. Durch die Übernahme der Bestimmung in § 10 Abs. 1 hat sich insoweit nichts geändert, obwohl der Wortlaut diesbezüglich (früher: »... die dem Honorar zugrunde liegende Vereinbarung«) nicht mehr der gleiche ist. Die in § 10 Abs. 1 genannten Anforderungen können aber genauso beim Baukostenvereinbarungsmodell erfüllt sein.

12 aa) Voraussetzung für die Anpassung ist, dass der **Umfang der beauftragten Leistung geändert** wird. Das liegt nicht schon dann vor, wenn im Rahmen der Vorplanung verschiedene Varianten vorgestellt werden und sich der Auftraggeber für eine davon entscheidet.[6] Vielmehr dürfte im Regelfall maßgebende Vergleichsgrundlage für solche Änderungen der von beiden Parteien festgelegte Zuschnitt des Objekts auf der **Grundlage der Entwurfsplanung** sein.[7] Eine Änderung des Leistungsumfangs kann sowohl das Objekt (Leistungsziel) selbst als auch die vom Auftragnehmer zu erbringenden Leistungen zum Gegenstand haben.[8] Wird das Objekt selbst verändert, z. B. durch eine Erweiterung oder auch durch Reduzierungen, kann § 10 Abs. 1 HOAI ebenfalls eingreifen.

13 bb) Notwendig ist, dass sich die **Vertragsparteien darauf einigen**, dass dieser Leistungsumfang geändert wird. Dafür reicht es nicht aus, wenn der Auftraggeber eine bestimmte Form der Veränderung des Objekts oder des Leistungsinhalts für den Auftragnehmer billigt, insbesondere durch Entgegennahme oder Verwertung akzeptiert. Im Unterschied zur früheren Regelung des § 7 Abs. 5 HOAI 2009 genügt es nicht mehr, wenn die Änderung »auf Veranlassung des Auftrag-

---

6 *Fischer*, FS Koeble, S. 327 (334); *Koeble/Zahn*, C Rn. 65; *Saerbeck*, FS Koeble, S. 471 (483); *Wirth*, Aktualisierungsband, S. 52; *Messerschmidt* in MNP § 10 Rn. 13.
7 *Fischer*, FS Koeble, S. 327 (334); *Saerbeck*, FS Koeble, S. 471 (483); *Wirth*, Aktualisierungsband, S. 52.
8 *Saerbeck*, FS Koeble, S. 471 (483); a. A. *Rohrmüller* BauR 2015, 19 [20], der nur Änderungen des »Leistungsziels« (Objekts) sieht, was im Ergebnis aber unerheblich ist.

gebers« erbracht wird.⁹ Die Korrektur von Planungsfehlern scheidet in diesem Zusammenhang ebenso aus wie die Einflussnahme von dritter Seite. Allerdings wird man die Festlegungen durch Fachingenieure, den Tragwerksplaner oder den Prüfingenieur für Baustatik oder auch sonstige Sonderfachleute und Gutachter dem Einflussbereich des Auftraggebers zurechnen müssen.¹⁰ Eine solche Einigung kann selbstverständlich in allen nach bürgerlichem Recht möglichen Formen stattfinden. Sie kann also ausdrücklich, aber auch konkludent geschehen und damit kommt auch eine schlüssige Annahme eines Angebots als Einigung über den geänderten Leistungsumfang in Frage.¹¹ Der wirksamen Beauftragung können im Einzelfall »Formerfordernisse« entgegenstehen (vgl. dazu Einl. Rdn. 95 ff.), was dann zu Vergütungsansprüchen auf der Grundlage der Geschäftsführung ohne Auftrag oder des Bereicherungsrechts führen kann.

cc) **Notwendig** ist ferner, dass sich durch solche Veranlassung des Auftraggebers eine »**Änderung der anrechenbaren Kosten**« bzw. bei der Flächenplanung von-Werten oder Verrechnungseinheiten ergibt. Aus dem Wortlaut ist zu schließen, dass es sich nicht um wesentliche oder einschneidende Änderungen handeln muss. Allerdings müssen die anrechenbaren Kosten die **Schwelle der Geringfügigkeit** (1–2 %) überschreiten.¹² Andernfalls kann von Änderung des Objekts bzw. Leistungsinhalts und der anrechenbaren Kosten schwerlich die Rede sein. Notwendig ist ferner ein **Ursachenzusammenhang** zwischen Änderung des Leistungsumfangs und Veränderung der anrechenbaren Kosten, sodass bloße Kostensteigerungen oder auch Kostensteigerungen infolge von Fehlern des Auftragnehmers ausscheiden (vgl. auch oben Rdn. 13). 14

dd) Die Anpassung soll so erfolgen, dass die **Honorarberechnungsgrundlage** für die wegen der Veränderung zu erbringenden Grundleistungen erhöht oder verringert werden soll. Als Honorarberechnungsgrundlage sind die anrechenbaren Kosten gemeint, soweit im System nach HOAI abgerechnet wird. Handelt es sich um eine **Pauschale** oder um eine **Zeithonorarvereinbarung**, so sind diese Vereinbarungen anzupassen.¹³ Die Formulierung, wonach die Honorarberechnungsgrundlage sozusagen nur für die **infolge Änderung zu erbringenden** Grundleistungen angepasst werden muss, gilt nur für solche Fälle, in denen zwei Abrechnungen (z. B. erste, verlorene Planung und zweite, gebaute Planung) erstellt werden. Bleibt es da- 15

---

9 Zu diesem Merkmal vgl. *Locher/Koeble/Frik*, HOAI, 11. Aufl., § 10 Rn. 25.
10 Ähnl. *Jochem*, Jahrbuch BauR 2010, S. 322; *Saerbeck*, FS Koeble, S. 471 (483).; a. A. *Werner* in *Werner/Pastor*, Rn. 999 hinsichtlich der Fachingenieure.
11 Ebenso *Schwenker/Wessel* in TWK § 20 Rn. 237; vgl. auch 6. DBGT BauR 2016, 1624.
12 Für 5% *Saerbeck*, FS Koeble, S. 471 (484); gegen Wesentlichkeitsgrenze: *Fuchs* NZBau 2010, 671 (676); *Messerschmidt* FS Haible, S. 153 (166); *Wirth*, Aktualisierungsband, S. 52; *Fuchs/Seifert* in FBS, § 10 Rn. 18; *Werner* in *Werner/Pastor*, Der Bauprozess, 12. Aufl., Rn. 1029a, *Fischer/Krüger* BauR 2015, 1568 [1573].
13 A. A. *Fuchs/Seifert* in FBS, § 10 Rn. 15, wonach § 10 auf Pauschalhonorar- und Zeithonorarvereinbarung nicht anwendbar sein soll, allerdings ohne nähere Begründung, dem entgegen die Formulierung des Verordnungstextes Honorarvereinbarungen keiner Art ausschließt.

§ 10 HOAI   Berechnung d. Honorars b. vertragl. Änderungen des Leistungsumfangs

gegen bei einer Abrechnung aller Leistungen, dann gibt es dafür im System nach HOAI nur eine einzige Kostenberechnung als Abrechnungsgrundlage.

16 ee) Das Honorar »ist durch **schriftliche Vereinbarung** anzupassen«. Gegenüber der früheren Regelung in § 7 Abs. 5 HOAI 2009 ist die **Schriftform** hinzugekommen. Sie ist jedoch keine **Anspruchsvoraussetzung** sondern soll lediglich **Klarstellungsfunktion** haben.[14] Der Auftragnehmer und auch der Auftraggeber haben nach dieser Formulierung einen **Anspruch auf Anpassung**.[15] Das ergibt sich auch aus der Amtlichen Begründung zu § 7 Abs. 5 HOAI 2009 und aus der Rechtsprechung zu entsprechenden Formulierungen, wie z. B. betreffend das Honorar für Bauzeitverlängerung.[16] Der jeweilige Vertragspartner, welcher die Anpassung verlangt, muss **nicht auf Anpassung klagen**. Vielmehr können der Auftragnehmer unmittelbar auf das höhere Honorar und der Auftraggeber auf Rückzahlung eines etwa überzahlten Betrages klagen.[17] Daran ändert die Formulierung »schriftliche Vereinbarung« in Abs. 1 nichts, weil diese auch durch Zahlungsurteil ersetzt werden kann. Zwar tritt nach Abs. 1 keine automatische Anpassung ein, jedoch steckt in der Zahlungsklage das Verlangen auf Anpassung. Zulässig ist es auf jeden Fall, hilfsweise oder auch im Wege der Stufenklage oder im Wege der Klagehäufung auf Anpassung zusätzlich zu klagen.[18]

17 ff) Die Vorschrift bezieht sich auf **Objekte aller Art** ohne Unterschiede (§ 2 Abs. 1). Während früher noch geregelt war, dass es sich um »dasselbe Objekt« handeln muss, fehlt dieser Zusatz. Allerdings betrifft die Vorschrift des § 10 insgesamt dennoch nur Leistungen für »dasselbe Objekt«, weil sonst über § 11 Abs. 1 eine zusätzliche Honorierung möglich wäre. Ein anderes Objekt liegt nicht nur dann vor, wenn die Planung ein anderes Grundstück oder ein zusätzliches Grundstück betrifft. Vielmehr können auch erhebliche Änderungen des Gebäudekörpers für

---

14 Ebenso *Werner/Wagner* BauR 2014, 1386; *Messerschmidt* in MNP § 10 Rn. 25; *Schwenker/Wessel* in TWK § 20 Rn. 234; *Fuchs/Seifert* in FBS, § Rn. 21, 22; a. A. lediglich *Rohrmüller* BauR 2015, 19 [27].
15 Ebenso *Deckers*, Rn. 289; *Koeble/Zahn*, Die neue HOAI 2013, Teil C Rn. 66; *Locher*, FS *Haible*, S. 129 (134); *Messerschmidt*, FS *Haible*, S. 153 (164 f.); *Saerbeck*, FS Koeble, S. 471 (485); *Scholtissek*, § 7 Rn. 26; *Werner* in *Werner/Pastor*, Rn. 999; *Werner/Siegburg* FS Koeble, S. 585 (599); *Werner/Siegburg*, BauR 2013, 1499 (1513); zweifelnd, ob ein Anspruch auch ohne schriftliche Vereinbarung besteht *Orlowsky* ZfBR 2013, 315 (320), dessen Stellungnahme nicht zur abschließenden Kabinettsvorlage, sondern zum Referentenentwurf verfasst wurde.
16 Vgl. BGH BauR 2005, 118 = NZBau 2005, 46; BGH BauR 2007, 1592 = werner-baurecht.de m. Analyse *Koeble*; dazu auch § 7 Rdn. 165 f. sowie *Kniffka/Koeble*, Kompendium, 12.Teil, Rn. 346 ff.; *Koeble/Zahn*, Die neue HOAI 2013, Teil C Rn. 66.
17 Ebenso *Deckers*, Rn. 306 ff.; *Messerschmidt* in MNP § Rn. 25; *Schwenker/Wessel* in TWK § 20 Rn. 234; *Fuchs/Seifert* in FBS, § Rn. 21.
18 Vgl. zum entsprechenden Problem bei § 313 BGB z. B. MünchKomm-*Roth*, § 313 Rn. 93; *Prütting/Wegen/Weinreich-Medicus*, § 313 Rn. 20; für vorherige Anpassung Palandt-*Grüneberg* § 313 Rn. 41.

das gleiche Grundstück oder Änderungen der Funktion bzw. Nutzung dazu führen, dass nicht mehr vom selben Objekt gesprochen werden kann.[19]

b) Anpassung beim Kostenberechnungsmodell (ohne Honorarvereinbarung)

Mit der 6. HOAI-Novelle wurde das sog. Kostenberechnungsmodell eingeführt. Als anrechenbare Kosten für das Gesamthonorar werden danach im Regelfall die aus der Kostenberechnung zu entnehmenden Kosten zugrunde gelegt (§ 6 Abs. 1 Nr. 1). Im Normalfall ist der Auftragnehmer an die Kostenberechnung als Abrechnungsgrundlage gebunden, jedoch lässt die h. M. die Abrechnung auf der Basis einer fortgeschriebenen Kostenberechnung dann zu, wenn der Auftragnehmer – wegen Änderungen, Erweiterungen oder Reduzierung des Bauvolumens – nochmals gezwungen war, in die Leistungsphase 3 Entwurfsplanung einzusteigen und dort wesentliche Änderungen vorzunehmen. Für diesen Fall wird zu Recht die Auffassung vertreten, dass nochmals als Ergebnis der abschließenden Planung eine Kostenberechnung für das endgültig zu bauende Objekt erstellt werden muss und auf dieser Grundlage die Abrechnung erstellt werden darf.[20] Keine Möglichkeit der Anpassung bestand bei Fehlern des Auftragnehmers und auch bei Unvorhergesehenem und auch bei solchen Anordnungen des Bauherrn, die nicht zu Änderungen im Bereich der Entwurfsplanung oder auch der Genehmigungsplanung führen. Ein Teil der Literatur wollte das Problem durch unmittelbare bzw. entsprechende Anwendung der Vorschrift des § 7 Abs. 5 HOAI 2009 lösen.[21] Dem stand jedoch entgegen, dass die Anpassungsregelung unter der Überschrift »§ 7 Honorarvereinbarung« zu finden war und dass bei analoger Anwendung im Ergebnis unwirksame Honorarvereinbarungen in wirksame hätten umgewandelt werden können. 18

Die Neuregelung in § 10 Abs. 1 ermöglicht nun – neben den o. g. anderen Grundlagen – eine **weitere Anpassung** des Honorars auch ohne dass Honorarvereinbarungen getroffen sind. Die Anforderungen für eine solche Anpassung sind die gleichen wie für die Anpassung der Honorarvereinbarungen, sodass unmittelbar auf der Grundlage der fortgeschriebenen Kostenberechnung **auf Honorar** geklagt werden kann[22] 19

---

19 Vgl. dazu auch *Morlock*, FS Koeble, S. 407 (408); OLG Düsseldorf NJW-RR 1998, 1317; OLG Düsseldorf BauR 1994, 534 = NJW-RR 1994, 858; OLG Koblenz NZBau 2000, 256, wonach bei einem EFH richtigerweise eine zusätzliche Unterkellerung den Rahmen sprengt und einen Zusatzauftrag mit gesondertem Honoraranspruch bedeutet; vgl. ferner OLG Düsseldorf BauR 2000, 1889 = NJW-RR 2000, 1550 = NZBau 2000, 575, welches die Nutzungsänderung von einer Arztpraxis im EG in eine Bankfiliale als vollständige Änderung des Objekts mit Recht noch nicht genügen lässt.
20 Vgl. oben § 6 Rdn. 21 ff.; entgegen *Rohrmüller* BauR 2015, 19 [26] sind dabei im Rahmen der Kostenermittlung auch »Nachträge« zu berücksichtigen; die Entscheidung des BGH BauR 2010, 1957 betraf das alte Recht und den nach HOAI 2009 bzw. 2013 nicht mehr maßgebenden Kostenanschlag.
21 So z. B. *Preussner* BauR 2010, 340 (349 f); *Saerbeck*, FS Koeble, S. 471 (486); im Ergebnis ebenso *Motzke* NZBau 2010, 137; *Messerschmidt*, FS Haible, S. 153 (162).
22 Vgl. i. E. oben Rdn. 10 ff.; *Messerschmidt* in MNP § 10 Rn. 26; *Schwenker/Wessel* in TWK § 20 Rn. 234.

§ 10 HOAI   Berechnung d. Honorars b. vertragl. Änderungen des Leistungsumfangs

6. Wiederholung von Grundleistungen; Änderungen (Abs. 2)

20 Das Honorar für Planungsänderungen und wiederholt erbrachte Grundleistungen hat eine lange, dornenreiche Geschichte durchlebt. Die Regelungen der HOAI waren immer unzureichend und bedeutungslos.[23] Nunmehr hat der Verordnungsgeber nach der hier vertretenen Auffassung – genauer: Auslegung (vgl. Rdn. 32) – mit Abs. 2 eine für die Praxis und die Rechtsanwendung absolut geeignete Bestimmung geschaffen.[24]

a) Anordnungsrecht; Pflicht zur Erbringung von Änderungsleistungen

21 Die Frage der Honorierung verschiedener Vor- und Entwurfsplanungen ist zu unterscheiden von dem Problem, **inwieweit der Auftragnehmer** im Rahmen seines Auftrags **verpflichtet** ist, mehrere Planungs- oder Vergabeleistungen zu erbringen.[25] Es geht hier um die Frage des **Anordnungsrechts** des Auftraggebers einerseits und des **Gestaltungsrechts** des Auftragnehmers andererseits. Dieses Problem ist nicht abschließend gelöst.[26] Werden die Anforderungen des Auftraggebers, etwa das von ihm genannte Bauprogramm, seine Wünsche und der Bauzuschnitt, angemessen berücksichtigt, so ist der Objektplaner im Rahmen des bestehenden Vertrages nicht verpflichtet, mehrere Entwürfe, Genehmigungsplanungen, Ausführungsplanungen und Vergabeleistungen zu erbringen. In der Vorplanungsphase ist er dagegen nach Treu und Glauben gehalten, gewisse vom Auftraggeber gewünschte Varianten auch bei geringfügig verschiedenen Anforderungen zu bieten. Er kann dem Auftraggeber nicht nur einen Vorentwurf unterbreiten und jede Änderung aufgrund anderer Anforderungen ablehnen. Die Grenzen sind im Einzelfall fließend. Der Objektplaner muss Änderungswünschen des Auftraggebers hinsichtlich der Ausstattung großzügiger nachkommen als Änderungswünschen konstruktiver Natur. Gewisse Varianten im Bauprogramm hat er hinzunehmen. Es wird in diesem Zusammenhang auch eine Rolle spielen, ob eine zwingende Notwendigkeit zur Änderung gegeben ist (behördliche Maßnahmen; wirtschaftliche Gründe).

22 Insgesamt sind alle Umstände des Einzelfalles und die **beiderseitigen Interessen** der Vertragsparteien abzuwägen. Besonders wichtige Umstände aus der Sphäre einer Vertragspartei haben in aller Regel Vorrang. So kann bei einem Renditeobjekt die Wirtschaftlichkeit der Planung Vorrang gegenüber der Gestaltungsfreiheit des Auftragnehmers haben. Allgemeine Grenzen für das Anordnungsrecht stellt die Planung eines

---

23 Zu den früheren Vorschriften vgl. oben Rdn. 3.
24 Grundlegend zu den Honoraren für Planungsänderungen außer den Kommentaren: *Fischer/Krüger* BauR 2015, 1568; *Fuchs/Berger/Seifert* NZBau 2013, 729; *Motzke* BauR 2014, 1839; *Rohrmüller* BauR 2015, 19.
25 Vgl. hierzu und zu den Begriffen »Alternative« sowie »Variante« § 34 Rdn. 55.
26 Zum Anordnungsrecht grundlegend vgl. BGH BauR 2012, 975 Ziff. 18; von einem Anordnungsrecht (Bestimmungsrecht nach §§ 315 ff. BGB) geht auch BGH BauR 2015, 1352 = NZBau 2015, 429 aus; *Fischer*, FS Koeble, S. 327 (329 ff.); *Locher*, FS Haible, S. 129 ff.; *Saerbeck*, FS Koeble, S. 471 (478 f.); *Messerschmidt* NZBau 2009, 568 (572); *Motzke* BauR 2014, 1839; *Messerschmidt* NZBau 2014, 3; vgl. auch *Meurer* BauR 2004, 904 mit positiven Vorschlägen für die Vertragsparteien; vgl. auch oben Rdn. 13.

völlig anderen Objekts oder auf anderem Grundstück oder in völlig veränderter Gestalt dar. Im Übrigen wird man im Einzelfall abwägen müssen, welche Gesichtspunkte und Interessen beider Vertragsparteien zu berücksichtigen und zu bewerten sind, wenn die Auslegung des Vertrages keine Indizien für den Umfang eines Anordnungs- bzw. Gestaltungsrechtes gibt. Die Kooperationspflicht beider Vertragsparteien wird ebenso eine Rolle spielen müssen, wie die Zumutbarkeit für beide.[27]

Kommt man zu dem Ergebnis, dass ein vertragliches Anordnungsrecht nicht von Haus aus besteht, dann stellt sich häufig die Frage, ob der Auftragnehmer die Erbringung weiterer Planungsleistungen von dem Abschluss einer Honorarvereinbarung abhängig machen kann. Das wird im Regelfall zu bejahen sein, weil es dem Auftragnehmer nicht zugemutet werden kann, auf eigenes Risiko zu arbeiten und hinterher Gefahr zu laufen, den Auftrag nicht beweisen zu können.[28] 23

b) Abgrenzung zur Planung für ein anderes Objekt

Wird dem Auftragnehmer ein Auftrag für ein **anderes Objekt** erteilt, so steht dieser Auftrag völlig eigenständig neben dem ursprünglichen Auftrag, und die Honorierung erfolgt für beide Bauvorhaben völlig gesondert (§ 11 Abs. 1). Entsprechendes gilt, wenn sich die zusätzliche Leistung auf ein **anderes Grundstück** bezieht.[29] Die Vorschrift des Abs. 2 findet dann keine Anwendung, weil Voraussetzung ist, dass es sich um das gleiche Objekt handelt. Dieser Rahmen ist z. B. verlassen, wenn statt des ursprünglichen Bürogebäudes nunmehr ein Hotel geplant und gebaut werden soll.[30] Nicht mehr um »dasselbe Gebäude« handelt es sich außer bei Änderung der Gebäudefunktion bzw. -nutzungsart auch dann, wenn das Objekt in baulicher Hinsicht wesentlich verändert wird. Dabei kommt es auf die Umstände des konkreten Bauwerks an.[31] 24

c) Grundlagen für Wiederholungshonorare nach Rechtsprechung des BGH und Literatur

Bereits neben den Vorschriften der früheren Fassungen der HOAI hatte sich in Rechtsprechung und Literatur durchgesetzt, dass Planungsänderungen als Fall der sog. wieder- 25

---

27 So mit Recht *Saerbeck*, FS Koeble, S. 471 (478 f.); *Locher*, FS Haible, S. 129 (130): Abgrenzung nach Variante bzw. Alternative; *Messerschmidt* in MNP § 10 Rn. 15; *Fuchs* in FBS A VII Rn. 17 ff.
28 Vgl. OLG Oldenburg BauR 2004, 1350.
29 OLG Düsseldorf NJW-RR 1998, 1317; *Messerschmidt* in MNP § 10 Rn. 13; *Fuchs/Seifert* in FBS, § 10 Rn. 27 f.
30 So mit Recht OLG Düsseldorf BauR 1994, 534 = NJW-RR 1994, 858; zu weiteren Beispielen *Morlock*, FS Koeble, S. 407 (408).
31 Zutreffend OLG Koblenz NZBau 2000, 256, wonach bei einem EFH eine zusätzliche Unterkellerung den Rahmen sprengt und einen Zusatzauftrag mit gesondertem Honoraranspruch bedeutet, der auch ohne schriftliche Honorarvereinbarung besteht; vgl. ferner OLG Düsseldorf BauR 2000, 1889 = NJW-RR 2000, 1550 = NZBau 2000, 575, das die Nutzungsänderung von einer Arztpraxis im EG in eine Bankfiliale als vollständige Änderung des Objekts mit Recht noch nicht genügen lässt.

§ 10 HOAI Berechnung d. Honorars b. vertragl. Änderungen des Leistungsumfangs

holt erbrachten Grundleistungen zu behandeln sind.³² Damit war eine klare Basis für die Abrechnung von Planungsänderungen gegeben. Vor allem die drei Entscheidungen des BGH wurden in der Literatur nicht ausreichend berücksichtigt. Damit waren die Grundlagen für die Möglichkeit der Abrechnung von Zusatzleistungen (Planungsänderungen) und auch für die Art und Weise der Abrechnung solcher Honorare gelegt worden:

26 – In der ersten, maßgebenden Entscheidung zu diesem Thema ging es eigentlich um einen Rechtsstreit des GÜ (Dach-ARGE von mehreren Firmen) gegen die Bahn AG wegen des Hauptbahnhofs Berlin. Gegenstand war allerdings nicht eine restliche Vergütung für Bauleistungen, sondern eine Vergütung für dem GÜ zusätzlich übertragene Leistungen der Tragwerksplanung. Zu entscheiden war die Frage, ob und wie im Rahmen der Genehmigungsplanung (Leistungsphase 4) und Ausführungsplanung (Leistungsphase 5) für das Tragwerk erbrachte Änderungen zu honorieren sind. Der BGH erklärte dazu ausdrücklich Folgendes:³³ »*Nach Vertragsschluss vom Auftraggeber vorgenommene Änderungen der Objektplanung und auch der Entwurfsplanung für das Tragwerk können erhebliche Auswirkungen auf die fertiggestellte Genehmigungsplanung des Tragwerksplaners haben. Schon kleinere Änderungen können sich grundlegend auf die Tragwerksplanung auswirken und eine u. U. aufwendige Neuberechnung sowie weitere erneute Leistungen des Tragwerksplaners zur Folge haben. Solche erneut zu erbringenden Leistungen sind, wenn sich aus dem Vertrag nichts anderes ergibt, grundsätzlich nicht von der vereinbarten Vergütung abgegolten. Es handelt sich um erneute Grundleistungen, die unter den vertraglichen Voraussetzungen gesondert zu vergüten sind.*«

– Die zweite Entscheidung, welche sich mit dem Thema befasst, betraf eigentlich das Problem, ob Nachträge bei dem Kostenanschlag nach DIN 276 zu berücksichtigen waren. Diese rechtliche Problematik hat sich zwar für die HOAI 2009 und 2013 erledigt, weil der Kostenanschlag nicht mehr Grundlage für die Abrechnung ist. Jedoch bleiben die Sätze von entscheidender Bedeutung, welche das Zusatzhonorar für weitere Planungsleistungen bzw. Planungsänderungen betreffen³⁴: »*Muss der Architekt im Zusammenhang mit Nachträgen an die Unternehmer erneute Grundleistungen erbringen, steht ihm ein weiteres Honorar hierfür zu*«.

27 – In der dritten Entscheidung zu diesem Thema hat der BGH die genannte Rechtsprechung bestätigt.³⁵ In den Leitsätzen ist die Bedeutung dieser Entscheidung für das Thema Honorar bei Planungsänderungen nicht zu erkennen. Grundlage war, dass ein Honorar für eine zweite Entwurfsplanung einer »Matinee« eines Gebäudes bean-

---

32 So insbesondere BGH BauR 2007, 1761 (1764) = NZBau 2007, 653; BGH BauR 2010, 1957 = NZBau 2010 706 = NJW-RR 2010, 1668; BGH BauR 2012, 975 Ziff. 18 = NJW-RR 2012, 653 = NZBau 2012, 370 = werner-baurecht.de mit Analyse *Koeble*; OLG Naumburg NZBau 2015, 566 Ziff. 55 ff.; *Werner/Siegburg*, FS Koeble, S. 585 (600); ebenso der vorliegende Kommentar *Locher/Koeble/Frik*, HOAI, 11. Aufl, § 10 Rdn. 5; *Fischer/Krüger* BauR 2015, 1568; *Messerschmidt* NZBau 2014, 3; *Motzke* BauR 2014, 1839; *Fuchs/Berger/Seifert* NZBau 2013, 729; *Rohrmüller* BauR 2015, 19.
33 BGH BauR 2007, 1761 = NZBau 2007, 653.
34 BGH BauR 2010, 1957 = NZBau 2010, 706 = NJW-RR 2010, 1668 Ziff. 20.
35 BGH BauR 2012, 975 = NJW-RR 2012, 653 = NZBau 2012, 370 Ziff. 17 ff.

sprucht wurde. Der BGH erklärte dazu ausdrücklich, dass es sich um keine Besonderen Leitungen handle, sondern um »erneute beauftragte Grundleistungen«. Die betreffende Entscheidung nimmt auch zu Klauseln, welche die Voraussetzungen für die Geltendmachung von zusätzlichen Honoraransprüchen verstärken, ausdrücklich Stellung (vgl. unten Rdn. 38 ff.).

– Die Rechtsprechung hat bei den Instanzgerichten und in der Literatur weitestgehend 28
Zustimmung gefunden.[36]

Es spricht nichts dafür, dass der Verordnungsgeber mit der Regelung in § 10 Abs. 2 die 29
Rechtsprechung des BGH zu den erneut oder wiederholt erbrachten Grundleistungen abändern wollte. Aus diesem Grund ist davon auszugehen, dass das Merkmal »ohne Änderung der anrechenbaren Kosten« in dem Sinne zu verstehen ist, wie im vorliegenden Kommentar (vgl. oben Rdn. 8).

d) Voraussetzungen für Wiederholungshonorare nach Abs. 2

Zunächst müssen sich die Parteien einig werden über die wiederholte Erbringung von 30
Grundleistungen (dazu aa). Weitere Voraussetzung ist, dass sich die anrechenbaren Kosten nicht ändern (dazu bb). Nach dem Wortlaut ist eine schriftliche Vereinbarung über die Honorierung zu treffen (dazu cc). Auslöser für die Honorierung ist die Wiederholung von Grundleistungen (dazu dd). Die Vorschrift gibt auch Anhaltspunkte für die Art und Weise der Abrechnung (dazu ee). Die Rechtsprechung des BGH gilt neben Abs. 2 weiter (vgl. oben Rdn. 8, 29).

aa) Zunächst ist es erforderlich, dass sich die Vertragsparteien **über die Wiederholung** 31
von **Grundleistungen** einig werden. Damit ist klargestellt, dass es sich bei der nochmals zu erbringenden Grundleistung nicht um Nacherfüllung bzw. Mangelbeseitigung handeln darf. Die **Einigung** kann ausdrücklich, aber auch konkludent erfolgen.[37] Für Besondere Leistungen gilt die Vorschrift nicht. Um eine zusätzlich zu honorierende Wiederholung von Grundleistungen handelt es sich dann nicht, wenn bestimmte Varianten schon im Rahmen der Grundleistung erbracht werden müssen (vgl. unten dd).

bb) Nach den Buchstaben des Abs. 2 ist weitere Voraussetzung, dass sich die **anre-** 32
chenbaren Kosten – bzw. bei der Flächenplanung die Flächen – **nicht ändern**. Dabei soll es sich um das Abgrenzungsmerkmal zu Abs. 1 handeln.[38] Wollte man aus der Vorschrift den Umkehrschluss ziehen, dann würde dies bedeuten, dass kein Wiederholungshonorar beansprucht werden kann, wenn sich die anrechenbaren Kosten ändern. Im Grunde würde in solchen Fällen damit gar kein Honoraranspruch zur Verfügung stehen, soweit nicht eine Ausnahme vom Kostenberechnungsmodell gegeben ist.[39] Diese Bedeutung, nämlich einen Honoraranspruch

---

36 Z. B. OLG Naumburg BauR 2015, 566 Ziff. 55 ff; *Fischer/Krüger* BauR 2015, 1568; *Motzke* BauR 20141, 1839; *Koeble* in Kniffka/Koeble, Kompendium, 12. Teil Rn. 506 ff.
37 Vgl. dazu Einl. Rdn. 47 ff.
38 Zum Verhältnis zwischen Abs. 1 und Abs. 2 vgl. oben Rdn. 8.
39 Vgl. dazu oben Rdn. 18.

§ 10 HOAI Berechnung d. Honorars b. vertragl. Änderungen des Leistungsumfangs

zu beschneiden, kann die Regelung aber nicht haben, sonst wäre sie unwirksam.[40] Vielmehr ist die Vorschrift so zu lesen, dass Honorare für Planungsänderungen bzw. Wiederholungen »auch« oder »sogar« dann geltend gemacht werden können, wenn sich die anrechenbaren Kosten nicht ändern. Insbesondere füllt Abs. 2 die Lücke, welche sich im Falle des Abs. 1 bei erhöhtem Leitungsumfang ergeben würde, wenn sich nicht gleichzeitig die anrechenbaren Kosten ändern.[41] Die hier vertretene Auffassung wird auch dadurch bestätigt, dass in der Amtlichen Begründung zu § 10 ausdrücklich Folgendes geregelt ist: »§ 10 Abs. 2 regelt jetzt allgemein die Wiederholung von Grundleistungen und ihre anteilsmäßige Honorarberechnung.« Damit sind das Ziel und der Zweck einer allgemeinen Regelung klar umrissen. Die Ausführungen zu § 10 Abs. 2 in der Amtlichen Begründung (»... ohne dass sich dadurch die anrechenbaren Kosten oder Flächen ändern«) sind mit diesem Ziel und Zweck nicht in Einklang zu bringen.

33 cc) Weitere Voraussetzung ist, dass die Vertragsparteien eine **schriftliche Vereinbarung** über die Honorierung treffen. Diesbezüglich besteht aber ein Anspruch und bei Nichteinigung kann zunächst die einseitige Festlegung erfolgen. Die Schriftform ist also keine Anspruchsvoraussetzung für die Honorierung.[42]

34 dd) Notwendig für ein zusätzliches Honorar ist es, dass **nochmals bereits erbrachte Grundleistungen** erbracht werden müssen. In aller Regel handelt es sich hier um Planungsänderungen. Die Ursache für solche nochmaligen Leistungen muss aus der Sphäre des Bauherrn oder von Dritten (Behörde, Prüfingenieur) kommen. Der häufigste Fall sind Änderungswünsche des Bauherrn oder auch Anordnungen, bestimmte Leistungen früher als notwendig zu erbringen und schließlich auch Neuplanungen, die wegen der Beiträge anderer fachlich Beteiligter notwendig werden.[43] Erfasst sind hier auch Änderungen infolge von Änderungen der anerkannten Regeln der Technik.[44] Ansonsten gibt es die wiederholt erbrachte Grundleistung vor allem im Planungsbereich. Aber auch im Rahmen der Vergabe (z. B. bei Nachträgen und ihrer Prüfung im Rahmen der Leistungsphasen 6 und 7) sind solche zusätzlichen, vergütungspflichtigen Leistungen sehr häufig.[45] Schließlich sind wiederholt erbrachte Grundleistungen auch bei der Objektüberwachung anzutreffen (z. B. nochmalige Überwachung einer anderen Ausführung). Ebenso

---

40 Vgl. für einen entsprechenden Sachverhalt betreffend das Projektsteuerungshonorar in § 31 HOAI 1992: BGH BauR 1997, 497 = NJW 1997, 1694 = ZfBR 1997, 18; ebenso im Ergebnis *Schwenker/Wessel* in TWK § 20 Rn. 237; *Messerschmidt* in MNP § Rn. 24; *Koeble/Zahn*, Die neue HOAI 2013, C Rn. 68; unklar *Wirth/Galda/Meurer* § 10 Rn. 33.
41 Zum Verhältnis zwischen Abs. 1 und Abs. 2 vgl. i. Ü. oben Rdn. 8.
42 Vgl. zu den entsprechenden Ausführungen oben Rdn. 16; a. A. lediglich *Rohrmüller* BauR 2015, 19 (31).
43 BGH BauR 2007, 1761 = NZBau 2007, 653 m. Anm. *Scholtissek*.
44 Ebenso *Mischok/Hirsch* NZBau 2012, 480.
45 Im Hinblick auf Nachträge hat sich daran durch die Neufassung der HOAI 2013 in bestimmten Bereichen etwas geändert; vgl. dazu die entsprechenden Vorschriften aus den Leistungsphasen 6 und 7 betreffend Gebäude und Innenräume, Freianlagen, Ingenieurbauwerke, Verkehrsanlagen und Technische Ausrüstung.

wie bei Abs. 1 gibt es auch hier eine Grenze. Die Leistungen müssen **die Schwelle der Geringfügigkeit** überschreiten (vgl. oben Rdn. 14).

ee) Im Hinblick auf die **Art und Weise der Abrechnung** bestätigt Abs. 2 die schon nach Rechtsprechung und Literatur vorherrschende Meinung[46]. Die Einordnung als wiederholt erbrachte Grundleistung durch den BGH hat schon zur Folge gehabt, dass die Abrechnung im System nach HOAI zu erfolgen hat. Auch dies hat der Verordnungsgeber aufgegriffen und geregelt, dass das Honorar für die nochmals erbrachten Grundleistungen »entsprechend ihrem Anteil an der Leistungsphase« vereinbart werden soll. Damit ist der Abrechnung eines Honorars auf Stundenbasis oder Zeithonorarbasis eine Absage erteilt. Vielmehr ist die nochmals erbrachte Grundleistung zu bewerten und in das Verhältnis zu der ursprünglichen, vollständigen Grundleistung zu stellen. Die anrechenbaren Kosten sind aus der Kostenberechnung zu entnehmen, es sei denn, diese wäre berechtigtermaßen wegen entsprechender Änderung in der Entwurfsplanung fortzuschreiben.[47] Die sog. Teilgewerke-Rechtsprechung (vgl. § 4 Rdn. 40) greift hier nicht ein, weil auch bei Änderung das Gesamtobjekt Vertragsgegenstand bleibt. Ausnahmsweise kann es – bei verlorener Planung – auch so sein, dass nicht die nochmals erbrachten Grundleistungen anteilig zur Abrechnung kommen, weil die neu erbrachte Planung ja vollständig umgesetzt wurde und das Objekt auf dieser Grundlage erstellt wurde. Dann müssen die zunächst erbrachten Leistungen in Relation zur Gesamtleistung gesetzt und bewertet werden.

Bezüglich der anrechenbaren Kosten ist wichtig, dass nicht diejenigen für die Änderung selbst zugrunde zu legen sind, da die DIN 276 **anrechenbare Kosten** nur für die **Gesamtmaßnahme** kennt.[48] Bei einer Umplanung kann für eine »verlorene« Planung dann die Kostenschätzung Abrechnungsgrundlage sein, wenn diese Planung nicht bis zur vollständigen Entwurfsplanung gediehen ist.[49] Hinsichtlich des Honorars für die Ergänzungen und Änderungen ergeben sich aber bei der **Ermittlung der erbrachten Leistungen** nach § 34 Abs. 1 **Abzüge**, da weitgehend auf die vorher erbrachte Leistung zurückgegriffen werden kann. Aus § 10 ergibt sich nichts Gegenteiliges. Insbesondere ist kein Umkehrschluss aus dieser Vorschrift zulässig, wonach Änderungen bei gleichen Anforderungen kostenlos wären. Aus einer speziellen Ausnahmeregelung (vgl. oben) können für anders gelagerte Sachverhalte keine Grundsätze hergeleitet werden. Die Vorschrift bedeutet lediglich, dass bei echten Alternativen für bestimmte Planungsleistungen (auch) ein bestimmter Prozentsatz abgezogen werden muss. Sie gibt darüber hinaus allenfalls Anhaltspunkte, wie das Änderungshonorar für Leistungen bei gleichen Anforde-

---

46 Vgl. dazu die drei BGH-Entscheidungen oben Rdn. 25 ff. und OLG Naumburg NZBau 2015, 566 Ziff. 55 ff; *Fischer/Krüger* BauR 2015, 1568 mit Berechnungsbeispiel.
47 Zur Fortschreibung der Kostenberechnung vgl. oben Rdn. 18 und § 6 Rdn. 21 ff.
48 Ebenso *Fuchs* NZBau 2010, 671 (673); a. A. OLG Hamm BauR 1993, 633 = NJW-RR 1993, 1175 = ZfBR 1993, 225, das aber vom Grundsatz her der Abrechnung nach Schema HOAI folgt.
49 KG BauR 2002, 1425 und § 6 Rdn. 21 ff.

§ 10 HOAI Berechnung d. Honorars b. vertragl. Änderungen des Leistungsumfangs

rungen anzusetzen ist.[50] Der Abzug wird hier in der Regel für Leistungsphasen 2 und 3 größer sein müssen.

37 ff) **Einschränkungen** von diesem Grundsatz der vollen **Honorierung aller Änderungsleistungen** bei **Berücksichtigung** der wiederverwendeten **Vorleistung** ergeben sich ferner aus Folgendem: Zunächst ist zu beachten, dass im Rahmen der Vorplanung Varianten nach gleichen Voraussetzungen kostenlos erbracht werden müssen (vgl. § 34 Rdn. 55). Darüber hinaus sind Änderungen der Genehmigungsplanung wie Deckblätter oder Nachtragsbaugesuche nach Anlage 10.1 als Besondere Leistung abzurechnen (vgl. § 34 Rdn. 135 und 145). Hierbei handelt es sich zwar um einen Stilbruch der HOAI, weil ansonsten Grundleistungen niemals Besondere Leistungen sein können. Die Regelung in Anlage 10.1 ist jedoch eindeutig, sodass hier nur ein Honorar beansprucht werden kann, wenn eine schriftliche Vereinbarung getroffen wurde. Eine weitere Ausnahme enthält schließlich § 34 Abs. 2 Nr. 5 hinsichtlich der Fortschreibung der Ausführungsplanung während der Objektausführung. Hier fällt kein zusätzliches Honorar an. Im Bereich der Tragwerksplanung gibt es eine weitere Ausnahme in der Leistungsphase 5, wo eine eigentliche Grundleistung in eine Besondere Leistung umfunktioniert wurde (vgl. dazu § 51 Rdn. 73.).

e) **Vertragliche Regelungen für zusätzliche Honorare (verstärkende Schriftformklauseln)**

38 Voraussetzung für die Vergütungspflicht dieser Änderungsleistung ist ferner, dass vertraglich die **Vergütungspflicht nicht ausgeschlossen** ist. Zu verneinen ist eine gesonderte Vergütungspflicht, z. B. beim (wirksamen) Pauschalhonorar, soweit es sich nicht um zusätzliche, bisher nicht im Leistungsumfang enthaltene Aufgaben handelt. Zu verneinen ist eine Vergütungspflicht auch dann, wenn z. B. **schriftliche Vereinbarungen** als **Anspruchsvoraussetzung** im Vertrag festgelegt sind. Im Individualvertrag sind solche Regelungen sicher wirksam. Beim Formularvertrag sind sie nach § 307 Abs. 2 BGB zu überprüfen.

39 Sogenannte **verstärkende Schriftformklauseln sind** nicht nur beim Architekten- und Ingenieurvertrag gebräuchlich, sondern vor allem auch beim Bauvertrag. Solche Schriftformklauseln haben – das ist durch Auslegung zu überprüfen – meist nur deklaratorischen Charakter.[51] Im Übrigen sind sind sie darauf zu überprüfen, ob sie den Architekten- bzw. Ingenieur als Vertragspartner unangemessen benachteiligen. Für den Bauvertrag hat der BGH entschieden, dass vom Auftraggeber gestellte Klauseln in AGB oder Formularverträgen, nach denen jegliche Nachforderung ausgeschlossen ist, wenn sie nicht auf schriftlichen Zusatz- und Nachtragsaufträgen beruhen, unwirksam sind.[52] Die von der Rechtsprechung des BGH betreffend solche Regelungen in

---

50 Dazu *Werner* in *Werner/Pastor*, Rn. 879; *Jochem*, FS Heiermann, S. 177, unzutreffend jedoch, soweit § 20 a. F. hier entspr. angewandt werden soll.
51 *Palandt-Ellenberger*, BGB, § 125 Rn. 17.
52 BGH BauR 2004, 488 = NZBau 2004, 146; vgl. auch OLG Koblenz NJW-RR 2010, 594,

Bauverträgen herangezogenen Gesichtspunkte – Unangemessenheit wegen des Ausschlusses von gesetzlichen Ansprüchen aus GoA und aus Bereicherungsrecht – treffen auch für den Architekten- und Ingenieurvertrag zu, sodass die genannten Schriftformklauseln hier ebenfalls unwirksam sind.[53]

Dagegen hat der BGH Schriftformklauseln in Formularverträgen der öffentlichen Hand betreffend Zusatzhonorare wegen Bauzeitverlängerung für wirksam gehalten und mündliche Vereinbarungen – auch mit dem zuständigen Amtsleiter – über die Erstattung und Höhe solcher Honorare für unwirksam gehalten.[54] 40

Schriftformklauseln bzw. Klauseln über die Anforderungen für Zusatzhonorare können auch wegen Verstoß gegen den Mindestpreischarakter unwirksam sein. Vom Grundsatz her stellt das Vertragsrecht des BGB nämlich für Wiederholungen, Änderungen und Erweiterungen eine Vergütung zur Verfügung, die dann auch auf Mindestsatzbasis gemäß HOAI zu berechnen ist (vgl. oben Rdn. 38 ff.). 41

Allgemeine Schriftformklauseln betreffend die Änderung des Vertrages schließen zusätzliche Honoraransprüche wegen mündlicher beauftragter und vereinbarter Zusatzleistungen nicht aus.[55] Ebenso unwirksam sind Regelungen in AGB, wonach ein Zusatzhonorar nur bei schriftlicher Beauftragung und/oder schriftlicher Honorarvereinbarung beansprucht werden kann. Der Auftraggeber hat nämlich ein Anordnungsrecht im Hinblick auf Zusatzleistungen (vgl. oben), welches redlicherweise nur begründet werden kann, wenn dem Auftragnehmer ein Anspruch auf zusätzliche Vergütung eingeräumt wird.[56] Dabei ist unerheblich, ob das Anordnungsrecht im Vertrag ausdrücklich genannt ist oder ob es sich aus dem Werkvertrag ergibt und vertraglich nicht ausgeschlossen ist. 42

7. Anordnungsrecht und zusätzliche Vergütung nach Bauvertragsrecht 2017

a) Anordnungsrecht des Auftraggebers

Im neuen Bauvertragsrecht des BGB (§§ 650 a – g) ist ein ausdrückliches Anordnungsrecht für den Besteller beim Bauvertrag enthalten (§ 650b BGB n. F.).[57] Diese Regelung gilt auch für alle Architekten- und Ingenieurverträge (§ 650p Abs. 1 BGB n. F.). Die Vorschrift des § 650b BGB n. F. lautet wie folgt: 43

---

wonach das Erfordernis der schriftlichen Auftragserteilung in AGB eine unangemessene Benachteiligung darstellt.
53 OLG Stuttgart BauR 2009, 842 mit NZB des BGH.
54 BGH BauR 2007, 1592.
55 So ausdrücklich BGH BauR 2012, 975 = NJW-RR 2012, 653 = NZBau 2012, 370 unter Ziff. 18.
56 So ausdrücklich BGH a. a. O.
57 Vgl. zu den Einzelheiten des neuen Bauvertragsrechts Einl. Rdn. 10 ff.

§ 10 HOAI Berechnung d. Honorars b. vertragl. Änderungen des Leistungsumfangs

§ 650 b. Änderung des Vertrages; Anordnungsrecht des Bestellers.
(1) Begehrt der Besteller
1. eine Änderung des vereinbarten Werkerfolgs (§ 631 Abs. 2) oder
2. eine Änderung, die zur Erreichung des vereinbarten Werkerfolgs notwendig ist,

streben die Vertragsparteien Einvernehmen über die Änderung und die infolge der Änderung zu leistende Mehr- oder Mindervergütung an. Der Unternehmer ist verpflichtet, ein Angebot über die Mehr- oder Mindervergütung zu erstellen, im Falle einer Änderung nach Satz 1 Nummer 1 jedoch nur, wenn ihm die Ausführung der Änderung zumutbar ist. Macht der Unternehmer betriebsinterne Vorgänge für die Unzumutbarkeit einer Anordnung nach Absatz 1 Satz 1 Nummer 1 geltend, trifft ihn die Beweislast hierfür. Trägt der Besteller die Verantwortung für die Planung des Bauwerks oder der Außenanlage, ist der Unternehmer nur dann zur Erstellung eines Angebots über die Mehr- oder Mindervergütung verpflichtet, wenn der Besteller die für die Änderung erforderliche Planung vorgenommen und dem Unternehmer zur Verfügung gestellt hat.

(2) Erzielen die Parteien keine Einigung nach Absatz 1, kann der Besteller die Änderung anordnen. Der Unternehmer ist verpflichtet, der Anordnung des Bestellers nachzukommen, einer Anordnung nach Absatz 1 Satz 1 Nummer 1 jedoch nur, wenn ihm die Ausführung zumutbar ist. Absatz 1 Satz 3 gilt entsprechend.

(3) Zum Erlass einer einstweiligen Verfügung ist es nach Beginn der Bauausführung nicht erforderlich, dass der Verfügungsgrund glaubhaft gemacht wird, wenn zuvor unter Beiziehung eines Sachverständigen versucht worden ist, die Streitigkeit einvernehmlich beizulegen. Die Kosten des Sachverständigen sind von beiden Vertragsparteien je zur Hälfte zu tragen.

44 Zu der Neuregelung gibt es bereits umfangreiche Literatur.[58] Das Anordnungsrecht war bisher im BGB nicht verankert, jedoch war es unstreitig, dass bei Architekten-und Ingenieurverträgen dem Bauherrn in gewissem Rahmen ein solches Recht zustehen muss (vgl. oben Rdn. 21 ff.).

---

58 Stellungnahme des IfBF von Ende November 2015 (www.ifbf.de); *Langen*, Reform des Werkvertrags- und Bauvertragsrecht NZBau 2015, 658; *Pause/Vogel*, Vorschläge zum Verbraucherbau- und Bauträgervertrag NZBau 2015, 667; *Fuchs*, Regelungen des Architekten- und Ingenieurvertrags NZBau 2015, 675; *Dauner-Lieb*, geplante Änderung der kaufrechtlichen Mängelhaftung NZBau 2015, 684; *Voith*, Brauchen wir ein Bauvertragsrecht im BGB? JM 2015, 402; *Messerschmidt*, Brauchen wir ein Architekten- und Ingenieurvertragsrecht im BGB? JM 2015, 453; *Schreiner/Pisal*, Der (verschuldensunabhängige) Regressanspruch des Werkunternehmers bei Materialmängeln – bald endlich geltendes Recht? BauR 2016, 181; *Fuchs/Berger*, Schuldrecht bleibt Schuldrecht, NZBau 2016, Heft 5 »Editorial« zu § 650s Anordnungsrecht und Zusatzvergütung/HOAI« *Orlowsky*, Das gesetzliche Bauvertragsrecht, ZfBR 2016, 419; *Schramke/Keilmann*, Das Anordnungsrecht des Bestellers und der Streit um die Vergütung, NZBau 2016, 333.

Die Neuregelung sieht für das Änderungsverlangen und Anordnungsrecht des Bestellers zwei Fallgruppen vor:
(1) Änderungen und Anordnungen bestreffend den vereinbarten Werkerfolg, um eine **Änderung des Werkerfolgs** zu erreichen.
(2) Änderungen und Anordnungen von Leistungen, die zur **Erreichung** des vereinbarten Werkerfolgs **notwendig** sind.

Das Verlangen von **notwendigen Leistungen** ist grundsätzlich berechtigt (zweite Fallgruppe). Ihre Ursache kann es in einer fehlerhaften, unvollständigen oder unklaren Planung bzw. Ausschreibung haben, aber auch in einer unvollständigen Grundlagenermittlung oder Vorplanung. Ebenso sind Fälle denkbar, in denen Sonderfachleute oder bauordnungsrechtliche Auflagen zu einer Änderung führen. Zu dieser Fallgruppe gelten folgende Voraussetzungen: 45

– Wenn der Besteller das Verlangen einer Änderung stellt, müssen die Vertragsparteien »Einvernehmen über die Änderung und die infolge der Änderung zu leistende Mehr- oder Mindervergütung anstreben«. 46

– Auf ein entsprechendes Verlangen des Bestellers im Hinblick auf eine notwendige Änderung ist der Unternehmer verpflichtet, ein Angebot über die Mehr- oder Mindervergütung zu erstellen. Ein solches Angebot muss er nicht erstellen, wenn der Besteller die Planungshoheit hat und für die Änderung keine Planung vorgelegt hat. Insoweit dürfte die Geltendmachung eines Zurückbehaltungsrechts notwendig sein, die Vorlage einer Änderungsplanung aus dem Bereich des Auftraggebers dürfte als Bedingung nicht erforderlich sein. 47

– Das Verlangen einer einvernehmlichen Regelung ist als Anspruchsvoraussetzung für die Ausübung des Anordnungsrechts notwendig. 48

Die erste Fallgruppe des Verlangens und der Anordnungen, welche eine **Änderung des Werkverfolgs** zum Gegenstand haben, ist komplizierter. Hier müssen die verlangten Leistungen nicht zur Erreichung des Vertragszwecks notwendig sein, vielmehr genügt es, wenn sich die Vorstellungen des Bestellers geändert haben oder im Rahmen seiner Planung (fehlerhafterweise) Umstände von ihm nicht berücksichtigt wurden. Über die Frage der Notwendigkeit bei der ersten Fallgruppe wird sich vielfach Streit ergeben. Die Voraussetzungen für die erste Fallgruppe sind aber andere: 49

– Wenn der Besteller eine Änderung verlangt, müssen die Vertragsparteien »Einvernehmen über die Änderung und die infolge der Änderung zu leistende Mehr- oder Mindervergütung anstreben«. 50

– Auf ein entsprechendes Verlangen des Bestellers im Hinblick auf eine Änderung ist der Unternehmer verpflichtet, ein Angebot über die Mehr- oder Mindervergütung vorzulegen. Ein solches Angebot muss er allerdings nicht erstellen, wenn der Besteller die Planungshoheit hat und für die Änderung keine Planung vorgelegt hat. Die bisherigen Anforderungen sind die gleichen wie bei der o. g. Fallgruppe. Allerdings muss der Unternehmer ein Angebot nur vorlegen, wenn ihm »die Ausführung der Änderung zumutbar ist«. Insofern sind die gleichen Faktoren maßgebend, wie sie schon von Rechtsprechung und Literatur im Hinblick auf das Anordnungsrecht nach altem Recht entwickelt wurden (vgl. oben Rdn. 21 ff.). Sicherlich können insoweit die im Gesetz zitierten »betriebsinternen Vorgänge« im Büro des Architekten/Inge- 51

52 – Das Verlangen einer einvernehmlichen Regelung ist nach der Formulierung Anspruchsvoraussetzung für die Ausübung eines Anordnungsrechts (Abs. 2 S. 1). Insoweit decken sich die Voraussetzungen mit denen der anderen Fallgruppe (notwendige Änderungen). Weitere Voraussetzung dafür, dass der Unternehmer der Anordnung nachkommen muss, ist hier, dass ihm die »Ausführung zumutbar ist« (Abs. 2 S. 2). Diesbezüglich sind die Grundsätze heranzuziehen, welche bereits zum Anordnungsrecht nach altem BGB für Architekten- und Ingenieurverträge entwickelt wurden (vgl. oben Rdn. 21 ff.). Im Regierungsentwurf wird darauf hingewiesen, die Schwelle müsse unterhalb derjenigen des allgemeinen Leistungsverweigerungsrechts nach § 275 Abs. 2, 3 BGB liegen.[59] Die Beweislast für die Zumutbarkeit trägt der Besteller, außer in den Fällen, in denen sich der Unternehmer auf betriebsinterne Vorgänge beruft. Die grundlegende Beweislast ergibt sich gerade aus einem Umkehrschluss aus Abs. 1 S. 3.

Einleitend: nieurs eine Rolle spielen, jedoch trifft den Auftragnehmer dann die Beweislast (Abs. 1 S. 3).

53 Das Verlangen für die Änderung bzw. für die Anordnung bedarf keiner bestimmten Form. Es kann auch mündlich oder konkludent geäußert werden, weil weder Schriftform noch Textform vorgeschrieben sind. Ob eine verfrühte Anordnung (vor dem Einigungsversuch) ausreicht, ist zweifelhaft. Richtig erscheint es, dass dann der Einigungsversuch nochmals erfolgen muss und erst danach eine Anordnung wirksam geltend gemacht werden kann. Zu klären sein wird auch, ob dem Architekten oder Ingenieur Anordnungen auch in Bezug auf die Bauzeit – abweichend von der ursprünglichen Vereinbarung – mit verbindlicher Wirkung gesellt werden können. Die gesetzliche Regelung spricht dagegen, weil die Bauzeit nicht zum vereinbarten »Werkerfolg« gehört. Ebenso ist kaum denkbar, dass die Änderung der Bauzeit für Planung und/oder Ausführung »notwendig« ist.

54 Eine Besonderheit stellt die Dringlichkeitsvermutung (Abs. 3) dar. Sie entspricht derjenigen des § 885 Abs. 1 S. 2 BGB, welche für die Eintragung einer Vormerkung zur Sicherung einer Bauhandwerkersicherungshypothek einschlägig ist. Die dazu entwickelten Grundsätze – auch im Hinblick auf die Umkehr der Vermutung nach Rechtsprechung einiger Oberlandesgerichte bei Ablauf längerer Zeit – sind hier anwendbar. Die ursprünglich von der Arbeitsgruppe Bauvertragsrecht vorgesehene »Bauverfügung« wurde abgelehnt. Im Ergebnis soll durch die Dringlichkeitsvermutung der gleiche Effekt für die angedachte einstweilige Verfügung erzielt werden.[60] Voraussetzung für die Zulässigkeit eines Antrags auf einstweilige Verfügung ist auf jeden Fall, dass der Versuch einer einvernehmlichen Streitbeilegung unter Hinzuziehung eines Sachverständigen unternommen wurde. Die Kosten des Sachverständigen sollen die Parteien hälftig tragen (Abs. 3 S. 2).

55 Während der Verfügungsgrund vermutet wird, ist der Verfügungsanspruch zu substantiieren. Der Gegenstand der einstweiligen Verfügung könnte auf Befolgung der Anord-

---

59 Amtliche Begründung, S. 60.
60 Amtliche Begründung, S. 61.

nung oder umgekehrt das Bestehen eines Leistungsverweigerungsrecht gerichtet sein. Die Festlegung der Vergütungspflicht ist hier nicht erfasst, weil sie sonst nicht nochmals in § 650c Abs. 5 BGB n. F. hätte geregelt werden müssen (vgl. § 650p Abs. 2 S. 3 BGB n. F.).

b) Vergütungsanpassung bei Anordnungen

Für die Rechtslage nach altem BGB gab es umfangreiche Rechtsprechung und Literatur zum Zusatzhonorar für Planungsänderungen (vgl. oben Rdn. 25 ff.). Die gesetzliche Regelung in § 650p Abs. 2 lautet folgendermaßen:

§ 650p. *(2) Für die Vergütungsanpassung im Fall von Anordnungen nach § 650b Abs. 2 gelten die Entgeltberechnungsregeln der Honorarordnung für Architekten und Ingenieure in der jeweils geltenden Fassung, soweit infolge der Anordnung zu erbringende oder entfallende Leistungen vom Anwendungsbereich der Honorarordnung erfasst werden. Im Übrigen ist die Vergütungsanpassung für den vermehrten oder verminderten Aufwand aufgrund der angeordneten Leistung frei vereinbar. Soweit die Vertragsparteien keine Vereinbarung treffen, gilt § 650c entsprechend.*

Mit einer etwas verkrampften Argumentation wird geltend gemacht, die Regelung im Schuldrecht sei unwirksam (?), weil durch die Verweisung auf die HOAI »der Schwanz mit dem Hunde« wackele.[61] Weshalb das Gesetz nicht auf die HOAI verweisen können soll, wird allerdings nicht erklärt. Dabei ist in S. 1 nichts anderes festgelegt, als ohnehin gelten würde: Soweit der Anwendungsbereich der HOAI einschlägig ist, ergeben sich auch daraus Honorare. Im Übrigen – außerhalb des Anwendungsbereichs der HOAI – ist die Vereinbarung zwischen den Parteien vorrangig und falls keine Vereinbarung für diese Fälle getroffen wird – wobei auch die mündliche ausreichend ist – soll § 650c entsprechend anwendbar sein. Für Architekten- und Ingenieurleistungen ist es unüblich und deshalb in aller Regel ausgeschlossen, die tatsächlichen Aufwendungen bezüglich Arbeitszeit u. a. festzustellen und mit Zuschlägen für allgemeine Geschäftskosten, Wagnis und Gewinn zu beaufschlagen. Angesichts dessen, dass die HOAI Rahmengebühren zur Verfügung stellt, wird normalerweise nicht kalkuliert, jedenfalls nicht auf der Basis von Grundlagen, wie sie beim Bauvertrag eine Rolle spielen. Eine Urkalkulation existiert weder dann, wenn die HOAI anwendbar ist noch in anderen Fällen. In den zuletzt genannten Situationen vereinbaren Architekten und Ingenieure meist Zeithonorar auf der Grundlage eines bestimmten Stundensatzes und Erstattung von Nebenkosten. Soweit in der Literatur die entsprechende Anwendung des § 650c verlangt wurde, kann von dieser Seite sicherlich eine entscheidende Hilfe für die Praxis der Kalkulation geliefert werden.

Soweit die HOAI anwendbar ist, ist die Rechtsprechung zu den erneut (wiederholt) erbrachten Leistungen zu beachten und bezüglich Änderungen der anrechenbaren Kosten ist § 10 Abs. 1 HOAI heranzuziehen, im Hinblick auf Wiederholungen von Grundleistungen die Regelung des § 10 Abs. 2 HOAI einschlägig (vgl. oben). Voraus-

---

61 *Fuchs/Berger* NZBau 2016, Heft 5, Editorial.

setzung ist in allen Fällen ein mindestens konkludenter Auftrag für die Zusatz- oder Änderungsleistung. Die Anordnung selbst stellt nach hier vertretener Auffassung ein Angebot zum Abschluss eines entgeltlichen Vertrages für die Zusatz- oder Änderungsleistung dar und die Erbringung der Leistung ist im Regelfall die konkludente Annahme dieses Angebots.

§ 11 HOAI Auftrag für mehrere Objekte

(1) Umfasst ein Auftrag mehrere Objekte, so sind die Honorare vorbehaltlich der folgenden Absätze für jedes Objekt getrennt zu berechnen.

(2) Umfasst ein Auftrag mehrere vergleichbare Gebäude, Ingenieurbauwerke, Verkehrsanlagen oder Tragwerke mit weitgehend gleichartigen Planungsbedingungen, die derselben Honorarzone zuzuordnen sind und die im zeitlichen und örtlichen Zusammenhang als Teil einer Gesamtmaßnahme geplant und errichtet werden sollen, ist das Honorar nach der Summe der anrechenbaren Kosten zu berechnen.

(3) Umfasst ein Auftrag mehrere im Wesentlichen gleiche Gebäude, Ingenieurbauwerke, Verkehrsanlagen oder Tragwerke, die im zeitlichen oder örtlichen Zusammenhang unter gleichen baulichen Verhältnissen geplant und errichtet werden sollen, oder mehrere Objekte nach Typenplanung oder Serienbauten, so sind die Prozentsätze der Leistungsphasen 1 bis 6 für die erste bis vierte Wiederholung um 50 Prozent, für die fünfte bis siebte Wiederholung um 60 Prozent und ab der achten Wiederholung um 90 Prozent zu mindern.

(4) Umfasst ein Auftrag Grundleistungen, die bereits Gegenstand eines anderen Auftrags über ein gleiches Gebäude, Ingenieurbauwerk oder Tragwerk zwischen den Vertragsparteien waren, so ist Absatz 3 für die Prozentsätze der beauftragten Leistungsphasen in Bezug auf den neuen Auftrag auch dann anzuwenden, wenn die Grundleistungen nicht im zeitlichen oder örtlichen Zusammenhang erbracht werden sollen.

Übersicht   Rdn.
1. Änderungen durch die HOAI 2009 1
2. Änderungen durch die HOAI 2013 7
3. Zusammenspiel mit anderen Vorschriften 8
4. Sachlicher Anwendungsbereich 9
5. Honorare bei mehreren Aufträgen und bei mehreren Auftraggebern 10
6. Regelungsgehalt, Mindestpreischarakter, anrechenbare Kosten 15
7. Begriff »mehrere Objekte insbesondere Gebäude« 16
8. Die Regelung des Abs. 2 24
9. Die Regelung des Abs. 3 35
10. Die Regelung des Abs. 4 44
11. Abweichende Vereinbarungen 46

1. Änderungen durch die HOAI 2009

In § 22 HOAI 2002 befand sich eine Regelung über die Honorierung für einen Auftrag über mehrere Gebäude. Andere Teile der HOAI (z. B. § 52 Nr. 8 HOAI 2002 für Ingenieurbauwerke und Verkehrsanlagen sowie § 69 Abs. 7 HOAI 2002 für die Technische Ausrüstung) enthielten einen Verweis auf § 22 HOAI 2002. Dagegen galt für die Mehrfachbeauftragung bei der Tragwerksplanung die eigenständige Regelung des § 66 Abs. 1–4 HOAI 2002, während die HOAI für Raumbildende Ausbauten, Freianlagen sowie städtebauliche und landschaftsplanerische Leistungen keine besondere Honorarregelung für eine Mehrfachbeauftragung enthalten hatte. In der HOAI 2009 wurde in enger Anlehnung an den Statusbericht 2000plus eine allgemeingültige Honorarregelung für den Fall der Beauftragung mit mehreren Objekten in den Allgemeinen Teil vorgezogen, sodass sich die bisherigen Verweise auf § 22 HOAI 2002 erübrigt hatten. Dies hatte zur Folge, dass der in § 22 HOAI 2002 verwendete Begriff »Gebäude« in § 11 HOAI 2002 durch den umfassenden Begriff »Objekte« ersetzt werden musste.

Die HOAI 2009 ging in § 11 Abs. 1 S. 1 weiterhin von dem Grundsatz aus, dass auch bei einem Auftrag über mehrere Objekte die Honorare für jedes Objekt getrennt zu berechnen sind. Neu eingeführt wurde die in § 11 Abs. 1 S. 2, 3 HOAI 2009 enthaltene Einschränkung, wonach die Honorare für Objekte mit weitgehend vergleichbaren Objektbedingungen derselben Honorarzone, welche in einem zeitlichen und örtlichen Zusammenhang als Teil einer Gesamtmaßnahme geplant werden, nicht mehr getrennt, sondern nach der Summe der anrechenbaren Kosten zu berechnen ist.

§ 11 Abs. 2 HOAI 2009 entsprach weitgehend der früheren Regelung des § 22 Abs. 2 HOAI 2002. Die Begriffe »gleiche« und »spiegelgleiche« Gebäude sind entfallen, weil sie unter den bereits in der bisherigen Fassung enthaltenen Begriff »im Wesentlichen gleichartige Gebäude« (jetzt »Objekte«) zu subsumieren sind. Neu eingefügt wurde eine Honorarreduzierung ab der 8. Wiederholung um 90 % gegenüber der früheren Regelung, welche ab der 7. Wiederholung eine Minderung von durchgehend 60 % vorgesehen hatte.

Die zuvor in § 22 Abs. 3 HOAI 2002 vorgesehene Honorarminderung für den Fall, dass mehrere Auftraggeber Aufträge für im Wesentlichen gleichartige Gebäude erteilen, ist entfallen. Bei der Beauftragung durch mehrere Auftraggeber ist das Honorar nicht mehr zu mindern.

Die in § 11 Abs. 3 HOAI 2009 enthaltene Regelung über eine Honorarminderung für Leistungen, welche bereits Gegenstand eines früheren Auftrags waren, soll »im Wesentlichen« der bisherigen Regelung des § 22 Abs. 4 HOAI 2002 entsprechen. Die Neuregelung kann aber zu einer Ausdehnung des Anwendungsbereichs und damit zu einer weitergehenden Honorarminderung führen, weil die in der bisherigen Fassung vorhandene Beschränkung der Honorarminderung auf Gebäude nach »gleichem oder spiegelgleichem Entwurf« entfallen ist.

In § 11 Abs. 4 HOAI 2009 wurde klargestellt, dass die Regelungen des § 11 Abs. 1–3 HOAI 2009 über eine Honorarminderung bei einer Mehrfachbeauftragung nur für die

§ 11 HOAI   Auftrag für mehrere Objekte

Objektplanung, nicht aber für die Flächenplanung gelten. Zu beachten ist dabei, dass § 11 Abs. 1 S. 1 HOAI 2009 auch auf die Flächenplanung anwendbar ist, weil bei der Beauftragung mit mehreren Flächenplanungen das Honorar für jedes Plangebiet getrennt zu berechnen ist. Werden im Rahmen der Bauleitplanung Leistungen aus anderen Plänen, insbesondere die Bestandsaufnahme und die Bewertung von Landschaftsplänen verwertet, ist das Honorar nach § 11 Abs. 4 S. 2 HOAI 2009 angemessen zu reduzieren, selbst wenn mit der Aufstellung dieser Pläne andere Auftragnehmer betraut waren.

2. Änderungen durch die HOAI 2013

7   Die in § 11 Abs. 1 S. 2 HOAI 2009 erstmals aufgenommene Regelung, wonach das Honorar für Objekte mit weitgehend vergleichbaren Objektbedingungen nach der Summe der anrechenbaren Kosten zu ermitteln ist, wurde in § 11 Abs. 2 verschoben und neu gefasst. Die Anrechnungsvorschrift gilt zunächst nicht mehr für alle Objekte i. S. d. § 2 Nr. 1 HOAI 2009, sondern nur noch für vergleichbare Gebäude, Ingenieurbauwerke, Verkehrsanlagen und Tragwerke. Dabei wird nicht mehr darauf abgestellt, ob es sich »um Objekte mit weitgehend vergleichbaren Objektbedingungen derselben Honorarzone« handelt, was zu erheblichen Abgrenzungsschwierigkeiten mit dem Begriff »im Wesentlichen gleichartige Objekte« in § 11 Abs. 2 HOAI 2009 geführt hatte. Maßgebliches Kriterium ist nunmehr, ob »weitgehend gleichartige Planungsbedingungen« vorliegen. Der Verordnungsgeber wollte mit dem Begriff »mit weitgehend gleichartigen Planungsbedingungen« klarstellen, dass der Grund für die Honorarreduzierung gegenüber einer getrennten Abrechnung der einzelnen Objekte auf dem geminderten Planungsaufwand beruht.[1] Während die Objekte nach der HOAI 2009 als Teil einer Gesamtmaßnahme geplant, betrieben und genutzt werden sollten, kommt es nunmehr darauf an, ob diese als Teil einer Gesamtmaßnahme geplant und errichtet werden sollen.

§ 11 Abs. 3 regelt den bisher in § 11 Abs. 2 HOAI 2009 enthaltenen Wiederholungsfaktor für im Wesentlichen gleiche Gebäude, Ingenieurbauwerke, Verkehrsanlagen und Tragwerke. Dieser ist nicht mehr auf die Leistungsphasen 1–7, sondern nur noch auf die Leistungsphasen 1–6 anwendbar.

3. Zusammenspiel mit anderen Vorschriften

8   § 11 regelt das Honorar für einen Auftrag über mehrere Objekte. Der Begriff »Objekt« wird in § 2 Abs. 1 definiert. Eine von dem in § 11 Abs. 1 enthaltenen Grundsatz der getrennten Abrechnung von einzelnen Objekten abweichende Sonderregelung bei Freianlagen mit anrechenbaren Kosten von unter 7.500 € findet sich in § 37 Abs. 1. Eine weitere Ausnahme von diesem Grundsatz ist in § 54 Abs. 2 enthalten. Danach sind unter den dort beschriebenen Voraussetzungen die anrechenbaren Kosten mehrerer Anlagen einer Anlagengruppe zusammenzufassen.

---

1 Amtliche Begründung S. 144.

4. Sachlicher Anwendungsbereich

Während § 10 diejenigen Fälle regelt, in denen mehrere Planungen für ein Objekt erbracht werden, betrifft § 11 Leistungen für mehrere Objekte. Die §§ 10 und 11 können nebeneinander anwendbar sein, wenn für mehrere Objekte mehrere Planungsleistungen erbracht werden. Beide Vorschriften sind Eckpfeiler für die Ermittlung des richtigen Mindest- und Höchstsatzes. § 11 Abs. 2, 3 gilt im Unterschied zu § 11 HOAI 2009 nicht mehr für alle Objekte, die in § 2 Abs. 1 aufgeführt sind, sondern nur für Gebäude, Ingenieurbauwerke, Verkehrsanlagen und Tragwerke. Die Honorarminderung des § 11 greift nur im Hinblick auf Grundleistungen nach den Anlagen 10 ff. ein, nicht jedoch bei Besonderen Leistungen. Die Honorarminderung für Wiederholungen galt nach der ursprünglichen Fassung des § 22 Abs. 2 HOAI 1977 auch für die Leistungsphase 9 (Objektbetreuung und Dokumentation). Seit dem 01.01.1985 musste hier jedoch ebenso wenig wie für die Objektüberwachung (Leistungsphase 8) eine Minderung vorgenommen werden. In der HOAI 2013 wurde erstmals auch die Leistungsphase 7 aus dem Anwendungsbereich des Wiederholungsfaktors nach § 11 Abs. 3 herausgenommen. Dieser gilt nunmehr nur für die Leistungsphasen 1–6. Für die Anwendung des § 11 ist es unerheblich, ob ein Neubau, Umbau, eine Modernisierung oder Instandhaltung bzw. Instandsetzung Gegenstand der Tätigkeit sind.[2] Dies ergibt sich trotz des Wortlauts »errichtet werden sollen« (Abs. 2, 3) daraus, dass auch im Rahmen einer Altbausanierung mehrere Einzelobjekte vorliegen können und die Rechtsprechung auch hier »neu errichtete Objekte« angenommen hat. 9

5. Honorare bei mehreren Aufträgen und bei mehreren Auftraggebern

Hinsichtlich der Anzahl von Auftraggebern, Aufträgen und Objekten sind folgende Fälle zu unterscheiden: 10

a) Erteilt **ein** Auftraggeber **einen** Auftrag betreffend mehrere Objekte (z. B. Gebäude), so ist zunächst zu prüfen, ob die Voraussetzungen des Absatzes, 2, 3 oder 4 vorliegen. Sind diese Voraussetzungen gegeben, ist im Falle des Abs. 2 das Honorar nach der Summe der anrechenbaren Kosten zu berechnen. Sonst tritt im Falle der Abs. 3 und 4 eine Honorarminderung bei getrennter Abrechnung ein. Liegen die Voraussetzungen dieser Absätze nicht vor, so ist nach Absatz 1 eine getrennte Honorierung für jedes einzelne Objekt nach den jeweils anrechenbaren Kosten und der betreffenden Honorarzone vorzunehmen. 11

b) Werden **mehrere Aufträge von einem Auftraggeber** bezüglich mehrerer Objekte erteilt, so ist zu prüfen, ob die Voraussetzungen des Absatzes 4 vorliegen. Bejahendenfalls ist das Honorar nach Absatz 3 zu mindern. Anderenfalls kann der Auftragnehmer getrennte Honorare berechnen. Die Absätze 1–3 sind nicht anwendbar, weil hierfür Voraussetzung wäre, dass lediglich ein Auftrag erteilt worden ist. Obwohl Absatz 1 nicht heranzuziehen ist, kann der Auftragnehmer hier getrennte Honorare in Rechnung stellen, da er verschiedene selbständige Aufträge erhalten hat.[3] 12

---

2 *Meurer* in KMV, § 11 Rn. 5.
3 Ebenso *Weyer* BauR 1982, 519 [520 f.].

§ 11 HOAI Auftrag für mehrere Objekte

13 c) **Erhält der Auftragnehmer einen Auftrag von mehreren Auftraggebern**, so steht ihm lediglich das einfache Honorar zu. Haben sich mehrere Auftraggeber verpflichtet, so haften sie als Gesamtschuldner auf die volle Honorarsumme (§ 427 BGB). Eine besondere Regelung für diese Fälle war nicht erforderlich, da es sich lediglich um einen Auftrag handelt, weshalb die unter a) genannten Grundsätze gelten, wenn der Auftrag mehrere Gebäude betrifft.

14 d) Werden dagegen **mehrere Aufträge von mehreren Auftraggebern** über mehrere Objekte erteilt, sah § 22 Abs. 3 HOAI 2002 ebenfalls eine Honorarminderung vor. Diese ist in § 11 entfallen. Der Auftragnehmer kann in diesem Fall nach § 11 Abs. 1 getrennte Honorare für jeden einzelnen der Aufträge beanspruchen.

6. Regelungsgehalt, Mindestpreischarakter, anrechenbare Kosten

15 **Absatz 1** stellt den **Grundsatz** auf, dass bei einem Auftrag für mehrere Objekte ein **Honorar für jedes Objekt getrennt** berechnet werden kann. Die Absätze 2 bis 4 stellen demgegenüber Ausnahmeregelungen dar. Liegen die Voraussetzungen der Absätze 2 bis 4 bei mehreren Objekten nicht vor, so kann der Auftragnehmer stets für jedes Objekt ein getrenntes Honorar ohne eine Honorarminderung in Ansatz bringen. Nach der gesetzlichen Bestimmung ist die getrennte Honorierung sonach die Regel und eine Minderung nach Absatz 2 bis Absatz 4 die Ausnahme. Dies bedeutet, dass der Auftraggeber die Beweislast für das Vorliegen der Voraussetzungen für eine Honorarminderung nach Absatz 2 bis Absatz 4 hat, sofern er sich auf diese Vorschriften beruft.[4] Absatz 1 ist ein Eckpfeiler für die Ermittlung des richtigen **Mindestsatzes** nach der HOAI (vgl. § 7 Rdn. 95 ff.). Durch die bloße Bezeichnung von 5 Reihenhäusern als »Neubau eines Wohngebäudes« und Vereinbarung eines einheitlichen Honorars aus den gesamten anrechenbaren Kosten der 5 Objekte anstelle einer getrennten Honorarberechnung für jedes Gebäude lässt sich der Mindestpreischarakter nicht umgehen.[5] Allgemein verstößt die Zusammenfassung mehrerer Objekte zu einem Objekt gegen den Mindestpreischarakter, sofern die einzelnen Objekte sich mit ihren anrechenbaren Kosten im Rahmen der Honorartafeln halten.[6] Dabei ist aber zu beachten, dass eine isolierte Prüfung alleine, ob durch die HOAI-widrige Zusammenfassung der Objekte eine Mindestsatzunterschreitung vorliegt, unzulässig ist. Vielmehr ist auf eine Abrechnung des Gesamthonorars abzustellen, in die die Berechnung nach § 11 einfließt (vgl. § 7 Rdn. 102). Als **anrechenbare Kosten** können bei einer getrennten Abrechnung nach § 11 Abs. 1 nur diejenigen für die Abrechnung zugrunde gelegt werden, die für jedes einzelne Objekt ermittelt wurden.[7] Dies gilt auch für eine Überprüfung, ob die anrechenbaren Kosten über den Tafelwerten liegen. Eine nachträgliche Aufteilung von fälschlicherweise für mehrere Objekte zusammen ermittelten Kosten auf einzelne Objekte ist dafür nicht ausreichend.

---

4 *Weyer* BauR 1982, 519 [520 f.]; *Meurer* in KMV, § 11 Rn. 5.
5 OLG Düsseldorf NJW-RR 1995, 1361, auch zur Festlegung der anrechenbaren Kosten für die einzelnen Häuser.
6 Ebenso für die Zusammenfassung verschiedener Objekte BGH BauR 1991, 638 und BGH BauR 2004, 1963 = NZBau 2004, 680; vgl. § 7 Rdn. 101.
7 BGH BauR 2000, 1513.

7. Begriff »mehrere Objekte insbesondere Gebäude«

Soweit mehrere **verschiedenartige Objekte** vorliegen (zum Objektbegriff vgl. § 2 Abs. 1), sind diese selbstständig abzurechnen (z. B. Freianlagen, Ingenieurbauwerke und Gebäude).[8] Daran hat sich durch die 7. HOAI-Novelle nichts geändert, obwohl § 11 Abs. 2–4 nach seinem Wortlaut auch auf verschiedenartige Objekte (z. B. Gebäude und Ingenieurbauwerke) anwendbar sein könnte. Dies scheitert aber schon daran, dass verschiedenartige Objekte niemals »vergleichbar« sind und »weitgehend gleichartige Planungsbedingungen« aufweisen (§ 11 Abs. 2) oder gar »im Wesentlichen gleich« (§ 11 Abs. 3) sein können. Eine einheitliche Abrechnung scheitert auch daran, dass für verschiedenartige Objekte unterschiedliche Honorartafeln gelten. Nach welcher Honorartafel soll dann etwa im Falle des § 11 Abs. 2 abgerechnet werden?

16

Darüber hinaus besteht die **Abgrenzungsfrage**, wann von **mehreren Objekten** gesprochen werden kann und wann es sich noch um ein **einheitliches Objekt** – etwa ein Gebäude – handelt, mit der Folge, dass ein Honorar aus den gesamten anrechenbaren Kosten zu berechnen wäre. Für die Abgrenzung kommt es entscheidend darauf an, ob die Bauteile nach **konstruktiven und funktionalen Kriterien** zu einer Einheit zusammengefasst sind.[9] **Vorrangig** kommt es für die Einordnung auf die **konstruktive Selbständigkeit** an.[10] Befindet sich zwischen den Gebäuden ein Zwischenraum, so ist immer von mehreren Gebäuden auszugehen.[11] Umgekehrt macht eine gemeinsame Wand die Gebäude noch nicht zu einem Objekt. Vielmehr deutet gerade das Vorhandensein von Brandmauern darauf hin, dass es sich um mehrere Objekte handelt[12]. Die **funktionale Selbständigkeit** ist vielfach von der konkreten Nutzung abhängig und deshalb nur bei Zweifeln über die konstruktive Selbständigkeit als zusätzliches Abgrenzungsmerkmal von Bedeutung[13].

17

---

8 So mit Recht BGH BauR 2004, 1963 [1968] = NZBau 2004, 680 für Ingenieurbauwerke einerseits und Verkehrsanlagen andererseits; ebenso *Koeble/Zahn*, B Rn. 144.
9 BGH BauR 2005, 735 [739] = NZBau 2005, 285; BGH BauR 2012, 829 = NJW 2012, 1792 m. Anm. *Preussner* = NZBau 2012, 298 = Analyse *Koeble* auf www.jurion.de/Modul Werner Baurecht; OLG Düsseldorf BauR 2007, 1270; vgl. zu Einzelfällen OLG Hamm NJW-RR 1990, 522; OLG München BauR 1991, 650 = SFH Nr. 2 zu § 22 HOAI 2002; OLG Düsseldorf NJW-RR 1996, 535; BauR 2007, 1270; OLG Rostock NZBau 2000, 391; KG NZBau 2003, 46 für den Gebäudebegriff und zur Frage konstruktiv verschiedener Tragwerke nach § 66 Abs. 1 HOAI 2002; vgl. zum Ganzen *Morlock*, FS Koeble, S. 407, 411; *Steffen/Averhaus* NZBau 2012, 417; *Pauly* BauR 1997, 928; *Seifert* BauR 2000, 801.
10 BGH BauR 2012, 829 = NJW 2012, 1792 m. Anm. *Preussner* = Analyse *Koeble* auf www.jurion.de/Modul Werner Baurecht; *Meurer* in KMV, § 1 Rn. 11; *Hennig* in MNP, § 11 Rn. 45.
11 BGH BauR 2012, 829 = NJW 2012, 1792 m. Anm. *Preussner;* OLG München BauR 1991, 650; OLG Brandenburg BauR 2008, 118, 120; *Seifert* BauR 2000, 801; *Steffen/Averhaus* NZBau 2012, 417.
12 *Seifert/Berger* in FBS, § 11 Rn. 25.
13 OLG Celle Beschl. v. 12.05.2016 – 13 Verg 10/15 = IBRRS 2016, 1445.

18 Die **konstruktive Selbständigkeit** ohne räumliche Trennung – etwa bei einem Doppelhaus – ist anhand verschiedener Faktoren in einer Gesamtschau zu beurteilen. In diesem Zusammenhang kann auch zu berücksichtigen sein, ob gemeinsame Versorgungsanlagen, über die gemeinsame Trennwand hinausgehende gemeinschaftliche Bauteile oder eine sonstige konstruktive Verbundenheit vorliegen. So hat das OLG Hamm[14] in der Gesamtschau zutreffend nur ein Gebäude angenommen, wenn keine gesonderten Haustrennwände vorhanden sind und neben der konstruktiven auch die funktionelle Selbständigkeit fehlt, weil nur eine Heizung, eine Schornsteinanlage und ein übergreifender Bodenraum da sind. Alleine das Vorliegen gemeinsamer Technik – wie z. B. Heizung, EDV-Anlage, Haustechnik – steht der Annahme mehrerer Gebäude nicht entgegen, wenn es sich um getrennte Baukörper mit konstruktiver Selbständigkeit und selbständiger Erschließung handelt.[15] Ebenso wenig hindert eine gemeinsame Zentrale, die Versorgungs- und Entsorgungsanlagen von einzelnen Gebäuden speist, die Einordnung in selbstständige Gebäude.[16] Dies ergibt sich auch daraus, dass der Architekt für die Planung der Technischen Ausrüstung nicht zuständig ist. Nach § 54 Abs. 2 kann sich eine Anlage der Technischen Ausrüstung über mehrere Gebäude erstrecken. Insoweit ist die Frage, ob mehrere Anlagen oder mehrere Gebäude vorliegen, unterschiedlich zu beantworten.[17]

19 Allenfalls ein erster Anhaltspunkt kann darin bestehen, dass getrennte Grundbücher vorhanden sind. Allein ausschlaggebend für die Annahme mehrerer Gebäude kann dies jedoch nicht sein, weil grundbuchrechtlich lediglich Grundstücke erfasst werden und ein einheitliches Gebäude sich auf mehreren Grundstücken befinden kann. Umgekehrt ist es denkbar, dass auf einem Grundstück mehrere selbständige Gebäude errichtet werden. Ohne Bedeutung für die Abgrenzung ist es, ob mehrere Entwurfsplanungen notwendig sind. Die Absätze 2 bis 4 betreffen gerade auch diejenigen Fälle, in denen mehrere Objekte aufgrund der gleichen Entwurfsplanung ausgeführt werden. Treffen verschiedene Merkmale zusammen, wie Verbindung der einzelnen Etagen über ein Treppenhaus und gemeinsame Heizung sowie Strom- und Wasseranlage, so spricht dies für ein Objekt.[18] Ein Umbau, kombiniert mit einem Anbau, betrifft im Regelfall ein Objekt (Gebäude) und nicht mehrere.[19] Gegen die Annahme mehrerer Objekte (Gebäude) spricht es noch nicht, wenn diese auf einer einheitlichen Bodenplatte errichtet und durch eine gemeinsame Tiefgarage verbunden sind;[20] ebenso OLG Düsseldorf[21] für mehrere funktional und konstruktiv getrennte Baukörper, die durch Verbin-

---

14 NJW-RR 1990, 522.
15 OLG Jena BauR 2005, 1070 = IBR 2005, 265; *Seifert/Berger* in FBS, § 11 Rn. 31, die unzutreffend davon ausgehen, dass die gegenteilige Auffassung vertreten wird.
16 OLG Düsseldorf BauR 2009, 1929.
17 BGH BauR 2002, 817 = NZBau 2002, 278.
18 OLG Köln, BauR 1980, 282.
19 Vgl. OLG Düsseldorf BauR 1996, 289 = NJW-RR 1996, 535; OLG Rostock NJW-RR 2000, 1040.
20 KG NZBau 2003, 46.
21 BauR 2007, 1270 = BauR 2009, 1929.

dungsgänge sowie eine gemeinsame Tiefgarage miteinander verbunden sind, selbst wenn deren Versorgungsanlagen von einer gemeinsamen Zentrale gespeist werden.

▶ **Beispiele für mehrere Objekte (Gebäude):** 20

Ein Schulkomplex, der in mehrere Einzelgebäude aufgegliedert ist, wie z. B. Turnhalle, Gebäude für Hausmeister und Einzelgebäude mit Klassenräumen; eine Fabrikanlage, die z. B. aus Fabrikhallen und Verwaltungsgebäude besteht; eine Gebäudegruppe aus zwei mehrgeschossigen Klassentrakten mit dazwischen liegendem Verbindungsbau, und zwar unabhängig davon, ob die Klassentrakte jeweils nur über den Verbindungsbau zu erreichen sind.[22] Räumlich getrennte Garagen sind selbständig abzurechnen. Gleiches gilt auch für **Tiefgaragen**, soweit sie nicht ausschließlich mit einem Gebäude als Unterkellerung konstruktiv verbunden sind.[23] Tiefgaragen sind vom Grundsatz her ohnehin als selbständige Objekte – nämlich als Ingenieurbauwerk nach Teil 3 (§§ 40 ff.) – neben Gebäuden abzurechnen.

Ohne Bedeutung für die Abgrenzung ist der Gesichtspunkt, ob die »mehreren Bauwerke« voneinander getrennt werden können, ohne dass das stehen bleibende Gebäude zum Teil mit zerstört oder in seinem Wesen verändert würde. Es kann sich nämlich durchaus um mehrere selbständige Funktionseinheiten handeln, auch wenn eine gemeinsame Trennwand oder ein gemeinsamer Zugang vorhanden ist.[24] Für mehrere Objekte (Gebäude) kann es dagegen sprechen, wenn **verschiedene Nutzungsarten** gegeben sind und diese selbständig betrieben werden können, wie Wohnräume im einen Teil und gewerbliche Räume im anderen Teil. Dabei kann es sich aber niemals um das alleinige, sondern nur um ein zusätzliches Abgrenzungsmerkmal handeln, weil auch ein eindeutig konstruktiv selbständiges Gebäude, welches z. B. durch einen Zwischenraum getrennt ist, unterschiedliche Nutzungsarten aufweisen kann.[25] In das Gebäude einbezogene Garagen, die in konstruktivem Zusammenhang mit dem Gebäude stehen oder Teil des Gebäudes sind, gehören somit zum Gebäude. Für Tiefgaragen gilt eine Besonderheit, weil diese – soweit sie nicht unter einem einzigen Gebäude liegt und eine konstruktive Einheit darstellt – ein von Gebäuden zu trennendes Ingenieurbauwerk darstellt (vgl. oben Rdn. 20). Das Vorhandensein eines Verbindungssystems oder eines Ganges zwischen zwei Bauteilen bedeutet nicht von vornherein, dass es sich um ein einheitliches Gebäude handelt. Maßgebend ist auch hier eine Gesamtwürdigung der vorstehend genannten Umstände. Weitere Gesichtspunkte können dabei ebenfalls mit zu berücksichtigen sein, z. B. ein einheitlicher Funktionsablauf, die Tatsa- 21

---

22 OLG Düsseldorf BauR 2007, 1270; *Seifert/Berger* in FBS, § 11 Rn. 29; a. A. *Löffelmann/Fleischmann*, Rn. 1096.
23 KG BauR 2002, 1730 = NZBau 2003, 46; OLG Düsseldorf BauR 2007, 1270 = BauR 2009, 1929; *Seifert* BauR 2000, 801; *Meurer* in KMV, § 11 Rn. 14; *Seifert/Berger* in FBS, § 11 Rn. 26.
24 A. A. *Neuenfeld*, § 22 Rn. 2, der damit jedoch den Begriff der selbständigen Einheit überspannt.
25 OLG Düsseldorf BauR 2007, 1270 = BauR 2009, 1929; *Beigel* DAB 1980, 722; *Meurer* in KMV, § 11 Rn. 14.

§ 11 HOAI Auftrag für mehrere Objekte

che, ob mehrere Verträge abgeschlossen sind und sonstige Umstände.[26] Die Abwägung der gesamten Umstände führt dann zu einem Ergebnis, das nicht vom Sachverständigen, sondern als Rechtsfrage vom Juristen festzulegen ist.

22 Probleme treten auch bei der **Abgrenzung des Objekts** »**Innenräume**« auf und damit bei der Frage, wann mehrere Innenräume i. S. d. § 11 Abs. 1 vorliegen, zumal die in § 34 Abs. 2 enthaltene Begriffsbestimmung die Grenzen des Objekts »Innenräume« nicht definiert.

▸ **Beispiel:**

Ein Hotel weist 200 Standardzimmer, 100 De-Luxe-Zimmer und 20 Suiten nebst einem Speisesaal und Seminarräumen auf. Für alle diese Räume werden Leistungen des Raumbildenden Ausbaus erbracht.

Nachdem in § 37 Abs. 2 HOAI 2013 für einen kombinierten Auftrag sowohl mit Leistungen für Gebäude als auch für Innenräume wieder eine Addition der anrechenbaren Kosten für beide Objekte eingeführt wurde, kommt dieser Frage zunächst nur für den Fall Bedeutung zu, dass der Planer ausschließlich mit Leistungen für Innenräume beauftragt wurde. In der Regelung des § 37 Abs. 2 könnte ein Hinweis für einen gebäudebezogenen Objektbegriff der Innenräume gesehen werden. Es ist nicht fernliegend, dass alle Leistungen für Innenräume in einem Gebäude einheitlich abzurechnen sind, weil bei einer kombinierten Beauftragung mit Grundleistungen bei Gebäuden die anrechenbaren Kosten für sämtliche Innenräume eines Gebäudes zu den anrechenbaren Kosten der Gebäudeplanung zu addieren sind. Deshalb ist es schwer verständlich, weshalb eine Addition aller anrechenbaren Kosten für Innenräume in einem Gebäude dann nicht erfolgen soll, wenn einem Innenarchitekten nur Leistungen für Innenräume und nicht auch für die Gebäudeplanung übertragen werden. Diese Auffassung steht zunächst im Widerspruch zu der Objektliste Innenräume in der Anlage 10.3, welche aber nicht unmittelbar die Frage betrifft, wie das Objekt »Innenräume« zu bestimmen ist. Diese Objektliste ist nicht auf Gebäude, sondern auf Räume bezogen, so dass ein Gebäude mehrere »Objekte« Innenräume enthalten kann. Auch die Begriffsbestimmung »Innenräume« des § 34 Abs. 2 stellt nicht auf Gebäude ab. Ebenso wenig ist an einer anderen Stelle der HOAI eine Verknüpfung des Objekts »Innenräume« mit dem Gebäude ersichtlich.

23 Klar ist zunächst, dass bei dem Objektbegriff für Innenräume nicht auf einzelne Räume abgestellt werden kann, weil sonst Leistungen für Innenräume in zahlreiche Objekte aufgesplittert würden (im Beispielsfall in 323 Objekte). Eine derartige raumbezogene Objektbestimmung würde auch dazu führen, dass die HOAI weitgehend unanwendbar wäre, weil die anrechenbaren Kosten für nahezu jedes Objekt im Regelfall unter 25.000 € liegen würden. Es ist vielmehr davon auszugehen, dass bei der Bestimmung des Objektbegriffs für Innenräume darauf abzustellen ist, ob die Räume bzw. Raumgruppen eine funktionale Einheit darstellen und ihnen somit dieselbe Funktion zu-

---

26 Vgl. z. B. OLG Rostock NZBau 2000, 391 zur gleichzeitigen Nutzung neben anderen Gesichtspunkten.

kommt.[27] Dies gilt etwa für alle Hotelzimmer und Suiten (Funktion »Schlafen und Aufenthalt«), während dem Speisesaal und den Seminarräumen eine jeweils selbständige Funktion zukommt, so dass diese ein eigenständiges Objekt der Innenräume darstellen. Dabei kommt es für die Zuordnung zu einem oder mehreren Objekten nicht darauf an, ob die Räume in dieselbe Honorarzone fallen,[28] weil Teile eines Objekts durchaus eine unterschiedliche Honorarzone aufweisen können. Außerdem kann es für die Frage, ob die verschiedenen Innenräume – z. B. die unterschiedlichen Kategorien der Hotelzimmer – ein oder mehrere Objekte darstellen, nicht darauf ankommen, ob diese zufällig dieselbe Honorarzone aufweisen. Der Objektbegriff kann somit für Innenräume in Anlehnung an *Fischer/Krüger*[29] folgendermaßen bestimmt werden: Objekte der Innenraumplanung sind zusammengehörige, gemeinschaftlich geplante und genutzte Bereiche oder Raumgruppen.

Zum Begriff »mehrere Objekte« bei **Freianlagen** vgl. § 39 Rdn. 8 und bei Anlagen der **Technischen Ausrüstung** vgl. § 54 Rdn. 14 ff.

8. Die Regelung des Abs. 2

§ 22 HOAI 2002 kannte bei Wiederholungsleistungen nur eine Honorarminderung über den nunmehr in § 11 Abs. 3 geregelten Wiederholungsfaktor für einen Auftrag über mehrere gleiche, spiegelgleiche oder im Wesentlichen gleichartige Gebäude. Umfasste eine Mehrfachbeauftragung zwar weitgehend vergleichbare Gebäude, die aber die hohen Tatbestandsvoraussetzungen des § 22 Abs. 2 HOAI 2002 für im Wesentlichen gleichartige Gebäude nicht ganz erfüllt hatten, entfiel eine Honorarminderung vollständig. Der Auftragnehmer konnte dann das Honorar für jedes einzelne Gebäude getrennt auf der Grundlage der vollen anrechenbaren Kosten abrechnen. Dasselbe galt für Ingenieurbauwerke, Verkehrsanlagen sowie Anlagen der Technischen Ausrüstung. Lediglich § 66 Abs. 2 HOAI 2002 enthielt für die Tragwerksplanung eine Ausnahmevorschrift, wonach bei konstruktiv weitgehend vergleichbaren Tragwerken derselben Honorarzone die anrechenbaren Kosten der Tragwerke zur Honorarberechnung zusammenzufassen waren. Der Verordnungsgeber hielt es in der HOAI 2009 für angemessen, diese bislang nur für die Tragwerksplanung geltende Regelung auf die Mehrfachbeauftragung auch bei den Objekten Ingenieurwerke und Verkehrsanlagen sowie Tragwerke zu erstrecken, wobei die Anwendung bei verschiedenartigen Objekten ausgeschlossen ist (vgl. Rdn. 16). Aus diesem Grund wurde § 11 Abs. 1 S. 2 HOAI 2009 neu eingefügt und nunmehr in § 11 Abs. 2 mit einigen Modifizierungen übernommen. 24

Nach ihrem Wortlaut waren die Tatbestandsvoraussetzungen des § 11 Abs. 1 S. 2 HOAI 2009 und des Abs. 2 weitgehend deckungsgleich. Dagegen waren die Rechtsfolgen völlig unterschiedlich. Während nach § 11 Abs. 1 S. 2 HOAI 2009 mehrere Objekte mit weitgehend vergleichbaren Objektbedingungen derselben Honorarzone, die im zeitlichen und örtlichen Zusammenhang als Teil einer Gesamtmaßnahme geplant, 25

---

27 *Seifert/Berger* in FBS, § 11 Rn. 34.
28 A. A. *Fischer/Krüger* BauR 2013, 1176, 1181.
29 BauR 2013, 1176, 1181; ebenso *Seifert/Berger* in FBS, § 11 Rn. 34.

§ 11 HOAI Auftrag für mehrere Objekte

betrieben und genutzt werden, vorliegen mussten, hatte § 11 Abs. 2 HOAI 2009 das Honorar für im Wesentlichen gleichartige Objekte geregelt, die im zeitlichen oder örtlichen Zusammenhang unter gleichen baulichen Verhältnissen geplant und errichtet werden. Es hatte sich somit die Frage nach dem Verhältnis von § 11 Abs. 1 S. 2 zu Abs. 2 HOAI 2009 und nach einer sinnvollen Abgrenzung der beiden Vorschriften gestellt. Außerdem waren die Tatbestandsvoraussetzungen und damit der Anwendungsbereich des § 11 Abs. 1 S. 2 HOAI 2009 weitgehend unklar. Der Verordnungsgeber hat nunmehr diese Problematik erkannt und in der HOAI 2013 den Versuch unternommen, die Abgrenzung durch die Verwendung von anderen Begriffen zu erleichtern und den Inhalt der Regelung zu präzisieren.

26 Zur Begründung für die Einführung des § 11 Abs. 1 S. 2 HOAI 2009 hatte der Verordnungsgeber auf den Statusbericht 2000plus verwiesen. Darin wird – allerdings noch für die Objektplanung (§ 22 HOAI 2002) – eine dem § 66 Abs. 2 HOAI 2002 entsprechende Regelung vorgeschlagen.[30] Danach sollen die anrechenbaren Kosten für Gebäude, die zwar im Wesentlichen gleichartig sind, aber trotzdem nicht die strengen Tatbestandsvoraussetzungen des § 22 Abs. 2 HOAI 2002 (§ 11 Abs. 3) erfüllen, zusammengefasst werden. In diesem Fall soll dem Planer ein Honorar zustehen, welches der Höhe nach unter einer getrennten Honorarberechnung für jedes einzelne Gebäude und über einer Berechnung nach dem Wiederholungsfaktor nach § 11 Abs. 3 liegt. Dies wird an einem Beispiel erläutert, wonach eine Siedlungsanlage mit 10 Wiederholungen geplant wird, die nicht ganz die Tatbestandsvoraussetzungen des § 22 Abs. 2 HOAI 2002 (§ 11 Abs. 3) erfüllen. In diesem Fall erhielt der Planer früher das volle Honorar für jedes einzelne Gebäude, während sich seine Vergütung bei Anwendung des Wiederholungsfaktors auf 49 % reduziert hätte. Nach der Regelung des § 11 Abs. 2 ergibt sich in diesen Fällen ein Mittelwert. Das Honorar wird auf 69 % reduziert. § 11 Abs. 2 führt somit im Vergleich mit der früheren Regelung des § 22 HOAI 2002 zu einer Honorarreduzierung, welche vom Verordnungsgeber erkannt und beabsichtigt wurde.

27 Daraus folgt, dass § 11 Abs. 3 engere Tatbestandsvoraussetzungen als § 11 Abs. 2 enthält. Werden Erstere erfüllt, geht Abs. 3 der Regelung des Abs. 2 vor. Die Honorarreduzierung erfolgt dann nach dem Wiederholungsfaktor und nicht durch eine Addition der anrechenbaren Kosten für jedes Objekt. Dagegen ist Abs. 2 erst dann anwendbar, wenn die Voraussetzungen des Abs. 3 nicht vorliegen. Damit verschiebt sich das Abgrenzungsproblem aber nur auf das Verhältnis zu Abs. 1. Es stellt sich somit die Frage, wie lange eine Honorarreduzierung durch die Addition der anrechenbaren Kosten nach Abs. 2 zu erfolgen hat und ab welchem Punkt der Planer für jedes einzelne Objekt im Falle einer Mehrfachbeauftragung eine getrennte Abrechnung auf der Grundlage der vollen anrechenbaren Kosten nach Abs. 1 vornehmen kann. Die Anwendung des § 11 Abs. 2 HOAI erfordert das kumulative Vorliegen folgender fünf Voraussetzungen:
– mehrere vergleichbare Gebäude, Ingenieurbauwerke, Verkehrsanlagen und Tragwerke

---

30 Kap. 10 S. 39 ff.

- weitgehend gleichartige Planungsbedingungen
- die derselben Honorarzone zuzuordnen sind
- zeitlicher und örtlicher Zusammenhang
- Planung und Errichtung als Teil einer Gesamtmaßnahme.

Alle diese Tatbestandsvoraussetzungen werden eher selten kumulativ vorliegen, sodass § 11 Abs. 2 keine große Bedeutung zukommt[31]

Voraussetzung für eine Honorarreduzierung ist nach dem Wortlaut des Abs. 2 zunächst, dass der Auftrag mehrere vergleichbare Gebäude, Ingenieurbauwerke, Verkehrsanlagen oder Tragwerke betrifft. Im Gegensatz zu § 11 Abs. 1 S. 2 HOAI 2009 gilt die Honorarvorschrift somit nicht mehr für alle Objekte i. S. d. § 2 Abs. 1. Durch den Begriff »vergleichbare« wird klargestellt, dass die Regelung nicht auf verschiedenartige Objekte (z. B. Gebäude und Ingenieurbauwerke) anwendbar ist (vgl. Rdn. 16). 28

Die in § 11 Abs. 2 aufgeführten Objekte müssen außerdem **derselben Honorarzone** angehören. Weitere Voraussetzung ist, dass die Objekte in einem zeitlichen und örtlichen Zusammenhang als Teil einer Gesamtmaßnahme geplant und errichtet werden müssen. Im Gegensatz zu Abs. 3 muss also kumulativ sowohl ein zeitlicher als auch ein örtlicher Zusammenhang vorliegen (vgl. dazu Rdn. 39). 29

Unklar ist weiter, in welchem Umfang der weiteren Tatbestandsvoraussetzung, dass mehrere Objekte »als **Teil einer Gesamtmaßnahme** geplant und errichtet werden«, für die Anwendung des Abs. 2 und somit auch für die Abgrenzung zu Abs. 1 eine eigenständige Bedeutung zukommt. Diese ist deshalb gering, weil ein einheitlicher Auftrag über mehrere Objekte, die in einem örtlichen und zeitlichen Zusammenhang stehen, in aller Regel voraussetzt, dass diese zumindest auch Teil einer Gesamtmaßnahme sind. Sie sind dann häufig auch als Teil der Gesamtmaßnahme zu planen und zu errichten. Eine Gesamtmaßnahme setzt eine übergeordnete Planungskonzeption voraus, deren Bestandteil die unter Abs. 2 fallenden Objekte sind, wie etwa Reihenhaussiedlungen, Kasernenanlagen oder Studentenwohnanlagen.[32] Als Teil einer Gesamtmaßnahme können auch unterschiedliche Objekte wie z. B. Gebäude und Ingenieurbauwerke gelten. Trotzdem scheidet eine Addition der anrechenbaren Kosten aus, weil es sich nicht um vergleichbare Objekte mit weitgehend gleichartigen Planungsbedingungen handelt.[33] In jedem Fall erfordert Abs. 2 in zweifacher Hinsicht kumulative Tatbestandsvoraussetzungen. Zum einen muss das Objekt im **zeitlichen und örtlichen Zusammenhang** und zum anderen als **Teil einer Gesamtmaßnahme geplant und errichtet werden**. Im Unterschied zu § 11 Abs. 1 S. 2 HOAI 2009 kommt es also nur auf die Planungs- und Bauphase und nicht mehr auf den nachfolgenden Zeitraum des Betreibens und der Nutzung des Objekts an, weil dieser für den als Grund für die Honorarreduzierung geltenden Rationalisierungseffekt ohne Bedeutung ist. 30

---

31 *Simmendinger*, Jahrbuch BauR 2011, S. 269.
32 *Fischer/Krüger* BauR 2013, 1176, 1182.
33 *Hennig* in MNP § 11 Rn. 15; *Seifert/Berger* in FBS, § 11 Rn. 48.

§ 11 HOAI   Auftrag für mehrere Objekte

31 Das im Regelfall entscheidende Abgrenzungskriterium zu Abs. 1 besteht darin, dass die Objekte **vergleichbar** sein und **weitgehend gleichartige Planungsbedingungen** aufweisen müssen. Diese Formulierung weicht von derjenigen in § 11 Abs. 1 S. 2 HOAI 2009 ab, wonach die anrechenbaren Kosten bei Objekten mit weitgehend vergleichbaren Objektbedingungen zu addieren waren. Nach Auffassung des Verordnungsgebers soll die Neufassung der sprachlichen Präzisierung und der Abgrenzung zu Abs. 3 dienen.[34] Der Begriff »Planungsbedingungen« ist ebenso wie der nicht mehr verwendete Begriff »Objektbedingungen« in der HOAI 2009 völlig unbestimmt und in der HOAI an keiner anderen Stelle enthalten. Nach der amtlichen Begründung zur 7. HOAI-Novelle soll dadurch klargestellt werden, dass der Grund für die mit der Addition der anrechenbaren Kosten einhergehende Honorarreduzierung in dem geminderten Aufwand für den Planer liegt. Als Beispiele für Planungsbedingungen werden ausdrücklich Baugrund, Nutzungsart oder bauliche Gestaltung erwähnt, ohne dass eine Definition des Begriffs erfolgt. Nach der Amtlichen Begründung soll aber durch die Neufassung des § 11 Abs. 2 keine inhaltliche Änderung gegenüber § 11 Abs. 1 S. 2 HOAI 2009 erfolgt sein. Aus dem Statusbericht 2000plus, auf welchen die amtliche Begründung zur HOAI 2009 verweist, ist nur zu entnehmen, dass die Honorarregelung für im Wesentlichen gleichartige Objekte gelten soll, die nicht die Anforderungen des § 22 Abs. 2 HOAI 2002 (§ 11 Abs. 3) erfüllen. Diese Begründung ist wenig weiterführend, weil das Vorliegen von »im Wesentlichen gleichartigen Objekten« in § 11 Abs. 3 (§ 22 Abs. 2 HOAI 2002) zur Anwendung des Wiederholungsfaktors führt, wenn außerdem gleiche bauliche Verhältnisse vorliegen (vgl. dazu Rdn. 35 ff.). Bauliche Verhältnisse sind aber meist Bestandteil der Planungsbedingungen, weil in beiden Fällen Umstände zu berücksichtigen sind, welche die Planungsleistungen betreffen. Dies gilt etwa für verschiedenartige Gründungen infolge von unterschiedlichen Bodenverhältnissen. Dann liegen weder gleiche bauliche Verhältnisse noch im Wesentlichen vergleichbare Objektbedingungen vor. Aufgrund der gegenseitigen Beeinflussung von baulichen Verhältnissen und Planungsbedingungen ist eine Abgrenzung zwischen äußeren das Objekt beeinflussenden Umständen (Planungs- bzw. Objektbedingungen nach § 11 Abs. 1 S. 2 HOAI 2009) und der Planung selbst (Objekt)[35] ungeeignet. Außerdem ist aus der amtlichen Begründung zu entnehmen, dass unter den Begriff »Planungsbedingungen« auch die bauliche Gestaltung und somit nicht nur das Objekt beeinflussende äußere Umstände fallen sollen.

▶ **Beispiel:**

Im Rahmen der Bebauung eines Neubaugebiets werden zeitgleich ein Wohngebäude mit einem Satteldach und ein Wohngebäude mit einem Flachdach nebeneinander errichtet. Beide Gebäude gehören derselben Honorarzone an und weisen unterschiedliche Grundrisse auf. Die äußeren Einflüsse auf die beiden Baufelder sind identisch (Gründung, Erschließung etc.). Trotzdem kommt hier § 11

---

34 Amtliche Begründung S. 104; vgl. dazu auch *Werner/Siegburg* BauR 2013, 1514.
35 So *Deckers* NZBau 2011, 390, 392; *Steeger/Randhahn*, § 11 Rn. 12.

Abs. 2 HOAI nicht zur Anwendung, weil keine gleichartigen Planungsbedingungen vorliegen.

Nachdem der Verordnungsgeber den Inhalt des § 11 Abs. 2 zur sprachlichen Präzisierung und klareren Abgrenzung zu Absatz 3 neu gefasst hat, ohne damit eine inhaltliche Änderung vornehmen zu wollen, sind die Tatbestandsmerkmale »vergleichbare Gebäude ... mit weitgehend gleichartigen Planungsbedingungen, die derselben Honorarzone angehören« nicht isoliert, sondern im Zusammenhang zu sehen. Durch die Neuformulierung wird zunächst klargestellt, dass die in § 11 Abs. 2 aufgeführten Objekte und nicht die Planungsbedingungen derselben Honorarzone angehören müssen.[36] Der Einordnung in dieselbe Honorarzone kommt keine große Bedeutung zu, weil Objekte mit verschiedenen Honorarzonen im Regelfall nicht vergleichbar sind und keine weitgehend gleichartigen Planungsbedingungen aufweisen. Dann ist schon aus diesem Grund keine Honorarminderung vorzunehmen.

Der Begriff »Planungsbedingungen« ist auch nicht mit dem für die Einordnung in die Honorarzone nach § 5 Abs. 1 maßgeblichen Begriff »Planungsanforderungen« identisch. Die Planungsbedingungen können auch nicht einfach aus den Bewertungsmerkmalen entnommen werden, welche für die Zuordnung zu den Honorarzonen maßgeblich sind – etwa in § 34 Abs. 2, 3 –, weil eine Einordnung in dieselbe Honorarzone und somit eine Berücksichtigung der Bewertungsmerkmale eine weitere Voraussetzung für die Anwendung von Abs. 2 darstellt. Trotzdem ist nicht zu verkennen, dass sich die Planungsbedingungen – etwa der Baugrund – in den Planungsanforderungen und diese wiederum in den Bewertungsmerkmalen für die Einordnung in die Honorarzone wiederfinden können, so dass die objektspezifischen Bewertungsmerkmale in solchen Fällen weitgehend gleichartig sein müssen.[37] Dies ist aber nicht zwingend, wie sich aus den in der Amtlichen Begründung für eine Planungsbedingung enthaltenen Beispielen der baulichen Gestaltung oder der Nutzungsart ergibt[38]. Bei diesen Beispielen können die Bewertungsmerkmale weitgehend gleichartig sein, ohne dass § 11 Abs. 2 eingreift. Auch eine identische Punktebewertung führt nicht zwangsläufig zu weitgehend gleichartigen Planungsbedingungen, sodass auch dieses Kriterium für eine Abgrenzung nicht maßgeblich sein kann. Wären in dem obigen Beispielsfall für beide Gebäude auch die Punktebewertungen für die einzelnen Bewertungsmerkmale zufällig identisch, würden trotzdem keine weitgehend gleichartigen Planungsbedingungen vorliegen.

Es muss deshalb akzeptiert werden, dass es keine exakte Definition gibt, unter die der Begriff »weitgehend gleichartige Planungsbedingungen« zu subsumieren ist, zumal der Begriff nach dem in der Amtlichen Begründung wiedergegebenen Willen des Verordnungsgebers nicht isoliert von einem zweiten unbestimmten Rechtsbegriff »vergleichbare Gebäude ...« zu sehen ist. Damit für Abs. 2 überhaupt ein Anwendungsbereich besteht, muss der Begriff weiter als die Tatbestandsvoraussetzungen des Abs. 3 (»im Wesentlichen gleiche Gebäude ... unter gleichen baulichen Verhältnissen«) gefasst wer-

---

36 So zur HOAI 2009 KMV, 8. Aufl. § 11 Rn. 25.
37 *Seifert/Berger* in FBS, § 11 Rn. 47; a. A. wohl *Meurer* in KMV, § 11 Rn. 25.
38 A. A. *Seifert/Berger* in FBS, § 11 Rn. 47.

den. Dabei ist von der Regelung des § 66 Abs. 2 HOAI 2002 auszugehen, die nach dem Statusbericht 2000plus zunächst auch für den § 22 HOAI 2002 (Objektplanung) gelten sollte. § 66 Abs. 3 HOAI 2002 enthielt einen § 11 Abs. 3 vergleichbaren Wiederholungsfaktor für mehrere Gebäude mit konstruktiv gleichen Tragwerken. Dagegen galt § 66 Abs. 2 HOAI 2002 für mehrere Gebäude mit konstruktiv weitgehend vergleichbaren Tragwerken. Der Unterschied bestand also darin, dass nach § 66 Abs. 2 HOAI 2002 die Tragwerke nicht identisch, sondern nur weitgehend vergleichbar sein mussten. Überträgt man diese Differenzierung auf § 11 Abs. 2, so fallen unter diese Regelung Objekte, die zwar nicht im Wesentlichen gleich, aber doch im Wesentlichen vergleichbar sind. Dies bedeutet, dass nicht nur völlig nebensächliche und für die Konstruktion sowie die bauliche Gestaltung unerhebliche Veränderungen vorliegen dürfen. Dann gilt Abs. 3. Vielmehr müssen Konstruktion, die sonstige bauliche Gestaltung, die Nutzung und sonstige maßgebliche Faktoren nur im Wesentlichen vergleichbar sein. So ist etwa Abs. 2 anwendbar, wenn ein Gebäude im Unterschied zu den übrigen Gebäuden mit einem Erker versehen ist oder der Grundriss und die Raumaufteilung nicht nur völlig unwesentliche Unterschiede aufweisen. Abs. 2 ist aber dann nicht mehr anwendbar, wenn es an der Vergleichbarkeit der Gebäude (Objekte) fehlt. Werden dagegen in einem Rohrgraben sowohl ein Abwasserkanal als auch eine Trinkwasserleitung verlegt, liegen zwar dieselben baulichen Verhältnisse vor. Die Nutzungsart ist aber unterschiedlich. Ebenso sind für die Bemessung dieser Leitungen unterschiedliche Nachweise erforderlich, sodass die Planungsbedingungen nicht gleichartig sind und die Ingenieurbauwerke nach Abs. 1 abzurechnen sind.[39] Da es keine allgemein gültige Definition gibt, ist deshalb für die Anwendung des § 11 Abs. 2 jeweils im Einzelfall zu klären, ob weitgehend gleichartige Planungsbedingungen vorliegen und diese zu vergleichbaren Objekten führen. Dabei ist zum einen der von dem Verordnungsgeber beabsichtigte Zweck der Regelung, nämlich einer Honorarreduzierung für einen Rationalisierungseffekt zu berücksichtigen. Zum anderen darf nicht übersehen werden, dass Abs. 2 einen Ausnahmefall darstellt, welcher von der Regel des Abs. 1 abweicht und deshalb in Grenzfällen eine restriktive Auslegung vorzunehmen ist[40].

9. Die Regelung des Abs. 3

35 § 11 Abs. 3 entspricht weitgehend dem § 11 Abs. 2 HOAI 2009. Er legt fest, dass für eine »Wiederholung« lediglich ein vermindertes Honorar verlangt werden kann. Die Honorarreduzierung durch den Wiederholungsfaktor greift auch dann ein, wenn der Architekt nur einen Haustyp plant, der mehrfach gebaut wird. Für die Anwendung des § 11 Abs. 3 kommt es nämlich nicht darauf an, welche Anzahl von Plänen geliefert wird, sondern dass im Einzelfall die Typenplanungen für mehrere Gebäude entwickelt wurden. Gegenüber der bisherigen Fassung des § 11 Abs. 2 HOAI 2009 wurde der Begriff »im Wesentlichen gleichartige Objekte« durch »gleiche Gebäude . . .« ersetzt, ohne dass mit dem Begriff »gleiche« eine inhaltliche Änderung verbunden ist. Lediglich der umfassende Objektbegriff in der HOAI 2009 wurde ebenso wie in § 11 Abs. 2 durch

---

39 *Jochem/Kaufhold*, § 11 Rn. 10; *Seifert/Berger* in FBS, § 11 Rn. 50.
40 Zutreffend *Seifert/Berger* in FBS, § 11 Rn. 47.

die Einzelobjekte »Gebäude, Ingenieurbauwerke, Verkehrsanlagen oder Tragwerke« präzisiert. Dadurch werden gleichzeitig mehrere im Wesentlichen gleiche Innenräume von dem Anwendungsbereich des § 11 Abs. 3 ausgeschlossen. Diese sind somit jeweils getrennt zu 100 % abzurechnen[41].

Umfasst ein Auftrag mehrere Gebäude, Ingenieurbauwerke, Verkehrsanlagen oder Tragwerke, steht dem Auftragnehmer ein vermindertes Wiederholungshonorar nach Abs. 3 in folgenden Fällen zu: 36
1. bei »im Wesentlichen gleichen« Objekten, unter den weiteren Voraussetzungen, dass die Objekte sowohl im zeitlichen oder örtlichen Zusammenhang als auch unter gleichen baulichen Verhältnissen geplant und errichtet werden sollen;
2. bei »Objekten nach Typenplanung« und »Serienbauten«.

Es ist nicht erforderlich, dass die Objekte tatsächlich errichtet werden. Durch den Begriff »sollen« sind die Zweifel insoweit beseitigt. Von der Honorarminderung nicht betroffen sind die Leistungsphasen 8 (Objektüberwachung) und 9 (Objektbetreuung) sowie neu in der HOAI 2013 die Leistungsphase 7 (Mitwirkung bei der Vergabe), weil auch bei Wiederholungen insoweit vom Auftragnehmer die gleichen Leistungen erbracht werden müssen. Hier kann der Auftragnehmer für jedes Objekt das volle Honorar beanspruchen, und zwar auch dann, wenn ihm die übrigen Leistungsphasen zusätzlich übertragen sind.[42] Dies führt allerdings zu dem absurden Ergebnis, dass der Planer bei gleichen Objekten nach § 11 Abs. 3 für die Leistungsphasen 7, 8 und 9 ein höheres Honorar erhält, als bei vergleichbaren Objekten, die nur weitgehend gleichartige Planungsbedingungen nach § 11 Abs. 2 aufweisen und damit stärker voneinander abweichen. 37

Bei der Frage, ob die in Abs. 3 aufgeführten Objekte (insbesondere Gebäude) **im Wesentlichen gleich** sind, ist für Gebäude und Ingenieurbauwerke darauf abzustellen, ob Grundriss und Tragwerk in der Planung allenfalls unwesentlich voneinander verschieden sind.[43] In § 11 Abs. 3 wurde wieder der bereits in § 22 Abs. 2 HOAI 2002 enthaltene Begriff »gleiche Gebäude« eingeführt und durch die Worte »im Wesentlichen« etwas abgemindert, wobei jetzt noch »gleiche bauliche Verhältnisse« vorliegen müssen. Es ist deshalb davon auszugehen, dass die in § 22 Abs. 2 HOAI 2002 enthaltene Definition weiter gilt und die Objekte nach dem »im Wesentlichen« gleichen Entwurf ausgeführt werden müssen. »Im Wesentlichen gleiche Gebäude« liegen deshalb nur bei ganz nebensächlichen und für die Konstruktion sowie die sonstige bauliche Gestaltung unerheblichen Veränderungen vor.[44] Die Amtliche Begründung, nach der Gebäude im Wesentlichen gleich sein sollen, »wenn Grundriss und Tragwerk nicht wesentlich geändert sind«, ist für die Auslegung nicht maßgebend.[45] Die Gebäude sind nicht mehr im 38

---

41 *Seifert/Berger* in FBS, § 11 Rn. 71.
42 *Meurer* in KMV, § 11 Rn. 44; *Neuenfeld*, § 22 Rn. 8.
43 *Meurer* in KMV, § 11 Rn. 35; *Jochem/Kaufhold*, § 11 Rn. 15.
44 OLG Düsseldorf BauR 1983, 283 [284]; OLG Braunschweig BauR 2007, 903, 905; *Meurer* in KMV, § 11 Rn. 35; *Seifert/Berger* in FBS, § 11 Rn. 74; *Weyer* BauR 1982, 519 [522 f.]; *Pauly* BauR 1997, 928 [931].
45 So überzeugend *Weyer* BauR 1982, 519.

Wesentlichen gleich, wenn ein Gebäude mit einem Vorbau (Erker) versehen ist, dessen Grundfläche 2m × 4m beträgt und dieser vom Keller bis zum Dach durch sämtliche Geschosse geht.[46] Ebenso wenig sind zwei Gebäude im Wesentlichen gleich, wenn sie im Kellergeschoss und im Erdgeschoss spiegelgleich sind, im Dachgeschoss im einen Gebäude eine Wohnung, im anderen dagegen zwei Wohnungen geplant sind, wobei Letzteres wegen der zusätzlichen sanitären Einrichtungen die Räume unterschiedlich ausfallen lässt.[47] Dasselbe gilt für zwei Gebäude mit verschiedenem Eingang sowie unterschiedlicher Aufteilung der Kellerräume.[48] Nicht im Wesentlichen gleich sind auch Objekte mit anderer Gründung oder Gründungsart.

39 Das Objekt muss nicht auf demselben oder benachbarten Baugelände errichtet werden. Es reicht vielmehr ein **zeitlicher oder örtlicher Zusammenhang**. Im Unterschied zu Abs. 2 müssen diese Voraussetzungen nicht kumulativ, sondern nur alternativ vorliegen. Ein örtlicher Zusammenhang ist gegeben, wenn die betreffenden Objekte in der näheren Umgebung errichtet werden sollen, weil auch dann der mit dem Wiederholungsfaktor beabsichtigte Zweck einer Zeit- und somit Kostenersparnis erreicht wird.[49] Der örtliche Zusammenhang muss jedoch nicht in allen Fällen vorliegen, vielmehr genügt es, dass entweder ein örtlicher Zusammenhang oder aber ein zeitlicher Zusammenhang besteht.[50] Ein zeitlicher Zusammenhang ist dabei nicht gleichbedeutend mit der gleichzeitigen Errichtung. Vielmehr ist ein zeitlicher Zusammenhang auch dann gegeben, wenn sich die Ausführungszeit lediglich teilweise überschneidet.[51]

40 Der Begriff »**gleiche bauliche Verhältnisse**« ist unbestimmt. Aus der um die Worte »und errichtet« in § 11 Abs. 3 erweiterten Formulierung (»... unter gleichen baulichen Verhältnissen geplant und errichtet werden sollen«) ergibt sich, dass entgegen der früheren Regelung des § 22 Abs. 2 HOAI 2002 hier nicht nur Umstände zu berücksichtigen sind, die die Planungsleistungen des Auftragnehmers berühren[52] sondern auch Umstände, die die Ausführung betreffen, wie etwa, ob eines der Gebäude im Sommer und das andere im Winter errichtet wird, obwohl die Honorarminderung nur für Planungs- und Ausschreibungsleistungen (Leistungsphasen 1–6) und nicht für die Leistungen während der Ausführungsphase vorzunehmen ist. Ungleiche bauliche Verhältnisse liegen z. B. vor bei verschiedenartigen Gründungen infolge voneinander abweichender Bodenverhältnisse[53] oder einer unterschiedlichen Einbindung in die Umgebung. Die unterschiedliche Anordnung von Giebelfenstern und der Garage bei zwei

---

46 OLG Celle MDR 1961, 319 für § 12 Abs. 3 GOA; *Weyer* BauR 1982, 519.
47 OLG Düsseldorf BauR 1983, 283; *Weyer* BauR 1982, 519.
48 OLG Braunschweig BauR 2007, 903, 905.
49 OLG Düsseldorf BauR 1982, 599; *Meurer* in KMV, § 11 Rn. 39; *Löffelmann/Fleischmann*, Rn. 1112; *Jochem/Kaufhold*, § 11 Rn. 16; *Seifert/Berger* in FBS, § 11 Rn. 57.
50 OLG Düsseldorf BauR 1982, 697 [699].
51 *Jochem/Kaufhold*, § 11 Rn. 16; *Löffelmann/Fleischmann*, Rn. 1111.
52 Vgl. Amtliche Begründung zu § 22 Abs. 2; ebenso *Meurer* in KMV, § 11 Rn. 40, die die Änderung des Wortlauts seit der HOAI 2009 nicht berücksichtigen.
53 *Morlock*, FS Koeble, 407, 416; *Seifert/Berger* in FBS, § 11 Rn. 78; *Hennig* in MNP, § 11 Rn. 82.

Gebäuden und zusätzliche Sonderwünsche eines Bauherrn hinsichtlich einer Fußbodenheizung und eines Kamins sollen nicht genügen.[54] Dabei handelt es sich allerdings nicht um eine Frage der gleichen baulichen Verhältnisse, sondern ob »im Wesentlichen gleiche Gebäude« vorliegen.

Bei einem Auftrag für **Serienbauten** oder Objekte nach **Typenplanung** tritt die Honorarminderung ein, ohne dass die übrigen Tatbestandsvoraussetzungen für den Wiederholungsfaktor bei mehreren wesentlichen gleichen Gebäuden nach der 1. Alternative des § 11 Abs. 3 vorliegen müssen. Hier ist also weder ein zeitlicher oder örtlicher Zusammenhang noch das Vorliegen von gleichen baulichen Verhältnissen erforderlich. Außerdem gilt diese Alternative für alle Objekte, so dass hier der Wiederholungsfaktor im Gegensatz zur 1. Alternative des § 11 Abs. 3 insbesondere auch auf Innenräume anwendbar ist[55]. Für Serienbauten gilt weiterhin die in § 22 Abs. 2 S. 3 HOAI 2002 enthaltene Definition, dass Objekte (Gebäude) vorliegen müssen, die nach einem im Wesentlichen gleichen Entwurf ausgeführt werden. Grundgedanke für die Honorarminderung bei **Serienbauten** und bei **Gebäuden nach Typenplanung** ist der, dass die Leistungen des Auftragnehmers in diesen Fällen ihrer Natur nach auf eine vielfache Verwendung durch den Auftraggeber gerichtet sind.[56] Der Unterschied zwischen Serienbauten und Typenbauten besteht darin, dass bei Letzteren ein bis ins Einzelne identisches Gebäude erstellt wird, während bei Serienbauten gewisse geringfügige Abweichungen gegeben sind[57]. Die Unterscheidung ist jedoch von geringer praktischer Bedeutung. Wesentlicher ist die Abgrenzung der Serienbauten zu individuellen Gebäuden. Ob eine wesentliche oder unwesentliche Abweichung vorliegt, ist eine Einzelfrage. Ein im Wesentlichen gleiches Gebäude liegt z. B. dann vor, wenn weder der Grundriss noch das Tragwerk des Gebäudes oder die Technische Ausrüstung in irgendeiner Form geändert sind. Eine wesentliche Abweichung liegt z. B. dann vor, wenn unterschiedliche Baustoffe verwendet werden und deshalb eine geänderte Planung notwendig ist.

41

Liegen die Voraussetzungen des Absatzes 3 vor, so ist das Honorar für die erste bis vierte Wiederholung im Hinblick auf die Leistungsphasen 1 bis 6 um 50 % zu mindern. Von der fünften bis zur siebten Wiederholung tritt eine Minderung von 60 % ein. Neu durch die 6. HOAI-Novelle eingeführt wurde eine weitere Minderung um 90 % ab der achten Wiederholung. Die Berechnung des Honorars kann sich in diesen Fällen recht schwierig gestalten.

42

▶ **Beispiel:**

43

Der Architekt erhält den Auftrag, für 6 gleiche Gebäude sämtliche Leistungen aus den Leistungsphasen 1 bis 9 des § 33 zu erbringen; die anrechenbaren Kosten nach § 6 Abs. 1 Nr. 1 betragen jeweils 200 000 €; das Objekt fällt in die Honorarzone III; die 6 Gebäude sollen in zeitlichem Zusammenhang an verschiedenen Or-

---

54 OLG Düsseldorf BauR 1982, 597 [600].
55 *Seifert/Berger* in FBS, § 11 Rn. 82.
56 Vgl. zur Typenstatik OLG Düsseldorf NJW-RR 1999, 1694.
57 *Seifert/Berger* in FBS, § 11 Rn. 83 ff.

§ 11 HOAI Auftrag für mehrere Objekte

ten, jedoch unter im Wesentlichen gleichen baulichen Verhältnissen ausgeführt werden. Das Honorar in diesen Fällen berechnet sich wie folgt:

1. Honorar für das erste Gebäude (ohne Honorarvereinbarung)	27 863,– €
2. Honorar für das zweite bis fünfte Gebäude	
a) volles Honorar für Leistungsphasen 7 bis 9:	41 237,24 €
37 % aus 27 863,– € = 10 309,31 € × 4 Gebäude	
b) 50 % des Honorars für Leistungsphasen 1 bis 6	35 107,38 €
= 50 % aus 17 553,69 € (63 % aus 27 863,– €)	
= 8 776,85 € × 4 Gebäude	
3. Honorar für das sechste Gebäude	
a) volles Honorar für Leistungsphasen 7 bis 9:	10 309,31 €
37 % aus 27 863 €	
b) 40 % des Honorars für Leistungsphasen 1 bis 7	7 201,48 €
= 40 % aus 17 553,69 € (63 % aus 27 863 €)	
Gesamthonorar	121 718.41 €

Das Honorar ist im vorliegenden Beispiel auf der Basis der Mindestsätze errechnet. Der Höchstsatz kann in der Weise ermittelt werden, dass statt des Betrages von 27 863 € der in der Honorartafel zu § 35 Abs. 1 für anrechenbare Kosten in Höhe von 200 000 € in der Honorarzone III vorgesehene Betrag von 34 751 € eingesetzt wird. Ein höherer als der Mindestsatz muss allerdings bei Auftragserteilung schriftlich vereinbart werden (vgl. § 7 Abs. 1 und 5).

10. Die Regelung des Abs. 4

44 Während die in der HOAI 2009 neu eingeführte Zusammenfassung der anrechenbaren Kosten für vergleichbare Gebäude (§ 11 Abs. 2 HOAI 2013) sowie die Honorarreduzierung ab der 8. Wiederholung um 90 % in § 11 Abs. 3 zu einer Honorarminderung für Architekten und Ingenieure führen, bewirkt die Streichung des § 22 Abs. 3 HOAI 2002 eine Honorarerhöhung, weil der Minderungsfaktor des § 11 Abs. 3 bei mehreren Aufträgen durch mehrere Auftraggeber entfallen ist. In diesem Fall kann nunmehr das Honorar für jedes einzelne Gebäude auf der Grundlage der vollen anrechenbaren Kosten berechnet werden.

45 § 11 Abs. 4 entspricht inhaltlich § 11 Abs. 3 HOAI 2009. Er ist nur weitergefasst und gilt für alle darin aufgeführten Objekte. Während § 11 Abs. 3 das Honorar für einen Auftrag über mehrere im Wesentlichen gleiche Gebäude regelt, betrifft § 11 Abs. 4 das Honorar für Anschlussaufträge desselben Auftraggebers. Für einen Rationalisierungseffekt macht es nämlich keinen Unterschied, ob ein einheitlicher Auftrag über mehrere Gebäude erteilt wird oder die Auftragserteilung sukzessive erfolgt, wenn die Leistungen aus den früheren Aufträgen wiederverwendet werden können. Voraussetzung für die Anwendung des Abs. 4 ist, dass es sich um »ein gleiches Gebäude« und nicht nur um ein »im Wesentlichen gleiches Gebäude« wie in Abs. 3 handelt. Aufgrund des Wortlauts ist davon auszugehen, dass dafür die Definition des § 22 Abs. 2 HOAI 2002 gilt und die Gebäude nach dem gleichen Entwurf ausgeführt werden müssen. Diese eng

gefasste Tatbestandsvoraussetzung führt dazu, dass auch gleiche bauliche Verhältnisse wie in Abs. 3 vorliegen müssen, zumal sonst kein Rationalisierungseffekt bestehen würde[58]. Im Ergebnis kommt dieser Frage aber kaum praktische Bedeutung zu, weil unterschiedliche bauliche Verhältnisse in aller Regel dazu führen, dass hier nicht mehr »ein gleiches Gebäude« ausgeführt werden kann. Dabei ist durch die Formulierung »so ist Absatz 3 für die Prozentsätze auch dann anzuwenden...« klargestellt, dass es sich insoweit nur um eine Rechtsfolgenverweisung auf die Höhe der Prozentsätze handelt und dass die übrigen Tatbestandsvoraussetzungen des Abs. 3, insbesondere der zeitliche oder örtliche Zusammenhang, nicht vorliegen müssen. Absatz 4 hat klarstellende Funktion. Unter Verzicht auf die in Abs. 3 enthaltene Tatbestandsvoraussetzung »zeitlicher oder örtlicher Zusammenhang« ordnet die Bestimmung des Absatzes 4 eine Honorarminderung auch bei Anschlussaufträgen an. Die Regelung des Absatzes 4 ist missglückt. Sie führt zu Zufallsergebnissen. Bei Wiederholungen im Rahmen eines Auftrags, welche unter Abs. 3 fallen, ist das Honorar nicht zu mindern, wenn der zeitliche Zusammenhang fehlt. Dagegen soll die Minderung nach Abs. 4 bei einem erneuten Auftrag, welcher nach Beendigung des zeitlichen Zusammenhangs erteilt wird, eingreifen[59].

11. Abweichende Vereinbarungen

Die Berechnungsgrundsätze der Absätze 2 bis 4 können im Wege der Vereinbarung – auch Pauschalhonorarvereinbarung – nicht ausgeschaltet werden, soweit damit eine Mindestsatzunterschreitung oder eine Höchstsatzüberschreitung verbunden ist. Führen jedoch andere Parameter der Honorarvereinbarung dazu, dass das Honorar noch über den Mindestsätzen oder unter den an sich zulässigen Höchstsätzen liegt, ist die Vereinbarung wirksam, weil es für eine Höchstsatzüberschreitung ebenso wie für eine Mindestsatzunterschreitung auf eine Gesamtbeurteilung aller Honorarparameter ankommt (vgl. § 7 Rdn. 98). Auch für die Wirksamkeit ist in diesen Fällen jedoch Voraussetzung, dass die Vereinbarung bei Auftragserteilung schriftlich erfolgt (§ 7 Abs. 1 und 5). 46

Eine Regelung in Allgemeinen Geschäftsbedingungen, mit der Abs. 1 abbedungen wird und der Verwender die einzelnen Gebäude nach den insgesamt anfallenden anrechenbaren Kosten zusammen abrechnen kann, verstößt gegen § 307 BGB und ist unwirksam.[60] Dabei kann es dahingestellt bleiben, ob einzelne von der HOAI abweichende formularmäßige Honorarregelungen nach § 307 unwirksam sind oder ob es auch insoweit auf eine Gesamtbetrachtung ankommt, weil bei Nichtberücksichtigung des Wiederholungsfaktors die Honorarsteigerung derart hoch ausfällt, dass in nahezu jedem Fall eine Höchstsatzüberschreitung vorliegt. Gleiches gilt im Hinblick auf eine 47

---

58 *Hennig* in MNP, § 11 Rn. 94; *Meurer* in KMV, § 11 Rn. 48; a. A. *Seifert/Berger* in FBS, § 11 Rn. 99.
59 Ebenso *Seifert/Berger* in FBS, § 11 Rn. 98.
60 BGH NJW 1981, 2351 [2353] = BauR 1981, 582 [587]; *Hennig* in MNP, § 11 Rn. 94; *Seifert/Berger* in FBS, § 11 Rn. 17; a. A. *Randhahn* BauR 2011, 1086.

§ 12 HOAI Instandsetzungen und Instandhaltungen

Mindestsatzunterschreitung für eine Bestimmung, die eine Honorarminderung nach Absatz 3 vorsieht, obwohl die Gebäude nicht im zeitlichen oder örtlichen Zusammenhang und unter gleichen baulichen Verhältnissen errichtet werden.[61]

§ 12 HOAI Instandsetzungen und Instandhaltungen

(1) Honorare für Grundleistungen bei Instandsetzungen und Instandhaltungen von Objekten sind nach den anrechenbaren Kosten, der Honorarzone, den Leistungsphasen und der Honorartafel, der die Instandhaltungs- und Instandsetzungsmaßnahme zuzuordnen ist, zu ermitteln.

(2) Für Grundleistungen bei Instandsetzungen und Instandhaltungen von Objekten kann schriftlich vereinbart werden, dass der Prozentsatz für die Objektüberwachung oder Bauoberleitung um bis zu 50 Prozent der Bewertung dieser Leistungsphase erhöht wird.

Übersicht Rdn.
1. Änderungen durch die HOAI 2009 1
2. Änderungen durch die HOAI 2013 2
3. Die Begriffe »Instandsetzungen« und »Instandhaltungen« 3
4. Form und Zeitpunkt der Honorarvereinbarung 4
5. Honorarerhöhung nach Abs. 2 5

1. Änderungen durch die HOAI 2009

1 In der HOAI 2002 war die Möglichkeit von Honorarerhöhungen bei Instandhaltungen und Instandsetzungen in § 27 (Objektplanung), § 60 (Ingenieurbauwerke und Verkehrsanlagen) sowie in den §§ 69 Abs. 7, 27 (Technische Ausrüstung) enthalten. Die Honorarerhöhungen bei Instandhaltungen und Instandsetzungen wurden in der HOAI 2009 für alle Objekte einheitlich in § 36 geregelt. Der Verordnungsgeber wollte damit neben der Bündelung der bisherigen Vorschriften eine klarere Struktur schaffen. Inhaltlich blieb die Vorschrift bis auf eine Regelung unverändert. Die Honorarzone für Instandsetzungs- bzw. Instandhaltungsmaßnahmen war nicht mehr nach der Honorarzone, in die das Gebäude bzw. Objekt einzuordnen ist, zu ermitteln, sondern nach der Honorarzone, der die Maßnahme zuzuordnen ist. Damit ist eine Angleichung an die Regelung über das Bauen im Bestand in § 35 Abs. 2 HOAI 2009 erfolgt.

2. Änderungen durch die HOAI 2013

2 Die Honorarregelung über Grundleistungen für Instandsetzungen und Instandhaltungen wurde in der HOAI 2013 aus systematischen Gründen in den Allgemeinen Teil (§ 12) verschoben, weil sie für alle Objekte und nicht nur für Gebäude und Innenräume gilt. Die Struktur der Vorschrift wurde ebenfalls geändert. § 36 Abs. 2 HOAI 2009 mit der allgemeinen Regelung über die Honorarberechnung für Instand-

---

61 BGH BauR 1981, 582.

setzungen und Instandhaltungen wurde in den § 12 Abs. 1 verschoben, während sich § 36 Abs. 1 HOAI 2009 mit der Möglichkeit einer zusätzlichen Honorarvereinbarung jetzt in § 12 Abs. 2 befindet. Ebenso wurde in § 12 Abs. 2 klargestellt, dass die Honorarerhöhung um bis zu 50 % nicht nur für die Objektüberwachung, sondern auch für die Bauoberleitung vereinbart werden kann, weil die Regelung für alle Objekte und damit auch für Ingenieurbauwerke und Verkehrsanlagen gilt. In deren Leistungsbildern ist anstelle der Objektüberwachung die Bauoberleitung enthalten. Diese Änderungen dienen der systematischen Klarstellung, ohne dass damit inhaltliche Neuerungen verbunden sind. Die einzige inhaltliche Änderung findet sich in § 12 Abs. 2. Danach muss der Zuschlag für Instandsetzungen und Instandhaltungen schriftlich vereinbart werden[1]. Obwohl die Schriftform in § 36 Abs. 1 HOAI 2009 nicht vorgesehen war, war es umstritten, ob diese trotzdem Wirksamkeitsvoraussetzung für den Zuschlag war (vgl. 11. Aufl. Rn. 3).

3. Die Begriffe »Instandsetzungen« und »Instandhaltungen«

Die Begriffe »Instandsetzungen« und »Instandhaltungen« sind in § 2 Abs. 8 bzw. Abs. 9 definiert (vgl. § 2 Rdn. 21 ff.). Die Vorschrift des § 12 ermöglicht die Vereinbarung eines erhöhten Prozentsatzes für die Objektüberwachung bzw. die Bauoberleitung bei Ingenieurbauwerken und Verkehrsanlagen (Leistungsphase 8) um bis zu 50 Prozent. § 12 gilt entgegen der früheren Regelung des § 27 HOAI 2002 nicht nur für Gebäude, sondern für alle Objekte und damit auch für Freianlagen wie aus dem Begriff »Instandsetzungen und Instandhaltungen von Objekten« und somit aus dem Objektbegriff des § 2 Abs. 1 zu entnehmen ist. Das Honorar für die Leistungsphase 8 kann nicht einseitig, sondern nur aufgrund einer Vereinbarung nach § 12 Abs. 2 erhöht werden.[2]

3

4. Form und Zeitpunkt der Honorarvereinbarung

Die Honorarvereinbarung muss nicht bereits »bei Auftragserteilung« getroffen werden, weil § 12 keine entsprechenden Tatbestandsvoraussetzungen enthält. In Abweichung von der bisherigen Regelung in § 36 HOAI 2009 ist die gesetzliche Schriftform nach § 12 Abs. 2 für die Wirksamkeit der Vereinbarung konstitutiv. Trotzdem wird die Auffassung vertreten, dass sich der Zeitpunkt »bei Auftragserteilung« als weitere Wirksamkeitsvoraussetzung für die Vereinbarung des Zuschlags aus § 7 Abs. 5 ergibt, weil damit gleichzeitig ein Abweichen von den Mindestsätzen verbunden ist.[3] Diese früher vertretene Auffassung[4] wird nicht aufrechterhalten. Der BGH[5] hat beim Umbau- und Modernisierungszuschlag gerade für die Frage des Zeitpunkts einer wirk-

4

---

1 *Seifert/Fuchs* in FBS, § 12 Rn. 11; *Werner/Wagner* BauR 2014, 1386.
2 OLG Düsseldorf NJW-RR 1999, 669.
3 *Neuenfeld/Baden/Dohna/Groscurth/Schmitz*, § 27 Rn. 3; differenzierend *Seifert/Fuchs* in FBS, § 12 Rn. 10
4 9. Aufl. § 27 Rn. 1.
5 BauR 2009, 264 = NJW-RR 2009, 447.

§ 12 HOAI Instandsetzungen und Instandhaltungen

samen Vereinbarung des Zuschlags zutreffend klargestellt, dass § 6 Abs. 2 (§ 24 HOAI 2002) der Regelung des § 7 Abs. 5 vorgeht und eine Vereinbarung somit auch noch nach Auftragserteilung getroffen werden kann. Es ist kein Grund dafür ersichtlich, weshalb dieser Vorrang nur beim Umbau- und Modernisierungszuschlag nach § 6 Abs. 2, nicht aber bei der Erhöhung des Honorars für Instandhaltungen und Instandsetzungen gelten soll. Ebenso wenig wäre nachvollziehbar, weshalb dann das Schriftformerfordernis in § 12 Abs. 2 enthalten ist, wenn sich dieses bereits aus § 7 Abs. 5 ergeben würde.[6]

5. Honorarerhöhung nach Abs. 2

5 In § 34 Abs. 3 wird beispielsweise die Leistungsphase 8 (Objektüberwachung) für Gebäude und Innenräume mit einem Anteil von 32 Prozent bewertet. Nach § 12 Abs. 2 ist die Vereinbarung einer Erhöhung des Prozentsatzes auf bis zu 48 Prozent möglich. Eine Begründung für die Erhöhung des Honorars muss nicht gegeben werden. Ebenso wenig müssen zusätzliche Voraussetzungen für die Vereinbarung eines erhöhten Honorars vorliegen.[7]

Zu beachten ist weiter, dass bei einer Instandsetzung oder Instandhaltung in der Regel auch vorhandene Bausubstanz technisch oder gestalterisch mit einzubeziehen ist. Deshalb regelt § 4 Abs. 1 S. 1 i. V. m. § 4 Abs. 3, dass auch im Fall von Instandsetzungen und Instandhaltungen der Wert der mitzuverarbeitenden Bausubstanz bei den anrechenbaren Kosten angemessen zu berücksichtigen ist. Durch die sich daraus ergebende Steigerung der anrechenbaren Kosten folgt unabhängig von der Vereinbarung eines Zuschlags nach § 12 Abs. 2 eine mittelbare Honorarerhöhung.

6 Instandsetzungen und Instandhaltungen können nach dem Wortlaut des § 2 Abs. 6 sowie den unterschiedlichen Begriffsbestimmungen nicht mit einer **Modernisierung**, wohl aber mit einem **Umbau** zusammenfallen. Dann kann als Höchstzuschlag nur der umfassendere Umbauzuschlag nach § 6 Abs. 2 i. V. m. den Honorarregelungen der jeweiligen Leistungsbilder (z. B. § 36 Abs. 2 für Gebäude und Innenräume) vereinbart werden. Dies gilt auch dann, wenn einzelne Baumaßnahmen in Instandsetzungen und Umbauten aufteilbar sind, weil ein Objekt nicht in einzelnen Teilen, sondern insgesamt abzurechnen ist[8]. Entscheidend für die Abgrenzung zu Umbauten oder Modernisierungen ist das Schwergewicht der Maßnahme. Bei Modernisierungen ist außerdem zu berücksichtigen, dass eine Modernisierung immer mit Instandsetzungsleistungen verbunden ist, wobei nach § 2 Abs. 6 in diesem Fall nur die Vorschriften über die Instandsetzung anwendbar sind. Zu beachten ist, dass die HOAI – z. B. in § 36 Abs. 2 für Umbauten und Modernisierungen von Gebäuden und Innenräumen – nur noch für Leistungen mit einem durchschnittlichen Schwierigkeitsgrad eine Obergrenze von 50 % für den Zuschlag kennt. Da dieser für alle Leistungsphasen gilt, liegt die Honorar-

---

6 I. E. ebenso *Werner/Siegburg* BauR 2013, 1499, 1515; *Korbion* in KMV, § 12 Rn. 4; *Schmidt* in MNP, § 12 Rn. 15.
7 Vgl. zum Ganzen auch *Schlömilch* DAB 1979, 154 [2].
8 *Seifert/Fuchs* in FBS, § 12 Rn. 13.

erhöhung hier über dem Zuschlag nach § 12 Abs. 2, der nur für die Leistungsphase 8 vereinbart werden kann. Bei überdurchschnittlichem Schwierigkeitsgrad kennt die HOAI 2013 keine Obergrenze für die Vereinbarung eines Umbau- und Modernisierungszuschlags. Somit ist nur bis zu einem durchschnittlichem Schwierigkeitsgrad eine Vereinbarung über einen höheren Zuschlag als den umfassenderen Umbauzuschlag des § 36 Abs. 2 durch eine Kumulierung der beiden Zuschläge unzulässig. Führt in diesem Fall eine Kumulierung der Zuschläge zu einer Höchstsatzüberschreitung des Gesamthonorars, ist die Vereinbarung unwirksam (§ 7 Abs. 4).

§ 13 HOAI Interpolation

Die Mindest- und Höchstsätze für Zwischenstufen der in den Honorartafeln angegebenen anrechenbaren Kosten und Flächen sind durch lineare Interpolation zu ermitteln.

§ 13 entspricht der bisherigen Regelung des § 5a HOAI 2002. Die Vorschrift wurde durch die erste Verordnung zur Änderung der HOAI vom 17.07.1984 eingefügt, die zum 01.01.1985 in Kraft trat. Damit ist eindeutig festgelegt, dass bei allen Honorartafeln die Zwischenwerte zwischen den aufgeführten anrechenbaren Kosten durch lineare Interpolation zu ermitteln sind. Das gilt für alle Fälle, in denen nach der HOAI Zwischenwerte zu ermitteln sind, also nicht nur für die Honorartafeln, sondern auch für Flächen. 1

Der Verordnungsgeber meinte, die lineare Interpolation festschreiben zu müssen, obwohl bereits vor Inkrafttreten der Änderungsverordnung in der Literatur völlig unstreitig war, dass linear zu interpolieren sei und keinesfalls degressiv oder progressiv oder nach anders festgelegten Kurven. Die Vorschrift wurde in den Allgemeinen Teil der HOAI aufgenommen, weil die Interpolation für alle in der HOAI geregelten Leistungsbereiche der Architekten und Ingenieure gilt. 2

Der Rechenvorgang bei der Interpolation ist nicht in die Schlussrechnung aufzunehmen. Die Art und Weise der Interpolation ist kein Problem der Fälligkeit, sondern eine Frage der Begründetheit des Honoraranspruchs.[1] 3

▶ Das Vorgehen bei der Interpolation soll an einem Beispiel erläutert werden: Die anrechenbaren Kosten eines Gebäudes der Honorarzone III betragen 122 710,05 €. Eine Honorarvereinbarung ist nicht getroffen, sodass die Mindestsätze zugrunde zu legen sind. Zunächst werden die Honorare für die nächsthöheren und nächstniedrigeren anrechenbaren Kosten aus der Honorartafel des § 35 Abs. 1 abgelesen. Für die anrechenbaren Kosten von 100 000 € ergibt sich der Mindestsatz von 15 005 € und für die anrechenbaren Kosten von 150 000 € der Mindestsatz von 21 555 €. Es wird sodann der Differenzbetrag aus den Honoraren ermittelt, also: 4

---

[1] OLG Düsseldorf BauR 1996, 893.

§ 13 HOAI Interpolation

für 150 000 €	21 555,00 €	
für 100 000 €	15 005,00 €	
Differenz	6 550,00 €	
Auf je 5 000 € entfällt damit der Betrag von	655,00 €	
Für 22 710,05 € ergibt sich der Betrag von 4,542 × 655,00 € =	2 975,01 €	
Dem Mindestsatz für 100 000 €		15 005,00 €
ist sonach der Betrag von		2 975,01 €
hinzuzurechnen, sodass sich ein Mindestsatz für die anrechenbaren Kosten von 122 710,05 € in Höhe von ergibt.		17 980,01 €

Für schwierigere Fälle empfiehlt es sich, folgende Formel zu verwenden:

$$a + \frac{b \cdot c}{d}$$

a = Honorar für die nächstniedrigere Stufe der anrechenbaren Kosten (im Beispiel: 15 005 €)

b = Differenz zwischen tatsächlichen anrechenbaren Kosten und dem in der Honorartafel genannten nächstniedrigeren Betrag von anrechenbaren Kosten (im Beispiel: 22 710,05 €)

c = Differenz der beiden Honorare für die nächsthöheren und nächstniedrigeren anrechenbaren Kosten (im Beispiel: 6 550 €)

d = Differenz der in der Tabelle nacheinander genannten anrechenbaren Kosten (im Beispiel: 50 000 €)

5 Die Honorartafeln der HOAI gelten nur im Rahmen ihres Anwendungsbereiches, also z. B. die Honorartafel für die Objektplanung bei Gebäuden nach § 35 Abs. 1 z. B. zwischen anrechenbaren Kosten von 25 000 € und 25 000 000 €. Eine Extrapolation – d. h. Fortschreibung der Honorartafel – bei Werten über 25 000 000 € bzw. bei Werten unter 25 000 € ist nicht möglich, da die HOAI für diese Fälle spezielle Vorschriften enthält (vgl. § 7 Abs. 2). Die Parteien können allerdings – sogar formlos – die lineare Fortschreibung der Honorartafel vereinbaren. Das bedeutet dann, dass der Prozentsatz aus dem letzten Tabellenwert und dem Honorar zugrunde zu legen ist. Fehlt eine Vereinbarung über die Fortschreibung der Honorartafel, ist die übliche Vergütung geschuldet (vgl. § 7 Rdn. 88 ff.).

§ 14 HOAI Nebenkosten

(1) Der Auftragnehmer kann neben den Honoraren dieser Verordnung auch die für die Ausführung des Auftrags erforderlichen Nebenkosten in Rechnung stellen; ausgenommen sind die abziehbaren Vorsteuern gemäß § 15 Absatz 1 des Umsatzsteuergesetzes in der Fassung der Bekanntmachung vom 21. Februar 2005 (BGBl. I S. 386), das zuletzt durch Artikel 2 des Gesetzes vom 8. Mai 2012 (BGBl. I S. 1030) geändert worden ist. Die Vertragsparteien können bei Auftragserteilung schriftlich vereinbaren, dass abweichend von Satz 1 eine Erstattung ganz oder teilweise ausgeschlossen ist.

(2) Zu den Nebenkosten gehören insbesondere:
1. Versandkosten, Kosten für Datenübertragungen,
2. Kosten für Vervielfältigungen von Zeichnungen und schriftlichen Unterlagen sowie für die Anfertigung von Filmen und Fotos,
3. Kosten für ein Baustellenbüro einschließlich der Einrichtung, Beleuchtung und Beheizung,
4. Fahrtkosten für Reisen, die über einen Umkreis von 15 Kilometern um den Geschäftssitz des Auftragnehmers hinausgehen, in Höhe der steuerlich zulässigen Pauschalsätze, sofern nicht höhere Aufwendungen nachgewiesen werden,
5. Trennungsentschädigungen und Kosten für Familienheimfahrten in Höhe der steuerlich zulässigen Pauschalsätze, sofern nicht höhere Aufwendungen an Mitarbeiter oder Mitarbeiterinnen des Auftragnehmers auf Grund von tariflichen Vereinbarungen bezahlt werden,
6. Entschädigungen für den sonstigen Aufwand bei längeren Reisen nach Nummer 4, sofern die Entschädigungen vor der Geschäftsreise schriftlich vereinbart worden sind,
7. Entgelte für nicht dem Auftragnehmer obliegende Leistungen, die von ihm im Einvernehmen mit dem Auftraggeber Dritten übertragen worden sind.

(3) Nebenkosten können pauschal oder nach Einzelnachweis abgerechnet werden. Sie sind nach Einzelnachweis abzurechnen, sofern bei Auftragserteilung keine pauschale Abrechnung schriftlich vereinbart worden ist.

Bis zur 6. HOAI-Novelle enthielt § 7 HOAI 2002 eine Regelung über Nebenkosten. Diese wurde bis auf geringfügige Änderungen des Absatzes 2 unverändert in § 14 HOAI übernommen, welcher in § 14 Abs. 1 HOAI 2013 zwar in der Formulierung, nicht aber inhaltlich geändert wurde. Der Oberbegriff für Honorar und Nebenkosten ist der des Entgelts (vgl. § 1 Rdn. 34). Das Preisrecht der HOAI betrifft nach Auffassung des BGH allein das Honorar, nicht die Nebenkosten. Diese können somit nicht zu einer Höchstsatzüberschreitung nach den § 7 Abs. 1, 4 führen und demnach zusätzlich zu dem vereinbarten Honorar in Ansatz gebracht werden, ohne dass ein Verstoß gegen das gesetzliche Preisrecht vorliegt (vgl. Rdn. 15). 1

Der Begriff Nebenkosten ist gleichbedeutend mit dem Begriff »Auslagen«, welcher in § 7 HOAI 2002 enthalten war. Nach der Begründung zur 6. HOAI-Novelle wurde auf den Begriff »Auslagen« deshalb verzichtet, um klarzustellen, dass es sich nicht um 2

§ 14 HOAI Nebenkosten

durchlaufende Posten im Sinne des Umsatzsteuergesetzes handelt. Inhaltlich ist damit keine Änderung verbunden. Nebenkosten sind nur erstattungsfähig, soweit sie für die Ausführung des Auftrags »erforderlich« sind. Das setzt voraus, dass sie auch tatsächlich entstanden und durch die konkrete Aufgabe veranlasst worden sind. Deshalb sind Fixkosten wie Mietkosten, Leasinggebühren oder sonstige feststehenden Sachkosten nicht erstattungsfähig. Die Erforderlichkeit kann nur im Einzelfall beurteilt werden. Zu berücksichtigen ist aber generell, dass das Informationsbedürfnis des Auftraggebers die Erstattung von dadurch veranlassten Nebenkosten im Regelfall rechtfertigen wird. Zu berücksichtigen ist auch, dass durch die Einschaltung von Sonderfachleuten oder von Baubetreuern bzw. Projektsteuerern höhere Auslagen (z. B. zusätzliche Besprechungen und Fahrten, Kopien, Telefaxe, Internetnutzung, Aktennotizen usw.) anfallen werden. Im Streitfall kann die Erforderlichkeit meist nur durch Sachverständige zuverlässig beurteilt werden. Die Beweislast trifft den Auftragnehmer[1]. Nach Auffassung des BGH[2] hängt die Fälligkeit der Nebenkostenforderung von einer geordneten Zusammenstellung der Auslagen und der Vorlage geordneter Belege ab. Dabei ist jedoch zu berücksichtigen, dass die Prüfbarkeit und der Nachweis der Nebenkosten zu unterscheiden sind. An die Abrechnung selbst dürfen deshalb keine übertriebenen Fälligkeitsanforderungen gestellt werden.[3]

3   Der Begriff »erforderliche Nebenkosten« bedeutet nicht nur, dass ein **Nachweis** hinsichtlich der Höhe erbracht werden muss, sondern auch ein Nachweis zum Grund des Anspruchs auf die Erstattung von Nebenkosten erfolgen muss. An den Nachweis der Nebenkosten dürfen keine übertriebenen Anforderungen gestellt werden. Es muss genügen, wenn der Auftragnehmer seine Aufzeichnungen und Unterlagen vorlegt, weil sonst in aller Regel keine weiteren Beweise zur Verfügung stehen. Da kleinere Positionen wie z. B. Versandkosten kaum einzeln belegt werden können, muss dem Auftragnehmer bei derartigen Nebenkosten die Abrechnung einer angemessenen Teil – Pauschale gestattet sein, auch ohne dass die Vereinbarung einer Nebenkostenpauschale nach Abs. 3 Satz 1 vorliegt.[4] Soweit der Auftragnehmer zum Vorsteuerabzug nach § 15 Abs. 1 UStG berechtigt ist, ist die Umsatzsteuer von den Nebenkosten abzusetzen. Abs. 1 Satz 2 bestimmt, dass die Erstattung von Nebenkosten durch schriftliche Vereinbarung bei Auftragserteilung eingeschränkt oder ganz ausgeschlossen werden kann. Eine nachträgliche schriftliche oder eine mündliche Vereinbarung ist demnach unwirksam.

4   Ein ganzer oder teilweiser Ausschluss der Nebenkostenerstattung setzt voraus, dass die Parteien eine schriftliche Vereinbarung bei Auftragserteilung getroffen haben (§ 14

---

1   *Stein* in FBS, § 14 Rn. 9.
2   BauR 1990, 632 = NJW-RR 1990, 1109; OLG Düsseldorf BauR 2000, 1889 = NJW-RR 2000, 1550 = NZBau 2000, 575.
3   OLG Hamm BauR 2006, 1766, 1771 = NZBau 2006, 584; *Werner* in *Werner/Pastor*, Rn. 1108.
4   Ebenso OLG Hamm BauR 2002, 1721; OLG Hamm BauR 2006, 1766, 1771 = NZBau 2006, 584; *Wirth/Galda* in KMV, § 14 Rn. 5; *Stein* in FBS, § 14 Rn. 9, die zu Recht darauf hinweist, dass in die Pauschale keine Allgemeinkosten eingerechnet werden dürfen.

Abs. 1 S. 2). Dabei ist nicht ganz verständlich, weshalb die Vereinbarung schriftlich und bei Auftragserteilung getroffen werden muss, weil § 7 HOAI mit seinem Mindest- und Höchstpreischarakter für Nebenkosten unanwendbar ist (vgl. Rdn. 15). Fehlt es jedoch an diesen Voraussetzungen, kann der Auftragnehmer die Nebenkosten auf Nachweis geltend machen. Die Vereinbarung, wonach die Nebenkostenerstattung ausgeschlossen ist, muss bestimmt sein. Deshalb genügt es nicht, wenn die Parteien im Hinblick auf das Honorar eine Pauschale vereinbaren. In diesen Fällen steht dem Auftragnehmer zusätzlich ein Anspruch auf Abrechnung der Nebenkosten auf Nachweis zu.

Die Vorschrift des **Absatzes 2** zählt die einzelnen Nebenkosten beispielhaft auf. Die Aufstellung ist jedoch nicht vollständig, was sich aus der Formulierung des Abs. 2 (»insbesondere«) ergibt. Nicht in § 14 enthaltene Nebenkosten sind auch ohne ausdrücklichen Hinweis des Auftragnehmers erstattungsfähig.[5] Dies gilt z. B. für projektbezogene EDV-Kosten bei Computerprogrammen etwa bezüglich der Kostenfortschreibung (Kostenübersichten). Die gegenteilige Auffassung, wonach EDV-Kosten beim Einsatz von Computerprogrammen keine erstattungsfähigen Nebenkosten darstellen sollen, weil dies der Erleichterung und schnelleren Erledigung der Leistungsverpflichtungen des Planers dient,[6] überzeugt nicht, weil ein erheblicher Teil der in Abs. 2 aufgeführten Nebenkosten (Datenübertragungen, Anfertigung von Filmen und Fotos, Vervielfältigungen von Zeichnungen) ebenfalls die Tätigkeit des Auftragnehmers erleichtert.

In Nr. 1 wurde der bisherige Begriff »Post- und Fernmeldegebühren« durch den Begriff »Versandkosten« und »Kosten für Datenübertragungen« ersetzt. Die Regelung wurde dadurch den modernen Kommunikationsmitteln sprachlich angepasst. Inhaltlich ergibt sich keine Änderung, weil ja die in Abs. 2 aufgeführten Nebenkosten nicht abschließend sind. Darunter fallen Kosten für Porti, Kurierdienste, Fernsprech-, Fernschreib- und Telefaxgebühren sowie Telefon- oder Internetgebühren, soweit diese mangels einer Flatrate tatsächlich entstehen.

Nach Nr. 2 kann der Auftragnehmer die Kosten für Vervielfältigungen von Zeichnungen und schriftlichen Unterlagen verlangen. Unter schriftlichen Unterlagen sind auch Leistungsverzeichnisse, Ausschreibungsunterlagen, Angebote, Preisspiegel, der gesamte Schriftverkehr sowie auch Unterlagen, die den Behörden vorgelegt werden müssen, zu verstehen. Für die Vervielfältigung derartiger Originalunterlagen kann der Auftragnehmer Erstattung seiner Kosten verlangen. Dies gilt nicht für die Originalunterlagen selbst, die der Architekt zu fertigen hat, da die Anfertigung der Originalunterlagen mit dem Honorar selbst abgegolten ist[7]. In welcher Weise die Vervielfältigung vorgenommen wird, ist unerheblich. Hinsichtlich der Höhe der zu erstattenden Nebenkosten kann eine allgemeine Angabe nicht erfolgen, da sich die Nebenkosten nach den tatsächlichen Aufwendungen des jeweiligen Auftragnehmers richten. Nr. 2

---

5 Ebenso *Neuenfeld*, § 7 Rn. 5.
6 *Seifert* in KMV, 8. Aufl. § 14 Rn. 25; *Hennig* in MNP, § 14 Rn. 26.
7 *Stein* in FBS, § 14 Rn. 12.

§ 14 HOAI Nebenkosten

nennt auch die Anfertigung von Filmen und Fotos. Darunter sind auch fototechnische Vergrößerungen oder Verkleinerungen von Zeichnungen oder sonstigen Unterlagen zu verstehen. Entsprechendes gilt auch für fotogrammetrische Aufnahmen, die – auch wenn sie im Rahmen der Entwurfs- oder Bauvermessung erstellt werden – nicht zu den Grundleistungen, aber auch nicht zu den Besonderen Leistungen gehören.

Soweit der Auftragnehmer die Vervielfältigungen selbst fertigt, die Filme und Fotos selbst herstellt, kann er die eigenen Aufwendungen berechnen, die tatsächlich angefallen sind.[8] Die Kosten für Dokumentationen während der Bauzeit – z. B. für Leitungsführungen in Böden und Wänden – durch fotogrammetrische Aufnahmen sind ebenfalls erstattungsfähig.

8   Nach Nr. 3 sind auch die Kosten für ein Baustellenbüro einschließlich der Kosten für die Einrichtung, Beleuchtung, Beheizung, den Unterhalt, die Instandsetzung und die Reinigung erstattungsfähig. Auch die Aufzählung in Nr. 3 ist nicht abschließend, sodass weitere Kosten für das Baustellenbüro hinzukommen können.[9] Das Baustellenbüro ist regelmäßig Bestandteil der Baustelleneinrichtung nach der KGR 391 der DIN 276 Dezember 2008. Zur Einrichtung eines Baustellenbüros gehört üblicherweise auch eine Fernsprecheinrichtung. Die Größe des Baustellenbüros und die Art der Einrichtung bemessen sich nach den Erfordernissen des jeweiligen Falles.

9   Nach Nr. 4 kann der Auftragnehmer die Fahrtkosten für Reisen in Ansatz bringen, jedoch mit der Einschränkung, dass die Reisen über den Umkreis von 15 km vom Geschäftssitz des Auftragnehmers hinausgehen. Der Auftragnehmer kann hier in jedem Fall den Mindestsatz der steuerlich zulässigen Pauschalsätze verlangen. Höhere Sätze können in Anrechnung gebracht werden, soweit die Aufwendungen nachgewiesen sind. Dabei ist vor allem an Aufwendungen betreffend die Benutzung anderer Verkehrsmittel, wie Bus, Bahn, Flugzeug oder Schiff, zu denken. In diesen Fällen ist davon auszugehen, dass bei Bahn, Flugzeug oder Schiff für den Auftragnehmer selbst und für seine Mitarbeiter die Sätze nach den Reisekostenverordnungen des Bundes und der Länder zugrunde zu legen sind. Zu den Reisekosten gehören ferner Kosten für Schlafwagen und Gepäckbeförderung und alle sonstigen im Zusammenhang mit der Reise stehenden Auslagen, soweit sie nicht persönlicher Natur sind. Allerdings muss der Auftragnehmer in allen diesen Fällen die Notwendigkeit der Reise nachweisen. Benutzt er den eigenen Pkw und beansprucht er lediglich die steuerlich zulässigen Pauschalsätze, muss er die Höhe nicht nachweisen.[10] In allen anderen Fällen müssen höhere Aufwendungen belegt werden. Der Nachweis höherer Kosten ist z. B. durch Anwendung gängiger Betriebskostentabellen (ADAC) möglich.[11] Sonst wäre der Nachweis höherer Betriebskosten faktisch ausgeschlossen. Als Reisen im Sinne der Nr. 4 sind auch Fahrten zur Baustelle anzusehen. Die Kosten hierfür sind allerdings nur dann erstattungsfähig,

---

8   *Jochem/Kaufhold*, § 14 Rn. 10.
9   Einschränkend, aber mit nicht haltbaren Argumenten *Stapelfeld* BauR 1997, 325; wie hier *Stein* in FBS, § 14 Rn. 13; *Pott/Dahlhoff/Kniffka/Rath*, § 14 Rn. 13; *Jochem*, § 14 Rn. 11.
10 *Wirth/Galda* in KMV, § 14 Rn. 26.
11 *Jochem/Kaufhold*, § 14 Rn. 12.

wenn die Baustelle mehr als 15km vom Geschäftssitz des Auftragnehmers entfernt liegt und die Fahrt erforderlich war. In allen Fällen der Nr. 4 kann die gesamte Fahrtstrecke berechnet werden, soweit die Fahrt den Umkreis von mehr als 15 km vom Geschäftssitz des Auftragnehmers überschreitet. Die Fahrtkosten fallen nach Nr. 4 auch bei Fahrten innerhalb des Ortes an.[12]

Nach Nr. 5 sind Trennungsentschädigungen und Kosten für Familienheimfahrten neben den Fahrtkosten nach Nr. 4 zu ersetzen. Der Höhe nach können hier die steuerlich zulässigen Pauschalsätze berechnet werden, falls nicht höhere Aufwendungen aufgrund tariflicher Vereinbarungen an die Mitarbeiter des Auftragnehmers bezahlt werden. 10

Gemäß Nr. 6 sind neben den Reisekosten nach Nr. 4 Entschädigungen erstattungsfähig, sofern eine entsprechende Vereinbarung vor Antritt einer längeren Geschäftsreise schriftlich getroffen wurde. Die Geschäftsreise muss also einen Zeitraum umfassen, bei dem bei dem Auftragnehmer ein Mehraufwand anfällt. Nur dann können Entschädigungen geltend gemacht werden. Dazu gehören Übernachtungskosten, Verpflegungsmehraufwand, Tagegeld, ggf. auch eine Entschädigung für die aufgewendete Zeit. Die Kosten für eine zweite Person sind nur erstattungsfähig, wenn deren Einsatz zusätzlich erforderlich war.[13] Eine Vereinbarung nach Antritt der Geschäftsreise oder eine Vereinbarung, die lediglich mündlich getroffen wird, berechtigt den Auftragnehmer angesichts des eindeutigen Wortlauts der Vorschrift nicht zur Berechnung von Entschädigungen, auch wenn es sich insoweit nicht um eine preisrechtliche Regelung i. S. d. § 7 handelt.[14] 11

Nach Nr. 7 sind Entgelte für Leistungen, die nicht dem Auftragnehmer obliegen und die er im Einvernehmen mit dem Auftraggeber an Dritte übertragen hat, erstattungsfähig. Hierzu gehören vor allem Aufträge an andere an der Planung fachlich Beteiligte, Aufträge zu Bodenuntersuchungen, Grundstücksvermessungen, zur Anfertigung von Lage- und Katasterplänen, Gutachten, Modellen und zur Aufgabe von Inseraten. Der Auffassung, Nr. 7 sei ohne praktische Bedeutung, kann nicht zugestimmt werden[15]. Es ist zwar richtig, dass der Auftragnehmer einen eigenen Vergütungsanspruch, gegebenenfalls nach § 632 BGB hat, wenn er fremde Leistungen im Einvernehmen mit dem Auftraggeber erbringt. Ebenso wenig ist Nr. 7 anwendbar, wenn der Auftragnehmer fremde Leistungen namens und in Vollmacht des Auftraggebers vergibt. Hier kommt ein Vertrag zwischen Auftraggeber und Dritten zustande. In den Fällen allerdings, in denen der Auftragnehmer trotz Auftrags und Vertretungsmacht nicht namens und in Vollmacht des Auftraggebers handelt, oder in den Fällen des § 164 Abs. 2 BGB kann dem Auftragnehmer gegen den Auftraggeber kein vertraglicher Vergütungsanspruch zustehen. Hier können allenfalls außervertragliche Anspruchsgrundlagen bestehen. Diese Lücke schließt Nr. 7 zugunsten des Auftragnehmers. 12

---

12 *Neuenfeld*, § 7 Rn. 9.
13 OLG Düsseldorf BauR 2000, 1889 = NZBau 2000, 575.
14 OLG Düsseldorf BauR 2000, 1889 = NZBau 2000, 575; *Wirth/Galda* in KMV, § 14 Rn. 28; *Hennig* in MNP, § 14 Rn. 59; a. A. *Jochem/Kaufhold*, § 14 Rn. 14.
15 A. A. *Stein* in FBS, § 14 Rn. 7.

§ 14 HOAI Nebenkosten

13 In der 6. HOAI-Novelle wurde die frühere Nr. 8 gestrichen. Diese betraf speziell die Nebenkosten für Vermessungsfahrzeuge bei Vermessungsleistungen oder für sonstige Messfahrzeuge im Falle einer Zeithonorarvereinbarung. Die Streichung ist nach der Amtlichen Begründung zu § 14 HOAI 2009 deshalb erfolgt, weil Zeithonorare zukünftig frei vereinbar sein sollen.

14 **Absatz 3** betrifft die Art und Weise der Abrechnung von Nebenkosten. Eine Nebenkostenpauschale bedarf der schriftlichen Vereinbarung (vgl. § 7 Rdn. 47). Diese Vereinbarung muss bereits bei Auftragserteilung getroffen werden (vgl. § 7 Rdn. 56 ff.). Das für die Wirksamkeit einer Pauschalvereinbarung erforderliche Merkmal »bei Auftragserteilung« ist umso weniger verständlich, wenn man mit der Auffassung des BGH davon ausgeht, dass § 7 HOAI mit seinem Mindest- und Höchstpreischarakter auf Nebenkosten unanwendbar und § 14 somit nicht Bestandteil des gesetzlichen Preisrechts ist. Die Regelung ist auch sachlich nicht gerechtfertigt, weil sich häufig erst während der Durchführung des Auftrags der Umfang der Nebenkosten zuverlässig abschätzen lässt[16]. Fehlt eine schriftliche Vereinbarung oder wird die schriftliche Vereinbarung nach Auftragserteilung getroffen, so ist gemäß Abs. 3 Satz 2 auf Einzelnachweis abzurechnen.[17] Die Vereinbarung einer Nebenkostenpauschale kann sich auf sämtliche Nebenkosten oder aber auf einzelne aus Abs. 2 beziehen.

15 Die Bestimmung nennt weder eine Höchstgrenze für die Vereinbarung einer Nebenkostenpauschale, noch legt sie die Kriterien für eine der Höhe nach wirksame Pauschalvereinbarung fest. Preisrechtliche Beschränkungen zur Nebenkostenpauschale sind in der HOAI somit nicht enthalten. Der BGH sieht deshalb den alleinigen Maßstab für die Unwirksamkeit einer Pauschale der Höhe nach in der Sittenwidrigkeit nach § 138 BGB.[18] Die gegenteilige Auffassung ist jedoch vorzuziehen. Die Grenze für Pauschalvereinbarungen über Nebenkosten liegt dort, wo eine Pauschalvereinbarung in krassem Missverhältnis zu den tatsächlich entstandenen Nebenkosten steht und die Wirksamkeit der Pauschalvereinbarung dazu führen würde, dass der Höchstpreischarakter der HOAI umgangen wird.[19] Ansonsten könnte das Verbot einer Höchstsatzüberschreitung einfach durch eine überhöhte Nebenkostenpauschale umgangen werden, wobei etwa die Sätze der staatlichen Hochbauverwaltung Baden-Württemberg in der RifT als Anhaltspunkt herangezogen werden können. Diesem Argument kann nicht entgegengehalten werden, dass dann auch der Ausschluss der Erstattung von Nebenkosten gegen den Mindestpreischarakter verstoßen würde. Dies ist nämlich in § 14 Abs. 1 S. 2 ausdrücklich sanktioniert. Der umgekehrte Fall ist dagegen gerade nicht geregelt. Soweit eine Pauschale wegen eines Verstoßes gegen den Höchstpreischarakter unwirksam vereinbart ist, muss das Gericht wie in allen Fällen den Höchstpreisverstoß umdeu-

---

16 *Hennig* in MNP, § 14 Rn. 22; *Stein* in FBS, § 14 Rn. 8.
17 BGH BauR 1990, 101 = ZfBR 1990, 64; BGH BauR 1994, 131 = NJW-RR 1994, 280 auch zu den Anforderungen an die Schriftform.
18 BGH BauR 2004, 356 = NZBau 2004, 102; *Werner* in *Werner/Pastor*, Rn. 1109; *Jochem/Kaufhold*, § 14 Rn. 5; *Hennig* in MNP, § 14 Rn. 73 f.
19 Ebenso OLG Düsseldorf BauR 1990, 640, das eine Pauschale von 10 % bei einem Bauvorhaben in unmittelbarer Nachbarschaft des Büros für überhöht hält.

ten[20] und auch hier den erlaubten Satz zugrunde legen.[21] Die weitere Frage ist, ob der Auftragnehmer eine zu niedrige Pauschale mit dem Mindestpreischarakter angreifen kann. Vom Grundsatz her wäre diese Überlegung sicherlich nicht falsch, weil durch andere Faktoren auch das Honorar für Grundleistungen beeinflusst werden kann. Bei der Nebenkostenregelung sieht die HOAI jedoch ausdrücklich den Ausschluss der Erstattung als zulässig an (§ 14 Abs. 1 S. 2), sodass von einer mittelbaren Unterschreitung des Mindestsatzes nicht gesprochen werden kann. Geht man von der Auffassung des BGH aus, wonach die Nebenkostenregelung und damit eine Nebenkostenpauschale außerhalb des gesetzlichen Preisrechts stehen, liegt die Grenze für die Unwirksamkeit bei der Sittenwidrigkeit nach § 138 BGB. Danach muss die Pauschale in einem auffälligen Missverhältnis zu den zum Zeitpunkt des Vertragsschlusses zu erwartenden Nebenkosten stehen und eine verwerfliche Gesinnung des Auftragnehmers vorliegen.[22]

Enthält die Vereinbarung keine Angaben, woraus die Nebenkostenpauschale zu berechnen ist, so ist vom Nettohonorar ohne Umsatzsteuer, jedoch mit allen Honorarkomponenten, wie z. B. Umbauzuschlag, Erhöhungshonorar für ungewöhnlich lange Dauer, Honorar für Besondere Leistungen usw., auszugehen.[23] 16

Bezahlt der Auftraggeber eine unwirksam vereinbarte Nebenkostenpauschale, dann kann ihm ein Rückforderungsanspruch nach § 812 BGB aus ungerechtfertigter Bereicherung zustehen. Dieser wiederum kann bei Kenntnis der Unwirksamkeit (§ 814 BGB), aber auch bei Wegfall der Bereicherung ausgeschlossen sein. 17

Der Hinweis auf § 15 Abs. 1 UStG trägt dem Gedanken Rechnung, dass Nebenkosten nur in dem Umfang erstattungsfähig sind, in dem sie auch bei dem Auftragnehmer anfallen. Abzugsfähige Vorsteuern nach § 15 Abs. 1 UStG sind deshalb ausgeschlossen. Somit können im Regelfall nur die Nettobeträge auf die Nebenkosten verlangt werden, wobei allerdings auf den Gesamtbetrag der Nebenkosten ebenso wie auf die übrigen Abrechnungspositionen einer Schlussrechnung für ausgeführte Leistungen wiederum Mehrwertsteuer berechnet werden darf. 18

§ 15 HOAI Zahlungen

(1) **Das Honorar wird fällig, wenn die Leistung abgenommen und eine prüffähige Honorarschlussrechnung überreicht worden ist, es sei denn, es wurde etwas anderes schriftlich vereinbart.**

(2) **Abschlagszahlungen können zu den schriftlich vereinbarten Zeitpunkten oder in angemessenen zeitlichen Abständen für nachgewiesene Grundleistungen gefordert werden.**

---

20 Vgl. § 7 Rdn. 141 ff.
21 A. A. OLG Düsseldorf BauR 1990, 640, das nur die Abrechnung auf Einzelnachweis zulassen will.
22 BGH BauR 2004, 356 = NZBau 2004, 102.
23 Zur Ermittlung der Pauschale vgl. *Frik* DAB 1978, 745.

(3) Die Nebenkosten sind auf Einzelnachweis oder bei pauschaler Abrechnung mit der Honorarrechnung fällig.

(4) Andere Zahlungsweisen können schriftlich vereinbart werden.

Übersicht	Rdn.
1. Änderungen durch die HOAI 2009	1
2. Änderungen durch die HOAI 2013	2
3. Anwendungsbereich des § 15 HOAI; abweichende Fälligkeitsvereinbarungen	3
4. Unterschiede zum BGB; Wirksamkeit des § 15 HOAI	6
a) Unterschiede zum BGB	6
b) Wirksamkeit des § 15 HOAI	8
5. Bedeutung der Fälligkeit; Verzug	9
6. Voraussetzungen für die Fälligkeit der Schlusszahlung (Abs. 1)	10
a) Nach HOAI 2002/2009	10
b) Nach HOAI 2013	11
7. Die »vertragsgemäße Erbringung der Leistung« (HOAI 2002/2009)	12
8. Abnahme (HOAI 2013)	19
9. Die prüffähige Honorarschlussrechnung	20
a) Notwendigkeit einer Rechnung; Anspruch des Auftraggebers auf Rechnung	20
b) Schlussrechnung und Teilschlussrechnung	22
c) Grundlagen der Prüfbarkeit; Rüge und Rügefrist	23
d) Objektive Kriterien für die Prüfbarkeit	26
e) System HOAI	27
f) Aufteilung der Rechnung?	28
g) Die richtige Kostenermittlung als Grundlage	29
h) Kostenermittlung nach DIN 276	30
i) Angaben über Honorarzone und Honorartafel	32
j) Angaben über erbrachte Leistungen	33
k) Sonstige Angaben in der Rechnung	34
l) Abgrenzung der Prüffähigkeit von der sachlichen Richtigkeit	38
10. Überreichung der Schlussrechnung	40
11. Folgen fehlender Fälligkeit; Vortrag im Rechtsstreit	41
a) Vortrag im Rechtsstreit	42
b) Gerichtliche Hinweise	43
c) Prozessuale Fragen, Rechtsmittel	45
12. Prüfbare Rechnung auch bei Kündigung	51
13. Prüfbarkeit bei Pauschalhonorarvereinbarung und bei Zeithonorar	52
14. Prüfbarkeit als Rechtsfrage/Sachverständigenfrage?	54
15. Verjährung und Verwirkung der Honorarforderung	55
a) Erhebung der Einrede; Umfang des Verjährungseinwands	55
b) Verjährungsfrist	56
c) Beginn der Frist	57
d) Hinausschieben der Rechnung	60
e) Fristbeginn ohne Rechnung	62
f) Verwirkung der Honorarforderung	63
g) Fristbeginn bei nicht prüfbarer Rechnung	64
h) Fälligkeit und Verjährung bei vorzeitiger Beendigung des Vertragsverhältnisses	68
16. Bindung an die Honorarschlussrechnung	70
a) Bindung in anderen Bereichen und bisherige Rechtsprechung	70

		Rdn.
	b) Rechtliche Begründung der Bindungswirkung	72
	c) Darlegungs- und Beweislast	74
	d) Bindung an eine Abschlagsrechnung oder Teilschlussrechnung?	75
	e) Bindung auch an eine nicht prüfbare Rechnung	76
	f) Einzelfälle	77
	g) Aufrechnung mit überschüssiger Forderung	86
	h) Umfang der Bindungswirkung	87
17.	Abschlagszahlungen	89
	a) Anspruch ohne Vereinbarung? Leitbildcharakter des Abs. 2?	89
	b) Verhältnis zu § 632a BGB	93
	c) »Nachgewiesene Leistungen«	98
	d) Prüfbare Rechnung; Fälligkeit	99
	e) Erbringung der Leistungen; Einfluss von Mängeln	100
	f) Angemessene zeitliche Abstände	101
	g) Anforderung; Verzug; Zurückbehaltungsrecht	102
	h) Verjährung der Abschlagszahlungsforderungen	105
	i) Prozessuales bei der Abschlagszahlungsklage	107
	j) Übergang auf Schlusszahlungsklage	110
18.	Fälligkeit von Nebenkosten	111
19.	Abweichende Zahlungsweisen, Vorschüsse, Vorauszahlungen	113
20.	Vereinbarung von Abschlagszahlungen und Sicherheitseinbehalten in AGB	114
21.	Rückforderung von Honoraren	115
	a) Vertraglicher oder bereicherungsrechtlicher Anspruch?	115
	b) Darlegungs- und Beweislast	119
	c) Verjährung	122
	d) Verwirkung	123
	e) Umfang des Rückforderungsanspruchs	124

1. Änderungen durch die HOAI 2009

Die Vorschrift des § 15 regelt die Art und Weise der Zahlung von Honorar und Nebenkosten. In Abs. 1 sind die Fälligkeitsvoraussetzungen für die Honorarschlussrechnung aufgeführt. Die Vorschrift wurde durch die 6. HOAI-Novelle geändert.[1] Die Ergänzung beschränkte sich darauf, dass die vertragliche Vereinbarung vorrangig ist (vgl. unten Rdn. 10). Die Vorschrift des Abs. 2 betrifft die Abschlagszahlungen. Der Abs. 3 regelt die Fälligkeit von Nebenkosten. Im Unterschied zur früheren Regelung muss seit der 6. HOAI-Novelle eine abweichende Regelung über die Nebenkosten nicht mehr »schriftlich«, jedoch immer noch »bei Auftragserteilung« vereinbart werden. In Abs. 4 ist festgelegt, dass und unter welchen Voraussetzungen die Vertragsparteien auch abweichende Zahlungsweisen vereinbaren können. Der frühere § 8 HOAI 2002 wurde zwar weitgehend übernommen, jedoch in einigen Punkten abgeändert:
− Im Hinblick auf die Fälligkeit der Schlusszahlung ist nach Abs. 1 eine vertragliche Fälligkeitsregelung vorrangig (vgl. Rdn. 10).

1

---

1 Vgl. zu den Übergangsfällen § 57 Rdn. 1 ff.

§ 15 HOAI Zahlungen

- Abschlagszahlungen können nach wie vor »in angemessenen zeitlichen Abständen« verlangt werden, der Parteivereinbarung über die Zeitpunkte wird aber der Vorrang eingeräumt (vgl. Rdn. 89).
- Nebenkostenvereinbarungen sind nach der Neuregelung bei Auftragserteilung möglich (vgl. Rdn. 111).

2. Änderungen durch die HOAI 2013

2 Statt der früheren, objektiv gefassten Voraussetzung für die Fälligkeit »vertragsgemäße Erbringung der Leistungen« wurde nun die **Abnahme** als Fälligkeitsvoraussetzung eingeführt. Abweichende Vereinbarungen zur Fälligkeit wurden von der Schriftform abhängig gemacht, wobei zweifelhaft ist, ob dies wirksam sein kann. Die Bestimmung über die **Abschlagszahlungen** wurde zwar nicht verändert, jedoch ist zweifelhaft, ob der Verordnungsgeber diesbezüglich eine Ermächtigung zur gegenüber dem BGB abweichenden Regelung hat. Bezüglich der **Nebenkosten** wurde berücksichtigt, dass häufig Nebenkostenpauschalen vereinbart werden und diesbezüglich wurde festgelegt, dass die Pauschale mit der Honorarrechnung fällig wird.

3. Anwendungsbereich des § 15 HOAI; abweichende Fälligkeitsvereinbarungen

3 Die Vorschrift des § 15 ist konzipiert für die Honorare aller Auftragnehmer betreffend **Leistungen aus allen Teilen** der HOAI. Erfasst sind damit insgesamt alle Honorare, die sich auf der Grundlage einer Vorschrift der HOAI ermitteln lassen.[2] Die entsprechenden Leistungen müssen in der HOAI »beschrieben« sein.[3] Die Vorschrift des § 15 gilt damit nicht für Projektsteuerer, weil auch in der alten HOAI ein Leistungsbild mit vollständiger Honorarregelung nicht enthalten war.[4] Auch für den sog. Paketanbieter (vgl. § 1 Rdn. 11 f.) ist die Vorschrift nicht einschlägig.

4 Greift die HOAI ein, weil für die konkreten Leistungen und Objekte eine Regelung über Leistungsbild, Honorarzone, anrechenbare Kosten und Honorarberechnung existiert,[5] dann stellt sich bei **höheren anrechenbaren Kosten** als dem Tafelendwert die Frage, ob § 15 in diesen Fällen heranzuziehen ist. Bedeutung hat die Frage im Hinblick auf Fälligkeit, Verzug, Abschlagszahlungen und den Beginn der Verjährungsfrist. Die Rechtsprechung hat sich in Hinsicht auf die alte HOAI dafür entschieden, dass § 8 a. F. auf Honorare für in der **HOAI geregelte Leistungen** auch dann anwendbar ist, wenn die Tafelwerte überschritten sind.[6] Das gilt in gleicher Weise für § 15. Soweit § **15 nicht anwendbar** ist, bemisst sich die Fälligkeit von Abschlagszahlungen bzw.

---

2 Bisher allg. Meinung: z. B. *Pott/Dahlhoff/Kniffka/Rath*, § 15 Rn. 1; vgl. auch § 1 Rn. 7.
3 BGH BauR 2007, 724 = NJW-RR 2007, 596 = NZBau 2007, 315 mit zustimmender Anmerkung *Baldringer* NZBau 2007, 421 = Analyse *Koeble* auf www.jurion.de/Modul Werner Baurecht.
4 BGH BauR 2007, 728 zu § 31 HOAI a. F. betr. den Projektsteuerer; dazu Einl. Rdn. 473 ff.
5 Vgl. BGH BauR 2007, 724 = NJW-RR 2007, 596 = NZBau 2007, 315 m. zust. Anm. *Baldringer* NZBau 2007, 421 = Analyse *Koeble* auf www.jurion.de/Modul Werner Baurecht.
6 BGH BauR 2006, 674 (676) = NJW-RR 2006, 597; vgl. im Hinblick auf abweichende Zah-

Schlussrechnungen in erster Linie nach der vertraglichen Vereinbarung und andernfalls nach § 641 BGB bzw. § 632a BGB. Für die Fälligkeit einer Schlusszahlung ist außerhalb der HOAI eine prüfbare Schlussrechnung im strengen Sinne nicht erforderlich. Auch hier muss aber der Auftraggeber in die Lage versetzt werden, die in der Schlussrechnung vorgenommene Berechnung überprüfen zu können. Eine Anforderung des Honorars ist also auf jeden Fall erforderlich und die Minimalvoraussetzungen für die Nachprüfung auf Seiten des Auftraggebers müssen gegeben sein. Damit liegen dann die Anforderungen an die »Durchsetzbarkeit der Forderung« vor, welche für den Beginn der Verjährungsfrist maßgebend ist.[7]

Mit der HOAI 2013 wurde eingefügt, dass die Fälligkeitsvoraussetzungen durch »schriftliche« Vereinbarung der Parteien abgeändert werden können. Die Abänderungsmöglichkeit war schon bisher gegeben. Ob die Schriftformregelung wirksam ist, muss bezweifelt werden. Immerhin könnten die Parteien eine mündliche Vereinbarung treffen, wonach ausschließlich die Fälligkeitsvoraussetzungen des BGB gelten, also die Abnahme notwendig ist und dagegen die Übergabe einer prüfbaren Schlussrechnung keine Rolle spielt. Soll eine derartige, mündliche Vereinbarung unwirksam sein? Es spricht alles dafür, dass die Schriftform Beweisfunktion hat und keine anspruchsbegründende Voraussetzung ist. 5

4. Unterschiede zum BGB; Wirksamkeit des § 15 HOAI

a) Unterschiede zum BGB

Da die Verträge mit Architekten und Ingenieuren betreffend Bauvorhaben aller Art regelmäßig Werkverträge sind, wäre hinsichtlich der **Fälligkeit** der Honorarrechnung § 641 BGB einschlägig. Nach dieser Vorschrift ist die **Vergütung** erst **bei Abnahme** des Werks zu entrichten, es sei denn, das Werk wäre in Teilen abzunehmen, und die Vergütung für die einzelnen Teile wäre bestimmt. Eine **Teilabnahme** muss jedoch im Verhältnis zwischen Auftraggeber und Auftragnehmer ausdrücklich vereinbart sein. Zwar sind die Leistungen der Architekten und Ingenieure an sich teilbar. Eine Teilabnahme i. S. d. § 641 BGB setzt jedoch voraus, dass ein dahin gehender Wille des Auftraggebers klar zum Ausdruck gebracht wurde. Dieser Wille darf nicht unterstellt oder vermutet werden.[8] Von der konkludenten Vereinbarung einer Teilabnahme kann auch dann nicht gesprochen werden, wenn der Auftragnehmer verfrüht seine Schlussrechnung erstellt und der Auftraggeber sie bezahlt.[9] Die Teilabnahme wurde nun durch 6

---

lungsweisen nach Abs. 4: OLG Stuttgart v. 06.05.2014 – 10 U 1/13 = IBRRS 2015, 2186 und dazu unten Rdn. 113.
7 BGH BauR 2007, 724 = NJW-RR 2007, 596 = NZBau 2007, 315 mit zustimmender Anmerkung *Baldringer* NZBau 2007, 421 = Analyse *Koeble* auf www.jurion.de/Modul Werner Baurecht.
8 BGH BauR 1974, 215 = NJW 1974, 697; vgl. Einl. Rdn. 145 ff.
9 BGH BauR 2006, 1392 = NZBau 2006, 519 = NJW-RR 2006, 1248; zum Ganzen *Scholtissek* NZBau 2006, 623; zur Teilabnahme vgl. ferner Einl. Rdn. 145 ff.

§ 15 HOAI Zahlungen

das neue **Bauvertragsrecht 2017** seit 01.01.2017 in gesetzlicher Form für Architekten- und Ingenieurverträge eingeführt.[10]

7 Neben einer möglichen Teilabnahme mit Fälligkeit von Teilzahlungen (vgl. oben Rdn. 6) gewährt § **632a BGB** die Möglichkeit zu **Abschlagszahlungen** beim Werkvertrag. Diese Vorschrift galt für seit dem 01.05.2000 abgeschlossene Verträge. Sie ermöglichte Abschlagszahlungen »für die erbrachten, vertragsgemäßen Leistungen« allerdings nur im Hinblick auf »in sich abgeschlossene Teile des Werkes« und nur dann, wenn dem Besteller Eigentum an den Teilen übertragen oder Sicherheit hierfür geleistet wird.[11] Für seit dem 01.01.2009 abgeschlossene Verträge gilt die Abschlagszahlungsregelung des § 632a BGB nach dem Forderungssicherungsgesetz in veränderter Form. Danach kann der Auftragnehmer »eine Abschlagszahlung in der Höhe verlangen, in der der Besteller durch die Leistung einen Wertzuwachs erlangt hat«. Ob und inwieweit ein Wertzuwachs bei Verträgen mit Architekten und Ingenieuren zu bejahen ist, ist im Einzelnen zu prüfen (vgl. unten Rdn. 93 ff.). Durch das neue **Bauvertragsrecht 2017** wurde die Abschlagszahlungsregelung des § 632a BGB erneut geändert. Maßgebend ist jetzt nicht mehr der »Wertzuwachs beim Besteller«, sondern der objektive Wert der vom Unternehmer erbrachten und geschuldeten Leistung im Gefüge und auf der Grundlage des konkreten Vertrages. Neu ist auch die Regelung, wonach nicht mehr die gesamte Abschlagszahlung bei wesentlichen Mängeln verweigert werden kann, sondern auch in solchen Fällen nur ein »angemessener Einbehalt« von der Abschlagszahlungsrechnung vorgenommen werden kann.[12]

b) Wirksamkeit des § 15 HOAI

8 Die Fälligkeits- und Abschlagszahlungsregelungen des Werkvertragsrechts des BGB ändert § 15 ab.[13] Die Bestimmung greift damit in das materielle Werkvertragsrecht ein. Es stellt sich deshalb die Frage, ob § 15 von der Ermächtigungsvorschrift des Art. 10 § 2 MRVG gedeckt ist. Die h. M. und der BGH bejahen dies, sodass danach § 15 automatisch und damit auch **ohne ausdrückliche schriftliche Vereinbarung** der Parteien gilt.[14] Der BGH folgert dies daraus, dass die Ermächtigungsvorschrift zum Erlass einer Honorarordnung ermächtige und damit zu mehr als der bloßen Festsetzung von Preisen, nämlich zur Regelung aller Honorarfragen. Bedeutung hat dies im Hinblick auf die Fälligkeitsvoraussetzungen des § 15 Abs. 1 sowie die Berechtigung zur Forderung von Abschlagszahlungen nach § 15 Abs. 2. Ein entscheidender Unterschied

---

10 Vgl. dazu Einl. Rdn. 10 ff.
11 Zu den Einzelheiten z. B. Palandt-*Sprau*, § 632a Rn. 1 ff.; zur Frage, ob die Vorschrift neben § 15 Abs. 2 HOAI Bedeutung hat, vgl. unten Rdn. 93 ff.
12 Zu den Einzelheiten vgl. unten Rdn. 100.
13 Zu den Auswirkungen vgl. *Volnovic/Pliquett* BauR 2011, 1871.
14 BGH BauR 1981, 582 [588] m. Anm. *Locher* = NJW 1981, 2351 [2354]; *Böggering* BauR 1983, 402; *Hartmann*, § 8 Rn. 1; *Jochem*, § 15 Rn. 1 und *Locher*, Die Rechnung im Werkvertragsrecht, S. 56 ff.; *Meißner* FS Soergel, 1993, S. 205 [206]; *Neuenfeld*, § 8 Rn. 4; *Pott/Dahlhoff/Kniffka/Rath*, § 15 Rn. 6f; *Werner* in *Werner/Pastor*, Rn. 1163; *Weyer* BauR 1982, 309; *Preussner* in MNP § 15 Rn. 6 ff.; *Stein* in FBS, § 15 n. 4.

zur gegenteiligen Meinung ergibt sich auch im Hinblick auf den **Verjährungsbeginn.** Nach Auffassung des BGH ist der Verjährungsbeginn auch ohne ausdrückliche Vereinbarung des § 15 sogar bei vorzeitiger Beendigung der Vertragsbeziehungen von der Erteilung einer Honorarschlussrechnung abhängig (vgl. unten Rdn. 51 ff. und 68). Eine weitere Folge der Entscheidung des BGH ist es, dass **abweichende Vereinbarungen** über die Fälligkeit des Resthonorars oder von Abschlagszahlungen zwar möglich sind, jedoch an der **Leitbildfunktion des** § 15 sowie anderer Fälligkeitsregelungen der HOAI zu messen sind (vgl. hierzu Rdn. 113). Der BGH hat seine Auffassung inzidenter mehrfach bestätigt.[15] Die Auffassung des BGH ist für die Rechtspraxis zugrunde zu legen. Sie überzeugt jedoch nicht.[16] Auch die Tatsache, dass zum Erlass einer Honorarordnung ermächtigt wurde, rechtfertigt es nicht, dem Gesetzgeber den Willen zur abweichenden Regelung gegenüber § 641 BGB zu unterstellen. Derartiges hätte ausdrücklich in der Ermächtigungsvorschrift des Art. 10 §§ 1, 2 MRVG geregelt werden müssen. Es fehlt damit an der Bestimmtheit der Ermächtigungsvorschrift. Die soeben angesprochenen Folgen aus der BGH-Entscheidung sind somit abweichend zu entscheiden. Seit der Neuregelung durch die HOAI 2013 reduziert sich das Problem auf die zusätzliche Voraussetzung der Übergabe einer prüfbaren Schlussrechnung sowie die Abweichung von § 632a BGB. Z. T. wird deshalb die Auffassung vertreten, dass führe nicht (mehr) zur Unwirksamkeit des § 8.[17] Dabei wird verkannt, dass das grundlegende, verfassungsrechtliche Problem einer Rechtsgrundlage für die Fälligkeitsregelung nicht gelöst wurde.

5. Bedeutung der Fälligkeit; Verzug

Ein Anspruch kann nur dann fällig werden, wenn er bereits entstanden ist. Nach § 631 BGB entsteht der Honoraranspruch des Architekten und des Ingenieurs bereits mit Abschluss des Vertrages. Er wird fällig unter den Voraussetzungen des § 641 BGB bzw. des § 15 (vgl. oben Rdn. 6 ff.). Die Fälligkeit ist ihrerseits Voraussetzung für den **Verzug** des Auftraggebers (§ 286 BGB) und damit für die Zinspflicht und für den Ersatz von Verzugsschäden (§§ 280 f., 288 BGB). Für Rechnungen, die zwischen dem 01.05.2000 und dem 31.12.2001 erstellt wurden, kam Zahlungsverzug nur noch nach § 284 Abs. 3 BGB a. F. binnen 30 Tagen nach Fälligkeit und Zugang in Frage, während Mahnungen nach § 284 Abs. 1 BGB a. F. wirkungslos waren.[18] Seit

9

---

15 Z. B. BGH BauR 2000, 589 = BB 2000, 221 = NJW-RR 2000, 386 = ZfBR 2000, 145; BGH BauR 2006, 674 = NJW-RR 2006, 597 = NZBau 2006, 245.
16 Wie hier gegen die Auffassung des BGH: *Wirth/Galda* in KMV, § 15 Rn. 5 (»möglicherweise«); *Hesse* BauR 1984, 449 [452]; *Mauer*, FS *Locher*, S. 189 [190]; *Meiski* BauR 1993, 23 mit eingehender Begründung; *Schmitz* NJW 1982, 1489 [1491]; *Quambusch* BauR 1986, 141; *Schwenker/Thode* ZfIR 2006, 369; *Scholtissek* NZBau 2006, 299; *Orlowsky* ZfBR 2013, 315 (320).
17 *Preussner* in MNP § 15 Rn. 9; *Randhahn* BauR 2011, 1086 (089).
18 So h. M.: *Kniffka* ZfBR 2000, 227; *Jani* BauR 2000, 949; *Risse* BB 2000, 1050; *Vollmer* ZfIR 2000, 421; *Palandt-Heinrichs*, § 284 Rn. 24; a. A. *Kiesel* NJW 2000, 1673; *Kiesel* NJW 2001, 108 und *Pick* ZfBR 2000, 333.

§ 15 HOAI Zahlungen

01.01.2002 ist klargestellt, dass der Schuldner »spätestens« nach 30 Tagen ab Zugang der Rechnung in Verzug kommt und eine vorherige Mahnung (§ 286 Abs. 1, 3 BGB) ebenfalls den Verzug begründen kann. Soweit der Auftraggeber ein Verbraucher ist, tritt Zahlungsverzug innerhalb von 30 Tagen nach Zugang der Rechnung nur ein, wenn auf diese Folge in der Rechnung hingewiesen wurde (§ 286 Abs. 3 S. 1, 2. Halbs. BGB). Der Verzugszinssatz betrug für Verträge bis 28.07.2014 8 %-Punkte über dem Basiszinssatz und seither 9 %-Punkte über dem Basszinssatz (Art. 229 § 34 EGBGB). Die Fälligkeit des Honoraranspruchs ist darüber hinaus von Bedeutung für den Beginn der Verjährung dieser Forderung.[19]

6. Voraussetzungen für die Fälligkeit der Schlusszahlung (Abs. 1)

a) Nach HOAI 2002/2009

10   Nach Abs. 1 ist die Fälligkeit des Honoraranspruchs für die Schlussrechnung an drei Voraussetzungen geknüpft: die vertragsgemäße Erbringung der Leistungen,[20] die Erstellung einer prüffähigen Honorarschlussrechnung (vgl. Rdn. 20 ff.) und die Überreichung der prüffähigen Honorarschlussrechnung (vgl. Rdn. 40). Daneben können die Vertragspartner zusätzliche Fälligkeitsvoraussetzungen vereinbaren.[21] Nach der Neufassung können abweichende Fälligkeitsvoraussetzungen »**vertraglich vereinbart**« werden. Die schriftliche Honorarvereinbarung ist dafür ausdrücklich nicht erforderlich. Es liegt auch kein Fall des § 7 Abs. 1 HOAI vor, weil es nicht um die Honorarvereinbarung selbst geht. Damit bleibt es dabei, dass abweichende Fälligkeitsvoraussetzungen formlos vereinbart werden können. Die Formulierung »vertraglich« bedeutet nicht zugleich schriftlich, weil auch der Architekten- oder Ingenieurvertrag jederzeit mündlich abgeschlossen werden kann. Die Regelung in Abs. 4 ändert daran nichts. Hier sind nicht die Fälligkeitsvoraussetzungen, sondern völlig andere Zahlungsweisen (z. B. Vorauszahlungen oder monatliche Ratenzahlungen) gemeint (vgl. dazu unten Rdn. 113).

b) Nach HOAI 2013

11   Eine der wesentlichen Änderungen im Bereich der Zahlungen betrifft die Fälligkeitsvoraussetzungen. Nach HOAI 2013 ist die **Abnahme** erforderlich und der rein objektive Sachverhalt der vertragsgemäßen Erbringung der Leistung genügt nicht mehr. Damit ist die Fälligkeitsregelung an das BGB angenähert worden, jedoch ist gegenüber dem BGB in der HOAI noch die prüfbare Schlussrechnung zu übergeben. Entscheidend wird also in Zukunft sein, ob Umstände für eine Billigung der Leistung durch den Auftraggeber gefunden werden können oder ob eines der Abnahmesurrogate vorliegt.[22] Soweit eine **Teilabnahme** vereinbart oder nach § 650r möglich und erfolgt

---

19   Zur Verjährungsfrist vgl. unten Rdn. 56 ff.; zum Verjährungsbeginn vgl. unten Rdn. 57 ff., 64 und 68; zu den prozessualen Folgen bei fehlender Fälligkeit vgl. unten Rdn. 41 f.
20   Vgl. Rdn. 12 ff.; zur vorzeitigen Beendigung vgl. unten Rdn. 51.
21   Vgl. OLG Oldenburg NJW-RR 1997, 785 zur Aufnahme des Objekts in ein Krankenhausinvestitionsprogramm und zum Wegfall der Geschäftsgrundlage.
22   Vgl. dazu i. E. Einl. Rdn. 132 ff. und unten Rdn. 19.

ist, kommt auch die Stellung einer **Teilschlussrechnung** mit den Wirkungen einer Schlussrechnung in Frage (dazu Rdn. 22).

7. Die »vertragsgemäße Erbringung der Leistung« (HOAI 2002/2009)

Die vertragsgemäße Erbringung der Leistung setzt in jedem Fall die **Fertigstellung** der übertragenen Arbeiten voraus. Der Auftragnehmer muss die ihm nach seinem speziellen Vertrag obliegenden Leistungen erbracht haben. Eine **Abnahme** seiner Leistungen ist dagegen nicht erforderlich,[23] auch nicht bei Kündigung bzw. sonstiger vorzeitiger Beendigung des Vertragsverhältnisses.[24] Sie ist jedoch ausreichend, und zwar auch in Form der fiktiven Abnahme auf das Abnahmeverlangen des Auftragnehmers hin (§ 640 Abs. 1 S. 3 BGB). Das ergibt sich daraus, dass die Abnahme neben dem objektiven Element der vertragsgemäßen Erbringung der Leistung noch das zusätzliche, subjektive Element der Billigung enthält. Für die vertragsgemäße Erbringung der Leistung ist aber Voraussetzung, dass die Leistung **abnahmefähig** ist.[25] Dies bedeutet jedoch nicht, dass die Leistungen des Auftragnehmers und das Bauwerk völlig mängelfrei sein müssen. Im Einzelnen sind zur Beantwortung der Frage, wann der Auftragnehmer seine Leistung vertragsgemäß erbracht hat, obwohl **am Bauwerk Mängel** vorliegen, drei Fallgruppen zu unterscheiden:[26]

12

– Geringfügige, **unerhebliche Mängel** des Bauwerks können die Fälligkeit des Honoraranspruchs des Auftragnehmers nicht hindern,[27] unabhängig davon, ob sie auf Planungs- und/oder Überwachungsfehlern beruhen. Dem Auftraggeber stehen hier ggf. Mängelansprüche, insbesondere Minderungsansprüche hinsichtlich des Honorars oder Schadensersatzansprüche zur Verfügung.[28] Der Unterschied zum Bauvertrag ergibt sich daraus, dass der Architekt/Ingenieur nicht das körperliche Bauwerk schuldet.

13

– Liegen dagegen **gravierende Mängel** vor, die der Auftragnehmer **weder verursacht noch verschuldet** hat, so treffen ihn folgende Tätigkeitspflichten: Im Rahmen der Objektüberwachung (Leistungsphase 8) muss der Auftragnehmer mindestens einmal, wenn nicht zweimal zur Beseitigung der Mängel auffordern.[29] Bleibt seine Aufforderung gegenüber den am Bau Beteiligten erfolglos, so muss er diesen Sachverhalt dem Auftraggeber mitteilen und hat damit seiner Verpflichtung Genüge getan. Die notwendigen Maßnahmen – insbesondere auch eine Fristsetzung eventuell sogar ver-

14

---

23 Ebenso BGHZ 125, 111 [114 f.] = BauR 1986, 596 = NJW-RR 1986, 1279 = ZfBR 1986, 232.
24 Anders für den Bauvertrag BGH BauR 2006, 1294 m. Anm. *Buscher* = ZfBR 2006, 638 m. Anm. *Thode*; vgl. unten Rdn. 51.
25 Ebenso *Thode* ZfBR 1999, 116 [117]; *Neuenfeld*, § 8 Rn. 1; *Werner* in *Werner/Pastor*, Rn. 1165; vgl. auch BGH NJW 1974, 697 = BauR 1974, 215; BGHZ 125, 111 [114 f.] = BauR 1994, 382 = NJW 1994, 1276 = ZfBR 1994, 232.
26 Vgl. zum Ganzen *Meißner*, FS Soergel, 1993, S. 205 [209 f.].
27 Mängelbeseitigungskosten etwa 1.000 € bis 2.000 € bei durchschnittlichen Wohngebäuden und sicherlich auch mehr bei umfangreichen Projekten mit hohen Baukosten.
28 Ebenso *Werner* in *Werner/Pastor*, Rn. 1165; a. A. *Thode* ZfBR 1999, 116 [117].
29 Zur Vollmacht vgl. Einl. Rdn. 106 ff.

bunden mit einer Kündigungsandrohung oder gar die Kündigung selbst, aber auch die Inverzugsetzung – hat der Auftraggeber selbst zu ergreifen. Der Auftragnehmer muss hier nicht die tatsächliche Durchsetzung der Mängelansprüche und die spätere Mängelbeseitigung abwarten. Hierauf hat er keinen Einfluss. Sein Honorar wird in diesem Fall also fällig, wenn er die Mitteilung an den Auftraggeber gemacht hat. Wenn dagegen der am Bau Beteiligte die Mängelbeseitigung nach der Aufforderung vornimmt, so hat der Auftragnehmer diese zu überwachen. Erst nach Abschluss der Überwachungstätigkeit hat er dann seine Leistung vertragsgemäß erbracht. Dabei muss die Beseitigung der bis zur Abnahme aufgetretenen Mängel überwacht werden, wenn der Auftragnehmer die Objektüberwachung in Auftrag hat. Sind ihm zusätzlich die Objektbetreuung und Dokumentation (Leistungsphase 9) übertragen, so hat er auch die Beseitigung der nach der Abnahme aufgetretenen Mängel zu überprüfen (vgl. dazu ferner unten Rdn. 16 ff.).

15 – Hat der Auftragnehmer schließlich **wesentliche Mängel selbst verursacht** oder mit verursacht und mit verschuldet, so ist zu unterscheiden, ob eine Mängelbeseitigung durch den Auftragnehmer in Frage kommt oder nicht. Lassen sich die Planungs- oder Vergabeleistungen noch »nacherfüllen«, so wird der Honoraranspruch erst nach Ausführung der Nacherfüllungsarbeiten fällig.[30] Entsprechendes gilt auch, wenn der Auftragnehmer ausnahmsweise berechtigt ist, Mängel des Bauwerks zu beseitigen.[31] Kommt dagegen eine Nacherfüllung der Leistung des Auftragnehmers oder ein Nacherfüllungsrecht des Auftragnehmers hinsichtlich Mängeln des Bauwerks selbst nicht in Frage, so wird der Honoraranspruch dennoch sofort fällig, da insoweit dem Auftraggeber Schadensersatzansprüche zustehen. Sofern er damit die Aufrechnung oder Verrechnung gegenüber Honoraransprüchen erklärt oder Minderung wegen Mängel geltend macht, wird der Vergütungsanspruch des Auftragnehmers fällig.[32] Zur vertragsgemäßen Erbringung der Leistungen i. S. des § 15 Abs. 1 gehört es nicht, dass der Auftragnehmer wegen Planungs- oder Überwachungsfehlern geschuldeten Schadensersatz geleistet hat. Etwaige Schadensersatzansprüche hindern die Fälligkeit des Honoraranspruchs also nicht.[33]

16 Problematisch ist, inwieweit die Fälligkeit der Honorarforderung von der »vertragsgemäßen Erbringung« der Teilleistungen aus der **Leistungsphase 9** des § 34 (Objektbetreuung und Dokumentation) abhängig ist. Der Auftragnehmer kann hier nämlich mit der Überwachung der Mängelbeseitigung noch bis zum Ablauf der 5-jährigen Verjährungsfrist für Mängelansprüche nach § 634a BGB befasst sein. Im Übrigen ist der

---

30 Ebenso Korbion/Mantscheff/Vygen-*Wirth*, 8. Aufl., § 15 Rn. 17 ff.; *Maurer*, FS *Locher*, S. 191; *Werner* in *Werner/Pastor* Rn. 1165 ff.
31 Vgl. hierzu *Locher*, Das private Baurecht, Rn. 383.
32 BGH BauR 2002, 1399 = NJW 2002, 3019 für den Vergütungsanspruch bei einem Bauvertrag, wenn der Auftraggeber Minderung verlangt.
33 BGH BauR 1974, 137 = BB 1974, 158; OLG Oldenburg SFH Nr. 10 zu § 8 HOAI; *Neuenfeld*, § 8 Rn. 5 ff.; *Pott/Dalhoff/Kniffka/Rath*, § 15 Rn. 8 ff.; *Werner* in *Werner/Pastor*, Rn. 1165 ff.; zur Pflicht, auf eigene Fehler hinzuweisen, vgl. BGHZ 71, 144 = NJW 1978, 1311.

Zeitpunkt der Begehung zur Feststellung der Mangelhaftigkeit kurz vor Ablauf der Gewährleistungsfristen ebenfalls sehr spät.

Die Frage, ob die Fälligkeit der Schlusszahlung von der letzten, in Leistungsphase 9 zu erbringenden Leistung abhängt, war umstritten. Für die entsprechende Frage der Abnahme der Architektenleistung und den Gewährleistungsbeginn hatte der BGH[34] die Frage zunächst offen gelassen. Er entschied jedoch dann mit der h. M., dass die Abnahme erst nach Erbringung der Leistungen aus Leistungsphase 9 erfolgen könne.[35] Für die Fälligkeit der Schlussrechnung ist zwar nicht die Abnahme, sondern die »vertragsgemäße Erbringung der Leistungen« erforderlich. Auch dafür sind jedoch die gleichen Tätigkeitspflichten von zentraler Bedeutung.[36] Dies gilt sowohl für die Leistungen betreffend Mängel, die nach den Abnahmen der Leistungen der am Bau Beteiligten auftreten, als auch dann, wenn solche Mängel nicht auftreten und lediglich die Objektbegehung vor Ablauf der Gewährleistungspflicht im Verhältnis zu den am Bau Beteiligten erforderlich ist. Die Konsequenz ist damit, dass auch die Honorarschlussrechnung erst zu diesem späteren Zeitpunkt fällig wird.[37]

17

Allerdings kann der Auftragnehmer die **Abschlagszahlungen** bis einschließlich Leistungsphase 8 und ggf. auch für Teile der Leistungsphase 9 – wenn z. B. die nach den Abnahmen aufgetretenen Mängel beseitigt sind – geltend machen. Erteilt er in solchen Fällen eine Schlussrechnung, dann ist seine Vergütungsforderung insgesamt nicht fällig. Die Klage auf die Schlusszahlung ist als derzeit unbegründet abzuweisen (vgl. unten Rdn. 41). Möglich ist dagegen die Geltendmachung einer Abschlagszahlungsforderung in Höhe von mindestens 97 %, ggf. mehr, falls auch aus Leistungsphase 9 weitere Teilleistungen bereits erbracht sind. Hat der Auftragnehmer auf der Grundlage einer Schlussrechnung 100 % eingeklagt, so kann er auf der Grundlage der Schlussrechnung auch eine Abschlagszahlung in Höhe des richtigen Prozentsatzes geltend machen. Die Vorlage einer gesonderten, zusätzlichen Abschlagszahlungsrechnung wäre Förmelei.[38] Probleme der Prüfbarkeit ergeben sich ohnehin nicht, weil die Schlussrechnung mindestens die gleichen Anforderungen wie eine Abschlagszahlungsrechnung erfüllen muss. Die Umstellung kann durch schriftsätzliche Erklärung erfolgen. Nach nunmehr zutreffender Rechtsprechung des BGH handelt es sich dabei um keine Klagänderung, weil »der Anspruch auf Abschlagszahlung lediglich eine modifizierte Form des Anspruchs auf Werklohn« darstellt und kein anderer Streitgegenstand ist.[39] Um dem Fäl-

18

---

34 BauR 1992, 794 = NJW 1992, 2759 = ZfBR 1992, 275.
35 BGH BauR 1994, 392 = NJW 1994, 1276 = ZfBR 1994, 131 = LM Heft 6/94 HOAI Nr. 24 m. Anm. *Koeble*; a. A. *Putzier* NZBau 2004, 177 m. w. Nachw.
36 *Koeble* a. a. O.; vgl. auch OLG Frankfurt BauR 1985, 469.
37 Ebenso OLG Stuttgart BauR 1995, 414; OLG Köln BauR 1992, 803 = NJW-RR 1992, 1173 = SFH Nr. 54 zu § 638 BGB; OLG Düsseldorf NJW-RR 1992, 1174; OLG Hamm NJW-RR 1992, 1049.
38 Ebenso OLG Köln ZfBR 1994, 20; *Koeble* in Anm. zu BGH LM Heft 6/1994 HOAI Nr. 24.
39 BGH BauR 2005, 400 = NJW-RR 2005, 318 = NZBau 2005, 158 unter ausdrücklicher Aufhebung von BGH BauR 1999, 267 = NJW 1999, 713 = LM Nr. 4/1999, § 241 BGB Nr. 14 m. Anm. *Koeble* = ZfBR 1999, 98; vgl. dazu auch unten Rdn. 107 ff.

ligkeitsproblem bei Übertragung der Leistungsphase 9 zu entgehen, kann entweder ein gesonderter Vertrag abgeschlossen werden oder ist eine Abkoppelung der Leistungsphase 9 möglich. Auch die Vereinbarung einer Teilabnahme nach Leistungsphase 8 ist – sogar im Formularvertrag bzw. in AGB – möglich (dazu Einl. Rdn. 145 ff.).

8. Abnahme (HOAI 2013)

19 Nach HOAI 2013 muss neben der objektiven, vertragsgemäßen Erbringung der Leistung noch deren **Abnahme** hinzukommen. Diese kann als Billigung in mehreren Formen erfolgen, wobei die vertraglichen Regelungen zu beachten sind (dazu Einl. Rdn. 132 ff.). Durch die Neuregelung in § 650r BGB spielt auch die **Teilabnahme** für die Fälligkeit eine Rolle. Hier kann eine **Teilschlussrechnung** mit Wirkung einer Schlussrechnung gestellt werden (vgl. unten Rdn. 22). Soweit für abweichende Vereinbarungen **Schriftform** verlangt wird, stellt dies eine Abänderung der §§ 640, 641 BGB dar, welche von der Ermächtigungsgrundlage der HOAI nicht gedeckt und deshalb unwirksam ist (vgl. oben Rdn. 5).

9. Die prüffähige Honorarschlussrechnung

a) Notwendigkeit einer Rechnung; Anspruch des Auftraggebers auf Rechnung

20 Folgt man der Auffassung des BGH, wonach § 15 wirksam ist und automatisch für jeden Vertrag mit Auftragnehmern nach HOAI gilt (vgl. oben Rdn. 6 f.), so ist weitere Voraussetzung für die Fälligkeit der Honorarforderung neben der vertragsgemäßen Erbringung der Leistung die Überreichung (dazu Rdn. 40) einer prüffähigen Honorarschlussrechnung. Folgt man dieser Auffassung nicht, so wird die Honorarforderung nach § 641 BGB auch ohne Erteilung einer Schlussrechnung fällig.[40] Bei konsequenter Fortführung der Rechtsprechung des BGH gelten die Anforderungen an die Prüfbarkeit und im Hinblick auf den Verjährungsbeginn nicht nur bei ordnungsgemäßer Abwicklung des Vertragsverhältnisses, sondern auch im Falle der vorzeitigen Beendigung (vgl. zum Letzteren unten Rdn. 51 und 68).

21 Nicht höchstrichterlich geklärt ist, ob dem Auftraggeber ein **Anspruch auf Erteilung einer Rechnung** zusteht.[41] Aus § 14 UStG ergibt sich jedenfalls, dass zumindest eine – nicht den Prüfungsanforderungen der HOAI entsprechende – Rechnung vorgelegt werden muss, wenn der Auftraggeber Unternehmer ist. In diesem Fall hat er auch Anspruch auf gesonderten Ausweis der **Umsatzsteuer**.[42]

b) Schlussrechnung und Teilschlussrechnung

22 Fälligkeitsvoraussetzung ist, dass es sich der Sache nach um eine Honorarschlussrechnung des Auftragnehmers handelt, was auch im Hinblick auf die Bindungswirkung von

---

40 So für § 641 BGB ständige Rechtsprechung des BGH, vgl. i. E. *Grimme* NJW 1987, 468; vgl. oben Rdn. 5, 6 f.
41 Verneinend *Locher*, Die Rechnung im Werkvertragsrecht, S. 62.
42 BGH BauR 1989, 83 = ZfBR 1989, 65.

Bedeutung ist (vgl. hierzu unten Rdn. 70 ff.). Hierfür ist nicht erforderlich, dass die Rechnung ausdrücklich als Schlussrechnung bezeichnet wurde.[43] Es muss sich aber aus der Sicht des Auftraggebers (Empfängerhorizont) eindeutig um eine abschließende Rechnung handeln.[44] Das ist z. B. der Fall, wenn eine Rechnung »für die Leistungen beim Bauvorhaben X« erteilt wird oder wenn sonst aus der Rechnung hervorgeht, dass die gesamten Leistungen abgerechnet werden sollen.[45] Um eine Schlussrechnung mit Bindungswirkung kann es sich auch bei einer Abschlagszahlungsrechnung handeln, wenn nämlich schriftlich erklärt wird, dass keine zusätzlichen Forderungen geltend gemacht werden.[46] Ein Vorbehalt von Nachforderungen oder hinsichtlich der Nachberechnung bei den anrechenbaren Kosten (z. B. bei der Kostenfeststellung) beseitigt den Charakter als Schlussrechnung nicht.[47] Vielmehr ergibt sich hier nur die Frage, ob eine Bindungswirkung bei derartigen Vorbehalten eintritt.[48] Eine Schlussrechnung kann sogar vorliegen, wenn gleichzeitig ein Vergleichsangebot unterbreitet wird.[49] Eine als **Teilschlussrechnung** bezeichnete Rechnung kann durchaus im Wege der Auslegung als Abschlagszahlungsregelung anzusehen sein.[50] Entsprechendes gilt auch für eine vom Auftragnehmer als »**Zwischenrechnung**« bezeichnete Rechnung.[51] Wenn aber aus einer Passage oder Formulierung der Rechnung hervorgeht, dass sie noch keinen endgültigen Charakter haben soll, dann handelt es sich immer um eine Abschlagszahlungsrechnung.[52] Eine als **Teilschlussrechnung** oder **Zwischenrechnung** bezeichnete Rechnung kann angesichts der konkreten Umstände entweder als Abschlagszahlungsrechnung oder als Schlussrechnung anzusehen sein. Gegen Letzteres spricht jedoch meist die Bezeichnung, wenn nicht sonstige, gewichtige Gründe für den abschließenden Charakter der Rechnung vorliegen. Die **Wirkungen einer Schlussrechnung** – Fälligkeit, Verjährungsbeginn und Bindungswirkung – kann eine solche Rechnung nur haben, wenn die Parteien eine entsprechende Vereinbarung in diese Richtung getroffen haben und die Vorlage von Teilschlussrechnungen ausdrücklich vorgesehen ist.[53] Gleiches gilt auch dann, wenn die **Teilabnahme** vereinbart bzw. nach § 650r BGB erfolgt ist und hinsichtlich der erbrachten und teilweise abgenommenen Leistungen eine Teil-

---

43 Z. B. OLG Düsseldorf NJW-RR 1996, 1421.
44 Zur Würdigung aller Umstände bei der Auslegung vgl. BGH BauR 1992, 265; BGH BauR 1996, 138 = NJW-RR 1996, 145 = ZfBR 1996, 37; *Stein* in FBS, § 15 Rn. 13.
45 OLG Koblenz NJW-RR 1999, 1250.
46 Vgl. dazu BGH BauR 1975, 282 zur VOB[B].
47 OLG Karlsruhe BauR 1998, 171.
48 Vgl. hierzu unten Rdn. 70 ff., ebenso zur Frage, ob eine »Teilschlussrechnung« Bindungswirkung hat; zur Teilschlussrechnung vgl. i. E. *Koeble*, FS Werner, 2005, S. 123.
49 OLG Koblenz BauR 2000, 755 für ein Angebot von 1,5 % und die Erklärung: »Die Schlussrechnung würde lauten ...«.
50 BGH BauR 1992, 265; OLG Frankfurt BauR 2012, 123.
51 BGH BauR 1996, 138 = NJW-RR 1996, 145 = ZfBR 1996, 37.
52 *Koeble*, FS Werner, S. 123.
53 OLG Stuttgart BauR 2009, 842; ferner unten Rdn. 106; vgl. auch zu den Verträgen öffentlicher Auftraggeber über die Teilabnahme sowie über die Teilschlussrechnung *Koeble*, FS Werner, 2005, S. 123 ff.

schlussrechnung vorgelegt wird. Ohne eine solche Vereinbarung können die genannten Folgen nur dann eintreten, wenn die Voraussetzungen des § 650r BGB vorliegen. Daran ändert sich auch nichts, wenn die Rechnung am Ende einen Textbaustein mit dem Wortlaut »Ich bedanke mich für das entgegengebrachte Vertrauen« enthält. Dies besagt ebenso wenig wie die Bezeichnung der Rechnung als Schlussrechnung in der späteren Klagschrift.[54]

c) Grundlagen der Prüfbarkeit; Rüge und Rügefrist

23 Hinsichtlich der Prüfbarkeit sind die gleichen Anforderungen wie bei §§ 14, 16 Abs. 1 VOB/B zu stellen. Erforderlich ist damit eine übersichtliche Aufstellung der erbrachten Leistungen und der zugrunde gelegten Berechnungsfaktoren, damit dem Auftraggeber eine sichere Beurteilung der Leistungen möglich ist. Die Frage der Prüffähigkeit kann nicht generell entschieden werden. Vielmehr ist hier auf die Prüfungsmöglichkeiten des konkreten Empfängers abzustellen. Je nach der Sachkunde des Empfängers im Einzelfall können die Anforderungen niedriger sein, insbesondere dann, wenn der Auftraggeber selbst im Baugewerbe tätig ist oder bereits mehrere Bauvorhaben geführt hat. Die maßgebenden Grundsätze für die Prüfbarkeit hat der BGH Ende der 90er-Jahre festgelegt.[55] Danach ist die Prüfbarkeit der Rechnung kein Selbstzweck, und das Gericht darf von Amts wegen nicht höhere Anforderungen stellen, als die Parteien. Allein entscheidender Maßstab für die Prüfbarkeit der Rechnung sind die **Informations- und Kontrollinteressen** des Auftraggebers.[56] Dies hat der BGH nochmals ausdrücklich bestätigt und verfestigt.[57] Nach diesen Grundsätzen ist eine Rechnung auch dann prüfbar, wenn sie ein Architekt als Auftraggeber – z. B. eines Subplaners – selbst prüfen kann.[58] Entsprechendes gilt auch dann, wenn der Architekt des Bauherrn in der Lage ist, die Rechnung eines anderen Auftragnehmers zu prüfen.[59]

24 Maßgebend bleibt auch im Architekten- und Ingenieurhonorarprozess trotz des Mindest- und Höchstpreischarakters der HOAI die Dispositions- und Verhandlungsmaxime. Damit bestimmen die Parteien darüber, was Gegenstand des Rechtsstreits sein soll. Greift der Beklagte die Frage der Prüfbarkeit nicht auf, dann kann das Gericht diese Frage nicht von Amts wegen zum Gegenstand der Verhandlung machen. Der Beklagte

---

54 BGH BauR 2007, 586 = NZBau 2007, 252.
55 Zum Ganzen *Koeble* BauR 2000, 785; *Koeble* in *Kniffka/Koeble*, Kompendium, 12. Teil, Rn. 295 ff.; *Seifert* BauR 2001, 1330; *Meurer* BauR 2001, 1659; *Rath* BauR 2002, 557; *V. Schmidt* NJW 2015, 1159; zur Stellung einer nicht prüffähigen Honorarschlussrechnung vgl. i. e. *Locher*, FS Neuenfeld, 2016, S. 127 ff.
56 BGH BauR 1998, 1108 = NJW 1998, 3123 = ZfBR 1998, 290 = LM Heft 12/1998 HOAI Nr. 42 m. Anm. *Koeble*.
57 BGH BauR 1999, 63 = NJW-RR 1999, 95 = ZfBR 1999, 37; vgl. für den Fall, dass der Auftraggeber ein Architekt ist: BGH BauR 2000, 1511 = NJW 2000, 2587 = NZBau 2000, 388; OLG Zweibrücken NZBau 2005, 643, wonach ein Architekt als Auftraggeber nicht einfach ohne konkreten Vortrag die anrechenbaren Kosten bestreiten kann.
58 BGH BauR 2000, 1511 = NJW 2000, 2587 = NZBau 2000, 388.
59 OLG Bamberg NZBau 2003, 570.

ist mit **Einwendungen gegen die Prüfbarkeit** sogar ausgeschlossen, wenn er die Rechnung geprüft und dabei die sachliche und rechnerische Richtigkeit nicht in Zweifel gestellt hat.[60] Eine Rüge der Prüfbarkeit muss dem Auftragnehmer verdeutlichen, dass der Auftraggeber nicht bereit ist, in die sachliche Auseinandersetzung einzutreten.[61] Das gilt z. B.: wenn der Auftraggeber auf Einzelheiten der Rechnung eingeht, nicht aber auf die Prüfbarkeit oder die Rechnung als zu hoch, als inhaltlich falsch bezeichnet oder Gegenansprüche geltend macht. Entsprechendes gilt auch dann, wenn der Auftraggeber eine Gegenabrechnung erstellt und Honorar auf dieser Grundlage wegen Überzahlung zurückfordert.[62] Reagiert der Auftraggeber auf die Rechnung überhaupt nicht, dann ist er mit Einwendungen betreffend die Prüfbarkeit ausgeschlossen, wenn er diese nicht rechtzeitig, binnen einer **angemessenen Frist**, vorgebracht hat. Welcher Zeitraum angemessen ist, hängt vom Umfang der Rechnung und deren Schwierigkeitsgrad ab. Im Rahmen einer generalisierenden Betrachtungsweise hat der BGH einen **Zeitraum von zwei Monaten** seit Zugang der Schlussrechnung – in Anlehnung an § 16 Nr. 3 Abs. 1 VOB (B) – angenommen.[63] Fälligkeit tritt nach Ablauf von zwei Monaten ab Zugang der Rechnung auch dann ein, wenn diese erst im Prozess vorgelegt wurde und der Auftraggeber sich nicht gegen die Fälligkeit wendet.[64] Ob sich an diesem 2-Monats-Zeitraum etwas geändert hat, weil die VOB (B) nunmehr eine 1-monatige Prüfungsfrist als Regelfrist vorsieht, muss geklärt werden. Mit Inkrafttreten des § 271a BGB kann davon ausgegangen werden, dass im Regelfall als Prüfungsfrist 30 Tage ab Empfang der Rechnung gelten.[65] Spätere Einwendungen gegen die Prüfbarkeit können nur noch unter besonderen Umständen die Fälligkeit hinausschieben. Die stereotype Rüge der Prüfbarkeit ist dabei nicht ausreichend. Vielmehr muss der Auftraggeber innerhalb der angemessenen Frist **substanziiert rügen**, was er im Zusammenhang mit der Prüfbarkeit beanstandet. Eine wirksame Fälligkeitsrüge setzt voraus, dass der Auftragnehmer in die Lage versetzt wird, die fehlenden Anforderungen an die Prüffähigkeit nachzuholen. Es müssen deshalb diejenigen Teile der Rechnung und die Gründe bezeichnet werden, die nach Auffassung des Auftraggebers zur fehlenden Prüfbarkeit füh-

---

60 BGH BauR 1997, 1065 = NJW 1998, 135 = ZfBR 1998, 25; OLG Düsseldorf BauR 2001, 1137 [1139]; OLG Naumburg NZBau 2010, 448 = Analyse *Koeble* auf www.jurion.de/Modul Werner Baurecht; OLG Frankfurt BauR 2012, 123 für den Fall, dass der AG einen Rückforderungsanspruch geltend macht.
61 BGH BauR 2010, 1249 = NJW-RR 2010, 1176 = NZBau 2010, 443 = Analyse *Koeble* auf www.jurion.de/Modul Werner Baurecht; *Scholtissek* NZBau 2010, 441.
62 BGH BauR 2006, 693 = NZBau 2006, 248.
63 BGH BauR 2004, 316 = NZBau 2004, 216 m. Anm. *Hartung* NZBau 2004, 249; OLG Celle BauR 2008, 1657; ebenso für den VOB-Bauvertrag BGH BauR 2004, 1937; BGH BauR 2006, 678 = NJW-RR 2006, 455; BGH BauR 2010, 1249 = NJW-RR 2010, 1176 = NZBau 2010, 443 = Analyse *Koeble* auf www.jurion.de/Modul Werner Baurecht; *Scholtissek* NZBau 2010, 441. An der Frist dürfte sich durch Neuregelung des § 16 Abs. 3 Nr. 1 S. 3 VOB/B (Sept. 2012) aufgrund der Zahlungsverzugs-RiLi nichts ändern, weil es hier nicht um Verzug geht; OLG Düsseldorf Urt. v. 14.07.2016 – 5 U 73/14.
64 BGH BauR 2006, 517 = NJW-RR 2006, 454 = NZBau 2006, 179.
65 Das Ganze gilt für seit dem 28.07.2014 abgeschlossene Verträge; vgl. Art. 229 § 34 EGBGB.

ren.[66] Lediglich formelhafte Erklärungen genügen nicht und in solchen Fällen kann es sogar sein, dass auch gravierende Mängel der Prüfbarkeit, wie das Fehlen einer Kostenermittlung im richtigen System und in der richtigen Fassung, unbeachtlich bleiben.[67]

25 Soweit Mängel der Prüfbarkeit vorliegen, können diese vom Auftragnehmer auch noch durch anschließende Erläuterungen und sogar durch entsprechenden Prozessvortrag nachträglich behoben und die **Rechnung** in dieser Weise **noch prüfbar** gemacht werden.[68] Mit der Prüfbarkeit kann sich das Gericht im Rechtsstreit also nur noch dann befassen, wenn der Auftraggeber in substanziierter Weise und rechtzeitig die Mängel der Prüfbarkeit gerügt hat. Nur mit diesen Beanstandungen hat sich das Gericht auseinanderzusetzen.[69] Soweit der Auftraggeber mit Einwendungen gegen die Prüfbarkeit ausgeschlossen ist, bedeutet dies noch nicht, dass die von ihm beanstandeten Punkte unbeachtlich wären. Vielmehr spielen diese Gesichtspunkte meistens auch im Rahmen der **sachlichen Richtigkeit** (Begründetheit) eine Rolle (vgl. unten Rdn. 38).

d) Objektive Kriterien für die Prüfbarkeit

26 Die Prämisse für die Prüfbarkeit ist immer die Rechtsprechung des BGH betreffend die Informations- und Kontrollinteressen des konkreten Auftraggebers (vgl. oben Rdn. 23). Dennoch können im Zusammenhang mit der Prüfbarkeit einer Abrechnung nach HOAI für den Normalfall einige Grundsätze angegeben werden, die regelmäßig berücksichtigt werden müssen.[70] Für die Abrechnung nach HOAI gibt es einen Mindeststandard: Eine Rechnung über eine nach der HOAI abzurechnende Architektenleistung ist grundsätzlich nur dann prüffähig, wenn sie diejenigen Angaben enthält, die nach der HOAI notwendig sind, um die Vergütung zu berechnen. Das sind z. B. bei einem Honorar für Grundleistungen bei Gebäuden, Freianlagen und Raumbildenden Ausbauten die Angaben zu den unter Zugrundelegung der Kostenermittlungsarten nach DIN 276 in der Fassung vom Dezember 2008 (DIN 276) ermittelten anrechenbaren Kosten des Objekts, zum Umfang der Leistung und deren Bewertung, zur Honorarzone, der das Objekt angehört, sowie zum nach dem anwendbaren Honorarsatz berechneten Tafelwert.[71]

---

66 BGH BauR 2010, 1249 = NJW-RR 2010, 1176 = NZBau 2010, 443 = Analyse *Koeble* auf www.jurion.de/Modul Werner Baurecht; *Scholtissek* NZBau 2010, 441; BGH BauR 2004, 316 = NZBau 2004, 216 m. Anm. *Hartung* NZBau 2004, 249.
67 OLG Köln BauR 2002, 1581.
68 BGH BauR 1999, 63 [64] = NJW-RR 1999, 95 = ZfBR 1999, 37; OLG Hamm BauR 1998, 819 = NJW-RR 1998, 811; OLG Düsseldorf BauR 2000, 1889 = NJW-RR 2000, 1550 = NZBau 2000, 575; gegen die scheibchenweise Ergänzung der Rechnung: OLG Bamberg NJW-RR 1998, 22.
69 Zu den notwendigen Hinweisen vgl. unten Rdn. 43.
70 Zum Ganzen § 6 Rdn. 6 ff. sowie *Koeble* BauR 2000, 785; *Seifert* BauR 2001, 1330 und *Meurer* BauR 2001, 1659; *Rath* BauR 2002, 557.
71 BGH BauR 2004, 316 = NZBau 2004, 216 m. Anm. *Hartung* NZBau 2004, 249; vgl. diese Entscheidung auch zusammenfassend zu den Anforderungen bei vorzeitiger Beendigung; zu Letzterem auch unten Rdn. 51.; OLG Hamm Beschl. v. 04.09.2012 – 21 U 52/12 – NZB

e) System HOAI

Erster Grundsatz für die Abrechnung ist, dass diese im System der HOAI aufgestellt sein muss (vgl. § 6 Rdn. 6). Erforderlich sind im Regelfall die vier Komponenten für die Honorarabrechnung, nämlich Aussagen zu den anrechenbaren Kosten, zur Honorarzone, zur Honorartafel und zu den erbrachten Leistungen sowie ihre Bewertung nach Prozentsätzen. Dieses Abrechnungsschema ist auch bei Teilleistungen, bei Beauftragung mit Teilobjekten und bei Kündigung immer einzuhalten. Ausnahmen gibt es nur dort, wo die HOAI ausdrücklich eine andere Art der Abrechnung oder eine freie Honorarvereinbarung zulässt oder vorschreibt.[72]   27

f) **Aufteilung der Rechnung?**

Der zweite Grundsatz für die Abrechnung war früher bei Anwendung der HOAI 2002, dass eine Aufteilung der Rechnung in drei Teile, nämlich Leistungsphasen 1–4, Leistungsphasen 5–7 und Leistungsphasen 8–9 erfolgen muss.[73] Dieser Grundsatz ist weggefallen, weil nur noch die Kostenberechnung als Abrechnungsgrundlage maßgebend ist (§ 6 Abs. 1).   28

g) **Die richtige Kostenermittlung als Grundlage**

Der heutige **zweite Grundsatz** ist, dass für die Gesamtabrechnung die richtige Kostenermittlung zugrunde gelegt werden muss. Dies ist im Regelfall für alle Leistungsphasen die Kostenberechnung und nur im Ausnahmefall die Kostenschätzung (vgl. § 6 Rdn. 15 ff.).   29

h) **Kostenermittlung nach DIN 276**

Die Kostenermittlung muss ferner – und dies ist der **dritte Grundsatz** – die von der HOAI vorgeschriebene Form einhalten. Die HOAI schreibt hierzu im Regelfall vor, dass die »allgemein anerkannten Regeln der Technik« und bei Nichtvorliegen solcher Regeln einschlägige Verwaltungsvorschriften (Kostenvorschriften) heranzuziehen sind (vgl. § 4 Abs. 1 S. 2). Für Gebäude wird dies im Normalfall zur Anwendung der DIN 276 führen, während diese bei Ingenieurbauwerken erst Anfang 2010 in Kraft getreten ist (vgl. Anlage 2). Hinsichtlich der Fassung der DIN 276 sind § 4 Abs. 1 S. 3 und § 2 Abs. 10, 11 zu berücksichtigen. Derzeit hat sich die Fassung von Dezember 2008 als anerkannte Regel der Technik durchgesetzt (dazu § 4 Rdn. 11 ff.). Verwendet der Auftragnehmer die falsche Fassung der DIN 276, dann kann die Rechnung ausnahmsweise dennoch prüfbar sein, wenn es auf die Unterschiede zwischen den Fassungen der DIN   30

---

zurückgewiesen von BGH Beschl. v. 25.09.2013 VII ZR 276/12 betreffend die Kostenermittlung nach »falscher DIN 276«.
72 Vgl. z. B. BGH BauR 1990, 236 = NJW-RR 1990, 227 = ZfBR 1990, 75.
73 Vgl. für § 10 Abs. 2 HOAI a. F. z. B. OLG Rostock BauR 1993, 762 = NJW-RR 1994, 651; gegen den Wortlaut dieser Vorschrift *Maurer*, FS *Locher*, S. 189 [192].

§ 15 HOAI Zahlungen

im Einzelfall nicht ankommt.[74] Kein Problem der Prüfbarkeit sind Differenzen zwischen der ursprünglichen und einer nachgereichten Kostenermittlung.[75]

31 Soweit die DIN 276 in der Fassung von Dezember 2008 maßgebend ist, sind für die Kostenschätzung die Angaben mindestens bis Ebene 1 und für die Kostenberechnung bis Ebene 2 zu machen (vgl. § 2 Abs. 10, 11).

i) Angaben über Honorarzone und Honorartafel

32 Neben den anrechenbaren Kosten muss auch die Honorarzone (§ 5) angegeben sein.[76] Ist die Honorarzone durch Punktbewertung ermittelt worden, so sind die einzelnen Bewertungsmerkmale anzugeben. Verwiesen werden muss auch auf die herangezogene Honorartafel. Dagegen bedarf es keines Hinweises auf eine etwaige Interpolation oder die Formel dafür.[77]

j) Angaben über erbrachte Leistungen

33 In der Rechnung selbst müssen ebenfalls die erbrachten Leistungen aus dem jeweiligen Leistungsbild aufgeführt sein. Dabei genügt es nicht, auf die einzelnen Ziffern der Leistungsphasen zu verweisen. Vielmehr sind die genaue Benennung der Leistungsphasen selbst und die Angabe von in der HOAI vorgesehenen Prozentsätzen einerseits sowie der angeblich erbrachten Leistungen in Prozenten andererseits erforderlich.[78] Bei Erbringung aller Leistungen aus einer Leistungsphase müssen die Teilleistungen nicht angegeben werden.[79] Ein Teil der Rechtsprechung ist der Auffassung, dass bei Erbringung von Teilleistungen angegeben werden muss, weshalb und in welchem Umfang diese Leistungen z. T. erbracht wurden.[80] Dies dürfte im Hinblick auf die Prüfbarkeit jedoch zu weitgehend sein.[81]

k) Sonstige Angaben in der Rechnung

34 Neben den Leistungen sind auch die sonstigen abgerechneten Tätigkeiten anzugeben, insbesondere Honorare für Besondere Leistungen oder für außergewöhnliche oder un-

---

74 Vgl. OLG Oldenburg BauR 2004, 1804, wo es im entschiedenen Fall aber gerade Unterschiede gab, weil es zur Anwendung des § 10 Abs. 4 HOAI a. F. kam, OLG Hamm Beschl. v. 04.09.2012 – 21 U 52/12 – NZB zurückgewiesen von BGH, Beschl. v. 25.09.2013 VII ZR 276/12 betreffend die Kostenermittlung nach »falscher DIN 276«.
75 BGH BauR 1999, 63 = NJW-RR 1999, 95 = ZfBR 1999, 37.
76 OLG Hamm NJW-RR 1991, 1430 für die Tragwerksplanung.
77 Ebenso OLG Düsseldorf BauR 1996, 893; zweifelnd *Preussner* in MNP § 15 Rn. 57.
78 OLG Hamm BauR 1987, 582; LG Bamberg NJW-RR 1988, 984 für den Tragwerksplaner.
79 So mit Recht OLG Frankfurt BauR 1982, 600 [601].
80 So OLG Stuttgart BauR 1985, 587; OLG Rostock BauR 1993, 762 = NJW-RR 1994, 661; OLG Koblenz BauR 1998, 1043 = NJW-RR 1998, 954.
81 Ebenso OLG Rostock BauR 2000, 391 = NJW-RR 2000, 1040, ebenso für ein Wohnungsbauunternehmen als Auftraggeber Brandenburg. OLG BauR 2000, 913 und für einen Architekten als Auftraggeber BGH BauR 2000, 1511 = NJW 2000, 2587 = NZBau 2000, 388.

gewöhnlich lange dauernde Leistungen. Beansprucht der Auftragnehmer einen Umbauzuschlag, so ist dies ebenfalls anzugeben.[82] Entsprechendes gilt auch für zusätzliche, außerhalb der HOAI stehende erbrachte Leistungen, für die ein weitergehendes Honorar beansprucht wird.

Umstritten ist, ob in der Honorarrechnung auch die Paragraphen der HOAI angegeben sein müssen, die für die Honorarberechnung zugrunde gelegt werden. Die h. M. bejaht dies für den Regelfall[83] mit Recht.[84] Ohne Angabe der Paragraphen der HOAI ist es dem durchschnittlichen Bauherrn nicht möglich, zu überprüfen, ob die anrechenbaren Kosten zutreffend zugrunde gelegt sind und ob die richtige Honorarzone angewandt wurde. Für ein Wohnungsbauunternehmen oder einen fachkundigen öffentlichen Auftraggeber als Vertragspartner müssen diese Angaben dagegen nicht gemacht werden (vgl. oben Rdn. 23). Sie sind auch entbehrlich, wenn der Vertrag darauf Bezug nimmt.[85]   35

Eine Rechnung ist nur dann prüfbar, wenn auch die bereits geleisteten **Abschlagszahlungen** aufgeführt sind und ein Restbetrag ausgewiesen wird.[86] Für die Abrechnung mehrerer Objekte bedarf es einer getrennten Aufstellung.[87] Im Einzelfall können auch weitere Anforderungen bestehen.[88] Der Ausweis von **Umsatzsteuer** ist im Verhältnis zu gewerblichen Auftraggebern Fälligkeitsvoraussetzung. In solchen Vertragsverhältnissen kann auch die korrekte Bezeichnung des Adressaten eine Rolle spielen. Die Prüfbarkeit selbst dürfte insoweit aber nicht beeinträchtigt sein. Dem Auftraggeber steht jedoch ein Zurückbehaltungsrecht zur Verfügung.[89]   36

Zum Teil werden an die Prüfbarkeit im Einzelfall noch strengere Anforderungen gestellt. Im Regelfall wird man mit den oben (Rdn. 26 ff.) genannten Anforderungen   37

---

82 BGH BauR 1994, 655 = NJW-RR 1994, 1238 = SFH Nr. 23 zu § 649 BGB = ZfBR 1994, 219; OLG Stuttgart BauR 1985, 587.
83 Ausnahme: sachkundiger Bauherr; hierzu oben Rdn. 23.
84 OLG Düsseldorf BauR 1982, 294; OLG Hamm NJW-RR 1991, 1430; OLG Bamberg NJW-RR 1998, 22; OLG Bamberg NJW-RR 1988, 984 = BauR 1988, 638 [L] für den Statiker; a. A. KG BauR 1988, 624 [628] = NJW-RR 1988, 21; OLG Hamm BauR 1994, 536; OLG Brandenburg BauR 2000, 913 zu Recht für einen Wohnungsbauunternehmer als Auftraggeber.
85 OLG Düsseldorf BauR 2001, 1137 [1140].
86 BGH BauR 1994, 655 = NJW-RR 1994, 1238 = SFH Nr. 23 zu § 649 BGB = ZfBR 1994, 219; einschränkend OLG Düsseldorf BauR 2000, 1889 = NJW-RR 2000, 1550 = NZBau 2000, 575, wonach die unvollständige Angabe von Abschlagszahlungen die Prüfbarkeit nicht hindert, vor allem nicht, wenn spätere Abschlagszahlungen in der Klage berücksichtigt sind.
87 BGH BauR 2000, 1513 = ZfBR 2000, 546; a. A. OLG Rostock BauR 2000, 391 = NJW-RR 2000, 1040.
88 Vgl. BGH BauR 1994, 655 = NJW-RR 1994, 1238 = ZfBR 1994, 219 für § 20 und § 24 HOAI a. F. und dazu OLG Düsseldorf BauR 2001, 1137 (1140); vgl. auch OLG Bamberg NJW-RR 1998, 22.
89 OLG Düsseldorf Urt. v. 15.05.2008 – 5 U 68/07.

aber auskommen. Insbesondere ist es nicht berechtigt, vom Auftragnehmer die Angabe von Interpolationsformeln oder die Umsetzung von Kostenermittlungen aus DM-Beträgen in €-Beträge zu verlangen.[90]

l) Abgrenzung der Prüffähigkeit von der sachlichen Richtigkeit

38 Prüffähigkeit ist auch nicht gleichzusetzen mit sachlicher Richtigkeit oder Berechtigung der Forderung selbst.[91] Berechnet der Auftragnehmer zu viel, verrechnet er sich zu seinen Gunsten, setzt er die erbrachten Leistungsanteile zu hoch an oder stuft er das Objekt in eine zu hohe Honorarzone ein, so sind dies Fragen der Richtigkeit der Rechnung und nicht der Prüfbarkeit. Entsprechendes gilt, wenn die falschen Vorschriften der HOAI für die Abrechnung angewendet werden.[92] Fehlen dem Auftraggeber hier aber die Faktoren für die korrekte Abrechnung,[93] ist die Rechnung sowohl nicht prüfbar als auch inhaltlich falsch. Ebenfalls kein Problem der Prüfbarkeit ist die sachliche und rechnerische Richtigkeit der Kostenermittlung oder ihre korrekte Übernahme in die Rechnung.[94] Gleiches gilt auch für das Problem, ob die Außenanlage zutreffenderweise in die anrechenbaren Kosten eingeordnet wurde.[95] Der zutreffende Ansatz und die Bewertung von erbrachten Leistungen ist ebenfalls eine Frage der Begründetheit und nicht der Fälligkeit.[96] Auch eine falsche Berechnung[97] schließt die Prüfbarkeit der Rechnung nicht aus.[98] Der unberechtigte Ansatz eines Umbauzuschlags betrifft gleichfalls die Richtigkeit und nicht die Prüfbarkeit.[99] Das hat der BGH[100] auch in dem Fall so gesehen, dass Differenzen zwischen einer früheren, nicht ordnungsgemäßen und einer nachgereichten ordnungsgemäßen Kostenberechnung bestehen.[101] Ob die Mehr-

---

90 A. A. im Hinblick auf Letzteres jedoch OLG Celle BauR 2002, 1578, das eine in EURO ausgestellte Rechnung dann nicht für prüfbar hält, wenn sie Kostenermittlungen auf DM-Basis zugrunde liegen hat.
91 BGH BauR 1997, 1065 = NJW 1998, 135 = ZfBR 1998, 25; BGH BauR 1999, 63 = NJW-RR 1999, 95 = ZfBR 1999, 37; BGH BauR 2000, 124 = NJW 2000, 206 = ZfBR 2000, 47; BGH BauR 2000, 591 = NJW 2000, 808 = ZfBR 2000, 173.
92 OLG Hamm NJW-RR 1990, 522 für einen Statiker, der ohne schriftliche Vereinbarung 55 % der Gesamtkosten nach § 62 Abs. 5 HOAI a. F. abrechnet.
93 Im Beispiel der Abrechnung des Statikers die Dreiteilung der Rechnung sowie die Grundlagen für § 62 Abs. 4 HOAI a. F.
94 BGH BauR 2000, 124 = NJW 2000, 206 = ZfBR 2000, 47; OLG Frankfurt BauR 1994, 657 = NJW-RR 1994, 1502; eine Rüge, die anrechenbaren Kosten seien nicht nachvollziehbar, bezieht sich nicht zwingend auf Fehlen der Prüfbarkeit, sondern ggf. auf Mängel der inhaltlichen Richtigkeit: KG Urt. v. 25.01.2013 – 21 U 206/11 = BauR 2014, 1166 mit NZB BGH v. 21.11.2013 – VII ZR 45/13.
95 OLG Düsseldorf BauR 2007, 2092.
96 OLG Celle BauR 2008, 1657 auch zur Abweisung der Klage in einem solchen Fall; zu Letzterem vgl. auch unten Rdn. 41.
97 Z. B. der anrechenbaren Kosten.
98 OLG Köln BauR 1992, 668.
99 OLG Hamm BauR 1994, 535.
100 BauR 1999, 63 = NJW-RR 1999, 95 = ZfBR 1999, 37.
101 Vgl. auch OLG Hamm NJW-RR 1996, 83; OLG Rostock BauR 2000, 391 = NJW 2000,

wertsteuer in den anrechenbaren Kosten enthalten ist, ist gleichfalls ein Problem der Richtigkeit.[102] Ebenso dürfte es eine Frage der Richtigkeit sein, ob die Außenanlagen in den anrechenbaren Kosten gemäß § 10 Abs. 5 Nr. 5 HOAI a. F. zutreffend eingeordnet sind.[103] Die Prüfbarkeit kann auch bei Abrechnung auf der Basis einer unwirksamen Honorarvereinbarung gegeben sein.[104]

Häufig sind Fragen, die im Rahmen der **Prüfbarkeit** thematisiert werden, **auch im Rahmen der Richtigkeit** von Bedeutung. In diesen Fällen ist der Auftraggeber mit seinen inhaltlichen Angriffen gegen die Rechnung nicht etwa deshalb ausgeschlossen, weil er sie nicht innerhalb der 2-monatigen Prüfungsfrist nicht vorgebracht hat. Meist sind die gleichen Fragen, die auch im Rahmen der Prüfbarkeit eine Rolle gespielt hätten, dann unter dem Stichwort der Begründetheit abzuhandeln.[105] Bestreitet der Auftraggeber im Rechtsstreit die Richtigkeit in dieser Weise, dann kann es notwendig werden, wegen Fragen der Begründetheit eine neue Rechnung vorzulegen und dazu schlüssig vorzutragen.[106] 39

10. Überreichung der Schlussrechnung

Weitere Voraussetzung für die Fälligkeit ist, dass die prüffähige Schlussrechnung überreicht worden ist (vgl. oben Rdn. 11). Überreichung ist gleichzusetzen mit Zugang i. S. d. § 130 BGB. Nicht notwendig ist danach, dass der Auftragnehmer die Schlussrechnung dem Auftraggeber aushändigt. Vielmehr genügt es, wenn die Honorarschlussrechnung in den Einwirkungsbereich des Auftraggebers gelangt. Hierfür trägt allerdings der Auftragnehmer die Beweislast. Es ist deshalb zu empfehlen, dass die Honorarschlussrechnung mit Einschreiben-Rückschein an den Auftraggeber gesandt oder im Beisein von Zeugen übergeben wird. Die Übergabe einer Rechnung bzw. die Anforderung des Resthonorars ist auch bei Vereinbarung eines Pauschalhonorars nötig.[107] Nicht ausreichend ist es, wenn der Auftragnehmer die Rechnung nur dem Gericht übergibt. Die Übermittlung der Rechnung per E-Mail ist ausreichend, muss jedoch nachgewiesen werden können.[108] 40

1040 für die Abrechnung eines oder mehrerer Gebäude; dagegen aber BGH BauR 2000, 1513 = ZfBR 2000, 546.
102 BGH BauR 2000, 591 = NJW 2000, 808 = ZfBR 2000, 173.
103 A. A. OLG Koblenz BauR 2001, 665.
104 Vgl. OLG Koblenz NJW-RR 1999, 1250 und 17.
105 BGH BauR 2007, 1577 = NJW-RR 2007, 1393 = NZBau 2007, 637; OLG Düsseldorf BauR 2007, 2092; OLG Düsseldorf BauR 2010, 241 = Analyse *Koeble* auf www.jurion.de/Modul Werner Baurecht betreffend eine nachvollziehbare Begründung bei Abrechnung von Teilpunkten; OLG Celle NJW-RR 2009, 1532; OLG Düsseldorf NJW-RR 2014, 1367 = BauR 2015, 283.
106 BGH BauR 2007, 1577; vgl. die Beispiele oben, vorhergehender Absatz; das Bestreiten des Auftraggebers im Hinblick auf die Richtigkeit der Rechnung bedarf der Substantiierung, bei anrechenbaren Kosten müssen also Zahlen und die zugrunde liegenden Kriterien angegeben werden: so mit Recht OLG Düsseldorf NJW-RR 2014, 1367 = BauR 2015, 283.
107 Zur Prüffähigkeit vgl. oben Rdn. 26 ff.
108 *Stein* in FBS, § 15 Rn. 31.

11. Folgen fehlender Fälligkeit; Vortrag im Rechtsstreit

41 Fehlt eine der Fälligkeitsvoraussetzungen, dann ist die Klage abzuweisen. Nur in besonderen Fällen kann der Kläger dem durch Umstellung auf eine Abschlagszahlungsklage oder auch durch hilfsweise Geltendmachung einer Abschlagszahlung entgehen (dazu oben Rdn. 18).

a) Vortrag im Rechtsstreit

42 Im Honorarprozess muss der Kläger zur Fälligkeit des Honorars vortragen. Die Voraussetzungen des Abs. 1 müssen dargelegt werden. Dabei genügt es allerdings im Regelfall, wenn auf die Schlussrechnung und deren Inhalt Bezug genommen wird. Eine detaillierte Erläuterung ist meist entbehrlich, zumal wenn sie vom Auftraggeber inhaltlich geprüft wurde oder wenn die zweimonatige Prüfungsfrist fruchtlos verstrichen ist. Die Eckpfeiler der Rechnung sollten aber erläutert werden (Kostenermittlungen als Grundlage für die anrechenbaren Kosten, Honorarzone und erbrachte Leistungen). Die Anforderungen dürfen hier aber nicht übertrieben werden. Der Klagvortrag kann durchaus schlüssig sein, wenn der Kläger im Prozess auf Rechnungen und Aufstellungen – auch konkludent – Bezug nimmt, weil die Angaben diesbezüglich zu den einzelnen, erbrachten Leistungen lediglich zum fakultativen und nicht zum zwingenden Inhalt einer Klagschrift gehören.[109] Die Einzelheiten aus der Rechnung müssen also auch bei komplizierten Sachverhalten nicht nochmals in der Klage wiederholt werden. Der Inhalt der Rechnung gehört nicht zum zwingenden, sondern zum fakultativen Inhalt der Klage. Ein in einer Rechnung enthaltener, ausreichend substanziierter Vortrag kann nämlich sogar Grundlage für die Beweisaufnahme sein.[110] Der Rechnungsinhalt muss also in der Klage nicht wiederholt werden. Bestreitet jedoch der Beklagte im Prozess einzelne Faktoren substanziiert, dann muss der Auftragnehmer dazu eingehend Stellung beziehen. Auch ein detaillierter Vortrag zu den einzelnen Teilleistungen, welche der Auftragnehmer erbracht hat, ist nicht von vornherein erforderlich. Die Problematik der Minderung des Honorars wegen Nichterbringung von Teilleistungen ist nämlich ein Mangelproblem (vgl. § 8 Rdn. 16 ff.). Allerdings gehört es zum substanziierten Vortrag, welche grundlegenden Leistungsphasen vom Auftragnehmer wann erbracht wurden. Das betrifft z. B. die Vorplanung mit Kostenschätzung, die Entwurfs- und Genehmigungsplanung mit Kostenberechnung sowie die Ausführungsplanung, Ausschreibung und auch die Fertigstellung des Objekts mit abschließender Tätigkeit im Rahmen der Objektüberwachung und jeweiliger Kostenermittlung.

---

109 OLG Hamm BauR 2013, 268; zu den Anforderungen an einen schlüssigen Vortrag im Honorarprozess betreffend anrechenbare Kosten, Geltendmachung des Mindestsatzes, Darlegungen zur Honorarzone und zur Honorarvereinbarung vgl. *Locher*, FS Neuenfeld, 2016, S. 127 (137 ff.).
110 BGH BauR 2007, 1416 = NJW-RR 2007, 1170 = NZBau 2007, 510.

b) Gerichtliche Hinweise

Das Gericht kann die Klage nur dann abweisen, wenn es unmissverständlich darauf hingewiesen hat, **welche Anforderungen nicht erfüllt** sind und Gelegenheit zu ergänzendem Sachvortrag gegeben war.[111] Derartige Hinweise sind auch dann erforderlich, wenn die Unvollständigkeit einer im Termin vorgelegten Kostenfeststellung erst später festgestellt wird.[112] Allgemeine Hinweise des Gerichts auf mangelnde Fälligkeit genügen nicht und auch ein erstmaliger Hinweis im Termin ist nicht ausreichend.[113] Auch das Berufungsgericht muss den Werkunternehmer auf fehlende Prüfbarkeit hinweisen, selbst dann, wenn die Klage in erster Instanz mangels Prüfbarkeit abgewiesen wurde, der Berufungsführer aber weiterhin die Auffassung vertritt, die Rechnung sei prüfbar.[114]

43

Dem Beklagten muss das Gericht dagegen keine Hinweise im Hinblick auf **Verteidigungsmöglichkeiten** gegen die Klage erteilen. Das gilt sowohl für die Frage der Prüfbarkeit als auch für inhaltliche Angriffe.[115] In der Berufungsinstanz kann sich der Beklagte also auch nicht auf eine entsprechende Hinweispflichtverletzung (§ 531 Abs. 2 Nr. 2 ZPO) berufen.

44

c) Prozessuale Fragen, Rechtsmittel

Greifen Einwendungen des Auftraggebers gegen die **inhaltliche Berechtigung der Honorarforderung** durch, dann ist die Klage als **endgültig unbegründet** abzuweisen. Das gilt immer dann, wenn die Honorarrechnung sachlich unrichtig ist und den geltend gemachten Anspruch nicht hergibt oder wenn im Rechtsstreit zum Inhalt nicht substanziiert vorgetragen wurde. Fehlt es an der Fälligkeit, so kommt keine Klagabweisung als endgültig unbegründet in Frage, und zwar auch dann nicht, wenn aus den gleichen Gründen die Rechnung inhaltlich beanstandet wird und unrichtig wäre.[116] Können Einwendungen gegen die Prüfbarkeit aber nicht mehr vorgebracht werden (vgl. oben Rdn. 24) und betreffen sie gleichzeitig die inhaltliche Richtigkeit, dann sind sie im Rechtsstreit zu beachten und führen ggf. dazu, dass die Klage als endgültig unbegründet abgewiesen wird.[117]

45

---

111 So für den Bauvertrag BGH BauR 1999, 636 = NJW 1999, 1867 = ZfBR 1999, 196; OLG Hamm BauR 2004, 693 = NJW-RR 2004, 744 für den Architektenvertrag.
112 OLG Koblenz BauR 2001, 664.
113 OLG Celle BauR 2003, 1069; OLG Zweibrücken NZBau 2005, 643; vgl. ferner OLG Schleswig BauR 2003, 1602, wonach das Gericht nach Vorlage eines Sachverständigengutachtens mit dem Ergebnis der fehlenden Prüfbarkeit und Richtigkeit ggf. sogar noch einem Vertagungsantrag zur Erstellung einer prüfbaren Rechnung stattgeben muss.
114 BGH BauR 2007, 110 = NJW-RR 2007, 17.
115 OLG Celle BauR 2004, 359.
116 *Locher*, FS Neuenfeld, 2016, S. 127 (133 f); zur Abgrenzung von Prüfbarkeit und inhaltlicher Richtigkeit vgl. oben Rdn. 38.
117 Vgl. OLG Celle BauR 2008, 1657 für die Abrechnung eines Tragwerksplaners, in der § 64 Abs. 2, 4 HOAI a. F. nicht beachtet war; *Locher*, FS Neuenfeld, 2016, S. 127 (133 f).

§ 15 HOAI Zahlungen

46 Fehlt es an einer der **Fälligkeitsvoraussetzungen**, so ist die Klage nicht als endgültig, sondern als **derzeit unbegründet** abzuweisen.[118] Damit ist nicht mit Rechtskraft über die Honorarforderung selbst entschieden. Zu prüfen ist jedoch im Einzelfall, ob die Klage endgültig oder als derzeit unbegründet abgewiesen wurde. Letzteres kann sich auch aus den Urteilsgründen ergeben und ist schon dann zu bejahen, wenn die Klagabweisung mangels Fälligkeit erfolgt ist.[119] Entsprechendes gilt auch dann, wenn die Klagabweisung wegen »fehlender Darlegung der anrechenbaren Kosten als unschlüssig« erfolgt ist.[120] Der Architekt kann in solchen Fällen also jederzeit eine neue, prüfbare Rechnung vorlegen und auf ihrer Grundlage seinen Honoraranspruch gerichtlich geltend machen.

47 In bestimmten Fällen ist der **Mangel der Prüfbarkeit unbeachtlich**. Hat nämlich der Auftraggeber im Rechtsstreit sog. rechtsvernichtende oder rechtshindernde Einwendungen gegen die Honorarforderung erhoben, dann hat er einen Anspruch darauf, dass darüber – und gleichzeitig über das Bestehen der Forderung überhaupt – entschieden wird.[121] Befassen muss sich das Gericht auch bei fehlender Prüfbarkeit mit Einwendungen betreffend die Aktivlegitimation, Passivlegitimation, Verjährung und Verwirkung, nicht dagegen mit »Gegenrechten, die das Bestehen der Forderung und deren Höhe voraussetzen«,[122] wie z. B. die Minderung. Um die Prüfbarkeit geht es vorrangig auch dann, wenn nicht nur sie, sondern auch die Schlüssigkeit der Darlegung gerügt wird.[123]

48 Wird die Klage bei fehlender Fälligkeit **fälschlicherweise als endgültig unbegründet** abgewiesen, bleibt nur das Rechtsmittel der Berufung. Bei Klagabweisung mangels Fälligkeit ist zu klären, ob auf der Basis einer neu erstellten Rechnung mit Aussicht auf Erfolg Berufung eingelegt werden kann. Nach altem Recht konnte der neue Vortrag mit neuer Rechnung (Datum nach der letzten mündlichen Verhandlung in erster Instanz) nicht als verspätet zurückgewiesen werden.[124]

49 Nach heute gültigem Recht hat das Berufungsgericht dagegen grundsätzlich von den in erster Instanz festgestellten Tatsachen auszugehen (§ 529 ZPO). Neue Angriffsmittel kommen eigentlich nur noch eingeschränkt in Frage, wenn nämlich eine der Voraussetzungen des § 531 Abs. 2 ZPO erfüllt ist. Das gilt z. B. dann, wenn das Gericht erster

---

118 BGH BauR 1995, 126 = NJW 1995, 401 = LM Heft 4/95 HOAI Nr. 28 m. Anm. *Koeble* = ZfBR 1995, 73; grundlegend zu den prozessualen Aspekten der Prüfbarkeit *Kniffka*, FS Thode, 2005, S. 291 ff.
119 BGH BauR 2000, 430 = NJW 2000, 653 = NZBau 2000, 82 = LM Heft 3/2000 § 649 BGB Nr. 37 m. Anm. *Koeble* = ZfBR 2000, 118.
120 BGH BauR 2001, 124 = NJW-RR 2001, 310 = NZBau 2001, 146.
121 Zur Beschwer BGH BauR 2000, 1182 = NZBau 2000, 375 = ZfBR 2000, 472; zu den gesamten prozessualen Aspekten der Prüfbarkeit [beim Bauvertrag] *Kniffka*, FS Thode, 2005, S. 291 [295]; *Locher*, FS Neuenfeld, 2016, S. 127 (133).
122 *Kniffka*, FS Thode, 2005, S. 291 [295].
123 *Kniffka*, FS Thode, 2005, S. 291 [295].
124 BGH BauR 2004, 115 = IBR 2003, 705 *Schwenker* für den Bauvertrag und auf der Grundlage des § 528 Abs. 2 ZPO a. F.; vgl. ferner BGH BauR 2004, 695 = NJW-RR 2004, 526.

Instanz keine ausreichenden Hinweise auf die konkreten Probleme der Fälligkeit gegeben hat (vgl. oben Rdn. 43). In Fortschreibung seiner Rechtsprechung zur alten ZPO entschied der BGH aber dann, dass auch **in zweiter Instanz** noch eine **neue Schlussrechnung** in zulässiger Weise vorgelegt werden könne.[125] Danach kann durch §§ 529 Abs. 1, 531 Abs. 2 ZPO eine neue, nach der letzten mündlichen Verhandlung erstellte Schlussrechnung im Berufungsrechtszug ebenso wenig ausgeschlossen werden wie neuer Tatsachenvortrag, welcher der Darlegung der Prüfbarkeit und Richtigkeit der Schlussrechnung dient. Richtigerweise gilt dies alles nur für die erstmals in zweiter Instanz vorgelegte, **fälligkeitsbegründende Schlussrechnung**.[126] Die Vorlage einer neuen Rechnung in zweiter Instanz und der entsprechende Sachvortrag dazu stellt keinen neuen Streitgegenstand dar, sodass Zustimmung des Gegners bzw. Sachdienlichkeit nicht gegeben sein müssen.[127] Auch für den umgekehrten Fall, dass in der Berufungsinstanz hilfsweise zur Abschlagszahlungsrechnung der Schlussrechnungsbetrag geltend gemacht wird, wurde erklärt, dass es sich um keine Klagänderung handle.[128] Eine Klagerweiterung wegen weitergehender Schlussrechnungsforderungen in der Berufungsinstanz stellt ebenfalls keine Klagänderung i. S. d. § 533 ZPO dar.[129]

Klagt der Architekt auf der Grundlage einer neuen Rechnung nochmals, dann kann das Gericht diese Klage immer noch mit der Begründung abweisen, dass der Anspruch nicht bestehe, weil mit dem klagabweisenden Urteil die Anspruchsvoraussetzungen nicht inzidenter bejaht wurden.[130] Es kann auch wegen objektiver Rechtskraft nicht nur die Fälligkeit der früheren Forderung und die Verjährung bejahen.[131]   50

12. Prüfbare Rechnung auch bei Kündigung

Die genannten Anforderungen an die Prüfbarkeit (vgl. oben Rdn. 26 ff.) gelten in allen Fällen, in denen Honorarschlussrechnungen erteilt werden, und zwar sowohl dann, wenn das Vertragsverhältnis ordnungsgemäß abgewickelt wird, als auch nach h. M. dann, wenn es vorzeitig beendet wird.[132] Die Rechnung muss zunächst eine Aufteilung   51

---

125 BGH BauR 2005, 1959 = NJW-RR 2005, 1687 = NZBau 2005, 692.
126 Zum Ganzen *Jansen* NZBau 2008, 689; wie hier *Deckers* NZBau 2007, 550, wonach die neue Schlussrechnung keine Prozesshandlung darstellt und deshalb nicht den prozessualen Präklusionsvorschriften unterliegt; a. A. *Schenkel* NZBau 2007, 6, wonach für eine neue Rechnung in zweiter Instanz nur Raum ist, wenn die Voraussetzungen des § 531 Abs. 2 ZPO vorliegen.
127 BGH BauR 2002, 1588 = NJW-RR 2002, 1596 = NZBau 2002, 614; auch das Umsteigen von einer Abschlagszahlungsforderung auf eine Schlussrechnung und umgekehrt stellt keine Änderung des Streitgegenstandes [mehr] dar: BGH BauR 2005, 400 = NZBau 2005, 158 = NJW-RR 2005, 318 = ZfBR 2005, 178 unter Abkehr von früherer Rechtsprechung.
128 BGH BauR 2006, 414 = NJW-RR 2006, 370 = NZBau 2006, 175.
129 BGH BauR 2006, 701 = NZBau 2006, 254.
130 So mit Recht *Deckers* BauR 1999, 988; ebenso *Kniffka*, FS Thode, 2005, S. 291 [300 ff.] auch zu weiteren Rechtskraftproblemen; a. A. *Heinrich* BauR 1999, 17.
131 Ebenso *Deckers* BauR 1999, 988.
132 BGH BauR 1986, 596 = NJW-RR 1986, 1279 = ZfBR 1986, 232; BGH BauR 1994, 655 =

hinsichtlich der erbrachten Leistungen einerseits und der noch nicht erbrachten Leistungen andererseits enthalten. Beide Teile müssen prüfbar sein. Die Darlegungs- und Beweislast für die bis zur Beendigung erbrachten Leistungen trägt der Auftragnehmer.[133] Dafür genügt es aber, wenn die Prozentsätze für die erbrachten Leistungen angegeben werden und auf die dem Auftraggeber vorgelegten bzw. vorliegenden Unterlagen Bezug genommen wird. Eine Einzelbegründung der Bewertung für die erbrachten Leistungen ist dagegen nicht erforderlich.[134] Ob die Leistungen dann richtig bewertet sind, ist eine notfalls durch Sachverständige zu klärende Frage. Im Hinblick auf die Restvergütung für noch nicht erbrachte Leistungen muss im Rahmen der Erstdarlegungslast zur Ersparnis und zum anderweitigen Erwerb Stellung genommen werden.[135] Auch im Falle der Kündigung bei Pauschalhonorarvereinbarung muss eine prüfbare Abrechnung erstellt werden (dazu unten Rdn. 52).

13. Prüfbarkeit bei Pauschalhonorarvereinbarung und bei Zeithonorar

52 Haben die Vertragsparteien ein **Pauschalhonorar** vereinbart, so bedarf es bei ordnungsgemäßer Abwicklung des Projekts keiner detaillierten Schlussrechnung. Notwendig ist aber auch hier die Anforderung des vereinbarten Pauschalbetrags unter Angabe etwaiger Abschlagszahlungen.[136]

Bei **Kündigung** oder vorzeitiger Beendigung des Vertragsverhältnisses muss die Rechnung jedoch erkennen lassen, welche Leistungen erbracht sein sollen und welche anteilige Pauschale dafür beansprucht wird.[137] Dafür genügt die Angabe von Prozentsätzen aus den Leistungsphasen. Die Aufteilung in erbrachte bzw. nicht erbrachte Leistungen kann nicht nach reiner Zeitdauer des Objekts vorgenommen werden, vielmehr muss die erbrachte Leistung bewertet werden, wofür die auf die Bauleistungen geleisteten Ab-

---

NJW-RR 1994, 1238 = SFH Nr. 23 zu § 649 BGB = ZfBR 1994, 219; BGH BauR 1996, 412 = NJW 1996, 1751 = ZfBR 1996, 200; BGH BauR 2000, 126 = NJW 2000, 205 = ZfBR 2000, 47; BGH BauR 2000, 430 = BB 2000, 16 = LM Heft 3/2000 § 649 BGB Nr. 37 m. Anm. *Koeble*; *Koeble* BauR 2000, 785; BGH BauR 2004, 316 = NZBau 2004, 216, vgl. ferner OLG Koblenz BauR 1998, 1043 = NJW-RR 1998, 954; vgl. zur gegenteiligen Auffassung unten Rdn. 57 f.

133 BGH BauR 2004, 316; zur Kündigung vgl. ferner Einl. Rdn. 242 ff. sowie *Kniffka/Koeble*, Kompendium, 12. Teil, Rn. 86 ff. und 299.

134 OLG Düsseldorf BauR 2002, 1583.

135 BGH BauR 2004, 316 = NZBau 2004, 216; i. E. dazu *Kniffka/Koeble*, Kompendium, 12. Teil, Rn. 91 ff. und oben Einl. Rdn. 242 ff.

136 Im Ergebnis allgemeine Meinung, wenn auch z. T. formuliert wird, dass eine Schlussrechnung mit geringeren Anforderungen an die Prüfbarkeit vorzulegen sei; vgl. OLG Köln NJW-RR 1990, 1171; OLG Stuttgart BauR 1991, 491; OLG Hamm BauR 1993, 633 = NJW-RR 1993, 1175; BGH BauR 1989, 87 für den VOB-Vertrag; zur Angabe der Abschlagszahlungen vgl. BGH BauR 1994, 655 = NJW-RR 1994, 1238 = ZfBR 1994, 219.

137 OLG Hamm BauR 1993, 633; OLG Düsseldorf BauR 1997, 163 = NJW-RR 1996, 1421; für die Aufteilung einer HOAI-Abrechnung bei gekündigtem Vertrag vgl. BGH BauR 2004, 316 = NZBau 2004, 216 und oben Rdn. 51 sowie Einl. Rdn. 242 ff.

schlagszahlungen einen Anhaltspunkt geben können.[138] Nicht ausreichend ist auch eine Angabe »Abzug € 7 000,– für Einsparung der Bauleitung«.[139] Dagegen muss es ausreichen, wenn statt der erbrachten Leistungen erläutert wird, welche Leistungen nicht erbracht wurden.[140] Die Prüffähigkeit im Falle der Kündigung kann bei einer Pauschalhonorarvereinbarung auch nicht mit dem Einwand bestritten werden, der Architekt habe keine korrekte Mindestsatzabrechnung nach HOAI vorgenommen.[141] Auch bei unwirksamer Pauschalvereinbarung (vgl. § 7 Rdn. 38 ff.) gilt nichts anderes hinsichtlich der Anforderungen an die Prüfbarkeit.[142] Nur wenn eine der Parteien die Honorarvereinbarung angreift, muss sie die Anforderungen der HOAI z. B. bezüglich der anrechenbaren Kosten dartun.[143]

Auch bei **Zeithonorar** muss die Abrechnung prüfbar sein. Dabei muss aber nicht jede einzelne Stunde mit einer Tätigkeit begründet werden. Vielmehr genügt es, die Leistungen zu beschreiben und zu erklären, wie viele Stunden dafür angefallen sind. Es ist dann Sache des Auftraggebers, Tatsachen vorzutragen, aus denen sich die Unwirtschaftlichkeit der Betriebsführung des Auftragnehmers ergibt. Diesen trifft eine sekundäre Darlegungslast insoweit, als der Auftraggeber in den Stand versetzt wird, seine Rechte sachgerecht zu wahren.[144] Die Darlegungs- und Beweislast für die Erbringung der Leistungen trifft auch hier den Auftragnehmer. 53

14. Prüfbarkeit als Rechtsfrage/Sachverständigenfrage?

Die Anforderungen an die Prüffähigkeit dürfen zwar nicht überspannt werden (vgl. oben Rdn. 23). Es ist auch nochmals darauf hinzuweisen, dass die Stellung des Empfängers die Anforderungen bestimmt (vgl. oben Rdn. 23). Jedoch ist es so, dass die Gerichte die Voraussetzungen der Prüfbarkeit selbst beurteilen müssen und nicht durch Einholung von Sachverständigengutachten sich dieser Frage entledigen dürfen.[145] Die Fragen, welche Kosten anrechenbar sind, welche Honorarzone zugrunde zu legen ist, wie erbrachte Leistungen zu bewerten sind und ob die Berechnung des Honorars den Grundlagen der HOAI entspricht, sind Rechtsfragen. Sie sind vom Gericht auf der vom Sachverständigen ermittelten Tatsachengrundlage zu beantworten. Die recht- 54

---

138 KG BauR 2000, 594; vgl. i. E. Einl. Rdn. 242 ff.
139 OLG Oldenburg NZBau 2003, 40.
140 So mit Recht OLG Oldenburg a. a. O.; ähnlich für einen Bauvertrag BGH BauR 2005, 385 = NJW-RR 2005, 325 = NZBau 2005, 147, wonach es genügt, bestimmte teilweise erbrachte Leistungen als nicht erbrachte Leistungen abzurechnen.
141 BGH BauR 2005, 739 = NJW-RR 2005, 749 = NZBau 2005, 349.
142 So mit Recht ablehnend bezüglich einer Abrechnung auf Mindestsatzbasis im System nach HOAI OLG Hamm NJW-RR 1994, 1433; OLG Koblenz BauR 2000, 755; OLG Stuttgart BauR 1991, 491.
143 OLG Düsseldorf BauR 1993, 630 = NJW-RR 1993, 1173; vgl. dazu § 7 Rdn. 23 und 103.
144 BGH BauR 2009, 1291 = NJW 2009, 3426; BGH Urt. v. 08.03.2012 – VII ZR 51/10.
145 So mit Recht OLG Stuttgart BauR 1999, 514; *Werner* in *Werner/Pastor*, Rn. 1174.

liche Beurteilung darf das Gericht dem Sachverständigen nicht überlassen.[146] Für die Tätigkeit von Sachverständigen ist insoweit nur Raum, als es um die Begründetheit der formell nach HOAI ordnungsgemäß aufgestellten Honorarrechnung geht. Denkbar ist ferner noch, dass Sachverständige mit der Überprüfung von Kostenermittlungen auf die Anforderungen der DIN 276 beauftragt werden können. Daneben kommt der Einsatz von Sachverständigen im Wesentlichen in folgenden Fällen zum Tragen: bei der Frage der richtigen Honorarzone; bei der Frage, ob und welche Teilleistungen nach § 34 HOAI erbracht sind – wobei die Frage des Gewichts und einer etwaigen Honorarminderung jedoch eine Rechtsfrage ist (vgl. hierzu § 8 Rdn. 16 ff.); bei der Frage, ob »außergewöhnliche« Leistungen vorliegen; bei der Frage, ob »dasselbe Gebäude« und »grundsätzlich verschiedene Anforderungen« i. S. d. § 10 HOAI a. F. vorliegen; bei der Frage, ob »gleiche, spiegelgleiche oder im Wesentlichen gleichartige Gebäude« i. S. d. § 22 HOAI a. F. gegeben sind, und bei ähnlichen Problemstellungen.

15. Verjährung und Verwirkung der Honorarforderung

a) Erhebung der Einrede; Umfang des Verjährungseinwands

55 Die Verjährung gibt dem Auftraggeber eine Einrede. Er muss sie erheben und er ist für die Voraussetzungen und den Eintritt der Verjährung darlegungs- und beweispflichtig. Die Einrede kann auch noch in der Berufungsinstanz erhoben werden, wenn die tatsächlichen Umstände für die Beurteilung unstreitig sind.[147] Soweit Verjährung eintritt, erfasst sie den **gesamten Anspruch** (§ 195 BGB). Bei Vorliegen der Fälligkeitsvoraussetzungen (vgl. oben Rdn. 11) beginnt die Verjährung der Schlussrechnung auch im Hinblick auf noch nicht abgerechnete bzw. **vergessene Posten** und Nebenkosten zu laufen.[148] Eine verdeckte Teilklage erfasst nur den eingeklagten Betrag.[149]

b) Verjährungsfrist

56 Nach altem, vor dem 01.01.2002 geltendem Recht betrug die Verjährungsfrist für Honorarforderungen regelmäßig zwei Jahre. Nur ausnahmsweise kam die 4-jährige Frist (§ 196 Abs. 2 BGB a. F.) zur Anwendung, wenn der Auftragnehmer als GmbH oder AG organisiert war. In diesen Fällen kam § 196 Abs. 1 Nr. 1 BGB a. F. zur Anwendung.[150] Für Verträge seit 01.01.2002 beträgt die Frist regelmäßig 3 Jahre, beginnend ab Fälligkeit, und höchstens 10 Jahre ab der Entstehung (§§ 195, 199 Abs. 4 BGB).

---

146 BGH BauR 2005, 735 = NJW-RR 2005, 669 = NZBau 2005, 285.
147 BGH Beschl. v.- 23.06.2008 GSZ 1/08 = NJW 2008, 3434 = BauR 2009, 131; dazu *Kroppenberg* NJW 2009, 642, auch zur Berücksichtigung unstreitigen, neuen Vorbringens in der Berufungsinstanz sowie zur Beweisaufnahme als mittelbare Folge der Berücksichtigung unstreitigen Vorbringens.
148 Ebenso OLG Hamm BauR 2012, 1948.
149 BGH NJW 2002, 2167; zu den über die Schlussrechnung hinausgehenden Beträgen: OLG Hamm Urt. v. 21.02.2012 – 21 U 93/11; vgl. auch OLG Naumburg Urt. v. 06.09.2012 – 1 U 40/11.
150 Vgl. zu den Einzelheiten *Locher/Koeble/Frik*, 9. Aufl., § 8 Rn. 33.

c) Beginn der Frist

Nach der Rechtsprechung des BGH hängt der Verjährungsbeginn auf jeden Fall von der **Überreichung** der **prüffähigen Honorarschlussrechnung** ab, da § 15 gültig ist und unmittelbar zur Anwendung kommt.[151] Auf die bloße Möglichkeit zur Erstellung der Honorarschlussrechnung kommt es deshalb nicht an. Diese Grundsätze gelten auch bei Kündigung oder sonstiger vorzeitiger Beendigung der Leistungen (vgl. unten Rdn. 68). Sie gelten aber nicht, soweit die HOAI nicht anwendbar ist.[152] Eine prüffähige Honorarrechnung löst den Verjährungsbeginn selbstverständlich auch dann aus, wenn sie den Mindestsatz unterschreitet.[153] Soweit die Rüge der Prüfbarkeit ausgeschlossen ist, beginnt die Verjährung zu laufen (vgl. oben Rdn. 24).[154] 57

Bei einer kurz vor Jahresende zugegangenen Rechnung stellt sich die Frage, ob die Verjährungsfrist am 1. des nächsten Jahres zu laufen beginnt oder ob dem Auftraggeber eine **Prüfungsfrist** auch im Hinblick auf den Beginn der Verjährungsfrist zugebilligt werden muss. In letzterem Fall würde die Verjährung erst am Ende des darauffolgenden Jahres zu laufen beginnen. Beim VOB-Bauvertrag ist wegen der Formulierung des § 16 Abs. 3 Nr. 1 VOB (B) klar, dass die Prüfungsfrist noch hinzukommt und Fälligkeit erst danach eintritt. Dagegen sieht § 15 Abs. 1 HOAI keine Prüfungsfrist vor. Wegen dieses Unterschieds könnte man argumentieren, nach HOAI komme es nur auf die Übergabe der prüfbaren Rechnung an und Fälligkeit trete hier nicht erst mit Ablauf der Prüfungsfrist ein. Dem steht entgegen, dass selbstverständlich auch ohne ausdrückliche Regelung in der HOAI eine Prüfungsfrist zur Verfügung stehen muss, innerhalb derer der Honoraranspruch nicht durchsetzbar ist und während derer auch Verzug nicht entstehen kann. Angesichts der eindeutigen Regelung in § 15 Abs. 1 HOAI hat dies aber keine Auswirkung auf die Verjährung. Insoweit wirkt es auf den Zeitpunkt der Übergabe der Schlussrechnung zurück, wenn die Rechnung sich als prüfbar herausstellt. 58

Haben die Parteien die Fälligkeit durch vertragliche Regelung – z.B. Vereinbarung eines wirksamen »**Sicherheitseinbehalts**« (vgl. dazu i. Ü. Rdn. 114) – hinausgeschoben, dann wird das Honorar erst später fällig. Damit beginnt die Verjährungsfrist erst am Ende des Jahres zu laufen, in dem tatsächlich Fälligkeit eingetreten ist. Ein Pactum de non petendo – z.B. mit der Begründung, dass zunächst Mängelansprüche geklärt werden sollen – hat Hemmungswirkung (§ 203 BGB). 59

d) Hinausschieben der Rechnung

Im Ergebnis kann der Auftragnehmer den Verjährungsbeginn damit beliebig hinauszögern, indem er die Schlussrechnung nicht überreicht. Er wird sich zwar dadurch 60

---

151 Vgl. z.B. BGH BauR 2000, 589 = NJW-RR 2000, 386 = ZfBR 2000, 145; BGH BauR 2001, 1610 = NZBau 2001, 574; BGH BauR 2004, 316 = NZBau 2004, 216 m. Anm. *Hartung* NZBau 2004, 249; *Herchen* NZBau 2007, 473 und oben Rdn. 6 ff.
152 Dazu § 1 Rdn. 1 ff.; zu Unrecht von OLG Schleswig BauR 2000, 1886 für ein Honorar nach § 26 a. F. angenommen, vgl. auch oben Rdn. 3.
153 OLG München BauR 1997, 882.
154 OLG Naumburg Urt. v. 06.09.2012 – 1 U 40/11; vgl. dazu auch unten Rdn. 64 ff.

§ 15 HOAI Zahlungen

im Regelfall nur selbst schaden. Vorteile können ihm allerdings in seltenen Fällen daraus erwachsen, dass Mängelansprüche des Auftraggebers verjähren und auch die Voraussetzungen für eine Mängeleinrede bzw. für die Aufrechnung nach Eintritt der Verjährung (§ 215 BGB) nicht mehr vorliegen. Folge der Rechtsprechung des BGH ist auch, dass sich der Auftragnehmer selbst darauf berufen kann, dass seine **eigenen, früheren Rechnungen nicht prüfbar seien** und damit die Verjährung nicht hätten in Gang setzen können.[155] Es verstößt auch nicht per se gegen Treu und Glauben, wenn er sich darauf beruft.[156] Vom Grundsatz her ist auch eine auch mehrere Jahre nach »vertragsgemäßer Erbringung der Leistungen« bzw. Beendigung des Vertragsverhältnisses erstellte Schlussrechnung noch fälligkeitsbegründend, sodass es für den Verjährungsbeginn auf ihren Zugang ankommt.[157]

61 In bestimmten Fällen kann der Auftraggeber ein berechtigtes Interesse daran haben, Klarheit über die Höhe der Honorarforderung zu erhalten und den Beginn der Verjährung herbeizuführen. Man denke nur an Gesellschaftsauseinandersetzungen, an die Frage, ob Insolvenzantrag gestellt werden muss oder ob eine Erbschaft ausgeschlagen werden soll. Theoretisch könnte der Auftragnehmer zehn Jahre ab Fertigstellung seine Honorarrechnung dem Auftraggeber vorenthalten und erst danach seinen Honoraranspruch geltend machen. Im Einzelfall kann hier zwar der **Verwirkungseinwand** erhoben werden, wenn nämlich neben dem Zeitablauf aus dem Verhalten des Auftragnehmers der Eindruck gewonnen werden konnte, dass dieser mit seiner Honorarrechnung nicht mehr auf den Auftraggeber zukommt. Denkbar wäre auch, dem Auftraggeber über § 14 UStG einen klagbaren Anspruch auf die Erstellung eine Honorarschlussrechnung mit offenem Steuerausweis zu geben (vgl. oben Rdn. 21). Eine zivilrechtliche Grundlage dafür gibt es aber nicht.

e) Fristbeginn ohne Rechnung

62 Nach der Rechtsprechung des BGH zum vorzeitig beendeten Architektenvertrag kann der Auftraggeber dem Auftragnehmer eine **angemessene Frist zur Rechnungsstellung setzen**; erteilt der Auftragnehmer die Rechnung dann nicht innerhalb dieser Frist, so muss er sich nach Treu und Glauben[158] so behandeln lassen, als sei die Honorarschlussrechnung innerhalb angemessener Frist erteilt worden.[159] Diese Rechtsprechung ist all-

---

155 So für zwei frühere Rechnungen BGH BauR 2000, 589 = NJW-RR 2000, 386 = ZfBR 2000, 529.
156 BGH BauR 2000, 589; BGH BauR 2001, 1610 = NZBau 2001, 574; OLG Düsseldorf BauR 1996, 422.
157 OLG Hamm BauR 2007, 1773 = Analyse *Koeble* auf www.jurion.de/Modul Werner Baurecht, NZ-Beschluss des BGH vom 10.05.2007 – VII ZR 145/06; KG Urt. v. 16.03.2007 – 6 U 48/06, Analyse *Koeble* auf www.jurion.de/Modul Werner Baurecht, beide für eine sieben Jahre nach Erbringung der Leistungen bzw. Kündigung erstellte Schlussrechnung.
158 §§ 162 Abs. 1, 242 BGB.
159 BGH BauR 1986, 596 = NJW-RR 1986, 1279 = ZfBR 1986, 232; BGH BauR 2000, 589 = NJW-RR 2000, 386 = ZfBR 2000, 145; BGH BauR 2001, 1610 = NZBau 2001, 574; zustimmend *Locher*, Die Rechnung im Werkvertragsrecht, S. 62 ff.; *Locher*, Rn. 530.

gemein gehalten und damit auf alle Auftragnehmer übertragbar. Sie gilt darüber hinaus nicht nur für den Fall der vorzeitigen Beendigung, sondern auch für die ordnungsgemäße Abwicklung des Vertragsverhältnisses. Es ist kein Grund ersichtlich, weshalb hier differenziert werden müsste.[160] Der BGH[161] hat seine Rechtsprechung nochmals bestätigt und konkretisiert: Weder die Vorlage einer nicht prüfbaren Rechnung noch die späte Vorlage einer prüfbaren Rechnung stellen ein treuwidriges Verhalten dar, was den Auftragnehmer hindern würde, die neue Rechnung geltend zu machen. Vielmehr müssen zusätzliche Umstände gegeben sein, um nach Treu und Glauben rechtliche Folgen der Fälligkeit für einen Zeitpunkt annehmen zu können, in dem eine prüfbare Honorarrechnung noch nicht vorgelegen hat. Solche Umstände können sein die Aufforderung des Auftraggebers zur Vorlage einer Rechnung oder die eigene Aufstellung einer Rechnung durch ihn im Rahmen von Schadensersatzansprüchen und wohl auch der mehrfache Versuch (ab drei Mal), eine prüfbare Rechnung aufzustellen.[162]

f) Verwirkung der Honorarforderung

Der Einwand der **Verwirkung** wird zwar häufig vorgebracht, er kommt jedoch in seltenen Fällen nur zum Tragen. Voraussetzung ist nämlich zweierlei: Nicht nur das Zeitmoment – Ablauf einer längeren Zeit von vielen Jahren[163] –, sondern auch das sog. Umstandsmoment. Der Auftraggeber muss auf der Grundlage eines Umstandes aus der Sphäre des Auftragnehmers der Auffassung sein dürfen, dieser werde einen Anspruch aus einer Schlussrechnung nicht mehr geltend machen.[164] Im Rahmen der Prüfung betreffend das sog. Umstandsmoment ist zu berücksichtigen, dass bei sachkundigen Auftraggebern in aller Regel die Verwirkung ausscheiden dürfte.[165] Andererseits kann sich das Umstandsmoment aber auch aus einem besonders langen Zeitablauf ergeben.[166]

63

g) Fristbeginn bei nicht prüfbarer Rechnung

Fraglich ist, ob die Verjährung auch dann zu laufen beginnt, wenn der Auftragnehmer eine nicht prüfbare Rechnung erstellt hat. Nach der ersten Entscheidung des BGH, in der das Problem aber nicht ausdrücklich angesprochen und entschieden wurde, war schon davon auszugehen, dass für den Verjährungsbeginn eine prüfbare Rechnung er-

64

---

160 Vgl. zum Fall der vorzeitigen Beendigung unten Rdn. 68.
161 BauR 2000, 529 = NJW-RR 2000, 386 = ZfBR 2000, 145.
162 Zwei falsche sind nicht ausreichend: BGH BauR 2000, 529.
163 Nach OLG Hamm Urt. v. 14.01.2014 = BauR 2015, 696 genügen 5 – 7 Jahre noch nicht.
164 Zur Verwirkung von Rückforderungsansprüchen des Auftraggebers vgl. unten Rdn. 117.
165 Vgl. KG Urt. v. 16.03.2007 – 6 U 48/06, Analyse *Koeble* auf www.jurion.de/Modul Werner Baurecht.
166 Vgl. für die umgekehrte Problematik bei Mängelansprüchen und einem Zeitablauf von 20 Jahren BGH v. 19.05.2011 – VII ZR 94/09 = BeckRS 2012, 14207 und OLG Hamm BauR 2015, 696; bloßes Vergessen eines Anspruchs genügt nicht, so OLG München BauR 2016, 139 für § 649 S. 2 BGB.

forderlich ist.[167] In einer späteren Entscheidung hatte der BGH[168] die Verjährung dann ausdrücklich von der »ordnungsgemäßen Rechnungsstellung« abhängig gemacht, wozu nach seiner Meinung die Kostenermittlung nach DIN 276 wegen § 10 Abs. 2 a. F. gehört. Schließlich wurde diese Rechtsprechung nochmals bestätigt.[169] Diese Auffassung ist aber abzulehnen. Der Verjährungsbeginn kann nicht von der Prüfbarkeit einer Rechnung abhängen, zumal diese noch je nach Auftraggeber unterschiedliche Anforderungen haben kann. Es ist zwar nicht zu verkennen, dass keine Fälligkeit gegeben ist und damit die Durchsetzbarkeit fehlt. Andererseits muss sich der Auftragnehmer jedoch nach Treu und Glauben so behandeln lassen, als ob seine Honorarschlussrechnung prüfbar wäre, da er sich sonst zu seinem eigenen Verhalten in Widerspruch setzen würde. Die falsche Rechnung würde sonst auch noch belohnt. Der Verjährungsbeginn kann also nicht abhängig von der Prüfbarkeit sein, sondern nur von der Erteilung einer Honorarschlussrechnung.[170]

65 Zweifelhaft war, welche Maßstäbe an die Prüfbarkeit im Falle des Verjährungsbeginns anzulegen sind. Zu entscheiden war, ob die Rechtsprechung zu den Kontroll- und Informationsinteressen (vgl. oben Rdn. 23 ff.) auch für den Verjährungsbeginn maßgebend ist. Das ist durch eine Entscheidung des BGH geklärt:[171]

66 – Wehrt sich der Auftraggeber in angemessener Frist nach Zugang der Rechnung gegen die Prüfbarkeit, dann ist eine später gestellte, prüfbare Schlussrechnung der maßgebende Anknüpfungspunkt für den Verjährungsbeginn. Eine Ausnahme gilt hier nur unter den o. g. Voraussetzungen (Rdn. 62 f.), dass nämlich zusätzliche Umstände für einen früheren Verjährungsbeginn vorliegen.[172]

67 – Wehrt sich der Auftraggeber dagegen nicht gegen die Prüfbarkeit, dann wird die Rechnung bei regelmäßigem Geschehensablauf in generalisierender Betrachtungsweise innerhalb von zwei Monaten nach Zugang fällig (dazu oben Rdn. 24) und es beginnt am Ende des Jahres die dreijährige Verjährungsfrist zu laufen.[173]

h) Fälligkeit und Verjährung bei vorzeitiger Beendigung des Vertragsverhältnisses

68 Wird das Vertragsverhältnis zwischen den Parteien durch Kündigung oder einvernehmliche Aufhebung vorzeitig beendet, so ist nach Auffassung des BGH ebenfalls § 15

---

167 So mit eingehender Begründung *Locher*, Die Rechnung im Werkvertragsrecht, S. 64; ferner BGH BauR 1990, 605 = NJW-RR 1990, 1170 = ZfBR 1990, 226 für § 16 VOB [B].
168 BauR 1991, 489 = ZfBR 1991, 159.
169 Vgl. BGH BauR 2000, 589 = NJW-RR 2000, 386 = ZfBR 2000, 145, BGH BauR 2001, 1610 = NZBau 2001, 574; *Herchen* NZBau 2007, 473 und oben Rdn. 62 f. zu den Ausnahmen; OLG Naumburg Urt. v. 06.09.2012 – 1 U 40/11.
170 Ebenso LG Leipzig v. 07.02.1996 – 9 O 8454/95, MittBl. ARGE BauR 1996, 55; *Lauer* BauR 1989, 665; vgl. zur Frage der Bindungswirkung an eine nicht prüfbare Rechnung unten Rdn. 76.
171 BGH BauR 2004, 316 = NZBau 2004, 216 m. Anm. *Hartung* NZBau 2004, 249.
172 Z. B. Anforderung einer Rechnung durch den Auftraggeber; vgl. BGH BauR 2001, 1610 = NZBau 2001, 574.
173 OLG Dresden BauR 2005, 1500 in Umsetzung der Rspr. des BGH.

Abs. 1 anwendbar; dies führt zu dem einheitlichen Ergebnis, dass auch bei vorzeitiger Beendigung des Vertragsverhältnisses wie bei dessen ordnungsgemäßer Abwicklung für die Fälligkeit und für den Verjährungsbeginn **neben der Kündigung** die Erteilung der **Schlussrechnung** maßgebend ist.[174] Diese Auffassung führt zwar für die Praxis zu einer klaren Linie. Sie ist jedoch in zweierlei Hinsicht unzutreffend: § 15 ist ohnehin nicht automatisch anwendbar, da diese Vorschrift nicht von der Ermächtigungsnorm gedeckt ist (vgl. oben Rdn. 6 f.). Aber auch wenn man § 15 heranzieht, so ist jedenfalls Absatz 1 nicht auf den Fall der vorzeitigen Vertragsbeendigung anwendbar, da in diesen Fällen keine Leistungen mehr »vertragsgemäß erbracht« werden, sondern die Leistungsbeziehung beendet wird.[175] Nach der hier vertretenen Auffassung tritt im Falle der Beendigung des Vertrages Fälligkeit sofort mit der Beendigung ein. Das macht natürlich die Übergabe einer prüffähigen Schlussrechnung nicht entbehrlich. Für den Verjährungsbeginn ist die Honorarschlussrechnung aber ebenso wenig wie bei der Abnahme maßgebend. Hier kommt es ausschließlich auf den Zeitpunkt der Beendigung des Vertragsverhältnisses an.[176]

Auch im Fall der vorzeitigen Beendigung kommt es für die Fälligkeit **nicht auf die Abnahme** an. Für die vertragsgemäße Erbringung der Leistung ist dies durch Rechtsprechung des BGH geklärt (vgl. oben Rdn. 12). Nachdem an Stelle dieser Tatbestandsvoraussetzung des § 15 Abs. 1 die vorzeitige Beendigung tritt, kann sich daran nichts ändern. Die Rechtsprechung zum Bauvertrag, wonach bei Kündigung für die Fälligkeit eine Abnahme der bisher erbrachten Leistungen erforderlich ist,[177] kann deshalb hierher nicht übertragen werden. Hält man – wie der BGH (vgl. oben Rdn. 6) – die Bestimmung des § 15 für wirksam, dann kann für den Fall der vorzeitigen Beendigung von der Anwendung des § 8 Abs. 1 HOAI keine Ausnahme gemacht werden. 69

16. Bindung an die Honorarschlussrechnung

a) Bindung in anderen Bereichen und bisherige Rechtsprechung

Eine Bindung von Steuerberatern und Wirtschaftsprüfern, Ärzten und Rechtsanwälten[178] an die Honorarschlussrechnung wurde von der Rechtsprechung bisher nicht angenommen. Auch für den VOB-Bauvertrag wurde die Bindung verneint.[179] Dagegen 70

---

174 BGH BauR 1986, 596 = NJW-RR 1986, 1279 = ZfBR 1986, 232; BGH BauR 2000, 589 = NJW-RR 2000, 386 = ZfBR 2000, 145; *Herchen* NZBau 2007, 473; vgl. oben Rdn. 51.
175 Ebenso gegen die Auffassung des BGH: OLG Düsseldorf BauR 1980, 488; OLG Hamm BauR 1986, 231; OLG Düsseldorf BauR 1987, 227; LG Münster BauR 1983, 582 und eingehend *Quambusch* BauR 1987, 265.
176 Ebenso OLG Düsseldorf, OLG Hamm und LG Münster BauR 1983, 582; vgl. zur Rechtsprechung des BGH oben Rdn. 51.
177 BGH BauR 2006, 1294 m. Anm. *Buscher* = ZfBR 2006, 638 m. Anm. *Thode*.
178 BGH NJW 1987, 2302.
179 BGH BauR 1988, 217 = NJW 1988, 910; OLG Hamm BauR 2008, 2077; für den BGB-Bauvertrag: OLG Zweibrücken NJW-RR 2003, 1023 = NZBau 2003, 440; OLG Hamm OLGR 1997, 117; *Werner* in *Werner/Pastor*, Rn. 1843; a. A. OLG Frankfurt NJW-RR 1993, 340.

wurde für **Architekten und Ingenieure** eine gesteigerte Bindung an die jeweiligen Schlussrechnungen bejaht.[180] Dieser Rechtsprechung des BGH ist auch die obergerichtliche Rechtsprechung gefolgt.[181] Zur Begründung wurde angeführt, dass in der Erteilung einer Schlussrechnung zwar grundsätzlich kein Verzicht auf eine weitergehende Forderung liegt.[182] Der Auftraggeber könne im Regelfall aber damit rechnen und dürfe sich darauf verlassen, dass der Auftragnehmer die in seiner Schlussrechnung enthaltene Erklärung einhält und keine zusätzlichen Ansprüche geltend macht. Diese Rechtsprechung ist in der Literatur bekämpft worden.[183]

71 Der BGH hat dann 1993 in zwei Urteilen[184] seine noch 1990[185] verfestigte strenge Rechtsprechung zur Bindungswirkung gelockert.[186] Er hat zwar auch für den Bereich der HOAI daran festgehalten, dass der Architekt nach Treu und Glauben an seine Schlussrechnung, die er in Kenntnis der für die Honorarberechnung maßgebenden Umstände erteilt hat, grundsätzlich gebunden ist, weil er damit ein schutzwürdiges Vertrauen des Auftraggebers begründet habe. Er könne jedoch gute Gründe für eine nachträgliche Änderung haben. Nicht jede Schlussrechnung des Architekten begründe Vertrauen, und nicht jedes erweckte Vertrauen sei schutzwürdig. Im Einzelfall müssten die Interessen des Architekten und seines Auftraggebers umfassend gegeneinander abgewogen werden. Die Schutzwürdigkeit des Auftraggebers könne sich daraus ergeben, dass er auf eine abschließende Berechnung des Honorars vertrauen durfte und sich darauf in einer Weise eingerichtet habe, dass ihm eine Nachforderung nach Treu und Glauben nicht mehr zugemutet werden könne.

b) Rechtliche Begründung der Bindungswirkung

72 Wichtig ist, dass die Rechtsprechung des BGH bei der **Vertrauensgrundlage** ansetzt, die der Architekt oder Ingenieur durch die Überreichung der Schlussrechnung und die darin liegende Erklärung einer abschließenden Honorarberechnung schafft. Die vor der Lockerung der Rechtsprechung durch den BGH von ihm und den Obergerichten vertretene Ansicht, dass die Erteilung der Schlussrechnung grundsätzlich jedes Nachforderungsrecht ausschließe, weil dies ein treuwidriges Verhalten (venire contra factum proprium) darstelle, ist jedoch zu Recht aufgegeben worden. Nicht jedes **wider-**

---

180 BGH BauR 1985, 582 = NJW-RR 1986, 18.
181 OLG Düsseldorf BauR 1989, 283; OLG Hamm NJW-RR 1988, 727 = BauR 1989, 145; OLG Köln BauR 1992, 108.
182 BGH BauR 1974, 213; BGHZ 120, 133 = BauR 1993, 492; BGH BauR 2009, 262 = NZBau 2009, 33; BGH BauR 2010, 1249, 1254 = NJW-RR 2010, 1176; BGH BauR 2016, 536 = NJW-RR 2016, 213.
183 Vgl. *Jagenburg* BauR 1976, 319; *Rieble* BauR 1989, 145; *Günther* BauR 1991, 555; *Schibel* BB 1991, 2089.
184 BGHZ 120, 133 = BauR 1993, 236 = NJW 1993, 659 und BGH BauR 1993, 239 = NJW 1993, 661 = LM § 242 [Cd] BGB Nr. 324 und 325 m. Anm. *Koeble*; vgl. auch BGH BauR 2009, 262 = NZBau 2009, 33.
185 BGH BauR 1990, 382.
186 *Locher*, Rn. 510.

sprüchliche Verhalten lässt schutzwürdiges Vertrauen entstehen und führt zu einer entsprechenden Vermögensdisposition. Es kann gute Gründe für eine Änderung oder Korrektur des Verhaltens des Auftragnehmers geben. Es kann auch so sein, dass das ursprüngliche Vertrauen des Auftraggebers in eine abschließende Berechnung von vornherein so schwach ist, dass sich hierauf vernünftigerweise Dispositionen nicht aufbauen lassen. Außerdem können sich Umstände, die zu einer bestimmten Verhaltensweise geführt haben, mit oder ohne Verschulden eines Beteiligten geändert haben.

Deshalb lässt es der BGH nunmehr nicht genügen, dass ein objektiver Tatbestand geschaffen wurde, der Grundlage für ein schutzwürdiges Vertrauen sein kann. Der Auftraggeber muss nicht nur auf die abschließende Berechnung vertraut haben. Sein **Vertrauen** muss auch **schutzwürdig** sein. Außerdem muss er auch auf diese Vertrauenslage reagiert und sich darauf so **eingerichtet haben**, dass eine Nachforderung für ihn **unzumutbar** ist. Danach müssen folgende Voraussetzungen kumulativ vorliegen:[187]
– Die Nachforderung muss ein widersprüchliches Verhalten darstellen,
– der Auftraggeber muss auf die abschließende Berechnung vertraut haben,
– das Vertrauen muss schutzwürdig sein,
– der Auftraggeber muss sich auf die abschließende Berechnung so eingerichtet haben, dass für ihn eine Nachforderung unzumutbar ist. Es muss also eine Vermögensdisposition vorliegen.

Nur dann, wenn diese Voraussetzungen kumulativ vorliegen, ist der Architekt an seine Schlussrechnung gebunden.[188] Dies wird teilweise von den Instanzgerichten gerade im Hinblick auf das Erfordernis einer Vermögensdisposition übersehen (vgl. Rdn. 78). Hat der Auftraggeber eine objektiv vorhandene Vertrauensposition nicht zum Gegenstand seines Verhaltens gemacht, so etwa, wenn er alsbald die Prüffähigkeit der Rechnung gerügt, die Rechnung überhaupt nicht beachtet oder sich auf die abschließende Berechnung nicht eigestellt hat, liegt kein Verhalten vor, das eine Bindungswirkung begründen kann. Vertrauen muss nicht nur gewährt, es muss auch in Anspruch genommen werden. Im Ergebnis führt die Begründung der Bindungswirkung mit einem Verstoß gegen das Verbot des »venire contra factum proprium« somit dazu, dass die **Bindungswirkung** nicht den Regel-, sondern den **Ausnahmefall** darstellt.[189]

c) Darlegungs- und Beweislast

Macht der Auftragnehmer eine über die ursprünglich erteilte Schlussrechnung hinausgehende Honorarforderung geltend, trifft ihn die Darlegungs- und Beweislast dafür, dass er in der ersten Rechnung zu niedrig abgerechnet hatte. Er muss also die anspruchsbegründenden Tatsachen und somit die Bemessungsfaktoren für das mit der zweiten

---

187 *Weyer*, FS *Koeble*, S. 573, 574 f.; *Koeble* in Kniffka/Koeble, 12. Teil, Rn. 602 ff.
188 BGHZ 120, 133 = BauR 1993, 236; BGH BauR 1993, 239 = NJW 1993, 661; BGH BauR 2009, 262 = NZBau 2009, 33; BGH BauR 2010, 1249, 1254 = NJW-RR 2010, 1176; BGH NJW-RR 2016, 213.
189 *Weyer*, FS Vygen, S. 78, 82 ff.; *Scholtissek* NZBau 2010, 683, 685; *Löffelmann/Fleischmann*, Rn. 1629.

Schlussrechnung geforderte höhere Honorar darlegen und beweisen.[190] Erst dann stellt sich die Frage nach der Darlegungs- und Beweislast für eine von der ersten Schlussrechnung ausgehende Bindungswirkung. Dabei ist es umstritten, ob der Auftraggeber für die Bindungswirkung und damit die Voraussetzungen des Vertrauenstatbestands und des sich darauf Einrichtens **darlegungs- und beweispflichtig** ist[191] oder ob das Fehlen der Bindungswirkung eine Anspruchsvoraussetzung ist und somit die Darlegungs- und Beweislast beim Auftragnehmer liegt.[192] Für die Lösung kommt es auf die Begründung der Bindungswirkung mit der in der Rechnungserteilung liegenden Erklärung einer abschließenden Berechnung und dem sich aus einer Nachforderung ergebenden Verbot des widersprüchlichen Verhaltens an. Dieses stellt eine Einwendung dar, für die der Auftraggeber nach allgemeinen Grundsätzen darlegungs- und beweispflichtig ist.[193] Deshalb ist auch die Auffassung abzulehnen, dass jede Partei ihre Interessen darlegen und beweisen muss mit der Folge, dass den Architekten die Darlegungs- und Beweislast für die Umstände trifft, die für ihn ein Festhalten an der Schlussrechnung unzumutbar machen sowie die Frage, warum er zunächst zu niedrig angerechnet hatte.[194] Darauf kommt es für die Bindung an eine zu niedrige Schlussrechnung noch nicht einmal an. Das Vorliegen eines Vertrauenstatbestands und die erforderliche Interessenabwägung können vom Gericht nur überprüft werden, wenn ihm entsprechende Tatsachen unterbreitet werden. Dem entspricht auch die neuere Rechtsprechung. So lehnt das OLG Frankfurt[195] eine Bindungswirkung ab, wenn es an jedem konkreten Vortrag des Auftraggebers für seine besondere Schutzwürdigkeit fehlt, weil dieser insoweit darlegungs- und beweispflichtig sei. Das OLG Düsseldorf[196] verneint zutreffend eine Bindungswirkung, wenn der Auftraggeber nicht vorträgt, wie er sich auf die Schlussrechnung im Vertrauen auf die abschließende Berechnung eingerichtet hat.

d) Bindung an eine Abschlagsrechnung oder Teilschlussrechnung?

75 Die Bindungswirkung setzt voraus, dass der Architekt eine Honorarschlussrechnung erstellt hat. Nicht ausreichend ist eine **Abschlagsrechnung**, weil durch sie in der Regel kein Vertrauenstatbestand auf eine abschließende Berechnung des Honorars geschaffen wird.[197] Erstellt der Auftragnehmer eine **Teilschlussrechnung**,[198] ist zunächst zu prüfen, ob nicht eine Abschlagsrechnung vorliegt. Da weder das BGB noch die HOAI den Begriff der »Teilschlussrechnung« kennen, besteht darauf nur im Falle einer vertraglichen

---

190 *Scholtissek* NZBau 2009, 24, 26; insoweit zutreffend *Preussner* in MNP, § 15 Rn. 102.
191 *Weyer*, FS Vygen, S. 85 ff.; *Werner* in *Werner/Pastor*, Rn. 894; *Locher*, Rn. 510: *Löffelmann/Fleischmann*, Rn. 1646.
192 *Hesse/Korbion/Mantscheff/Vygen*, 5. Aufl. § 8 Rn. 37; *Motzke* IBR 1996, 431.
193 *Weyer*, FS Vygen, S. 79, 86 m. w. N.
194 *Preussner* in MNP, § 15 Rn. 101 f.
195 NJW-RR 1998, 374 ff.
196 BauR 2001, 277 = NZBau 2000, 526 = NJW-RR 2000, 1262; BauR 2007, 1767.
197 BGH BauR 1996, 138 = NJW-RR 1996, 145; *Kniffka/Koeble*, 12. Teil Rn. 602.
198 Vgl. dazu *Koeble*, FS Werner, S. 123 ff.

Vereinbarung ein Anspruch.[199] Handelt es sich tatsächlich um eine Teilschlussrechnung, kann dieser ebenso wie der Schlussrechnung eine Bindungswirkung zukommen, weil auch darin die Erklärung einer abschließenden Berechnung für die abgerechneten Leistungen liegt.[200]

e) Bindung auch an eine nicht prüfbare Rechnung

Zweifelhaft kann es sein, ob der Auftragnehmer an eine nicht prüfbare Rechnung gebunden sein kann. Dies ist zu bejahen.[201] Die Situation ist genauso, wie sie der BGH zur Frage der Schlusszahlung nach § 16 Abs. 3 VOB/B entschieden hat. Auch auf eine nicht prüfbare Rechnung des Auftragnehmers kann eine Schlusszahlung erfolgen. Der Grund liegt darin, dass der Auftragnehmer sich zu seinem eigenen Verhalten in Widerspruch setzen würde, wenn er hinterher behauptet, es läge keine Schlusszahlung vor.[202] Entsprechendes gilt auch für den Architektenvertrag. Nicht die Prüffähigkeit ist Anknüpfungspunkt für die Bindungswirkung, sondern ausschließlich die Erweckung von Vertrauen durch die Erteilung einer Schlussrechnung und das sich darauf Einrichten des Vertragspartners.

76

f) Einzelfälle

Diese Rechtsprechung führt zu folgenden Konsequenzen:
– Die Bindungswirkung entfällt, wenn der Auftraggeber alsbald nach Übersendung der Rechnung die mangelnde **Prüffähigkeit rügt**. In diesem Fall gibt er zu erkennen, dass er in die Schlussrechnung gerade kein Vertrauen auf eine abschließende Berechnung setzt.[203] Beruft sich der Auftraggeber längere Zeit nach Übersendung der Rechnung erstmals auf die fehlende Prüffähigkeit, führt dies alleine nicht zu einem Wegfall der Bindungswirkung. Ein derartiges Verhalten begründet aber auch noch kein schutzwürdiges Vertrauen des Auftraggebers.[204]
– Für die Praxis ergibt es sich, dass bei dem »erheblichen Gewicht«, das die Schlussrechnung beim Auftraggeber erweckt, sorgfältig die Reaktion des Auftraggebers im Rahmen einer Einzelfallabwägung beachtet werden muss. Es ist also zu prüfen: Durfte er vertrauen, und hat er sich auf dieses Vertrauen eingerichtet. Hat der Auftraggeber auf die Schlussrechnung nichts bezahlt und sich überhaupt nicht erkennbar darauf eingerichtet, sondern sie einfach ohne Prüfung und Stellungnahme liegen lassen, möglicherweise in der Hoffnung, der Architekt lasse seine Forderung verjähren, so fehlt es schon an der Erweckung von Vertrauen, zumindest aber an einer Ver-

77

78

---

199 BGH BauR 1996, 138.
200 OLG Frankfurt NJW-RR 1998, 374; *Koeble*, FS Werner, S. 123 ff; *Koeble* in Kniffka/Koeble, 12. Teil Rn. 607; *Preussner* in MNP, § 15 Rn. 98.
201 Ebenso OLG Köln NJW-RR 1999, 1109; OLG Düsseldorf BauR 1996, 289, 291; OLG Hamm NJW-RR 1988, 727 = BauR 1989, 351; a. A. *Rieble* BauR 1989, 145.
202 Vgl. zu § 16 Abs. 3 VOB/B: BGH BauR 1987, 329 = NJW 1987, 2582.
203 BGHZ 120, 133 = BauR 1993, 236 = NJW 1993, 659; KG NJW-RR 1995, 536; OLG Köln NJW-RR 1999, 1109; OLG Karlsruhe BauR 2008, 385; *Werner* in Werner/Pastor Rn. 901; *Wirth/Galda* in KMV, § 15 Rn. 24; *Locher*, Rn. 510.
204 BGH BauR 1998, 579 = ZfBR 1998, 186.

mögensdisposition, die eine Nachforderung für ihn unzumutbar macht.[205] Eine Bindungswirkung tritt nicht ein.
– Rügt der Auftraggeber die Rechnung in engem zeitlichem Zusammenhang mit dem Zugang substantiiert und lehnt er eine Bezahlung deshalb ab, so tritt ebenfalls keine Bindungswirkung ein. Er bringt damit zum Ausdruck, dass er kein Vertrauen in die Richtigkeit der Rechnung hat.[206]
– Abzulehnen ist die Auffassung des OLG Saarbrücken,[207] dass es unter dem Gesichtspunkt des rechtsmissbräuchlichen Verhaltens keines Vertrauenstatbestands für eine Bindungswirkung bedarf, wenn drei weitere Schlussrechnungen mit einer kontinuierlichen Honorarerhöhung um den 7,5-fachen Betrag erteilt werden. Eine dreimalige Änderung einer komplexen Schlussrechnung ist nicht außergewöhnlich. Wenn die Erhöhung der Honorarforderung der Rechtslage entspricht, liegt darin auch kein rechtsmissbräuchliches Verhalten. Außerdem müssen für eine Bindungswirkung die übrigen Voraussetzungen wie Schutzwürdigkeit des Vertrauens, sich Einrichten auf die Schlussrechnung und Unzumutbarkeit einer Nachforderung vorliegen.
– Letzteres wird auch vom OLG Frankfurt[208] missachtet, welches im Falle einer Nachforderung ein Jahr nach Bezahlung der Schlussrechnung in offensichtlichem Widerspruch zur Rechtsprechung des BGH[209] von einem Vertrauenstatbestand und damit von einer Bindungswirkung ausgeht, ohne dass es einer Vermögensdisposition bedarf. Diese Entscheidung wurde inzwischen vom BGH aufgehoben.[210] Alleine aus einer größeren **Zeitspanne** bis zur Übersendung der zweiten Schlussrechnung kann nicht hergeleitet werden, dass sich der Auftraggeber darauf eingerichtet hatte, nichts mehr zahlen zu müssen.[211]
– Anders kann es sein, wenn er auf die Rechnung eingeht, deren Höhe bestreitet und einen **geringeren** von ihm ermittelten **Betrag bezahlt**. Richtet er seine Finanzierung hiernach aus, bildet er in der Erwartung, er sei keinen weiteren Honorarforderungen ausgesetzt, keine Rücklagen, die er sonst gebildet hätte, oder investiert er im Vertrauen auf die abschließende Wirkung der Rechnung anderweitig in den Bau, was er sonst nicht getan hätte, so kann eine Bindungswirkung zu bejahen sein. Erforderlich dafür ist aber nicht das bloße Vorliegen dieser Tätigkeiten. Vielmehr müssen diese im konkreten Fall dazu führen, dass deshalb eine Nachforderung für den Auftraggeber unzumutbar ist.[212] **Bezahlt** der Auftraggeber die Rechnung im Vertrauen

---

205 OLG Koblenz BauR 2001, 664; BauR 2001, 825; *Locher*, Rn. 510; vgl. dazu *Schwarz* BauR 2001, 708 f.
206 BGH BauR 1993, 236 = NJW 1993, 661; OLG Düsseldorf BauR 2007, 1767; BauR 2007, 2092; BauR 2010, 482; OLG Brandenburg BauR 2008, 127; *Weyer*, FS Koeble, S. 573, 579.
207 BauR 2006, 2085; vgl. *Weyer*, FS Koeble, S. 573, 578; *Koeble* in Kniffka/Koeble, 12. Teil Rn. 607.
208 OLG Frankfurt IBR 2013, 477.
209 BGH BauR 2007, 586 = NZBau 2007, 252; BGH BauR 2009, 262 = NZBau 2009, 33.
210 BGH NJW-RR 2016, 213.
211 BGH BauR 2009, 262 = NZBau 2009, 33; BGH BauR 2016, 536 = NJW-RR 2016, 213.
212 BGH BauR 2009, 262 = NZBau 2009, 33; OLG Köln BauR 2007, 132 für das Einstellen einer unwirksamen Pauschalhonorarvereinbarung in die Finanzierungsplanung.

auf deren Richtigkeit ohne detaillierte Prüfung **in vollem Umfang**, so ist in der Regel von einem Vertrauen in die abschließende Berechnung auszugehen. Dieses ist dann schützenswert, wenn dem Auftraggeber die Fehlerhaftigkeit der Abrechnung unbekannt ist und keine besonderen Umstände – wie eine Erweiterung des Leistungsumfangs bei einem vereinbarten Pauschalhonorar[213] – vorliegen. Eine Bindungswirkung hängt dann davon ab, ob sich dieser auf die Schlussrechnung so eingerichtet hat, dass für ihn eine Nachforderung unzumutbar ist.

– Eine schützenswerte Vermögensdisposition, die eine Bindungswirkung zur Folge hat, kann auch vorliegen, wenn der Auftraggeber aufgrund der Rechnungsstellung und der ihm günstig erscheinenden Honorarabrechnung darauf verzichtet, Leistungsverweigerungsrechte wegen Mängelansprüchen geltend zu machen oder deren selbstständige Durchsetzung aus diesem Grund unterlässt, also seine prozessuale Situation verschlechtert.

– Keinen Vertrauensschutz genießt der Auftraggeber, wenn der Architekt die Kosten nicht oder nicht vollständig ermitteln kann und auf Anfrage beim Auftraggeber keine oder eine falsche Antwort erhält.

– Die Rechnung entfaltet auch dann keine Bindungswirkung, wenn sie **offensichtliche Fehler** enthält, die der Auftraggeber entweder erkannt hat oder hätte erkennen müssen. So etwa bei erkennbar falscher Berechnung der Mehrwertsteuer.[214] Solche offensichtlichen Fehler können Rechenfehler, Schreibfehler, Übertragungsfehler (z. B. falsche anrechenbare Kosten oder falscher Honorarbetrag aus der Honorartafel) oder auch sonstige eindeutige Versehen sein. Dabei kommt es auf den Empfängerhorizont und damit auch auf die Sachkunde des Auftraggebers an. So kann z. B. keine Bindung bestehen, wenn der Auftragnehmer eine völlig falsche Kostenermittlung zugrunde legt und dies dem Auftraggeber als Wohnungsbauunternehmen klar erkennbar ist oder dem vom Auftraggeber eingesetzten Baubetreuer oder Projektsteuerer deutlich zu Tage liegt. Ganz allgemein müssen Nachforderungen auch dann noch möglich sein, wenn ein wichtiger Grund hierfür gegeben ist, weil dann der Vertrauensschutz (§ 242 BGB) nicht eingreifen kann.[215]

– Die Bindungswirkung entfällt auch mangels schützenswerten Vertrauens, wenn der Architekt eine als Schlussrechnung bezeichnete Abrechnung übermittelt, ohne dass er seine Leistungen erkennbar bereits voll erbracht hat.[216] Der Auftraggeber kann dann ersehen, dass er für die weiteren Leistungen noch Honorarforderungen ausgesetzt ist. Hier fehlt es am Charakter der Schlussrechnung.

– Leugnet der Auftraggeber das Bestehen eines Architektenvertrags und verweigert er deshalb die Bezahlung, so liegt ebenfalls kein schützenswertes Vertrauen vor.[217] Außerdem fehlt es an einer Vermögensdisposition, welche für ihn eine Nachforderung

---

213 BGH BauR 2009, 262 = NZBau 2009, 33.
214 BGH BauR 1986, 593.
215 Zweifelnd: *Weyer*, FS Korbion, S. 481.
216 OLG Bamberg IBR 2004, 575.
217 OLG Zweibrücken IBR 2005, 381.

unzumutbar macht. Dasselbe muss gelten, wenn er die Entgeltlichkeit bestreitet und behauptet, die Architektenleistung sei eine »Serviceleistung«.[218]

83 – Werden auch Leistungen außerhalb der HOAI abgerufen und erbracht, so vor allem im wirtschaftlichen Bereich[219] oder werden Gutachten verlangt und erstattet und bezieht sich die Abrechnung des Architekten zunächst auf die HOAI-Leistungen, kann der Auftraggeber nicht darauf vertrauen, keinen weiteren Forderungen des Architekten ausgesetzt zu sein, sofern nicht aus der Abrechnung etwas anderes hervorgeht oder die Umstände eine andere Beurteilung erfordern.

84 – Allein dadurch, dass der Architekt in seiner Schlussrechnung die **Mindestsätze der HOAI unterschreitet**, obwohl eine solche Vereinbarung nach § 7 Abs. 3 HOAI unwirksam ist, entfällt nicht schon ein schutzwürdiges Vertrauen des Auftraggebers in die Richtigkeit der Schlussrechnung.[220] Auch in einer auf einer unwirksamen Honorarvereinbarung beruhenden Schlussrechnung liegt die Erklärung einer abschließenden Berechnung des Honorars. Eine Bindungswirkung kann jedoch bei einer unzulässigen Mindestsatzunterschreitung dann entfallen, wenn ein sachkundiger Bauherr die Unwirksamkeit der Honorarvereinbarung erkannt hatte[221] oder hätte erkennen müssen.[222] Dies gilt erst recht dann, wenn aus diesem Grund bereits zum Zeitpunkt der Rechnungserteilung Streit über die Zahlungsverpflichtung besteht.[223] Gerade dann, wenn der Auftraggeber bewusst versucht, den Architekten unter die Mindestsätze zu drücken,[224] wird kein schutzwürdiges Vertrauen in die aufgrund der nichtigen Honorarvereinbarung erstellte Schlussrechnung erweckt.[225] Der Auftraggeber muss aber wissen, dass die Honorarforderung falsch ist und dem Architekten ein höheres Honorar auf der Grundlage der Mindestsätze zusteht. Selbst wenn hier ausnahmsweise ein schutzwürdiges Vertrauen vorliegen sollte, wäre weitere Voraussetzung für die Annahme einer Bindungswirkung, dass der Auftraggeber darlegt, wie er sich auf die Schlussrechnung in einer Art und Weise eingerichtet hatte, dass für ihn eine Nachforderung unzumutbar ist.[226]

85 – Eine Bindungswirkung tritt in der Regel dann nicht ein, wenn sich der Architekt die Erhöhung der Rechnung ausdrücklich vorbehalten hat. Nach einer vor der Wende in

---

218 Vgl. *Locher*, FS Heiermann, S. 246.
219 Grundstücksbeschaffung, Mitwirkung bei der Teilungserklärung oder Erstvermietung.
220 BGH BauR 2016, 536 = NJW-RR 2016, 312; BGH BauR 1993, 239 = NJW 1993, 661; BGH BauR 2009, 262 = NZBau 2009, 33; OLG Köln NJW-RR 1999, 1109; OLG Köln NZBau 2005, 467; OLG Düsseldorf BauR 2007, 2092; *Koeble* in Kniffka/Koeble, 12. Teil Rn. 606; *Werner* in *Werner/Pastor*, Rn. 901; *Löffelmann/Fleischmann*, Rn. 1634.
221 Man hatte etwa vor Abschluss der Vereinbarung darüber diskutiert.
222 Bei Vergaben durch die öffentliche Hand oder durch Bauträger.
223 OLG Düsseldorf BauR 2010, 482.
224 Etwa dadurch, dass Leistungen herausgenommen und überproportional bewertet werden oder bewusst ein unter den Mindestsätzen liegendes Pauschalhonorar vereinbart wird.
225 *Scholtissek* NZBau 2009, 24, 26.
226 BGH BauR 2009, 262 = NZBau 2009, 33; OLG Köln BauR 2007, 132; i. E. a. A. OLG München IBR 2007, 689, das an das »sich Einrichten« keine Anforderungen stellt.

der BGH-Rechtsprechung im Jahre 1993 ergangenen Entscheidung[227] zerstörte ein **Vorbehalt** die Bindungswirkung nur dann, wenn er eine Festlegung enthielt, aus welchem Rechtsgrund, für welche Leistung und in welcher Höhe der Architekt gegebenenfalls eine zusätzliche Honorarforderung verlangen will. Ein schutzwürdiges Vertrauen liegt aber auch dann nicht vor, wenn grundsätzlich auf Mehrleistungen hingewiesen wird und, ohne sie im Einzelnen zu nennen, hieran der Vorbehalt geknüpft wird oder wenn ohne nähere Darlegung die Berechnung einer höheren Honorarzone vorbehalten wird oder bei der Formulierung »unter Vorbehalt der Nachberechnung der anrechenbaren Kosten«.[228] Der Auftraggeber muss auch in diesem Fall erkennen, dass er mit Nachforderungen zu rechnen hat.[229]

g) Aufrechnung mit überschüssiger Forderung

Fraglich kann es sein, ob der Auftragnehmer gegenüber Schadensersatzansprüchen des Auftraggebers mit einer überschüssigen Honorarforderung aufrechnen kann, die er wegen der eingetretenen Bindungswirkung nicht aktiv durchsetzen kann. Dies ist in entsprechender Anwendung des § 390 S. 2 BGB und der Rechtsprechung zur Schlusszahlung nach § 16 Abs. 3 VOB/B[230] zu bejahen. Dabei kann dahingestellt bleiben, ob es sich bei der Bindungswirkung um eine Einwendung oder um eine Einrede[231] handelt. 86

h) Umfang der Bindungswirkung

Der Auftragnehmer ist also beim Vorliegen eines schutzwürdigen Vertrauens und einer Vertrauensdisposition, welche für ihn eine Nachforderung unzumutbar macht, an seine Honorarschlussrechnung gebunden. In diesem Fall – also beim Bestehen einer Bindungswirkung – stellt sich die Frage nach deren Umfang. Eine Nachforderung ist dann ausgeschlossen. Erstellt der Auftragnehmer eine Schlussrechnung auf der Grundlage von unzutreffend niedrigen anrechenbaren Kosten, so kann er später nicht aufgrund einer nachträglichen Erhöhung der anrechenbaren Kosten abrechnen.[232] Ebenso wenig ist dann ein Nachschieben weiterer Rechnungspositionen zulässig, die der Auftragnehmer bereits in die Honorarschlussrechnung hätte aufnehmen können.[233] Rechnet der Auftragnehmer eine Baumaßnahme als Gesamtobjekt ab, obwohl eine Abrechnung nach Einzelobjekten möglich gewesen wäre (vgl. § 11 HOAI), so ist er daran gebunden. Vergisst er die Abrechnung einzelner Teilleistungen, so kann er ebenfalls nicht nachfordern.[234] Vergisst er bei der Schlussrechnung zusätzlich erbrachte Pla- 87

---

227 BGH BauR 1990, 382.
228 So *Locher*, FS Heiermann, S. 246; *Koeble* Anm. zu LM § 242 [Cd] BGB Nr. 325.
229 *Preussner* in MNP, § 15 Rn. 92.
230 Vgl. dazu BGH NJW 1982, 2250 und BGHZ 86, 135 = NJW 1983, 817.
231 *Koeble* LM § 242 [Cd] BGB Nr. 324.
232 BGH NJW 1974, 945 = BauR 1974, 213; BGH BauR 1978, 64 = BGH NJW 1978, 319.
233 Vgl. OLG Düsseldorf BB 1968, 1162 = MDR 1968, 321; OLG Düsseldorf BauR 1971, 140; OLG Düsseldorf BauR 1971, 279; OLG Zweibrücken BauR 1980, 482.
234 OLG Düsseldorf BauR 1971, 141 f.

§ 15 HOAI Zahlungen

nungsalternativen, so kann er diese nicht zusätzlich abrechnen.[235] Vergisst der Auftragnehmer die Abrechnung von Besonderen Leistungen, so steht ihm dafür ebenso kein weiteres Honorar zu.[236] Entsprechendes gilt z. B. auch für das Honorar für eine bei der Abrechnung vergessene Berechnung nach der EnEV.[237]

88 Schließlich stellt sich die Frage, ob sich die Bindung über den **Rechnungsendbetrag** hinaus auch auf abgerechnete **Einzelpositionen** erstrecken kann und überhöht abgerechnete Positionen durch andere zu niedrig berechnete oder vergessene Positionen wie z. B. Ansprüche für Planungsänderungen nach § 10 HOAI ersetzt werden können. Die frühere Rechtsprechung hatte diese Frage bejaht.[238] Diese Rechtsprechung ist mit der vom BGH 1993 eingeleiteten Lockerung der Bindungswirkung (vgl. Rdn. 71 ff.) nicht mehr vereinbar. Zwar mag im Einzelfall der Auftraggeber auch auf die abschließende Berechnung einer einzelnen Rechnungsposition und nicht nur des Endbetrags vertrauen. Er wird aber kaum darlegen können, dass er sich gerade auf die abschließende Berechnung dieser einzelnen Rechnungsposition in einer schützenswerten Weise eingerichtet und eine entsprechende Vermögensdisposition unternommen hat, die für ihn eine Nachforderung unzumutbar macht.[239]

17. Abschlagszahlungen

a) Anspruch ohne Vereinbarung? Leitbildcharakter des Abs. 2?

89 Abs. 2 regelt das Recht des Auftragnehmers, Abschlagszahlungen verlangen zu können. Die Vorschrift galt früher nach h. M. ebenso wie die des Abs. 1 unabhängig davon, ob die Vertragsparteien eine entsprechende Vereinbarung getroffen hatten oder nicht.[240] Zulässig waren früher auch von Abs. 2 abweichende Vereinbarungen, wobei aber in AGB Grenzen bestehen (vgl. unten Rdn. 114). Durch die 6. HOAI-Novelle[241] wurde in Abs. 2 aufgenommen, dass **Abschlagszahlungen vorrangig** nach der **Parteivereinbarung** geleistet werden sollen. Diese muss zwar nach HOAI 2009 nicht schriftlich und bei Auftragserteilung getroffen werden, weil es sich nicht um einen Fall des § 7 Abs. 1 handelt. In § 15 Abs. 2 wurde durch die HOAI 2013 das Wort »schriftlich« eingefügt. Gegen die Wirksamkeit dieser Regelung in Abs. 2 bestehen aber die gleichen Bedenken, wie beim Abs. 1.[242] Im Folgenden wird jedoch davon ausgegangen, dass die Bestimmung nach der Rechtsprechung des BGH wirksam ist und in den Kompetenzbereich des Verordnungsgebers fällt. Für eine **schriftliche** Vereinbarung ist der

---

235 BGH NJW 1978, 319 = BauR 1978, 64; OLG Zweibrücken BauR 1980, 482.
236 OLG Zweibrücken BauR 1980, 482.
237 BGH BauR 1990, 382.
238 BGH BauR 1990, 382; BGH BauR 1978, 64; OLG Köln BauR 1991, 116; OLG Düsseldorf BauR 1982, 393.
239 *Löffelmann/Fleischmann*, Rn. 1637; ebenso *Preussner* in MNP, § 10 Rn. 95.
240 BGH NJW 1981, 2351 [2354] = BauR 1981, 582 [587] m. Anm. *Locher*; vgl. i. E. oben Rdn. 6 ff.
241 Zu den Übergangsfällen vgl. § 57 Rdn. 1 ff.
242 Vgl. dazu oben Rdn. 5, 19.

Auftragnehmer darlegungs- und beweispflichtig. Einseitige, schriftliche oder mündliche Bestätigungen oder Erklärungen stellen noch keine vertragliche Vereinbarung dar, auch wenn der Auftraggeber nicht reagiert hat.[243] Soweit keine Zeitpunkte schriftlich vereinbart sind, können Abschlagszahlungen« in angemessenen zeitlichen Abständen« und »für nachgewiesene Grundleistungen« gefordert werden (vgl.Rdn. 98, 101). Die Geltendmachung von Abschlagszahlungen ist nicht unbeschränkt zulässig, jedoch kann unter bestimmten Voraussetzungen im Rechtsstreit auf die Schlussrechnung übergegangen werden (vgl. Rdn. 107). Die Vereinbarung über Abschlagszahlungen und insbesondere über Sicherheitseinbehalte in AGB ist problematisch (vgl. dazu unten Rdn. 114).

Fehlt eine Vereinbarung über Abschlagszahlungen, dann ist der Auftragnehmer berechtigt, »in angemessenen zeitlichen Abständen für nachgewiesene Leistungen« Zahlungen anzufordern. Die Vereinbarung bestimmter Abschlagszahlungen ist zwar vorrangig, sie ist aber keine zwingende Voraussetzung für die Geltendmachung von solchen Abschlägen, vielmehr hat der Auftragnehmer nach wie vor einen **Anspruch auf Abschlagszahlungen** unter den genannten Voraussetzungen. 90

Durch ausdrückliche höchst-richterliche Rechtsprechung ist bisher nicht geklärt, welche **Bedeutung die Leistung von Abschlagszahlungen** hat, wenn zugrunde liegende Honorarvereinbarungen unwirksam sind (vgl. auch § 7 Rdn. 103 ff.). Folgt man dem BGH, wonach eine Änderung des Honorars nach Auftragserteilung generell ausgeschlossen ist, so sind Abschlagszahlungen ohne Bedeutung.[244] Das ist aber auch unabhängig davon zutreffend: **Weder die** Form der **Abrechnung** von Abschlagszahlungen durch den Auftragnehmer **noch die Zahlung** auf konkrete Abschlagszahlungsrechnungen seitens des Auftraggebers haben **Bindungswirkung**.[245] So kann der Auftraggeber sich hinterher jederzeit gegen die Faktoren aus der Abschlagszahlungsrechnung Honorarzone, anrechenbare Kosten usw. wenden und die vertragserheblichen Voraussetzungen (z. B. Auftragserteilung, fehlende Schriftform bei Besonderen Leistungen) bestreiten. Ebenso kann der Auftragnehmer die richtigen Ansätze in die Schlussrechnung aufnehmen. 91

Der Vorschrift des § 8 Abs. 2 HOAI a. F. wurde **Leitbildcharakter** zugebilligt.[246] Nach der ursprünglichen im Referentenentwurf vorgesehenen Regelung wäre dies nicht mehr der Fall gewesen, weil die vertragliche Vereinbarung der Parteien ausschließlich zur Anforderung von Abschlagszahlungen berechtigt hätte. Nachdem jedoch die Möglichkeit, »in angemessenen zeitlichen Abständen« Abschlagszahlungen zu fordern, weiterhin auch ohne schriftliche Vereinbarung geblieben ist, dürfte sich an der Rechtsprechung zum Leitbildcharakter des Abs. 2 nichts geändert haben.[247] 92

---

243 Anderes gilt für die Auftragserteilung selbst, wenn es sich um ein kaufmännisches Bestätigungsschreiben handelt; dazu Einl. Rdn. 59.
244 *Werner*, FS Locher, S. 289 [298 f.].
245 *Kniffka/Koeble*, Kompendium, 12. Teil, Rn. 317.
246 BGH BauR 2006, 674 = NJW-RR 2006, 597 = NZBau 2006, 299 m. Anm. *Scholtissek*; zur Frage der Wirksamkeit von Sicherheitseinbehalten vgl. unten Rdn. 114.
247 Zur Frage, ob § 15 in einer Honorarordnung wirksam ist, vgl. oben Rdn. 6 f.

b) Verhältnis zu § 632a BGB

93 Das Verhältnis des früheren § 8 Abs. 2 HOAI a. F. zu § 632a BGB war unproblematisch. Beide Vorschriften traten nebeneinander. Insbesondere wurde durch § 632a BGB die Abschlagszahlungsregelung nach HOAI nicht abgeändert. Geht man nämlich mit der Rechtsprechung (vgl. oben Rdn. 6 ff.) davon aus, dass § 8 HOAI 1996/2002 wirksam war, dann hätte die auf gesetzlicher Grundlage der §§ 1, 2 MRVG fußende Bestimmung ausdrücklich abgeändert werden müssen. Das war nicht geschehen, weshalb § 8 Abs. 2 HOAI a. F. auch nach Inkrafttreten des § 632a BGB nach wie vor fortgegolten hatte.[248]

94 Die Neuregelung des Abs. 2 setzt eine Vereinbarung der Parteien voraus. Allerdings ist entgegen den Plänen aus dem Referentenentwurf bei Fehlen einer Vereinbarung die Möglichkeit zur Geltendmachung von Abschlagszahlungen »in angemessenen zeitlichen Abständen« erhalten geblieben. Nur dann, wenn Abs. 2 auch insoweit nicht eingreift, stellt sich die Frage, unter welchen Voraussetzungen nach § 632a BGB Abschlagszahlungen geltend gemacht werden können. Dies gilt z. B. dann, wenn die HOAI nicht anwendbar ist[249] oder wenn von § 15 Abs. 2 HOAI abweichende vertragliche Regelungen getroffen wurden (§ 15 Abs. 4 HOAI) und diese noch gegenüber § 632a BGB für den jeweils Betroffenen ungünstiger sind. Dann können Honorarvereinbarungen unter Berufung auf den Leitbildcharakter des § 632a BGB angegriffen werden (§ 9 Abs. 2 AGBG).

95 Soweit sich der Auftragnehmer für Verträge bis 31.12.2008 im Hinblick auf Abschlagszahlungen auf § 632a BGB beruft, muss er die jeweiligen, **in sich abgeschlossenen Teile des Werks** darlegen. Als solche abgeschlossene Teile wird man sicherlich einzelne, ganze Leistungsphasen, aber auch wesentliche Teilleistungen ansehen können. Anders als bei § 15 Abs. 2 HOAI wird dagegen die Erbringung von Teilen aus Teilleistungen (abgeschlossene Überwachung des Rohbaus) nicht genügen. Ein weiteres Problem für Abschlagszahlungen nach der alten Fassung des § 632a BGB ist, dass im Regelfall Eigentum nicht übertragen werden wird, sondern dass Abschlagszahlungen nur gegen Sicherheit möglich sind und für die Erfüllungsansprüche im Normalfall eine Bürgschaft vorgelegt werden muss.

96 Durch das FoSiG hat sich die Rechtslage betreffend Abschlagszahlungen zu Gunsten von Auftragnehmern etwas verbessert. Ein Anspruch besteht schon dann, wenn durch die Leistung des Auftragnehmers der Besteller »einen **Wertzuwachs** erlangt hat.«[250] Jedoch passt die Regelung mit dem »Wertzuwachs« auf Architekten- und Ingenieurleistungen nicht. Nachdem jedoch für alle Baubeteiligten eine Erleichterung gegenüber

---

248 Ebenso *Voppel* BauR 2001, 1165 [1174]; *Kniffka/Koeble*, Kompendium, 12. Teil, Rn. 576 ff.
249 Vgl. aber im Hinblick auf anrechenbare Kosten außerhalb der Honorartafeln bei Anwendbarkeit eines Leistungsbildes oben Rdn. 3 ff.
250 Zur Neuregelung neben Palandt-*Sprau*, 68. Aufl., § 632a BGB Rn. 4 ff. vgl. von *Gehlen* NZBau 2008, 612, *Leinemann* NJW 2008, 3745, *Hildebrandt* BauR 2009, 4 und speziell zur Bedeutung für Architekten und Ingenieure *Scholtissek* NZBau 2009, 91.

der früheren Regelung geplant war, muss der Begriff Wertzuwachs zu Gunsten von Architekten und Ingenieuren ausgelegt werden. Es genügt deshalb, wenn Planunterlagen, Leistungsbeschreibungen und andere Dinge (Kostenermittlungen, Modelle, Perspektiven usw.) so in den Besitz des Auftraggebers kommen, dass er das Projekt damit vorantreiben kann.[251] Allerdings sind Abschlagszahlungen nach der insoweit unglücklichen Formulierung des § 632a Abs. 1 S. 2 BGB ausgeschlossen, wenn **wesentliche Mängel** vorliegen. Im Verhältnis zum Architekten und Ingenieur können dies jedoch nicht die tatsächlichen Baumängel sein, sondern es muss sich um wesentliche Fehler im Bereich der Planung, Vergabe oder Objektüberwachung handeln.[252] Hinzu kommt, dass der Architekt und Ingenieur für die Anforderung von Abschlagszahlungen auch nach § 632a BGB eine prüfbare Rechnung vorlegen muss, obwohl dies im Wortlaut der Gesetzesbestimmung nicht aufgeführt ist.[253] Eine Einschränkung des Rechts auf Abschlagszahlung nach § 632a BGB stellt es dar, dass der Auftragnehmer einem Verbraucher als Vertragspartner Sicherheit leisten muss in Höhe von 5 % des Vergütungsanspruchs (§ 632a Abs. 3 S. 1 BGB).

Durch das neue **Bauvertragsrecht 2017** wurde § 632a BGB nochmals geändert. Ein »Wertzuwachs« im Vermögen des Bestellers ist nicht mehr erforderlich, vielmehr kann eine Abschlagszahlung »in Höhe des Wertes« der vom Auftragnehmer »erbrachten und nach dem Vertrag geschuldeten Leistungen« verlangt werden. Maßstab dürfte damit der Wertzuwachs im Gefüge des konkreten Vertrages sein. Im Anwendungsbereich der HOAI ist § 632a Abs. 1 in der Fassung 2017 jedoch für Abschlagszahlungen von Architekten und Ingenieuren nach Rechtsprechung des BGH ohne Bedeutung. Anders ist dies im Hinblick auf eine Neuregelung betreffend Fehler und Mängel der Architekten- oder Ingenieurleistung (dazu unten Rdn. 100). 97

c) »Nachgewiesene Leistungen«

Abschlagszahlungen können nach Abs. 2 nur für nachgewiesene Leistungen verlangt werden. Durch dieses Merkmal unterscheiden sich Abschlagszahlungen von **Vorauszahlungen** oder **Vorschüssen** (vgl. dazu Rdn. 113). Soweit von »Grundleistungen« die Rede ist, liegt ein Redaktionsversehen des Verordnungsgebers vor. Im Rahmen der Wiedereinführung des Begriffs Grundleistung in die HOAI 2013 wurde auch hier versehentlich statt »Leistungen« der Begriff »Grundleistungen« eingesetzt (vgl. § 3 Rdn. 2). Selbstverständlich sind Abschlagszahlungen auch auf **Besondere Leistungen** möglich, soweit ein vertraglicher Vergütungsanspruch diesbezüglich besteht. Die Berechtigung zu Abschlagszahlungsforderungen besteht nicht nur bei vollständiger Erbringung von Leistungsphasen oder Teilleistungen. Vielmehr können auch Teile von einzelnen Grundleistungen abgerechnet werden (z. B. einzelne Ausführungspläne). Die Formulierung »nachgewiesene Leistungen« bedeutet ebenso wenig wie bei dem »Nachweis der Nebenkosten« (§ 14 Rdn. 1 ff.), dass der Beweis für die Erbringung 98

---

251 Ähnlich *Scholtissek* NZBau 2009, 92.
252 A. A. wohl *Scholtissek*, der auf das Gewicht der Mängel abstellt.
253 Ebenso *Scholtissek* NZBau 2009, 92.

der Leistung schon in diesem Stadium geführt werden müsste. Vielmehr genügt es, wenn der Auftragnehmer die Erbringung bestimmter Leistungen behauptet und substanziiert darlegt. In letzterer Hinsicht müssen nicht alle Teilleistungen bezeichnet und erläutert werden. Vor allem bei Abrechnung vollständig erbrachter Leistungsphasen genügt die Bezeichnung der Leistungsphase. Anderes kann dann gelten, wenn Abschlagszahlungen für einzelne Teilleistungen oder Teile von Teilleistungen geltend gemacht werden.

d) Prüfbare Rechnung; Fälligkeit

99 Eine weitere Bedeutung des Begriffs »nachgewiesene Leistungen« liegt darin, dass eine »prüfbare Rechnung« wie bei der Schlussrechnung vorgelegt werden muss. Deshalb müssen Angaben über die anrechenbaren Kosten (derzeit vorliegende Kostenermittlung), die Honorarzone, die erbrachten Leistungen usw. gemacht sein (vgl. i. E. oben Rdn. 23 ff.). Das war zwar einige Zeit umstritten, wurde aber dann vom BGH[254] geklärt und nochmals bestätigt.[255] Der Auftraggeber kann Einwendungen gegen die Prüfbarkeit auch bei Abschlagszahlungsforderungen nur innerhalb von zwei Monaten ab Zugang vorbringen.[256] Neben der prüfbaren Schlussrechnung sind für die **Fälligkeit** von Abschlagszahlungen weitere Voraussetzungen zu erfüllen. In Abs. 2 ist zwar nicht von einer »Übergabe« der Rechnung die Rede (im Unterschied zu Abs. 1). Die Abschlagszahlung muss aber »gefordert« werden (vgl. unten Rdn. 102). Darüber hinaus ist zu beachten, dass der »Nachweis« der Leistungen erfolgt (vgl. oben Rdn. 97). Ebenso ist von Bedeutung, dass die zeitlichen Abstände angemessen sein müssen (vgl. Rdn. 101).Bei Vereinbarung eines **Pauschalhonorars** sind Abschlagszahlungen ebenfalls möglich. Soweit eine Parteivereinbarung nicht vorliegt, können Abschlagszahlungen in angemessenen zeitlichen Abständen beansprucht werden. Dafür muss dann die anteilige, erbrachte Leistung ausgewiesen werden (vgl. auch oben Rdn. 52).

e) Erbringung der Leistungen; Einfluss von Mängeln

100 Die Berechtigung zur Anforderung einer Abschlagszahlung besteht nur dann, wenn auch die »nachgewiesenen Leistungen« vertragsgemäß erbracht sind.[257] Es gelten hier die gleichen Anforderungen wie bei der Fälligkeit des Gesamthonorars (vgl. oben Rdn. 12 ff.). Es kommt demnach nicht darauf an, ob hinsichtlich der nachgewiesenen Leistungen eine Teilabnahme stattgefunden hat oder nicht, vielmehr genügt es, wenn die **Teilleistungen** »abnahmefähig« sind.[258] Dabei liegt die Betonung auf Teilleistungen. Handelt es sich z. B. um einen Ausführungsfehler des HW, dann ist bei einem Überwachungsfehler des Auftragnehmers nur der auf die Überwachung der Mangel-

---

254 BauR 1999, 267 = NJW 1999, 713 = LM Heft 4/1999 § 241 BGB Nr. 14 m. Anm. *Koeble* = ZfBR 1999, 98.
255 BGH BauR 2005, 1951; ebenso *Schwenker/Thode* ZfIR 2006, 369.
256 BGH BauR 2005, 1951; zur Schlussrechnung vgl. oben Rdn. 23.
257 Ebenso OLGNaumburg ZfBR 1996, 213.
258 BGH BauR 1974, 215 = NJW 1974, 697 = BB 1974, 857 = Betr. 1974, 674 = *Schäfer/Finnern* Z 3.010 Bl. 7.

beseitigungsmaßnahmen entfallende Prozentsatz nicht fällig, weil diese Leistung noch vertragsgemäß erbracht werden muss. Im Übrigen muss sich der Auftraggeber – wie bei der Schlussrechnung – mit spezifiziert dargelegten Schadensersatzansprüchen oder mit der Minderung des Honorars wehren. Im Hinblick auf **Mängel** bzw. Fehler des Auftragnehmers kann **nicht** die **gesamte Abschlagszahlung** zurückgehalten werden. Vielmehr besteht nur das Recht, einen **angemessenen Teil** des Abschlags zu **verweigern**.[259] Diesbezüglich ist § 632a Abs. 1 S. 2 BGB 2017 unmittelbar anwendbar. Das Gleiche gilt auch für S. 3 dieser Vorschrift. Die HOAI enthält keine Regelungen über Mängelrechte des Auftraggebers, sodass die diesbezügliche Vorschrift in § 632a Abs. 1 S. 2, 3 BGB 2017 als bürgerlich-rechtliche Bestimmung vorrangig ist. Durch § 15 HOAI wird daran nichts geändert.

f) Angemessene zeitliche Abstände

Die Abschlagszahlungen müssen in angemessenen zeitlichen Abständen angefordert werden. Diese Bestimmung trägt der Tatsache Rechnung, dass es für den Auftraggeber unzumutbar werden kann, wenn der Auftragnehmer ständig kleine Raten mit der Begründung anfordert, der Stand der Leistung rechtfertige dies. Hier gibt es keine generelle Lösung für die Angemessenheit. Es kommt entscheidend auf den Einzelfall an, und zwar sowohl auf die Dauer der Baumaßnahme als auch auf die Größe und den Zuschnitt des Objekts.   **101**

g) Anforderung; Verzug; Zurückbehaltungsrecht

Die Fälligkeit der Abschlagszahlungen kann nach der eindeutigen Formulierung des Abs. 2 erst und nur dann eintreten, wenn sie tatsächlich gefordert werden. Eine gegenteilige Auffassung würde dazu führen, dass ständig neue Fälligkeiten und Verjährungsfristen gegeben sind für mögliche Abschlagszahlungen. Die Rechtsprechung hat deshalb Fälligkeit erst angenommen, wenn die entsprechenden Leistungen erbracht waren und wenn deren Bezahlung verlangt wurde.[260]   **102**

Liegen die Voraussetzungen für die Fälligkeit von Abschlagszahlungen vor, dann kommt der Auftraggeber unter den weiteren Voraussetzungen des § 286 BGB in **Verzug**. Insbesondere gilt auch für Abschlagszahlungsforderungen, dass diese innerhalb von 30 Tagen nach Zugang der Rechnung wegen Verzugs verzinst werden müssen (§ 286 Abs. 3 S. 1 BGB). Gegenüber einem Verbraucher muss auf diese Folge allerdings in der Rechnung hingewiesen worden sein. Der Verzugszinssatz beträgt für Verbraucher 5 und für sonstige Auftraggeber 9 %-Punkte über dem Basiszinssatz (§ 288 Abs. 1, 2 BGB), für Schuldverhältnisse, die seit dem 28.07.2014 entstanden sind (Art. 229 § 34 EGBGB). Der Verzug endet wiederum mit Abnahme und Erteilung einer Schlussrechnung.[261]   **103**

---

259 Für die Rechtslage vor Inkrafttreten des § 632a BGB 2017 a. A. *Stein* in FBS, § 15 Rn. 36, wonach die nachgewiesene Leistung grundsätzlich mangelfrei sein muss; a. A. ebenfalls *Kuhn* in TKW § 13 Rn. 76, wonach das gesamte Honorar nicht fällig wird.
260 BGH BauR 1974, 215 = NJW 1974, 697.
261 BGH BauR 2004, 1146 = NJW-RR 2004, 957 = NZBau 2004, 386.

104 Wegen einer fälligen und inhaltlich berechtigten Abschlagszahlungsforderung kann dem Auftragnehmer ein **Leistungsverweigerungsrecht** zustehen (§ 320 Abs. 1 BGB). Soweit nämlich Abschlagzahlungen fällig werden, ist die Vorleistungspflicht des § 641 BGB nicht einschlägig. Allerdings ist Voraussetzung für die Arbeitsniederlegung seitens des Auftragnehmers, dass dem Anspruch auf Abschlagszahlung keine Leistungsverweigerungsrechte entgegenstehen. Letzteres ist der Fall, wenn dem Auftragnehmer Planungsfehler unterlaufen sind und der Bauherr insoweit Nacherfüllung geltend macht. Legt der Auftragnehmer in einem solchen Fall die Arbeit unberechtigt nieder, kann dies einen wichtigen Grund für den Bauherrn für eine Vertragskündigung darstellen.[262]

h) Verjährung der Abschlagszahlungsforderungen

105 Abschlagszahlungsforderungen verjähren selbstständig.[263] Mit der Fälligkeit der Abschlagszahlungen beginnt automatisch am Ende des Jahres, in dem die Abschlagszahlung angefordert wird, die Verjährungsfrist zu laufen. Nach der Rechtsprechung des BGH kann die Fälligkeit nicht vom Beginn der Verjährungsfrist abgekoppelt werden. Abschlagszahlungen sind im Übrigen gerade keine Vorschüsse, da sie nur nachgewiesene Leistungen betreffen. Des Weiteren ist es auch berechtigt, die Verjährungsfrist für jede Abschlagszahlungsanforderung laufen zu lassen, da der Auftragnehmer Fälligkeit seines Anspruchs behauptet. Die Rechtsprechung hat deshalb eine gesonderte Verjährung der Abschlagszahlungsforderungen angenommen.[264]

106 Allerdings hatte der BGH zunächst betont, dass Abschlagszahlung und Schlusszahlung eigenständige Ansprüche und prozessual selbstständige Streitgegenstände darstellen.[265] Er hat es deshalb zugelassen, dass an sich verjährte, restliche Abschlagszahlungen mit der Schlussrechnung wieder aufgegriffen werden können.[266] Die zitierte Auffassung von den unterschiedlichen Streitgegenständen hat der BGH[267] aber zwischenzeitlich ausdrücklich aufgegeben. Das könnte nicht nur im Hinblick auf die Frage der Klagänderung bzw. des Übergangs auf das Interesse nach § 264 Nr. 3 ZPO von Bedeutung sein, sondern auch im Hinblick auf die selbstständige Verjährung von Abschlagszahlungsforderungen. Das Problem der teilweisen Verjährung von Schlussrechnungen wird deshalb neu zu diskutieren sein. Richtig erscheint die hier schon früher vertretene Auffassung, wonach gestellte und nicht bezahlte Abschlagszahlungsforderungen selbstständig verjähren und mit der Schlussrechnung nicht mehr aufgegriffen werden können. Die Annahme einer selbstständigen Verjährung wäre sonst bedeutungslos. Eine

---

262 OLG Celle NZBau 2007, 794.
263 BGH BauR 1999, 267 = NJW 1999, 713 = LM Heft 4/1999 § 241 BGB Nr. 14 m. Anm. *Koeble* = ZfBR 1999, 98.
264 BGH BauR 1974, 213 = NJW 1974, 945; BGH BauR 1982, 187 = ZfBR 1982, 59; OLG Köln ZfBR 1994, 20.
265 BGH BauR 1999, 267 = NJW 1999, 713 = LM Heft 4/1999 § 241 BGB Nr. 14 m. Anm. *Koeble* = ZfBR 1999, 98.
266 Zustimmend insoweit auch *Otto* BauR 2000, 350; ebenso OLG Frankfurt BauR 2012, 123.
267 BauR 2005, 400 = NJW-RR 2005, 315 = NZBau 2005, 158 = ZfBR 2005, 178.

Teilschlussrechnung verjährt nur dann selbstständig, wenn diese Form der Abrechnung vertraglich vorgesehen ist.[268]

i) Prozessuales bei der Abschlagszahlungsklage

Fraglich ist, wie lange ein Anspruch auf Abschlagszahlungen besteht. Unproblematisch ist dabei der Fall, dass das Vertragsverhältnis nicht beendet ist und die Leistungen des Auftragnehmers noch nicht vollständig erbracht sind. Die Berechtigung zur Anforderung weiterer Abschlagszahlungen hindert den Auftragnehmer nicht, auch frühere Abschlagszahlungen geltend zu machen und im Gerichtswege durchzusetzen. Die Klage auf eine frühere Abschlagszahlung ist in diesen Fällen weder unzulässig noch zurzeit unbegründet. Wird dagegen das Vertragsverhältnis beendet oder hat der Auftragnehmer seine Leistungen vollständig erbracht, so wäre er in der Lage, eine Honorarschlussrechnung im Sinne des Abs. 1 zu erstellen. 107

Grundsätzlich ist davon auszugehen, dass Abschlagszahlungen **nur bis zur Beendigung des Vertragsverhältnisses** verlangt werden können.[269] Eine nachträgliche Klage auf Abschlagszahlung ist nicht etwa zurzeit unbegründet, da eine Abschlagszahlung nachträglich niemals mehr begründet sein kann. Die **Klage** ist jedoch **unzulässig**.[270] Allerdings kann die Geltendmachung von Abschlagszahlungen nach Vertragsbeendigung auch als Geltendmachung der Schlusszahlung auszulegen sein.[271] Im Einzelfall kann eine Klage auf Abschlagszahlung auch in eine Teilklage aus einer Schlussrechnung umgedeutet werden.[272] 108

Abschlagszahlungen können **nach Beendigung** des Vertragsverhältnisses **ausnahmsweise** noch geltend gemacht werden, wenn der Auftraggeber sie anerkannt hat[273] oder die Forderung auch sonst unstreitig ist.[274] Entsprechendes gilt auch dann, wenn der Auftragnehmer die Voraussetzungen für die Schlusszahlung – vertragsgemäße Erbringung der Leistungen oder endgültige Erfüllungsverweigerung seitens des Auftraggebers – nicht nachweisen kann.[275] 109

---

268 OLG Stuttgart BauR 2009, 842; *Koeble*, FS Werner, 2005, S. 123 ff.; vgl. auch oben Rdn. 22.
269 OLG Braunschweig BauR 2007, 903; ebenso für die Beendigung des Bauvertrags BGH BauR 1985, 456; BGH BauR 1987, 453; BGH BauR 2009, 1724 nach Abnahme und Stellung der Rechnung beim Bauvertrag; OLG Düsseldorf BauR 2002, 117 = NJW-RR 2002, 163; anders für Teilrechnungen über die gesamten bis zur Kündigung erbrachten Bauleistungen OLG Köln ZfBR 1993, 27; grundlegend a. A. mit beachtlichen Gründen *Schreiber/Neudel* BauR 2002, 1007.
270 Vgl. im Einzelnen *Hochstein* BauR 1971, 7 ff.; *Hochstein* BauR 1973, 326 ff.
271 Vgl. hierzu OLG Köln ZfBR 1994, 20.
272 Vgl. OLG Hamm NJW-RR 1994, 1433.
273 OLG Köln NJW-RR 1992, 1438.
274 OLG Naumburg BauR 2004, 522.
275 So BGH BauR 2000, 1482 = NZBau 2000, 507 = NJW 2000, 2818.

j) Übergang auf Schlusszahlungsklage

110 Der **Übergang** von der Abschlagszahlungsklage **auf die Schlusszahlungsklage** war nach früherer Auffassung – weil ein anderer Streitgegenstand angenommen wurde – Klagänderung.[276] Diese Auffassung hat der BGH zwischenzeitlich ausdrücklich aufgegeben, sodass ein Übergang nach § 264 Nr. 3 ZPO auf die Schlusszahlung ohne Zustimmung des Gegners und ohne das Vorliegen der Sachdienlichkeit möglich ist.[277] Geht der Kläger von der Abschlagszahlungsklage auf die Schlusszahlungsklage über, dann ist ein »sofortiges Anerkenntnis« i. S. d. § 93 ZPO möglich, wobei für die »Veranlassung« zur Klage der Zeitpunkt ihrer Umstellung maßgebend ist.[278]

18. Fälligkeit von Nebenkosten

111 Nach Abs. 3 sind die Nebenkosten des § 14 **auf Nachweis** fällig, soweit keine anderweitige Vereinbarung bei Auftragserteilung getroffen wurde (vgl. hierzu § 7 Rdn. 56 ff.). Der Auftragnehmer muss die Nebenleistungen im Einzelnen belegen. Auch hier ist nach § 242 BGB zu verlangen, dass der Auftragnehmer die Nebenkosten nicht in zahlreichen Kleinbeträgen geltend macht, sondern die aufgelaufenen Nebenkosten zusammenfasst. Haben die Vertragsparteien eine **Nebenkostenpauschale** vereinbart, so können auch insoweit Abschlagszahlungen auf Pauschale verlangt werden. Eine »Honorarrechnung« i. S. Abs. 3 ist auch die Abschlagszahlungsrechnung.[279]

112 Über die Fälligkeit von Nebenkosten können die Parteien auch **abweichende Vereinbarungen** treffen. In der Amtlichen Begründung ist zwar davon die Rede, dass die Regelung zur Fälligkeit von Nebenkosten aus der alten Fassung beibehalten worden sei. Von einer schriftlichen Vereinbarung ist aber im Text nicht mehr die Rede. Ob dies ein redaktioneller Fehler ist oder bewusst geschehen ist, kann nicht geklärt werden. Einen besonderen Sinn ergibt der Wegfall der Schriftform nicht, zumal die Vereinbarung nach wie vor bei Auftragserteilung getroffen werden muss. Die Regelung über die Fälligkeit von Nebenkosten erstaunt auch deshalb, weil abweichende Vereinbarungen über die Art und Weise der Erstattung von Nebenkosten nach wie vor schriftlich und bei Auftragserteilung erfolgen müssen (§ 14 Abs. 3).

19. Abweichende Zahlungsweisen, Vorschüsse, Vorauszahlungen

113 Abs. 4 lässt die Vereinbarung anderer Zahlungsweisen zu. Die Vereinbarung muss allerdings schriftlich geschlossen werden (vgl. § 7 Rdn. 47 ff.).[280] Auch dieser Absatz

---

276 BGH BauR 1999, 267 = NJW 1999, 713 = LM Heft 4/1999 § 241 BGB Nr. 14 m. Anm. *Koeble* = ZfBR 1999, 98; insoweit verneinend *Otto* BauR 2000, 350.
277 BGH BauR 2005, 400 = NJW-RR 2005, 318 = NZBau 2005, 158 = ZfBR 2005, 178; OLG Stuttgart NJW-RR 2011, 1591 = NZBau 2012, 177; zum Übergang von der Schlusszahlungs- auf die Abschlagszahlungsklage vgl. oben Rdn. 18.
278 OLG Stuttgart NJW-RR 2011, 1591 = NZBau 2012, 177.
279 Ebenso schon für die alte HOAI: Korbion/Mantscheff/Vygen, § 8 Rn. 63.
280 Nach OLG Stuttgart Urt. v. 06.05.2014 – 10 U 1/13 = IBRRS 2015, 2186 gilt dies auch für Objekte mit höheren anrechenbaren Kosten als den Tafelsätzen; vgl. auch oben Rdn. 3

des § 15 und erst recht das Schriftformerfordernis sind jedoch unwirksam, weil sie nach der hier vertretenen Auffassung nicht von der Ermächtigungsgrundlage des MRVG gedeckt sind.[281] In den Fällen des Abs. 1 und 2 kann die schriftliche Vereinbarung auch noch nach Auftragserteilung getroffen werden. Die Vereinbarung muss jedoch vor Ausführung der betreffenden Arbeiten abgeschlossen sein. Die Parteien haben es auch in der Hand, statt Abschlagszahlungen im Sinne des § 15 eine Vereinbarung über Vorschüsse oder Vorauszahlungen zu treffen. In diesen Fällen ist ein spezieller Nachweis hinsichtlich erbrachter Leistungen nicht notwendig. Möglich ist auch eine Vereinbarung über Teilschlussrechnungen.[282] Die Bestimmung des Abs. 4 ist Folge dessen, dass § 15 keine preisrechtliche Vorschrift ist und die Parteien jederzeit eine abweichende Vereinbarung treffen können. Die Grenzen für Abschlagszahlungsvereinbarungen ergeben sich aus § 632a BGB (vgl. dazu oben Rdn. 93) und aus den Bestimmungen der §§ 305 ff. BGB betreffend Allgemeine Geschäftsbedingungen.[283] Im Individualvertrag ist eine Vereinbarung wirksam, wonach die Fälligkeit bei Gebrauchsabnahme zuzüglich 14 Tagen nach Vorlage der Schlussrechnung eintreten soll.[284] Die Fälligkeit und der Verjährungsbeginn folgen bei Vereinbarung von Zahlungsmodalitäten der Vereinbarung zwischen den Parteien, weshalb die Übergabe einer prüfbaren Honorarschlussrechnung nicht erforderlich ist.[285] Die vertragsgemäße Erbringung der Leistungen i. S. d. Abs. 1 muss dagegen vorliegen.

20. Vereinbarung von Abschlagszahlungen und Sicherheitseinbehalten in AGB

Sowohl Honorarvereinbarungen (vgl. § 7 Rdn. 36) als auch Fälligkeitsvereinbarungen unterliegen der Inhaltskontrolle nach §§ 305 ff. BGB, soweit sie in AGB einer der Vertragsparteien enthalten sind. Dabei lässt sich mit allgemeinen Feststellungen, ob von den Parametern der HOAI abweichende Honorarvereinbarungen in AGB wirksam oder unwirksam sind, nichts gewinnen. Vielmehr kommt es auf die konkrete Regelung im Einzelfall und die außer Kraft gesetzte Bestimmung der HOAI an.[286] Je nachdem, wer Verwender der Bedingungen ist, kann dabei zugunsten bzw. zu Lasten des Auftragnehmers bzw. Auftraggebers überprüft werden. Allgemeine Grenze ist die Regelung des § 307 BGB. Hiergegen verstößt z. B. eine Regelung, die dem Auftragnehmer 10 % seiner Gesamtvergütung nach Erbringung der Leistungen aus den Leistungsphasen 1 bis 8 vorenthält.[287] Solche **Sicherheitseinbehalte** sind auch bei Abschlagszahlungen sachfremd.[288] Das gilt auch für eine in AGB des Auftraggebers enthaltene Klausel, wonach

114

---

281 A. A. h. M., insbes. BGH, vgl. oben Rdn. 5, 19.
282 Zur Bindungswirkung vgl. oben Rdn. 70 ff.
283 Dazu § 7 Rdn. 36 und unten Rdn. 114.
284 OLG Hamm BauR 2003, 752 = NZBau 2003, 336.
285 So zutreffend LG Darmstadt BauR 2005, 1499.
286 Für die grundsätzliche Wirksamkeit von Honorarvereinbarungen, welche von den Parametern der Honorarberechnung nach HOAI abweichen: *Randhahn* BauR 2011, 1086; vgl. dazu auch § 7 Rdn. 36.
287 BGH NJW 1981, 2351 [2354] = BauR 1981, 582 [588] m. Anm. *Locher*.
288 Ebenso LG Köln BauR 1999, 1206.

§ 15 HOAI Zahlungen

5 % von den berechtigten Abschlagszahlungsforderungen ohne jede Ablösungsmöglichkeit einbehalten werden können.[289] Zwar ist es fraglich, ob § 15 HOAI wirksam ist (vgl. dazu oben Rdn. 6 f.). Soweit man sich jedoch auf den Standpunkt des BGH stellt und dies bejaht, muss man der Vorschrift des Abs. 2 **Leitbildcharakter** zubilligen.[290] Der Auftraggeber hat auch keinen sachlich durchschlagenden Grund dafür, weil jeder Architekt und Ingenieur versichert sein muss und auch im Insolvenzfall die Versicherung direkt in Anspruch genommen werden kann.[291] Ebenso wenig ist es zulässig, die Schlusszahlung vom Eingang der amtlichen Gebrauchsabnahmebescheinigung abhängig zu machen, oder davon, dass die bei der Objektübergabe festgestellten Baumängel vollständig beseitigt und etwaige Restarbeiten erledigt sind.[292] Ebenso wenig ist es mit § 307 BGB vereinbar, wenn ein Auftraggeber in AGB oder einem Formularvertrag sich ausbedingt, die anrechenbaren Kosten, nach denen die Abrechnung zu erfolgen hat, selbst bestimmen zu können.[293] Ferner hält auch eine Klausel, wonach die Festlegung der anrechenbaren Kosten durch die Bewilligungsbehörde erfolgen soll, der Inhaltskontrolle nicht stand.[294] Das gilt auch für eine Klausel, wonach »für Leistungsphasen 2–4 die vom Senator der Finanzen anerkannten Kosten zugrunde gelegt werden«.[295] Eine Unterschreitung der Mindestsätze verstößt im Formularvertrag ebenfalls gegen § 307 BGB.[296]

21. Rückforderung von Honoraren

a) Vertraglicher oder bereicherungsrechtlicher Anspruch?

115 Es gibt verschiedene Ursachen dafür, dass der Auftraggeber eine Überzahlung geleistet hat. Hierher gehören vor allem diejenigen Fälle, in denen zu hohe Abschlagszahlungen geleistet wurden oder aufgrund von Fehlern in der Honorarschlussrechnung ein zu hohes Honorar bezahlt wurde. Nicht in diesem Zusammenhang sind jedoch Minderungs- oder Schadensersatzansprüche wegen Mängeln zu rechnen. Diese kann der Auftraggeber unter den Voraussetzungen des § 634 Nr. 3 und 4 BGB geltend machen und im Falle des Schadensersatzes gegenüber dem Honoraranspruch des Auftragnehmers zur Aufrechnung stellen. Zu diesen Mängelansprüchen gehören nach der Rechtsprechung des BGH[297] auch Honorarminderungen wegen nicht (vollständig) erbrachter Teilleistungen. Für Mängelansprüche gelten neben den speziellen Vorschriften betreffend die Voraussetzungen andere Regelungen, insbesondere hinsichtlich des Anknüpfungspunkts und der Frist (§ 634a BGB). .[298] Auch im Hinblick auf die reine Doppel-

---

289 BGH BauR 2006, 674 = NZBau 2006, 245 = NJW-RR 2006, 597.
290 A. A. *Scholtissek* NZBau 2006, 299; *Schwenker/Thode* ZfIR 2006, 369.
291 Vgl. *Kniffka/Koeble*, Kompendium, 12. Teil, Rn. 584 ff.
292 BGH NJW 1981, 2351 = BauR 1981, 582 m. Anm. *Locher*.
293 BGH BauR 1981, 582.
294 OLG Düsseldorf BauR 1987, 590 und LG Düsseldorf BauR 1986, 733 [L] als Vorinstanz.
295 KG BauR 1991, 251 m. Anm. *Locher*.
296 OLG Zweibrücken BauR 1989, 227.
297 Vgl. dazu i. E. § 8 Rdn. 16 ff.
298 So mit Recht *Locher* in Ingenstau/Korbion, VOB, 18. Aufl., § 16 Abs. 3 Rn. 41 und *Groß* BauR 2008, 1052 (1054).

zahlung des Auftraggebers bedarf es keiner besonderen rechtlichen Ausführungen, ob ein vertraglicher Anspruch auf Rückzahlung vorliegt. Hier gilt vielmehr Bereicherungsrecht.[299]

Hat der Auftraggeber eine Überzahlung vorgenommen, so steht ihm grundsätzlich ein Rückforderungsanspruch zu, da das zu hohe Honorar vertraglich nicht abgedeckt ist.[300] Nach der Rechtsprechung des BGH handelt es sich bei dem Rückforderungsanspruch wegen **überhöhter Abschlagszahlungen** um einen **vertraglichen Anspruch** und nicht um einen Bereicherungsanspruch.[301] Zur Begründung wurde darauf abgestellt, dass aus einer Vereinbarung über Abschlagszahlungen die vertragliche Verpflichtung des Auftragnehmers folge, seine Leistungen abzurechnen. Insoweit habe der Auftraggeber einen vertraglichen Anspruch auf Auszahlung des Überschusses. Macht er diesen geltend, dann genügt er seiner Darlegungspflicht mit dem Bezug auf die Schlussrechnung des Auftragnehmers und dem Vortrag, dass sich daraus ein Überschuss ergebe oder nach Korrektur ergeben müsste. Dann ist es nach Auffassung des BGH Sache des Auftragnehmers, dieser Berechnung entgegenzutreten und nachzuweisen, dass er berechtigt ist, die Abschlagszahlungen endgültig zu behalten. Diese Rechtsprechung zum Bauvertrag hat der BGH auch für den Architektenvertrag übernommen.[302]

116

Die Rechtsprechung zum Bauvertrag sieht als Grundlage für die Rückforderung einer **zu hohen Schlusszahlung** einen Anspruch aus ungerechtfertigter Bereicherung (§ 812 BGB).[303] Für den Architekten- und Ingenieurvertrag ist dies bisher nicht höchstrichterlich entschieden. Vorrangig ist auch hier auf jeden Fall eine etwaige vertragliche Regelung über den Rückzahlungsanspruch, was vor allem in Verträgen der öffentlichen Hand zu finden ist. Dabei muss allerdings geprüft werden, ob jeweils eine eigene, vertragliche Grundlage für den Rückforderungsanspruch geschaffen werden soll oder ob ein Bereicherungsanspruch modifiziert werden soll.[304] Fehlt eine solche vertragliche Regelung, dann liegt es nahe, Bereicherungsrecht anzuwenden.[305] Für diese Auffassung wird ins Feld geführt, dass im Unterschied zur Abschlagszahlungsproblematik kein Abrechnungsverhältnis bzw. keine Abrechnungspflicht (mehr) bestehe. Der Abrechnungs-

117

---

299 Zutreffend *Grothe* NZBau 2014, 270.
300 Zur Rückforderung vgl. BGH ZfBR 1992, 161; BGH BauR 1992, 761 = ZfBR 1992, 269; zur Beweislast für den Rechtsgrund vgl. BGH BauR 1991, 223 = ZfBR 1991, 97; zum Rückforderungsanspruch bei Abtretung vgl. *Armgardt* BauR 2006, 1834 und zum Rückforderungsanspruch des öff. Auftraggebers grundlegend *Groß* BauR 2008, 1052.
301 BGH BauR 2004, 1940; BGH BauR 2008, 540 = NJW-RR 2008, 288 = NZBau 2008, 256 m. Anm. *J. Vogel* = Analyse *Koeble* auf www.jurion.de/Modul Werner Baurecht; OLG Brandenburg BauR 2008, 127; OLG Saarbrücken NJW 2010, 3171 = Analyse *Koeble* auf www.jurion.de/Modul Werner Baurecht; *Grothe* NZBau 2014, 270.
302 BGH BauR 2008, 540 = NJW-RR 2008, 388 = NZBau 2008, 256 m. Anm. *J. Vogel* = Analyse *Koeble* auf www.jurion.de/Modul Werner Baurecht; OLG Brandenburg BauR 2008, 127.
303 BGH BauR 1992, 761 = NJW-RR 1992, 727 = ZfBR 1992, 269; BGH ZfBR 1992, 161.
304 Zu einem solchen Fall vgl. OLG München BauR 2013, 985 = NZBau 2013, 317.
305 So ausdrücklich OLG München BauR 2013, 985 = NZBau 2013, 317.

pflicht sei der Auftraggeber durch Erteilung der Schlussrechnung nachgekommen und die Abnahme sei erfolgt, sodass Abschlagszahlungen keine Rolle mehr spielen könnten. Richtig daran ist sicherlich, dass bei Erteilung einer Schlussrechnung keine Verpflichtung mehr aus der Abschlagszahlungsvereinbarung bestehen kann. Die bereicherungsrechtliche Lösung ist jedoch für den Architekten- und Ingenieurvertrag – im Unterschied zum Bauvertrag – abzulehnen. Entscheidend ist nämlich, dass Architekten und Ingenieure (Objektplaner) auch bei Erteilung einer Schlussrechnung noch weitere Pflichten treffen, die sich aus ihrer besonderen Stellung ergeben, nämlich der Sachwalterstellung. Kraft dieser Position sind sie verpflichtet, den Bauherrn vor technischen und wirtschaftlichen Nachteilen zu bewahren. Das beginnt schon mit der Pflicht, prüfbar und inhaltlich richtig abzurechnen. Die Sachwalterstellung bedeutet ferner, dass eine nicht korrekte Schlussrechnung wegen überlegener Sachkenntnis des Auftragnehmers Beratungs- und Informationspflichten auslöst. Kommt er allen diesen Pflichten nicht nach, stehen dem Bauherrn vertragliche Schadensersatzansprüche zu. Diese sind darauf gerichtet, den Auftraggeber so zu stellen, wie er bei korrekter Abrechnung stehen würde. Die gegenteilige Meinung würde denjenigen Bauherrn, der eine (eventuell sogar grob) falsche Schlussrechnung erhält, gegenüber einem solchen Bauherrn, der keine Schlussrechnung bekommt, benachteiligen. Dabei besteht in beiden Fällen das gleiche Schutzbedürfnis. Es ist deshalb entgegen der h. M. auch bei überzahlter Schlussrechnung ein vertraglicher Rückforderungsanspruch zu bejahen.

118 Eine Folge daraus ist, dass der vertragliche Anspruch am Ort des Bauvorhabens eingeklagt werden kann. Darüber hinaus hat dies nicht nur im Hinblick auf § 814 BGB, sondern auch im Hinblick auf den Wegfall der Bereicherung (§§ 818, 819 BGB) erhebliche Bedeutung. Ob diese Regelungen für vertragliche Ansprüche entsprechend heranzuziehen sind, wird zu klären sein. Eine entsprechende Anwendung erscheint zumindest aus dem Gesichtspunkt von Treu und Glauben hinsichtlich § 814 BGB notwendig, wenn nicht bereits ein Anerkenntnis vorliegt, was jedoch allein mit der bloßen Rechnungsprüfung und ihrer Freigabe nicht der Fall ist.[306] Nicht heranzuziehen sind dagegen die Vorschriften der §§ 818 f. BGB. In entsprechender Anwendung des § 817 S. 1 BGB kann ein Rückforderungsanspruch des Bauherrn bei Kenntnis des Verstoßes gegen den Höchstpreischarakter aber ausgeschlossen sein (vgl. § 7 Rdn. 132 ff.). Der vertragliche Anspruch auf Rückzahlung ist jedenfalls dann nicht verzinslich, wenn die Zahlung einer Abschlagszahlung vor Fälligkeit erfolgt ist.[307]

b) Darlegungs- und Beweislast

119 Die Darlegungs- und Beweislast für das »Behaltendürfen« des bezahlten Honorars trifft beim vertraglichen Rückforderungsanspruch den Auftragnehmer.[308] Der Auftraggeber

---

306 Dazu i. E. *Groß* BauR 2008, 1052 (1056) und auch OLG München BauR 2013, 985 = NZBau 2013, 317; vgl. dazu auch oben Rdn. 116.
307 BGH v. 19.03.2002 – X ZR 125/00 = BauR 2002, 1257; vgl. zur Verzinsung auch *Hahn* BauR 1989, 143.1.
308 BGH BauR 2008, 540 = NJW-RR 2008, 388 = NZBau 2008, 256 m. Anm. *J. Vogel* = Ana-

muss im Rückforderungsprozess nur darlegen, dass es sich um eine Überzahlung handelt und muss dafür plausible Gründe vorbringen. Danach ist es Sache des Auftragnehmers, im Einzelnen zu substanziieren, weshalb er das bezahlte Honorar behalten darf.[309] Der Auftraggeber genügt z. B. seiner Darlegungspflicht alleine mit dem Bezug auf die Schlussrechnung des Auftragnehmers und dem Vortrag, dass sich daraus ein Überschuss ergebe oder nach Korrektur dieser Schlussrechnung ergeben müsste. Es handelt sich also um eine Art Erstdarlegungslast, wie sie in anderen Fällen ebenfalls von der Rechtsprechung angenommen wird. Soweit der Auftraggeber dieser nachgekommen ist, hat dann der Auftragnehmer der Berechnung entgegenzutreten und nachzuweisen, dass er berechtigt ist, die Abschlagszahlungen endgültig zu behalten.

Erstellt der Auftragnehmer allerdings keine oder eine nicht prüfbare Schlussrechnung, **120** dann ist zu klären, ob der Auftraggeber nicht ohne substantiierte Behauptungen zur Höhe der Rechnung einfach auf Rückzahlung klagen kann. Nach Entscheidungen verschiedener Oberlandesgerichte soll der Rückzahlungsklage stattzugeben sein, weil Abschlagszahlungen nach Leistungserbringung nicht mehr maßgebend sind.[310] Zum Bauvertrag hat der BGH[311] allerdings anders entschieden und vom Auftraggeber die schlüssige Darlegung des Rückzahlungsanspruchs verlangt. Ein Rückzahlungsanspruch dürfte mindestens dann zu verneinen sein, wenn der Auftragnehmer wenigstens die in den Abschlagszahlungsrechnungen geltend gemachten Zahlungen mit Leistungen belegen kann. Im Übrigen gelten auch in solchen Fällen die o. g. Grundsätze zur Darlegungs- und Beweislast. Den Auftraggeber trifft die sog. Erstdarlegungslast und diese richtet sich nach seinen konkreten Kenntnissen und Informationen. Kommt er dieser nach, dann hat der Auftragnehmer darzulegen und zu beweisen, dass ihm die Abschlagszahlungen zustehen.[312]

An dieser Situation ändert sich auch noch nichts durch die Rechnungsprüfung des Auf- **121** traggebers, durch die bloße Bezahlung oder auch durch die Bezahlung nach Rechnungsprüfung, weil darin ein deklaratorisches Schuldanerkenntnis noch nicht zu sehen ist.[313] Für ein solches Anerkenntnis wäre es erforderlich, ein »Außerstreitstellen« der Forderung oder ein Entziehen der Ungewissheit der Parteien darlegen zu können. Dafür bedarf es zusätzlicher Umstände.

---

lyse *Koeble* auf www.jurion.de/Modul Werner Baurecht; sieht man dagegen den Rückforderungsanspruch als Bereicherungsanspruch, ist dies umgekehrt und der Auftraggeber wird darlegungs- und beweispflichtig, so OLG München BauR 2013, 985 = NZBau 2013, 317.
309 BGH BauR 2008, 540 = NJW-RR 2008, 388 = NZBau 2008, 256 m. Anm. *J. Vogel* = Analyse *Koeble* auf www.jurion.de/Modul Werner Baurecht; OLG Brandenburg BauR 2008, 127.
310 OLG Düsseldorf BauR 1994, 272; KG NZBau 2001, 636 auch zu der Ausnahme, dass die Abschlagszahlung als Anerkenntnis zu werten ist; vgl. auch OLG Köln BauR 1995, 583 und OLG Düsseldorf BauR 1998, 887; KG NZBau 2009, 660: Rückforderung erst nach Ende des Vertrages.
311 BauR 1999, 635 = NJW 1999, 1867 = ZfBR 1999, 196.
312 Vgl. zur Darlegungs- und Beweislast oben Rdn. 119.
313 BGH BauR 2007, 700 = NJW-RR 2007, 530.

c) Verjährung

122 Ein Anspruch auf Rückzahlung kann aus verschiedenen Gründen ausgeschlossen sein.[314] Das kann bei Erhebung der Einrede der Verjährung der Fall sein. Der Rückforderungsanspruch verjährt – auch als vertraglicher Anspruch – in drei Jahren (§ 195 BGB), wobei aber die Voraussetzungen des § 199 BGB vorliegen müssen, andernfalls in zehn Jahren ab der Entstehung.[315] Die Frist beginnt bei einem Bauvertrag zu laufen, wenn der (öffentliche) Auftraggeber das Leistungsverzeichnis, die Aufmaße und die Schlussrechnung kennt. Dabei genügt es, wenn die Behörde oder der Objektleiter (Ingenieur oder Architekt) die entsprechende Kenntnis hat, wohingegen eine Kenntnis des Rechnungsprüfungsamtes nicht erforderlich ist.[316] Das gilt in entsprechender Weise für den Architekten- und Ingenieurvertrag. Sobald Kenntnis der Rechnung und ihrer Grundlagen – z. B. der maßgebenden Kostenermittlungen – besteht, beginnt am Ende des Jahres die dreijährige Verjährungsfrist zu laufen.[317] Der Verjährungsbeginn ist nicht von der Honorarschlussrechnung abhängig. Zwar wird ein privater Bauherr oftmals erst mit den Unterlagen aus der Honorarschlussrechnung in der Lage sein, diese im Einzelnen zu prüfen, jedoch können ihm aber schon vorher die notwendigen Grundlagen zur Verfügung stehen.[318] Als Anknüpfungspunkt muss es ausreichen, wenn dem Auftraggeber die maßgebenden Grundlagen für die Honorarabrechnung zur Verfügung stehen.[319] Zu diesen Faktoren gehören die anrechenbaren Kosten, also die maßgebenden Kostenermittlungen, die Grundlagen für die Einordnung in eine Honorarzone, die Möglichkeiten zur Beurteilung der erbrachten Leistungen und andere Umstände, die nach der Rechnung bzw. Abschlagszahlungsrechnung eine Rolle für die Höhe des Honorars spielen.[320] Für einen privaten Bauherrn wird dies nicht uneingeschränkt gelten. Er wird auch, wenn er diese Unterlagen zur Verfügung hat, nicht ohne weiteres die Rechnung auf vollständige Richtigkeit überprüfen können. Anderes gilt, wenn er durch einen Projektsteuerer oder Baubetreuer unterstützt wird. Darüber hinaus wird man auch dem privaten Auftraggeber nicht unendlich viel Zeit geben können, um sich Gewissheit für die Richtigkeit der Rechnung zu verschaffen. Wo hier die Grenze liegt, wird noch zu klären sein.

---

314 Vgl. dazu auch oben Rdn. 118.
315 Für die Rückforderung wegen Mängeln und auch wegen Honorarminderung bei Nichterbringung von Teilleistungen ist dagegen § 634a BGB einschlägig; vgl. oben Rdn. 115.
316 So für den Bauvertrag BGH BauR 2008, 1303 = NJW 2008, 2427.
317 BGH BauR 2013, 117 = NJW 2012, 3569 = NZBau 2012, 783 = Analyse *Koeble* auf www.jurion.de/Modul Werner Baurecht.
318 OLG Saarbrücken, NJW 2010, 3071 = Analyse *Koeble* auf www.jurion.de/Modul Werner Baurecht.
319 BGH BauR 2013, 117 = NJW 2012, 3569 = NZBau 2012, 783 = Analyse *Koeble* auf www.jurion.de/Modul Werner Baurecht.
320 Vgl. zum Ganzen auch *Groß* BauR 2008, 1052 (1056).

d) Verwirkung

In Ausnahmefällen kann der Auftragnehmer dem Rückforderungsanspruch auch den Einwand der **Verwirkung** entgegensetzen, und zwar auch dann, wenn Auftraggeber die öffentliche Hand ist.[321] Hierfür genügt es jedoch nicht, wenn zwischen Zahlung und Rückforderung erhebliche Zeit verstrichen ist (sog. Zeitmoment). Vielmehr ist der Rückforderungsanspruch nur dann verwirkt, wenn der Auftragnehmer aufgrund eines Verhaltens des Auftraggebers der Auffassung sein durfte, der Auftraggeber werde den Rückzahlungsanspruch nicht mehr geltend machen (sog. Umstandsmoment).[322] Darüber hinaus muss sich der Verpflichtete im Vertrauen auf das Verhalten des Berechtigten in seinen Maßnahmen so eingerichtet haben, dass ihm durch verspätete Durchsetzung des Rechts ein unzumutbarer Nachteil entstünde.[323] Insoweit bedarf es jedoch des substantiierten Vortrags des Architekten. Auch der Rückzahlungsanspruch eines öffentlichen Auftraggebers kann verwirkt sein. Wegen der Prüfungspraxis der Rechnungshöfe kommt eine Verwirkung allerdings nur nach Ablauf längerer Fristen in Frage. Von Bedeutung ist auch, ob dem Auftragnehmer die Tatsache der Überprüfung durch die Rechnungshöfe bekannt war. Das OLG Köln[324] hat in einem Fall den Rückforderungsanspruch als verwirkt angesehen, in dem zwischen dem Zeitpunkt der Erteilung der Schlussrechnung und der Erhebung einer Rückforderungsklage etwa sechs Jahre vergangen waren. Nach der zutreffenden Auffassung des OLG Köln durfte sich der Auftragnehmer darauf verlassen, dass der Auftraggeber keinen Rückforderungsanspruch geltend machen werde, weil der Auftraggeber ihm die später beanstandete Rohbausumme bekannt gegeben hatte, aufgrund derer dann die Abrechnung erstellt worden war. Nach einer Entscheidung des LG Köln v. 24.03.1977[325] ist der Rückforderungsanspruch nach mehr als 7 Jahren verwirkt, wenn die Überprüfung für den öffentlichen Auftraggeber keine besonders hohen Anforderungen stellte und die angebliche Überzahlung gering war. Das OLG Köln[326] hat die Entscheidung des LG Köln bestätigt. Einen Zeitraum von etwas über sechs Jahren hat der BGH[327] nicht ausreichen lassen, um das bei der Verwirkung zusätzlich erforderliche »Zeitmoment« zu bejahen, ebenso wenig einen solchen von sieben Jahren das OLG München.[328] Nach einer Entscheidung des LG Düsseldorf[329] kann Verwirkung angenommen werden,

123

---

321 Vgl. LG München I NJW-RR 1989, 852.
322 Dazu BGH BauR 2014, 839 = NZBau 2014, 237 und BGH BauR 2003, 379; zur Frage der Verwirkung des Rückzahlungsanspruchs vgl. die umfangreichen Nachweise bei *Locher* in Ingenstau/Korbion, B § 16 Rn. 137 ff.
323 BGH BauR 2014, 839 = NZBau 2014, 237, wonach diese Voraussetzungen nicht schon allein durch den Vortrag eines auf Rückzahlung von Honorar in Anspruch genommenen Architekten erfüllt werden, er habe »natürlich« mit den eingehenden Honorarzahlungen bereits in anderer Weise kalkuliert.
324 *Schäfer/Finnern* Z 3.022 Bl. 6.
325 SFH Nr. 4 zu § 242 BGB.
326 BauR 1979, 252 = SFH Nr. 4 zu § 242 BGB.
327 BauR 1980, 180 = NJW 1980, 880 = SFH Nr. 12 zu § 242 BGB.
328 BauR 1982, 603.
329 BauR 1998, 1106.

§ 16 HOAI Umsatzsteuer

wenn der (öffentliche) Auftraggeber ein Jahr lang außergerichtlich verhandelt, dann aber die Sache vier Jahre ruhen lässt.

e) Umfang des Rückforderungsanspruchs

124 Die Rückzahlungsverpflichtung erstreckt sich natürlich nicht nur auf die Hauptforderung, sondern auch auf Nebenforderungen und die Mehrwertsteuer.[330] In AGB kann für den Rückzahlungsanspruch keine Verzinsung der Überzahlung ab Empfang des Geldes vereinbart werden.[331]

§ 16 HOAI Umsatzsteuer

(1) Der Auftragnehmer hat Anspruch auf Ersatz der gesetzlich geschuldeten Umsatzsteuer für nach dieser Verordnung abrechenbare Leistungen, sofern nicht die Kleinunternehmerregelung nach § 19 des Umsatzsteuergesetzes angewendet wird. Satz 1 gilt auch hinsichtlich der um die nach § 15 des Umsatzsteuergesetzes abziehbare Vorsteuer gekürzten Nebenkosten, die nach § 14 dieser Verordnung weiterberechenbar sind.

(2) Auslagen gehören nicht zum Entgelt für die Leistung des Auftragnehmers. Sie sind als durchlaufende Posten im umsatzsteuerrechtlichen Sinn einschließlich einer gegebenenfalls enthaltenen Umsatzsteuer weiter zu berechnen.

Übersicht	Rdn.
1. Vergleich mit der alten HOAI	1
2. Gesetzlich geschuldete Umsatzsteuer	3
3. Umsatzsteuer bei Kündigung	4
4. Vergleich und Umsatzsteuer	5

1. Vergleich mit der alten HOAI

1 Die Regelung ist aus der früheren Vorschrift des § 9 HOAI a. F. entstanden. Der frühere Abs. 2 betraf die anrechenbaren Kosten und die insoweit herauszurechnende Umsatzsteuer. Dies ist nun inhaltsgleich an anderer Stelle geregelt (§ 4 Abs. 1 S. 4).

2 Die neue Vorschrift befasst sich also nur noch mit der auf das Honorar zu berechnenden Umsatzsteuer. Obwohl insoweit von »Abschlagszahlungen« im Unterschied zu früher nicht mehr die Rede ist, fallen darunter auch die Abschlagszahlungsrechnungen. Der Auftragnehmer schuldet im Regelfall auf Abschlagszahlungsrechnungen ebenfalls Umsatzsteuer, sodass insoweit die »gesetzlich geschuldete Umsatzsteuer« auch weiter berechnet werden kann. Neu ist ebenfalls die klarstellende Vorschrift des Abs. 2.

---

330 OLG Nürnberg Betr. 1979, 834.
331 So für die ZVB der Bundesrepublik Deutschland BGH BauR 1988, 92 = NJW 1988, 258 = ZfBR 1988, 30; vgl. auch *Hahn* BauR 1989, 143.

2. Gesetzlich geschuldete Umsatzsteuer

Der Anspruch des Auftragnehmers ist dem Grunde und der Höhe nach auf diejenige 3
Umsatzsteuer gerichtet, welche er abzuführen hat. Der Höhe nach beträgt diese derzeit
19 %.[1] Auch der Auftraggeber hat Anspruch auf eine Rechnung mit gesondertem Ausweis der Mehrwertsteuer.[2]

3. Umsatzsteuer bei Kündigung

Im Falle der vorzeitigen Beendigung des Vertrages kann der Auftragnehmer neben den 4
erbrachten Leistungen auch die noch nicht erbrachten Leistungen abrechnen (zu den
Voraussetzungen vgl. Einl. Rdn. 242 ff.). Hinsichtlich der restlichen Vergütung abzüglich der ersparten Aufwendungen und des anderweitigen Erwerbs hat der Auftragnehmer keinen Anspruch auf Erstattung der Umsatzsteuer.[3]

4. Vergleich und Umsatzsteuer

Haben die Parteien in einem Vergleich vereinbart, dass der Architekt ein bestimmtes 5
Bruttohonorar erhält, dann ist bei Aufrechnung des Bauherrn mit Schadensersatzansprüchen diese Summe und nicht die Nettosumme zu berücksichtigen. Daran ändert
sich auch nichts dadurch, dass die Schadensersatzansprüche nur mit dem Nettobetrag
zur Aufrechnung gestellt werden können.[4] Weitere Probleme können sich bei Vereinbarungen über Mängelansprüche ergeben, weil diese eventuell zu einer Reduzierung
der Vergütung und damit zu Rückforderungsansprüchen führen können.[5]

---

1 Für Übergangsfälle vgl. die entsprechenden Ausführungen in *Locher/Koeble/Frik*, 9. Aufl., zu
§ 9 Rn. 1 ff.
2 BGH BauR 1989, 83 = ZfBR 1989, 65.
3 BGH BauR 2008, 506 = NJW 2008, 1522 = NZBau 2008, 247; BGH BauR 1999, 1294 =
ZfBR 2000, 30.
4 BGH v. 13.10.2011 – VII ZR 196/10 = NZBau 2012, 44 = ZfBR 2012, 139 = werner-baurecht.de mit Analyse *Koeble*.
5 Dazu eingehend *Zahn* BauR 2011, 1401.

Teil 2 Flächenplanung

Abschnitt 1 Bauleitplanung

§ 17 HOAI Anwendungsbereich

(1) Leistungen der Bauleitplanung umfassen die Vorbereitung der Aufstellung von Flächennutzungs- und Bebauungsplänen im Sinne des § 1 Absatz 2 des Baugesetzbuches in der Fassung der Bekanntmachung vom 23. September 2004 (BGBl. I S. 2414), das zuletzt durch Artikel 1 des Gesetzes vom 22. Juli 2011 (BGBl. I S. 1509) geändert worden ist, die erforderlichen Ausarbeitungen und Planfassungen sowie die Mitwirkung beim Verfahren.

(2) Honorare für Leistungen beim Städtebaulichen Entwurf können als Besondere Leistungen frei vereinbart werden.

Übersicht	Rdn.
1. Änderungen durch die HOAI 2009	1
2. Änderungen durch die HOAI 2013	2
3. Allgemeines	3
4. Vertragspartnerschaft	4
5. Schema der Honorarberechnung	5
6. Sachlicher Anwendungsbereich der Vorschriften über die Bauleitplanung	6

1. Änderungen durch die HOAI 2009

Mit der HOAI 2009 wurde die Regelung des § 42 HOAI a. F. (sonstige städtebauliche Leistungen) ersatzlos gestrichen und eine entsprechende Anpassung des Anwendungsbereichs in § 17 vorgenommen. Die Besonderen Leistungen nach § 3 Abs. 3 HOAI sind in der Anlage 9 geregelt. 1

2. Änderungen durch die HOAI 2013

Der durch die HOAI 2009 gestrichene § 42 (sonstige städtebauliche Leistungen), der bis zum Inkrafttreten der Regelungen aus der HOAI 2009 bestimmte, dass das Honorar für die dort genannten Leistungen auf der Grundlage eines detaillierten Leistungskataloges frei vereinbart werden konnte und bei fehlender Vereinbarung das Honorar als Zeithonorar nach § 6 HOAI a. F. zu ermitteln war, wurde im Hinblick auf einen Teilaspekt, nämlich im Hinblick auf den **städtebaulichen Entwurf** in § 17 Abs. 2 HOAI aufgenommen. Es wurde ausdrücklich darauf hingewiesen, dass das Honorar für Leistungen beim städtebaulichen Entwurf frei vereinbart werden kann und es sich bei diesen Leistungen um **Besondere Leistungen** handelt. Dementsprechend wurde der städtebauliche Entwurf in den Katalog der Besonderen Leistungen zur Flächenplanung in der Anlage 9 als Ziff. 2 aufgenommen. Die Architektenkammer Baden-Württemberg hat das Merkblatt zum Städtebaulichen Entwurf weiter aktualisiert 2

§ 17 HOAI Anwendungsbereich

(Stand 5/2014; Verfasser: Dipl.-Ing. Architekt Ernst Frey). Hier finden sich wertvolle Anregungen. Auch weitere Leistungen, die – neben dem städtebaulichen Entwurf als Bestandteil der informellen Planung des § 42 Abs. 1 Nr. 2 HOAI 2002 – enthalten waren, wurden in den Katalog der Besonderen Leistungen in Anlage 9 aufgenommen. Sowohl das Honorar für Leistungen beim städtebaulichen Entwurf als auch für die anderen Besonderen Leistungen der Anlage 9 kann frei vereinbart werden. Da der Katalog der Besonderen Leistungen nicht abschließend ist, kann es sich bei Leistungen, die in Anlage 9 nicht aufgeführt sind, um Besondere Leistungen handeln, deren Honorar frei vereinbart werden kann. Es kann sich insoweit allerdings auch um Leistungen handeln, die vom zwingenden preisrechtlichen Teil der HOAI nicht erfasst sind. Da auch in diesem Fall das Honorar frei vereinbart werden kann, muss eine Abgrenzung zu den Besonderen Leistungen regelmäßig nicht vorgenommen werden.

3. Allgemeines

3   § 17 HOAI definiert den Begriff der bauleitplanerischen Leistungen und bestimmt, auf welche Planarten Teil 2 Abschnitt 1 der HOAI Anwendung findet. Dabei handelt es sich ausschließlich um die Bauleitplanung, die im ersten Teil des BauGB geregelt ist. Hierbei ist nach § 1 BauGB zu unterscheiden zwischen der vorbereitenden Bauleitplanung, deren Ergebnis der **Flächennutzungsplan** ist, und der verbindlichen Bauleitplanung, die zum **Bebauungsplan** führt. Das BauGB fixiert in §§ 1 Abs. 5, 6 die Leitlinien der Bauplanung. Aufgabe der Bauleitplanung ist die Vorbereitung und Leitung der baulichen und sonstigen Nutzung der Grundstücke in einer Gemeinde und Sicherung einer geordneten, den Belangen der Allgemeinheit unter angemessener Berücksichtigung privater Interessen Rechnung tragenden städtebaulichen Entwicklung. Das Verfahren zur Aufstellung der Bauleitpläne ergibt sich aus dem § 1a ff. BauGB. Durch die zuletzt vorgenommenen Novellierungen des BauGB wurde die Beteiligung der Öffentlichkeit noch stärker in den Vordergrund gerückt und auch auf frühere Zeitpunkte im Aufstellungsverfahren ausgedehnt. Dem tragen die Änderungen durch die Neufassung der HOAI, insbesondere im Katalog der Grundleistungen, Rechnung.

4. Vertragspartnerschaft

4   Nach § 2 Abs. 1 S. 1 BauGB sind die Bauleitpläne von der Gemeinde in eigener Verantwortung aufzustellen. Benachbarte Gemeinden haben Bebauungspläne aufeinander abzustimmen. Jede Gemeinde ist für ihren Bereich Träger der Planungshoheit. Die Träger der Planungshoheit können die Bauleitpläne durch eigene Dienststellen ausarbeiten lassen, sie können sich jedoch auch der Hilfe von Architekten, Stadtplanern und Ingenieuren bedienen (vgl. § 46 BauGB). Der Auftragnehmer kann auch Subunternehmeraufträge, gegebenenfalls mit Zustimmung seines Auftraggebers vergeben. Im Verhältnis zwischen Haupt- und Subunternehmer sind die Vorschriften der §§ 17–21 anwendbar.[1] Auch wenn sich das Planungsgeschehen auf öffentlich-rechtlicher Basis abspielt, ist das Auftragsverhältnis stets zivilrechtlich zu charakterisieren, selbst wenn es sich auf

---

1 *Galda* in KMV, Vorbem. vor § 17 Rn. 10.

die Ausarbeitung der Bauleitplanung bezieht. Der Auftragnehmer wird durch die Beauftragung nicht zum Träger der Planungshoheit.

Nach § 17 Abs. 1 i. V. m. § 1 Abs. 2 BauGB gelten die Bestimmungen des Teils 2 Abschnitt 1 für Flächennutzungspläne nach den §§ 5–7 des BauGB. Damit ist nicht angesprochen die Tätigkeit für einen öffentlichen Planungsträger, der, ohne die Planungshoheit für den Flächennutzungsplan zu besitzen, nach § 4 Abs. 1 BauGB beteiligt ist und seine Planungen mit dem Flächennutzungsplan in Einklang zu bringen hat. Wenn hierfür Tätigkeiten von Architekten, Stadtplanern und Ingenieuren in Anspruch genommen werden, so werden diese Leistungen von den §§ 17–21 nicht erfasst. Es handelt sich insoweit entweder um Besondere Leistungen, die nicht im Katalog der Anlage 9 auftauchen, oder um Leistungen, die vom preisrechtlich verbindlichen Teil der HOAI nicht erfasst sind. Jedenfalls kann das Honorar hierfür frei vereinbart werden.

5. Schema der Honorarberechnung

Die Honorarberechnung für Leistungen bei Flächennutzungs- und Bebauungsplänen 5 wurde aneinander angeglichen. Die differenzierte Berechnung, wie sie noch in der HOAI 2009 enthalten war, wurde aufgegeben. In beiden Fällen erfolgt die Honorarberechnung in folgenden Schritten:

```
Ermittlung Honorarzone
FNP § 20 Abs. 3–5
BPL § 21 Abs. 3–4
          ↓
    Plangebiet in ha
    FNP § 20 Abs. 2
    BPL § 21 Abs. 2
          ↓
        Honorar
bei allen Lph und 100% Grundleistungen
          ↓
1. beauftragte und erbrachte
Lph und Grundleistungen
FNP § 18 Abs. 1 i. V. m. Anlage 2
BPL § 19 Abs. 1 i. V. m. Anlage 3
```

§ 17 HOAI Anwendungsbereich

```
        +
  2. besondere Leistungen
  FNP + BPL Anlage 9
        ↓
    Vertragshonorar
```

6. Sachlicher Anwendungsbereich der Vorschriften über die Bauleitplanung

6 Der Begriff Leistungen der Bauleitplanung ist der Oberbegriff für alle Leistungen bei der Planerstellung der in § 1 Abs. 2 BauGB genannten Planarten.

7 Die §§ 17–21 beziehen sich nicht auf Architektenleistungen, die im Rahmen anderer Verfahren nach dem BauGB erbracht werden, wie Beratungen hinsichtlich einer Veränderungssperre, eines Umlegungsverfahrens, der Ausübung eines Vorkaufsrechts.[2]

8 Besondere Leistungen, die zur Erarbeitung von Flächennutzungs- und Bebauungsplänen hinzutreten, sind unter Beachtung von § 3 Abs. 3 zu berechnen[3]. Das Honorar kann frei vereinbart werden.

9 Der **Flächennutzungsplan** ist ein Teil der Bauleitplanung als vorbereitender Bauleitplan (§ 1 Abs. 2 BauGB) im Gegensatz zum verbindlichen Bauleitplan, dem Bebauungsplan. Es gelten die §§ 1–4 des BauGB und die besonderen Bestimmungen für den Flächennutzungsplan §§ 5–7 BauGB. In der Regel geht der Flächennutzungsplan dem Bebauungsplan zeitlich voran. Nach § 2 Abs. 2 BauGB ist ein Flächennutzungsplan nicht erforderlich, wenn der Bebauungsplan ausreicht, um die städtebauliche Entwicklung zu ordnen. Die Verpflichtung, einen Flächennutzungsplan aufzustellen, gilt für alle Gemeinden; dieser ist den Zielen der Raumordnung und Landesplanung anzupassen. Seine Geltungsdauer wird von den Gemeinden bestimmt: »Aufstellung oder Änderung soll erfolgen, sobald und soweit es für die städtebauliche Entwicklung und Ordnung erforderlich ist.« Im BauGB ist nur ein Teil der Bauleitplanung geregelt, nämlich das förmliche Verfahren zur Aufstellung der Bauleitpläne, nicht die »schöpferische Entwurfstätigkeit«.

Gegenstand eines Flächennutzungsplanes ist es, für das ganze Gemeindegebiet die beabsichtigte Art der Bodennutzung nach den voraussehbaren Bedürfnissen der Gemeinde in Grundzügen darzustellen (§ 5 Abs. 1 BauGB). Dargestellt werden soll dabei vor allem die unterschiedliche Nutzungsart der einzelnen Flächen für bauliche Nutzung, für Versorgung mit Gütern und Dienstleistungen des öffentlichen und privaten Bereiches, für Gemeindebedarf wie Schulen, Kirchen, für soziale, gesundheitliche und kulturelle Zwecke, Verkehr, Versorgung, Grünflächen, Land-, Forst- und Wasserwirt-

---

2 *Galda* in KMV, § 17 Rn. 19.
3 Ebenso *Munoz* in MNP, § 17 Rn. 18.

schaft, Flächen für Nutzungsbeschränkungen und zum Schutz gegen schädliche Umwelteinwirkungen. Nach § 5 Abs. 5 BauGB ist dem Flächennutzungsplan eine Begründung beizufügen. Die Bedeutung der Flächennutzungspläne besteht einmal in der Bindungswirkung für den öffentlichen Planungsträger unter bestimmten Voraussetzungen (§ 7 BauGB) und zum anderen darin, dass die Bebauungspläne (verbindliche Bauleitpläne) aus ihnen zu entwickeln sind (§ 8 Abs. 2 Satz 1 BauGB). Der Flächennutzungsplan kommt durch Beschluss der Gemeinde zustande und wird wirksam mit Genehmigung durch die höhere Verwaltungsbehörde, wobei im Einzelnen besondere Voraussetzungen betreffend die Auslegung usw. zu beachten sind (vgl. im Einzelnen §§ 2, 6 BauGB). In zunehmendem Umfang wird die Planungsleistung »Flächennutzungsplan« von Fachplanungen begleitet oder durch diese berührt. Das Vorliegen von Fachplanungen (z. B. Landschaftsplan, Entwicklungskonzept, Verkehrsgutachten, Immissionsgutachten ...) kann ein Indiz für den Grad der Planungsanforderungen sein. Die Anforderung kann höher sein, wenn der Inhalt der Fachplanung und der Fachgutachten zu umfangreichen Festsetzungen führt. Die Anforderung kann jedoch auch niedriger sein, wenn einzelne Planungsaspekte mit den Fachplanungen beantwortet werden können. Das Vorliegen von Fachplanungen kann demnach den Honorarsatz (bei einer Honorarvereinbarung) nach oben und unten beeinflussen. Ferner kann das Vorliegen von Fachplanungen auch das Leistungsbild beeinflussen. Es kann insbesondere in Lph 1 das Werten von Grundlagenmaterial, das Festlegen ergänzender Fachleistungen, das Analysieren des Zustandes des Plangebietes, das Mitwirken beim Festlegen von Zielen und Zwecken der Planung usw. erleichtern. Der Einfluss der Fachplanungen auf den Honorarsatz und das Leistungsbild ist umso deutlicher, je stärker die Fachplanungen verwaltungsintern abgestimmt und/oder in der Öffentlichkeit kommuniziert sind, d. h. eine hohe Übereinstimmung/Akzeptanz haben. Dem Flächennutzungsplan sollte der Landschaftsplan vorgeschaltet sein. Die Feststellungen eines Landschaftsplans können mit bindender Wirkung für den Flächennutzungs- und auch für den Bebauungsplan übernommen werden. Die Einordnung des Landschafts- und Grünordnungsplanes in die Bestimmungen der HOAI ergibt sich aus § 22 Abs. 2 HOAI.

Auch der **Bebauungsplan** ist eine Form der Bauleitplanung, und zwar der verbindliche 10
Bauleitplan (§ 1 Abs. 2 BauGB). Für ihn gelten ebenso die allgemeinen Vorschriften der §§ 1 bis 4 BauGB und darüber hinaus die besonderen Bestimmungen der §§ 8 bis 10 BauGB. Der Bebauungsplan enthält die rechtsverbindlichen Festsetzungen für die städtebauliche Ordnung (§ 8 Abs. 1 Satz 1 BauGB). Die Festsetzungen betreffen das Bauland, die Grundstücke, die von der Bebauung freizuhalten sind, die Verkehrsflächen, Versorgungsflächen (§ 9 Abs. 1 BauGB). Die Festsetzungen eines wirksamen, qualifizierten Bebauungsplanes sind grundsätzlich verbindlich (§ 30 BauGB), jedoch sind Ausnahmen und Befreiungen von den Festsetzungen möglich (§ 31 BauGB). Der Bebauungsplan kommt durch Satzungsbeschluss der Gemeinde zustande (§ 10 Abs. 1 BauGB) und wird wirksam mit Genehmigung durch die höhere Verwaltungsbehörde (§ 10 Abs. 2 BauGB). Eine Überprüfung der Planinhalte soll erfolgen, wenn die Planinhalte über einen längeren Zeitraum nicht vollzogen sind und sich neue Inhalte ergeben.

§ 18 HOAI   Leistungsbild Flächennutzungsplan

11   Der Bebauungsplan hat im Gegensatz zu Gestaltungs- oder Rahmenplänen unmittelbare Rechtswirkungen. Sein Inhalt wird bestimmt durch die Regelungen des § 9 BauGB, seine Darstellung durch die PlanzVO. Dem Bebauungsplan ist eine schriftliche Begründung beizufügen (§ 9 Abs. 8 BauGB). Weitere Fachplanungen oder Fachleistungen können sowohl bei Flächennutzungsplänen wie auch besonders bei Bebauungsplänen hinzukommen, ohne dass diese unter die Honorarregelungen der §§ 17 ff. fallen, so z. B. vermessungstechnische Leistungen für das Liegenschaftskataster, Bodenordnungsverfahren, Verkehrsuntersuchungen.

12   Der Auftragnehmer kann aus Rechtsgründen nur Aufgaben übernehmen, die nicht das förmliche Verfahren betreffen und die nicht hoheitlich ausgestaltet sind. Nach der HOAI sind also lediglich die Leistungen abzurechnen, die der Auftragnehmer bei der Ausarbeitung der Bebauungspläne erbringt. Nicht zu den nach der HOAI abzurechnenden Leistungen gehören solche, die für die Aufsichtsbehörde im Genehmigungsverfahren erbracht werden.[4] Planungen und Darstellungen, die über die zweite Dimension hinausgehen, sind nicht mit den Honoraren für den Bebauungsplan abgegolten.

§ 18 HOAI Leistungsbild Flächennutzungsplan

(1) Die Grundleistungen bei Flächennutzungsplänen sind in drei Leistungsphasen unterteilt und werden wie folgt in Prozentsätzen der Honorare des § 20 bewertet:
1. für die Leistungsphase 1 (Vorentwurf für die frühzeitigen Beteiligungen)
Vorentwurf für die frühzeitigen Beteiligungen nach den Bestimmungen des Baugesetzbuches mit 60 Prozent,
2. für die Leistungsphase 2 (Entwurf zur öffentlichen Auslegung)
Entwurf für die öffentliche Auslegung nach den Bestimmungen des Baugesetzbuches mit 30 Prozent,
3. für die Leistungsphase 3 (Plan zur Beschlussfassung)
Plan für den Beschluss durch die Gemeinde mit 10 Prozent.
Der Vorentwurf, Entwurf oder Plan ist jeweils in der vorgeschriebenen Fassung mit Begründung anzufertigen.

(2) Anlage 2 regelt, welche Grundleistungen jede Leistungsphase umfasst. Anlage 9 enthält Beispiele für Besondere Leistungen.

Übersicht   Rdn.
1. Änderungen durch die HOAI 2009   1
2. Änderungen durch die HOAI 2013   5
3. Hinweis auf die Struktur der Kommentierung 11
4. Allgemeines 12
5. Rechtsnatur des Vertrags über bauleitplanerische Leistungen 13
6. Leistungsphase 1 (Vorentwurf für die frühzeitigen Beteiligungen) 14
7. Leistungsphase 2 (Entwurf zur öffentlichen Auslegung) 25
8. Leistungsphase 3 (Plan zur Beschlussfassung) 28

---

[4] So auch *Galda* in KMV, vor § 17 Rn. 18.

Leistungsbild Flächennutzungsplan § 18 HOAI

	Rdn.
9. Besondere Leistungen	31
10. Entwurf der öffentlichen Auslegung als Einzelleistung	32

1. Änderungen durch die HOAI 2009

Das **Leistungsbild Flächennutzungsplan** war bis zur 6. HOAI-Novelle in § 37 a. F. enthalten. In § 37 Abs. 2 a. F. waren auch die Grundleistungen und die Besonderen Leistungen aufgeführt. Die Fassung des § 18 HOAI 2009 enthielt keine inhaltliche Änderung gegenüber der vorherigen Rechtslage. Die einzelnen Leistungsphasen mit der Bewertung der Leistungen in Prozentsätzen der Honorare wurden in Abs. 1 übernommen. Die Leistungen waren unverändert in der Anlage 4 zu § 18 enthalten. Dasselbe gilt für die Besonderen Leistungen, welche sich in Ziff. 2.1. der Anlage 2 zu § 3 Abs. 3 wiederfanden.   1

Abs. 2 HOAI 2009 entsprach dem vorherigen § 37 Abs. 3 HOAI 2002. In dem Honorar für die Leistungen war nunmehr die Teilnahme an fünf (anstatt wie bisher zehn) Sitzungen enthalten. Bei Neuaufstellungen von Flächennutzungsplänen war das Honorar für die Teilnahme an allen Sitzungen nicht mit abgegolten. Es sollte frei zu vereinbaren sein.   2

Das Honorar für die Anfertigung eines Vorentwurfs oder eines Entwurfs als Einzelleistung, welches zuvor in § 37 Abs. 4 HOAI 2002 geregelt war, ergab sich nunmehr aus § 9 Abs. 1 HOAI 2009. Die Höchstsätze für eine Honorarerhöhung im Falle einer schriftlichen Honorarvereinbarung wurden erhöht.   3

Die Regelung des § 37 Abs. 5 HOAI 2002, wonach für die Leistungsphasen 1 und 2 jeweils der niedrigste Prozentsatz der angegebenen Spanne anzusetzen war, falls nichts anderes schriftlich vereinbart wurde, fand sich in § 7 Abs. 6 S. 2 HOAI 2009 wieder.   4

2. Änderungen durch die HOAI 2013

Die Änderungen durch die HOAI 2013 beruhen im Wesentlichen auf einer Anpassung der Vorschrift an den Ablauf und die Begrifflichkeiten des BauGB. Die bislang vorgesehenen fünf Leistungsphasen wurden auf **drei Leistungsphasen** reduziert und hierbei die Prozentsätze angepasst. Hierbei wurden im Wesentlichen die Leistungen aus Leistungsphasen 1, 2 und 3 als neue Leistungsphase 1 zusammengefasst und gleichzeitig teilweise abgeändert. Die Grundleistungen der bisherigen Leistungsphasen 4 und 5 wurden in den neuen Leistungsphasen 2 und 3 zusammengefasst. Die Einteilung folgt insoweit dem Verfahrensablauf, der aus dem BauGB bei der Aufstellung des Flächennutzungsplanes vorgegeben ist. Auch hier ist eine Dreiteilung festzustellen: 5
– Leistungen bis zum Beginn der frühzeitigen Beteiligung gem. § 3 Abs. 1 und § 4 Abs. 1 BauGB.
– Leistungen bis zum Beginn der öffentlichen Auslegung gem. § 3 Abs. 2 und § 4 Abs. 2 BauGB.
– Leistungen bis zum Beschluss des Planes durch die Gemeinde.

§ 18 HOAI Leistungsbild Flächennutzungsplan

6   In der Leistungsphase 1 (Vorentwurf) soll die Grundlage für die frühzeitige Beteiligung der Öffentlichkeit und die Anhörung der Träger öffentlicher Belange erstellt werden. Der Begriff des »Vorentwurfs« findet sich zwar in den Verfahrensvorschriften des BauGB nicht, jedoch ist es allgemeine Planungspraxis, diese erste Planstufe als »Vorentwurf« zu bezeichnen.

7   In der Leistungsphase 2 (Entwurf) soll eine Grundlage für den Beschluss der Gemeinde und die öffentliche Auslegung erarbeitet werden. Hierbei dient der Vorentwurf als Grundlage für die weitere Leistungserbringung unter Berücksichtigung der durch die frühzeitige Beteiligung angefallenen Stellungnahmen. Es schließt sich dann die Leistungsphase 3 an, die das Aufstellungsverfahren nach der erfolgten Offenlegung des Bauleitplanes bis hin zur Rechtswirksamkeit umfasst.

8   Wieder eingeführt wurde der Begriff Grundleistungen. Die Grundleistungen zum Leistungsbild Flächennutzungsplan sind in der Anlage 2 aufgeführt. Die Grundleistungen wurden im Vergleich zu den bislang vorgesehenen Leistungen nicht nur sprachlich, sondern auch inhaltlich überarbeitet. Der Katalog der Grundleistungen wurde insbesondere an den Verfahrensablauf nach dem BauGB und auch an die dort verwendeten Begrifflichkeiten angepasst. Ein Katalog der Besonderen Leistungen, der nicht abschließend ist, findet sich in Anlage 9. Der Arbeitsaufwand bei der Aufstellung von Bauleitplänen ist deutlich angestiegen. Grund hierfür ist insbesondere die Sensibilisierung der Öffentlichkeit und die hieraus resultierende frühzeitige Beteiligung derselben. Ein weiterer Grund für die Erhöhung des Arbeitsaufwandes bei der Aufstellung von Bauleitplänen ist die Umsetzung naturschutzrechtlicher Rahmenregelungen.

9   Die bislang in § 18 Abs. 2 HOAI 2009 vorgesehene Regelung, wonach die **Teilnahme an bis zu fünf Sitzungen** von politischen Gremien des Auftraggebers oder Sitzungen im Rahmen der Öffentlichkeitsbeteiligung, die bei den Leistungen aus den bisherigen fünf Leistungsphasen anfielen und mit dem Honorar abgegolten waren, ist entfallen. Im Katalog der **Besonderen Leistungen** in Anlage 9 ist in Ziff. 5r das **Teilnehmen an Sitzungen** von politischen Gremien des Auftraggebers oder an Sitzungen im Rahmen der Öffentlichkeitsbeteiligung aufgeführt. Das Honorar ist deshalb insoweit frei zu vereinbaren. Nach der Amtlichen Begründung (S. 146) wird dies damit begründet, dass die Anzahl der Sitzungstermine sehr uneinheitlich ist und deshalb eine einheitliche Regelung betreffend den mit dem Honorar abgegoltenen Leistungsumfang nicht möglich sein soll. In der Amtlichen Begründung wird weiter darauf hingewiesen, dass Sitzungstermine mit politischen Gremien, die lediglich der Vorbereitung der Beschlussfassung, z. B. des Gemeinderats, dienen und bei kleinen Gemeinden nicht gesondert durch Verwaltungsbeamte durchgeführt werden können, als Grundleistung der jeweiligen Leistungsphase von den Honorartafelwerten erfasst sein sollen. Für derartige Abstimmungstermine soll kein zusätzliches Honorar als Besondere Leistung abgerechnet werden können (S. 146 der Amtlichen Begründung). Es ist abzusehen, dass die Abgrenzung Schwierigkeiten bereiten wird[1], zumal im Katalog der Grundleistungen gem. Anlage 2 in der Leistungsphase 1 das Mitwirken an der frühzeitigen Öffentlichkeits-

---

1 Vgl. auch *Munoz* in MNP, § 18 Rn. 5; vgl. auch *Troidl* NVwZ 2014, 174, 179 f.

beteiligung einschließlich Erörterung der Planung sowie das Mitwirken an der frühzeitigen Beteiligung der Behörden und Stellen, die Träger öffentlicher Belange sind, aufgeführt ist (entsprechende Formulierungen finden sich auch bei der Leistungsphase 2 und sprachlich abgeändert auch bei der Leistungsphase 3). Abgesehen von dieser Abgrenzungsproblematik wird zukünftig – sollte es zum Streit über die Berechtigung des Honorars kommen – in jedem Einzelfall dann auch thematisiert werden (müssen), ob ein vergütungspflichtiger Auftrag für die Erbringung der Besonderen Leistung erteilt worden ist. Zwar ist das früher vorhandene Schriftformerfordernis für hinzutretende Besondere Leistungen entfallen. Dies ändert aber nichts daran, dass eine Beauftragung zur Erbringung der jeweiligen Besonderen Leistungen vorliegen und dies vom Auftragnehmer dargelegt und bewiesen werden muss.

Die bislang in § 12 vorgesehene Regelung zur Berechnung des Honorars bei Änderung 10 oder Überarbeitung von Teilflächen bereits aufgestellter Bauleitpläne (Planausschnitte) ist entfallen. Hierfür wurde in § 20 Abs. 6 HOAI als Ersatz die Bestimmung aufgenommen, wonach das Honorar in diesem Fall der Änderung und Überarbeitung von Teilflächen bereits aufgestellter Flächennutzungspläne frei zu vereinbaren ist. Hier muss zukünftig also eine Honorarvereinbarung abgeschlossen werden. Geschieht dies nicht, kann die übliche Vergütung beansprucht werden.

3. Hinweis auf die Struktur der Kommentierung

Es bleibt bei der bislang vorhandenen Struktur der Kommentierung. Alle im Zusam- 11 menhang mit den Leistungen auftretenden Honorarprobleme werden im Rahmen des § 18 nachfolgend bearbeitet. Es werden in jeder Leistungsphase folgende Teilabschnitte bearbeitet:
– Die einzelnen Grundleistungen
– die Besonderen Leistungen

Diese Darstellung hat sich bewährt. In der Praxis wird man sich weiterhin daran orientieren.

4. Allgemeines

Das Leistungsbild Flächennutzungsplan enthält die Leistungen des Auftragnehmers, 12 die im Allgemeinen erforderlich sind, für die Vorbereitung, die Erstellung der für den Flächennutzungsplan erforderlichen Ausarbeitungen und Planerfassungen sowie die Mitwirkung beim Verfahren. Das Leistungsbild gliedert sich nunmehr in **3 Leistungsphasen**. Dabei liegt das Schwergewicht der Tätigkeit des Auftragnehmers mit 60 % des Gesamthonorars in der Leistungsphase 1 (Vorentwurf). Die HOAI unterscheidet nunmehr wieder zwischen **Grundleistungen** und **Besonderen Leistungen**. Die Grundleistungen sind in der Anlage 2 zu § 18 aufgeführt. Die Besonderen Leistungen sind in Anlage 9 enthalten. Gegenüber den bisherigen Leistungsbildern wurde eine inhaltliche Änderung vorgenommen. Die Aufzählung der Besonderen Leistungen in der Anlage 9 ist nicht abschließend. Vielmehr können weitere Besondere Leistungen hinzukommen. Erbringt der Auftragnehmer vereinbarungsgemäß nur einzelne Leistungsphasen oder nicht alle Grundleistungen aus den Leistungsphasen, steht ihm

§ 18 HOAI   Leistungsbild Flächennutzungsplan

nach § 8 Abs. 1, 2 nur ein Teilhonorar zu[2]. Hiervon zu unterscheiden ist die Frage der Honorierung bei Beauftragung von Einzelleistungen (§ 9 Abs. 2 HOAI) und in denjenigen Fällen, in denen einzelne Teilleistungen entgegen der vertraglichen Vereinbarung nicht oder mangelhaft erbracht werden (vgl. hierzu § 8 Rdn. 16 ff.). Das Honorar für die Änderung oder Überarbeitung von Teilflächen bereits aufgestellter Flächennutzungspläne – bislang in § 12 HOAI 2009 geregelt – kann zukünftig frei vereinbart werden (§ 20 Abs. 6 HOAI).

5. Rechtsnatur des Vertrags über bauleitplanerische Leistungen

13 Der Vertrag über bauleitplanerische Leistungen ist als Werkvertrag zu qualifizieren. Die Haftung des Auftragnehmers richtet sich nach den §§ 633 ff. BGB. Die Planungsleistungen zur Vorbereitung eines Flächennutzungs- oder auch eines Bebauungsplanes sind erfolgsbezogen auf das Ziel der Erstellung eines rechtskräftigen Flächennutzungs- oder Bebauungsplans gerichtet. Auch wenn die Aufstellung des Flächennutzungs- oder Bebauungsplans in das hoheitliche Aufgabengebiet des Planungsträgers fällt, ist eine einheitliche Betrachtung aller hierzu erforderlichen Leistungen des Auftragnehmers schon wegen der Ergebnisorientierung des Leistungsbilds geboten.[3]

6. Leistungsphase 1 (Vorentwurf für die frühzeitigen Beteiligungen)

14 In der Leistungsphase 1 wurden die Leistungen der bisherigen Leistungsphasen 1, 2 sowie Teile der Leistungen der Leistungsphase 3 der Anlage 4 zu § 18 Abs. 1 HOAI 2009 zusammengefasst und an das Aufstellungsverfahren nach dem BauGB angepasst. Die bislang vorgesehene beispielhafte Auflistung von zu ermittelnden Sachverhalten wurde aufgegeben. Die Formulierungen sind allgemeiner gefasst worden und stellen auf die nach § 1 Abs. 4 bis Abs. 7, § 1a und § 2 BauGB ab.

15 Als erste Grundleistung nennt die Leistungsphase 1 das **Zusammenstellen und Werten des vorhandenen Grundlagenmaterials**. Im Vergleich zur bisherigen Formulierung ist die neue Fassung allgemeiner gehalten. Da Ergebnis der Leistungsphase 1 das Erarbeiten des Vorentwurfs für die frühzeitigen Beteiligungen nach §§ 3 Abs. 1 und 4 Abs. 1 BauGB ist, muss die Formulierung in diesem Lichte verstanden werden. Es müssen also alle Unterlagen und Sachverhalte zusammengestellt werden, die für die Durchführung der frühzeitigen Beteiligungen notwendig sind. Bei dem Grundlagenmaterial kann es sich um vorgegebene, bestehende und laufende örtliche und überörtliche Planungen und Untersuchungen einschließlich solcher benachbarter Gemeinden handeln. Als überörtliche Planungen kommen in Frage die Landesplanung, die Regionalplanung sowie Fachplanungen von Bund und Ländern, wie z. B. Verkehrs-, Schul- und Sportstättenplanung. Die örtlichen Planungen und Untersuchungen bestehen aus Flächennutzungs-, Bebauungs- und Landschaftsplänen, außerdem Kultur-, Sport- oder Haushaltsplänen, sowie sonstigen Fachplanungen. Darüber hinaus kommen allerdings auch beispielsweise Entwicklungsstudien anderer Stellen, z. B. Universitäts- oder Industrie-

---

2 Vgl. oben § 8 Rdn. 7.
3 *Jochem/Kaufhold*, 5. Aufl. § 18 Rn. 5.

institute, in Betracht.[4] Auch weiterhin ist Bestandteil dieser Grundleistung das Zusammenstellen der verfügbaren Kartenunterlagen und Daten sein, insbesondere Katasteramts-Unterlagen. Bislang war die entsprechende Leistung in Leistungsphase 1 so formuliert, dass eine Übersicht der bestehenden und laufenden Planungen und Untersuchungen zusammengestellt werden soll. Nunmehr lautet die Formulierung, dass das Grundlagenmaterial als solches zusammengestellt und gewertet werden soll. Daraus ergibt sich, dass es nicht mehr ausreichend ist, wenn lediglich eine Übersicht/Auflistung erstellt wird.[5] Das Grundlagenmaterial muss zusammengestellt und bewertet werden[6]. Die Bewertung hat sich an dem Erfordernis für die Berücksichtigung im weiteren Verfahren zu orientieren. Durch das Werten des vorhandenen Grundlagenmaterials wird einerseits geklärt, welche vorhandenen Unterlagen für das weitere Verfahren abstrakt von Bedeutung sein könnten und andererseits, in welchen Bereichen das vorhandene Grundlagenmaterial nicht ausreichend und ergänzungsbedürftig ist.[7] Der Auftragnehmer hat beim Planungsträger bereits vorhandenes Daten- und Planmaterial zu sichten und auf seine Eignung für den Flächennutzungsplan zu überprüfen. Dabei kann es sich um Daten- und Planmaterial handeln, das aus anderen Anlässen bereits erarbeitet wurde.

Aufgrund der Formulierung muss Material vom Auftragnehmer auch weiterhin nicht neu erstellt werden.[8] Ebenfalls vom Wortlaut nicht erfasst ist die Beschaffung von nicht vorhandenem Grundlagenmaterial.[9] Zu dem zu berücksichtigenden Grundlagenmaterial gehören auch die verfügbaren Kartenunterlagen und Daten. Kartenunterlagen können z. B. Karten im Maßstab 1:100000 bis Maßstab 1:5000 sein, qualifiziertes Kartenmaterial, herausgegeben von den Staatlichen Vermessungsämtern oder dem Landesvermessungsamt, Maßstab 1:10000 bis Maßstab 1:2500. Als Daten kommen infrage statistische Unterlagen des Landes, der Region, des Kreises, der Gemeinde bzw. der benachbarten Gemeinden.

An die vorgenannte Grundleistung schließt sich das **Erfassen der abwägungsrelevanten** 16 **Sachverhalte** an. Aus dem Grundlagenmaterial sind die Sachverhalte/Unterlagen herauszufiltern, die projektbezogen, für den konkreten Fall abwägungsrelevant i. S. der §§ 1 ff. BauGB sind. Damit muss keine vollumfängliche städtebauliche Bestandserhebung durchgeführt werden. Vielmehr erfolgt eine Überprüfung des Grundlagenmaterials lediglich auf die Erheblichkeit für die Abwägung im konkreten Einzelfall.

---

4 Vgl. *Galda* in KMV, § 18 Rn. 12.
5 Anders noch zur früheren Fassung in der HOAI 2009 die Darstellung in der Vorauflage; *Jochem/Kaufhold*, 5. Aufl. § 18 Rn. 16 f.; nach *Galda* in KMV, 9. Aufl. § 18 Rn. 13, ist die Bewertung des vorhandenen Materials Bestandteil dieser Grundleistung.
6 So auch *Munoz* in MNP, § 18 Rn. 10.
7 Vgl. insoweit auch *Jochem/Kaufhold*, 5. Aufl. § 18 Rn. 21.
8 Nach *Galda* in KMV, § 18 Rn. 18 sollen kleinere Ergänzungen vorhandener Karten Bestandteil der Grundleistung sein; ebenso *Munoz* in MNP, § 18 Rn. 12.
9 Ebenso: *Jochem/Kaufhold*, 5. Aufl. § 18 Rn. 17 zur bisherigen Fassung; genauso: *Galda* in KMV, § 18 Rn. 13.

§ 18 HOAI   Leistungsbild Flächennutzungsplan

17 Als Grundleistung ist weiterhin die Abhaltung von **Ortsbesichtigungen** vorgesehen. Ortsbesichtigungen können notwendig sein, um ggf. mit dem Auftraggeber zusammen die Qualität und Vollständigkeit der Planunterlagen und Daten festzustellen, zu verwerten, zu ergänzen oder ergänzende Fachleistungen festzulegen. Die Ortsbesichtigungen sind dabei in der Regel deshalb notwendig, um die Übereinstimmung des vorhandenen Grundlagenmaterials mit den tatsächlichen Gegebenheiten zu überprüfen.

18 Weiterhin vorgesehen ist die Grundleistung **Festlegen ergänzender Fachleistungen und Formulieren von Entscheidungshilfen für die Auswahl anderer fachlich Beteiligter, soweit notwendig.** Dieser Grundleistung kommt besondere Bedeutung dann zu, wenn festgestellt wird, dass das vorhandene Grundlagenmaterial nicht ausreichend ist. Insbesondere die Belange der Raumordnung nach § 1 Abs. 4 BauGB und die Umweltprüfung gem. § 2 Abs. 4 BauGB erfordern in der Praxis häufig die Hinzuziehung anderer fachlich Beteiligter.[10] Darüber hinaus kommen auch Leistungen von Geologen, Bergbauexperten, Wasser- und Elektrizitätswissenschaftlern und von Verkehrsfachleuten insoweit in Betracht.[11]

19 Ebenfalls allgemeiner gefasst wurde die Grundleistung **Darstellen des Zustands des Plangebiets** sowie die **Analyse** hierzu. Die Einzelaufstellung, die bislang in Leistungsphase 2 enthalten war, wurde gestrichen und es wurde in Anlage 2 Ziff. 1e ausdrücklich darauf hingewiesen, dass die Teilleistung des Darstellens und der Analyse nur so weit erfolgen muss, als dies für die weitere Planung von Bedeutung und abwägungsrelevant ist. Auch weiterhin sind – soweit abwägungsrelevant – die Ziele der Raumordnung und Landesplanung bei der Bestandsaufnahme zu berücksichtigen, genauso auch die beabsichtigten Planungen und Maßnahmen der Gemeinde und der Träger öffentlicher Belange. Der Zustand ist insbesondere im Hinblick auf Topographie, vorhandene Bebauung, Nutzung, Verkehrs-, Ver- und Entsorgungsanlagen, Umweltverhältnisse, wasserwirtschaftliche Verhältnisse, Lagerstätten, Bevölkerung, gewerbliche Wirtschaft, land- und forstwirtschaftliche Struktur darzustellen. Ferner sind die Flächen, die mit umweltgefährdenden Stoffen belastet sind, darzustellen. Letztlich sind die Sachverhalte, die nach § 1 Abs. 6 BauGB bei der Aufstellung der Bauleitpläne zu berücksichtigen sind, dahingehend zu untersuchen, wie sie sich im untersuchten Plangebiet tatsächlich darstellen. Vom Wortlaut her ist die Schriftform für das Darstellen zwar nicht vorgesehen. Sie ist aber von der Sache her unerlässlich. Im Regelfall werden auch Pläne anzufertigen sein.

20 Die Grundleistung **Mitwirken beim Festlegen von Zielen und Zwecken der Planung** ist weiterhin vorgesehen. Die Ziele und Zwecke der Planung sind grundsätzlich durch den Auftraggeber festzulegen. Der Auftragnehmer hat hieran nur mitzuwirken.[12] Die Festlegung der Planungsziele ist wesentliche Aufgabe des Planungsträgers. Das Erfordernis für die Erbringung dieser Grundleistung aus Sicht des Auftraggebers ergibt sich aus § 3 Abs. 1 BauGB, wonach die Öffentlichkeit möglichst frühzeitig über die

---

10 Vgl. *Jochem/Kaufhold*, 5. Aufl. § 18 Rn. 18 zum Umweltschutz.
11 *Galda* in KMV, § 18 Rn. 16.
12 Vgl. *Galda* in KMV, § 18 Rn. 20.

allgemeinen Ziele und Zwecke der Planung zu unterrichten ist. Im Hinblick auf das Festlegen von Zielen und Zwecken der Planung geht es um die Entscheidung, wie die untersuchten Flächen zukünftig verwendet werden sollen.

Als Zentrale Leistung ist das **Erarbeiten des Vorentwurfs in der vorgeschriebenen Fassung mit Begründung für die frühzeitige Beteiligung nach den Bestimmungen des BauGB** genannt. Hierbei geht es um die Erstellung einer Planfassung auf der Grundlage der **Planzeichenverordnung**, die dazu geeignet ist, die frühzeitige Beteiligung der Öffentlichkeit nach § 3 Abs. 1 BauGB sicherzustellen. Es handelt sich insoweit um ein Mittel der Unterrichtung i. S. der vorgenannten Vorschrift aus dem BauGB. Das BauGB kennt den Begriff des »Vorentwurfs« zwar nicht, jedoch ist es allgemeine Planungspraxis, die erste Planstufe im Rahmen der Bauleitplanung als Vorentwurf zu bezeichnen. Nach der Formulierung in Anlage 2 ist die nach § 2a BauGB erforderliche **Begründung** bereits im Rahmen der Leistungsphase 1 zu erstellen. Der **Umweltbericht** gehört nach § 2a BauGB zur Begründung, bildet nach dem letzten Satz der vorgenannten Regelung einen gesonderten Teil der Begründung und ist deshalb als **Besondere Leistung** in Anlage 9 qualifiziert worden. Nicht mehr vorgesehen ist die Darstellung von sich **wesentlich unterscheidenden Lösungen nach gleichen Anforderungen**. Diese Formulierung war bislang in der Leistungsphase 3 der Anlage 4 HOAI 2009 vorgesehen. Sie ist an sich die Kernaufgabe der informellen Planung und findet sich für den Flächennutzungsplan als städtebauliches Entwicklungskonzept und für den Bebauungsplan als städtebaulicher Entwurf im Katalog der Besonderen Leistungen in Anlage 9. 21

Die Grundleistung **Darlegen der wesentlichen Auswirkungen der Planung** war als Leistung bislang ebenfalls in Leistungsphase 3 vorgesehen. Das Erfordernis zur Erbringung dieser Grundleistung ergibt sich aus Sicht des Auftraggebers aus § 3 Abs. 1 BauGB. Die Öffentlichkeit ist nach dieser Regelung auch über die voraussichtlichen Auswirkungen der Planung öffentlich zu unterrichten. 22

Als weitere Grundleistung ist das **Berücksichtigen von Fachplanungen** genannt. Die Fachplanung ist im Rahmen der Bauleitplanung nach dem § 1 ff. BauGB zu berücksichtigen. Hierbei geht es insbesondere um die Landschaftsplanung.[13] Gleiches gilt allerdings auch für Fachplanungen aus dem Bereich der Raumordnung, aus dem Bereich Naturschutz, Hochwasserschutz bzw. aus dem Bereich sonstiger städtebaulicher Planung sowie insbesondere auch im Hinblick auf die Verkehrsplanung, Planungen betreffend den sachgerechten Umgang mit Abfällen und Abwässern und die Nutzung erneuerbarer Energien. Grundsätzlich sind die Fachplanungen aus dem Bereich Wasser, Abfall- und Immissionsschutzrecht bei der Erarbeitung des Vorentwurfs zu berücksichtigen. 23

Als weitere Grundleistung ist – wie bisher – **das Mitwirken an der frühzeitigen Öffentlichkeitsbeteiligung, an der frühzeitigen Beteiligung der Behörden und Stellen, die Träger öffentlicher Belange sind, und an der frühzeitigen Abstimmung mit den Nach-** 24

---

13 Vgl. *Jochem/Kaufhold*, 5. Aufl. § 18 Rn. 61.

bargemeinen genannt. Im Hinblick auf die frühzeitige öffentliche Beteiligung wird als Bestandteil dieser Grundleistung auch die Erörterung der Planung genannt. Auch im Hinblick auf die Beteiligung der Behörden und Stellen, die Träger öffentlicher Belange sind, und der Beteiligung der Nachbargemeinden ist lediglich von »Mitwirkung« die Rede. Wie weit diese Mitwirkung reicht, ist allerdings unklar. Es muss insoweit berücksichtigt werden, dass nach Ziff. 5 der Anlage 9 u. a. das Mitwirken an öffentlichen Diskussionen (im Rahmen der Öffentlichkeitsarbeit) sowie das Erstellen der dazu notwendigen Planungsunterlagen und Schriftsätzen, das Teilnehmen an Sitzungen von politischen Gremien des Auftraggebers oder an Sitzungen im Rahmen der Öffentlichkeitsbeteiligung, das Mitwirken an Anhörungs- oder Erörterungsterminen als **Besondere Leistung** qualifiziert wird. Ferner ist auch das Vorbereiten, Durchführen, Auswerten und Dokumentieren der formellen Beteiligungsverfahren als Besondere Leistung im Katalog der Anlage 9 aufgeführt. Die in der Leistungsphase 1 in Anlage 2 genannte Grundleistung der Mitwirkung umfasst deshalb einerseits die **interne** Mitwirkung und Erörterung, also die Vorbereitung der entsprechenden Unterlagen und die Unterrichtung des Auftraggebers, um diesen in die Lage zu versetzen, die Öffentlichkeit zu unterrichten und auch die Träger öffentlicher Belange und die Nachbargemeinden zu informieren bzw. die Abstimmung durchzuführen[14]. Andererseits gehört auch die Teilnahme an Veranstaltungen im Rahmen der frühzeitigen **Öffentlichkeitsbeteiligung** zum Mitwirken und ist damit Bestandteil der Grundleistung. Darüber hinausgehende Leistungen im Rahmen der **Öffentlichkeitsarbeit**, das Mitwirken an der Öffentlichkeitsarbeit des AG, gehören demgegenüber zu den Besonderen Leistungen.[15] Die Öffentlichkeitsbeteiligung ist eine Leistung, deren Inhalt durch die Verfahrensvorschriften gesetzlich geregelt ist. Demgegenüber fehlt ein eine gesetzliche Regelung zur Öffentlichkeitsarbeit. Inhalt und Form stehen im Ermessen des Auftraggebers.

7. Leistungsphase 2 (Entwurf zur öffentlichen Auslegung)

25 Die Grundleistungen der Leistungsphase 2 wurden z. T. aus der bisherigen Leistungsphase 3 und aus der bisherigen Leistungsphase 4 des § 18 Abs. 1 der HOAI 2009 entnommen.

26 Die Grundleistung **Erarbeiten des Entwurfes in der vorgeschriebenen Fassung mit Begründung für die Öffentlichkeits- und Behördenbeteiligung nach den Bestimmungen des BauGB** ist die Zentrale Leistung in der Leistungsphase 2. Es handelt sich um den Entwurf, der nach § 3 Abs. 2 BauGB öffentlich auszulegen ist. Der Entwurf ist Grundlage für den Satzungsbeschluss der Gemeinde. Als Planunterlage für den Flä-

---

14 *Galda* in KMV, § 18 Rn. 27.
15 Nach *Jochem/Kaufhold*, 5. Aufl. § 18 Rn. 64, zur bisherigen Fassung der HOAI soll es Aufgabe des Planers sein, seine Planung bei Informationsveranstaltungen im Rahmen der frühzeitigen Öffentlichkeitsbeteiligung zu erläutern. – Die Besondere Leistung »Mitwirken an der Öffentlichkeitsarbeit des Auftraggebers einschließlich Mitwirken an Informationsschriften und öffentlichen Diskussionen . . .« gab es allerdings auch bereits in der HOAI 2009, Anlage 2.1.3; vgl. insoweit aber auch die Ausführungen von *Jochem/Kaufhold*, 5. Aufl. § 18 Rn. 67.

chennutzungsplan ist eine Karte zu verwenden (§ 1 Abs. 1 S. 1 Planzeichenverordnung (PlanzV)). Die Karte muss den vorhandenen Zustand so genau und vollständig erkennen lassen, dass dies für den Planinhaber ausreicht. Der Maßstab für den Flächennutzungsplan ist so zu wählen, dass der Inhalt eindeutig dargestellt oder festgesetzt werden kann (§ 1 Abs. 1 S. 2 PlanzV). Für den Flächennutzungsplan ist in der Regel der Maßstab 1:5000,[16] häufig auch der Maßstab 1:10000 geeignet.[17] Ein größerer Maßstab, wie z. B. 1:2500 oder 1:1000 ist rechtlich jederzeit möglich, aber nicht notwendig.[18] Für den Flächennutzungsplan muss ein einheitlicher Maßstab verwendet werden. Jedoch ist es in Ausnahmefällen möglich, dass Teilbereiche eines Plans durch Nebenzeichnungen größeren Maßstabs ergänzt oder verdeutlicht werden.[19] Die Planzeichen für Bauleitpläne und damit auch für den Flächennutzungsplan sind in der Anlage zu der PlanzV enthalten. Der Entwurf muss den Anforderungen des § 5 BauGB entsprechen und die Baunutzungsverordnung berücksichtigen. Das Erstellen des **Umweltberichtes** ist eine Besondere Leistung, obwohl er zur Begründung gehört (vgl. oben Rdn. 21).

Die Mitwirkungsleistungen betreffend das Auslegungsverfahren wurden erweitert. 27
Vorgesehen ist das **Mitwirken an der Öffentlichkeitsbeteiligung, an der Beteiligung der Behörden und Stellen, die Träger öffentlicher Belange sind, und an der Abstimmung mit den Nachbargemeinden** sowie das Mitwirken bei der Abwägung der Gemeinde zu Stellungnahmen aus frühzeitigen Beteiligungen. Diese Mitwirkungsleistungen orientieren sich am Verfahrensablauf aus dem § 1 ff. BauGB. Das Mitwirken im vorgenannten Sinne muss wiederum abgegrenzt werden von den Besonderen Leistungen im Katalog der Anlage 9[20] und beschränkt sich dabei auf die interne Unterstützung des Auftraggebers.

Die Grundleistung **Abstimmen des Entwurfs mit der Gemeinde** war auch in der HOAI 2009 bereits vorgesehen. Im Rahmen dieser Abstimmung können Änderungen oder Ergänzungen kleineren Umfangs vorzunehmen sein, für die kein zusätzliches Honorar verlangt werden kann. Werden allerdings Teilflächen i. S. des § 20 Abs. 6 HOAI geändert oder überarbeitet, so kann hierfür ein zusätzliches Honorar verlangt und dasselbe frei vereinbart werden.

8. Leistungsphase 3 (Plan zur Beschlussfassung)

Die neue Leistungsphase 3 enthält als Grundleistungen weitgehend die Leistungen aus 28
den bisherigen Leistungsphasen 5 und 6 des § 18 Abs. 1 HOAI 2009.

---

16 Maßstab der Deutschen Grundkarte.
17 *Ernst/Zinkahn/Bielenberg/Krautzberger*, Kommentar zur PlanzV Stand November 2011, § 1 Rn. 17.
18 *Ernst/Zinkahn/Bielenberg/Krautzberger*, Kommentar zur PlanzV Stand November 2011, § 1 Rn. 17.
19 *Ernst/Zinkahn/Bielenberg/Krautzberger*, Kommentar zur PlanzV Stand November 2011, § 1 Rn. 18.
20 Vgl. oben Rdn. 24.

29 Zentrale Leistung ist hier das **Erarbeiten des Planes in der vorgeschriebenen Fassung mit Begründung**[21] für den Beschluss durch die Gemeinde. Nach erfolgter Offenlage sind die Stellungnahmen der Öffentlichkeit und der Behörden zu prüfen. Anschließend wird dem gemeindlichen Beschlussgremium ein Flächennutzungsplan mit Begründung vorgelegt, in welchem die berücksichtigten Stellungnahmen eingearbeitet sind.

30 Als weitere Grundleistung ist das **Mitwirken bei der Abwägung der Gemeinde zu Stellungnahmen** genannt.

Als abschließende Grundleistung findet sich das **Erstellen des Planes in der durch Beschluss der Gemeinde aufgestellten Fassung**. Nach Beschlussfassung durch die Gemeinde ist der Flächennutzungsplan in der beschlossenen Fassung nach § 6 Abs. 1 BauGB der höheren Verwaltungsbehörde zur Genehmigung vorzulegen.

9. Besondere Leistungen

31 In Anlage 9 wurde ein Katalog der Besonderen Leistungen aufgenommen. Dieser Katalog ist nicht abschließend. Er bezieht sich auf alle Leistungen zur Flächenplanung. Er enthält also nicht nur Besondere Leistungen für die Bauleitplanung. In diesen Katalog wurden die an verschiedenen Stellen in den Anlagen 2.1 bis 2.5 der HOAI 2009 aufgelisteten Besonderen Leistungen der Flächenplanung zusammengeführt. Teilweise wurden die bislang vorgesehenen Besonderen Leistungen übernommen. Teilweise wurden auch neue Besondere Leistungen aufgenommen. Das Honorar für diese Besonderen Leistungen kann frei vereinbart werden. Wird kein Honorar vereinbart, die Leistungen aber beauftragt, steht dem Auftragnehmer die übliche Vergütung hierfür zu. Von besonderer Bedeutung ist der in § 17 Abs. 2 erwähnte Städtebauliche Entwurf. Die Architektenkammer Baden-Württemberg hat das Merkblatt 51 zu dieser Besonderen Leistung auf den neuesten Stand (5/2014) gebracht (Verfasser: Dipl.-Ing. Architekt Ernst Frey). Hier finden sich wertvolle Anregungen.

10. Entwurf der öffentlichen Auslegung als Einzelleistung

32 Wird der Entwurf der öffentlichen Auslegung als Einzelleistung in Auftrag gegeben, kann nach § 9 Abs. 2, der eine entsprechende Anwendung des § 9 Abs. 1 Nr. 2 HOAI anordnet, der für die Leistungsphase 2 (Entwurf zur öffentlichen Auslegung) vorgesehene Honoraranteil von 30 % verlangt werden. Mittels einer **schriftlichen Vereinbarung** kann nach der Regelung in § 9 Abs. 2 zusätzlich eine Honorarerhöhung bis zum Prozentsatz der Leistungsphase 1 des § 18 HOAI von weiteren 60 % vereinbart werden.[22]

---

21 Zum Umweltbericht als Besondere Leistung vgl. Rdn. 21 und 27.
22 Vgl. oben § 9 Rdn. 10.

§ 19 HOAI Leistungsbild Bebauungsplan

(1) Die Grundleistungen bei Bebauungsplänen sind in drei Leistungsphasen unterteilt und werden wie folgt in Prozentsätzen der Honorare des § 21 bewertet:
1. für die Leistungsphase 1 (Vorentwurf für die frühzeitigen Beteiligungen)
   Vorentwurf für die frühzeitigen Beteiligungen nach den Bestimmungen des Baugesetzbuches mit 60 Prozent,
2. für die Leistungsphase 2 (Entwurf zur öffentlichen Auslegung)
   Entwurf für die öffentliche Auslegung nach den Bestimmungen des Baugesetzbuches mit 30 Prozent,
3. für die Leistungsphase 3 (Plan zur Beschlussfassung)
   Plan für den Beschluss durch die Gemeinde mit 10 Prozent.
   Der Vorentwurf, Entwurf oder Plan ist jeweils in der vorgeschriebenen Fassung mit Begründung anzufertigen.

(2) Anlage 3 regelt, welche Grundleistungen jede Leistungsphase umfasst. Anlage 9 enthält Beispiele für Besondere Leistungen.

Übersicht

		Rdn.
1.	Änderungen durch die HOAI 2009	1
2.	Änderungen durch die HOAI 2013	3
3.	Hinweis auf die Struktur der Kommentierung	4
4.	Allgemeines	6
5.	Grundleistungen der Leistungsphasen 1 bis 3	10

1. Änderungen durch die HOAI 2009

Das Leistungsbild Bebauungsplan war bis zur 6. HOAI-Novelle in § 40 enthalten. Die ausführliche Beschreibung der Grundleistungen und Besonderen Leistungen in § 40 Abs. 2 HOAI 2002 wurde für die Leistungen (Grundleistungen) in der Anlage 5 zu § 19 HOAI 2009 und für die Besonderen Leistungen in Ziff. 2.2. der Anlage 2 zu § 3 Abs. 2 HOAI 2009 aufgenommen. Neu in die HOAI 2009 aufgenommen wurde der in § 19 Abs. 1 enthaltene Verweis auf die prozentuale Bewertung der Leistungsphasen nach § 18 Abs. 1, welche auch der Höhe nach der bisherigen Regelung des § 40 Abs. 1 HOAI 2002 entsprach. Die Änderungen in § 19 Abs. 1 HOAI 2009 hatten deshalb gegenüber der bisherigen Regelung keinerlei Auswirkungen auf die Honorarhöhe für das Leistungsbild Bebauungsplan. 1

§ 19 Abs. 2 HOAI 2009 entsprach den bisherigen §§ 40 Abs. 1 S. 2, 37 Abs. 3 HOAI 2002. Die Vergütungsregelung für die Teilnahme an Sitzungen wurde mit der HOAI 2009 zu Gunsten des Planers verändert. Die bislang in den §§ 40 Abs. 1 S. 2, 37 Abs. 4 HOAI 2002 enthaltene Möglichkeit einer Honorarerhöhung bei der Beauftragung mit der Vorplanung oder der Entwurfsplanung als Einzelleistung wurde nunmehr in § 9 Abs. 1 HOAI 2009 verschoben. Dasselbe galt für die in den §§ 40 Abs. 1 S. 2, 37 Abs. 5 HOAI 2002 enthaltene Vorschrift, wonach für die in den Leistungsphasen 1 und 2 vorgegebenen prozentualen Von-/Bis-Sätze ohne schriftliche Vereinbarung 2

§ 19 HOAI Leistungsbild Bebauungsplan

nur die niedrigsten Prozentsätze abgerechnet werden dürfen. Diese Regelung befand sich in § 7 Abs. 6 S. 2 HOAI 2009.

2. Änderungen durch die HOAI 2013

3 Genauso wie beim Leistungsbild Flächennutzungsplan sind die Änderungen durch die HOAI 2013 im Wesentlichen die Folge einer Anpassung der Vorschrift an den Ablauf und die Begrifflichkeiten des BauGB. Auch beim Leistungsbild Bebauungsplan wurden die bislang vorgesehenen **fünf Leistungsphasen** auf **drei Leistungsphasen** reduziert. Hierbei wurden im Wesentlichen die Leistungen aus Leistungsphasen 1, 2 und teilweise 3 als neue Leistungsphase 1 zusammengefasst und hierbei teilweise abgeändert. Die Grundleistungen der bisherigen Leistungsphasen 4 und 5 wurden in die neuen Leistungsphasen 2 und 3 zusammengefasst. Die Einteilung folgt insoweit dem Verfahrensablauf, der aus dem BauGB bei der Aufstellung des Bebauungsplanes als Bauleitplan vorgegeben ist. Auch hier ist eine Dreiteilung festzustellen:
– Leistungen bis zum Beginn der frühzeitigen Beteiligung gem. § 3 Abs. 1 und § 4 Abs. 1 BauGB.
– Leistungen bis zum Beginn der öffentlichen Auslegung gem. § 3 Abs. 2 und § 4 Abs. 2 BauGB.
– Leistungen bis zum Beschluss des Planes durch die Gemeinde.

Die Grundleistungen zum Leistungsbild Bebauungsplan sind in der Anlage 3 aufgeführt. Die Grundleistungen wurden – genauso wie auch beim Flächennutzungsplan – im Vergleich zu den bislang vorgesehenen Leistungen nicht nur sprachlich, sondern auch inhaltlich überarbeitet. Der Katalog der Grundleistungen ist beim Flächennutzungsplan und beim Bebauungsplan identisch formuliert. Der Katalog der Besonderen Leistungen findet sich in Anlage 9. Die Anlage 9 ist sowohl für das Leistungsbild Flächennutzungsplan als auch für das Leistungsbild Bebauungsplan heranzuziehen.

Die bislang in § 19 Abs. 2 HOAI 2009 vorgesehene Regelung, wonach die Teilnahme an bis zu 5 Sitzungen von politischen Gremien des Auftraggebers oder Sitzungen im Rahmen der Öffentlichkeitsbeteiligung vorgeschrieben war, ist entfallen. Auf die diesbezüglichen Ausführungen zum Leistungsbild Flächennutzungsplan, die entsprechend gelten, wird verwiesen.[1]

3. Hinweis auf die Struktur der Kommentierung

4 Obwohl die einzelnen Grundleistungen und die Besonderen Leistungen weiterhin nicht mehr im Leistungsbild selbst, sondern in der Anlage 3 sowie der Anlage 9 aufgeführt sind, erscheint es für die Kommentierung zweckmäßig, alle im Zusammenhang mit den Leistungen anfallenden Honorarprobleme im Rahmen des § 19 zu bearbeiten. Aus diesem Grund wird die Struktur der alten Kommentierung beibehalten. Es werden in jeder Leistungsphase folgende Teilabschnitte bearbeitet:

---

[1] Vgl. oben § 18 Rdn. 9.

– Die einzelnen Leistungen
– die sachlich dazu gehörigen Besonderen Leistungen

Diese Darstellung hat sich bewährt. In der Praxis wird man sich weiterhin daran orientieren.

4. Allgemeines

§ 19 beschreibt zusammen mit der Anlage 3 das »Leistungsbild Bebauungsplan«. Diese Vorschrift ist dem Leistungsbild Flächennutzungsplan (§ 18) nachgebildet. Die Beschreibung des Leistungsbildes ist nicht nur für die Ermittlung des Honorars von Bedeutung. Sie gibt auch einen Anhaltspunkt für die vertraglichen Leistungspflichten des mit der Erstellung eines Bebauungsplans Befassten, wenn im Vertrag die Honorarregelung in Bezug genommen wurde. Die Leistungen werden nunmehr aufgegliedert in drei Leistungsphasen, die jeweils mit einem bestimmten Prozentsatz aus der Gesamtleistung bewertet werden. Der Schwerpunkt liegt auch hier – wie beim Flächennutzungsplan – auf der Leistungsphase 1 (Vorentwurf für die frühzeitige Beteiligung) mit 60 % des Honorars.

Die Aufstellung des Bebauungsplanes erfolgt in 3 Stufen:
1. Vorentwurf – Leistungsphase 1 zur Vorstellung des Planes in der Öffentlichkeit gemäß § 3 Abs. 1 BauGB und zur Beteiligung der Träger öffentlicher Belange.
2. Entwurf – Leistungsphase 2 zur Verabschiedung des Planes durch den Auftraggeber, als Satzungsentwurf und zur öffentlichen Auslegung gemäß § 3 Abs. 2 BauGB.
3. Planfassung für die Anzeige oder Genehmigung – Leistungsphase 3 zur Erhebung zur Satzung und Genehmigung durch die Aufsichtsbehörde oder Anzeige bei der Aufsichtsbehörde.

Zur Entwicklung und Erstellung dieser Planfassungen werden in der Regel fachspezifische Voruntersuchungen und städtebauliche Entwurfsplanungen erforderlich. Diese fachspezifischen Leistungen können sich auf die Entwicklung von Nutzungs- und Gestaltungsabsichten von Gebäuden und Freianlagen, von Straßen und Wegen, Grundstücksparzellierungen, Lärmschutzanlagen, Begrünungen u. a. erstrecken. Nach § 17 Abs. 2 HOAI sind die Honorare für einen städtebaulichen Entwurf frei zu vereinbaren und damit gesondert zu vergüten.[2]

Erbringt der Auftragnehmer vereinbarungsgemäß nur einzelne Leistungsphasen oder nicht alle Leistungen aus den Leistungsphasen, so steht ihm nach § 8 HOAI nur ein Teilhonorar zu.[3] Hiervon zu unterscheiden ist die Frage der Honorierung in denjenigen Fällen, in denen einzelne Teilleistungen entgegen der vertraglichen Vereinbarung nicht oder mangelhaft erbracht werden (vgl. oben § 8 Rdn. 16 ff.). Voraussetzung für die Entstehung eines Honoraranspruchs ist neben der Erfüllung der Leistungspflichten

---

[2] Zur Honorierung von Leistungen beim städtebaulichen Entwurf vgl. Merkblatt 51 der Architektenkammer Baden-Württemberg (Leistungsbild und Honorartabelle) Stand 5/2014.
[3] Vgl. oben § 8 Rdn. 7.

§ 19 HOAI   Leistungsbild Bebauungsplan

der Abschluss eines auf die betreffenden Leistungen gerichteten Vertrages bzw. die nachträgliche Billigung oder Verwertung der Leistungen durch den Auftraggeber.

5. Grundleistungen der Leistungsphasen 1 bis 3

10   Die Grundleistungen in Anlage 3 zum Leistungsbild Bebauungsplan wurden in Anlehnung an den Regelablauf des Aufstellungsverfahrens nach dem BauGB formuliert. Die Struktur und der Inhalt der Regelung entsprechen der Regelung zu den Grundleistungen im Leistungsbild Flächennutzungsplan in der Anlage 2. Es kann daher auf die obigen Ausführungen verwiesen werden.[4] Unterschiede zur Honorierung von Leistungen beim Flächennutzungsplan ergeben sich aus den Vorgaben des BauGB, die spezifisch für die Bebauungspläne vorgesehen sind, insbesondere aus den §§ 8 ff. BauGB.

11   Da – genauso wie auch beim Flächennutzungsplan – im Katalog der Anlage 3 beim Vorentwurf und beim Entwurf auf die jeweils **vorgeschriebene Fassung** verwiesen wird, sind auch beim Bebauungsplan die Vorgaben aus der **Planzeichenverordnung** zu beachten. Nach § 1 Abs. 2 PlanzV sollen sich bei Bebauungsplänen die Flurstücke mit ihren Grenzen und Bezeichnungen in Übereinstimmung mit dem Liegenschaftskataster, die vorhandenen baulichen Anlagen, die Straßen, Wege und Plätze sowie die Geländehöhe ergeben. Auch wenn die bislang vorgesehene Leistung **Festlegen des räumlichen Geltungsbereichs** nicht mehr im Katalog der Anlage 3 ausdrücklich aufgeführt ist, ist diese Leistung als Zentrale Leistung weiterhin zu erbringen. Der Bebauungsplan setzt gem. § 9 Abs. 7 BauGB die Grenze seines räumlichen Geltungsbereichs fest. Da ein Bebauungsplan nicht das ganze Gemeindegebiet umfasst, sondern in der Regel nur Teilgebiete, ist eine Festsetzung des räumlichen Geltungsbereichs aufgrund einwandfreier vermessungstechnischer Unterlagen erforderlich. Der räumliche Geltungsbereich ist nicht nur Inhalt des Aufstellungsbeschlusses durch die Gemeinde, sondern auch Grundlage für die vorläufige Honorarberechnung bei Aufstellungsbeschluss und die endgültige Honorarberechnung bei Satzungsbeschluss.

12   Im Hinblick auf die Leistung **Analysieren und Darstellen des Zustands des Plangebiets, soweit für die Planung von Bedeutung und abwägungsrelevant unter Verwendung hierzu vorliegender Fachbeiträge**, ist die Leistung im Vergleich zu den Planungsvorgaben beim Flächennutzungsplan wesentlich verfeinert. Hierbei spielt auch der Maßstab, in der Regel 1:500, jedoch auch 1:1000 und 1:2000, eine Rolle. Während die **Analyse** beim Flächennutzungsplan noch sehr grobmaschig sein kann, wird sie beim Bebauungsplan entsprechend seiner Zielsetzung als Rechtsnorm wesentlich verfeinert sein müssen.

13   Beim **Erarbeiten des Vorentwurfs** sind die Festsetzungsmöglichkeiten des § 9 Abs. 1 BauGB zu berücksichtigen. Es sind gestalterische Aussagen betreffend die im Katalog des § 9 Abs. 1 BauGB vorgesehenen Festsetzungsmöglichkeiten, die im konkreten Fall relevant sind, zu treffen.

---

4   Vgl. oben § 18 Rdn. 14 ff.

Auch wenn sowohl in der Leistungsphase 1 als auch in der Leistungsphase 2 jeweils die Erarbeitung des Vorentwurfs/Entwurfs **mit Begründung** vorgesehen ist und nach § 2a Nr. 2 BauGB der Umweltbericht zur Begründung zählt, ist diese Leistung nicht als Grundleistung zu qualifizieren, da nach Anlage 9 Ziff. 5d das **Erarbeiten des Umweltberichtes** ausdrücklich als **Besondere Leistung** qualifiziert wurde. Das Erarbeiten des Umweltberichtes ist daher als Besondere Leistung gesondert zu vergüten. Das Honorar hierfür kann frei vereinbart werden. 14

Für den **Entwurf** des Bebauungsplans wird als geeigneter Maßstab in der Regel 1:500 verwendet. Möglich sind jedoch in Einzelfällen auch kleinere Maßstäbe (etwa 1:1000 oder größere Maßstäbe 1:200). Nach § 10 BauGB bedürfen die Bebauungspläne der Genehmigung der höheren Verwaltungsbehörde, sobald sie nach § 10 Abs. 1 BauGB als Satzung beschlossen worden sind. Die hierfür zu erbringenden Leistungen sind Gegenstand der Leistungsphase 3. Es kann auch insoweit auf die obigen Ausführungen zum Flächennutzungsplan verwiesen werden.[5] 15

Der Katalog der **Besonderen Leistungen** findet sich auch für den Bebauungsplan in der Anlage 9.

§ 20 HOAI Honorare für Grundleistungen bei Flächennutzungsplänen

(1) Die Mindest- und Höchstsätze der Honorare für die in § 18 und Anlage 2 aufgeführten Grundleistungen bei Flächennutzungsplänen sind in der folgenden Honorartafel festgesetzt:

Fläche in Hektar	Honorarzone I geringe Anforderungen		Honorarzone II durchschnittliche Anforderungen		Honorarzone III hohe Anforderungen	
	von	bis	von	bis	von	bis
	Euro		Euro		Euro	
1.000	70.439	85.269	85.269	100.098	100.098	114.927
1.250	78.957	95.579	95.579	112.202	112.202	128.824
1.500	86.492	104.700	104.700	122.909	122.909	141.118
1.750	93.260	112.894	112.894	132.527	132.527	152.161
2.000	99.407	120.334	120.334	141.262	141.262	162.190
2.500	111.311	134.745	134.745	158.178	158.178	181.612
3.000	121.868	147.525	147.525	173.181	173.181	198.838
3.500	131.387	159.047	159.047	186.707	186.707	214.367
4.000	140.069	169.557	169.557	199.045	199.045	228.533
5.000	155.461	188.190	188.190	220.918	220.918	253.647
6.000	168.813	204.352	204.352	239.892	239.892	275.431
7.000	180.589	218.607	218.607	256.626	256.626	294.645

---

5 Vgl. oben § 18 Rdn. 28.

§ 20 HOAI Honorare für Grundleistungen bei Flächennutzungsplänen

Fläche in Hektar	Honorarzone I geringe Anforderungen		Honorarzone II durchschnittliche Anforderungen		Honorarzone III hohe Anforderungen	
	von	bis	von	bis	von	bis
	Euro		Euro		Euro	
8.000	191.097	231.328	231.328	271.559	271.559	311.790
9.000	200.556	242.779	242.779	285.001	285.001	327.224
10.000	209.126	253.153	253.153	297.179	297.179	341.206
11.000	216.893	262.555	262.555	308.217	308.217	353.878
12.000	223.912	271.052	271.052	318.191	318.191	365.331
13.000	230.331	278.822	278.822	327.313	327.313	375.804
14.000	236.214	285.944	285.944	335.673	335.673	385.402
15.000	241.614	292.480	292.480	343.346	343.346	394.213

(2) Das Honorar für die Aufstellung von Flächennutzungsplänen ist nach der Fläche des Plangebiets in Hektar und nach der Honorarzone zu berechnen.

(3) Welchen Honorarzonen die Grundleistungen zugeordnet werden, richtet sich nach folgenden Bewertungsmerkmalen:
1. zentralörtliche Bedeutung und Gemeindestruktur,
2. Nutzungsvielfalt und Nutzungsdichte,
3. Einwohnerstruktur, Einwohnerentwicklung und Gemeindebedarfsstandorte,
4. Verkehr und Infrastruktur,
5. Topografie, Geologie und Kulturlandschaft,
6. Klima-, Natur- und Umweltschutz.

(4) Sind auf einen Flächennutzungsplan Bewertungsmerkmale aus mehreren Honorarzonen anwendbar und bestehen deswegen Zweifel, welcher Honorarzone der Flächennutzungsplan zugeordnet werden kann, so ist zunächst die Anzahl der Bewertungspunkte zu ermitteln. Zur Ermittlung der Bewertungspunkte werden die Bewertungsmerkmale wie folgt gewichtet:
1. geringe Anforderungen: 1 Punkt,
2. durchschnittliche Anforderungen: 2 Punkte,
3. hohe Anforderungen: 3 Punkte.

(5) Der Flächennutzungsplan ist anhand der nach Absatz 4 ermittelten Bewertungspunkte einer der Honorarzonen zuzuordnen:
1. Honorarzone I: bis zu 9 Punkte,
2. Honorarzone II: 10 bis 14 Punkte,
3. Honorarzone III: 15 bis 18 Punkte.

(6) Werden Teilflächen bereits aufgestellter Flächennutzungspläne (Planausschnitte) geändert oder überarbeitet, so ist das Honorar frei zu vereinbaren.

Honorare für Grundleistungen bei Flächennutzungsplänen **§ 20 HOAI**

Übersicht	Rdn.
1. Änderungen durch die HOAI 2009	1
2. Änderungen durch die HOAI 2013	2
3. Aufbau der Bestimmung	3
4. Honorarermittlung	4
5. Mindest- und Höchstsätze	5
6. Einordnung in die Honorarzone (Abs. 3–5)	8

1. Änderungen durch die HOAI 2009

Die Vorschriften des § 20 Abs. 1–6 HOAI 2009 über die Honorierung der Planungsleistungen für Flächennutzungspläne entsprechen der früheren Regelung des § 38 Abs. 1–6 HOAI 2002. Durch die HOAI 2009 gestrichen wurde § 38 Abs. 7 HOAI 2002, wonach das Honorar für Ansätze von über 3.000.000 Verrechnungseinheiten frei vereinbart werden kann. Diese Regelung wurde in § 7 Abs. 2 HOAI 2009 in den Allgemeinen Teil verschoben. Ebenso gestrichen wurde Abs. 8, der die Möglichkeit einer Honorarerhöhung für den Fall eröffnet hatte, dass der Auftrag in größeren Zeitabständen durchgeführt wurde. Dies ist eine logische Folge, die sich aus dem Wegfall des § 21 HOIA 2002 ergibt. In den Absätzen 7–9 HOAI 2009 wurden dagegen die bisher in § 36 HOIA 2002 enthaltenen Regelungen über die Einordnung in die zutreffende Honorarzone aufgenommen. 1

2. Änderungen durch die HOAI 2013

Die Vorschrift wurde zunächst dahingehend geändert, dass nicht mehr die bislang vorgesehenen **Verrechnungseinheiten** – neben der Honorarzone – zur Ermittlung des Honorars herangezogen werden. Maßgeblich ist zukünftig ausschließlich die **Fläche**. Durch diese Umstellung konnten die bislang in § 20 Abs. 2 bis 5 der HOAI 2009 enthaltenen Regelungen zu den Verrechnungseinheiten entfallen. Als unterer Tafelwert wurde die Fläche von 1000 ha aufgenommen. 2

Die Anzahl der Honorarzonen wurde von fünf auf drei reduziert.

Die Bewertungsmerkmale für die Honorarzonen-Einordnung in § 20 Abs. 3 wurden aktualisiert und hierbei die spezifischen Anforderungen an Flächennutzungspläne berücksichtigt.

§ 20 Abs. 6 enthält die bislang in § 12 des Allgemeinen Teils der HOAI 2009 aufgeführte Regelung zum Honorar im Fall der Änderung oder Überarbeitung von Planausschnitten. Das Honorar ist in diesem Fall nunmehr frei zu vereinbaren.

3. Aufbau der Bestimmung

Die Honorierung der Leistungen bei Flächennutzungsplänen weicht systematisch von der Honorarberechnung der Teile 3 und 4 ab. Sie knüpft nicht an anrechenbare Kosten an, sondern an die Fläche. Der Grund liegt darin, dass Flächennutzungspläne künftige Entwicklungen der baulichen und sonstigen Nutzung betreffen und deshalb zu dem für die Honorarermittlung maßgeblichen Zeitpunkt keinen konkreten Bezug zu Baukos- 3 ten besitzen. Deshalb ist die Bezugsgröße das Plangebiet in ha. § 20 Abs. 1 enthält die Honorartafel, § 20 Abs. 2 beschreibt den Gang der Honorarberechnung. § 20 Abs. 3–5 regelt die Zuordnung der Planung zu der einschlägigen Honorarzone. Die Berücksichtigung der Schwierigkeit erfolgt durch die Einordnung in die Honorarzonen entsprechend den Planungsanforderungen.

4. Honorarermittlung

4 Zunächst hat die Einordnung in die jeweiligen Honorarzonen zu erfolgen. Zur Zuordnung der Honorarzone nennt der § 20 Abs. 3 sechs gleichrangige[1] Bewertungsmerkmale:
- zentralörtliche Bedeutung und Gemeindestruktur
- Nutzungsvielfalt und Nutzungsdichte
- Einwohnerstruktur, Einwohnerentwicklung und Gemeindebedarfsstandorte
- Verkehr und Infrastruktur
- Topografie, Geologie und Kulturlandschaft
- Klima-, Natur- und Umweltschutz[2]

5. Mindest- und Höchstsätze

5 § 20 Abs. 1 legt die Mindest- und Höchstsätze der Honorare für Leistungen bei Flächennutzungsplänen fest. Es handelt sich um **Mindest- und Höchstsätze** im Sinne des § 7.[3] Dies bedeutet zunächst, dass dem Auftragnehmer nur dann ein Honorar über den Mindestsätzen zusteht, wenn die entsprechende Vereinbarung nach § 7 Abs. 6 in **schriftlicher Form bei Auftragserteilung** getroffen wurde.[4] Dies hat ferner zur Folge, dass eine Überschreitung der Höchstsätze nur unter den Voraussetzungen des § 7 Abs. 4 möglich ist. Ein Verstoß gegen den Höchstpreischarakter führt zur Unwirksamkeit der entsprechenden Vereinbarung, nicht etwa dazu, dass der gesamte Vertrag unwirksam ist. Das Honorar reduziert sich in diesen Fällen auf den Höchstsatz. Der Mindestsatz gilt immer dann, wenn keine schriftliche Vereinbarung bei Auftragserteilung getroffen wurde. Eine Unterschreitung der Mindestsätze ist nur unter den Voraussetzungen des § 7 Abs. 3 möglich. Merkmale für die Abweichung vom Mindestsatz nach oben können sein:
- Koordination mit mehreren Fachplanungen oder mehreren Gemeinden/Verwaltungsgemeinschaften
- Planbereiche oder Teilbereiche, die trotz ihres geringen Umfangs denselben Grundaufwand (Abstimmungsaufwand, Verfahren usw.) haben sowie große Planbereiche
- Erfordernis von Varianten, soweit nicht durch § 10 HOAI abgedeckt
- erhöhter Öffentlichkeitsaufwand

---

1 So auch *Munoz* in MNP, § 20 Rn. 28.
2 Vgl. die Erläuterungen zu den einzelnen Merkmalen in Rdn. 10.
3 Ebenso *Galda* in KMV, § 20 Rn. 4.
4 *Galda* in KMV, § 20 Rn. 4; vgl. oben § 7 Rdn. 28 ff.

Die **Honorartafel** enthält keine Prozentsätze, sondern konkrete €-Beträge. Die Hono- 6
rartafel beginnt bei 1000 Hektar. über 15.000 Hektar ist keine Extrapolation vorzunehmen[5]. In diesen Fällen kann das Honorar frei vereinbart werden (§ 7 Abs. 2). Die Honorartafel enthält Von-bis-Sätze für die Honorarzonen I–III, jedoch keine Normal- und Schwierigkeitsstufen. Für Flächen zwischen den in der Honorartafel aufgeführten Stufen muss interpoliert werden. Bei der Interpolation empfiehlt es sich, folgende Formel anzuwenden:[6]

a = Honorar für die nächstniedrigere Stufe der anrechenbaren Kosten
b = Differenz zwischen der tatsächlichen Fläche und der in der Honorartafel genannten nächstniedrigeren Fläche in Hektar
c = Differenz der beiden Honorare für die nächsthöhere und nächstniedrigere Fläche in Hektar
d = Differenz der in der Tabelle nacheinander genannten Flächen in Hektar

Im Übrigen empfiehlt sich die Anwendung erweiterter Honorartabellen. 7

6. Einordnung in die Honorarzone (Abs. 3–5)

Absatz 3 enthält ein Bewertungspunktesystem unter besonderer Berücksichtigung städ- 8
tebaulicher Erfordernisse. Maßgebend sind dabei folgende Bewertungsmerkmale:
– zentralörtliche Bedeutung und Gemeindestruktur
– Nutzungsvielfalt und Nutzungsdichte
– Einwohnerstruktur, Einwohnerentwicklung und Gemeindebedarfsstandorte
– Verkehr und Infrastruktur
– Topografie, Geologie und Kulturlandschaft
– Klima-, Natur- und Umweltschutz

Eine Objektliste wie bei anderen Leistungsbildern gibt es nicht. 9

Zu den einzelnen Merkmalen: 10

Die Bewertungsmerkmale sind teilweise selbst erklärend. Im Hinblick auf die **zentralörtliche Bedeutung** spielt die Einteilung des Plangebiets in Oberzentrum, Mittelzentrum oder Unter-/Grund-/Kleinzentrum die entscheidende Rolle. Hierbei sind die **Landes- und Regionalpläne** heranzuziehen. Entscheidend ist auch die Qualität des Raumes (Ballungsraumes, ländlicher Raum). Im Hinblick auf die Gemeindestruktur ist entscheidend, ob eine Einheitsgemeinde (ohne oder mit nur wenigen Teilorten) oder eine Flächengemeinde (mit vielen Teilorten, Weilern) vorliegt. Bei der **Nutzungsvielfalt und Nutzungsdichte** ist zu untersuchen, ob eine homogene oder heterogene Nutzung des Plangebiets vorliegt und wie vielfältig die Nutzungsarten sind sowie die räumliche Dichte, in der diese Nutzungen aufeinander treffen. Es kann sich beispielsweise um die Nutzung im Rahmen der Land- und Forstwirtschaft, der Wohnnutzung, Nutzungen im Bereich der Daseinsvorsorge oder auch im Bereich des Naturschutzes

---

5 So auch *Munoz* in MNP, § 20 Rn. 11.
6 *Neuenfeld/Baden/Dohna/Groscurth/Schmitz*, § 38 Rn. 6.

handeln. Ferner spielt die bauliche Dichte und die Besiedlungsdichte im Plangebiet eine entscheidende Rolle. Planbereiche mit keiner oder geringer baulicher Nutzung stellen geringere Anforderungen an die planerischen Leistungen. Die gestalterischen Anforderungen steigen in der Regel entsprechend der Regelungsdichte und bei notwendiger Einbeziehung von baulichem Bestand. Bei der **Einwohnerstruktur** ist die Zusammensetzung der Einwohner im Hinblick auf soziale Herkunft, Alter und Haushaltsgröße wegen des Wohnraumbedarfes relevant. Die Einwohnerentwicklung spielt eine entscheidende Rolle für die Frage, ob zusätzliche Flächen ausgewiesen oder vorhandene Flächen zurückgebaut werden sollen. Ob und welche **Gemeinbedarfsstandorte** ausgewiesen bzw. zu berücksichtigen sind, hängt insbesondere von der Einwohnerzahl und -struktur ab. Man unterscheidet zwischen übergeordneten Gemeinbedarfseinrichtungen (z. B. Unis, Fachhochschulen, Krankenhäuser) und Einrichtungen des wohnungsbezogenen Gemeinbedarfs (Kindestagesstätten, Schulen etc.). Im Hinblick auf den **Verkehr** und die **Infrastruktur** ist zu unterscheiden, ob überhaupt entsprechende Merkmale zu berücksichtigen sind und wenn ja, ob es sich um Personen- und Güterverkehr handelt und welche Qualität diesen Belangen zukommt, einschließlich des öffentlichen Personennahverkehrs und auch des nicht motorisierten Verkehrs. Im Hinblick auf die Infrastruktur ist zu berücksichtigen, welche Belange des Post- und Telekommunikationswesens und der Daseinsvorsorge, insbesondere der Versorgung der im Plangebiet vorhandenen Objekte mit Energie und Wasser gegeben sind. Zur Infrastruktur gehören ferner auch die Bildungseinrichtungen mit Bibliotheken, Schulen, Unis, Fachhochschulen sowie das Angebot an Kinderbetreuungseinrichtungen, Pflegediensten, das Gesundheitssystem und die kulturellen Einrichtungen. Bei der **Topografie** spielt die Form und Neigung des Geländes eine erhebliche Rolle (ebenes, geneigtes, mehrfach geneigtes Gelände, wechselndes Gefälle, Steilhang). Bei der **Geologie** sind Baugrundbeschaffenheit, Bodenklassen, Oberflächenwasser, Grundwasser sowie Hangwasser entscheidende Kriterien. Im Hinblick auf die in § 20 Abs. 3 Ziff. 5 erwähnte **Kulturlandschaft** spielt u. a. eine Rolle, ob es sich um unberührte Natur oder von Menschen durch **Eingriffe** geprägte Landschaft handelt. Im Hinblick auf den **Klima-, Natur- und Umweltschutz** ist zu berücksichtigen, ob es um die Inanspruchnahme bislang noch nicht genutzter Flächen oder um die Umwandlung bereits genutzter Flächen geht[7]. § 1a Abs. 2 S. 3 BauGB fordert eine Begründung bei der Umwandlung von bisher landwirtschaftlich genutzten Flächen bzw. Waldflächen.

---

7 *Munoz* in MNP, § 20 Rn. 25.

Gewichtung der Bewertungsmerkmale zur Bestimmung der Honorarzone

Bewertungsmerkmale	Anforderungen		
	geringe Anforderungen	durchschnittliche Anforderungen	hohe Anforderungen
a) zentralörtliche Bedeutung und Gemeindestruktur	1	2	3
b) Nutzungsvielfalt und Nutzungsdichte	1	2	3
c) Einwohnerstruktur, Einwohnerentwicklung und Gemeindebedarfsstandorte	1	2	3
d) Verkehr und Infrastruktur	1	2	3
e) Topografie, Geologie und Kulturlandschaft	1	2	3
f) Klima-, Natur- und Umweltschutz	1	2	3
Rechnerische Summe	6	12	18
(bei gleichen Anforderung ein allen Merkmalen)			
Punkte	6–9	10–14	15–19
(Punktespreizung bei gemischten Anforderungen der Merkmale)			
ergibt Zuordnung zu Honorarzone	I	II	III

Nach **Absatz 4** soll dann, wenn Zweifel über die Zuordnung bestehen, weil Bewertungsmerkmale aus verschiedenen Honorarzonen anwendbar sind, eine bestimmte Honorarzone durch eine in diesem Absatz sowie in **Absatz 5** näher geregelte Punktebewertung erfolgen.[8] Maßgeblich für die Einordnung in eine bestimmte Honorarzone ist dann die Summe der für die sechs Bewertungsmerkmale ermittelten Wertungspunkte.

11

---

8 Beispiel: Durchschnittliche Anforderungen an Nutzungsdichte, hohe Anforderungen an Topografie, Geologie und Kulturlandschaft.

§ 21 HOAI Honorare für Grundleistungen bei Bebauungsplänen

(1) Die Mindest- und Höchstsätze der Honorare für die in § 19 und Anlage 3 aufgeführten Grundleistungen bei Bebauungsplänen sind in der folgenden Honorartafel festgesetzt:

Fläche in Hektar	Honorarzone I geringe Anforderungen		Honorarzone II durchschnittliche Anforderungen		Honorarzone III hohe Anforderungen	
	von	bis	von	bis	von	bis
	Euro		Euro		Euro	
0,5	5.000	5.335	5.335	7.838	7.838	10.341
1	5.000	8.799	8.799	12.926	12.926	17.054
2	7.699	14.502	14.502	21.305	21.305	28.109
3	10.306	19.413	19.413	28.521	28.521	37.628
4	12.669	23.866	23.866	35.062	35.062	46.258
5	14.864	28.000	28.000	41.135	41.135	54.271
6	16.931	31.893	31.893	46.856	46.856	61.818
7	18.896	35.595	35.595	52.294	52.294	68.992
8	20.776	39.137	39.137	57.497	57.497	75.857
9	22.584	42.542	42.542	62.501	62.501	82.459
10	24.330	45.830	45.830	67.331	67.331	88.831
15	32.325	60.892	60.892	89.458	89.458	118.025
20	39.427	74.270	74.270	109.113	109.113	143.956
25	46.385	87.376	87.376	128.366	128.366	169.357
30	52.975	99.791	99.791	146.606	146.606	193.422
40	65.342	123.086	123.086	180.830	180.830	238.574
50	76.901	144.860	144.860	212.819	212.819	280.778
60	87.599	165.012	165.012	242.425	242.425	319.838
80	107.471	202.445	202.445	297.419	297.419	392.393
100	125.791	236.955	236.955	348.119	348.119	459.282

(2) Das Honorar für die Aufstellung von Bebauungsplänen ist nach der Fläche des Plangebiets in Hektar und nach der Honorarzone zu berechnen.

(3) Welchen Honorarzonen die Grundleistungen zugeordnet werden, richtet sich nach folgenden Bewertungsmerkmalen:
1. Nutzungsvielfalt und Nutzungsdichte,
2. Baustruktur und Baudichte,
3. Gestaltung und Denkmalschutz,
4. Verkehr und Infrastruktur,
5. Topografie und Landschaft,
6. Klima-, Natur- und Umweltschutz.

(4) Für die Ermittlung der Honorarzone bei Bebauungsplänen ist § 20 Absatz 4 und 5 entsprechend anzuwenden.

(5) Wird die Größe des Plangebiets im förmlichen Verfahren während der Leistungserbringung geändert, so ist das Honorar für die Leistungsphasen, die bis zur Änderung noch nicht erbracht sind, nach der geänderten Größe des Plangebiets zu berechnen.

Übersicht Rdn.
1. Änderungen durch die HOAI 2009 1
2. Änderungen durch die HOAI 2013 2
3. Einzelheiten der Honorarberechnung 5
4. Die Honorartafel (Abs. 1) 7
5. Einordnung in die Honorarzone (Abs. 3) 8
6. Sonderformen des Bebauungsplanes; Vorhaben- und Erschließungsplan 9
7. Planbereichsänderung (Abs. 5) 10

1. Änderungen durch die HOAI 2009

Die bis zur HOAI 2009 in § 41 HOAI 2002 enthaltene Vorschrift über die Honorare bei Bebauungsplänen wurde durch die HOAI 2009 in § 21 übernommen. Er stand im Zusammenhang mit dem in § 19 HOAI 2009 geregelten Leistungsbild Bebauungsplan und den in der Anlage 5 zu § 19 aufgeführten Einzelleistungen des Leistungsbilds. Die vorherige Regelung wurde weitgehend übernommen und der Systematik der neuen HOAI angepasst. Die 6. HOAI-Novelle enthielt folgende Änderungen gegenüber § 41 HOAI 2002:
– § 41 Abs. 2 S. 2 HOAI 2002, wonach die Honorarzone bei einer Änderung der Größe des Planbereichs zu überprüfen ist, wurde gestrichen. Die Möglichkeit einer Anpassung der Honorarvereinbarung ergab sich nunmehr aus § 7 Abs. 5 HOAI 2009.
– § 41 Abs. 3 HOAI 2002, der die Möglichkeit der Vereinbarung eines Zuschlags für Bebauungspläne mit besonderen Anforderungen vorsah, wurde gestrichen.
– § 41 Abs. 4 S. 2 HOAI 2002, der die Vereinbarung eines Zeithonorars bei einem Honorarvolumen von unter EUR 2.300,00 für die Leistungsphasen 1–5 vorsah, wurde gestrichen. Die Vereinbarung eines Zeithonorars ist weiter möglich.
– § 41 Abs. 5 HOAI 2002, wonach das Honorar außerhalb der Tafelwerte frei vereinbart werden kann, ist entfallen. Eine entsprechende Regelung fand sich nunmehr in § 7 Abs. 2 HOAI 2009.
– Ebenso wurden die in § 41 Abs. 6 HOAI 2002 enthaltenen Verweise auf die §§ 20, 38 Abs. 6, 39 HOAI 2002 gestrichen, weil diese aufgrund der Systematik der neuen HOAI überflüssig sind.

1

2. Änderungen durch die HOAI 2013

Wie bisher ist das Honorar für Grundleistungen bei Bebauungsplänen auch weiterhin anhand der Honorarzone und der Fläche des Plangebiets in Hektar zu ermitteln. Bereits

2

in der HOAI 2009 war diese Art der Berechnung – im Unterschied zur Honorarermittlung für Grundleistungen bei Flächennutzungsplänen – vorgesehen. Daran hat sich nichts geändert.

3 Geändert haben sich allerdings die Bewertungsmerkmale für die Einordnung in die Honorarzonen, die sich nunmehr in § 21 Abs. 3 befinden. Es gibt weiterhin sechs Kategorien von Bewertungsmerkmalen. Inhaltlich wurde jedoch eine Änderung vorgenommen. Die Bewertungsmerkmale unterscheiden sich auch in einigen Punkten von den Bewertungsmerkmalen für die Einteilung in die Honorarzone bei den Flächennutzungsplänen.

4 Die bislang vorgesehenen fünf Honorarzonen wurden auf drei Honorarzonen – entsprechend der Vorgehensweise bei den Flächennutzungsplänen – reduziert. Die Regelung zum Mindesthonorar in Höhe von € 2.300,–, welche sich bislang in § 21 Abs. 4 HOAI 2009 befand, wurde gestrichen. Die Bestimmung des § 21 Abs. 2 S. 2 HOAI 2009 zur Ermittlung des Honorars bei Änderung der Größe des Planbereichs im förmlichen Verfahren wurde in § 21 Abs. 5 HOAI verlagert. Hier findet sich also eine spezielle Regelung zur Ermittlung des Honorars bei Änderung des Leistungsumfangs. Für den speziellen Fall der Änderung der Größe des Plangebiets im förmlichen Verfahren ist deshalb diese Regelung vorrangig vor den Regelungen im Allgemeinen Teil in § 10 anzuwenden.[1]

3. Einzelheiten der Honorarberechnung

5 Die Honorarberechnung vollzieht sich wie beim Flächennutzungsplan. Nach der Einstufung in die Honorarzone ist die Größe des Planbereichs zu bestimmen, weil die Honorartafel für (Grund-)Leistungen bei Bebauungsplänen auf Hektarflächen beruht.

6 Die Größe des Planbereichs wird durch den Geltungsbereich des Bebauungsplans bestimmt, wie er im Aufstellungsbeschluss festgelegt ist. Sie wird in ha ermittelt. Zwischengrößen werden linear interpoliert. Vereinbaren die Parteien, dass der Honorarberechnung eine kleinere Fläche als der tatsächliche Planbereich zugrunde zu legen ist, kann dies zu einer unwirksamen Mindestsatzunterschreitung führen.[2]

4. Die Honorartafel (Abs. 1)

7 Stehen die Honorarzone und der Planbereich in ha fest, so ist der Honorarsatz zu bestimmen. Die Honorartafel in Absatz 1 legt die Mindest- und Höchstsätze der Honorare für (Grund-) Leistungen bei Bebauungsplänen fest. Es handelt sich um **Mindest- und Höchstsätze** im Sinne des § 7.

---

[1] Vgl. zur Berechnung des Honorars bei vertraglichen Änderungen des Leistungsumfangs oben § 10 Rdn. 6.
[2] OLG Koblenz NZBau 2005, 466.

5. Einordnung in die Honorarzone (Abs. 3)

Die bislang vorgesehene Verweisung zur Zuordnung in die Honorarzonen auf die Regelung zum Flächennutzungsplan ist entfallen. In § 21 Abs. 3 wurden sechs Kategorien von Bewertungsmerkmalen aufgeführt, die sich in einzelnen Punkten von denen zur Einteilung der Honorarzonen beim Flächennutzungsplan unterscheiden. Die folgenden Bewertungsmerkmale sind nunmehr maßgeblich:

– Nutzungsvielfalt und Nutzungsdichte
– Baustruktur und Baudichte
– Gestaltung und Denkmalschutz
– Verkehr und Infrastruktur
– Topografie und Landschaft
– Klima-, Natur- und Umweltschutz

8

Im Hinblick auf die **Nutzungsvielfalt und Nutzungsdichte** ist einerseits die Anzahl verschiedener baulicher und nicht baulicher Nutzungen entscheidend sowie andererseits die Dichte des räumlichen Aufeinandertreffend (Kleinteiligkeit der Nutzungen) entscheidend. Je vielfältiger und dichter die Nutzungen, desto höher die planerischen Anforderungen. Bei der **Baustruktur und Baudichte** ist die Struktur der städtebaulichen Ordnung (z. B. Zeilenbau, Blockbebauung, Einzelgebäude ...) und die bauliche Dichte maßgeblich, die sich im Maß der Nutzung niederschlägt (§ 16–210 BauNVO). Je komplexer die Struktur und je höher die Dichte, desto höher die planerischen Anforderungen. Die Merkmale **Gestaltung und Denkmalschutz** sind bestimmt durch den Bestand im Plangebiet und durch die politische/gestalterische Qualitätsanforderungen zum Erhalt des Bestandes sowie einer qualitätvollen Neubebauung. **Verkehr und Infrastruktur** umfasst ÖPNV, Individualverkehr einschließlich des ruhenden Verkehrs, in Sonderfällen Flug- und Wasserverkehr sowie die technische und soziale Infrastruktur. Auch hier ist die planerische Anforderung durch Bestand und Neuplanung geprägt. Mit den Merkmalen **Topografie und Landschaft** ist das Profil des bestehenden oder geplanten Geländes sowie das optische Erscheinungsbild verschiedener Landschaftselemente gemeint. Bewegte Topographie und eine Vielzahl von Landschaftselementen bestimmen die Anforderung an die Planung. Im Hinblick auf den **Klimaschutz** sind alle Maßnahmen zu berücksichtigen, die der durch den Menschen verursachten globalen Erderwärmung entgegenwirken. Derartige Maßnahmen können bauleitplanerischer Art sein (z. B. Frischluftschneisen ...), wie auch Festsetzungen zu Gebäuden (z. B. Passivhausstandard). **Naturschutz** meint die Bestimmungen des BNatSchG, sowie der Landesnaturschutzgesetze. Je mehr geschützte Flächen oder auszugleichende Maßnahmen auftreten, desto höher die Planungsanforderungen. Umweltschutz ist der Schutz der natürlichen Umwelt mit dem Ziel der Erhaltung der natürlichen Lebensgrundlagen. Hierbei sind Gewässerschutz, Waldschutz, Immissionsschutz, Bodenschutz, Strahlenschutz sowie die Abfallwirtschaft zu berücksichtigen. Je vielzähliger und dichter die Belange von Klima-, Natur- und Umweltschutz auftreten, desto höher die Planungsanforderungen.

6. Sonderformen des Bebauungsplanes; Vorhaben- und Erschließungsplan

9   Der Vorhaben- und Erschließungsplan nach § 12 BauGB besteht aus drei Teilen, nämlich aus:
   – dem Vorhaben- und Erschließungsplan als objektbezogener Vorhabensplanung (Gebäude + Freianlagen- Darstellung. Insoweit sind im Hinblick auf die Honorarregelungen die Vorschriften zur Objektplanung (Gebäude/Freianlagen) einschlägig.
   – dem Vorhabenbezogenem Bebauungsplan. Insoweit sind die Honorarregelungen zur Bauleitplanung einschlägig.
   – dem Durchführungsvertrag. Werden hierfür Leistungen erbracht, ist das Honorar frei zu vereinbaren. Es handelt sich entweder um eine Besondere Leistung oder um eine Leistung außerhalb des Regelungsbereiches der HOAI.

Liegen die Voraussetzungen für die Durchführung des vereinfachten Verfahrens nach §§ 13, 13a BauGB vor, entfallen in der Leistungsphase 1 die Grundleistungen »Mitwirken an der frühzeitigen Öffentlichkeitsbeteiligung einschließlich Erörterung der Planung« und »Mitwirken an der frühzeitigen Beteiligung der Behörden und Stellen, die Träger öffentlicher Belange sind. Welche Auswirkungen dies auf den Honoraranspruch hat, ist in § 8 HOAI geregelt[3].

7. Planbereichsänderung (Abs. 5)

10 In Abs. 5 ist nunmehr der bislang in § 21 Abs. 2 S. 2 HOAI 2009 vorgesehene Fall der Änderung der Planbereichsgröße enthalten. Die Regelung wurde inhaltlich unverändert übernommen.

Abs. 5 regelt den Fall, dass sich im Zuge des Verfahrens die Größe des Plangebiets ändert. Von dieser Bestimmung wird sowohl der Fall erfasst, dass sich der Geltungsbereich durch entsprechende Beschlüsse vergrößert als auch der umgekehrte Fall der Verkleinerung des Plangebiets. Durch die Änderung des Planbereichs kann sich auch die Honorarzone ändern. Sowohl in § 5 als auch in § 20 wird nicht bestimmt, dass eine Honorarzone während des Verlaufs eines Planaufstellungsverfahrens beizubehalten und unveränderlich ist.[4] In § 10 Abs. 1 ist ausdrücklich der Fall angesprochen, dass sich Flächen ändern und in diesem Fall soll dann die Honorarberechnungsgrundlage durch schriftliche Vereinbarung angepasst werden.[5] Zu den Honorarberechnungsgrundlagen gehört auch die Honorarzone. In diesem Fall ist dann die richtige Honorarzone anwendbar, auch wenn es nicht zu einer Einigung der Parteien über die Änderung der Honorarzone kommt.[6]

11 Nach dem Wortlaut des § 21 Abs. 5 ist das Honorar immer für **komplette Leistungsphasen** entweder nach der ursprünglichen Größe des Plangebiets oder nach der geänderten Größe des Plangebiets zu ermitteln. Es ist demnach nicht so, dass das Honorar

---

3   Dazu oben § 8 Rdn. 8.
4   Vgl. auch *Jochem/Kaufhold*, 5. Aufl. § 21 Rn. 6.
5   Vgl. oben § 10 Rdn. 6.
6   Vgl. *Jochem/Kaufhold*, 5. Aufl. § 21 Rn. 6.

für **einzelne Grundleistungen** innerhalb einer Leistungsphase anhand der jeweiligen Größe des Plangebiets zu ermitteln ist. Nach der Formulierung in § 21 Abs. 5 ist das Honorar für die Leistungsphase, die noch nicht vollständig abgeschlossen ist, für die also noch Grundleistungen zu erbringen sind, insgesamt nach der geänderten Größe des Plangebiets zu berechnen, wenn sich während der Erbringung der Grundleistungen dieser Leistungsphase die Größe ändert. Die Regelung kann aufgrund des eindeutigen Wortlauts (»Leistungsphase ... noch nicht erbracht«) nicht anders verstanden werden.

§ 22 HOAI Anwendungsbereich

Abschnitt 2 Landschaftsplanung

§ 22 HOAI Anwendungsbereich

(1) Landschaftsplanerische Leistungen umfassen das Vorbereiten und das Erstellen der für die Pläne nach Absatz 2 erforderlichen Ausarbeitungen.

(2) Die Bestimmungen dieses Abschnitts sind für folgende Pläne anzuwenden:
1. Landschaftspläne,
2. Grünordnungspläne und Landschaftsplanerische Fachbeiträge,
3. Landschaftsrahmenpläne,
4. Landschaftspflegerische Begleitpläne,
5. Pflege- und Entwicklungspläne.

Übersicht	Rdn.
1. Änderungen durch die HOAI 2009	1
2. Änderungen durch die HOAI 2013	2
3. Allgemeines	4
4. Rechtliche Rahmenbedingungen für Landschaftsplanerische Leistungen	8
5. Landesrechtliche Regelungen	16
6. Der geschuldete Erfolg	29
7. Ermächtigungsgrundlage	33
8. Grundzüge der Regelung des Teil 2 Abschnitt 2	34
9. Grundsätze der Vergütung	38
10. Die Regelung des Abs. 1	41
11. Die Regelung des Abs. 2	42
a) Landschaftspläne (§ 22 Abs. 2 Nr. 1)	43
b) Grünordnungspläne und landschaftsplanerische Fachbeiträge (§ 22 Abs. 2 Nr. 2)	45
c) Landschaftsrahmenpläne (§ 22 Abs. 2 Nr. 3)	48
d) Landschaftspflegerische Begleitpläne (§ 22 Abs. 2 Nr. 4)	49
e) Pflege- und Entwicklungspläne (§ 22 Abs. 2 Nr. 5)	53
12. Sonstige landschaftsplanerische Leistungen	54
13. Besondere Leistungen bei landschaftsplanerischen Leistungen	55

1. Änderungen durch die HOAI 2009

1 In der HOAI 2009 wurden weite Teile der vormals in Teil VI der HOAI 2002 erfassten »Landschaftsplanerischen Leistungen« unter der Überschrift »Landschaftsplanung« im Abschnitt 2 des Teiles 2 neu gefasst. Inhaltliche Veränderungen ergaben sich daraus, dass
– das Leistungsbild der Umweltverträglichkeitsstudie (vormals in den §§ 48 ff. HOAI 2002 enthalten) den unverbindlich geregelten Beratungsleistungen in der Anlage 1 zugeordnet worden ist.
– die »Sonstigen Landschaftsplanerischen Leistungen« zwar in § 22 Abs. 2 Nr. 3 HOAI 2009 erwähnt aber die in § 50 HOAI 2002 enthaltene Definition und die

preisrechtliche Regelung entfallen sind. Für diese Leistungen kann ein Honorar frei vereinbart werden.

Im Zuge der Neufassung der HOAI 2009 wurden zudem verschiedene allgemein Regelungen für die Vergütung der Flächenplanung in den Allgemeinen Teil (Teil 1) der HOAI aufgenommen. So wurde z. B.
- in § 3 Abs. 6 S. 2 HOAI 2009 ausdrücklich erwähnt, dass bei den Leistungsbildern des Teiles 2 die »Wirtschaftlichkeit der Leistung stets zu beachten« ist, was eine von der Ermächtigungsgrundlage nicht gedeckte Leistungspflicht darstellt.
- in § 5 Abs. 2 und 3 HOAI 2009 bestimmt, dass Landschaftspläne gemäß ihren Anforderungen in drei Honorarzonen und Landschaftsrahmen- sowie Grünordnungspläne in zwei Honorarzonen einzuordnen sind;
- in § 5 Abs. 4 HOAI 2009 geregelt, dass die Einordnung in einzelne Honorarzonen nach Maßgabe der Bewertungsmerkmale, gegebenenfalls der Bewertungspunkte und anhand der Regelbeispiele in den Objektlisten der Anlage 3 zu erfolgen hat;
- in § 6 Abs. 1 HOAI 2009 festgelegt, dass das Honorar für Leistungen nach Teil 2 nach Flächengrößen oder Verrechnungseinheiten, nach dem Leistungsbild, nach der Honorarzone und nach der dazugehörigen Honorartafel zu ermitteln ist;
- in § 7 Abs. 2 HOAI 2009 geregelt, dass, soweit die ermittelten anrechenbaren Flächen oder Verrechnungseinheiten außerhalb der Tafelwerte der HOAI liegen, die Honorare frei vereinbart werden können.

2. Änderungen durch die HOAI 2013

Der in § 22 Abs. 1 enthaltene Begriff »Landschaftsplanerische Leistungen« wurde auf das Vorbereiten und Erstellen der Pläne beschränkt, weil die Grundleistungen der nachfolgenden Leistungsbilder darauf konzentriert sind. Die in § 22 Abs. 1 HOAI 2009 aufgeführte weitere Teilleistung »Mitwirken beim Verfahren« wurde deshalb gestrichen. 2

In § 22 Abs. 2 sind nunmehr die Planarten enthalten, welche Bestandteile des Abschnitts 2 »Landschaftsplanung« sind. Aus diesem Grunde wurden die bislang in § 22 Abs. 2 Nr. 1 HOAI 2009 zusammen mit Landschaftsplänen aufgeführten Grünordnungspläne in Nr. 2 gesondert erfasst und um »Landschaftsplanerische Fachbeiträge« ergänzt. Der Grund dafür besteht darin, dass die entsprechenden Planungen in den Bundesländern uneinheitlich bezeichnet werden. Teilweise wird ein Grünordnungsplan beauftragt, teilweise geschieht dies als »Landschaftsplanerischer Fachbeitrag« ergänzend zur Bauleitplanung.[1] 3

3. Allgemeines

Die Leistungsbilder des Teils 2 – Flächenplanung – unterscheiden sich von den Leistungsbildern der Objektplanung und Fachplanung in den Teilen 3 und 4 dadurch, 4

---

[1] Amtliche Begründung S. 150.

§ 22 HOAI Anwendungsbereich

dass es im Teil 2 um Planwerke der Bauleitplanung und Landschaftsplanung geht, während die Teile 3 und 4 das Honorar für die Herstellung von Objekten betreffen.

5   Der Begriff »**Landschaftsplanung**« stammt aus dem Naturschutzrecht. Sie hat nach § 9 Abs. 1 BNatSchG die Aufgabe, die Ziele des Naturschutzes und der Landschaftspflege für den jeweiligen Planungsraum zu konkretisieren und die Erfordernisse und Maßnahmen zur Verwirklichung dieser Ziele auch für die Planungen und Verwaltungsverfahren aufzuzeigen, deren Entscheidungen sich auf Natur und Landschaft im Planungsraum auswirken können. Inhalte der Landschaftsplanung sind nach § 9 Abs. 2 BNatSchG die Darstellung und Begründung der konkretisierten Ziele des Naturschutzes und der Landschaftspflege sowie der ihrer Verwirklichung dienenden Erfordernisse und Maßnahmen. Darstellung und Begründung erfolgen nach Maßgabe der §§ 10 und 11 BNatSchG in **Landschaftsprogrammen, Landschaftsrahmenplänen, Landschaftsplänen** sowie **Grünordnungsplänen**. Die Leistungsbilder des Teils 2 Abschnitt 2 gelten für diese Planwerke der Landschaftsplanung mit Ausnahme der Leistungen und Vergütung für Landschaftsprogramme.

6   Darüber hinaus wurden mit den Regelungen für **landschaftspflegerische Begleitpläne** und für **Pflege- und Entwicklungspläne** auch Leistungen für Aufgaben einbezogen, die nicht auf das Naturschutzrecht bezogen sind, sondern sich aus anderen gesetzlichen Regelungen für Fachplanungen und deren Verfahren begründen (z. B. für Verkehr, Wasserwirtschaft, Flurneuordnung, Tagebau, Forst).

7   Die landschaftsplanerischen Leistungen umfassen in der HOAI 2013 die Leistungsbilder »Landschaftsplan« »Grünordnungsplan und landschaftsplanerischer Fachbeitrag«, »Landschaftsrahmenplan«, »Landschaftspflegerischer Begleitplan« sowie »Pflege- und Entwicklungsplan«. Der Hinweis in § 22 Abs. 2 HOAI 2009, dass die Bestimmungen des Abschnitts 2 auch für »Sonstige landschaftsplanerischen Leistungen« gelten, ist entfallen. Sonstige landschaftsplanerische Leistungen sind somit nicht mehr preisrechtlich verbindlich geregelt. Für diese kann die Vergütung frei vereinbart werden. Eine Abrechnung nach Aufwand, insbesondere nach Stundensätzen ist gängige Praxis.

4. Rechtliche Rahmenbedingungen für Landschaftsplanerische Leistungen

8   Alle landschaftsplanerischen Leistungen unterliegen einer ständigen Entwicklung. So haben z. B. folgende Richtlinien des Rats der Europäischen Union als direkt wirksames europäisches Recht bzw. nach ihrer Umsetzung in deutsches Recht wesentlichen Einfluss auf landschaftsplanerische Aufgaben genommen und neue planungsbezogene Verfahren und entsprechende Leistungen mit sich gebracht:

9   – **Flora-Fauna-Habitat-Richtlinie** (FFH-Richtlinie), Richtlinie 92/43/EWG des Rates vom 21.05.1992 zur Erhaltung der natürlichen Lebensräume sowie der wildlebenden Tiere und Pflanzen. Diese Richtlinie wurde mit Inkrafttreten der Novelle des BNatSchG vom 25.03.2002 in nationales Recht überführt und in landesrechtliche Regelungen eingearbeitet. Damit wurden FFH-Schutzgebiete installiert, die Teil des Europäischen ökologischen Netzes NATURA 2000 sind. Für Planungen und Projekte im Bereich solcher Gebiete oder mit Wirkung auf solche Gebiete führte

Anwendungsbereich § 22 HOAI

dies mit den sogenannten »FFH-Verträglichkeitsprüfungen« bzw. »FFH-Vorprüfungen« zu neuen landschaftsplanerischen Leistungsbildern.
- **Vogelschutzrichtlinie**, Richtlinie 79/409/EWG des Rates vom 02.04.1979 über die Erhaltung der wildlebenden Vogelarten. Diese Richtlinie wurde ebenfalls mit Inkrafttreten der Novelle des BNatSchG vom 25.03.2002 in nationales Recht überführt und in landesrechtliche Regelungen eingearbeitet. Damit verbunden war u. a. die Einführung von europäischen Vogelschutzgebieten, die Teil des ökologischen Netzes NATURA 2000 sind.
- Richtlinie 97/11/EG des Rates vom 03.08.1997 zur Anpassung der Richtlinie 85/377/EWG über die **Umweltverträglichkeitsprüfung bei bestimmten öffentlichen und privaten Projekten** an den technischen und wissenschaftlichen Fortschritt. Diese Richtlinie führte zum Gesetz zur Umsetzung der UVP-Änderungsrichtlinie, der IVU-Richtlinie und weiterer EG-Richtlinien zum Umweltschutz mit der Folge der Änderung des UVPG vom 27.07.2001, des BauGB vom 23.07.2002 sowie weiteren bundes- und landesrechtlichen Regelungen. Die damit verbundene Einführung der UVP in die Bauleitplanung führt zu neuen Prüfschritten und zu speziellen landschaftsplanerischen Leistungen. Dies betraf etwa den Prüfschritt, ob die Durchführung einer Umweltverträglichkeitsprüfung für die Planung obligatorisch vorgeschrieben war oder erst im Ergebnis einer ebenfalls neu eingeführten Vorprüfung des Einzelfalls (sogenanntes Screening) festzustellen war. Soweit eine solche UVP-Pflicht für ein Bauleitplanverfahren festgestellt wurde, erforderte das Verfahren die Erstellung und Veröffentlichung eines Umweltberichts, dessen Inhalt und dessen Einbindung im Verwaltungsverfahren ebenfalls festgelegt wurde.[2]
- Richtlinie 2001/42/EG des Europäischen Parlaments und des Rats vom 27.06.2001 über die Prüfung der Umweltauswirkungen bestimmter Pläne und Programme, in Deutschland unter dem Begriff **strategische Umweltprüfung** (SUP) geführt. Auch diese Richtlinie ist mittlerweile in nationales Recht überführt worden[3] mit der Folge von neuen, notwendig werdenden Landschaftsplanerischen Leistungen.
- Mit der Änderung des BauGB vom 23.09.2004 in Umsetzung des EAGBau wurden die Regelungen zur UVP in der Bauleitplanung aus dem Jahr 2002 wiederum geändert. Die in 2002 eingeführte Leistungspflicht eines »Screenings« wurde weitgehend wieder abgeschafft und stattdessen für alle Bauleitplanverfahren eine obligatorische Pflicht zur Durchführung einer so genannten »**Umweltprüfung**« mit den dazu erforderlichen Leistungen eines Umweltberichts und entsprechender Öffentlichkeitsbeteiligung festgelegt. Verbunden wurde diese Regelung mit der Ermöglichung der so genannten »Abschichtung« der Prüfschritte, mit der unter bestimmten Voraussetzungen, die es zu prüfen galt, die Umweltprüfungen für zeitlich nachfolgende oder

---

[2] Vgl. hierzu *Herrchen/Pfrommer*, »UVP in der Bauleitplanung« Heft 22 der Architektenkammer Hessen 2003.
[3] So mit der Änderung des BauGB vom 23.09.2004 in Umsetzung des Europarechtsanpassungsgesetzes EAGBau sowie mit der Änderung des BauGB vom 21.12.2006 in Umsetzung des Innenentwicklungserleichterungsgesetzes sowie den in diesem Zuge gebotenen Änderungen weiterer Fachgesetze wie z. B. des UVPG und des WHG.

§ 22 HOAI Anwendungsbereich

zeitgleich durchgeführte Bauleitplanverfahren auf zusätzliche oder andere erhebliche Umweltauswirkungen beschränkbar waren. In der Folge dieser Regelungen war der Leistungsumfang der Umweltprüfung mit Umweltbericht und den damit verbundenen landschaftsplanerischen Leistungen individualisiert für jedes Verfahren obligatorisch zu erbringen.[4]

– Mit der Änderung des BauGB aufgrund der Umsetzung des Innenentwicklungserleichterungsgesetzes vom 21.12.2006 wurde die Verpflichtung zur Durchführung einer Umweltprüfung unter bestimmten Voraussetzungen, die es zu prüfen gilt, für Bauleitplanverfahren der Innenentwicklung wieder abgeschafft.[5]

13 Als Besonderheit wurde in § 14b Abs. 1 und Anlage 3 UVPG i. d. F. v. 2007 festgelegt, dass Planwerke der Landschaftsplanung (Landschaftspläne) einer Strategischen Umweltprüfung SUP zu unterziehen sind. Diese Verpflichtung wurde mit der Novelle des UVPG 2010 durch die Herausnahme aus der Anlage 3 und dem Hinweis in § 19a UVPG vom Bund auf die Länder übertragen. Deshalb bestehen jetzt landesrechtliche Regelungen für ein Aufrechterhalten der SUP für Landschaftspläne (so derzeit z. B. in § 1 Abs. 2 Nr. 1 und Anlage 4 Ziffer 1.1 des LUVPG Ba-Wü).

Weitere Impulse für die nationale Planungskultur und daran geknüpfte Folgen für landschaftsplanerische Leistungen gingen aus von

14 – der Richtlinie 2000/60/EG des Europäischen Parlaments und des Rates vom 23.10.2000 zur Schaffung eines Ordnungsrahmens für Maßnahmen der Gemeinschaft im Bereich der Wasserpolitik – **Wasserrahmenrichtlinie** –. Ziel ist es, bis zum Jahre 2015 europaweit einen guten ökologischen Zustand der oberirdischen Gewässer und einen guten Zustand des Grundwassers hinsichtlich Menge und Wasserqualität herbeizuführen. Diese Richtlinie ist durch die Neufassung des WHG vom 19.08.2002 in nationales Recht überführt worden. Die darin vorgeschriebenen ökologischen Bestandsaufnahmen und Bewirtschaftungspläne beinhalten verschiedene neue landschaftsplanerische Leistungen,

– der Richtlinie 2004/35/EG über die **Umwelthaftung zur Vermeidung und Sanierung von Umweltschäden** vom 21.04.2004. Diese Richtlinie ist durch das Gesetz zur Vermeidung und Sanierung von Umweltschäden – Umweltschadensgesetz – vom 10.05.2007 in nationales Recht überführt worden;

– der Richtlinie 2006/118/EG vom 12.12.2006 zum Schutz des Grundwassers vor Verschmutzung und Verschlechterung – Tochterrichtlinie nach Artikel 17 der EG – WRRL. Sie wurde bundeseinheitlich umgesetzt durch die Verordnung zum Schutz des Grundwassers (Grundwasserverordnung – GrwV) vom 09.11.2010;

– der Richtlinie 2007/2/EG vom 14.03.2007 zur Schaffung einer Geodateninfrastruktur in der Europäischen Gemeinschaft (INSPIRE-Richtlinie). Diese Richtlinie

---

4 Vgl. *Herrchen/Pfrommer*, Die Umweltprüfung und der Umweltbericht in der Bauleitplanung, Architektenkammern Hessen und Baden-Württemberg 2006.

5 Vgl. *Herrchen/Pfrommer*, Die Sondierung zur Verfahrensart bei Planungsvorhaben für Bebauungspläne der Innenentwicklung nach dem BauGB 2006 und dem UVPG 2007, Architektenkammern Hessen und Baden-Württemberg 2007.

ist durch das Gesetz über den Zugang zu digitalen Geodaten (Geodatenzugangsgesetz – GeoZG) am 14. Februar 2009 auf Bundesebene in nationales Recht umgesetzt worden. Aus verfassungsrechtlichen Gründen müssen die Länder jeweils eigene Landesgesetze erlassen.

Ein Ende dieser »Innovationen« aufgrund der Umsetzung von EG-Richtlinien ist für landschaftsplanerische Leistungen nicht in Sicht. Dies betrifft u. a.

- den Vorschlag für eine Richtlinie zur Schaffung eines Ordnungsrahmens für Maßnahmen der Gemeinschaft im Bereich der Meeresumwelt (Meeresstrategierichtlinie) vom 24.10.2005. Ziel ist das Erreichen eines guten Umweltzustands der europäischen Meeresgewässer bis zum Jahr 2021,
- den Vorschlag für eine Richtlinie des Europäischen Parlaments und des Rates zur Schaffung eines Ordnungsrahmens für den Bodenschutz und zur Änderung der Richtlinie 2004/35/EG vom 26.09.2006 mit den Zielen, eine weitere Verschlechterung der Bodenqualität zu vermeiden und die Bodenfunktionen zu erhalten sowie geschädigte Böden unter Funktionalitätsgesichtspunkten und unter Berücksichtigung der Kosten wieder herzustellen,
- die europäische Landschaftskonvention (Florenz-Konvention) vom 20.10.2000 zur Förderung, dem Schutz, der Pflege und der Gestaltung europäischer Landschaften, die am 01.03.2004 in Kraft getreten und noch nicht in nationales Recht umgesetzt ist,
- mit der Richtlinie 2014/52/EU des Europäischen Parlaments und des Rates vom 16.04.2014 zur Änderung der Richtlinie 2011/92/EU über die Umweltverträglichkeitsprüfung, welche bis zum 16.05.2017 in nationales Recht umgesetzt werden muss, ist eine Erweiterung der Schutzgüter bei Umweltverträglichkeitsprüfungen verbunden. Dies betrifft
- Bevölkerung und menschliche Gesundheit;
- Fläche/Flächenverbrauch
- Klima/Klimawandel
- Auswirken aufgrund der Anfälligkeit des Projekts für schwere Unfälle und/oder Katastrophen

Mit der nationalen Umsetzung soll das UVPG vereinfacht und besser strukturiert werden.

5. Landesrechtliche Regelungen

Das Umwelt- und Naturschutzrecht enthält ein komplexes Regelungsgefüge zwischen Europa-, Bundes- und Landesrecht. Aufgrund der weitreichenden Gesetzgebungskompetenz werden eigenständige landesrechtliche Regelungen auch in Zukunft der Normalfall sein. Infolge dessen sind die Leistungsbilder für landschaftsplanerische Leistungen nicht bundesweit identisch, sondern aufgrund unterschiedlicher landesrechtlicher Regelungen in jedem Bundesland nach den spezifischen Anforderungen mit unterschiedlichem Aufwand verbunden.

Als Beispiel hierfür sei auf die sukzessive Einführung der sogenannten »**Eingriffsregelung**« verwiesen. Sie betrifft den naturschutzrechtlichen Grundsatz, dass vermeidbare

§ 22 HOAI Anwendungsbereich

Eingriffe in Natur und Landschaft verboten sind, dass negative Folgen von unvermeidbaren Eingriffen in Natur und Landschaft (Beeinträchtigungen) minimiert und des Weiteren durch Maßnahmen des Naturschutzes ausgeglichen werden sollen.

18 Die vom Bundesgesetzgeber mit dem Inkrafttreten des Investitionserleichterungs- und Wohnbaulandgesetzes im Jahr 1993 begonnene Einbindung der naturschutzrechtlichen Eingriffsregelung in das Planungsrecht (zunächst durch die §§ 8a bis 8c BNatSchG) führten zu einer mehrjährigen Überleitungsphase.

19 Aufgrund der landesrechtlichen Kompetenz hatten die einzelnen Bundesländer die Wahl der »Aussetzung« oder der landesspezifischen Ausgestaltung der »Umsetzung« der Eingriffsregelung. Bis auf Bayern, das sich zur Aussetzung entschieden hatte, erarbeiteten alle anderen Bundesländer landesspezifische Richtlinien und Hinweise zur »Abarbeitung der Eingriffsregelung« im Bauleitplanungsverfahren mit der Folge, dass deren Abarbeitung in jedem Bundesland unterschiedlich gehandhabt wurde.

20 Mit der Planungsrechtsnovelle zum 01.01.1998 wurde die **Eingriffsregelung** dann bundesweit geregelt, indem sie in § 1a BauGB eingefügt wurde.

21 Seither stehen die **Eingriffsregelungen im Planungsrecht (§ 1a BauGB) und im Naturschutzrecht (§§ 13 ff. BNatSchG)** nebeneinander. Das bereits nach der früheren Rechtslage bestehende Gebot der Vermeidung und Minimierung wie des Ausgleichs von erheblichen, nachhaltigen und unvermeidlichen Eingriffen bei der bauleitplanerischen Abwägung ist damit fortgeführt worden. Die Eingriffsregelung führte in einzelnen Bundesländern auch zu neuen landschaftsplanerischen Aufgaben. In der Regel ist heute die (planungsrechtliche) Verankerung von Teilleistungen des Grünordnungsplans, etwa die »Eingriffs-Ausgleichs-Untersuchung« im Bebauungsplanverfahren, notwendig.

22 Ein wesentliches Element der »neuen« Eingriffsregelung und der damit verbundenen Leistungs- und Vergütungsfragen ist die Möglichkeit des **»externen« Ausgleichs**. Die Festsetzung von Flächen zum Ausgleich für erhebliche, nachhaltige und unvermeidliche Eingriffe kann somit auch an anderer Stelle außerhalb des Geltungsbereiches des Bauleitplans erfolgen.

23 Als weitere Veränderung brachte die Eingriffsregelung mit sich, dass die planerischen Betrachtungen nicht mehr nur das Plangebiet betreffen, sondern auf die nach der Eingriffsregelung zu untersuchenden Wirkräume abzustellen ist, die sich im Regelfall erst während der Bearbeitung abzeichnen. Alle landschaftsplanerischen Leistungen, die sich der Eingriffsregelung stellen müssen, sind somit vom Inhalt des Bauleitplanverfahrens und vom räumlichen Umgriff anhand sich abzeichnender Wirkungen auf die zu betrachtenden Schutzgüter abhängig.

24 Dafür außerhalb des Geltungsbereiches des Bauleitplans erforderlich werdende Planungsleistungen liegen entweder
– im vertraglich vereinbarten Planungsbereich mit der Möglichkeit einer zusätzlichen Vergütungsvereinbarung z. B. durch die Einbeziehung der außerhalb des Plangebiets liegenden externen Planbereiche in die Honorarbemessung

oder
- nicht im vertraglich vereinbarten Planungsbereich mit der Folge, dass die hinzukommenden Leistungen für externe Ausgleichsmaßnahmen eine gesonderte Beauftragung voraussetzen, deren Vergütung nicht vom ursprünglichen Auftrag umfasst, sondern gesondert zu vereinbaren ist.

Die Eingriffsregelung brachte es mit sich, dass planerische Betrachtungen auch die nach der Eingriffsregelung zu untersuchenden Wirkräume umfassen müssen. Alle landschaftsplanerischen Leistungen, die der Eingriffsregelung unterliegen, sind deshalb an den räumlichen Umgriff anhand sich abzeichnender Wirkungen des Plans auf die zu betrachtenden Schutzgüter gebunden.

Dies führt dazu, dass sich der für das Verfahren tatsächlich erforderliche Umfang und die sich daraus ergebende Vergütung erst feststellen lassen, wenn die angestrebten Ziele der Planung soweit konkretisiert worden sind, dass sich deren Wirkungen auf die Belange von Natur und Landschaft erkennen und räumlich erfassen lassen. Vor Erreichen dieser Informationslage können Wirkräume nur orientierend, nicht aber abschließend bemessen werden. 25

Viele neue bzw. geänderte Anforderungen an landschaftsplanerische Leistungen erfordern neu hinzukommende Leistungen. Die Leistungsbilder der HOAI hatten mit diesen Entwicklungen zu keiner Zeit Schritt gehalten und wurden erst mit der grundlegenden Modernisierung in der HOAI 2013 dem Stand der (Landes-) Gesetzgebung und der Verfahrenspraxis angepasst. Die in den Leistungsbildern beschriebenen Grundleistungen folgen insoweit dem Grundsatz des § 3 Abs. 2, als sie »zur ordnungsgemäßen Erfüllung« eines Auftrags im Allgemeinen erforderlich werden. Im Regelfall sind aber weitere Leistungen erforderlich, die den einzelnen Verfahren und den spezifischen gesetzlichen Vorgaben Rechnung tragen. Dabei handelt es sich um Besondere Leistungen. So werden z. B. 26

- für den Grünordnungsplan zum Bebauungsplan – je nach Bundesland mit unterschiedlichen landesrechtlichen Umsetzungsvorschriften – neben den in der Anlage 5 beschriebenen Leistungen noch weitere Leistungen aus anderen Leistungsbildern (z. B. Kompensationsbilanzen, förmliche Qualifizierungen und Bemessungen für die Festlegung von Ausgleich etc.) oder weitere Besondere Leistungen erforderlich, um eine formgerechte und evtl. genehmigungsfähige Planung zu erstellen, 27
- für artenschutzrechtliche Belange in den Plänen floristische oder faunistische Einzeluntersuchungen oder auch Biotoptypenkartierungen erforderlich, die stets als Besondere Leistung zu vergüten sind. Dasselbe gilt, wenn für die Bearbeitung des Landschaftsbilds als ästhetisches Kriterium Fotomontagen, Entwicklungsszenarien (Optimal- und Pessimal-Entwicklungen) u. Ä. zur Visualisierung des Planungszieles erbracht werden.

Mit der Modernisierung der Leistungsbilder der Landschaftsplanung in der HOAI 2013 sind bislang nicht in den Leistungsbildern enthaltene Besondere Leistungen als Grundleistungen eingestuft worden. Für Verträge, die vor Inkrafttreten der HOAI 2013 geschlossen worden sind, gilt die bisherige Regelung weiter. 28

§ 22 HOAI Anwendungsbereich

6. Der geschuldete Erfolg

29 Mit dem werkvertraglichen Charakter der landschaftsplanerischen Leistungen stellt sich nicht nur bei Honorarstreitigkeiten die Frage nach dem geschuldeten Erfolg. Während in der Objektplanung ein werkvertraglich geschuldeter Erfolg in jeder Leistungsphase klar umschrieben werden kann, ist aus dem Leistungsspektrum der landschaftsplanerischen Leistungen ein solcher Leistungserfolg nur schwer zu definieren Da landschaftsplanerische Leistungen in vielen Fällen nur einen Fachbeitrag innerhalb eines öffentlich-rechtlichen Planungsverfahrens darstellen und nur in seltenen Fällen eigenständig genehmigt werden, ist die »Genehmigungsfähigkeit« der erbrachten landschaftsplanerischen Leistungen als Maßstab für einen Erfolg des Werks nur bedingt tauglich.

30 Der Erfolg kann nicht immer von der »Erteilung« oder »Versagung« der Genehmigung in einem planungsrechtlichen Verfahren abhängig sein, weil solche Entscheidungen i. d. R. nicht von den landschaftsplanerischen Leistungen alleine abhängen.

31 Für die Frage des geschuldeten Erfolgs und damit der Mangelfreiheit der Leistungen kommt es deshalb auf den Einzelfall an. Dabei sind der Inhalt der vertraglichen Vereinbarung sowie der Stand der Regelwerke und Formvorschriften von maßgeblicher Bedeutung.

32 Immer wieder werden Leistungen der Landschaftsplanung aufgrund von Verfahrenshindernissen über längere Zeiträume bearbeitet oder gehen mit einem erheblichen zeitlichen Verzug zwischen Fertigstellung und Einreichung der Unterlagen in das Genehmigungsverfahren mit der Folge, dass zwischenzeitlich ergangene Gesetzesänderungen und Entwicklungen nicht berücksichtigt sind. In solchen Fällen kommt es darauf an, ob die Leistungen zum Zeitpunkt der Fertigstellung der geltenden Rechtslage und den geltenden Formerfordernissen entsprochen hatten. Eine nicht in der Sphäre des Auftragnehmers liegende Zeitverzögerung der Planung und eine dadurch erforderliche Anpassung von Ergebnissen an eine neue Rechtslage oder an neue Formerfordernisse muss dieser nicht kostenlos erbringen. Das Anpassen ordnungsgemäß erbrachter Leistungen oder das Überarbeiten solcher Planungen sind in solchen Fällen vielmehr als wiederholt erbrachte Leistungen gesondert zu vergüten.

7. Ermächtigungsgrundlage

33 Es kann zweifelhaft sein, ob die Bestimmungen des Art. 10 Abs. 2 MRVG eine ausreichende Ermächtigungsgrundlage für die Honorarregelungen der Landschaftsplanung (§§ 22–32) darstellen. Dort sind »Maßnahmen der Landschaftsplanung« nicht erwähnt. Die in der HOAI geregelten Leistungen stehen jedoch in einem engen sachlichen Zusammenhang mit den ebenfalls in Teil 2 geregelten Leistungen der Bauleitplanung. Auch erwähnt § 2 Abs. 1 S. 1 MRVG Leistungen der Architekten einschließlich der Garten- und Landschaftsarchitekten, weshalb der Teil 2 Abschnitt 2 der HOAI von der Ermächtigungsgrundlage umfasst ist.[6]

---

6 *Grieger* in KMV, § 22 Rn. 1; PDKR 8. Aufl. Vorb. § 43 Rn. 1.

8. Grundzüge der Regelung des Teil 2 Abschnitt 2

Die Regelungen des Abschnitts 2 bauen auf denjenigen des Abschnitts 1 auf. § 22 regelt den Anwendungsbereich des Abschnitts 2. Die Grundzüge der Vergütung sind für den Landschaftsplan in § 23, für den Grünordnungsplan sowie landschaftsplanerische Fachbeiträge in § 24, für den Landschaftsrahmenplan in § 25, für den Landschaftspflegerischen Begleitplan in § 26 sowie für den Pflege- und Entwicklungsplan in § 27 geregelt. 34

Die Vorschriften über die Honorarermittlung, welche nach Flächen zu erfolgen hat (bis zur HOAI 2009 waren Verrechnungseinheiten VE die Bezugsgröße für einzelne Leistungsbilder), sowie die Honorartafeln sind in § 28 für Leistungen für Landschaftspläne, in § 29 für Grünordnungspläne und landschaftsplanerische Fachbeiträge, in § 30 für Landschaftsrahmenpläne, in § 31 für Landschaftspflegerische Begleitpläne und in § 32 für Pflege- und Entwicklungspläne enthalten. 35

Die Leistungsbilder für die Grundleistungen der in Abschnitt 2 geregelten Leistungen sind als Anlagen im Anhang der HOAI zu finden; für Landschaftspläne in der Anlage 4, für Grünordnungspläne und landschaftsplanerische Fachbeiträge in der Anlage 5, für Landschaftsrahmenpläne in der Anlage 6, für Landschaftspflegerische Begleitpläne in der Anlage 7 sowie für Pflege- und Entwicklungspläne in der Anlage 8. 36

Die Besonderen Leistungen dieser Leistungsbilder sind für alle Leistungsbilder zusammengefasst in der Anlage 9 erfasst. Die darin enthaltene Aufzählung ist nach § 3 Abs. 3 Satz 1 nicht abschließend. 37

9. Grundsätze der Vergütung

Die Honorarberechnung für Leistungen der Landschaftsplanung nach Teil 2 Abschnitt 2 vollzieht sich in folgenden Stufen: 38
a) Einordnung der Anforderungen der Planung in Honorarzonen,
b) Ermitteln der Flächen, die für die Honorarbemessung maßgeblich sind,
c) Ermitteln der Tafelwerte im Rahmen der Von-Bis-Sätze,
d) Bewertung der Leistungen nach den Prozentsätzen der einzelnen Leistungsbilder.

Im Gegensatz zu der Honorarregelung der Objektplanung, die von den anrechenbaren Kosten als Bemessungsgrundlage für die Vergütung ausgeht, erfolgt die Vergütung der Leistungen der Leistungsbilder des Teils 2 Abschnitt 2 mit direktem Bezug zu Flächen (bis zur HOAI 2009 auch mit Verrechnungseinheiten mit indirektem Bezug zu Flächen). Die Regelungen, welche Flächen anzurechnen sind, waren in der Vergangenheit unklar. Nunmehr werden diese Flächen für alle Leistungsbilder in den §§ 28–32 einheitlich um den Begriff »Planungsgebiet« ergänzt. Dieser Begriff wird in der HOAI 2013 ebenso wenig definiert wie die Begriffe in den früheren Fassungen der HOAI. Das »Planungsgebiet« umfasst die Flächen, die sich aus dem für die jeweilige Planung erforderlichen Umgriff ergeben. Somit ist darunter die Fläche zu verstehen, die nach den Anforderungen und dem jeweils geltenden Recht einzubeziehen ist. Dabei handelt es sich bei der Landschaftsplanung in der Regel um das Gebiet des Plans zzgl. der in die Betrachtung einzubeziehenden Wirkräume der Schutzgüter von Natur und Land- 39 schaft. Soweit diese Fläche aufgrund der Topografie tatsächlich eine größere Oberfläche aufweist als die bei der Horizontalprojektion ermittelbare, gilt die tatsächliche Fläche.

40 Offen ist, ob die für die Honorarbemessung einzubeziehenden Flächen durch vertragliche Vereinbarung begrenzt werden können. Entsteht dadurch eine Differenz zwischen tatsächlich einzubeziehenden und zur Honorarbemessung begrenzten Flächen, ist die Flächenbegrenzung dann unzulässig, wenn dadurch die Mindestsätze unterschritten werden, die sich für die tatsächlich einzubeziehenden Flächen ergeben (§ 7 Abs. 4).

10. Die Regelung des Abs. 1

41 **Absatz 1** legt fest, dass der Begriff »landschaftsplanerische Leistungen« den Oberbegriff für die in Absatz 2 aufgezählten Leistungsbilder darstellt. Der Hinweis, dass die Leistungen »in der Vorbereitung und der Erstellung der für die Pläne erforderlichen Ausarbeitungen« bestehen, ist als übergeordnete, erläuternde Zusammenfassung der in den §§ 23–27 im Einzelnen aufgelisteten Leistungsbilder zu verstehen. Damit wird auch klargestellt, dass im Gegensatz zu den Leistungen der Bauleitplanung in Teil 2 Abschnitt 1 ein »Mitwirken beim Verfahren« seit der HOAI 2013 nicht mehr zu den in den Leistungsbildern enthaltenen Leistungen der Landschaftsplanung zählt und somit nicht mehr preisrechtlich geregelt ist.

11. Die Regelung des Abs. 2

42 **Absatz 2** regelt, auf welche Pläne die Bestimmungen des Abschnitts 2 anwendbar sind:

a) Landschaftspläne (§ 22 Abs. 2 Nr. 1)

43 Ebenso wie das übergeordnete Landschaftsprogramm und der übergeordnete Landschaftsrahmenplan sind die Landschafts- und Grünordnungspläne Teil des Instrumentariums der in den §§ 8 ff. BNatSchG geregelten Landschaftsplanung. Sie haben die Aufgabe, die Erfordernisse und Maßnahmen des Naturschutzes und der Landschaftspflege für den jeweiligen Planungsraum darzustellen und zu begründen. Sie dienen dabei der Verwirklichung der Ziele und Grundsätze des Naturschutzes und der Landschaftspflege (vgl. § 1 BNatSchG). Die Begriffsbestimmung der Landschafts- und Grünordnungspläne findet sich in § 11 BNatSchG. Danach sind in Landschaftsplänen »die örtlichen Erfordernisse und Maßnahmen des Naturschutzes und der Landschaftspflege« darzustellen.

44 Gegenstand der **Landschaftspläne** ist die Darstellung des vorhandenen Zustandes von Natur und Landschaft und seine Bewertung nach den im BNatSchG festgelegten Zielen (Schutz, Pflege und Entwicklung von Natur und Landschaft im besiedelten und unbesiedelten Bereich). Sie betreffen in der Regel die Gesamtfläche oder die Teilflächen des Flächennutzungsplanes und werden im Maßstab 1:5 000, gegebenenfalls im Maßstab 1:10 000 oder in größeren Maßstäben wie z. B. 1:2 500 bearbeitet. In Landschaftsplänen sind Aussagen zu sämtlichen Landschaftsfaktoren Relief, Geologie, Boden, Wasser, Luft, Flora/Vegetation, Fauna, Landschaftsbild und naturbezogene Erholung so-

weit zu den aktuellen Flächennutzungen erforderlich, einschließlich des angestrebten Zustands von Natur und Landschaft sowie der erforderlichen Maßnahmen. In diesem Planungsstadium erfolgen Aussagen über: Allgemeine Schutz-, Pflege- und Entwicklungsmaßnahmen, die im Zusammenhang mit Eingriffen in Natur und Landschaft stehen (z. B. Maßnahmen im Zuge von Planungen im Straßenbau, Gewässerbau, Flurbereinigung, Städtebau), Maßnahmen zum Schutz, zur Pflege und Entwicklung bestimmter Teile von Natur und Landschaft. Maßnahmen zum Schutz und zur Pflege wildlebender Tier- und Pflanzenarten sowie Aussagen zum Schutz wertvoller Biotope, z. B. Moore, Gewässer, Trockenrasen, Wacholderheiden, Dünen und Wattflächen.

Verschiedene Bundesländer verwenden in landesrechtlichen Regelungen uneinheitliche Begriffe für den Landschaftsplan. So wurde etwa in den §§ 16, 17 LpflG Rh-Pf bis 2005 der Landschaftsplan in Rheinland-Pfalz als »landespflegerischer Planungsbeitrag zur Bauleitplanung« benannt. Erst 2015 wurde in § 5 Abs. 3 LNatSchG Rh-Pf der Begriff »Landschaftsplan« eingeführt.

b) Grünordnungspläne und landschaftsplanerische Fachbeiträge (§ 22 Abs. 2 Nr. 2)

Der **Grünordnungsplan** und der **landschaftsplanerische Fachbeitrag** sollen aus dem Landschaftsplan entwickelt werden und die Maßnahmen im Einzelnen konkretisieren. Grünordnungspläne umfassen in der Regel die Gesamtfläche oder Teilflächen des Bebauungsplans oder des Vorhaben- und Erschließungsplans. Sie sind damit räumlich wesentlich begrenzter und aufgrund des Maßstabes 1:1000 oder 1:500, in Einzelfällen in größeren Maßstäben, erheblich detaillierter. Eine Bindung an Bauleitpläne entsteht dadurch nicht. Vielmehr lösen sich Grünordnungspläne und Landschaftsplanerische Fachbeiträge in vielen Fällen von den Bebauungsplänen und zielen auf daneben liegende Maßnahmen, die landschaftsplanerisch zu betrachten sind. Für Leistungen in Bundesländern, in denen der Grünordnungsplan nicht eingeführt ist und andere Leistungen als landschaftsplanerische Fachbeiträge auf der Ebene der Bauleitplanung oder in vergleichbaren Aufgabenfelder angesiedelt sind[7], sind die Grundleistungen des Leistungsbilds und damit die Honorarregelungen des Abschnitts 2 entsprechend anwendbar. 45

Grünordnungspläne und landschaftsplanerische Fachbeiträge werden in der Regel von den Trägern der Bauleitplanung ausgearbeitet (vgl. § 9 NatSchG BW). Nach § 2 Abs. 1 BauGB sind dies die Gemeinden.[8] Auf die Bundesländer, in denen die Landschaftsplanung nicht unmittelbar auf der Ebene der Bauleitplanung angesiedelt ist,[9] kann aufgrund des Leistungsbildes die Honorarregelung weitgehend übertragen werden. 46

---

7   Berlin, Bremen, Hamburg, Nordrhein-Westfalen.
8   Zur Abgrenzung von landschaftspflegerischen Leistungen (Grünordnungsplan) bei der gleichzeitigen Beauftragung mit der Erstellung eines Bebauungsplans vgl. OLG Koblenz BauR 2003, 570 = NZBau 2003, 282.
9   Berlin, Bremen, Hamburg, Nordrhein-Westfalen.

§ 22 HOAI Anwendungsbereich

47 Der Begriff »Grünordnungsplan« wird darüber hinaus fälschlich auch für Genehmigungspläne für Objektplanungen verwendet. Angesichts dieser Begriffsverwirrung aufgrund unterschiedlicher landesrechtlicher Regelungen ist klarzustellen, dass das Leistungsbild für Grünordnungspläne in der HOAI auf die Landschaftsplanung als Flächenplanung gerichtet ist.

c) Landschaftsrahmenpläne (§ 22 Abs. 2 Nr. 3)

48 Die über den Geltungsbereich der Landschaftspläne und Grünordnungspläne hinausgehenden »überörtlich zu konkretisierenden Ziele, Erfordernisse und Maßnahmen zur Verwirklichung der Ziele des Naturschutzes und der Landschaftspflege« werden in den Landschaftsprogrammen und in den Landschaftsrahmenplänen unter Beachtung der Grundsätze und Ziele der Raumordnung und Landesplanung dargestellt (§ 10 Abs. 1 BNatSchG). Das Landschaftsprogramm für den Bereich eines Landes wird im Allgemeinen von der Landesregierung (vgl. § 17 Abs. 2 NatSchG BW), die Landschaftsrahmenpläne werden für Teile des Landes als erste Konkretisierungsstufe des Landschaftsprogramms aufgestellt. In einzelnen Ländern ist dies Aufgabe der Regionalverbände. In anderen Bundesländern werden hierfür entsprechende Fachplaner mit der Erstellung des Landschaftsrahmenplans beauftragt. Bis zur 3. ÄndVO konnten Honorare für Landschaftsrahmenpläne unabhängig von Höchst- und Mindestsätzen frei vereinbart werden. Seither werden sie anhand konkreter Leistungsbilder und Honorarrahmen festgelegt.

d) Landschaftspflegerische Begleitpläne (§ 22 Abs. 2 Nr. 4)

49 Landschaftspflegerische Begleitpläne sind erforderlich, um landschaftsverändernde Vorhaben, die nicht in die Zuständigkeit eines Landschaftsplans oder Grünordnungsplans fallen, durch eine entsprechende Fachplanung im Sinne des Natur- und Landschaftsschutzes zu begleiten. In der Regel geht es um Vorhaben wie Verkehrsbauten, Gewässerausbau, Talsperren, Deponien, Abbaustätten/Abgrabungen oder Flurbereinigungen (§ 17 Abs. 4 BNatSchG). Gegenstand der landschaftspflegerischen Begleitpläne ist die konkretisierende Planung der Maßnahmen des Naturschutzes und der Landschaftspflege, die erforderlich werden, um die durch das geplante Vorhaben hervorgerufenen unvermeidbaren Eingriffe in Natur und Landschaft zu mindern und auszugleichen.

50 In § 41 Abs. 1 FlurbG wird ein Wege- und Gewässerplan mit landschaftspflegerischem Begleitplan ausdrücklich verlangt. In der Praxis werden durch die Planfeststellungsbehörden zum Inhalt des landschaftspflegerischen Begleitplans konkrete Forderungen gestellt. Hierzu gehören etwa landschaftspflegerische Maßnahmen im Zusammenhang mit Abbaugebieten und Naturparks, Maßnahmen des Wind-, Frost- und Erosionsschutzes, der Grünplanung bei Flurbereinigung und Umlegung, des Wasserbaus und des Landschaftsbaus bei Verkehrsanlagen. Entscheidender Teil des landschaftspflegerischen Begleitplanes ist die Planung der Maßnahmen des Naturschutzes und der Landschaftspflege, die zum Ausgleich eines Eingriffs in die Natur und Landschaft erforderlich sind (§ 15 Abs. 2 BNatSchG). Der landschaftspflegerische Begleitplan ist in aller

Regel Bestandteil der Leistungen des Fachplans und wird mit dem Genehmigungsverfahren des Fachplans rechtsverbindlich.

Die vorbereitende Planung der Maßnahmen, die erforderlich werden, um die durch das 51 geplante Vorhaben hervorgerufenen unvermeidbaren Eingriffe in Natur und Landschaft zu mindern und auszugleichen (z. B. die Standort- oder Trassenfindung), ist nicht Gegenstand des Landschaftspflegerischen Begleitplans. Soweit der vorbereitenden Planung des Vorhabens eine UVP-Pflicht (aus dem UVPG oder aus Fachgesetzen) auferlegt ist, setzt der Landschaftspflegerische Begleitplan die fachlichen Ergebnisse einer vorangegangenen Umweltverträglichkeitsprüfung um.

Vor der Neufassung der HOAI 2009 in der 6. HOAI-Novelle waren auch die Honorare 52 für Leistungen für **Umweltverträglichkeitsstudien** zur Standortfindung in der HOAI geregelt. Die in den §§ 48–48b a. F. enthaltenen Regelungen finden sich jetzt als Beratungsleistungen in der Anlage 1 wieder. Deren Honorar kann frei vereinbart werden. Mit der Zuordnung des Leistungsbilds zu den unverbindlich geregelten »Beratungsleistungen« in der Anlage 1 in der Neufassung der HOAI 2009 sind keine Änderungen dieses Verhältnisses zwischen den Leistungsbildern der Umweltverträglichkeitsstudie zur Standortfindung und des Landschaftspflegerischen Begleitplans verbunden.

e) Pflege- und Entwicklungspläne (§ 22 Abs. 2 Nr. 5)

Für Gebiete, die aus Gründen des Naturschutzes und der Landschaftspflege bedeutsam 53 sind und nicht sich selbst überlassen werden können, werden Pläne für Pflege- und Entwicklungsmaßnahmen durchgeführt. Dies gilt sowohl für das »Biotop-Management« von Schutzgebieten oder schützenswerten Landschaftsteilen als auch für andere im Bestand zu erhaltende Natur- oder Kulturlandschaften.

Der Umfang der Leistungen für Pflege- und Entwicklungspläne ist landesrechtlich geregelt[10]. Dies hat zur Folge, dass die landesrechtlichen Vorgaben meist nicht mit dem Leistungsbild des § 27 Abs. 2 sowie der Anlage 8 übereinstimmen. Leistungen, die über dieses Leistungsbild hinausgehen, stellen Besondere Leistungen dar, deren Vergütung frei zu vereinbaren ist.

12. Sonstige landschaftsplanerische Leistungen

Alle landschaftsplanerischen Leistungen, die nicht in den vorgenannten Leistungsbildern enthalten oder zusammengefasst sind, gelten als sonstige landschaftsplanerische Leistungen. Sie sind in der HOAI 2013 nicht mehr erfasst. In der HOAI 2009 wurden sie zwar noch in § 22 Abs. 2 Nr. 3 erwähnt, aber im Gegensatz zu den Regelungen in den vorherigen Fassungen des § 50 HOAI 2002 nicht näher beschrieben. Ihre Vergütung kann frei vereinbart werden. Fehlt es an einer Vereinbarung, ist nach § 632 Abs. 2 BGB die übliche Vergütung zu entrichten.

---

10 Vgl. z. B. Handbuch zur Erstellung von Managementplänen für die Natura2000 Gebiete in Baden-Württemberg, LUBW 2009.

§ 22 HOAI Anwendungsbereich

13. Besondere Leistungen bei landschaftsplanerischen Leistungen

55 Die in den Leistungsbildern des Teils 2 – Flächenplanung – enthaltenen Besonderen Leistungen wurden in der HOAI 2013 in der Anlage 9 zusammengefasst. Die Anlage 9 enthält keine abschließende Aufzählung der Besonderen Leistungen. Wie bisher können Besondere Leistungen hinzukommen, soweit sie im jeweiligen Fall keine Grundleistungen des Leistungsbilds darstellen.

56 Die neuen bzw. geänderten Anforderungen haben insbesondere aufgrund von zahlreichen Novellen zum Planungsrecht, zum Naturschutzrecht und zur Umweltverträglichkeitsprüfung neue Teilleistungen mit sich gebracht, die bislang keinen Eingang in die Leistungsbilder des Teils 2, Abschnitt 2 gefunden haben (vgl. Rdn. 16 ff.). Dies hat zur Folge, dass die in den vorliegenden Leistungsbildern beschriebenen Leistungen, die nach § 3 Abs. 2 an sich »zur ordnungsgemäßen Erbringung« ausreichen sollten, unzureichend sind. Dies betrifft z. B. die

– **Vorbereitung und Mitwirkung bei der FFH-Verträglichkeitsvorprüfung, bei der FFH-Verträglichkeitsprüfung oder bei der FFH-Ausnahmeprüfung**
Nach § 34 Abs 1 BNatSchG sind Projekte, die auf die Erhaltungsziele eines Gebiets von gemeinschaftlicher Bedeutung oder eines Europäischen Vogelschutzgebiets Einfluss nehmen könnten, vor ihrer Zulassung oder Durchführung auf ihre Verträglichkeit zu überprüfen.

– **Mitwirkende Leistungen bei der Strategischen Umweltprüfung SUP §§ 14 ff. UVPG und bei der Umweltprüfung UP § 2 Abs. 4 ff. BauGB**
Die Erfordernisse für die Strategische Umweltprüfung, die zu den Obliegenheiten des Planungsträgers gehören, ergeben sich insbesondere aus den Regelungen im ROG, im UVPG, im BNatSchG sowie in einschlägigen landesrechtlichen Regelungen. Im Zuge der Strategischen Umweltprüfung werden die Belange des Umweltschutzes ermittelt, bewertet und in einem Umweltbericht gemäß § 14g UVPG dargelegt. Die Erfordernisse für die Umweltprüfung, die zu den Obliegenheiten der Planungsträger gehören, ergeben sich insbesondere aus den Regelungen im BauGB, im UVPG sowie in einschlägigen landesrechtlichen Regelungen. Auch im Zuge der Umweltprüfung werden die Belange des Umweltschutzes ermittelt, bewertet und in einem Umweltbericht gemäß § 2a BauGB dargelegt. Inhalt und Gliederung des Umweltberichts sind in der Anlage zu § 2 Abs. 4 und § 2a BauGB festgelegt.
Bebauungsplanverfahren für Innenentwicklungen können nach dem BauGB 2007 einem beschleunigten Verfahren zugeführt werden, in dem sie u. a. von der Umweltprüfung entlastet werden. Die hierzu notwendigen Voraussetzungen müssen allerdings vom Planungsträger mit Sondierungen untersucht und festgestellt werden (Prüfung der Voraussetzungen für das beschleunigte Verfahren, ggf. Schwellenwertprüfung und/oder Durchführung einer Vorprüfung des Einzelfalls zum beschleunigten Verfahren).
Darüber hinaus können weitere Leistungen für die jeweiligen weiteren Anforderungen an die Umweltprüfungen (Öffentlichkeitsbeteiligung, Bekanntgaben, Monitoring) hinzukommen.

Leistungsbild Landschaftsplan § 23 HOAI

Seit dem Wegfall des § 50 HOAI 2002 im Zuge der Neufassung der HOAI 2009 sind 57
die dort erwähnten Leistungen ebenfalls als Besondere Leistungen einzuordnen:
1. Gutachten zu Einzelfragen der Planung, ökologische Gutachten, Gutachten zu Baugesuchen,
2. Beratungen bei Gestaltungsfragen,
3. besondere Plandarstellungen und Modelle,
4. Ausarbeitungen von Satzungen, Teilnahme an Verhandlungen mit Behörden und an Sitzungen der Gemeindevertretungen nach Fertigstellung der Planung,
5. Beiträge zu Plänen und Programmen der Landes- oder Regionalplanung.

Seit dem Wegfall des § 61 HOAI 2002 im Zuge der Neufassung der HOAI 2009 sind 58
die dort erwähnten Leistungen der bau- und landschaftsgestalterischen Beratung der Auftragnehmer für Ingenieurbauwerke und Verkehrsanlagen bei der Aufgabe der Einbindung von Ingenieurbauwerken und Verkehrsanlagen in die Umgebung ebenfalls als Besondere Leistungen einzuordnen. Hierzu gehören insbesondere Leistungen für das
1. Mitwirken beim Erarbeiten und Durcharbeiten der Vorplanung in gestalterischer Hinsicht,
2. Darstellen des Planungskonzepts unter Berücksichtigung städtebaulicher, gestalterischer, funktionaler, technischer und umweltbeeinflussender Zusammenhänge, Vorgänge und Bedingungen,
3. Mitwirken beim Werten von Angeboten einschließlich Sondervorschlägen unter gestalterischen Gesichtspunkten,
sowie für das Mitwirken beim Überwachen der Ausführung des Objekts auf Übereinstimmung mit dem gestalterischen Konzept.

In der HOAI 2013 sind weitere, bislang in einzelnen Leistungsbildern als Grundleistun- 59
gen erfasste Leistungen nun als Besondere Leistungen ausgewiesen. So sind z. B. Teilnahmen an Sitzungen von politischen Gremien des Auftraggebers oder an Sitzungen im Rahmen der Bürgerbeteiligung, die in § 23 Abs. 2 HOAI 2009 noch mit bis zu 6 Sitzungen mit dem Honorar für Grundleistungen abgegolten waren, in der HOAI 2013 nicht mehr im Leistungsbild als Grundleistungen sondern in der Anlage 9 als Besondere Leistungen aufgeführt.

§ 23 HOAI Leistungsbild Landschaftsplan

(1) Die Grundleistungen bei Landschaftsplänen sind in vier Leistungsphasen unterteilt und werden wie folgt in Prozentsätzen der Honorare des § 28 bewertet:
1. für die Leistungsphase 1 (Klären der Aufgabenstellung und Ermitteln des Leistungsumfangs) mit 3 Prozent,
2. für die Leistungsphase 2 (Ermittlung der Planungsgrundlagen) mit 37 Prozent,
3. für die Leistungsphase 3 (Vorläufige Fassung) mit 50 Prozent,
4. für die Leistungsphase 4 (Abgestimmte Fassung) mit 10 Prozent.

(2) Anlage 4 regelt die Grundleistungen jeder Leistungsphase. Anlage 9 enthält Beispiele für Besondere Leistungen.

§ 23 HOAI   Leistungsbild Landschaftsplan

Übersicht

		Rdn.
1.	Änderungen durch die HOAI 2009	1
2.	Änderungen durch die HOAI 2013	4
3.	Allgemeines zum Landschaftsplan	6
4.	Zusammenspiel mit anderen Vorschriften	10
5.	Die Bewertung der Leistungsphasen in Abs. 1	12
6.	Die einzelnen Leistungsphasen des § 23	13
7.	Leistungsphase 1 Klären der Aufgabenstellung und Ermitteln des Leistungsumfangs	16
8.	Leistungsphase 2 Ermitteln der Planungsgrundlagen	19
9.	Leistungsphase 3 Vorläufige Fassung	24
10.	Leistungsphase 4 Abgestimmte Fassung	31
11.	Besondere Leistungen	33
12.	Honorar für die Teilnahme an Sitzungen	35

1. Änderungen durch die HOAI 2009

1   Das **Leistungsbild Landschaftsplan** war in § 45a HOAI 2002 enthalten und wurde in § 23 HOAI 2009 verschoben. In § 45a Abs. 2 HOAI 2002 waren auch die Grundleistungen und die Besonderen Leistungen aufgeführt. § 23 HOAI 2009 enthielt insoweit keine inhaltliche Änderung gegenüber der vorherigen Rechtslage. Die einzelnen Leistungsphasen sind in Abs. 1 mit Ausnahme der Leistungsphase 5 (genehmigungsfähige Planfassung) übernommen worden. Die einzelnen Grundleistungen des Leistungsbilds des § 45a Abs. 2 HOAI 2002 waren unverändert in der Anlage 6 zu § 23 HOAI 2009 enthalten. Dasselbe galt für die Besonderen Leistungen, welche in der Anlage 2.3 zu § 3 Abs. 3 enthalten waren.

2   § 23 Abs. 1 HOAI 2009 enthielt die Bewertung der Leistungsphasen für den Landschaftsplan. Im Gegensatz zu früheren Fassungen der HOAI, welche in § 45a HOAI 2002 fünf Leistungsphasen vorgesehen hatte, wurden die Grundleistungen nur noch in vier Leistungsphasen aufgegliedert, die jeweils mit einem bestimmten Prozentsatz aus der Gesamtleistung bewertet werden. Die Vergütung für die frühere Leistungsphase 5 (genehmigungsfähige Planfassung), die in verschiedenen Bundesländern erbracht werden muss, war nicht mehr in der HOAI enthalten. Sie kann frei vereinbart werden. Der Verordnungsgeber begründete dies damit, dass »den Vertragsparteien schon nach dem bisherigen § 45a Absatz 3 die Honorarvereinbarung für die Leistungsphase 5 ausdrücklich freigestellt wurde« und eine freie Vereinbarung auch nach der Streichung dieser Regelung »möglich bleibt« (vgl. Amtl. Begründung zu § 23).

3   Darüber hinaus wurden die zuvor bestehenden Unterschiede zwischen den Leistungsphasen des Landschaftsplans und denen des Grünordnungsplans beseitigt (vgl. § 24 Abs. 1 HOAI 2009).

2. Änderungen durch die HOAI 2013

4   Das Leistungsbild Landschaftsplan wurde in § 23 HOAI 2013 erheblich geändert. Während für die Leistungsphasen 1 und 2 des § 23 HOAI 2009 kein fester Prozentsatz,

sondern nur eine prozentuale Spanne festgelegt worden war, wird diesen Leistungsphasen nunmehr ein exakter Prozentsatz zugeordnet. Die einzelnen Grundleistungen des Leistungsbilds sind nunmehr in der Anlage 4 aufgeführt. Sie wurden gründlich überarbeitet und modernisiert. Die Bezeichnungen der Leistungsphasen 3 und 4 wurden in »vorläufige Fassung« und »abgestimmte Fassung« umbenannt. Der Verordnungsgeber wollte damit eine einheitliche Terminologie für die Bezeichnung der Grundleistungen der Landschaftsplanung herbeiführen. Die Besonderen Leistungen befinden sich nunmehr in der Anlage 9.

Die bisherige Regelung des § 23 Abs. 2 HOAI 2009, wonach die Teilnahme des Auftragnehmers an Sitzungen von politischen Gremien des Auftraggebers oder Sitzungen im Rahmen der Bürgerbeteiligungen, die im Rahmen der zu erbringenden Leistungen anfallen, bis zu einer festgelegten Anzahl mit dem Honorar abgegolten sind, ist entfallen. Die Teilnahme an derartigen Sitzungen stellt nunmehr nach der Anlage 9 eine Besondere Leistung dar.

3. Allgemeines zum Landschaftsplan

Ebenso wie das übergeordnete Landschaftsprogramm und der übergeordnete Landschaftsrahmenplan sind die Landschafts- und Grünordnungspläne Teil des Instrumentariums der in den §§ 8 ff. BNatSchG sowie in Landesgesetzen geregelten Landschaftsplanung. Sie haben die Aufgabe, die Erfordernisse und Maßnahmen des Naturschutzes und der Landschaftspflege für den jeweiligen Planungsraum darzustellen und zu begründen. Sie dienen dabei der Verwirklichung der Ziele und Grundsätze des Naturschutzes und der Landschaftspflege (vgl. § 1 BNatSchG). Der Landschaftsplan wird in der Regel von dem Träger der Bauleitplanung ausgearbeitet. Dies sind nach § 2 Abs. 1 BauGB die Gemeinden.

Nach § 11 Abs. 1 BNatSchG sind in Landschaftsplänen die örtlichen Erfordernisse und Maßnahmen des Naturschutzes und der Landschaftspflege auf der Grundlage des Landschaftsprogramms oder der Landschaftsrahmenpläne flächendeckend darzustellen. Die Landschaftspläne sind fortzuschreiben, wenn wesentliche Veränderungen der Landschaft vorgesehen oder zu erwarten sind. Die Ziele der Raumordnung sind zu beachten; die Grundsätze und sonstigen Erfordernisse der Raumordnung sind zu berücksichtigen.

Darüber hinaus besteht für die Länder die Möglichkeit, die Verbindlichkeit der Landschaftspläne, insbesondere für die Bauleitplanung zu regeln. Sie können bestimmen, dass Darstellungen des Landschaftsplans als Darstellungen oder Festsetzungen in die Bauleitpläne übernommen werden. Sie können darüber hinaus regeln, dass von der Erstellung eines Landschaftsplans in Teilen von Gemeinden abgesehen werden kann, soweit die vorherrschende Nutzung den Zielen und Grundsätzen des Naturschutzes und der Landschaftspflege entspricht und dies planungsrechtlich gesichert ist. Damit ergeben sich vielfältige Ungleichheiten, nicht zuletzt auch für eingeführte Begriffe. So werden
– Landschaftspläne und Grünordnungspläne in Rheinland-Pfalz seit 2005 durch § 8 NatSchG Rheinland-Pfalz zusammengefasst als »Landschaftspläne« bezeichnet. In

§ 23 HOAI Leistungsbild Landschaftsplan

diesem Fall bedarf es zur Beantwortung der Frage, ob die Vergütungsregeln des Landschaftsplans oder des Grünordnungsplans gelten, der Heranziehung der Maßstabsebene und der zu erarbeitenden Planinhalte (vorbereitender oder konkretisierender Charakter der Planung);
– Landschaftspläne in einzelnen Bundesländern als naturschutzrechtlicher Fachplan dem Flächennutzungsplan-Verfahren zugeordnet und in anderen mit eigener Rechtskraft versehen;
– Strategische Umweltprüfungen (SUP) für das Verfahren der Landschaftsplanungen gemäß § 19a UVPG nach ggf. unterschiedlichen landesrechtlichen Bestimmungen durchgeführt (so z. B. § 16 Abs. 4 NatSchG BW).

Dies hat zur Folge, dass für jedes Bundesland ein unterschiedlicher Leistungsumfang zu beachten ist.

8   Gegenstand der **Landschaftspläne** ist die Darstellung des vorhandenen Zustands von Natur und Landschaft und seine Bewertung nach den im BNatSchG festgelegten Zielen. Sie umfassen in der Regel die Gesamtfläche oder Teilflächen des Flächennutzungsplanes und werden daher im Maßstab 1:5 000, gegebenenfalls im Maßstab 1:10 000 oder in größeren Maßstäben wie z. B. 1:2 500 bearbeitet. Landschaftspläne umfassen Aussagen zu sämtlichen Landschaftsfaktoren, Relief, Geologie, Boden, Wasser, Klima, Luft, Flora/Fauna, deren Lebensräume, Erholungsraum sowie zu den aktuellen Flächennutzungen, des Weiteren zum angestrebten Zustand von Natur und Landschaft sowie den erforderlichen Maßnahmen (u. a. zum Biotopverbund). Im Zuge der Planung erfolgen Aussagen über
– Allgemeine Schutz-, Pflege- und Entwicklungsmaßnahmen, die im Zusammenhang mit Eingriffen in Natur und Landschaft stehen (z. B. Maßnahmen im Zuge von Planungen im Straßenbau, Gewässerbau, Flurbereinigung, Städtebau);
– Maßnahmen zum Schutz, zur Pflege und Entwicklung bestimmter Teile von Natur und Landschaft (z. B. im Zuge der Ausweisung von Nationalparks, Naturschutz- und Landschaftsschutzgebieten, Biosphärenreservaten, Naturparks, Naturdenkmalen);
– Maßnahmen zum Schutz und zur Pflege wildlebender Tier- und Pflanzenarten sowie
– Aussagen zum Schutz wertvoller Biotope (z. B. Moore, Gewässer und regelmäßig überschwemmte Bereiche, Bruch-, Sumpf- und Auwälder, Schluchten, Wacholderheiden).

9   Auch in den Bundesländern, in denen die Landschaftsplanung nicht auf der Ebene der Bauleitplanung angesiedelt ist (Berlin, Bremen, Hamburg, Nordrhein-Westfalen), sind die Honorarregelungen des § 23 anwendbar.

4. Zusammenspiel mit anderen Vorschriften

10   § 23 Abs. 1 führt die vier Leistungsphasen mit einer prozentualen Bewertung auf. Die einzelnen Grundleistungen des Leistungsbilds sowie die Besonderen Leistungen werden nicht erwähnt. Die Grundleistungen sind nunmehr in der Anlage 4 enthalten.

In der Anlage 9 sind die Besonderen Leistungen aller Leistungsbilder des Teils 2 – Flächenplanung – zusammengefasst dargestellt.

Für die Honorarbemessung von Grundleistungen für einen Landschaftsplan sind folgende Parameter maßgeblich
– die Fläche des Planungsgebietes in ha (§ 28 Abs. 2);
– die Honorarzone des Plans (§ 28 Abs. 3–5);
– der von den Parteien vereinbarte Honorarsatz zwischen Mindest- und Höchstsätzen;
– der Prozentsatz der betreffenden Leistungsphasen (§ 23 Abs. 1);
– die Honorartafel (§ 28 Abs. 1).

5. Die Bewertung der Leistungsphasen in Abs. 1

Absatz 1 enthält eine Bewertung der einzelnen Leistungen in Prozentsätzen der Honorare nach § 28. Der Honorarsatz der Leistungsphasen 1 und 2 ist voll anzusetzen, wenn der Landschaftsplan als Grundlage für den Flächennutzungsplan oder als eigenständiger Plan neu oder erstmals erstellt wird. Eine geringere prozentuale Bewertung als die vorgegebenen 37 % kann bei der Leistungsphase 2 dann in Frage kommen, wenn Teile der Bestandsaufnahme in aktueller und planungsverwendbarer Form und Qualität zur Verfügung stehen und diese Grundleistungen nicht mehr erbracht werden müssen. Entsprechendes gilt für die Leistungsphase 3.

6. Die einzelnen Leistungsphasen des § 23

§ 23 Abs. 2 verweist für die einzelnen Grundleistungen einer jeden Leistungsphase auf die Anlage 4. Die Grundleistungen des Leistungsbilds begründen keine unmittelbaren Leistungspflichten. Nachdem die dort erfassten Leistungen aber nach § 3 Abs. 2 im Allgemeinen zur ordnungsgemäßen Erbringung der Leistungen des Auftragnehmers gehören, ist die Auflistung in der Anlage 4 für die Auslegung der vertraglich geschuldeten Leistung und somit auch für die Haftung des Auftragnehmers von erheblicher Bedeutung.

Die in der Anlage 4 enthaltenen Grundleistungen wurden in der HOAI 2013 aktualisiert. Es bleibt aber bei dem bisherigen Zustand, dass die erforderlichen Leistungen für einen qualifizierten Landschaftsplan aufgrund der verschieden ausgestalteten landesrechtlichen Regelungen einen unterschiedlichen Aufwand erfordern. Dies führt dazu, dass die für die Erstellung eines Landschaftsplans erforderlichen Leistungen auch über das in der Anlage 4 enthaltene Leistungsbild hinausgehen können und als Besondere Leistungen zusätzlich zu vergüten sind (vgl. § 22 Rdn. 26 ff.).

Nach § 23 Abs. 2 i. V. m. der Anlage 4 sind folgende Grundleistungen in dem Leistungsbild enthalten:

7. Leistungsphase 1 Klären der Aufgabenstellung und Ermitteln des Leistungsumfangs

Die erste Grundleistung betrifft das **Zusammenstellen und Prüfen planungsrelevanter Unterlagen**, die vom Auftraggeber zur Verfügung gestellt werden. Hierzu gehören die

§ 23 HOAI   Leistungsbild Landschaftsplan

für das Gebiet der Gemeinde vorliegenden Raumplanungen sowie entsprechende Fachgutachten und -daten, soweit sie für den Landschaftsplan von Bedeutung sind. Das Zusammenstellen und Prüfen dieser Unterlagen wird so einer fachkundigen Sichtung durch den Auftragnehmer zugeführt. Dadurch wird das vorhandene Grundlagenmaterial entsprechend seiner Bedeutung, Aktualität und Eignung für landschaftsplanerische Zwecke erfasst und geprüft. Die Zusammenstellung und das Prüfergebnis sind für den Auftraggeber nachvollziehbar darzustellen. Im Zusammenhang mit der Prüfung der Unterlagen, aber auch als Vorgabe für die anderen Grundleistungen, ist eine **Ortsbesichtigung** unabdingbar. Eine fachkundige Bewertung der Aufgabenstellung ist nur unter dem Eindruck der Örtlichkeit möglich.

17   Der Umfang des Planungsgebiets steht dann fest, wenn auch die nach der Eingriffsregelung zu untersuchenden Wirkräume außerhalb dieses Gebiets für die einzelnen Schutzgüter herausgearbeitet worden sind (vgl. § 28 Rdn. 6 ff.). Die Abgrenzung des Planungsgebiets und damit die Festlegung der anrechenbaren Flächen setzen die Kenntnis von Unterlagen und eine Ortsbesichtigung voraus. Die **Abgrenzung des Planungsgebiets** ist auf einer Karte für den Auftraggeber nachvollziehbar darzustellen. Anhand der verwertbaren planungsrelevanten Unterlagen und der Ortsbesichtigung kann der Auftragnehmer erkennen, ob ein Bedarf an weiteren Daten und Unterlagen besteht. In diesem Fall hat er den **Bedarf** so zu **konkretisieren**, dass dies auch von dem Auftraggeber nachvollzogen werden kann. Er hat dabei auch einen Weg aufzuzeigen, wie diese Daten und Unterlagen beschafft werden können. Neben dem Bedarf an weiteren Daten und Unterlagen kann der Auftragnehmer auch feststellen, dass ergänzende Untersuchungen und Fachleistungen notwendig sind. Dies können geologische, hydrologische, bodenkundliche, klimatische, floristische, faunistische, land- und forstwirtschaftliche, wasserwirtschaftliche Untersuchungen und Datenaufbereitungen sein. Fachleistungen können auch für die Einbindung der Planung in ein kommunales GIS-System erforderlich werden. Dabei hat der Auftragnehmer auch aufzuzeigen, ob er die ergänzenden Untersuchungen und Fachleistungen selbst erbringen kann oder ob ein geeigneter Fachgutachter eingeschaltet werden soll.

18   Als abschließende und zusammenfassende Grundleistung der Leistungsphase 1 ist der Arbeitsablauf der Planung unter Berücksichtigung der einzubindenden Fachbeiträge in einem **Arbeitsplan** darzustellen, der auf dem in diesem Planungsstadium bestehenden Wissensstand beruht. Der Arbeitsplan macht terminliche Abstimmungen zwischen Auftraggeber und Auftragnehmer notwendig und erfordert im Falle von Abhängigkeiten zeitliche und inhaltliche Abklärungen mit Parallelverfahren (z. B. Flächennutzungsplan).

8. Leistungsphase 2 Ermitteln der Planungsgrundlagen

19   Die Grundleistung **Ermitteln und Beschreiben der planungsrelevanten Sachverhalte auf Grundlage vorhandener Unterlagen und Daten** betrifft alle planungsrelevanten Sachverhalte. Diese umfassen zum einen das biologisch-ökologische Potential der freien und besiedelten Landschaft anhand der Schutzgüter, die im Landschaftsplan zu betrachten sind wie Geologie, Boden, Oberflächenwasser, Grundwasser, Luft, Kli-

ma, Tier- und Pflanzenwelt sowie Landschaftsbild und Erholungspotenzial. Zum anderen sind die örtlichen und regionalen Ansprüche an die Entwicklung und den Flächenbedarf zu berücksichtigen. Um Planungsvorschläge für einen Ausgleich zwischen dem natürlichen Leistungsvermögen der Umwelt und den konkurrierenden Flächenansprüchen erarbeiten zu können, ist eine umfassende Bestandsaufnahme erforderlich. Eine gesteigerte Darstellungsgenauigkeit in der Planung kann zu erhöhten Aufwendungen in der Leistungsphase 2 führen. Nach der amtlichen Begründung stellt die Ermittlung von Daten aus vorhandenen Unterlagen oder örtlichen Erhebungen, die nicht überwiegend der Kontrolle der aus Unterlagen erhobenen Daten dienen, deshalb eine Besondere Leistung dar.

Für die weiteren Schritte bei der Erstellung eines Landschaftsplans ist es wichtig, die übergeordneten Ziele und Grundsätze des Naturschutzes und der Landschaftspflege einer ersten **Landschaftsbewertung** zu unterziehen. Die Grundleistung **Bewerten von Flächen und Funktionen des Naturhaushalts und des Landschaftsbildes** stellt klar, dass in die Bewertung auch Flächen und Funktionen des Naturhaushalts und des Landschaftsbilds, also aller Schutzgüter unter spezifischer Herausarbeitung ihrer Eignung, Leistungsfähigkeit, Empfindlichkeit und Vorbelastung einzubeziehen sind. 20

Nachdem alle übergeordneten Belange sowie die Belange der Schutzgüter des Naturhaushalts und des Landschaftsbilds ermittelt worden sind, sind in einem weiteren Schritt die geplanten Veränderungen durch **Eingriffe in Natur und Landschaft** zu bewerten. Soweit diese als Eingriffe im Sinne der Eingriffsregelung gelten, ist das Gebot der Vermeidung und Minimierung in die Bewertung einzubeziehen. 21

Unvermeidbare Eingriffe sind ein wesentlicher Teil der sich abzeichnenden **Nutzungs- und Zielkonflikte**, die als weitere Grundleistung zu ermitteln sind. Darüber hinaus können aber auch weitere Konflikte durch konkurrierende Planungen oder durch die Kollision einzelner Zielvorstellungen gegeben sein. 22

Die in dieser Leistungsphase gewonnenen Erkenntnisse und Feststellungen sind dann schriftlich oder auf Planunterlagen **zusammenfassend darzustellen**. Formale Anforderungen an die Leistungserbringung werden nicht gestellt. Deshalb genügen einfache, nicht pausfähige farbige Plandarstellungen für flächendeckende und punktuelle Maßnahmen als Konkretisierung landschaftsplanerischer Lösungsvorschläge und ein stichwortartiger Textteil. Soweit landesspezifische Anforderungen an die Darstellung bestehen, die diesen Standard erheblich überschreiten, ist von Besonderen Leistungen auszugehen. 23

9. Leistungsphase 3 Vorläufige Fassung

Zunächst sind **örtliche Entwicklungsziele und Grundsätze zum Schutz, zur Pflege und Entwicklung von Natur und Landschaft** einschließlich der Erholungsvorsorge zu formulieren. Diese werden dann der Planung als Basis vorangestellt. Dadurch wird erkennbar, welche Entwicklungsziele im Weiteren verfolgt werden. 24

Mit dem **Darlegen der im Einzelnen angestrebten Flächenfunktionen und Flächennutzungen** sowie der örtlichen Erfordernisse und Maßnahmen zur Umsetzung der kon- 25

§ 23 HOAI Leistungsbild Landschaftsplan

kretisierten Ziele des Naturschutzes und der Landschaftspflege wird deutlich, dass sich die vorläufige Fassung mit den absehbaren Änderungen aufgrund städtebaulicher Planungen und Fachplanungen auseinandersetzen muss. Dabei sind die örtlichen Erfordernisse und Maßnahmen zur Umsetzung der konkretisierten Ziele des Naturschutzes und der Landschaftspflege zu wahren.

26 Soweit erkennbar wird, dass planerische Aussagen inhaltlich so einzustufen sind, dass eine **Übernahme in andere Planungen**, insbesondere in die Bauleitplanung, naheliegend erscheint, hat der Auftragnehmer entsprechende Vorschläge zu erarbeiten. Da Art und Umfang der Übernahme häufig variabel sind, sind im Einzelfall auch Alternativen zu erarbeiten.

27 Nachdem der Landschaftsplan ein breites Spektrum daraus ableitbarer Folgen für den Auftraggeber enthält, ist der Auftragnehmer gehalten, auf mögliche Folgeplanungen und Folgemaßnahmen hinzuweisen. Vor allem ist auf die aus landschaftsplanerischer Sicht erforderlich erscheinende Vertiefung und detailliertere Untersuchung von Teilbereichen sowie das Erfordernis von landschaftspflegerischen Begleitplänen, Pflege- und Entwicklungsplänen, Regelungen von Duldungs- und Pflegepflichten, bodenordnenden oder enteignenden Maßnahmen oder von Landschaftsteilen, die unter Schutz zu stellen sind, hinzuweisen.

28 Die nächste Grundleistung betrifft das **Mitwirken des Auftragnehmers bei der Beteiligung von nach dem BNatSchG anerkannten Verbänden**. Dabei handelt es sich nach § 63 Abs. 1 BNatSchG um die nach § 3 des Umwelt-Rechtsbehelfsgesetzes anerkannten Vereinigungen, die nach ihrem satzungsgemäßen Aufgabenbereich schwerpunktmäßig die Ziele des Naturschutzes und der Landschaftspflege fördern (anerkannte Naturschutzvereinigung). Das Mitwirken des Auftragnehmers selbst bei Beteiligungen mit anerkannten Vereinigungen oder bei Partizipationsverfahren und Öffentlichkeitsbeteiligungen stellt keine Grundleistung, sondern eine Besondere Leistung dar. Die vom Auftragnehmer zu erbringenden Unterlagen müssen so gestaltet sein, dass eine Beteiligung stattfinden kann. Da die Fassung zum Zeitpunkt der Abstimmung noch nicht fertig gestellt ist, sind keine landesspezifischen Formalitäten zu beachten. Die Fassung muss aber einen Zustand aufweisen, der für die Anforderungen an die Beteiligung ausreichend ist.

29 Die Grundleistung **Mitwirken bei der Abstimmung der Vorläufigen Fassung mit der für Naturschutz und Landschaftspflege zuständigen Behörde** betrifft nur die Abstimmung mit dieser Behörde. Eine Abstimmung mit sonstigen Behörden oder den übrigen Trägern öffentlicher Belange ist davon nicht umfasst. Soweit der Auftragnehmer daran ebenfalls mitwirkt oder Leistungen erbringt, handelt es sich um Besondere Leistungen. In dieser Grundleistung wird erstmals eine Vorläufige Fassung des Landschaftsplans angesprochen, die in dieser Leistungsphase entsteht. Der Verordnungsgeber lässt es offen, welche der vorangehenden Grundleistungen die Erstellung einer Vorläufigen Fassung zum Gegenstand haben. Es ist davon auszugehen, dass darunter die vorläufigen Ergebnisse aller vorhergegangenen Grundleistungen zu verstehen sind. Dass diese zum Zeitpunkt der Abstimmung noch als »vorläufig« bezeichnet werden, macht deutlich, dass an die Fassung keine besonderen formalen Anforderungen gestellt werden. Sie

muss nur einen Zustand erreicht haben, der für die Abstimmung ausreichend ist. Für das Mitwirken genügt die begleitende Unterstützung bzw. Anwesenheit bei der Abstimmung, die unter Federführung des Auftraggebers erfolgt.

Das **Abstimmen der Vorläufigen Fassung mit dem Auftraggeber** stellt eine der wichtigsten Grundleistungen dar. In diesem Stadium lassen sich erstmals der Inhalt und die Tragweite der Planung für den Auftraggeber in konkreter Form mit der Würdigung durch die Fachbehörden und -vereinigungen absehen. Dieser hat dabei seine Planungsabsichten unter dem Eindruck der Stellungnahmen zur vorläufigen Fassung zu überprüfen und diese zu bestätigen oder zu korrigieren. Als Ergebnis der Überprüfung hat er festzulegen, wie die Planung durch den Auftragnehmer fortgeführt werden soll. Wird dabei eine Planungsänderung verlangt, liegen Wiederholungen von Grundleistungen nach § 10 Abs. 2 vor. 30

10. Leistungsphase 4 Abgestimmte Fassung

Mit der abgestimmten Fassung bringt der Auftragnehmer die vorläufige Fassung in die mit dem Auftraggeber abgestimmte Form. Die Leistungsphase 4 stellt demnach eine Planungsstufe dar, die als Ergebnis der vorhergehenden Leistungen zu verstehen ist. Die Darstellung hat den Formerfordernissen zu entsprechen, die nach den landesrechtlichen Vorgaben zu beachten sind. 31

Eine Änderung oder Korrektur des Inhalts der abgestimmten Fassung, etwa von Aussagen in Text und Karte nach mangelfreier Erbringung der Leistungsphase 4, zählt nicht mehr zu den Leistungen des Leistungsbilds. Solche »fortgeführten Fassungen« stellen deshalb keine Wiederholungen von Grundleistungen, sondern Besondere Leistungen dar. Dabei ist es unerheblich, ob die Abgestimmte Fassung die letzte Planfassung des Landschaftsplans darstellt oder ob weitere folgen. Wenn dem Landschaftsplan nach der Leistungsphase 4 weitere Fassungen folgen sollten, etwa weil der Flächennutzungsplan, auf den er Bezug nimmt, geändert wird oder weil sich die Rechtslage ändert, stellen die damit verbundenen weiteren Leistungen ebenfalls Besondere Leistungen dar. 32

11. Besondere Leistungen

Die Besonderen Leistungen für das Leistungsbild »Landschaftsplan« sind in die Anlage 9 übertragen worden. Sie sind nicht vollständig, sondern stellen eine beispielhafte Aufzählung der Besonderen Leistungen dar. Wie bisher können Besondere Leistungen hinzukommen, die in anderen Leistungsbildern enthalten oder nicht in der HOAI aufgeführt sind, soweit sie keine Grundleistungen darstellen. Dies betrifft z. B. die 33
- **Vorbereitung und Mitwirkung bei der artenschutzrechtlichen Prüfung**
  Für besonders streng geschützte Arten (europäische Vogelarten, Arten des Anhangs IV der FFH-Richtlinie) bedarf es einer Prüfung artenschutzrechtlicher Fragestellungen und der Darlegung der Ergebnisse in einem Fachbeitrag Artenschutz. Bei der Durchführung dieser Prüfung, die zu den Obliegenheiten des Planungsträgers gehört, wirken in der Regel die mit der Planung beauftragten Auftragnehmer mit.
- **Vorbereitung und Mitwirkung bei der vorgezogenen Öffentlichkeitsbeteiligung (Scoping)**

§ 23 HOAI Leistungsbild Landschaftsplan

Unter dem Begriff »Scoping« versteht das Planungsrecht die Unterrichtung der Behörden und sonstigen Träger der öffentlichen Belange, deren Aufgabenbereich durch die Planung berührt werden kann, über das Verfahren und zur Äußerung im Hinblick auf den erforderlichen Umfang und Detaillierungsgrad der Umweltprüfung nach § 2 Abs. 4 und § 4 BauGB. Die Vorbereitung und Durchführung dieses Verfahrensschritts, die zu den Obliegenheiten des Planungsträgers gehört, erfordert eine vorgezogene Bestandserfassung und -bewertung anhand vorliegender Unterlagen sowie Erkenntnissen aus einer Ortsbegehung unter Einbeziehung der mit dem Verfahren verfolgten Planungsziele. Bei der Durchführung des Scoping wirken deshalb in der Regel die mit der Planung beauftragten Auftragnehmer mit.

– **Mitwirkung bei der Untersuchung und Feststellung zur Abschichtung nach § 2 Abs. 4 BauGB**
Der Umfang der Umweltprüfung wird aufgrund der gesetzlichen Regeln auf noch nicht vorhandene Untersuchungen erheblicher Umweltauswirkungen »abgeschichtet«. Hieraus ergibt sich der individuell nach dem Einzelfall reduzierte Umfang der Umweltprüfung im Verfahren. An dementsprechenden Untersuchungen mit hierzu erforderlichen Sichtungen vorliegender Pläne und Formulieren der hieraus abzuleitenden Abschichtungsergebnisse und Feststellungen, die zu den Obliegenheiten des Planungsträgers gehören, wirken in der Regel die mit der Planung beauftragten Auftragnehmer mit.

– **Mitwirkung bei der Strategischen Umweltprüfung SUP (§§ 14 ff. UVPG) und bei der Umweltprüfung UP (§ 2 Abs. 4 ff. BauGB)**
Die Erfordernisse für die Strategische Umweltprüfung, die zu den Obliegenheiten des Planungsträgers gehören, ergeben sich insbesondere aus den Regelungen im ROG, im UVPG, im BNatSchG sowie in einschlägigen landesrechtlichen Regelungen. Im Zuge der Strategischen Umweltprüfung werden die Belange des Umweltschutzes ermittelt, bewertet und in einem Umweltbericht gemäß § 14g UVPG dargelegt. Die Erfordernisse für die Umweltprüfung, die zu den Obliegenheiten der Planungsträger gehören, ergeben sich insbesondere aus den Regelungen im BauGB, im UVPG sowie in einschlägigen landesrechtlichen Regelungen. Auch im Zuge der Umweltprüfung werden die Belange des Umweltschutzes ermittelt, bewertet und in einem Umweltbericht gemäß § 2a BauGB dargelegt. Inhalt und Gliederung des Umweltberichts sind in der Anlage zu § 2 Abs. 4 und § 2a BauGB festgelegt.

Darüber hinaus können weitere Leistungen für die jeweiligen weiteren Anforderungen an die Umweltprüfungen (Öffentlichkeitsbeteiligung, Bekanntgaben, Monitoring etc.) hinzukommen.

Auch Leistungen, die früher in der Leistungsphase 5 des § 45a Abs. 2 HOAI 2002 – Genehmigungsfähige Planfassung – enthalten waren und seit der HOAI 2009 nicht mehr vom Leistungsbild umfasst sind, stellen jetzt Besondere Leistungen dar. Ob ein Landschaftsplan eine »genehmigungsfähige Fassung« benötigt, weil er selbständig genehmigt wird und deshalb eine weitere Planfassung erforderlich wird, richtet sich nach landesrechtlichen Regelungen.

Als Besondere Leistungen sind auch Leistungen für sonstige weitere Planfassungen an- 34
zusehen, die nach Abschluss der Leistungsphase 4 erbracht werden. Anlässe für weitere
Planfassungen bestehen zunehmend, weil z. B.:
– der Landschaftsplan-Entwurf bereits zum Vorentwurf des Flächennutzungsplans im
   Verfahren vorliegen muss und dann bei späteren Änderungen der Planungsinhalte
   des Flächennutzungsplans asynchrone Aussagen enthalten könnte;
– der Landschaftsplan-Entwurf bereits zum Vorentwurf des Flächennutzungsplans im
   Verfahren vorliegen muss und dann ggf. einer Rechtslage entspricht, die zum Zeitpunkt der viel später stattfindenden Fertigstellung und Genehmigung des Flächennutzungsplans veraltet ist.

12. Honorar für die Teilnahme an Sitzungen

Nachdem die Regelung des § 23 Abs. 2 HOAI 2009 zur Vergütung von Teilnahmen 35
an Sitzungen von politischen Gremien des Auftraggebers oder Sitzungen im Rahmen
der Bürgerbeteiligungen entfallen ist und die Teilnahme an Gremien- und Öffentlich-
keitsterminen nunmehr nach der Anlage 9 eine Besondere Leistung darstellt, ist die
Vergütung dafür jeweils projektbezogen zu vereinbaren. Ohne eine solche Vereinbarung kann der Auftragnehmer die übliche Vergütung nach § 632 Abs. 2 BGB verlangen. Dabei entspricht eine Abrechnung nach Stundensätzen der Praxis.

Reguläre Abstimmungstermine, die für die Ausführung der Grundleistungen erforderlich sind, können allerdings nicht zusätzlich als Besondere Leistung berechnet werden,
auch wenn sie im Rahmen einer Sitzung stattfinden. Für eine Abgrenzung kommt es
nicht darauf an, dass ein politisches Gremium die Sitzung einberufen hat, sondern,
ob es sich um eine für die Abstimmung der Planung mit dem Auftraggeber erforderliche
Sitzung handelt, die eine Voraussetzung für die ordnungsgemäße Erfüllung des Planungsauftrags darstellt (so die amtliche Begründung zu § 23).

§ 24 HOAI Leistungsbild Grünordnungsplan

(1) Die Grundleistungen bei Grünordnungsplänen und Landschaftsplanerischen
Fachbeiträgen sind in vier Leistungsphasen zusammengefasst und werden wie folgt
in Prozentsätzen der Honorare des § 29 bewertet:
1. für die Leistungsphase 1 (Klären der Aufgabenstellung und Ermitteln des Leistungsumfangs) mit 3 Prozent,
2. für die Leistungsphase 2 (Ermittlung der Planungsgrundlagen) mit 37 Prozent,
3. für die Leistungsphase 3 (Vorläufige Fassung) mit 50 Prozent,
4. für die Leistungsphase 4 (Abgestimmte Fassung) mit 10 Prozent.

(2) Anlage 5 regelt die Grundleistungen jeder Leistungsphase. Anlage 9 enthält Beispiele für Besondere Leistungen.

§ 24 HOAI Leistungsbild Grünordnungsplan

Übersicht Rdn.
1. Änderungen durch die HOAI 2009 1
2. Änderungen durch die HOAI 2013 3
3. Allgemeines 4
4. Zusammenspiel mit anderen Vorschriften; Honorarbemessung 7
5. Die einzelnen Leistungsphasen des § 24 17
6. Leistungsphase 1 Klären der Aufgabenstellung und Ermitteln des Leistungsumfanges 20
7. Leistungsphase 2 Ermitteln der Planungsgrundlagen 21
8. Leistungsphase 3 Vorläufige Fassung 22
9. Leistungsphase 4 Abgestimmte Fassung 29
10. Besondere Leistungen 31
11. Honorar für die Teilnahme an Sitzungen 38

1. Änderungen durch die HOAI 2009

1 Das **Leistungsbild Grünordnungsplan** war bis zur 6. HOAI-Novelle in § 46 HOAI 2002 enthalten. § 24 Abs. 1 HOAI 2009 verwies auf die Leistungsphasen und deren Bewertung beim Leistungsbild »Landschaftsplan« nach § 23 Abs. 1 HOAI 2009. Das Leistungsbild enthielt nicht mehr, wie vor der 6. HOAI-Novelle, fünf, sondern nur noch vier Leistungsphasen, welche in § 23 Abs. 1 HOAI 2009 aufgeführt und jeweils mit Prozentsätzen der Gesamtleistung bewertet wurden. Die frühere Leistungsphase 5 (genehmigungsfähige Planfassung) ist nicht mehr in der HOAI geregelt. Das Honorar dafür kann frei vereinbart werden. Die Möglichkeit einer freien Honorarvereinbarung für die frühere Leistungsphase 5 bestand bereits nach der vorangehenden Regelung der §§ 46 Abs. 4, 45a Abs. 3 HOAI 2002.

2 Die zuvor in § 46 Abs. 2 HOAI 2002 enthaltenen Grundleistungen fanden sich in der Anlage 7 wieder. Dasselbe galt für die Besonderen Leistungen, welche in Ziff. 2.3 der Anlage 2 zu § 3 Abs. 3 enthalten waren.

2. Änderungen durch die HOAI 2013

3 Während die Leistungen des Leistungsbilds Grünordnungsplan in § 24 HOAI 2009 durch einen Verweis auf die Leistungsphasen des Leistungsbilds Landschaftsplan zu bewerten waren, wurde nunmehr ein eigenständiges Leistungsbild geschaffen. Dabei wurde der sachliche Anwendungsbereich auf »Landschaftsplanerische Fachbeiträge« erweitert. Der Grund dafür besteht in den uneinheitlichen Anforderungen und Bezeichnungen für diese Planungen in den Bundesländern. Teilweise wird ein Grünordnungsplan zum Bebauungsplan beauftragt. Teilweise geschieht dies als »Landschaftsplanerischer Fachbeitrag« zur Bauleitplanung. Mit der Erweiterung des sachlichen Anwendungsbereichs gilt die Honorarvorschrift auch in Bundesländern, in denen der Begriff »Grünordnungsplan« nicht eingeführt ist.

Mit der HOAI 2013 wurde das in § 24 enthaltene Leistungsbild und die Bewertung der Leistungsphasen erheblich geändert. Die Leistungsphasen 1 und 2 werden nicht mehr mit einer prozentualen Spanne, sondern mit einem exakten Prozentsatz (3 %

für die Leistungsphase 1 und 37% für die Leistungsphase 2) bewertet. Ebenso wurden die Leistungsphasen 3 und 4 wie beim Landschaftsplan in »Vorläufige Fassung« und »Abgestimmte Fassung« umbenannt. Die einzelnen Grundleistungen des Leistungsbilds wurden überarbeitet und modernisiert. Sie sind in der Anlage 5 enthalten. Die Besonderen Leistungen wurden, wie alle Besonderen Leistungen für die Flächenplanung, in die Anlage 11 verschoben. Die in den §§ 24 Abs. 2, 23 Abs. 2 HOAI 2009 enthaltene Regelung über das Honorar für die Teilnahme an Sitzungen von politischen Gremien des Auftraggebers oder im Rahmen der Bürgerbeteiligungen wurde ebenso wie beim Leistungsbild Landschaftsplan gestrichen.

3. Allgemeines

Ebenso wie das übergeordnete Landschaftsprogramm und die übergeordneten Landschaftsrahmen- und Landschaftspläne ist der Grünordnungsplan Teil des Instrumentariums der in den §§ 8 ff. BNatSchG sowie in Landesgesetzen geregelten Landschaftsplanung. Nach § 11 Abs. 1 BNatSchG werden die örtlichen Erfordernisse und Maßnahmen des Naturschutzes und der Landschaftspflege auf der Grundlage der Landschaftsrahmenpläne und der Landschaftspläne für Teile eines Gemeindegebiets in Grünordnungsplänen dargestellt. Nach § 11 Abs. 5 BNatSchG richten sich die Zuständigkeit und das Verfahren zur Aufstellung der Grünordnungspläne sowie deren Durchführung nach Landesrecht.

Der **Grünordnungsplan** setzt damit die Vorgaben aus dem Landschaftsrahmenplan und dem Landschaftsplan auf der Ebene der Bebauungsplanung um und konkretisiert Maßnahmen im Einzelnen. Er umfasst in der Regel die Gesamtfläche oder Teilflächen eines Bebauungsplans und ist damit im Vergleich zum Landschaftsplan aufgrund des Maßstabs 1:1000 oder 1:500 erheblich detaillierter. Der Begriff »Grünordnungsplan« wird immer wieder fälschlich für Genehmigungspläne in der Objektplanung genutzt. Solche »Freiflächengestaltungspläne« zu Bauanträgen, die durchaus auch naturschutzrechtliche Komponenten enthalten können, sind keine Grünordnungspläne im Sinne des Leistungsbilds des § 24 Abs. 1 i. V. m. der Anlage 5. Dagegen werden Grünordnungspläne nicht immer auch als solche bezeichnet. So wurden in Rheinland-Pfalz in den §§ 16, 17 LpflG Rh-Pf (bis 2005) die Landschaftspläne und Grünordnungspläne mit »landespflegerische Planungsbeiträge« zur jeweiligen Planungsebene und werden seit 2005 in § 8 Abs. 4 NatSchG Rheinland-Pfalz als »Landschaftspläne« bezeichnet. Angesichts dieser Begriffsverwirrung aufgrund unterschiedlicher landesrechtlicher Regelungen ist klarzustellen, dass die Vergütungsregelung der HOAI nur Leistungen der Grünordnungsplanung auf der Ebene der Bebauungsplanung betrifft.

Die Erweiterung des sachlichen Anwendungsbereichs in § 22 Absatz 2 Nummer 2 auf **landschaftsplanerische Fachbeiträge** ist diesen länderspezifischen Besonderheiten geschuldet. Der Grund dafür besteht darin, dass der Grünordnungsplan in den Bundesländern teilweise als solcher und teilweise in einem nicht formalisierten Verfahren als »Landschaftsplanerischer Fachbeitrag« ergänzend zur Bauleitplanung in Auftrag gegeben wird. Durch die Erweiterung des sachlichen Anwendungsbereichs in § 22 Absatz 2 Nummer 2 wird klargestellt, dass für die Anforderungen an einen Landschaftsplaneri-

§ 24 HOAI Leistungsbild Grünordnungsplan

schen Fachbeitrag sowie für dessen Honorierung das Leistungsbild Grünordnungsplan einschlägig ist. Daran schließt sich die weitere Frage an, ob andere Planungsleistungen, welche nicht selten auch als »landschaftsplanerische« oder »landschaftspflegerische« Fachbeiträge bezeichnet werden, ebenfalls von § 24 umfasst sind. Das Leistungsbild des § 24 schließt dies nicht aus. Dabei kommt es entscheidend darauf an, ob eine Vergleichbarkeit in Bezug auf die Maßstabsebene und die im Leistungsbild enthaltenen Grundleistungen gegeben ist.

4. Zusammenspiel mit anderen Vorschriften; Honorarbemessung

7 § 24 Abs. 1 enthält vier Leistungsphasen mit einer prozentualen Bewertung. Die einzelnen Grundleistungen des Leistungsbilds sowie die Besonderen Leistungen werden nicht erwähnt. Die Grundleistungen sind nunmehr in der Anlage 5 enthalten. In der Anlage 9 sind die Besonderen Leistungen aller Leistungsbilder des Teils 2 – Flächenplanung – zusammengefasst dargestellt. In den Ziffern 1 bis 5 sind zunächst Beispiele für Besondere Leistungen aufgeführt, welche rahmensetzende Pläne, städtebauliche Entwürfe, die Verfahrens- und Projektsteuerung, die Vorbereitung und Ergänzung von Flächenplanungen sowie die Verfahrensbegleitung betreffen und auch für landschaftsplanerische Leistungsbilder gelten. Außerdem sind in Ziffer 6 weitere Beispiele für Besondere Leistungen bei landschaftsplanerischen Leistungen aufgelistet.

8 Für die Honorarbemessung von Grundleistungen für einen Grünordnungsplan sowie für einen landschaftsplanerischen Fachbeitrag sind folgende Parameter maßgeblich:
– die Fläche des Planungsgebietes in ha (§ 29 Abs. 2);
– die Honorarzone des Plans (§ 29 Abs. 3–5);
– der vereinbarte Honorarsatz im Honorarrahmen zwischen Mindest- und Höchstsätzen;
– der Prozentsatz der betreffenden Leistungsphasen (§ 24 Abs. 1);
– die Honorartafel (§ 29 Abs. 1).

9 Bei Zweifeln über die bei der Bemessung der Einzelansätze heranzuziehenden Flächen sind zunächst die vertraglichen Regelungen zu berücksichtigen. Soweit diesbezüglich keine Vereinbarungen bestehen, sind für die Einzelansätze die Flächen anzusetzen, die im Zuge der Bearbeitung einzubeziehen waren und in den Plänen dargestellt sind (vgl. § 22 Rdn. 39 f.).

10 Absatz 1 enthält eine Bewertung der einzelnen Leistungsphasen in Prozentsätzen der Honorare nach § 29. Der Honorarsatz der Leistungsphasen 1 und 2 ist voll anzusetzen, wenn der Grünordnungsplan oder der Landschaftsplanerische Fachbeitrag als Grundlage für den Flächennutzungsplan oder als eigenständiger Plan neu oder erstmals erstellt wird. Eine geringere prozentuale Bewertung als die vorgegebenen 37 % kann bei der Leistungsphase 2 dann in Frage kommen, wenn Teile der Bestandsaufnahme in aktueller und planungsverwendbarer Form und Qualität zur Verfügung stehen und diese Grundleistungen nicht mehr erbracht werden müssen. Entsprechendes gilt für die Leistungsphase 3.

Leistungsbild Grünordnungsplan § 24 HOAI

Die Weiterentwicklung des Standards landschaftsplanerischer Planungsanforderungen führte in den letzten Jahren zu zunehmenden Konflikten bei der Festlegung des gebotenen Leistungsumfangs, insbesondere auch hinsichtlich des Erfordernisses von besonderen und zusätzlichen Leistungen für den geschuldeten Plan (vgl. dazu § 22 Rdn. 8 ff.) und damit auch des geschuldeten Leistungserfolgs im Rahmen der Haftung. 11

So hatte die »Implantierung der Eingriffsregelung« in § 1a BauGB zur Folge, dass von den Bundesländern erlassene Richtlinien und Hinweise zur »Abarbeitung der Eingriffsregelung« zu beachten sind, die hinsichtlich der gebotenen Leistungen länderspezifisch unterschiedlich gewichtet sind und voneinander abweichen. 12

So werden z. B. 13
- für den Grünordnungsplan zum Bebauungsplan spätestens seit dem Inkrafttreten der Planungsrechtsnovelle zum 01.01.1998 (in Bayern ab 2001) – je nach Bundesland mit unterschiedlichen landesrechtlichen Umsetzungsvorschriften – neben den in der Anlage 5 beschriebenen Grundleistungen des Leistungsbilds weitere »Leistungen« (z. B. Kompensationsbilanzen, förmliche Qualifizierungen und Bemessungen für die Festlegung von Ausgleich) erforderlich, um formgerecht und genehmigungsfähig zu sein;
- für Bestandsaufnahmen floristische oder faunistische Einzeluntersuchungen oder auch Biotop- oder Lebensraumtypenkartierungen erforderlich, die, wenn sie neben oder anstelle von Grundleistungen der Leistungsbilder erbracht werden, stets als Besondere Leistungen zu vergüten sind. Dasselbe gilt, wenn für die Bearbeitung des Landschaftsbilds als ästhetisches Kriterium Fotomontagen, Entwicklungsszenarien zur Visualisierung des Planungszieles erbracht werden.

Diese und weiter hinzukommende »Handlungsrahmen« gehen über das Leistungsbild des Grünordnungsplans oder des Landschaftsplanerischen Fachbeitrags teilweise erheblich hinaus mit der Folge, dass der Grundleistungskatalog in der Anlage 5 nicht zur ordnungsgemäßen Leistungserbringung für den erforderlichen Leistungsumfang ausreicht. 14

Mit der Planungsrechtsnovelle wurden weitere Möglichkeiten der Eingriffskompensation eingeführt, die den Planungsraum betreffen. Neben den vorher bekannten Alternativen der 15
- Integration der Ausgleichs- und Ersatzmaßnahmen in das Plangebiet des Bebauungsplans
- Erstellung eines weiteren Bebauungsplans für die durch den »Eingriffsbebauungsplan« gebotenen Ausgleichs- und Ersatzmaßnahmen in verfahrensparalleler Bearbeitung und gegenseitiger Bindung
- vertraglichen Vereinbarung

wurde es ermöglicht, die planungsrechtliche Festlegung gebotener Ausgleichsmaßnahmen räumlich und zeitlich zu entflechten (externer Ausgleich). So kann z. B. von einem eingerichteten Ökokonto, dem Maßnahmen zugunsten von Natur und Landschaft hinzugebucht worden sind, für die geplanten Eingriffe »abgebucht« und so die dann planungsrechtlich gebotene Kompensation ermöglicht werden. Diese vom Plangebiet

Locher

des Bebauungsplans getrennten, so genannten »externen« Maßnahmen müssen deshalb vom Auftragnehmer des Grünordnungsplans erfasst, bemessen und – soweit erforderlich – in das Kompensationsverfahren integriert werden.

16 In zunehmendem Maß wird die Eingriffsregelung anstelle der Bearbeitung in einem Grünordnungsplan direkt in den Bebauungsplan eingearbeitet. Mit einer so genannten »Eingriffs-Ausgleichs-Planung«, Eingriffs-Ausgleichs-Ermittlung oder anderen Benennungen werden die Rahmenbedingungen, die § 1a BauGB für die Abwägung erfordert, innerhalb des Bebauungsplans geschaffen. Solche Planungen können, soweit sie hinsichtlich der Maßstabsebene und hinsichtlich ihrer Leistungen mit denen der Leistungsbilder des Grünordnungsplans und des Landschaftsplanerischen Fachbeitrags vergleichbar sind, auf die Vergütungsregelungen für Grünordnungspläne und Landschaftsplanerische Fachbeiträge zurückgreifen. Die weiteren, darüber hinausgehenden Leistungen sind deshalb als Besondere Leistungen zu vergüten.

5. Die einzelnen Leistungsphasen des § 24

17 In § 24 Abs. 2 ist für die einzelnen Grundleistungen jeder Leistungsphase eine Verweisung auf die Anlage 5 enthalten. Die Grundleistungen des Leistungsbilds begründen keine unmittelbaren Leistungspflichten. Nachdem die darin aufgeführten Leistungen aber nach § 3 Abs. 2 im Allgemeinen zur ordnungsgemäßen Erbringung der Leistungen des Auftragnehmers gehören, ist die Auflistung in der Anlage 5 für die Auslegung der vertraglich geschuldeten Leistung und somit auch für die Haftung des Auftragnehmers von erheblicher Bedeutung.

18 Die in der Anlage 5 enthaltenen Grundleistungen wurden in der HOAI 2013 aktualisiert. Es bleibt aber bei der bisherigen Situation, dass die erforderlichen Leistungen für einen qualifizierten Grünordnungsplan oder für einen landschaftsplanerischen Fachbeitrag aufgrund der verschieden ausgestalteten landesrechtlichen Regelungen einen unterschiedlichen Aufwand erfordern. Dies führt dazu, dass die für die Erstellung eines Grünordnungsplans erforderlichen Leistungen auch über das in der Anlage 5 enthaltene Leistungsbild hinausgehen können und als Besondere Leistungen zusätzlich zu vergüten sind (vgl. § 22 Rdn. 26 ff.).

19 Nach § 24 Abs. 2 i. V. m. der Anlage 5 sind in den einzelnen Leistungsphasen folgende Grundleistungen enthalten:

6. Leistungsphase 1 Klären der Aufgabenstellung und Ermitteln des Leistungsumfanges

20 Die Grundleistungen dieser Leistungsphase entsprechen denen des Landschaftsplans in der Anlage 4, sodass auf die dortige Kommentierung verwiesen wird (§ 23 Rdn. 16 ff.).

7. Leistungsphase 2 Ermitteln der Planungsgrundlagen

21 Wie auch beim Landschaftsplan besteht die Leistungsphase 2 des Grünordnungsplans und des Landschaftsplanerischen Fachbeitrags aus drei Teilen, dem Ermitteln, dem Be-

werten sowie der zusammenfassenden Darstellung. Alle Grundleistungen in dieser Leistungsphase, das Ermitteln und Beschreiben der planungsrelevanten Sachverhalte auf Grundlage vorhandener Unterlagen und Daten, die Bewertung der Landschaft nach den Zielen des Naturschutzes und der Landschaftspflege einschließlich der Erholungsvorsorge und das zusammenfassende Darstellen der Bestandsaufnahme und -Bewertung in Text und Karte entsprechen den gleichnamigen Grundleistungen des Landschaftsplans in der Anlage 4 (vgl. dazu § 23 Rdn. 19 ff.).

8. Leistungsphase 3 Vorläufige Fassung

Die Leistungsphase 3 baut auf den Ergebnissen der Leistungsphasen 1 und 2 auf. Formale Anforderungen an die Leistungserbringung werden nicht gestellt. Demnach genügen einfache, nicht pausfähige farbige Plandarstellungen für flächendeckende und punktuelle Maßnahmen als Konkretisierung landschaftsplanerischer Lösungsvorschläge mit einem stichwortartigen Textteil. 22

Mit der Grundleistung **Lösen der Planungsaufgabe und Erläutern der Ziele, Erfordernisse und Maßnahmen in Text und Karte** wird die Lösung der Aufgabe im Sinne der Entwicklung und Abwägung planerischer Alternativen untersucht und bestimmt. Dies bedeutet nicht, dass von dem Auftragnehmer mehrere Alternativen in Text und Karte erarbeitet werden müssen. Vielmehr ist jede Teillösung aus einer Abwägung sich wesentlich unterscheidender Lösungen zu finden. Dieser planerische Entscheidungsprozess stellt ein grundsätzliches Element einer jeden Planung dar. Er ist für Außenstehende transparent und verständlich zu vermitteln. Die Lösung wird mit dem Erläutern der Ziele, Erfordernisse und Maßnahmen verbunden, mit denen die Lösung erreicht. 23

Das Darlegen der angestrebten Flächenfunktionen und Flächennutzungen betrifft sowohl ökologische als auch gestalterische Elemente. Dabei werden absehbare Entwicklungen aufgrund städtebaulicher Planungen, Fachplanungen und anderer Einrichtungen in Natur und Landschaft abgebildet. Diese Grundleistung ist mit der fast gleichnamigen Grundleistung des Landschaftsplans in der Anlage 4 vergleichbar (vgl. § 23 Rdn. 25). 24

In der Grundleistung **Darlegen von Gestaltungs-, Schutz-, Pflege- und Entwicklungsmaßnahmen** werden planerisch entwickelte Maßnahmen herausgearbeitet. Aufgrund der Maßstabsebene sind diese deutlich konkreter als beim Landschaftsplan. Gestaltungsmaßnahmen betreffen Grünflächen, Sport-, Spiel- und Erholungsflächen und Fußwegesysteme. Maßnahmen zum Schutz, zur Pflege und Entwicklung werden auch als landschaftspflegerische Gestaltungsmaßnahmen verstanden. Sie umfassen insbesondere Maßnahmen, die aus Gründen des Naturschutzes und der Landschaftspflege vor allem für solche Bereiche erforderlich sind, welche aus fachlicher Sicht als schutz- bzw. pflege- und entwicklungsbedürftig anzusehen sind. 25

Die Grundleistung **Vorschläge zur Übernahme in andere Planungen, insbesondere in die Bauleitpläne**, ist mit der fast gleichnamigen Grundleistung des Landschaftsplans in der Anlage 4 vergleichbar (vgl. § 23 Rdn. 26 f.). 26

§ 24 HOAI   Leistungsbild Grünordnungsplan

27   Die Grundleistung **Mitwirken bei der Abstimmung der Vorläufigen Fassung mit der für Naturschutz zuständigen Behörde** betrifft nur die Abstimmung mit dieser Behörde. Eine Abstimmung mit sonstigen Behörden oder den übrigen Trägern öffentlicher Belange ist davon nicht umfasst. Soweit der Auftragnehmer daran ebenfalls mitwirkt oder Leistungen erbringt, handelt es sich um eine Besondere Leistung. In dieser Grundleistung wird erstmals eine Vorläufige Fassung des Grünordnungsplans oder des Landschaftsplanerischen Fachbeitrags angesprochen, die in dieser Leistungsphase entsteht. Der Verordnungsgeber lässt es offen, welche der vorangehenden Grundleistungen die Erstellung einer Vorläufigen Fassung zum Gegenstand haben. Es ist davon auszugehen, dass darunter die vorläufigen Ergebnisse aller vorhergegangenen Grundleistungen zu verstehen sind. Dass diese zum Zeitpunkt der Abstimmung noch als »vorläufig« bezeichnet werden, macht deutlich, dass an die Fassung keine besonderen formalen Anforderungen gestellt werden. Sie muss aber einen Zustand erreicht haben, der für die Abstimmung ausreichend ist. Für das Mitwirken genügt die begleitende Unterstützung bzw. Anwesenheit bei der Abstimmung, die unter Federführung des Auftraggebers erfolgt.

28   Die Grundleistung **Bearbeiten der naturschutzrechtlichen Eingriffsregelung** hat das Leistungsbild des Grünordnungsplans und des Landschaftsplanerischen Fachbeitrags deutlich erweitert. Mit der weiteren Aufgliederung dieser Grundleistung in 5 Teilleistungen kommt ihr ein hohes Gewicht innerhalb der Leistungsphase zu. Die einzelnen Teilleistungen verdeutlichen das Vorgehen bei der Bearbeitung der Eingriffsregelung. Die Grundleistung betrifft Ausgleichs- und Ersatzmaßnahmen als Maßnahmen innerhalb des Planungsgebiets. Soweit externe Ausgleichsmaßnahmen oder solche aus einem Ausgleichsflächenpool oder Ökokonto einbezogen werden sollen, die nicht im Planungsgebiet liegen, sind diese nicht von der Grundleistung umfasst. Die Teilleistung Integrieren ergänzender, zulassungsrelevanter Regelungen und Maßnahmen auf Grund des Natura-2000-Gebietsschutzes und der Vorschriften zum besonderen Artenschutz auf Grundlage vorhandener Unterlagen gilt für einen NATURA-2000-Gebietsschutz sowie bei einer Anwendung der Vorschriften zum besonderen Artenschutz. Mit dem Hinweis auf »vorhandene Unterlagen« wird klargestellt, dass diese Leistungen erst dann möglich werden, wenn geeignete floristische bzw. faunistische Erkenntnisse vorliegen.

9. Leistungsphase 4 Abgestimmte Fassung

29   Mit der Abgestimmten Fassung bringt der Auftragnehmer die vorläufige Fassung in die mit dem Auftraggeber abgestimmte Form. Die Leistungsphase 4 stellt demnach eine Planungsstufe dar, die als Ergebnis der vorangehenden Leistungen zu verstehen ist. Die Darstellung hat den Formerfordernissen zu entsprechen, die nach den landesrechtlichen Vorgaben zu beachten sind.

30   Eine Änderung oder Korrektur des Inhalts der abgestimmten Fassung, etwa von Aussagen in Text und Karte nach mangelfreier Erbringung der Leistungsphase 4, zählt nicht mehr zu den Grundleistungen des Leistungsbilds. Solche »fortgeführten Fassungen« stellen deshalb keine Wiederholungen von Grundleistungen, sondern Besondere

Leistungen dar. Dabei ist es unerheblich, ob die Abgestimmte Fassung die letzte Planfassung des Grünordnungsplans darstellt oder ob weitere folgen. Wenn dem Grünordnungsplan oder dem Landschaftsplanerischen Fachbeitrag nach der Leistungsphase 4 weitere Fassungen folgen, etwa weil der Bebauungsplan auf Erkenntnisse der Eingriffsregelung Bezug nimmt und in der Folge als Entwurf weiter konkretisiert wird oder weil sich die Rechtslage ändert, stellen die damit verbundenen weiteren Leistungen Besondere Leistungen dar.

10. Besondere Leistungen

Die Besonderen Leistungen für das Leistungsbild »Grünordnungsplan und Landschaftsplanerischer Fachbeitrag« sind in der Anlage 9 aufgeführt, in der die Besonderen Leistungen von allen Leistungsbildern des Teils 2 zusammengefasst worden sind. Die Auflistung ist nicht abschließend, sondern enthält eine beispielhafte Aufzählung der Besonderen Leistungen. Wie bisher können Besondere Leistungen hinzukommen, die in anderen Leistungsbildern erfasst oder nicht in der HOAI aufgeführt sind, soweit sie keine Grundleistungen darstellen.

Dies betrifft z. B. die
- **Vorbereitung und Mitwirkung bei der artenschutzrechtlichen Prüfung**
Für europarechtlich geschützte Arten bedarf es einer Prüfung artenschutzrechtlicher Fragestellungen und der Darlegung der Ergebnisse in einem Fachbeitrag Artenschutz. Bei der Durchführung dieser Prüfung, die zu den Obliegenheiten des Planungsträgers gehört, wirken in der Regel die mit der Planung beauftragten Auftragnehmer mit.
- **Vorbereitung und Mitwirkung bei der FFH-Verträglichkeitsvorprüfung, bei der FFH-Verträglichkeitsprüfung oder bei der FFH-Ausnahmeprüfung**
Nach § 34 Abs. 1 BNatSchG sind Projekte, die auf die Erhaltungsziele eines Gebiets von gemeinschaftlicher Bedeutung oder eines Europäischen Vogelschutzgebiets Einfluss nehmen könnten, vor ihrer Zulassung oder Durchführung auf ihre Verträglichkeit zu überprüfen.
- **Vorbereitung und Mitwirkung bei der Allgemeinen Vorprüfung des Einzelfalls (Screening)**
Nach der Anlage 1 zum UVPG besteht für bestimmte Vorhaben eine UVP-Pflicht, wenn eine Prüfung des Einzelfalls gemäß § 3c UVPG dies ergibt. Soweit sich hierdurch keine erheblichen nachteiligen Umweltauswirkungen abzeichnen, die nach § 12 UVPG zu berücksichtigen wären, ist keine UVP erforderlich.
- Die Vorprüfung des Einzelfalls nach § 3c UVPG ist wie die UVP unselbständiger Teil eines Verwaltungsverfahrens und gehört zu den Obliegenheiten des Planungsträgers. Bei der Durchführung des Screenings wirken in der Regel die mit der Planung beauftragten Auftragnehmer mit.
- **Vorbereitung und Mitwirkung bei der vorgezogenen Öffentlichkeitsbeteiligung (Scoping)**
Unter dem Begriff »Scoping« versteht das Planungsrecht die Unterrichtung der Behörden und sonstigen Träger der öffentlichen Belange, deren Aufgabenbereich durch die Planung berührt werden kann, über das Verfahren und zur Äußerung im Hin-

§ 24 HOAI   Leistungsbild Grünordnungsplan

blick auf den erforderlichen Umfang und Detaillierungsgrad der Umweltprüfung nach § 2 Abs. 4 und § 4 BauGB. Die Vorbereitung und Durchführung dieses Verfahrensschritts, die zu den Aufgaben des Planungsträgers gehört, erfordert eine vorgezogene Bestandserfassung und -bewertung anhand vorliegender Unterlagen sowie Erkenntnissen aus einer Ortsbegehung unter Einbeziehung der mit dem Verfahren verfolgten Planungsziele. Bei der Durchführung des Scopings wirken deshalb in der Regel die mit der Planung beauftragten Auftragnehmer mit.

35 – **Mitwirkung bei der Untersuchung und Feststellung zur Abschichtung nach § 2 Abs. 4 BauGB**
Der Umfang der Umweltprüfung wird aufgrund der gesetzlichen Regelung auf noch nicht vorhandene Untersuchungen erheblicher Umweltauswirkungen »abgeschichtet«. Hieraus ergibt sich der nach dem Einzelfall reduzierte Umfang der Umweltprüfung im Verfahren. An dementsprechenden Untersuchungen mit den erforderlichen Sichtungen vorliegender Pläne und dem Formulieren der hieraus abzuleitenden Abschichtungsergebnisse und Feststellungen, die zu den Aufgaben des Planungsträgers gehören, wirken in der Regel die mit der Planung beauftragten Auftragnehmer mit.

36 – **Mitwirkende Leistungen bei der Umweltprüfung UP (§ 2 Abs. 4 ff. BauGB)**
Die Erfordernisse für die Umweltprüfung, die zu den Leistungen der Planungsträger gehören, ergeben sich insbesondere aus den Regelungen im BauGB, im UVPG sowie in einschlägigen landesrechtlichen Regelungen. Auch im Zuge der Umweltprüfung werden die Belange des Umweltschutzes ermittelt, bewertet und in einem Umweltbericht gemäß § 2a BauGB dargelegt. Inhalt und Gliederung des Umweltberichts sind in der Anlage zu § 2 Abs. 4 und § 2a BauGB festgelegt.
– Die Bebauungsplanverfahren für Innenentwicklungen können nach dem BauGB 2007 einem beschleunigten Verfahren zugeführt werden, in dem sie u. a. von der Umweltprüfung entlastet werden. Die hierzu notwendigen Voraussetzungen müssen allerdings vom Planungsträger mit Sondierungen untersucht und festgestellt werden.
– Darüber hinaus können weitere Leistungen für die jeweiligen weiteren Anforderungen an die Umweltprüfungen (Öffentlichkeitsbeteiligung, Bekanntgaben, Monitoring) hinzukommen.

37 Mit dem Wegfall des § 50 HOAI 2002 im Zuge der Neufassung der HOAI 2009 sind die darin aufgeführten Leistungen ebenfalls als Besondere Leistungen einzuordnen:
1. Gutachten zu Einzelfragen der Planung, ökologische Gutachten, Gutachten zu Baugesuchen,
2. Beratungen bei Gestaltungsfragen,
3. besondere Plandarstellungen und Modelle,
4. Ausarbeitungen von Satzungen, Teilnahme an Verhandlungen mit Behörden und an Sitzungen der Gemeindevertretungen nach Fertigstellung der Planung,
5. Beiträge zu Plänen und Programmen der Landes- oder Regionalplanung.

11. Honorar für die Teilnahme an Sitzungen

38 Nachdem die Regelung des § 24 Abs. 2 HOAI 2009 zur Vergütung von Teilnahmen an Sitzungen von politischen Gremien des Auftraggebers oder Sitzungen im Rahmen von Bürgerbeteiligungen entfallen ist und die Teilnahme an Gremien- und Öffentlich-

keitsterminen nunmehr nach der Anlage 9 eine Besondere Leistung darstellt, ist die Vergütung dafür jeweils projektbezogen zu vereinbaren. Ohne eine solche Vereinbarung kann der Auftragnehmer die übliche Vergütung nach § 632 Abs. 2 BGB verlangen. Eine aufwandsbezogene Abrechnung nach Stundensätzen stellt für derartige Leistungen die Praxis dar.

Reguläre Abstimmungstermine, die für die Ausführung der Grundleistungen erforderlich sind, können allerdings nicht zusätzlich als Besondere Leistung berechnet werden, auch wenn sie im Rahmen einer Sitzung stattfinden. Für eine Abgrenzung kommt es nicht darauf an, dass ein politisches Gremium die Sitzung einberufen hat, sondern, ob es sich um eine für die Abstimmung der Planung mit dem Auftraggeber erforderliche Sitzung handelt, die eine Voraussetzung für die ordnungsgemäße Erfüllung des Planungsauftrags darstellt (so die amtliche Begründung zu § 23). 39

§ 25 HOAI Leistungsbild Landschaftsrahmenplan

(1) Die Grundleistungen bei Landschaftsrahmenplänen sind in vier Leistungsphasen unterteilt und werden wie folgt in Prozentsätzen der Honorare des § 30 bewertet:
1. für die Leistungsphase 1 (Klären der Aufgabenstellung und Ermitteln des Leistungsumfangs) mit 3 Prozent,
2. für die Leistungsphase 2 (Ermitteln der Planungsgrundlagen) mit 37 Prozent,
3. für die Leistungsphase 3 (Vorläufige Fassung) mit 50 Prozent,
4. für die Leistungsphase 4 (Abgestimmte Fassung) mit 10 Prozent.

(2) Anlage 6 regelt die Grundleistungen jeder Leistungsphase. Anlage 9 enthält Beispiele für Besondere Leistungen.

Übersicht	Rdn.
1. Änderungen durch die HOAI 2009	1
2. Änderungen durch die HOAI 2013	2
3. Allgemeines	3
4. Grundzüge der Honorarbemessung	4
5. Die Leistungsphasen des Landschaftsrahmenplans	6
6. Leistungsphase 1 Klären der Aufgabenstellung und Ermitteln des Leistungsumfangs	10
7. Leistungsphase 2 Ermitteln der Planungsgrundlage	11
8. Leistungsphase 3 Vorläufige Fassung	12
9. Leistungsphase 4 Abgestimmte Fassung	18
10. Besondere Leistungen	20

1. Änderungen durch die HOAI 2009

Das Leistungsbild **Landschaftsrahmenplan** war in § 47 HOAI 2002 enthalten. Die Definition des Begriffs »Landschaftsrahmenplan« in § 47 Abs. 1 HOAI 2002 ist in § 25 HOAI 2009 entfallen. Die im früheren § 47 Abs. 2 aufgeführten vier Leistungsphasen mit ihrer prozentualen Bewertung wurden in § 25 Abs. 1 HOAI 2009 übernommen. In § 47 Abs. 3 HOAI 2002 waren die einzelnen Grundleistungen und 1

§ 25 HOAI   Leistungsbild Landschaftsrahmenplan

auch die Besonderen Leistungen enthalten. Diese befanden sich in der Anlage 8 (Leistungen) sowie in Ziffer 2.4 der Anlage 2 (Besondere Leistungen) der HOAI 2009. Dadurch hatten sich gegenüber der 5. HOAI-Novelle keine inhaltlichen Änderungen ergeben. Die in § 47 Abs. 4 HOAI 2002 enthaltene Möglichkeit der Vereinbarung einer höheren Bewertung der Leistungsphase 1 bei einem überdurchschnittlichen Aufwand für die Landschaftsanalyse wurde gestrichen. Sie war als Besondere Leistung in Ziffer 2.4 der Anlage 2 enthalten.

2. Änderungen durch die HOAI 2013

2   Die in der Anlage 6 aufgeführten Grundleistungen des Leistungsbilds wurden überarbeitet und den aktuellen Bedürfnissen bei der Aufstellung eines Landschaftsrahmenplans angepasst. Die Prozentsätze der Leistungsphasen 1 und 2 wurden erheblich abgeändert. Die Leistungsphase 1 ist nunmehr mit 3 % und die Leistungsphase 2 mit 37 % zu bewerten. Grund dafür ist eine einheitliche Gestaltung der Leistungsbilder der Landschaftsplanung, weshalb die prozentuale Bewertung einer jeden Leistungsphase angeglichen wurde. Die Besonderen Leistungen befinden sich nunmehr – wie alle Besonderen Leistungen der Flächenplanung – in der Anlage 9. In § 25 Abs. 2 HOAI 2009 war das Honorar für die Leistungsphase 1 bei einer Fortschreibung des Landschaftsrahmenplans mit 5 % anzusetzen und somit gegenüber dem in dem Leistungsbild enthaltenen Prozentsatz von 20 % ermäßigt worden. Diese Regelung ist nunmehr ersatzlos entfallen.

3. Allgemeines

3   Der Landschaftsrahmenplan hat nach § 10 Abs 1 BNatSchG die überörtlichen Erfordernisse und Maßnahmen des Naturschutzes und der Landschaftspflege für Teile des Landes darzustellen. Er ist auf der Ebene der Regionalplanung oder vergleichbarer Planungsebenen zu erbringen. Mit ihm werden große Planungsgebiete (Landkreise oder Planungsregionen der Regionalplanung) betrachtet und in der Regel im Maßstab 1:25 000 dargestellt. Dabei sind die Ziele der Raumordnung zu beachten und die Grundsätze und sonstigen Erfordernisse der Raumordnung zu berücksichtigen. In einzelnen Ländern ist dies Aufgabe der Regionalverbände (vgl. § 17 Abs. 3 NatSchG BW), in anderen Bundesländern werden Fachplaner mit der Erstellung des Landschaftsrahmenplans beauftragt.

4. Grundzüge der Honorarbemessung

4   § 25 Abs. 1 führt die vier Leistungsphasen mit einer prozentualen Bewertung auf. Die einzelnen Grundleistungen des Leistungsbilds sowie die Besonderen Leistungen werden nicht erwähnt. Die Grundleistungen sind nunmehr in der Anlage 6 enthalten. In der Anlage 9 werden die Besonderen Leistungen aller Leistungsbilder des Teils 2 – Flächenplanung – zusammengefasst aufgeführt.

5   Für die Honorarbemessung für Grundleistungen für einen Landschaftsrahmenplan sind folgende Faktoren maßgeblich
– die Flächen des Planungsgebiets in ha (§ 30 Abs 2);

- die Honorarzone des Plans (§ 30 Abs 3);
- der vereinbarte Honorarsatz im Honorarrahmen zwischen Mindest- und Höchstsätzen;
- der Prozentsatz der betreffenden Leistungsphasen (§ 25 Abs 1);
- die Honorartafel (§ 30 Abs 1).

5. Die Leistungsphasen des Landschaftsrahmenplans

Absatz 1 enthält eine Bewertung der Leistungsphasen, aufgegliedert in vier Leistungsphasen, die jeweils mit Prozentsätzen aus der Gesamtleistung bewertet werden. Im Vergleich zu § 25 Abs. 1 HOAI 2009 haben sich Veränderungen ergeben. So sind bei den Leistungsphasen 1 und 2 die Prozentsätze auf 3% bzw. 37% verändert worden. Die Prozentsätze der Leistungsphasen 3 und 4 sind unverändert geblieben. Sie wurden aber in »vorläufige Fassung« (Leistungsphase 3) und »abgestimmte Fassung« (Leistungsphase 4) umbenannt. Der Verordnungsgeber wollte damit eine einheitliche Terminologie für die Bezeichnung der Leistungsphasen der Landschaftsplanung herbeiführen. 6

Die einzelnen Grundleistungen des Leistungsbilds sind in der Anlage 6 enthalten. Sie begründen zwar keine unmittelbaren Leistungspflichten. Da die dort erfassten Leistungen aber nach § 3 Abs. 2 im Allgemeinen zur ordnungsgemäßen Erbringung der Leistungen gehören, sind die in der Anlage 6 enthaltenen Leistungen bei der Auslegung des geschuldeten Leistungserfolgs und somit auch für die Haftung des Auftragnehmers von erheblicher Bedeutung. 7

Die in der Anlage 6 aufgeführten Grundleistungen wurden in der HOAI 2013 aktualisiert. Es bleibt aber bei der bisherigen Situation, dass die erforderlichen Leistungen für einen qualifizierten Landschaftsrahmenplan aufgrund der verschieden ausgestalteten landesrechtlichen Regelungen einen unterschiedlichen Aufwand erfordern. Dies führt dazu, dass die für die Erstellung eines Landschaftsrahmenplans erforderlichen Leistungen auch über das in der Anlage 6 enthaltene Leistungsbild hinausgehen können und als Besondere Leistungen zusätzlich zu vergüten sind (vgl. § 22 Rdn. 25 ff.). 8

In den Leistungsphasen der Anlage 6 sind folgende Grundleistungen enthalten: 9

6. Leistungsphase 1 Klären der Aufgabenstellung und Ermitteln des Leistungsumfangs

Die Grundleistungen dieser Leistungsphase entsprechen denen des Landschaftsplans in der Anlage 4, sodass auf die dortige Kommentierung verwiesen wird (§ 23 Rdn. 16 ff.). 10

7. Leistungsphase 2 Ermitteln der Planungsgrundlage

Die Leistungsphase 2 befasst sich mit der Bewertung der Ergebnisse der Landschaftsanalyse hinsichtlich des Naturhaushalts und des Landschaftsbilds sowie der vorhandenen und vorhersehbaren menschlichen Einwirkungen. Dabei wird im Interesse der Ökosysteme auf die ökologischen Raumeinheiten und damit eine Vernetzung ökologischer Systeme abgestellt. Die Grundleistungen dieser Leistungsphase entsprechen de- 11 nen des Landschaftsplans in der Anlage 4 unter Anpassung der Maßstabsebene (vgl. § 23 Rdn. 19 ff.).

8. Leistungsphase 3 Vorläufige Fassung

12 Die Leistungsphase 3 baut auf den Ergebnissen der Leistungsphasen 1 und 2 auf. Deren Ergebnisse werden in die sogenannte »vorläufige Fassung« des Landschaftsrahmenplans eingebracht. Formale Anforderungen werden dabei nicht gestellt. Demnach genügen einfache, nicht pausfähige farbige Plandarstellungen für flächendeckende und punktuelle Maßnahmen als Konkretisierung landschaftsplanerischer Lösungsvorschläge mit einem stichwortartigen Textteil.

13 Mit der Grundleistung **Lösen der Planungsaufgabe** wird die Lösung der Aufgabe im Sinne der Entwicklung und Abwägung planerischer Alternativen untersucht und entschieden. Dies bedeutet nicht, dass von dem Auftragnehmer mehrere Alternativen in Text und Karte erarbeitet werden müssen. Vielmehr ist jede Teillösung aus einer Abwägung sich wesentlich unterscheidender Lösungen zu finden. Dieser Entscheidungsprozess stellt ein grundsätzliches Element einer jeden Planung dar. Er ist für Außenstehende transparent und verständlich zu vermitteln.

14 Die **Ziele, Erfordernisse und Maßnahmen**, welche Grundlagen der Lösung und zu erläutern sind, umfassen nach der amtlichen Begründung insbesondere
– die übergeordneten Ziele des Naturschutzes,
– die schutzgutbezogenen Ziele,
– die naturraumbezogenen Ziele,
– die Bewertung der Schutzgüter (Arten und Biotope, Landschaftsbild, Boden, Wasser, Klima, Luft),
– eine Entwicklung zur Klärung naturschutzinterner Zielkonflikte, die sich aus der Integration aller Schutzgüter ergeben,
– Grundsätze und Inhalte für ein regionales Biotopverbundsystem.
Die Erläuterungen haben in Text und Karten zu erfolgen.

15 Darüber hinaus ergeben sich Besonderheiten aus einzelnen Teilleistungen, die bei diesen Grundleistungen aufgeführt sind. So ist bei der Teilleistung Erstellen eines Zielkonzepts aufgrund der Maßstabsebene auf Ziele und Grundsätze der Regionalplanung abzustellen. Unter Erstellen ist die konkrete Herausarbeitung entsprechender Aussagen zu verstehen.

16 Die Teilleistung Umsetzen des Zielkonzepts durch Schutz, Pflege und Entwicklung bestimmter Teile von Natur und Landschaft und durch Artenhilfsmaßnahmen für ausgewählte Tier- und Pflanzenarten betrifft ein planerisches Umsetzen im Zuge der Lösung der Planungsaufgabe sowie beim Erläutern der Ziele, Erfordernisse und Maßnahmen.

17 Die übrigen Teilleistungen entsprechen den Grundleistungen der Leistungsphase 3 des Landschaftsplans in Anlage 4 unter Anpassung der Maßstabsebene (vgl. § 23 Rdn. 27 ff.).

9. Leistungsphase 4 Abgestimmte Fassung

Mit der Abgestimmten Fassung bringt der Auftragnehmer die vorläufige Fassung in die mit dem Auftraggeber abgestimmte Form. Die Leistungsphase 4 stellt demnach eine Planungsstufe dar, die als Ergebnis der vorhergehenden Leistungen zu verstehen ist. Die Darstellung hat den Formerfordernissen zu entsprechen, die nach den landesrechtlichen Vorgaben zu beachten sind. 18

Eine Änderung oder Korrektur des Inhalts der abgestimmten Fassung, etwa von Aussagen in Text und Karte nach mangelfreier Erbringung der Leistungsphase 4, zählt nicht mehr zu den Leistungen des Leistungsbilds. Solche »fortgeführten Fassungen« stellen deshalb keine Wiederholungen von Grundleistungen, sondern Besondere Leistungen dar. Dabei ist es unerheblich, ob die Abgestimmte Fassung die letzte Planfassung des Landschaftsrahmenplans darstellt oder ob weitere folgen. Wenn dem Landschaftsrahmenplan nach der Leistungsphase 4 weitere Fassungen folgen sollten, etwa weil der Regionalplan, auf den er sich bezieht, nochmals geändert wird oder weil sich die die Rechtslage ändert, stellen damit verbundene weitere Leistungen ebenfalls Besondere Leistungen dar. 19

10. Besondere Leistungen

Die Besonderen Leistungen für das Leistungsbild »Landschaftsplan« sind in die Anlage 9 übertragen worden. Die Aufzählung ist nicht vollständig. Wie bisher können Besondere Leistungen hinzukommen, die in anderen Leistungsbildern erfasst oder nicht in der HOAI aufgeführt sind, soweit sie keine Grundleistungen des Leistungsbilds darstellen. 20

§ 26 HOAI Leistungsbild Landschaftspflegerischer Begleitplan

(1) Die Grundleistungen bei Landschaftspflegerischen Begleitplänen sind in vier Leistungsphasen unterteilt und werden wie folgt in Prozentsätzen der Honorare des § 31 bewertet:
1. für die Leistungsphase 1 (Klären der Aufgabenstellung und Ermitteln des Leistungsumfangs) mit 3 Prozent,
2. für die Leistungsphase 2 (Ermitteln und Bewerten der Planungsgrundlagen) mit 37 Prozent,
3. die Leistungsphase 3 (Vorläufige Fassung) mit 50 Prozent,
4. für die Leistungsphase 4 (Abgestimmte Fassung) mit 10 Prozent.

(2) Anlage 7 regelt die Grundleistungen jeder Leistungsphase. Anlage 9 enthält Beispiele für Besondere Leistungen.

Übersicht	Rdn.
1. Änderungen durch die HOAI 2009	1
2. Änderungen durch die HOAI 2013	2
3. Allgemeines	3
4. Zusammenspiel mit anderen Vorschriften, Honorarbemessung	7

Locher

§ 26 HOAI Leistungsbild Landschaftspflegerischer Begleitplan

	Rdn.
5. Die einzelnen Leistungsphasen des Leistungsbilds	9
6. Leistungsphase 1 Klären der Aufgabenstellung und Ermitteln des Leistungsumfangs	11
7. Leistungsphase 2 Ermitteln und Bewerten der Planungsgrundlagen	12
8. Leistungsphase 3 Vorläufige Fassung	15
9. Leistungsphase 4 Abgestimmte Fassung	27
10. Besondere Leistungen	29

1. Änderungen durch die HOAI 2009

1 Das Leistungsbild **Landschaftspflegerischer Begleitplan** war in § 49 HOAI 2002 enthalten. Die in § 49a Abs. 2 HOAI 2002 aufgeführten fünf Leistungsphasen mit ihrer prozentualen Bewertung wurden in den § 26 Abs. 1 HOAI 2009 verschoben. In § 49a Abs. 2 HOAI 2002 waren die einzelnen Grundleistungen enthalten. Diese befanden sich in der Anlage 9 der HOAI 2009. Dadurch hatten sich gegenüber der 5. HOAI-Novelle keine inhaltlichen Änderungen ergeben. Die in § 49a HOAI 2002 enthaltene Regelung über eine Berechnung des Honorars bei einer Planung im Maßstab des Flächennutzungs- bzw. Bebauungsplans befand sich in § 26 Abs. 2 HOAI 2009.

2. Änderungen durch die HOAI 2013

2 In § 26 Abs. 1 HOAI 2013 wurde das Leistungsbild Landschaftspflegerischer Begleitplan überarbeitet. Die für die Leistungsphasen 1 und 2 vorgegebene Spanne für die prozentuale Bewertung ist entfallen. Nunmehr wurde, wie bei allen anderen Leistungsbildern für Landschaftsplanerische Leistungen, für die Leistungsphase 1 ein Prozentsatz von 3 % und für die Leistungsphase 2 ein Prozentsatz von 37 % bestimmt. Die bislang 5 Leistungsphasen wurden auf 4 Leistungsphasen umstrukturiert. Die Leistungsphasen 3 und 4 wurden im Sinne einer einheitlichen Bezeichnung der Leistungsphasen für die Landschaftsplanung in »vorläufige Fassung« und »abgestimmte Fassung« umbenannt. Die einzelnen Grundleistungen befinden sich in der Anlage 7. Sie wurden gründlich überarbeitet und modernisiert. Die Besonderen Leistungen sind in der Anlage 9 enthalten.

3. Allgemeines

3 Landschaftspflegerische Begleitpläne sind erforderlich, um landschaftsverändernde Vorhaben, die nicht auf einer Bauleitplanung und somit einem Landschafts- oder Grünordnungsplan beruhen, durch eine entsprechende Fachplanung im Sinne des Natur- und Landschaftsschutzes zu begleiten. In der Regel geht es um Vorhaben wie Verkehrsbauten, Gewässerausbau, Talsperren, Deponien, Abbaustätten/Abgrabungen oder Flurbereinigungen.

Gegenstand der landschaftspflegerischen Begleitpläne ist die konkretisierende Planung der Maßnahmen des Naturschutzes und der Landschaftspflege, die erforderlich werden, um die durch das geplante Vorhaben hervorgerufenen unvermeidbaren Eingriffe in Natur und Landschaft zu mindern und auszugleichen.

Die vorbereitende Planung für ein geplantes Vorhaben, insbesondere zur Standort- oder 4
Trassenfindung und zur Größe des Vorhabens, ist nicht Gegenstand sondern Voraussetzung des Landschaftspflegerischen Begleitplans. Soweit der vorbereitenden Planung des Vorhabens eine UVP-Pflicht (aus dem UVPG oder aus Fachgesetzen) auferlegt ist, setzt der Landschaftspflegerische Begleitplan die fachlichen Ergebnisse einer vorangegangenen Umweltverträglichkeitsprüfung um. Hierzu benötigt er den Bezug zu den Ergebnissen einer Umweltverträglichkeitsstudie, die zu einer Umweltverträglichkeitsprüfung gehört und mit der die naturschutzrechtlich gebotenen Schritte der Vermeidung von Eingriffen sowie der Minimierung und des Ausgleichs von unvermeidbaren Eingriffen vorbereitend geplant werden.

Die Zuordnung des Leistungsbilds »Umweltverträglichkeitsstudie« zu den unverbind- 5
lich geregelten »Beratungsleistungen« in der Anlage 1 hat zu keinen Änderungen des Verhältnisses zwischen den Leistungsbildern der Umweltverträglichkeitsstudie zur Standortfindung und des Landschaftspflegerischen Begleitplans geführt. Fehlen solche Leistungen der Umweltverträglichkeitsstudie zur Standortfindung oder vergleichbare Vorleistungen als vorbereitende naturschutzrechtliche Aussagen oder sind diese aufgrund rechtlicher oder fachlicher Erneuerung nicht mehr auf dem Stand der Zeit, sind die Leistungen des Leistungsbilds des Landschaftspflegerischen Begleitplans nicht ohne weitere Leistungen möglich, die dann den fehlenden fachlichen Rahmen für Standort oder Trasse des Vorhabens vorbereiten und vorgeben. Solche Leistungen sind bei einer Beauftragung entweder als Besondere Leistungen oder als Beratungsleistungen der Umweltverträglichkeitsstudie gesondert zu vergüten.

Der Landschaftspflegerische Begleitplan kann entweder als selbstständiges Planwerk 6
oder als integrierter Bestandteil einer Fachplanung erarbeitet werden und ist meist Grundlage eines Genehmigungsverfahrens.[1] Für Leistungen mit anderen Aufgabenstellungen und anderen Planungsebenen, die mit denen des Landschaftspflegerischen Begleitplans vergleichbar sind, können die Vergütungsregeln herangezogen werden. Mit der Einbindung des »landschaftsplanerischen Fachbeitrags« in die Honorarregelung für den Grünordnungsplan in § 24 ist in diesen Fällen das Honorar nach dieser Vorschrift zu ermitteln.

4. Zusammenspiel mit anderen Vorschriften, Honorarbemessung

In § 26 Abs. 1 sind vier Leistungsphasen mit einer prozentualen Bewertung aufgeführt. 7
Die einzelnen Grundleistungen des Leistungsbilds sowie die Besonderen Leistungen werden nicht erwähnt. Die Grundleistungen sind nunmehr in der Anlage 7 enthalten. In der Anlage 9 sind die Besonderen Leistungen aller Leistungsbilder des Teils 2 – Flächenplanung – zusammengefasst dargestellt.

Die Honorarermittlung für Grundleistungen für einen Landschaftspflegerischen Be- 8
gleitplan ist anhand folgender Faktoren vorzunehmen:
– den Flächen des Planungsgebietes in ha (§ 31 Abs 2);

---

1 Vgl. KG BauR 2008, 855, 860.

§ 26 HOAI Leistungsbild Landschaftspflegerischer Begleitplan

- der Honorarzone des Plans (§ 31 Abs 3–5);
- dem vereinbarten Honorarsatz im Honorarrahmen zwischen Mindest- und Höchstsätzen;
- dem Prozentsatz der betreffenden Leistungen der Leistungsphasen (§ 26 Abs 1);
- der Honorartafel (§ 31 Abs 1).

5. Die einzelnen Leistungsphasen des Leistungsbilds

9 In § 26 Abs. 1 sind die vier Leistungsphasen des Leistungsbilds »Landschaftspflegerischer Begleitplan« aufgeführt. Die einzelnen Grundleistungen sind über die Verweisung in Abs. 2 in der Anlage 7 geregelt. Sie wurden in der HOAI 2013 grundlegend überarbeitet. Die in § 26 HOAI 2009 für die Leistungsphasen 1 und 2 vorgegebenen Spannen wurden aufgrund einer einheitlichen Regelung für alle Leistungsbilder der Landschaftsplanung aufgegeben. In Abs. 1 ist nunmehr für die Leistungsphase 1 ein fester Prozentsatz von 3 % und für die Leistungsphase 2 von 37 % enthalten. Die bislang getrennt bestehenden Leistungsphasen 3 und 4 des § 26 HOAI 2009 wurden in einer neuen Leistungsphase 3 »Vorläufige Fassung« zusammengeführt. Die Prozentsätze wurden dafür von 40 % auf 50 % erhöht. Die Leistungen der bisherigen Leistungsphase 5 sind nunmehr in der Leistungsphase 4 »Abgestimmte Fassung« enthalten.

10 Aufgrund der Weiterentwicklung des Standards fachplanerischer und landschaftsplanerischer Planungsanforderungen wurden in den letzten Jahren weitere Bestimmungen für die Leistungserbringung des Landschaftspflegerischen Begleitplans und dessen Vergütung eingeführt. So sind u. a. im »Handbuch für die Vergabe und Ausführung von freiberuflichen Leistungen im Straßen- und Brückenbau« (HVA F-StB) Regelungen über Leistungen und die Vergütung enthalten, die für Vertragsvereinbarungen mit diesbezüglich tätigen öffentlichen Auftraggebern zu beachten sind. Die Leistungs- und Vergütungsregeln der HOAI werden durch solche »andere« Regelungen nicht ersetzt, sondern ergänzend ausgefüllt. Soweit das Leistungsbild in der Anlage 7 durch solche anderen Regelungen ausgeweitet werden sollte, sind die darüber hinausgehenden Leistungen nicht von der Vergütung nach § 26 umfasst. Es handelt sich dann um Besondere Leistungen, die gesondert zu vergüten sind.

6. Leistungsphase 1 Klären der Aufgabenstellung und Ermitteln des Leistungsumfangs

11 Die Grundleistungen dieser Leistungsphase entsprechen denen des Landschaftsplans in der Anlage 4, sodass auf die dortige Kommentierung verwiesen wird (§ 23 Rdn. 16 ff.).

7. Leistungsphase 2 Ermitteln und Bewerten der Planungsgrundlagen

12 Die Leistungsphase 2 befasst sich mit der Bewertung der Ergebnisse der Landschaftsanalyse hinsichtlich des Naturhaushalts und des Landschaftsbildes sowie der vorhandenen und vorhersehbaren menschlichen Einwirkungen. Dabei wird im Interesse der Ökosysteme auf die ökologischen Raumeinheiten abgestellt und damit eine Vernetzung ökologischer Systeme zugrunde gelegt.

Die **Bestandsaufnahme** des Landschaftspflegerischen Begleitplans betrifft das **Erfassen** 13
von Natur und Landschaft nicht nur auf der Grundlage vorhandener Unterlagen, sondern auch auf der Grundlage örtlicher Erhebungen. Die Grundleistung umfasst das biologisch-ökologische Potential der freien und besiedelten Landschaft anhand der naturschutzrechtlichen Schutzgüter, wie Geologie, Boden, Oberflächen-, Grundwasser, Luft, Klima, Tier- und Pflanzenwelt, Landschaftsbild und Erholungsmöglichkeiten. Der Auftragnehmer kann auf der Maßstabsebene des Landschaftsplans arbeiten. Eine gesteigerte Darstellungsgenauigkeit in der Planung kann in der Leistungsphase 2 zu erhöhten Aufwendungen führen. Nach der amtlichen Begründung stellt die Ermittlung von Daten aus vorhandenen Unterlagen oder örtlichen Erhebungen, die nicht überwiegend der Kontrolle der aus Unterlagen erhobenen Daten dienen, deshalb eine Besondere Leistung dar. Dasselbe gilt auch für Leistungen nach der Anlage 9 Ziffer 6g) »Erstellen von Unterlagen im Rahmen von artenschutzrechtlichen Prüfungen oder Prüfungen zur Vereinbarkeit mit der Fauna-Flora-Habitat- Richtlinie«, Ziffer 6h) »Kartieren von Biotoptypen, floristischen oder faunistischen Arten oder Artengruppen« oder auch für Ziffer 6i) »Vertiefendes Untersuchen des Naturhaushalts, wie z. B. der Geologie, Hydrogeologie, Gewässergüte und -morphologie, Bodenanalysen«.

Die nächste Grundleistung umfasst das **Bewerten und das zusammenstellende Dar-** 14
stellen der Bewertungsergebnisse. Für die weiteren Schritte des Landschaftspflegerischen Begleitplans müssen die Leistungsfähigkeit und Empfindlichkeit des Naturhaushalts und des Landschaftsbilds nach den übergeordneten Zielen und Grundsätzen des Naturschutzes und der Landschaftspflege einbezogen und bewertet werden. Vorhandene Beeinträchtigungen als Vorbelastungen sind sodann in einem gesonderten Schritt zu bewerten.

8. Leistungsphase 3 Vorläufige Fassung

Im Rahmen der **Konfliktanalyse** werden die durch das konkret geplante Vorhaben zu 15
erwartenden Konflikte nach Art und Umfang für die jeweils relevanten Landschaftsfaktoren analysiert. Das **Ermitteln und Bewerten der durch das Vorhaben zu erwartenden Beeinträchtigungen des Naturhaushalts und des Landschaftsbilds** hat sich auf Art und Umfang, Ort und zeitlichen Ablauf der Beeinträchtigungen zu beziehen. Angaben zum zeitlichen Ablauf hat der Auftraggeber zur Verfügung zu stellen.

Der Inhalt der nächsten Grundleistung ist unklar formuliert. Es ist davon auszugehen, 16
dass unter **Konfliktminderung** diejenige Stufe im Planungsprozess zu verstehen ist, in der Lösungen in Abstimmung mit den an der Planung Beteiligten erarbeitet werden, die zur Vermeidung oder Minderung von Beeinträchtigungen des Naturhaushalts und des Landschaftsbilds führen. Auftraggeber, Fachplaner und andere an der Planung Beteiligte werden dabei mit den sich durch das geplante Vorhaben abzeichnenden Konflikten konfrontiert. Sie sind im Zuge der Abstimmung verpflichtet, Lösungen zur Vermeidung oder Verminderung von Beeinträchtigungen zu suchen und gegebenenfalls ihre Vorgaben und Fachpläne entsprechend anzupassen.

Im Rahmen der Grundleistung **Erarbeiten von Lösungen zur Vermeidung oder Ver-** 17
minderung erheblicher Beeinträchtigungen des Naturhaushalts und des Landschafts-

§ 26 HOAI   Leistungsbild Landschaftspflegerischer Begleitplan

bildes in Abstimmung mit den an der Planung fachlich Beteiligten hat der Auftragnehmer selbst Lösungen zur Vermeidung und Minimierung zu erarbeiten, die auf den Korrekturen des geplanten Vorhabens durch die bei der Planung fachlich Beteiligten beruhen. Das Erarbeiten ist als Planungsprozess unter Abstimmung mit den bei der Planung fachlich Beteiligten zu verstehen.

18 Die Grundleistung **Ermitteln der unvermeidbaren Beeinträchtigungen** schließt an die vorangehenden Grundleistungen an. Nachdem die durch das Vorhaben zu erwartenden Beeinträchtigungen festgestellt und zur Konfliktminderung Lösungen zur Vermeidung oder Verminderung von Beeinträchtigungen erarbeitet worden sind, schließt sich daran das Ermitteln der verbleibenden Beeinträchtigungen an.

19 Für die unvermeidbaren Beeinträchtigungen des Vorhabens werden in der nächsten Grundleistung **Ausgleichs-, Ersatz- und Gestaltungsmaßnahmen** sowie Angaben zur Unterhaltung und Vorschläge zur rechtlichen Sicherung erarbeitet. Damit soll sichergestellt werden, dass die Maßnahmen nicht nur umgesetzt werden, sondern die mit ihnen verbundenen Wirkungen durch eine Unterhaltung gesichert werden können. Das Entwickeln von Monitoringkonzepten und -maßnahmen ist dabei in der Anlage 9 als Besondere Leistung aufgeführt. Außerdem können Vorschläge zur rechtlichen Sicherung hinzukommen, soweit sie die Grenze der zulässigen Rechtsberatung beachten.

20 Die Grundleistung **Integrieren von Maßnahmen** auf Grund des Natura-2000-Gebietsschutzes sowie der Vorschriften zum besonderen Artenschutz und anderer Umweltfachgesetze auf Grundlage vorhandener Unterlagen und Erarbeiten eines Gesamtkonzepts hat klarstellenden Charakter. Dabei ist auf den zu diesem Zeitpunkt gegebenen Sachstand und die vorhandenen Unterlagen abzustellen. Soweit diese Voraussetzungen nicht gegeben sind oder sich ändern, sind damit verbundene Anpassungen nicht mehr von dieser Grundleistung umfasst. Die Integration dieser Maßnahmen hat die Erarbeitung eines Gesamtkonzepts zum Ziel. Das Erarbeiten ist als Planungsprozess zu verstehen, der sich in Text und Karten manifestiert.

21 Die Grundleistung **Vergleichendes Gegenüberstellen von unvermeidbaren Beeinträchtigungen und Ausgleich und Ersatz** einschließlich Darstellen verbleibender, nicht ausgleichbarer oder ersetzbarer Beeinträchtigungen soll aufzeigen, welche Beeinträchtigungen welchem Ausgleich und Ersatz gegenüberstehen und welche Beeinträchtigungen nach dieser Gegenüberstellung ohne Ausgleich und Ersatz übrig bleiben. Bei der Gegenüberstellung wird nicht von Maßnahmen, sondern von »Beeinträchtigungen« sowie »Ausgleich und Ersatz« gesprochen. Nachdem Beeinträchtigungen schutzgutbezogen zu betrachten sind, gilt dies auch für den dafür zu schaffenden Ausgleich und Ersatz.

22 Eine Berechnung der Intensität, die bei der Gegenüberstellung eine zusätzliche Werteskala einzubringen vermag und Effekte anhand von fachspezifischen Kompensationsmodellen quantifiziert und qualifiziert, zählt nicht zu den Grundleistungen. Vielmehr handelt es sich dann um die Anwendung komplexer Bilanzierungsverfahren im Rahmen der naturschutzrechtlichen Eingriffsregelung. Dies stellt eine Besondere Leistung nach der Anlage 9 dar.

Die **Kostenermittlung nach Vorgaben des Auftraggebers** schließt an die vorangehen- 23
den Grundleistungen dieser Leistungsphase an und konkretisiert die Kosten für das geplante Vorhaben. Der Auftraggeber hat hierzu entsprechende Vorgaben zu machen. Die Kostenermittlung zielt dabei nicht auf Herstellkosten des Vorhabens ab. Dies ist Gegenstand der Objektplanung. Vielmehr soll in dieser Phase erkennbar werden, welche Budgetfolgen mit den vorangegangenen landschaftsplanerischen Erkenntnissen verbunden sind.

Alle Erkenntnisse und Feststellungen der vorangehenden Grundleistungen dieser Leis- 24
tungsphase sind in **Text und Karte zusammenfassend darzustellen.** Formale Anforderungen werden nicht gestellt. Deshalb genügen einfache, nicht pausfähige farbige Plandarstellungen für flächendeckende und punktuelle Maßnahmen als Konkretisierung landschaftsplanerischer Lösungsvorschläge und ein stichwortartiger Textteil. Soweit Anforderungen des Auftraggebers an die Darstellung bestehen, die diesen Standard erheblich überschreiten, ist von Besonderen Leistungen auszugehen.

Die Grundleistung **Mitwirken bei der Abstimmung mit der für Naturschutz und** 25
Landschaftspflege zuständigen Behörde betrifft nur die Abstimmung mit dieser Behörde. Eine Abstimmung mit sonstigen Behörden oder den übrigen Trägern öffentlicher Belange ist davon nicht umfasst. Soweit der Auftragnehmer daran ebenfalls mitwirkt oder Leistungen erbringt, handelt es sich um Besondere Leistungen. Für das Mitwirken ist die begleitende Unterstützung ausreichend, die unter Federführung des Auftraggebers erfolgt.

Das **Abstimmen der Vorläufigen Fassung mit dem Auftraggeber** stellt eine der wich- 26
tigsten Grundleistungen dar. In diesem Stadium lassen sich erstmals der Inhalt und die Tragweite der Planung für den Auftraggeber in konkreter Form mit der Beurteilung durch die Fachbehörden und -vereinigungen absehen. Dieser hat dabei seine Planungsabsichten unter dem Eindruck der Stellungnahmen zur vorläufigen Fassung zu überprüfen und diese zu bestätigen oder zu korrigieren. Als Ergebnis der Überprüfung hat er festzulegen, wie die Planung durch den Auftragnehmer fortgeführt werden soll. Wird dabei eine Planungsänderung verlangt, liegen Wiederholungen von Grundleistungen nach § 10 Abs. 2 vor.

9. Leistungsphase 4 Abgestimmte Fassung

Mit der abgestimmten Fassung bringt der Auftragnehmer die vorläufige Fassung in die 27
mit dem Auftraggeber abgestimmte Form. Die Leistungsphase 4 stellt demnach eine Planungsstufe dar, die als Ergebnis der vorhergehenden Leistungen zu verstehen ist. Die Darstellung hat den Formerfordernissen zu entsprechen, die nach den landesrechtlichen Vorgaben zu beachten sind.

Eine Änderung oder Korrektur des Inhalts der abgestimmten Fassung, etwa von Aus- 28
sagen in Text und Karte nach mangelfreier Erbringung der Leistungsphase 4, zählt nicht mehr zu den Leistungen des Leistungsbilds. Solche »fortgeführten Fassungen« stellen deshalb keine Wiederholungen von Grundleistungen, sondern Besondere Leistungen dar. Dabei ist es unerheblich, ob die Abgestimmte Fassung die letzte Planfas-

§ 27 HOAI Leistungsbild Pflege- und Entwicklungsplan

sung des Landschaftspflegerischen Begleitplans darstellt oder ob weitere folgen. Wenn dem Landschaftspflegerischen Begleitplan nach der Leistungsphase 4 weitere Fassungen folgen sollten, etwa weil das Vorhaben, auf das er Bezug nimmt, geändert wird oder weil sich die Rechtslage ändert, stellen die damit verbundenen weiteren Leistungen ebenfalls Besondere Leistungen dar.

10. Besondere Leistungen

29 Die Besonderen Leistungen für alle Leistungsbilder des Teils 2 – Flächenplanung – sind in die Anlage 9 übertragen worden. Damit werden für den Landschaftspflegerischen Begleitplan, dessen Leistungsbild bisher keine Besonderen Leistungen enthalten hatte, erstmals solche aufgeführt. Die Anlage 9 ist nicht vollständig, sondern enthält eine beispielhafte Aufzählung der Besonderen Leistungen. Wie bisher können Besondere Leistungen hinzukommen, die in anderen Leistungsbildern enthalten oder nicht in der HOAI aufgeführt sind, soweit sie keine Grundleistungen des Leistungsbilds darstellen.

§ 27 HOAI Leistungsbild Pflege- und Entwicklungsplan

(1) Die Grundleistungen bei Pflege- und Entwicklungsplänen sind in vier Leistungsphasen zusammengefasst und werden wie folgt in Prozentsätzen der Honorare des § 32 bewertet:
1. für die Leistungsphase 1 (Zusammenstellen der Ausgangsbedingungen) mit 3 Prozent,
2. für die Leistungsphase 2 (Ermitteln der Planungsgrundlagen) mit 37 Prozent,
3. für die Leistungsphase 3 (Vorläufige Fassung) mit 50 Prozent und
4. für die Leistungsphase 4 (Abgestimmte Fassung) mit 10 Prozent.

(2) Anlage 8 regelt die Grundleistungen jeder Leistungsphase. Anlage 9 enthält Beispiele für Besondere Leistungen.

Übersicht	Rdn.
1. Änderungen durch die HOAI 2009	1
2. Änderungen durch die HOAI 2013	2
3. Allgemeines	3
4. Zusammenspiel mit anderen Vorschriften	5
5. Die einzelnen Leistungsphasen	7
6. Leistungsphase 1 Klären der Aufgabenstellung und Ermitteln des Leistungsumfangs	9
7. Leistungsphase 2 Ermitteln der Planungsgrundlagen	10
8. Leistungsphase 3 Vorläufige Fassung	16
9. Leistungsphase 4 Abgestimmte Fassung	23
10. Besondere Leistungen	25

1. Änderungen durch die HOAI 2009

1 Das Leistungsbild **Pflege- und Entwicklungsplan** war bis zur 6. HOAI-Novelle in § 49c HOAI 2002 enthalten. Die Definition des Begriffs »Pflege- und Entwicklungs-

plan« in § 49c Abs. 1 HOAI 2002 ist entfallen Die im früheren § 49c Abs. 2 aufgeführten vier Leistungsphasen mit ihrer prozentualen Bewertung wurden in den § 27 Abs. 1 HOAI 2009 verschoben. In § 49a Abs. 2 HOAI 2002 waren die einzelnen Grundleistungen enthalten. Diese befanden sich in der Anlage 10 (Leistungen) und in Ziff. 2.5 der Anlage 2 (Besondere Leistungen) der HOAI 2009. Dadurch hatten sich gegenüber der 5. HOAI-Novelle keine inhaltlichen Änderungen ergeben. Die in § 49c Abs. 4 HOAI 2002 enthaltene Regelung, wonach bei der für die Leistungsphasen 1–3 festgelegten prozentualen Spanne ohne schriftliche Vereinbarung jeweils nur der unterste Prozentsatz berechnet werden darf, wurde gestrichen, weil die identische Regelung des § 7 Abs. 6 S. 2 galt.

2. Änderungen durch die HOAI 2013

Das Leistungsbild Pflege- und Entwicklungsplan wurde in der HOAI 2013 wesentlich überarbeitet und in seiner Struktur den übrigen Leistungsbildern der Landschaftsplanung angepasst. Die für die Leistungsphasen 1 und 2 vorgegebene Spanne für die prozentuale Bewertung ist entfallen. Nunmehr wurde ebenso wie bei allen anderen Leistungsbildern für Landschaftsplanerische Leistungen für die Leistungsphase 1 ein Prozentsatz von 3 % und für die Leistungsphase 2 ein Prozentsatz von 37 % festgelegt. Die Leistungsphasen 3 und 4 wurden im Sinne einer einheitlichen Bezeichnung der Leistungsphasen für die Landschaftsplanung in »vorläufige Fassung« und »abgestimmte Fassung« umbenannt. Die einzelnen Grundleistungen befinden sich in der Anlage 8. Die Besonderen Leistungen sind in der Anlage 9 enthalten.

3. Allgemeines

Für Gebiete, die aus Gründen des Naturschutzes und der Landschaftspflege bedeutsam sind – so z. B. NATURA-2000-Gebiete (FFH-Schutzgebiete, Vogelschutzgebiete), Naturschutz-, Biosphären- und Landschaftsschutzgebiete, geschützte Landschaftsbestandteile, Biotope – und sich nicht selbst überlassen werden können, sind dem Schutzzweck dienende Pflege- und Entwicklungsmaßnahmen notwendig, die mit Pflege- und Entwicklungsplänen konkretisiert werden. Pflege- und Entwicklungspläne betreffen sowohl die Erhaltung und Entwicklung des Bestands als auch das gezielte Rück- oder Fortentwickeln von Zuständen in schützenswerten Landschaftsteilen oder ganzen Landschaften. Die Planungen und Maßnahmenbeschreibungen zielen z. B. bei Mooren auf eine gezielte Vernässung durch Steuerung von Meliorationsmaßnahmen, bei »Offenland« auf eine Rodung oder Beweidung, auf die Erhaltung von besonderen Kulturformen wie Streuobstwiesen, Wacholderheiden etc. Weil Entwicklungen in Natur und Landschaft in der Regel als Prozesse ablaufen sollen, spricht man bei der fachlichen Planung von Pflege- und Entwicklungsmaßnahmen auch von »Biotop-Management«. Pflege- und Entwicklungspläne sind somit als Fachpläne zu verstehen, die Natur und Landschaft durch fachliche Pflege in einer vorhandenen Form oder einem Zustand erhalten oder in eine beabsichtigte Form oder zu einem Zustand entwickeln.

Sie unterscheiden sich damit deutlich von so genannten »Parkpflegewerken«, die für die Erhaltung und Entwicklung von bestehenden historischen Parks und Gärten geboten

§ 27 HOAI Leistungsbild Pflege- und Entwicklungsplan

sind. Solche aus Gründen des Denkmalschutzes notwendige, auf die Erhaltung und Entwicklung von Bau- und Gartendenkmalen gerichtete Untersuchungen und Planungen stellen keine Pflege- und Entwicklungspläne dar. Sie sind als bau- oder gartendenkmalpflegerische Gutachten anzusehen, deren Leistungen nicht von den Leistungsbildern der HOAI erfasst sind.

Pflege- und Entwicklungspläne unterscheiden sich auch grundlegend von Planungen für ein »Freiflächenmanagement«, mit denen die Unterhaltung und Entwicklung von bestehenden Freiflächen konkretisiert wird.

4. Zusammenspiel mit anderen Vorschriften

5 In § 27 Abs. 1 sind die vier Leistungsphasen mit einer prozentualen Bewertung aufgeführt. Die einzelnen Grundleistungen des Leistungsbilds sowie die Besonderen Leistungen werden nicht erwähnt. Die Grundleistungen sind nunmehr in der Anlage 8 enthalten. In der Anlage 9 finden sind die Besonderen Leistungen aller Leistungsbilder des Teils 2 – Flächenplanung – .

6 Für die Honorarbemessung von Grundleistungen für einen Pflege- und Entwicklungsplan sind folgende Faktoren maßgeblich:
– die Fläche des Planungsgebietes in ha (§ 32 Abs. 2);
– die Honorarzone des Plans (§ 32 Abs. 3–5);
– der vereinbarte Honorarsatz im Honorarrahmen zwischen Mindest- und Höchstsätzen;
– der Prozentsatz der betreffenden Leistungsphasen (§ 27 Abs. 1);
– die Honorartafel (§ 32 Abs. 1).

5. Die einzelnen Leistungsphasen

7 Absatz 1 enthält eine Bewertung der einzelnen Leistungsphasen in Prozentsätzen des Gesamthonorars. Für die einzelnen Grundleistungen einer jeden Leistungsphase wird in § 27 Abs. 2 auf die Anlage 8 verwiesen. Die Grundleistungen des Leistungsbilds begründen keine unmittelbaren Leistungspflichten. Nachdem die darin aufgeführten Leistungen aber nach § 3 Abs. 2 im Allgemeinen zur ordnungsgemäßen Erbringung der Leistungen des Auftragnehmers gehören, ist die Auflistung in der Anlage 8 für die Auslegung des vertraglich geschuldeten Leistungsumfangs und somit auch für die Haftung des Auftragnehmers von erheblicher Bedeutung.

8 Aufgrund der Weiterentwicklung des Standards landschaftsplanerischer Planungsanforderungen wurden in den letzten Jahren weitere Bestimmungen für die Leistungserbringung des Pflege- und Entwicklungsplans eingeführt. So sind u. a. im »Handbuch zur Erstellung von Managementplänen für die Natura-2000-Gebiete in Baden-Württemberg« (Landesanstalt für Umweltschutz Baden-Württemberg 2010) Regelungen über Leistungen enthalten, die bei Vertragsvereinbarungen von öffentlichen Auftraggebern zu beachten sind. Die Honorarvorschriften der HOAI werden durch derartige Regelungen nicht ersetzt. Soweit das Leistungsbild in der Anlage 8 dadurch ausgeweitet werden sollte, sind die darüber hinausgehenden Leistungen nicht von der Vergütung

nach § 27 umfasst. Es handelt sich dann um Besondere Leistungen, die gesondert zu vergüten sind.

In der Anlage 8 sind für die einzelnen Leistungsphasen folgende Grundleistungen aufgeführt:

6. **Leistungsphase 1 Klären der Aufgabenstellung und Ermitteln des Leistungsumfangs**

Die Grundleistungen dieser Leistungsphase entsprechen denen des Landschaftsplans in der Anlage 4, sodass auf die dortige Kommentierung verwiesen wird (§ 23 Rdn. 16 ff.). 9

7. **Leistungsphase 2 Ermitteln der Planungsgrundlagen**

Die **Grundleistung Ermitteln und Beschreiben der planungsrelevanten Sachverhalte auf Grund vorhandener Unterlagen** entspricht derjenigen des Landschaftsplans in der Anlage 4 unter Anpassung der Maßstabsebene (vgl. § 23 Rdn. 19 ff.). Darunter ist wie auch in den weiteren Leistungsbildern nicht zu verstehen, dass der Auftragnehmer einzelne Unterlagen durch eine Einzeluntersuchung selbst erheben muss. Seine Leistung erstreckt sich vielmehr auf das ihm vorwiegend von Behörden zur Verfügung gestellte Grundlagenmaterial. Einzeluntersuchungen, Erhebungen und Kartierungen durch den Auftragnehmer stellen wie auch bei den anderen Leistungsbildern Besondere Leistungen dar. Die Grundleistung **Auswerten und Einarbeiten von Fachbeiträgen** erstreckt die Leistungen auf weitere Fachbeiträge, die neben den vorhandenen Unterlagen in den Planungsprozess einbezogen werden sollen. 10

Die Grundleistung **Bewerten der Bestandsaufnahmen** betrifft die Bewertung weiterer Informationen aus den Bestandsaufnahmen einschließlich vorhandener Beeinträchtigungen sowie von abiotischen Faktoren innerhalb des Planungsgebiets auf ihre Standort- und Lebensraumbedeutung. Darüber hinaus sind vorhandene Beeinträchtigungen des Planungsbereichs sowie abiotische Faktoren, insbesondere die Flächennutzung, Einwirkungen von außen, unsachgemäße Pflege, sowie Erholungsaktivitäten wie Baden, Reiten, Jagen und Zelten, in die Bewertung einzubeziehen. Die Erstellung der Bestandsaufnahmen selbst ist nicht Teil der Grundleistung. Die Bestandsaufnahmen sind entweder bereits vorhanden oder müssen als Einzeluntersuchungen gesondert erbracht werden. Vorhandene Beeinträchtigungen sowie abiotische Faktoren sind hierzu von dem Auftragnehmer im Zuge der Ermittlung der planungsrelevanten Sachverhalte zu erfassen. 11

Mit der Grundleistung **Beschreiben der Zielkonflikte mit bestehenden Nutzungen** werden diejenigen Zielkonflikte beschrieben, die der Auftragnehmer bei der Ortsbesichtigung erkannt hat oder bei dem Ermitteln der planungsrelevanten Sachverhalte bekannt geworden sind. Das Beschreiben hat in Text und Karten zu erfolgen. 12

Mit dem **Beschreiben des zu erwartenden Zustands von Arten und ihren Lebensräumen** soll der im Planungsgebiet zu erwartende Zustand einbezogen werden. Im Vergleich mit dem vorhandenen Zustand werden Zielkonflikte mit den geplanten Nutzun- 13

§ 27 HOAI Leistungsbild Pflege- und Entwicklungsplan

gen erkennbar. Die hierzu notwendige Erarbeitung von floristischen und faunistischen Einzelinformationen ist nicht Gegenstand der Grundleistung. Vielmehr ist davon auszugehen, dass solche Informationen entweder bereits vorliegen oder als artenbezogene Gutachten gesondert erbracht worden sind.

14 Mit den Erkenntnissen aus den vorangehenden Leistungsphasen und Grundleistungen steht dem Auftragnehmer ein Informationsstand zur Verfügung, der ihn im Hinblick auf ein qualifiziertes Planungsergebnis in die Lage versetzt, zu überprüfen, ob die festgelegten Untersuchungsinhalte den fachlichen Anforderungen genügen und in Umfang und Tiefe ausreichen. Falls erkennbar ist, dass weitere Untersuchungsinhalte einbezogen werden müssen, ist darauf hinzuweisen.

15 Alle Erkenntnisse und Feststellungen, die in dieser Leistungsphase erbracht werden, sind in Text und Karten zusammenfassend darzustellen. Formale Anforderungen werden an die Grundleistung **Zusammenfassendes Darstellen von Erfassung und Bewertung in Text und Karte** nicht gestellt. Deshalb sind einfache, nicht pausfähige farbige Plandarstellungen für flächendeckende und punktuelle Maßnahmen als Konkretisierung landschaftsplanerischer Lösungsvorschläge sowie ein stichwortartiger Textteil ausreichend. Soweit durch den Auftraggeber Anforderungen an die Darstellung vorgegeben werden, die diesen Standard erheblich überschreiten, liegen Besondere Leistungen vor.

8. Leistungsphase 3 Vorläufige Fassung

16 In der Grundleistung **Lösen der Planungsaufgabe und Erläutern der Ziele, Erfordernisse und Maßnahmen in Text und Karte** wird die Lösung der Aufgabe im Sinne der Entwicklung und Abwägung planerischer Alternativen der Pflege und Entwicklung untersucht und entschieden. Dies bedeutet nicht, dass von dem Auftragnehmer mehrere Alternativen in Text und Karte erarbeitet werden müssen. Vielmehr ist jede Teillösung aus einer Abwägung sich wesentlich unterscheidender Lösungen zu finden. Dieser Entscheidungsprozess stellt ein grundsätzliches Element einer jeden Planung dar. Er ist für Außenstehende transparent und verständlich zu vermitteln.

17 Die Grundleistung **Formulieren von Zielen zum Schutz, zur Pflege, zur Erhaltung und Entwicklung von Arten, Biotoptypen und naturnahen Lebensräumen bzw. Standortbedingungen** stellt klar, dass der Planungsprozess auch diese Ziele einbeziehen muss.

18 Mit der Grundleistung **Erfassen und Darstellen von Flächen**, auf denen eine Nutzung weiter betrieben werden soll, und von Flächen, auf denen regelmäßig Pflegemaßnahmen durchzuführen sind, sowie von Maßnahmen zur Verbesserung der ökologischen Standortverhältnisse und zur Änderung der Biotopstruktur sollen bestehende und zukünftige flächige Nutzungen und Strukturen im Planungsgebiet einbezogen werden. Das Erfassen und Darstellen betrifft die beschriebenen Flächen und Maßnahmen. Die Aufzählung ist abschließend. Flächen mit anderen Zielstellungen (etwa Flächen mit zielgerichteter Sukzession durch Vernässungen, dem Rückbau von Meliorationsmaßnahmen) sind nicht einbezogen.

Anhand der Erkenntnisse über zukünftige Entwicklungen hat der Auftragnehmer mit der Grundleistung **Erarbeiten von Vorschlägen** für Maßnahmen zur Förderung bestimmter Tier- und Pflanzenarten, zur Lenkung des Besucherverkehrs, für die Durchführung der Pflege- und Entwicklungsmaßnahmen und für Änderungen von Schutzzweck und -zielen sowie Grenzen von Schutzgebieten Vorschläge zur Lösung dieser speziellen Fragestellungen zu erarbeiten. Auch diese Aufzählung ist abschließend. Vorschläge mit anderen Zielstellungen sind von dieser Grundleistung nicht umfasst. 19

Der Auftragnehmer hat auch **Hinweise für weitere Untersuchungen, Folgeplanungen und Maßnahmen** zu erarbeiten. 20

Die **Kostenermittlung** schließt an die vorangehenden Grundleistungen dieser Leistungsphase an und konkretisiert die Kosten für die geplanten Pflege- und Entwicklungsmaßnahmen. Die Kostenermittlung zielt dabei nicht auf die Herstellkosten des Vorhabens ab. Dies ist Gegenstand der Objektplanung. Vielmehr soll in dieser Phase erkennbar werden, welche Budgetfolgen mit den vorangegangenen Erkenntnissen einer fachspezifischen Pflege und der zielgerichteten Entwicklung verbunden sind. Die Kostenansätze betreffen Leistungen der Pflege und Entwicklung sowie für Controlling und Monitoring. 21

Das **Abstimmen der Vorläufigen Fassung mit dem Auftraggeber** stellt eine der wichtigsten Grundleistungen dar. In diesem Stadium kann der Auftraggeber erstmals den Inhalt und die Tragweite seiner Planung mit der Beurteilung durch die Fachbehörden abgleichen. Dieser hat dabei seine Planungsabsichten unter dem Eindruck der Stellungnahmen zur vorläufigen Fassung zu überprüfen und diese zu bestätigen oder zu korrigieren. Als Ergebnis der Überprüfung hat er festzulegen, wie die Planung durch den Auftragnehmer fortgeführt werden soll. Wird dabei eine Planungsänderung verlangt, liegen Wiederholungen von Grundleistungen nach § 10 Abs. 2 vor. 22

9. Leistungsphase 4 Abgestimmte Fassung

Mit der abgestimmten Fassung bringt der Auftragnehmer die vorläufige Fassung in die mit dem Auftraggeber abgestimmte Form. Die Leistungsphase 4 stellt demnach eine Planungsstufe dar, die als Ergebnis der vorhergehenden Leistungen zu verstehen ist. Die Darstellung hat den Formerfordernissen zu entsprechen, die nach den landesrechtlichen Vorgaben zu beachten sind. 23

Eine Änderung oder Korrektur des Inhalts der abgestimmten Fassung, etwa von Aussagen in Text und Karte nach mangelfreier Erbringung der Leistungsphase 4, zählt nicht mehr zu den Leistungen des Leistungsbilds. Solche »fortgeführten Fassungen« stellen deshalb keine Wiederholungen von Grundleistungen, sondern Besondere Leistungen dar. Dabei ist es unerheblich, ob die Abgestimmte Fassung die letzte Planfassung des Pflege- und Entwicklungsplans darstellt oder ob weitere folgen. Wenn dem Pflege- und Entwicklungsplan nach der Leistungsphase 4 weitere Fassungen folgen sollten, etwa weil das Vorhaben, auf das er Bezug nimmt, geändert wird oder weil sich die Rechtslage ändert, stellen die damit verbundenen weiteren Leistungen ebenfalls Besondere Leistungen dar. 24

§ 28 HOAI Honorare für Grundleistungen bei Landschaftsplänen

10. Besondere Leistungen

25 Die Besonderen Leistungen für alle Leistungsbilder des Teils 2 – Flächenplanung – sind in der Anlage 9 aufgeführt. Damit werden für den Pflege- und Entwicklungsplan, dessen Leistungsbild bislang keine eigenen Besonderen Leistungen enthalten hatte, in der HOAI erstmals solche aufgelistet. Die Anlage 9 ist nicht vollständig, sondern enthält eine beispielhafte Aufzählung der Besonderen Leistungen. Wie bisher können Besondere Leistungen hinzukommen, die in anderen Leistungsbildern erfasst oder nicht in der HOAI aufgeführt sind, soweit sie keine Grundleistungen des Leistungsbilds darstellen.

§ 28 HOAI Honorare für Grundleistungen bei Landschaftsplänen

(1) Die Mindest- und Höchstsätze der Honorare für die in § 23 und Anlage 4 aufgeführten Grundleistungen bei Landschaftsplänen sind in der folgenden Honorartafel festgesetzt:

Fläche in Hektar	Honorarzone I geringe Anforderungen		Honorarzone II durchschnittliche Anforderungen		Honorarzone III hohe Anforderungen	
	von	bis	von	bis	von	bis
	Euro		Euro		Euro	
1.000	23.403	27.963	27.963	32.826	32.826	37.385
1.250	26.560	31.735	31.735	37.254	37.254	42.428
1.500	29.445	35.182	35.182	41.300	41.300	47.036
1.750	32.119	38.375	38.375	45.049	45.049	51.306
2.000	34.620	41.364	41.364	48.558	48.558	55.302
2.500	39.212	46.851	46.851	54.999	54.999	62.638
3.000	43.374	51.824	51.824	60.837	60.837	69.286
3.500	47.199	56.393	56.393	66.201	66.201	75.396
4.000	50.747	60.633	60.633	71.178	71.178	81.064
5.000	57.180	68.319	68.319	80.200	80.200	91.339
6.000	63.562	75.944	75.944	89.151	89.151	101.533
7.000	69.505	83.045	83.045	97.487	97.487	111.027
8.000	75.095	89.724	89.724	105.329	105.329	119.958
9.000	80.394	96.055	96.055	112.761	112.761	128.422
10.000	85.445	102.090	102.090	119.845	119.845	136.490

Honorare für Grundleistungen bei Landschaftsplänen § 28 HOAI

Fläche in Hektar	Honorarzone I geringe Anforderungen		Honorarzone II durchschnittliche Anforderungen		Honorarzone III hohe Anforderungen	
	von	bis	von	bis	von	bis
	Euro		Euro		Euro	
11.000	89.986	107.516	107.516	126.214	126.214	143.744
12.000	94.309	112.681	112.681	132.278	132.278	150.650
13.000	98.438	117.615	117.615	138.069	138.069	157.246
14.000	102.392	122.339	122.339	143.615	143.615	163.562
15.000	106.187	126.873	126.873	148.938	148.938	169.623

(2) Das Honorar für die Aufstellung von Landschaftsplänen ist nach der Fläche des Planungsgebiets in Hektar und nach der Honorarzone zu berechnen.

(3) Welchen Honorarzonen die Grundleistungen zugeordnet werden, richtet sich nach folgenden Bewertungsmerkmalen:
1. topographische Verhältnisse,
2. Flächennutzung,
3. Landschaftsbild,
4. Anforderungen an Umweltsicherung und Umweltschutz,
5. ökologische Verhältnisse,
6. Bevölkerungsdichte.

(4) Sind auf einen Landschaftsplan Bewertungsmerkmale aus mehreren Honorarzonen anwendbar und bestehen deswegen Zweifel, welcher Honorarzone der Landschaftsplan zugeordnet werden kann, so ist zunächst die Anzahl der Bewertungspunkte zu ermitteln. Zur Ermittlung der Bewertungspunkte werden die Bewertungsmerkmale wie folgt gewichtet:
1. die Bewertungsmerkmale gemäß Absatz 3 Nummern 1, 2, 3 und 6 mit je bis zu 6 Punkten und
2. die Bewertungsmerkmale gemäß Absatz 3 Nummern 4 und 5 und mit je bis zu 9 Punkten.

(5) Der Landschaftsplan ist anhand der nach Absatz 4 ermittelten Bewertungspunkte einer der Honorarzonen zuzuordnen:
1. Honorarzone I: bis zu 16 Punkte,
2. Honorarzone II: 17 bis 30 Punkte,
3. Honorarzone III: 31 bis 42 Punkte.

(6) Werden Teilflächen bereits aufgestellter Landschaftspläne (Planausschnitte) geändert oder überarbeitet, so ist das Honorar frei zu vereinbaren.

§ 28 HOAI Honorare für Grundleistungen bei Landschaftsplänen

Übersicht Rdn.
1. Änderungen durch die HOAI 2009 1
2. Änderungen durch die HOAI 2013 2
3. Die Stufen der Honorarberechnung 3
4. Die Mindest- und Höchstsätze der Honorartafel (Abs. 1) 4
5. Die Fläche des Planungsgebiets als Bemessungsgrundlage (Abs. 2) 6
6. Die Bewertungsmerkmale (Abs. 3) 10
7. Die Bewertung von Zweifelsfällen (Abs. 4 und 5) 12
8. Die Vergütung bei Änderung oder Überarbeitung von Teilflächen bereits aufgestellter Landschaftspläne (Abs. 6) 14
9. Berechnungsbeispiel 16

1. Änderungen durch die HOAI 2009

1 Die Vorschriften des § 28 Abs. 1 und 2 HOAI 2009 über die Honorierung von Leistungen für Landschaftspläne entsprachen der früheren Regelung des § 45b Abs. 1, 2 HOAI 2002. Die Tafelwerte wurden angehoben. Gestrichen wurden die Regelungen des § 45b Abs. 3, 4 HOAI 2002, weil der damit verfolgte Zweck einer freien Honorarvereinbarung für Leistungen außerhalb der Tafelwerte durch § 7 Abs. 2 erreicht wurde. In den Absätzen 3–5 wurden die zuvor in § 45 HOAI 2002 enthaltenen Vorschriften über die Einordnung der Planung in die zutreffende Honorarzone ohne inhaltliche Änderung übernommen. Die in § 28 Abs. 1 HOAI 2009 enthaltenen Tafelwerte waren nach § 26 Abs. 2 HOAI 2009 auch für die Berechnung des Honorars für einen landschaftspflegerischen Begleitplan im Maßstab eines Flächennutzungsplans entsprechend anwendbar.

2. Änderungen durch die HOAI 2013

2 Die Regelung über das Honorar für Grundleistungen bei Landschaftsplänen in § 28 blieb inhaltlich weitgehend unverändert. In Abs. 1 wurden die Tafelwerte der Honorartafel erheblich erhöht. In Abs. 2 sind die Bezugsgrößen für die Honorarermittlung, nämlich die Fläche des Planungsgebiets in Hektar und die einschlägige Honorarzone, aufgeführt. Insoweit sind gegenüber der HOAI 2009 keine Änderungen eingetreten. Die entsprechende Anwendung der Vergütungsregelung für die Berechnung des Honorars für einen landschaftspflegerischen Begleitplan im Maßstab eines Flächennutzungsplans ist entfallen. Sie ist nunmehr in den §§ 26, 31 HOAI 2013 geregelt.

In den Abs. 3–5 wurden die Vorschriften über die Einordnung der Planung in die zutreffende Honorarzone ohne inhaltliche Änderung übernommen. Diese Regelung ist im Zusammenhang mit der allgemeinen Beschreibung der Schwierigkeitsgrade für die Honorarzonen in § 5 Abs. 2 zu sehen. Neu ist die Regelung in Abs. 6, wonach im Falle einer Änderung oder Überarbeitung von Teilflächen bereits aufgestellter Landschaftspläne (Planausschnitte) das Honorar frei vereinbart werden kann. Sie steht im Zusammenhang mit § 10 Abs. 1 HOAI 2013.

3. Die Stufen der Honorarberechnung

Die Honorarberechnung für einen Landschaftsplan vollzieht sich in folgenden 4 Stufen: 3
- Zunächst sind nach Abs. 2 die Flächenwerte (ha) des Planungsgebiets festzustellen.
- Danach ist zu ermitteln, welcher Honorarzone die Planung zuzuordnen ist. Grundlage hierfür sind die Absätze 3–5.
- Sodann lässt sich der zutreffende Tafelwert nach dem vereinbarten Honorarsatz im Honorarrahmen der Mindest- bis Höchstsätze aus der Honorartafel des Abs. 1 interpolieren.
- Schließlich ist die Bewertung der Leistungen nach den Prozentsätzen des § 23 Abs. 1 vorzunehmen.

4. Die Mindest- und Höchstsätze der Honorartafel (Abs. 1)

Die Honorartafel für Grundleistungen bei Landschaftsplänen in Abs. 1 ist das Ergebnis 4 der Studie »Aktualisierungsbedarf zur Honorarstruktur der Honorarordnung für Architekten und Ingenieure (HOAI)«, die im Dezember 2012 im Auftrag des Bundesministeriums für Wirtschaft und Technologie vorgelegt worden ist. Die Gutachter haben dafür eine marktgerechte Entwicklung der Tafelwerte anhand der Einflussfaktoren »Kostenentwicklung«, »Rationalisierungseffekte«, »Leistungsausweitung als Mehr- oder Minderaufwand aufgrund von Veränderungen bei den rechtlichen und technischen Anforderungen im Zeitraum von 1996 bis 2013 sowie aufgrund von Änderungen des Leistungsbilds im Vergleich zur HOAI 1996« untersucht und die neuen Tafelwerte mit einer dafür entwickelten Berechnungsmethode in einem progressiven Verlauf errechnet. Die prozentuale Veränderung der Tafelwerte für das Leistungsbild Landschaftsplan im Vergleich zur HOAI 2009 liegt im Bereich von +36,88 % bis +85,58 %.

Liegen die ermittelten Flächen des Plangebiets außerhalb der Tafelwerte, d. h. unter 5 1.000 ha oder über 15.000 ha, ist das Honorar für einen Landschaftsplan nach § 7 Abs. 2 frei vereinbar. Hierzu kann auch eine Fortschreibung der Honorartafel herangezogen werden (so z. B. die Tafeln in Heft 14 der AHO-Schriftenreihe 2016).

5. Die Fläche des Planungsgebiets als Bemessungsgrundlage (Abs. 2)

Absatz 2 legt fest, dass die Honorare nach der Fläche des **Planungsgebiets** in Hektar zu 6 berechnen sind. Der Flächenbegriff »Planungsgebiet« wird in der HOAI nicht definiert.

Bei der Definition ist darauf abzustellen, dass es sich bei einem »Planungsgebiet« um die 7 Flächen, die sich durch die für die Planung erforderlichen Umgriffe ergeben. Deshalb fällt unter den Begriff »Planungsgebiet« diejenige Fläche, die tatsächlich zu »bearbeiten« ist. Flächen außerhalb des Geltungsbereichs, die aufgrund fachlicher Vorgaben in die Planungsbearbeitung einbezogen werden müssen (etwa für die im Zuge der Abarbeitung der Eingriffsregelung zu betrachtenden Wirkräume), gehören demnach auch zum Planungsgebiet[1].

---

1 *Herrchen* in MNP, § 29 Rn. 5.

§ 28 HOAI Honorare für Grundleistungen bei Landschaftsplänen

8 Die »Fläche« in Abs. 2 umfasst die tatsächliche Flächenausdehnung. Diese Fläche kann aus Kartenunterlagen oder Flächenstatistiken abgeleitet werden und ist gegebenenfalls mit einem Neigungszuschlag (z. B. Gebirgslagen oder stark reliefierte Landschaft) zu versehen[2].

9 Ob die in die Honorarbemessung einzubeziehenden Flächen durch eine Vereinbarung begrenzt werden können, ist vom Einzelfall abhängig. Entsteht eine Differenz zwischen den tatsächlich zu bearbeitenden und den nach dem Vertrag einzubeziehenden Flächen, ist die Vereinbarung dann unwirksam, wenn dadurch die Mindestsätze unterschritten werden (§ 7 Abs. 3). Eine Mindestsatzunterschreitung kann etwa dann vorliegen, wenn die Vereinbarung eine Regelung enthält, dass im Planungsgebiet vorhandene Teilflächen – etwa Waldflächen – herauszunehmen und deshalb nicht anzurechnen sind, weil dies in § 28 nicht vorgesehen ist.

6. Die Bewertungsmerkmale (Abs. 3)

10 Absatz 3 regelt, welche Bewertungsmerkmale für die Zuordnung eines Landschaftsplans zur zutreffenden Honorarzone anhand des Schwierigkeitsgrades maßgeblich sind. Die sechs für die Zuordnung eines Landschaftsplanes maßgeblichen Bewertungsmerkmale sind mit der Neufassung des § 28 Abs. 3 unverändert aus der HOAI 2009 übernommen worden. Sie hängen in der Regel eng zusammen. So werden oft Situationen angetroffen, bei denen im Planungsgebiet bewegte topographische Verhältnisse durch ein vielgestaltiges Geländerelief und gegliedertes Landschaftsbild gegeben sind und eine hohe Bevölkerungsdichte viele Infrastruktureinrichtungen (z. B. Straßen, Bahnlinien, Hochspannungsleitungen) sowie eine differenzierte Flächennutzung (z. B. Baugebiete, Sportplätze, Freizeitanlagen) bedingt. Dagegen führt eine einheitliche landwirtschaftliche Flächennutzung oft auch zu einem einheitlichen Landschaftsbild. Differenzierte ökologische Verhältnisse stellen meist hohe Anforderungen an Umweltsicherung und Umweltschutz.

11 Unter »ökologischen Verhältnissen« ist der Zustand des Naturhaushaltes insgesamt und der der einzelnen Landschaftsfaktoren, wie Boden, Wasser, Klima oder Tier- und Pflanzenwelt, zu verstehen. Bei dem Zuordnungsmerkmal »Umweltsicherung und Umweltschutz« geht es um Nutzungsauswirkungen auf den Menschen, z. B. durch Immissionen von Lärm oder Abgasen. Diesen Anforderungen wird durch Offenhaltung von Frischluftbahnen, Lärmschutzpflanzungen, Ausweisung von so genannten Verkehrsgrün- oder Sichtschutzpflanzungen gegenüber Industrieanlagen entsprochen. Auch die Verbesserung eines wenig gegliederten (strukturlosen) Landschaftsbildes, wie sie z. B. mit der Biotopvernetzung oder der Durchgrünung von ausgeräumten Agrarlandschaften erfolgt, dient der Umweltsicherung und dem Umweltschutz.

---

2 *Herrchen* in MNP, § 28 Rn. 6.

7. Die Bewertung von Zweifelsfällen (Abs. 4 und 5)

Absatz 4 regelt, wie bei Zweifeln über die Einordnung des Landschaftsplans in die zutreffende Honorarzone vorzugehen ist. In diesen Fällen ist die Summe der Bewertungspunkte maßgebend. Die einzelnen Bewertungsmerkmale sind nach Maßgabe des Abs. 4 S. 2 zu bewerten. Dieser legt fest, wie viele Punkte entsprechend dem Schwierigkeitsgrad den einzelnen Bewertungsmerkmalen zuzuordnen sind. Dabei muss jedes der Bewertungsmerkmale bewertet werden. Die Gewichtung der Bewertungsmerkmale für die Einzonung wurde mit der 4. ÄndVO verändert, indem die Bedeutung ökologischer Verhältnisse, der Umweltsicherung und des Umweltschutzes hervorgehoben und stärker bewertet, die Bevölkerungsdichte jedoch niedriger eingestuft worden ist.

Die Aufteilung lässt sich nach folgender Punkteskala ableiten:

Schwierigkeitsgrad	gering	durchschnittlich	hoch
Honorarzone	I	II	III
Bewertungsmerkmale	Punktbewertung		
1 Topographische Verhältnisse	1–2	3–4	5–6
2 Flächennutzung	1–2	3–4	5–6
3 Landschaftsbild	1–2	3–4	5–6
4 Umweltsicherung und Umweltschutz	1–3	4–6	7–9
5 Ökologische Verhältnisse	1–3	4–6	7–9
6 Bevölkerungsdichte	1–2	3–4	5–6

Mit der Summe der Bewertungspunkte wird die Honorarzone anhand der in Absatz 5 getroffenen Aufteilung ermittelt. Die Punktezahl bestimmt nicht den Honorarsatz innerhalb des Honorarrahmens zwischen Mindest- und Höchstsätzen einer Honorarzone. Sie kann aber eine Orientierungshilfe für eine Vergütungsvereinbarung zwischen Mindest- und Höchstsätzen darstellen. Dafür ist eine schriftliche Vereinbarung bei Auftragserteilung erforderlich (§§ 7 Abs. 1, 4 HOAI).

8. Die Vergütung bei Änderung oder Überarbeitung von Teilflächen bereits aufgestellter Landschaftspläne (Abs. 6)

Abs. 6 betrifft den in § 12 HOAI 2009 geregelten Fall, dass bereits aufgestellte Landschaftspläne in Teilflächen geändert oder überarbeitet werden. Während nach § 12 HOAI in diesem Fall bei der Honorarberechnung nur die Ansätze des zu bearbeitenden Planausschnitts anzusetzen waren, ist nunmehr das Honorar frei vereinbar. Die amtliche Begründung geht davon aus, dass sich die freie Vereinbarkeit des Honorars in der Praxis durchgesetzt hat, weil der Umfang der Änderung oder Überarbeitung sehr unterschiedlich ausfallen kann. Dieser reicht von der Änderung einer einzigen Festset-

§ 28 HOAI   Honorare für Grundleistungen bei Landschaftsplänen

zung bis zu einer Änderung der Inhalte mit einer hohen Komplexität.³ Zu beachten ist, dass Abs. 6 nur die Änderung oder Überarbeitung von Teilflächen eines vorliegenden Landschaftsplans (Planausschnitte) betrifft. Wird dagegen der gesamte Landschaftsplan überarbeitet oder geändert, ist die Honorarregelung der Abs. 1–5 anwendbar.

15   Landschaftspläne werden nicht in allen Bundesländern bestandskräftig. In den meisten Ländern stellt der Landschaftsplan einen Fachplan zum Flächennutzungsplan dar, wobei nur dieser als Satzung beschlossen wird. Dadurch ist es gelegentlich schwer feststellbar, ob ein Landschaftsplan bereits aufgestellt und nur zu überarbeiten oder zu ändern ist. Für die Vergütung von Änderungen oder Überarbeitungen im Sinne des Abs. 6 oder für die Fortführung der Planung nach Abschluss der Leistungsphase 4 mit »Fortgeführten Fassungen« als Besondere Leistung ist dies insoweit unerheblich, als in beiden Fällen das Honorar frei zu vereinbaren ist.

9. Berechnungsbeispiel

16 ▶ Folgendes Beispiel soll die Honorarberechnung für einen Landschaftsplan verdeutlichen:

1. Situation

Ein Verwaltungsverband initiiert die Erstellung eines Landschaftsplans mit der erforderlichen integrierten strategischen Umweltprüfung (SUP) gemäß § 19a UVPG. Als Planungsgebiet ist die Fläche des Plangebiets des Flächennutzungsplans zuzüglich der im Zuge der Strategischen Umweltprüfung einzubeziehenden angrenzenden Wirkungsräume vereinbart; es umfasst 5.000 ha. Es liegt bisher noch kein Landschaftsplan für den Planungsraum vor.

Alle Leistungen der Leistungsphasen des § 23 und der Anlage 4 (Leistungsphasen 1 bis 4) sollen voll erbracht werden. Ein hoher Schwierigkeitsgrad der Planung erfordert die Einstufung in die Honorarzone III. Innerhalb des Honorarrahmens ist der Von-Satz vereinbart.

Es sind Besondere Leistungen erforderlich:
– Nach den landesrechtlichen Vorschriften ist für Teilflächen von 800 ha eine Biotoptypenkartierung erforderlich, die aufgrund der landschaftlichen Vielfalt und des bestehenden Artenspektrums mit einem Honorar von netto 19 €/ha vergütet wird.
– Für die Strategische Umweltprüfung sind die Umweltauswirkungen der geplanten Maßnahmen nicht nur auf die naturschutzrechtlichen Schutzgüter des Landschaftsplans nach § 2 Abs. 1 Satz 2 UVPG zu prüfen. Für die zusätzlich nach § 2 Abs. 1 Satz 2 UVPG einzubeziehenden weiteren Schutzgüter und Wechselwirkungen wird ein prozentualer Aufschlag auf die Vergütung für Leistungen der Lph 1–4 von 14 % vereinbart.

---

3 Drucksache 334/13 S. 149.

- Des Weiteren ist ein Monitoring-Konzept zur Überwachung unvorhergesehener Umweltauswirkungen auszuarbeiten. Für die Monitoring-Konzeption wurde eine Nettopauschale von 5.500 € vereinbart.
- Da von den Maßnahmenplanungen (u. a. Verbesserung der Erholungsfunktion) auch Natura–2000-Gebiete tangiert werden, ist eine FFH-Vorprüfung zur Beurteilung der Verträglichkeit erforderlich. Für diese Leistungen wurde eine Nettopauschale von 7.500 € vereinbart.
- Im Aufstellungsverfahren ist eine Beteiligung der Öffentlichkeit vorzusehen. Für die Vorbereitung und Mitwirkung dieser und weiterer Öffentlichkeitsbeteiligung, an den Abstimmungsgesprächen mit betroffenen Behörden und den Trägern öffentlicher Belange vor Planungsbeginn (Scoping) sowie für Zwischenberichte an die Naturschutzbehörden erfolgt die Vergütung auf Nachweis anhand vereinbarter Stundensätze.

Die Nebenkosten sind wie folgt zu vergüten:
- allgemeine Nebenkosten für die Erstellung des Landschaftsplans in einer farbigen Fertigung als Nettopauschale von 8 % des Nettohonorars aus Leistungen des Leistungsbilds und Besonderen Leistungen. Bei Mehrfertigungen erfolgt eine Vergütung auf Nachweis der entstehenden Kosten.

sowie
- für die Vorlage digitaler, auf die GIS-Programme des Verwaltungsverbands abgestimmter Dateien für die Planfassungen als Nettopauschale von 7.500 €.

2. Berechnung von Honorar und Nebenkosten

2.1 HOAI-Tafelwert

bei einem Plangebiet von 5.000 ha und einer Zuordnung zu Honorarzone III Von-Satz ergibt sich nach § 28 Abs. 1 HOAI	80.200,00 €

2.2 Honorarermittlung

2.2.1 Vereinbarte Prozentsätze der Leistungsphasen/Leistungen des Leistungsbilds

Leistungsphase 1	3 %	2.406,00 €
Klären der Aufgabenstellung und Ermitteln des Leistungsumfangs		
Leistungsphase 2	37 %	29.674,00 €
Ermitteln der Planungsgrundlagen		
Leistungsphase 3	50 %	40.100,00 €
Vorläufige Planfassung		

§ 28 HOAI Honorare für Grundleistungen bei Landschaftsplänen

Leistungsphase 4		10 %	8.020,00 €
Abgestimmte Fassung			

2.2.2 Vereinbarte Vergütung für Besondere Leistungen

Biotoptypenkartierung in artenreichen und vielfältigen Landschaftsteilen	800 ha × 22 €		17.600,00 €
Erweiterung der Betrachtung auf Umweltauswirkungen der geplanten Maßnahmen auf die Schutzgüter des § 2 Abs. 1 Satz 2 UVPG	Nettopauschale 14 % der Honorare aus 2.2.1		11.228,00 €
Monitoring-Konzept zur Überwachung unvorhergesehener Umweltauswirkungen	vereinbarte Nettopauschale von		5.500,00 €
FFH-Vorprüfung zur Beurteilung der Verträglichkeit bei NATURA-2000-Gebieten	vereinbarte Nettopauschale von		7.500,00 €
Leistungen zur Vorbereitung und Mitwirkung bei der Beteiligung der Öffentlichkeit im Aufstellungsverfahren und weitere Öffentlichkeitsbeteiligung, an den Abstimmungsgesprächen mit betroffenen Behörden und den Trägern öffentlicher Belange vor Planungsbeginn (Scoping), für Zwischenberichte an die Naturschutzbehörden sowie für Sitzungen, soweit diese nicht zu den Grundleistungen gehören	auf Nachweis des Aufwands	Vereinbarter Stundensatz netto	
	Auftragnehmer	je h 120 €	........,.. €
	Mitarbeiter mit qualifiziertem Studium	je h 80 €	........,.. €
	Mitarbeiter mit sonstiger Qualifikation	je h 70 €	........,.. €
			........,.. €

Gesamtsumme Leistungen des Leistungsbilds sowie
Besondere Leistungen netto

3. **Nebenkosten**

Allgemeine Nebenkosten	vereinbarte Nettopauschale von 8 % des Nettohonorars aus Leistungen des Leistungsbilds und Besonderen Leistungen	.........,.. €
Vorlage digitaler GIS-Dateien für die Planfassungen	vereinbarte Nettopauschale von	7.500,00 €

Erstellung von Mehrfertigungen auf Nachweis der Kosten ....,.. €
(Farbkopien Pläne und Textteil)

Gesamtsumme Honorar und Nebenkosten netto ....,.. €

zzgl. gesetzl. MwSt. ....,.. €

§ 29 HOAI Honorare für Grundleistungen bei Grünordnungsplänen

(1) Die Mindest- und Höchstsätze der Honorare für die in § 24 und Anlage 5 aufgeführten Grundleistungen bei Grünordnungsplänen sind in der folgenden Honorartafel festgesetzt:

Fläche in Hektar	Honorarzone I geringe Anforderungen		Honorarzone II durchschnittliche Anforderungen		Honorarzone III hohe Anforderungen	
	von	bis	von	bis	von	bis
	Euro		Euro		Euro	
1,5	5.219	6.067	6.067	6.980	6.980	7.828
2	6.008	6.985	6.985	8.036	8.036	9.013
3	7.450	8.661	8.661	9.965	9.965	11.175
4	8.770	10.195	10.195	11.730	11.730	13.155
5	10.006	11.632	11.632	13.383	13.383	15.009
10	15.445	17.955	17.955	20.658	20.658	23.167
15	20.183	23.462	23.462	26.994	26.994	30.274
20	24.513	28.496	28.496	32.785	32.785	36.769
25	28.560	33.201	33.201	38.199	38.199	42.840
30	32.394	37.658	37.658	43.326	43.326	48.590

Locher

§ 29 HOAI Honorare für Grundleistungen bei Grünordnungsplänen

40	39.580	46.011	46.011	52.938	52.938	59.370
50	46.282	53.803	53.803	61.902	61.902	69.423
75	61.579	71.586	71.586	82.362	82.362	92.369
100	75.430	87.687	87.687	100.887	100.887	113.145
125	88.255	102.597	102.597	118.042	118.042	132.383
150	100.288	116.585	116.585	134.136	134.136	150.433
175	111.675	129.822	129.822	149.366	149.366	167.513
200	122.516	142.425	142.425	163.866	163.866	183.774
225	133.555	155.258	155.258	178.630	178.630	200.333
250	144.284	167.730	167.730	192.980	192.980	216.426

(2) Das Honorar für Grundleistungen bei Grünordnungsplänen ist nach der Fläche des Planungsgebiets in Hektar und nach der Honorarzone zu berechnen.

(3) Welchen Honorarzonen die Grundleistungen zugeordnet werden, richtet sich nach folgenden Bewertungsmerkmalen:
1. Topographie,
2. ökologische Verhältnisse,
3. Flächennutzungen und Schutzgebiete,
4. Umwelt-, Klima-, Denkmal- und Naturschutz,
5. Erholungsvorsorge,
6. Anforderung an die Freiraumgestaltung.

(4) Sind auf einen Grünordnungsplan Bewertungsmerkmale aus mehreren Honorarzonen anwendbar und bestehen deswegen Zweifel, welcher Honorarzone der Grünordnungsplan zugeordnet werden kann, so ist zunächst die Anzahl der Bewertungspunkte zu ermitteln. Zur Ermittlung der Bewertungspunkte werden die Bewertungsmerkmale wie folgt gewichtet:
1. die Bewertungsmerkmale gemäß Absatz 3 Nummer 1, 2, 3 und 5 mit je bis zu 6 Punkten und
2. die Bewertungsmerkmale gemäß Absatz 3 Nummer 4 und 6 mit je bis zu 9 Punkten.

(5) Der Grünordnungsplan ist anhand der nach Absatz 4 ermittelten Bewertungspunkte einer der Honorarzonen zuzuordnen:
1. Honorarzone I: bis zu 16 Punkte,
2. Honorarzone II: 17 bis 30 Punkte,
3. Honorarzone III: 31 bis 42 Punkte.

(6) Wird die Größe des Planungsgebiets während der Leistungserbringung geändert, so ist das Honorar für die Leistungsphasen, die bis zur Änderung noch nicht erbracht sind, nach der geänderten Größe des Planungsgebiets zu berechnen.

Übersicht

		Rdn.
1.	Änderungen durch die HOAI 2009	1
2.	Änderungen durch die HOAI 2013	2
3.	Die Stufen der Honorarberechnung	3
4.	Die Mindest- und Höchstsätze der Honorartafel (Abs. 1)	4
5.	Die Fläche des Planungsgebiets als Bemessungsgrundlage (Abs. 2)	5
6.	Die Bewertungsmerkmale für die Einordnung in die Honorarzone (Abs. 3–5)	8
7.	Änderung des Planungsgebiets während der Leistungserbringung (Abs. 6)	12
8.	Berechnungsbeispiel	13

1. Änderungen durch die HOAI 2009

Die Vorschriften der §§ 29 Abs. 1 und 2 HOAI 2009 über die Honorierung von Leistungen für **Grünordnungspläne** entsprachen der früheren Regelung des § 46a Abs. 1, 2 HOAI 2002. Die Tafelwerte wurden angehoben. Die zuvor in § 46a Abs. 3 HOAI 2002 enthaltenen Einzelansätze wurden unverändert in § 29 Abs. 3 HOAI 2009 übernommen. Gestrichen wurde die Regelung des § 46a Abs. 4 HOAI 2002, weil der damit verfolgte Zweck einer freien Honorarvereinbarung für Leistungen außerhalb der Tafelwerte durch § 7 Abs. 2 erreicht wurde. In § 29 Abs. 4 HOAI 2009 wurden die in § 46a Abs. 5 HOAI 2002 enthaltenen Vorschriften über die Einordnung der Planung in die zutreffende Honorarzone ohne inhaltliche Änderung übernommen. Die in § 29 Abs. 1 HOAI 2009 enthaltenen Tafelwerte waren nach § 26 Abs. 2 HOAI 2009 auch auf die Honorarberechnung für einen landschaftspflegerischen Begleitplan im Maßstab eines Bebauungsplans entsprechend anwendbar.

2. Änderungen durch die HOAI 2013

Die Honorarregelung für Grundleistungen bei Grünordnungsplänen wurde grundlegend überarbeitet. Der Grund dafür besteht in dem Bestreben des Verordnungsgebers nach einer einheitlichen Systematik der Honorarregelung für die Landschaftsplanung. Deshalb wurde der Berechnungsfaktor für die Honorare von Verrechnungseinheiten auf Flächen in Hektar umgestellt. Eine entsprechende Anwendung dieser Vergütungsregelung für die Berechnung des Honorars für einen landschaftspflegerischen Begleitplan im Maßstab eines Bebauungsplans erfolgt nicht mehr. Diese ist nunmehr in den §§ 26, 31 geregelt. Stattdessen wird die Anwendung auf »landschaftsplanerische Fachbeiträge« erweitert. Die Honorartafel in Abs. 1 wurde neu strukturiert. Weiter wurden die Honorarzonen von bisher 2 auf 3 erweitert und die Honorare erhöht. In Abs. 3 wurden die bislang 5 Bewertungsmerkmale auf 6 erweitert und inhaltlich an die geänderten Planungsanforderungen angepasst. Abs. 4 und 5 regeln das Vorgehen bei der Einordnung des Grünordnungsplans in die richtige Honorarzone in Zweifelsfällen mit einer Punktebewertung. Dies entspricht ebenfalls einer einheitlichen Systematik bei der Landschaftsplanung. Abs. 6 enthält eine Regelung über die Honoraranpassung für den Fall, dass sich die Größe des Planungsgebiets während der Leistungserbringung verändert. Sie steht im Zusammenhang mit § 10 Abs. 1 HOAI 2013.

§ 29 HOAI Honorare für Grundleistungen bei Grünordnungsplänen

3. Die Stufen der Honorarberechnung

3   Die Honorarberechnung für den Grünordnungsplan und den Landschaftsplanerischen Fachbeitrag vollzieht sich in 4 Stufen:
– Zunächst sind nach Abs. 2 die Flächenwerte (ha) des Planungsgebiets festzustellen.
– Danach ist zu ermitteln, welcher Honorarzone der Grünordnungsplan zugeordnet ist. Grundlage hierfür sind die Absätze 3–5.
– Sodann lässt sich der zutreffende Tafelwert für den vereinbartem Honorarsatz innerhalb des Honorarrahmens der Mindest- und Höchstsätze aus der Honorartafel des Abs. 1 durch Interpolation ermitteln.
– Das Honorar ist dann aufgrund der Bewertung der Leistungsphasen nach den Prozentsätzen des § 24 Abs. 1 anteilig zu berechnen.

4. Die Mindest- und Höchstsätze der Honorartafel (Abs. 1)

4   Die Honorartafel für Grünordnungspläne und Landschaftsplanerische Fachbeiträge in Abs. 1 wurde aufgrund der Studie »Aktualisierungsbedarf zur Honorarstruktur der Honorarordnung für Architekten und Ingenieure (HOAI)« in zweifacher Hinsicht geändert. Zunächst wurden die Leistungen nicht mehr wie bis zur HOAI 2009 in zwei Honorarzonen, sondern in drei Honorarzonen eingeteilt, um eine einheitliche Systematik für die gesamte Landschaftsplanung herbeizuführen. Sodann wurden die Tafelwerte nach der linearen Erhöhung durch die HOAI 2009 um 10 % noch einmal um einen höheren nicht einheitlichen Prozentsatz mit der Begründung angehoben, dass damit eine marktgerechte Entwicklung ermöglicht werden soll. Liegen die ermittelten Flächenwerte des Plangebiets außerhalb des Tafelrahmens, d. h. unter 1,5 ha oder über 250 ha, ist das Honorar für einen Grünordnungsplan nach § 7 Abs. 2 frei vereinbar. Dabei kann für Honorare bei einer Fläche über dem Tafelrahmen von 250 ha auch eine Fortschreibung der Honorartafel vereinbart werden (vgl. z. B. Heft 14 der AHO – Schriftenreihe 2016).

5. Die Fläche des Planungsgebiets als Bemessungsgrundlage (Abs. 2)

5   In Abs. 2 wird festgelegt, dass das Honorar nach der Fläche des Planungsgebiets in Hektar zu berechnen ist. Der Begriff »Planungsgebiet« wird in der HOAI nicht definiert. Er entspricht demjenigen des § 28 Abs. 2 für den Landschaftsplan (vgl. i. E. § 28 Rdn. 6).

6   Soweit ein sogenannter »externer Ausgleich« etwa aufgrund der Eingriffsregelung geplant werden soll, der außerhalb eines ursprünglich vereinbarten Planungsgebiets liegt, lässt der unbestimmte Flächenbezug in Abs. 2 eine Einbeziehung dieser Flächen in das Planungsgebiet zu. Da ein »externer Ausgleich« in der Regel erst während des Planungsprozesses beschlossen wird, kommt es nicht selten zu Streitigkeiten darüber, ob die nachträgliche Erweiterung des Planungsgebiets bei den für die Honorarberechnung maßgeblichen Flächen zu berücksichtigen ist. Da die vereinbarte Vergütung nur den zur Zeit des Vertragsschlusses feststellbaren Leistungsumfang betrifft, wird eine nachträgliche Erweiterung des Planungsgebiets davon nicht umfasst. Dann gilt bei nachträglich einzubeziehenden externen Ausgleichsflächen die Regelung des Abs. 6 über eine

Vergütungsanpassung. Gerade weil die Möglichkeit externer Ausgleichsflächen zunehmend genutzt wird, sollte bereits bei der Vertragsgestaltung an eine Regelung zur Vergütung dieser Ausgleichsflächen gedacht werden.

Ob die zur Honorarbemessung einzubeziehenden Flächen durch eine Vereinbarung begrenzt werden können, ist vom Einzelfall abhängig. Entsteht eine Differenz zwischen den tatsächlich zu bearbeitenden und den nach dem Vertrag einzubeziehenden Flächen, ist die Vereinbarung dann unwirksam, wenn dadurch die Mindestsätze unterschritten werden (§ 7 Abs. 3). Eine Mindestsatzunterschreitung kann etwa dann vorliegen, wenn die Honorarvereinbarung eine Regelung enthält, dass im Planungsgebiet enthaltene Teilflächen – etwa Waldflächen – nicht zu berücksichtigen sind, weil dies in § 29 nicht vorgesehen ist.[1]

6. Die Bewertungsmerkmale für die Einordnung in die Honorarzone (Abs. 3–5)

Die Absätze 3 bis 5 regeln, welche Bewertungsmerkmale für die Zuordnung eines Grünordnungsplans und eines Landschaftsplanerischen Fachbeitrags zur zutreffenden Honorarzone maßgeblich sind und wie jene in Zweifelsfällen zu ermitteln ist. Die darin aufgeführten 6 Bewertungsmerkmale hängen in der Regel eng zusammen. So werden oft Situationen angetroffen, bei denen im Planungsgebiet bewegte topographische Verhältnisse mit komplexen ökologischen Verhältnissen, vielfältiger Flächennutzung und/oder mit Schutzpflichten und -gebieten gegeben sind und den Flächen eine hohe Bedeutung für die Erholung sowie freiraumgestalterische Anforderungen zukommt. Dagegen führt eine einheitliche landwirtschaftliche Flächennutzung oft auch zu weniger wichtigen ökologischen Verhältnissen.

Die Funktion der Bewertungsmerkmale besteht darin, dass Vorgaben aus höheren Planungsebenen, aus der konkreten Aufgabenstellung oder aus der Zielstellung der Planung für das jeweilige Merkmal innerhalb des Planungsgebiets und dessen angrenzender Umgebung berücksichtigt werden:

Die »Topografie« ergibt sich aus der Reliefierung der Landschaft und der Siedlungssilhouette.

Unter »ökologischen Verhältnissen« ist der Zustand des Naturhaushalts insgesamt und derjenige der einzelnen Landschaftsfaktoren wie Boden, Wasser, Klima oder Tier- und Pflanzenwelt zu verstehen.

Bei dem Bewertungsmerkmal »Flächennutzungen« und »Schutzgebiete« wird auf die Differenziertheit der Flächen abgestellt.

Das Bewertungsmerkmal »Anforderungen an Umweltsicherung, Klima- und Naturschutz« bezieht sich auf die entsprechenden Anforderungen an solche Flächen, Bauten oder Bestandteile, die von der Planung betroffen sind.

---

1 So bereits zum Landschaftsplan nach § 45 b a. F. LG Offenburg IBR 2003, 610.

§ 29 HOAI Honorare für Grundleistungen bei Grünordnungsplänen

Bei der »Erholungsvorsorge« wird auf die Anforderungen durch das bestehende Landschaftsbild und dessen Erholungsfunktion abgestellt.

In die »Anforderungen an die Freiraumgestaltung« sind gestalterische Vorgaben und Aufgaben einzubeziehen. So kann auch die Verbesserung eines wenig gegliederten (strukturlosen) Landschaftsbildes, wie sie z. B. mit der Begrünung von Siedlungsrändern zu angrenzenden Landschaften erfolgt, gestalterisch begründet sein.

10 Absatz 4 regelt, wie bei Zweifeln über die Einordnung des Grünordnungsplans oder des Landschaftsplanerischen Fachbeitrags in die zutreffende Honorarzone vorzugehen ist. In diesen Fällen ist die Summe der Bewertungspunkte maßgebend. Die einzelnen Bewertungsmerkmale sind nach Maßgabe von Absatz 4 Satz 2 zu bewerten. Dieser legt fest, wie viele Punkte entsprechend dem Schwierigkeitsgrad den einzelnen Bewertungsmerkmalen zuzuordnen sind. Dabei muss für jedes der Bewertungsmerkmale eine Bewertung erfolgen.

11 Die gleichmäßige Aufteilung dieser Punkte auf 3 Honorarzonen und die Punktespannen in Abs. 4 ist mit vollen Punkten möglich. Danach ist die Verteilung der Punkte entsprechend dem folgenden Verhältnis zu empfehlen:

Schwierigkeitsgrad	gering	durchschnittlich	hoch
Honorarzone	I	II	III
Bewertungsmerkmale	Punktbewertung		
1 Topographie	1–2	3–4	5–6
2 Ökologische Verhältnisse	1–2	3–4	5–6
3 Flächennutzungen und Schutzgebiete	1–2	3–4	5–6
4 Umwelt-, Klima-, Denkmal- und Naturschutz	1–3	4–6	7–9
5 Erholungsvorsorge	1–2	3–4	5–6
6 Anforderungen an die Freiraumgestaltung	1–3	4–6	7–9

Mit der Summe der Bewertungspunkte wird die Honorarzone anhand der in Absatz 5 getroffenen Aufteilung festgestellt. Sie kann auch als Orientierungshilfe bei einer Honorarvereinbarung zwischen Mindest- und Höchstsätzen dienen.

7. Änderung des Planungsgebiets während der Leistungserbringung (Abs. 6)

12 Absatz 6 regelt das Vorgehen bei der Honorarberechnung, wenn das Planungsgebiet während des Verfahrens geändert wird. Die Regelung entspricht derjenigen des § 21 Abs. 5 für den Bebauungsplan. Kommt es zu einer Änderung des vereinbarten Planungsgebiets, ist bei der Honorarermittlung zu differenzieren. Das Honorar für die bereits erbrachten Leistungsphasen richtet sich nach der in dem Vertrag vereinbarten Fläche. Dagegen ist das Honorar für die zum Zeitpunkt der Änderung des Planungsgebiets noch nicht erbrachten Leistungsphasen nach der geänderten tatsächlichen

Größe des Planungsgebiets zu ermitteln. Betreffen die Änderungen – wie häufig – nicht nur die Größe des Planungsgebiets, sondern auch die Planungsleistungen, hat wie bei jeder Änderung des Umfangs der beauftragten Leistungen eine Honorierung für die aufgrund der Änderung wiederholt erbrachten Grundleistungen nach § 10 zu erfolgen.

8. Berechnungsbeispiel

▶ Folgendes Beispiel soll die Honorarberechnung für einen Grünordnungsplan verdeutlichen:

1. Situation

Eine Stadtverwaltung beauftragt die Erstellung eines Grünordnungsplans für ein geplantes Gewerbegebiet. Der Geltungsbereich umfasst auch einen bereits bestehenden steinverarbeitenden Betrieb mit einem eigenen Steinbruch, der erweitert werden soll, ökologisch wertvolle Sekundärbiotope sowie Ackerland und Kleingartengebiete. Die Fläche des Planungsgebiets umfasst die planungsrechtlich festgelegten Begrenzungen des Bauleitplans als Plangebiet zuzüglich der im Zuge der Eingriffsregelung zu untersuchenden Wirkungsräume mit einer Fläche von 30,7 ha. Für den Planungsraum liegt ein Landschaftsplan als Grundlage für den Grünordnungsplan vor.

Alle Leistungsphasen des § 24 und der Anlage 5 (Leistungsphasen 1 bis 4) sollen erbracht werden. Ein mittlerer Schwierigkeitsgrad der Planung erfordert die Einstufung in Honorarzone II. Innerhalb des Honorarrahmens ist der Mindestsatz vereinbart.

Es sind besondere Leistungen erforderlich:
- Hinsichtlich der Abarbeitung der Eingriffsregelung nach landesgesetzlichen Regelungen ist eine Eingriffs-Ausgleichs-Bilanz und eine nachvollziehbare Minimierung der Eingriffe und Kompensationsbemessung von Ausgleichsmaßnahmen mit einer Honorarpauschale von 240 €/ha vereinbart.
- Zur artenschutzrechtlichen Würdigung nach § 44 BNatSchG wird ein »Fachbeitrag Artenschutz« (in Bayern saP – spezielle artenschutzrechtliche Prüfung) erforderlich. Aktuelle Einzeluntersuchungen für den Artenbestand liegen vor. Bei 12 betroffenen floristischen Arten wird eine Pauschale von 220 € je Art und bei 25 faunistischen Arten (Vögel, Fledermäuse und Reptilien) von 250 € je Art vereinbart.
- Für die Umweltprüfung UP des Bebauungsplans, für den der Grünordnungsplan erstellt wird, werden folgende Besondere Leistungen erforderlich:
- Mitwirkung beim Scoping-Verfahren (Frühzeitige Unterrichtung der Behörden und sonstigen Träger öffentlicher Belange im Hinblick auf die Festlegung des erforderlichen Umfangs und Detaillierungsgrads der Ermittlung der Belange des Umweltschutzes). Als Honorar wird anhand eines geschätzten Zeitaufwands eine Pauschale von 2.200 € vereinbart;
- Vorbereitung und Mitwirkung der Prüfschritte zur Abschichtung (Begrenzung des Umfangs der Umweltprüfung auf zusätzliche oder andere erhebliche Umwelt-

§ 29 HOAI Honorare für Grundleistungen bei Grünordnungsplänen

auswirkungen, wenn eine Umweltprüfung in einem zeitlich vorhergehenden oder gleichzeitig durchgeführten Raumordnungs- oder Flächennutzungsplanverfahren für das Plangebiet oder für Teile davon durchgeführt wurde). Als Honorar wird anhand eines geschätzten Zeitaufwands eine Pauschale von 2.000 € vereinbart;
- Bestandsaufnahme und -bewertung sowie Ermittlung, Beschreibung und Bewertung der unmittelbaren und mittelbaren Auswirkungen der zusätzlich zu bearbeitenden Schutzgüter »Menschen einschließlich der menschlichen Gesundheit«, Kulturgüter und sonstiger Sachgüter sowie die »Wechselwirkungen zwischen allen Schutzgütern« nach § 19a Abs. 1 UVPG. Als Honorar wird anhand eines geschätzten Zeitaufwands eine Pauschale von 2.400 € vereinbart;
- Prognose des Umweltzustands bei Durchführung und bei Nichtdurchführung der Planung. Als Honorar wird anhand eines geschätzten Zeitaufwands eine Pauschale von 1.600 € vereinbart;
- Darstellung von Strategien und Maßnahmen zur Überwachung unvorhergesehener negativer Umweltwirkungen. Als Honorar wird anhand eines geschätzten Zeitaufwands eine Pauschale von 2.200 € vereinbart;
- Mitwirkung bei der inhaltlichen Vorbereitung und Auswertung in der Behörden- und Öffentlichkeitsbeteiligung (Vor- und Nachbereitung). Als Honorar wird anhand eines geschätzten Zeitaufwands eine Pauschale von 3.200 € vereinbart;
- Umweltbericht nach § 2a BauGB. Als Honorar wird anhand eines geschätzten Zeitaufwands eine Pauschale von 9.200 € vereinbart;
- Vorbereitung und Mitwirkung bei der zusammenfassenden Erklärung nach § 10 BauGB. Als Honorar wird anhand eines geschätzten Zeitaufwands eine Pauschale von 1.200 € vereinbart;
- für Abstimmungsgespräche mit betroffenen Behörden und den Trägern öffentlicher Belange sowie für Sitzungen für Bürgerbeteiligungen, Abstimmungen mit Dritten etc., soweit nicht Leistungsbestandteil der Grundleistungen, erfolgt die Vergütung auf Nachweis anhand vereinbarter Stundensätze.

Die Nebenkosten sind wie folgt zu vergüten:
- allgemeine Nebenkosten für die Erstellung des Grünordnungsplans in einer farbigen Fertigung als Nettopauschale von 10 % des Nettohonorars aus Leistungen des Leistungsbilds und Besonderen Leistungen. Bei Mehrfertigungen erfolgt eine Vergütung auf Nachweis der entstehenden Kosten.

2. Bemessung von Honorar und Nebenkosten

2.1 HOAI-Tafelwert

bei einem Planungsgebiet von 30,7 ha und einer Zuordnung zu der Honorarzone II Von-Satz ergibt sich nach § 29 Abs. 1 HOAI   38.242,71 €

2.2 Honorarermittlung

2.2.1 Vereinbarte Prozentsätze der Leistungsphasen/Leistungen des Leistungsbilds

Leistungsphase 1 Klären der Aufgabenstellung und Ermitteln des Leistungsumfangs	3 %	1.147,28 €
Leistungsphase 2 Ermitteln der Planungsgrundlagen	37 %	14.149,80 €
Leistungsphase 3 Vorläufige Fassung	50 %	19.121,36 €
Leistungsphase 4 Abgestimmte Fassung	10 %	3.824,27 €

2.2.2 Vereinbarte Vergütung für Besondere Leistungen

Eingriffs-Ausgleichs-Bilanz, quantitativer und qualitativer Nachweis der Eingriffs-Minimierung und Ausgleichsmaßnahmen	30,7 ha × 240 €	7.368,00 €

Fachbeitrag Artenschutz

Nettopauschale je Art

– Floristische Arten	12 × 220 €	2.640 €
– Faunistische Arten	25 × 250 €	6.250 €
Mitwirkung beim Scoping-Verfahren vereinbarte Nettopauschale von		2.200 €
Vorbereitung und Mitwirkung der Prüfschritte zur Abschichtung vereinbarte Nettopauschale von		2.000 €
Bearbeitung der bei der SUP zusätzlich zu bearbeitenden Schutzgüter vereinbarte Nettopauschale von		2.400 €
Prognose des Umweltzustands bei Durchführung und bei Nichtdurchführung der Planung vereinbarte Nettopauschale von		1.600 €
Darstellung von Strategien und Maßnahmen zum Monitoring zur Überwachung unvorhergesehener		2.200 €

§ 29 HOAI Honorare für Grundleistungen bei Grünordnungsplänen

negativer Umweltwirkungen
vereinbarte Nettopauschale von

Umweltbericht zur UP   9.200 €
vereinbarte Nettopauschale von

Vorbereitung und Auswertung der Behörden-   1.200 €
und Öffentlichkeitsbeteiligung
vereinbarte Nettopauschale von

Vorbereitung und Mitwirkung bei der zusammenfassenden
Erklärung

Nachweis Zeitaufwand

Auftragnehmer	je h 120 €	......,.. €
Mitarbeiter mit qualifiziertem Studium	je h 90 €	......,.. €
Mitarbeiter mit sonstiger Qualifikation	je h 70 €	......,.. €

Gesamtsumme Leistungen des Leistungsbilds
sowie Besondere Leistungen netto

3. Nebenkosten

Allgemeine Nebenkosten   ......,.. €

vereinbarte Nettopauschale von 10 % des Nettohonorars aus
Leistungen des Leistungsbilds und Besonderen Leistungen

vereinbarte Nettopauschale von 10 % des Nettohonorars aus ......,.. €
Besonderen Leistungen auf Nachweis

Erstellung von Mehrfertigungen auf Nachweis der Kosten   ......,.. €
(Farbkopien, Pläne und Textteil)

Gesamtsumme Honorar und Nebenkosten netto   ......,.. €

zzgl. MwSt.   ....,.. €

§ 30 HOAI Honorare für Grundleistungen bei Landschaftsrahmenplänen

(1) Die Mindest- und Höchstsätze der Honorare für die in § 25 und Anlage 6 aufgeführten Grundleistungen bei Landschaftsrahmenplänen sind in der folgenden Honorartafel festgesetzt:

Fläche in Hektar	Honorarzone I geringe Anforderungen		Honorarzone II durchschnittliche Anforderungen		Honorarzone III hohe Anforderungen	
	von	bis	von	bis	von	bis
	Euro		Euro		Euro	
5.000	61.880	71.935	71.935	82.764	82.764	92.820
6.000	67.933	78.973	78.973	90.861	90.861	101.900
7.000	73.473	85.413	85.413	98.270	98.270	110.210
8.000	78.600	91.373	91.373	105.128	105.128	117.901
9.000	83.385	96.936	96.936	111.528	111.528	125.078
10.000	87.880	102.161	102.161	117.540	117.540	131.820
12.000	96.149	111.773	111.773	128.599	128.599	144.223
14.000	103.631	120.471	120.471	138.607	138.607	155.447
16.000	110.477	128.430	128.430	147.763	147.763	165.716
18.000	116.791	135.769	135.769	156.208	156.208	175.186
20.000	122.649	142.580	142.580	164.043	164.043	183.974
25.000	138.047	160.480	160.480	184.638	184.638	207.070
30.000	152.052	176.761	176.761	203.370	203.370	228.078
40.000	177.097	205.875	205.875	236.867	236.867	265.645
50.000	199.330	231.721	231.721	266.604	266.604	298.995
60.000	219.553	255.230	255.230	293.652	293.652	329.329
70.000	238.243	276.958	276.958	318.650	318.650	357.365
80.000	253.946	295.212	295.212	339.652	339.652	380.918
90.000	268.420	312.038	312.038	359.011	359.011	402.630
100.000	281.843	327.643	327.643	376.965	376.965	422.765

(2) Das Honorar für Grundleistungen bei Landschaftsrahmenplänen ist nach der Fläche des Planungsgebiets in Hektar und nach der Honorarzone zu berechnen.

(3) Welchen Honorarzonen die Grundleistungen zugeordnet werden, richtet sich nach folgenden Bewertungsmerkmalen:
1. topographische Verhältnisse,
2. Raumnutzung und Bevölkerungsdichte,
3. Landschaftsbild,
4. Anforderungen an Umweltsicherung, Klima- und Naturschutz,
5. ökologische Verhältnisse,
6. Freiraumsicherung und Erholung.

(4) Sind für einen Landschaftsrahmenplan Bewertungsmerkmale aus mehreren Honorarzonen anwendbar und bestehen deswegen Zweifel, welcher Honorarzone der Landschaftsrahmenplan zugeordnet werden kann, so ist zunächst die Anzahl der Bewertungspunkte zu ermitteln. Zur Ermittlung der Bewertungspunkte werden die Bewertungsmerkmale wie folgt gewichtet:
1. die Bewertungsmerkmale gemäß Absatz 3 Nummer 1, 2, 3 und 6 mit je bis zu 6 Punkten und
2. die Bewertungsmerkmale gemäß Absatz 3 Nummer 4 und 5 mit je bis zu 9 Punkten.

(5) Der Landschaftsrahmenplan ist anhand der nach Absatz 4 ermittelten Bewertungspunkte einer der Honorarzonen zuzuordnen:
1. Honorarzone I: bis zu 16 Punkte,
2. Honorarzone II: 17 bis 30 Punkte,
3. Honorarzone III: 31 bis 42 Punkte.

(6) Wird die Größe des Planungsgebiets während der Leistungserbringung geändert, so ist das Honorar für die Leistungsphasen, die bis zur Änderung noch nicht erbracht sind, nach der geänderten Größe des Planungsgebiets zu berechnen.

Übersicht

		Rdn.
1.	Änderungen durch die HOAI 2009	1
2.	Änderungen durch die HOAI 2013	2
3.	Die Stufen der Honorarberechnung	3
4.	Die Mindest- und Höchstsätze der Honorartafel (Abs. 1)	4
5.	Die Fläche des Planungsgebiets als Berechnungsgrundlage (Abs. 2)	5
6.	Die Bewertungsmerkmale für die Einordnung in die Honorarzone (Abs. 3)	7
7.	Die Bewertung von Zweifelsfällen (Abs. 4, 5)	8
8.	Änderung des Planungsgebiets während der Leistungserbringung (Abs. 6)	10
9.	Berechnungsbeispiel	11

1. Änderungen durch die HOAI 2009

1 Die Vorschriften des § 30 Abs. 1, 2 HOAI 2009 über die Honorierung von Leistungen für **Landschaftsrahmenpläne** entsprachen der früheren Regelung des § 47a Abs. 1, 2 HOAI 2002. Die Tafelwerte wurden angehoben. Gestrichen wurden die Regelungen des § 47a Abs. 3, 4 HOAI 2002, weil der damit verfolgte Zweck einer freien Honorarvereinbarung für Leistungen außerhalb der Tafelwerte nunmehr durch § 7 Abs. 2

HOAI 2009 erreicht wurde. In § 30 Abs. 3 HOAI 2009 wurden die zuvor in § 47a Abs. 3 HOAI 2002 enthaltenen Vorschriften über die Einordnung der Planung in die zutreffende Honorarzone ohne inhaltliche Änderung übernommen.

2. Änderungen durch die HOAI 2013

Die Honorarregelung für Grundleistungen bei Landschaftsrahmenplänen wurde grundlegend verändert. In der Honorartafel des Abs. 1 wurden die Honorare wesentlich erhöht. Außerdem sind die Leistungen entgegen der bisherigen Regelung nicht mehr in zwei, sondern in drei Honorarzonen einzuordnen. Damit wird das Ziel einer Vereinheitlichung der Honorarzonen für die Landschaftsplanung verfolgt. Die Bewertungsmerkmale für die Zuordnung der Leistungen zu der einschlägigen Honorarzone wurden in Abs. 3 überarbeitet und auf 6 Bewertungsmerkmale erweitert. Aufgrund der Einteilung in drei Honorarzonen enthält Abs. 4 eine Regelung für den Fall, dass Bewertungsmerkmale aus mehreren Honorarzonen vorliegen und deshalb Zweifel über die Einordnung in die zutreffende Honorarzone bestehen. Für diesen Fall wird in Abs. 5 eine Punktebewertung eingeführt, welche sich an der Bewertung für Landschaftspläne in § 28 orientiert. Abs. 6 enthält wiederum eine Regelung für den Fall, dass sich die Größe des Planungsgebiets während der Grundleistungen für den Landschaftsrahmenplan ändert.

3. Die Stufen der Honorarberechnung

Die Honorarberechnung für einen **Landschaftsrahmenplan** vollzieht sich in vier Stufen, die nachfolgend kurz skizziert werden sollen:
– Zunächst sind die Flächenwerte (ha) des Planungsgebietes nach § 30 Abs. 2 festzustellen.
– Danach ist zu ermitteln, welcher Honorarzone der Landschaftsrahmenplan zugeordnet ist. Grundlage hierfür sind die Absätze 3–5.
– Sodann lässt sich der zutreffende Tafelwert nach dem vereinbarten Honorarsatz im Honorarrahmen des Mindest- und Höchstsatzes aus der Honorartafel des Absatzes 1 interpolieren.
– Danach ist die Bewertung der Leistungen nach den Prozentsätzen des § 25 Abs. 1 vorzunehmen.

4. Die Mindest- und Höchstsätze der Honorartafel (Abs. 1)

Die Honorartafel für Grundleistungen bei Landschaftsrahmenplänen in Abs. 1 ist das Ergebnis der Studie »Aktualisierungsbedarf zur Honorarstruktur der Honorarordnung für Architekten und Ingenieure (HOAI)« aus dem Jahr 2012. Darin wurden eine marktgerechte Entwicklung der Tafelwerte anhand der Einflussfaktoren »Kostenentwicklung«, »Rationalisierungseffekte«, »Leistungsausweitung als Mehr- oder Minderaufwand aufgrund von Veränderungen bei rechtlichen und technischen Anforderungen sowie aufgrund von Änderungen des Leistungsbilds im Vergleich zur HOAI 1996« vorgenommen und die neuen Tafelwerte festgelegt. Die prozentuale Veränderung der Tafelwerte für das Leistungsbild Landschaftsplan im Vergleich zur HOAI 2009 liegt im

§ 30 HOAI Honorare für Grundleistungen bei Landschaftsrahmenplänen

Bereich von 41,84 % bis 91,58 %. Liegen die ermittelten Flächenwerte des Planungsgebiets außerhalb des Tafelrahmens, d. h. unter 5.000 ha oder über 100.000 ha, ist das Honorar für einen Landschaftsrahmenplan nach § 7 Abs. 2 frei vereinbar. Dabei kann für Honorare bei einer Fläche außerhalb des Tafelrahmens auch eine Fortschreibung der Honorartafel vereinbart werden (so z. B. die Fortschreibung in Heft 14 der AHO-Schriftenreihe 2016).

5. Die Fläche des Planungsgebiets als Berechnungsgrundlage (Abs. 2)

5 Absatz 2 regelt, dass die Honorare nach der Fläche des Planungsgebiets in Hektar zu berechnen sind. Der Begriff »Planungsgebiet« wird in der HOAI nicht definiert. Dieser entspricht demjenigen für den Landschaftsplan in § 28 Abs. 2, weshalb auf die dortige Kommentierung verwiesen wird (vgl. dazu i. E. § 28 Rdn. 6 ff.). Die »Fläche« in Abs. 2 umfasst die tatsächliche Flächenausdehnung. Sie kann aus Kartenunterlagen oder Flächenstatistiken abgeleitet werden und ist ggf. mit einem Neigungszuschlag (z. B. bei Gebirgslagen oder stark reliefierter Landschaft) zu versehen.

6 Ob die bei der Honorarermittlung einzubeziehenden Flächen durch eine Vereinbarung begrenzt werden können, ist vom Einzelfall abhängig. Wenn dadurch eine Differenz zwischen den tatsächlich zu bearbeitenden und den zur Honorarbemessung einzubeziehenden Flächen entsteht, ist die Vereinbarung dann unwirksam, wenn dabei die Mindestsätze unterschritten werden (§ 7 Abs. 3). Eine unzulässige Mindestsatzunterschreitung kann etwa dann vorliegen, wenn die Vereinbarung eine Regelung enthält, dass im Planungsgebiet Flächen – etwa einzelne Teilräume – nicht zu berücksichtigen und deshalb nicht anzurechnen sind, weil dies in § 30 nicht vorgesehen ist.[1]

6. Die Bewertungsmerkmale für die Einordnung in die Honorarzone (Abs. 3)

7 Abs. 3 regelt, welche Bewertungsmerkmale für die Zuordnung eines Landschaftsrahmenplans zur zutreffenden Honorarzone maßgeblich sind. Die darin aufgeführten 6 Bewertungsmerkmale hängen in der Regel eng zusammen. Die Funktion der Bewertungsmerkmale besteht darin, dass Vorgaben aus höheren Planungsebenen, aus der konkreten Aufgabenstellung oder aus der Zielstellung der Planung für das jeweilige Merkmal innerhalb des Planungsgebiets und dessen angrenzender Umgebung berücksichtigt werden.

»Topografische Verhältnisse« bestimmen sich anhand der Reliefierung der Landschaft.

Mit »Raumnutzung und Bevölkerungsdichte« wird auf die Nutzungsintensität der Flächen abgestellt.

Das Bewertungsmerkmal »Landschaftsbild« betrifft die Anforderungen an ästhetische Belange.

---

1 So bereits zu § 45b HOAI 2002 LG Offenburg IBR 2003, 610.

Das Bewertungsmerkmal »Anforderungen an Umweltsicherung, Klima- und Naturschutz« bezieht sich auf die entsprechenden Anforderungen an solche Flächen, Bauten oder Bestandteile, die von der Planung betroffen sind

Unter »ökologischen Verhältnissen« ist der Zustand des Naturhaushalts insgesamt sowie der einzelnen Landschaftsfaktoren wie Boden, Wasser, Klima oder Tier- und Pflanzenwelt zu verstehen.

Mit »Freiraumsicherung und Erholung« wird auf die Anforderungen an das Freiraumsystem und dessen Erholungsfunktion abgestellt.

7. Die Bewertung von Zweifelsfällen (Abs. 4, 5)

Absatz 4 bestimmt, wie bei Zweifeln über die Einordnung des Landschaftsrahmenplans in die zutreffende Honorarzone vorzugehen ist. In diesen Fällen ist die Summe der Bewertungspunkte maßgebend. Die einzelnen Bewertungsmerkmale sind nach Abs. 4 Satz 2 zu bewerten. Dieser legt fest, wie viele Punkte entsprechend dem Schwierigkeitsgrad den einzelnen Bewertungsmerkmalen zuzuordnen sind. Dabei muss für jedes der Bewertungsmerkmale eine Bewertung erfolgen.

Die gleichmäßige Aufteilung dieser Punkte auf 3 Honorarzonen und die Punktespannen in Abs. 4 ist möglich. Danach ist die Verteilung der Punkte entsprechend dem folgenden Verhältnis zu empfehlen:

Schwierigkeitsgrad	gering	durchschnittlich	hoch
Honorarzone	I	II	III
Bewertungsmerkmale	Punktbewertung		
1 Topographische Verhältnisse	1–2	3–4	5–6
2 Raumnutzung und Bevölkerungsdichte	1–2	3–4	5–6
3 Landschaftsbild	1–2	3–4	5–6
4 Anforderungen an Umweltsicherung, Klima- und Naturschutz	1–3	4–6	7–9
5 Ökologische Verhältnisse	1–3	4–6	7–9
6 Freiraumsicherung und Erholung	1–2	3–4	5–6

Mit der Summe der Bewertungspunkte wird die Honorarzone anhand der in Absatz 5 getroffenen Aufteilung ermittelt. Die Punktezahl bestimmt jedoch nicht den Honorarsatz innerhalb der Honorarzone. Sie kann aber bei Verhandlungen über die Honorarhöhe eine Orientierungshilfe darstellen.

§ 30 HOAI Honorare für Grundleistungen bei Landschaftsrahmenplänen

8. Änderung des Planungsgebiets während der Leistungserbringung (Abs. 6)

10 Absatz 6 regelt das Vorgehen bei der Honorarberechnung, wenn das Planungsgebiet während des Verfahrens geändert wird. Die Regelung entspricht derjenigen des § 21 Abs. 5 für den Bebauungsplan. Kommt es zu einer Änderung des vereinbarten Planungsgebiets, ist bei der Honorarermittlung zu differenzieren. Das Honorar für die bereits erbrachten Leistungsphasen richtet sich nach der in dem Vertrag vereinbarten Fläche. Dagegen ist das Honorar für die zum Zeitpunkt der Änderung des Plangebiets noch nicht erbrachten Leistungsphasen nach der geänderten tatsächlichen Größe des Plangebiets zu ermitteln. Betreffen die Änderungen – wie häufig – nicht nur die Größe des Planungsgebiets, sondern auch die Planungsleistungen, hat wie bei jeder Änderung des Umfangs der beauftragten Leistungen eine Honorierung für die aufgrund der Änderung wiederholt erbrachten Grundleistungen nach § 10 zu erfolgen.

9. Berechnungsbeispiel

11 ▸ Folgendes Beispiel soll die Honorarberechnung für einen Landschaftsrahmenplan verdeutlichen:

1. Situation

Ein Regionalverband beauftragt die Planungsleistungen eines Landschaftsrahmenplans. Die Fläche des Planungsgebiets besteht aus der Fläche des Plangebiets des Regionalplans zuzüglich einzubeziehender Wirkräume und umfasst 24 520 ha.

Alle Leistungsphasen des § 25 und der Anlage 6 (Leistungsphasen 1 bis 4) sollen erbracht werden. Es liegt bereits ein Landschaftsrahmenplan für den Planungsraum vor, der aufgrund landesgesetzlicher Änderungen und wesentlich veränderter Formerfordernisse nicht fortgeschrieben, sondern komplett neu erarbeitet werden muss. Es sind Besondere Leistungen erforderlich: Für Abstimmungsgespräche mit betroffenen Behörden, Verbänden und den Trägern öffentlicher Belange vor Planungsbeginn, für Zwischenberichte an diese Behörden und weitere Institutionen, Gremien und Verbände sowie für Sitzungen, soweit nicht als Grundleistungen anzusehen, erfolgt die Vergütung auf Nachweis anhand vereinbarter Stundensätze.

Ein mittlerer Schwierigkeitsgrad der Planung erfordert die Einstufung in Honorarzone II. Innerhalb des Honorarrahmens ist der Von-Satz vereinbart.

Die Nebenkosten sind wie folgt zu vergüten:
- allgemeine Nebenkosten für die Erstellung des Landschaftsrahmenplans in einer farbigen Fertigung als Nettopauschale von 13.000 €. Bei Mehrfertigungen erfolgt eine Vergütung auf Nachweis der entstehenden Kosten.

sowie
- für die Vorlage digitaler, auf die GIS-Programme des Regionalverbands abgestimmter Dateien für die Planfassungen als Nettopauschale von 18.000 €.

2. Bemessung von Honorar und Nebenkosten

2.1 HOAI-Tafelwert

Bei einem Planungsgebiet von 24 520 ha und einer Zuordnung zur Honorarzone II Von-Satz ergibt sich nach § 30 Abs. 1 HOAI ein Tafelwert von   158.761,60 €

2.2 Honorarermittlung

2.2.1 Vereinbarte Prozentsätze der Leistungsphasen/Leistungen des Leistungsbilds

Leistungsphase 1 Klären der Aufgabenstellung und Ermitteln des Leistungsumfangs	3 %	4.762,85 €
Leistungsphase 2 Ermitteln der Planungsgrundlagen	37 %	58.741,79 €
Leistungsphase 3 Vorläufige Fassung	50 %	79.380,80 €
Leistungsphase 4 Abgestimmte Fassung	10 %	15.876,16 €

2.2.2 Vereinbarte Vergütung für Besondere Leistungen

Abstimmungsgespräche mit Dritten vor Planungsbeginn, für Zwischenberichte an Dritte sowie Sitzungen	Nachweis Zeitaufwand		
	Auftragnehmer	je h 120 €	........,.. €
	Mitarbeiter mit qualifiziertem Studium	je h 80 €	........,.. €
	Mitarbeiter mit sonstiger Qualifikation	je h 70 €	........,.. €

3. Nebenkosten

Allgemeine Nebenkosten	vereinbarte Nettopauschale von	13.000,00 €
Vorlage digitaler GIS-Dateien von allen Planfassungen	vereinbarte Nettopauschale von	18.000,00 €

§ 31 HOAI Honorare für Grundleistungen bei Landschaftspflegerischen Begleitplänen

■ Gesamtsumme Honorar und Nebenkosten netto ....,.. €
■ zzgl. gesetzl. MwSt. ....,.. €

§ 31 HOAI Honorare für Grundleistungen bei Landschaftspflegerischen Begleitplänen

(1) Die Mindest- und Höchstsätze der Honorare für die in § 26 und Anlage 7 aufgeführten Grundleistungen bei Landschaftspflegerischen Begleitplänen sind in der folgenden Honorartafel festgesetzt:

Fläche in Hektar	Honorarzone I geringe Anforderungen		Honorarzone II durchschnittliche Anforderungen		Honorarzone III hohe Anforderungen	
	von	bis	von	bis	von	bis
	Euro		Euro		Euro	
6	5.324	6.189	6.189	7.121	7.121	7.986
8	6.130	7.126	7.126	8.199	8.199	9.195
12	7.600	8.836	8.836	10.166	10.166	11.401
16	8.947	10.401	10.401	11.966	11.966	13.420
20	10.207	11.866	11.866	13.652	13.652	15.311
40	15.755	18.315	18.315	21.072	21.072	23.632
100	29.126	33.859	33.859	38.956	38.956	43.689
200	47.180	54.846	54.846	63.103	63.103	70.769
300	62.748	72.944	72.944	83.925	83.925	94.121
400	76.829	89.314	89.314	102.759	102.759	115.244
500	89.855	104.456	104.456	120.181	120.181	134.782
600	102.062	118.647	118.647	136.508	136.508	153.093
700	113.602	132.062	132.062	151.942	151.942	170.402
800	124.575	144.819	144.819	166.620	166.620	186.863
1.200	167.729	194.985	194.985	224.338	224.338	251.594
1.600	207.279	240.961	240.961	277.235	277.235	310.918
2.000	244.349	284.056	284.056	326.817	326.817	366.524
2.400	279.559	324.987	324.987	373.910	373.910	419.338
3.200	343.814	399.683	399.683	459.851	459.851	515.720
4.000	400.847	465.985	465.985	536.133	536.133	601.270

(2) Das Honorar für Grundleistungen bei Landschaftspflegerischen Begleitplänen ist nach der Fläche des Planungsgebiets in Hektar und nach der Honorarzone zu berechnen.

(3) Welchen Honorarzonen die Grundleistungen zugeordnet werden, richtet sich nach folgenden Bewertungsmerkmalen:
1. ökologisch bedeutsame Strukturen und Schutzgebiete,
2. Landschaftsbild und Erholungsnutzung,
3. Nutzungsansprüche,
4. Anforderungen an die Gestaltung von Landschaft und Freiraum,
5. Empfindlichkeit gegenüber Umweltbelastungen und Beeinträchtigungen von Natur und Landschaft,
6. potenzielle Beeinträchtigungsintensität der Maßnahme.

(4) Sind für einen Landschaftspflegerischen Begleitplan Bewertungsmerkmale aus mehreren Honorarzonen anwendbar und bestehen deswegen Zweifel, welcher Honorarzone der Landschaftspflegerische Begleitplan zugeordnet werden kann, so ist zunächst die Anzahl der Bewertungspunkte zu ermitteln. Zur Ermittlung der Bewertungspunkte werden die Bewertungsmerkmale wie folgt gewichtet:
1. die Bewertungsmerkmale gemäß Absatz 3 Nummer 1, 2, 3 und 4 mit je bis zu 6 Punkten und
2. die Bewertungsmerkmale gemäß Absatz 3 Nummer 5 und 6 mit je bis zu 9 Punkten.

(5) Der Landschaftspflegerische Begleitplan ist anhand der nach Absatz 4 ermittelten Bewertungspunkte einer der Honorarzonen zuzuordnen:
1. Honorarzone I: bis zu 16 Punkte,
2. Honorarzone II: 17 bis 30 Punkte,
3. Honorarzone III: 31 bis 42 Punkte.

(6) Wird die Größe des Planungsgebiets während der Leistungserbringung geändert, so ist das Honorar für die Leistungsphasen, die bis zur Änderung noch nicht erbracht sind, nach der geänderten Größe des Planungsgebiets zu berechnen.

Übersicht Rdn.
1. Änderungen durch die HOAI 2013 1
2. Die Stufen der Honorarberechnung 2
3. Die Mindest- und Höchstsätze der Honorartafel (Abs. 1) 3
4. Die Fläche des Planungsgebiets als Bemessungsgrundlage (Abs. 2) 4
5. Die Bewertungsmerkmale für die Einordnung in die Honorarzone (Abs. 3–5) . 7
6. Änderung des Planungsgebiets während der Leistungserbringung 11
7. Berechnungsbeispiel 12

1. Änderungen durch die HOAI 2013

In der HOAI 2009 war ebenso wie in der HOAI 2002 keine eigenständige Honorarregelung für Leistungen bei Landschaftspflegerischen Begleitplänen enthalten. Nach 1

§ 31 HOAI   Honorare für Grundleistungen bei Landschaftspflegerischen Begleitplänen

§ 26 Abs. 2 HOAI 2009 richteten sich die Honorare bei einer Planung im Maßstab des Flächennutzungsplans nach den Honoraren für Leistungen bei Landschaftsplänen (§ 28 HOAI 2009) und bei einer Planung im Maßstab des Bebauungsplans nach den Honoraren für Leistungen bei Grünordnungsplänen (§ 29 HOAI). Mit der HOAI 2013 wurde erstmals in § 31 eine eigenständige Honorarvorschrift für Grundleistungen bei Landschaftspflegerischen Begleitplänen eingeführt. Diese wurde in ihrer Systematik den Honorarregelungen für die übrigen Grundleistungen der Landschaftsplanung angepasst. Die Honorartafel ist in Abs. 1 enthalten. Sie stellt wie alle anderen Honorartafeln der §§ 28 ff. HOAI 2013 auf die Fläche des Planungsgebiets ab und enthält drei Honorarzonen. Die Honorare wurden gegenüber den bisherigen Tafelwerten erhöht. In Abs. 3 sind sechs Bewertungsmerkmale enthalten. Diese wurden inhaltlich an die geänderten Planungsanforderungen angepasst. Die Abs. 4 und 5 regeln das Vorgehen bei der Einordnung des Landschaftspflegerischen Begleitplans in die richtige Honorarzone in Zweifelsfällen mit einer Punktebewertung. Dies entspricht ebenfalls der einheitlichen Systematik bei der Landschaftsplanung. Abs. 6 enthält eine Regelung über die Honoraranpassung für den Fall, dass sich die Größe des Planungsgebiets während der Leistungserbringung verändert. Diese Regelung steht im Zusammenhang mit § 10 Abs. 1.

2. Die Stufen der Honorarberechnung

2   Die Honorarberechnung für den Landschaftspflegerischer Begleitplan vollzieht sich in 4 Stufen:
– Zunächst sind nach § 31 Abs. 2 die Flächenwerte (ha) des Planungsgebiets festzustellen.
– Danach ist zu ermitteln, welcher Honorarzone der Landschaftspflegerischer Begleitplan zugeordnet ist. Grundlage hierfür sind die Absätze 3–5.
– Sodann lässt sich der zutreffende Tafelwert für den vereinbartem Honorarsatz innerhalb des Honorarrahmens des Mindest- und Höchstsatzes aus der Honorartafel des Abs. 1 durch Interpolation ermitteln.
– Das Honorar ist dann aufgrund der Bewertung der Leistungsphasen anteilig nach den Prozentsätzen des § 26 Abs. 1 zu berechnen.

3. Die Mindest- und Höchstsätze der Honorartafel (Abs. 1)

3   Mit der neuen Honorarregelung für Grundleistungen bei Landschaftspflegerischen Begleitplänen wurde auch eine neue Honorartafel in Abs. 1 eingeführt. Diese stellt auf die Fläche des Planungsgebiets in ha (vgl. Abs. 2) und nicht mehr auf Verrechnungseinheiten ab. Sie ist auch entsprechend den Honorartafeln für die übrigen Leistungen der Landschaftsplanung in drei Honorarzonen eingeteilt. Die Honorartafel enthält entgegen der Studie »Aktualisierungsbedarf zur Honorarstruktur der Honorarordnung für Architekten und Ingenieure (HOAI)« um den Faktor 4 niedrigere Werte, weshalb die Auskömmlichkeit der Honorare in Frage gestellt wird. Nachdem das Leistungsbild für die Erbringung der Grundleistungen des Landschaftspflegerischen Begleitplans keine festen Maßstabsebenen vorschreibt und die Höhe der Vergütung ebenfalls nicht mehr von dem Bearbeitungsmaßstab abhängig ist, kann eine Bearbeitung zukünftig in

einem größeren Maßstab bis hin zum Maßstab des Flächennutzungsplans vereinbart werden, ohne dass dies Auswirkungen auf die Anwendung der Honorartafel hat.
Liegen die Flächenwerte des Planungsgebiets außerhalb des Tafelrahmens, d. h. unter 6 ha oder über 4.000 ha, ist das Honorar für einen Landschaftspflegerischen Begleitplan nach § 7 Abs. 2 frei vereinbar. Möglich ist dann auch die Vereinbarung einer Fortschreibung der Honorartafel (vgl. dazu Heft 14 der AHO-Schriftenreihe 2016).

4. Die Fläche des Planungsgebiets als Bemessungsgrundlage (Abs. 2)

In Abs. 2 wird festgelegt, dass das Honorar nach der Fläche des Planungsgebiets in Hektar zu berechnen ist. Der Begriff »Planungsgebiet« wird in der HOAI nicht definiert. Er entspricht demjenigen des § 28 Abs. 2 für den Landschaftsplan (vgl. dazu i. E. § 28 Rdn. 6 ff.). 4

Soweit ein sogenannter »externer Ausgleich« etwa aufgrund der Eingriffsregelung geplant werden soll, der außerhalb eines ursprünglich vereinbarten Planungsgebiets liegt, lässt der unbestimmte Flächenbezug in Abs. 2 eine Einbeziehung dieser Flächen in das Planungsgebiet zu. Da ein »externer Ausgleich« in der Regel erst während des Planungsprozesses beschlossen wird, kommt es nicht selten zu Streitigkeiten darüber, ob die nachträgliche Erweiterung des Planungsgebiets bei den für die Honorarberechnung maßgeblichen Flächen zu berücksichtigen ist. Da die vereinbarte Vergütung nur den zur Zeit des Vertragsschlusses feststellbaren Leistungsumfang betrifft, wird in solchen Fällen eine nachträgliche Erweiterung des Planungsgebiets davon nicht umfasst. Dann gilt bei nachträglich einzubeziehenden externen Ausgleichsflächen die Regelung des Abs. 6 über eine Vergütungsanpassung. Gerade weil die Möglichkeit externer Ausgleichsflächen zunehmend genutzt wird, sollte bereits bei der Vertragsgestaltung an eine Regelung zur Vergütung dieser Ausgleichsflächen gedacht werden. 5

Ob die zur Honorarbemessung einzubeziehenden Flächen durch eine vertragliche Vereinbarung begrenzt werden können, ist vom Einzelfall abhängig. Entsteht eine Differenz zwischen den tatsächlich zu bearbeitenden und den nach dem Vertrag einzubeziehenden Flächen, ist die Vereinbarung dann unwirksam, wenn dadurch die Mindestsätze unterschritten werden (§ 7 Abs. 3). Eine Mindestsatzunterschreitung kann etwa dann vorliegen, wenn die Honorarvereinbarung eine Regelung enthält, dass im Planungsgebiet enthaltene Teilflächen – etwa Waldflächen nicht zu berücksichtigen und deshalb nicht anzurechnen sind.[1] 6

5. Die Bewertungsmerkmale für die Einordnung in die Honorarzone (Abs. 3–5)

Die Absätze 3 bis 5 regeln, welche Bewertungsmerkmale für die Zuordnung eines Landschaftspflegerischen Begleitplans zur zutreffenden Honorarzone maßgeblich sind und wie jene in Zweifelsfällen zu ermitteln ist. Dafür sind in Abs. 3 zunächst 6 Bewertungsmerkmale enthalten. Die Funktion dieser Bewertungsmerkmale besteht darin, dass Vorgaben aus höheren Planungsebenen, aus der konkreten Aufgabenstellung oder 7

---

[1] So bereits zum Landschaftsplan nach § 45b a. F. LG Offenburg IBR 2003, 610.

§ 31 HOAI Honorare für Grundleistungen bei Landschaftspflegerischen Begleitplänen

aus der Zielstellung der Planung für das jeweilige Merkmal innerhalb des Planungsgebiets und dessen angrenzender Umgebung berücksichtigt werden.

8 Dabei handelt es sich um folgende Bewertungsmerkmale:
 – »Ökologisch bedeutsame Strukturen und Schutzgebiete« werden anhand der Reliefierung der Landschaft und der Siedlungssilhouette bestimmt.
 – Bei dem Bewertungsmerkmal »Landschaftsbild und Erholungsnutzung« wird auf die Anforderungen durch das bestehende Landschaftsbild und dessen Erholungsfunktion abgestellt.
 – Bei »Nutzungsansprüchen« wird auf die Differenziertheit der Flächen abgestellt.
 – Die »Anforderungen an die Gestaltung von Landschaft und Freiraum« sollen die gestalterischen Vorgaben einbeziehen. So kann auch die Verbesserung eines wenig gegliederten (strukturlosen) Landschaftsbilds, wie z. B. durch die Begrünung von Siedlungsrändern zu angrenzenden Landschaften, bei den Anforderungen an die Gestaltung zu berücksichtigen sein.
 – Das Bewertungsmerkmal »Empfindlichkeit gegenüber Umweltbelastungen und Beeinträchtigungen von Natur und Landschaft« bezieht sich auf die entsprechenden Anforderungen an solche Flächen, Bauten oder Bestandteile, die von der Planung betroffen sind.
 – Die »potentielle Beeinträchtigungsintensität der Maßnahme« betrifft den Zustand des Naturhaushalts insgesamt und denjenigen der einzelnen Landschaftsfaktoren wie Boden, Wasser, Klima oder Tier- und Pflanzenwelt.

9 Absatz 4 regelt, wie bei Zweifeln über die Einordnung des Landschaftspflegerischen Begleitplans in die zutreffende Honorarzone vorzugehen ist. In diesen Fällen ist die Summe der Bewertungspunkte maßgeblich. Die einzelnen Bewertungsmerkmale sind nach Maßgabe von Absatz 4 Satz 2 zu bewerten. Dieser legt fest, wie viele Punkte entsprechend dem Schwierigkeitsgrad den einzelnen Bewertungsmerkmalen zuzuordnen sind. Dabei muss für jedes der Bewertungsmerkmale eine Bewertung erfolgen.

10 Die gleichmäßige Aufteilung dieser Punkte auf 3 Honorarzonen und die Punktespannen in Abs. 4 ist mit vollen Punkten möglich. Danach ist die Verteilung der Punkte entsprechend dem folgenden Verhältnis zu empfehlen:

Schwierigkeitsgrad	gering	durchschnittlich	hoch
Honorarzone	I	II	III
Bewertungsmerkmale	Punktebewertung		
1 ökologisch bedeutsame Strukturen und Schutzgebiete	1–2	3–4	5–6
2 Landschaftsbild und Erholungsnutzung	1–2	3–4	5–6
3 Nutzungsansprüche	1–2	3–4	5–6
4 Anforderungen an die Gestaltung von Landschaft und Freiraum	1–2	3–4	5–6

Honorare für Grundleistungen bei Landschaftspflegerischen Begleitplänen § 31 HOAI

Schwierigkeitsgrad	gering	durchschnittlich	hoch
5 Empfindlichkeit gegenüber Umweltbelastungen und Beeinträchtigungen von Natur und Landschaft	1–3	4–6	7–9
6 potenzielle Beeinträchtigungsintensität der Maßnahme	1–3	4–6	7–9

Mit der Anzahl der Bewertungspunkte wird die Honorarzone anhand der in Absatz 5 getroffenen Aufteilung festgestellt. Die Punktezahl bestimmt jedoch nicht den Honorarsatz innerhalb der Honorarzone. Sie kann aber bei Verhandlungen über die Honorarhöhe eine Orientierungshilfe darstellen.

6. Änderung des Planungsgebiets während der Leistungserbringung

Absatz 6 regelt, wie verfahren werden soll, wenn das Planungsgebiet des Landschaftspflegerischen Begleitplans während des Verfahrens geändert wird. Der Wortlaut entspricht der Regelung in § 29 Abs. 6 (vgl. dazu i. E. § 29 Rdn. 12).   11

7. Berechnungsbeispiel

▸ Folgendes Beispiel soll die Honorarberechnung für einen Landschaftspflegerischen Begleitplan verdeutlichen: 12

1. Situation

Ein Straßenbauamt beauftragt die Erstellung eines Landschaftspflegerischen Begleitplans für die Planung einer 12,2km langen Umgehungsstraße. Nach einer vorläufigen Einschätzung umfasst der Planungsbereich bei einem Untersuchungskorridor von 200 bis 600m Breite eine Fläche von 305ha.

Alle Leistungen der Leistungsphasen des § 26 und der Anlage 9 (Leistungsphasen 1 bis 4) sollen voll erbracht werden.

Die Anforderungen der Planung ergeben die Honorarzone II. Innerhalb des Honorarrahmens ist der Von-Satz vereinbart.

Es sind Besondere Leistungen erforderlich:
- Die zur Verfügung gestellten Planunterlagen sind unvollständig, wertvoller und erhaltenswerter Baumbestand muss mit genauer Lage und Höhe aufgenommen und in den Karten ergänzt werden. Die Vergütung wird pauschal vereinbart mit 9.000 €.
- Für die Vorbereitung und Mitwirkung bei der Öffentlichkeitsbeteiligung, an den Abstimmungsgesprächen mit betroffenen Behörden und den Trägern öffentlicher Belange vor Planungsbeginn (Scoping), für Zwischenberichte an die Naturschutzbehörden sowie für Sitzungen, soweit nicht als Grundleistungen anzusehen, erfolgt die Vergütung auf Nachweis anhand vereinbarter Stundensätze.

§ 31 HOAI   Honorare für Grundleistungen bei Landschaftspflegerischen Begleitplänen

Die Nebenkosten sind wie folgt zu vergüten:
- allgemeine Nebenkosten für die Erstellung des Landschaftspflegerischen Begleitplans in einer farbigen Fertigung als Nettopauschale von 7.500 €. Bei Mehrfertigungen erfolgt eine Vergütung auf Nachweis der entstehenden Kosten.

sowie
- für die Vorlage digitaler, auf die GIS-Programme des Verwaltungsverbands abgestimmter Dateien für die Planfassungen als Nettopauschale von 7.500 €.

2. Bemessung von Honorar und Nebenkosten

2.1	HOAI-Tafelwert		
	Bei einem Planungsgebiet von 305 ha und einer Zuordnung zur Honorarzone II Von- Satz ergibt sich nach § 31 Abs. 1 HOAI ein Tafelwert von		73.762,50 €
2.2	Honorarermittlung		
2.2.1	Vereinbarte Prozentsätze der Leistungsphasen/Leistungen des Leistungsbilds		
	Leistungsphase 1	3 %	2.212,88 €
	Klären der Aufgabenstellung und Ermitteln des Leistungsumfangs		
	Leistungsphase 2	37 %	27.292,12 €
	Ermitteln und Bewerten der Planungsgrundlagen		
	Leistungsphase 3	50 %	36.881,25 €
	Vorläufige Fassung		
	Leistungsphase 4	10 %	7.376,25 €
	Abgestimmte Fassung		
2.2.2	Vereinbarte Vergütung für Besondere Leistungen		
	Aufnehmen und Kartieren des wertvollen Baumbestands	vereinbarte Nettopauschale von	9.000,00 €
	Leistungen zur Vorbereitung und Mitwirkung bei der Öffentlichkeitsbeteiligung, an den Abstimmungsgesprächen mit betroffenen Behörden und	auf Nachweis des Aufwands Auftragnehmer	
			je h 120 €	....,.. €
		Mitarbeiter mit qualifiziertem Studium	
			je h 80 €	....,.. €
			je h 70 €	....,.. €

den Trägern öffentlicher Belange vor Planungsbeginn (Scoping), für Zwischenberichte an die Naturschutzbehörden sowie für Sitzungen	Mitarbeiter mit sonstiger Qualifikation	
3. Nebenkosten		
Allgemeine Nebenkosten	vereinbarte Nettopauschale von	7.500 €
Vorlage digitaler GIS-Dateien für die Planfassungen	vereinbarte Nettopauschale von	7.500 €
Erstellung von Mehrfertigungen auf Nachweis der Kosten (Farbkopien, Pläne und Textteil)	auf Nachweis	….., .. €
Gesamtsumme Honorar und Nebenkosten netto		….., .. €
zzgl. MwSt.		….., .. €

§ 32 HOAI Honorare für Grundleistungen bei Pflege- und Entwicklungsplänen

(1) Die Mindest- und Höchstsätze der Honorare für die in § 27 und Anlage 8 aufgeführten Grundleistungen bei Pflege- und Entwicklungsplänen sind in der folgenden Honorartafel festgesetzt:

Fläche in Hektar	Honorarzone I geringe Anforderungen		Honorarzone II durchschnittliche Anforderungen		Honorarzone III hohe Anforderungen	
	von	bis	von	bis	von	bis
	Euro		Euro		Euro	
5	3.852	7.704	7.704	11.556	11.556	15.408
10	4.802	9.603	9.603	14.405	14.405	19.207
15	5.481	10.963	10.963	16.444	16.444	21.925
20	6.029	12.058	12.058	18.087	18.087	24.116
30	6.906	13.813	13.813	20.719	20.719	27.626
40	7.612	15.225	15.225	22.837	22.837	30.450

§ 32 HOAI Honorare für Grundleistungen bei Pflege- und Entwicklungsplänen

Fläche in Hektar	Honorarzone I geringe Anforderungen		Honorarzone II durchschnittliche Anforderungen		Honorarzone III hohe Anforderungen	
	von	bis	von	bis	von	bis
	Euro		Euro		Euro	
50	8.213	16.425	16.425	24.638	24.638	32.851
75	9.433	18.866	18.866	28.298	28.298	37.731
100	10.408	20.816	20.816	31.224	31.224	41.633
150	11.949	23.899	23.899	35.848	35.848	47.798
200	13.165	26.330	26.330	39.495	39.495	52.660
300	15.318	30.636	30.636	45.954	45.954	61.272
400	17.087	34.174	34.174	51.262	51.262	68.349
500	18.621	37.242	37.242	55.863	55.863	74.484
750	21.833	43.666	43.666	65.500	65.500	87.333
1.000	24.507	49.014	49.014	73.522	73.522	98.029
1.500	28.966	57.932	57.932	86.898	86.898	115.864
2.500	36.065	72.131	72.131	108.196	108.196	144.261
5.000	49.288	98.575	98.575	147.863	147.863	197.150
10.000	69.015	138.029	138.029	207.044	207.044	276.058

(2) Das Honorar für Grundleistungen bei Pflege- und Entwicklungsplänen ist nach der Fläche des Planungsgebiets in Hektar und nach der Honorarzone zu berechnen.

(3) Welchen Honorarzonen die Grundleistungen zugeordnet werden, richtet sich nach folgenden Bewertungsmerkmalen:
1. fachliche Vorgaben,
2. Differenziertheit des floristischen Inventars oder der Pflanzengesellschaften,
3. Differenziertheit des faunistischen Inventars,
4. Beeinträchtigungen oder Schädigungen von Naturhaushalt und Landschaftsbild,
5. Aufwand für die Festlegung von Zielaussagen sowie für Pflege- und Entwicklungsmaßnahmen.

(4) Sind für einen Pflege- und Entwicklungsplan Bewertungsmerkmale aus mehreren Honorarzonen anwendbar und bestehen deswegen Zweifel, welcher Honorarzone der Pflege- und Entwicklungsplan zugeordnet werden kann, so ist zunächst die Anzahl der Bewertungspunkte zu ermitteln. Zur Ermittlung der Bewertungspunkte werden die Bewertungsmerkmale wie folgt gewichtet:

1. das Bewertungsmerkmal gemäß Absatz 3 Nummer 1 mit bis zu 4 Punkten,
2. die Bewertungsmerkmale gemäß Absatz 3 Nummer 4 und 5 mit je bis zu 6 Punkten und
3. die Bewertungsmerkmale gemäß Absatz 3 Nummer 2 und 3 mit je bis zu 9 Punkten.

(5) Der Pflege- und Entwicklungsplan ist anhand der nach Absatz 4 ermittelten Bewertungspunkte einer der Honorarzonen zuzuordnen:
1. Honorarzone I: bis zu 13 Punkte,
2. Honorarzone II: 14 bis 24 Punkte,
3. Honorarzone III: 25 bis 34 Punkte.

(6) Wird die Größe des Planungsgebiets während der Leistungserbringung geändert, so ist das Honorar für die Leistungsphasen, die bis zur Änderung noch nicht erbracht sind, nach der geänderten Größe des Planungsgebiets zu berechnen.

Übersicht	Rdn.
1. Änderungen durch die HOAI 2009	1
2. Änderungen durch die HOAI 2013	2
3. Die Stufen der Honorarberechnung	3
4. Die Mindest- und Höchstsätze der Honorartafel (Abs. 1)	4
5. Die Fläche des Planungsgebiets als Honorarbemessungsgrundlage (Abs. 2)	6
6. Die Bewertungsmerkmale (Abs. 3–5)	8
7. Änderung des Planungsgebiets während der Leistungserbringung (Abs. 6)	10
8. Berechnungsbeispiel	11

1. Änderungen durch die HOAI 2009

Die Vorschriften des § 31 Abs. 1 und 2 HOAI 2009 über die Honorierung von Leistungen für Pflege- und Entwicklungspläne entsprachen der früheren Regelung des § 49d Abs. 1, 2 HOAI 2002. Die Tafelwerte wurden angehoben. Gestrichen wurden die Verweise in § 49d Abs. 3 HOAI 2002, weil der damit verfolgte Zweck einer freien Honorarvereinbarung für Leistungen außerhalb der Tafelwerte in § 7 Abs. 2 HOAI 2009 geregelt wurde. 1

2. Änderungen durch die HOAI 2013

Die Regelung des § 31 HOAI 2009 wurde in den § 32 verschoben. Die in der Honorartafel des Abs. 1 enthaltenen Honorare wurden wesentlich erhöht. Die Abs. 2–5, welche die Zuordnung der Grundleistungen zu der einschlägigen Honorarzone regeln, wurden ohne inhaltliche Änderung sprachlich überarbeitet. Neu ist die Regelung des Abs. 6, wonach im Falle einer Änderung der Größe des Planungsgebiets das Honorar für noch nicht erbrachte Leistungsphasen nach der geänderten Größe zu berechnen ist. 2

§ 32 HOAI Honorare für Grundleistungen bei Pflege- und Entwicklungsplänen

3. Die Stufen der Honorarberechnung

3   Die Honorarberechnung für einen Pflege- und Entwicklungsplan vollzieht sich in 4 Stufen:
– Zunächst sind nach Abs. 2 die Flächenwerte (ha) des Planungsgebiets festzustellen.
– Danach ist zu ermitteln, welcher Honorarzone die Planung zuzuordnen ist. Grundlage dafür sind die Absätze 3–5.
– Sodann lässt sich jeder zutreffende Tafelwert nach dem vereinbarten Honorarsatz im Honorarrahmen der Mindest- und Höchstsätze aus der Honorartafel des Abs. 1 durch Interpolation ermitteln.
– Schließlich ist die Bewertung der beauftragten Leistungen nach den Prozentsätzen des Abs. 1 vorzunehmen.

4. Die Mindest- und Höchstsätze der Honorartafel (Abs. 1)

4   Die neue Honorartafel für Grundleistungen bei Pflege- und Entwicklungsplänen in Abs. 1 ist das Ergebnis der Studie »Aktualisierungsbedarf zur Honorarstruktur der Honorarordnung für Architekten und Ingenieure (HOAI)«, die im Dezember 2012 im Auftrag des Bundesministeriums für Wirtschaft und Technologie vorgelegt worden ist. Die Gutachter haben dafür eine marktgerechte Entwicklung der Tafelwerte anhand der Einflussfaktoren »Kostenentwicklung«, »Rationalisierungseffekte«, »Leistungsausweitung als Mehr- oder Minderaufwand aufgrund von Veränderungen bei den rechtlichen und technischen Anforderungen im Zeitraum von 1996 bis 2013 sowie aufgrund von Änderungen des Leistungsbilds im Vergleich zur HOAI 1996« untersucht und die neuen Tafelwerte mit einer dafür entwickelten Berechnungsmethode in einem progressiven Verlauf errechnet. Die prozentuale Veränderung der Tafelwerte für das Leistungsbild Pflege- und Entwicklungsplan der HOAI 2013 im Vergleich zur HOAI 2009 liegt im Bereich von +26,14 % bis +49,71 %.

5   Liegen die ermittelten Werte der Grundfläche des Planungsbereichs außerhalb des Tafelrahmens, d. h. unter 5ha oder über 10.000ha, ist das Honorar für einen Pflege- und Entwicklungsplan nach § 7 Abs. 2 frei vereinbar. Möglich ist dann auch die Vereinbarung einer Fortschreibung der Honorartafel (vgl. dazu Heft 14 der AHO-Schriftenreihe 2016).

5. Die Fläche des Planungsgebiets als Honorarbemessungsgrundlage (Abs. 2)

6   **Absatz 2** legt fest, dass die Honorare nach der Fläche des Planungsgebiets in Hektar zu berechnen sind. Der Flächenbegriff »Planungsgebiet« wird in der HOAI nicht definiert. Er entspricht demjenigen für den Landschaftsplan in § 28 Abs. 2 (vgl. dazu i. E. § 28 Rdn. 6 ff.).

7   Ob die für die Honorarbemessung einzubeziehenden Flächen durch eine vertragliche Vereinbarung begrenzt werden können, ist vom Einzelfall abhängig. Entsteht eine Differenz zwischen den tatsächlich zu bearbeitenden und den nach dem Vertrag einzubeziehenden Flächen, ist die Vereinbarung dann unwirksam, wenn dadurch die Mindestsätze unterschritten werden (§ 7 Abs. 3). Eine Mindestsatzunterschreitung kann etwa

dann vorliegen, wenn die Honorarvereinbarung eine Regelung enthält, dass im Planungsgebiet enthaltene Teilflächen – etwa Waldflächen – nicht zu berücksichtigen und deshalb nicht anzurechnen sind.[1]

6. Die Bewertungsmerkmale (Abs. 3–5)

Abs. 3–5 regeln, welche Bewertungsmerkmale für die Einordnung eines Pflege- und Entwicklungsplans in die zutreffende Honorarzone anhand des Schwierigkeitsgrads maßgeblich sind und wie diese festgestellt werden. Die in Abs. 3 enthaltenen 5 Bewertungsmerkmale sind unverändert aus § 31 HOAI 2009 übernommen worden. Die Funktion dieser Bewertungsmerkmale besteht darin, dass Vorgaben aus höheren Planungsebenen, aus der konkreten Aufgabenstellung oder aus der Zielstellung der Planung für das jeweilige Merkmal innerhalb des Planungsgebiets und dessen angrenzender Umgebung berücksichtigt werden.

»Fachliche Vorgaben« können mit der Biotopkartierung, speziellen Fachgutachten oder einer Schutzgebietsverordnung gegeben sein.

Die Schwierigkeit der Planung ist weiter davon abhängig, wie differenziert das floristische Inventar oder die Pflanzengesellschaften bzw. das faunistische Inventar ist.

Darüber hinaus sind Maßnahmen im Zuge der Planung zu erarbeiten, die sich an den »Beeinträchtigungen oder Schädigungen von Naturhaushalt und Landschaftsbild« orientieren.

Der »Aufwand für die Festlegung von Zielaussagen sowie für Pflege- und Entwicklungsmaßnahmen« ist in der Regel von der Differenziertheit des Artenbesatzes und sonstiger Schutzinteressen abhängig. Zu bewerten ist nicht die Anzahl der Maßnahmen, sondern die Schwierigkeit, fundierte Aussagen über die notwendigen Pflege- und Entwicklungsmaßnahmen aufzuzeigen.

Abs. 4 regelt, wie bei Zweifeln über die Einordnung des Pflege- und Entwicklungsplans in die zutreffende Honorarzone vorzugehen ist. In diesen Fällen ist die Summe der Bewertungspunkte maßgebend. Die einzelnen Bewertungsmerkmale sind nach Maßgabe von Abs. 4 S. 2 zu bewerten. Dieser legt fest, wie viele Punkte entsprechend dem Schwierigkeitsgrad den einzelnen Bewertungsmerkmalen zuzuordnen sind. Dabei muss jedes der Bewertungsmerkmale bewertet werden. Die gleichmäßige Aufteilung dieser Punkte auf 3 Honorarzonen und die Punktespannen in Abs. 4 ist mit vollen Punkten möglich. Danach ist die Verteilung der Punkte nach dem folgenden Verhältnis vorzunehmen:

---

1 So bereits zum Landschaftsplan nach § 45b a. F. LG Offenburg IBR 2003, 610.

§ 32 HOAI Honorare für Grundleistungen bei Pflege- und Entwicklungsplänen

Schwierigkeitsgrad	gering	durchschnittlich	hoch
Honorarzone	I	II	III
Bewertungsmerkmale	Punktebewertung		
1. Fachliche Vorgaben	1 (gute)	2–3	4 (geringe)
2. Differenziertheit des floristischen Inventars oder der Pflanzengesellschaften	1–3	4–6	7–9 (starke)
3. Differenziertheit des faunistischen Inventars	1–3	4–6	7–9 (starke)
4. Beeinträchtigungen oder Schädigungen von Naturhaushalt und Landschaftsbild	1–2	3–4	5–6 (umfangreiche)
5. Aufwand für die Festlegung von Zielaussagen sowie Pflege- und Entwicklungsmaßnahmen	1–2	3–4	5–6 (hoher)
Gesamtpunktezahl	bis 13	14–24	25–34

Mit der Anzahl der Bewertungspunkte wird die Honorarzone anhand der in Absatz 5 getroffenen Aufteilung festgestellt. Die Punktzahl bestimmt jedoch nicht den Honorarsatz innerhalb der Honorarzone. Sie kann aber bei Verhandlungen über die Honorarhöhe eine Orientierungshilfe darstellen.

7. Änderung des Planungsgebiets während der Leistungserbringung (Abs. 6)

10 Abs. 6 regelt einen Sonderfall der Honorarberechnung, wenn das Planungsgebiet des Pflege- und Entwicklungsplans während des Verfahrens geändert wird. Die Regelung ist mit derjenigen des § 29 Abs. 6 identisch (vgl. dazu i. E. § 29 Rdn. 12).

8. Berechnungsbeispiel

11 ▶ Folgendes Beispiel soll die Honorarberechnung für einen Pflege- und Entwicklungsplan verdeutlichen:

1. Situation

Eine Naturschutzbehörde beauftragt die Erstellung eines Pflege- und Entwicklungsplans für eine artenreiche Heidelandschaft als Teil eines Naturschutzgebiets. Nach der Abgrenzung in Leistungsphase 1 umfasst die Grundfläche des Planungsbereichs 420ha. Für den Planungsbereich ist bisher noch keine Pflegekonzeption erarbeitet worden, ähnlich gelagerte Pflege- und Entwicklungsaufgaben mit entsprechenden Pflege- und Entwicklungsplänen liegen nicht vor. Alle Leistungen des Leistungsbilds der Anlage 8 (Leistungsphase 1 bis 4) sollen voll erbracht werden. Ein durchschnittlicher Schwierigkeitsgrad führt zur Einstufung in die Honorarzone II. Innerhalb des Honorarrahmens ist der Mittelsatz vereinbart.

Es sind Besondere Leistungen erforderlich:
– Die zur Verfügung gestellten Planunterlagen sind unvollständig und müssen aus mehreren Planwerken ergänzt und aktualisiert werden.
– Für verschiedene Biotoptypen wird auf Teilflächen eine detaillierte Vegetationskartierung zur Beobachtung der Sukzession erforderlich.
– Vorbereitung, Mitwirkung, Moderation und Abstimmungsgespräche mit betroffenen Kommunen, Verbänden und weiteren Institutionen sowie Zwischenberichte an diese.

Alle Besonderen Leistungen werden auf Nachweis des Zeitaufwands vergütet.

Die Nebenkosten sind wie folgt zu vergüten:
– allgemeine Nebenkosten für die Erstellung des Pflege- und Entwicklungsplans in einer farbigen Fertigung als Nettopauschale von 5.500 €;
– bei Mehrfertigungen erfolgt eine Vergütung auf Nachweis der entstehenden Kosten;

sowie
– für die Vorlage digitaler, auf die GIS-Programme der Naturschutzbehörde abgestimmter Dateien für die Planfassungen als Nettopauschale von 8.000 €.

2. Bemessung von Honorar und Nebenkosten

2.1 HOAI-Tafelwert
bei einem Planungsbereich von 420ha und einer Zuordnung zu Honorarzone II Mittel-Satz ergibt sich nach § 32 Abs. 1 HOAI ein Tafelwert von

	Mindestsatz	Mittelsatz
	24.786,60 €	43.484,90 €
	Höchstsatz	
	52.182,20 €	

2.2 Honorarermittlung

2.2.1 Vereinbarte Prozentsätze der Leistungsphasen/ Leistungen des Leistungsbilds

Leistungsphase 1	3 %	1.304,55 €
Zusammenstellen der Ausgangsbedingungen		
Leistungsphase 2	37 %	21.742,45 €
Ermitteln der Planungsgrundlagen		
Leistungsphase 3	50 %	21.742,45 €
Vorläufige Fassung		
Leistungsphase 4	10 %	4.348,49 €

§ 32 HOAI Honorare für Grundleistungen bei Pflege- und Entwicklungsplänen

Abgestimmte Fassung

2.2.2 Vereinbarte Vergütung für Besondere Leistungen

Ergänzung und Aktualisierung der Planunterlagen	Nachweis Zeitaufwand		
	Auftragnehmer	je h 120 €	..........,.. €
Detaillierte Vegetationskartierung zur Beobachtung der Sukzession	Mitarbeiter mit qualifiziertem Studium	je h 80 €	..........,.. €
Vorbereitung, Mitwirkung, Moderation und Abstimmungsgespräche mit betroffenen Kommunen, Verbänden und weiteren Institutionen und Zwischenberichte an diese			

3. Nebenkosten

Allgemeine Nebenkosten	vereinbarte Nettopauschale von	5.500,00 €
Vorlage digitaler GIS-Dateien von allen Planfassungen	vereinbarte Nettopauschale von	8.000,00 €
zzgl. Erstellung von Mehrfertigungen auf Nachweis der Kosten (Farbkopien, Pläne und Textteil)		..........,.. €

Gesamtsumme Honorar und Nebenkosten netto ....,.. €

zzgl. gesetzl. MwSt. ....,.. €

Teil 3 Objektplanung

Abschnitt 1 Gebäude und Innenräume

§ 33 HOAI Besondere Grundlagen des Honorars

(1) Für Grundleistungen bei Gebäuden und Innenräumen sind die Kosten der Baukonstruktion anrechenbar.

(2) Für Grundleistungen bei Gebäuden und Innenräumen sind auch die Kosten für Technische Anlagen, die der Auftragnehmer nicht fachlich plant oder deren Ausführung er nicht fachlich überwacht,
1. vollständig anrechenbar bis zu einem Betrag von 25 Prozent der sonstigen anrechenbaren Kosten und
2. zur Hälfte anrechenbar mit dem Betrag, der 25 Prozent der sonstigen anrechenbaren Kosten übersteigt.

(3) Nicht anrechenbar sind insbesondere die Kosten für das Herrichten, für die nichtöffentliche Erschließung sowie für Leistungen zur Ausstattung und zu Kunstwerken, soweit der Auftragnehmer die Leistungen weder plant noch bei der Beschaffung mitwirkt oder ihre Ausführung oder ihren Einbau fachlich überwacht.

Übersicht	Rdn.
1. Änderungen durch die HOAI 2009	1
2. Änderungen durch die HOAI 2013	2
3. Zusammenspiel mit anderen Vorschriften	3
4. Regelungsinhalt	4
5. Honorare für Objektplanung Gebäude	5
a) Voll anrechenbare Kosten (Abs. 1)	5
b) Gemindert anrechenbare Kosten (Abs. 2)	6
c) Bedingt anrechenbare Kosten (Abs. 3)	13
6. Anrechnung der Kosten der Freianlagen (Abs. 4 HOAI 2009)	24
7. Honorare für Raumbildenden Ausbau/Innenräume	26
a) Änderungen durch die HOAI 2009	26
b) Änderungen durch die HOAI 2013	27
c) Zusammenspiel mit anderen Vorschriften	28
d) Isolierter Auftrag für Innenräume	29
e) Gleichzeitige Übertragung von Leistungen der Objektplanung Gebäude und Innenräume	36

1. Änderungen durch die HOAI 2009

In § 32 HOAI 2009 waren Regelungen aus dem früheren § 10 HOAI 2002 enthalten, jedoch nur einzelne.[1] Hier wurde festgelegt, welche Kosten voll (Abs. 1) bzw. gemin-

---

[1] Zu den übrigen Bestimmungen aus § 10 HOAI 2009 vgl. unten Rdn. 2.

dert (Abs. 2) bzw. nur unter bestimmten Voraussetzungen (Abs. 3) anrechenbar sind. Darüber hinaus wurde geregelt, wann die Freianlagen ausnahmsweise gemeinsam mit den Gebäuden abzurechnen sind.[2]

2. Änderungen durch die HOAI 2013

2   Die Vorschrift des § 33 übernimmt den § 32 HOAI 2009. Dessen Abs. 4, welcher sich mit den Freianlagen und ihrer ausnahmsweise gemeinsamen Abrechnung mit den Gebäuden befasst, ist zu § 38 Abs. 2 geworden. In Abs. 1 bis 3 wurden sprachliche Verbesserungen aufgenommen. Inhaltlich hat sich dadurch nichts geändert.

3. Zusammenspiel mit anderen Vorschriften

3   Grundlegende Honorarberechnungsvorschrift ist § 6 Abs. 1. Dort sind die maßgebenden Parameter für die Honorarberechnung festgelegt. Darüber hinaus ist hinsichtlich der anrechenbaren Kosten dort das sog. Kostenberechnungsmodell normiert (§ 6 Rdn. 14 ff.). Im Hinblick auf die Kostenberechnung bzw. die Kostenschätzung, deren Nachholung und Korrektur sowie Ausnahmen von diesem Modell gibt es zahlreiche Einzelfragen (dazu § 6 Rdn. 14 ff.). Neben der grundlegenden Regelung in § 6 sind auch die Einzelvorschriften für alle Teile der HOAI betreffend die anrechenbaren Kosten zu berücksichtigen (§ 4). Neben der Definition der anrechenbaren Kosten ist hier vor allem von Bedeutung die Festlegung, wie Kostenermittlungen zu erfolgen haben.[3] Von Bedeutung ist auch die Definition der Kostenschätzung (§ 2 Abs. 10) und der Kostenberechnung (§ 2 Abs. 11).

4. Regelungsinhalt

4   Im Unterschied zu § 10 HOAI 2002 ist hier nur noch ein Teil über die anrechenbaren Kosten geregelt (vgl. oben Rdn. 3). Die Aufgliederung der anrechenbaren Kosten und die Definition sind klarer geworden, zumal sie nun in einer **Positivliste** enthalten sind. Es werden sich in der Praxis hinsichtlich der Anrechenbarkeit vor allem auch deshalb nur noch wenige Streitfälle ergeben, weil die DIN 276 – soweit sie in der Fassung von Dezember 2008 eingreift (vgl. dazu § 4 Rdn. 13) – eindeutige Grundlagen geschaffen hat.[4] Das gilt nicht nur hinsichtlich der Kosten der Baukonstruktion,[5] sondern auch im Hinblick auf die Kosten der Technischen Anlagen.[6] Auch die nur unter bestimmten Voraussetzungen anrechenbaren Kosten (Abs. 3) sind über die DIN 276 klar definiert. Was zu den Kosten und Aufwendungen (§ 4 Abs. 1) hinzukommt, ergibt sich abschließend aus § 4 Abs. 2.

---

2   Bei anrechenbaren Kosten von weniger als 7.500 €; vgl. Abs. 4.
3   Zur Form der Kostenermittlung vgl. § 4 Rdn. 10 ff.
4   Ebenso *Werner/Siegburg*, FS Koeble, S. 585 [592], vgl. die Tabellen von *Simmendinger* unter www.hoai-gutachter.de → Download → Ermittlung der anrechenbaren Kosten.
5   Abs. 1; dazu § 4 Rdn. 18 ff.
6   Abs. 2; dazu § 4 Rdn. 18 ff.

5. Honorare für Objektplanung Gebäude

a) Voll anrechenbare Kosten (Abs. 1)

Bei Leistungen für Gebäude und Innenräume sind die »**Kosten der Baukonstruktion**« 5 vollständig anrechenbar.[7] Auf welcher Grundlage die Kostenermittlung zu fertigen ist und welche Form sie haben muss sowie welche Art der Kostenermittlung für die Honorarberechnung zugrunde zu legen ist, ergibt sich alles aus dem Allgemeinen Teil der HOAI.[8]

b) Gemindert anrechenbare Kosten (Abs. 2)

Die neue Vorschrift des Abs. 2 wurde gegenüber ihrer Vorgängerin § 10 Abs. 4 2002 6 erheblich vereinfacht. Mit der Formulierung »**Technische Anlagen**« ist die DIN 276 Kostengruppe 400 einbezogen. Die Amtliche Begründung zu § 33 HOAI 2013 bestätigt dies.[9] Viele Streitfragen sind damit erledigt.[10] Abgesehen davon, dass die früheren Kostengruppen aus der alten DIN 276 schon unübersichtlich und nicht klar waren, ist der zweifelhafte und zu Fehldeutungen Anlass gebende Satz 2 des § 10 Abs. 4 HOAI 2009 weggefallen.[11] Erfasst sind alle Kostengruppen aus den Technischen Anlagen, also auch die nutzungsspezifischen Anlagen (KG 470) z. B. einer Brauerei oder eines Kraftwerks. Darauf, ob diese Anlagen vom Auftragnehmer geplant oder überwacht werden, kommt es bei Abs. 2 nicht an. Für Auftragnehmer ergibt sich bei Objekten mit einem hohen Anteil an Gebäudetechnik (Technische Anlagen) ein deutlich höheres Honorar als früher, wobei zu klären ist, ob eine Berücksichtigung erfolgen kann, wenn die entsprechenden Kosten in der Kostenberechnung noch nicht berücksichtigt sind (dazu § 6 Rdn. 20 ff.). Die nach alter HOAI gemindert anrechenbaren Kosten für Betriebliche Einbauten (§ 10 Abs. 4 HOAI 2002) sind heute als **Nutzungsspezifische Anlagen** (KG 470) einzuordnen. Voraussetzung für die Anrechenbarkeit dieser Anlagen ist allerdings, dass die Anlage »mit dem Bauwerk **fest verbunden**« ist[12]. Es kommt also auf die Art der Verankerung im Gebäude an. Entscheidend ist, ob bei Herausnahme die Anlage oder das Gebäude beschädigt würde. Soweit dies nicht der Fall ist, gehören die entsprechenden Anlagen zur Ausstattung (KG 600), was zur bedingten Anrechenbarkeit nach Abs. 3 führt (vgl. Rdn. 17). Die Kosten der **Maschinentechnik** sind

---

7 Zur Kostengruppe 300 Bauwerk-Baukonstruktionen vgl. § 4 Rdn. 18 ff. und den **Anhang 1**.
8 Vgl. dazu oben Rdn. 3.
9 Vgl. den Abdruck der Amtlichen Begründung bei *Koeble/Zahn*, Die neue HOAI 2013, Teil D.
10 Vgl. z. B. OLG Frankfurt BauR 2007, 1906, Analyse *Koeble* auf www.jurion.de/Modul Werner Baurecht zur Rundfunk- und Studiotechnik, welche zur Kostengruppe 470 gehört.
11 Zu Letzterem vgl. *Locher/Koeble/Frik*, 9. Aufl., § 10 Rn. 115 ff.; dazu unten Rdn. 7.
12 Vgl. DIN 276 KG 400 und 470, hinten S. 1367 ff.; wie hier *Haack/Heinlein* in MNP § 33 Rn. 22 f. mit zutreffendem Hinweis darauf, dass die DIN 276 KG 470 erste Hinweise für die Lösung des Problems gibt: »Für die Abgrenzung gegenüber der KG 610 ist maßgebend, dass die nutzungsspezifischen Anlagen technische und planerische Maßnahmen erforderlich machen, z. B. Anfertigen von Werkplänen, Berechnungen, anschließend von anderen Technischen Anlagen«; *Seifert/Fuchs* in FBS § 33 Rn. 32 f.

als Kosten der Technischen Anlagen nur dann anrechenbar, wenn sie die o. g. genannten gesamten Voraussetzungen der Kostengruppe 400 und 470 vollständig erfüllen, d. h., insbesondere, wenn sie mit dem Bauwerk fest verbunden sind.[13]

7   Angesichts der Fassung in § 33 Abs. 2 steht fest, dass die Kosten aus der Kostengruppe Technische Anlagen (KG 400) **auf jeden Fall gemindert** anzusetzen sind, wenn sie 25 % der sonstigen anrechenbaren Kosten übersteigen. Es kommt nicht darauf an, ob der Auftragnehmer – z. B. als Generalplaner – Fachplanungsleistungen aus der Technischen Ausrüstung erbringt. Eine Änderung im Hinblick auf die **anrechenbaren Kosten** für die **Objektplanung** Gebäude ergibt sich daraus nicht. Ebenso steht fest, dass bei zusätzlicher Erbringung von **Fachplanungsleistungen** die **Kosten der Technischen Ausrüstung** für die Abrechnung des dafür anfallenden Honorars **voll** anzusetzen sind. Beide Abrechnungen stehen also nebeneinander und beeinflussen sich nicht. Zwar ist der frühere § 10 Abs. 4 S. 2 HOAI 1996/2002[14] weggefallen. In der Literatur wird deshalb z. T. argumentiert, bei gleichzeitiger Beauftragung des Auftragnehmers mit der Objektplanung Gebäude und der Fachplanung der Technischen Ausrüstung dürften die Kosten der Technischen Ausrüstung beim Gebäude nicht in Ansatz kommen.[15] Diese Auffassung ist jedoch nicht zutreffend, sondern auch bei Übernahme der Fachplanung sind die anrechenbaren Kosten der Technischen Anlagen nach Abs. 2 beim Gebäude ggf. in geminderter Form anrechenbar.[16] Das ergibt sich aus der Tatsache, dass die HOAI Gebäude und Technische Anlagen als selbstständige Objekte behandelt.[17] Selbstständige Objekte und auch Leistungen aus unterschiedlichen Teilen der HOAI sind immer separat nach eigenen anrechenbaren Kosten abzurechnen.[18] Die Vorschriften des § 11 Abs. 1 S. 2 und Abs. 2 bis 4 greifen nur unter gleichen Objekten ein (vgl. § 11 Rdn. 15 ff.). Mit der alten Formulierung in Abs. 2, welche § 10 Abs. 4 S. 1 HOAI 1996/2002 entspricht, wollte der Verordnungsgeber keine von der früheren Rechtslage abweichende Regelung einführen.[19] Darüber hinaus ist die Regelung in Abs. 2 nur sinnvoll, wenn sie so gelesen wird, dass bei Gebäuden die Kosten der Tech-

---

13 Zur Anrechenbarkeit der Maschinentechnik bei Ingenieurbauwerken vgl. § 42 Abs. 1, S. 2 und die Kommentierung § 42 Rdn. 39 ff. und früher § 10 Abs. 5 Nr. 13 HOAI 1996/2002.
14 Die Vorschrift des § 10 Abs. 4 S. 2 HOAI a. F. lautete folgendermaßen: »Plant der Auftragnehmer die in S. 1 genannten Gegenstände fachlich und/oder überwacht er fachlich deren Ausführung, so kann für diese Leistungen ein Honorar neben dem Honorar nach S. 1 vereinbart werden.«
15 So z. B. *Morlock/Meurer*, Rn. 819 ff., wonach dies aber für den Generalplaner nicht gelten soll, weil dieser an Dritte vergibt und nur bei persönlicher Erbringung der Leistung nach dem Wortlaut des Abs. 2 der Ansatz der Kosten beim Gebäude entfallen müsse.
16 OLG Celle BauR 2015, 2031; *Seifert/Fuchs* in FBS § 33 Rn. 29; *Simmendinger* IBR 2011, 1069; *Morlock/Meurer*, Rn. 822, allerdings nur für den Generalplaner, der die Leistungen nicht persönlich erbringt.
17 Vgl. § 2 Nr. 1 und § 11 Abs. 1 S. 1.
18 Zum Objekt vgl. BGH BauR 2004, 1963 (1967) = NZBau 2004, 680).
19 Vgl. Amtliche Begründung zu § 32, z. B. abgedruckt bei *Koeble/Zahn*, S. 241: »Abs. 2 übernimmt im Wesentlichen die Regelung des bisherigen § 10 Abs. 4 S. 1 und betrifft die nur bedingt anrechenbaren Kosten.«

nischen Anlagen auch dann anrechenbar sind, wenn der Auftragnehmer keine Fachplanung bzw. Überwachung zu erbringen hat. Schließlich ist darauf hinzuweisen, dass der Verordnungsgeber mit der Neuregelung einen Zustand herbeigeführt hat, wie er bereits früher, vor der 3. HOAI-Novelle bestand.[20] Schon für die HOAI, welche bis zum 31.03.1988 galt, wurde zutreffend die Auffassung vertreten, dass bei gleichzeitigem Auftrag von Planung oder Überwachung bei der Technischen Anlage überhaupt keine Minderung vorzunehmen war, weil die Vorschrift dafür angesichts ihrer Entstehungsgeschichte nicht einschlägig war.[21]

Ein Abgrenzungsproblem ergibt sich hinsichtlich der sog. **Hausanschlüsse** (vom Gebäude bis zum Kontrollschacht). Zunächst ist diesbezüglich zu klären, ob sie noch zur Technischen Ausrüstung des Gebäudes gehören. Im Regelfall dürfte dies zu bejahen sein, wenn nur eine kurze Strecke im Außenbereich betroffen ist. Hier sind die Voraussetzungen der KG 400 Technische Anlagen noch gegeben, weil alle »im Bauwerk eingebauten, daran angeschlossenen oder damit fest verbundenen Technischen Anlagen oder Anlagenteile« von dieser Kostengruppe erfasst sind. Zum gleichen Ergebnis kommt man auch dann, wenn in diesen Fällen KG 540 Technische Anlagen in Außenanlagen angenommen wird, weil auch diese Kosten beim Gebäude nach Abs. 2 gemindert anrechenbar sind. Nach der Definition der Kosten für Technische Anlagen in Außenanlagen handelt es sich um solche für Anlagen auf dem Grundstück einschließlich der Ver- und Entsorgung des Bauwerks. Eine andere Beurteilung ist dann geboten, wenn besondere Technik (Geothermie) vorliegt. Diesbezüglich kann nicht von nicht öffentlicher Erschließung gesprochen werden. Hier handelt es sich zweifelsohne um Technische Anlagen in Außenanlagen, die nach Abs. 2 gemindert zur Anrechnung kommen.[22]

8

▶ **Beispiel 1:**

9

Ein Auftragnehmer erhält den Auftrag, ein Geschäftshaus zu planen. Die anrechenbaren Kosten sind folgende:
1. Sonstige anrechenbare Kosten[23]
   Baukonstruktion KG 300 DIN 276   10.000.000 €
2. Kosten der Technischen Anlagen
   KG 400 DIN 276   2.300.000 €
   Kosten unter 25 % aus Summe   keine
   Minderung, voll anrechenbare Kosten   2.300.000 €
3. Gesamte anrechenbare Kosten   12.300.000 €

---

20 Zur 3. HOAI-Novelle vgl. § 56 Rdn. 7.
21 Vgl. z. B.: *Locher/Koeble/Frik*, HOAI, 8. Aufl. und 7. Aufl., jeweils Rn. 111 ff.
22 Vgl. dazu einerseits *Seifert*, Aktualisierungsband 7. Aufl., S. 99 und andererseits *Pott/Dahlhoff/Kniffka/Rath*, § 32 Rn. 18.
23 Zu den sonstigen anrechenbaren Kosten gehören auch diejenigen aus der Bausubstanz nach § 4 Abs. 3: So für § 10 Abs. 4 a. F. LG Görlitz BauR 2014, 297.

§ 33 HOAI Besondere Grundlagen des Honorars

10 ▶ **Beispiel 2:**

In dem Geschäftshaus wird eine Klimaanlage geplant und ausgeführt. Damit übersteigen die Kosten der KG 400 Technische Anlagen 25 % der sonstigen anrechenbaren Kosten. Die anrechenbaren Kosten errechnen sich wie folgt:

1. Sonstige anrechenbare Kosten
Baukonstruktion KG 300 DIN 276   10.000.000 €
2. Kosten der Technischen Anlagen
KG 400 DIN 276   3.600.000 €
anrechenbare Kosten 25 % aus Summe 1   2.500.000 €
3. 50 % des 25 % übersteigenden Betrags   550.000 €
aus Summe 1

$$\frac{3.600.000 - 2.500.000 \; (= 1.100.000)}{2}$$

4. Gesamte anrechenbare Kosten   13.050.000 €

11 ▶ **Beispiel 3:**

Der Auftragnehmer für die **Objektplanung Gebäude** erhält außerdem noch den Auftrag, eine Betriebsküche einzuplanen. Diese zählt zu den nutzungsspezifischen Anlagen KG 471 bei den Technischen Anlagen KG 400 DIN 276 12/08. Hierzu gehören die küchentechnischen Anlagen, nicht dagegen baukonstruktive Einbauten KG 370 DIN 276 12/08, z. B. Einbauküchen KG 371 allgemeine Einbauten.

1. Sonstige anrechenbare Kosten   10.000.000 €
Baukonstruktion KG 300 DIN 276
2. Kosten der Technischen Anlagen   3.800.000 €
KG 400 DIN 276
anrechenbare Kosten 25 % aus Summe 1   2.500.000 €
3. 50 % des 25 % übersteigenden Betrags   650.000 €
aus Summe 1

$$\frac{3.800.000 - 2.500.000 \; (= 1.300.000)}{2}$$

4. Gesamte anrechenbare Kosten für die Objekt-   13.150.000 €
planung Gebäude

Das Honorar für die Fachplanung der Betriebsküche steht dem Objektplaner Gebäude nach den anrechenbaren Kosten der KG 471 mit 200.000 € und den Bestimmungen nach Teil 4 Abschnitt 2 Technische Ausrüstung §§ 53–56 in Verbindung mit Anlage 15.1 und 2 zu.

12 Am Beispiel ortsfeste Leuchten KG 445 Beleuchtungsanlagen soll die strikte Trennung zwischen Kosten der Baukonstruktion KG 300 und KG 400 Technische Anlagen in Hinsicht auf die anrechenbaren Kosten für die Objektplanung Gebäude und Innenräume erläutert werden. Nach früheren Bestimmungen fiel eine Zurechnung der Kosten von Leuchten und Lampen (KG 4 Gerät nach alter DIN 276 von April 1981) unter

§ 10 Abs. 5 Ziff. 6 HOAI 1996/2002 und diese waren damit nur bedingt anrechenbar. Heute fallen ortsfeste Leuchten unter KG 445 und damit unter die Bestimmung des § 33 Abs. 2 HOAI, sie zählen zu den Technischen Anlagen KG 400 und sind damit unbedingt, aber ggf. gemindert anrechenbar.[24] Der Objektplaner für Gebäude und Innenräume nimmt im Rahmen der Bestimmung des § 33 Abs. 2 an den anrechenbaren Kosten der Leuchten teil. Wenn er jedoch auch noch technische und konstruktive Angaben macht, die Schaltung festlegt, Angaben für die Leistungsbeschreibung und Leistungsverzeichnisse macht, an Abnahme und Beleuchtungsproben teilnimmt, wie es im Rahmen einer anspruchsvollen Beleuchtung für Gebäude und Innenräume üblich ist, erbringt er Teile von Leistungen aus dem Leistungsbild Technische Ausrüstung Teil 4. Dem Objektplaner Gebäude und Innenräume steht ein Honorar nach §§ 53 ff. HOAI zu, wenn er für diese Leistungen den Auftrag nachweisen kann (vgl. auch oben Rdn. 7). Dagegen gibt es keinen Honoraranspruch für architektonische Leistungen bezüglich der Beleuchtung, vielmehr geht es hier nur um die anrechenbaren Kosten des Gebäudes und um etwaige Leistungen aus der Fachplanung für die Technische Ausrüstung.[25]

c) **Bedingt anrechenbare Kosten (Abs. 3)**

Bereits früher in § 10 Abs. 5 HOAI 1996/2002 war für bestimmte Kosten die Anrechnung vorgesehen, wenn der Auftragnehmer dafür konkrete Leistungen erbracht hatte. Dies ist nun in einer klareren Form in Abs. 3 übernommen worden. Aus der Formulierung geht hervor, dass alles andere, was **nicht in Abs. 3 aufgeführt** ist, ohnehin **nicht zu den anrechenbaren Kosten** gehört, soweit Abs. 1 und 2 nicht eingreifen. Das betrifft z. B. »Unvorhergesehenes«, die Kosten des Baugrundstücks (außer Herrichten), die Kosten der öffentlichen Erschließung, die Kosten der Technischen Ausrüstung (dazu oben Rdn. 6 ff.), Entschädigungen und Schadensersatzleistungen sowie die **Baunebenkosten**.[26]

13

Im Unterschied zu früher sind aber einzelne Kosten auch anrechenbar. Das betrifft z. B. die Kosten für **Winterbau**, weil diese heute zu den voll anrechenbaren Kosten für das Bauwerk-Baukonstruktionen[27] gehören.

14

Zu den bedingt anrechenbaren Kosten gehören zunächst diejenigen für das **Herrichten des Grundstücks**. Hierunter fallen in der dritten Ebene der DIN 276 auch die **Abbruchmaßnahmen** (Ziff. 212). Wird der Auftragnehmer ausschließlich oder vor Beauftragung mit Leistungen für Gebäude oder Innenräume im Rahmen eines Abbruchs tätig, dann steht ihm ein Honorar außerhalb der HOAI zu. Der Abbruch ist nämlich kein Objekt i. S. von § 2 Nr. 1 HOAI[28]. Ohne Honorarvereinbarung, welche frei und form-

15

---

24 Ebenso *Haack/Heinlein* in MNP § 33 Rn. 26; *Pott/Dahlhoff/Kniffka/Rath*, § 32 Rn. 12; *Werner/Siegburg*, FS Koeble, S. 585 [592].
25 So mit Recht Korbion/Mantscheff/Vygen-*Seifert*, § 32 Rn. 46.
26 Zu den Baunebenkosten gehört nicht der sog. Generalunternehmerzuschlag; vgl. § 4 Rdn. 38; wie hier *Seifert/Fuchs* in FBS § 33 Rn. 83.
27 Genauer: zusätzliche Maßnahmen gem. Kostengruppe 397 oder 497.
28 Ebenso *Seifert/Fuchs* in FBS § 33 Rn. 21.

los möglich wäre, steht dem Auftragnehmer die übliche Vergütung zu (§ 632 Abs. 2 BGB). Zum Herrichten gehören ferner das **Beseitigen** von Ver- und Entsorgungsleitungen, Verkehrsanlagen und auch das Herrichten der Geländeoberfläche einschließlich Oberbodensicherung. Die **Einzelheiten** ergeben sich aus Kostengruppe 210 der DIN 276. Die Kosten der **Entsorgung** von Altlasten fallen nicht unter Abs. 3. Hierbei handelt es sich vielmehr entweder um Kosten der Baugrundverbesserung (KG 321) oder um Zusätzliche Maßnahmen (KG 397). Diese Kosten kommen als Bestandteil der Kostengruppe 300 ohne Einschränkung voll zu den anrechenbaren Kosten. Entsprechendes gilt auch für Leistungen bei Freianlagen. Der Ansatz dieser Kosten ist berechtigt, weil bei **kontaminierten Böden** die Tätigkeit des Auftragnehmers auch dann umfangreicher und verantwortungsvoller ist, wenn er mit der reinen Fachplanung und/oder Überwachung von Maßnahmen der Entsorgung nicht befasst ist. Das gilt auch dann, wenn durch den **Erdaushub** lediglich eine Kontaminierung des Bodens ermittelt werden soll, da insoweit hinsichtlich der Leistung kein Unterschied besteht. Überschneidungen mit Kostengruppe 500 der DIN 276 Außenanlagen sind möglich, worauf die Anmerkung zu Ziff. 214 in der DIN verweist. Maßnahmen zum Herrichten der Gebäudeoberfläche zur Erstellung des Gebäudes fallen ebenfalls unter Abs. 3.

16 Die **öffentliche Erschließung** ist klar definiert ebenfalls durch die DIN 276 (KG 220)[29]. Sie ist ebenso wenig wie Ausgleichsabgaben (KG 240) jemals anrechenbar. Soweit der Auftragnehmer Leistungen im Zusammenhang mit der öffentlichen Erschließung in Auftrag bekommt, kann es sich um honorarfähige Leistungen bei Ingenieurbauwerken und Verkehrsanlagen i. S. von Teil 3 Abschnitt 3, 4 handeln.[30] Auch dann, wenn diese Vorschriften nicht anwendbar sind, kann es sich um honorarfähige Leistungen handeln, welche dann allerdings nicht in der HOAI geregelt sind. Für sie kann ein Honorar auch ohne Honorarvereinbarung beansprucht werden, wenn der Auftrag erteilt wurde. Dem Auftragnehmer steht hier die übliche Vergütung nach § 632 Abs. 2 BGB zu.[31]

17 Die Leistungen für **Ausstattung und Kunstwerke** sind in Kostengruppe 600 der DIN 276 definiert. Meist wird es hier nicht um die Planung bzw. die Leistung selbst, sondern um das Mitwirken bei der Beschaffung gehen. Unter dem Begriff Ausstattung ist das frühere **Gerät** einzuordnen. Die **Abgrenzung zur Technischen Ausrüstung** ist unproblematisch geworden, weil die Definition beider Kostengruppen eindeutig ist. Die Regelung hinsichtlich der Berücksichtigung von Kosten der Kunstwerke ist geändert worden. Früher waren sie zu berücksichtigen, wenn das Kunstwerk wesentlicher Bestandteil des Objekts wurde, ohne dass es auf die Leistung des Auftragnehmers hinsichtlich des Kunstwerks ankam. Heute kommt es darauf an, inwieweit der Auftragnehmer mit dem Kunstwerk befasst ist (Planung, Mitwirkung bei der Beschaffung, fachliche Überwachung des Einbaus). Künstlerisch gestaltete Bauteile sind im Unterschied

---

29 Zur Abgrenzung von Technischen Anlagen des Gebäudes und Technischen Anlagen in Außenanlagen vgl. oben Rdn. 8.
30 Ebenso *Seifert/Fuchs* in FBS § 33 Rn. 61 ff.
31 So mit Recht *Seifert/Fuchs* in FBS § 33 Rn. 60.

zu früher gar nicht mehr anrechenbar, wobei allerdings die Grenzziehung zweifelhaft ist. Ein wesentlicher Teil der künstlerisch gestalteten Bauteile gehört zu den Kosten der Baukonstruktion (KG 300) und ist insoweit ansetzbar. Die über die reinen Baukosten hinausgehenden, wegen der künstlerischen Leistung anfallenden Werte sind dagegen nicht zu berücksichtigen.

Die in Abs. 3 aufgeführten Kosten waren nach § 32 Abs. 2 HOAI 2009 nur dann anrechenbar, wenn der Auftragnehmer die entsprechende Leistung **entweder plant** oder bei ihrer **Beschaffung mitwirkt** oder ihre Ausführung bzw. ihren Einbau fachlich **überwacht**. Voraussetzung ist, dass der betreffende Gegenstand in den Auftrag mit einbezogen ist, was aber konkludent geschehen kann.[32] Die Vorschrift war zwar negativ formuliert (»... nicht plant ...«). Sachlich wurde dies jedoch als gleichbedeutend angesehen. Durch die neue Formulierung in Abs. 3 sind jetzt letzte Zweifel ausgeräumt. Die komplizierte Fassung der Bestimmung hat Auswirkungen auf die **Darlegungs- und Beweislast**. Für das Vorliegen einer der drei Umstände trifft nämlich den Auftragnehmer die Darlegungs- und Beweislast, weil die Formulierung dem Regel-Ausnahme-Prinzip folgt.

18

Liegt schon **eines der Merkmale**[33] vor, dann kommen die Kosten in **vollem Umfang zur Anrechnung** und nicht nur hinsichtlich derjenigen Leistungsphasen, in denen Planungs- und/oder Überwachungsleistungen erbracht werden.[34]

19

Voll anrechenbar sind die in Abs. 3 genannten Kosten zunächst, wenn der Auftragnehmer mit der **Planung** der zugrunde liegenden Leistung befasst ist. Im Unterschied zur Überwachungstätigkeit[35] muss es sich hier zwar nicht um die Fachplanung handeln. Es genügt jedoch die reine **Koordinierungstätigkeit** nicht. Das bloße Einbeziehen oder Integrieren in die eigene Planung stellt noch keine unmittelbare Planung der aufgeführten Gegenstände dar.[36] Anrechenbar sind darüber hinaus bei einer Teilplanung nicht alle Kosten, sondern lediglich diejenigen Kosten für Baumaßnahmen, welche der Auftragnehmer auch konkret geplant hat.[37] Als Planungsleistung reicht es aber aus, wenn erhebliche Teile aus einer der Leistungsphasen 2–7 beauftragt sind und/oder erbracht werden. Leistungen aus den Phasen 6 oder 7 können somit ausreichen. Wie bereits oben gesagt, ist die Fachplanung für den Ansatz nicht erforderlich, vielmehr genügen die Leistungen der Objektplanung. So genügt es für den Ansatz von Beleuchtungskosten beim Objektplaner wie beim Planer der Innenräume, wenn dieser die Lichtkonzeption erstellt oder ein Beleuchtungssystem vorschlägt oder den Deckenplan betreffend die Gestaltung erstellt. Die Vornahme von Lichtberechnungen, die Berechnung und Festlegung von Abständen für Leuchten und die Berechnung der Investitions- und Betriebskosten ist dagegen nicht erforderlich. Im Vorplanungsstadium kommt es nicht

20

---

32 Vgl. OLG Schleswig NZBau 2007, 253 zu den Kosten von Mobiliar.
33 Z. B. entweder Planung oder Überwachung.
34 Ebenso *Seifert/Fuchs* in FBS § 33 Rn. 51; *Haack/Heinlein* in MNP § 33 Rn. 49.
35 Vgl. dazu unten Rdn. 22.
36 BGH BauR 2004, 1963 (1964 f.) = NZBau 2004, 680.
37 BGH BauR 2004, 1963 = NZBau 2004, 680.

auf die tatsächliche Planung an, sondern darauf, ob diese Planung im Bauablauf für den Auftragnehmer in Betracht gekommen wäre.[38]

21 Ebenfalls voll anrechenbar sind die Kosten aus Abs. 3, wenn der Auftragnehmer **bei der Beschaffung mitwirkt**. Dafür ist keine Tätigkeit im Außenverhältnis gegenüber Dritten erforderlich, vielmehr genügt es, wenn der Auftragnehmer den Bauherrn bezüglich der Beschaffung oder Auswahl von Einbaugegenständen berät.[39] Die Beratungstätigkeit kann sich auf die Auswahl in technischer Hinsicht, aber auch bezüglich einer kostengünstigen Ausführung oder im Hinblick auf optische Details beziehen. Nicht ausreichend ist es, wenn lediglich auf Möglichkeiten oder Adressen für den Erwerb der Gegenstände oder auf sonstiges Informationsmaterial hingewiesen wird.[40]

22 Ausreichend für die volle Anrechenbarkeit ist auch, wenn der Auftragnehmer entweder die **Ausführung oder den Einbau fachlich überwacht**. Insofern ist eine Änderung gegenüber früher erfolgt, weil nämlich nach der Fassung des § 10 Abs. 5 HOAI a. F. die »fachliche« Überwachung nicht erforderlich war, sondern die allgemeine Überwachung im Rahmen der Leistungsphase 8 für das Gebäude ausreichte.[41] Wie streng die »fachliche« Seite zu sehen ist, kommt auf die Tätigkeit selbst an. Handelt es sich um schwierige, komplizierte technische Einrichtungen, wird spezielle Fachkunde notwendig sein. Sollten im Einzelfall dennoch Probleme auftreten, dann dürfte der maßgebende Gesichtspunkt für die Unterscheidung nach wie vor die Art der Verankerung im Gebäude sein. Technische Ausrüstung ist in aller Regel so fest und untrennbar mit dem Gebäude verbunden, dass bei Herausnahme das eine oder das andere beschädigt würde.[42] Es dürfte deshalb nicht zutreffend sein, die Technische Einrichtung einer Ortsvermittlungsstelle der Telekom zum Gerät bzw. zur Ausstattung zu rechnen.[43] Dagegen wird für die normale Ausstattung, das Herrichten und die öffentliche Erschließung im Allgemeinen die Fachkunde des Auftragnehmers für die Objektplanung ausreichen. Anderes gilt im Hinblick auf Altlastenentsorgung, komplizierte Hausanschlüsse mit Besonderer Technik und auch für Spezialausstattungen eines Gebäudes oder von Freianlagen.

23 Die Formulierung in Abs. 3, wonach »**insbesondere**« die dort genannten Kosten nicht anrechenbar sein sollen, stellt klar, dass **alle anderen Kosten** auf gar **keinen** Fall für die Honorarberechnung heranzuziehen sind. Es gibt also drei Arten von anrechenbaren Kosten: Die Kosten der Baukonstruktion, welche voll anrechenbar sind (Abs. 1), die Kosten der Technischen Anlagen, welche ggf. gemindert anrechenbar sind (Abs. 2), und die in Abs. 3 genannten Kosten, welche unter bestimmten Voraussetzungen voll

---

38 OLG Düsseldorf NJW-RR 1992, 1172.
39 Ebenso *Haack/Heinlein* in MNP § 3 Rn. 51 f.
40 So richtig Korbion/Mantscheff/Vygen-*Seifert*, § 32 Rn. 78.
41 Ebenso für die alte Fassung OLG Karlsruhe Urt. v. 09.09.2008 – 8 U 93/07.
42 Wesentlicher Bestandteil i. S. von § 92 BGB.
43 A. A. BGH BauR 1994, 654 = NJW-RR 1994, 1043 = ZfBR 1994, 208; vgl. auch *Neuenfeld* BauR 1993, 271.

anrechenbar sind. Alles andere spielt für die Honorarberechnung bei den anrechenbaren Kosten keine Rolle.

6. Anrechnung der Kosten der Freianlagen (Abs. 4 HOAI 2009)

Vom Grundsatz her sind alle Objekte selbstständig abrechenbar (§ 11 Abs. 1).[44] Nach Abs. 4 HOAI 2009 gilt hier aber eine Ausnahme bei Freianlagen, wenn diese weniger als 7.500 € anrechenbare Kosten zum Gegenstand haben. In diesen Fällen werden die Kosten der Freianlagen zu den Kosten des Gebäudes hinzugerechnet und es erfolgt eine einheitliche Gesamtabrechnung für die Objektplanung bei Gebäuden. Die Vorschrift des alten Abs. 4 HOAI 2009 findet sich jetzt in § 37 Abs. 1.[45]

24

In Abs. 4 S. 3 HOAI 2009 wurde eine Ausnahme von dieser zusammengefassten Berechnung gemacht. Hier können Kosten, die sonst nicht nach Abs. 3 anrechenbar wären, im Rahmen der Freianlagen auch ohne Planung, Mitwirkung bei der Beschaffung oder fachliche Überwachung angesetzt werden.[46]

25

7. Honorare für Raumbildenden Ausbau/Innenräume

a) Änderungen durch die HOAI 2009

In § 25 Abs. 1 HOAI 2002 war geregelt, dass Leistungen für den Raumbildenden Ausbau zusammen mit Leistungen für Gebäude abzurechnen waren und die anrechenbaren Kosten zusammengerechnet werden mussten. Nach HOAI 2009 war der Raumbildende Ausbau ein **eigenständiges Objekt** und damit separat nach eigenen anrechenbaren Kosten abrechenbar.[47] In § 25 Abs. 2 HOAI 2002 war festgelegt, dass für Raumbildenden Ausbau in bestehenden Gebäuden ein Mindestzuschlag von 25 % geltend gemacht werden konnte und die Parteien die Möglichkeit zur Vereinbarung eines Zuschlags von bis zu 50 % hatten. Der Zuschlag für Raumbildenden Ausbau in bestehenden Gebäuden ist weggefallen. Allerdings ergibt sich die Möglichkeit, einen 20 %igen Mindestzuschlag zu berechnen und einen bis zu 80 %igen Zuschlag zu vereinbaren, wenn die Voraussetzungen für das Bauen im Bestand vorliegen.[48] Die Möglichkeit, eine angemessene Berücksichtigung von wiederverwendeter **Bausubstanz** zu verlangen (§ 10 Abs. 3a HOAI 2002) war weggefallen. Allerdings waren teilweise die ortsüblichen Preise für bestimmte Baustoffe bzw. Bauteile ansetzbar.[49]

26

---

44 Zum Begriff mehrere Objekte vgl. § 11 Rdn. 15 ff.
45 Vgl. dazu i. E. § 37 Rdn. 4.
46 Vgl. dazu i. E. § 37 Rdn. 4 ff.
47 Vgl. dazu i. E. 11. Aufl. dieses Kommentars, § 32 Rn. 29 ff.
48 Vgl. dazu die 11. Aufl. des vorliegenden Kommentars, § 32 Rn. 33 f.
49 Vgl. dazu die 11. Aufl. des vorliegenden Kommentars, § 4 Rn. 52 ff.

b) Änderungen durch die HOAI 2013

27 Zunächst wurde der Begriff Raumbildender Ausbau zu Gunsten des Objekts »Innenräume« gestrichen.[50] Ein eigenes Leistungsbild wurde nicht eingeführt, vielmehr gilt hier das Leistungsbild für die Objektplanung für Gebäude (§ 34). Entsprechendes gilt auch für die Honorartafel (§ 35 Abs. 1). Nach HOAI 2013 sind für die Abrechnung wiederum zwei Sachverhalte grundlegend zu unterscheiden: Der isolierte Auftrag für Innenräume ohne gleichzeitige Erbringung von Leistungen für die Objektplanung Gebäude einerseits (dazu unten Rdn. 29) und die gleichzeitige Übertragung von Leistungen der Objektplanung Gebäude einerseits und Innenräume andererseits (dazu unten Rdn. 36). Im letzten Fall gibt es nach der HOAI 21013 – im Unterschied zur HOAI 2009 – kein gesondertes Honorar, vielmehr können nur die anrechenbaren Kosten der Ausstattung und von Kunstwerken unter den Voraussetzungen des § 33 Abs. 3 in Ansatz gebracht werden. Einen automatischer Zuschlag, wie er früher in § 25 Abs. 2 HOAI 2002 für durchschnittlichen Schwierigkeitsgrad vorgesehen war, gibt es nicht, vielmehr ist es der Vereinbarung der Parteien überlassen, Erschwernisse bei der Festlegung des Honorars im Rahmen der Mindest- und Höchstsätze zu berücksichtigen (§ 37 Abs. 2).

c) Zusammenspiel mit anderen Vorschriften

28 Der Begriff Innenräume ist in gleicher Weise aber an anderer Stelle als früher definiert (§ 34 Abs. 2). Die Honorarzonen sind in § 35 Abs. 5 und 6 und die Objektliste in Anlage 10.3 enthalten. Die Honorartafel ist für Gebäude und Innenräume gleich (§ 35 Abs. 1). Das Leistungsbild stimmt ebenfalls mit demjenigen für Gebäude überein (§ 34 Abs. 3 und Anlage 10.1).

d) Isolierter Auftrag für Innenräume

29 Wann und inwieweit ein isolierter Auftrag für Innenräume vorliegt, entscheidet sich daran, welche Grundleistungen für die Objektplanung betreffend das Gebäude übertragen sind.[51] Für den isolierten Auftrag sind alle Faktoren maßgebend, die auch für die Objektplanung Gebäude bei der Honorarabrechnung eine Rolle spielen.

30 Die **anrechenbaren Kosten** sind auch für die Raumbildenden Ausbauten die Kosten der Baukonstruktion (§ 33 Abs. 1). Das bedeutet, dass die Kostengruppe 300 aus der DIN 276 heranzuziehen ist, jedoch nur insoweit, als der Auftragnehmer für die Innenräume damit befasst ist. Hier greift die sog. Teilgewerkerechtsprechung des BGH ein.[52] Das

---

50 Vgl. dazu § 2 Rdn. 2.
51 Vgl. zu diesem Problem unten Rdn. 36.
52 Vgl. dazu § 4 Rdn. 39 ff.; BGH BauR 2006, 693 = NZBau 2006, 248; zum Ganzen *Seifert*, FS Haible, 2012, S. 231 ff; vgl. auch OLG Düsseldorf NZBau 2015, 373 m. Anm. *Zepp*, wonach das Honorar für die Leistungen bei Innenräumen unter Berücksichtigung der anrechenbaren Kosten auch aus der vorhandenen Bausubstanz zu ermitteln ist und der Umbauzuschlag auch dann hinzukommt, wenn das Objekt überhaupt erst neu errichtet wird; zur Abgrenzung der anrechenbaren Kosten auch *Seifert/Fuchs* in FBS § 33 Rn. 30.

bedeutet, dass – ggf. im Wege der Auslegung – geklärt werden muss, welche Gewerke Vertragsgegenstand sind. Zusätzlich kommen noch die Kosten für Ausstattung (Kostengruppe 610) und für Kunstwerke (Kostengruppe 620) hinzu, soweit die Voraussetzungen des § 33 Abs. 3 HOAI erfüllt sind. Des Weiteren kommen unter den Voraussetzungen der §§ 2 Abs. 7, 4 Abs. 3 noch die Kosten der etwa mitzuverarbeitenden Bausubstanz hinzu. Das gilt auch für die erst im Rahmen der Neuerrichtung entstandene Bausubstanz.[53] Erhöhungen können sich auch aus § 4 Abs. 2 ergeben. Maßgebende Grundlage für die Honorarberechnung ist in der Regel die **Kostenberechnung**.[54] Die Kostenberechnung ist auf der Grundlage der allgemein anerkannten Regeln der Technik oder nach Verwaltungsvorschriften (Kostenvorschriften) aufzustellen.[55] Im Regelfall bedeutet dies, dass die DIN 276 derzeit in der Fassung von Dezember 2008 zugrunde zu legen ist. Sie ist bis zur Spalte 2 darzustellen (§ 2 Abs. 11).

Hinsichtlich der **Honorarzone** findet sich in der HOAI 2013 eine Neuerung. Die allgemeine Beschreibung und auch die Bewertungsmerkmale sind zwar gleich geblieben (§ 35 Abs. 5, 6). Jedoch ist die Objektliste in Anlage 10.3 geändert worden (§ 35 Abs. 7). Die Änderung liegt darin, dass bestimmte Objekte aufgeführt sind und den Honorarzonen zugeordnet wurden, während früher die Honorarzonen mit bestimmten Beispielen ausgestattet waren. 31

Die **erbrachten Leistungen** und die dafür zur Verfügung stehenden Prozentsätze des Honorars ergeben sich aus § 34 Abs. 3, wobei die Teilleistungen und die Besonderen Leistungen in Anlage 10.1 Leistungsbild Gebäude und Innenräume enthalten sind. Die Leistungsprozente für die einzelnen Leistungsphasen wurden verändert, weil bestimmte Teilleistungen betont wurden oder hinzukamen bzw. an anderer Stelle Leistungen weggefallen sind.[56] 32

Die **Honorartafel** ist die gleiche wie für die Objektplanung bei Gebäuden (§ 35 Abs. 1). Die Honorare wurden gegenüber der HOAI 2009 angehoben, nach der Amtlichen Begründung um durchschnittlich 17 %.[57] 33

Im Unterschied zur HOAI 2002 gibt es keinen Mindestzuschlag mehr für die Leistungen bei Innenräumen. Vielmehr muss ein solcher Zuschlag schriftlich vereinbart werden (§ 36 Abs. 2). Allerdings kommt ohne Vereinbarung ein Zuschlag in Ansatz, wenn es sich um Umbau- und Modernisierungsmaßnahmen von Innenräumen handelt.[58] 34

Bei einem Auftrag können auch bezüglich der Innenräume **mehrere Objekte** (§ 11 Abs. 1) vorliegen. Nach Rechtsprechung des BGH ist auch insoweit maßgebend, ob 35

---

53 OLG Düsseldorf NZBau 2015, 373 mit Anmerkung *Zepp* = NJW-RR 2015, 403.
54 Vgl. dazu i. E. und auch zu den Ausnahmen § 6 Rdn. 14 ff.
55 Vgl. dazu i. E. § 4 Rdn. 24 ff.
56 Gegenüberstellung der Prozentsätze findet sich bei *Koeble/Zahn*, Die neue HOAI 2013, Teil C Rn. 159; zu den einzelnen Leistungen vgl. § 34 Rdn. 27 ff.
57 Vgl. die Amtliche Begründung, abgedruckt bei *Koeble/Zahn*, Die neue HOAI 2103, S. 259 ff.
58 *Koeble/Zahn*, Die neue HOAI 2013, Rn. 132; vgl. § 36 Abs. 2 und § 6 Rdn. 54.

die »Bauteile nach funktionalen und technischen Kriterien« zu einer Einheit zusammengefasst sind.[59] Bei räumlicher Trennung ohne Verbindung wird in aller Regel von mehreren Objekten auszugehen sein und andernfalls von einem einheitlichen Objekt.[60] Mehrere Objekte können z. B. auch dann vorliegen, wenn ein Auftragnehmer mit einzelnen, funktional selbstständigen Bereichen in einem Hotel befasst ist, die nicht zusammenhängen.[61] Allerdings ist bei Vorliegen mehrerer Objekte zu prüfen, ob nicht § 11 Abs. 2 eingreift, der eine Zusammenrechnung zu einer Gesamtmaßnahme anordnet oder ob nicht im Wesentlichen gleiche Objekte vorliegen, die unter den Voraussetzungen des § 11 Abs. 3 dann zu Minderungen für die Wiederholungen führen. Auch für die Objektplanung von Innenräumen kann eine Fachplanung der Technischen Ausrüstung oder auch der Tragwerksplanung notwendig sein. Das ist unabhängig davon, ob der Objektplaner des Gebäudes für die Objektplanung der Innenräume ein eigenständiges Honorar erhält. Ebenso ist es ohne Bedeutung, wenn nach § 11 mehrere Innenräume zusammengefasst werden.

e) Gleichzeitige Übertragung von Leistungen der Objektplanung Gebäude und Innenräume

36 Im Unterschied zur HOAI 2009 ist in § 37 Abs. 2 S. 2 eindeutig angeordnet, dass bei gleichzeitiger Beauftragung kein Honorar für die Leistungen betreffend die Innenräume berechnet werden darf. Zu klären wird sein, ob auch bei Übertragung von Teilen der Objektplanung betreffend Gebäude der Honoraranspruch für die Leistungen bei Innenräumen ganz ausgeschlossen ist. Der Wortlaut der Bestimmung scheint dies zwar zu bestätigen. Allerdings würde dies zu skurrilen Ergebnissen führen, wenn beispielsweise nur einzelne Leistungsphasen für die Objektplanung des Gebäudes übertragen werden und damit die Honorierung der gesamten Leistungen für Innenräume ausgeschlossen wäre. Die Vorschrift muss so ausgelegt werden, dass nur bei Überschneidungen einzelner Leitungsphasen das zusätzliche Honorar ausgeschlossen ist und im nicht identischen Leistungsbereich ein Honoraranspruch für die Objektplanung von Innenräumen zur Verfügung steht.[62] Soweit selbstständig ein Honorar für Innenräume abgerechnet werden kann, ist dies nach den vollen anrechenbaren Kosten, der richtigen Honorarzone, der zutreffenden Honorartafel und den Prozentsätzen für die zusätzlichen Leistungsphasen bzw. Teilleistungen abzurechnen.[63]

---

59 BGH BauR 2002, 817 = NZBau 2002, 278; BGH BauR 2005, 735 (739) = NZBau 2005, 285; BGH BauR 2008, 695 = NJW-RR 2008, 615 = NZBau 2008, 258; vgl. dazu § 11 Rdn. 17 ff.
60 Vgl. zur räumlichen Trennung bei Gebäuden durch einen Zwischenraum BGH BauR 2012, 829 = NJW 2012, 1792 m. Anm. *Preussner* = NZBau 2012, 298 = Analyse *Koeble* auf www.jurion.de/Modul Werner Baurecht.
61 Vgl. dazu i. E. *Heymann*, FS Koeble, S. 335 (345).
62 *Koeble/Zahn*, Die neue HOAI 2013, Rn. 130 f.; vgl. ferner unten § 37 Rdn. 8.
63 Vgl. die entsprechenden Ausführungen oben Rdn. 29 ff.

§ 34 HOAI Leistungsbild Gebäude und Innenräume

(1) Das Leistungsbild Gebäude und Innenräume umfasst Leistungen für Neubauten, Neuanlagen, Wiederaufbauten, Erweiterungsbauten, Umbauten, Modernisierungen, Instandsetzungen und Instandhaltungen.

(2) Leistungen für Innenräume sind die Gestaltung oder Erstellung von Innenräumen ohne wesentliche Eingriffe in Bestand oder Konstruktion.

(3) Die Grundleistungen sind in neun Leistungsphasen unterteilt und werden wie folgt in Prozentsätzen der Honorare des § 35 bewertet:
1. für die Leistungsphase 1 (Grundlagenermittlung) mit je 2 Prozent für Gebäude und Innenräume,
2. für die Leistungsphase 2 (Vorplanung) mit je 7 Prozent für Gebäude und Innenräume,
3. für die Leistungsphase 3 (Entwurfsplanung) mit 15 Prozent für Gebäude und Innenräume,
4. für die Leistungsphase 4 (Genehmigungsplanung) mit 3 Prozent für Gebäude und 2 Prozent für Innenräume,
5. für die Leistungsphase 5 (Ausführungsplanung) mit 25 Prozent für Gebäude und 30 Prozent für Innenräume,
6. für die Leistungsphase 6 (Vorbereitung der Vergabe) mit 10 Prozent für Gebäude und 7 Prozent für Innenräume,
7. für die Leistungsphase 7 (Mitwirkung bei der Vergabe) mit 4 Prozent für Gebäude und 3 Prozent für Innenräume,
8. für die Leistungsphase 8 (Objektüberwachung – Bauüberwachung und Dokumentation) mit 32 Prozent für Gebäude und Innenräume,
9. für die Leistungsphase 9 (Objektbetreuung) mit je 2 Prozent für Gebäude und Innenräume.

(4) Anlage 10 Nummer 10.1 regelt die Grundleistungen jeder Leistungsphase und enthält Beispiele für Besondere Leistungen.

Übersicht	Rdn.
1. Änderungen durch die HOAI 2009	1
2. Änderungen durch die HOAI 2013	5
3. Zusammenspiel mit anderen Vorschriften	6
4. Hinweis auf die Struktur der Kommentierung (Grundleistungen/Besondere Leistungen/Haftungsfragen)	7
5. Grundlagen der Honorarberechnung	10
6. Sachlicher Anwendungsbereich des § 34	11
7. Systematik des Leistungsbildes und Kritik	12
8. Honorar für Teilleistungen und in besonderen Fällen	13
9. Bedeutung des Leistungsbildes nach § 34 über das Honorarrecht hinaus für die Leistungspflichten des Architekten und seine Haftung?	14
10. Substanziierung von Schadensersatzansprüchen: Symptomrechtsprechung	18
11. Systematik der Leistungsphasen und Ergebnisorientierung	19

§ 34 HOAI   Leistungsbild Gebäude und Innenräume

	Rdn.
12. Besonderheiten beim Einsatz eines Generalunternehmers (ersetzende Besondere Leistungen)	22
13. Grundleistungen aus Anlage 10.1 und Zusätzliche Leistungen	25
a) Beachtung der Wirtschaftlichkeit	25
b) Zusammenfassen der Ergebnisse jeder Leistungsphase	26
14. Die Grundleistungen aus Leistungsphase 1 Grundlagenermittlung	27
a) Charakterisierung	27
b) Klären der Aufgabenstellung	28
c) Ortsbesichtigung	29
d) Beraten zum gesamten Leistungs- und Untersuchungsbedarf	30
e) Formulieren der Entscheidungshilfen für die Auswahl anderer an der Planung fachlich Beteiligter	33
f) Zusammenfassen, Erläutern und Dokumentieren der Ergebnisse	34
15. Die Besonderen Leistungen für Leistungsphase 1 Grundlagenermittlung	35
16. Fragen der Haftung bei Leistungsphase 1 Grundlagenermittlung	45
17. Die Grundleistungen aus Leistungsphase 2 Vorplanung (Projekt- und Planungsvorbereitung)	51
a) Analysieren der Grundlagen, Abstimmen der Leistungen mit den fachlich an der Planung Beteiligten	51
b) Abstimmen der Zielvorstellungen, Hinweisen auf Zielkonflikte	52
c) Erarbeiten der Vorplanung	54
d) Klären und Erläutern der wesentlichen Zusammenhänge	57
e) Bereitstellen der Arbeitsergebnisse/Leistungen anderer an der Planung fachlich Beteiligter	59
f) Vorverhandlungen über die Genehmigungsfähigkeit	60
g) Kostenschätzung und Kostenvergleich	61
h) Terminplan mit den wesentlichen Vorgängen des Planungs- und Bauablaufs	66
i) Zusammenfassen, Erläutern und Dokumentieren der Ergebnisse	67
18. Die Besonderen Leistungen für Leistungsphase 2 Vorplanung	69
19. Fragen der Haftung bei Leistungsphase 2 Vorplanung	80
20. Die Grundleistungen für Leistungsphase 3 Entwurfsplanung (System- und Integrationsplanung)	88
a) Vollständiger Entwurf	88
b) Bereitstellen der Arbeitsergebnisse sowie Koordination und Integration	93
c) Objektbeschreibung	94
d) Verhandlungen über die Genehmigungsfähigkeit	95
e) Kostenberechnung	96
f) Fortschreiben des Terminplans	98
g) Zusammenfassen, Erläutern und Dokumentieren der Ergebnisse	99
21. Die Besonderen Leistungen für Leistungsphase 3 Entwurfsplanung	101
22. Fragen der Haftung bei Leistungsphase 3 Entwurfsplanung	106
a) Genehmigungsfähige Planung	106
b) Vorprellen	111
c) Zeitpunkt; Mangel/Aufklärungspflicht	112
d) Bodenverhältnisse	113
e) Entwässerung/Grundwasserverhältnisse	114
f) Bauphysikalische Anforderungen	115
g) Fundamente; Dehn- und Trennfugen; Höhenangaben und Gründung	116

		Rdn.
	h) Sachgerechte Planung	117
	i) Nachbarrechtliche Verhältnisse	118
	j) Stand der Technik	119
	k) Sachkundiger Bauherr	120
	l) Wirtschaftliche Gesichtspunkte	121
	m) Koordinierungspflicht	122
	n) Kostenberechnung	123
	o) Kostenkontrolle	124
	p) Wirtschaftlichkeitsberechnung	125
23.	Die Grundleistungen aus Leistungsphase 4 Genehmigungsplanung	127
24.	Die Besonderen Leistungen aus Leistungsphase 4 Genehmigungsplanung	142
25.	Fragen der Haftung bei Leistungsphase 4 Genehmigungsplanung	147
26.	Die Grundleistungen aus Leistungsphase 5 Ausführungsplanung	150
	a) Erarbeiten der Ausführungsplanung	150
	b) Ausführungs-, Detail- und Konstruktionszeichnungen	151
	c) Abgrenzung Entwurfs- und Ausführungsplanung	152
	d) Zeichnerische Darstellung bei Innenräumen	154
	e) Tiefe der Planung	155
	f) Bereitstellen der Arbeitsergebnisse als Grundlage für die anderen an der Planung fachlich Beteiligten	156
	g) Fortschreiben des Terminplans	157
	h) Fortschreiben der Ausführungsplanung aufgrund der gewerkeorientierten Bearbeitung während der Objektausführung	158
	i) Überprüfen erforderlicher Montagepläne	160
	j) Koordinierungsaufwand	161
27.	Die Besonderen Leistungen für Leistungsphase 5 Ausführungsplanung	162
28.	Fragen der Haftung bei Leistungsphase 5 Ausführungsplanung	169
29.	Die Grundleistungen aus Leistungsphase 6 Vorbereitung der Vergabe	173
	a) Aufstellen eines Vergabeterminplans	174
	b) Aufstellen von Leistungsbeschreibungen	175
	c) Abstimmen und Koordinieren der Leistungsbeschreibungen	180
	d) Ermitteln der Kosten mit bepreisten Leistungsverzeichnissen	181
	e) Kostenkontrolle	182
	f) Zusammenstellen der Vergabeunterlagen	183
30.	Die Besonderen Leistungen für Leistungsphase 6 Vorbereitung der Vergabe	184
31.	Fragen der Haftung bei Leistungsphase 6 Vorbereitung der Vergabe	187
32.	Die Grundleistungen aus Leistungsphase 7 Mitwirkung bei der Vergabe	190
	a) Koordinieren der Vergaben der Fachplaner	191
	b) Einholen von Angeboten	192
	c) Prüfen und Werten der Angebote	193
	d) Führen von Bietergesprächen	195
	e) Erstellen der Vergabevorschläge	196
	f) Dokumentation des Vergabeverfahrens	197
	g) Vergleichen der Ausschreibungsergebnisse	198
	h) Mitwirken bei der Auftragserteilung	199
	i) Kostenanschlag nach DIN 276	200
33.	Die Besonderen Leistungen für Leistungsphase 7 Mitwirkung bei der Vergabe	201
34.	Fragen der Haftung bei Leistungsphase 7 Mitwirkung bei der Vergabe	202

§ 34 HOAI Leistungsbild Gebäude und Innenräume

	Rdn.
35. Die Grundleistungen aus Leistungsphase 8 Objektüberwachung (Bauüberwachung)	212
a) Überwachen der Ausführung des Objekts	212
b) Überwachen der Ausführung von Tragwerken	216
c) Koordinieren der an der Objektüberwachung fachlich Beteiligten	218
d) Aufstellen, Fortschreiben und Überwachen eines Terminplans	219
e) Dokumentieren des Bauablaufs (z. B. Bautagebuch)	220
f) Gemeinsames Aufmaß mit den ausführenden Unternehmen	222
g) Rechnungsprüfung einschließlich Prüfen der Aufmaße der bauausführenden Unternehmen	223
h) Vergleich der Ergebnisse der Rechnungsprüfungen mit den Auftragssummen einschließlich Nachträgen	226
i) Kostenkontrolle	227
j) Kostenfeststellung	228
k) Organisation der Abnahme der Bauleistungen; Abnahmeempfehlung	229
l) Antrag auf öffentlich-rechtliche Abnahmen und Teilnahme daran	232
m) Systematische Zusammenstellung der Dokumentation	233
n) Übergabe des Objekts	234
o) Auflisten der Verjährungsfristen für Mängelansprüche	235
p) Überwachen der Beseitigung der bei der Abnahme festgestellten Mängel	236
q) Erörterung des Ergebnisses	237
36. Die Besonderen Leistungen für Leistungsphase 8 Objektüberwachung (Bauüberwachung)	238
37. Fragen der Haftung bei Leistungsphase 8 Objektüberwachung (Bauüberwachung)	240
38. Die Grundleistungen aus Leistungsphase 9 Objektbetreuung und Dokumentation	260
a) Fachliche Bewertung der Mängel	260
b) Objektbegehung zur Mängelfeststellung	262
c) Mitwirken bei der Freigabe von Sicherheitsleistungen	263
d) Systematische Zusammenstellung	264
e) Erörterung des Ergebnisses	265
39. Die Besonderen Leistungen für Leistungsphase 9 Objektbetreuung und Dokumentation	266
40. Fragen der Haftung bei Leistungsphase 9 Objektbetreuung und Dokumentation	274
41. Definition Innenräume (Abs. 2)	276
42. Änderung der Honoraranteile für die einzelnen Leistungsphasen	277
43. Künstlerische Oberleitung	278
44. Bauen im Bestand	280

1. Änderungen durch die HOAI 2009

1   Inhaltlich gab es durch den § 33 HOAI 2009 gegenüber der früheren Regelung in § 15 HOAI 2002 nur wenige Änderungen. Die 9 Leistungsphasen des § 15 Abs. 1 HOAI 2002 wurden in § 33 HOAI 2009 vollständig übernommen und auch die prozentuale Bewertung der einzelnen Leistungsphasen im Zusammenhang mit dem Gesamthonorar war gleich geblieben. Das Leistungsbild aus den einzelnen Leistungs-

phasen wurde allerdings aus § 15 Abs. 2 HOAI 2002 in die Anlage 11 verfrachtet. Entsprechendes gilt auch für die Besonderen Leistungen, welche in der – im Unterschied zu den Teilleistungen – unverbindlichen Anlage 2 aufgelistet wurden.

In überschaubarem Umfang fanden sich auch inhaltliche Änderungen:
– In diesem Zusammenhang ist zunächst der Wegfall einer Honorarregelung betref- 2
fend die **künstlerische Oberleitung** (früher § 15 Abs. 3 HOAI 2002) zu erwähnen. Die künstlerische Oberleitung ist nach wie vor auch heute als – außerhalb der HOAI stehende – Leistung denkbar und kann frei vereinbart werden. Die Vereinbarung bedarf keiner bestimmten Form und sie muss auch nicht zu einem bestimmten Zeitpunkt getroffen werden. Fehlt eine Honorarvereinbarung, dann steht dem Auftragnehmer die übliche Vergütung zu, die durch Sachverständigengutachten im Streitfall zu ermitteln ist. Nach alter HOAI wurden 5–7 % der gesamten Honorarsumme üblicherweise für die künstlerische Oberleitung als Honorar vereinbart. Dies könnte einen Anhaltspunkt geben.
– Weggefallen waren auch die Regelungen über die **Leistungen im Bestand** (§ 15 3
Abs. 4 HOAI 2002). Sie wurden nicht in § 35 HOAI 2009 übernommen. Dem Verordnungsgeber war es zu schwierig, ein Leistungsbild für die Arbeiten im Bestand aufzustellen, sodass sich die Vertragsparteien – auch heute noch – selbst darum kümmern müssen. Ein Anhaltspunkt für mögliche Leistungen im Bestand gibt die alte Vorschrift des § 15 Abs. 4 HOAI 2002.
– Eine weitere Änderung ergab sich daraus, dass der Auftragnehmer in Leistungs- 4
phase 9 nur solche Mängelbeseitigungsmaßnahmen überwachen muss, bei denen die Mängel spätestens bis zum Ablauf von 4 Jahren seit Abnahme der Bauleistungen aufgetreten sind (früher: 5 Jahre).

2. Änderungen durch die HOAI 2013

Die Änderungen durch die HOAI 2009 wurden weiterhin beibehalten, sodass dieser 5
Rechtszustand – auch z. B. im Hinblick auf die künstlerische Oberleitung (vgl. oben Rdn. 2) – noch weiter gilt. Das Leistungsbild wurde aber grundlegend überarbeitet und geändert. Dabei wurden bestimmte Leistungen stärker betont und andere Leistungen auf den Stand der heutigen Technik bzw. Sprachgewohnheiten gebracht. In keiner einzigen Leistungsphase sind die einzelnen Teilleistungen vollständig gleich geblieben. Grundlegende Änderungen betreffen die Kostenermittlung und Kostenkontrolle, den Wegfall des Kostenanschlags in Leistungsphase 7 und die Ersetzung durch sog. bepreiste Leistungsverzeichnisse sowie die Leistungen betreffend die Terminplanung.[1] Die Neuregelungen sind bei den einzelnen Leistungsphasen unten in der Einzelkommentierung berücksichtigt. Neben dem bisherigen Abs. 1 wurde ein zusätzlicher Abs. 2 aufgenommen, in dem die **Innenräume** definiert sind (dazu Rdn. 276). Mit den umfangreichen Änderungen und Gewichtungen der Grundleistungen im Rahmen

---

[1] Zum Ganzen eingehend *Koeble/Zahn*, Die neue HOAI 2013, Teil C Rn. 104 ff.; *Werner/Siegburg* BauR 2013 Rn. 1499 (1517 ff.); *Fuchs/BergerSeifert* NZBau 2014, 9; *Lechner/Stifter*, Kommentar zum Leistungsbild Architektur, 2. Aufl., 2012.

§ 34 HOAI Leistungsbild Gebäude und Innenräume

von einzelnen Leistungsphasen geht einher eine andere Bewertung der Prozentsätze für die erbrachten Leistungen.[2] Die Folge der gegenüber früher abweichenden Bewertung einzelner Leistungsphasen ist, dass auch die Teilleistungen in den Leistungsphasen anders zu bewerten sind.[3] Eine wesentliche Neuerung enthält die Vorschrift insoweit, als **Honoraranteile** (Prozentsätze) für die einzelnen Leistungsphasen verändert wurden.[4] Die Anteile für Leistungsphasen 1 und 9 wurden auf 2 % reduziert, die Prozentpunkte für die Leistungsphase 3 wurden von 11 auf 15 erhöht, während für die Genehmigungsplanung statt 6 nur noch 3 Punkte zur Verfügung stehen. Bei der Objektüberwachung wurde von 31 % auf 32 % aufgestockt. Die wesentliche Änderung betrifft also die stärkere Gewichtung der Leistungsphase 3 Entwurfsplanung.[5]

3. Zusammenspiel mit anderen Vorschriften

6 In § 34 ist das Leistungsbild Objektplanung für Gebäude und Innenräume geregelt. Die Grundleistungen aus den Leistungsbildern sind in der Anlage 10.1 enthalten. Die Besonderen Leistungen, welche früher im Leistungsbild des § 15 HOAI 2002 enthalten waren, finden sich in der Anlage 10.1.

4. Hinweis auf die Struktur der Kommentierung (Grundleistungen/Besondere Leistungen/Haftungsfragen)

7 Obwohl die einzelnen Grundleisten und die Besonderen Leistungen nicht mehr im Leistungsbild enthalten sind, erscheint es für die Kommentierung zweckmäßig, alle im Zusammenhang mit den Leistungen anfallenden Honorar- und Haftungsprobleme im Rahmen des § 34 zu bearbeiten. Aus diesem Grunde wird die Struktur der alten Kommentierung beibehalten. Es werden in jeder Leistungsphase folgende Teilabschnitte bearbeitet:
– Die einzelnen Grundleistungen
– die sachlich dazugehörigen Besonderen Leistungen
– Haftungsfragen im Rahmen jeder Leistungsphase.

8 Diese Darstellung hat sich bewährt. In der Praxis wird man sich weiterhin daran orientieren. Der Verordnungsgeber hat dies z. T. schon dadurch bestätigt, dass er jetzt die Besonderen Leistungen und die Grundleistungen wiederum in einer Tabelle in der Anlage zusammengefasst hat.

9 Dabei ist hervorzuheben, dass die in Anlage 10.1 geregelten Grundleistungen preisrechtlich verbindlich festgelegt sind (vgl. § 3 Rdn. 4 ff.), während die Besonderen Leis-

---

2 Eine Gegenüberstellung der Leistungsprozente für die einzelnen Leistungsphasen findet sich bei *Koeble/Zahn*, Die neue HOAI 2013, Teil C Rn. 117.
3 Vgl. dazu oben § 8 Rdn. 27 ff. und die Neubewertung der Prozentsätze in **Anhang** 3/1–5 in diesem Kommentar.
4 Vgl. dazu unten Rdn. 277.
5 Vgl. dazu unten Rdn. 91.

tungen aus Anlage 10.1 nicht dem Preisrecht der HOAI unterliegen (vgl. § 3 Rdn. 18 ff.).

5. Grundlagen der Honorarberechnung

Für die Honorarberechnung ist § 34 eine zentrale Bestimmung. Sind die anrechenbaren Kosten (§§ 6 Abs. 1 Nr. 1, 4, 32) und die Honorarzone[6] ermittelt, so ist nach § 34 festzustellen, welche Leistungsphasen bzw. Teilleistungen erbracht sind und welcher Prozentsatz des Gesamthonorars aus der Honorartafel des § 35 Abs. 1 berechnet werden darf. 10

6. Sachlicher Anwendungsbereich des § 34

In § 34 wird der sachliche Anwendungsbereich der Vorschrift festgelegt. Die Wahl des Begriffs »Objektplanung« für alle Architektenleistungen ist unglücklich, da die Leistungsphasen 8 (Objektüberwachung) und 9 (Objektbetreuung und Dokumentation) nichts mit **Planung i. e. S.** zu tun haben. Dagegen sind die Vergabeleistungen aus Leistungsphasen 6 und 7 Planung in diesem Sinne. Die in Abs. 1 verwendeten Begriffe »Neubauten«, »Neuanlagen«, »Wiederaufbauten«, »Erweiterungsbauten«, »Umbauten«, »Modernisierungen«, »Instandhaltungen« und »Instandsetzungen« sind in § 2 Abs. 2 bis 9 definiert. Weiter enthält § 34 die Bewertung der Leistungsphasen für zwei Objektbereiche, nämlich Gebäude und Innenräume mit z. T. unterschiedlichen Prozentsätzen. Besonderheiten bei der Honorierung für Umbauten und Modernisierungen (§ 36) sowie für Instandhaltungen und Instandsetzungen (§ 37) sind in speziellen Vorschriften der HOAI geregelt. Weitere Spezialregelungen gegenüber § 34 enthalten die Vorschriften § 9 betreffend Vorplanung, Entwurfsplanung und Objektüberwachung als Einzelleistung, § 10 mehrere Vor- oder Entwurfsplanungen und Aufträge für mehrere Objekte (§ 11). 11

7. Systematik des Leistungsbildes und Kritik

Die Vorschrift des § 34 gliedert die Architektenleistungen in 9 Leistungsphasen und bewertet diese mit einem Prozentsatz aus der Gesamtleistung. Innerhalb der einzelnen Leistungsphasen gibt es jeweils Grundleistungen, die verbindlich in der Anlage 10.1 festgelegt sind (vgl. auch § 3 Rdn. 5 ff.). Von verschiedener Seite wird heute beanstandet, dass der Planungs- und Überwachungsprozess nicht mehr sinnvoll in 9 Leistungsphasen aufgegliedert werden könne. In diesem Zusammenhang wird sicherlich zu Recht darauf hingewiesen, dass eine strikte Trennung der Leistungsphasen 2–5 im Regelfall nicht mehr dem tatsächlichen Bauablauf entspricht und vor allem bei größeren Projekten andere Prioritäten bestehen.[7] Des Weiteren werden kritische Stimmen laut, wonach ein eigenes Leistungsbild für das Bauen im Bestand hätte entworfen werden 12

---

6 §§ 6 Abs. 1 Nr. 3, 5, 34 Abs. 2, 4 und 5 bei Gebäuden und §§ 6 Abs. 1 Nr. 3, 5, 34 Abs. 3–5 bei Raumbildendem Ausbau.
7 Vgl. z. B. die Kritik bei *Werner/Siegburg*, BauR 2013, 1499 (1518).

§ 34 HOAI Leistungsbild Gebäude und Innenräume

sollen und auch die Bedarfsplanung hätte berücksichtigt werden müssen.[8] Diese Anregungen und Hinweise sind sicherlich zutreffend, jedoch enthält das Leistungsbild des § 34 HOAI – unabhängig von der Reihenfolge – die meisten der typischerweise für die Errichtung von Gebäuden und Innenräumen notwendigen Grundleistungen. Im Normalfall ist der Katalog deshalb durchaus geeignet, zu einer vertraglichen Verpflichtung im Rahmen eines Architektenvertrages herangezogen zu werden.

8. Honorar für Teilleistungen und in besonderen Fällen

13   Dem Architekten müssen keineswegs alle Leistungsphasen oder auch alle Teilleistungen aus den einzelnen Leistungsphasen übertragen werden. Wird nur ein **Vertrag über** eine einzelne Teilleistung oder mehrere **Teilleistungen** abgeschlossen, so steht dem Architekten nur ein Teilhonorar zu.[9] Hat der Auftragnehmer Teilleistungen erbracht und wurde der Vertrag vorzeitig gekündigt oder einvernehmlich beendet, so kann dennoch ein Anspruch auf das volle Honorar unter Abzug der ersparten Aufwendungen hinsichtlich des nicht erbrachten Teils bestehen (hierzu i. E. Einl. Rdn. 245 ff.).

9. Bedeutung des Leistungsbildes nach § 34 über das Honorarrecht hinaus für die Leistungspflichten des Architekten und seine Haftung?

14   Die Vorschrift des § 34 ist Bestandteil einer Honorarordnung und kann damit keine unmittelbaren Leistungspflichten begründen. Die Leistungspflichten des Architekten sind jedoch im Rahmen des Werkvertragsrechts (§§ 631 ff. BGB) nicht speziell geregelt (vgl. Einl. Rdn. 117 ff.). Obwohl die HOAI eine Verordnung ist und das Honorar betrifft, muss sie für die Frage des Umfangs der **Leistungspflichten** und bei der Frage der Haftung mit herangezogen werden. Das wurde früher von der Rechtsprechung bestätigt.[10] In weiteren Entscheidungen wurde demgegenüber jedoch betont, dass die HOAI über den Umfang und Inhalt von Leistungspflichten keine unmittelbare Aussage mache. Nach neuester Rechtslage ist Folgendes von Bedeutung:

15   Die Architektenleistung ist in § 34 sehr stark aufgefächert. Es sind Einzelleistungen aufgeführt, die nicht in jedem Fall zur ordnungsgemäßen Erfüllung der Architektenaufgabe erforderlich sind. Vielmehr handelt es sich um diejenigen Architektenleistungen, die »im Allgemeinen« zur ordnungsgemäßen Erfüllung eines Auftrags erforderlich sind (§ 3 Abs. 2). Da sämtliche einzelnen Teilleistungen somit noch nicht einmal für die volle Honorierung der jeweiligen Leistungsphase erforderlich sind (vgl. § 8 Rdn. 16 ff.), kann vom Auftragnehmer im Rahmen seiner Leistungspflichten nach §§ 631 ff. BGB bzw. im Hinblick auf seine Haftung **ebenso wenig verlangt werden,**

---

8   Vgl. dazu ebenfalls *Werner/Siegburg*, BauR 2013, 1499 (1518).
9   Vgl. § 8 Abs. 1, 2 und die Kommentierung hierzu oben § 8 Rdn. 16 ff.; zur Haftung bei Übertragung von Teilleistungen vgl. Rdn. 14 ff.
10 Z. B. BGH BauR 1994, 392 = NJW 1994, 1276 = ZfBR 1994, 131 = LM H. 6/94 HOAI Nr. 24 m. Anm. *Koeble*; zur Haftung vgl. unten bei den jeweiligen Leistungsphasen sowie Einl. Rdn. 123 ff. und 165 ff.

dass er **jede einzelne** aufgelistete **Teilleistung** erbringt. Der Katalog in der Anlage 10.1 ist auch umgekehrt hinsichtlich der **Leistungspflichten keineswegs abschließend**. Es können im Einzelfall auch zusätzliche Leistungen zum normalen Leistungsumfang hinzugehören. Die im Einzelfall zu erfüllenden Leistungspflichten ergeben sich aus Bürgerlichem Recht, genauer gesagt aus dem Architektenvertrag und der Auslegung seines Leistungsumfangs.[11] Maßgebend sind danach der **konkrete werkvertragliche Erfolg** und die Auslegung der Parteivereinbarung in diesem Lichte. Auch wenn dem Architekten oder Planer nur **einzelne Leistungsphasen** oder gar nur Teile daraus bzw. **Teilleistungen** übertragen sind, ist der tatsächliche Leistungsumfang durch Auslegung unter maßgeblicher Würdigung des vom Bauherrn vorgegebenen Leistungsziels zu ermitteln. Die dafür notwendigen Leistungen aus dem übertragenen Tätigkeitskreis müssen erbracht werden. Das gilt z. B. für den gängigen Fall, dass ohne Präzisierung die Teilleistung »Überwachen« (aus Lph 8) beauftragt wird. Hier müssen alle notwendigen Überwachungsleistungen vorgenommen werden wie bei vollständiger Beauftragung. Bei klarer Festlegung der zu erbringenden Leistungen müssen jedoch keine zusätzlichen Aufgaben erfüllt werden. Hiervon zu unterscheiden ist der Fall, dass der Auftragnehmer – obwohl ihm alle Leistungen übertragen wurden – Teilleistungen oder ganze Leistungsphasen nicht erfüllt hat. Hier ist § 8 nicht unmittelbar anwendbar. Dennoch kann im Einzelfall eine Honorarminderung in Frage kommen, soweit es sich um einen Mangel handelt, wenn eine Teilleistung nicht erbracht wurde (vgl. i. E. § 8 Rdn. 16 ff.).[12] In all diesen Fällen ist der Planer verpflichtet, den Auftraggeber über den notwendigen Einsatz von weiteren an der Planung oder Überwachung Beteiligten aufzuklären (vgl. unten Rdn. 33 f.) und zuverlässig zu erläutern, welche Leistungen aus seinem Bereich erforderlich sind (unten Rdn. 30).

Obwohl sich die Leistungspflichten aus Bürgerlichem Recht ergeben, ist die HOAI mit ihren Leistungsbildern dennoch von **gewisser Bedeutung** bei der **Bestimmung des Leistungsumfangs**. Möglich und wirksam ist es z. B., dass die Vertragsparteien in einem schriftlichen Architektenvertrag die **in § 34 genannten Leistungen** auch zum **Gegenstand der** Tätigkeit und damit zu **Leistungspflichten** machen.[13] Das ist bei einer Verweisung auf die Leistungsbilder der HOAI der Fall.[14] Dafür genügt es aber auch, wenn der Leistungsumfang »an den Leistungsphasen des § 34 orientiert« ist (vgl. § 8 Rdn. 16 ff.). Soweit auf Leistungsbilder der HOAI im Hinblick auf die zu erbringenden Leistungen Bezug genommen wurde, stellt die HOAI ganz sicher eine Auslegungshilfe dar.[15]

16

Haben die Vertragsparteien die **HOAI nicht zum Leistungsbild** des Werkvertrags erhoben, dann können die einzelnen Teilleistungen und Leistungsphasen des § 34 dennoch

17

---

11 BGH BauR 1997, 154 = NJW 1997, 586 = ZfBR 1997, 74 = LM Heft 4/1997 HOAI Nr. 32 m. Anm. *Koeble*; BGH BauR 1999, 187 = ZfBR 1999, 92.
12 Zum sog. Qualitäts-Controlling bzw. zur Qualitätskontrolle vgl. Einl. Rdn. 56 ff.
13 *Motzke* BauR 1999, 1251; *Koeble* in *Kniffka/Koeble*, Kompendium, 12. Teil, Rn. 361 f.
14 OLG Celle BauR 2013, 1289.
15 BGH BauR 2007, 1762 = NZBau 2007, 653 m. Anm. *Scholtissek* = NJW 2008, 285.

§ 34 HOAI Leistungsbild Gebäude und Innenräume

eine **Auslegungshilfe darstellen**.[16] Richtigerweise werden die in § 34 aufgeführten Leistungen als ein Abbild dessen bezeichnet, was Architekten üblicherweise zur ordnungsgemäßen Erfüllung ihrer Aufgabe (vgl. § 3 Abs. 2 S. 1 HOAI) zu erbringen haben.[17] Entsprechendes gilt auch im Hinblick auf die Auslegung der einzelnen Teilleistungen in der Anlage 10.1 und die hierzu ergangene Rechtsprechung. Sie hat Bedeutung auch im Rahmen der Haftung.[18] Im vorliegenden Kommentar werden deshalb Fragen der Haftung bei den einzelnen Teilleistungen und bei jeder einzelnen Leistungsphase besprochen.[19]

10. Substanziierung von Schadensersatzansprüchen: Symptomrechtsprechung

18 Gegen den Honoraranspruch kann der Auftraggeber bei Vorliegen von **Mängeln** (Planungs-, Vergabe- oder Überwachungsfehlern). Gegenansprüche geltend machen. In einzelnen Fällen steht das Nacherfüllungsrecht zur Verfügung, das im Wege des Zurückbehaltungsrechts geltend zu machen ist (vgl. dazu Einl. Rdn. 162 ff.). Ist die Nacherfüllung unmöglich, unzumutbar oder eine Fristsetzung mit Ablehnungsandrohung erfolgt, dann kommt gelegentlich auch eine Minderung des Honorars als Mängelrecht in Frage (vgl. Einl. Rdn. 168 f.). Im Regelfall werden jedoch Schadensersatzansprüche wegen Mängeln gegen die Honorarforderung geltend zu machen sein, und hierfür stehen nur die Aufrechnung und die Verrechnung als Grundlage zur Verfügung (vgl. Einl. Rdn. 180 ff.). Für die Geltendmachung von Schadensersatzansprüchen genügt es nicht, dass auf die äußeren Mangelerscheinungen hingewiesen wird. Vielmehr muss dargelegt werden, welcher Planungs- und Überwachungsfehler dem Architekten vorgeworfen wird,[20] und vor allem müssen Schadensersatzansprüche auch beziffert werden, damit sie die Vergütungsansprüche im Wege der Aufrechnung oder Verrechnung zum Erlöschen bringen. Die Grundsätze der Symptomrechtsprechung des BGH gelten auch beim Architekten- und Ingenieurvertrag. Sie befreien den Auftraggeber aber nicht vom substanziierten Vortrag eines Gegenanspruchs.[21] Nach heutigem Schuldrecht seit 01.01.2002 hat sich am System der Mängelrechte nicht viel geändert. Im vorliegenden Zusammenhang ist von Bedeutung, dass statt Nachbesserung die Nacherfüllung und die Setzung einer angemessenen Frist sowie deren Ablauf anstelle der Fristsetzung mit Ablehnungsandrohung getreten ist (vgl. auch Einl. Rdn. 165).

---

16 So mit Recht OLG Dresden Urt. v.15.02.2007 – 9 U 2057/05, Analyse *Koeble* auf www.jurion.de/Modul Werner Baurecht; OLG Düsseldorf BauR 2011, 1980 [1988]; *Kniffka* BauR 1996, 774; *Koeble* in *Kniffka/Koeble*, Kompendium, 12. Teil, Rn. 351; *Locher*, Rn. 372; *Preussner*, FS Motzke, 2006, S. 347; *Preussner* BauR 2006, 898.
17 *Preussner* BauR 2006, 898.
18 Dazu eing. *Kniffka/Koeble*, Kompendium, 12. Teil, Rn. 647 ff.; *Motzke/Preussner/Kehrberg/Kesselring*, Die Haftung des Architekten, 10. Aufl. 2014; *Schmalzl/Lauer/Wurm*, Haftung des Architekten und des Bauunternehmers, 5. Aufl. 2006; *Locher*, Das private Baurecht, 8. Aufl. 2012, Rn. 380 ff.; Löffelmann/Fleischmann-*Ihle*, Architektenrecht, 6. Aufl. 2012, Rn. 1723 ff.; *Werner* in *Werner/Pastor*, Der Bauprozess, 15. Aufl. 2015, Rn. 1983 ff.
19 Vgl. dazu auch oben Rdn. 7.
20 OLG Düsseldorf NJW-RR 1999, 1616.
21 Zur Symptomrechtsprechung vgl. Einl. Rdn. 176 ff.

11. Systematik der Leistungsphasen und Ergebnisorientierung

Die einzelnen Leistungsphasen knüpfen systematisch aneinander an und bauen auf- 19
einander auf. Jede Leistungsphase führt zu einem Ergebnis. Die einzelnen Leistungen sind insoweit ergebnisorientiert. Nach der Amtlichen Begründung[22] zu § 15 HOAI 2002 enthält das Leistungsbild »alle wesentlichen planerischen Leistungen der Auftragnehmer für die Objektplanung nach dem gegenwärtigen Stand der Technik«. Die in § 3 Abs. 2 verwendete Formulierung »die zur ordnungsgemäßen Erfüllung eines Auftrags im Allgemeinen erforderlich sind« lässt erkennen, dass die erforderlichen Leistungen objekt- und fachbezogen sein können. Es wird also vom Einzelfall abhängen, welche Leistungen zur ordnungsgemäßen Erfüllung des Auftrags erforderlich sind (vgl. hierzu i. E. § 8 Rdn. 16 ff.).

In der Regel stellt jede vollständige Leistungsphase eine Entscheidungshilfe für den 20
Auftraggeber dar. So ist nach Vorliegen der Leistungsphase 3 Entwurfsplanung dem Auftraggeber durch Vorliegen der Kostenberechnung nach DIN 276 die Möglichkeit zur Entscheidung gegeben, ob das Bauvorhaben wie geplant durchgeführt werden soll. Die einzelnen Leistungsphasen sind damit nicht nur ergebnisorientiert, sondern auch zum großen Teil entscheidungsorientiert.

Umgekehrt ergibt sich aus dem Gesagten, dass das Herausnehmen von einzelnen Leis- 21
tungen aus einer Leistungsphase oder das Vorziehen einzelner Leistungen aus einer anderen Leistungsphase den Ablauf der Tätigkeiten des Auftragnehmers empfindlich stören oder aber die Leistung nur mit wesentlichem Mehraufwand erbracht werden kann. Neben der Honorarfrage stellt sich die Frage der Haftung, wenn das Leistungsgefüge der HOAI durch Vertrag verändert wird. Stehen dem Auftragnehmer nicht alle Grundlagen zur Verfügung, die er bei systemgerechtem Ablauf vorliegen hätte, so können nicht die gleichen Haftungsanforderungen gestellt werden, vielmehr ist insoweit auf die zum Zeitpunkt der Erbringung der vorgezogenen Leistung vorhandene Basis abzustellen.

12. Besonderheiten beim Einsatz eines Generalunternehmers (ersetzende Besondere Leistungen)

Der Bau mit dem Generalunternehmer bringt sowohl im Hinblick auf die Architekten- 22
leistungen als auch im Hinblick auf die Abrechnung Sonderprobleme mit sich.[23] Im Hinblick auf die Leistungspflichten des Architekten beginnt dies bereits in der Leistungsphase 1, nämlich betreffend die Beratung über den ggf. sinnvollen oder notwendigen Einsatz eines Generalunternehmers (dazu Rdn. 32). Die Qualität und der Umfang der Kostenschätzung und auch der Kostenberechnung in Leistungsphasen 2 bzw. 3 ändern sich durch den späteren Einsatz eines Generalunternehmers nicht. Das Haftungsrisiko des Architekten wegen Baukostenproblemen (vgl. dazu Einl. Rdn. 186 ff.) dürfte jedoch erheblich geringer sein, weil die Ursächlichkeit zu einem

---

22 BR-Drucks. 270/76.
23 Vgl. z. B. *Rath* BauR 1996, 632.

konkreten Schaden bei Abschluss eines GU-Vertrages mit einer bestimmten Pauschale nicht mehr zu bejahen sein dürfte (vgl. Einl. Rdn. 198). In Leistungsphase 3 können Besondere Leistungen im Hinblick auf die Kostenermittlung notwendig werden, nämlich die **Kostenberechnung** durch Aufstellen von Mengengerüsten oder Bauelementkatalog (vgl. Rdn. 103). Eine wesentliche Besonderheit stellt die GU-Vergabe auf der Grundlage einer Leistungsbeschreibung mit Leistungsprogramm (funktionale Leistungsbeschreibung, vgl. § 7 Abs. 13 VOB/A) dar. Diese besondere Vergabeform führt auch in Leistungsphase 5 zu Besonderen Leistungen, nämlich zum Aufstellen einer detaillierten Objektbeschreibung als **Baubuch oder Raumbuch**, zum **Prüfen der Ausführungspläne** auf Übereinstimmung mit der Entwurfsplanung und zum Erarbeiten von **Detailmodellen** (dazu Rdn. 165 ff.). Diese Besonderen Leistungen können **ersetzende Besondere Leistungen** sein, sodass das Honorar für die Ausführungsplanung berechtigtermaßen geltend gemacht werden kann, wenn sie anstelle der eigentlichen Ausführungsplanung treten.[24] In der Leistungsphase 6 fällt das Zusammenstellen von Mengen weg und es tritt an dessen Stelle die Besondere Leistung Aufstellen von **Leistungsbeschreibungen mit Leistungsprogramm** unter Bezug auf das in Leistungsphase 5 erstellte Baubuch/Raumbuch. In Leistungsphase 7 ist das Zusammenstellen der Vergabeunterlagen beim Bau mit dem GU rechtlich problematischer,[25] während der Aufwand beim Einholen von Angeboten sowie beim Prüfen und Werten der Angebote und beim Aufstellen eines Preisspiegels geringer ist (dazu Rdn. 193 ff.). In der Leistungsphase 8 können einzelne Leistungen ganz oder teilweise entfallen,[26] was sowohl auf den Leistungsumfang als auch auf die Haftung entscheidende Auswirkungen hat.

23 In allen diesen Fällen stellt sich die Frage, ob der Auftraggeber Honorarabzüge vornehmen kann, wenn statt des ursprünglich geplanten konventionellen Vergabeverfahrens funktional ausgeschrieben und ein GU eingesetzt wird.[27] Es kommt hier auf den Einzelfall an und Abzüge sind weitestgehend nicht berechtigt.[28] Im Rahmen der Leistungsphase 3 und der Leistungsphase 5 ersetzen die Besonderen Leistungen, wenn sie insgesamt übertragen werden, auf jeden Fall die an sich vorgesehenen Leistungen. Bei Leistungsphase 5 dürfte schon das Aufstellen eines Baubuchs oder eines Raumbuchs zusammen mit dem Erarbeiten von Detailmodellen ausreichen, um das volle Leistungshonorar abrechnen zu können. Auch in Leistungsphase 6 kann die aufwendige funktionale Leistungsbeschreibung die Leistungen ersetzen und den vollen Honoraranspruch begründen.[29] Das sind jedoch im Einzelfall Sachverständigenfragen. Eine an-

---

24 Vgl. Rdn. 162 ff. und zu den ersetzenden Besonderen Leistungen § 3 Rdn. 14.
25 Vgl. dazu Rdn. 184 ff.
26 Z. B. die Koordinierungstätigkeit hinsichtlich der Leistungen anderer an der Überwachung Beteiligter, Aufstellen und Überwachen eines Zeitplanes, gemeinsames Aufmaß, Kostenfeststellung und Kostenkontrolle.
27 Diese Änderung durch den Auftraggeber stellt für den Architekten auf gar keinen Fall einen Kündigungsgrund dar; a. A. aber OLG Nürnberg NJW-RR 1989, 407.
28 Unzutreffend *J. Schmidt* ZfBR 1999, 237, der in Anwendung des § 20 Nr. 2 Abs. 1 VOB (A) nur eine »angemessene Entschädigung« als Honorar gewähren will.
29 KG BauR 2001, 1929.

dere Frage ist, ob die Vertragsparteien bei Einsatz eines GU **wirksam eine Reduzierung der Prozentsätze des § 34 HOAI** vereinbaren können. Ob und inwieweit hier der Mindestpreischarakter verletzt ist, ist ebenfalls eine Frage des Einzelfalls.[30] Die Parteien haben hier einen Bewertungsspielraum, der mit dem Mindestpreischarakter nicht ohne Weiteres angegriffen werden kann (vgl. dazu § 7 Rdn. 24). Bewerten die Parteien eines Architektenvertrages z. B. die im konkreten Fall zu erbringenden Besonderen Leistungen aus Leistungsphase 5 etwas niedriger als die volle Leistung, dann kann die Vereinbarung ausnahmsweise auch dann Bestand haben, wenn ein Sachverständiger zu dem Ergebnis kommt, dass eine geringfügig andere Bewertung richtig gewesen wäre. Entsprechendes gilt bei angemessenen Reduzierungen in allen übrigen Leistungsbereichen, wenn ein sachlicher Grund die Annahme einer gegenüber konventioneller Ausschreibung verringerten Leistung rechtfertigt.

An dieser Rechtslage hat sich auch durch die neue HOAI nichts geändert. Die Besonderen Leistungen sind zwar nicht mehr in der HOAI geregelt, sondern in der Anlage und sie sind nicht preisrechtlich gebunden (§ 3 Abs. 3 S. 3). Von ihrer Wertigkeit her hat sich aber nichts verändert und die bei Funktionalausschreibung erbrachten Leistungen entsprechen im Allgemeinen den sonstigen Leistungen. 24

13. Grundleistungen aus Anlage 10.1 und Zusätzliche Leistungen

a) Beachtung der Wirtschaftlichkeit

Neben die in Anlage 10.1 genannten Teilleistungen tritt die im Allgemeinen Teil genannte Wirtschaftlichkeit der Leistung.[31] Dabei handelt es sich um eine ohne zusätzliche Vergütung zu erbringende, sozusagen vor die Klammer gezogene Leistung, die nicht speziell in einer Leistungsphase, sondern an verschiedener Stelle virulent werden kann. 25

b) Zusammenfassen der Ergebnisse jeder Leistungsphase

Ebenso wie die Wirtschaftlichkeit war auch die Leistung, das Ergebnis jeder Leistungsphase mit dem Auftraggeber zu erörtern, in der HOAI 2009 vor die Klammer gezogen und in den Allgemeinen Teil verlegt worden. In der HOAI 2013 wurde das Zusammenfassen, Erläutern und Dokumentieren der Ergebnisse in die Leistungsphasen 1, 2, 3 und (abgewandelt) 6 integriert. 26

14. Die Grundleistungen aus Leistungsphase 1 Grundlagenermittlung

a) Charakterisierung

Die Leistungsphase 1 Grundlagenermittlung ist im Unterschied zu den projektorientierten Leistungsphasen 2–9 »problemorientiert«. In ihr sollen die Probleme, die sich aus der Bauaufgabe, den Planungsanforderungen und den Zielvorstellungen ergeben, 27

---

30 Zum Mindestpreischarakter vgl. § 7 Rdn. 21 ff.
31 § 3 Abs. 4; vgl. dazu § 3 Rdn. 24 und unten Rdn. 28, 47.

mit Hilfe der Leistungen und gegebenenfalls der Besonderen Leistungen untersucht, analysiert und geklärt werden.[32] Die Leistungen liegen zum großen Teil im Vorfeld der eigentlichen Planungsleistungen. Die Grundlagenermittlung war früher im Wesentlichen eine dem Aufgabenbereich des Auftraggebers zugeordnete Leistung. Die Planungs- und Bauaufgaben wurden im Laufe der Zeit immer größer und komplexer, was eine Definition der Grundlagenermittlung als Leistungsbereich des Auftragnehmers und eine sachgerechte Honorierung im Rahmen eines Planungsauftrags erforderlich machte. Die HOAI brachte mit der Aufnahme der Leistungsphase 1 eine Anpassung an die jetzigen tatsächlichen Verhältnisse. Ist die Leistungsphase 1 dem Architekten nicht übertragen, muss er sie aber dennoch erbringen; weil der Auftraggeber die Ergebnisse nicht zur Verfügung stellt, so kann dem Architekten ein Honoraranspruch wegen konkludenter Beauftragung zustehen (hierzu Einl. Rdn. 47 ff.); ebenso kann der Mindestpreischarakter verletzt sein (vgl. § 7 Rdn. 21 f.). Das ist regelmäßig zu bejahen, weil es eine ureigene Leistung des Auftragnehmers ist, sich in das Projekt einzuarbeiten und diese Leistung sowie die Beratungstätigkeit ihm niemand abnehmen kann. Dennoch hat es der BGH abgelehnt, einen Auftrag und einen Honoraranspruch für Leistungsphase 1 dann anzunehmen, wenn die Leistung zwar notwendig ist, jedoch im Vertrag ausdrücklich herausgestrichen ist (vgl. dazu Einl. Rdn. 74).

b) Klären der Aufgabenstellung

28 Im Unterschied zur bisherigen Grundleistung wurde klargestellt, dass die Klärung »auf Grundlage der Vorgaben oder der Bedarfsplanung des Auftraggebers oder vorliegender Planungs- und Genehmigungsunterlagen« erfolgen soll. Inhaltlich hat sich dadurch nichts geändert.[33] Zum **Klären der Aufgabenstellung** gehören deshalb nach wie vor das Abfragen und Besprechen der Wünsche, Vorstellungen und Forderungen des Auftraggebers. Soweit bereits ein Programm vorliegt oder vom Auftraggeber entwickelt worden ist,[34] wird dieses umrissen, abgegrenzt und konkretisiert. Im Rahmen dieser Teilleistung hat der Architekt ferner die **finanziellen Möglichkeiten** des Auftraggebers auszuloten und den **wirtschaftlichen Rahmen** abzustecken.[35] Dazu bedarf es der genauen Klärung der Wünsche und Vorstellungen des Bauherrn sowie deren Berücksich-

---

32 Vgl. *Pfarr*, Handbuch der kostenbewussten Bauplanung, Z 3.1.1; zum Ganzen *Neuenfeld* NZBau 2000, 405.
33 Ebenso *Werner/Siegburg* BauR 2013, 1499 (1521), wonach der Zusatz bloße Klarstellungsfunktion hat.
34 Zur Bedarfsplanung vgl. § 1 Rdn. 10 und § 3 Rdn. 17, § 41 Rdn. 9.
35 BGH BauR 2013, 982 = Analyse *Koeble* auf www.jurion.de/Modul Werner Baurecht; BGH BauR 2013, 1143 = NZBau 2013, 386 mit Anmerkung *Jochem* = NZBau 2013, 352 = Analyse *Koeble* auf www.jurion.de/Modul Werner Baurecht; BGH BauR 2009, 1611 = NJW 2009, 2947 m. Anm. *Scholtissek* = Analyse *Koeble* auf www.jurion.de/Modul Werner Baurecht; BGH BauR 2005, 400 = NJW-RR 2005, 318 = NZBau 2005, 158 = ZfBR 2005, 178; BGH BauR 1991, 366 = NJW-RR 1991, 661 = ZfBR 1991, 104; OLG Düsseldorf BauR 1998, 880; OLG Naumburg BauR 1996, 890; OLG Celle BauR 2015, 2021; OLG München BauR 2015, 1703; OLG Brandenburg NJW 2015, 1565 m. Anm. *Motzke* ebda. 1611; vgl. auch oben Rdn. 25 und unten Rdn. 47 sowie Einl. Rdn. 187 ff.

tigung im Rahmen sämtlicher sich anschließender Planungsphasen.[36] Ob dafür ein **Kostenrahmen** erstellt werden muss, wird noch zu klären sein. Der Kostenrahmen ist in der DIN 276 als erste Stufe der Kostenermittlung vorgesehen, jedoch wurde er von der HOAI nicht aufgegriffen.[37] Z. T. wird die Auffassung vertreten, der Kostenrahmen sei eine zusätzlich und kostenlos zu erbringende Grundleistung.[38] Dem kann jedoch nicht gefolgt werden. Selbstverständlich treffen den Architekten sämtliche bereits genannten Pflichten[39] bezüglich der Baukosten, jedoch kann ihm eine bestimmte Form im Vorfeld nicht vorgeschrieben werden. Darüber hinaus wird übersehen, dass der Kostenrahmen nicht die Voraussetzung für eine Vorplanung, sondern die Vorstufe für die Entscheidung über die Beauftragung einer Bedarfsplanung darstellt. Es handelt sich um eine bei größeren und großen Projekten im Vorfeld zu erstellende Unterlage, die dann wiederum Wirtschaftlichkeits- und Finanzierungsüberlegungen beeinflussen soll. Für den Normalfall sind die von der Rechtsprechung klar bezeichneten Aufgaben ausreichend. Mit der 7. HOAI-Novelle wurde zwar die **Terminplanung** verstärkt in den Vordergrund gerückt, jedoch sind diesbezügliche Teilleistungen nur in Leistungsphasen 2, 3, 5 und 8 aufgeführt. Das bedeutet aber nicht, dass in Leistungsphase 1 der Zeitablauf keine Rolle spielen würde. Schon hier hat der Architekt vielmehr einen groben **Zeitplan** für Planung und Bauausführung aufzustellen. Zur Klärung der Aufgabenstellung gehört ferner die Beratung über ein etwa vorhandenes **Grundstück** oder die Beratung wegen des Grundstückserwerbs. Insoweit ist eine Prüfung und Beratung hinsichtlich der möglichen finanziellen Belastung durch ungünstige Bodenverhältnisse, Einflüsse aus der Umgebung, Umweltbedingungen, der Erschließung, der städtebaulichen Gegebenheiten, der Festsetzungen in einem Bebauungsplan, der Genehmigungsfähigkeit, einer eventuellen Bauvoranfrage, eines Zeitplanes und sonstiger Organisationsfragen erforderlich.[40] Ohne Vorliegen besonderer Umstände trifft den Architekten keine Aufklärungspflicht über Dauer, Schwierigkeiten und Verlauf eines Genehmigungsverfahrens.[41] Bei Umbauten, Modernisierungen und Instandsetzungen sind die aufgrund der Gegebenheiten notwendigen Maßnahmen zu klären. Hierzu gehört auch eine Bestandsaufnahme, die konstruktive und sonstige Bauschäden erfasst und ggf. auch eine planerische Bestandsaufnahme. Das betrifft aber auch die angesichts

---

36 Zur Haftung bei Fehlern im Kostenbereich vgl. Einl. Rdn. 187 ff. und unten Rdn. 47.
37 Vgl. zu den Kostenstufen DIN 276–1 Ziff. 3.4 im **Anhang 1** zu diesem Kommentar.
38 *Werner/Siegburg* BauR 2013, 1499 (1520).
39 Vgl. i. E. unten Rdn. 47 sowie grundlegend Einl. Rdn. 187 ff.
40 Zur Prüfung der Genehmigungsfähigkeit bereits in Leistungsphase 1 vgl. OLG Nürnberg BauR 2006, 2083 = NZBau 2006, 320 betreffend eine Wohnbebauung im Industriegebiet, wobei die Voraussetzungen nach § 9 Abs. 2 BauNVO zu klären sind; nicht so streng mit Recht OLG Schleswig Urt. v.12.01.2007 – 1 U 104/06, Analyse *Koeble* auf www.jurion. de/Modul Werner Baurecht, wonach es ausreicht, wenn eine spätere, sich im Wesentlichen auf den Vorentwurf stützende Entwurfsplanung genehmigungsfähig wäre; zur Rechtslage nach HOAI 2013 vgl. *Werner/Siegburg* BauR 2013, 1499 (1521); vgl. ferner zur Genehmigungsfähigkeit unten Rdn. 106 ff.
41 OLG München BauR 2008, 1335 für den Fall, dass der Bauherr Probleme schon aus dem Vorbescheidsverfahren kannte.

§ 34 HOAI Leistungsbild Gebäude und Innenräume

einer gewerblichen Nutzung eines Objekts oder der Vermietung als Wohnung erforderlichen Schutzmaßnahmen, aber auch Betriebsstilllegungs- bzw. Zwischenvermietungsmaßnahmen. Geologische Untersuchungen sind hier jedoch nicht erforderlich. Ebenso wenig gehört es zu den Leistungen, wenn der Auftragnehmer bei der Beschaffung des Baugrundstücks mitwirken oder mit dem Veräußerer verhandeln oder mehrere Grundstücksangebote oder Bebauungsmöglichkeiten bewerten soll. Derartige Leistungen sind Besondere Leistungen.

c) **Ortsbesichtigung**

29 Neu durch die HOAI 2013 eingeführt wurde die Ortsbesichtigung. Ohne eine solche ist in aller Regel eine zuverlässige Planung überhaupt nicht möglich.[42] Schwieriger ist zu klären, ob eine einmalige Besichtigung ausreicht. Das ist im Hinblick auf Einflüsse von außen (Jahreszeit, Tageszeit, Lärm- und Verkehrsprobleme) im Einzelfall zu entscheiden, in aller Regel aber zu verneinen.

d) **Beraten zum gesamten Leistungs- und Untersuchungsbedarf**

30 Im Rahmen der Teilleistung **Beraten zum gesamten Leistungs- und Untersuchungsbedarf** hat der Architekt darzutun, wer beteiligt werden muss, damit das Bauprogramm verwirklicht werden kann. Die Ergänzung durch die HOAI 2013, wonach sich das Beraten auch auf den »gesamten Untersuchungsbedarf« bezieht, war überflüssig. Nach der Rechtsprechung konnte dieser Hinweis unterbleiben, weil die Beratung ohnehin universal ausgestaltet ist.[43] Die Beratungspflicht erstreckt sich darauf, welche Institutionen und Ämter – u. a. die Baugenehmigungsbehörde, das Landschafts- oder Denkmalschutzamt – und welche Handwerker bzw. Unternehmer beteiligt werden müssen, welche anderen an der Planung fachlich Beteiligten einzuschalten sind, wie z. B. die Sonderfachleute für Tragwerksplanung, Bodenuntersuchung, bauphysikalische Beratung, Technische Ausrüstung, wie z. B. Wasser-, Abwasser-, Wärmeversorgungs-, Raumluft-, Elektro- und Fördertechnik und für Freianlagen, welche Gutachten erforderlich sind. Der Einsatz von Sonderfachleuten und Gutachtern betrifft vor allem die Bereiche der Bauphysik, insbesondere den Schall-, Wärme- und Brandschutz, aber auch die Beschaffenheit des Baugrunds. Die Beratungsleistung überschneidet sich hier mit der Leistung Formulieren von Entscheidungshilfen für die Auswahl anderer an der Planung fachlich Beteiligter (vgl. Rdn. 33). Schon in dieser Phase müssen die Probleme des Brandschutzes (vgl. dazu Rdn. 115) und auch einer eventuell notwendigen Begutachtung des Baugrunds (dazu Rdn. 113 ff.) und beim Bauen im Bestand die Art und Weise der erforderlichen Bestandsaufnahme (dazu Rdn. 36) geklärt werden. Hierzu gehört auch die Einschaltung eines Sicherheits- und Gesundheitsschutzkoordinators auf der

---

42 Ebenso *Koeble/Zahn*, Die neue HOAI 2013, Teil C Rn. 108; *Werner/Siegburg* BauR 2013, 1499 (1521); *Seifert/Fuchs* in FBS § 34 Rn. 33.
43 *Koeble/Zahn*, Die neue HOAI 2013, Teil C Rn. 108; *Werner/Siegburg* BauR 2013, 1499 (1521); ebenso *Seifert/Fuchs* in FBS § 34 Rn. 36.

Baustelle, zu der der Bauherr durch die Baustellenverordnung verpflichtet ist.[44] Die Beratungspflicht erstreckt sich daneben auch auf den Umfang der eigenen Planungs- und Überwachungsleistungen des Architekten, und zwar sowohl hinsichtlich der Leistungen als auch hinsichtlich der Besonderen Leistungen, wie Bestandsaufnahmen, Nutzen-Kosten-Analysen, Aufstellen von Zeit- und Organisationsplänen usw.

Eine weitere Beratungspflicht ergibt sich aus der Einführung der Verordnung über energiesparenden **Wärmeschutz** und energiesparende Anlagentechnik bei Gebäuden.[45] Betroffen sind alle Gebäude, die nach ihrem Nutzungszweck heizungs-, raumlufttechnische und zur Warmwasseraufbereitung dienende Anlagen enthalten. Die EnEV hat aber außer für die Objekte des Teils 3 auch für Teil 4 und Anlage 1 Beratungsleistungen erhebliche Bedeutung. Sie gilt gleichermaßen für Neubauten, Umbauten und Modernisierungen. Der Architekt hat den Auftraggeber auf die nach der jeweiligen Landesbauordnung bzw. nach landesrechtlichen Durchführungsbestimmungen sich ergebenden Verpflichtungen hinzuweisen wie z. B. auf die Erstellung eines Energie- und Wärmebedarfsausweises (§ 16 EnEV) und hierzu geeignete Fachleute vorzuschlagen, sofern er die Energieplanung nicht selbst übernimmt. Der Architekt hat den Auftraggeber auf Mehrkosten hinzuweisen, die sich aus der EnEV ergeben und er muss ihn auch über die Möglichkeit zur Beantragung von Fördermitteln beraten. Weitergehende Pflichten entstehen für den Architekten aus der EnEV nicht. Die Energieplanung nach EnEV stellt keine Leistung für den Objektplaner bei Gebäuden und Ingenieurbauwerken dar. Vielmehr handelt es sich um Leistungen für thermische Bauphysik Anlage 1 Ziff. 1.2. 31

Bei Beauftragung mit einzelnen Leistungsphasen, Teilen davon oder mit einzelnen Teilleistungen ist vorrangig zu klären, ob nicht weitere, zur Pflichterfüllung notwendige Leistungen geschuldet sind (vgl. oben Rdn. 15). Andernfalls besteht mindestens eine Pflicht zum Hinweis auf den notwendigen Einsatz eines zusätzlichen Architekten oder Ingenieurs oder auf die erforderliche Erweiterung des eigenen Leistungsbereichs. Des Weiteren besteht auch im Einzelfall eine Verpflichtung, über Vor- und Nachteile des **Einsatzes eines GU** zu beraten (vgl. dazu auch oben Rdn. 22 f.). Das gilt nicht, wenn der Auftraggeber im Baugewerbe erfahren ist und selten bei kleineren Bauvorhaben. Stehen aber für den Bauherrn die absolute Kosten- und/oder Terminsicherheit im Vordergrund, dann müssen die Argumente für Einzelvergabe oder GU-Vergabe zum Pauschalpreis genannt werden.[46] 32

---

44 Vgl. dazu Einl. Rdn. 441 ff. sowie den **Anhang 5**.
45 Energieeinsparverordnung – EnEV 2009 – BGBl. I 2009 Nr. 23, S. 954–989; vgl. auch das EEWärmeG – Gesetz zur Förderung erneuerbarer Energien im Wärmebereich vom 01.01.2009 und für Baden-Württemberg das Erneuerbare-Wärme-Gesetz vom 20.11.2009.
46 Vgl. auch *Rath* BauR 1996, 632 [633].

e) **Formulieren der Entscheidungshilfen für die Auswahl anderer an der Planung fachlich Beteiligter**

33 Die Leistung **Formulieren von Entscheidungshilfen für die Auswahl anderer an der Planung fachlich Beteiligter** ist eng mit der Leistung Beraten zum gesamten Leistungsbedarf verknüpft. Hierbei handelt es sich um die Beratung hinsichtlich der Auswahl der erforderlichen Sonderfachleute. Der Architekt soll dem in der Regel hinsichtlich der Auswahl der Sonderfachleute unerfahrenen Auftraggeber Entscheidungshilfen geben. Diese Entscheidungshilfen beziehen sich nicht nur auf die Person und die Leistungsfähigkeit der erforderlichen Sonderfachleute, sondern auch auf den voraussichtlichen Umfang von deren Leistungen und das für die Leistung anfallende Honorar. Entscheidungshilfen muss der Architekt auch hinsichtlich der Verträge geben, die mit den Sonderfachleuten abgeschlossen werden sollen. Dabei muss er deren Aufgabenbereiche abgrenzen und abstimmen. Als Sonderfachleute kommen diejenigen in Frage, auf deren Einsatz bereits im Rahmen der Teilleistung Beraten zum gesamten Leistungsbedarf hingewiesen wurde. Dazu gehört der Einsatz von Bauphysikern betreffend Schall-, Wärme- und Brandschutz.[47] Soweit nach der **Baustellenverordnung** die Vorankündigung des Bauvorhabens, der Einsatz eines **Sicherheits- und Gesundheitsschutzkoordinators** sowie die Aufstellung eines Sicherheits- und Gesundheitsschutzplanes nötig ist, muss der Architekt auch darüber seinen Bauherrn informieren. Außer dieser Hinweispflicht treffen ihn aber selbst originär keine weiteren Leistungspflichten aus der BaustellenV, da es sich insoweit um zusätzliche Leistungen handelt.[48]

f) **Zusammenfassen, Erläutern und Dokumentieren der Ergebnisse**

34 Durch das **Zusammenfassen der Ergebnisse** sollen dem Auftraggeber vor Planungsbeginn nochmals eindeutig die Grundlagen der baulichen Konzeption vor Augen geführt werden. Ergänzt wurde diese Leistung durch die HOAI 2013 mit dem Erläutern und Dokumentieren, wodurch § 3 Abs. 8 HOAI 2009 entfallen konnte. Eine Erörterung – Austausch von Argumenten – ist nicht mehr verlangt, vielmehr genügt die Erläuterung.[49] Eine bestimmte Form für die Zusammenfassung ist nicht vorgeschrieben. Sie kann sowohl mündlich als auch schriftlich erfolgen. Der schriftlichen Zusammenfassung ist vor allem bei größeren und differenzierteren Bauwerken der Vorzug zu geben. Der Auffassung von Jochem (§ 15 Rdn. 27), dass sich auch eine mündliche Zusammenfassung häufig erübrige, weil »die Grundlagenermittlung im Allgemeinen ein enges Zusammenwirken zwischen Bauherrn und Architekten erfordere«, ist nicht zuzustimmen. Liegen die Ergebnisse der Leistungsphase 1 jedoch klar fest, so kann auf eine Zusammenfassung verzichtet werden.[50] Die gegenteilige Auffassung des

---

47 Zu Letzterem vgl. Rdn. 115 und § 1 Rdn. 5.
48 Vgl. Einl. Rdn. 442 sowie den **Anhang 5**; zur EnEV vgl. oben Rdn. 30.
49 *Koeble/Zahn*, Die neue HOAI 2013, Rn. 108; *Werner/Siegburg* BauR 2013, 1499 (1523).
50 Ebenso *Korbion* in KMV § 34 Rn. 71; *Werner/Siegburg* BauR 2013, 1499 (1523); a. A. *Seifert/Fuchs* in FBS § 34 Rn. 45, welche auch an den unordentlichen Auftraggeber fürsorglich denken, der die Unterlagen verloren oder verlegt hat; die Erstellung eines Kostenrahmens dürfte allerdings nicht erforderlich sein, vgl. dazu oben Rdn. 28.

BGH[51] betreffend das Zusammenfassen der Ergebnisse in Leistungsphase 2 ist auf die Leistungsphase 1 auf keinen Fall übertragbar, weil hier keine körperlichen Ergebnisse entstehen.

15. Die Besonderen Leistungen für Leistungsphase 1 Grundlagenermittlung

Ob und in welchem Umfang Besondere Leistungen erforderlich werden, hängt von den konkreten Planungsanforderungen des Objekts und/oder den Forderungen des Auftraggebers ab. Vor Beginn einer jeden Planung muss überlegt werden, ob eine **Bedarfsplanung** vorgeschaltet werden sollte, was sicherlich auch im wohlverstandenen Interesse des Auftraggebers ist.[52] Die neu aufgeführten Leistungen Aufstellen eines Funktionsprogramms bzw. Raumprogramms waren auch schon in anderen Leistungsphasen als Besondere Leistungen genannt. 35

Eine **Bestandsaufnahme** ist vor allem bei Modernisierungsmaßnahmen, Umbauten oder Erweiterungsbauten, also beim **Bauen im Bestand**, erforderlich. Werden vom Auftraggeber Pläne oder Unterlagen zur Verfügung gestellt, dann sind diese auf ihre Brauchbarkeit zu überprüfen. Der Architekt hat erforderlichenfalls eine Bestandsaufnahme **anzuregen**. Gegenstand einer Bestandsaufnahme können sein vorhandene Gebäude, Bauteile, deren Gründung, tragende und nicht tragende Konstruktionen, die Technische Ausrüstung, Ver- und Entsorgungsanlagen und Außen- und Freianlagen, wie z. B. Baumbestand und Umgebung. Die Bestandsaufnahme kann sich aber auch auf die Erschließung und die vorhandenen bzw. geplanten Verkehrsanlagen beziehen, wenn dies für die Zielsetzungen in Durchführung einer bestimmten Planungsaufgabe notwendig ist. Von der Zweckrichtung her kann eine Bestandsaufnahme sinnvoll bzw. erforderlich sein zur Beurteilung konstruktiver Anlagen, zur **Entscheidung technischer und wirtschaftlicher Fragen**, Zeit- und Organisationsfragen, zur Klärung von Funktionsabläufen und Gestaltungsfragen.[53] Bei **Umbauten, Modernisierungs- oder Sanierungsaufgaben** ist die exakte und umfassende Bestandsaufnahme von entscheidender Bedeutung. Dabei muss nach § 8 EnEV betreffend die Änderung von Gebäuden der Bestand in die Anforderungen nach Anhang 3 mit einbezogen werden. Das bedeutet, dass die Planung davon beeinflusst wird. Eine Ergänzung und Konkretisierung der Leistungen betreffend das Bauen im Bestand enthielt § 15 Abs. 4 HOAI 2002, welcher weggefallen ist.[54] 36

Die **Standortanalyse** kann in zweierlei Art erfolgen. Sie kann einmal eine speziell auf die Zielsetzung einer bestimmten Bauaufgabe analytisch durchgeführte Untersuchung eines vorgesehenen Standorts sein, und sie kann zum anderen der Standortwahl dienen. Die zu untersuchenden Einflüsse können sich ergeben aus der Art des Grundstücks, aus der Umgebung (z. B. Nähe zu einem denkmalgeschützten Bauwerk) und aus der Umwelt. Es kann sich handeln um klimatische Einflüsse, Einwirkungen, die sich durch den 37

---

51 BauR 2004, 1640 = NJW 2004, 2588 = NZBau 2004, 509; vgl. dazu § 8 Rdn. 31 ff.
52 Vgl. Rdn. 28 Fn. 33 und für Ingenieurbauwerke § 41 Rdn. 9 ff.
53 Zum Umfang und Gegenstand der Bestandsaufnahme im Einzelfall vgl. Anlage 10.1.
54 Vgl. jetzt § 36 sowie Anlage 10.1 Leistungsphase 1 rechte Spalte.

Verkehr (Verkehrsdichte, Fußgängerströme, Besucherfrequenzen, Anschlüsse an öffentliche Verkehrsbetriebe, wie Omnibus, Post-, Bahn-, Gleisanschlüsse und Flugbetrieb), durch Bevölkerung, deren Dichte und Zusammensetzung, Gewerbebetriebe, Emissionen ergeben, aber auch um wirtschaftliche Gesichtspunkte, die dabei berücksichtigt werden müssen.

38 Die **Betriebsplanung** ist keine typische Architektenleistung. Sie wird in der Regel von einem Sonderfachmann erbracht, der die betrieblichen Abläufe und Bedürfnisse im Hinblick auf die Planungsnotwendigkeiten analysiert. Neu eingefügt sind als Besondere Leistungen das Mitwirken bei Grundstücks- und Objektauswahl und das Beschaffen von Unterlagen, die für das Vorhaben erheblich sind.

39 **Raumprogramm** und **Funktionsprogramm** werden in der Regel aufgrund einer Bedarfsplanung vom Auftraggeber dem Architekten zur Verfügung gestellt, der diese seiner Gebäudeplanung zugrunde zu legen hat. Sie sind als Grundlage zur Klärung der Aufgabenstellung des Architekten erforderlich und können weitere Besondere Leistungen als Entscheidungshilfen für den Auftraggeber zur Folge haben, hier etwa die Finanzbedarfsberechnung. Stellt der Auftraggeber diese Programme nicht zur Verfügung oder ist er hierzu nicht in der Lage, so muss der Architekt im Rahmen seiner Beratungspflicht aus Leistungsphase 1 auf das Fehlen dieser für die Planung unerlässlichen Voraussetzung aufmerksam machen und die Besondere Leistung vorschlagen. Neben dieser Art des Raum- und Funktionsprogramms gibt es eine weitere Form des Raum- und Funktionsprogramms, nämlich die genormte Festlegung von Programm und Größen und funktionalen Zusammenhängen, wie sie z. B. unter OZ 200 Gebäudeplanung im DIN-Normenwerk Bauwesen »Führer durch die Baunormung« enthalten sind.

40 Das **Prüfen der Umwelterheblichkeit und Umweltverträglichkeit** betrifft die Stellung des Objekts in seiner Umwelt und die Einflüsse der Umwelt auf das Objekt. Ein Prüfen der Umweltverträglichkeit bezieht sich auf das Umweltschutzrecht. Hierbei sind die Grundsätze für die **Prüfung der Umweltverträglichkeit** öffentlicher Maßnahmen des Bundes[55] zu beachten, deren Abs. 2 wie folgt lautet:

41 1. »Zweck der Prüfung der Umweltverträglichkeit ist es, bei öffentlichen Maßnahmen des Bundes Menschen sowie Tiere, Pflanzen und schutzwürdige Sachgüter vor schädlichen Umwelteinwirkungen zu schützen und durch Umweltvorsorge darauf hinzuwirken, dass dem Entstehen schädlicher Umwelteinwirkungen vorgebeugt wird.

42 2. Schädliche Umwelteinwirkungen sind insbesondere Einwirkungen des Menschen auf den Naturhaushalt und die Naturgüter Boden, Wasser, Luft und Klima, die nach Art, Ausmaß und Dauer geeignet sind, erhebliche Nachteile für die Allgemeinheit herbeizuführen.

43 3. Umweltbelange, andere öffentliche sowie private Belange sind gegeneinander und untereinander abzuwägen.«

---

55 Bekanntmachung des Bundesinnenministeriums vom 12.09.1975, GMBl. 1975, 717.

Diese Besondere Leistung geht wesentlich über die Leistung in Leistungsphase 2 »Klären und Erläutern landschaftsökologischer Zusammenhänge sowie der Belastung und Empfindlichkeit der betroffenen Ökosysteme« hinaus. Neben der Machbarkeitsstudie sind weitere Besondere Leistungen genannt. Die Aufzählung ist ohnehin nicht abschließend und es werden in Zukunft sicherlich weitere Betätigungsfelder hinzukommen, die (noch) mit der Errichtung des Bauwerks zusammenhängen und einen Bezug zur Architekturleistung haben. 44

16. Fragen der Haftung bei Leistungsphase 1 Grundlagenermittlung

Im Rahmen der Leistungsphase 1 Grundlagenermittlung steht die **Beratungs- und Aufklärungstätigkeit** des Architekten im Vordergrund.[56] Besonders die Teilleistungen »Beraten zum gesamten Leistungsbedarf« und »Formulieren von Entscheidungshilfen für die Auswahl anderer an der Planung fachlich Beteiligter« weisen auf die umfangreichen Beratungspflichten des Architekten hin. Derartige Beratungspflichten bestehen allerdings nicht nur in Leistungsphase 1, sondern sie ergeben sich im Zuge der **gesamten Bauabwicklung** und in allen Leistungsphasen.[57] 45

Die Frage der **rechtlichen Einordnung der Beratungspflichten** ist bisher vom BGH nicht ausdrücklich entschieden. Die Frage war früher umstritten, weil unterschiedliche Rechtsgrundlagen für Ansprüche zur Verfügung standen.[58] Heute handelt es sich um eine Leistungspflicht, deren Verletzung entweder direkt Schadensersatzansprüche nach §§ 280 ff. BGB auslöst oder – wenn die Leistung in das Werk integriert ist – Mängelansprüche nach §§ 633 ff. BGB. Der Unterschied könnte Auswirkungen auf die Verjährung haben (dazu Einl. Rdn. 231 ff.). Die Thematik ist ebenfalls im Hinblick auf das Nacherfüllungsrecht des Auftragnehmers von Bedeutung. Auch im Hinblick auf die Berufshaftpflichtversicherung und deren Einstandspflicht kann sie eine Rolle spielen. Es ist deshalb stets zu prüfen, ob es sich um einen **Beratungsfehler** oder um eine **mangelhafte Leistung** des Auftragnehmers handelt. Diese Differenzierung wird in der Rechtsprechung nicht ausreichend vorgenommen. So wird bei der Planung eines Fachwerkhauses, welches die Anforderungen an die Winddichtigkeit nach DIN 4108 nicht erfüllt, gelegentlich eine Beratungspflichtverletzung angenommen, wo im Ergebnis aber richtigerweise ein Planungsfehler (Mangel) hätte zugrunde gelegt werden müssen.[59] 46

Im Rahmen seiner Beratungstätigkeit in Leistungsphase 1 muss der Architekt die vom Auftraggeber geäußerten Wünsche aufnehmen, sie hinsichtlich ihrer Zweckmäßigkeit 47

---

56 Vgl. zum Ganzen *Neuenfeld* NZBau 2000, 405.
57 Vgl. Rdn. 80 ff. sowie Einl. Rdn. 118 ff.
58 Vgl. *Locher/Koeble/Frik*, 9. Aufl., § 15 Rn. 28 m. Nachw.
59 Vgl. OLG Celle BauR 2010, 1093 = NJW-RR 2010, 1395 = NZBau 2010, 573 = Analyse *Koeble* auf www.jurion.de/Modul Werner Baurecht; ebenso OLG Koblenz NZBau 2011, 495 = NJW-RR 2011, 1037 für eine Beratungspflicht hinsichtlich der Dauerhaftigkeit eines Schutzanstrichs, wohingegen im Ergebnis die Planungspflicht aus dem Bereich der Vor- und Entwurfsplanung mangelhaft war.

und der anfallenden Kosten prüfen und gegebenenfalls auf Vor- und Nachteile hinweisen, die mit der Ausführung des Wunsches des Auftraggebers verbunden sein können. Schon in dieser Phase können im Hinblick auf die Wünsche des Bauherrn Gesichtspunkte der **Genehmigungsfähigkeit** eine Rolle spielen.[60] Der Architekt muss den **wirtschaftlichen Rahmen** klären und sich nach den **Finanzierungsmöglichkeiten** des Bauherrn **erkundigen**.[61] Eine Planung, die den wirtschaftlichen Rahmen nicht berücksichtigt, ist mangelhaft.[62] Das gilt auch für eine Planung, die **übermäßigen Aufwand** zum Gegenstand hat und wirtschaftlich nicht genügend optimiert ist.[63] Zu weitgehend dürfte es aber sein, wenn man den Architekten für verpflichtet hält, auf die wirtschaftlichen Risiken eines Projektes hinzuweisen und den Bauherrn auf die negativen wirtschaftlichen Folgen einer Kündigung aufmerksam zu machen.[64]

48 Bereits in diesem Stadium muss der Architekt auf ein mögliches **Risiko bei der Verwendung neuartiger, nicht erprobter Baustoffe** hinweisen.[65] In der zuletzt genannten Entscheidung hat der BGH in überzeugender Weise den Umfang der Prüfungs- und Beratungspflicht bei der Verwendung neuer Konstruktionen bzw. neuer Baustoffe behandelt. Danach hat der Architekt bei neuen Werkstoffen mit erhöhter Sorgfalt zu prüfen, ob er sich mit seiner Empfehlung auf das Gebiet der riskanten Planung begibt. Ist das für ihn erkennbar, so trifft ihn eine entsprechende Belehrungspflicht. Gleiches gilt auch bei unüblichen oder **außergewöhnlichen Konstruktionen**. Der Architekt muss den sicheren Weg wählen[66] und er darf deshalb nur eine sichere Konstruktion vorschla-

---

60 BGH BauR 2014, 1801 = Analyse *Koeble* auf www.jurion.de/Modul Werner Baurecht = NZBau 2014, 568 mit zustimmender Anmerkung *Söns* NZBau 2015, 23, wonach ein Schadensersatzanspruch auch dann und insoweit bestehen kann, als von einer eigentlich genehmigungsfähigen Bauweise fälschlicherweise abgeraten wird; zur Genehmigungsfähigkeit vgl. ferner unten Rdn. 106 ff.
61 BGH BauR 2013, 982 = Analyse *Koeble* auf www.jurion.de/Modul Werner Baurecht; BGH BauR 2013, 1143 = NZBau 2013, 386 mit Anmerkung *Jochem* NZBau 2013, 352 = Analyse *Koeble* auf www.jurion.de/Modul Werner Baurecht; BGH BauR 2009, 1611 = NJW 2009, 2947 m. Anm. *Scholtissek* = Analyse *Koeble* auf www.jurion.de/Modul Werner Baurecht, BGH BauR 2005, 400 = NJW-RR 2005, 318 = NZBau 2005, 158 = ZfBR 2005, 178; BGH BauR 1991, 366 = NJW-RR 1991, 661 = ZfBR 1991, 104; OLG Hamm BauR 2012, 530; OLG Düsseldorf BauR 1998, 880; OLG Naumburg BauR 1996, 890; zum Ganzen Einl. Rdn. 187 ff.
62 BGH BauR 1999, 1319 = NJW 1999, 3554; OLG Hamm BauR 2012, 530, auch zur Nachbesserung bei zumutbaren Änderungen.
63 BGH BauR 1998, 354 = ZfBR 1998, 149; BGH BauR 1999, 1319 = NJW 1999, 3554; zur Beratung in steuerlicher Hinsicht vgl. Rdn. 83; zur unwirtschaftlichen Planung im Hinblick auf Brandschutz vgl. OLG Frankfurt BauR 2011, 1527; ferner OLG Brandenburg NJW 2015, 1611 mit Anm. *Motzke* NJW 2015, 1565 für eine Planung, die auf der Grundlage eines 100-jährigen Berechnungsregens erstellt wird, obwohl die anerkannten Regeln der Technik nur an einen solchen 20-jährigen anknüpfen.
64 So aber OLG Düsseldorf BauR 2004, 1024 = NZBau 2004, 453.
65 BGH *Schäfer/Finnern* Z 3.01 Bl. 469 = VersR 1971, 958; BGH BauR 1976, 66 = BB 1976, 146 = *Schäfer/Finnern* Z 3.001 Bl. 2.
66 Vgl. OLG Celle BauR 1990, 759 m. Anm. *Reim*.

gen.⁶⁷ Bei neuen Baumaterialien muss mit besonderer Sorgfalt die Eignung für den konkreten Zweck untersucht werden. Dazu gehört auch die fachgerechte Verarbeitungstechnik.⁶⁸ Keine Haftung trifft den Architekten jedoch für einen ungeeigneten Baustoff, wenn dieser im Zeitpunkt der Planung und Ausführung ausreichend erprobt war und sich erst Jahre später herausstellt, dass er ungeeignet war.⁶⁹ Lässt sich der Architekt von einem Hersteller oder fachkundigen Händler beraten, dann stehen ihm selbst Ansprüche bei Fehlberatung zu.⁷⁰ Nicht in jedem Fall haftet er aber gegenüber seinem Bauherrn wegen einer Fehlberatung durch einen Händler bzw. Lieferanten.⁷¹

Die **Prüfungspflicht** findet jedoch dort ihre **Grenze**, wo von dem Architekten eigene Sachkenntnis nicht mehr erwartet werden kann. Er kann sich dann mit den Äußerungen solcher **Personen oder Institute** begnügen, die er nach ihrer Qualifikation als sachverständig ansehen darf. Stimmen diese Äußerungen im Wesentlichen mit dem überein, was der Produzent oder Lieferer in seinem Prospekt oder auf andere Weise anpreist, oder sprechen weitere gewichtige Gründe für die Richtigkeit dieser Angaben, so kann sich der Architekt in der Regel hierauf verlassen. Es kann dann nicht verlangt werden, dass er das Material selbst noch überprüft.⁷² Die Prüfungs- und Beratungspflicht hinsichtlich der Verwendung neuer Konstruktionen oder Materialien besteht auch dann, wenn dem Auftragnehmer die Leistungsphase 1 nicht in Auftrag gegeben ist, da diese Verpflichtung ebenso im Vorplanungs- und Planungsstadium besteht. 49

Die Beratung erstreckt sich auch auf die **Auswahl von Sonderfachleuten**. Dabei kann der Architekt haften, wenn er die Einschaltung eines (noch) nicht erforderlichen Ingenieurs empfiehlt oder davon abrät.⁷³ Häufiger wird aber der umgekehrte Fehler sein, dass die Hinzuziehung eines notwendigen Fachmanns unterbleibt bzw. der Hinweis unterlassen wird.⁷⁴ Das betrifft oftmals die Einschaltung eines **Bodengeologen** oder auch die Hinzuziehung eines **Bauphysikers**. Im Einzelfall können auch außergewöhnliche 50

---

67 OLG München BauR 2011, 1197, wonach der Architekt aber die Konstruktion eines Fachunternehmers übernehmen darf, dessen Spezialkenntnisse seinen überlegen sind; ein Verschulden liegt in solchen Fällen nicht vor.
68 OLG Köln BauR 1990, 103 = SFH Nr. 67 zu § 635 BGB hinsichtlich der Eignung eines vorgesehenen Klebers für eine Schwimmbadplattierung; vgl. die Entscheidung auch bezüglich des Schadens bei Kündigung des Bauvertrages: Ersatz der Kosten, die an den Handwerker bezahlt werden müssen, durch den Architekten.
69 OLG Hamm BauR 2003, 567.
70 BGH NJW 2001, 2630.
71 Vgl. OLG München BauR 2011, 1197, wonach der Architekt eine Garantie eines Dachziegelherstellers, dass Wasserdichtigkeit bei einer Dachneigung von 15° statt 30° gewährleistet sei, nicht durch Hinzuziehung eines Sachverständigen überprüfen muss.
72 Vgl. zum Ganzen auch *Motzke/Preussner/Kehrberg/Kesselring*, N Rn. 40; *Neuenfeld* DAB 1982, 203; *Reim* DAB 1982, 1369; *Zimmermann* DAB 1983, 1051.
73 *Morlock* DAB 1990, 945.
74 Vgl. dazu vor allem hinsichtlich des Bodengeologen unten Rdn. 113 f. und oben Rdn. 28 ff. sowie hinsichtlich des Brandschutzes oben Rdn. 30 und unten Rdn. 115.

Umstände die Hinzuziehung von Sonderfachleuten erforderlich machen.[75] Die Beratung im Hinblick auf die Energieeinsparverordnung ist von erheblicher Bedeutung und umfasst entsprechend der Nutzung des Gebäudes weitere Fachdisziplinen wie z. B. die Tragwerksplanung, die Technische Ausrüstung und die thermische Bauphysik (vgl. oben Rdn. 30 f.).

17. Die Grundleistungen aus Leistungsphase 2 Vorplanung (Projekt- und Planungsvorbereitung)

a) Analysieren der Grundlagen, Abstimmen der Leistungen mit den fachlich an der Planung Beteiligten

51 Die Leistungsphase 2 wird im Sprachgebrauch oft als Vorentwurf bezeichnet. Unter der Grundleistung **Analyse (Analysieren) der Grundlagen** ist zu verstehen die Erfassung, Zergliederung und Einordnung aller in Leistungsphase 1 erarbeiteten oder durch den Auftraggeber vorgegebenen Ergebnisse dieser Leistungsphase. Neu hinzugekommen durch die HOAI 2013 ist hier das »Abstimmen der Leistungen mit den fachlich an der Planung Beteiligten«. Diese Leistung stellt jedoch nichts Neues dar, zumal sie als Vorleistung für das frühere Integrieren der Leistungen anderer an der Planung fachlich Beteiligter denknotwendige Voraussetzung war.[76] Es handelt sich bei dieser neuen Leistung um eine vorgezogene Koordinierungstätigkeit und dazuhin um ein Übernehmen der in diesem Stadium bereits von anderen Objektplanern oder Fachingenieuren vorliegenden Vorschläge.[77] Nicht zu erbringen hat der Architekt als Grundleistung in dieser Leistungsphase die Erarbeitung eines NBP-Nutzerbedarfsprogramms (DIN 18205), die Erarbeitung eines RFP-Programms, die Betriebsorganisation und alle Besonderen Leistungen (dazu Rdn. 69 ff.).[78]

b) Abstimmen der Zielvorstellungen, Hinweisen auf Zielkonflikte

52 Die zweie Grundleistung ist inhaltlich unverändert geblieben und lediglich in sprachlicher Hinsicht angepasst worden.[79] Unter **Abstimmen der Zielvorstellungen** ist das Erfassen, Abwägen und gegebenenfalls schwerpunktmäßige Bewerten aller Zielvorstellungen zu verstehen, also etwa der Zielvorstellungen des Auftraggebers in wirtschaftlicher Hinsicht, der Baubehörden, des Nutzers für seine Bedürfnisse sowie auch der

---

75 Vgl. OLG Hamm BauR 2015, 1872, wonach ein Hinweis des Architekten nötig ist, dass er ohne Hinzuziehung eines Sonderfachmanns die Auswirkungen der Temperaturbelastung durch Öfen nicht beurteilen kann; vgl. auch KG Urt. v. 25.07.2014 – 21 U 40/13, wonach der Architekt einen Altbau zwar nicht selbst auf Hausschwammbefall untersuchen muss, jedoch dann mit einer klaren Regelung im Leistungsverzeichnis die entsprechende Aufgabe an den Bauunternehmer übertragen muss oder ggf. den Bauherrn darauf hinweisen muss, dass ein Sonderfachmann einzuschalten ist.
76 So mit Recht *Werner/Siegburg* BauR 2013, 1499 (1525).
77 *Koeble/Zahn*, Die neue HOAI 2013, Teil C Rn. 109.
78 So mit Recht *Lechner/Stifter*, Kommentar zum Leistungsbild Architektur, S. 82.
79 Ebenso *Werner/Siegburg* BauR 2013, 1499 (1526).

Zielvorstellungen in Bezug auf Gestaltung, Konstruktion und Zeit. Zielkonflikte, die sich hierbei ergeben, sind entsprechend ihrer Gewichtung und den Randbedingungen zu berücksichtigen. Derartige Zielkonflikte können z. B. zwischen den Erfordernissen der wirtschaftlichen Nutzung und gestalterischen Überlegungen entstehen, also auch zwischen Auftraggeber und Auftragnehmer. Sie können ferner zwischen Auftraggeber und Nutzer entstehen. Hier ist es die Aufgabe des Architekten, die Probleme aufzuzeigen und dem Auftraggeber Entscheidungshilfen zu geben. Als Randbedingungen, die die Zielvorstellungen beeinflussen können, kommen Zeit, Umwelt, Marktlage, Zinspolitik, Angebot und Nachfrage, behördliche Auflagen und Vorschriften z. B. nach der EnEV usw. in Betracht. Zu klären hat der Architekt auch den wirtschaftlichen Rahmen.[80]

Alle Zielvorstellungen werden in einem **planungsbezogenen Zielkatalog** als dem Ausgangspunkt des projektorientierten Planungsprozesses zusammengefasst und mit dem Auftraggeber abgestimmt. Diese Teilleistung ist in der HOAI 2013 zwar nicht mehr erwähnt, jedoch steckt sie im »Abstimmen der Zielvorstellungen« mit drin. In welcher Form das Erstellen eines planungsbezogenen Zielkatalogs zu geschehen hat, ist dem Architekten freigestellt. Im Einzelfall können es die Anforderungen an die Planungsaufgabe oder der Umfang des Projekts verlangen, dass der Zielkatalog textlich fixiert wird.[81] In der Regel, zumindest bei kleineren Bauvorhaben, wird diese Leistung durch den Dialog zwischen Auftraggeber und Auftragnehmer erfüllt. Dabei können Aktennotizen oder Bestätigungsschreiben zur Dokumentation und Beweisführung wichtig sein. 53

c) Erarbeiten der Vorplanung

Die wichtigste Leistung im Rahmen der Vorplanung ist das **Erarbeiten der Vorplanung**, welche heute zusätzlich gekennzeichnet ist durch das Untersuchen, Darstellen und Bewerten von Varianten nach gleichen Anforderungen, Zeichnungen im Maßstab nach Art und Größe des Objekts. Die zeichnerische Darstellung des Planungskonzepts und der Varianten in skizzenhafter Form soll dem Auftraggeber eine Bewertung der entwickelten Lösungen ermöglichen. Der Objektplaner soll dem Auftraggeber frühzeitige Entscheidungen ermöglichen und hierzu Varianten nach gleichen Anforderungen zur Verfügung stellen. 54

Unter der früheren Bezeichnung »Alternativen nach gleichen Anforderungen« waren schon damals wie heute **Varianten**, also Abweichungen, Abwandlungen zu verstehen. Alternativen nach grundsätzlich verschiedenen Anforderungen schuldet der Architekt 55

---

80 Erfragen der Finanzierungsmöglichkeiten; vgl. ferner oben Rdn. 28 und 47 sowie unten Rdn. 82 ff. und Einl. Rdn. 187 ff.
81 AA. *Seifert/Fuchs* in FBS § 34 Rn. 65, die einen Zielkatalog in keinem Fall für erforderlich halten, weil dies eine Besondere Leistung darstelle; damit wird natürlich verkannt, dass die Leistung je nach konkreter Anforderung im Einzelfall ihre Inhalt und Konturen enthalten kann; wie hier wohl *Korbion* in KMV § 34 Rn. 93.

§ 34 HOAI   Leistungsbild Gebäude und Innenräume

nämlich als Grundleistung nicht, und zwar auch nicht nach HOAI 2002 oder 2009.[82] Das folgt auch aus der Fassung der entsprechenden Besonderen Leistung (vgl. unten Rdn. 69).

56 Die Planungsleistung kann eine **versuchsweise zeichnerische Darstellung** sein, worunter im Allgemeinen Skizzen zu verstehen sind, obwohl diese Definition in der Neufassung der HOAI 2013 nicht mehr enthalten ist.[83] Bestimmt wird die Darstellung vom Umfang und von der Bedeutung sowie von der Art der Bauaufgabe und ist dem Architekten in der Regel freigestellt. Skizzen müssen **nicht maßstäblich** sein, weshalb auch ein bestimmter Maßstab natürlich nicht verlangt werden kann. In der Praxis wird die maßstäbliche Darstellung dennoch die Regel sein. Die Vermaßung kann aber regelmäßig auf die wesentlichen Hauptmaße beschränkt werden, die zur Festlegung der Kostenschätzung nach DIN 276 nach Raum- oder Flächeninhalten erforderlich sind. Die Art der Darstellung muss es dem Auftraggeber ermöglichen, die wesentlichen Elemente des Planungskonzepts abzulesen.[84] Er muss sich auch als Laie eine Vorstellung von der vorgeschlagenen Lösung der Aufgabe machen können. Erforderlich sind deshalb im Allgemeinen die Grundrisse der Hauptgeschosse, die Baukörper- und Fassadengestaltung, eine oder erforderlichenfalls mehrere Schnittsituationen und die Einbindung in die Umgebung mit der Lage im Grundstück. Diese Teilleistung im Rahmen der Vorplanung stellt die eigentlich **kreative und planerische Leistung** des Architekten dar und hat zentrale Bedeutung. Art und Umfang der **erläuternden** Angaben werden von der Planungsaufgabe bestimmt.

d) **Klären und Erläutern der wesentlichen Zusammenhänge**

57 Das **Klären und Erläutern der wesentlichen Zusammenhänge** umfasst alle Einflüsse und Zusammenhänge, die bei der Planung zu berücksichtigen sind, wie städtebauliche, gestalterische, funktionale, technische, bauphysikalische, wirtschaftliche und energiewirtschaftliche Bedingungen. Bei Leistungen für Innenräume wird es i. d. R. keine städtebaulichen Zusammenhänge, vielmehr Probleme der Farb- und Materialwahl, der Zuordnung, Lichtführung u. a. geben. Unter wirtschaftlichen Zusammenhängen wird man die auf die Wirtschaftlichkeit eines Objekts gerichteten Ziele verstehen müssen. Bei der Klärung energiewirtschaftlicher Fragen ist die EnEV[85] zu berücksichtigen. Bauphysikalische Bedingungen beziehen sich auf die Konstruktion und betreffen vor allem Wärme-, Schalldämmungsmaßnahmen und Feuchtigkeitsschutz.

58 Über die **Form der Erläuterung** ist nichts bestimmt. Nach dem Wortlaut der HOAI ist zwar Schriftform nicht zwingend erforderlich. Im Hinblick auf den umfangreichen Katalog der nach der HOAI nunmehr hierfür geforderten Erläuterungen wird jedoch

---

82   Ebenso *Korbion* in KMV § 34 Rn. 95 ff.; *Jochem*, § 33 Rn. 36 ff.; *Löffelmann/Fleischmann*, Rn. 151; *Neuenfeld*, § 15 Rn. 23; *Pott/Dahlhoff/Kniffka/Rath*, § 33 Rn. 21.
83   Vgl. auch *Koeble/Zahn*, Die neue HOAI 2013, Teil C Rn. 109 und *Werner/Siegburg* BauR 2013, 1499 (1526).
84   So auch *Korbion* in KMV § 34 Rn. 96. *Seifert/Fuchs* in FBS § 34 Rn. 69.
85   Vgl. dazu oben Rdn. 2 f.

meist Schriftform angezeigt sein.[86] Inhalt des Erläuterungsberichts müssen nicht etwa alle aufgeführten Zusammenhänge sein. Die HOAI listet nur die im Einzelfall möglichen Zusammenhänge auf. Der konkrete Inhalt des Erläuterungsberichts bestimmt sich nach den Anforderungen des speziellen Bauvorhabens.[87] Die Erläuterung kann nicht einfach mit der Begründung unterbleiben, dass die wesentlichen Zusammenhänge, Vorgänge und Bedingungen ihren Niederschlag in der zeichnerischen Darstellung gefunden hätten. Eine derartige Unterlassung kann zur Honorarminderung führen.

e) Bereitstellen der Arbeitsergebnisse/Leistungen anderer an der Planung fachlich Beteiligter

Die frühere Leistung Integrieren der Leistungen anderer an der Planung fachlich Beteiligter wurde ersetzt durch die jetzige 5. Teilleistung. Der unklare Begriff »Bereitstellen« kann nichts daran ändern, dass auf jeden Fall etwa vorhandene Arbeitsergebnisse anderer Beteiligter in die eigene Planung integriert werden müssen. Bei größeren und komplexeren Bauaufgaben ist dies regelmäßig spätestens in der Vorplanung der Fall. Leistungen aus der Projektsteuerung sind hier auf gar keinen Fall erfasst, zumal diese Bauherrentätigkeit darstellen.[88] Selbstverständlich hat das Bereitstellen der Arbeitsergebnisse auch die umgekehrte Richtung – Ausfolgung an die Planungsbeteiligten – zum Gegenstand. An der Koordinierungspflicht ändert sich auch nichts dadurch, dass im Bereich der Technischen Ausrüstung mehrere Fachplaner eingesetzt werden, weshalb man insoweit nicht von einer Besonderen Leistung sprechen kann, wenn diese und deren Leistungen untereinander koordiniert werden müssen.[89]

59

f) Vorverhandlungen über die Genehmigungsfähigkeit

Die Vorverhandlungen mit Behörden über die Genehmigungsfähigkeit dienen der Vorabklärung der Genehmigungsfähigkeit. Hierzu gehören auch Vorverhandlungen mit anderen an der Planung fachlich Beteiligten. Gegenstand dieser Vorverhandlungen können z. B. statisch-konstruktive oder Fragen, die den technischen Ausbau des Objektes und Energieeinsparmaßnahmen nach der EnEV betreffen, der Ver- und Entsorgung und anderes sein. Ist in den Vorverhandlungen die Genehmigungsfähigkeit nicht ohne Weiteres zu klären oder sind berechtigte Einwendungen von dritter Seite zu erwarten, so wird der Architekt dem Auftraggeber die Durchführung der Besonderen Leistung »Bauvoranfrage« vorschlagen, wenn sie von der Behörde nicht ohnedies verlangt wird.

60

---

86 Weitergehend *Korbion* in KMV § 34 Rn. 99; der grundsätzlich Schriftform verlangt; vgl. auch *Neuenfeld*, § 15 Rn. 23, der den mündlichen Erläuterungsbericht grundsätzlich ausreichen lässt; ebenso *Löffelmann/Fleischmann*, Rn. 159; wie hier *Seifert/Fuchs* in FBS § 34 Rn. 75.
87 Ebenso Korbion/Mantscheff/Vygen-*Korbion*, § 33 Rn. 85.
88 So mit Recht *Werner/Siegburg* BauR 2013, 1499 (1528); vgl. aber *Lechner/Stifter*, Kommentar zum Leistungsbild Architektur, S. 90; differenzierend *Seifert/Fuchs* in FBS § 34 Rn. 78.
89 A. A. *Seifert/Fuchs* in FBS § 34 Rn. 79 unter Hinweis auf *Lechner/Stifter*, Kommentar zum Leistungsbild Architektur, S. 48.

Die Vorverhandlungen mit Behörden haben auch wegen der Baugenehmigungsfreistellung Bedeutung (vgl. unten Rdn. 108).

g) Kostenschätzung und Kostenvergleich

61 Die **Kostenschätzung** nach DIN 276 ist eine Leistung von zentraler Bedeutung (vgl. hierzu § 4 Rdn. 18). Die Kostenschätzung nach DIN 276 ist die überschlägige Ermittlung der Gesamtkosten, die vorläufige Grundlage zu allen weiteren Finanzierungsüberlegungen und dient als eine Grundlage für die Entscheidung über die Vorplanung (DIN 276 Ziff. 3.4.2). Die Kostenschätzung ist deshalb von großer Bedeutung, weil sie die Auftraggeberentscheidung hinsichtlich Finanzierung und Umfang der Baumaßnahme maßgeblich mitbestimmt und weil sie Grundlage für alle weiteren Kostenermittlungsverfahren ist. Fehler im Rahmen der Kostenschätzung können schwerwiegende Haftungsfolgen nach sich ziehen.[90]

62 In der **Kostenschätzung** nach DIN 276 Fassung 12/08 müssen die Gesamtkosten des Bauvorhabens mit 7 Kostengruppen wie o. a. mindestens bis zur **1. Ebene** der Kostengliederung dargestellt werden.

63 Dabei fallen die Kosten der Kostengruppen 100 **Grundstück** und 700 **Baunebenkosten** teilweise in die Zuständigkeit des Auftraggebers, alle übrigen Kostengruppen sind jedoch vom Auftragnehmer zu ermitteln und darzustellen. Der Auftraggeber kann jedoch auch die Kostenschätzung insgesamt oder in einzelnen Kostengruppen bis zum Genauigkeitsgrad der 2. Ebene verlangen. Dies kann der Fall sein, wenn er auf die Aussagekraft der Kostenschätzung erhöhten Wert legt, oder wie z. B. bei Bauen im Bestand nach § 36 HOAI weitergehende Kostenermittlungen erforderlich werden, da die Kostenschätzung nach Flächen- oder Rauminhalten nicht genügend genau ist oder keine Kennwerte für das Objekt zur Verfügung stehen. Die Kostenermittlung kann auch nach Bauteilen, Bauelementen wie in der 3. Ebene der Kostengliederung, nach Bauleistungen der VOB Teil C, den Leistungsbereichen des Standardleistungsbuchs (StLB) oder anderen Gliederungsmerkmalen entsprechend der vorgesehenen Ausführung aufgestellt werden.

Der zusätzlich vorgeschriebene **Kostenvergleich** lässt sich durch Gegenüberstellung der Zahlen aus einem Kostenrahmen einerseits und der Kostenschätzung andererseits erreichen. Dabei ist jedoch der Kostenrahmen keine in der HOAI vorgesehene Grundleistung und er dürfte auch nicht per se als Verpflichtung des Auftragnehmers zu erbringen sein.[91]

64 Entgegen der früheren Fassung der DIN 276 Fassung 12/08 enthält diese keine **Formblätter** für die einzelnen Kostenermittlungen wie Kostenschätzung, Kostenberechnung und Kostenanschlag. Nichts steht jedoch dagegen, wenn die Kostenschätzung oder Kostenberechnung nach DIN 276 Fassung 12/08 auf Muster-Formblättern dargestellt

---

90 Vgl. unten Rdn. 82 und Einl. Rdn. 187 ff.
91 Vgl. zu diesem Thema oben Rdn. 28.

wird, wie sie bei *Fröhlich*[92] abgedruckt sind. Zu Kostenkennwerten s. a. § 4 Rdn. 18 ff. Die Datensammlung des BKI[93] enthält in **Baukosten Teil 1** statische Kostenkennwerte für **Gebäude** und in **Teil 2** für **Bauelemente** in dem Kostengliederungssystem der DIN 276 Fassung 12/08 und wird laufend aktualisiert.

Die Datenerfassung des BKI erstreckt sich auf das gesamte Bundesgebiet und berücksichtigt regionale Einflussfaktoren. Die Kostenkennwerte für Gebäude umfassen 65
1. Bürogebäude
2. Gebäude für wissenschaftliche Lehre und Forschung
3. Gebäude des Gesundheitswesens
4. Schulen und Kindergärten
5. Sportbauten
6. Wohnbauten, Gemeinschaftsstätten, Wohnhäuser in mehreren Standort-Zuordnungen wie
   Ein- und Zweifamilienhäuser
   Doppel- und Reihenhäuser
   Mehrfamilienhäuser
   Wohnheime, Alten- und Pflegeheime
   Verpflegungseinrichtungen
   Hotels
7. Produktion, Gewerbe und Handel, Lager, Garagen, Bereitschaftsdienste
8. Bauwerke für technische Zwecke
9. Gebäude anderer Art
10. Sonstige Gebäude

h) Terminplan mit den wesentlichen Vorgängen des Planungs- und Bauablaufs

Bereits in Leistungsphase 1 muss der Auftragnehmer Angaben zum ungefähren Termin- 66 ablauf machen.[94] Die HOAI-Novelle 2013 legt besonderen Wert auf die **Terminplanung**. Neben der Leistungsphase 2 kommt dies auch in Leistungsphasen 3, 5 und 8 zum Ausdruck. Geschuldet ist das »Aufstellen, Fortschreiben und Überwachen eines Terminplans« je nach Stand der Planung. Über die **Form des Terminplans** ist keine Aussage gemacht. Allerdings steht fest, dass über das in Leistungsphase 8 genannte **Balkendiagramm** keine detaillierte Form eines Zeitablaufplanes geschuldet sein kann.[95] Soweit differenzierte Zeitpläne nicht zum Leistungsumfang nach dem Vertrag gehören, kann jedoch eine Hinweispflicht des Architekten bestehen (Beratung), wonach solche Pläne im Einzelfall erforderlich sind.[96] Ein differenzierter Zeit- oder Ablaufplan wäre eine Besondere Leistung, die der Auftragnehmer jedenfalls nicht kostenlos erbringen muss.

---

92 Kommentar zu Hochbaukosten 14. Aufl.
93 Baukosteninformationszentrum Deutscher Architektenkammern.
94 Vgl. dazu oben Rdn. 28.
95 Vgl. zu Netzplänen und anderen Terminplänen unten Rdn. 219.
96 *Koeble/Zahn*, Die neue HOAI 2013 Teil C Rn. 104.

i) Zusammenfassen, Erläutern und Dokumentieren der Ergebnisse

67 Zusammenfassen, Erläutern und Dokumentieren der Ergebnisse stellt den Abschluss der Leistungen aus Leistungsphase 2 dar.[97] Dem Auftraggeber soll dadurch die Übersicht über die Ergebnisse der bisher erbrachten Leistungen vermittelt werden. Er soll dadurch eine wichtige Entscheidungshilfe haben. Eine schriftliche Zusammenfassung ist zu empfehlen, jedoch nach dem Wortlaut der HOAI nicht erforderlich. Nach Auffassung des BGH soll es sich bei dieser bloßen verwaltungstechnischen Aufgabe um einen werkvertraglichen Teilerfolg handeln (dazu § 8 Rdn. 17 ff.). Das ist jedoch mindestens dann nicht gerechtfertigt, wenn die erbrachten, wesentlichen Leistungen (Vorplanung als Grundrisse, Ansichten und eventuell Schnitte und Kostenschätzung) dem Bauherrn übergeben wurden. Das bloße Einheften in einen Ordner kann keinen werkvertraglichen Baustein im Rahmen des Architektenvertrages darstellen.

68 Am Ende dieser Leistungsphase – wie am Ende aller Leistungsphasen – hat der Auftragnehmer das Ergebnis mit dem Auftraggeber nicht mehr – wie nach HOAI 2009 – zu erörtern,[98] aber immerhin zu erläutern. Die HOAI ist zwar nicht geeignet, Leistungspflichten in bürgerlich-rechtlicher Hinsicht zu normieren, jedoch ergibt sich diese Leistung auch in aller Regel durch Auslegung des vertraglichen Leistungsumfangs, und zwar dort, wo sie für die Entscheidungen des Auftraggebers oder dem weiteren Fortgang des Projekts notwendig ist. Darüber hinaus ist sie geschuldet, wenn dem Auftragnehmer erkennbar die Ergebnisse aus der Leistungsphase für den Auftraggeber nicht klar geworden sind. Wird die Leistung nicht erbracht, kann dies – soweit ein Mangel darin liegt – zu einem Honorarabzug führen.[99]

18. Die Besonderen Leistungen für Leistungsphase 2 Vorplanung

69 Zunächst ist als Besondere Leistung genannt das Aufstellen eines Katalogs für die Planung und Abwicklung der Programmziele, wobei die Parteien die Form und Art dieses Katalogs im Rahmen ihrer zusätzlichen Vereinbarung über die Erbringung dieser Besonderen Leistung festlegen müssen. Als Besondere Leistung ist sodann aufgeführt das **Untersuchen von Lösungsansätzen nach verschiedenen Anforderungen.** Im Unterschied zu der Leistung in Leistungsphase 2 »Erarbeiten der Vorplanung« handelt es sich hier um Lösungsmöglichkeiten nach **grundsätzlich verschiedenen Anforderungen.** Diese liegen vor, wenn der Auftraggeber andere Ziele nennt, insbesondere wenn sich das Raum- oder Funktionsprogramm wesentlich ändert oder bei einem anderen Baugelände.[100]

70 Diese Besondere Leistung tritt keinesfalls an die Stelle der Leistung Erarbeiten der Vorplanung. Die früher vertretene gegenteilige Meinung hat angesichts der heutigen klaren Formulierung keine Berechtigung mehr. Ohne vertragliche Vereinbarung zwischen

---

97 Vgl. auch oben Rdn. 34.
98 Vgl. dazu i. E. oben Rdn. 34.
99 Vgl. dazu § 8 Rdn. 29 ff.
100 Vgl. i. E. oben Rdn. 55 und § 10 Rdn. 24.

den Parteien muss der Auftragnehmer Alternativen nur dann untersuchen, wenn seine Aufgabe ohne die Erbringung dieser Leistung mangelhaft erfüllt wäre. Das ist ein seltener, kaum denkbarer Fall. Die Leistung wurde ergänzt um eine »Kostenbewertung«. Dabei kann es sich nicht um eine vollständige Kostenschätzung für die Alternative handeln, sondern um Kostenangaben ohne genaue Grundlagen im Hinblick auf Mengen und übliche Preise. Es werden also Erfahrungswerte des Auftragnehmers eine entscheidende Rolle spielen. Die Kostenbewertung ist von der Haftung her ähnlich zu beurteilen wie eine vorgezogene, vorvertragliche Kostenschätzung. Die Vertragsparteien tun gut daran, im Hinblick auf die Kostenbewertung klare Regelungen auch im Hinblick auf die Haftung und die Toleranz zu vereinbaren.

Neu aufgeführt sind das Beachten der Anforderungen des vereinbarten **Zertifizierungssystems** und das Durchführen des Zertifizierungssystems. Voraussetzung für die weitere Besondere Leistung **Ergänzen der Vorplanungsunterlagen aufgrund besonderer Anforderungen** ist, dass es sich um Anforderungen handelt, die üblicherweise nicht mit den Leistungen der Leistungsphase 2 abgedeckt sind. Da es hier um ein »Ergänzen« der Vorplanungsunterlagen geht, muss bereits ein Planungskonzept vorliegen. Besondere Anforderungen können im Zuge neuer Überlegungen oder Einflüsse auftreten, etwa veranlasst durch Auflagen baurechtlicher und/oder umweltschutzbedingter Art oder Änderungen des Raumbedarfs oder aufgrund des Funktionsablaufs oder anderer, z. B. wirtschaftlicher, Ergänzungen. Besondere planerische oder statische Maßnahmen können etwa dadurch erforderlich sein, dass eine neue Ausstattung mit technischen Anlagen entsprechend den Bestimmungen der EnEV vorgesehen wird. 71

Das **Aufstellen eines Finanzierungsplans** gehört eigentlich zu den wirtschaftlichen Betreuungsleistungen des Baubetreuers. Ein Finanzierungsplan dürfte in der Regel nur auf der Basis einer Kostenermittlung nach DIN 276 oder nach dem wohnungsrechtlichen Berechnungsrecht aufgestellt werden können. Soweit als Vorarbeiten demnach Leistungen aus Leistungsphase 2 erbracht werden müssen, besteht ein Honoraranspruch auch ohne ausdrückliche schriftliche Vereinbarung (§ 7 Abs. 1, 5). Sinn des Finanzierungsplans ist es, einmal die Frage der Finanzierbarkeit des konkreten Objekts zu prüfen, und zum anderen, einen Überblick zu vermitteln, wann und in welcher Höhe Zahlungen geleistet werden müssen und wie und von welchen Institutionen diese bereitgestellt werden können. 72

Nicht jedes **Mitwirken bei der Kredit- und Fördermittelbeschaffung** stellt eine Besondere Leistung des Architekten dar. Es muss sich vielmehr um Leistungen von einiger Bedeutung oder einigem Aufwand handeln. Die Beratung bei der Ausfüllung einfacher Formulare für Kreditinstitute, ein klärendes Ferngespräch mit einem Finanzierungsinstitut u. Ä. dürften noch zu den Grundleistungen des Architekten gehören.[101] Ist mit der Tätigkeit allerdings ein nicht unwesentlicher Arbeits- bzw. Zeitaufwand ver- 73

---

101 Ebenso *Korbion* in KMV § 34 Rn. 115; a. A. *Fuchs/Seifert* in FBS § 34 Rn. 102, wonach jede Kleinigkeit eine Besondere Leistung darstellen soll. .

§ 34 HOAI Leistungsbild Gebäude und Innenräume

knüpft, so handelt es sich um eine Besondere Leistung, auch wenn die Tätigkeit nicht sehr anspruchsvoll ist.[102]

74 Das **Aufstellen einer Bauwerks- und Betriebs-Kosten-Nutzen-Analyse** nach früherer HOAI wurde ersetzt durch das **Durchführen von Wirtschaftlichkeitsuntersuchungen.** Dazu gehört natürlich auch die frühere Analyse. Sie erfordert in der Regel die Mitwirkung anderer an der Planung fachlich Beteiligter zur Berechnung der Betriebskosten für Heizung, Klimaanlagen und andere technische Anlagen – unter Berücksichtigung der Bestimmungen der EnEV –, zur Ermittlung der Kosten für die Unterhaltung, Instandsetzung und Reinigung eines Bauwerks oder zur Ermittlung der Belastungen durch die Finanzierung, durch Steuern und Abgaben. Die Baunutzungskosten sind in DIN 18960 erläutert und zusammengefasst. Diese Norm ergänzt die DIN 276 »Kosten im Bauwesen Teil 1 Hochbau« (Fassung Dezember 2008) in der Weise, dass sich Wirtschaftlichkeitsberechnungen auf die gesamte Nutzungszeit von baulichen Anlagen ausdehnen lassen. Hierher gehören auch Ertragsberechnungen aus Vermietung, Verpachtung und Vergleichsberechnungen. Im Allgemeinen sind für die Aufstellung der Analyse betriebswirtschaftliche Erfahrungen und Kenntnisse des Kapitalmarkts, der Finanzierungs- und Abschreibungsmöglichkeiten erforderlich. Das Gleiche gilt für Wirtschaftlichkeitsuntersuchungen jeder Art.

75 Eine wesentliche Besondere Leistung ist das **Durchführen der Voranfrage** bzw. Bauvoranfrage oder Bauanfrage nach dem jeweiligen Landesbaurecht. In vielen Fällen muss der Architekt den Auftraggeber darauf hinweisen, dass zur Klärung öffentlich-rechtlicher Fragen eine Bauvoranfrage zweckmäßig erscheint.[103]

76 Die frühere Besondere Leistung **Anfertigen von Darstellungen durch besondere Techniken**, wie z. B. Perspektiven, Muster, Modelle, bezieht sich auf Schaubilder, Zeichnungen für Prospekte und Veröffentlichungen aller Art, statistische Übersichten und Gegenüberstellungen, aber auch Modelle, soweit sie nicht unter Nebenkosten des § 14 Abs. 2 Nr. 7 fallen, sowie auf Material- und Farbzusammenstellungen. Die Leistung wurde auf modernen Stand gebracht und mit **Anfertigen von Besonderen Präsentationshilfen** bezeichnet, welche dazuhin noch im Einzelnen beschrieben wurden. Ebenso neu aufgeführt sind 3-D- oder 4-D-Gebäudemodellbearbeitungen (vgl. dazu Einl. Rdn. 529 ff. und § 1 Rdn. 10) und das Aufstellen einer vertieften Kostenschätzung. Das Fortschreiben des Projektstrukturplans und das Aufstellen von Raumbüchern sind ebenfalls aufgeführt, was früher in Leistungsphase 3 der Fall gewesen war.

77 Das **Aufstellen eines Zeit- und Organisationsplanes** ist als Besondere Leistung weggefallen und an dessen Stelle ist die Grundleistung Erstellen eines Terminplans (vgl. Rdn. 66) getreten. Dennoch ist eine Besondere Leistung mit noch detaillierterem Inhalt als der Terminplan denkbar. Ein solcher Zeit- und Organisationsplan kann sich auch auf die spätere Nutzung des Objekts erstrecken. Er dient als Grundlage für Bal-

---

102 So mit Recht *Neuenfeld*, § 15 Rn. 33.
103 Zur Honorierung von Besonderen Leistungen vgl. § 3 Rdn. 13.

kendiagramme und Netzpläne. Seine Genauigkeit wird durch die Anforderungen des Auftraggebers bestimmt.

Durch die 5. HOAI-Novelle (vgl. § 58 Rdn. 13 ff.) war eine neue Besondere Leistung betreffend **Energieeinsparung und Schadstoffverringerung** eingefügt worden. In der Neufassung taucht diese Leistung nicht mehr auf, zumal sie in erheblichen Teilen zu den Grundleistungen gehören dürfte. Der Auftragnehmer hat nämlich dasjenige zu leisten, was nach den anerkannten Regeln der Technik oder aufgrund gesetzlicher Regelungen wie der EnEV, EEWärmeG und des Landesbaurechts geschuldet ist. Jedoch sind alle weitergehenden Leistungen Besondere Leistungen. Nach dem Wortlaut der HOAI 2002 ist dafür nicht erforderlich, dass sie »wesentlich« über Leistungen des Leistungsbildes hinausgehen (anders die Amtliche Begründung). Ausreichend ist es, wenn der Tatbestand einer Besonderen Leistung erfüllt ist: 78

– Anwendung passiver solarer Bauprinzipien bei der Planung und für die Einbeziehung neuartiger Materialien und Bauteile bei der Konstruktion der Außenbauteile zur Minimierung des Energieverbrauchs auf ein Niveau unterhalb der Anforderungen von Rechtsvorschriften, z. B. der Energieeinsparverordnung (vgl. dazu oben Rdn. 31), oder
– Optimierung der Bau- und Beheizungsweise zur Absenkung des Energieverbrauchs sowie der Schadstoff- und CO_2-Emissionen auf ein Niveau unterhalb der Anforderungen von Rechtsvorschriften, oder
– besondere Integration von Solaranlagen in den Baukörper, oder
– Planung des Einsatzes von Windgeneratoren zur Stromgewinnung oder von geothermischen Energien angesichts der damit verbundenen besonderen Anforderungen, oder
– über das übliche Maß hinausgehende detaillierte Planungen über Wirkungen und Einsatz von Biomasse, Sonnenkollektoren, Wärmepumpen und Photovoltaikanlagen.

Als Besondere Leistung ist ferner aufgeführt das Erarbeiten und Erstellen von Besonderen bauordnungsrechtlichen Nachweisen für den vorbeugenden und organisatorischen **Brandschutz** bei baulichen Anlagen besonderer Art und Nutzung, Bestandsbauten oder im Falle von Abweichungen von der Bauordnung. Damit werden nicht alle Leistungen betreffend den Brandschutz in den Bereich der Besonderen Leistung verwiesen, sondern lediglich bei baulichen Anlagen besonderer Art und Nutzung sowie Bestandsbauten bzw. bei Abweichungen von der Bauordnung.[104] 79

19. Fragen der Haftung bei Leistungsphase 2 Vorplanung

Gegenüber der Leistungsphase 1 Grundlagenermittlung sind die Haftungsrisiken des Architekten im Stadium der Vorplanung erheblich größer. Die Beratungs- und Aufklärungstätigkeit des Architekten ist in Leistungsphase 2 konkretisiert und im Zusammenhang mit den Leistungen zu sehen. Neben der Beratungspflicht ist bereits in Leistungsphase 2 die **Koordinierungspflicht** hervorzuheben. Diese wird in der Regel im 80

---

104 Zum Brandschutz vgl. § 1 Rdn. 5 und unten Rdn. 163.

Zusammenhang mit der Objektüberwachung gesehen. Die Koordinierungstätigkeit des Architekten setzt jedoch in Wirklichkeit viel früher, nämlich bereits bei der Leistungsphase 2, ein. Der Architekt hat nicht nur das Zusammenwirken der am Bau Beteiligten und der Sonderfachleute zu überwachen, sondern das gesamte Bauvorhaben einschließlich des Planungsablaufs zu koordinieren.[105]

81 Ferner hat der Architekt im Rahmen der Leistungsphase 2 die wesentlichen städtebaulichen, gestalterischen, funktionalen, technischen, bauphysikalischen, wirtschaftlichen, energiewirtschaftlichen, biologischen und ökologischen **Zusammenhänge**, Vorgänge und Bedingungen zu klären und zu erläutern. Diese Erläuterung weist ebenfalls auf die umfassende Beratungspflicht des Architekten als »Sachwalter« des Auftraggebers hin. Hierbei sind gleichrangig gestalterische, technische und wirtschaftliche Gesichtspunkte zu berücksichtigen. Die Frage der **Genehmigungsfähigkeit** stellt sich abschließend in Leistungsphase 3 (vgl. unten Rdn. 106 ff.). Jedoch kann in außergewöhnlichen und eklatanten Fällen auch bereits in Leistungsphase 1 die Genehmigungsfähigkeit zu berücksichtigen sein (vgl. oben Rdn. 28). Maßgebend bleibt in aller Regel die Entwurfsplanung und von einem Fehler kann dann nicht gesprochen werden, wenn auf die möglicherweise nicht genehmigungsfähige Vorplanung ein im Wesentlichen gleicher, aber genehmigungsfähiger Entwurf gestützt werden kann.[106]

82 Von besonderer Bedeutung in dieser Leistungsphase ist die **Beratungspflicht** hinsichtlich der **Kosten**. Der Architekt ist verpflichtet, den Auftraggeber auf Kosten auslösende Maßnahmen hinzuweisen, über eine nicht vorhergesehene Entwicklung der Kosten aufzuklären, Kostenermittlungen fortzuschreiben und Vor- und Nachteile kostensenkender Maßnahmen darzulegen. Er hat ferner auf verteuernde Sonderwünsche hinzuweisen.[107] Die technisch einwandfrei bewirkte Leistung des Architekten kann mangelhaft sein, wenn sie nicht kostensparend ist. Hat der Architekt z. B. Konstruktionen oder Materialien gewählt, die zwar technisch einwandfrei sind, aber dem Zweck und Nutzen des Objekts hinsichtlich ihres Aufwandes nicht entsprechen, so liegt zwar kein technischer, aber ein Mangel in wirtschaftlicher Hinsicht vor. Im Zusammenhang mit dem Klären der Zielvorstellungen (vgl. Rdn. 28) muss der Architekt auch den **Kostenrahmen des Auftraggebers abklären**.[108] Die Pflicht, den wirtschaftlichen Rahmen zu klären, besteht schon in Leistungsphase 1.[109] Entsprechendes gilt bezüglich der **wirtschaftlichen Optimierung** der Planung (oben Rdn. 47). Die **Planungswünsche** des Bauherrn sind zu ermitteln und sowohl in technischer als auch in wirtschaftlicher Hinsicht Varianten vorzuschlagen.[110]

---

105 Vgl. auch Rdn. 122, 150, 171 und 218.
106 OLG Schleswig Urt. v.12.01.2007 – 1 U 104/06, Analyse *Koeble* auf www.jurion.de/ Modul Werner Baurecht.
107 Vgl. auch zur Kostenkontrolle unten Rdn. 97, 196.
108 Vgl. BGH BauR 1991, 366 = NJW-RR 1991, 661 = ZfBR 1991, 104; OLG Hamm BauR 2012, 530; OLG Düsseldorf BauR 1998, 880; OLG Naumburg BauR 1996, 890; vgl. auch oben Rdn. 47.
109 Dazu Rdn. 28, 47 und Einl. Rdn. 185.
110 BGH BauR 1998, 356 = NJW-RR 1998, 668 = ZfBR 1998, 148.

Die Berücksichtigung **steuerlicher Gesichtspunkte** und die Beratung bei der Finanzie- 83
rung gehört an sich nicht zu den Leistungen des Architekten. In gewissem Umfang
kann sich jedoch eine Beratungspflicht auch auf diesem Gebiet ergeben. Der Architekt
braucht zwar grundsätzlich nicht von sich aus mit dem Auftraggeber zu erörtern, ob
und welche steuerlichen Vergünstigungen in Anspruch genommen werden sollen. Er
muss auch nicht ohne besondere Anhaltspunkte seine Planung hierauf abstellen. Bringt
der Auftraggeber jedoch zum Ausdruck, dass er bestimmte steuerliche Vergünstigungen in Anspruch nehmen will, so muss der Architekt dafür sorgen, dass die Voraussetzungen hierfür geschaffen werden. Gleiches gilt dann, wenn sich dem Architekten nach
den Umständen des gesamten Falles die Erkenntnis aufdrängen muss, dass dem Auftraggeber daran gelegen ist, steuerliche Vergünstigungen zu erreichen. Weiß der Architekt zum Beispiel, dass der Bauherr Grunderwerbsteuerfreiheit anstrebt, und lässt sich
diese nur bei Einhaltung bestimmter Wohnflächen-Höchstgrenzen erreichen, so muss
der Architekt dafür sorgen, dass die Höchstgrenze nicht überschritten wird.[111] Der Architekt haftet hier bei Fehlern auch gegenüber einem Steuerberater als Bauherr in vollem Umfang.[112] Ein Hinweis auf die **Bauabzugssteuer** bei Vergütungen von Bauleistungen seit 01.01.2002 (BT-Drucks. 14/6071) ist deshalb nicht erforderlich, weil diese
Pflicht nur »Unternehmer« als Auftraggeber trifft und diese die für ihre Tätigkeit gültigen Steuerregeln kennen müssen.[113] Architekten- und Ingenieurleistungen sind keine
Bauleistungen i. S. d. § 48 Abs. 1 S. 1 EStG, sodass die Auftraggeber keine Abzüge vornehmen müssen und dürfen.[114]

Ebenso wenig muss der Architekt von vornherein die **Vermögensinteressen** des Bau- 84
herrn in jedem Falle wahrnehmen und unter Ausnutzung aller in Betracht kommenden
Vorteile »so kostengünstig wie möglich« bauen. Ergeben sich jedoch für ihn Gesichtspunkte, dass der Auftraggeber ein Renditeobjekt errichten will, so muss der Architekt
bereits im Vorplanungsstadium diesem Sachverhalt gerecht werden und auf Bedenken
und Möglichkeiten der günstigsten Bauweise und Nutzung hinweisen.[115] Der Architekt
ist allerdings nicht verpflichtet, sich schwierige steuerliche Kenntnisse anzueignen. Er
kann in solchen Fällen darauf verweisen, dass der Auftraggeber oder sein Steuerberater
ihm die entsprechenden steuerrechtlichen Unterlagen zur Verfügung stellen. Meist genügt es hier aber, wenn der Architekt dem Auftraggeber einen Hinweis auf die Hinzuziehung eines Steuerberaters bzw. Finanzierungsfachmanns gibt.

Wird der Architekt bei Fragen der **Finanzierung** hinzugezogen, liefert er Berechnungen 85
für Kreditinstitute oder Schätzungen, so haftet er bei schuldhaft falscher Beratung. Er
ist zwar im Rahmen seiner Leistungen nicht verpflichtet, bei der Finanzierung mit-

---

111 OLG Köln BauR 1993, 756 = NJW-RR 1993, 1493; BGHZ 60, 1 [3] = NJW 1973, 237; zu
 den Grenzen der Beratungspflicht in diesem Zusammenhang vgl. OLG Düsseldorf
 BauR 1990, 493 = NJW-RR 1991, 90.
112 OLG Köln BauR 1990, 493.
113 Ebenso *Kesselring* BauR 2002, 1173; vgl. zu dieser Steuer auch BGH BauR 2005, 1311 =
 NJW-RR 2005, 1261.
114 BGH BauR 2005, 1658 = NZBau 2005, 592.
115 BGH NJW 1975, 1657; BGH NJW 1981, 2182 [2183].

§ 34 HOAI Leistungsbild Gebäude und Innenräume

zuwirken. Tut er dies jedoch, so muss seine Beratung richtig und sachgerecht sein. Der Architekt muss auch nicht von sich aus auf Möglichkeiten von Zuschüssen oder von **Förderung** (z. B. im Sanierungsgebiet) hinweisen. Ohne ausdrückliche Vereinbarung muss er die Voraussetzungen für die Bewilligung eines Zuschusses nicht schaffen.[116] Bei entsprechender Zusage muss er aber die öffentlichen Finanzierungsmittel ordnungsgemäß beantragen.[117]

86 Zu den Pflichten des Architekten in Leistungsphase 2 gehört auch die Kostenschätzung nach DIN 276 oder nach dem wohnungsrechtlichen Berechnungsrecht.[118] Die Kostenschätzung muss sorgfältig vorgenommen werden, da der Auftraggeber häufig seine Entscheidung über die Durchführung der Planungs- bzw. Baumaßnahmen davon abhängig macht. Eine fehlerhafte Kostenschätzung kann zu erheblichen Schadensersatzansprüchen gegen den Architekten führen (vgl. i. E. Einl. Rdn. 193 ff.).

87 Der Architekt darf nur die Leistungen gegen Honorar erbringen, die nach dem Stand der Planung erforderlich sind. Gegebenenfalls muss er eine Bauvoranfrage einreichen, bevor er einen Entwurf fertigt.[119]

20. Die Grundleistungen für Leistungsphase 3 Entwurfsplanung (System- und Integrationsplanung)

a) Vollständiger Entwurf

88 Mit der HOAI 2013 wurden die früheren Grundleistungen 1 und 4 zusammengefasst. Damit umfasst die jetzige erste Teilleistung beides, nämlich die Beschreibung des Ziels der Entwurfsplanung und auch die Art und Weise, wie die Planungsleistung zu erbringen ist.[120] Während sich aus der Vorplanung nur Ansätze zur Realisierung baulicher Strukturen ergeben, wie Funktionsschemata, Raumzuordnungen, Verteilung von Mengen und Flächen, mögliche Fertigungs- und Konstruktionsverfahren, soll die Entwurfsplanung die Lösung der Aufgabe nach Systemen, z. B. gestalterischem System oder Prinzip, Konstruktionssystem, Heizungssystem, Fertigungssystem und Ausbausystem zeigen. Außerdem sollen die einzelnen Systeme aufeinander abgestimmt, integriert werden. Hieraus leitet sich der Begriff **System- und Integrationsplanung** ab.[121]

89 Die Leistungsphase 3 stellt in der Planungssystematik der HOAI die **wichtigste und umfassendste Planungsphase** im gesamten Planungsprozess dar. Der Untertitel Sys-

---

116 BGH BauR 1988, 734 = NJW-RR 1988, 1361 = ZfBR 1988, 261; vgl. hierzu ferner Einl. 184.
117 BGH BauR 1996, 578 = NJW 1996, 1889 = ZfBR 1996, 208.
118 Zu Inhalt und Form der Kostenschätzung vgl. oben Rdn. 61 ff. sowie § 4 Rdn. 10 ff.
119 BGH *Schäfer/Finnern* Z 3.01 Bl. 385; vgl. auch unten Rdn. 108 und 111 und Einl. Rdn. 79.
120 *Koeble/Zahn*, Die neue HOAI 2013, Teil C Rn. 110; *Lechner/Stifter*, Kommentar zum Leistungsbild Architektur, S. 102; *Seifert/Fuchs* in FSBS § 34 Rn. 116.
121 Zur Definition der Entwurfsplanung und auch der Ausführungsplanung *Schottke*, FS Koeble, S. 511 [514 ff., 517 ff.].

tem- und Integrationsplanung zeigt deutlich, dass in dieser Leistungsphase alle wichtigen Entscheidungen, die die Gestaltung, die Konstruktion, die technischen Anlagen, den Standard des Ausbaus und damit die Kosten betreffen, getroffen werden müssen.[122] Es gehört zur Beratungspflicht des Auftragnehmers, dem Auftraggeber entsprechende Vorschläge zu machen.

Die **zeichnerische Darstellung des Gesamtentwurfs** ist das Ergebnis aller bisherigen Leistungen.[123] Der Maßstab des Entwurfs richtet sich nach Art und Größe des Objekts. Normalerweise wird der Entwurf im Maßstab 1:100, bei größeren Objekten 1:200, bei Innenräumen 1:50 bis 1:20 gefertigt. Für Freianlagen wurde durch die 4. HOAI-Novelle der Maßstab 1:500 bis 1:100 vorgesehen. Ebenso wurde ergänzt, dass Angaben zur Verbesserung des Naturschutzes gemacht werden sollen. Für Raumbildende Ausbauten wurden daneben Einzelangaben eingeführt. Der Architekt kann jedoch hier bereits die Ausführungspläne im Maßstab 1:50 vorlegen, ohne dass dadurch eine Minderung des Honorars für Leistungsphase 3 gerechtfertigt wäre. Der Entwurf selbst muss nur die **Hauptmaße** enthalten, da er noch keine baureife Zeichnung darstellt.[124] Er muss alle **erforderlichen Grundrisse, Schnitte und Ansichten** aufweisen. In Einzelfällen sind auch die umgebenden Gebäude darzustellen. Die Einbindung in das vorhandene Gelände ist vor allem bei Hanglage stets darzustellen, ebenso das geplante, künftige Gelände im Anschluss an das Gebäude. Allerdings hat sich der Planungsprozess in den letzten Jahrzehnten vollständig verändert.[125] Dennoch bleibt es dabei, dass für die Baugenehmigung die Entwurfsplanung in klassischer Form vorgelegt werden muss. Bei Raumbildenden Ausbauten sind Einzelheiten wie Farb-, Licht- und Materialgestaltung anzugeben, in die Objektbeschreibung aufzunehmen und gegebenenfalls durch Farb- und Materialmuster zu belegen. Soweit bei Innenräumen Wandabwicklungen von Bedeutung sind, müssen diese dargestellt werden. Detailpläne größeren Maßstabs sollen wiederkehrende Raumgruppen darstellen. Dies können z. B. sein Krankenzimmer in einem Krankenhaus, Nasszellen einzelner Wohngruppen, Küchen, Anlagen der Ver- und Entsorgung. Über die Art der zeichnerischen Darstellung ist keine Aussage gemacht. Für Bauzeichnungen gilt DIN 1356. Diese Norm gilt für alle Zeichnungen, die dem Entwurf und der Bauvorlage, der Herstellung und der Aufnahme von baulichen Anlagen dienen. Nicht in den Bereich der Entwurfsplanung gehören Planungs- und Koordinierungsleistungen des **SiGeKo** aus der **BaustellenV**.[126] Hier handelt es sich um völlig außerhalb der HOAI stehende Leistungen (vgl. Einl. Rdn. 441 ff.). Die Beratung des Bauherrn ist dagegen Leistung nach HOAI (vgl. oben Rdn. 45).

90

Die **Abgrenzung zwischen Leistungsphasen 3 und 5** kann im Einzelfall problematisch sein. Die Leistungsphase 3, welche nach der Überschrift **Systemplanung** heißt, ist die

91

---

122 Ebenso *Werner/Siegburg* BauR 2013, 1499 (1530).
123 Vgl. bezüglich der Abgrenzung zur Ausführungsplanung unten Rdn. 152 f.
124 Ebenso *Jochem*, § 33 Rn. 55; *Korbion* in KMV § 34 Rn. 138; *Seifert/Fuchs* in FBS § 34 Rn. 120.
125 Dazu eingehend *Werner/Siegburg* BauR 2013, 1499 (1531).
126 A. A. *Wingsch* BauR 2001, 314.

bedeutendste und umfassendste Planungsphase. Hier fallen die wichtigen Entscheidungen bezüglich der Gestaltung, der Konstruktion, der Technischen Anlagen und des Standards des Ausbaus. Dennoch sind hier noch nicht alle einzelnen Angaben zu machen, die für die Ausführung erforderlich sind.[127] Die Abgrenzung zwischen Leistungsphasen 3 und 5 ist auch deshalb schwieriger geworden, weil bereits in der Entwurfsplanung elektronische Grundlagen verwendet werden, die dann für die Ausführungsplanung genutzt werden können.[128] Sie ist auch deshalb komplizierter, weil bereits in Leistungsphase 3 heute umfangreichere Teilleistungen erbracht werden müssen. So müssen alle »kostenrelevanten Details« geklärt und ebenso »Behördenabklärungen« aus Leistungsphase 4 durchgeführt sein. Das ergibt sich zwar nicht unmittelbar aus dem Text der HOAI, jedoch aus der Bedeutung der System- und Integrationsplanung.[129]

92 Das **Durcharbeiten des Planungskonzepts** baut auf den Ergebnissen der Leistungsphase 2 auf. Es liegt in der Natur eines jeden Planungsprozesses, dass eine zeichnerische Lösung stufenweise erarbeitet wird. Hierbei sind die städtebaulichen, gestalterischen, funktionalen, technischen, bauphysikalischen, wirtschaftlichen, energiewirtschaftlichen und landschaftsökologischen Anforderungen zu berücksichtigen.

b) Bereitstellen der Arbeitsergebnisse sowie Koordination und Integration

93 Mit der HOAI 2013 wurde das Integrieren der Leistungen anderer ergänzt und auch das **Bereitstellen der Arbeitsergebnisse** des Auftragnehmers für die anderen an der Planung fachlich Beteiligten sowie die Koordination der Ergebnisse aufgenommen. Das Bereitstellen ist eine Selbstverständlichkeit, sodass diese Leistung auch bisher von den Grundleistungen erfasst war. Selbstverständlich müssen die Pläne so weit gediehen sein, dass die fachlich Beteiligten auf ihrer Grundlage die fachspezifischen Leistungen erbringen können. Eine weitere Leistung ist und bleibt die **Koordination und Integration** der Leistungen anderer an der Planung fachlich Beteiligter. Auch hierbei sind die Sonderfachleute zu beteiligen. Der Architekt wird dabei nicht nur koordinierend tätig sein können. Vielmehr wird er auch die Belange und Wünsche des Auftraggebers mit den anderen an der Planung fachlich Beteiligten in wirtschaftlicher, technischer und energiewirtschaftlicher Art abstimmen und auf die Kostenentwicklung achten müssen. Die einzelnen Faktoren müssen exakter bearbeitet werden als im Rahmen der Vorplanung. Das Planungskonzept muss alle endgültigen Angaben enthalten, damit die zur Ausführung notwendigen Pläne ohne grundsätzliche Änderung angefertigt werden können. Es muss ferner als Voraussetzung für die Kostenberechnung nach DIN 276 dienen können und einen abschließenden Vergleich mit den Anforderungen des Zielkatalogs ermöglichen. Hierbei stellt die Koordinierung der Leistungen der anderen an der Planung fachlich Beteiligten eine für das Bauvorhaben entscheidende Leistung

---

127 Zur Abgrenzung vgl. unten Rdn. 152.
128 Vgl. dazu *Werner/Siegburg* BauR 2013, 1499 (1531).
129 Mit Recht heben *Werner/Siegburg* BauR 2013, 1499 (1531 f.), die erheblich größere Bedeutung der Leistungsphase 3 im oben geschilderten Sinn hervor.

dar. Während der Durcharbeitung muss der Auftraggeber vom Architekten ständig informiert werden. Der Architekt muss ferner rechtzeitig Entscheidungshilfen geben, damit der Auftraggeber in der Lage ist, das endgültige Planungskonzept festzulegen.

c) Objektbeschreibung

Eine wichtige Leistung im Rahmen der Leistungsphase 3 ist die **Objektbeschreibung**. 94 Im Unterschied zu früher wurde darauf verzichtet, die Objektbeschreibung noch näher zu erläutern. Dadurch hat sich aber inhaltlich nichts geändert.[130] Die Objektbeschreibung muss alle wesentlichen Merkmale, die letztlich die Baukosten umfassen oder bestimmen, enthalten. Sie dient letztlich der Festlegung des vorgesehenen **Ausführungsstandards**, der seinen Niederschlag in der Kostenberechnung erfährt. Dies können sein: Konstruktionen, Materialien, technische Gebäudeausrüstung, Ausbau u. a. Entsprechend der Bauaufgabe wird die Objektbeschreibung städtegestalterische, funktionale und wirtschaftliche Faktoren einbeziehen. Hierzu gehören auch die energiewirtschaftlichen Bedingungen nach dem EnEG sowie der EnEV unter Mitwirkung der Sonderfachleute. Seit der 4. HOAI-Novelle sind auch Ausgleichs- und Ersatzmaßnahmen nach Maßgabe der naturschutzrechtlichen Eingriffsregelung zu erläutern. Dies ist nur im Zusammenwirken mit dem oder den Sonderfachleuten möglich. Inhaltlich kann es sich dabei um Vorschläge für Anpflanzungen, Dachbegrünungen und ähnliche Maßnahmen handeln. Die Erläuterung kann in dieser Phase nur in der Bauleitplanung angesprochene Ausgleichs- und Ersatzmaßnahmen betreffen und somit nur den Hinweis für den Bauherrn hinsichtlich der Notwendigkeit derartiger Maßnahmen zum Gegenstand haben. Die Objektbeschreibung muss so umfassend sein, dass sich der Auftraggeber von der zeichnerischen Darstellung einen Gesamteindruck von dem Objekt verschaffen kann. Fehlt die Objektbeschreibung, so kann im Einzelfall eine Minderung des Honorars gerechtfertigt sein, da es sich um eine zentrale Leistung handelt.[131] Der deutlichen Betonung der neuen Leistungsphase 3 entspricht es auch, dass statt 11 % nunmehr 15 % des Gesamthonorars auf diese Leistungsphase entfallen.[132]

d) Verhandlungen über die Genehmigungsfähigkeit

Zu den **Verhandlungen mit den Behörden** über die Genehmigungsfähigkeit des Ob- 95 jekts treten noch die **Verhandlungen mit anderen an der Planung fachlich Beteiligten über die Genehmigungsfähigkeit** hinzu wie hinsichtlich der Vorverhandlungen in Leistungsphase 2. In der Neufassung 2013 sind zwar die Verhandlungen mit anderen an der Planung fachlich Beteiligten weggefallen. Dies ändert jedoch nichts daran, dass der Auftragnehmer bei irgendwie gearteten Fragen der Genehmigungsfähigkeit auch

---

130 Ebenso *Werner/Siegburg* BauR 2013, 1499 (1532).
131 Ebenso OLG Düsseldorf BauR 1994, 133 = NJW-RR 1994, 18, das im entschiedenen Fall aber zu Recht keine Minderung vornahm, weil der Architekt eine mindestens ebenbürtige Leistung durch Erstellung einer Bauteilkostenberechnung erbracht hatte.
132 Zur Begründung vgl. die Amtliche Begründung sowie *Werner/Siegburg* BauR 2013, 1499 (1530); vgl. auch unten Rdn. 277.

mit den fachlich Beteiligten in Kontakt treten und die Fragen der Genehmigungsfähigkeit mit ihnen gemeinsam behandeln und lösen muss. Mit der früheren Formulierung wird nicht nur die Leistungsanforderung, sondern auch die Verantwortung hinsichtlich der Integration

und Koordination anderer an der Planung fachlich Beteiligter (Fachingenieure) angesprochen. Trotz der Änderung in der Formulierung hat sich daran nichts geändert. Da es sich im Gegensatz zur Leistungsphase 2 hier um den vollständigen Entwurf handelt, der die Grundlage für die Genehmigungsplanung in Leistungsphase 4 und insbesondere für die Ausführungsplanung in Leistungsphase 5 bildet, ist diese Leistungsanforderung größer.

e) Kostenberechnung

96 Die **Kostenberechnung** nach DIN 276 ist im Unterschied zur Kostenschätzung eine verbindliche Kostenermittlung, die als Grundlage für die Entscheidung dient, ob das Bauvorhaben wie geplant durchgeführt werden soll.[133] Mit ihr soll unter Anwendung von Erfahrungs- und Kostenrichtwerten aufgrund von ausführlicheren Unterlagen als in der Vorplanung eine verbindliche Kostenermittlung vorgelegt werden. Sie ist gegenüber der Kostenschätzung verfeinert, und zwar mindestens bis zur zweiten Ebene der Kostengliederung. Es wird im Einzelfall von der geforderten oder gebotenen Genauigkeit abhängen, in welchem Umfang auch die Verfeinerung der dritten Ebene herangezogen werden muss.[134] Dies gilt für alle Kostengruppen. Jedoch handelt es sich immer um summarische Ermittlungen. Eine Kostenberechnung mit Mengengerüsten nach Bauteilen/Bauelementen oder Mengenermittlungen mit Einheitspreisen der ATV ist in jedem Fall eine Besondere Leistung. Die DIN 276 in der Fassung von Dezember 2008 enthält keine Formblätter zu den einzelnen Kostenermittlungen mehr. Dennoch ist die Verwendung eines Musters als Checkliste zu empfehlen.[135]

97 Durch die 5. HOAI-Novelle[136] wurde die **Kostenkontrolle durch Vergleich der Kostenberechnung mit der Kostenschätzung** eingefügt.[137] Die Kostenkontrolle war zwar bisher nur in Leistungsphase 8 genannt. Es war jedoch klar, dass sie während der gesamten Planungs- und Ausführungsphase geschuldet war. Insoweit hat sich nichts geändert. Neu ist aber, dass ein Vergleich vorzunehmen ist. Dies kann nur in schriftlicher Form und durch Gegenüberstellung der betreffenden Zahlen aus allen Kostengruppen geschehen.

---

133 DIN 276–1 Ziff. 3.4.3, vgl. Anhang 1.
134 Vgl. hierzu die gleiche Problematik bei der Kostenschätzung, oben Rdn. 63.
135 Vgl. z. B. *Fröhlich*, Hochbaukosten, Kommentar zur DIN 276; zum Inhalt der Kostenberechnung vgl. im Übrigen § 4 Rdn. 18 ff. und zur Haftung Einl. Rdn. 185 ff.
136 Vgl. *Locher/Koeble/Frik*, 9. Aufl., § 103 Rn. 2 ff.
137 Vgl. auch für Leistungsphase 7 unten Rdn. 200.

f) Fortschreiben des Terminplans

Insgesamt wurde mit der HOAI 2013 stärkeres Gewicht auf die Terminplanung gelegt. Das beginnt mit der Erstellung eines Terminplans in Leitungsphase 2.[138] Neue Erkenntnisse, die sich entweder aus der eigenen Planung oder aus den Beiträgen der fachlich Beteiligten ergeben, müssen in den Terminplan einfließen. In weiteren Leistungsphasen ist er noch fortzuschreiben.

g) Zusammenfassen, Erläutern und Dokumentieren der Ergebnisse

Das **Zusammenfassen aller Entwurfsunterlagen** hat ähnliche Bedeutung wie in Leistungsphase 2, nur ist diese Zusammenfassung entsprechend dem vergrößerten Inhalt umfangreicher als in Leistungsphase 2. Die Entwurfsunterlagen stellen in ihrer Gesamtheit die wichtigste Entscheidung für den Auftraggeber dar, nämlich ob entsprechend der Planung gebaut wird. Ihre Zusammenstellung ist dagegen eine verwaltungstechnische Aufgabe, die aber nach Auffassung des BGH einen selbstständigen Teilerfolg darstellen soll (vgl. § 8 Rdn. 16 ff.).

Am Ende dieser Leistungsphase – wie am Ende aller Leistungsphasen – steht das **Erläutern und Dokumentieren** der Ergebnisse.[139] Immerhin bedarf es – im Unterschied zur HOAI 2009 – keiner »Erörterung« der Ergebnisse mehr. Die diesbezüglichen Leistungen können u. U. zu Honorarabzug führen, wenn sie nicht erbracht werden.[140]

21. Die Besonderen Leistungen für Leistungsphase 3 Entwurfsplanung

Als Besondere Leistung ist zunächst die **Analyse der Alternativen/Varianten und deren Wertung mit Kostenuntersuchung (Optimierung)** genannt. Die hiermit bezeichnete Leistung kann im Rahmen der Honorierung des sog. Value Engineering genutzt werden.[141] Bei der Vielfalt der angebotenen Konstruktionssysteme, Baustoffe, Bauteile und -elemente ist die Auswahl nach wirtschaftlichen Gesichtspunkten oft entscheidend. Diese Wahl hängt wesentlich von der Integrationsfähigkeit der Systeme ab und ist nicht ohne Weiteres schlüssig festzulegen. Hierzu dienen die Analyse und der Vergleich von verschiedenen Alternativlösungen. Dadurch wird die wirtschaftlichste und der Aufgabenstellung entsprechend optimale Lösung gefunden. Dies bedeutet Optimierung. In der Regel bedarf es hier der Mitwirkung der Fachplaner.

Die **Wirtschaftlichkeitsberechnung** ist eine exakte Berechnung des zu erwartenden Nutzens. Sie baut auf der Kosten-Nutzen-Analyse auf, ist aber in ihrer Aussagekraft wesentlich genauer. Sie setzt sich auf der Kostenseite in der Regel zusammen aus Kapitalkosten (Fremdkapital, Eigenkapital), Abschreibungen, Verwaltungskosten, Steuern,

---

138 Vgl. dazu i. E. oben Rdn. 66.
139 Vgl. dazu i. E. bereits oben Rdn. 67 f.
140 Vgl. dazu § 8 Rdn. 29 ff.
141 Dazu eingh. *Eschenbruch/Bodden* NZBau 2015, 587 und oben § 1 Rdn. 5 sowie § 7 Rdn. 172.

§ 34 HOAI   Leistungsbild Gebäude und Innenräume

Betriebskosten und Bau-Unterhaltungskosten.[142] Der Kostenseite wird die Ertragsseite des Objekts gegenübergestellt, wobei die marktbeeinflussenden Faktoren zu berücksichtigen sind.

103 Als weitere Besondere Leitung ist das **Aufstellen und Fortschreiben einer vertieften Kostenberechnung** genannt. Diese kann in verschiedenen Formen vereinbart und erbracht werden. Eine der Möglichkeiten ist die Kostenberechnung durch Aufstellen von Mengengerüsten oder Bauelementkatalog, die eine weitere Verfeinerung gegenüber der Kostenberechnung nach DIN 276 gemäß den Kostengruppen der zweiten Ebene darstellt. Im Gegensatz zum Kostenanschlag nach DIN 276, der in der Regel anhand der dritten Ebene der Kostengruppen nach Einzelgewerken gemäß ATV[143] mit Mengenangaben erstellt wird, ist diese Kostenermittlung mit Einheitspreisen von Gebäudeunterelementen durchzuführen. Gebäudeunterelemente sind funktional und geometrisch abgrenzbare Teile eines Gebäudes. Sie umfassen alle Leistungen und deren Kosten, die mit der Erstellung des Elementes zusammenhängen (Kostenverursachungsprinzip). Unter dem Gebäudeelement »Bodenbeläge« werden z. B. alle Leistungen im Zusammenhang mit der Herstellung von Bodenbelägen des Bauwerks zusammengefasst. Die Kosten je Mengeneinheit des Gebäudeunterelementes sind damit mittlere Kosten aus allen auftretenden Bodenbelägen, und die Menge des Gebäudeunterelementes ist die Menge aller auftretenden Bodenbeläge. Dies sei an einem **Beispiel** verdeutlicht:

Industrieparkett	200 m²	à	25 €	5 000 €
Teppichboden	100 m²	à	15 €	1 500 €
Plattenbelag, Steinzeug	50 m²	à	50 €	2 500 €
Gebäudeelement Bodenbeläge	350 m²	à	25,72 €	9 000 €

104 Ein Gebäudeunterelement stellt somit keine baubare Lösung dar, sondern repräsentiert ein spezifisches Gemenge von einzelnen Ausführungen von Gebäudeelementen. Wenn also von Qualität gesprochen wird, ist sowohl die Art der einzelnen Ausführungen als auch das Mischungsverhältnis der Ausführungen im Gebäudeunterelement gemeint. Die Auswahl von Einheitspreisen zu den einzelnen Gebäudeunterelementen erfolgt unter Berücksichtigung des oben genannten Qualitätsbegriffs.[144] Die einzelnen Bauteile/ Bauelemente werden also unterteilt nach Gebäudeelementen bzw. Gebäudeunterelementen, für die nach besonderen Messvorschriften die Mengen ermittelt werden. Mengen sind nach allgemeiner Auffassung messbare Größen nach Längen, Flächen oder Rauminhalten. Eine Kostenberechnung nach Mengengerüsten enthält also Men-

---

142 Vgl. zum Ganzen *Pfarr*, Handbuch der kostenbewussten Planung, S. 122 ff.
143 VOB Teil C Allgemeine Technische Vertragsbedingungen für Bauleistungen.
144 Vgl. zum Ganzen BKI-Baukosten 2009, Teil 1 Statistische Kostenkennwerte für Gebäude und Teil 2 Statistische Kostenkennwerte für Bauelemente.

genansätze mit Einzelkosten (Einheitspreisen), aggregierten Einzelkosten oder aufgrund von Einzelkosten ermittelten Mischkosten.

Durch die 5. HOAI-Novelle[145] wurde auch in Leistungsphase 3 eine neue Besondere Leistung betreffend die **Energieeinsparung** und **Schadstoffverringerung** eingefügt. Die Abgrenzung zu den Leistungen sowie der Gegenstand der Tätigkeit ist der gleiche wie in der Leistungsphase 2 (vgl. oben Rdn. 78). Im Unterschied dazu ist hier jedoch die Weiterentwicklung der konzeptionellen Überlegungen geschuldet. Die konstruktiven und kostenmäßigen Auswirkungen sind im Einzelnen darzulegen, damit beides für Baubeschreibung, Kostenberechnung und Dimensionierung der technischen Ausrüstung als Grundlage verwertet werden kann.

105

22. Fragen der Haftung bei Leistungsphase 3 Entwurfsplanung

a) Genehmigungsfähige Planung

In der Leistungsphase Entwurfsplanung wird die Plankonzeption bis zum vollständigen Entwurf entwickelt. Werden dabei nicht in angemessener Weise städtebauliche, gestalterische, funktionale, technische, bauphysikalische, wirtschaftliche, energiewirtschaftliche und landschaftsökologische Anforderungen berücksichtigt, so kann die Entwurfsplanung mangelhaft sein.[146] Schon in Leistungsphase 1 können Umstände betreffend die **Genehmigungsfähigkeit** eines vom Bauherrn gewünschten Objekts eine Rolle spielen (vgl. oben Rdn. 47). Der Architekt schuldet einen **genehmigungsfähigen Entwurf**.[147] Die Planung ist mangelhaft, wenn sie nicht genehmigungsfähig ist. Sie muss in Einklang mit den Regelungen des Bauordnungs- und Bauplanungsrechts stehen. Nach allgemeiner Formulierung schuldet der Architekt eine **dauerhaft genehmigungsfähige Planung**.[148] Von der Rechtsprechung wird die **Genehmigungsfähigkeit** der Planung auch dann gefordert, wenn – wie z. B. im nicht beplanten Innenbereich wegen § 34 BauGB – Risiken bestehen.[149] Im Ergebnis trifft den Architekten damit hinsichtlich der Genehmigungsfähigkeit eine Einstandspflicht für den Erfolg. Das gilt jeden-

106

---

145 Vgl. *Locher/Koeble/Frik*, 9. Aufl. § 103 Rn. 2 ff.
146 Vgl. i. E. *Morlock* DAB 1990, 945.
147 Prüfung der Genehmigungsfähigkeit schon in Leistungsphase 1 vgl. oben Rdn. 28 und in Leistungsphase 2 vgl. Rdn. 81.
148 BGH BauR 2011, 869 = NJW 2011, 1442 mit Anm. *Schwenker* = NZBau 2011, 360; BGH BauR 1999, 934 = NJW 1999, 2112 = ZfBR 1999, 202; BGH BauR 1999, 1195; OLG Düsseldorf BauR 1986, 469; OLG München BauR 1992, 534 = NJW-RR 1992, 788; OLG Düsseldorf BauR 2010, 1255; OLG Düsseldorf BauR 2012, 1118 betreffend einen Grenzabstands-Fall; OLG Düsseldorf NJW-RR 1996, 1234; OLG München NJW-RR 2012, 23 = NZBau 2012, 45; OLG Nürnberg BauR 2002, 976 = NJW-RR 2002, 670 = NZBau 2003, 39; *Locher* BauR 2002, 1303; *Maser* BauR 1994, 180; *Bönker* NZBau 2003, 80; *Preussner* BauR 2001, 697; *Kesselring*, FS Mantscheff, 2000, S. 3; *Troidl* BauR 2007, 12; *Spiegels* NZBau 2007, 270; *Wagner* ZfBR 2011, 535; grundlegend *Knacke/Schütz*, »Dauerhaft genehmigungsfähige Planung«, FS Koeble, S. 375 ff.
149 BGH BauR 1999, 1195; zur Änderung der öffentlich-rechtlichen Gegebenheiten *Preussner* BauR 2001, 697.

§ 34 HOAI   Leistungsbild Gebäude und Innenräume

falls im Hinblick auf die Vergütungspflicht, weil die nicht genehmigungsfähige Planung auch **nicht abnahmefähig** ist.[150] Die Unterschrift des Bauherrn unter die Pläne stellt keine Abnahme dar.[151] Ebenso wenig entlastet es den Architekten, wenn die Behörde (rechtswidrig) die Baugenehmigung erteilt hat. Erforderlich ist vielmehr Bestandskraft der Baugenehmigung.[152] Wird die von der Baubehörde fälschlicherweise erteilte Baugenehmigung auf Widerspruch von Nachbarn wegen Verletzung von nachbarschützenden Vorschriften des Bauordnungs- oder Bauplanungsrechts wieder aufgehoben, dann erweist sich die Architektenleistung als mangelhaft.[153] Mangelhaft ist die Planung des Architekten auch dann, wenn zwar die Baugenehmigung erteilt wird, jedoch mit Auflagen, die auf eine vom Vertrag abweichende Bauausführung hinauslaufen.[154] Dem Bauherrn wird man hier jedoch unwesentliche **Änderungen** und ggf. auch Einschränkungen zumuten müssen.[155]

107 Gegenüber der strengen Formulierung, wonach dauerhafte Genehmigungsfähigkeit geschuldet sei, gibt es auch **Einschränkungen und Ausnahmen**. Im Rahmen von **Bebauungsplanänderungen** dürfen die Anforderungen an die Planung des Architekten nicht überspannt werden.[156] Sind Planungsänderungen für den Architekten nicht vorhersehbar, haftet er mangels Fahrlässigkeit nicht auf Schadensersatz. Die Klärung der Abstandsflächen oder auch die Prüfung des Schmalseitenprivilegs sind ganz sicher Angelegenheit des Architekten und nicht des Vermessungsingenieurs.[157] Ein Mitverschulden des Vermessungsingenieurs muss sich der Bauherr insoweit nicht entgegenhalten lassen.[158] Der Mangelvorwurf **entfällt nicht** schon dadurch, dass die Behörde einen baurechtswidrigen Zustand duldet.[159] Das hat jedoch Bedeutung für die Art und Höhe der Ansprüche. Die zunächst in Aussicht gestellte oder erfolgte Erteilung eines **Dispenses** genügt nicht für Mangelfreiheit.[160] Eine weitere Grenze für die strenge

---

150 BGH BauR 1999, 934 = NJW 1999, 2112 = ZfBR 1999, 202; OLG Düsseldorf BauR 1986, 469.
151 BGH BauR 1999, 934 = NJW 1999, 2112 = ZfBR 1999, 202.
152 BGH BauR 1999, 934; OLG Düsseldorf NJW-RR 1996, 1234; KG BauR 2006, 1928 = IBR 2006, 571 *Preussner*.
153 BGH LM Nr. 51 zu § 839 [E] BGB m. Anm. *Koeble*, auch zur Amtshaftung; zu Letzterem auch BGH Urt. v.09.10.2003 – III ZR 414/02 = IBR 2003, 696.
154 BGH BauR 1998, 577.
155 Vom Grundsatz her gegen eine Pflicht zur Duldung von Änderungen BGH BauR 2002, 1872 = NJW 2003, 287 = NZBau 2003, 38 = ZfBR 2003, 31; OLG Nürnberg BauR 2002, 976 = NJW-RR 2002, 670 = NZBau 2003, 39; OLG Hamm BauR 2005, 527 für den Fall, dass wesentliche Teile, z. B. ein Pferdestall, nicht genehmigt werden; vgl. ferner OLG Hamm Urt. v. 01.12.2005 – 24 U 89/05, Analyse *Koeble* auf www.jurion.de/Modul Werner Baurecht.
156 Vgl. dazu eingehend und zutreffend *Preussner* BauR 2001, 697, zweifelnd im Hinblick auf die Dauerhaftigkeit der Genehmigungsfähigkeit zu Recht auch *Jacob* BauR 2003, 1623.
157 OLG Hamm BauR 2000, 918 = NJW-RR 2000, 22; OLG Hamm BauR 2000, 1361.
158 OLG Hamm OLG Hamm BauR 2000, 1361 = NJW-RR 2000, 22.
159 OLG Düsseldorf Urt. v.14.06.2005 – 23 U 3/05.
160 OLG Hamm BauR 2005, 1354.

Rechtsprechung zur Genehmigungsfähigkeit ergibt sich dort, wo der Architekt mit dem Betrieb selbst nichts zu tun hat. Er kann nicht eine reine Erfolgshaftung übernehmen und deshalb hat er nicht für eine Betriebserlaubnis betreffend die Verwendung gefährlicher Stoffe in einem Laborgebäude einzustehen.[161] Auch für Sonderverfahren ist der Architekt nicht zuständig.[162] Ebenso wenig sind ihm detaillierte wasserrechtliche Kenntnis abzuverlangen.[163] Die Besonderheiten einer naturschutzrechtlichen Befreiung muss er ebenfalls nicht berücksichtigen.[164] Ob die stehende Formulierung einer Einstandspflicht für dauerhaft genehmigungsfähige Planung zutreffend ist, muss nochmals überdacht werden. Immerhin könnte ein ordnungsgemäßes Korrektiv auch durch das für Schadensersatzansprüche notwendige Verschulden herbeigeführt werden.[165]

Der Architekt muss die einschlägigen Vorschriften **des Bauordnungs- und Bauplanungsrechts** kennen und diese im Rahmen der Planung auch umsetzen. Dazu gehören die Regelungen über den Mindestgrenzabstand[166] und über die First- bzw. Traufhöhe.[167] Dagegen ist er nicht zuständig für die Klärung und Lösung von[168] Rechtsfragen.[169] Auf solche rechtlichen Schwierigkeiten muss der Architekt den Bauherrn jedoch hinweisen.[170] Ihn trifft ohnehin eine allgemeine **Aufklärungspflicht** bezüglich der Risiken der Baugenehmigung.[171] Konkrete **Risiken** der Baugenehmigung kann der Architekt nur dann **auf den Bauherrn überwälzen**, wenn er diesen aufklärt und sich der Bauherr dann dennoch entscheidet, die Baugenehmigung zu beantragen. Die bloße Kenntnis des Bauherrn von einem Risiko ist also nicht ausreichend, vielmehr kann das Risiko nur im Wege der **Vereinbarung** auf den Bauherrn übertragen werden.[172] Ausreichend ist es sicherlich, wenn der Bauherr die Grenzen der Genehmigungsfähigkeit

108

---

161 *Spiegels* NZBau 2007, 207.
162 Vgl. aber OLG Düsseldorf NZBau 2005, 271.
163 Zutreffend *Spiegels* NZBau 2007, 207.
164 KG BauR 2006, 1928 = IBR 2006, 571 *Preussner*; *Spiegels* NZBau 2007, 207; a. A. OLG Düsseldorf IBR 2005, 555 für eine Genehmigung nach § 6 WHG.
165 Vgl. dazu mit unterschiedlichen Lösungsansätzen *Knacke/Schütz*, FS Koeble, S. 375 [377 f.] mit der Begründung einer Analogie zu § 645 BGB; ähnl. *Preussner* BauR 2001, 697 [701 ff.]; *Kniffka/Koeble*, Kompendium, 12. Teil, Rn. 410.
166 OLG Düsseldorf BauR 2010, 1255.
167 OLG München NJW-RR 2012, 23 = NZBau 2012, 45.
168 Ggf. sogar noch schwierigen.
169 Vgl. OLG Zweibrücken BauR 1998, 1036 = NJW-RR 1998, 1097 für einen Fall, in dem die Behörde eine Ausnahme von Abstandsvorschriften bewilligt, das Verwaltungsgericht diese gehalten und das OVG sie aufgehoben hatte; OLG Düsseldorf NJW-RR 1996, 1234; eingehend *Knacke/Schütz*, FS Koeble, S. 375 ff., wonach der Architekt sich bei der Planung auf der sicheren Seite bewegen muss, allerdings außerhalb des Bauplanungs- und Bauordnungsrechts liegende Fragen nicht von sich aus klären muss; zu Ausnahmen vgl. auch oben Rdn. 107.
170 OLG Düsseldorf NJW-RR 1996, 1234.
171 Z. B. OLG Düsseldorf BauR 2000, 1515; OLG Düsseldorf BauR 1986, 469; OLG München BauR 1992, 534 = NJW-RR 1992, 788.
172 BGH BauR 2011, 869 = NJW 2011, 1442 mit Anm. *Schwenker* = NZBau 2011, 360; BGH BauR 2002, 1872 = NJW 2003, 287 = NZBau 2003, 38 = ZfBR 2003, 31;

»ausreizen« will oder der Architekt aufgeklärt hat und der Bauherr den Versuch der Erteilung einer Genehmigung unternehmen will.[173] Eine solche Vereinbarung kann sich jedoch auch aus den Umständen ergeben und sie kann vom Bauherrn auch konkludent bestätigt werden.[174] Die Darlegungs- und Beweislast für die Übernahme des Risikos seitens des Bauherrn trifft den Architekten.[175] Ferner muss der Architekt den Bauherrn in solchen Situationen auf den richtigen Verfahrensablauf hinweisen. Bestehen nämlich Probleme im Hinblick auf die Baugenehmigung, dann muss zunächst der Weg über die **Bauvoranfrage** gesucht werden.[176] Auch bei **baufreigestellten und genehmigungsfreien Vorhaben** muss die Planung genehmigungsfähig sein.[177] Verzichtet der Bauherr in Kenntnis des Risikos einer Baugenehmigung auf eine Bauvoranfrage, dann kann er die Kosten eines von ihm bereits beauftragten Statikers nicht als Schaden gegen den Architekten geltend machen.[178] Verletzt der Architekt zwar seine Pflichten im Hinblick auf die Genehmigungsfähigkeit der Planung, sind dem Bauherrn aber die Umstände bekannt, dann kann – auch wenn das Risiko nicht, wie oben dargelegt, übergewälzt wurde – auch ein **Mitverschulden** des Bauherrn in Frage kommen.[179]

109 Wird die Baugenehmigung nicht erteilt, dann kann dem Architekten dennoch ein **Honoraranspruch** – zwar nicht für Leistungsphasen 3 und 4, aber – für Leistungsphasen 1 und 2 zur Verfügung stehen, weil diese Leistungen zur Klärung der Genehmigungsfähigkeit mindestens erforderlich sind und zum Gegenstand einer Bauvoranfrage gemacht werden können.[180] Bei stufenweiser Beauftragung kann dem Architekten sogar für die Grundlagenermittlung, Vorplanung und Entwurfsplanung ein Honorar zustehen, wenn die Entwurfsplanung genehmigungsfähig war und Mängel erst im Bereich der Genehmigungsplanung aufgetreten sind.[181] Es muss also im Einzelfall sehr genau geprüft werden, welche Leistung nicht genehmigungsfähig und damit mangelhaft war und welche Leistungsphase somit nicht abgenommen werden muss. An die Stelle

---

OLG Düsseldorf BauR 2010, 1255; KG BauR 2002, 111; zum Nacherfüllungsrecht vgl. unten Rdn. 110.
173 OLG Düsseldorf BauR 2010, 1255.
174 Ebenso *Knacke/Schütz*, FS Koeble, S. 375 ff.
175 Vgl. OLG Düsseldorf BauR 2010, 1255; OLG Düsseldorf BauR 2000, 1515.
176 OLG Köln BauR 1993, 358; OLG Hamm BauR 1996, 578; OLG Düsseldorf BauR 2000, 1515; OLG München BauR 1992, 534 = NJW-RR 1992, 788.
177 BGH BauR 2002, 114 = NZBau 2002, 41 = LM Heft 2/2002 § 631 Nr. 102 m. Anm. *Koeble* für den Brandschutz; vgl. auch unten Rdn. 128.
178 OLG Celle BauR 2002, 116.
179 BGH BauR 2011, 869 = NJW 2011, 1442 m. Anm. *Schwenker* = NZBau 2011, 360; zum Mitverschulden bei Nichteinhalten des Grenzabstands vgl. OLG Düsseldorf BauR 2012, 1118.
180 OLG Oldenburg BauR 2008, 705, wonach bei nicht genehmigungsfähiger Planung ein Anspruch auf Rückzahlung des Honorars abzüglich einer Vergütung für die Bauvoranfrage besteht; OLG Nürnberg BauR 2002, 976 = NJW-RR 2002, 670 = NZBau 2003, 39; OLG Düsseldorf BauR 1996, 287 = NJW-RR 1996, 403; OLG Düsseldorf BauR 1986, 469; OLG München BauR 1992, 534 = NJW-RR 1992, 788.
181 BGH BauR 1997, 1065 = NJW 1998, 135 = ZfBR 1998, 25.

der Abnahme können auch Abnahmesurrogate treten. Der Vergütungsanspruch ist als vertraglicher Anspruch auf Honorar für diejenigen Leistungen gerichtet, die für eine zuverlässige Klärung notwendig sind. Hat der Bauherr bereits mehr bezahlt, dann steht ihm ein vertraglicher Rückforderungsanspruch zu,[182] der in drei Jahren verjährt.

Soweit dem Bauherrn bei Fahrlässigkeit neben dem Recht der Verweigerung der Abnahme auch ein **Schadensersatzanspruch** zusteht, ist dieser auf Mehrkosten wegen zusätzlicher Beauftragung von Sonderfachleuten, auf die Kosten und Gebühren der Baugenehmigung sowie auch auf etwaige Stillstandsschäden und sonstige Schäden gerichtet.[183] Dem Architekten steht bei fehlender Genehmigungsfähigkeit zunächst – wie bei allen Planungsfehlern, soweit diese noch nicht umgesetzt sind – ein **Nacherfüllungsrecht** zu. Der Bauherr kann nicht von vornherein kündigen und nicht sofort Schadensersatzansprüche geltend machen. Vielmehr muss er – soweit nicht ein wichtiger Grund wegen tief greifender Vertrauensstörung vorliegt – vorher zur Nacherfüllung unter Androhung der Kündigung auffordern (vgl. dazu Einl. Rdn. 165). Im Rahmen der Nacherfüllung kann der Architekt auch (geringfügige) Änderungen seiner bisherigen Planung vorschlagen (vgl. oben Rdn. 106 f.). Der Bauherr kann solche Planungsänderungen nur dann ablehnen, wenn es sich um eine grundlegende Umplanung des Baukörpers handeln würde oder wenn die Änderungen so weitreichend sind, dass ihm die Zustimmung nicht zugemutet werden kann.[184] Richtigerweise hat deshalb das OLG München[185] ein Nacherfüllungsrecht abgelehnt, wenn Änderungen praktisch ein anderes Gebäude zur Folge hätten. Kann der Architekt nachweisen, dass eine Ausnahme bewilligt worden wäre, dann hätte der Bauherr ebenfalls zuvor die Nacherfüllung verlangen können. Gelingt dagegen dem Bauherrn der Nachweis, dass auch Umplanungen nicht zu einer Baugenehmigung geführt hätten, musste er im Voraus nicht zur Nacherfüllung auffordern. Entsprechendes gilt auch bei endgültiger Erfüllungsverweigerung des Architekten. Besondere Schwierigkeiten ergeben sich, wenn die Baugenehmigung zu Unrecht versagt wird, der Auftraggeber aber dennoch keine Rechtsbehelfe gegen die Ablehnung des Baugesuchs einlegt. Im Rechtsstreit zwischen dem Architekten und dem Bauherrn ist hier unabhängig von der formalen Lage im Verwaltungsrechtsverfahren zu prüfen, ob die Baugenehmigung hätte erteilt werden müssen.[186]

110

b) Vorprellen

Der Architekt darf in jeder Leistungsphase **nur diejenigen Leistungen** erbringen, die jeweils **nach dem Stand** der Planung und des Bauvorhabens **erforderlich** sind (vgl.

111

---

182 Zum Rückforderungsanspruch vgl. § 15 Rdn. 115 ff.
183 OLG Hamm BauR 2000, 918 = BauR 2000, 1361; OLG München NJW-RR 2012, 23 = NZBau 2012, 45 betreffend die Honorare für zusätzlich beauftragte Architekten bzw. Ingenieure.
184 OLG Düsseldorf *Schäfer/Finnern* Z. 3.01 Bl. 125; OLG Düsseldorf BauR 1986, 469; *Morlock* DAB 1990, 943.
185 BauR 1992, 534 = NJW-RR 1992, 788.
186 *Koeble* in Anm. zu BGH LM Nr. 51 zu § 839 [E] BGB.

dazu Einl. Rdn. 79). So muss er zunächst bei der zuständigen Baubehörde die Fragen der Bebauungsmöglichkeit klären, bevor er zur Anfertigung des Entwurfs schreitet. Gegebenenfalls muss er, bevor die Entwurfsplanung durchgeführt wird, **zunächst** nur die **Vorplanung** vornehmen und eine **Bauvoranfrage** einreichen.[187] Der Architekt darf hier nur die Tätigkeit entfalten, die erforderlich ist, um die Baurechtsbehörde zu einer entsprechenden Entscheidung zu veranlassen.[188] Das Honorar für Leistungsphasen 1 und 2 sowie für die Besondere Leistung Bauvoranfrage steht ihm dann auch zu, wenn die Baugenehmigung nicht erteilt wird.[189] Die Hinzuziehung von Sonderfachleuten schon im Vorplanungs- oder Entwurfsplanungsstadium ist im Normalfall kein Fehler, weil der Vermessungsingenieur, der Tragwerksplaner, der Ingenieur für die technische Ausrüstung und der Energieberater schon hier planerisch sowie bezüglich der Kostenermittlungen ihre Beiträge leisten müssen.[190]

c) Zeitpunkt; Mangel/Aufklärungspflicht

112 Für die Beurteilung der Mangelhaftigkeit der Entwurfsplanung ist nicht der Zeitpunkt der Abnahme des Architektenwerks maßgebend. Der Architekt hat seine Leistungspflicht auch verletzt, wenn die Planung zum Zeitpunkt der Abnahme zwar dem Stand der Technik entsprach, rückwirkend bis zum Ablauf der Gewährleistungspflicht jedoch aufgrund neuerer **Erkenntnisse der Technik** ihre Fehlerhaftigkeit objektiv nachgewiesen werden kann (vgl. dazu Einl. Rdn. 160).

d) Bodenverhältnisse

113 Im Zusammenhang mit der **Klärung der Bodenverhältnisse** treffen den Architekten umfangreiche Pflichten. Das gilt für die Baugrundverhältnisse allgemein, aber auch im Hinblick auf die Grundwassersituation und den insoweit notwendigen Schutz des Gebäudes (dazu unten Rdn. 114). Der Architekt muss zwar selbst und von sich aus keine Bodenuntersuchungen vornehmen. Er muss jedoch bei erkennbar bzw. bekanntermaßen ungünstigen und auch bei völlig unbekannten Bodenverhältnissen gegenüber dem Bauherrn Bodenuntersuchungen, Baugrundbeurteilungen und Gründungsberatungen durch einen Fachingenieur anregen.[191] Zur **Einholung eines Baugrundgutachtens** kann auch schon im Rahmen der Vorplanung und bei bekanntermaßen ungünstigem Baugrund sogar schon in Leistungsphase 1 Veranlassung bestehen.[192] Letzteres gilt auch im Hinblick auf wechselnde Beschaffenheit des Baugrunds.

---

187 Vgl. BGH *Schäfer/Finnern* Z 3.01 Bl. 385; OLG Düsseldorf BauR 1986, 469; OLG München BauR 1993, 358.
188 LG Mannheim *Schäfer/Finnern* Z 3.01 Bl. 258.
189 OLG Düsseldorf BauR 1986, 469.
190 Zutreffend OLG Koblenz NZBau 2000, 254, das auch dann keinen Fehler annimmt, wenn der Bauherr noch keine Finanzierungszusage vorliegen hat.
191 BGH ZfBR 1980, 287; OLG Hamm *Schäfern/Finnern* Z. 2.414 Bl. 37; OLG Oldenburg BauR 1981, 399 = VersR 1981, 541.
192 Ebenso OLG München Beschl. v. 23.07.2015 – 9 U 4888/14 bei IBR-online.de; OLG Hamm BauR 1997, 1069 für den Fall, dass Kenntnis über eine frühere Auffüllung des

Der Architekt muss hier ebenfalls zur Einholung eines Bodengutachtens raten und dabei erklären, dass und warum die Bodenverhältnisse problematisch sind.[193] Soweit ein Bodengutachten vorliegt, muss der Architekt es in seine Planung übernehmen. Ob dies in der Entwurfs- oder Ausführungsplanung zu geschehen hat, ist Sachverständigenfrage.[194] Wird dagegen in bekanntem Baugrund gebaut (z. B. eine Baulücke in erschlossenem und bebautem Gebiet), dann bedarf es keines Hinweises auf die Notwendigkeit der Einholung eines Bodengutachtens. Hier kann es sogar einen Fehler darstellen, wenn es keinerlei Anhaltspunkte für Probleme im Baugrund gibt und auch nicht in völlig unbekanntem Baugrund gebaut werden soll, vom Architekten aber dennoch überflüssige, kostspielige Bodenuntersuchungen veranlasst werden. Die notwendigen Angaben über die Bodenverhältnisse hat der **Architekt dem Statiker zur Verfügung** zu stellen, damit dieser seinerseits die Bodenpressung und die daraus folgenden Berechnungen festlegen kann. Werden dem Tragwerksplaner keine Werte für die Bodenpressung zur Verfügung gestellt, dann durfte er nach früher h. M. bei seinen Berechnungen eine angenommene Bodenpressung zugrunde legen; er genügte dann seiner Hinweispflicht im Rahmen einer ordnungsgemäßen Tragwerksplanung, wenn er den Architekten in der Statik darauf hinweist, dass die Zulässigkeit der angenommenen Bodenpressung vor Baubeginn zu überprüfen ist.[195] Demgegenüber hat der BGH nun entschieden, dass auch der Tragwerksplaner im Rahmen der Grundlagenermittlung standortbezogene Einflüsse unter Berücksichtigung der Bodenverhältnisse klären muss.[196] Der Bauherr hat allerdings die Obliegenheit, dem Tragwerksplaner die erforderlichen Angaben zu Boden- und Grundwasserverhältnissen zu machen, weshalb ihn ein Mitverschulden trifft, wenn der Architekt diesbezüglich fehlerhafte Angaben gemacht hat. Einen vollständigen Ausschluss der Haftung des Tragwerksplaners sieht die Rechtsprechung jedoch nicht. Ebenso wenig reicht es aus, wenn Freizeichnungshinweise auf Plänen, wonach der Baugrund vor Baubeginn zu untersuchen und Rücksprache zu halten sei, falls Grundwasser oder andere Besonderheiten zu erwarten seien, angebracht werden. Geht der Tragwerksplaner für den Architekten erkennbar von einer unzutreffenden Bodenpressung aus, dann muss dieser sowohl den Bauherrn als auch den Tragwerksplaner darauf hinweisen.[197] Liegt bereits ein umfassendes Baugrundgutachten vor,

---

Grundstücks mit Bauschutt besteht; vgl. DIN 4020 Ziff. 5.1, wonach die Untersuchungen für die Entwurfsplanung schon »vorliegen« sollen.

193 OLG Zweibrücken BauR 2010, 1085 – NA-Beschluss des BGH v. 25.02.2010 – VII ZR 38/09, wonach es nicht genügt, wenn der Architekt schon einmal in der Nähe ein Gutachten eingeholt hat und es ihn auch nicht entlastet, wenn der Bauherr selbst als Geophysiker Spezialkenntnisse hat, aber die konkreten Verhältnisse nicht kennt.

194 Vgl. OLG Bamberg NZBau 2004, 160, wonach die Art des Bodenaustauschs schon in die »Eingabeplanung«, also Leistungsphase 3, einzuarbeiten sei.

195 OLG Koblenz BauR 2005, 422.

196 Vgl. BGH NJW 2013, 2268 = BauR 2013, 1468 = NZBau, 2013, 519 = ZfBR, 2013, 1472; BGH BauR 2013, 1972.

197 Zur Haftungsabgrenzung zwischen dem Architekten und dem Tragwerksplaner vgl. Einl. Rdn. 219 ff.; zum Haftungsverhältnis und zum Mitverschuldenseinwand des Architekten gegenüber dem Auftraggeber wegen Fehlers des Tragwerksplaners vgl. BGH BauR 2002,

muss der Architekt dieses nur mit seinen eigenen Fachkenntnissen überprüfen. Eine fachspezifische Untersuchung ist dagegen nicht erforderlich. Hinweisen muss er jedoch auf ihm als Architekten »offenkundige Fehler«.[198] Das gilt z. B. dann, wenn die Grundwasserverhältnisse problematisch sein könnten, das Gutachten sich jedoch nicht zentral mit diesen Fragen auseinandersetzt. Im Übrigen darf er sich auf ein behördlicherseits oder vom Auftraggeber eingeholtes bodengeologisches Gutachten verlassen.[199] Verlassen darf sich der Architekt nicht nur auf die Gutachten von Sonderfachleuten, sondern auch auf die Angaben von Gemeinden zur Höhenlage eines Kanals.[200] Die entsprechenden Kanal- und Spartenpläne muss er jedoch vorher einsehen und bei seiner Planung berücksichtigen. Überhaupt muss der Architekt im bebauten Gebiet mit dem Vorhandensein von **Kanälen, Leitungen und Kabeln** rechnen. Seinen Pflichten kommt er insoweit nach, wenn er die Kanal-, Kabel- und Spartenpläne der Gemeinde und der örtlichen Versorgungsunternehmen einsieht.[201]

e) Entwässerung/Grundwasserverhältnisse

114 Auch die **Entwässerung** des Grundstücks hat der Architekt sorgfältig zu planen und die entsprechenden Arbeiten zu überwachen, soweit nicht ein Sonderfachmann für die Entwässerungsplanung[202] eingesetzt wird.[203] Unterlässt der Architekt die Planung einer **Drainage**, obwohl eine solche nach den Regeln der Technik erforderlich wäre, so ist seine Planung mangelhaft.[204] Zu den zentralen Aufgaben des planenden Architekten gehört die Berücksichtigung der **Grundwasserverhältnisse** im betreffenden Gebiet. Der Grundwasserstand muss ggf. durch Hinzuziehung eines Bodengeologen im Rah-

---

1719 = NZBau 2002, 616 = ZfBR 2002, 786; OLG Oldenburg BauR 1981, 399 = VersR 1981, 541.
198 Vgl. grundlegend zum Verhältnis zwischen Architekt und Sonderfachleuten BGH BauR 1996, 440 = ZfBR 1996, 198; BGH BauR 2003, 1247 = NZBau 2003, 501 = ZfBR 2003, 559; OLG Köln BauR 1992, 804 = NJW-RR 1992, 1500; OLG Düsseldorf BauR 1989, 344 für den gleich gelagerten Fall bei der Technischen Baubetreuung; OLG München NZBau 2002, 575 für die Haftung betreffend die Feuchtigkeitsisolierung neben einem Fachingenieur.
199 BGH BauR 1996, 404 = ZfBR 1996, 198, wonach sich der Architekt darauf verlassen kann, dass ein Bodengutachten auch die Standsicherheit der Nachbargrundstücke berücksichtigt; OLG Köln NJW-RR 1998, 1476, wonach der Architekt bei seiner Planung die von einem Sonderfachmann in einem hydrologischen Gutachten beschriebenen Grundwasserverhältnisse zugrunde legen darf, ohne sie nochmals überprüfen zu müssen.
200 OLG Düsseldorf NJW-RR 1999, 244.
201 Vgl. OLG Frankfurt v. 05.04.2000 – 13 U 46/98; vgl. zur Erkundigungspflicht des Bauunternehmers nach dem Verlauf von Versorgungsleitungen bei örtlichen Energieversorgungsträgern BGH BauR 2006, 829 und OLG Naumburg v. 31.01.2013 – 2 U 40/12 = IBR 2013, 346, wonach die erforderlichen Informationen bei den bekannten Versorgungsunternehmen, z. B. für Telekommunikations-Leitungen, einzuholen sind.
202 Technische Ausrüstung, Anlage 1 zur HOAI.
203 Vgl. dazu unten Rdn. 136 und BGH *Schäfer/Finnern* Z. 3.01 Bl. 153.
204 OLG Celle NZBau 2006, 651 (653); OLG Frankfurt MDR 1970, 924, abgedruckt allerdings ohne Sachverhalt; vgl. aber die letzten Sätze der Entscheidung.

men der Planung ermittelt und berücksichtigt werden.[205] Der Architekt muss ein Gebäude so planen, dass kein Grundwasser eindringen kann.[206] Seine Planung muss deshalb auch den Schutz gegen drückendes Wasser vorsehen.[207] Dabei sind die Grundwasserstände zu berücksichtigen, die in langjähriger Beobachtung auch nur gelegentlich erreicht werden, weil sonst ein wirksamer Schutz nicht erzielt werden könnte.[208] Erst recht sind die Grundwasserverhältnisse im hochwassergefährdeten Gebiet zu berücksichtigen.[209] Ebenso gehören die Grundwasserverhältnisse in einem Gebiet mit relativ hohem Grundwasserstand zu den zentralen Aufgaben des planenden Architekten, und zwar auch dann, wenn er die Leistungsphase 1 nicht in Auftrag hat.[210] Gleiches gilt auch für die Tieferlegung eines Gartenhofs im grundwassergefährdeten Bereich.[211] Der Grundwasserstand ist also vom Architekten zu klären, und wenn er – wegen der Besonderheiten im Einzelfall – dazu nicht in der Lage ist, muss er den Bauherrn anhalten, ein Gutachten dazu einzuholen.[212] In einem Überschwemmungsgebiet muss der Architekt auch mit der Wasserbehörde Rücksprache halten, um die Zulässigkeit des konkreten Projekts zu klären.[213] Die Planung des Hochwasserschutzes muss so klar sein, dass der Unternehmer das vom Architekten verfolgte Konzept und eine darin für die Konsole vorgesehene Funktion hinreichend deutlich erkennen kann.[214] Bei Planung einer sog. weißen Wanne muss der Architekt die Kelleröffnungen so anordnen, dass diese nach DIN 18 195 mindestens 30 cm über dem höchsten zu erwartenden Grundwasserstand liegen.[215] Ebenso wie im Hinblick auf die Bodenverhältnisse allgemein muss der Architekt auch hinsichtlich des Grundwasserstandes dem Statiker die für dessen Berechnung erforderlichen Angaben zur Verfügung stellen.[216] Im Hinblick auf die Einholung von Baugrundgutachten sowie hinsichtlich der Überprüfung des Inhalts und bezüglich des Haftungsverhältnisses gilt auch für die Grundwasserstände das Gleiche

---

205 OLG Düsseldorf NJW-RR 1996, 1300; OLG Düsseldorf BauR 2000, 1358; OLG Hamm BauR 1997, 876 für die Abdichtung und den Schutz eines Anbaus.
206 BGH BauR 2001, 823 = NZBau 2001, 270; OLG Düsseldorf BauR 2005, 128; so auch für Planungsleistungen beim Bausatzhausvertrag OLG Düsseldorf BauR 2003, 913.
207 BGH BauR 2008, 543 = NJW 2008, 1880 m. Anm. *Scholtissek* S. 1854 = NZBau 2008, 260; KG BauR 2009, 676 m. NZB des BGH; vgl. dazu unten Rdn. 245.
208 BGH BauR 2008, 543; BGH BauR 2003, 1763 = NJW-RR 2003, 1456 = NZBau 2003, 620 betreffend die Ursächlichkeit; OLG Düsseldorf NZBau 2008, 392; OLG Düsseldorf, BauR 2000, 1358; OLG Düsseldorf BauR 2015, 856.
209 OLG Köln BauR 1993, 756 = NJW-RR 1993, 1493.
210 OLG Düsseldorf NJW-RR 1992, 156; zur Berücksichtigung von unterschiedlich schwierigen Boden- und Wasserverhältnissen vgl. OLG Düsseldorf BauR 2009, 277.
211 OLG Düsseldorf BauR 1991, 791.
212 OLG Brandenburg BauR 2011, 1842; OLG Düsseldorf NJW-RR 1996, 1300; OLG Düsseldorf BauR 2000, 1358; OLG Hamm BauR 1997, 876.
213 OLG Koblenz BauR 2011, 139.
214 BGH BauR 2003, 1382 »Schürmann-Bau«.
215 OLG Hamm BauR 2001, 828.
216 OLG Düsseldorf NZBau 2000, 526 = BauR 2001, 277, wonach der Architekt aber auch selbst wissen muss, dass bei drückendem Wasser eine 25cm starke Bodenplatte erforderlich ist.

wie für die Bodenverhältnisse allgemein.[217] Soweit die Abdichtung gegen Feuchtigkeit in Form der sog. Bitumendickbeschichtung den Regeln der Technik entspricht,[218] treffen den Architekten dennoch besondere Planungspflichten[219] und Überwachungspflichten (vgl. dazu Rdn. 245).

f) Bauphysikalische Anforderungen

115 Der Architekt ist ebenso gehalten, für die Einhaltung der EnEV zu sorgen. Die Anforderungen an die **Wärmedämmung** sind bei jeder Planung einzuhalten, wobei immer zu prüfen ist, welches die derzeit anerkannten Regeln der Technik sind. Selbstverständlich muss die Planung auch den anerkannten Regeln betreffend den **Schallschutz** genügen.[220] Die Planung ist nicht sachgerecht, wenn sie nur die Anforderungen für den Mindestschallschutz nach DIN 4109 einhält und nicht die Rechtsprechung des BGH zu den heutigen Anforderungen berücksichtigt.[221] Die für die Schalldämmung einzuhaltenden Werte sind in erster Linie durch Auslegung des Vertrages zu ermitteln. Dabei ist zu berücksichtigen, dass die Mindestmaße der DIN 4109 keine anerkannten Regeln der Technik sind und den normalerweise geschuldeten »üblichen Qualitäts- und Komfortstandard« nicht erfüllen.[222] Eine Schallschutzplanung kann mangelhaft sein, wenn von einem Doppelhaus die Rede ist und im Ergebnis die erhöhten Schallschutzwerte dafür nicht eingehalten sind.[223] Für Fehler einer von ihm vorgenommenen Wärmebedarfsberechnung hat der Architekt einzustehen.[224] Die Planung muss **allen bauphysikalischen Anforderungen** entsprechen, wie Schutz gegen Niederschläge, drückendes und nicht drückendes Wasser, sommerliche Wärmebelastung, dampfdiffusi-

---

217 Vgl. oben Rdn. 113 und OLG Köln BauR 1992, 804 = NJW-RR 1992, 1500.
218 Vgl. OLG Schleswig BauR 2001, 1060 m. Anm. *Jagenburg*.
219 BGH BauR 2000, 1330 = NZBau 2000, 433 = ZfBR 2000, 484; vgl. Rdn. 169.
220 Zur Schalldämmung vgl. i. E. *Locher-Weiß*, Rechtliche Probleme des Schallschutzes, 4. Aufl., 2004; BGH BauR 1998, 872 = NJW 1998, 2814 = ZfBR 1998, 247; BGH BauR 1998, 2814 = ZfBR 1998, 247; BGH BauR 2007, 1570 = NJW 2007, 2983 = NZBau 2007, 574; BGH BauR 2009, 1288 = NJW 2009, 2439 = NZBau 2009, 648; BGH NJW 2013, 684, wonach einschalige Trennwände im Verhältnis zum Bauträger einen Planungsfehler darstellen, wenn dieser zweischalig schuldet, jedoch ein Mitverschulden gegeben sein kann; OLG Stuttgart NJW 2012, 539; OLG Düsseldorf BauR 1997, 1046; OLG München BauR 1999, 399; OLG Karlsruhe BauR 2008, 390; *Behr/Pause/Vogel* NJW 2009, 1385; *Dresenkamp* BauR 1999, 1079; *Kniffka/Koeble*, Kompendium, 11. Teil, Rn. 227 m. w. Nachw.; *Kögl* BauR 2009, 154; *Locher-Weiss* BauR 2005, 17; *Locher-Weiss* BauR 2010, 368.
221 BGH BauR 1998, 2814 = ZfBR 1998, 247; BGH BauR 2007, 1570 = NJW 2007, 2983 = NZBau 2007, 574; BGH BauR 2009, 1288.
222 BGH BauR 2009, 1288 = NJW 2009, 2439 = NZBau 2009, 648; OLG Stuttgart NJW 2012, 539; auch bei Umbau und Aufstockung kann erhöhter Schallschutz notwendig sein, vgl. OLG Schleswig BauR 2015, 2028, auch zum Schadensersatzanspruch bei Abriss des Gebäudes.
223 OLG Hamm BauR 2005, 743.
224 OLG Hamm BauR 2003, 276 für eine unzutreffende Anzahl von Heizkörpern bei einem Sonnenstudio.

onsbedingte Kondensation und Brandschutz. Vom Grundsatz her muss der Architekt die **Anforderungen des Brandschutzes** in seiner Planung berücksichtigen.[225] Es ist zwar umstritten, ob die Leistungen für den konstruktiven baulichen Brandschutz zu den Grundleistungen nach HOAI gehören.[226] Beides dürfte unzutreffend sein. Abgesehen davon, dass der Architekt die normalen Anforderungen des Brandschutzes berücksichtigen muss, ist er dann zum Hinweis gegenüber seinem Bauherrn verpflichtet, wenn er selbst nicht in der Lage ist, die Anforderungen beim konkreten Objekt einzuhalten bzw. die Hinzuziehung eines Sonderfachmanns notwendig ist. Der Architekt muss hier hinsichtlich des Einsatzes eines solchen Sonderfachmanns beraten.[227] Schon im Bereich der Entwurfsplanung und erst recht im Rahmen der Ausführungsplanung hat er bei der Auswahl der Baustoffe den sichersten Weg zu gehen und auch im Rahmen der Ausschreibung die Erfordernisse des Brandschutzes zu berücksichtigen.[228] Fehlt im Einzelfall hinsichtlich der bauphysikalischen Anforderungen die Sachkunde, dann muss die Hinzuziehung eines Bauphysikers bzw. Sonderfachmanns empfohlen werden. Unterbleibt dies, dann haftet der Architekt selbst.[229] Soweit der Architekt dann allerdings die von Sonderfachleuten festgelegten Parameter übernimmt, trifft ihn für Fehler vom Grundsatz her keine Pflichtverletzung.[230] Soweit allerdings mit den von ihm als Architekten zu erwartenden Kenntnissen solche Fehler von Sonderfachleuten erkennbar sind, haftet er gesamtschuldnerisch neben den betreffenden Ingenieuren bzw. Gutachtern (vgl. Einl. Rdn. 219).

g) Fundamente; Dehn- und Trennfugen; Höhenangaben und Gründung

Der Architekt muss ferner für einwandfreie **Fundamente** des Bauwerks sorgen,[231] jedoch trifft für eine unterdimensionierte Bodenplatte die Haftung den Statiker.[232] Er

116

---

225 OLG Celle BauR 2013, 2036; OLG Düsseldorf BauR 2006, 862 = NZBau 2006, 521, wonach insoweit auch auf eine Änderung einer bereits erteilten Baugenehmigung hingewirkt werden muss; OLG Frankfurt BauR 2011, 1527, wonach schon in der Leistungsphase 1 »die Aufgabenstellung des Brandschutzes« geklärt werden muss und andernfalls wegen unwirtschaftlicher Maßnahmen Schadensersatzansprüche bestehen; vgl. auch oben Rdn. 30 und 50 sowie § 1 Rdn. 5.
226 Verneinend *Quack/Seifert* BauR 2011, 915; bejahend *Rohrmüller* BauR 2011, 1078, welcher sich auf § 3 Abs. 2 S. 2 HOAI beruft, was jedoch ohne entsprechende Vereinbarung der Parteien ins Leere läuft. Zum Ganzen BGH BauR 2012, 979 = NJW 2012, 1575 m. Anm. *Scholtissek* = NZBau 2012, 243 m. Anm. *Budiner/Blomeyer*; vgl. § 1 Rn. 3 Fn. 17.
227 Vgl. zum Formulieren von Entscheidungshilfen für die Auswahl anderer an der Planung fachlich Beteiligter oben Rdn. 33 und 50.
228 OLG Frankfurt NJW-RR 2008, 1194.
229 Vgl. für den Fall, dass eine Dampfsperre weggelassen wurde, OLG Koblenz BauR 1997, 502, wonach der Architekt darauf auch bei Erklärung des Sonderfachmanns nicht verzichten darf.
230 OLG Düsseldorf NZBau 2006, 187.
231 BGH *Schäfer/Finnern* Z. 3.01 Bl. 230; BGH *Schäfer/Finnern* Z 2.400 Bl. 44.
232 OLG Stuttgart BauR 2009, 846.

muss aber genügend ausgebildete **Dehn- und Trennfugen** vorsehen.[233] Auch die Nichtplanung des Architekten, etwa hinsichtlich der Gestaltung eines Flachdaches, kann einen Planungsfehler darstellen, der zu Gewährleistungsansprüchen führt.[234] Übernimmt der Architekt Leistungen, die eigentlich **nicht von ihm zu erbringen** sind, dann haftet er dennoch für Fehler.[235] Die **tiefere bzw. höhere Gründung** eines Hauses gegenüber der Entwurfs- und Genehmigungsplanung stellt einen Mangel dar, für den der Architekt einzustehen hat, wenn er damit zusammenhängende Leistungspflichten verletzt hat.[236] Hier ist jedoch sorgfältig abzugrenzen, ob Fehler des Vermessungsingenieurs bzw. des Bauunternehmers vorliegen, die der Architekt mit seinen beruflich von ihm zu erwartenden Kenntnissen nicht feststellen konnte.

h) **Sachgerechte Planung**

117 Nach einer Entscheidung des OLG Hamm[237] kann die **Planung** mangelhaft sein, wenn sie **nicht mehr sachgerecht** ist. Dafür genügt es aber nicht, wenn die Planung nicht die bestmögliche Lösung darstellt.[238] Vielmehr müssen zusätzliche Umstände hinzukommen. Das OLG Hamm[239] hat dies in einem Fall bejaht, in dem ein als Repräsentationsgebäude geplantes Objekt »ohne Not« 35cm in das Gelände eingebettet wurde. Die Entscheidung ist wegen der konkreten Beschaffenheitsvereinbarung zutreffend. Die Beweislast dafür trifft den Auftraggeber.

i) **Nachbarrechtliche Verhältnisse**

118 Der Architekt muss bei seiner Planung die **nachbarrechtlichen Verhältnisse** berücksichtigen und seinen Auftraggeber hierüber aufklären.[240]

j) **Stand der Technik**

119 Zwar braucht die Entwurfsplanung des Architekten nicht optimal zu sein. Sie muss aber dem **Stand der Technik** entsprechen und entsprechend den Wünschen des Auftrag-

---

233 Vgl. OLG Karlsruhe MDR 1969, 49; OLG Düsseldorf BauR 1973, 252; vgl. auch Einl. Rdn. 413 f.
234 BGH BauR 1974, 125.
235 Vgl. BGH BauR 2001, 983 = NZBau 2001, 332 hinsichtlich falscher Höhenangaben für das Gebäude, die eigentlich vom Vermessungsingenieur im Lageplan gemacht werden müssen.
236 BGH BauR 2002, 1536 = NJW 2002, 3543.
237 BauR 1989, 501 = BB 1989, 1081 = NJW-RR 1989, 470.
238 OLG Karlsruhe BauR 2001, 1933; vgl. auch OLG Köln IBR 2001, 501 *Baden* zur optischen Beeinträchtigung als Schönheitsfehler; ferner BGH BauR 2002, 1536 = NJW 2002, 3543 zu einer höheren Gründung eines Hauses gegenüber der Planung durch den Bauunternehmer.
239 BauR 1989, 501.
240 Vgl. *Bindhardt* BauR 1983, 422.

gebers eine brauchbare Leistung darstellen. Die Verwendung neuer und in der Praxis noch nicht ausreichend bewährter Baustoffe ist nicht grundsätzlich ausgeschlossen.[241]

k) Sachkundiger Bauherr

Bei Planungsfehlern stellt sich nicht selten die Frage, ob der **sachkundige Bauherr** verpflichtet ist, die Pläne und Zeichnungen des Architekten sachlich zu prüfen, oder ob ein mitwirkendes Verschulden des sachkundigen Bauherrn vorliegt, wenn er die Arbeiten des Architekten nicht überprüft und Bauvorlagen des Architekten unterzeichnet.[242] Der BGH hat es als ein Mitverschulden des Auftraggebers angesehen, dass dieser es unterlassen hat, einen 21 Seiten umfassenden Kostenanschlag durchzuprüfen.[243] Im technischen Bereich wird ein mitwirkendes Verschulden des fachkundigen Bauherrn nur dann anzunehmen sein, wenn der Planungsfehler offensichtlich ist und sich dem Auftraggeber aufdrängen muss. Ein völliger Ausschluss der Haftung käme nur bei ausdrücklicher Einwilligung in eine fehlerhafte Planung unter Übernahme des Risikos in Frage.[244] 120

l) Wirtschaftliche Gesichtspunkte

Die Planung hat auch **wirtschaftliche Gesichtspunkte** gleichrangig wie technische zu berücksichtigen. Der Architekt muss im Rahmen des ihm bekannt gegebenen Baukostenzuschnitts planen. Ein Entwurf, der an der vom Auftraggeber genannten Bausumme »vorbeiplant«, ist mangelhaft, eine zu aufwendige Planung eine fehlerhafte Planung.[245] Lautet etwa der Auftrag dahin, für ein vorgesehenes Grundstück ein zweckentsprechendes, rentables Mehrfamilienhaus zu entwerfen, und entspricht der Entwurf diesem Ziel nicht, so ist das Werk des Architekten mit Mängeln behaftet.[246] 121

m) Koordinierungspflicht

In der Leistungsphase Entwurfsplanung ist die **Koordinierungspflicht** wiederum von besonderer Bedeutung. Die Koordinierungspflicht findet jedoch ihre Grenze, wo es sich um die Abstimmung der Leistungen von Sonderfachleuten handelt, deren Fachgebiet der Architekt nicht zu beherrschen vermag.[247] 122

n) Kostenberechnung

Zur Leistungsphase Entwurfsplanung gehört auch die **Kostenberechnung** nach DIN 276. Wie bereits dargelegt (vgl. oben Rdn. 96), ist die Kostenberechnung Voraus- 123

---

241 Vgl. hierzu oben Rdn. 48 und BGH NJW 1981, 2243 = SFH Nr. 29 zu § 635 BGB.
242 Vgl. zum Ganzen *Preussner*, Der fachkundige Bauherr, Baurechtliche Schriften, Heft 46, 1998; OLG München BauR 1973, 122; *Heinz* BauR 1974, 306.
243 BGH *Schäfer/Finnern* Z 3.00 Bl. 3.
244 BGH BauR 1994, 533 = NJW-RR 1994, 906 = ZfBR 1994, 207.
245 Vgl. OLG Hamm *Schäfer/Finnern* Z 3.01 Bl. 296.
246 OLG Hamm MDR 1966, 758.
247 BGH BauR 1976, 138.

§ 34 HOAI Leistungsbild Gebäude und Innenräume

setzung für die Entscheidung, ob das Bauvorhaben wie geplant durchgeführt werden soll, sowie Grundlage für die erforderliche Finanzierung. Der Architekt ist verpflichtet, diese Kostenberechnung sorgfältig zu erstellen und dem Auftraggeber eine klare Entscheidung hinsichtlich der Ausführung des Bauvorhabens und seiner Finanzierung zu ermöglichen. Ist die Kostenberechnung fahrlässig falsch, so können Schadensersatzansprüche entstehen. Dies kann etwa der Fall sein, wenn Leistungspositionen vergessen oder zu niedrige Preise eingesetzt werden. In diesem Fall bestehen Ansprüche gemäß § 635 BGB, nicht unter dem Gesichtspunkt der positiven Forderungsverletzung.[248] Stellt sich die Kostenschätzung oder die Kostenberechnung nachträglich als unrichtig heraus und entstehen höhere Kosten, so hat der Architekt eine Fortschreibungspflicht. Er macht sich schadensersatzpflichtig, wenn er nicht die Kostenschätzung oder Kostenberechnung einer Korrektur auf ihre Richtigkeit unterzieht und diese dem Auftraggeber mitteilt.[249]

o) Kostenkontrolle

124 Die Leistung **Kostenkontrolle** durch Vergleich der Kostenberechnung mit der Kostenschätzung bringt gegenüber der bisherigen Haftungssituation keine Besonderheiten. Die Kostenkontrolle war schon bisher in allen Leistungsphasen nötig (vgl. unten Rdn. 196, 210). Verstößt der Architekt gegen diese Pflicht, so können dem Auftraggeber Ansprüche wegen Bausummenüberschreitung zustehen, wenn deren Voraussetzungen vorliegen (vgl. Einl. Rdn. 193 ff.).

p) Wirtschaftlichkeitsberechnung

125 Als Besondere Leistung ist in der Leistungsphase 3 die **Wirtschaftlichkeitsberechnung** aufgeführt. Ist diese fehlerhaft und lässt sich das vom Architekten geplante Bauvorhaben deshalb nicht verwirklichen, so macht sich der Architekt schadensersatzpflichtig. Die Aufforderung zur Mängelbeseitigung innerhalb einer bestimmten Frist kann in solchen Fällen entbehrlich sein, wenn sie nur eine nutzlose Förmlichkeit wäre.[250]

126 Im sozialen und steuerlich begünstigten Wohnungsbau ist eine besondere Berechnung aufzustellen, die die Grundstücks- und Gebäudebeschreibung, die Berechnung der Gesamtkosten des Bauvorhabens, den Finanzierungsplan und die Gegenüberstellung der laufenden Anwendungen und Erträge für das Gebäude oder eine Wirtschaftseinheit enthält.

23. Die Grundleistungen aus Leistungsphase 4 Genehmigungsplanung

127 Die wichtigste Leistung in Leistungsphase 4 ist das **Erarbeiten der Vorlagen** für die nach den öffentlich-rechtlichen Vorschriften erforderlichen Genehmigungen oder Zustimmungen einschließlich der Anträge auf Ausnahmen und Befreiungen unter Ver-

---

248 Vgl. zur Frage der Haftung wegen Bausummenüberschreitung Einl. Rdn. 185 ff.
249 LG Tübingen *Schäfer/Finnern* Z 3.005 Bl. 3.
250 BGH BauR 1976, 285.

wendung der Beiträge anderer an der Planung fachlich Beteiligter sowie noch notwendiger Verhandlungen mit Behörden. Durch die HOAI 2013 wurden aus vier Teilleistungen drei Teilleistungen gemacht. Jedoch hat sich vom Leistungsbild und vom Leistungsumfang her inhaltlich nichts geändert. Es ist zwar außer dem Erarbeiten auch das Zusammenstellen der Vorlagen aufgeführt, das war aber bereits in der dritten Teilleistung nach der alten Fassung mitenthalten. Die Nachweise für die öffentlich-rechtlichen Genehmigungen und die Verwendung der Beiträge anderer Beteiligter bei Verhandlungen mit Behörden sind präziser und nach Begriffen des öffentlichen Baurechts festgelegt worden. Auch durch das Ergänzen der Unterlagen ist nichts Neues hinzugekommen.[251] Die Neufassung der HOAI 2013 führte dazu, dass die Genehmigungsplanung nicht mehr so stark betont wird und von 6 %-Anteilen auf 3 %-Anteile reduziert wurde. Das hängt vor allem mit der stärkeren Gewichtung der Entwurfsplanung zusammen.[252]

Ebenfalls landesrechtlich geregelt ist die **Baugenehmigungsfreistellung**.[253] Auch dann, wenn dieser Weg gewählt wird, muss die Planung des Architekten genehmigungsfähig sein (vgl. oben Rdn. 106 ff.). Das Haftungsrisiko für den Architekten ist in solchen Fällen sehr groß (vgl. auch unten Rdn. 147). Ein Honoraranspruch für Leistungsphase 4 entsteht auch hier, weil die Leistungen ebenfalls im Ergebnis erfüllt werden. Hinzu kommt für das Anzeige- oder Kenntnisgabeverfahren, dass auch hier mindestens Teile der Bauvorlagen erstellt und eingereicht werden müssen.[254] Aber auch bei verfahrensfreien Vorhaben bedarf es einer besonders umfassenden Kontrolle und Überprüfung der baurechtlichen Situation. Diese Leistung ist nicht in der Leistungsphase 2 bereits enthalten.[255] Ob im Einzelfall Abzüge nach der Rechtsprechung des BGH gerechtfertigt sind, entscheidet sich danach, ob man die Leistungen dienstvertraglich oder werkvertraglich qualifiziert (vgl. § 8 Rdn. 16 ff.). Im letzteren Fall kommt eine Honorarminderung in Frage, wenn nicht kompensierende Leistungen – z.B. als ersetzende Besondere Leistungen – erbracht werden. Bei **genehmigungsfreien** Objekten kommt ein Honoraranspruch überhaupt nicht in Frage. **128**

Welche Vorhaben **genehmigungspflichtig** sind, wird in den **Landesbauordnungen** geregelt. Soweit nicht durch Bestimmungen ausgenommen, fallen Errichtung, Abbruch und Änderungen von baulichen Anlagen und anderen Anlagen und Einrichtungen unter die Genehmigungspflicht. Die Voraussetzungen, die für die Prüfung und Genehmigung derartiger Maßnahmen erfüllt sein müssen, sind in den Landesbauordnungen geregelt. Die Bauvorlagenverordnungen regeln im Einzelnen, welche Unterlagen dem Bauantrag beigefügt sein müssen. Dies sind insbesondere Lageplan, Bauzeichnungen, Baubeschreibung, Standsicherheitsnachweis, die Darstellung der Grundstücksentwäs- **129**

---

251 Ebenso *Werner/Siegburg* BauR 2013, 1499 (1533).
252 Vgl. dazu oben Rdn. 91 und *Werner/Siegburg* BauR 2013, 1499 (1530 f).
253 Zur Verfassungsgemäßheit vgl. *Schulte* BauR 1995, 174; zum Ganzen *Ortlepp/Rapp* NJW 1996, 2346 und *Nestler* BauR 1998, 69 sowie *Nestler* in DAB 1996, Heft 12 und DAB 1997, Heft 1.
254 Ebenso *Nestler* BauR 1998, 69 sowie *Nestler* in DAB 1996, Heft 12 und DAB 1997, Heft 1.
255 A. A. insoweit *Nestler* BauR 1998, 69, der hier keine Anteile aus Leistungsphase 4 zugesteht.

serungen und die übrigen bautechnischen Nachweise. Damit ist noch nichts darüber gesagt, ob der Architekt diese Leistungen auch in vollem Umfang als Leistungen selbst erbringen muss.

130 Neben den als Leistung zu erbringenden Bauzeichnungen hat der Architekt dafür zu sorgen, dass alle für die baurechtliche Genehmigung oder Zustimmung **erforderlichen Unterlagen erbracht werden**. Dies können – bezogen auf die Anforderungen im konkreten Einzelfall – sein: Lagepläne, statische Berechnungen für die Tragwerke, bauphysikalische Nachweise zum Brandschutz, Nachweise nach der EnEV und den landesrechtlichen Durchführungsbestimmungen oder Vorlagen für die Genehmigung von technischen Gebäudeausrüstungen und Anlagen der Ver- und Entsorgung, meteorologische Gutachten u. a.

131 Der Architekt hat diese **Unterlagen zusammenzustellen** und soweit erforderlich auch **Anträge auf Ausnahmen und Befreiungen** zu stellen sowie noch notwendige Verhandlungen mit den Behörden zu führen.

132 Die Tatsache, dass der Architekt für die Erbringung aller für die Genehmigung oder Zustimmung erforderlichen Unterlagen verantwortlich ist, bedeutet nicht, dass er diese Leistungen **selbst ausführen** muss. Er muss jedoch den Auftraggeber auf die Notwendigkeit derartiger Leistungen und gegebenenfalls auf die Beauftragung von Sonderfachleuten hinweisen. Der Architekt hat darauf hinzuwirken, dass die über seine Leistung hinausgehenden Leistungen von den anderen an der Planung fachlich Beteiligten erbracht werden. Soweit der Architekt in der Lage ist, diese Leistungen ganz oder teilweise selbst zu erbringen, steht ihm hierfür ein Honorar zu.

133 Die Leistungsphase 4 verlangt vom Architekten auch das **Einreichen dieser Unterlagen**. Dabei handelt es sich eher um eine unbedeutende Nebenleistung (vgl. auch Rdn. 148).

134 Im Laufe des Baugenehmigungsverfahrens kann es zu behördlichen Auflagen für weitere Unterlagen kommen und damit zum **Vervollständigen** und Anpassen der Planungsunterlagen und Beschreibungen. Der Architekt hat nicht nur seine eigenen Unterlagen zu vervollständigen und anzupassen, sondern er hat auch die anderen an der Planung fachlich Beteiligten hierzu zu veranlassen und deren Beiträge zu verwenden (vgl. auch Rdn. 141).

135 Die Fertigung eines **Nachtragsbaugesuchs** gehörte früher nicht zu den Leistungen in Leistungsphase 4, soweit Änderungswünsche des Auftraggebers dafür die Ursache waren.[256] Das bedeutete aber noch nicht, dass es sich hier um Besondere Leistungen handelte (vgl. Rdn. 145), sondern um Planungsänderungen. Lag keine Honorarvereinbarung vor – möglich wäre eine Vereinbarung, wonach das Nachtragsbaugesuch auf Zeithonorarbasis abgerechnet werden soll –, so war für die Änderungsplanung eine vollständige Neuberechnung möglich unter Berücksichtigung der Leistungsanteile.[257] Mit

---

256 Ebenso *Korbion* in KMV § 34 Rn. 171; *Seifert/Fuchs* in FBS § 34 Rn. 165.
257 Vgl. auch unten Rdn. 145 und § 10 Rdn. 7 ff.

der Verschiebung der Besonderen Leistungen in den fakultativen Teil ermöglichte es die HOAI 2009, dass im Hinblick auf Besondere Leistungen eine völlige freie und formlose Honorarvereinbarung getroffen werden konnte.[258] Nach HOAI 2013 handelt es sich auch beim Ändern von Genehmigungsunterlagen um wiederholt erbrachte Grundleistungen, die bei entsprechendem Auftrag ein Zusatzhonorar rechtfertigen, es sei denn, die Änderungen sind wegen Fehlern des Architekten erforderlich.[259]

Zweifelhaft war, ob auch die **Entwässerungsplanung** eine Besondere Leistung darstellt oder ob der Architekt sie im Rahmen seiner Leistungen zu erbringen hat. Die Frage hat sich jedoch mit der Aufnahme der Technischen Ausrüstung in Teil IX der damaligen HOAI erledigt. Der Architekt erbringt Leistungen für die Technische Ausrüstung[260] und hat dafür einen Honoraranspruch.[261] Da es sich bei dieser Leistung um keine Besondere Leistung handelt, ist eine schriftliche Vereinbarung nicht erforderlich. Für die Energieberatung und -planung ist eine besondere Situation gegeben (vgl. oben Rdn. 111 f.). 136

Zu den **öffentlich-rechtlichen Vorschriften**, die bei der Genehmigungsplanung zu beachten sind, gehören insbesondere planungsrechtliche Vorschriften nach Energieeinsparungsgesetz, BauGB, StBauFG, BauNVO und Bebauungspläne; bauordnungsrechtliche Vorschriften, wie LBO, AVO und sonstige materiell-rechtliche Vorschriften; öffentlich-rechtliche Vorschriften mit baurechtlichem Einfluss: z. B. Naturschutzrecht, Denkmalschutzrecht, Gewerberecht, Straßen- und Wasserrecht, Immissionsschutzrecht. Die Leistung Genehmigungsplanung ist als erbracht anzusehen, wenn dem Auftraggeber die Baugenehmigung erteilt wird.[262] 137

Ungeklärt ist bisher, ob auch die Grundflächenberechnung oder die **Wohnflächenberechnung** nach DIN 277 oder nach der II. BV zu den Leistungen der Leistungsphase 4 gehört. Dies ist zu bejahen, soweit diese Unterlagen nach dem Bauvorlagenrecht[263] der einzelnen Länder notwendig sind. Nur dann gehören sie zu den »Vorlagen für die nach den öffentlich-rechtlichen Vorschriften erforderlichen« Genehmigungen oder Zustimmungen. Andernfalls handelt es sich um Besondere Leistungen, für die ein zusätzliches Honorar vereinbart werden kann.[264] 138

Im Zusammenhang mit der Bildung von **Wohnungseigentum** fallen verschiedene Leistungen an, bei denen unklar ist, ob es sich um Grundleistungen oder Besondere Leistungen handelt. Die **Aufteilungspläne** sind Änderungen der Mutterpausen, und zwar werden der Lageplan, die Grundrisse und in manchen Fällen auch Ansichten und 139

---

258 Vgl. dazu § 3 Rdn. 12 ff.; zur Rechtslage nach HOAI 2013 vgl. Rdn. 141 und 145.
259 Ebenso *Seifert/Fuchs* in FBS § 34 Rn. 165; *Korbion* in KMV § 34 Rn. 171; vgl. auch unten Rdn. 145.
260 KG 400 nach DIN 276 Fassung 12/08.
261 OLG Düsseldorf BauR 1995, 733 = NJW-RR 1995, 1425; siehe auch § 53 Abs. 2 Nr. 1.
262 OLG Düsseldorf BauR 1981, 401.
263 Bauvorlagenverordnungen; vgl. z. B. § 2 Abs. 8 Nr. 6 BW BVVO.
264 Vgl. § 3 Rdn. 17 und die dort zit. Entscheidung des OLG Düsseldorf; zur Haftung bei Fehlern vgl. unten Rdn. 147.

§ 34 HOAI   Leistungsbild Gebäude und Innenräume

Schnitte geändert. Es werden die Einheiten eingetragen mit Nummern der Wohnungen, und eine Beschriftung mit Flächenangaben wird vorgenommen. Diese Pläne sind eine Besondere Leistung, da sie für die nach den öffentlich-rechtlichen Vorschriften erforderlichen Genehmigungen oder Zustimmungen nicht zwingend notwendig sind.[265] Ein Auftrag für diese Leistungen muss jedoch zusätzlich erteilt werden. Fehlt eine Honorarvereinbarung, dann kann die übliche Vergütung geltend gemacht werden (vgl. § 3 Rdn. 15). Entsprechendes gilt für die zusätzliche **Berechnung der Miteigentumsanteile**, die häufig zusätzlich zur Wohnflächenberechnung gemacht wird (vgl. § 3 Rdn. 18).

140   Auffallend ist die wesentlich vom Honorarsatz der Genehmigungsplanung für Gebäude abweichende Bewertung mit 2 % bei **Innenräumen**. Diese Bewertung lässt den Schluss zu, dass der Verordnungsgeber keine oder keine vollständige Genehmigungsplanung für Innenräume für erforderlich hielt. Dies dürfte i. d. R. der Fall sein. Es kann jedoch der Fall eintreten, dass Nutzungsänderungen oder sonstige Maßnahmen ein baurechtliches Genehmigungsverfahren mit entsprechenden Vorlagen erfordern. Damit stellt sich die Frage, ob eine derartige Leistung mit dem auf 2 % verminderten Honorar abgegolten ist. Handelt es sich um Leistungen für Innenräume, die gleichzeitig Leistungen für das Gebäude betreffen, dann konnte nach HOAI 2009 für beides ein Honoraranspruch bestehen (vgl. § 33 Rdn. 26). Keinesfalls kann eine Genehmigungsplanung als Besondere Leistung vereinbart werden, es sei denn, es handelt sich um besondere Prüfverfahren.

141   Am Ende dieser Leistungsphase ist das **Ergänzen und Anpassen der Bauvorlagen** aufgeführt. Ein Nachtragsbaugesuch ist davon nicht umfasst. Dafür steht auch bei Leistungsphase 4 ein Honorar für wiederholt erbrachte Grundleistungen (§ 10 Abs. 2) zur Verfügung. Die Abgrenzung ist schwierig. Das Deckblatt und Fehlerkorrekturen sind nicht honorarpflichtig. Ansonsten entscheidet der Umfang der Leistung (vgl. auch Rdn. 145).

24. Die Besonderen Leistungen aus Leistungsphase 4 Genehmigungsplanung

142   Als Besondere Leistung ist zunächst das **Mitwirken bei der Beschaffung der nachbarlichen Zustimmung** genannt. Hierbei wird es auf den Aufwand und den Umfang der Tätigkeit des Auftragnehmers ankommen. Der Architekt kann nicht jede Beratung des Auftraggebers hinsichtlich der baurechtlichen Bestimmungen, der Festsetzungen eines Bebauungsplans oder des Nachbarrechts unter Hinweis auf den Charakter als Besondere Leistung vergütet verlangen. Die »Mitwirkung« muss schon – soll sie eine Besondere Leistung darstellen – ein gewisses Maß von Intensität erreichen. Dabei kann es sich der Sache nach allerdings nur um eine unterstützende Tätigkeit in fachlicher und technischer Hinsicht handeln, nicht um die Beratung bzw. Tätigkeit in Rechtsangelegenheiten.[266]

---

265   Ebenso OLG Koblenz v. 19.01.2012 – 1 U 128/10 m. NZB des BGH v. 06.06.2013 – VII ZR 191/11 = IBR 2013, 548.
266   Vgl. Einl. 129 ff. und unten Rdn. 149, 204.

Eine Besondere Leistung stellt auch das **Erarbeiten von Unterlagen für besondere Prüfverfahren** dar. Diese können erforderlich werden für Konstruktionen, einzelne Bauteile, Anlagen und Einrichtungen, Bau- und Fertigungssysteme, Baustoffe und Materialien, Immissionen und andere Einflüsse. Besondere Prüfverfahren nach immissionsschutzrechtlichen, gewerberechtlichen oder sonstigen planungsrechtlichen Vorschriften fallen wie zum Brandschutz hierunter. 143

Unter **fachlicher und organisatorischer Unterstützung des Bauherrn** im Widerspruchsverfahren, Klageverfahren oder Ähnliches ist vor allem die Beratung, die Bereitstellung von Aktenmaterial, Plänen und Beweismitteln zu verstehen. Eine organisatorische Unterstützung kann die Empfehlung zur Hinzuziehung von Sachverständigen, Sonderfachleuten sowie die Einschaltung von Spezialinstituten sein. In jedem Fall muss die Grenze zum Rechtsberatungsmissbrauch eingehalten werden (vgl. unten Rdn. 204). 144

Weitere Besondere Leistung war früher das **Ändern der Genehmigungsunterlagen infolge von Umständen, die der Auftragnehmer nicht zu vertreten hat**. In diesem Zusammenhang war vor allem die Nachtragsgenehmigung anzusprechen. Soweit es sich um kein vollständiges Baugesuch handelt und die Leistungen der Leistungsphase 4 nicht nochmals erbracht werden, war hier eine Besondere Leistung gegeben. Soweit jedoch die Leistungsphase 4 in ihren Leistungen ganz oder auch in wesentlichen Teilen nochmals zu erbringen ist, konnte ein Anspruch auf Änderungshonorar bestehen.[267] Seit der HOAI 2013 ist diese systemwidrige Besondere Leistung weggefallen und durch eine Grundleistung ersetzt worden.[268] 145

Besondere Leistungen können im Zusammenhang mit der Schaffung von Wohnungs- oder Teileigentum anfallen (vgl. oben Rdn. 139), und auch die Nutzflächenberechnung oder die Wohnflächenberechnung nach DIN 283 kann eine Besondere Leistung darstellen (vgl. oben Rdn. 138). 146

25. Fragen der Haftung bei Leistungsphase 4 Genehmigungsplanung

Der Architekt muss nicht nur die nach den öffentlich-rechtlichen Vorschriften erforderlichen Genehmigungen einschließlich der Anträge auf Ausnahmen und Befreiungen erarbeiten und einreichen, sondern auch dann Sorge für die Einholung der erforderlichen Genehmigungen tragen, wenn Sonderfachleute an der Planung beteiligt sind.[269] Hierher zählt nach der EnEV auch der Energieberater. Der Architekt hat sowohl für Fehler seiner Pläne (vgl. dazu oben Rdn. 106 ff.) als auch für solche seiner sonstigen Bauvorlagen einzustehen, während er für die Beiträge der Sonderfachleute nur bei für ihn offenkundigen Mängeln haftet. Erstellt er Bauvorlagen selbst, die nicht zu seinen Leis- 147

---

267 A. A. OLG Frankfurt BauR 2000, 435, das auch in der Neuanfertigung eine Besondere Leistung sehen will; wie hier Korbion/Mantscheff/Vygen-*Korbion*, § 33 Rn. 148; auch oben Rdn. 135 sowie § 10 Rdn. 7 ff.
268 Vgl. dazu oben Rdn. 135 und 141.
269 Vgl. BGH BauR 1975, 67.

tungen gehören, dann trägt er die Verantwortung. So müssen z. B. Wohnflächenberechnungen (vgl. Rdn. 138) korrekt sein.[270] Ebenso wie im Rahmen der Entwurfsplanung muss der Architekt auch im Rahmen der Genehmigungsplanung die baurechtlichen Bestimmungen einhalten. Bei Zweifeln über die Genehmigungsfähigkeit des Bauvorhabens muss der Architekt den Auftragnehmer rechtzeitig unterrichten.[271] Der Architekt muss die einschlägigen baurechtlichen Vorschriften kennen und beachten, die Nutzungsvorschriften berücksichtigen und in eigener Verantwortung prüfen, welche Grenzabstände einzuhalten sind.[272] Er muss den für den Auftraggeber sicheren Weg gehen und gegebenenfalls raten, eine Bauvoranfrage einzuholen, für deren Bearbeitung er jedoch ein zusätzliches Honorar als Besondere Leistung vereinbaren kann (vgl. oben Rdn. 75). Haftungsprobleme ergeben sich auch dann, wenn der Architekt **nur die Genehmigungsplanung** erbringt. Die gelegentlich zu beobachtende Unsitte, dass der eigentliche Planer einen planvorlageberechtigten Architekten zur Unterschrift heranzieht, kann fatale Auswirkungen haben. Der Architekt haftet nämlich für Fehler der von ihm unterzeichneten Genehmigungsplanung auch dann, wenn er die Entwurfsplanung nur übernommen hat. Dagegen hat er für Mängel der Entwurfsplanung nur einzustehen, wenn diese für ihn offenkundig waren. Ergänzt er die Entwurfsplanung z. B. mit Höhenangaben, dann haftet er insoweit für Fehler, und zwar auch dann, wenn diese Angaben in den Bereich der Entwurfsplanung gehören.[273]

148 Der Architekt muss die **Unterlagen** bei der Baubehörde **einreichen**. Für den Eingang der Unterlagen bei der Genehmigungsbehörde ist er verantwortlich. Mit der Genehmigung des Baugesuchs ist keineswegs die Haftung des Architekten wegen Planungsmängeln beseitigt. Die Baurechtsbehörde prüft die Planung nämlich allein darauf, ob sie den im öffentlichen Interesse ergangenen Vorschriften genügt. Ihre Entscheidung besagt dagegen nichts darüber, ob das Bauwerk mangelfrei geplant ist und ausgeführt wird.[274] Auch dann, wenn die Baurechtsbehörde amtspflichtig eine Falschauskunft erteilt, wie z. B. über die zulässige Geschosszahl eines Wohngebäudes, oder wenn in fehlerhafter Weise eine insoweit den planungsrechtlichen Festsetzungen widersprechende Baugenehmigung erteilt wird, kann der Architekt für Schäden verantwortlich sein, die daraus entstehen.[275] Entsprechendes gilt bei kleinerer Wohnfläche[276] oder niedrigerer Deckenhöhe.[277]

---

270 OLG Hamm BauR 2001, 984 zur Haftung gegenüber einem Bauträger, weil infolge Planungsfehlers nur kleinere Wohneinheiten als im Prospekt vorgesehen gebaut wurden; OLG Saarbrücken BauR 2001, 1936 zu den Anforderungen an die Substanziierung von Schadensersatzansprüchen durch einen Bauträger wegen fehlerhafter Wohnflächenberechnung des Architekten: Verwendung der Wohnflächenberechnung für die Kalkulation oder Werbung.
271 Vgl. i. E. zur Genehmigungsfähigkeit oben Rdn. 106 ff.
272 OLG Düsseldorf VersR 1976, 784.
273 BGH BauR 2001, 983 = NZBau 2001, 332.
274 BGH VersR 1964, 340.
275 Vgl. BGH NJW 1980, 2576 = VersR 1980, 765.
276 Vgl. OLG Celle BauR 2000, 1032, wonach die 5-jährige Gewährleistungsfrist gilt.
277 Vgl. OLG Hamm BauR 1993, 729.

Hinsichtlich der Besonderen Leistung »Unterstützung des Bauherrn im Widerspruchsverfahren, Klageverfahren oder Ähnliches« ist darauf hinzuweisen, dass der Architekt die Grenzen der verbotenen Rechtsberatung beachten muss (Einl. Rdn. 122 ff.). Auf keinen Fall darf er sich in die Rolle des umfassenden Baurechtsgestalters und Baurechtsberaters drängen lassen. Er muss die Baurechtsfragen nicht lösen, sondern lediglich den Auftraggeber auf Gefahren hinweisen und einen Denkanstoß geben, der gegebenenfalls durch kompetenten Rechtsrat der dazu Berufenen zu ergänzen ist.[278]

149

26. Die Grundleistungen aus Leistungsphase 5 Ausführungsplanung

a) Erarbeiten der Ausführungsplanung

Als erste Leistung ist genannt das Erarbeiten der Ausführungsplanung mit allen für die Ausführung notwendigen Einzelangaben (zeichnerisch und textlich) auf der Grundlage der Entwurfs- und Genehmigungsplanung bis zur ausführungsreifen Lösung, als Grundlage für die weiteren Leistungsphasen.[279] Die Grundleistung 1 aus Leistungsphase 5 wurde umformuliert, inhaltlich aber nicht geändert.[280] Diese Planungsphase wird vor allem fertigungsorientiert sein, wobei die **Koordinierungstätigkeit** ein wesentlicher Bestandteil ist.[281] Rechtzeitige und umfassende Koordinierung aller anderen an der Planung fachlich Beteiligten durch den Architekten ist Voraussetzung für einen reibungslosen Planungsablauf. Insbesondere bei differenzierten oder sehr komplexen Bauaufgaben kann der Planungsablauf sehr störungsanfällig sein, wenn die verschiedenen Fachdisziplinen nicht aufeinander abgestimmt und durch laufende Informationen vom jeweiligen Planungsstand unterrichtet werden. Die Koordinierungstätigkeit bezieht sich einmal auf die terminliche Abstimmung zwischen Architekt und Sonderfachleuten und zum anderen auf die Integration der Beiträge in die jeweilige Planung. Der Architekt wird in der Regel einen Planungsablauf für die Ausführungsplanung aufstellen müssen, wenn dies nicht schon im Rahmen vorhergehender Leistungsphasen erfolgt ist. Die Abstimmung erfolgt für alle Leistungsphasen nach Maßgabe der Zielvorstellungen des Auftraggebers. Der regelmäßige Ablauf ist von der HOAI so bestimmt, dass die Ausführungsplanung in vollständiger Form als Grundlage für die Vergabe (Leistungsphasen 6 und 7) zur Verfügung stehen soll. Lediglich das Fortschreiben der Ausführungsplanung während der Ausführung des Objekts kommt später noch hinzu (vgl. dazu Rdn. 158 f.). Eine **baubegleitende Ausführungsplanung** ist dem System der HOAI fremd, weil sich die Objektausführung mit Objektüberwachung erst an die voll-

150

---

278 Vgl. Einl. Rdn. 122 ff. und *Kniffka* ZfBR 1994, 253 und 1995, 10; *Ganten* BauR 1974, 85; BGH BauR 1973, 321 m. abl. Anm. *Locher, Motzke/Preussner/Kehrberg/Kesselring*, H Rn. 70 und M Rn. 14; *Pott/Frieling*, Rn. 207, 486.
279 Zur Definition der Ausführungsplanung vgl. *Schottke*, FS Koeble, S. 511 [517 ff.]; zum Ablauf der Ausführungsplanung vgl. instruktiv *Gautier/Zerhusen* BauR 2015, 410 Koordination, Integration, Prüfung und Freigabe – Was schuldet der Architekt in Bezug auf die Werkstatt- und Montagepläne der ausführenden Unternehmen und die Schalpläne des Tragwerksplaners? BauR 2015, 410 mit Schaubild (415).
280 Ebenso *Werner/Siegburg* BauR 2013, 1499 (1534).
281 Zur Haftung vgl. Rdn. 169.

ständige Ausschreibung und Vergabe (Leistungsphasen 6 und 7) anschließt. Eine solche Verfahrensweise ist mit erheblichen Risiken behaftet. Sie führt in aller Regel auch zu Nachträgen, weil die Ausschreibung unvollständig bzw. lückenhaft sein kann.[282] Das Haftungsrisiko für baubegleitende Ausführungsplanung kann der Architekt nur durch ausdrückliche Vereinbarung auf den Auftraggeber überwälzen, wenn die zeitlichen Vorgaben bzw. Gegebenheiten einen üblichen Planungsablauf nicht zulassen.

b) Ausführungs-, Detail- und Konstruktionszeichnungen

151 Zu den **Ausführungs-, Detail- und Konstruktionszeichnungen** gehören Konstruktionspläne, Übersichtspläne und Einzelzeichnungen im Maßstab 1:50 bis 1:1. Die Angabe dieser Maßstäbe ist beispielhaft und für den Einzelfall nicht verbindlich. Der Maßstab hängt von der jeweiligen Bauaufgabe selbst ab, u. a. von der Größe des Objekts oder den Problemen im Einzelfall. Ziel ist eine hohe Planungsintensität und Übersichtlichkeit. Aus Gründen der Übersichtlichkeit kann deshalb auch der Maßstab 1:100 bei bestimmten Objekten für Übersichts- und Ausführungspläne angebracht sein. Die Planung wird dadurch keineswegs mangelhaft.[283] Die **Bezeichnung dieser Pläne** variiert in der Praxis stark. Neben den soeben verwendeten Begriffen tauchten bzw. tauchen auch Begriffe wie Werkplanung oder Detailpläne auf.[284] Es wäre zweckmäßig, wenn heute nur noch der Begriff Ausführungsplanung verwendet werden würde. Er könnte dann im Gegensatz zu dem Begriff **Werkstattzeichnungen** gebraucht werden, worunter die interne Produktionsplanung des Unternehmers bzw. Handwerkers zu verstehen ist.[285]

c) Abgrenzung Entwurfs- und Ausführungsplanung

152 Die **Abgrenzung** zwischen **Entwurfs- und Ausführungsplanung** kann im Einzelfall zu Problemen führen.[286] Im Regelfall müssen die Ausführungspläne als Grundlage die in der Entwurfsplanung enthaltenen Parameter übernehmen. Im Übrigen ist maßgebender Gesichtspunkt, dass die Entwurfsplanung auf Genehmigungsfähigkeit zielt, während die Ausführungsplanung die konkrete Ausführung im Blick hat.[287] Alles, was

---

282 Zu den Risiken vgl. *Fuchs* NZBau 2014, 409 (413); *Eschenbruch*, FS Jochem, 2014, S. 356 (364); *Thierau* BauR 2013, 673 (679); *Seifert/Fuchs* in FBS § 34 Rn. 170.
283 A. A. Korbion/Mantscheff/Vygen-*Korbion*, § 33 Rn. 67, die einen kleineren Maßstab als 1:50 nicht mehr als ordnungsgemäße Ausführungsplanung ansehen, was jedoch bei Bauvorhaben größerer Dimensionierung u. U. zur Unübersichtlichkeit führen könnte.
284 Zur Begriffsdefinition vgl. *Schottke*, FS Koeble, S. 511 [523 ff.].
285 Vgl. *Schottke*, FS Koeble, S. 511 [523 ff.], der allerdings den Begriff Werkpläne unzutreffend verwendet; zum Ganzen auch unten Rdn. 168.
286 Zum Ganzen eingehend *Schottke*, FS Koeble, S. 511 [514 ff.]; vgl. auch oben Rdn. 91; ein Teil der früher in der Ausführungsplanung angesiedelten Leistungen muss heute schon in der Leistungsphase 3 erbracht werden: so mit Recht *Werner/Siegburg* BauR 2013, 1499 (1531) und dazu auch oben Rdn. 91.
287 Vgl. OLG Düsseldorf BauR 2011, 1980 [1988], *Kniffka/Koeble*, Kompendium, 12. Teil Rn. 415.

im Hinblick auf die Baugenehmigung und Baufreigabe nach den öffentlich-rechtlichen Vorschriften erforderlich ist, muss bereits in der Entwurfsplanung enthalten sein. Nach diesen Grundsätzen bedarf es in der Entwurfsplanung noch keiner Angaben über wasserführende Ebenen und deren Gefälle. Das im Regelfall notwendige Maß von 2 % ist im Bereich der Ausführungsplanung anzusiedeln. Dagegen ist die Abdichtung eines Gebäudes gegen Feuchtigkeit jeder Art auch nach DIN 18 195 von den Grundlagen her bereits in der Leistungsphase 3 zu planen. Die entsprechenden Kosten sind nämlich oftmals bereits im Rahmen der Kostenberechnung zu berücksichtigen, wenn diese bis zur dritten Ebene vorgelegt werden muss.[288] Die Einarbeitung der Ergebnisse eines Bodengutachtens gehört normalerweise in die Leistungsphase 5 oder aber in die Vorbereitung der Vergabe.[289] Entsprechendes gilt für die Umsetzung sonstiger Gutachten, insbesondere von Bauphysikern. Im Rahmen der Entwurfsplanung muss der Architekt die Beiträge der Sonderfachleute und Tragwerksplaner berücksichtigen, soweit diese nach jeweiligem Bauvorlagerecht der Bundesländer für die Baufreigabe von entscheidender Bedeutung sind. Reine Ausführungsdetails wie z. B. die Höhenmaße für Böden und Toiletten, aber auch sonstige Anschlüsse betreffend den Elektrobereich,[290] gehören in den Bereich der Ausführungsplanung.

Die Abgrenzung zwischen der **zeichnerischen Darstellung** in einerseits Leistungsphase 3 und andererseits Leistungsphase 5 ist klar definiert. In Leistungsphase 3 müssen die Hauptmaße und die wichtigsten Ausführungsmerkmale dargestellt sein, jedoch keine Detailmaßangaben oder Ausführungsdetails gemacht werden. Die Zeichnungen stellen keine baureifen Pläne dar, wie dies in Leistungsphase 5 der Fall sein muss. In der Kostenberechnung müssen selbstverständlich die Kosten für Abdichtungen enthalten sein, es reicht jedoch die summarische Kostenangabe. Eine weitere Aufgliederung ist im Normalfall nicht erforderlich bzw. nicht als Leistung zu erbringen. Das Einarbeiten der Ergebnisse eines Bodengutachtens muss kostenmäßig schon in der Kostenberechnung seinen Niederschlag finden, auch in der Objektbeschreibung, jedoch nicht in zeichnerischen Details. Anders wäre dies nur, wenn ein Bodengutachten wesentlichen konstruktiven Einfluss auf die Entwurfsplanung hat. Die Ausführungsplanung ist auch abzugrenzen von den **Werkstattzeichnungen**, welche für die interne Produktionsplanung des Unternehmers bzw. Handwerkers dienen.[291]

153

---

288 Vgl. DIN 276 vom April 1981 mit Kostengruppen 3.1.3.1 und 3.1.3.3 und dazu *Seifert/Preussner*, Praxis des Baukostenmanagement, 2. Aufl., 2003, S. 40 ff. sowie DIN 276 von Oktober 2006/Dezember 2008 Kostengruppe 326 bzw. bei Außenwänden 331 und 335; zu Letzterem vgl. den Anh. 2.
289 A. A. OLG Bamberg NZBau 2004, 160, wonach auch bei Teilauftrag für die Leistungsphasen 1–4 die »Eingabeplanung« eine bestimmte Art des Bodenaustauschs berücksichtigen muss.
290 Bezüglich der Bäder vgl. OLG Celle Urt. v. 13.07.2006 – 7 U 25/06, Analyse *Koeble* auf www.jurion.de/Modul Werner Baurecht.
291 Vgl. i. E. *Schottke*, FS Koeble, S. 511 [523 ff.]; vgl. auch unten Rdn. 168.

§ 34 HOAI   Leistungsbild Gebäude und Innenräume

d) Zeichnerische Darstellung bei Innenräumen

154   Als **zeichnerische Darstellung bei Innenräumen** wird eine detaillierte Darstellung im Maßstab 1: 20 bis 1:1 verlangt. In Ergänzung zu dieser Darstellung der Räume und Raumfolgen, Übersichten, Wandabwicklungen usw. stehen die textlichen Ausführungen mit Materialbestimmung und Vorschlägen, ggf. mit Bemusterung.

e) Tiefe der Planung

155   Wesentlich für die Ausführungsplanung ist, dass die **erforderlichen textlichen Ausführungen** gemacht werden. Von entscheidender Bedeutung ist, dass die HOAI eine **vollständige Niederlegung in den Plänen** verlangt (»... mit allen ... notwendigen Einzelangaben ....«). Hierfür ist Schriftform notwendig. Die textlichen Angaben umfassen alle Hinweise von Konstruktionen, Materialien, Bauelementen und Bauteilen, die für die Ausführung notwendig sind, z. B. Fußbodenhöhen und -aufbau, Angaben über Wärme- und Feuchtigkeitsschutz, Behandlung von Bauteilen u. a. Die textlichen Angaben können als Legenden in den betreffenden Ausführungs- und Konstruktionsplänen enthalten oder aber in Form von Listen, Raumblättern oder Raumbüchern erfasst sein. Übereinstimmung mit der Leistungsbeschreibung in Leistungsphase 6 ist selbstverständlich erforderlich. Wenn bei Innenräumen der Maßstab 1:25 bis 1:1 angegeben ist, so bedeutet das nicht, dass im Einzelfall Zeichnungen im Maßstab 1:50 nicht verwendet werden dürften. Besonderes Augenmerk ist dabei auf die Materialbestimmung zu richten.

f) Bereitstellen der Arbeitsergebnisse als Grundlage für die anderen an der Planung fachlich Beteiligten

156   Die neue Leistung Bereitstellen der Arbeitsergebnisse als Grundlage für die anderen an der Planung fachlich Beteiligten sowie Koordination und Integration von deren Leistungen war schon nach alter HOAI ebenso gesehen worden, auch ohne dass Koordination[292] ausdrücklich genannt war. Inhaltlich hat sich diesbezüglich also nichts gegenüber der HOAI 2009 und früheren Fassungen geändert. Der Architekt muss eng und termingemäß mit den anderen an der Planung fachlich Beteiligten zusammenarbeiten und die Grundlagen für deren Planungen rechtzeitig und umfassend zur Verfügung stellen. Im Allgemeinen, insbesondere bei größeren Bauvorhaben, ist eine genügend lange Planungszeit für die Fachingenieure zu berücksichtigen (Planung der Planung). Insoweit handelt es sich ebenfalls um eine Koordinierungstätigkeit. Als Grundlagen kommen Konzepte der Ausführungspläne oder die Ausführungspläne selbst in Betracht, die Lösung von Detailpunkten, Angaben über technische Anlagen, Anforderungen in konstruktiver Hinsicht, wie z. B. Belastungsannahmen, Grundwasser- und Bodenverhältnisse. Das Integrieren der Beiträge der anderen an der Planung fachlich Beteiligten einschließlich der Energieplanung des Energieberaters ist ein wichtiger Teil der Koordinierungspflicht und der Fortführung der Ausführungsplanung bis zur ausführungsreifen Lösung. Hierher gehören alle Angaben nach DIN 276 Fassung De-

---

292   Vgl. zur Koordination oben Rdn. 93.

zember 2008 für Baukonstruktion (KG300), Sonstige Maßnahmen (KG390), Technische Anlagen (KG400) und Sonstige Maßnahmen (KG490). Das Erarbeiten der Grundlagen für andere an der Planung fachlich Beteiligte wird also zeitlich vor dem Integrieren oder Einarbeiten ihrer Beiträge liegen. So muss erstere Leistung ganz am Anfang der Ausführungsplanung stehen und ist eine wichtige Zäsur im Ablauf der Ausführungsplanung.

g) Fortschreiben des Terminplans

Eine neue Leistung stellt das Fortschreiben des Terminplans dar, welcher bereits in der Leistungsphase 2 erstellt wurde und in der Leistungsphase 3 fortgeschrieben werden musste. Der Inhalt und die Form des Terminplans sind auch in dieser Leistungsphase unverändert.[293]

157

h) Fortschreiben der Ausführungsplanung aufgrund der gewerkeorientierten Bearbeitung während der Objektausführung

Das **Fortschreiben der Ausführungsplanung** aufgrund der gewerkeorientierten Bearbeitung während der Objektausführung erstreckt sich auf alle erforderlichen Ergänzungen und Änderungen. Die Frage, was unter »Fortschreibung« zu verstehen ist, ist vor allem dann sehr wesentlich, wenn Planung und Überwachung an verschiedene Auftragnehmer vergeben werden. Sie ist aber auch insoweit von Bedeutung, als Änderungen verlangt oder erforderlich werden. Problematisch ist in allen diesen Fällen, ob der Architekt im Rahmen der Leistungen verpflichtet ist, ohne besonderes Honorar Änderungen in seine Ausführungsplanung mit einzubeziehen. Eine **Fortschreibung** im Sinne der Leistungsphase 5 setzt voraus, dass die **bisherigen Planungsziele erhalten** bleiben. Das wird durch die neue Formulierung in der HOAI 2013 (». . . aufgrund der gewerkeorientierten Bearbeitung . . .«) bestätigt.[294] Ändern sich diese, ohne dass es der Architekt zu vertreten hat, so kann nicht mehr von Fortschreibung gesprochen werden, vielmehr handelt es sich um eine Neuplanung, die bei Erbringung von allen Leistungen in Leistungsphase 5 bzw. von Grundleistungen aus Leistungsphase 5 als Planungsänderung abrechenbar ist (vgl. § 10 Rdn. 20 ff.). Ähnlich wie hier wird in der Literatur das Planungsziel als maßgebendes Kriterium gesehen:[295] ». . . dergestalt fortzuschreiben, dass sowohl insgesamt als auch insbesondere in jedem Detail eine Lösung gefunden wird, die ohne Weiteres die vorgesehene sachgerechte, das Planungsziel voll erreichende Ausführung ermöglicht«. Andere kommen zum gleichen Ergebnis: »Dies ist mit Fortschreiben gemeint, das immer nur auf Bestehendem aufbauen kann, sodass umfängliche Änderungen nicht unter diesen Tatbestand einzureihen sind.«

158

---

293 Vgl. dazu oben Rdn. 66, 98; a. A. *Seifert/Fuchs* in FBS § 34 Rn. 189, wonach »die Ausarbeitungstiefe . . . der erhöhten und abschließenden Planungstiefe anzupassen« sein soll, was immer das bedeuten soll.
294 Ebenso *Werner/Siegburg* BauR 2013, 1499 (1535; *Seifert/Fuchs* in FBS § 34 Rn. 191).
295 *Korbion* in KMV § 34 Rn. 195; *Seifert/Fuchs* in FBS § 34 Rn. 190 ff.; *Neuenfeld*, § 15 Rdn. 49.

§ 34 HOAI Leistungsbild Gebäude und Innenräume

159   Wesentlich ist dabei, dass es sich um Änderungen der Planung handelt, dass also Planungsarbeiten überhaupt erforderlich sind und nicht die reine Angabe an Ort und Stelle genügt. Letzteres gehört in den Bereich der Objektüberwachung. Zusammenfassend kann damit gesagt werden, dass unter Fortschreibung **Ergänzungen und kleinere Änderungen** der Ausführungsplanung zu verstehen sind, die im Rahmen der Planung notwendig werden, um das Objekt entsprechend der Zielrichtung aus Leistungsphase 1–4 in gestalterischer und konstruktionstechnischer Hinsicht entstehen zu lassen. Daneben gehören diejenigen Änderungen der Ausführungsplanung in den vorliegenden Zusammenhang, die deshalb erforderlich werden, weil der Architekt fehlerhaft geplant hat. Alle übrigen Änderungen sind als Änderungsleistungen zu honorieren.[296] Das Ziel der Fortschreibung ist die ordnungsgemäße Herstellung des Objekts. Dafür sind keine Bestandspläne erforderlich, die den endgültigen Zustand wiedergeben.[297]

i) Überprüfen erforderlicher Montagepläne

160   Im Grundleistungskatalog neu aufgeführt wird die Leistung Überprüfen erforderlicher Montagepläne der vom Objektplaner geplanten Baukonstruktionen und baukonstruktiven Einbauten auf Übereinstimmung mit der (eigenen) Ausführungsplanung. Für die alten Fassungen der HOAI war umstritten, ob es sich diesbezüglich um eine Grundleistung handelt oder um eine Besondere Leistung. Im Hinblick auf die Honorierung war die entsprechende Leistung »Prüfen und Anerkennen von Plänen Dritter ...« in der Leistungsphase 5 als Besondere Leistung aufgelistet. Der BGH hatte entschieden, dass solche Leistungen zu den Grundleistungen gehören, soweit sie Anlagen und Gewerke Leistungen betreffen, die in den anrechenbaren Kosten erfasst sind und als Besondere Leistung einzustufen seien, wenn dies nicht der Fall war.[298] Fest stand auch nach alter HOAI, dass es sich dabei um eine der ersetzenden Besonderen Leistungen handeln konnte, und zwar vor allem bei Leistungsbeschreibung mit Leistungsprogramm (funktionale Ausschreibung). Die h. M. hatte sich der Auffassung des BGH angeschlossen und die Prüfung und Anerkennung als Grundleistung unter den genannten Voraussetzungen eingestuft. Das betraf sehr viele Sachverhalte, z. B. die **Werkstatt- und Montagepläne**.[299] Unter honorarrechtlicher Thematik hatte sich in der Literatur eine Gegenmeinung ergeben, die jedoch vertragsrechtlich und haftungsrechtlich nicht zu

---

296 Vgl. § 10 Rdn. 20 ff.
297 So mit Recht OLG Hamm BauR 1998, 1110 = NJW-RR 1999, 96, wonach der Architekt als Leistung keine Bestandspläne liefern muss, auch nicht in Leistungsphase 9; vgl. dazu Rdn. 269 f. und *Lotz* BauR 2012, 157 (158).
298 BGH BauR 1985, 584 betreffend die Überprüfung von Elementplänen für Fertigbetonteile auf ihre Übereinstimmung mit den Ausführungsplänen; zum Ganzen *Mundt*, Die Planfreigabe in Baurecht, NJOZ 2008, 3371 (3381); zur Besonderen Leistung »Prüfen und Anerkennen von Plänen Dritter« vgl. unten Rdn. 168.
299 Zum Ganzen *Locher/Koeble/Frik*, HOAI, 11. Aufl., § 33 Rn. 169 m. w. Nachw.; ferner grundlegend *Schottke*, FS Koeble, S. 511 (523 ff.), wobei allerdings die von *Schottke* vorgeschlagene Bezeichnung »Werkpläne« nicht mehr verwendet werden sollte.

halten war.³⁰⁰ Dabei ist die unabhängig vom Leistungsbild der HOAI sich ergebende Frage der Vertragspflichten völlig anders zu entscheiden. Selbstverständlich ist der Architekt und Ingenieur gegenüber dem Bauherrn verpflichtet – mit den von ihm zu erwartenden Kenntnissen –, die Werkstatt- und Montagepläne anderer zu überprüfen.³⁰¹ Dass es sich bei dieser Verpflichtung nicht um eine Obliegenheit des Bauherrn gegenüber dem betreffenden am Bau Beteiligten handelt, ist allerdings hervorzuheben.³⁰² Die Tatsache, dass es sich um eine Vertragspflicht handelt, ergibt sich aus der Verpflichtung des Architekten, die Planung anderer – auch von Unternehmern – zu integrieren und zu koordinieren. Ob die HOAI in der früheren Fassung das Prüfen und Anerkennen als Grundleistung einstuft oder nicht, ist deshalb vertragsrechtlich ohne Bedeutung.

j) Koordinierungsaufwand

Der Verordnungsgeber ließ früher völlig offen, wie bei getrennter Vergabe von Planungs- bzw. Überwachungsleistungen der erhöhte Aufwand beider Auftragnehmer zu honorieren ist. Nach der HOAI 2002 bestand außerhalb des Anwendungsbereichs von § 15 Abs. 3 und 4 nur die Möglichkeit, diesen Aufwand als »aufwandsbezogene Einflussgröße« im Rahmen der Vereinbarung des Honorars zwischen Mindest- und Höchstsatz zu berücksichtigen. Nach der heute geltenden Regelung ist ein Koordinierungsaufwand sowohl dann zu berücksichtigen, wenn nicht alle Leistungsphasen übertragen werden, als auch dann, wenn nicht alle Grundleistungen einer Leistungsphase beauftragt werden (§ 8 Abs. 3). Die Vereinbarung hat schriftlich zu erfolgen.³⁰³ Ein Mehraufwand kann im Übrigen nur im Rahmen der Honorarvereinbarung (§ 7 Abs. 1) zwischen den Mindest- und Höchstsätzen berücksichtigt werden. Besondere Probleme der Abgrenzung ergeben sich bei der Planung von Fertigteilen. Ebenfalls bei Vergabe von Planung und Überwachung ist hier einerseits das »Fortschreiben der Ausführungsplanung« und andererseits die »Überwachung und Detailkorrektur von Fertigteilen« (Leistungsphase 8) voneinander abzugrenzen. Auch hier dürfte das Planungsziel maßgebend sein. Eine Detailkorrektur der Fertigteilplanung liegt vor, wenn die Pläne geändert oder berichtigt werden müssen, weil sie von den Ausführungs-

161

---

300 Vgl. zum Ganzen *Seifert*, Prüfen und Anerkennen von Werkstatt- und Montageplänen durch den Architekten, BauR 2012, 1857 ff., wonach es sich um eine Besondere Leistung handeln soll; dem schließen sich *Werner/Siegburg* BauR 2013, 1499 (1535) an; *Seifert/Fuchs* in FBS § 34 Rn. 193 ff.; *Korbion* in KMV § 34 Rn. 195.
301 Vgl. dazu auch OLG Hamm Urt. v. 12.04.2013 – I-12 U 75/12 = BauR 2013, 1688.
302 Somit Recht OLG Hamm Urt. v. 12.04.2013 – I-12 U 75/12 m. Anm. *Hammacher* BauR 2013, 1592; ebenso *Mundt*, Die Planfreigabe im Baurecht, NJOZ 2008, 3371 (3381), wonach deshalb zutreffend ein Mitverschuldenseinwand ausscheidet; ferner *Gautier/Zerhusen* Koordination, Integration, Prüfung und Freigabe – Was schuldet der Architekt in Bezug auf die Werkstatt- und Montagepläne der ausführenden Unternehmen und die Schalpläne des Tragwerkplaners? BauR 2015, 410; zur Prüfung und Freigabe der Schalpläne des Tragwerkplaners vgl. unten § 51 Rdn. 69, 71 und zur Freigabe der Werkstatt- und Montagepläne im Bereich der Technischen Ausrüstung vgl. unten § 55 Rdn. 33 f.
303 Vgl. dazu § 8 Rdn. 13.

27. Die Besonderen Leistungen für Leistungsphase 5 Ausführungsplanung

162 Die mit der **Leistungsbeschreibung mit Leistungsprogramm** zusammenhängenden Arbeiten sind auf § 7 Abs. 13 VOB (A) abgestellt. Mit ihr hat sich eine besondere Form der Leistungsbeschreibung als Ausschreibungsform herausgebildet. Es bedarf jeweils sorgfältiger Überlegungen des Auftraggebers, wenn er eine derartige Ausschreibung durchführen will. Da in diesem Verfahren in der Regel auch Planungsleistungen mit anzubieten sind, können Verschiebungen in den Verantwortungsbereichen zwischen dem Architekten als unabhängigem Planer und dem Bauunternehmer eintreten. Es empfiehlt sich deshalb, die Verantwortungsbereiche bei Auftragserteilung klar abzugrenzen.[305]

163 Bei der Leistungsbeschreibung mit Leistungsprogramm wird das für die Ausführungsplanung sonst üblicherweise zeichnerisch fixierte Raumprogramm mit allen die Konstruktion, die technischen Anlagen und den Ausbau bestimmenden Qualitätsmerkmalen verbal beschrieben. Dies kann z. B. aufgrund einer Vorplanung (Projekt- und Planungsvorbereitung) und einer Beschreibung aller technischen, wirtschaftlichen, gestalterischen und funktionsbedingten Anforderungen erfolgen, zu denen gegebenenfalls noch Raumbücher, Musterleistungsverzeichnisse, planerische Vorgaben von Detailpunkten treten können. Die Leistung wird i. d. R. nicht mehr von den einzeln zu erbringenden Teilen der Leistung bezeichnet, sondern vom Ergebnis, von der fertigen baulichen Anlage her.

164 Als Anhalt mag das im Vergabehandbuch für die Durchführung von Bauaufgaben des Bundes im Zuständigkeitsbereich der Finanzbauverwaltung aufgestellte Schema dienen.

165 Das **Aufstellen einer detaillierten** Objektbeschreibung als Grundlage der **Leistungsbeschreibung** mit Leistungsprogramm ist die neuformulierte erste Besondere Leistung in Leistungsphase 5. Möglich ist dies in zweierlei Form, nämlich als **Baubuch** oder als **Raumbuch**. Das Aufstellen einer detaillierten Objektbeschreibung als Raumbuch ist die weitergehende, ausführlichere und verfeinerte Leistung gegenüber dem Baubuch. In ihr sind sämtliche Räume mit allen Merkmalen, wie Materialien, technischen Anlagen und Ausstattung, erschöpfend zu beschreiben. Für die Prüfung der vom bauausführenden Unternehmer aufgrund der Leistungsbeschreibung mit Leistungsprogramm ausgearbeiteten Ausführungspläne auf Übereinstimmung mit der Entwurfsplanung ist davon auszugehen, dass dem Bieter die konstruktive weitere Durcharbeitung überlassen wird, er also Planungsleistungen tatsächlich zu erbringen hat. Die Prüfung der Ausführungsplanung wird sich in der Regel nicht nur auf Übereinstimmung mit der Entwurfs- oder Vorplanung erstrecken, sondern auch auf die in der Objekt- und Leis-

---

304 Vgl. auch unten Rdn. 218 und oben 159 f.
305 Vgl. zur GU-Vergabe oben Rdn. 22 f.

tungsbeschreibung vorgegebenen Qualitätsmerkmale, Materialien, technischen Anlagen. Die Leistung Aufstellen eines detaillierten Bau- oder Raumbuches stellt hohe Anforderungen an den Auftragnehmer. Während das Baubuch das Gesamtbauvorhaben mit allen Kostengruppen gemäß DIN 276 Fassung 12/08 betrifft, enthält das Raumbuch die Beschreibung für Ausbau und Ausstattung der Räume, soweit wie vom Auftraggeber erwünscht oder erforderlich. Diese Leistungen können anstelle der Grundleistungen der Leistungsphase 5 treten. Hinsichtlich der Honorierung ist § 8 Abs. 2 anzuwenden. Sollte hierbei der Aufwand für die anstelle der Leistungen tretenden Besonderen Leistungen größer sein als der übliche Aufwand für die entfallenden Leistungen, so hat der Architekt ohne besondere Vereinbarung keinen Anspruch auf eine höhere Vergütung über das Honorar für die Grundleistung hinaus.

Eine weitere Besondere Leistung betrifft das **Prüfen der Ausführungspläne**, die von bauausführenden Unternehmen auf der Grundlage der vom Architekten erstellten Leistungsbeschreibung mit Leistungsprogramm vorgelegt werden. Maßstab ist die Übereinstimmung mit der Entwurfsplanung, damit die ordnungsgemäße Herstellung des Objekts gewährleistet ist. Es handelt sich auch hier um eine sog. ersetzende Leistung, was die Sternchen-Regelung (Fußnote) klarstellt (vgl. oben Rdn. 22). 166

Früher war als Besondere Leistung das **Erarbeiten von Detailmodellen** genannt. Detailmodelle können z. B. sein: Fassadenausschnitte, Treppen- und Geländerausschnitte, Aufbau wiederkehrender Raumgruppen, Decken- und Wandsysteme, Boden- und Wandbeläge, aber auch Putzstrukturen, Anstrichtechniken und Farbmuster. Leistungen für das Zustandekommen von Detailmodellen können u. a. sein: Herstellen von Planunterlagen für die Erstellung von Detailmodellen, Verhandlungen mit dem Hersteller von Detailmodellen und das Überwachen der Herstellung. Anstelle dieser Besonderen Leistung wird heute genannt zum einen das **Fortschreiben von Raumbüchern** in detaillierter Form und das Mitwirken beim **Anlagenkennzeichnungssystem** (AKS). 167

Obwohl als Grundleistung das »Überprüfen erforderlicher Montagepläne« genannt ist, wird das **Prüfen und Anerkennen von Plänen Dritter** dennoch als Besondere Leistung aufgeführt. Hier findet sich die gleiche Formulierung wie früher und die Leistung betrifft vor allem **Werkstatt- und Montagepläne**. Nachdem das »Überprüfen« aber schon als Grundleistung aufgeführt ist, kommt der Regelung im Bereich der bloßen Prüfung keine besondere Bedeutung zu. Das gilt jedenfalls im Bereich der konventionellen Vergabe bei Leistungsbeschreibung mit Leistungsverzeichnis (§ 7 Abs. 9 VOB (A)). Anders ist dies im Hinblick auf die Vergabe im Wege der Leitungsbeschreibung mit Leistungsprogramm. Hier tritt die neu genannte Leistung anstelle der entsprechenden Grundleistung Ausführungsplanung selbst.[306] 168

28. Fragen der Haftung bei Leistungsphase 5 Ausführungsplanung

Von Bedeutung für die Haftung ist es, dass die Ausführungsplanung **vollständig**, d. h. mit allen für die Ausführung notwendigen Einzelangaben, insbesondere auch mit den 169

---

[306] Vgl. zur Grundleistung Überprüfen erforderlicher Montagepläne oben Rdn. 160.

Koeble

erforderlichen textlichen Ausführungen, sein muss. Es genügt damit grundsätzlich nicht, dass Angaben und Anweisungen auf der Baustelle gegeben werden. Für Fehler, die aus der **Unvollständigkeit** der Ausführungsplanung entstehen, haftet der Architekt.[307] Die Ausführungsplanung ist auch dann mangelhaft, wenn sie die nötigen konstruktiven Vorgaben zur Verhinderung von Rissen nicht enthält.[308] Das gilt auch für Teilabbrucharbeiten, im Rahmen derer ebenfalls vollständige Planungsunterlagen vorgelegt werden müssen und ein bloßer Hinweis auf DIN 4123 nicht genügt.[309] Auch im Rahmen der Ausführungsplanung sind alle wesentlichen Umstände zu berücksichtigen. Das betrifft nicht nur, aber insbesondere die Bauphysik, z. B. Schall- und Brandschutz, Wärmedämmung, Feuchtigkeitsisolierung.[310] Die anerkannten Regeln der Technik sind selbstverständlich bei der Ausführungsplanung ebenfalls zu beachten.[311] **Fehlen Pläne** für auszuführende Leistungen **ganz**, so ist die Planung mangelhaft.[312] Wichtige Details der Ausführung erfordern eine entsprechende Detailplanung.[313] Bei Ausführung einer Fußbodenheizung ist ein Fugenplan für den Estrich und den Oberbelag erforderlich, um Risse zu vermeiden. Wird hier ein Fachplaner eingesetzt, so obliegt diesem die Planung der Fugen in Einklang mit der DIN 4109 oder anderen Regeln der Technik sowie den Herstellervorschriften. Zu den wichtigsten Teilen der Ausführung gehört auch die Abdichtung gegen Feuchtigkeit, insbesondere bei drückendem Wasser und/oder hohem Grundwasserstand.[314] In solchen Fällen bestehen besondere Planungspflichten gegenüber den Handwerkern.[315] Gleiches gilt auch für »schadensträchtige Details«, d. h. für Leistungen und/oder Gewerke, die gefahrenträchtig sind, für die dann die Ausführungsplanung besonders differenziert sein muss.[316] Im Rahmen

---

307 Vgl. z. B. hinsichtlich des Fehlens einer Unterspannbahn bei der Dachdeckung, wenn ein Dachausbau geplant ist oder ausgeführt wird – OLG Stuttgart v.17.07.1980 – 7 U 64/80.
308 OLG Hamm NZBau 2011, 48, wonach sich der Architekt diesbezüglich auch nicht darauf verlassen darf, dass der Statiker mit Verformungsberechnungen beauftragt ist und diese Leistungen selbst erbracht hat.
309 OLG Stuttgart BauR 2006, 1772 = NZBau 2006, 446, wonach die DIN in ein individuelles Planwerk umzusetzen ist; zur Überwachungspflicht in solchen Fällen vgl. unten Rdn. 244 f.
310 Vgl. oben Rdn. 115 ff.
311 Vgl. für die zweischalige Bauweise bei einem Doppelhaus LG Stuttgart BauR 2006, 550.
312 OLG Bamberg SFH Nr. 59 zu § 635 BGB.
313 So für die Hinterlüftung von Fassadenelementen, die Entwässerung eines Balkonoberbelags und die wirksame Ausbildung des unteren Abschlusses einer Schweißbahn: BGH NJW-RR 1988, 275.
314 BGH BauR 2008, 543 = NJW 2008, 1880 m. Anm. *Scholtissek* S. 1854 = NZBau 2008, 260; zur diesbezüglichen Haftung des Tragwerksplaners vgl. BGH BauR 2013, 1468 und dazu *Kniffka/Koeble*, Kompendium, 12. Teil Rn. 711 ff.; vgl. auch oben Rdn. 114 ff.
315 Vgl. BGH BauR 2000, 1330 = NZBau 2000, 433 = ZfBR 2000, 484 m. Anm. *Ulbrich* MittBl. ARGE BauR 2000, 78; OLG Düsseldorf BauR 2005, 128 zur Bitumendickbeschichtung vgl. OLG Bamberg BauR 1999, 650 m. Anm. *Kamphausen* = NJW-RR 1999, 962 und dagegen OLG Schleswig BauR 2000, 1060 m. Anm. *Jagenburg* – Revision vom BGH nicht angenommen; zur Überwachung vgl. unten Rdn. 244 ff.
316 Zutreffend OLG Celle BauR 2013, 1289.

der Ausführungsplanung muss der Architekt **Risiken** von Werkstoffen oder von bestimmten Konstruktionen vermeiden.[317]

Entstehen durch die nicht rechtzeitige Vorlage von Ausführungsplänen im Einzelnen oder im Gesamten sowie durch nicht termingerechtes Erarbeiten der Grundlagen für die anderen an der Planung fachlich Beteiligten (vgl. oben Rdn. 93) Planungs- oder Bauverzögerungen, so haftet der Architekt für Nachteile, die dem Auftraggeber daraus entstehen. Sind die Ausführungszeichnungen unvollständig oder unbrauchbar, so ist ein Minderungsrecht gegeben, wenn die Voraussetzungen der §§ 633, 634 BGB vorliegen. Bei Verschulden können Schadensersatzansprüche gegeben sein. 170

Zu beachten ist die **Koordinierungsverpflichtung** hinsichtlich der Beiträge der anderen an der Planung fachlich Beteiligten und die Erarbeitung der Grundlagen für deren Tätigkeit. Insbesondere den Ingenieuren für Tragwerksplanung und Technische Ausrüstung sowie dem Energieberater hat der Architekt rechtzeitig einwandfreie planerische Unterlagen und Ausführungszeichnungen zur Verfügung zu stellen. Der Architekt trägt dem Auftraggeber gegenüber die Verantwortung, auch wenn er vertraglich dem Bauunternehmer zusätzlich eine Nachprüfung der Angaben seiner Ausführungszeichnungen überträgt.[318] Die Ausführungsplanung muss dem Stand der Technik genügen. Es können aber der Bauzuschnitt allgemein (Luxusvilla) oder besondere Wünsche des Auftraggebers (erhöhter Schallschutz wegen Lärmempfindlichkeit) eine Leistungspflicht begründen, die über Normwerte hinausgeht. Ein erhebliches Haftungsrisiko birgt auch bei funktionaler Vergabe das **Prüfen der Ausführungspläne**, zumal hier eine Einstandspflicht nicht nur bei offensichtlichen Fehlern des GU gegeben ist. Haftungsprobleme können sich dann ergeben, wenn der Planungs- und/oder Bauablauf nicht reibungslos funktioniert.[319] Ein erhebliches Risiko stellt auch das **Überprüfen** und die **Freigabe erforderlicher Montagepläne** dar. Hier kann selbstverständlich nicht erwartet werden, dass der Architekt sich in alle Details vertieft, jedoch haftet der Architekt dafür, dass bei einer ordnungsgemäßen Überprüfung offenkundige Fehler und solche, die mit von ihm zu erwartender Fachkenntnis feststellbar sind, auch aufgedeckt werden.[320] 171

Die **Grenze** zwischen **Ausführungsplanung und Objektüberwachung** ist schwer zu ziehen. Sind diese Leistungen an gesonderte Architekten vergeben, liegt kein Planungsfehler vor, wenn es sich um Selbstverständlichkeiten handelt, die an Ort und Stelle 172

---

317 Vgl. OLG Hamm BauR 2006, 861 für die Planung einer Heizungsanlage mit verschiedenen Werkstoffen, wonach korrosionstechnisch Sicherheit gegeben sein muss.
318 BGH WM 1971, 101.
319 OLG Celle BauR 2008, 1489 (1491).
320 Vgl. dazu oben Rdn. 160 und 168 sowie OLG Köln Urt. v. 12.01.2012 – 7 U 99/08, wonach zutreffender Weise eine Hinweispflicht bejaht wurde, wenn sich die vom Bauunternehmer zur Ausführung vorgesehene Leistung als erhöht risikobehaftet darstellt; ferner OLG Hamm Urt. v. 12.04.2013 – I-12 U 75/12 = BauR 20113, 1688 m. Anm. *Hammacher* BauR 2013, 1592 betreffend die Verpflichtung zur Überprüfung von Werkstattplänen, wonach aber eine etwaige Pflicht jedenfalls keine Obliegenheit des Bauherrn selbst gegenüber den am Bau Beteiligten darstellt.

angewiesen werden können. Das ist jedoch die Ausnahme. Deshalb stellt es einen Planungsfehler dar, wenn Detailpläne für den Aufbau einer Dachterrasse fehlen.[321] Die Winterfestigkeit eines Objekts bei frostgefährdetem Boden ist Planungssache.[322] Entsprechendes gilt für den Bestandsschutz eines Gebäudes bei Abbrucharbeiten.[323] Die Haftung des Objektüberwachers bleibt davon unberührt.

29. Die Grundleistungen aus Leistungsphase 6 Vorbereitung der Vergabe

173 Der Vergabevorgang ist in zwei Phasen aufgespalten: die Vorbereitung der Vergabe und die Mitwirkung bei der Vergabe. Beides sind **Planungsleistungen**. Die Aufgaben des Architekten bei der Vergabe sind eingehend beschrieben. Die Vorbereitung sowie die Mitwirkung bei der Vergabe machen ein Ausschreibungsverfahren zur Pflicht. Die Regelungen betreffend Leistungsphase 6 und 7 gelten entsprechend auch für **Nachträge** der Baubeteiligten.[324]

a) Aufstellen eines Vergabeterminplans

174 Neu aufgenommen als Leistung wurde das Aufstellen eines Vergabeterminplans. Der Vergabeterminplan muss Termine enthalten, die im Rahmen von Vergabeverfahren entweder vom Auftraggeber oder vom Bieter einzuhalten sind. Die aufzulistenden Fristen ergeben sich aus den Vergabe- und Vertragsordnungen, wie VOB/A, VOL/A und u. U. auch VOF, soweit es bei Letzterer um die Ausschreibung anderer Objektplanungs- oder Fachplanungsleistungen geht als diejenigen, welche der Auftragnehmer selbst zu erbringen hat. Als wichtige Fristen sind diejenigen für die Angebotsabgabe, für den Zuschlag und bei sog. zweistufigen Verfahren (nicht offene Verfahren und Verhandlungsverfahren mit vorangegangener Vergabebekanntmachung) die Teilnahmefrist zu nennen. Ebenso von Bedeutung ist die Wartefrist von mindestens 10 Tagen, welche der Auftraggeber nach Benachrichtigung der Bieter von der Vergabeentscheidung abzuwarten hat. Nicht zu erfassen sind selbstverständlich Rechtsmittelfristen, weil hinsichtlich der Rechtsberatung der Bauherr selbst zuständig ist.[325]

b) Aufstellen von Leistungsbeschreibungen

175 Auch die Leistung **Aufstellen von Leistungsbeschreibungen mit Leistungsverzeichnissen** nach Leitungsbereichen ist an bestimmte Voraussetzungen geknüpft. In § 7 VOB (A) ist die Leistungsbeschreibung im Einzelnen definiert. Die Leistung ist nach § 7 Abs. 1 VOB (A) eindeutig und so erschöpfend zu beschreiben, dass alle Bewerber

---

321 A. A. OLG Köln SFH Nr. 84 zu § 635 BGB für den Aufbau einer Dachterrasse, der vom Architekten auch noch an Ort und Stelle angegeben werden könne; vgl. aber OLG Bamberg SFH Nr. 59 zu § 635 BGB.
322 Vgl. OLG Hamm BauR 1991, 788.
323 Vgl. OLG Oldenburg BauR 1992, 258 = NJW-RR 1992, 409.
324 Zur Nachtragsprüfung vgl. unten Rdn. 193.
325 *Koeble/Zahn*, Die neue HOAI 2013, Teil C Rn. 112; a. A. *Werner/Siegburg* BauR 2013, 1499 (1536).

die Beschreibung im gleichen Sinne verstehen müssen und ihre Preise sicher und ohne umfangreiche Vorarbeiten berechnen können. Nach Abs. 6 soll die Leistung in der Regel durch eine allgemeine Darstellung der Bauaufgabe und ein in Teilleistungen gegliedertes Leistungsverzeichnis beschrieben werden. Nach Abs. 3 sind alle sie beeinflussenden Umstände festzustellen und in den Verdingungsunterlagen anzugeben. In Abs. 7 heißt es: Erforderlichenfalls ist die Leistung auch zeichnerisch oder durch Probestücke darzustellen oder anders zu erklären, z. B. durch Hinweise auf ähnliche Leistungen, durch Mengen- oder statische Berechnungen. Zeichnungen und Proben, die für die Ausführung maßgebend sein sollen, sind eindeutig zu bezeichnen. Weiter heißt es in Abs. 3: Erforderlichenfalls sind auch der Zweck und die vorgesehene Beanspruchung der fertigen Leistung anzugeben, dies trifft besonders bei Anforderungen nach der EnEV und EEWärmeG zu, wie z. B. Fugendichtheit. Endlich sind auch Boden- und Wasserverhältnisse so zu beschreiben, dass der Auftragnehmer den Baugrund und seine Tragfähigkeit, die Grundwasserverhältnisse oder Einflüsse benachbarter Gewässer auf die baulichen Anlagen und die Bauausführung hinreichend beurteilen kann. In § 7 VOB (A) sind weitere Anforderungen an die Leistungsbeschreibung mit Leistungsverzeichnis im Einzelnen aufgeführt. Es wird auf die Kommentierung von *Ingenstau/Korbion*, *Kapellmann/Messerschmidt* und den Beck'schen VOB-Kommentar zu § 7 VOB (A) im Einzelnen verwiesen.

Die frühere Grundleistung **Ermitteln und Zusammenstellen von Mengen** aus den Planungsunterlagen nach der Leistungsphase 5 ist nun mit der Grundleistung Aufstellen von Leistungsbeschreibungen zusammengefasst worden. Eine inhaltliche Änderung hat sich dadurch nicht ergeben.[326] Hierbei sind auch die Beiträge an der Planung fachlich Beteiligter zu berücksichtigen, etwa die Beiträge für die Tragwerksplanung,[327] also Beiträge für Leistungen, die über den Leistungsbereich dieser Fachplaner hinausgehen. Die erforderliche Genauigkeit dieser Mengenermittlung ergibt sich aus DIN 276 Fassung 12/08 Teil 1 Ziff. 3.1.4. »Der Kostenanschlag dient als eine Grundlage für die Entscheidung über die Ausführungsplanung und die Vorbereitung der Vergabe.« Im Kostenanschlag müssen die Gesamtkosten nach Kostengruppen mindestens bis zur dritten Ebene der Kostengliederung ermittelt werden. Zu berücksichtigen ist auch § 2 Abs. 3 VOB (B). 176

Die einwandfreie Erfüllung dieser Teilleistungen erfordert umfassende Kenntnisse der Allgemeinen Technischen Vertragsbedingungen für Bauleistungen (VOB Teil C), aller einschlägigen DIN-Bestimmungen und Ausführungsbestimmungen sowie der Rechtsvorschriften der Landesbauordnungen, insgesamt der Regeln der Bautechnik. Das Standardleistungsbuch ist in der Regel bei Bauvorhaben des Bundes und der Länder 177

---

326 Ebenso *Werner/Siegburg* BauR 2013, 1499 (1536).
327 Wie Mengenangaben über Betonstahl, Stahl oder Holz nach § 49 sowie Anlage 13, Leistungsphase 6 Leistungen oder Beiträge für die Planung der Kostengruppen nach DIN 276 Fassung 12/08, Kostengruppe 300 Baukonstruktion und 400 Technische Anlagen, wie Kesselfundamente, Installationskanäle, -schächte, Schlitze und Öffnungen.

§ 34 HOAI   Leistungsbild Gebäude und Innenräume

zur Anwendung vorgeschrieben. Die Bearbeitung erfolgt in der Regel in 3 Bearbeitungsstufen:
1. Ermitteln der Mengen und Aufstellen der Leistungsbeschreibungen mit Leistungsverzeichnis nach Standardleistungsbuch;
2. Prüfen und Werten der Angebote und Erstellen von Preisspiegeln, Kostenanschlag nach DIN 276;
3. Aufmaß der Bauleistungen mit dem bauausführenden Unternehmer, Rechnungsprüfung und Kostenfeststellung nach DIN 276.

178 In den Architektenverträgen des Bundes und der Länder werden für einen Teil der Leistungen, die der Auftraggeber mit seinen Rechenanlagen bei diesen 3 Bearbeitungsstufen übernimmt, Abzüge am Honorar des Auftragnehmers vorgenommen. Hierbei dürfte eine echte Verlagerung von Leistungen vom Architekten auf den Auftraggeber eintreten. Dem steht die Umstellung des Architekten von der konventionellen Ausschreibungsmethode auf die Automation gegenüber. Gesicherte Werte über die Entlastung bzw. mögliche Belastung durch die Automation liegen bisher noch nicht vor. Der Trend zur Automation ist durch die Vorgaben der Bauverwaltungen von Bund und Ländern und anderen öffentlichen Auftraggebern unverkennbar, sodass zu erwarten ist, dass gesicherte Werte in absehbarer Zeit vorliegen werden.

179 Zur Vorbereitung der Vergabe gehören systematisch auch Leistungen aus der **BaustellenV**.[328] Die in § 3 Abs. 2 Nr. 3 vorgesehene Zusammenstellung einer Unterlage für den **Sicherheits- und Gesundheitsschutz** hängt mit dem Betrieb der zu beauftragenden Unternehmen zusammen. Man könnte die Leistung aber auch – wie alle anderen aus der BaustellV – der Objektüberwachung zuordnen (vgl. unten Rdn. 215). In jedem Fall handelt es sich hier nicht um kostenlos zu erbringende Leistungen.[329]

c) Abstimmen und Koordinieren der Leistungsbeschreibungen

180 Schließlich verlangen die Leistungen der Leistungsphase 6 das **Abstimmen und Koordinieren der Leistungsbeschreibungen** der an der Planung fachlich Beteiligten. Hier wird sich der Architekt mit den Leistungsverzeichnissen der Fachingenieure und Sonderfachleute befassen und sie gegenseitig abstimmen und koordinieren müssen. Zur Koordination gehört auch, dass die Leistungsbeschreibungen der anderen an der Planung fachlich Beteiligten mit den Wünschen und finanziellen Möglichkeiten des Auftraggebers abgestimmt sind. Der Architekt wird ferner darauf achten müssen, dass es bei den Leistungsbeschreibungen und Mengenermittlungen bei den verschiedenen Fachdisziplinen zu keinen Fehl- oder Mehrfachansätzen kommen kann. Er muss dann Überschneidungen abstimmen und prüfen, ob die Mengen- und Leistungsbeschreibungen nach den Kostengruppen und ATV gemäß DIN 276 aufgestellt sind. So müssen z. B. Leistungen, die unter den Leistungsbereich der elektrischen Installation fallen, jedoch im Leistungsbereich der Heizungsinstallation erforderlich sind, bei der Leistungsbeschreibung der elektrischen Installation aufgeführt werden. Im Rah-

---

328 Vgl. oben Rdn. 33; ferner Einl. Rdn. 441.
329 Vgl. oben Rdn. 33 und unten Rdn. 250; ferner Einl. Rdn. 441 ff.

men seiner Koordinierungspflicht ist es Aufgabe des Architekten, die Beiträge der anderen an der Planung fachlich Beteiligten rechtzeitig anzufordern und für deren Lieferung besorgt zu sein. Das bedeutet, dass im Planungsablauf auch für diese Beiträge der anderen an der Planung fachlich Beteiligten Termine abgestimmt, vereinbart und überwacht werden müssen.

d) Ermitteln der Kosten mit bepreisten Leistungsverzeichnissen

Die **bepreisten Leistungsverzeichnisse** sind neu und ersetzen den früher in der Leistungsphase 7 angesiedelten Kostenanschlag. Eine Bepreisung kann – ohne vorherige Einholung von Angeboten – auf der Basis von Erfahrungswerten aus anderen Projekten oder durch vorherige Information bei einem Baukostenberatungsdienst erfolgen. Weshalb der Kostenanschlag entfallen konnte, ist unklar. Immerhin ist er nach DIN 276 immer noch vorgesehen und es stellt sich deshalb die Frage, ob der Bauherr ihn nicht aus vertragsrechtlichen Gründen dennoch verlangen kann. Die Frage ist dann zu verneinen, wenn die bepreisten Leistungsverzeichnisse sorgfältig und nach den korrekten Erfahrungswerten aufgestellt sind. Anstelle des Kostenanschlags hat jedenfalls eine Kostenkontrolle stattzufinden, und es ist nach Eingang der Angebote ein Preisspiegel aufzustellen, wodurch meist die Leistungen aus dem Kostenanschlag ersetzt werden.[330]

181

e) Kostenkontrolle

Eine auch außerhalb der Leistungsphase 6 notwendige Kostenkontrolle hat in dieser Phase durch Vergleich zwischen den bepreisten Leistungsverzeichnissen und der Kostenberechnung stattzufinden. Die Leistung ist in schriftlicher Form zu erbringen. Allerdings dürfen die inhaltlichen Anforderungen nicht übertrieben werden. Es geht um die konkrete Information des Bauherrn unter Berücksichtigung von dessen Kenntnissen.

182

f) Zusammenstellen der Vergabeunterlagen

Die jetzt in Leistungsphase 6 angesiedelte Grundleistung war früher in der Leistungsphase 7 enthalten. Eine inhaltliche Änderung gegenüber früher ergibt sich nicht. In den Vergabeunterlagen ist vorzuschreiben, dass die Allgemeinen Vertragsbedingungen für die Ausführung von Bauleistungen (VOB/B) und die Allgemeinen Technischen Vertragsbedingungen für Bauleistungen (VOB/C) Bestandteil des Vertrages werden (§ 8 Abs. 1 VOB/A). Dasselbe gilt auch für etwaige Zusätzliche Vertragsbedingungen und etwaige Zusätzliche Technische Vertragsbedingungen. Kernstück der Vergabeunterlagen ist die Leistungsbeschreibung, die als Leistungsverzeichnis oder als Leistungsbeschreibung möglich ist.

183

---

330 *Koeble/Zahn*, Die neue HOAI 2013, Teil C Rn. 112; *Werner/Siegburg* BauR 2013, 1499 (1536).

30. Die Besonderen Leistungen für Leistungsphase 6 Vorbereitung der Vergabe

184 Wichtige Besondere Leistung bei der funktionalen Ausschreibung ist das Aufstellen der **Leistungsbeschreibungen mit Leistungsprogramm** auf der Grundlage der detaillierten Objektbeschreibung.[331] Für diese Leistungsbeschreibungen ist nach § 7 Abs. 13 VOB (A) Voraussetzung, dass sie eine genaue wettbewerbsmäßige Preisermittlung ermöglichen und dass die Leistungsbeschreibung keine Schwachstellen oder Unklarheiten enthält, bei denen Auslegungsschwierigkeiten oder Missverständnisse für die Ausführung entstehen können, sowie dass das Verfahren insgesamt transparent bleibt. Vor allem bei Bauvorhaben, bei denen öffentliche Mittel angesetzt werden, ist dies von Auftraggeber und Auftragnehmer besonders zu beachten. Auch diese Besondere Leistung kann anstelle der entsprechenden Leistung treten, soweit diese vollständig ersetzt wird. Wird nur ein Teil der Bauleistungen mit Leistungsprogramm nach Baubuch/Raumbuch beschrieben, so ist der Anteil der zu erbringenden Leistung im Verhältnis zum Anteil der Besonderen Leistung abzuwägen, damit man zu einer angemessenen Honorierung kommt.[332] Es handelt sich bei dieser Besonderen Leistung um eine »Sternchen«-Regelung. Bei Leistungsbeschreibung mit Leistungsprogramm kann die Besondere Leistung Grundleistungen aus Leistungsphase 6 ersetzen. Über das Grundleistungshonorar hinaus kann dann kein zusätzliches Honorar beansprucht werden.

185 Das **Aufstellen von alternativen Leistungsbeschreibungen für geschlossene Leistungsbereiche** gilt für alle Gewerke nach ATV, VOB Teil C DIN 18 299 f. für Bauteile/Bauelemente der Kostengliederung nach Kostengruppe Spalte 4 gemäß DIN 276 Fassung 04/81 bzw. Tabelle 2[333] gemäß DIN 276 Fassung 06/93 und Fassung 12/08. Alternative Leistungsbeschreibungen kommen in Frage für die Leistungsbereiche: Baukonstruktionen nach DIN 276 Fassung 12/08 für KG300 und 400. Wird also z. B. vom Auftraggeber eine alternative Ausschreibung der Fenster in Holz- und Leichtmetallausführung gewünscht, um den jeweils günstigsten Marktpreis zu erfahren, so handelt es sich hierbei um einen geschlossenen Leistungsbereich im Sinne der Honorarverordnung.

186 Das Aufstellen von **vergleichenden Kostenübersichten** unter Auswertung der Beiträge anderer an der Planung fachlich Beteiligter dient dem Auffinden der wirtschaftlichsten Lösung der Bauaufgabe oder von Teilbereichen derselben. Man kann diese Leistung der Leistungsphase 6 unter dem Begriff **Optimierung** einordnen.[334] Ihr Umfang richtet sich vor allem nach den Planungsanforderungen des Objekts, nach marktwirtschaftlichen Gesichtspunkten und nach den Kostenschwerpunkten der Bauaufgabe. Sie sind die folgerichtige Weiterführung der Besonderen Leistungen, Analyse der Alterna-

---

331 Vgl. zur GU-Ausschreibung oben Rdn. 22 f.
332 Vgl. hierzu auch oben Rdn. 22 f.
333 Leistungsbereiche nach StLB.
334 Vgl. hierzu *Pfarr*, Handbuch der kostenbewussten Planung, S. 165: »... Schaffung von Alternativen und Optimierungsversuche müssen also unabhängig von der Leistung möglich sein. Verlangt der Auftraggeber derartige Kostenvergleiche, handelt es sich um Besondere Leistungen, für die ein gesondertes Honorar beansprucht werden kann«.

tiven/Varianten und deren Wertung mit Kostenuntersuchung in Leistungsphase 3. Diese Besondere Leistung ist als selbstständige Leistung anzusehen, die nicht auf die seitherigen Kostenermittlungen, z. B. der Kostenberechnung nach DIN 276 in Leistungsphase 3, aufbauen muss, sondern in der Regel dazu dient, die wirtschaftlichste Lösung für die Leistungsbeschreibung mit Leistungsverzeichnis oder mit Leistungsprogramm zu finden. Sie kann auch in den Leistungsphasen 3, 5 bzw. 7 erforderlich oder verlangt werden. Es muss dabei dem Architekten freigestellt sein, wie er die Einzelkosten für die Kostenübersichten oder Kostenvergleiche ermittelt, so kann er sie aufgrund von Richtpreisangeboten, Erfahrungswerten oder Angeboten einsetzen.

31. Fragen der Haftung bei Leistungsphase 6 Vorbereitung der Vergabe

Die **Mengenermittlung** als Grundlage für die Aufstellung von Leistungsbeschreibungen muss der Architekt besonders sorgfältig vornehmen, da sich Unklarheiten und Fehler in das Vergabeverfahren einschleichen können. Für die Eintragung der Mengen in das Leistungsverzeichnis ist der Architekt zuständig. Sowohl aus Mengenmehrungen als auch aus Mindermengen bei einzelnen Positionen können sich für den Bauherrn Nachteile ergeben, in letzterem Fall z. B. dann, wenn der am Bau Beteiligte eine Anpassung des Einzelpreises nach § 2 Abs. 3 VOB (B) verlangt. Nicht jede falsche Mengenangabe führt jedoch per se zu einer Haftung. Ansprüche sind in der Regel nur unter den Voraussetzungen gegeben, wie sie bei Bausummenüberschreitung vorliegen müssen.[335] Häufig wird es am Schaden fehlen, weil es sich um notwendige Baukosten – Sowieso-Kosten, die im Wege der Vorteilsausgleichung zu berücksichtigen sind – handelt. 187

Das Leistungsverzeichnis hat die Bauleistung eindeutig und so erschöpfend zu beschreiben, dass alle Bewerber die Beschreibung im gleichen Sinne verstehen müssen und ihre Preise sicher und ohne umfangreiche Vorarbeiten berechnen können.[336] Die Gesichtspunkte der §§ 16, 16 a VOB (A) können Anhaltspunkte für die Wertung und Beratung des Auftraggebers durch den Architekten sein. Der Architekt haftet, wenn durch **unvollständige oder unrichtige Leistungsbeschreibungen** später verteuernde Stundenlohnarbeiten oder Nachtragsaufträge[337] notwendig werden. Entsprechendes gilt, wenn das zu verwendende Material nicht besonders sorgfältig beschrieben wird und daraus für den Bauherrn Schäden entstehen.[338] Auch Lücken und Widersprüche in Leistungsverzeichnissen stellen Planungsfehler dar und können zur Haftung führen.[339] Eine Haftung kann sich auch dann ergeben, wenn nicht vollständig erprobtes, riskantes Material in die Ausschreibung aufgenommen wird.[340] Zwar trifft den Unternehmer nach §§ 4 Abs. 3, 13 Abs. 3 VOB (B) bzw. nach § 242 BGB eine Prüfungs- und Hin- 188

---

335 Vgl. Einl. Rdn. 187 ff. und zum Schaden Einl. Rdn. 193.
336 § 9 Abs. 1 VOB [A]; zum Ganzen *J*. Schmidt BauR 2000, 1266.
337 Vgl. BGH NJW 1981, 2182 [2183]; LG Aachen NJW-RR 1988, 1364.
338 OLG Düsseldorf BauR 2001, 281 = NJW-RR 2001, 454.
339 OLG Dresden NJW-RR 2014, 338; OLG Brandenburg BauR 2015, 288.
340 Vgl. KG v. 14.09.2010 – 21 U 108/09 m. NZB des BGH v. 27.10.2011 – VII ZR 173/10 betreffend die Ausschreibung von Kalksandsteinplanelementen, welche wegen ihres Formats und des darauf anzubringenden starren Gipsputzes eine höhere Gefahr zur Rissbil-

§ 34 HOAI   Leistungsbild Gebäude und Innenräume

weispflicht, wenn der Leistungsbeschrieb unvollständig oder falsch ist.[341] Die Verantwortlichkeit des Architekten bleibt dennoch erhalten. Im Verhältnis zum Unternehmer haftet er als Erfüllungsgehilfe des Auftraggebers nach § 278 BGB.[342] Zur Haftung kann es auch führen, wenn der Architekt Arbeiten im Stundenlohn ausschreibt, die nach Mengen und Einzelpreisen billiger gewesen wären.[343] Die Ausschreibung muss so vollständig sein, dass Nachträge möglichst vermieden werden. Sie müssen auf das absolut Notwendigste und ggf. Unvorhersehbare oder sich aus Änderungen ergebende Umstände beschränkt sein.[344]

189   Im Rahmen der Vergabe sind fremde **Beiträge von Fachingenieuren** ggf. zu berücksichtigen. Insoweit haftet der Architekt nicht hinsichtlich deren inhaltlicher Richtigkeit, wenn die Fehler für ihn als Architekten nicht offenkundig sind.[345]

32. Die Grundleistungen aus Leistungsphase 7 Mitwirkung bei der Vergabe

190   Die Leistungsphase 7 enthält die Leistungen, die die eigentliche Ausschreibung und die Vergabe i. S. der §§ 2 ff. VOB (A) betreffen. Eine Trennung des Leistungskomplexes Ausschreibung in die Vorbereitung der Vergabe und Mitwirkung bei der Vergabe geht wohl auf die Praxis und die Vorstellung der öffentlichen Hand zurück. Die Leistungen aus Leistungsphase 7 gehören ebenso wie diejenigen aus Leistungsphase 6 zur **Planungsphase** (vgl. oben Rdn. 173). Sie gelten entsprechend auch für **Nachträge** der am Bau Beteiligten.[346]

a) Koordinieren der Vergaben der Fachplaner

191   Anstelle der jetzt in Leistungsphase 6 angesiedelten Zusammenstellung der Vergabe- und Vertragsunterlagen steht in Leistungsphase 7 an erster Stelle das **Koordinieren der Vergabe der Fachplaner**. Dazu ist es erforderlich, dass sich der Auftragnehmer mit den Fachplanern in Verbindung setzt und Vorgaben für die zeitliche Durchführung von deren Vergaben macht.

b) Einholen von Angeboten

192   Dem Architekten obliegt nunmehr das **Einholen der Angebote**. Dazu gehört das Übersenden der Leistungsverzeichnisse, das Annehmen und Aufbewahren der darauf beruhenden Angebote. Nach der jetzigen Fassung der HOAI muss der Architekt Angebote **aller Leistungsbereiche** einholen. Er muss also – je nach der vereinbarten Art der Vergabe (Öffentliche Ausschreibung, Beschränkte Ausschreibung, Freihändige Vergabe) –

---

dung im Mauerwerksverband darstellen können; alleine mit der bauaufsichtlichen Zulassung wird der Architekt noch nicht frei von seiner Planungs- und Ausschreibungspflicht.
341   Vgl. hierzu die Kommentare zur VOB [B].
342   Vgl. auch Einl. Rdn. 216 ff.
343   OLG Karlsruhe BauR 2006, 859.
344   Vgl. BGH NJW 1981, 2182 (2183); zum Ganzen *J. Schmidt* BauR 2000, 1266.
345   Z. B. OLG Karlsruhe NZBau 2007, 451; allgemein dazu Einl. Rdn. 219.
346   Zur Nachtragsprüfung vgl. unten Rdn. 193.

Unternehmer zur Abgabe eines Angebots auffordern. Der Architekt hat auch dann Angebote einzuholen, wenn Sonderfachleute ein Leistungsverzeichnis erstellt haben. Allerdings ist er nicht verpflichtet, in solchen Fällen diese Angebote zu prüfen und zu werten.

c) Prüfen und Werten der Angebote

Prüfen und Werten der Angebote hat unter Mitwirkung aller während der Leistungsphasen 6 und 7 fachlich Beteiligten zu erfolgen. Das Prüfen der Angebote umfasst die Kontrolle auf Vollständigkeit, richtiges Ausfüllen der Angebote und ihren rechnerischen Inhalt. Die Wertung der Angebote bezieht sich in erster Linie auf die Einzelpreise, ihre Vergleichbarkeit mit anderen Angeboten und sonstige Preisansätze, wobei festzustellen ist, ob diese in einem vernünftigen und günstigen Verhältnis zur geforderten Leistung stehen. Während das Einholen von Angeboten gegenüber der HOAI 2009 unverändert geblieben ist, wird beim Prüfen und Werten der Angebote das Aufstellen eines Preisspiegels nach Einzelpositionen oder Teilleistungen zugelassen. Darüber hinaus wird das Prüfen und Werten der Angebote **zusätzlicher und geänderter Leistungen** der ausführenden Unternehmen und der Angemessenheit der Preise als neue Leistung gefordert. Diese Leistung war bisher als wiederholt erbrachte Grundleistung anzusehen, wenn nämlich **Nachtragsangebote** zu bearbeiten waren. Vom Wortlaut her wird man nun auch unter Berücksichtigung des § 10 Abs. 2 HOAI keine zusätzliche Vergütung für das Prüfen und Werten von Nachtragsangeboten beanspruchen können, es sei denn, es gibt eine vertragliche Vereinbarung, wonach ab einem bestimmten Zeitpunkt oder einer bestimmten Anzahl oder einer bestimmten Größenordnung Honorarpflicht (z. B. auf Zeithonorarbasis oder nach § 10 Abs. 2) bestehen soll.[347]

193

Der Architekt hat ferner einen **Preisspiegel** nach **Teilleistungen** unter Mitwirkung der während der Leistungsphasen 6 und 7 fachlich Beteiligten aufzustellen, also eine vergleichende Übersicht der rechnerischen Ergebnisse der Angebote vorzulegen. Unter Teilleistungen sind die wesentlichen Leistungen eines Leistungsbereichs zu verstehen, die für die Erbringung der Gesamtleistung eines Leistungsbereichs erforderlich sind und die den Schwerpunkt der Preisbildung eines Angebots bilden. Entsprechend den Leistungsbildern für die Fachingenieurbereiche umfasst die Mitwirkung anderer fachlich Beteiligter das Prüfen und Werten der Angebote einschließlich Aufstellen eines Preisspiegels nach Leistungsbereichen.

194

d) Führen von Bietergesprächen

Die Verhandlungen mit Bietern wurden umbenannt in »Führen von Bietergesprächen«. Die Klarstellung ist deshalb sinnvoll, weil der Architekt ja eigentlich keine Verhandlungsvollmacht hat und die Verhandlung Sache des Bauherrn ist. Die Gespräche sind, zumindest soweit die VOB Vertragsbestandteil der Bauverträge ist, unter Berücksichti-

195

---

347 *Koeble/Zahn*, Die neue HOAI 2013, Teil C Rn. 114; *Werner/Siegburg* BauR 2013, 1499 (1539) empfehlen zu Recht, dass vertraglich eine Abgrenzung erfolgt, um Streitigkeiten während des Projektablaufs auszuschließen; zu den Besonderheiten bei Ingenieurbauwerken vgl. § 43 Rdn. 102.

gung der VOB (A) § 15 zu führen. Fachingenieure und Sonderfachleute haben in ihren Leistungsbereichen mitzuwirken (vgl. auch unten Rdn. 201).

e) Erstellen der Vergabevorschläge

196   Neu ist die Grundleistung Erstellen der Vorgabevorschläge. In aller Regel wird sich der Vorschlag zwar aus dem bzw. den Preisspiegel(n) ergeben, im Einzelfall können aber zusätzliche Angaben erforderlich sein.[348]

f) Dokumentation des Vergabeverfahrens

197   Die Leistung Dokumentation des Vergabeverfahrens ist neu und erfordert eine gesonderte Zusammenstellung. Besondere Anforderungen an die Form gibt es nicht. Die Art und Weise der Darstellung richtet sich nach dem Adressaten.

g) Vergleichen der Ausschreibungsergebnisse

198   Ebenfalls neu ist das Vergleichen der Ausschreibungsergebnisse mit den vom Planer bepreisten Leistungsverzeichnissen oder der Kostenberechnung. Soweit noch keine Leistungsverzeichnisse der beschriebenen Form vorliegen, kann auf die Kostenberechnung zurückgegriffen werden, danach allerdings nicht mehr.

h) Mitwirken bei der Auftragserteilung

199   Unter **Mitwirken bei der Auftragserteilung** ist die Vorbereitung und Anpassung der Verträge, nicht jedoch der Abschluss der Verträge selbst zu verstehen. Dieser gehört nicht zum Pflichtenkreis des Architekten. Zum Zustandekommen des Architektenvertrags und der architektenvertraglichen Vollmacht vgl. Einl. Rdn. 46 ff. und 106 ff.

i) Kostenanschlag nach DIN 276

200   Der Kostenanschlag ist aus dem Leistungskatalog durch die HOAI 2013 herausgefallen. An seine Stelle hat der Verordnungsgeber die bepreisten Leistungsverzeichnisse gesetzt.[349] Ob damit der Kostenanschlag selbst entbehrlich ist, richtet sich nicht nach der HOAI. Es handelt sich hier um eine vertragsrechtliche Frage. Im Normalfall dürfte der Kostenanschlag überflüssig sein, jedoch gibt es Situationen, in denen eine bestimmte zusätzliche Information erforderlich ist.[350] Im **Kostenanschlag** nach DIN 276 werden die bisherigen Kostenrichtwerte durch die in Leistungsphasen 6 und 7 ermittelten tatsächlichen Kosten ersetzt. Der Kostenanschlag wird zur letztmöglichen Entscheidungshilfe für den Auftraggeber vor Beginn der Baudurchführung und dient während derselben als Grundlage für die Kostenkontrolle (Leistungsphase 8). In diesen Kostenanschlag fließen alle Kostenermittlungsverfahren, Kostenoptimierungen und Wirtschaftlichkeitsanalysen ein; seine Bedeutung für den Planungs- und Bauprozess ist er-

---

348   *Koeble/Zahn*, Die neue HOAI 2013, Teil C Rn. 114.
349   Vgl. dazu i. E. oben Rdn. 181.
350   Vgl. dazu oben Rdn. 181.

heblich.[351] Nach dem Wortlaut des § 34 Anlage 11 soll der Kostenanschlag »nach DIN 276 aus Einheits- oder Pauschalpreisen der **Angebote**« aufgestellt werden. Spätestens vor Baubeginn sollte der Kostenanschlag mit allen Unternehmerangeboten vorliegen. Es spricht aber nichts dagegen, dass hier auch Eigenkalkulationen des Architekten verwendet werden können.[352] Der Kostenanschlag soll in diesem Fall mindestens bis zur 3. Ebene gegliedert werden.

33. Die Besonderen Leistungen für Leistungsphase 7 Mitwirkung bei der Vergabe

Die früher schon als Besondere Leistung aufgeführte Tätigkeit »**Prüfen und Werten der Angebote**« bei funktionaler Ausschreibung ist auch heute noch eine der **wichtigsten**. Sie stellt die konsequente Fortschreibung der Besonderen Leistungen in Leistungsphase 6 »Aufstellen von Leistungsbeschreibungen mit Leistungsprogramm« und Leistungsphase 5 »Baubuch als Grundlage der Leistungsbeschreibung mit Leistungsprogramm« dar. Diese Besondere Leistung in Leistungsphase 7 kann ebenfalls wie in den Leistungsphasen 5 und 6 zur Leistung werden, wenn die Leistungsbeschreibung mit Leistungsprogramm Grundlage der Ausschreibung wird. Das Aufstellen eines Preisspiegels schließt diese Leistung ein, wobei die Mitwirkung aller während der Leistungsphasen 6 und 7 fachlich Beteiligten vorauszusetzen ist. Aufstellen, Prüfen und Werten von Preisspiegeln nach **besonderen Anforderungen** können sein das Herausarbeiten von Vergleichswerten nach funktionalen, konstruktiven, bauphysikalischen, wirtschaftlichen, energiewirtschaftlichen, biologischen und ökologischen (bei Freianlagen) Wertmaßstäben.

201

Darüber hinaus wurden verschiedene weitere Besondere Leistungen aufgeführt, von denen das Prüfen und Werten von Nebenangeboten und vor allem das Mitwirken bei der Prüfung von bauwirtschaftlich begründeten Nachtragsangeboten hervorzuheben sind.

34. Fragen der Haftung bei Leistungsphase 7 Mitwirkung bei der Vergabe

Dem Auftraggeber können Schadensersatzansprüche zustehen, wenn der Architekt die Verdingungsunterlagen nicht vollständig oder nicht richtig zusammenstellt. Gleiches gilt, wenn der Architekt nur ein einziges Angebot einholt und der Auftraggeber nachweisen kann, dass bei Einholung mehrerer Angebote eine günstigere Vergabe möglich gewesen wäre. Der Architekt ist nämlich in der Regel verpflichtet, nicht nur ein Angebot, sondern mehrere Angebote einzuholen.[353] Dabei sind die Wünsche des Auftraggebers zu berücksichtigen. Die eingehenden Angebote hat der Architekt sorgfältig in technischer und wirtschaftlicher Hinsicht zu prüfen und zu werten sowie einen Preisspiegel nach Teilleistungen unter Mitwirkung aller an den Leistungsphasen 6 und 7 fachlich Beteiligten aufzustellen. Fehler im Zusammenhang mit der Prüfung und Wertung von Angeboten können darin liegen, dass der Architekt die Angebote nicht auf vollständige Vergleichbarkeit überprüft oder übersieht, dass es sich im Einzelfall um

202

---

351 Vgl. i. E. die Kommentierung zu § 4 Rdn. 18 ff.
352 Vgl. *Fröhlich*, Hochbaukosten, Kommentar zur DIN 276, Ziff. 3.4.4, S. 60.
353 OLG Düsseldorf *Schäfer/Finnern* Z 3.01 Bl. 73.

Spekulationsangebote handelt. Eine Haftung kommt auch wegen einer unzureichenden Funktionalausschreibung in Frage.[354]

203 Der Architekt ist zwar **nicht allgemein** dazu verpflichtet, in jeder Hinsicht die **Vermögensinteressen des Bauherrn** wahrzunehmen und unter Ausnutzung aller in Betracht kommenden Vorteile »so kostengünstig wie möglich« zu bauen. Im Rahmen der Vergabe besteht jedoch die Verpflichtung, die Angebote sorgfältig zu überprüfen und Bedenken seinem Auftraggeber mitzuteilen. Gleiches gilt erst recht bei **Nachtragsangeboten**, die vor allem darauf überprüft werden müssen, ob die angebotene Leistung nicht bereits im Hauptvertrag enthalten ist.[355] Zwar betraf die Entscheidung des BGH einen Sachverhalt, der nach der GOA und nach speziellen vertraglichen Vereinbarungen zu beurteilen war. Die im entschiedenen Fall vertraglich vereinbarte Prüfungspflicht ist nunmehr jedoch in § 34 Anlage 10.1 Leistungsphase 7 aufgenommen worden. Damit hat die Entscheidung unmittelbare Bedeutung für die HOAI. Die Prüfung von Nachträgen ist Teilleistung aus Leistungsphase 7 und gehört nicht zur Kostenkontrolle oder zur Rechnungsprüfung.[356] Soweit der nur mit der Objektüberwachung befasste Architekt auch mit der Prüfung von Nachtragsangeboten beauftragt wird, steht ihm dafür auch ohne schriftliche Honorarvereinbarung ein Honorar aus Leistungsphase 7 zu.[357] Nach früherer HOAI war problematisch und umstritten, ob die Prüfung von Nachträgen von den Grundleistungen erfasst war. Richtig war es, darin wiederholt erbrachte Grundleistungen zu sehen, für die ein zusätzliches Honorar in entsprechender Berechnung wie für das Grundhonorar geltend gemacht werden konnte.[358] Nach heutiger HOAI gehört die Prüfung von Nachträgen zum Grundleistungshonorar, soweit nicht Besonderheiten vorliegen.[359]

204 Obwohl in § 34 Anlage 11 die »**Vorbereitung der erforderlichen Verträge**« nicht ausdrücklich erwähnt ist, ist diese Teilleistung vom Architekten immer zu erbringen. Sie gehört zum Zusammenstellen der Vergabeunterlagen. Dazu gehören auch die **Vertragsbedingungen**, die vom Architekten vorbereitet werden müssen.[360] Bei Unklarheit der vom Architekten vorbereiteten Verträge kann er nach § 635 BGB schadensersatzpflich-

---

354 OLG Celle BauR 2004, 1971, wonach der Fehler aber ursächlich für einen Baumangel sein muss oder den Bauunternehmer in den Stand versetzt, eine höhere Vergütung zu verlangen.
355 Vgl. zum Ganzen BGH BauR 1981, 482 = NJW 1981, 2182.
356 Ebenso *Deckers* BauR 2000, 1422; vgl. dazu unten Rdn. 223.
357 So mit Recht *Deckers* BauR 2000, 1422, auch zur Höhe und zur Frage, welche Teilleistungen erbracht werden.
358 Vgl. zur Berechnung § 10 Rdn. 35.
359 Vgl. dazu oben Rdn. 193; zu den Besonderheiten bei Ingenieurbauwerken und den dortigen Besonderen Leistungen vgl. § 43 Rdn. 102.
360 Ebenso *Beigel* DAB 1979, 903; Korbion/Mantscheff/Vygen-*Korbion*, § 33 Rn. 202, 211; *Neuenfeld*, § 15 Rn. 58; a. A. *Rath*, FS Koeble, S. 457 [460]; *Steeger* BauR 2001, 554; *Keldungs* FS Werner, 2005, S. 81 [85], die alle bei jeder Art von Bauherren generell die Verpflichtung zum Stellen von Bauverträgen ablehnen, was jedoch bei Geltung der HOAI als Leistungsprogramm dem Wortlaut der Leistungsphase 7 widerspricht; vgl. zum Ganzen auch *Weglage/Sitz* NZBau 2011, 523 [524 f.].

tig werden.³⁶¹ Der Architekt kann den Abschluss eines Bauvertrags anregen, er kann aber auch Zusätzliche oder Besondere Bedingungen zum Leistungsverzeichnis vorschlagen. Häufig wird auch beides geschehen. Der Architekt ist berechtigt, die VOB den Bauverträgen zugrunde zu legen, auch wenn die VOB für den Auftraggeber nachteilige Regelungen enthält. Er ist also nicht verpflichtet, die vertragliche Regelung weitestgehend den Interessen des Auftraggebers anzupassen. Der Hinweis darauf, dass die gesetzliche Gewährleistungsfrist nicht verkürzt werden sollte oder ein entsprechender Vorschlag im Vertragstext sind aber nötig.³⁶² Seinen Pflichten genügt er auch, wenn er **im Buchhandel gängige Bauvertragsformulare** zum Abschluss vorlegt,³⁶³ sofern diese auf die Position des Bauherrn abgestellt sind und dessen Interessen berücksichtigen.³⁶⁴ Trotz dieser Ausführungen wurde behauptet, nach vorstehender Auffassung müsse der Architekt selbst Verträge und Vertragsbedingungen entwerfen.³⁶⁵ Das ist jedoch unzutreffend. Es bleibt bei der hier schon immer vertretenen Ansicht: Der Architekt muss im Normalfall dem rechts- und geschäftsunkundigen Bauherrn das rechtliche Korsett stellen. Das bedeutet nicht, dass er Verträge und Vertragsbedingungen selbst entwerfen muss. Vielmehr genügt er seiner Verpflichtung, wenn er im Buchhandel gängige Vertragsmuster, die auf die Interessen des Bauherrn abgestellt sind, vorlegt. Soweit Personen und Firmen rechts- oder geschäftserfahren sind, treffen den Architekten solche Pflichten nicht. Er muss also keinesfalls einen komplizierten Generalunternehmervertrag für einen gewerblichen Bauherrn zur Verfügung stellen. Hier kann er sich darauf zurückziehen, dass der Bauherr entsprechende Beratung bei Rechtsanwälten einholen möge. Soweit der Architekt für einen privaten Bauherrn tätig ist und Vertragsformulare im Buchhandel besorgt und besorgen muss, hat er dafür einzustehen, dass diese nicht die Interessen der Vertragsgegenseite berücksichtigen und ggf. darauf hinzuwirken, dass statt einer vorgesehenen 2-jährigen Verjährungsfrist für Mängelansprüche die 5-jährige Frist vereinbart wird.³⁶⁶ Insbesondere durch die Rechtsprechung des BGH³⁶⁷ zu § 651 BGB haben sich weitere Probleme ergeben. Danach ist Kaufrecht auf sämtliche Verträge mit einer Verpflichtung zur Lieferung herzustellender oder zu erzeugender beweglicher Sachen anzuwenden, und zwar auch auf Verträge zwischen Unternehmern. Im Falle des Einbaus ist zu prüfen, wo das Gewicht der Leistung liegt. Für den Architekten kann sich hier nun die Frage ergeben, ob er im Hinblick auf Kaufrecht beraten muss. Das ist jedoch zu verneinen.³⁶⁸ Ebenso stellt sich die Frage, ob bei Vorliegen von Kaufrecht der Architekt verpflichtet ist, die eventuell nach § 377 HGB für den Bauherrn geltende Verpflichtung zur unverzüglichen Prüfung und Rüge zu berücksich-

---

361 BGH BauR 1983, 168.
362 OLG Nürnberg BauR 2010, 649.
363 Diese Ausführungen werden von *Keldungs*, FS Werner, S. 81 [85] und *Rath*, FS Koeble, S. 457 [460] nicht berücksichtigt.
364 Ebenso OLG Hamm BauR 2005, 525.
365 So *Keldungs*, FS Werner, S. 81 [85]; *Rath*, FS Koeble, S. 457 [460].
366 OLG Nürnberg BauR 2010, 649.
367 BGH BauR 2009, 1581.
368 Ebenso *Rath*, FS Koeble, S. 457 [461 ff.]; vgl. dazu auch mit teilweise abw. Meinung *Weglage/Sitz* NZBau 2011, 523 [525 ff.].

§ 34 HOAI   Leistungsbild Gebäude und Innenräume

tigen und den Bauherrn darauf hinzuweisen. Das würde nach hier vertretener Auffassung zu weit gehen.[369]

205 Der Architekt hat seinen Auftraggeber jedoch zu beraten im Hinblick auf die Besonderheiten der vertraglichen Regelung und muss dazu natürlich die Bestimmungen des BGB und der VOB kennen.[370] Die Beratung muss sich auf die in Formularverträgen offen gelassenen oder nicht enthaltenen Punkte beziehen: z. B. auf Fristen, Vertragsstrafe, Zahlungsmodalitäten wie Skonto, Abgebot u. Ä., auf Gewährleistungsfristen und Sicherheitseinbehalte. Die Beratungstätigkeit bei der Vorbereitung der Verträge kann sich nicht auf spezielle Rechtsfragen beziehen. Vielmehr ist der Architekt nur berechtigt und verpflichtet, dem Auftraggeber allgemeine Hinweise zu geben. Im Übrigen kann der Architekt den Auftraggeber auf die Unzulässigkeit der konkreten Rechtsberatung hinweisen (vgl. i. E. Einl. Rdn. 128 ff.). Berücksichtigt er aber **gängige Rechtsprechung** bei seinen Vorschlägen betreffend Skonto, Sicherheitsleistung und Vertragsstrafe nicht, kann er wegen Beratungsfehlern in Anspruch genommen werden. Zu weit geht allerdings die Auffassung des Brand. OLG,[371] wonach für falsche Vertragsstrafenregelungen sogar dann gehaftet werden soll, wenn der Architekt den Bauherrn auf eine Vertragsberatung durch einen Rechtsanwalt verweist. Soweit neuere Rechtsprechung des BGH zu Vertragsstrafenregelungen in dem Architekten zugänglichen Medien veröffentlicht ist, handelt er auch fahrlässig, wenn er sie in Formularverträgen nicht umsetzt.[372]

206 Den Architekten treffen auch bei **öffentlicher Vergabe** besondere Pflichten. Er hat zwar nicht zu klären, ob sein konkreter Auftraggeber verpflichtet ist, in bestimmter Weise auszuschreiben. Den Bauherrn selbst muss er aber darauf hinweisen, dass dieser die Frage klären soll.[373] Für technische Fragen, die Einfluss auf die Erreichung oder das Überschreiten des Schwellenwertes haben, ist der Architekt ebenfalls zuständig.[374] Die **aktive Mitwirkung** im Vergabenachprüfungsverfahren kann vom Architekten nicht verlangt werden.[375] Sicherlich muss er zu einzelnen, vom Auftraggeber angesprochenen Sachfragen Stellung nehmen, jedoch kann von ihm weder die Fertigung von Schriftsätzen noch die Teilnahme an Terminen verlangt werden.[376] Berät der Auftrag-

---

369 Ebenso *Rath*, FS Koeble, S. 457 [460]; a. A. *Weglage/Sitz* NZBau 2011, 523 [525 ff.]; dazu unten Rdn. 246.
370 Vgl. i. E. *Beigel* DAB 1979, 903 ff.; *Kniffka* ZfBR 1994, 256; *Steeger* BauR 2001, 554.
371 BauR 2003, 1751 = NJW-RR 2003, 1323.
372 Insoweit zutr. Brand. OLG BauR 2003, 1751; OLG Hamm NZBau 2005, 525 (526) zur Haftung bei Vertragsstrafenklausel ohne Obergrenze; vgl. auch Rdn. 206.
373 So mit Recht *Diercks* BauR 2004, 149 [156].
374 So mit Recht *Diercks* BauR 2004, 149 [156] auch zu weiteren Einzelfragen.
375 A. A. im Rahmen einer Kostenentscheidung VK Köln Beschl. v. 19.01.2005 – VKVOB 21/2003, bespr. in IBR 2005, 267 von *Hänsel*.
376 Vgl. auch die entsprechenden Ausführungen für die Mitwirkung im Verwaltungsverfahren bei § 3 Rdn. 16 ff.

nehmer die Vergabestelle fehlerhaft und wird daraufhin eine Ausschreibung rechtswidrig aufgehoben, ist der Auftragnehmer zu Schadensersatz verpflichtet[377]

Besonders haftungsträchtig ist die **Aufstellung von Besonderen Vertragsbedingungen**. In aller Regel handelt es sich hierbei um AGB, sodass die Vorschriften der §§ 305 ff. BGB n. F. und die hierzu ergangene Rechtsprechung berücksichtigt werden müssen.[378] Haftungsprobleme für den Architekten können sich vor allem ergeben, wenn er Vertragsstrafenregelungen vorschlägt und dabei die Rechtsprechung nicht berücksichtigt (dazu oben Rdn. 204). Der Architekt muss ferner wissen, dass die Bestimmungen der VOB (B) AGB enthalten und die einzelnen Vorschriften der VOB (B) der Inhaltskontrolle unterliegen, wenn die VOB nicht »insgesamt« bzw. ohne Einschränkung gilt. Der Architekt sollte gerade wegen der Rechtsprechung des BGH zur Privilegierung der VOB durch eigene Vertragsbedingungen die VOB (B) nicht abändern. Ein »Weniger« an Besonderen oder Zusätzlichen Bedingungen bietet ein »Mehr« an Sicherheit. 207

Gefahren für den Architekten bei Verwendung von AGB ergeben sich auch deshalb, weil er in jedem Fall Empfehler ist und damit selbst wegen AGB-widriger Vertragsbedingungen verklagt werden kann.[379] Der Architekt ist nicht nur Empfehler, sondern auch Verwender von AGB, wenn er von den Klauseln mittelbar selbst betroffen ist, z. B. hinsichtlich der vertraglichen Regelung, dass der Unternehmer die örtlichen Verhältnisse kenne.[380] Anders als bei eigener Aufstellung von Besonderen Vertragsbedingungen ist die Situation dann, wenn der Architekt **im Buchhandel gängige** Bauvertragsformulare verwendet. Soweit hier Klauseln des gedruckten Textes unwirksam sind, wird in aller Regel eine Haftung des Architekten ausscheiden, da er keine Rechtsberatung schuldet. 208

Der **Abschluss der Verträge** selbst gehört nicht zur Leistungspflicht des Architekten.[381] Der Architekt ist auch nicht verpflichtet, die Verträge in Vertretung des Auftraggebers abzuschließen. Erteilt er Aufträge, für die er keine Vollmacht hat, und hat der Auftraggeber kraft Anscheinsvollmacht im Außenverhältnis dafür einzustehen, so haftet der Architekt (vgl. Einl. Rdn. 116). Dies gilt auch dann, wenn der Architekt vor der Vergabe nicht für eine klare Regelung über die Kostentragung bei mehreren möglichen Auftraggebern sorgt und dadurch sein Auftraggeber in Anspruch genommen werden kann.[382] Der Architekt ist nicht verpflichtet, dem Auftraggeber bestimmte Bauunternehmer vorzuschlagen. Bestehen jedoch Bedenken gegen Unternehmer, so muss der Architekt darauf hinweisen.[383] Eine Prüfung der wirtschaftlichen Bonität und Leistungsfähigkeit der Unternehmer muss der Architekt nicht vornehmen. Etwa bestehende Bedenken – 209

---

377 OLG Saarbrücken BauR 2011, 709 auch zur Schadensberechnung und Vorteilsausgleichung im Hinblick auf eine Kostenersparnis einer günstigeren Zweitvergabe.
378 Vgl. z. B. *Korbion/Locher/Sienz*, AGB und Baurerrichtungsverträge, 4. Aufl.
379 OLG Karlsruhe BB 1983, 725.
380 OLG Frankfurt BB 1985, 2009 = NJW-RR 1986, 245.
381 OLG Düsseldorf *Schäfer/Finnern* Z 3.01 Bl. 159.
382 So mit Recht OLG Stuttgart v. 04.05.1984 – 2 U 79/83.
383 Zur Frage der gesteigerten Überwachungspflicht in diesen Fällen vgl. unten Rdn. 247.

z. B. aus anderen Bauvorhaben oder wegen sonstiger ihm bekannter Umstände – muss er aber mitteilen. Soweit der Architekt auf der Grundlage seines Preisspiegels oder im Verfahren nach VOB Teil A einen **Vergabevorschlag** macht, haftet er für Fehler. Im Rahmen eines Vergabeverfahrens nach VOB (A) hat er den Auftraggeber über Probleme einzelner Angebote zu informieren, soweit diese zur Abrechnung überhöhter Forderungen seitens des Bauunternehmers führen können. Das gilt z. B. im Hinblick auf Spekulationspositionen und umgekehrt erhöhte Einzelpreise. Hier ist ein Hinweis auf die Möglichkeit des Ausschlusses von Angeboten nach § 16 Abs. 6 VOB (A) nötig. Nicht einzustehen hat er aber dafür, dass Förderrichtlinien oder Zuwendungsbestimmungen berücksichtigt und deren Voraussetzungen erfüllt werden, es sei denn, er wäre damit befasst.[384]

210 Der Architekt hat die **Angebote auf die Richtigkeit** der in ihnen aufgeführten Preise und Mengen sorgfältig **zu überprüfen**. Es soll sichergestellt sein, dass nicht nachträglich Arbeiten vergeben werden müssen, die vorhersehbar sind. Die Einholung späterer Nachtragsangebote bzw. das Erfordernis teurerer Stundenlohnarbeiten soll vermieden werden.[385] Bestellt der Architekt in Abweichung von der Leistungsbeschreibung später eine qualitativ schlechtere Leistung, so haftet er.[386] Im Rahmen der **Prüfung und Wertung** von Angeboten kann der Architekt zum Hinweis verpflichtet sein, dass ein am Bau Beteiligter ein Spekulationsangebot abgegeben hat, welches im Ergebnis mit den anderen Angeboten nicht kompatibel ist. Das gilt auch im Hinblick auf den Ausschluss eines »ersichtlich mischkalkulierten Angebots«.[387] Ebenso kann es zur Haftung kommen, wenn im Rahmen der Prüfung eines Angebots ein überhöhter Preis der Bauleistung nicht festgestellt und mitgeteilt wird.[388] Die Prüfung und Wertung erstreckt sich auch auf Nebenangebote.[389] Allerdings kann es sich hier um eine Besondere Leistung handeln, wenn die Prüfung und Wertung nach speziellen Kriterien notwendig ist.

211 Der Kostenanschlag in Leistungsphase 7 ist zentrale Leistung. Fehler bei der Kostenermittlung führen zur Haftung, wenn eine bestimmte Toleranzschwelle überschritten ist und die Überschreitung der Bausumme schuldhaft vom Architekten verursacht wurde (vgl. i. E. Einl. Rdn. 187 ff.). Für die **Kostenkontrolle** gilt Entsprechendes wie bei Leistungsphase 3.[390]

---

384 OLG München BauR 2001, 981 und Einl. Rdn. 209 ff.
385 Vgl. BGH *Schäfer/Finnern* Z 3.00 Bl. 134; BGH BauR 1982, 185.
386 OLG Hamm NJW-RR 1988, 1174 für eine andere Verglasung.
387 OLG Nürnberg BauR 2008, 387.
388 OLG Schleswig BauR 2010, 805 für 35 % über Wert; NZB des BGH v. 10.12.2009 – VII ZR 118/08.
389 OLG Schleswig BauR 2007, 139.
390 Vgl. oben Rdn. 97 und unten Rdn. 200.

35. Die Grundleistungen aus Leistungsphase 8 Objektüberwachung (Bauüberwachung)

a) Überwachen der Ausführung des Objekts

Die zentrale Leistung im Rahmen der Leistungsphase 8 ist das **Überwachen der Ausführung des Objekts**. Dabei muss auf die Übereinstimmung mit der öffentlich-rechtlichen Genehmigung oder Zustimmung, den Verträgen mit ausführenden Unternehmen, den Ausführungsunterlagen, den einschlägigen Vorschriften sowie mit den allgemein anerkannten Regeln der Technik geachtet werden. Die allgemein anerkannten Regeln der Technik sind teils schriftlich niedergelegt, wie in den DIN-Vorschriften, in den einheitlichen Technischen Baubestimmungen des ETB-Ausschusses oder in den technischen Richtlinien einzelner Bauverbände. Zu den Regeln der Technik gehören jedoch auch teilweise ungeschriebene Erfahrungssätze, die sogar von bestehenden DIN-Vorschriften abweichen können.[391] Die Fachbauleitung nach den Landesbauordnungen (z. B. § 102 BW LBO) muss der Architekt nicht erbringen. Dies folgt schon daraus, dass die **Fachbauleitung** sogar für den Tragwerksplaner eine Besondere Leistung darstellt.[392]

212

Von der Objektüberwachung zu unterscheiden ist ferner die **Tätigkeit als verantwortlicher Bauleiter** nach den Landesbauordnungen. Diese Tätigkeit enthält Rechte und Pflichten gegenüber der Öffentlichkeit und der Baurechtsbehörde. Der verantwortliche Bauleiter hat die ordnungsgemäße und den genehmigten Bauvorlagen entsprechende Bauausführung zu überwachen und darauf zu achten, dass die Arbeiten der Baubeteiligten ohne gegenseitige Gefährdung und ohne Gefährdung Dritter durchgeführt werden können.[393] Die Frage ist, ob dem Architekten, der Leistungsphase 8 zu erbringen hat, ein besonderes Honorar zusteht, wenn er die Bauleitertätigkeit erbringt. Für § 19 Abs. 4 GOA hat dies der BGH[394] verneint.

213

Legt man die Maßstäbe an, die der BGH unter der Geltung der GOA zugrunde gelegt hat, so kommt man auch für die HOAI zu dem Ergebnis, dass die Bauleitertätigkeit keine Besondere Leistung ist, da der Tätigkeitsbereich nicht über den im Rahmen der Objektüberwachung geschuldeten hinausgeht.[395] Die in Leistungsphase 8 aufgeführte Besondere Leistung (vgl. unten Rdn. 239) hat somit derzeit keine praktische Bedeutung. Aus der Entscheidung des BGH und der Einordnung der Bauleitertätigkeit ergibt sich ferner zweierlei: Der als verantwortlicher Bauleiter tätige Architekt hat kein

214

---

391 Beispiel: Schallschutz; vgl. hierzu oben Rdn. 115; vgl. allgemein hierzu Ingenstau/Korbion-*Oppler*, § 4 Nr. 2 Rn. 36 ff.
392 Zu Umfang und Intensität der Überwachungstätigkeit vgl. unten Rdn. 240 ff.
393 Zu den Pflichten vgl. i. E. *Rabe* BauR 1981, 332; *Lotz*, Der Bauleiter und Fachbauleiter i. S. der Landesbauordnungen, BauR 2003, 967 und unten Rdn. 239.
394 NJW 1977, 898 = BauR 1977, 428 und nochmals bestätigend NJW 1980, 1101 = BauR 1980, 189 = SFH Nr. 1 zu § 3 GOA.
395 Ebenso Lotz BauR 2003, 967; a. A. Korbion in KMV § 34 Rn. 293, der nach den geltenden Landesbauordnungen einen über Leistungsphase 8 hinausgehenden Leistungsumfang für möglich hält; vgl. auch *Seifert/Fuchs* in SBS § 34 Rn. 358 ff.

§ 34 HOAI Leistungsbild Gebäude und Innenräume

größeres Haftungsrisiko zu tragen als der objektüberwachende Architekt. Wird der Architekt nicht mit der Objektüberwachung, sondern nur mit der Bauleitertätigkeit beauftragt, so erbringt er eine Teilleistung aus Leistungsphase 8, weshalb ihm für diese Leistung ein Honoraranspruch zusteht, und zwar auch ohne schriftliche Honorarvereinbarung.

215 Gleiches gilt auch für die angemessene Honorierung der Leistungen aus dem **Bereich des Arbeitsschutzes (SiGeKo)**. Die Leistungen der Sicherheits- und Gesundheitskoordination treten immer neben die Leistungen nach HOAI und sind außerhalb der HOAI honorarfähig.[396]

b) Überwachen der Ausführung von Tragwerken

216 Eine weitere Leistung ist das **Überwachen der Ausführung von Tragwerken** mit sehr geringen und geringen Planungsanforderungen auf Übereinstimmung mit dem Standsicherheitsnachweis. Hier kann es zu Problemen der fachlichen Zuständigkeit kommen, obwohl es sich nur um Tragwerke der Honorarzonen 1 und 2 handeln soll, wenn z. B. vorgefertigte Stahlbetonteile verwendet werden. Hier hat der Auftragnehmer kaum die Möglichkeit, die Übereinstimmung mit dem Standsicherheitsnachweis zu prüfen.

217 Der Architekt hat die erforderliche Bewehrung als Leistung für den Auftraggeber entgegenzunehmen. Dies gehört zu seiner technischen Abnahmepflicht. Soweit der Architekt dabei etwaige Mängel von seiner Sachkunde her erkennen kann, wird und muss er sie feststellen. Dagegen ist er nicht verpflichtet, im Rahmen seiner Leistungen eine Abnahme im öffentlich-rechtlichen Sinn vorzunehmen, aus der die Standfestigkeit der Konstruktion abgeleitet werden kann.[397] Die Leistungen des Architekten im Rahmen der Leistungsphase 8 erfassen nicht die ingenieurtechnische Kontrolle. Diese Kontrolle setzt nämlich die speziellen Kenntnisse und Erfahrungen des Tragwerksplaners voraus.[398] Probleme treten dann auf, wenn der Tragwerksplaner aber nicht an der Objektüberwachung beteiligt ist. Nach der HOAI ist dies sogar der Regelfall, da die Objektüberwachung für den Tragwerksplaner eine Besondere Leistung darstellt.[399] Der Architekt ist dann verpflichtet, den Auftraggeber – schon im Rahmen seiner Beratungspflichten nach § 34 Abs. 2 Nr. 1, Leistungsphase Grundlagenermittlung (vgl. oben Rdn. 29) – darauf hinzuweisen, dass er selbst die fachtechnische Abnahme der Bewehrung in konstruktiver Hinsicht nicht durchführen kann. Er muss auf die Notwendigkeit der Bestellung eines dazu befähigten Fachmannes hinweisen. Diese Beratungspflicht entfällt, wenn der ausführende Unternehmer selbst einen Fachbauleiter stellt,

---

[396] Vgl. zum Ganzen Einl. Rdn. 441 ff.
[397] Ebenso AG Landau v.12.04.1989 – C 580/88; *Bindhardt/Jagenburg*, 18 Rn. 1; *Koeble* DAB 1990, 83; *Hartmann* DAB 1988, 1213; *Ohlshausen* BauR 1987, 365; *Saar/Böhm*, S. 158; vgl. auch eingehend *Motzke* BauR 1988, 534 und *Glück/Matheis/Witsch* BauR 1988, 550.
[398] So mit Recht *Ohlshausen* BauR 1987, 365.; *Saar/Böhm*, S. 158.
[399] Anlage 2 zu § 49 Ziff. 2.10.7.

der die Anforderungen für die Abnahme im öffentlich-rechtlichen Sinne erfüllt. Soweit der Auftraggeber für die Abnahme der Bewehrung einen Statiker beauftragt, kommt eine Minderung des Honorars für den Architekten nicht in Betracht.

c) Koordinieren der an der Objektüberwachung fachlich Beteiligten

Eine weitere Leistung ist das **Koordinieren der an der Objektüberwachung fachlich Beteiligten**. Diese ist ein Ausschnitt der allgemeinen Koordinierungspflicht. Sie umfasst alle von der Bauausführung betroffenen Leistungsbereiche, auch diejenigen, für die besondere Fachbauleiter eingesetzt sind. Unter der Koordinierungstätigkeit ist eine ordnende, den planungs- und termingerechten Ablauf aller Leistungsbereiche überwachende Tätigkeit zu verstehen. Die Grenzen der Koordinierungstätigkeit ergeben sich aus dem Leistungsbild der zusätzlichen Leistungen für die »Projektsteuerung«. Vor allem bei größeren Objekten kann die zusätzliche Leistung »Projektsteuerung« die sich aus dem Bauprozess ergebenden erhöhten Anforderungen an die Objektüberwachung abdecken.

218

d) Aufstellen, Fortschreiben und Überwachen eines Terminplans

Das **Aufstellen, Fortschreiben und Überwachen eines Zeitplanes** in Form eines Balkendiagramms ist eine Grundleistung, während der Zahlungsplan eine Besondere Leistung darstellt.[400] Der Zeitplan mit Balkendiagramm soll im Regelfall die ineinandergreifende Abwicklung der Bauarbeiten und die Koordinierung der Leistungen auch der an der Objektplanung und Überwachung Beteiligten ermöglichen. Dabei wirken die anderen fachlich Beteiligten für ihre Fachbereiche[401] an der Aufstellung und Überwachung des Zeitplans mit. Die im Balkendiagramm eingetragenen Termine bestimmen die Fälligkeit der Leistungen und sind damit von besonderer Bedeutung für Ansprüche wegen Verzugs. Sind die im Balkendiagramm eingetragenen Termine mit den am Bau Beteiligten fest vereinbart, so bedarf es für den Verzugseintritt keiner besonderen Mahnung (§ 286 Abs. 2 BGB). Das Aufstellen von differenzierten Zeitplänen (Netzplänen) ist dagegen eine Besondere Leistung. Bei größeren oder Großprojekten ist ein differenzierter Zeit- oder Ablaufplan (z. B. Netzplan) im Regelfall erforderlich. Der Architekt muss den Bauherrn auf diesen Umstand hinweisen (vgl. auch oben Rdn. 78). Eine Entlastung des Auftragnehmers, die eine Honorarminderung rechtfertigen würde, tritt dadurch allerdings nicht ein. Im Gegenteil ist es so, dass die Mithilfe bei der Fortschreibung eines Netzplanes, der nicht vom objektüberwachenden Architekten gesteuert wird, in der Regel einen größeren Aufwand als die Überwachung und Fortschreibung eines eigenen Balkendiagramms erfordert.

219

---

400 Zur Terminplanung während des früheren Projektablaufs vgl. oben Rdn. 66, 98 und 157.
401 Z. B. Technische Ausrüstung.

§ 34 HOAI Leistungsbild Gebäude und Innenräume

e) Dokumentieren des Bauablaufs (z. B. Bautagebuch)

220 Aufgeführt war früher das Führen eines Bautagebuchs, während heute von einer »**Dokumentation des Bauablaufs**« die Rede ist. Durch die Formulierung hat sich nichts geändert, es soll lediglich gesagt werden, dass keine bestimmte Form eines Bautagebuchs notwendig ist, sondern die Dokumentation in einer für den Auftraggeber verständlichen Form erfolgen muss (vgl. unten Rdn. 221). Haben die Parteien das Leistungsbild des § 34 zugrunde gelegt, dann trifft den Architekten auch eine Pflicht zur Dokumentation des Bauablaufs, in der Regel in Form eines Bautagebuchs.[402] Das gilt sowohl für Neubaumaßnahmen als auch für Bauen im Bestand und die Instandsetzung. Das Bautagebuch kann für den Bauherrn von erheblicher Bedeutung sein und auch ein erhebliches Haftungsrisiko für den Architekten mit sich bringen. Da es vor allem in Bauprozessen – nicht zuletzt im Vertragsstrafen- oder Schadensersatzverfahren wegen Verzugs – eine erhebliche Rolle spielt, sollte es die Leistungen der Baubeteiligten, die Lieferungen, die Witterungsbedingungen und gegebenenfalls auch die Anwesenheit der Baubeteiligten festhalten. Durch das Bautagebuch selbst werden die Aufsichtspflichten des Architekten noch nicht erweitert. Er muss deshalb nicht täglich auf der Baustelle anwesend sein, weil er Eintragungen ins Bautagebuch vornehmen muss.[403] Das Bautagebuch muss eben dann und insoweit geführt werden, als überhaupt eine Überwachungstätigkeit geschuldet ist (vgl. i. E. Rdn. 240 ff. und 254). Bedenklich ist es dagegen, das Bautagebuch auch von anderen Personen führen zu lassen.[404]

221 Über die **Form des Bautagebuchs** enthält die HOAI keine Bestimmung. Selbstverständlich muss es in Schriftform geführt werden. Öffentliche Auftraggeber schreiben zum Teil vor, dass ihre eigenen Muster verwendet werden. Ohne vertragliche Vereinbarung ist der Architekt jedoch nicht verpflichtet, bestimmte Muster zu verwenden. Das Bautagebuch hat nicht nur bei komplizierten, umfangreichen Bauvorhaben in der Praxis seinen Stammplatz gefunden. Der Auftraggeber hat deshalb wegen der Bedeutung in der Rechtspraxis sowohl ein Recht auf Information über die Eintragung, als auch – gegen Erstattung der Nebenkosten – Anspruch auf Übergabe von Kopien, während das Original – ebenso wie bei Plänen – beim Architekten verbleibt.[405] Nach Auffassung des BGH rechtfertigt es eine Honorarminderung, wenn der Auftragnehmer das Bautagebuch nicht führt, und zwar auch ohne dass der Bauherr eine Frist zur Erstellung gesetzt hat und diese abgelaufen ist.[406] Vom Inhalt her muss das Bautagebuch den Bauablauf (Störungen), Auseinandersetzungen mit anderen Beteiligten und Abweichungen beim Bestand (Nachträge) erfassen. Auch den **Schriftwechsel** zwischen ihm und den

---

402 BGH BauR 2011, 1677 = NJW-RR 2011, 1403; aber nur, wenn die Leistungsphase 8 beauftragt ist: OLG Dresden BauR 2012, 126.
403 Ebenso *Neuenfeld* BauR 1981, 437.
404 A. A. *Neuenfeld* BauR 1981, 437, der es für zulässig hält, wenn das Bautagebuch ausnahmsweise auch vom Bauunternehmer geführt und vom Architekten dann geprüft und gegengezeichnet wird.
405 BGH BauR 2011, 1677 = NJW-RR 2011, 1403.
406 BGH BauR 2011, 1677 = NJW-RR 2011, 1403; zum Ganzen § 8 Rdn. 37.

am Bau Beteiligten hat der Architekt (in Kopie) an den Bauherrn zur Information herauszugeben. Dagegen muss er insoweit kein Bestandsverzeichnis vorlegen.[407]

f) Gemeinsames Aufmaß mit den ausführenden Unternehmen

Wichtig ist als Leistung das **Gemeinsame Aufmaß mit den ausführenden Unternehmen**. Im Normalfall sind die Ausführungspläne Grundlage des Aufmaßes. Dies gilt ebenso für andere fachlich Beteiligte, z. B. bei der Technischen Ausrüstung. Dabei können Schwierigkeiten auftreten, wenn den Verträgen mit den am Bau Beteiligten die VOB zugrunde liegt und keine ausdrückliche Vereinbarung getroffen ist, dass ein gemeinsames Aufmaß durchzuführen ist. Nach § 14 Abs. 2 VOB (B) ist das gemeinsame Aufmaß nämlich nicht zwingend, sondern lediglich empfohlen. Der Unternehmer hat jedoch in der Regel ebenfalls ein Interesse daran, dass ein gemeinsames Aufmaß genommen wird, da dieses gemeinsame Aufmaß – auch bei Beteiligung des Architekten – für den Auftraggeber und auch für den Unternehmer bindend ist.[408] Verweigert der Unternehmer die Mitwirkung beim gemeinsamen Aufmaß, so hat der Architekt natürlich keine Möglichkeit, ihn dazu zu zwingen. Wird beim gemeinsamen Aufmaß anhand der Ausführungspläne oder bei der Rechnungsprüfung festgestellt, dass die Ausführungen nicht mit den Ausführungsplänen übereinstimmen, dann muss der nur mit der Objektüberwachung beauftragte Architekt den Bauherrn darauf hinweisen, dass eine Fortschreibung der Ausführungsplanung notwendig ist. Soweit er den entsprechenden Auftrag erhält, erbringt er Grundleistungen aus Leistungsphase 5, die ohne schriftliche Honorarvereinbarung honorarfähig sind. Die Bestandsplanung wäre ohnehin als Besondere Leistung zu honorieren.[409] Dagegen können Schadensersatzansprüche bestehen, wenn der Architekt das gemeinsame Aufmaß pflichtwidrig unterlässt und dadurch wirtschaftliche Nachteile für den Bauherrn eintreten.[410] Ist ein Aufmaß deshalb nicht erforderlich, weil ein Pauschalpreisvertrag abgeschlossen ist, so kommt eine Minderung des Honorars nicht in Betracht.[411]

g) Rechnungsprüfung einschließlich Prüfen der Aufmaße der bauausführenden Unternehmen

Weitere Leistung ist die **Rechnungsprüfung**, wobei durch die HOAI 2013 ergänzt wurde, dass dazu auch das Prüfen der Aufmaße der bauausführenden Unternehmen gehört. Unter dieser Grundleistung ist die fachtechnische und rechnerische Überprüfung aller Rechnungen von Bauunternehmern und Lieferanten aus dem Leistungsbereich des Ar-

---

407 In letzterer Hinsicht a. A. KG NZBau 2006, 582.
408 Vgl. BGH NJW 1974, 646 = BauR 1974, 210; Ingenstau/Korbion/Vygen-*Locher*, § 14 Rn. 27 ff.; *Locher*, Das private Baurecht, Rn. 490; *Werner* in *Werner/Pastor*, Rn. 542 ff.; vgl. auch Einl. Rdn. 111.
409 Anlage 10.1 Lph. 9.
410 Ebenso *Neuenfeld* BauR 1981, 437.
411 So richtig *Korbion* in KMV § 34 Rn. 277; *Jochem*, § 33 Rn. 151 ff.

chitekten auf ihre Richtigkeit und Vertragsgemäßheit zu verstehen.[412] Dagegen haben die anderen **fachlich Beteiligten** die **Rechnungen aus ihren Fachbereichen** (z. B. Technische Ausrüstung) in eigener Verantwortung zu prüfen. Unter Rechnungen sind hier sowohl Abschlagsrechnungen als auch Schlussrechnungen oder Teilschlussrechnungen zu verstehen. Zu prüfen sind auch die **Rechnungen** der beteiligten **Sonderfachleute**, soweit sie der Auftraggeber dem Architekten übergibt; eine Pflicht, sie anzufordern, besteht nicht. Das **Ergebnis der Prüfung** muss der Architekt nicht nur für sich selbst festhalten, sondern er muss die Unterlagen nach Prüfung an den Auftraggeber weiterleiten und die Einzelpositionen entweder bestätigen oder korrigieren.[413] Eine Prüfung, ob dem Bauunternehmer ein Anspruch auf die geltend gemachte Vergütung zusteht, ist nicht erforderlich. Das gilt sowohl im Hinblick auf etwaige Anspruchsgrundlagen (z. B. §§ 2, Abs. 5, 6, 7 und 8 bzw. 6 Abs. 6 VOB/B und §§ 642 ff. BGB) als auch bezüglich der richtigen Berechnung eines zusätzlichen Vergütungsanspruchs (z. B. übliche Vergütung, Vertragspreise, Verzögerungsmehrkosten) und auch betreffend die Auswirkungen von Bauverzögerungen. Weder in rechtlicher noch in baubetrieblicher Hinsicht treffen den Auftragnehmer insoweit gesonderte Pflichten. Allerdings hat er nach neuer HOAI auch die Aufmaße zu prüfen, was aber im Rahmen der Rechnungsprüfung auch schon früher geschuldet war.

224 Der Architekt versieht die Rechnungen mit seinem **Prüfungsvermerk**. Dieser Prüfungsvermerk stellt jedoch kein Anerkenntnis des Bauherrn im Verhältnis zum Unternehmer dar, er ist vielmehr lediglich eine Empfehlung für den Bauherrn.[414]

225 Die Frage ist, ob der Architekt die Rechnung auch **zugunsten der am Bau Beteiligten**, also zu Lasten seines Auftraggebers **zu prüfen** hat. Eine entsprechende Verpflichtung ist zu verneinen. Dies ergibt sich aus der Stellung des Architekten, der Sachwalter seines Bauherrn ist. Im Rahmen der Rechnungsprüfung muss der Architekt Angebote, Rabatte u. Ä. berücksichtigen. Die Prüfung hat so schnell zu erfolgen, dass dem Auftraggeber die Möglichkeit zum Skontoabzug verbleibt.[415]

h) **Vergleich der Ergebnisse der Rechnungsprüfungen mit den Auftragssummen einschließlich Nachträgen**

226 Diese Grundleistung ist zwar neu formuliert, jedoch werden die Grundlagen dafür bereits im Rahmen der Rechnungsprüfung geschaffen. Der Vergleich stellt also nur noch eine besondere Form der Aufstellung dar und zusätzlich sind noch die Nachträge mit-

---

412 BGH BauR 2002, 1112; BGH BauR 1998, 869 = NJW-RR 1998, 1546 = ZfBR 1998, 248; vgl. auch BGH BauR 2005, 1052.
413 Ebenso *Korbion* in KMV § 34 Rn. 251; zur Berücksichtigung der Bauabzugssteuer vgl. Rdn. 83.
414 Vgl. i. E. BGH BauR 2002, 613 = NJW-RR 2002, 661; BGH NJW 1964, 647; OLG Hamm BauR 1996, 736; *Korbion* in KMV § 34 Rn. 277; *Locher*, Das private Baurecht, Rn. 491; *Werner* in *Werner/Pastor*, Rn. 2539 ff.; *Hochstein* BauR 1973, 333; vgl. auch Einl. Rdn. 111 f.
415 Ebenso *Seifert/Fuchs* in FBS § 34 Rn. 320.

einzubeziehen. Eine Änderung gegenüber der HOAI 2009 ergibt sich auch insoweit nicht.

i) Kostenkontrolle

Die Leistung der Kostenkontrolle durch Überprüfung der Leistungsabrechnung ist gemeinsam mit dem Vergleich der Ergebnisse zu erbringen und es genügt eine einzige Aufstellung, die beide Teilleistungen erfüllt. Die Beschreibung der Einzelheiten der Kostenkontrolle enthält gegenüber dem früheren Rechtszustand nichts Neues. Diese Leistung wurde durch die 5. HOAI-Novelle eingeführt.[416] Sie ist nur eine konkrete Ausgestaltung der **allgemeinen Pflicht** zu Kostenkontrolle, welche nach wie vor besteht. Diese allgemeine Kostenkontrolle war früher in Leistungsphase 8 aufgeführt. Ihr kam jedoch im Rahmen des gesamten Leistungsbildes erhöhte Bedeutung zu. Die Kostenkontrolle dient dazu, die von der HOAI in den Vordergrund gestellte Kostenermittlung nach DIN 276 durch Kostenschätzung, Kostenberechnung, Kostenanschlag und Kostenfeststellung zu unterstützen und im Bauablauf zu korrigieren bzw. zu berichtigen. Die Kostenkontrolle soll den Verlauf von Ist- und Soll-Kosten unter Kontrolle halten, um dem Auftraggeber die Möglichkeit zu geben, bei drohender Überschreitung der Soll-Kosten entsprechende Entscheidungen zu treffen. Nicht erwähnt ist die ebenfalls bestehende Pflicht zur **Kostenfortschreibung.** Während die Kostenkontrolle den Vergleich mit den eigenen Kostenermittlungen bei gleichbleibendem Objekt betrifft, erfasst die Fortschreibung Änderungen und Ergänzungen. 227

j) Kostenfeststellung

Eine wichtige Leistung stellt die **Kostenfeststellung** nach DIN 276 oder nach dem wohnungsrechtlichen Berechnungsrecht dar. Die Kostenfeststellung ist nach DIN 276 Fassung 12/08 Ziff. 3.45 vorzunehmen.[417] Sie ist der Maßstab dafür, ob die vorherigen Kostenermittlungen (Kostenschätzung, Kostenberechnung und Kostenanschlag) eingehalten oder überschritten wurden.[418] Wird die Kostenfeststellung nach DIN 276 Fassung 12/08 aufgestellt, dann muss sie – um Vergleiche und Kostenkennwerte zuverlässig darzustellen – mindestens bis Ebene 3 vertieft werden. 228

k) Organisation der Abnahme der Bauleistungen; Abnahmeempfehlung

Als weitere Leistung war früher die **Abnahme der Bauleistungen** unter Mitwirkung anderer an der Planung und Objektüberwachung fachlich Beteiligter unter Feststellung von Mängeln aufgeführt. Mit der HOAI 2013 wird klargestellt, dass keine rechtsgeschäftliche Abnahme durch den Auftragnehmer erfolgen muss bzw. darf, was allerdings auch schon früher klar war. Bei dieser Abnahme handelt es sich nicht um die rechtsgeschäftliche Abnahme, die Sache des Bauherrn ist, sondern um die rein tatsächliche, **technische Abnahme,** d. h. die Überprüfung der Bauarbeiten und Baustoffe auf 229

---

416 Vgl. § 58 Rdn. 13 ff.).
417 Zu den Einzelheiten vgl. § 6 Rdn. 24.
418 Zur Haftung wegen Kostenüberschreitung vgl. i. E. Einl. Rdn. 187 ff.

§ 34 HOAI Leistungsbild Gebäude und Innenräume

Mängel bzw. Fehler.[419] Zur rechtsgeschäftlichen Abnahme ist der Architekt im Übrigen aufgrund der normalen Architektenvollmacht auch nicht befugt.[420] Von der Abnahme im Leistungsbild Objektüberwachung Gebäude ist die fachtechnische Abnahme der Leistungen und Feststellung der Mängel eine Leistung in Leistungsphase 8 des Leistungsbilds § 55 Technische Ausrüstung zu unterscheiden. Die Mitwirkung des Architekten beschränkt sich in diesem Fall auf die im nächsten Absatz erläuterte Koordinierung. Der Architekt darf in solchen Fällen auf die Fachkompetenz des Ingenieurs vertrauen. Allerdings muss er im Rahmen der allgemeinen Begehung zur Mängelfeststellung solche Probleme aufdecken, die mit dem von ihm zu erwartenden Wissen und Können offenkundig sind. Stellt der Architekt fest, dass der Sonderfachmann die fachtechnische Abnahme nicht durchgeführt hat, muss er dies dem Bauherrn mitteilen.[421]

230 Neben der technischen Entgegennahme der Bauleistungen trifft den Architekten die weitere Verpflichtung, im Rahmen seiner **Koordinierungspflicht** und im Rahmen der Überwachung des Zeitplans die Abnahme oder auch Teilabnahme, z. B. von technischen Anlagen wie Heizung, Lüftung, Sanitär- und Elektroinstallation, entsprechend dem Baufortschritt zu koordinieren und gegebenenfalls durch Fachingenieure zu veranlassen. Auch insoweit ist der Architekt jedoch nicht zur rechtsgeschäftlichen Abnahme verpflichtet, sondern lediglich dazu, die technische Abnahme durch die Fachingenieure herbeizuführen. Die Koordinierungstätigkeit erstreckt sich aber auf jeden Fall auf die Abstimmung aller Einzelgewerke in einem geordneten Bauablauf.[422]

231 Die neue Leistung beschränkt sich auf die **Organisation der Abnahme**. Diese besteht in der Vereinbarung und Leitung von Terminen von einerseits dem Auftraggeber und andererseits dem bzw. den am Bau Beteiligten. Dazu gehört auch eine schriftliche Feststellung der Ergebnisse. In aller Regel handelt es sich um ein Protokoll über die Abnahmefähigkeit und die Abnahme selbst sowie über vorbehaltene Mängel und ggf. Vertragsstrafenansprüche. Vorschriften für eine bestimmte Form gibt es nicht, sodass es dem Auftragnehmer freigestellt ist, wie er den Ablauf und den Inhalt der Abnahmebesprechung dokumentieren will. Das Ergebnis muss zuverlässig für den Auftraggeber feststellbar sein. Ein Problem besteht darin, dass der Auftraggeber u. U. nicht an einer (schnellen) Abnahme interessiert ist und er zunächst einmal im Hinblick auf das Auftreten (weiterer) Mängel abwarten will. Der Auftragnehmer darf deshalb nicht von sich aus die Herbeiführung von Abnahmeterminen forcieren.[423] Nach der Neuformulierung

---

419 Ebenso *Korbion* in KMV § 34 Rn. 283; *Seifert/Fuchs* in FBS § 34 Rn. 328 ff.;
420 Hierzu i. E. Einl. Rdn. 113 ff.; zu den Pflichten im Hinblick auf die rechtsgeschäftliche Abnahme vgl. unten Rdn. 256.
421 Vgl. OLG Düsseldorf BauR 2012, 1274, wonach der Architekt überprüfen muss, ob der Sonderfachmann die fachtechnische Abnahme durchgeführt hat (hier: Brandschutz); OLG Celle v. 29.11.2012 – 5 U 70/12, wonach der Architekt einen zur Mängelbeseitigung vom Bauherrn beauftragten Fachplaner überwachen und dessen geplante Mängelbeseitigungsmaßnahmen überprüfen muss.
422 Vgl. OLG Stuttgart NJW-RR 2007, 739 und unten Rdn. 253.
423 Zum Ganzen *Koeble/Zahn*, Die neue HOAI 2013, Teil C Rn. 115.

soll der Architekt auch eine **Abnahmeempfehlung** geben. Rechtliche Hinweise und die rechtliche Beurteilung, ob ein wesentlicher Mangel vorliegt, können vom Auftraggeber diesbezüglich nicht verlangt werden. Allerdings muss der Auftragnehmer in technischer Hinsicht über die Bedeutung eines Mangels und die etwaigen, grob geschätzten Mangelbeseitigungskosten aufklären.[424] Eine generelle Verpflichtung zur Aufklärung über alle Folgen der Abnahme dürfte zu viel verlangt sein. Jedoch wird man im Hinblick auf Mängel und Vertragsstrafenansprüche eine grundsätzliche Aufklärungspflicht gegenüber einem nicht bauerfahrenen Bauherrn bejahen müssen.[425] In anderen Fällen ist der Auftragnehmer berechtigt, auf eine Rechtsberatung zu verweisen, weil er selbst keine juristische Beratung schuldet.

l) Antrag auf öffentlich-rechtliche Abnahmen und Teilnahme daran

Eine weitere Teilleistung ist der **Antrag auf behördliche Abnahmen und Teilnahme** daran. Es handelt sich hierbei um die nach den Landesbauordnungen notwendigen Abnahmen, wie in der Regel Rohbauabnahme, Gebrauchsabnahme und Schlussabnahme. Diese Abnahmen haben keine zivilrechtlichen Folgen für die Abnahme der Leistungen der am Bau Beteiligten. Der Architekt hat die Abnahmen als Vertreter des Bauherrn herbeizuführen und evtl. daran teilzunehmen. Die Anträge müssen rechtzeitig gestellt werden, da sonst Finanzierungsnachteile eintreten können, wenn Finanzierungsinstitute ihre Zusagen bzw. Auszahlungen vom Vorliegen bestimmter Abnahmebescheinigungen abhängig machen. Der Antrag auf behördliche Abnahme von Anlagen der Technischen Ausrüstung und Teilnahme daran ist eine Leistung der betreffenden Fachingenieure. Beim Architekten bleibt insoweit die Koordinierungspflicht. Im Hinblick auf die **Abnahme der Bewehrung** treffen den Architekten Leistungspflichten. Jedoch ist er im Rahmen der Leistungsphase 8 nicht für die ingenieurtechnische Kontrolle zuständig (vgl. oben Rdn. 216 f.). Diese fällt in den Bereich des Tragwerksplaners und dafür sind dessen spezielle Kenntnisse und Erfahrungen notwendig. Soweit der Architekt hier an seine Grenzen stößt, muss er den Auftraggeber darauf hinweisen. Der Tragwerksplaner ist nämlich im Regelfall nicht mit der Objektüberwachung beauftragt, sodass wegen Problemen im Bereich der Bewehrung ein gesonderter Auftrag des Bauherrn hinsichtlich der Objektüberwachung an den Tragwerksplaner ergehen muss. Das hat der Architekt im Zweifelsfall zu empfehlen.

m) Systematische Zusammenstellung der Dokumentation

Die Zusammenstellung der Unterlagen und die Übergabe des Objekts wurden in der HOAI 2013 in zwei Teilleistungen aufgegliedert. Bei der systematischen Zusammenstellung wurde neu formuliert, dass die Dokumentation, die zeichnerischen Darstellungen und die rechnerischen Ergebnisse des Objekts zusammengestellt werden müssen. Dazu gehört auch die Übergabe der **erforderlichen Unterlagen**, etwa von Bedienungs-

---

[424] Ebenso *Koeble/Zahn*, Die neue HOAI 2013, Teil C Rn. 115.
[425] Vgl. dazu unten Rdn. 256 sowie *Werner/Siegburg* BauR 2013, 1499 (1542) und *Koeble/Zahn*, Die neue HOAI 2013, Teil C Rn. 115.

anleitungen, Prüfprotokollen u. a. Es handelt sich dabei um Unterlagen für alle Leistungsbereiche, die sich im Laufe des Bauvorhabens angesammelt haben, also auch um Unterlagen für Technische Anlagen, um Verlegepläne für Bewehrungen in Stahlbeton, für Entwässerungen, für Dränagen u. a. Hierzu gehören auch Abnahmeprotokolle und -bescheinigungen, z. B. des TÜV für Öl- und Gaslagerungen, für Hochdruckanlagen, für Aufzüge und sonstige Fördereinrichtungen sowie die sog. Revisionspläne. Gemäß EnEV sind vom Bauherrn nach Abschluss der Baumaßnahmen Nachweise über das Einhalten der Anforderungen bei zu errichtenden Gebäuden (§§ 3 oder 4 EnEV) und bei heizungstechnischen Anlagen sowie Warmwasseranlagen über die Einhaltung der Mindestanforderungen (§§ 11 und 12 EnEV) der Baurechtsbehörde vorzulegen. Das Gleiche gilt für den Nachweis der stichprobenhaften Kontrolle während der Bauausführung[426] und für den Energie- bzw. Wärmebedarfsausweis nach Muster A und B des Anhangs zur AVV EnEV vom 02.12.2004.[427] Sämtliche Nachweise gehören zum Leistungsbereich des Bauherrn und sind von dessen beauftragtem Energieplaner zu erbringen. Der Architekt hat den Bauherrn nur auf die Erfüllung dieser Verpflichtung hinzuweisen, soweit er nicht selbst vom Bauherrn mit der Energieplanung beauftragt ist.[428] Im Ergebnis handelt es sich richtigerweise um die Unterlagen, die zur ordnungsgemäßen Benutzung erforderlich sind und die gebraucht werden, um bei der späteren Nutzung über den Aufbau und Verlauf wichtiger Konstruktionen und Anlagen orientiert zu sein.[429] Dabei kann die Mitwirkung anderer an der Planung und Objektüberwachung Beteiligter erforderlich sein. Die Unterlagen müssen keineswegs vom Architekten erstellt werden. Im Rahmen seiner Koordinierungspflicht hat der Architekt die Mitwirkung der Sonderfachleute zu veranlassen. Der Auftraggeber hat auch Anspruch auf Vorlage des zwischen dem Architekten und den am Bau Beteiligten geführten **Schriftwechsels**, was aus der umfassenden Auskunftspflicht auch dann folgt, wenn der Architektenvertrag vorzeitig beendet wird.[430] Einen Anspruch auf Übergabe eines Bestandsverzeichnisses bezüglich des Schriftwechsels hat der Auftraggeber dagegen nicht.[431]

n) Übergabe des Objekts

234 Der Begriff »Übergabe« ist nicht identisch mit dem Begriff »Abnahme«.[432] Der Zeitpunkt der Übergabe des Objekts fällt also nicht mit der Abnahme des Architektenwerks oder der Abnahme der Leistungen der am Bau Beteiligten zusammen. Die Übergabe wird in der Regel vor Beendigung der Architektenleistung erfolgen, insbesondere bei einheitlichem Architektenvertrag und bei noch ausstehenden Leistungen aus den Leistungsphasen 8 und 9, wie etwa Auflisten der Verjährungsfristen für Mängelansprüche,

---

426 Z. B. nach § 2 Abs. 3 EnEV-DVO BW Anhang.
427 Bundesanzeiger Nr. 233, S. 23804.
428 Vgl. oben Rdn. 31 f. und Anlage 1.
429 *Korbion* in KMV § 34 Rn. 285; *Seifert/Fuchs* in FBS § 34 Rn. 337.
430 KG NZBau 2006, 582.
431 A. A. insoweit KG NZBau 2006, 582.
432 Ebenso *Korbion* in KMV § 34 Rn. 286; *Seifert/Fuchs* in FBS § 34 Rn. 343.

Überwachen der Beseitigung der bei der Abnahme festgestellten Mängel, Kostenkontrolle, Objektbegehung zur Mängelfeststellung vor Ablauf der Gewährleistungsfristen usw. Der Architekt ist aber zur Übergabe des Objekts auch vor Erbringung der noch ausstehenden Teilleistungen aus Leistungsphasen 8 und 9 verpflichtet. Diese Verpflichtung ist unabhängig davon, ob eine Abnahme oder Teilabnahme einer Leistung erfolgt.[433] Aus dem Wortlaut der Bestimmung ergibt sich nicht, wie die Übergabe stattfinden soll. Eine körperliche Übergabe ist nicht möglich. Man wird davon ausgehen müssen, dass der Architekt die Fertigstellung mitteilen und die erforderlichen Unterlagen, Bedienungsanleitungen sowie Prüfprotokolle übergeben muss. Wünscht der Auftraggeber allerdings eine Begehung des Objekts, so hat der Architekt sie mit ihm vorzunehmen.

o) **Auflisten der Verjährungsfristen für Mängelansprüche**

Das **Auflisten der Verjährungsfristen für Mängelansprüche** ist eine äußerst risikoträchtige Leistung (vgl. unten Rdn. 258). Der Architekt muss sich dazu die Verträge mit den anderen Baubeteiligten vorlegen lassen, prüfen, ob die VOB Vertragsbestandteil ist oder ob ein BGB-Werkvertrag oder ein Dienstvertrag vorliegt, um festzustellen, ob eine förmliche, eine fiktive Abnahme oder eine solche durch schlüssiges Verhalten vorliegt. Der Architekt hat zu prüfen, ob und wann die Verjährung neu begonnen hat bzw. gehemmt wurde, ob eine Teilabnahme vorliegt, um dann festzulegen, wann die Gewährleistungsfristen ablaufen. Es ist sehr weitgehend, was hier vom Architekten verlangt wird, und rechtspolitisch zweifelhaft, ob der Architekt derart in die Rolle eines Baurechtsberaters gedrängt werden darf. Nachdem die HOAI diese Auflistung der Mängelansprüche verlangt, muss sich der Architekt notfalls rechtlich orientieren, um seine Leistungspflichten voll zu erfüllen.

235

p) **Überwachen der Beseitigung der bei der Abnahme festgestellten Mängel**

Das **Überwachen der Beseitigung der bei der Abnahme der Bauleistungen festgestellten Mängel** ist Grundleistung des Architekten. Die Beratung des Auftraggebers im Hinblick auf sein Verhalten bei der Abnahme bezieht sich nicht nur auf die Geltendmachung von Mängeln, sondern auch etwa auf die Geltendmachung von Vertragsstrafenansprüchen (vgl. hierzu unten Rdn. 256). Werden bei der Abnahme Mängel festgestellt, so ist der Architekt nicht verpflichtet, für den Auftraggeber rechtsgestaltende Erklärungen abzugeben, etwa des Inhalts, dass er Ablehnungsandrohungen oder Kündigungen ausspricht.[434] Es ist jedoch erforderlich, dass der Architekt die betroffen am Bau Beteiligten zur Mängelbeseitigung auffordert.[435] In der Regel ist die Mitwirkung

236

---

433 Wie hier *Korbion* in KMV § 34 Rn. 286; *Seifert/Fuchs* in FBS § 34 Rn. 343.
434 *Korbion* in KMV § 34 Rn. 288; *Seifert/Fuchs* in FBS § 34 Rn. 349; *Koeble* DAB 1990, 83; vgl. auch oben Rdn. 224.
435 Dabei muss er geeignete Maßnahmen vorschlagen: OLG Celle Urt. v. 28.01.2010 – 6 U 132/09 m. NZB des BGH v. 22.03.2012 – VII ZR 23/10; zu den Tätigkeitspflichten bei Mängeln vgl. i. E. § 15 Rdn. 12 ff.

der Fachingenieure erforderlich, soweit es sich um Mängel aus deren Leistungsbereichen handelt. Die Teilleistung Überwachen der Mängelbeseitigung in Leistungsphase 8 unterscheidet sich von der gleichen Teilleistung in Leistungsphase 9 dadurch, dass im Rahmen der Objektüberwachung nur diejenigen Mängel angesprochen sind, die **bis zur Abnahme** aufgetreten sind. Dagegen betrifft die seit der HOAI 2013 als Besondere Leistung in Leistungsphase 9 genannte Tätigkeit diejenigen Mängel, die **nach der Abnahme** aufgetreten sind (vgl. hierzu unten Rdn. 260 ff.).

q) Erörterung des Ergebnisses

237 Am Ende dieser Leistungsphase – wie am Ende aller Leistungsphasen – hatte der Auftragnehmer nach HOAI 2009 das **Ergebnis mit dem Auftraggeber zu erörtern** (§ 3 Abs. 8 HOAI 2009). Diese Leistung ist jedenfalls für die Leistungsphase 8 nicht mehr ausdrücklich als Grundleistung aufgeführt. Dennoch dürfte sie zumindest mit dem Erläutern und Informieren auf Fragen des Bauherrn noch erhalten geblieben sein. Teile der Leistung sind auch in der Dokumentation so wie in der systematischen Zusammenstellung enthalten. Die HOAI ist zwar nicht geeignet, Leistungspflichten in bürgerlich-rechtlicher Hinsicht zu normieren, jedoch ergibt sich diese Leistung auch in aller Regel durch Auslegung des vertraglichen Leistungsumfangs, und zwar dort, wo sie für die Entscheidungen des Auftraggebers oder dem weiteren Fortgang des Projekts notwendig ist. Darüber hinaus ist sie geschuldet, wenn dem Auftragnehmer erkennbar die Ergebnisse aus der Leistungsphase für den Auftraggeber nicht klar geworden sind. Wird die Leistung nicht erbracht, kann dies – soweit ein Mangel darin liegt – zu einem Honorarabzug führen (vgl. dazu § 8 Rdn. 16 ff.).

36. Die Besonderen Leistungen für Leistungsphase 8 Objektüberwachung (Bauüberwachung)

238 Neu hinzugekommen ist die Besondere Leistung Aufstellen, Überwachen und Fortschreiben eines **Zahlungsplanes**. Systematisch gehört die Besondere Leistung eigentlich in eine frühere Leistungsphase.

Unter **Aufstellen, Überwachen und Fortschreiben von differenzierten Zeit-, Kosten- oder Kapazitätsplänen** sind in erster Linie die Netzplantechnik oder über EDV gesteuerte Ablauf- und Kostenpläne zu verstehen.

239 Die **Tätigkeit als verantwortlicher Bauleiter** wird durch das Recht der einzelnen Landesbauordnungen geregelt. Diese Tätigkeit enthält Rechte und Pflichten gegenüber der Öffentlichkeit und der Baurechtsbehörde. Nach derzeitiger Rechtsprechung und den Regelungen in den Landesbauordnungen handelt es sich um keine Besondere Leistung (vgl. oben Rdn. 212 ff.).

37. Fragen der Haftung bei Leistungsphase 8 Objektüberwachung (Bauüberwachung)

Der **Umfang und die Intensität der Überwachungstätigkeit** hängen von den Anforderungen der Baumaßnahme und den jeweiligen Umständen ab.[436] Grundsätzlich ist zu sagen, dass der Architekt nicht ständig die Baustelle besuchen muss und der Auftraggeber daraus auch keine Honorarminderung herleiten kann. Vor allem nach der Entscheidung des BGH,[437] wonach auch die örtliche Bauaufsicht werkvertraglich einzuordnen ist, war auf das Ergebnis und den Erfolg abzustellen. Bei Mängeln, die infolge von Überwachungsfehlern entstehen, hat der Auftraggeber Mängelansprüche.[438] Zu klären ist, ob nach der Rechtsprechung auch bei nicht ordnungsgemäßer Erbringung der Überwachungstätigkeit, ohne dass dadurch Baumängel entstehen, Mängelansprüche geltend machen kann, wird noch zu klären sein (vgl. § 8 Rdn. 16 ff.). Im Wege der Auslegung ist zu klären, was **Gegenstand** der Überwachungstätigkeit ist. Das betrifft zunächst das Objekt selbst, aber auch dann die Frage, ob Gewerke, die in **Eigenleistung** erstellt werden, überwacht werden müssen.[439] 240

Umgekehrt stehen dem Architekten bei **besonders intensiver Überwachungstätigkeit** über das **normale Honorar** für die Leistung Objektüberwachung hinaus keine weiteren Ansprüche zu, und zwar auch dann nicht, wenn ein am Bau Beteiligter besonders mangelhaft arbeitet oder die Mängelbeseitigung erheblich verzögert.[440] Die Rahmengebühren der HOAI decken die im Einzelfall notwendige Leistung ab und gelten damit für Fälle mit geringerem Aufwand ebenso wie bei ungewöhnlich umfangreicher Tätigkeit. 241

Schwierige Abgrenzungsfragen ergeben sich, wenn ein **Architekt mit der Planung** und ein **anderer mit der Überwachung** beauftragt ist.[441] In solchen Fällen kann auch der **überwachende Architekt besonders gefordert** sein.[442] Hier kann auch der überwachende Architekt verpflichtet sein, eine Folie auf ihre Eignung und den gesamten Einbau auf Einhaltung der Herstellervorschriften zu prüfen.[443] 242

Nicht überwachen muss der Architekt **einfache, gängige Arbeiten**, von denen er annehmen darf, dass sie auch ohne Überwachung fachlich ordnungsgemäß erledigt werden. 243

---

436 BGH SFH Nr. 48 zu § 633 BGB.
437 NJW 1982, 438 = BauR 1982, 79; vgl. hierzu Einl. Rdn. 35 ff. und § 8 Rdn. 16 ff.
438 Zur Haftung des Objektüberwachers für Baumängel vgl. grundlegend *Hebel* BauR 2006, 221.
439 Verneinend im entschiedenen Fall OLG Hamm NJW-RR 2002, 1669; zur Überwachungspflicht bei Eigenvergabe durch den Bauherrn vgl. Rdn. 247.
440 *Locher/Löffelmann* NJW 1982, 970; a. A. LG Freiburg BauR 1980, 467.
441 Vgl. Einl. Rdn. 221 ff.
442 BGH BauR 2000, 1513 = NZBau 2000, 525 = ZfBR 2000, 544; BGH BauR 2001, 273 = NJW 2001, 965 = ZfBR 2001, 106; Brandenb. OLG BauR 2001, 283 = ZfBR 2001, 111; vgl. die Fälle des Winterbaus: OLG Hamm BauR 1991, 788, des Bestandsschutzes eines Gebäudes: OLG Oldenburg BauR 1992, 258 = NJW-RR 1992, 409 und der Bestandssicherung bei Abbruch; OLG Köln SFH Nr. 84 zu § 635 BGB.
443 Brandenb. OLG BauR 2001, 283.

Er muss keineswegs ständig auf der Baustelle sein, um die Bauarbeiten zu kontrollieren. Hier hat er sich aber von der Ordnungsgemäßheit der Arbeiten **nach deren Fertigstellung** oder – soweit dann keine Feststellungen mehr möglich sind – durch **Stichproben** zu überzeugen.[444] Die bloße Überprüfung von Papieren macht stichprobenhafte Überprüfungen an Ort und Stelle nicht entbehrlich.[445] Zu diesen einfachen Arbeiten gehören z. B. die Malerarbeiten, das Aufbringen von Dachpappe als Trennschicht, nicht dagegen als Isolierungsmaßnahme,[446] die Errichtung einer Klärgrube,[447] das Verlegen von Fußböden oder Platten[448] und das Auftragen des Innenputzes,[449] einfache Erdarbeiten, Verfüllen von Arbeitsräumen,[450] Malerarbeiten, allgemein übliche Holzarbeiten und Fassadenanstricharbeiten, egal ob ein Wärmedämmverbundsystem oder eine Putzoberfläche beschichtet werden soll.[451] Diese Arbeiten stellen im Normalfall **handwerkliche Selbstverständlichkeiten** dar. Das gilt im Regelfall auch für einfache Außenputzarbeiten, die nur stichprobenhaft überwacht werden müssen.[452] Sofern allerdings schwierigere Verfahren oder Konstruktionen eingesetzt werden, bedürfen auch sie – wie die folgenden Arbeiten – besonderer Überprüfung.

244 **Erhöhte Aufmerksamkeit** ist aber dann geboten, wenn sich bei der Ausführung dieser einfacheren Arbeiten bereits **Mängel zeigen**.[453] Erhebt z. B. der Fliesenleger Bedenken wegen Rissen im Estrich, dann muss der Architekt diesen genauer untersuchen lassen.[454] Der Architekt hat jedoch den **wichtigen und kritischen Bauabschnitten** seine **besondere Aufmerksamkeit** zuzuwenden.[455] Dazu gehören z. B. die Abdichtung gegen Feuchtigkeit sowie die Wärmedämmung.[456] **Typische Gefahrenquellen** müssen den Architekten zu besonders sorgfältiger Überwachungstätigkeit veranlassen.[457] Entsprechendes gilt besonders auch für Instandsetzungs-, Modernisierungs- und **Altbau-**

---

444 BGH BauR 1971, 131; OLG Braunschweig VersR 1974, 436; LG Köln VersR 1981, 1191; *Neuenfeld* BauR 1981, 441.
445 OLG Düsseldorf BauR 2013, 489.
446 BGH VersR 1969, 473.
447 OLG Braunschweig VersR 1974, 436.
448 BGH BauR 1971, 131.
449 LG Köln VersR 1981, 1191.
450 OLG Düsseldorf BauR 2011, 1192, das eine nachträgliche Kontrolle sogar dann verlangt, wenn der Bauherr die Arbeiten in Eigenregie ausgeführt hat.
451 KG NJW-RR 2001, 1167.
452 OLG Brandenburg NZBau 2007, 723; OLG Dresden BauR 2012, 126 für den Außenputz.
453 BGH BauR 1994, 392 = NJW 1994, 1276 = ZfBR 1994, 131 = LM H. 6/94 HOAI Nr. 24 m. Anm. *Koeble*; LG Köln VersR 1981, 1191; OLG Naumburg NZBau 2007, 453, wonach der Architekt bei Mängeln, die sich im Rahmen einer Teilabnahme zeigen, auf sofortige Nacherfüllung hinwirken muss.
454 BGH BauR 1994, 392.
455 BGH BauR 1994, 392.
456 Vgl. dazu unten nächster Absatz.
457 BGH BauR 2000, 1513 = NZBau 2000, 525 = ZfBR 2000, 544; BGH BauR 2001, 273 = NJW 2001, 965 = ZfBR 2001, 106.

Leistungsbild Gebäude und Innenräume § 34 HOAI

sanierungsarbeiten[458] und für Arbeiten, die nach Plänen Dritter oder des Bauherrn ausgeführt werden.[459] In letzterer Hinsicht besteht auch eine Prüfungspflicht des Architekten, ob der betreffende Altbau mit Schwamm befallen ist.[460] Im Rahmen von Altbausanierungsmaßnahmen reichen Stichproben[461] nicht aus.[462] Auch beim Ineinandergreifen mehrerer Gewerke oder dann, wenn bestimmte Gewerke auf Vorleistungen anderer Handwerker aufbauen, muss der Architekt zumindest am Ende der Arbeiten diese überprüfen und klären, ob die nachfolgenden Arbeiten freigegeben werden können.[463]

Als Bauabschnitte bzw. Bauleistungen, die **besondere Gefahrenquellen** mit sich bringen und damit eine verstärkte Wahrnehmungs- und Überwachungstätigkeit des Architekten erfordern, sind z. B. folgende zu nennen: allgemein die Abdichtungs- und Isolierungsarbeiten;[464] die Abdichtung eines Neubaus gegen drückendes Wasser[465] und auch sonst die Abdichtung von Gebäuden insbesondere durch sog. Dickbeschichtung;[466] die Abdichtung von Balkonen;[467] die Abdichtung im Anschlussbereich der wasserführenden Terrassen- und Rasenflächen an die Schwellen der bodentiefen Fenster- und Türelemente im EG eines Hauses,[468] die Abdichtungs-und Fliesenarbeiten eines Schwimmbades;[469] die Dichtigkeit von Glasdächern;[470] die Glasfassadenkons-

245

---

458 BGH BauR 2000, 1217 = NJW 2000, 2500 = NZBau 2000, 386 und allg. zur Haftung beim Bauen im Bestand *Jochem* BauR 2007, 281; OLG Celle NZBau 2014, 444 betreffend die Sanierung einer Altbaufassade; vgl. auch § 36 Rdn. 5.
459 BGH BauR 2000, 1512 usw. und BGH BauR 2001, 273 usw.
460 OLG Rostock BauR 2006, 2092.
461 Vgl. dazu oben Rdn. 243.
462 OLG Rostock BauR 2006, 2092.
463 OLG Köln BauR 2010, 808 für die Verlegung eines Fußbodenbelags und die Verwendbarkeit, um ein einheitliches Fugenbild zu gewährleisten.
464 Vgl. OLG Hamm BauR 1990, 638 = MDR 1990, 338 für die Abdichtungsfolie, die der Kaminbauer im Bereich der Bodenplatte verlegt; OLG Düsseldorf NJW-RR 2009, 449 betr. die Abdichtung eines Kachelofens im Bodenbereich; Brandenb. OLG BauR 2001, 283 = ZfBR 2001, 111 betr. Abdichtung bei einem Schwimmbad; OLG Hamm BauR 1995, 269 für eine Drainage und die Außenisolierung; OLG Dresden BauR 2010, 1785 betreffend Abdichtungsarbeiten im DG einer Kindertagesstätte.
465 KG BauR 2009, 676 betreffend eine weiße Wanne; OLG Düsseldorf BauR 2001, 1780 = NJW-RR 2001, 885, wonach bei Abweichung des Bauunternehmers von den Plänen eindringliche Hinweise an diesen und den Bauherrn nötig sind.
466 Vgl. BGH BauR 2000, 1330; OLG Hamm BauR 2002, 1882 und OLG Celle BauR 2001, 1778 zur Einweisung des Unternehmers bei Bitumendickbeschichtung; OLG Koblenz Urt. v. 28.03.2013 – 1 U 295/12 zur Arglist, wenn der Architekt verschweigt, dass er die Abdichtungsarbeiten als gefahrenträchtige Leistungen überhaupt nicht überwacht hat; zu den Planungspflichten vgl. oben Rdn. 114, 169.
467 OLG Düsseldorf *Schäfer/Finnern* Z 3.01 Bl. 218.
468 OLG Hamm BauR 2015, 1005.
469 OLG Koblenz BauR 2015, 293.
470 Vgl. BGH BauR 2000, 1513; NZBau 2000, 525 = ZfBR 2000, 544 hins. der Traufe eines Glasdachs sowie der Sanierung von Dachflächenfenstern (OLG Karlsruhe Urt. v. 27.09.2007 – 9 U 55/06, Analyse *Koeble* auf www.jurion.de/Modul Werner Baurecht).

§ 34 HOAI Leistungsbild Gebäude und Innenräume

truktion eines Gebäudes erfordert ebenfalls gesteigerte Bauüberwachung;[471] die Kontrolle von Abdichtungsarbeiten in einem Bad;[472] die Betongüte, soweit der Beton nicht wie heute üblich aus dem Werk angeliefert wird;[473] die Bewehrung mit Stahlmatten, die Dachkonstruktion und ihre Verankerung;[474] eine ausreichende Schall- und Wärmedämmung;[475] ein Wärmedämm-Verbund-System;[476] der Schallschutz bei Errichtung von Doppelhäusern;[477] Ausschachtungsarbeiten, Unterfangungsarbeiten, das Gießen der Decken. Hinsichtlich der Fundamente muss der Architekt darauf achten, dass diese in einer der DIN 1054 entsprechenden Einbindetiefe in den gewachsenen Boden eingebracht werden.[478] Auch der Bodenaustausch gehört zu den gefahrenträchtigen Arbeiten, weil es um die Gründung und damit um die Standfestigkeit des Gebäudes geht.[479] Ihn treffen auch Pflichten bezüglich der Standfestigkeit bei einem Baugrubenaushub,[480] der Winterfestigkeit eines Rohbaus[481] und des Bestandsschutzes beim Umbau.[482] Auch bei Sanierungsarbeiten ist erhöhte Aufmerksamkeit geboten.[483] Besonderer Überprüfung bedürfen auch die Anschlüsse von Dichtungsfolien sowie die Durchbrüche durch solche Folien und Beschichtungen.[484]

---

[471] OLG Hamm BauR 2014, 1176 Analyse *Koeble* auf www.jurion.de/Modul Werner Baurecht:
[472] OLG Naumburg NZBau 2007, 453, auch zur Überwachung von Natursteinarbeiten.
[473] BGH BauR 1974, 66.
[474] BGH *Schäfer/Finnern* Z 3.01 Bl. 416; OLG München *Schäfer/Finnern* Z 2.211 Bl. 3.
[475] Vgl. zur DIN-Norm 4109 und dem Stand der Technik oben Rdn. 115; KG BauR 2000, 1362 = NJW-RR 2000, 756 = NZBau 2000, 347 für die Einbringung der Wärmedämmung in einem Dach; OLG Hamm NJW-RR 2013, 591 = NZBau 2013, 313, wonach die Wärmedämmung zu den wichtigsten Leistungen gehört.
[476] OLG Nürnberg BauR 2015, 146 = Analyse *Koeble* auf www.jurion.de/Modul Werner Baurecht mit NZB des BGH v. 05.06.2014 – VII ZR 187/12.
[477] OLG Hamm BauR 2014, 1338.
[478] OLG Düsseldorf NJW-RR 1995, 532.
[479] OLG Düsseldorf BauR 2013, 489 mit Hinweis darauf, dass eine korrekte Planung diesbezüglich nicht genügt.
[480] OLG Köln NJW-RR 1994, 89 = ZfBR 1994, 22.
[481] OLG Hamm BauR 1991, 788.
[482] OLG Oldenburg BauR 1992, 258 = NJW-RR 1992, 409.
[483] Vgl. BGH BauR 2000, 1217 = NZBau 2000, 386 = NJW 2000, 2500; OLG Hamm NJW-RR 1990, 915 = ZfBR 1991, 26 für eine Fachwerksanierung, bei der die Verblendungen fehlerhaft hergestellt werden; KG BauR 1999, 421 für den Abriss einzelner Kamine in einem Altbau und die Umsetzung der Planung durch den Unternehmer; OLG Celle NZBau 2014, 444 für eine fehlerhafte Planung und Überwachung einer Altbaufassadensanierung.
[484] Vgl. OLG Hamm für Anschlüsse von Wind- und Dampfsperre an die Dachflächenfenster und die falsche Anbringung von Außenputz in diesem Bereich; ferner OLG Düsseldorf NJW-RR 1999, 244 hins. der Durchbrüche bei einer sog. weißen Wanne und der Verfüllung des Arbeitsraums zur Kellerwand hin.

Die **Estricharbeiten** gehören heute eigentlich nicht mehr zu den gefährlichen Bauabschnitten. Im Ausnahmefall dürfte aber auch hier eine besondere Überprüfung nötig sein.[485] Die Herstellung eines Spezialfußbodens für ein mit erheblichen Punktlasten benutztes Hochregallager, im Rahmen derer insbesondere der Feuchtigkeitsgehalt der »frisch-in-frisch« zu bearbeitenden Schichten zu kontrollieren ist, stellt einen Bauabschnitt mit besonderen Gefahrenquellen dar.[486] Bei **Teilabbrucharbeiten** und auch bei Aushub- sowie Unterfangungsarbeiten im Rahmen von Umbauten bzw. Erweiterungen handelt es sich um besonders kritische Bauabschnitte, die ständiger, fachkundiger Überwachung bedürfen.[487] Bei **Abbrucharbeiten** kommt es darauf an, ob der Architekt damit überhaupt beauftragt wurde, weil der totale Abbruch eines Objekts nicht zur Objektplanung i. S. von Teil 3 gehört (vgl. § 33 Rdn. 15). Wird allerdings ein besonders sachkundiges Abbruchunternehmen eingesetzt, dann kann der Architekt seiner Überwachungsverpflichtung genügen, wenn er sicherstellt, dass die anzunehmende besondere Fachkenntnis im Einzelfall auch tatsächlich gegeben ist und zum Tragen kommt.[488]

Die **Überprüfung** von verwendeten **Baustoffen bzw. Bauteilen** gehört nur bei besonderem Anlass zu den Tätigkeitspflichten. Alles, was dem Architekten aufgrund seiner von ihm zu erwartenden Kenntnisse auffallen muss, hat er selbstverständlich zu beanstanden. Eine **Materialprüfung** durch technische Geräte wird dagegen im Regelfall nicht erforderlich sein und auch nicht verlangt werden können. Das gilt z. B. im Hinblick auf die Restfeuchte eines Estrichs oder im Hinblick auf die Ausführung mehrerer Anstriche oder auch von Imprägnierungen (vgl. vorheriger Absatz). Zu weit geht es, wenn man dem Objektüberwacher die Überprüfung einer Tragschicht von Verkehrsflächen überträgt.[489] Ebenso wenig ist der Architekt verpflichtet, wenn er Material nicht nach Augenschein überprüfen und beurteilen kann, von sich aus einen Sonderfachmann für Laboruntersuchungen hinzuzuziehen oder dessen Hinzuziehung zu veranlassen. Im Normalfall darf sich der Auftragnehmer auf die korrekte technische Ausführung insoweit verlassen.[490] Notwendige Prüfbescheide oder Gütezertifikate des Herstellers hat er sich allerdings vorlegen zu lassen.[491] Entsprechendes gilt auch für **Messprotokolle** be-

---

485 OLG Oldenburg NJW-RR 2000, 21 = NZBau 2000, 255 hält eine Gitternetzprüfung vor Beginn der Parkettarbeiten für erforderlich; ebenfalls zu weitgehend OLG Stuttgart BauR 2001, 671, wonach der Architekt vor dem Verlegen des Oberbelags Materialmessungen des Estrichs veranlassen muss oder selbst [!] die Restfeuchte ermitteln soll; OLG Hamm BauR 2015, 1001, wonach der Architekt die Belegreife eines Bodens vor der Verlegung von Fliesen überprüfen muss, was vom Grundsatz her sicherlich richtig ist, jedoch zweifelhaft bleibt, ob auch Überprüfungen mit Messinstrumenten geschuldet sind.
486 OLG Hamm BauR 2005, 897 zur erhöhten Sorgfaltspflicht bei der Überwachung.
487 OLG Stuttgart BauR 2006, 1772 = NZBau 2006, 446.
488 OLG Schleswig Urt. v. 10.10.2014 – 1 U 88/11.
489 So aber OLG Naumburg BauR 2006, 554.
490 Anders OLG Naumburg BauR 2006, 554.
491 So auch OLG Naumburg BauR 2006, 554.

züglich der Feuchtigkeit eines ausgeführten Estrichs.[492] Problematisch ist es, ob der Architekt die Leistungen von Fachingenieuren überprüfen muss.[493]

246 Eine Haftung wegen Überwachungsfehlern ist in den Fällen zu verneinen, in denen **Bauteile**, wie z. B. die Fenster oder die Türen, **in kurzer Zeit eingebaut** werden und die Mängel erst nach dem Einbau vom Architekten festgestellt werden können.[494] Ein Problem ergibt sich heute daraus, dass Kaufrecht auf sämtliche Verträge mit einer Verpflichtung zur Lieferung herzustellender oder zur Erzeugung beweglicher Sachen anzuwenden ist.[495] Soweit es sich hier um einen Unternehmer als Bauherrn handelt, trifft diesen die Verpflichtung zur **unverzüglichen Untersuchung und Rüge** etwaiger Mängel (§ 377 HGB). Fraglich ist in solchen Fällen, ob auch der Architekt zur unverzüglichen Prüfung und zum Hinweis gegenüber seinem Bauherrn verpflichtet ist. Alleine aus der Verpflichtung zur Objektüberwachung wird dies aus dem Leistungsbild des § 34 nicht herzuleiten sein.[496]

247 Die **Intensität der Überwachung** hängt auch von der **Qualität und Leistungsfähigkeit des jeweiligen Unternehmers** bzw. Handwerkers ab. Ein als zuverlässig bekannter am Bau Beteiligter muss nicht mit der gleichen Intensität überwacht werden wie ein anderer.[497] In diesen Fällen kann sich der Architekt auf eine **stichprobenartige Überprüfung** beschränken.[498] Erkennt der Architekt dagegen, dass der **Handwerker ungeeignet** ist, so trifft ihn eine gesteigerte Sorgfaltspflicht. Er kann sich dann nicht damit begnügen, gegenüber dem Auftraggeber auf die Unzuverlässigkeit bzw. Ungeeignetheit hinzuweisen. Er muss dann zusätzlich intensiver überwachen.[499] Gleiches gilt auch dann, wenn sich im Verlauf der Bauausführung Anhaltspunkte für Mängel ergeben und/oder ein anderer am Bau Beteiligter darauf hinweist.[500] Erhöhte Aufmerksamkeit ist auch erforderlich, wenn Streit zwischen einem Handwerker und dem Bauherrn besteht.[501] Wer-

---

492 OLG Frankfurt BauR 2010, 647; zur rechtlichen Bedeutung der Messung von Estrichfeuchte vgl. *Ulrich* BauR 2010, 1659 mit zahl. Nachweisen.
493 Vgl. z. B. zur Überprüfung der vom Vermessungsingenieur vorgenommenen Grundstücks- und Gebäudeeinmessung OLG Nürnberg NZBau 2005, 701 und zur Abgrenzung der Leistungsbereiche zwischen Architekten und Ingenieuren oben Einl. Rdn. 226 ff.
494 So mit Recht *Neuenfeld* BauR 1981, 442 und *Putzier* BauR 2012, 143.
495 BGH BauR 2009, 1581.
496 Ebenso *Putzier*, FS Koeble, S. 193 ff.; *Rath*, FS Koeble, S. 457 [460 ff.], a. A. allerdings mit beachtlichen Gründen *Weglage/Sitz* NZBau 2011, 523 [525 ff.]; OLG Brandenburg Urt. v. 22.02.2012 – 4 U 69/11 = NJW 2012, 2124 m. Anm. *Meier* = NZBau 2012, 434 m. Anm. *Virneburg*, wonach eine Pflicht zur unverzüglichen Prüfung und Rüge bei Betonfertigteilen bejaht wurde (9 Monate sind zu spät; erhebliche Toleranzabweichungen sind keine versteckten Mängel i. S. des § 377 Abs. 2 HGB); *Lakkis* NZBau 2012, 665.
497 Vgl. OLG Braunschweig VersR 1974, 436.
498 Vgl. BGH NJW 1977, 898 = BauR 1977, 428; *Motzke/Preussner/Kehrberg/Kesselring*, N Rn. 56.
499 BGH NJW 1978, 322 = BauR 1978, 60; OLG Naumburg NJW-RR 2006, 1315 = NZBau 2007, 453.
500 BGH BauR 1994, 392 = NJW-RR 1994, 1276.
501 BGH SFH Nr. 48 zu § 633 BGB.

den **Schwarzarbeiter** eingesetzt, so kann der Architekt dem Auftraggeber erklären, eine ordnungsgemäße Bauaufsicht sei ihm für den betreffenden Leistungsbereich unmöglich. Gegebenenfalls kann der Architekt bei Einsatz von Schwarzarbeitern seine öffentlich-rechtliche Bauleitererklärung zurückziehen und äußerstenfalls den Architektenvertrag aus wichtigem Grund kündigen.[502] Die Anforderungen an die Überwachung sind bei **Selbstvergabe der Arbeiten** durch den Bauherrn die gleichen.[503]

Diese Grundsätze gelten nicht nur dann, wenn die Objektüberwachung dem Architekten ausdrücklich übertragen ist, vielmehr gibt es Fälle, in denen sich der Architekt in die Rolle des »**faktischen Bauüberwachers**« begibt. Erteilt er nämlich Anweisungen oder greift er in das Baugeschehen ein, ohne dass die Überwachungstätigkeit ihm übertragen wurde, so kann er dennoch wegen eines Überwachungsfehlers haften.[504] Auch aus anderen Gründen kommt eine **Haftung ohne Vertrag** in Frage.[505] So hat der Architekt für Fehler bei der Überwachung auch dann einzustehen, wenn er die entsprechende Tätigkeit nur »gefälligkeitshalber« übernommen hat.[506] Auch bei Übernahme einer Überwachung »auf Anforderung« des Bauherrn kommt eine Haftung in Frage, wobei aber auszulegen ist, welchen Gegenstand die Tätigkeit betreffen soll.[507] 248

Die **Grenzen der Überwachungstätigkeit** des Architekten ergeben sich aus dem von ihm zu erwartenden Wissensstand. Kenntnisse von Sonderfachleuten muss der Architekt nicht haben.[508] Grenzen ergeben sich aber auch insoweit, als für die spezielle Bauleistung **Spezialkenntnisse** des am Bau beteiligten Handwerkers bzw. Unternehmers bestimmend sind. In diesem Zusammenhang sind die Plattenarbeiten,[509] die Ausführung der Klima-, Belüftungs- und Entlüftungsanlagen,[510] die Holzarbeiten,[511] die Schaufensterarbeiten[512] und die Stahlbetonarbeiten[513] zu nennen. Der planende Architekt haftet auch nicht für Mängel, die ein fachkundiger Bauherr erkennt und bei denen er die Umplanung an sich zieht.[514] 249

Im Rahmen seiner Überwachungspflicht obliegt dem Architekten neben dem primär verkehrssicherungspflichtigen Auftraggeber eine **Pflicht zur Gefahrenvorsorge**. Der 250

---

502 Ebenso Korbion/Mantscheff/Vygen-*Korbion*, § 33 Rn. 282; *Locher*, Das private Baurecht, Rn. 409.
503 OLG Saarbrücken NJW-RR 2015, 857; zu Eigenleistungen vgl. oben Rdn. 240.
504 Vgl. BGH VersR 1959, 904; OLG Hamm *Schäfer/Finnern* Z 2.414 Bl. 37.
505 Vgl. BGH BauR 1996, 418 = NJW 1996, 1278 = ZfBR 1996, 155.
506 OLG Celle BauR 2002, 1427.
507 OLG Hamm BauR 2003, 273 = NJW-RR 2002, 1669: nicht die in Eigenleistung herzustellenden Gewerke.
508 Vgl. i. E. *Motzke/Preussner/Kehrberg/Kesselring*, N Rn. 88 ff.; ferner oben Rdn. 30, 33.
509 BGH NJW 1956, 787.
510 BGH *Schäfer/Finnern* Z 2.400 Bl. 6.
511 BGH NJW 1962, 1569.
512 BGH *Schäfer/Finnern* Z 2.414 Bl. 113.
513 BGH VersR 1965, 800.
514 BGH BauR 1989, 97 = NJW-RR 1989, 86 = ZfBR 1989, 24; zur Einwilligung bei Planungsfehlern vgl. *Kniffka/Koeble*, 12. Teil Rn. 453.

Architekt kann sowohl »primär« als auch »sekundär« verkehrssicherungspflichtig werden.[515] So muss der Architekt etwa für die Markierung einer schwer wahrnehmbaren Glasfläche sorgen oder die Abdeckung eines Kanalschachts, der sich auf einem engen Zufahrtsweg befindet, veranlassen.[516] Grundsätzlich ist der Architekt nur sicherungspflichtig hinsichtlich erkannter oder erkennbarer baustellentechnischer Gefahren. **Primäre Verkehrssicherungspflichten** treffen ihn aber dann, wenn er selbst Maßnahmen an der Baustelle veranlasst.[517] Zu den primären Sicherungspflichten des Architekten gehört es, den Zugang zu einem Dach für einen Nachfolgeunternehmer ausreichend zu planen, wenn das Gerüst ersichtlich unzureichend ist.[518] Zur primären Verkehrssicherungspflicht gehört auch eine ausreichende Absicherung eines z.T schon genutzten Gebäudes vor Witterungsverhältnissen, insbesondere das Verhindern des Eindringens von Regenwasser.[519] Eine Haftung wegen Verletzung der Verkehrssicherungspflicht kann auch gegenüber Dritten, z. B. den Mietern, gegeben sein.[520] Von der Verkehrssicherungspflicht ist zu unterscheiden die Haftung des Architekten als verantwortlicher Bauleiter nach den Landesbauordnungen.[521] Sicherungspflichten gegenüber den Arbeitnehmern der am Bau Beteiligten treffen den Architekten dagegen nicht, soweit er nicht vom Bauherrn mit den Besonderen Leistungen Sicherheits- und Gesundheitsschutzplan oder Sicherheits- und Gesundheitsschutzkoordinator beauftragt ist.[522] Wird der Architekt mit sämtlichen Leistungen aus der Baustellenverordnung beauftragt, dann dürfte seine Vertragsbeziehung zum Bauherrn **werkvertraglich zu qualifizieren sein**.[523] Nach höchstrichterlich noch nicht bestätigter Auffassung hat der Vertrag mit dem SiGeKo Schutzwirkung zugunsten aller Personen, die sich berechtigterweise auf der Baustelle aufhalten.[524]

---

515 Vgl. i. E. *Motzke/Preussner/Kehrberg/Kesselring*, Haftung, R Rn. 14 ff.; *Locher*, Das private Baurecht, Rn. 722 ff.; *Schmalzl/Lauer/Wurm*, Haftung Rn. 347 ff.; *Hebel* in TWK, § 16 Rn. 4 ff. und 8 ff.
516 BGH *Schäfer/Finnern* Z 2.20 Bl. 17.
517 Z. B. die Änderung eines Gerüsts – BGH SFH Nr. 14 zu § 823 BGB; BGH BauR 1997, 148 betr. einen nicht umfriedeten Löschwasserteich; BGH BauR 2015, 488, auch zur Verkehrssicherungspflicht mehrerer und zum Gesamtschuldausgleich; OLG Düsseldorf BauR 2011, 835 betreffend den Flughafenbrand.
518 OLG Stuttgart NJW-RR 2007, 739.
519 OLG Celle BauR 2008, 863 = NZBau 2008, 383.
520 Vgl. BGH BauR 1987, 116 = NJW 1987, 1013 = ZfBR 1987, 74; zum Umfang der Verkehrssicherungspflicht gegenüber Passanten vgl. OLG Düsseldorf BauR 2002, 509.
521 Vgl. hierzu z. B. OLG Koblenz BauR 1979, 176; *Rabe* BauR 1981, 332; *Lotz* BauR 2003, 967.
522 Zur BaustellenV vgl. oben Rdn. 33 sowie zur Haftung des SiGeKo, wenn er zwar eine ausreichende Absicherung der Öffnung einer Geschossdecke vorgesehen hat, aber unklar ist, ob er ihre Entfernung hätte bemerken müssen, vgl. OLG Bamberg NZBau 2003, 615, welches die Haftung zutreffend verneint.
523 A. A. *Hebel* in TWK, § 17, Rn. 31 f., wonach aber einzelne Leistungen bei Teilbeauftragung werkvertraglich und nicht dienstvertraglich eingestuft werden; zur Haftung vgl. grundlegend *Hebel* a. a. O. Rn. 34 ff. und oben Einl. Rdn. 471 f.
524 OLG Celle Urt. v. 03.03.2004 – 3 U 208/03 – Volltext bei ibr-online.

Eine **sekundäre Verkehrssicherungspflicht** kann den Architekten dann treffen, wenn 251
Anhaltspunkte dafür vorliegen, dass der Unternehmer im Hinblick auf Verkehrssicherung nicht genügend sachkundig oder zuverlässig ist, wenn er die Gefahrenquelle erkannt hat oder wenn er diese bei gewissenhafter Beobachtung der ihm obliegenden Sorgfalt hätte erkennen können.[525] Bejaht wurde dies hinsichtlich des Zugangs zu einem Dach für einen Nachfolgehandwerker, wenn das Gerüst ersichtlich unzureichend war.[526] Zur sekundären Verkehrssicherungspflicht des Architekten gehört es ebenfalls, grundlegende und ohne Weiteres erkennbare Konstruktionsmängel von Baugerüsten beseitigen zu lassen.[527]

Die Rechtsprechung des BGH hat es dem Bauherrn erleichtert, Ansprüche wegen Planungs- und Überwachungsfehlern zu substanziieren. Es genügt nämlich – auch im Rechtsstreit –, auf das **äußere Erscheinungsbild des Mangels** selbst hinzuweisen. Eine genauere Bezeichnung des Fehlers selbst oder der Ursache des Mangels ist nach der **Symptom-Rechtsprechung** nicht erforderlich.[528] Liegen Mängel vor, obwohl der Architekt seiner Überwachungspflicht sorgfältig nachgekommen ist, so muss der Architekt den Auftraggeber zunächst über das **Vorliegen der Mängel** aufklären. Darüber hinaus besteht eine Verpflichtung des Architekten, unverzüglich über Ursachen sichtbar gewordener Mängel – und nicht nur über eigene Fehler – aufzuklären.[529] Das dürfte allerdings nur für mit den von einem Architekten zu erwartenden Kenntnissen ohne Weiteres aufklärbare Mängel gelten. Die Folge einer Pflichtverletzung soll – ähnlich wie bei der Sekundärverjährung (dazu Einl. Rdn. 232) – sein, dass sich der Architekt nicht auf den Eintritt der Verjährung berufen kann. Wie bereits erwähnt, muss der Architekt auch auf Mängel seiner eigenen Leistung hinweisen.[530] Bei Baumängeln, welche von den am Bau Beteiligten verursacht wurden, hat der Architekt die betreffenden Firmen und Handwerker zur **Nacherfüllung aufzufordern** und ggf. auch mehrfach zu mahnen.[531] Des Weiteren hat er die **Mängelbeseitigung zu überwachen**. Damit sind 252

---

525 BGH BauR 2007, 1267 = Analyse *Koeble* auf www.jurion.de/Modul Werner Baurecht; OLG Düsseldorf BauR 2011, 835 betreffend den Flughafenbrand; OLG Hamburg Urt. v. 20.02.2015 – 1 U 245/13, wonach sich die sekundäre Verkehrssicherungspflicht aktualisiert, wenn eine Gefahrenquelle existiert, die durch ihr bloßes Vorhandensein für jedermann auf der Baustelle eine Gefahr birgt.
526 BGH BauR 2007, 1267; vgl. ferner OLG Stuttgart NJW-RR 2007, 739.
527 OLG Frankfurt NZBau 2006, 185.
528 Vgl. i. E. Einl. Rdn. 176 ff. und oben Rdn. 18.
529 BGH BauR 2007, 423 = NJW 2007, 365; OLG Celle NZBau 2016, 698; zu den Tätigkeitspflichten bei Mängeln vgl. *Koeble* in Kniffka/Koeble, Kompendium des Baurechts, 4. Aufl., 12. Teil Rn. 663 ff. und 741.
530 BGH NJW 1985, 328 = BauR 1985, 97; BGH BauR 1985, 232; zu weiteren Entscheidungen und zu den Folgen dieser Rechtsprechung vgl. Einl. Rdn. 232 f. und *Koeble*, FS Locher, S. 117 [122 ff.]; *Koeble* in *Kniffka/Koeble*, Kompendium, 12. Teil Rn. 826 ff.
531 KG Urt. v. 27.11.2012 – 27 U 25/09 – NZB durch Beschl. des BGH vom 23.04.2015 – VII 49/13 – zurückgewiesen; zur rechtsgeschäftlichen Befugnis diesbezüglich vgl. Einl. Rdn. 111 ff.; *Koeble* in Kniffka/Koeble, Kompendium, 4. Aufl., 12. Teil Rn. 741.

seine **Tätigkeitspflichten bei Mängeln** jedoch noch nicht erschöpft.[532] Wird eine solche Aufforderung zur Mangelbeseitigung durch einen am Bau Beteiligten dann nicht beachtet, so muss der Architekt Rücksprache mit seinem Auftraggeber halten und ihn umfassend über die technischen Gegebenheiten und Möglichkeiten unterrichten[533]. Es ist jedoch nicht Aufgabe des Architekten, die rechtlichen Möglichkeiten vorzuschlagen oder gar selbst rechtsgeschäftliche Erklärungen gegenüber den am Bau Beteiligten abzugeben, etwa eine Fristsetzung mit Kündigungsandrohung vorzunehmen oder Kündigungserklärungen auszusprechen.[534] Ebenso wenig darf er Aufträge an andere Handwerker bzw. Unternehmer erteilen. Als Berater des Bauherrn muss der Architekt auch **Vorschläge für die Mängelbeseitigung** unterbreiten. Das gilt jedoch nur dann, wenn die Frage des Mangels oder der Verursachung mit den normalen Kenntnissen eines Architekten beantwortet werden kann. Im Rahmen der Nacherfüllung muss der Architekt bei eigenen Fehlern auch eine **Sanierungsplanung** vorlegen.[535] Für Nacherfüllung im Bereich der Planung, Ausschreibung und Überwachung steht dem Architekten im Normalfall kein Zusatzhonorar zu.[536] Anderes gilt dann, wenn Mängel nicht auf Ursachen im Bereich der Architektenleistung zurückzuführen sind und nochmals Planungs-, Vergabe- oder Überwachungsleistungen erforderlich werden, weil es sich hier um wiederholt erbrachte Grundleistungen handelt. Ein Sanierungskonzept, welches **andere Fachbereiche**, wie z. B. der Tragwerksplanung oder der Technischen Ausrüstung, zusätzlich erfasst, muss der Architekt nicht vorlegen. Er hat den Bauherrn hier aber über den Einsatz eines Sachverständigen bzw. über die Notwendigkeit der Einholung von Rechtsrat zu informieren.[537] Keine Pflicht besteht, die Höhe von Mängelbeseitigungskosten zu schätzen oder gar Schäden zu beziffern.

253 Auch die **Koordinierungstätigkeit** kann Schadensersatzansprüche des Auftraggebers auslösen.[538] Neben der als Leistung angesprochenen Koordinierung der an der Objektüberwachung fachlich Beteiligten steht die allgemeine Koordinierungspflicht hinsichtlich der übrigen am Bau Beteiligten. Gerade in der Leistungsphase 8 kommt dieser allgemeinen Koordinierungspflicht erhöhte Bedeutung zu.[539] Der Architekt darf z. B. keine Estricharbeiten zur Ausführung freigeben, bevor auf dem Boden verlegte Installationsrohre die erforderliche Ummantelung erhalten haben[540] und bevor der Estrich

---

532 Vgl. i. E. *Koeble* DAB 1990, 83.
533 KG Urt. v. 27.11.2012 – 27 U 25/09 – NZB durch Beschl. des BGH v. 23.04.2015 – VII 49/13 – zurückgewiesen; a. A. *Seifert/Fuchs* in FBS § 34 Rn. 366.
534 Vgl. zu den Tätigkeitspflichten i. E. oben Rdn. 12 ff. und 236; ferner *Locher* BauR 1973, 321; Korbion in KMV § 34 Rn. 283.
535 Zum Ganzen *Averhaus* BauR 2013, 1013; *Miernik* BauR 2014, 155; *Siemens/Groß* BauR 2014, 778; *Pauly*, ZfBR 2016, 637 zum Sanierungskonzept des Bauunternehmers.
536 OLG Hamm BauR 2015, 854 = NJW-RR 2015, 271.
537 Zur Aufgabenverteilung mit Sonderfachleuten vgl. OLG Celle, Urt. v. 29.11.2012 – 5 U 70/12 und OLG Düsseldorf BauR 2013, 1480; zur Haftung für falsche Empfehlungen vgl. Einl. Rdn. 122 ff.
538 OLG Köln BauR 1999, 768; OLG Stuttgart NJW-RR 2007, 739.
539 Vgl. auch oben Rdn. 230.
540 OLG Köln SFH Nr. 9 zu § 635 BGB.

genügend ausgetrocknet ist.[541] Die Koordinierungstätigkeit bezieht sich sowohl auf das reibungslose Zusammenwirken zwischen den Unternehmern bzw. Handwerkern als auch auf das reibungslose Zusammenwirken zwischen Unternehmern und Sonderfachleuten. Aufgabe des Architekten ist es, Sonderleistungen bei der Bauaufsicht einzuordnen und die technischen Vorschläge und Ausarbeitungen in dem von ihm als Gesamtwerk verantworteten Werk zu koordinieren.[542] Die Koordinierungspflicht besteht auch im Hinblick auf den Baubeginn. Den Architekten kann eine Mitverantwortung treffen, wenn mit dem Bau begonnen wird, obwohl eine Auflage in der Baugenehmigung unklar oder widersprüchlich ist.[543] Im Normalfall erstreckt sich die Koordinierungstätigkeit auch auf den zeitlichen Ablauf der gesamten Baumaßnahme.[544] Die Koordinierungstätigkeit gehört zum Planungsbereich und ist Bauherrenaufgabe im Verhältnis zu den Bau Beteiligten, was Auswirkungen hinsichtlich der gesamtschuldnerischen Haftung haben kann.[545]

Die **Dokumentation des Bauablaufs** (z. B. Bautagebuch) gehört zu den wichtigeren 254 Leistungen des Architekten.[546] Diese Verpflichtung wurde wohl aus den Verträgen mit öffentlichen Auftraggebern übernommen und dient vor allem zu Beweiszwecken, um die mannigfachen Bauvorgänge beweisbar festzuhalten. Verletzt der Architekt seine Pflicht zur sorgfältigen Führung eines Bautagebuchs und bleibt dadurch sein Auftraggeber in einem Prozess beweisfällig, so kann der Architekt gewährleistungspflichtig sein. Dem Auftraggeber können Schadensersatzansprüche zustehen. Das Gleiche gilt bei unrichtigen **Bautenstandsberichten**.[547] Allerdings besteht von Haus aus keine Verpflichtung zur Erstellung von Bautenstandsberichten. Dies gilt jedenfalls insoweit, als § 34 vertraglich als Leistungsprogramm vereinbart ist. Der Bautenstandsbericht unterscheidet sich vom Bautagebuch erheblich und hat auch eine andere Zielrichtung. Wird die Vereinbarung getroffen, dass der Architekt Bautenstandsberichte als Besondere Leistung erbringt, hat er diesbezüglich die notwendige Sorgfalt walten zu lassen, weil sonst Schadensersatzansprüche bestehen können.

Wichtig ist die Leistung, ein **gemeinsames Aufmaß** mit den bauausführenden Unter- 255 nehmern durchzuführen. Unterlässt der Architekt ein gemeinsames Aufmaß und überprüft er lediglich das Aufmaß des Unternehmers, so haftet er für Fehler des Aufmaßes des Unternehmers. Wird dagegen ein gemeinschaftliches Aufmaß genommen, so sind diese Feststellungen für Auftraggeber und Auftragnehmer bindend (vgl. oben Rdn. 222). Stellt eine Partei dann fest, dass die Aufmaßberechnung fehlerhaft ist, so

---

541 OLG Stuttgart BauR 2001, 671.
542 *Motzke/Preussner/Kehrberg/Kesselring*, N Rn. 97 ff.; *Schmalzl*, Rn. 51.
543 Vgl. BGH NJW 1985, 1692.
544 Vgl. OLG Celle BauR 2004, 1173, wonach sich daran bei Einsatz eines Projektsteuerers seitens des Bauherrn etwas ändern kann.
545 BGH BauR 1972, 112; BGH BauR 1977, 428 [430] = NJW 1977, 898 m. w. Nachw.
546 Vgl. zur Frage der Form und zur Herausgabepflicht nach neuester Rechtsprechung oben Rdn. 220 f.
547 BGH BauR 2008, 2058 = NJW 2009, 217 = Analyse *Koeble* auf www.jurion.de/Modul Werner Baurecht.

kann eine Anfechtung wegen Irrtums nach § 119 BGB erfolgreich sein. Kann sich der Auftraggeber mit einer Anfechtung nicht vom gemeinsamen Aufmaß lösen und ist an Fehler des gemeinsamen Aufmaßes im Verhältnis zum Unternehmer gebunden, so kann ihm ein Schadensersatzanspruch gegen den Architekten zustehen. Im Rahmen des gemeinsamen Aufmaßes ist der Architekt zwar zur Anerkennung des Aufmaßes berechtigt, nicht jedoch zum Abschluss eines Vergleichs. Dies gilt jedenfalls hinsichtlich der normalen Architektenvollmacht.[548]

256 Im Rahmen der Grundleistung **Organisation der Abnahme** ist der Architekt zwar nicht zur rechtsgeschäftlichen Abnahme verpflichtet (vgl. oben Rdn. 223). Er muss insoweit nur die Prüfung der Leistung auf Mangelhaftigkeit bzw. der gelieferten Baustoffe auf Fehlerhaftigkeit vornehmen.[549] Letzteres bedeutet natürlich nicht, dass der überwachende Architekt jede Materialanlieferung überprüfen muss (vgl. oben Rdn. 245). Vor allem bei ihm als zuverlässig und sachkundig bekannten Bauunternehmen bzw. Lieferanten kann sich der Architekt auf Stichproben beschränken (vgl. oben Rdn. 242 ff.). Der Architekt muss beispielsweise zerkratzte Thermopanescheiben zurückweisen oder schadhafte Natursteinplatten beanstanden. Er muss jedoch nicht von einer renommierten Firma gelieferten Kleber ohne besondere Veranlassung überprüfen oder die Feuchte des Holzes, das für eine Dachkonstruktion verwendet wird, mit Geräten untersuchen, die nur Spezialinstituten zur Verfügung stehen. Die Verpflichtung zur technischen Abnahme ergibt sich aus dem Vertrag mit dem jeweiligen Vertragspartner und führt nicht dazu, dass der Architekt bei einem Bauträger als Bauherr auch bei den Abnahmen gegenüber den Erwerbern zugegen sein muss. Neben dieser tatsächlichen Abnahmepflicht treffen den Architekten aber auch **Pflichten im Hinblick auf die rechtsgeschäftliche Abnahme**.[550] Der Architekt muss den Bauherrn zunächst darüber beraten, wann die Abnahmewirkung nach den Vereinbarungen mit den am Bau Beteiligten im konkreten Fall eintritt. Des Weiteren muss der Architekt den Bauherrn über bestimmte Folgen der Abnahme aufklären.[551] Er hat dem Bauherrn mitzuteilen, dass dieser bereits vor der Abnahme aufgetretene und bekannte **Mängel** bei der Abnahme **vorbehalten** muss. Gleiches gilt hinsichtlich einer etwa verwirkten Vertragsstrafe. Der Architekt ist zwar nicht verpflichtet, die Vertragsstrafe selbst vorzubehalten. So weit reicht seine normale Vollmacht auch nicht. Er muss dem Bauherrn jedoch mitteilen, dass der **Vertragsstrafenvorbehalt** bei der Abnahme geleistet werden muss und sonst Vertragsstrafenansprüche ausgeschlossen sind.[552]

---

548 OLG Stuttgart BauR 1972, 318; vgl. dazu sowie zum Prüfvermerk Einl. Rdn. 111 f.
549 BGH *Schäfer/Finnern* Z 3.01 Bl. 156.
550 Vgl. i. E. *Koeble* DAB 1990, 83.
551 Vgl. dazu oben Rdn. 229 ff.
552 BGH NJW 1979, 1499 = BauR 1979, 345 = SFH Nr. 3 zu § 341 BGB; OLG Düsseldorf BauR 2002, 1420 = NJW-RR 2002, 1098, wonach bei einem sachkundigen Bauherrn Hinweis nicht erforderlich ist [ein mehrere Jahre als Geschäftsführer in der Baubranche tätiger Bauherr]; OLG Bremen v. 06.12.2012 – 3 U 16/11 = IBR 2013, 89, wonach der Hinweis jedenfalls dann erfolgen muss, wenn dem Architekten die Vertragsstrafenabrede bekannt ist und der Bauherr selbst keine genügende Sachkenntnis hat oder nicht sachkundig beraten ist; vgl. ferner Einl. Rdn. 122 ff.

Dem bauüberwachenden Architekten obliegt die Verpflichtung zur **Rechnungsprüfung**. Allerdings ist es nicht seine Sache, sich die dafür notwendigen und richtigen Unterlagen zu besorgen. Er muss anhand der ihm vom Bauherrn übergebenen Unterlagen feststellen, ob die Leistungen rechnerisch, vertragsgemäß und fachtechnisch einwandfrei erbracht sind. Ferner muss er dem Bauherrn die geprüften Rechnungen auch übergeben.[553] Übersieht der Architekt zu Lasten des Auftraggebers Fehler und bezahlt der Auftraggeber dadurch an den Bauunternehmer zu viel, so kann ein Schadensersatzanspruch gegen den Architekten bestehen.[554] Dieser Anspruch kann sich auf die zu viel bezahlten Beträge und auch auf die Kosten eines vom Auftraggeber zur Überprüfung der Rechnung eingesetzten Sachverständigen erstrecken. Die Rechnungsprüfungspflicht erstreckt sich auch auf **Abschlagszahlungsrechnungen**.[555] Empfiehlt der Architekt aufgrund unzureichender oder falscher Prüfung oder weil eine prüfungsfähige Aufstellung des Unternehmers nicht vorliegt, dem Auftraggeber Abschlagszahlungen in nicht gerechtfertigter Höhe, so kann eine Schadensersatzpflicht des Architekten bestehen, wenn ein Rückforderungsanspruch des Bauherrn gegen den Unternehmer nicht realisiert werden kann.[556] Gibt der Architekt eine dritte Abschlagszahlung frei, obwohl er erkennen kann, dass die erste Abschlagszahlung bereits zu einer Überzahlung geführt hat, führt dies ebenfalls zur Haftung.[557] Die Rechnungsprüfungspflicht erstreckt sich auch darauf, ob Abschlagszahlungen oder die Schlusszahlung im Hinblick auf **Gegenansprüche** z. B. wegen Mängeln ausgeschlossen oder eingeschränkt sind.[558] Im Rahmen der **Freigabe von Zahlungen** sind auch etwa erfolgte oder nicht erfolgte **Sicherheitsleistungen** zu berücksichtigen.[559] Dagegen kann es nicht Aufgabe des Architekten sein, genau zu überprüfen, ob die vom Bauunternehmer angegebenen Abschlagszahlungen oder Vorauszahlungen zutreffen, weil diese Leistungen ausschließlich vom Bauherrn vorgenommen werden und deshalb verantwortlich auch von ihm nur überprüft werden können.[560] Fehler bei der Rechnungsprüfung liegen auch dann vor, wenn zusätzlich andere Pflichten verletzt wurden. So hat der Architekt seine Verpflich- 257

---

553 OLG Oldenburg BauR 2010, 810.
554 BGH BauR 2002, 1112 = NJW-RR 2002, 1074 = ZfBR 2002, 564; BGH BauR 1998, 869 = NJW-RR 1998, 1546 = ZfBR 1998, 248; OLG Naumburg NJW-RR 2006, 1315 = NZBau 2007, 453; zum Ganzen *Berding* BauR 2007, 473.
555 OLG Hamm BauR 2009, 123 = NZBau 2009, 45 auch zu den Prüfungsgrundlagen.
556 Ebenso BGH BauR 1998, 869 = NJW-RR 1998, 1546 = ZfBR 1998, 248 und OLG Celle BauR 2000, 1897.
557 OLG Naumburg NJW-RR 2006, 1315 = NZBau 2007, 453.
558 OLG Oldenburg Urt. v.20.02.2007 – 12 U 57/06, Analyse *Koeble* auf www.jurion.de/Modul Werner Baurecht; vgl. auch BGH BauR 1998, 869.
559 OLG Hamm BauR 2010, 1090, mit NZB des BGH vom 04.03.2010 – VII ZR 184/08, wonach dies jedenfalls dann gilt, wenn der Architekt an der Vertragsgestaltung beteiligt war und das Vertragswerk vorliegen hat; zu weitgehend allerdings, dass sich der Bauherr – anscheinend ohne Berücksichtigung seiner Fähigkeiten und Kenntnisse – kein Mitverschulden anrechnen lassen muss, wenn er bei der Auszahlung den Stand von Sicherheitsleistungen nicht überprüft hat.
560 A. A. OLG Frankfurt NZBau 2016, 498 nicht rechtskr.; vgl. auch *Koeble* in Kniffka/Koeble, Kompendium des Baurechts, 4. Aufl., 12. Teil, Rn. 740.

tung zur ordnungsgemäßen Überprüfung der Rechnungen verletzt, wenn er zuvor wegen einer bereits im Leistungsumfang enthaltenen Leistung ein Nachtragsangebot eingeholt hatte und nun im Rahmen der Rechnungsprüfung nicht feststellt, dass die zusätzliche Vergütung nicht gerechtfertigt ist.[561] Von Bedeutung ist dies vor allem im Hinblick auf die Frage des **Verjährungsbeginns**. Die Verjährungsfrist beginnt in diesen Fällen nicht mit der Abnahme des Architektenwerks, sondern mit der evtl. späteren Übergabe der geprüften Schlussrechnung an den Bauherrn zu laufen.[562] Eine Haftung kommt auch bei zu langsamer Prüfung oder dann in Frage, wenn Abgebote o. Ä. nicht berücksichtigt werden (vgl. oben Rdn. 257 ff.). Dagegen muss der Architekt den Bauherrn nicht auf die Möglichkeit, selbst eine Rechnung nach § 14 Nr. 4 VOB(B) aufzustellen, hinweisen – geschweige denn, diese selbst kostenlos aufstellen.[563]

258 Haftungsrisiken birgt auch die Leistung **Auflisten der Verjährungsfristen für Mängelansprüche**. Erbringt der Architekt diese Leistung nicht und übersieht der Auftraggeber deshalb eine Verjährungsfrist, so kann der Architekt schadensersatzpflichtig sein.[564] Zum Auflisten der Mängelansprüche gehört nicht nur das Aufschreiben der Fristdauer. Vielmehr dürfte es erforderlich sein, dass der Objektüberwacher den Zeitpunkt des Ablaufs der Verjährungsfristen in einer Liste datumsmäßig fixiert.[565] Er muss deshalb den Abnahmezeitpunkt der Bauleistung festhalten. Ist dies im Einzelfall schwierig und erfordert es besondere Rechtskenntnisse, so ist der Objektüberwacher keineswegs verpflichtet, eine schwierige rechtliche Prüfung dieser Frage vorzunehmen oder von einem von ihm beauftragten Juristen vornehmen zu lassen. Er muss aber den Auftraggeber auf die Zweifel hinsichtlich des Verjährungsbeginns und des Verjährungsablaufs hinweisen.[566] Über Einzelheiten der Verjährung von Ansprüchen gegen Baubeteiligte und Ingenieure muss der Architekt nicht beraten, falls aber Verjährung möglich ist, muss er den Bauherrn auf die Einholung von Rechtsrat verweisen.[567] Die Teilleistung Auflisten der Verjährungsfristen für Mängelansprüche verlangt also besondere rechtliche Kenntnisse vom Architekten. Er wird durch diese Bestimmung wiederum in die Richtung des »Baurechtsgestalters« gedrängt.

259 Eine Pflicht zur **Kostenkontrolle** trifft den Architekten auch ohne die Regelung in der HOAI. Sie besteht in allen Leistungsphasen (vgl. Rdn. 227). Verletzt der Architekt diese Pflicht, dann stellt dies einen Ansatz für die Haftung wegen Bausummenüberschreitung dar. Deren Voraussetzungen (Toleranzüberschreitung, Ursächlichkeit, Gesamtschaden) müssen für die Schadensersatzpflicht vorliegen (vgl. Einl. Rdn. 191 ff.). Die Verletzung der in Leistungsphase 3, 7 und 8 vorgeschriebenen Form führt dabei zu keiner zusätzlichen Haftung. Die **Kostenfortschreibung** kann ebenfalls einen selbst-

---

561 BGH BauR 1972, 185.
562 BGH BauR 1972, 185.
563 Zur Bauabzugssteuer vgl. Rdn. 83.
564 Vgl. i. E. *Locher* BauR 1991, 135.
565 Wie hier: *Hartmann*, § 15 Rn. 102.
566 Zur Prüfung von Unterbrechung und Hemmung: *Motzke/Preussner/Kehrberg/Kesselring*, N Rn. 145.
567 OLG Stuttgart BauR 2003, 1063 = NZBau 2003, 446.

ständigen Ansatz zur Haftung wegen Bausummenüberschreitung darstellen. Dabei ist aber auch die Kostenkontrollpflicht und Kostenfortschreibung der Fachingenieure, insbesondere bei Leistungen für Anlagen der Technischen Ausrüstung, zu beachten.

38. Die Grundleistungen aus Leistungsphase 9 Objektbetreuung und Dokumentation

a) Fachliche Bewertung der Mängel

Neu eingefügt wurde die fachliche Bewertung der innerhalb der Verjährungsfristen für Gewährleistungsansprüche festgestellten Mängel, längstens jedoch bis zum Ablauf von 5 Jahren seit Abnahme der Leistung (einschließlich notwendiger Begehungen). Die bisherige Grundleistung Überwachen der Mängelbeseitigung von nach den Abnahmen aufgetretenen Mängeln wurde zur Besonderen Leistung.[568] Die Frist für die Mängel wurde auf 5 Jahre erstreckt, weil nicht in allen Verträgen die VOB/B (wirksam) zugrunde gelegt ist. Die fachliche Bewertung ist nicht mit der Tiefe und Qualität vorzunehmen, wie dies ein Sachverständiger für das betreffende Gebiet machen könnte und müsste.[569] Allerdings muss der Auftragnehmer mit den von ihm zu erwartenden Kenntnissen betreffend das konkrete Mangelproblem diesen Mangel einordnen und auch einem oder mehreren am Bau Beteiligten oder bei der Planung Beteiligten zuordnen.[570] Das wird in Zukunft zu Haftungsproblemen im Zusammenhang mit der entsprechenden Beratung führen.

260

Die Leistungsphase 9 soll dem Auftraggeber über die eigentliche Planungs- und Ausführungsphase des Objekts hinaus die Leistungen des Architekten sichern. In erster Linie geht die Tätigkeit in Leistungsphase 9 dahin, Ansprüche des Auftraggebers während der Verjährungsfrist gegenüber den Unternehmern festzustellen und bei Vorliegen von Mängeln deren Beseitigung zu veranlassen und zu überwachen. Die Leistungsphase 9 bringt Schwierigkeiten vor allem im Hinblick auf die **Fälligkeit des Honorars** des Architekten[571] und für den **Beginn der Verjährungsfrist** für Mängelansprüche[572] mit sich.

261

b) Objektbegehung zur Mängelfeststellung

Zunächst ist als Leistung die **Objektbegehung zur Mängelfeststellung vor Ablauf der Verjährungsfristen für Mängelansprüche gegenüber den bauausführenden Unternehmen** genannt. Da der Architekt im Rahmen der Leistungsphase 8 die Verjährungsfristen für Mängelansprüche aufgelistet hat, ist es ihm möglich, den Ablauf der Verjährungsfristen rechtzeitig festzustellen. Er muss dann so rechtzeitig das Objekt begehen,

262

---

568 Vgl. dazu unten Rdn. 266.
569 So ausdrücklich die Amtliche Begründung zu Teil 3 (Objektplanung), S. 156; ebenso *Korbion* in KMV § 34 Rn. 333; *Seifert/Fuchs* in FBS § 34 Rn. 363.
570 *Koeble/Zahn*, Die neue HOAI 2013, Teil C Rn. 116; *Werner/Siegburg* BauR 2013, 1499 (1543); *Korbion* in KMV § 34 Rn. 333; *Seifert/Fuchs* in FBS § 34 Rn. 363.
571 Vgl. hierzu i. E. § 15 Rdn. 12 ff.
572 Vgl. hierzu Einl. Rdn. 231 ff. und § 15 Rdn. 57.

dass Mängelansprüche wegen Mängeln, die zwischen Abnahme und Begehung auftreten, noch geltend gemacht werden können. Bei der Objektbegehung muss das Werk einer Prüfung unterzogen werden. Diese Prüfung darf nicht allein eine Besichtigung sein. Es müssen vielmehr die einzelnen Funktionen der eingebauten Gegenstände auch überprüft werden. Dagegen sind genauere Untersuchungen mit bestimmten Untersuchungsgeräten oder -methoden oder unter Einschaltung von Sonderfachleuten in der Regel nicht erforderlich, sondern nur dann, wenn Anhaltspunkte für Mängel vorliegen.[573] Eine mehrfache Begehung ist im Rahmen dieser Teilleistung nicht erforderlich. Allerdings kann sich im Zuge der Mängelbeseitigung nach Leistungsphase 8 ein mehrfaches Begehen zur Überprüfung der Nachbesserungsarbeiten ergeben, ebenso wie im Rahmen der Überwachungstätigkeit bei Leistungsphase 9.

c) Mitwirken bei der Freigabe von Sicherheitsleistungen

263 Das **Mitwirken bei der Freigabe von Sicherheitsleistungen** setzt ebenfalls eine Prüfung des Werks auf Mangelhaftigkeit voraus. Diese Teilleistung hängt somit eng mit der Objektbegehung vor Ablauf der Verjährungsfristen zusammen. Der Architekt muss den Bauherrn beraten, ob die Sicherheit nach den Vereinbarungen des Bauvertrags bzw. nach § 17 Abs. 8 VOB (B) zurückzugeben ist. Der Architekt ist nicht berechtigt, die Sicherheitsleistung selbst freizugeben. Dies ist Sache des Auftraggebers.

d) Systematische Zusammenstellung

264 Die systematische Zusammenstellung wurde in die Leistungsphase 8 transferiert.[574] Die Parteien sollten jedoch daran denken, die Leistung bei Übertragung der Leistungsphase 9 eventuell hier oder ggf. doppelt zu vereinbaren. Die systematische Zusammenstellung der zeichnerischen Darstellungen und rechnerischen Ergebnisse des Objekts hat das Erfassen, Ordnen und Aufbereiten aller bei der Planung und Baudurchführung angefallenen Daten als Ausgangspunkt für eine bessere Durchdringung und Lösung zukünftiger Planungsaufgaben sowohl für den Planer als auch für den Bauherrn zum Gegenstand.[575] Es handelt sich im Rahmen dieser Leistungsphase nur um eine **Dokumentation**, da die Leistungen bereits erbracht sind. Soweit Unterlagen bereits während der Durchführung des Bauvorhabens übergeben wurden, muss dies natürlich nicht wiederholt werden.[576]

e) Erörterung des Ergebnisses

265 Weggefallen ist die mit der HOAI 2009 eingeführte Leistung Erörterung des Ergebnisses. Die Leistung wäre ohnehin besser mit Erläutern und Beantworten etwaiger Fragen bezeichnet gewesen. Die HOAI 2009 hatte aber am Ende dieser Leistungsphase – wie

---

573 Ebenso *Korbion* in KMV, § 34 Rn. 351; *Seifert/Fuchs* in FBS § 34 Rn. 366.
574 Vgl. dazu oben Rdn. 233.
575 *Pfarr*, Handbuch zur kostenbewussten Bauplanung, S. 238.
576 Ebenso mit Recht *Lotz* BauR 2012, 157 (158).

am Ende aller Leistungsphasen – die Erörterung eingeführt.[577] Die HOAI ist zwar nicht geeignet, Leistungspflichten in bürgerlich-rechtlicher Hinsicht zu normieren, jedoch ergibt sich diese Leistung auch in aller Regel durch Auslegung des vertraglichen Leistungsumfangs, und zwar dort, wo sie für die Entscheidungen des Auftraggebers oder den weiteren Fortgang des Projekts notwendig ist. Darüber hinaus ist sie geschuldet, wenn dem Auftragnehmer erkennbar die Ergebnisse aus der Leistungsphase für den Auftraggeber nicht klar geworden sind. Die Erörterung der Ergebnisse in Leistungsphase 9 kann praktisch erst zeitgleich mit der Objektbegehung erfolgen. Sie muss die Ergebnisse der Objektbegehung zum Gegenstand haben. Andernfalls würde es sich nicht um eine Erörterung der Ergebnisse aus der gesamten Leistungsphase handeln.

39. Die Besonderen Leistungen für Leistungsphase 9 Objektbetreuung und Dokumentation

In der HOAI 2013 wurde die frühere Grundleistung **Überwachen der Beseitigung von Mängeln**, die innerhalb der Verjährungsfristen für Mängelansprüche auftreten, als Besondere Leistung ausgestaltet. Die Leistung ist aber wohl so wichtig, dass jeder Bauherr überlegen muss, ob er sie nicht als Besondere Leistung zusätzlich – gegen Vergütung – in Auftrag gibt. Die Abgrenzung zur Überwachungstätigkeit in Leistungsphase 8 stellt die Abnahme der Bauleistungen dar. In den Bereich der **Objektüberwachung** fallen nur diejenigen **Mängel**, die **bei der Abnahme festgestellt** wurden. Alle danach auftretenden Mängel gehören in den Bereich der Objektbetreuung und Dokumentation. Derjenige Architekt, der Leistungsphase 9 nicht in Auftrag erhalten hat, muss die Beseitigung der Mängel, die nach der Abnahme aufgetreten sind, nicht überwachen. Verlangt der Auftraggeber dies und überwacht der Architekt die Mängelbeseitigung, so steht ihm bei zusätzlichem Auftrag ohne schriftliche Vereinbarung ein Honorar zu, wobei für Besondere Leistungen die übliche Vergütung geltend gemacht werden kann. Die HOAI zieht die Grenze bei den »festgestellten« Mängeln. Es werden jedoch noch die Mängel hinzuzurechnen sein, die bei der Abnahme zwar bekannt waren, jedoch vergessen wurden. Versteckte Mängel allerdings, die zwar vor der Abnahme vorlagen, jedoch erst nach der Abnahme zum Vorschein kamen, fallen nicht in die Leistungsphase 8. Mit diesen Mängeln hat sich nur derjenige Architekt zu befassen, der die Leistungsphase 9 übernommen hat.[578] In der Literatur wurde die Frage aufgeworfen, ob der Architekt auch dann im Rahmen der Leistungsphase 9 zu honorieren ist, wenn er die entsprechenden Mängel selbst verschuldet oder aber zum Teil mitverschuldet hat. Die h. M. geht davon aus, dass ein Honorar in Leistungsphase 9 nur bei denjenigen Mängeln anfällt, die vom Architekten nicht zu vertreten sind.[579] Diese Auffassung ist jedoch nicht zutreffend. Derjenige Architekt, der mit Leistungsphase 9 beauftragt ist, hat auch dann einen Honoraranspruch, wenn gar keine Mängel vorliegen. Die Überwachungstätigkeit ist keine

---

577 § 3 Abs. 8 HOAI 2009.
578 Vgl. auch *Motzke/Preussner/Kehrberg/Kesselring*, N Rn. 175 ff.; *Neuenfeld* BauR 1981, 439.
579 *Korbion* in KMV § 34 Rn. 345; *Seifert/Fuchs* in FBS § 34 Rn. 369.

§ 34 HOAI Leistungsbild Gebäude und Innenräume

zentrale Leistung, die es in jedem Fall rechtfertigen würde, einen Abzug vorzunehmen, wenn sie im Einzelfall nicht erforderlich ist (vgl. i. E. § 8 Rdn. 16 ff.).

267 Demnach kann das Honorar des Architekten auch nicht gemindert werden, wenn Mängel vorliegen, die mit auf seine Leistung zurückzuführen sind. Richtig ist jedoch, dass derjenige Architekt, der Leistungsphase 9 nicht in Auftrag hat, bei der Mängelbeseitigung jedenfalls dann mitwirken muss, wenn er die Mängel ausschließlich oder mit zu vertreten hat. Dies hat jedoch mit der Frage der Honorierung bei Leistungsphase 9 nichts zu tun.

268 Vorausgehen muss der Überwachungstätigkeit allerdings eine Aufforderung zur Mängelbeseitigung. Der Architekt ist im Rahmen der Leistungsphase 9 verpflichtet, die am Bau Beteiligten zur Nachbesserung aufzufordern.[580] Die Überwachungstätigkeit ist zeitlich seit Inkrafttreten der Novelle auf Mängel beschränkt, die vier Jahre seit Abnahme der Bauleistung aufgetreten sind. Neben der Pflicht zur Überwachung besteht eine **nachvertragliche Betreuungspflicht** des Architekten. Er muss bei der Untersuchung und Behebung von Mängeln beratend tätig werden und darauf achten, dass dem Auftraggeber nicht Schäden infolge falscher Maßnahmen entstehen.[581] Es handelt sich hier nach Auffassung des BGH um eine Nebenpflicht, sodass Ansprüche aus positiver Vertragsverletzung bestehen, die in 3 Jahren verjähren.

269 Als neue Besondere Leistung ist genannt das **Erstellen einer Gebäudebestandsdokumentation**. Dazu gehören auch die **Bestandspläne**. In den Bestandsplänen sollen die wichtigsten Maßangaben, Angaben über technische Anlagen, zulässige Lastannahmen und über Materialien enthalten sein. Die Bestandspläne dienen als Grundlage u. a. für spätere Instandhaltungs- und Instandsetzungsmaßnahmen, Baunutzungskosten und Wertermittlungen.[582] Ein Anspruch des Bauherrn auf Herstellung und Herausgabe solcher Bestandspläne besteht nur bei entsprechender Vereinbarung.[583] Mit der Bestandsaufnahme in Leistungsphase 1 Besondere Leistungen ist die Leistung Erstellen von Bestandsplänen nicht zu verwechseln. Die Bestandsaufnahme betrifft die Feststellung der baulichen Substanz eines vorhandenen Objekts. Der Gesamtbestandsplan wird in der Regel im Maßstab 1:100 gefertigt. Dazu gehören die fortgeschriebenen und ergänzten Pläne der Ausführungsplanung. Bestandspläne sind auch zu unterscheiden von Leistungen bei Umbauten und Modernisierungen, also von den Besonderen Leistungen beim Bauen im Bestand (hierzu oben Rdn. 36).

270 Weitere Besondere Leistungen sind das **Aufstellen von Ausrüstungs- und Inventarverzeichnissen** sowie das **Erstellen von Wartungs- und Pflegeanweisungen**. Hierbei handelt es sich um Besondere Leistungen, da sie eigentlich in die Sphäre des Auftraggebers gehören.

---

580 Ebenso *Korbion* in KMV § 34 Rn. 337; a. A. *Seifert/Fuchs* in FBS § 34 Rn. 36; zur Frage der Vollmacht für Mängelrügen vgl. Einl. Rdn. 111 ff.
581 BGH BauR 1985, 97; BGH BauR 1985, 232.
582 In FBS § 34 Rn. 371.
583 OLG Hamm BauR 1998, 1110 = NJW-RR 1999, 96.

Die **Objektbeobachtung** kann sich auf technische, wirtschaftliche, konstruktive, nut- 271
zungsspezifische und energiewirtschaftliche Fragen beziehen. Die **Objektverwaltung**
ist eine Bauherrenleistung.

Eine **Baubegehung nach der Übergabe** kann etwa zum Zwecke einer Umschuldung 272
oder im Hinblick auf Beleihung oder Verkauf in Frage kommen.

Als weitere Besondere Leistungen sind genannt das Aufbereiten der Planungs- und 273
Kostendaten für eine Objektdatei oder Kostenrichtwerte und das Evaluieren von Wirtschaftlichkeitsberechnungen. Früher waren noch genannt die Überwachung der Wartungs- und Pflegeleistungen, die Ermittlung und Kostenfeststellung zu Kostenrichtwerten, z. B. nach Vorgaben des Auftraggebers, und das Überprüfen der Bauwerks- und Betriebs-Kosten-Nutzen-Analyse.[584] Diese Besonderen Leistungen werden nicht mehr genannt, können aber selbstverständlich hinzutreten, zumal ja die Aufstellung der Besonderen Leistungen nur beispielhaft ist.

40. Fragen der Haftung bei Leistungsphase 9 Objektbetreuung und Dokumentation

Auch die in Leistungsphase 9 aufgeführten Leistungen sind Hauptleistungen[585] und 274
führen bei Fehlern zu Mängelansprüchen aus Vertrag und nicht zu Ansprüchen wegen
positiver Forderungsverletzung.[586] Dies gilt auch für die Teilleistung Mitwirken bei der
Freigabe von Sicherheitsleistungen.[587] Sie haben Folgen für die Fälligkeit des Honorars
und den Beginn der Verjährungsfrist (vgl. § 15 Rdn. 57).

Ein erhebliches Risiko stellt die Teilleistung Objektbegehung zur Mängelfeststellung 275
vor Ablauf der Verjährungsfristen dar. Unterlässt der Architekt die Objektbegehung
und verjähren deshalb Mängelansprüche des Auftraggebers, so kann eine Schadensersatzpflicht nach § 634 BGB gegeben sein. Gleiches gilt dann, wenn bei der Objektbegehung die Überprüfung auf Mangelhaftigkeit nicht sorgfältig genug vorgenommen
wird. Probleme für den Architekten ergeben sich daraus, dass unterschiedliche Verjährungsfristen laufen können. Mit Haftungsrisiko verknüpft ist auch die Mitwirkung bei
der Freigabe von Sicherheitsleistungen. Empfiehlt der Architekt dem Auftraggeber, Sicherheiten freizugeben, obwohl Mängelansprüche noch nicht erledigt sind, so kann er
sich gegenüber dem Auftraggeber schadensersatzpflichtig machen. Auch dann, wenn er
dem Auftraggeber zu Unrecht empfiehlt, die Sicherheiten einzubehalten, kann der Architekt haften.

41. Definition Innenräume (Abs. 2)

Die HOAI hatte im Jahr 2009 den Begriff Raumbildende Ausbauten definiert 276
(§ 2 Nr. 8 HOAI 2009). Von dem unglücklichen Objektbegriff Raumbildender Ausbau ist man nun richtigerweise abgekommen und hat den Begriff Innenräume als

---

584 Vgl. zur Betriebs-Kosten-Nutzen-Analyse oben Rdn. 74.
585 *Korbion* in KMV § 34 Rn. 333.
586 Vgl. aber für die nachvertragliche Betreuungspflicht oben Rdn. 268.
587 A. A. *Neuenfeld* BauR 1981, 440.

§ 34 HOAI   Leistungsbild Gebäude und Innenräume

Objekt definiert. Eine Änderung ist nicht erfolgt. Fest steht aber, dass es sich um eine eigenständige Innenraumgestaltung für einen intensiv bzw. umfassend zu beplanenden Teilbereich des zum **Gebäude** gehörenden Ausbaus handelt und die Leistungen über die normale, übliche Gebäudeplanung deutlich hinausgehen.[588] Zu betonen ist allerdings, dass auch **Ingenieurbauwerke** eine eigenständige Innenraumgestaltung haben können, die ebenfalls von Abs. 2 erfasst ist. Die Überschrift lautet nämlich nicht für Gebäude und »ihre« Innenräume und im Abs. 2 ist offengelassen, welchen Objekten die Innenräume zugeordnet sind. Das Abgrenzungsmerkmal zum Umbau besteht im »wesentlichen« Eingriff in Bestand oder Konstruktion.[589] Gegenstand der inneren Gestaltung oder Erstellung von Innenräumen können z. B. Wände, Decken, Böden, Einrichtungs- und Ausstattungsgegenstände sein. Zum Raumbildenden Ausbau gehört z. B. auch der Bau von Messeständen, weil es sich auch hier um die »Erstellung von Innenräumen« handelt. Das bestätigt die Objektliste (Anlage 10.3). Entsprechendes gilt auch für Verkaufskioske wie den schon in der ursprünglichen Amtlichen Begründung erwähnten Kiosk in einer Bahnhofshalle.

42. Änderung der Honoraranteile für die einzelnen Leistungsphasen

277   Die Neugestaltung und unterschiedliche Gewichtung der Leistungen in den Leistungsphasen gegenüber früheren Fassungen der HOAI brachte eine Veränderung der Prozentsätze für die neun Leistungsphasen mit sich. Insbesondere die Entwurfsplanung wurde bei erheblich erweiterter Leistung mit einem um 4 % erhöhten Honoraranteil bedacht. Das Honorar für Leistungsphasen 1 und 9 wurde um einen Prozentpunkt reduziert, bei der Genehmigungsplanung wurden 3 %-Punkte gestrichen und die Entwurfsplanung wurde von 11% auf 15% hochgestuft. Die Objektüberwachung wurde um einen Prozentpunkt auf 32 % angehoben. Die unterschiedliche Bewertung der Leistungsphasen wird auch eine andere Bewertung von Teilleistungen nach sich ziehen.[590]

43. Künstlerische Oberleitung

278   Die frühere künstlerische Oberleitung bzw. das Überwachen der Herstellung des Objekts hinsichtlich der Einzelheiten der Gestaltung ist weggefallen (vgl. oben Rdn. 2). Die Leistung ist damit nicht in die Objektüberwachung integriert worden und stellt nach wie vor eine außerhalb der HOAI stehende Leistung dar, soweit ein Auftragnehmer nicht gleichzeitig mit der Objektüberwachung beauftragt ist. Es besteht also die Möglichkeit, formlos und zu jedem Zeitpunkt diese Leistung zu vereinbaren und dafür eine freie Honorarvereinbarung zu treffen. Fehlt eine Honorarvereinbarung, stellt sich die Frage, welches die übliche Vergütung ist (vgl. oben Rdn. 2).

---

588   Zur Abgrenzung zwischen Gebäuden und Innenräumen vgl. *Fischer/Krüger* BauR 2013, 1176 sowie BauR 2015, 1568.
589   Zu den Einzelheiten vgl. § 2 Rdn. 13.
590   Vgl. dazu in der Anlage die von dem Sachverständigen *Simmendinger* verfassten Tabellen Anhang 3/1 – 3/4 und die vom Sachverständigen *Pfrommer* verfasste Tabelle Anhang 3.

Da es sich um keine eigentliche Überwachungstätigkeit handelt, ist eine Haftung für 279
den mit der künstlerischen Oberleitung beauftragten Architekten kaum denkbar. Er
kann allenfalls unter den Gesichtspunkten herangezogen werden, nach denen ein »faktischer Bauleiter« haften würde.[591]

44. Bauen im Bestand

Das Bauen im Bestand ist an mehreren Stellen in der HOAI geregelt. Die Definition des 280
Umbaus und der Modernisierung findet sich in § 2 Abs. 5 und 6 HOAI. Getrennt davon sind geregelt die Fragen der anrechenbaren Kosten, insbesondere die Definition
und der Umfang der mitzuverarbeitenden Bausubstanz (§ 2 Abs. 7 und § 4 Abs. 3
HOAI). Der Umbau- und Modernisierungszuschlag ist vom Grundsatz her in
§ 6 Abs. 2 HOAI enthalten und dann wiederum für jeden Fall der Objektplanung
und Fachplanung speziell nochmals geregelt. Allerdings hat man auf die Detaillierung,
wie sie früher im § 15 Abs. 4 HOAI 2002 enthalten war, verzichtet.

§ 35 HOAI Honorare für Grundleistungen bei Gebäuden und Innenräumen

(1) Die Mindest- und Höchstsätze der Honorare für die in § 34 und der Anlage 10, Nummer 10.1, aufgeführten Grundleistungen für Gebäude und Innenräume sind in der folgenden Honorartafel festgesetzt:

Anrechenbare Kosten in Euro	Honorarzone I sehr geringe Anforderungen		Honorarzone II geringe Anforderungen		Honorarzone III durchschnittliche Anforderungen		Honorarzone IV hohe Anforderungen		Honorarzone V sehr hohe Anforderungen	
	von	bis	von	bis	von	bis	von	bis	von	bis
	Euro		Euro		Euro		Euro		Euro	
25.000	3.120	3.657	3.657	4.339	4.339	5.412	5.412	6.094	6.094	6.631
35.000	4.217	4.942	4.942	5.865	5.865	7.315	7.315	8.237	8.237	8.962
50.000	5.804	6.801	6.801	8.071	8.071	10.066	10.066	11.336	11.336	12.333
75.000	8.342	9.776	9.776	11.601	11.601	14.469	14.469	16.293	16.293	17.727
100.000	10.790	12.644	12.644	15.005	15.005	18.713	18.713	21.074	21.074	22.928
150.000	15.500	18.164	18.164	21.555	21.555	26.883	26.883	30.274	30.274	32.938
200.000	20.037	23.480	23.480	27.863	27.863	34.751	34.751	39.134	39.134	42.578
300.000	28.750	33.692	33.692	39.981	39.981	49.864	49.864	56.153	56.153	61.095
500.000	45.232	53.006	53.006	62.900	62.900	78.449	78.449	88.343	88.343	96.118
750.000	64.666	75.781	75.781	89.927	89.927	112.156	112.156	126.301	126.301	137.416
1.000.000	83.182	97.479	97.479	115.675	115.675	144.268	144.268	162.464	162.464	176.761
1.500.000	119.307	139.813	139.813	165.911	165.911	206.923	206.923	233.022	233.022	253.527
2.000.000	153.965	180.428	180.428	214.108	214.108	267.034	267.034	300.714	300.714	327.177

---

591 Vgl. hierzu BGH VersR 1959, 904; OLG Hamm *Schäfer/Finnern* Z 2.414 Bl. 37 und oben Rdn. 248.

§ 35 HOAI Honorare für Grundleistungen bei Gebäuden und Innenräumen

Anrechenbare Kosten in Euro	Honorarzone I sehr geringe Anforderungen		Honorarzone II geringe Anforderungen		Honorarzone III durchschnittliche Anforderungen		Honorarzone IV hohe Anforderungen		Honorarzone V sehr hohe Anforderungen	
	von	bis	von	bis	von	bis	von	bis	von	bis
	Euro		Euro		Euro		Euro		Euro	
3.000.000	220.161	258.002	258.002	306.162	306.162	381.843	381.843	430.003	430.003	467.843
5.000.000	343.879	402.984	402.984	478.207	478.207	596.416	596.416	671.640	671.640	730.744
7.500.000	493.923	578.816	578.816	686.862	686.862	856.648	856.648	964.694	964.694	1.049.587
10.000.000	638.277	747.981	747.981	887.604	887.604	1.107.012	1.107.012	1.246.635	1.246.635	1.356.339
15.000.000	915.129	1.072.416	1.072.416	1.272.601	1.272.601	1.587.176	1.587.176	1.787.360	1.787.360	1.944.648
20.000.000	1.180.414	1.383.298	1.383.298	1.641.513	1.641.513	2.047.281	2.047.281	2.305.496	2.305.496	2.508.380
25.000.000	1.436.874	1.683.837	1.683.837	1.998.153	1.998.153	2.492.079	2.492.079	2.806.395	2.806.395	3.053.358

(2) Welchen Honorarzonen die Grundleistungen für Gebäude zugeordnet werden, richtet sich nach folgenden Bewertungsmerkmalen:
1. Anforderungen an die Einbindung in die Umgebung,
2. Anzahl der Funktionsbereiche,
3. gestalterische Anforderungen,
4. konstruktive Anforderungen,
5. technische Ausrüstung,
6. Ausbau.

(3) Welchen Honorarzonen die Grundleistungen für Innenräume zugeordnet werden, richtet sich nach folgenden Bewertungsmerkmalen:
1. Anzahl der Funktionsbereiche,
2. Anforderungen an die Lichtgestaltung,
3. Anforderungen an die Raumzuordnung und Raumproportion,
4. technische Ausrüstung,
5. Farb- und Materialgestaltung,
6. konstruktive Detailgestaltung.

(4) Sind für ein Gebäude Bewertungsmerkmale aus mehreren Honorarzonen anwendbar und bestehen deswegen Zweifel, welcher Honorarzone das Gebäude oder der Innenraum zugeordnet werden kann, so ist zunächst die Anzahl der Bewertungspunkte zu ermitteln. Zur Ermittlung der Bewertungspunkte werden die Bewertungsmerkmale wie folgt gewichtet:
1. die Bewertungsmerkmale gemäß Absatz 2 Nummer 1, 4 bis 6 mit je bis zu 6 Punkten und
2. die Bewertungsmerkmale gemäß Absatz 2 Nummer 2 und 3 mit je bis zu 9 Punkten.

(5) Sind für Innenräume Bewertungsmerkmale aus mehreren Honorarzonen anwendbar und bestehen deswegen Zweifel, welcher Honorarzone das Gebäude oder der Innenraum zugeordnet werden kann, so ist zunächst die Anzahl der Bewertungspunkte zu ermitteln. Zur Ermittlung der Bewertungspunkte werden die Bewertungsmerkmale wie folgt gewichtet:

1. die Bewertungsmerkmale gemäß Absatz 3 Nummer 1 bis 4 mit je bis zu 6 Punkten und
2. die Bewertungsmerkmale gemäß Absatz 3 Nummer 5 und 6 mit je bis zu 9 Punkten.

(6) Das Gebäude oder der Innenraum ist anhand der nach Absatz 5 ermittelten Bewertungspunkte einer der Honorarzonen zuzuordnen:
1. Honorarzone I: bis zu 10 Punkte,
2. Honorarzone II: 11 bis 18 Punkte,
3. Honorarzone III: 19 bis 26 Punkte,
4. Honorarzone IV: 27 bis 34 Punkte,
5. Honorarzone V: 35 bis 42 Punkte.

(7) Für die Zuordnung zu den Honorarzonen ist die Objektliste der Anlage 10 Nummer 10.2 und Nummer 10.3 zu berücksichtigen.

Übersicht

	Rdn.
1. Änderungen durch die HOAI 2009	1
2. Änderungen durch die HOAI 2013	2
3. Zusammenspiel mit anderen Vorschriften	3
4. Honorartafel	4
5. Honorarzone	8
a) Vorgehen zur Ermittlung	8
b) Honorarzone und Honorarvereinbarung	9
c) Ermittlung der Honorarzone bei Gebäuden	10
d) Ermittlung der Honorarzone bei Innenräumen	16

1. Änderungen durch die HOAI 2009

Die Honorartafel aus § 34 Abs. 1 HOAI 2009 war früher in § 16 HOAI 2002 enthalten. Die Honorare waren durch die HOAI 2009 gegenüber der alten Tabelle durchgängig um 10 % angehoben worden. Die Bewertungsmerkmale und die Art und Weise der Bewertung (Bewertungspunkte) aus § 34 Abs. 2–5 HOAI 2009 waren früher in § 11 Abs. 2, 3 HOAI 2002 betreffend Gebäude und § 14a Abs. 2, 3 HOAI 2002 betreffend Raumbildende Ausbauten enthalten. Die allgemeine Beschreibung der Honorarzonen nach HOAI 2009 war im Allgemeinen Teil (§ 5) und die Objektlisten waren – allerdings in verbindlicher Form wie früher – in Anlage 3.1 bzw. 3.3 HOAI 2009 enthalten. Inhaltlich hatte sich gegenüber früher nichts geändert. 1

2. Änderungen durch die HOAI 2013

Die Honorartafel wurde aktualisiert und die Mindest- und Höchstsätze wurden erheblich erhöht.[1] Neu eingefügt wurde § 35 Abs. 7, mit dem – wie schon früher – klar- 2

---

[1] Vgl. Amtliche Begründung A Allgemeiner Teil, z. B. abgedruckt bei *Koeble/Zahn*, Die neue HOAI 2013, S. 259 ff.

gestellt wurde, dass die Objektlisten der Anlage 10.2 und 10.3 für die Zuordnung des Objekts zu den Honorarzonen zwingend anzuwenden sind.

3. Zusammenspiel mit anderen Vorschriften

3   Eine Definition der Honorarzone findet sich neuerdings in der HOAI nicht mehr. Im Hinblick auf die Ermittlung der Honorarzone ist zunächst die allgemeine Vorschrift zu beachten (§ 6 Abs. 1 Nr. 3 i. V. m. § 5). Sodann sind die Objektlisten in der Anlage 10.2 betreffend Gebäude und 10.3 betreffend Raumbildende Ausbauten zu berücksichtigen.

4. Honorartafel

4   Die Honorartafel ist einer der maßgebenden Parameter für die Ermittlung des Honorars (§ 6 Abs. 1 Nr. 4). Die Honorartafel in Abs. 1 gilt sowohl für Innenräume als auch für Gebäude. Die Honorare wurden sowohl 2009 als auch 2013 durchgängig erhöht. Liegen die anrechenbaren Kosten außerhalb des obersten Tafelwerts, dann ist die HOAI weder hinsichtlich der Voraussetzungen für die Honorarvereinbarung noch im Hinblick auf die Höhe des Honorars anwendbar (vgl. § 7 Rdn. 87 ff.).

5   Für **Werte unterhalb der Eingangsstufe** gibt es keine Regelung mehr (vgl. § 16 Abs. 2 HOAI a. F.). Eine Grenze nach oben stellt der Höchstsatz für anrechenbare Kosten in Höhe der Eingangsstufe dar. Haben die Parteien keine Honorarvereinbarung getroffen – was in den genannten Grenzen möglich wäre –, stellt sich die Frage, wie ein Honoraranspruch substanziiert werden kann. Ob es hierfür eine übliche Vergütung gibt, wäre als Erstes zu prüfen. Aus der HOAI ergibt sich über die Abrechnungsart nichts, zumal das Zeithonorar weggefallen ist. Wollte man die HOAI für unanwendbar erklären, dann wären mündliche Honorarvereinbarungen oberhalb des Höchstsatzes für den Eingangswert möglich und damit wäre der preisrechtliche Charakter gerade noch für Bagatellfälle ausgehebelt. Richtig erscheint es deshalb, den richtig berechneten Mindestsatz für den Eingangswert als Honorar auch bei anrechenbaren Kosten unterhalb des Eingangswertes anzusetzen (vgl. § 7 Rdn. 94).

6   Die **Zwischenwerte** sind durch lineare Interpolation zu ermitteln (dazu § 14 Rdn. 1 ff.).

7   **Oberhalb des höchsten Tafelwertes** steht dem Auftragnehmer die übliche Vergütung zu, falls eine – formlos mögliche und auch später noch zu treffende – Honorarvereinbarung nicht vorliegt (dazu § 7 Rdn. 87 ff.).

5. Honorarzone

a) Vorgehen zur Ermittlung

Die Objektlisten, welche in der Anlage abgedruckt sind,[2] sind nach wie vor maßgebende Faktoren für die Ermittlung der Honorarzone, sodass sie zweckmäßigerweise als Erstes überprüft werden (vgl. § 5 Rdn. 5 ff.). In den Objektlisten sind jedoch nur Regelbeispiele genannt. Die Einordnung ist deshalb nicht zwingend. Das ergibt sich aus Abs. 7, wonach die »Objektliste ... zu berücksichtigen« ist. Ist vor dem konkreten Fall ein Regelbeispiel aufgefunden, dann sind die weiteren Schritte wie früher zu vollziehen (§ 5 Rdn. 6 ff.). Die Einordnung eines Regelbeispiels in eine Objektliste ist auch unter einem anderen Gesichtspunkt nicht maßgebend. Die Entscheidung, ob ein Gebäude i. S. dem dritten Teil der HOAI vorliegt oder ob es sich um ein Ingenieurbauwerk handelt, ist vorrangig. In den Objektlisten für Gebäude und Ingenieurbauwerke gibt es erhebliche Überschneidungen. Vorrangig ist zu prüfen, ob die in Objektlisten genannten Beispiele auch tatsächlich die Anforderungen an das betreffende Objekt nach HOAI erfüllen. Probleme ergeben sich oftmals mit der Einordnung von Parkhäusern und Tiefgaragen. Sie sind in der Objektliste für Gebäude (Anlage 10.2) aufgeführt. Im Einzelfall könnten sie aber durchaus Ingenieurbauwerke sein, wenn sie die allgemeinen Anforderungen an den Begriff »Gebäude« nicht erfüllen.[3] Entsprechendes gilt für Energieversorgungsunternehmen, Kraftwerksgebäude und Großkraftwerke, Entsprechendes gilt für Energieversorgungsunternehmen, Kraftwerksgebäude und Großkraftwerke, die zwar in der Objektliste für Gebäude (Anlage 10.2) genannt sind, jedoch im Regelfall Ingenieurbauwerke sein werden. Ihre Eignung zum nicht nur vorübergehenden Gebrauch durch Menschen dürfte zu verneinen sein.[4] Auch im Hinblick auf Tiefgaragen ergeben sich Abgrenzungsprobleme. Hier versucht die HOAI das Abgrenzungskriterium selbst zu nennen, indem sie als Ingenieurbauwerke (Objektliste Anlage 12.2.) »eigenständige Tiefgaragen und schwierige eigenständige Tiefgaragen« nennt. Dagegen ist unter dem Begriff Gebäude (Objektliste Anlage 10.2) die Tiefgarage jeweils mit integrierten, weiteren Nutzungsarten genannt, wobei die Formulierung eher andersherum gemeint ist.[5] Entscheidend dürfte es auf die Verbindung mit einem Gebäude, vor allem über das Tragwerk und die Technische Ausrüstung sowie die Erschließung ankommen.

8

b) Honorarzone und Honorarvereinbarung

Die Parteien können auch hinsichtlich der Honorarzone in den Grenzen des § 7 Abs. 1 Honorarvereinbarungen treffen. Ferner steht ihnen ein gewisser Bewertungsspielraum zur Verfügung (§ 5 Rdn. 10 ff.).

9

---

2 Anlage 10.2 betreffend Gebäude und 10.3 betreffend Innenräume.
3 Vgl. § 2 Rdn. 3 ff.
4 Vgl. dazu i. e. § 2 Rdn. 9; zu Biomasseheizkraftwerken, Abfall- bzw. Müllverbrennungsanlagen vgl. § 41 Rdn. 17.
5 Vgl. zur Abgrenzung § 41 Rdn. 19.

c) Ermittlung der Honorarzone bei Gebäuden

10 Sind einzelne Bewertungsmerkmale aus verschiedenen Honorarzonen des Abs. 1 gegeben – gleichgültig, ob das Objekt ein Regelbeispiel im Sinne des § 12 ist oder nicht –, so ist die Einordnung nach Abs. 2 und Abs. 3 vorzunehmen. Abs. 2 bestimmt zunächst, dass in diesem Fall die Anzahl der Bewertungspunkte nach Abs. 3 zu ermitteln ist. Nach Abs. 3 haben die Vertragsparteien für das konkrete Gebäude die einzelnen Bewertungsmerkmale mit Punkten zu bewerten.

Mit jeweils **bis zu sechs Punkten** sind zu bewerten die Einbindung in die Umgebung, konstruktive Anforderungen, technische Gebäudeausrüstungen und der Ausbau. Bei der »**Einbindung in die Umgebung**« können städtebauliche, topographische, denkmalpflegerische, landschaftliche und auch Landschaftsschutz-Gesichtspunkte eine Rolle spielen. »**Konstruktive Anforderungen**« können sich aus nutzungsbedingten Vorgaben der gewählten Konstruktionsart selbst ergeben oder durch lokale Gegebenheiten bedingt sein. Bei der »**Technischen Ausrüstung**« (Teil 4 Abschnitt 2) handelt es sich in erster Linie um Installationen, Heizungs-, Lüftungs- und Klimaanlagen, Aufzüge und Förderanlagen.[6] Zum »**Ausbau**« gehören alle Lieferungen und Leistungen, die nicht zu den Kostengruppen 300, sondern zu Kostengruppe 600 gehören.

11 Mit **bis zu neun Punkten** sind zu bewerten die Anzahl der Funktionsbereiche und die gestalterischen Anforderungen. Als **verschiedene** »**Funktionsbereiche**« kommen z. B. in Betracht: Wohnen, Arbeiten, Lagern, Versammlung, Heilen, Sport usw. Unter »**gestalterischen Anforderungen**« sind die funktionelle und baukünstlerische Durcharbeitung und Ausformung zu verstehen, die die konkrete Bauaufgabe unter Berücksichtigung der Wünsche des Auftraggebers und der umweltgestaltenden Faktoren verlangt.

Gemäß Abs. 2 ist das Gebäude nach der Summe dieser Bewertungspunkte in die Honorarzonen einzuordnen. Wird im Honorarprozess die Honorarzone streitig, so muss der Architekt zu den Bewertungsmerkmalen **substanziiert vortragen**.[7] Die Anforderungen dürfen hier aber nicht übertrieben werden. So muss es genügen, wenn der Architekt eine eigene Aufstellung oder ein Sachverständigengutachten mit Punktbewertung vorlegt.

12 In der Literatur ist die Punktbewertung ausgiebig behandelt..[8] Die Schwierigkeit ergibt sich aus der Zahl von 5 Honorarzonen und 6 Bewertungsmerkmalen, deren Höchstpunktzahl nicht durch 5 teilbar ist. Als praktikabel erwiesen und durchgesetzt hat sich folgendes Schema

---

6 Vgl. im Einzelnen DIN 276 Fassung 12/08 Kostengruppe 400.
7 BGH BauR 1990, 632 = NJW-RR 1990, 1109 = ZfBR 1990, 227.
8 Vgl. die Bewertungstabellen bei Korbion/Mantscheff/Vygen-*Seifert*, 8. Aufl., § 34 Rn. 26; *Haack/Heinlein* in MNP, § 35 Rn. 29 ff.; *Korbion* in KMV § 35 Rn. 4 ff.; *Seifert* in FBS § 35 Rn. 44 ff.; *Jochem*, §§ 34 Rn. 14; *Werner* in *Werner/Pastor*, Rn. 907; vgl. dazu insbesondere die Gegenüberstellung und Bewertung der Tabellen bei *Simmendinger*, Praxisbeispiele zur HOAI, 2010, S. 23 ff.

Honorare für Grundleistungen bei Gebäuden und Innenräumen § 35 HOAI

Honorarzone:	I	II	III	IV	V
Planungsanforderungen:	sehr gering	gering	durchschnittlich	überdurchschnittlich	sehr hoch
Bewertungsmerkmale:					
1 Einbindung in die Umgebung	1	2	3–4	5	6
2 Anzahl der Funktionsbereiche	1–2	3–4	5–6	7–8	9
3 Gestalterische Anforderungen	1–2	3–4	5–6	7–8	9
4 Konstruktive Anforderungen	1	2	3–4	5	6
5 Techn. Gebäudeausrüstung	1	2	3–4	5	6
6 Ausbau	1	2	3–4	5	6
Summe der Punkte	bis 10	11–18	19–26	27–34	35–42

Dieses Bewertungsschema war in der Praxis angekommen und oftmals verwendet worden. Die Tatsache, dass die Summe der Bewertungsmerkmale einer Honorarzone höher liegen kann als die für diese Honorarzone zulässige Punktzahl, ändert an der Brauchbarkeit nichts. Nur so ist das volle Spektrum auszuloten. Andere Schemata nehmen eine abweichende Bewertung vor, was zu divergierenden Ergebnissen führen kann, vgl. folgendes Schema von *Motzke/Wolff*:[9]

13

Honorarzone Merkmale/Punkte	I	II	III	IV	V
Planungsanforderungen	sehr gering	gering	durchschnittlich	überdurchschnittlich	sehr hoch
1 Einbindung in die Umgebung	1	2–3	4	5	6
2 Anzahl der Funktionsbereiche	1–2	3	4–5	6–7	8–9
3 Gestalterische Anforderungen	1–2	3	4–5	6–7	8–9
4 Konstruktive Anforderungen	1–2	3	4	5	6
5 Technische Gebäudeausrüstung	1	2–3	4	5	6
6 Ausbau	1–2	3	4	5	6
Maximalpunktezahl	10	18	26	34	42

---

9 *Motzke/Wolff*, Praxis der HOAI, S. 298; zu den Bewertungsmerkmalen bei Einordnung von Schulbauten in die Honorarzone vgl. *Breckenbauer* BauR 2015, 580.

§ 35 HOAI   Honorare für Grundleistungen bei Gebäuden und Innenräumen

14 In der Regel wird eine genauere, nachvollziehbare Punktbewertung erforderlich. Dafür wurden in den Vorauflagen Beispiele angegeben. Auf diese Beispiele (z. B. § 35 Rn. 14 aus der 12. Aufl.) wird verwiesen.

15 Die Absätze 4 und 5 haben für die Vereinbarung des Honorars innerhalb der Mindest- und Höchstsätze der Honorartafel nur im Zusammenhang mit anderen Kriterien Bedeutung. Allerdings muss darauf hingewiesen werden, dass die Vereinbarung eines über dem Mindestsatz liegenden Honorars zur Wirksamkeit keiner speziellen Begründung bedarf.

d) Ermittlung der Honorarzone bei Innenräumen

16 Die Bewertungsmerkmale für den Raumbildenden Ausbau umfassen folgende Planungsanforderungen:

17 ▶ **Funktionsbereiche**

Während die als Bewertungsmerkmal aufgeführte Anzahl der Funktionsbereiche sich auf die Funktionsbereiche des gesamten Gebäudes beziehen und in diesem Sinne auch für den Raumbildenden Ausbau gelten, können die Bewertungsmerkmale im Einzelfall auch nur für einzelne Räume oder Raumgruppen im Raumbildenden Ausbau anzuwenden sein. Maßgebend sind die Wertigkeit des Raumbildenden Ausbaues in Bezug auf Nutzung, Größe und Zahl und ihre funktionalen Beziehungen untereinander sowie die sich ergebenden Planungsanforderungen. Daran ändert es auch nichts, dass – sprachlich ungeschickt – hier nur von einem »Funktionsbereich« die Rede ist. Als Beispiel mag dienen, dass ein Innenarchitekt den Auftrag erhält, in einem bestehenden Gebäude einen Versammlungsraum mit zugeordneten Nebenräumen zu planen. Der Versammlungsraum soll durch bewegliche Wände für verschiedene Zwecke nutzbar und die Nebenräume für Bewirtschaftung, Garderoben, Medieneinsatz brauchbar sein. Hierbei können sich mehrere Funktionsbereiche mit vielfältigen Beziehungen ergeben, die eine Einordnung in die Honorarzone IV als Objekt des Raumbildenden Ausbaues ergeben, während das Bewertungsmerkmal zusammen mit den anderen für das Gebäude nur zu einer Einordnung in die Honorarzone III führen würde. Mit dieser Auslegung des Begriffs »Funktionsbereich« für den Raumbildenden Ausbau wird der Tatsache Rechnung getragen, dass der Verordnungsgeber dieses Merkmal nicht auf die speziellen Bedürfnisse des Raumbildenden Ausbaus abgestellt hat. Im Rahmen des Merkmals Funktionsbereich ist im Ergebnis die Art, der Umfang, die Komplexität und die Beziehungen der Räume untereinander sowie der Funktionen in einzelnen Funktionsbereichen des Objekts zu berücksichtigen.

18 ▶ **Lichtgestaltung**

Hierunter ist Lichtplanung und Lichtführung sowohl für Tages- als auch für Kunstlicht zu verstehen. Es gehören dazu Überlegungen über Lichteinfall, Lichtstreuung, Beleuchtungen und Lichteffekte. Die Lichtführung in einem Gebäude oder in einer Raumgruppe wird als Lichtsystem eine dem speziellen Zweck der Räume dienende wichtige Planungsaufgabe sein. Hierzu gehört auch die Abstimmung zwischen Tages- und Kunstlicht, entsprechend der vorgesehenen Nutzung, etwa in Ausstellungsräumen, Museen, Verkaufsräumen, Kaufhäusern, Restaurants. Bei der Lichtgestaltung kann die Mitwirkung eines Sonderfachmanns für Elektrotechnik erforderlich werden, sofern es sich um Kunstlicht handelt. Zur Lichtgestaltung gehören auch Vorschläge und die Auswahl von Beleuchtungskörpern.

▶ **Raumzuordnung und Raumproportionen** 19

Die Raumzuordnung wird beeinflusst von der Zahl der Funktionsbereiche und ihren Beziehungen untereinander sowie von Art und Umfang der Nutzung. Wirtschaftliche und bauphysikalische Zusammenhänge können dabei von Bedeutung werden. Raumproportionen berühren in der Regel gestalterische Fragen, wie nach den Raumzuschnitten, dem Nutzungszweck der Räume u. dergl., werfen aber auch raumakustische Fragen und Fragen der Lichtgestaltung auf.

▶ **Technische Ausrüstung** 20

Die Technische Ausrüstung kann beim Raumbildenden Ausbau eine wesentliche Rolle spielen, insbesondere die elektronische Ausstattung vor allem in Konferenz- und Schulungsbereichen und bei bestehenden Gebäuden, bei denen Anlagen der Raumlufttechnik berücksichtigt werden müssen. Aber auch andere Anlagen der Anlagengruppen nach § 51 können die Planungsanforderungen in bauphysikalischer, wirtschaftlicher und energiewirtschaftlicher (z. B. nach EnEV) Hinsicht beeinflussen. Während bei Neubauten die Planungsleistungen für Gebäudeplanung und Technische Ausrüstung meist synchron verlaufen, ist dies beim Raumbildenden Ausbau in bestehenden Gebäuden nicht die Regel, es sei denn, der Architekt für Raumbildenden Ausbau würde frühzeitig zur Mitwirkung eingeschaltet. Im Hinblick auf die Bewertung dürfte es beim Raumbildenden Ausbau nicht so sehr auf die Anforderungen aus der Technischen Ausrüstung ankommen, sondern auf die Art und den Umfang der jeweiligen Anlagen.

▶ **Farb- und Materialgestaltung** 21

Zu den Leistungen des Raumbildenden Ausbaus gehört auch die Aufstellung eines umfassenden und durchgehenden Farb- und Materialkonzepts. Hierunter fallen alle Materialzusammenstellungen für die Gestaltung von Wänden, Böden und Decken, Textilien, Anlagen und Einrichtungen, Einrichtungsgegenstände und Möblierungen. Die hohe Punktbewertung unterstreicht die Bedeutung dieser Planungsanforderungen für die Durchsetzung der Entwurfsideen.

▶ **Konstruktive Detailgestaltung** 22

Während beim Gebäude die konstruktiven Planungsanforderungen im Gesamten Bewertungsmerkmal sind, tritt beim Raumbildenden Ausbau die konstruktive Detailgestaltung in den Vordergrund. Im Zusammenhang mit dem Leistungsbild des § 33 handelt es sich hier um Detailausbildung für die in der Regel handwerklich ausgeführten Konstruktionen bis in alle Einzelheiten, ggf. im Maßstab 1:1. Die konstruktive Detailgestaltung setzt Kenntnisse von handwerklichen und industriel-

§ 35 HOAI Honorare für Grundleistungen bei Gebäuden und Innenräumen

len Fertigungsmethoden voraus sowie umfassende Materialkenntnisse. Beim Bauen im Bestand, besonders bei denkmalgeschützten Objekten, können Kenntnisse historischer Gestaltungs-, Material- und Herstellungsfragen von besonderer Bedeutung sein.

23 Die Bewertung nach Planungsanforderungen der einzelnen Bewertungsmerkmale erfolgt für den Raumbildenden Ausbau unabhängig von der Bewertung für das Gebäude. Sie muss die spezifischen Umstände, Schwierigkeiten und Nutzungsmöglichkeiten berücksichtigen.

24 ▶ **Beispiel:**
1. Ein bestehendes Fabrikgebäude soll umgenutzt werden. Das Gebäude fällt in die Honorarzone III. Durch Umnutzung in ein Altenwohnheim werden die Planungsanforderungen insgesamt überdurchschnittlich, sodass für den Raumbildenden Ausbau die Honorarzone IV anzusetzen ist.
2. Ein unter Denkmalschutz stehendes Gebäude soll saniert werden. Das nur noch aus dem Traggerüst bestehende Gebäude soll für Repräsentationszwecke um- und ausgebaut werden. Während sich für das Gebäude eine Zuordnung in die Honorarzone III ergibt, kann für den Raumbildenden Ausbau die Honorarzone V angemessen sein.

Für die Punktebewertung hat sich wie bei Gebäuden (vgl. oben Rdn. 13) auch für Raumbildenden Ausbau ein geeignetes **Schema** herausgebildet.

Planungsanforderungen		Sehr gering	Gering	Durchschnittlich	Überdurchschnittlich	Sehr hoch
Honorarzone		I	II	III	IV	V
Bewertungsmerkmale		Punktbewertung				
1	Anzahl der Funktionsbereiche	1	2–3	4	5	6
2	Lichtgestaltung	1	2–3	4	5	6
3	Raumzuordnung u. Raumproportionen	1	2–3	4	5	6
4	Technische Ausrüstung	1	2–3	4	5	6
5	Farb- und Materialgestaltung	1–2	3	4–5	6–7	8–9
6	Konstruktive Detailgestaltung	1–2	3	4–5	6–7	8–9
zulässige Punktzahl		bis 10	11–18	19–26	27–34	35–42

Bei der Punktbewertung für den Raumbildenden Ausbau ist wie bei Gebäuden vorzugehen. Das bedeutet, dass zunächst eine Grobbewertung und danach ggf. eine Feinbewertung durchgeführt werden sollte. In den früheren Auflagen wurde hier ein Beispiel verwendet, auf welches im Einzelnen verwiesen werden kann.

§ 36 HOAI Umbauten und Modernisierungen von Gebäuden und Innenräumen

(1) Für Umbauten und Modernisierungen von Gebäuden kann bei einem durchschnittlichen Schwierigkeitsgrad ein Zuschlag gemäß § 6 Absatz 2 Satz 3 bis 33 Prozent auf das ermittelte Honorar schriftlich vereinbart werden.

(2) Für Umbauten und Modernisierungen von Innenräumen in Gebäuden kann bei einem durchschnittlichen Schwierigkeitsgrad ein Zuschlag gemäß § 6 Absatz 2 Satz 3 bis 50 Prozent auf das ermittelte Honorar schriftlich vereinbart werden.

Übersicht Rdn.
1. Änderungen durch die HOAI 2009 1
2. Änderungen durch die HOAI 2013 3
3. Zusammenspiel mit anderen Vorschriften 4
4. Umbau- und Modernisierungszuschlag bei Gebäuden 5
5. Umbau- und Modernisierungszuschlag bei Innenräumen 7
6. Die Höhe des Zuschlags bei Beauftragung sowohl von Leistungen für Gebäude als auch für Innenräume 9

1. Änderungen durch die HOAI 2009

§ 35 HOAI 2009 hatte die Regelungen über eine Honorarerhöhung bei Leistungen im Bestand zusammengefasst, die zuvor für Umbauten und Modernisierungen in den §§ 24, 25 Abs. 2, 59, 66 Abs. 5 und 76 HOAI 2002 enthalten waren. In § 3 Nr. 5 HOAI 2002 wurden Umbauten als Umgestaltung eines vorhandenen Objekts mit wesentlichen Eingriffen in Konstruktion und Bestand definiert. Im Vergleich zu dieser Regelung wurde in § 2 Nr. 6 HOAI 2009 auf das Erfordernis der »**Wesentlichkeit**« eines Eingriffs verzichtet, sodass jeder Eingriff in Konstruktion oder Bestand unter den Voraussetzungen des § 35 HOAI 2009 einen Umbauzuschlag ausgelöst hatte (vgl. § 6 Rdn. 41 f.). Dagegen blieb die in § 2 Nr. 7 geregelte Definition des Begriffs »Modernisierung« unverändert (vgl. § 2 Rdn. 14).

Sowohl bei Umbauten als auch bei Modernisierungen war nach der HOAI 2002 in zweifacher Hinsicht eine Honorarerhöhung vorzunehmen. Dies betraf zum einen den Umbau- oder Modernisierungszuschlag, der bei der Objektplanung in § 24 HOAI 2002 geregelt war, und zum anderen eine Erhöhung der anrechenbaren Kosten über eine angemessene Berücksichtigung des Werts der technisch oder gestalterisch mitverarbeiteten Bausubstanz nach § 10 Abs. 3a HOAI 2002. Letztere Vorschrift wurde in der HOAI 2009 ersatzlos gestrichen, sodass eine Honorarerhöhung ausschließlich über den Zuschlag nach § 35 HOAI 2009 erfolgen konnte. Im Gegenzug

§ 36 HOAI Umbauten und Modernisierungen von Gebäuden und Innenräumen

dazu war die Vereinbarung eines Zuschlags bis zu 80 % möglich, während nach der Regelung der HOAI 2002 bei durchschnittlichem Schwierigkeitsgrad nur ein Zuschlag von 20 % bis 33 % vereinbart werden konnte. Außerdem fiel für Leistungen ab der Honorarzone II ein Zuschlag von 20% auch ohne Vereinbarung an, während dieser nach der HOAI 2002 nur für Leistungen ab durchschnittlichem Schwierigkeitsgrad (Honorarzone III) galt. Die nach § 24 Abs. 2 HOAI 2002 gegebene Alternative, bei erhöhten Anforderungen aufgrund des Umbaus oder der Modernisierung in den Leistungsphasen 1, 2 und 8 anstelle des Zuschlags höhere Prozentsätze zu vereinbaren, ist entfallen.

2. Änderungen durch die HOAI 2013

3   Bisher waren die Berechnungselemente für das Honorar bei Umbauten und Modernisierungen in § 35 HOAI 2009 (Gebäude und raumbildende Ausbauten) enthalten. Sie wurden in der HOAI 2013 aus systematischen Gründen in den Allgemeinen Teil (§ 6 Abs. 2) verschoben, weil der Umbau- und Modernisierungszuschlag für alle Objekte der Teile 3 und 4 gilt[1]. In § 6 Abs. 2 S. 2 wird klargestellt, dass der Umbauzuschlag unter Berücksichtigung des Schwierigkeitsgrads schriftlich zu vereinbaren und die Höhe jeweils in den Honorarregelungen der Leistungsbilder geregelt ist (§ 6 Abs. 2 S. 3).

In der Praxis hat sich gezeigt, dass die in der HOAI 2009 eingeführten Kompensationsregelungen für den Wegfall der Erhöhung der anrechenbaren Kosten um den Wert der technisch und gestalterisch mitverarbeiteten Bausubstanz unzureichend waren, weil ein höherer Umbau- oder Modernisierungszuschlag in den meisten Fällen von dem Auftragnehmer nicht durchgesetzt werde konnte. Aus diesem Grund wurden die in der HOAI 2009 eingeführten Änderungen weitgehend rückgängig gemacht. So wurde in der HOAI 2013 wieder die Erhöhung der anrechenbaren Kosten um den Wert der mitzuverarbeitenden Bausubstanz eingeführt. Als Folge davon wurde die Regelung über den Umbau- und Modernisierungszuschlag grundlegend geändert und mehr an die alte Regelung der HOAI 2002 angepasst. Ein Umbau setzt nach § 2 Abs. 5 wieder einen **wesentlichen Eingriff** in Konstruktion oder Bestand voraus. Ohne Honorarvereinbarung gilt der Zuschlag von 20 % erst ab einem durchschnittlichen Schwierigkeitsgrad (Honorarzone III). Während diese allgemeinen Regelungen über den Umbau- und Modernisierungszuschlag in § 6 Abs. 2 verschoben wurden, ist in § 36 nur noch die zulässige Höhe bei durchschnittlichem Schwierigkeitsgrad im Falle einer Vereinbarung eines Zuschlags für Gebäude (Abs. 1) und Innenräume (Abs. 2) geregelt.

3. Zusammenspiel mit anderen Vorschriften

4   Der Begriff »Umbau« ist in § 2 Abs. 5 und der Begriff »Modernisierung« in § 2 Abs. 6 definiert. Nach § 2 Abs. 5, 6 ist gilt der Zuschlag für alle in § 2 Abs. 1 aufgeführten Objekte. Die für die Ermittlung des Umbau- oder Modernisierungszuschlags maßgeblichen Parameter sind in § 6 Abs. 2 Nr. 1–5 enthalten. In § 6 Abs. 2 S. 2 wird klar-

---

1 Die Kommentierung des Umbau- und Modernisierungszuschlags wurde deshalb nach § 6 Rdn. 39 ff. verschoben.

gestellt, dass der Zuschlag unter Berücksichtigung des Schwierigkeitsgrads schriftlich zu vereinbaren und die Höhe jeweils in den Honorarregelungen der Leistungsbilder geregelt ist. Sodann ist in § 6 Abs. 2 S. 4 eine unwiderlegliche Vermutung enthalten, dass ab einem durchschnittlichen Schwierigkeitsgrad ein Zuschlag von 20 Prozent vereinbart ist. Liegen ein Umbau oder eine Modernisierung vor, kommt neben dem Zuschlag eine Erhöhung der anrechenbaren Kosten um eine angemessene Berücksichtigung des Werts der mitzuverarbeitenden Bausubstanz nach § 4 Abs. 3 in Frage.

4. Umbau- und Modernisierungszuschlag bei Gebäuden

Die zulässige Höhe des Zuschlags ist in § 6 Abs. 2 nicht für alle Objekte einheitlich geregelt. Vielmehr verweist dieser auf die jeweiligen Honorarregelungen in den Leistungsbildern und somit für **Gebäude** auf § 36 Abs. 1. Danach kann bei einem durchschnittlichen Schwierigkeitsgrad ein Zuschlag bis 33 % auf das Honorar vereinbart werden. Aus der Regelung des § 6 Abs. 2 S. 2, wonach die Höhe des Zuschlags unter Berücksichtigung des Schwierigkeitsgrads der Leistungen zu vereinbaren ist, ist weiter zu entnehmen, dass diese Obergrenze auch für Leistungen mit einem unterdurchschnittlichen Schwierigkeitsgrad gelten muss. Für diese ist zwar keine exakte Obergrenze festgelegt. Wenn die Obergrenze aber für Leistungen mit durchschnittlichem Schwierigkeitsgrad gilt, muss sie als Begrenzung nach oben erst recht für Leistungen mit einem geringeren Schwierigkeitsgrad gelten. Weisen die Leistungen einen überdurchschnittlichen Schwierigkeitsgrad auf, so kann die Höhe des Zuschlags frei bis zur Grenze der Sittenwidrigkeit nach § 138 BGB vereinbart werden. 5

Wird bei einem durchschnittlichen Schwierigkeitsgrad ein höherer Zuschlag als 33 % vereinbart, kann die Vereinbarung trotzdem wirksam sein. Die Unwirksamkeit ergibt sich aus einer Höchstsatzüberschreitung nach § 7 Abs. 4. Dabei sind aber nicht einzelne Parameter des Gesamthonorars isoliert zu betrachten. Vielmehr ist eine Gesamtberechnung des Honorars nach den Höchstsätzen vorzunehmen. Darunter fällt auch der höchstzulässige Umbauzuschlag von 33 %. Erst wenn die Honorarforderung insgesamt über dem sich nach den Höchstsätzen zu berechnenden Honorar liegt, ist von einer unwirksamen Höchstsatzüberschreitung auszugehen. Selbst in diesem Fall ist die Honorarvereinbarung nicht insgesamt nichtig. Dann gilt vielmehr der zulässige Höchstsatz (vgl. § 7 Rdn. 141 f.). 6

5. Umbau- und Modernisierungszuschlag bei Innenräumen

In § 36 Abs. 2 wird die zulässige Höhe des Umbau- oder Modernisierungszuschlags für Leistungen bei **Innenräumen** von Gebäuden festgelegt. Danach kann bei einem durchschnittlichen Schwierigkeitsgrad ein Zuschlag von bis zu 50 % schriftlich vereinbart werden. Gerade bei Umbauten und Modernisierungen von Innenräumen im Bestand ist weiter zu beachten, dass der Umfang der mitzuverarbeitenden Bausubstanz nach § 4 Abs. 3 zu einer Erhöhung der anrechenbaren Kosten und damit mittelbar zu einer Honorarerhöhung führt, die völlig unabhängig vom Umbau- und Modernisierungszuschlag anfällt (vgl. § 6 Rdn. 47). Nimmt man die Definition des Begriffs »Innenräume« in § 34 Abs. 2 wörtlich, könnte für diese überhaupt kein Umbauzuschlag 7 anfallen, weil es sich bei Leistungen für Innenräume um die Gestaltung oder Erstellung von Innenräumen **ohne wesentliche Eingriffe** in Bestand oder Konstruktion handelt. Ein Umbau setzt nach der Begriffsbestimmung des § 2 Abs. 5 aber Umgestaltungen eines vorhandenen Objekts mit wesentlichen Eingriffen in Konstruktion oder Bestand voraus. Aus der ausdrücklich auf Umbauten von Innenräumen zugeschnittenen speziellen Regelung des § 36 Abs. 2 ist zu entnehmen, dass es sich hier um einen handwerklichen Fehler[2] handelt, der so aufzulösen ist, dass die Tatbestandsvoraussetzung »ohne wesentliche Eingriffe in Bestand oder Konstruktion« in § 34 Abs. 2 auf das Gebäude bezogen ist und somit auch bei Innenräumen ein Umbau vorliegen kann[3]. Sonst würde die Regelung keinen Sinn machen.

8 Der Wortlaut des § 36 Abs. 2 nimmt nicht explizit auf Innenräume in bestehenden Gebäuden Bezug. Es könnte deshalb die Auffassung vertreten werden, dass der Umbauzuschlag bei der Planung von Innenräumen immer dann anfällt, wenn der Innenraumplaner nicht mit dem Gebäudeplaner identisch ist und er auf die Gebäudeplanung keinen Einfluss hat. In diesem Fall wird dem Innenraumplaner nicht nur der Grundriss, sondern die ganze den Raum umgebende Begrenzung vorgegeben, was zu erheblichen Erschwernissen gegenüber der Beteiligung des Innenraumplaners an der Gebäudeplanung führt. Dieser gesteigerte Schwierigkeitsgrad im Falle der erstmaligen Erstellung des Objekts »Innenraum« ohne Mitwirkung bei der Gebäudeplanung ist mit demjenigen eines Umbaus durchaus vergleichbar. Trotzdem scheidet ein Umbauzuschlag bei der erstmaligen Gestaltung eines Innenraums angesichts der klaren Definition in § 2 Abs. 5 aus, wonach ein Umbau die Umgestaltung eines vorhandenen Objekts (Innenraum) mit wesentlichen Eingriffen in Konstruktion oder Bestand voraussetzt.[4] Bei der erstmaligen Errichtung eines Innenraums fehlt es bereits an der Umgestaltung eines vorhandenen Innenraums. Ein Grundriss in der Entwurfs- oder Werkplanung eines Gebäudeplaners stellt noch keinen Innenraum dar. Selbst wenn bereits Innenräume vorhanden sind und die Innenraumplanung nicht zu wesentlichen Eingriffen in Konstruktion und Bestand führt, liegen nach der Definition des § 34 Abs. 2 Leistungen für Innenräume und kein Umbau eines vorhandenen Innenraums vor. In diesem Fall kann – soweit auch keine Modernisierung vorliegt (vgl. § 2 Abs. 6) – eine Honorarerhöhung nur über die Berücksichtigung des Werts der technisch und gestalterisch mitzuverarbeitenden Bausubstanz nach § 4 Abs. 3 erfolgen.

6. Die Höhe des Zuschlags bei Beauftragung sowohl von Leistungen für Gebäude als auch für Innenräume

9 Die zulässige Höhe des Umbau- und Modernisierungszuschlags wird in den Absätzen 1 und 2 unterschiedlich bestimmt. Wird ein Auftragnehmer sowohl mit Grundleistungen für Gebäude als auch für Innenräume beauftragt, werden nach § 37 Abs. 2 die an-

---

2 *Werner/Siegburg* BauR 2013, 1499, 1508.
3 *Fuchs/Seifert* in FBS, § 36 Rn. 8 f.
4 *Fuchs/Seifert* in FBS, § 36 Rn. 10; *Korbion* in KVM, § 36 Rn. 18; a. A. *Fischer* in TWK, § 18 Rn. 63.

rechenbaren Kosten addiert. Das Honorar ist dann nicht getrennt, sondern einheitlich abzurechnen. Dies hat auch für den Umbau- und Modernisierungszuschlag zu gelten. In diesem Fall ist es fraglich, ob sich die zulässige Höhe des Zuschlags aus Abs. 1 (Leistungen für Gebäude) oder aus Abs. 2 (Leistungen für Innenräume) ergibt. Aus der Regelung des § 37 Abs. 2 könnte ein grundsätzlicher Vorrang der Honorarvorschriften für Leistungen an Gebäuden zu entnehmen sein, sodass in diesem Fall immer Abs. 1 mit einem Höchstzuschlag von 33% einschlägig wäre[5]. Dies würde den Erschwernissen bei Umbauten- und Modernisierungen von Innenräumen nicht gerecht. Der Verordnungsgeber hat diesen gerade durch den höheren Zuschlag in § 36 Abs. 2 Rechnung getragen. Dabei handelt es sich um eine Spezialvorschrift, die nur für den Umbau und Modernisierungen gilt und insoweit § 37 Abs. 2 vorgeht. Werden einem Auftragnehmer sowohl die Leistungen an Gebäuden als auch an Innenräumen übertragen, ist deshalb für die Höhe des Zuschlags auf den Schwerpunkt der Maßnahme abzustellen. Liegt dieser in Leistungen für Gebäude, gilt Abs. 1 mit einem Höchstzuschlag von 33%. Werden dagegen überwiegend Leistungen für Innenräume beauftragt, gilt Abs. 2 mit einem Höchstzuschlag von 50 %.

§ 37 HOAI Aufträge für Gebäude und Freianlagen oder für Gebäude und Innenräume

(1) § 11 Absatz 1 ist nicht anzuwenden, wenn die getrennte Berechnung der Honorare für Freianlagen weniger als 7 500 Euro anrechenbare Kosten ergeben würde.

(2) Werden Grundleistungen für Innenräume in Gebäuden, die neu gebaut, wiederaufgebaut, erweitert oder umgebaut werden, einem Auftragnehmer übertragen, dem auch Grundleistungen für dieses Gebäude nach § 34 übertragen werden, so sind die Grundleistungen für Innenräume im Rahmen der festgesetzten Mindest- und Höchstsätze bei der Vereinbarung des Honorars für die Grundleistungen am Gebäude zu berücksichtigen. Ein gesondertes Honorar nach § 11 Absatz 1 darf für die Grundleistungen für Innenräume nicht berechnet werden.

Übersicht Rdn.
1. Änderungen durch die HOAI 2009 1
2. Änderungen durch die HOAI 2013 3
3. Die Regelung des Abs. 1 (Auftrag für Gebäude und Freianlagen) 4
4. Die Regelung des Abs. 2 (Auftrag für Gebäude und Innenräume) 6

1. Änderungen durch die HOAI 2009

Der früher in § 18 HOAI 2002 geregelte Grundsatz einer getrennten Honorarermittlung bei einem Auftrag über ein Gebäude und Freianlagen wurde in § 11 Abs. 1 HOAI 2009 übernommen. Von diesem Grundsatz wurde in § 32 Abs. 4 für den Fall eine Ausnahme gemacht, dass die anrechenbaren Kosten der Freianlagen unter 7.500 € liegen.

---

[5] Fuchs/Seifert in FBS, § 36 Rn. 11; Schmidt/Hennig in MNP, § 36 Rn. 27.

§ 37 HOAI   Aufträge für Gebäude und Freianlagen oder für Gebäude und Innenräume

Dann wurden die Kosten der Freianlagen zu den Kosten für das Gebäude hinzugerechnet und es erfolgte eine einheitliche Gesamtabrechnung über das Leistungsbild Gebäude und Innenräume.

2   Im Falle der Beauftragung mit Leistungen sowohl des Raumbildenden Ausbaus als auch für Gebäude war das Honorar für beide Leistungen nach § 25 HOAI 2002 nicht getrennt abzurechnen. Vielmehr waren die anrechenbaren Kosten des Raumbildenden Ausbaus denjenigen für das Gebäude zuzuschlagen, sodass eine einheitliche Abrechnung zu erfolgen hatte. Da der Raumbildende Ausbau in § 2 Nr. 1 HOAI 2009 als eigenständiges Objekt galt, waren die anrechenbaren Kosten nach § 11 Abs. 1 HOAI 2009 für Gebäude und Raumbildende Ausbauten getrennt zu ermitteln und die Honorare getrennt abzurechnen. Dies führte aufgrund der Degressionsverluste der Honorartabellen zu einem erheblich höheren Honorar des mit beiden Objekten beauftragten Planers.

2. Änderungen durch die HOAI 2013

3   Die in § 32 Abs. 4 HOAI 2009 enthaltene Sonderregelung, wonach bei anrechenbaren Kosten für Freianlagen von unter 7.500 € der in § 11 Abs. 1 enthaltene Grundsatz einer getrennten Abrechnung von Gebäuden und Freianlagen aufgehoben wird, wurde nunmehr ohne inhaltliche Änderung in § 37 Abs. 1 verschoben. Der in § 11 Abs. 1 HOAI 2009 neu eingeführte Grundsatz einer getrennten Honorarberechnung für Leistungen für Gebäude und Raumbildende Ausbauten bei der Beauftragung eines Architekten mit diesen Leistungen wurde in § 37 Abs. 2 HOAI 2013 wieder aufgehoben. Zur Begründung wurde angeführt, dass damit eine Mehrfachhonorierung vermieden werden soll.[1] Tatsächlich war es offensichtlich, dass eine vernünftige Abgrenzung und damit eine getrennte Honorarberechnung von Leistungen für Gebäude und Raumbildende Ausbauten nicht möglich war.

3. Die Regelung des Abs. 1 (Auftrag für Gebäude und Freianlagen)

4   Die Regelung des Abs. 1 ist nur auf die Vergütung von Leistungen für Gebäude neben solchen für Freianlagen anwendbar. Eine entsprechende Anwendung auf Leistungen für Ingenieurbauwerke oder Verkehrsanlagen neben solchen für Freianlagen ist angesichts des klaren Wortlauts ausgeschlossen. Liegen dort die anrechenbaren Kosten über 7.500,– € aber unter den Eingangswerten der Honorartafel des § 34 Abs. 1 von 25.000,– €, gilt der Trennungsgrundsatz des § 11 Abs. 1. Das Honorar ist dann nach § 7 Abs. 2 frei vereinbar.

5   Abs. 1 regelt einen Ausnahmefall, der vom Grundsatz der objektbezogenen Abrechnung nach § 11 Abs. 1 abweicht, wenn die anrechenbaren Kosten der Freianlagen unter 7.500 € liegen. Dann sind die anrechenbaren Kosten zu addieren und einheitlich nach dem Leistungsbild Gebäude und Innenräume abzurechnen. Dagegen fehlt die bisher in § 37 Abs. 3 HOAI 2009 enthaltene spiegelbildliche Regelung für den Fall, dass

---

1   Amtliche Begründung S. 157.

die anrechenbaren Kosten für das Gebäude unter 7.500 € liegen. Dabei handelt es sich offensichtlich um ein Versehen des Verordnungsgebers. In der amtlichen Begründung[2] wird ausdrücklich darauf hingewiesen, dass damit die Regelung des § 37 Abs. 3 HOAI 2009 ohne inhaltliche Änderungen übernommen werden soll. Es ist deshalb davon auszugehen, dass in diesem Fall weiterhin eine einheitliche Abrechnung nach dem Leistungsbild Freianlagen vorzunehmen ist.

4. Die Regelung des Abs. 2 (Auftrag für Gebäude und Innenräume)

Abs. 2 regelt den Fall, dass derselbe Architekt mit Leistungen für Gebäude und Innenräume beauftragt wird. In diesem Fall wird der in § 11 Abs. 1 enthaltene Grundsatz einer getrennten Abrechnung von verschiedenen Objekten ausdrücklich aufgehoben. Der Architekt ist nicht berechtigt, für die Leistungen für Innenräume ein getrenntes Honorar zu berechnen. Die anrechenbaren Kosten der Leistungen für Innenräume werden zu der Gebäudeplanung hinzugerechnet. Auf diese Weise werden die gesamten anrechenbaren Kosten einheitlich ermittelt und als Leistungen für Gebäude abgerechnet. Eine Identität des Architekten ist auch dann zu bejahen, wenn er Gesellschafter einer mit dem Hochbau beauftragten »Architektengemeinschaft« ist und mit ihm alleine ein separater Vertrag über Leistungen für Innenräume geschlossen wird.[3] Dies gilt trotz der inzwischen von der Rechtsprechung anerkannten Rechtsfähigkeit einer BGB-Gesellschaft weiter, weil nicht auf eine rein formale Trennung sondern darauf abzustellen ist, ob hier eine tatsächliche Einflussnahme möglich ist.[4] Aus diesem Grund scheidet eine getrennte Abrechnung auch dann aus, wenn ein Architekt neben einer rechtsfähigen Gesellschaft, in der er einen maßgeblichen Einfluss ausübt (etwa einer Ein-Mann-GmbH) beauftragt wird.

6

Der Wortlaut des § 37 Abs. 2 erfordert keine »gleichzeitige« Beauftragung mit Leistungen für Gebäude und Innenräume. Es kommt deshalb nicht auf den Zeitpunkt des Vertragsschlusses, sondern auf die Zeit der Ausführung der betreffenden Leistungen an. Werden Leistungen für Innenräume in derselben Zeit oder unmittelbar nach Leistungen der Gebäudeplanung von einem Auftragnehmer ausgeführt, so darf nach Abs. 2 für Leistungen für Innenräume kein gesondertes Honorar berechnet werden.[5] Voraussetzung für eine einheitliche Honorierung ist immer, dass die übertragenen Grundleistungen der Gebäudeplanung mit denjenigen für Innenräume korrespondieren.

7

▶ **Beispiel:**

Einem Architekten werden die Vor- und Entwurfsplanung für Gebäude und Innenräume gem. § 34 Abs. 2 HOAI übertragen. Mit weiteren Grundleistungen für das Gebäude wird er nicht beauftragt. Hinsichtlich der Innenräume hat er jedoch die

---

2 Amtliche Begründung S. 157.
3 OLG Schleswig BauR 2000, 1886.
4 A. A. *Seifert/Fuchs* in FBS, § 37 Rn. 17.
5 OLG Schleswig BauR 2000, 1886; *Löffelmann/Fleischmann*, Rn. 990; *Fischer* BrBp 2004, 413 f.

Ausführungsplanung und die Objektüberwachung (Leistungsphasen 5 und 8) übertragen erhalten.

8 Nach dem Sinn der Regelung des § 37 Abs. 2 tritt in solchen Fällen keine Doppelbelastung des Auftraggebers ein, wenn für die nichtkorrespondierenden Leistungsphasen das Honorar für Innenräume isoliert abgerechnet wird. Nur für diejenigen Leistungsphasen, bei denen sowohl Leistungen für Gebäude als auch Leistungen für Innenräume erbracht werden, ist die isolierte Berechnung des Honorars für Innenräume nach Abs. 2 ausgeschlossen.[6]

---

6 *Koeble/Zahn*, Rn. 130.

Abschnitt 2 Freianlagen

§ 38 HOAI Besondere Grundlagen des Honorars

(1) Für Grundleistungen bei Freianlagen sind die Kosten für Außenanlagen anrechenbar, insbesondere für folgende Bauwerke und Anlagen, soweit diese durch den Auftragnehmer geplant oder überwacht werden:
1. Einzelgewässer mit überwiegend ökologischen und landschaftsgestalterischen Elementen,
2. Teiche ohne Dämme,
3. flächenhafter Erdbau zur Geländegestaltung,
4. einfache Durchlässe und Uferbefestigungen als Mittel zur Geländegestaltung, soweit keine Grundleistungen nach Teil 4 Abschnitt 1 erforderlich sind,
5. Lärmschutzwälle als Mittel zur Geländegestaltung,
6. Stützbauwerke und Geländeabstützungen ohne Verkehrsbelastung als Mittel zur Geländegestaltung, soweit keine Tragwerke mit durchschnittlichem Schwierigkeitsgrad erforderlich sind,
7. Stege und Brücken, soweit keine Grundleistungen nach Teil 4 Abschnitt 1 erforderlich sind,
8. Wege ohne Eignung für den regelmäßigen Fahrverkehr mit einfachen Entwässerungsverhältnissen sowie andere Wege und befestigte Flächen, die als Gestaltungselement der Freianlagen geplant werden und für die keine Grundleistungen nach Teil 3 Abschnitt 3 und 4 erforderlich sind.

(2) Nicht anrechenbar sind für Grundleistungen bei Freianlagen die Kosten für
1. das Gebäude sowie die in § 33 Absatz 3 genannten Kosten und
2. den Unter- und Oberbau von Fußgängerbereichen ausgenommen die Kosten für die Oberflächenbefestigung.

Übersicht Rdn.
1. Änderungen durch die HOAI 2009 1
2. Änderungen durch die HOAI 2013 5
3. Die Regelung des Abs. 1 6
4. Die Regelung des Abs. 2 Nr. 1 21
5. Die Regelung des Abs. 2 Nr. 2 24

1. Änderungen durch die HOAI 2009

In § 10 HOAI 2002 war die zentrale Regelung über die Honorarermittlung auch für Freianlagen und insbesondere über die dafür maßgeblichen anrechenbaren Kosten enthalten. Die Einordnung der Freianlagenplanung in die zutreffende Honorarzone ergab sich aus § 13 HOAI 2002 und aus der Objektliste in § 14 HOAI 2002. In § 15 HOAI 2002 waren neben den Leistungsbildern für Gebäude und Raumbildende Ausbauten auch die Leistungsbilder für die Freianlagenplanung aufgeführt. § 17 HOAI 2002 enthielt neben der Honorartafel auch die Möglichkeit, bei Leistungen zur gestalterischen

§ 38 HOAI Besondere Grundlagen des Honorars

Einbindung von Ingenieurbauwerken und Verkehrsanlagen in die Freianlagen ein gesondertes Honorar zu vereinbaren. § 18 HOAI 2002 enthielt den Grundsatz der getrennten Abrechnung bei einem Auftrag über Gebäude und Freianlagen mit der Ausnahme, dass bei einer völlig untergeordneten Tätigkeit für eines der beiden Objekte mit anrechenbaren Kosten von unter 7.500 € – meist der Freianlagen – keine getrennte Abrechnung vorzunehmen war.

2 Die HOAI 2009 hatte die früheren Vorschriften über das Honorar für Freianlagen weitgehend übernommen. Nach § 6 Abs. 1 HOAI 2009 ist dieses weiterhin nach den anrechenbaren Kosten – allerdings einheitlich auf der Grundlage der Kostenberechnung – zu ermitteln.

3 § 37 Abs. 1 und 2 HOAI 2009 enthielt die früher in § 10 Abs. 6 HOAI 2002 vorhandenen Regelungen über die anrechenbaren Kosten. Außerdem war darin die aus § 10 Abs. 4a Nr. 1 bis 8 HOAI 2002 übernommene Liste von Objekten mit besonderer Prägung enthalten, deren Kosten zu den anrechenbaren Kosten bei Freianlagen zählen. In § 37 Abs. 3 HOAI 2009 war der zuvor in § 18 HOAI 2002 geregelte Grundsatz einer getrennten Honorarermittlung bei einem Auftrag über Gebäude und Freianlagen mit der Ausnahme von anrechenbaren Kosten von unter 7.500 € enthalten. Das in § 15 HOAI 2002 aufgeführte Leistungsbild Freianlagen mit der prozentualen Bewertung der einzelnen Leistungsphasen war in § 38 HOAI 2009 i. V. m. der Anlage 11 enthalten. Die Besonderen Leistungen fanden sich entsprechend der Systematik des § 3 Abs. 3 HOAI 2009 in der Anlage 2 wieder. Die Regelung in § 17 Abs. 3 HOAI 2002 über Leistungen der gestalterischen Einbindung von Ingenieurbauwerken und Verkehrsanlagen in Freianlagen wurde gestrichen. Auch insoweit handelt es sich um Besondere Leistungen.

4 Die Vorschrift des § 35 HOAI 2009 über eine Honorarerhöhung bei **Leistungen im Bestand** war dem Teil 3 Objektplanung (Abschnitt 1 Gebäude und Raumbildende Ausbauten) zugeordnet. Über den Objektbegriff in § 35 Abs. 1 i. V. m. § 2 Nr. 1 HOAI 2009 galt sie nach der hier vertretenen Auffassung auch für Freianlagen.[1]

2. Änderungen durch die HOAI 2013

5 In § 38 Abs. 1 und 2 sind die bisher in § 37 Abs. 1 und 2 HOAI 2009 vorhandenen Regelungen über die anrechenbaren Kosten enthalten. Die aus § 37 Abs. 1 Nr. 1–8 HOAI 2009 übernommene Auflistung von Objekten mit besonderer Prägung, welche zu den anrechenbaren Kosten bei Freianlagen zählen, ist jetzt beispielhaft formuliert. Der bislang in § 37 Abs. 3 HOAI 2009 geregelte Grundsatz einer getrennten Honorarermittlung bei einem Auftrag über Gebäude und Freianlagen mit der Ausnahme von anrechenbaren Kosten von unter 7.500 € wurde in § 37 Abs. 1 verschoben. § 38 enthält außerdem einige redaktionelle Änderungen, welche der Klarstellung sowie der Anpassung von Verweisen innerhalb der HOAI dienen. Inhaltlich sind damit aber keine wesentlichen Änderungen verbunden.

---

[1] Vgl. 11. Aufl. § 37 Rn. 20.

3. Die Regelung des Abs. 1

§ 38 Abs. 1 betrifft ausschließlich die Ermittlung der **anrechenbaren Kosten** für Leistungen bei Freianlagen. Danach zählen zu den anrechenbaren Kosten zunächst die Kosten für **Außenanlagen**, die in der Kostengruppe 500 der DIN 276–1:2008–12 Kosten im Bauwesen – Teil 1: Hochbau (Fassung Dezember 2008) enthalten sind. Der Begriff der »Außenanlagen« und die Ermittlung der anrechenbaren Kosten in Abs. 1 ist damit für den Hochbau geklärt. Für Ingenieurbauwerke enthält die DIN 276 (DIN 276–4: 2009–08 Kosten im Bauwesen – Teil 4: Ingenieurbau, Fassung August 2009) dagegen keine Ansätze oder Kostengruppen für Außenanlagen. Für weitere Objekte, die gänzlich aus dem Rahmen der beiden DIN 276 fallen (wie etwa für selbständige Freianlagen ohne Bezug zu Hoch- oder Ingenieurbauten), fehlt ebenfalls eine Regelung über die Kosten der Außenanlagen. Nachdem aber auch Ingenieurbauwerke (Brücken, Kanäle, Deponien, Wasserbehälter) mit Außenanlagen umgeben sein können (der Begriff »Außenanlagen« ist in den §§ 42 Abs. 3 Nr. 2, 46 Abs. 3 Nr. 2 für Ingenieurbauwerke und Verkehrsanlagen ausdrücklich aufgeführt), ist die KG 500 – Außenanlagen – der DIN 276–1 auch auf Leistungen für Freianlagen außerhalb des Hochbaus sinngemäß anwendbar, zumal diese eine sachgerechte Bestimmung des Begriffs »Außenanlagen« enthält.

6

Nach der Definition in § 39 Abs. 1 und der Objektliste der Anlage 11.2 müssen Freianlagen keine Verbindung mit Bauwerken aufweisen. In diesem Fall werden sie auch nicht von der Kostengruppe 500 der DIN 276–1 oder von der DIN 276–4 erfasst, weil es sich mangels Bauwerksbezug um keine Außenanlagen handelt (so z. B. Pflanzungen in der freien Landschaft, Grünverbindungen, naturnahe Gewässer- und Ufergestaltung). Da aber nach den Leistungsbildern der Anlage 11.1 alle Kostenermittlungen »zum Beispiel nach der DIN 276« erstellt werden müssen, ist für alle selbständigen Freianlagen ohne Bauwerksbezug davon auszugehen, dass die KG 500 der DIN 276-1 für die Ermittlung der anrechenbaren Kosten entsprechend herangezogen werden kann.[2]

7

Soweit Kostenberechnungen nach anderen Kostengliederungen erstellt werden, die nicht mit der Kostenstruktur und den Inhalten der KG 500 der DIN 276-1 in Einklang stehen, ist nicht sichergestellt, dass damit die Kosten der Außenanlagen umfassend erfasst sind oder darüber hinausgehen. So gehören etwa die Kosten für die Fertigstellungspflege der Vegetation zu den anrechenbaren Kosten, nicht jedoch die Kosten für eine etwaige Unterhaltungs- und Entwicklungspflege.

Die KG 500 der DIN 276-1 umfasst nach ihrer Gliederung alle Teile der Außenanlagen. Sie enthält aber nicht in jedem Fall die Kosten eines Objekts. Vielmehr können darin die Kosten mehrerer Objekte wie von Gebäuden (der Außenanlagen), Freianlagen, Ingenieurbauwerken (Mauern, Dämme, Brücken in den Außenanlagen) oder Verkehrsanlagen (Straßen, Stellplätze) enthalten sein. Deshalb ist klarzustellen, dass nicht

8

---

2 *Herrchen* in MNP, § 38 Rn. 2.

§ 38 HOAI Besondere Grundlagen des Honorars

stets die Summe aller Kosten der KG 500 als anrechenbare Kosten gelten kann, sondern nur diejenigen Kosten anrechenbar sind, die als Kosten des einzelnen Objekts »Freianlagen« hierin enthalten sind.

§ 38 enthält keine Regelung, dass die Kosten der Technischen Anlagen als Teile der anrechenbaren Kosten von Objekten der Freianlagen nur bedingt anrechenbar sind, wie dies für Gebäude in § 33 Abs. 2, für Ingenieurbauwerke in § 42 Abs. 2 und für Verkehrsanlagen in § 46 Abs. 2 geregelt ist. Die Kosten von Technischen Anlagen des Objekts Freianlagen nach der KG 540 – Technische Anlagen in Außenanlagen – der DIN 276-1 gehören deshalb in vollem Umfang zu den anrechenbaren Kosten der Freianlagen.

9   Zur Klarstellung der anrechenbaren Kosten von Freianlagen sowie zur Abgrenzung zu Ingenieurbauwerken und Verkehrsanlagen (vgl. § 39 Rdn. 11) ist in § 38 Abs. 1 Nr. 1–8 die Zuordnung der Kosten bestimmter Bauwerke bzw. Anlagen zu den anrechenbaren Kosten der Freianlagen enthalten. Der Wortlaut des § 38 Abs. 1 Nr. 1–8 stellt klar, das es sich um eine beispielhafte Auflistung (»insbesondere«) handelt, welche nicht abschließend ist. § 38 Abs. 1 Nr. 1–8 bestimmt nur für einzelne Bauwerke bzw. Anlagen, dass diese den Freianlagen zuzuordnen sind. Für Anlagen, die nicht unter diese Regelung fallen, ist zu prüfen, ob diese mit den darin aufgeführten Anlagen vergleichbar sind.

10 Die Kosten für die in § 38 Abs. 1 Nr. 1 bis 8 aufgeführten Bauwerke bzw. Anlagen sind bei den Freianlagen anrechenbar, wenn diese durch den Auftragnehmer geplant oder überwacht werden. Unter Planung sind auch solche Maßnahmen zu verstehen, die lediglich der Einbindung bzw. Einordnung in die Gesamtkonzeption des Objekts dienen. Entsprechendes gilt auch für die Überwachung.

11 Nr. 1 bestimmt die Anrechenbarkeit von Kosten für Einzelgewässer, die mit überwiegend ökologischen und landschaftsgestalterischen Elementen geplant werden. Vergleichbare Bauwerke und Anlagen sind als »naturnahe Gewässer- und Ufergestaltungen« in die Objektliste Freianlagen in der Anlage 11.2 aufgenommen worden. Nr. 1 betrifft somit nur Einzelgewässer, die nicht von vornherein Freianlagen darstellen.

12 Nr. 2 legt fest, dass Kosten für Teiche mit Dämmen nicht anrechenbar sind. Dies gilt allerdings nur, wenn diese Dämme nicht mit überwiegend ökologischen und landschaftsgestalterischen Elementen verbunden werden und deshalb nicht in Nr. 1 erfasst sind.

13 Nach Nr. 3 müssen Erdbaumaßnahmen als flächenhafte Erdbauten zur Geländegestaltung geplant werden, damit deren Kosten anrechenbar sind.

14 Nach Nr. 4 und 7 ist Voraussetzung für die Anrechenbarkeit, dass keine Grundleistungen nach Teil 4 Abschnitt 1 (Tragwerksplanung) erforderlich sind. Soweit Serienfertigteile oder Fertigbrücken und Fertigstege geplant oder überwacht werden, sind diese bei den anrechenbaren Kosten zu berücksichtigen, wenn sie mit einer Typenstatik vom Hersteller ausgestattet sind.

Besondere Grundlagen des Honorars § 38 HOAI

Nr. 5 betrifft Lärmschutzwälle, die als Mittel zur Geländegestaltung dienen. Vergleichbare Bauwerke und Anlagen sind als »Lärmschutzeinrichtungen« in die Objektliste der Anlage 11.2 neu aufgenommen worden. Nr. 5 betrifft somit nur Lärmschutzwälle, die nicht von vornherein als Objekte der Freianlagen erfasst sind. 15

Nr. 6 gilt für Stützbauwerke, für die keine Tragwerke mit durchschnittlichem Schwierigkeitsgrad (ab Honorarzonen III) erforderlich sind. Deren Kosten sind somit dann anrechenbar, wenn tragwerksplanerischen Leistungen für die Bauwerke einen sehr geringen bis geringen Schwierigkeitsgrad (Honorarzonen I oder II) aufweisen. Sonst handelt es sich um Ingenieurbauwerke. Dasselbe gilt für Nr. 7. 16

Nach Nr. 8 sind sowohl die Kosten für solche Wege anrechenbar, die für den regelmäßigen Fahrverkehr nicht geeignet und mit einfachen Entwässerungsverhältnissen ausgestattet sind, als auch für andere Wege (mit Eignung für den regelmäßigen Fahrverkehr und/oder mit schwierigen Entwässerungsverhältnissen), die als Gestaltungselement der Freianlagen geplant werden, soweit für sie keine Leistungen aus Teil 3 Abschnitt 3 und 4 erforderlich sind. Nachdem selbständige (d. h. nicht im Regelquerschnitt einer Straße- oder Gleistrasse enthaltene) Rad-, Geh- und Wirtschaftswege nach § 45 Nr. 1 nicht zu den Objekten der Verkehrsanlagen nach Teil 3 Abschnitt 4 zählen, können für diese keine Leistungen nach Teil 3 Abschnitt 4 erbracht werden. Sie fallen deshalb in den Regelungsbereich der Nr. 8. 17

Als Kriterium für die Anrechenbarkeit kommt es bei einigen der in Nr. 1 bis 8 aufgezählten Bauwerke oder Anlagen darauf an, dass sie »als Mittel zur Gestaltung« geplant werden oder als »überwiegend ökologische oder landschaftsgestalterische Elemente« anzusehen sind. Da die in Nr. 1 bis 8 erfassten Fälle beispielhaft genannt sind, gilt dies auch für weitere Bauwerke und Anlagen, die mit den darin aufgeführten vergleichbar sind. 18

Bei der Ermittlung der **anrechenbaren Kosten** gilt auch für Objekte der Freianlagen § 4 Abs. 2. Bei der Bestimmung von ortsüblichen Preisen für »vorhandene oder vorbeschaffte Baustoffe und Bauteile« ist auf die bei Freianlagen spezifischen Fälle hinzuweisen. Neben den klassischen Baustoffen oder Bauteilen gehören bei Freianlagen insbesondere auch Pflanzen und Saatgut sowie Äste oder Wurzelstöcke, Findlinge, Felsen, Kiese, Sande oder Erden aller Art zu den Baustoffen oder Bauteilen i. S. d. § 4 Abs. 2 Nr. 4. 19

Nach § 4 Abs. 3 ist bei den anrechenbaren Kosten der Freianlagen der Umfang der **mitzuverarbeitenden Bausubstanz** angemessen zu berücksichtigen. Nach der Definition in § 2 Abs. 7 umfasst diese den Teil des zu planenden Objekts, der bereits durch Bauleistungen hergestellt ist. Bei Freianlagen sind in Einzelfällen natürlich entstandene Vegetation oder natürlich gegebene Elemente und Anlagen wie vorhandene Gewässer oder anstehender Fels mitzuverwenden. Wenn diese »Substanzen« durch natürliche Prozesse entstanden und nicht durch Bauleistungen hergestellt worden sind, sind deren Kosten nicht anrechenbar. Soweit aber Vegetationselemente, Steinsätze, Gewässer und weitere Substanz vorgefunden und mitverarbeitet werden, die durch Erd-, Wasser-, Straßen-, Landschaftsbau und/oder vergleichbare Bauleistungen hergestellt worden 20

Locher 1023

§ 38 HOAI Besondere Grundlagen des Honorars

sind, ist deren Wert nach § 4 Abs. 3 bei den anrechenbaren Kosten angemessen zu berücksichtigen

4. Die Regelung des Abs. 2 Nr. 1

21 § 38 Abs. 2 Nr. 1 enthält eine Sonderregelung für die anrechenbaren Kosten bei Freianlagen. Danach sind zunächst die Kosten für das Gebäude nicht anrechenbar. Im Übrigen verweist § 38 Abs. 1 Nr. 1 auf § 33 Abs. 3.

22 Nach dem Wortlaut des § 38 Abs. 2 Nr. 1 ist es unklar, ob die in § 33 Abs. 3 enthaltenen Kosten für das Herrichten, die nicht öffentliche Erschließung, sowie Leistungen für Ausstattung und Kunstwerke stets nicht anrechenbar oder unter den in § 33 Abs. 3 genannten Voraussetzungen bedingt anrechenbar sind. Hier ist auf die frühere Rechtslage nach der HOAI 2002 abzustellen, nachdem die identische Regelung des § 10 Abs. 6 Nr. 1 HOAI 2002 übernommen wurde. Danach ist davon auszugehen, dass die Kosten für die in § 33 Abs. 3 aufgeführten Kostengruppen bei Freianlagen anzurechnen sind, wenn der Auftragnehmer diese plant, bei der Beschaffung mitwirkt oder ihre Ausführung oder ihren Einbau fachlich überwacht.[3] Voraussetzung ist, dass diese Leistung in den Auftrag mit einbezogen ist, was aber auch konkludent geschehen kann.[4] In § 33 Abs. 3 ist die Auflistung zwar negativ formuliert (»... nicht plant ...«). Sachlich ist dies jedoch gleichbedeutend. Die Formulierung hat jedoch Auswirkungen auf die Darlegungs- und Beweislast. Für das Vorliegen eines der drei Umstände, die zu einer Anrechnung der Kosten führen, trifft nämlich den Auftragnehmer die Darlegungs- und Beweislast, weil die Formulierung dem Regel-Ausnahme-Prinzip folgt.

23 Aus § 38 Abs. 2 Nr. 1 geht somit hervor, dass die in § 33 Abs. 3 beispielhaft aufgeführten Kosten »nicht anrechenbar« sein sollen, soweit der Auftragnehmer die Leistungen weder plant noch bei der Beschaffung mitwirkt oder ihre Ausführung oder ihren Einbau fachlich überwacht. Aus der Regelung ist aber auch abzuleiten, dass bei Freianlagen neben den Kosten der Außenanlagen die weiteren in § 33 Abs. 3 genannten Kosten zu den anrechenbaren Kosten zählen, soweit die genannten Voraussetzungen zutreffen. Liegt eines der Merkmale vor, dann kommen die Kosten in vollem Umfang zur Anrechnung und nicht nur hinsichtlich derjenigen Leistungsphasen, in denen Planungs- und/oder Überwachungsleistungen erbracht werden. Dies entspricht den Grundsätzen des § 33 Abs. 3.[5]

5. Die Regelung des Abs. 2 Nr. 2

24 In § 38 Abs. 2 Nr. 2 wird der Sonderfall geregelt, wonach Fußgängerbereiche nicht als ein Objekt gelten, sondern die Oberflächenbefestigung als ein Objekt der Freianlagen und der Ober- und Unterbau als ein Objekt der Verkehrsanlagen. Die Regelung gilt nur

---

3 *Korbion* in KMV, § 38 Rn. 47; *Herrchen* in MNP, § 38 Rn. 40.
4 Vgl. OLG Schleswig NZBau 2007, 253 zu den Kosten von Mobiliar.
5 Vgl. § 33 Rdn. 19; ebenso *Haack/Heinlein* in MNP, § 33 Rn. 49; *Seifert* in KMV, 8. Aufl. § 32 Rn. 57; a. A. wohl *Korbion* in KMV, § 38 Rn. 47.

für Fußgängerbereiche. Maßgeblich ist nicht die straßenrechtliche Widmung und Beschilderung, die Straßen zu Fußgängerbereichen machen, sondern die gestalterische Prägung durch Planung der Flächen in Abgrenzung zur funktionalen Prägung als Verkehrsanlagen.[6]

Fraglich ist, ob die anrechenbaren Kosten für Plätze, Straßen oder sonstige Flächen, deren Gestaltung mit derjenigen von Fußgängerbereichen vergleichbar ist, ebenfalls nach § 38 Abs. 2 Nr. 2 zu ermitteln sind. Dagegen spricht, dass Plätze in der Objektliste für Freianlagen ohne jede Einschränkung aufgeführt sind, nicht aber in § 38 Abs. 2 Nr. 2. Es kann deshalb nicht davon ausgegangen werden, dass die Regelung für weitere vergleichbare Plätze oder sonstige Flächen gilt. 25

Nach dem Wortlaut sind nur die Kosten der Oberflächenbefestigung, wie z. B. des Pflasters, den anrechenbaren Kosten für Freianlagen zuzurechnen. Die Frage, ob die nicht unter die Freianlagen fallenden Leistungen für den Unter- und Oberbau neben denen für die Oberflächenbefestigung vergütet werden, wird in § 38 Abs. 2 Nr. 2 nicht beantwortet. In den vor der HOAI 2013 geltenden Fassungen war in der Objektliste Verkehrsanlagen (§ 54 HOAI 2002, Anlage 3.5 HOAI 2009) geregelt, dass der Unter- und Oberbau von Fußgängerbereichen als eigenes Objekt der Verkehrsanlagen einzuordnen ist und die Leistungen danach zu vergüten sind. In der Neufassung der Objektliste Verkehrsanlagen in der Anlage 13 fehlt diese ausdrückliche Zuordnung, ohne dass damit eine Änderung der Rechtslage verbunden ist. Aus der Begrenzung der anrechenbaren Kosten bei Freianlagen auf die Kosten der Oberflächenbefestigung von Fußgängerbereichen, ist nicht zu entnehmen, dass die Kosten für den Unter- und Oberbau überhaupt keine Berücksichtigung finden sollen und auch nicht unter das Objekt Verkehrsanlagen fallen. Soweit der Auftragnehmer auch den Unter- oder Oberbau plant, steht ihm für diese Leistungen weiterhin Honorar nach Teil 3 Abschnitt 4 (Verkehrsanlagen) zu.[7] 26

Die Regelung in Abs. 2 Nr. 2 ist insoweit ungewöhnlich, weil sie die Vertragsparteien dazu zwingt, eine eigentlich zusammenhängende Planungsaufgabe in zwei Objekte zu teilen. Der Auftragnehmer schuldet damit die Leistungen aus zwei getrennten Leistungsbildern, die nur teilweise vergleichbar sind. Wie die Kosten für Oberbau und Oberflächenbefestigung (als Teil des Oberbaus) zu trennen sind, lässt die Regelung offen. Für die Praxis ist davon auszugehen, dass darunter die zur Oberflächenbefestigung geplante Schicht zu verstehen ist. Darunter fallen Natur- und Werksteinbeläge, aber auch bituminöse oder wassergebundene Befestigungen oder Betondecken in ihrer jeweiligen Schichtstärke. Beschichtungen oder dünne Deckschichten solcher Flächen genügen jedoch nicht. Maßgeblich ist die Schichtabfolge, die zur Oberflächenbefestigung zusammengeführt wird.[8] 27

---

6 Vgl. hierzu Heft 20 der AHO-Schriftenreihe zur »Abgrenzung der Vergütung von Objektplanungsleistungen der Freianlagen zu Ingenieurbauwerken und Verkehrsanlagen nach Teil 3 der HOAI 2009«.
7 *Herrchen* in MNP, § 38 Rn. 42.
8 Vgl. zur Abgrenzung die Skizze in Heft 20 der AHO-Schriftenreihe zur »Abgrenzung der

§ 39 HOAI Leistungsbild Freianlagen

(1) Freianlagen sind planerisch gestaltete Freiflächen und Freiräume sowie entsprechend gestaltete Anlagen in Verbindung mit Bauwerken oder in Bauwerken und landschaftspflegerische Freianlagenplanungen in Verbindung mit Objekten.

(2) § 34 Absatz 1 gilt entsprechend.

(3) Die Grundleistungen bei Freianlagen sind in neun Leistungsphasen unterteilt und werden wie folgt in Prozentsätzen der Honorare des § 40 bewertet:
1. für die Leistungsphase 1 (Grundlagenermittlung) mit 3 Prozent,
2. für die Leistungsphase 2 (Vorplanung) mit 10 Prozent,
3. für die Leistungsphase 3 (Entwurfsplanung) mit 16 Prozent,
4. für die Leistungsphase 4 (Genehmigungsplanung) mit 4 Prozent,
5. für die Leistungsphase 5 (Ausführungsplanung) mit 25 Prozent,
6. für die Leistungsphase 6 (Vorbereitung der Vergabe) mit 7 Prozent,
7. für die Leistungsphase 7 (Mitwirkung bei der Vergabe) mit 3 Prozent,
8. für die Leistungsphase 8 (Objektüberwachung – Bauüberwachung und Dokumentation) mit 30 Prozent und
9. für die Leistungsphase 9 (Objektbetreuung) mit 2 Prozent.

(4) Anlage 11 Nummer 11.1 regelt die Grundleistungen jeder Leistungsphase und enthält Beispiele für Besondere Leistungen.

Übersicht

	Rdn.
1. Änderungen durch die HOAI 2009	1
2. Änderungen durch die HOAI 2013	2
3. Allgemeines zur Honorarberechnung	3
4. Die Regelung des Abs. 1	5
5. Die Regelung des Abs. 2	14
6. Das Leistungsbild in den Abs. 3 und 4	15
7. Die einzelnen Grundleistungen der Anlage 11	25
8. Besondere Leistungen für Freianlagen	84
9. Fragen der Haftung des Freianlagenplaners	85

1. Änderungen durch die HOAI 2009

1 In § 38 HOAI 2009 waren diejenigen Teile des in § 15 HOAI 2002 geregelten Leistungsbilds enthalten, die für Objekte der Freianlagen galten. Durch die Verweisung auf § 33 Abs. 1 S. 1 HOAI 2009 wurde klargestellt, dass das Leistungsbild für Freianlagen Leistungen für Neubauten, Neuanlagen, Wiederaufbauten, Erweiterungsbauten, Umbauten, Modernisierungen, Instandhaltungen und Instandsetzungen umfasst hatte. Das Leistungsbild wurde in § 38 Abs. 1 S. 2 HOAI 2002 in 9 Leistungsphasen unterteilt, die mit den darin angegebenen Prozentsätzen bewertet wurden. Die früher in

---

Vergütung von Objektplanungsleistungen der Freianlagen zu Ingenieurbauwerken und Verkehrsanlagen nach Teil 3 der HOAI« sowie *Simmendinger* Jahrbuch BauR 2011, 269, 300.

§ 15 Abs. 2 HOAI 2002 im Einzelnen aufgeführten Grundleistungen wurden in die Anlage 11 verschoben, ohne dass ein eigenständiges Leistungsbild für die Freianlagenplanung vorhanden war. Dieses war vielmehr mit dem Leistungsbild Gebäude und raumbildende Ausbauten zusammengefasst. Die Besonderen Leistungen waren entsprechend der Systematik des § 3 Abs. 3 HOAI 2009 in der Anlage 2.7 enthalten.

2. Änderungen durch die HOAI 2013

In § 39 Abs. 1 wurde die bisher in § 2 Nr. 11 enthaltene Definition des Begriffs Freianlagen übernommen. Dabei wurde dieser um Landschaftspflegerische Freianlagenplanungen in Verbindung mit Objekten erweitert. Abs. 3 enthält die bisher in § 38 HOAI 2002 aufgeführten 9 Leistungsphasen. Die Prozentsätze für die einzelnen Leistungsphasen wurden leicht verändert und wie bei dem Leistungsbild Gebäude und Innenräume in § 34 dem tatsächlichen Aufwand des Freianlagenplaners angepasst. Erstmals wurde in der aufgrund der Verweisung in Abs. 4 verbindlichen Anlage 11 ein eigenständiges Leistungsbild für Freianlagen eingeführt. Diese Leistungen waren bisher in der Anlage 11 der HOAI 2009 den Leistungen für Gebäude und Raumbildende Ausbauten zugeordnet.

3. Allgemeines zur Honorarberechnung

§ 39 stellt für die Honorarberechnung des Leistungsbilds Freianlagen eine zentrale Bestimmung dar. Er enthält neben dem Leistungsbild eine Definition des Begriffs Freianlagen sowie eine Abgrenzung zu anderen Objekten. Die Vorschrift ist an der Systematik des § 34 ausgerichtet, der das Leistungsbild für Leistungen bei Gebäuden und Innenräumen regelt. Das Leistungsbild Freianlagen weist ebenfalls 9 Leistungsphasen mit einer prozentualen Bewertung nach § 39 Abs. 3 auf. Wegen der bei allen Leistungsbildern auftretenden Probleme wie der Bedeutung des Leistungsbilds über den § 39 hinaus für vertragliche Leistungspflichten und die Haftung sowie Honorare für Teilleistungen wird auf die Kommentierung zu § 34 (Rdn. 14) verwiesen.

Die Honorarberechnung für Leistungen bei Freianlagen vollzieht sich in folgenden 4 Stufen:
– Zunächst sind die anrechenbaren Kosten nach § 4 zu ermitteln.
– Danach ist zu bestimmen, welcher Honorarzone die Planung zuzuordnen ist. Grundlage hierfür ist § 40 Abs. 2–5 i. V. m. der Objektliste in der Anlage 11.2.
– Sodann lässt sich der volle Honorarsatz für das vereinbarte Honorar aus der Honorartafel des § 40 Abs. 1 interpolieren.
– Schließlich ist die prozentuale Bewertung der Grundleistungen nach den Prozentsätzen des § 39 Abs. 1 vorzunehmen.
– Im Falle von Umbauten oder Modernisierungen ist das Honorar um den Umbau- oder Modernisierungszuschlag zu erhöhen.

Liegen die ermittelten anrechenbaren Kosten außerhalb der Tafelwerte des § 40 Abs. 1 von 20.000 € bis 1.500.000 €, ist das Honorar nach § 7 Abs. 2 frei vereinbar.

§ 39 HOAI   Leistungsbild Freianlagen

4. Die Regelung des Abs. 1

5   § 39 Abs. 1 enthält eine Begriffsbestimmung für Freianlagen. Danach gelten als Freianlagen alternativ
– Objekte planerisch gestalteter Freiflächen oder Freiräume in Verbindung mit Bauwerken oder in Bauwerken (z. B. Schulgärten, Hausgärten und Gartenhöfe, Terrassen- und Dachgärten, Bauwerksbegrünung vertikal und horizontal, Innenbegrünungen);
– Objekte planerisch gestalteter Freiflächen oder Freiräume, die nicht in Verbindung mit Bauwerken stehen oder in Bauwerken liegen (z. B. Freizeitparks und Parkanlagen, Ski- und Rodelhänge, Spielwiesen, Ballspielplätze, Bolzplätze, Sportanlagen, Parcours, Wettkampfstrecken, Spielplätze);
– landschaftspflegerische Freianlagenplanungen in Verbindung mit Objekten (z. B. naturnahe Gewässer- und Ufergestaltung Geländegestaltungen und Pflanzungen für Deponien, Halden und Entnahmestellen, Freiflächen mit einfachem Ausbau bei kleineren Siedlungen, bei Einzelbauwerken und bei landwirtschaftlichen Aussiedlungen, Begleitgrün zu Objekten, Bauwerken und Anlagen).

6   Damit wird zunächst klargestellt, dass planerisch gestaltete Freiflächen und Freiräume unabhängig davon als Objekte der Freianlagen gelten, ob sie eine Verbindung zu Bauwerken aufweisen. Mit der Erweiterung des Begriffs Freianlagen auf **landschaftspflegerische Freianlagenplanungen** in Verbindung mit Objekten wurde für diesen Fall ein Zusammenhang mit Objekten hergestellt. Ein Grund für diese Erweiterung, die zudem sprachlich missglückt ist (Planungen sind keine Objekte), ist nicht ersichtlich. Nach dem Wortlaut der Regelung stellen landschaftspflegerische Freianlagenplanungen, die nicht in Verbindung mit Objekten stehen, keine Freianlagen dar. Sie sind somit nicht in der HOAI enthalten mit der Folge, dass das Honorar frei vereinbart werden kann.

7   Unter den Begriff landschaftspflegerische Freianlagenplanungen fallen Planungen, die nicht auf Gestaltungsmaßnahmen, sondern auf Maßnahmen der Landschaftspflege und damit vergleichbaren Aufgaben in Natur und Landschaft gerichtet sind. Planungen, die eine Umsetzung von sogenannten Minimierungsmaßnahmen oder Ausgleichsmaßnahmen in Verbindung mit Eingriffen zum Inhalt haben, stehen in einer mittelbaren Verbindung mit Objekten, sodass für sie eine Zuordnung zu Freianlagen geboten ist. Aus der amtlichen Begründung lässt sich nur entnehmen, dass der Inhalt des Leistungsbildes Freianlagen auch die Leistungen der Landschaftspflegerischen Ausführungsplanung deutlicher herausbilden soll. Mit diesem Begriff werden Planungen im Straßen- und Brückenbau für landschaftspflegerische Maßnahmen umschrieben, die im HVA F-StB – Handbuch für die Vergabe und Ausführung von freiberuflichen Leistungen enthalten sind.

8   Freianlagen sind in der Regel im Sachzusammenhang stehende Freiflächen oder Freiräume, die als ein einheitliches Objekt verstanden werden. Dies wird durch die Objektliste in der Anlage 11.2 verdeutlicht, indem z. B. bei Freibädern nicht mehr zwischen Badelandschaft und umgebenden Liegewiesen und Spielbereichen sowie bei Friedhöfen nicht zwischen Erschließungswegen und Grabfeldern getrennt wird. Diese umfas-

sende Definition eines Objekts kann im Einzelfall zu Abgrenzungsschwierigkeiten bei der Frage führen, ob ein Objekt oder **mehrere Objekte** i. S. d. § 11 Abs. 1 vorliegen. Soweit Verbindungen mit Bauwerken oder anderen Objekten vorhanden sind, wird die Abgrenzung zusätzlich erschwert. Bei Außenanlagen im Hochbau werden die als Objekte der Freianlagen geltenden Teile von gemeinsamen Außenanlagen gesamtheitlich betrachtet und danach als ein Objekt der Freianlagen zusammengefasst. Dabei ist aber eine Einschränkung geboten. Handelt es sich um Außenanlagen, die jeweils getrennt mit einem Gebäude in Verbindung stehen oder bei denen solche Verbindungen aus anderen Gründen, etwa aufgrund unterschiedlicher Anforderungen, nicht vergleichbar sind, liegen mehrere Freianlagen vor.

Nachdem der Verordnungsgeber mit dem Objektbegriff der Freianlagen in Abs. 1 auch auf die Verbindung mit »Bauwerken« und »Objekten« abgestellt hat, ergeben sich Abgrenzungsschwierigkeiten, wenn die Außenanlagen anteilig unterschiedlichen Objekten (etwa einem Gebäude und einem Ingenieurbauwerk) zugeordnet werden. In diesem Fall ist von mehreren Objekten der Freianlagen i. S. d. § 11 Abs. 1 auszugehen. Die Freianlagen eines Objekts können nicht zugleich auch Freianlagen eines anderen Objekts sein. Eine Trennung der Freianlagen in mehrere Objekte ergibt sich bei mit Ingenieurbauwerken und Verkehrsanlagen kombinierten Objekten (etwa bei Freianlagen in Verbindung mit einer Straße und einer Brücke) auch aus den Anrechnungsregelungen der §§ 42 Abs. 3 Nr. 2 und 46 Abs. 3 Nr. 2. Liegen die Voraussetzungen für eine Anrechnung vor, sind die Kosten für die Außenanlagen nach diesen Vorschriften den einzelnen Objekten (Ingenieurbauwerken und Verkehrsanlagen) zuzuordnen und somit getrennt anrechenbar. 9

Die HOAI enthält keine **Abgrenzung** von Freianlagen zu Gebäuden, Ingenieurbauwerken oder Verkehrsanlagen. Nachdem auch die Definition **von Gebäuden** in der HOAI 2013 entfallen ist, fehlt es an einem klaren Abgrenzungskriterium, so dass an Schnittstellen Abgrenzungsprobleme auftreten können. Überdeckende bauliche Anlagen in Außenanlagen wie z. B. für Wetter- oder Sonnenschutz, Pergolen, Gitter, Volieren und Netze sind als Anlagenteile von Objekten der Freianlagen einzuordnen, wenn sie nicht als Teil oder als Anbau eines Gebäudes errichtet werden. 10

Auch für **Ingenieurbauwerke und Verkehrsanlagen** enthält die HOAI keine Begriffsbestimmung. Stattdessen sind diese in den §§ 41 Nr. 1–7 sowie 45 Nr. 1–3 aufgeführt. Soweit solche Anlagen aufgrund ihrer besonderen Aufgabenstellung als entsprechend gestaltete Anlagen im Sinne von § 39 Abs. 1 oder als Teil solcher Anlagen anzusehen sind, liegen Freianlagen vor. Maßgebliches Abgrenzungskriterium ist die Prägung der Aufgabenstellung.[1] Dabei ist zunächst zu unterscheiden, ob eine planerische Gestaltung als Aufgabe gestellt ist oder ob Bauwerke oder Anlagen geplant werden, bei denen technisch-konstruktiv geprägte Anforderungen (im Sinne von Ingenieurbau- 11

---

[1] Vgl. Heft 20 der AHO-Schriftenreihe zur »Abgrenzung der Vergütung von Objektplanungsleistungen der Freianlagen zu Ingenieurbauwerken und Verkehrsanlagen nach Teil 3 der HOAI 2009.

werken oder Verkehrsanlagen) im Vordergrund stehen.[2] Als Ingenieurbauwerk gilt z. B. ein befestigtes Hafenbecken, als Freianlage eine gestaltete Wassertreppe, ein Wildwasserkanal für den Kajaksport oder ein Freibadbecken. Als Verkehrsanlage ist etwa eine Straße mit Elementen zur Verkehrsberuhigung einzuordnen, als Freianlage dagegen ein gestalteter Platz oder Hofbereich.

12 Aus § 38 Abs. 1 Nr. 1 ist zu entnehmen, dass neben der gestalterischen auch die landschaftsökologische Prägung ein maßgebliches Kriterium darstellt und somit die Gestaltung nicht nur als ästhetisches Merkmal gesehen werden kann. Deshalb sind naturnahe Ansätze, denen kein formaler Gestaltungsanspruch zukommt, ebenfalls als eigenes gestalterisches Element und damit als Abgrenzungskriterium für eine Freianlage zu verstehen.

13 Eine Besonderheit ergibt sich nach § 38 Abs. 2 Nr. 2 für Fußgängerbereiche. Danach hat eine Aufteilung in ein Objekt der Freianlagen (Oberflächenbefestigung) und ein Objekt der Verkehrsanlagen (Unter- und Oberbau) zu erfolgen (vgl. § 38 Rdn. 24). Die Trennung verläuft horizontal. Dem ist der Fall vergleichbar, dass eine Uferbefestigung als Ingenieurbauwerk (z. B. als Spundung) mit einem Objekt der Freianlagen (Wassertreppen, Aussichtsplateaus oder Sitzterrassen) überbaut wird.

5. Die Regelung des Abs. 2

14 In Abs. 2 wird der sachliche Anwendungsbereich der Vorschrift durch die Verweisung auf § 34 Abs. 1 bestimmt. Die darin verwendeten Begriffe »Neubauten«, »Neuanlagen«, »Wiederaufbauten«, »Erweiterungsbauten«, »Umbauten«, »Modernisierungen«, »Instandsetzungen« und »Instandhaltungen« sind in den §§ 2 Abs. 2–6 sowie Abs. 8–9 definiert. Mit dieser Verweisung wird klargestellt, dass das Leistungsbild Freianlagen Leistungen für diese Bereiche umfasst. Die in der HOAI 2009 offene Streitfrage, ob für Freianlagen ein Umbau- oder Modernisierungszuschlag anfällt,[3] wurde somit geklärt.

6. Das Leistungsbild in den Abs. 3 und 4

15 Das Leistungsbild Freianlagen weist in Abs. 3 ebenso wie das Leistungsbild Gebäude und Innenräume 9 Leistungsphasen mit einer prozentualen Bewertung auf. Die einzelnen Grundleistungen des Leistungsbilds sind über die Verweisung in Abs. 4 in der Anlage 11.1 aufgeführt. Die prozentualen Anteile der einzelnen Leistungsphasen am Gesamthonorar wurden in § 39 Abs. 3 dem tatsächlichen Aufwand angepasst und im Vergleich zu der früheren Bewertung geringfügig verändert. Werden dem Freianlagenplaner nicht alle Grundleistungen einer Leistungsphase übertragen, ist das Honorar nach § 8 Abs. 2 zu berechnen.[4] Die Bewertung erfolgt dann nach Teilleistungstabellen wie sie etwa im Anhang 3, Teilleistungstabelle 3/3 Freianlagen, enthalten sind. Spezial-

---

2 *Fischer/Krüger* BauR 2013, 1176, 1179.
3 Vgl. 11. Aufl. § 37 Rn. 21.
4 *Herrchen* in MNP, § 39 Rn. 146; *Korbion* in KMV, § 39 Rn. 10.

regelungen gegenüber der prozentualen Bewertung in Abs. 3 sind in den Vorschriften des § 9 Abs. 1 für die Vorplanung oder Entwurfsplanung als Einzelleistung sowie des § 10 Abs. 2 für wiederholt erbrachte Grundleistungen enthalten.

Im Vergleich zum vorangehenden Leistungsbild des § 38 und der Anlage 11 der HOAI 2009 ist der Umfang der Grundleistungen deutlich ausgeweitet worden. Neben allgemein für die Objektplanung geltenden sind folgende neue freianlagenspezifischen Grundleistungen hinzugekommen oder abgeändert worden: 16

In der Leistungsphase 1 wurde die erste Grundleistung »Klären der Aufgabenstellung« auf Vorgaben oder auf die Bedarfsplanung des Auftraggebers« beschränkt. Außerdem wurden die Grundleistungen um eine »Ortsbesichtigung« sowie das »Zusammenfassen der Ergebnisse« um deren Erläutern und Dokumentieren erweitert. 17

In die Leistungsphase 2 wurde u.a die bisherige Grundleistung »Klären und Erläutern der landschaftsökologischen Zusammenhänge, Vorgänge und Bedingungen, sowie der Belastung und Empfindlichkeit der ökosystemaren Strukturen und Zusammenhänge« durch die Grundleistung »Erfassen, Bewerten und Erläutern der Wechselwirkungen im Ökosystem« ersetzt und reduziert. Die Grundleistung »Erarbeiten eines Planungskonzepts ...« wurde anstelle von »alternativen Lösungsmöglichkeiten« um »Varianten« mit zahlreichen Beispielen ergänzt und erweitert. Mit der »Darstellung des Vorentwurfs« sind jetzt auch »Erläuterungen und Angaben zum terminlichen Ablauf« verbunden. Die DIN 276 wird nur noch als Beispiel für eine Kostenschätzung bezeichnet. Außerdem wurde zusätzlich ein »Vergleich mit den finanziellen Rahmenbedingungen« als Grundleistung aufgenommen. Die Grundleistung »Zusammenfassen der Vorplanungsergebnisse« wurde um deren Erläutern und Dokumentieren erweitert. 18

Die Leistungsphase 3 enthält nunmehr eine Klarstellung, dass die Erarbeitung der Entwurfsplanung eine Vorplanung als Grundlage voraussetzt und dass nicht nur die Integration, sondern auch das Abstimmen oder Koordinieren unter Integration der Beiträge anderer an der Planung fachlich Beteiligter sowie nicht nur Verhandlungen, sondern auch das Abstimmen der Planung mit den zu beteiligenden Stellen und Behörden von den Grundleistungen umfasst sind. Weiter wird klargestellt, dass der Entwurf die erforderlichen Angaben insbesondere zur Bepflanzung, zu Materialien und Ausstattungen, zu Maßnahmen aufgrund rechtlicher Vorgaben und zum terminlichen Ablauf enthalten muss. Die DIN 276 wird nur noch als Beispiel für eine Kostenberechnung bezeichnet, für welche nunmehr ausdrücklich eine Mengenermittlung vorzunehmen ist. Die Grundleistung »Zusammenfassen der Entwurfsplanungsergebnisse« wurde um deren Erläutern und Dokumentieren erweitert. 19

Die Leistungsphase 5 enthält eine Ergänzung, dass die Erarbeitung der Ausführungsplanung eine Entwurfs- und Genehmigungsplanung als Grundlage voraussetzt. Weiter wird klargestellt, dass nicht nur die Integration, sondern auch das Abstimmen oder Koordinieren unter Integration der Beiträge anderer an der Planung fachlich Beteiligter eine Grundleistung des Freianlagenplaners darstellt. Für die Ausführung sind insbesondere erforderlich Angaben zu Oberflächenmaterial, -befestigungen und -relief, zu ober- und unterirdischen Einbauten und Ausstattungen, zur Vegetation mit Angaben zu Ar- 20

§ 39 HOAI Leistungsbild Freianlagen

ten, Sorten und Qualitäten sowie zu landschaftspflegerischen, naturschutzfachlichen oder artenschutzrechtlichen Maßnahmen. Die in der Leistungsphase 3 zu erbringenden Angaben zum terminlichen Ablauf sind fortzuschreiben.

21 In der Leistungsphase 6 wird klargestellt, dass das Ermitteln und Zusammenstellen von Mengen eine Ausführungsplanung als Grundlage voraussetzt. Eine neue Grundleistung stellt das Aufstellen eines Terminplans unter Berücksichtigung jahreszeitlicher, bauablaufbedingter und witterungsbedingter Erfordernisse dar. Dasselbe gilt für die neuen Grundleistungen »Ermitteln der Kosten auf Grundlage der vom Planer bepreisten Leistungsverzeichnisse«, welches den Kostenanschlag in der Leistungsphase 7 der HOAI 2009 ersetzt, die »Kostenkontrolle durch Vergleich der vom Planer bepreisten Leistungsverzeichnisse mit der Kostenberechnung« sowie das »Zusammenstellen der Vergabeunterlagen«.

22 Die Leistungsphase 7 enthält zunächst eine Erweiterung des Grundleistungskatalogs, wonach auch das Prüfen und Werten von Nachtragsangeboten zusätzlicher und geänderter Leistungen der ausführenden Unternehmen und der Angemessenheit der Preise zu den Grundleistungen zählt. Als Konsequenz aus der neu eingeführten Grundleistung in der Leistungsphase 6 muss der Planer die Kostenkontrolle durch einen Vergleich der Ausschreibungsergebnisse mit den bepreisten Leistungsverzeichnissen sowie der Kostenberechnung und nicht mehr mit dem Kostenanschlag vornehmen.

23 Die Leistungsphase 8 enthält die neue Grundleistung »Überprüfen von Pflanzen- und Materiallieferungen«. Außerdem ist der bereits in der Leistungsphase 6 zu erstellende Terminplan unter Berücksichtigung jahreszeitlicher, bauablaufbedingter und witterungsbedingter Erfordernisse fortzuschreiben und zu überwachen. Auch ist im Rahmen der Dokumentation des Bauablaufs das Anwuchsergebnis festzustellen. Neu ist der Vergleich der Ergebnisse der Rechnungsprüfungen mit den Auftragssummen einschließlich Nachträgen. Weiter wird klargestellt, dass bei vegetationstechnischen Maßnahmen nur die Überwachung der Fertigstellungspflege eine Grundleistung darstellt, nicht jedoch die der Unterhaltungs- und Entwicklungspflege. Die bis zur HOAI 2009 in der Leistungsphase 9 enthaltene Grundleistung »Systematische Zusammenstellung der Dokumentation, zeichnerischen Darstellungen und rechnerischen Ergebnisse des Objekts« wurde in die Leistungsphase 8 verschoben.

24 Die Leistungsphase 9 enthält eine Klarstellung, dass bei den innerhalb der Verjährungsfristen für Gewährleistungsansprüche festgestellten Mängeln eine fachliche und keine juristische Bewertung zu erfolgen hat. Die Dauer wird um ein Jahr auf 5 Jahre ab der Abnahme verlängert.

7. Die einzelnen Grundleistungen der Anlage 11

Leistungsphase 1 Grundlagenermittlung

25 Die Leistungsphase 1 soll die Probleme, die sich aus den Zielvorstellungen, den Planungsanforderungen und den örtlichen Besonderheiten ergeben, feststellen und klären. Die Leistungen liegen im Vorfeld der eigentlichen Planungsleistungen. Die Grundlagenermittlung war früher im Wesentlichen eine dem Aufgabenbereich des Auftrag-

gebers zugeordnete Leistung. Da Auftraggeber jedoch nicht immer in der Lage waren, die Erfordernisse komplexer werdender Planungs- und Umsetzungsprozesse selbst zu übersehen, und die Grundlagen dem Auftragnehmer als Voraussetzung für die nachfolgenden Planungsleistungen zur Verfügung stehen müssen, wurden die Leistungen in die Leistungsphase 1 des Leistungsbilds Freianlagen aufgenommen. Bei der Leistungsphase 1 steht die Beratungs- und Aufklärungstätigkeit des Auftragnehmers im Vordergrund.[5] Besonders die Teilleistungen »Beraten zum gesamten Leistungsbedarf« und »Formulieren von Entscheidungshilfen für die Auswahl anderer an der Planung fachlich Beteiligter« weisen auf die umfangreichen Beratungspflichten hin.

Zum **Klären der Aufgabenstellung** aufgrund der Vorgaben des Auftraggebers zählt das Abfragen und Erörtern der Vorstellungen und Forderungen des Auftraggebers. Soweit der Auftraggeber eine Bedarfsplanung nach DIN 18205 oder vergleichbare Untersuchungen zur Verfügung stellt, sind die darin enthaltenen Informationen zu berücksichtigen. Die Klärung der Aufgabenstellung kann auch aufgrund vorliegender Planungs- und Genehmigungsunterlagen erfolgen. In allen genannten Fällen hat der Auftragnehmer den Auftraggeber bei der Formulierung von Vorgaben oder der Beschaffung von Unterlagen und Angaben zu unterstützen. Die Formulierung von Vorgaben, die Erstellung einer Bedarfsplanung oder die Beschaffung von Planungs- und Genehmigungsunterlagen gehören nicht zu den Grundleistungen des Auftragnehmers. 26

Für das Klären der Aufgabenstellung ist der Auftraggeber auf das Erfordernis von Bestandsaufnahmen, Vermessungen, geologischen Untersuchungen etc. hinzuweisen. Diese Leistungen selbst stellen keine Grundleistungen sondern Besondere Leistungen dar. Die Grundleistung entspricht im Übrigen der identischen Grundleistung in dem Leistungsbild Gebäude in § 34 Abs. 3. Auf die dortige Kommentierung wird verwiesen. 27

Die **Ortsbesichtigung** wurde als weitere Grundleistung in die HOAI 2013 aufgenommen. Im Grunde handelt es sich um eine Selbstverständlichkeit, die der Ordnung halber erwähnt worden ist. 28

Im Rahmen der Grundleistung **Beraten zum gesamten Leistungs- und Untersuchungsbedarf** hat der Auftragnehmer darzulegen, wer beteiligt werden muss, damit das Planungsprogramm verwirklicht werden kann. Die Beratung erstreckt sich darauf, welche Institutionen und Ämter – z. B. die Baugenehmigungsbehörde, das Landschafts- oder Denkmalschutzamt – welche Unternehmer beteiligt werden müssen und welche anderen an der Planung fachlich Beteiligten einzuschalten sind. Die Beratungpflicht erstreckt sich auch auf den Umfang der eigenen Planungs- und Überwachungsleistungen des Auftragnehmers, und zwar sowohl hinsichtlich der Grundleistungen als auch hinsichtlich der Besonderen Leistungen. Bei der Beauftragung mit einzelnen Leistungsphasen ist vorrangig zu klären, ob nicht weitere Leistungen erforderlich sind. Es besteht zumindest eine Hinweispflicht auf den Einsatz eines zusätzlichen Auftragnehmers oder auf die Erweiterung des eigenen Leistungsumfangs. 29

---

5 Vgl. *Neuenfeld* NZBau 2000, 405.

§ 39 HOAI Leistungsbild Freianlagen

30 Die Grundleistung **Formulieren von Entscheidungshilfen für die Auswahl anderer an der Planung fachlich Beteiligter** ist eng mit der Grundleistung Beraten zum gesamten Leistungsbedarf verknüpft. Hierbei handelt es sich um die Beratung hinsichtlich der Auswahl der erforderlichen weiteren Planer, Gutachter und Fachleute. Die Entscheidungshilfen beziehen sich nicht nur auf die Person und die Leistungsfähigkeit, sondern auch auf den voraussichtlichen Umfang der Leistungen und das dafür anfallende Honorar.

31 Durch das **Zusammenfassen der Ergebnisse** sollen dem Auftraggeber vor Planungsbeginn nochmals die Grundlagen des Planungskonzepts vor Augen geführt werden. Eine bestimmte Form für die Zusammenfassung ist nicht vorgeschrieben. Sie kann sowohl mündlich als auch schriftlich erfolgen. Der schriftlichen Zusammenfassung ist vor allem bei größeren und differenzierteren Bauwerken der Vorzug zu geben. Durch die Ergänzung dieser Grundleistung in der HOAI 2013 um das Erläutern und Dokumentieren wird deren Bedeutung unterstrichen. Die Dokumentation der Ergebnisse umfasst keine Fotodokumentation der örtlichen Bedingungen als Ausgangslage. Diese zählt zu den Besonderen Leistungen.

Leistungsphase 2 Vorplanung (Projekt- und Planungsvorbereitung)

32 Unter der Teilleistung **Analysieren der Grundlagen** ist das Erfassen, Einordnen und Bewerten der in der Leistungsphase 1 erarbeiteten Zusammenfassung und Dokumentation zu verstehen. In die HOAI 2013 ist als weitere Teilleistung die **Abstimmung der Leistungen mit den fachlich an der Planung Beteiligten** aufgenommen worden. Damit wird klargestellt, dass neben der Analyse der Grundlagen auch eine Abstimmung von Leistungen in Absprache mit den weiteren an der Planung fachlich Beteiligten stattfinden soll.

33 Unter der Grundleistung **Abstimmen der Zielvorstellungen** sind das Erfassen und Abstimmen der Zielvorstellungen des Auftraggebers in wirtschaftlicher Hinsicht, des Nutzens für seine Bedürfnisse, in Bezug auf Gestaltung, Konstruktion sowie die Zielvorstellungen der Planungs- und Fachbehörden über die zu beachtenden Vorgaben der Bauleit- oder Fachplanung zu verstehen. Damit sollen Zielkonflikte erkannt und entsprechend ihrer Gewichtung sowie den Randbedingungen berücksichtigt werden.

34 Die Grundleistung **Erfassen, Bewerten und Erläutern der Wechselwirkungen im Ökosystem** erfordert von dem Auftragnehmer zunächst Ermittlungen zum Ökosystem und seinen Wechselwirkungen. Mit dem Begriff »Erfassen« wird klargestellt, dass nur Informationen aus vorhandenen und verfügbaren Unterlagen zum Ökosystem beschafft, solche Unterlagen aber nicht erstellt werden müssen.

Die Form der Bewertung und Erläuterung ist nicht vorgeschrieben. Inhalt der Erläuterungen sind die ökosystemaren Rahmenbedingungen und Wechselwirkungen. Die Erläuterung kann nicht mit der Begründung unterbleiben, dass sich die wesentlichen Zusammenhänge und Wechselwirkungen aus der zeichnerischen Darstellung ergeben würden.

Die zentrale Leistung im Rahmen der Vorplanung ist das **Erarbeiten eines Planungskonzepts einschließlich der Untersuchung und Bewertung von Varianten nach gleichen Anforderungen**. Die Varianten sollen dem Auftraggeber eine Bewertung der entwickelten Lösung ermöglichen. Unter Varianten sind Abweichungen und Abwandlungen der Lösung bei identischen oder nur geringfügig abweichenden Anforderungen zu verstehen. Handelt es sich um wesentliche Abweichungen, liegen Alternativen vor, die nicht mehr von dieser Grundleistung abgedeckt sind, sondern wiederholt erbrachte Grundleistungen darstellen, die nach § 10 Abs. 2 zu vergüten sind. In dieser Grundleistung sind dann beispielhaft einzelne Planungselemente aufgeführt, die im Rahmen des Planungskonzepts zu berücksichtigen sind.

Die Grundleistung **Darstellen des Vorentwurfs mit Erläuterungen und Angaben zum terminlichen Ablauf** enthält keine konkreten Anforderungen an die Darstellung. Es kann sich dabei um eine versuchsweise zeichnerische Darstellung in Form von Skizzen handeln. Die Anforderungen an die Darstellung ergeben sich aus dem Umfang, der Bedeutung sowie der Art der Bauaufgabe. Skizzen müssen nicht maßstabsgetreu sein. Die Darstellung muss aber den Freianlagenplaner in die Lage versetzen, den Umfang der Freianlagen und damit die für die Kostenschätzung nach DIN 276 zu erfassenden Raum- oder Flächeninhalte ermitteln zu können. Die Darstellung muss außerdem das Vorstellungsvermögen des Auftraggebers berücksichtigen. Dieser muss in die Lage versetzt werden, sich eine Vorstellung von der vorgeschlagenen Lösung machen können. Bei den Angaben zum terminlichen Ablauf sind in diesem frühen Stadium und bei Freianlagen insbesondere jahreszeitliche Überlegungen sowie saisonbedingte Einschränkungen zu berücksichtigen.

Bei der Freianlagenplanung muss die Kostenschätzung nicht ausschließlich nach der DIN 276 erstellt werden. Der Grund dafür besteht darin, dass Freianlagen nicht stets als Freiflächen oder Frieräume im Hochbau (DIN 276–1) oder im Ingenieurbau (DIN 276–4) gelten, sondern auch selbständige Objekte darstellen können, die keinem dieser Bereiche zuzuordnen sind. Darüber hinaus gibt es fachspezifische Kostenermittlungen mit einer anderen Gliederung. Die Bedeutung der von dem Architekten im wirtschaftlichen Bereich zu erbringenden Pflichten im Rahmen der Kostenkontrolle und Kostenfortschreibung wird dadurch unterstrichen, dass die Kostenschätzung mit den finanziellen Rahmenbedingungen des Auftraggebers zu vergleichen ist.

Die Grundleistung **Zusammenfassen, Erläutern und Dokumentieren der Vorplanungsergebnisse** ist zum Abschluss der Leistungsphase 2 zu erbringen. Dem Auftraggeber wird dadurch eine Übersicht über die Ergebnisse der bisher erbrachten Leistungen und eine Entscheidungshilfe an die Hand gegeben, mit welchem planerischen Ansatz und mit welchen wirtschaftlichen und sonstigen Rahmenbedingungen die Planung des Objekts in der Leistungsphase 3 fortgeführt werden soll.

Leistungsphase 3 Entwurfsplanung (System- und Integrationsplanung)

Während in der Leistungsphase 2 (Vorplanung) grundsätzliche Lösungen von räumlichen Strukturen, funktionalen Gefügen und der Verteilung von Mengen und Flächen gefunden werden, soll die Entwurfsplanung diese Ergebnisse systematisch vertiefen.

§ 39 HOAI Leistungsbild Freianlagen

Außerdem sollen die einzelnen Planungselemente aufeinander abgestimmt und somit integriert werden. Ziel dieser Leistungsphase ist es, dass die von dem Auftraggeber in der Leistungsphase 2 getroffenen Vorentscheidungen weiter entwickelt und verfeinert werden, damit diese hinsichtlich Gestaltung, Konstruktion, Kosten und Standard bestätigt oder neue Erkenntnisse gewonnen werden, die ihn in die Lage versetzen, seine endgültigen Planungsentscheidungen zu treffen. Die Leistungsphase 3 stellt damit die wichtigste Planungsphase im gesamten Planungsprozess dar.

39 Die Grundleistung **Erarbeiten der Entwurfsplanung auf Grundlage der Vorplanung** unter Vertiefung zum Beispiel der gestalterischen, funktionalen, wirtschaftlichen, standörtlichen, ökologischen, natur- und artenschutzrechtlichen Anforderungen weist zunächst darauf hin, dass die Entwurfsplanung auf den Ergebnissen der Leistungsphase 2 aufbaut. Die systematische Vertiefung der Planung betrifft insbesondere die beispielhaft aufgeführten gestalterischen, funktionalen, wirtschaftlichen, standörtlichen sowie natur- und artenschutzrechtlichen Anforderungen. Weitere Kriterien können zu diesem Anforderungskatalog hinzukommen. Die Entwurfsplanung muss auch alle Angaben enthalten, die für die Kostenberechnung erforderlich sind. Soweit Sonderfachleute zu beteiligen sind, hat der Auftragnehmer diese nicht nur zu koordinieren und deren Beiträge in seine Planung zu integrieren. Vielmehr hat er auch die Belange und Wünsche des Auftraggebers mit den anderen an der Planung fachlich Beteiligten in wirtschaftlicher, technischer und energiewirtschaftlicher Hinsicht abzustimmen und auf die Kostenentwicklung zu achten.

40 Zu den freianlagenspezifischen Grundleistungen zählt auch das **Abstimmen der Planung mit zu beteiligenden Stellen und Behörden**. Dabei geht es nicht nur um die Genehmigungsfähigkeit des Objekts, sondern auch um natur- und artenschutzrechtliche Fragestellungen, die unabhängig von Genehmigungsverfahren zu beachten sind.

41 Die **Darstellung des Entwurfs** stellt das Ergebnis aller bisher erbrachten Grundleistungen dar. Der Maßstab des Entwurfs richtet sich nach Art und Größe des Objekts. Für Freianlagen ist der Maßstab 1:500 bis 1:100 vorgesehen. In der HOAI 2013 wurden die erforderlichen Angaben, welche nur beispielhaft aufgeführt sind, ergänzt und präzisiert. Über die Art der Darstellung wird keine Aussage gemacht. Der Plan muss aber alle zum Verständnis erforderlichen Grundrisse, Schnitte und Details enthalten. Bei Freianlagen sind Einzelheiten wie Pflanzen, Farb-, Licht- und Materialgestaltung anzugeben und in die Objektbeschreibung aufzunehmen.

42 Die Grundleistung **Objektbeschreibung mit Erläuterung von Ausgleichs- und Ersatzmaßnahmen nach Maßgabe der naturschutzrechtlichen Eingriffsregelung** dient der Festlegung der Planungsprinzipien und des vorgesehenen Ausführungsstandards. Bei einer entsprechenden Aufgabenstellung sind in die Objektbeschreibung städtegestalterische, funktionale und wirtschaftliche Faktoren einzubeziehen. Seit der 4. HOAI-Novelle sind auch Ausgleichs- und Ersatzmaßnahmen nach Maßgabe der naturschutzrechtlichen Eingriffsregelung zu erläutern. Inhaltlich handelt es sich dabei um Vorschläge für Anpflanzungen, Dachbegrünungen und ähnliche Maßnahmen, die als Vorgaben der Bauleitplanung zu beachten sind. Die Objektbeschreibung muss so um-

fassend sein, dass sich der Auftraggeber neben der zeichnerischen Darstellung einen Gesamteindruck von dem Objekt verschaffen kann.

Bei der Freianlagenplanung hat die **Kostenberechnung** nicht zwingend nach der DIN 276 zu erfolgen. Der Grund dafür besteht darin, dass Freianlagen nicht stets als Freiflächen oder Freiräume im Hochbau (DIN 276–1) oder im Ingenieurbau (DIN 276–4) gelten, sondern auch selbständige Objekte darstellen können, die keinem dieser Bereiche zuzuordnen sind. Darüber hinaus gibt es fachspezifische Kostenermittlungen mit einer anderen Gliederung. Eine weitere Grundleistung stellt die **Kostenkontrolle** durch einen Vergleich der Kostenberechnung mit der Kostenschätzung dar. Dies hat durch eine Gegenüberstellung der betreffenden Zahlen aus allen Kostengruppen zu geschehen. 43

Das **Zusammenfassen aller Entwurfsplanungsergebnisse** hat dieselbe Bedeutung wie in der Leistungsphase 2. Nur ist diese Zusammenfassung entsprechend dem vergrößerten Inhalt der Leistungsphase umfangreicher. 44

Stellen die Grundleistungen der Leistungsphase 3, mit der die Vorplanung bis zum vollständigen Entwurfsplan fortentwickelt wird, eine vertragliche Leistungspflicht des Planers dar, sind darin zahlreiche Pflichten und damit verbundene Haftungsrisiken enthalten. Der Freianlagenplaner muss die dazu einschlägigen öffentlich-rechtlichen Vorschriften kennen und diese im Rahmen der Planung umsetzen. Werden gestalterische, funktionale, wirtschaftliche, standörtliche sowie natur- und artenschutzrechtliche Anforderungen nicht in angemessener Weise berücksichtigt, ist die Entwurfsplanung mangelhaft.[6] So treffen den Auftragnehmer im Zusammenhang mit der Klärung der Bodenverhältnisse umfangreiche Pflichten. Das gilt für die Baugrundverhältnisse allgemein, aber auch im Hinblick auf die Grundwassersituation, auf Bodenkontaminationen und auf die Standortbedingungen für Pflanzungen. Der Auftragnehmer muss selbst keine Bodenuntersuchungen vornehmen. Er muss jedoch bei erkennbar bzw. bekanntermaßen ungünstigen und auch bei unbekannten Bodenverhältnissen gegenüber dem Bauherrn Bodenuntersuchungen, Baugrundbeurteilungen und Gründungsberatungen durch einen Fachingenieur anregen. Zwar braucht die Entwurfsplanung des Auftragnehmers nicht optimal zu sein. Sie muss aber den anerkannten Regeln der Technik entsprechen und eine entsprechend den Wünschen des Auftraggebers brauchbare Umsetzung ermöglichen. Der Auftragnehmer ist auch verpflichtet, die Kostenberechnung sorgfältig zu erstellen, um dem Auftraggeber eine klare Entscheidung hinsichtlich der Ausführung des Bauvorhabens und seiner Finanzierung zu ermöglichen. Ist die Kostenberechnung falsch, können Schadensersatzansprüche wegen Bausummenüberschreitung bestehen (vgl. i. E. Einl. Rdn. 187 ff.). 45

Leistungsphase 4 Genehmigungsplanung

Die Grundleistung **Erarbeiten und Zusammenstellen der Vorlagen und Nachweise für öffentlich-rechtliche Genehmigungen oder Zustimmungen** umfasst das Erarbeiten der Vorlagen und Nachweise für erforderliche Genehmigungen oder Zustimmungen, 46

---

6 Vgl. i. e. *Morlock* DAB 1990, 945.

§ 39 HOAI Leistungsbild Freianlagen

Ausnahmen und Befreiungen sowie die dafür erforderlichen Verhandlungen mit Behörden. Welche Vorhaben genehmigungs- oder zustimmungspflichtig sind, ist in den Landesbauordnungen und in einschlägigen Fachgesetzen geregelt. Neben den als Grundleistung zu erbringenden Genehmigungsplänen hat der Freianlagenplaner dafür zu sorgen, dass alle für die Genehmigung oder Zustimmung erforderlichen Unterlagen erarbeitet und zusammengestellt werden. Er hat im Übrigen, soweit erforderlich, auch Anträge auf Befreiungen zu stellen. Die Tatsache, dass der Auftragnehmer für die Erbringung aller für die Genehmigung oder Zustimmung erforderlichen Unterlagen verantwortlich ist, bedeutet nicht, dass er diese Leistungen selbst ausführen muss. Er muss jedoch den Auftraggeber auf die Notwendigkeit derartiger Leistungen und gegebenenfalls auf die Beauftragung von Sonderfachleuten hinweisen. Der Freianlagenplaner hat darauf hinzuwirken, dass die über seinen Leistungsbereich hinausgehenden Tätigkeiten von den anderen an der Planung fachlich Beteiligten erbracht werden. Soweit der Auftragnehmer diese Leistungen vereinbarungsgemäß selbst erbringt, steht ihm hierfür eine zusätzliche Vergütung zu.

47 Die Grundleistung **Einreichen der Vorlagen** verlangt von dem Freianlagenplaner das Einreichen der Vorlagen bei der zuständigen Behörde. Sind die Planungsunterlagen, Beschreibungen und Berechnungen teilweise unvollständig oder ansonsten ergänzungsbedürftig, sind sie zu ergänzen und anzupassen.

48 Im Unterschied zu den Leistungsphasen 2 und 3 ist in dieser Leistungsphase kein Zusammenfassen, Erläutern und Dokumentieren der Leistungen enthalten. Dasselbe gilt für die Leistungsphasen 5–7. Der Grund dafür besteht darin, dass mit dem Abschluss der Leistungsphase 3 die Entscheidung des Auftraggebers über die Umsetzung des geplanten Objekts getroffen wurde.

Leistungsphase 5 Ausführungsplanung

49 Die Grundleistung **Erarbeiten der Ausführungsplanung auf Grundlage der Entwurfs- und Genehmigungsplanung bis zur ausführungsreifen Lösung** stellt zunächst klar, dass die Ausführungsplanung auf den Ergebnissen der Leistungsphasen 3 und 4 aufbaut. Mit dem Erarbeiten der Ausführungsplanung bis zur ausführungsreifen Lösung ist die notwendige Durchdringung der Planung unter Berücksichtigung der verschiedenen Anforderungen und unter Verwendung der Beiträge anderer an der Planung fachlich Beteiligter verbunden.

50 Zum **Erstellen von Plänen oder Beschreibungen, je nach Art des Bauvorhabens zum Beispiel im Maßstab 1 : 200 bis 1 : 50** zählen Konstruktionspläne, Übersichtspläne und Einzelzeichnungen, die in Abhängigkeit von der Art des Bauvorhabens im Maßstab 1 : 200 bis 1 : 50 anzufertigen sind. Der Maßstab hängt von der jeweiligen Bauaufgabe selbst ab sowie von der Größe des Objekts oder den Problemen im Einzelfall. Ziel ist eine hohe Planungsintensität und Übersichtlichkeit. Die textlichen Beschreibungen ergänzen die Pläne und sollen Konstruktionen, Materialien, Bauelemente und Bauteile in dem Umfang beschreiben, der für die Ausführung notwendig ist. Sie sollen in die Leistungsbeschreibung in der Leistungsphase 6 überleiten.

Ein rechtzeitiges **Abstimmen** und die umfassende **Koordinierung** aller anderen an der 51
Planung fachlich Beteiligten sind Voraussetzung für einen reibungslosen Planungsablauf. Der Auftragnehmer muss dabei die Ausführung mit den anderen an der Planung fachlich Beteiligten koordinieren und ihnen die Grundlagen für deren Planungen rechtzeitig zur Verfügung stellen. Das Integrieren der Beiträge dieser anderen an der Planung fachlich Beteiligten stellt einen wichtigen Teil der Koordinierungspflicht dar. Deren Ausarbeitungen liegen zeitlich vor dem Integrieren oder Einarbeiten ihrer Beiträge.

Die Grundleistung **Darstellen der Freianlagen mit den für die Ausführung notwendi-** 52
gen Angaben, Detail- oder Konstruktionszeichnungen ist in die Anlage 11 neu eingefügt worden, um die freianlagenspezifischen Besonderheiten der Ausführungsplanung zu berücksichtigen. Mit dieser Formulierung wird klargestellt, dass davon alle für die Ausführung notwendigen Angaben, Detail- und Konstruktionszeichnungen umfasst sind. Weitere für die Ausführung notwendige Angaben können in den Leistungsverzeichnissen enthalten sein. Dies ändert nichts daran, dass die in der Leistungsphase 5 erarbeiteten Angaben und Zeichnungen das für eine Ausführung erforderliche Maß erreichen müssen. Die Aufzählung einzelner Angabenbereiche ist beispielhaft und nicht abschließend. Sie zeigt, dass die Angaben bei Freianlagen ein großes Spektrum umfassen können.

Die Grundleistung **Fortschreiben der Angaben zum terminlichen Ablauf** bezieht sich 53
auf die vorhergehenden Leistungsphasen 2 und 3. Der terminliche Ablauf ist bei Freianlagen immer von Witterungsverhältnissen und jahreszeitlichen Einflüssen abhängig.

Das **Fortschreiben der Ausführungsplanung während der Objektausführung** erstreckt 54
sich auf alle erforderlichen Ergänzungen und Änderungen. Der Begriff »Fortschreibung« wird nicht definiert, so dass sein Umfang unklar ist. Dabei geht es darum, ob der Auftragnehmer im Rahmen dieser Grundleistung und somit ohne zusätzliche Vergütung verpflichtet ist, Änderungen in seine Ausführungsplanung mit einzubeziehen, weil es sich um ein Fortschreiben handelt. Ein Fortschreiben im Sinne der Leistungsphase 5 setzt voraus, dass die bisherigen Planungsziele erhalten bleiben. Ändern sich diese, ohne dass es der Auftragnehmer zu vertreten hat, kann nicht mehr von Fortschreibung gesprochen werden, vielmehr handelt es sich um eine Planungsänderung, auf die die Vergütungsvorschrift des § 10 Abs. 2 anwendbar ist. Unter Fortschreibung sind somit Ergänzungen und kleinere Änderungen der Ausführungsplanung zu verstehen, die im Rahmen der Planung notwendig werden, um das Objekt entsprechend der Zielsetzung aus den Leistungsphasen 1–4 in gestalterischer und konstruktiver Hinsicht entstehen zu lassen. Darunter fallen außerdem Änderungen aufgrund von Planungsfehlern des Auftragnehmers. Alle übrigen Änderungen sind als Änderungsleistungen nach § 10 Abs. 2 zu vergüten.

Leistungsphase 6 Vorbereitung der Vergabe

Die Grundleistung **Aufstellen von Leistungsbeschreibungen mit Leistungsverzeich-** 55
nissen ist im Zusammenhang mit der VOB/A zu sehen. Diese beschreibt in § 7 VOB/A, welche Anforderungen an Leistungsbeschreibungen zu stellen sind. Eine wesentliche Anforderung ist, dass die Leistungen eindeutig und erschöpfend zu beschrei-

§ 39 HOAI Leistungsbild Freianlagen

ben sind. Damit soll erreicht werden, dass alle Bewerber die Beschreibung im gleichen Sinne verstehen und ihre Preise sicher und ohne umfangreiche Vorarbeiten berechnen können. Neben der Leistungsbeschreibung mit Leistungsverzeichnis sind in § 7 VOB/A auch Leistungsbeschreibungen mit Leistungsprogramm enthalten. Nach der Formulierung sind diese nicht von der Grundleistung umfasst. Vielmehr handelt es sich um Besondere Leistungen.

56 Die Grundleistung **Ermitteln und Zusammenstellen von Mengen auf Grundlage der Ausführungsplanung** umfasst das Ermitteln und Zusammenstellen von Mengen aus den Planungen der Leistungsphase 5. Bei dem Ermitteln und Zusammenstellen sind auch die Beiträge an der Planung fachlich Beteiligter zu berücksichtigen.

57 Das **Abstimmen oder Koordinieren der Leistungsbeschreibungen mit den an der Planung fachlich Beteiligten** stellt eine weitere Grundleistung der Leistungsphase 6 dar. Dabei sind Leistungsverzeichnisse mit den Fachingenieuren abzustimmen und zu koordinieren. Zur Koordination zählt auch, dass die Leistungsbeschreibungen der anderen an der Planung fachlich Beteiligten mit den Wünschen und finanziellen Möglichkeiten des Auftraggebers abgestimmt sind. Der Auftragnehmer muss ferner darauf achten, dass es bei den Leistungsbeschreibungen und Mengenermittlungen der verschiedenen Fachdisziplinen zu keinen Mehrfachansätzen kommt. Im Rahmen der Koordinierungspflicht ist es seine Aufgabe, die Beiträge der anderen an der Planung fachlich Beteiligten rechtzeitig anzufordern und den Eingang zu überwachen. Dies bedeutet, dass auch für diese Beiträge der anderen an der Planung fachlich Beteiligten im Planungsablauf Termine abgestimmt, vereinbart und überwacht werden müssen.

58 Die Grundleistung **Aufstellen eines Terminplans unter Berücksichtigung jahreszeitlicher, bauablaufbedingter und witterungsbedingter Erfordernisse** ist in der HOAI 2013 neu in das Leistungsbild Freianlagen aufgenommen worden. Sie trägt den freianlagenspezifischen Erfordernissen und Abhängigkeiten Rechnung und ist aufgrund der engen Verknüpfung der Abläufe bei Freianlagen mit anderen Planungen und Gewerken erst in dieser Leistungsphase enthalten. Diese Leistung entspricht der in der Leistungsphase 2 der Anlage 10 enthaltenen Grundleistung für Gebäude und Innenräume.

59 Die Grundleistung **Ermitteln der Kosten auf Grundlage der vom Planer bepreisten Leistungsverzeichnisse** wurde in der HOAI 2013 in alle Leistungsbilder der Objektplanung aufgenommen. Danach hat der Auftragnehmer seine erarbeiteten Leistungsverzeichnisse mit Einheitspreisen zu versehen, die den ortsüblichen Marktpreisen entsprechen. Dadurch soll vor Beginn des Vergabeverfahrens ermittelt werden, welche Angebotsergebnisse bei der Ausschreibung zu erwarten sind. Der Auftragnehmer hat dabei eine eigene Preiserhebung vorzunehmen oder auf eigene Baukostendaten zurückzugreifen.

60 Der Auftragnehmer hat im Rahmen der Grundleistung **Kostenkontrolle durch Vergleich der vom Planer bepreisten Leistungsverzeichnisse mit der Kostenberechnung** auch in dieser Leistungsphase die Entwicklung der Baukosten zu überwachen. Dies erfolgt durch eine Gegenüberstellung der Kostenberechnung mit den bepreisten Leistungsverzeichnissen. Dadurch soll sichergestellt werden, dass die in der Kostenberech-

nung angesetzten Kosten nicht überschritten werden. Zumindest soll der Auftraggeber über mögliche Kostensteigerungen informiert werden. Mit der Grundleistung **Zusammenstellen der Vergabeunterlagen** hat der Auftragnehmer die in § 8 VOB/A aufgelisteten Vergabeunterlagen zusammenzustellen.

Leistungsphase 7 Mitwirkung bei der Vergabe

In dieser Grundleistung hat der Auftragnehmer zunächst **Angebote** für alle Leistungsbereiche **einzuholen**. Er muss dabei Unternehmer zur Abgabe eines Angebots auffordern. Der Auftragnehmer hat auch dann Angebote einzuholen, wenn Sonderfachleute ein Leistungsverzeichnis erstellt haben. Allerdings ist er nicht verpflichtet, in solchen Fällen diese Angebote zu prüfen und zu werten 61

Das **Prüfen und Werten der Angebote einschließlich Aufstellen eines Preisspiegels nach Einzelpositionen oder Teilleistungen** hat unter Mitwirkung aller während der Leistungsphasen 6 und 7 fachlich Beteiligten zu erfolgen. Das Prüfen der Angebote umfasst die Kontrolle auf Vollständigkeit, richtiges Ausfüllen der Angebote, die rechnerische Richtigkeit sowie darauf, ob darin erkennbar spekulative Preise enthalten sind. Die Wertung der Angebote bezieht sich in erster Linie auf die Einzelpreise, ihre Vergleichbarkeit mit anderen Angeboten und sonstige Preisansätze, wobei festzustellen ist, ob diese der üblichen Vergütung entsprechen. 62

Darüber hinaus stellt auch die Prüfung von Angeboten für geänderte oder zusätzliche Leistungen der ausführenden Unternehmen auf die Angemessenheit der Preise eine Grundleistung dar. Insoweit liegt ein systematischer Widerspruch zu § 10 Abs. 2 vor, weil geänderte oder zusätzliche Leistungen meist auf Planungsänderungen und somit auf wiederholt erbrachten Grundleistungen beruhen. In einem solchen Fall scheidet eine Honoraranpassung für die wiederholt erbrachte Angebotsprüfung trotzdem aus, weil es sich dabei um eine Grundleistung handelt. Davon unberührt bleibt der Anspruch des Auftragnehmers auf Honorar für die Wiederholung von anderen Leistungsphasen wie z. B. Planungsänderungen nach § 10 Abs. 2. 63

Die Grundleistung **Führen von Bietergesprächen** beschränkt sich auf die Gesprächsführung mit Bietern. Dabei sind die Einschränkungen bei einer öffentlichen Vergabe zu berücksichtigen. Nach Prüfung und Wertung der Angebote sowie der Aufstellung von Preisspiegeln hat der Auftragnehmer Vergabevorschläge zu erstellen und das Vergabeverfahren zu dokumentieren. Diese Dokumentationspflicht wurde in der HOAI 2013 neu aufgenommen. Die Grundleistung **Zusammenstellen der Vertragsunterlagen** verlangt vom Auftragnehmer, die Vertragsunterlagen für alle Leistungsbereiche zusammenzustellen. Der Umfang der Vertragsunterlagen ergibt sich aus § 8 Abs. 1 Nr. 1 VOB/A. 64

In die Anlage 11 der HOAI 2013 wurde als Grundleistung der Leistungsphase 6 eine Kostenermittlung auf der Grundlage der vom Planer bepreisten Leistungsverzeichnisse eingefügt. Dementsprechend hat nunmehr eine Kostenkontrolle durch einen Vergleich der Ausschreibungsergebnisse mit den bepreisten Leistungsverzeichnissen und der Kostenberechnung zu erfolgen. Die Erstellung eines Kostenanschlags ist in dem Grundleistungskatalog nicht mehr enthalten. 65

§ 39 HOAI   Leistungsbild Freianlagen

66   Unter **Mitwirken bei der Auftragserteilung** ist die Vorbereitung der Verträge, nicht jedoch der Abschluss der Verträge zu verstehen. Ebenso wenig hat der Auftragnehmer die Verträge in rechtlicher Hinsicht zu gestalten. Dies betrifft etwa die Erstellung oder Einfügung von Vertragsbedingungen wie z. B. Abnahme- oder Vertragsstrafeklauseln.

Leistungsphase 8 Objektüberwachung (Bauüberwachung) und Dokumentation

67   Die Grundleistung **Überwachen der Ausführung des Objekts** auf Übereinstimmung mit der Genehmigung oder Zustimmung, den Verträgen mit ausführenden Unternehmen, den Ausführungsunterlagen, den einschlägigen Vorschriften, sowie mit den allgemein anerkannten Regeln der Technik beschreibt die Objektüberwachung und stellt die zentrale Leistung der Leistungsphase 8 dar. Die Aufzählung der zu überwachenden Bereiche ist abschließend. Diese Grundleistung ist in allen Leistungsbildern der Objekt- und Fachplanung mit Ausnahme der Tragwerksplanung enthalten und somit auch in der Anlage 10 des Leistungsbilds Gebäude und Innenräume. Auf die dortige Kommentierung (§ 34 Rdn. 212 ff.) wird verwiesen.

68   Das **Überprüfen von Pflanzen- und Materiallieferungen** stellt eine freianlagenspezifische Grundleistung dar. Bei der Gestaltung von Freianlagen kommt dieser Überprüfung in mehrfacher Hinsicht große Bedeutung zu. Pflanzenlieferungen sind regelmäßig nur unmittelbar bei der Lieferung prüfbar, weil sie nur in diesem Stadium als Arten und Sorten erfassbar sind und qualitativ kontrolliert werden können. Nach der Pflanzung sind z. B. Stauden in den Wintermonaten nicht sichtbar. Zur Überprüfung der Lieferqualität ist etwa bei Gehölzen eine Sichtkontrolle der Wurzelbesätze oder Ballen erforderlich. Darüber hinaus sind in vielen Fällen auch Erdsubstrate, Natursteine und weitere Naturmaterialien aufgrund der individuellen Abweichungsrisiken im Zuge der Lieferung zu prüfen und ggf. mit Rückstellproben abzusichern.

69   Das **Abstimmen mit den oder Koordinieren der an der Objektüberwachung fachlich Beteiligten** umfasst alle von der Bauausführung betroffenen Leistungsbereiche, auch diejenigen für die besondere Fachbauleiter eingesetzt sind. Die Grundleistung **Fortschreiben und Überwachen des Terminplans unter Berücksichtigung jahreszeitlicher, bauablaufbedingter und witterungsbedingter Erfordernisse** betrifft die Konkretisierung und Fortschreibung des in den vorangehenden Leistungsphasen zunehmend entwickelten Kerns. Dies ist gerade bei Freianlagen von Bedeutung, weil bei der Ausführung der Bauleistungen viele äußere Einflüsse auf das Baugeschehen vorliegen, die eine weitere Absicherung und Überprüfung der terminlichen Abläufe nötig machen.

70   Die Grundleistung **Dokumentation des Bauablaufes** ist von erheblicher Bedeutung, weil sie vor allem in Bauprozessen eine erhebliche Rolle spielt. Sie hat die Leistungen der ausführenden Unternehmen, Lieferungen, Witterungsbedingungen und gegebenenfalls auch die Anwesenheit der Baubeteiligten in zeitlich zuordenbarer Weise festzuhalten. Die Dokumentation kann in Form eines Bautagebuchs, aber auch durch eine tages- und leistungsspezifische Fotodokumentation der Baustellenabläufe erfolgen. Die weitere Grundleistung **Feststellen des Anwuchsergebnisses** betrifft ein fachspezifisches Element, die (fotografische) Dokumentation des Anwuchsverhaltens von Pflanzungen und Ansaaten. Nachdem diese Prozesse in der Regel längere Zeiträume

umfassen, bis ein gesichertes Anwachsen festgestellt werden kann, ist eine fortlaufende Dokumentation des Anwachsprozesses vorzunehmen. Diese kann bei Ausfällen als Beleg dafür herangezogen werden, wie der Anwachsprozess verlaufen ist.

Eine weitere Grundleistung stellt das **Mitwirken beim Aufmaß mit den bauausführenden Unternehmen** dar. Ist ein Aufmaß deshalb nicht erforderlich, weil ein Pauschalpreisvertrag abgeschlossen wurde, wird dieses vom vertraglich geschuldeten Leistungsumfang nicht umfasst, so dass kein Mangel vorliegt und eine Minderung des Honorars nach § 638 BGB nicht in Betracht kommt. 71

Im Rahmen der **Rechnungsprüfung** hat die fachtechnische und rechnerische Überprüfung aller Rechnungen von Unternehmern und Lieferanten aus dem Leistungsbereich des Auftragnehmers auf ihre Richtigkeit und Vertragsgemäßheit zu erfolgen. Die anderen fachlich Beteiligten haben die Rechnungen aus ihren Fachbereichen (z. B. Technische Ausrüstung) in eigener Verantwortung zu prüfen. Unter Rechnungen sind hier sowohl Abschlagsrechnungen als auch Schlussrechnungen oder Teilschlussrechnungen zu verstehen.

Mit der Grundleistung **Vergleich der Ergebnisse der Rechnungsprüfungen mit den Auftragssummen einschließlich Nachträgen** wird die Kostenkontrolle durch den Vergleich der Rechnungssummen mit den Auftragssummen und Nachträgen fortgesetzt. 72

Bei der Organisation der Abnahme der Bauleistungen unter Mitwirkung anderer an der Planung und Objektüberwachung fachlich Beteiligter, der Feststellung von Mängeln und einer Abnahmeempfehlung für den Auftraggeber handelt es sich im Grunde um mehrere Grundleistungen. Der Auftragnehmer ist dabei nicht zur rechtsgeschäftlichen Abnahme verpflichtet oder zur Abnahme bevollmächtigt. Er hat diese nur zu organisieren (vgl. § 34 Rdn. 229 ff.). Eine weitere Grundleistung ist der **Antrag auf behördliche Abnahmen** und Teilnahme an diesen. Der Auftragnehmer hat die Abnahmen als Vertreter des Bauherrn zu beantragen und daran teilzunehmen. 73

Mit der **Übergabe des Objekts** ist die Übergabe der erforderlichen Unterlagen verbunden, etwa von Bedienungsanleitungen und Prüfprotokollen. Dabei kann die Mitwirkung anderer an der Planung und Objektüberwachung Beteiligter erforderlich sein. Der Begriff »Übergabe« ist nicht mit dem Begriff »Abnahme« gleichzusetzen. Der Zeitpunkt der Übergabe des Objekts fällt also nicht mit der Abnahme der Leistungen der am Bau Beteiligten oder der Architektenleistungen zusammen. Wünscht der Auftraggeber eine Übergabebegehung, so hat der Auftragnehmer sie zusammen mit ihm vorzunehmen. 74

Das **Überwachen der Beseitigung der bei der Abnahme der Bauleistungen festgestellten Mängel** stellt eine weitere Grundleistung dar. Dabei hat der Auftragnehmer die am Bau Beteiligten zunächst zur Mängelbeseitigung aufzufordern. Die Teilleistung Überwachen der Mängelbeseitigung in der Leistungsphase 8 unterscheidet sich von derselben Teilleistung in der Leistungsphase 9 dadurch, dass im Rahmen der Leistungsphase 8 nur die Beseitigung derjenigen Mängel zu überwachen ist, die bis zur Abnahme aufgetreten sind. Dagegen fallen diejenigen Mängel in die Leistungsphase 9, die erst nach der Abnahme aufgetreten sind. 75

§ 39 HOAI   Leistungsbild Freianlagen

76   Der Auftragnehmer hat sich für das **Auflisten der Verjährungsfristen für Mängelansprüche** die Vertragsgrundlagen mit den bauausführenden Unternehmen vorlegen zu lassen und den Beginn (Abnahmezeitpunkt) sowie die Dauer der Verjährungsfristen zu überprüfen. Dabei hat er auch zu klären, ob die VOB Vertragsbestandteil ist und die vierjährige Verjährungsfrist des § 13 Abs. 4 VOB/B vereinbart worden ist, ob diese abgeändert wurde oder ob ein BGB-Werkvertrag vorliegt. Dabei sind auch rechtlich diffizile Fragen wie die Verjährungshemmung oder der Neubeginn der Verjährung zu berücksichtigen, sodass der Architekt in eine rechtsberatende Funktion gedrängt wird.

77   Das **Überwachen der Fertigstellungspflege bei vegetationstechnischen Maßnahmen** ist in der HOAI 2013 als freianlagenspezifische Grundleistung neu in die Anlage 11 aufgenommen worden. Bei der Errichtung von Freianlagen erfordert die Fertigstellungspflege nach DIN 18916 und DIN 18917 eine besondere Überwachung. Nach der Pflanzung oder Ansaat kann das halbfertige Werk nur durch entsprechende Pflegeleistungen so weit hergestellt werden, dass ein abnahmefähiger Zustand in Form der »Fertigstellung« erreicht wird.

78   Eine weitere Grundleistung stellt die **Kostenkontrolle** durch Überprüfen der Leistungsabrechnungen der bauausführenden Unternehmen im Vergleich zu den Vertragspreisen dar. Diese soll dem Auftraggeber die Möglichkeit geben, bei drohender Überschreitung Kosten reagieren zu können. Nicht erwähnt wird die ebenfalls bestehende Pflicht zur Kostenfortschreibung. Während die Kostenkontrolle den Vergleich mit den eigenen Kostenermittlungen beim gleichbleibenden Objekt betrifft, erfasst die Fortschreibung Änderungen und Ergänzungen.

79   Nach dem Abschluss der Rechnungsprüfung hat der Auftragnehmer eine **Kostenfeststellung** zu erstellen. Diese ist bei Freianlagen nicht stets nach DIN 276 vorzunehmen. Wie bei den vorangehenden Kostenermittlungen wird sie bei Freianlagen nur als ein Beispiel für die Kostenfeststellung benannt. Der Grund dafür besteht darin, dass Freianlagen nicht stets als Freiflächen oder Freiräume im Hochbau (DIN 276–1) oder im Ingenieurbau (DIN 276–4) gelten, sondern auch selbständige Objekte darstellen können, die keinem dieser Bereiche zuzuordnen sind. Darüber hinaus gibt es fachspezifische Kostenermittlungen, die eine andere Gliederung aufweisen.

80   Gegenstand der **systematischen Zusammenstellung der Dokumentation, zeichnerischen Darstellungen und rechnerischen Ergebnisse des Objekts** ist das Erfassen, Ordnen und Aufbereiten aller bei der Planung und Baudurchführung angefallenen Daten als Grundlage für zukünftige Sanierungs- und Bauarbeiten sowie Planungsaufgaben.

Leistungsphase 9 Objektbetreuung

81   In der Leistungsphase 9 hat der Freianlagenplaner über die eigentliche Planungs- und Ausführungsphase des Objekts hinaus Leistungen zu erbringen. Die Tätigkeit in der Leistungsphase 9 ist deshalb schwerpunktmäßig darauf gerichtet, Ansprüche des Auftraggebers gegenüber den Unternehmern festzustellen und beim Vorliegen von Mängeln innerhalb der Verjährungsfrist deren Beseitigung zu veranlassen. Die **fachliche Bewertung der innerhalb der Verjährungsfristen für Gewährleistungsansprüche festgestellten Mängel**, längstens bis zum Ablauf von 5 Jahren ab der Abnahme der Leistun-

gen, ist von der entsprechenden Leistung in Leistungsphase 8 klar abgrenzbar. In den Bereich der Objektüberwachung fallen diejenigen Mängel, die bei der Abnahme festgestellt wurden. Alle danach aufgetretenen und festgestellten Mängel gehören in den Bereich der Objektbetreuung und Dokumentation. Wurde die Leistungsphase 9 aus dem Leistungsumfang des Architektenvertrags herausgenommen, hat der Freianlagenplaner die fachliche Bewertung derjenigen Mängel, die nach der Abnahme aufgetreten sind, nicht zu erbringen. In Anlehnung an die Verjährungsfrist des § 634a Abs. 1 Nr. 2 BGB wurde diese Leistung in der HOAI 2013 auf einen Zeitraum von 5 Jahren anstatt 4 Jahren ab Abnahme begrenzt.

Eine weitere Grundleistung stellt die **Objektbegehung zur Mängelfeststellung** vor Ablauf der Verjährungsfristen der Gewährleistungsansprüche gegenüber den bauausführenden Unternehmen dar. Da der Auftragnehmer in der Leistungsphase 8 die Gewährleistungsfristen aufzulisten hat, ist es ihm möglich, den Ablauf der Verjährungsfristen festzustellen. Er muss dann das Objekt so rechtzeitig begehen, dass Ansprüche wegen Mängeln, die zwischen Abnahme und Begehung aufgetreten sind, noch vor Eintritt der Verjährung geltend gemacht werden können. Eine mehrfache Begehung ist nicht erforderlich. 82

Das **Mitwirken bei der Freigabe von Sicherheitsleistungen** setzt ebenfalls eine Prüfung des Werks auf Mangelfreiheit voraus. Diese Grundleistung hängt somit eng mit der Objektbegehung vor Ablauf der Gewährleistungsfristen zusammen. Dabei hat der Architekt den Auftraggeber darüber zu beraten, ob die Sicherheit aufgrund der Sicherungsabrede zurückzugeben ist. 83

8. Besondere Leistungen für Freianlagen

In der Anlage 11 sind neben den Grundleistungen erstmals auch **Besondere Leistungen** enthalten, welche ausschließlich Freianlagen betreffen. Die Besonderen Leistungen sind auch für den Umfang und die Grenzen von Grundleistungen von Bedeutung. Durch die in der Anlage 11 aufgeführten Besonderen Leistungen wird klargestellt, dass diese Leistungen nicht zu den Grundleistungen zählen. Für diese Abgrenzung sind insbesondere folgende Besonderen Leistungen in der Anlage 11 von Bedeutung: 84
- Beurteilen und Bewerten der vorhandenen Bausubstanz, Bauteile, Materialien, Einbauten oder der zu schützenden oder zu erhaltenden Gehölze oder Vegetationsbestände;
- Beteiligung von externen Initiativ- und Betroffenengruppen bei Planung und Ausführung;
- Mitwirken bei Beteiligungsverfahren oder Workshops;
- Erarbeiten von Ausarbeitungen nach den Anforderungen der naturschutzrechtlichen Eingriffsregelung sowie des besonderen Arten- und Biotopschutzrechtes, Eingriffsgutachten, Eingriffs- oder Ausgleichsbilanz nach landesrechtlichen Regelungen;
- Erstellen und Zusammenstellen von Unterlagen für die Beauftragung von Dritten (Sachverständigenbeauftragung);
- Aufstellen und Berechnen von Lebenszykluskosten;
- Teilnahme an Sitzungen in politischen Gremien oder im Rahmen der Öffentlichkeitsbeteiligung;

§ 39 HOAI   Leistungsbild Freianlagen

- Erstellen von landschaftspflegerischen Fachbeiträgen oder natur- und artenschutzrechtlichen Beiträgen;
- Mitwirken beim Einholen von Genehmigungen und Erlaubnissen nach Naturschutz-, Fach- und Satzungsrecht;
- Erfassen, Bewerten und Darstellen des Bestandes gemäß Ortssatzung;
- Erstellen von Rodungs- und Baumfällanträgen;
- Erstellen des Überflutungsnachweises für Grundstücke;
- Prüfen von Unterlagen der Planfeststellung auf Übereinstimmung mit der Planung;
- Auswahl von Pflanzen beim Lieferanten (Erzeuger);
- Dokumentation des Bauablaufs nach besonderen Anforderungen des Auftraggebers;
- fachliches Mitwirken bei Gerichtsverfahren;
- Bauoberleitung, künstlerische Oberleitung;
- Überwachung der Entwicklungs- und Unterhaltungspflege;
- Überwachen von Wartungsleistungen;
- Überwachen der Mängelbeseitigung innerhalb der Verjährungsfrist.

Die Aufzählung der Besonderen Leistungen in der Anlage 11 ist nach § 3 Abs. 3 nicht abschließend. Deshalb zählen zu den Besonderen Leistungen auch alle nicht in der HOAI aufgezählten weiteren Leistungen aus anderen Leistungsbildern, soweit sie dort keine Grundleistungen darstellen[7]. Darunter fallen auch Leistungen, die in früheren Fassungen der HOAI enthalten waren wie z. B.

- § 17 Abs. 3 HOAI 2002 (Einbindung von Objekten der Verkehrsanlagen oder Ingenieurbauwerken in Freianlagen);
- § 42 HOAI 2002 (Sonstige städtebauliche Leistungen);
- § 50 HOAI 2002 (Sonstige landschaftsplanerische Leistungen);
- § 61 HOAI 2002 (Bau- und landschaftsgestalterische Beratung für Ingenieurbauwerke und Verkehrsanlage

Das Heft 29 der AHO-Schriftenreihe »Frei zu vereinbarende Leistungen zum Leistungsbild Objektplanung Freianlagen« enthält eine Übersicht über bei der Freianlagenplanung in Frage kommenden Besondere Leistungen. Da das Leistungsbild der Anlage 11 nicht abschließend ist, ist diese Übersicht auch für die HOAI 2013 weiter aktuell.

9. Fragen der Haftung des Freianlagenplaners

85   Die Haftung entspricht unter Berücksichtigung des auf die spezifischen Bedürfnisse der Freianlagenplaner abgestimmten Leistungsbilds der Anlage 11 derjenigen des Objektplaners, so dass auf die Ausführungen zu § 34 verwiesen werden kann. Häufig benötigt der Freianlagenplaner die Pläne des Objektplaners, um einen ordnungsgemäßen Anschluss der Freianlagen an das Gebäude herstellen zu können. In diesem Fall hat der Freianlagenplaner die Objektplanung mit dem von ihm zu erwartenden Fachwissen auf ihre Mangelfreiheit zu überprüfen und ggf. Bedenken anzumelden.[8] Den Auftraggeber trifft in diesem Fall die Obliegenheit, dem Freianlagenplaner die für seine Planung er-

---

7   *Franken* in FBS, § 39 Rn. 65.
8   OLG Celle BauR 2014, 2120.

forderlichen Pläne des Objektplaners zur Verfügung zu stellen (vgl. dazu Einl. Rdn. 219). Beruht ein Mangel auf einer fehlerhaften Objektplanung und wurde diese von dem Freianlagenplaner nicht oder nur unzureichend überprüft, muss sich der Auftraggeber deshalb das Mitverschulden des Objektplaners nach den §§ 254 Abs. 2, 278 BGB im Verhältnis zum Freianlagenplaner zurechnen lassen.[9]

§ 40 HOAI Honorare für Grundleistungen bei Freianlagen

(1) Die Mindest- und Höchstsätze der Honorare für die in § 39 und der Anlage 11 Nummer 11.1 aufgeführten Grundleistungen für Freianlagen sind in der folgenden Honorartafel festgesetzt:

Anrechenbare Kosten in Euro	Honorarzone I sehr geringe Anforderungen		Honorarzone II geringe Anforderungen		Honorarzone III durchschnittliche Anforderungen		Honorarzone IV hohe Anforderungen		Honorarzone V sehr hohe Anforderungen	
	von	bis	von	bis	von	bis	von	bis	von	bis
	Euro		Euro		Euro		Euro		Euro	
20.000	3.643	4.348	4.348	5.229	5.229	6.521	6.521	7.403	7.403	8.108
25.000	4.406	5.259	5.259	6.325	6.325	7.888	7.888	8.954	8.954	9.807
30.000	5.147	6.143	6.143	7.388	7.388	9.215	9.215	10.460	10.460	11.456
35.000	5.870	7.006	7.006	8.426	8.426	10.508	10.508	11.928	11.928	13.064
40.000	6.577	7.850	7.850	9.441	9.441	11.774	11.774	13.365	13.365	14.638
50.000	7.953	9.492	9.492	11.416	11.416	14.238	14.238	16.162	16.162	17.701
60.000	9.287	11.085	11.085	13.332	13.332	16.627	16.627	18.874	18.874	20.672
75.000	11.227	13.400	13.400	16.116	16.116	20.100	20.100	22.816	22.816	24.989
100.000	14.332	17.106	17.106	20.574	20.574	25.659	25.659	29.127	29.127	31.901
125.000	17.315	20.666	20.666	24.855	24.855	30.999	30.999	35.188	35.188	38.539
150.000	20.201	24.111	24.111	28.998	28.998	36.166	36.166	41.053	41.053	44.963
200.000	25.746	30.729	30.729	36.958	36.958	46.094	46.094	52.323	52.323	57.306
250.000	31.053	37.063	37.063	44.576	44.576	55.594	55.594	63.107	63.107	69.117
350.000	41.147	49.111	49.111	59.066	59.066	73.667	73.667	83.622	83.622	91.586
500.000	55.300	66.004	66.004	79.383	79.383	99.006	99.006	112.385	112.385	123.088
650.000	69.114	82.491	82.491	99.212	99.212	123.736	123.736	140.457	140.457	153.834
800.000	82.430	98.384	98.384	118.326	118.326	147.576	147.576	167.518	167.518	183.472
1.000.000	99.578	118.851	118.851	142.942	142.942	178.276	178.276	202.368	202.368	221.641
1.250.000	120.238	143.510	143.510	172.600	172.600	215.265	215.265	244.355	244.355	267.627
1.500.000	140.204	167.340	167.340	201.261	201.261	251.011	251.011	284.931	284.931	312.067

---

9 BGH BauR 2016, 1943 = NJW 2016, 3022; a. A. OLG Celle BauR 2014, 2120.

§ 40 HOAI Honorare für Grundleistungen bei Freianlagen

(2) Welchen Honorarzonen die Grundleistungen zugeordnet werden, richtet sich nach folgenden Bewertungsmerkmalen:
1. Anforderungen an die Einbindung in die Umgebung,
2. Anforderungen an Schutz, Pflege und Entwicklung von Natur und Landschaft,
3. Anzahl der Funktionsbereiche,
4. gestalterische Anforderungen,
5. Ver- und Entsorgungseinrichtungen.

(3) Sind für eine Freianlage Bewertungsmerkmale aus mehreren Honorarzonen anwendbar und bestehen deswegen Zweifel, welcher Honorarzone die Freianlage zugeordnet werden kann, so ist zunächst die Anzahl der Bewertungspunkte zu ermitteln. Zur Ermittlung der Bewertungspunkte werden die Bewertungsmerkmale wie folgt gewichtet:
1. die Bewertungsmerkmale gemäß Absatz 2 Nummer 1, 2 und 4 mit je bis zu 8 Punkten,
2. die Bewertungsmerkmale gemäß Absatz 2 Nummer 3 und 5 mit je bis zu 6 Punkten.

(4) Die Freianlage ist anhand der nach Absatz 3 ermittelten Bewertungspunkte einer der Honorarzonen zuzuordnen:
1. Honorarzone I: bis zu 8 Punkte,
2. Honorarzone II: 9 bis 15 Punkte,
3. Honorarzone III: 16 bis 22 Punkte,
4. Honorarzone IV: 23 bis 29 Punkte,
5. Honorarzone V: 30 bis 36 Punkte.

(5) Für die Zuordnung zu den Honorarzonen ist die Objektliste der Anlage 11 Nummer 11.2 zu berücksichtigen.

(6) § 36 Absatz 1 ist für Freianlagen entsprechend anzuwenden.

Übersicht	Rdn.
1. Änderungen durch die HOAI 2009	1
2. Änderungen durch die HOAI 2013	3
3. Zusammenspiel mit anderen Vorschriften	4
4. Die Regelung des Abs. 2 Bewertungsmerkmale	5
5. Die Regelung der Abs. 3 und 4 Einordnung in die Honorarzone	11
6. Die Regelung des Abs. 5 Einordnung in die Honorarzone nach der Objektliste	13
7. Die Regelung des Abs. 6 Umbau- und Modernisierungszuschlag	14

1. Änderungen durch die HOAI 2009

1 Die Honorartafel für Leistungen bei Freianlagen war in § 39 Abs. 1 HOAI 2009 enthalten. Darin wurde die früher in § 17 Abs. 1 HOAI 2002 enthaltene Honorartafel mit der Maßgabe übernommen, dass die Honorare durchgehend um 10 % erhöht wurden. Die Verweisung in § 17 Abs. 2 HOAI 2002 auf § 16 Abs. 2, 3 HOAI 2002, wonach

die Honorartafeln nur für die Tafelwerte und nicht für darunter oder darüber liegende anrechenbare Kosten gelten, befand sich in § 7 Abs. 2 HOAI 2009.

§ 39 Abs. 2 bis 4 HOAI 2009 regelte die Zuordnung der Freianlagenplanung zu der zutreffenden Honorarzone. Abs. 2 führte die für die Zuordnung maßgeblichen Bewertungsmerkmale auf, die zuvor in § 13 Abs. 2 HOAI 2002 enthalten waren. Die Objektliste des § 14 Abs. 1a HOAI 2002 befand sich in der Anlage 3.2. § 39 Abs. 3 und 4 HOAI 2009 übernahm die in § 13 Abs. 2 und 3 HOAI 2002 geregelte Punktebewertung für die Einordnung von Zweifelsfällen, bei denen eine Freianlage zwischen zwei Honorarzonen liegt.

2. Änderungen durch die HOAI 2013

Die in § 39 Abs. 1 HOAI 2009 enthaltene Honorartafel wurde in den § 40 Abs. 1 verschoben und die Honorare wurden erhöht. In § 40 Abs. 2 bis 4 sind die Bewertungsmerkmale und die Bewertungspunkte für die Einordnung der Leistungen in die zutreffende Honorarzone geregelt, die bisher in § 39 Abs. 2–4 HOAI 2009 enthalten waren. § 40 Abs. 2 führt die für die Zuordnung maßgeblichen Bewertungsmerkmale auf. § 40 Abs. 3–4 übernimmt die bisher in § 39 Abs. 3 und 4 HOAI 2009 geregelte Punktebewertung für die Einordnung von Zweifelsfällen. In Abs. 5 wird für die Zuordnung zu der zutreffenden Honorarzone auf die Objektliste in der Anlage 11.2 verwiesen. Diese Verweisung befand sich zuvor in § 5 Abs. 4 HOAI 2009. Nach § 40 Abs. 6 sind für Umbauten und Modernisierungen die Regelungen des § 36 Abs. 1 entsprechend anzuwenden. Dies entspricht dem in § 6 Abs. 2 enthaltenen Grundsatz, wonach für alle Objekte und somit auch für Freianlagen ein Umbau- und Modernisierungszuschlag vereinbart werden kann oder unwiderruflich vermutet wird.

3. Zusammenspiel mit anderen Vorschriften

Die Vorschriften über die Einordnung von Freianlagen in eine Honorarzone entsprechen weitgehend denjenigen für Gebäude und Innenräume in § 35 Abs. 2–7. Insoweit kann auf die Kommentierung zu § 35 verwiesen werden. Die einschlägige Honorarzone ist nach § 5 Abs. 3 S. 1 anhand der Bewertungsmerkmale der jeweiligen Leistungsbilder zu ermitteln. Diese Bewertungsmerkmale sind für das Leistungsbild Freianlagen in § 40 Abs. 2 enthalten. In § 5 Abs. 3 S. 2 ist zudem geregelt, dass die Zuordnung zu den einzelnen Honorarzonen nach Maßgabe der Bewertungsmerkmale, gegebenenfalls der Bewertungspunkte sowie unter Berücksichtigung der Regelbeispiele in den Objektlisten vorzunehmen ist. Die Objektliste für Freianlagen befindet sich in der Anlage 11.2 und ist nach Objekttypen neu strukturiert worden. Die Objektliste ist zunächst für die Ermittlung der Honorarzone maßgeblich, sodass sie zweckmäßigerweise als Erstes überprüft wird. Wenn daraus keine eindeutige Einordnung in eine Honorarzone vorgenommen werden kann oder das Objekt aufgrund von besonderen Umständen möglicherweise in eine andere Honorarzone einzuordnen ist, ist nach § 40 Abs. 2–4 vorzugehen. Wie in diesem Fall eine Zuordnung nach Bewertungspunkten stattzufinden hat, regeln die Absätze 3 und 4.

§ 40 HOAI Honorare für Grundleistungen bei Freianlagen

4. Die Regelung des Abs. 2 Bewertungsmerkmale

5 Im Vergleich zu § 35 enthält § 40 entsprechend den Planungsanforderungen bei Freianlagen andere Bewertungsmerkmale. Anstelle der in § 35 Abs. 2 vorgesehenen 6 Bewertungsmerkmale gibt es in § 40 nur 5 zu bewertende Planungsanforderungen, nämlich
1. Anforderungen an die Einbindung in die Umgebung
2. Anforderungen an Schutz, Pflege und Entwicklung von Natur und Landschaft
3. Anzahl der Funktionsbereiche
4. Gestalterische Anforderungen
5. Ver- und Entsorgungseinrichtungen

6 Das Bewertungsmerkmal 1 »Anforderungen an die Einbindung in die Umgebung« zielt auf die Einordnung des Objektes in die tatsächlichen und rechtlichen, örtlich gegebenen oder das Objekt umgebenden Verhältnisse. Darunter fallen
– Gegebenheiten wie Kuppen und Senken, Böschungen, Wasser- und Feuchtzonen;
– bauliche Anlagen wie Gebäude, Mauern, Pergolen, Fundamente;
– baukünstlerische Elemente wie Ehrenmale, Skulpturen, Achsen;
– Elemente des Naturschutzes und der Denkmalpflege.

Dasselbe gilt für die Grünsubstanz wie Wald, Bäume, Gebüsche, Wiesen, Sukzessionsflächen und Trockenraine. Von Bedeutung sind auch bau- und landschaftsästhetische Aspekte wie Ausblicke und Perspektiven vom Standort sowie Einblicke von außen auf den Standort.

Die Berücksichtigung des Bestands betrifft darüber hinaus vorgegebene Bindungen durch anstehenden Fels, Wurzeln, Infrastrukturmaßnahmen wie Leitungstrassen, Altlasten und hohe Grundwasserstände auf Teilflächen.

7 Das Bewertungsmerkmal 2 »Anforderungen an Schutz, Pflege und Entwicklung von Natur und Landschaft« betrifft den Umgang mit dem Umweltschutz sowie ökologischen Zusammenhängen, z. B. Boden, Wasser, Klima und Vegetation. Darüber hinaus ist es von Bedeutung, ob mit der Planungsaufgabe Umweltvorsorge betrieben werden soll.

8 Das Bewertungsmerkmal 3 »Anzahl der Funktionsbereiche« betrifft die Anzahl von Einzelbereichen mit jeweiliger Funktion und Bereiche mit mehreren Funktionen aufgrund der Differenziertheit und Vielzahl der die Gestaltung beeinflussenden Nutzungsziele. Die Anzahl der Funktionsbereiche wird vor allem aus den gebotenen Verbindungen und Nutzungsvorstellungen für Flächen abgeleitet. Das Interesse multifunktionaler Nutzung macht es notwendig, diverse Funktionsabläufe zu prüfen und sicherzustellen.

9 Das Bewertungsmerkmal 4 »Gestalterische Anforderungen« stellt auf die ästhetischen Anforderungen ab, welche die konkrete Bauaufgabe unter Berücksichtigung der Wünsche des Auftraggebers und der bau-umweltgestalterischen Faktoren erfordert. Zu beurteilen ist die Gestaltung des Objekts sowohl als Ganzes als auch im Detail. Dies betrifft beispielsweise die Integration von Gebäudeanbindungen, Art und Umfang der vegetationstechnischen Bedingungen oder die gewählten Baustoffe und Materialien. Die

Honorare für Grundleistungen bei Freianlagen § 40 HOAI

Gestaltung ist umso höher zu bewerten, je mehr Vorgaben zu beachten sind, die die Gestaltung erschweren. Dabei sind auch landschaftspflegerische Gestaltungen und naturnahe Gestaltungsansätze von Bedeutung.

Das Bewertungsmerkmal 5 »Ver- und Entsorgungseinrichtungen« umfasst Anforderungen aufgrund von vorhandenen oder zu errichtenden unter- und oberirdischen Versorgungs- und Entsorgungsanlagen etwa für Wasser, Strom, Gas, Telefon, Kanalisation und Abwasser. Dazu zählen auch alternative Ansätze wie die Versickerung von Wasser, die Nutzung von Niederschlagswasser oder der Einsatz von Solar- oder Wind-Energieanlagen. Nicht die Anzahl der verschiedenen Ver- und Entsorgungsanlagen, sondern die damit verbundenen technischen und gestalterischen Bindungen und Erschwernisse sind dabei von Bedeutung. 10

5. Die Regelung der Abs. 3 und 4 Einordnung in die Honorarzone

Für die Zuordnung der Bewertungspunkte nach den Abs. 3 und 4 gelten dieselben Gesichtspunkte wie bei § 35 Abs. 4 und 6. Bei Freianlagen werden die Planungsanforderungen für die Bewertungsmerkmale Nr. 1, 2 und 4 mit je bis zu 8 Punkten und für die Bewertungsmerkmale Nr. 3 und 5 mit je bis zu 6 Punkten, insgesamt also mit 36 Punkten bewertet. 11

Eine gleichmäßige Aufteilung dieser Punkte auf 5 Honorarzonen und die Punktespannen in Abs. 4 ist nur möglich, wenn neben vollen Punkten auch Bruchteile angesetzt werden. Dazu hat sich in der Praxis das nachfolgende Schema bewährt, das die Punkte in dem folgenden Verhältnis aufteilt: 12

Nr.	Honorarzone Planungsanforderungen	I Sehr gering	II gering	III durchschnittlich	IV überdurchschnittlich	V sehr hoch
1	Einbindung in die Umgebung	1–1,9	2–3,4	3,5–5	5,1–6,6	6,7–8
2	Anforderungen an Schutz, Pflege und Entwicklung von Natur und Landschaft	1–1,9	2–3,4	3,5–5	5,1–6,6	6,7–8
3	Anzahl der Funktionsbereiche	1–1,4	1,5–2,6	2,7–3,8	3,9–4,9	5–6
4	Gestalterische Anforderungen	1–1,9	2–3,4	3,5–5	5,1–6,6	6,7–8
5	Ver- und Entsorgungseinrichtungen	1–1,4	1,5–2,6	2,7–3,8	3,9–4,9	5–6
	Punktanzahl Summe von – bis	–8,4	9–15,4	15,9–22,6	23,1–29,6	30,1–36

Locher

§ 40 HOAI Honorare für Grundleistungen bei Freianlagen

Honorarzone		I	II	III	IV	V
Nr.	Planungsanforderungen	Sehr gering	gering	durchschnittlich	überdurchschnittlich	sehr hoch
	Punktanzahl zulässig	bis 8	9–15	16–22	23–29	30–36

Da sowohl 8 Punkte als auch 6 Punkte nicht in 5 Teile geteilt werden können, ist deshalb einer Einzelbewertung mit vollen Punkten der Vorzug zu geben.[1] Nur in Ausnahmefällen sollte eine Bewertung nach anteiligen Punkten, dann aber allenfalls nach halben Punkten erfolgen.[2]

▸ **Beispiel für eine Punktebewertung**

Nachfolgend ein Beispiel für die Bewertung nach § 40 Abs. 3 und Abs. 4:

Wasserspielplatz in öffentlichem Grünzug

Bewertungsmerkmale des Abs. 3	Bewertung	Punkte
Einbindung in die Umgebung	überdurchschnittliche Anforderungen IV	6
Anforderungen an Schutz, Pflege und Entwicklung von Natur und Landschaft	durchschnittliche Anforderungen an Schutz, Pflege und Entwicklung von Natur und Landschaft III	4
Funktionsbereiche	wenige Funktionsbereiche II	2,5
gestalterische Anforderungen	sehr hohe gestalterische Anforderungen V	8

---

1 Die Tabellen von *Löffelmann/Fleischmann*, Rn. 1444, sowie *Herrchen* in MNP, § 40 Rn. 22, enthalten eine vergleichbare Aufteilung.

2 Das Dilemma der fehlenden Teilbarkeit von sechs bzw. acht Punkten in fünf Bewertungsmerkmale wird von *Korbion* in KMV, § 40 Rn. 17 verkannt, der einerseits bei einer kommagenauen Einstufung von einer unterschiedlichen Spanne bei der Honorarzone 1 ausgeht, wobei die in der obigen Tabelle aufgeführten Zahlen nicht übernommen wurden. Andererseits vergrößert sich diese Spanne bei einer Abrechnung nach vollen Punkten, welche hier auch vorgezogen wird, deutlich, so dass diese Argumentation gegen eine gleichmäßige und somit kommabezogene Aufteilung der Punkte auf die fünf Honorarzonen ins Leere geht.

Bewertungsmerkmale des Abs. 3	Bewertung	Punkte
Ver- und Entsorgung	eine über das Durchschnittliche hinausgehende Ver- und Entsorgung IV	4,5
Summe der Bewertungspunkte		25

Nach § 40 Abs. 4 fällt das Objekt damit in die Honorarzone IV.

6. Die Regelung des Abs. 5 Einordnung in die Honorarzone nach der Objektliste

Die Struktur der Objektliste in der Anlage 11.2 ist wie in allen Objektlisten in der HOAI 2013 geändert worden. Während die Objektlisten bisher nach Honorarzonen gegliedert waren, wird nunmehr auf Objekttypen und deren tabellarische Zuordnung zu den Honorarzonen abgestellt. Wenn nach der Tabelle eine Zuordnung zu mehreren Honorarzonen möglich ist, ist noch nicht von einem Zweifel an der Zuordnung im Sinne des § 40 Abs. 3 auszugehen. Vielmehr können zunächst die in die Objektbeschreibung eingefügten Merkmale einbezogen werden (z. B. »mit hoher oder sehr hoher Ausstattung«). Soweit die zutreffende Honorarzone dadurch eindeutig festgestellt werden kann, ist keine weitere Ermittlung erforderlich.[3] Die ergänzenden Abgrenzungsmerkmale sind aber nicht in allen Fällen geeignet, zur zweifelsfreien Zuordnung und Feststellung der zutreffenden Honorarzone zu führen. In solchen Fällen bedarf es dann einer Bestimmung der zutreffenden Honorarzone durch eine Punktebewertung nach § 40 Abs. 3, 4.

13

7. Die Regelung des Abs. 6 Umbau- und Modernisierungszuschlag

In § 6 Abs. 2 Satz 3 i. V. m. § 40 Abs. 6 wurde die Vergütung für Leistungen im Bestand neu geregelt. Mit der Einführung des § 40 Abs. 6 wurde die bisher umstrittene Frage geklärt, ob bei Freianlagen überhaupt ein Umbau- und Modernisierungszuschlag anfallen kann.[4] Nach der Definition des § 2 Abs. 5 würde jeder wesentliche Eingriff in den Bestand einen Umbau darstellen. Dies würde auch für die erstmalige Gestaltung einer Freifläche (z. B. Gestaltung einer bislang landwirtschaftlich genutzten Fläche) gelten. Dieser umfassende Anwendungsbereich wird für Freianlagen durch die Definition des § 39 Abs. 1 zutreffenderweise eingeschränkt. Da Freianlagen planerisch gestaltete Freiflächen und Freiräume darstellen, setzt ein Umbau das Vorhandensein von Freiflächen und Freiräumen voraus, welche bereits planerisch gestaltet worden sind. Durch die erstmalige planerische Gestaltung einer vorhandenen Fläche wird erst eine Freianlage hergestellt, so dass darin schon begrifflich kein Umbau liegen kann.

14

---

3 *Herrchen* in MNP, § 40 Rn. 27.
4 Vgl. dazu i. E. 11. Aufl. § 37 Rn. 21.

§ 40 HOAI Honorare für Grundleistungen bei Freianlagen

15 Liegen ein Umbau oder eine Modernisierung einer Freifläche vor, kann bis zu einem durchschnittlichen Schwierigkeitsgrad (Honorarzone III) aufgrund der Verweisung auf § 36 Abs. 1 ein Zuschlag von bis zu 33 % vereinbart werden. Bei einem höheren Schwierigkeitsgrad besteht keine Begrenzung nach oben. Ebenso kann der Umbauzuschlag vertraglich abbedungen werden. Mit Ausnahme der Regelung über die Höhe des Umbauzuschlags bis zu einem durchschnittlichen Schwierigkeitsgrad unterliegt dieser der freien Vereinbarung. In der Praxis existieren verschiedene Vorschläge[5], welche eine Hilfestellung für die Vereinbarung der Höhe des Umbau- und Modernisierungszuschlags geben. Bei der Vereinbarung des Zuschlags ist die Einhaltung der gesetzlichen Schriftform Wirksamkeitsvoraussetzung. Wurde keine Vereinbarung über einen Zuschlag getroffen, wird nach § 6 Abs. 2 S. 4 unwiderleglich vermutet, dass ein Zuschlag von 20 % vereinbart worden ist (vgl. § 6 Rdn. 52).

Auch wenn **Instandsetzungen** und **Instandhaltungen** in § 40 nicht erwähnt sind, kann dafür auch bei Freianlagen ein Zuschlag vereinbart werden. Dies ergibt sich zwingend aus § 12 Abs. 2.[6]

---

5 Heft 1 der AHO-Schriftenreihe »Planen und Bauen im Bestand Arbeitshilfen zur Bestimmung der anrechenbaren Kosten aus mit zu verarbeitender Bausubstanz und des Zuschlags für Umbauten und Modernisierungen«, 2014; *Erhard*, Planen und Bauen im Bestand bei Freianlagen, bdla Nov. 2015.
6 *Franken* in FBS, § 40 Rn. 30.

Abschnitt 3 Ingenieurbauwerke

§ 41 HOAI Anwendungsbereich

Ingenieurbauwerke umfassen:
1. Bauwerke und Anlagen der Wasserversorgung,
2. Bauwerke und Anlagen der Abwasserentsorgung,
3. Bauwerke und Anlagen des Wasserbaus ausgenommen Freianlagen nach § 39 Absatz 1,
4. Bauwerke und Anlagen für Ver- und Entsorgung mit Gasen, Feststoffen und wassergefährdenden Flüssigkeiten, ausgenommen Anlagen der Technischen Ausrüstung nach § 53 Absatz 2,
5. Bauwerke und Anlagen der Abfallentsorgung,
6. konstruktive Ingenieurbauwerke für Verkehrsanlagen,
7. sonstige Einzelbauwerke, ausgenommen Gebäude und Freileitungsmaste.

Übersicht	Rdn.
1. Änderungen durch die HOAI 2009	1
2. Änderungen durch die HOAI 2013	3
3. Zusammenspiel mit anderen Vorschriften	4
4. Zeitlicher und personeller Anwendungsbereich	5
5. Erfasste Objekte und Leistungen	6
6. DIN 18205 – Bedarfsplanung im Bauwesen	9
7. Ingenieurbauwerke	12
a) Wasserversorgung	12
b) Abwasserentsorgung	13
c) Wasserbau	14
d) Ver- und Entsorgung mit Gasen	16
e) Abfallentsorgung	17
f) Konstruktive Ingenieurbauwerke für Verkehrsanlagen	18
g) Sonstige Einzelbauwerke	19
h) Technische Ausrüstung von Ingenieurbauwerken	21
8. Abgrenzung zu anderen Teilen der HOAI	22
a) Abgrenzung zur Objektplanung Gebäude nach Teil 3 Abschnitt 1	22
b) Abgrenzung zur Objektplanung Freianlagen nach Teil 3 Abschnitt 2	25
c) Abgrenzung zur Fachplanung Technische Ausrüstung nach Teil 4 Abschnitt 2 Teil 1 – Allgemeines	36
d) Abgrenzung zur Fachplanung Technische Ausrüstung und Teil 4 Abschnitt 2 Teil 2 – Sonderproblem Verhältnis zur Maschinentechnik sowie zur Verfahrens- und Prozesstechnik	39
9. Abgrenzung Objektplanung Ingenieurbauwerke und Verkehrsanlagen	49
10. Auftrag für mehrere Objekte nach § 11	51
11. Objektdefinition, Beispiele	55

§ 41 HOAI Anwendungsbereich

1. Änderungen durch die HOAI 2009

1 Durch die HOAI 2009 wurden im Abschnitt 3 des Teils 2 nur noch die Ingenieurbauwerke geregelt, während für die Verkehrsanlagen ein selbstständiger Abschnitt 4 zur Verfügung gestellt worden ist. Der Abs. 2 des § 51 HOAI 2002 wurde deshalb vom § 40 HOAI 2009 abgekoppelt und in § 44 HOAI 2009 verlagert.

2 In § 40 HOAI 2009 wurden die Ingenieurbauwerke definiert, die von der HOAI erfasst sind. Inhaltlich hatte sich gegenüber § 51 Abs. 1 HOAI 2002 nichts geändert.

2. Änderungen durch die HOAI 2013

3 An der Auflistung bestimmter Bauwerke, die in den Anwendungsbereich der preisrechtlich verbindlichen Vorschriften der HOAI fallen, hat sich nichts geändert. Die aufgezählten Bauwerke in § 41 HOAI 2013 stimmen weitestgehend mit der Auflistung in § 40 HOAI 2009 überein. Lediglich die Verweise in § 41 Nr. 3 (Freianlagen) und in § 41 Nr. 4 (Technische Anlagen) wurden angepasst.

3. Zusammenspiel mit anderen Vorschriften

4 Neben den Bestimmungen des Teils 3 Abschnitt 3 Ingenieurbauwerke gelten auch alle Vorschriften des Allgemeinen Teils (§§ 1–16) und die Überleitungsvorschriften (§§ 57 f.).

4. Zeitlicher und personeller Anwendungsbereich

5 Die Bestimmungen der §§ 41 ff. gelten entsprechend § 1 für alle Auftragnehmerinnen und Auftragnehmer mit Sitz im Inland, soweit die Leistungen durch diese Verordnung erfasst und vom Inland aus erbracht werden (vgl. § 1 Rdn. 1 ff.).

5. Erfasste Objekte und Leistungen

6 Teil 3 Abschnitt 3 gilt für Ingenieurbauwerke, sofern diese in § 40 aufgeführt sind.[1] Zur Auslegung der Begriffe ist die Objektliste in Anlage 12.2 mit heranzuziehen. Dabei muss allerdings berücksichtigt werden, dass der durch die HOAI 2009 auf der Grundlage der Musterbauordnung (MBO) definierte Begriff »Gebäude« in der HOAI 2013 wieder gestrichen wurde. Damit dürfte der ursprüngliche Zustand aus der HOAI 2002 wieder hergestellt sein und – abgesehen von Anhaltspunkten aus der Objektliste in Anlage 12.2 – die alte Definition wiederum gelten.[2] Leistungen für von der HOAI nicht erfasste Objekte sind preisrechtlich nicht gebunden. Hier kann eine freie Honorarvereinbarung getroffen werden. Fehlt eine Honorarvereinbarung, steht dem Auftragnehmer dennoch ein Honorar zu, wenn er den entsprechenden Auftrag für die Leistung

---

[1] Zum Begriff Ingenieurbauwerke vgl. unten Rdn. 12 ff.; bislang h. M.; in der Amtlichen Begründung (S. 158) wird hierauf noch einmal ausdrücklich hingewiesen.
[2] Vgl. § 2 Rdn. 5 ff. und unten Rdn. 23.

nachweisen kann.³ Mangels einer Honorarvereinbarung steht ihm die für außerhalb der HOAI stehenden Leistungen übliche Vergütung zu.⁴

Weiterhin nicht vom preisrechtlichen Teil der HOAI erfasst sind die **Besonderen Leistungen**, die nur noch fakultativ in der rechten Spalte der Anlage 12.1 aufgeführt sind. Entsprechendes gilt auch für die örtliche Bauüberwachung, welche vor Inkrafttreten der HOAI 2009 selbstständig in § 57 HOAI 2002 geregelt war.⁵ Für die Besonderen Leistungen und für die **örtliche Bauüberwachung** gilt hinsichtlich der Honorarvereinbarung sowie des Honorars ohne Honorarvereinbarung Entsprechendes wie für alle außerhalb der HOAI stehenden Leistungen.⁶ Vertragliche Regelungen, wonach die örtliche Bauüberwachung vom Honorar für die anderen beauftragten Grundleistungen abgedeckt sein soll, sind kritisch zu hinterfragen. Grundsätzlich ist das Honorar für Besondere Leistungen zwar frei zu vereinbaren und es bestehen deshalb keine preisrechtlichen Beschränkungen. Dies könnte dazu führen, dass bei einer Kombination von Leistungen, die dem Preisrecht unterfallen, und von Leistungen, die dem Preisrecht nicht unterfallen, eine (Pauschal-) Honorarvereinbarung als (preisrechtlich) wirksam anzusehen ist, soweit ein Honorar vereinbart wird, das nicht unterhalb der Mindestsätze für den preisrechtlich gebundenen Teil der Leistungen liegt, auch wenn für den preisrechtlich nicht gebundenen Teil dann letztlich nur ein sehr geringes oder gar kein Resthonorar entfällt.⁷ Allerdings sind durchaus Konstellationen denkbar, bei denen über § 242 BGB⁸ korrigierend eingegriffen werden kann. Eine **verdeckte Mindestsatzunterschreitung** kann beispielsweise dann vorliegen, wenn die Parteien für die Besondere Leistung ein bestimmtes Teil-Pauschalhonorar verhandelt hatten und im letztlich abgeschlossenen schriftlichen Vertrag Mindestsatzhonorare für Grundleistungen mit aufgenommen und eine Gesamtpauschale gebildet worden ist. In diesem Fall ist zu überprüfen, ob die Parteien nicht eine **Teilpauschale** für die Besonderen Leistungen vereinbart haben. Damit in diesem Fall dann keine Mindestsatzunterschreitung vorliegt, müssen die Mindestsatzhonorare für die preisgebundenen Grundleistungen zu dieser Teilpauschale für die Besondere Leistung hinzukommen. In der Literatur⁹ wird diskutiert, ob bei Vereinbarung der Erbringung von Besonderen Leistungen anstelle von Grundleistungen (Ersetzende Besondere Leistungen) und bei gleichzeitiger Verein-

---

3 Vgl. zur Auftragserteilung Einl. Rdn. 46 ff.
4 Vgl. dazu § 1 Rdn. 13.
5 Anlage 12.2.
6 Vgl. § 1 Rdn. 13, § 3 Rdn. 13 ff.
7 Zu einem derartigen Fall bei Kombination von preisrechtlich gebundenen Leistungen und preisrechtlich aufgrund der Überschreitung der Tafelhöchstsätze nicht gebundenen Leistungen: BGH BauR 2012, 975 = NJW-RR 2012, 653 = NZBau 2012, 370 = Analyse *Koeble* auf www.jurion.de/Modul Werner Baurecht; nach einer Entscheidung des für Wettbewerbsfragen zuständigen I. Senats des BGH soll es nicht in Widerspruch zur HOAI stehen, wenn in einer Honorarvereinbarung geregelt wird, dass zusätzlich zu erbringende Besondere Leistungen durch das Honorar für die Grundleistungen abgegolten sind: BGH BauR 1991, 638 =NJW-RR 1991, 1258.
8 Vgl. insoweit oben § 7 Rdn. 91 m. w. Nachw.
9 *Boldt* NZBau 2012, 482 (485).

§ 41 HOAI Anwendungsbereich

barung einer Pauschalvergütung unterhalb der Mindestsätze für die zu erbringenden Leistungen eine Mindestsatzunterschreitung gegeben sein kann.[10] Ist eine Klausel, wonach das Honorar für zu erbringende Besondere Leistungen mit dem für die Grundleistungen aufgeführten Honorar abgegolten sein soll, in **Allgemeinen Geschäftsbedingungen** enthalten, die vom **Auftraggeber gestellt** worden sind, ist an eine Unwirksamkeit dieser Abgeltungsklausel aufgrund der Intransparenz nach § 307 Abs. 1 S. 2 BGB zu denken. Eine derartige Klausel dürfte auch überraschend nach § 305c Abs. 1 BGB sein und wird damit nicht Vertragsbestandteil.[11]

8 Werden Leistungen für in § 41 genannte Objekte erbracht, die vom Leistungsbild des § 43 bzw. in Anlage 12.2 nicht erfasst sind, sind diese ebenfalls preisrechtlich nicht gebunden und können frei vereinbart werden. Als Beispiel seien die gesamten Leistungen zur Bedarfsplanung und Projektdefinition genannt (vgl. dazu unten Rdn. 9 ff.).

6. DIN 18205 – Bedarfsplanung im Bauwesen

9 Sowohl bei der Objektplanung für Gebäude als auch bei allen anderen Objektplanungen wird die Bedarfsplanung eine immer größere Rolle spielen und sie sollte im wohlverstandenen Interesse des Auftraggebers einer jeden Planung vorgeschaltet sein.[12]

10 Die Leistungen zur Bedarfs- und Projektdefinition, welche in der DIN 18205 – Bedarfsplanung im Bauwesen beschrieben sind, fallen grundsätzlich bei jedem Bauprojekt in der Vorbereitungsphase an. In dieser Phase werden die Weichen für alle späteren Ereignisse jeder Bauplanung gestellt. Vor allem die Beeinflussung der Kosten und somit der Wirtschaftlichkeit ist in dieser Phase am größten, wie nachfolgende Grafik deutlich macht.

11 Wie in der DIN 18205 im Vorwort beschrieben, sind diese Leistungen keinesfalls mit der Grundlagenermittlung der Leistungsphase 1 abgedeckt, sondern Aufgabe des Bauherrn. Er kann damit jedoch auch Ingenieure beauftragen. Die Formvorschriften der

---

10 *Boldt* kommt zu dem Ergebnis, dass insoweit zu prüfen ist, ob es sich bei den beauftragten Leistungen um Leistungen handelt, die »zur ordnungsgemäßen Erfüllung des Auftrags allgemein erforderlich« sind (§ 3 Abs. 2 HOAI 2009). Nur dann, wenn Besondere Leistungen zu einer ordnungsgemäßen Erfüllung des Auftrags erforderlich sind, unterlägen sie dem Preisrecht der HOAI. Allerdings ist das Eingangsbeispiel auf S. 484 (Erstellung der Ausschreibungsunterlagen für Bauleistungen mittels Leistungsprogramm) nicht passend gewählt, da nach dem Wortlaut in Anlagen 2.6.5 ff. zur HOAI 2009 die Besonderen Leistungen bei Leistungsbeschreibung mit Leistungsprogramm ganz oder teilweise zur Grundleistung werden. In diesem Fall handelt es sich dann also um Grundleistungen, die ohnehin dem Preisrecht unterfallen. Im Hinblick auf andere Besondere Leistungen, die Grundleistungen tatsächlich ersetzen, ist das Ergebnis, zu dem Boldt kommt, durchaus nachvollziehbar.
11 Allerdings muss die konkrete Vertragsgestaltung beachtet werden, insbesondere auch, ob es sich um eine Pauschalvergütung für alle nach dem Vertrag zu erbringenden Leistungen handelt oder ob die Pauschale ausdrücklich nur für die Grundleistungen vorgesehen ist und zusätzlich eine Abgeltungsklausel an anderer Stelle im Hinblick auf die zu erbringenden Besonderen Leistungen aufgenommen wurde.
12 Zur Bedarfsplanung vgl. auch § 1 Rdn. 10, § 3 Rdn. 17 und § 43 Rdn. 18 ff.

HOAI z. B. an die Honorarvereinbarung finden hierbei keine Anwendung.[13] Durch die HOAI 2013 wurde die Grundleistung a) in der Leistungsphase 1 (Klären der Aufgabenstellung) konkretisiert durch den Zusatz »aufgrund der Vorgaben oder der Bedarfsplanung des Auftraggebers«. Beim Objektplan Gebäude ist die Bedarfsplanung auch als Besondere Leistung aufgeführt (Anlage 10.1 LP 1). Damit ist klargestellt, dass die Bedarfsplanung vom Auftraggeber zu erstellen, dem Auftragnehmer zu übergeben und nicht von diesem zu erstellen ist.

7. Ingenieurbauwerke

a) Wasserversorgung

Zu den Bauwerken und Anlagen der Wasserversorgung in Nr. 1 zählen Bauwerke und Anlagen der Wasserspeicherung, der Wasseraufbereitung, der Wassergewinnung und des Wassertransports sowie die Leistungen für Trink- und Brauchwasser. Diese Objekte sind in Gruppe 1 der Anlage 12.2 der jeweiligen Honorarzone zugeordnet.

b) Abwasserentsorgung

Zu den Bauwerken und Anlagen der Abwasserentsorgung unter Nr. 2 rechnen Bauwerke und Anlagen der Abwasserbehandlung, der Schlammbehandlung, Erdbecken als Regenrückhaltebecken, Regenbecken und Kanalstauräume sowie Leitungen für Abwasser. Diese Objekte sind in Gruppe 2 der Anlage 12.2 der jeweiligen Honorarzone zugeordnet.

c) Wasserbau

Zu den in Nr. 3 genannten Bauwerken und Anlagen des Wasserbaus rechnen Pumpwerke, Wehre, Düker, Schleusen, Gewässer, Erdbau, Dämme, Deiche, Schifffahrtskanäle, Anlegestellen, Einzelgewässer, Berieselung, Dränung, Sperrwerke, Teiche und Meliorationen. Diese Objekte sind in Gruppe 3 der Anlage 12.3 der jeweiligen Honorarzone zugeordnet. Neu aufgeführt in der Objektliste in Gruppe 3 sind Fangedämme, Hochwasserwände, Hochwasserschutzwände, eingeschwommene Senkkästen, Wellenbrecher sowie schwimmende Schiffsanleger. Nicht mehr ausdrücklich aufgeführt sind Aufschlepp- und Helgenanlagen.

Eine gültige Definition des Begriffs Wasserbau gibt es nicht. Angesichts der Auflistung im Normenverzeichnis für das Wasserwesen und der umfassenden Objektliste in Anlage 12.2 wird es jedoch keine Definitionsprobleme geben.

Soweit Freianlagen geplant und/oder ausgeführt werden, ist Teil 3 Abschnitt 3 nicht anwendbar, vielmehr ist hier die Abrechnung nach Teil 3 Abschnitt 2 (§§ 37 ff.) vorzunehmen.[14]

---

13 Vgl. § 1 Rdn. 10, § 3 Rdn. 17.
14 Zur Abgrenzung vgl. die entsprechend geltenden Ausführungen für die Bereiche Verkehrsanlagen und Freianlagen unter Rdn. 25 ff.

§ 41 HOAI   Anwendungsbereich

d) Ver- und Entsorgung mit Gasen

16   Die unter Nr. 4 erwähnten Bauwerke und Anlagen umfassen die Ver- und Entsorgung mit Gasen und Feststoffen einschließlich wassergefährdender Flüssigkeiten, ausgenommen Anlagen der Technischen Ausrüstung nach § 53 Abs. 2. Leerrohre oder -netze oder Leichtflüssigkeitsabscheider oder auch Betankungsanlagen fallen ebenfalls unter diese Gruppe. Diese Objekte sind in Gruppe 4 der Anlage 12.2 der jeweiligen Honorarzone zugeordnet. Neu aufgenommen durch die HOAI 2013 wurden die Transportleitungen für Fernwärme.[15]

e) Abfallentsorgung

17   In Nr. 5 werden die Bauwerke und Anlagen der Abfallentsorgung erfasst. Hierher gehören die Objekte der Abfallbehandlung und -entsorgung sowie der Wertstofferfassung. Es sind zu nennen Sortieranlagen, Wertstoffhöfe, Problemabfallzwischenlager, Kompostierungsanlagen, Vergärungsanlagen, Sickerwasseraufbereitungsanlagen, Fackelanlagen und Umladestationen, aber auch energetische Anlagen wie z. B. Biomasse[16]– und Müllverbrennungsanlagen[17]. Die Objekte der Abfallentsorgung werden in der Anlage 12 jeweils in den Honorarzonen unter dem fünften Spiegelstrich aufgezählt. Biomasseheizkraftwerke und Müllverbrennungsanlagen sind Anlagen der Abfallentsorgung, auch wenn hierbei Strom oder Wärme produziert wird.

f) Konstruktive Ingenieurbauwerke für Verkehrsanlagen

18   Die in Nr. 6 erfassten konstruktiven Ingenieurbauwerke für Verkehrsanlagen sind Brücken, Stützbauwerke, Lärmschutzanlagen sowie Tunnel- und Trogbauwerke, Untergrundbahnhöfe sowie Lärmschutzwälle, ausgenommen Lärmschutzwälle zur Geländegestaltung. Diese Objekte sind in Gruppe 6 der Anlage 12.2 der jeweiligen Honorarzone zugeordnet. Insoweit neu in der HOAI 2013 aufgenommen wurde der Begriff der schwierigen, längs vorgespannten Stahlverbundkonstruktionen.

g) Sonstige Einzelbauwerke

19   Bei den in Nr. 7 erfassten Einzelbauwerken handelt es sich insbesondere um Schornsteine, Maste, Türme, Versorgungsbauwerke, Silos, Werften, Stollenbauten, Windkraftanlagen, Stützbauwerke, Traggerüste und Tiefgaragen. Diese Objekte sind in Gruppe 7 der Anlage 12.2 der jeweiligen Honorarzone zugeordnet. Kraftwerke, die in Anlage 10.2, der Objektliste für Gebäude aufgeführt sind, fallen aufgrund der ausdrücklichem Negativabgrenzung nicht unter diese Regelung mit Ausnahme der Objekte, die der Abfallbehandlung bzw. –Entsorgung dienen, wie Biomasseheizkraftwerke und Müllverbrennungsanlagen[18].

---

15   So bereits *Simmendinger* IBR 2011, 1007 mit einem Vergütungsvorschlag betreffend die Hauptversorgungsleitung; vgl. auch *Locher/Koeble/Frik*, HOAI, 11. Aufl., § 40 Rn. 16.
16   Vgl. auch *Hebel/De Pascalis* in FBS § 41 Rn. 22 m. w. N.
17   Vgl. auch *Hummel/Leidig* in MNP § 41 Rn. 40.
18   Vgl. oben Rdn. 17.

Ausgenommen werden Gebäude und Freileitungsmaste.[19] Neu durch die 7. HOAI-Novelle 2013 aufgenommen wurde der Begriff der schwierigen Windkraftanlagen. Aufgrund der Änderung des Begriffs Gebäude durch die HOAI 2013 und aufgrund der Aufnahme der Windkraftanlagen in die Gruppe 7 sind Windkraftanlagen nach den §§ 41 ff. HOAI abzurechnen.[20] Neu mitaufgenommen wurden auch die Begriffe Traggerüste und Gerüste sowie der Begriff des verschieblichen (Trag-)Gerüstes (vgl. auch § 50 Rdn. 8, 24). 20

h) Technische Ausrüstung von Ingenieurbauwerken

Planungsleistungen für die technischen Anlagen o. g. Ingenieurbauwerke sind als Fachplanung Technische Ausrüstung in der HOAI in Teil 4 Abschnitt 2 geregelt, soweit diese von den Anlagengruppen des § 53 Abs. 2 HOAI umfasst sind.[21] 21

8. Abgrenzung zu anderen Teilen der HOAI

a) Abgrenzung zur Objektplanung Gebäude nach Teil 3 Abschnitt 1

Die Abgrenzung von Gebäuden und Ingenieurbauwerken ist sehr wesentlich. Nach der durch die HOAI 2009 eingeführten Begriffsbestimmung des § 2 Nr. 2 HOAI 2009 waren Gebäude selbstständig benutzbare, überdeckte bauliche Anlagen, die von Menschen betreten werden können und geeignet oder bestimmt sind, dem Schutz von Menschen, Tieren oder Sachen zu dienen. Diese Begriffsbestimmung wurde aus der Musterbauordnung übernommen. Lässt man es genügen, dass alleine der Schutz von Sachen der Zweck ist, dann waren auch Maschinengebäude einer Kläranlage nicht mehr als Ingenieurbauwerk einzuordnen. Dies führte in der Praxis zu Abgrenzungsschwierigkeiten und zu einer Ausweitung des Anwendungsbereichs der Honorarregelungen des Teils 3 Abschnitt 1 (Objektplanung Gebäude) zu Lasten des Abschnitts 3 (Objektplanung Ingenieurbauwerke). Ferner war auch ein Parkhaus z. B. als Gebäude einzustufen. Weiterhin unter Ingenieurbauwerke fielen jedoch noch Regenüberlaufbecken, Kanal-, Stollen- und Tunnelbauwerke oder Einzelbauwerke für Sendeeinrichtungen von Mobilfunktelefonsystemen. Die gegenteilige Auffassung,[22] wonach es sich bei Letzterem um eine einheitliche Anlage handele, die nicht unter die HOAI falle, ließ sich mit der Lebenswirklichkeit (einzelne, selbstständige Einheiten) und mit § 41 Nr. 7 HOAI nicht in Einklang bringen. 22

Aufgrund der Streichung des Begriffs Gebäude in § 2 dürfte der ursprüngliche Zustand aus der HOAI 2002 wieder hergestellt sein und – abgesehen von Anhaltspunkten aus den Objektlisten – die alte Definition unter Geltung der HOAI 2002 wieder maßgeblich sein. Die Abgrenzung zwischen **Gebäuden** einerseits und **Ingenieurbauwerken** 23

---

19 Vgl. zur Abgrenzung auch unten Rdn. 22.
20 Vgl. zur Rechtslage unter Geltung der HOAI 2009: *Locher/Koeble/Frik*, HOAI, 11. Aufl., § 40 Rn. 20.
21 Vgl. § 53 Rdn. 14 ff.
22 OLG München BauR 1996, 750.

§ 41 HOAI Anwendungsbereich

andererseits ist wie unter Geltung der HOAI 2002 vorzunehmen.[23] Entscheidend ist in diesem Zusammenhang, ob ein Objekt zum nicht nur vorübergehenden Aufenthalt von Menschen sowohl geeignet als auch bestimmt ist. In diesem Fall handelt es sich um ein Gebäude und andernfalls um ein Ingenieurbauwerk. Nach der Amtlichen Begründung zu § 2 soll eine »Negativabgrenzung zu anderen Objekten, z. B. dem Anwendungsbereich der Ingenieurbauwerke gem. § 41 HOAI bestehen«. Damit soll wohl gesagt sein, dass die Objektliste zwingend den Charakter als Ingenieurbauwerk festlegt und damit die Annahme eines Gebäudes ausscheidet.[24] Dies dürfte jedoch nicht zutreffend sein, weil die Objektlisten nur Regelbeispiele enthalten. Ferner kommt es aufgrund der Negativformulierung in § 41 Nr. 7 (»ausgenommen Gebäude«) auch weiterhin auf die Definition des Gebäudes an. Im Regelfall werden Objekte, die in der Objektliste auftauchen, zwar als Ingenieurbauwerke einzustufen sein. Dies ist jedoch nicht in jedem Fall nur aufgrund der Einordnung in die Objektliste zwingend.

24 Hochbauten, die beispielsweise im Zusammenhang mit Abwasserbehandlungsanlagen oder Deponieanlagen zur Unterbringung der Technischen Anlagen errichtet werden, fallen ebenfalls unter die Ingenieurbauwerke, sofern nicht die Nutzung als Büro- oder Verwaltungsgebäude das Gepräge gibt. Gleiches gilt für Kompostierungsanlagen, Abfallverbrennungsanlagen, Biomassekraftwerke, Holzhackschnitzelanlagen bis hin zu Tierkörperbeseitigungsanlagen. Nach der Begriffsdefinition in der HOAI 2009 würde es sich demgegenüber um ein Gebäude handeln. Aufgrund der Aufnahme der eigenständigen Tiefgaragen in die Objektliste in Anlage 12.2 könnte der Anschein erweckt werden, dass es sich insoweit stets um Ingenieurbauwerke und bei den in der Objektliste in Anlage 10.2 genannten Parkhäusern, Parkgaragen und Tiefgaragen um Gebäude handele.[25] Allerdings ist bei der Frage, welches Leistungsbild angewendet wird, die **Gebäudedefinition** maßgeblich[26] und nicht alleine die Einordnung in eine der Listen der Regelbeispiele maßgeblich. Werden Ingenieurbauwerke zusammen mit Gebäuden geplant und/oder gebaut, so handelt es sich um selbständige Objekte, die gesondert abzurechnen sind.[27] In früheren Fassungen der HOAI wurde dem Umstand Rechnung getragen, dass auch bei Ingenieurbauwerken gestalterische Leistungen anfallen können. Mit der ersten HOAI-Novellierung[28] wurde die Abrechnung von Ingenieurleistungen in den verbindlichen Teil der HOAI aufgenommen. Hierbei wurde auch die Regelung des damaligen § 61 neu geschaffen. Die Überschrift lautete: »**Baukünstlerische Beratung**«. Gegenstand dieser Regelung waren Planungsleistungen, um ein Ingenieurbauwerk gestalterisch in die Umgebung einzubinden (Abs. 1). In Abs. 2 wurden dann die Leistungen im Einzelnen beschrieben. Nach Absatz 3 dieser Regelung

---

23 Vgl. oben § 2 Rdn. 9 zu den Einzelheiten.
24 Vgl. oben § 2 Rdn. 9.
25 Zutreffend: *Hummel/Leidig* in MNP § 41 Rn. 11.
26 Vgl. hierzu § 2 Rdn. 9.
27 Vgl. BGH BauR 2004, 1963 = NZBau 2004, 680 zum entsprechenden Problem der selbständigen Abrechnung von Verkehrsanlagen einerseits und Ingenieurbauwerken andererseits.
28 1. Verordnung zur Änderung der Honorare für Architekten und Ingenieure vom 17.07.1984, BGBl. I Seite 948.

konnte ein gesondertes Honorar für diese gestalterischen Planungsleistungen dann nicht verlangt werden, wenn diese Leistungen auch dem Auftragnehmer übertragen waren, der das Ingenieurbauwerk planen sollte. Wenn die baukünstlerischen Leistungen einem Dritten übertragen wurden, konnte das Honorar frei vereinbart werden. Durch nachfolgende Novellierungen wurden teilweise geringfügige Änderungen vorgenommen. Auch die Überschrift wurde geändert (»Bau- und Landschaftsgestalterische Beratung«). Die honorarrechtliche Regelung blieb jedoch jeweils gleich: ein gesondertes Honorar konnte nur verlangt werden, wenn einem Dritten, der nicht die Ingenieurplanungsleistungen zu erbringen hatte, gestalterische Leistungen übertragen waren. Ergänzend wurde nachfolgend geregelt, dass bei Fehlen einer schriftlichen Honorarvereinbarung das Honorar als Zeithonorar zu berechnen sein sollte. Diese Regelung zur Vergütung gestalterischer Leistungen bei Ingenieurbauwerken fiel mit dem Inkrafttreten der HOAI 2009 ersatzlos weg. Da ein Bauwerk entweder ein Gebäude oder ein Ingenieurbauwerk sein kann (§ 41 Nr. 7 HOAI), nicht aber beides gleichzeitig, stellen **gestalterische Leistungen zur Einbindung eines Ingenieurbauwerkes in die Umgebung Besondere Leistungen** dar.

b) Abgrenzung zur Objektplanung Freianlagen nach Teil 3 Abschnitt 2

Die Abgrenzung von Freianlagen und Ingenieurbauwerken ist von erheblicher Bedeutung. Leistungen aus diesen beiden Bereichen sind völlig getrennt abzurechnen, auch dann, wenn sie in einem zeitlichen oder funktionalen Zusammenhang erbracht werden.[29] Die Abrechnung erfolgt nach den jeweiligen, aus dem richtigen Teil der HOAI zu ermittelnden anrechenbaren Kosten, nach der jeweiligen Honorarzone und den jeweils einschlägigen Honorartafeln sowie den Prozentsätzen für die erbrachten Leistungen. Von entscheidender Bedeutung ist die Abgrenzung zu den Freianlagen auch bei wasserbaulichen Maßnahmen wie z. B. einem Gewässeraus- oder -rückbau. Maßnahmen, die über das Anlegen eines kleinen Bachlaufs im Rahmen einer Freiflächengestaltung hinausgehen, sind regelmäßig als wasserbauliche Maßnahme nach Teil 3 Abschnitt 3 abzurechnen.[30]

Bei der Abgrenzung ist zunächst auf den Wortlaut des § 41 abzustellen, da die Vorschriften aus Teil 3 Abschnitt 3 (Ingenieurbauwerke) dann zum Tragen kommen, wenn der in § 41 definierte Anwendungsbereich eröffnet ist. Im Hinblick auf **Bauwerke und Anlagen des Wasserbaus** (§ 41 Nr. 3) ist ein ausdrücklicher Abgrenzungshinweis betreffend die Freianlagen vorgesehen. Ausgenommen sind Freianlagen nach § 39 Abs. 1. Hierdurch ergibt sich bereits eine erste wichtige Einschränkung. Nach der Definition in § 39 Abs. 1 sind Freianlagen planerisch gestaltete **Freiflächen** und **Freiräume** sowie entsprechend gestaltete **Anlagen in Verbindung mit Bauwerken**

---

29 Vgl. BGH BauR 2004, 1963 = NZBau 2004, 680 für das entsprechende Problem der selbständigen Abrechnung von Verkehrsanlagen einerseits und Ingenieurbauwerken andererseits.

30 Vgl. die Veröffentlichung AHO FK Wasserwirtschaft in DIB 2011; a. A. *Kalte/Wiesner* DIB 2011, Heft 1, welche den Rückbau eines Betongerinnes als Freianlagenplanung einstufen und dabei den wasserbaulichen Aspekt vernachlässigen.

oder in Bauwerken. Die Bauwerke als solche zählen damit nicht zu den Freianlagen. Beim Wasserbau geht es insoweit beispielsweise um Gebäude im Zusammenhang mit Pumpwerken, Wasserkraftanlagen, Schleusenanlagen oder Werftanlagen.[31] In der Literatur wird auf den Schwerpunkt der Planung abgestellt (funktional: Ingenieurbauwerk; gestalterisch: Freianlage).[32] Auf den Schwerpunkt sollte dann abgestellt werden, wenn auf keine anderen, klarere Merkmale zurückgegriffen werden kann. In der Literatur wird ferner auf die Aufzählung der Bauwerke und Anlagen in § 38 Abs. 1 verwiesen, um die Abgrenzung zur Freianlagenplanung vorzunehmen.[33] Allerdings muss berücksichtigt werden, dass es sich insoweit um eine Vorschrift über die anrechenbaren Kosten bei der Ermittlung des Honorars für Freianlagenplanung handelt und die Aufzählung nach dem eindeutigen Wortlaut in § 38 Abs. 1 S. 1 auch nicht abschließend sein soll (»insbesondere«). Die Auflistung kann deshalb bei der Abgrenzung zwar berücksichtigt werden. Daneben sind allerdings auch die Objektlisten für Ingenieurbauwerke (Anlage 12.2) und für Freianlagen (Anlage 11.2) heranzuziehen. Im Ergebnis ergibt sich aus der Zusammenschau, dass in den Objektlisten vielfach bereits Abgrenzungsmerkmale vorhanden sind (für Bauwerke und Anlagen des Massivbaus in der Überschrift zur Gruppe 3 in der Anlage 12.2):

27 – Bei den **Einzelgewässern** ist entscheidend, ob die ökologischen und landschaftsgestalterischen Elemente überwiegen. In der Objektliste zu den Ingenieurbauwerken ist in Gruppe 3 insoweit ausdrücklich eine Ausnahme vorgesehen.

28 – **Teichanlagen ohne Dämme** zählen zu den Freianlagen. Teiche mit Dämmen gehören zu den Ingenieurbauwerken. Dies ergibt sich sowohl aus § 38 Abs. 1 Nr. 2 als auch aus der Objektliste zu den Ingenieurbauwerken. In der Objektliste zu den Freianlagen ist lediglich der Schwimmteich aufgeführt.

29 – **Flächenhafter Erdbau zur Geländegestaltung** führt zur Abrechnung über die Vorschriften zu Freianlagen, in allen anderen Fällen ist die Abrechnung über die Vorschriften zu den Ingenieurbauwerken vorzunehmen.

30 – Bei den **Durchlässen und Uferbefestigungen** ist entscheidend, ob die Planungsleistungen als **Mittel zur Geländegestaltung** dienen und ob es sich insoweit um **einfache** Maßnahmen handelt. Einfache Durchlässe und Uferbefestigungen als Mittel zur Geländegestaltung unterfallen der Freianlagenplanung, soweit keinerlei tragwerksplanerische Leistungen erforderlich sind. Alle anderen Maßnahmen sind über die Vorschriften zu den Ingenieurbauwerken abzurechnen.

31 – Die Abgrenzung bei **Lärmschutzwällen** ist nicht einfach vorzunehmen. Hier wird als Merkmal bei § 38 Abs. 1 Nr. 5 aufgeführt, dass es sich – bei der Freianlagenplanung – um ein Mittel zur Geländegestaltung handeln soll. Zwar findet sich in der Objektliste zu den Ingenieurbauwerken in Gruppe 6 der Anlage 12.2 auch eine entsprechende Ausnahmeregelung. Lärmschutzwälle sind dort zwar aufgeführt, Lärmschutz-

---

31 Im Ergebnis ebenso: *Jochem/Kaufhold*, HOAI, 5. Aufl., § 40 Rn. 10, allerdings mit anderen Beispielen zu Sportstadien, Freibädern und Freilichtbühnen.
32 *Ebert* in Irmler § 40 Rn. 18; *Hebel/De Pascalis* in FBS § 41 Rn. 10.
33 Z. B. *Pott/Dahlhoff/Kniffka/Rath*, HOAI, 9. Aufl., § 40 Rn. 4; *Jochem/Kaufhold*, HOAI, 5. Aufl., § 40 Rn. 7.

wälle als Mittel der Geländegestaltung wurden jedoch ausgenommen. Da Lärmschutzwälle jedoch nie ausschließlich einen gestalterischen Zweck erfüllen, sondern immer auch die funktionalen Aspekte des Lärmschutzes zu berücksichtigen sind, kann nur entscheidend sein, wo der Schwerpunkt liegt. Liegt der Schwerpunkt in der Funktion (Lärmschutz), dann handelt es sich bei Lärmschutzwällen um ein Ingenieurbauwerk. Liegt der Schwerpunkt demgegenüber auf der Geländegestaltung, ist die Abrechnung des Honorars über die Vorschriften zu den Freianlagen vorzunehmen.

– Bei den **Stützbauwerken und Geländeabstützungen** ist sowohl nach dem Wortlaut in § 38 Abs. 1 Nr. 6 als auch nach dem Wortlaut in Gruppe 7 der Anlage 12.2 zunächst dahingehend zu unterscheiden, ob die Bauwerke/Anlagen Verkehrsbelastungen ausgesetzt sind. Ist dies der Fall, erfolgt die Abrechnung über die Vorschriften zu den Ingenieurbauwerken. Auch wenn der entsprechende Ausnahmetatbestand über die Notwendigkeit von tragwerksplanerischen Leistungen in der Objektliste zu den Ingenieurbauwerken insoweit nicht aus der Anlage 3.4.1 der HOAI 2009 übernommen worden ist, bleibt es auch weiterhin aufgrund der Formulierung in § 38 Abs. 1 Nr. 6 dabei, dass die Abrechnung über die Vorschriften zu den Freianlagen dann vorzunehmen ist, wenn keine Tragwerke von zumindest durchschnittlichem Schwierigkeitsgrad erforderlich sind (also Tragwerke, die zu den Honorarzonen 3 bis einschließlich 5 des § 52 HOAI gehören). 32

– Bei **Stegen und Brücken** ist auch entscheidend, ob tragwerksplanerische Leistungen erforderlich sind. Nur, wenn dies nicht der Fall ist, hat die Abrechnung über die Vorschriften zur Freianlagenplanung zu erfolgen. Sollten bei Stegen ausnahmsweise tragwerksplanerische Leistungen erforderlich werden, sind die Planungsleistungen über die Vorschriften zu den Ingenieurbauwerken abzurechnen, auch wenn der Begriff des Steges in der Objektliste zu den Ingenieurbauwerken in der Anlage 12.2 (im Unterschied zur Anlage 3.4.1 der HOAI 2009) nicht mehr auftaucht. 33

– Für **Wege** ist in § 38 Abs. 1 Nr. 8 eine ausdrückliche Abgrenzungsformulierung zu den Grundleistungen bei Ingenieurbauwerken und Verkehrsanlagen vorgesehen. **Geländegestaltungen und Pflanzungen** für Deponien sind in der Objektliste Freianlagen in Anlage 11.2 aufgeführt. Hier gibt es Überschneidungen mit der Objektliste zu den Ingenieurbauwerken in Gruppe 5 der Anlage 12.2 (Bauwerke und Anlagen der Abfallentsorgung). Entscheidendes Abgrenzungskriterium ist auch hier, ob es sich um **gestalterische** Leistungen handelt. Ist dies der Fall, kann zusätzlich zu den Honoraren für die Ingenieurbauwerke (Deponien) noch ein Honorar über die Vorschriften zur Freianlagenplanung beansprucht werden, wenn ein entsprechender Auftrag erteilt worden ist. 34

Überschneidungen zwischen den Auftragnehmern für die Objektplanung Ingenieurbauwerke und für die Objektplanung Gebäude oder Freianlagen sind denkbar.[34] Die Frage, ob die Auftragnehmer den Honoraranspruch aus dem jeweils anderen Leistungsbereich in vollem Umfang haben, kann nicht nach den unterschiedlichen Regelungen der Bundesländer für das Bauvorlagerecht für Architekten und Ingenieure beantwortet werden. Es handelt sich hierbei um ein Vertrags- und Honorarproblem. Soweit der Auf- 35

---

34 Vgl. die Ausführungen in Rdn. 22 ff.

§ 41 HOAI Anwendungsbereich

tragnehmer einen Auftrag für beide Leistungen hat und diese auch erbringt, steht ihm aus beiden Bereichen ein Honorar zu. Regelmäßig tritt diese Situation bei der Planung von Verkehrsanlagen auf. Hier wird im Zuge der Planung einer Straße vom gleichen Auftragnehmer auch die Planung des Begleitgrüns verlangt und erbracht. Letzteres stellt ein eigenständiges Objekt, nämlich eine Freianlage dar, die in der Objektliste für Freianlagen der Honorarzone II zugeordnet ist. Die entsprechenden Planungsleistungen sind deshalb zusätzlich als Grundleistungen (Freianlagen) des § 39 Abs. 3 HOAI nach Teil 2 abrechenbar. Entsprechendes gilt auch für Grünanlagen und Pflanzungen in Fußgängerbereichen oder in Ingenieurbauwerken.[35] Als Beispiel kann auch der Auftrag für die Planung eines Gewässers[36] und die Planung der Bepflanzung des Gewässerrandstreifens (Freianlage §§ 37 ff.) genannt werden. Auch hier sind beide Leistungen wegen unterschiedlicher Objekte mit unterschiedlicher Regelung in der HOAI gesondert abrechenbar (vgl. Rdn. 25).

c) **Abgrenzung zur Fachplanung Technische Ausrüstung nach Teil 4 Abschnitt 2 Teil 1 – Allgemeines**

36 Abgrenzungsprobleme können sich auch zwischen der Objektplanung Ingenieurbauwerke und der Fachplanung Technische Ausrüstung ergeben. Nach § 53 Abs. 4 HOAI sind die Kosten für die **nicht öffentliche Erschließung** und die **Technischen Anlagen in Außenanlagen** bei der Ermittlung der Honorare für die Technische Ausrüstung anrechenbar, soweit der Auftragnehmer die Planungsleistungen erbringt bzw. die Ausführung überwacht. Im Hinblick auf die nicht öffentliche Erschließung handelt es sich um Kosten gem. Kostengruppe 230 der DIN 276 und damit in erster Linie um Kosten für Verkehrsflächen und Technische Anlagen, die ohne öffentlich-rechtliche Verpflichtung oder Beauftragung mit dem Ziel der späteren Übertragung in den Gebrauch der Allgemeinheit hergestellt und ergänzt werden. Soweit es um Anlagen auf dem eigenen Grundstück geht, gehören diese Kosten zur Kostengruppe 500 (Außenanlagen). Da § 54 Abs. 4 HOAI auf beides verweist, muss hier keine weitergehende Differenzierung vorgenommen werden. Anlagen der nicht öffentlichen Erschließung sowie Abwasser- und Versorgungsanlagen in Außenanlagen sind damit von der Fachplanung Technische Ausrüstung erfasst, soweit diese Anlagen vom Auftragnehmer auftragsgemäß geplant oder überwacht werden. Nach § 53 Abs. 1 umfassen die Leistungen der Technischen Ausrüstung die Fachplanungen für Objekte und damit gemäß § 2 Abs. 1 die Fachplanungen auch für die Ingenieurbauwerke. Ferner sind in der Anlagengruppe 1 in § 53 Abs. 2 Nr. 1 Abwasseranlagen aufgeführt. Dies führt – auch wenn dies nach dem Wortlaut denkbar wäre – nicht dazu, dass die unterhalb des Straßenbauwerks befindliche Abwasserleitung zur Technischen Ausrüstung wird, auch dann nicht, wenn sie (auch) der Entwässerung der Straße dient. Es handelt sich bei der Abwasserleitung vielmehr um ein eigenständiges Ingenieurbauwerk.[37]

---

35 Vgl. dazu auch das Beispiel »Erschließung eines Neubaugebietes« unten Rdn. 55.
36 Ingenieurbauwerk nach § 40 Nr. 3; vgl. zur Abgrenzung i. E. *Simmendinger*, Praxisbeispiele zur HOAI, 2010, S. 206.
37 Vgl. dazu unten Rdn. 50 sowie § 46 Rdn. 14.

Anwendungsbereich § 41 HOAI

Werden gleichzeitig Objektplanungsleistungen und Fachplanungsleistungen der Technischen Ausrüstung beauftragt und erbracht, so sind diese Leistungen gesondert zu honorieren und getrennt nach den jeweiligen Teilen der HOAI abzurechnen. Erbringt der Auftragnehmer im Rahmen der Objektplanung für Ingenieurbauwerke auch die Planungs- oder Überwachungsleistungen für die Technische Ausrüstung, so steht ihm dafür ein gesondertes Honorar nach den Vorschriften des Teils 4 Abschnitt 2 der HOAI zu. 37

Werden vom Objektplaner des Ingenieurbauwerks keine Planungsleistungen im Hinblick auf die Technischen Anlagen erbracht oder überwacht er deren Ausführung nicht (jeweils entsprechend der Beauftragung), kann selbstverständlich kein gesondertes Honorar nach den Vorschriften des Teils 4 Abschnitt 2 der HOAI abgerechnet werden. Vielmehr sind die Kosten für diese Technischen Anlagen bei der Honorarermittlung des Objektplanungshonorars gemindert nach § 42 Abs. 2 HOAI zu berücksichtigen. 38

d) Abgrenzung zur Fachplanung Technische Ausrüstung und Teil 4 Abschnitt 2 Teil 2 – Sonderproblem
Verhältnis zur Maschinentechnik sowie zur Verfahrens- und Prozesstechnik

Ein besonderes Abgrenzungsproblem zwischen der Objektplanung und der Fachplanung Technische Ausrüstung ergibt sich bei dem »Technikanteil« von Ingenieurbauwerken. 39

Dieser ist nach folgenden Anlagengruppen zu differenzieren: 40

DIN 276	Bezeichnung	Objektplanung		Fachplanung Techn. Ausrüstung	Anlagen-gruppe
		bedingt	beschränkt	eigenständig	
KG 470	Maschinentechnik	§ 42 Abs. 1 S. 2		§ 53 Abs. 2	7
KG 470	Verfahrens- und Prozesstechnik		§ 42 Abs. 2	§ 53 Abs. 2	7
KG 470	Nutzungsspezifische Anlagen		§ 42 Abs. 2	§ 53 Abs. 2	7
KG 470 KG 460 KG 480	Sonstige Technik Ausrüstung nach § 51 Abs. 2		§ 42 Abs. 2	§ 53 Abs. 2	1–6 und 8

Zu klären ist immer die Frage, wann dieser »Technikanteil« nur **im Rahmen der anrechenbaren Kosten** nach § 42 zu berücksichtigen ist und wann hinsichtlich dieser Leistungen zusätzlich ein **Honorar für die Fachplanung** Technische Ausrüstung nach Teil 4 Abschnitt 2 möglich ist. 41

Bei den **Anlagen der Maschinentechnik** ist beides denkbar, jedoch wird der eigenständige Auftrag für Fachplanungsleistungen gegenüber dem Objektplaner betreffend die 42

§ 41 HOAI Anwendungsbereich

Maschinentechnik selten sein. Ist dies aber ausnahmsweise der Fall und sind die Voraussetzungen der §§ 53 ff. erfüllt, dann steht dem Auftragnehmer neben der Möglichkeit, die Kosten im Rahmen der **anrechenbaren Kosten** bei der Honorarermittlung Ingenieurbauwerke zu berücksichtigen, auch ein gesondertes Honorar nach den §§ 53 ff. zu. Soweit der Auftragnehmer Anlagen der Maschinentechnik entweder plant oder ihre Ausführung überwacht (vgl. § 42 Rdn. 31 ff.), sind die Kosten der Maschinentechnik voll anrechenbar und nicht nur gemindert. Es ist hier nämlich § 42 Abs. 1 S. 2 anwendbar (bedingte Anrechenbarkeit) und nicht § 42 Abs. 2. Unter **Planung** ist hierbei nicht die Konstruktion der Maschinentechnik zu verstehen, diese Leistung muss vom Objektplaner nicht erbracht werden. Die reine Koordinierungstätigkeit genügt dafür zwar auch nicht, jedoch ist es ausreichend, wenn die entsprechenden Anlagen planerisch festgelegt, ausgeschrieben oder überwacht werden. Die Leistungen aus dem Bereich der Ausschreibung (Leistungsphasen 6 und 7) gehören nämlich ebenfalls zu den Planungsleistungen. Der Verordnungsgeber selbst verlangt für eine Planung in diesem Sinne nicht die Erstellung von Konstruktionszeichnungen und weitere Unterlagen für die Fertigung der Anlagen der Maschinentechnik. Es genügt vielmehr, wenn planerisch Einfluss genommen wird.[38] Bei einer Räumerbrücke muss der Objektplaner z. B. auf inneren und äußeren Antrieb, Laufgeschwindigkeit, Windbelastung oder bestimmte Lichtraummaße ebenso Einfluss nehmen wie bei der gesamten technischen Gestaltung der eigentlichen Räumereinrichtung, die an der Räumerbrücke hängt und wesentliche technische Aufgaben zu erledigen hat. In diesem Beispiel wird die Räumerbrücke vom Objektplaner geplant, sodass die Anrechenbarkeit gegeben ist.

43 Hat der Auftragnehmer auch Fachplanungsleistungen für die Maschinentechnik zu erbringen, dann kann ihm dafür – neben der Anrechnung der Kosten im Rahmen des § 42 Abs. 1 S. 2 – ein gesondertes **Honorar für Planung von Technischen Anlagen** zustehen. Soweit es sich um eine Anlagengruppe aus § 53 Abs. 2 handelt, ist die HOAI hier mit ihrem Mindestpreischarakter anwendbar. Da mit der 7. HOAI- Novelle § 53 Abs. 2 Nr. 7 HOAI 2013 neu formuliert wurde und dort anstelle der »maschinen- und elektrotechnischen Anlagen in Ingenieurbauwerken« nunmehr die »verfahrenstechnischen Anlagen« aufgeführt sind[39], gilt dies allerdings nur, soweit sich die Anlage eine der in § 53 Abs. 2 aufgeführten Anlagengruppen zuordnen lässt, was aufgrund der nachfolgend dargestellten Definition des Begriffs der maschinentechnischen Anlage jedoch nur in Ausnahmefällen denkbar erscheint.

44 **Maschinentechnische Anlagen** können folgendermaßen definiert werden: Apparate ohne jegliche Anschlusstechnik, die en bloc vom Hersteller geliefert werden, z. B. Räumer für Absetzbecken bei Kläranlagen und Wasserwerken, die reinen Stahlbauteile bei Schleusen, Grob- und Feinrechen, Kammerfilterpressen, Oberflächenbelüfter oder Gasentschwefler sowie Gasspeicher von Abwasserbehandlungsanlagen.[40] Dabei ist aber im Einzelfall zu prüfen, ob es sich nicht um Teile handelt, die der KG 300 Bau-

---

38 Vgl. Amtliche Begründung von 1996.
39 Worauf *Hebel/De Pascalis* in FBS 3.Teil vor §§ 41–44 Rn. 15 zutreffend hinweisen.
40 Amtliche Begründung zur HOAI 1996.

konstruktionen zuzurechnen sind. Das wäre z. B. bei bestimmten Stahlbauteilen von Schleusen zu bejahen, insbesondere bei den Schleusentoren.

Für die Anlagen der **Verfahrens- und Prozesstechnik** gilt seit Inkrafttreten der HOAI 2009 eine geänderte Regelung. Unter Geltung der HOAI 2002 war umstritten, ob die Kosten der Verfahrens- und Prozesstechnik als Kosten der Technischen Ausrüstung des Ingenieurbauwerks abrechenbar waren.[41] Das wurde mit der Fassung 2009 klargestellt, weil die Verfahrens- und Prozesstechnik zu den **Kosten der Technischen Anlagen** gehört und diese nach § 42 Abs. 2 ggf. **gemindert anrechenbar** sind. Die Verfahrens- und Prozesstechnik war nämlich unter die Kostengruppe 470 einzuordnen.[42] Der Begriff der Verfahrens- und Prozesstechnik wurde in der HOAI jetzt ersetzt durch »verfahrenstechnische Anlagen«, wie dies bereits die DIN 276 Teil 4 Kostengruppe 470 vorsah. Durch die HOAI 2013 wurden in § 53 Abs. 2 Nr. 7 diese verfahrenstechnischen Anlagen als selbstständige Anlagengruppe aufgenommen. Hierdurch hat sich an der Anrechenbarkeit nichts geändert. Soweit der Auftragnehmer auftragsgemäß für die Verfahrens- und Prozesstechnik bzw. für verfahrenstechnische Anlagen Leistungen erbringt, steht ihm dafür ein Honorar nach Maßgabe der §§ 53 ff. zu. Es handelt sich dabei um Leistungen aus Teil 4 Abschnitt 2 der HOAI, welche als **Leistungen selbstständig zu vergüten** sind.[43] Aufgrund der Tatsache, dass in § 53 Abs. 2 Nr. 7 die nutzungsspezifischen Anlagen und die verfahrenstechnischen Anlagen nebeneinander aufgeführt wurden, erübrigt sich eine Abgrenzung. 45

Die Aufnahme der verfahrenstechnischen Anlagen in § 53 Abs. 2 Nr. 7 steht in Widerspruch zu der Tatsache, dass die Planung von Anlagen der Verfahrens- und Prozesstechnik in Ingenieurbauwerken nach Anlage 12.1 eine **Besondere Leistung** der Leistungsphase 5 darstellt. Eine Anpassung des Wortlauts der Besonderen Leistungen – im Vergleich zur HOAI 2009 – wurde also nicht gleichzeitig vorgenommen (vgl. die Formulierung in Anlage 2.8.5 HOAI 2009). Diese Leistung stellt nach der beibehaltenen Formulierung in der HOAI 2013 eine Besondere Leistung des Leistungsbildes Ingenieurbauwerke dar. Gleichzeitig liegt aber auch eine Grundleistung des § 55 Abs. 1 Leistungsphase 5 vor.[44] Nach Auffassung des Verordnungsgebers soll dieser Konflikt so zu lösen sein, dass die Anlagengruppe 7 der Technischen Ausrüstung einschlägig ist, wenn die Planung von Anlagen der Verfahrens- und Prozesstechnik als »eigenständiges Objekt« in Auftrag gegeben wird.[45] Der Begriff »eigenständiges Objekt« ist unklar, weil die Anlagen der Technischen Ausrüstung nach § 2 Abs. 1 immer ein Objekt darstellen. Klar ist insoweit, dass immer dann, wenn Leistungen der Verfahrens- und Prozesstechnik isoliert beauftragt werden, von Grundleistungen der Technischen Ausrüstung auszugehen ist. Es ist allerdings unklar, wie der Konflikt zu lösen ist, wenn Leistungen der 46

---

41 Vgl. *Locher/Koeble/Frik*, 9. Aufl., § 51 Rn. 21.
42 Vgl. *Locher/Koeble/Frik*, HOAI 11. Aufl., § 40 Rn. 35; *Seifert* in KMV, 8. Aufl. § 41 Rn. 23.
43 Vgl. Anlagengruppe 7 des § 53 Abs. 2 bzw. Kostengruppe 470 nach DIN 276 – Anlagen 1 und 2.
44 Vgl. insoweit auch die Ausführungen zu § 53 Rdn. 11.
45 Vgl. die Amtliche Begründung/Drucks. 334/13 S. 199; unten § 53 Rdn. 11.

§ 41 HOAI Anwendungsbereich

Verfahrens- und Prozesstechnik zusammen mit der Objektplanung Ingenieurbauwerke in Auftrag gegeben werden[46]. Es ist insbesondere zu erwarten, dass Auftraggeber das Honorar für die Planung der Verfahrens- und Prozesstechnik unter Hinweis auf die Besondere Leistung in Anlage 12.1 – Leistungsphase 5 HOAI 2013 – als frei verhandelbar bezeichnen und/oder eine Abgeltungsklausel im Ingenieurvertrag vorsehen, wonach das Honorar für die Planung der Verfahrens- und Prozesstechnik im Zusammenhang mit Ingenieurbauwerken mit dem Honorar für die Objektplanung Ingenieurbauwerke abgegolten sein soll.[47] Zunächst ist zu berücksichtigen, dass die Besondere Leistung in Anlage 12.1 nur auf **bestimmte Ingenieurbauwerke** verweist (§ 41 Nr. 1–3 und 5 HOAI 2013) und nur für die **Planung** gelten soll. Verschiedene Ingenieurbauwerke sind daher bereits aufgrund des Wortlauts ausgeschlossen. Von entscheidender Bedeutung ist aber, dass § 3 Abs. 3 S. 2 HOAI 2013 anordnet, dass Leistungen, die in einem Leistungsbild als Grundleistung vorgesehen sind, nicht Besondere Leistungen darstellen. Eine Grundleistung wird danach auch nicht dadurch zu einer Besonderen Leistung, dass diese nicht isoliert, sondern zusammen mit anderen Grundleistungen beauftragt wird.[48] Die in § 3 Abs. 2, 3 enthaltene strikte Trennung zwischen Grund- und Besondere Leistung geht den Abgrenzungsversuchen des Verordnungsgebers in der Amtlichen Begründung vor. Dies hat zur Folge, dass Leistungen der Verfahrens- und Prozesstechnik einheitlich entweder als Grundleistung der Technischen Ausrüstung oder als Besondere Leistungen von Ingenieurbauwerken einzuordnen sind. Da diese Leistungen ausdrücklich in die Anlagengruppe 7 und damit in den sachlichen Anwendungsbereich der Technischen Ausrüstung aufgenommen wurden, ist es naheliegend, von Grundleistungen der Technischen Ausrüstung auszugehen.[49] Das Honorar für beauftragte Leistungen betreffend verfahrenstechnische Anlagen unterfällt daher dem **zwingenden Preisrecht** der HOAI und kann nicht frei verhandelt und/oder frei vereinbart werden.

47 Die gleichen Grundsätze gelten auch z. B. für den »Technikanteil« von Abfallbehandlungs- und Recycling-Anlagen, etwa mit Zerkleinerungs- und Sortiereinrichtungen.

---

46 Vgl. auch *Hebel/De Pascalis* in FBS 3.Teil vor §§ 41–44 Rn. 19.
47 Vgl. *Koeble/Zahn*, Die neue HOAI 2013, C Rn. 217.
48 Vgl. unten § 53 Rdn. 11.
49 Vgl. unten § 53 Rdn. 11; *Koeble/Zahn*, Die neue HOAI 2013, Teil C Rn. 217; *Hebel/De Pascalis* in FBS 3.Teil vor §§ 41- 44 Rn. 20.

Anwendungsbereich § 41 HOAI

Nachstehende Tabelle verdeutlicht am Beispiel einer Kläranlage die Abgrenzung: 48

	Nutzungsspezifische Anlagen KG 470 + 480		KG 410–460
	VP-Technik	M-Technik	Techn. Ausr.
	§ 53 Abs. 2 Nr. 7 + 8	§ 42 Abs. 1 S. 1 (§ 53 Abs. 2 Nr. 1–6)	§ 53 Abs. 2 Nr. 7 + 8
Abwasserhebewerk			
Schieber	×		
Schneckenpumpwerk		×	
Elektroinstallation, Beleuchtung			×
Rechenanlage			
Pumpen	×		
Schütze	×		
Rechen		×	
Rechengut-Containeranlage		×	
Rechengutpresse		×	
Fäkalannahmestation		×	
Elektroinstallation, Beleuchtung			×
Sandfang			
Gebläse mit Druckluftleitungen	×		
Schütze	×		
Schieber	×		
Pumpen	×		
Räumerbrücke		×	
Sandklassierer		×	
Elektroinstallation, Beleuchtung			×
Vorklärung			
Schlammabzugsrohre	×		
Ablaufrinne	×		
Schütze	×		
Kompressor	×		

Zahn

§ 41 HOAI Anwendungsbereich

	Nutzungsspezifische Anlagen KG 470 + 480		KG 410–460
	VP-Technik	M-Technik	Techn. Ausr.
	§ 53 Abs. 2 Nr. 7 + 8	§ 42 Abs. 1 S. 1 (§ 53 Abs. 2 Nr. 1–6)	§ 53 Abs. 2 Nr. 7 + 8
Räumerbrücke		x	
Elektroinstallation, Beleuchtung			x
Belebungsbecken			
Luftfilter und -leitungen	x		
Gebläse	x		
Schieber	x		
Kompressoren	x		
Pumpen	x		
Rührwerk		x	
Elektroinstallation, Beleuchtung			x
Nachklärbecken			
Schwimmschlammabzug und -leitungen	x		
Pumpen	x		
Räumer		x	
Elektroinstallation, Beleuchtung			x
Schlammbehandlung			
Rohrleitungen	x		
Schlammstapelbehälter		x	
Kammerfilterpresse		x	
Elektroinstallation, Beleuchtung			x
Betriebsgebäude			
Zentrale Schaltwarte	x		
Prozessleitsystem	x		
Elektroinstallation, Beleuchtung			x

9. Abgrenzung Objektplanung Ingenieurbauwerke und Verkehrsanlagen

Vor allem dann, wenn Ingenieurbauwerke und Verkehrsanlagen gleichzeitig ausgeführt werden, muss geklärt werden, ob es sich um selbstständige Objekte für die Abrechnung handelt. Für eine gemeinsame Abrechnung[50] genügt es allerdings nicht, dass Verkehrsanlagen und Ingenieurbauwerke in engem funktionalem Zusammenhang stehen. Vielmehr ist auch dann eine getrennte Honorierung vorzunehmen, weil Ingenieurbauwerke und Verkehrsanlagen zu unterschiedlichen Leistungsbildern mit unterschiedlichen Honorartafeln gehören.[51] Funktionale Kriterien sind also kein geeigneter Maßstab für die Zusammenfassung der Objekte als Abrechnungseinheit. Der funktionale Zusammenhang ist im Gegenteil typisch für Ingenieurbauwerke und die dazu gehörigen Verkehrsanlagen. Auch Brücken, Unterführungen und Stützmauern sind ohne die Straße, für die sie gedacht sind, funktionslos. Gleichwohl sind diese Bauwerke getrennt von der Verkehrsanlage abzurechnen.[52] Entsprechendes gilt auch für mehrere Regenrückhaltebecken, Lärmschutzwälle und eine Abwasserentsorgungsanlage, welche im Zuge der Errichtung einer Autobahn ausgeführt werden.[53] Weiter sind zu nennen Verkehrswege in Kläranlagen oder Verbrennungsanlagen. Hier können die Leistungen für die Verkehrswege nur auf der Grundlage der Abrechnungsvorschriften für die Objektplanung Verkehrsanlagen und die Leistungen für das Ingenieurbauwerk nur auf denen der Objektplanung Ingenieurbauwerke abgerechnet werden. 49

Im Rahmen der Abgrenzung der Honorarregelungen für Ingenieurbauwerke von den Honorarregelungen für Verkehrsanlagen, die bereits aufgrund der unterschiedlichen Honorartafeln eine Rolle spielt, ist ferner zu berücksichtigen, dass der Begriff der »Anlage des Straßenverkehrs« i. S. des § 45 Nr. 1 HOAI nicht nur den Verkehrsweg, die Straße, im engeren Sinne umfasst. Nach der Rechtsprechung des BGH sollen alle Gegenstände, die dem vorausgesetzten Gebrauch der Anlage zum Zweck des Straßenverkehrs dienen, Teil einer Anlage des Straßenverkehrs sein. Umfasst vom Begriff der Anlage des Straßenverkehrs können deshalb insbesondere diejenigen Ausstattungsgegenstände sein, die aus konstruktiven oder rechtlichen Gründen für die Nutzung der Anlage des Straßenverkehrs erforderlich sind.[54] Im Hinblick auf die **Entwässerungsanlagen**, die in **Verkehrsanlagen** enthalten sind, sieht § 46 Abs. 1 S. 2 eine Änderung vor. Die Kosten dieser Entwässerungsanlagen, die allerdings der Zweckbestim- 50

---

50 Vgl. dazu auch unten § 45 Rdn. 1 ff.
51 BGH BauR 2004, 1963 = NZBau 2004, 680.
52 KG NJW-RR 2004, 670 = NZBau 2004, 620.
53 KG NJW-RR 2004, 670; BGH BauR 2004, 1963.
54 BGH BauR 2006, 1010 = NZBau 2006, 384 = NJW-RR 2006, 741 – im entschiedenen Fall ging es darum, ob die wegweisende sowie verkehrsführende Beschilderung, die Markierung nach der StVO, die Schutz- und Leiteinrichtungen sowie Langzeitstellen Teil der Anlage des Straßenverkehrs oder ggf. ein eigenständiges Ingenieurbauwerk (konstruktives Ingenieurbauwerk für Verkehrsanlagen) sei. Eine Entscheidung wurde vom BGH nicht getroffen. Er hat lediglich darauf hingewiesen, dass geprüft werden müsse, ob diese Gegenstände nicht Teil der Anlage des Straßenverkehrs seien und hat dabei die obige Abgrenzungsformulierung verwendet.

mung der Verkehrsanlage dienen müssen, zählen zu den uneingeschränkt anrechenbaren Kosten bei der Ermittlung des Honorars für die Verkehrsanlagenplanung, soweit hierfür Planungsleistungen erbracht werden bzw. die Ausführung überwacht wird.[55] Für die Anrechenbarkeit reicht es nicht aus, dass lediglich die üblichen Leistungen betreffend die Koordination bzw. Integration der Planung anderer fachlich Beteiligter erfolgt. Vielmehr muss auch insoweit für die Anlage als solches die Planungsleistung/ Überwachungsleistung erbracht werden.[56]

Zukünftig wird sich insbesondere die Frage stellen, ob eine Entwässerungsanlage oder Teile hiervon »der Zweckbestimmung der Verkehrsanlage dient« (§ 46 Abs. S. 2). Ist dies der Fall und werden Planungs- oder Überwachungsleistungen erbracht, sind die Kosten hierfür bei der Ermittlung des Honorars für den Verkehrsanlagenplaner bei den anrechenbaren Kosten zu berücksichtigen. Hiervon muss der Fall unterschieden werden, dass ein eigenständiger Planungsauftrag im Hinblick auf die Entwässerungsanlage erteilt wird. Es handelt sich dann um Planungsleistungen für ein eigenständiges Objekt, die gesondert abzurechnen sind[57]. Ob dies nach den Regelungen zu den Ingenieurbauwerken oder nach den Regelungen zur Technischen Ausrüstung zu geschehen hat, wird unten geklärt.[58] Bei den Entwässerungsanlagen handelt es sich um Straßenabläufe, Sammelleitungen und zugehörige Anschlussleitungen sowie Regenwasserversickerungen. Der Verordnungsgeber hat in der Begründung im Übrigen darauf hingewiesen, dass die Kosten für die Entwässerungsanlagen bei den Kosten der Baukonstruktion i. S. d. § 46 Abs. 1 S. 1 zu berücksichtigen und nicht den Kosten für die Anlagen der Technischen Ausrüstung i. S. d. § 46 Abs. 2 zuzurechnen seien.[59] Damit ist natürlich nicht gesagt, dass es insoweit keine Honorabrechnung über den Teil 4 Abschnitt 2 (Technische Ausrüstung) mehr gibt. Falls Fachplanungsleistungen für Anlagen aus den Anlagengruppen des § 53 beauftragt und erbracht werden, ändert die Anrechenbarkeit der Kosten für bestimmte Entwässerungsanlagen bei der Honorarermittlung des Verkehrsanlagenplaners nichts daran, dass daneben auch Honorare für die Leistungserbringung im Bereich Technische Ausrüstung nach den §§ 53 ff. entstehen können.

10. Auftrag für mehrere Objekte nach § 11

51   Zunächst ist zu prüfen, ob ein einheitliches Ingenieurbauwerk oder mehrere Ingenieurbauwerke nach § 11 vorliegen. Soweit **mehrere Bereiche** aus § 41 Abs. 1 betroffen sind, ist Letzteres ohne weiteres zu bejahen.[60] Aber auch dann, wenn eine einzige Fallgruppe, wie z. B. die »Abwasserentsorgung«, gegeben ist, können für die Tätigkeit des

---

55   Vgl. unten § 46 Rdn. 11 ff.
56   BGH BauR 2004, 1963 NZBau 2004, 680.
57   So auch *Hummel/Leidig* in MNP § 41 Rn. 24, nach *Fuchs/Berger/Seifert* NZBau 2014, 9, 14 soll in diesem Fall stets eine Abrechnung über die Vorschriften betreffend die Honorare für Verkehrsanlagen erfolgen.
58   Vgl. unten § 46 Rdn. 14; vgl. auch *Simmendinger* IBR 2010, 1189 Rn. 32.
59   Vgl. Amtliche Begründung Drucks. 334/13 S. 162.
60   BGH BauR 2004, 1963 = NZBau 2004, 680.

Ingenieurs immer noch mehrere Objekte vorliegen.[61] Das gilt auch dann, wenn ein enger funktionaler Zusammenhang vorliegt, wie z. B. bei räumlich getrennten Kanalabschnitten innerhalb eines Stadtgebietes.[62] Um ein einheitliches Bauwerk handelt es sich nur dann, wenn die betreffenden Bauteile nach funktionellen und technischen Kriterien zu einer Einheit zusammengefasst sind.[63] In diesem Sinne funktional selbstständig sind z. B. eine Rauchgasentschwefelungsanlage und eine Bekohlungsanlage. Sie sind als selbstständige Objekte neben dem betreffenden Ingenieurbauwerk oder der betreffenden Technischen Ausrüstung, welcher sie dienen, abzurechnen.[64] Entsprechendes gilt auch für einen Mischwasserkanal und ein Regenüberlaufbecken, eine Trinkwasserleitung und einen Trinkwasserhochbehälter, einen Abwasserkanal und ein Abwasserpumpwerk.

Um mehrere selbstständig abzurechnende Objekte handelt es sich ferner dann, wenn diese durch einen Zwischenraum getrennt sind (vgl. § 11 Rdn. 17 ff.). Mehrere Objekte liegen auch dann vor, wenn sie zwar in einem Bau zusammengefasst sind, es sich jedoch um selbstständige Funktionseinheiten handelt. Auch die Amtliche Begründung zur HOAI 1996 geht davon aus, dass selbstständige Funktionseinheiten völlig getrennte Ingenieurbauwerke sind: wird einem Auftragnehmer die Planung einer Abwasserbehandlungsanlage und eines Abwasserkanalnetzes in einem Auftrag übertragen, so handelt es sich hier um die Übertragung der Leistungen nach Teil 3 Abschnitt 3 für zwei Objekte mit jeweils einer eigenen funktionalen Einheit. Das Abwasserkanalsystem erfüllt die Transportfunktion für das Abwasser, die Abwasserbehandlungsanlage erfüllt die Reinigungsfunktion für das Abwasser. In der Objektliste (Anlage 12.2) sind hierfür unterschiedliche Objekte vorgesehen. 52

Aus dem Bereich der Abfallentsorgung sind als selbstständige Funktionseinheiten ein neues Rauchgasreinigungssystem zu nennen, das als Erweiterung einer Müllverbrennungsanlage geplant und gebaut werden soll. Sowohl die sonstige Erweiterung dieser Anlage als auch das Rauchgasreinigungssystem sind gesondert abrechenbare Ingenieurbauwerke, und das Rauchgasreinigungssystem gehört auch nicht zur Verfahrens- bzw. Prozesstechnik.[65] 53

Handelt es sich um mehrere Objekte, dann ist zu prüfen, ob die Zusammenrechnung der anrechenbaren Kosten nach § 11 Abs. 2 zu erfolgen hat oder die Objekte ausnahmsweise unter Berücksichtigung einer Abminderung abzurechnen sind (§ 11 Abs. 2–4).[66] 54

---

61 S. dazu das Fallbeispiel Erschließungsplanung Neubaugebiet unten Rdn. 55.
62 Vgl. für Gebäude zur konstruktiven Trennung nun ausdrücklich BGH Urt. vom 08.03.2012 – VII ZR 195/09 = NJW-RR 2012, 653 = NZBau 2012, 370; Analyse *Koeble* auf www.jurion. de/modul Werner Baurecht sowie oben § 11 Rdn. 17 ff.
63 Vgl. BGH BauR 2005, 735 = NZBau 2005, 285; vgl. i. E. § 11 Rdn. 17 ff.
64 BGH BauR 2006, 697 = NZBau 2006, 251.
65 OLG Düsseldorf BauR 1996, 746; OLG München Urt. v. 15.09.2004 – 27 U 938/99, BauR 2005, 406.
66 Vgl. oben § 11 Rdn. 24 ff.

§ 41 HOAI Anwendungsbereich

11. Objektdefinition, Beispiele

55 Bei den nachfolgenden Beispielen wurden Einzelobjekte aufgeführt, die bei den beiden Baumaßnahmen in Betracht kommen. Die Einteilung in Einzelobjekte ist abhängig von der konkreten Situation und damit in jedem Einzelfall gesondert zu überprüfen. Liegen verschiedene Abrechnungsobjekte vor, sind anschließend die Voraussetzungen des § 11 Abs. 2 bis Abs. 4 HOAI zu prüfen. Liegen die Voraussetzungen dieser Regelungen vor, sind entweder die anrechenbaren Kosten verschiedener Objekte zusammenzurechnen (§ 11 Abs. 2) oder der Minderungsfaktor zu berücksichtigen (§ 11 Abs. 3 und Abs. 4).[67]

– Baugebietserschließung

Bei der Erschließungsplanung eines Neubaugebietes muss zwischen folgenden Objekten (sofern vorhanden) unterschieden werden, die nach HOAI getrennt zu honorieren sind:

Objekt/Abrechnungseinheit	Abrechnungsgrundlagen
Schmutzwasser-Kanalisation	§ 41 Nr. 2 HOAI
Schmutzwasserpumpwerk	§ 41 Nr. 2 HOAI
Regenwasser-Kanalisation	§ 41 Nr. 2 HOAI
Regenwasserbehandlung (RÜB)	§ 40 Nr. 2 HOAI
Regenwasserrückhaltung (RRB)	§ 41 Nr. 2 HOAI
Wasserversorgungsleitungen	§ 41 Nr. 1 HOAI
Gasleitungen	§ 41 Nr. 4 HOAI
Erschließungsstraßen	§ 45 Nr. 1 HOAI
Kreisverkehr zur Anbindung des BG	§ 45 Nr. 1 HOAI
Lärmschutzwall oder -wand	§ 41 Nr. 6 HOAI bzw. §§ 38 ff. HOAI
Bepflanzung/Straßenbegleitgrün	§§ 38 ff. HOAI
Fernwärmeversorgung	§ 41 Nr. 4 HOAI

56 – Kläranlage[68]

Bei dem Neubau einer Kläranlage muss zwischen folgenden Objekten (sofern vorhanden) unterschieden werden, die nach HOAI getrennt zu honorieren sind:

Objekt/Abrechnungseinheit	Abrechnungsgrundlagen
Zulaufkanal	§ 41 Nr. 2 HOAI
Zulaufpumpwerk	§ 41 Nr. 2 HOAI

---

67 Vgl. oben § 11 Rdn. 35 ff.
68 Eine detaillierte Aufgliederung findet sich bei *Simmendinger* IBR 2011, 1084.

Objekt/Abrechnungseinheit	Abrechnungsgrundlagen
Abwasserbehandlungsanlage	§ 41 Nr. 2 HOAI
Schlammbehandlungsanlage	§ 41 Abs. 2 HOAI
Betriebs- und Sozialgebäude	§ 33 HOAI
Wohnhaus des Klärwärters	§ 33 HOAI
Regenwasserbehandlung (RÜB)	§ 41 Nr. 2 HOAI
Erschließungsstraßen	§ 45 Nr. 1 HOAI
Bepflanzung/Freiflächengestaltung	§§ 38 ff. HOAI

Die Trennung in eigene »Funktionelle Einheiten« ist als Regelfall vorzunehmen. Hiervon kann in Sonderfällen abgewichen werden. Dann sind verschiedene Objekte zu einer Abrechnungseinheit zusammenzufassen. Das ist zu bejahen, wenn ein enger bau- und verfahrenstechnischer Zusammenhang – nicht dagegen bei bloß funktionalem Zusammenhang – zwischen einzelnen Ingenieurbauwerken besteht, sodass eine exakte kostenmäßige Trennung kaum möglich ist, wie z. B. bei 57
– einer aeroben Schlammstabilisierung für die gemeinsam genutzten Bauwerke der Abwasserbehandlung und der Schlammbehandlung (Kombinationsbecken),
– einem Abwasserpumpwerk und einem Regenüberlaufbecken, wenn beide in einem gemeinsamen Bauwerk untergebracht sind.

In diesen Fällen sind – wenn keine Zusammenfassung zu einem Objekt erfolgt – die Voraussetzungen des § 11 Abs. 2 zu prüfen.[69]

Im ersten Fall sind die Kombinationsbecken objektbezogen der Abwasserbehandlung zuzuordnen. Erst der den Becken entzogene Schlamm wird in der Schlammbehandlungsanlage weiterbehandelt. Diese stellt dann wieder ein eigenständiges Objekt im Sinne der HOAI dar. Generell ist bei diesen Sonderfällen zu berücksichtigen, dass die Schwierigkeit der Planung für die o. g. zusammengesetzten Bauwerke durchweg höher ist, als für das einzeln und unabhängig zu planende Bauwerk, weil hier 58
– die Anforderung an die Einbindung in das Objektumfeld
– der Umfang der Funktionsbereiche
– die konstruktiven und technischen Anforderungen
größer sind als bei Einzelbauwerken. In der Regel wird man deshalb davon ausgehen können, dass die Zusammenfassung verschiedener Einzelobjekte zu einem technisch integrierten Bauwerk die Einstufung in eine höhere Honorarzone als bei Einzelbewertung erfordert.

Die Aufteilung in Einzelobjekte bei einer Kläranlage wird in der Literatur unterschiedlich vorgenommen. Teilweise wird jedenfalls eine Aufteilung in zwei Objekte betreffend die Abwasserbehandlungsanlage und das Abwasser-Kanalsystem vorgenommen und gleichzeitig darauf hingewiesen, dass auch die Abwasserbehandlungsanlage aus 59

---

69 Vgl. oben § 11 Rdn. 24.

mehreren Objekten bestehen kann.[70] Nach einer anderen Auffassung ist die Kläranlage als ein Objekt anzusehen; aufgrund der Komplexität der Bauaufgabe und damit der Planungsanforderungen seien bestimmte Bewertungsmerkmale zur Zuordnung zur Honorarzone höher zu bewerten als für die jeweils einzelne funktionale Einheit.[71] Nach einer weiteren Auffassung in der Literatur[72] ist die auch hier vertretene Auffassung zur Aufteilung in mehrere verschiedene Objekte zutreffend.

§ 42 HOAI Besondere Grundlagen des Honorars

(1) Für Grundleistungen bei Ingenieurbauwerken sind die Kosten der Baukonstruktion anrechenbar. Die Kosten für die Anlagen der Maschinentechnik, die der Zweckbestimmung des Ingenieurbauwerks dienen, sind anrechenbar, soweit der Auftragnehmer diese plant oder deren Ausführung überwacht.

(2) Für Grundleistungen bei Ingenieurbauwerken sind auch die Kosten für Technische Anlagen, die der Auftragnehmer nicht fachlich plant oder deren Ausführung der Auftragnehmer nicht fachlich überwacht,
1. vollständig anrechenbar bis zum Betrag von 25 Prozent der sonstigen anrechenbaren Kosten und
2. zur Hälfte anrechenbar mit dem Betrag, der 25 Prozent der sonstigen anrechenbaren Kosten übersteigt.

(3) Nicht anrechenbar sind, soweit der Auftragnehmer die Anlagen weder plant noch ihre Ausführung überwacht, die Kosten für:
1. das Herrichten des Grundstücks,
2. die öffentliche und die nichtöffentliche Erschließung, die Außenanlagen, das Umlegen und Verlegen von Leitungen,
3. verkehrsregelnde Maßnahmen während der Bauzeit,
4. die Ausstattung und Nebenanlagen von Ingenieurbauwerken.

---

70 *Pott/Dahlhoff/Kniffka/Rath*, HOAI 9. Aufl., § 40 Rn. 11.
71 *Jochem/Kaufhold*, HOAI 5. Aufl., § 40 Rn. 17; im Ergebnis zustimmend *Wiesner/Kalte* IBR 2013, 30 – allerdings unter nicht zutreffendem Hinweis auf das Urteil des OLG Koblenz v. 16.09.2010 – 2 U 712/06. Das OLG Koblenz hat sich in seiner Entscheidung nicht mit der Abrechnung einzelner Objekte innerhalb einer Kläranlage beschäftigt. Vielmehr war Gegenstand des Verfahrens und des Urteils letztlich nur die Frage, ob bei der **Honorarzonenbildung** verschiedene »Einzelobjekte« (Zitat aus dem Urteil und aus den Feststellungen des gerichtlichen Sachverständigen) für die Ermittlung einer einheitlichen Honorarzone zu einem Gesamtobjekt zusammenzufassen seien. Von den Parteien wurde im Verfahren nicht problematisiert, ob eine weitergehende Aufteilung in einzelne Objekte mit der Folge einer Aufteilung der Abrechnung vorzunehmen sei. Deshalb hat das OLG hierzu auch keine Stellung genommen. Die Klägerin hatte selbst – beraten durch einen privaten Honorarsachverständigen – sämtliche Anlagen der Gruppenkläranlage zu einer einzigen Abrechnungseinheit »Kläranlage« zusammengefasst. Die Beklagte hatte sich hiergegen nicht gewandt. Deshalb hat das OLG hierzu auch keine Aussage getroffen – sondern nur zur Honorarzone.
72 *Seifert* in KMV, HOAI 8. Aufl., § 40 Rn. 20.

Besondere Grundlagen des Honorars § 42 HOAI

Übersicht Rdn.
1. Änderungen durch die HOAI 2009 1
2. Änderungen durch die HOAI 2013 3
3. Zusammenspiel mit anderen Vorschriften 6
4. Regelungsinhalt 8
5. Vorgehen bei der Honorarberechnung 9
6. Anrechenbare Kosten 10
    a) Anwendung der DIN 276 10
    b) Kostenrichtwerte 12
7. Voll anrechenbare Kosten (Abs. 1 Satz 1) 23
8. Gemindert anrechenbare Kosten (Abs. 2) 24
9. Bedingt anrechenbare Kosten (Abs. 1 S. 2 und Abs. 3) 28
    a) Planung oder Überwachung 31
    b) Kosten für die Herrichtung des Grundstücks (Abs. 3 Nr. 1) 34
    c) Kosten der öffentlichen Erschließung (Abs. 3 Nr. 2) 35
    d) Kosten der nichtöffentlichen Erschließung, der Außenanlagen und des Umlegens und Verlegens von Leitungen (Abs. 3 Nr. 2) 36
    e) Kosten für verkehrsregelnde Maßnahmen (Abs. 3 Nr. 3) 37
    f) Kosten für die Ausstattung und Nebenanlagen von Ingenieurbauwerken (Abs. 3 Nr. 4) 38
    g) Kosten der Anlagen der Maschinentechnik (Abs. 1 Satz 2) 39

1. Änderungen durch die HOAI 2009

Die Vorschrift des § 41 HOAI 2009 enthielt Teile des § 52 HOAI 2002. Während dort alle Regelungen über die anrechenbaren Kosten enthalten waren, sind im § 41 HOAI 2009 nur noch die »Besonderen Grundlagen« vorhanden und die Allgemeinen Grundlagen fanden sich in §§ 4 und 6.   1

Inhaltlich durch die HOAI 2009 geändert wurde, dass als Kostenermittlung durchgängig für alle Leistungsphasen nur noch die Kostenberechnung und nur ausnahmsweise die Kostenschätzung zugrunde zu legen ist. Ferner wurden die anrechenbaren Kosten im Unterschied zu früher mit einer Positivliste festgelegt: die voll anrechenbaren Kosten der Baukonstruktion (Abs. 1), die gemindert anrechenbaren Kosten der Technischen Anlagen (Abs. 2) und die nur unter bestimmten Voraussetzungen (bedingt) anrechenbaren Kosten (Abs. 3).   2

2. Änderungen durch die HOAI 2013

§ 42 entspricht weitgehend § 41 HOAI 2009. Aus Klarstellungsgründen wurden die Kosten für die Anlagen der **Maschinentechnik** in den § 42 Abs. 1 S. 2 verschoben. Die Kosten für die Maschinentechnik sind daher stets voll anrechenbar, wenn der Auftragnehmer Planungs- oder Überwachungsleistungen hierfür erbracht hat. Auch, wenn es sich insoweit um Anlagen der Technischen Ausrüstung handelt; es erfolgt dann nicht nur eine geminderte Anrechnung nach § 42 Abs. 2. In der HOAI 2009 befand sich die Regelung zu den Kosten der Maschinentechnik im Negativkatalog des § 41 Abs. 3 Nr. 5 HOAI 2009. Inhaltlich hat sich deshalb nichts geändert. Parallel zur Verschie-   3

Zahn   1079

§ 42 HOAI Besondere Grundlagen des Honorars

bung in § 42 HOAI wurde in § 53 bei der **Fachplanung Technische Ausrüstung** in Abs. 2 Ziff. 7 der Teil, der sich bislang mit Maschinen- und Elektrotechnischen Anlagen in Ingenieurbauwerken befasste, ersetzt durch den Begriff »**Verfahrenstechnische Anlagen**«.[1] Da ferner als Besondere Leistung im Leistungsbild Ingenieurbauwerke (Anlage 12.1) weiterhin das Planen von Anlagen der Verfahrens- und Prozesstechnik für bestimmte Ingenieurbauwerke vorgesehen ist, führt dies zu Abgrenzungsschwierigkeiten im Hinblick auf die Grundleistungen für die neuformulierte Anlagengruppe Verfahrenstechnische Anlagen in § 53 Abs. 2 Ziff. 7.[2] An dem Begriff der Maschinentechnik[3] ändert sich hierdurch jedoch nichts. Gleiches gilt auch für den Begriff der Planung oder der Überwachung der Ausführung der Maschinentechnik.[4]

4 § 42 Abs. 2 wurde unverändert aus der HOAI 2009 übernommen. Bei den Kosten für Technische Anlagen handelt es sich um die Kosten der Anlagen der Technischen Ausrüstung gem. § 53 Abs. 2.

5 § 42 Abs. 3 (bislang § 41 Abs. 3 HOAI 2009) wurde geändert. Abgesehen von der Änderung im Hinblick auf die Kosten der Maschinentechnik, die bereits oben angesprochen wurde, wurde eine Anpassung erforderlich, da in § 46 eine eigene Regelungen zu den besonderen Grundlagen des Honorars bei der Verkehrsanlagenplanung aufgenommen wurden. Der bisher vorgesehene Verweis aus § 45 Abs. 1 HOAI 2009 auf § 41 HOAI 2009 ist entfallen. Daher waren einige Regelungen, die bislang für die Verkehrsanlagen notwendig und in § 41 enthalten waren, zu streichen. Beispielsweise wurden die bislang in § 41 Abs. 3 Ziff. 4 enthaltene Regelungen zu der Ausstattung und Nebenanlagen von Straßen sowie Ausrüstung und Nebenanlagen von Gleisanlagen entfernt und stattdessen in § 42 Abs. 3 Nr. 4 die Ausstattung und Nebenanlage für Ingenieurbauwerke aufgenommen. Die Kosten hierfür sind bei der Honorarermittlung für das Leistungsbild Ingenieurbauwerke dann anrechenbar, wenn der Auftragnehmer die Anlagen plant oder Überwachungsleistungen hierfür erbringt.[5]

3. Zusammenspiel mit anderen Vorschriften

6 Grundlegende Honorarberechnungsvorschrift ist § 6 Abs. 1. Dort sind die maßgebenden Parameter für die Honorarberechnung festgelegt. Darüber hinaus ist hinsichtlich der anrechenbaren Kosten dort das sog. Kostenberechnungsmodell normiert.[6] Im Hinblick auf die Kostenberechnung bzw. die Kostenschätzung, deren Nachholung und Korrektur sowie Ausnahmen von diesem Modell gibt es zahlreiche Einzelfragen.[7].

7 Neben der grundlegenden Regelung in § 6 sind auch die Einzelvorschriften für alle Teile der HOAI betreffend die anrechenbaren Kosten zu berücksichtigen (§ 4). Neben

---

1 Vgl. unten § 53 Rdn. 21; hierzu auch *Koeble/Zahn*, Die neue HOAI 2013, Teil C Rn. 166.
2 Vgl. oben § 41 Rdn. 46, vgl. unten § 53 Rdn. 21.
3 Vgl. oben § 41 Rdn. 42.
4 Vgl. oben § 41 Rdn. 42.
5 Vgl. zum Planungs- bzw. Überwachungsbegriff oben § 41 Rdn. 42.
6 § 6 Rdn. 14 ff.
7 Dazu § 6 Rdn. 14 ff.

der Definition der anrechenbaren Kosten ist hier vor allem die Festlegung von Bedeutung, wie Kostenermittlungen zu erfolgen haben.[8] Von Bedeutung ist auch die Definition der Kostenschätzung (§ 2 Abs. 10) und der Kostenberechnung (§ 2 Abs. 11). Im Hinblick auf die Form der Kostenermittlung gilt für Ingenieurbauwerke derzeit aber noch eine Besonderheit (vgl. unten Rdn. 10).

4. Regelungsinhalt

Im Unterschied zu § 52 HOAI 2002 wurde bereits in § 41 HOAI 2009 nur noch ein Teil der Fragen betreffend die anrechenbaren Kosten geregelt. Die Aufgliederung der anrechenbaren Kosten und die Definition sind klarer geworden. Mit den Begriffen in Abs. 1 bis 3 wird weiterhin an die DIN 276 angeknüpft. Darin sind eindeutige Grundlagen enthalten. Das gilt nicht nur hinsichtlich der Kosten der Baukonstruktion,[9] sondern auch im Hinblick auf die Kosten der Technischen Anlagen.[10] Auch die nur unter bestimmten Voraussetzungen anrechenbaren Kosten (Abs. 3) sind über die DIN 276 klar definiert. Dabei ist für Ingenieurbauwerke zu klären, welche DIN anwendbar ist (dazu unten Rdn. 10).   8

5. Vorgehen bei der Honorarberechnung

Bei der Berechnung des Honorars ist in vier Stufen vorzugehen: 9
– Zunächst sind die anrechenbaren Kosten nach § 42 zu bestimmen. Auf welcher Grundlage die anrechenbaren Kosten ermittelt werden, ist in §§ 4 bzw. 6 geregelt.[11]
– Sodann ist die Honorarzone des Objekts nach §§ 5, 44 Abs. 2 bis 5 sowie der Objektliste aus Anlage 12.2 zu bestimmen.
– Das jeweilige 100 %-Honorar ist dann aus der Honorartafel des § 44 zu entnehmen.
– Schließlich muss der vom Auftragnehmer erbrachte Leistungsanteil aus dem Leistungsbild des § 43 i. V. m. der Anlage 12.1 ermittelt werden.

6. Anrechenbare Kosten

a) Anwendung der DIN 276

Für die der HOAI 2009 vorangehenden Fassungen war die DIN 276 bei Ingenieurbauwerken und Verkehrsanlagen nicht anwendbar, da diese nur die Kosten von Hochbauten regelten. Allerdings war schon eine vorsichtige, entsprechende Anwendung dieser Norm auf Ingenieurbauwerke favorisiert worden.[12] Zeitgleich mit der Novellierung der HOAI erschien dann auch ein neuer Teil der DIN 276. **Teil 4 der DIN 276** regelt[13] die Kosten von Ingenieurbauwerken und Verkehrsanlagen (siehe Anhang ...). Sobald   10

---

8 Zur Form der Kostenermittlung vgl. § 4 Rdn. 10 ff.
9 Abs. 1; dazu § 4 Rdn. 20.
10 Abs. 2; dazu § 4 Rdn. 20.
11 Siehe hierzu § 4 Rdn. 10 ff. und § 6 Rdn. 14 ff.
12 Vgl. die 10. Aufl. § 52 Rn. 2.
13 Vgl. oben § 4 Rdn. 12.

diese neue DIN 276 Teil 4 zur allgemein anerkannten Regel der Technik[14] geworden ist, wird sie unmittelbar auf alle Verträge anwendbar. Das war allerdings nicht schon mit ihrer Inkraftsetzung der Fall. Vielmehr bedurfte es noch der Anerkennung in der Praxis, welche noch einige Zeit gedauert haben dürfte. Bis zur vorliegenden Auflage sind nun schon Jahre vergangen und es wäre – durch Vorklärung im Wege eines Sachverständigengutachtens – zu ermitteln, ob die DIN 276 Teil 4 zwischenzeitlich in der Praxis so befolgt wird, dass man sie schon als anerkannte Regel der Technik bezeichnen kann, wofür einiges spricht.[15] Im Hinblick auf die in § 42 verwendeten Kostengruppen und Begriffe ergibt sich aus der DIN 276 Klarheit. Die in der HOAI verwendeten Begriffe sind direkt aus dieser Norm übernommen. Sie dient deshalb zur direkten Auslegung für die HOAI. Der Verordnungsgeber hatte die Absicht, durch Anpassung an die Begriffe der DIN 276 für Rechtsanwendung und Praxis eindeutige Fakten zu schaffen. Das ist auch weitestgehend gelungen.

11 Bei der Ermittlung der anrechenbaren Kosten der Ingenieurbauwerke spielen insbesondere die Kostengruppe 300 (Kosten der Baukonstruktionen) gem. § 42 Abs. 1 sowie die Kosten der Kostengruppe 400 (Technische Anlagen) gem. § 42 Abs. 2 eine bedeutende Rolle. Da sich im Hinblick auf die Summe der anrechenbaren Kosten dieser Kostengruppen – im Ergebnis – keine Unterschiede bei Anwendung der DIN 276 Teil 1 (Hochbau) und der DIN 276 Teil 4 (Ingenieurbauwerke) ergeben, sondern die Unterschiede im Wesentlichen in einer anderen Untergliederung innerhalb der Kostengruppe 300 und der Kostengruppe 400 bestehen, wäre die **Prüfbarkeit** einer Honorarrechnung unter Verwendung der DIN 276 Teil 4 für die Erstellung der Kostenberechnung auch dann gegeben, wenn dieser Teil der DIN noch nicht zu den fachlich allgemein anerkannten Regeln der Technik i. S. d. § 4 Abs. 1 HOAI gehören sollte.[16]

b) Kostenrichtwerte

12 Zum Zeitpunkt des Vertragsabschlusses sind in der Regel die Baukosten mangels hinreichender Planung nur sehr unsicher bestimmbar. Um die materiellen Auswirkungen des Vertrages erkennbar zu machen, hilft man sich daher mit einer vorläufigen Kostenannahme, die in der Praxis auch vorvertragliche Kostenschätzung genannt wird.

---

14 Vgl. § 4 Rdn. 11 ff.
15 Vgl. oben § 4 Rdn. 15; *Fuchs/Berger/Seifert* NZBau 2014, 9, 14; *Hummel/Leidig* in MNP § 42 Rn. 8; *Hebel/De Pascalis* in FBS § 42 Rn. 4; vgl. insoweit auch die Ausführungen von *Seifert* in KMV, 8. Aufl. § 41 Rn. 7, der darauf hinweist, dass sich nach der Definition der fachlich allgemein anerkannten Regeln der Technik in § 2 Nr. 12 HOAI 2009 die Ermittlung der anrechenbaren Kosten nach einem bestimmten Verfahren nicht nur in der Praxis allgemein bewährt haben muss, sondern dass es ausreiche, wenn die Bewährung nach herrschender Auffassung in überschaubarer Zeit bevorsteht. Seifert weist zu Recht darauf hin, dass jedenfalls dieses Merkmal für die HOAI 2009 erfüllt gewesen sein dürfte. In der HOAI 2013 wurde allerdings diese Definition der fachlich allgemein anerkannten Regeln der Technik in § 2 gestrichen.
16 Hierauf weist *Seifert* in KMV, 8. Aufl. HOAI § 41 Rn. 8 zutreffend hin.

Hierfür sind im Kommunalen Handbuch für Ingenieurverträge[17] Kostenrichtwerte für Maßnahmen aus dem Bereich der Siedlungswasserwirtschaft veröffentlicht, die allerdings mit dem Baukostenindex anzupassen sind. Die vollständigen Kostenrichtwerte stehen im Internet unter www.hoai-gutachter.de/pdf/kostenricht.pdf zum Download bereit.

An dieser Stelle folgt deshalb nur ein kurzer Auszug der wichtigsten Bauwerke der Siedlungswasserwirtschaft.

(1) Kostenrichtwerte für Freispiegelleitungen bei Kanalisationen

DN	Bebaute Ortslage	befestigter Außenbereich	unbefestigter Außenbereich
<300	410 €	300 €	275 €
400	490 €	365 €	330 €
500	570 €	430 €	385 €
600	650 €	495 €	440 €
800	810 €	625 €	550 €
1 000	970 €	755 €	660 €
1 200	1 130 €	885 €	770 €
>1 400	1 290 €	1 015 €	880 €

Eine Differenzierung nach Einbautiefe, Bodenklasse und Rohrmaterial erfolgt nicht. Bei Abweichungen vom Durchschnitt sind die Kostenrichtwerte entsprechend anzupassen.

Für den Bau von Kanälen in Wasserschutzzonen II ist ein Zuschlag von 25 % zu berücksichtigen.

Bei Ortslagen mit einer mittleren Einwohnerdichte von < 150 E/km² ist ein Zuschlag von 25 % anzusetzen. Bei einer Einwohnerdichte von 150–300 E/km² ist ein Zuschlag von 15 % anzusetzen.

(2) Kostenrichtwerte für Regenüberlauf- und Regenrückhaltebecken

m³	offene Bauweise	geschlossene Bauweise
>100	740 €/m³	1 650 €/m³
250	740 €/m³	1 120 €/m³

---

[17] HIV-KOM, Anhang 1, Abschnitt 1.

§ 42 HOAI Besondere Grundlagen des Honorars

m³	offene Bauweise	geschlossene Bauweise
500	740 €/m³	830 €/m³
750	740 €/m³	700 €/m³
1 000	605 €/m³	615 €/m³
1 500	430 €/m³	520 €/m³
<2 000	370 €/m³	455 €/m³

Regenüberläufe werden mit pauschal 1 200 €/m³ des umbauten Raums angesetzt.

Gesonderte Schachtbauwerke (z. B. Drosselschacht) werden pauschal mit 500 €/m³ angesetzt.

Becken in Erdbauweise sind mit 35 % der Kostenrichtwerte der offenen Bauweise anzusetzen.

Für Mess- und Datenübertragungseinrichtungen sind pauschal 7 000 € je Becken anzusetzen.

Bei Ortslagen mit einer mittleren Einwohnerdichte von < 150 E/km² ist ein Zuschlag von 20 % anzusetzen. Bei einer Einwohnerdichte von 150–300 E/km² ist ein Zuschlag von 10 % anzusetzen.

17 (3) Kostenrichtwerte für Retentionsbodenfilter

m³	offene Bauweise
>500	500 €/m³
750	420 €/m³
1 000	370 €/m³
1 500	310 €/m³
<2 000	275 €/m³

18 (4) Kostenrichtwerte für Neubau von Kläranlagen

EW	offene Bauweise
>100	2 275 €/EW
500	1 300 €/EW
1 000	1 015 €/EW
2 500	740 €/EW
5 000	580 €/EW
10 000	450 €/EW

EW	offene Bauweise
25 000	330 €/EW
<50 000	250 €/EW

(5) Kostenrichtwerte für Erweiterung von Kläranlagen – Biologische Behandlungsstufe 19

m³	Belebungsbecken
>400	945 €/m³
500	885 €/m³
750	780 €/m³
1 000	720 €/m³
2 000	585 €/m³
5 000	445 €/m³
<10 000	360 €/m³

Weitere Kostenrichtwerte z. B. für die Erweiterung von Kläranlagen für 20
– die Schlammstabilisierung
– die Schlammentwässerung
– die Schlammlagerbehälter
– die Mess-, Steuer- und Regeltechnik
– das Betriebsgebäude

befinden sich in der ungekürzten Zusammenstellung der Kostenrichtwerte, welche im 21
Internet unter www.hoai-gutachter.de/pdf/kostenricht.pdf zum Download bereitsteht.

Da diese Kostenrichtwerte sich allerdings auf die Gesamtkosten beziehen, sind für die 22
Ermittlung der honorarfähigen Kosten die Mehrwertsteuer und die Nebenkosten sowie
evtl. Grunderwerbskosten abzuziehen. Für die Mehrwertsteuer und die Nebenkosten
erscheinen 25 % des Richtwertes als angemessen. Die veröffentlichten Kostenrichtwerte sind mit den Baukosten fortzuschreiben.

7. Voll anrechenbare Kosten (Abs. 1 Satz 1)

Welche Kosten unter die Baukonstruktion fallen, regelt die DIN 276. Für Ingenieur- 23
bauwerke gilt hier Teil 4. Die **Kosten der Baukonstruktion** sind in der DIN 276 in
der KG 300 erfasst.[18] Auf welcher Grundlage die Kostenermittlung zu fertigen ist
und welche Form sie haben muss sowie welche Art der Kostenermittlung für die Honorarberechnung zugrunde zu legen ist, ergibt sich alles aus dem Allgemeinen Teil der

---

18 Vgl. dazu § 4 Rdn. 20.

§ 42 HOAI Besondere Grundlagen des Honorars

HOAI.[19] Die Anrechenbarkeit der einzelnen Kostengruppen soll durch nachfolgendes Schema verdeutlicht werden:

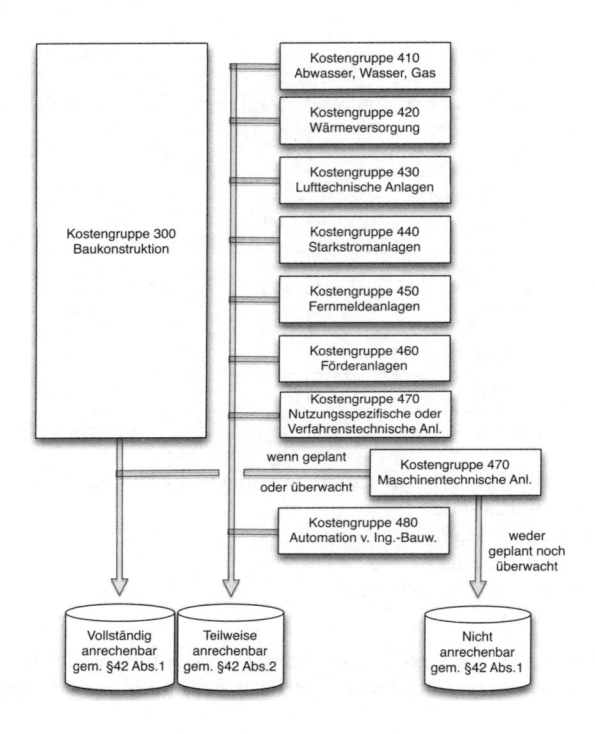

```
                        ┌──────────────────────────┐
                        │ Kostengruppe 410         │
                        │ Abwasser, Wasser, Gas    │
                        └──────────────────────────┘
                        ┌──────────────────────────┐
                        │ Kostengruppe 420         │
                        │ Wärmeversorgung          │
                        └──────────────────────────┘
                        ┌──────────────────────────┐
                        │ Kostengruppe 430         │
                        │ Lufttechnische Anlagen   │
                        └──────────────────────────┘
┌───────────────────┐   ┌──────────────────────────┐
│                   │   │ Kostengruppe 440         │
│ Kostengruppe 300  │   │ Starkstromanlagen        │
│ Baukonstruktion   │   └──────────────────────────┘
│                   │   ┌──────────────────────────┐
│                   │   │ Kostengruppe 450         │
│                   │   │ Fernmeldeanlagen         │
│                   │   └──────────────────────────┘
│                   │   ┌──────────────────────────┐
│                   │   │ Kostengruppe 460         │
│                   │   │ Förderanlagen            │
│                   │   └──────────────────────────┘
│                   │   ┌──────────────────────────┐
│                   │   │ Kostengruppe 470         │
│                   │   │ Nutzungsspezifische oder │
│                   │   │ Verfahrenstechnische Anl.│
│                   │   └──────────────────────────┘
│                   │   wenn geplant   ┌─────────────────────┐
│                   │                  │ Kostengruppe 470    │
│                   │   oder überwacht │ Maschinentechnische Anl.│
│                   │                  └─────────────────────┘
│                   │   ┌──────────────────────────┐
│                   │   │ Kostengruppe 480         │      weder
│                   │   │ Automation v. Ing.-Bauw. │      geplant noch
│                   │   └──────────────────────────┘      überwacht
└───────────────────┘
         │                    │                                │
         ▼                    ▼                                ▼
   ┌───────────┐       ┌───────────┐                    ┌───────────┐
   │Vollständig│       │ Teilweise │                    │   Nicht   │
   │anrechenbar│       │anrechenbar│                    │anrechenbar│
   │gem. §42   │       │gem. §42   │                    │gem. §42   │
   │Abs. 1     │       │Abs. 2     │                    │Abs. 1     │
   └───────────┘       └───────────┘                    └───────────┘
```

8. Gemindert anrechenbare Kosten (Abs. 2)

24 Auch die Kosten der Technischen Anlagen sind in der DIN 276 Teil 4 geregelt. Diese Kosten sind in der Kostengruppe 400 erfasst.[20] Mit der Neuregelung sind viele Streitfragen ausgeräumt.

25 Aufgrund des Wortlauts des § 42 Abs. 2 steht fest, dass die Kosten aus der **Kostengruppe Technische Anlagen** (KG 400) **auf jeden Fall gemindert** anzusetzen sind, wenn sie 25 % der sonstigen anrechenbaren Kosten übersteigen. Es kommt nicht darauf an, ob der Auftragnehmer – z. B. als Generalplaner – Fachplanungsleistungen für die Technische Ausrüstung erbringt. Eine Änderung im Hinblick auf die anrechenbaren Kosten für die Objektplanung Ingenieurbauwerke ergibt sich daraus nicht. Ebenso steht fest, dass bei zusätzlichen Fachplanungsleistungen die Kosten der Tech-

---

19 Vgl. § 4 Rdn. 11 ff. und oben Rdn. 10.
20 Vgl. dazu § 4 Rdn. 18 ff. und die Anlage 2.

nischen Ausrüstung für die Abrechnung des dafür anfallenden Honorars voll anzusetzen sind. Beide Abrechnungen stehen also nebeneinander und beeinflussen sich nicht. Das ergibt sich aus der Tatsache, dass die HOAI auch Ingenieurbauwerke und Technische Anlagen als verschiedenartige Objekte behandelt.[21] Verschiedenartige Objekte und auch Leistungen aus unterschiedlichen Teilen der HOAI sind immer separat nach eigenen anrechenbaren Kosten abzurechnen.[22] Die Vorschriften des § 11 Abs. 2 bis 4 greifen nur unter gleichartigen Objekten ein (vgl. § 11 Rdn. 16).

Zu den Kosten der Technischen Ausrüstung gehören auch diejenigen der Verfahrens- und Prozesstechnik, welche in Kostengruppe 470 Nutzungsspezifische Anlagen und verfahrenstechnische Anlagen erfasst sind. § 53 Abs. 2 Nr. 7 wurde geändert.[23] Das stellt eine Klarstellung gegenüber der früheren Rechtslage dar.[24] Die Kosten der Maschinentechnik fallen nicht unter die gemindert anrechenbaren Kosten des Abs. 2, sondern wegen der ausdrücklichen Regelung unter die bedingt anrechenbaren Kosten nach Abs. 1 S. 2.[25] 26

Während die Kosten der Baukonstruktion voll anrechenbar sind, kommen diejenigen der Technischen Anlagen nur bis zu 25 % der Kosten der Baukonstruktion voll und im Übrigen zur Hälfte zur Anrechnung.[26] 27

9. Bedingt anrechenbare Kosten (Abs. 1 S. 2 und Abs. 3)

Bereits vor Inkrafttreten der HOAI 2009 war in § 52 Abs. 7 für bestimmte Kosten die Anrechnung vorgesehen, wenn der Auftragnehmer dafür bestimmte Leistungen erbracht hatte. Dies wurde durch die HOAI 2009 in einer klareren Form in § 41 Abs. 3 übernommen. In der Neufassung wurde diese Regelung im Wesentlichen beibehalten, nur geringfügig geändert. Sie findet sich nun in § 42 Abs. 3. Aus der Formulierung geht hervor, dass alles andere, was nicht in Abs. 3 aufgeführt ist, ohnehin nicht zu den anrechenbaren Kosten gehört. Das betrifft z. B. »Unvorhergesehenes«, die Kosten des Baugrundstücks (außer Herrichten), die Kosten der Technischen Ausrüstung (dazu oben Rdn. 25), Entschädigungen und Schadensersatzleistungen sowie die Baunebenkosten. 28

Im Unterschied zur Rechtslage vor Inkrafttreten der HOAI 2009 sind aber bestimmte Kosten weiterhin anrechenbar. Das betrifft z. B. die Kosten für Winterbau, weil diese heute zu den voll anrechenbaren Kosten für das Bauwerk-Baukonstruktionen (zusätzliche Maßnahmen gem. Kostengruppe 397) gehören. 29

---

21 Vgl. § 2 Abs. und § 11 Abs. 1 S. 1.
22 Zum Objekt vgl. BGH BauR 2004, 1963 (1967) = NZBau 2004, 680; wie hier: *Hummel/Leidig* in MNP § 42 Rn. 17.
23 Vgl. unten § 53 Rdn. 11.
24 Zur früheren Rechtslage vgl. *Locher/Koeble/Frik*, 9. Aufl., § 51 Rn. 21.
25 Vgl. oben § 41 Rdn. 45 f.
26 Vgl. die Beispiele bei § 33 Rdn. 9 ff.

30 Aufgrund der Systematik des § 42 ist klargestellt, dass alle anderen Kosten auf gar keinen Fall für die Honorarberechnung heranzuziehen sind. Es gibt also drei Arten von anrechenbaren Kosten: Die Kosten der Baukonstruktion, welche voll anrechenbar sind (Abs. 1 Satz 1), die Kosten der Technischen Anlagen, welche ggf. gemindert anrechenbar sind (Abs. 2) und die in Abs. 3 sowie in Abs. 1 Satz 2 genannten Kosten, welche unter bestimmten Voraussetzungen voll anrechenbar sind. Alles andere spielt für die Honorarberechnung bei den anrechenbaren Kosten keine Rolle.

a) Planung oder Überwachung

31 Die in Abs. 1 S. 2 und Abs. 3 aufgeführten Kosten sind nur dann anrechenbar, wenn der Auftragnehmer die entsprechende Leistung entweder plant oder bei ihrer Beschaffung mitwirkt oder ihre Ausführung bzw. ihren Einbau fachlich überwacht. Beides hat der Auftragnehmer zu beweisen. Voraussetzung ist, dass der betreffende Gegenstand in den Auftrag mit einbezogen ist, was aber konkludent geschehen kann.[27] In Abs. 3 ist die Auflistung zwar negativ formuliert (»... nicht plant ...«). Sachlich ist dies gleichbedeutend. Die Formulierung hat jedoch Auswirkungen auf die Darlegungs- und Beweislast. Für das Vorliegen einer der drei Umstände trifft nämlich den Auftragnehmer die Darlegungs- und Beweislast, weil die Formulierung dem Regel-Ausnahme-Prinzip folgt.

32 Liegt schon **eines der Merkmale** (z. B. entweder Planung oder Überwachung) vor, dann kommen die Kosten in vollem Umfang zur Anrechnung und nicht nur hinsichtlich derjenigen Leistungsphasen, in denen Planungs- und/oder Überwachungsleistungen erbracht werden.[28]

33 Voll anrechenbar sind die in Abs. 3 genannten Kosten zunächst, wenn der Auftragnehmer mit der **Planung** der zugrunde liegenden Leistung befasst ist. Im Unterschied zur Überwachungstätigkeit muss es sich hier nicht um die Fachplanung handeln. Es genügt jedoch die reine **Koordinierungstätigkeit** nicht. Das bloße Einbeziehen oder Integrieren in die eigene Planung stellt noch keine unmittelbare Planung der aufgeführten Gegenstände dar.[29] Anrechenbar sind darüber hinaus bei einer Teilplanung nicht alle Kosten, sondern lediglich diejenigen Kosten für Baumaßnahmen, welche der Auftragnehmer auch konkret geplant hat.[30] Als Planungsleistung reicht es aber aus, wenn erhebliche Teile aus einer der Leistungsphasen 2–7 beauftragt sind und/oder erbracht werden. Wie bereits oben gesagt, ist die Fachplanung für den Ansatz nicht erforderlich, vielmehr genügen die Leistungen der Objektplanung. So genügt es für die Berücksichtigung von Beleuchtungskosten beim Objektplaner wie beim Planer des Raumbildenden Ausbaus, wenn dieser die Lichtkonzeption erstellt oder ein Beleuchtungssystem vorschlägt oder den Deckenplan betreffend die Gestaltung erstellt. Die Vornahme

---

27 Vgl. OLG Schleswig NZBau 2007, 253 zu den Kosten von Mobiliar.
28 Ebenso *Seifert* in KMV, 8. Aufl. § 41 Rn. 29; *Hummel/Leidig* in MNP § 42 Rn. 20.
29 BGH BauR 2004, 1963 (1964 f.) = NZBau 2004, 680.
30 BGH BauR 2004, 1963.

von Lichtberechnungen, die Berechnung und Festlegung von Abständen für Leuchten und die Berechnung der Investitions- und Betriebskosten ist dagegen nicht erforderlich. Im Vorplanungsstadium kommt es nicht auf die tatsächliche Planung an, sondern darauf, ob diese Planung im Bauablauf für den Auftragnehmer in Betracht gekommen wäre.[31]

b) **Kosten für die Herrichtung des Grundstücks (Abs. 3 Nr. 1)**

Zu den bedingt anrechenbaren Kosten gehören zunächst diejenigen für das **Herrichten des Grundstücks**. Hierunter fallen in der dritten Ebene der DIN 276 auch die **Abbruchmaßnahmen** (Ziff. 212). Wird der Auftragnehmer ausschließlich oder vor Beauftragung mit Leistungen für Gebäude oder Raumbildenden Ausbau im Rahmen eines Abbruchs tätig, dann steht ihm ein Honorar außerhalb der HOAI zu. Der Abbruch ist nämlich kein Objekt i. S. des § 2 Abs. 1 HOAI (vgl. § 33 Rdn. 15). Ohne Honorarvereinbarung, welche frei und formlos möglich wäre, steht dem Auftragnehmer die übliche Vergütung zu (§ 632 Abs. 2 BGB). Zum Herrichten gehören ferner das Beseitigen von Ver- und Entsorgungsleitungen, Verkehrsanlagen und auch das Herrichten der Geländeoberfläche einschließlich Oberbodensicherung. Die Einzelheiten ergeben sich aus Kostengruppen 210 der DIN 276. Die Kosten der Entsorgung von Altlasten fallen nicht unter Abs. 3. Hierbei handelt es sich vielmehr entweder um Kosten der Baugrundverbesserung (KG 321) oder um Zusätzliche Maßnahmen (KG 397). Diese Kosten kommen als Bestandteil der Kostengruppe 300 ohne Einschränkung voll zu den anrechenbaren Kosten. Entsprechendes gilt auch für Leistungen bei Freianlagen. Der Ansatz dieser Kosten ist berechtigt, weil bei kontaminierten Böden die Tätigkeit des Auftragnehmers auch dann umfangreicher und verantwortungsvoller ist, wenn er mit der reinen Fachplanung und/oder -Überwachung von Maßnahmen der Entsorgung nicht befasst ist. Das gilt auch dann, wenn durch den Erdaushub lediglich eine Kontaminierung des Bodens ermittelt werden soll, da insoweit hinsichtlich der Leistung kein Unterschied besteht. Überschneidungen mit Kostengruppe 500 der DIN 276 Außenanlagen sind möglich, worauf die Anmerkung zu Ziff. 214 in der DIN verweist. Maßnahmen zum Herrichten der Gebäudeoberfläche zur Erstellung des Gebäudes fallen ebenfalls unter Abs. 3.

34

c) **Kosten der öffentlichen Erschließung (Abs. 3 Nr. 2)**

Die Kosten der öffentlichen Erschließung (§ 42 Abs. 3 Nr. 2) sind in den meisten Fällen nicht anrechenbar. Denn diese Kosten umfassen nicht, wie es die Formulierung vermuten lässt, die Kosten für die Bauwerke der öffentlichen Erschließung, sondern entsprechend DIN 276 KG 220 nur die Kosten für Erschließungsbeiträge o. Ä. Soweit jedoch der Auftragnehmer vom – in aller Regel öffentlichen – Auftraggeber mit der Pla-

35

---

31 OLG Düsseldorf NJW-RR 1992, 1172.

nung und Überwachung der öffentlichen Erschließung beauftragt wird, sind die Vorschriften über Ingenieurbauwerke selbstverständlich anwendbar.[32]

d) Kosten der nichtöffentlichen Erschließung, der Außenanlagen und des Umlegens und Verlegens von Leitungen (Abs. 3 Nr. 2)

36 Anders hingegen die Kosten der nichtöffentlichen Erschließung, der Außenanlagen und des Umlegens und Verlegens von Leitungen (§ 42 Abs. 3 Nr. 2). Die Kosten der nichtöffentlichen Erschließung umfassen laut DIN 276 KG 230 die Verkehrsflächen und technische Anlagen, welche ohne öffentlich rechtliche Verpflichtung oder Beauftragung mit dem Ziel der späteren Übertragung in den späteren Gebrauch der Allgemeinheit hergestellt oder ergänzt werden. Diese Kosten sind dann anrechenbar, wenn sie vom Auftragnehmer geplant oder überwacht werden. Erreichen die Kosten für diese Maßnahme jedoch den unteren Tabellenwert der anrechenbaren Kosten (25.000,– Euro) je Objekt, dann sind diese Objekte nach den preisrechtlichen Vorschriften des Teils 3 Abschnitt 3/4 als eigenständige Ingenieurbauwerke oder Verkehrsanlagen abzurechnen. Gleiches gilt für die Außenanlagen, welche bei Erreichen dieser Grenze als Freianlagen nach Teil 3 Abschnitt 2 eigenständig abzurechnen sind. Für den Fall des Umverlegens von Gasleitungen im Zuge einer Baumaßnahme hat der BGH in seinem o. g. Urteil vom 30.09.2004 zunächst einmal klargestellt, dass diese Kosten nicht unter Technische Anlagen fallen. Die Kosten für das Umverlegen von Leitungen haben mit dem eigentlichen Objekt nichts zu tun, im Gegenteil sie sind angefallen, weil sie den Straßenbau störten. Werden hierfür vom Auftragnehmer Planungsleistungen erbracht, sind diese Kosten anrechenbar.

e) Kosten für verkehrsregelnde Maßnahmen (Abs. 3 Nr. 3)

37 Dasselbe gilt für verkehrsregelnde Maßnahmen gem. Abs. 3 Nr. 3.

f) Kosten für die Ausstattung und Nebenanlagen von Ingenieurbauwerken (Abs. 3 Nr. 4)

38 Auch diese Kosten sind nur dann anrechenbar, soweit der Ingenieur Planungs- oder Überwachungsleistungen hierfür erbringt. Eine entsprechende Regelung war bislang nur für Straßen und Gleisanlagen, also Verkehrsanlagen vorgesehen. Was unter den Begriff der Ausstattung von Ingenieurbauwerken zu verstehen ist, ist noch nicht abschließend geklärt.[33] In der DIN 276 Teil 4 ist die Kostengruppe 600 nicht besetzt.[34] Deshalb kann auf die Definition der Ausstattung in Teil 1 der DIN 276 zurückgegriffen werden.

---

32 Wie hier *Hebel/De Pascalis* in FBS § 42 Rn. 46.
33 *Hebel/De Pascalis* in FBS § 42 Rn. 53; *Hummel/Leidig* in MNP § 42 Rn. 30.
34 Worauf *Hebel/De Pascalis* in FBS § 42 Rn. 53 zutreffend hinweisen.

Besondere Grundlagen des Honorars § 42 HOAI

g) **Kosten der Anlagen der Maschinentechnik (Abs. 1 Satz 2)**

Ob die »Anlagen der Maschinentechnik« zur Technischen Ausrüstung gehören können 39
und damit sowohl bei den anrechenbaren Kosten des Ingenieurbauwerks als auch als
Grundlage für ein selbstständiges Honorar eine Rolle spielen ist noch nicht abschließend
geklärt (vgl. § 41 Rdn. 42). Allerdings hat der Verordnungsgeber angeordnet,
dass sie beim Ingenieurbauwerk nur dann (bedingt, aber ggf. vollständig) anrechenbar
sind, wenn die Anlagen der Maschinentechnik der Zweckbestimmung des Ingenieurbauwerks
dient und der Auftragnehmer die entsprechenden Anlagen entweder plant
oder ihre Ausführung überwacht. Liegen diese Voraussetzungen vor, sind die Kosten
für die Anlagen der Maschinentechnik bei der Ermittlung des Honorars für Ingenieurbauwerke
zu berücksichtigen.

Für die Anlagen der Maschinentechnik ist in der Amtlichen Begründung zur alten 40
HOAI in einer Anmerkung beispielhaft dargelegt, was der Verordnungsgeber unter
»Planen« verstanden haben wollte. Dies kann sinngemäß auf die anderen Anlagen
oder Maßnahmen des § 41 Abs. 3 übertragen werden.

> *»Der Verordnungsgeber erfasst mit dem Planen nicht die Konstruktionszeichnungen* 41
> *und weitere Unterlagen für die Anfertigung der Anlagen der Maschinentechnik, vielmehr*
> *bestehen die Planungsleistungen des Objektplaners darin, dass er planerisch Einfluss*
> *nimmt. Bei einer Räumerbrücke muss der Objektplaner z. B. auf inneren und äußeren*
> *Antrieb, Laufgeschwindigkeit, Windbelastung oder bestimmte Lichtraummaße*
> *ebenso Einfluss nehmen wie bei der gesamten technischen Gestaltung der eigentlichen*
> *Räumereinrichtung, die an der Räumerbrücke dranhängt und wesentliche technische*
> *Aufgaben zu erfüllen hat. In diesem Sinn wird die Räumerbrücke vom Objektplaner*
> *geplant, und regelmäßig wird auch ihre Ausführung auf der Baustelle überwacht.«*

Welche Kosten in welcher Form anrechenbar sind, lässt sich am besten in nachfolgender 42
Tabelle darstellen:

	KG	Bezeichnung der Kostengruppe	voll anrechenbar	teilweise	bedingt	nicht anrechenbar	Grundlage in der HOAI
↑ DIN 276 Teil 1 ↓	110	Grundstückswert				x	
	120	Grundstücksnebenkosten				x	
	130	Freimachen				x	
	210	Herrichten			x		§ 43 Abs. 3 Nr. 1 HOAI
	220	Öffentliche Erschließung				x	

§ 42 HOAI Besondere Grundlagen des Honorars

	KG	Bezeichnung der Kostengruppe	voll anrechenbar	teilweise	bedingt	nicht anrechenbar	Grundlage in der HOAI
		Anrechenbarkeit der Kostengruppen für Ingenieurbauwerke nach § 42 HOAI					
	230	Nichtöffentliche Erschließung			×		§ 42 Abs. 3 Nr. 2 HOAI
	240	Ausgleichsabgaben				×	
	250	Übergangsmaßnahmen				x	
↑ DIN 276 Teil 4 ↓	310	Erdbaumaßnahmen	×				§ 42 Abs. 1 HOAI
	320	Gründung	×				§ 42 Abs. 1 HOAI
	330	Vertikale Bauteile	×				§ 42 Abs. 1 HOAI
	340	Horizontale Bauteile	×				§ 42 Abs. 1 HOAI
	350	Räumliche Bauteile	×				§ 42 Abs. 1 HOAI
	360	Linienbauteile	×				§ 42 Abs. 1 HOAI
	370	Baukonstruktive Einbauten	×				§ 42 Abs. 1 HOAI
	390	Sonstige Maßnahmen für Baukonstruktion	×				§ 42 Abs. 1 HOAI
	410	Abwasser-, Wasser-, Gasanlagen			×		§ 42 Abs. 2 HOAI
	420	Wärmeversorgungsanlagen			×		§ 42 Abs. 2 HOAI
	430	Lufttechnische Anlagen			×		§ 42 Abs. 2 HOAI
	440	Starkstromanlagen			×		§ 42 Abs. 2 HOAI
	450	Fernmelde- und informationstechnische Anlagen			×		§ 42 Abs. 2 HOAI

Besondere Grundlagen des Honorars § 42 HOAI

	KG	Bezeichnung der Kostengruppe	voll anrechenbar	teilweise	bedingt	nicht anrechenbar	Grundlage in der HOAI
		Anrechenbarkeit der Kostengruppen für Ingenieurbauwerke nach § 42 HOAI					
	460	Förderanlagen		x			§ 42 Abs. 2 HOAI
	470	Verfahrenstechnische Anlagen		x			§ 42 Abs. 2 HOAI
	480	Automation		x			§ 42 Abs. 2 HOAI
	490	Sonstige Maßnahmen für technische Anlagen		x			§ 42 Abs. 2 HOAI
↑ DIN 276 Teil 1 ↓	510	Geländeflächen			x		§ 42 Abs. 3 Nr. 2 HOAI
	520	Befestigte Flächen			x		§ 42 Abs. 3 Nr. 2 HOAI
	530	Baukonstruktion in Außenanlagen			x		§ 42 Abs. 3 Nr. 2 HOAI
	540	Technische Anlagen in Außenanlagen			x		§ 42 Abs. 3 Nr. 2 HOAI
	550	Einbauten in Außenanlagen			x		§ 42 Abs. 3 Nr. 2 HOAI
	560	Wasserflächen			x		§ 42 Abs. 3 Nr. 2 HOAI
	570	Pflanz- und Saatflächen			x		§ 42 Abs. 3 Nr. 2 HOAI
	590	Sonstige Außenanlagen			x		§ 42 Abs. 3 Nr. 2 HOAI
	610	Ausstattung			x		§ 42 Abs. 3 Nr. 4 HOAI
	620	Kunstwerke				x	
	710	Bauherrenaufgaben				x	
	720	Vorbereitung der Objektplanung				x	
	730					x	

Zahn

§ 43 HOAI Leistungsbild Ingenieurbauwerke

Anrechenbarkeit der Kostengruppen für Ingenieurbauwerke nach § 42 HOAI					
KG	Bezeichnung der Kostengruppe	voll anrechenbar	teilweise	bedingt	nicht anrechenbar	Grundlage in der HOAI
	Architekten- und Ingenieurleistungen					
740	Gutachten und Beratung				×	
750	Künstlerische Leistungen				×	
760	Finanzierungskosten				×	
770	Allgemeine Baunebenkosten				×	
790	Sonstige Baunebenkosten				×	

§ 43 HOAI Leistungsbild Ingenieurbauwerke

(1) § 34 Absatz 1 gilt entsprechend. Die Grundleistungen für Ingenieurbauwerke sind in neun Leistungsphasen unterteilt und werden wie folgt in Prozentsätzen der Honorare des § 44 bewertet:
1. für die Leistungsphase 1 (Grundlagenermittlung) mit 2 Prozent,
2. für die Leistungsphase 2 (Vorplanung) mit 20 Prozent,
3. für die Leistungsphase 3 (Entwurfsplanung) mit 25 Prozent,
4. für die Leistungsphase 4 (Genehmigungsplanung) mit 5 Prozent,
5. für die Leistungsphase 5 (Ausführungsplanung) mit 15 Prozent,
6. für die Leistungsphase 6 (Vorbereitung der Vergabe) mit 13 Prozent,
7. für die Leistungsphase 7 (Mitwirkung bei der Vergabe) mit 4 Prozent,
8. für die Leistungsphase 8 (Bauoberleitung) mit 15 Prozent,
9. für die Leistungsphase 9 (Objektbetreuung) mit 1 Prozent.

(2) Abweichend von Absatz 1 Nummer 2 wird die Leistungsphase 2 bei Objekten nach § 41 Nummer 6 und 7, die eine Tragwerksplanung erfordern, mit 10 Prozent bewertet.

(3) Die Vertragsparteien können abweichend von Absatz 1 schriftlich vereinbaren, dass
1. die Leistungsphase 4 mit 5 bis 8 Prozent bewertet wird, wenn dafür ein eigenständiges Planfeststellungsverfahren erforderlich ist,

2. die Leistungsphase 5 mit 15 bis 35 Prozent bewertet wird, wenn ein überdurchschnittlicher Aufwand an Ausführungszeichnungen erforderlich wird.

(4) Anlage 12 Nummer 12.1 regelt die Grundleistungen jeder Leistungsphase und enthält Beispiele für Besondere Leistungen.

Übersicht Rdn.
1. Änderungen durch die HOAI 2009 1
2. Änderungen durch die HOAI 2013 5
3. Zusammenspiel mit anderen Vorschriften 8
4. Hinweis auf die Struktur der Kommentierung (Grundleistungen/Besondere Leistungen) 10
5. Grundlagen der Honorarberechnung 13
6. Verweisung auf § 34 Abs. 1 14
7. Bedeutung des Leistungsbildes; Honorarminderung bei Nichterbringung von Teilleistungen 15
8. Aufbau und Inhalt des § 43 17
9. Leistungen der Leistungsphase 1: Grundlagenermittlung 21
10. Leistungen der Leistungsphase 2: Vorplanung 30
11. Leistungen der Leistungsphase 3: Entwurfsplanung 45
12. Leistungen der Leistungsphase 4: Genehmigungsplanung 58
13. Leistungen der Leistungsphase 5: Ausführungsplanung 66
14. Leistungen der Leistungsphase 6: Vorbereitung der Vergabe ... 72
15. Leistungen der Leistungsphase 7: Mitwirkung bei der Vergabe . 83
16. Leistungen der Leistungsphase 8: Bauoberleitung 90
17. Leistungen der Leistungsphase 9: Objektbetreuung 101
18. Über die Grundleistungen hinausgehende Besondere Leistungen . 102

1. Änderungen durch die HOAI 2009

Die Vorschrift des § 42 HOAI 2009 beruhte auf § 55 der vorangehenden Fassung, befasste sich aber nur mit Ingenieurbauwerken und nicht mit Verkehrsanlagen (dazu unten § 46). Inhaltlich gab es gegenüber der früheren Regelung nur wenige Änderungen. 1

Die 9 Leistungsphasen wurden beibehalten und auch die prozentuale Bewertung der einzelnen Leistungsphasen im Zusammenhang mit dem Gesamthonorar blieb gleich. Das Leistungsbild aus den einzelnen Leistungsphasen wurde allerdings in die Anlage 12 der HOAI 2009 verfrachtet. Entsprechendes gilt auch für die Besonderen Leistungen, welche – im Unterschied zu den Leistungen – in der Anlage 2 zur HOAI 2009 in unverbindlicher Form festgehalten wurden. 2

In überschaubarem Umfang fanden sich auch inhaltliche Änderungen: 3
 – Die Regelung für Verkehrsanlagen wurde in einem selbstständigen Leistungsbild aufgenommen (§§ 44 ff. HOAI 2009).
 – Die Möglichkeit, einen höheren Anteil für die Leistungsphase 5 Ausführungsplanung zu vereinbaren, wenn ein überdurchschnittlicher Aufwand an Ausführungszeichnungen erforderlich wird, wurde aus dem Leistungsbild (§ 55 Abs. 4 a. F.)

§ 43 HOAI Leistungsbild Ingenieurbauwerke

herausgenommen und in die Anlage 2 zur HOAI 2009 als Besondere Leistung übernommen.
– Besonderes galt auch für Planung von Anlagen der **Verfahrens- und Prozesstechnik** bei Ingenieurbauwerken, welche nach der HOAI 2009 als Anlage der Technischen Ausrüstung separat nach Teil 4 Abschnitt 2 abzurechnen war.[1] Entsprechendes galt für die Maschinentechnik.[2]
– Die frühere Regelung betreffend Leistungen im Bestand (§ 55 Abs. 5 a. F.) wurde als Besondere Leistung in die Anlage Ziff. 2.8.9 der HOAI 2009 verschoben.
– Eine weitere Änderung ergab sich daraus, dass der Auftragnehmer in Leistungsphase 9 nur solche Mängelbeseitigungsmaßnahmen überwachen musste, bei denen die Mängel spätestens bis zum Ablauf von vier Jahren seit Abnahme der Bauleistungen aufgetreten sind (vorher: fünf Jahre).

4 – Mit der HOAI 2009 fiel die Honorarregelung für die **örtliche Bauüberwachung** (§ 57 a. F.) weg. Diese Leistung war im Ingenieurbereich als typische Leistung, sogar mit eigenem Leistungsbild, noch Grundleistung nach der früheren HOAI neben Leistungsphase 8 Bauoberleitung. Sie wurde in den fakultativen Bereich der Anlage 2 HOAI 2009 verlegt. Die Vertragsparteien konnten die örtliche Bauüberwachung vor Inkrafttreten der HOAI 2009 mit 2,3 bis 3,5 % der anrechenbaren Kosten nach § 41 HOAI 2002 als Rahmen (Mindest- und Höchstsätze) vereinbaren.[3] Nach § 57 Abs. 2 S. 2 HOAI a. F. konnten die Parteien sogar einen Festbetrag unter Zugrundelegung der geschätzten Bauzeit vereinbaren.[4] Mit Inkrafttreten der HOAI 2009 wurde das Honorar frei vereinbar. Die Prozentsätze waren in der Anlage 2 zwar nicht festgelegt. Zu dieser Regelung lag eine Empfehlung der Facharbeitsgruppe 3 im BMVBS zur Honorierung der örtlichen Bauüberwachung vor.[5] Es wurde vorgeschlagen, die Honorare nach anrechenbaren Kosten in degressiver Form zu staffeln: bis € 25.565,– von 3,1 %–4,1 %, bis € 1.000.000,– von 2,9 %–3,9 %, bis € 15.000.000,– von 2,5 %–3,5 % und bis € 25.000.000,– von 1,9 %–2,9 %. Diese Vorschläge und auch der Hinweis auf andere Möglichkeiten der Honorarvereinbarung (nach dem nachgewiesenen Zeitbedarf oder als Festbetrag nach geschätzter Bauzeit) können für die Praxis der Honorarvereinbarung eine Hilfestellung sein.

2. Änderungen durch die HOAI 2013

5 Auch beim Leistungsbild Ingenieurbauwerke gab es Änderungen, auch wenn diese nicht gleichermaßen umfangreich ausfallen wie bei der Objektplanung Gebäude. Hervorzuheben sind allerdings die folgenden Punkte:

---

1 Anlagengruppe 7 des § 51 Abs. 2 HOAI 2009 bzw. Kostengruppe 470 nach DIN 276 – dazu Anlage 1 und 2; vgl. oben § 41 Rdn. 45.
2 Vgl. § 42 Rdn. 39 ff. und § 41 Rdn. 45.
3 So die Amtliche Begründung zu § 42 HOAI 2009.
4 Was allerdings aufgrund der freien Vereinbarkeit jedoch erhebliche Zweifel an der Übereinstimmung dieser Regelung mit der Ermächtigungsgrundlage mit sich bringt: LG Hannover Urt. v. 22.06.2015 – 14 O 120/14.
5 Vgl. hierzu auch unten Rdn. 103.

- In Anlage 12.1 sind die Leistungen des Leistungsbildes Ingenieurbauwerke aufgeführt. An dieser Stelle findet sich auch – entsprechend dem Zustand vor Inkrafttreten der HOAI 2009 – ein Katalog beispielhafter Besonderer Leistungen. Neu ist, dass die Leistungen der Leistungsbilder Ingenieurbauwerke und Verkehrsanlagen getrennt aufgeführt sind (Leistungsbild Ingenieurbauwerke Anlage 12.1; Leistungen des Leistungsbildes Verkehrsanlagen Anlage 13.1).
- Die in § 3 Abs. 8 HOAI 2009 vorgesehene **Erörterung des Ergebnisses jeder Leistungsphase** wurde in das Leistungsbild direkt integriert, und zwar als »Zusammenfassen, Erläutern und Dokumentieren der Ergebnisse« jeweils am Ende der Leistungsphasen 1, 2 und 3.
- Im Bereich Kostenermittlung und Kostenkontrolle wurden Änderungen vorgenommen und weitere Leistungsinhalte hinzugefügt. Hinzugekommen ist insoweit zu der bislang schon vorgesehenen Erstellung der Kostenermittlungen der »**Vergleich mit den finanziellen Rahmenbedingungen**« (in Leistungsphase 2). Im Hinblick auf die Leistungen in Leistungsphase 6 ist das Erstellen des Kostenanschlags entfallen. An dessen Stelle ist die Kostenkontrolle durch Vergleich der vom Planer **bepreisten Leistungsverzeichnisse mit der Kostenberechnung** getreten.
- Die Prozentsätze, mit denen das Honorar aus der Honorartafel auf die einzelnen Leistungsphasen verteilt wird, wurden geändert.
- In § 43 Abs. 3 Nr. 2 wurde die Möglichkeit der Erhöhung des Honorars für die Leistungsphase 5 aufgenommen. Die Regelung gilt für alle Ingenieurbauwerke. Zuvor war diese Möglichkeit in Anlage 2.8.5, dritter Spiegelstrich, bei den Besonderen Leistungen und auch nur für bestimmte Ingenieurbauwerke vorgesehen. Danach musste die Vereinbarung zur Erhöhung des Honorars für die Leistungsphase 5 bei Auftragserteilung und schriftlich vorgenommen werden, was der freien Vereinbarkeit des Honorars für Besondere Leistungen widersprach.[6]
- Aufgenommen wurde auch die in § 43 Abs. 3 Nr. 1 vorgesehene Möglichkeit zur Vereinbarung eines erhöhten Honorars für die Leistungsphase 4, wenn ein **eigenständiges Planfeststellungsverfahren** erforderlich ist.[7]

Beibehalten wurde die Einordnung der **örtlichen Bauüberwachung als Besondere Leistung in Leistungsphase 8**.

Die Amtliche Begründung zur HOAI 2013 spricht zahlreiche neue Grundleistungen und zahlreiche Änderungen bislang vorhandener Grundleistungen überhaupt nicht an.

3. Zusammenspiel mit anderen Vorschriften

Die Vorschrift regelt das Leistungsbild Ingenieurbauwerke und knüpft durch ausdrückliche Verweisung an § 34 Abs. 1 an. Die dortige Kommentierung ist hier entsprechend anwendbar. Auch das Leistungsbild Ingenieurbauwerke umfasst daher Leistungen für

---

6 Vgl. § 3 Abs. 3 S. 2 HOAI 2009.
7 Die Vereinbarung ist schriftlich zu treffen. Genauso wie beim Umbauzuschlag (vgl. aber § 6 Rdn. 55) muss die Vereinbarung nicht »bei Auftragserteilung« abgeschlossen werden.

§ 43 HOAI Leistungsbild Ingenieurbauwerke

Neubauten, Neuanlagen, Wiederaufbauten, Erweiterungsbauten, Umbauten, Modernisierungen, Instandsetzungen und Instandhaltung.

9   Die Definition der Leistungsbilder findet sich in § 3 Abs. 2. Die Teilleistungen aus den Leistungsbildern sind in der Anlage 12.1 enthalten. Die Besonderen Leistungen befinden sich ebenfalls in Anlage 12.1 – rechte Spalte.

4. Hinweis auf die Struktur der Kommentierung (Grundleistungen/Besondere Leistungen)

10   Obwohl die einzelnen Teilleistungen und die Besonderen Leistungen in die Anlage 12.1 ausgelagert bleiben, erscheint es für die Kommentierung zweckmäßig, alle im Zusammenhang mit den Leistungen anfallenden Honorar- und Haftungsprobleme im Rahmen des § 43 zu bearbeiten. Aus diesem Grunde wird die Struktur der bisherigen Kommentierung beibehalten. Es werden in jeder Leistungsphase die Grundleistungen bearbeitet und die Besonderen Leistungen in einem eigenen Abschnitt behandelt (vgl Rdn. 102).

11   Diese Darstellung hat sich bewährt. In der Praxis wird man sich weiterhin daran orientieren.

12   Dabei ist hervorzuheben, dass die in Anlage 12.1 geregelten Grundleistungen preisrechtlich verbindlich festgelegt sind (vgl. § 3 Rdn. 5 ff.), während die Besonderen Leistungen aus Anlage 12.1 nicht dem Preisrecht der HOAI unterliegen (vgl. § 3 Rdn. 13 ff.).

5. Grundlagen der Honorarberechnung

13   Für die Honorarberechnung ist § 43 eine zentrale Bestimmung. Sind die anrechenbaren Kosten[8] und die Honorarzone[9] ermittelt, so ist nach § 43 festzustellen, welche Leistungsphasen bzw. Teilleistungen erbracht sind und welcher Prozentsatz des Gesamthonorars aus der Honorartafel des § 44 Abs. 1 berechnet werden darf.

6. Verweisung auf § 34 Abs. 1

14   Durch den Verweis auf § 34 Abs. 1 wird der sachliche Anwendungsbereich der Vorschrift festgelegt (vgl. § 34 Rdn. 11 ff.). Die Begriffe Neubauten usw. sind in § 2 definiert (vgl. § 2 Rdn. 10 ff.).

7. Bedeutung des Leistungsbildes; Honorarminderung bei Nichterbringung von Teilleistungen

15   Die Vorschrift des § 43 regelt das Leistungsbild Objektplanung für Ingenieurbauwerke. Sie ist ähnlich aufgebaut wie andere Leistungsbilder.[10] Hinsichtlich der Honorar-

---

8   §§ 6 Abs. 1 Nr. 1, 4, 42.
9   §§ 6 Abs. 1 Nr. 3, 5, § 43 Abs. 2–5.
10 Z. B. Objektplanung Gebäude § 34, vergleiche die dortige Kommentierung.

ermittlung ist aus § 43 der vom Auftragnehmer ermittelte Leistungsanteil in Prozent des Honorars nach § 44 zu ermitteln. Es handelt sich also in erster Linie um eine Honorarbestimmung. Dennoch wird sich auch hier die Rechtsprechung ebenso wie bei § 34 HOAI (vgl. § 34 Rdn. 14) bei der Frage der Haftung und der Leistungspflichten an dem Leistungsbild des § 43 bzw. der Anlage 12.1 orientieren. Dabei ist klarzustellen, dass nicht alle einzelnen Grundleistungen, die im Leistungsbild in Anlage 12.1 aufgeführt sind, in jedem Einzelfall anfallen müssen.

Die Nichterbringung von Teilleistungen muss noch nicht zwingend eine Honorarminderung zur Folge haben (vgl. i. E. § 8 Rdn. 16 ff.). Voraussetzung dafür ist, dass das Leistungsbild zum Gegenstand der Tätigkeit des Ingenieurs gemacht wurde und dass sog. selbständige Teilerfolge nicht erbracht wurden. Dabei sind eher dienstvertraglich orientierte Teilleistungen nicht als Teilerfolg anzusehen und im Einzelfall nicht erforderliche Leistungen können ebenfalls nicht als Teilerfolg eingestuft werden (vgl. i. E. § 8 Rdn. 21 f.). Das hat der Verordnungsgeber schon vorbestimmt, indem in der Amtlichen Begründung zu § 55 in der der HOAI 2009 vorangehenden Fassung Folgendes ausgeführt wurde: »Werden einem AN die Grundleistungen einer Leistungsphase mit dem Ziel übertragen, das mit der Leistungsphase verfolgte Ergebnis zu erbringen und behält sich der AG nicht vor, einzelne Leistungen selbst zu erbringen, so entsteht der Anspruch auf das Honorar für diese Leistungsphase regelmäßig dann, wenn das Ergebnis, das mit den in der Leistungsphase erfassten Leistungen angestrebt wird, erreicht worden ist. Dies gilt auch dann, wenn einzelne Grundleistungen zur Erreichung des Ergebnisses ganz oder teilweise nicht erbracht werden müssen. Die Frage, welches Honorar vereinbart werden darf, wenn nicht alle Leistungsphasen oder nicht alle Grundleistungen oder einzelne Grundleistungen nur zum Teil übertragen werden, ist ebenfalls in § 8 beantwortet.«[11] 16

8. Aufbau und Inhalt des § 43

§ 43 gliedert die Grundleistungen in 9 Leistungsphasen und bewertet diese mit einem Prozentsatz aus der Gesamtleistung. Die Prozentsätze wurden mit der HOAI 2013 geändert. Innerhalb der einzelnen Leistungsphasen gibt es jeweils einzelne Grundleistungen, diese sind in dem Leistungsbild in Anlage 12.1 aufgeführt. Für die Erbringung dieser Grundleistungen steht dem Ingenieur auch ohne schriftliche Vereinbarung ein Honorar zu, allerdings nur der Mindestsatz (§ 7 Abs. 6), wenn ihm ein Auftrag erteilt wurde (vgl. dazu Einl. Rdn. 46). In § 43 Abs. 2 ist eine Verringerung des Prozentsatzes für Leistungsphase 2 um 50% bei konstruktiven Ingenieurbauwerken für Verkehrsanlagen und sonstigen Einzelbauwerken, ausgenommen Gebäude und Freileitungsmaste, vorgesehen, wenn hierfür eine Tragwerksplanung erforderlich ist. Bei dieser Regelung handelt es sich um eine Regelung des zwingenden Preisrechtes, die bei einer Honorarermittlung nach HOAI zu berücksichtigen ist. § 43 Abs. 3 sieht vor, dass durch schriftliche Vereinbarung unter den dort aufgeführten Voraussetzungen abweichende Prozentsätze für die Leistungsphasen 4 und 5 festgelegt werden können. Auch wenn das 17

---

11 Vgl. die Kommentierung zu § 8 Rdn. 7 ff.

§ 43 HOAI   Leistungsbild Ingenieurbauwerke

Merkmal »bei Auftragserteilung« nicht ausdrücklich erwähnt wird, handelt es sich insoweit um ein Wirksamkeitserfordernis. Bei einer Vereinbarung nach § 43 Abs. 3 handelt es sich um eine Honorarvereinbarung, für die § 7 gilt.

18 Das Leistungsbild des § 43 gilt auch im Hinblick auf Leistungen, die von den typischen Planungs-, Vergabe- und Überwachungsaufgaben abweichen. Soweit z. B. die Aufgabe des Ingenieurs in der Änderung der Verfahrenstechnik, der Verbesserung von Wirkungsgraden verfahrenstechnischer Einrichtungen, bau- und verfahrenstechnischen Änderungen zur Verbesserung von Betriebsabläufen, planerischer Überarbeitung bestehender Rohrleitungsnetze, Ausbaumaßnahmen an Gewässern u. Ä. besteht. Allerdings ist hier zu unterscheiden, ob es sich um Planungsleistungen für das konkrete Objekt Ingenieurbauwerk oder um Leistungen der Bedarfsplanung handelt. Denkbar ist auch, dass es sich um Planungen aus dem Leistungsbild Technische Ausrüstung – Anlagengruppe 7 (§ 53 Abs. 2 Nr. 7) handelt.

19 Die Leistungen der **Bedarfsplanung** sind in DIN 18205 beschrieben.[12] Diese Leistungen sind zur Klärung des eigentlichen Bedarfs bzw. zur Projektdefinition erforderlich und sind nicht in den Grundleistungen des § 43 beinhaltet. Hierzu gehören z. B. die hydraulische Berechnung von Kanalnetzen, Kanalschadenskataster, Kanalisationspläne/Generalentwässerungspläne oder Standortuntersuchungen sowie auch die grundsätzliche Abschätzung der erforderlichen Kapazität einer Kläranlage. Auch Fragen zu Systemlösungen, wie die nach
– Brücke, Fähre oder Tunnel
– Eigenkläranlage, Druckrohrleitung oder Kanal auf Rädern
– Neubau, Umbau oder Erweiterung

werden im Rahmen der Bedarfsplanung geprüft und entschieden. Neu aufgenommen wurde in der Grundleistung a) der Leistungsphase 1 in Anlage 12.1, dass die Bedarfsplanung bei dem Klären der Aufgabenstellung zu berücksichtigen ist.

20 Bei fehlender Bedarfsplanung müssen diese Leistungen oftmals vom Auftragnehmer nachgeholt werden. Oft werden sie im Zuge der Grundlagenermittlung oder Vorplanung erbracht. Das Honorar für die Bedarfsplanung ist in den Tafelwerten der HOAI nicht enthalten. Das Honorar hierfür ist ergänzend und frei zu vereinbaren. Soweit keine Vergütung vereinbart wurde, steht dem Auftragnehmer die übliche Vergütung (§ 632 Abs. 2 BGB) für diese Leistungen zu.

9. Leistungen der Leistungsphase 1: Grundlagenermittlung

21 Werden die Leistungen der Leistungsphase 1 Grundlagenermittlung nicht vom Auftraggeber erbracht, sondern werden sie beauftragt, aber für sie kein Honorar angesetzt, liegt ein Verstoß gegen den Mindestpreischarakter der HOAI vor, wenn nicht die Voraussetzungen des § 7 Abs. 3 gegeben sind (vgl. § 7 Rdn. 122). Die Grundlagenermittlung ist auch nicht gleichzusetzen mit der Bedarfsplanung nach DIN 18 205 (vgl. § 41 Rdn. 9 f.).

---

12 Siehe hierzu die Kommentierung zu § 41 Rdn. 9 ff.

Das **Klären der Aufgabenstellung** ist aus der Sicht des Auftragnehmers zu sehen. Es 22
handelt sich dabei um das Erfassen der regelmäßig vom Auftraggeber vorgegebenen
grundsätzlichen Aufgabe durch den Auftragnehmer und um die einvernehmliche Abgrenzung mit dem Auftraggeber. Es empfiehlt sich für den Ingenieur, die Aufgabenstellung schriftlich niederzulegen, eine Verpflichtung hierzu besteht jedoch nicht. In der
Neufassung wurde bei der Grundleistung a) (Klären der Aufgabenstellung) klargestellt,
dass diese Grundleistung aufgrund der Vorgaben oder der Bedarfsplanung **des Auftraggebers** zu erbringen ist. Gerade aufgrund der Formulierung (»des Auftraggebers«) wird
noch einmal deutlich gemacht, dass die Bedarfsplanung als solche nicht Bestandteil der
Grundlagenermittlung des Leitungsbildes Ingenieurbauwerke ist. Vielmehr kann hierfür ein eigenständiges Honorar beansprucht werden, wenn ein entsprechender Auftrag
erteilt worden ist.[13]

Grundlage für das **Ermitteln der Randbedingungen** sind vorhandene Unterlagen und 23
die Angaben des Auftraggebers. Anderenfalls wären Besondere Leistungen zur Ermittlung der Randbedingungen erforderlich. Daran hat sich auch durch das Streichen des
Wortes »vorgegebenen« nichts geändert.

Als Randbedingungen kommen im Einzelnen folgende in Frage: 24

Planungsaufgabe	Randbedingungen (beispielhaft)
Kläranlage	Art, Menge, Herkunft, wichtige Inhaltsstoffe, biologische Abbaubarkeit u. a. m. des zu reinigenden Abwassers Möglichkeiten der Schlammbeseitigung Entwicklung der Abwassermenge und Zusammensetzung in der Zukunft (abhängig von Flächennutzungsplan, Bevölkerungsentwicklung, Industrieansiedlung, die Abschätzung der Kapazität einer Kläranlage kann auch Gegenstand der Bedarfsplanung sein, vgl. oben Rdn. 19) Gewässergüte und Belastbarkeit des Vorfluters behördliche Auflagen Standort, Flächenverfügbarkeit klimatische Bedingungen
Wasserversorgung	hydrologische und geologische Gegebenheiten chemisch-bakteriologische Beschaffenheit des Grundwassers Versorgungsumfang (Haushalte, öffentliche Einrichtungen, Landwirtschaft, Gewerbe, Industrie) Grundstücksverfügbarkeit
Abfallbehandlungsanlage	Menge, Art, Zusammensetzung der Abfälle Marktsituation für Sekundärrohstoffe behördliche Auflagen, politische Konstellationen Standort Reststoffendlagerungsmöglichkeiten Belastbarkeit der Umwelt durch Emissionen (Schadstoffe, Lärm)

---

13 Vgl. oben § 41 Rdn. 9 ff.

§ 43 HOAI   Leistungsbild Ingenieurbauwerke

Planungsaufgabe	Randbedingungen (beispielhaft)
Gewässerausbau	wasserwirtschaftliche, geologische und hydrologische Daten ökologische Vorgaben wasserbauliche Versuche alte Rechte Grundstücksverfügbarkeit

25 Zu den Randbedingungen gehört auch das Abstecken des **finanziellen Rahmens**. Andernfalls kann die Grundleistung j) in Leistungsphase 2 nicht erbracht werden. Diese und andere Randbedingungen müssen zweifellos für die Objektplanung bekannt sein. Ihre Ermittlung erfordert aber in der Regel erhebliche Aufwendungen, die mit dem Honorar für Leistungsphase 1 nicht abgedeckt sind. Erbringt der Ingenieur auftragsgemäß solche Leistungen, dann hat er Anspruch auf ein Honorar für Besondere Leistungen (vgl. § 3 Rdn. 13). Gegenstand der Grundleistung ist auch die Ermittlung erforderlicher Vorarbeiten. Dies gehört zum **Beraten zum gesamten Leistungsbedarf**. Als Vorarbeiten kommen z. B. Baugrund-, Wasser-, Abwasser- und Mülluntersuchungen, Vermessungsarbeiten, Erhebung statistischer Daten in Frage. In der HOAI nicht aufgeführt sind der voraussichtliche Umfang, das Ziel und die Spezifikation der erforderlichen Vorarbeiten (z. B. Art und Umfang von Baugrund- und Grundwasseruntersuchungen, Art der Probenentnahme und der zu bestimmenden Stoffe bei Abwasser- und Mülluntersuchung). Es empfiehlt sich jedoch, dass der Auftragnehmer auch diese Informationen gibt. Die Vorarbeiten selbst sind nicht geschuldet, nur das Ermitteln des Leistungsbedarfs. Die Leistungen sind zum Teil in anderen Leistungsbildern enthalten und müssen hierüber abgerechnet werden. Ist dies nicht der Fall, liegen Besondere Leistungen oder Leistungen vor, die nicht der HOAI unterfallen. Das Honorar kann in beiden Fällen frei vereinbart werden.

26 Das **Formulieren von Entscheidungshilfen** für die Auswahl anderer an der Planung fachlich Beteiligter hat sich an Qualifikations- und Erfahrungsmerkmalen zu orientieren. Es können jedoch auch Ortsnähe und damit verbundene besondere lokale Kenntnisse in die Entscheidung einfließen (z. B. Baugrundbeschaffenheit, Grundwasserverhältnisse). Im Fachbereich Wasser- und Abfallwirtschaft ist die Mitwirkung des fachlich Beteiligten für die Technische Ausrüstung nach Teil IV von Anfang an erforderlich, soweit bei der Objektplanung Technische Ausrüstung zu berücksichtigen ist.

27 Die Leistung **Klären der Aufgabenstellung auch auf dem Gebiet der Tragwerksplanung** bedeutet lediglich, dass der Ingenieur festzustellen hat, ob für das konkrete Objekt auch Leistungen bei der Tragwerksplanung erforderlich werden. Der Ingenieur muss also nicht die Leistungen der Tragwerksplanung selbst erbringen. Es gibt Fälle, in denen im Stadium der Grundlagenermittlung noch nicht geklärt werden kann, ob eine Tragwerksplanung erforderlich werden wird, wenn z. B. noch unklar ist, ob für ein Ingenieurbauwerk Massiv- oder Fertigbauweise gewählt wird. Die eigentliche Klärung der tragwerksplanerischen Aufgabenstellung kann dann erst erfolgen, wenn das Konzept des Bauvorhabens vorliegt. Bei den in der Amtlichen Begründung zum früheren § 55 genannten Einzelbauwerken (Brücken, Masten, Türme) wird der Tragwerk-

splaner dagegen unmittelbar bei der Klärung der Aufgabenstellung mitwirken, da er von vornherein hinzugezogen werden muss. Das Klären der Aufgabenstellung in tragwerksplanerischer Hinsicht stellt auch eine Grundleistung (a) der Leistungsphase 1 gemäß Anlage 14.1 – Leistungsbild Tragwerksplanung – dar.

Ziel der **Ortsbesichtigung** ist der visuelle Eindruck des Bauortes und dessen Umgebung sowie die Feststellung offensichtlicher Gegebenheiten, die Einfluss auf die Planung haben können (z. B. Hochspannungsleitungen, Bodenbewuchs, andere Bauwerke, Topografie). Die beabsichtigte Sanierung einer städtischen Kanalisation oder des Wasserversorgungsnetzes erfordert z. B. nicht, dass die gesamte Stadt besichtigt wird. Liegt der zu besichtigende Ort vom Sitz des Ingenieurs entfernt, so hat er Anspruch auf Nebenkosten nach § 14, also auch auf Fahrtkosten für Reisen, die mehr als 15 km über seinen Geschäftssitz hinausgehen. Daneben kann auch ein Anspruch auf Trennungsentschädigung bestehen (vgl. § 14 Rdn. 10). 28

Das **Zusammenfassen, Erläutern und Dokumentieren der Ergebnisse** betrifft nicht die Vorgänge bei den Ermittlungen selbst, sondern nur die daraus gewonnenen Erkenntnisse.[14] 29

10. Leistungen der Leistungsphase 2: Vorplanung

Die Vorplanung wird definiert als Projekt- und Planungsvorbereitung. Dabei handelt es sich um vorbereitende Leistungen, die erforderlich sind, um die nächste Leistungsphase Entwurfsplanung durchführen zu können. Diese Leistungsphase bringt deshalb keine selbstständigen Arbeitsergebnisse. Sie wird vielmehr erst nutzbar im Zusammenhang mit Leistungsphase 3. Daraus ergibt sich, dass die vom staatlichen Auftraggeber in der Regel in Auftrag gegebene »Haushaltsunterlage Bau« (nach RBBau) nicht mehr als die Vorplanung nach Leistungsphase 2 darstellen muss, auch wenn gleichzeitig die Ausführungsplanung Bau (AfU-Bau) in Auftrag gegeben wird, die stets erst nach Genehmigung der Haushaltsunterlage Bau und nach besonderer Freigabe erbracht wird. 30

Wird die Vorplanung selbstständig verlangt, so ist sie eine Einzelleistung nach § 9 Abs. 1. Dasselbe gilt z. B. auch für den Vorlageentwurf »Vorentwurf nach RE 1985« der Straßenbauverwaltung. 31

Das Analysieren der Grundlagen bezieht sich auf die Ergebnisse der Leistungsphase 1, die im Hinblick auf die Vorbereitung der Planung zu untersuchen sind (z. B. die gedankliche Gliederung von Messergebnissen als Grundlage für die Verfahrenswahl). 32

Hinsichtlich des **Abstimmens der Zielvorstellungen** auf die Randbedingungen gilt gegenüber der Objektplanung für Gebäude (vgl. § 34 Rdn. 52) nichts Besonderes. Der Wortlaut wurde durch die HOAI 2013 zwar geändert, inhaltliche Veränderungen sind damit jedoch nicht verbunden. Die vorgegebenen Randbedingungen sind in den Ergebnissen der Leistungsphase 1 zusammengefasst. Soweit das Bauvorhaben jedoch eigene 33

---

14 Vgl. die Ausführungen zu § 34 Rdn. 34, hierauf wird verwiesen.

§ 43 HOAI Leistungsbild Ingenieurbauwerke

öffentliche Ordnungsverfahren erfordert, ergeben sich manche Randbedingungen erst im Zuge eines Planfeststellungsverfahrens in Form von Auflagen.

34 Für das **Untersuchen von Lösungsmöglichkeiten** ist eine Anzahl der Untersuchungen nicht genannt. Sie wird jedoch begrenzt durch die vorangegangene Abstimmung der Zielvorstellung auf die Randbedingungen. Die Untersuchung von Lösungsmöglichkeiten soll sich auf deren Einflüsse auf bauliche und konstruktive Gestaltung usw. beziehen, nicht jedoch auf andere Einflüsse, wie z. B. auf die Systemwahl oder die Funktion der technischen Ausrüstung. Andererseits kann insbesondere die Wirtschaftlichkeit nur in Verbindung mit den zur Verfügung stehenden Systemen und deren Funktion = Verfahrenstechnik beurteilt werden, sodass die Leistungsphasen 2 der zugehörigen Fachplanungen (Tragwerksplanung und Technische Ausrüstung) stets parallel bearbeitet werden müssen, wenn das Ziel dieser Leistungsphasen erreicht werden soll. Dies gilt umso mehr, da in diesen die »Vorbemessungen« enthalten sind. Die Untersuchung von Lösungsmöglichkeiten bezüglich ihrer Umweltverträglichkeit wird ohne ein als Besondere Leistung ausgewiesenes »Gutachten über die Umweltverträglichkeit« kein verbindliches Ergebnis bringen können, soweit nicht allgemeingültige Erfahrungswerte zur Verfügung stehen. Gleiches gilt für die Untersuchung auf Wirtschaftlichkeit ohne die Besonderen Leistungen »Anfertigen von Nutzen-Kosten-Untersuchungen« und »genaue Berechnung besonderer Bauteile«.

35 Das **Beschaffen und Auswerten amtlicher Karten** ist eine weitere Leistung, welche vom AN zu erbringen ist. Die Karten müssen jedoch nicht auf eigene Kosten, sondern auf Kosten des Auftraggebers beschafft werden. Im Streitfall ermöglicht § 14, der weitere Nebenkosten als die ausdrücklich aufgeführten zulässt, die Erstattung der entsprechenden Kosten. Das Auswerten stellt im Grunde eine Ergänzung der Grundleistung »Ermitteln der vorgegebenen Randbedingungen« in Leistungsphase 1 dar. Das Auswerten amtlicher Karten kann zum Ergebnis haben, dass keine weiteren topografischen Unterlagen im Rahmen der Entwurfsplanung erforderlich sind, weil z. B. Grenzdarstellungen und Höhenangaben für die Entwurfsbearbeitung einer Trinkwasserleitung den amtlichen Karten entnommen werden können. Das Ergebnis kann jedoch auch die Notwendigkeit zur »Anfertigung von topografischen Unterlagen« als Besondere Leistung sein, z. B. in Form eines Höhenlinienplanes aufgrund von Vermessungsleistungen. Zu beachten ist, dass in Anlage 12.1 als Besondere Leistung das Beschaffen von Auszügen aus Grundbuch, Kataster und anderen amtlichen Unterlagen vorgesehen ist. Diese Leistungen gehören deshalb nicht zur Grundleistung d) (Beschaffen und Auswerten amtlicher Karten).

36 Eine wesentliche Leistung ist das **Erarbeiten eines Planungskonzepts** einschließlich Untersuchung der alternativen Lösungsmöglichkeiten nach gleichen Anforderungen. Diese Leistung erfordert eine »skizzenhafte Lösung«, die dann auch die »zeichnerische Darstellung« zum Inhalt hat. Zu betonen ist, dass der Auftragnehmer Lösungsmöglichkeiten nur nach gleichen Anforderungen, also Varianten und nicht Alternativen, vorzuschlagen hat (vgl. i. E. § 34 Rdn. 55). Für Varianten ist charakteristisch, dass es sich um gleiche oder nur geringfügig andere Anforderungen handelt, während Alternativen erheblich andere oder nicht gleiche Anforderungen zum Gegenstand haben. Die

Honorierung dieser Leistungen ist in § 10 geregelt (siehe die dortige Kommentierung Rdn. 20 ff.) bzw. erfolgt über die Abrechnung wiederholt erbrachter Grundleistungen.

In keinem Fall kann von einem Planungskonzept, das zum erklärten Ziel hat, die Planung vorzubereiten, bereits eine Optimierung der Aufgabenlösung erwartet werden. Die im Rahmen der Erarbeitung eines Planungskonzeptes durchzuführenden Untersuchungen bestehen somit eher in »abwägendem Beurteilen« von Möglichkeiten gleicher Zielrichtung aufgrund von Erfahrungen als in Berechnungen oder Zeichnungen für eine Vielzahl denkbarer Möglichkeiten. 37

Auch bei sog. Linienbauwerken ergeben sich Abgrenzungsschwierigkeiten bezüglich »Alternativen« oder »Varianten« gleicher oder nicht gleicher Anforderungen: der Ausbau eines Gewässers mit Neutrassierung des Gewässerbettes, Festlegung der Ausbauwassermengen, Berücksichtigung ökologischer und wasserwirtschaftlicher Ausgleichs- und Ersatzmaßnahmen führt zu Fragestellungen, die in Bezug auf die Grundaufgabe – Verlegung eines Gewässers aus bestimmten Gründen – aus durchaus gleichen Anforderungen herrühren, deren verbindliche Beantwortung aber eine Vielzahl Einzeluntersuchungen erfordert, die zweifellos den Charakter von »Alternativen« aufweisen, oder gar unter die Bedarfsplanung fallen. 38

Das **Klären und Erläutern der wesentlichen fachspezifischen Zusammenhänge, Vorgänge und Bedingungen** formuliert die Informations- und Aufklärungspflicht des Ingenieurs gegenüber dem Auftraggeber. Sie bezieht sich auf das erarbeitete Planungskonzept. 39

Von großer praktischer Bedeutung ist auch die **Vorabstimmung mit Behörden** und anderen an der Planung fachlich Beteiligten über die Genehmigungsfähigkeit und auch ggf. die Schaffung der für die Erteilung der Genehmigung notwendigen Voraussetzungen.[15] Bei dieser Grundleistung wurden die bis zur HOAI 2013 vorgesehenen »Vorverhandlungen« mit Behörden durch das »Vorabstimmen« mit Behörden ersetzt. Inhaltliche Änderungen sind damit nicht verbunden. 40

Das **Mitwirken beim Erläutern** des Planungskonzepts bezieht sich auf die Teilnahme an Erläuterungs- oder Erörterungsterminen. Der Verordnungsgeber hat diese Leistung in der HOAI 2009 mit der zunehmenden politischen Bedeutung der Planung und Ausführung von Verkehrsanlagen und Ingenieurbauwerken begründet, die das Mitwirken beim Erläutern der Planung gegenüber Bürgern und politischen Gremien notwendig erscheinen lassen. Bis zum Inkrafttreten der HOAI 2013 war in § 42 Abs. 3 eine Regelung vorgesehen, wonach die Teilnahme an bis zu **fünf Erläuterungs- oder Erörterungsterminen** mit den Honoraren nach § 43 HOAI 2009 abgegolten sein sollte. Darüber hinausgehende Leistungen konnten als Besondere Leistung honoriert werden, wenn dies vereinbart worden ist. Ohne Vereinbarung stand dem Ingenieur hierfür die übliche Vergütung zu.[16] Seit Inkrafttreten der HOAI 2013 ist in Anlage 12.1 zur Leistungsphase 2 in h) vorgesehen, dass im Rahmen der Vorplanung die Mitwirkung 41

---

15 Zur Genehmigungsfähigkeit vgl. § 34 Rdn. 147.
16 Vgl. die Vorauflage zu § 43 Rdn. 41.

§ 43 HOAI   Leistungsbild Ingenieurbauwerke

beim Erläutern des Planungskonzepts gegenüber Dritten an bis zu **zwei Terminen** mit dem Honorar abgegolten sein soll, diese Leistung also zu den Grundleistungen gehört. Für darüber hinausgehende Teilnahmen an Erläuterungsterminen kann auch weiterhin ein gesondertes Honorar vereinbart werden, da es sich insoweit um eine Besondere Leistung handelt.[17]

42 Das **Überarbeiten des Planungskonzepts nach Bedenken und Anregungen** ist im Zusammenhang mit den vorangegangenen Grundleistungen zu sehen. Soweit Bedenken und Anregungen aus dem Kreis der bei diesen Leistungen Beteiligten kommen, ist das Planungskonzept danach zu überarbeiten. Es kann sich hier jedoch nicht um eine vollständig neue Vorplanung handeln. Soweit die Zielvorstellungen oder Randbedingungen nicht eingehalten werden, handelt es sich um eine neu zu vergütende Vorplanung.

43 Für die **Kostenschätzung** ist die DIN 276 nicht als Grundlage genannt. Sie wird dennoch nach DIN 276 Teil 4 vorzunehmen sein. Zu schätzen sind die auszuführenden Mengen, z. B. die Länge der Rohrleitungen mit geschätztem Durchmesser, die auszuführende Kläranlage nach vorgegebener oder geschätzter Größe (anzuschließende Einwohner und Einwohnergleichwerte), die Abwasserleitungen nach angeschlossener Fläche. Zu schätzen sind auch die hierfür anfallenden Preise. Neu mit aufgenommen wurde der **Vergleich mit den finanziellen Rahmenbedingungen**. Insoweit muss der Ingenieur die finanziellen Rahmenbedingungen ermitteln.

44 Im Hinblick auf das **Zusammenfassen, Erläutern und Dokumentieren der Ergebnisse** wird auf oben verwiesen.[18]

11. Leistungen der Leistungsphase 3: Entwurfsplanung

45 Die Entwurfsplanung ist definiert als System- und Integrationsplanung. Zu berücksichtigen sind alle Gesichtspunkte, die einen logischen, d. h. folgerichtigen vernünftigen Aufbau der Objektplanung beeinflussen können. Notwendig ist auch die **Integration der Fachplanungen** (Tragwerksplanung und Technische Ausrüstung) sowie der weiteren Beiträge anderer an der Planung fachlich Beteiligter und sonstiger vorangegangener Untersuchungsergebnisse (z. B. Wasser- und Abwasserbeschaffenheit, Abfallzusammensetzung, Niederschlags- und Abflussmessungen). In den einzelnen Bundesländern bestehen zum Teil unterschiedliche Vorschriften und Richtlinien über den Inhalt und die Darstellung der Entwurfsplanung. Es wird zum Teil nach Fachbereichen unterschieden wie Entwürfe für Wasserversorgungsanlagen, Entwürfe für Abwasseranlagen und Entwürfe für wasserbauliche Maßnahmen. Fachlich handelt es sich hier um nichts anderes als um die Entwurfsplanung, d. h. System- und Integrationsplanung der Leistungsphase 3.

---

17 Zu beachten ist, dass – aufgrund des Wegfalls der Regelung in § 42 Abs. 3 HOAI 2009 – nunmehr auch bei den nachfolgenden Leistungsphasen eine Beschränkung der Teilnahme an Erläuterungs- bzw. Erörterungsterminen vorgesehen ist, z. B. in der Leistungsphase 4: vier Termine, vgl. unten Rdn. 65.
18 Vgl. oben Rdn. 29.

Leistungsbild Ingenieurbauwerke § 43 HOAI

Grundlage für das **Erarbeiten des Entwurfs** ist die in Leistungsphase 2 entwickelte Vor- 46
planung. Unter Berücksichtigung der Beiträge anderer an der Planung fachlich Beteiligter ist das Planungskonzept zum vollständigen Entwurf weiterzuführen. Der Entwurf selbst besteht aus Plänen, Zeichnungen, Berechnungen und Texten. Der Maßstab der Pläne und Zeichnungen richtet sich nach den länderspezifischen Festlegungen. Als »endgültige Lösung« ist nicht die ausführungsreife oder auszuführende Lösung anzusehen, sondern die genehmigungsfähige Ausarbeitung der Planung. Es ist nämlich durchaus nicht selten, dass die endgültige Lösung erst nach Kenntnis der zum Einbau kommenden Technischen Ausrüstung bzw. nach Abschluss des Genehmigungsverfahrens (Planfeststellung) erarbeitet werden kann. Dies ist aber erst nach Vergabe der Ausrüstungsteile und Vorlage der herstellerspezifischen Werkstatt- und Montagepläne möglich. Vorgesehen ist ferner das **Bereitstellen der Arbeitsergebnisse als Grundlage** für die anderen an der Planung fachlich Beteiligten.

Die **Zeichnerische Darstellung** des Gesamtentwurfs muss auch Beiträge von Fachpla- 47
nern erfassen, die der Objektplaner für seine Planung verwendet hat und deren getrennte zeichnerische Darstellung nicht sinnvoll ist. Die zeichnerische Darstellung erfolgt in der Regel in Lageplänen, Bauwerkszeichnungen und Schnitten im für die Genehmigung der Entwurfsplanung erforderlichen Maßstab. Funktionsschemata und Prinzipschaltbilder, wie sie bei komplizierten Anlagenplanungen zur besseren Übersicht der Zusammenhänge und Abhängigkeiten häufig angefertigt werden, sind Teil der Fachplanung Technische Ausrüstung.

Der **Erläuterungsbericht** ist unter Verwendung der Beiträge anderer an der Planung 48
fachlich Beteiligter zu erstellen und sollte neben der erläuternden Darstellung des geplanten Objekts auch die Begründung für die gewählte Lösung enthalten. Häufig werden auch die fachspezifischen Berechnungen in den Erläuterungsbericht aufgenommen, um den logischen Zusammenhang der Planung erkennen zu lassen. In den Bundesländern sind in der Regel Richtlinien über den erforderlichen Inhalt von Erläuterungsberichten als Grundlage der Planung verfügbar.

Hinsichtlich der Grundleistung **Fachspezifische Berechnungen** ist über den »Feinheits- 49
grad« nichts gesagt. Ein Kanalisationsnetz z. B. kann aber sowohl auf einfache Art – Listenrechnung ohne Zeitfaktor – als auch mit Hilfe komplizierter mathematisch-hydrologischer Modelle berechnet werden. Der jeweilige Berechnungsaufwand unterscheidet sich erheblich. Bis zum Inkrafttreten der HOAI 2013 waren ausweislich der Anlage 12 der HOAI bei den fachspezifischen Berechnungen lediglich Berechnungen des Tragwerks ausgenommen. Dies wurde durch die HOAI 2013 geändert. Ausgenommen sind nunmehr generell Berechnungen aus anderen Leistungsbildern. Werden derartige Leistungen beauftragt, sind sie über die Honorarregelungen zu den anderen Leistungsbildern abzurechnen. Es kann sich insoweit um Berechnungen aus dem Bereich der Tragwerksplanung oder auch aus dem Bereich der Technischen Ausrüstung handeln.

Mehrere Teilleistungen sind zusammengefasst unter **Ermitteln und Begründen der zu-** 50
wendungsfähigen Kosten, Mitwirken beim Aufstellen des Finanzierungsplanes sowie Vorbereiten der Anträge auf Finanzierung.

§ 43 HOAI Leistungsbild Ingenieurbauwerke

In Verträgen mit öffentlichen Auftraggebern ist verschiedentlich die Leistung »**Mitwirkung im Zuwendungsverfahren**« enthalten. Diese Leistung unterscheidet sich allerdings von der hier in Leistungsphase 3 zu erbringenden Leistung dadurch, dass sie sich über die gesamte Dauer der Objektausführung erstreckt und in der Regel auch den sog. Verwendungsnachweis enthält, d. h. den Nachweis über die Verwendung der Gesamtkosten der Maßnahme mit Unterscheidung nach zuwendungs- und nichtzuwendungsfähigen Ausgaben. Bei der **Ermittlung und Begründung der zuwendungsfähigen Kosten** hat sich der Objektplaner an den einzelnen Regelungen der Länder und an den speziellen Richtlinien zu orientieren. Das **Vorbereiten der Anträge auf Finanzierung** ist eine mitwirkende Leistung des Objektplaners auf der Grundlage der Kostenberechnung und der ermittelten zuwendungsfähigen Kosten. Sie besteht im Wesentlichen darin, dass die entsprechenden Zahlen zur Verfügung gestellt werden. Die Fertigstellung und die Einreichung der Anträge obliegen dem Auftraggeber, soweit er sie nicht dem Objektplaner als Besondere Leistungen überträgt. Als weitere Grundleistung ist das **Mitwirken beim Aufstellen des Finanzierungsplanes** vorgesehen. Hierzu sind detaillierte Angaben des Auftraggebers notwendig. Allerdings hat der Auftragnehmer die finanziellen Rahmenbedingungen bereits in der Leistungsphase 1 abzuklären. Der Finanzierungsplan bezieht sich einerseits auf die Möglichkeiten des Auftraggebers zur Finanzierung und andererseits auf die Zeitabschnitte, im Rahmen derer bei Durchführung des Bauvorhabens Geldmittel zur Verfügung stehen müssen. Er dient auch der Ermittlung, ob die Aufnahme von Fremdmitteln notwendig ist.

51 Das **Vorabstimmen der Genehmigungsfähigkeit mit Behörden und anderen an der Planung fachlich Beteiligten** schließt an das in Leistungsphase 2 enthaltene »Vorabstimmen« an. Durch die Formulierung ist klargestellt, dass auch die Behörden zu den an der Planung fachlich Beteiligten gehören. Das Vorabstimmen erstreckt sich sowohl auf die Genehmigungsfähigkeit des Objekts als auch auf die Genehmigungsfähigkeit der konkreten Planung. Dagegen ist der Auftragnehmer nicht verantwortlich dafür, dass das Objekt auch genehmigt wird. Vielmehr liegt in seinem Aufgabenbereich nur die Genehmigungsfähigkeit seiner Planung. Dies mag an folgendem Beispiel verdeutlicht werden: Eine Gemeinde hat für eine künftige Kläranlage ein bestimmtes Grundstück festgelegt. Danach genehmigt sie unter Hinweis auf den künftigen Kläranlagenstandort einem Unternehmen in unmittelbarer Nähe der künftigen Kläranlage die Errichtung eines Werkes, das auch errichtet wird. Später beauftragt die Gemeinde einen Objektplaner mit der Planung der Kläranlage an dem vorgesehenen Standort. Das Unternehmen erhebt als Nachbar Einwendungen, und die Genehmigungsbehörde lehnt die Erteilung der Baugenehmigung für die Kläranlage ab. Hier ist der Auftragnehmer für die Standortwahl natürlich nicht verantwortlich. Die »anderen an der Planung fachlich Beteiligten« sind die Fachplaner.

52 Die **Kostenberechnung** kann in Anlehnung an die DIN 276 Teil 4 erstellt werden.[19] Soweit es sich um öffentliche Bauvorhaben handelt, sind länderspezifische Vorschriften oder Richtlinien (z. B. REWas für Bayern) hinsichtlich Form und Feinheit der Kosten-

---

19 Vgl. oben § 42 Rdn. 10 ff.

berechnung zu berücksichtigen. Nach der Amtlichen Begründung ist für die Kostenberechnung eine Mengenberechnung erforderlich. Darunter ist jedoch nicht die Mengenberechnung durch »Aufstellen von Mengengerüsten« zu verstehen, sondern die vereinfachte Form. Die Aufstellung einer vertieften Kostenberechnung ist auch für den Objektplaner bei Ingenieurbauwerken eine Besondere Leistung (vgl. Anlage 10.1 – LP 3).

Im Hinblick auf das **Mitwirken beim Erläutern des vorläufigen Entwurfs gegenüber Dritten** kann auf oben verwiesen werden.[20] Auch hier ist eine Begrenzung in der Grundleistung selbst vorgesehen. Mit vom Honorar abgegolten ist die Teilnahme an bis zu drei Terminen in diesem Planungsstadium. Weiterhin vorgesehen ist das **Überarbeiten des vorläufigen Entwurfs aufgrund von Bedenken und Anregungen**. Diese Leistung ist mit dem Honorar für die Grundleistungen abgegolten. Hierfür können also keine zusätzlichen Honorare aufgrund wiederholt erbrachter Grundleistungen abgerechnet werden. 53

Die Kostenkontrolle durch Vergleich der Kostenberechnung mit der Kostenschätzung, die noch in der Anlage 12 zur Leistungsphase 3 in der HOAI 2009 vorgesehen waren, wurde gestrichen. An diese Stelle ist der **Vergleich der Kostenberechnung mit der Kostenschätzung** getreten. Da nach der Amtlichen Begründung[21] Abweichungen zwischen Kostenschätzung und Kostenberechnung zusammenzufassen, zu erläutern und zu dokumentieren sind (als Inhalt der zuletzt genannten Grundleistung j), muss letztlich doch eine Kostenkontrolle durchgeführt werden. 54

Im Hinblick auf die Grundleistung unter h) der Leistungsphase 3 in Anlage 12.1 handelt es sich um eine Grundleistung, die bis zum Inkrafttreten der HOAI 2013 unter i) der Leistungsphase 3 Anlage 12 HOAI 2009 speziell für Verkehrsanlagen vorgesehen war (**Ermitteln der wesentlichen Bauphasen**). Das Belassen bei den Ingenieurbauwerken stellt ein offensichtliches redaktionelles Versehen dar. 55

Der **Kostenplan** kann nur aus der Kostenberechnung entstehen. Der Bauzeitenplan ist nicht zu verwechseln mit dem Zeitplan in Leistungsphase 8, der bisher als Bauzeitenplan bezeichnet und in der Regel als Vertragsgrundlage für die bauausführenden Unternehmen verwendet wurde. Die Form des Bauzeitenplans nach Leistungsphase 3 ist im Gegensatz zum Zeitplan nach Leistungsphase 8 nicht vorgeschrieben (dort Balkendiagramm). Im Rahmen der Entwurfsplanung (System- und Integrationsplanung) hat er auch eine andere Bedeutung: Es kann sich nur um die Festlegung oder die Abschätzung von Zeiträumen handeln, die im Rahmen noch nicht bekannter Termine – Baubeginn/ Bauende – für wesentliche Bau- und Lieferleistungen erfahrungsgemäß benötigt werden. Zeit-, Kosten- und Finanzierungspläne sind auch bei der Projektsteuerung erforderlich. Die entsprechenden Grundleistungen des Objektplaners ersetzen jedoch die Leistungen des Projektsteuerers nicht. 56

---

20 Vgl. oben Rdn. 41.
21 Vgl. S. 198 Drucks. 334/13.

§ 43 HOAI Leistungsbild Ingenieurbauwerke

57 Auch am Ende der Leistungsphase 3 ist als Grundleistung das **Zusammenfassen, Erläutern und Dokumentieren der Ergebnisse** vorgesehen. Nicht vorgeschrieben ist, in welcher Form das **Zusammenfassen** aller Entwurfsunterlagen zu erfolgen hat. Im Regelfall dürfen Plots bzw. Farbkopien oder auch die Planunterlagen in digitaler Form ausreichen. Das Zusammenstellen der Planunterlagen für die Einreichung bei der Baugenehmigungsbehörde ist in Leistungsphase 4 beinhaltet.[22]

12. Leistungen der Leistungsphase 4: Genehmigungsplanung

58 Die Grundleistung **Erarbeiten der Unterlagen** bedeutet nicht, dass hier erst die Entwurfsplanung gemacht werden müsste. Erfasst sind hier nur solche Unterlagen, die nicht bereits in der Entwurfsplanung erarbeitet wurden. Zu dieser Grundleistung gehören keine Unterlagen, die in anderen Leitungsbildern der HOAI als Grundleistungen oder Besondere Leistungen aufgeführt sind, wie z. B. Baugrundgutachten, Immissionsschutzgutachten, Messungen gewässerkundlicher Daten. Ebenso wenig gehören dazu Leistungen, die von der HOAI nicht erfasst sind, wie z. B. physikalische, chemische und biologische Untersuchungen des Wassers, Abwassers oder des Abfalls. Maßgebend dafür, welche Unterlagen erarbeitet werden müssen, sind die zum Teil sehr unterschiedlichen Bestimmungen der Länder.[23] Es ist jedoch zu betonen, dass der Auftragnehmer nicht alle Leistungen zu erbringen hat, die in den speziellen landesrechtlichen Vorschriften enthalten sind. Soweit diese Leistungen über die in Leistungsphase 4 aufgeführten hinausgehen, kann der Auftragnehmer ein gesondertes Honorar wegen Erbringung einer Besonderen Leistung verlangen (vgl. § 3 Rdn. 16 ff.). Als öffentlich-rechtliche Verfahren kommen z. B. Baugenehmigungsverfahren, verschiedene wasserrechtliche und abfallrechtliche Genehmigungsverfahren, immissionsschutzrechtliche Verfahren, Planfeststellungsverfahren u. a. m. in Frage. Als Anträge auf Ausnahmen und Befreiungen kommen nur solche Anträge in Frage, die mit planungsrechtlichen oder bauordnungsrechtlichen Bestimmungen in Zusammenhang stehen. Das Bauwerksverzeichnis ist eine Aufstellung sämtlicher Bauwerke[24] und als solches ein fester Bestandteil der Planungsfeststellungsunterlagen. Es legt die vorgesehene Regelung über das betreffende Bauwerk fest. Nur im Rahmen des Bauwerksverzeichnisses müssen die Beiträge der anderen an der Planung fachlich Beteiligten verwendet werden. Beim Vorhaben im Bereich der Wasserwirtschaft entfällt unter bestimmten Voraussetzungen[25] die Genehmigungspflicht. Hier reicht es aus, wenn die Vorhaben im »Benehmen bzw. im Einvernehmen mit der unteren Wasserbehörde geplant und ausgeführt

---

22 Rdn. 29.
23 Z. B. Bayern: Verordnung über Pläne und Beilagen in wasserrechtlichen Verfahren – WPBV – oder Baden-Württemberg: Verordnung des Innenministeriums über Anträge nach dem Wassergesetz zu § 100 WG.
24 Verzeichnis der Wege, Gewässer, Bauwerke und sonstiger Anlagen wie Leitungen, Sichtfelder, Lärmschutzanlagen und dergleichen einschließlich der Angabe der jeweiligen Eigentümer.
25 Die z. B. im Wassergesetz von Baden-Württemberg § 45e Abs. 2 und § 76 Abs. 1 beschrieben sind.

werden«. Die Praxis zeigt, dass hierfür regelmäßig die gleichen Unterlagen notwendig werden wie für die Vorhaben, die einer wasserrechtlichen Genehmigung bedürfen. Soweit die zustimmende Behörde Unterlagen verlangt, die denen eines öffentlich-rechtlichen Genehmigungsverfahrens gleichzusetzen sind, begründet dies einen Honoraranspruch für die Leistungsphase 4, zumal der Auftragnehmer unabhängig davon für die Genehmigungsfähigkeit seiner Planung, also die Übereinstimmung mit den einschlägigen Vorschriften, haftet.

Das **Einreichen dieser Unterlagen** ist **nicht** vorgesehen, sondern lediglich das **Zusammenstellen** der Unterlagen, das sich auf die in der vorangegangenen Leistungsphase erarbeiteten Grundlagen bezieht. Damit ist auch der Entwurf aus Leistungsphase 3 erfasst. 59

Weitere Grundleistungen sind das Erstellen des **Grunderwerbsplans** und des **Grunderwerbsverzeichnisses**. Die von der geplanten Baumaßnahme berührten Grundstücke werden in einem Lageplan – in der Regel im Katasterplan – gekennzeichnet und in einem Verzeichnis aufgelistet mit Angabe der beanspruchten Fläche. Die Erhebungen über die betroffenen Grundstückseigentümer und Flurstücke aus Grundbuch, Kataster und anderen amtlichen Unterlagen sind Besondere Leistungen. 60

Weitere Grundleistung ist das **Vervollständigen und Anpassen der Planungsunterlagen**. Soweit möglich, wird das Vervollständigen der Planungsunterlagen vorgenommen, bevor die Unterlagen dem Auftraggeber bzw. der Genehmigungsbehörde vorgelegt werden, sodass Mehraufwand infolge evtl. Änderungen und Ergänzungen vermieden wird. 61

In manchen Fällen wird das jedoch nicht ohne weiteres möglich sein, weil der Genehmigung zugrunde zu legende Einzelheiten erst nach Festlegung der endgültigen Verfahrenstechnik oder nach Fertigstellung der endgültigen statischen Berechnungen und der Bewehrungspläne bekannt sind. 62

Nachdem jedoch bereits in Leistungsphase 1 Entscheidungshilfen für die Auswahl anderer an der Planung fachlich Beteiligter formuliert worden sind, ist der Auftraggeber gehalten, die entsprechenden Planungsaufträge rechtzeitig zu erteilen, sodass Objekt- und Fachplanung weitgehend parallel verlaufen und fachbezogene Änderungen vermieden werden können. Hinsichtlich der Leistung Mitwirken beim Erläutern gegenüber Bürgern gilt hinsichtlich der vorherigen Leistungsphasen nichts Besonderes. 63

Als **Abstimmen mit Behörden** kommen hier nur ergänzende Erläuterungen und Klärungen in Frage, da das Vorabstimmen bereits in Leistungsphase 2 und 3 Grundleistungen war. 64

Das **Mitwirken im Genehmigungsverfahren** einschließlich der Teilnahme an bis zu vier Erörterungsterminen ist eine weitere Grundleistung. Die bis zum Inkrafttreten der HOAI 2013 vorgesehene Beschränkung auf die Mitwirkung im Planfeststellungsverfahren wurde allgemeiner gefasst und bezieht sich seit Inkrafttreten der Fassung 2013 auf alle Genehmigungsverfahren. Ferner wurde auch in dieser Leistungsphase eine eigene Beschränkung für die Teilnahme an Erläuterungs- bzw. Erörtungstermi- 65 nen vorgenommen – entsprechend den Regelungen in den Leistungsphasen 2 und 3. Der Auftragnehmer muss lediglich mitwirken. Die Durchführung des Verfahrens und auch die Durchführung der Erörterungstermine sind Sache des Auftraggebers. Der Auftragnehmer kann hier nur seine fachliche Beratung einbringen.

Als weitere Grundleistung ist vorgesehen das **Mitwirken beim Abfassen von Stellungnahmen** zu Bedenken und Anregungen in bis zu 10 Kategorien.

13. Leistungen der Leistungsphase 5: Ausführungsplanung

66 Der Aufwand für die Ausführungsplanung kann z. B. bei schwierigen wasser-, abwasser- und abfalltechnischen Objekten außerordentlich hoch werden. Deshalb war in der HOAI 2002 in § 55 Abs. 4 vorgesehen, dass die Parteien schriftlich bei Auftragserteilung die Leistungsphase 5 mit 15 bis 35 % bewerten können, wenn »ein überdurchschnittlicher Aufwand an Ausführungszeichnungen erforderlich wird«. Diese Regelung wurde in der HOAI 2009 in die Anlage 2.8.5 – als Besondere Leistung – verschoben. Sie befindet sich seit der HOAI 2013 wieder im Verordnungstext in § 43 Abs. 3 Nr. 2[26].

67 Das **Erarbeiten der Ausführungsplanung** auf der Grundlage der Leistungsphasen 3 und 4 bis zur ausführungsreifen Lösung hat zum Ziel, die vorliegende Entwurfs- und Genehmigungsplanung ausführungsreif zu gestalten. Ausführungsreif bedeutet eine detaillierte Vorbereitung der Planungsunterlage für Bau und Montage. Dabei sind alle fachspezifischen Anforderungen zu berücksichtigen. Hierzu können auch solche Anforderungen gehören, die in dem Genehmigungsverfahren gar nicht angesprochen waren, für Herstellung oder Funktion des Objekts aber erforderlich sind, wie z. B. Wasserhaltungsmaßnahmen, baugrundverbessernde Maßnahmen, Hochwasserschutz (soweit dies nicht selbstständiges Planungsobjekt ist), statisch-konstruktive Maßnahmen, Sicherungsmaßnahmen für vorhandene Bauwerke, Fundamente, Aussparungen, Schlitze für Maschinenaufstellungen, Leitungs- und Apparatemontagen und sonstige verfahrenstechnische Einbauteile, Brandschutzmaßnahmen, Freihaltung von Trassen für Leitungen und Kabel sowie Erschließungsmaßnahmen zur Errichtung der Baustelle und für den Baubetrieb. Soweit der Objektplaner nicht selbst mit fachspezifischen Planungen dieser Art beauftragt ist, hat er für die ausführungsreife Durcharbeitung der Objektplanung die Beiträge der entsprechenden Fachplaner zu verwenden. Die Berücksichtigung von Montage- und Werkstattzeichnungen der ausführenden Firmen bzw. Ausrüsterfirmen, z. B. für Fertigteile oder maschinentechnische Ausrüstungen und dgl., erfolgt durch den Fachplaner der Tragwerksplanung und Technischen Ausrüstung, sodass deren vom Objektplaner zu verwendenden Beiträge auch liefer- oder herstellerspezifische Anforderungen enthalten. Dies gilt auch für Schlitze und Durchbrüche.

68 Wie auch bei der Objektplanung Gebäude gehören neben der **zeichnerischen und rechnerischen Darstellung** als Grundleistung auch die **Erläuterungen** und damit textlichen Ausführungen. Die Art der zeichnerischen und rechnerischen Darstellung ist nicht vorgeschrieben; soweit länderspezifische Richtlinien nicht bestehen, ist eine Festlegung im

---

26 Vgl. oben Rdn. 17.

Ingenieurvertrag zweckmäßig. Unabhängig davon wird die zeichnerische Darstellung von Ausführungszeichnungen stets in einem Maßstab zu erfolgen haben, der alle für die Bauausführung und Montage erforderlichen Einzelmaße eindeutig erkennen lässt und die Übersichtlichkeit wahrt; u. U. muss dazu die Darstellung in verschiedenen Maßstäben erfolgen; z. B. für Einzelbauwerke Übersichtszeichnungen i. M. 1: 50 oder kleiner, Detailzeichnungen i. M. 1: 50 oder größer, für Linienbauwerke Kanäle, Leitungen, Gewässer, Verkehrsanlagen. Übersichtszeichnungen: Längenmaßstab 1:1000 oder kleiner, Abschnittszeichnungen: Längenmaßstab 1:1000 oder größer: Höhenmaßstab in der Regel und in Abhängigkeit von der Topografie 5- bis 10-fach größer. Zur rechnerischen Darstellung gehören neben Bezugsmaßen und Maßketten die Angabe aller objektspezifischen NN-Höhen und die Kilometrierung (oder Hektometrierung) von Linienbauwerken, soweit sie aus den Planungsunterlagen ermittelt werden können. Soweit für die Bauausführung Zeichnungen anderer an der Planung fachlich Beteiligter erforderlich sind (z. B. Schal- und Bewehrungspläne, Rohrleitungsverlegepläne, Kabelpläne), sollte zur Vermeidung von Irrtümern in den Zeichnungen des Objektplaners darauf hingewiesen werden.

Weitere Leistung ist das **Bereitstellen der Arbeitsergebnisse** für die anderen an der Planung fachlich Beteiligten und das **Integrieren ihrer Beiträge** bis zur ausführungsreifen Lösung. Dabei handelt es sich vornehmlich um eine koordinierende Tätigkeit zur Abstimmung der Ausführungsplanungen des Objektplaners mit der der Fachplaner, insbesondere für Tragwerksplanung und Technische Ausrüstung, aber auch für andere fachlich Beteiligte. Diese gegenseitige Abstimmung der an der Planung fachlich Beteiligten muss besonders sorgfältig erfolgen, um Fehler bei der Bauausführung zu vermeiden. In den Leistungsbildern der Fachplanungen sind hierfür die jeweils entsprechenden Leistungen vorgesehen. Die koordinierende Tätigkeit, die als Grundleistung in dieser Leistungsphase gemeint ist, ist von der ebenfalls für diese Leistungsphase vorgesehenen Besonderen Leistung Koordination des gesamten Projekts abzugrenzen. Die Koordination des Gesamtprojekts ist die Projektsteuerung, die gesondert zu vergüten ist. 69

Weitere Grundleistung ist das **Vervollständigen der Ausführungsplanung** während der Objektausführung. Die Ausführungsplanung kann häufig nicht vor Objektausführungsbeginn in allen Teilen fertiggestellt werden, z. B., weil Herstellerangaben erst nach Vergabe der betreffenden Leistungen zur Verfügung stehen. Die Ausführungsplanung muss dann später ergänzt werden, soweit dies für die ordnungsgemäße Erbringung der Leistung nötig ist. Diese Leistung ist nicht identisch mit dem Herstellen von Bestandsplänen aufgrund örtlicher Aufmessungen – z. B. nach Verlegung von Leitungen –, und sie bezieht sich auch nicht auf Planungsänderungen (soweit sie der Auftragnehmer nicht selbst verursacht hat). Ist die Ausführungsplanung vervollständigt und kommt es zu Planungsänderungen, handelt es sich hierbei nicht um das »Vervollständigen« i. S. der Anlage 12.1 Leistungsphase 5d). In der Amtlichen Begründung zur HOAI 2009: damals: »Fortschreiben der Ausführungspläne« wird ausdrücklich darauf hingewiesen, dass diese Grundleistung »gleiche Anforderungen der Aufgabe« voraussetzt, andernfalls müsse eine Besondere Leistung vereinbart werden. Tatsächlich dürften in diesen Fällen aber regelmäßig wiederholt erbrachte Grundleistungen vorliegen. 70

71 Als Besondere Leistung der Leistungsphase 5 in Anlage 12.1 ist das **Planen von Anlagen der Verfahrens- und Prozesstechnik für Ingenieurbauwerke** gem. § 41 Nr. 1–3 und 5 unter bestimmten Voraussetzungen vorgesehen. Diese Besondere Leistung steht in Widerspruch zur Regelung in Anlagengruppe Nr. 7 in § 53 Abs. 2 betreffend die Technische Ausrüstung.[27] Nach Auffassung des Verordnungsgebers soll dieser Konflikt so zu lösen sein, dass die Anlagengruppe 7 der Technischen Ausrüstung einschlägig ist, wenn die Planung von Anlagen der Verfahrens- und Prozesstechnik als »eigenständiges Objekt« in Auftrag gegeben wird.[28] Der Begriff »eigenständiges Objekt« ist jedoch unklar,[29] weil Anlagen der Technischen Ausrüstung nach § 2 Abs. 1 immer ein Objekt darstellen. Er kann nur so verstanden werden, dass immer dann, wenn Leistungen der Verfahrens- und Prozesstechnik isoliert beauftragt werden, von Grundleistungen der Technischen Ausrüstung auszugehen sein soll[30]. Werden dagegen die Leistungen der Verfahrens- und Prozesstechnik zusammen mit den Objektplanungsleistungen in Auftrag gegeben, soll dies – so wohl die Auffassung des Verordnungsgebers – eine Besondere Leistung darstellen. Diese Auffassung ist jedoch mit den Grundlagen der HOAI unvereinbar. Danach kann eine Grundleistung aus einem anderen Leistungsbild niemals eine Besondere Leistung darstellen. Eine Grundleistung wird nach der Definition des § 3 Abs. 2 auch nicht dadurch zu einer Besonderen Leistung, dass diese nicht isoliert, sondern zusammen mit anderen Grundleistungen beauftragt wird. Die in § 3 Abs. 2, 3 enthaltene strikte Trennung zwischen Grund- und Besonderen Leistungen geht somit den Abgrenzungsversuchen in der Amtlichen Begründung vor mit der Folge, dass Leistungen der Verfahrens- und Prozesstechnik einheitlich entweder als Grundleistung der Technischen Ausrüstung oder als Besondere Leistung von Ingenieurbauwerken einzuordnen sind. Da diese Leistungen ausdrücklich in die Anlagengruppe 7 und damit in den sachlichen Anwendungsbereich der Technischen Ausrüstung aufgenommen wurden, ist es naheliegend, von Grundleistungen der Technischen Ausrüstung auszugehen. Dafür spricht auch, dass nur das **Planen** von Anlagen der Verfahrens- und Prozesstechnik und somit nur ein Teil der Leistungen als Besondere Leistungen der Leistungsphase 5 der Anlage 12.1 ausdrücklich aufgeführt ist. Ferner entsteht ein weiterer Widerspruch auch dadurch, dass sich die Besondere Leistung in der Leistungsphase 5 zur Anlage 12.1 nur auf bestimmte Ingenieurbauwerke bezieht. Ausgeklammert sind nach dem Wortlaut Bauwerke und Anlagen für Ver- und Entsorgung mit Gasen, Feststoffen und wassergefährdenden Flüssigkeiten, konstruktive Ingenieurbauwerke für Verkehrsanlagen und sonstige Einzelbauwerke, ausgenommen Gebäude und Freileitungsmaste. Im Ergebnis ist das Honorar nach den §§ 53 ff. HOAI 2013 abzurechnen und unterfällt dem **zwingenden Preisrecht** der HOAI, wenn Leistungen für verfahrenstechnische Anlagen beauftragt werden, auch wenn dies gleichzei-

---

27 Vgl. insoweit unten § 53 Rdn. 11; hierzu auch *Koeble/Zahn*, Die neue HOAI 2013, Teil C Rn. 217.
28 Amtliche Begründung (Drucks. 334/13), S. 199.
29 Vgl. unten § 53 Rdn. 11.
30 Zustimmend *Hummel/Leidig* in MNP § 43 Rn. 53

tig mit der Beauftragung für Objektplanungsleistungen für Ingenieurbauwerke geschieht.[31]

14. Leistungen der Leistungsphase 6: Vorbereitung der Vergabe

Beibehalten wurde die in der HOAI 2009 eingeführte Erweiterung der Grundleistungen im Bereich des Vergabeverfahrens.

Allerdings gilt es hervorzuheben, dass der Auftraggeber auch eine Fülle von **Bauherrenaufgaben** wahrzunehmen hat. Diese sind entweder selbstständig (in eigener Verantwortung) oder im Wege der Mitwirkung zu erfüllen. Für den kommunalen Bereich sind diese schriftlich z. B. in einer Mitteilung der Gemeindeprüfungsanstalt Baden-Württemberg (Mitteilung 1/89) niedergelegt.

Hier ein Auszug:
- Entscheidung zur Wahl der Vergabeart nach § 3 der VOB/A
- Entscheidung zur Auswahl der Bewerber bei einer Beschränkten Ausschreibung
- Entscheidung über eine Ausschreibung nach Losen
- Kontrolle der fertig erstellten Ausschreibungsunterlagen vor der Vervielfältigung und Herausgabe an die Bewerber
- Sichtung/Überprüfung des rechtlichen Teils insbesondere der Vertragsbestimmungen auf Übereinstimmung mit der VOB Teil A und B
- Sichtung/Überprüfung des technischen Teils auf Übereinstimmung mit den Bestimmungen des § 8 VOB und der VOB Teil C
- stichprobenweise Überprüfung der Leistungsverzeichnisse auf Plausibilität (bzgl. der Mengenansätze)
- Überprüfung ob
- die Finanzierung sichergestellt ist
- die Grundstücksverhältnisse geklärt sind
- erforderliche öffentlich-rechtliche Genehmigungen eingeholt sind
- Mitwirkung bei der Abfassung des Bekanntmachungstextes nach § 17 VOB/A a. F. (= § 12 VOB/A)
- Ausgabe der Ausschreibungsunterlagen an die Bewerber
- Mitwirkung bei der Abhaltung der Eröffnungstermine (z. B. als Schriftführer)
- Mitwirkung bei der Kennzeichnung der Angebote
- Fertigung einer Niederschrift über den Eröffnungstermin
- Mitwirkung bei der Prüfung und Wertung der Angebote, insbesondere
- die zur Kontrolle der Vergabevorschläge erforderlichen Unterlagen (Preisspiegel)
- bei etwaigen Vergabeproblemen (fehlende, widersprüchliche oder spekulative Preise) hat die Verwaltung die Entscheidung zu treffen
- Benachrichtigung der Bieter, deren Angebot nicht berücksichtigt worden ist (§ 27 VOB/A a. F.)
- Aufbewahrung und Geheimhaltung aller Angebote (§ 22 Nr. 7 VOB/A a. F. = § 19 Abs. 6 VOB/A)

---

31 Vgl. *Koeble/Zahn*, Die neue HOAI 2013, Teil C Rn. 217.

§ 43 HOAI   Leistungsbild Ingenieurbauwerke

— Fertigung des Auftragsschreibens gemeinsam mit dem Ingenieur. Die Unterzeichnung des Auftragsschreibens ist Sache des Leiters der Verwaltung oder dessen Beauftragten.

75 Der Aufgabenkatalog ist nicht abschließend, er darf auch nicht als Mindestkatalog verstanden werden, sondern ist nur als Richtschnur anzusehen. Ob und in welcher Intensität Bauherrenaufgaben übernommen werden müssen, hängt vom Einzelfall ab, nicht jedoch von der personellen und technischen Ausstattung der Verwaltung. Ist die Verwaltung nicht in der Lage, die Bauherrenaufgaben zu übernehmen, kann sie diese auch Dritten, also auch dem Objektplaner übertragen.

76 Im Rahmen der **Mengenermittlung** und Aufgliederung sind die Mengen der Einzelpositionen zu ermitteln, wobei der Grad der Aufgliederung und damit die Anzahl der Einzelpositionen nicht vorgeschrieben sind, sodass auch eine Zusammenfassung mehrerer Leistungen zu einer Position möglich ist, wie z. B. (vereinfacht) Aushub einer Baugrube einschließlich Zwischenlagerung, Wiederverfüllung der Arbeitsräume mit geeignetem Aushubmaterial und Abfuhr des überschüssigen Aushubmaterials einschließlich Baugrubenverbau. Eine derartige Leistungsbeschreibung genügt zwar dem Buchstaben der Verordnung, ist jedoch haftungsträchtig, falls für den Auftraggeber wegen unklarer Ausschreibung und wegen Nachtragsarbeiten zusätzliche Kosten entstehen.

77 Das **Aufstellen der Vergabeunterlagen**, insbesondere das Anfertigen der Leistungsbeschreibungen mit Leistungsverzeichnissen sowie der Besonderen Vertragsbedingungen, ist eine weitere Grundleistung dieser Leistungsphase. Die Leistung ist auch erbracht, wenn der Auftraggeber selbst die Angebots- oder Vertragsbedingungen beistellt.

78 Die Grundleistung **Abstimmen und Koordinieren** der Schnittstellen zu den Leistungsbeschreibungen der anderen an der Planung fachlich Beteiligten ist in der Regel parallel zum Aufstellen der Verdingungsunterlagen zu erbringen. Es handelt sich hier um eigene Leistungsverzeichnisse, die die fachlich Beteiligten aufstellen und die rechtzeitig in Auftrag gegeben sein müssen, damit sie in Leistungsphase 6 koordiniert werden können.

79 Mit der Leistung **Festlegen der wesentlichen Ausführungsphasen** ist die Angabe zeitlich getrennter Ausführungsabschnitte gemeint, welche zusammen mit dem Bauherrn erfolgt. Eine detaillierte Planung von Bauphasen bei besonderen Anforderungen stellt demgegenüber eine Besondere Leistung dar.

80 Neu aufgenommen wurde als Grundleistung der Leistungsphase 6 das **Ermitteln der Kosten auf Grundlage der vom Planer (Entwurfsverfasser) bepreisten Leistungsverzeichnisse**. Nach der Formulierung in e) der Anlage 12.1 soll demnach der Ingenieur die Leistungsverzeichnisse nicht bepreisen, sondern die Kosten auf Grundlage der vom Entwurfsverfasser bepreisten Leistungsverzeichnisse ermitteln. Diese Formulierung weicht ab von den Formulierungen der gleichen Teilgrundleistung bei der Objektplanung Gebäude, bei der Freianlagenplanung und auch bei der Technischen Ausrüstung. Dort fehlt jeweils der Klammerzusatz »Entwurfsverfasser«. Im vorliegenden Zusammenhang ist unklar, was mit dieser Formulierung gemeint sein soll. Beim Entwurfsverfasser fehlt eine entsprechende Pflicht zur Erstellung bepreister Leistungsver-

zeichnisse.[32] Nimmt man den Wortlaut in e) ernst, könnte sich der mit der Leistungsphase 6 beauftragte Ingenieur auf den Standpunkt stellen, dass er die Kosten zwar zu ermitteln hat, dies jedoch nur auf Grundlage der Vorleistungen eines anderen Planers tun muss, wenn er selbst mit der Entwurfsplanung nicht beauftragt war. Sinn macht die Regelung nur in der Form, dass der Ingenieur, der mit der Leistungsphase 6 beauftragt ist, die Bepreisung des Leistungsverzeichnisses für seinen Leistungsbereich vornimmt und auf dieser Basis die Kosten ermittelt.[33]

Neu ist ferner auch die Grundleistung **Kostenkontrolle durch Vergleich der vom Planer (Entwurfsverfasser) bepreisten Leistungsverzeichnisse mit der Kostenberechnung.** Hier gelten zunächst die Ausführungen zur Vornahme der Bepreisung in der vorstehenden Randnummer entsprechend. Mit dieser Grundleistung wird ein weiteres Element der **Kostenkontrolle** eingeführt. Im irrelevanten Zeitpunkt liegen noch keine Ausschreibungsergebnisse vor. Es handelt sich insoweit um ein Kontrollelement, bei dem mit genaueren Planzahlen gearbeitet werden soll. Im Unterschied hierzu sieht die Leistungsphase 7 als Grundleistung auf der nächsten Stufe den Vergleich der Ausschreibungsergebnisse mit den vom Planer bepreisten Leistungsverzeichnissen und der Kostenrechnung vor. 81

Letzte Grundleistung ist das **Zusammenstellen der Vergabeunterlagen.** Der Auftragnehmer muss hier keine eigene vertragsgestaltende Tätigkeit entfalten. Vielmehr ist die rechtliche Ausführung, sobald sie von den Formularen des Auftraggebers abweicht, Sache des Auftraggebers selbst. Auch der Objektplaner darf nicht zum umfassenden Baurechtsgestalter und Baurechtsberater werden. Schon aus Haftungsgründen sollte der Objektplaner hier keine eigenen vertraglichen Grundlagen schaffen und keine eigenen Besonderen Vertragsbedingungen formulieren.[34] Die Grundleistung Zusammenstellen der Vergabeunterlagen gehörte nach der HOAI 2009 bereits zur Leistungsphase 7. Aufgrund dieser Verschiebung und aufgrund der Zunahme der Leistungspflichten im Bereich der Vorbereitung der Vergabe wurde mit der HOAI 2013 der Prozentsatz für die Leistungsphase 6 erhöht und gleichzeitig der Prozentsatz für die Leistungsphase 7 vermindert. 82

15. Leistungen der Leistungsphase 7: Mitwirkung bei der Vergabe

Die Art und Weise, wie das **Einholen von Angeboten** durchzuführen ist, schreibt die HOAI nicht vor. Als Grundleistung schuldet der Auftragnehmer zunächst lediglich eine kopierfähige Fertigung der Ausschreibungsunterlagen im Rahmen des »Zusammenstellens« als Grundleistung der Leistungsphase 6. Für die Vervielfältigung ist vom Grundsatz her der Auftraggeber zuständig. Übernimmt der Auftragnehmer diese Leistungen, so kann er dafür zusätzliche Nebenkosten abrechnen. Aufgrund des klaren Wortlauts (»Einholen«) hat der Auftragnehmer im Rahmen dieser Grundleistung dafür zu sorgen, dass Unternehmerangebote beim Auftraggeber eingehen.[35] Der Auftragneh- 83

---

32 Vgl. hierzu auch *Koeble/Zahn*, Die neue HOAI 2013, Teil C Rn. 178.
33 Vgl. *Koeble/Zahn* Die neue HOAI 2013, Teil C Rn. 178.
34 Vgl. zur Haftung in derartigen Fällen oben § 34 Rdn. 204 ff.
35 *Seifert* in KMV, HOAI, 8. Aufl., § 33 Rn. 204.

mer muss also diese Leistungen im Rahmen der Grundleistung »Einholen von Angeboten« miterbringen, ohne dass er hierfür zusätzlich Honorar beanspruchen kann. Der Auftragnehmer muss also insbesondere Vergabeunterlagen an die Bieter, die sich gemeldet haben, versenden. Der Auftragnehmer hat nur diejenigen Angebote einzuholen, die auch in seinen Leistungsbereich fallen. Alles andere wäre Besondere Leistung, die aufgrund gesonderter Vereinbarung zusätzlich zu bezahlen wäre.

84 Wesentlich ist das **Prüfen und Werten der Angebote** einschließlich **Aufstellen eines Preisspiegels**. Die Prüfung bezieht sich auf die Einhaltung der Angebotsbedingungen, das Nachrechnen der Angebote und das Preisniveau zur Feststellung, ob gegenüber der Kostenberechnung zu niedrige (Unterangebote) oder überhöhte Preise angeboten worden sind. Die Bewertung ist Folge der Prüfung und ergibt, ob das einzelne Angebot den Bedingungen entspricht und an welcher Stelle das Angebot in der Reihenfolge der geprüften Angebotssummen aller Angebote eines Leistungsbereiches einzuordnen ist. Das **Aufstellen eines Preisspiegels** erfolgt in der Regel bei beschränkten Ausschreibungen für alle in die Wertung einbezogenen Angebote, bei öffentlichen Ausschreibungen lediglich für die in engerer Wahl stehenden Angebote. Der zweckmäßige Grad der Aufgliederung der Angebote hängt sowohl davon ab, wie genau Mengenermittlung und Leistungsbeschreibung vorgenommen wurden bzw. unter gegebenen Umständen möglich waren, als auch von den kalkulatorischen Preisunterschieden der Angebote.

85 Das **Abstimmen und Zusammenstellen** der Leistungen der fachlich Beteiligten, die an der Vergabe mitwirken, bezieht sich auf Fachplaner der Tragwerksplanung und Technischen Ausrüstung und eventuell auch auf Auftragnehmer, deren Leistungen preisrechtlich nicht von der HOAI erfasst sind.

86 Das **Führen von Bietergesprächen** bedeutet, dass der Objektplaner selbst mit Bietern verhandeln muss.

87 Neu eingeführt wurde auch die Grundleistung **Erstellen der Vergabevorschläge und Dokumentation des Vergabeverfahrens**. Die Grundleistung wurde an die gestiegenen Anforderungen und die Durchführung von Vergabeverfahren angepasst. Gerade im Hinblick auf die Dokumentation des Vergabeverfahrens ist damit auch das Haftungsrisiko des hiermit befassten Ingenieurs gestiegen. Fehler bei der Dokumentation des Vergabeverfahrens und bei Durchführung von Vergabenachprüfungsverfahren können Kosten auslösen und auch zu Verzögerungen führen. Bei der neuen Grundleistung **Erstellen der Vergabevorschläge** endet die Leistungspflicht des Ingenieurs dort, wo die Rechtsberatung beginnt. Der Ingenieur muss beispielsweise keine rechtliche Beratung zu einem möglichen Ausschluss einzelner Angebote aufgrund der Verletzung vergaberechtlicher Vorschriften vornehmen.[36]

Als weitere Grundleistung ist das **Zusammenstellen der Vertragsunterlagen** neu aufgeführt. Soweit der Auftragnehmer hier nicht ausschließlich auf vorformulierte Unterlagen zurückgreift, die ihm vom Auftraggeber zur Verfügung gestellt wurden, erhöht

---

36 Vgl. hierzu auch *Koeble/Zahn*, Die neue HOAI 2013, Teil C Rn. 181.

sich das Haftungsrisiko.[37] Fehler sind allerdings auch bei Verwendung von Musterunterlagen des Auftraggebers denkbar. In der Praxis kommt es immer wieder im Hinblick auf Bürgschaftsformulare zu Fehlern.

Korrespondierend mit der oben bereits beschriebenen Leistung zur Verbesserung der Kostenkontrolle (Vergleich der Kosten aufgrund der bepreisten Leistungsverzeichnisse mit der Kostenberechnung) wurde eine weitere Grundleistung aufgenommen, nämlich das **Vergleichen der Ausschreibungsergebnisse mit den vom Planer bepreisten Leistungsverzeichnissen und der Kostenberechnung.** Die vor Inkrafttreten der HOAI 2013 vorgesehene Kostenkontrolle durch Vergleich der **fortgeschriebenen** Kostenberechnung mit der Kostenberechnung ist entfallen. Die Grundleistung sieht also Überprüfungen in zweierlei Hinsicht vor. Die Ausschreibungsergebnisse sollen einerseits mit den vom Planer bepreisten Leistungsverzeichnissen und andererseits mit den Ergebnissen der Kostenberechnung verglichen werden. 88

Bei dem **Mitwirken bei der Auftragserteilung** ist zu berücksichtigen, dass der Objektplaner selbstständig einen Vergabevorschlag erstellen muss. In der Praxis wird die Mitwirkung so aussehen, dass dieser nach Entscheidung des Auftraggebers über die Vergabe den Bieter benachrichtigt, der den Auftrag erhalten soll. Es kommt auch in Frage, dass der Auftrag namens und in Vollmacht des Auftraggebers an den Bieter erteilt wird. Hierzu bedarf es jedoch einer gesonderten Vollmacht und eines gesonderten Auftrags. In der Praxis wird für die Auftragserteilung regelmäßig ein Formblatt benutzt. In diesen Leistungszusammenhang fällt es auch, dass der Auftragnehmer das Ergebnis eventuell vorausgegangener Verhandlungen bei der Auftragserteilung berücksichtigen muss. Zu dieser Grundleistung gehört aufgrund des Wortlauts nicht das Benachrichtigen der nicht berücksichtigten Bieter. 89

16. Leistungen der Leistungsphase 8: Bauoberleitung

Die Bauoberleitung ist ein Spezifikum des Objektplaners Ingenieurbauwerke und Verkehrsanlagen. Sie ist von der gesondert zu honorierenden **örtlichen Bauüberwachung** zu unterscheiden.[38] 90

Die erste Grundleistung ist die **Aufsicht über die örtliche Bauüberwachung** sowie das **Koordinieren**. Der Begriff »Aufsicht« ist nicht definiert. Im Rahmen der örtlichen Bauüberwachung sind andere Grundleistungen zu erbringen als in Leistungsphase 8. Gegenüber der örtlichen Bauüberwachung bringt die Bauoberleitung eine übergeordnete Kontrollfunktion mit sich. Dies kann vor allem dann von Bedeutung sein, wenn die Bauoberleitung und die örtliche Bauüberwachung an zwei verschiedene Auftragnehmer vergeben werden. Dem mit der Bauoberleitung befassten Auftragnehmer steht dann ein Weisungsrecht zu. Allerdings rückt der Auftragnehmer nicht in die Stellung des Auftraggebers ein. Er ist damit nicht berechtigt, Aufträge zu entziehen und Schadensersatzansprüche geltend zu machen. 91

---

37 Vgl. oben § 34 Rdn. 204 ff.
38 Vgl. dazu oben Rdn. 4 und 6.

§ 43 HOAI Leistungsbild Ingenieurbauwerke

92 Für die Leistung **Koordinieren** ist Voraussetzung, dass mehrere Personen an der Objektüberwachung beteiligt sind. Dies ist regelmäßig der Fall, wenn an dem Bauvorhaben mehrere Objekt-, Fachplaner oder anderweitig Fachleute aus nicht in der HOAI erfassten Bereichen beteiligt sind. Koordinieren bedeutet insbesondere die zeitliche, ggf. auch die örtliche/räumliche (bei unterschiedlichen Bauabschnitten und unterschiedlichen Objektüberwachern) Abstimmung. **Prüfen auf Übereinstimmen von Plänen** kann nur auf die an der Planung fachlich Beteiligten bezogen sein und nur im Hinblick auf die Objektplanung. Dies ergibt sich aus der Formulierung »... auf Übereinstimmung mit dem auszuführenden Objekt«. Das Prüfen von Plänen nicht an der Planung fachlich Beteiligter – z. B. von Herstell- oder Lieferfirmen, die Werkstatt- oder Montagepläne fertigen – gehört demzufolge nicht zu den Grundleistungen der Leistungsphase 8, ebenso wenig das Prüfen von Plänen fachlich an der Planung Beteiligter an anderen Kriterien als der Objektplanung, wie z. B. behördlich fachspezifischen Vorschriften, fachspezifischen Regeln der Technik, besonderen örtlichen Verhältnissen, die unabhängig von der Objektplanung Einfluss auf die Fachplanung haben können, usw. Das Prüfen bezieht sich also auf das maßgebliche Übereinstimmen der Fachplanung mit der Objektplanung (z. B. darf ein vorgefertigter Heizungskessel keine größeren Abmessungen haben als die vorgesehene Montageöffnung); es bezieht sich nicht auf die fachspezifische Richtigkeit oder Zweckmäßigkeit der Fachplanung. Die Grundleistung umfasst das **einmalige** Prüfen der Pläne. Darüber hinausgehende Leistungen sind dazu von der Grundleistung und dem dafür vorgesehenen Honorar nicht erfasst. Das **Mitwirken** am **Freigeben von Plänen** gehört ebenfalls zur Grundleistung und bezieht sich wie das vorangehende »Prüfen« auf Pläne der Planung fachlich Beteiligter. Das Freigeben dieser Pläne erfolgt analog nur in Bezug auf die maßgebliche Übereinstimmung mit der Objektplanung und beinhaltet kein Testat nach anderen Gesichtspunkten. Die Freigabe erfolgt nicht ausschließlich durch den Ingenieur, der mit der Bauoberleitung betraut ist. Die Leistung des Ingenieurs beschränkt sich insoweit auf die Mitwirkung an der Freigabe. In technischer Hinsicht müssen die Pläne deshalb überprüft und ein Vorschlag zur Freigabe bzw. Hinweise erteilt werden, wenn die Freigabe nicht erteilt werden kann. Die Freigabe durch den Bauherrn unter Mitwirkung der Bauoberleitung ist Voraussetzung für die Ausführung des Objekts und die Erbringung der Besonderen Leistung örtliche Bauüberwachung.

93 Die Grundleistung **Aufstellen, Fortschreiben und Überwachen eines Zeitplans (Balkendiagramm)** bezieht sich auf die Baudurchführung, nicht auf die zeitlichen Erfordernisse der Finanzierung. Der Zeitplan für die Finanzierung ist Grundleistung in Leistungsphase 3. Der Zeitplan muss sich auf das Ingenieurbauwerk beziehen. Soweit Anlagen der Technischen Ausrüstung zur Ausführung kommen, wirkt der Fachplaner an der Aufstellung eines Zeitplanes mit, er stellt also keinen eigenen Zeitplan auf. Für die Bauoberleitung entsteht somit ein Koordinierungsaufwand, wenn fachlich Beteiligte »mitwirken« oder ein anderer selbstständiger Zeitplaner z. B. nach Teil II in den Zeitplan des Teils VII – des Objektplaners – integriert werden soll. Der Zeitplan braucht lediglich in vereinfachter Form – als Balkendiagramm – aufgestellt zu werden. Er enthält somit keine Hinweise auf Abhängigkeiten. Er entspricht keinesfalls einem Ablauf- oder Netzplan, welcher bereits eine Besondere Leistung darstellt. Als Balkendia-

gramm wird ein Zeitplan in der Regel objekt- und/oder gewerkbezogen aufgestellt. Das Aufstellen des Zeitplanes wird sich an üblichen Bauzeiten, an ortsüblichen Witterungsverhältnissen und an den Vorstellungen des Auftraggebers zu orientieren haben, die Bestandteil der Verdingungsunterlagen sein müssen, wenn besondere, d. h. von üblichen Bauzeiten abweichende Forderungen bestehen. Neu mitaufgenommen wurde das **Fortschreiben** des Terminplans. Der Terminplan ist an geänderte Gegebenheiten anzupassen.

Neu formuliert wurden auch die Leistungen betreffend das Inverzugsetzen der ausführenden Unternehmen. Aus dem bislang vorgesehenen »Inverzugsetzen« wurde durch die Neufassung das **Veranlassen und Mitwirken beim Inverzugsetzen**. Aufgrund des Umstandes, dass das »Veranlassen« gesondert und zusätzlich erwähnt wird, muss der Auftraggeber vom Ingenieur mit den entsprechenden Informationen versorgt werden. Hierzu gehört die Überschreitung von Vertragsfristen. Selbstverständlich ist auch insoweit keine Rechtsberatung zu leisten. Eventuelle Fragen zu den Auswirkungen von Behinderungen, Verlängerung der Bauzeit, Entbehrlichkeit von schriftlichen Behinderungsanzeigen etc. muss der Ingenieur nicht beantworten. Letztlich muss der Ingenieur auch beim Inverzugsetzen lediglich »mitwirken«. Hierzu gehört in erster Linie natürlich die Zusammenstellung und Übermittlung von Informationen zum Bautenstand, zum Vorhandensein von Mängeln und zum Stand von Mangelbeseitigungsmaßnahmen. 94

Beibehalten wurde die Grundleistung zur **Kostenfeststellung**. Sie besteht aus einer Zusammenfassung der geprüften Rechnungen. Eine besondere Form für die Kostenfeststellung ist nicht vorgeschrieben. Zweckmäßigerweise wird sie in Listenform erstellt, aufgegliedert nach Unternehmen, Gewerken und Objekten. Die Kostenfeststellung kann auch nach DIN 276 Teil 4 i. V. mit Teil 1 erstellt werden. Zu beachten ist, dass nach Ziff. 3.4.5 der DIN 276 Grundlage für die Kostenfeststellung u. a. die geprüften Abrechnungsbelege sind. Die Rechnungsprüfung ist jedoch Gegenstand der Besonderen Leistung örtliche Bauüberwachung. Im Rahmen der Bauoberleitung hat der Auftragnehmer also keine eigene Rechnungsprüfung vorzunehmen, sondern die Rechnungsprüfung durch die örtliche Bauüberwachung bei der Erstellung der Kostenfeststellung zugrunde zu legen. Als weitere Grundleistung bei der Bauoberleitung ist der **Vergleich der Kostenfeststellung mit der Auftragssumme** vorgesehen. Eine entsprechende Leistung ist auch Bestandteil der Besonderen Leistung örtliche Bauüberwachung (Vergleich der Ergebnisse der Rechnungsprüfungen mit der Auftragssumme). Die bislang als Grundleistung in Leistungsphase 8 (Bauoberleitung) vorgesehene Leistung Kostenkontrolle ist entfallen. 95

Die **Abnahme von Bauleistungen, Leistungen und Lieferungen** unter Mitwirkung der örtlichen Bauüberwachung usw. ist ebenfalls Grundleistung. Hier handelt es sich – anders als bei § 12 VOB(B) – nicht um die rechtsgeschäftliche Abnahme, sondern um die »körperliche Hinnahme der Leistungen und Lieferungen der Unternehmen durch den Auftragnehmer« (vgl. § 34 Rdn. 229). Sie bedeutet vor allem die Überprüfung auf Mangelhaftigkeit. Der Objektplaner hat die Abnahme zu veranlassen und die Beteiligten zu verständigen. Die fachlich Beteiligten haben daran »mitzuwirken«. Auch zu die- 96 ser Grundleistung der Bauoberleitung tritt die Besondere Leistung örtliche Bauüberwachung. Nach dem Katalog in Anlage 12.2 gehört das Mitwirken bei der Abnahme von Leistungen und Lieferungen zu dieser Besonderen Leistung. Letztlich wird die Abnahme in Technischer Hinsicht von der Bauoberleitung zu organisieren sein. Die örtliche Bauüberwachung hat bei dieser Abnahme mitzuwirken und insoweit insbesondere Informationen zur Fertigstellung der Werkleistung zu liefern. Das **Feststellen von Mängeln** im Rahmen dieser Abnahme ist nach dem eindeutigen Wortlaut als weitere Grundleistung der Bauoberleitung zugeordnet, auch wenn die diesbezüglichen Feststellungen in der Praxis sehr häufig von der örtlichen Bauüberwachung getroffen werden. Als weitere Grundleistung der Bauoberleitung ist ausdrücklich die **Anfertigung einer Niederschrift** über das Ergebnis der Abnahme (Abnahmeprotokoll) genannt.

97 Das **Überwachen der Prüfungen der Funktionsfähigkeit** der Anlagenteile und der Gesamtanlage ist durch den Objektplaner zu erbringen, während die Prüfung selbst entweder durch das beauftragte Unternehmen erfolgt. Wenn diese die Prüfung nicht vornehmen, so hat der Objektplaner sie dazu aufzufordern. Die Prüfung selbst wäre für ihn Besondere Leistung. Als Besondere Leistung örtliche Bauüberwachung ist die Mitwirkung vorgesehen.

98 Der **Antrag auf behördliche Abnahmen** und Teilnahme daran setzt die Abnahmebedürftigkeit aufgrund behördlicher und gesetzlicher Vorschriften voraus. Die Begriffe Rohbauabnahme und Schlussabnahme oder Gebrauchsabnahme sind in den Landesbauordnungen der Länder definiert. Die Abnahme von Leistungen der Technischen Ausrüstung hat der Fachplaner vorzunehmen. Als Abnahmeanträge werden nur solche in Frage kommen, die bei denjenigen Behörden zu stellen sind, mit denen in Leistungsphase 3 über die Genehmigungsfähigkeit des Objekts verhandelt wurde.

99 Bei der **Übergabe des Objekts** handelt es sich ebenso wenig um die rechtsgeschäftliche Abnahme. Mit der Neufassung wurde ein Teil der früher im Zusammenhang mit der Übergab des Objekts erwähnten Unterlagen zu einer eigenen Teil-Grundleistung gemacht.

Das **Auflisten der Verjährungsfristen** der Mängelansprüche entspricht der Leistung des Objektplaners Gebäude. Auf die dortige Kommentierung kann verwiesen werden.[39]

100 Bei dem **Zusammenstellen und Übergeben der Dokumentation des Bauablaufs, der Bestandsunterlagen und der Wartungsvorschriften** wurden einige Grundleistungen, die früher in der Leistungsphase 8 (Bauoberleitung) enthalten waren, aber auch Grundleistungen aus der Leistungsphase 9 (Objektbetreuung) zusammengefasst. Es handelt sich bei den **Wartungsvorschriften** um Unterlagen der beauftragten Unternehmen und nicht um vom Auftragnehmer zu fertigende Bedienungsanleitungen. Der Auftragnehmer muss die Unterlagen anfordern und zusammenstellen. Eine Wartungsplanung oder -organisation ist eine Besondere Leistung, ebenso die Erstellung von Wartungs- und Pflegeanweisungen. Bedienungsanleitungen für die Technische Ausrüstung sind

---

[39] Vgl. oben § 34 Rdn. 235.

vom jeweiligen Fachplaner zusammenzustellen und zu übergeben. **Abnahmeprotokolle** werden zwar nicht mehr ausdrücklich erwähnt, sind jedoch Bestandteil der Dokumentation des Bauablaufs und daher mitzuübergeben. Bei den **Bestandsunterlagen** handelt es sich ebenfalls um Unterlagen, die im Zuge der Bauausführung entstehen. Sie sind nicht gesondert vom Auftragnehmer im Rahmen der Grundleistung anzufertigen. Hierfür ist eine Besondere Leistung in der Leistungsphase 8, nämlich das **Erstellen von Bestandsplänen**, vorgesehen. Auch das Zusammenstellen und Übergeben der Dokumentation des Bauablaufs wird durch die entsprechende Leistung (»Dokumentation des Bauablaufs«) als Bestandteil der örtlichen Bauüberwachung flankiert. Die Dokumentation des Bauablaufs wird üblicherweise durch das bislang ausdrücklich erwähnte Bautagebuch vorgenommen (bislang: Anlage 2.8.8 zur HOAI 2009). Der Auftragnehmer, der mit der Bauoberleitung beauftragt ist, hat lediglich diese Dokumentation von der örtlichen Bauüberwachung anzufordern, die entsprechenden Unterlagen zusammenzustellen und dem Auftraggeber zu dokumentieren. Zuständig für die Erstellung der Dokumentation ist die örtliche Bauüberwachung.

17. Leistungen der Leistungsphase 9: Objektbetreuung

Eine erhebliche Veränderung wurde im Hinblick auf Leistungen bei der Beseitigung von Mängeln nach der Abnahme der Werkleistung der ausführenden Unternehmer vorgenommen. Zur Abgrenzung sei erwähnt, dass das Überwachen der Beseitigung der bei der Abnahme der Leistungen festgestellten Mängel bei der Abnahme **Bestandteil der Besonderen Leistung örtliche Bauüberwachung** ist. Bei der ersten Grundleistung in Leistungsphase 9 geht es daher um Mängel, die **nach** der Abnahme auftreten. Die bislang vorgesehene Formulierung (»Überwachen der Beseitigung von Mängeln«) wurde aufgegeben. Die Leistung besteht nun in der **fachlichen Bewertung** festgestellter Mängel. Das Überwachen der Mängelbeseitigung als solches ist als Besondere Leistung im Katalog der Leistungsphase 9 aufgeführt. Bis zum Inkrafttreten der HOAI 2013 war Gegenstand der Grundleistung das Überwachen der Beseitigung von Mängeln, die innerhalb der Verjährungsfristen der Mängelansprüche, längstens jedoch bis zum Ablauf von vier Jahren seit Abnahme der Leistungen **auftreten**. War ein Mangel innerhalb der 4-Jahres-Frist aufgetreten, umfasste die bislang vorgesehene Grundleistung die Überwachungspflicht betreffend diesen Mangel auch über den 4-Jahres-Zeitraum hinaus. Die Überwachung der Mangelbeseitigung endete erst mit der nachhaltigen Beseitigung der Mängel.[40] Mit der HOAI 2013 wurde klargestellt, dass die fachliche Bewertung nur bis zum Ablauf von 5 Jahren seit Abnahme der Leistung erbracht werden muss. Darüber hinausgehende Leistungen stellen Besondere Leistungen dar, auch wenn dies im Katalog der Besonderen Leistungen nicht ausdrücklich erwähnt wird. Bei dieser Grundleistung wurde einerseits eine Änderung im Hinblick auf den Zeitraum, in dem diese Leistung erbracht werden muss, vorgenommen und andererseits auch im Hinblick auf den Inhalt der Leistungen. Die fachliche Bewertung ist im Vorfeld der Überwachung von Mangelbeseitigungsmaßnahmen angesiedelt. Mit der fachlichen Bewertung soll der Auftraggeber in die Lage versetzt werden, die ausführenden Unternehmen zur Mangel-

---

40 Vgl. *Pott/Dahlhoff/Kniffka/Rath*, HOAI, 9. Aufl., § 42 Rn. 99.

§ 43 HOAI   Leistungsbild Ingenieurbauwerke

beseitigung anzuhalten. Zur fachlichen Bewertung gehört daher vor allen Dingen eine Einschätzung, aus welchem Leistungsbereich (bei verschiedenen Unternehmen) die Mängel – in technischer Hinsicht – stammen. Da es um eine »fachliche« Bewertung gehen soll, kommt es insoweit auf die Fähigkeiten und den Kenntnisstand eines Fachplaners für die Objektplanung Ingenieurbauwerke an. Die Wertungs-Leistung endet deshalb dort, wo es um Spezialwissen aus dem Bereich der Fachplanungen geht, also insbesondere aus den Bereichen Tragwerksplanung und Technische Ausrüstung. Die Leistung **Objektbegehung zur Mängelfeststellung** ist gleichbedeutend mit der Leistung des Objektplaners Gebäude. Auf die dortige Kommentierung kann verwiesen werden (§ 34 Rdn. 262). Die bereits bislang vorgesehene Grundleistung **Mitwirken bei der Freigabe von Sicherheitsleistungen** wurde beibehalten.

18. Über die Grundleistungen hinausgehende Besondere Leistungen

102   Besondere Leistungen sind entsprechend § 3 Abs. 3 nicht abschließend in Anlage 12.1 beschrieben. Diese Aufzählung ist nicht abschließend. Eine große Anzahl an Besonderen Leistungen sind z. B. in der AHO-Schriftenreihe »Besondere Leistungen bei Ingenieurbauwerken« veröffentlicht. Diese ist zu beziehen unter www.aho.de. Zu den besonderen Leistungen gehören auch Teilleistungen aus der 3D- oder 4D- Objektmodellbearbeitung (vgl Einl. Rdn. 532 f.), auch wenn insoweit – im Unterschied zur Objektplanung Gebäude – keine ausdrückliche Aufnahme in den Katalog der Besonderen Leistungen erfolgt ist. Ferner findet sich als Besondere Leistung auch das »Planen von Anlagen der Verfahrens- und Prozesstechnik.[41]

103   Der Verordnungsgeber hat die **örtliche Bauüberwachung** trotz vielfacher Kritik als Besondere Leistung belassen und nicht in den verbindlichen Teil der HOAI zurückgeführt. Werden die **Bauoberleitung als Grundleistung** der Leistungsphase 8 der Anlage 12.1 und die örtliche Bauüberwachung als Besondere Leistung der Leistungsphase 8 der Anlage 12.1 übertragen, stellt sich die Frage, ob die Honorare für beides voll geltend gemacht werden kann.[42] Inhaltlich handelt es sich um völlig getrennte Leistungsbereiche. Die Leistungen der örtlichen Bauüberwachung sind nahezu vollständig auf der Baustelle zu erbringen. Demgegenüber sind die Leistungen der Bauoberleitung größtenteils auf Koordinierung und die Einhaltung sowie Durchführung der vertraglichen Regelungen gerichtet. Nach § 3 Abs. 3 S. können die Honorare für Besondere Leistungen frei vereinbart werden. Wird nichts vereinbart, kommt die übliche Vergütung nach § 632 BGB zum Tragen. Machen die Vertragsparteien von der Möglichkeit Gebrauch, durch einen Verweis bei den Leistungspflichten des Auftragnehmers den Katalog der Besonderen Leistung örtliche Bauüberwachung zum Vertragsgegenstand zu machen, ist zu beachten, dass sich die hierzu gehörenden Teilleistungen im Vergleich zur Anlage 2.8.8. der HOAI 2009 verändert haben. Dies muss bei der Vertragsgestaltung unbedingt berücksichtigt werden, insbesondere dann, wenn Pauschal-

---

41   Zur Abgrenzung von der Technischen Ausrüstung wird auf Rdn. 71 verwiesen.
42   Zur Kombination von preisgebunden (Grundleistungen) mit Leistungen, für die es keine Preisbindung gibt und zur Auswirkungen auf das Honorar vgl. oben § 7 Rdn. 88.

honorare für die örtliche Bauüberwachung vereinbart werden. Es geht im Wesentlichen um die nachfolgenden Teilleistungen:
– Anstelle des bisherigen Absteckens der Hauptachsen für das Objekt von objektnahen Festpunkten sowie das Herstellen von Höhenfestpunkten im Objektbereich (soweit die Leistungen nicht mit besonderen instrumentellen und vermessungstechnischen Verfahrensanforderungen erbracht werden mussten) wurde eine **Plausibilitätsprüfung** der Absteckung aufgenommen.

104

– Anstelle des bis zum Inkrafttreten der HOAI 2013 vorgesehenen Überwachens der Ausführung des Objekts auf Übereinstimmung mit den zur Ausführung genehmigten Unterlagen, dem Bauvertrag sowie den allgemein anerkannten Regeln der Technik und den einschlägigen Vorschriften wurde das Überwachen der Ausführung des Objekts auf Übereinstimmung mit den zur Ausführung freigegebenen Unterlagen, dem Bauvertrag und den Vorgaben des Auftraggebers aufgenommen. Der bis zum Inkrafttreten der HOAI 2013 vorgesehene ausdrückliche Hinweis, dass die Überwachungspflicht auf die Übereinstimmung der Ausführung mit den allgemein anerkannten Regeln der Technik zu erfolgen hat, wurde – anders als bei der Grundleistung der Leistungsphase 8 bei der Objektplanung Gebäude – gestrichen. Aus dieser Änderung im Leistungsbild Ingenieurbauwerke ergibt sich jedoch keine Änderung des Leistungsumfangs bei der Besonderen Leistung örtliche Bauüberwachung. Auch ohne ausdrückliche Erwähnung gehört es zu den Pflichten des bauüberwachenden Architekten, auch die allgemein anerkannten Regeln der Technik im Rahmen seiner bauüberwachenden Tätigkeit zu beachten. Er darf sich also nicht einfach auf ihm überlassene Planunterlagen blind verlassen. Andererseits ist auch die werkvertragliche Leistung des Bauüberwachers nicht immer sofort dann mangelhaft, wenn ein Verstoß gegen die allgemein anerkannten Regeln der Technik vorliegt und sich dieser Verstoß im Bauwerk verkörpert hat. Die Berücksichtigung der allgemein anerkannten Regeln der Technik hat im Rahmen der bauüberwachungsspezifischen Tätigkeiten zu erfolgen und nicht in gleicher Weise wie bei der Erstellung der Planunterlagen. Deshalb kann der bauüberwachende Architekt bei bestimmten Fehlern der Planung und unter bestimmten Voraussetzungen gegenüber dem Bauherrn den Mitverschuldenseinwand erheben, wenn ein anderer – vom Bauherrn beauftragter Planer – mangelhafte Planunterlagen erstellt hat und diese dem Bauüberwacher zur Verfügung gestellt worden sind.[43]

Das Honorar für die Besondere Leistung örtliche Bauüberwachung ist frei zu vereinbaren. Grundlage für eine entsprechende Vereinbarung zwischen den Parteien kann beispielsweise der Vorschlag für die Honorierung der örtlichen Bauüberwachung aus dem Bericht zur Evaluierung der HOAI, welche im Auftrag des BMVBS erstellt wurde, herangezogen werden (vgl. oben Rdn. 4).

– Als Besondere Leistungen vorgesehen ist das **Prüfen und Bewerten der Berechtigung von Nachträgen**. Hier ist zu beachten, dass es außerhalb der Besonderen Leistung örtliche Bauüberwachung in der Leistungsphase 8 der Anlage 12.1 eine weitere Besondere Leistung **Prüfen von Nachträgen** gibt (ohne Bewerten). Ferner ist zu be-

---

43 Vgl. die Einzelheiten hierzu oben Einl. Rdn. 221.

rücksichtigen, dass beim Leistungsbild Objektplanung Gebäude als **Grundleistung** der Leistungsphase 7 Anlage 10.1 **das Prüfen und Werten der Angebote zusätzlicher und geänderter Leistungen und der Angemessenheit der Preise**[44] sowie als weitere Besondere Leistung der Leistungsphase 7 Anlage 10.1 das Mitwirken bei der **Prüfung von bauwirtschaftlich begründeten Nachtragsangeboten** (beides ist in der Anlage 12.1 – Ingenieurbauwerke nicht aufgeführt) aufgenommen wurde. Aufgrund des Wortlautes der Formulierung zur örtlichen Bauüberwachung scheinen die Leistungspflichten – bei Inbezugnahme der Leistungsbilder der HOAI – weit gefasst und jegliche »Nachträge« erfasst zu sein. Allerdings ist der Begriff des »Nachtrages« unscharf, dadurch der Auslegung zugänglich und der Leistungsinhalt durch die Formulierung »Bewerten der Berechtigung« eingeschränkt. Ferner muss der von Anlage 10.1 – Objektplanung Gebäude – abweichende Wortlaut berücksichtigt werden. Wird die Anlage 12.1 vom Auftraggeber entweder in Form eigenständiger vorformulierter Geschäftsbedingungen oder durch Inbezugnahme in einem vorformulierten Vertragsmuster in den Vertrag einbezogen, ist § 305c BGB zu berücksichtigen. Scheitert die Annahme einer bestimmten Leistungspflicht nicht an dieser Vorschrift, ist ferner an die Anwendung des § 307 Abs. 1 S. 2 BGB zu denken. Soweit es um eine Klausel geht, die den Leistungsinhalt festlegt, kommt eine Unwirksamkeit nach §§ 307 Abs. 1 S. 1 und Abs. 2 BGB zwar nicht in Betracht. Verstöße gegen das Transparenzgebot sind nach § 307 Abs. 3 S. 2 BGB aber auch hier zu beachten. Im Ergebnis führt dies dazu, dass zum Prüfen und Bewerten der Berechtigung von Nachträgen folgendes festgehalten werden kann[45]:

– zu dieser Leistung gehört die Überprüfung in technischer Hinsicht dahingehend, ob die Leistung, die Gegenstand des Verlangens nach zusätzlicher Vergütung ist, bereits aufgrund der Vertragsgrundlagen auszuführen, also in diesen Vertragsgrundlagen eindeutig enthalten ist. Soweit Zweifel aufgrund der Formulierung bzw. aufgrund der Vertragsgestaltung bestehen oder eine Auslegung des Vertrags und sonstiger Vorschriften erforderlich ist, ist dies nicht mehr vom »Prüfen und Bewerten« umfasst. In diesem Fall hat der Auftragnehmer dem Auftraggeber die technischen Grundlagen anhand der vertraglichen Regelungen zusammenzufassen, um ihm eine Prüfung zu ermöglichen. Die rechtliche Bewertung obliegt dem Auftraggeber.

– Zu dieser Leistung gehört ferner die Überprüfung des Aufmaßes beim Einheitspreisvertrag daraufhin, ob die Voraussetzungen für die **Preisanpassung nach § 2 Abs. 3 VOB/B** erfüllt sind. Die Überprüfung der Abschlagsrechnungen/Schlussrechnung auf Richtigkeit der Massen und zutreffende Berechnung anhand der tatsächlichen Massen gehört zur eigenständigen Besonderen Leistung »Rechnungsprüfung« (neben der örtlichen Bauüberwachung). Soweit zur Überprüfung der Höhe des Anspruchs **baubetriebliche Überlegungen** anzustellen sind, um die Richtigkeit der Ableitung der Abrechnung aus der **Urkalkulation** zu überprüfen, ist dies nicht mehr von der Besonderen Leistungen umfasst, da es nicht um die »Berechtigung« des Nachtrages geht, sondern um die Höhe. Eine Ausnahme

---

44 Vgl. hierzu § 34 Rdn. 193, 203.
45 Vgl. für die Objektplanung Gebäude § 34 Rdn. 223.

gilt nur, soweit Werte aus der Urkalkulation unverändert für eine Überprüfung herangezogen werden können, wie z. B. den Stundensatz für den Einsatz bestimmter Mitarbeiter. Bei darüber hinausgehenden baubetrieblichen Bewertungen/Gutachten handelt es sich um Leistungen außerhalb der HOAI.

- Die vorstehenden Ausführungen gelten sinngemäß für die **Abrechnung geänderter oder zusätzlicher Leistungen** nach den **§§ 2 Abs. 5 bis 7 VOB/B** und die Abrechnung von Ansprüchen nach **§ 2 Abs. 8 VOB/B**. Auch insoweit hat der Auftragnehmer in technischer Hinsicht den Vertrag nebst seiner Bestandteile daraufhin zu überprüfen, ob die in Rede stehende Leistungspflicht nicht zweifelsfrei bereits zum ursprünglichen Leistungsumfang gehört. Soweit aufgrund der Vertragsunterlagen Unklarheiten bestehen oder Rechtsfragen zu beantworten sind, hat der Auftragnehmer dem Auftraggeber dies einschließlich einer Begründung mitzuteilen. Es ist dann Sache des Auftraggebers, eine rechtliche Bewertung vorzunehmen. Baubetriebliche Berechnungen/Überprüfungen betreffend die Höhe des Anspruchs und zu dessen zutreffender Ableitung aus der Urkalkulation muss der Auftragnehmer nicht durchführen.

- Die Überprüfung von **Schadensersatzansprüchen, Ansprüchen nach § 642 BGB oder § 6 Abs. 6 VOB/B** gehört bereits deshalb nicht zu dieser Besonderen Leistung, da es sich insoweit nicht um »Nachträge« handelt. Allerdings können aufgrund anderer Grundleistungen oder Besonderer Leistungen Mitwirkungs- und Unterstützungspflichten des Auftragnehmers gegenüber dem Auftraggeber bestehen, z.B. aufgrund der Dokumentation des Bauablaufes im Hinblick auf die Geltendmachung von Behinderungsschäden durch das ausführende Unternehmen.

Weitere Besondere Leistungen sind: 105
- das **Durchführen oder Veranlassen von Kontrollprüfungen**
- die Überwachung der Beseitigung der bei der Abnahme der Leistungen festgestellten Mängel,
- die Dokumentation des Bauablaufs. Das Bautagebuch in klassischer Form kann zur Dokumentation des Bauablaufs selbstverständlich weiterhin verwendet werden. Daneben kommen aber auch andere Formen der Dokumentation hinzu, z. B. das Anfertigen von Fotos während des Bauablaufs.
- das Mitwirken beim **Aufmaß mit den ausführenden Unternehmen und beim Prüfen der Aufmaße**. Ferner ist das **Mitwirken bei behördlichen** Abnahmen und Mitwirken bei der Abnahme von Leistungen und Lieferungen sowie bei **der Rechnungsprüfung** sowie das **Mitwirken beim Überwachen der Prüfung der Funktionsfähigkeit der Anlagenteile und der Gesamtanlage** vorgesehen.
- das **Überwachen der Ausführung von Tragwerken** mit sehr geringen Planungsanforderungen auf Übereinstimmung mit dem Standsicherheitsnachweis,
- der **Vergleich der Ergebnisse der Rechnungsprüfung mit der Auftragssumme** als Bestandteil der Besonderen Leistung örtliche Bauüberwachung. Hier gibt es eine Überschneidung mit der Grundleistung d) der Leistungsphase 8 (Bauoberleitung). Dort ist als Grundleistung genannt der **Vergleich der Kostenfeststellung mit der Auf-

§ 44 HOAI Honorare für Grundleistungen bei Ingenieurbauwerken

tragssumme.[46] Überschneidungen gibt es ferner auch mit der neben der örtlichen Bauüberwachung als eigene Besondere Leistung vorgesehenen **Kostenkontrolle**.

– Als Besondere Leistung ist – neben dem Prüfen von Nachträgen[47] – das **Erstellen eines Bauwerksbuchs** sowie das Erstellen von Bestandsplänen vorgesehen.

§ 44 HOAI Honorare für Grundleistungen bei Ingenieurbauwerken

(1) Die Mindest- und Höchstsätze der Honorare für die in § 43 und der Anlage 12 Nummer 12.1 aufgeführten Grundleistungen bei Ingenieurbauwerken sind in der folgenden Honorartafel für den Anwendungsbereich des § 41 festgesetzt.

Anrechenbare Kosten in Euro	Honorarzone I sehr geringe Anforderungen		Honorarzone II geringe Anforderungen		Honorarzone III durchschnittliche Anforderungen		Honorarzone IV hohe Anforderungen		Honorarzone V sehr hohe Anforderungen	
	von	bis	von	bis	von	bis	von	bis	von	bis
	Euro		Euro		Euro		Euro		Euro	
25.000	3.449	4.109	4.109	4.768	4.768	5.428	5.428	6.036	6.036	6.696
35.000	4.475	5.331	5.331	6.186	6.186	7.042	7.042	7.831	7.831	8.687
50.000	5.897	7.024	7.024	8.152	8.152	9.279	9.279	10.320	10.320	11.447
75.000	8.069	9.611	9.611	11.154	11.154	12.697	12.697	14.121	14.121	15.663
100.000	10.079	12.005	12.005	13.932	13.932	15.859	15.859	17.637	17.637	19.564
150.000	13.786	16.422	16.422	19.058	19.058	21.693	21.693	24.126	24.126	26.762
200.000	17.215	20.506	20.506	23.797	23.797	27.088	27.088	30.126	30.126	33.417
300.000	23.534	28.033	28.033	32.532	32.532	37.031	37.031	41.185	41.185	45.684
500.000	34.865	41.530	41.530	48.195	48.195	54.861	54.861	61.013	61.013	67.679
750.000	47.576	56.672	56.672	65.767	65.767	74.863	74.863	83.258	83.258	92.354
1.000.000	59.264	70.594	70.594	81.924	81.924	93.254	93.254	103.712	103.712	115.042
1.500.000	80.998	96.482	96.482	111.967	111.967	127.452	127.452	141.746	141.746	157.230
2.000.000	101.054	120.373	120.373	139.692	139.692	159.011	159.011	176.844	176.844	196.163
3.000.000	137.907	164.272	164.272	190.636	190.636	217.001	217.001	241.338	241.338	267.702
5.000.000	203.584	242.504	242.504	281.425	281.425	320.345	320.345	356.272	356.272	395.192
7.500.000	278.415	331.642	331.642	384.868	384.868	438.095	438.095	487.227	487.227	540.453
10.000.000	347.568	414.014	414.014	480.461	480.461	546.908	546.908	608.244	608.244	674.690
15.000.000	474.901	565.691	565.691	656.480	656.480	747.270	747.270	831.076	831.076	921.866
20.000.000	592.324	705.563	705.563	818.801	818.801	932.040	932.040	1.036.568	1.036.568	1.149.806
25.000.000	702.770	837.123	837.123	971.476	971.476	1.105.829	1.105.829	1.229.848	1.229.848	1.364.201

---

46 Vgl. hierzu oben Rdn. 95.
47 Vgl. die Teilleistung betreffend Nachträge bei der Besonderen Leistung Örtliche Bauüberwachung.

(2) Welchen Honorarzonen die Grundleistungen zugeordnet werden, richtet sich nach folgenden Bewertungsmerkmalen:
1. geologische und baugrundtechnische Gegebenheiten,
2. technische Ausrüstung und Ausstattung,
3. Einbindung in die Umgebung oder in das Objektumfeld,
4. Umfang der Funktionsbereiche oder der konstruktiven oder technischen Anforderungen,
5. fachspezifische Bedingungen.

(3) Sind für Ingenieurbauwerke Bewertungsmerkmale aus mehreren Honorarzonen anwendbar und bestehen deswegen Zweifel, welcher Honorarzone das Objekt zugeordnet werden kann, so ist zunächst die Anzahl der Bewertungspunkte zu ermitteln. Zur Ermittlung der Bewertungspunkte werden die Bewertungsmerkmale wie folgt gewichtet:
1. die Bewertungsmerkmale gemäß Absatz 2 Nummer 1, 2 und 3 mit bis zu 5 Punkten,
2. das Bewertungsmerkmal gemäß Absatz 2 Nummer 4 mit bis zu 10 Punkten,
3. das Bewertungsmerkmal gemäß Absatz 2 Nummer 5 mit bis zu 15 Punkten.

(4) Das Ingenieurbauwerk ist anhand der nach Absatz 3 ermittelten Bewertungspunkte einer der Honorarzonen zuzuordnen:
1. Honorarzone I: bis zu 10 Punkte,
2. Honorarzone II: 11 bis 17 Punkte,
3. Honorarzone III: 18 bis 25 Punkte,
4. Honorarzone IV: 26 bis 33 Punkte,
5. Honorarzone V: 34 bis 40 Punkte.

(5) Für die Zuordnung zu den Honorarzonen ist die Objektliste der Anlage 12 Nummer 12.2 zu berücksichtigen.

(6) Für Umbauten und Modernisierungen von Ingenieurbauwerken kann bei einem durchschnittlichen Schwierigkeitsgrad ein Zuschlag gemäß § 6 Absatz 2 Satz 3 bis 33 Prozent schriftlich vereinbart werden.

(7) Steht der Planungsaufwand für Ingenieurbauwerke mit großer Längenausdehnung, die unter gleichen baulichen Bedingungen errichtet werden, in einem Missverhältnis zum ermittelten Honorar, ist § 7 Absatz 3 anzuwenden.

Übersicht   Rdn.
1. Honorartafel (Abs. 1) 1
2. Honorarzone (Abs. 2–5) 4

1. Honorartafel (Abs. 1)

Die Honorare sind gegenüber der alten Tabelle durchgängig angehoben worden. Die Erhöhung fällt unterschiedlich aus. Bei niedrigeren anrechenbaren Kosten und bei   1

§ 44 HOAI   Honorare für Grundleistungen bei Ingenieurbauwerken

niedrigeren Honorarzonen wurden die Honorare stärker erhöht als bei hohen anrechenbaren Kosten und steigender Honorarzone.

2   Die Honorartafel ist einer der maßgebenden Parameter für die Ermittlung des Honorars (§ 6 Abs. 1 Nr. 4). Hinsichtlich der damit zusammenhängenden Rechtsfragen gelten die Ausführungen zur Objektplanung für Gebäude entsprechend[1] . In Fällen, in denen die anrechenbaren Kosten die Tafelwerte überschreiten und damit die preisrechtlichen Vorschriften der HOAI nicht zur Anwendung kommen[2], vereinbarten die Parteien, gerade bei Beteiligung öffentlicher Auftraggeber, in der Vergangenheit häufig die Geltung der RifT-Tabellen[3], die Honorare über die HOAI-Tafelwerte hinausgehend vorsahen. Es handelte sich insoweit um eine (freie) Honorarvereinbarung. Für die Zukunft ist zu beachten, dass zuletzt die RifT-Fassung Stand Juli 2013 als Anlage eine fortgeschriebene Honorartabelle enthielt. Die beiden nachfolgenden Überarbeitungen aus 2014 und 2016 enthalten keine fortgeschriebene Honorartabelle mehr. Alternativ können die Parteien bei Überschreitung der Tafelwert zur Honorarermittlung im Rahmen einer Honorarvereinbarung auch auf Heft 14 der AHO-Schriftenreihe[4] zurückgreifen.

3 ▶ Zur Verdeutlichung der Honorarberechnung dient folgendes Beispiel für die Honorarberechnung eines Regenüberlaufbeckens.

Das vereinfachte Beispiel geht von einem Auftragsumfang für die Leistungsphasen 1–9 sowie der örtlichen Bauüberwachung aus. Das Bauwerk wird in die Honorarzone IV eingruppiert. Aufgrund außergewöhnlich kurzer Planungs- und Bauzeiten wird der Mittelwert vereinbart. Die Wirksamkeitsvoraussetzungen für die Honorarvereinbarung sind erfüllt. Die örtliche Bauüberwachung wird mit 3,37 % der anrechenbaren Baukosten und die Nebenkosten pauschal mit 6 % vereinbart.

Die Honorare für Fachplanungen errechnen sich nach den dortigen Bestimmungen. Führt der Objektplaner auch die Fachplanungen aus, so hat er hierfür den gleichen Honoraranspruch wie ein Fachplaner bei getrennter Übertragung der Leistungen.

Berechnungsbeispiel Regenüberlaufbecken

Honorarermittlung »Ingenieurbauwerke« nach Honorartafel zu HOAI § 44, Stand 2013

Anrechenbare Kosten nach § 42 HOAI

Kostenberechnung nach DIN 276 vom 22.07.2013, daraus sind folgende Kostengruppen anrechenbar, falls nicht anders vermerkt.

---

1 Vgl. § 35 Rdn. 8 ff.
2 Vgl. § 7 Rdn. 87 ff.
3 Richtlinien für die Beteiligung freiberuflich Tätiger, herausgegeben vom Ministerium der Finanzen Baden-Württemberg.
4 Zutreffender Hinweis bei *Hummel/Leidig* in MNP § 44 Rd. 12; Heft 14 ist allerdings auf dem Stand 2010.

Honorare für Grundleistungen bei Ingenieurbauwerken § 44 HOAI

300 Bauwerk – Baukonstruktionen	1.300.000,00 €	
410 Abwasser-, Wasser-, Gasanlagen	6.000,00 €	Technikanteil
440 Starkstromanlagen	7.000,00 €	Technikanteil
470 Nutzungsspezifische Anlagen	300.000,00 €	Technikanteil
470 Nutzungsspezifische Anlagen MT	200.000,00 €	
480 Automation	200.000,00 €	Technikanteil
500 Außenanlagen	60.000,00 €	Nicht anrechenbar
Summe voll anrechenbar:	1.500.000,00 €	1.500.000,00 €
Summe Technikanteil:	513.000,00 €	
bis zu 25 % von 1.500.000,00 €	Vollständig anrechenbar	375.000,00 €
übersteigender Betrag 138.000,00 €	Zur Hälfte anrechenbar	69.000,00 €
Summe nicht anrechenbar:	60.000,00 €	0,00 €
Anrechenbare Kosten:		**1.944.000,00 €**

Honorarzone: nach § 44(2)		4
Honorarsatz:	50,00 % (Mittelsatz)	
Daraus ergibt sich folgendes Grundhonorar (100 %):	nach § 44 HOAI	164.194,71 €

Grundleistungen nach § 43 HOAI:

	HOAI	beauftragt	ausgeführt	Summe
Leistungsphase	[%]	[%]	[%]	[€]
1. Grundlagenermittlung	2,00	2,00	100,00	3.283,89
2. Vorplanung	20,00	20,00	100,00	32.838,94
3. Entwurfsplanung	25,00	25,00	100,00	41.048,68
4. Genehmigungsplanung	5,00	5,00	100,00	8.209,74
5. Ausführungsplanung	15,00	15,00	100,00	24.629,21
6. Vorbereitung der Vergabe	13,00	13,00	100,00	21.345,31
7. Mitwirkung bei der Vergabe	4,00	4,00	100,00	6.567,79
8. Bauoberleitung	15,00	15,00	100,00	24.629,21
9. Objektbetreuung	1,00	1,00	100,00	1.641,95
Grundhonorar:	**100,00 %**			**164.194,71 €**

Honorarempfehlung BMVBS

Örtliche Bauüberwachung	3,37 % auf Anrechenbare Kosten	65.512,80 €
prozentuale Nebenkosten:		
Nebenkosten allg.	6,00 % 13.782,45 €	
Summe:		13.782,45 €
Ansatzhonorar netto		**243.489,96 €**

2. Honorarzone (Abs. 2–5)

4 Im Hinblick auf die Ermittlung der Honorarzone ist zunächst die allgemeine Vorschrift zu beachten.[5] Sodann ist nach § 44 Abs. 5 die Objektliste in der Anlage 12.2 zu berücksichtigen. Hinsichtlich der Bedeutung der Objektliste und der Reihenfolge des Vorgehens zur Bestimmung der Honorarzone gelten gegenüber der Objektplanung Gebäude keine Besonderheiten.[6]

5 Die Punktbewertung kann auch als Argument für die Einordnung des Honorars zwischen Mindest- und Höchstsatz verwendet werden.[7] Weitere Argumente, den Mindestsatz zu überschreiten, nennt die RBBau:[8]
– Beteiligung und Koordinierung einer Vielzahl von Nutzern
– Außergewöhnlich kurze Planungs- und Bauzeit
– Verbindliche Festtermine und Fristen
– Planung und Durchführung bei laufendem Betrieb
– Bau- und landschaftsgestalterische Beratung
– Erhöhte Anforderungen an Planungsoptimierung bzw. an -varianten
– Berücksichtigung von Forderungen des Denkmalschutzes und der Integration erhaltenswerter Substanz
– Anwendung neuer Herstellungsverfahren

6 Als Anhalt für die Planungsanforderungen (Schwierigkeitsgrade) bei den einzelnen Bewertungsmerkmalen kann nachfolgende Übersicht dienen:

7 1. Geologische und baugrundtechnische Gegebenheiten:

Maßgeblich sind die gesamten geotechnischen Randbedingungen für das Bauwerk, zum einen die Anforderungen aus dem Baugrund, die daraus resultierenden Gründungsanforderungen, aber auch Anforderungen aus der Wasserhaltung, Hangsicherung, Baugrubensicherung und aus der Sicherung bestehender Bauwerke. Die Baugrundklassifizierung alleine sagt nichts aus über die gesamten geotechnischen Anforderungen für das zu planende Bauwerk.

»sehr gering«	gleichmäßiger, felsiger Untergrund
»gering«	gleichmäßig sandiger, kiesiger Untergrund
»durchschnittlich«	gleichmäßig geschichteter, fester, kiesiger Baugrund
»überdurchschnittlich«	ungleichmäßig geschichteter, unterschiedlich fester Baugrund
»sehr hoch«	ungleichmäßig geschichteter, weicher Baugrund mit Fließneigung bzw. Baugrund in Hanglage mit Gleitschichtenbildung

---

5 § 6 Abs. 1 Nr. 3 i. V. m. § 5.
6 Vgl. dazu § 35 Rdn. 8.
7 *Frik* DAB 1978, 927.
8 Im Anhang 14.

2. Technische Ausrüstung und Ausstattung: 8

Maßgeblich sind die Planungsanforderungen aufgrund der Technischen Ausrüstung gemäß §§ 53 ff. Entscheidend sind die Anforderungen aufgrund der Technischen Ausrüstung und Ausstattung des Ingenieurbauwerks im Hinblick auf die Integration und die Koordinierung.[9]

»sehr gering«	Anlagen und Bauwerke ohne Technische Ausrüstung oder Ausstattung
»gering«	Anlagen und Bauwerke mit einfachen technischen Anlagen oder einfacher Ausstattung, mit keinem oder nur geringem Wartungs- bzw. Unterhaltungsaufwand (z. B. für Lagerauswechslung bei Brücken)
»durchschnittlich«	Anlagen und Bauwerke mit Anlagen aus verschiedenen Anlagengruppen oder einer durchschnittlichen Ausstattung mit durchschnittlichem Wartungsaufwand
»überdurchschnittlich	Anlagen und Bauwerke mit überdurchschnittlichen technischen Anlagen aus mehreren Anlagengruppen oder einer überdurchschnittlichen Ausstattung, mit überdurchschnittlichem Wartungsaufwand
»sehr hoch«	Anlagen und Bauwerke mit vielfältigen technischen Anlagen mit hohen technischen Ansprüchen oder einer umfangreichen Ausstattung, mit deutlich überdurchschnittlichem Wartungsaufwand[10]

3. Einbindung in die Umgebung oder in das Objektumfeld 9

Maßgeblich sind die Anforderungen an die Einordnung des Objekts in ästhetischer Hinsicht, in bauplanungs- und bauordnungsrechtlicher Hinsicht, in den zu berücksichtigenden Bestand und im Hinblick auf die zu berücksichtigenden Verfahrensabläufe.

»sehr gering«	ohne Bedingungen
»gering«	mit einfachen Bedingungen
»durchschnittlich«	mit Bedingungen auf Verträglichkeit mit Mikroklima und z. B. Verkehrsfluss auf zu kreuzende Verkehrswege
»überdurchschnittlich«	mit Bedingungen auf Landschaftsgestaltung und Stadtbild
»sehr hoch«	bei dominanten Bauwerken in besonders zu schützenden Städten und Landschaften[11]

---

9 Vgl. *Theißen* in KMV, 9. Aufl., § 44 Rn. 19 m. w. Nachw.
10 Einteilung nach *Theißen* in KMV, 9. Aufl., § 44 Rn. 19.
11 Vgl. zu weiteren Merkmalen *Theißen* in KMV, 9. Aufl., § 44 Rn. 20.

§ 44 HOAI   Honorare für Grundleistungen bei Ingenieurbauwerken

10   4. Umfang der Funktionsbereiche oder der konstruktiven oder technischen Anforderungen

Maßgeblich sind die unterschiedlichen Nutzungsarten und Verwendungszwecke, für die das Objekt vorgesehen ist, und deren funktionsgerechte Zuordnung zueinander. Maßgeblich ist ferner auch der Umfang der konstruktiven oder technischen Anforderungen, wobei hier berücksichtigt werden muss, dass mit dem folgenden Bewertungsmerkmal Nr. 5 die fachlichen Anforderungen erfasst werden. Beim Merkmal Nr. 4 ist – um eine Doppelberücksichtigung zu vermeiden – die Vielschichtigkeit der Planungsaufgabe zu berücksichtigen. Die Schwierigkeit der konstruktiven oder technischen Anforderungen werden demgegenüber mit dem Bewertungsmerkmal Nr. 5 erfasst.

»sehr gering«	Bauwerke und Anlagen mit einem Funktionsbereich, keine unterschiedlichen konstruktiven oder technischen Anforderungen, z. B. Gewölbe, Schwergewichtsstützmauern
»gering«	Bauwerke und Anlagen mit mehr als einem, aber weniger als die durchschnittliche Anzahl von Funktionsbereichen bei vergleichbaren Bauwerken, unterdurchschnittliche Anforderungen im Hinblick auf die unterschiedlichen konstruktiven oder technischen Gegebenheiten, z. B. Stahlbetonkonstruktionen an Straßen
»durchschnittlich«	Bauwerke und Anlagen mit durchschnittlicher Anzahl von Funktionsbereichen und durchschnittlichem Umfang der konstruktiven oder technischen Anforderungen, z. B. Spannbetonbauwerke »aus einem Guss«
»überdurchschnittlich«	Bauwerke und Anlagen mit einer überdurchschnittlichen Anzahl von Funktionsbereichen im Vergleich zu Anlagen gleicher Art; überdurchschnittlicher Umfang der konstruktiven oder technischen Anforderungen
»sehr hoch«	Bauwerke und Anlagen mit einer sehr hohen Anzahl von Funktionsbereichen; sehr hoher Umfang der konstruktiven technischen Anforderungen[12]

11   5. Fachspezifische Bedingungen

Maßgeblich sind die Anforderungen, welche sich aus der Funktion des Ingenieurbauwerks ergeben, aber auch die Anforderungen, die sich aus der Art der Errichtung oder der Konstruktion des Ingenieurbauwerks ergeben. Hierunter fallen z. B. auch besondere hydraulische oder verfahrenstechnische Bedingungen bei Ingenieurbauwerken.

»sehr gering«	keine Bedingungen vorhanden
»gering«	z. B. Herstellung der Brücke mit üblichem Traggerüst möglich

---

[12] Vgl. auch die Angabe konkreter Zahlen zu den Funktionsbereichen bei *Jochem/Kaufhold*, 5. Aufl., § 43 Rn. 18.

»durchschnittlich«	z. B. Herstellung der Brücke mit Traggerüsten mit Öffnungen bis zu 5m Breite
»überdurchschnittlich«	z. B. Brücke auf üblichem Traggerüst überhöht herstellen und nach dessen Ausbau absenken
»sehr hoch«	z. B. Brücke aus Fertigteilen mit Ortbetonergänzung und abschnittweisem Herstellen[13]

Objektliste 12

12.2 Objektliste Ingenieurbauwerke

Nachstehende Objekte werden in der Regel folgenden Honorarzonen zugerechnet:

Gruppe 1 – Bauwerke und Anlagen der Wasserversorgung	I	II	III	IV	V
Zisternen	x				
– einfache Anlagen zur Gewinnung und Förderung von Wasser, zum Beispiel Quellfassungen, Schachtbrunnen		x			
– Tiefbrunnen			x		
– Brunnengalerien und Horizontalbrunnen				x	
– Leitungen für Wasser ohne Zwangspunkte	x				
– Leitungen für Wasser mit geringen Verknüpfungen und wenigen Zwangspunkten		x			
– Leitungen für Wasser mit zahlreichen Verknüpfungen und mehreren Zwangspunkten			x		
– Einfache Leitungsnetze für Wasser		x			
– Leitungsnetze mit mehreren Verknüpfungen und zahlreichen Zwangspunkten und mit einer Druckzone			x		
– Leitungsnetze für Wasser mit zahlreichen Verknüpfungen und zahlreichen Zwangspunkten				x	
– einfache Anlagen zur Speicherung von Wasser, zum Beispiel Behälter in Fertigbauweise, Feuerlöschbecken		x			
– Speicherbehälter			x		
– Speicherbehälter in Turmbauweise				x	
– einfache Wasseraufbereitungsanlagen und Anlagen mit mechanischen Verfahren, Pumpwerke und Druckerhöhungsanlagen			x		

---

13 Vgl. auch die Ausführungen bei *Jochem/Kaufhold*, 5. Aufl., § 43 Rn. 20; *Theißen* in KMV-, 9. Aufl., § 44 Rn. 21.

§ 44 HOAI Honorare für Grundleistungen bei Ingenieurbauwerken

Gruppe 1 – Bauwerke und Anlagen der Wasserversorgung	I	II	III	IV	V
– Wasseraufbereitungsanlagen mit physikalischen und chemischen Verfahren, schwierige Pumpwerke und Druckerhöhungsanlagen				x	
– Bauwerke und Anlagen mehrstufiger oder kombinierter Verfahren der Wasseraufbereitung					x

Gruppe 2 – Bauwerke u. Anlagen d. Abwasserentsorgung mit Ausnahme Entwässerungsanlagen, die der Zweckbestimmung der Verkehrsanlagen dienen, und Regenwasserversickerung (Abgrenzung zu Freianlagen)	Honorarzone				
	I	II	III	IV	V
– Leitungen für Abwasser ohne Zwangspunkte	x				
– Leitungen für Abwasser mit geringen Verknüpfungen und wenigen Zwangspunkten		x			
– Leitungen für Abwasser mit zahlreichen Verknüpfungen und zahlreichen Zwangspunkten			x		
– einfache Leitungsnetze für Abwasser		x			
– Leitungsnetze für Abwasser mit mehreren Verknüpfungen und mehreren Zwangspunkten			x		
– Leitungsnetze für Abwasser mit zahlreichen Zwangspunkten				x	
– Erdbecken als Regenrückhaltebecken		x			
– Regenbecken und Kanalstauräume mit geringen Verknüpfungen und wenigen Zwangspunkten			x		
– Regenbecken und Kanalstauräume mit zahlreichen Verknüpfungen und zahlreichen Zwangspunkten, kombinierte Regenwasserbewirtschaftungsanlagen				x	
– Schlammabsetzanlagen, Schlammpolder		x			
– Schlammabsetzanlagen mit mechanischen Einrichtungen			x		
– Schlammbehandlungsanlagen				x	
– Bauwerke und Anlagen für mehrstufige oder kombinierte Verfahren der Schlammbehandlung					x
– Industriell systematisierte Abwasserbehandlungsanlagen, einfache Pumpwerke und Hebeanlagen			x		
– Abwasserbehandlungsanlagen mit gemeinsamer aerober Stabilisierung, Pumpwerke und Hebeanlagen			x		
– Abwasserbehandlungsanlagen, schwierige Pumpwerke und Hebeanlagen				x	
– Schwierige Abwasserbehandlungsanlagen					x

Honorare für Grundleistungen bei Ingenieurbauwerken § 44 HOAI

Gruppe 3 – Bauwerke und Anlagen des Wasserbaus ausgenommen Freianlagen nach § 39 Absatz 1	Honorarzone				
	I	II	III	IV	V
– Berieselung und rohrlose Dränung, flächenhafter Erdbau mit unterschiedlichen Schütthöhen oder Materialien		x			
– Beregnung und Rohrdränung			x		
– Beregnung und Rohrdränung bei ungleichmäßigen Boden- und schwierigen Geländeverhältnissen				x	
– Einzelgewässer mit gleichförmigem ungegliederten Querschnitt ohne Zwangspunkte, ausgenommen Einzelgewässer mit überwiegend ökologischen und landschaftsgestalterischen Elementen	x				
– Einzelgewässer mit gleichförmigem gegliedertem Querschnitt und einigen Zwangspunkten			x		
– Einzelgewässer mit ungleichförmigem ungegliedertem Querschnitt und einigen Zwangspunkten, Gewässersysteme mit einigen Zwangspunkten				x	
– Einzelgewässer mit ungleichförmigem gegliedertem Querschnitt und vielen Zwangspunkten, Gewässersysteme mit vielen Zwangspunkten, besonders schwieriger Gewässerausbau mit sehr hohen technischen Anforderungen und ökologischen Ausgleichsmaßnahmen					x
– Teiche bis 3m Dammhöhe über Sohle ohne Hochwasserentlastung, ausgenommen Teiche ohne Dämme	x				
– Teiche mit mehr als 3m Dammhöhe über Sohle ohne Hochwasserentlastung, Teiche bis 3m Dammhöhe über Sohle mit Hochwasserentlastung		x			
– Hochwasserrückhaltebecken und Talsperren bis 5m Dammhöhe über Sohle oder bis 100.000 m³ Speicherraum				x	
– Hochwasserrückhaltebecken und Talsperren mit mehr als 100.000 m³ und weniger als 5.000.000 m³ Speicherraum				x	
– Hochwasserrückhaltebecken und Talsperren mit mehr als 5.000.000 m³ Speicherraum					x
– Deich und Dammbauten			x		
– schwierige Deich- und Dammbauten				x	
– besonders schwierige Deich- und Dammbauten					x
– einfache Pumpanlagen, Pumpwerke und Schöpfwerke		x			
– Pump- und Schöpfwerke, Siele			x		
– schwierige Pump- und Schöpfwerke				x	

§ 44 HOAI Honorare für Grundleistungen bei Ingenieurbauwerken

Gruppe 3 – Bauwerke und Anlagen des Wasserbaus ausgenommen Freianlagen nach § 39 Absatz 1	Honorarzone				
	I	II	III	IV	V
– Einfache Durchlässe	x				
– Durchlässe und Düker		x			
– schwierige Durchlässe und Düker			x		
– Besonders schwierige Durchlässe und Düker				x	
– einfache feste Wehre		x			
– feste Wehre			x		
– einfache bewegliche Wehre			x		
– bewegliche Wehre				x	
– einfache Sperrwerke und Sperrtore			x		
– Sperrwerke				x	
– Kleinwasserkraftanlagen			x		
– Wasserkraftanlagen				x	
– Schwierige Wasserkraftanlagen, zum Beispiel Pumpspeicherwerke oder Kavernenkraftwerke					x
– Fangedämme, Hochwasserwände			x		
– Fangedämme, Hochwasserschutzwände in schwieriger Bauweise				x	
– eingeschwommene Senkkästen, schwierige Fangedämme, Wellenbrecher					x
– Bootsanlegestellen mit Dalben, Leitwänden, Festmacher- und Fenderanlagen an stehenden Gewässern	x				
– Bootsanlegestellen mit Dalben, Leitwänden, Festmacher- und Fenderanlagen an fließenden Gewässern, einfache Schiffslösch- u. -ladestellen, einfache Kaimauern und Piers		x			
– Schiffslösch- und -ladestellen, Häfen, jeweils mit Dalben, Leitwänden, Festmacher- und Fenderanlagen mit hohen Belastungen, Kaimauern und Piers			x		
– Schiffsanlege-, -lösch- und -ladestellen bei Tide oder Hochwasserbeeinflussung, Häfen bei Tide- und Hochwasserbeeinflussung, schwierige Kaimauern und Piers				x	
– Schwierige schwimmende Schiffsanleger, bewegliche Verladebrücken					x
– Einfache Uferbefestigungen	x				

Gruppe 3 – Bauwerke und Anlagen des Wasserbaus ausgenommen Freianlagen nach § 39 Absatz 1	Honorarzone				
	I	II	III	IV	V
– Uferwände und -mauern	x				
– Schwierige Uferwände und -mauern, Ufer- und Sohlensicherung an Wasserstraßen		x			
– Schifffahrtskanäle, mit Dalben, Leitwänden, bei einfachen Bedingungen			x		
– Schifffahrtskanäle, mit Dalben, Leitwänden, bei schwierigen Bedingungen in Dammstrecken, mit Kreuzungsbauwerken				x	
– Kanalbrücken					x
– einfache Schiffsschleusen, Bootsschleusen		x			
– Schiffsschleusen bei geringen Hubhöhen			x		
– Schiffsschleusen bei großen Hubhöhen und Sparschleusen				x	
– Schiffshebewerke					x
– Werftanlagen, einfache Docks			x		
– schwierige Docks				x	
– Schwimmdocks					x

Gruppe 4 – Bauwerke u. Anlagen für Ver- und Entsorgung mit Gasen, Energieträgern, Feststoffen einschließlich wassergefährdenden Flüssigkeiten, ausgenommen Anlagen nach § 53 Absatz 2	Honorarzone				
	I	II	III	IV	V
– Transportleitungen für Fernwärme, wassergefährdende Flüssigkeiten und Gase ohne Zwangspunkte	x				
– Transportleitungen für Fernwärme, wassergefährdende Flüssigkeiten und Gase mit geringen Verknüpfungen und wenigen Zwangspunkten		x			
– Transportleitungen für Fernwärme, wassergefährdende Flüssigkeiten und Gase mit zahlreichen Verknüpfungen oder zahlreichen Zwangspunkten			x		
– Transportleitungen für Fernwärme, wassergefährdende Flüssigkeiten und Gase mit zahlreichen Verknüpfungen und zahlreichen Zwangspunkten				x	
– Industriell vorgefertigte einstufige Leichtflüssigkeitsabscheider		x			
– Einstufige Leichtflüssigkeitsabscheider			x		
– mehrstufige Leichtflüssigkeitsabscheider				x	

§ 44 HOAI Honorare für Grundleistungen bei Ingenieurbauwerken

Gruppe 4 – Bauwerke u. Anlagen für Ver- und Entsorgung mit Gasen, Energieträgern, Feststoffen einschließlich wassergefährdenden Flüssigkeiten, ausgenommen Anlagen nach § 53 Absatz 2	Honorarzone				
	I	II	III	IV	V
– Leerrohrnetze mit wenigen Verknüpfungen				x	
– Leerrohrnetze mit zahlreichen Verknüpfungen				x	
– Handelsübliche Fertigbehälter für Tankanlagen	x				
– Pumpzentralen für Tankanlagen in Ortbetonbauweise				x	
– Anlagen zur Lagerung wassergefährdender Flüssigkeiten in einfachen Fällen				x	

Gruppe 5 – Bauwerke und Anlagen der Abfallentsorgung	Honorarzone				
	I	II	III	IV	V
– Zwischenlager, Sammelstellen und Umladestationen offener Bauart für Abfälle oder Wertstoffe ohne Zusatzeinrichtungen	x				
– Zwischenlager, Sammelstellen und Umladestationen offener Bauart für Abfälle oder Wertstoffe mit einfachen Zusatzeinrichtungen		x			
– Zwischenlager, Sammelstellen und Umladestationen offener Bauart für Abfälle oder Wertstoffe, mit schwierigen Zusatzeinrichtungen				x	
– Einfache, einstufige Aufbereitungsanlagen für Wertstoffe			x		
– Aufbereitungsanlagen für Wertstoffe				x	
– Mehrstufige Aufbereitungsanlagen für Wertstoffe					x
– Einfache Bauschuttaufbereitungsanlagen			x		
– Bauschuttaufbereitungsanlagen				x	
– Bauschuttdeponien ohne besondere Einrichtungen			x		
– Bauschuttdeponien				x	
– Pflanzenabfall-Kompostierungsanlagen ohne besondere Einrichtungen			x		
– Biomüll-Kompostierungsanlagen, Pflanzenabfall-Kompostierungsanlagen				x	
– Kompostwerke				x	
– Hausmüll- und Monodeponien				x	
– Hausmülldeponien und Monodeponien mit schwierigen technischen Anforderungen				x	

Gruppe 5 – Bauwerke und Anlagen der Abfallentsorgung	Honorarzone				
	I	II	III	IV	V
– Anlagen zur Konditionierung von Sonderabfällen				x	
– Verbrennungsanlagen, Pyrolyseanlagen					x
– Sonderabfalldeponien				x	
– Anlagen für Untertagedeponien				x	
– Behälterdeponien				x	
– Abdichtung v. Altablagerungen u. kontaminierten Standorten			x		
– Abdichtung von Altablagerungen und kontaminierten Standorten mit schwierigen technischen Anforderungen				x	
– Anlagen zur Behandlung kontaminierter Böden einschließlich Bodenluft				x	
– einfache Grundwasserdekontaminierungsanlagen				x	
– komplexe Grundwasserdekontaminierungsanlagen					x

Gruppe 6 – konstruktive Ingenieurbauwerke für Verkehrsanlagen	Honorarzone				
	I	II	III	IV	V
– Lärmschutzwälle, ausgenommen Lärmschutzwälle als Mittel der Geländegestaltung	x				
– Einfache Lärmschutzanlagen		x			
– Lärmschutzanlagen			x		
– Lärmschutzanlagen in schwieriger städtebaulicher Situation				x	
– Gerade Einfeldbrücken einfacher Bauart	x				
– Einfeldbrücken			x		
– Einfache Mehrfeld- und Bogenbrücken			x		
– Schwierige Einfeld-, Mehrfeld- und Bogenbrücken				x	
– Schwierige, längs vorgespannte Stahlverbundkonstruktionen					x
– Besonders schwierige Brücken					x
– Tunnel- und Trogbauwerke			x		
– Schwierige Tunnel- und Trogbauwerke				x	
– Besonders schwierige Tunnel- und Trogbauwerke					x
– Untergrundbahnhöfe			x		

§ 44 HOAI Honorare für Grundleistungen bei Ingenieurbauwerken

Gruppe 6 – konstruktive Ingenieurbauwerke für Verkehrsanlagen	Honorarzone				
	I	II	III	IV	V
– schwierige Untergrundbahnhöfe				x	
– besonders schwierige Untergrundbahnhöfe und Kreuzungsbahnhöfe					x

Gruppe 7 – sonstige Einzelbauwerke sonstige Einzelbauwerke, ausgenommen Gebäude und Freileitungs- und Oberleitungsmaste	Honorarzone				
	I	II	III	IV	V
– Einfache Schornsteine		x			
– Schornsteine			x		
– Schwierige Schornsteine				x	
– Besonders schwierige Schornsteine					x
– Einfache Masten und Türme ohne Aufbauten	x				
– Masten und Türme ohne Aufbauten		x			
– Masten und Türme mit Aufbauten			x		
– Masten und Türme mit Aufbauten und Betriebsgeschoss				x	
– Masten und Türme mit Aufbauten, Betriebsgeschoss und Publikumseinrichtungen					x
– Einfache Kühltürme			x		
– Kühltürme				x	
– Schwierige Kühltürme					x
– Versorgungsbauwerke und Schutzrohre in sehr einfachen Fällen ohne Zwangspunkte	x				
– Versorgungsbauwerke und Schutzrohre mit zugehörigen Schächten für Versorgungssysteme mit wenigen Zwangspunkten		x			
– Versorgungsbauwerke mit zugehörigen Schächten für Versorgungssysteme unter beengten Verhältnissen				x	
– Versorgungsbauwerke mit zugehörigen Schächten in schwierigen Fällen für mehrere Medien					x
– Flach gegründete, einzeln stehende Silos ohne Anbauten			x		
– Einzeln stehende Silos mit einfachen Anbauten, auch in Gruppenbauweise				x	
– Silos mit zusammengefügten Zellenblöcken und Anbauten					x

Honorare für Grundleistungen bei Ingenieurbauwerken § 44 HOAI

Gruppe 7 – sonstige Einzelbauwerke sonstige Einzelbauwerke, ausgenommen Gebäude und Freileitungs- und Oberleitungsmaste	Honorarzone				
	I	II	III	IV	V
– Schwierige Windkraftanlagen				x	
– Unverankerte Stützbauwerke bei geringen Geländesprüngen ohne Verkehrsbelastung als Mittel zur Geländegestaltung und zur konstruktiven Böschungssicherung	x				
– unverankerte Stützbauwerke bei hohen Geländesprüngen mit Verkehrsbelastungen mit einfachen Baugrund-, Belastungs- und Geländeverhältnissen		x			
– Stützbauwerke mit Verankerung oder unverankerte Stützbauwerke bei schwierigen Baugrund-, Belastungs- oder Geländeverhältnissen			x		
– Stützbauwerke mit Verankerung und schwierigen Baugrund-, Belastungs- oder Geländeverhältnissen				x	
– Stützbauwerke mit Verankerung und ungewöhnlich schwierigen Randbedingungen					x
– Schlitz- und Bohrpfahlwände, Trägerbohlwände			x		
– Einfache Traggerüste und andere einfache Gerüste			x		
– Traggerüste und andere Gerüste				x	
– Sehr schwierige Gerüste und sehr hohe oder weitgespannte Traggerüste, verschiebliche (Trag-)Gerüste					x
– eigenständige Tiefgaragen, einfache Schacht- und Kavernenbauwerke, einfache Stollenbauten			x		
– schwierige eigenständige Tiefgaragen, schwierige Schacht- und Kavernenbauwerke, schwierige Stollenbauwerke				x	
– Besonders schwierige Schacht- und Kavernenbauwerke					x

Im Hinblick auf die Objektliste wurden einige Veränderungen vorgenommen. Die wesentlichen Veränderungen werden nachfolgend kurz dargestellt: 13
– **Einfache Deich- und Dammbauten**, die nach Anlage 3.4.1 der HOAI 2009 noch der Honorarzone I zugeordnet waren, finden sich seit Inkrafttreten der HOAI 2013 als »Deich- und Dammbauten« in Gruppe 3 der Anlage 12.2 und sind der Honorarzone II zugeordnet. Der ebenfalls der Honorarzone I nach Anlage 3.4.1 zugeordnete **einfache, insbesondere flächenhafter Erdbau**, ausgenommen flächenhafter Erdbau zur Geländegestaltung, wurde nicht in die Anlage 12.2 der HOAI 2013 mitübernommen; Gleiches gilt für die in Anlage 3.4.1 HOAI 2009 bei der Honorarzone I vorgesehenen **Stege**, soweit Leistungen nach Teil 4 Abschnitt 1 erforderlich sind.

§ 44 HOAI   Honorare für Grundleistungen bei Ingenieurbauwerken

- Die der Honorarzone I nach Anlage 3.4.1 zugeordneten **einfachen Ufermauern** wurden in der Gruppe 3 nach Anlage 12.2 HOAI 2013 der Honorarzone II zugeordnet. Die Unterscheidung in einfache Ufermauern und Ufermauern (entsprechend der Anlage 3.4.1 der HOAI 2009) wurde aufgegeben. Zusätzlich wurden in der HOAI 2013 in die Gruppe 3 die **Uferbefestigungen** mit aufgenommen und der Honorarzone I zugeordnet. Ufermauern als solche sind nunmehr der Honorarzone II zugeordnet.
- Die der Honorarzone I nach Anlage 3.4.1 HOAI 2009 zugeordneten **einfachen gemauerten Schornsteine** gehören seit Inkrafttreten der HOAI 2013 zur Honorarzone II gemäß Gruppe 7, wobei auf das Merkmal »gemauert« verzichtet wurde.
- Die der Honorarzone III nach Anlage 3.4.3 zugeordneten **Schiffsanlegestellen** sind seit Inkrafttreten der HOAI 2013 der Honorarzone IV in Gruppe 3 zugeordnet.
- Die ebenfalls der Honorarzone III nach Anlage 3.4.3 nach HOAI 2009 zugeordneten **einfachen Schiffsschleusen und Bootsschleusen** gehören seit Inkrafttreten der HOAI 2013 zur Honorarzone II der Gruppe 3.
- Die in Honorarzone II, III und IV der Anlagen 3.4.2 bis 3.4.4 HOAI 2009 zugeordneten **Aufschlepp- und Helgenanlagen** wurden gestrichen.
- Die der Honorarzone IV in Anlage 3.4.4 zugeordneten **schwierigen Werftanlagen** sind seit Inkrafttreten der HOAI 2013 wohl der Honorarzone III der Gruppe 3 zuzuordnen. Dort findet sich allerdings nur noch der Begriff Werftanlagen. Eine Differenzierung in schwierige Werftanlagen und Werftanlagen ist entfallen. Die Werftanlagen waren auch bis zum Inkrafttreten der HOAI 2013 der Honorarzone III in Anlage 3.4.3 der HOAI 2009 zugeordnet.
- **Druckerhöhungsanlagen** waren bis zum Inkrafttreten der HOAI 2013 der Honorarzone IV in Anlage 3.4.4 zugeordnet. Sie sind der Gruppe 1 und dort der Honorarzone III in Anlage 12.2 der HOAI 2013 zugeordnet.
- Anstelle der **mehrfunktionalen Düker**, die sich bis zum Inkrafttreten der HOAI 2013 in Honorarzone IV der Anlage 3.4.4 der HOAI 2009 befanden, wurden in Gruppe 3 der Anlage 12.2 der HOAI 2013 besonders schwierige Durchlässe und Düker aufgenommen.
- In die Gruppe 3 der Anlage 12.2 der HOAI 2013 wurden die **Fangedämme und Hochwasserwände** aufgenommen und der Honorarzone III zugeordnet. Fangedämme und Hochschutzwände in schwieriger Bauweise wurden ebenfalls der Gruppe 3 in Anlage 12.2 der Anlage 12.2. der HOAI 2013 der Honorarzone IV zugeordnet. Ferner wurden die **eingeschwommenen Senkkästen, schwierigen Fangedämme, Wellenbrecher** aufgenommen, die der Honorarzone V in Gruppe 3 zugeordnet worden sind.
- Schwierige **schwimmende Schiffsanleger** und **bewegliche Verladebrücken** sind der Honorarzone V der Gruppe 3 zugeordnet.
- **Schifffahrtskanäle** sind der Honorarzone III der Gruppe 3 in Anlage 12.2 HOAI 2013 zugeordnet, Schifffahrtskanäle bei schwierigen Bedingungen der Honorarzone IV. Schifffahrtskanäle waren bis zum Inkrafttreten der HOAI 2013 ausschließlich in der Honorarzone III in Anlage 3.4.3 der HOAI 2009 vorgesehen und nicht bei der Honorarzone IV.

- **Einfache Schiffsschleusen und Bootsschleusen** waren bis zum Inkrafttreten der HOAI 2013 der Honorarzone III in Anlage 3.4.3 der HOAI 2009 zugeordnet. Sie sind seit Inkrafttreten der HOAI 2013 der Honorarzone II der Gruppe 3 in Anlage 12.2 zugeordnet. Schiffsschleusen bei geringen Hubhöhen sind der Honorarzone III in Gruppe 3 der Anlage 12.2 zugeordnet. Sie gehörten bis zum Inkrafttreten der HOAI 2013 zur Honorarzone IV (»Schiffsschleusen«). Schiffsschleusen bei großen Hubhöhen und Sparschleusen sind nunmehr der Honorarzone IV in Gruppe 3 der Anlage 12.2 zugeordnet.
- **Schwimmdocks** sind der Honorarzone V zugeordnet. Bis zum Inkrafttreten der HOAI 2013 waren sie in der Anlage 3.4.4 schwierige Docks der Honorarzone IV zugeordnet.
- In Gruppe 4 der Anlage 12.2 HOAI 2013 finden sich ferner die **Transportleitungen für Fernwärme**. Hierbei wird differenziert von Honorarzone I bis einschließlich Honorarzone IV.
- Ferner finden sich in Gruppe 6 schwierige, längs **vorgespannte Stahlverbundkonstruktionen** (Honorarzone V) sowie die schwierigen **Windkraftanlagen** der Gruppe 7, die der Honorarzone IV zugeordnet worden sind.
- Änderungen durch die HOAI 2013 ergaben sich im Hinblick auf die in Gruppe 7 erwähnten **Stützbauwerke**, die – je nach Art –, der Honorarzone I bis einschließlich Honorarzone V zugeordnet sind. Bis zum Inkrafttreten der HOAI 2013 fanden sich Stützbauwerke und Geländeabstützungen in Honorarzone I gemäß Anlage 3.4.1 zur HOAI 2009, in Honorarzone II der Anlage 3.4.2 sowie in Honorarzone III der Anlage 3.4.3; bei den Honorarzonen IV und V der Anlagen 3.4.4 und 3.4.5 der HOAI 2009 waren keine Stützbauwerke vorgesehen.
- **Traggerüste** und andere Gerüste finden sich in Gruppe 7. Sie sind der Honorarzone III (einfache Traggerüste und andere einfache Gerüste), der Honorarzone IV (Traggerüste und andere Gerüste) und der Honorarzone V (sehr schwierige Gerüste und sehr hohe oder weit gespannte Traggerüste, verschiebliche (Trag-)Gerüste) zugeordnet.

Im Hinblick auf **Umbauten und Modernisierungen** eine Regelung zu den **Umbauten und Modernisierungen** in § 44 Abs. 6 vorgesehen. Danach kann bei durchschnittlichem Schwierigkeitsgrad ein **Umbauzuschlag** bis 33 % vereinbart werden. Die Vereinbarung muss **schriftlich** getroffen werden. Die Regelung ist wortgleich mit der Regelung zum Leistungsbild Gebäude und zum Leistungsbild Innenräume in § 36 Abs. 1 HOAI. Auf die dortigen Ausführungen[14] kann verwiesen werden. Für Leistungen mit einem **unterdurchschnittlichen Schwierigkeitsgrad** gilt die Obergrenze von 33 % ebenfalls.[15] Weisen die Leistungen einen **überdurchschnittlichen Schwierigkeitsgrad** auf, kann die Höhe des Zuschlags frei bis zur Grenze der Sittenwidrigkeit nach § 138 BGB vereinbart werden.[16] **Bei Umbauten ist neben dem Umbauzuschlag bei der Honorarermittlung auch die mitzuverarbeitende Bausubstanz** i. S. d. § 2 Abs. 7 zu be- 14

---

14 Vgl. oben § 36 Rdn. 1 ff.
15 Vgl. oben § 36 Rdn. 5.
16 Vgl. Umbauzuschlag auch oben § 6 Rdn. 39 ff.

rücksichtigen, was sich aus der Stellung des § 4 Abs. 3 im Allgemeinen Teil ergibt. Auf die obigen Ausführungen zu § 4 Abs. 3 wird verwiesen.[17] Der Ablauf zur Ermittlung der mitzuverarbeitenden Bausubstanz erfolgt entsprechend der oben bei § 6 dargestellten Schritte.[18] Hierzu folgendes Beispiel:

Schritt 1: Identifizierung der mitzuverarbeitenden Bausubstanz

▸ **Beispiel 1:**

In einem Trinkwasserbehälter wird zur Sanierung eine Innenbeschichtung auf den Wänden und Decken, die ausschließlich aus Beton bestehen, geplant, die vorhandenen Wände und Decken bleiben erhalten. Zwischen den Wänden und Decken als vorhandene Bausubstanz und der neuen Innenbeschichtung entsteht eine Verbindung, weshalb die Wände und Decken mitzuverarbeitende Bausubstanz sind.

▸ **Beispiel 2:**

In einem Absetzbecken, dessen Wände mit Fliesen verkleidet sind, werden zusätzliche neue Einbauten in Beton oder Stahl vorgesehen. Die vorhandenen Fliesen bleiben erhalten. Die Verbindung der Bauteile entsteht zwischen der vorhandenen Betonkonstruktion, an der die neuen Beton-/Stahlbetonbauteile befestigt werden. Die vorhandenen Betonkonstruktionen sind aus diesem Grund mitzuverarbeitende Bausubstanz. Zwischen den vorhandenen Fliesen und den neuen Einbauten entsteht keine Verbindung, weshalb die Fliesen in der Planung nicht weiter berücksichtigt werden und keine mitzuverarbeitende Bausubstanz darstellen.

▸ **Beispiel 3:**

Eine Stahlbrücke wird saniert und Teile der Konstruktion (Querträger, Steifen) verstärkt. Das Haupttragsystem bleibt unverändert. Die Blechverstärkungen werden nur auf die Querträger und Steifen geschweißt. Daher stellen nur diese verstärkten Bauteile die mitzuverarbeitende Bausubstanz dar.

Schritt 2: Bestimmung der Mengen der mitzuverarbeitenden Bausubstanz

Für die im ersten Schritt identifizierten **Bauelemente** (wegen der Abgrenzung von »Baustoffen« und »Bauteilen« im Sinne von § 2 Abs. 7 HOAI einerseits und der mitzuverarbeitenden Bausubstanz andererseits wird im Folgenden der Begriff »Bauelement« für jegliche Art von mitzuverarbeitender Bausubstanz verwendet) sind die Mengen zu ermitteln. Eine Bestimmung der Menge über das Bauvolumen oder die Grundfläche ist in vielen Fällen ausreichend genau und kann aus der in den Plänen dargestellten Geometrie ermittelt werden. Sollte dieser erste Schritt keine zufriedenstellende Genauigkeit erreichen, so sind die Kosten der mitzuverarbeitenden Bausubstanz nach Bauteilen bzw. Grob-Elementen nach DIN 276, Teil 4 herzuleiten.

---

17 Vgl. oben § 4 Rdn. 56.
18 Vgl. oben § 4 Rdn. 63 ff.

Im Einzelfall kann bei der Berechnung der mitzuverarbeitenden Bausubstanz bis auf die dritte Ebene der Kostengliederung (Fein-Elemente) vertieft werden. Sind nicht alle Fein-Elemente eines solchen Grob-Elements mitzuverarbeiten oder sind einzelne Fein-Elemente nur teilweise zu berücksichtigen, muss eine zugehörige Minderung ebenfalls bestimmt werden.

Schritt 3: Festlegung der Kostenkennwerte

Der Wert der mitzuverarbeitenden Bausubstanz entspricht der fiktiven Neuherstellung (Neubauwert) dieser Bausubstanz zum Zeitpunkt der Kostenberechnung. Es handelt sich hier um die gleichen ortsüblichen Preise, die auch bei der neu geplanten Bausubstanz angesetzt werden.

Schritt 4: Ermittlung des Wertfaktors

Gemäß dem Urteil des BGH vom 9. Juni 1986 (VII ZR 260/84) zählt der effektive, dem Erhaltungszustand entsprechende Wert der mitzuverarbeitenden Bausubstanz zu den anrechenbaren Kosten. Das bedeutet: wenn ein Bauteil mitverarbeitet wird und in keinem technisch einwandfreien Zustand ist, ist der Wert dieses Bauteils zu mindern.

Problematisch ist die Bestimmung dieser Minderung, die in aller Regel denjenigen Kosten von Bauleistungen entspricht, die für Reparaturen bzw. Ertüchtigungsmaßnahmen aufgewendet werden müssen. Die Kosten solcher Reparaturen sind zu Beginn einer Planung nur ansatzweise bekannt bzw. werden erst nach Bauteiluntersuchungen ausreichend genau ersichtlich. Daher wird der Neuwert mit einem objektspezifischen Abminderungsfaktor multipliziert.

Dieser Abminderungsfaktor bildet den Erhaltungszustand der mitverarbeiteten Bausubstanz ab und liegt zwischen 1,0 (praktisch neuwertig) und 0,7 (noch erhaltenswert). Der Faktor 0,7 stellt im Allgemeinen die Untergrenze dar, bis zu der eine Weiterverwendung bestehender Bauteile sinnvoll ist. Bei großen Massenbauteilen im Wasserbau (Staumauern, Kaianlagen, Schleusenbecken etc.) kann ein Erhalt der Bausubstanz bis zu einem Abminderungsfaktor von 0,6 sinnvoll sein.

Schritt 5: Bestimmung des Leistungsfaktors

Wie zuvor dargestellt, werden für die Festlegungen der Leistungsfaktoren die Ausführungen aus dem BMWi-Gutachten verwendet.

Der gewichtete Leistungsfaktor für Leistungen bei **Ingenieurbauwerken** und über alle Leistungsphasen berechnet sich zu 0,74:

LPH	Bezeichnung	Bewertung Ingenieurbauwerk	Leistungsfaktoren	Gewichtete Leistungsfaktoren Ingenieurbauwerk
1	Grundlagenermittlung	2,00 %	0,90	0,02
2	Vorplanung	20,00 %	0,90	0,18

§ 44 HOAI Honorare für Grundleistungen bei Ingenieurbauwerken

LPH	Bezeichnung	Bewertung Ingenieurbauwerk	Leistungs-faktoren	Gewichtete Leistungsfaktoren Ingenieurbauwerk
3	Entwurfsplanung	25,00 %	0,80	0,20
4	Genehmigungsplanung	5,00 %	0,70	0,04
5	Ausführungsplanung	15,00 %	1,00	0,15
6	Vorbereitung der Vergabe	13,00 %	0,50	0,07
7	Mitwirkung bei der Vergabe	4,00 %	0,60	0,02
8	Objektüberwachung	15,00 %	0,40	0,06
9	Objektbetreuung	1,00 %	0,50	0,01
	Summen	100 %		
	Leistungsfaktor gewichtet			**0,74**

Sofern nicht alle Leistungsphasen übertragen sind, werden im Folgenden für zwei gebräuchliche Fallgestaltungen die Leistungsfaktoren dargestellt:

Bei einem Auftrag über die Leistungsphasen 1 bis 4 berechnet sich folgender Leistungsfaktor:

LPH	Bezeichnung	Bewertung Ingenieurbauwerk	Leistungs-faktoren	Gewichtete Leistungsfaktoren Ingenieurbauwerke
1	Grundlagenermittlung	2,00 %	0,90	0,018
2	Vorplanung	20,00 %	0,90	0,18
3	Entwurfsplanung	25,00 %	0,80	0,2
4	Genehmigungsplanung	5,00 %	0,70	0,035
	Summen	52,00 %		**0,43**
Leistungsfaktor LPH 1 bis 4		Formel: 0,43/52,00*100		**0,83**

Bei einem Auftrag über die Leistungsphasen 5 bis 9 berechnet sich folgender Leistungsfaktor:

LPH	Bezeichnung	Bewertung Ingenieurbaubauwerk	Leistungs-faktoren	Gewichtete Leistungsfaktoren Ingenieurbauwerke
5	Ausführungsplanung	15,00 %	1,00	0,15
6	Vorbereitung der Vergabe	13,00 %	0,50	0,07

§ 44 HOAI

LPH	Bezeichnung	Bewertung Ingenieurbaubauwerk	Leistungsfaktoren	Gewichtete Leistungsfaktoren Ingenieurbauwerke
7	Mitwirkung bei der Vergabe	4,00 %	0,60	0,02
8	Objektüberwachung	15,00 %	0,40	0,06
9	Objektbetreuung	1,00 %	0,50	0,01
	Summen	48,00 %		0,30
Leistungsfaktor LPH 5 bis 9		Formel: 0,30/48,00*100		0,63

Der Wert der mitzuverarbeitenden Bausubstanz wird bezüglich der Anrechenbarkeit zur jeweiligen Kostengruppe nach DIN 276 gerechnet.

Wird der Wert ausschließlich aus Elementen der Kostengruppe 300 berechnet, zählt er zu den **voll** anrechenbaren Kosten. Andernfalls zählt er – je nach Kostengruppe, der er zuzuordnen ist – zu den **beschränkt** oder **bedingt** anrechenbaren Kosten.

Eine Besonderheit findet sich in § 44 Abs. 7. Danach soll § 7 Abs. 3 unter folgenden Voraussetzungen anzuwenden sein:
– Der Planungsaufwand für Ingenieurbauwerke mit großer Längenausdehnung,
– die unter gleichen baulichen Bedingungen errichtet werden,
– steht in einem Missverhältnis zum ermittelten Honorar.

Wenn alle Voraussetzungen erfüllt sind, ist § 7 Abs. 3 anzuwenden. Nach der Amtlichen Begründung soll es sich insoweit um eine Rechtsgrundverweisung handeln[19] und nach der Vorstellung des Verordnungsgebers die Möglichkeit bestehen, die im verbindlichen Teil festgelegten Mindestsätze durch eine **Vereinbarung** zu unterschreiten. § 44 Abs. 7 stellt keine eigenständige Grundlage für eine Mindestsatzunterschreitung dar. Zulässige Mindestsatzunterschreitungen müssen nach der gesetzlichen Anordnung auf Ausnahmefälle beschränkt bleiben[20]. Die Vereinbarung muss **schriftlich** getroffen werden. Ein bestimmter Zeitpunkt zum Abschluss der Honorarvereinbarung wird in § 44 Abs. 7 nicht genannt. Es ist umstritten, ob auch hier das Merkmal »**bei Auftragserteilung**« als Voraussetzung für eine wirksame Honorarvereinbarung eingreift.[21] Der Verordnungsgeber hat mit der Regelung in § 44 Abs. 7 einen Regel-Anwendungsfall des § 7 Abs. 3 geschaffen. Noch einigermaßen klar ist die Abgrenzung zu § 11. Die zuletzt genannte Vorschrift kann – wenn deren Voraussetzungen erfüllt sind – zu einer Honorarreduzierung bei **mehreren** Ingenieurbauwerken führen. § 44 Abs. 7 kommt – so wohl die Vorstellung des Verordnungsgebers – auch bei Vorliegen **eines** Ingenieurbauwerks zum Tragen. Ansonsten ist die Regelung aber weitgehend unklar[22]:

---

19 Vgl. Amtliche Begründung Drucks. 334/13 S. 161.
20 *Hebel/De Pascalis* in FBS § 44 Rd. 47.
21 Vgl. oben § 7 Rdn. 97 m. w. Nachw.
22 Vgl. auch die umfangreichen Ausführungen bei *Hebel/De Pascalis* in FBS § 44 Rd. 41 ff.

- Der Begriff der »gleichen baulichen Bedingungen« in § 44 Abs. 7 findet sich nur noch an einer weiteren Stelle, nämlich bei § 52 Abs. 5 mit dem gleichen Wortlaut. Ansonsten findet sich in § 44 Abs. 3 der Begriff »unter weitgehend vergleichbaren Bedingungen«, in § 11 Abs. 2 findet sich die Formulierung »weitgehend gleichartige Planungsbedingungen«, in § 11 Abs. 3 wird auf den »zeitlichen oder örtlichen Zusammenhang« verwiesen. In all den vorgenannten Fällen geht es auch um den Vergleich der Bedingungen bei der Planung/Errichtung mehrerer Objekte. Da es beim § 44 Abs. 7 um **ein** Bauwerk geht, kann sich der Begriff der »gleichen baulichen Bedingungen« jedenfalls nicht auf die Bauzeit beziehen, da ein Bauwerk mit großer Längenausdehnung abschnittsweise errichtet wird. Die einzelnen Bauabschnitte werden jedenfalls nicht gleichzeitig errichtet. Daraus ergibt sich, dass der Begriff der gleichen baulichen Bedingungen im Sinne des § 44 Abs. 2 jedenfalls nicht die Bauzeit umfassen kann. Es kann daher letztlich nur um andere bauliche Bedingungen (z. B. Baugrund, Art und Dichte der Umgebungsbebauung, äußere Einflüsse – z. B. Verkehrsbelastungen – während der Durchführung der Baumaßnahme etc.) und damit um Umstände gehen, die sich bereits im Zeitpunkt der Planung auf den zu tätigenden Aufwand auswirken, auch wenn nach der HOAI das Honorar ansonsten weitgehend nicht aufwandsbezogen ermittelt wird.
- Dafür, dass die Bauzeit nicht unter den Begriff der gleichen baulichen Bedingungen fallen kann (vgl. oben, erster Spiegelstrich), spricht auch der Umstand, dass es um den **Planungs**aufwand für Ingenieurbauwerke geht, die unter bestimmten Bedingungen **errichtet** werden. Im Zeitpunkt der Planung ist noch gar nicht bekannt, in welchem Zeitraum die tatsächliche Errichtung erfolgen wird und ob dies in Abschnitten geschehen wird.[23] Es fällt auch auf, dass die Begriffspaare »Planungsaufwand« und »Errichtung« verwendet wurden, obwohl anhand der Regelung in § 54 Abs. 3 ersichtlich ist, dass die Problematik bekannt ist. Dort werden die weitgehend vergleichbaren Bedingungen im Zusammenhang mit der Planung genannt. Auch in § 11 wird ausdrücklich auf »gleichartige Planungsbedingungen« abgestellt.
- Nach dem Wortlaut geht es lediglich um ein Missverhältnis des **Planungs**aufwandes zum ermittelten Honorar. Ob es sich insoweit lediglich um eine unsaubere Formulierung des Verordnungsgebers handelt und beispielsweise Leistungen der **Bauoberleitung** in Leistungsphase 8 hiervon trotz der missverständlichen Formulierung auch erfasst sein sollen[24], liegt zwar nahe, ist aufgrund des Wortlauts jedoch nicht zwingend. Da nach Ansicht des Verordnungsgebers[25] der geringe Aufwand zu einem Ausnahmefall führen soll, bei den wesentlichen Leistungen der Bauoberleitung jedoch eine Reduzierung des Aufwandes bei Ingenieurbauwerken mit großer Längenausdehnung nicht eintritt, erscheint es zutreffend, die Regelung auf die Bauoberleitung nicht anzuwenden.

---

23 Möglicherweise wird die Errichtung auch durch die Einleitung von Vergabenachprüfungsverfahren blockiert.
24 *Hebel/De Pascalis* in FBS § 44 Rn. 54 f., die auch bei der Bauoberleitung eine Mindestsatzunterschreitung zulassen.
25 Begründung, Drucks. 334/3 S. 161.

– Die in der Amtlichen Begründung[26] aufgeführten Beispiele, nämlich Deiche und Kaimauern, sind in der Objektliste zu den Ingenieurbauwerken aufgeführt. Dort finden sich im Übrigen auch eine ganze Reihe weiterer Bauwerke und Anlagen, die von ihrer Art her bereits eine gewisse Längenausdehnung aufweisen. Als Beispiele können Leitungen für Wasser oder Abwasser, Einzelgewässer, Deiche und Dammbauten, Hochwasserwände, Dämme, Uferbefestigungen, Uferwände und Mauern, Schifffahrtskanäle, Transportleitungen, Lärmschutzwälle, Lärmschutzanlagen, Brücken, Tunnel und Stützbauwerke genannt werden. Es ist unklar, ob diese Bauwerke und Anlagen, da sie bereits aufgrund ihrer Eigenart eine größere Längenausdehnung aufweisen, der Regelung in § 44 Abs. 7 unterfallen oder ob bei den jeweiligen Bauwerken/bei der jeweiligen Anlage eine »überdurchschnittliche« Längenausdehnung vorliegen muss, um den Anwendungsbereich des § 44 Abs. 7 zu eröffnen[27].

---

26 Begründung, Drucks. 334/3 S. 161.
27 Im Hinblick auf den Anwendungsbereich dieser Vorschrift insoweit ebenfalls zweifelnd: *Hebel/De Pascalis* in FBS § 44 Rn. 45.

Abschnitt 4 Verkehrsanlagen

§ 45 HOAI Anwendungsbereich

Verkehrsanlagen sind:
1. Anlagen des Straßenverkehrs ausgenommen selbstständige Rad-, Geh- und Wirtschaftswege und Freianlagen nach § 39 Absatz 1,
2. Anlagen des Schienenverkehrs,
3. Anlagen des Flugverkehrs.

Übersicht	Rdn.
1. Vergleich mit der HOAI 2009	1
2. Zusammenspiel mit anderen Vorschriften	2
3. Anwendungsbereich des Teils 3 Abschnitt 4	3
a) Zeitlicher und personeller Anwendungsbereich	3
b) Erfasste Objekte und Leistungen	4
4. Begriff Verkehrsanlagen	7
5. Abgrenzung zu anderen Teilen der HOAI	8
a) Abgrenzung zu Freianlagen	8
b) Verkehrsanlagen in Gebäuden	10
c) Abgrenzung zu Ingenieurbauwerken	11
6. Auftrag für mehrere Objekte nach § 11	12
7. Objektdefinition, Beispiele	15

1. Vergleich mit der HOAI 2009

1 In Abschnitt 4 des Teils 3 sind weiterhin die Verkehrsanlagen eigenständig geregelt, während die Ingenieurbauwerke im Abschnitt 3 des Teils 3 enthalten sind. Aus dem früheren § 51 Abs. 2 HOAI 2002 entstand mit der HOAI 2009 § 44. Inhaltlich hat sich auch mit der HOAI 2013 nichts geändert.

2. Zusammenspiel mit anderen Vorschriften

2 Neben den Bestimmungen des Teils 3 Abschnitt 4 Verkehrsanlagen gelten auch alle Vorschriften des Allgemeinen Teils (§§ 1–16) sowie die Überleitungsvorschriften (§§ 57 f.).

3. Anwendungsbereich des Teils 3 Abschnitt 4

a) Zeitlicher und personeller Anwendungsbereich

3 Die Bestimmungen der §§ 45 ff. gelten nach § 1 für alle Ingenieure und Ingenieurinnen oder auch Architekten und Architektinnen mit Sitz im Inland, soweit die Leistungen durch diese Verordnung erfasst und vom Inland aus erbracht werden.[1]

---

[1] Vgl. § 1 Rdn. 1 ff.

b) Erfasste Objekte und Leistungen

Teil 3 Abschnitt 4 gilt für Verkehrsanlagen, soweit diese in § 45 ausdrücklich aufgeführt sind. Dies sind Anlagen des Straßenverkehrs, Anlagen des Schienenverkehrs und Anlagen des Flugverkehrs. Zur Auslegung der einzelnen Bereiche ist die Objektliste nach Anlage 13.2 mit heranzuziehen. Anlagen des Wasserstraßenverkehrs gehören nicht zu den Verkehrsanlagen, sondern zu den Ingenieurbauwerken.[2]

Leistungen für nicht erfasste Objekte sind preisrechtlich nicht gebunden. Hier kann eine freie Honorarvereinbarung getroffen werden. Fehlt eine Honorarvereinbarung, dann steht dem Auftragnehmer dennoch ein Honorar zu, wenn er den entsprechenden Auftrag für die Leistung nachweisen kann,[3] und zwar in Höhe der üblichen Vergütung.[4]

Werden Leistungen für in § 45 genannten Objekte erbracht, die im Leistungsbild des § 47 bzw. in Anlage 13.1 nicht erfasst sind, sind diese ebenfalls preisrechtlich nicht gebunden und können frei vereinbart werden. Als Beispiele seien die gesamten Leistungen zur **Bedarfsplanung und Projektdefinition** genannt.[5] Nicht mehr vom preisrechtlichen Teil der HOAI erfasst sind die Besonderen Leistungen, die in der rechten Spalte der Anlage 13.1 aufgeführt sind. Entsprechendes gilt auch für die **örtliche Bauüberwachung**, welche bis zum Inkrafttreten der HOAI 2009 in einem eigenen Leistungsbild – auch im Hinblick auf Verkehrsanlagen – in § 57 HOAI 2002 und seitdem in der Anlage – als Besondere Leistung – geregelt ist.[6] Auch für diese Leistungen gilt hinsichtlich der Honorarvereinbarung und der Honorierung ohne Vereinbarung das für alle außerhalb der HOAI stehenden Leistungen soeben Gesagte entsprechend.

4. Begriff Verkehrsanlagen

In § 45 sind die Verkehrsanlagen aufgeführt. Einen ersten Anhaltspunkt[7] für die Definition dieses Begriffs liefert das Bundesfernstraßengesetz. Danach gehören zu den Verkehrsanlagen (§ 1 Abs. 4 FStrG) der Straßenkörper, insbesondere der Straßengrund, der Straßenunterbau, die Straßendecke, die Brücken, Tunnel, Durchlässe, Dämme, Gräben, Entwässerungsanlagen, Böschungen, Stützmauern, Lärmschutzanlagen, Trenn-, Seiten-, Rand- und Sicherheitsstreifen, aber auch der Luftraum über dem Straßenkörper; das Zubehör (Verkehrszeichen, Verkehrseinrichtungen und -anlagen aller Art sowie die Bepflanzung). Es kommen aber weitergehend auch die Verkehrsflächen von Flug- und Landeplätzen einschließlich der Start- und Landebahnen hinzu.[8] Mit der Zugehörigkeit zur Verkehrsanlage ist aber noch nichts über die Art und Weise der Honorierung von Leistungen gesagt, die isoliert für eigentliches Zubehör erbracht

---

2 Amtliche Begründung zu § 51 HOAI 2002; vgl. auch Gruppe 3 der Anlage 12.2.
3 Vgl. zur Auftragserteilung Einl. Rdn. 46.
4 Vgl. dazu § 1 Rdn. 13.
5 Vgl. § 41 Rdn. 9.
6 Anlage 2.8.8; dazu auch § 43 Rdn. 6.
7 Kritisch hierzu: *Hummel/Leidig* in MNP § 45 Rd. 5.
8 Amtliche Begründung zum früheren § 51.

§ 45 HOAI Anwendungsbereich

werden.⁹ Vielmehr ist zu prüfen, ob das **Zubehör** ein selbstständiges Objekt darstellt und ob auch Objektplanungsleistungen für Verkehrsanlagen erbracht werden. Nach HOAI 2002 gehörte dieses zur Verkehrsanlage selbst und zu deren anrechenbaren Kosten. Bei isoliertem Auftrag (z. B. für Schutz- und Leiteinrichtungen, Beschilderung und Markierung einer Straße) hat der BGH eine Abrechnung über die Regelungen zu den Verkehrsanlagen zugrunde gelegt, beschränkt auf die anrechenbaren Kosten des Vertragsgegenstandes.¹⁰ Hintergrund war, dass die für diese BGH-Entscheidungen einschlägige Fassung der HOAI nicht vorsah, dass das Leistungsbild Technische Ausrüstung bei Verkehrsanlagen anwendbar ist.¹¹ Dies änderte sich mit Inkrafttreten der HOAI in der Fassung 2009, da § 51 Abs. 1 HOAI 2009 anordnete, dass die Leistungen der Technischen Ausrüstung die Fachplanungsleistungen für die Objektplanung umfasst und damit auch die Fachplanungsleistungen für die Verkehrsanlagen. Zuvor sah die HOAI die Erbringung von Planungsleistungen für die Technische Ausrüstung nur für Gebäude und Ingenieurbauwerke vor. Seit Inkrafttreten der HOAI 2009 kann es sich bei Zubehör um Objekte der Technischen Ausrüstung handeln, soweit sie sich den Anlagengruppen des § 53 Abs. 2 HOAI 2013 zuordnen lassen, die nach Teil 4 Abschnitt 2 selbstständig abzurechnen sind (KG 470 Verkehrsleitsysteme, KG 445 Beleuchtung, KG 451 Notrufanlagen, KG 452 Ampelanlagen). Für den Objektplaner der Verkehrsanlage gehören diese Kosten zusätzlich zu den anrechenbaren Kosten (§§ 46 Abs. 2 oder 46 Abs. 1 Satz 2). Lässt sich das Zubehör nicht einer der Anlagengruppen des § 53 Abs. 2 HOAI zuordnen, kann es sich insoweit um Planungsleistungen für eine Verkehrsanlage handeln, welche über die Honorarvorschriften für Verkehrsanlagen abzurechnen sind.¹² Die Abgrenzung zwischen Baukonstruktion und Technischer Ausrüstung bei Verkehrsanlagen kann im Einzelfall schwierig sein.¹³

5. Abgrenzung zu anderen Teilen der HOAI

a) Abgrenzung zu Freianlagen

8 Freianlagen gehören nicht zu den Verkehrsanlagen. Dies ergibt sich einerseits daraus, dass es für Verkehrsanlagen und Freianlagen jeweils eigenständige Honorarregelungen gibt und andererseits auch aus der Definition des Begriffs der Freianlage in § 39 Abs. 1.¹⁴ Leistungen bei Freianlagen sind als eigenständige Objektplanungsleistungen in Teil 3 Abschnitt 2 der HOAI geregelt und sind völlig getrennt abzurechnen nach den jeweils auf sie entfallenden anrechenbaren Kosten, nach der jeweiligen Honorarzone und den jeweils einschlägigen Honorartafeln sowie den jeweils erbrachten Leistungen. Auch die Abgrenzung zwischen Verkehrsanlagen und Freianlagen kann in Einzelfällen problematisch sein.¹⁵

---

9 So mit Recht KG BauR 2005, 745.
10 BGH BauR 2009, 521 = NJW-RR 2009, 519.
11 Vgl. die anschaulichen Ausführungen von *Lenke* BauR 2015, 754 ff.
12 Vgl. die Nachweise in Fn. 10.
13 Vgl. dazu *Simmendinger* IBR 2010, 1189; *Lenke* BauR 2015, 754 ff.
14 Vgl. insoweit auch *Jochem/Kaufhold*, 5. Auflage, § 44 Rn. 7.
15 Vgl. hierzu *Morlock* DAB [BW] 1986, 156; *Pfrommer/Viehoff* DAB [BW] 1986, 299; *J. Thiel*

Nach der Formulierung des § 45 liegen in Zweifelsfällen Freianlagen vor, da § 45 nur   9
gilt, wenn nicht im Einzelfall Freianlagen zu bejahen sind. Das maßgebende Kriterium
ist, ob die **Funktionalität** oder die **planerische Gestaltung** im Vordergrund steht.[16]
Auch die Objektliste zu den Verkehrsanlagen (Anlage 13.2) und die Objektliste zu
den Freianlagen (Anlage 11.2) sind zur Abgrenzung heranzuziehen.[17] Dass bei der Freianlagenplanung das gestalterische Element im Vordergrund steht, ergibt sich aus den
Formulierungen in § 38 Abs. 1 Nr. 3 bis 6 und 8. In diesen Regelungen wird ausdrücklich als einschränkendes Merkmal der Begriff der »Geländegestaltung« aufgeführt.
Nach einem Urteil des KG[18] gehören z. B. Wege auf einem Krankenhausgelände, die
nicht nur dem Fußgängerverkehr, sondern auch dem Fahrzeugverkehr dienen, zu
den Verkehrsanlagen. Im entschiedenen Fall standen verkehrstechnische Aspekte bei
der Planung im Vordergrund, weshalb die Einordnung zutreffend ist. Ist dagegen die
Gestaltung das wesentliche Merkmal, dann handelt es sich um Freianlagen. Bei verkehrsberuhigten Zonen oder Fußgängerbereichen können sowohl Freianlagen als
auch Verkehrsanlagen vorliegen. Es ist zu bewerten, wie die Fahrbereiche und ggf. Parkplätze im Einzelfall gestaltet sind. Die Tatsache allein, dass Parkplätze geplant werden,
spricht noch nicht zwingend für das Vorliegen einer Freianlage, weil auch für den ruhenden Verkehr die Vorschriften über die Verkehrsanlagen einschlägig sind. Soweit nahezu
ausschließlich oder weit überwiegend von Fußgängern genutzte Bereiche vorliegen,
dürfte es sich meist um Freianlagen handeln.[19]

b) Verkehrsanlagen in Gebäuden

Für Verkehrsanlagen in Gebäuden wie z. B. Flughäfen oder Bahnhöfen gelten die Rege-   10
lungen der §§ 45 ff. ebenfalls nicht. Soweit es sich dabei nicht um Anlagen der Aufzug-,

---

WIA 1999 Heft 10; vgl. auch § 39 Rdn. 10 ff.; zur Abgrenzung vgl. i. E. *Simmendinger*, Praxisbeispiele, S. 206 ff. auch zum Beispiel einer Fußgängerzone; in der Objektliste Freianlagen (Anlage 3.2) der HOAI 2009 war in Honorarzone II und III das Begleitgrün an »Verkehrsanlagen« vorgesehen. Ohne inhaltliche Änderung wurde die Formulierung allgemeiner gefasst (»Begleitgrün zu Objekten, Bauwerken und Anlagen«).

16 Vgl. i. E. auch § 41 Rdn. 25 ff. zur Abgrenzung der Ingenieurbauwerke von den Freianlagen; *Jochem/Kaufhold*, 5. Auflage, § 44 Rn. 7.

17 Vgl. insoweit auch *Jochem/Kaufhold*, 5. Auflage, § 44 Rn. 7; Allerdings muss berücksichtigt werden, dass die bislang in der Objektliste Verkehrsanlagen (Anlage 3.5 zur HOAI 2009) vorgesehenen Abgrenzungsformulierungen – z. B. betreffend Wege in Anlage 3.5.2 der HOAI 2009 – nicht mit in die Objektliste Verkehrsanlage in Anlage 13.2 übernommen wurden. Insoweit ist allerdings zu berücksichtigen, dass in § 38 Abs. 1 Nr. 8 – genauso wie auch bislang in § 37 Abs. 1 Nr. 8 HOAI 2009 – eine Abgrenzung im Hinblick auf die Wege vorgesehen ist. Das entscheidende Abgrenzungsmerkmal ist hier die **Eignung für den regelmäßigen Fahrverkehr** und die **Funktion als Gestaltungselement**. Fehlt die Eignung für den regelmäßigen Fahrverkehr und dient die Fläche der Gestaltung, handelt es sich um eine Freianlage. Das Honorar ist dann nach den §§ 38 ff. zu ermitteln.

18 BauR 1991, 251.

19 Vgl. zum Ganzen auch § 39 Rdn. 11; sowie *Simmendinger*, Praxisbeispiele zur HOAI, 2009, S. 206 ff.

§ 45 HOAI Anwendungsbereich

Förder- und Lagertechnik handelt (Fachplanung Technische Ausrüstung), fallen diese Verkehrsanlagen nicht unter die HOAI. Damit ist insofern eine völlig freie Vereinbarung des Honorars möglich und bei Fehlen einer Vereinbarung die übliche Vergütung (§ 632 Abs. 2 BGB) geschuldet. Etwas anderes gilt für Verkehrsanlagen außerhalb von Gebäuden, wie z. B. Zufahrtsstraßen, Start- und Landebahnen bei Flughäfen oder Gleisanlagen bei Bahnhöfen. Für diese Objektplanungsleistungen sind die Regelungen für Verkehrsanlagen anwendbar.

c) Abgrenzung zu Ingenieurbauwerken

11 Die Unterscheidung zwischen Verkehrsanlagen und Ingenieurbauwerken kann im Einzelfall problematisch sein. Die gesonderte Abrechnung hat erhebliche Bedeutung wegen der Degression der Honorartafeln.[20]

6. Auftrag für mehrere Objekte nach § 11

12 Zunächst ist zu prüfen, ob eine einheitliche Verkehrsanlage oder mehrere Verkehrsanlagen nach § 11 vorliegen. Hier gelten die Anmerkungen betreffend Ingenieurbauwerke entsprechend (§ 41 Rdn. 51 ff.). Abzugrenzen ist jedoch die selbstständige Objekteigenschaft einerseits von der Zugehörigkeit zur Anlage andererseits. Insoweit wurde als Teil einer Anlage des Straßenverkehrs alles angesehen, was dem vorausgesetzten Gebrauch der Anlage zum Zwecke des Straßenverkehrs dient.[21] Dazu gehören alle aus konstruktiven oder rechtlichen Gründen für die Nutzung notwendigen Gegenstände wie wegweisende oder verkehrsführende Beschilderung, Markierungen, Schutz- und Leiteinrichtungen.[22] Soweit Objekte aus mehreren Bereichen aus § 45 vorliegen (also z. B. Straßen und Gleisanlagen), liegen auf jeden Fall abrechnungstechnisch eigenständige Objekte vor.[23] Sind jedoch Fachplanungsleistungen beauftragt, kommt ferner eine Abrechnung von Leistungen aus der Technischen Ausrüstung in Frage.

---

20 Zur Abgrenzung vgl. § 41 Rdn. 49.
21 BGH BauR 2006, 1010 = NZBau 2006, 384 = NJW-RR 2006, 741; BGH BauR 2009, 521 = NJW-RR 2009, 519. In dieser Entscheidung hat der BGH ausdrücklich offengelassen, ob die Planung von Langzeitzählstellen für eine Bundesautobahn durch das Leistungsbild der Verkehrsanlage erfasst wird. Hierbei ist zu berücksichtigen, dass Langzeitzählstellen wohl nicht zwingend für den sicheren Betrieb der Bundesautobahn erforderlich sind, sondern es sich um eine zusätzliche Einrichtung zu anderen Zwecken handelt. Wenn dies der Fall ist, ist die Planungsleistung hierfür nicht vom Leistungsbild Verkehrsanlagen umfasst. Dienen die Langzeitzählstellen demgegenüber zum sicheren Betrieb der Bundesautobahn, gehören die Planungsleistungen zum Leistungsbild Verkehrsanlagen.
22 BGH BauR 2006, 1010 = NZBau 2006, 384 = NJW-RR 2006, 741; BGH BauR 2009, 521 = NJW-RR 2009, 519.
23 BGH BauR 2004, 1963 = NZBau 2004, 680.

Aber auch dann, wenn nur eine einzige Fallgruppe, wie z. B. mehrere Straßenbaumaß- 13
nahmen, vorliegt, können abrechnungstechnisch immer noch mehrere Objekte vorliegen.[24] Das gilt auch dann, wenn ein enger funktionaler Zusammenhang vorliegt.[25]

Nach dem eindeutigen Wortlaut des § 45 Nr. 1 gehören **selbstständige Rad-, Geh-** 14
und Wirtschaftswege – neben den Freianlagen nach § 39 Abs. 1 – nicht zu den Verkehrsanlagen. Da nach § 38 Abs. 1 Nr. 8 nur Wege **ohne Eignung für den regelmäßigen Fahrverkehr sowie andere Wege und befestigte Flächen,** die als Gestaltungselement der Freianlagen geplant werden und für die keine Grundleistung nach Teil 3 Abschnitt 3 und 4 erforderlich ist, zu den Freianlagen gehören, unterfällt das Honorar für Wege, die für den regelmäßigen Fahrverkehr geeignet sind und bei denen es sich um selbstständige Radwege und/oder Wirtschaftswege handelt, auch nicht den Regelungen über die Abrechnung des Honorars für Freianlagenplanung. Das Honorar kann dann **frei vereinbart** werden.[26] Es erscheint zweifelhaft, ob dies auch für die ebenfalls aufgeführten Gehwege gleichermaßen gilt. Hier ist auch danach zu differenzieren, ob der Weg eine Eignung für den regelmäßigen Fahrverkehr (trotz seiner bloßen Eigenschaft als Gehweg) aufweist. Handelt es sich um Wege mit Eignung für den regelmäßigen Fahrverkehr, die als Gestaltungselement geplant werden, liegt nach der zweiten Variante des § 38 Abs. 1 Nr. 8 eine Freianlage vor. Dann wiederum ist das Honorar zwingend nach den Regelungen der §§ 38 ff. abzurechnen.

7. Objektdefinition, Beispiele

▶ – Verkehrsanlage 15

Beim Neubau einer Verbindungsstraße muss zwischen folgenden Objekten (sofern vorhanden) unterschieden werden, die nach HOAI getrennt zu honorieren sind:

Objekt/Abrechnungseinheit	Abrechnungsgrundlagen
Straße einschl. Straßeneinläufe[27]	§ 45 Nr. 1 HOAI
Regenwasserkanal[28]	§ 41 Nr. 2 HOAI
Regenwasserrückhaltung (RRB)	§ 41 Nr. 2 HOAI
Parkplatz	§ 45 Nr. 1 HOAI
Brücken	§ 41 Nr. 6 HOAI
Straßenbegleitgrün	§ 38 HOAI
Lärmschutz	§ 41 Nr. 6 bzw. § 38 Nr. 5 HOAI

---

24 S. dazu das Fallbeispiel Erschließungsplanung Neubaugebiet bei § 41 Rdn. 55.
25 BGH BauR 2004, 1963 = NZBau 2004, 680.
26 Korbion/Mantscheff/Vygen-*Seifert*, 8. Auflage, § 37 Rn. 41.
27 Vgl. insoweit auch die Ausführungen zur Abgrenzung der Ingenieurbauwerke von der Ausstattung und von den Entwässerungsanlagen, die der Zweckbestimmung der Verkehrsanlage dienen, oben § 41 Rdn. 50 f.
28 Vgl. insoweit auch die Ausführungen zur Abgrenzung der Ingenieurbauwerke von der Ausstattung und von den Entwässerungsanlagen, die der Zweckbestimmung der Verkehrsanlage dienen, oben § 41 Rdn. 50.

> Lichtsignalanlagen, Straßenbeleuchtung und Beschilderung sind Ausstattung i. S. v. § 46 Abs. 1 S. 2 HOAI.

16 Die Trennung der Objekte zur Straßenentwässerung ist wie folgt vorzunehmen: Anlagen, die als Teil des Straßenbauwerks dazu dienen, das Wasser von der Straßenoberfläche zu entfernen und die Straße sicher benutzbar zu machen, sind als Ausstattung oder Nebenanlage der Straße zu betrachten. So sind z. B. die Straßenabläufe einschl. der Anschlussleitungen im Straßenkörper bis zu einer Abwasserleitung der Verkehrsanlage zuzuordnen.[29]

17 Die Kanäle jedoch, die für die Sammlung und Weiterleitung des Regenwassers verantwortlich sind, zählen honorarrechtlich nicht zur Objektplanung Verkehrsanlage.[30] Auch wenn diese nach ingenieurtechnischen Grundsätzen für die ordnungsgemäße Planung von Straßen als unbedingt erforderlich angesehen werden, stellen diese honorarrechtlich ein eigenständiges Ingenieurbauwerk dar.[31] Die in Verbindung mit einer Straße errichteten Regenrückhaltebecken und Lärmschutzwälle sind gesonderte Ingenieurbauwerke neben den Verkehrsanlagen und dementsprechend getrennt abzurechnen.[32] Die Beschilderung u. Ä. gehört zu den anrechenbaren Kosten, soweit die Voraussetzungen dafür gegeben sind.[33] Es ist jedoch zu prüfen. ob das Zubehör ein selbstständiges Objekt darstellt.[34] Jeder Lärmschutzwall ist als selbstständiges Objekt abrechenbar.[35] Im Hinblick auf die Technische Ausrüstung vgl. unten § 46 Rdn. 13.

§ 46 HOAI Besondere Grundlagen des Honorars

(1) Für Grundleistungen bei Verkehrsanlagen sind die Kosten der Baukonstruktion anrechenbar. Soweit der Auftragnehmer die Ausstattung von Anlagen des Straßen-, Schienen- und Flugverkehrs einschließlich der darin enthaltenen Entwässerungsanlagen, die der Zweckbestimmung der Verkehrsanlagen dienen, plant oder deren Ausführung überwacht, sind die dadurch entstehenden Kosten anrechenbar.

(2) Für Grundleistungen bei Verkehrsanlagen sind auch die Kosten für Technische Anlagen, die der Auftragnehmer nicht fachlich plant oder deren Ausführung der Auftragnehmer nicht fachlich überwacht,
1. vollständig anrechenbar bis zu einem Betrag von 25 Prozent der sonstigen anrechenbaren Kosten und

---

29 KG NJW-RR 2004, 670 = NZBau 2004, 620; *Simmendinger* Jahrbuch Baurecht 2011, 269 (324); vgl. auch oben § 41 Rdn. 50.
30 So auch AHO Grüne Schriftenreihe Nr. 13 Benutzerhinweise zum HVA F-StB; zur Abgrenzung s. i. E. *Simmendinger* IBR 2010, 1189; Entwässerungsrinnen, Straßeneinläufe sowie die zugehörigen Verbindungskanäle sind Technische Anlagen, vgl. § 53 Rdn. 2.
31 Vgl. oben § 41 Rdn. 50.
32 BGH BauR 2004, 1963 [1967] = NZBau 2004, 680.
33 § 46 Abs. 1 S. 2.
34 KG BauR 2005, 745; vgl. oben Rdn. 7.
35 KG NJW-RR 2004, 670 = NZBau 2004, 620; BGH BauR 2004, 1963 = NZBau 2004, 680.

2. zur Hälfte anrechenbar mit dem Betrag, der 25 Prozent der sonstigen anrechenbaren Kosten übersteigt.

(3) Nicht anrechenbar sind, soweit der Auftragnehmer die Anlagen weder plant noch ihre Ausführung überwacht, die Kosten für:
1. das Herrichten des Grundstücks,
2. die öffentliche und die nichtöffentliche Erschließung, die Außenanlagen, das Umlegen und Verlegen von Leitungen,
3. die Nebenanlagen von Anlagen des Straßen-, Schienen- und Flugverkehrs,
4. verkehrsregelnde Maßnahmen während der Bauzeit.

(4) Für Grundleistungen der Leistungsphasen 1 bis 7 und 9 bei Verkehrsanlagen sind
1. die Kosten für Erdarbeiten einschließlich Felsarbeiten anrechenbar bis zu einem Betrag von 40 Prozent der sonstigen anrechenbaren Kosten nach Absatz 1 und
2. 10 Prozent der Kosten für Ingenieurbauwerke anrechenbar, wenn dem Auftragnehmer für diese Ingenieurbauwerke nicht gleichzeitig Grundleistungen nach § 43 übertragen werden.

(5) Die nach den Absätzen 1 bis 4 ermittelten Kosten sind für Grundleistungen des § 47 Absatz 1 Satz 2 Nummer 1 bis 7 und 9
1. bei Straßen, die mehrere durchgehende Fahrspuren mit einer gemeinsamen Entwurfsachse und einer gemeinsamen Entwurfsgradiente haben, wie folgt anteilig anrechenbar:
   a) bei dreistreifigen Straßen zu 85 Prozent,
   b) bei vierstreifigen Straßen zu 70 Prozent und
   c) bei mehr als vierstreifigen Straßen zu 60 Prozent,
2. bei Gleis- und Bahnsteiganlagen, die zwei Gleise mit einem gemeinsamen Planum haben, zu 90 Prozent anrechenbar. Das Honorar für Gleis- und Bahnsteiganlagen mit mehr als zwei Gleisen oder Bahnsteigen kann frei vereinbart werden.

Übersicht	Rdn.
1. Änderungen durch die HOAI 2009	1
2. Änderungen durch die HOAI 2013	3
3. Zusammenspiel mit anderen Vorschriften	5
4. Regelungsinhalt	7
5. Vorgehen bei der Honorarberechnung	8
6. Anrechenbare Kosten	9
a) Anwendung der DIN 276	9
7. Voll anrechenbare Kosten (Abs. 1) – Kosten der Baukonstruktion/Ausstattung	10
8. Gemindert anrechenbare Kosten (Abs. 2) – Kosten für Technische Anlagen	16
9. Bedingt anrechenbare Kosten (Abs. 3)	17
a) Kosten für das Herrichten des Grundstücks	18
b) Kosten der öffentlichen Erschließung/Kosten der nichtöffentlichen Erschließung, der Außenanlagen, das Umlegen und Verlegen von Leitungen	19
c) Planung oder Überwachung	23
10. Übersicht über die anrechenbaren Kosten	24
11. Abminderung für Erd- und Felsarbeiten	25

	Rdn.
12. Erhöhung für die Konzeption von Ingenieurbauwerken	28
13. Anrechenbare Kosten bei Straßen-, Gleis- und Bahnsteiganlagen	30

1. Änderungen durch die HOAI 2009

1 Die Vorschrift des § 45 HOAI 2009 enthielt Teile des § 52 HOAI 2002. Während dort alle Regelungen über die anrechenbaren Kosten enthalten waren, waren im § 45 HOAI 2009 nur noch die »besonderen Grundlagen« enthalten. Die allgemeinen Grundlagen fanden sich in §§ 4 und 6.

2 Inhaltlich wurde durch die HOAI 2009 geändert, dass als Kostenermittlung durchgängig für alle Leistungsphasen nur noch die Kostenberechnung und nur ausnahmsweise die Kostenschätzung zugrunde zu legen war. Ferner wurden die anrechenbaren Kosten im Unterschied zu früher mit einer Positivliste festgelegt: Die voll anrechenbaren Kosten der Baukonstruktion (§§ 45 Abs. 1, 41 Abs. 1 HOAI 2009), die gemindert anrechenbaren Kosten der Technischen Anlagen (§§ 45 Abs. 1, 41 Abs. 2 HOAI 2009) und die nur unter bestimmten Voraussetzungen (bedingt) anrechenbaren Kosten (§§ 45 Abs. 1, 41 Abs. 3 HOAI 2009).

2. Änderungen durch die HOAI 2013

3 Die Regelung über die anrechenbaren Kosten wurde geändert. Der bislang in § 45 Abs. 1 HOAI 2009 vorhandene Verweis auf die Bestimmungen des § 41 HOAI 2009 (Ingenieurbauwerke) ist entfallen. Es wurde eine eigenständige Regelung für die Verkehrsanlagen in § 46 aufgenommen, die in Absätzen 1 bis einschließlich 3 weitestgehend der Regelung zu den Ingenieurbauwerken in § 42 HOAI entspricht. Eine Veränderung ergibt sich aufgrund der Regelung in § 46 Abs. 1 S. 2. Danach sind die **Kosten für die Ausstattung** von Anlagen des Straßen-, Schienen- und Flugverkehrs **einschließlich der darin enthaltenen Entwässerungsanlagen**, die der Zweckbestimmung der Verkehrsanlagen dienen, anrechenbar, wenn der Auftragnehmer hierfür Planungsleistungen erbringt oder die Ausführung überwacht. Eine ähnliche Regelung fand sich bis zum Inkrafttreten der HOAI 2013 in § 41 Abs. 3 Nr. 4 HOAI 2009, auf den § 45 Abs. 1 HOAI 2009 verwiesen hat. Insoweit stellt sich die Frage, ob das Honorar für derartige Entwässerungsanlagen über die Regelung zu den Ingenieurbauwerken oder über die Regelungen zu den Verkehrsanlagen abzurechnen ist bzw. in welchen Fällen die anrechenbaren Kosten bei der Honorarermittlung für die Objektplanung Verkehrsanlage um Kosten derartiger Entwässerungsanlagen zu erhöhen ist. Sind die Voraussetzungen des § 46 Abs. 1 S. 2 erfüllt, findet keine verminderte Anrechnung, wie bei der Technischen Ausrüstung gem. § 46 Abs. 2 statt. Vielmehr sind die Kosten unvermindert zur Anrechnung zu bringen.[1]

4 Im Hinblick auf die früher in § 45 Abs. 2 Nr. 1 HOAI 2009 vorgesehene Regelung, die sich nunmehr in § 46 Abs. 4 Nr. 1 befindet, wonach die Kosten für Erdarbeiten

---

[1] Vgl. zu § 46 Abs. 1 S. 2 oben § 41 Rdn. 50 ff. und unten Rdn. 13 ff.

einschließlich Felsarbeiten nur bis zu einem Betrag von 40 % der sonstigen anrechenbaren Kosten zu berücksichtigen sein sollen, liegt wohl ein redaktioneller Fehler vor. Vor Inkrafttreten der HOAI 2013 sollte sich der Prozentsatz auf die »anrechenbaren Kosten nach Abs. 1 des § 45 HOAI 2009« beziehen. Dieser Absatz verwies auf § 41 HOAI 2009. Nach dieser Regelung gehörten zu den anrechenbaren Kosten sowohl die Kosten der Baukonstruktion als auch die anteiligen Kosten für die Technischen Anlagen gem. § 41 Abs. 2 HOAI und auch die nur bedingt anrechenbaren Kosten gem. § 41 Abs. 3 HOAI 2009 bei Erbringung von Planungs- oder Überwachungsleistungen. Die Regelung in § 46 Abs. 4 Nr. 1 HOAI 2013 sieht demgegenüber vor, dass sich der Prozentsatz für die Anrechenbarkeit nur auf Abs. 1 des § 46 beziehen soll. Dort sind allerdings nur die Kosten der Baukonstruktion sowie die Kosten der Ausstattung geregelt. In der Amtlichen Begründung findet sich nur ein Hinweis, der mehr oder weniger den Verordnungstext wiederholt.[2] Es hat den Anschein, dass es sich insoweit lediglich um ein redaktionelles Versehen handelt, bei dem übersehen wurde, dass der in Abs. 1 des § 45 HOAI 2009 vorgesehene Verweis auf alle Absätze des § 41 zugunsten einer detaillierten Regelung in § 46 selbst aufgegeben wurde. § 46 Abs. 4 Nr. 1 ist daher so zu lesen, dass sich der Prozentsatz von den sonstigen anrechenbaren Kosten nach Abs. 1, **2 und 3** errechnet.

3. Zusammenspiel mit anderen Vorschriften

Grundlegende Honorarberechnungsvorschrift ist § 6 Abs. 1. Dort sind die maßgebenden Parameter für die Honorarberechnung festgelegt. Darüber hinaus ist hinsichtlich der anrechenbaren Kosten dort das sog. Kostenberechnungsmodell normiert. Im Hinblick auf die Kostenberechnung bzw. die Kostenschätzung, deren Nachholung und Korrektur sowie Ausnahmen von diesem Modell gibt es zahlreiche Einzelfragen.[3] 5

Neben der grundlegenden Regelung in § 6 sind auch die Einzelvorschriften für alle Teile der HOAI betreffend die anrechenbaren Kosten zu berücksichtigen (§ 4). Außer der Definition der anrechenbaren Kosten ist hier vor allem von Bedeutung die Festlegung, wie Kostenermittlungen zu erstellen sind.[4] Von Bedeutung ist auch die Definition der Kostenschätzung (§ 2 Abs. 10) und der Kostenberechnung (§ 2 Abs. 11). Im Hinblick auf die Form der Kostenermittlung gilt für Verkehrsanlagen derzeit aber noch eine Besonderheit (vgl. unten Rdn. 9). 6

4. Regelungsinhalt

Die mit der HOAI 2009 eingeführte Anknüpfung der Begrifflichkeit an die DIN 276 wurde beibehalten. In der DIN 276 sind eindeutige Grundlagen enthalten. Das gilt nicht nur hinsichtlich der Kosten der Baukonstruktion,[5] sondern auch im Hinblick 7

---

2 Vgl. Drucks. 334/13 S. 162.
3 Dazu § 6 Rdn. 14.
4 Zur Form der Kostenermittlung vgl. § 4 Rdn. 10.
5 Abs. 1; dazu § 4 Rdn. 18 ff.

§ 46 HOAI Besondere Grundlagen des Honorars

auf die Kosten der Technischen Anlagen.[6] Auch die nur unter bestimmten Voraussetzungen anrechenbaren Kosten (Abs. 3) sind über die DIN 276 klar definiert. Dabei ist für Verkehrsanlagen zu klären, welche DIN anwendbar ist (dazu unten Rdn. 9).

5. Vorgehen bei der Honorarberechnung

8 Bei der Berechnung des Honorars ist in vier Stufen vorzugehen:
– Zunächst sind die anrechenbaren Kosten nach § 46 zu ermitteln. Auf welcher Grundlage die anrechenbaren Kosten ermittelt werden, ist in § 4 bzw. 6 geregelt.[7]
– Sodann ist die Honorarzone des Objekts nach § 5 und § 48 Abs. 2–5 nach Anlage 13.2 zu bestimmen.
– Das jeweilige 100 %-Honorar ist dann aus der Honorartafel des § 48 zu entnehmen.
– Schließlich muss der vom Auftragnehmer erbrachte Leistungsanteil aus dem Leistungsbild des § 47 ermittelt werden.

6. Anrechenbare Kosten

a) Anwendung der DIN 276

9 Für die Fassungen bis zum Inkrafttreten der HOAI 2009 war die DIN 276 bei Ingenieurbauwerken und Verkehrsanlagen nicht anwendbar, da diese nur die Kosten von Hochbauten regelte. Zeitgleich mit der Novellierung der HOAI erschien auch ein neuer Teil der DIN 276 (vgl. § 42 Rdn. 10). Teil 4 der DIN 276 regelt die Kosten von Ingenieurbauwerken und Verkehrsanlagen[8]. Bei der Honorarermittlung sind die anrechenbaren Kosten gemäß § 4 Abs. 1 S. 2 nach den allgemein anerkannten Regeln der Technik zu ermitteln. Ob Teil 4 der DIN 276 seit ihrer Einführung zu den allgemein anerkannten Regeln der Technik i. S. d. § 4 Abs. 1 S. 2 zu zählen ist, hängt davon ab, ob sich deren Anwendung in der Praxis durchgesetzt hat. Dies könnte angesichts der immer noch existierenden und angewandten Verwaltungsvorschriften weiterhin zweifelhaft sein.[9] Insbesondere im Hinblick auf den Straßenbau gibt es Kostenvorschriften i. S. d. § 4 Abs. 1 S. 2, die die DIN 276 Teil 4 möglicherweise verdrängen. Im Streitfall muss durch Einholung eines Sachverständigengutachtens geklärt werden, ob sich im Hinblick auf die konkret abzurechnende Verkehrsanlage die Anwendung des Teils 4 der DIN 276 in der Praxis durchgesetzt hat.

7. Voll anrechenbare Kosten (Abs. 1) – Kosten der Baukonstruktion/Ausstattung

10 § 46 Abs. 1 S. 1 enthält die auch bislang schon (durch Verweis) vorhandene Regelung über die Anrechenbarkeit der **Kosten der Baukonstruktion**. Welche Kosten unter die

---

6 Abs. 2; dazu § 4 Rdn. 18 ff.
7 Siehe hierzu § 4 Rdn. 10. und § 6 Rdn. 14.
8 Dies ergibt sich aus Ziff. 1 Anwendungsbereich der DIN 276 Teil VI.
9 Vgl. oben § 4 Rdn. 12, vgl. auch die Ausführungen zu den Ingenieurbauwerken bei § 42 Rdn. 10; mit weitergehenden Ausführungen zu den Vorgaben der öffentlichen Hand: *Hummel/Leidig* in MNP § 46 Rn. 7 ff. sowie *Hebel/De Pascalis* in FBS § 46 Rn. 3.

Baukonstruktion fallen, regelt die DIN 276. Für Verkehrsanlagen gilt Teil 4, wenn die Auffassung vertreten wird, dass es sich insoweit zwischenzeitlich um die jeweils einschlägige allgemein anerkannte Regel der Technik handelt.[10] Die Kosten der Baukonstruktion sind in der DIN 276 in der KG 300 erfasst.

In § 46 Abs. 1 S. 2 wurde die Regelung aufgenommen, dass, soweit der Auftragnehmer die **Ausstattung** für Anlagen des Straßen-, Schienen- und Flugverkehrs einschließlich der darin enthaltenen **Entwässerungsanlagen, die der Zweckbestimmung der Verkehrsanlagen dienen, plant** oder deren **Ausführung überwacht**, die dadurch entstehenden Kosten anrechenbar sind. Eine ähnliche Regelung fand sich bisher in § 41 Abs. 3 Nr. 4 HOAI 2009, auf die § 45 Abs. 1 HOAI 2009 verwiesen hat. Durch die HOAI 2013 wurde der Zusatz »einschließlich der darin enthaltenen Entwässerungsanlagen, die der Zweckbestimmung der Verkehrsanlagen dienen« hinzugefügt. Die Kosten für derartige Anlagen sind demnach unvermindert in Ansatz zu bringen, wenn Planungs- oder Überwachungsleistungen hierfür erbracht werden und nicht über § 46 Abs. 2 – mit der Folge der bloß anteiligen Anrechnung, wenn auch ohne Erbringung von Planungs- bzw. Überwachungsleistungen hierfür – zu berücksichtigen. 11

Unter die **Ausstattung** von Anlagen des Straßen- und Flugverkehrs fallen nach der Amtlichen Begründung[11] z. B. Signalanlagen, Schutzplanken und Beschilderungen. Unter die Ausstattung von Anlagen des Schienenverkehrs[12] fallen Oberleitungsanlagen, Signalanlagen, Telekommunikationsanlagen, die den Zugbetrieb beeinflussenden Weichenheizungsanlagen. 12

Bei der Regelung in § 46 muss die Rechtsprechung des BGH beachtet werden, wonach der Begriff der »Anlage des Straßenverkehrs« i. S. d. § 45 Nr. 1 HOAI nicht nur den Verkehrsweg, die Straße im engeren Sinne umfasst. Vielmehr sollen nach der Rechtsprechung des BGH[13] Gegenstände, die dem vorausgesetzten Gebrauch der Anlage zum Zwecke des Straßenverkehrs dienen, Teil einer Anlage des Straßenverkehrs sein. Umfasst vom Begriff der Anlagen des Straßenverkehrs seien insbesondere diejenigen Ausstattungsgegenstände, die aus konstruktiven oder rechtlichen Gründen für die Nutzung der Anlage des Straßenverkehrs erforderlich sind. Ob sich an dieser Zuordnung aufgrund des Wortlauts des § 51 Abs. 1 HOAI 2009 sowie des Wortlauts des § 53 Abs. 1 etwas geändert hat und diese Gegenstände als eigenständige Anlagen i. S. der Honorarregelung zur Technischen Ausrüstung anzusehen sind, wird noch zu klären sein.[14] In § 46 Abs. 1 S. 2 ist jedenfalls eine Regelung für diese Ausstattungsgegenstände und insbesondere für Entwässerungsanlagen vorgesehen, die die Anrechenbarkeit bei der Ermittlung des Honorars für die Planung der Verkehrsanlage in dem Fall anordnet, dass Planungsleistungen bzw. Überwachungsleistungen hierfür erbracht werden. Für 13

---

10 Vgl. oben Rdn. 9.
11 Drucks. 334/13 S. 162.
12 Vgl. hierzu auch *Lenk*e BauR 2015, 754 ff.
13 BGH BauR 2006, 1010 = NZBau 2006, 384 = NJW-RR 2006, 741.
14 Ein Ausschluss der Anwendbarkeit der §§ 33 ff. ist damit jedenfalls nicht verbunden (wenn ein Fachplanungsauftrag erteilt wird), vgl. unten Rdn. 15.

die Anrechenbarkeit reicht es nicht aus, dass lediglich Leistungen betreffend die Koordination bzw. Integration der Planung anderer fachlich Beteiligter erfolgt (wie dies bei § 46 Abs. 2 der Fall ist). Vielmehr muss auch insoweit für die Anlage als solche die Planungsleistung/Überwachungsleistung erbracht werden.[15]

14 Zu den Kosten der **Entwässerungsanlagen** i. S. d. § 46 Abs. 1 S. 2 gehören **Straßenabläufe, Sammelleitungen** und zugehörige **Anschlussleitungen** sowie **Regenwasserversickerungen**. Nach der Amtlichen Begründung[16] soll es sich dabei um Anlagen handeln, die nicht als eigenständige Objekte in der Objektliste Ingenieurbauwerke Gruppe 2 aufgeführt sind. Dementsprechend wurden in der Überschrift zur Gruppe 2 in Anlage 12.2. der HOAI 2013 diese Entwässerungsanlagen gemäß § 46 Abs. 1 S. 2 HOAI 2013 aus der Objektliste ausgenommen. Nicht zu den Entwässerungsanlagen i. S. d. § 46 Abs. 1 S. 2 gehört der **Sammler/Vorfluter**. Handelt es sich beim Sammler/Vorfluter um einen Kanal, der auch das Schmutzwasser angeschlossener Gebäude/Objekte transportiert (»Mischsystem«), ist bereits nach dem Wortlaut die Anwendbarkeit des § 46 Abs. 1 S. 2 zweifelhaft, da in diesem Fall der Kanal nicht ausschließlich der »Zweckbestimmung der Verkehrsanlage« dient, sondern auch anderen Zwecken. Da es sich bei den Entwässerungseinrichtungen um einen Unterfall der Ausstattung (»einschließlich«) der Verkehrsanlage handeln soll, gehören Bauteile nicht hierzu, die einer anderen Zweckbestimmung (Schmutzwassertransport) und daneben lediglich »zusätzlich« auch der Zweckbestimmung der Verkehrsanlage dienen. Aber auch ein Kanal, der nur für die Ableitung des Regenwassers, das auf der Straße anfällt, errichtet wird (»Trennsystem«), fällt nicht unter die Entwässerungsanlage i. S. d. § 46 Abs. 1 S. 2. Es handelt sich zunächst nicht um eine Anlage in der Verkehrsanlage (»darin«) als solche (im Straßenbauwerk). Abgesehen vom Wortlaut hat sich der Verordnungsgeber in der Begründung zu § 46 Abs. 1 S. 2[17] dahingehend geäußert, dass es sich bei den Entwässerungsanlagen in diesem Sinne um Anlagen/Anlagenteile handeln soll, die nicht als eigenständige Objekte in der Objektliste Ingenieurbauwerke, Gruppe 2 der Anlage 12.2 aufgeführt sind. In der Gruppe 2 der Anlage 12.2 finden sich jedoch die **Abwasserleitungen**. Diese Bauwerke und Anlagen gehören deshalb nicht zu den Entwässerungsanlagen i. S. d. § 46 Abs. 1 S. 2. Es handelt sich insoweit vielmehr um **eigenständige Objekte**, die gesondert als **Ingenieurbauwerk** abzurechnen sind.[18]

15 Mit der Regelung in § 46 Abs. 1 S. 2 ist kein Ausschluss der Abrechnung von Honoraren aus Teil 4 Abschnitt 2 (Technische Ausrüstung) verbunden. Wird ein Auftrag

---

15 Vgl. BGH BauR 2004, 1963 = NZBau 2004, 680; vergleichbar ist diese Planungsleistung mit derjenigen betreffend die Maschinentechnik bei Ingenieurbauwerken vgl. oben § 41 Rdn. 42.
16 Vgl. a. a. O.
17 Drucks. 334/13 S. 162.
18 Vgl. hierzu die Ausführungen von *Simmendinger*, Jahrbuch Baurecht 2011, S. 324; vgl. zur Frage, ob der Kanal, mit dem (auch) das auf der Straße anfallende Regenwasser abgeleitet wird, über die Honorarregelungen der Technischen Ausrüstung oder über die Honorarregelungen zu den Ingenieurbauwerken abzurechnen ist, oben § 41 Rdn. 50; zu diesem Abgrenzungsproblem auch *Hebel/De Pascalis* § 46 Rd. 11 f.

über die Erbringung derartiger Leistungen für Anlagen, die in die Anlagengruppen des § 53 Abs. 2 fallen, erteilt, ist das Honorar hierfür nach den §§ 53 ff. zu ermitteln. Werden daneben vom Objektplaner der Verkehrsanlage auftragsgemäß ebenfalls Planungsleistungen i. S. d. § 46 Abs. 1 S. 2 erbracht, sind die Kosten für die in dieser Vorschrift genannten Anlagen/Anlagenteile auch bei der Honorarermittlung Verkehrsanlage zu berücksichtigen.

8. Gemindert anrechenbare Kosten (Abs. 2) – Kosten für Technische Anlagen

In der Objektliste zur Technischen Ausrüstung finden sich keine Anlagen für Verkehrsanlagen. Derartige Anlagen[19] sind z. B. Anlagen der Straßenbeleuchtung inkl. Masten und Fundamente sowie Stromzuführung, Lichtsignalanlagen (soweit nicht Ausstattung) inkl. Masten und Fundamente sowie Straßenzuführung, Park- oder Verkehrsleitsysteme, Anlagen zur Verkehrszählung oder Geschwindigkeitsüberwachung, Anlagen der Fahrstreifensignalisierung oder Anlagen zur Maut- oder Gebührenerfassung. Die Kosten der Technischen Ausrüstung sind jedoch in der DIN 276 Teil 4 in der Kostengruppe 400 aufgeführt. Der Begriff der Technischen Anlagen ist in der DIN 276 sowohl in Teil 1 als auch in Teil 4 gleich definiert.[20,21] Denkbar ist, dass sich Anlagen, die im Zusammenhang mit der Verkehrsanlage geplant werden, den Anlagengruppen des § 53 Abs. 2 HOAI 2013 zuordnen lassen, wie beispielsweise eine Weichenheizanlage oder auch Signalanlage und fernmeldetechnische Anlagen bei einer Anlage des Schienenverkehrs[22]. Die Abrechnung erfolgt in diesem Fall über das Leistungsbild Technische Ausrüstung, wenn insoweit ein Auftrag erteilt wurde und Planungs- bzw. Überwachungsleistungen erbracht worden sind.

16

9. Bedingt anrechenbare Kosten (Abs. 3)

In Absatz 3 sind die bedingt anrechenbaren Kosten aufgeführt, die dann anrechenbar sind, wenn der Auftragnehmer die Anlagen oder Maßnahmen entweder plant oder überwacht. Hervorzuheben ist, dass nach der Rechtsprechung des BGH[23] für die Planung die reine Koordinierungs- und Integrationstätigkeit nicht ausreicht, sondern der konkrete Gegenstand geplant sein muss. Anrechenbar sind bei Planung von Teilen dieser Gegenstände nur die Kosten für diese Teile und nicht für die Gesamtmaßnahme.[24]

17

---

19 Vgl. *Simmendinger*, Jahrbuch Baurecht S. 325; IBR 2010, 118 Rn. 11 ff.
20 Vgl. jeweils KG 400.
21 Zur Abgrenzung von den Baukonstruktionen vgl. i. E. *Simmendinger* IBR 2010, 1189.
22 *Lenke* BauR 2015, 754.
23 BauR 2004, 1963 = NZBau 2004, 680.
24 BGH BauR 2004, 1963 = NZBau 2004, 680; vgl. i. E. *Simmendinger* IBR 2010, 1189 und oben § 4 Rdn. 39.

a) Kosten für das Herrichten des Grundstücks

18 Die Kosten für das Herrichten des Grundstücks (§ 41 Abs. 3 Nr. 1) sind deshalb grundsätzlich nicht anrechenbar. Wenn der Ingenieur jedoch die entsprechenden Maßnahmen geplant oder deren Ausführung überwacht hat, sind die dazugehörigen Kosten ebenfalls anrechenbar. Als Planungsleistungen in diesem Sinne kommen nur solche Planungen in Betracht, die sich direkt auf das Herrichten des Grundstücks beziehen. Anderweitige Planungstätigkeiten des Ingenieurs führen nicht zur Einbeziehung der Herrichtungskosten in die anrechenbaren Kosten, selbst wenn sie die Herrichtung berühren. Dies gilt für die Objektplanung des Ingenieurs ebenso wie für die dazugehörige Koordination zwischen der vorbereitenden Herrichtung des Grundstücks und der Errichtung des Objekts.

b) Kosten der öffentlichen Erschließung/Kosten der nichtöffentlichen Erschließung, der Außenanlagen, das Umlegen und Verlegen von Leitungen

19 Die Kosten der **öffentlichen Erschließung** (§ 46 Abs. 3 Nr. 2) sind in den meisten Fällen nicht anrechenbar. Denn diese Kosten umfassen nicht wie es die Formulierung vermuten lässt, die Kosten für die Bauwerke der öffentlichen Erschließung, sondern entsprechend DIN 276 KG 220 nur die Kosten für Erschließungsbeiträge o. Ä.

20 Anders werden hingegen die Kosten der **nicht öffentlichen Erschließung** und die **Außenanlagen** (§ 46 Abs. 3 Nr. 2) behandelt. Die Kosten der nicht öffentlichen Erschließung umfassen laut DIN 276 KG 230 die Verkehrsflächen und technische Anlagen, welche ohne öffentlich-rechtliche Verpflichtung oder Beauftragung mit dem Ziel der späteren Übertragung in den späteren Gebrauch der Allgemeinheit hergestellt oder ergänzt werden. Diese Kosten sind dann anrechenbar, wenn sie vom Auftragnehmer geplant oder überwacht werden. Erreichen die Kosten für diese Maßnahme jedoch den unteren Tabellenwert der anrechenbaren Kosten (25.000,– Euro) je Objekt, dann sind diese Objekte nach den preisrechtlichen Vorschriften des Teils 3 Abschnitte 3/4 als eigenständige Ingenieurbauwerke oder Verkehrsanlagen abzurechnen. Gleiches gilt für die Außenanlagen, welche bei Erreichen dieser Grenze als Freianlagen nach Teil 3 Abschnitt 2 eigenständig abzurechnen sind. Dasselbe gilt für das **Umlegen und Verlegen von Leitungen**. Für den Fall des Umverlegens von Gasleitungen im Zuge einer Straßenbaumaßnahme hat der BGH klargestellt, dass diese Kosten nicht unter die Technischen Anlagen fallen.[25] Die Kosten für das Umverlegen von Leitungen haben mit dem eigentlichen Objekt nichts zu tun, im Gegenteil, sie sind angefallen, weil sie den Straßenbau störten. Werden hierfür allerdings vom Auftragnehmer Planungsleistungen erbracht, sind die Kosten anrechenbar.

21 Dasselbe gilt für **verkehrsregelnde Maßnahmen** während der Bauzeit (§ 46 Abs. 3 Nr. 4) und Nebenanlagen von Straßen oder Gleisanlagen und Nebenanlagen von Straßen-, Schienen- und Flugverkehrsanlagen (§ 46 Abs. 3 Nr. 3). Der Begriff der **Nebenanlage** zu den Straßen ist in § 1 Abs. 4 Nr. 4 Bundesfernstraßengesetz definiert.

---

25 BGH BauR 2004, 1963 = NZBau 2004, 680.

Danach sind Nebenanlagen solche Anlagen, die überwiegend den Aufgaben der Straßenbauverwaltung dienen, z. B. Straßenmeistereien, Gerätehöfe, Lager, Lagerplätze, Entnahmestellen, Hilfsbetriebe und -einrichtungen. Allerdings muss in jedem Einzelfall überprüft werden, ob es sich nicht um ein Gebäude[26] handelt und deshalb das Honorar anhand der für die Objektplanung Gebäude einschlägigen Regelungen zu ermitteln ist.

Erreichen diese Kosten den unteren Tabellenwert der anrechenbaren Kosten (25.000,– Euro) je Objekt, dann sind auch diese Objekte nach den preisrechtlichen Vorschriften des Teils 3 Abschnitte 3/4 als eigenständiges Objekt abzurechnen. 22

c) Planung oder Überwachung

Die in Abs. 3 genannten Kosten sind nur anrechenbar, wenn der Auftragnehmer die entsprechende Leistung entweder plant oder bei ihrer Beschaffung mitwirkt oder ihre Ausführung bzw. ihren Einbau fachlich überwacht.[27] 23

10. Übersicht über die anrechenbaren Kosten

Welche Kosten in welcher Form anrechenbar sind, lässt sich am besten in nachfolgender Tabelle darstellen. 24

Anrechenbarkeit der Kostengruppen bei Verkehrsanlagen nach § 46 HOAI							
	KG	Bezeichnung der Kostengruppe	voll anrechenbar	teilweise	bedingt	nicht anrechenbar	Grundlage in der HOAI
DIN 276 Teil 1	110	Grundstückswert				x	
	120	Grundstücksnebenkosten				x	
	130	Freimachen				x	
	210	Herrichten			x		§ 46 Abs. 3 Nr. 1 HOAI
	220	Öffentliche Erschließung				x	
	230	Nichtöffentliche Erschließung			x		§ 46 Abs. 3 Nr. 2 HOAI
	240	Ausgleichsabgaben				x	
	250	Übergangsmaßnahmen			x		§ 46 Abs. 3 Nr. 2 HOAI

---

26 Vgl. i. E. § 2 Rdn. 5 ff.
27 Vgl. i. E. § 42 Rdn. 33 ff.

§ 46 HOAI Besondere Grundlagen des Honorars

Anrechenbarkeit der Kostengruppen bei Verkehrsanlagen nach § 46 HOAI							
	KG	Bezeichnung der Kostengruppe	voll anrechenbar	teilweise	bedingt	nicht anrechenbar	Grundlage in der HOAI
DIN 276 Teil 4	310	Erdbaumaßnahmen	×				§ 41 Abs. 1 HOAI
	320	Gründung	×				§ 46 Abs. 1 HOAI
	330	Vertikale Bauteile	×				§ 46 Abs. 1 HOAI
	340	Horizontale Bauteile	×				§ 46 Abs. 1 HOAI
	350	Räumliche Bauteile	×				§ 46 Abs. 1 HOAI
	360	Linienbauteile	×				§ 46 Abs. 1 HOAI
	370	Baukonstruktive Einbauten	×				§ 46 Abs. 1 HOAI
	390	Sonstige Maßnahmen für Baukonstruktion	×				§ 46 Abs. 1 HOAI
	410	Abwasser-, Wasser-, Gasanlagen, soweit nicht Entwässerungsanlagen i. S. d. § 46 Abs. 1 S. 2			×		§ 46 Abs. 2 HOAI
	420	Wärmeversorgungsanlagen			×		§ 46 Abs. 2 HOAI
	430	Lufttechnische Anlagen			×		§ 46 Abs. 2 HOAI
	440	Starkstromanlagen			×		§ 46 Abs. 2 HOAI
	450	Fernmelde- und informationstechnische Anlagen			×		§ 46 Abs. 2 HOAI
	460	Förderanlagen			×		§ 46 Abs. 2 HOAI

Anrechenbarkeit der Kostengruppen bei Verkehrsanlagen nach § 46 HOAI						
	KG	Bezeichnung der Kostengruppe	voll anrechenbar	teilweise	bedingt	nicht anrechenbar	Grundlage in der HOAI
	470	Verfahrenstechnische Anlagen		×			§ 46 Abs. 2 HOAI
	480	Automation		×			§ 46 Abs. 2 HOAI
	490	Sonstige Maßnahmen für technische Anlagen		×			§ 46 Abs. 2 HOAI
DIN 276 Teil 1	510	Geländeflächen			×		§ 46 Abs. 3 Nr. 2 HOAI
	520	Befestigte Flächen			×		§ 46 Abs. 3 Nr. 2 HOAI
	530	Baukonstruktion in Außenanlagen			×		§ 46 Abs. 3 Nr. 2 HOAI
	540	Technische Anlagen in Außenanlagen			×		§ 46 Abs. 3 Nr. 2 HOAI
	550	Einbauten in Außenanlagen			×		§ 46 Abs. 3 Nr. 2 HOAI
	560	Wasserflächen			×		§ 46 Abs. 3 Nr. 2 HOAI
	570	Pflanz- und Saatflächen			×		§ 46 Abs. 3 Nr. 2 HOAI
	590	Sonstige Außenanlagen			×		§ 46 Abs. 3 Nr. 2 HOAI
	610	Ausstattung			×		§ 46 Abs. 1 S. 2 HOAI
	620	Kunstwerke				×	
	710	Bauherrenaufgaben				×	
	720	Vorbereitung der Objektplanung				×	
	730	Architekten- und Ingenieurleistungen				×	

§ 46 HOAI Besondere Grundlagen des Honorars

Anrechenbarkeit der Kostengruppen bei Verkehrsanlagen nach § 46 HOAI						
KG	Bezeichnung der Kostengruppe	voll anrechenbar	teilweise	bedingt	nicht anrechenbar	Grundlage in der HOAI
740	Gutachten und Beratung				×	
750	Künstlerische Leistungen				×	
760	Finanzierungskosten				×	
770	Allgemeine Baunebenkosten				×	
790	Sonstige Baunebenkosten				×	

11. Abminderung für Erd- und Felsarbeiten

25 Nach § 46 Abs. 4 Nr. 1 sind bei Verkehrsanlagen für die Leistungsphasen 1 bis 7 und 9 die Kosten für Erd- und Felsarbeiten nur bis 40 % der sonstigen anrechenbaren Kosten nach Abs. 1 anrechenbar. Die prozentuale Begrenzung errechnete sich auch bis zum Inkrafttreten der HOAI 2013 anhand der »sonstigen anrechenbaren Kosten«, wobei § 45 Abs. 2 Nr. 1 HOAI 2009 auf die sonstigen anrechenbaren Kosten »nach Abs. 1« verwies und der damalige Abs. 1 die entsprechende Geltung des gesamten § 41 HOAI 2009 anordnete. Zu den sonstigen anrechenbaren Kosten gehörten daher sowohl die Kosten der Baukonstruktion als auch die Kosten für Technische Anlagen und die Kosten gem. § 41 Abs. 3 HOAI 2009 – soweit anrechenbar. In § 46 Abs. 4 Nr. 1 wird im Hinblick auf die Bezugsgröße für den prozentualen Anteil der Kosten für Erdarbeiten einschließlich Felsarbeiten ebenfalls – wie bisher – auf »Abs. 1« verwiesen. In Abs. 1 des § 46 sind allerdings nur die Kosten der Baukonstruktion und die Kosten der Ausstattung von Anlagen erwähnt. Es handelt sich insoweit um ein offensichtliches redaktionelles Versehen, bei dem nicht berücksichtigt wurde, dass der pauschale Verweis in § 45 HOAI 2009 ersetzt wurde durch eine umfangreichere, eigene Regelung für die Verkehrsanlagen mit unterschiedlichen Absätzen betreffend die anrechenbaren Kosten[28]. Im Ergebnis sind als Bezugsgröße für den prozentualen Anteil an Erdarbeiten sowohl Absatz 1 als auch die Absätze 2 und 3 des § 46 heranzuziehen.[29]

26 Bei der Leistungsphase 8, der Bauoberleitung, sind diese Kosten vollständig anrechenbar. Als Folge ist die Honorarermittlung aufzuteilen. Die volle Anrechenbarkeit ergibt sich daraus, dass Abs. 4 eine Vorschrift zur Beschränkung der anrechenbaren Kosten

---

28 Vgl. auch oben Rdn. 4.
29 Wie hier: *Hummel/Leidig* in MNP § 46 Rn. 28; A. A. *Hebel/De Pascalis* in FBS § 46 Rn. 21.

enthält und damit für Leistungsphase 8 sowie – die fakultative – Objektüberwachung die volle Anrechnung nach Abs. 1 erfolgen muss.[30]

Die Voraussetzungen für die Anrechenbarkeit (auch wenn die Anrechenbarkeit nach dem Wortlaut eingeschränkt ist) sind vom Auftragnehmer darzutun.[31] Deshalb sind die anrechenbaren Kosten vom Auftragnehmer darzulegen und nachzuweisen. Er muss deshalb auch darlegen, dass die Kosten für Erdarbeiten einschließlich Felsarbeiten 40 % der sonstigen anrechenbaren Kosten nicht übersteigen, wenn diese voll in Ansatz gebracht worden sind. 27

12. Erhöhung für die Konzeption von Ingenieurbauwerken

Wird die Objektplanung für Ingenieurbauwerke wie z. B. einer Brücke von einem anderen Auftragnehmer erbracht, so kann der Auftragnehmer für die Verkehrsanlagen nach Abs. 4 Nr. 2 10 % der Kosten für die Ingenieurbauwerke den anrechenbaren Kosten der Verkehrsanlage hinzusetzen. 28

Entsprechendes gilt dann, wenn dem gleichen Auftragnehmer die Leistungen für Ingenieurbauwerke und Verkehrsanlagen nicht gleichzeitig in Auftrag gegeben werden. Auch die Kosten nach Abs. 4 Nr. 2 sind nur bei den Leistungsphasen 1–7 sowie 9 anrechenbar. 29

13. Anrechenbare Kosten bei Straßen-, Gleis- und Bahnsteiganlagen

Die Regelung des Absatzes 5 ist aus sich heraus verständlich. Sie gilt nur für Straßen-, Gleis- und Bahnsteiganlagen. Ein vertraglicher Ausschluss der Abminderungsvorschrift des Abs. 3 müsste eindeutig geregelt werden, da es sich insoweit um eine Vereinbarung betreffend das Honorar handelt. Die Voraussetzungen des § 7 Abs. 1 müssen erfüllt sein. 30

§ 47 HOAI Leistungsbild Verkehrsanlagen

(1) § 34 Absatz 1 gilt entsprechend. Die Grundleistungen für Verkehrsanlagen sind in neun Leistungsphasen unterteilt und werden wie folgt in Prozentsätzen der Honorare des § 48 bewertet:
1. für die Leistungsphase 1 (Grundlagenermittlung) mit 2 Prozent,
2. für die Leistungsphase 2 (Vorplanung) mit 20 Prozent,
3. für die Leistungsphase 3 (Entwurfsplanung) mit 25 Prozent,
4. für die Leistungsphase 4 (Genehmigungsplanung) mit 8 Prozent,
5. für die Leistungsphase 5 (Ausführungsplanung) mit 15 Prozent,
6. für die Leistungsphase 6 (Vorbereitung der Vergabe) mit 10 Prozent,
7. für die Leistungsphase 7 (Mitwirkung bei der Vergabe) mit 4 Prozent,
8. für die Leistungsphase 8 (Bauoberleitung) mit 15 Prozent,
9. für die Leistungsphase 9 (Objektbetreuung) mit 1 Prozent.

---

30 Wie hier z. B. *Jochem/Kaufhold*, § 45 Rn. 30, *Pott/Dahlhoff/Kniffka/Rath*, § 45 Rn. 4.
31 Vgl. BGH BauR 2004, 1963 = NZBau 2004, 680.

(2) Anlage 13 Nummer 13.1 regelt die Grundleistungen jeder Leistungsphase und enthält Beispiele für Besondere Leistungen.

Übersicht Rdn.
1. Änderungen durch die HOAI 2013 1
2. Verweisung auf andere Vorschriften 2
3. Zusätzliche Besondere Leistungen 4

1. Änderungen durch die HOAI 2013

1 Eine wesentliche Änderung stellt – entsprechend der Änderung bei den Ingenieurbauwerken – die Umverteilung der Prozente innerhalb der einzelnen Leistungsphasen dar. Die folgenden Leistungsphasen wurden in der prozentualen Bewertung geändert:
– Leistungsphase 2 nunmehr 20 % (bislang 15 %)
– Leistungsphase 3 nunmehr 25 % (bislang 30 %)
– Leistungsphase 4 nunmehr 8 % (bislang 5 %)
– Leistungsphase 7 nunmehr 4 % (bislang 5%)
– Leistungsphase 9 nunmehr 1 % (bislang 3 %).

Die übrigen Leistungsphasen blieben in der prozentualen Bewertung unverändert.

2. Verweisung auf andere Vorschriften

2 Die Leistungen, die bis zum Inkrafttreten der HOAI 2013 gemeinsam mit den Leistungen im Leitungsbild Ingenieurbauwerke in der Anlage 12 der HOAI 2009 geregelt waren, wurden in einem eigenständigen Leistungsbild in Anlage 13.1 zusammengefasst. Soweit die in Anlage 13.1 aufgezählten Grundleistungen und Besonderen Leistungen identisch sind mit den Grundleistungen und Besonderen Leistungen im Leistungsbild Ingenieurbauwerke in Anlage 12.1 – was weitgehend der Fall ist –, wird auf die obigen Ausführungen zu den Ingenieurbauwerken verwiesen.[1] Neben diesen Leistungen, die mit den Grundleistungen und Besonderen Leistungen im Leistungsbild Ingenieurbauwerke übereinstimmen, finden sich zusätzliche, verkehrsanlagenspezifische Grundleistungen und Besondere Leistungen, die bislang in Anlage 12 auch schon enthalten waren.

Die Regelungen zu den Leistungen im Bestand, die bislang in § 46 HOAI 2009 in Form eines Verweises auf die §§ 35 und 36 in Abs. 3 enthalten waren, sind entfallen. Es findet sich nunmehr eine Regelung für **Umbauten und Modernisierungen** in § 48 Abs. 6.[2] Im Hinblick auf das Bauen im Bestand kann auf die Ausführungen zu § 4 (mit-

---

[1] Vgl. oben § 43 Rdn. 21 ff.
[2] Dazu unten § 48 Rdn. 7.

zuverarbeitende Bausubstanz)[3], zu § 6 (Umbauzuschlag)[4], zur Objektplanung Gebäude[5] und zur Objektplanung Ingenieurbauwerke[6] verwiesen werden.

Hinsichtlich der grundlegenden Fragen des Anwendungsbereichs (auch im Hinblick auf die Verweisung in Satz 1), der Bedeutung des Leistungsbildes und auch im Hinblick auf die einzelnen Begriffe wird sowohl auf § 34 betreffend die Objektplanung für Gebäude als auch auf § 43 betreffend die Ingenieurbauwerke verwiesen.[7]

3

3. Zusätzliche Besondere Leistungen

Besondere Leistungen sind entsprechend § 3 Abs. 3 in Anlage 13.1 beschrieben. Diese Aufzählung ist nicht abschließend. Weitere Besondere Leistungen sind z. B. der AHO-Schriftenreihe zu entnehmen.

4

§ 48 HOAI Honorare für Grundleistungen bei Verkehrsanlagen

(1) Die Mindest- und Höchstsätze der Honorare für die in § 47 und der Anlage 13 Nummer 13.1 aufgeführten Grundleistungen bei Verkehrsanlagen sind in der folgenden Honorartafel für den Anwendungsbereich des § 45 festgesetzt:

Anrechenbare Kosten in Euro	Honorarzone I sehr geringe Anforderungen		Honorarzone II geringe Anforderungen		Honorarzone III durchschnittliche Anforderungen		Honorarzone IV hohe Anforderungen		Honorarzone V sehr hohe Anforderungen	
	von	bis	von	bis	von	bis	von	bis	von	bis
	Euro		Euro		Euro		Euro		Euro	
25.000	3.882	4.624	4.624	5.366	5.366	6.108	6.108	6.793	6.793	7.535
35.000	4.981	5.933	5.933	6.885	6.885	7.837	7.837	8.716	8.716	9.668
50.000	6.487	7.727	7.727	8.967	8.967	10.207	10.207	11.352	11.352	12.592
75.000	8.759	10.434	10.434	12.108	12.108	13.783	13.783	15.328	15.328	17.003
100.000	10.839	12.911	12.911	14.983	14.983	17.056	17.056	18.968	18.968	21.041
150.000	14.634	17.432	17.432	20.229	20.229	23.027	23.027	25.610	25.610	28.407
200.000	18.106	21.567	21.567	25.029	25.029	28.490	28.490	31.685	31.685	35.147
300.000	24.435	29.106	29.106	33.778	33.778	38.449	38.449	42.761	42.761	47.433
500.000	35.622	42.433	42.433	49.243	49.243	56.053	56.053	62.339	62.339	69.149
750.000	48.001	57.178	57.178	66.355	66.355	75.532	75.532	84.002	84.002	93.179
1.000.000	59.267	70.597	70.597	81.928	81.928	93.258	93.258	103.717	103.717	115.047
1.500.000	80.009	95.305	95.305	110.600	110.600	125.896	125.896	140.015	140.015	155.311

---

3 Vgl. dazu oben § 4 Rdn. 56 ff.
4 Vgl. dazu oben § 6 Rdn. 51 ff.
5 Vgl. dazu oben § 36.
6 Vgl. dazu oben § 44 Rdn. 14 ff.
7 Vgl. die dortige Kommentierung.

§ 48 HOAI   Honorare für Grundleistungen bei Verkehrsanlagen

Anrechenbare Kosten in Euro	Honorarzone I sehr geringe Anforderungen		Honorarzone II geringe Anforderungen		Honorarzone III durchschnittliche Anforderungen		Honorarzone IV hohe Anforderungen		Honorarzone V sehr hohe Anforderungen	
	von	bis	von	bis	von	bis	von	bis	von	bis
	Euro		Euro		Euro		Euro		Euro	
2.000.000	98.962	117.881	117.881	136.800	136.800	155.719	155.719	173.183	173.183	192.102
3.000.000	133.441	158.951	158.951	184.462	184.462	209.973	209.973	233.521	233.521	259.032
5.000.000	194.094	231.200	231.200	268.306	268.306	305.412	305.412	339.664	339.664	376.770
7.500.000	262.407	312.573	312.573	362.739	362.739	412.905	412.905	459.212	459.212	509.378
10.000.000	324.978	387.107	387.107	449.235	449.235	511.363	511.363	568.712	568.712	630.840
15.000.000	439.179	523.140	523.140	607.101	607.101	691.062	691.062	768.564	768.564	852.525
20.000.000	543.619	647.546	647.546	751.473	751.473	855.401	855.401	951.333	951.333	1.055.260
25.000.000	641.265	763.860	763.860	886.454	886.454	1.009.049	1.009.049	1.122.213	1.122.213	1.244.808

(2) Welchen Honorarzonen die Grundleistungen zugeordnet werden, richtet sich nach folgenden Bewertungsmerkmalen:
1. geologische und baugrundtechnische Gegebenheiten,
2. technische Ausrüstung und Ausstattung,
3. Einbindung in die Umgebung oder das Objektumfeld,
4. Umfang der Funktionsbereiche oder der konstruktiven oder technischen Anforderungen,
5. fachspezifische Bedingungen.

(3) Sind für Verkehrsanlagen Bewertungsmerkmale aus mehreren Honorarzonen anwendbar und bestehen deswegen Zweifel, welcher Honorarzone das Objekt zugeordnet werden kann, so ist zunächst die Anzahl der Bewertungspunkte zu ermitteln. Zur Ermittlung der Bewertungspunkte werden die Bewertungsmerkmale wie folgt gewichtet:
1. die Bewertungsmerkmale gemäß Absatz 2 Nummer 1, 2 mit bis zu 5 Punkten,
2. das Bewertungsmerkmal gemäß Absatz 2 Nummer 3 mit bis zu 15 Punkten,
3. das Bewertungsmerkmal gemäß Absatz 2 Nummer 4 mit bis zu 10 Punkten,
4. das Bewertungsmerkmal gemäß Absatz 2 Nummer 5 mit bis zu 5 Punkten,

(4) Die Verkehrsanlage ist anhand der nach Absatz 3 ermittelten Bewertungspunkte einer der Honorarzonen zuzuordnen:
1. Honorarzone I: bis zu 10 Punkte,
2. Honorarzone II: 11 bis 17 Punkte,
3. Honorarzone III: 18 bis 25 Punkte,
4. Honorarzone IV: 26 bis 33 Punkte,
5. Honorarzone V: 34 bis 40 Punkte.

(5) Für die Zuordnung zu den Honorarzonen ist die Objektliste der Anlage 13 Nummer 13.2 zu berücksichtigen.

(6) Für Umbauten und Modernisierungen von Verkehrsanlagen kann bei einem durchschnittlichen Schwierigkeitsgrad ein Zuschlag gemäß § 6 Absatz 2 Satz 3 bis 33 Prozent schriftlich vereinbart werden.

Übersicht Rdn.
1. Honorartafel (Abs. 1) 1
2. Honorarzone (Abs. 2–5) 3
3. Honorarberechnung 4
4. Honorarzone 6
5. Objektliste Verkehrsanlagen 8

1. Honorartafel (Abs. 1)

Die Honorare wurden durch die HOAI 2013 gegenüber der alten Tabelle durchgängig angehoben. 1

Die Honorartafel ist einer der maßgebenden Parameter für die Ermittlung des Honorars 2 (§ 6 Abs. 1 Nr. 4). Hinsichtlich der damit zusammenhängenden Rechtsfragen gelten die Ausführungen zur Objektplanung für Gebäude entsprechend (vgl. § 35 Rdn. 4 ff.).

2. Honorarzone (Abs. 2–5)

Bei der Ermittlung der Honorarzone ist zunächst die Allgemeine Vorschrift zu beach- 3 ten.[1] Sodann ist die Objektliste in der Anlage 13.2 zu berücksichtigen. Hinsichtlich der Bedeutung der Objektliste und der Reihenfolge des Vorgehens zur Bestimmung der Honorarzone gelten gegenüber der Objektplanung Gebäude keine Besonderheiten.[2]

3. Honorarberechnung

Zur Verdeutlichung der Honorarberechnung dient folgendes Beispiel für die Honorar- 4 berechnung einer Straßenbaumaßnahme bei vereinbartem Mittelsatz und vereinbarten 3,4 % für die örtliche Bauüberwachung sowie 6 % Nebenkostenpauschale.

Honorarermittlung »Verkehrsanlagen« nach Honorartafel zu HOAI § 48, Stand 2013 5

Anrechenbare Kosten nach § 46 HOAI

Kostenberechnung nach DIN 276 vom 09.10.2015, daraus sind folgende Kostengruppen anrechenbar, falls nicht anders vermerkt.

300 Bauwerk – Baukonstruktionen	900.000,00 €
410 Abwasser-, Wasser-, Gasanlagen	60.000,00 € (gem. § 46 Abs. 1 S. 2 vollständig anrechenbar)
440 Starkstromanlagen	40.000,00 € (gem. § 46 Abs. 1 S. 2 vollständig anrechenbar)

---

1 § 6 Abs. 1 Nr. 3 i. V. m. § 5.
2 Vgl. dazu § 35 Rdn. 8.

§ 48 HOAI Honorare für Grundleistungen bei Verkehrsanlagen

Anrechenbare Kosten: 1.000.000,00 €
Honorarzone: nach § 48(2) 3
Honorarsatz: 50,00 % (Mittelsatz)
Daraus ergibt sich folgendes 87.593,00 €
Grundhonorar (100 %):
nach § 48 HOAI

Grundleistungen nach § 47 HOAI

Leistungsphase	HOAI [%]	beauftragt [%]	ausgeführt [%]	Summe [€]
1. Grundlagenermittlung	2,00	2,00	100,00	1.751,86
2. Vorplanung	20,00	20,00	100,00	17.518,60
3. Entwurfsplanung	25,00	25,00	100,00	21.898,25
4. Genehmigungsplanung	8,00	8,00	100,00	7.007,44
5. Ausführungsplanung	15,00	15,00	100,00	13.138,95
6. Vorbereitung der Vergabe	10,00	10,00	100,00	8.759,30
7. Mitwirkung bei der Vergabe	4,00	4,00	100,00	3.503,72
8. Bauoberleitung	15,00	15,00	100,00	13.138,95
9. Objektbetreuung	1,00	1,00	100,00	875,93
Grundhonorar:	**100,00**			**87.593,00 €**

3,40 % auf Anrechenbare Kosten (Mittelsatz) 34.000,00 €
Örtliche Bauüberwachung

prozentuale Nebenkosten

Nebenkosten allg. 6,00 % 7.295,58 €
Summe: 7.295,58 €
Ansatzhonorar netto **128.888,58 €**

4. Honorarzone

6 Die Bewertungsmerkmale zur Zuordnung zu den Honorarzonen gemäß § 48 Abs. 2 entsprechen den Bewertungsmerkmalen bei den Ingenieurbauwerken. Auf die dortigen Ausführungen wird verwiesen.[3] Ein Unterschied ergibt sich im Hinblick auf die Verteilung der Punkte für die einzelnen Bewertungsmerkmale. Das Bewertungsmerkmal Einbindung in die Umgebung oder das Objektumfeld war in der HOAI 2009 mit fünf Punkten bewertet worden. Grund hierfür war die identische Regelung für die Ingenieurbauwerke und die Verkehrsanlagen. Im Vergleich zur HOAI 2002 wurde durch die HOAI 2009 insoweit eine wohl nicht beabsichtigte Änderung vorgenommen. Der Verordnungsgeber hat diesen Fehler mit der HOAI 2013 korrigiert und die Bewertungspunkte entsprechend geändert.

---

3 Vgl. oben § 44 Rdn. 7 ff.

Eine Regelung zu **Umbauten und Modernisierungen** von Verkehrsanlagen findet sich nunmehr in § 48 Abs. 6. Der Wortlaut ist identisch mit der Regelung zu den Ingenieurbauwerken in § 44 Abs. 6. Auf die dortigen Ausführungen wird verwiesen.

5. Objektliste Verkehrsanlagen

13.2 Objektliste Verkehrsanlagen

Nachstehende Verkehrsanlagen werden in der Regel folgenden Honorarzonen zugeordnet:

Objekte	Honorarzone				
	I	II	III	IV	V
a) Anlagen des Straßenverkehrs					
Außerörtliche Straßen					
– ohne besondere Zwangspunkte oder im wenig bewegten Gelände		x			
– mit besonderen Zwangspunkten oder in bewegtem Gelände			x		
– mit vielen besonderen Zwangspunkten oder in stark bewegtem Gelände				x	
– im Gebirge					x
Innerörtliche Straßen und Plätze					
– Anlieger- und Sammelstraßen		x			
– sonstige innerörtliche Straßen mit normalen verkehrstechnischen Anforderungen oder normaler städtebaulicher Situation (durchschnittliche Anzahl Verknüpfungen mit der Umgebung)			x		
– sonstige innerörtliche Straßen mit hohen verkehrstechnischen Anforderungen oder schwieriger städtebaulicher Situation (hohe Anzahl Verknüpfungen mit der Umgebung)				x	
– sonstige innerörtliche Straßen mit sehr hohen verkehrstechnischen Anforderungen oder sehr schwieriger städtebaulicher Situation (sehr hohe Anzahl Verknüpfungen mit der Umgebung)					x
Wege					
– im ebenen Gelände mit einfachen Entwässerungsverhältnissen	x				
– im bewegtem Gelände mit einfachen Baugrund- und Entwässerungsverhältnissen		x			
– im bewegtem Gelände mit schwierigen Baugrund- und Entwässerungsverhältnissen			x		

§ 48 HOAI Honorare für Grundleistungen bei Verkehrsanlagen

Objekte	Honorarzone				
	I	II	III	IV	V
Plätze, Verkehrsflächen					
– einfache Verkehrsflächen, Plätze außerorts	x				
– innerörtliche Parkplätze		x			
– verkehrsberuhigte Bereiche mit normalen städtebaulichen Anforderungen				x	
– verkehrsberuhigte Bereiche mit hohen städtebaulichen Anforderungen				x	
– Flächen für Güterumschlag Straße zu Straße				x	
– Flächen für Güterumschlag im kombinierten Ladeverkehr				x	
Tankstellen, Rastanlagen					
– mit normalen verkehrstechnischen Anforderungen		x			
– mit hohen verkehrstechnischen Anforderungen				x	
Knotenpunkte					
– einfach höhengleich			x		
– schwierig höhengleich				x	
– sehr schwierig höhengleich				x	
– einfach höhenungleich				x	
– schwierig höhenungleich				x	
– sehr schwierig höhenungleich					x
b) Anlagen des Schienenverkehrs					
Gleis- und Bahnsteiganlagen der freien Strecke					
– ohne Weichen und Kreuzungen		x			
– ohne besondere Zwangspunkte oder in wenig bewegtem Gelände			x		
– mit besonderen Zwangspunkten oder in bewegtem Gelände				x	
– mit vielen Zwangspunkten oder in stark bewegtem Gelände				x	
Gleis- und Bahnsteiganlagen der Bahnhöfe					
– mit einfachen Spurplänen			x		
– mit schwierigen Spurplänen				x	
– mit sehr schwierigen Spurplänen				x	

Objekte	Honorarzone				
	I	II	III	IV	V
c) Anlagen des Flugverkehrs					
– einfache Verkehrsflächen für Landeplätze, Segelfluggelände		×			
– schwierige Verkehrsflächen für Landeplätze, einfache Verkehrsflächen für Flughäfen			×		
– schwierige Verkehrsflächen für Flughäfen				×	

Teil 4 Fachplanung

Abschnitt 1 Tragwerksplanung

§ 49 HOAI Anwendungsbereich

(1) Leistungen der Tragwerksplanung sind die statische Fachplanung für die Objektplanung Gebäude und Ingenieurbauwerke.

(2) Das Tragwerk bezeichnet das statische Gesamtsystem der miteinander verbundenen, lastabtragenden Konstruktionen, die für die Standsicherheit von Gebäuden, Ingenieurbauwerken und Traggerüsten bei Ingenieurbauwerken maßgeblich sind.

Übersicht	Rdn.
1. Regelungsinhalt	1
2. Anwendungsbereich	2

1. Regelungsinhalt

Mit der HOAI 2013 wurde erstmals auch für die Tragwerksplanung eine Vorschrift über den Anwendungsbereich geschaffen (Abs. 1). Darüber hinaus wurde der Begriff des Tragwerks erstmals in der Verordnung definiert (Abs. 2). 1

2. Anwendungsbereich

Der Anwendungsbereich (Abs. 1) erstreckt sich nur auf zwei Objekte, nämlich auf Gebäude und Ingenieurbauwerke. Der Gebäudebegriff ist zwar nicht mehr definiert, jedoch hat er einigermaßen klare Konturen.[1] Zu den Gebäuden gehören auf jeden Fall die »zugehörigen baulichen Anlagen«.[2] Nicht erwähnt sind die Innenräume. Dennoch dürften auch sie vom Gegenstand her erfasst sein, weil sie zu den Gebäuden gehören.[3] Dagegen sind Leistungen der Tragwerksplanung für Verkehrsanlagen und Freianlagen nicht von der HOAI erfasst. Werden sie neben Leistungen der Objektplanung für Gebäude oder Ingenieurbauwerke erbracht, handelt es sich um Besondere Leistungen. Werden sie isoliert erbracht, fallen sie gar nicht unter die HOAI. In beiden Fällen ist das Honorar frei vereinbar. Diese Vereinbarung kann auch mündlich getroffen werden. Ohne Honorarvereinbarung steht dem Auftragnehmer die übliche Vergütung für seine Leistungen zu. 2

Erfasst von der HOAI sind auch mit dem **Gebäude** verbundene Stützmauern, unterirdische Anlagen, Schwimmbecken, kleinere, dem Verkehr indirekt dienende Bauwerke im Bereich der Freianlagen, soweit sie mit dem Gebäude zusammenhängen. Aus der 3

---

1 Vgl. dazu § 2 Rdn. 5 ff.
2 Vgl. dazu § 50 Abs. 1 und die Kommentierung dort Rdn. 22.
3 Zur Definition der Innenräume vgl. § 34 Rdn. 176.

§ 49 HOAI Anwendungsbereich

HOAI ergibt sich das Honorar auch für Bauteile, die in direktem Zusammenhang mit Installationen, mit Anlagen der Technischen Ausrüstung des Gebäudes und auch mit Werbeanlagen und Behelfsbauten stehen. Zum Gebäude gehören auch Gerüste, Baugruben, Absteifungen, Gebäudeabsprießungen und Betonschalungen. Allerdings sind Geländer, nicht tragende Bauteile, lose mit dem Gebäude verbundene Anlagen nicht dem Geltungsbereich der HOAI unterworfen.[4] Gleiches gilt für Planungsleistungen, die ausschließlich eine **Fassade** betreffen, die nicht zum Tragwerk gehört, also keine lastabtragende Funktion hat.[5] Derartige Planungsleistungen stellen Besondere Leistungen dar. Deshalb wurde diese Leistung auch in den Katalog der Besonderen Leistungen (Leistungsphase 4) in Anlage 14.1 bei der Tragwerksplanung aufgenommen.

4 Die Liste der **Ingenieurbauwerke** ist umfangreich. Sie sind über den Anwendungsbereich des Teils 3 Abschnitt 3 definiert.[6] Soweit für diese neben der Objektplanung Berechnungen des Tragwerks durchzuführen sind, ist das Honorar aus dem vorliegenden Abschnitt zu berechnen. Die Abgrenzung zwischen Gebäuden und Ingenieurbauwerken ist im Hinblick auf die Tragwerksplanung von entscheidender Bedeutung, weil bei einem hohen Anteil von Technischen Anlagen die Honorarberechnung bei Gebäuden und Ingenieurbauwerken zu einer unterschiedlichen Bewertung führen kann. Im Zusammenhang mit Ingenieurbauwerken sind Schornsteine, Maste, Kühltürme, Behälter, Kläranlagen, Talsperren, Brücken, Tunnelbauwerke, Ufermauern, Stützbauwerke mit oder ohne Lärmschutzanlagen besonders hervorzuheben. Für Traggerüste als eigenständige Tragwerke enthält § 50 Abs. 4 eine spezielle Honorarregelung. Davon sind jedoch nicht alle Traggerüste erfasst.[7]

5 Gemeinsam als **ein Tragwerk** abgerechnet werden alle lastabtragenden Konstruktionen, die miteinander verbunden sind. Liegen mehrere, voneinander unabhängige, nicht verbundene lastabtragende Konstruktionen vor, sind diese getrennt abzurechnen.[8] Auf die Anzahl der Gebäude kommt es nicht an.[9] Allerdings muss § 11 HOAI berücksichtigt werden.

---

4 Wie hier: *Preussner* in MNP § 49 Rd. 12.
5 *Koeble/Zahn*, Die neue HOAI 2013 S. 240; *Preussner* in MNP § 49 Rn. 7f; *Hebel/Seifert* in FBS § 49 Rn. 2; dies war nach überwiegender Auffassung auch vor Inkrafttreten der HOAI 2013 der Fall: vgl. z. B. *Locher/Koeble/Frik*, 11. Aufl. § 48 Rn. 9; der AHO hat mit Heft 28 – Fachingenieurleistungen für die Fassadentechnik Vorschläge für das Leistungsbild und die Honorierung unterbreitet.
6 Zum Begriff vgl. § 41 Rdn. 12 ff.
7 Vgl. i. E. dazu unten § 50 Rdn. 8.
8 *Preussner* in MNP § 49 Rn. 16.
9 *Hebel/Seifert* in FBS § 49 Rn. 9.

§ 50 HOAI Besondere Grundlagen des Honorars

(1) Bei Gebäuden und zugehörigen baulichen Anlagen sind 55 Prozent der Baukonstruktionskosten und 10 Prozent der Kosten der Technischen Anlagen anrechenbar.

(2) Die Vertragsparteien können bei Gebäuden mit einem hohen Anteil an Kosten der Gründung und der Tragkonstruktionen schriftlich vereinbaren, dass die anrechenbaren Kosten abweichend von Absatz 1 nach Absatz 3 ermittelt werden.

(3) Bei Ingenieurbauwerken sind 90 Prozent der Baukonstruktionskosten und 15 Prozent der Kosten der Technischen Anlagen anrechenbar.

(4) Für Traggerüste bei Ingenieurbauwerken sind die Herstellkosten einschließlich der zugehörigen Kosten für Baustelleneinrichtungen anrechenbar. Bei mehrfach verwendeten Bauteilen ist der Neuwert anrechenbar.

(5) Die Vertragsparteien können vereinbaren, dass Kosten von Arbeiten, die nicht in den Absätzen 1 bis 3 erfasst sind, ganz oder teilweise anrechenbar sind, wenn der Auftragnehmer wegen dieser Arbeiten Mehrleistungen für das Tragwerk nach § 51 erbringt.

Übersicht	Rdn.
1. Änderungen durch die HOAI 2009	1
2. Änderungen durch die HOAI 2013	6
3. Zusammenspiel mit anderen Vorschriften	7
4. Nicht von der HOAI erfasste Tragwerke	8
5. Vorgehen bei der Berechnung des Honorars	9
6. Vorgehen zur Ermittlung der anrechenbaren Kosten	13
a) Überblick	13
b) Abgrenzung Abs. 1 und 2	15
c) Grundlagen bei der Anwendung des Abs. 1	16
d) Zusätzliche anrechenbare Kosten	17
7. Honorarvereinbarung nach Abs. 2	18
8. Anrechenbare Kosten bei Ingenieurbauwerken nach Abs. 3	19
9. Einzelheiten der anrechenbaren Kosten	20
a) Kostenermittlung als Bauherrenleistung; Schätzung der anrechenbaren Kosten	20
b) Anrechenbare Kosten und DIN 276	22
c) Anrechenbare Kosten bei Ingenieurbauwerken (Abs. 3)	23
d) Anrechenbare Kosten für Traggerüste bei Ingenieurbauwerken (Abs. 4)	24
e) Zusätzliche anrechenbare Kosten (Abs. 5)	30

1. Änderungen durch die HOAI 2009

Durch die HOAI 2009 waren gegenüber der HOAI 2002 mehrere Bestimmungen aus § 62 a. F. weggefallen bzw. geändert worden. Inhaltlich hatte sich im Wesentlichen Folgendes verändert: 1

– Die Zweiteilung der Abrechnung in ein Honorar für die Leistungsphasen 1–3 einerseits und die Leistungsphasen 4–6 andererseits war weggefallen. Maßgebende Ab- 2

§ 50 HOAI Besondere Grundlagen des Honorars

rechnungsgrundlage ist seither nur noch die Kostenberechnung und in seltenen Ausnahmefällen die Kostenschätzung (§ 6 Abs. 1 Nr. 1).

3 – Bei den anrechenbaren Kosten war die Berücksichtigung der Bausubstanz[1] weggefallen. Die Bausubstanz war damit nur noch dann ansatzfähig, wenn sie »eingebaut« wurde (§ 4 Rdn. 52 ff.).

4 – Ebenso weggefallen waren die Regelungen über die gesonderte Honorierung bei zeitlicher Trennung[2] und betreffend Leistungen für verschiedene Maßnahmen.[3]

5 – Reduziert wurde bei den anrechenbaren Kosten der Anteil der Technischen Anlagen. Während früher 20 % angesetzt werden konnten, dürfen seither nur noch 10 % der Kostengruppe 400 nach DIN 276 berücksichtigt werden. Zur Begründung wurde darauf hingewiesen, dass sich der Gegenstand der anrechenbaren Kosten aus dem Bereich der Technischen Ausrüstung erweitert hat.

2. Änderungen durch die HOAI 2013

6 Von erheblicher Bedeutung ist die Neuregelung in Abs. 3, wonach die anrechenbaren Kosten bei Ingenieurbauwerken zu 90 % aus den Kosten der Baukonstruktion und zu 15 % aus den Kosten der Technischen Anlagen zu ermitteln sind. Auf die bis zum Inkrafttreten der HOAI 2013 maßgebenden 16 Fachlose bzw. Gewerke und die Kosten der Baustelleneinrichtung kommt es also nicht mehr an. Zu erwähnen ist, dass bei Gebäuden mit einem hohen Anteil an Kosten der Gründung und der Tragkonstruktionen eine entsprechende Abrechnung schriftlich vereinbart werden kann (Abs. 2). Weggefallen ist der Negativkatalog für die nicht anrechenbaren Kosten (§ 48 Abs. 4 HOAI 2009).

3. Zusammenspiel mit anderen Vorschriften

7 Die neue Vorschrift regelt »Besondere Grundlagen« des Honorars und knüpft damit hinsichtlich der anrechenbaren Kosten an die grundsätzlichen Vorschriften des Allgemeinen Teils an. Maßgebend ist zunächst die Abrechnungsvorschrift des § 6, der auch spezielle Festlegungen für die anrechenbaren Kosten enthält (§ 6 Abs. 1 Nr. 1). Sodann ist über die anrechenbaren Kosten und deren Ermittlung (Form) in § 4 Grundlegendes enthalten und die Definitionen der Kostenermittlungen finden sich in § 2 Abs. 10 und 11.

4. Nicht von der HOAI erfasste Tragwerke

8 Für Traggerüste bei Ingenieurbauwerken als eigenständige Tragwerke enthält Abs. 4 eine spezielle Honorarregelung, die mit der Regelung in § 49 Abs. 2 korrespondiert. Erfasst sind nach der Formulierung in § 49 Abs. 2 lastabtragende Traggerüste. Nicht erfasst davon sind verschiebbare Traggerüste und Arbeits- und Schutzgerüste, soweit es sich nicht um eigenständige Ingenieurbauwerke handelt.[4] Für diese ist eine freie Hono-

---

1 Entsprechende Anwendung des früheren § 10 Abs. 3a HOAI 2002/1996.
2 Frühere Verweisung auf § 21 HOAI 2002/1996.
3 Frühere Verweisung auf § 23 HOAI 2002/1996.
4 *Hebel/Seifert* in FBS § 49 Rn. 4.

rarvereinbarung möglich und bei Fehlen einer solchen Vereinbarung ein Anspruch auf die übliche Vergütung (§ 632 Abs. 2 BGB) gegeben. Nach der früheren Amtlichen Begründung zu § 67 a. F. sind auch die sonstigen Baubehelfe bei Ingenieurbauwerken, z. B. Hilfsbrücken, Arbeitsbrücken, Baugrubenumschließungen sowie Baubehelfe bei Gebäuden von der Anwendung der HOAI ausgeschlossen.[5] Etwas anderes gilt nur, soweit es sich bei diesen Bauwerken um eigenständige Ingenieurbauwerke handelt, was z. B. bei Stützbauwerken (vgl. Gruppe 7 der Objektliste zu den Ingenieurbauwerken – Anlage 12.2) der Fall sein kann.[6] Entsprechendes gilt auch im Hinblick auf die Tragwerksplanung für eine nicht lastabtragende Fassade.[7] Auch hier ist der Teil 4 Abschnitt 1 nicht unmittelbar anwendbar, sondern die freie Honorarvereinbarung möglich und bei Fehlen einer solchen Vereinbarung die übliche Vergütung nach § 632 Abs. 2 BGB abzurechnen (vgl. § 1 Rdn. 13). Gleiches gilt auch für fliegende Bauten und Messestände. Bei fliegenden Bauten, die als Fahrgeschäfte gelten und damit als Maschinenanlagen anzusehen sind (z. B. Achterbahnen, Karussells), ist die HOAI nicht anwendbar. Da fliegende Bauten von ihrer Definition her keine feste, dauerhafte Verbindung mit dem Erdboden haben, fallen sie unter die sonstigen baulichen Anlagen und zählen nicht zu den Gebäuden (vgl. § 2 Rdn. 5 ff.). Bei Messeständen ist im Einzelfall zu entscheiden, ob es sich um raumbildende Ausbauten oder um sonstige bauliche Anlagen – entsprechend den fliegenden Bauten – handelt. Soweit raumbildende Ausbauten vorliegen, sind Konstruktionen ohne wesentliche konstruktive Baumaßnahmen und damit ohne wesentlichen Aufwand für eine Tragkonstruktion anzunehmen (vgl. § 2 Rdn. 5 ff.). Damit wäre dann auch keine Tragwerksplanung erforderlich. Anders ist es bei sonstigen baulichen Anlagen. Nicht erfasst von Teil 4 Abschnitt 1 sind auch statische Nachweise für Maschinen und Fahrzeuge.

5. Vorgehen bei der Berechnung des Honorars

Bei der **Berechnung des Honorars** ist folgendermaßen vorzugehen: 9
– Zunächst sind die **anrechenbaren Kosten** nach Absatz 1–5 zu ermitteln. Die anrechenbaren Kosten sind derjenige Betrag, aus dem nach Bestimmung der Honorarzone das Honorar zu errechnen ist. Dabei sind die grundsätzlichen Bestimmungen des § 6 über die Art und Weise der Honorarberechnung und die maßgebende Kostenermittlung sowie des § 4 über die Form der Kostenermittlung zu berücksichtigen. Maßgeblich ist die **Kostenberechnung**, die vom Objektplaner Gebäude zu erstellen ist.
– Die zweite Komponente für die Honorarbestimmung ist die **Honorarzone des Objekts**. Die Einordnung in eine Honorarzone ist nach § 52 Abs. 2 und 3 vorzunehmen. Dabei ist die Einteilung der Honorarzonen aus § 5 zu berücksichtigen. Eine Objektliste für die Tragwerksplanung findet sich jetzt in Anlage 12. 10
– Stehen die anrechenbaren Kosten und die Honorarzone fest, so lässt sich aus der **Honorartafel** des § 52 Abs. 1 der Mindest- und Höchstsatz für das Honorar ablesen. 11

---

5 Vgl. unten Rdn. 24 ff.
6 *Hebel/Seifert* in FBS § 49 Rn. 4.
7 *Koeble/Zahn*, Die neue HOAI 2013, Teil C Rn. 214.

§ 50 HOAI Besondere Grundlagen des Honorars

12   – In einem dritten Schritt muss festgestellt werden, welchen **Leistungsanteil** der Auftragnehmer nach § 51 i. V. m. Anlage 14.1 erbracht hat.

6. Vorgehen zur Ermittlung der anrechenbaren Kosten

a) Überblick

13   Die Art der Kostenermittlung ist in § 6 Abs. 1 Nr. 1 geregelt und die Form der regelmäßig notwendigen Kostenberechnung ist in § 4 Abs. 1 festgelegt.[8] Für die **Ermittlung der anrechenbaren Kosten** gilt Absatz 1–5. Dabei sind **drei Fallgruppen** zu unterscheiden:[9]
– Gebäude und zugehörige Anlagen[10]
– Gebäude mit einem hohen Anteil an Kosten der Gründung und der Tragkonstruktionen sowie Umbauten (Abs. 2), für die eine von Abs. 1 abweichende Honorarvereinbarung möglich ist (vgl. unten Rdn. 18).
– Ingenieurbauwerke.[11]

14   Soweit ein Ingenieurbauwerk der Gegenstand der Tragwerksplanung ist, findet Abs. 3 Anwendung (dazu Rdn. 19). Haben die Vertragsparteien bei einem Gebäude eine wirksame Honorarvereinbarung getroffen (Abs. 2), dann kann auf dieser Grundlage abgerechnet werden (vgl. Rdn. 18). Im Übrigen ist bei Gebäuden Abs. 1 anzuwenden (dazu Rdn. 20 ff.). Für alle drei Abrechnungsformen ist zu prüfen, welche zusätzlichen Kosten im Verhältnis zu den Kostenermittlungen bei der Abrechnung zu berücksichtigen sind (dazu Rdn. 17).

b) Abgrenzung Abs. 1 und 2

15   Danach ist zu prüfen, ob Absatz 2 angewendet werden soll. Die Vorschrift des Absatzes 2 gilt nur, wenn eine ausdrückliche Vereinbarung dazu getroffen ist, dass in dieser Weise abzurechnen ist (dazu Rdn. 18). Eine entsprechende Vereinbarung ist nur wirksam, wenn sie schriftlich[12] und »bei Auftragserteilung« (§ 7 Rdn. 56 ff.) getroffen wurde. Wann die Vereinbarung nach Absatz 2 für ihn günstiger ist, muss der Auftragnehmer im Einzelfall ermitteln.

c) Grundlagen bei der Anwendung des Abs. 1

16   Fehlt eine wirksame Vereinbarung nach Absatz 2, so ist Absatz 1 anwendbar. Maßgebend ist heute für alle sechs Leistungsphasen durchgängig die Kostenberechnung und nur ausnahmsweise die Kostenschätzung (§ 6 Abs. 1 Nr. 1). Nach altem Recht

---

8   Vgl. auch § 2 Abs. 10, 11 betreffend die Definition von Kostenschätzung und Kostenberechnung.
9   Zu den Kostenermittlungen als Grundlage der anrechenbaren Kosten vgl. unten Rdn. 20 ff.; zur Abgrenzung i. E. s. *Simmendinger*, FS Koeble, S. 531 [539 ff.].
10 Normalfall; Abs. 1; vgl. unten Rdn. 16 ff.
11 Abs. 3; vgl. unten Rdn. 23.
12 Vgl. § 7 Rdn. 47 ff.

der HOAI 2002/1996 war dagegen eine Aufteilung der Rechnung in Leistungsphasen 1–3 einerseits und Leistungsphasen 4–6 andererseits notwendig. Für den ersten Teil der Rechnung war die Kostenberechnung und für den zweiten Teil die Kostenfeststellung zugrunde zu legen. Letzteres ist weggefallen. Ebenso ist natürlich dann auch weggefallen, dass die Parteien des Tragwerksplanervertrages schon früher eine andere Zuordnung der Leistungsphasen zu den Kostenermittlungen vereinbaren konnten.[13] Anrechenbar sind 55% der Baukonstruktionskosten und 10% der Kosten der Technischen Anlagen. Nach Ansicht des Verordnungsgebers handelt es sich insoweit um die Kosten der Kostengruppe 300 und 400 der DIN 276.[14] Dem Zusatz »und zugehörigen baulichen Anlagen«, der ursprünglich zur Festlegung des Anwendungsbereiches diente, kommt aufgrund der Regelung in § 49 keine eigenständige Bedeutung bei Ermittlung der anrechenbaren Kosten mehr zu.[15]

d) Zusätzliche anrechenbare Kosten

In einem weiteren Schritt ist festzustellen, welche zusätzlichen Kosten vor allem gegenüber den Kostenermittlungen hinzukommen. Die Allgemeine Vorschrift des § 4 Abs. 2 ermöglicht es auch dem Tragwerksplaner, Eigenlieferungen, Eigenleistungen, Lieferungen in Gegenrechnung, nicht übliche Vergünstigungen und vorhandene oder vorbeschaffte Baustoffe oder Bauteile mit den ortsüblichen Preisen zu den anrechenbaren Kosten zu rechnen.[16] Wieder eingefügt wurde die Möglichkeit, auch die vorhandene, wiederverwendete Bausubstanz angemessen zusätzlich zu berücksichtigen.[17] Festzustellen ist in einem weiteren Schritt, welche zusätzlichen Kosten gemäß einer etwa getroffenen Vereinbarung nach Absatz 5 hinzukommen. 17

7. Honorarvereinbarung nach Abs. 2

Bei **Gebäuden** und bei Umbauten können die Vertragsparteien eine von Abs. 1 abweichende Honorarvereinbarung treffen. Voraussetzung ist jedoch, dass die Vereinbarung **schriftlich** und **bei Auftragserteilung**[18] niedergelegt wird (vgl. oben Rdn. 15). Weitere Voraussetzung ist, dass es sich um **Gebäude mit einem hohen Anteil an Kosten der Gründung und der Tragkonstruktionen** handelt. Der Anteil der Kosten für die Gründung bzw. die Tragkonstruktion muss nicht besonders hoch sein. Es genügt, wenn das übliche Verhältnis zu den Kosten der nicht tragenden Teile zugunsten der anderen Teile verändert ist.[19] Sinn dieser Sonderregelung ist es, bei Bauwerken mit geringem Ausbau zu angemessenen Honoraren zu kommen. Der Verordnungsgeber hat hier vor allem 18

---

13 § 62 Abs. 2 Nr. 1, 2. Halbsatz a. F.
14 Amtl. Begründung zur Novellierung 2009 BR-Drs. 395/09, zu § 48.
15 *Seifert/Hebel* in FBS § 50 Rn. 9.
16 Vgl. dazu § 4 Rdn. 43 ff.
17 Vgl. dazu i. E. § 2 Abs. 7 und § 4 Abs. 3.
18 Wie hier: *Seifert/Hebel* in FBS § 50 Rn. 21; a. A. *Preussner* in MNP § 50 Rn. 30 f.
19 In der Literatur wird auf statistische Werte zu den Anteilen der Rohbaukosten an den Gesamtkosten des Baukosteninformationszentrums Deutscher Architektenkammern zurückgegriffen (vgl. *Seifert/Hebel* in FBS § 50 Rn. 18 f.). Aufgrund dieser Werte soll ein hoher An-

Parkhäuser, Hallen, Lager- oder Kraftwerksgebäude und Tribünen sowie ähnliche Bauwerke berücksichtigt, soweit diese nicht als Ingenieurbauwerke einzuordnen sind. Bei Umbauten kommt es auf das Ausbauverhältnis nicht an. Die Honorarvereinbarung kann dann zum Gegenstand die 90 % der Kosten der Baukonstruktion und 15 % der Kosten der Technischen Anlagen haben (Abs. 3). Bei Umbauten soll nach der Vorstellung des Verordnungsgebers die Möglichkeit einer Honorarvereinbarung nach Abs. 2 nicht mehr eröffnet sein. Die in § 48 Abs. 2 HOAI 2009 vorgesehene Anwendung dieser Vereinbarungsmöglichkeit auch auf Umbauten wurde vom Verordnungsgeber bei der Novellierung 2013 bewusst gestrichen.[20] Haben die Parteien eine Honorarvereinbarung abgeschlossen, obwohl die Voraussetzungen des Abs. 2 nicht vorliegen, führt dies nicht unmittelbar zur Unwirksamkeit dieser Vereinbarung. Vielmehr ist dann zu prüfen, ob die Vereinbarung nach den allgemeinen Grundsätzen zu einem Honorar führt, das den Höchstsatz übersteigt.[21]

8. Anrechenbare Kosten bei Ingenieurbauwerken nach Abs. 3

19 Bei Ingenieurbauwerken werden die anrechenbaren Kosten nach Kostenberechnung auf der Grundlage von 90 % der Kosten der Baukonstruktion und 15 % der Kosten der Technischen Anlagen ermittelt. Die frühere Abrechnung nach 16 Fachlosen und den Kosten der Baustelleneinrichtung ist weggefallen. Ergänzend können die Parteien eine Vereinbarung nach Abs. 5 treffen. Die Negativliste (nicht anrechenbare Kosten) des früheren Abs. 4 ist weggefallen, sodass die anrechenbaren Kosten abschließend nach Abs. 3 anzusetzen sind.

9. Einzelheiten der anrechenbaren Kosten

a) Kostenermittlung als Bauherrenleistung; Schätzung der anrechenbaren Kosten

20 Die in § 4 Abs. 1 Nr. 1 genannten Kostenermittlungen sind entscheidend für die **Fälligkeit des Honorars** (vgl. § 15 Rdn. 30). Sämtliche Kostenermittlungen sind aber Leistungen des Objektplaners und nicht des Tragwerksplaners. Der Tragwerksplaner hat keine eigenen Kostenermittlungen zu erstellen, er hat nur bei der Kostenschätzung und bei der Kostenberechnung des Architekten **mitzuwirken**.[22] Die **Kostenermittlung** ist also **Bauherrenleistung**, sodass der Auftraggeber gegenüber dem Tragwerksplaner vorlagepflichtig ist. Legt er trotz Mahnung die Kostenermittlung nicht vor, so besteht ein Anspruch auf **Auskunft, Einsichtnahme und Herausgabe**, den der Tragwerksplaner im Wege der Klage durchsetzen kann, aber nicht muss.[23] Ein Anspruch mit diesem Inhalt besteht aber nur insoweit, als es auf die gewünschte Kostenermittlung bei der Ab-

---

teil an Kosten der Gründung und der Tragkonstruktion dann vorliegen, wenn diese 70% der Kosten ausmachen (*Seifert/Hebel* a. a. O.).
20 Amtl. Begründung zur Novellierung 2013 BR-Drs. 334/13, zu § 50.
21 *Seifert/Hebel* in FBS § 50 Rn. 17.
22 § 51 Abs. 5 i. V. m. Anlage 14.1.
23 Vgl. § 6 Rdn. 27 ff.; zum Inhalt des Anspruchs OLG Düsseldorf BauR 1997, 510: Zugänglichmachen der Rechnungsunterlagen.

rechnung ankommt. Ist z. B. wirksam gekündigt worden während der Leistungsphasen 1–2 vor Erstellung der Kostenberechnung, dann kann diese nicht herausverlangt werden, weil die Kostenschätzung maßgebend ist.[24]

Ansonsten kann statt Auskunft und Herausgabe der Weg über die **Schätzung** gegangen werden.[25] Ermittelt der Tragwerksplaner aber dann auf der Basis eigener Schätzungen sein Honorar, so kann der Auftraggeber ihm die mangelnde Fälligkeit nicht entgegenhalten, da er selbst zur Herausgabe der Unterlagen verpflichtet ist und mit einem derartigen Einwand gegen Treu und Glauben verstoßen würde.[26] Die Weigerung oder der Verzug des Auftraggebers enthebt den Tragwerksplaner aber nicht von der Pflicht, die richtige Kostenermittlung aufzustellen und seiner Rechnung zugrunde zu legen und auch sonst eine prüfbare Rechnung zu erstellen. Die Anforderungen an die Prüfbarkeit der Kostenermittlung sind im Falle der Schätzung gering.[27] 21

b) Anrechenbare Kosten und DIN 276

Nach § 4 Abs. 1 sind die anrechenbaren Kosten bei Gebäuden und baulichen Anlagen heute gemäß DIN 276 Teil 1 Fassung Dezember 2008 (vgl. **Anhang 1**) und bei Ingenieurbauwerken nach Verwaltungsvorschriften oder nach DIN 276 Teil 4 Fassung August 2009 zu ermitteln.[28] Maßgebend bei Gebäuden sind nur die Kosten der Baukonstruktion, welche durch Kostengruppe 300 nach DIN 276 Fassung Dezember 2008 zuverlässig definiert sind. Entsprechendes gilt auch für die Kosten der Technischen Anlagen, welche ebenfalls über die DIN 276 Teil 1 Fassung Dezember 2008 Kostengruppe 400 für die Praxis ausreichend definiert sind. Entsprechendes gilt auch für Ingenieurbauwerke nach DIN 276 Teil 4 (vgl. **Anhang 2**). 22

c) Anrechenbare Kosten bei Ingenieurbauwerken (Abs. 3)

Mit der Neuregelung durch die HOAI 2013 wurde die Abrechnung nach 16 Fachlosen zuzüglich der Baustelleneinrichtung abgelöst. Es werden als anrechenbare Kosten zwingend 90 % der Kosten der Baukonstruktion und 15 % der Kosten der Technischen Anlagen zugrunde gelegt. Das bringt eine erhebliche Erleichterung. In der Praxis wird zu prüfen sein, wie sich die Änderung wirtschaftlich auswirkt. 23

---

24 KG NJW-RR 1999, 96 sowie OLG Rostock NZBau 2000, 391 für den Fall, dass das Objekt nicht realisiert wird.
25 BGH BauR 1995, 126 = NJW 1995, 401 = LM Heft 4/1995, HOAI Nr. 28 m. Anm. *Koeble* = ZfBR 1995, 73; OLG Düsseldorf BauR 2000, 915 = NJW-RR 1999, 1694, wonach hier die Angabe der anrechenbaren Kosten als Produkt des Rauminhalts der geplanten Baukörper genügt; vgl. § 6 Rdn. 27 ff.
26 BGH a. a. O.; OLG Düsseldorf BauR 1987, 465; OLG Hamm BauR 1992, 260 = NJW-RR 1991, 1430; OLG Hamm NJW-RR 1994, 1433; vgl. ferner § 6 Rdn. 27 ff. und die dort zitierte Rechtsprechung, die hier entsprechend gilt.
27 So mit Recht OLG Düsseldorf BauR 1995, 419 = NJW-RR 1995, 340.
28 Vgl. § 4 Rdn. 15 ff.

d) Anrechenbare Kosten für Traggerüste bei Ingenieurbauwerken (Abs. 4)

24 Hier wurde die frühere Vorschrift des § 67 HOAI 2002 integriert. Sie enthält eine besondere Regelung für Traggerüste bei Ingenieurbauwerken. Für die Tragwerksplanung von sonstigen Baubehelfen bei Ingenieurbauwerken, z. B. Hilfsbrücken, Arbeitsbrücken, Baugrubenumschließungen sowie für Baubehelfe bei Gebäuden enthält die Vorschrift keine besonderen Honorarregelungen. Falls bei diesen genannten Baubehelfen im Einzelfall eine besondere Berechnung des Traggerüstes erforderlich ist, kann hierfür ein Honorar frei vereinbart werden.[29] Auch ohne Honorarvereinbarung steht dem Auftragnehmer bei Nachweis des gesonderten Auftrags ein Anspruch auf die übliche Vergütung zu (§ 632 Abs. 2 BGB).

25 Bei den hier genannten Traggerüsten und Baubehelfen handelt es sich in der Regel um eigenständige Bauwerke, die aber nur temporär für die oder während der Ausführung der eigentlichen Baumaßnahme benötigt werden, also nicht ein Teil derselben sind.

26 Traggerüste sind z. B. die im Brückenbau benötigten Schalgerüste. Als Baugrubenumschließungen sind z. B. ein Berliner Verbau, Spundwände und Bohrpfahlwände zu nennen. Baubehelfe bei Gebäuden sind z. B. die Gerüste bei Entkernungen im Denkmalschutz.

27 Anrechenbar sind die Herstellkosten der Traggerüste. Eine Kostenermittlung ist dafür also für die Fälligkeit der Honorarforderung und für die korrekte Art der Honorarrechnung nicht erforderlich. Hätte der Verordnungsgeber nicht die Herstellkosten, sondern die Kostenermittlung zugrunde legen wollen, dann wäre insoweit eine ausdrückliche Regelung notwendig gewesen und die Herstellungskosten hätten nicht genannt werden dürfen.

28 Für verschiebbare Gerüste war früher eine Regelung enthalten, wonach die freie Vereinbarung möglich ist. Im Ergebnis hat sich daran deshalb nichts geändert, weil diese Baubehelfe nicht unter die HOAI fallen und damit Honorarvereinbarungen außerhalb der HOAI möglich sind (vgl. oben Rdn. 8).

29 Für die Abrechnung der Traggerüste gelten neben den anrechenbaren Kosten auch die weiteren Vorschriften über die Honorarzone, die Honorartafel und die erbrachten Leistungen.[30]

e) Zusätzliche anrechenbare Kosten (Abs. 5)

30 Nach **Absatz 5** können zusätzliche Kosten zu den anrechenbaren Kosten hinzukommen. Es bedarf jedoch der ausdrücklichen schriftlichen[31] Vereinbarung »bei Auftragserteilung« (§ 7 Rdn. 56 ff.).[32]

---

29 Zur Anwendbarkeit der HOAI bei Tragegerüsten vgl. oben Rdn. 8.
30 Zum Vorgehen bei der Honorarabrechnung vgl. oben Rdn. 9 ff.
31 Vgl. § 7 Rdn. 47 ff.
32 Wie hier *Seifert/Hebel* in FBS § 50 Rn. 34; a. A. Preussner in MNP § 50 Rn. 39.

Die Erhöhung der anrechenbaren Kosten kann jedoch nur dann vereinbart werden, wenn dem Auftraggeber ein **erhöhter Arbeitsaufwand** entsteht. Der erhöhte Arbeitsaufwand des Auftragnehmers muss sich nicht auf die in Absatz 5 genannten Arbeiten selbst beziehen, vielmehr betrifft der erhöhte Arbeitsaufwand die Leistungen bei der Bearbeitung des Tragwerks für das Objekt. 31

Dem Gegenstand nach muss es sich um die in Absatz 5 aufgeführten Arbeiten handeln, durch die ein erhöhter Arbeitsaufwand entsteht. Fertigteile, die zu den Stahlbetonarbeiten gehören, rechtfertigen keine Erhöhung nach Absatz 5, da diese Arbeiten bereits in den Stahlbetonarbeiten nach Absatz 3 enthalten sind. Unter Fertigteilen, Sichtbeton- und Wandverkleidungen sind hier nur solche gemeint, die als Bestandteil der Ausbaukonstruktion anzusehen sind und auch von Betrieben des Ausbaugewerks hergestellt und verarbeitet werden. Dies können z. B. Balkonbrüstungselemente, vorgehängte Fassadenelemente und nicht tragende Fertigteilwände sein. 32

§ 51 HOAI Leistungsbild Tragwerksplanung

(1) Die Grundleistungen der Tragwerksplanung sind für Gebäude und zugehörige bauliche Anlagen sowie für Ingenieurbauwerke nach § 41 Nummer 1 bis 5 in den Leistungsphasen 1 bis 6 sowie für Ingenieurbauwerke nach § 41 Nummer 6 und 7 in den Leistungsphasen 2 bis 6 zusammengefasst und werden wie folgt in Prozentsätzen der Honorare des § 52 bewertet:
1. für die Leistungsphase 1 (Grundlagenermittlung) mit 3 Prozent,
2. für die Leistungsphase 2 (Vorplanung) mit 10 Prozent,
3. für die Leistungsphase 3 (Entwurfsplanung) mit 15 Prozent,
4. für die Leistungsphase 4 (Genehmigungsplanung) mit 30 Prozent,
5. für die Leistungsphase 5 (Ausführungsplanung) mit 40 Prozent,
6. für die Leistungsphase 6 (Vorbereitung der Vergabe) mit 2 Prozent.

(2) Die Leistungsphase 5 ist abweichend von Absatz 1 mit 30 Prozent der Honorare des § 52 zu bewerten:
1. im Stahlbetonbau, sofern keine Schalpläne in Auftrag gegeben werden,
2. im Holzbau mit unterdurchschnittlichem Schwierigkeitsgrad.

(3) Die Leistungsphase 5 ist abweichend von Absatz 1 mit 20 Prozent der Honorare des § 52 zu bewerten, sofern nur Schalpläne in Auftrag gegeben werden.

(4) Bei sehr enger Bewehrung kann die Bewertung der Leistungsphase 5 um bis zu 4 Prozent erhöht werden.

(5) Anlage 14 Nummer 14.1 regelt die Grundleistungen jeder Leistungsphase und enthält Beispiele für Besondere Leistungen. Für Ingenieurbauwerke nach § 41 Nummer 6 und 7 sind die Grundleistungen der Tragwerksplanung zur Leistungsphase 1 im Leistungsbild der Ingenieurbauwerke gemäß § 43 enthalten.

§ 51 HOAI Leistungsbild Tragwerksplanung

Übersicht

	Rdn.
1. Änderungen durch die HOAI 2009	1
2. Änderungen durch die HOAI 2013	3
3. Zusammenspiel mit anderen Vorschriften	4
4. Hinweis auf die Struktur der Kommentierung (Grundleistungen/Besondere Leistungen/Haftungsfragen)	7
5. Grundlagen der Honorarberechnung	9
6. Anwendungsbereich der Vorschrift	10
7. Vorgehen bei der Honorarberechnung	13
8. Voraussetzungen für den Honoraranspruch	14
9. Bedeutung des Leistungsbildes und Honorarminderung bei Nichterbringung einzelner Leistungen	15
10. Planungsablauf und Ineinandergreifen mit den Leistungen für die Objektplanung	16
11. Leistungsbild Tragwerksplanung (Abs. 1 und Anlage 14.1)	18
a) Leistungsphase 1 Grundlagenermittlung	18
aa) Grundleistungen	18
bb) Besondere Leistungen	22
cc) Haftungsfragen	23
b) Leistungsphase 2: Vorplanung (Projekt- und Planungsvorbereitung)	25
aa) Grundleistungen	25
bb) Besondere Leistungen	32
cc) Haftungsfragen	34
c) Leistungsphase 3: Entwurfsplanung (System- und Integrationsplanung)	35
aa) Grundleistungen	35
bb) Besondere Leistungen	43
cc) Haftungsfragen	47
d) Leistungsphase 4: Genehmigungsplanung	55
aa) Grundleistungen	55
bb) Besondere Leistungen	60
cc) Haftungsfragen	66
e) Leistungsphase 5: Ausführungsplanung	67
aa) Grundleistungen	67
bb) Besondere Leistungen	71
cc) Haftungsfragen	75
f) Leistungsphase 6: Vorbereitung der Vergabe	76
aa) Grundleistungen	76
bb) Besondere Leistungen	77
g) Leistungsphase 7: Mitwirkung bei der Vergabe	78
h) Leistungsphase 8: Objektüberwachung	79
i) Leistungsphase 9: Objektbetreuung und Dokumentation	84
12. Leistungsphase 5 Ausführungsplanung im Stahlbetonbau und Holzbau (Abs. 2)	85
13. Ausführungsplanung mit Schalplänen (Abs. 3)	86
14. Erhöhung bei sehr enger Bewehrung (Abs. 4)	87
15. Leistungsbild (Anlage 14.1)	88

1. Änderungen durch die HOAI 2009

1 Die Vorschrift des § 49 beruhte auf der Regelung des § 64 HOAI 2002. Im Abs. 1 sind seither nicht mehr enthalten die Leistungen der Leistungsphase 1 für Ingenieurbau-

werke nach § 40 Abs. 1 Nr. 6 und 7, konstruktive Ingenieurbauwerke für Verkehrsanlagen und sonstige Einzelbauwerke. Diese sind im Leistungsbild Objektplanung Ingenieurbauwerke in § 43 enthalten. Inhaltlich hat sich dadurch keine Änderung ergeben.

Neu geregelt wurden die Leistungen im Bestand (Umbau, Modernisierung). Hier war die Vorschrift aus der Objektplanung für Gebäude entsprechend anwendbar (§ 35 HOAI 2009), weshalb § 66 Abs. 5 HOAI 2002 entfallen konnte. 2

2. Änderungen durch die HOAI 2013

Gegenüber § 49 HOAI 2009 wurde das Leistungsbild durch die Novellierung 2013 in § 51 neu strukturiert. Die Prozentsätze für die Grundleistungen aus Leistungsphasen 1–6 wurden anders gewichtet. Die Entwurfsplanung wurde mit 15 statt 12 Punkten aufgewertet, die Ausführungsplanung von 42 auf 40 Punkte zurückgeführt und ebenso die Leistungsphase 6 von einem Anteil mit 3 % auf 2 % reduziert. Die besondere Regelung für Leistungen im Stahlbetonbau, Stahlbau und Holzbau (§ 49 Abs. 2 HOAI 2009) wurde abgeändert (Abs. 2). Ebenfalls für die Leistungsphase 5 wurde bei bloßer Beauftragung mit Schalplänen eine Sonderregelung geschaffen (Abs. 3). Entsprechendes gilt auch bei sehr enger Bewehrung (Abs. 4). Der neue Abs. 5 enthält im Wesentlichen die frühere Regelung des § 49 Abs. 1 S. 2. Große Bedeutung kommt auch der Änderung des Leistungsbildes zu, wobei es sich zu einem erheblichen Teil um die Anpassung an den heutigen Sprachgebrauch und die heutigen Gepflogenheiten handelt. Die Prozentsätze für die einzelnen Leistungsphasen haben sich geändert. Die **Teilleistungen** in den einzelnen Leistungsphasen sind damit ebenfalls anders zu bewerten.[1] Die Frage der Minderung bei Weglassen von Teilleistungen ist eine Rechtsfrage.[2] 3

3. Zusammenspiel mit anderen Vorschriften

Im Hinblick auf die Begriffe Grundleistungen und auch Besondere Leistungen enthält die HOAI eine grundlegende Regelung (vgl. § 3 Abs. 1–3). Entsprechendes gilt für die Leistungsbilder (vgl. § 3 Abs. 2 S. 2). 4

Zusätzlich zu den in § 51 aufgelisteten Grundleistungen ist die Wirtschaftlichkeit der Leistung zu beachten (§ 3 Abs. 4). 5

Das eigentliche Leistungsbild ist nicht mehr in § 51 enthalten, sondern in der Anlage 14.1, welche verbindlichen Charakter hat, obwohl sie nicht im unmittelbaren HOAI-Text aufgeführt ist (vgl. § 3 Rdn. 5, 9). 6

---

1 Vgl. dazu den Anhang 3/6 zu diesem Kommentar.
2 Vgl. dazu i. E. § 8 Rdn. 16 ff.

4. Hinweis auf die Struktur der Kommentierung (Grundleistungen/Besondere Leistungen/Haftungsfragen)

7 Obwohl die einzelnen Teilleistungen und die Besonderen Leistungen nicht mehr im Leistungsbild enthalten sind, erscheint es für die Kommentierung zweckmäßig, alle im Zusammenhang mit den Leistungen anfallenden Honorar- und Haftungsproblemen im Rahmen des § 51 zu bearbeiten. Aus diesem Grunde wird die Struktur der alten Kommentierung beibehalten. Es werden in jeder Leistungsphase folgende Teilabschnitte bearbeitet:
– Die einzelnen Teilleistungen
– die sachlich dazu gehörigen Besonderen Leistungen
– Haftungsfragen im Rahmen jeder Leistungsphase.

Diese Darstellung hat sich bewährt. In der Praxis wird man sich weiterhin daran orientieren.

8 Dabei ist hervorzuheben, dass die in Anlage 14.1 geregelten Teilleistungen preisrechtlich verbindlich festgelegt sind (vgl. § 3 Rdn. 5, 9), während die Besonderen Leistungen aus Anlage 14.2 nicht dem Preisrecht der HOAI unterliegen (vgl. § 3 Rdn. 13 ff.).

5. Grundlagen der Honorarberechnung

9 Für die Honorarberechnung ist § 51 eine zentrale Bestimmung. Sind die anrechenbaren Kosten[3] und die Honorarzone[4] ermittelt, so ist nach § 51 festzustellen, welche Leistungsphasen bzw. Teilleistungen erbracht sind und welcher Prozentsatz des Gesamthonorars aus der Honorartafel des § 52 Abs. 1 berechnet werden darf.

6. Anwendungsbereich der Vorschrift

10 Die Bestimmungen der Tragwerksplanung gelten gem. § 1 für alle Ingenieure und Ingenieurinnen oder auch Architekten und Architektinnen mit Sitz im Inland, soweit die Leistungen durch diese Verordnung erfasst und im Inland erbracht werden (vgl. § 1 Rdn. 1 ff.).

11 Erfasst sind von der Regelung die Tragwerksplanung für Gebäude, zugehörige bauliche Anlagen und für Ingenieurbauwerke.[5]

12 Erfasst sind nur Leistungen der Tragwerksplanung, nicht dagegen die Leistungen des Prüfingenieurs für Baustatik. Derartige Leistungen sind auch keine Besonderen Leistungen im Sinne der Anlage 14.2 bzw. des § 3 Abs. 3. Vielmehr handelt es sich um völlig außerhalb der HOAI und ihrer Anlage stehende Leistungen, die nach jeweiligem Landesgebührenrecht zu honorieren sind (vgl. Einl. Rdn. 418).

---

3 § 6 Abs. 1 Nr. 1; § 50.
4 § 6 Abs. 1 Nr. 3; § 52 Abs. 2, 3.
5 Zum Objektbegriff vgl. § 2 Rdn. 3.

7. Vorgehen bei der Honorarberechnung

Die Leistungen und ihre Bewertung sind ein wesentlicher Faktor im Rahmen der gesamten Honorarermittlung und einer der vier Bausteine davon.[6] Aus § 51 ergibt sich, welche Prozentanteile des vollen Honorars für die tatsächlich erbrachten und beauftragten Leistungen berechnet werden können.   13

8. Voraussetzungen für den Honoraranspruch

Voraussetzung für die Entstehung eines Honoraranspruchs ist neben der Erfüllung der Leistungspflichten der Abschluss eines auf die betreffenden Leistungen gerichteten Vertrags bzw. die nachträgliche Billigung oder Verwertung der Leistungen durch den Auftraggeber.[7] Auch im Falle der Kündigung oder einvernehmlichen Beendigung des Vertrages kann dem Tragwerksplaner gegebenenfalls ein Anspruch auf das volle Honorar zustehen.[8]   14

9. Bedeutung des Leistungsbildes und Honorarminderung bei Nichterbringung einzelner Leistungen

Ebenso wenig wie andere Leistungsbilder enthält auch § 51 vertragliche Leistungspflichten.[9] Soweit sich durch Auslegung ergibt, dass der Ingenieur die in Anlage 13 aufgeführten Leistungen zu erbringen hat, kommt eine Minderung des Honorars in Frage, wenn solche Leistungen oder Teile davon weggelassen werden.[10] Die einzelnen Teilleistungen sind in der HOAI selbst nicht bewertet. Im **Anhang 3.5** zu diesem Kommentar finden sich Vorschläge für den Ansatz einer Bewertung für diese Leistungen. Die Tabelle darf keineswegs schematisch angewandt werden. Vielmehr ist zu prüfen, ob im Einzelfalle ein Mangel vorliegt, wenn die Leistung nicht erbracht wurde und ob es sich überhaupt um Teilerfolge handelt.[11]   15

10. Planungsablauf und Ineinandergreifen mit den Leistungen für die Objektplanung

Die Leistungsphasen 1–6 stehen denen des § 34 und des § 43 für die Objektplanung gegenüber. In den Leistungsphasen 3 bis 5 entsteht ein Wechselspiel der Leistungen, da diese jeweils aufeinander aufbauen. Der praktizierte Ablauf der Planung stellt sich so dar, dass die Leistungsphase 4 (Genehmigungsplanung – Aufstellen der statischen Nachweise) oft erst nach Erteilen der Baugenehmigung ausgeführt wird. Und dann erfolgt durch den Bauherrn oft auch erst die weitere Vergabe von Planungsschritten oder die erforderliche bautechnische Prüfung. Denn mit der Baugenehmigung sind in der   16

---

6 Vgl. § 50 Rdn. 9 ff.
7 Vgl. im Einzelnen Einl. Rdn. 46 ff.
8 Vgl. im Einzelnen Einl. Rdn. 242 ff.
9 Vgl. dazu § 34 Rdn. 14 ff. und OLG Celle BauR 2012, 672.
10 Dazu § 8 Rdn. 16 ff.
11 Vgl. § 8 Rdn. 16 ff.

§ 51 HOAI Leistungsbild Tragwerksplanung

Regel auch erst wesentliche Grundlagen für die weitere Planung festgelegt. Nach der Baugenehmigung erfolgt dann die Bearbeitung der Leistungsphasen 4 (Genehmigungsplanung – Aufstellen der statischen Nachweise) und 5 (Ausführungsplanung – Erstellen der Ausführungspläne). Je nach Bundesland (Landesbauordnung etc.) und Projektablauf durch den Bauherrn kann auch die Leistungsphase 4 schon für die Baugenehmigung erforderlich sein, bevor die Ausführungspläne erstellt sind (Leistungsphase 5). Für den Tragwerksplaner beinhalten dann die Leistungsphasen 4 und 5 die Genehmigungsphase, da die endgültigen Unterlagen jetzt erstellt und bautechnisch geprüft werden, soweit eine bautechnische Prüfung erfolgt. Der aufgezeigte Planungsablauf erläutert damit die angeführten Besonderen Leistungen der Leistungsphasen 2 bis 4. Diese kommen jeweils dann zum Tragen, wenn vor der eigentlichen Leistungsphase bereits vorgezogen teilweise Angaben für Planungsentscheidungen benötigt werden. Dazu gehören dann auch Informationen für eine vorgezogene Ausschreibung und Vergabe, wie sie Praxis ist.

17 Durch diese vorgezogene Bearbeitung von späteren Leistungen werden diese Leistungen aber nicht hinfällig, da zumindest eine Überprüfung und Nachdimensionierung, wenn nicht sogar der vollständige Planungsablauf zusätzlich erforderlich wird. Denn für die endgültige Planung sind dann alle Randbedingungen zu berücksichtigen.

11. Leistungsbild Tragwerksplanung (Abs. 1 und Anlage 14.1)[12]

a) **Leistungsphase 1 Grundlagenermittlung**

aa) **Grundleistungen**

18 Zum **Klären der Aufgabenstellung** gehören die gesetzliche Klarstellung der Nutzungsanforderungen, die Zusammenstellung der öffentlich-rechtlichen Anforderungen und vor allem das Klären der Ziele des Bauherrn. Der Umfang dieser Leistungsphase kann je nach Objekt verschieden sein. So kann die Berücksichtigung einer Bedarfsplanung des Auftraggebers im Benehmen mit dem Objektplaner zusätzlich in Frage kommen.[13]

19 Hierher gehört auch das Klären von standortbezogenen Einflüssen unter Berücksichtigung der Bodenverhältnisse, der Einflüsse aus erdbebengefährdeten Gebieten, aus Grundwasser, aus Emissionen der Luft, aus Erschütterungen und aus nutzungsbezogenen Anforderungen und aus Maßnahmen zum Schall-, Wärme- und Brandschutz. Die Leistung setzt eine enge Zusammenarbeit zwischen Auftraggeber, Objektplaner und Tragwerksplaner voraus.

20 Die Leistungen des § 51, die in den ersten 6 Leistungsphasen zusammengefasst sind, stehen in unmittelbarem Zusammenhang mit den Leistungen des § 34 für Gebäude und Raumbildenden Ausbau und sind den dortigen Leistungen sowohl inhaltlich als

---

12 Abs. 1, 5 und Anlage 14.1.; vgl. zur Erläuterung der Grundleistungen und Besonderen Leistungen insbesondere auch die Ausführungen von Lechner/StifterKommentar zum Leistungsbild Tragwerksplanung und Bauphysik S. 65 ff.
13 Zur Bedarfsplanung vgl. § 41 Rdn. 9.

auch systematisch im Hinblick auf den zeitlichen Planungsablauf zugeordnet. So ist der Tragwerksplaner etwa mit den Leistungsphasen 1 und 2 so rechtzeitig zu beauftragen, dass der Objektplaner die Leistungen des Tragwerksplaners bei Erbringung der Leistungsphasen 2 und 3 (Vorplanung und Entwurfsplanung) berücksichtigen und diese einbeziehen kann. Die Bearbeitung der Leistungsphasen der Leistungsbilder der §§ 34 und 51 sollte synchron verlaufen, um die Planungsziele gemeinsam erreichen zu können.[14]

Mit der HOAI 2013 wurde das **Zusammenstellen** der die Aufgabe beeinflussenden Planungsabsichten zusätzlich aufgenommen. Es dürfte sich dabei um eine Leistung handeln, die der internen Verwaltung dient, sodass Schriftform und Übersendung bzw. Übergabe an den Auftraggeber nicht erforderlich wären. Allerdings sind die Planungsabsichten im Rahmen der neuen Grundleistung **Zusammenfassen**, Erläutern und Dokumentieren der Ergebnisse mitzuteilen.[15]   21

bb) Besondere Leistungen

Besondere Leistungen sind in der Anlage Ziff. 14.2 nicht aufgeführt. Solche Besonderen Leistungen können Bestandsaufnahmen von bestehenden Konstruktionen, Nach- oder Umrechnung vorhandener statischer Unterlagen von bestehenden Bauteilen u. a. sein.   22

cc) Haftungsfragen

Hinsichtlich der Haftung ist zu unterscheiden zwischen der unmittelbaren Gewährleistung bei Verletzung von Pflichten aus der Grundlagenermittlung, soweit sie dem Tragwerksplaner übertragen ist, und allgemeinen Beratungspflichten des als Tragwerksplaner eingesetzten Ingenieurs, ohne dass ihm die Leistungsphase 1 Grundlagenermittlung übertragen wäre. Ist dem Tragwerksplaner die Grundlagenermittlung übertragen, so haftet er, wenn dem Auftraggeber aus unzureichender Tragwerksplanung, etwa im Hinblick auf die Sicherheit bei erdbebengefährdeten Gebieten, wegen nicht sachgerecht berücksichtigter bekannter oder bekannt schwieriger Bodenverhältnisse,[16] bei Unterfangungen u. Ä. oder bei Verwendung von ungeeignetem Baumaterial im Hinblick auf den Brandschutz, Schaden erwächst, nach § 635 BGB. Darüber hinaus kann dem Tragwerksplaner eine Beratungspflicht obliegen, weil sich der Architekt, der grundsätzlich von der Verantwortlichkeit für die statische Berechnung freigestellt ist, darauf verlassen kann, dass der Ingenieur Bedenken, die sich ihm aufgrund seiner Fachkenntnis aufdrängen müssen, geltend macht. Im Normalfall darf er sich aber darauf verlassen, dass der Architekt den Baugrund und die Grundwasserverhältnisse geklärt hat.[17] Enthalten die Planungsunterlagen des Architekten aber keine Angaben über den Baugrund bzw. die Grundwasserverhältnisse, dann muss der Tragwerksplaner   23

---

14 Vgl. auch oben Rdn. 16 f.
15 Zum Zusammenfassen, Erläutern und Dokumentieren vgl. § 34 Rdn. 34.
16 Vgl. Einl. Rdn. 409, unten Rdn. 24 sowie § 34 Rdn. 113.
17 OLG Koblenz BauR 2005, 422; vgl. § 34 Rdn. 114 und unten Rdn. 47 ff.

§ 51 HOAI   Leistungsbild Tragwerksplanung

darauf hinwirken, dass die entsprechenden Probleme abgeklärt werden. Legt er in solchen Fällen einfach die übliche Beschaffenheit zugrunde, dann ist seine Planung mangelhaft.[18] Die Untersuchung der Baugrundverhältnisse und des Grundwasserstandes ist zwar nicht primäre Aufgabe des Tragwerksplaners, sondern in aller Regel vom Architekten zu veranlassen, jedoch kann sich der Tragwerksplaner nur auf konkrete und sichere Angaben diesbezüglich abstützen.[19]

24 Legt ein Ingenieur in Unkenntnis der besonderen örtlichen Bodenverhältnisse seinen Berechnungen lediglich allgemeine Erfahrungswerte zugrunde und treten nach Fertigstellung des Gebäudes Risse infolge fehlerhafter Tragwerksplanungen auf, so haftet er.[20] Insoweit kann er sich dann auch nicht durch einen Hinweis in den Vorbemerkungen zur statischen Berechnung, es sei zu überprüfen, ob die zugrunde gelegten Bodenpressungen mit Sicherheit aufgenommen werden könnten, im Zweifelsfall sei ein Bodengutachter einzuschalten, entlasten.[21] Schon im Rahmen der Grundlagenermittlung muss auch der Tragwerksplaner den Bauherrn darauf hinweisen, wenn das Bauvorhaben Risiken – zumal im Hinblick auf die Standsicherheit – birgt.[22]

b) **Leistungsphase 2: Vorplanung (Projekt- und Planungsvorbereitung)**

aa) **Grundleistungen**

25 Neu eingeführt mit der HOAI 2013 wurde das **Analysieren der Grundlagen**. Dabei handelt es sich um eine selbstverständliche und auch schon bisher ohne ausdrückliche Nennung zu erbringende Grundleistung. Zur Analyse gehört die Erfassung, Zergliederung und Einordnung aller in Leistungsphase 1 erarbeiteten oder durch den Auftraggeber vorgegebenen Ergebnisse dieser Leistungsphase.

26 Die Teilleistung **Beraten** betrifft die Art des Tragwerks und die zu verwendenden Materialien (Mauerwerk, Stahlbeton, Stahl oder Holz). Im Rahmen der Standsicherheit sind alle Einflüsse einschließlich des Baugrundes zu berücksichtigen. Die Gebrauchsfähigkeit eines Tragwerks ist uneingeschränkt gegeben, wenn es ohne größere Setzungen, Durchbiegungen, Dilatationen sowie Schwingungen errichtet werden kann. Rissbildung kann in unterschiedlichem Maß abhängig von der Nutzung und den Anforderungen an die Oberflächenbeschaffenheit in Kauf genommen werden, ohne dass die Gebrauchsfähigkeit beeinträchtigt ist. Das gilt auch – wenngleich in wesentlich geringerem Maß und hier wiederum abhängig von der Nutzung – für Bereiche des Bauwerks in drückendem Grundwasser. Eine überschlägige Dimensionierung kann – je nach Art des Tragwerks und den Anforderungen, die daran zu stellen sind – erforderlich

---

18 BGH BauR 2013, 1468 = NZBau 2013, 519 Ziff. 13. ff.
19 Zum Ganzen eingehend BGH a. a. O. auch zur Frage des Mitverschuldens des Bauherrn bei Fehlern des Architekten; zu diesem Thema vgl. auch Einl. Rdn. 409.
20 BGH *Schäfer/Finnern* Z 3.01 Bl. 421.
21 BGH BauR 2013, 1468 = NZBau 2013, 519 Ziff. 14 und zum Mitverschulden Ziff. 19 ff.
22 BGH BauR 2013, 1472 = NZBau 2013, 515 für ein Projekt an der Steilküste.

werden, um den Auftraggeber und den Objektplaner umfassend zu beraten und Entscheidungshilfen zu geben.

Weitere Teilleistung ist das **Mitwirken beim Erarbeiten eines Planungskonzepts**. Der 27
Auftragnehmer hat hier das Konzept nicht selbst zu erarbeiten, sondern nur seine fachliche Leistung beizusteuern. Diese besteht in einer lediglich generellen Festlegung des Tragwerks, der Annahme der richtigen Verkehrslasten, dem Erfassen aller Funktionen und Nutzungen des Objekts, klimatischer Einflüsse u. Ä. In diese Grundleistung ist seit der HOAI 2013 integriert das Untersuchen der Lösungsmöglichkeiten (vgl. Rdn. 28).

Der Auftragnehmer hat ferner eine **Untersuchung der Lösungsmöglichkeiten** vor- 28
zunehmen. Diese Lösungsmöglichkeiten können das Konstruktionsraster, den Baustoff oder das Tragwerkssystem und die Gründung betreffen. Es hängt vom Umfang der Aufgabe und von den Planungsanforderungen ab, welche Lösungsmöglichkeiten unter gleichen Objektbedingungen der Tragwerksplaner durchzudenken und skizzenhaft darzustellen hat. Bei einer Aufstockung muss der Tragwerksplaner schon in Leistungsphase 2 die vorhandene Bausubstanz einer gründlichen statischen Prüfung unterziehen.[23] Dagegen fallen alternative Vergleichsberechnungen verschiedener Ausführungssysteme unter die Besonderen Leistungen.[24] Die Erarbeitung verschiedener Lösungsmöglichkeiten ist jedoch eine Grundleistung. Sie kann nicht als Besondere Leistung vereinbart und honoriert werden, da der Auftragnehmer sie bei Übertragung der Leistungen in deren Rahmen erbringen muss.

Im Rahmen der Teilleistung **Mitwirken bei Vorverhandlungen** können Gespräche mit 29
Behörden zur Klärung der Genehmigungsfähigkeit, zur Absicherung der geplanten statischen Systeme mit dem Prüfingenieur oder mit anderen an der Planung fachlich Beteiligten, wie Fachingenieuren für Technische Ausrüstung, Thermische Bauphysik, Schallschutz und Bodenmechanik u. a., erforderlich werden. Die Genehmigungsfähigkeit bezieht sich hierbei in erster Linie auf statisch-konstruktive Belange und nicht auf die baurechtliche Seite, für die in der Regel der Objektplaner zuständig ist.

Ein **Mitwirken bei der Kostenschätzung** hat grundsätzlich zu erfolgen und wird vor 30
allem dann notwendig sein, wenn der Objektplaner keine Erfahrungswerte für das betreffende Objekt besitzt. Die Mitwirkung des Tragwerksplaners betrifft die Einflüsse des Tragwerks auf die Kosten. Es ist in diesem Stadium noch keine genaue Angabe der Kosten für das Tragwerk möglich. Sie ist in dieser Leistungsphase auch noch nicht erforderlich. Die Vorlage einer selbstständigen Kostenermittlung durch den Tragwerksplaner ist nicht erforderlich. Es genügen Kostenangaben an denjenigen Stellen, wo das Tragwerk Einfluss auf die vom Objektplaner zu ermittelnden Kosten haben kann.

Die Leistung **Mitwirken bei der Terminplanung** ist durch die HOAI 2013 neu einge- 31
fügt worden. Es entspricht dem Ziel des Verordnungsgebers, alle beteiligten Planer in die terminliche Verantwortung stärker einzubeziehen. Der Tragwerksplaner muss aus

---

23 OLG Düsseldorf BauR 1997, 685 = NJW-RR 1997, 915.
24 Vgl. auch unten Rdn. 32.

seinem Zuständigkeitsbereich für die zeitliche Abwicklung des Bauvorhabens maßgebende Umstände mitteilen.

Am Ende der Leistungsphase steht das **Zusammenfassen**, Erläutern und Dokumentieren der Ergebnisse. Diese Leistung kommt in zahlreichen Leistungsphasen wieder.[25]

bb) Besondere Leistungen

32   Zu den **Besonderen Leistungen** gehört zunächst das Aufstellen von **Vergleichsberechnungen** für mehrere Lösungsmöglichkeiten unter verschiedenen Objektbedingungen Vergleichsberechnungen werden insbesondere dann notwendig, wenn nicht von vornherein Klarheit besteht, welches die günstigste Lösung für das Tragwerk ist. Es kann sich hier um statische Berechnungen und auch um Wirtschaftlichkeitsberechnungen handeln. Der Auftragnehmer muss gegebenenfalls Mengenvergleiche vornehmen. Die Vergleichsberechnungen können sich nicht nur auf das Tragwerk selbst, sondern auch auf die Ausbau- oder Unterhaltungskosten beziehen. Die Vergleichsberechnungen dienen somit dem Zweck, die günstigste Lösungsmöglichkeit des Tragwerks zu finden. Soweit der Auftragnehmer lediglich **eine** Berechnung vornimmt, ist diese mit dem Honorar für die Leistungen aus Leistungsphase 2 und 3 abgegolten. Vergleichsberechnungen liegen jedoch schon dann vor, wenn eine weitere zusätzliche Berechnung vorgenommen wird. Handelt es sich um Leistungen, die Bestandteil der **Grundleistung Untersuchen von alternativen Lösungsmöglichkeiten bei gleichen Nutzungsanforderungen einschließlich Wirtschaftlichkeitsvorbetrachtung** handelt, kann hierfür kein zusätzliches Honorar verlangt werden.[26] Für darüber hinausgehende Untersuchungen und Berechnungen, gerade bei nicht mehr gleichen Nutzungsanforderungen kann demgegenüber ein besonderes Honorar in Leistungsphase 2 vereinbart werden.

33   Ein **Lastenplan** wird vom geologischen Gutachter benötigt, um auf das geplante Bauwerk abgestimmte Gründungsvorschläge unterbreiten zu können, z. B., wenn in dieser Planungsphase bereits Fragen der Wirtschaftlichkeit oder der generellen Realisierbarkeit zu untersuchen sind. Dazu ist in der Regel auch eine **vorläufige nachprüfbare Berechnung** sowie ggf. eine vorläufige nachprüfbare Berechnung der **Gründung** erforderlich. Es werden in diesen Berechnungen die Dimensionen und das Gründungskonzept festgelegt. Diese Leistungen werden als Leistungen erst in späteren Leistungsphasen erbracht. Wenn bereits in dieser frühen Planungsphase derartige Angaben erforderlich werden, sind diese als Besondere Leistung zusätzlich zu honorieren. Dabei erfolgt keine doppelte Vergütung, da diese Ergebnisse nur **vorläufig** sind und im weiteren Planungslauf noch mit den aktuellen Randbedingungen der Planung neu ermittelt bzw. überarbeitet werden.[27] Der Begriff »nachprüfbar« ist zu unterscheiden von »prüffähig«. Die Prüffähigkeit bezieht sich auf die amtliche Überprüfung, während die Nachprüfbarkeit seitens eines Fachmannes gegeben sein muss. Fraglich ist, ob als Besondere Leistungen auch »nicht nachprüfbare« Berechnungen anzusehen sind. Nicht nachprüfbare

---

25   Zu den Einzelheiten der Leistung vgl. § 34 Rdn. 34.
26   *Hebel/Seifert* in FBS § 51 Rn. 37.
27   Vgl. auch oben Rdn. 27 f.

Berechnungen sind z. B. solche, die wegen ihres skizzenhaften Charakters lediglich dem Auftragnehmer verständlich und für einen Dritten nicht reproduzierbar sind.

cc) Haftungsfragen

Von besonderer Bedeutung ist in dieser Leistungsphase das Beraten in statisch-konstruktiver Hinsicht. Diese Leistung durchzieht allgemein die gesamte Tätigkeit aus Leistungsphasen 1–6. Im frühen Stadium der Vorplanung können aber im Hinblick auf die Wirtschaftlichkeit besondere Probleme der Haftung entstehen.[28] Die Beratung erstreckt sich auch auf die bereits in der Grundlagenermittlung zu klärenden Punkte.[29] Der Tragwerksplaner ist zwar nicht gehalten, die Vermögensinteressen des Bauherrn in jeder Hinsicht wahrzunehmen und unter Berücksichtigung aller Möglichkeiten so kostengünstig wie möglich zu bauen.[30] Da auch der Tragwerksplaner auf die wirtschaftlichen Vorgaben und Belange des Bauherrn Rücksicht zu nehmen hat, kann sich ein Mangel der Planungsleistung auch bei Funktionstauglichkeit daraus ergeben, dass ein übermäßiger Aufwand betrieben wird.[31] Diese Grundsätze können bereits in der Leistungsphase 2 zum Tragen kommen. Bei Änderungsempfehlungen aufgrund statischer Überlegungen muss der Tragwerksplaner zwar nicht von sich aus auf wirtschaftliche Folgen oder Folgen für die Gebrauchstauglichkeit hinweisen. Wird er jedoch auf diese Folgen aufmerksam gemacht, muss er überprüfen und zutreffend darüber beraten, ob seine Empfehlung aus statischer Sicht zwingend ist oder ob es Alternativen hierfür gibt.[32]

34

c) Leistungsphase 3: Entwurfsplanung (System- und Integrationsplanung)

aa) Grundleistungen

Im Rahmen der ersten Teilleistung **Erarbeiten der Tragwerkslösung** wird der endgültige konstruktive Entwurf erbracht, d. h. das statische System mit dem zugehörigen Baustoff festgelegt und zeichnerisch dargestellt. Dabei sind die Randbedingungen der Fachplaner zu berücksichtigen, z. B. benötigte Freiräume für Leitungen. Im Unterschied zu Leistungsphase 2 werden hier keine verschiedenen Lösungsmöglichkeiten mehr untersucht. Schon in der Entwurfsplanung müssen die Leistungen **Genehmigungsfähigkeit** aufweisen.[33] Die Leistungen sind aber nicht schon dann mangelhaft, wenn der Prüfingenieur Beanstandungen vorbringt oder ergänzende Nachweise verlangt. Entscheidend ist vielmehr, ob die Beanstandungen tatsächlich berechtigt sind.[34]

35

---

28 Vgl. dazu i. E. § 3 Rdn. 24 f. und die entsprechenden Ausführungen zur Objektplanung für Gebäude § 34 Rdn. 25, 47, 82.
29 Zur Haftung in der Leistungsphase 1 vgl. oben Rdn. 23.
30 BGHZ 60, 1 = NJW 1973, 237.
31 OLG Köln Urt. v. 29.05.2015 – 19 U 107/14.
32 OLG Köln Urt. v. 24.02.2016 – 16 U 50/15.
33 Vgl. zum entsprechenden Problem beim Objektplaner § 34 Rdn. 106 ff.
34 OLG Naumburg Urt. v. 20.04.2005 – 6 U 93/04, IBR 2005, 383 *Laux*.

36 Die **überschlägige statische Berechnung und Bemessung** dient der Ermittlung der Dimensionierung der wesentlichen tragenden Bauteile. Die überschlägige statische Berechnung und Bemessung muss nicht in dem Sinne prüffähig sein, dass sie einer amtlichen Überprüfung unterzogen werden kann. Sie muss freilich insoweit nachprüfbar sein, als ein sachkundiger Dritter in der Lage sein muss, die Berechnungen zu beurteilen.[35] Die überschlägigen Berechnungen müssen aber auf Wunsch dem Auftraggeber vorgelegt werden, um diesem die Prüfungsmöglichkeit durch einen Sachkundigen zu ermöglichen.[36] Anders als die vorgezogene, prüffähige und für die Ausführung geeignete Berechnung, die als Besondere Leistung zu honorieren ist, ist die überschlägige statische Berechnung nicht für die Bauausführung, sondern nur für die Ermittlung der Dimensionen von Bedeutung.

37 Die Teilleistung **Grundlegende Festlegungen** verlangt ebenfalls nur eine skizzenhafte Darstellung, da es sich hierbei noch nicht um Ausführungsunterlagen handelt. Allerdings müssen alle wesentlichen Gesichtspunkte enthalten sein. Dies schon deshalb, weil die Festlegungen mit als Grundlage für die Kostenberechnung des Objektplaners verwendet werden.

Durch die HOAI 2013 wurde die Leistung überschlägiges Ermitteln der Betonstahlmengen im **Stahlbetonbau**, der Stahlmengen im **Stahlbau** und der Holzmengen im **Ingenieurholzbau** eingefügt. Sie korrespondiert mit der Leistung »Ermitteln« dieser Mengen in Leistungsphase 6.

38 Das **Mitwirken bei der Objektbeschreibung** bedeutet, dass der Tragwerksplaner dem Objektplaner Angaben über die Art und Materialien der Tragkonstruktion zur Verfügung stellen muss. Diese Angaben werden z. B. beim Bauantrag, für Verkaufsunterlagen oder zur Fachplanung Brandschutz benötigt.[37] Ergänzt wurde die Leistung durch die HOAI 2013 im Hinblick auf das Mitwirken beim **Erläuterungsbericht**. Der Erläuterungsbericht ist vom Objektplaner nicht als Grundleistung zu erbringen. Es ist deshalb nicht ganz verständlich, weshalb der Tragwerksplaner im Rahmen einer Grundleistung selbst dabei mitwirken soll.

39 Beim **Mitwirken des Tragwerksplaners bei der Kostenberechnung** bei Gebäuden ist in der Praxis nach der neuesten Fassung von Dezember 2008 (vgl. **Anhang** 1) zu verfahren. Diese sieht unter KG 300 Bauwerk – Baukonstruktion, unter KG 320 Gründung und unter KG 330–360 Außen- und Innenwände und Stützen, Decken sowie Dächer vor.[38] Insofern hat der Tragwerksplaner dem Objektplaner die seine Konstruktion betreffenden Kostenangaben eigenständig zu geben. Die Vorlage einer selbstständigen Kostenermittlung durch den Tragwerksplaner ist jedoch nicht erforderlich. Es genügen Kostenangaben an denjenigen Stellen, wo das Tragwerk Einfluss auf die vom Objektplaner zu ermittelnden Kosten haben kann. Die fachliche Mitarbeit des Tragwerkspla-

---

35 Wie hier Korbion/Mantscheff/Vygen-*Mantscheff* § 49 Rn. 27.
36 Insoweit unrichtig *Saar/Böhm* 5.4.2.2.3.
37 Wie hier: *Hebel/Seifert* in FBS § 51 Rn. 45.
38 Vgl. auch § 50 Rdn. 20 ff.

ners bei der Kostenberechnung kann auch dann und insoweit notwendig sein, als der Objektplaner im Einzelfall nicht erkennen kann, welche Auswirkungen die Tragkonstruktion auf die Kosten der tragenden, aber auch der nicht tragenden Bauteile (z. B. ob das Deckentragsystem nicht verformungsempfindliche, leichte Trennwände erfordert) haben kann.

Mit der HOAI 2013 wurde die Leistung **Mitwirken bei der Terminplanung** neu einge- 40 führt. Die Terminplanung ist vom Objektplaner zu erbringen, jedoch hat der Tragwerksplaner die aus seinem Fachgebiet maßgebenden Faktoren beizutragen und im Hinblick auf seine Leistungen den Terminplan zu überprüfen.[39]

Hinsichtlich des **Mitwirkens bei Verhandlungen mit Behörden** und anderen an der 41 Planung fachlich Beteiligten über die Genehmigungsfähigkeit wird auf die entsprechenden Leistungen des Objektplaners verwiesen.[40]

Durch die 5. HOAI-Novelle[41] wurde die Leistung **Mitwirken bei der Kostenkontrolle** 42 **durch Vergleich der Kostenberechnung mit der Kostenschätzung** eingefügt. Diese Leistung korrespondiert mit derjenigen des Objektplaners bei Gebäuden[42] und des Ingenieurs bei Ingenieurbauwerken.[43] Der Tragwerksplaner muss die von ihm beigetragenen Angaben **schriftlich** gegenüberstellen.[44]

bb) Besondere Leistungen

Als Besondere Leistung sind in Leistungsphase 3 zunächst **vorgezogene, prüfbare Be-** 43 **rechnungen** wesentlich tragender Teile oder der Gründung genannt. Diese Berechnungen sollen zur Beschleunigung des Baufortschritts dienen. Im Unterschied zu Leistungsphase 2 beziehen sich die Berechnungen nicht mehr auf die Wirtschaftlichkeit oder Realisierbarkeit, sondern es kann sich hier nur noch um Berechnungen betreffend wesentliche tragende Teile oder betreffend die Gründung handeln. In der Praxis werden dabei häufiger Berechnungen hinsichtlich der Gründung notwendig sein. Im Unterschied zu der Besonderen Leistung in Leistungsphase 2 »Vorläufige nachprüfbare Berechnung« muss die Besondere Leistung aus Leistungsphase 3 amtlich prüfbar sein. Bei den Berechnungen nach Leistungsphase 2 reicht es dagegen aus, wenn sie für einen Fachmann nachprüfbar sind. Die Berechnung wesentlich tragender Teile hat zum Ziel, dass die statische Berechnung von »unten nach oben« aufgestellt wird. Vorgezogene Berechnungen der Gründung sind nur diejenigen, die für die Herstellung der Gründung notwendig sind, während das auf der Gründung zu errichtende Bauwerk auf üblichem Wege von »oben nach unten« nachgewiesen wird. Dies entspricht den in den Gebührenordnungen für Prüfingenieure genannten Lastvorprüfungen. Daraus können sich für

---

39 Vgl. dazu oben Rdn. 31.
40 Vgl. dazu § 34 Rdn. 95.
41 Vgl. § 58 Rdn. 13.
42 Vgl. § 34 Rdn. 97.
43 Vgl. § 43 Rdn. 60.
44 Wie hier: *Hebel/Seifert* in FBS § 51 Rn. 48.

§ 51 HOAI Leistungsbild Tragwerksplanung

die Bewertung dieser Besonderen Leistungen auch Anhaltspunkte ergeben. Werden die vorgezogenen Berechnungen in Leistungsphase 3 als Besondere Leistung in Auftrag gegeben, so wird sich dadurch in aller Regel der Leistungsumfang der Leistung **Aufstellen der prüffähigen statischen Berechnungen** in Leistungsphase 4 vermindern. Soweit die Besondere Leistung aus Leistungsphase 3 jedoch nicht an die Stelle der Leistung aus Leistungsphase 4 tritt, verbleibt es bei der zusätzlichen Honorierung der Besonderen Leistung und dem vollen Prozentsatz aus Leistungsphase 4. Die Berechnung des Erdbebensicherheitsnachweises ist ebenfalls eine Besondere Leistung, die nicht mit dem Leistungshonorar abgegolten ist.[45]

44 Als Besondere Leistung ist ferner genannt ein **Mehraufwand bei Sonderbauweisen oder Sonderkonstruktionen**, z. B. Klären von Konstruktionsdetails. Unter Sonderbauweisen und -konstruktionen sind alle Bauweisen zu verstehen, die spezielle Einzelentwicklungen für das Bauprojekt oder eine Weiterentwicklung des Bauens darstellen. Das ist der Fall, wenn z. B. in der Literatur keine adäquaten Beispiele veröffentlicht sind oder keine gesicherten Berechnungsverfahren zur Verfügung stehen und der Auftragnehmer Modelle erstellen muss oder im Einzelfall eine Zustimmung herbeigeführt werden muss. Diese Besondere Leistung wird in der Regel erforderlich, wenn schon in Leistungsphase 3 Leistungen erforderlich werden, die erst in späteren Leistungsphasen als Leistungen vorgesehen sind (z. B. für das Mitwirken bei Verhandlungen mit Behörden oder die vorgezogene Ermittlung für eine Ausschreibung). Sie kann vorkommen bei Stahlbetonfertigteilkonstruktionen, Stahl- und Holzkonstruktionen mit ungewöhnlichen Knotenpunkten, vorgespannten Konstruktionen, Stahlverbundkonstruktionen, Stahlgusskonstruktionen mit Gussknoten, Seilnetzkonstruktionen, Kunststoffkonstruktionen und Ortbetonkonstruktionen mit hohen Bewehrungsgraden. Das sind im Wesentlichen Tragwerke der Honorarzonen IV und V.

45 Schließlich ist als Besondere Leistung genannt die **vorgezogene Stahl- oder Holzmengenermittlung**. Sinn dieser Berechnung ist es, eine vorzeitige Ausschreibung zu ermöglichen. Hinsichtlich des Honorars für die Besondere Leistung kann auf die entsprechenden Ausführungen zu den Berechnungen wesentlich tragender Teile und der Berechnung der Gründung verwiesen werden. Der Aufwand und damit die Bewertung dieser Besonderen Leistung werden entscheidend von dem geforderten Genauigkeitsgrad abhängen.

46 Ebenfalls von erheblicher Bedeutung sind die **Nachweise der Erdbebensicherung**. Es geht hier um die Abtragung der Horizontallasten aus Erdbeben. Je nach Erdbebenzone sind hier konstruktive Anforderungen zu berücksichtigen oder auch rechnerische Nachweise. Da diese Leistung nur in einigen Gebieten gefordert ist, wurde sie nicht als Grundleistung aufgenommen.[46]

---

45 OLG Köln v. 08.12.1998 – 22 U 50/98.
46 Vgl. die Amtliche Begründung und OLG Köln v. 08.12.1998 – 22 U 50/98 oben Rdn. 43.

cc) Haftungsfragen

Die **Haftung des Tragwerksplaners** im Bereich der Leistungsphase 3 kann sich aus mehreren Sachverhalten ergeben.[47] Hat der Tragwerksplaner im Rahmen der Vorplanung oder Entwurfsplanung seine Beratungspflichten verletzt, etwa, weil er die auf das Bauwerk wirkenden Einflüsse nicht gebührend berücksichtigt hat oder weil er etwa Zuschläge, die im Hinblick auf die Errichtung eines Bauwerks in einem erdbebengefährdeten Gebiet notwendig sind, nicht beachtet hat, so haftet er nach § 633 ff. BGB. Führt sein Beitrag zur Kostenschätzung oder Kostenberechnung zu einem insoweit von ihm zu vertretenden Schaden, so setzt er sich Schadensersatzansprüchen nach § 635 BGB aus. Eine gesamtschuldnerische Haftung des Objektplaners mit dem Tragwerksplaner scheidet in solchen Fällen aus, in denen der Objektplaner den Kostenermittlungsbeitrag des Tragwerksplaners in seine Kostenermittlung übernimmt, ohne dass der Fehler des Tragwerksplaners so offensichtlich war, dass ein Objektplaner mit seinem üblichen Fachwissen diesen erkennen musste.

47

Ob der Tragwerksplaner von sich aus Baugrunduntersuchungen zu veranlassen hat, ist nach BGH[48] eine Tatfrage. Die Überprüfung der Baugrundverhältnisse ist vom Grundsatz her Aufgabe des Architekten und nicht des Tragwerksplaners.[49] Sind dem Tragwerksplaner jedoch Umstände – z. B. aus früheren, in der Nähe gelegenen Projekten oder wegen Besonderheiten der konkreten Bodensituation – bekannt, die eine Bodenuntersuchung notwendig machen, dann muss er den entsprechenden Hinweis an den Bauherrn von sich aus geben. In einem solchen Fall kann er sich auch nicht auf bloße Angaben des Objektplaners verlassen. Gibt es aber aus seiner Sicht keine Anhaltspunkte für die Notwendigkeit einer Baugrunduntersuchung, dann kann er den Angaben des Objektplaners vertrauen. In solchen Fällen genügt er seiner Hinweispflicht, wenn er in der statischen Berechnung festhält, dass die Annahme der genannten Bodenpressung vor Baubeginn zu prüfen ist.[50]

48

Weitergehend als früher muss der Tragwerksplaner sich heute um den Baugrund kümmern. Enthält die Planung des Architekten keine Angaben über den Baugrund und/ oder über die Wasserverhältnisse, dann kann seine Statik mangelhaft sein, wenn er dabei die tatsächlichen Gegebenheiten nicht berücksichtigt hat.[51] Insoweit kann sich der Tragwerksplaner auch nicht durch Erklärungen freizeichnen, dass vor Baubeginn vom ausführenden Unternehmer die Situation allein verantwortlich zu prüfen sei bzw. im Zweifelsfall ein Bodengutachter hinzuzuziehen sei.[52] Darüber hinaus hat der Tragwerksplaner die Pläne des Architekten, die nur allgemeine Vorstellungen über die Gründung wiedergeben, in eigener Verantwortung zu prüfen und festzulegen, welche besonderen

49

---

47 Grundlegend zunächst Einl. Rdn. 408 ff.
48 BauR 1971, 265; ferner Rdn. 23 und 49.
49 OLG Koblenz BauR 2005, 422 = IBR 2005, 705; OLG Rostock IBR 2005, 225; vgl. § 34 Rdn. 113 ff.
50 OLG Koblenz BauR 2005, 422; anders, wenn keine Angaben vorliegen, vgl. Rdn. 23 und 48.
51 BGH BauR 2013, 1468 = NZBau 2013, 519.
52 BGH BauR 2013, 1468 = NZBau 2013, 519 auch zur Frage des Mitverschuldens des Bauherrn wegen eines Fehlers des Architekten; zum Ganzen auch oben Rdn. 23.

§ 51 HOAI Leistungsbild Tragwerksplanung

Gründungsmaßnahmen infolge der örtlichen Gegebenheiten erforderlich sind.[53] Dabei muss er alle zur Verfügung stehenden Erkenntnisquellen berücksichtigen, also nicht nur die Pläne des Architekten, sondern auch anderweitiges Wissen von örtlichen Gegebenheiten. Eigene Untersuchungen an Ort und Stelle sind dafür allerdings nicht erforderlich. Betrifft der Mangel eine Bauleistung, die allein der besonderen Kenntnis und dem Verantwortungsbereich des Ingenieurs zuzurechnen ist, so haftet dieser allein, wie etwa hinsichtlich der konstruktiven Belange der Bauleistung.[54] Begeht der Tragwerksplaner nach vorstehenden Grundsätzen eine Hinweispflichtverletzung, dann haftet er gesamtschuldnerisch neben dem Architekten.[55]

50 Der Tragwerksplaner hat im Rahmen der Architektenpläne die Konstruktionsart und die Konstruktionsabmessungen in den Bewehrungsplänen so festzulegen, dass das Bauwerk standsicher ist.[56] Weiterhin hat er die **Standsicherheit** der baulichen Anlage und sämtlicher Einzelteile technisch nachzuweisen.[57] Er hat in seine Berechnungen die Möglichkeiten von solchen Baufehlern einzubeziehen, die in der Baupraxis erfahrungsgemäß häufiger vorkommen.[58] Die statische Berechnung von Stützen einschließlich Bewehrung, Unterzügen und deren Auflager und die Materialbestimmung ist allein Aufgabe des Ingenieurs, für die er aufgrund seiner Kenntnisse einzustehen hat.[59] Soweit die Leistungen aus den Bereichen Bodenmechanik, Erd- und Grundbau nicht an einen Fachingenieur in Auftrag gegeben sind, hat der Tragwerksplaner auch auf die Standsicherheit einer Baugrube zu achten und entsprechende Hinweise oder die Empfehlung, einen Sonderfachmann einzuschalten, zu geben.[60] Auch insoweit gilt aber, dass der Architekt die eventuell vorher nötigen Untersuchungen des Baugrunds in die Wege leiten muss, wenn dafür Anlass besteht.[61] Beteiligt sich der Ingenieur an dem Entwurf der konstruktiven Verbindung **nicht tragender** mit tragenden Teilen, so muss er auch insoweit die Auswirkungen der Statik beachten.[62] Es obliegt dem Tragwerksplaner, etwa fehlende Lastangaben beim Auftraggeber einzuholen.[63]

51 Bei Vorgängen, die zum Spezialwissen des Tragwerksplaners gehören, muss dieser den Architekten auf statische Bedenken hinweisen; gegebenenfalls muss dieser Hinweis dem Auftraggeber gegenüber erfolgen.[64]

---

53 OLG Nürnberg MDR 1975, 930.
54 OLG Karlsruhe MDR 1971, 45.
55 Vgl. dazu Einl. Rdn. 219 ff.; zum Mitverschulden vgl. BGH BauR 2013, 1468 = NZBau 2013, 519.
56 Vgl. OLG München VersR 1977, 380; OLG Frankfurt NJW-RR 2015, 1165; OLG Naumburg NJW-RR 2014, 1299.
57 OLG Stuttgart BauR 1973, 64.
58 BGH *Schäfer/Finnern* Z 2.2.0 Bl. 6.
59 OLG Karlsruhe VersR 1969, 355.
60 Für Baugrubensicherungen vgl. § 50 Abs. 4.
61 Vgl. § 34 Rdn. 113 ff.
62 OLG Düsseldorf BauR 1994, 395.
63 OLG Frankfurt NJW-RR 2015, 1165.
64 Ingenstau/Korbion-*Oppler* B § 4 Abs. 3 Rn. 72 f. mit weiteren Beispielen.

Nicht eindeutig geklärt ist, wer die Verantwortung für die Anordnung von **Dehnfugen** 52
trägt.[65] Ein Teil der Rechtsprechung hält sowohl eine Haftung des Architekten wie des
Statikers für möglich. In der Praxis zeigt sich, dass nur der Tragwerksplaner die Notwendigkeit von Dehnfugen bzw. die Konsequenzen von fugenlosen Baukonstruktionen
überblicken und beurteilen kann.[66] Fugenlose Bauten in Stahlbeton mit großen Längenausdehnungen sind heute nichts Außergewöhnliches mehr. Die darin auftretenden
Zwängungskräfte führen zwar zu Rissen, deren Breiten sich jedoch im geforderten Rahmen beschränken lassen und die innerhalb bestimmter Toleranzen keine Mängel darstellen. Der Rahmen ist allerdings bei wasserbeaufschlagten Bauteilen eng. Auch hier ist
zu beachten, dass trotz »Wasserundurchlässigkeit« eine Feuchtediffusion stattfinden
kann. Den Architekten trifft dann eine Mithaftung, wenn er in Kenntnis dieser Zusammenhänge an der Entscheidung, fugenlos zu bauen, mitwirkt und dann nicht tolerable
Rissbreiten auftreten.[67] Zur Haftung des Tragwerksplaners kann es auch führen, wenn
er Dehnfugen an Stellen vorsieht, die nach den Einbauhinweisen dafür nicht geeignet
sind.[68] Der Tragwerksplaner muss die auf das Bauwerk einwirkenden Windlasten bei
seiner Berechnung berücksichtigen.[69] Erweist sich die Statik – trotz einer Beanstandung durch den Prüfingenieur – als genehmigungsfähig, dann ist sie nicht mangelhaft.[70]

Die Verantwortung des Tragwerksplaners bezieht sich auch auf den **wirtschaftlichen** 53
Leistungsbereich. Selbst wenn die technische Konzeption einwandfrei ist, kann sie
wirtschaftlich mangelhaft sein, etwa, wenn das Erfordernis wirtschaftlicher Planung
nicht eingehalten ist.[71] Hat der Ingenieur nicht einfache Vollbetondecken, sondern wesentlich teurere Rippendecken vorgeschlagen, obwohl ihm bekannt war, dass es sich um
ein Bauvorhaben handelte, das im Rahmen des sozialen Wohnungsbaues errichtet werden sollte, dann haftet er. Insbesondere bei Renditeobjekten hat der Tragwerksplaner
im Hinblick auf die Erfüllung seiner wirtschaftlichen Leistungspflicht den Zweck
der Errichtung des Baues zu berücksichtigen. Der Tragwerksplaner ist zwar nicht gehalten, die Vermögensinteressen des Bauherrn in jeder Hinsicht wahrzunehmen und unter
Berücksichtigung aller Möglichkeiten so kostengünstig wie möglich zu bauen.[72] Da
auch der Tragwerksplaner auf die wirtschaftlichen Vorgaben und Belange des Bauherrn
Rücksicht zu nehmen hat, kann sich ein Mangel der Planungsleistung auch bei Funktionstauglichkeit daraus ergeben, dass ein übermäßiger Aufwand betrieben wird.[73]

---

65 Vgl. OLG Karlsruhe MDR 1968, 49, aber auch BGH BauR 1971, 267, der den Statiker für
   verantwortlich erachtet und den Architekten subsidiär haften lässt.
66 OLG Düsseldorf BauR 1973, 252.
67 Einl. Rdn. 413.
68 OLG Düsseldorf BauR 2001, 1468 auch zur Frage des Mitverschuldens gegenüber einem
   Subplaner.
69 OLG Düsseldorf BauR 2002, 506.
70 OLG Naumburg v. 20.04.2005 – 6 U 93/04, IBR 2005, 383.
71 Vgl. BGH BauR 2009, 1611 = NJW 2009, 2947 m. Anm. *Scholtissek* = Analyse *Koeble* auf
   www.jurion.de/Modul Werner Baurecht.
72 BGHZ 60, 1 = NJW 1973, 237.
73 OLG Köln Urt. v. 29.05.2015 – 19 U 107/14.

54 Es ist grundsätzlich nicht Aufgabe des Architekten, sondern des Tragwerksplaners, dafür einzustehen, wenn infolge einer Überdimensionierung der Fundamente vermeidbare Mehrkosten entstanden sind.[74]

d) Leistungsphase 4: Genehmigungsplanung

aa) Grundleistungen

55 Die Leistungen in Leistungsphase 4 enthalten einmal das Aufstellen der prüffähigen statischen Berechnungen und zum anderen das Anfertigen von Positions- bzw. Übersichtsplänen. Als Leistung ist zunächst genannt das **Aufstellen der prüffähigen statischen Berechnungen**. Die Prüffähigkeit aller Nachweise ist auch hier an der bautechnischen Prüfung orientiert. Es reicht nicht aus, wenn eine Nachprüfbarkeit durch den Fachmann gegeben ist, wie dies in Leistungsphase 2, Besondere Leistung »Vorläufige nachprüfbare Berechnung«, der Fall ist. Statische Berechnungen müssen den Nachweis über die Standsicherheit und die Gebrauchsfähigkeit erbringen. Letztere bezieht sich im Wesentlichen auf Verformungen (Deckendurchbiegungen) sowie ggf. auf Schwingungsanfälligkeit der Konstruktion (zum Verhältnis der prüffähigen statischen Berechnungen zu den vorgezogenen prüffähigen Berechnungen vgl. oben Rdn. 33). Bei den Nachweisen sind die Randbedingungen aus der Objektplanung und den einzelnen Fachplanungen zu berücksichtigen: Aussparungen, Durchbrüche, Lasten, Bauteilqualitäten, Wandaufbauten usw. Nachweise zu den **bauphysikalischen Anforderungen** des Wärme-, Schall- und Feuchtigkeitsschutzes sind Leistungen der Anlage 1 und damit auch ohne schriftliche Vereinbarung zusätzlich zu honorieren, wenn sie in Auftrag gegeben werden. Die Nachweise zum Brandschutz (ausreichende Feuerwiderstandsdauer) der tragenden Bauteile werden zwar im Rahmen der Tragwerksplanung erbracht, aber nicht als Grundleistung, sondern als Besondere Leistung.[75] Die Planung des Brandschutzes selbst ist dagegen Leistung des Objektplaners, der ggf. die Hinzuziehung eines Sonderfachmanns vorschlagen muss.

56 Als weitere Leistung ist alternativ genannt das **Anfertigen der Positionspläne** und das **Eintragen der statischen Positionen in die Entwurfszeichnungen des Objektplaners**. Positionspläne sind Pläne, die die in der statischen Berechnung enthaltenen Tragwerksteile fixieren. Es werden die Zahlen der einzelnen Tragelemente, die mit der Berechnung übereinstimmen, in die Grundrisspläne eingetragen. Beide Alternativen sind hinsichtlich der Honorierung gleichwertig. Die Eintragung der geforderten zahlreichen Angaben in Transparentpausen der Entwurfszeichnungen des Objektplaners führt häufig zu schwer lesbaren Positionsplänen. Deshalb ist die Neuanfertigung solcher Übersichtszeichnungen in Leistungsphase 4 als Besondere Leistung aufgeführt, die anstelle der Leistung treten kann.[76]

---

74 BGH VersR 1964, 1045.
75 Vgl. unten Rdn. 60.
76 Vgl. unten Rdn. 62.

Ebenfalls als Leistung aufgeführt ist das **Zusammenstellen der Unterlagen**, wobei es 57
sich darum handelt, dass die statischen Berechnungen, Positionspläne und – soweit erbracht – auch die Besonderen Leistungen aufeinander abgestimmt und geordnet werden.[77]

Als weitere Grundleistung genannt ist **das Abstimmen mit Prüfämtern und Prüfinge-** 58
nieuren. Die frühere Leistung »Verhandlungen« wurde also auf die korrekte Leistung zurückgeführt.

Eine weitere Leistung ist das **Vervollständigen und Berichtigen** der Berechnungen und 59
Pläne. Es ist hier jedoch ausdrücklich darauf hinzuweisen, dass Vervollständigen sich immer nur auf die Leistungen aus Leistungsphase 4 beziehen kann. Verlangt z. B. der Prüfingenieur Nachweise, die über den Rahmen der Leistungen hinausgehen (z. B. Schwingungsuntersuchungen, außer bei Bauwerken der Honorarzonen IV und V, oder bauphysikalische Nachweise), dann handelt es sich um Besondere Leistungen, für die ein gesondertes Honorar vereinbart und verlangt werden kann.[78]

bb) Besondere Leistungen

Als **Besondere Leistungen** sind zunächst genannt **Nachweise zum konstruktiven** 60
Brandschutz. Der Umfang dieser Nachweise hat sich in der Vergangenheit zunehmend erhöht. Die Vorschrift wurde auf den Brandschutz reduziert, weil die Nachweise zum Wärme- und Schallschutz in Anlage 1 besonders geregelt wurden.

Als weitere Besondere Leistung kommen in Frage die statische Berechnung und zeich- 61
nerische Darstellung für **Bergschadenssicherungen und Bauzustände**, die über das Erfassen »normaler« Bauzustände hinausgehen, sowie das Erfassen von Bauzuständen bei Ingenieurbauwerken, in denen das statische System von dem des Endzustands abweicht. Derartige Bauzustände treten vornehmlich bei Ingenieurbauwerken, bei besonderen Bauverfahren oder bei Umbauten auf. Empfehlungen zur Honorierung und Bewertung dieser Leistungen finden sich in Nr. 3 der Schriftenreihe des AHO.

Weiter ist genannt **das Anfertigen von Zeichnungen mit detaillierten, tragwerksrele-** 62
vanten Eintragungen (Tragwerksabmessungen, Verkehrslasten, Baustoffgüten u. a.) anstelle von Positionsplänen für die bautechnischen Prüfungen. Damit sind Zeichnungen gemeint, die über die Leistungen zur Erstellung von Positionsplänen hinausgehen und schon vorgezogene Angaben enthalten, die erst in den Ausführungsplänen enthalten wären (Leistungsphase 5).[79] Die Notwendigkeit ergibt sich aus dem Planungsablauf. Soweit diese Pläne auch Bewehrungsquerschnitte enthalten, werden dadurch die Bewehrungszeichnungen keinesfalls ersetzt. Die Eintragungen müssen sich nur auf die wichtigsten Bewehrungen in den Hauptschnitten der Konstruktionsteile beziehen.

---

77 Zur Genehmigungsfähigkeit vgl. oben Rdn. 35.
78 Wie hier: *Hebel/Seifert* in FBS § 51 Rn. 70.
79 Wie hier: *Hebel/Seifert* in FBS § 51 Rn. 74.

§ 51 HOAI Leistungsbild Tragwerksplanung

63 Das **Aufstellen der Berechnungen militärischer Lastenklasse** (MLC) – in der Regel bei Brückenbauwerken relevant – ist als Besondere Leistung erwähnt, da es eine besondere Anforderung ist, die nicht für jedes Brückenbauwerk gefordert wird. Die Nachweise können zudem einen nicht unerheblichen Umfang annehmen.

64 Durch die HOAI 2013 neu aufgelistet ist die Besondere Leistung **Erfassen von Bauzuständen** bei Ingenieurbauwerken, in denen das statische System von dem des Endzustands abweicht. Die weitere Besondere Leistung statische Nachweise an nicht zum Tragwerk gehörenden Konstruktionen (z. B. Fassaden) ist von erheblicher Bedeutung.

65 **Schwingungsuntersuchungen** können erstens aus Gründen der Standsicherheit und zweitens wegen möglicher Beeinträchtigung der Gebrauchsfähigkeit notwendig werden. Im ersteren Fall können Schwingungen die Schnittkräfte (Einwirkungen) erhöhen (z. B. durch Fahrzeuge und Maschinen bei Gebäuden und Brücken, oder Wind oder Erdbeben bei in Schwingungen versetzten Türmen, Masten, Brücken oder Hochhäusern). Untersuchungen in diesen Fällen gehören zu den zu erbringenden Leistungen der Honorarzone IV bzw. V. Nicht zu diesen Leistungen dürfen Schwingungsuntersuchungen gerechnet werden, die mögliche Auswirkungen von Schwingungserregern auf schwingungsempfindliche Geräte in einem Bauwerk feststellen sollen. Als Erreger kommen u. a. Fahrzeuge außerhalb oder innerhalb des Gebäudes oder Fußgänger in Frage. Mit diesem Spezialgebiet befassen sich Ingenieurbüros für Baudynamik.

cc) Haftungsfragen

66 Im Hinblick auf die Haftung gibt es gegenüber den Leistungsphasen 1–3 keine wesentlichen Besonderheiten.[80]

e) Leistungsphase 5: Ausführungsplanung

aa) Grundleistungen

67 Die Teilleistung **Durcharbeiten der Ergebnisse** umfasst das Sichten, Zusammenfassen und Bewerten der Ergebnisse aus den Leistungsphasen 3 und 4. Ergänzungen und Änderungen der Planung aus den Leistungsphasen 3 und 4 sind hier nicht erfasst. Insoweit handelt es sich um wiederholt erbrachte Grundleistungen.[81] Als weitere Teilleistung ist das **Anfertigen der Schalpläne** genannt. Diese Pläne dienen dem Einschalen des Betons. Sie haben meist den Maßstab 1:50, soweit nötig, z. B. für Unterzüge, Stützen, auch einen größeren Maßstab. Anzugeben sind vom Tragwerksplaner auf den Schalplänen die Dicken und Mauerwerksqualitäten. Die Schalpläne sind nach dem Text der Leistungsphase 5 »in Ergänzung der fertig gestellten Ausführungspläne des Objektplaners« anzufertigen. Die darin enthaltenen Durchbrüche, Aussparungen und Schlitze anderer Sonderfachleute sind in die Schalpläne zu übernehmen. Dies gehört als Begrenzung des Betons zu seiner Leistung. Der Tragwerksplaner wird aller-

---

80 Vgl. dazu oben Rdn. 23, 34, 47.
81 Vgl. unten Rdn. 73 ff.

dings zuvor prüfen (und müsste dazu von den Sonderfachleuten befragt werden), ob die gewünschten Durchbrüche und Aussparungen statisch möglich sind. Dem Architekten obliegt die Koordination der Leistungen der einzelnen Fachplaner.

Nicht zu den Leistungen gehört das Eintragen von Befestigungsmitteln wie Ankerschienen und anderer Einbauteile in die Schalpläne, soweit diese nur für nicht tragende Bauteile notwendig sind, z. B. Ankerschienen für Mauerwerk, Konsolen für 2-schaliges Mauerwerk. In der Praxis ist die Abgrenzung inzwischen teilweise schwierig. Auch nicht zu den Leistungen gehört die Übernahme aller für die Ausführung des Mauerwerks relevanten Angaben, wie Brüstungshöhen, Aussparungen Schlitze, Durchbrüche. Wird dies verlangt, führt dies zur Besonderen Leistung einer so genannten »**Rohbauzeichnung**« (s. unten). Sind die Ausführungspläne des Objektplaners noch nicht vollständig ausgearbeitet oder liegen sie nicht in dem notwendigen Maßstab vor, z. B. nur Baugesuchspläne im Maßstab 1:100, so kann dies für den Tragwerksplaner einen erheblichen Mehraufwand mit sich bringen. Dieser Mehraufwand kann dadurch abgegolten werden, dass ein Honorar für die Besondere Leistung Fertigen oder Ergänzen der Ausführungspläne vereinbart wird. Vorgesehen als Möglichkeit ist nach Abs. 2 auch, dass die Schalpläne nicht vom Tragwerksplaner angefertigt werden. In diesem Fall sind dem Tragwerksplaner für das Anfertigen der Bewehrungszeichnungen die anderweitig erstellten Schalpläne zur Verfügung zu stellen, da sie Grundlage der Bewehrungszeichnungen sind. 68

Im Rahmen der Leistungsphase 5 hat der Tragwerksplaner die Konstruktion durch die **Bewehrungspläne, Stahlbaupläne, Holzkonstruktionspläne** (die beiden letzteren jedoch nicht in der Qualität von Werkstattzeichnungen[82]) zeichnerisch darzustellen. Diese Leistung, die nach § 51 Abs. 2 mit 30 % des Honorars nach § 52 zu bewerten ist, umfasst im Beton-/Stahlbetonbau das Zeichnen der Bewehrungspläne mit allen für das Schneiden, Biegen und Verlegen notwendigen Vermaßungen, Querschnitts- und Stahlsortenangaben wie auch die Stahlmengenermittlung. Die zeichnerische Darstellung ist durch eine Verlegeanweisung zu ergänzen.[83] 69

Im **Stahlbau und Holzbau** kann die Konstruktionszeichnung eine einfache Übersichtszeichnung sein, soweit sie alle erforderlichen Angaben für die Fertigung der Werkstattzeichnungen enthält. Anschlussdetails müssen auf den Konstruktionszeichnungen nicht detailliert dargestellt werden. Soweit erforderlich, genügen als Grundlage für Werkstattzeichnungen (maßstäbliche) Skizzen der Anschlüsse in der Statik. Das **Aufstellen detaillierter Stahl- oder Stücklisten** dient als Grundlage für die Ausschreibung und Abrechnung. 70

Mit der HOAI 2013 wurde neu aufgenommen das **Fortführen der Abstimmung** mit Prüfämtern und Prüfingenieuren oder Eigenkontrolle. Die entsprechende Grundleistung findet sich bereits in Leistungsphase 4.[84]

---

82 *Hebel/Seifert* in FBS § 51 Rn. 84.
83 Zu Werkstattplänen vgl. § 34 Rdn. 160 und unten Rdn. 71.
84 Dazu oben Rdn. 58.

bb) Besondere Leistungen

71 Durch die HOAI 2013 wurde eine zusätzliche Besondere Leistung aufgelistet, nämlich die Konstruktion und die Nachweise der Anschlüsse im Stahl- und Holzbau. Die Besonderen Leistungen waren bereits durch die 4. HOAI-Novelle neugefasst und ergänzt worden. Seither sind zunächst **Werkstattzeichnungen** im Stahl- und Holzbau einschließlich Stücklisten sowie **Elementpläne** für Stahlbetonfertigteile einschließlich Stahl- und Stücklisten genannt.[85] Werkstattzeichnungen sind Stückzeichnungen mit ausführlicher Darstellung aller Einzelheiten und Maße. Sie enthalten eine Einzeldarstellung jedes einzelnen Konstruktionsteils in größerem Maßstab, um die Werkstattfertigung zu ermöglichen. Elementpläne für Stahlbetonfertigteile sind Schal- und Bewehrungspläne, die alle notwendigen Einbauteile und Angaben hinsichtlich Oberflächenqualitäten, Herstellung, Transport und Montage enthalten.

72 Weitere Besondere Leistungen sind das **Berechnen der Dehnwege**, Festlegen des **Spannvorganges** und **Erstellen der Spannprotokolle** im Spannbetonbau. Es ist hier der Spannvorgang festzulegen. Die aufzubringenden Kräfte für die Vorspannung werden gemessen. Diese Leistung wird in der Regel vom ausführenden Unternehmen erbracht.

73 Nach alter HOAI waren als Besondere Leistungen statische Nachweise und Ausführungszeichnungen genannt, die infolge **wesentlicher Änderungen der Genehmigungsplanung**, die vom Auftragnehmer nicht zu vertreten sind, erforderlich werden. Es kann sich hierbei etwa um Änderungswünsche des Auftraggebers handeln. Zusätzliche Anforderungen im Sinne dieser Besonderen Leistungen können jedoch auch durch die Baubehörde gestellt werden. Allerdings muss es sich hierbei um Anforderungen handeln, mit denen der Auftragnehmer unter normalen Umständen nicht rechnen konnte. Es kann sich auch um Maßnahmen handeln, die durch einen anderen Fachingenieur veranlasst wurden. Allerdings ist die Abgrenzung zu Planungsänderungen, welche Grundleistungen darstellen,[86] problematisch.[87] Nach HOAI 2013 handelt es sich um wiederholte Grundleistungen (vgl. § 10 Rdn. 25 ff.).

74 Schließlich sind als Besondere Leistungen **Rohbauzeichnungen im Stahlbetonbau** genannt, die auf der Baustelle nicht der Ergänzung durch die Pläne des Objektplaners bedürfen. Sie müssen also neben den Mindestinhalten eines Schalplans, d. h. den Maßen und Angaben, die für das Einschalen erforderlich sind, auch alle weiteren Angaben für die Herstellung des Tragwerks enthalten, insbesondere einzubetonierende Bauteile wie Ankerschienen, Ankerplatten, Fassadenverankerungen, Oberflächenbeschaffenheit u. a. m.[88]

---

[85] Vgl. § 34 Rdn. 160.
[86] Vgl. § 10 Rdn. 5 ff.; BGH BauR 2007, 1761 (1764 f.) = NZBau 2007, 653.
[87] Vgl. dazu Thür OLG Jena v. 14.08.2002 – 2 U 1588/98.
[88] Vgl. oben Rdn. 68 f. und *Neuenfeld/Baden/Dohna/Groscurth*, § 64 Rn. 38b.

cc) Haftungsfragen

Weicht der Tragwerksplaner in seiner Ausführungsplanung von Herstellervorschriften 75
ab, dann kann dies zur Haftung führen.[89] Dies wird insbesondere durch die vielfältige Verwendung von Bauteilen und Bauweisen außerhalb der Normung relevant. In der erforderlichen bauaufsichtlichen Zulassung sind der Gegenstand der Zulassung, die Anwendungsgrenzen und die zu beachtenden Randbedingungen festgelegt. Dies ist vom Tragwerksplaner zu berücksichtigen und soweit notwendig, ist in den Plänen darauf hinzuweisen. Da die Zulassungen individuell und nicht übertragbar sind, ist auch das entsprechende Produkt anzugeben. Die Mangelhaftigkeit der tragwerksplanerischen Leistungen kann auch darin liegen, dass Angaben, die für die Ausführung erforderlich sind, vom Tragwerksplaner nicht getätigt werden.[90] Im Hinblick auf Mängel aufgrund unwirtschaftlicher Planung wird auf die obigen Ausführungen verwiesen.[91]

f) Leistungsphase 6: Vorbereitung der Vergabe

aa) Grundleistungen

Der Beitrag des Tragwerksplaners zur Mengenermittlung des Objektplaners besteht im 76
Ermitteln der Betonstahlmengen im Stahlbetonbau, der Stahlmengen im Stahlbau und der Holzmengen im Ingenieurholzbau einschließlich der zugehörigen kraftübertragenden Zwischenbauteile und Verbindungsmittel. Eine weitere Leistung ist das **Aufstellen von Leistungsbeschreibungen** als Ergänzung zu den Mengenermittlungen als Grundlage für das Leistungsverzeichnis des Tragwerks. Hierbei hat der Tragwerksplaner alle für das Tragwerk erforderlichen Leistungen zu beschreiben. Unter Leistungsbeschreibungen ist nicht etwa das Leistungsverzeichnis selbst zu verstehen. Es handelt sich vielmehr um Beschreibungen der ausgeschriebenen Leistung, die ergänzend zu den Mengenberechnungen als Erläuterungen anzufertigen und dem Objektplaner für die Aufstellung des Leistungsverzeichnisses zur Verfügung zu stellen sind. Sie müssen die Leistung umfassend beschreiben und alle für die Kalkulation und Herstellung erforderlichen Festlegungen bezüglich Baustoffarten und -güte, besondere Qualitätsanforderungen, Herstellungsart u. a. m. enthalten. Es sind weder Einheitspreise noch der Gesamtpreis anzugeben.

bb) Besondere Leistungen

Anstelle dieser Leistungen tritt bei **Leistungsbeschreibung mit Leistungsprogramm** 77
der Beitrag des Tragwerksplaners als Besondere Leistung ohne Minderung des Grundhonorars hinzu.[92] Als Besondere Leistung können im Rahmen der Leistungsphase 6 in Frage kommen ein Beitrag zum Aufstellen von vergleichenden Kostenübersichten des Objektplaners und das Aufstellen des Leistungsverzeichnisses des Tragwerks oder von

---

89 Vgl. OLG Düsseldorf NJW-RR 2001, 739.
90 Vgl. OLG Brandenburg Urt. v. 26.02.2014 – 4 U 99/11 = NJOZ 2014, 1361.
91 Vgl. Rdn. 53.
92 Vgl. i. E. § 34 Rdn. 22 ff.

§ 51 HOAI   Leistungsbild Tragwerksplanung

Teilen davon. Das Tragwerk umfasst hier die vom Tragwerksplaner zu bearbeitenden tragenden Bauteile (im Massivbau der sog. Rohbau).

g) Leistungsphase 7: Mitwirkung bei der Vergabe

78 In dieser Leistungsphase gibt es keine Leistungen, sondern lediglich Besondere Leistungen. Sämtliche dieser Besonderen Leistungen beschränken sich auf ein Mitwirken bzw. einen Beitrag zu den entsprechenden Leistungen des Objektplaners. Das Mitwirken bzw. der Beitrag des Tragwerksplaners bezieht sich lediglich auf das Tragwerk selbst. Bei der Vergabe nach Pauschalpreisen hat der Tragwerksplaner vor allem zu prüfen, ob der Leistungsumfang der einzelnen Angebote den Erfordernissen entspricht. Nebenangebote können technische Sondervorschläge sein, für die prüfbare statische Vorbereitungen dem Angebot beizulegen sind. Des Tragwerksplaners Aufgabe wird es sein, diese auf ihre Richtigkeit und Übereinstimmung mit den gültigen Normen zu prüfen und zu werten.

h) Leistungsphase 8: Objektüberwachung

79 Auch diese Leistungsphase enthält ausschließlich Besondere Leistungen. Der Tragwerksplaner muss ohne ausdrückliche Vereinbarung keine Überwachungstätigkeit durchführen. Er kann die Übernahme dieser Leistung von einer wirksamen Honorarvereinbarung abhängig machen. Erhält er (ggf. konkludent) den Auftrag für die Überwachung, steht ihm nach heutigem Recht auch ohne schriftliche Honorarvereinbarung ein Anspruch auf zusätzliche Vergütung zu.[93] Wird er aber zur Bauüberwachung hinzugezogen und führt er Baukontrollen durch, so muss er prüfen und darauf hinweisen, ob und dass die Planungsvorgaben korrekt umgesetzt wurden. Tut er dies nicht, dann haftet er bei unübersehbaren Fehlern.[94] Anhaltspunkte für die Bewertung der Objektüberwachung ergeben sich aus der Bewertung der Bauüberwachung nach der LHO und den Empfehlungen des AHO in Nr. 3 der Schriftenreihe.

80 Die Objekt-(Bau-)Überwachung erfolgt anstelle bzw. in Ergänzung zur Bauüberwachung durch den vom Bauherrn zu bestellenden (Architekten) Bauleiter. Die Bauüberwachung im bauaufsichtlichen Sinne durch die Bauaufsichtsbehörde bzw. den von ihr beauftragten Prüfingenieur ist unabhängig davon. In der Regel wird eine ingenieurtechnische Kontrolle in Ergänzung zur Tätigkeit des Bauleiters vereinbart. Sie kann stichprobenartig erfolgen. Auf eine Bauüberwachung durch den Tragwerksplaner wird insbesondere dann zurückgegriffen, wenn der Bauleiter nicht für die ihm obliegenden Aufgaben die erforderliche Sachkunde und Erfahrung hat (§ 47 LBO). Der Bauleiter bleibt für das ordnungsgemäße Ineinandergreifen seiner Tätigkeit mit denen der Fachbauleitung verantwortlich. Wird kein Fachbauleiter (z. B. Tragwerksplaner) bestellt, so hat der Bauleiter die ordnungsgemäße Ausführung des Bauvorhabens zu überwachen. Hierzu gehört auch die Überwachung der fachgerechten Bewehrungsverlegung.

---

93 Vgl. § 3 Rdn. 13 ff.
94 OLG Hamm NJW-RR 1990, 915; vgl. auch zum faktischen Bauleiter § 34 Rdn. 248.

Im Rahmen der ingenieurtechnischen Kontrolle der Ausführung des Tragwerks ist bei 81
Massivbauten die Kontrolle der Bewehrung vor dem Betonieren ein wesentlicher Teil
dieser Besonderen Leistung. Sie bezieht sich z. B. auf Stahlgüte, Anzahl, Durchmesser,
Lage (Abstände, Betondecke, Rüttelgassen, Lagesicherung), Form (Biegeradien, Verankerungslängen) und Stoßausbildung.[95] Das Ergebnis der Kontrolle ist schriftlich festzuhalten. Das Honorar für die Besondere Leistung Abnahme der Bewehrung ist mit der
Erbringung der Leistung fällig.[96]

Zur ingenieurtechnischen Kontrolle der Ausführung der Konstruktion auf Überein- 82
stimmung mit den geprüften Unterlagen gehört auch die Tauglichkeit der für die Konstruktion verwandten Materialien und Herstellungsarten. Des Weiteren ist in besonderen Fällen die Betonherstellung und -verarbeitung auf der Baustelle zu kontrollieren
sowie eine statistische Auswertung der Güteprüfungen vorzunehmen. Eine betontechnologische Beratung kommt insbesondere bei der Ausführung von WU-Konstruktionen in Frage. Letztendlich hat sich die ingenieurtechnische Kontrolle auf Baubehelfe,
z. B. Arbeits- und Leergerüste, Kranbahnen und Baugrubensicherungen, zu erstrecken.[97]

Der Rolle des Ingenieurs kommt bei der Überwachung von Umbau- und Modernisie- 83
rungsmaßnahmen besondere Bedeutung zu. Eingriffe in die Bausubstanz erfordern
Kenntnisse, über die nur er in ausreichendem Maß verfügt. Wesentliches Augenmerk
ist auf die Sicherung von Bauzuständen zu legen, z. B., wenn Bauteile ersetzt, entfernt
oder verstärkt werden.

i) Leistungsphase 9: Objektbetreuung und Dokumentation

Als Besondere Leistung in dieser Leistungsphase kann z. B. auch vereinbart werden, 84
dass eine Begehung und Überwachung zur Feststellung von die Standsicherheit betreffenden Einflüssen während der gesamten Nutzungsdauer erfolgen soll. Eine weitere zu
vereinbarende Besondere Leistung besteht darin, dass für ein Facility-Management Bestandspläne erstellt werden sollen, d. h., alle Änderungen der Ausführung sollen in die
Schal- und Bewehrungspläne übernommen werden. Auch diese Leistungsphase enthält
keine Leistungen.

12. Leistungsphase 5 Ausführungsplanung im Stahlbetonbau und Holzbau (Abs. 2)

Die Werkstatt- und Montagepläne des Unternehmers spielen im Stahlbeton- und Holz- 85
bau eine größere Rolle. Werden dem Ingenieur im Stahlbetonbau keine Schalpläne in
Auftrag gegeben, dann kann statt 40 % für die Ausführungsplanung nur ein Ansatz von
30 % des Gesamthonorars erfolgen. Entsprechendes gilt beim Holzbau mit unterdurchschnittlichem Schwierigkeitsgrad.

---

95 Vgl. Nr. 3 der Schriftenreihe des AHO.
96 OLG Düsseldorf BauR 1998, 823.
97 Vgl. dazu auch § 50 Abs. 4.

13. Ausführungsplanung mit Schalplänen (Abs. 3)

86 Werden dem Auftragnehmer nur die Schalpläne und nicht dagegen die Konstruktionspläne (vgl. Leistungsphase 5 Teilleistung c) in Auftrag gegeben, dann ist die Ausführungsplanung mit 20 % des Gesamthonorars aus der Honorartafel des § 52 zu bewerten. Für die Erstellung ausschließlich von Schalplänen als Einzelleistung ist demnach eine verhältnismäßig höhere Vergütung vorgesehen. Dies zeigt auch ein Vergleich mit der Regelung in Absatz 2 Nr. 1. Dort ist geregelt, dass das Honorar für die Leistungsphase 5 von insgesamt 40% auf 30% reduziert werden soll, wenn das Erstellen der Schalpläne nicht beauftragt wird; diese Teilleistung wird nach dieser Regelung demnach mit 10% bewertet. Demgegenüber ist sie nach der Regelung in Abs. 3 mit dem doppelten Prozentsatz abzurechnen, wenn diese Leistung als Einzelleistung in Auftrag gegeben wird. Der Verordnungsgeber wollte damit dem Umstand Rechnung tragen, dass bei Beauftragung dieser Einzelleistung mit der Leistungserbringung ein überproportionaler Aufwand verbunden ist.[98] Der Abschluss einer Honorarvereinbarung ist nicht erforderlich. Der erhöhte Prozentsatz steht dem Auftragnehmer bei Beauftragung der Einzelleistung auch ohne Honorarvereinbarung im Rahmen der Mindestsatzberechnung zu.

14. Erhöhung bei sehr enger Bewehrung (Abs. 4)

87 Dagegen kann eine Erhöhung des Honorars vereinbart werden, wenn es sich um eine sehr enge Bewehrung handelt. Das Honorar der Leistungsphase 5 kann um bis zu 4 % des Gesamthonorars angehoben werden. Obwohl der Wortlaut nicht eindeutig auf eine Vereinbarung dieser Erhöhung abstellt, ergibt sich dies aus der Amtlichen Begründung. Indiziert wird dies durch die Formulierung »kann erhöht werden«. Da es sich um eine Honorarvereinbarung nach § 7 HOAI handelt, ist diese schriftlich und bei Auftragserteilung abzuschließen.[99] Eine schriftliche Vereinbarung ist diesbezüglich nicht erforderlich, vielmehr besteht der Anspruch automatisch, wenn eine sehr enge Bewehrung vorliegt.

15. Leistungsbild (Anlage 14.1)

88 Die in der Anlage 14.1 enthaltenen Vorschriften betreffend Grundleistungen sind verbindliche Regelungen, während die zugeordneten Besonderen Leistungen unverbindliche Beispiele darstellen. Bei **konstruktiven Ingenieurbauwerken** für Verkehrsanlagen und sonstigen Einzelbauwerken, ausgenommen Gebäude und Freileitungsmaste gemäß § 41 Nr. 6 und 7 gelten für die Leistungen der Leistungsphase 1 nicht die Bestimmungen der Anlage 14.1 für die Tragwerksplanung, sondern das Leistungsbild des § 43 betreffend Ingenieurbauwerke. Die Leistungen dieser Bauwerke aus der Leistungsphase 1 werden demnach mit dem Honorar für die Objektplanung Ingenieurbau-

---

98 Amtl. Begründung BR-Drs. 334/13 zu § 51 Abs. 3.
99 *Koeble/Zahn*, Die neue HOAI 2013 S. 240 Rn. 211; *Hebel/Seifert* in FBS § 51 Rn. 16 jedenfalls für das Merkmal »schriftlich«; a. A. *Preussner* in MNP § 51 Rn. 21.

werke abgegolten. Eine gesonderte, zusätzliche Honorierung über die Honorarregelungen betreffend die Tragwerksplanung findet nicht statt.

§ 52 HOAI Honorare für Grundleistungen bei Tragwerksplanungen

(1) Die Mindest- und Höchstsätze der Honorare für die in § 51 und der Anlage 14 Nummer 14.1 aufgeführten Grundleistungen der Tragwerksplanungen sind in der nebenstehenden Honorartafel festgesetzt.

Anrechenbare Kosten in Euro	Honorarzone I sehr geringe Anforderungen		Honorarzone II geringe Anforderungen		Honorarzone III durchschnittliche Anforderungen		Honorarzone IV hohe Anforderungen		Honorarzone V sehr hohe Anforderungen	
	von	bis	von	bis	von	bis	von	bis	von	bis
	Euro		Euro		Euro		Euro		Euro	
10.000	1.461	1.624	1.624	2.064	2.064	2.575	2.575	3.015	3.015	3.178
15.000	2.011	2.234	2.234	2.841	2.841	3.543	3.543	4.149	4.149	4.373
25.000	3.006	3.340	3.340	4.247	4.247	5.296	5.296	6.203	6.203	6.537
50.000	5.187	5.763	5.763	7.327	7.327	9.139	9.139	10.703	10.703	11.279
75.000	7.135	7.928	7.928	10.080	10.080	12.572	12.572	14.724	14.724	15.517
100.000	8.946	9.940	9.940	12.639	12.639	15.763	15.763	18.461	18.461	19.455
150.000	12.303	13.670	13.670	17.380	17.380	21.677	21.677	25.387	25.387	26.754
250.000	18.370	20.411	20.411	25.951	25.951	32.365	32.365	37.906	37.906	39.947
350.000	23.909	26.565	26.565	33.776	33.776	42.125	42.125	49.335	49.335	51.992
500.000	31.594	35.105	35.105	44.633	44.633	55.666	55.666	65.194	65.194	68.705
750.000	43.463	48.293	48.293	61.401	61.401	76.578	76.578	89.686	89.686	94.515
1.000.000	54.495	60.550	60.550	76.984	76.984	96.014	96.014	112.449	112.449	118.504
1.250.000	64.940	72.155	72.155	91.740	91.740	114.418	114.418	134.003	134.003	141.218
1.500.000	74.938	83.265	83.265	105.865	105.865	132.034	132.034	154.635	154.635	162.961
2.000.000	93.923	104.358	104.358	132.684	132.684	165.483	165.483	193.808	193.808	204.244
3.000.000	129.059	143.398	143.398	182.321	182.321	227.389	227.389	266.311	266.311	280.651
5.000.000	192.384	213.760	213.760	271.781	271.781	338.962	338.962	396.983	396.983	418.359
7.500.000	264.487	293.874	293.874	373.640	373.640	466.001	466.001	545.767	545.767	575.154
10.000.000	331.398	368.220	368.220	468.166	468.166	583.892	583.892	683.838	683.838	720.660
15.000.000	455.117	505.686	505.686	642.943	642.943	801.873	801.873	939.131	939.131	989.699

(2) Die Honorarzone wird nach dem statisch-konstruktiven Schwierigkeitsgrad anhand der in Anlage 14 Nummer 14.2 dargestellten Bewertungsmerkmale ermittelt.

(3) Sind für ein Tragwerk Bewertungsmerkmale aus mehreren Honorarzonen anwendbar und bestehen deswegen Zweifel, welcher Honorarzone das Tragwerk zugeordnet werden kann, so ist für die Zuordnung die Mehrzahl der in den jeweiligen Ho-

norarzonen nach Absatz 2 aufgeführten Bewertungsmerkmale und ihre Bedeutung im Einzelfall maßgebend.

(4) Für Umbauten und Modernisierungen kann bei einem durchschnittlichen Schwierigkeitsgrad ein Zuschlag gemäß § 6 Absatz 2 Satz 3 bis 50 Prozent schriftlich vereinbart werden.

(5) Steht der Planungsaufwand für Tragwerke bei Ingenieurbauwerken mit großer Längenausdehnung, die unter gleichen baulichen Bedingungen errichtet werden, in einem Missverhältnis zum ermittelten Honorar, ist § 7 Absatz 3 anzuwenden.

Übersicht   Rdn.
1. Honorartafel (Abs. 1) 1
2. Honorarzone (Abs. 2, 3) 3
3. Umbauten und Modernisierungen (Abs. 4) 4
4. Tragwerke bei Ingenieurbauwerken mit großer Längenausdehnung (Abs. 5) ... 5

1. Honorartafel (Abs. 1)

1 Die Honorartafel aus Abs. 1 war früher in der HOAI 2009 in § 50 Abs. 1 und bei der HOAI 2002 in § 65 enthalten. Mit der HOAI 2009 waren die Honorare um durchgängig 10 % angehoben worden. Durch die HOAI 2013 fand eine weitere, nicht lineare Erhöhung statt, die im Durchschnitt mehr als 10 % betragen dürfte.[1]

2 Die Honorartafel ist einer der maßgebenden Parameter für die Ermittlung des Honorars (§ 6 Abs. 1 Nr. 4). Hinsichtlich der damit zusammenhängenden Rechtsfragen gelten die Ausführungen zur Objektplanung für Gebäude entsprechend.[2]

2. Honorarzone (Abs. 2, 3)

3 Für die Tragwerksplanung waren in der HOAI oder ihrer Anlage bis zur Neufassung 2013 keine Objektlisten vorgesehen. In der Anlage 14.2 ist wurde durch die Neufassung eine Objektliste Tragwerksplanung aufgenommen worden. Diese hat verbindlichen Charakter. Die Aufstellung ist nicht nach Honorarzonen, sondern nach Objekten gegliedert. Soweit eine zweifelsfreie Zuordnung auf der Grundlage der Objektliste möglich ist, bedarf es keiner Einzelbewertung. Nur dann, wenn für ein Tragwerk Bewertungsmerkmale aus mehreren Honorarzonen anwendbar sind, ist für die Zuordnung die Mehrzahl der in den jeweiligen Honorarzonen nach Abs. 2 aufgeführten Bewertungsmerkmale und ihre Bedeutung im Einzelfall maßgebend.

---

[1] Nach der Amtlichen Begründung soll eine Erhöhung im Mittel um ca. 17 % gegenüber der HOAI 2009 vorgenommen worden sein.
[2] Vgl. § 35 Rdn. 4 ff.

3. Umbauten und Modernisierungen (Abs. 4)

Der Begriff Modernisierung ist gleichgeblieben, wohingegen durch die HOAI 2013 für den Umbau wiederum der »wesentliche« Eingriff in Konstruktion oder Bestand notwendig ist.[3] Die mitzuverarbeitende Bausubstanz ist neu definiert worden.[4] Die Anrechnung der mitzuverarbeitenden Bausubstanz soll angemessen erfolgen und den Umfang und den Wert der Bausubstanz zum Zeitpunkt der Kostenberechnung berücksichtigen.[5] Der Umbauzuschlag ist vom Grundsatz her in § 6 Abs. 2 S. 2–4 geregelt. Die Vorschrift des § 52 Abs. 4 legt den Höchstsatz fest. Eine Vereinbarung muss nicht bei Auftragserteilung erfolgen.[6] Gegenstand einer Vereinbarung kann auch ein Umbauzuschlag unter 20% bis hin zur Vereinbarung eines »0«-Umbauzuschlages sein.[7] Ein »durchschnittlicher Schwierigkeitsgrad« liegt bei Zuordnung des Objekts zur Honorarzone III vor.[8]

4. Tragwerke bei Ingenieurbauwerken mit großer Längenausdehnung (Abs. 5)

Die Bestimmung des Abs. 5 regelt einen Ausnahmefall i. S. von § 7 Abs. 3.[9] Zunächst kann auf die Kommentierung zu § 44 Abs. 7 verwiesen werden.[10] Dort findet sich für Ingenieurbauwerke eine gleichlautende Regelung. Was unter Ingenieurbauwerken mit großer Längenausdehnung zu verstehen ist, ist noch nicht geklärt.[11] Die Vereinbarung nach Abs. 5 muss die Anforderungen für eine Unterschreitung des Mindestsatzes in Ausnahmefällen erfüllen. Dafür ist mindestens Schriftform notwendig und nach zutreffender z. T. vertretener Auffassung muss eine solche Vereinbarung bereits »bei Auftragserteilung« getroffen werden.[12]

---

3 Vgl. dazu i. E. die Kommentierung zu § 2 Abs. 5.
4 Vgl. dazu i. E. § 2 Abs. 7 und die Kommentierung dazu.
5 Vgl. dazu die Kommentierung zu § 4 Abs. 3.
6 Vgl. § 6 Rdn. 55; a. A. *Seifert/Hebel* in FBS § 52 Rn. 18.
7 Vgl. § 6 Rdn. 54; wie hier *Seifert/Hebel* in FBS § 52 Rn. 17.
8 Amtliche Begründung BR-Drs. 334/13 zu § 52.
9 Vgl. dazu § 7 Rdn. 122 ff.
10 Vgl § 44 Rdn. 15.
11 Vgl. dazu i. E. oben § 44 Rdn. 15.
12 Vgl. dazu § 7 Rdn. 126 ff.; *Preussner* in MNP § 52 Rn. 39.

§ 53 HOAI Anwendungsbereich

Abschnitt 2 Technische Ausrüstung

§ 53 HOAI Anwendungsbereich

(1) Die Leistungen der Technischen Ausrüstung umfassen die Fachplanungen für Objekte.

(2) Zur Technischen Ausrüstung gehören folgende Anlagengruppen:
1. Abwasser-, Wasser- und Gasanlagen,
2. Wärmeversorgungsanlagen,
3. Lufttechnische Anlagen,
4. Starkstromanlagen,
5. Fernmelde- und informationstechnische Anlagen,
6. Förderanlagen,
7. nutzungsspezifische Anlagen und verfahrenstechnische Anlagen,
8. Gebäudeautomation und Automation von Ingenieurbauwerken.

Übersicht Rdn.
1. Änderungen durch die HOAI 2009 1
2. Änderungen durch die HOAI 2013 3
3. Zusammenspiel mit anderen Vorschriften 4
4. Aufbau der Honorarregelung für die Technische Ausrüstung ... 5
5. Sachlicher Anwendungsbereich 6
6. Die einzelnen Anlagengruppen 8
7. Persönlicher Anwendungsbereich 23
8. Rechtsnatur 24

1. Änderungen durch die HOAI 2009

1 Die in § 53 enthaltene Definition des Anwendungsbereichs für Honorare der Technischen Ausrüstung war in § 68 S. 1 HOAI 2002 enthalten und auf Leistungen an Gebäuden und Ingenieurbauwerken beschränkt. Weitere Voraussetzung für die Anwendung der Honorarvorschriften über die Technische Ausrüstung war, dass die erbrachten Leistungen in eine der 6 Anlagengruppen des § 68 S. 1 HOAI 2002 eingeordnet werden konnten. § 68 S. 2 HOAI 2002 enthielt eine Regelung über die Honorierung von Anlagen der nicht öffentlichen Erschließung sowie von Abwasser- und Versorgungsanlagen im Außenbereich, die zusammen mit der Technischen Ausrüstung von Gebäuden oder Ingenieurbauwerken geplant wurden. Dafür konnte das Honorar frei vereinbart werden.

2 Der Anwendungsbereich für Leistungen der Technischen Ausrüstung wurde in § 51 Abs. 1 HOAI 2009 neu gefasst. Dieser hatte die Fachplanung für die Objektplanung umfasst. Durch die Verweisung auf den Objektbegriff des § 2 Nr. 1 HOAI 2009 ist zunächst eine Erweiterung des Anwendungsbereichs der Honorarregelung des Teils 4 Abschnitt 2 erfolgt, der früher auf Gebäude- und Ingenieurbauwerke beschränkt war. Dieser wurde nunmehr auch auf die Technische Ausrüstung für Freianla-

gen und Verkehrsanlagen erweitert. Von wesentlicher Bedeutung war die teilweise Umgestaltung und Erweiterung der Anlagengruppen in § 51 Abs. 2 HOAI 2009 von sechs auf nunmehr acht Anlagengruppen. Diese acht Anlagengruppen entsprechen den Kostengruppen 410–480 der DIN 276 (Fassung Dezember 2008). Dies führt dazu, dass Leistungen, die nach der bisherigen Fassung einer Anlagengruppe zuzuordnen waren, nunmehr möglicherweise in zwei Anlagengruppen einzuordnen sind. Durch den Wegfall des Degressionsverlusts kann alleine dadurch ein höheres Honorar anfallen.

2. Änderungen durch die HOAI 2013

§ 53 enthält gegenüber § 51 HOAI 2009 keine wesentlichen Änderungen. Insbesondere wurden die grundlegenden Änderungen des Anwendungsbereichs sowie der Gliederung in 8 Anlagengruppen in § 51 HOAI 2009 beibehalten. In Abs. 1 wird klargestellt, dass die Leistungen der Technischen Ausrüstung die Fachplanungen für Objekte i. S. d. § 2 Abs. 1 und damit für Gebäude, Innenräume, Freianlagen, Ingenieurbauwerke und Verkehrsanlagen umfassen. In § 53 Abs. 2 Nr. 7 wurden neben nutzungsspezifischen Anlagen auch verfahrenstechnische Anlagen aufgenommen. Dafür ist der Anwendungsbereich »einschließlich maschinen- und elektrotechnischen Anlagen in Ingenieurbauwerken« entfallen (vgl. dazu § 41 Rdn. 42). Außerdem enthält § 53 Nr. 8 eine Erweiterung auf die Automation von Ingenieurbauwerken. Diese Änderungen sind im Zusammenhang mit der Änderung der anrechenbaren Kosten für die Anlagen der Maschinentechnik bei Ingenieurbauwerken in § 42 Abs. 1 S. 2 HOAI 2013 zu sehen. Wesentliche Änderungen ergeben sich dadurch nicht, weil ein erheblicher Teil der unter den Begriff »Maschinen- und Elektrotechnische Anlagen in Ingenieurbauwerken« fallenden Anlagen unter den Begriff der Verfahrenstechnischen Anlagen oder der Automation von Ingenieurbauwerken in Nr. 8 fallen.[1]

3. Zusammenspiel mit anderen Vorschriften

Neben den Bestimmungen des Teils 4 Abschnitt 2 gelten auch alle Vorschriften des Allgemeinen Teils (§§ 1–16). Von besonderer Bedeutung dabei sind die Regelungen über das Bauen im Bestand mit der Begriffsdefinition des Umbaus sowie der Berücksichtigung der mitzuverarbeitenden Bausubstanz bei den anrechenbaren Kosten (§§ 6 Abs. 2, 4 Abs. 2) und der Honorierung von wiederholt erbrachten Grundleistungen bei Planungsänderungen nach § 10 Abs. 2.

4. Aufbau der Honorarregelung für die Technische Ausrüstung

Der Begriff »Technische Ausrüstung« ist eine Neuschöpfung der HOAI. Der Aufbau des Teils 4 Abschnitt 2 ist an das Gliederungsschema des Leistungsbilds Gebäude und Innenräume (§ 34) angelehnt. Allerdings sind eine Reihe von Teilleistungen im Hinblick auf den engen Zusammenhang mit der Planung von Gebäuden nur als Mitwirkungspflichten ausgebildet. Die Honorarregelung für Leistungen der Technischen Ausrüstung enthält eine Abweichung von der Systematik der HOAI, weil das Honorar

---

1 *Koeble/Zahn*, Teil C Rn. 166.

§ 53 HOAI Anwendungsbereich

nach § 54 Abs. 1 nicht für jede einzelne Anlage sondern für alle Anlagen einer Anlagengruppe auf der Grundlage der daraus zu ermittelten anrechenbaren Kosten zu berechnen ist, obwohl die Anlage nach § 2 Abs. 1 als Objekt gilt und § 11 Abs. 1 eine objektbezogene Honorarberechnung vorsieht. Die Honorarregelung nach Teil 4 Abschnitt 2 ist so aufgebaut, dass zunächst in § 53 der Anwendungsbereich für Leistungen der Technischen Ausrüstung definiert wird. In den §§ 54–56 i. V. m. der Anlage 15 werden dann die Grundlagen der Honorarermittlung für Leistungen der Technischen Ausrüstung geregelt. In den §§ 4 und 54 befinden sich die Vorschriften über die anrechenbaren Kosten und in den §§ 5, 56 über die Honorarzonen mit der Objektliste in der Anlage 15.2. Es folgen das Leistungsbild (§ 55 i. V. m. der Anlage 15) und die Honorartafel (§ 56 Abs. 1). Eine besondere Regelung über die Beauftragung der Vorplanung, Entwurfsplanung oder der Objektüberwachung als Einzelleistung befindet sich in § 9 Abs. 1, 3.

5. Sachlicher Anwendungsbereich

6 In § 53 Abs. 2 wird der sachliche Anwendungsbereich der Honorarregelung des Teils 4 Abschnitt 2 für die Technische Ausrüstung geregelt. Jede Anlage, die für den Betrieb eines Objektes nach § 2 Abs. 1 und somit für Gebäude, Innenräume, Freianlagen, Ingenieurbauwerke und Verkehrsanlagen geplant wird, unterliegt der Honorierung nach Teil 4 Abschnitt 2. Die Aufzählung in § 53 Abs. 2 ist für alle Anlagengruppen abschließend und nicht nur beispielhaft. Für nicht erfasste Bereiche besteht keine preisrechtliche Bindung.[2] Hier ist dann eine freie Honorarvereinbarung zulässig, die nicht der Schriftform bedarf und nicht durch das Preisrecht der HOAI begrenzt wird. Wurde in diesen Fällen keine Honorarvereinbarung getroffen, gilt die übliche Vergütung als vereinbart (§ 632 Abs. 2 BGB).

7 Zur Klärung des Anwendungsbereichs ist zu prüfen, ob die Anlage in einer Anlagengruppe des § 53 Abs. 2 enthalten ist. Ist eine Einordnung in eine Anlagengruppe nicht möglich, so ist die HOAI nicht anwendbar. Erfolgt die Übertragung der Planung für eine derartige Anlage zusammen mit einer solchen für Anlagengruppen nach § 53 Abs. 2, so gilt die HOAI für diese Anlage ebenfalls nicht.

6. Die einzelnen Anlagengruppen

8 Die Objektliste in der Anlage 15.2 wurde nunmehr den aus der DIN 276 (Fassung 12/2008) abgeleiteten Anlagengruppen angepasst, so dass sich keine Widersprüche mehr ergeben, Durch die Neufassung der 8 Anlagengruppen in § 53 Abs. 2, welche inhaltlich exakt mit der DIN 276 (Fassung 12/08) übereinstimmen, ergibt sich zwingend, dass eine außerhalb dieser 8 Anlagengruppen stehende Anlage nicht in der DIN 276 enthalten und somit auch nicht von § 53 Abs. 2 umfasst sein kann. Das Honorar für diese Anlage ist dann frei vereinbar.

9 Für den Bereich der Elektrotechnik zählen hierzu z. B.:

---

2 BGH BauR 2003, 748 = NJW 2003, 2020.

Datenverarbeitungsanlagen (EDV), welche nicht dem Betrieb des Objektes dienen, jedoch nicht die in DIN 276 (Fassung 12/2008) Kostengruppe 457 aufgeführten Datennetze sowie Datenendgeräte, soweit sie integraler Bestandteil der Planung sind. Diese fallen unter die Anlagengruppe Fernmelde- und informationstechnische Anlagen,[3]
– der Bereich der Mess- und Fernwirktechnik,
– der Bereich der Kontroll- und Abrechnungsanlagen.

Für den Bereich der Wärmeversorgungsanlagen zählen hierzu z. B.: 10
– der Bereich der Prozesswärmeversorgung,
– der Bereich der Wärmerückgewinnungsanlagen, z. B. in Gießereien.

Jedoch sind die in den Anmerkungen der DIN 276 Teil 1 enthaltenen Begriffe nur beispielhaft aufgeführt. Deshalb darf eine Zuordnung von dort nicht aufgeführten Anlagen nicht zu eng vorgenommen werden. Ähnliche oder nach dem Stand der Technik weiterentwickelte Anlagen sind sinngemäß den Anlagegruppen Nr. 1–8 zuzuordnen.

Der sachliche Anwendungsbereich bei den Technischen Anlagen wurde durch die 11 Anlagengruppe 7 »**nutzungsspezifische Anlagen und verfahrenstechnische Anlagen**« auch auf die **Verfahrens- und Prozesstechnik** erweitert, welche früher nicht in den Anlagengruppen des § 68 HOAI 2002 aufgeführt war. Diese Erweiterung steht im Widerspruch zu der Tatsache, dass die Planung von Anlagen der Verfahrens- und Prozesstechnik in Ingenieurbauwerken nach der Leistungsphase 5 des Leistungsbilds der Anlage 12 zu § 43 Abs. 4 eine Besondere Leistung bei Ingenieurbauwerken darstellt. Gleichzeitig liegt aber auch eine Grundleistung des § 55 Abs. 1 Leistungsphase 5 vor. Nach Auffassung des Verordnungsgebers soll dieser Konflikt so zu lösen sein, dass die Anlagengruppe 7 der Technischen Ausrüstung dann einschlägig ist, wenn die Planung von Anlagen der Verfahrens- und Prozesstechnik als eigenständiges Objekt in Auftrag gegeben wird.[4] Der Begriff »eigenständiges Objekt« ist unklar, weil Anlagen der Technischen Ausrüstung nach § 2 Abs. 1 immer ein Objekt darstellen. Er kann nur so verstanden werden, dass immer dann, wenn Leistungen der Verfahrens- und Prozesstechnik isoliert beauftragt werden, von Grundleistungen der Technischen Ausrüstung auszugehen sein soll. Werden dagegen die Leistungen der Verfahrens- und Prozesstechnik zusammen mit den Objektplanungsleistungen in Auftrag gegeben, sollen diese eine Besondere Leistung darstellen. Diese Auffassung ist ebenso wie jede andere Differenzierung bei der Einordnung der Verfahrens- und Prozesstechnik in Grund- oder Besondere Leistungen mit den Grundlagen der HOAI unvereinbar. Danach kann eine Grundleistung aus einem anderen Leistungsbild niemals eine Besondere Leistung darstellen. Eine Grundleistung wird nach der Definition des § 3 Abs. 2 auch nicht dadurch zu einer Besonderen Leistung, dass diese nicht isoliert, sondern zusammen mit anderen Grundleistungen beauftragt wird. Die in § 3 Abs. 2, 3 enthaltene strikte Trennung zwischen Grund- und Besonderen Leistungen geht somit den Abgrenzungsversuchen in der Amtlichen Begründung vor mit der Folge, dass Leistungen der Verfahrens- und Prozesstechnik einheitlich entweder als Grundleistungen der Technischen

---

3 KG BauR 2004, 1801.
4 Drucksache 334/13 S. 199.

§ 53 HOAI Anwendungsbereich

Ausrüstung oder als Besondere Leistungen von Ingenieurbauwerken einzuordnen sind. Da diese Leistungen ausdrücklich in die Anlagengruppe 7 und damit in den sachlichen Anwendungsbereich der Technischen Ausrüstung aufgenommen wurden, ist es naheliegend, von Grundleistungen der Technischen Ausrüstung auszugehen. Dafür spricht auch, dass nur das Planen von Anlagen der Verfahrens- und Prozesstechnik und somit nur ein Teil der Leistungen als Besondere Leistung in der Leistungsphase 5 der Anlage 12 ausdrücklich aufgeführt ist. Es stellt sich deshalb die weitere Frage, ob die in den übrigen Leistungsphasen zu erbringenden Leistungen im Falle einer »nicht eigenständigen Beauftragung« ebenfalls Besondere Leistungen für Ingenieurbauwerke darstellen sollen, obwohl sie in dem Leistungsbild der Anlage 12 noch nicht einmal enthalten sind, während sie in der Anlagengruppe 7 des § 53 Abs. 2 ausdrücklich aufgeführt werden. Dieses Ergebnis widerspricht nicht nur dem Wortlaut des § 53 Abs. 2 Nr. 7, sondern auch der Systematik der HOAI. Unabhängig von der gefundenen Lösung ist dem Verordnungsgeber dringend zu empfehlen, den oben beschriebenen Widerspruch bei der nächsten Novellierung der HOAI zu klären.

12 Die in der Anlagengruppe 8 aufgeführte **Gebäudeautomation** wurde um die Automation von Ingenieurbauwerken erweitert. Dazu zählt z. B. die Fernwirktechnik zur Steuerung mehrerer Regenüberlaufbecken einer Kläranlage. Für die Abgrenzung von der Anlagengruppe 7 kommt es darauf an, dass in die Anlagengruppe 8 die Automation von mehreren Ingenieurbauwerken fällt. So wird diese in der DIN 276–4 (Kosten im Bauwesen-Ingenieurbau) als anlagen- und bauwerksübergreifende Automation beschrieben. Als Beispiele werden Verkehrsleit- und Verkehrssicherungsanlagen aufgeführt.

13 Die in der DIN 276 (12/2008) Kostengruppen 440, 470 und 540 erfassten Technischen Anlagen sind nicht abschließend aufgezählt. Diese zeigen aber deutlich das weite Anlagenfeld der Technischen Ausrüstung und der Technischen Anlagen.

14 Im Einzelnen zählen zu den Anlagengruppen in und außerhalb von Objekten i. d. R. folgende Anlagen nachstehender Kostengruppen der DIN 276:
  – 220 Öffentliche Erschließung
  – 230 Nichtöffentliche Erschließung
  – 300 Baukonstruktionen
  – 410 Abwasser-, Wasser-, Gasanlagen
  – 420 Wärmeversorgungsanlagen
  – 430 Lufttechnische Anlagen
  – 440 Starkstromanlagen
  – 450 Fernmelde- und informationstechnische Anlagen
  – 460 Förderanlagen
  – 470 Nutzungsspezifische Anlagen
  – 480 Gebäudeautomation
  – 490 Sonstige Maßnahmen für technische Anlagen
  – 540 Technische Anlagen in Außenanlagen

15 Ordnet man die in vorstehenden Kostengruppen aufgeführten Anlagen und Einrichtungen **den Anlagengruppen Nr. 1–8** sinngemäß zu, ergibt sich folgende Einteilung:

Anwendungsbereich § 53 HOAI

Anlagengruppe Nr. 1 Wasser-, Abwasser-, und Gasanlagen

1.1 Wasser mit erforderlicher Dämmung, z. B.
– Kalt- und Warmwasserleitungen
– Sanitärobjekte wie Waschtische, Spülklosetts, Badewannen, Brausetassen[5] usw.
– dezentrale Brauchwassererwärmer
– Wassergewinnungsanlagen
– Wasseraufbereitungsanlagen, soweit nicht in Anlagengruppe 7 erfasst
– Beregnungsanlagen, Springbrunnenanlagen, Wasserspiele
– Druckerhöhungsanlagen, Vorratsbehälter, Einrichtungen der Notwasserversorgung, jeweils mit Mess-, Steuer-, Regel- und Schalteinrichtungen, soweit nicht in KG 480 erfasst.

1.2 Abwasser mit erforderlicher Dämmung z. B.
– Anschluss-, Fall-, Sammel- und Grundleitungen einschließlich Revisions- und Sicherheitseinrichtungen
– Einläufe, Sandfänge, Sinkkästen jeweils mit den unmittelbar mit den Installationen verbundenen Absperreinrichtungen sowie Schalt- und/oder Regelarmaturen
– Sammelbehälter, Rigolensysteme, Zisternen, Abscheider
– Neutralisations-, Dekontaminations-, Entgiftungsanlagen
– Hebeanlagen, Pumpen mit Mess-, Steuer-, Regel- und Schalteinrichtungen, soweit nicht in KG 480 erfasst.

1.3 Gase (außer für Heizzwecke). Hierunter fallen alle Anlagen für Gase, soweit nicht in KG 420 oder KG 470 erfasst
– Entnahmeeinrichtungen jeweils einschließlich der unmittelbar mit den Installationen verbundenen Absperreinrichtungen sowie gegebenenfalls der Schalt- und/oder der Regelarmaturen
– Gas- und Medienlagerung, Gasversorgungsnetze
– Gas- und Medienerzeugung und -rückgewinnung
– Übergabestationen und Umformer, Druckreglerstationen, jeweils mit Mess-, Steuer-, Regel- und Schalteinrichtungen, soweit nicht in KG 480 erfasst
– weitere zugeordnete Anlagen sind: Flüssiggasanlagen, Flüssiggaslager, soweit nicht in KG 470 erfasst.

Anlagengruppe Nr. 2 Wärmeversorgungsanlagen   16

Wärmeversorgungsanlagen mit erforderlicher Dämmung z. B.,
– Heizleitungen
– Raumheizflächen, Fußbodenheizungen, Betonkernaktivierung mit kältetechnischen Anlagen, soweit nicht in Anlagengruppe 3 erfasst
– jeweils mit den unmittelbar mit den Installationen verbundenen Absperreinrichtungen sowie Schalt- und/oder Regelarmaturen
– Brennstoffbehälter, Brennstoffübergabe einschließlich Beschickung
– Schlackenbehälter, Schlackenbeseitigungsanlagen

---

5 OLG Düsseldorf BauR 2013, 1480.

Locher 1225

§ 53 HOAI Anwendungsbereich

- Wärmeerzeuger (Normen, Richtlinien, bauaufsichtliche Zulassungen) einschließlich Schornsteinanschlüsse sowie Rauchgas-, Entstaubungs- und Filteranlagen, soweit nicht in KG 470 erfasst, Fernwärmezentralen, Wärmeübergabestationen, Umformer (Wärmetauscher), Reduzierstationen, Wärmerückgewinnungsanlagen, soweit nicht in Anlagengruppe 3 erfasst
- zentrale Brauchwasserwärmer, soweit nicht in Anlagengruppe 1 erfasst, Warmwasserspeicher
- Pumpen, Behälter, Verteiler mit Mess-, Steuer-, Regel- und Schalteinrichtungen, soweit nicht in KG 480 erfasst.
- Wärmepumpen, Solareinrichtungen, Holzhackschnitzel- und Pelletheizungen, Blockheizkraftwerke, soweit nicht in Anlagengruppe 4 erfasst. Erdkollektoren jedoch ohne die Belange des Erdreichs; Erdwärmesonden jedoch ohne die Belange der Bohrprognosen, -arbeiten, -proben und genehmigungsrechtlichen geologischen Anforderungen.

17 Anlagengruppe Nr. 3 Raumlufttechnik

Raumlufttechnik mit erforderlicher Dämmung z. B.
- Luftleitungen (Luftkanäle)
- Drosselelemente, Luftdurchlässe
- Raumgeräte (Klima-Lüftungstruhen)
- jeweils mit den unmittelbar mit den Installationen verbundenen Absperreinrichtungen sowie Schalt- und/oder Regelarmaturen, soweit nicht in KG480 erfasst
- RLT-Bauelemente und Geräte zur Luftbehandlung und -förderung
- Kälteerzeugungs- und Rückkühlungsanlagen
- Rauch- und Brandschutzklappen, angeordnet in Lüftungskanälen zwischen zwei Brandabschnitten.
- mechanische Entrauchungsanlage als separate Anlage oder mechanische Entrauchungsanlage über das Rückluftsystem einer raumlufttechnischen Anlage
- Wärmerückgewinnungsanlagen jeweils mit Mess-, Steuer-, Regel- und Schalteinrichtungen, soweit nicht in KG 480 erfasst.
- Anlagen zur Luftbefeuchtung

18 Anlagengruppe Nr. 4 Starkstromanlagen

Elektrischer Strom (außer für Heizzwecke), Blitzschutz
- Leitungen, Kabel, Schalter, Dosen, Kabelbahnen, Leerrohre, Befestigungen, Verteilungen
- Auffangvorrichtungen, Ableitungen, Erdung, Abschirmungsanlagen
- Hoch-, Mittelspannungsschaltanlagen, Transformatoren
- Ersatzstrom-Erzeugungsanlagen
- zentrale Niederspannungs- und Kleinspannungsanlagen
- jeweils mit allen Mess-, Steuer-, Regel- und Schalteinrichtungen, soweit nicht in KG 480 erfasst
- Beleuchtung, allgemeine, besondere, Not- und sonstige Beleuchtung, Leuchten, Lampen für die Erstausstattung, Beleuchtung der Verkehrsanlagen, Flutlichtanlagen

Anwendungsbereich § 53 HOAI

- weitere zugeordnete Anlagen sind: Anlagen zur Energieversorgung, Eigenerzeugungsanlagen, Generatoren, Kraftwerke, Batterieanlagen, BEV-Anlagen, USV-Anlagen, Messanlagen, soweit nicht in Anlagengruppe 5 erfasst, Anlagen für Potentialausgleich, Elektrowärmeanlagen wie Anlagen zur Elektrowärmeerzeugung, Wärmewirtschaft, Wärmekraftanlagen, Abwärmegewinnungsanlagen, Frequenzumformer

Anlagengruppe Nr. 5 Fernmelde- und Informationstechnische Anlagen 19

Fernmeldetechnik, z. B.
- Leitungen, Verteiler, Leitungsabschlüsse, Fernsprechapparate, Antennen, Signalgeber wie Türklingel, Türöffner und Türsprechanlagen
- Zentralen für Telekommunikation wie Telefon, Telex, Datex, Direktruf, Telefax, Notrufanlagen
- elektroakustische Anlagen und Sprechanlagen
- Fernsehanlagen
- Such-, Melde- und Signalanlagen wie Ampel-, Brandmelde- und Alarmanlagen, soweit nicht in KG 480 erfasst, Kontrollmelder, Zeitdienstanlagen
- Antennenanlagen
- Fernwirk-, Fernmess- und sonstige Datenübertragungsanlagen, zentrale Leittechnik, soweit nicht in Anlagengruppe 8 erfasst
- alle Objektsicherungs-, Einbruchsicherungs-, Zugangssicherungs-, Verriegelungsanlagen u. ä.
- Verkehrssignalanlagen
- Funkanlagen
- Anzeigentechnikanlagen, Matrix- oder Videozeigetafeln, Laufschriftanlagen
- weitere zugeordnete Anlagen sind: drahtlose Anlagen, Funknetze, sicherheitstechnische Anlagen wie Objekt- und Tresorschutzanlagen, Überfallmeldeanlagen, Prozesssteueranlagen, Wechselwegweisung, Geschwindigkeitsbeeinflussungsanlagen, Verkehrsrechner, Parkierungssysteme, Parkgeldabrechnung

Anlagengruppe Nr. 6 Förderanlagen, z. B. 20
- Personen- und Lastenaufzuganlagen
- Hubvorrichtungen
- Fahrtreppen, Fahrsteige
- mechanische Stetigförderanlagen
- Rohrpost- und Saugtransportanlagen
- Krananlagen
- Skiliftanlagen
- Befahranlagen
- weitere zugeordnete Anlagen sind: Hebezeuge, nichtmechanische, mechanische und automatische Regalanlagen, Kommissioniersysteme, automatische Garagenanlagen, Fassadenbefahranlagen, Transportanlagen, Sonderanlagen

§ 53 HOAI Anwendungsbereich

21 Anlagengruppe Nr. 7 Nutzungsspezifische Anlagen einschließlich maschinen- und elektrotechnische Anlagen in Ingenieurbauwerken

7.1 Küchentechnische Anlagen
- Einrichtungen für Speise- und Getränkezubereitung, Ausgabe wie Küchen- und Fleischereimaschinen, Koch- und Backapparate, Verkaufsautomaten und Vitrinen einschließlich zugehöriger Kälteanlagen
- Einrichtungen der Lagerung einschließlich zugehöriger Kälteanlagen
- Abläufe und Abscheideanlagen, sofern nicht in Anlagengruppe 1 enthalten

7.2 Wäscherei- und Reinigungsanlagen
- Waschmaschinen, Reinigungskammern, mechanische und chemische Aufbereitungsanlagen, Desinfektions- und Sterilisationseinrichtungen mit allen Mess-, Steuer-, Regel- und Schalteinrichtungen
- Transport-, Lager- und Fördereinrichtungen, soweit nicht in der Anlagengruppe 6 enthalten

7.3 Medienversorgungsanlagen
- Versorgungsanlagen für technische Gase, technisch aufbereitete Flüssigkeiten und Chemikalien
- Erzeugeranlagen, Lagerbehälter und Lagerung, Verteilungsleitungen und Entnahmestellen für Druckluft, Vakuum, Entsalzung, (Flüssig-) Chemikalien und Lösungsmittel mit Übergabestationen, Druckregelanlagen sowie mit allen Mess-, Steuer-, Regel- und Schalteinrichtungen

7.4 Medizin- und labortechnische Anlagen (vgl. dazu *Lischka* BauR 2001, 29)
- Ortsfeste medizin- und labortechnische Einbauten von Anlagen für Krankenhäuser, Arztpraxen, medizinische Einrichtungen für Lehre, Betreuung, Forschung und Sport; Laboreinrichtungen für biologische, chemische und physikalische Aufgaben in Schulen, Laboranlagen, Einrichtungen für Forschung und Entwicklung, Fertigungsstätten
- Einbauten zur Untersuchung und Behandlung, zur Leichenaufbewahrung sowie sonstige Anlagen Nr. 1–6
- weitere zugeordnete Anlagen sind: Feuerungsanlagen für Krematorien
- Zentralsterilisations- und Bettdesinfektionsanlagen

7.5 Feuerlöschanlagen
7.5.1 manuelle Feuerlösch- und Brandschutzanlagen
- Unter manuellen Feuerlösch- und Brandschutzanlagen versteht man
- Trockenlöscher als Handfeuerlöscher
- Wandhydranten mit Schlauchanschluss
- Überflurhydranten
- Sprühwasser-Löschanlagen
- die manuell ausgelöst werden

7.5.2 automatische Feuerlösch- und Brandschutzanlagen
- Zu den automatischen Feuerlösch- und Brandschutzanlagen zählen:

- Sprinkleranlagen als Nass- oder Trockenanlagen, wie sie vom Verband der Sachversicherer e. V. Köln (VdS) oder Brandschutzsachverständigen definiert sind
- CO_2-Feuerlöschanlagen, ebenfalls nach den Richtlinien des VdS oder Brandschutzgutachtern ausgelegt, unterschieden nach Hochdruck- und Niederdruckanlagen
- Halon-Feuerlöschanlagen
- Schaum- und Pulverlöschanlagen
- Brandmeldeanlagen, soweit nicht unter Brandmelde- und Alarmanlagen in der Anlagengruppe 5 erfasst
- feuerhemmende Wände, Türen, verschiebbare Wände in Tiefgaragen zählen zur Bautechnik. Brandschutztechnische Vorgaben, Fluchtpläne, Rettungs- und Anfahrwege gehören nicht zu den technischen Anlagen

7.6 Badetechnische Anlagen
- zugeordnet sind bei der Bädertechnik von Hallen- und Freibädern Umwälzanlagen mit Dosierungseinrichtungen zur Entkeimung, Filteranlagen zur Wasserreinigung, Wassererwärmung, soweit nicht in KG 412 erfasst

7.7 Prozesswärme-, -kälte- und -luftanlagen
- zugeordnet sind Wärme-, Kälte- und Kühlwasserversorgungsanlagen für Industrie-, Gewerbe- und Sportanlagen wie z. B.
- Druckereien, Getränkeproduktionsanlagen, Eissportflächen, Skihallen
- Klimakammern, Prüfkammern, Reinräume
- Windkanalanlagen, industrielle Absaugeanlagen, Abluft- und Fortluftreinigungsanlagen.

7.8 Entsorgungsanlagen
- Abfallbehandlungs-, Abfallverbrennungsanlagen, soweit nicht ausdrücklich in § 40 Ziffer 6 erfasst
- weitere zugeordnete Anlagen sind: Müll- und Wäscheabwurfschächte
- zentrale Staubsaugeanlagen

7.9 Nutzungsspezifische Anlagen, sonstiges
- durch den technischen Wandel und die daraus resultierenden Anforderungen können »Nutzungsspezifische Anlagen« nicht abschließend erfasst sein. Zu den Anlagen für Gebäude gehören z. B.
- technische Anlagen für Klein-, Mittel- und Großbühnen
- Tank- und Tankstellenanlagen, soweit nicht ausdrücklich in § 40 Ziffer 4 erfasst
- Anlagen zur thermischen Abwasserdesinfektion
- automatisch betriebene Sonnenschutzanlagen
- Verfahrenstechnische Anlagen, soweit nicht in den Anlagen 1–6 erfasst

Bei Ingenieurbauwerken zählen hierzu etwa die Verfahrens- und Prozesstechnischen Anlagen. Einen Überblick bietet die von der Fachkommission Wasserwirtschaft des AHO aufgestellte Objektliste,[6] die zugleich als Auflistung von Regelbeispielen zur Ein-

---

6 Vgl. dazu die Tabelle auf www.HOAI-Guachter.de/pdf/Objektliste_AHO.pdf

§ 53 HOAI Anwendungsbereich

ordnung in die Honorarzone für die Anlagengruppe 7 bei Ingenieurbauwerken herangezogen werden kann.

22 Anlagengruppe Nr. 8 Gebäudeautomation und Automation von Ingenieurbauwerken (Anlagenübergreifende Automation)
- Automationsstationen mit Bedien- und Beobachtungseinrichtungen, Gebäudeautomationsfunktionen, Sensoren und Aktoren, Anwendungssoftware und Lizenzen, Programmiereinrichtungen, Server, Schnittstellen zu Feldgeräten und anderen Automationseinrichtungen
- Schaltschränke zur Aufnahme von Automationssystemen mit Leistungs-, Steuerungs- und Sicherungsgruppen einschließlich zugehöriger Kabel und Leitungen, Verlegesysteme, soweit nicht in anderen Kostengruppen erfasst
- Anlagen- und bauwerksübergreifende Automation, z. B. Verkehrsleit- und -sicherungsanlagen
- Steuerung von Hochwasserrückhalte- und -entlastungsanlagen im Bereich des Wasserbaus

7. Persönlicher Anwendungsbereich

23 Der **persönliche Anwendungsbereich** der §§ 53 ff. umfasst nach der hier vertretenen Auffassung entgegen der h. M. (vgl. § 1 Rdn. 20) nur Ingenieure, die zur Führung des Titels »Ingenieur« befugt sind. Erbringt ein Nichtingenieur Ingenieurleistungen der Technischen Ausrüstung, kann das Honorar außerhalb der preisrechtlichen Beschränkungen der HOAI frei vereinbart werden. Sonst bemisst sich seine Vergütung nach § 632 BGB.[7]

Dem Planer steht ein Honorar nach den §§ 53 ff. zu, wenn er im Bereich der Technischen Ausrüstung Leistungen ausführt. Werden sowohl Leistungen der Technischen Ausrüstung als auch der Gebäudeplanung erbracht, erhält der Auftragnehmer sowohl das volle Honorar nach Teil 4 Abschnitt 2 als auch nach Teil 3 Abschnitt 1, wobei bei Letzterem die anrechenbaren Kosten für die Technische Ausrüstung nach § 33 Abs. 2 zu berücksichtigen sind.[8]

Gerade bei Bauwerken, bei denen die Technische Ausrüstung im Vordergrund steht, wie z. B. Heizkraftwerken, muss sich der Fachplaner für die Technische Ausrüstung häufig in die Rolle des Objektplaners begeben. In diesen Fällen hat er die Gesamtkonzeption und -verantwortung zu übernehmen sowie die weiteren beteiligten Planer zu koordinieren. Der Objektplaner nach § 34 liefert dann oft nur noch als »Fachplaner« die Gebäudehülle. In diesen in der HOAI nicht explizit geregelten Fällen steht dem Fachplaner für die Technische Ausrüstung zusätzlich zu dem Honorar nach Teil 4 Abschnitt 2 auch ein Honoraranspruch für die von ihm vorgenommenen Objektplanungsleistungen zu, welche ggf. nach den Teilleistungstabellen für die einzelnen Leistungsphasen zu ermitteln sind.

---

7 A. A. h. M.; vgl. z. B. BGH BauR 1997, 677 = NJW 1997, 2329.
8 Vgl. i. E. § 33 Rdn. 6 ff.

8. Rechtsnatur

Verträge über Ingenieurleistungen im Rahmen der Technischen Ausrüstung sind Werkverträge gem. § 631 ff. BGB. Die Tätigkeiten des Ingenieurs sind ebenso ergebnisbezogen wie die des Architekten. Auch für Mitwirkungsleistungen kann die Erfolgsbezogenheit gegeben sein. Handelt es sich jedoch ausnahmsweise um reine Beratungsleistungen, so ist Dienstvertragsrecht (§ 611 ff. BGB) anzuwenden.[9]

24

§ 54 HOAI Besondere Grundlagen des Honorars

(1) Das Honorar für Grundleistungen bei der Technischen Ausrüstung richtet sich für das jeweilige Objekt im Sinne des § 2 Absatz 1 Satz 1 nach der Summe der anrechenbaren Kosten der Anlagen jeder Anlagengruppe. Dies gilt für nutzungsspezifische Anlagen nur, wenn die Anlagen funktional gleichartig sind. Anrechenbar sind auch sonstige Maßnahmen für technische Anlagen.

(2) Umfasst ein Auftrag für unterschiedliche Objekte im Sinne des § 2 Absatz 1 Satz 1 mehrere Anlagen, die unter funktionalen und technischen Kriterien eine Einheit bilden, werden die anrechenbaren Kosten der Anlagen jeder Anlagengruppe zusammengefasst. Dies gilt für nutzungsspezifische Anlagen nur, wenn diese Anlagen funktional gleichartig sind. § 11 Absatz 1 ist nicht anzuwenden.

(3) Umfasst ein Auftrag im Wesentlichen gleiche Anlagen, die unter weitgehend vergleichbaren Bedingungen für im Wesentlichen gleiche Objekte geplant werden, ist die Rechtsfolge des § 11 Absatz 3 anzuwenden. Umfasst ein Auftrag im Wesentlichen gleiche Anlagen, die bereits Gegenstand eines anderen Vertrags zwischen den Vertragsparteien waren, ist die Rechtsfolge des § 11 Absatz 4 anzuwenden.

(4) Nicht anrechenbar sind die Kosten für die nichtöffentliche Erschließung und die Technischen Anlagen in Außenanlagen, soweit der Auftragnehmer diese nicht plant oder ihre Ausführung nicht überwacht.

(5) Werden Teile der Technischen Ausrüstung in Baukonstruktionen ausgeführt, so können die Vertragsparteien schriftlich vereinbaren, dass die Kosten hierfür ganz oder teilweise zu den anrechenbaren Kosten gehören. Satz 1 ist entsprechend für Bauteile der Kostengruppe Baukonstruktionen anzuwenden, deren Abmessung oder Konstruktion durch die Leistung der Technischen Ausrüstung wesentlich beeinflusst wird.

Übersicht	Rdn.
1. Änderungen durch die HOAI 2009	1
2. Änderungen durch die HOAI 2013	3
3. Zusammenspiel mit anderen Vorschriften	5
4. Grundzüge der Honorarberechnung (Abs. 1)	6
5. Die anrechenbaren Kosten	11
6. Sonderprobleme der anrechenbaren Kosten bei der Medizintechnik	12

---

9 Vgl. zur Haftung des Fachingenieurs allgemein: Einl. Rdn. 381 ff.; *Locher*, Rn. 561 ff.

§ 54 HOAI Besondere Grundlagen des Honorars

	Rdn.
7. Die Regelung des Abs. 2 – Abrechnung von mehreren Anlagen	14
8. Die Regelung des Abs. 3 – Wiederholungsplanungen	20
9. Die Regelung des Abs. 4 – Ausnahmsweise Anrechnung der KG 230 und 540	23
10. Die Regelung des Abs. 5 – Teilweise Anrechnung der KG 300	24

1. Änderungen durch die HOAI 2009

1   Die Grundlagen der Honorarberechnung für Leistungen im Bereich der Technischen Ausrüstung waren früher in § 69 HOAI 2002 geregelt, welcher nur teilweise in § 52 HOAI 2009 übernommen wurde. § 52 Abs. 1 HOAI 2009 entspricht § 69 Abs. 1 HOAI 2002, wobei die Verweisung auf die Honorarzone und die Honorartafel entfallen war, weil sich diese Grundlagen im Allgemeinen Teil (§ 6 HOAI 2009) befanden. Neu war die Klarstellung in § 52 Abs. 1 S. 2, wonach bei Anlagen in Gebäuden auch sonstige Maßnahmen für Technische Anlagen zu den anrechenbaren Kosten zählen.

2   § 52 Abs. 2 HOAI 2009 hatte für den Bereich der Technischen Ausrüstung klargestellt, dass Anlagen einer Anlagengruppe nicht getrennt, sondern einheitlich abzurechnen sind, wenn sie als Teil einer Gesamtmaßnahme in zeitlichem und örtlichem Zusammenhang geplant, betrieben und genutzt werden. § 52 Abs. 3 HOAI 2002 legte fest, dass die Kosten für die nicht öffentliche Erschließung und technische Anlagen in Außenanlagen nur dann anrechenbar sind, wenn der Auftragnehmer diese plant oder ihre Ausführung überwacht. Im Unterschied zu § 68 S. 2 HOAI 2002 war in diesem Fall eine Honorarerhöhung nicht mehr über eine freie Honorarvereinbarung vorzunehmen. Vielmehr waren die anrechenbaren Kosten zu erhöhen. § 52 Abs. 4 entsprach § 69 Abs. 6 HOAI 2002. Danach können die Parteien vereinbaren, dass die anrechenbaren Kosten der KG 300 der DIN 276–1 Baukonstruktionen, z. B. Betonkanäle für RLT, Heizestrich oder Beton bei Fußbodenheizungen und Betonkerntemperierungen zu den anrechenbaren Kosten ganz oder teilweise hinzugerechnet werden können, wenn Teile der Technischen Ausrüstung in Baukonstruktionen ausgeführt werden.

2. Änderungen durch die HOAI 2013

3   In § 54 wurde die bisherige Regelung des § 52 HOAI 2009 erheblich überarbeitet. Zum einen sollte dies der Klarstellung dienen; zum andern sind damit auch inhaltliche Änderungen verbunden, deren Umfang teilweise unklar ist. Dies betrifft insbesondere § 54 Abs. 2. In Abs. 1 S. 1 ist eine redaktionelle Überarbeitung ohne inhaltliche Änderung erfolgt. Es gilt weiterhin der Grundsatz der getrennten Honorarberechnung für jede Anlagengruppe. Dafür werden die anrechenbaren Kosten aller Anlagen einer Anlagengruppe addiert. Neu ist die Regelung in Abs. 1 S. 2, wonach die anrechenbaren Kosten der Anlagen der Anlagengruppe 7.1 des § 53 Abs. 2 (nutzungsspezifische Anlagen) nur dann zusammengefasst werden, wenn diese funktional gleichartig sind.

4   § 54 Abs. 2 S. 1 enthält ebenso wie § 52 Abs. 2 HOAI 2009 eine Einschränkung des Grundsatzes der selbständigen Abrechnung der Anlagen einer jeden Anlagengruppe bei

einem Auftrag über unterschiedliche Objekte. Nach § 52 Abs. 2 HOAI 2009 schied eine getrennte Abrechnung von jeder Anlagengruppe für jedes einzelne Objekt dann aus, wenn die Anlagen in zeitlichem und örtlichem Zusammenhang als Teil einer Gesamtmaßnahme geplant, betrieben und genutzt wurden. Nunmehr wird in Abs. 2 darauf abgestellt, dass die Anlagen nach funktionalen und technischen Kriterien eine Einheit bilden. Abs. 2 S. 2 stellt für nutzungsspezifische Anlagen wiederum klar, dass die anrechenbaren Kosten nur dann zusammengefasst werden, wenn die Anlagen funktional gleichartig sind.

Der neu eingefügte Abs. 3 entspricht weitgehend § 11 Abs. 2 HOAI 2009. Danach ist der in § 11 Abs. 3 enthaltene Wiederholungsfaktor auch auf das Honorar für Technische Anlagen übertragbar, wenn diese im Wesentlichen gleich sind und unter weitgehend vergleichbaren Bedingungen für im Wesentlichen gleiche Objekte geplant werden.

3. Zusammenspiel mit anderen Vorschriften

Die grundlegende Honorarberechnungsvorschrift ist in § 6 Abs. 1 enthalten. Dort sind die maßgebenden Parameter für die Honorarberechnung festgelegt. Daneben sind auch die Einzelvorschriften für alle Teile der HOAI betreffend die anrechenbaren Kosten zu berücksichtigen (§ 4). Neben der Definition der anrechenbaren Kosten ist hier vor allem die Regelung über die Kostenermittlungen wichtig (zur Form der Kostenermittlung vgl. § 4 Rdn. 10 ff.). Von Bedeutung ist auch die Definition der Kostenschätzung (§ 2 Abs. 10) und der Kostenberechnung (§ 2 Abs. 11). 5

4. Grundzüge der Honorarberechnung (Abs. 1)

Absatz 1 enthält die Grundzüge der Honorarberechnung. Systematisch folgen die Regelungen des Teils 4 Abschnitt 2 Technische Ausrüstung denen des Teils 3 Abschnitt 1 Objektplanung Gebäude und Innenräume. Treffen die Parteien keine abweichende wirksame Honorarvereinbarung, vollzieht sich die Berechnung des Honorars in vier Stufen: 6

a) Die anrechenbaren Kosten sind nach § 6 Abs. 1 oder Abs. 2 zu ermitteln. Dabei sind jeweils die anrechenbaren Kosten der Anlagen einer Anlagengruppe zusammenzufassen, weil § 54 Abs. 1 vom **Grundsatz der getrennten Honorarberechnung für jede einzelne Anlagengruppe** ausgeht. Liegen Anlagen verschiedener Honorarzonen in einer Anlagengruppe vor, wird das Honorar nach § 56 Abs. 4 aus der Summe der Einzelhonorare der verschiedenen Honorarzonen ermittelt.

b) Die zweite Komponente der Honorarermittlung stellen die Honorarzonen der Technischen Ausrüstung gemäß der §§ 5 Abs. 2, 56 Abs. 2 dar. Nach den anrechenbaren Kosten und der Bestimmung der Honorarzone lässt sich das Gesamthonorar aus der Honorartafel des § 56 Abs. 1 mit Mindest- und Höchstsätzen berechnen.

c) Danach ist das Gesamthonorar aus der Honorartafel des § 56 zu ermitteln.

d) Für die Bestimmung des erbrachten Leistungsanteils ist das Leistungsbild des § 55 Abs. 1 i. V. m. der Anlage 15 maßgebend.

§ 54 HOAI Besondere Grundlagen des Honorars

7 Entspricht die Abrechnung nicht diesem Schema, ist die Rechnung nicht prüffähig.[1] Hier gelten dieselben Anforderungen wie an die Schlussrechnung des Architekten (vgl. § 15 Rdn. 20 ff.). Dies gilt auch für die Bindungswirkung einer Schlussrechnung.[2]

8 Der in § 54 Abs. 1 enthaltene Grundsatz, dass die Honorare für die Anlagen innerhalb einer Anlagengruppe zusammenzufassen und für jede Anlagengruppe jeweils getrennt abzurechnen sind[3], gilt auch für die Frage, ob die anrechenbaren Kosten innerhalb der Tafelwerte des § 56 Abs. 1 liegen oder ob nach § 7 Abs. 2 eine freie Honorarvereinbarung ohne Berücksichtigung der Mindest- und Höchstsätze zulässig ist. Für eine Überschreitung der Tafelwerte kommt es nicht auf eine Addition der anrechenbaren Kosten aller Anlagengruppen an. Vielmehr ist für jede einzelne Anlagengruppe durch die Addition der anrechenbaren Kosten der in diese Anlagengruppe fallenden Anlagen festzustellen, ob die Tafelwerte überschritten sind. Nur dann ist eine freie Honorarvereinbarung für diese Anlagengruppe ohne die Beschränkungen des § 7 Abs. 1 zulässig.[4]

9 § 54 Abs. 1 S. 2 enthält für **nutzungsspezifische Anlagen** eine neu eingeführte Ausnahme von dem Grundsatz, dass die Honorare für die Anlagen innerhalb einer Anlagengruppe zusammenzufassen sind. Nutzungsspezifische Anlagen sind in der Kostengruppe 470 DIN 276-1 enthalten. Sie wurden in den nachfolgenden Kostengruppen in unterschiedliche Anlagenarten unterteilt, welche nicht funktional gleichartig sind. Aus diesem Grund sind die anrechenbaren Kosten aller Anlagen der Kostengruppe 470 in Abweichung von der Regelung des Abs. 1 S. 1 nicht zu addieren und einheitlich abzurechnen. Vielmehr hat die Abrechnung einer jeden Anlagenart getrennt zu erfolgen. Der Begriff »Anlagengruppe« in Abs. 1 S. 1 ist also für nutzungsspezifische Anlagen durch den Begriff »Anlagenart« zu ersetzen.

10 In der Amtlichen Begründung werden für nutzungsspezifische Anlagen 12 funktional verschiedenartige Anlagenarten aufgeführt:
 1. Küchentechnische Anlagen (KG 471)
 2. Wäscherei- und Reinigungsgeräte/-anlagen (KG 472)
 3. Medizin- und Labortechnische Anlagen (KG 474)
 4. Feuerlöschgeräte/-anlagen (KG 475)
 5. Entsorgungsanlagen (KG 478)
 6. Bühnentechnische Anlagen (sonstige nutzungsspezifische Anlagen KG 479)
 7. Medienversorgungsanlagen (KG 473)
 8. Badetechnische Anlagen (KG 476)
 9. Prozesswärmeanlagen (KG 477)
 10. Technische Anlagen für Tankstellen. Dabei handelt es sich wieder um einen Teil der KG 479 (sonstige nutzungsspezifische Anlagen)
 11. Lagertechnische Anlagen (KG 472)

---

1 OLG Düsseldorf BauR 1996, 742 = NJW-RR 1996, 1109.
2 OLG Düsseldorf NJW-RR 1998, 454; vgl. dazu § 15 Rdn. 70 ff.
3 *Sonntag/Seifert* in FBS, § 54 Rn. 6; *Meurer* in KMV, § 54 Rn. 11.
4 BGH BauR 2012, 975 = NZBau 2012, 370.

12. Taumittelsprühanlagen und Enteisungsanlagen einschließlich der sanitären Enteisungsanlagen.

Aus dieser Auflistung ergibt sich bereits, dass die funktionale Gleichartigkeit von nutzungsspezifischen Anlagen nicht zwingend mit den Kostengruppen 470–479 übereinstimmt. Außerdem ergibt sich aus dieser Aufteilung, dass diese nicht abschließend ist und im Einzelfall noch andere Anlagenarten hinzukommen können. Dies betrifft insbesondere nutzungsspezifische Anlagen bei Ingenieurbauwerken und Verkehrsanlagen.

5. Die anrechenbaren Kosten

Anrechenbar sind nach § 54 Abs. 1 S. 1 die Kosten der Anlagen einer Anlagengruppe. 11 Diese sind in den Kostengruppen 400 ff. der DIN 276–1 (Fassung 12/2008) enthalten. So ergeben sich etwa die anrechenbaren Kosten für die Anlagengruppe 1 (Abwasser-, Wasser- und Gasanlagen) aus der KG 410. In § 54 Abs. 1 S. 3 ist eine Klarstellung enthalten, dass zu den anrechenbaren Kosten auch **sonstige Maßnahmen für Technische Anlagen** zählen. Dabei handelt es sich um die KG 490 der DIN 276–1 (Fassung 12/08). Die in § 52 Abs. 1 S. 2 HOAI 2009 enthaltene Einschränkung auf Gebäude wurde aufgehoben. Die Erhöhung der anrechenbaren Kosten um die KG 490 gilt nunmehr für alle Objekte i. S. d. § 2 Abs. 1. Durch die Bezugnahme auf die anrechenbaren Kosten einer Anlagengruppe nach den KG 400 ff. der DIN 276–1 (12/2008) ergibt sich gleichzeitig, dass Kosten, die nicht unter die KG 400 fallen – wie etwa Gerät nach der KG 600 oder Baunebenkosten nach der KG 700 –, nicht zu den anrechenbaren Kosten zählen.[5] Eine Ausnahme von diesem Grundsatz stellt Absatz 4 dar, wonach die Kosten für die nichtöffentliche Erschließung (KG 230) und für die technischen Anlagen in Außenanlagen (KG 540) dann anrechenbar sind, wenn der Auftragnehmer diese plant oder deren Ausführung überwacht.

6. Sonderprobleme der anrechenbaren Kosten bei der Medizintechnik

Medizin- und Labortechnische Anlagen sind in der Anlagengruppe 7 des § 51 Abs. 1 12 (KG 470) enthalten. Davon ist das »Gerät« der KG 610 zu unterscheiden, welches nicht zu den anrechenbaren Kosten für die Technische Ausrüstung gehört, weil die nach § 54 Abs. 1 maßgeblichen anrechenbaren Kosten nur die Kosten der Anlagen nach der KG 400, nicht aber die Kosten für das Gerät nach der KG 610 umfassen. Nach den Anmerkungen zur KG 470 in der DIN 276–1 kommt es für die Abgrenzung darauf an, dass für nutzungsspezifische Anlagen und damit für die Medizin- und Labortechnischen Anlagen technische und planerische Maßnahmen wie Berechnungen oder das Anfertigen von Werkplänen erforderlich sind.

Eine andere Frage ist es, ob der Planer für das unter die Kostengruppe 610 fallende Ge- 13 rät eine Vergütung nach Teil 3 Objektplanung verlangen kann. Da die Kostengruppe 600 nur bewegliches Gerät umfasst, das nicht unter die Kostengruppe 470 und auch nicht unter die Kostengruppe 372 »Besondere Einbauten« fällt, bedarf es da-

---

5 *Sonntag/Seifert* in FBS, § 54 Rn. 9.

für meist keiner Leistungen des Planers. Werden solche ausnahmsweise erbracht, sind die anrechenbaren Kosten der Kostengruppe 600 dann als Kosten der Objektplanung nach § 33 Abs. 3 zu berücksichtigen, wenn der Auftragnehmer Planungsleistungen erbringt, bei der Beschaffung mitwirkt oder die Ausführung überwacht. Trotz des sachlichen Zusammenhangs scheidet eine Erhöhung der anrechenbaren Kosten der Anlagengruppe 7 des § 53 Abs. 1 aus, weil der Technischen Ausrüstung eine § 33 Abs. 3 vergleichbare Anrechnungsvorschrift fehlt[6]. Dies gilt z. B. für Maschinen und Apparate mit Anschluss an das Stromnetz, Datennetz, Gase, Flüssigkeiten und Auffang- sowie Aufbereitungsanlagen.

7. Die Regelung des Abs. 2 – Abrechnung von mehreren Anlagen

14 § 54 Abs. 2 enthält eine Regelung über die Honorarberechnung von mehreren Anlagen. Da auch Anlagen der Technischen Ausrüstung nach § 2 Abs. 1 Objekte darstellen, wäre in diesem Fall die Trennungsvorschrift des § 11 Abs. 1 anwendbar. Dies würde der in § 54 Abs. 1 enthaltenen Regelung widersprechen, wonach die anrechenbaren Kosten aller Anlagen einer Anlagengruppe zu addieren und einheitlich abzurechnen sind. Deshalb findet § 11 Abs. 1 nach § 54 Abs. 2 S. 3 auf Anlagen der Technischen Ausrüstung keine Anwendung.

15 Die in Abs. 2 enthaltene Regelung wird nur im Kontext mit den bisherigen Regelungen über die Honorarberechnung für mehrere Anlagen verständlich. Bereits die HOAI 2002 ging in § 69 Abs. 1 HOAI 2002 vom Grundsatz einer gemeinsamen Abrechnung der Anlagen einer Anlagengruppe aus. Gleichzeitig enthielt § 69 Abs. 7 eine Verweisung auf das in § 22 HOAI 2002 enthaltene Trennungsprinzip bei einem Auftrag für mehrere Gebäude. Dieser im Grunde unlösbare Konflikt war nach Auffassung des BGH über eine sinngemäße Anwendung des § 22 HOAI 2002 so zu lösen, dass der Begriff »Gebäude« in § 22 HOAI 2002 durch »Anlagen« ersetzt werden sollte und somit beim Vorliegen mehrerer Anlagen für jede Anlage dann ein gesondertes Honorar berechnet werden konnte, wenn diese funktional selbstständig war. Nach Auffassung des BGH kam es deshalb entscheidend darauf an, ob die Anlagenteile nach funktionalen und technischen Kriterien zu einer Einheit zusammengefasst waren oder ob sie – es handelte sich bei den Entscheidungen um Anlagen der Wärmeversorgung – getrennt an das öffentliche Netz angeschlossen und alleine betrieben werden konnten.[7] Es war also darauf abzustellen, ob unselbständige Teile einer Anlage oder selbständige Teilanlagen vorhanden waren.[8] Alleine die Tatsache, dass mehrere Anlagen unterschiedliche Funktionen hatten, war für eine getrennte Abrechnung nicht ausreichend.[9]

---

6 *Schmidt* in MNP, § 54 Rn. 14; a. A. *Sonntag/Seifert* in FBS, § 54 Rn. 10.
7 BGH BauR 2002, 817 = NZBau 2002, 278; BGH BauR 2006, 697 = NZBau 2006, 251; vgl. dazu *Seifert*, FS Ganten, S. 53.
8 BGH BauR 2006, 697 = NZBau 2006, 251.
9 BGH BauR 2008, 695 = NZBau 2008, 309; vgl. zum **funktionalen Anlagenbegriff** i. E. 9. Aufl. § 69 Rn. 12; *Gartz* BauR 2013, 1033; *Koeble/Zahn*, B Rn. 237 ff.; *Seifert* in KMV, 8. Aufl. § 52 Rn. 14.

In § 52 Abs. 2 HOAI 2009 wurde die in § 69 Abs. 2 HOAI 2002 enthaltene Verweisung auf den Grundsatz einer getrennten Abrechnung bei Leistungen für mehrere Gebäude bzw. Anlagen nach § 22 Abs. 1 HOAI 2002 ausdrücklich eingeschränkt und eine gegenteilige Regelung getroffen. Deshalb war für den funktionalen Anlagenbegriff nur noch dann Raum, wenn die Tatbestandsvoraussetzungen des § 52 Abs. 2 HOAI 2009 nicht vorlagen. Ansonsten galt der Grundsatz einer Zusammenfassung der anrechenbaren Kosten aller Anlagen einer Anlagengruppe, soweit diese in zeitlichem und örtlichem Zusammenhang als Teil einer Gesamtmaßnahme geplant, betrieben und genutzt werden. Dadurch hatte der funktionale Anlagenbegriff eine erhebliche Einschränkung erfahren, weil auch Anlagen unter den Tatbestand des § 52 Abs. 2 HOAI mit dem Ausschluss einer getrennten Abrechnung fielen, die technisch und funktional selbstständig sind und somit alleine betrieben werden können.[10]

16

Diese Regelung wurde ohne wesentliche inhaltliche Änderungen in § 54 Abs. 2 übernommen. So ist aus der Amtlichen Begründung[11] zu entnehmen, dass die in § 52 Abs. 2 HOAI 2009 enthaltene Regelung über die Zusammenfassung der anrechenbaren Kosten bestehen bleiben soll und eine Zusammenfassung dann zu erfolgen hat, wenn die Anlagen unter funktionalen und technischen Kriterien eine Einheit bilden. Die in § 52 Abs. 2 HOAI 2009 enthaltene Tatbestandsvoraussetzung für die Zusammenfassung »... in zeitlichem und örtlichem Zusammenhang als Teil einer Gesamtmaßnahme geplant, betrieben und genutzt ...« wird dabei durch die Formulierung »unter funktionalen und technischen Kriterien eine Einheit bilden« ersetzt. Nach Auffassung des Verordnungsgebers sollen damit keine inhaltlichen Änderungen verbunden sein, weil die bisherigen Anforderungen im Regelfall von dem Begriff »funktionaler und technischer Zusammenhang« umfasst sein sollen.

17

Daraus ergeben sich für die Honorarberechnung folgende Konsequenzen: Werden Anlagen der Technischen Ausrüstung für mehrere Objekte geplant, ist das Honorar für jede Anlagengruppe gesondert zu ermitteln (Abs. 1). Bilden die Anlagen für mehrere Objekte unter funktionalen und technischen Kriterien eine Einheit, so sind die anrechenbaren Kosten für die Anlagen einer Anlagengruppe nach Abs. 2 zusammenzufassen. Nur dann, wenn dies nicht der Fall ist und die Anlagen für mehrere Objekte unter funktionalen und technischen Kriterien keine Einheit bilden, ist das Honorar für jedes Objekt getrennt abzurechnen. Dabei kommt es entscheidend darauf an, ob die Anlagen selbstständig betrieben und oder an das Versorgungsnetz angeschlossen werden können. Für den in der Praxis bedeutsamen Bereich der Wärmeversorgungsanlagen ergibt sich daraus, dass eine gemeinsame Heizungsanlage, welche mehrere Gebäude beheizt, nach funktionalen und technischen Kriterien eine Einheit darstellt, so dass die anrechenbaren Kosten in einer Anlagengruppe zusammengefasst werden müssen. Nur dann, wenn die Heizungsanlagen selbständig betrieben und voneinander getrennt werden können, ist von selbständigen Anlagen i. S. d. Abs. 2 auszugehen. Dies kann vor allem den Bereich der Fernwärmeversorgung betreffen. Ein Fernwärmenetz ist häufig

---

10 Vgl. auch *Koeble/Zahn*, B Rn. 242.
11 Drucksache 334/13 S. 168.

bis zu den einzelnen Unterverteilerstationen nicht als funktionale und technische Einheit anzusehen ist, weil diese selbständig betrieben werden können.[12] Ob mit dem Begriff »unter funktionalen und technischen Kriterien eine Einheit bilden« tatsächlich eine klare Abgrenzung gelingt, ist fraglich. Zunächst wird für die Abgrenzung ausdrücklich auf die Rechtsprechung des BGH zum funktionalen Anlagenbegriff abgestellt. Dieser diente zur Begründung für eine getrennte Abrechnung von mehreren Anlagen und hatte in der Praxis zu keiner klaren Abgrenzung geführt. Im Gegensatz dazu soll mit demselben Kriterium eine Zusammenfassung der anrechenbaren Kosten und damit eine einheitliche Abrechnung begründet werden.[13] Hinzu kommt, dass die bisher in § 52 Abs. 2 HOAI 2009 enthaltenen Abgrenzungsmerkmale »in zeitlichem und örtlichem Zusammenhang als Teil einer Gesamtmaßnahme geplant, betrieben und genutzt« entgegen der Amtlichen Begründung keinesfalls zwingend unter den Begriff »funktionaler und technischer Zusammenhang« des § 54 Abs. 2 fallen.

18 Nach dem Wortlaut des Abs. 2 ist ein Zusammenfassen der anrechenbaren Kosten nur dann möglich ist, wenn es sich um einen Auftrag für **unterschiedliche Objekte** i. S. d. § 2 Abs. 1 handelt. Betrifft der Auftrag mehrere Anlagen in einem Objekt – also etwa in einem Gebäude –, so ist § 54 Abs. 2 nicht anwendbar[14]. Es bleibt dann bei der Abrechnung der Anlagen innerhalb einer Anlagengruppe nach Abs. 1. Ein Rückgriff auf § 11 Abs. 1 ist in diesem Fall nach Abs. 2 S. 3 ausgeschlossen.

Abs. 2 wäre nach seinem Wortlaut auch dann nicht anwendbar, wenn der Auftrag mehrere identische Objekte (z. B. die Wärmeversorgung von mehreren gleichen Reihenhäusern mit Fernwärme) betrifft, weil es sich nicht um »unterschiedliche« Objekte handelt. Dabei handelt es sich offenkundig um ein Redaktionsversehen des Verordnungsgebers, der ja in der Amtlichen Begründung ausdrücklich auf die Rechtsprechung des BGH[15] verweist. Nach dieser Entscheidung sind die Anlagen für Objekte, welche zumindest teilweise nicht unterschiedlich sind, getrennt abzurechnen. Es ist deshalb davon auszugehen, dass eine getrennte Abrechnung nach Abs. 2 S. 1 auch dann möglich ist, wenn gleichartige Objekte vorliegen.[16]

19 Eine Besonderheit gilt nach Abs. 2 S. 2 wiederum für nutzungsspezifische Anlagen. Die anrechenbaren Kosten dafür werden nur dann nach funktionalen und technischen Kriterien zusammengefasst, wenn diese Anlagen funktional gleichartig sind und gemeinsam unter eine der 12 nutzungsspezifischen Anlagenarten fallen.

8. Die Regelung des Abs. 3 – Wiederholungsplanungen

20 Abs. 3 regelt das Honorar für Wiederholungsplanungen. Die Vorschrift entspricht den §§ 11 Abs. 3, 4. Der Grund für eine gesonderte Regelung besteht darin, dass jede ein-

---

12 Vgl. beispielhaft BGH BauR 2006, 697 = NZBau 2006, 251; *Sonntag/Seifert* in FBS § 54 Rn. 19.
13 Darauf weisen *Koeble/Zahn*, Rn. 243, zutreffend hin.
14 *Meurer* in KMV, § 54 Rn. 18; *Sonntag/Seifert* in FBS, § 54 Rn. 20.
15 BGH BauR 2002, 817 = NZBau 2002, 278; BGH BauR 2006, 697 = NZBau 2006, 251.
16 *Sonntag/Seifert* in FBS, § 54 Rn. 19.

zelne Anlage und nicht nur die für die Honorarberechnung maßgebliche Anlagengruppe nach dem Objektbegriff des § 2 Abs. 1 ein Objekt darstellt und dies dem Grundsatz einer anlagengruppenbezogenen Abrechnung nach Abs. 1 zuwiderlaufen würde.[17] Der Begriff »im Wesentlichen gleiche Anlagen« entspricht § 11 Abs. 3 und führt dazu, dass nur ganz unerhebliche Abweichungen zu einer Anwendung des Wiederholungsfaktors nach Abs. 3 führen.[18] Wegen der Einzelheiten ist deshalb auf die Kommentierung in § 11 Abs. 3 zu verweisen (vgl. § 11 Rdn. 35 ff.). Bei technischen Änderungen von Anlagen- oder Anlagenteilen handelt es sich nicht mehr um »im Wesentlichen gleiche Anlagen«. Dasselbe gilt für nicht völlig unerhebliche Änderungen der Dimensionierung.[19]

Satz 1 betrifft den Fall, dass die Planung von mehreren Anlagen in einem Vertrag beauftragt worden ist, während S. 2 mindestens einen weiteren Vertrag über im Wesentlichen gleiche Anlagen voraussetzt, welche bereits Gegenstand eines früheren Vertrags waren. Wegen der Einzelheiten wird auf die Kommentierung zu dem nahezu identischen § 11 Abs. 4 verwiesen. 21

Liegen die Tatbestandsvoraussetzungen von Satz 1 oder 2 vor, ergibt sich die Rechtsfolge aus den §§ 11 Abs. 3 und 4. Danach ist das Honorar für die Wiederholungsplanungen um den in § 11 Abs. 3 enthaltenen Wiederholungsfaktor zu mindern. 22

9. Die Regelung des Abs. 4 – Ausnahmsweise Anrechnung der KG 230 und 540

§ 54 Abs. 4 enthält eine Ausnahme von dem Grundsatz, dass Kosten, die nicht unter die KG 400 fallen, nicht zu den anrechenbaren Kosten der Technischen Ausrüstung zählen. Danach sind die Kosten für die nichtöffentliche Erschließung (KG 230) und für die technischen Anlagen in Außenanlagen (KG 540) dann anrechenbar, wenn der Auftragnehmer diese plant oder deren Ausführung überwacht. Während nach § 68 S. 2 HOAI 2002 für diese Leistungen ein zusätzliches Honorar frei vereinbart werden konnte, werden nunmehr diese Kostengruppen den anrechenbaren Kosten zugeschlagen, falls eine Planung oder Überwachung erfolgt (vgl. dazu § 33 Rdn. 18 ff.). Zu beachten ist, dass die §§ 53 Abs. 1, 54 Abs. 1 eine objektbezogene Abrechnung vorsehen. Gebäude und Freianlagen stellen jeweils ein eigenständiges Objekt i. S. d. § 2 Abs. 1 dar. Dies bedeutet, dass die Technischen Anlagen in Freianlagen getrennt von den Technischen Anlagen im Gebäude abzurechnen sind. Etwas anderes gilt dann, wenn diese Anlagen dem Gebäude – etwa der Entwässerung des Gebäudes – dienen. Dann greift Abs. 4 ein. Dienen die Anlagen sowohl dem Gebäude als auch den Freianlagen, ist darauf abzustellen, ob ihr Schwerpunkt im Bereich des Gebäudes oder der Freianlagen liegt.[20] Im letzteren Fall sind die Technischen Anlagen in Außenanlagen (KG 540) als Teil der Freianlagenplanung nach den §§ 38 ff. zu vergüten. 23

---

17 *Sonntag/Seifert* in FBS, § 54 Rn. 23.
18 *Meurer* in KMV, § 54 Rn. 20.
19 *Schmidt* in MNP, § 54 Rn. 29.
20 Ebenso *Sonntag/Seifert* in FBS, § 54 Rn. 29.

§ 55 HOAI   Leistungsbild Technische Ausrüstung

10. Die Regelung des Abs. 5 – Teilweise Anrechnung der KG 300

24   Abs. 5 enthält eine Sonderregelung, nach der die Parteien vereinbaren können, dass Kosten aus der Kostengruppe 300 Baukonstruktionen der DIN 276 – 1 zu den anrechenbaren Kosten nach Abs. 1 ganz oder teilweise hinzugerechnet werden können, wenn Teile der Technischen Ausrüstung in Baukonstruktionen ausgeführt werden. Dies betrifft z. B. Betonkanäle für RLT, Heizestrich oder -beton bei Fußbodenheizungen und Betonkerntemperierungen, Rigolen sowie Regenauffangbehälter. Dazu können auch feuerbeständige Konstruktionen zählen, die zur Verlegung von Elektrokabeln erforderlich sind. Ebenso zu nennen sind die Kosten für Rohrkanäle aus Glas oder Beton sowie Maschinenfundamente und Halfenschienen oder Fassadenelemente zur Belichtung und Ausleuchtung von Räumen. Nach dem Wortlaut der Vorschrift bedarf es für die Anrechnung einer schriftlichen Vereinbarung. Man könnte nun die Auffassung vertreten, dass eine Anrechnung auch ohne eine Vereinbarung vorzunehmen ist, weil die Vereinbarung nach § 54 Abs. 5 ebenso wie bei § 4 Abs. 3 (vgl. § 4 Rdn. 62) keine Anspruchsvoraussetzung darstellt. Diese Auffassung ist abzulehnen, weil § 54 Abs. 5 im Gegensatz zu § 4 Abs. 3 (»angemessen zu berücksichtigen«) keinen Maßstab enthält, wie die Anrechnung ohne eine Vereinbarung zu erfolgen hat.[21] Hinzu kommt, dass diese Vereinbarung nach der Neufassung des Abs. 5 in Abweichung von der bisherigen Regelung schriftlich erfolgen muss und die Schriftform nach der Amtlichen Begründung konstitutiv ist.[22]

§ 55 HOAI   Leistungsbild Technische Ausrüstung

(1) Das Leistungsbild Technische Ausrüstung umfasst Grundleistungen für Neuanlagen, Wiederaufbauten, Erweiterungsbauten, Umbauten, Modernisierungen, Instandhaltungen und Instandsetzungen. Die Grundleistungen bei der Technischen Ausrüstung sind in neun Leistungsphasen zusammengefasst und werden wie folgt in Prozentsätzen der Honorare des § 56 bewertet:
1. für die Leistungsphase 1 (Grundlagenermittlung) mit 2 Prozent,
2. für die Leistungsphase 2 (Vorplanung) mit 9 Prozent,
3. für die Leistungsphase 3 (Entwurfsplanung) mit 17 Prozent,
4. für die Leistungsphase 4 (Genehmigungsplanung) mit 2 Prozent,
5. für die Leistungsphase 5 (Ausführungsplanung) mit 22 Prozent,
6. für die Leistungsphase 6 (Vorbereitung der Vergabe) mit 7 Prozent,
7. für die Leistungsphase 7 (Mitwirkung bei der Vergabe) mit 5 Prozent,
8. für die Leistungsphase 8 (Objektüberwachung – Bauüberwachung) mit 35 Prozent,
9. für die Leistungsphase 9 (Objektbetreuung) mit 1 Prozent.

(2) Die Leistungsphase 5 ist abweichend von Absatz 1 Satz 2 mit einem Abschlag von jeweils 4 Prozent zu bewerten, sofern das Anfertigen von Schlitz- und Durchbruchs-

---

21   I. E. ebenso PDKR, § 52 Rn. 8; *Sonntag/Seifert* in FBS, § 54 Rn. 33; *Meurer* in KMV, § 54 Rn. 29.
22   Drucksache 374/13 S. 169.

plänen oder das Prüfen der Montage- und Werkstattpläne der ausführenden Firmen nicht in Auftrag gegeben wird.

(3) Anlage 15 Nummer 15.1 regelt die Grundleistungen jeder Leistungsphase und enthält Beispiele für Besondere Leistungen.

Übersicht Rdn.
1. Änderungen durch die HOAI 2009 1
2. Änderungen durch die HOAI 2013 3
3. Hinweis auf die Struktur der Kommentierung Grundleistungen/Besondere Leistungen/Haftungsfragen 4
4. Das Leistungsbild des Abs. 1 6
5. Grundleistungen in Leistungsphase 1 Grundlagenermittlung 12
6. Besondere Leistungen in Leistungsphase 1 14
7. Fragen der Haftung in Leistungsphase 1 15
8. Grundleistungen in Leistungsphase 2 Vorplanung (Projekt- und Planungsvorbereitung) 17
9. Besondere Leistungen in Leistungsphase 2 21
10. Fragen der Haftung in Leistungsphase 2 22
11. Grundleistungen in Leistungsphase 3 Entwurfsplanung (System- und Integrationsplanung) 23
12. Besondere Leistungen in Leistungsphase 3 27
13. Fragen der Haftung in Leistungsphase 3 28
14. Grundleistungen in Leistungsphase 4 Genehmigungsplanung 29
15. Besondere Leistungen in Leistungsphase 4 30
16. Fragen der Haftung in Leistungsphase 4 31
17. Grundleistungen in Leistungsphase 5 Ausführungsplanung 32
18. Besondere Leistungen in Leistungsphase 5 36
19. Fragen der Haftung in Leistungsphase 5 37
20. Grundleistungen in Leistungsphase 6 Vorbereitung der Vergabe 38
21. Besondere Leistungen in Leistungsphase 6 39
22. Fragen der Haftung in Leistungsphase 6 40
23. Grundleistungen in Leistungsphase 7 Mitwirken bei der Vergabe 41
24. Grundleistungen der Leistungsphase 8 Objektüberwachung (Bauüberwachung) 43
25. Besondere Leistungen in Leistungsphase 8 47
26. Fragen der Haftung in der Leistungsphase 8 48
27. Grundleistungen in Leistungsphase 9 Objektbetreuung und Dokumentation .. 50
28. Besondere Leistungen in Leistungsphase 9 51
29. Die Regelung des Abs. 2 52

1. Änderungen durch die HOAI 2009

Das früher in § 73 HOAI 2002 geregelte Leistungsbild Technische Ausrüstung mit der prozentualen Bewertung der neun Leistungsphasen wurde in § 53 Abs. 1 HOAI 2009 verschoben. Die einzelnen Leistungen des Leistungsbilds waren in der Anlage 14 und die Besonderen Leistungen in Ziffer 2.11 der Anlage 2 enthalten.

§ 53 Abs. 2 HOAI 2009, der eine niedrigere prozentuale Bewertung der Leistungsphase 5 im Falle einer Nichtbeauftragung mit Schlitz- und Durchbruchsplänen vorsah,

§ 55 HOAI Leistungsbild Technische Ausrüstung

entsprach § 73 Abs. 2 HOAI 2002. Die in § 73 Abs. 4 HOAI 2002 für Umbauten und Modernisierungen aufgeführten weiteren Besonderen Leistungen befanden sich in Ziff. 2.11.8 der Anlage 2. Das Leistungsbild Technische Ausrüstung hatte somit inhaltlich durch die 6. HOAI-Novelle keine Änderungen erfahren.

2. Änderungen durch die HOAI 2013

3   Das in § 55 Abs. 1 enthaltene Leistungsbild entspricht demjenigen des § 53 Abs. 1 HOAI 2009. Lediglich die prozentuale Bewertung der einzelnen Leistungsphasen wurde dem heutigen Planungsaufwand angepasst und geringfügig verändert. Die nunmehr in der Anlage 15.1 aufgeführten einzelnen Grund- und Besonderen Leistungen wurden dagegen erheblich verändert. Damit ist im Ergebnis eine Erweiterung des Leistungsbilds verbunden, zumal Abs. 3 auf die Anlage 15.1 verweist. In Abs. 2 wurde nicht nur – wie bisher – ein Abschlag bei der Bewertung der Leistungsphase 5 von 4 Prozent bei der Nichtbeauftragung mit der Anfertigung von Schlitz- und Durchbruchsplänen, sondern auch bei der Nichtbeauftragung mit dem Prüfen von Werkstatt- und Montageplänen vorgenommen.

3. Hinweis auf die Struktur der Kommentierung Grundleistungen/Besondere Leistungen/Haftungsfragen

4   Obwohl die einzelnen Teilleistungen und die Besonderen Leistungen nicht mehr im Leistungsbild, sondern in der Anlage 15.1 enthalten sind, erscheint es zweckmäßig, alle im Zusammenhang mit den Leistungen anfallenden Honorar- und Haftungsprobleme im Rahmen des § 55 darzustellen. Aus diesem Grund wird die Struktur der bisherigen Kommentierung beibehalten. Es werden bei jeder Leistungsphase folgende Teilbereiche angesprochen:
– Die Teilleistungen der einzelnen Leistungsphasen
– die sachlich dazu gehörenden Besonderen Leistungen
– Haftungsfragen im Rahmen jeder Leistungsphase.

5   Diese Darstellung hat sich bewährt. In der Praxis wird man sich weiterhin daran orientieren. Dabei ist zu beachten, dass die in der Anlage 15 enthaltenen Grundleistungen preisrechtlich verbindlich festgelegt sind, während die Besonderen Leistungen nicht dem Preisrecht der HOAI unterliegen.

4. Das Leistungsbild des Abs. 1

6   § 55 Abs. 1 enthält zusammen mit der Anlage 15 die Grundleistungen für die Technische Ausrüstung und trifft insofern honorarrechtlich eine abschließende Regelung. Die Besonderen Leistungen sind beispielhaft aufgeführt. Die Leistungen werden in neun Leistungsphasen unterteilt, die in der Anlage 15 im Einzelnen beschrieben sind.[1] Sie werden mit den Prozentsätzen des aus der Honorartafel zu entnehmenden Gesamt-

---

[1] Vgl. zu den einzelnen Grundleistungen aus baubetrieblicher Sicht *Lechner/Stifter*, Kommentar zum Leistungsbild Technische Ausrüstung 2012.

honorars bewertet. Die Leistungen wurden in Anlehnung an das Leistungsbild des § 34 für die Objektplanung von Gebäuden und Innenräumen festgelegt. Während bisher die Leistungen des Fachplaners für die Technische Ausrüstung in zahlreichen Leistungsphasen auf das »Mitwirken« – etwa bei den Kostenermittlungen – beschränkt wurden, sind diese Leistungen in dem Leistungsbild der Anlage 15.1 weiter gefasst. Der Begriff »Mitwirken«, mit welchem die Zuarbeit des Fachplaners für den Architekten beschrieben war, ist weitgehend entfallen. Der Grund dafür besteht darin, dass der Fachplaner nicht nur Zuarbeiter des Objektplaners ist, sondern eigenständige Leistungen zu erbringen hat, die oft über ein Mitwirken hinausgehen. Nicht selten erfolgt gerade bei Umbauten und Modernisierungen sogar eine Beauftragung des Fachplaners ohne eine solche des Gebäudeplaners, so dass sich dessen Tätigkeit nicht nur auf ein Mitwirken beschränkt. Im Hinblick auf die fachspezifischen Besonderheiten der Technischen Ausrüstung sind die in den Leistungsbildern aufgeführten Teilleistungen gegenüber der Objektplanung teilweise verschieden, sodass eine unterschiedliche prozentuale Bewertung vorzunehmen ist. Es werden deshalb auch die einzelnen Leistungsphasen bei der Technischen Ausrüstung teilweise unterschiedlich – höher oder niedriger – bewertet.

Der **sachliche Anwendungsbereich** des § 55 Abs. 1 umfasst Neuanlagen, Wiederaufbauten, Erweiterungsbauten, Umbauten, Modernisierungen, Instandhaltungen und Instandsetzungen. 7

Für die Erbringung von Leistungen der Technischen Ausrüstung steht dem Fachingenieur auch ohne schriftliche Vereinbarung ein Honoraranspruch nach den Mindestsätzen zu (§§ 7 Abs. 5, 1). Das Honorar für die Besonderen Leistungen kann frei vereinbart werden (vgl. § 3 Rdn. 18). In der AHO-Schriftenreihe Nr. 6 Stand Mai 2014 wird eine Bewertung von Besonderen Leistungen vorgenommen, die als Anhaltspunkt für eine Honorarvereinbarung herangezogen werden kann. 8

Dem Ingenieur müssen keineswegs alle Leistungsphasen oder auch alle Teilleistungen aus den einzelnen Leistungsphasen übertragen werden. Werden nur einzelne Teilleistungen einer Leistungsphase übertragen, steht ihm nur ein Teilhonorar zu (vgl. § 8 Rdn. 10 ff.). Dies kann etwa für die Aufstellung eines Funktionsschemas, das Erarbeiten und Durcharbeiten des Planungskonzepts, das Mitwirken bei den Kostenermittlungen, die zeichnerische Darstellung der Anlagen, das Anfertigen von Schlitz- und Durchbruchsplänen, die Ermittlung der Mengen, das Prüfen und Werten der Angebote oder die fachtechnische Abnahme der Leistung gelten. Als Anhaltspunkt für die Honorierung dient die im Anhang 4 abgedruckte Tabelle zur Bewertung der Teilleistungen. Dabei ist zu berücksichtigen, dass die einzelnen Leistungsphasen aufeinander aufbauen und nicht ohne die vorangehenden Leistungsphasen ausgeführt werden können. Ein Ingenieur kann deshalb nicht ausschließlich mit der Leistungsphase 5 beauftragt werden, ohne dass die Leistungsphasen 1–3 zuvor erbracht worden sind. Wurden die Leistungsphasen nicht von einem anderen Planer erbracht, folgt in der Regel im Wege einer Vertragsauslegung eine Beauftragung auch mit den vorangehenden Leistungsphasen.[2] Ist der Nachweis einer Beauftragung im Wege einer Vertragsauslegung in diesen Fällen 9

---

2 OLG Düsseldorf NJW-RR 1998, 454; vgl. i. E. Einl. Rdn. 73 ff.

ausnahmsweise nicht möglich – die vorangehenden Leistungsphasen wurden etwa in einem Formularvertrag ausdrücklich durchgestrichen –, kommen außervertragliche Ansprüche – insbesondere aus Geschäftsführung ohne Auftrag – in Frage.[3] Hiervon ist der Fall zu unterscheiden, dass der Auftragnehmer Teilleistungen einer Leistungsphase nicht erbracht hat, obwohl ihm alle Leistungen übertragen wurden. In diesem Fall ist § 8 nicht unmittelbar anwendbar. Dennoch ist eine Honorarminderung vorzunehmen, wenn die Teilleistungen als selbstständiger Leistungserfolg geschuldet waren (vgl. i. E. § 8 Rdn. 16 ff.). Hat der Auftragnehmer nur Teilleistungen erbracht, weil der Vertrag vorzeitig gekündigt wurde, besteht dennoch ein Anspruch auf das volle Honorar unter Abzug der ersparten Aufwendungen hinsichtlich des aufgrund der Kündigung nicht erbrachten Teils (vgl. i. E. Einl. Rdn. 242 ff.).

10 Die Bestimmungen des § 55 sind Bestandteil einer Honorarordnung. Sie können damit keine unmittelbaren Leistungspflichten begründen.[4] Die Leistungspflichten des Ingenieurs sind im Werkvertragsrecht (§ 631 ff. BGB) nicht speziell geregelt. Deshalb kann das Leistungsbild des § 55 i. V. m. der Anlage 15 bei der Frage des Umfangs der Leistungspflichten und bei der Frage der Haftung mit herangezogen werden (vgl. i. E. § 8 Rdn. 21). Außerdem führt die Auslegung eines an den Leistungsphasen des § 55 orientierten Ingenieurvertrages nach Auffassung des BGH im Regelfall dazu, dass der Ingenieur die vereinbarten Teilgrundleistungen als selbstständigen Leistungserfolg schuldet.[5]

11 Das in § 55 enthaltene Leistungsbild geht von einer schrittweisen Planungsentwicklung im Wege einer Zusammenarbeit zwischen dem Objektplaner, dem Auftraggeber und dem Fachingenieur aus. Dabei liegt die Planungsverantwortung bei dem Fachingenieur. Die Vergabe erfolgt dann in der Regel auf der Grundlage der von den Fachplanern ermittelten Daten und Vorgaben. Zunehmend wird versucht, diese konventionelle Art der Planung und Bauausführung durch eine **funktionale Ausschreibung** zu ersetzen. Damit werden wesentliche Teile der Planungsverantwortung vom Planer auf die ausführenden Firmen übertragen. Zu den zu vereinbarenden Leistungsbildern und der Honorarhöhe im Falle einer funktionalen Ausschreibung kann auf die Schriftenreihe Nr. 10 Stand Mai 1998 und insbesondere für die Technische Ausrüstung auf die Schriftenreihe Nr. 11, 2. Aufl. Stand Oktober 2002 des AHO verwiesen werden. Die darin enthaltenen Vorschläge sollten von dem Planer bei der Vertragsgestaltung unbedingt berücksichtigt werden.

5. Grundleistungen in Leistungsphase 1 Grundlagenermittlung

12 Mit dem **Klären der Aufgabenstellung** sollen im Benehmen mit dem Auftraggeber und dem Objektplaner die Grundsatzfragen der Technischen Ausrüstung, insbesondere in technischer und in wirtschaftlicher Hinsicht, geklärt werden. Hierbei werden die Bedürfnisse und Ansprüche des Auftraggebers hinsichtlich der Nutzung des Objekts ausschlaggebend sein.[6] Auf den Ergebnissen dieser Leistungsphase bauen die eigentlichen

---

3 BGH BauR 2007, 571 = NZBau 2007, 180.
4 BGH BauR 1997, 154 = NJW 1997, 586; BGH BauR 1999, 187 = ZfBR 1999, 92.
5 BGH BauR 2004, 1640 = NJW 2004, 2588; vgl. i. E. § 8 Rdn. 19.
6 Vgl. OLG Frankfurt BauR 2008, 553.

Planungsphasen auf. Von besonderer Bedeutung ist eine frühzeitige Abklärung des für die einzelnen Anlagen zur Verfügung stehenden Budgets. Erst wenn dieses einvernehmlich festgelegt wurde, kann mit den nachfolgenden Leistungsphasen begonnen werden. In der Anlage 15.1 wurde die Teilleistung **Ermitteln der Planungsrandbedingungen** sowie **Beraten zum Leistungsbedarf** und gegebenenfalls zur technischen Erschließung neu in das Leistungsbild aufgenommen. Dabei geht es zunächst um die Feststellung der an dem Planungsprozess beteiligten Fachplaner sowie Behörden. Außerdem sind Grundlagen der Ausführung der Leistungen zu klären, wie etwa eine Generalunternehmervergabe oder eine funktionale Ausschreibung. Unter den Begriff »Beraten zum Leistungsbedarf« fallen die Projektanforderungen wie z. B. Größe, Nutzung, besondere Funktionen und Energiebedarf.[7] In wirtschaftlicher Hinsicht hat der Fachplaner bereits zu diesem frühen Zeitpunkt die wirtschaftlichen Rahmenbedingungen und insbesondere das Baubudget des Auftraggebers für die Technische Ausrüstung abzufragen und zu klären.

Soweit der Fachplaner nicht mit dieser Leistungsphase beauftragt ist, müssen ihm die Ergebnisse vom Auftraggeber in nachvollziehbarer, die gesamte Technische Ausrüstung umfassender Form zur Verfügung gestellt werden.[8] Insbesondere müssen die technischen und wirtschaftlichen Randbedingungen ausreichend geklärt sein. Das Zusammenfassen der Ergebnisse ist nicht in bestimmter Form vorgeschrieben. Jedoch empfiehlt es sich, bei allen Objekten entsprechend der Bedeutung der Technischen Ausrüstung für das Objekt die Schriftform zu wählen, da hier die Grundlagen (Abstimmung) des weiteren Planungsverlaufs mit dem Auftraggeber festgelegt sind. Spätere Änderungen dieser Grundlagen durch den Auftraggeber können erhebliche Auswirkungen haben. Dazu gehört das Ermitteln der wichtigsten Verbraucher sowie die Klärung, welche Energiearten benötigt oder verwendet werden sollen und wie hoch deren Sicherheit sein muss. Auch muss abgeklärt werden, ob z. B. eine Ersatzstromversorgung oder eine Redundanz bei technischen Anlagen benötigt wird. Ferner muss abgeklärt werden, wie die Energieversorgung und Entsorgung erfolgen kann. 13

6. Besondere Leistungen in Leistungsphase 1

Die **Besonderen Leistungen** der Leistungsphase 1, die in der Anlage 15.1 aufgeführt sind, enthalten vor allem die Systemanalyse nach Nutzen, Aufwand, Wirtschaftlichkeit, Durchführbarkeit und Umweltverträglichkeit. Ihr kommt im Hinblick auf energiewirtschaftliche Forderungen eine erhöhte Bedeutung zu. Dies trifft ebenso auf Optimierungsprozesse und die Datenbeschaffung sowie die Auswertung derselben für die Analysen und Optimierungsprozesse zu, die sich wiederum auf die Gebäudeplanung auswirken können. Besondere Leistungen können auch Tätigkeiten für die Erschließungsplanung sein. 14

---

7 *Lechner/Stifter*, Kommentar zum Leistungsbild Technische Ausrüstung, S. 76.
8 So auch *Neuenfeld/Baden/Dohna/Groscurth*, § 73 Rn. 10; zu den honorarrechtlichen Konsequenzen bei Nichtbeauftragung mit der LPH 1, ohne dass diese dem Auftragnehmer zur Verfügung gestellt wird; vgl. Rdn. 9.

7. Fragen der Haftung in Leistungsphase 1

15 Im Rahmen der Leistungsphase 1 sind die Grundlagen der Aufgabenstellung und somit auch die technischen Grundlagen zu klären. Dazu gehört bei einer raumlufttechnischen Anlage auch die Ermittlung der zu erwartenden Kühllast. Der Ingenieur ist in der Leistungsphase 1 aber noch nicht verpflichtet, eigene Untersuchungen oder Messungen anzustellen, um diese Daten zu erlangen. Er darf sich dabei auf Angaben des Herstellers der Geräte verlassen.[9]

16 Besondere Schwierigkeiten ergeben sich, wenn dem Fachingenieur lediglich die Leistungsphase 2, nicht jedoch die Leistungsphase 1 in Auftrag gegeben ist.[10] Häufig wird dann vom Auftraggeber die Grundlagenermittlung nicht sorgfältig vorgenommen. Dem Ingenieur obliegt dann eine Hinweis- und Aufklärungspflicht gegenüber dem Auftraggeber. Ihm ist zu empfehlen, entsprechende Hinweise ebenso wie das Ergebnis der Grundlagenermittlung in seinen wesentlichen Punkten schriftlich festzuhalten. Der Ingenieur haftet mit dem Architekten als **Gesamtschuldner**, wenn ein Mangel sowohl auf einer Pflichtverletzung des Architekten als auch des Ingenieurs beruht (vgl. dazu i. E. Einl. Rdn. 216 ff.). Fraglich kann es sein, inwieweit der Architekt dem Fachplaner gegenüber **Erfüllungsgehilfe** des Auftraggebers ist. Die Beantwortung dieser Frage hing nach der bisherigen Rechtsprechung davon ab, ob der Auftraggeber dem Ingenieur eine einwandfreie Objektplanung schuldet. Dies ist in der Regel zu verneinen.[11] Umgekehrt kann es ebenfalls fraglich sein, ob der Bauherr dem Architekten eine einwandfreie Ingenieurleistung schuldet, was ohne ausdrückliche Vereinbarung nach Auffassung des BGH zu verneinen ist.[12] Der BGH nimmt nunmehr eine Mitwirkungsobliegenheit des Auftraggebers gegenüber dem objektüberwachenden Architekten an, diesem die Pläne des planenden Architekten zur Verfügung zu stellen.[13] Eine derartige Mitwirkungsobliegenheit trifft genauso den Bauherrn im Verhältnis zum Architekten in Bezug auf eine ordnungsgemäße Planung des Sonderfachmanns als auch im Verhältnis zum Sonderfachmann in Bezug auf eine ordnungsgemäße Planung des Architekten. Es ist deshalb zu erwarten, dass die bisherige Rechtsprechung nicht aufrechterhalten und ein **Mitverschulden** des Auftraggebers wegen einer Verletzung der Mitwirkungsobliegenheit bejaht werden wird (vgl. Einl. Rdn. 227).

8. Grundleistungen in Leistungsphase 2 Vorplanung (Projekt- und Planungsvorbereitung)

17 Das **Analysieren der Grundlagen** umfasst die Erfassung und Aufarbeitung aller in der Leistungsphase 1 erarbeiteten Grundlagen und der vom Auftraggeber vorgegebenen

---

9 OLG Düsseldorf NJW-RR 1996, 17.
10 Vgl. dazu OLG Frankfurt BauR 2008, 553.
11 OLG Karlsruhe BauR 2002, 1884 vgl. dazu *Schmalzl*, FS Locher, S. 23 ff.
12 BGH BauR 2002, 1719 = NZBau 2002, 616; BGH BauR 2003, 1916 = NJW-RR 2003, 1454; *Locher* Rn. 453; a. A. OLG Köln BauR 1987, 460; *Werner* in *Werner/Pastor*, Rn. 2493.
13 BGH BauR 2009, 515 = NJW 2009, 582; ebenso für das Haftungsverhältnis zwischen Architekt und Statiker BGH BauR 2013, 1468.

Ergebnisse derselben. Das **Erarbeiten eines Planungskonzepts** enthält ein Konzept der zu planenden Anlage mit einer überschlägigen Auslegung der wichtigen Systeme und Anlagenteile sowie einer skizzenhaften Darstellung. Hierzu wird der Ingenieur in der Regel die zeichnerische Darstellung des Objektplaners aus der Leistungsphase 2 des § 34 verwenden. Der Regelmaßstab dürfte 1:200, bei kleineren Bauvorhaben 1:100 sein. Die »Vorentwurfspläne« sind als solche zu kennzeichnen und sollen folgende formalen Voraussetzungen erfüllen: Datum der Erstellung, Planverfasser, Maßangabe, Erläuterung aller Symbole, Änderungsliste bei Mehrfachbearbeitung. Der Planinhalt muss dem Planungsstand der Leistungsphase 2 entsprechen und in den Grundrissen eine örtliche Zuordnung der Anlagen zum Objekt sowie in den Schemaplänen das Zusammenwirken der Anlagen erkennen lassen. Es ist dem Planer freigestellt, ob die Darstellung in der Vorplanung mehr beschreibend oder mehr zeichnerisch ist. In jedem Fall muss die Planung eindeutig erkennbar sein.

▶ **Beispiel für Elektrotechnik:** 18

Alle Erfordernisse des Objekts mit Festlegung aller wichtigen Sonderanlagen wie Feuermeldeanlage, Objektsicherungsanlage, Zugangssicherungsanlagen, Arbeitszeiterfassungsanlagen, sind vorzunehmen. Ferner sind festzulegen alle Kommunikationssysteme wie Telefonanlagen, Durchsageanlagen, Suchanlagen, Informationssysteme. Auch ist das Ausstattungsniveau zu bestimmen in Bezug auf Systemdichte, Qualitätsniveau und Repräsentationsforderungen. Hinzu kommt die Vorklärung wichtiger baurechtlicher Aspekte in Bezug auf Sonderanlagen und Brandschutzanforderungen sowie gewerberechtlicher Auflagen. Zum Zusammenfassen der Ergebnisse gehört die konkrete möglichst schriftliche Darstellung der Grundlagenermittlung bestehend aus: 1. Aufstellung über benötigte Energiearten mit überschlägigem Bedarf, 2. Darstellung des Versorgungskonzeptes mit Angaben zur Netzversorgung, Hoch-, Mittel- oder Niederspannung; 3. Art der Eigenerzeugungsanlagen, allgemeine Ersatzstromversorgung, besondere Ersatzstromversorgung, unterbrechungsfreie Spannungsversorgung, Notbeleuchtungsversorgung, jeweils mit erstem überschlägigem Bedarf; 4. bei alternativen Versorgungsmöglichkeiten ist ein wirtschaftlicher und technischer Vergleich mit Wertung und Empfehlung zu erstellen; 5. Auflistung aller erforderlichen Sachanlagen wie Feuer- bzw. Brandmeldeanlagen, Objektschutz, Sicherungsanlagen, Zugangssicherung, Türkontrolle, Leittechnik, Störmeldung, Uhrenanlage, Anzeigenanlagen, Signalanlagen u. a.; 6. Auflistung aller erforderlichen Kommunikationsanlagen wie Telefonanlage, Datensysteme, Gegensprechen, Wechselsprechen, Suchanlagen, Rufanlagen, Durchsageanlagen, Beschallungssysteme, Fernsehanlagen; 7. allgemeine Niveaufestlegung wie Anschlussdichte, Qualitätsanforderungen, Repräsentationsanforderungen der Nutzungsspezifischen Anlagen, jedoch auch zur Beleuchtung und den Installationsobjekten.

Untersuchungen **alternativer Lösungsmöglichkeiten** nach gleichen Anforderungen 19 können sich aus der Anlage selbst ergeben oder sich auf die Untersuchungen des Objektplaners in der Leistungsphase 2 beziehen. Hierunter sind jedoch stets nur Varianten zu verstehen, die auf gleichen Anforderungen beruhen. Beispiele hierfür sind die Aufteilung der Wärmeerzeuger, Aufteilung des Rohrnetzes in Regelzonen, Warmwasserberei-

§ 55 HOAI Leistungsbild Technische Ausrüstung

tung zentral oder dezentral, Gasbrenner als Druckzerstäuber oder als Flächenbrenner. Alternative Lösungsmöglichkeiten, die sich aus den Untersuchungen des Objektplaners ergeben können, sind z. B. unterirdische Öllagerung, die Anordnung von Kessel- und Apparaterräumen, Schornsteinen und Schaltanlagen, Unterverteilern und Unterzentralen. Werden vom Objektplaner Lösungsmöglichkeiten nach grundsätzlich verschiedenen Anforderungen ausgearbeitet und sollen diese vom Ingenieur erforderlichenfalls auch untersucht werden, so geht diese Leistung über die in den Leistungsbildern erfassten Leistungen hinaus, so dass von Besonderen Leistungen auszugehen ist.

20   Ferner werden gefordert **Funktionsschemata** bzw. **Prinzipschaltbilder** für jede Anlage. Für das **Klären und Erläutern** der wesentlichen fachspezifischen Zusammenhänge, Vorgänge und Bedingungen ist keine besondere Form vorgeschrieben. Zu empfehlen ist schon aus Beweisgründen stets die Schriftform. Die Teilleistung »**Vorverhandlungen mit Behörden**« kann im Einzelfall von Bedeutung sein, wie sie auch unter Umständen gar nicht anzufallen braucht, wenn die Genehmigungsfähigkeit der vom Ingenieur geplanten Anlagen nicht in Frage steht. Dagegen wird eine Vorverhandlung mit Energieträgern oder Ver- und Entsorgungsunternehmen oder -einrichtungen immer von Bedeutung sein, weil von dieser die Planung wesentlich beeinflusst wird. Die **Kostenschätzung** nach DIN 276 stellt eine wichtige Leistung dar, weil die Kostenanteile der Technischen Ausrüstung die Gesamtkostenschätzung wesentlich beeinflussen können und diese dem Auftraggeber als vorläufige Grundlage für seine Finanzierungsüberlegungen dienen soll. Während nach § 2 Abs. 10 S. 3 die Gliederungstiefe für eine Kostenschätzung nur bis zur ersten Ebene der DIN 276 reichen muss, wird bei der Technischen Ausrüstung nach dem eindeutigen Wortlaut der Anlage 15.1 in Abweichung davon eine Gliederungstiefe bis zur zweiten Ebene verlangt.[14] Bei den Kostenermittlungen ist zu beachten, dass sich durch die Neufassung des Teils 3 Abschnitt 3 (Ingenieurbauwerke) und des Teils 3 Abschnitt 4 (Verkehrsanlagen) in der 6. HOAI-Novelle eine deutliche Erweiterung des Anwendungsbereichs ergibt. Für die Kostenermittlung wird auf DIN 276–4 in Verbindung mit DIN 276–1 hingewiesen. Der Umfang der Kostenschätzung wird sich jedoch stets nur auf die Kosten der von dem Fachplaner bearbeiteten Anlagen oder Anlagengruppen erstrecken. Die anzugebenden Kosten sind summarisch nach Erfahrungs- oder Richtwerten als Schätzzahlen zu ermitteln oder z. B. den Kostenkennwerten des BKI zu entnehmen. Der Objektplaner hat diese Kosten in die Gesamtkostenschätzung einzugliedern. Der Ingenieur hat seinen Beitrag von sich aus dem Objektplaner zu übermitteln. Er darf nicht auf einen Abruf warten. Neu in die Anlage 15.1 aufgenommen wurde die **Terminplanung**, welche bereits in dieser frühen Leistungsphase zu erbringen ist. Dabei hat der Verordnungsgeber nicht den Begriff »Mitwirken« verwendet. Trotzdem hat der Fachplaner zunächst am Rahmenterminplan als Übersicht mitzuwirken. Er hat außerdem einen Planungsterminplan für die geordnete Abwicklung der Vorplanung und als Vorschau auf die weiteren Leistungsphasen sowie einen Ausführungsterminplan mit Darstellung der Ausführung der Technischen Anlagen zu erstellen[15]. Für das **Zusammenfassen, Erläutern und Dokumentie-**

---

14 *Sonntag/Seifert* in FBS, § 55 Rn. 51.
15 Vgl. i. E. *Lechner/Stifter*, Kommentar zum Leistungsbild Technische Ausrüstung, S. 96.

ren der Ergebnisse ist die Schriftform zu empfehlen. Die Grundleistung entspricht inhaltlich derselben bei der Objektplanung, so dass auf die dortige Kommentierung verwiesen wird (vgl. § 34 Rdn. 67 f.).

9. Besondere Leistungen in Leistungsphase 2

Die Besonderen Leistungen der Leistungsphase 2 »Durchführen von Versuchen und Modellversuchen« beziehen sich z. B. auf Raumströmungsversuche für lufttechnische Anlagen im eigenen oder fremden Labor. Als Besondere Leistung ist auch das Erstellen des technischen Teils eines Raumbuchs ausdrücklich erwähnt. Sonst sind gerade in dieser Leistungsphase überschlägige Wirtschaftlichkeitsberechnungen denkbar. 21

10. Fragen der Haftung in Leistungsphase 2

Die Planung muss den anerkannten Regeln der Technik entsprechen,[16] die im Zeitpunkt der Abnahme der Ingenieurleistung gegeben sind.[17] Davon zu trennen ist der Zeitpunkt für die Beurteilung der Fehlerhaftigkeit der Leistung. Auch bei Beachtung der anerkannten Regeln der Technik kann eine Leistung mangelhaft sein. Die Korrektur erfolgt über das Verschulden (vgl. Einl. Rdn. 160).[18] Alternativen für billigere Lösungsmöglichkeiten unter Darlegung etwaiger Nachteile sind zu untersuchen und aufzuzeigen. Die Planung hat den bekannt gegebenen Kostenzuschnitt zu berücksichtigen. Der Wirtschaftlichkeitsvorbetrachtung, die aus Beweisgründen schriftlich erfolgen sollte, muss als risikoträchtiger Teilleistung besondere Beachtung geschenkt werden. Insbesondere im Bereich der Energieplanung können sonst erhebliche Schadensersatzansprüche entstehen. 22

11. Grundleistungen in Leistungsphase 3 Entwurfsplanung (System- und Integrationsplanung)

In dieser Leistungsphase müssen die Ergebnisse aus der Leistungsphase 2 zum **Planungskonzept** durchgearbeitet werden, das unter Berücksichtigung aller fachspezifischen Anforderungen und unter Beachtung weiterer durch den Objektplaner integrierter Fachplanungen bis zum vollständigen Entwurf weiterentwickelt wird. Wichtig ist hierbei, dass der Stand aller Fachplanungen derselbe ist und deren Integration vom Objektplaner rechtzeitig erfolgen muss, um Fehlplanungen in den einzelnen Fachdisziplinen zu vermeiden. Das **Festlegen** aller **Systeme** und **Anlagenteile** setzt eine Integration aller Fachplanungen voraus, damit der weitere Planungsablauf durch keine Änderungen mehr gestört wird. Jedoch ist darunter nicht die Festlegung jedes Einzelteils zu verstehen; es handelt sich also nicht um die ausführungsreife Lösung, die erst in der 23

---

16 Vgl. OLG Nürnberg BauR 2006, 2087 zu Korrosionsschäden beim Einsatz von verzinkten Stahlrohren.
17 OLG Hamm BauR 1990, 104; zur Haftung bei Korrosionsschäden an Kupferrohren wegen Hartlötens vgl. OLG Köln BauR 1999, 426.
18 *Locher*, Rn. 37.

§ 55 HOAI Leistungsbild Technische Ausrüstung

Leistungsphase 5 Ausführungsplanung erarbeitet wird. Dasselbe gilt für die **Berechnung und Bemessung** sowie die **zeichnerische Darstellung** und die **Anlagenbeschreibung**. Die Berechnungen umfassen z. B. die Heiz- und Kühllastberechnung, die Berechnung und Bemessung der Hauptversorgungs- und Entsorgungsleitungen und deren Dimensionierung. Diese Teilleistung wurde in der Anlage 15.1 wiederum konkretisiert. So zählen darunter das Abschätzen von jährlichen Bedarfswerten und Betriebskosten, das Abstimmen des Platzbedarfs für Technische Anlagen und Anlagenteile, die zeichnerische Darstellung des Entwurfs, das Fortschreiben und Detaillieren der Funktions- und Strangschemata der Anlagen, das Auflisten aller Anlagen mit technischen Daten und Angaben etwa für Energiebilanzierungen sowie Anlagenbeschreibungen mit Angabe der Nutzungsbedingungen. Die »Entwurfspläne« sind als solche zu kennzeichnen und sollten folgende formalen Voraussetzungen erfüllen: Datum der Erstellung, Planverfasser, Maßstabsangabe, Erläuterung aller Symbole, Änderungsliste bei Mehrfachbearbeitung. Der Inhalt muss dem Planungsstand der Leistungsphase 3 entsprechen und in den Grundrissen eine örtliche Zuordnung der Anlagen zum Objekt sowie in den Schemaplänen das Zusammenwirken der Anlagen erkennen lassen. Dabei ist es dem Planer freigestellt, ob die Darstellung mehr beschreibend oder mehr zeichnerisch ist. Ausführungsspezifische Maße und Angaben sind nicht erforderlich. Diese Angaben müssen so genau sein, dass in der Ausführungsplanung keine grundsätzlichen Änderungen notwendig werden; sie brauchen jedoch noch nicht zur Ausführungsreife gediehen zu sein. Sie werden Bestandteil der gesamten Entwurfsplanung des Teils 3 Objektplanung und sind Grundlage der weiteren Bearbeitung.

24   Das **Übergeben der Berechnungsergebnisse** an andere Planungsbeteiligte sowie die **Angabe und Abstimmung der für die Tragwerksplanung notwendigen Angaben** über Durchführungen und Lastangaben sind ein wichtiger Teil der Integrationsplanung, die vom Objektplaner für alle Fachdisziplinen, besonders bei Fahrtreppen und Aufzugsanlagen, Technikzentralen und Versorgungsschächten, frühzeitig und umfassend durchgeführt werden muss. Die **Verhandlungen mit Behörden** und anderen an der Planung fachlich Beteiligten über die **Genehmigungsfähigkeit** wird sich immer nur auf den jeweiligen Anlagenbereich des Auftragnehmers beziehen. Hierzu gehören auch die endgültige Klärung und Festlegung mit Energieträgern, Versorgungs- und Entsorgungseinrichtungen.[19] Die **Kostenberechnung** ist eine für den Auftraggeber wichtige Entscheidungshilfe, da von der Ermittlung der angenäherten Gesamtkosten dessen Entscheidung abhängt, ob die Baumaßnahme wie geplant durchgeführt wird und diese Grundlage für die Finanzierung ist. Außerdem hängen die Prüffähigkeit und damit die Fälligkeit der Honorarforderung sowie deren Höhe von der Kostenberechnung ab. Die Kosten sind in Abweichung von § 2 Abs. 11 S. 3 bis zur 3. Ebene der Kostengliederung zu ermitteln. Entsprechend der Untergliederung nach DIN 276 trifft dies z. B. auf die KG 410 (Abwasser-, Wasser-, Gasanlagen), die KG 430 (Abwasser-, Wasser-, Gasanlagen) oder die KG440 (Starkstromanlagen) zu. Der Objektplaner hat diese Angaben in die Gesamtkostenberechnung zu übernehmen. Außerdem ist eine **Kostenkontrolle**

---

[19] A. A. Besondere Leistungen: *Neuenfeld/Baden/Dohna/Groscurth*, § 73 Rn. 29.

durch einen Vergleich der Kostenberechnung mit der Kostenschätzung vorzunehmen. Insofern wird auf die Ausführungen zur Objektplanung verwiesen (vgl. § 34 Rdn. 97).

Bei nutzungsspezifischen und verfahrenstechnischen Anlagen wie z. B. Küchentechnischen Anlagen, Medienversorgungsanlagen oder Medizin- und Labortechnischen Anlagen können wegen der besonderen Anforderungen häufig keine pauschalierten Angaben angesetzt werden. Soweit nicht Erfahrungswerte oder pauschalierte Angaben vorliegen, sind aus dem Mengen- und Kostenansatz summarisch diejenigen Kosten zu ermitteln, die sich aus dem Leistungsstand der Entwurfsplanung ergeben. Eine detaillierte Mengen- und Kostendarstellung kann zu diesen Zeitpunkt noch nicht erbracht werden. 25

In die Anlage 15.1 wurde die Leistung »**Terminplanung**« neu aufgenommen. Die bereits in der Leistungsphase 2 zu erbringende Terminplanung ist somit fortzuschreiben. Neu in die Anlage 15.1 wurde die Teilleistung »**Zusammenfassen, Erläutern und Dokumentieren der Ergebnisse**« aufgenommen, welche inhaltlich derselben Teilleistung bei der Objektplanung entspricht. 26

12. Besondere Leistungen in Leistungsphase 3

Besondere Leistungen in der Leistungsphase 3 wie das **Erarbeiten von Daten** für die **Planung Dritter** können Angaben für alle weiteren am Objekt vorkommenden Fachplanungen umfassen, z. B. für die zentrale Leittechnik oder auch das Erarbeiten von Daten der Heizung, Brauchwarmwasser, Kühlung und Beleuchtung oder wenn dem Fachplaner Leistungen nach der EnEV übertragen werden. **Detaillierte Wirtschaftlichkeitsnachweise** wie auch die **Betriebskostenberechnungen** können für die beim Auftraggeber anstehende Entscheidung, ob die Maßnahme wie geplant durchgeführt werden soll, von Bedeutung sein. Hierunter fallen alle Berechnungen, die über die in Leistungsphase 2 geforderte Wirtschaftlichkeitsvorbetrachtung hinausgehen. In der Regel wird der Wirtschaftlichkeitsnachweis von Anlagen nach der VDI-Richtlinie 2067 »Wirtschaftlichkeitsberechnung von Wärmeverbrauchsanlagen« durchgeführt. Der Wirtschaftlichkeitsnachweis schließt auch Vergleiche mit Anlagen anderer Art ein. Vollständige Betriebskostenberechnungen sind nicht Bestandteil des Wirtschaftlichkeitsnachweises. Sie stellen Besondere Leistungen dar und umfassen das Berechnen der Betriebskosten für jede Einzelanalyse jeder Anlagengruppe. Dabei sind Strom-, Wärme-, Wasser- und Abwasserkosten zu erfassen und die Tarifstaffelungen (Hoch-, Nieder-, Sonder- und Wärmepumpentarife), Leistungs- und Arbeitspreise, Kosten für Messeinrichtungen und -gebühren in die Berechnung einzuarbeiten. Das **Fortschreiben des technischen Teils eines Raumbuches** stellt gerade bei einer **Leistungsbeschreibung mit Leistungsprogramm** des Objektplaners (Funktionale Ausschreibung) eine sehr anspruchsvolle Leistung dar und setzt umfassendes Wissen und entsprechende Erfahrung im jeweiligen Wissensgebiet voraus. Als Besondere Leistung sind auch der detaillierte Nachweis von Schadstoffemissionen und Schadstoffemissionsberechnungen aufgeführt. 27

§ 55 HOAI   Leistungsbild Technische Ausrüstung

13. Fragen der Haftung in Leistungsphase 3

28   Hier ist zunächst auf die Ausführungen zur Leistungsphase 2 (Rdn. 22) zu verweisen. Die Berechnung und Bemessung der Anlage müssen sorgfältig erfolgen. Die Systeme müssen ausreichend dimensioniert sein. So ist bei der Neuerrichtung einer elektrotechnischen Anlage ein bereits bekannter weiterer späterer Bauabschnitt bei der Dimensionierung der Kabeltrassen zu berücksichtigen und dem Anforderungsprofil der Gesamtanlage zugrunde zu legen.[20] Andererseits dürfen die Systeme ohne sachlichen Grund nicht zu groß ausgelegt werden, sonst kann ein Planungsfehler vorliegen, auch wenn technisch kein Mangel vorhanden ist.[21] Alternativen für billigere Lösungsmöglichkeiten unter Darlegung etwaiger Nachteile sind zu untersuchen und aufzuzeigen. Sonst können Schadensersatzansprüche wegen Nutzungsnachteilen und erhöhten Betriebskosten während der gesamten Betriebsdauer der Anlage bestehen. Falsche Angaben in der Anlagenbeschreibung können zu einem Fehlverhalten des Auftraggebers und zu Schadensersatzansprüchen desselben führen. Werden dem Tragwerksplaner falsche Angaben hinsichtlich der für die Tragwerksplanung notwendigen Durchführungen oder hinsichtlich der Lastangaben gemacht, so ist der Ingenieur schadensersatzpflichtig. Ästhetische oder gestalterische Gesichtspunkte sind nur dann bei der Planung zu berücksichtigen, wenn sie vom Bauherrn oder vom Architekten vorgegeben wurden.[22]

14. Grundleistungen in Leistungsphase 4 Genehmigungsplanung

29   Diese Leistungsphase steht in engem Zusammenhang mit der Leistungsphase 4 des § 34. Wenn dem Fachplaner aufgegeben wird, die Vorlagen für die nach den öffentlich-rechtlichen Vorschriften erforderlichen Genehmigungen oder Zustimmungen einschließlich der Anträge auf Ausnahmen und Befreiungen zu erarbeiten, so hat er alle Unterlagen zusammenzustellen, die für die öffentlich-rechtliche Genehmigung der Anlage erforderlich sind. Soweit hierunter Betriebsgenehmigungen von Anlagen der Technischen Ausrüstung fallen, sind diese eingeschlossen. In der Regel handelt es sich um einen Beitrag zu den Bauantragsunterlagen, was für einen Honoraranspruch für die Leistungsphase 4 des § 55 ausreichend ist.[23] Ein solcher kann etwa erforderlich sein für die Kaminanlagen, Heizräume, Öllagerung, Brandschutzanlagen im Bereich der Technischen Ausrüstung, Anlagen der Sicherheitsbeleuchtung, Feuermeldeanlagen für gewerbeaufsichtsrechtliche Verfahren oder der Technischen Überwachungsvereine. Hierunter fallen auch Sicherheitsbestimmungen, Unfallverhütungsvorschriften und die Richtlinien für Arbeitsstätten (Arbeitsstättenverordnung), soweit sie die Technische Ausrüstung betreffen. Jeder Fachplaner hat für seinen Bereich die erforderlichen Unterlagen für das Genehmigungs- oder Zustimmungsverfahren zusammenzustellen und au-

---

20   OLG Naumburg BauR 2013, 134 = NZBau 2012, 776.
21   BGH BauR 2009, 1611 zur Tragwerksplanung; KG NZBau 2002, 160.
22   OLG Frankfurt BauR 2000, 598.
23   OLG Rostock BauR 2008, 695; *Schmidt* in MNP, § 55 Rn. 26; *Meurer* in KMV, § 55 Rn. 15.

ßerdem erforderlichenfalls die Planungsunterlagen, Beschreibungen und Berechnungen zu vervollständigen und anzupassen.

Die Fertigung eines **Entwässerungsgesuchs** gehört zu den Grundleistungen der Technischen Ausrüstung.[24] Die Auffassung,[25] das Entwässerungsgesuch sei eine Ohnehin-Leistung des die Entwässerungsanlage ausführenden Unternehmers, ist falsch. Das Leistungsbild des § 55 umfasst alle Leistungen, die zur ordnungsgemäßen Erfüllung der Aufgaben des Fachplaners für die Technische Ausrüstung erforderlich sind. Diese Leistung erfordert die Fachkenntnis des Planers für den Bereich der Entwässerungsanlagen.[26] Wird der Fachingenieur mit der Erstellung des **Entwässerungsgesuchs** beauftragt oder werden ihm die Leistungen der Genehmigungsplanung übertragen, hat er das Entwässerungsgesuch zu fertigen, das dann der Architekt seinen Genehmigungsunterlagen beifügt. Fertigt der Architekt selbst das Entwässerungsgesuch, was bei kleineren Bauvorhaben häufig der Fall ist, steht ihm dafür neben dem Honorar für die Objektplanung ein zusätzliches Honorar nach Teil 4 Abschnitt 2 (Technische Ausrüstung) zu.[27]

15. Besondere Leistungen in Leistungsphase 4

Dabei ist wie bei § 34 an das Erarbeiten von Unterlagen für besondere Prüfverfahren und die fachliche Unterstützung des Auftraggebers im Widerspruchsverfahren zu denken (vgl. § 34 Rdn. 143). 30

16. Fragen der Haftung in Leistungsphase 4

Der Fachingenieur hat sich mit dem neuesten Stand der einschlägigen öffentlich-rechtlichen Vorschriften vertraut zu machen und die DIN-Vorschriften sowie die behördlichen Auflagen zu berücksichtigen. Er schuldet eine genehmigungsfähige Planung (vgl. § 34 Rdn. 106). Wird durch einen schuldhaft verursachten Planungsfehler die Erteilung der Baugenehmigung verzögert oder diese abgelehnt, haftet er für den dadurch entstandenen Schaden. Soweit sich seine mangelhafte Leistung noch nicht in der Bausubstanz niedergeschlagen hat und eine Nachbesserung möglich ist, muss ihm die Gelegenheit zur Nacherfüllung gegeben werden (vgl. Einl. Rdn. 162 ff.). 31

17. Grundleistungen in Leistungsphase 5 Ausführungsplanung

Die Leistung **Erarbeiten der Ausführungsplanung** auf Grundlage der Ergebnisse der Leistungsphasen 3 und 4 als stufenweise Erarbeitung und Darstellung der Lösung setzt die koordinierende Tätigkeit des Objektplaners und seine zeichnerische Darstellung des Objekts voraus. Den Fachplanern für die Technische Ausrüstung werden entsprechend der stufenweisen Erarbeitung der Ausführungspläne des Objektplaners diese für 32

---

24 OLG Düsseldorf BauR 1995, 733; OLG Karlsruhe IBR 2005, 552.
25 *Wingsch* BauR 1984, 261.
26 *Löffelmann/Fleischmann*, Rn. 265;.
27 OLG Karlsruhe IBR 2005, 552; *Meurer* in KMV, § 55 Rn. 15; vgl. § 34 Rdn. 136.

§ 55 HOAI   Leistungsbild Technische Ausrüstung

die spezifischen Fachplanungen zur Verfügung gestellt. Hierbei sind alle fachspezifischen Anforderungen insbesondere an die Darstellung von Dehnungsanforderungen an Rohrleitungen zu berücksichtigen und die vom Objektplaner zu koordinierenden und in seine Planung integrierten Fachleistungen wie Tragwerksplanung und Bereiche der Technischen Ausrüstung zu beachten und zur ausführungsreifen Lösung zu entwickeln. Die Durcharbeitung muss in ständiger Rückkopplung mit dem Objektplaner und den anderen an der Planung fachlich beteiligten, z. B. Tragwerksplanern, erfolgen.[28] Aufgabe des Objektplaners ist die Koordinierung der Fachplaner. Die **zeichnerische Darstellung** der Anlagen muss die Dimensionierung enthalten, jedoch sind hierunter nicht die Montage- oder Werkstattzeichnungen zu verstehen.

Der umfassend beauftragte Fachingenieur schuldet im Rahmen der Leistungsphase 5 nicht die Übergabe der Ausführungspläne an den Auftraggeber sondern nur deren Erstellung und Fortschreibung. Die Übergabe selbst hat erst im Rahmen der Grundleistung »systematische Zusammenstellung der Dokumentation, der zeichnerischen Darstellung und rechnerischen Ergebnisse des Objekts« in der Leistungsphase 8 zu erfolgen.[29]

33   **Montagepläne, Werkstattzeichnungen, Stromlaufpläne,** die **Leerohrplanung** und **Fundamentpläne** stellen eine Nebenleistung nach VOB/C dar und sind durch die ausführenden Unternehmen anzufertigen. Die Abgrenzung zwischen Ausführungsplänen sowie Montageplänen bzw. Werkstattzeichnungen ist problematisch. Anknüpfungspunkt sind die in der VOB/C enthaltenen DIN-Normen.[30] Häufig stehen auf Grund des Baufortschrittes die ausführenden Firmen noch nicht fest. Die Leerohrplanung kann auch keinen Bestandteil der Schlitz- und Durchbruchsplanung darstellen. Diese ist in der VOB/C DIN 18379 ff. enthalten und gehört zu den Montageplänen und somit zu den Leistungen der ausführenden Firmen. Diese Leistungen werden häufig auch durch Planungsbüros erbracht, wenn die ausführenden Firmen noch nicht feststehen und dies auf Grund des Baufortschrittes erforderlich ist. Erfolgt die Leerohrplanung durch den Fachingenieur, stellt dies eine Besondere Leistung dar.

34   Die Ausführungspläne müssen eindeutig als solche gekennzeichnet sein und folgende formalen Voraussetzungen erfüllen: Datum der Erstellung, Planverfasser, Maßstabsangabe, Erläuterung der Symbole und Änderungsliste bei Mehrfachbearbeitung. Die zeichnerische Darstellung muss dem Planungsstand entsprechen und alle Ausführungsinhalte eindeutig räumlich und in den Dimensionen darstellen. Herstellerspezifische Angaben sind den Montage- und Werkstattplänen des ausführenden Unternehmers vorbehalten. Eine Dimensionierung ist in Nenngrößen anzugeben, da sich verbindliche Abmessungen häufig erst nach dem Ergebnis der Ausschreibung zeigen. Die verbindlichen Größen sind in den Montageplänen der ausführenden Unternehmen anzugeben. Detaillierungsgrad und Maßstab sind mit dem Objektplaner abzustimmen. Für die

---

28   OLG Düsseldorf BauR 2013, 1480.
29   OLG Stuttgart Urt. v. 06.05.2014 – 10 U 1/13 = IBR 2015, 556 (die Ausführungen zu § 73 HOAI 2002 sind auf die HOAI 2013 übertragbar).
30   Zur Abgrenzung vgl. *Simmendinger* IBR 2012, 1015.

Ausführung hat die Darstellung unmissverständlich zu erfolgen im üblichen Maßstab 1:50, aber auch 1:100 je nach Einzelfall und Größe des Objekts. Details sind i. d. R. 1:25 oder größer darzustellen.

Das **Anfertigen** von **Schlitz- und Durchbruchsplänen** erfolgt auf der Basis der Ausführungsplanung der Technischen Ausrüstung und des Objekt- und/oder Tragwerksplaners. Zwar werden schon in den Leistungsphasen 2 und 3 Angaben hierzu gemacht, in der Leistungsphase 5 handelt es sich jedoch um verbindliche Angaben, die eine ausführungsreife Lösung ermöglichen müssen.[31] Die Darstellungen der Fachplaner sollen jedoch nicht die Montage- und Werkstattzeichnungen der ausführenden Firmen ersetzen. So sind – zum Teil aus wirtschaftlichen oder technischen Überlegungen – Kernbohrungen vorzusehen. Dass Durchbrüche infolge fehlender Angaben des Auftraggebers zur Anordnung von Kernbohrungen führen, stellt einen Einzelfall dar. In jedem Fall hat der Auftragnehmer in der Leistungsphase 3 Angaben für die Durchbrüche zu machen oder in der Leistungsphase 5 Schlitz- und Durchbruchspläne anzufertigen, welche der Architekt oder Tragwerksplaner in seine Planung zu übernehmen hat. Im Falle einer Kernbohrung ist dies nicht anders. Angaben an Ort und Stelle kann es nur in der Leistungsphase 8 geben.

Die **Fortschreibung der Ausführungsplanung** erfolgt auf dem Stand der Ausschreibungsergebnisse und der dann vorliegenden Ausführungsplanung des Objektplaners. Diese ist den ausführenden Unternehmen zu übergeben. Damit soll klargestellt werden, dass die Ausführungsplanung nicht nur auf der Grundlage der Ausschreibungsergebnisse fortzuschreiben ist, sondern dass der Objektplaner bis zu diesem Zeitpunkt ebenfalls seine Ausführungsplanung fortgeschrieben und dem Fachplaner als Arbeitsgrundlage zur Verfügung zu stellen hat. Dabei ist zu beachten, dass das Fortschreiben der Ausführungspläne bis zum Bestand eine Besondere Leistung der Leistungsphase 8 darstellt und somit nicht Bestandteil der Grundleistung der Leistungsphase 5 sein kann. Letztere ist erbracht, wenn die Ausführungsplanung auf den Stand der Ausschreibungsergebnisse und der dann vorliegenden Ausführungsplanung des Objektplaners fortgeschrieben wurde. Ein weiteres Fortschreiben der Ausführungspläne von diesem Zeitpunkt an bis zu Bestandsplänen stellt dagegen eine Besondere Leistung im Rahmen der Leistungsphase 8 dar. Von einer Fortschreibung kann nur dann gesprochen werden, wenn die Änderungsvorschläge und Nebenangebote den Planungsgrundlagen der Ausführungsplanung entsprechen. Die in der Regel auf der Basis der erforderlichen Anforderungen neutral erstellte Ausführungsplanung ist dann zu ändern und zu ergänzen. Wird durch Änderungsvorschläge oder Nebenangebote die gegebene Planungsgrundlage verlassen, kann dies nicht mehr als Fortschreibung bezeichnet werden. Es handelt sich dann um Änderungen, die wiederholt erbrachte Leistungen darstellen und nach § 10 gesondert zu honorieren sind. Neu in die Anlage 15.1 wurde die Teilleistung **Fortschreiben des Terminplans** aufgenommen. Die Terminplanung ist schon in den Leistungsphasen 2 und 3 aufgeführt. Die Form der Terminplanung bleibt dem Fachplaner

---

31 Zur Koordinierungspflicht zwischen Fachplaner, Tragwerksplaner und Architekt vgl. *Gautier/Zerhusen* BauR 2015, 410, 417.

überlassen. Erst in der Leistungsphase 8 wird ausdrücklich ein Balkendiagramm erwähnt.

Das Prüfen und Anerkennen von Montage- und Werkstattzeichnungen auf Übereinstimmung mit der Planung des Fachplaners stellt nunmehr ebenfalls eine Grundleistung dar (vgl. Rdn. 33). Damit soll sichergestellt werden, dass die Werkstatt- und Montagepläne mit der Ausführungsplanung übereinstimmen und somit Mängel im Vorfeld vermieden werden können[32].

18. Besondere Leistungen in Leistungsphase 5

36 Das Anfertigen der **Montage- und Werkstattzeichnungen** für Anlagen der Technischen Ausrüstung gehört nicht zu den Leistungen des Fachplaners. Deshalb war das Prüfen und Anerkennen von Montage- und Werkstattzeichnungen auf Übereinstimmung mit der Planung des Fachplaners als Besondere Leistung in der Anlage 2.11.4 der HOAI 2009 aufgeführt.[33] Diese Leistung ist nunmehr als Grundleistung der Leistungsphase 5 in der Anlage 15.1 enthalten. Damit wird der Umfang der Grundleistungen der Technischen Ausrüstung erheblich erweitert. Das Überprüfen von Schalplänen des Tragwerksplaners auf Schlitze und Durchbrüche stellt dagegen weiterhin eine Besondere Leistung dar. Weitere Besondere Leistungen können das Anfertigen von Plänen für Anschlüsse von beigestellten Betriebsmitteln und Maschinen sein, was eine intensive Bearbeitung und Kenntnis der Produktionsabläufe und -einrichtungen voraussetzt. Das Anfertigen von Stromlaufplänen und Leerrohrplänen ist in der Regel eine Leistung des ausführenden Unternehmers. Wird damit der Fachplaner beauftragt, handelt es sich um eine Besondere Leistung.

19. Fragen der Haftung in Leistungsphase 5

37 Bemerkt der Fachingenieur bei der Überprüfung der **Werkstatt- und Montagepläne** einen darin enthaltenen Fehler nicht, obwohl er diesen mit seiner Fachkunde erkennen kann, haftet er neben dem Unternehmer als Gesamtschuldner. In diesem Fall kann sich der Unternehmer nicht auf ein Mitverschulden des Bauherrn berufen, weil jener keine Obliegenheit und erst recht keine Pflicht zur Überprüfung der Pläne im Sinne eines Verschuldens gegen sich selbst hat. Der Bauherr hat bei der Prüfung der Werkstatt- und Montagepläne keine Vorleistung zu erbringen, auf der die Leistung des Auftragnehmers aufbaut. Insbesondere ist dieser seiner Obliegenheit zur Übergabe von ordnungsgemäßen Plänen durch die mangelfreie Ausführungsplanung nachgekommen, so dass die Überprüfung der Werkstatt- und Montageplanung im Vorfeld der Bauausführung liegt und somit als eine Vorstufe zur Objektüberwachung anzusehen ist. Es besteht aber keine Obliegenheit des Bauherren, im Rahmen der Objektüberwachung die Leistungen des Unternehmers zu überwachen. Eine unterlassene oder eine fehlerhafte Prüfung der Werkstatt- und Montagepläne durch den Bauherrn bzw. dessen Architekten führt deshalb zu keiner Haftungseinschränkung des zur Planlieferung Verpflichteten nach

---

32 *Jochem/Kaufhold*, § 53 Rn. 66.
33 Vgl. *Simmendinger* IBR 2012, 1015.

den §§ 254 Abs. 2, 278 BGB³⁴. Dies soll selbst dann gelten, wenn die Bauausführung erst nach einer Freigabe der Werkstatt- und Montagepläne erfolgen darf.³⁵

20. Grundleistungen in Leistungsphase 6 Vorbereitung der Vergabe

Das **Ermitteln von Mengen** kann nur anhand einer ausführungsreifen Ausführungsplanung erfolgen, damit es als **Grundlage für das Aufstellen von Leistungsverzeichnissen** dienen kann. Die Mengen sind mit den Beiträgen anderer an der Planung fachlich Beteiligter abzustimmen. Die einzelnen Leistungsbereiche sind gegeneinander abzugrenzen, sodass keine Mehrfachausschreibung stattfindet oder Anlagenteile nicht berücksichtigt werden. Ferner ist als Grundleistung aufgeführt das **Aufstellen von Vergabeunterlagen** insbesondere mit **Leistungsverzeichnissen nach Leistungsbereichen**, d. h. nach den Anlagen der einschlägigen Anlagengruppe des § 53. Neu in diese Leistungsphase als Grundleistung aufgenommen wurde das **Aufstellen der Vergabeunterlagen**. Diese Leistung war entgegen der amtlichen Begründung bisher nicht in der Leistungsphase 7 enthalten. Neu aufgenommen wurde auch die Leistung **Mitwirken beim Abstimmen der Schnittstellen** zu den Leistungsbeschreibungen der anderen an der Planung fachlich Beteiligten. Weiter ist in dieser Leistungsphase ebenso wie bei Leistungen für Gebäude und Innenräume die **Ermittlung der Kosten auf Grundlage der vom Planer bepreisten Leistungsverzeichnisse** neu enthalten. Diese sind einer **Kostenkontrolle** durch einen Vergleich mit der Kostenberechnung zu unterziehen. Auch wenn der bisher in der Leistungsphase 7 enthaltene Kostenanschlag weggefallen ist, erfordert das Aufstellen eines von dem Fachingenieur bepreisten Leistungsverzeichnisses einen weitaus höheren Arbeitsaufwand als das Erstellen eines Kostenanschlags. Hinzu kommt ein deutlich höheres Fehler- und Haftungsrisiko für den Fall, dass die vom Planer eingesetzten Einheitspreise nicht den Marktpreisen entsprechen und deshalb eine Kostensteigerung eintritt. Ebenso neu ist in dem Leistungsbild der Leistungsphase 6 das **Zusammenstellen der Vergabeunterlagen** enthalten. Diese Grundleistung entspricht derjenigen des Leistungsbilds Gebäude und Innenräume nach § 34. 38

21. Besondere Leistungen in Leistungsphase 6

Als Besondere Leistungen sind in der Anlage 15.1 das Erarbeiten der Wartungsplanung und Wartungsorganisation sowie die Ausschreibung von Wartungsleistungen enthalten, soweit diese von bestehenden Regelwerken abweichen. Weiterhin als Besondere Leistung einzuordnen ist das Anfertigen von Ausschreibungszeichnungen bei einer Leistungsbeschreibung mit Leistungsprogramm, welche in unmittelbarem Zusammenhang mit den §§ 7 Abs. 13 ff. VOB/A und der Besonderen Leistung in der Leistungsphase 3 »Erstellen des technischen Teils eines Raumbuchs« steht und bis zur HOAI 2013 ausdrücklich als Besondere Leistung aufgeführt war. Ausschreibungszeichnungen können sich auf spezielle Einzelanlagen oder auf ganze Anlagengruppen beziehen. 39

---

34 OLG Hamm BauR 2013, 1688; a. A. OLG Karlsruhe 12 U 75/12 = IBR 2016, 389; *Hammacher* BauR 2013, 1592; *Gautier/Zerhusen* BauR 2015, 410, 421.
35 OLG Hamm BauR 2013, 1688.

§ 55 HOAI   Leistungsbild Technische Ausrüstung

Ein enges Zusammenwirken von Objektplaner und allen Fachingenieuren für die einzelnen Anlagengruppen ist dafür Voraussetzung.

22. Fragen der Haftung in Leistungsphase 6

40 Werden die Mengen nicht zuverlässig ermittelt, so kann es zu einer Bausummenüberschreitung und dadurch zu einer Haftung des Fachingenieurs kommen. Dies gilt insbesondere dann, wenn die bepreisten Leistungsverzeichnisse aufgrund fehlerhaft ermittelter Mengen oder vergessener Leistungspositionen zu niedrige Baukosten aufweisen. Ist die Leistungsbeschreibung nicht vollständig und kommt es zu verteuernden zusätzlichen Leistungen (z. B. Stundenlohnarbeiten), so kann der Ingenieur für die Mehrkosten haften.[36] Ein erhebliches Haftungsrisiko ist auch mit der neu eingeführten Grundleistung »**Zusammenstellen der Vergabeunterlagen**« verbunden, welche mit der Grundleistung im Leistungsbild Gebäude und Innenräume des § 34 identisch sind. Sind diese fehlerhaft und kommt es aufgrund eines Vergabenachprüfungsverfahrens zu einer Aufhebung der Ausschreibung, haftet der Planer für die dadurch entstandenen Schäden.

23. Grundleistungen in Leistungsphase 7 Mitwirken bei der Vergabe

41 Der Auftragnehmer hat zunächst selbst Angebote einzuholen und nicht nur wie nach den früheren Leistungsbildnern daran mitzuwirken[37], diese dann zu prüfen und zu werten. Das **Prüfen und Werten der Angebote** erfolgt getrennt nach Leistungsbereichen und enthält die sachliche und rechnerische Prüfung der Angebote auf Vollständigkeit, richtige Ausführung, Vorbehalte, technische Angaben zu fabrikationsneutral ausgeschriebenen Positionen, ferner die Prüfung auf Auskömmlichkeit der Preise und gegebenenfalls das Nachprüfen von Referenzangaben. Die Wertung eventueller Nebenangebote stellt dagegen nach dem Leistungsbild der Anlage 15.1 eine Besondere Leistung dar. Dadurch kann eine Kostenfalle für den Auftraggeber entstehen. Wird der Fachplaner auch – was naheliegend ist – mit der Prüfung von Nebenangeboten beauftragt, steht diesem ohne ausdrückliche Vergütungsvereinbarung nach § 632 Abs. 2 BGB die übliche Vergütung für diese Besondere Leistung zu. Er hat außerdem die Angebote für zusätzliche oder geänderte Leistungen darauf zu überprüfen, ob hier ein Mehrvergütungsanspruch besteht. Ebenso ist die Angemessenheit der Preise zu überprüfen. Die Grundleistung entspricht derjenigen bei Leistungen für Gebäude und Innenräume, so dass auf die dortige Kommentierung zu verweisen ist (vgl. § 34 Rdn. 193). Das **Aufstellen von Preisspiegeln** nach **Einzelpositionen** muss mindestens die wesentlichsten kostenverursachenden Positionen enthalten, die in einer Anlagengruppe oder deren Teilbereichen den Schwerpunkt der Preisbildung des Angebots darstellen. Als weitere Maßnahme der Kostenkontrolle sind dann die Ausschreibungsergebnisse mit den von dem Fachplaner bepreisten Leistungsverzeichnissen und der Kostenberechnung zu vergleichen. Damit soll aufgezeigt werden, ob Differenzen zwischen dem be-

---

36 Zur Haftung wegen fehlerhafter Ausschreibung von Leuchten vgl. OLG Hamm BauR 1990, 104.
37 *Sonntag/Seifert* in FBS, § 55 Rn. 143.

preistem Leistungsverzeichnis und der Kostenberechnung einerseits sowie den Ausschreibungsergebnissen andererseits vorhanden sind und ob diese auf Marktpreisentwicklungen oder Planungsänderungen beruhen.

Das **Führen von Bietergesprächen** hat unter Beachtung von § 15 VOB/A zu erfolgen, soweit die VOB Vertragsbestandteil ist. Darunter sind nach der amtlichen Begründung[38] Aufklärungsgespräche und Verhandlungen im Rahmen des Vergabeverfahrens zu verstehen. Das Erstellen des **Vergabevorschlags** verlangt die fachspezifische Auswertung des Preisspiegels und eine fachliche Beurteilung der Bieter, um eine technisch und wirtschaftlich ausgereifte Leistung des ausführenden Unternehmens zu erhalten. Dabei ist der Fachplaner nicht verpflichtet, die im Zusammenhang mit der Vergabe durch einen öffentlichen Auftraggeber stehenden Rechtsfragen zu prüfen.[39] Eine Haftung scheidet deshalb aus, wenn der Planer einen fachlich begründeten Vergabevorschlag macht, der aber wegen eines Verstoßes gegen Vergabe- und Zuwendungsbestimmungen zu einer Zuschusskürzung führt.[40] Ebenso wenig hat der Fachplaner dafür einzustehen, wenn die Zuschlagserteilung in einem Vergabenachprüfungsverfahren für unwirksam erklärt wird oder wenn durch andere Verfahrensfehler Verzögerungen bei der Vergabe eintreten.

42

Unklar ist, ob die bisherige Teilleistung **Mitwirken bei der Auftragserteilung** weiterhin eine Grundleistung darstellt. Hier ist dem Verordnungsgeber bei der Teilleistung f) »Zusammenstellen der Vertragsunterlagen und bei der Auftragserteilung« ein sprachliches Missgeschick unterlaufen. Da der Begriff »Auftragserteilung« erwähnt wird und die Formulierung sonst keinen Sinn ergibt, ist davon auszugehen, dass diese Teilleistung weiter besteht. Mehr als ein Mitwirken bei der Auftragserteilung kann der Planer nicht erbringen, weil ihm durch den Ingenieurvertrag keine Vertretungsmacht zur Auftragserteilung im Namen des Auftraggebers eingeräumt wird. Das Mitwirken bei der Auftragserteilung umfasst die Vorbereitung und Anpassung der Verträge im Hinblick auf die fachspezifischen Anforderungen im Benehmen mit Auftraggeber und Objektplaner, dagegen nicht den Abschluss der Verträge selbst. Dies ist eine Aufgabe des Auftraggebers. Neu ist die Teilleistung **Zusammenstellen der Vertragsunterlagen**. Damit werden wie in anderen Leistungsphasen verstärkte Anforderungen an die Dokumentation gestellt.

24. Grundleistungen der Leistungsphase 8 Objektüberwachung (Bauüberwachung)

Eine besonders wichtige Leistung stellt das **Überwachen der Ausführung des Objekts** auf Übereinstimmung mit der öffentlich-rechtlichen Genehmigung oder Zustimmung usw. dar. Hierunter fällt auch die **Übereinstimmung mit den Verträgen der ausführenden Firmen**. Nach der amtlichen Begründung[41] geht es dabei um die Prüfung, inwieweit die beauftragten Leistungen vertragsgemäß ausgeführt werden und nicht um eine

43

---

38 Drucksache 334/13 S. 201.
39 I. E. ebenso *Meurer* in KMV, § 55 Rn. 21.
40 OLG München BauR 2001, 891.
41 Drucksache 334/13.

§ 55 HOAI Leistungsbild Technische Ausrüstung

rechtliche Vertragsprüfung. Eine derartige Trennung ist häufig – etwa bei der Vorfrage des vertraglich geschuldeten Leistungsumfangs – nicht eindeutig vorzunehmen. In diesem Fall ist es ausreichend, wenn der Fachplaner den Auftraggeber auf diese Schnittstelle hinweist und keine weitere Bewertung vornimmt. Unter diese Leistungsphase fällt auch das **Überwachen auf Übereinstimmung mit den Montage- und Werkstattplänen des ausführenden Unternehmers**, die der Fachplaner als Grundleistung der Leistungsphase 5 zu prüfen hat, sowie den einschlägigen Vorschriften, z. B. VDE-Richtlinien und – dies versteht sich aus haftungsrechtlichen Gründen von selbst – den anerkannten Regeln der Technik. Soweit für Anlagen der Technischen Ausrüstung keine eigenen Genehmigungsverfahren durchgeführt werden, muss sich der Fachingenieur mit den baurechtlichen Auflagen und Hinweisen befassen, die i. d. R. mit der Genehmigung für das Gesamtbauwerk erteilt werden. Diese Tätigkeiten können sowohl selbstständig als auch unter der Koordinierung des Objektplaners erbracht werden. Das **Mitwirken bei der Koordination** der am Projekt Beteiligten betrifft in erster Linie die Koordination von Leistungen anderer Gewerke außerhalb der Technischen Ausrüstung und somit die Zusammenarbeit mit dem Architekten und anderen Fachplanern (z. B. Tragwerksplaner). Das **Aufstellen, Fortschreiben und Überwachen eines Zeitplanes nach Balkendiagramm** erfolgt wiederum als Tätigkeit im Rahmen des vom Objektplaner aufzustellenden Zeitplans und umfasst alle Leistungsbereiche der Technischen Ausrüstung. Die **Dokumentation der Bauablaufs** in Form eines Bautagebuchs ist nicht mehr auf ein Mitwirken in Zusammenarbeit mit dem objektüberwachenden Architekten beschränkt. Diese hat nunmehr selbstständig zu erfolgen. Neu eingeführt wurde das **Prüfen und Bewerten der Notwendigkeit geänderter oder zusätzlicher Leistungen der Unternehmer** und der **Angemessenheit der Preise**. Damit hat der Fachingenieur die Preisbildung für geänderte oder zusätzliche Leistungen nach den §§ 2 Abs. 5, Abs. 6 VOB/B zu überprüfen. Es handelt sich insoweit nicht mehr – etwa bei einer Änderung der Bauausführung – um wiederholt erbrachte Grundleistungen, weil die Überprüfung der Leistung gerade eine in dem Leistungsbild enthaltene Grundleistung darstellt, die mit dem Honorar für Grundleistungen abgegolten ist. Die Leistung steht im Zusammenhang mit der in die Leistungsphase 7 aufgenommenen Grundleistung »Prüfen und Werten der Angebote für zusätzliche oder geänderte Leistungen«. Weiter hat der Fachingenieur ein **gemeinsames Aufmaß** mit den ausführenden Unternehmen zu erstellen. Dieses bezieht sich auf die vom Fachingenieur geplanten und überwachten Anlagen der Technischen Ausrüstung. Der Fachingenieur wirkt beim Aufmaß der einzelnen Anlagenbereiche gemeinsam mit den ausführenden Unternehmen insofern mit, als er die Richtigkeit der aufgenommenen Maße oder Stückzahlen bestätigt und für die korrekte Aufstellung des Aufmaßes nach dem Leistungsverzeichnis oder der Leistungsbeschreibung Sorge trägt und die Zusammenhänge mit anderen Leistungsbereichen erkennbar werden.

44   Die **Rechnungsprüfung** bezieht sich auf alle von dem Fachingenieur bearbeiteten Anlagen der Technischen Ausrüstung und zwar sowohl auf Abschlagsrechnungen als auch auf die Prüfung der Schlussrechnung. Durch die Beschreibung »Prüfen und Bescheinigung des Leistungsstandes anhand nachvollziehbarer Leistungsnachweise« werden die hohen Anforderungen an die Rechnungsprüfung und insbesondere auch an die

Prüfung von Abschlagsrechnungen verdeutlicht. Die **Kostenkontrolle** hat »durch Überprüfen der Leistungsabrechnung der ausführenden Unternehmen im Vergleich zu den Vertragspreisen und dem Kostenanschlag« zu erfolgen. Die Kostenkontrolle soll den Verlauf von Ist- und Soll-Kosten unter ständiger Kontrolle halten, um dem Auftraggeber die Möglichkeit zu geben, bei drohender Überschreitung der Soll-Kosten entsprechende Entscheidungen zu treffen. Die Formulierung dieser Grundleistung beruht auf einem Versehen des Verordnungsgebers, weil auf einen Vergleich mit dem Kostenanschlag abgestellt wird. Dieser ist aber in der HOAI 2013 überhaupt nicht mehr vorgesehen. Er wurde vielmehr durch das Aufstellen von bepreisten Leistungsverzeichnissen in der Leistungsphase 6 ersetzt. Richtigerweise hat somit der Vergleich mit den Vertragspreisen und dem bepreisten Leistungsverzeichnis zu erfolgen. Außerdem hat neben der Kostenkontrolle eine **Kostenfeststellung** zu erfolgen, die sich auf alle von dem Fachplaner bearbeiteten Anlagen der Technischen Ausrüstung bezieht.

Neu eingeführt wurde auch die Grundleistung »**Mitwirken bei Leistungs- und Funktionsprüfungen**«. Die **fachtechnische Abnahme** der Leistungen und das **Feststellen der Mängel** bei oder vor der Abnahme sind wichtige Leistungen des Fachingenieurs. Die Grundleistung wurde um das Erstellen eines Abnahmeprotokolls und das Erteilen einer Abnahmeempfehlung erweitert. Für raumlufttechnische Anlagen ist die VDI-Richtlinie 2079 Standard für die Abnahmeprüfung. Wenn eine **behördliche Abnahme** bei Anlagen vorgeschrieben ist, muss diese bei den zuständigen Behörden beantragt werden. Der Fachingenieur hat daran teilzunehmen und auch für die technische Teilabnahme bei Anlagen oder Anlagenteilen zu sorgen, die später nicht mehr oder nur noch teilweise zugänglich sind oder deren Funktion für die Gesamtanlage von wesentlicher Bedeutung ist.[42] Nicht berührt davon ist die **rechtsgeschäftliche Abnahme** durch den Auftraggeber. Der Fachingenieur hat daran ebenfalls teilzunehmen und kann dabei gleichzeitig die fachtechnische Abnahme durchführen.

45

Für die von ihm bearbeiteten Anlagen hat der Fachplaner die **Revisionsunterlagen, Bedienungsanleitungen und Prüfprotokolle** zusammenzustellen und sie dem Auftraggeber zu übergeben. Zu den Leistungen gehört nicht das Erstellen dieser Unterlagen. Der Fachingenieur hat aber eine stichprobenartige Überprüfung auf Richtigkeit und Übereinstimmung mit den örtlichen Gegebenheiten und dem Stand der Ausführung vorzunehmen. Des Weiteren hat er für seine Fachbereiche die **Verjährungsfristen** für die Mängelansprüche aufzulisten und die Auflistung dem Architekten zu übergeben. Bei **Mängeln**, die bei der Abnahme der Leistungen festgestellt werden, hat er deren Beseitigung zu veranlassen und zu überwachen. Darunter fällt auch das Setzen einer Nacherfüllungsfrist gegenüber dem verantwortlichen Unternehmer. Dagegen ist er nicht verpflichtet und auch nicht bevollmächtigt, für den Auftraggeber rechtsgeschäftliche Erklärungen abzugeben (vgl. Einl. Rdn. 111 ff.). So hat er auch keine Entscheidung darüber zu treffen, ob und welche sekundäre Mängelansprüche geltend gemacht werden. Wird der Mangel im Wege der Ersatzvornahme beseitigt, fällt unter diese Grundleistung auch das Überwachen der Mängelbeseitigungsarbeiten durch den Dritt-

46

---

42 OLG Düsseldorf NJW-RR 2012, 794.

unternehmer[43]. Neu eingeführt wurde die Grundleistung **Systematische Zusammenstellung** der Dokumentation, zeichnerischen Darstellungen und rechnerischen Ergebnisse des Objekts. Diese Grundleistung war bisher in der Leistungsphase 9 enthalten. Die systematische Zusammenstellung ist als Dokumentation für die Nutzung des Objekts bzw. der betreffenden Anlagen oder Anlagenteile von wesentlicher Bedeutung und erleichtert die Beurteilung von Planung und Ausführung künftiger Anlagen ebenso wie die Erweiterung oder den Umbau der ausgeführten Anlagen. Hierunter sind jedoch nicht die Revisions- oder Bestandspläne zu verstehen, welche von dem ausführenden Unternehmer zu erbringen sind. Diese hat der Fachplaner nach der oben erwähnten weiteren Grundleistung lediglich auf Vollzähligkeit, Vollständigkeit und Übereinstimmung mit dem Stand der Ausführung zu überprüfen.

25. Besondere Leistungen in Leistungsphase 8

47 Das **Durchführen von Leistungs-** und **Funktionsprüfungen** kann vor oder nach der Abnahme erforderlich werden. Sie können je nach Sachlage vom Fachingenieur selbst vorgenommen oder von ihm durch den ausführenden Unternehmer veranlasst werden. Die Begriffe sind in den VDI-Richtlinien 2079 und 2080 für raumlufttechnische Anlagen definiert. Im Übrigen gelten die einschlägigen DIN-Normen. Dabei ist zu beachten, dass das **Mitwirken** bei Leistungs- und Funktionsprüfungen neu als Grundleistung der Leistungsphase 8 in die Anlage 15.1 aufgenommen wurde. Dagegen soll das **Durchführen** von Leistungsmessungen und Funktionsprüfungen eine Besondere Leistung darstellen. Die Abgrenzung ist in der Praxis kaum durchführbar und zumindest mit erheblichen Schwierigkeiten verbunden. Eine weitere Besondere Leistung ist das **Fortschreiben der Ausführungspläne bis zum Bestand**. Dabei ist zu berücksichtigen, dass das Fortschreiben der Ausführungsplanung auf den Stand der Ausführungsergebnisse und der dann vorliegenden Ausführungsplanung des Objektplaners eine Grundleistung im Rahmen der Leistungsphase 5 darstellt. Wurde diese erfüllt, stellt das weitere Fortschreiben der Ausführungspläne von diesem Zeitpunkt an bis zum Bestand eine Besondere Leistung dar. Weitere Besondere Leistungen sind das Erstellen **fachübergreifender Betriebsanleitungen** (z. B. Betriebshandbuch, Reparaturhandbuch) und die Planung der Hilfsmittel für Reparaturzwecke.

26. Fragen der Haftung in der Leistungsphase 8

48 Den Fachingenieur treffen für die von seinen Leistungen betreuten Gewerke dieselben Pflichten bei der Objektüberwachung wie den Objektplaner, sodass auf die dortige Kommentierung verwiesen werden kann (vgl. § 34 Rdn. 240 ff.). Besonders problematisch ist die Abgrenzung der Objektüberwachungspflicht zwischen dem Fachingenieur für die Technische Ausrüstung und dem Objektplaner gerade im Schnittstellenbereich zwischen Anlagen der Technischen Ausrüstung und der Objektplanung.

---

43 OLG Hamm NZBau 2015, 103.

▶ **Beispiele:**

Der Ingenieur hat den Einbau von Brandschutzklappen zu planen und zu überwachen, während das anschließende Einmörteln und Verkleiden der Klappen vom Architekten ausgeschrieben wird und die anrechenbaren Kosten für diese Arbeiten Bestandteil der KG 300 »Baukonstruktion« sind.

In einer Großküche werden Metallrinnen zum Ablauf und zur Entsorgung von Wasser und sonstigen Flüssigkeiten vom Fachingenieur (Küchenplaner) geplant und überwacht. Da diese weder ordnungsgemäß unterfüttert noch an den Bodenbelag angeschlossen sind (keine Leistungen des Fachingenieurs), reißt der Anschlussbereich durch die Ausdehnung der Metallrinnen beim Ablauf von heißem Wasser.

In diesen Fällen wird sich der Fachingenieur häufig darauf berufen, dass die Anschlussbzw. Folgearbeiten nicht in den Bereich der Technischen Ausrüstung fallen und er diese Leistungen somit nicht zu überwachen hat. Dabei übersieht er, dass die Funktionsfähigkeit der Leistungen der Technischen Ausrüstung nicht für sich alleine mit dem Einbau gegeben ist, sondern einen ordnungsgemäßen Anschluss an die Baukonstruktion voraussetzt. Diesen hat der Ingenieur neben dem für die Leistungen der Baukonstruktion zuständigen Architekten zu überwachen, weil die Anlagen der Technischen Ausrüstung ansonsten nicht funktionstauglich sind.[44] Davon unberührt bleibt eine Haftung des Architekten, so dass im Regelfall von einer gesamtschuldnerischen Haftung auszugehen ist.

Die **Rechnungsprüfung** hat dem Auftraggeber gegenüber sorgfältig zu erfolgen. Führt 49
eine fehlerhafte Rechnungsprüfung zu einer Überzahlung des Unternehmers, bestehen neben Rückforderungsansprüche gegen den Unternehmer Schadensersatzansprüche gegen den Fachplaner, welche vor allem bei einer Insolvenz des Unternehmers von Bedeutung sind (vgl. § 34 Rdn. 257). Haftungsträchtig ist auch das **Auflisten der Verjährungsfristen** für die auf den Fachbereich des Ingenieurs entfallenden Gewerke (vgl. i. E. § 34 Rdn. 258). Hierzu zählt die Feststellung des Abnahmezeitpunkts und die Dauer der Hemmung bzw. des Neubeginns der Verjährung.

27. Grundleistungen in Leistungsphase 9 Objektbetreuung und Dokumentation

Da der Fachingenieur das Auflisten der Verjährungsfristen für Mängelansprüche gegen 50
die ausführenden Unternehmen der von ihm bearbeiteten Anlagen vorzunehmen hat, sind ihm diese Fristen bekannt. Er hat daher die **Objektbegehung** rechtzeitig **vor Ablauf der Verjährungsfristen von Mängelansprüchen** gegen die ausführenden Unternehmer durchzuführen und eventuelle Mängel festzustellen. Das Überwachen der Mängelbeseitigung selbst stellt nach der Anlage 15.1 keine Grundleistung, sondern eine Besondere Leistung dar. Der Grund dafür besteht nach der amtlichen Begründung darin, dass der Aufwand für das Überwachen der Mängelbeseitigung, welches bis zur

---

44 Zutreffend OLG Düsseldorf NZBau 2011, 692, 694; vgl. auch OLG München BauR 2003, 278 = NZBau 2002, 575.

§ 55 HOAI   Leistungsbild Technische Ausrüstung

HOAI 2013 eine Grundleistung war, nur schwer kalkulierbar sei. Durch die fachliche Bewertung der Mängel, welche auch notwendige Begehungen enthält, soll sichergestellt werden, dass der Fachplaner dem Auftraggeber bei nach der Abnahme auftretenden Mängeln weiter zur Seite steht. Außerdem soll durch den Fachplaner die Zuordnung der Mangelverantwortlichkeit zu den Bau- oder Planungsbeteiligten vorgenommen werden.[45] Diese Leistung wird zeitlich auf einen Zeitraum von bis zu 5 Jahren nach der Abnahme der betreffenden Leistungen begrenzt. Dabei handelt es sich nicht um bei der Abnahme festgestellte Mängel. Die Überwachung von deren Beseitigung gehört zu den Grundleistungen der Leistungsphase 8. Das **Mitwirken bei der Freigabe von Sicherheitsleistungen** steht in engem Zusammenhang mit der zuvor aufgeführten Leistung. Der Ingenieur berät den Auftraggeber im Rahmen dieser Leistungspflicht, jedoch ist er nicht berechtigt, die Sicherheitsleistung selbst freizugeben; dies ist Sache des Auftraggebers.

28. Besondere Leistungen in Leistungsphase 9

51   Die bisherige Grundleistung »**Überwachen der Mängelbeseitigung innerhalb der Verjährungsfrist**« wurde aus den oben aufgeführten Gründen zu den Besonderen Leistungen in der Anlage 15.1 verschoben. Weitere Besondere Leistungen stellen das Energiemonitoring, die Mitwirkung bei den jährlichen Verbrauchsmessungen aller Medien sowie der Vergleich mit den Bedarfswerten aus der Planung nebst Vorschlägen zur Betriebsoptimierung und Senkung des Medien- und Energieverbrauches dar. Damit soll auch verhindert werden, dass sich diese Werte etwa durch mangelhafte Wartung erhöhen und deshalb erhöhte Kosten oder Umweltschäden entstehen.

29. Die Regelung des Abs. 2

52   Absatz 2 stellt eine Sonderbestimmung dar, wonach der Prozentsatz der Leistungsphase 5 Ausführungsplanung um jeweils 4 % gemindert wird, wenn das Anfertigen von Schlitz- und Durchbruchsplänen oder das Prüfen der Montage- und Werkstattpläne der ausführenden Firmen nicht in Auftrag gegeben wird. Für das Anfertigen von Schlitz- und Durchbruchsplänen war in § 53 Abs. 2 HOAI 2009 eine identische Regelung enthalten. Diese Leistung muss in der Regel als erbracht angesehen werden, wenn der Fachingenieur die erforderlichen Schlitze und Durchbrüche in die Ausführungspläne des Objektplaners einträgt (der Planer hat keine eigenen Schlitz- und Durchbruchspläne zu erstellen) oder bei deren Festlegung in Konstruktion und Tragwerk mitwirkt (Integration der Fachleistungen). Die Voraussetzungen des hier aufgeführten Sonderfalls dürften nur dann vorliegen, wenn es keiner Schlitz- und Durchbruchspläne bedarf sowie bei Einfach- oder Systembauten, bei denen sich die Einordnung der Technischen Ausrüstung problemlos ergibt. Das Prüfen der Montage- und Werkstattpläne der ausführenden Firmen stellte bisher eine Besondere Leistung dar. Der Wegfall dieser Besonderen Leistung konnte somit nicht zu einer Honorarminderung bei den Grundleistungen der Technischen Ausrüstung führen. Nunmehr wurde

---

45   Drucksache 334/13.

diese Leistung in der Anlage 15.1 den Grundleistungen der Leistungsphase 5 zugeordnet, so dass im Falle der Nichtbeauftragung ein Honorarabzug vorzunehmen ist, welcher nach § 55 Abs. 2 mit 4 % bewertet wird.

§ 56 HOAI Honorare für Grundleistungen der Technischen Ausrüstung

(1) Die Mindest- und Höchstsätze der Honorare für die in § 55 und der Anlage 15.1 aufgeführten Grundleistungen bei einzelnen Anlagen sind in der folgenden Honorartafel festgesetzt:

anrechenbare Kosten in Euro	Honorarzone I geringe Anforderungen		Honorarzone II durchschnittliche Anforderungen		Honorarzone III hohe Anforderungen	
	von	bis	von	bis	von	bis
	Euro		Euro		Euro	
5.000	2.132	2.547	2.547	2.990	2.990	3.405
10.000	3.689	4.408	4.408	5.174	5.174	5.893
15.000	5.084	6.075	6.075	7.131	7.131	8.122
25.000	7.615	9.098	9.098	10.681	10.681	12.164
35.000	9.934	11.869	11.869	13.934	13.934	15.869
50.000	13.165	15.729	15.729	18.465	18.465	21.029
75.000	18.122	21.652	21.652	25.418	25.418	28.948
100.000	22.723	27.150	27.150	31.872	31.872	36.299
150.000	31.228	37.311	37.311	43.800	43.800	49.883
250.000	46.640	55.726	55.726	65.418	65.418	74.504
500.000	80.684	96.402	96.402	113.168	113.168	128.886
750.000	111.105	132.749	132.749	155.836	155.836	177.480
1.000.000	139.347	166.493	166.493	195.448	195.448	222.594
1.250.000	166.043	198.389	198.389	232.891	232.891	265.237
1.500.000	191.545	228.859	228.859	268.660	268.660	305.974
2.000.000	239.792	286.504	286.504	336.331	336.331	383.044
2.500.000	285.649	341.295	341.295	400.650	400.650	456.296
3.000.000	329.420	393.593	393.593	462.044	462.044	526.217
3.500.000	371.491	443.859	443.859	521.052	521.052	593.420
4.000.000	412.126	492.410	492.410	578.046	578.046	658.331

§ 56 HOAI Honorare für Grundleistungen der Technischen Ausrüstung

(2) Welchen Honorarzonen die Grundleistungen zugeordnet werden, richtet sich nach folgenden Bewertungsmerkmalen:
1. Anzahl der Funktionsbereiche,
2. Integrationsansprüche,
3. technische Ausgestaltung,
4. Anforderungen an die Technik,
5. konstruktive Anforderungen.

(3) Für die Zuordnung zu den Honorarzonen ist die Objektliste der Anlage 15 Nummer 15.2 zu berücksichtigen.

(4) Werden Anlagen einer Gruppe verschiedenen Honorarzonen zugeordnet, so ergibt sich das Honorar nach Absatz 1 aus der Summe der Einzelhonorare. Ein Einzelhonorar wird dabei für alle Anlagen ermittelt, die einer Honorarzone zugeordnet werden. Für die Ermittlung des Einzelhonorars ist zunächst das Honorar für die Anlagen jeder Honorarzone zu berechnen, das sich ergeben würde, wenn die gesamten anrechenbaren Kosten der Anlagengruppe nur der Honorarzone zugeordnet würden, für die das Einzelhonorar berechnet wird. Das Einzelhonorar ist dann nach dem Verhältnis der Summe der anrechenbaren Kosten der Anlagen einer Honorarzone zu den gesamten anrechenbaren Kosten der Anlagengruppe zu ermitteln.

(5) Für Umbauten und Modernisierungen kann bei einem durchschnittlichen Schwierigkeitsgrad ein Zuschlag gemäß § 6 Absatz 2 Satz 3 bis 50 Prozent schriftlich vereinbart werden.

(6) Steht der Planungsaufwand für die Technische Ausrüstung von Ingenieurbauwerken mit großer Längenausdehnung, die unter gleichen baulichen Bedingungen errichtet werden, in einem Missverhältnis zum ermittelten Honorar, ist § 7 Absatz 3 anzuwenden.

Übersicht	Rdn.
1. Änderungen durch die HOAI 2009	1
2. Änderungen durch die HOAI 2013	3
3. Gang der Honorarermittlung	4
4. Bewertungsmerkmale	5
5. Die Objektliste	15
6. Verschiedene Honorarzonen bei Anlagen einer Anlagengruppe (Abs. 4)	20
7. Honorarerhöhung bei Umbauten und Modernisierungen (Abs. 5)	23
8. Honorarreduzierung bei Ingenieurbauwerken (Abs. 6)	27

1. Änderungen durch die HOAI 2009

1 § 54 Abs. 1 HOAI 2009 enthielt die früher in § 74 Abs. 1 HOAI 2002 vorhandene Honorartafel für Leistungen der Technischen Ausrüstung. Die Tafelwerte wurden um 10 % erhöht. Die Verweisung in § 74 Abs. 2 auf die §§ 16 Abs. 2 und 3 HOAI 2002 bei anrechenbaren Kosten unter oder über den Tafelwerten wurde gestrichen. Das Honorar kann in diesen Fällen nach § 7 Abs. 2 HOAI 2009 frei vereinbart werden.

In § 54 Abs. 2 HOAI 2009 war die bis zur 6. HOAI-Novelle in § 71 Abs. 2 HOAI 2002 enthaltene Zuordnung der Leistungen der Technischen Ausrüstung zu der einschlägigen Honorarzone geregelt. Die Objektliste des § 72 HOAI 2002 befand sich in der Anlage 3.6. Die frühere Regelung des § 69 Abs. 2 HOAI 2002 über die Honorarermittlung, wenn die Anlagen einer Anlagengruppe verschiedenen Honorarzonen zuzuordnen sind, wurde in § 54 Abs. 3 HOAI 2009 übernommen,.

2. Änderungen durch die HOAI 2013

Die in § 54 HOAI 2002 enthaltenen Parameter für die Honorarermittlung wurden in den § 56 verschoben. Die Honorarsätze in den Honorartafeln des Abs. 1 wurden erhöht. Die Kriterien für die Zuordnung der Leistungen zu einer Honorarzone wurden unverändert auch für den Fall übernommen, dass die Anlagen einer Anlagengruppe verschiedenen Honorarzonen zuzuordnen sind. Die Objektliste befindet sich nunmehr in der Anlage 15.2. Sie wurde objektbezogen aufgestellt und in die 8 Anlagengruppen untergliedert. In Abs. 5 wurde die bisher in § 53 Abs. 3 HOAI 2009 enthaltene Regelung über die Vereinbarung eines Umbau- und Modernisierungszuschlags übernommen. Neu ist die Regelung in Abs. 6, wonach ein Honorar unter den Mindestsätzen nach § 7 Abs. 3 vereinbart werden kann, wenn der Planungsaufwand bei Ingenieurbauwerken mit großer Längenausdehnung, welche unter gleichen baulichen Bedingungen errichtet werden, in einem Missverhältnis zum ermittelten Honorar steht.

3. Gang der Honorarermittlung

Auch bei der Technischen Ausrüstung ist es für die Bestimmung der Honorare für Grundleistungen zunächst erforderlich, die anrechenbaren Kosten der Anlagengruppen nach § 53 Abs. 2 zu ermitteln. Dabei ist nach der Anlage 15 die Kostenberechnung bis zur 3. Ebene zugrunde zu legen. Liegen die anrechenbaren Kosten einer Anlagengruppe über 4 Mio. €, ist das Honorar nach § 7 Abs. 2 frei zu vereinbaren. Dafür kann die Fortschreibung der Honorartafeln in Heft 14 der AHO-Schriftenreihe, Stand August 2016, eine Grundlage bilden. Liegen die anrechenbaren Kosten innerhalb der Tafelwerte, sind die Anlagen sodann in die entsprechenden Honorarzonen einzuordnen. Schließlich lassen sich die Honorare aus der Honorartafel des § 56 Abs. 1 ablesen. Für Fälle, in denen die Anlagen einer Anlagengruppe verschiedenen Honorarzonen zugerechnet werden, ist das Honorar nach Abs. 3 zu ermitteln.

4. Bewertungsmerkmale

Ausgangspunkt für die **Bestimmung der Honorarzone** ist § 5 Abs. 2, wonach die Leistungen der Technischen Ausrüstung in drei Honorarzonen einzuordnen sind. § 56 Abs. 2 legt dafür die Zuordnungskriterien fest. Maßgeblich für die Zuordnung der Leistungen zu der einschlägigen Honorarzone ist danach der Schwierigkeitsgrad der Planungsanforderungen.

6   Die maßgeblichen **Bewertungsmerkmale** sind nach Abs. 2:
    1. Anzahl der Funktionsbereiche
       Die Anzahl der Funktionsbereiche betrifft die anlagentechnischen Funktionsbereiche.[1] Das heißt: Die Zahl sowie die Vielzahl der Nutzungsbereiche.
7   2. Integrationsansprüche
       Die Integrationsansprüche umfassen den umwelt-, bauwerk- und systembedingten Integrationsaufwand, der vom Niveau der Anforderungen bestimmt wird, welches Objektplaner, Auftraggeber und Nutzer des Bauwerks festlegen.
8   3. technische Ausgestaltung
       Die technische Ausgestaltung betrifft sowohl den Anteil der Technischen Ausrüstung am Bauwerk als auch den Differenzierungsgrad der technischen Anlagen.
9   4. Anforderungen an die Technik
       Die Anforderungen an die Technik werden durch den Schwierigkeitsgrad der einzelnen Anlagen und Anlagensysteme bestimmt; diese Anforderungen beziehen sich auf die rechnerische Bearbeitung der Aufgabe.
10 5. Konstruktive Anforderungen
       Die konstruktiven Anforderungen betreffen den bauwerk-, system- und anlagenbedingten Konstruktionsaufwand; diese Anforderungen beziehen sich daher auf die zeichnerische Bearbeitung der Aufgabe.

11 Im Gegensatz zu der Ermittlung der Honorarzone bei anderen Objekten fordert der Verordnungsgeber keine Punktebewertung. Nach § 5 Abs. 2 sind die Leistungen der Technischen Ausrüstung in drei Honorarzonen einzuordnen, die sich durch den Schwierigkeitsgrad der Planungsanforderungen unterscheiden. Sind für eine Anlage Bewertungsmerkmale aus mehreren Honorarzonen anwendbar und bestehen deswegen Zweifel, welcher Honorarzone die Anlagengruppe zuzuordnen ist, dann ist die Honorarzone maßgebend, in die die Mehrzahl der Bewertungsmerkmale entsprechend ihrer Bedeutung im Einzelfall fallen. Dabei ist in besonderen Fällen durchaus auch eine unterschiedliche Gewichtung der Bewertungsmerkmale möglich. So sind etwa bei Anlagen in der Anlagengruppe 5 (fernmelde- und informationstechnische Anlagen) die konstruktiven Anforderungen oftmals von untergeordneter Bedeutung[2].

12 Nach den §§ 5 Abs. 2, 3 ist die Bestimmung der Honorarzone eindeutig, wenn die Bewertungsmerkmale einer Anlage nach der Objektliste der Anlage 15.2 mit der Honorarzone übereinstimmen. Fällt die Anlage zwar unter ein Regelbeispiel für die Zuordnung zu einer Honorarzone in der Anlage 15.2, liegen aber auch Bewertungsmerkmale aus anderen Honorarzonen vor, dann entscheidet die Mehrzahl der Bewertungsmerkmale nach § 56 Abs. 2. In Zweifelsfällen haben die Bewertungsmerkmale den Vorrang vor der Einordnung in die Objektliste.[3] Der Grund dafür besteht darin, dass die Objektliste nur eine abstrakte Einordnung von Anlagen in die Honorarzone enthält, während nach § 5 Abs. 3 i. V. m. § 56 Abs. 2 eine konkrete Zuordnung der einzelnen Anlagen vorgenommen wird.

---

1 *Sonntag/Seifert* in FBS, § 56 Rn. 15; *Meurer* in KMV, § 56 Rn. 18.
2 PDKR, § 54 Rn. 2.
3 *Sonntag/Seifert* in FBS, § 56 Rn. 13; a. A. *Schmidt* in MNP, § 56 Rn. 12.

Der Unterschied zu § 56 Abs. 4 besteht darin, dass es sich dort um Anlagen einer Anlagengruppe handelt, die verschiedenen Honorarzonen zuzurechnen sind, während nach § 5 Abs. 3 eine Anlage verschiedenen Honorarzonen zugeordnet werden kann. 13

▶ **Beispiel** 14

In einer Werkstatt ist eine Wasserverbrauchsanlage mit einfachem Rohrnetz zu planen. Es muss jedoch eine Wasserdruckerhöhungsanlage vorgesehen werden. Außerdem wird für einen Raum aus Sicherheitsgründen eine chemische Wasserbehandlungsanlage vorgeschrieben.

Nach der Objektliste fällt die Wasserverbrauchsanlage als solche in die Honorarzone I, die Wasserdruckerhöhungsanlage in die Honorarzone II, die chemische Wasserbehandlungsanlage in die Honorarzone III. Damit ergibt sich folgende Bewertung entsprechend der Bedeutung im Einzelfall gemäß § 56 Abs. 2:

Bewertungsmerkmale	Planungsanforderungen	Honorarzonen		
		I geringe	II durchschnittliche	III hohe
Anzahl der Funktionsbereiche			●	
Integrationsansprüche			●	
Technische Ausgestaltung				●
Anforderungen an die Technik			●	
Konstruktive Anforderungen		●		
Summe		1	3	1

Es gilt also Honorarzone II.

5. Die Objektliste

15 Die Anlage 15.2 enthält eine in drei Honorarzonen unterteilte Objektliste für die Anlagen der Technischen Ausrüstung. Diese stellt gegenüber der für die Einordnung exakteren Regelung des § 56 Abs. 2 in Verbindung mit § 5 Abs. 3 einfacher zu handhabende Einordnungskriterien auf. Die Objektliste ordnet abstrakt eine Reihe häufig vorkommender Anlagen der Technischen Ausrüstung den Honorarzonen zu. Sie ist beispielhaft und nicht abschließend. Die Einordnung ist nicht verbindlich (vgl. Rdn. 12), wobei zurecht darauf hingewiesen wird, dass ihr aufgrund der bei Anlagen der Technischen Ausrüstung häufig vorkommenden Typisierung eine wesentliche Bedeutung zukommt.[4]

16 Es ergibt sich also folgendes Einordnungsverfahren: Im Normalfall ist zunächst anhand der Objektliste der Anlage 15.2 zu prüfen, ob darin die gesuchte Anlage aufgeführt ist und in welche Honorarzone sie danach eingeordnet wird. Verbleiben Zweifel, dann ist das Ergebnis an den Bewertungsmerkmalen des § 56 Abs. 2 zu überprüfen.

17 Die Objektliste für Anlagen der Technischen Ausrüstung in der Anlage 15.2 wurde gegenüber der Anlage 3.6 der HOAI 2009 überarbeitet. Sie berücksichtigt nunmehr, dass die Leistungen der Technischen Ausrüstung in 8 Anlagengruppen unterteilt wurden (§ 53 Abs. 2) und ist deshalb nach diesen Anlagengruppen gegliedert. Dadurch wurde nicht nur ein systematischer Fehler beseitigt. Vielmehr wurde die Handhabung der Objektliste auch erheblich erleichtert.

18 Die Objektliste für Anlagen der Technischen Ausrüstung in der Anlage 15.2 ist erweitert und in Teilen klarer gefasst worden.

19 Um eine klare Zuordnung zu den acht Anlagengruppen und den Bezug entsprechend DIN 276 zu erzielen, werden die in der Anlage 15.2 aufgeführten Anlagen der Technischen Ausrüstung diesen Erfordernissen angepasst und den 8 Anlagegruppen zugeordnet. Die Objektliste kann, insbesondere im Hinblick auf die Anlagengruppe 7 (Nutzungsspezifische Anlagen), nicht abschließend sein.

6. Verschiedene Honorarzonen bei Anlagen einer Anlagengruppe (Abs. 4)

20 Liegen nach Absatz 4 **Anlagen verschiedener Honorarzonen einer Anlagengruppe** vor, so wird das Honorar gemäß Absatz 1 aus der Summe der Einzelhonorare der verschiedenen Honorarzonen ermittelt. § 56 Abs. 4 ist nicht nur dann anwendbar, wenn die innerhalb einer Anlagengruppe des § 53 Abs. 2 aufgeführten Anlagen verschiedenen Honorarzonen zuzuordnen sind (z. B. bei der Anlagengruppe 1 die Abwasser- und die Gasanlagen). Die Vorschrift greift auch dann ein, wenn es sich um mehrere selbständige Bestandteile einer in einer Anlagengruppe enthaltenen Anlage handelt. Eine derartige Unterscheidung legt zunächst die Objektliste der Anlage 15.2 nahe. Soweit dort Anlagen erwähnt sind, können sie selbständig unterschiedlichen Honorarzonen zugeordnet werden. Außerdem enthalten nur 4 von 8 Anlagengruppen mehr als eine Anlage, sodass die Vorschrift im Falle einer restriktiven Auslegung weitgehend ins Leere laufen würde.

---

4 *Sonntag/Seifert* in FBS, § 56 Rn. 22.

Bei **nutzungsspezifischen Anlagen** ist die Sonderregelung des § 54 Abs. 1 S. 2 zu beachten. Hier greift eine anlagengruppenbezogene Abrechnung nur dann ein, wenn die Anlagen funktional gleichartig sind. Ansonsten erfolgt eine getrennte Abrechnung von einzelnen »Anlagenarten« (vgl. § 54 Rdn. 9 f.).

Bei der Honorarberechnung nach Absatz 4 werden zunächst die anrechenbaren Kosten der Anlagen einer Anlagengruppe gemäß § 6 HOAI auf die verschiedenen Honorarzonen aufgeteilt. Danach wird ein theoretisches Honorar für die Anlagen der einzelnen Honorarzonen ermittelt, wobei die gesamten anrechenbaren Kosten der Anlagengruppe zugrunde gelegt werden müssen. Die Einzelhonorare der verschiedenen Honorarzonen sind in das Verhältnis zu den anrechenbaren Kosten der Honorarzonen zu den Gesamtkosten der Anlagengruppe zu setzen und die sich hierbei ergebenen Summen zu addieren. Hierzu folgendes Beispiel: 21

▶ **Beispiel** 22

Anrechenbare Kosten Anlagengruppe 1

KG 411 Abwasseranlagen	500.000,00 €	Anlage Nr. 1
KG 412 Wasseranlagen	1.000.000,00 €	Anlage Nr. 2
Summe Anrechenbare Kosten:	**1.500.000,00 €**	

Anlage Nr. 1: KG 411 – Abwasseranlagen

Anrechenbare Kosten: 500.000,00 €

Honorarzone: 3

Honorarsatz: 100,00 % (Höchstsatz)

Aus der Honorartafel zu § 56 HOAI ergibt sich

für die Anlage Nr. 1 bei anrechenbaren Gesamtkosten

von 1.500.000 € folgender Betrag: 305.974,00 €

Das Grundhonorar für die Anlage 1 beträgt nach § 54 Abs. 4 HOAI damit:

$$\frac{305.974,00 * 500.000,00}{1.500.000,00} = 101.991,33 \text{ €}$$

Anlage Nr. 2: KG 412 – Wasseranlagen

Anrechenbare Kosten: 1.000.000,00 €

Honorarzone: 2

Honorarsatz: 100,00 % (Höchstsatz)

Aus der Honorartafel zu § 56 HOAI ergibt sich

für die Anlage Nr. 2 bei anrechenbaren Gesamtkosten

von 1.500.000 € folgender Betrag: 268.660,00 €

Das Grundhonorar für die Anlage 2 beträgt nach § 54 Abs. 4 HOAI damit:

$$\frac{268.660{,}00 * 1.000.000{,}00}{1.500.000{,}00} = 179.106{,}67 \,€$$

Grundhonorar für Anlage Nr. 1 (KG 411 – Abwasseranlagen)	101.991,33 €
Grundhonorar für Anlage Nr. 2 (KG 412 – Wasseranlagen)	179.106,67 €
Summe Grundhonorar	281.098,00 €

7. Honorarerhöhung bei Umbauten und Modernisierungen (Abs. 5)

23 Abs. 5 verweist bei einem **Umbau oder einer Modernisierung** einer technischen Anlage auf die allgemeine Regelung des § 6 Abs. 2 (vgl. § 6 Rdn. 39 ff.), welche wiederum für die Höhe des Zuschlags auf die Honorarregelungen der einzelnen Leistungsbilder verweist. Danach kann für Umbauten und Modernisierungen von Anlagen der Technischen Ausrüstung bis zu einem durchschnittlichen Schwierigkeitsgrad (Honorarzone II) ein Zuschlag von bis zu 50 % vereinbart werden. Bei einem höheren Schwierigkeitsgrad besteht keine Begrenzung nach oben. Ebenso kann der Umbauzuschlag vertraglich abbedungen werden. Voraussetzung für die Wirksamkeit der Vereinbarung über den Zuschlag ist die Einhaltung der gesetzlichen Schriftform. Wurde keine Vereinbarung über einen Zuschlag getroffen, wird nach § 6 Abs. 2 S. 4 unwiderleglich vermutet, dass ein Zuschlag von 20 % vereinbart worden ist.

24 Umstritten ist, ob ein **Umbau- und Modernisierungszuschlag** auch dann berechnet werden darf, wenn im Rahmen einer **Gebäudesanierung** Anlagen der Technischen Ausrüstung komplett neu geplant und errichtet werden. Dies wird mit der Begründung bejaht, dass der Zweck eines Umbau- und Modernisierungszuschlags gerade darin bestehen würde, die sich dabei für den Planer ergebenden Mehrbelastungen honorarmäßig auszugleichen. Es sei aber unbestritten, dass die Leistungen der Technischen Ausrüstung im Falle einer vollständigen Neuplanung einer Anlage in einem Bestandsgebäude in der Regel mit einem erheblich größeren Aufwand als bei einem Neubau verbunden sind. Das schon bestehende Gebäude sei eine Vorgabe, nach der sich der Fachplaner zu richten habe, ohne dass er, wie bei einem Neubau üblich, schon im Rahmen der Vor- und Entwurfsplanung mitwirken oder Einfluss nehmen könnte. Dadurch werde die Planung z. B. von wasserführenden Installationen, Raumluft- Elektro- und Fördertechnik erschwert, sodass der mit dem Umbauzuschlag verfolgte Zweck auch hier gegeben sei und aufgrund des erhöhten Mehraufwands unabhängig von der begrifflichen Einordnung ein Umbauzuschlag verlangt werden könnte, wenn gegenüber einer Neubauplanung eine Erschwernis vorliegen würde.[5]

25 Diese Auffassung ist mit der Begriffsbestimmung des § 2 Abs. 5, 6 für Umbauten und Modernisierungen nicht vereinbar, weil weder wesentliche Eingriffe in Konstruktion und Bestand noch bauliche Maßnahmen zur nachhaltigen Erhöhung des Gebrauchs-

---

5 LG Zwickau IBR 2008, 460; *Heymann* BauR 2000, 1221; *Jochem*, 4. Aufl., § 76 Rn. 3.

werts des Objekts »Anlagen« i. S. d. § 2 Abs. 1 vorliegen.⁶ Der unstreitige Mehraufwand für den Ingenieur ist deshalb nicht über den Umbau- und Modernisierungszuschlag, sondern über andere Parameter für die Honorarermittlung wie die Vereinbarung von Mittel- oder Höchstsätzen oder eine Erhöhung der anrechenbaren Kosten für die mitzuverarbeitende Bausubstanz zu kompensieren, auch wenn Letztere einen anderen Zweck als der Umbau- und Modernisierungszuschlag verfolgt. Die in früheren Auflagen vertretene gegenteilige Auffassung wird nicht mehr aufrechterhalten.

Werden **Instandsetzungs- oder Instandhaltungsmaßnahmen** von einem Fachingenieur betreut, ergibt sich aus § 12, dass der Prozentsatz für die Leistungsphase 8 im Wege einer schriftlichen Vereinbarung um bis zu 50 % erhöht werden kann. 26

8. Honorarreduzierung bei Ingenieurbauwerken (Abs. 6)

Abs. 6 regelt einen Sonderfall, der im Zusammenhang mit § 44 Abs. 7 steht. Ingenieurbauwerke können eine große Längenausdehnung aufweisen (z. B. Deiche, Kaimauern). Erfolgt die Errichtung derartiger Ingenieurbauwerke unter gleichen baulichen Bedingungen, steht das Honorar aufgrund der erheblichen anrechenbaren Kosten häufig in keinem Verhältnis zu dem Aufwand des Planers. Dies gilt bei derartigen Ingenieurbauwerken nicht nur für das Leistungsbild Ingenieurbauwerke, sondern auch für die Technische Ausrüstung. Dieser Fall wird somit ausdrücklich als Ausnahmefall i. S. d. § 7 Abs. 3 definiert. Voraussetzung dafür ist aber, dass der Aufwand für die Technische Ausrüstung in einem Missverhältnis zu dem auf der Grundlage der anrechenbaren Kosten zu ermittelnden Honorar steht. Dann liegt ein Ausnahmefall vor mit der Folge, dass die Mindestsätze nach § 7 Abs. 3 unterschritten werden können. Dabei ist zu beachten, dass eine wirksame Honorarvereinbarung nach § 7 Abs. 3 die Einhaltung der gesetzlichen Schriftform erfordert und nach Auffassung des BGH bei Auftragserteilung getroffen werden muss (vgl. § 7 Rdn. 97). 27

---

6 OLG Brandenburg BauR 2000, 762 = OLGR 2000, 11; *Seifert* BauR 2001, 35; *Scholtissek*, § 53 Rn. 77; *Sonntag/Seifert* in FBS, § 56 Rn. 41.

Teil 5 Übergangs- und Schlussvorschriften

§ 57 HOAI Übergangsvorschrift

Diese Verordnung ist nicht auf Grundleistungen anzuwenden, die vor ihrem Inkrafttreten vertraglich vereinbart wurden; insoweit bleiben die bisherigen Vorschriften anwendbar.

Übersicht

		Rdn.
1.	Gültige Fassung der HOAI für die jeweiligen Verträge	1
2.	Verträge über Teilleistungen und Teilobjekte	2
3.	Stufenweise und abschnittsweise Beauftragung	3
4.	Vorvertrag; Rahmenvertrag	5
5.	Neues Recht für Teile von Altverträgen	6
6.	Parteivereinbarungen über die Anwendung der alten/neuen HOAI	7

1. Gültige Fassung der HOAI für die jeweiligen Verträge

In § 57 ist der Grundsatz niedergelegt, in welcher Fassung die HOAI für den jeweiligen Vertrag gilt. Für mündliche oder schriftliche Verträge, welche bis einschließlich 16.07.2013 abgeschlossen wurden, gilt die alte Fassung. Dagegen ist für Vereinbarungen seit dem 17.07.2013 einschließlich die neue HOAI anwendbar. Maßgebend ist also, wann die Beauftragung erfolgt ist, wobei selbstverständlich auch der mündliche Architekten- und Ingenieurvertrag ausreicht.[1] Die Vorschrift des § 57 HOAI entspricht im Wortlaut der Vorgängervorschrift des § 55 HOAI 2009. Gegenüber der damaligen Rechtslage hat sich also nichts geändert.

2. Verträge über Teilleistungen und Teilobjekte

Sind im **Altvertrag** zunächst explizit nur **Teilleistungen** in Auftrag gegeben worden, werden dann ab dem Stichtag (17.07.2013) weitere Leistungen beauftragt (stufenweise Beauftragung), dann stellt sich die Frage, ob die HOAI in der alten Fassung auch für die neu beauftragten Leistungen gilt. Entsprechendes ist auch dann zu prüfen, wenn ausdrücklich nur bestimmte **Bauabschnitte** oder Bauteile erfasst sind und nach dem Stichtag weitere hinzukommen. Bei Neuaufträgen gilt hier unzweifelhaft für diese das neue Recht.[2] .

3. Stufenweise und abschnittsweise Beauftragung

Nicht problematisch sind diejenigen Fälle, in denen der Vollauftrag von vornherein vor dem Stichtag erteilt wird und der Auftraggeber das Recht hat, die zeitlichen Vorgaben für die einzelnen Leistungen des Auftragnehmers zu machen. Bei einem solchen »Ab-

---

[1] OLG Düsseldorf BauR 1996, 289 = NJW-RR 1996, 535.
[2] Z. B. *Messerschmidt* in MNP § 57 Rn. 5.

rufvertrag« ist der Auftrag unbedingt bzw. für das Gesamtobjekt von vornherein erteilt, sodass auch bei späterer Leistungserbringung die HOAI in der zum Zeitpunkt des Vertragsabschlusses geltenden Fassung maßgebend ist.[3]

Sowohl bei stufenweiser als auch bei abschnittsweiser Beauftragung ist der weitergehende Auftrag für die bereits im Altvertrag zusätzlich enthaltenen Leistungen von einer aufschiebenden Bedingung abhängig. Es handelt sich bei der **stufenweisen Beauftragung** um einen **Optionsvertrag** betreffend weitere Leistungen, wobei der Vertrag über die weiteren Leistungen erst mit Eintritt der Bedingung zustande kommt.[4] Der Eintritt der Bedingung hat – ohne abweichende Vereinbarung der Parteien – grundsätzlich keine rückwirkende Kraft (vgl. § 159 BGB). Auch bei **abschnittsweiser Beauftragung** handelt es sich um einen Optionsvertrag über mehrere Gebäude, wobei die Entscheidung über die Errichtung dieser Gebäude und die Auftragserteilung eine aufschiebende Bedingung für die weitere Beauftragung darstellen.[5]

Damit steht fest, dass erst nach Abruf und damit nach dem Stichtag ein Vertrag über die zusätzlichen Leistungen zustande kommt. Für sie gilt deshalb die HOAI in der neuen Fassung. Das war für die Übergangsregelung der alten HOAI allgemeine Meinung.[6] Auch für die Übergangsvorschrift des § 55 HOAI 2009 vertrat die absolut h. M. in der Literatur die Auffassung, dass bei stufenweiser Beauftragung mit Abruf der neuen Stufe erst der Vertrag zustande komme und damit die neue HOAI zur Anwendung kommt, wenn der Abruf seit dem 18.08.2009 bzw. im Hinblick auf die 7. HOAI-Novelle seit dem 17.07.2013 erfolgt ist.[7] Dabei spielt es keine Rolle, ob – wie beim RBBau-Muster – kein Anspruch des Auftragnehmers auf weitere Beauftragung besteht oder – z. B. beim kommunalen Muster – im Falle der Verwirklichung der Baumaßnahme innerhalb eines bestimmten Zeitraums der Auftragnehmer ein Recht auf Beauftragung hat.[8] In beiden Fällen – auch bei Annahme eines Optionsrechts des Auftraggebers in anderen Fällen – kommt der Auftrag hinsichtlich der zusätzlichen Leistungen

---

3 *Motzke* NZBau 20103, 742 (745); ders. NZBau 2015, 195 (196); *Korbion* in KMV § 57 Rn. 5; *Messerschmidt* in MNP § 58 Rn. 2; *Vogel* in FBS § 57 Rn. 8.
4 So mit Recht BGH BauR 2009, 264 = NJW-RR 2009, 447; vgl. dazu auch Einl. Rdn. 75 und § 7 Rdn. 69.
5 BGH BauR 2009, 523 = NJW-RR 2009, 598; vgl. auch Einl. Rdn. 78 und § 7 Rdn. 69.
6 Ebenso für die HOAI 1996/2002 und frühere Fassungen z. B. OLG Düsseldorf BauR 1997, 340; LG Hamburg Urt. v. 16.12.1992 – 319 O 343/92; LG München I BauR 1996, 576; LG Konstanz BauR 1996, 577; *Löffelmann/Fleischmann*, Rn. 5; *Werner* BauR 1992, 695; für die Übergangsvorschriften der HOAI 2009, vgl. LG Koblenz Urt. v. 28.02.2013 – 4 O 103/12 und *Koeble/Zahn*, Die neue HOAI 2009, B Rn. 45 ff.; für die Übergangsvorschrift der HOAI 2013 vgl. *Koeble/Zahn*, Die neue HOAI 2013 Teil C Rn. 6.
7 *Averhaus* NZBau 2009, 473 [478]; *Berger/Fuchs*, Rn. 97; *Grams/Weber* NZBau 2010, 337 [341 f.]; *Korbion*, Aktualisierungsband 7. Aufl., S. 160 f.; PDKR Einl. Rn. 42; *Scholtissek*, § 55 Rn. 3; *Werner* in *Werner/Pastor* Rn. 611, 694.
8 A. A. insoweit *Grams/Weber*, NZBau 2010, 337 [341 f.], wonach neues Recht nur dann gelte, wenn keine Pflicht zur Weiterbeauftragung bestand.

später zu den Bedingungen der Neufassung der HOAI zustande.[9] Andernfalls könnte der Auftraggeber durch vertragliche Vereinbarung den zutreffenden Mindestsatz nach HOAI unterschreiten.[10] Die gegenteilige Auffassung, wonach auch für weitere, nach dem 16.07.2013 beauftragte Stufen das alte Recht gelten soll, hat sich durch die Entscheidung des BGH erledigt.[11] Dieser gibt jedoch keine Stütze für die genannte Auffassung. Bei aufschiebender Bedingung sind die weiteren Stufen eben gerade nicht »vertraglich vereinbart«. Wenn man dies im Übrigen bejahen würde, dann müsste man sich ferner fragen, ob ein Anspruch auf Weiterbeauftragung besteht, wenn weitere Stufen nicht abgerufen werden, weil ja dann schon der Vertrag zustande gekommen ist. Der Nichtabruf würde dann sozusagen eine Kündigung darstellen. Das weitere Argument, man müsse Vertragsabschluss und Wirksamkeit des Vertrages unterscheiden, ist ebenfalls nicht richtig.[12] Wenn der Vertrag schon später erst wirksam werden soll, dann hat dies gerade keine rückwirkende Kraft (vgl. § 159 BGB). Schließlich ist auch die Argumentation aus dem Erlass des BMVBS von August 2009 unzutreffend. Danach soll auf der Grundlage der Rechtsprechung des BGH betreffend die stufenweise Beauftragung und die abschnittsweise Beauftragung (vgl. oben Rdn. 3) die alte HOAI auch bei späterer Beauftragung einer weiteren Stufe gültig sein. Dies wird aus der Formulierung geschlossen, dass eine vorab getroffene Honorarvereinbarung erst mit der vertraglichen Vereinbarung über die auszuführenden Leistungen wirksam werde und deshalb bei Auftragserteilung getroffen sei. Diese Schlussfolgerung ist jedoch nicht nachzuvollziehen. In der Entscheidung ist nämlich nichts darüber gesagt, ob dann bei Wirksamwerden der vertraglichen Bindung diese ab diesem Zeitpunkt dem alten Recht oder dem neuen Recht unterliegt. Das ist eine völlig andere Frage und aus dem Wesen der Bedingung heraus ergibt sich das genaue Gegenteil von dem, was der Erlass annimmt.

Die bisherige Literatur und auch die Differenzierung in bedingte und nicht bedingte Beauftragung hat sich durch die Rechtsprechung des BGH[13] erledigt. Die gegenteilige Auffassung, wonach über den bedingten Auftrag noch nicht entschieden sei, ist abzulehnen.[14] Die Rechtsfolge bei Eintritt der aufschiebenden Bedingung – Wirkung ex nunc – lässt sich mit Argumenten nicht beseitigen (§ 159 BGB).[15]

---

9 BGH BauR 2015, 689 = NZBau 2015, 170 und schon BGH BauR 2009, 523 = NJW-RR 2009, 598.
10 Ebenso *Werner* BauR 1992, 695.
11 Dem BGH zustimmend *Messerschmidt* in MNP § 58 Rn. 4.
12 So aber *Deckers* Rn. 1139; *Messerschmidt*, FS Koeble, S. 393 [394]; *Messerschmidt* NZBau 2009, 568; *Morlock/Meurer*, Rn. 1244.
13 BauR 2015, 689 = NZBau 2015, 170.
14 So aber *Rodemann* in TWK § 5 Rn. 17; vgl. auch *Kuhn* ZfBR 2014, 3; vgl. die weitere Literatur vor Bekanntwerden der Entscheidung des BGH bei *Koeble* in *Kniffka/Koeble*, Kompendium, 12. Teil, Rn. 200, FN 349.
15 Wie hier *Messerschmidt* in MNP § 58 Rn. 4 unter Aufgabe seiner früheren Auffassung; *Motzke* NZBau 2013, 742; *Vogel* in FBS § 57 Rn. 14.

§ 57 HOAI Übergangsvorschrift

4 Soweit auf Teile eines Vertrages die alte HOAI und auf andere Teile die neue HOAI zur Anwendung kommt, können sich Probleme sowohl mit den **Leistungspflichten** als auch mit den **Prozentsätzen** für die erbrachten Leistungen ergeben. Ist die HOAI in Bezug genommen, dann gelten für die nach dem 17.07.2013 in Auftrag gegebenen Leistungen die Grundlagen des neuen Leistungsbildes auch für die Leistungspflichten. Das betrifft z. B. die Frage, ob statt dem Kostenanschlag bepreiste Leistungsverzeichnisse vorzulegen sind. Dies ist zu bejahen. Die Prozentsätze für die Honorare ergeben sich dann aus der neuen HOAI und es kann durchaus sein, dass insgesamt mehr als 100 % des Gesamthonorars abgerechnet werden können. Dem steht der Höchstpreischarakter der HOAI nicht entgegen, weil ja unterschiedliche Fassungen der HOAI auf unterschiedliche Teile des Vertrages anwendbar sind. Für die später beauftragten Leistungen gilt dann auch noch die neue Honorartafel. Dabei können sich Bewertungsfragen im Hinblick auf unterschiedliche Prozentsätze für Leistungsphasen aus alter und neuer HOAI ergeben.[16]

4. Vorvertrag; Rahmenvertrag

5 Haben die Vertragsparteien vor dem Stichtag (17.07.2013) einen **Vorvertrag**[17] abgeschlossen, dann gilt die HOAI in der neuen Fassung, wenn der eigentliche Hauptvertrag seit dem 17.07.2013 zustande gekommen ist.[18] Entsprechendes gilt auch dann, wenn ein **Rahmenvertrag**[19] anzunehmen ist.[20] In beiden Fällen ist erst mit dem Hauptvertrag die rechtsgeschäftliche Beziehung begründet, sodass die HOAI in der Neufassung heranzuziehen ist.

5. Neues Recht für Teile von Altverträgen

6 Die **Anwendung des neuen Rechts** auf **Teile von Verträgen** kann zu erheblichen Problemen führen (vgl. oben Rdn. 4). Das galt besonders für den Übergang zur HOAI 2009. Für die Abrechnung von Leistungen aus den Leistungsphasen 5 ff.[21] wird dann sowohl die Kostenberechnung für die Leistungen aus dem Altvertrag als auch für die zusätzlichen Leistungen maßgebend sein. Soweit im Altvertrag die Begriffe aus der alten HOAI verwendet sind und jetzt andere gelten oder die Vorschriften sich geändert haben, ist durch Auslegung zu klären, ob die Parteien das neue Recht auch mit den Änderungen vereinbaren wollten. Unproblematisch ist dies z. B. für Leistungsphasen, die jetzt in anderen Vorschriften enthalten sind.[22] Zweifel ergaben sich

---

16 Dazu *Eschenbruch/Legat* BauR 2014, 772; *Kaiping* NZBau 2015, 268; *Vogel* in FBS § 57 Rn. 16 ff.
17 Vgl. dazu Einl. Rdn. 82.
18 Ebenso *Korbion* in KMV § 57 Rn. 6; *Messerschmidt* in MNP § 58 Rn. 3; a. A. *Grams/Weber* NZBau 2010, 337 [340], die aber übersehen, dass der Vorvertrag noch kein Hauptvertrag ist und ungewiss ist, ob dieser überhaupt zustande kommt.
19 Vgl. dazu Einl. Rdn. 89.
20 Ebenso. *Korbion* in KMV § 57 Rn. 6; *Messerschmidt* in MNP § 58 Rn. 3; *Vogel* in FBS § 57 Rn. 9.
21 Bei der Tragwerksplanung ab Leistungsphasen 4 ff.
22 Z. B. statt § 15 HOAI 2002 dann § 33 i. V. m. Anlage 11 HOAI 2009.

z. B. im Hinblick auf frühere Anlagengruppen der **Technischen Ausrüstung**, die nach HOAI 2009 in zwei verschiedenen Anlagengruppen enthalten sind. Hier geht der Wille der Parteien in der Regel dahin, den ursprünglichen Leistungsumfang und den Vertragsgegenstand auch für die weitere Vertragsabwicklung beizubehalten und dann aber die neue Honorartafel mit höheren Honoraren für die Zusätzlichen Leistungen zugrunde zu legen. Anderes dürfte im Hinblick auf die **örtliche Bauüberwachung** (§ 57 HOAI 2002) zutreffen, weil diese Leistung in den fakultativen Bereich (Anlage zur HOAI) verlagert wurde. Die Leistung wird nach den ursprünglichen vertraglichen Regelungen auch nach dem Stichtag zu erbringen und zu honorieren sein, ohne dass eine Erhöhung des Honorars möglich ist, zumal diese Erhöhung noch nicht einmal in der Anlage, sondern nur in der Amtlichen Begründung angesprochen wurde.[23]

6. Parteivereinbarungen über die Anwendung der alten/neuen HOAI

Eine ausdrückliche Regelung über die **Vereinbarung** des **neuen Rechts für laufende Verträge** enthält die HOAI nicht.[24] Dennoch sind solche Vereinbarungen vom Grundsatz her zulässig (§ 7 Abs. 1). Die Grenze für solche Honorarvereinbarungen stellt der bis zum Stichtag des Inkrafttretens der neuen HOAI geltende Mindest- bzw. Höchstsatz dar. Die Überprüfung findet allerdings nicht von Amts wegen statt. Vielmehr hat die jeweils benachteiligte Partei die Möglichkeit, substantiiert zur Unwirksamkeit wegen Verstoßes gegen den korrekten Mindest- bzw. Höchstsatz vorzutragen. 7

Ebenso können die Parteien auch für **Verträge seit 17.07.2013** vereinbaren, dass **das alte Recht** anwendbar sein soll. Auch diese Vereinbarung ist nicht per se unwirksam, sondern zulässig (§ 7 Abs. 1).[25] Solche Anpassungs- bzw. Überleitungsklauseln sind auch nicht per se in Allgemeinen Geschäftsbedingungen oder Formularverträgen unwirksam.[26] Sie müssen sich jedoch ebenfalls unter dem Strich an dem richtigen, heutigen Mindest- und Höchstsatz nach HOAI messen lassen. Voraussetzung ist allerdings, dass sich die jeweils benachteiligte Partei auf die Unter- bzw. Überschreitung des Mindest- bzw. Höchstsatzes in substanziierter Form beruft. Gleiches gilt auch für Regelungen in Altverträgen, wonach bei stufenweiser bzw. abschnittsweiser Beauftragung oder auch bei Vor- und Rahmenverträgen hinsichtlich der nach dem Stichtag (16.07.2013) beauftragten Leistungen die alte HOAI gelten soll.[27] 8

Alle diese Vereinbarungen bedürfen jedoch der **Schriftform** und sie müssen bereits **bei Auftragserteilung** getroffen werden, weil es sich um Honorarvereinbarungen i. S. des 9

---

23 Vgl. dazu § 43 Rdn. 7.
24 Anders früher § 103 Abs. 2 HOAI 2002.
25 Zu einzelnen Anpassungsklauseln vgl. *Korbion* in KMV § 58 Rn. 8; *Thode/Kuhn* ZfBR 2015, 419; *Kaiping* NZBau 2015, 268; *Vogel* in FBS § 57 Rn. 29.
26 So aber *Scholtissek*, § 56 Rn. 4; *Korbion* in KMV § 58 Rn. 8; *Thode/Kuhn* ZfBR 2015, 419; *Kaiping* NZBau 2015, 268; *Vogel* in FBS § 57 Rn. 29.
27 Z. B.: »Es gilt die HOAI in der zum Zeitpunkt dieser Vereinbarung gültigen Fassung«.

§ 58 HOAI Inkrafttreten, Außerkrafttreten

§ 7 Abs. 1 handelt. Insoweit hat sich gegenüber der alten Fassung der HOAI (§ 103 Abs. 2 HOAI 2002) etwas geändert.[28]

§ 58 HOAI Inkrafttreten, Außerkrafttreten

Diese Verordnung tritt am Tag nach der Verkündung in Kraft. Gleichzeitig tritt die Honorarordnung für Architekten und Ingenieure vom 11. August 2009 (BGBl. I S. 2732) außer Kraft.

Der Bundesrat hat zugestimmt.

Übersicht	Rdn.
1. Inkrafttreten der HOAI	1
2. Die 1. HOAI-Novelle	3
3. Die 2. HOAI-Novelle	6
4. Die 3. HOAI-Novelle	7
5. Die 4. HOAI-Novelle	10
6. Die 5. HOAI-Novelle	13
7. Die 6. HOAI-Novelle	21
8. Die 7. HOAI-Novelle	56
a) Inkrafttreten; Übergangsregelung	57
b) Erhöhung der Honorare	58
c) Bauen im Bestand	59
d) Neue Begriffe (§ 2 HOAI)	63
e) Grundleistungen; Besondere Leistungen; Andere Leistungen	64
f) Änderung der Leistungsbilder	65
g) Anrechenbare Kosten (§ 4 HOAI)	72
h) Honorarzonen (§ 5 HOAI)	73
i) Honorarvereinbarung (§ 7 HOAI)	74
j) Teilaufträge und Einzelleistungen (§§ 8, 9 HOAI)	75
k) Anpassung des Honorars (§ 10 Abs. 1 HOAI)	76
l) Honorar für wiederholt erbrachte Grundleistungen; Planungsänderungen (§ 10 Abs. 2 HOAI)	77
m) Mehrere Objekte (§ 11 HOAI)	78
n) Zahlungen (§ 15 HOAI)	79
o) Neuregelungen bei der Flächenplanung	80
p) Raumbildender Ausbau bzw. Innenräume	81
9. Gültige Fassung der HOAI für die jeweiligen Verträge	82
10. Inkrafttreten einer HOAI-Novelle nach Vertragsabschluss: Vereinbarung nach der Neuregelung	85

---

28 Vgl. zum Problem *Locher/Koeble/Frik*, 9. Aufl., § 103 Rn. 18 ff.

1. Inkrafttreten der HOAI

Die jetzige Fassung der HOAI 2013 wurde am 16.07.2013 im Bundesgesetzblatt bekannt gemacht (BGBl. I, S. 2276). Sie trat deshalb am 17.07.2013 in Kraft und gilt vom Grundsatz her für alle seit diesem Tag abgeschlossenen Verträge.   1

Die ursprüngliche Fassung der HOAI vom 17.09.1976[1] trat am 01.01.1977 in Kraft. Sie galt damals nicht für die laufenden Verträge, sondern für die seit 01.01.1977 abgeschlossenen. Dem Gegenstand nach war sie beschränkt auf alle Architektenverträge und auf Verträge betreffend die Tragwerksplanung bei Gebäuden. Die HOAI erfuhr bis heute 7 Novellierungen. Durch die jeweiligen Novellen wurden die Absätze 3–6 in § 103 HOAI 2002 eingefügt. Mit der 1. HOAI-Novelle, die am 01.01.1985 in Kraft trat, wurde die Übergangsregelung in § 103 niedergelegt. Zuvor fand sich die entsprechende Vorschrift in § 59 HOAI 1976.   2

2. Die 1. HOAI-Novelle

Die 1. ÄndVO v. 17.07.1984 (BGBl. I S. 984) brachte mit Wirkung zum 01.01.1985 einige Veränderungen, u. a. in § 2 Abs. 3 HOAI und § 5 Abs. 2 S. 2 HOAI. Darüber hinaus wurde § 5a neu eingefügt, und es wurden die Stundensätze in § 6 HOAI erhöht. Bei § 7 Abs. 1 wurde der Hinweis auf das zum Zeitpunkt des Inkrafttretens der HOAI geltende Umsatzsteuergesetz gestrichen. Die Vorschrift des § 9 HOAI wurde neu gefasst, und es wurde damit allen Auftragnehmern ein unmittelbarer Anspruch auf die Umsatzsteuer eingeräumt, unabhängig davon, ob eine (schriftliche) Vereinbarung hinsichtlich der Erstattung der Umsatzsteuer getroffen wurde. Außer dieser Änderung hatten die **Änderungen des Allgemeinen Teils** der HOAI im Wesentlichen nur klarstellende Funktionen.[2]   3

Die 1. ÄndVO brachte auch **Neuregelungen für die Architekten**: in § 10 Abs. 5 wurde eine neue Nr. 11 eingefügt, wonach Entschädigungen und Schadensersatzleistungen nicht zu den anrechenbaren Kosten gehören. Die Objektliste für Freianlagen (§ 14) wurde redaktionell überarbeitet, was zur Abgrenzung gegenüber dem neuen Teil VII Ingenieurbauwerke und Verkehrsanlagen dienen sollte. Eine wesentliche Ergänzung war bei § 15 erfolgt, wo das Leistungsbild für Raumbildende Ausbauten und die Bewertung der einzelnen Leistungsphasen aufgenommen worden waren. Die Vorschrift des § 25 für Raumbildende Ausbauten war vollständig neu gefasst worden, und § 19 war um die Leistungen bei Innenräumen ergänzt und teilweise geändert worden. Bei § 22 Abs. 2 war die Leistungsphase 9 von der Honorarminderung bei Aufträgen für mehrere Gebäude ausgenommen worden. Die Vorschrift des § 33 ließ nun die freie Honorarvereinbarung für Gutachten zu. Bei den Wertermittlungen war eine Minderung für Formularschätzungen statt mit 10 % nun mit 30 % festgesetzt worden.   4

Wesentliche Neuregelungen brachte die 1. ÄndVO für alle bei Bauvorhaben jeder Art zu erbringenden **Ingenieurleistungen**. Diese Änderungen seit 01.01.1985 waren gravie-   5

---

1 BGBl. I S. 2805, 3616. Zur Geschichte der HOAI vgl. *De Pascalis*, FS Haible, 2012, S. 31 ff.
2 Vgl. i. E. *Hesse* BauR 1984, 449; *Jochem* DAB 1984, 1247; *Locher* NJW 1985, 367.

§ 58 HOAI   Inkrafttreten, Außerkrafttreten

rend, da nunmehr neben der GOA und der bereits früher wieder aufgehobenen GOI auch die LHO gegenstandslos wurde. Für Aufträge an Ingenieure ab dem 01.01.1985 gilt die HOAI, und zwar für Bauvorhaben jeder Art, wie Hochbauten, Ingenieurbauten (Türme, Brücken, Dämme, Deiche usw.) und Verkehrsanlagen. Sie gilt für Ingenieurleistungen betreffend Wasser- und Abfallbeseitigung, die Technische Ausrüstung, Thermische Bauphysik, den Schallschutz und die Raumakustik, die Bodenmechanik, den Erd- und Grundbau sowie die Vermessung. Die Tragwerksplanung (Statik) für Gebäude war zwar bereits ab 01.01.1977 in die HOAI mit aufgenommen worden. Seit 01.01.1985 sind jedoch zusätzlich alle Leistungen bei der Tragwerksplanung für Objekte aller Art erfasst.

3. Die 2. HOAI-Novelle

6   Die **2. ÄndVO** betraf die Anpassung des § 4 Abs. 2. Es wurden die Worte »in Ausnahmefällen« wieder eingefügt. Diese Novelle stammt vom 12.06.1985 (BGBl. I S. 961) und gilt seit 14.06.1985.[3]

4. Die 3. HOAI-Novelle

7   Die **3. ÄndVO** stammt vom 17.03.1988 (BGBl. I, S. 359) und trat am 01.04.1988 in Kraft.[4] Die Änderungen betrafen zunächst den **Allgemeinen Teil**, insbesondere hinsichtlich der Erhöhung der Stundensätze in § 6 HOAI. Des Weiteren brachte die 3. ÄndVO **Neuregelungen für Architekten** bei Gebäuden, Freianlagen und raumbildenden Ausbauten, aber auch bei Städtebaulichen Leistungen und Landschaftsplanerischen Leistungen. Der seit 01.01.1988 geltende § 10 Abs. 4 hat zur Folge, dass die Kosten für Installationen usw. immer zu mindern sind, soweit sie 25 % der sonstigen anrechenbaren Kosten übersteigen und dass dem AN bei Fachplanung oder -überwachung dafür ein Honorar nach Teil IX der HOAI zusteht. Nach § 10 Abs. 3a HOAI ist vorhandene Bausubstanz, die technisch oder gestalterisch mit verarbeitet wird, bei den anrechenbaren Kosten angemessen zu berücksichtigen. Der Umfang der Anrechnung bedarf der schriftlichen Vereinbarung.

8   Die Regelung der **Raumbildenden Ausbauten** wurde detailliert und verfeinert. Eine Aufgliederung der Arbeiten bei Raumbildenden Ausbauten in spezielle Honorarzonen einschließlich eines Bewertungspunktesystems analog § 11 Abs. 2 wurde ebenso wie eine Objektliste für Raumbildende Ausbauten in die HOAI aufgenommen. Die komplizierte und schlecht lesbare Regelung des § 25 (Leistungen des raumbildenden Ausbaus) wurde einfacher und verständlicher gefasst.

9   Es erfolgte eine grundsätzliche **Neuordnung der Städtebaulichen Leistungen** sowie der **Landschaftsplanerischen Leistungen** unter besonderer Berücksichtigung der Bedürfnisse des Umweltschutzes. Der Anwendungsbereich der HOAI wurde auf Landschaftsrahmenpläne, Umweltverträglichkeitsstudien, Pflege- und Entwicklungspläne erwei-

---

3   Zum Begriff in Ausnahmefällen vgl. § 7 Rdn. 122 ff.
4   Vgl. hierzu *Locher* NJW 1988, 1574 und *Friess* DAB 1988, 691.

tert. Auch die **Ingenieurleistungen** waren von der Neuregelung erfasst: Es wurden die Honorare für die örtliche Bauüberwachung, für Ingenieurbauwerke und Verkehrsanlagen aufgehoben, in § 77 Abs. 2 bauphysikalische Messungen an Bauteilen und Baustoffen, z. B. Temperatur- und Feuchtigkeitsmessungen u. a., in die Leistungen für Thermische Bauphysik eingefügt und in § 78 eine Honorartafel für Wärmeschutz neu aufgenommen.

5. Die 4. HOAI-Novelle

Die 4. **HOAI-Novelle** trat zum 01.01.1991 in Kraft.[5] Die Neuregelungen galten für alle Verträge, die nach dem 01.01.1991 abgeschlossen wurden. Die wesentlichen Neuregelungen waren Folgende: 10

Im **Teil I**, der für alle Auftragnehmer gilt, wurde in § 5 Abs. 4 S. 1 das Wort »zuvor« gestrichen, sodass die Honorare für Besondere Leistungen auch zu einem späteren Zeitpunkt schriftlich vereinbart werden können. Das Zeithonorar wurde erhöht, und es wurden drei Gruppen von Zeithonoraren eingefügt (§ 6 HOAI). Fernsprechgebühren sind auch im Ortsnetz als Nebenkosten anrechenbar (§ 7 Abs. 2 Nr. 1), und bei Vereinbarung eines Zeithonorars ist der Einsatz bestimmter Geräte anrechenbar (§ 7 Abs. 2 Nr. 8). Auch im **Teil II** wurde einiges geändert. In § 10 Abs. 4a wurde eine Liste von anrechenbaren Kosten bei Freianlagen eingefügt, durch § 10 Abs. 5 Nr. 4 wurden die Verkehrsanlagen aus den anrechenbaren Kosten herausgenommen, soweit der Auftragnehmer sie nicht plant oder überwacht, und durch eine neue Nr. 13 wurde die Fernmeldetechnik herausgenommen, soweit keine Fachplanung erbracht wird. Einzelne Änderungen sind auch in den §§ 12 und 13 vorgenommen worden. Die Objektliste für Freianlagen (§ 14) wurde neu gefasst. Auch in § 15 Abs. 2 wurden textliche Veränderungen vorgenommen. Wichtig war dabei die neue Grundleistung »Überwachen der Ausführung von Tragwerken nach § 63 Abs. 1 Nr. 1 und 2 auf Übereinstimmung mit dem Standsicherheitsnachweis«, die Festlegung eines Honorars für die künstlerische Oberleitung (§ 15 Abs. 3) und die Regelung des Honorars für das Planen und Bauen im Bestand, ebenfalls als Besondere Leistung (§ 15 Abs. 4). Die Mindest- und Höchstsätze der Honorartafeln des Teils II wurden linear um 10 % angehoben. In § 24 wurde die Regelung über den Umbauzuschlag grundlegend geändert und ab durchschnittlichem Schwierigkeitsgrad ein Mindestzuschlag eingeführt, der auch ohne ausdrückliche Vereinbarung abgerechnet werden kann. Eine entsprechende Anpassung erfolgte für Leistungen des raumbildenden Ausbaus; hier beträgt der neue Mindestzuschlag 25 %. 11

Das Honorarsystem für Städtebauliche Leistungen nach **Teil V** wurde grundlegend verändert. Die Vorschriften wurden z. T. völlig neu gefasst. Entsprechendes gilt für den **Teil VI**. Wesentliche Änderungen gibt es auch für den **Teil VII**, und es wurde ein neuer Teil VII a Verkehrsplanerische Leistungen eingefügt. Nicht so umfangreich sind die Änderungen in den Teilen VIII–XII. Dagegen wurde der Teil XIII Vermessungstech- 12

---

5 BGBl. I 1990 S. 2707; einen Überblick geben *Osenbrück* NJW 1991, 1081 und *Werner* BauR 1991, 33.

§ 58 HOAI Inkrafttreten, Außerkrafttreten

nische Leistungen völlig neu gestaltet. Die **Honorartafeln** für Gebäude (§ 16), Ingenieurbauwerke (§ 56 Abs. 1), Tragwerksplanung (§ 65), Bauakustik (§ 83), Raumakustik (§ 89) und Geotechnik (§ 94) wurden linear um 10 % beim Mindest- und Höchstsatz angehoben. Die Honorartafeln für Verkehrsanlagen (§ 56 Abs. 2) und Technische Ausrüstung (§ 74) wurden linear um 15 % angehoben, die Honorartafel für Verkehrsanlagen zusätzlich bei anrechenbaren Kosten zwischen 50 000 DM und 2 000 000 DM um etwa 20 % degressiv.

6. Die 5. HOAI-Novelle

13 Am 01.01.1996 trat die **5. HOAI-Novelle** in Kraft. Die Bundesregierung hatte noch in der alten Legislaturperiode einen Entwurf beim Bundesrat eingebracht.[6] Dieser hatte den Entwurf jedoch abgelehnt. Auf Antrag verschiedener Länder wurde dann vom Bundesrat am 14.07.1995[7] eine geänderte Fassung der 5. HOAI-Novelle beschlossen. Das Bundeskabinett verabschiedete dann diese Fassung am 22.08.1995. Die Neuregelungen traten zum 01.01.1996 in Kraft. Sie gelten für alle Verträge, die seither abgeschlossen wurden. Die Fassung der HOAI von 1996 wurde durch die Euro-Umstellung zur HOAI 2002.

14 Die **wesentlichen Neuregelungen** durch die 5. HOAI-Novelle sind Folgende:[8]
– Die **Honorare** aus den Honorartafeln wurden um 5 % **angehoben**. Die Zeithonorarregelungen wurden sowohl beim Mindestsatz als auch beim Höchstsatz um 5 DM erhöht (§ 6).

15 – In einem neuen § 4a wurde die **Möglichkeit** einer abweichenden **Honorarvereinbarung** vorgesehen: Die Parteien können »schriftlich bei Auftragserteilung vereinbaren, dass das Honorar auf der Grundlage einer nachprüfbaren Ermittlung der voraussichtlichen Herstellungskosten nach Kostenberechnung oder nach Kostenanschlag berechnet wird«. Zusätzlich ist in dieser Vorschrift geregelt, dass der Auftragnehmer »Mehrleistungen« honoriert bekommt, wenn diese »auf Veranlassung des Auftraggebers ... erforderlich werden«. Schließlich wurde ein weiterer Satz eingefügt, wonach bei wesentlicher Verlängerung der Planungs- und Bauzeit ein zusätzliches Honorar vereinbart werden kann. Voraussetzung ist, dass Umstände vorliegen, die der Auftragnehmer nicht zu vertreten hat, und dass ihm Mehraufwendungen entstanden sind.

16 – In § 5 Abs. 4a wird für alle Architekten und Ingenieure die Möglichkeit geschaffen, ein **Erfolgshonorar** zu vereinbaren. Voraussetzung ist, dass dieses »zuvor« schriftlich vereinbart wird und dass eine wesentliche Kostensenkung stattfindet.

17 – Für die **Honorarberechnung** wurde in § 10 Abs. 2 eine **dritte Stufe** eingefügt, und zwar sind die Leistungsphasen 5–7 nach dem Kostenanschlag, und solange dieser nicht vorliegt, nach der Kostenberechnung abzurechnen, während die Kostenfeststellung nur noch für die Leistungsphasen 8 und 9 maßgebend ist.

---

6 Bundesrats-Drucksache 238/94.
7 Bundesrats-Drucksache 399/95.
8 Zu einem Überblick vgl. *Locher* NJW 1995, 2536 und *Grams* BauR 1996, 39.

- In den Leistungsphasen 3, 7 und 8 des § 15 wird die **Kostenkontrolle** in spezifizier- 18
  ter Form eingefügt. Verlangt ist ein Kostenvergleich der jeweils neuen Kostenermittlung mit der letzten, bereits vorliegenden.
- Ebenfalls in § 15 wurde in den Leistungsphasen 2 und 3 eine **Besondere Leistung** 19
  betreffend die Verringerung des Energieverbrauchs und die Schafstoffreduzierung
  eingeführt.
- Änderungen wurden ferner in § 19 Abs. 4, § 41, § 45a, § 47 vorgenommen. Für 20
  Ingenieurbauwerke wurde der Kostenvergleich entsprechend demjenigen bei der
  Objektplanung in § 55 Abs. 2 eingefügt. Auch der **Tragwerksplaner** muss bei diesem Kostenvergleich mitwirken, was die Neufassung des § 64 festlegt. Für die **Technische Ausrüstung** sind Besondere Leistungen betreffend die Schadstoffverringerung und den Energieverbrauch eingeführt worden (§ 73 Abs. 3). Entsprechend
  der Dreiteilung der Kostenermittlung bei § 10 HOAI sind auch in § 69 Abs. 3
  HOAI die anrechenbaren Kosten anders gefasst worden. Änderungen gab es auch
  im Bereich der **vermessungstechnischen Leistungen**. Auf die entsprechenden Vorschriften und ihre Kommentierung wird im Einzelnen verwiesen.

7. Die 6. HOAI-Novelle

Die **6. HOAI-Novelle** hatte eine lange Vorgeschichte.[9] Nach Einholung eines Gutach- 21
tens (Statusbericht 2000), Anhörung anderer Ministerien, Aufnahme von Anregungen
Dritter – insbesondere des Deutschen Baugerichtstags – legte das Bundeswirtschafts-
ministerium einen Entwurf vor, den das Bundeskabinett am 29.04.2009 verabschiedet
hat. Die Ausschüsse des Bundesrats gaben dazu am 29.05.2009 Empfehlungen ab.[10]
Am 12.06.2009 stimmte der Bundesrat unter weitgehender Übernahme dieser Empfehlungen zu.[11] Veröffentlicht wurde die endgültige Fassung am 17.08.2009 im Bundesgesetzblatt (BGBl. I, S. 2732). Sie trat deshalb mit Wirkung vom 18.08.2009 in
Kraft. Sie gilt deshalb für schriftliche und mündliche Verträge, welche seit 18.08.2009
abgeschlossen wurden. Die HOAI in der alten Fassung gilt weiter für bis zu diesem Tag
abgeschlossene Vereinbarungen (vgl. § 57 Rdn. 1 ff.).

Die 6. HOAI-Novelle brachte dann erhebliche Änderungen und Neuerungen mit sich. 22
Kein einziger Paragraf ist gleich geblieben. Aber auch inhaltlich ergeben sich wesentliche Änderungen.

Im Rahmen eines ersten Überblicks sind folgende einschneidende Änderungen gegen- 23
über der alten Fassung der HOAI 2002 hervorzuheben:
- Kein einziger Paragraf aus der alten HOAI wurde in unveränderter Form übernom- 24
  men! Die neue Verordnung enthielt vielmehr eine **vollständige Neuregelung**.[12]

---

9 Zu den Reformbestrebungen vgl. Einl. Rdn. 6 ff. und *Koeble/Zahn*, Die neue HOAI 2009, Rn. 1 ff.
10 Vgl. *Koeble/Zahn*, Die neue HOAI 2009, Teil E.
11 *Koeble/Zahn*, Die neue HOAI 2009 Teil F.
12 »Kein Stein auf dem anderen«.

25 – Die **Honorare in den Honorartafeln** wurden um 10 % erhöht. Durch Änderungen im Bereich der anrechenbaren Kosten[13] kann sich im Einzelfall aber eine geringere oder gar keine Erhöhung ergeben.
26 – Die HOAI 2009 gilt nur noch für **Auftragnehmer**, deren Büros einen »**Sitz im Inland**« haben (§ 1 Rdn. 28).
27 – Der **sachliche** Anwendungsbereich der HOAI wurde in erheblichem Umfang eingeschränkt, weil nur noch die Leistungen der Objektplanung und einzelner Fachplanungen berücksichtigt sind und nicht dagegen die sog. »Beratungsleistungen« aus Teil X bis XIII der alten HOAI (vgl. § 3 Rdn. 6).
28 – Völlig gestrichen wurde der Teil III betreffend **Zusätzliche Leistungen** wie insbesondere Entwicklung und Herstellung von Fertigteilen (§ 28 a. F.), Rationalisierungswirksame Besondere Leistungen (§ 29 HOAI a. F.) und vor allem die Projektsteuerung.[14] Auch Leistungen für den Winterbau (§ 32 HOAI a. F.) und für Honorargutachten (§ 33 HOAI a. F.) und Wertermittlungen (§ 34 HOAI a. F.) sind weggefallen.
29 – In die Anlage aufgenommen wurden auch die einzelnen **Leistungen der jeweiligen Leistungsbilder**. Allerdings wird dieser Teil der Anlage dadurch verbindlich, dass in den zugehörigen zwingenden Vorschriften der HOAI Bezug auf die jeweilige Anlage genommen wird. Die Leistungen der verschiedenen Leistungsbilder finden sich in den Anlagen 4 bis einschließlich 14.
30 – Die früheren Regelungen über Honorare für **Besondere Leistungen** (§§ 2 Abs. 3, 5 Abs. 3–5 HOAI a. F.) und die rechten Spalten der Leistungsbilder aus den früheren Teilen der HOAI sind vollständig weggefallen und in die Anlage übernommen worden (vgl. § 3 Rdn. 18 ff.).
31 – Die **örtliche Bauüberwachung** bei Ingenieurbauwerken und Verkehrsanlagen gem. § 57 HOAI a. F. wurde in die Anlage 2, dort in die Ziff. 2.8.8 verschoben und nunmehr als Besondere Leistung qualifiziert (vgl. § 3 Rdn. 18 ff.)
32 – Der **Objektbegriff wurde geändert** und unter den Begriffsbestimmungen (§ 2 HOAI) fand sich auch eine Definition der allgemein anerkannten Regeln der Technik (vgl. § 2 Rdn. 30).
33 – Die neu eingeführte Definition des Begriffs **Gebäude** in § 2 Nr. 2 führte zu Änderungen (vgl. § 2 Rdn. 5 ff.). Des Weiteren brachte die HOAI viele neue Begriffsbeschreibungen (vgl. auch vorheriger Spiegelstrichabsatz). Hervorzuheben ist in diesem Zusammenhang, dass für den **Umbau** zwar ein Eingriff in Konstruktion oder Bestand erforderlich war, dieser jedoch nicht mehr »wesentlich« sein musste. Dies hatte nicht nur für das Bauen im Bestand (vgl. unten Rdn. 27, 31), sondern auch für den Raumbildenden Ausbau in bestehenden Gebäuden erhebliche Auswirkungen.
34 – Neben den früheren Möglichkeiten der Honorarvereinbarung im Rahmen von Mindest- und Höchstsatz ermöglichte die neue HOAI eine zusätzliche Vereinbarung

---

13 Z. B. Wegfall des § 10 Abs. 3a HOAI a. F.
14 § 31 HOAI 2002.

über die Baukosten. Dieses **Baukostenvereinbarungsmodell** war zwar kritisiert worden, es wurde dennoch übernommen (§ 6 Rdn. 39 ff.).
- Aufgenommen wurde die Möglichkeit einer **Bonus-/Malusregelung** betreffend das 35 Honorar für den Fall des Unterschreitens oder Überschreitens einvernehmlich festgelegter anrechenbarer Kosten (§ 7 Rdn. 171 ff.).
- Die Honorarberechnung wurde für beide Parteien erleichtert, indem nur noch eine 36 einzige Kostenermittlung für das Gesamthonorar als Abrechnungsbasis zugrunde gelegt wurde, das sog. **Kostenberechnungsmodell** (vgl. § 6 Abs. 1a HOAI). Durch die Neuregelung wurde die Honorarermittlung von den tatsächlichen Baukosten abgekoppelt. Grundlage für die Honorarermittlung sind seither die Kosten aus der Vor- bzw. Entwurfsplanung sein (vgl. § 6 Rdn. 14 ff.). Dies gilt auch für Leistungen der Ausführungsplanung, Vergabe und Objektüberwachung, bei denen nach § 10 Abs. 2 Nr. 3 HOAI 2002 der Kostenanschlag bzw. die tatsächlichen Kosten gem. Kostenfeststellung zugrunde zu legen waren.
- Die Kostenermittlung ist nicht mehr auf die alte **DIN 276** in der Fassung von April 37 1981 bezogen, sondern – teilweise dynamisch – auf die neuen anerkannten Regeln der Technik, was im Ergebnis die Anwendbarkeit der DIN 276 Teil 1 in der Fassung vom **Dezember 2008** bzw. Teil 4 von 2009 zur Folge hat (vgl. § 4 Rdn. 10 ff.).
- Änderungen gab es auch im Bereich der **anrechenbaren Kosten** (vgl. z. B. § 32 38 HOAI 2009). Diese werden neuerdings in einem Positivkatalog festgelegt.
- Die Regelung des § 10 Abs. 3a HOAI a. F., wonach **vorhandene Bausubstanz**, die 39 technisch oder gestalterisch mitverarbeitet wird, bei den anrechenbaren Kosten angemessen zu berücksichtigen ist, war entfallen. Ob dies durch die Regelung über vorhandene Bauteile aufgefangen wurde, ist zweifelhaft.
- In den Leistungsbildern für Gebäude, Raumbildenden Ausbau, Freianlagen, Inge- 40 nieurbauwerke, Verkehrsanlagen und Technische Ausrüstung wurde die 5-Jahresfrist für die Überwachung der Mangelbeseitigung aus **Leistungsphase** 9 auf **4 Jahre** verkürzt.
- Vollständig gestrichen wurde das Überwachen der Herstellung des Objekts hinsicht- 41 lich der Einzelheiten der Gestaltung, die sog. **künstlerische Oberleitung** (§ 15 Abs. 3 HOAI 2002). Das bedeutet, dass die Parteien hier eine völlig freie, formlose und zeitlich nicht beschränkte Honorarvereinbarung treffen können.
- Die Regelungen über das **Zeithonorar** wurden vollständig abgeschafft. An keiner 42 Stelle in der HOAI ist mehr darauf verwiesen, dass Zeithonorar abgerechnet werden kann oder darf.[15] Darüber hinaus wurde auch die Vorschrift des § 6 HOAI 2012 gestrichen, welche die zulässigen Mindest- und Höchstsätze für Zeithonorare enthalten hatte.
- Zukünftig wird den Besonderheiten der **Leistungserbringung im Bestand** durch Ge- 43 währung eines prozentualen (Umbau-)Zuschlags Rechnung getragen. Im Unterschied zu § 24 HOAI 2002 war nunmehr vorgesehen, dass ein **Zuschlag bis zu 80 % vereinbart** werden kann. Der **Mindestzuschlag** beträgt ab Objekten, die min-

---

15 Vgl. zur Möglichkeit der Honorarvereinbarung auf Zeithonorarbasis BGH BauR 2009, 1162 = NJW 2009, 2199 = NZBau 2009, 450 und dazu § 7 Rdn. 25.

§ 58 HOAI Inkrafttreten, Außerkrafttreten

destens der Honorarzone II zuzuordnen sind, 20 % des Honorars (§ 35 Abs. 1 HOAI). Der Anwendungsbereich des Umbauzuschlags wurde durch die Neuregelung insofern ausgeweitet, als Umbauten nach § 2 Nr. 6 HOAI bei jeglicher Umgestaltung eines vorhandenen Objekts mit Eingriffen in Konstruktion oder Bestand vorliegen. Das nach § 3 Nr. 5 HOAI 2002 vorgesehene Merkmal der »Wesentlichkeit« eines Eingriffs war entfallen.

44 – Im Hinblick auf Honorare für **Planungsänderungen** wurde die Möglichkeit für eine Vereinbarung eröffnet.

45 – In Wegfall gekommen waren die Regelungen betreffend Honorare bei **zeitlicher Trennung** (§ 21 HOAI 2002) und auch für **verschiedene Maßnahmen** (§ 23 HOAI 2002; z. T. soll die Regelung in § 6 Abs. 1 bzw. §§ 35, 36 HOAI 2009) eingegangen sein.

46 – Die Möglichkeit einer besonderen Honorarvereinbarung durch **Anbindung an eine bestimmte Kostenermittlung** (§ 4a HOAI 2002) ist zwar nicht ersatzlos weggefallen, aber in veränderter Form in das Baukostenvereinbarungsmodell eingegangen (dazu § 6 Rdn. 56 ff.).

47 – Die Bestimmung betreffend den **Raumbildenden Ausbau**, wonach kein Honorar hierfür bei kombinierten Leistungen für Gebäude möglich ist, wurde gestrichen. Der Mindestzuschlag für Raumbildenden Ausbau in bestehenden Gebäuden von 25 % (§ 25 Abs. 2 HOAI a. F.) war weggefallen.

48 – Die Vorschriften über das **Bauen im Bestand** (§ 35 HOAI 2009) wurden neu gefasst. Die Besonderen Leistungen, welche noch in der alten HOAI im Zusammenhang mit dem Bauen im Bestand aufgeführt waren (§ 15 Abs. 4 HOAI 2002), wurden gestrichen.

49 – Die Regelung betreffend **Einrichtungsgegenstände** und **integrierte Werbeanlagen** wurde gestrichen.

50 – Die bisher in der Praxis nicht unbedeutende Vorschrift des § 42 HOAI 2002 betreffend **sonstige städtebauliche Leistungen** wurde entfernt. Entsprechendes gilt für weitere Vorschriften aus diesem Teil der HOAI 2002 (§§ 44, 49 und 50).

51 – Für **Ingenieurbauwerke** gab es Änderungen bezüglich der anrechenbaren Kosten. Das betrifft z. B. die Anrechenbarkeit der Kosten aus Prozess- und Verfahrenstechnik.

52 – Die Bestimmung der Honorarzone wurde bei den **Verkehrsanlagen** derjenigen für Ingenieurbauwerke angeglichen. Dadurch könnten sich bei den Bewertungspunkten Probleme ergeben, weil die Einbindung in die Umgebung bei Verkehrsanlagen nicht ausreichend gewürdigt sein dürfte (vgl. dazu § 48 Rdn. 6).

53 – Bei der **Technischen Ausrüstung** wurden die Anlagengruppen sprachlich der DIN 276 angeglichen. Im Hinblick auf die anrechenbaren Kosten und Zusammenrechnung gab es Neuregelungen.

54 – Die acht Anlagengruppen der **Technischen Ausrüstung** führen z. T. zu höheren Honoraren, wurden aber bei der Objektliste nicht berücksichtigt (vgl. § 51 Rdn. 7).

55 – Ebenfalls bei der **Technischen Ausrüstung** wurden Anlagen weitergehend zu einer Abrechnungseinheit zusammengefasst.

8. Die 7. HOAI-Novelle

Während die Änderungen durch die 6. HOAI-Novelle 2009 so einschneidend waren, dass man von einer neuen HOAI sprechen konnte, ist dies bei der 7. HOAI-Novelle anders. Die Änderungen sind jedoch ebenfalls einschneidend und für die Praxis so erheblich, dass eine Einzeldarstellung notwendig ist.[16] Die wichtigsten davon sind im Folgenden dargestellt:

a) Inkrafttreten; Übergangsregelung

Die Vorschriften betreffend das Inkrafttreten und die Übergangsfälle finden sich in §§ 57 und 58. Sie unterscheiden sich nicht von denen der HOAI 2009, sodass die gleichen Fragen problematisch und zu diskutieren sind (vgl. §§ 57 und 58).

b) Erhöhung der Honorare

Nach Angaben des Verordnungsgebers wurden die Honorare auf der Grundlage einer Untersuchung in der Weise erhöht, dass sie um rd. 17 % gegenüber der HOAI gestiegen sind.[17] In manchen Bereichen ist die Steigerung sogar erheblich größer, z. B. beim nicht preisrechtlich verbindlichen Leistungsbild Wärmeschutz und Energiebilanzierung. Die Erhöhung wurde in Stufen durchgeführt und nicht linear mit einem prozentualen Zuschlag gegenüber der HOAI 2009.

c) Bauen im Bestand

Eine der wichtigsten Neuregelungen betrifft das Bauen im Bestand. Hier wurden grundlegend neue Vorschriften eingeführt. In diesem Zusammenhang wurde in weiten Teilen auf die HOAI 2002 zurückgegriffen.

In diesem Zusammenhang wurde der Begriff Umbau anders definiert als in der HOAI 2009. Wie nach HOAI 2002 ist dafür erforderlich, dass »wesentliche Eingriffe in Konstruktion oder Bestand« erfolgen.[18]

Ebenfalls wie nach HOAI 2002 wurde bei den anrechenbaren Kosten wiederum berücksichtigt die »mitzuverarbeitende Bausubstanz«. Diesbezüglich werden sowohl die alten Grundsätze aus der Rechtsprechung und die Formeln für die Berücksichtigung der Bausubstanz wieder eine Rolle spielen.[19]

Auch die Vorschriften betreffend den Umbauzuschlag unterscheiden sich von der HOAI 2009 und sind eher wieder in Richtung HOAI 2002 angepasst. Das betrifft die neue Anbindung an den durchschnittlichen Schwierigkeitsgrad bei dem 20 %-Satz.

---

16 Vgl. z. B. sowie *Koeble/Zahn*, Die neue HOAI 2013, insbesondere die Einzeldarstellung der neuen Vorschriften *Werner/Siegburg* BauR 2013, 1499.
17 Vgl. dazu die Amtliche Begründung, BRDrs. 334/13, S. 135; abgedruckt bei *Koeble/Zahn*, Die neue HOAI 2103, Anhang D.
18 Vgl. dazu § 2 Rdn. 13.
19 Vgl. zu diesen Themen i. E. § 4 Rdn. 56 ff.

Allerdings handelt es sich dabei nicht um einen Mindestsatz im klassischen Sinn, sondern nur um eine unwiderlegliche Vermutung.[20] Die Höhe des Umbauzuschlags ist unterschiedlich nach Objektplanung bzw. Fachplanungen geregelt.

d) Neue Begriffe (§ 2 HOAI)

63 Der Objektbegriff wurde verändert, der Begriff Gebäude ist weggefallen, der Umbaubegriff wurde der HOAI 2002 angeglichen und die mitzuverarbeitende Bausubstanz wurde neu definiert. Darüber hinaus wurden verschiedene weitere Begriffe geändert, z. B. wurde aus dem Raumbildenden Ausbau die Objektplanung für Innenräume.[21]

e) Grundleistungen; Besondere Leistungen; Andere Leistungen

64 Der frühere Begriff Grundleistungen wurde wieder eingeführt und der Begriff »andere« Leistungen wurde gestrichen. Die Besonderen Leistungen sind nach wie vor in der nicht verbindlichen Anlage geregelt, jedoch gibt es eine neue Vorschrift zur Abgrenzung von Grundleistungen und Besonderen Leistungen.[22]

f) Änderung der Leistungsbilder

65 Die Leistungsbilder wurden in allen Teilen und Abschnitten der HOAI erheblich verändert. Nach der Zielsetzung des Verordnungsgebers sollte eine Anpassung an die aktuelle Planungswirklichkeit erfolgen, zumal die Leistungsbilder aus den 70er Jahren stammten.[23] Das gilt sowohl für den preisrechtlich verbindlichen Teil als auch für die in der Anlage 1 zur HOAI aufgeführten sog. Beratungsleistungen. Der Verordnungsgeber selbst hebt hinsichtlich der Leistungsbilder Änderungen und Erweiterungen in drei Themenkreisen hervor:

66 Zunächst betrifft dies die Kostenermittlung und Kostenkontrolle. Bei der Kostenermittlung beschränkt man sich nun auf Kostenangaben nach DIN 276. Für die Kostenschätzung und die Kostenberechnung sind detaillierte Grundlagen angegeben und klare Angaben hinsichtlich der Verfeinerung (Ebene der Kostengliederung) gemacht worden (§ 2 Abs. 10, 11). Der Kostenanschlag fällt weg und wird durch sog. »bepreiste Leistungsverzeichnisse« ersetzt. Die Kostenkontrolle – ohnehin von Rechtsprechung und Literatur als Verpflichtung durchgängig während aller Leistungsphasen angesehen – wird in die Leistungsphasen 2 und 6 zusätzlich aufgenommen.

67 Die bisher schon in § 3 Abs. 8 HOAI 2009 vorgeschriebene Erörterung des Ergebnisses jeder Leistungsphase wurde in die Leistungsbilder direkt integriert, und zwar als »Zusammenfassen, Erläutern und Dokumentieren der Ergebnisse« am Ende der Leis-

---

20 Zu diesen Themen vgl. § 6 Rdn. 39 ff.
21 Zu den ganzen Begriffen vgl. die Kommentierung zu § 2.
22 Vgl. dazu die Kommentierung zu § 3.
23 Zu den Einzelheiten vgl. Amtliche Begründung, BRDrs 334/13, abgedruckt bei *Koeble/Zahn*, Die neue HOAI 2013, Anhang D.

tungsphasen 1, 2 und 3. Ähnliche Leistungen gibt es in anderen Leistungsphasen (z. B. das Zusammenstellen der Vergabeunterlagen in Leistungsphase 6).

Besonderes Augenmerk wird auf die Terminplanung gelegt. In den Leistungsphasen 2, 3, 5 und 8 ist das »Aufstellen, Fortschreiben und Überwachen eines Terminplans« je nach Stand der Planung vorgesehen. Dabei ergibt sich die Frage, welche Form der Terminplan erfüllen muss. Genannt ist das Balkendiagramm als Normalfall. Bei umfangreicheren Projekten sind differenzierte Zeitpläne (Netzpläne) erforderlich, wobei aber geklärt werden muss, ob diese als Grundleistung oder Besondere Leistung einzustufen und ggf. zu beauftragen sind.[24] 68

In den Leistungsbildern sind anders definierte und auch zusätzliche Grundleistungen aufgenommen worden. Das zieht sich durch alle Leistungsphasen. 69

Verändert wurden die Prozentsätze für die einzelnen Leistungsphasen. Dadurch werden sich auch die Tabellen für die Bewertung von einzelnen Teilleistungen aus diesen Leistungsphasen ändern müssen.[25] 70

Wichtige Veränderungen gab es darüber hinaus in den einzelnen Leistungsphasen selbst, z. B. wurde die Dokumentation aus der Leistungsphase 9 in die Leistungsphase 8 übertragen. Ferner wurde das Überwachen der Beseitigung der Mängel im Rahmen einer Grundleistung beschränkt auf die bei der Bauabnahme festgestellten Mängel (Leistungsphase 8) und das Überwachen der Mängelbeseitigung für danach innerhalb der Verjährungsfrist noch auftretende Mängel wurde als Besondere Leistung in Leistungsphase 9 eingestuft. Allerdings ist als Grundleistung in dieser Leistungsphase die fachliche Bewertung der Mängelansprüche vorgesehen. 71

g) Anrechenbare Kosten (§ 4 HOAI)

Die Art und Weise, wie beim Bauen im Bestand die mitzuverarbeitende Bausubstanz zu berücksichtigen ist, wurde neu geregelt.[26] 72

h) Honorarzonen (§ 5 HOAI)

Bei der Flächenplanung wurden die Honorarzonen verändert. In den anderen Bereichen wurden die Objektlisten umgestaltet, und zwar sind sie jetzt nach Objekten aufgestellt und nicht mehr in Honorarzonen zusammengefasst. 73

i) Honorarvereinbarung (§ 7 HOAI)

Die Regelung über den Ausnahmefall (§ 7 Abs. 3) wurde zwar nicht geändert, jedoch hat der Verordnungsgeber an drei Stellen Ausnahmefälle normiert (§§ 44 Abs. 7, 52 Abs. 5, 56 Abs. 6). 74

---

24 Zu diesem Thema vgl. § 34 Rdn. 66, 98, 157 und 219.
25 Zu diesem Thema § 8 Rdn. 7 und hinten Anhang 3/1–7.
26 Vgl. dazu § 4 Rdn. 56 ff.

§ 58 HOAI Inkrafttreten, Außerkrafttreten

Bei Fehlen oder Unwirksamkeit von Honorarvereinbarungen wurde früher der Mindestsatz fingiert, heute wird er »unwiderleglich vermutet«.[27]

Die Regelung über das Malushonorar wurde verändert und von einer schriftlichen Vereinbarung abhängig gemacht, wobei fraglich ist, ob dies wirksam sein kann.[28]

j) Teilaufträge und Einzelleistungen (§§ 8, 9 HOAI)

75 Die Bestimmungen über Teilaufträge und Einzelleistungen wurden grundlegend überarbeitet und sie werfen z. T. neue schwierige Fragen auf.[29]

k) Anpassung des Honorars (§ 10 Abs. 1 HOAI)

76 Eine der wichtigsten Bestimmungen der neuen HOAI enthält § 10 Abs. 1 betreffend die Honoraranpassung. Von zentraler Bedeutung ist die Regelung nicht nur bei Honorarvereinbarungen, sondern auch beim Kostenberechnungs-Modell, wenn sich Änderungen bei den anrechenbaren Kosten auswirken.[30]

l) Honorar für wiederholt erbrachte Grundleistungen; Planungsänderungen (§ 10 Abs. 2 HOAI)

77 Eine völlige Neuregelung über die Honorierung von wiederholt erbrachten Grundleistungen wurde aufgenommen. Mit dieser Vorschrift ist eine brauchbare Grundlage für die Abrechnung von Planungsänderungen geschaffen worden.[31]

m) Mehrere Objekte (§ 11 HOAI)

78 Vollständig neu geregelt wurde die Honorierung von mehreren Objekten, woraus sich auch zusätzliche Fragen ergeben.

n) Zahlungen (§ 15 HOAI)

79 Für die Fälligkeit der Schlusszahlung gibt es eine einschneidende Änderung. Es genügt nicht mehr, wenn die Leistungen »vertragsgemäß erbracht« sind. Vielmehr bedarf es der Abnahme, also einer Billigung der Leistungen des Auftragnehmers.[32]

Ob damit die Regelung über die Abschlagszahlungen, welche als einzige noch vom BGB abweicht, weiterhin wirksam ist, wird zu fragen sein.[33]

---

27 Vgl. dazu § 7 Rdn. 168.
28 Vgl. dazu § 7 Rdn. 176.
29 Vgl. dazu die Kommentierung zu §§ 8, 9.
30 Vgl. dazu die Kommentierung bei § 10 Rdn. 9 ff.
31 Vgl. dazu die Kommentierung bei § 10 Rdn. 20 ff.
32 Vgl. dazu i. E. § 15 Rdn. 19.
33 Vgl. dazu § 15 Rdn. 93 ff.

o) Neuregelungen bei der Flächenplanung

Hier wurden einheitlich drei Honorarzonen geschaffen. Das Abrechnungssystem wurde verändert, und zwar in der Weise, dass nicht mehr Verrechnungseinheiten, sondern Flächen maßgebend sind. Änderungen ergeben sich auch bei den jeweiligen Leistungsbildern. 80

p) Raumbildender Ausbau bzw. Innenräume

Für die von der Bezeichnung her neue Objektplanung der Innenräume wurde eine völlig neue Honorarregelung eingeführt. Sie kommt den früheren Grundsätzen aus der HOAI 2002 sehr nahe.[34] 81

9. Gültige Fassung der HOAI für die jeweiligen Verträge

Der Grundsatz, in welcher Fassung die HOAI für den **jeweiligen Vertrag** gilt, ergibt sich aus Halbsatz 1 und 2. Maßgebend ist diejenige Fassung der HOAI, die zum **Zeitpunkt des Vertragsabschlusses** gilt (vgl. § 57 Rdn. 1). 82

Auf den Zeitpunkt der konkreten Auftragserteilung kommt es auch bei **Beauftragung mit Teilleistungen** an. Werden Teilleistungen erst nach dem Inkrafttreten einer bestimmten HOAI-Novelle in Auftrag gegeben (stufenweise Beauftragung), dann gilt für diese Leistungen die HOAI in der Neufassung. Entsprechendes gilt auch für solche Fälle, in denen nach dem Stichtag zusätzliche Bauabschnitte beauftragt werden (abschnittsweise Beauftragung). Das ist die h. M. in Rechtsprechung und Literatur (vgl. § 57 Rdn. 3 ff.). Es werden sich für die später beauftragten Leistungen Auslegungsfragen ergeben (vgl. § 57 Rdn. 4). 83

Vertragliche **Vereinbarungen**, wonach die HOAI in einer anderen Fassung als in § 55 vorgesehen gelten soll, sind nicht von vornherein unwirksam (vgl. § 57 Rdn. 7 ff.). 84

10. Inkrafttreten einer HOAI-Novelle nach Vertragsabschluss: Vereinbarung nach der Neuregelung

Für Verträge, die vor dem Stichtag des Inkrafttretens einer neuen HOAI-Novelle abgeschlossen sind, gilt die HOAI in der alten Fassung weiter. Die Vertragsparteien haben zwar die Möglichkeit, abweichende Vereinbarungen zu treffen. Die benachteiligte Partei kann sich aber dagegen wehren (vgl. § 57 Rdn. 7 ff.). 85

---

34 Vgl. dazu i. E. § 36 Abs. 2.

Anlagen

Übersicht über die Anlagen zur HOAI

Übersicht	Rdn.
1. Überblick über die einzelnen Anlagen	2
2. Die Verbindlichkeit der Anlagen	7
3. Die Kommentierung der einzelnen Anlagen	9

Die HOAI 2013 enthält im Anschluss an die Teile 1–5 in einem Anhang insgesamt 1
15 Anlagen. Diese Zweiteilung der HOAI stellt seit der HOAI 2009 in systematischer Hinsicht eine Neuerung dar, weil der Inhalt dieser Anlagen bis zur 6. HOAI-Novelle in den Teilen I–XIII der HOAI 2002 enthalten war.

1. Überblick über die einzelnen Anlagen

Die **Anlage 1** regelt die Honorare für die sogenannten Beratungsleistungen. 2

Dabei handelt es sich um folgende Leistungen:

Anlage 1.1 Umweltverträglichkeitsstudie

Anlage 1.2 Bauphysik

Anlage 1.3 Geotechnik

Anlage 1.4 Ingenieurvermessung

Diese Ingenieurleistungen waren bis 2009 Bestandteil des verbindlichen Preisrechts der 3
HOAI. Seit der HOAI 2009 können die Honorare für die in der Anlage 1 enthaltenen Beratungsleistungen nach § 3 Abs. 1 S. 2 frei vereinbart werden. Die Anlage hat insoweit nur Empfehlungscharakter. Es gelten also weder die Mindest- und Höchstsätze noch die formalen Anforderungen des § 7 Abs. 1 an die Wirksamkeit von Honorarvereinbarungen. Diese können mündlich und auch noch nach Auftragserteilung getroffen werden.

Treffen die Parteien keine Honorarvereinbarung, stellt sich die Frage, ob die in der An- 4
lage 1 enthaltenen Honorarvorschriften als übliche Vergütung i. S. d. § 632 Abs. 2 BGB anzusehen sind. Da es sich lediglich um unverbindliche Empfehlungen handelt, liegt keine Taxe vor. Alleine deshalb, weil die in der Anlage 1 geregelten Honorare bisher preisrechtlich verbindlich waren, kann nicht davon ausgegangen werden, dass es sich »automatisch« um die übliche Vergütung handelt. Dies wird im Einzelfall – ggf. unter Hinzuziehung eines Sachverständigen – zu klären sein[1].

Die **Anlagen 2–15** enthalten zunächst die detaillierten Leistungsbilder für die Leistun- 5
gen der in den Teilen 2–4 aufgeführten Objekte. Diese Leistungsbilder wurden in der HOAI 2013 grundlegend überarbeitet. Die Kommentierung erfolgt jewells bei den in den Teilen 2–4 für die einzelnen Objekte enthaltenen Leistungsbildern (z. B. in § 34

---

[1] Vgl. § 3 Rdn. 8; Korbion/Mantscheff/Vygen, Vor Anlage 1 Rn. 4.

Anlagen Übersicht über die Anlagen zur HOAI

für das Leistungsbild Gebäude und Innenräume). Die einzelnen Leistungsbilder sind in Grundleistungen und in Besondere Leistungen für die dazugehörigen Objekte gegliedert. Die Anlage 2 der HOAI 2009, in der die Besonderen Leistungen für alle Objekte aufgeführt waren, ist deshalb entfallen. Die Besonderen Leistungen sind in den Leistungsbildern nicht abschließend aufgeführt (§ 3 Abs. 3 S. 1). Durch die Auslagerung in die preisrechtlich unverbindlichen Anlagen gelten für Besondere Leistungen die sonstigen Wirksamkeitsvoraussetzungen für Honorarvereinbarungen (§ 7 Abs. 1 HOAI) nicht. Im Unterschied zur früheren Rechtslage bis zur HOAI 2002 (§ 5 Abs. 4, 5 HOAI 2002) ist auch keine schriftliche Vereinbarung als Anspruchsvoraussetzung für ein zusätzliches Honorar erforderlich.[2] Wurde ein Auftrag über Besondere Leistungen erteilt, ohne dass eine Honorarvereinbarung getroffen wurde, steht dem Auftragnehmer die übliche Vergütung nach § 632 Abs. 2 BGB zu.

6   Auch die Anlage 3 der HOAI 2009, welche die Objektlisten mit den Regelbeispielen für die Einordnung der in den Teilen 2–4 enthaltenen Objekte in die zutreffende Honorarzone enthielt, ist entfallen. Diese Einordnung erfolgt ebenfalls objektbezogen in den Anlagen 2–15. Die Objektlisten sind nicht mehr nach Honorarzonen, sondern nach Objekttypen strukturiert.

2. Die Verbindlichkeit der Anlagen

7   Nach der Konzeption der HOAI sollen die Anlagen 1–15 unverbindlich sein. Trotzdem sind ihre Verbindlichkeit und ihre Bedeutung für die Honorarermittlung unterschiedlich ausgestaltet. Die Beratungsleistungen der Anlage 1 wurden deshalb in den Anhang verschoben, weil das Honorar dafür frei vereinbart werden kann und nicht dem gesetzlichen Preisrecht unterliegen soll. Dasselbe gilt für das Honorar für die Besonderen Leistungen. Auch dieses kann frei vereinbart werden (§ 3 Abs. 3 S. 3). Die in den Anlagen 2–15 enthaltenen Objektlisten mit den darin aufgeführten Regelbeispielen sind für die Zuordnung zu der maßgeblichen Honorarzone nach § 5 Abs. 3 S. 2 zusammen mit den Bewertungsmerkmalen von Bedeutung. Letztendlich entscheidend sind im Zweifelsfall aber die Bewertungspunkte (vgl. § 5 Rdn. 5 ff.).

8   Dagegen sind die in den Anlagen 2–15 aufgeführten Leistungsbilder für die Grundleistungen verbindlich, weil in den Vorschriften über die Honorarermittlung für die einzelnen Objekte ausdrücklich darauf verwiesen wird. So verweist z. B. § 34 Abs. 4 bei den Honoraren für das Leistungsbild Gebäude und Innenräume auf die Anlage 10.

3. Die Kommentierung der einzelnen Anlagen

9   Die unterschiedliche Funktion der Anlagen und das teilweise Zusammenspiel mit Vorschriften aus den Teilen 2–4 führen dazu, dass die Anlagen aus Gründen der Übersichtlichkeit überwiegend bei den damit zusammenhängenden Vorschriften kommentiert werden, die im verbindlichen Teil der HOAI enthalten sind.

---

2 Vgl. § 3 Rdn. 13.

Die Kommentierung der Anlagen 1–15 erfolgt an folgenden Stellen: 10
- Die **Anlage 1** »Beratungsleistungen« wird im Anschluss an diese Übersicht kommentiert.
- Begriff und Bedeutung der in der **Anlagen 2–15** aufgeführten Grundleistungen und 11 Besonderen Leistungen werden in § 3 erläutert. Die Kommentierung der einzelnen Grundleistungen und Besonderen Leistungen wird der Kommentierung der jeweiligen Leistungsbilder in den Teilen 2–4 zugeordnet. So enthält etwa § 34 auch eine Kommentierung der Grundleistungen und Besonderen Leistungen für das Leistungsbild Gebäude und Innenräume.
- Ebenso erfolgt die Kommentierung der Objektlisten mit den Regelbeispielen der 12 **Anlagen 2–15** bei den für die einzelnen Objekte maßgeblichen Vorschriften über die Einordnung in die Honorarzone[3]. Die allgemeinen Vorschriften über die Honorarzone werden in § 5 erläutert.

---

3 Z. B. in § 35 Abs. 2 ff. für Leistungen bei Gebäuden und Innenräumen.

Beratungsleistungen
Anlage 1.1 Umweltverträglichkeitsstudie

1.1.1 Leistungsbild Umweltverträglichkeitsstudie

(1) Die Grundleistungen bei Umweltverträglichkeitsstudien können in vier Leistungsphasen unterteilt und wie folgt in Prozentsätzen der Honorare in Nummer 1.1.2 bewertet werden. Die Bewertung der Leistungsphasen der Honorare erfolgt
1. für die Leistungsphase 1 (Klären der Aufgabenstellung und Ermitteln des Leistungsumfangs) mit 3 Prozent,
2. für die Leistungsphase 2 (Grundlagenermittlung) mit 37 Prozent,
3. für die Leistungsphase 3 (Vorläufige Fassung) mit 50 Prozent,
4. für die Leistungsphase 4 (Abgestimmte Fassung) mit 10 Prozent.

(2) Das Leistungsbild kann sich wie folgt zusammensetzen:

Leistungsphase 1: Klären der Aufgabenstellung und Ermitteln des Leistungsumfangs
- Zusammenstellen und Prüfen der vom Auftraggeber zur Verfügung gestellten untersuchungsrelevanten Unterlagen,
- Ortsbesichtigungen,
- Abgrenzen der Untersuchungsräume,
- Ermitteln der Untersuchungsinhalte,
- Konkretisieren weiteren Bedarfs an Daten und Unterlagen,
- Beraten zum Leistungsumfang für ergänzende Untersuchungen und Fachleistungen,
- Aufstellen eines verbindlichen Arbeitsplans unter Berücksichtigung der sonstigen Fachbeiträge.

Leistungsphase 2: Grundlagenermittlung
- Ermitteln und Beschreiben der untersuchungsrelevanten Sachverhalte aufgrund vorhandener Unterlagen,
- Beschreiben der Umwelt einschließlich des rechtlichen Schutzstatus, der fachplanerischen Vorgaben und Ziele sowie der für die Bewertung relevanten Funktionselemente für jedes Schutzgut einschließlich der Wechselwirkungen,
- Beschreiben der vorhandenen Beeinträchtigungen der Umwelt,
- Bewerten der Funktionselemente und der Leistungsfähigkeit der einzelnen Schutzgüter hinsichtlich ihrer Bedeutung und Empfindlichkeit,
- Raumwiderstandsanalyse, soweit nach Art des Vorhabens erforderlich, einschließlich des Ermittelns konfliktarmer Bereiche,
- Darstellen von Entwicklungstendenzen des Untersuchungsraumes für den Prognose-Null-Fall,
- Überprüfen der Abgrenzung des Untersuchungsraumes und der Untersuchungsinhalte,
- Zusammenfassendes Darstellen der Erfassung und Bewertung als Grundlage für die Erörterung mit dem Auftraggeber.

Leistungsphase 3: Vorläufige Fassung
- Ermitteln und Beschreiben der Umweltauswirkungen und Erstellen der vorläufigen Fassung,
- Mitwirken bei der Entwicklung und der Auswahl vertieft zu untersuchender planerischer Lösungen,
- Mitwirken bei der Optimierung von bis zu drei planerischen Lösungen (Hauptvarianten) zur Vermeidung von Beeinträchtigungen,
- Ermitteln, Beschreiben und Bewerten der unmittelbaren und mittelbaren Auswirkungen von bis zu drei planerischen Lösungen (Hauptvarianten) auf die Schutzgüter im Sinne des Gesetzes über die Umweltverträglichkeitsprüfung vom 24. Februar 2010 (BGBl. I S. 94) einschließlich der Wechselwirkungen,
- Einarbeiten der Ergebnisse vorhandener Untersuchungen zum Gebiets- und Artenschutz sowie zum Boden- und Wasserschutz,
- Vergleichendes Darstellen und Bewerten der Auswirkungen von bis zu drei planerischen Lösungen,
- Zusammenfassendes vergleichendes Bewerten des Projekts mit dem Prognose-Null-Fall,
- Erstellen von Hinweisen auf Maßnahmen zur Vermeidung und Verminderung von Beeinträchtigungen sowie zur Ausgleichbarkeit der unvermeidbaren Beeinträchtigungen,
- Erstellen von Hinweisen auf Schwierigkeiten bei der Zusammenstellung der Angaben,
- Zusammenführen und Darstellen der Ergebnisse als vorläufige Fassung in Text und Karten einschließlich des Herausarbeitens der grundsätzlichen Lösung der wesentlichen Teile der Aufgabe,
- Abstimmen der Vorläufigen Fassung mit dem Auftraggeber.

Leistungsphase 4: Abgestimmte Fassung

Darstellen der mit dem Auftraggeber abgestimmten Fassung der Umweltverträglichkeitsstudie in Text und Karte einschließlich einer Zusammenfassung.

(3) Im Leistungsbild Umweltverträglichkeitsstudie können insbesondere die Besonderen Leistungen der Anlage 9 Anwendung finden.

1.1.2 Honorare für Grundleistungen bei Umweltverträglichkeitsstudien

(1) Die Mindest- und Höchstsätze der Honorare für die in Nummer 1.1.1 aufgeführten Grundleistungen bei Umweltverträglichkeitsstudien können anhand der folgenden Honorartafel bestimmt werden:

Anlage 1.1 Umweltverträglichkeitsstudie

Fläche in Hektar	Honorarzone I geringe Anforderungen von bis Euro		Honorarzone II durchschnittliche Anforderungen von bis Euro		Honorarzone III hohe Anforderungen von bis Euro	
50	10.176	12.862	12.862	15.406	15.406	18.091
100	14.972	18.923	18.923	22.666	22.666	26.617
150	18.942	23.940	23.940	28.676	28.676	33.674
200	22.454	28.380	28.380	33.994	33.994	39.919
300	28.644	36.203	36.203	43.364	43.364	50.923
400	34.117	43.120	43.120	51.649	51.649	60.653
500	39.110	49.431	49.431	59.209	59.209	69.530
750	50.211	63.461	63.461	76.014	76.014	89.264
1.000	60.004	75.838	75.838	90.839	90.839	106.674
1.500	77.182	97.550	97.550	116.846	116.846	137.213
2.000	92.278	116.629	116.629	139.698	139.698	164.049
2.500	105.963	133.925	133.925	160.416	160.416	188.378
3.000	118.598	149.895	149.895	179.544	179.544	210.841
4.000	141.533	178.883	178.883	214.266	214.266	251.615
5.000	162.148	204.937	204.937	245.474	245.474	288.263
6.000	182.186	230.263	230.263	275.810	275.810	323.887
7.000	201.072	254.133	254.133	304.401	304.401	357.461
8.000	218.466	276.117	276.117	330.734	330.734	388.384
9.000	234.394	296.247	296.247	354.846	354.846	416.700
10.000	249.492	315.330	315.330	377.704	377.704	443.542

(2) Das Honorar für die Erstellung von Umweltverträglichkeitsstudien kann nach der Gesamtfläche des Untersuchungsraumes in Hektar und nach der Honorarzone berechnet werden.

(3) Umweltverträglichkeitsstudien können folgenden Honorarzonen zugeordnet werden:
1. Honorarzone I (Geringe Anforderungen),
2. Honorarzone II (Durchschnittliche Anforderungen),
3. Honorarzone III (Hohe Anforderungen).

(4) Die Zuordnung zu den Honorarzonen kann anhand folgender Bewertungsmerkmale für zu erwartende nachteilige Auswirkungen auf die Umwelt ermittelt werden:
1. Bedeutung des Untersuchungsraumes für die Schutzgüter im Sinne des Gesetzes über die Umweltverträglichkeitsprüfung (UVPG),
2. Ausstattung des Untersuchungsraumes mit Schutzgebieten,
3. Landschaftsbild und -struktur,
4. Nutzungsansprüche,
5. Empfindlichkeit des Untersuchungsraumes gegenüber Umweltbelastungen und -beeinträchtigungen,
6. Intensität und Komplexität potenzieller nachteiliger Wirkfaktoren auf die Umwelt.

(5) Sind für eine Umweltverträglichkeitsstudie Bewertungsmerkmale aus mehreren Honorarzonen anwendbar und bestehen deswegen Zweifel, welcher Honorarzone die Umweltverträglichkeitsstudie zugeordnet werden kann, kann die Anzahl der Bewertungspunkte nach Absatz 4 ermittelt werden; die Umweltverträglichkeitsstudie kann nach der Summe der Bewertungspunkte folgenden Honorarzonen zugeordnet werden:
1. Honorarzone I: Umweltverträglichkeitsstudien mit bis zu 16 Punkten
2. Honorarzone II: Umweltverträglichkeitsstudien mit 17 bis 30 Punkten
3. Honorarzone III: Umweltverträglichkeitsstudien mit 31 bis 42 Punkten.

(6) Bei der Zuordnung einer Umweltverträglichkeitsstudie zu den Honorarzonen können nach dem Schwierigkeitsgrad der Anforderungen die Bewertungsmerkmale wie folgt gewichtet werden:
1. die Bewertungsmerkmale gemäß Absatz 4 Nummern 1 bis 4 mit je bis zu 6 Punkten und
2. die Bewertungsmerkmale gemäß Absatz 4 Nummern 5 und 6 mit je bis zu 9 Punkten.

(7) Wird die Größe des Untersuchungsraumes während der Leistungserbringung geändert, so kann das Honorar für die Leistungsphasen, die bis zur Änderung noch nicht erbracht sind, nach der geänderten Größe des Untersuchungsraumes berechnet werden.

Übersicht   Rdn.
1. Änderungen durch die HOAI 2009   1
2. Änderungen durch die HOAI 2013   2
3. Allgemeines   4
4. Die Stufen der Honorarberechnung   9
5. Die Leistungsphasen des Leistungsbilds   11
6. Die einzelnen Leistungsphasen des Leistungsbilds Umweltverträglichkeitsstudie   12
7. Besondere Leistungen   35
8. Die Mindest- und Höchstsätze der Honorartafel (Ziff. 1.1.2, Absatz 1) 36
9. Die Gesamtfläche des Untersuchungsraums als Berechnungsgrundlage 37
10. Die Einordnung in die Honorarzone   38
11. Änderung der Größe des Untersuchungsraums (Abs. 7)   47

Anlage 1.1 Umweltverträglichkeitsstudie

1. Änderungen durch die HOAI 2009

1 Das Honorar für das Leistungsbild »Umweltverträglichkeitsstudie«, welches zuvor in den §§ 48–48b HOAI 2002 geregelt war, wurde aus dem verbindlichen Teil der HOAI herausgenommen und in der Anlage 1.1 den Beratungsleistungen zugeordnet. Dies hat zur Folge, dass die preisrechtlichen Vorschriften der HOAI nicht gelten und das Honorar frei vereinbart werden kann. Die in der Anlage 1.1 enthaltene Honorarregelung findet deshalb nur dann Anwendung, wenn das Honorar ausdrücklich auf der Grundlage der Anlage 1.1 vereinbart wurde. Außerdem kann sie einen Anhaltspunkt für die übliche Vergütung nach § 632 Abs. 2 BGB darstellen, wenn keine Honorarvereinbarung getroffen wurde. Diese muss aufgrund der Unverbindlichkeit der Anlage im Falle des Bestreitens durch den Auftraggeber von einem Sachverständigen ermittelt und kann nicht automatisch aus der Anlage entnommen werden (vgl. § 3 Rdn. 8). Eine die Mindestsätze der Anlage 1.1 unterschreitende oder die Höchstsätze überschreitende Honorarvereinbarung muss nicht schriftlich bei Auftragserteilung erfolgen, weil die HOAI nach § 3 Abs. 1 S. 2 für Beratungsleistungen keine verbindliche Honorarregelung enthält.

2. Änderungen durch die HOAI 2013

2 Auch in der HOAI 2013 wurden die Beratungsleistungen trotz eines ausdrücklichen Prüfungsauftrags des Bundesrats aus dem verbindlichen Preisrecht herausgenommen. Die Honorarregelungen – und somit auch diejenige für die Umweltverträglichkeitsstudie – stellen deshalb nur unverbindliche Empfehlungen dar. Mit der HOAI 2013 wurde das Leistungsbild Umweltverträglichkeitsstudie in der Anlage 1 Ziffer 1.1 erheblich verändert. Die bislang 5 Leistungsphasen wurden auf 4 Leistungsphasen reduziert und mit neuen Prozentsätzen bewertet. Die einzelnen Grundleistungen des Leistungsbilds sind weiterhin in Abs. 2 aufgeführt. Sie wurden ebenfalls gründlich überarbeitet und modernisiert. Die Bezeichnung der bisherigen Leistungsphase 5 wurde von »endgültiger Fassung« in »abgestimmte Fassung« umbenannt. Der Verordnungsgeber wollte damit eine einheitliche Terminologie für die Bezeichnung der Leistungsphasen mit denen der Leistungsbilder in Teil 2 Abschnitt 2 – Landschaftsplanung – herbeiführen.

3 Abs. 3 verweist auf die für alle Besonderen Leistungen des Leistungsbilds »Landschaftsplanung« geltende Anlage 9.

3. Allgemeines

4 Mit der Richtlinie des Rates der Europäischen Gemeinschaften vom 27.06.1985 über die Umweltverträglichkeitsprüfung wurden die Mitgliedstaaten verpflichtet, die erforderlichen Maßnahmen zu treffen, um dieser Richtlinie nachzukommen. Innerhalb der Bundesrepublik Deutschland ist das Gesetz über die Umweltverträglichkeitsprüfung (UVPG) am 12.02.1990 in Kraft getreten (seither gab es mehrere Gesetzesänderungen aufgrund von EG-Richtlinien). Die Genehmigung für öffentliche und private Projekte, bei denen mit erheblichen Auswirkungen auf die Umwelt zu rechnen ist, wird damit erst nach vorheriger Beurteilung der möglichen erheblichen Auswirkungen dieser Projekte erteilt. Diese Beurteilung hat von Seiten des Projektträgers anhand sachgerechter Anga-

Umweltverträglichkeitsstudie **Anlage 1.1**

ben zu erfolgen, die gegebenenfalls von den Behörden und der Öffentlichkeit, die von dem Projekt betroffen ist, ergänzt werden können.

Umweltverträglichkeitsstudien werden etwa bei Verkehrsbauten, Gewässerbaumaß- 5
nahmen, Deponien oder Abgrabungen in Verbindung mit raumwirksamen Planungen und Vorhaben in Auftrag gegeben. Diese erfassen, analysieren und bewerten raumbezogen und alternativ die Wirkungen eines Vorhabens auf die Umwelt und sind als Planungsbeiträge für die Prüfung der Umweltverträglichkeit von bestimmten öffentlichen und privaten Projekten notwendig. Ziel ist es, dass bei allen technischen Planungs- und Entscheidungsprozessen die Auswirkungen auf die Umwelt so früh wie möglich berücksichtigt werden. Hierbei wird die Umweltverträglichkeitsprüfung als behördliches Prüfverfahren verstanden, für das die Umweltverträglichkeitsstudie die wesentlichen raumwirksamen Planungsgrundlagen und -überlegungen liefert und damit eine wesentliche Entscheidungsgrundlage darstellt.

Nachdem der Begriff der Umweltverträglichkeitsprüfung zunehmend auch für andere 6
Untersuchungen verwendet wird, ist darauf hinzuweisen, dass das Leistungsbild nur für Planungsverfahren entwickelt worden ist, die eine Umweltverträglichkeitsprüfung nach dem UVPG erfordern.

Gegenstand der Umweltverträglichkeitsstudie ist 7
1. die Bestandserfassung und Bewertung der Empfindlichkeit der bestehenden natürlichen Gegebenheiten, der Leistungsfähigkeit des Naturhaushaltes (Wasser, Boden, Klima, Luft, Tier- und Pflanzenwelt) und des Landschaftsbilds einschließlich bestehender Nutzungen sowie Ermittlung konfliktarmer Korridore,
2. die Ermittlung und Bewertung der zu erwartenden Wirkungen des Vorhabens auf die Bereiche sowie ihrer zu erwartenden Beeinträchtigungen durch Verknüpfung ihrer Empfindlichkeit mit den Wirkungen des Vorhabens (ökologische Risikoeinschätzung) für jede Variante,
3. die Ermittlung und Bewertung von Möglichkeiten zur Vermeidung der zu erwartenden Beeinträchtigungen für jede Variante,
4. die Ermittlung und Bewertung von Vorschlägen zur Verminderung und zum Ausgleich unvermeidbarer Beeinträchtigungen für jede Variante,
5. die Ermittlung und Bewertung der voraussichtlich nicht ausgleichbaren Beeinträchtigungen für jede Variante,
6. die Ermittlung und Bewertung des Verhältnisses der voraussichtlich mit der Variante verbundenen Be- und Entlastungen für jede Variante.

Für Landschaftsplanerische Leistungen mit anderen Aufgabenstellungen wie die Stra- 8
tegische Umweltprüfung SUP (die so genannte Umweltverträglichkeitsprüfung für Pläne und Programme) ist die Anlage 1.1 nicht anwendbar. Diese Leistungen unterliegen aber ebenso wenig dem Preisrecht der HOAI, so dass das Honorar auch dafür frei vereinbar ist.

Anlage 1.1 Umweltverträglichkeitsstudie

4. Die Stufen der Honorarberechnung

9 Wenn die Anwendung der Vergütungsregelungen der Umweltverträglichkeitsstudie nach Anlage 1, Ziffer 1.1 von den Parteien vereinbart wird, vollzieht sich die Honorarberechnung in 4 Stufen:
a) Zunächst sind die Flächenwerte (ha) der Gesamtfläche des Untersuchungsraums festzustellen (Ziff. 1.1.2. Abs. 2).
b) Danach ist zu ermitteln, welcher Honorarzone die Umweltverträglichkeitsstudie zugeordnet ist (Ziff. 1.1.2. Abs. 2–6).
c) Sodann lässt sich je nach vereinbartem Honorarsatz der zutreffende Tafelwert im Honorarrahmen der Mindest- bis Höchstsätze aus der Honorartafel interpolieren (Ziff. 1.1.2. Abs. 1).
d) Das Honorar ist sodann mit der Bewertung der Leistungsphasen nach den Prozentsätzen zu berechnen (Ziff. 1.1.1. Abs. 1).

10 Der Umfang der erforderlichen Leistungen ist bei der Umweltverträglichkeitsstudie zum Zeitpunkt der Auftragserteilung in der Regel noch nicht ausreichend bestimmt (und nicht selten auch noch nicht bestimmbar), weil der maßgebliche Untersuchungsraum erst nach Vorliegen der Leistungen der Leistungsphase 2 bekannt ist. Um das Honorar so weit zu konkretisieren, dass es für ein Vergabeverfahren die gebotene Bestimmtheit aufweist, bedarf es vorgezogener Vertiefungen, die nicht zu den Leistungen der Leistungsphasen des Leistungsbilds gehören, sondern als vorgezogene Besondere Leistungen gelten. Kann der Umfang des Untersuchungsraums für das Leistungsbild Umweltverträglichkeitsstudie sowie der weiteren Leistungen im Verfahren vor der Auftragserteilung nicht eindeutig bestimmt werden, bleibt den Parteien kaum eine andere Wahl, als das Honorar zunächst optional zu vereinbaren.

5. Die Leistungsphasen des Leistungsbilds

11 Ziff. 1.1.1 Abs. 1 enthält die Bewertung der einzelnen Leistungen in Prozentsätzen der Honorare nach Ziff. 1.1.2. Abs. 1. Durch die Neufassung der Ziff. 1.1 haben sich für das Leistungsbild der Umweltverträglichkeitsstudie Veränderungen ergeben. So sind bei den Leistungsphasen 2 – 4 die prozentualen Bewertungen geändert worden. Bei der Leistungsphase 2 wurde der Anteil von 30% auf 37% erhöht. Die früheren Leistungsphasen 3 und 4 der HOAI 2009 sind zu einer neuen Leistungsphase 3 zusammengefasst und in »Vorläufige Fassung« umbenannt worden. Der Prozentsatz wurde von 60% auf 50% verringert. Die Grundleistungen der früheren Leistungsphase 5 der HOAI 2009 sind in der neuen Leistungsphase 4 enthalten, die in »Abgestimmte Fassung« umbenannt worden ist. Diese wird mit 10 % bewertet.

6. Die einzelnen Leistungsphasen des Leistungsbilds Umweltverträglichkeitsstudie

12 Absatz 2 enthält eine detaillierte Beschreibung des Leistungsbilds und seiner Grundleistungen in den einzelnen Leistungsphasen. Das Leistungsbild enthält folgende Leistungsphasen:

Umweltverträglichkeitsstudie **Anlage 1.1**

Leistungsphase 1 Klären der Aufgabenstellung und Ermitteln des Leistungsumfangs

Die Leistungsphase 1 ist bis auf den Begriff »Untersuchungsraum« anstatt »Plangebiet« mit derjenigen des Landschaftsplans nach der Anlage 4 zu § 23 identisch (vgl. § 23 Rdn. 16 ff.). Als weitere Grundleistung kommt das »Ermitteln der Untersuchungsinhalte« hinzu. Die Untersuchungsinhalte sind je nach den Fragestellungen einer Standort- oder Korridorfindung unterschiedlich. Deshalb ist es notwendig, diese mit den weiteren Grundleistungen frühzeitig zu klären. 13

Leistungsphase 2 Ermitteln und Bewerten der planungsrelevanten Sachverhalte auf Grundlage vorhandener Unterlagen und Daten

Die planungsrelevanten Sachverhalte umfassen das für die Planung maßgebliche biologisch-ökologische Potenzial der freien und besiedelten Landschaft anhand von Schutzgütern wie Geologie, Boden, Oberflächen-, Grundwasser, Luft, Klima, Tier- und Pflanzenwelt, Biologische Vielfalt, Landschaftsbild und Erholungspotenzial. Darüber hinaus sind überörtliche und regionale Planungen und damit verbundene Ansprüche an die Entwicklung und den Flächenbedarf einzubeziehen. Die Leistungen beschränken sich auf vorhandene Unterlagen und Daten. Soweit in speziellen Bereichen zusätzliche Untersuchungen erforderlich sind (z. B. Einzeluntersuchungen zu natürlichen Grundlagen, Vorbelastungen und weiteren Fragestellungen), sind diese rechtzeitig vorzunehmen. 14

Das Ermitteln und Bewerten der planungsrelevanten Sachverhalte bringt auch Erkenntnisse für die Fragestellungen der Grundleistung **Beschreiben der Umwelt** einschließlich des rechtlichen Schutzstatus, der fachplanerischen Vorgaben und Ziele sowie der für die Bewertung relevanten Funktionselemente für jedes Schutzgut einschließlich der Wechselwirkungen mit sich (zu den Schutzgütern vgl. § 22 Rdn. 15). 15

Das **Beschreiben der vorhandenen Beeinträchtigungen** (Vorbelastungen) der Umwelt stellt auf alle Schutzgüter des UVPG ab und somit auch auf Umweltbelastungen der Bevölkerung, also Belastungen im menschlichen Lebensbereich, wie Luftverschmutzungen und Lärmbelastungen. Als weitere Beeinträchtigungen gelten z. B. der Einfluss auf Boden, Wasser und Bodenluft durch Versiegelung, Schadstoffeintrag, Lärmausbreitung sowie die Zerschneidung von Biotopstrukturen. 16

Bei der Grundleistung **Bewerten der Funktionselemente und der Leistungsfähigkeit der einzelnen Schutzgüter hinsichtlich ihrer Bedeutung und Empfindlichkeit** werden die Funktionselemente des Naturhaushalts und des Landschaftsbilds sowie die Leistungsfähigkeit der einzelnen Landschaftsfaktoren getrennt voneinander bewertet. Das Bewerten fließt als geistige Leistung in die zusammenfassende Darstellung der letzten Grundleistung dieser Leistungsphase ein. 17

Durch die Analyse der Verflechtungen und Zusammenhänge der Schutzgüter im Ökosystem werden Bereiche mit höherer und mit geringerer Bedeutung und Empfindlichkeit erkennbar. Letztere stellen konfliktarme Bereiche dar, die für die weiterführenden Planungen von Bedeutung sind. Im Zuge der Herausarbeitung dieser konfliktarmen Bereiche wird erkennbar, welche bisherigen Überlegungen oder Erwägungen des Auf- 18

Anlage 1.1 Umweltverträglichkeitsstudie

traggebers für einen Projektstandort oder -korridor innerhalb des Untersuchungsbereichs unter bestmöglicher Umweltverträglichkeit fachlich in Frage kommen und als vertieft zu untersuchende Alternativen abgegrenzt werden können.

19 Anhand der Erkenntnisse über den Zustand des Ökosystems können Entwicklungstendenzen für den Fall prognostiziert werden, dass dieses nicht durch Veränderungen beeinflusst wird. Diese Prognose ist in der Grundleistung **Darstellen von Entwicklungstendenzen des Untersuchungsraums** für den Prognose-Null-Fall zu erstellen,

20 Die Grundleistung **Überprüfen der Abgrenzung des Untersuchungsraums und der Untersuchungsinhalte** soll sicherstellen, dass die Untersuchungen der Empfindlichkeit des Raums einen ausreichenden Bereich umfassen. Der Auftragnehmer hat deshalb die in der Leistungsphase 1 vorgenommene erste Abgrenzung des Untersuchungsraums zu überprüfen. Anhand der Ergebnisse der vorangehenden Grundleistungen und mit den ersten Informationen über das zu untersuchende Vorhaben hat auch für die Untersuchungsinhalte eine Überprüfung darauf stattzufinden, dass alle ergebnisrelevanten Zusammenhänge beachtet werden. Eine Ausweitung des Untersuchungsraums und -inhalts kann in diesem Stadium zusätzliche Aufwendungen für vorangehende Grundleistungen zur Folge haben, die einen Abschluss der Leistungsphase 2 erheblich verzögern können. Das Überprüfen stellt eine geistige Leistung dar, die in der zusammenfassenden Darstellung der letzten Grundleistung dieser Leistungsphase aufgeht. Nachdem eine Veränderung des Untersuchungsraums Auswirkungen auf das Honorar zur Folge hat, weil die Gesamtfläche des Untersuchungsraums die Honorarbemessungsgrundlage nach der Honorartafel der Ziffer 1.1.2 Abs. 4 darstellt, ist zu empfehlen, das Ergebnis der Abgrenzung des Untersuchungsbereichs schriftlich niederzulegen.

21 Die Ergebnisse aller Erfassungen und Bewertungen sind zum Abschluss dieser Leistungsphase zusammenfassend als Grundleistung **Zusammenfassendes Darstellen** der Erfassung und Bewertung als Grundlage für die Erörterung mit dem Auftraggeber in Text und Karte darzustellen.

Leistungsphase 3 Vorläufige Fassung

22 Bei der Grundleistung **Ermitteln und Beschreiben der Umweltauswirkungen und Erstellen der vorläufigen Fassung** sind die projektbedingten Umweltauswirkungen zu ermitteln und zu beschreiben. Unter »Ermitteln« ist wie in der Leistungsphase 2 das Zusammentragen von Aussagen und Planungsgrundlagen zu verstehen. Die Unterlagen und Daten über projektbedingte umwelterhebliche Auswirkungen wie Gutachten zur Luft- oder Gewässerverschmutzung und Klimaveränderung, werden nicht vom Auftragnehmer erbracht, sondern von diesem aus weiteren Fachbeiträgen ermittelt, die der Auftraggeber gesondert zu beauftragen hat. Das Beschreiben der Umweltauswirkungen ist mit der Darstellung von Entwicklungstendenzen des Untersuchungsraums für den Prognose-Null-Fall in der Leistungsphase 2 vergleichbar, allerdings mit vertieftem Inhalt. Dadurch wird es möglich, die Umweltverträglichkeit eines Vorhabens erstmals aufzuzeigen, sodass bereits in der ersten Grundleistung der Leistungsphase 3 eine vorläufige Fassung erstellt werden kann, auf der die weiteren Grundleistungen dieser Leistungsphase aufbauen.

Umweltverträglichkeitsstudie **Anlage 1.1**

Angesichts der Erkenntnisse der vorangegangenen Grundleistungen und der Anforderungen an die Umweltverträglichkeit von Vorhaben engt sich die Entwicklung und Auswahl vertieft zu untersuchender Lösungen ein. Da der Auftragnehmer diese aufgrund seiner Kenntnis des Raums erkennen muss, hat er in dieser Grundleistung bei der Entwicklung und der Auswahl vertieft zu untersuchender planerischer Lösungen mitzuwirken. Dafür ist die begleitende Unterstützung bzw. die Anwesenheit bei diesen Entscheidungen ausreichend. 23

Die Planung eines Vorhabens kann bereits aus technischen Gründen umfangreiche Lösungen erfordern. Umso komplexer werden die Ausarbeitungen, wenn die Lösungen im Hinblick auf die Vermeidung von Beeinträchtigungen optimiert werden. Die Grundleistung **Mitwirken bei der Optimierung von bis zu drei planerischen Lösungen** (Hauptvarianten) zur Vermeidung von Beeinträchtigungen legt fest, dass zum Leistungsumfang bis zu drei planerische Lösungen unter Mitwirkung des Auftragnehmers gehören. Für das Mitwirken ist die begleitende Unterstützung bei diesen Optimierungen ausreichend. 24

In der Grundleistung **Ermitteln, Beschreiben und Bewerten der unmittelbaren und mittelbaren Auswirkungen von bis zu drei planerischen Lösungen** (Hauptvarianten) auf die Schutzgüter im Sinne des Gesetzes über die Umweltverträglichkeitsprüfung vom 24. Februar 2010 (BGBl. I S. 94) einschließlich der Wechselwirkungen wird das geplante Vorhaben der fachspezifischen Betrachtung hinsichtlich der unmittelbaren und mittelbaren Auswirkungen auf die Schutzgüter des UVPG einschließlich der Wechselwirkungen unterzogen. Die Grundleistung schließt wieder bis zu drei planerische Lösungen ein und stellt klar, dass nur die in der genannten Fassung des UVPG genannten Schutzgüter sowie deren Wechselwirkungen davon umfasst sind. 25

In der Grundleistung **Einarbeiten der Ergebnisse vorhandener Untersuchungen zum Gebiets- und Artenschutz sowie zum Boden- und Wasserschutz** werden Untersuchungen, die für verschiedene Schutzkriterien im Zusammenhang mit dem geplanten Vorhaben vorgenommen worden sind, in die Planungen eingearbeitet. Die Leistungen beschränken sich auf vorhandene Untersuchungen, die in diesem Stadium zur Verfügung stehen. 26

Die Grundleistung **Vergleichendes Darstellen und Bewerten der Auswirkungen von bis zu drei planerischen Lösungen** dient der Transparenz des planerischen Entscheidungsprozesses über diese vergleichende Bewertung, die die Grundlage für das Ergebnis der Umweltverträglichkeitsstudie darstellt. Nur bei Nachvollziehbarkeit der prognostizierten Wirkungen kann die Planungsaussage Akzeptanz finden. Für diese Grundleistung ist es ausreichend, dass 2 Lösungen in diesem Sinne bearbeitet werden. Soweit mehr als 3 Lösungen dargestellt und bewertet werden sollen, ist der Mehraufwand für jede weitere Lösung als Besondere Leistung zu vergüten. 27

Neben dem Vergleich und der Bewertung der planerischen Lösungen muss in der Grundleistung **Zusammenfassendes vergleichendes Bewerten des Projekts mit dem Prognose-Null-Fall** aufgezeigt werden, welche Folgen für den Untersuchungsraum bei Nichtrealisierung des geplanten Vorhabens absehbar sind. 28

Anlage 1.1 Umweltverträglichkeitsstudie

29 Unter der Grundleistung **Erstellen von Hinweisen auf Maßnahmen zur Vermeidung und Verminderung von Beeinträchtigungen sowie zur Ausgleichbarkeit der unvermeidbaren Beeinträchtigungen** sind Hinweise auf Maßnahmen im Sinne der naturschutzrechtlichen Eingriffsregelung zu verstehen, die sich aufgrund der Planung des Vorhabens und der Kenntnisse über den Untersuchungsraum empfehlen. Dabei handelt es sich um allgemeine Hinweise für den Untersuchungsraum, die nicht in verschiedene planerische Lösungen des Vorhabens zu unterteilen sind.

30 In der Grundleistung **Erstellen von Hinweisen auf Schwierigkeiten bei der Zusammenstellung der Angaben** ist zur Sicherstellung der Transparenz des Verfahrens auf Schwierigkeiten bei der Planung oder bei einzelnen Untersuchungen und Unterlagen hinzuweisen.

31 In der Grundleistung **Zusammenführen und Darstellen der Ergebnisse** als vorläufige Fassung in Text und Karten einschließlich des Herausarbeitens der grundsätzlichen Lösung der wesentlichen Teile der Aufgabe ist die vorläufige Fassung, die bereits in der ersten Grundleistung dieser Leistungsphase zu erstellen war, mit den inzwischen gewonnenen Erkenntnissen zu einer grundsätzlichen Lösung der wesentlichen Teile der Aufgabe zusammenzuführen und in Text und Karten darzustellen. Formale Anforderungen werden nicht gestellt. Deshalb genügen einfache, nicht pausfähige farbige Plandarstellungen für flächendeckende und punktuelle Maßnahmen als Konkretisierung landschaftsplanerischer Lösungsvorschläge und ein stichwortartiger Textteil. Soweit Anforderungen des Auftraggebers an die Darstellung bestehen, die diesen Standard erheblich überschreiten, ist von Besonderen Leistungen auszugehen.

32 Das **Abstimmen der Vorläufigen Fassung mit dem Auftraggeber** stellt eine der wichtigsten Grundleistungen dar. In diesem Stadium lassen sich erstmals der Inhalt und die Tragweite der Planung für den Auftraggeber in konkreter Form mit der Würdigung durch die Fachbehörden und -vereinigungen absehen. Dieser hat dabei seine Planungsabsichten unter dem Eindruck der Stellungnahmen zur vorläufigen Fassung zu überprüfen und diese zu bestätigen oder zu korrigieren. Als Ergebnis der Überprüfung hat er festzulegen, wie die Planung durch den Auftragnehmer fortgeführt werden soll. Wird dabei eine Planungsänderung verlangt, liegt eine Wiederholung von Grundleistungen nach § 10 Abs. 2 vor.

Leistungsphase 4 Abgestimmte Fassung

33 Mit der Abgestimmten Fassung bringt der Auftragnehmer die vorläufige Fassung in die mit dem Auftraggeber abgestimmte Form. Die Leistungsphase 4 stellt demnach eine Planungsstufe dar, die als Ergebnis der vorhergehenden Leistungen zu verstehen ist. Die Darstellung hat den Formerfordernissen zu entsprechen, die nach den landesrechtlichen Vorgaben zu beachten sind.

34 Eine Änderung oder Korrektur des Inhalts der abgestimmten Fassung, etwa von Aussagen in Text und Karte nach Erbringung der Leistungsphase 4, zählt nicht zu den Leistungen des Leistungsbilds. Solche »fortgeführten Fassungen« stellen deshalb keine Wiederholungen von Grundleistungen, sondern Besondere Leistungen dar. Dabei ist es

unerheblich, ob die Abgestimmte Fassung die letzte Planfassung der Umweltverträglichkeitsstudie darstellt oder ob weitere folgen. Wenn der Umweltverträglichkeitsstudie nach der Leistungsphase 4 weitere Fassungen folgen sollten, etwa weil das Vorhaben, auf das sie Bezug nimmt, nochmals geändert wird oder weil sich die Rechtslage ändert, stellen die damit verbundenen weiteren Leistungen ebenfalls Besondere Leistungen dar.

7. Besondere Leistungen

Besondere Leistungen werden im Leistungsbild nicht erwähnt. Stattdessen verweist   35
Ziff. 1.1.1 Abs. 3 auf die Anlage 9. Die darin enthaltene Liste der Besonderen Leistungen gilt somit auch für das Leistungsbild Umweltverträglichkeitsstudie. Die Anlage 9 enthält keine abschließende, sondern eine beispielhafte Aufzählung der Besonderen Leistungen. Wie bisher können weitere Besondere Leistungen hinzukommen, die nicht in der HOAI aufgeführt sind, soweit sie im jeweiligen Fall keine Grundleistungen des Leistungsbilds darstellen.

8. Die Mindest- und Höchstsätze der Honorartafel (Ziff. 1.1.2, Absatz 1)

Die neue Honorartafel für Umweltverträglichkeitsstudien in Ziff. 1.1.2 Absatz 1 ist das   36
Ergebnis der Studie »Aktualisierungsbedarf zur Honorarstruktur der Honorarordnung für Architekten und Ingenieure (HOAI)«, die im Dezember 2012 im Auftrag des Bundesministeriums für Wirtschaft und Technologie vorgelegt worden ist. Die Gutachter haben dafür eine marktgerechte Entwicklung der Tafelwerte anhand der Einflussfaktoren »Kostenentwicklung«, »Rationalisierungseffekte«, »Leistungsausweitung als Mehr- oder Minderaufwand aufgrund von Veränderungen bei den rechtlichen und technischen Anforderungen im Zeitraum von 1996 bis 2013 sowie aufgrund von Änderungen des Leistungsbilds im Vergleich zur HOAI 1996« untersucht und die neuen Tafelwerte mit einer dafür entwickelten Berechnungsmethode in einem progressiven Verlauf errechnet. Die prozentuale Veränderung der Tafelwerte für das Leistungsbild Umweltverträglichkeitsstudie der HOAI 2013 im Vergleich zur HOAI 2009 liegt im Bereich von +27,24% bis +61,97%.

9. Die Gesamtfläche des Untersuchungsraums als Berechnungsgrundlage

Ziff. 1.1.2 Abs. 2 regelt, dass die Honorare nach der Gesamtfläche des Untersuchungs-   37
raums in Hektar zu berechnen sind. Der Flächenbegriff »Untersuchungsraum« wird in der HOAI nicht definiert. Bei Streitfällen ist zunächst zu klären, ob und wie eine Präzisierung dieser Flächen vereinbart wurde. Sonst kommt es darauf an, welche Flächen als zu untersuchender Raum in die Leistungen einbezogen wurden. Mit dem Begriff »Gesamtfläche« ist die tatsächliche Flächenausdehnung in der Örtlichkeit gemeint. Diese Fläche kann aus Kartenunterlagen oder Flächenstatistiken abgeleitet werden und ist gegebenenfalls mit einem Neigungszuschlag (z. B. Gebirgslagen oder stark reliefierte Landschaft) zu versehen.

Anlage 1.1 Umweltverträglichkeitsstudie

10. Die Einordnung in die Honorarzone

38 Ziff. 1.1.2 Abs. 4 bestimmt, welche Bewertungsmerkmale für die Zuordnung einer Umweltverträglichkeitsstudie zur zutreffenden Honorarzone maßgeblich sind. Die Funktion der Bewertungsmerkmale besteht darin, dass Vorgaben aus höheren Planungsebenen, aus der konkreten Aufgabenstellung oder aus der Zielstellung der Planung für das jeweilige Merkmal innerhalb des Untersuchungsraums und dessen angrenzender Umgebung berücksichtigt werden. Sie unterscheiden sich in ihrer Art, ihrer Eigenheit und Planungsrelevanz erheblich. Als Kriterien gelten neben der Ausstattung der Landschaft an ökologisch bedeutsamen Strukturen, der Ausprägung von Nutzungsansprüchen und Merkmalen zum Landschaftsbild, insbesondere auch die potentielle Beeinträchtigungsintensität und Eingriffserheblichkeit der Vorhaben.

39 Die sechs für die Zuordnung einer Umweltverträglichkeitsstudie maßgeblichen Bewertungsmerkmale hängen in der Regel sehr eng zusammen. Die »Bedeutung des Untersuchungsraums für die Schutzgüter im Sinne des Gesetzes über die Umweltverträglichkeitsprüfung (UVPG)« betrifft die Auswirkungen auf Menschen einschließlich der menschlichen Gesundheit, Tiere, Pflanzen und die biologische Vielfalt, Boden, Wasser, Luft, Klima und Landschaft, Kulturgüter und sonstige Sachgüter sowie die Wechselwirkung zwischen diesen Schutzgütern gemäß § 2 Abs. 1 UVPG.

40 Die »Ausstattung des Untersuchungsraums mit Schutzgebieten« ist nicht auf naturschutzrechtliche Schutzgebiete nach § 33 BNatSchG beschränkt, sondern gilt auch für andere Schutzgebiete.

41 »Landschaftsbild und -struktur« betreffen die Ausstattung einer Landschaft an bedeutsamen Strukturen, z. B. Gewässer, Wälder, Hecken, bedeutende Lebensräume für Pflanzen und Tieren sowie an gliedernden und belebenden Elementen. Hieraus lässt sich im Wesentlichen die Eignung als »Erholungslandschaft/Erholungsraum« ableiten, die für die Frage der Umweltverträglichkeit von Projekten ein wichtiges Kriterium darstellt.

42 »Nutzungsansprüche« betreffen zum einen landschaftsprägende Parameter und zum anderen Kriterien im Hinblick auf die derzeitige Belastung der natürlichen Ressourcen.

43 Die Einschätzung der »Empfindlichkeit des Untersuchungsraums gegenüber Umweltbelastungen und -beeinträchtigungen« lässt sich an den ökologischen Verhältnissen des Raums ablesen und somit am Zustand des Naturhaushalts insgesamt und der einzelnen Landschaftsfaktoren wie Wasser, Boden, Klima, Tier- und Pflanzenwelt.

44 Die »Intensität und Komplexität potenziell nachteiliger Wirkfaktoren auf die Umwelt«, die durch das Vorhaben selbst verursacht werden, betrifft die Schwere und die Dauer der zu erwartenden Auswirkungen eines Vorhabens auf die Umwelt (in der Regel bezogen auf den Naturhaushalt).

45 In Ziffer 1.1.2 Abs. 5 wird festgelegt, welcher Honorarzone die Umweltverträglichkeitsstudie in Zweifelsfällen zuzurechnen ist. In solchen Fällen ist die Summe der Bewertungspunkte maßgebend. Abs. 5 stellt auf die Anzahl der Bewertungspunkte nach Abs. 6 ab. Dieser legt fest, wie viele Punkte entsprechend dem Schwierigkeitsgrad

den einzelnen Bewertungsmerkmalen zuzuordnen sind. Dabei muss jedes der Bewertungsmerkmale bewertet werden.

Die gleichmäßige Aufteilung dieser Punkte auf die 3 Honorarzonen ist mit vollen Punkten möglich. Die Aufteilung lässt sich nach folgender Punkteskala ableiten:

	gering	durchschnittlich	hoch
Honorarzone	I	II	III
Bewertungsmerkmale	Punktebewertung		
1. Bedeutung des Untersuchungsraums für die Schutzgüter im Sinne des Gesetzes über die Umweltverträglichkeitsprüfung (UVPG)	1–2	3–4	5–6
2. Ausstattung des Untersuchungsraums mit Schutzgebieten	1–2	3–4	5–6
3. Landschaftsbild und -struktur	1–2	3–4	5–6
4. Nutzungsansprüche	1–2	3–4	5–6
5. Empfindlichkeit des Untersuchungsraumes gegenüber Umweltbelastungen und -beeinträchtigungen	1–3	4–6	7–9
6. Intensität und Komplexität potenziell nachteiliger Wirkfaktoren auf die Umwelt	1–3	4–6	7–9
Gesamtpunktzahl	bis 16	17–30	31–42

Die Einordnung in die Honorarzone ergibt sich aus der Summe der Bewertungspunkte nach Abs. 5. Die Punktezahl kann bei Verhandlungen über die Honorarhöhe eine Orientierungshilfe darstellen.

11. Änderung der Größe des Untersuchungsraums (Abs. 7)

Ziff 1.1.2 Abs. 7 enthält eine spezielle Honorarvorschrift für den Fall, dass der Untersuchungsraum der Umweltverträglichkeitsstudie während des Verfahrens geändert wird. Die Regelung entspricht derjenigen des § 29 Abs. 6 für das Planungsgebiet anderer Flächenplanungen (vgl. § 29 Rdn. 12).

Anlage 1.2 Bauphysik

1.2.1 Anwendungsbereich

(1) Zu den Grundleistungen für Bauphysik können gehören:
- Wärmeschutz und Energiebilanzierung,
- Bauakustik (Schallschutz),
- Raumakustik.

(2) Wärmeschutz und Energiebilanzierung kann den Wärmeschutz von Gebäuden und Ingenieurbauwerken und die fachübergreifende Energiebilanzierung umfassen.

(3) Die Bauakustik kann den Schallschutz von Objekten zur Erreichung eines regelgerechten Luft- und Trittschallschutzes und zur Begrenzung der von außen einwirkenden Geräusche sowie der Geräusche von Anlagen der Technischen Ausrüstung umfassen. Dazu kann auch der Schutz der Umgebung vor schädlichen Umwelteinwirkungen durch Lärm (Schallimmissionsschutz) gehören.

(4) Die Raumakustik kann die Beratung zu Räumen mit besonderen raumakustischen Anforderungen umfassen.

(5) Die Besonderen Grundlagen der Honorare werden gesondert in den Teilgebieten Wärmeschutz und Energiebilanzierung, Bauakustik, Raumakustik aufgeführt.

1.2.2 Leistungsbild Bauphysik

(1) Die Grundleistungen für Bauphysik können in sieben Leistungsphasen unterteilt und wie folgt in Prozentsätzen der Honorare in Nummer 1.2.3 bewertet werden:
1. für die Leistungsphase 1 (Grundlagenermittlung) mit 3 Prozent,
2. für die Leistungsphase 2 (Mitwirken bei der Vorplanung) mit 20 Prozent,
3. für die Leistungsphase 3 (Mitwirken bei der Entwurfsplanung) mit 40 Prozent,
4. für die Leistungsphase 4 (Mitwirken bei der Genehmigungsplanung) mit 6 Prozent,
5. für die Leistungsphase 5 (Mitwirken bei der Ausführungsplanung) mit 27 Prozent,
6. für die Leistungsphase 6 (Mitwirkung bei der Vorbereitung der Vergabe) mit 2 Prozent,
7. für die Leistungsphase 7 (Mitwirkung bei der Vergabe) mit 2 Prozent.

(2) Die Leistungsbild kann sich wie folgt zusammensetzen:

Grundleistungen	Besondere Leistungen
LPH 1 Grundlagenermittlung	
a) Klären der Aufgabenstellung b) Festlegen der Grundlagen, Vorgaben und Ziele	– Mitwirken bei der Ausarbeitung von Auslobungen und bei Vorprüfungen für Wettbewerbe – Bestandsaufnahme bestehender Gebäude, Ermitteln und Bewerten von Kennwerten

Bauphysik **Anlage 1.2**

Grundleistungen	Besondere Leistungen
	– Schadensanalyse bestehender Gebäude – Mitwirken bei Vorgaben für Zertifizierungen
LPH 2 Mitwirkung bei der Vorplanung	
a) Analyse der Grundlagen b) Klären der wesentlichen Zusammenhänge von Gebäude und technischen Anlagen einschließlich Betrachtung von Alternativen c) Vordimensionieren der relevanten Bauteile des Gebäudes d) Mitwirken beim Abstimmen der fachspezifischen Planungskonzepte der Objektplanung und der Fachplanungen e) Erstellen eines Gesamtkonzeptes in Abstimmung mit der Objektplanung und den Fachplanungen f) Erstellen von Rechenmodellen, Auflisten der wesentlichen Kennwerte als Arbeitsgrundlage für Objektplanung und Fachplanungen	– Mitwirken beim Klären von Vorgaben für Fördermaßnahmen und bei deren Umsetzung – Mitwirken an Projekt-, Käufer- oder Mieterbaubeschreibungen – Erstellen eines fachübergreifenden Bauteilkatalogs
LPH 3 Mitwirkung bei der Entwurfsplanung	
a) Fortschreiben der Rechenmodelle und der wesentlichen Kennwerte für das Gebäude b) Mitwirken beim Fortschreiben der Planungskonzepte der Objektplanung und Fachplanung bis zum vollständigen Entwurf c) Bemessen der Bauteile des Gebäudes d) Erarbeiten von Übersichtsplänen und des Erläuterungsberichtes mit Vorgaben, Grundlagen und Auslegungsdaten	– Simulationen zur Prognose des Verhaltens von Bauteilen, Räumen, Gebäuden und Freiräumen
LPH 4 Mitwirkung bei der Genehmigungsplanung	
a) Mitwirken beim Aufstellen der Genehmigungsplanung und bei Vorgesprächen mit Behörden b) Aufstellen der förmlichen Nachweise c) Vervollständigen und Anpassen der Unterlagen	– Mitwirken bei Vorkontrollen in Zertifizierungsprozessen – Mitwirken beim Einholen von Zustimmungen im Einzelfall
LPH 5 Mitwirkung bei der Ausführungsplanung	
a) Durcharbeiten der Ergebnisse der Leistungsphasen 3 und 4 unter Beachtung der	– Mitwirken beim Prüfen und Anerkennen der Montage- und Werkstattplanung der

Anlage 1.2 Bauphysik

Grundleistungen	Besondere Leistungen
durch die Objektplanung integrierten Fachplanungen b) Mitwirken bei der Ausführungsplanung durch ergänzende Angaben für die Objektplanung und Fachplanungen	ausführenden Unternehmen auf Übereinstimmung mit der Ausführungsplanung
LPH 6 Mitwirkung bei der Vorbereitung der Vergabe	
Beiträge zu Ausschreibungsunterlagen	
LPH 7 Mitwirkung bei der Vergabe	
Mitwirken beim Prüfen und Bewerten der Angebote auf Erfüllung der Anforderungen	– Prüfen von Nebenangeboten
LPH 8 Objektüberwachung u. Dokumentation	
	– Mitwirken bei der Baustellenkontrolle – Messtechnisches Überprüfen der Qualität der Bauausführung und von Bauteil- oder Raumeigenschaften
LPH 9 Objektbetreuung	
	– Mitwirken bei Audits in Zertifizierungsprozessen

1.2.3 Honorare für Grundleistungen für Wärmeschutz und Energiebilanzierung

(1) Das Honorar für die Grundleistungen nach Nummer 1.2.2 Absatz 2 kann sich nach den anrechenbaren Kosten des Gebäudes nach § 33 nach der Honorarzone nach § 35, der das Gebäude zuzuordnen ist und nach der Honorartafel in Absatz 2 richten.

(2) Die Mindest- und Höchstsätze der Honorare für die in Nummer 1.2.2 Absatz 2 aufgeführten Grundleistungen für Wärmeschutz und Energiebilanzierung können anhand der folgenden Honorartafel bestimmt werden:

Anrechenbare Kosten in Euro	Honorarzone I sehr geringe Anforderungen		Honorarzone II geringe Anforderungen		Honorarzone III durchschnittliche Anforderungen		Honorarzone IV hohe Anforderungen		Honorarzone V sehr hohe Anforderungen	
	von	bis	von	bis	von	bis	von	bis	von	bis
	Euro	Euro	Euro	Euro	Euro					
250.000	1.757	2.023	2.023	2.395	2.395	2.928	2.928	3.300	3.300	3.566
275.000	1.789	2.061	2.061	2.440	2.440	2.982	2.982	3.362	3.362	3.633
300.000	1.821	2.097	2.097	2.484	2.484	3.036	3.036	3.422	3.422	3.698
350.000	1.883	2.168	2.168	2.567	2.567	3.138	3.138	3.537	3.537	3.822
400.000	1.941	2.235	2.235	2.647	2.647	3.235	3.235	3.646	3.646	3.941

Bauphysik **Anlage 1.2**

Anrechenbare Kosten in Euro	Honorarzone I sehr geringe Anforderungen		Honorarzone II geringe Anforderungen		Honorarzone III durchschnittliche Anforderungen		Honorarzone IV hohe Anforderungen		Honorarzone V sehr hohe Anforderungen	
	von	bis	von	bis	von	bis	von	bis	von	bis
	Euro	Euro	Euro	Euro			Euro			
500.000	2.049	2.359	2.359	2.793	2.793	3.414	3.414	3.849	3.849	4.159
600.000	2.146	2.471	2.471	2.926	2.926	3.576	3.576	4.031	4.031	4.356
750.000	2.273	2.617	2.617	3.099	3.099	3.788	3.788	4.270	4.270	4.614
1.000.000	2.440	2.809	2.809	3.327	3.327	4.066	4.066	4.583	4.583	4.953
1.250.000	2.748	3.164	3.164	3.747	3.747	4.579	4.579	5.162	5.162	5.579
1.500.000	3.050	3.512	3.512	4.159	4.159	5.083	5.083	5.730	5.730	6.192
2.000.000	3.639	4.190	4.190	4.962	4.962	6.065	6.065	6.837	6.837	7.388
2.500.000	4.213	4.851	4.851	5.745	5.745	7.022	7.022	7.916	7.916	8.554
3.500.000	5.329	6.136	6.136	7.266	7.266	8.881	8.881	10.012	10.012	10.819
5.000.000	6.944	7.996	7.996	9.469	9.469	11.573	11.573	13.046	13.046	14.098
7.500.000	9.532	10.977	10.977	12.999	12.999	15.887	15.887	17.909	17.909	19.354
10.000.000	12.033	13.856	13.856	16.408	16.408	20.055	20.055	22.607	22.607	24.430
15.000.000	16.856	19.410	19.410	22.986	22.986	28.094	28.094	31.670	31.670	34.224
20.000.000	21.516	24.776	24.776	29.339	29.339	35.859	35.859	40.423	40.423	43.683
25.000.000	26.056	30.004	30.004	35.531	35.531	43.427	43.427	48.954	48.954	52.902

(3) Für Umbauten und Modernisierungen kann bei einem durchschnittlichen Schwierigkeitsgrad ein Zuschlag bis 33 Prozent auf das Honorar schriftlich vereinbart werden.

1.2.4 Honorare für Grundleistungen der Bauakustik

(1) Die Kosten für Baukonstruktionen und Anlagen der Technischen Ausrüstung können zu den anrechenbaren Kosten gehören. Der Umfang der mitzuverarbeitenden Bausubstanz kann angemessen berücksichtigt werden.

(2) Die Vertragsparteien können vereinbaren, dass die Kosten für besondere Bauausführungen ganz oder teilweise zu den anrechenbaren Kosten gehören, wenn hierdurch dem Auftragnehmer ein erhöhter Arbeitsaufwand entsteht.

(3) Die Mindest- und Höchstsätze der Honorare für die in Nummer 1.2.2 Absatz 2 aufgeführten Grundleistungen der Bauakustik können anhand der folgenden Honorartafel bestimmt werden:

Locher

Anlage 1.2 Bauphysik

Anrechenbare Kosten in Euro	Honorarzone I geringe Anforderungen von bis Euro		Honorarzone II durchschnittliche Anforderungen von bis Euro		Honorarzone III hohe Anforderungen von bis Euro	
250.000	1.729	1.985	1.985	2.284	2.284	2.625
275.000	1.840	2.113	2.113	2.431	2.431	2.794
300.000	1.948	2.237	2.237	2.574	2.574	2.959
350.000	2.156	2.475	2.475	2.847	2.847	3.273
400.000	2.353	2.701	2.701	3.108	3.108	3.573
500.000	2.724	3.127	3.127	3.598	3.598	4.136
600.000	3.069	3.524	3.524	4.055	4.055	4.661
750.000	3.553	4.080	4.080	4.694	4.694	5.396
1.000.000	4.291	4.927	4.927	5.669	5.669	6.516
1.250.000	4.968	5.704	5.704	6.563	6.563	7.544
1.500.000	5.599	6.429	6.429	7.397	7.397	8.503
2.000.000	6.763	7.765	7.765	8.934	8.934	10.270
2.500.000	7.830	8.990	8.990	10.343	10.343	11.890
3.500.000	9.766	11.213	11.213	12.901	12.901	14.830
5.000.000	12.345	14.174	14.174	16.307	16.307	18.746
7.500.000	16.114	18.502	18.502	21.287	21.287	24.470
10.000.000	19.470	22.354	22.354	25.719	25.719	29.565
15.000.000	25.422	29.188	29.188	33.582	33.582	38.604
20.000.000	30.722	35.273	35.273	40.583	40.583	46.652
25.000.000	35.585	40.857	40.857	47.008	47.008	54.037

(4) Für Umbauten und Modernisierungen kann bei einem durchschnittlichen Schwierigkeitsgrad ein Zuschlag bis 33 Prozent auf das Honorar schriftlich vereinbart werden.

(5) Die Leistungen der Bauakustik können den Honorarzonen anhand folgender Bewertungsmerkmale zugeordnet werden:
1. Art der Nutzung,
2. Anforderungen des Immissionsschutzes,
3. Anforderungen des Emissionsschutzes,
4. Art der Hüllkonstruktion, Anzahl der Konstruktionstypen,

5. Art und Intensität der Außenlärmbelastung,
6. Art und Umfang der Technischen Ausrüstung.

(6) § 52 Absatz 3 kann sinngemäß angewendet werden.

(7) Objektliste für die Bauakustik

Die nachstehend aufgeführten Innenräume können in der Regel den Honorarzonen wie folgt zugeordnet werden:

Objektliste – Bauakustik	Honorarzone		
	I	II	III
Wohnhäuser, Heime, Schulen, Verwaltungsgebäude oder Banken mit jeweils durchschnittlicher Technischer Ausrüstung oder entsprechendem Ausbau	x		
Heime, Schulen, Verwaltungsgebäude mit jeweils überdurchschnittlicher Technischer Ausrüstung oder entsprechendem Ausbau		x	
Wohnhäuser mit versetzten Grundrissen		x	
Wohnhäuser mit Außenlärmbelastungen		x	
Hotels, soweit nicht in Honorarzone III erwähnt		x	
Universitäten oder Hochschulen		x	
Krankenhäuser, soweit nicht in Honorarzone III erwähnt		x	
Gebäude für Erholung, Kur oder Genesung		x	
Versammlungsstätten, soweit nicht in Honorarzone III erwähnt		x	
Werkstätten mit schutzbedürftigen Räumen		x	
Hotels mit umfangreichen gastronomischen Einrichtungen			x
Gebäude mit gewerblicher Nutzung oder Wohnnutzung			x
Krankenhäuser in bauakustisch besonders ungünstigen Lagen oder mit ungünstiger Anordnung der Versorgungseinrichtungen			x
Theater-, Konzert- oder Kongressgebäude			x
Tonstudios oder akustische Messräume			x

1.2.5 Honorare für Grundleistungen der Raumakustik

(1) Das Honorar für jeden Innenraum, für den Grundleistungen zur Raumakustik erbracht werden, kann sich nach den anrechenbaren Kosten nach Absatz 2, nach der Honorarzone, der der Innenraum zuzuordnen ist, sowie nach der Honorartafel in Absatz 3 richten.

Anlage 1.2 Bauphysik

(2) Die Kosten für Baukonstruktionen und Technische Ausrüstung sowie die Kosten für die Ausstattung (DIN 276 – 1: 2008–12, Kostengruppe 610) des Innenraums können zu den anrechenbaren Kosten gehören. Die Kosten für die Baukonstruktionen und Technische Ausrüstung werden für die Anrechnung durch den Bruttorauminhalt des Gebäudes geteilt und mit dem Rauminhalt des Innenraums multipliziert. Der Umfang der mitzuverarbeitenden Bausubstanz kann angemessen berücksichtigt werden.

(3) Die Mindest- und Höchstsätze der Honorare für die in Nummer 1.2.2 Absatz 2 aufgeführten Grundleistungen der Raumakustik können anhand der folgenden Honorartafel bestimmt werden.

Anrechenbare Kosten in Euro	Honorarzone I sehr geringe Anforderungen von bis Euro		Honorarzone II geringe Anforderungen von bis Euro		Honorarzone III durchschnittliche Anforderungen von bis Euro		Honorarzone IV hohe Anforderungen von bis Euro		Honorarzone V sehr hohe Anforderungen von bis Euro	
50.000	1.714	2.226	2.226	2.737	2.737	3.279	3279	3790	3790	4301
75.000	1.805	2.343	2.343	2.882	2.882	3.452	3.452	3.990	3.990	4.528
100.000	1.892	2.457	2.457	3.021	3.021	3.619	3.619	4.183	4.183	4.748
150.000	2.061	2.676	2.676	3.291	3.291	3.942	3.942	4.557	4.557	5.171
200.000	2.225	2.888	2.888	3.551	3.551	4.254	4.254	4.917	4.917	5.581
250.000	2.384	3.095	3.095	3.806	3.806	4.558	4.558	5.269	5.269	5.980
300.000	2.540	3.297	3.297	4.055	4.055	4.857	4.857	5.614	5.614	6.371
400.000	2.844	3.693	3.693	4.541	4.541	5.439	5.439	6.287	6.287	7.136
500.000	3.141	4.078	4.078	5.015	5.015	6.007	6.007	6.944	6.944	7.881
750.000	3.860	5.011	5.011	6.163	6.163	7.382	7.382	8.533	8.533	9.684
1.000.000	4.555	5.913	5.913	7.272	7.272	8.710	8.710	10.069	10.069	11.427
1.500.000	5.896	7.655	7.655	9.413	9.413	11.275	11.275	13.034	13.034	14.792
2.000.000	7.193	9.338	9.338	11.483	11.483	13.755	13.755	15.900	15.900	18.045
2.500.000	8.457	10.979	10.979	13.501	13.501	16.172	16.172	18.694	18.694	21.217
3.000.000	9.696	12.588	12.588	15.479	15.479	18.541	18.541	21.433	21.433	24.325
4.000.000	12.115	15.729	15.729	19.342	19.342	23.168	23.168	26.781	26.781	30.395
5.000.000	14.474	18.791	18.791	23.108	23.108	27.679	27.679	31.996	31.996	36.313
6.000.000	16.786	21.793	21.793	26.799	26.799	32.100	32.100	37.107	37.107	42.113
7.000.000	19.060	24.744	24.744	30.429	30.429	36.448	36.448	42.133	42.133	47.817
7.500.000	20.184	26.204	26.204	32.224	32.224	38.598	38.598	44.618	44.618	50.638

(4) Für Umbauten und Modernisierungen kann bei einem durchschnittlichen Schwierigkeitsgrad ein Zuschlag bis 33 Prozent auf das Honorar vereinbart werden.

(5) Innenräume können nach den im Absatz 6 genannten Bewertungsmerkmalen folgenden Honorarzonen zugeordnet werden:
1. Honorarzone I: Innenräume mit sehr geringen Anforderungen,
2. Honorarzone II: Innenräume mit geringen Anforderungen,
3. Honorarzone III: Innenräume mit durchschnittlichen Anforderungen,
4. Honorarzone IV: Innenräume mit hohen Anforderungen,
5. Honorarzone V: Innenräume mit sehr hohen Anforderungen.

(6) Für die Zuordnung zu den Honorarzonen können folgende Bewertungsmerkmale herangezogen werden:
1. Anforderungen an die Einhaltung der Nachhallzeit,
2. Einhalten eines bestimmten Frequenzganges der Nachhallzeit,
3. Anforderungen an die räumliche und zeitliche Schallverteilung,
4. akustische Nutzungsart des Innenraums,
5. Veränderbarkeit der akustischen Eigenschaften des Innenraums.

(7) Objektliste für die Raumakustik

Die nachstehend aufgeführten Innenräume können in der Regel den Honorarzonen wie folgt zugeordnet werden:

Objektliste – Raumakustik	Honorarzone				
	I	II	III	IV	V
Pausenhallen, Spielhallen, Liege- und Wandelhallen		x			
Großraumbüros			x		
Unterrichts-, Vortrags- und Sitzungsräume					
– bis 500 m³			x		
– 500 bis 1 500 m³				x	
– über 1 500 m³					x
Filmtheater					
– bis 1 000 m³			x		
– 1 000 bis 3 000 m³				x	
– über 3 000 m³					x
Kirchen					
– bis 1 000 m³			x		
– 1 000 bis 3 000 m³				x	
– über 3 000 m³					x

Anlage 1.2 Bauphysik

	Honorarzone				
Objektliste – Raumakustik	I	II	III	IV	V
Sporthallen, Turnhallen					
– nicht teilbar, bis 1 000 m³			x		
– teilbar, bis 3 000 m³				x	
Mehrzweckhallen					
– bis 3 000 m³				x	
– über 3 000 m³					x
Konzertsäle, Theater, Opernhäuser					x
Tonaufnahmeräume, akustische Messräume					x
Innenräume mit veränderlichen akustischen Eigenschaften					x

(8) § 52 Absatz 3 kann sinngemäß angewendet werden.

Übersicht   Rdn.
1. Änderungen durch die HOAI 2009 1
2. Änderungen durch die HOAI 2013 2
3. Bauphysikalische Fachplanung und Beratung 3
4. Anwendungsbereich (Ziff. 1.2.1 Abs. 1) 7
5. Wärmeschutz und Energiebilanzierung (Abs. 2) 8
6. Die Honorierung von Leistungen nach der EnEV 10
7. Bauakustik (Abs. 3) 12
8. Raumakustik (Abs. 4) 15
9. Das Leistungsbild Bauphysik in Ziff. 1.2.2 16
10. Haftungsfragen beim Wärmeschutz 19
11. Haftungsfragen beim Schallschutz 22
12. Honorare für Grundleistungen für Wärmeschutz und Energiebilanzierung
    (Ziff. 1.2.3) 26
13. Honorare für Grundleistungen der Bauakustik (Ziff. 1.2.4) 29
14. Honorare für Grundleistungen der Raumakustik (Ziff 1.2.5) 37

1. Änderungen durch die HOAI 2009

1 Das Honorar für die Leistungsbilder Thermische Bauphysik sowie Schallschutz und Raumakustik, welche in den §§ 77–79 HOAI 2002 enthalten waren, wurde aus dem verbindlichen Teil der HOAI herausgenommen und in den Anlagen 1.2 und 1.3 der HOAI 2009 den Beratungsleistungen zugeordnet. Dies hatte zur Folge, dass die preisrechtlichen Vorschriften der HOAI nicht galten und das Honorar frei vereinbart werden konnte. Danach fanden die in den Ziffern 1.2 und 1.3 enthaltenen Honorarregelungen nur dann Anwendung, wenn das Honorar ausdrücklich auf diesen Grundlagen vereinbart wurde. Außerdem konnten sie einen Anhaltspunkt für die üb-

liche Vergütung nach § 632 Abs. 2 darstellen, wenn keine Honorarvereinbarung getroffen wurde. Diese muss aber aufgrund der Unverbindlichkeit der Anlage von einem Sachverständigen ermittelt und kann nicht automatisch aus den Anlagen entnommen werden (vgl. § 3 Rdn. 8). Eine die Mindestsätze der Anlagen 1.2 und 1.3 unterschreitende oder die Höchstsätze überschreitende Honorarvereinbarung muss nicht schriftlich bei Auftragserteilung erfolgen, weil die HOAI nach § 3 Abs. 1 auf Beratungsleistungen nicht anwendbar ist.

2. Änderungen durch die HOAI 2013

Die Leistungen für Bauphysik bleiben auch in der HOAI 2009 den Beratungsleistungen in der Anlage 1 zugeordnet, so dass das Honorar frei vereinbart werden kann und die Honorartafeln nur eine Empfehlung darstellen. Die bislang in den Anlagen 1.2 und 1.3 in getrennten Leistungsbildern enthaltenen Leistungen für »Thermische Bauphysik« sowie »Schallschutz und Raumakustik« wurden zu einem Leistungsbild in der Anlage 1.2 zusammengeführt und inhaltlich umfassend überarbeitet. Die Leistungen wurden einer einheitlichen Systematik insbesondere bei den Leistungsbildern sowie den Leistungsphasen unterzogen. Der Inhalt der Leistungsbilder wurde aktualisiert und dem Stand der Technik sowie den rechtlichen Rahmenbedingungen angepasst. 2

3. Bauphysikalische Fachplanung und Beratung

Bauphysikalische Themenstellungen sind in den letzten Jahrzehnten zunehmend in den Mittelpunkt des Baugeschehens gerückt. Ökologische Gesichtspunkte, wesentlich erhöhte Anforderungen an die Nutzung und Qualität von Gebäuden, erweiterte Möglichkeiten bei der Wahl von Baustoffen und Bauteilen sowie architektonische Trends haben zu einer Komplexität des Baugeschehens geführt, die eine weitere Spezialisierung der fachlich beteiligten Planer erforderlich gemacht hat. Die technische Fortentwicklung schlägt sich auch in einer Vermehrung technischer Regeln nieder, die sich in immer kürzeren Abständen ändern und auch europarechtlich harmonisiert werden müssen. 3

Das Fachgebiet »Wärmeschutz und Energiebilanzierung«, welches bis zur HOAI 2013 als »Thermische Bauphysik« bezeichnet wurde, nimmt im gesamten Planungs- und Bauprozess eine wichtige Stellung ein. Was in früheren Zeiten Architekten und Handwerker an empirischer Erfahrung in den Bauprozess einbringen konnten, reicht für die nach dem heutigen Stand der Technik zu fordernden Eigenschaften von Bauwerken und Bauteilen für eine in allen Teilen sachgerechte Planung nicht mehr aus. Dies ergibt sich einerseits aus der extrem angewachsenen Vielfalt von baulichen Möglichkeiten, die der Einsatz neu entwickelter Baustoffe mit sich bringt, andererseits sind die Anforderungen an die bauphysikalische Planung aufgrund neuer Erkenntnisse und Bedürfnisse stark gestiegen. Die sachgerechte Planung eines Gebäudes erfordert eine wissenschaftlich fundierte Auseinandersetzung mit diesem Fachgebiet. Auch durch die Zunahme der Bedeutung von energiesparenden, volkswirtschaftlichen und wirtschaftspolitischen Maßnahmen im Planungs- und Bauprozess hat die Fachdisziplin »Bauphysik« erhebliche Bedeutung gewonnen. Energiesparendes Bauen steht vor dem Hintergrund der erforderlichen Reduzierung von CO_2-Emissionen im Mittelpunkt des öffentlichen In- 4

Anlage 1.2 Bauphysik

teresses. Aufgrund dieser zentralen Stellung hat die Ingenieurdisziplin der Bauphysik eine eigenständige Position erlangt, die weit über die in den Grundleistungen der verschiedenen Leistungsbilder, z. B. in den §§ 34, 43, 51 HOAI geforderten Planungsleistungen hinausgeht. Hierzu die Amtliche Begründung 274/80, Teil X a. F.:

5 »Leistungen für Thermische Bauphysik haben in den Jahren zunehmend Bedeutung erlangt. Spezielle gesetzliche Vorschriften, wie insbesondere die Wärmeschutzverordnung vom 16.08.1994, die auf den Bestimmungen des Energieeinsparungsgesetzes (EnEG) v. 22.07.1976 beruht, stellten Anforderungen an die Begrenzung des Wärmedurchgangs und der Wärmeverluste, die in den bauordnungsrechtlichen Vorschriften bei Erlass der Honorarordnung nicht gestellt wurden. Insoweit sind diese Leistungen in dem Leistungsbild von § 15 a. F. nicht eingerechnet. Allgemeine wirtschaftspolitische und ökologische Erwägungen erfordern die Planung energiesparender Maßnahmen. Zudem gestattet die fortgeschrittene technische Entwicklung weitergehende Leistungen in diesem Bereich als vorher. Leistungen für Thermische Bauphysik gehören daher zu den Ingenieurleistungen im Bauwesen, für die Honorarregelungen in die Verordnung aufgenommen werden sollen.«

6 Die amtliche Begründung beruht bereits auf einem längst überholten Standpunkt. Die Wärmeschutzverordnung wurde 2002 durch die inzwischen mehrfach novellierte Energie-Einsparverordnung (EnEV Fassung 2013) ersetzt (vgl. dazu Rdn. 8 f.). Sie enthält neben wärmeschutztechnischen Anforderungen an die Gebäudehülle auch Anforderungen an die haustechnischen Anlagen zur Beheizung, Lüftungsanlagen und Warmwasserbereitung sowie die Energiebilanzierung.

4. Anwendungsbereich (Ziff. 1.2.1 Abs. 1)

7 Ziff. 1.2 beschreibt den Anwendungsbereich des neuen Leistungsbilds »Bauphysik«. Danach zählen zu den Grundleistungen
– Wärmeschutz und Energiebilanzierung
– Bauakustik (Schallschutz)
– Raumakustik.

Diese Fachdisziplinen werden in den folgenden Absätzen näher beschrieben.

5. Wärmeschutz und Energiebilanzierung (Abs. 2)

8 Abs. 2 beschreibt den sachlichen Anwendungsbereich der Teilleistung »Wärmeschutz und Energiebilanzierung«. Diese umfasst sowohl den Wärmeschutz von Gebäuden und Ingenieurbauwerken als auch die fachübergreifende Energiebilanzierung. Mit dem neu eingeführten Begriff »Energiebilanzierung« wurde der Anwendungsbereich erweitert. Der Grund dafür besteht in der EnEV 2009, welche Vorgaben zur Energiebilanzierung macht. Darunter fallen nach der amtlichen Begründung[4] etwa die Einbeziehung der Anlagentechnik in die Energiebilanz sowie der Übergang zur Energiebilanzierung anstatt der bisherigen Wärmebedarfsorientierung.

---

4 Drucksache 334/13 S. 174.

Anforderungen an den energiesparenden Wärmeschutz im Winter ergeben sich derzeit aus der **Energieeinsparverordnung (EnEV 2013)**, die die energetischen Anforderungen im Gebäudebereich erhöht hat.[5] Diese verweist wiederum auf Einzelanforderungen in technischen Regelwerken. Darüber hinaus können geänderte Anforderungen vorliegen, die sich aus vertraglichen Beschaffenheitsvereinbarungen oder etwa städtebaulichen Verträgen ergeben können. Auch die Erzielung bestimmter Energiekennzahlen zur Erlangung von Fördermitteln kann als Besondere Leistung der Leistungsphase 2 vereinbart werden. Durch die Änderung des Leistungsbilds in Ziffer 1.2.2 ist gleichzeitig klargestellt, dass die Leistungen nach der EnEV im Gegensatz zur HOAI 2009 von dem Leistungsbild Bauphysik umfasst sind.

6. Die Honorierung von Leistungen nach der EnEV

Der **Nachweis des Wärmeschutzes nach der EnEV** umfasst bei Neubauten den Nachweis der einschlägigen Gebäudekennwerte des Jahres-Primärenergiebedarfs und der Einhaltung von Nebenanforderungen wie einen Jahres-Heizwärmebedarf. Von Bedeutung ist, dass nach der Wärmeschutzverordnung die Einhaltung von Anforderungen an einen erforderlichen Mindestwärmeschutz insoweit Gegenstand des Wärmeschutznachweises war, als die tabellarischen Mindestanforderungen an den Wärmedurchlasswiderstand nach den eingeführten technischen Regeln (DIN 4180 Teil 2) einzuhalten waren. Der erforderliche Mindestwärmeschutz wird nun aber nicht nur durch die Wärmedurchlasswiderstände flächiger Bauteile, sondern insbesondere auch durch die Oberflächentemperaturen im Bereich von geometrischen und baulich bedingten Wärmebrücken bestimmt. Durch Änderungen des technischen Regelwerks sind an die Planung erheblich gesteigerte Anforderungen zu stellen. Dies auch, weil die EnEV Anforderungen an den sommerlichen Wärmeschutz unter Berücksichtigung solarer Wärmegewinne stellt. Dabei ist bei Neubauten grundsätzlich auch die Einhaltung von Sonneneintragskennwerten nachzuweisen.

Weitere Anforderungen an den **winterlichen Wärmeschutz** ergeben sich aus den Anforderungen nach einem hygienisch erforderlichen Mindestwärmeschutz, insbesondere zur Vermeidung von niedrigen Oberflächentemperaturen, unbehaglichen Raumzuständen, Tauwasser auf und in den Konstruktionsteilen mit allen Folgen für die Dauerhaftigkeit und Funktionsfähigkeit des Gebäudes. Die Forderung nach einer Einhaltung eines hygienisch erforderlichen Mindestwärmeschutzes findet sich auch in der generellen Forderung nach einer »Nutzbarkeit ohne Missstände«, die in allen Landesbauordnungen verankert ist. Der hygienisch erforderliche Mindestwärmeschutz wird nun aber nicht durch die Wärmedurchlasswiderstände flächiger Bauteile, sondern insbesondere durch die Oberflächentemperaturen im Bereich von geometrischen und baulich bedingten Wärmebrücken bestimmt. Durch Änderungen des technischen Regelwerks sind an die Planung erheblich gesteigerte Anforderungen zu stellen. Die dafür erforderlichen Leistungen fielen unter das Leistungsbild der Anlage 1.2.1 Abs. 2 Nr. 5 HOAI

---

5 Vgl. *Vogel* BauR 2009, 1325 zur EnEV 2009 sowie zur EnEV 2007 *Leineweber* BauR 2008, 252.

Anlage 1.2 Bauphysik

2009. mit der Folge, dass das Honorar nicht nach dem Leistungsbild der Anlage 1.2.2 zu ermitteln war. Sie sind nunmehr nach der amtlichen Begründung entfallen. Das Honorar kann trotzdem frei vereinbart werden.

7. Bauakustik (Abs. 3)

12 Abs. 3 enthält eine Definition des Begriffs »**Bauakustik**« (**Schallschutz**). Darunter sind Maßnahmen zu verstehen, die zum Schutz gegen Lärm (unerwünschter Schall) getroffen werden. Zu unterscheiden ist beim Schallschutz zwischen **baulichem Schallschutz** und **Schallimmissionsschutz**. Zum baulichen Schallschutz gehören ein angemessener Luft- und Trittschallschutz. Darunter fällt außerdem der Schutz gegen von außen eindringende Geräusche und gegen Geräusche von Anlagen der Technischen Ausrüstung. Durch den **Schallimmissionsschutz** wird die Umgebung Geräusche erzeugender Anlagen gegen schädliche Umwelteinwirkungen durch Lärm geschützt. Bei der Bauakustik handelt es sich um Leistungen zur Planung und zum Nachweis der Erfüllung von Schallschutzanforderungen, soweit über die vom Objektplaner im Rahmen der Objektplanung zu erbringenden Leistungen nach den Leistungsbildern der §§ 34 und 43 hinaus weitere Leistungen für den Schallschutz zu erbringen sind.

13 Mit der Aufnahme der Leistungen für den Schallimmissionsschutz in Ziff. 1.2.1 Abs. 3 wurde angestrebt, ein Standardleistungsprogramm für die Bearbeitung schallimmissionstechnischer Probleme aufzuzeigen, ohne dass damit festgelegt werden soll, dass alle genannten Teilleistungen stets erbracht werden müssen.

14 Im November 1989 ist die neue DIN 4109 »Schallschutz im Hochbau« in den Beiblättern 1 und 2 »Ausführungsbeispiele und Rechenverfahren« sowie »Hinweise für Planung und Ausführung« als umfangreiches technisches Regelblatt erschienen. Zwischenzeitlich sind insbesondere im Bereich der Schallschutznachweise und der Berechnung Normänderungen bzw. -ergänzungen vorgenommen worden. Die DIN 4109 wird schon seit Jahren – in immer wieder neuen Entwürfen – überarbeitet. Es zeichnet sich ab, dass die künftige Fassung der DIN 4109 nicht mehr Aussagen zu einem erhöhten Schallschutz (bisher Beiblatt 2 zur DIN 4109) enthalten wird, weil ein Konsens der beteiligten Fachkreise nicht zu erreichen ist. Weiter steht nach dem derzeitigen Sachstand fest, dass das Schallschutzniveau der DIN 4109 nicht verändert, also nicht angehoben wird. Der Normgeber hat hier den öffentlich-rechtlichen Schallschutz im Auge. Eine Aussage zu den derzeit geltenden anerkannten Regeln der Technik ist offensichtlich nicht beabsichtigt. In Bezug auf die Anforderungen der DIN 4109 entschloss sich der Normausschuss zu einer Umstellung der Kenngrößen auf nachhallzeitbezogene Größen.[6] Dies führt dazu, dass künftig die Raumgröße für den erreichbaren Schallschutz eine wesentliche Rolle spielen wird. Es liegt auf der Hand, dass dies bei nachträglichen Änderungen der Raumgrößen im Laufe der Planung zu Haftungsproblemen der beteiligten Planer führen kann. Die bisherigen Kriterien für die Leistungsabgrenzung zwischen der Objektplanung und der Fachplanung für Schallschutz werden dadurch

---

6 Zur Normungsarbeit vgl. insbesondere *Fischer*, Bauphysik-Kalender 2009, Kap. C 1, Neufassung der DIN 4109 auf der Basis Europäischer Regelwerke des baulichen Schallschutzes.

unklar. Für die Objektplanung kommt erschwerend hinzu, dass bei höheren Schallschutzanforderungen z. B. die Luftschalldämmungen im Wand- und Deckenbereich differenziert werden.

8. Raumakustik (Abs. 4)

Bei der **Raumakustik** handelt es sich um Maßnahmen zur Beeinflussung der Schallausbreitung innerhalb von Räumen. Nach der Beschreibung in Abs. 4 umfasst die Raumakustik die Beratung zu Räumen mit besonderen raumakustischen Anforderungen. Der Verordnungsgeber hat gegenüber Ziffer 1.3.4 der HOAI 2009 lediglich Beratungsleistungen und nicht mehr Überwachungsleistungen der Raumakustik in die Begriffsbestimmung der Anlage 1.2.1 aufgenommen.

9. Das Leistungsbild Bauphysik in Ziff. 1.2.2

Ziff. 1.2.2 enthält ein einheitliches Leistungsbild für die Bauphysik, welches die noch in der HOAI 2009 enthaltenen drei Leistungsbilder mit unterschiedlichen Teilleistungen und Prozentsätzen für die einzelnen Leistungsphasen ersetzt. In Anlehnung an das Leistungsbild des § 34 wurde das Leistungsbild Bauphysik auf 9 Leistungsphasen erweitert, während bisher für alle drei Fachdisziplinen nur 5 Leistungsphasen vorhanden waren. Dabei liegt der Schwerpunkt der Leistungen der Bauphysik eindeutig auf den Planungsleistungen. Dies ergibt sich bereits daraus, dass in dem Leistungsbild nach Abs. 2 für die Leistungsphasen 8–9 keinerlei Grundleistungen enthalten sind und der Honoraranteil für die Leistungsphasen 1–5 96% des Gesamthonorars ausmacht.

Das in 9 Leistungsphasen unterteilte Leistungsbild wurde um die Energiebilanzierung ergänzt. Durch die Zusammenfassung der drei Fachdisziplinen zu einem Leistungsbild ist dieses gegenüber der HOAI 2009 abstrakter formuliert. Trotzdem sind darin alle in Ziffer 1.2.1 definierten Leistungen der Bauphysik enthalten.

Der Objektplaner für Gebäude und Innenräume hat die Leistungen nach der Anlage 1.2.2 nicht als Leistung nach § 34 zu erbringen. Er erhält deshalb auch ohne ausdrückliche Honorarvereinbarung die übliche Vergütung nach § 632 Abs. 2 BGB, wenn ihm diese Leistungen übertragen werden.[7]

10. Haftungsfragen beim Wärmeschutz

Der Fachplaner für **Wärmeschutz und Energiebilanzierung** haftet nach den §§ 633 ff. BGB dafür, dass die Leistungen entsprechend den anerkannten Regeln der Technik, sofern Bauzuschnitt oder Baubeschreibung oder sonstige Beschaffenheitsvereinbarungen davon abweichen, – entsprechend diesen – erbracht werden. Insbesondere kommt ein Schadensersatzanspruch in Frage, wobei der Auftraggeber Ersatz des Schadens verlangen kann, der neben den Kosten einer etwa erforderlichen Neuplanung auch die Kosten der Beseitigung der wegen der fehlerhaften Planung im Bauwerk selbst eingetre-

---

[7] OLG Düsseldorf NZBau 2000, 578; *Jochem*, 4. Aufl., § 78 Rn. 1, zu den §§ 77 ff. HOAI 2002.

Anlage 1.2 Bauphysik

tenen Mängel umfasst.[8] Dieser Schadensersatzanspruch ist auf Geld gerichtet. Das – an sich notwendige – Setzen einer Mangelbeseitigungsfrist erübrigt sich, wenn sich der Planungsmangel bereits im Bauwerk verkörpert hat und durch Nacherfüllung der Planung nicht mehr ungeschehen gemacht werden kann.

20 Auch wenn die baurechtlichen Anforderungen erfüllt sind, kann ein Verstoß gegen die anerkannten Regeln der Technik vorliegen, weil das baurechtlich eingeführte Regelwerk (insbesondere die DIN 4108) nicht mehr den anerkannten Regeln der Technik entspricht. Ein Mangel ist insbesondere dann gegeben, wenn gerade die DIN-Mindestwerte beim Wärmeschutz erreicht sind, aber die besondere Örtlichkeit unter Berücksichtigung der klimatischen Bedingungen einen höheren Wärmeschutz erfordert oder wenn in der Baubeschreibung spezielle Zusagen hinsichtlich der Wärmedämmung gemacht werden wie »Vollwärmedämmung an der Außenseite« und »extrem hoher Wärmedämmwert«[9]. Heute ergeben sich aufgrund der Fortschreibung des technischen Regelwerks andere Anforderungen an die Planung. Es gilt aber weiter der Grundsatz, dass die Erfüllung baurechtlicher Anlagen alleine noch nicht die Mangelfreiheit der Planungsleistung begründet. Ein Verstoß gegen die anerkannten Regeln der Technik mit der Folge einer Haftung des Architekten bzw. Ingenieurs kann auch vorliegen, wenn zwar die Mindestwerte der DIN 4108 erheblich überschritten sind, durch vermeidbare Ausführungsfehler jedoch (z. B. falsche Verlegung) der bei mangelfreier Ausführung zu erwartende Wärmeschutz nicht erreicht wird, sofern dem Auftragnehmer die Objektüberwachung als Besondere Leistung übertragen ist. Wenn ein Mangelbeseitigungsanspruch aufgrund nicht eingehaltener Energiekennwerte gegenüber dem Unternehmer besteht, so stellt sich häufig die Frage, ob die Mangelbeseitigung einen unverhältnismäßig hohen Aufwand erfordert und ob bejahendenfalls ein Minderwert verbleibt und in welcher Höhe dieser feststellbar ist[10]. Es ist dann eine Kosten-Nutzen-Analyse zu erstellen, also die Aufwendungen für die Mängelbeseitigung den zu erwartenden Heizungsmehrkosten für die Nutzungsdauer gegenüberzustellen, und den technischen Minderwert, der vornehmlich in den Mehrkosten für erhöhte Heizenergieaufwendungen besteht, gerechnet auf die Restnutzungsdauer des Gebäudes, zu ermitteln[11].

21 Der Architekt ist für die Einhaltung der Normen für den Wärmeschutz verantwortlich. Er muss diese seiner Planung zugrunde legen. Wird ein Ingenieur für Thermische Bauphysik eingeschaltet, so kann der Architekt sich zunächst einmal auf das speziellere Wissen des Sonderfachmanns verlassen. Er bleibt jedoch nicht von jeder Haftung befreit. Er muss die Arbeit des Ingenieurs für Thermische Bauphysik überprüfen und haftet als Gesamtschuldner mit diesem, sofern die Fehlerhaftigkeit der Ingenieurleistungen des Sonderfachmanns für den Architekten erkennbar war, wobei als Maßstab der Beurteilung das normale Fachwissen eines Architekten zu gelten hat (vgl. i. E. Einl. Rdn. 384).

---

8 BGH BauR 1981, 395, 397.
9 BGH BauR 1981, 395, 397; *Fischer/De Pascalis* in FBS, Anlage 1.2 Rn. 17.
10 Vgl. zu diesen Fragen: *Mantscheff* BauR 1982, 435, 438.
11 Vgl. zur Berechnung *Mantscheff* BauR 1982, 435, 439.

11. Haftungsfragen beim Schallschutz

Sowohl der Architekt als auch der Tragwerksplaner und erst recht der hierfür eingesetzte Fachingenieur für Schallschutz- und Raumakustik haben die Gesichtspunkte des Schallschutzes bei der Planung zu beachten[12]. Beim Ingenieur für Schallschutz und Raumakustik sind die Anforderungen an die Kenntnis der Theorie und Praxis höher als beim planenden Architekten. Der Architekt wird jedoch durch den Einsatz eines Sonderfachmanns von der Haftung nicht grundsätzlich befreit (vgl. Einl. Rdn. 219). Trifft beide eine Verantwortung, weil auch mit normalem Fachwissen eines Architekten der zu geringe Schallschutz zu vermeiden gewesen wäre (Nichtanbringen einer Trennfuge, Schallbrücken), so haften beide, gegebenenfalls mit dem Tragwerksplaner, gegenüber dem Auftraggeber als Gesamtschuldner.

Dabei ist für die Haftung gerade bei Schallmängeln zu prüfen, ob die Nacherfüllung – etwa durch eine Trennfuge – unverhältnismäßig i. S. d. § 635 Abs. 3 BGB ist. Entscheidend hierfür ist nicht der Vergleich zwischen den Kosten möglicher Mangelbeseitigungsmaßnahmen und auch nicht ein Vergleich zwischen den Kosten der Mangelbeseitigungsmaßnahmen und der vereinbarten Vergütung. Maßgeblich ist vielmehr, ob die Kosten der Maßnahme außer Verhältnis zu dem damit erzielten Erfolg stehen. Hat der Besteller ein objektiv berechtigtes Interesse an der Mangelbeseitigung, kann diese regelmäßig nicht wegen der hohen Kosten verweigert werden. Abzuwägen sind erreichbare wahrnehmbare Verbesserungen der Schalldämmwerte gegenüber den damit verbundenen Kosten[13]. In diesem Zusammenhang ist auch zu berücksichtigen, dass Lärmbelästigungen eine erhebliche Beeinträchtigung der Lebensqualität und damit auch der Nutzungsmöglichkeit einer Wohnung darstellen[14].

Die Rechtsprechung zum vertraglich geforderten Schallschutz wird nach wie vor von zwei Entscheidungen des BGH[15] geprägt[16] Enthält der Bau-, Architekten- oder Ingenieurvertrag Angaben über die Anforderungen an den Schallschutz, so haften der Unternehmer, Architekt oder Ingenieur für deren Einhaltung aus der Beschaffenheitsvereinbarung. Solche Angaben können sich daraus ergeben, dass eine bestimmte Dezibelzahl oder bestimmte Angaben über Materialauswahl oder Konstruktion in den Vertrag aufgenommen sind. Aber auch Angaben in Baubeschreibungen, Leistungsbeschreibungen oder Prospekten wie z. B. »Maßstab für Traum-Wohnungen«[17] oder »Raum, Ruhe, Luxus wo gibt es etwas besseres ...«[18] sind als Beschaffenheitsvereinbarung anzusehen. Ergibt sich aus den vertraglichen Erklärungen, dass ein übliches Qualitäts- und Komfortniveau hinsichtlich des Schallschutzes geschuldet ist, ergeben

---

12 Vgl. i. E. *Locher-Weiß*, Rechtliche Probleme des Schallschutzes, 4. Aufl. 2005, S. 134 ff.
13 BGH BauR 2007, 1570 = NJW-2007, 2983; OLG Naumburg BauR 2000, 274; OLG München BauR 1997, 638.
14 OLG Hamm BauR 2001, 1262 (1265.
15 BGH BauR 2007, 1570 = NJW-2007, 2983; BGH BauR 2009, 1288 = NJW 2009, 2439.
16 Vgl. dazu *Locher-Weiß*, BauR 2010, 368; dies. FS Koeble, S. 153 ff.
17 OLG Stuttgart IMR 2007, 1056.
18 OLG Karlsruhe BauR 2007, 557.

Anlage 1.2 Bauphysik

sich regelmäßig Anforderungen, die die Anforderungen der DIN 4109 übersteigen. Es können aus den Regelwerken die Schallschutzstufen II und III der VDI-Richtlinie 4100 oder das Beiblatt 2 zur DIN 4109 Anhaltspunkte liefern[19]. Welches Schallschutzniveau derzeit als übliches Schallschutzniveau den anerkannten Regeln der Technik entspricht, ist nach wie vor nicht höchstrichterlich entschieden. Die beiden Entscheidungen des BGH haben diese Frage offen gelassen[20]. Hinzu kommt, dass sich der BGH bislang lediglich mit der Schallübertragung aus einem fremden Wohn- und Arbeitsbereich im Geschosswohnungsbau sowie bei Doppel- und Reihenhäusern befasst hat. Soweit ersichtlich, wird bislang weder von der Rechtsprechung noch von Sachverständigen in Frage gestellt, dass beispielsweise der Schutz gegen Außenlärm, wie er in der DIN 4109 (November 1989) geregelt ist, den anerkannten Regeln der Technik entspricht. Zu den viel diskutierten Nutzergeräuschen, die weder in der DIN 4109 noch in der VDI-Richtlinie 4100 normiert sind, weil es keine objektivierbaren Messverfahren gibt, hat sich über die Frage, was als üblich anzusehen ist, weder in den Kreisen der Sachverständigen noch in der Rechtsprechung ein Konsens gebildet.

25 Können im Übrigen durch die vereinbarte Bauweise bei einwandfreier, den anerkannten Regeln der Technik entsprechender Bauausführung höhere Schallschutzwerte erreicht werden als diejenigen der DIN 4109 oder nach den im Einzelfall zu bestimmenden anerkannten Regeln der Technik, dann sind diese höheren Werte geschuldet[21].

12. Honorare für Grundleistungen für Wärmeschutz und Energiebilanzierung (Ziff. 1.2.3)

26 Während das Leistungsbild für alle drei Teile der Bauphysik einheitlich ausgestaltet wurde, enthält die Anlage 1.2 für die drei Fachdisziplinen jeweils unterschiedliche Honorartafeln und spezielle Honorarregelungen, auf die bereits in Ziffer 1.2.1 Abs. 5 verwiesen wird. Für die Leistungen des Wärmeschutzes und der Energiebilanzierung ist die Regelung über die Honorarberechnung in Ziff. 1.2.3 enthalten. Nach Abs. 1 wird das Honorar nach den anrechenbaren Kosten des Gebäudes nach § 33, der Honorarzone des Gebäudes nach § 35 sowie nach der Honorartafel in Abs. 2 ermittelt. Die Bestimmung gilt nur für Gebäude. Das bedeutet, dass Leistungen der Thermischen Bauphysik nur dann dieser Bestimmung unterliegen, wenn sie im Zusammenhang mit Gebäuden erbracht werden. Durch die Verweisung auf die anrechenbaren Kosten des Gebäudes nach § 33 soll zugleich klargestellt werden, dass bei Leistungen im Bestand auch die anrechenbaren Kosten der mitzuverarbeitenden Bausubstanz nach § 4 Abs. 2 zu berücksichtigen sind.

27 Da die Leistungen für den Wärmeschutz und die Energiebilanzierung in der Regel bis zur Leistungsphase 3 »Entwurfsplanung« erbracht werden, sind der Honorarberech-

---

19 BGH BauR 2007, 1570 = NJW-2007, 2983; BGH BauR 2009, 1288 = NJW 2009, 2439.
20 Differenzierend für den Bereich des Luftschallschutzes im Mehrfamilienhausbau DEGA-Memorandum BR 0101 vom März 2011 – www.dega-akustik.de.
21 BGH BauR 2007, 1570 = NJW-2007, 2983; BGH BauR 1998, 872; vgl. zu den Haftungsfragen i. E. *Locher-Weiß*, Rechtliche Probleme des Schallschutzes, 4. Aufl. 2005, S. 134 ff.

nung die anrechenbaren Kosten der Kostenberechnung nach DIN 276 – 1 für das Gebäude zugrunde zu legen und, solange diese nicht vorliegt, diejenigen der Kostenschätzung nach der DIN 276 – 1. Der Auftragnehmer der Leistungen für Wärmeschutz und Energiebilanzierung hat in der Regel keinen Einfluss auf die Kostenermittlungen des Objektplaners des Gebäudes. Schwierigkeiten könnten sich deshalb dann ergeben, wenn diesem keine anrechenbaren Kosten zur Verfügung gestellt werden. Hier kann auf die Rechtsprechung zur Honorarermittlung des Architekten verwiesen werden (vgl. § 6 Rdn. 27 ff.).

Abs. 3 enthält in Anlehnung an § 6 Abs. 2 Nr. 5 S. 2 eine Regelung, wonach bei Umbauten und Modernisierungen bis zu einem durchschnittlichen Schwierigkeitsgrad ein Zuschlag von 33% auf das Honorar schriftlich vereinbart werden kann. Dieser Regelung kommt allenfalls ein Empfehlungscharakter zu, weil das Honorar für Leistungen der Bauphysik als Beratungsleistungen frei und somit auch ein höherer Zuschlag ohne einen Verstoß gegen den Höchstpreischarakter vereinbart werden kann. Ebenso wenig bedarf es für die Wirksamkeit einer Absprache über einen Umbau- oder Modernisierungszuschlag der gesetzlichen Schriftform. 28

13. Honorare für Grundleistungen der Bauakustik (Ziff. 1.2.4)

Ziff. 1.2.4 enthält die Bestimmungen für die **Berechnung des Honorars** für Leistungen der Bauakustik (Schallschutz), wobei die anrechenbaren Kosten nach den Absätzen 1–2 zu bestimmen sind und sich die einschlägige Honorarzone aus den Abs. 5–7 ergibt. Das Honorar ist dann nach der Honorartafel des Abs. 3 zu berechnen. 29

Nach Abs. 1 gehören zu den anrechenbaren Kosten im Falle einer Vereinbarung folgende Kostengruppen der DIN 276 – 1 30

300 Bauwerk – Baukonstruktionen

400 Bauwerk – Technische Anlagen

Abs. 2 bestimmt, dass vereinbart werden kann, dass die Kosten von besonderen Bauausführungen nach der DIN 276 – 1 wie

300 Bauwerk – Baukonstruktionen

400 Bauwerk – Technische Anlagen

ganz oder teilweise zu den anrechenbaren Kosten gehören, wenn dem Auftragnehmer ein erhöhter Arbeitsaufwand entsteht. Da die Leistungen der Bauakustik aus dem verbindlichen Teil der HOAI herausgenommen wurden und nur noch zu den Beratungsleistungen gehören, kann das Honorar für diese Leistungen bereits dem Grunde nach völlig frei außerhalb der HOAI vereinbart werden, sodass die Tatbestandsvoraussetzungen des Abs. 2 nicht Wirksamkeitsvoraussetzung für eine Vereinbarung über die Erhöhung der anrechenbaren Kosten sein können.

Die Honorare für die Bauakustik sind nach § 6 Abs. 1 auf der Grundlage der Kostenberechnung, hilfsweise der Kostenschätzung zu berechnen. Dies kann zu erheblichen Schwierigkeiten führen, da der Fachingenieur für Raumakustik in den seltensten 31

Anlage 1.2 Bauphysik

Fällen Einfluss auf die Kostenermittlungsverfahren des Objektplaners nach DIN 276 hat. Deshalb ist der Fachingenieur auf die Kostenangaben des Objektplaners angewiesen, die notfalls im Wege einer Auskunftsklage geltend zu machen sind (vgl. § 6 Rdn. 27 ff.).

32   In Abs. 1 S. 2 wird ausdrücklich darauf hingewiesen, dass bei Leistungen im Bestand der Umfang der mitzuverarbeitenden Bausubstanz (vgl. § 4 Abs. 2) angemessen berücksichtigt werden kann. In Abs. 4 wurde außerdem ebenso wie bei der Fachdisziplin »Wärmeschutz und Energiebilanzierung« in Anlehnung an § 6 Abs. 2 die Möglichkeit eröffnet, bei **Umbauten und Modernisierungen** bis zu einem durchschnittlichen Schwierigkeitsgrad schriftlich einen Zuschlag von bis zu 33% zu vereinbaren. Auch damit soll der zunehmenden Bedeutung der energetischen Sanierung von Bestandsobjekten und den damit im Zusammenhang stehenden Aufwendungen bei der Beratung zum Schallschutz Rechnung getragen werden[22]. Gerade bei Umbauten haben Leistungen der Bauakustik einen hohen Stellenwert. Häufig sind zur Bestimmung der Schalldämmeigenschaften vorhandener Bauteile Messungen erforderlich. Die Fachplanung ist bei Umbaumaßnahmen mit einem höheren Arbeitsaufwand verbunden als bei vergleichbaren Neubaumaßnahmen. Diese Regelung ist wiederum überflüssig, weil die Honorare für Leistungen der Bauakustik als Beratungsleistungen frei vereinbar sind. Deshalb kann auch ohne Einhaltung der gesetzlichen Schriftform ein Honorar vereinbart werden, welches über dem in Abs. 4 enthaltenen Zuschlag von 33% liegt.

33   Die Leistungen der Bauakustik sind in drei Honorarzonen eingeteilt. Abs. 5 enthält die **Bewertungsmerkmale für die Zuordnung zu den Honorarzonen:**
– Art der Nutzung
– Anforderungen des Immissionsschutzes
– Anforderungen des Emissionsschutzes
– Art der Hüllkonstruktion, Anzahl der Konstruktionstypen
– Art und Intensität der Außenlärmbelastung
– Art und Umfang der Technischen Ausrüstung

34   Durch die Verweisung auf § 52 Abs. 3 wird in Abs. 6 klargestellt, dass dann, wenn Bewertungsmerkmale aus mehreren Honorarzonen anwendbar sind, für die Zuordnung die Mehrzahl der in den jeweiligen Honorarzonen aufgeführten Bewertungsmerkmale maßgebend ist.

35   Abs. 7 enthält dann eine Objektliste für die Bauakustik, welche eine Zuordnung der schallschutztechnischen Anforderungen eines Gebäudetyps zu einer Honorarzone vornehmen soll. Dabei handelt es sich aber nur um Regelbeispiele. Bestehen Zweifel an der einschlägigen Honorarzone, ist anhand der Bewertungsmerkmale nach Abs. 5 vorzugehen.

36   Die Honorare für die Leistungen der Bauakustik sind der Honorartafel in Ziff. 1.2.4 Abs. 3 zu entnehmen. Liegen die anrechenbaren Kosten unterhalb oder oberhalb der Tafelwerte und wurde keine Honorarvereinbarung getroffen, ist das Honorar nicht

---

22   Drucksache 334/13 S. 177.

nach Abs. 3 – auch nicht im Wege der Extrapolation – zu ermitteln. Vielmehr gilt die übliche Vergütung nach § 632 Abs. 2 BGB.

14. Honorare für Grundleistungen der Raumakustik (Ziff 1.2.5)

Ziff. 1.2.5 regelt das Honorar für Leistungen der Raumakustik. Aus der Formulierung des Abs. 1 ergibt sich eindeutig, dass das Honorar für **jeden Innenraum** einzeln berechnet wird. Meist befinden sich in einem Gebäude (z. B. Kongresszentrum) eine Vielzahl von Räumen, die über entsprechende Hörsamkeiten verfügen müssen. Da jeder Raum raumakustisch ein in sich geschlossenes System darstellt, ist die getrennte Ermittlung für jeden Raum erforderlich. Eine Verweisung auf § 11 findet sich nicht. Es ist deshalb davon auszugehen, dass bei einer getrennten Honorarermittlung für mehrere Innenräume keine Honorarminderung nach § 11 vorzunehmen ist[23]. 37

Die Honorierung von raumakustischen Leistungen bei Innenräumen erfolgt deshalb getrennt für jeden einzelnen Innenraum nach den
– anrechenbaren Kosten nach Abs. 3 und 4
– der Honorarzone
– dem Honorarsatz nach der Honorartafel des Abs. 3
– dem prozentualen Anteil der erbrachten Leistungen nach dem Leistungsbild der Ziff. 1.2.2 38

Die Ermittlung der **anrechenbaren Kosten** erfordert eine spezielle Berechnung. Anrechenbar sind einmal die anteiligen Kosten des betreffenden Raumes für die Baukonstruktionen und die Technische Ausrüstung, ermittelt aus den Kosten des ganzen Gebäudes durch Umrechnung vom Bruttovolumen des Gebäudes auf das Raumvolumen des betreffenden Innenraumes. Hinzu kommen die Kosten für die Ausstattung der KG 610 DIN 276 – 1, weil diese die akustischen Eigenschaften eines Raumes wesentlich mitbestimmt und vom Akustiker in seine Berechnungen einbezogen werden muss. 39

Nach Abs. 4 kann für Umbauten und Modernisierungen bis zu einem durchschnittlichen Schwierigkeitsgrad in Anlehnung an § 6 Abs. 2 ein Zuschlag bis 30% vereinbart werden. Dadurch soll erhöhten Aufwendungen im Zuge der Beratung zu Maßnahmen zur Steigerung der Energieeffizienz Rechnung getragen werden, die auch den Umfang der Leistungen für Raumakustik erhöhen können. Der Regelung kommt keinerlei rechtliche Bedeutung zu, weil es sich um unverbindliche Beratungsleistungen handelt und auch ein höherer Zuschlag wirksam vereinbart werden kann. Es ist deshalb auch unerheblich, dass die Vereinbarung nach dem Wortlaut von Abs. 4 im Gegensatz zu den entsprechenden Vereinbarungen bei den Fachdisziplinen Wärmeschutz und Bauphysik nicht schriftlich erfolgen muss, weil die Schriftform für die Vereinbarung eines außerhalb des gesetzlichen Preisrechts der HOAI liegenden Honorars ohne Bedeutung ist. 40

Die Leistungen der Raumakustik sind nach Abs. 5 in 5 Honorarzonen aufgeteilt, die von den Anforderungen an die Innenräume abhängig sind. Die Bewertungsmerkmale 41

---

23 *Fischer/De Pascalis* in FBS, Anlage 1.2. Rn. 27.

Anlage 1.2 Bauphysik

für die Zuordnung zu den Honorarzonen sind in Abs. 6 aufgeführt. Sie beziehen sich ausschließlich auf die Innenräume und nicht auf das Objekt, in dem sich diese Innenräume befinden. Der Schwierigkeitsgrad ergibt sich aus der Beurteilung der fünf Bewertungsmerkmale, wobei im Zweifel, wenn Bewertungsmerkmale aus mehreren Honorarzonen anwendbar sind, nach Abs. 8 und der entsprechenden Verweisung auf § 52 Abs. 3 die Mehrzahl der in den jeweiligen Honorarzonen angeführten Bewertungsmerkmale und ihre Bedeutung im Einzelfall maßgebend sind.

42 Dabei handelt es sich um folgende Bewertungsmerkmale:
– Anforderungen an die Einhaltung der Nachhallzeit
– Einhalten eines bestimmten Frequenzganges der Nachhallzeit
– Anforderungen an die räumliche und zeitliche Schallverteilung
– Akustische Nutzungsart des Innenraums
– Veränderbarkeit der akustischen Eigenschaften des Innenraums.

43 Die in der Objektliste des Abs. 7 beispielhaft aufgeführten Objekte werden in der Regel eine Zuordnung in die zutreffende Honorarzone ermöglichen. Dabei stellt die Größe der Innenräume ein Zuordnungskriterium in der Objektliste dar, während die Bewertungsmerkmale keine Größenangaben enthalten. Der Verordnungsgeber geht nach der Amtlichen Begründung davon aus, dass sich die raumakustischen Schwierigkeiten annähernd proportional zur Größe der Räume vergrößern. Die Objektliste in Abs. 7 enthält nur Regelbeispiele, sodass die Planung im Einzelfall in eine davon abweichende Honorarzone einzuordnen ist, wenn die Bewertungsmerkmale nach Abs. 6 eine andere Honorarzone ergeben.

Anlage 1.3 Geotechnik

1.3.1 Anwendungsbereich

(1) Die Leistungen für Geotechnik können die Beschreibung und Beurteilung der Baugrund- und Grundwasserverhältnisse für Gebäude und Ingenieurbauwerke im Hinblick auf das Objekt und die Erarbeitung einer Gründungsempfehlung umfassen. Dazu gehört auch die Beschreibung der Wechselwirkung zwischen Baugrund und Bauwerk sowie die Wechselwirkung mit der Umgebung.

(2) Die Leistungen können insbesondere das Festlegen von Baugrundkennwerten und von Kennwerten für rechnerische Nachweise zur Standsicherheit und Gebrauchstauglichkeit des Objektes, die Abschätzung zum Schwankungsbereich des Grundwassers sowie die Einordnung des Baugrundes nach bautechnischen Klassifikationsmerkmalen umfassen.

1.3.2 Besondere Grundlagen des Honorars

(1) Das Honorar der Grundleistungen kann sich nach den anrechenbaren Kosten der Tragwerksplanung nach § 50 Absatz 1 bis Absatz 3 für das gesamte Objekt aus Bauwerk und Baugrube richten.

(2) Das Honorar für Ingenieurbauwerke mit großer Längenausdehnung (Linienbauwerke) kann ergänzend frei vereinbart werden.

1.3.3 Leistungsbild Geotechnik

(1) Grundleistungen können die Beschreibung und Beurteilung der Baugrund- und Grundwasserverhältnisse sowie die daraus abzuleitenden Empfehlungen für die Gründung einschließlich der Angabe der Bemessungsgrößen für eine Flächen- oder Pfahlgründung, Hinweise zur Herstellung und Trockenhaltung der Baugrube und des Bauwerks, Angaben zur Auswirkung des Bauwerks auf die Umgebung und auf Nachbarbauwerke sowie Hinweise zur Bauausführung umfassen. Die Darstellung der Inhalte kann im Geotechnischen Bericht erfolgen.

(2) Die Grundleistungen können in folgenden Teilleistungen zusammengefasst und wie folgt in Prozentsätzen der Honorare der Nummer 1.3.4 bewertet werden:
1. für die Teilleistung a) (Grundlagenermittlung und Erkundungskonzept) mit 15 Prozent,
2. für die Teilleistung b) (Beschreiben der Baugrund- und Grundwasserverhältnisse) mit 35 Prozent,
3. für die Teilleistung c) (Beurteilung der Baugrund- und Grundwasserverhältnisse, Empfehlungen, Hinweise, Angaben zur Bemessung der Gründung) mit 50 Prozent.

(3) Das Leistungsbild kann sich wie folgt zusammensetzen:

Anlage 1.3 Geotechnik

Grundleistungen	Besondere Leistungen
Geotechnischer Bericht	
a) Grundlagenermittlung und Erkundungskonzept – Klären der Aufgabenstellung, Ermitteln der Baugrund- und Grundwasserverhältnisse auf Basis vorhandener Unterlagen – Festlegen und Darstellen der erforderlichen Baugrunderkundungen b) Beschreiben der Baugrund- und Grundwasserverhältnisse – Auswerten und Darstellen der Baugrunderkundungen sowie der Labor- und Felduntersuchungen – Abschätzen des Schwankungsbereiches von Wasserständen und/oder Druckhöhen im Boden – Klassifizieren des Baugrunds und Festlegen der Baugrundkennwerte c) Beurteilung der Baugrund- und Grundwasserverhältnisse, Empfehlungen, Hinweise, Angaben zur Bemessung der Gründung – Beurteilung des Baugrunds – Empfehlung für die Gründung mit Angabe der geotechnischen Bemessungsparameter (zum Beispiel Angaben zur Bemessung einer Flächen- oder Pfahlgründung) – Angabe der zu erwartenden Setzungen für die vom Tragwerksplaner im Rahmen der Entwurfsplanung nach § 49 zu erbringenden Grundleistungen – Hinweise zur Herstellung und Trockenhaltung der Baugrube und des Bauwerks sowie Angaben zur Auswirkung der Baumaßnahme auf Nachbarbauwerke – Allgemeine Angaben zum Erdbau – Angaben zur geotechnischen Eignung von Aushubmaterial zur Wiederverwendung bei der betreffenden Baumaßnahme sowie Hinweise zur Bauausführung	– Beschaffen von Bestandsunterlagen – Vorbereiten und Mitwirken bei der Vergabe von Aufschlussarbeiten und deren Überwachung – Veranlassen von Labor- und Felduntersuchungen – Aufstellen von geotechnischen Berechnungen zur Standsicherheit oder Gebrauchstauglichkeit, wie zum Beispiel Setzungs-, Grundbruch- und Geländebruchberechnungen – Aufstellen von hydrogeologischen, geohydraulischen und besonderen numerischen Berechnungen – Beratung zu Dränanlagen, Anlagen zur Grundwasserabsenkung oder sonstigen ständigen oder bauzeitlichen Eingriffen in das Grundwasser – Beratung zu Probebelastungen sowie fachtechnisches Betreuen und Auswerten – geotechnische Beratung zu Gründungselementen, Baugruben- oder Hangsicherungen und Erdbauwerken, Mitwirkung bei der Beratung zur Sicherung von Nachbarbauwerken – Untersuchungen zur Berücksichtigung dynamischer Beanspruchungen bei der Bemessung des Objekts oder seiner Gründung sowie Beratungsleistungen zur Vermeidung oder Beherrschung von dynamischen Einflüssen – Mitwirken bei der Bewertung von Nebenangeboten aus geotechnischer Sicht – Mitwirken während der Planung oder Ausführung des Objekts sowie Besprechungs- und Ortstermine – geotechnische Freigaben

Geotechnik **Anlage 1.3**

1.3.4 Honorare Geotechnik

(1) Honorare für die in Nummer 1.3.3 Absatz 3 aufgeführten Grundleistungen können nach der folgenden Honorartafel bestimmt werden:

Anrechenbare Kosten in Euro	Honorarzone I sehr geringe Anforderungen von bis Euro		Honorarzone II geringe Anforderungen von bis Euro		Honorarzone III durchschnittliche Anforderungen von bis Euro		Honorarzone IV hohe Anforderungen von bis Euro		Honorarzone V sehr hohe Anforderungen von bis Euro	
50.000	789	1.222	1.222	1.654	1.654	2.105	2.105	2.537	2.537	2.970
75.000	951	1.472	1.472	1.993	1.993	2.537	2.537	3.058	3.058	3.579
100.000	1.086	1.681	1.681	2.276	2.276	2.896	2.896	3.491	3.491	4.086
125.000	1.204	1.863	1.863	2.522	2.522	3.210	3.210	3.869	3.869	4.528
150.000	1.309	2.026	2.026	2.742	2.742	3.490	3.490	4.207	4.207	4.924
200.000	1.494	2.312	2.312	3.130	3.130	3.984	3.984	4.802	4.802	5.621
300.000	1.800	2.786	2.786	3.772	3.772	4.800	4.800	5.786	5.786	6.772
400.000	2.054	3.179	3.179	4.304	4.304	5.478	5.478	6.603	6.603	7.728
500.000	2.276	3.522	3.522	4.768	4.768	6.069	6.069	7.315	7.315	8.561
750.000	2.740	4.241	4.241	5.741	5.741	7.307	7.307	8.808	8.808	10.308
1.000.000	3.125	4.836	4.836	6.548	6.548	8.334	8.334	10.045	10.045	11.756
1.500.000	3.765	5.827	5.827	7.889	7.889	10.041	10.041	12.103	12.103	14.165
2.000.000	4.297	6.650	6.650	9.003	9.003	11.459	11.459	13.812	13.812	16.165
3.000.000	5.175	8.009	8.009	10.842	10.842	13.799	13.799	16.633	16.633	19.467
5.000.000	6.535	10.114	10.114	13.693	13.693	17.428	17.428	21.007	21.007	24.586
7.500.000	7.878	12.192	12.192	16.506	16.506	21.007	21.007	25.321	25.321	29.635
10.000.000	8.994	13.919	13.919	18.844	18.844	23.983	23.983	28.909	28.909	33.834
15.000.000	10.839	16.775	16.775	22.711	22.711	28.905	28.905	34.840	34.840	40.776
20.000.000	12.373	19.148	19.148	25.923	25.923	32.993	32.993	39.769	39.769	46.544
25.000.000	13.708	21.215	21.215	28.722	28.722	36.556	36.556	44.063	44.063	51.570

(2) Die Honorarzone kann bei den geotechnischen Grundleistungen aufgrund folgender Bewertungsmerkmale ermittelt werden:
1. Honorarzone I: Gründungen mit sehr geringem Schwierigkeitsgrad, insbesondere gering setzungsempfindliche Objekte mit einheitlicher Gründungsart bei annähernd regelmäßigem Schichtenaufbau des Untergrundes mit einheitlicher Tragfähigkeit und Setzungsfähigkeit innerhalb der Baufläche;
2. Honorarzone II: Gründungen mit geringem Schwierigkeitsgrad, insbesondere

Anlage 1.3 Geotechnik

- setzungsempfindliche Objekte sowie gering setzungsempfindliche Objekte mit bereichsweise unterschiedlicher Gründungsart oder bereichsweise stark unterschiedlichen Lasten bei annähernd regelmäßigem Schichtaufbau des Untergrundes mit einheitlicher Tragfähigkeit und Setzungsfähigkeit innerhalb der Baufläche,
- gering setzungsempfindliche Objekte mit einheitlicher Gründungsart bei unregelmäßigem Schichtenaufbau des Untergrundes mit unterschiedlicher Tragfähigkeit und Setzungsfähigkeit innerhalb der Baufläche;
3. Honorarzone III: Gründungen mit durchschnittlichem Schwierigkeitsgrad, insbesondere
   - stark setzungsempfindliche Objekte bei annähernd regelmäßigem Schichtenaufbau des Untergrundes mit einheitlicher Tragfähigkeit und Setzungsfähigkeit innerhalb der Baufläche,
   - setzungsempfindliche Objekte sowie gering setzungsempfindliche Bauwerke mit bereichsweise unterschiedlicher Gründungsart oder bereichsweise stark unterschiedlichen Lasten bei unregelmäßigem Schichtenaufbau des Untergrundes mit unterschiedlicher Tragfähigkeit und Setzungsfähigkeit innerhalb der Baufläche,
   - gering setzungsempfindliche Objekte mit einheitlicher Gründungsart bei unregelmäßigem Schichtenaufbau des Untergrundes mit stark unterschiedlicher Tragfähigkeit und Setzungsfähigkeit innerhalb der Baufläche;
4. Honorarzone IV: Gründungen mit hohem Schwierigkeitsgrad, insbesondere
   - stark setzungsempfindliche Objekte bei unregelmäßigem Schichtaufbau des Untergrundes mit unterschiedlicher Tragfähigkeit und Setzungsfähigkeit innerhalb der Baufläche,
   - setzungsempfindliche Objekte sowie gering setzungsempfindliche Objekte mit bereichsweise unterschiedlicher Gründungsart oder bereichsweise stark unterschiedlichen Lasten bei unregelmäßigem Schichtaufbau des Untergrundes mit stark unterschiedlicher Tragfähigkeit und Setzungsfähigkeit innerhalb der Baufläche;
5. Honorarzone V: Gründungen mit sehr hohem Schwierigkeitsgrad, insbesondere stark setzungsempfindliche Objekte bei unregelmäßigem Schichtaufbau des Untergrundes mit stark unterschiedlicher Tragfähigkeit und Setzungsfähigkeit innerhalb der Baufläche.

(3) § 52 Absatz 3 kann sinngemäß angewendet werden.

(4) Die Aspekte des Grundwassereinflusses auf das Objekt und die Nachbarbebauung können bei der Festlegung der Honorarzone zusätzlich berücksichtigt werden.

Übersicht

	Rdn.
1. Änderungen durch die HOAI 2009	1
2. Änderungen durch die HOAI 2013	2
3. Grundzüge der Honorarberechnung	3
4. Das Leistungsbild »Geotechnik«	4
5. Die Grundleistungen des Leistungsbilds Geotechnik	6

Geotechnik **Anlage 1.3**

	Rdn.
6. Die Besonderen Leistungen des Leistungsbilds Geotechnik	12
7. Haftungsfragen	13
8. Die Honorartafel	17
9. Die Honorarzonen (Ziff. 1.3.4 Abs. 1)	18
10. Grenzfälle (Ziff. 1.3.4 Abs. 2)	26
11. Beispiel zur Honorarermittlung	28

1. Änderungen durch die HOAI 2009

Das Honorar für das Leistungsbild Bodenmechanik, Erd- und Grundbau, welches frü- 1
her in den §§ 91–95 HOAI 2002 geregelt war, wurde aus dem verbindlichen Teil der
HOAI herausgenommen und in der Anlage 1.4 den Beratungsleistungen zugeordnet.
Dies hat zur Folge, dass die preisrechtlichen Vorschriften der HOAI nicht gelten
und das Honorar für diese Leistungen frei vereinbart werden kann. Die in der Anlage
1.4 enthaltene Honorarregelung findet nur dann Anwendung, wenn das Honorar ausdrücklich auf der Grundlage der Anlage 1.4 vereinbart wurde. Außerdem kann sie
einen Anhaltspunkt für die übliche Vergütung nach § 632 Abs. 2 BGB darstellen,
wenn keine Honorarvereinbarung getroffen wurde. Diese muss aber aufgrund der Unverbindlichkeit der Anlage 1.4 von einem Sachverständigen ermittelt und kann nicht
automatisch aus der Anlage entnommen werden (vgl. § 3 Rdn. 8)[24]. Eine die Mindestsätze der Honorartafel unterschreitende oder die Höchstsätze überschreitende Honorarvereinbarung ist wirksam. Sie muss auch nicht schriftlich bei Auftragserteilung erfolgen, weil die HOAI nach § 3 Abs. 1 S. 2 keine verbindliche Honorarregelung für
Beratungsleistungen enthält.

2. Änderungen durch die HOAI 2013

Die frühere Bezeichnung des Leistungsbildes »Bodenmechanik, Erd- und Grundbau« 2
wurde durch den Begriff »Geotechnik« ersetzt. Dadurch wird zum Ausdruck gebracht,
dass dieses Fachgebiet auch Themen umfasst, die über die Bodenmechanik sowie den
Erd- und Grundbau hinausgehen (wie z. B. Felsmechanik). Mit der neuen Bezeichnung
knüpft die HOAI an den national und international üblichen Sprachgebrauch für dieses Fachgebiet an. Das Leistungsbild wurde neu gegliedert und in »Grundleistungen«
sowie »Besondere Leistungen« unterteilt. Dabei sind die Leistungsinhalte erweitert und
zum Teil detaillierter beschrieben worden. Die Honorare für Grundleistungen wurden
in der Honorartafel erhöht.

3. Grundzüge der Honorarberechnung

Bei der Honorarberechnung nach der Anlage 1.3 ist zunächst zu prüfen, ob eine Hono- 3
rarvereinbarung getroffen wurde, wonach auf dieser Grundlage die Vergütung zu ermitteln ist. Dann ist folgendermaßen vorzugehen:

---

24 *Fischer/De Pascalis* in FBS, Anlage 1.3. Rn. 7.

Anlage 1.3 Geotechnik

a) Aus Ziff. 1.3.3 Abs. 2 lassen sich für die erbrachten Grundleistungen die zugehörigen Prozentsätze ablesen.
b) Zu ermitteln ist dann die Honorarzone nach den Bewertungsmerkmalen der Ziff. 1.3.4. Abs. 2.
c) Das Honorar für die Grundleistungen kann dann aus der Honorartafel der Ziff. 1.3.4 Abs. 1 bestimmt werden. Dabei sind nach Ziff. 1.3.2 Abs. 1 die anrechenbaren Kosten der Tragwerksplanung nach § 50 Abs. 1 zugrunde zu legen.

4. Das Leistungsbild »Geotechnik«

4 Das Leistungsbild »Geotechnik« wird in der Ziff. 1.3.3 Abs. 1 beschrieben. Nicht von Ziff. 1.3.3 erfasst sind die Kosten für Untergrundaufschlüsse, deren Umfang zwar vom geotechnischen Fachberater festgelegt wird, deren Ausführung aber durch einen Unternehmer erfolgt. Weiterhin sind die Honorare für die gutachterliche Tätigkeit bei den Baugrundaufschlüssen (Schichtansprache bei Bohrungen) sowie die Kosten für Labor- und Feldversuche nicht von dem Leistungsbild erfasst. Bei der Aufstellung des Programms für Labor- und Feldversuche müssen die Art des zu erstellenden Bauwerks, der Baugrund mit seiner Schichtenfolge sowie die geotechnischen Eigenschaften, die für die Baumaßnahme maßgebend sind, berücksichtigt werden. Diese Tätigkeit ist in Ziff. 1.3.3 Abs. 1 nicht als Grundleistung, sondern als Besondere Leistung aufgeführt und somit auch nicht von dem Grundleistungshonorar der Ziff. 1.3.4 Abs. 1 abgedeckt.

5 Die Aufgabe des Fachgebiets Geotechnik besteht darin, notwendige Grundlagen für die Planung zu schaffen und Lösungsvorschläge zu erarbeiten, um
– Bauwerkslasten wirtschaftlich (d. h. mit möglichst geringem Kostenaufwand), sicher (d. h. mit ausreichender Sicherheit gegen Grund- und Geländebruch) und für das Bauwerk schadlos (ohne Schiefstellungen und ohne zu große Setzungen bzw. Setzungsunterschiede, die die Gebrauchsfähigkeit des Bauwerks nachteilig beeinträchtigen) im Untergrund abzutragen;
– Baugruben wirtschaftlich, ausreichend trocken (Wasserhaltung, Untergrundabdichtung) und sicher (mit ausreichender Sicherheit gegen das Versagen von Baugruben- und Verbauwänden sowie gegen hydraulischen Grundbruch) herzustellen. Hierzu gehört auch, dass schädliche Auswirkungen der Baugrubenherstellung und der Wasserhaltung auf benachbarte Gebäude und bauliche Anlagen vermieden werden;
– Erdbaumaßnahmen im Verkehrsflächenbau, im Straßen-, Wasser- und Landschaftsbau sowie unterirdische Baumaßnahmen (z. B. Rohrvortrieb, Tunnel und Schächte) wirtschaftlich und ausreichend sicher auszuführen.

5. Die Grundleistungen des Leistungsbilds Geotechnik

6 Bei der Ermittlung der Baugrund- und Grundwasserverhältnisse auf der Basis vorhandener Unterlagen kann meist auf geologische Karten und die Ergebnisse von Baugrunderkundungen in der näheren Umgebung des zu untersuchenden Geländes sowie auf Erfahrungen bei Baumaßnahmen im näheren Umfeld zurückgegriffen werden. In einzelnen Städten gibt es auch Baugrundkarten oder digitale Verzeichnisse von Baugrund-

Geotechnik **Anlage 1.3**

aufschlüssen; auch bei Fachbehörden (z. B. Geologische Landesämter, Wasserwirtschaftsämter) liegen in der Regel Unterlagen über die Ergebnisse von Baugrunderkundungen und Grundwasserstandsmessungen vor. Auf der Grundlage der so gewonnenen Erkenntnisse werden Art und Umfang der erforderlichen Baugrundaufschlüsse festgelegt. Dabei sind die in DIN EN 1997-2/NA:2010-12 EC 7 und DIN 4020:2010-12 beschriebenen Grundsätze zu beachten. Die Beschaffung der notwendigen Unterlagen zählt allerdings nicht zu den Grundleistungen, sondern zu den Besonderen Leistungen.

Die erschlossenen Boden- und Felsarten werden auf der Grundlage der durchgeführten Baugrunderkundung sowie der Labor- und Feldversuche gemäß DIN EN ISO 14688–1: 2013-12, DIN EN ISO 14688–2: 2013-12 und DIN EN ISO 14689–1: 2011-06 beschrieben und entsprechend DIN 4023: 2006-02 dargestellt. Bei der Abschätzung des Schwankungsbereichs von Wasserständen im Boden (Grundwasserstände) ist in erster Linie auf Ergebnisse von Wasserstandsmessungen in Grundwassermessstellen, die im Zuge der Baugrunderkundung auf dem Untersuchungsgelände eingerichtet wurden, zurückzugreifen. Zusätzlich sind die Ergebnisse von langjährigen regelmäßigen Messungen in der nahen Umgebung heranzuziehen, sofern solche Messungen vorliegen. Auskünfte erteilen die zuständigen Wasserbehörden. Unter »Druckhöhen im Boden« ist die Druckhöhe des Wassers bei gespannten Grundwasserverhältnissen zu verstehen. 7

Die Klassifizierung des Baugrunds erfolgt insbesondere nach DIN 18196: 2011-05 und DIN 18300: 2015-08. Je nach der Aufgabenstellung sind auch andere Klassifizierungen vorzunehmen (z. B. nach DIN 18301: 2015-08 und DIN 18319: 2015-08). Für geotechnische Berechnungen im Zusammenhang mit den geplanten Baumaßnahmen müssen die Eigenschaften des Untergrundes mit geotechnischen Kenngrößen nach Maß und Zahl erfasst werden. Die Kenngrößen sind möglichst direkt durch entsprechende Versuche zu bestimmen. Wenn Korrelationen zur Ableitung von Kenngrößen benutzt werden, ist die Anwendbarkeit der Korrelationen zu dokumentieren (vgl. DIN EN 1997–2: 2010-10 EC 7). 8

Die Baugrundbeurteilung betrifft insbesondere die Beschreibung des Verformungs- und Festigkeitsverhaltens der im Untergrund anstehenden Schichten und generelle Angaben zur Eignung des Baugrunds für die Lastabtragung. Bei der Gründungsempfehlung sind die maßgebenden Bemessungsparameter anzugeben und die einschlägigen normativen Regeln zu beachten. Dies betrifft sowohl Flach- und Flächengründungen auf natürlichem oder verbessertem Untergrund als auch Tiefgründungen (wie z. B. Pfähle, Pfeiler und Schlitzwandelemente). Auch sind Setzungsabschätzungen durchzuführen, die als Grundlage für die vom Tragwerksplaner zu erbringenden Grundleistungen dienen sollen. Genauere Setzungsberechnungen gehen über die Grundleistung hinaus; sie zählen zu den Besonderen Leistungen und sind deshalb nicht im Honorar nach Ziff. 1.3.4 Abs. 1 enthalten. 9

Die Hinweise zur Herstellung und zur Trockenhaltung der Baugrube und des Bauwerks beziehen sich u. a. darauf, ob die Baugrube mit freien Böschungen hergestellt werden kann oder ob konstruktive Sicherungsmaßnahmen erforderlich sind (wie z. B. Trägerbohlwände, Pfahlwände, Schlitzwände, Bodenvernagelung). Reicht die Baugru- 10

Anlage 1.3 Geotechnik

bensohle unter den Grundwasserspiegel hinab, sind Maßnahmen zur Trockenhaltung der Baugrube (z. B. Grundwasserabsenkung, Herstellen von Dichtungssohlen und Dichtungswänden sowie Trogausbildungen mittels Unterwasserbeton) vorzuschlagen. Auch muss auf Maßnahmen zum Schutz des Bauwerks gegen Durchfeuchtung aus dem Untergrund hingewiesen werden. Hierfür kommen Abdichtungen sowie wasserundurchlässige Konstruktionen in Betracht. Soweit die wasserrechtlichen und wasserwirtschaftlichen Vorgaben sowie die kommunalen Satzungen dies erlauben, können auch Dränmaßnahmen nach DIN 4095:1990-06 ausgeführt werden.

11 Die allgemeinen Angaben zum Erdbau betreffen insbesondere die Lösbarkeit des anstehenden Untergrundes (DIN 18300: 2015-08, DIN 18301: 2015-08 und DIN 18319: 2015-08) sowie die Beurteilung der Frostempfindlichkeit. Weiterhin ist die Verdichtbarkeit von Aushubmaterial und dessen Verformungsverhalten im wieder eingebauten Zustand zu beurteilen. Hinweise zur Bauausführung betreffen z. B. Kontrollversuche zur Prüfung der Verdichtungsqualität des eingebauten Materials, die Wahl geeigneter Verdichtungsgeräte sowie den Schutz von zwischengelagertem, witterungsempfindlichem Aushubmaterial gegen Durchfeuchtung.

6. Die Besonderen Leistungen des Leistungsbilds Geotechnik

12 Die Besonderen Leistungen werden von der Honorartafel nach Ziff. 1.3.4 Abs. 1 nicht erfasst. Das Honorar für diese Leistungen kann deshalb auch dann frei vereinbart werden, wenn die Anlage 1.3. als Honorarberechnungsgrundlage für die Grundleistungen vereinbart wurde.

– Bestandsunterlagen können in Form von Plänen einer früheren Bebauung auf dem zu untersuchenden Gelände sowie von Gründungsplänen angrenzender Nachbargebäude vorliegen, aber auch als dokumentierte Baugrundaufschlüsse und Wasserstandsmessungen auf dem zu untersuchenden Gelände oder in der näheren Umgebung. Solche Unterlagen befinden sich meist bei den zuständigen Fachbehörden.

– Zur Vorbereitung der Durchführung der Aufschlussarbeiten stellt der geotechnische Fachberater in der Regel ein Leistungsverzeichnis auf und zeigt die Aufschlussarbeiten bei der zuständigen Behörde an. Die Überwachung der Aufschlussarbeiten umfasst auch die Ansprache der erschlossenen Boden- und Felsarten. Dabei kann es erforderlich werden, aufgrund angetroffener Unregelmäßigkeiten des Schichtaufbaus weitere Aufschlüsse anzuordnen oder die Aufschlüsse zu vertiefen sowie Grundwassermessstellen einrichten zu lassen oder die vorgesehene Anzahl solcher Messstellen zu vergrößern.

– Beim Veranlassen von Labor- und Feldversuchen muss ein detailliertes Versuchsprogramm vorgegeben werden. Die Art der Versuche hängt von den angetroffenen Untergrundverhältnissen und der Art des zu errichtenden Bauwerks ab. DIN EN 1997–2/NA EC 7 enthält hierzu im Abschnitt 5 (Laborversuche für Boden und Fels) sowie im Abschnitt 4 (Felduntersuchungen in Boden und Fels) entsprechende Angaben. In diesem Zusammenhang wird auch auf erforderliche Grundwasserstandsmessungen sowie Pumpversuche zur Bestimmung von Durchlässigkeitseigenschaften des Untergrundes und zur Ermittlung des Wasserandrangs bei Grundwasserabsenkungen hingewiesen.

Geotechnik **Anlage 1.3**

- Bei den hier aufgeführten Setzungsberechnungen handelt es sich um eine Leistung, die über die Grundleistung nach Ziff. 1.3.3 Abs. 3c) hinausgeht. Die Berechnungen sind gemäß DIN 4019: 2015-05 in Abhängigkeit von den Bauwerkslasten und den Abmessungen der Gründungskörper durchzuführen. Für die Grundbruchberechnungen ist DIN 4017: 2006-03 maßgebend. Geländebruchberechnungen können bei einer Hangbebauung oder bei Hangeinschnitten, Geländeauffüllungen und Stützkonstruktionen erforderlich werden. Für diese Berechnungen gilt DIN 4084: 2009-01.
- Hydrogeologische und geohydraulische Berechnungen können z. B. dann notwendig werden, wenn die Auswirkungen einer Grundwasserabsenkung in einer Baugrube auf die Umgebung beurteilt werden müssen. Auch ist es möglich, mit diesen Berechnungen bei Baumaßnahmen im Grundwasser Veränderungen des Grundwasserspiegels (Aufstau und Absenkung) näherungsweise quantitativ zu erfassen. Außerdem können mit Hilfe solcher Berechnungsverfahren notwendige Umläufigkeitsmaßnahmen beim Bauen im Grundwasser dimensioniert werden.
- Dränanlagen werden häufig zum Schutz von Bauwerken gegen Durchfeuchtung aus dem Untergrund ausgeführt. Das Dränsystem wird in der Regel vom Entwässerungsplaner nach DIN 4095:1990-06 konzipiert. Geotechnische Belange, die dabei zu berücksichtigen sind (z. B. mögliche Einflüsse von Kalkablagerungen oder Verockerungen und Fragen der Filterstabilität), werden dabei vom geotechnischen Fachberater eingebracht. Grundwasserabsenkungen dienen zur Trockenhaltung der Baugrube im Bauzustand. Solche Anlagen können vom geotechnischen Fachberater konzipiert werden (z. B. Ermittlung von Art und Zahl von Absenkbrunnen und Ermittlung ihrer Abstände).
- Probebelastungen werden meist an Pfählen, aber auch an Verankerungen von Baugrubensicherungen durchgeführt. Sie dienen dazu, die rechnerisch angesetzte Tragkraft mit ausreichender Sicherheit nachzuweisen. Der geotechnische Fachberater gibt die Art der Versuche und den Versuchsablauf vor, überprüft die Versuchsdurchführung, wertet die Ergebnisse aus und zieht die daraus ableitbaren Folgerungen für die Baumaßnahme.
- Eine geotechnische Beratung zu Gründungselementen liegt z. B. dann vor, wenn die Gründungskonzeption des Tragwerksplaners vom geotechnischen Fachberater auf Setzungsverträglichkeit überprüft wird oder wenn bei einer verformungsabhängigen Berechnung einer Plattengründung Bettungsmodule durch iterative Setzungsberechnungen ermittelt und ggf. für unterschiedliche Bereiche festgelegt werden. Bei Pfahlgründungen betrifft die Beratungstätigkeit u. a. den möglichen Einfluss der Pfahlgruppenwirkung auf das Setzungsverhalten. Weiterhin kann es sich bei der Beratung zu Gründungselementen darum handeln, festzustellen, ob und gegebenenfalls wie größere Horizontalkräfte von den Gründungskörpern aufgenommen werden können. Bei Baugruben- und Hangsicherungen umfasst die Beratung insbesondere die Überprüfung von Entwurfsplanungen auf geotechnische Belange (wie z. B. Plausibilität angesetzter aufnehmbarer Ankerkräfte sowie Einhaltung von Entwurfsregeln bezüglich Ankerlänge, Ankerabstände und Vermeidung von Fangedammwirkungen). Bei Erdbauwerken stehen die Überprüfung der Standsicherheit und die Beurteilung des Verformungsverhaltens von Dämmen (Zusammendrücken des Un-

Anlage 1.3 Geotechnik

tergrundes sowie Eigensetzungen) im Vordergrund der geotechnischen Beratung. Bei der Sicherung von Nachbargebäuden können die Beratungsleistungen Standsicherheitsberechnungen bei Unterfangungsmaßnahmen nach DIN 4123: 2013-04 umfassen sowie Vorschläge zur verformungsarmen Herstellung von Verbauwänden (Erddruckansätze, besondere konstruktive Maßnahmen).

– Zur Berücksichtigung dynamischer Beanspruchungen gehört die Angabe dynamischer Baugrundkennwerte. Auch die Beurteilung, ob eine Bodenart bei Erdbeben oder unter dem Einfluss anderer dynamischer Anregungen zur Verflüssigung neigt und die Empfehlung von Maßnahmen zur Vermeidung dadurch bedingter schädlicher Einflüsse auf das zu erstellende Bauwerk gehören zu diesem Thema. Für Planungsaufgaben zur Vermeidung oder Beherrschung von dynamischen Einflüssen auf das Bauwerk wird in der Regel ein auf Baugrunddynamik spezialisierter Ingenieur herangezogen (z. B. zur Dimensionierung von Dämpfungselementen bei Maschinenfundamenten).

– Nebenangebote zu geotechnischen Baumaßnahmen (z. B. Gründung und/oder Baugrubensicherung) sollten vom geotechnischen Fachberater sachkundig geprüft werden, um insbesondere zu klären, ob die vorgeschlagenen Verfahren bei den vorhandenen Baugrundverhältnissen ausführbar sind und die gestellten Anforderungen erfüllen können.

– Durch die Mitwirkung des geotechnischen Fachberaters während der Planung und der Ausführung des Objekts wird sichergestellt, dass die geotechnischen Belange des Bauvorhabens berücksichtigt werden, auch wenn die flächenhaft angetroffenen Baugrundverhältnisse zum Teil vom Ergebnis der vorgenommenen Baugrunderkundung, die nur stichpunktartig erfolgen kann, abweichen. Besprechungen dienen vor allem der Abstimmung mit den Planern und den übrigen Fachingenieuren zur Berücksichtigung geotechnischer Belange. Ortstermine sind im Wesentlichen zur Überprüfung der angetroffenen Baugrundverhältnisse und für Qualitätskontrollen erforderlich (vgl. hierzu DIN EN 1997-1: 2009-09 EC 7 und DIN EN 1997-1/NA. 2010-12, Abschnitt 4 und Anhang J).

– Geotechnische Freigaben umfassen z. B. die Abnahme von Gründungssohlen, die Festlegung der Einbindestrecken von Pfählen und die Beurteilung von geotechnischen Eigenschaften des Aushubmaterials und von angeliefertem Fremdmaterial.

Die Aufzählung der Besonderen Leistungen, die bei der geotechnischen Beratung anfallen können, ist nicht vollständig. Beispielsweise können noch folgende geotechnischen Leistungen erforderlich werden:

– Veranlassen einer Luftbildauswertung auf vorhandene Kampfmittel im Untergrund durch eine staatliche Behörde oder ein lizenziertes privates Unternehmen
– Betreiben von Genehmigungsverfahren (z. B. das Einholen der wasserrechtlichen Erlaubnis von zuständigen Fachbehörden für Baumaßnahmen, die unter den Grundwasserspiegel hinabreichen).
– Recherchen und Erhebungen über anthropogen bedingte Stollen und Hohlräume im Untergrund.
– Bestimmen der Durchlässigkeitseigenschaften des Untergrundes mittels Versickerungstests (Feldversuche) als Grundlage für die Planung von Versickerungsanlagen.

7. Haftungsfragen

Eine geotechnische Beratung ist im Allgemeinen mit einem vergleichsweise hohen Haftungsrisiko verbunden, da mangelhafte oder fehlerhafte Beratungsleistungen erhebliche Schäden oder schlimmstenfalls Totalversagen am neuen Bauwerk, an bestehenden Nachbargebäuden sowie an baulichen Anlagen in der Umgebung verursachen und sich die Kosten der Bauausführung beträchtlich erhöhen können. Insbesondere können die folgenden Fehler zu Schadensfällen führen (vgl. zur Haftung Einl. Rdn. 395): 13
– ungenügendes oder ungeeignetes Erkundungsprogramm
– Fehleinschätzungen der Grundwasserverhältnisse und deren Auswirkungen
– unzutreffende Festlegung geotechnischer Kennwerte
– Verwendung von ungeeigneten Rechenmodellen oder geotechnischen Berechnungsverfahren
– Empfehlung ungeeigneter Gründungs- und/oder Verbaumaßnahmen.

Häufig sind Auftraggeber bestrebt, bei der geotechnischen Beratung Kosten einzusparen. Dies ist z. B. dann der Fall, wenn der Auftraggeber Art, Anzahl und Tiefe der Baugrundaufschlüsse festlegt, d. h. selbst Grundleistungen der geotechnischen Beratung übernimmt und auf dieser Basis (meist im Rahmen eines Preiswettbewerbs) Angebote von geotechnischen Fachberatern einholt. Eine solche Vorgehensweise kann unüberschaubare Risiken enthalten. Es wird häufig verkannt, dass insbesondere bei großen Bauvorhaben der Aufwand für eine Baugrunderkundung und das Honorar des geotechnischen Fachberaters im Verhältnis zu den Kosten des Bauvorhabens oder der Beseitigung von auftretenden Schäden außerordentlich gering sind. Auch tragen vollständige Leistungen qualifizierter geotechnischer Fachberater dazu bei, dass bei Bauvorhaben wirtschaftliche Lösungen gefunden und erhebliche Einsparpotentiale genutzt werden können. 14

Zahlreiche Schadensfälle sind auch auf Fehleinschätzungen der Grundwasserverhältnisse zurückzuführen. Häufig wird auf den Ausbau von Bohrungen zu Grundwassermessstellen verzichtet oder bei Bohrarbeiten in bindigen Böden nicht erkannt, dass Grundwasser angeschnitten wurde, weil die geringe Durchlässigkeit des Bodens ein Füllen des Bohrlochs mit Grundwasser in der vergleichsweise kurzen Bohrzeit nicht ermöglicht oder der Ruhewasserspiegel (auch bedingt durch die seitliche Absperrung der Bohrlochverrohrung) nicht erreicht wird. Der Schwankungsbereich des Grundwassers ist oft nur schwer abzuschätzen, wenn bei den zuständigen Behörden keine entsprechenden Angaben erhältlich sind oder längerfristige Erfahrungen von Nachbargebäuden fehlen. In diesen Fällen empfiehlt es sich, Unsicherheiten durch entsprechende konstruktive Maßnahmen auszuschließen. 15

Die Übertragung von Kenntnissen aus der Baugrundbeurteilung und der Ergebnisse von Laboruntersuchungen in Rechenmodelle kann durch vereinfachende Annahmen zu Ergebnissen führen, die die tatsächlichen Verhältnisse zu günstig beschreiben und deshalb zu Schadensfällen führen. 16

Anlage 1.3 Geotechnik

8. Die Honorartafel

17 Die Honorartafel in Ziff. 1.3.4 Abs. 1 umfasst anrechenbare Kosten zwischen € 50.000,– und € 25.000.000,– . Für anrechenbare Kosten außerhalb der Tafelwerte ist das Honorar ebenfalls frei vereinbar. Eine Extrapolation über € 25.000.000,– hinaus und unter € 50.000,- kommt nicht in Frage. Zwischenwerte sind durch lineare Interpolation zu ermitteln. Die in den Honorartafeln aufgeführten Honorare gelten im Falle einer Vereinbarung der Anlage 1.3 nur für die in Ziff. 1.3.3 Abs. 3 aufgeführten Grundleistungen. Die anrechenbaren Kosten werden wie bei der Tragwerksplanung nach § 50 Abs. 1–3 für das gesamte Objekt aus Bauwerk und Baugrube ermittelt.

9. Die Honorarzonen (Ziff. 1.3.4 Abs. 1)

18 Ziff. 1.3.4 Abs. 1 sieht 5 Honorarzonen vor, die sich durch die Schwierigkeit der Planungsanforderungen unterscheiden. Die Merkmale für die Einstufung in eine Honorarzone sind in der nachfolgend erläuterten Ziff. 1.3.4 Abs. 2 beschrieben.

19 Gering setzungsempfindliche Bauwerke sind Bauwerke, bei denen sich die Fundamente unabhängig voneinander setzen können und die auftretenden Setzungen und Setzungsunterschiede ohne Bedeutung für die Standsicherheit des Bauwerks sind und dessen Gebrauchsfähigkeit nicht nachteilig beeinflussen (z. B. statisch bestimmte Systeme wie Einfeldbrücken).

20 Setzungsempfindliche Bauwerke sind Bauwerke, bei denen auftretende Setzungsdifferenzen in einer geringen Größenordnung (etwa 1cm auf eine Entfernung von 5m) ohne Bedeutung für die Standsicherheit des Bauwerks sind und dessen Gebrauchsfähigkeit nicht nachteilig beeinflussen, auch wenn sie bei der Tragwerksbemessung nicht berücksichtigt werden.

21 Stark setzungsempfindliche Bauwerke sind Bauwerke, bei denen bereits sehr geringe Setzungsdifferenzen die Gebrauchsfähigkeit des Bauwerks nachteilig beeinflussen können.

Hinweise zur Beurteilung der Setzungsempfindlichkeit finden sich in DIN EN 1997-1/NA: 2010-12, EC 7 (dort Anhang H).

Annähernd regelmäßiger Schichtaufbau des Untergrundes mit einheitlicher Tragfähigkeit und Setzungsfähigkeit liegt vor, wenn der Untergrund in dem für das geplante Bauwerk maßgebenden Bereich als einheitlich bei der rechnerischen Abschätzung der Tragfähigkeit des Untergrundes und der zu erwartenden Setzungen und Setzungsunterschiede betrachtet werden kann.

22 Unregelmäßiger Schichtenaufbau des Untergrundes liegt vor, wenn in dem für das geplante Bauwerk maßgebenden Bereich bei der rechnerischen Abschätzung der Tragfähigkeit des Untergrundes und der zu erwartenden Setzungen und Setzungsunterschiede Schichten unterschiedlicher Tragfähigkeits- und Verformungseigenschaften berücksichtigt werden müssen.

Geotechnik **Anlage 1.3**

Stark unterschiedliche Tragfähigkeit und Setzungsfähigkeit des Untergrundes innerhalb der Baufläche erfordern besonders eingehende Überlegungen und Untersuchungen bei der Ermittlung der Standsicherheit sowie der zu erwartenden Setzungen, Setzungsunterschiede und Schiefstellungen und bei der Beurteilung der Auswirkungen auf das Bauwerk. 23

Stark unterschiedliche Lasten können schädliche Setzungsdifferenzen verursachen. Es sind deshalb besondere Überlegungen und gegebenenfalls Vorgaben zur Planung und Ausführung der Gründung erforderlich, um die unterschiedlichen Setzungen in den für die Sicherheit und Gebrauchsfähigkeit des Bauwerks zulässigen Grenzen zu halten (z. B. durch eine Abstufung der zulässigen Bodenpressung auf der Grundlage von Setzungsberechnungen). 24

Unterschiedliche Gründungsarten können durch unterschiedliche Konstruktionsarten des Bauwerks und ungleiche Lasten der Bauwerksteile sowie durch wechselnde Baugrundverhältnisse bedingt sein. Sie ergeben sich zum Beispiel, wenn ein Bauwerk teilweise auf Streifen- und Einzelfundamenten und teilweise wegen lokal auftretender Weichböden auf Pfählen gegründet wird. 25

10. Grenzfälle (Ziff. 1.3.4 Abs. 2)

Die Vorschrift des Absatzes 3 mit der Verweisung auf § 52 Abs. 3 bedeutet, dass bei Grenzfällen zwischen zwei Honorarzonen keine Punktebewertung erforderlich ist. Vielmehr entscheidet die Mehrzahl der in den jeweiligen Honorarzonen aufgeführten Bewertungsmerkmale und ihre Bedeutung im Einzelfall, wenn Zweifel der Einordnung in eine der Honorarzonen bestehen sollten. 26

Die Honorarzone kann häufig erst zuverlässig festgelegt werden, wenn zumindest die Teilleistungen nach Ziff. 1.3.3 Abs. 2 erbracht worden sind, weil erst dann der tatsächliche Schichtenaufbau und die Verformungs- und Tragfähigkeitseigenschaften der Schichten bekannt sind. Es kann daher zweckmäßig sein (etwa für Abschlagszahlungen), eine vorläufige Honorarzone zu vereinbaren. 27

11. Beispiel zur Honorarermittlung

In einer Talaue soll ein mehrgeschossiges unterkellertes Verwaltungsgebäude mit einer Tiefgarage errichtet werden. Als anrechenbare Kosten werden vom Architekten EUR 2,5 Mio. genannt. Erwartet wird ein Untergrund, der einheitlich aus Kies über einem Festgestein besteht. Demgemäß wird für die geotechnischen Grundleistungen bei diesem Objekt ein Honorar entsprechend dem Mittelwert der Honorarzone II (EUR 8626,–) vereinbart mit dem schriftlichen Vorbehalt einer späteren Erhöhung der Honorarzone, sofern sich bei der noch ausstehenden Baugrunduntersuchung ungünstigere Untergrundverhältnisse herausstellen sollten. Als Abrechnungsgrundlage für diesen Fall wird der Mittelwert der höheren Honorarzone III festgelegt. Für die Besonderen Leistungen (wie Ausschreibung und Überwachung der Aufschlussarbeiten sowie die Aufnahme der erschlossenen Schichten durch den Fachberater) werden zusätzlich Pauschalen vereinbart. Außerdem wird festgelegt, dass erforderliche Grundwasserstands- 28

Anlage 1.3 Geotechnik

messungen pro Messtermin mit einer Pauschale und die erforderlichen Feld- und Laboruntersuchungen nach der Gebührenliste des Fachberaters abgerechnet werden. Da sich bei der Anlage der Baugrube teilweise Böschungen mit einer Höhe von mehr als 5m ergeben, sind Standsicherheitsuntersuchungen nach DIN 4084 erforderlich. Hierfür wird ebenfalls ein Pauschalhonorar vereinbart. Für die Abnahme der Gründungs- und Aushubsohlen wird festgelegt, dass diese auf Nachweis zu einer Pauschale je Ortstermin (einschließlich der Ausarbeitung einer Aktennotiz über die Abnahme) vergütet wird. Die Baugrunderkundung ergab, dass der Kieshorizont innerhalb der Baufläche in unterschiedlicher Mächtigkeit und Beschaffenheit (teilweise mit erheblichen bindigen Beimengungen) ausgebildet war und somit ein unregelmäßiger Schichtenaufbau des Untergrundes vorlag. Ein entsprechender Mehraufwand bei der Baugrundbeurteilung und Gründungsberatung war daher nicht zu umgehen. Die endgültige Abrechnung für die Grundleistungen hat deshalb auf der Grundlage der Honorarvereinbarung nach dem Mittelwert der tatsächlich zutreffenden Honorarzone III (EUR 11 276,–) zu erfolgen.

Anlage 1.4 Ingenieurvermessung

1.4.1 Anwendungsbereich

(1) Leistungen der Ingenieurvermessung können das Erfassen raumbezogener Daten über Bauwerke und Anlagen, Grundstücke und Topographie, das Erstellen von Plänen, das Übertragen von Planungen in die Örtlichkeit, sowie das vermessungstechnische Überwachen der Bauausführung einbeziehen, soweit die Leistungen mit besonderen instrumentellen und vermessungstechnischen Verfahrensanforderungen erbracht werden müssen. Ausgenommen von Satz 1 sind Leistungen, die nach landesrechtlichen Vorschriften für Zwecke der Landesvermessung und des Liegenschaftskatasters durchgeführt werden.

(2) Zur Ingenieurvermessung können gehören:
1. Planungsbegleitende Vermessungen für die Planung und den Entwurf von Gebäuden, Ingenieurbauwerken, Verkehrsanlagen sowie für Flächenplanungen,
2. Bauvermessung vor und während der Bauausführung und die abschließende Bestandsdokumentation von Gebäuden, Ingenieurbauwerken und Verkehrsanlagen,
3. sonstige Vermessungstechnische Leistungen:
   – Vermessung an Objekten außerhalb der Planungs- und Bauphase,
   – Vermessung bei Wasserstraßen,
   – Fernerkundungen, die das Aufnehmen, Auswerten und Interpretieren von Luftbildern und anderer raumbezogener Daten umfassen, die durch Aufzeichnung über eine große Distanz erfasst sind, als Grundlage insbesondere für Zwecke der Raumordnung und des Umweltschutzes,
   – vermessungstechnische Leistungen zum Aufbau von geographisch-geometrischen Datenbasen für raumbezogene Informationssysteme sowie
   – vermessungstechnische Leistungen, soweit sie nicht in Absatz 1 und Absatz 2 erfasst sind.

1.4.2 Grundlagen des Honorars bei der Planungsbegleitenden Vermessung

(1) Das Honorar für Grundleistungen der Planungsbegleitenden Vermessung kann sich nach der Summe der Verrechnungseinheiten, der Honorarzone in Nummer 1.4.3 und der Honorartafel in Nummer 1.4.8 richten.

(2) Die Verrechnungseinheiten können sich aus der Größe der aufzunehmenden Flächen und deren Punktdichte berechnen. Die Punktdichte beschreibt die durchschnittliche Anzahl der für die Erfassung der planungsrelevanten Daten je Hektar zu messenden Punkte.

(3) Abhängig von der Punktdichte können die Flächen den nachstehenden Verrechnungseinheiten (VE) je Hektar (ha) zugeordnet werden.

sehr geringe Punktdichte	(ca. 70 Punkte/ha)	50 VE
geringe Punktdichte	(ca. 150 Punkte/ha)	70 VE
durchschnittliche Punktdichte	(ca. 250 Punkte/ha)	100 VE

Anlage 1.4 Ingenieurvermessung

hohe Punktdichte	(ca. 350 Punkte/ha)	130 VE
sehr hohe Punktdichte	(ca. 500 Punkte/ha)	150 VE

(4) Umfasst ein Auftrag Vermessungen für mehrere Objekte, so können die Honorare für die Vermessung jedes Objektes getrennt berechnet werden.

1.4.3 Honorarzonen für Grundleistungen bei der Planungsbegleitenden Vermessung

(1) Die Honorarzone kann bei der Planungsbegleitenden Vermessung aufgrund folgender Bewertungsmerkmale ermittelt werden:

a) Qualität der vorhandenen Daten und Kartenunterlagen

sehr hoch	1 Punkt
hoch	2 Punkte
befriedigend	3 Punkte
kaum ausreichend	4 Punkte
mangelhaft	5 Punkte

b) Qualität des vorhandenen geodätischen Raumbezugs

sehr hoch	1 Punkt
hoch	2 Punkte
befriedigend	3 Punkte
kaum ausreichend	4 Punkte
mangelhaft	5 Punkte

c) Anforderungen an die Genauigkeit

sehr gering	1 Punkt
gering	2 Punkte
durchschnittlich	3 Punkte
hoch	4 Punkte
sehr hoch	5 Punkte

d) Beeinträchtigungen durch die Geländebeschaffenheit und bei der Begehbarkeit

sehr gering	1 bis 2 Punkte
gering	3 bis 4 Punkte
durchschnittlich	5 bis 6 Punkte
hoch	7 bis 8 Punkte
sehr hoch	9 bis 10 Punkte

e) Behinderung durch Bebauung und Bewuchs

sehr gering	1 bis 3 Punkte
gering	4 bis 6 Punkte
durchschnittlich	7 bis 9 Punkte
hoch	10 bis 12 Punkte
sehr hoch	13 bis 15 Punkte

f) Behinderung durch Verkehr

sehr gering	1 bis 3 Punkte
gering	4 bis 6 Punkte
durchschnittlich	7 bis 9 Punkte
hoch	10 bis 12 Punkte
sehr hoch	13 bis 15 Punkte

(2) Die Honorarzone kann sich aus der Summe der Bewertungspunkte wie folgt ergeben:

Honorarzone I	bis 13 Punkte
Honorarzone II	14 bis 23 Punkte
Honorarzone III	24 bis 34 Punkte
Honorarzone IV	35 bis 44 Punkte
Honorarzone V	45 bis 55 Punkte.

1.4.4 Leistungsbild Planungsbegleitende Vermessung

(1) Das Leistungsbild Planungsbegleitende Vermessung kann die Aufnahme planungsrelevanter Daten und die Darstellung in analoger und digitaler Form für die Planung und den Entwurf von Gebäuden, Ingenieurbauwerken, Verkehrsanlagen sowie für Flächenplanungen umfassen.

(2) Die Grundleistungen können in vier Leistungsphasen zusammengefasst und wie folgt in Prozentsätzen der Honorare der Nummer 1.4.8 Absatz 1 bewertet werden:
1. für die Leistungsphase 1 (Grundlagenermittlung) mit 5 Prozent,
2. für die Leistungsphase 2 (Geodätischer Raumbezug) mit 20 Prozent,
3. für die Leistungsphase 3 (Vermessungstechnische Grundlagen) mit 65 Prozent,
4. für die Leistungsphase 4 (Digitales Geländemodell) mit 10 Prozent.

(3) Das Leistungsbild kann sich wie folgt zusammensetzen:

Grundleistungen	Besondere Leistungen
1. Grundlagenermittlung	
a) Einholen von Informationen und Beschaffen von Unterlagen über die Örtlichkeit und das geplante Objekt b) Beschaffen vermessungstechnischer Unterlagen und Daten c) Ortsbesichtigung d) Ermitteln des Leistungsumfangs in Abhängigkeit von den Genauigkeitsanforderungen und dem Schwierigkeitsgrad	– Schriftliches Einholen von Genehmigungen zum Betreten von Grundstücken, von Bauwerken, zum Befahren von Gewässern und für anordnungsbedürftige Verkehrssicherungsmaßnahmen

Anlage 1.4 Ingenieurvermessung

Grundleistungen	Besondere Leistungen
2. Geodätischer Raumbezug	
a) Erkunden und Vermarken von Lage- und Höhenfestpunkten b) Fertigen von Punktbeschreibungen und Einmessungsskizzen c) Messungen zum Bestimmen der Fest- und Passpunkte d) Auswerten der Messungen und Erstellen des Koordinaten- und Höhenverzeichnisses	– Entwurf, Messung und Auswertung von Sondernetzen hoher Genauigkeit – Vermarken aufgrund besonderer Anforderungen – Aufstellung von Rahmenmessprogrammen
3. Vermessungstechnische Grundlagen	
a) Topographische/morphologische Geländeaufnahme einschließlich Erfassen von Zwangspunkten und planungsrelevanter Objekte b) Aufbereiten und Auswerten der erfassten Daten c) Erstellen eines Digitalen Lagemodells mit ausgewählten planungsrelevanten Höhenpunkten d) Übernehmen von Kanälen, Leitungen, Kabeln und unterirdischen Bauwerken aus vorhandenen Unterlagen e) Übernehmen des Liegenschaftskatasters f) Übernehmen der bestehenden öffentlich-rechtlichen Festsetzungen g) Erstellen von Plänen mit Darstellen der Situation im Planungsbereich mit ausgewählten planungsrelevanten Höhenpunkten h) Liefern der Pläne und Daten in analoger und digitaler Form	– Maßnahmen für anordnungsbedürftige Verkehrssicherung – Orten und Aufmessen des unterirdischen Bestandes – Vermessungsarbeiten unter Tage, unter Wasser oder bei Nacht – Detailliertes Aufnehmen bestehender Objekte und Anlagen neben der normalen topographischen Aufnahme wie zum Beispiel Fassaden und Innenräume von Gebäuden – Ermitteln von Gebäudeschnitten – Aufnahmen über den festgelegten Planungsbereich hinaus – Erfassen zusätzlicher Merkmale wie zum Beispiel Baumkronen – Eintragen von Eigentümerangaben – Darstellen in verschiedenen Maßstäben – Ausarbeiten der Lagepläne entsprechend den rechtlichen Bedingungen für behördliche Genehmigungsverfahren – Übernahme der Objektplanung in ein digitales Lagemodell
4. Digitales Geländemodell	
a) Selektion der die Geländeoberfläche beschreibenden Höhenpunkte und	

Ingenieurvermessung **Anlage 1.4**

Grundleistungen	Besondere Leistungen
Bruchkanten aus der Geländeaufnahme b) Berechnung eines digitalen Geländemodells c) Ableitung von Geländeschnitten d) Darstellen der Höhen in Punkt-, Raster- oder Schichtlinienform e) Liefern der Pläne und Daten in analoger und digitaler Form	

1.4.5 Grundlagen des Honorars bei der Bauvermessung

(1) Das Honorar für Grundleistungen bei der Bauvermessung kann sich nach den anrechenbaren Kosten des Objekts, der Honorarzone in Nummer 1.4.6 und der Honorartafel in Nummer 1.4.8 Absatz 2 richten.

(2) Anrechenbare Kosten können die Herstellungskosten des Objekts darstellen. Diese können entsprechend § 4 Absatz 1 und
1. bei Gebäuden entsprechend § 33,
2. bei Ingenieurbauwerken entsprechend § 42,
3. bei Verkehrsanlagen entsprechend § 46 ermittelt werden.

Anrechenbar können bei Ingenieurbauwerken 100 Prozent, bei Gebäuden und Verkehrsanlagen 80 Prozent der ermittelten Kosten sein.

(3) Die Absätze 1 und 2 sowie die Nummer 1.4.6 und Nummer 1.4.7 finden keine Anwendung für vermessungstechnische Grundleistungen bei ober- und unterirdischen Leitungen, Tunnel-, Stollen- und Kavernenbauwerken, innerörtlichen Verkehrsanlagen mit überwiegend innerörtlichem Verkehr, bei Geh- und Radwegen sowie Gleis- und Bahnsteiganlagen. Das Honorar für die in Satz 1 genannten Objekte kann ergänzend frei vereinbart werden.

1.4.6 Honorarzonen für Grundleistungen bei der Bauvermessung

(1) Die Honorarzone kann bei der Bauvermessung aufgrund folgender Bewertungsmerkmale ermittelt werden:
a) Beeinträchtigungen durch die Geländebeschaffenheit und bei der Begehbarkeit

sehr gering	1 Punkt
gering	2 Punkte
durchschnittlich	3 Punkte
hoch	4 Punkte
sehr hoch	5 Punkte

b) Behinderungen durch Bebauung und Bewuchs

sehr gering	1 bis 2 Punkte
gering	3 bis 4 Punkte

Anlage 1.4 Ingenieurvermessung

durchschnittlich	5 bis 6 Punkte
hoch	7 bis 8 Punkte
sehr hoch	9 bis 10 Punkte

c) Behinderung durch den Verkehr

sehr gering	1 bis 2 Punkte
gering	3 bis 4 Punkte
durchschnittlich	5 bis 6 Punkte
hoch	7 bis 8 Punkte
sehr hoch	9 bis 10 Punkte

d) Anforderungen an die Genauigkeit

sehr gering	1 bis 2 Punkte
gering	3 bis 4 Punkte
durchschnittlich	5 bis 6 Punkte
hoch	7 bis 8 Punkte
sehr hoch	9 bis 10 Punkte

e) Anforderungen durch die Geometrie des Objekts

sehr gering	1 bis 2 Punkte
gering	3 bis 4 Punkte
durchschnittlich	5 bis 6 Punkte
hoch	7 bis 8 Punkte
sehr hoch	9 bis 10 Punkte

f) Behinderung durch den Baubetrieb

sehr gering	1 bis 3 Punkte
gering	4 bis 6 Punkte
durchschnittlich	7 bis 9 Punkte
hoch	10 bis 12 Punkte
sehr hoch	13 bis 15 Punkte.

(2) Die Honorarzone kann sich aus der Summe der Bewertungspunkte wie folgt ergeben:

Honorarzone I	bis 14 Punkte
Honorarzone II	15 bis 25 Punkte
Honorarzone III	26 bis 37 Punkte
Honorarzone IV	38 bis 48 Punkte
Honorarzone V	49 bis 60 Punkte.

1.4.7 Leistungsbild Bauvermessung

(1) Das Leistungsbild Bauvermessung kann die Vermessungsleistungen für den Bau und die abschließende Bestandsdokumentation von Gebäuden, Ingenieurbauwerken und Verkehrsanlagen umfassen.

Ingenieurvermessung **Anlage 1.4**

(2) Die Grundleistungen können in fünf Leistungsphasen zusammengefasst und wie folgt in Prozentsätzen der Honorare der Nummer 1.4.8 Absatz 2 bewertet werden:
1. für die Leistungsphase 1 (Baugeometrische Beratung) mit 2 Prozent
2. für die Leistungsphase 2 (Absteckungsunterlagen) mit 5 Prozent
3. für die Leistungsphase 3 (Bauvorbereitende Vermessung) mit 16 Prozent
4. für die Leistungsphase 4 (Bauausführungsvermessung) mit 62 Prozent
5. für die Leistungsphase 5 (Vermessungstechnische Überwachung der Bauausführung) mit 15 Prozent.

(3) Das Leistungsbild kann sich wie folgt zusammensetzen:

Grundleistungen	Besondere Leistungen
1. Baugeometrische Beratung	
a) Ermitteln des Leistungsumfanges in Abhängigkeit vom Projekt b) Beraten, insbesondere im Hinblick auf die erforderlichen Genauigkeiten und zur Konzeption eines Messprogramms c) Festlegen eines für alle Beteiligten verbindlichen Maß-, Bezugs- und Benennungssystems	– Erstellen von vermessungstechnischen Leistungsbeschreibungen – Erarbeiten von Organisationsvorschlägen über Zuständigkeiten, Verantwortlichkeit und Schnittstellen der Objektvermessung – Erstellen von Messprogrammen für Bewegungs- und Deformationsmessungen, einschließlich Vorgaben für die Baustelleneinrichtung
2. Absteckungsunterlagen	
a) Berechnen der Detailgeometrie anhand der Ausführungsplanung, Erstellen eines Absteckungsplanes und Berechnen von Absteckungsdaten einschließlich Aufzeigen von Widersprüchen (Absteckungsunterlagen)	– Durchführen von zusätzlichen Aufnahmen und ergänzende Berechnungen, falls keine qualifizierten Unterlagen aus der Leistungsphase vermessungstechnische Grundlagen vorliegen – Durchführen von Optimierungsberechnungen im Rahmen der Baugeometrie (zum Beispiel Flächennutzung, Abstandsflächen) – Erarbeitung von Vorschlägen zur Beseitigung von Widersprüchen bei der Verwendung von Zwangspunkten (zum Beispiel bauordnungsrechtliche Vorgaben)
3. Bauvorbereitende Vermessung	
a) Prüfen und Ergänzen des bestehenden Festpunktfeldes b) Zusammenstellung und Aufbereitung der Absteckungsdaten c) Absteckung: Übertragen der Projektgeometrie (Hauptpunkte) und des Baufeldes in die Örtlichkeit	– Absteckung auf besondere Anforderungen (zum Beispiel Archäologie, Ausholzung, Grobabsteckung, Kampfmittelräumung)

Anlage 1.4 Ingenieurvermessung

Grundleistungen	Besondere Leistungen
d) Übergabe der Lage- und Höhenfestpunkte, der Hauptpunkte und der Absteckungsunterlagen an das bauausführende Unternehmen	
4. Bauausführungsvermessung	
a) Messungen zur Verdichtung des Lage- und Höhenfestpunktfeldes b) Messungen zur Überprüfung und Sicherung von Fest- und Achspunkten c) Baubegleitende Absteckungen der geometriebestimmenden Bauwerkspunkte nach Lage und Höhe d) Messungen zur Erfassung von Bewegungen und Deformationen des zu erstellenden Objekts an konstruktiv bedeutsamen Punkten e) Baubegleitende Eigenüberwachungsmessungen und deren Dokumentation f) Fortlaufende Bestandserfassung während der Bauausführung als Grundlage für den Bestandplan	– Erstellen und Konkretisieren des Messprogramms – Absteckungen unter Berücksichtigung von belastungs- und fertigungstechnischen Verformungen – Prüfen der Maßgenauigkeit von Fertigteilen – Aufmaß von Bauleistungen, soweit besondere vermessungstechnische Leistungen gegeben sind – Ausgabe von Baustellenbestandsplänen während der Bauausführung – Fortführen der vermessungstechnischen Bestandspläne nach Abschluss der Grundleistungen – Herstellen von Bestandsplänen
5. Vermessungstechnische Überwachung der Bauausführung	
a) Kontrollieren der Bauausführung durch stichprobenartige Messungen an Schalungen und entstehenden Bauteilen (Kontrollmessungen) b) Fertigen von Messprotokollen c) Stichprobenartige Bewegungs- und Deformationsmessungen an konstruktiv bedeutsamen Punkten des zu erstellenden Objekts	– Prüfen der Mengenermittlungen – Beratung zu langfristigen vermessungstechnischen Objektüberwachungen im Rahmen der Ausführungskontrolle baulicher Maßnahmen und deren Durchführung – Vermessungen für die Abnahme von Bauleistungen, soweit besondere vermessungstechnische Anforderungen gegeben sind

(4) Die Leistungsphase 4 ist abweichend von Absatz 2 bei Gebäuden mit 45 bis 62 Prozent zu bewerten.

1.4.8 Honorare für Grundleistungen bei der Ingenieurvermessung

(1) Die Honorare für die in Nummer 1.4.4 Absatz 3 aufgeführten Grundleistungen der Planungsbegleitenden Vermessung können sich nach der folgenden Honorartafel richten:

Ingenieurvermessung **Anlage 1.4**

Verrech-nungsein-heiten	Honorarzone I sehr geringe Anforderungen von bis Euro		Honorarzone II geringe Anforderungen von bis Euro		Honorarzone III durchschnitt-liche Anforderungen von bis Euro		Honorarzone IV hohe Anforderungen von bis Euro		Honorarzone V sehr hohe Anforderungen von bis Euro	
6	658	777	777	914	914	1.051	1.051	1.170	1.170	1.289
20	953	1.123	1123	1.306	1.306	1.489	1.489	1.659	1.659	1.828
50	1.480	1.740	1.740	2.000	2.000	2.260	2.260	2.520	2.520	2.780
103	2.225	2.616	2.616	3.007	3.007	3.399	3.399	3.790	3.790	4.182
188	3.325	3.826	3.826	4.327	4.327	4.829	4.829	5.330	5.330	5.831
278	4.320	4.931	4.931	5.542	5.542	6.153	6.153	6.765	6.765	7.376
359	5.156	5.826	5.826	6.547	6.547	7.217	7.217	7.939	7.939	8.609
435	5.881	6.656	6.656	7.437	7.437	8.212	8.212	8.994	8.994	9.768
506	6.547	7383	7.383	8.219	8.219	9.055	9.055	9.892	9.892	10.728
659	7.867	8.859	8.859	9.815	9.815	10.809	10.809	11.765	11.765	12.757
822	9.187	10.299	10.299	11.413	11.413	12.513	12.513	13.625	13.625	14.737
1.105	11.332	12.667	12.667	14.002	14.002	15.336	15.336	16.672	16.672	18.006
1.400	13.525	14.977	14.977	16.532	16.532	18.086	18.086	19.642	19.642	21.196
2.033	17.714	19.597	19.597	21.592	21.592	23.586	23.586	25.582	25.582	27.576
2.713	21.894	24.217	24.217	26.652	26.652	29.086	29.086	31.522	31.522	33.956
3.430	26.074	28.837	28.837	31.712	31.712	34.586	34.586	37.462	37.462	40.336
4.949	34.434	38.077	38.077	41.832	41.832	45.586	45.586	49.342	49.342	53.096
7.385	46.974	51.937	51.937	57.012	57.012	62.086	62.086	67.162	67.162	72.236
11.726	67.874	75.037	75.037	82.312	82.312	89.586	89.586	96.862	96.862	104.136

(2) Die Honorare für die in Nummer 1.4.7 Absatz 3 Grundleistungen der Bauvermessung können sich nach der folgenden Honorartafel richten:

Anrechenbare Kosten in Euro	Honorarzone I Sehr geringe Anforderungen von bis Euro		Honorarzone II geringe Anforderungen von bis Euro		Honorarzone III durchschnittliche Anforderungen von bis Euro		Honorarzone IV hohe Anforderungen von bis Euro		Honorarzone V sehr hohe Anforderungen von bis Euro	
50.000	4.282	4.782	4.782	5.283	5.283	5.839	5.839	6.339	6.339	6.840
75.000	4.648	5.191	5.191	5.734	5.734	6.338	6.338	6.881	6.881	7.424
100.000	5.002	5.586	5.586	6.171	6.171	6.820	6.820	7.405	7.405	7.989
150.000	5.684	6.349	6.349	7.013	7.013	7.751	7.751	8.416	8.416	9.080
200.000	6.344	7.086	7.086	7.827	7.827	8.651	8.651	9.393	9.393	10.134
250.000	6.987	7.804	7.804	8.621	8.621	9.528	9.528	10.345	10.345	11.162

Locher

Anlage 1.4 Ingenieurvermessung

Anrechenbare Kosten in Euro	Honorarzone I Sehr geringe Anforderungen von bis Euro		Honorarzone II geringe Anforderungen von bis Euro		Honorarzone III durchschnittliche Anforderungen von bis Euro		Honorarzone IV hohe Anforderungen von bis Euro		Honorarzone V sehr hohe Anforderungen von bis Euro	
300.000	7.618	8.508	8.508	9.399	9.399	10.388	10.388	11.278	11.278	12.169
400.000	8.848	9.883	9.883	10.917	10.917	12.066	12.066	13.100	13.100	14.134
500.000	10.048	11.222	11.222	12.397	12.397	13.702	13.702	14.876	14.876	16.051
600.000	11.223	12.535	12.535	13.847	13.847	15.304	15.304	16.616	16.616	17.928
750.000	12.950	14.464	14.464	15.978	15.978	17.659	17.659	19.173	19.173	20.687
1.000.000	15.754	17.596	17.596	19.437	19.437	21.483	21.483	23.325	23.325	25.166
1.500.000	21.165	23.639	23.639	26.113	26.113	28.862	28.862	31.336	31.336	33.810
2.000.000	26.393	29.478	29.478	32.563	32.563	35.990	35.990	39.075	39.075	42.160
2.500.000	31.488	35.168	35.168	38.849	38.849	42.938	42.938	46.619	46.619	50.299
3.000.000	36.480	40.744	40.744	45.008	45.008	49.745	49.745	54.009	54.009	58.273
4.000.000	46.224	51.626	51.626	57.029	57.029	63.032	63.032	68.435	68.435	73.838
5.000.000	55.720	62.232	62.232	68.745	68.745	75.981	75.981	82.494	82.494	89.007
7.500.000	78.690	87.888	87.888	97.085	97.085	107.305	107.305	116.502	116.502	125.700
10.000.000	100.876	112.667	112.667	124.458	124.458	137.559	137.559	149.350	149.350	161.140

Für sonstige vermessungstechnische Leistungen nach Nummer 1.4.1 kann ein Honorar ergänzend frei vereinbart werden.

Übersicht

		Rdn.
1.	Änderungen durch die HOAI 2009	1
2.	Änderungen durch die HOAI 2013	2
3.	Anwendungsbereich	5
4.	Grundlagen der Honorarberechnung bei der Planungsbegleitenden Vermessung	10
5.	Die Ermittlung der Verrechnungseinheiten bei der Planungsbegleitenden Vermessung	11
6.	Die Honorarzonen bei der Planungsbegleitenden Vermessung	13
7.	Das Leistungsbild Planungsbegleitende Vermessung	14
8.	Grundlagen der Honorarberechnung bei der Bauvermessung	15
9.	Die Honorartafel	19

1. Änderungen durch die HOAI 2009

1 Das Honorar für das damalige Leistungsbild vermessungstechnische Leistungen, welches früher in den §§ 96 bis 100 HOAI 2002 geregelt war, wurde in der HOAI 2009 aus dem verbindlichen Teil der HOAI herausgenommen und in der Anlage 1.5 den Beratungsleistungen zugeordnet. Dies hatte zur Folge, dass die preisrechtlichen Vorschriften der HOAI nicht galten und das Honorar frei vereinbart werden konnte. Die in der Anlage 1.5 enthaltene Honorarregelung fand deshalb nur dann Anwendung, wenn das Honorar ausdrücklich auf der Grundlage der Anlage 1.5 vereinbart wurde.

2. Änderungen durch die HOAI 2013

In der HOAI 2013 wurde der Oberbegriff »vermessungstechnische Leistungen« in »Ingenieurvermessung« abgeändert. Diese ist nunmehr in der Anlage 1.4 enthalten und weiterhin nicht Bestandteil des verbindlichen Preisrechts, so dass das Honorar frei vereinbart werden kann. Die in der Anlage 1.4 enthaltene Honorarregelung gilt deshalb nur dann, wenn das Honorar ausdrücklich auf der Grundlage der Anlage 1.4 vereinbart wurde. Außerdem kann sie einen Anhaltspunkt für die übliche Vergütung nach § 632 Abs. 2 BGB darstellen, wenn keine Honorarvereinbarung getroffen wurde. Die übliche Vergütung muss aber aufgrund der Unverbindlichkeit der Anlage 1.4 von einem Sachverständigen ermittelt werden. Sie kann nicht automatisch aus der Anlage entnommen werden (vgl. § 3 Rdn. 8)[25]. Die Herausnahme aus dem gesetzlichen Preisrecht hat weiter zur Folge, dass eine von den Mindestsätzen der Anlage 1.4 abweichende Honorarvereinbarung nicht schriftlich bei Auftragserteilung getroffen werden muss.

Außerdem wurden die Leistungsbilder dem heutigen Stand der Mess- und Auswertungsmethoden angepasst und modernisiert. Die frühere »Entwurfsvermessung« lautet nunmehr **planungsbegleitende Vermessung**. Diese enthält nunmehr auch die Vermessung für Flächenplanungen. Maßgeblich für das Honorar sind nicht mehr die anrechenbaren Kosten, sondern flächenbezogene Verrechnungseinheiten. Bei den Begriffen »Bauvermessung« und »sonstige Vermessungstechnische Leistungen« sind keine großen inhaltlichen Veränderungen vorgenommen worden. Die Definition in Ziff. 1.4.1 Nr. 2 und 3 wurde neu gefasst und neu strukturiert, um eine deutlichere Abgrenzung herstellen zu können.

Während das Honorar für das Leistungsbild planungsbegleitende Vermessung von den anrechenbaren Kosten abgekoppelt wurde, sind diese für das Leistungsbild Bauvermessung weiterhin nach Ziff. 1.4.5 maßgeblich. Die Honorarzonen wurden sowohl für die planungsbegleitende Vermessung als auch die Bauvermessung neu strukturiert. Maßgeblich ist weiter die mit den Bewertungsmerkmalen in Ziff. 1.4.3 bzw. 1.4.6 einhergehende Punktebewertung. Die Honorartafeln für Grundleistungen der Ingenieurvermessung in Ziff. 1.4.8 wurden angepasst und die einzelnen Tafelwerte erhöht. Nach Auffassung des AHO wurden in der HOAI 2013 die Honorare strukturell falsch ermittelt. Sie sollen darüber hinaus trotz der vorgenommenen Honorarerhöhung zu niedrig sein. Er hat deshalb eigene Honorarempfehlungen verfasst[26], die von der Anlage 1.4.abweichen. Diese entsprechen nicht der üblichen Vergütung i. S. d. § 632 Abs. 2 BGB und können nur dann als Abrechnungsgrundlage dienen, wenn sie zuvor in die Honorarvereinbarung einbezogen worden sind.

3. Anwendungsbereich

Die Anlage 1.4 betrifft die Ingenieurvermessung. Der Begriff wird in Ziff. 1.4.1 definiert und an die Entwicklung der Vermessungstechnik insoweit angepasst, als es nicht

---

25 *Fischer/De Pascalis* in FBS, Anlage 1.4. Rn. 4.
26 AHO – Fachkommission »Vermessung« Heft Nr. 31.

Anlage 1.4 Ingenieurvermessung

mehr um das Erfassen ortsbezogener, sondern raumbezogener Daten geht. Darunter fallen vermessungstechnische Leistungen, die im Zusammenhang mit der Planung und Bauausführung eines Objekts erbracht werden.

6 Die Leistungen der Anlage 1.4 sind klar voneinander abgegrenzt. Die darin enthaltenen Aufgaben erfordern die Tätigkeit eines Vermessungsfachmanns, was auch durch den Begriff »Ingenieurvermessung« hervorgehoben wird. Leistungen für Aufmaße, wie sie z. B. im Rahmen der Objektüberwachung (§ 34 Abs. 3 Nr. 8) zu erbringen sind, fallen nicht darunter. Die Ingenieurvermessung umfasst die Herstellung von Plangrundlagen der vorhandenen Örtlichkeit, die Erstellung von Bezugssystemen für die spätere Übertragung der Planung in die Örtlichkeit sowie die Übertragung selbst. Ferner fällt darunter die vermessungstechnische Überwachung der Bauausführung unter besonderen instrumentellen und vermessungstechnischen Verfahrensanforderungen. Die Abgrenzung zu den Leistungen der Teile 2–4 ist damit eindeutig. Die in der Anlage 1.4 enthaltenen Leistungen können von Auftragnehmern der Teile 2–4 im Regelfall nicht erbracht werden.

7 Gegenstand der Vermessungsleistungen sind die in Ziff. 1.4.1 Abs. 2 aufgeführten Objekte. Der gesamte Bereich der **hoheitlichen Vermessung** (Kataster- und Landesvermessung) ist in der Anlage 1.4 nicht geregelt[27]. Für diese Leistungen gibt es Honorarvorschriften der einzelnen Länder[28]. Auch wenn der öffentlich bestellte Vermessungsingenieur in diesen Bereichen eine hoheitliche Tätigkeit ausübt, sind die in der Anlage 1.4 beschriebenen Tätigkeiten privatrechtlich ausgestaltet. Es ist deshalb der Rechtsweg zu den ordentlichen Gerichten und nicht zu den Verwaltungsgerichten gegeben[29].

8 In Ziff. 1.4.1 Abs. 2 sind diejenigen vermessungstechnischen Leistungen abschließend aufgezählt, die von der HOAI erfasst sind. Andere Leistungen – soweit keine hoheitliche Vermessung vorliegt – fallen nicht unter die Anlage 1.4. Das Honorar dafür kann ebenfalls frei vereinbart werden. Bei Fehlen einer Honorarvereinbarung kann die für die betreffende Leistung übliche Vergütung (§ 632 Abs. 2 BGB) beansprucht werden.

9 In **Absatz 2** sind nun die **drei Gruppen von Leistungen** der Ingenieursvermessung aufgeführt. In die Gruppe 1 **Planungsbegleitende Vermessung**, die bis zur HOAI 2013 als »Entwurfsvermessung« bezeichnet worden war, gehören neben der Vermessung von Verkehrsanlagen die Vermessungsleistungen in der Planungs- und Entwurfsphase von Gebäuden und Ingenieurbauwerken. Neu in diese Gruppe aufgenommen wurden Vermessungsleistungen für die Flächenplanungen. Damit hat der Verordnungsgeber der Tatsache Rechnung getragen, dass sich die aktuellen Aufnahme- und Auswertungsverfahren für die Flächenplanung denjenigen für Planung und Entwurf von Gebäuden,

---

27 LG Kiel BauR 1991, 372; *Holthausen* NZBau 2004, 479, 481.
28 Vgl. dazu i. E. *Holthausen* NZBau 2004, 479, 485.
29 BGHZ 121, 126 = NJW 1993, 1659; BGH NZBau 2013, 175; OLG Dresden NJW-RR 2000, 1242 = NZBau 2000, 88; KG BauR 2001, 441; a. A. OLG Hamm BauR 1984, 670; OLG Frankfurt BauR 1985, 603.

Ingenieurbauwerken und Verkehrsanlagen angeglichen haben und deshalb eine einheitliche Honorarregelung angebracht ist. In der Planungsbegleitenden Vermessung werden sämtliche Grundlagen für die Entwurfsplanung des Objektplaners geschaffen. Die in der Gruppe 2 geregelte **Bauvermessung** befasst sich mit der Übertragung der Objektplanung in die Örtlichkeit und der abschließenden Bestandsdokumentation. Für diese beiden Gruppen ist in der Anlage 1.4 jeweils eine eigenständige und detaillierte Honorarregelung enthalten. Die Gruppe 3 erfasst die **sonstigen vermessungstechnischen Leistungen**. Das Honorar dafür ist in der Anlage 1.4 nicht geregelt. Die in Ziff. 1.4.1 Abs. 2 Nr. 3 aufgeführten sonstigen Vermessungstechnischen Leistungen wurden neu strukturiert, um eine bessere Abgrenzung zur Planungsbegleitenden Vermessung und zur Bauvermessung zu erreichen. Darunter fallen die Vermessung an Objekten außerhalb der Planungs- und Bauphase wie die langfristige vermessungstechnische Bauwerksüberwachung, die spätere Bauwerksdokumentation oder wissenschaftliche Untersuchungen. Neu aufgenommen wurde die Vermessung bei Wasserstraßen und Vermessungstechnische Leistungen, soweit sie nicht unter die Planungsbegleitende Vermessung oder die Bauvermessung fallen. Neu in den Katalog aufgenommen wurde auch ausdrücklich die Vermessung von Wasserstraßen, weil hiervon sowohl Land- als auch Wasserflächen betroffen sind und diese mit der Vermessung von sonstigen Verkehrsanlagen oder Ingenieurbauwerken nicht vergleichbar sind. Weiter ist die Fernerkundung zu den sonstigen vermessungstechnischen Leistungen zu zählen. Darunter sind nach der Amtlichen Begründung die Verfahren zur Datengewinnung aus der Bildmessung, sei es im Nahbereich, sei es vom Flugzeug aus, erfasst sowie die Laserscannerverfahren. Ferner werden die vermessungstechnischen Leistungen zum Aufbau von geographisch-geometrischen Datenbasen für raumbezogene Informationssysteme mit einbezogen. Solche Informationssysteme haben z. B. Bedeutung für die kommunale Planung, für kommunale Einrichtungen, Energieversorgungsunternehmen, den kommunalen Verwaltungsvollzug und die Raumordnung. Unter die anderen sonstigen vermessungstechnischen Leistungen fallen diejenigen, die keinem in der Honorarordnung erfassten Objekt und auch nicht den vorerwähnten vermessungstechnischen Leistungen zuzuordnen sind, wie z. B. Vermessungen und Auswertungen im wissenschaftlichen Bereich, Schlauchwagenmessungen, barometrische Messungen, Schwingungsmessungen oder Inklinometermessungen.

4. Grundlagen der Honorarberechnung bei der Planungsbegleitenden Vermessung

Die Ziff. 1.4.2 bis 1.4.4 enthalten eine völlig neue Honorarregelung für die Planungsbegleitende Vermessung. Während bisher entsprechend der Systematik der HOAI die anrechenbaren Kosten ein wesentlicher Honorarberechnungsfaktor war, sind diese in der HOAI 2013 nicht mehr maßgeblich. Nunmehr kommt es auf den Flächenansatz und nicht mehr auf die anrechenbaren Kosten an. Grund für diese Änderung ist zum einen eine Entkoppelung des Honorars von den Baukosten, zum anderen sollte der Tatsache Rechnung getragen werden, dass diese zum Zeitpunkt der Planungsbegleitenden Vermessung noch nicht ermittelt werden können. In Ziff. 1.4.2 Abs. 1 sind die Komponenten für die Honorarberechnung festgelegt. Es handelt sich hierbei um die Summe der Verrechnungseinheiten, die Honorarzone und die Honorartafel. Nicht er-

Anlage 1.4 Ingenieurvermessung

wähnt ist das Leistungsbild der Ziff. 1.4.4, das die Prozentsätze für die erbrachten Leistungen wiedergibt. Die Ermittlung der Verrechnungseinheiten ist in Ziff. 1.4.2 Abs. 2 bis 3, der Honorarzone in Ziff. 1.4.3, das Leistungsbild in Ziff. 1.4.4 und die Honorartafel in Ziff. 1.4.8 enthalten.

5. Die Ermittlung der Verrechnungseinheiten bei der Planungsbegleitenden Vermessung

11   Nach Ziff. 1.4.2 stellen die Größe der aufzunehmenden Flächen sowie deren Punktdichte das maßgebliche Element für die Ermittlung der Verrechnungseinheiten dar. Die Punktdichte beschreibt dabei die durchschnittliche Anzahl der für die Erfassung der planungsrelevanten Daten je Hektar zu messenden Punkte.

Durch den Begriff »Größe der anzunehmenden Fläche« wird weiter klargestellt, dass nicht nur die Fläche eines Baugrundstücks, sondern ggf. auch die weitergehende Fläche anzusetzen ist, welche für die Beurteilung des Vorhabens mitaufgemessen wurde. Dies betrifft etwa bei Genehmigungsplänen die Grundstücksstreifen der Nachbargrundstücke bis zur Hauswand von Nachbargebäuden, wenn sich diese in Grenznähe befinden. Dasselbe gilt für eventuell erforderliche private Erschließungsflächen und Teile der nächsten öffentlichen Erschließungsanlage (Straßentopographie und Kanalsituation).[30] Vergleichbares gilt für Verkehrsanlagen, bei denen die aufzumessende Fläche üblicherweise durch einen Aufnahmekorridor rechts und links der Trasse definiert wird. Aus Abs. 3 ist die Ermittlung der Punktdichte zu entnehmen. Diese ist aus dem Verhältnis der aufgemessenen Punkte zur aufzumessenden Fläche zu ermitteln. In Abs. 3 werden dann die Verrechnungseinheiten in Abhängigkeit von der Punktdichte hektarbezogen aufgeführt.

12 ▸ **Beispiel einer Honorarberechnung für die Planungsbegleitende Vermessung**

Es wird eine Fläche von 1,5 ha und einer Punktdichte von 320 Punkten vermessen.
1. Verrechnungseinheiten

1.4.2 Abs. 3   1. Berechnung der Verrechnungseinheiten je ha
Punktdichte 320 Punkte = 130 VE/ha
2. Ermittlung der Verrechnungseinheiten für die
Gesamtfläche 1,5 ha × 130 VE = 195 VE

1.4.3   Bestimmung der Honorarzone
Nach den angegebenen Kriterien wurde ermittelt
Honorarzone III

2. Leistungen: Leistungsphasen 1–3
Für den schriftlichen Teil wurde ein Honorar von 10% des Nettohonorars vereinbart (Besondere Leistung).

---

30 Amtliche Begründung S. 183

Ingenieurvermessung **Anlage 1.4**

Honorarermittlung

Gegenstand
1.4.1 Planungsbegleitende Vermessung 195 VE

1.4.3 Honorarzone III

1.4.8 gemäß Honorartafel, Mindestsatz ergibt sich Grundhonorar 5272 € = 100%

1.5.4	Leistungsbild Planungsbegleitende Vermessung	HOAI	Ansatz	
	Grundlagenermittlung	5%	5%	263,60 €
	Geodätischer Raumbezug (Leistungsphase 2)	20%	20%	1.054,40 €
	Vermessungstechnische Grundlagen (Leistungsphase 3)	65%	65%	3.374,08 €
	Besondere Leistungen Ausarbeitung schriftl. Teil		10%	469,21 €

Honorar Planungsbegleitende Vermessung 5.161,29 €
zzgl. Nebenkosten und MwSt.

6. Die Honorarzonen bei der Planungsbegleitenden Vermessung

Ziff. 1.4.3 enthält die Einteilung in Honorarzonen für die Planungsbegleitende Vermessung. In Absatz 1 sind die Bewertungsmerkmale mit der Punktebewertung enthalten. Der Absatz 2 ordnet die Summe der Bewertungspunkte den einzelnen Honorarzonen zu. Das Vorgehen nach der Punktebewertung entspricht demjenigen bei der Objektplanung, sodass auf die Ausführungen zu § 35 Abs. 6 verwiesen wird.

13

7. Das Leistungsbild Planungsbegleitende Vermessung

In Ziff. 1.4.4 ist das Leistungsbild der Planungsbegleitenden Vermessung niedergelegt. Bei allen Leistungsphasen können landesrechtliche Verhältnisse eine Rolle spielen und die Anforderungen im Einzelfall deshalb unterschiedlich sein. Das Leistungsbild umfasst nunmehr auch die Flächenplanung. Die Anzahl der Leistungsphasen wurde in der HOAI 2013 von 6 auf 4 reduziert. Die bisherigen Leistungsphasen »Absteckungsunterlagen« und »Absteckung für Entwurf« wurden in die Bauvermessung verschoben. Die dadurch frei werdenden Prozentanteile wurden auf die Leistungsphasen 1 – 3 verteilt.

14

Anlage 1.4 Ingenieurvermessung

8. Grundlagen der Honorarberechnung bei der Bauvermessung

15 Ziff. 1.4.5 enthält die Grundlagen für die Honorarberechnung bei der Bauvermessung. Inhaltlich entspricht die Bestimmung derjenigen der Ziff. 1.5.5 HOAI 2009. Im Gegensatz zur Planungsbegleitenden Vermessung stellen die anrechenbaren Kosten und nicht die flächenbezogenen Verrechnungseinheiten das maßgebliche Element für die Ermittlung des Honorars dar.

16 In Ziff. 1.4.5 sind in Absatz 1 die Grundlagen für die Honorarberechnung und in Absatz 2 die Grundlagen für die anrechenbaren Kosten niedergelegt. In Ziff. 1.4.5 ist nicht eindeutig klargestellt, welche Kostenermittlungsart dem Honorar für die Bauvermessung zugrunde zu legen ist. Der Begriff »Herstellungskosten des Objekts« weist jedoch darauf hin, dass wie in der früheren Regelung des § 98 HOAI 2002 die Kostenfeststellung gemeint ist. Abs. 2 enthält außerdem eine Empfehlung, dass die anrechenbaren Kosten entsprechend § 4 Abs. 1 i. V. m. den Regelungen über die anrechenbaren Kosten bei den einzelnen Objekten (§ 33 bei Gebäuden, § 42 bei Ingenieurbauwerken und § 46 bei Verkehrsanlagen) ermittelt werden können. Dabei ist im Regelfall die Kostengruppe 5 (Außenanlagen) nicht zu berücksichtigen, weil insoweit Leistungen meistens bauseits erbracht werden. Grenzvorweisungen für Außenanlagen wie Mauern, Hecken, Zäune u. a. sind als Besondere Leistungen zusätzlich zu honorieren. Ziff. 1.4.6 enthält die Regelung über die Honorarzonen. Ziff. 1.4.7 regelt das Leistungsbild, welches in der HOAI 2013 überarbeitet und aktualisiert wurde.

17 Die Ingenieurkammern der Länder haben zum Teil Empfehlungen erarbeitet, die für die Honorarvereinbarung und -abrechnung wertvolle Hinweise enthalten (vgl. Empfehlung der Ingenieurkammer Baden-Württemberg vom Januar 2002). Entsprechendes gilt auch für die Veröffentlichungen des AHO (Nr. 2 der Schriftenreihe).

18 ▶ **Beispiel einer Honorarberechnung für die Bauvermessung**

1. Kosten

1.5.6 (2) Berechnung der **anrechenbaren Kosten**.
Aus 2.500.000 € sind für Gebäude 80% anzurechnen,
d. h.   2.000.000 €

1.5.6 Bestimmung der Honorarzone
Nach den angegebenen Kriterien wurde ermittelt:
Honorarzone II
Leistungen: Grundleistungen der Leistungsphasen 1–3;
Besondere Leistungen der LPH 2 der Ziff. 1.4.7 wurden schriftlich mit 7% des Nettohonorars vereinbart.

Honorarermittlung

1.5.5 Bauvermessung von Gebäuden oder
Verkehrsanlagen
Herstellungskosten   2.500.000 €
                                       2.000.000 €

Ingenieurvermessung **Anlage 1.4**

		HOAI	Ansatz	
	anrechenbare Kosten nach 1.4.5(2)			
1.5.6	Honorarzone II gemäß Honorartafel, Mindestsatz ergibt sich ein Grundhonorar 29.478,00 € = 100%			
1.5.7	Leistungsbild Bauvermessung			
	Leistungsphase 1 (Grundlagenermittlung)	5%	5%	1.473,90 €
	Leistungsphase 2 (Geodätischer Raumbezug)	20%	20%	5.895,60 €
	Leistungsphase 3 (Vermessungstechnische Grundlagen)	65%	65%	19.160,70 €
	Besondere Leistungen Absteckung des Bauvorhabens für den Erdaushub nach Lage und Höhe unter Berücksichtigung von belastungs- und fertigungstechnischen Verformungen		7% (7%)	2.063,46 €

Honorar Bauvermessung netto   28.593,66 €
zzgl. Nebenkosten und MwSt.

9. Die Honorartafel

Die Honorartafel entspricht in der Form den übrigen Honorartafeln der HOAI. Es ergeben sich im Einzelnen die gleichen Fragen wie bei § 35 (vgl. die entsprechenden Anmerkungen dort). Liegen die Anrechenbaren Kosten unter 50.000 € oder über 10.000.000 €, ist die Anlage 1.4 nicht anwendbar. Möglich ist auch die Ermittlung der Honorare durch die Fortschreibung der linearen Interpolation nach unten (vgl. die Tabelle im IngenieurBl. Baden-Württemberg 2005, S. 98). Dafür ist aber eine ausdrückliche Vereinbarung erforderlich.

Anlagen 2–15

1 Die Anlagen 2–15 werden an dieser Stelle nicht kommentiert. Sie finden einen vollständigen Abdruck der Anlagen auf S. 44 ff. Die Übersicht vor Anlage 1 gibt einen Überblick über alle Anlagen.

Anhänge

Inhaltsverzeichnis des Anhangs

		Seite
Anhang 1	DIN 276-1: 2008-12 Kosten im Bauwesen Teil 1 Hochbau (Fassung von Dezember 2008)*	1367
Anhang 2	Erweiterte Honorartabellen zur HOAI – RifT (Auszug)	1393
Anhang 3	Tabellen zur Bewertung von Teilgrundleistungen für Architekten-und Ingenieurleistungen	1400
Anhang 3/1	Objektplanung für Gebäude	1401
Anhang 3/2	Objektplanung Innenräume	1412
Anhang 3/3	Objektplanung Freianlagen	1423
Anhang 3/4	Objektplanung Ingenieurbauwerke	1435
Anhang 3/5	Objektplanung Verkehrsanlagen	1445
Anhang 3/6	Fachplanung Tragwerksplanung	1457
Anhang 3/7	Fachplanung Technische Ausrüstung	1462
Anhang 4	Leistungsbild und Honorarberechnung für Leistungen aus dem Bereich der Sicherheits- und Gesundheitskoordination (SiGeKo)	1472
Anhang 5	Leistungs- und Honorarordnung Projektmanagement in der Bau-und Immobilienwirtschaft**	1482

---

* Wiedergegeben mit Erlaubnis des DIN Deutsches Institut für Normung e. V. Maßgebend für das Anwenden der DIN-Norm ist deren Fassung mit dem neuesten Ausgabedatum, die bei der Beuth Verlag GmbH, Burggrafenstraße 6, 10787 Berlin, erhältlich ist.

** Auszug (Ziff. 2) aus der Untersuchung zum Leistungsbild, zur Honorierung und zur Beauftragung von Projektmanagementleistungen in der Bau- und Immobilienwirtschaft: AHO Heft 9, Stand März 2009, erarbeitet von der AHO-Fachkommission »Projektsteuerung/Projektmanagement«, 3. Auflage. Abdruck mit freundlicher Genehmigung der AHO-Fachkommission.

Anhang 1

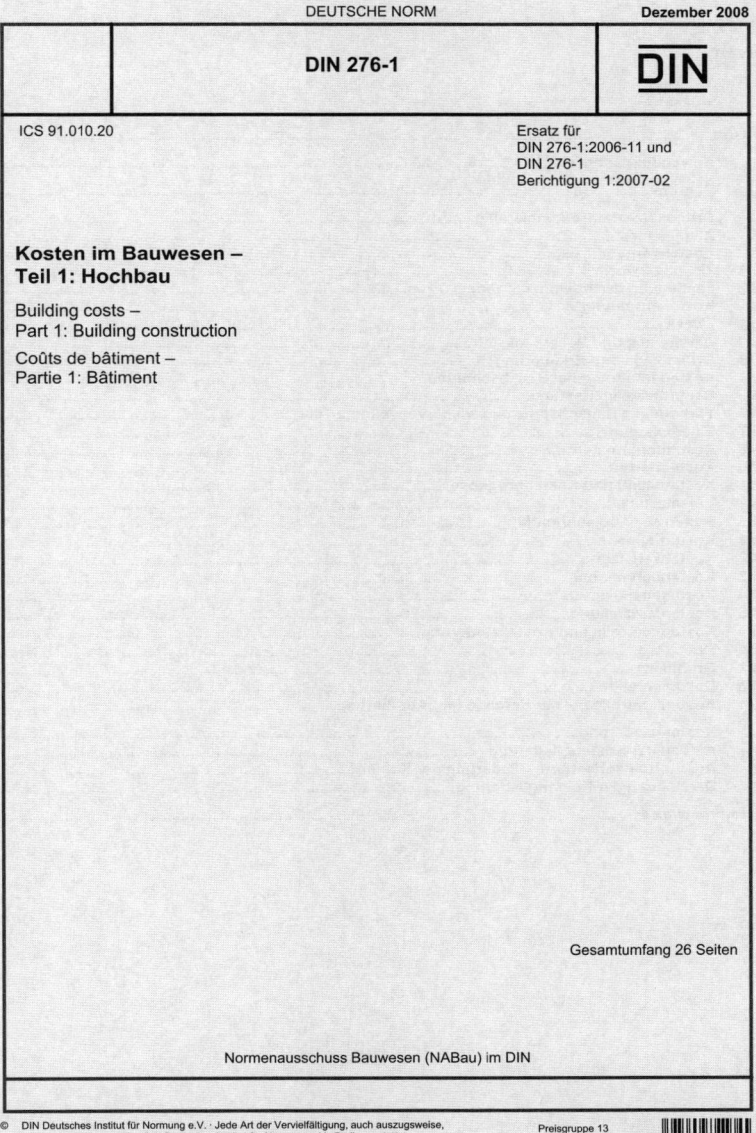

DEUTSCHE NORM   Dezember 2008

DIN 276-1

ICS 91.010.20

Ersatz für
DIN 276-1:2006-11 und
DIN 276-1
Berichtigung 1:2007-02

**Kosten im Bauwesen –
Teil 1: Hochbau**

Building costs –
Part 1: Building construction

Coûts de bâtiment –
Partie 1: Bâtiment

Gesamtumfang 26 Seiten

Normenausschuss Bauwesen (NABau) im DIN

© DIN Deutsches Institut für Normung e.V. · Jede Art der Vervielfältigung, auch auszugsweise, nur mit Genehmigung des DIN Deutsches Institut für Normung e.V., Berlin, gestattet.
Alleinverkauf der Normen durch Beuth Verlag GmbH, 10772 Berlin

Preisgruppe 13
www.din.de
www.beuth.de

1467312

Anhang 1 DIN 276-1

DIN 276-1:2008-12

Inhalt

Seite

Vorwort 3
1 Anwendungsbereich 4
2 Begriffe 4
3 Grundsätze der Kostenplanung 5
3.1 Allgemeines 5
3.2 Kostenvorgabe 6
3.2.1 Ziel und Zweck 6
3.2.2 Festlegung der Kostenvorgabe 6
3.3 Kostenermittlung 6
3.3.1 Zweck 6
3.3.2 Darstellung und Vollständigkeit 6
3.3.3 Grundlagen und Erläuterungen..6
3.3.4 Kostenermittlung bei Bauabschnitten 6
3.3.5 Bauprojekte im Bestand 6
3.3.6 Vorhandene Bausubstanz und wiederverwendete Teile 6
3.3.7 Eigenleistungen 6
3.3.8 Besondere Kosten 7
3.3.9 Kostenrisiken 7
3.3.10 Kostenstand und Kostenprognose 7
3.3.11 Umsatzsteuer 7
3.4 Stufen der Kostenermittlung 7
3.4.1 Kostenrahmen 7
3.4.2 Kostenschätzung 8
3.4.3 Kostenberechnung 8
3.4.4 Kostenanschlag 8
3.4.5 Kostenfeststellung...9
3.5 Kostenkontrolle und Kostensteuerung 9
3.5.1 Zweck 9
3.5.2 Grundsatz 9
3.5.3 Dokumentation 9
3.5.4 Kostenkontrolle bei der Vergabe und Ausführung 9

4 Kostengliederung 10
4.1 Aufbau der Kostengliederung 10
4.2 Ausführungsorientierte Gliederung der Kosten 10
4.3 Darstellung der Kostengliederung 10

Literaturhinweise 26

DIN 276-1 Anhang 1

DIN 276-1:2008-12

Vorwort

Diese Norm wurde vom NABau Arbeitsausschuss NA 005-01-05 AA „Kosten im Hochbau" erarbeitet. Der Teil 1 gilt für den Hochbau; Teil 2 für den Ingenieurbau ist in Vorbereitung.

Änderungen

Gegenüber DIN 276-1:2006-11 und DIN 276-1 Berichtigung 1:2007-02 wurden folgende Änderungen vorgenommen:

a) die Änderung A1 (Entwurf 2008-02) wurde eingearbeitet;

b) die Berichtigung 1:2007-02 wurde eingearbeitet.

Frühere Ausgaben

DIN 276: 1934-08, 1943-08, 1954x-03, 1993-06
DIN 276-1: 1971-09, 1981-04
DIN 276-1 Berichtigung 1:2007-02
DIN 276-2: 1971-09, 1981-04
DIN 276-3: 1971-09, 1981-04
DIN 276-3 Auswahl 1: 1981-04

Anhang 1 DIN 276-1

DIN 276-1:2008-12

1 Anwendungsbereich

Dieser Teil der Norm gilt für die Kostenplanung im Hochbau, insbesondere für die Ermittlung und die Gliederung von Kosten. Sie erstreckt sich auf die Kosten für den Neubau, den Umbau und die Modernisierung von Bauwerken sowie die damit zusammenhängenden projektbezogenen Kosten; für Nutzungskosten im Hochbau gilt DIN 18960.

Die Norm legt Begriffe der Kostenplanung im Bauwesen fest; sie legt Unterscheidungsmerkmale von Kosten fest und schafft damit die Voraussetzungen für die Vergleichbarkeit der Ergebnisse von Kostenermittlungen. Die nach dieser Norm ermittelten Kosten können bei Verwendung für andere Zwecke (z. B. Vergütung von Auftragnehmerleistungen, steuerliche Förderung) den dabei erforderlichen Ermittlungen zugrunde gelegt werden. Eine Bewertung der Kosten im Sinne der entsprechenden Vorschriften nimmt die Norm jedoch nicht vor.

2 Begriffe

Für die Anwendung dieses Dokuments gelten die folgenden Begriffe.

2.1
Kosten im Bauwesen
Aufwendungen für Güter, Leistungen, Steuern und Abgaben, die für die Vorbereitung, Planung und Ausführung von Bauprojekten erforderlich sind

ANMERKUNG   Kosten im Bauwesen werden in diesem Dokument im Folgenden als Kosten bezeichnet.

2.2
Kostenplanung
Gesamtheit aller Maßnahmen der Kostenermittlung, der Kostenkontrolle und der Kostensteuerung

2.3
Kostenvorgabe
Festlegung der Kosten als Obergrenze oder als Zielgröße für die Planung

2.4
Kostenermittlung
Vorausberechnung der entstehenden Kosten bzw. Feststellung der tatsächlich entstandenen Kosten

Entsprechend dem Planungsfortschritt werden die folgenden Stufen der Kostenermittlung unterschieden:

2.4.1
Kostenrahmen
Ermittlung der Kosten auf der Grundlage der Bedarfsplanung

2.4.2
Kostenschätzung
Ermittlung der Kosten auf der Grundlage der Vorplanung

2.4.3
Kostenberechnung
Ermittlung der Kosten auf der Grundlage der Entwurfsplanung

2.4.4
Kostenanschlag
Ermittlung der Kosten auf der Grundlage der Ausführungsvorbereitung

2.4.5
Kostenfeststellung
Ermittlung der endgültigen Kosten

4

DIN 276-1:2008-12

2.5 Kostenkontrolle
Vergleichen aktueller Kostenermittlungen mit Kostenvorgaben und früheren Kostenermittlungen

2.6 Kostensteuerung
Eingreifen in die Planung zur Einhaltung von Kostenvorgaben

2.7 Kostenkennwert
Wert, der das Verhältnis von Kosten zu einer Bezugseinheit darstellt

2.8 Kostengliederung
Ordnungsstruktur, nach der die Gesamtkosten eines Bauprojekts in Kostengruppen unterteilt werden

2.9 Kostengruppe
Zusammenfassung einzelner, nach den Kriterien der Planung oder des Projektablaufes zusammengehörender Kosten

2.10 Gesamtkosten
Kosten, die sich als Summe aus allen Kostengruppen ergeben

2.11 Bauwerkskosten
Kosten, die sich als Summe der Kostengruppen 300 und 400 ergeben

2.12 Kostenprognose
Ermittlung der Kosten auf den Zeitpunkt der Fertigstellung

2.13 Kostenrisiko
Unwägbarkeiten und Unsicherheiten bei Kostenermittlungen und Kostenprognosen

3 Grundsätze der Kostenplanung

3.1 Allgemeines

Ziel der Kostenplanung ist es, ein Bauprojekt wirtschaftlich und kostentransparent sowie kostensicher zu realisieren.

Die Kostenplanung ist auf der Grundlage von Planungsvorgaben (Quantitäten und Qualitäten) oder von Kostenvorgaben kontinuierlich und systematisch über alle Phasen eines Bauprojekts durchzuführen.

Kostenplanung kann nach folgenden Grundsätzen erfolgen:

— die Kosten sind durch Anpassung von Qualitäten und Quantitäten einzuhalten;

— die Kosten sind bei definierten Qualitäten und Quantitäten zu minimieren.

Anhang 1 DIN 276-1

DIN 276-1:2008-12

3.2 Kostenvorgabe

3.2.1 Ziel und Zweck

Ziel der Kostenvorgabe ist es, die Kostensicherheit zu erhöhen, Investitionsrisiken zu vermindern und frühzeitige Alternativüberlegungen in der Planung zu fördern.

3.2.2 Festlegung der Kostenvorgabe

Eine Kostenvorgabe kann auf der Grundlage von Budget- oder Kostenermittlungen festgelegt werden.

Vor der Festlegung einer Kostenvorgabe ist ihre Realisierbarkeit im Hinblick auf die weiteren Planungsziele zu überprüfen. Bei Festlegung einer Kostenvorgabe ist zu bestimmen, ob sie als Kostenobergrenze oder als Zielgröße für die Planung gilt. Diese Vorgehensweise ist auch für eine Fortschreibung der Kostenvorgabe – insbesondere auf Grund von Planungsänderungen – anzuwenden.

3.3 Kostenermittlung

3.3.1 Zweck

Kostenermittlungen dienen als Grundlagen für Finanzierungsüberlegungen und Kostenvorgaben, für Maßnahmen der Kostenkontrolle und der Kostensteuerung, für Planungs-, Vergabe- und Ausführungsentscheidungen sowie zum Nachweis der entstandenen Kosten.

3.3.2 Darstellung und Vollständigkeit

Kostenermittlungen sind in der Systematik der Kostengliederung zu ordnen. Die Kosten sind vollständig zu erfassen und zu dokumentieren.

3.3.3 Grundlagen und Erläuterungen

Die Grundlagen der Kostenermittlung sind anzugeben. Erläuterungen zum Bauprojekt sind in der Systematik der Kostengliederung zu ordnen.

3.3.4 Kostenermittlung bei Bauabschnitten

Besteht ein Bauprojekt aus mehreren Abschnitten (z. B. funktional, zeitlich, räumlich oder wirtschaftlich), sind für jeden Abschnitt getrennte Kostenermittlungen aufzustellen.

3.3.5 Bauprojekte im Bestand

Bei Bauprojekten im Bestand sollten die Kosten nach Abbruch-, Instandsetzungs- und Neubaumaßnahmen unterschieden werden.

3.3.6 Vorhandene Bausubstanz und wiederverwendete Teile

Der Wert vorhandener Bausubstanz und wiederverwendeter Teile ist bei den betreffenden Kostengruppen gesondert auszuweisen.

3.3.7 Eigenleistungen

Der Wert von Eigenleistungen ist bei den betreffenden Kostengruppen gesondert auszuweisen. Für Eigenleistungen sind die Personal- und Sachkosten einzusetzen, die für entsprechende Unternehmerleistungen entstehen würden.

3.3.8 Besondere Kosten

Sofern Kosten durch außergewöhnliche Bedingungen des Standortes (z. B. Gelände, Baugrund, Umgebung), durch besondere Umstände des Bauprojekts oder durch Forderungen außerhalb der Zweckbestimmung des Bauwerks verursacht werden, sind diese Kosten bei den betreffenden Kostengruppen gesondert auszuweisen.

3.3.9 Kostenrisiken

In Kostenermittlungen sollten vorhersehbare Kostenrisiken nach ihrer Art, ihrem Umfang und ihrer Eintrittswahrscheinlichkeit benannt werden. Es sollten geeignete Maßnahmen zur Reduzierung, Vermeidung, Überwälzung und Steuerung von Kostenrisiken aufgezeigt werden.

3.3.10 Kostenstand und Kostenprognose

Bei Kostenermittlungen ist vom Kostenstand zum Zeitpunkt der Ermittlung auszugehen; dieser Kostenstand ist durch die Angabe des Zeitpunktes zu dokumentieren.

Sofern Kosten auf den Zeitpunkt der Fertigstellung prognostiziert werden, sind sie gesondert auszuweisen.

3.3.11 Umsatzsteuer

Die Umsatzsteuer kann entsprechend den jeweiligen Erfordernissen wie folgt berücksichtigt werden:

— in den Kostenangaben ist die Umsatzsteuer enthalten („Brutto-Angabe");

— in den Kostenangaben ist die Umsatzsteuer nicht enthalten („Netto-Angabe");

— nur bei einzelnen Kostenangaben (z. B. bei übergeordneten Kostengruppen) ist die Umsatzsteuer ausgewiesen.

In der Kostenermittlung und bei Kostenkennwerten ist immer anzugeben, in welcher Form die Umsatzsteuer berücksichtigt worden ist.

3.4 Stufen der Kostenermittlung

In 3.4.1 bis 3.4.5 werden die Stufen der Kostenermittlung nach ihrem Zweck, den erforderlichen Grundlagen und dem Detaillierungsgrad festgelegt.

3.4.1 Kostenrahmen

Der Kostenrahmen dient als eine Grundlage für die Entscheidung über die Bedarfsplanung sowie für grundsätzliche Wirtschaftlichkeits- und Finanzierungsüberlegungen und zur Festlegung der Kostenvorgabe.

Bei dem Kostenrahmen werden insbesondere folgende Informationen zugrunde gelegt:

— quantitative Bedarfsangaben, z. B. Raumprogramm mit Nutzeinheiten, Funktionselemente und deren Flächen;

— qualitative Bedarfsangaben, z. B. bautechnische Anforderungen, Funktionsanforderungen, Ausstattungsstandards;

— gegebenenfalls auch Angaben zum Standort.

Im Kostenrahmen müssen innerhalb der Gesamtkosten mindestens die Bauwerkskosten gesondert ausgewiesen werden.

Anhang 1   DIN 276-1

DIN 276-1:2008-12

3.4.2 Kostenschätzung

Die Kostenschätzung dient als eine Grundlage für die Entscheidung über die Vorplanung.

In der Kostenschätzung werden insbesondere folgende Informationen zugrunde gelegt:

— Ergebnisse der Vorplanung, insbesondere Planungsunterlagen, zeichnerische Darstellungen;

— Berechnung der Mengen von Bezugseinheiten der Kostengruppen, nach DIN 277;

— erläuternde Angaben zu den planerischen Zusammenhängen, Vorgängen und Bedingungen;

— Angaben zum Baugrundstück und zur Erschließung.

In der Kostenschätzung müssen die Gesamtkosten nach Kostengruppen mindestens bis zur 1. Ebene der Kostengliederung ermittelt werden.

3.4.3 Kostenberechnung

Die Kostenberechnung dient als eine Grundlage für die Entscheidung über die Entwurfsplanung.

In der Kostenberechnung werden insbesondere folgende Informationen zugrunde gelegt:

— Planungsunterlagen, z. B. durchgearbeitete Entwurfszeichnungen (Maßstab nach Art und Größe des Bauvorhabens), gegebenenfalls auch Detailpläne mehrfach wiederkehrender Raumgruppen;

— Berechnung der Mengen von Bezugseinheiten der Kostengruppen;

— Erläuterungen, z. B. Beschreibung der Einzelheiten in der Systematik der Kostengliederung, die aus den Zeichnungen und den Berechnungsunterlagen nicht zu ersehen, aber für die Berechnung und die Beurteilung der Kosten von Bedeutung sind.

In der Kostenberechnung müssen die Gesamtkosten nach Kostengruppen mindestens bis zur 2. Ebene der Kostengliederung ermittelt werden.

3.4.4 Kostenanschlag

Der Kostenanschlag dient als eine Grundlage für die Entscheidung über die Ausführungsplanung und die Vorbereitung der Vergabe.

Im Kostenanschlag werden insbesondere folgende Informationen zugrunde gelegt:

— Planungsunterlagen, z. B. endgültige vollständige Ausführungs-, Detail- und Konstruktionszeichnungen;

— Berechnungen, z. B. für Standsicherheit, Wärmeschutz, technische Anlagen;

— Berechnung der Mengen von Bezugseinheiten der Kostengruppen;

— Erläuterungen zur Bauausführung, z. B. Leistungsbeschreibungen;

— Zusammenstellungen von Angeboten, Aufträgen und bereits entstandenen Kosten (z. B. für das Grundstück, Baunebenkosten usw.).

Im Kostenanschlag müssen die Gesamtkosten nach Kostengruppen mindestens bis zur 3. Ebene der Kostengliederung ermittelt und nach den vorgesehenen Vergabeeinheiten geordnet werden. Der Kostenanschlag kann entsprechend dem Projektablauf in einem oder mehreren Schritten aufgestellt werden.

DIN 276-1:2008-12

3.4.5 Kostenfeststellung

Die Kostenfeststellung dient zum Nachweis der entstandenen Kosten sowie gegebenenfalls zu Vergleichen und Dokumentationen.

In der Kostenfeststellung werden insbesondere folgende Informationen zugrunde gelegt:

— geprüfte Abrechnungsbelege, z. B. Schlussrechnungen, Nachweise der Eigenleistungen;

— Planungsunterlagen, z. B. Abrechnungszeichnungen;

— Erläuterungen.

In der Kostenfeststellung müssen die Gesamtkosten nach Kostengruppen bis zur 3. Ebene der Kostengliederung unterteilt werden.

3.5 Kostenkontrolle und Kostensteuerung

3.5.1 Zweck

Kostenkontrolle und Kostensteuerung dienen der Überwachung der Kostenentwicklung und der Einhaltung der Kostenvorgabe.

3.5.2 Grundsatz

Bei der Kostenkontrolle und Kostensteuerung sind die Planungs- und Ausführungsmaßnahmen eines Bauprojekts hinsichtlich ihrer resultierenden Kosten kontinuierlich zu bewerten. Wenn bei der Kostenkontrolle Abweichungen festgestellt werden insbesondere beim Eintreten von Kostenrisiken, sind diese zu benennen. Es ist dann zu entscheiden, ob die Planung unverändert fortgesetzt wird, oder ob zielgerichtete Maßnahmen der Kostensteuerung ergriffen werden.

3.5.3 Dokumentation

Die Ergebnisse der Kostenkontrolle sowie die vorgeschlagenen und durchgeführten Maßnahmen der Kostensteuerung sind zu dokumentieren.

3.5.4 Kostenkontrolle bei der Vergabe und Ausführung

Bei der Vergabe und der Ausführung sind die Angebote, Aufträge und Abrechnungen (einschließlich Nachträgen) in der für das Bauprojekt festgelegten Struktur aktuell zusammenzustellen und durch Vergleiche mit vorherigen Ergebnissen zu kontrollieren.

Anhang 1   DIN 276-1

DIN 276-1:2008-12

4 Kostengliederung

4.1 Aufbau der Kostengliederung

Die Kostengliederung nach 4.3 sieht drei Ebenen der Kostengliederung vor; diese sind durch dreistellige Ordnungszahlen gekennzeichnet.

In der 1. Ebene der Kostengliederung werden die Gesamtkosten in folgende sieben Kostengruppen gegliedert:

- 100 Grundstück
- 200 Herrichten und Erschließen
- 300 Bauwerk — Baukonstruktionen
- 400 Bauwerk — Technische Anlagen
- 500 Außenanlagen
- 600 Ausstattung und Kunstwerke
- 700 Baunebenkosten

Die Kostengruppen 300 und 400 können zu Bauwerkskosten zusammengefasst werden.

Bei Bedarf werden diese Kostengruppen entsprechend der Kostengliederung in die Kostengruppen der 2. und 3. Ebene der Kostengliederung unterteilt.

Über die Kostengliederung dieser Norm hinaus können die Kosten entsprechend den technischen Merkmalen z. B. für eine differenzierte Kostenplanung oder den herstellungsmäßigen Gesichtspunkten z. B. im Hinblick auf Vergabe und Ausführung oder nach der Lage im Bauwerk bzw. auf dem Grundstück z. B. für Zwecke der Termin- oder Finanzplanung weiter untergliedert werden.

Ab dem Kostenanschlag sollten die Kostengruppen auch in Vergabeeinheiten entsprechend der projektspezifischen Vergabestruktur geordnet werden, damit die Angebote, Aufträge und Abrechnungen (einschließlich Nachträgen) aktuell zusammengestellt und kontrolliert werden können.

4.2 Ausführungsorientierte Gliederung der Kosten

Soweit es die Umstände des Einzelfalls zulassen (z. B. im Wohnungsbau) oder erfordern (z. B. bei Modernisierungen), können die Kosten vorrangig ausführungsorientiert gegliedert werden, indem bereits die Kostengruppen der ersten Ebene der Kostengliederung nach ausführungs- oder gewerkeorientierten Strukturen unterteilt werden. Dies entspricht der 2. Ebene der Kostengliederung. Hierfür kann die Gliederung in Leistungsbereiche entsprechend dem Standardleistungsbuch für das Bauwesen (Internet unter www.gaeb.de) verwendet werden.

Im Falle einer solchen ausführungsorientierten Gliederung der Kosten ist eine weitere Unterteilung, z. B. in Teilleistungen, erforderlich, damit die Leistungen hinsichtlich Inhalt, Eigenschaften und Menge beschrieben und erfasst werden können. Dies entspricht der 3. Ebene der Kostengliederung.

Auch bei einer ausführungsorientierten Gliederung sollten die Kosten in Vergabeeinheiten geordnet werden.

4.3 Darstellung der Kostengliederung

Die in der Spalte „Anmerkungen" aufgeführten Güter, Leistungen oder Abgaben sind Beispiele für die jeweilige Kostengruppe; die Aufzählung ist nicht abschließend.

Die Kosten sind möglichst getrennt und eindeutig den einzelnen Kostengruppen zuzuordnen. Bestehen mehrere Zuordnungsmöglichkeiten und ist eine Aufteilung nicht möglich, sind die Kosten entsprechend der überwiegenden Verursachung zuzuordnen (z. B. KG 390, KG 490, KG 590).

DIN 276-1:2008-12

Tabelle 1

Kostengruppen		Anmerkungen
100	Grundstück	
110	Grundstückswert	
120	Grundstücksnebenkosten	Kosten, die im Zusammenhang mit dem Erwerb eines Grundstücks entstehen
121	Vermessungsgebühren	
122	Gerichtsgebühren	
123	Notariatsgebühren	
124	Maklerprovisionen	
125	Grunderwerbssteuer	
126	Wertermittlungen, Untersuchungen	Wertermittlungen, Untersuchungen zu Altlasten und deren Beseitigung, Baugrunduntersuchungen und Untersuchungen über die Bebaubarkeit, soweit sie zur Beurteilung des Grundstückswertes dienen
127	Genehmigungsgebühren	
128	Bodenordnung, Grenzregulierung	
129	Grundstücksnebenkosten, sonstiges	
130	Freimachen	Kosten, die aufzuwenden sind, um ein Grundstück von Belastungen freizumachen
131	Abfindungen	Abfindungen und Entschädigungen für bestehende Nutzungsrechte, z. B. Miet- und Pachtverträge
132	Ablösen dinglicher Rechte	Ablösung von Lasten und Beschränkungen, z. B. Wegerechten
139	Freimachen, sonstiges	
200	Herrichten und Erschließen	Kosten aller vorbereitenden Maßnahmen, um die Baumaßnahme auf dem Grundstück durchführen zu können
210	Herrichten	Kosten der vorbereitenden Maßnahmen, soweit nicht in anderen Kostengruppen erfasst
211	Sicherungsmaßnahmen	Schutz von vorhandenen Bauwerken, Bauteilen, Versorgungsleitungen sowie Sichern von Bewuchs und Vegetationsschichten
212	Abbruchmaßnahmen	Abbrechen und Beseitigen von vorhandenen Bauwerken, Ver- und Entsorgungsleitungen sowie Verkehrsanlagen
213	Altlastenbeseitigung	Beseitigen von Kampfmitteln und anderen gefährlichen Stoffen, Sanieren belasteter und kontaminierter Böden
214	Herrichten der Geländeoberfläche	Roden von Bewuchs, Planieren, Bodenbewegungen einschließlich Oberbodensicherung, soweit nicht in KG 500 erfasst
219	Herrichten, sonstiges	

Anhang 1 DIN 276-1

DIN 276-1:2008-12

Tabelle 1 *(fortgesetzt)*

Kostengruppen		Anmerkungen
220	Öffentliche Erschließung	Anteilige Kosten aufgrund gesetzlicher Vorschriften (Erschließungsbeiträge/Anliegerbeiträge) und Kosten aufgrund öffentlich-rechtlicher Verträge für — die Beschaffung oder den Erwerb der Erschließungsflächen gegen Entgelt durch den Träger der öffentlichen Erschließung, — die Herstellung oder Änderung gemeinschaftlich genutzter technischer Anlagen, z. B. zur Ableitung von Abwasser sowie zur Versorgung mit Wasser, Wärme, Gas, Strom und Telekommunikation, — die erstmalige Herstellung oder den Ausbau der öffentlichen Verkehrsflächen, der Grünflächen und sonstiger Freiflächen für öffentliche Nutzung. Kostenzuschüsse und Anschlusskosten sollen getrennt ausgewiesen werden.
221	Abwasserentsorgung	Kostenzuschüsse, Anschlusskosten
222	Wasserversorgung	Kostenzuschüsse, Anschlusskosten
223	Gasversorgung	Kostenzuschüsse, Anschlusskosten
224	Fernwärmeversorgung	Kostenzuschüsse, Anschlusskosten
225	Stromversorgung	Kostenzuschüsse, Anschlusskosten
226	Telekommunikation	Einmalige Entgelte für die Bereitstellung und Änderung von Netzanschlüssen
227	Verkehrserschließung	Erschließungsbeiträge für die Verkehrs- und Freianlagen einschließlich deren Entwässerung und Beleuchtung
228	Abfallentsorgung	Kostenzuschüsse, Anschlusskosten z. B. für eine leitungsgebundene Abfallentsorgung
229	Öffentliche Erschließung, sonstiges	
230	Nichtöffentliche Erschließung	Kosten für Verkehrsflächen und technische Anlagen, die ohne öffentlich-rechtliche Verpflichtung oder Beauftragung mit dem Ziel der späteren Übertragung in den Gebrauch der Allgemeinheit hergestellt und ergänzt werden. Kosten von Anlagen auf dem eigenen Grundstück gehören zu der Kostengruppe 500. Soweit erforderlich, kann die Kostengruppe 230 entsprechend der Kostengruppe 220 untergliedert werden.
240	Ausgleichsabgaben	Kosten, die aufgrund rechtlicher Bestimmungen aus Anlass des geplanten Bauvorhabens einmalig und zusätzlich zu den Erschließungbeiträgen entstehen. Hierzu gehört insbesondere das Ablösen von Verpflichtungen aus öffentlich-rechtlichen Vorschriften, z. B. Stellplätze, Baumbestand.
250	Übergangsmaßnahmen	
251	Provisorien	Kosten der Erstellung, Anpassung oder Umlegung von Bauwerken und Außenanlagen als provisorische Maßnahme der endgültigen Bauwerke und Außenanlagen einschließlich dem Wiederentfernen der Provisorien soweit nicht in den Kostengruppen 398, 498 und 598 erfasst.
252	Auslagerungen	Kosten für die Auslagerung von Nutzungen während der Bauzeit

DIN 276-1 **Anhang 1**

DIN 276-1:2008-12

Tabelle 1 *(fortgesetzt)*

Kostengruppen		Anmerkungen
300	Bauwerk — Baukonstruktionen	Kosten von Bauleistungen und Lieferungen zur Herstellung des Bauwerks, jedoch ohne die Technischen Anlagen (Kostengruppe 400). Dazu gehören auch die mit dem Bauwerk fest verbundenen Einbauten, die der besonderen Zweckbestimmung dienen, sowie übergreifende Maßnahmen in Zusammenhang mit den Baukonstruktionen.
		Bei Umbauten und Modernisierungen zählen hierzu auch die Kosten von Teilabbruch-, Instandsetzungs-, Sicherungs- und Demontagearbeiten. Die Kosten sind bei den betreffenden Kostengruppen auszuweisen.
310	Baugrube	
311	Baugrubenherstellung	Bodenabtrag, Aushub einschließlich Arbeitsräumen und Böschungen, Lagern, Hinterfüllen, Ab- und Anfuhr
312	Baugrubenumschließung	Verbau, z. B. Schlitz-, Pfahl-, Spund-, Trägerbohl-, Injektions- und Spritzbetonwände einschließlich Verankerung, Absteifung
313	Wasserhaltung	Grund- und Schichtenwasserbeseitigung während der Bauzeit
319	Baugrube, sonstiges	
320	Gründung	Die Kostengruppen enthalten die zugehörigen Erdarbeiten und Sauberkeitsschichten.
321	Baugrundverbesserung	Bodenaustausch, Verdichtung, Einpressung
322	Flachgründungen	Einzel-, Streifenfundamente, Fundamentplatten
323	Tiefgründungen	Pfahlgründung einschließlich Roste, Brunnengründungen; Verankerungen
324	Unterböden und Bodenplatten	Unterböden und Bodenplatten, die nicht der Fundamentierung dienen
325	Bodenbeläge	Beläge auf Boden- und Fundamentplatten, z. B. Estriche, Dichtungs-, Dämm-, Schutz-, Nutzschichten
326	Bauwerksabdichtungen	Abdichtungen des Bauwerks einschließlich Filter-, Trenn- und Schutzschichten
327	Dränagen	Leitungen, Schächte, Packungen
329	Gründung, sonstiges	
330	Außenwände	Wände und Stützen, die dem Außenklima ausgesetzt sind bzw. an das Erdreich oder an andere Bauwerke grenzen
331	Tragende Außenwände	Tragende Außenwände einschließlich horizontaler Abdichtungen
332	Nichttragende Außenwände	Außenwände, Brüstungen, Ausfachungen, jedoch ohne Bekleidungen
333	Außenstützen	Stützen und Pfeiler mit einem Querschnittsverhältnis $\leq 1:5$
334	Außentüren und -fenster	Fenster und Schaufenster, Türen und Tore einschließlich Fensterbänken, Umrahmungen, Beschlägen, Antrieben, Lüftungselementen und sonstigen eingebauten Elementen
335	Außenwandbekleidungen, außen	Äußere Bekleidungen einschließlich Putz-, Dichtungs-, Dämm-, Schutzschichten an Außenwänden und -stützen

Anhang 1 DIN 276-1

DIN 276-1:2008-12

Tabelle 1 *(fortgesetzt)*

Kostengruppen		Anmerkungen
336	Außenwandbekleidungen, innen	Raumseitige Bekleidungen, einschließlich Putz-, Dichtungs-, Dämm-, Schutzschichten an Außenwänden und -stützen
337	Elementierte Außenwände	Elementierte Wände, bestehend aus Außenwand, -fenster, -türen, -bekleidungen
338	Sonnenschutz	Rollläden, Markisen und Jalousien einschließlich Antrieben
339	Außenwände, sonstiges	Gitter, Geländer, Stoßabweiser und Handläufe
340	**Innenwände**	Innenwände und Innenstützen
341	Tragende Innenwände	Tragende Innenwände einschließlich horizontaler Abdichtungen
342	Nichttragende Innenwände	Innenwände, Ausfachungen, jedoch ohne Bekleidungen
343	Innenstützen	Stützen und Pfeiler mit einem Querschnittsverhältnis < 1 : 5
344	Innentüren und -fenster	Türen und Tore, Fenster und Schaufenster einschließlich Umrahmungen, Beschlägen, Antrieben und sonstigen eingebauten Elementen
345	Innenwandbekleidungen	Bekleidungen einschließlich Putz, Dichtungs-, Dämm-, Schutzschichten an Innenwänden und -stützen
346	Elementierte Innenwände	Elementierte Wände, bestehend aus Innenwänden, -türen, -fenstern, -bekleidungen, z. B. Falt- und Schiebewände, Sanitärtrennwände, Verschläge
349	Innenwände, sonstiges	Gitter, Geländer, Stoßabweiser, Handläufe, Rollläden einschließlich Antrieben
350	**Decken**	Decken, Treppen und Rampen oberhalb der Gründung und unterhalb der Dachfläche
351	Deckenkonstruktionen	Konstruktionen von Decken, Treppen, Rampen, Balkonen, Loggien einschließlich Über- und Unterstützen, füllenden Teilen wie Hohlkörpern, Blindböden, Schüttungen, jedoch ohne Beläge und Bekleidungen
352	Deckenbeläge	Beläge auf Deckenkonstruktionen einschließlich Estrichen, Dichtungs-, Dämm-, Schutz-, Nutzschichten; Schwing- und Installationsdoppelböden
353	Deckenbekleidungen	Bekleidungen unter Deckenkonstruktionen einschließlich Putz, Dichtungs-, Dämm-, Schutzschichten; Licht- und Kombinationsdecken
359	Decken, sonstiges	Abdeckungen, Schachtdeckel, Roste, Geländer, Stoßabweiser, Handläufe, Leitern, Einschubtreppen
360	**Dächer**	Flache oder geneigte Dächer
361	Dachkonstruktionen	Konstruktionen von Dächern, Dachstühlen, Raumtragwerken und Kuppeln einschließlich Über- und Unterzügen, füllenden Teilen wie Hohlkörpern, Blindböden, Schüttungen, jedoch ohne Beläge und Bekleidungen
362	Dachfenster, Dachöffnungen	Fenster, Ausstiege einschließlich Umrahmungen, Beschlägen, Antrieben, Lüftungselementen und sonstigen eingebauten Elementen
363	Dachbeläge	Beläge auf Dachkonstruktionen einschließlich Schalungen, Lattungen, Gefälle-, Dichtungs-, Dämm-, Schutz- und Nutzschichten; Entwässerungen der Dachfläche bis zum Anschluss an die Abwasseranlagen

DIN 276-1:2008-12

Tabelle 1 *(fortgesetzt)*

Kostengruppen		Anmerkungen
364	Dachbekleidungen	Dachbekleidungen unter Dachkonstruktionen einschließlich Putz, Dichtungs-, Dämm-, Schutzschichten; Licht- und Kombinationsdecken unter Dächern
369	Dächer, sonstiges	Geländer, Laufbohlen, Schutzgitter, Schneefänge, Dachleitern, Sonnenschutz
370	**Baukonstruktive Einbauten**	Kosten der mit dem Bauwerk fest verbundenen Einbauten, jedoch ohne die nutzungsspezifischen Anlagen (siehe Kostengruppe 470). Für die Abgrenzung gegenüber der Kostengruppe 610 ist maßgebend, dass die Einbauten durch ihre Beschaffenheit und Befestigung technische und bauplanerische Maßnahmen erforderlich machen, z. B. Anfertigen von Werkplänen, statischen und anderen Berechnungen, Anschließen von Installationen
371	Allgemeine Einbauten	Einbauten, die einer allgemeinen Zweckbestimmung dienen, z. B. Einbaumöbel wie Sitz- und Liegemöbel, Gestühl, Podien, Tische, Theken, Schränke, Garderoben, Regale, Einbauküche
372	Besondere Einbauten	Einbauten, die einer besonderen Zweckbestimmung eines Objektes dienen, z. B. Werkbänke in Werkhallen, Labortische in Labors, Bühnenvorhänge in Theatern, Altäre in Kirchen, Einbausportgeräte in Sporthallen, Operationstische in Krankenhäusern
379	Baukonstruktive Einbauten, sonstiges	z. B. Rauchschutzvorhänge
390	**Sonstige Maßnahmen für Baukonstruktionen**	Baukonstruktionen und übergreifende Maßnahmen im Zusammenhang mit den Baukonstruktionen, die nicht einzelnen Kostengruppen der Baukonstruktionen zugeordnet werden können oder die nicht unter KG 490 oder KG 590 erfasst sind
391	Baustelleneinrichtung	Einrichten, Vorhalten, Betreiben, Räumen der übergeordneten Baustelleneinrichtung, z. B. Material- und Geräteschuppen, Lager-, Wasch-, Toiletten- und Aufenthaltsräume, Bauwagen, Misch- und Transportanlagen, Energie- und Bauwasseranschlüsse, Baustraßen, Lager- und Arbeitsplätze, Verkehrssicherungen, Abdeckungen, Bauschilder, Bau- und Schutzzäune, Baubeleuchtung, Schuttbeseitigung
392	Gerüste	Auf-, Um-, Abbauen, Vorhalten von Gerüsten
393	Sicherungsmaßnahmen	Sicherungsmaßnahmen an bestehenden Bauwerken, z. B. Unterfangungen, Abstützungen
394	Abbruchmaßnahmen	Abbruch- und Demontagearbeiten einschließlich Zwischenlagern wiederverwendbarer Teile, Abfuhr des Abbruchmaterials, soweit nicht in anderen Kostengruppen erfasst
395	Instandsetzungen	Maßnahmen zur Wiederherstellung des zum bestimmungsgemäßen Gebrauch geeigneten Zustandes, soweit nicht in anderen Kostengruppen erfassbar
396	Materialentsorgung	Entsorgung von Materialien und Stoffen, die bei dem Abbruch, bei der Demontage und bei dem Ausbau von Bauteilen oder bei der Erstellung einer Bauleistung anfallen zum Zweck des Recyclings oder der Deponierung

Anhang 1 DIN 276-1

DIN 276-1:2008-12

Tabelle 1 *(fortgesetzt)*

Kostengruppen		Anmerkungen
397	Zusätzliche Maßnahmen	Zusätzliche Maßnahmen bei der Erstellung von Baukonstruktionen z. B. Schutz von Personen, Sachen; Reinigung vor Inbetriebnahme; Maßnahmen aufgrund von Forderungen des Wasser-, Landschafts-, Lärm- und Erschütterungsschutzes während der Bauzeit; Schlechtwetter und Winterbauschutz, Erwärmung des Bauwerks, Schneeräumung
398	Provisorische Baukonstruktionen	Kosten für die Erstellung, Beseitigung provisorischer Baukonstruktionen, Anpassung des Bauwerks bis zur Inbetriebnahme des endgültigen Bauwerks
399	Sonstige Maßnahmen für Baukonstruktionen, sonstiges	Baukonstruktionen, die mehrere Kostengruppen betreffen, z. B. Schließanlagen, Schächte, Schornsteine, soweit nicht in anderen Kostengruppen erfasst
400	**Bauwerk — Technische Anlagen**	Kosten aller im Bauwerk eingebauten, daran angeschlossenen oder damit fest verbundenen technischen Anlagen oder Anlagenteile
		Die einzelnen technischen Anlagen enthalten die zugehörigen Gestelle, Befestigungen, Armaturen, Wärme- und Kältedämmung, Schall- und Brandschutzvorkehrungen, Abdeckungen, Verkleidungen, Anstriche, Kennzeichnungen sowie die anlagenspezifischen Mess-, Steuer- und Regelanlagen.
		Die Kosten für das Erstellen und Schließen von Schlitzen und Durchführungen werden in der Regel in der KG 300 erfasst.
410	**Abwasser-, Wasser-, Gasanlagen**	
411	Abwasseranlagen	Abläufe, Abwasserleitungen, Abwassersammelanlagen, Abwasserbehandlungsanlagen, Hebeanlagen
412	Wasseranlagen	Wassergewinnungs-, Aufbereitungs- und Druckerhöhungsanlagen, Rohrleitungen, dezentrale Wassererwärmer, Sanitärobjekte
413	Gasanlagen	Gasanlagen für Wirtschaftswärme: Gaslagerungs- und Erzeugungsanlagen, Übergabestationen, Druckregelanlagen und Gasleitungen, soweit nicht zu den Kostengruppen 420 oder 470 gehörend
419	Abwasser-, Wasser-, Gasanlagen, sonstiges	Installationsblöcke, Sanitärzellen
420	**Wärmeversorgungsanlagen**	
421	Wärmeerzeugungsanlagen	Brennstoffversorgung, Wärmeübergabestationen, Wärmeerzeugung auf der Grundlage von Brennstoffen oder unerschöpflichen Energiequellen einschließlich Schornsteinanschlüsse, zentrale Wassererwärmungsanlagen
422	Wärmeverteilnetze	Pumpen, Verteiler; Rohrleitungen für Raumheizflächen, raumlufttechnische Anlagen und sonstige Wärmeverbraucher
423	Raumheizflächen	Heizkörper, Flächenheizsysteme
429	Wärmeversorgungsanlagen, sonstiges	Schornsteine, soweit nicht in anderen Kostengruppen erfasst

Tabelle 1 *(fortgesetzt)*

Kostengruppen		Anmerkungen
430	**Lufttechnische Anlagen**	Anlagen mit und ohne Lüftungsfunktion
431	Lüftungsanlagen	Abluftanlagen, Zuluftanlagen, Zu- und Abluftanlagen ohne oder mit einer thermodynamischen Luftbehandlungsfunktion, mechanische Entrauchungsanlagen
432	Teilklimaanlagen	Anlagen mit zwei oder drei thermodynamischen Luftbehandlungsfunktionen
433	Klimaanlagen	Anlagen mit vier thermodynamischen Luftbehandlungsfunktionen
434	Kälteanlagen	Kälteanlagen für lufttechnische Anlagen: Kälteerzeugungs- und Rückkühlanlagen einschließlich Pumpen, Verteiler und Rohrleitungen
439	Lufttechnische Anlagen, sonstiges	Lüftungsdecken, Kühldecken, Abluftfenster; Installationsdoppelböden, soweit nicht in anderen Kostengruppen erfasst
440	**Starkstromanlagen**	Einschließlich der Brandschutzdurchführungen, soweit nicht in anderen Kostengruppen erfasst
441	Hoch- und Mittelspannungsanlagen	Schaltanlagen, Transformatoren
442	Eigenstromversorgungsanlagen	Stromerzeugungsaggregate einschließlich Kühlung, Abgasanlagen und Brennstoffversorgung, zentrale Batterie- und unterbrechungsfreie Stromversorgungsanlagen, photovoltaische Anlagen
443	Niederspannungsschaltanlagen	Niederspannungshauptverteiler, Blindstromkompensationsanlagen, Maximumüberwachungsanlagen
444	Niederspannungsinstallationsanlagen	Kabel, Leitungen, Unterverteiler, Verlegesysteme, Installationsgeräte
445	Beleuchtungsanlagen	Ortsfeste Leuchten, Sicherheitsbeleuchtung
446	Blitzschutz- und Erdungsanlagen	Auffangeinrichtungen, Ableitungen, Erdungen, Potentialausgleich
449	Starkstromanlagen, sonstiges	Frequenzumformer
450	**Fernmelde- und informationstechnische Anlagen**	Die einzelnen Anlagen enthalten die zugehörigen Verteiler, Kabel, Leitungen.
451	Telekommunikationsanlagen	
452	Such- und Signalanlagen	Personenrufanlagen, Lichtruf- und Klingelanlagen, Türsprech- und Türöffneranlagen
453	Zeitdienstanlagen	Uhren- und Zeiterfassungsanlagen
454	Elektroakustische Anlagen	Beschallungsanlagen, Konferenz- und Dolmetscheranlagen, Gegen- und Wechselsprechanlagen
455	Fernseh- und Antennenanlagen	Fernsehanlagen, soweit nicht in den Such-, Melde-, Signal- und Gefahrenmeldeanlagen erfasst, einschließlich Sende- und Empfangsantennenanlagen, Umsetzer
456	Gefahrenmelde- und Alarmanlagen	Brand-, Überfall-, Einbruchmeldeanlagen, Wächterkontrollanlagen, Zugangskontroll- und Raumbeobachtungsanlagen
457	Übertragungsnetze	Netze zur Übertragung von Daten, Sprache, Text und Bild, soweit nicht in anderen Kostengruppen erfasst, Verlegesysteme, soweit nicht in KG 444 erfasst

Anhang 1 DIN 276-1

DIN 276-1:2008-12

Tabelle 1 *(fortgesetzt)*

Kostengruppen		Anmerkungen
459	Fernmelde- und informationstechnische Anlagen, sonstiges	Fernwirkanlagen, Parkleitsysteme
460	**Förderanlagen**	
461	Aufzugsanlagen	Personenaufzüge, Lastenaufzüge
462	Fahrtreppen, Fahrsteige	
463	Befahranlagen	Fassadenaufzüge und andere Befahranlagen
464	Transportanlagen	Automatische Warentransportanlagen, Aktentransportanlagen, Rohrpostanlagen
465	Krananlagen	Einschließlich Hebezeuge
469	Förderanlagen, sonstiges	Hebebühnen
470	**Nutzungsspezifische Anlagen**	Kosten der mit dem Bauwerk fest verbundenen Anlagen, die der besonderen Zweckbestimmung dienen, jedoch ohne die baukonstruktiven Einbauten (KG 370)
		Für die Abgrenzung gegenüber der KG 610 ist maßgebend, dass die nutzungsspezifischen Anlagen technische und planerische Maßnahmen erforderlich machen, z. B. Anfertigen von Werkplänen, Berechnungen, Anschließen von anderen technischen Anlagen.
471	Küchentechnische Anlagen	Anlagen zur Speisen- und Getränkezubereitung, -ausgabe und -lagerung einschließlich zugehöriger Kälteanlagen
472	Wäscherei- und Reinigungsanlagen	Einschließlich zugehöriger Wasseraufbereitung, Desinfektions- und Sterilisationseinrichtungen
473	Medienversorgungsanlagen	Medizinische und technische Gase, Druckluft, Vakuum, Flüssigchemikalien, Lösungsmittel, vollentsalztes Wasser; einschließlich Lagerung, Erzeugungsanlagen, Übergabestationen, Druckregelanlagen, Leitungen und Entnahmearmaturen
474	Medizin- und labortechnische Anlagen	Ortsfeste medizin- und labortechnische Anlagen,
475	Feuerlöschanlagen	Sprinkler-, Gaslöschanlagen, Löschwasserleitungen, Wandhydranten, Handfeuerlöscher
476	Badetechnische Anlagen	Aufbereitungsanlagen für Schwimmbeckenwasser, soweit nicht in KG 410 erfasst
477	Prozesswärme-, kälte- und -luftanlagen	Wärme-, Kälte- und Kühlwasserversorgungsanlagen für Industrie-, Gewerbe- und Sportanlagen, soweit nicht in anderen Kostengruppen erfasst; Farbnebelabscheideanlagen, Prozessfortluftsysteme, Absauganlagen
478	Entsorgungsanlagen	Abfall- und Medienentsorgungsanlagen, Staubsauganlagen
479	Nutzungsspezifische Anlagen, sonstiges	Bühnentechnische Anlagen, Tankstellen- und Waschanlagen
480	**Gebäudeautomation**	Kosten der anlageübergreifenden Automation
481	Automationssysteme	Automationsstationen mit Bedien- und Beobachtungseinrichtungen, GA-Funktionen, Anwendungssoftware, Lizenzen, Sensoren und Aktoren, Schnittstellen zu Feldgeräten und anderen Automationseinrichtungen

DIN 276-1 **Anhang 1**

DIN 276-1:2008-12

Tabelle 1 *(fortgesetzt)*

Kostengruppen		Anmerkungen
482	Schaltschränke	Schaltschränke zur Aufnahme von Automationssystemen (KG 481) mit Leistungs-, Steuerungs- und Sicherungsbaugruppen einschließlich zugehöriger Kabel und Leitungen, Verlegesysteme soweit nicht in anderen Kostengruppen erfasst
483	Management- und Bedieneinrichtungen	Übergeordnete Einrichtungen für Gebäudeautomation und Gebäudemanagement mit Bedienstationen, Programmiereinrichtungen, Anwendungssoftware, Lizenzen, Servern, Schnittstellen zu Automationseinrichtungen und externen Einrichtungen
484	Raumautomationssysteme	Raumautomationsstationen mit Bedien- und Anzeigeeinrichtungen, Schnittstellen zu Feldgeräten und andere Automationseinrichtungen
485	Übertragungsnetze	Netze zur Datenübertragung, soweit nicht in anderen Kostengruppen erfasst
489	Gebäudeautomation, sonstiges	
490	**Sonstige Maßnahmen für technische Anlagen**	Technische Anlagen und übergreifende Maßnahmen im Zusammenhang mit technischen Anlagen, die nicht einzelnen Kostengruppen der technischen Anlagen zugeordnet werden können
491	Baustelleneinrichtung	Einrichten, Vorhalten, Betreiben, Räumen der übergeordneten Baustelleneinrichtung für technische Anlagen, z. B. Material- und Geräteschuppen, Lager-, Wasch-, Toiletten- und Aufenthaltsräume, Bauwagen, Misch- und Transportanlagen, Energie- und Bauwasseranschlüsse, Baustraßen, Lager- und Arbeitsplätze, Verkehrssicherungen, Abdeckungen, Bauschilder, Bau- und Schutzzäune, Baubeleuchtung, Schuttbeseitigung
492	Gerüste	Auf-, Um-, Abbauen, Vorhalten von Gerüsten
493	Sicherungsmaßnahmen	Sicherungsmaßnahmen an bestehenden Bauwerken, z. B. Unterfangungen, Abstützungen
494	Abbruchmaßnahmen	Abbruch- und Demontagearbeiten einschließlich Zwischenlagern wieder verwendbarer Teile, Abfuhr des Abbruchmaterials, soweit nicht in anderen Kostengruppen erfasst
495	Instandsetzungen	Maßnahmen zur Wiederherstellung des zum bestimmungsgemäßen Gebrauch geeigneten Zustandes, soweit nicht in anderen Kostengruppen erfasst
496	Materialentsorgung	Entsorgung von Materialien und Stoffen, die bei dem Abbruch, bei der Demontage und bei dem Ausbau von Anlagenteilen oder bei der Erstellung einer Bauleistung anfallen zum Zweck des Recyclings oder der Deponierung
497	Zusätzliche Maßnahmen	Zusätzliche Maßnahmen bei der Erstellung von technischen Anlagen z. B. Schutz von Personen, Sachen; Reinigung vor Inbetriebnahme; Maßnahmen aufgrund von Forderungen des Wasser-, Landschafts-, Lärm- und Erschütterungsschutzes während der Bauzeit; Schlechtwetter und Winterbauschutz, Erwärmung der technischen Anlagen, Schneeräumung,
498	Provisorische technische Anlagen	Kosten für die Erstellung, Beseitigung provisorischer technischer Anlagen, Anpassung der technischen Anlagen bis zur Inbetriebnahme der endgültigen technischen Anlagen
499	Sonstige Maßnahmen für technische Anlagen, sonstiges	

19

Anhang 1 DIN 276-1

DIN 276-1:2008-12

Tabelle 1 *(fortgesetzt)*

Kostengruppen		Anmerkungen
500	**Außenanlagen**	
510	**Geländeflächen**	
511	Oberbodenarbeiten	Oberbodenabtrag und -sicherung
512	Bodenarbeiten	Bodenabtrag und -auftrag
519	Geländeflächen, sonstiges	
520	**Befestigte Flächen**	
521	Wege	Befestigte Fläche für den Fuß- und Radfahrverkehr
522	Straßen	Flächen für den Leicht- und Schwerverkehr; Fußgängerzonen mit Anlieferungsverkehr
523	Plätze, Höfe	Gestaltete Platzflächen, Innenhöfe
524	Stellplätze	Flächen für den ruhenden Verkehr
525	Sportplatzflächen	Sportrasenflächen, Kunststoffflächen
526	Spielplatzflächen	
527	Gleisanlagen	
529	Befestigte Flächen, sonstiges	
530	**Baukonstruktionen in Außenanlagen**	
531	Einfriedungen	Zäune, Mauern, Türen, Tore, Schrankenanlagen
532	Schutzkonstruktionen	Lärmschutzwände, Sichtschutzwände, Schutzgitter
533	Mauern, Wände	Stütz-, Schwergewichtsmauern
534	Rampen, Treppen, Tribünen	Kinderwagen- und Behindertenrampen, Block- und Stellstufen, Zuschauertribünen von Sportplätzen
535	Überdachungen	Wetterschutz, Unterstände; Pergolen
536	Brücken, Stege	Holz- und Stahlkonstruktionen
537	Kanal- und Schachtbauanlagen	Bauliche Anlagen für Medien- oder Verkehrserschließung
538	Wasserbauliche Anlagen	Brunnen, Wasserbecken,
539	Baukonstruktionen in Außenanlagen, sonstiges	
540	**Technische Anlagen in Außenanlagen**	Kosten der technischen Anlagen auf dem Grundstück einschließlich der Ver- und Entsorgung des Bauwerks
541	Abwasseranlagen	Kläranlagen, Oberflächen- und Bauwerksentwässerungsanlagen, Sammelgruben, Abscheider, Hebeanlagen
542	Wasseranlagen	Wassergewinnungsanlagen, Wasserversorgungsnetze, Hydrantenanlagen, Druckerhöhungs- und Beregnungsanlagen
543	Gasanlagen	Gasversorgungsnetze, Flüssiggasanlagen
544	Wärmeversorgungsanlagen	Wärmeerzeugungsanlagen, Wärmeversorgungsnetze, Freiflächen- und Rampenheizungen
545	Lufttechnische Anlagen	Bauteile von lufttechnischen Anlagen, z. B. Außenluftansaugung, Fortluftausblas, Erdwärmetauscher, Kälteversorgung

DIN 276-1 **Anhang 1**

DIN 276-1:2008-12

Tabelle 1 *(fortgesetzt)*

Kostengruppen		Anmerkungen
546	Starkstromanlagen	Stromversorgungsnetze, Freilufttrafostationen, Eigenstromerzeugungsanlagen, Außenbeleuchtungs- und Flutlichtanlagen einschließlich Maste und Befestigung
547	Fernmelde- und informationstechnische Anlagen	Leitungsnetze, Beschallungs-, Zeitdienst- und Verkehrssignalanlagen, elektronische Anzeigetafeln, Objektsicherungsanlagen, Parkleitsysteme
548	Nutzungsspezifische Anlagen	Medienversorgungsanlagen, Tankstellenanlagen, badetechnische Anlagen, leitungsgebundene Abfallentsorgung
549	Technische Anlagen in Außenanlagen, sonstiges	
550	**Einbauten in Außenanlagen**	
551	Allgemeine Einbauten	Wirtschaftsgegenstände, z. B. Möbel, Fahrradständer, Schilder, Pflanzbehälter, Abfallbehälter, Fahnenmaste
552	Besondere Einbauten	Einbauten für Sport- und Spielanlagen, Tiergehege
559	Einbauten in Außenanlagen, sonstiges	
560	**Wasserflächen**	Naturnahe Wasserflächen
561	Abdichtungen	Einschließlich Schutzschichten, Bodensubstrat und Uferausbildung
562	Bepflanzungen	
569	Wasserflächen, sonstiges	
570	**Pflanz- und Saatflächen**	
571	Oberbodenarbeiten	Oberbodenauftrag, Oberbodenlockerung
572	Vegetationstechnische Bodenbearbeitung	Bodenverbesserung, z. B. Düngung, Bodenhilfsstoffe
573	Sicherungsbauweisen	Vegetationsstücke, Geotextilien, Flechtwerk
574	Pflanzen	Einschließlich Fertigstellungspflege
575	Rasen und Ansaaten	Einschließlich Fertigstellungspflege, ohne Sportrasenflächen (siehe KG 525
576	Begrünung unterbauter Flächen	Auf Tiefgaragen, einschließlich Wurzelschutz- und Fertigstellungspflege
579	Pflanz- und Saatflächen, sonstiges	
590	**Sonstige Außenanlagen**	Außenanlagen und übergreifende Maßnahmen im Zusammenhang mit den Außenanlagen, die nicht einzelnen Kostengruppen der Außenanlagen zugeordnet werden können
591	Baustelleneinrichtung	Einrichten, Vorhalten, Betreiben, Räumen der übergeordneten Baustelleneinrichtung für Außenanlagen, z. B. Material- und Geräteschuppen, Lager-, Wasch-, Toiletten- und Aufenthaltsräume, Bauwagen, Misch- und Transportanlagen, Energie- und Bauwasseranschlüsse, Baustraßen, Lager- und Arbeitsplätze, Verkehrssicherungen, Abdeckungen, Bauschilder, Bau- und Schutzzäune, Baubeleuchtung, Schuttbeseitigung
592	Gerüste	Auf-, Um-, Abbauen, Vorhalten von Gerüsten

21

Anhang 1 DIN 276-1

DIN 276-1:2008-12

Tabelle 1 *(fortgesetzt)*

Kostengruppen		Anmerkungen
593	Sicherungsmaßnahmen	Sicherungsmaßnahmen an bestehenden baulichen Anlagen, z. B. Unterfangungen, Abstützungen
594	Abbruchmaßnahmen	Abbruch- und Demontagearbeiten einschließlich Zwischenlagern wiederverwendbarer Teile, Abfuhr des Abbruchmaterials, soweit nicht in anderen Kostengruppen erfasst
595	Instandsetzungen	Maßnahmen zur Wiederherstellung des zum bestimmungsgemäßen Gebrauch geeigneten Zustandes, soweit nicht in anderen Kostengruppen erfasst
596	Materialentsorgung	Entsorgung von Materialien und Stoffen, die bei dem Abbruch, bei der Demontage und bei dem Ausbau von Außenanlagen oder bei der Erstellung einer Bauleistung anfallen zum Zweck des Recyclings oder der Deponierung
597	Zusätzliche Maßnahmen	Zusätzliche Maßnahmen bei der Erstellung von Außenanlagen z. B. Schutz von Personen, Sachen; Reinigung vor Inbetriebnahme; Maßnahmen aufgrund von Forderungen des Wasser-, Landschafts-, Lärm- und Erschütterungsschutzes während der Bauzeit; Schlechtwetter und Winterbauschutz, Erwärmung, Schneeräumung
598	Provisorische Außenanlagen	Kosten für die Erstellung, Beseitigung provisorischer Außenanlagen, Anpassung der Außenanlagen bis zur Inbetriebnahme der endgültigen Außenanlagen
599	Sonstige Maßnahmen für Außenanlagen, sonstiges	
600	**Ausstattung und Kunstwerke**	Kosten für alle beweglichen oder ohne besondere Maßnahmen zu befestigenden Sachen, die zur Ingebrauchnahme, zur allgemeinen Benutzung oder zur künstlerischen Gestaltung des Bauwerks und der Außenanlagen erforderlich sind (siehe Anmerkungen zu den KG 370 und 470)
610	**Ausstattung**	
611	Allgemeine Ausstattung	Möbel und Geräte, z. B. Sitz- und Liegemöbel, Schränke, Regale, Tische; Textilien, z. B. Vorhänge, Wandbehänge, lose Teppiche, Wäsche; Hauswirtschafts-, Garten- und Reinigungsgeräte
612	Besondere Ausstattung	Ausstattungsgegenstände, die der besonderen Zweckbestimmung eines Objekts dienen wie z. B. wissenschaftliche, medizinische, technische Geräte
619	Ausstattung, sonstiges	Schilder, Wegweiser, Orientierungstafeln, Werbeanlagen
620	**Kunstwerke**	
621	Kunstobjekte	Kunstwerke zur künstlerischen Ausstattung des Bauwerks und der Außenanlagen einschließlich Tragkonstruktionen, z. B. Skulpturen, Objekte, Gemälde, Möbel, Antiquitäten, Altäre, Taufbecken
622	Künstlerisch gestaltete Bauteile des Bauwerks	Kosten für die künstlerische Gestaltung, z. B. Malereien, Reliefs, Mosaiken, Glas-, Schmiede-, Steinmetzarbeiten
623	Künstlerisch gestaltete Bauteile der Außenanlagen	Kosten für die künstlerische Gestaltung, z. B. Malereien, Reliefs, Mosaiken, Glas-, Schmiede-, Steinmetzarbeiten
629	Kunstwerke, sonstiges	

DIN 276-1:2008-12

Tabelle 1 *(fortgesetzt)*

Kostengruppen		Anmerkungen
700	**Baunebenkosten**	
710	**Bauherrenaufgaben**	
711	Projektleitung	Kosten zum Zwecke der Zielvorgabe, der Überwachung und Vertretung der Bauherreninteressen
712	Bedarfsplanung	Kosten für Bedarfs-, Betriebs- und Organisationsplanung, z. B. zur betrieblichen Organisation, zur Arbeitsplatzgestaltung, zur Erstellung von Raum- und Funktionsprogrammen, zur betrieblichen Ablaufplanung und zur Inbetriebnahme
713	Projektsteuerung	Kosten für Projektsteuerungsleistungen sowie für andere Leistungen, die sich mit der übergeordneten Steuerung und Kontrolle von Projektorganisation, Terminen, Kosten, Qualitäten und Quantitäten befassen
719	Bauherrenaufgaben, sonstiges	Baubetreuung, Rechtsberatung, Steuerberatung
720	**Vorbereitung der Objektplanung**	
721	Untersuchungen	Standortanalysen, Baugrundgutachten, Gutachten für die Verkehrsanbindung, Bestandsanalysen, z. B. Untersuchungen zum Gebäudebestand bei Umbau- und Modernisierungsmaßnahmen, Umweltverträglichkeitsprüfungen
722	Wertermittlungen	Gutachten zur Ermittlung von Gebäudewerten, soweit nicht KG 126 erfasst
723	Städtebauliche Leistungen	vorbereitende Bebauungsstudien
724	Landschaftsplanerische Leistungen	vorbereitende Grünplanstudien
725	Wettbewerbe	Kosten für Ideenwettbewerbe und Realisierungswettbewerbe
729	Vorbereitung der Objektplanung, sonstiges	
730	**Architekten- und Ingenieurleistungen**	Kosten für die Planung und Überwachung der Ausführung
731	Gebäudeplanung	
732	Freianlagenplanung	
733	Planung der raumbildenden Ausbauten	
734	Planung der Ingenieurbauwerke und Verkehrsanlagen	
735	Tragwerksplanung	
736	Planung der technischen Ausrüstung	
739	Architekten- und Ingenieurleistungen, sonstiges	

Anhang 1 DIN 276-1

DIN 276-1:2008-12

Tabelle 1 *(fortgesetzt)*

Kostengruppen		Anmerkungen
740	**Gutachten und Beratung**	
741	Thermische Bauphysik	
742	Schallschutz und Raumakustik	
743	Bodenmechanik, Erd- und Grundbau	
744	Vermessung	Vermessungstechnische Leistungen mit Ausnahme von Leistungen, die aufgrund landesrechtlicher Vorschriften für Zwecke der Landvermessung und des Liegenschaftskatasters durchgeführt werden (siehe Kostengruppe 771)
745	Lichttechnik, Tageslichttechnik	
746	Brandschutz	
747	Sicherheits- und Gesundheitsschutz	
748	Umweltschutz, Altlasten	
749	Gutachten und Beratung, sonstiges	
750	**Künstlerische Leistungen**	
751	Kunstwettbewerbe	Kosten für die Durchführung von Wettbewerben zur Erarbeitung eines Konzepts für Kunstwerke oder künstlerisch gestaltete Bauteile
752	Honorare	Kosten für die geistig-schöpferische Leistung für Kunstwerke oder künstlerisch gestaltete Bauteile, soweit nicht in der Kostengruppe 620 enthalten
759	Künstlerische Leistungen, sonstiges	
760	**Finanzierungskosten**	Alle im Zusammenhang mit der Finanzierung des Projektes anfallenden Kosten bis zum Zeitpunkt der Fertigstellung und der Übergabe zur Nutzung
761	Finanzierungsbeschaffung	
762	Fremdkapitalzinsen	
763	Eigenkapitalzinsen	
769	Finanzierungskosten, sonstiges	
770	**Allgemeine Baunebenkosten**	
771	Prüfung, Genehmigungen, Abnahmen	Kosten im Zusammenhang mit Prüfungen, Genehmigungen und Abnahmen, z. B. Prüfung der Tragwerksplanung, Vermessungsgebühren für das Liegenschaftskataster
772	Bewirtschaftungskosten	Baustellenbewachung, Nutzungsentschädigungen während der Bauzeit; Gestellung des Baustellenbüros für Planer und Bauherrn sowie dessen Beheizung, Beleuchtung und Reinigung
773	Bemusterungskosten	Modellversuche, Musterstücke, Eignungsversuche, Eignungsmessungen

Tabelle 1 *(fortgesetzt)*

Kostengruppen		Anmerkungen
774	Betriebskosten nach der Abnahme	Kosten für den vorläufigen Betrieb insbesondere der technischen Anlagen nach der Abnahme bis zur Inbetriebnahme
775	Versicherungen	Haftpflicht- und Bauwesenversicherung
779	Allgemeine Baunebenkosten, sonstiges	Kosten für Vervielfältigung und Dokumentation, Post- und Fernsprechgebühren, Kosten für Baufeiern, z. B. Grundsteinlegung, Richtfest
790	**Sonstige Baunebenkosten**	

Anhang 1 DIN 276-1

DIN 276-1:2008-12

Literaturhinweise

DIN 277-1, *Grundflächen und Rauminhalte von Bauwerken im Hochbau — Teil 1: Begriffe, Ermittlungsgrundlagen*

DIN 277-2, *Grundflächen und Rauminhalte von Bauwerken im Hochbau — Teil 2: Gliederung der Netto-Grundfläche (Nutzflächen, Technische Funktionsflächen und Verkehrsflächen)*

DIN 277-3, *Grundflächen und Rauminhalte von Bauwerken im Hochbau — Teil 3: Mengen und Bezugseinheiten*

DIN 18205, *Bedarfsplanung im Bauwesen*

DIN 18960, *Nutzungskosten im Hochbau*

Standardleistungsbuch für das Bauwesen (STLB-Bau); Zu beziehen durch Beuth Verlag GmbH, Burggrafenstraße 6, 10787 Berlin; im Internet unter www.gaeb.de

Vergabe- und Vertragsordnung für Bauleistungen (VOB Teil C); Zu beziehen durch Beuth Verlag GmbH, Burggrafenstraße 6, 10787 Berlin

HOAI Verordnung über die Honorare für Leistungen der Architekten und der Ingenieure (Honorarordnung für Architekten und Ingenieure); Zu beziehen durch Bundesanzeiger-Verlagsgesellschaft mbH, Postfach 10 05 34, 50445 Köln

Anhang 2 Erweiterte Honorartabelle zur HOAI – RifT

Richtlinien der

Staatlichen Vermögens- und Hochbauverwaltung

Baden-Württemberg

für die Beteiligung freiberuflich Tätiger

– RifT –

– Auszug –

Stand: Juli 2013[1]

Inhaltsverzeichnis

Erweiterte Honorartabelle zu

§ 35 Abs. 1 HOAI (Gebäude und Innenräume)

§ 40 Abs. 1 HOAI (Freianlagen)

§ 44 Abs. 1 HOAI (Ingenieurbauwerke)

§ 48 Abs. 1 HOAI (Verkehrsanlagen)

§ 52 Abs. 1 HOAI (Tragwerksplanung)

§ 56 Abs. 1 HOAI (Technische Ausrüstung)

---

[1] Die RifT enthalten seit Juli 2013 keine fortgeschriebenen Honorartafeln mehr, sondern empfehlen den Abschluss von entsprechenden Honorarvereinbarungen; entweder kann die alte Tabelle aus 2013 verwendet werden oder die AHO-Tabelle Nr. 14 »HOAI-Tafelfortschreibung erweiterte Honorartabellen«, 2. Aufl., 2010; einzelne Bundesländer haben ebenfalls noch fortgeschriebene Honorartafeln als Empfehlung ausgegeben.

Anhang 2 Erweiterte Honorartabelle zur HOAI – RifT

IV. Erweiterte Honorartabellen (zur HOAI 2013)

Erweiterte Honorartabelle zu § 35 Absatz 1 HOAI (Gebäude und Innenräume)

Anrechenbare Kosten €	Zone I von €	Zone I bis €	Zone II von €	Zone II bis €	Zone III von €	Zone III bis €	Zone IV von €	Zone IV bis €	Zone V von €	Zone V bis €
25.000.000	1.436.874	1.683.837	1.683.837	1.998.153	1.998.153	2.492.079	2.492.079	2.806.395	2.806.395	3.053.358
30.000.000	1.686.080	1.975.875	1.975.875	2.344.705	2.344.705	2.924.295	2.924.295	3.293.125	3.293.125	3.582.920
35.000.000	1.929.060	2.260.617	2.260.617	2.682.599	2.682.599	3.345.713	3.345.713	3.767.695	3.767.695	4.099.252
40.000.000	2.166.534	2.538.907	2.538.907	3.012.836	3.012.836	3.757.582	3.757.582	4.231.512	4.231.512	4.603.885
45.000.000	2.399.035	2.811.369	2.811.369	3.336.158	3.336.158	4.160.826	4.160.826	4.685.615	4.685.615	5.097.949
50.000.000	2.626.973	3.078.484	3.078.484	3.653.134	3.653.134	4.556.156	4.556.156	5.130.807	5.130.807	5.582.318
55.000.000	2.850.675	3.340.635	3.340.635	3.964.220	3.964.220	4.944.139	4.944.139	5.567.724	5.567.724	6.057.684
60.000.000	3.070.405	3.598.131	3.598.131	4.269.782	4.269.782	5.325.234	5.325.234	5.996.885	5.996.885	6.524.611
65.000.000	3.286.384	3.851.231	3.851.231	4.570.127	4.570.127	5.699.822	5.699.822	6.418.718	6.418.718	6.983.566
70.000.000	3.498.796	4.100.152	4.100.152	4.865.514	4.865.514	6.068.225	6.068.225	6.833.586	6.833.586	7.434.942
75.000.000	3.707.801	4.345.079	4.345.079	5.156.161	5.156.161	6.430.717	6.430.717	7.241.799	7.241.799	7.879.077
100.000.000	4.705.955	5.514.791	5.514.791	6.544.218	6.544.218	8.161.890	8.161.890	9.191.318	9.191.318	10.000.154
150.000.000	6.499.055	7.616.080	7.616.080	9.037.748	9.037.748	11.271.798	11.271.798	12.693.466	12.693.466	13.810.491
200.000.000	8.059.095	9.444.252	9.444.252	11.207.179	11.207.179	13.977.493	13.977.493	15.740.421	15.740.421	17.125.578
250.000.000	9.411.830	11.029.488	11.029.488	13.088.326	13.088.326	16.323.642	16.323.642	18.382.480	18.382.480	20.000.138
300.000.000	10.573.175	12.390.440	12.390.440	14.703.322	14.703.322	18.337.851	18.337.851	20.650.733	20.650.733	22.467.997
400.000.000	12.364.170	14.489.261	14.489.261	17.193.924	17.193.924	21.444.107	21.444.107	24.148.769	24.148.769	26.273.861
500.000.000	13.497.417	15.817.285	15.817.285	18.769.845	18.769.845	23.409.582	23.409.582	26.362.142	26.362.142	28.682.011

Erweiterte Honorartabelle zur HOAI – RifT **Anhang 2**

Erweiterte Honorartabelle zu § 40 Absatz 1 HOAI (Freianlagen)

Anrechenbare Kosten €	Zone I von €	Zone I bis €	Zone II von €	Zone II bis €	Zone III von €	Zone III bis €	Zone IV von €	Zone IV bis €	Zone V von €	Zone V bis €
1.500.000	140.204	167.340	167.340	201.261	201.261	251.011	251.011	284.931	284.931	312.067
2.000.000	179.197	213.880	213.880	257.234	257.234	320.820	320.820	364.174	364.174	398.857
2.500.000	216.734	258.682	258.682	311.118	311.118	388.023	388.023	440.459	440.459	482.407
3.000.000	253.138	302.132	302.132	363.375	363.375	453.198	453.198	514.441	514.441	563.436
3.500.000	288.616	344.478	344.478	414.304	414.304	516.716	516.716	586.543	586.543	642.404
4.000.000	323.313	385.890	385.890	464.111	464.111	578.835	578.835	657.056	657.056	719.633
4.500.000	357.334	426.496	426.496	512.947	512.947	639.743	639.743	726.195	726.195	795.356
5.000.000	390.759	466.390	466.390	560.928	560.928	699.585	699.585	794.123	794.123	869.754
10.000.000	701.918	837.773	837.773	1.007.592	1.007.592	1.256.659	1.256.659	1.426.478	1.426.478	1.562.333
15.000.000	985.661	1.176.434	1.176.434	1.414.900	1.414.900	1.764.651	1.764.651	2.003.117	2.003.117	2.193.890
20.000.000	1.251.362	1.493.562	1.493.562	1.796.310	1.796.310	2.240.342	2.240.342	2.543.091	2.543.091	2.785.290
25.000.000	1.503.311	1.794.274	1.794.274	2.157.978	2.157.978	2.691.411	2.691.411	3.055.115	3.055.115	3.346.079
30.000.000	1.743.990	2.081.536	2.081.536	2.503.469	2.503.469	3.122.304	3.122.304	3.544.237	3.544.237	3.881.784
35.000.000	1.975.032	2.357.297	2.357.297	2.835.127	2.835.127	3.535.945	3.535.945	4.013.776	4.013.776	4.396.040
40.000.000	2.197.601	2.622.943	2.622.943	3.154.621	3.154.621	3.934.415	3.934.415	4.466.093	4.466.093	4.891.435
45.000.000	2.412.573	2.879.522	2.879.522	3.463.209	3.463.209	4.319.283	4.319.283	4.902.970	4.902.970	5.369.919
50.000.000	2.620.635	3.127.855	3.127.855	3.761.879	3.761.879	4.691.782	4.691.782	5.325.807	5.325.807	5.833.027
75.000.000	3.574.072	4.265.828	4.265.828	5.130.522	5.130.522	6.398.741	6.398.741	7.263.436	7.263.436	7.955.192
100.000.000	4.411.764	5.265.654	5.265.654	6.333.016	6.333.016	7.898.481	7.898.481	8.965.843	8.965.843	9.819.733
150.000.000	5.837.243	6.967.032	6.967.032	8.379.268	8.379.268	10.450.548	10.450.548	11.862.785	11.862.785	12.992.574
200.000.000	7.033.274	8.394.552	8.394.552	10.096.151	10.096.151	12.591.829	12.591.829	14.293.427	14.293.427	15.654.706
250.000.000	8.091.630	9.657.752	9.657.752	11.615.404	11.615.404	14.486.627	14.486.627	16.444.280	16.444.280	18.010.402

Anhang 2 Erweiterte Honorartabelle zur HOAI – RifT

Erweiterte Honorartabelle zu § 44 Absatz 1 HOAI (Ingenieurbauwerke)

Anrechenbare Kosten €	Zone I von €	Zone I bis €	Zone II von €	Zone II bis €	Zone III von €	Zone III bis €	Zone IV von €	Zone IV bis €	Zone V von €	Zone V bis €
25.000.000	702.770	837.123	837.123	971.476	971.476	1.105.829	1.105.829	1.229.848	1.229.848	1.364.201
30.000.000	807.719	962.135	962.135	1.116.552	1.116.552	1.270.969	1.270.969	1.413.508	1.413.508	1.567.924
35.000.000	908.254	1.081.891	1.081.891	1.255.527	1.255.527	1.429.164	1.429.164	1.589.444	1.589.444	1.763.081
40.000.000	1.005.066	1.197.211	1.197.211	1.389.356	1.389.356	1.581.501	1.581.501	1.758.865	1.758.865	1.951.010
45.000.000	1.098.652	1.308.688	1.308.688	1.518.724	1.518.724	1.728.761	1.728.761	1.922.641	1.922.641	2.132.677
50.000.000	1.189.386	1.416.768	1.416.768	1.644.151	1.644.151	1.871.534	1.871.534	2.081.425	2.081.425	2.308.808
55.000.000	1.277.558	1.521.797	1.521.797	1.766.037	1.766.037	2.010.276	2.010.276	2.235.727	2.235.727	2.479.966
60.000.000	1.363.400	1.624.050	1.624.050	1.884.700	1.884.700	2.145.350	2.145.350	2.385.950	2.385.950	2.646.600
65.000.000	1.447.099	1.723.750	1.723.750	2.000.402	2.000.402	2.277.053	2.277.053	2.532.423	2.532.423	2.809.075
70.000.000	1.528.811	1.821.083	1.821.083	2.113.356	2.113.356	2.405.628	2.405.628	2.675.418	2.675.418	2.967.691
75.000.000	1.608.665	1.916.203	1.916.203	2.223.742	2.223.742	2.531.281	2.531.281	2.815.163	2.815.163	3.122.702
100.000.000	1.983.467	2.362.659	2.362.659	2.741.851	2.741.851	3.121.043	3.121.043	3.471.066	3.471.066	3.850.259
150.000.000	2.634.470	3.138.118	3.138.118	3.641.767	3.641.767	4.145.415	4.145.415	4.610.322	4.610.322	5.113.970
200.000.000	3.181.996	3.790.319	3.790.319	4.398.642	4.398.642	5.006.965	5.006.965	5.568.493	5.568.493	6.176.816
250.000.000	3.646.162	4.343.223	4.343.223	5.040.283	5.040.283	5.737.343	5.737.343	6.380.784	6.380.784	7.077.844
300.000.000	4.042.360	4.815.164	4.815.164	5.587.968	5.587.968	6.360.772	6.360.772	7.074.130	7.074.130	7.846.934
400.000.000	4.690.486	5.587.196	5.587.196	6.483.907	6.483.907	7.380.617	7.380.617	8.208.350	8.208.350	9.105.060
500.000.000	5.257.430	6.262.527	6.262.527	7.267.624	7.267.624	8.272.721	8.272.721	9.200.503	9.200.503	10.205.599

Erweiterte Honorartabelle zur HOAI – RifT **Anhang 2**

Erweiterte Honorartabelle zu § 48 Absatz 1 HOAI (Verkehrsanlagen)

Anrechenbare Kosten €	Zone I		Zone II		Zone III		Zone IV		Zone V	
	von €	bis €	von €	bis €	von €	bis €	von €	bis €	von €	bis €
25.000.000	641.265	763.860	763.860	886.454	886.454	1.009.049	1.009.049	1.122.213	1.122.213	1.244.808
30.000.000	733.609	873.858	873.858	1.014.107	1.014.107	1.154.356	1.154.356	1.283.816	1.283.816	1.424.065
35.000.000	821.729	978.825	978.825	1.135.920	1.135.920	1.293.015	1.293.015	1.438.026	1.438.026	1.595.122
40.000.000	906.309	1.079.574	1.079.574	1.252.839	1.252.839	1.426.104	1.426.104	1.586.041	1.586.041	1.759.306
45.000.000	987.839	1.176.691	1.176.691	1.365.542	1.365.542	1.554.394	1.554.394	1.728.719	1.728.719	1.917.570
50.000.000	1.066.687	1.270.612	1.270.612	1.474.538	1.474.538	1.678.463	1.678.463	1.866.702	1.866.702	2.070.627
55.000.000	1.143.136	1.361.677	1.361.677	1.580.218	1.580.218	1.798.758	1.798.758	2.000.488	2.000.488	2.219.029
60.000.000	1.217.412	1.450.153	1.450.153	1.682.894	1.682.894	1.915.634	1.915.634	2.130.472	2.130.472	2.363.212
65.000.000	1.289.699	1.536.259	1.536.259	1.782.819	1.782.819	2.029.379	2.029.379	2.256.972	2.256.972	2.503.532
70.000.000	1.360.145	1.620.173	1.620.173	1.880.201	1.880.201	2.140.229	2.140.229	2.380.254	2.380.254	2.640.282
75.000.000	1.428.879	1.702.047	1.702.047	1.975.215	1.975.215	2.248.383	2.248.383	2.500.538	2.500.538	2.773.706
100.000.000	1.750.119	2.084.701	2.084.701	2.419.282	2.419.282	2.753.864	2.753.864	3.062.708	3.062.708	3.397.290
150.000.000	2.303.241	2.743.567	2.743.567	3.183.892	3.183.892	3.624.218	3.624.218	4.030.672	4.030.672	4.470.998
200.000.000	2.763.833	3.292.212	3.292.212	3.820.592	3.820.592	4.348.972	4.348.972	4.836.707	4.836.707	5.365.087
250.000.000	3.150.751	3.753.101	3.753.101	4.355.450	4.355.450	4.957.800	4.957.800	5.513.815	5.513.815	6.116.164
300.000.000	3.478.186	4.143.134	4.143.134	4.808.081	4.808.081	5.473.029	5.473.029	6.086.826	6.086.826	6.751.774
400.000.000	4.008.695	4.775.063	4.775.063	5.541.431	5.541.431	6.307.799	6.307.799	7.015.216	7.015.216	7.781.584
500.000.000	4.473.028	5.328.166	5.328.166	6.183.304	6.183.304	7.038.442	7.038.442	7.827.800	7.827.800	8.682.937

Anhang 2 Erweiterte Honorartabelle zur HOAI – RifT

Erweiterte Honorartabelle zu § 52 Absatz 1 HOAI (Tragwerksplanung)

Anrechenbare Kosten €	Zone I von €	Zone I bis €	Zone II von €	Zone II bis €	Zone III von €	Zone III bis €	Zone IV von €	Zone IV bis €	Zone V von €	Zone V bis €
15.000.000	455.117	505.686	505.686	642.943	642.943	801.873	801.873	939.131	939.131	989.699
20.000.000	569.574	632.860	632.860	804.636	804.636	1.003.535	1.003.535	1.175.311	1.175.311	1.238.597
25.000.000	677.440	752.711	752.711	957.018	957.018	1.193.585	1.193.585	1.397.892	1.397.892	1.473.163
30.000.000	780.188	866.875	866.875	1.102.170	1.102.170	1.374.617	1.374.617	1.609.912	1.609.912	1.696.599
35.000.000	878.745	976.384	976.384	1.241.402	1.241.402	1.548.266	1.548.266	1.813.284	1.813.284	1.910.923
40.000.000	973.747	1.081.941	1.081.941	1.375.611	1.375.611	1.715.649	1.715.649	2.009.319	2.009.319	2.117.513
45.000.000	1.065.651	1.184.056	1.184.056	1.505.443	1.505.443	1.877.575	1.877.575	2.198.962	2.198.962	2.317.368
50.000.000	1.154.802	1.283.114	1.283.114	1.631.387	1.631.387	2.034.652	2.034.652	2.382.925	2.382.925	2.511.237
55.000.000	1.241.470	1.379.411	1.379.411	1.753.822	1.753.822	2.187.352	2.187.352	2.561.763	2.561.763	2.699.704
60.000.000	1.325.867	1.473.186	1.473.186	1.873.050	1.873.050	2.336.052	2.336.052	2.735.916	2.735.916	2.883.235
65.000.000	1.408.169	1.564.632	1.564.632	1.989.318	1.989.318	2.481.059	2.481.059	2.905.745	2.905.745	3.062.208
70.000.000	1.488.518	1.653.909	1.653.909	2.102.827	2.102.827	2.622.627	2.622.627	3.071.545	3.071.545	3.236.936
75.000.000	1.567.037	1.741.152	1.741.152	2.213.750	2.213.750	2.760.970	2.760.970	3.233.568	3.233.568	3.407.683
100.000.000	1.935.325	2.150.361	2.150.361	2.734.031	2.734.031	3.409.859	3.409.859	3.993.528	3.993.528	4.208.564
150.000.000	2.572.555	2.858.394	2.858.394	3.634.244	3.634.244	4.532.597	4.532.597	5.308.447	5.308.447	5.594.286
200.000.000	3.103.638	3.448.487	3.448.487	4.384.505	4.384.505	5.468.315	5.468.315	6.404.333	6.404.333	6.749.182
250.000.000	3.547.730	3.941.922	3.941.922	5.011.873	5.011.873	6.250.763	6.250.763	7.320.713	7.320.713	7.714.905
300.000.000	3.919.747	4.355.275	4.355.275	5.537.421	5.537.421	6.906.221	6.906.221	8.088.367	8.088.367	8.523.895
400.000.000	4.506.378	5.007.086	5.007.086	6.366.153	6.366.153	7.939.808	7.939.808	9.298.875	9.298.875	9.799.583
500.000.000	4.994.245	5.549.161	5.549.161	7.055.362	7.055.362	8.799.384	8.799.384	10.305.585	10.305.585	10.860.501

Erweiterte Honorartabelle zur HOAI – RifT **Anhang 2**

Erweiterte Honorartabelle zu § 56 Absatz 1 HOAI (Technische Ausrüstung)

Anrechenbare Kosten	Zone I		Zone II		Zone III	
€	von €	bis €	von €	bis €	von €	bis €
4.000.000	412.126	492.410	492.410	578.046	578.046	658.331
5.500.000	530.082	633.344	633.344	743.491	743.491	846.754
7.000.000	641.179	766.084	766.084	899.316	899.316	1.024.221
8.500.000	747.115	892.657	892.657	1.047.901	1.047.901	1.193.443
10.000.000	848.927	1.014.303	1.014.303	1.190.703	1.190.703	1.356.079
12.500.000	1.011.253	1.208.251	1.208.251	1.418.381	1.418.381	1.615.378
15.000.000	1.166.129	1.393.297	1.393.297	1.635.609	1.635.609	1.862.777
17.500.000	1.314.919	1.571.072	1.571.072	1.844.302	1.844.302	2.100.455
20.000.000	1.458.563	1.742.699	1.742.699	2.045.777	2.045.777	2.329.913
22.500.000	1.597.747	1.908.997	1.908.997	2.240.996	2.240.996	2.552.246
25.000.000	1.732.992	2.070.587	2.070.587	2.430.689	2.430.689	2.768.285
30.000.000	1.993.217	2.381.505	2.381.505	2.795.680	2.795.680	3.183.969
35.000.000	2.241.671	2.678.360	2.678.360	3.144.161	3.144.161	3.580.851
40.000.000	2.480.042	2.963.167	2.963.167	3.478.501	3.478.501	3.961.626
45.000.000	2.709.572	3.237.410	3.237.410	3.800.438	3.800.438	4.328.277
50.000.000	2.931.209	3.502.224	3.502.224	4.111.306	4.111.306	4.682.321
55.000.000	3.145.707	3.758.507	3.758.507	4.412.160	4.412.160	5.024.960
60.000.000	3.353.675	4.006.988	4.006.988	4.703.856	4.703.856	5.357.169
65.000.000	3.555.621	4.248.275	4.248.275	4.987.105	4.987.105	5.679.758
70.000.000	3.751.972	4.482.876	4.482.876	5.262.506	5.262.506	5.993.410
75.000.000	3.943.095	4.711.230	4.711.230	5.530.575	5.530.575	6.298.710
100.000.000	4.830.186	5.771.132	5.771.132	6.774.807	6.774.807	7.715.752
150.000.000	6.336.123	7.570.432	7.570.432	8.887.029	8.887.029	10.121.339
200.000.000	7.579.710	9.056.277	9.056.277	10.631.281	10.631.281	12.107.848
250.000.000	8.631.924	10.313.468	10.313.468	12.107.114	12.107.114	13.788.658
300.000.000	9.541.819	11.400.614	11.400.614	13.383.330	13.383.330	15.242.126
400.000.000	11.081.538	13.240.279	13.240.279	15.542.936	15.542.936	17.701.677
500.000.000	12.442.909	14.866.853	14.866.853	17.452.392	17.452.392	19.876.335

Anhang 3 Tabellen zur Bewertung von Teilgrundleistungen für Architekten- und Ingenieurleistungen

Der Verordnungsgeber hat als kleinsten rechnerischen Baustein für die Honorierung die **Leistungsphase** als in sich abgeschlossenen Leistungsabschnitt (s. Amtliche Begründung zu § 15 HOAI) bestimmt. In zahlreichen Fällen ist es jedoch erforderlich, einen Honoraranteil bzw. eine Bewertung für **einzelne Grundleistungen** vorzunehmen. Das gilt heute, nachdem der BGH in drei Entscheidungen[2] seine frühere Rechtsprechung aufgegeben hat, nach der es nicht auf Einzelleistungen, sondern auf den werkvertraglichen Gesamterfolg ankam, auch für die Fälle, in denen **übertragene Grundleistungen nicht erbracht** werden. Das, was früher hier im Kommentar als »Zentrale Leistung« bezeichnet wurde, ist nun von der Rechtsprechung im Ergebnis als »**selbständiger Arbeitsschritt**« und werkvertraglicher »**Teilerfolg**« benannt worden. Die rechtliche Begründung ergibt sich daraus, dass das Weglassen von Grundleistungen im Einzelfall einen Mangel darstellen kann.[3]

Obwohl es in allen Leistungsbildern der HOAI auch **dienstvertraglich orientierte Leistungen** gibt, die keinen »selbständigen Arbeitsschritt« bzw. »Teilerfolg« darstellen, sind auch für diese Leistungen Prozentsätze angegeben. Bei einer Minderung wegen eines Mangels sind bei diesen Leistungen keine Abzüge vorzunehmen, weil sie keine »Teilerfolge« darstellen.[4] Eine Minderung kommt nach der hier vertretenen Auffassung auch dann nicht in Frage, wenn es sich um eine werkvertragliche, aber im konkreten Einzelfall zur ordnungsgemäßen Erfüllung der Aufgabe **nicht erforderliche Leistung** handelt (dazu § 8 Rdn. 26). Die Angabe von Prozentsätzen für solche Leistungen rechtfertigt sich in der nachfolgenden Tabelle daraus, dass die Tabelle nicht nur für die Minderung bei Weglassen von Grundleistungen heranzuziehen ist, sondern insgesamt bei folgenden Sachverhalten:

- Bei der Beauftragung mit einzelnen Teilgrundleistungen innerhalb einer Leistungsphase nach § 8 Abs. 2 HOAI
- bei Weglassen von übertragenen, einzelnen Grundleistungen[5]
- als Anhaltspunkt für eine Honorarvereinbarung über Teilleistungen zwischen einem Generalplaner und Subplanern
- zur Regelung der Honorarverteilung in einem Vertrag über eine ARGE
- zur Überprüfung, ob durch die Nichtbeauftragung mit einzelnen Teilgrundleistungen und die dafür angesetzten Prozentsätze eine versteckte Unterschreitung des Mindestsatzes vorliegt[6]
- zur Klärung der erbrachten Leistungen bei Kündigung

---

2 Vgl. dazu § 8 Rdn. 17 ff.
3 Vgl. i. e. § 8 Rdn. 17 ff.
4 Vgl. § 8 Rdn. 21 f.
5 Vgl. § 8 Rdn. 16 ff.
6 Vgl. § 7 Rdn. 101 ff.

Tabellen zur Bewertung von Teilgrundleistungen Anhang 3

Die im Folgenden vorgeschlagenen Tabellen 3/1, 3/2 und 3/4 bis 3/7 stammen vom Honorarsachverständigen Herrn Dipl.-Ing. (FH) Simmendinger und die Tabelle 3/3 vom Sachverständigen Dipl.-Ing. Ernst Frey.

Es werden nur noch starre Werte angegeben, wobei darauf hingewiesen wird, dass Schwankungen bei jeder einzelnen Leistung möglich sind und Abweichungen von 0,5 % bis 3 % im Einzelfall nach oben und auch nach unten berechtigt sein können. In den oben (2. Abs.) genannten Fällen scheidet ein prozentualer Ansatz gegebenenfalls vollständig aus.

	3/1 Teilleistungstabelle Objektplanung Gebäude			
	HOAI 1996/2002 und 2009	Bewertung	HOAI 2013	Bewertung
LP 1		3		2
	a) Klären der Aufgabenstellung	1,0–2,0	a) Klären der Aufgabenstellung auf Grundlage der Vorgaben oder der Bedarfsplanung des Auftraggebers	0,5
			b) Ortsbesichtigung	0,5
	b) Beraten zum gesamten Leistungsbedarf	0,5–1,0	c) Beraten zum gesamten Leistungs- und Untersuchungsbedarf	0,5
	c) Formulieren von Entscheidungshilfen für die Auswahl anderer an der Planung fachlich Beteiligter	0,25–1,0	d) Formulieren der Entscheidungshilfen für die Auswahl anderer an der Planung fachlich Beteiligter	0,25
	d) Zusammenfassen der Ergebnisse	0,25–1,0	e) Zusammenfassen, Erläutern und Dokumentieren der Ergebnisse	0,25
LP 2		7		7
	a) Analyse der Grundlagen	0,5–1,0	a) Analysieren der Grundlagen, Abstimmen der Leistungen mit den fachlich an der Planung Beteiligten	0,5
	b) Abstimmen der Zielvorstellungen (Randbedingungen, Zielkonflikte)	0,5–1,0	b) Abstimmen der Zielvorstellungen, Hinweisen auf Zielkonflikte	0,5
	c) Aufstellen eines planungsbezogenen Zielkatalogs (Programmziele)	0,5–1,0		

1401

Anhang 3 Tabellen zur Bewertung von Teilgrundleistungen

	HOAI 1996/2002 und 2009	Bewertung	HOAI 2013	Bewertung
	d) Erarbeiten eines Planungskonzepts einschließlich Untersuchung der alternativen Lösungsmöglichkeiten nach gleichen Anforderungen mit zeichnerischer Darstellung und Bewertung, zum Beispiel versuchsweise zeichnerische Darstellungen, Strichskizzen, gegebenenfalls mit erläuternden Angaben	3,0–4,5	c) Erarbeiten der Vorplanung, Untersuchen, Darstellen und Bewerten von Varianten nach gleichen Anforderungen, Zeichnungen im Maßstab nach Art und Größe des Objekts	3,5
	f) Klären und Erläutern der wesentlichen städtebaulichen, gestalterischen, funktionalen, technischen, bauphysikalischen, wirtschaftlichen, energiewirtschaftlichen (zum Beispiel hinsichtlich rationeller Energieverwendung und der Verwendung erneuerbarer Energien) und landschaftsökologischen Zusammenhänge, Vorgänge und Bedingungen, sowie der Belastung und Empfindlichkeit der betroffenen Ökosysteme	0,5–1,0	d) Klären und Erläutern der wesentlichen Zusammenhänge, Vorgaben und Bedingungen (zum Beispiel städtebauliche, gestalterische, funktionale, technische, wirtschaftliche, ökologische, bauphysikalische, energiewirtschaftliche, soziale, öffentlich-rechtliche)	0,5
	e) Integrieren der Leistungen anderer an der Planung fachlich Beteiligter	0,5–1,0	e) Bereitstellen der Arbeitsergebnisse als Grundlage für die anderen an der Planung fachlich Beteiligten sowie Koordination und Integration von deren Leistungen	0,5
	g) Vorverhandlungen mit Behörden und anderen an der Planung fachlich Beteiligten über die Genehmigungsfähigkeit	bis 1,0	f) Vorverhandlungen über die Genehmigungsfähigkeit	0,5
	i) Kostenschätzung nach DIN 276 oder nach dem wohnungsrechtlichen Berechnungsrecht	0,5–1,0	g) Kostenschätzung nach DIN 276, Vergleich mit den finanziellen Rahmenbedingungen	0,5

	HOAI 1996/2002 und 2009	Bewertung	HOAI 2013	Bewertung
			h) Erstellen eines Terminplans mit den wesentlichen Vorgängen des Planungs- und Bauablaufs	0,25
	j) Zusammenstellen aller Vorplanungsergebnisse	bis 0,25	i) Zusammenfassen, Erläutern und Dokumentieren der Ergebnisse	0,25
LP 3		11		15
	a) Durcharbeiten des Planungskonzepts (stufenweise Erarbeitung einer zeichnerischen Lösung) unter Berücksichtigung städtebaulicher, gestalterischer, funktionaler, technischer, bauphysikalischer, wirtschaftlicher, energiewirtschaftlicher (zum Beispiel hinsichtlich rationeller Energieverwendung und der Verwendung erneuerbarer Energie) und landschaftsökologischer Anforderungen unter Verwendung der Beiträge anderer an der Planung fachlich Beteiligter bis zum vollständigen Entwurf	2,0–3,0	a) Erarbeiten der Entwurfsplanung, unter weiterer Berücksichtigung der wesentlichen Zusammenhänge, Vorgaben und Bedingungen (zum Beispiel städtebauliche, gestalterische, funktionale, technische, wirtschaftliche, ökologische, soziale, öffentlich-rechtliche) auf der Grundlage der Vorplanung und als Grundlage für die weiteren Leistungsphasen und die erforderlichen öffentlich-rechtlichen Genehmigungen unter Verwendung der Beiträge anderer an der Planung fachlich Beteiligter. Zeichnungen nach Art und Größe des Objekts im erforderlichen Umfang und Detaillierungsgrad unter Berücksichtigung aller fachspezifischen Anforderungen, zum Beispiel bei Gebäuden im Maßstab 1:100, zum Beispiel bei Innenräumen im Maßstab 1:50 bis 1:20	10
	d) Zeichnerische Darstellung des Gesamtentwurfs, zum Beispiel durchgearbeitete, vollständige Vorentwurfs- und/oder Entwurfszeich-	4,0–6,0		

Anhang 3 Tabellen zur Bewertung von Teilgrundleistungen

	HOAI 1996/2002 und 2009	Bewertung	HOAI 2013	Bewertung
	nungen (Maßstab nach Art und Größe des Bauvorhabens; bei Freianlagen: im Maßstab 1:500 bis 1:100, insbesondere mit Angaben zur Verbesserung der Biotopfunktion, zu Vermeidungs-, Schutz-, Pflege und Entwicklungsmaßnahmen sowie zur differenzierten Bepflanzung; bei raumbildenden Ausbauten: im Maßstab 1:50 bis 1:20, insbesondere mit Einzelheiten der Wandabwicklungen, Farb-, Licht- und Materialgestaltung), gegebenenfalls auch Detailpläne mehrfach wiederkehrender Raumgruppen			
	b) Integrieren der Leistungen anderer an der Planung fachlich Beteiligter	1,0–1,5	b) Bereitstellen der Arbeitsergebnisse als Grundlage für die anderen an der Planung fachlich Beteiligten sowie Koordination und Integration von deren Leistungen	1
	c) Objektbeschreibung mit Erläuterung von Ausgleichs- und Ersatzmaßnahmen nach Maßgabe der naturschutzrechtlichen Eingriffsregelung	0,5–1,0	c) Objektbeschreibung	0,5
	e) Verhandlungen mit Behörden und anderen an der Planung fachlich Beteiligten über die Genehmigungsfähigkeit	bis 1,0	d) Verhandlungen über die Genehmigungsfähigkeit	1
	f) Kostenberechnung nach DIN 276 oder nach dem wohnungsrechtlichen Berechnungsrecht	1,0–1,25	e) Kostenberechnung nach DIN 276 und Vergleich mit der Kostenschätzung	1,5
	g) Kostenkontrolle durch Vergleich der Kostenberechnung mit der Kostenschätzung	0,25–0,5		

	HOAI 1996/2002 und 2009	Bewertung	HOAI 2013	Bewertung
			f) Fortschreiben des Terminplans	0,75
	h) Zusammenfassen aller Entwurfsunterlagen	bis 0,25	g) Zusammenfassen, Erläutern und Dokumentieren der Ergebnisse	0,25
LP 4		6		3
	a) Erarbeiten der Vorlagen für die nach den öffentlich-rechtlichen Vorschriften erforderlichen Genehmigungen oder Zustimmungen einschließlich der Anträge auf Ausnahmen und Befreiungen unter Verwendung der Beiträge anderer an der Planung fachlich Beteiligter sowie noch notwendiger Verhandlungen mit Behörden	4,0–5,0	a) Erarbeiten und Zusammenstellen der Vorlagen und Nachweise für öffentlich-rechtliche Genehmigungen oder Zustimmungen einschließlich der Anträge auf Ausnahmen und Befreiungen, sowie notwendiger Verhandlungen mit Behörden unter Verwendung der Beiträge anderer an der Planung fachlich Beteiligter	2
	b) Einreichen dieser Unterlagen	bis 0,25	b) Einreichen der Vorlagen	0,25
	c) Vervollständigen und Anpassen der Planungsunterlagen, Beschreibungen und Berechnungen unter Verwendung der Beiträge anderer an der Planung fachlich Beteiligter	bis 1,5	c) Ergänzen und Anpassen der Planungsunterlagen, Beschreibungen und Berechnungen	0,75
LP 5		25		25
	a) Durcharbeiten der Ergebnisse der Leistungsphase 3 und 4 (stufenweise Erarbeitung und Darstellung der Lösung) unter Berücksichtigung städtebaulicher, gestalterischer, funktionaler, technischer, bauphysikalischer, wirtschaftlicher, energiewirtschaftlicher (zum Beispiel	6,5–8,0	a) Erarbeiten der Ausführungsplanung mit allen für die Ausführung notwendigen Einzelangaben (zeichnerisch und textlich) auf der Grundlage der Entwurfs- und Genehmigungsplanung bis zur ausführungsreifen Lösung, als Grundlage für die weiteren Leistungsphasen	6

Anhang 3 Tabellen zur Bewertung von Teilgrundleistungen

HOAI 1996/2002 und 2009	Bewertung	HOAI 2013	Bewertung
hinsichtlich rationeller Energieverwendung und der Verwendung erneuerbarer Energien) und landschaftsökologischer Anforderungen unter Verwendung der Beiträge anderer an der Planung fachlich Beteiligter bis zur ausführungsreifen Lösung			
b) Zeichnerische Darstellung des Objekts mit allen für die Ausführung notwendigen Einzelangaben, zum Beispiel endgültige, vollständige Ausführungs-, Detail- und Konstruktionszeichnungen im Maßstab 1:50 bis 1:1	14,0–16,0	b) Ausführungs-, Detail- und Konstruktionszeichnungen nach Art und Größe des Objekts im erforderlichen Umfang und Detaillierungsgrad unter Berücksichtigung aller fachspezifischen Anforderungen, zum Beispiel bei Gebäuden im Maßstab 1:50 bis 1:1, zum Beispiel bei Innenräumen im Maßstab 1:20 bis 1:1	14
d) Erarbeiten der Grundlagen für die anderen an der Planung fachlich Beteiligten und Integrierung ihrer Beiträge bis zur ausführungsreifen Lösung	bis 2,5	c) Bereitstellen der Arbeitsergebnisse als Grundlage für die anderen an der Planung fachlich Beteiligten, sowie Koordination und Integration von deren Leistungen	1,5
		d) Fortschreiben des Terminplans	0,25
e) Fortschreiben der Ausführungsplanung während der Objektausführung	1,0–2,5	e) Fortschreiben der Ausführungsplanung aufgrund der gewerkeorientierten Bearbeitung während der Objektausführung	0,75
		f) Überprüfen erforderlicher Montagepläne der vom Objektplaner geplanten Baukonstruktionen und baukonstruktiven Einbauten auf Übereinstimmung mit der Ausführungsplanung	2,5

	HOAI 1996/2002 und 2009	Bewertung	HOAI 2013	Bewertung
LP 6		10		10
			a) Aufstellen eines Vergabeterminplans	0,5
	a) Ermitteln und Zusammenstellen von Mengen als Grundlage für das Aufstellen von Leistungsbeschreibungen unter Verwendung der Beiträge anderer an der Planung fachlich Beteiligter	3,0–4,0		
	b) Aufstellen von Leistungsbeschreibungen mit Leistungsverzeichnissen nach Leistungsbereichen	5,0–6,5	b) Aufstellen von Leistungsbeschreibungen mit Leistungsverzeichnissen nach Leistungsbereichen, Ermitteln und Zusammenstellen von Mengen auf der Grundlage der Ausführungsplanung unter Verwendung der Beiträge anderer an der Planung fachlich Beteiligter	6
	c) Abstimmen und Koordinieren der Leistungsbeschreibungen der an der Planung fachlich Beteiligten	0,5–1,5	c) Abstimmen und Koordinieren der Schnittstellen zu den Leistungsbeschreibungen der an der Planung fachlich Beteiligten	1
			d) Ermitteln der Kosten auf der Grundlage vom Planer bepreister Leistungsverzeichnisse	1
			e) Kostenkontrolle durch Vergleich der vom Planer bepreisten Leistungsverzeichnisse mit der Kostenberechnung	0,5
			f) Zusammenstellen der Vergabeunterlagen für alle Leistungsbereiche	1,0
LP 7		4		4
	a) Zusammenstellen der Vergabe- und Vertragsunter-	0,25–0,5		

Anhang 3 Tabellen zur Bewertung von Teilgrundleistungen

	HOAI 1996/2002 und 2009	Bewertung	HOAI 2013	Bewertung
	lagen für alle Leistungsbereiche			
	d) Abstimmen und Zusammenstellen der Leistungen der fachlich Beteiligten, die an der Vergabe mitwirken	bis 0,25	a) Koordinieren der Vergaben der Fachplaner	0,5
	b) Einholen von Angeboten	bis 0,25	b) Einholen von Angeboten	0,25
	c) Prüfen und Werten der Angebote einschließlich Aufstellen eines Preisspiegels nach Teilleistungen unter Mitwirkung aller während der Leistungsphasen 6 und 7 fachlich Beteiligten	1,5–2,0	c) Prüfen und Werten der Angebote einschließlich Aufstellen eines Preisspiegels nach Einzelpositionen oder Teilleistungen, Prüfen und Werten der Angebote zusätzlicher und geänderter Leistungen der ausführenden Unternehmen und der Angemessenheit der Preise	1,5
	e) Verhandlung mit Bietern	bis 0,25	d) Führen von Bietergesprächen	0,25
			e) Erstellen der Vergabevorschläge, Dokumentation des Vergabeverfahrens	0,25
			f) Zusammenstellen der Vertragsunterlagen für alle Leistungsbereiche	0,25
	f) Kostenanschlag nach DIN 276 aus Einheits- oder Pauschalpreisen der Angebote	0,5–1,25	g) Vergleichen der Ausschreibungsergebnisse mit den vom Planer bepreisten Leistungsverzeichnissen oder der Kostenberechnung	0,75
	g) Kostenkontrolle durch Vergleich des Kostenanschlags mit der Kostenberechnung	0,5–1,0		
	h) Mitwirken bei der Auftragserteilung	bis 0,25	h) Mitwirken bei der Auftragserteilung	0,25

	HOAI 1996/2002 und 2009	Bewertung	HOAI 2013	Bewertung
LP 8		31		32
	a) Überwachen der Ausführung des Objekts auf Übereinstimmung mit der Baugenehmigung oder Zustimmung, den Ausführungsplänen und den Leistungsbeschreibungen sowie mit den allgemein anerkannten Regeln der Technik und den einschlägigen Vorschriften	16,0–18,0	a) Überwachen der Ausführung des Objektes auf Übereinstimmung mit der öffentlich-rechtlichen Genehmigung oder Zustimmung, den Verträgen mit ausführenden Unternehmen, den Ausführungsunterlagen, den einschlägigen Vorschriften sowie mit den allgemein anerkannten Regeln der Technik	18
	b) Überwachen der Ausführung von Tragwerken nach § 50 Absatz 2 Nummer 1 und 2 auf Übereinstimmung mit den Standsicherheitsnachweis	bis 2,5	b) Überwachen der Ausführung von Tragwerken mit sehr geringen und geringen Planungsanforderungen auf Übereinstimmung mit dem Standsicherheitsnachweis	–
	c) Koordinieren der an der Objektüberwachung fachlich Beteiligten	1,5–3,0	c) Koordinieren der an der Objektüberwachung fachlich Beteiligten	2
	d) Überwachung und Detailkorrektur von Fertigteilen	bis 1,0		
	e) Aufstellen und Überwachen eines Zeitplanes (Balkendiagramm)	1,0–2,5	d) Aufstellen, Fortschreiben und Überwachen eines Terminplans (Balkendiagramm)	1,5
	f) Führen eines Bautagebuches	0,5–1,0	e) Dokumentation des Bauablaufs (zum Beispiel Bautagebuch)	0,5
	g) Gemeinsames Aufmaß mit den bauausführenden Unternehmen	1,0–2,5	f) Gemeinsames Aufmaß mit den ausführenden Unternehmen	1,5
	i) Rechnungsprüfung	1,5–2,0	g) Rechnungsprüfung einschließlich Prüfen der Aufmaße der bauausführenden Unternehmen	1,5
			h) Vergleich der Ergebnisse der Rechnungsprüfungen	0,5

Anhang 3   Tabellen zur Bewertung von Teilgrundleistungen

	HOAI 1996/2002 und 2009	Bewertung	HOAI 2013	Bewertung
			mit den Auftragssummen einschließlich Nachträgen	
	o) Kostenkontrolle durch Überprüfen der Leistungsabrechnung der bauausführenden Unternehmen im Vergleich zu den Vertragspreisen und dem Kostenanschlag	0,5–2,0	i) Kostenkontrolle durch Überprüfen der Leistungsabrechnung der bauausführenden Unternehmen im Vergleich zu den Vertragspreisen	1
	j) Kostenfeststellung nach DIN 276 oder nach dem wohnungsrechtlichen Berechnungsrecht	0,5–2,0	j) Kostenfeststellung, zum Beispiel nach DIN 276	1
	h) Abnahme der Bauleistungen unter Mitwirkung anderer an der Planung und Objektüberwachung fachlich Beteiligter unter Feststellung von Mängeln	1,5–2,5	k) Organisation der Abnahme der Bauleistungen unter Mitwirkung anderer an der Planung und Objektüberwachung fachlich Beteiligter, Feststellung von Mängeln, Abnahmeempfehlung für den Auftraggeber	2
	k) Antrag auf behördliche Abnahmen und Teilnahme daran	bis 0,25	l) Antrag auf öffentlich-rechtliche Abnahmen und Teilnahme daran	0,25
			m) Systematische Zusammenstellung der Dokumentation, zeichnerischen Darstellungen und rechnerischen Ergebnisse des Objekts	0,5
	l) Übergabe des Objekts einschließlich Zusammenstellung und Übergabe der erforderlichen Unterlagen, zum Beispiel Bedienungsanleitungen, Prüfprotokolle	bis 0,25	n) Übergabe des Objekts	0,25
	m) Auflisten der Verjährungsfristen für Mängelansprüche	bis 0,5	o) Auflisten der Verjährungsfristen für Mängelansprüche	0,5
	n) Überwachen der Beseitigung der bei der Abnahme	0,25–2,5	p) Überwachen der Beseitigung der bei der Abnahme festgestellten Mängel	1

	HOAI 1996/2002 und 2009	Bewertung	HOAI 2013	Bewertung
	der Bauleistungen festgestellten Mängel			
LP 9		3		2
	b) Überwachen der Beseitigung von Mängeln, die innerhalb der Verjährungsfristen für Mängelansprüche, längstens jedoch bis zum Ablauf von vier Jahren seit Abnahme der Bauleistungen auftreten	0,5–2,5	a) Fachliche Bewertung der innerhalb der Verjährungsfristen für Gewährleistungsansprüche festgestellten Mängel, längstens jedoch bis zum Ablauf von fünf Jahren seit Abnahme der Leistung, einschließlich notwendiger Begehungen	1
	a) Objektbegehung zur Mängelfeststellung vor Ablauf der Verjährungsfristen für Mängelansprüche gegenüber den bauausführenden Unternehmen	0,25–0,75	b) Objektbegehung zur Mängelfeststellung vor Ablauf der Verjährungsfristen für Mängelansprüche gegenüber den ausführenden Unternehmen	0,5
	c) Mitwirken bei der Freigabe von Sicherheitsleistungen	bis 0,5	c) Mitwirken bei der Freigabe von Sicherheitsleistungen	0,5
	d) Systematische Zusammenstellung der zeichnerischen Darstellungen und rechnerischen Ergebnisse des Objekts	0,5–1,0		

Anhang 3/2 Teilleistungstabelle Objektplanung Innenräume

	3/2 Teilleistungstabelle Objektplanung Innenräume			
	HOAI 1996/2002 und 2009	Bewertung	HOAI 2013	Bewertung
LP 1		3		2
	a) Klären der Aufgabenstellung	1,0–2,0	a) Klären der Aufgabenstellung auf Grundlage der Vorgaben oder der Bedarfsplanung des Auftraggebers	0,5
			b) Ortsbesichtigung	0,5
	b) Beraten zum gesamten Leistungsbedarf	0,5–1,0	c) Beraten zum gesamten Leistungs- und Untersuchungsbedarf	0,5
	c) Formulieren von Entscheidungshilfen für die Auswahl anderer an der Planung fachlich Beteiligter	0,25–0,75	d) Formulieren der Entscheidungshilfen für die Auswahl anderer an der Planung fachlich Beteiligter	0,25
	d) Zusammenfassen der Ergebnisse	0,25–0,5	e) Zusammenfassen, Erläutern und Dokumentieren der Ergebnisse	0,25
LP 2		7		7
	a) Analyse der Grundlagen	0,5–1,0	a) Analysieren der Grundlagen, Abstimmen der Leistungen mit den fachlich an der Planung Beteiligten	0,5
	b) Abstimmen der Zielvorstellungen (Randbedingungen, Zielkonflikte)	0,25–0,75	b) Abstimmen der Zielvorstellungen, Hinweisen auf Zielkonflikte	0,5
	c) Aufstellen eines planungsbezogenen Zielkatalogs (Programmziele)	0,25–0,75		
	d) Erarbeiten eines Planungskonzepts einschließlich Untersuchung der alternativen Lösungsmöglichkeiten nach gleichen Anforderungen mit zeichnerischer Darstellung und Bewertung, zum Beispiel versuchsweise zeichnerische Darstellungen, Strich-	3,25–4,5	c) Erarbeiten der Vorplanung, Untersuchen, Darstellen und Bewerten von Varianten nach gleichen Anforderungen, Zeichnungen im Maßstab nach Art und Größe des Objekts	3,5

Teilleistungstabelle Objektplanung Innenräume **Anhang 3/2**

	HOAI 1996/2002 und 2009	Bewertung	HOAI 2013	Bewertung
	skizzen, gegebenenfalls mit erläuternden Angaben			
	f) Klären und Erläutern der wesentlichen städtebaulichen, gestalterischen, funktionalen, technischen, bauphysikalischen, wirtschaftlichen, energiewirtschaftlichen (zum Beispiel hinsichtlich rationeller Energieverwendung und der Verwendung erneuerbarer Energien) und landschaftsökologischen Zusammenhänge, Vorgänge und Bedingungen, sowie der Belastung und Empfindlichkeit der betroffenen Ökosysteme	0,5–1,0	d) Klären und Erläutern der wesentlichen Zusammenhänge, Vorgaben und Bedingungen (zum Beispiel städtebauliche, gestalterische, funktionale, technische, wirtschaftliche, ökologische, bauphysikalische, energiewirtschaftliche, soziale, öffentlich-rechtliche)	0,5
	e) Integrieren der Leistungen anderer an der Planung fachlich Beteiligter	0,5–1,0	e) Bereitstellen der Arbeitsergebnisse als Grundlage für die anderen an der Planung fachlich Beteiligten sowie Koordination und Integration von deren Leistungen	0,5
	g) Vorverhandlungen mit Behörden und anderen an der Planung fachlich Beteiligten über die Genehmigungsfähigkeit	bis 1,0	f) Vorverhandlungen über die Genehmigungsfähigkeit	0,5
	i) Kostenschätzung nach DIN 276 oder nach dem wohnungsrechtlichen Berechnungsrecht	0,5–1,5	g) Kostenschätzung nach DIN 276, Vergleich mit den finanziellen Rahmenbedingungen	0,5
			h) Erstellen eines Terminplans mit den wesentlichen Vorgängen des Planungs- und Bauablaufs	0,25
	j) Zusammenstellen aller Vorplanungsergebnisse	bis 0,25	i) Zusammenfassen, Erläutern und Dokumentieren der Ergebnisse	0,25

Anhang 3/2 Teilleistungstabelle Objektplanung Innenräume

	HOAI 1996/2002 und 2009	Bewertung	HOAI 2013	Bewertung
LP 3		14		15
	a) Durcharbeiten des Planungskonzepts (stufenweise Erarbeitung einer zeichnerischen Lösung) unter Berücksichtigung städtebaulicher, gestalterischer, funktionaler, technischer, bauphysikalischer, wirtschaftlicher, energiewirtschaftlicher (zum Beispiel hinsichtlich rationeller Energieverwendung und der Verwendung erneuerbarer Energie) und landschaftsökologischer Anforderungen unter Verwendung der Beiträge anderer an der Planung fachlich Beteiligter bis zum vollständigen Entwurf	4,0–5,5	a) Erarbeiten der Entwurfsplanung, unter weiterer Berücksichtigung der wesentlichen Zusammenhänge, Vorgaben und Bedingungen (zum Beispiel städtebauliche, gestalterische, funktionale, technische, wirtschaftliche, ökologische, soziale, öffentlich-rechtliche) auf der Grundlage der Vorplanung und als Grundlage für die weiteren Leistungsphasen und die erforderlichen öffentlich-rechtlichen Genehmigungen unter Verwendung der Beiträge anderer an der Planung fachlich Beteiligter. Zeichnungen nach Art und Größe des Objekts im erforderlichen Umfang und Detaillierungsgrad unter Berücksichtigung aller fachspezifischen Anforderungen, zum Beispiel bei Gebäuden im Maßstab 1:100, zum Beispiel bei Innenräumen im Maßstab 1:50 bis 1:20	10
	d) Zeichnerische Darstellung des Gesamtentwurfs, zum Beispiel durchgearbeitete, vollständige Vorentwurfs- und/oder Entwurfszeichnungen (Maßstab nach Art und Größe des Bauvorhabens; bei Freianlagen: im Maßstab 1:500 bis 1:100, insbesondere mit Angaben zur Verbesserung der Biotopfunktion, zu Vermeidungs-, Schutz-, Pflege und Entwicklungsmaßnahmen	5,0–6,5		

HOAI 1996/2002 und 2009	Bewertung	HOAI 2013	Bewertung
sowie zur differenzierten Bepflanzung; bei raumbildenden Ausbauten: im Maßstab 1:50 bis 1:20, insbesondere mit Einzelheiten der Wandabwicklungen, Farb-, Licht- und Materialgestaltung), gegebenenfalls auch Detailpläne mehrfach wiederkehrender Raumgruppen			
b) Integrieren der Leistungen anderer an der Planung fachlich Beteiligter	0,5–2,0	b) Bereitstellen der Arbeitsergebnisse als Grundlage für die anderen an der Planung fachlich Beteiligten sowie Koordination und Integration von deren Leistungen	1
c) Objektbeschreibung mit Erläuterung von Ausgleichs- und Ersatzmaßnahmen nach Maßgabe der naturschutzrechtlichen Eingriffsregelung	1,0–2,0	c) Objektbeschreibung	0,5
e) Verhandlungen mit Behörden und anderen an der Planung fachlich Beteiligten über die Genehmigungsfähigkeit	bis 1,0	d) Verhandlungen über die Genehmigungsfähigkeit	1
f) Kostenberechnung nach DIN 276 oder nach dem wohnungsrechtlichen Berechnungsrecht	1,25–1,5	e) Kostenberechnung nach DIN 276 und Vergleich mit der Kostenschätzung	1,5
g) Kostenkontrolle durch Vergleich der Kostenberechnung mit der Kostenschätzung	0,25–0,5		
		f) Fortschreiben des Terminplans	0,75
h) Zusammenfassen aller Entwurfsunterlagen	bis 0,25	g) Zusammenfassen, Erläutern und Dokumentieren der Ergebnisse	0,25

Anhang 3/2 Teilleistungstabelle Objektplanung Innenräume

	HOAI 1996/2002 und 2009	Bewertung	HOAI 2013	Bewertung
LP 4		2		2
	a) Erarbeiten der Vorlagen für die nach den öffentlich-rechtlichen Vorschriften erforderlichen Genehmigungen oder Zustimmungen einschließlich der Anträge auf Ausnahmen und Befreiungen unter Verwendung der Beiträge anderer an der Planung fachlich Beteiligter sowie noch notwendiger Verhandlungen mit Behörden	0,75–1,0	a) Erarbeiten und Zusammenstellen der Vorlagen und Nachweise für öffentlich-rechtliche Genehmigungen oder Zustimmungen einschließlich der Anträge auf Ausnahmen und Befreiungen, sowie notwendiger Verhandlungen mit Behörden unter Verwendung der Beiträge anderer an der Planung fachlich Beteiligter	1,5
	c) Prüfen auf notwendige Genehmigungen, Einholen von Zustimmungen und Genehmigungen	bis 1,5		
	b) Einreichen dieser Unterlagen	bis 0,25	b) Einreichen der Vorlagen	0,25
			c) Ergänzen und Anpassen der Planungsunterlagen, Beschreibungen und Berechnungen	0,25
LP 5		30		30
	a) Durcharbeiten der Ergebnisse der Leistungsphase 3 und 4 (stufenweise Erarbeitung und Darstellung der Lösung) unter Berücksichtigung städtebaulicher, gestalterischer, funktionaler, technischer, bauphysikalischer, wirtschaftlicher, energiewirtschaftlicher (zum Beispiel hinsichtlich rationeller Energieverwendung und der Verwendung erneuerbarer Energien) und landschaftsökologischer Anforderungen unter Verwendung der Bei-	8,0–10,0	a) Erarbeiten der Ausführungsplanung mit allen für die Ausführung notwendigen Einzelangaben (zeichnerisch und textlich) auf der Grundlage der Entwurfs- und Genehmigungsplanung bis zur ausführungsreifen Lösung, als Grundlage für die weiteren Leistungsphasen	8

HOAI 1996/2002 und 2009	Bewertung	HOAI 2013	Bewertung
träge anderer an der Planung fachlich Beteiligter bis zur ausführungsreifen Lösung			
c) Detaillierte Darstellung der Räume und Raumfolgen im Maßstab 1:25 bis 1:1, mit den erforderlichen textlichen Ausführungen; Materialbestimmung	19,0–20,0	b) Ausführungs-, Detail- und Konstruktionszeichnungen nach Art und Größe des Objekts im erforderlichen Umfang und Detaillierungsgrad unter Berücksichtigung aller fachspezifischen Anforderungen, zum Beispiel bei Gebäuden im Maßstab 1:50 bis 1:1, zum Beispiel bei Innenräumen im Maßstab 1:20 bis 1:1	19
d) Erarbeiten der Grundlagen für die anderen an der Planung fachlich Beteiligten und Integrierung ihrer Beiträge bis zur ausführungsreifen Lösung	bis 3,0	c) Bereitstellen der Arbeitsergebnisse als Grundlage für die anderen an der Planung fachlich Beteiligten, sowie Koordination und Integration von deren Leistungen	1,5
		d) Fortschreiben des Terminplans	1
e) Fortschreiben der Ausführungsplanung während der Objektausführung	1,0–2,5	e) Fortschreiben der Ausführungsplanung aufgrund der gewerkeorientierten Bearbeitung während der Objektausführung	0,5
		f) Überprüfen erforderlicher Montagepläne der vom Objektplaner geplanten Baukonstruktionen und baukonstruktiven Einbauten auf Übereinstimmung mit der Ausführungsplanung	–
LP 6	7		7
		a) Aufstellen eines Vergabeterminplans	0,5

Anhang 3/2 Teilleistungstabelle Objektplanung Innenräume

	HOAI 1996/2002 und 2009	Bewertung	HOAI 2013	Bewertung
	a) Ermitteln und Zusammenstellen von Mengen als Grundlage für das Aufstellen von Leistungsbeschreibungen unter Verwendung der Beiträge anderer an der Planung fachlich Beteiligter	2,0–3,0		
	b) Aufstellen von Leistungsbeschreibungen mit Leistungsverzeichnissen nach Leistungsbereichen	3,0–4,0	b) Aufstellen von Leistungsbeschreibungen mit Leistungsverzeichnissen nach Leistungsbereichen, Ermitteln und Zusammenstellen von Mengen auf der Grundlage der Ausführungsplanung unter Verwendung der Beiträge anderer an der Planung fachlich Beteiligter	4,5
	c) Abstimmen und Koordinieren der Leistungsbeschreibungen der an der Planung fachlich Beteiligten	0,5–1,0	c) Abstimmen und Koordinieren der Schnittstellen zu den Leistungsbeschreibungen der an der Planung fachlich Beteiligten	0,5
			d) Ermitteln der Kosten auf der Grundlage vom Planer bepreister Leistungsverzeichnisse	1
			e) Kostenkontrolle durch Vergleich der vom Planer bepreisten Leistungsverzeichnisse mit der Kostenberechnung	0,5
LP 7		3		3
	a) Zusammenstellen der Vergabe- und Vertragsunterlagen für alle Leistungsbereiche	0,25–0,5		
	d) Abstimmen und Zusammenstellen der Leistungen der fachlich Beteiligten, die an der Vergabe mitwirken	bis 0,5	a) Koordinieren der Vergaben der Fachplaner	0,25

Teilleistungstabelle Objektplanung Innenräume **Anhang 3/2**

	HOAI 1996/2002 und 2009	Bewertung	HOAI 2013	Bewertung
	b) Einholen von Angeboten	0,5–1,0	b) Einholen von Angeboten	0,25
	c) Prüfen und Werten der Angebote einschließlich Aufstellen eines Preisspiegels nach Teilleistungen unter Mitwirkung aller während der Leistungsphasen 6 und 7 fachlich Beteiligten	1,25–1,75	c) Prüfen und Werten der Angebote einschließlich Aufstellen eines Preisspiegels nach Einzelpositionen oder Teilleistungen, Prüfen und Werten der Angebote zusätzlicher und geänderter Leistungen der ausführenden Unternehmen und der Angemessenheit der Preise	1
	e) Verhandlung mit Bietern	bis 0,5	d) Führen von Bietergesprächen	0,25
			e) Erstellen der Vergabevorschläge, Dokumentation des Vergabeverfahrens	0,25
			f) Zusammenstellen der Vertragsunterlagen für alle Leistungsbereiche	0,25
	f) Kostenanschlag nach DIN 276 aus Einheits- oder Pauschalpreisen der Angebote	bis 0,75	g) Vergleichen der Ausschreibungsergebnisse mit den vom Planer bepreisten Leistungsverzeichnissen oder der Kostenberechnung	0,5
	g) Kostenkontrolle durch Vergleich des Kostenanschlags mit der Kostenberechnung	0,5–1,0		
	h) Mitwirken bei der Auftragserteilung	bis 0,25	h) Mitwirken bei der Auftragserteilung	0,25
LP 8		31		32
	a) Überwachen der Ausführung des Objekts auf Übereinstimmung mit der Baugenehmigung oder Zustimmung, den Ausführungsplänen und den Leistungsbeschreibungen sowie mit den allgemein anerkann-	16,0–18,0	a) Überwachen der Ausführung des Objektes auf Übereinstimmung mit der öffentlich-rechtlichen Genehmigung oder Zustimmung, den Verträgen mit ausführenden Unternehmen, den Ausführungsunterlagen,	18

Anhang 3/2 Teilleistungstabelle Objektplanung Innenräume

	HOAI 1996/2002 und 2009	Bewertung	HOAI 2013	Bewertung
	ten Regeln der Technik und den einschlägigen Vorschriften		den einschlägigen Vorschriften sowie mit den allgemein anerkannten Regeln der Technik	
	c) Koordinieren der an der Objektüberwachung fachlich Beteiligten	1,0–2,0	c) Koordinieren der an der Objektüberwachung fachlich Beteiligten	2
	d) Überwachung und Detailkorrektur von Fertigteilen	1,0–2,5		
	e) Aufstellen und Überwachen eines Zeitplanes (Balkendiagramm)	1,0–2,5	d) Aufstellen, Fortschreiben und Überwachen eines Terminplans (Balkendiagramm)	1,5
	f) Führen eines Bautagebuches	0,5–0,75	e) Dokumentation des Bauablaufs (zum Beispiel Bautagebuch)	0,5
	g) Gemeinsames Aufmaß mit den bauausführenden Unternehmen	1,0–2,5	f) Gemeinsames Aufmaß mit den ausführenden Unternehmen	1,5
	i) Rechnungsprüfung	1,5–2,0	g) Rechnungsprüfung einschließlich Prüfen der Aufmaße der bauausführenden Unternehmen	1,5
			h) Vergleich der Ergebnisse der Rechnungsprüfungen mit den Auftragssummen einschließlich Nachträgen	0,5
	o) Kostenkontrolle durch Überprüfen der Leistungsabrechnung der bauausführenden Unternehmen im Vergleich zu den Vertragspreisen und dem Kostenanschlag	0,5–1,5	i) Kostenkontrolle durch Überprüfen der Leistungsabrechnung der bauausführenden Unternehmen im Vergleich zu den Vertragspreisen	1
	j) Kostenfeststellung nach DIN 276 oder nach dem wohnungsrechtlichen Berechnungsrecht	0,5–1,5	j) Kostenfeststellung, zum Beispiel nach DIN 276	1
	h) Abnahme der Bauleistungen unter Mitwirkung anderer an der Planung und Ob-	1,5–2,5	k) Organisation der Abnahme der Bauleistungen unter Mitwirkung anderer an	2

HOAI 1996/2002 und 2009	Bewertung	HOAI 2013	Bewertung
jektüberwachung fachlich Beteiligter unter Feststellung von Mängeln		der Planung und Objektüberwachung fachlich Beteiligter, Feststellung von Mängeln, Abnahmeempfehlung für den Auftraggeber	
k) Antrag auf behördliche Abnahmen und Teilnahme daran	bis 0,25	l) Antrag auf öffentlich-rechtliche Abnahmen und Teilnahme daran	0,25
		m) Systematische Zusammenstellung der Dokumentation, zeichnerischen Darstellungen und rechnerischen Ergebnisse des Objekts	0,5
l) Übergabe des Objekts einschließlich Zusammenstellung und Übergabe der erforderlichen Unterlagen, zum Beispiel Bedienungsanleitungen, Prüfprotokolle	bis 0,25	n) Übergabe des Objekts	0,25
m) Auflisten der Verjährungsfristen für Mängelansprüche	bis 0,5	o) Auflisten der Verjährungsfristen für Mängelansprüche	0,5
n) Überwachen der Beseitigung der bei der Abnahme der Bauleistungen festgestellten Mängel	0,25–2,5	p) Überwachen der Beseitigung der bei der Abnahme festgestellten Mängel	1
LP 9	3		2
b) Überwachen der Beseitigung von Mängeln, die innerhalb der Verjährungsfristen für Mängelansprüche, längstens jedoch bis zum Ablauf von vier Jahren seit Abnahme der Bauleistungen auftreten	0,5–2,5	a) Fachliche Bewertung der innerhalb der Verjährungsfristen für Gewährleistungsansprüche festgestellten Mängel, längstens jedoch bis zum Ablauf von fünf Jahren seit Abnahme der Leistung, einschließlich notwendiger Begehungen	1
a) Objektbegehung zur Mängelfeststellung vor Ab-	0,25–0,75	b) Objektbegehung zur Mängelfeststellung vor Ab-	0,5

Anhang 3/2 Teilleistungstabelle Objektplanung Innenräume

	HOAI 1996/2002 und 2009	Bewertung	HOAI 2013	Bewertung
	lauf der Verjährungsfristen für Mängelansprüche gegenüber den bauausführenden Unternehmen		lauf der Verjährungsfristen für Mängelansprüche gegenüber den ausführenden Unternehmen	
	c) Mitwirken bei der Freigabe von Sicherheitsleistungen	0,25–0,5	c) Mitwirken bei der Freigabe von Sicherheitsleistungen	0,5
	d) Systematische Zusammenstellung der zeichnerischen Darstellungen und rechnerischen Ergebnisse des Objekts	0,5–1,0		

3/3 Teilleistungstabelle Objektplanung Freianlagen

	HOAI 1996/2002 und 2009	Bewertung	HOAI 2013	Bewertung
LP 1		3		3
	a) Klären der Aufgabenstellung	1,0–2,0	a) Klären der Aufgabenstellung aufgrund der Vorgaben oder der Bedarfsplanung des Auftraggebers oder vorliegender Planungs- und Genehmigungsunterlagen	1,5
			b) Ortsbesichtigung	0,5
	b) Beraten zum gesamten Leistungsbedarf	0,5–1,0	c) Beraten zum gesamten Leistungs- und Untersuchungsbedarf	0,5
	c) Formulieren von Entscheidungshilfen für die Auswahl anderer an der Planung fachlich Beteiligter	0,5–1,0	d) Formulieren der Entscheidungshilfen für die Auswahl anderer an der Planung fachlich Beteiligter	0,25
	d) Zusammenfassen der Ergebnisse	0,25–0,5	e) Zusammenfassen, Erläutern und Dokumentieren der Ergebnisse	0,25
LP 2		10		10
	a) Analyse der Grundlagen	0,5–1,0	a) Analysieren der Grundlagen, Abstimmen der Leistungen mit den fachlich an der Planung Beteiligten	0,5
	b) Abstimmen der Zielvorstellungen (Randbedingungen, Zielkonflikte)	0,5–1,0	b) Abstimmen der Zielvorstellungen	0,5
	c) Aufstellen eines planungsbezogenen Zielkatalogs (Programmziele)	0,5–1,0		
	h) Erfassen, Bewerten und Erläutern der ökosystemaren Strukturen und Zusammenhänge, zum Beispiel Boden, Wasser, Klima, Luft, Pflanzen- und Tierwelt, sowie Darstellen der räumlichen und gestalterischen Konzep-	2,0–3,0	c) Erfassen, Bewerten und Erläutern der Wechselwirkungen im Ökosystem	2

Anhang 3/3 Teilleistungstabelle Objektplanung Freianlagen

	HOAI 1996/2002 und 2009	Bewertung	HOAI 2013	Bewertung
	tion mit erläuternden Angaben, insbesondere zur Geländegestaltung, Biotopverbesserung und -vernetzung, vorhandenen Vegetation, Neupflanzung, Flächenverteilung der Grün-, Verkehrs-, Wasser-, Spiel- und Sportflächen; ferner Klären der Randgestaltung und der Anbindung an die Umgebung			
	f) Klären und Erläutern der wesentlichen städtebaulichen, gestalterischen, funktionalen, technischen, bauphysikalischen, wirtschaftlichen, energiewirtschaftlichen (zum Beispiel hinsichtlich rationeller Energieverwendung und der Verwendung erneuerbarer Energien) und landschaftsökologischen Zusammenhänge, Vorgänge und Bedingungen, sowie der Belastung und Empfindlichkeit der betroffenen Ökosysteme	0,5–1,0		
	d) Erarbeiten eines Planungskonzepts einschließlich Untersuchung der alternativen Lösungsmöglichkeiten nach gleichen Anforderungen mit zeichnerischer Darstellung und Bewertung, zum Beispiel versuchsweise zeichnerische Darstellungen, Strichskizzen, gegebenenfalls mit erläuternden Angaben	3,0–4,5	d) Erarbeiten eines Planungskonzepts einschließlich Untersuchen und Bewerten von Varianten nach gleichen Anforderungen unter Berücksichtigung zum Beispiel – der Topographie und der weiteren standörtlichen und ökologischen Rahmenbedingungen, – der Umweltbelange einschließlich der natur- und artenschutzrechtlichen Anforderungen und der vegetationstechnischen Bedingungen, – der gestalterischen und	4

	HOAI 1996/2002 und 2009	Bewertung	HOAI 2013	Bewertung
			funktionalen Anforderungen – Klären der wesentlichen Zusammenhänge, Vorgänge und Bedingungen – Abstimmen oder Koordinieren unter Integration der Beiträge anderer an der Planung fachlich Beteiligter	
	e) Integrieren der Leistungen anderer an der Planung fachlich Beteiligter	0,25–0,5		
	g) Vorverhandlungen mit Behörden und anderen an der Planung fachlich Beteiligten über die Genehmigungsfähigkeit	bis 0,5		
			e) Darstellen des Vorentwurfs mit Erläuterungen und Angaben zum terminlichen Ablauf	2
	i) Kostenschätzung nach DIN 276 oder nach dem wohnungsrechtlichen Berechnungsrecht	0,5–1,25	f) Kostenschätzung nach DIN 276, Vergleich mit den finanziellen Rahmenbedingungen	0,75
	j) Zusammenstellen aller Vorplanungsergebnisse	bis 0,5	g) Zusammenfassen, Erläutern und Dokumentieren der Ergebnisse	0,25
LP 3		15		16
	a) Durcharbeiten des Planungskonzepts (stufenweise Erarbeitung einer zeichnerischen Lösung) unter Berücksichtigung städtebaulicher, gestalterischer, funktionaler, technischer, bauphysikalischer, wirtschaftlicher, energiewirtschaftlicher (zum Beispiel	3,5–4,5	a) Erarbeiten der Entwurfsplanung auf Grundlage der Vorplanung unter Vertiefung zum Beispiel der gestalterischen, funktionalen, wirtschaftlichen, standörtlichen, ökologischen, natur- und artenschutzrechtlichen Anforderungen	5

Anhang 3/3 Teilleistungstabelle Objektplanung Freianlagen

	HOAI 1996/2002 und 2009	Bewertung	HOAI 2013	Bewertung
	hinsichtlich rationeller Energieverwendung und der Verwendung erneuerbarer Energie) und landschaftsökologischer Anforderungen unter Verwendung der Beiträge anderer an der Planung fachlich Beteiligter bis zum vollständigen Entwurf		Abstimmen oder Koordinieren unter Integration der Beiträge anderer an der Planung fachlich Beteiligter	
	e) Verhandlungen mit Behörden und anderen an der Planung fachlich Beteiligten über die Genehmigungsfähigkeit	bis 1,0	b) Abstimmen der Planung mit zu beteiligenden Stellen und Behörden	0,5
	b) Integrieren der Leistungen anderer an der Planung fachlich Beteiligter	0,25–0,5		
	d) Zeichnerische Darstellung des Gesamtentwurfs, zum Beispiel durchgearbeitete, vollständige Vorentwurfs- und/oder Entwurfszeichnungen (Maßstab nach Art und Größe des Bauvorhabens; bei Freianlagen: im Maßstab 1:500 bis 1:100, insbesondere mit Angaben zur Verbesserung der Biotopfunktion, zu Vermeidungs-, Schutz-, Pflege und Entwicklungsmaßnahmen sowie zur differenzierten Bepflanzung	5,5–7,0	c) Darstellen des Entwurfs zum Beispiel im Maßstab 1:500 bis 1:100, mit erforderlichen Angaben insbesondere – zur Bepflanzung, – zu Materialien und Ausstattungen, – zu Maßnahmen aufgrund rechtlicher Vorgaben, – zum terminlichen Ablauf	7
	c) Objektbeschreibung mit Erläuterung von Ausgleichs- und Ersatzmaßnahmen nach Maßgabe der naturschutzrechtlichen Eingriffsregelung	0,5–1,0	d) Objektbeschreibung mit Erläuterung von Ausgleichs- und Ersatzmaßnahmen nach Maßgabe der naturschutzrechtlichen Eingriffsregelung	1
	f) Kostenberechnung nach DIN 276 oder nach dem wohnungsrechtlichen Berechnungsrecht	1,0–1,5	e) Kostenberechnung, zum Beispiel nach DIN 276 einschließlich zugehöriger Mengenermittlung	1

	HOAI 1996/2002 und 2009	Bewertung	HOAI 2013	Bewertung
	g) Kostenkontrolle durch Vergleich der Kostenberechnung mit der Kostenschätzung	0,25–0,5	f) Vergleich der Kostenberechnung mit der Kostenschätzung	1
	h) Zusammenfassen aller Entwurfsunterlagen	bis 0,25	g) Zusammenfassen, Erläutern und Dokumentieren der Ergebnisse	0,5
LP 4		6		4
	a) Erarbeiten der Vorlagen für die nach den öffentlich-rechtlichen Vorschriften erforderlichen Genehmigungen oder Zustimmungen einschließlich der Anträge auf Ausnahmen und Befreiungen unter Verwendung der Beiträge anderer an der Planung fachlich Beteiligter sowie noch notwendiger Verhandlungen mit Behörden	2,5–4,0	a) Erarbeiten und Zusammenstellen der Vorlagen und Nachweise für öffentlich-rechtliche Genehmigungen oder Zustimmungen einschließlich der Anträge auf Ausnahmen und Befreiungen, sowie notwendiger Verhandlungen mit Behörden unter Verwendung der Beiträge anderer an der Planung fachlich Beteiligter	3
	b) Einreichen dieser Unterlagen	0,25–0,5	b) Einreichen der Vorlagen	0,25
	c) Vervollständigen und Anpassen der Planungsunterlagen, Beschreibungen und Berechnungen unter Verwendung der Beiträge anderer an der Planung fachlich Beteiligter	bis 0,75	c) Ergänzen und Anpassen der Planungsunterlagen, Beschreibungen und Berechnungen	0,75
	d) Prüfen auf notwendige Genehmigungen, Einholen von Zustimmungen und Genehmigungen	bis 2,5		
LP 5		24		25
	a) Durcharbeiten der Ergebnisse der Leistungsphase 3 und 4 (stufenweise Erarbei-	6,0–7,5	a) Erarbeiten der Ausführungsplanung auf Grundlage der Entwurfs- und Geneh-	7

Anhang 3/3 Teilleistungstabelle Objektplanung Freianlagen

	HOAI 1996/2002 und 2009	Bewertung	HOAI 2013	Bewertung
	tung und Darstellung der Lösung) unter Berücksichtigung städtebaulicher, gestalterischer, funktionaler, technischer, bauphysikalischer, wirtschaftlicher, energiewirtschaftlicher (zum Beispiel hinsichtlich rationeller Energieverwendung und der Verwendung erneuerbarer Energien) und landschaftsökologischer Anforderungen unter Verwendung der Beiträge anderer an der Planung fachlich Beteiligter bis zur ausführungsreifen Lösung		migungsplanung bis zur ausführungsreifen Lösung als Grundlage für die weiteren Leistungsphasen	
	b) Zeichnerische Darstellung des Objekts mit allen für die Ausführung notwendigen Einzelangaben, zum Beispiel endgültige, vollständige Ausführungs-, Detail- und Konstruktionszeichnungen im Maßstab 1:50 bis 1:1, bei Freianlagen je nach Art des Bauvorhabens im Maßstab 1: 200 bis 1:50, insbesondere Bepflanzungspläne, mit den erforderlichen textlichen Ausführungen	13,0–15,0	b) Erstellen von Plänen oder Beschreibungen, je nach Art des Bauvorhabens zum Beispiel im Maßstab 1:200 bis 1:50	7
	d) Erarbeiten der Grundlagen für die anderen an der Planung fachlich Beteiligten und Integrierung ihrer Beiträge bis zur ausführungsreifen Lösung	bis 2,0	c) Abstimmen oder Koordinieren unter Integration der Beiträge anderer an der Planung fachlich Beteiligter	1,5
			d) Darstellen der Freianlagen mit den für die Ausführung notwendigen Angaben, Detail- oder Konstruktionszeichnungen, insbesondere – zu Oberflächenmaterial, -befestigungen und -relief, – zu ober- und unterirdi-	8

Teilleistungstabelle Objektplanung Freianlagen **Anhang 3/3**

	HOAI 1996/2002 und 2009	Bewertung	HOAI 2013	Bewertung
			schen Einbauten und Ausstattungen, – zur Vegetation mit Angaben zu Arten, Sorten und Qualitäten, – zu landschaftspflegerischen, naturschutzfachlichen oder artenschutzrechtlichen Maßnahmen	
			e) Fortschreiben der Angaben zum terminlichen Ablauf	0,5
	e) Fortschreiben der Ausführungsplanung während der Objektausführung	1,0–2,0	f) Fortschreiben der Ausführungsplanung während der Objektausführung	1
LP 6		7		7
	a) Ermitteln und Zusammenstellen von Mengen als Grundlage für das Aufstellen von Leistungsbeschreibungen unter Verwendung der Beiträge anderer an der Planung fachlich Beteiligter	2,0–3,0	a) Aufstellen von Leistungsbeschreibungen mit Leistungsverzeichnissen	2
	b) Aufstellen von Leistungsbeschreibungen mit Leistungsverzeichnissen nach Leistungsbereichen	3,0–5,0	b) Ermitteln und Zusammenstellen von Mengen auf Grundlage der Ausführungsplanung	2,5
	c) Abstimmen und Koordinieren der Leistungsbeschreibungen der an der Planung fachlich Beteiligten	0,5–1,0	c) Abstimmen oder Koordinieren der Leistungsbeschreibungen mit den an der Planung fachlich Beteiligten	0,25
			d) Aufstellen eines Terminplans unter Berücksichtigung jahreszeitlicher, bauablaufbedingter und witterungsbedingter Erfordernisse	0,5
				1

Anhang 3/3 Teilleistungstabelle Objektplanung Freianlagen

	HOAI 1996/2002 und 2009	Bewertung	HOAI 2013	Bewertung
			e) Ermitteln der Kosten auf Grundlage der vom Planer bepreisten Leistungsverzeichnisse	
			f) Kostenkontrolle durch Vergleich der vom Planer bepreisten Leistungsverzeichnisse mit der Kostenberechnung	0,5
	a) Zusammenstellen der Vergabe- und Vertragsunterlagen für alle Leistungsbereiche	0,25–0,5	g) Zusammenstellen der Vergabeunterlagen	0,25
LP 7		3		3
	b) Einholen von Angeboten	bis 0,25	a) Einholen von Angeboten	0,25
	c) Prüfen und Werten der Angebote einschließlich Aufstellen eines Preisspiegels nach Teilleistungen unter Mitwirkung aller während der Leistungsphasen 6 und 7 fachlich Beteiligten	1,5–2,0	b) Prüfen und Werten der Angebote einschließlich Aufstellen eines Preisspiegels nach Einzelpositionen oder Teilleistungen. Prüfen und Werten der Angebote zusätzlicher und geänderter Leistungen der ausführenden Unternehmen und der Angemessenheit der Preise	1,25
	d) Abstimmen und Zusammenstellen der Leistungen der fachlich Beteiligten, die an der Vergabe mitwirken	bis 0,25		
	e) Verhandlung mit Bietern	bis 0,25	c) Führen von Bietergesprächen	0,25
			d) Erstellen der Vergabevorschläge Dokumentation des Vergabeverfahrens	0,25
			e) Zusammenstellen der Vertragsunterlagen	0,25

Teilleistungstabelle Objektplanung Freianlagen **Anhang 3/3**

	HOAI 1996/2002 und 2009	Bewertung	HOAI 2013	Bewertung
	f) Kostenanschlag nach DIN 276 aus Einheits- oder Pauschalpreisen der Angebote	0,5–1,0		
	g) Kostenkontrolle durch Vergleich des Kostenanschlags mit der Kostenberechnung	0,5–1,0	f) Kostenkontrolle durch Vergleichen der Ausschreibungsergebnisse mit den vom Planer bepreisten Leistungsverzeichnissen und der Kostenberechnung	0,5
	h) Mitwirken bei der Auftragserteilung	bis 0,25	g) Mitwirken bei der Auftragserteilung	0,25
LP 8		29		30
	a) Überwachen der Ausführung des Objekts auf Übereinstimmung mit der Baugenehmigung oder Zustimmung, den Ausführungsplänen und den Leistungsbeschreibungen sowie mit den allgemein anerkannten Regeln der Technik und den einschlägigen Vorschriften	14,0–17,0	a) Überwachen der Ausführung des Objektes auf Übereinstimmung mit der öffentlich-rechtlichen Genehmigung oder Zustimmung, den Verträgen mit ausführenden Unternehmen, den Ausführungsunterlagen, den einschlägigen Vorschriften sowie mit den allgemein anerkannten Regeln der Technik	16
	b) Überwachen der Ausführung von Tragwerken nach § 50 Absatz 2 Nummer 1 und 2 auf Übereinstimmung mit dem Standsicherheitsnachweis	bis 0,25		
			b) Überprüfen von Pflanzen- und Materiallieferungen	1
	c) Koordinieren der an der Objektüberwachung fachlich Beteiligten	bis 2,0	c) Abstimmen mit den oder Koordinieren der an der Objektüberwachung fachlich Beteiligten	1
	d) Überwachung und Detailkorrektur von Fertigteilen	bis 1,0		

Anhang 3/3 Teilleistungstabelle Objektplanung Freianlagen

HOAI 1996/2002 und 2009	Bewertung	HOAI 2013	Bewertung
e) Aufstellen und Überwachen eines Zeitplanes (Balkendiagramm)	0,5–1,0	d) Fortschreiben und Überwachen des Terminplans unter Berücksichtigung jahreszeitlicher, bauablaufbedingter und witterungsbedingter Erfordernisse	1
f) Führen eines Bautagebuches	0,5–1,0	e) Dokumentation des Bauablaufes (zum Beispiel Bautagebuch), Feststellen des Anwuchsergebnisses	1
g) Gemeinsames Aufmaß mit den bauausführenden Unternehmen	1,0–1,5	f) Mitwirken beim Aufmaß mit den bauausführenden Unternehmen	1
i) Rechnungsprüfung		g) Rechnungsprüfung einschließlich Prüfen der Aufmaße der bauausführenden Unternehmen	2
		h) Vergleich der Ergebnisse der Rechnungsprüfungen mit den Auftragssummen einschließlich Nachträgen	0,5
h) Abnahme der Bauleistungen unter Mitwirkung anderer an der Planung und Objektüberwachung fachlich Beteiligter unter Feststellung von Mängeln	1,0–1,5	i) Organisation der Abnahme der Bauleistungen unter Mitwirkung anderer an der Planung und Objektüberwachung fachlich Beteiligter, Feststellung von Mängeln, Abnahmeempfehlung für den Auftraggeber	1,5
k) Antrag auf behördliche Abnahmen und Teilnahme daran	bis 0,25	j) Antrag auf öffentlich-rechtliche Abnahmen und Teilnahme daran	0,25
l) Übergabe des Objekts einschließlich Zusammenstellung und Übergabe der erforderlichen Unterlagen, zum Beispiel Bedienungsanleitungen, Prüfprotokolle	bis 0,25	k) Übergabe des Objekts	0,25
n) Überwachen der Beseitigung der bei der Abnahme	bis 1,5	l) Überwachen der Beseitigung der bei der Ab-	1

	HOAI 1996/2002 und 2009	Bewertung	HOAI 2013	Bewertung
	der Bauleistungen festgestellten Mängel		nahme festgestellten Mängel	
	m) Auflisten der Verjährungsfristen für Mängelansprüche	bis 0,5	m) Auflisten der Verjährungsfristen für Mängelansprüche	0,25
			n) Überwachen der Fertigstellungspflege bei vegetationstechnischen Maßnahmen	1
	o) Kostenkontrolle durch Überprüfen der Leistungsabrechnung der bauausführenden Unternehmen im Vergleich zu den Vertragspreisen und dem Kostenanschlag	0,5–1,5	o) Kostenkontrolle durch Überprüfen der Leistungsabrechnung der bauausführenden Unternehmen im Vergleich zu den Vertragspreisen	1
	j) Kostenfeststellung nach DIN 276 oder nach dem wohnungsrechtlichen Berechnungsrecht		p) Kostenfeststellung, zum Beispiel nach DIN 276	1
			q) Systematische Zusammenstellung der Dokumentation, zeichnerischen Darstellungen und rechnerischen Ergebnisse des Objekts	0,25
LP 9		3		2
	b) Überwachen der Beseitigung von Mängeln, die innerhalb der Verjährungsfristen für Mängelansprüche, längstens jedoch bis zum Ablauf von vier Jahren seit Abnahme der Bauleistungen auftreten	0,5–2,5	a) Fachliche Bewertung der innerhalb der Verjährungsfristen für Gewährleistungsansprüche festgestellten Mängel, längstens jedoch bis zum Ablauf von fünf Jahren seit Abnahme der Leistung, einschließlich notwendiger Begehungen	1
	a) Objektbegehung zur Mängelfeststellung vor Ablauf der Verjährungsfristen	0,25–0,75	b) Objektbegehung zur Mängelfeststellung vor Ablauf der Verjährungsfristen	0,5

Anhang 3/3 Teilleistungstabelle Objektplanung Freianlagen

	HOAI 1996/2002 und 2009	Bewertung	HOAI 2013	Bewertung
	für Mängelansprüche gegenüber den bauausführenden Unternehmen		für Mängelansprüche gegenüber den ausführenden Unternehmen	
	c) Mitwirken bei der Freigabe von Sicherheitsleistungen	bis 0,5	c) Mitwirken bei der Freigabe von Sicherheitsleistungen	0,5
	d) Systematische Zusammenstellung der zeichnerischen Darstellungen und rechnerischen Ergebnisse des Objekts	0,5–1,0		

3/4 Teilleistungstabelle Objektplanung Ingenieurbauwerke

	HOAI 1996/2002 und 2009	Bewertung	HOAI 2013	Bewertung
LP 1		2		2
	a) Klären der Aufgabenstellung	0,25–1,0	a) Klären der Aufgabenstellung auf Grundlage der Vorgaben oder der Bedarfsplanung des Auftraggebers	0,5
	b) Ermitteln der vorgegebenen Randbedingungen	bis 0,5	b) Ermitteln der Planungsrandbedingungen sowie Beraten zum gesamten Leistungsbedarf	0,5
	h) Ermitteln des Leistungsumfangs und der erforderlichen Vorarbeiten, zum Beispiel Baugrunduntersuchungen, Vermessungsleistungen, Immissionsschutz	bis 0,25		
	i) Formulieren von Entscheidungshilfen für die Auswahl anderer an der Planung fachlich Beteiligter	bis 0,25	c) Formulieren von Entscheidungshilfen für die Auswahl anderer an der Planung fachlich Beteiligter	0,25
	c) Bei Objekten nach § 40 Nummer 6 und 7, die eine Tragwerksplanung erfordern: Klären der Aufgabenstellung auch auf dem Gebiet der Tragwerksplanung		d) bei Objekten nach § 41 Nummer 6 und 7, die eine Tragwerksplanung erfordern: Klären der Aufgabenstellung auch auf dem Gebiet der Tragwerksplanung	–
	d) Ortsbesichtigung	bis 0,25	e) Ortsbesichtigung	0,5
	e) Zusammenstellen der die Aufgabe beeinflussenden Planungsabsichten	bis 0,25	f) Zusammenfassen, Erläutern und Dokumentieren der Ergebnisse	0,25
	f) Zusammenstellen und Werten von Unterlagen	bis 0,25		
	g) Erläutern von Planungsdaten	bis 0,25		
	j) Zusammenfassen der Ergebnisse	bis 0,5		

Anhang 3/4 Teilleistungstabelle Objektplanung Ingenieurbauwerke

	HOAI 1996/2002 und 2009	Bewertung	HOAI 2013	Bewertung
LP 2		15		20
	a) Analyse der Grundlagen	0,5–1,0	a) Analysieren der Grundlagen	1
	b) Abstimmen der Zielvorstellungen auf die Randbedingungen, die insbesondere durch Raumordnung, Landesplanung, Bauleitplanung, Rahmenplanung sowie örtliche und überörtliche Fachplanungen vorgegeben sind	0,5–1,5	b) Abstimmen der Zielvorstellungen auf die öffentlich-rechtlichen Randbedingungen sowie Planungen Dritter	1
	c) Untersuchungen von Lösungsmöglichkeiten mit ihren Einflüssen auf bauliche und konstruktive Gestaltung, Zweckmäßigkeit, Wirtschaftlichkeit unter Beachtung der Umweltverträglichkeit	2,0–6,0	c) Untersuchen von Lösungsmöglichkeiten mit ihren Einflüssen auf bauliche und konstruktive Gestaltung, Zweckmäßigkeit, Wirtschaftlichkeit unter Beachtung der Umweltverträglichkeit	4
	d) Beschaffen und Auswerten amtlicher Karten	bis 1,0	d) Beschaffen und Auswerten amtlicher Karten	0,5
	e) Erarbeiten eines Planungskonzepts einschließlich Untersuchung der alternativen Lösungsmöglichkeiten nach gleichen Anforderungen mit zeichnerischer Darstellung und Bewertung unter Einarbeitung der Beiträge anderer an der Planung fachlich Beteiligter	4,0–10,0	e) Erarbeiten eines Planungskonzepts einschließlich Untersuchung der alternativen Lösungsmöglichkeiten nach gleichen Anforderungen mit zeichnerischer Darstellung und Bewertung unter Einarbeitung der Beiträge anderer an der Planung fachlich Beteiligter	10
	f) Klären und Erläutern der wesentlichen fachspezifischen Zusammenhänge, Vorgänge und Bedingungen	0,25–1,0	f) Klären und Erläutern der wesentlichen fachspezifischen Zusammenhänge, Vorgänge und Bedingungen	0,25
	g) Vorverhandlungen mit Behörden und anderen an der Planung fachlich Beteiligten über die Genehmigungsfähigkeit, gegebenen-	0,25–1,0	g) Vorabstimmen mit Behörden und anderen an der Planung fachlich Beteiligten über die Genehmigungsfähigkeit, gegebenenfalls Mitwirken bei Verhandlun-	0,5

Teilleistungstabelle Objektplanung Ingenieurbauwerke **Anhang 3/4**

	HOAI 1996/2002 und 2009	Bewertung	HOAI 2013	Bewertung
	falls über die Bezuschussung und Kostenbeteiligung		gen über die Bezuschussung und Kostenbeteiligung	
	h) Mitwirken beim Erläutern des Planungskonzepts gegenüber Bürgerinnen und Bürgern und politischen Gremien	0,25–0,5	h) Mitwirken beim Erläutern des Planungskonzepts gegenüber Dritten an bis zu 2 Terminen	0,5
	i) Überarbeiten des Planungskonzepts nach Bedenken und Anregungen	0,5–2,0	i) Überarbeiten des Planungskonzepts nach Bedenken und Anregungen	0,5
	j) Bereitstellen von Unterlagen als Auszüge aus dem Vorentwurf zur Verwendung für ein Raumordnungsverfahren	0,25–0,5		
	k) Kostenschätzung	1,0–2,0	j) Kostenschätzung, Vergleich mit den finanziellen Rahmenbedingungen	1,5
	l) Zusammenstellen aller Vorplanungsergebnisse	0,25–1,0	k) Zusammenfassen, Erläutern und Dokumentieren der Ergebnisse	0,25
LP 3		30		25
	a) Durcharbeiten des Planungskonzepts (stufenweise Erarbeitung einer zeichnerischen Lösung) unter Berücksichtigung aller fachspezifischen Anforderungen und unter Verwendung der Beiträge anderer an der Planung fachlich Beteiligter bis zum vollständigen Entwurf	4,0–8,0	a) Erarbeiten des Entwurfs auf Grundlage der Vorplanung durch zeichnerische Darstellung im erforderlichen Umfang und Detaillierungsgrad unter Berücksichtigung aller fachspezifischen Anforderungen Bereitstellen der Arbeitsergebnisse als Grundlage für die anderen an der Planung fachlich Beteiligten, sowie Integration und Koordination der Fachplanungen	15
	d) Zeichnerische Darstellung des Gesamtentwurfs	10,0–15,0		

1437

Anhang 3/4 Teilleistungstabelle Objektplanung Ingenieurbauwerke

	HOAI 1996/2002 und 2009	Bewertung	HOAI 2013	Bewertung
	b) Erläuterungsbericht	1,0–3,0	b) Erläuterungsbericht unter Verwendung der Beiträge anderer an der Planung fachlich Beteiligter	1
	c) Fachspezifische Berechnungen, ausgenommen Berechnungen des Tragwerks	2,0–8,0	c) fachspezifische Berechnungen, ausgenommen Berechnungen aus anderen Leistungsbildern	4
	e) Finanzierungsplan, Bauzeiten- und Kostenplan, Ermitteln und Begründen der zuwendungsfähigen Kosten sowie Vorbereiten der Anträge auf Finanzierung, Mitwirken beim Erläutern des vorläufigen Entwurfs gegenüber Bürgerinnen und Bürgern und politischen Gremien, Überarbeiten des vorläufigen Entwurfs auf Grund von Bedenken und Anregungen	0,5–2,0	d) Ermitteln und Begründen der zuwendungsfähigen Kosten, Mitwirken beim Aufstellen des Finanzierungsplans sowie Vorbereiten der Anträge auf Finanzierung	1
			e) Mitwirken beim Erläutern des vorläufigen Entwurfs gegenüber Dritten an bis zu 3 Terminen, Überarbeiten des vorläufigen Entwurfs auf Grund von Bedenken und Anregungen	0,5
	f) Verhandlungen mit Behörden und anderen an der Planung fachlich Beteiligten über die Genehmigungsfähigkeit	1,0–2,0	f) Vorabstimmen der Genehmigungsfähigkeit mit Behörden und anderen an der Planung fachlich Beteiligten	0,5
	g) Kostenberechnung	1,0–3,0	g) Kostenberechnung einschließlich zugehöriger Mengenermittlung, Vergleich der Kostenberechnung mit der Kostenschätzung	1,5

Teilleistungstabelle Objektplanung Ingenieurbauwerke — Anhang 3/4

	HOAI 1996/2002 und 2009	Bewertung	HOAI 2013	Bewertung
	h) Kostenkontrolle durch Vergleich der Kostenberechnung mit Kostenschätzung	0,5–2,0		
			h) Ermitteln der wesentlichen Bauphasen unter Berücksichtigung der Verkehrslenkung und der Aufrechterhaltung des Betriebes während der Bauzeit	0,5
			i) Bauzeiten- und Kostenplan	0,5
	j) Zusammenfassen aller Entwurfsunterlagen	0,5–1,5	j) Zusammenfassen, Erläutern und Dokumentieren der Ergebnisse	0,5
LP 4		5		5
	a) Erarbeiten der Unterlagen für die erforderlichen öffentlich-rechtlichen Verfahren einschließlich der Anträge auf Ausnahmen und Befreiungen, Aufstellen des Bauwerksverzeichnisses unter Verwendung der Beiträge anderer an der Planung fachlich Beteiligter	2,0–3,0	a) Erarbeiten und Zusammenstellen der Unterlagen für die erforderlichen öffentlich-rechtlichen Verfahren oder Genehmigungsverfahren einschließlich der Anträge auf Ausnahmen und Befreiungen, Aufstellen des Bauwerksverzeichnisses unter Verwendung der Beiträge anderer an der Planung fachlich Beteiligter	2,5
	b) Einreichen dieser Unterlagen	bis 0,25		
	c) Grunderwerbsplan und Grunderwerbsverzeichnis	0,25–0,5	b) Erstellen des Grunderwerbsplanes und des Grunderwerbsverzeichnisses unter Verwendung der Beiträge anderer an der Planung fachlich Beteiligter	0,25
	f) Vervollständigen und Anpassen der Planungsunterlagen, Beschreibungen und Berechnungen unter Ver-	0,5–1,5	c) Vervollständigen und Anpassen der Planungsunterlagen, Beschreibungen und Berechnungen unter Ver-	0,5

Anhang 3/4 Teilleistungstabelle Objektplanung Ingenieurbauwerke

	HOAI 1996/2002 und 2009	Bewertung	HOAI 2013	Bewertung
	wendung der Beiträge anderer an der Planung fachlich Beteiligter		wendung der Beiträge anderer an der Planung fachlich Beteiligter	
	e) Verhandlungen mit Behörden	0,25–0,5	d) Abstimmen mit Behörden	0,25
	g) Mitwirken beim Erläutern gegenüber Bürgerinnen und Bürgern	bis 0,5	e) Mitwirken in Genehmigungsverfahren einschließlich der Teilnahme an bis zu 4 Erläuterungs-, Erörterungsterminen	1
	h) Mitwirken im Planfeststellungsverfahren einschließlich der Teilnahme an Erörterungsterminen sowie Mitwirken bei der Abfassung der Stellungnahmen zu Bedenken und Anregungen	bis 0,5	f) Mitwirken beim Abfassen von Stellungnahmen zu Bedenken und Anregungen in bis zu 10 Kategorien	0,5
LP 5		15		15
	a) Durcharbeiten der Ergebnisse der Leistungsphasen 3 und 4 (stufenweise Erarbeitung und Darstellung der Lösung) unter Berücksichtigung aller fachspezifischen Anforderungen und Verwendung der Beiträge anderer an der Planung fachlich Beteiligter bis zur ausführungsreifen Lösung	4,0–8,0	a) Erarbeiten der Ausführungsplanung auf Grundlage der Ergebnisse der Leistungsphasen 3 und 4 unter Berücksichtigung aller fachspezifischen Anforderungen und Verwendung der Beiträge anderer an der Planung fachlich Beteiligter bis zur ausführungsreifen Lösung	6
	b) Zeichnerische und rechnerische Darstellung des Objekts mit allen für die Ausführung notwendigen Einzelangaben einschließlich Detailzeichnungen in den erforderlichen Maßstäben	4,0–8,0	b) Zeichnerische Darstellung, Erläuterungen und zur Objektplanung gehörige Berechnungen mit allen für die Ausführung notwendigen Einzelangaben einschließlich Detailzeichnungen in den erforderlichen Maßstäben	6
	c) Erarbeiten der Grundlagen für die anderen an der Planung fachlich Beteiligten	1,0–2,0	c) Bereitstellen der Arbeitsergebnisse als Grundlage für die anderen an der Planung	1,5

Teilleistungstabelle Objektplanung Ingenieurbauwerke **Anhang 3/4**

	HOAI 1996/2002 und 2009	Bewertung	HOAI 2013	Bewertung
	und Integrieren ihrer Beiträge bis zur ausführungsreifen Lösung		fachlich Beteiligten und Integrieren ihrer Beiträge bis zur ausführungsreifen Lösung	
	d) Fortschreiben der Ausführungsplanung während der Objektausführung	1,0–2,0	d) Vervollständigen der Ausführungsplanung während der Objektausführung	1,5
LP 6		10		13
	a) Mengenermittlung und Aufgliederung nach Einzelpositionen unter Verwendung der Beiträge anderer an der Planung fachlich Beteiligter	4,0–5,0	a) Ermitteln von Mengen nach Einzelpositionen unter Verwendung der Beiträge anderer an der Planung fachlich Beteiligter	5
	b) Aufstellen der Verdingungsunterlagen, insbesondere Anfertigen der Leistungsbeschreibungen mit Leistungsverzeichnissen sowie der Besonderen Vertragsbedingungen	3,0–5,0	b) Aufstellen der Vergabeunterlagen, insbesondere Anfertigen der Leistungsbeschreibungen mit Leistungsverzeichnissen sowie der Besonderen Vertragsbedingungen	4
	c) Abstimmen und Koordinieren der Verdingungsunterlagen der an der Planung fachlich Beteiligten	0,5–1,5	c) Abstimmen und Koordinieren der Schnittstellen zu den Leistungsbeschreibungen der an der Planung fachlich Beteiligten	0,5
	d) Festlegen der wesentlichen Ausführungsphasen	0,5–1,5	d) Festlegen der wesentlichen Ausführungsphasen	1
	f) Fortschreiben der Kostenberechnung	0,5–1,0	e) Ermitteln der Kosten auf Grundlage der vom Planer (Entwurfsverfasser) bepreisten Leistungsverzeichnisse	1
	g) Kostenkontrolle durch Vergleich der fortgeschriebenen Kostenberechnung mit der Kostenberechnung	0,25–0,5	f) Kostenkontrolle durch Vergleich der vom Planer (Entwurfsverfasser) bepreisten Leistungsverzeichnisse mit der Kostenberechnung	1
	a) Zusammenstellen der Vergabe- und Vertragsunter-	0,25–0,5	g) Zusammenstellen der Vergabeunterlagen	0,5

Anhang 3/4 Teilleistungstabelle Objektplanung Ingenieurbauwerke

	HOAI 1996/2002 und 2009	Bewertung	HOAI 2013	Bewertung
	lagen für alle Leistungsbereiche			
LP 7		5		4
	b) Einholen von Angeboten	bis 0,5	a) Einholen von Angeboten	0,25
	c) Prüfen und Werten der Angebote einschließlich Aufstellen eines Preisspiegels	1,5–3,0	b) Prüfen und Werten der Angebote, Aufstellen des Preisspiegels	2
	d) Abstimmen und Zusammenstellen der Leistungen der fachlich Beteiligten, die an der Vergabe mitwirken	bis 0,5	c) Abstimmen und Zusammenstellen der Leistungen der fachlich Beteiligten, die an der Vergabe mitwirken	0,25
	e) Mitwirken bei Verhandlungen mit Bietern	bis 0,5	d) Führen von Bietergesprächen	0,25
			e) Erstellen der Vergabevorschläge, Dokumentation des Vergabeverfahrens	0,25
			f) Zusammenstellen der Vertragsunterlagen	0,25
			g) Vergleichen der Ausschreibungsergebnisse mit den vom Planer bepreisten Leistungsverzeichnissen und der Kostenberechnung	0,5
	h) Mitwirken bei der Auftragserteilung	bis 0,5	h) Mitwirken bei der Auftragserteilung	0,25
LP 8		15		15
	a) Aufsicht über die örtliche Bauüberwachung, soweit die Bauoberleitung und die örtliche Bauüberwachung getrennt vergeben werden, Koordinierung der an der Objektüberwachung fachlich Beteiligten, insbesondere Prüfen auf Überein-	2,0–5,0	a) Aufsicht über die örtliche Bauüberwachung, Koordinierung der an der Objektüberwachung fachlich Beteiligten, einmaliges Prüfen von Plänen auf Übereinstimmung mit dem auszuführenden Objekt und Mitwirken bei deren Freigabe	4

HOAI 1996/2002 und 2009	Bewertung	HOAI 2013	Bewertung
stimmung und Freigeben von Plänen Dritter			
b) Aufstellen und Überwachen eines Zeitplans (Balkendiagramm)	1,0–3,0	b) Aufstellen, Fortschreiben und Überwachen eines Terminplans (Balkendiagramm)	2,5
c) Inverzugsetzen der ausführenden Unternehmen	0,5–1,5	c) Veranlassen und Mitwirken daran, die ausführenden Unternehmen in Verzug zu setzen	1
j) Kostenfeststellung	1,0–2,0	d) Kostenfeststellung, Vergleich der Kostenfeststellung mit der Auftragssumme	2
k) Kostenkontrolle durch Überprüfen der Leistungsabrechnung der bauausführenden Unternehmen im Vergleich zu den Vertragspreisen und der fortgeschriebenen Kostenberechnung	0,5–1,0		
d) Abnahme von Leistungen und Lieferungen unter Mitwirkung der örtlichen Bauüberwachung und anderer an der Planung und Objektüberwachung fachlich Beteiligter unter Fertigung einer Niederschrift über das Ergebnis der Abnahme	1,0–3,0	e) Abnahme von Bauleistungen, Leistungen und Lieferungen unter Mitwirkung der örtlichen Bauüberwachung und anderer an der Planung und Objektüberwachung fachlich Beteiligter, Feststellen von Mängeln, Fertigung einer Niederschrift über das Ergebnis der Abnahme	2
h) Überwachen der Prüfungen der Funktionsfähigkeit der Anlagenteile und der Gesamtanlage	0,25–1,0	f) Überwachen der Prüfungen der Funktionsfähigkeit der Anlagenteile und der Gesamtanlage	0,5
e) Antrag auf behördliche Abnahmen und Teilnahme daran	0,5–1,5	f) Antrag auf behördliche Abnahmen und Teilnahme daran	1
f) Übergabe des Objekts einschließlich Zusammenstellung und Übergabe der erforderlichen Unterlagen,	0,5–1,5	h) Übergabe des Objekts	1

Anhang 3/4 Teilleistungstabelle Objektplanung Ingenieurbauwerke

	HOAI 1996/2002 und 2009	Bewertung	HOAI 2013	Bewertung
	zum Beispiel Abnahmeniederschriften und Prüfungsprotokolle			
	i) Auflisten der Verjährungsfristen für Mängelansprüche	bis 0,5	i) Auflisten der Verjährungsfristen der Mängelansprüche	0,5
	g) Zusammenstellen von Wartungsvorschriften für das Objekt	0,25–1,0	j) Zusammenstellen und Übergeben der Dokumentation des Bauablaufs, der Bestandsunterlagen und der Wartungsvorschriften	0,5
LP 9		3		1
	b) Überwachen der Beseitigung von Mängeln, die innerhalb der Verjährungsfristen der Mängelansprüche, längstens jedoch bis zum Ablauf von vier Jahren seit Abnahme der Leistungen auftreten	1,0–2,0	a) Fachliche Bewertung der innerhalb der Verjährungsfristen für Gewährleistungsansprüche festgestellten Mängel, längstens jedoch bis zum Ablauf von fünf Jahren seit Abnahme der Leistung, einschließlich notwendiger Begehungen	0,45
	a) Objektbegehung zur Mängelfeststellung vor Ablauf der Verjährungsfristen für Gewährleistungsansprüche gegenüber den ausführenden Unternehmen	1,0–2,0	b) Objektbegehung zur Mängelfeststellung vor Ablauf der Verjährungsfristen für Mängelansprüche gegenüber den ausführenden Unternehmen	0,45
	c) Mitwirken bei der Freigabe von Sicherheitsleistungen	bis 0,5	c) Mitwirken bei der Freigabe von Sicherheitsleistungen	0,1
	d) Systematische Zusammenstellung der zeichnerischen Darstellungen und rechnerischen Ergebnisse des Objekts	bis 0,5		

3/5 Teilleistungstabelle Objektplanung Verkehrsanlagen

	HOAI 1996/2002 und 2009	Bewertung	HOAI 2013	Bewertung
LP 1		2		2
	a) Klären der Aufgabenstellung	0,25–1,0	a) Klären der Aufgabenstellung auf Grundlage der Vorgaben oder der Bedarfsplanung des Auftraggebers	0,5
	b) Ermitteln der vorgegebenen Randbedingungen	bis 0,5	b) Ermitteln der Planungsrandbedingungen sowie Beraten zum gesamten Leistungsbedarf	0,5
	h) Ermitteln des Leistungsumfangs und der erforderlichen Vorarbeiten, zum Beispiel Baugrunduntersuchungen, Vermessungsleistungen, Immissionsschutz	bis 0,25		
	i) Formulieren von Entscheidungshilfen für die Auswahl anderer an der Planung fachlich Beteiligter	bis 0,25	c) Formulieren von Entscheidungshilfen für die Auswahl anderer an der Planung fachlich Beteiligter	0,25
	d) Ortsbesichtigung	bis 0,25	d) Ortsbesichtigung	0,5
	e) Zusammenstellen der die Aufgabe beeinflussenden Planungsabsichten	bis 0,25	e) Zusammenfassen, Erläutern und Dokumentieren der Ergebnisse	0,25
	f) Zusammenstellen und Werten von Unterlagen	bis 0,25		
	g) Erläutern von Planungsdaten	bis 0,25		
	j) Zusammenfassen der Ergebnisse	bis 0,5		
LP 2		15		20
	d) Beschaffen und Auswerten amtlicher Karten	bis 1,0	a) Beschaffen und Auswerten amtlicher Karten	0,5
	a) Analyse der Grundlagen	0,5–1,0	b) Analysieren der Grundlagen	1

Anhang 3/5 Teilleistungstabelle Objektplanung Verkehrsanlagen

	HOAI 1996/2002 und 2009	Bewertung	HOAI 2013	Bewertung
	b) Abstimmen der Zielvorstellungen auf die Randbedingungen, die insbesondere durch Raumordnung, Landesplanung, Bauleitplanung, Rahmenplanung sowie örtliche und überörtliche Fachplanungen vorgegeben sind	0,5–1,5	c) Abstimmen der Zielvorstellungen auf die öffentlich-rechtlichen Randbedingungen sowie Planungen Dritter	1
	c) Untersuchungen von Lösungsmöglichkeiten mit ihren Einflüssen auf bauliche und konstruktive Gestaltung, Zweckmäßigkeit, Wirtschaftlichkeit unter Beachtung der Umweltverträglichkeit	2,0–6,0	d) Untersuchen von Lösungsmöglichkeiten mit ihren Einflüssen auf bauliche und konstruktive Gestaltung, Zweckmäßigkeit, Wirtschaftlichkeit unter Beachtung der Umweltverträglichkeit	4
	e) Erarbeiten eines Planungskonzepts einschließlich Untersuchung der alternativen Lösungsmöglichkeiten nach gleichen Anforderungen mit zeichnerischer Darstellung und Bewertung unter Einarbeitung der Beiträge anderer an der Planung fachlich Beteiligter Überschlägige verkehrstechnische Bemessung der Verkehrsanlage; Ermitteln der Schallimmissionen von der Verkehrsanlage an kritischen Stellen nach Tabellenwerten; Untersuchen der möglichen Schallschutzmaßnahmen, ausgenommen detaillierte schalltechnische Untersuchungen, insbesondere in komplexen Fällen	4,0 bis 10,0	e) Erarbeiten eines Planungskonzepts einschließlich Untersuchung von bis zu 3 Varianten nach gleichen Anforderungen mit zeichnerischer Darstellung und Bewertung unter Einarbeitung der Beiträge anderer an der Planung fachlich Beteiligter Überschlägige verkehrstechnische Bemessung der Verkehrsanlage, Ermitteln der Schallimmissionen von der Verkehrsanlage an kritischen Stellen nach Tabellenwerten Untersuchen der möglichen Schallschutzmaßnahmen, ausgenommen detaillierte schalltechnische Untersuchungen	10
	f) Klären und Erläutern der wesentlichen fachspezifischen Zusammenhänge, Vorgänge und Bedingungen	0,25–1,0	f) Klären und Erläutern der wesentlichen fachspezifischen Zusammenhänge, Vorgänge und Bedingungen	0,25

1446

	HOAI 1996/2002 und 2009	Bewertung	HOAI 2013	Bewertung
	g) Vorverhandlungen mit Behörden und anderen an der Planung fachlich Beteiligten über die Genehmigungsfähigkeit, gegebenenfalls über die Bezuschussung und Kostenbeteiligung	0,25–1,0	g) Vorabstimmen mit Behörden und anderen an der Planung fachlich Beteiligten über die Genehmigungsfähigkeit, gegebenenfalls Mitwirken bei Verhandlungen über die Bezuschussung und Kostenbeteiligung	0,25
	h) Mitwirken beim Erläutern des Planungskonzepts gegenüber Bürgerinnen und Bürgern und politischen Gremien	0,25–0,5	h) Mitwirken beim Erläutern des Planungskonzepts gegenüber Dritten an bis zu 2 Terminen,	0,5
	i) Überarbeiten des Planungskonzepts nach Bedenken und Anregungen	0,5–2,0	i) Überarbeiten des Planungskonzepts nach Bedenken und Anregungen	0,5
	j) Bereitstellen von Unterlagen als Auszüge aus dem Vorentwurf zur Verwendung für ein Raumordnungsverfahren	0,25–0,5	j) Bereitstellen von Unterlagen als Auszüge aus der Voruntersuchung zur Verwendung für ein Raumordnungsverfahren	0,25
	k) Kostenschätzung	1,0–2,0	k) Kostenschätzung, Vergleich mit den finanziellen Rahmenbedingungen	1,5
	l) Zusammenstellen aller Vorplanungsergebnisse	0,25–1,0	l) Zusammenfassen, Erläutern und Dokumentieren der Ergebnisse	0,25
LP 3		30		25
	a) Durcharbeiten des Planungskonzepts (stufenweise Erarbeitung einer zeichnerischen Lösung) unter Berücksichtigung aller fachspezifischen Anforderungen und unter Verwendung der Beiträge anderer an der Planung fachlich Beteiligter bis zum vollständigen Entwurf	4,0–8,0	a) Erarbeiten des Entwurfs auf Grundlage der Vorplanung durch zeichnerische Darstellung im erforderlichen Umfang und Detaillierungsgrad unter Berücksichtigung aller fachspezifischen Anforderungen Bereitstellen der Arbeitsergebnisse als Grundlage für die anderen an der Planung	12

Anhang 3/5 Teilleistungstabelle Objektplanung Verkehrsanlagen

	HOAI 1996/2002 und 2009	Bewertung	HOAI 2013	Bewertung
			fachlich Beteiligten, sowie Integration und Koordination der Fachplanungen	
	d) Zeichnerische Darstellung des Gesamtentwurfs	4,0–8,0		
	b) Erläuterungsbericht	1,0–3,0	b) Erläuterungsbericht unter Verwendung der Beiträge anderer an der Planung fachlich Beteiligter	1
	c) Fachspezifische Berechnungen, ausgenommen Berechnungen des Tragwerks	2,0–8,0	c) fachspezifische Berechnungen, ausgenommen Berechnungen aus anderen Leistungsbildern	4
	e) Finanzierungsplan, Bauzeiten- und Kostenplan, Ermitteln und Begründen der zuwendungsfähigen Kosten sowie Vorbereiten der Anträge auf Finanzierung, Mitwirken beim Erläutern des vorläufigen Entwurfs gegenüber Bürgerinnen und Bürgern und politischen Gremien, Überarbeiten des vorläufigen Entwurfs auf Grund von Bedenken und Anregungen	0,5–2,0	d) Ermitteln der zuwendungsfähigen Kosten, Mitwirken beim Aufstellen des Finanzierungsplans sowie Vorbereiten der Anträge auf Finanzierung	1
			e) Mitwirken beim Erläutern des vorläufigen Entwurfs gegenüber Dritten an bis zu 3 Terminen, Überarbeiten des vorläufigen Entwurfs auf Grund von Bedenken und Anregungen	0,5
	f) Verhandlungen mit Behörden und anderen an der Planung fachlich Beteiligten über die Genehmigungsfähigkeit	1,0–2,0	f) Vorabstimmen der Genehmigungsfähigkeit mit Behörden und anderen an der Planung fachlich Beteiligten	0,5
	g) Kostenberechnung	1,0–3,0	g) Kostenberechnung einschließlich zugehöriger Mengenermittlung, Ver-	1,5

HOAI 1996/2002 und 2009	Bewertung	HOAI 2013	Bewertung
		gleich der Kostenberechnung mit der Kostenschätzung	
h) Kostenkontrolle durch Vergleich der Kostenberechnung mit der Kostenschätzung	0,5–2,0		
i) überschlägige Festlegung der Abmessungen von Ingenieurbauwerken; Zusammenfassen aller vorläufigen Entwurfsunterlagen; Weiterentwickeln des vorläufigen Entwurfs zum endgültigen Entwurf; Ermitteln der Schallimmissionen von der Verkehrsanlage nach Tabellenwerten; Festlegen der erforderlichen Schallschutzmaßnahmen an der Verkehrsanlage, gegebenenfalls unter Einarbeitung der Ergebnisse detaillierter schalltechnischer Untersuchungen und Feststellen der Notwendigkeit von Schallschutzmaßnahmen an betroffenen Gebäuden; rechnerische Festlegung der Anlage in den Haupt- und Kleinpunkten; Darlegen der Auswirkungen auf Zwangspunkte, Nachweis der Lichtraumprofile; überschlägiges Ermitteln der wesentlichen Bauphasen unter Berücksichtigung der Verkehrslenkung während der Bauzeit	4,0–8,0	h) Überschlägige Festlegung der Abmessungen von Ingenieurbauwerken	1
		i) Ermitteln der Schallimmissionen von der Verkehrsanlage nach Tabellenwerten; Festlegen der erforderlichen Schallschutzmaßnahmen an der Verkehrsanlage, gegebe-	0,5

Anhang 3/5 Teilleistungstabelle Objektplanung Verkehrsanlagen

	HOAI 1996/2002 und 2009	Bewertung	HOAI 2013	Bewertung
			nenfalls unter Einarbeitung der Ergebnisse detaillierter schalltechnischer Untersuchungen und Feststellen der Notwendigkeit von Schallschutzmaßnahmen an betroffenen Gebäuden	
			j) Rechnerische Festlegung des Objekts	0,5
			k) Darlegen der Auswirkungen auf Zwangspunkte	0,5
			l) Nachweis der Lichtraumprofile	0,5
			m) Ermitteln der wesentlichen Bauphasen unter Berücksichtigung der Verkehrslenkung und der Aufrechterhaltung des Betriebes während der Bauzeit	0,5
			n) Bauzeiten- und Kostenplan	0,5
	j) Zusammenfassen aller Entwurfsunterlagen	0,5–1,5	o) Zusammenfassen, Erläutern und Dokumentieren der Ergebnisse	0,5
LP 4		5		8
	a) Erarbeiten der Unterlagen für die erforderlichen öffentlich-rechtlichen Verfahren einschließlich der Anträge auf Ausnahmen und Befreiungen, Aufstellen des Bauwerksverzeichnisses unter Verwendung der Beiträge anderer an der Planung fachlich Beteiligter	2,0–3,0	a) Erarbeiten und Zusammenstellen der Unterlagen für die erforderlichen öffentlich-rechtlichen Verfahren oder Genehmigungsverfahren einschließlich der Anträge auf Ausnahmen und Befreiungen, Aufstellen des Bauwerksverzeichnisses unter Verwendung der Beiträge anderer an der Planung fachlich Beteiligter	2,5
	b) Einreichen dieser Unterlagen	bis 0,25		

	HOAI 1996/2002 und 2009	Bewertung	HOAI 2013	Bewertung
	c) Grunderwerbsplan und Grunderwerbsverzeichnis	0,25–0,5	b) Erstellen des Grunderwerbsplanes und des Grunderwerbsverzeichnisses unter Verwendung der Beiträge anderer an der Planung fachlich Beteiligter	0,5
	f) Vervollständigen und Anpassen der Planungsunterlagen, Beschreibungen und Berechnungen unter Verwendung der Beiträge anderer an der Planung fachlich Beteiligter	0,5–1,5	c) Vervollständigen und Anpassen der Planungsunterlagen, Beschreibungen und Berechnungen unter Verwendung der Beiträge anderer an der Planung fachlich Beteiligter	0,5
	e) Verhandlungen mit Behörden	0,25–0,5	d) Abstimmen mit Behörden	1,5
	g) Mitwirken beim Erläutern gegenüber Bürgerinnen und Bürgern	bis 0,5	e) Mitwirken in Genehmigungsverfahren einschließlich der Teilnahme an bis zu 4 Erläuterungs-, Erörterungsterminen	1,5
	h) Mitwirken im Planfeststellungsverfahren einschließlich der Teilnahme an Erörterungsterminen sowie Mitwirken bei der Abfassung der Stellungnahmen zu Bedenken und Anregungen	bis 0,5	f) Mitwirken beim Abfassen von Stellungnahmen zu Bedenken und Anregungen in bis zu 10 Kategorien	1,5
LP 5		15		15
	a) Durcharbeiten der Ergebnisse der Leistungsphasen 3 und 4 (stufenweise Erarbeitung und Darstellung der Lösung) unter Berücksichtigung aller fachspezifischen Anforderungen und Verwendung der Beiträge anderer an der Planung fachlich Beteiligter bis zur ausführungsreifen Lösung	4,0–8,0	a) Erarbeiten der Ausführungsplanung auf Grundlage der Ergebnisse der Leistungsphasen 3 und 4 unter Berücksichtigung aller fachspezifischen Anforderungen und Verwendung der Beiträge anderer an der Planung fachlich Beteiligter bis zur ausführungsreifen Lösung	6

Anhang 3/5 Teilleistungstabelle Objektplanung Verkehrsanlagen

	HOAI 1996/2002 und 2009	Bewertung	HOAI 2013	Bewertung
	b) Zeichnerische und rechnerische Darstellung des Objekts mit allen für die Ausführung notwendigen Einzelangaben einschließlich Detailzeichnungen in den erforderlichen Maßstäben	4,0–8,0	b) Zeichnerische Darstellung, Erläuterungen und zur Objektplanung gehörige Berechnungen mit allen für die Ausführung notwendigen Einzelangaben einschließlich Detailzeichnungen in den erforderlichen Maßstäben	6
	c) Erarbeiten der Grundlagen für die anderen an der Planung fachlich Beteiligten und Integrieren ihrer Beiträge bis zur ausführungsreifen Lösung	1,0–2,0	c) Bereitstellen der Arbeitsergebnisse als Grundlage für die anderen an der Planung fachlich Beteiligten und Integrieren ihrer Beiträge bis zur ausführungsreifen Lösung	1,5
	d) Fortschreiben der Ausführungsplanung während der Objektausführung	1,0–2,0	d) Vervollständigen der Ausführungsplanung während der Objektausführung	1,5
LP 6		10		10
	a) Mengenermittlung und Aufgliederung nach Einzelpositionen unter Verwendung der Beiträge anderer an der Planung fachlich Beteiligter	4,0–5,0	a) Ermitteln von Mengen nach Einzelpositionen unter Verwendung der Beiträge anderer an der Planung fachlich Beteiligter	4
	b) Aufstellen der Verdingungsunterlagen, insbesondere Anfertigen der Leistungsbeschreibungen mit Leistungsverzeichnissen sowie der Besonderen Vertragsbedingungen	3,0–5,0	b) Aufstellen der Vergabeunterlagen, insbesondere Anfertigen der Leistungsbeschreibungen mit Leistungsverzeichnissen sowie der Besonderen Vertragsbedingungen	3
	c) Abstimmen und Koordinieren der Verdingungsunterlagen der an der Planung fachlich Beteiligten	0,5–1,5	c) Abstimmen und Koordinieren der Schnittstellen zu den Leistungsbeschreibungen der an der Planung fachlich Beteiligten	0,5
	d) Festlegen der wesentlichen Ausführungsphasen	0,5–1,5	d) Festlegen der wesentlichen Ausführungsphasen	0,5

	HOAI 1996/2002 und 2009	Bewertung	HOAI 2013	Bewertung
	f) Fortschreiben der Kostenberechnung	0,5–1,0	e) Ermitteln der Kosten auf Grundlage der vom Planer (Entwurfsverfasser) bepreisten Leistungsverzeichnisse	1
	g) Kostenkontrolle durch Vergleich der fortgeschriebenen Kostenberechnung mit der Kostenberechnung	0,25–0,5	f) Kostenkontrolle durch Vergleich der vom Planer (Entwurfsverfasser) bepreisten Leistungsverzeichnisse mit der Kostenberechnung	0,5
	a) Zusammenstellen der Vergabe- und Vertragsunterlagen für alle Leistungsbereiche	0,25–0,5	g) Zusammenstellen der Vergabeunterlagen	0,5
LP 7		5		4
	b) Einholen von Angeboten	bis 0,5	a) Einholen von Angeboten	0,25
	c) Prüfen und Werten der Angebote einschließlich Aufstellen eines Preisspiegels	1,5–3,0	b) Prüfen und Werten der Angebote, Aufstellen des Preisspiegels	2
	d) Abstimmen und Zusammenstellen der Leistungen der fachlich Beteiligten, die an der Vergabe mitwirken	bis 0,5	c) Abstimmen und Zusammenstellen der Leistungen der fachlich Beteiligten, die an der Vergabe mitwirken	0,25
	e) Mitwirken bei Verhandlungen mit Bietern	bis 0,5	d) Führen von Bietergesprächen	0,25
			e) Erstellen der Vergabevorschläge, Dokumentation des Vergabeverfahrens	0,25
			f) Zusammenstellen der Vertragsunterlagen	0,25
			g) Vergleichen der Ausschreibungsergebnisse mit den vom Planer bepreisten Leistungsverzeichnissen und der Kostenberechnung	0,5
	h) Mitwirken bei der Auftragserteilung	bis 0,5	h) Mitwirken bei der Auftragserteilung	0,25

Anhang 3/5 Teilleistungstabelle Objektplanung Verkehrsanlagen

	HOAI 1996/2002 und 2009	Bewertung	HOAI 2013	Bewertung
LP 8		15		15
	a) Aufsicht über die örtliche Bauüberwachung, soweit die Bauoberleitung und die örtliche Bauüberwachung getrennt vergeben werden, Koordinierung der an der Objektüberwachung fachlich Beteiligten, insbesondere Prüfen auf Übereinstimmung und Freigeben von Plänen Dritter	2,0–5,0	a) Aufsicht über die örtliche Bauüberwachung, Koordinierung der an der Objektüberwachung fachlich Beteiligten, einmaliges Prüfen von Plänen auf Übereinstimmung mit dem auszuführenden Objekt und Mitwirken bei deren Freigabe	4
	b) Aufstellen und Überwachen eines Zeitplans (Balkendiagramm)	1,0–3,0	b) Aufstellen, Fortschreiben und Überwachen eines Terminplans (Balkendiagramm)	2,5
	c) Inverzugsetzen der ausführenden Unternehmen	0,5–1,5	c) Veranlassen und Mitwirken daran, die ausführenden Unternehmen in Verzug zu setzen	1
	j) Kostenfeststellung	1,0–2,0	d) Kostenfeststellung, Vergleich der Kostenfeststellung mit der Auftragssumme	2
	k) Kostenkontrolle durch Überprüfen der Leistungsabrechnung der bauausführenden Unternehmen im Vergleich zu den Vertragspreisen und der fortgeschriebenen Kostenberechnung	0,5–1,0		
	d) Abnahme von Leistungen und Lieferungen unter Mitwirkung der örtlichen Bauüberwachung und anderer an der Planung und Objektüberwachung fachlich Beteiligter unter Fertigung einer Niederschrift über das Ergebnis der Abnahme	1,0–3,0	e) Abnahme von Bauleistungen, Leistungen und Lieferungen unter Mitwirkung der örtlichen Bauüberwachung und anderer an der Planung und Objektüberwachung fachlich Beteiligter, Feststellen von Mängeln, Fertigung einer Niederschrift über das Ergebnis der Abnahme	2
	h) Überwachen der Prüfungen der Funktionsfähigkeit	0,25–1,0	g) Überwachen der Prüfungen der Funktionsfähigkeit	0,5

	HOAI 1996/2002 und 2009	Bewertung	HOAI 2013	Bewertung
	der Anlagenteile und der Gesamtanlage		der Anlagenteile und der Gesamtanlage	
	e) Antrag auf behördliche Abnahmen und Teilnahme daran	0,5–1,5	f) Antrag auf behördliche Abnahmen und Teilnahme daran	1
	f) Übergabe des Objekts einschließlich Zusammenstellung und Übergabe der erforderlichen Unterlagen, zum Beispiel Abnahmeniederschriften und Prüfungsprotokolle	0,5–1,5	h) Übergabe des Objekts	1
	i) Auflisten der Verjährungsfristen für Mängelansprüche	bis 0,5	i) Auflisten der Verjährungsfristen der Mängelansprüche	0,5
	g) Zusammenstellen von Wartungsvorschriften für das Objekt	0,25–1,0	j) Zusammenstellen und Übergeben der Dokumentation des Bauablaufs, der Bestandsunterlagen und der Wartungsvorschriften	0,5
LP 9		3		1
	b) Überwachen der Beseitigung von Mängeln, die innerhalb der Verjährungsfristen der Mängelansprüche, längstens jedoch bis zum Ablauf von vier Jahren seit Abnahme der Leistungen auftreten	1,0–2,0	a) Fachliche Bewertung der innerhalb der Verjährungsfristen für Gewährleistungsansprüche festgestellten Mängel, längstens jedoch bis zum Ablauf von fünf Jahren seit Abnahme der Leistung, einschließlich notwendiger Begehungen	0,45
	a) Objektbegehung zur Mängelfeststellung vor Ablauf der Verjährungsfristen für Gewährleistungsansprüche gegenüber den ausführenden Unternehmen	1,0–2,0	b) Objektbegehung zur Mängelfeststellung vor Ablauf der Verjährungsfristen für Mängelansprüche gegenüber den ausführenden Unternehmen	0,45
	c) Mitwirken bei der Freigabe von Sicherheitsleistungen	bis 0,5	c) Mitwirken bei der Freigabe von Sicherheitsleistungen	0,1

Anhang 3/5 Teilleistungstabelle Objektplanung Verkehrsanlagen

	HOAI 1996/2002 und 2009	Bewertung	HOAI 2013	Bewertung
	d) Systematische Zusammenstellung der zeichnerischen Darstellungen und rechnerischen Ergebnisse des Objekts	bis 0,5		

3/6 Teilleistungstabelle Fachplanung Tragwerksplanung

	HOAI 1996/2002 und 2009	Bewertung	HOAI 2013	Bewertung
LP 1		3		3
	a) Klären der Aufgabenstellung auf dem Fachgebiet Tragwerksplanung im Benehmen mit dem Objektplaner (bei Gebäuden)	3	a) Klären der Aufgabenstellung aufgrund der Vorgaben oder der Bedarfsplanung des Auftraggebers im Benehmen mit dem Objektplaner	2
	a) Klären der Aufgabenstellung auf dem Fachgebiet Tragwerksplanung im Benehmen mit dem Objektplaner (bei Ingenieurbauwerken nach § 40 Nummer 6 und 7)	0	b) Zusammenstellen der die Aufgabe beeinflussenden Planungsabsichten	0,5
			c) Zusammenfassen, Erläutern und Dokumentieren der Ergebnisse	0,5
LP 2		10		10
	a) Bei Ingenieurbauwerken nach § 40 Nummer 6 und 7: Übernahme der Ergebnisse aus Leistungsphase 1 der Anlage 12	0,5	a) Analysieren der Grundlagen	0,25
	b) Beraten in statisch-konstruktiver Hinsicht unter Berücksichtigung der Belange der Standsicherheit, der Gebrauchsfähigkeit und der Wirtschaftlichkeit	1,0–5,0	b) Beraten in statisch-konstruktiver Hinsicht unter Berücksichtigung der Belange der Standsicherheit, der Gebrauchsfähigkeit und der Wirtschaftlichkeit	2,5
	c) Mitwirken bei dem Erarbeiten eines Planungskonzepts einschließlich Untersuchung der Lösungsmöglichkeiten des Tragwerks unter gleichen Objektbedingungen mit skizzenhafter Darstellung, Klärung und Angabe der für das Tragwerk wesentlichen konstruktiven Festlegungen	4,0–9,0	c) Mitwirken bei dem Erarbeiten eines Planungskonzepts einschließlich Untersuchung der Lösungsmöglichkeiten des Tragwerks unter gleichen Objektbedingungen mit skizzenhafter Darstellung, Klärung und Angabe der für das Tragwerk wesentlichen konstruktiven Festlegungen	6

Anhang 3/6 Teilleistungstabelle Fachplanung Tragwerksplanung

	HOAI 1996/2002 und 2009	Bewertung	HOAI 2013	Bewertung
	für zum Beispiel Baustoffe, Bauarten und Herstellungsverfahren, Konstruktionsraster und Gründungsart		für zum Beispiel Baustoffe, Bauarten und Herstellungsverfahren, Konstruktionsraster und Gründungsart	
	d) Mitwirken bei Vorverhandlungen mit Behörden und anderen an der Planung fachlich Beteiligten über die Genehmigungsfähigkeit	bis 1,5	d) Mitwirken bei Vorverhandlungen mit Behörden und anderen an der Planung fachlich Beteiligten über die Genehmigungsfähigkeit	0,5
	e) Mitwirken bei der Kostenschätzung; bei Gebäuden und zugehörigen baulichen Anlagen nach DIN 276	bis 1,25	e) Mitwirken bei der Kostenschätzung und bei der Terminplanung	0,5
			f) Zusammenfassen, Erläutern und Dokumentieren der Ergebnisse	0,25
LP 3		12		15
	a) Erarbeiten der Tragwerkslösung unter Beachtung der durch die Objektplanung integrierten Fachplanungen bis zum konstruktiven Entwurf mit zeichnerischer Darstellung	2,5–5,0	a) Erarbeiten der Tragwerkslösung, unter Beachtung der durch die Objektplanung integrierten Fachplanungen, bis zum konstruktiven Entwurf mit zeichnerischer Darstellung	3,5
	b) Überschlägige statische Berechnung und Bemessung	2,0–6,5	b) Überschlägige statische Berechnung und Bemessung	4
	c) Grundlegende Festlegungen der konstruktiven Details und Hauptabmessungen des Tragwerks für zum Beispiel Gestaltung der tragenden Querschnitte, Aussparungen und Fugen; Ausbildung der Auflager- und Knotenpunkte sowie der Verbindungsmittel	1,5–4,5	c) Grundlegende Festlegungen der konstruktiven Details und Hauptabmessungen des Tragwerks für zum Beispiel Gestaltung der tragenden Querschnitte, Aussparungen und Fugen; Ausbildung der Auflager- und Knotenpunkte sowie der Verbindungsmittel	3
			d) Überschlägiges Ermitteln der Betonstahlmengen im Stahlbetonbau, der Stahl-	2

Teilleistungstabelle Fachplanung Tragwerksplanung **Anhang 3/6**

	HOAI 1996/2002 und 2009	Bewertung	HOAI 2013	Bewertung
			mengen im Stahlbau und der Holzmengen im Ingenieurholzbau	
	d) Mitwirken bei der Objektbeschreibung	bis 0,5	e) Mitwirken bei der Objektbeschreibung bzw. beim Erläuterungsbericht	0,5
	e) Mitwirken bei Verhandlungen mit Behörden und anderen an der Planung fachlich Beteiligten über die Genehmigungsfähigkeit	bis 1,25	f) Mitwirken bei Verhandlungen mit Behörden und anderen an der Planung fachlich Beteiligten über die Genehmigungsfähigkeit	0,5
	f) Mitwirken bei der Kostenberechnung, bei Gebäuden und zugehörigen baulichen Anlagen: nach DIN 276	bis 1,75	g) Mitwirken bei der Kostenberechnung und bei der Terminplanung	0,75
	g) Mitwirken bei der Kostenkontrolle durch Vergleich der Kostenberechnung mit der Kostenschätzung	bis 0,5	h) Mitwirken beim Vergleich der Kostenberechnung mit der Kostenschätzung	0,5
			i) Zusammenfassen, Erläutern und Dokumentieren der Ergebnisse	0,25
LP 4		30		30
	a) Aufstellen der prüffähigen statischen Berechnungen für das Tragwerk unter Berücksichtigung der vorgegebenen bauphysikalischen Anforderungen	16,0–25,0	a) Aufstellen der prüffähigen statischen Berechnungen für das Tragwerk unter Berücksichtigung der vorgegebenen bauphysikalischen Anforderungen	22
	b) Bei Ingenieurbauwerken: Erfassen von normalen Bauzuständen	2,0–5,0	b) Bei Ingenieurbauwerken: Erfassen von normalen Bauzuständen	–
	c) Anfertigen der Positionspläne für das Tragwerk oder Eintragen der statischen Positionen, der Tragwerksabmessungen, der Verkehrslasten, der Art und Güte der Baustoffe und der Besonder-	2,0–4,0	c) Anfertigen der Positionspläne für das Tragwerk oder Eintragen der statischen Positionen, der Tragwerksabmessungen, der Verkehrslasten, der Art und Güte der Baustoffe und der Besonder-	4

1459

Anhang 3/6 Teilleistungstabelle Fachplanung Tragwerksplanung

	HOAI 1996/2002 und 2009	Bewertung	HOAI 2013	Bewertung
	heiten der Konstruktionen in die Entwurfszeichnungen des Objektplaners (zum Beispiel in Transparentpausen)		heiten der Konstruktionen in die Entwurfszeichnungen des Objektplaners	
	d) Zusammenstellen der Unterlagen der Tragwerksplanung zur bauaufsichtlichen Genehmigung	0,5–1,5	d) Zusammenstellen der Unterlagen der Tragwerksplanung zur Genehmigung	1
	e) Verhandlungen mit Prüfämtern und Prüfingenieuren	0,5–1,5	e) Abstimmen mit Prüfämtern und Prüfingenieuren oder Eigenkontrolle	1
	f) Vervollständigen und Berichtigen der Berechnungen und Pläne	bis 2,5	f) Vervollständigen und Berichtigen der Berechnungen und Pläne	2
LP 5		42		40
	a) Durcharbeiten der Ergebnisse der Leistungsphasen 3 und 4 unter Beachtung der durch die Objektplanung integrierten Fachplanungen	6,0–13,0	a) Durcharbeiten der Ergebnisse der Leistungsphasen 3 und 4 unter Beachtung der durch die Objektplanung integrierten Fachplanungen	10
	b) Anfertigen der Schalpläne in Ergänzung der fertig gestellten Ausführungspläne des Objektplaners	10,0–18,0	b) Anfertigen der Schalpläne in Ergänzung der fertig gestellten Ausführungspläne des Objektplaners	10
	c) Zeichnerische Darstellung der Konstruktionen mit Einbau- und Verlegeanweisungen, zum Beispiel Bewehrungspläne, Stahlbaupläne, Holzkonstruktionspläne (keine Werkstattzeichnungen)	12,0–22,0	c) Zeichnerische Darstellung der Konstruktionen mit Einbau- und Verlegeanweisungen, zum Beispiel Bewehrungspläne, Stahlbau- oder Holzkonstruktionspläne mit Leitdetails (keine Werkstattzeichnungen)	15
	d) Aufstellen detaillierter Stahl- oder Stücklisten als Ergänzung zur zeichnerischen Darstellung der Konstruktionen mit Stahlmengenermittlung	bis 3,0	d) Aufstellen von Stahl- oder Stücklisten als Ergänzung zur zeichnerischen Darstellung der Konstruktionen mit Stahlmengenermittlung	3

	HOAI 1996/2002 und 2009	Bewertung	HOAI 2013	Bewertung
			e) Fortführen der Abstimmung mit Prüfämtern und Prüfingenieuren oder Eigenkontrolle	2
LP 6		3		2
	a) Ermitteln der Betonstahlmengen im Stahlbetonbau, der Stahlmengen in Stahlbau und der Holzmengen im Ingenieurholzbau als Beitrag zur Mengenermittlung des Objektplaners	1,0–2,0	a) Ermitteln der Betonstahlmengen im Stahlbetonbau, der Stahlmengen in Stahlbau und der Holzmengen im Ingenieurholzbau als Ergebnis der Ausführungsplanung und als Beitrag zur Mengenermittlung des Objektplaners	1
	b) Überschlägiges Ermitteln der Mengen der konstruktiven Stahlteile und statisch erforderlichen Verbindungs- und Befestigungsmittel im Ingenieurholzbau	0,5–1,5	b) Überschlägiges Ermitteln der Mengen der konstruktiven Stahlteile und statisch erforderlichen Verbindungs- und Befestigungsmittel im Ingenieurholzbau	0,5
	c) Aufstellen von Leistungsbeschreibungen als Ergänzung zu den Mengenermittlungen als Grundlage für das Leistungsverzeichnis des Tragwerks	bis 1,75	c) Mitwirken beim Erstellen der Leistungsbeschreibung als Ergänzung zu den Mengenermittlungen als Grundlage für das Leistungsverzeichnis des Tragwerks	0,5

Anhang 3/7 Teilleistungstabelle Fachplanung Technische Ausrüstung

	3/7 Teilleistungstabelle Fachplanung Technische Ausrüstung			
	HOAI 1996/2002 und 2009	Bewertung	HOAI 2013	Bewertung
LP 1		3		2
	a) Klären der Aufgabenstellung der Technischen Ausrüstung im Benehmen mit dem Auftraggeber und dem Objektplaner oder der Objektplanerin, insbesondere in technischen und wirtschaftlichen Grundsatzfragen	1,5–2,5	a) Klären der Aufgabenstellung aufgrund der Vorgaben oder der Bedarfsplanung des Auftraggebers im Benehmen mit dem Objektplaner	1
			b) Ermitteln der Planungsrandbedingungen und Beraten zum Leistungsbedarf und gegebenenfalls zur technischen Erschließung	0,5
	b) Zusammenfassen der Ergebnisse	0,5–1,0	c) Zusammenfassen, Erläutern und Dokumentieren der Ergebnisse	0,5
LP 2		11		9
	a) Analyse der Grundlagen	0,25–0,5	a) Analysieren der Grundlagen Mitwirken beim Abstimmen der Leistungen mit den Planungsbeteiligten	0,25
	b) Erarbeiten eines Planungskonzepts mit überschlägiger Auslegung der wichtigen Systeme und Anlagenteile einschließlich Untersuchung der alternativen Lösungsmöglichkeiten nach gleichen Anforderungen mit skizzenhafter Darstellung zur Integrierung in die Objektplanung einschließlich Wirtschaftlichkeitsvorbetrachtung	3,5–6,0	b) Erarbeiten eines Planungskonzepts, dazu gehören zum Beispiel: Vordimensionieren der Systeme und maßbestimmenden Anlagenteile, Untersuchen von alternativen Lösungsmöglichkeiten bei gleichen Nutzungsanforderungen einschließlich Wirtschaftlichkeitsvorbetrachtung, zeichnerische Darstellung zur Integration in die Objektplanung unter Berücksichtigung exemplarischer	4,25

HOAI 1996/2002 und 2009	Bewertung	HOAI 2013	Bewertung
		Details, Angaben zum Raumbedarf	
c) Aufstellen eines Funktionsschemas beziehungsweise Prinzipschaltbildes für jede Anlage	2,0–3,5	c) Aufstellen eines Funktionsschemas bzw. Prinzipschaltbildes für jede Anlage	2
d) Klären und Erläutern der wesentlichen fachspezifischen Zusammenhänge, Vorgänge und Bedingungen	1,0–2,0	d) Klären und Erläutern der wesentlichen fachübergreifenden Prozesse, Randbedingungen und Schnittstellen, Mitwirken bei der Integration der technischen Anlagen	1
e) Mitwirken bei Vorverhandlungen mit Behörden und anderen an der Planung fachlich Beteiligten über die Genehmigungsfähigkeit	0,25–0,5	e) Vorverhandlungen mit Behörden über die Genehmigungsfähigkeit und mit den zu beteiligenden Stellen zur Infrastruktur	0,25
f) Mitwirken bei der Kostenschätzung, bei Anlagen in Gebäuden: nach DIN 276	0,75–2,0	f) Kostenschätzung nach DIN 276 (2. Ebene) und bei der Terminplanung	1
g) Zusammenstellen der Vorplanungsergebnisse	0,25–0,5	g) Zusammenfassen, Erläutern und Dokumentieren der Ergebnisse	0,25
LP 3	15		17
a) Durcharbeiten des Planungskonzepts (stufenweise Erarbeitung einer zeichnerischen Lösung) unter Berücksichtigung aller fachspezifischen Anforderungen sowie unter Beachtung der durch die Objektplanung integrierten Fachplanungen bis zum vollständigen Entwurf	5,0–7,5	a) Durcharbeiten des Planungskonzepts (stufenweise Erarbeitung einer Lösung) unter Berücksichtigung aller fachspezifischen Anforderungen sowie unter Beachtung der durch die Objektplanung integrierten Fachplanungen, bis zum vollständigen Entwurf	6
b) Festlegen aller Systeme und Anlagenteile	0,7–1,0	b) Festlegen aller Systeme und Anlagenteile	1
c) Berechnung und Bemessung sowie zeichnerische	4,0–5,5	c) Berechnen und Bemessen der technischen Anlagen und Anlagenteile, Abschätzen	5

Anhang 3/7 Teilleistungstabelle Fachplanung Technische Ausrüstung

	HOAI 1996/2002 und 2009	Bewertung	HOAI 2013	Bewertung
	Darstellung und Anlagenbeschreibung		von jährlichen Bedarfswerten (z. B. Nutz-, End- und Primärenergiebedarf) und Betriebskosten; Abstimmen des Platzbedarfs für technische Anlagen und Anlagenteile; Zeichnerische Darstellung des Entwurfs in einem mit dem Objektplaner abgestimmten Ausgabemaßstab mit Angabe maßbestimmender Dimensionen Fortschreiben und Detaillieren der Funktions- und Strangschemata der Anlagen Auflisten aller Anlagen mit technischen Daten und Angaben zum Beispiel für Energiebilanzierungen Anlagenbeschreibungen mit Angabe der Nutzungsbedingungen	
	d) Angabe und Abstimmung der für die Tragwerksplanung notwendigen Durchführungen und Lastangaben (ohne Anfertigen von Schlitz- und Durchbruchsplänen)	0,6–1,0	d) Übergeben der Berechnungsergebnisse an andere Planungsbeteiligte zum Aufstellen vorgeschriebener Nachweise; Angabe und Abstimmung der für die Tragwerksplanung notwendigen Angaben über Durchführungen und Lastangaben (ohne Anfertigen von Schlitz- und Durchführungsplänen)	1
	e) Mitwirken bei Verhandlungen mit Behörden und anderen an der Planung fachlich Beteiligten über die Genehmigungsfähigkeit	0,2–0,4	e) Verhandlungen mit Behörden und mit anderen zu beteiligenden Stellen über die Genehmigungsfähigkeit	0,5
	f) Mitwirken bei der Kostenberechnung, bei Anlagen in Gebäuden: nach DIN 276	2,0–3,5	f) Kostenberechnung nach DIN 276 (3. Ebene) und bei der Terminplanung	2
	g) Mitwirken bei der Kostenkontrolle durch Vergleich	0,1–0,15	g) Kostenkontrolle durch Vergleich der Kostenberech-	1

Teilleistungstabelle Fachplanung Technische Ausrüstung **Anhang 3/7**

	HOAI 1996/2002 und 2009	Bewertung	HOAI 2013	Bewertung
	der Kostenberechnung mit der Kostenschätzung		nung mit der Kostenschätzung	
			h) Zusammenfassen, Erläutern und Dokumentieren der Ergebnisse	0,5
LP 4		6		2
	a) Erarbeiten der Vorlagen für die nach den öffentlich-rechtlichen Vorschriften erforderlichen Genehmigungen oder Zustimmungen einschließlich der Anträge auf Ausnahmen und Befreiungen sowie noch notwendiger Verhandlungen mit Behörden	3,0–3,5	a) Erarbeiten und Zusammenstellen der Vorlagen und Nachweise für öffentlich-rechtliche Genehmigungen oder Zustimmungen, einschließlich der Anträge auf Ausnahmen oder Befreiungen sowie Mitwirken bei Verhandlungen mit Behörden	1
	b) Zusammenstellen dieser Unterlagen	0,5–1,0		
	c) Vervollständigen und Anpassen der Planungsunterlagen, Beschreibungen und Berechnungen	1,5–2,0	b) Vervollständigen und Anpassen der Planungsunterlagen, Beschreibungen und Berechnungen	1
LP 5		18		22
	a) Durcharbeiten der Ergebnisse der Leistungsphasen 3 und 4 (stufenweise Erarbeitung und Darstellung der Lösung) unter Berücksichtigung aller fachspezifischen Anforderungen sowie unter Beachtung der durch die Objektplanung integrierten Fachleistungen bis zur ausführungsreifen Lösung	4,0–7,0	a) Erarbeiten der Ausführungsplanung auf Grundlage der Ergebnisse der Leistungsphasen 3 und 4 (stufenweise Erarbeitung und Darstellung der Lösung) unter Beachtung der durch die Objektplanung integrierten Fachplanungen bis zur ausführungsreifen Lösung	4
	b) Zeichnerische Darstellung der Anlagen mit Dimensionen (keine Montage- und Werkstattzeichnungen)	7,0–8,0	b) Fortschreiben der Berechnungen und Bemessungen zur Auslegung der technischen Anlagen und Anla-	7

1465

Anhang 3/7 Teilleistungstabelle Fachplanung Technische Ausrüstung

	HOAI 1996/2002 und 2009	Bewertung	HOAI 2013	Bewertung
			genteile Zeichnerische Darstellung der Anlagen in einem mit dem Objektplaner abgestimmten Ausgabemaßstab und Detaillierungsgrad einschließlich Dimensionen (keine Montage- oder Werkstattpläne) Anpassen und Detaillieren der Funktions- und Strangschemata der Anlagen bzw. der GA-Funktionslisten Abstimmen der Ausführungszeichnungen mit dem Objektplaner und den übrigen Fachplanern	
	c) Anfertigen von Schlitz- und Durchbruchsplänen	3,5–4,0	c) Anfertigen von Schlitz- und Durchbruchsplänen	4
			d) Fortschreibung des Terminplans	1
	d) Fortschreibung der Ausführungsplanung auf den Stand der Ausschreibungsergebnisse	1,5–2,5	e) Fortschreiben der Ausführungsplanung auf den Stand der Ausschreibungsergebnisse und der dann vorliegenden Ausführungsplanung des Objektplaners, Übergeben der fortgeschriebenen Ausführungsplanung an die ausführenden Unternehmen	2
			f) Prüfen und Anerkennen der Montage- und Werkstattpläne der ausführenden Unternehmen auf Übereinstimmung mit der Ausführungsplanung	4
LP 6		6		7
	a) Ermitteln von Mengen als Grundlage für das Aufstellen von Leistungsverzeichnissen in Abstimmung mit Beiträ-	2,0–3,5	a) Ermitteln von Mengen als Grundlage für das Aufstellen von Leistungsverzeichnissen in Abstimmung mit Beiträ-	1,5

Teilleistungstabelle Fachplanung Technische Ausrüstung **Anhang 3/7**

	HOAI 1996/2002 und 2009	Bewertung	HOAI 2013	Bewertung
	gen anderer an der Planung fachlich Beteiligter		gen anderer an der Planung fachlich Beteiligter	
	b) Aufstellen von Leistungsbeschreibungen mit Leistungsverzeichnissen nach Leistungsbereichen	3,5–4,0	b) Aufstellen der Vergabeunterlagen, insbesondere mit Leistungsverzeichnissen nach Leistungsbereichen, einschließlich der Wartungsleistungen auf Grundlage bestehender Regelwerke	3
			c) Mitwirken beim Abstimmen der Schnittstellen zu den Leistungsbeschreibungen der anderen an der Planung fachlich Beteiligten	0,5
			d) Ermitteln der Kosten auf Grundlage der vom Planer bepreisten Leistungsverzeichnisse	1
			e) Kostenkontrolle durch Vergleich der vom Planer bepreisten Leistungsverzeichnisse mit der Kostenberechnung	0,5
			f) Zusammenstellen der Vergabeunterlagen	0,5
LP 7		5		5
			a) Einholen von Angeboten	0,25
	a) Prüfen und Werten der Angebote einschließlich Aufstellen eines Preisspiegels nach Teilleistungen	2,0–3,0	b) Prüfen und Werten der Angebote, Aufstellen der Preisspiegel nach Einzelpositionen, Prüfen und Werten der Angebote für zusätzliche oder geänderte Leistungen der ausführenden Unternehmen und der Angemessenheit der Preise	2,5
	b) Mitwirken bei der Verhandlung mit Bietern und	1,0–1,5	c) Führen von Bietergesprächen	0,5

1467

Anhang 3/7 Teilleistungstabelle Fachplanung Technische Ausrüstung

	HOAI 1996/2002 und 2009	Bewertung	HOAI 2013	Bewertung
	Erstellen eines Vergabevorschlages			
			d) Vergleichen der Ausschreibungsergebnisse mit den vom Planer bepreisten Leistungsverzeichnissen und der Kostenberechnung	1
			e) Erstellen der Vergabevorschläge, Mitwirken bei der Dokumentation der Vergabeverfahren	0,5
	c) Mitwirken beim Kostenanschlag aus Einheits- oder Pauschalpreisen der Angebote, bei Anlagen in Gebäuden: nach DIN 276	0,5–1,0		
	d) Mitwirken bei der Kostenkontrolle durch Vergleich des Kostenanschlags mit der Kostenberechnung	0,1–0,15		
	e) Mitwirken bei der Auftragserteilung	0,15–1,0	f) Zusammenstellen der Vertragsunterlagen und bei der Auftragserteilung	0,25
LP 8		33		35
	a) Überwachen der Ausführung des Objektes auf Übereinstimmung mit der Baugenehmigung oder Zustimmung, den Ausführungsplänen, den Leistungsbeschreibungen oder Leistungsverzeichnissen sowie mit den allgemein anerkannten Regeln der Technik und den einschlägigen Vorschriften	13,0–17,0	a) Überwachen der Ausführung des Objekts auf Übereinstimmung mit der öffentlich-rechtlichen Genehmigung oder Zustimmung, den Verträgen mit den ausführenden Unternehmen, den Ausführungsunterlagen, den Montage- und Werkstattplänen, den einschlägigen Vorschriften und den allgemein anerkannten Regeln der Technik	15
				0,25

	HOAI 1996/2002 und 2009	Bewertung	HOAI 2013	Bewertung
			b) Mitwirken bei der Koordination der am Projekt Beteiligten	
	b) Mitwirken bei dem Aufstellen und Überwachen eines Zeitplanes (Balkendiagramm)	1,0–2,0	c) Aufstellen, Fortschreiben und Überwachen des Terminplans (Balkendiagramm)	1
	c) Mitwirken bei dem Führen eines Bautagebuches	1,0–2,0	d) Dokumentation des Bauablaufs (Bautagebuch)	1,25
			e) Prüfen und Bewerten der Notwendigkeit geänderter oder zusätzlicher Leistungen der Unternehmer und der Angemessenheit der Preise	1,5
	d) Mitwirken beim Aufmaß mit den ausführenden Unternehmen	1,0–2,0	f) Gemeinsames Aufmaß mit den ausführenden Unternehmen	1,5
	f) Rechnungsprüfung	3,0–6,5	g) Rechnungsprüfung in rechnerischer und fachlicher Hinsicht mit Prüfen und Bescheinigen des Leistungsstandes anhand nachvollziehbarer Leistungsnachweise	5
	l) Mitwirken bei der Kostenkontrolle durch Überprüfen der Leistungsabrechnung der bauausführenden Unternehmen im Vergleich zu den Vertragspreisen und dem Kostenanschlag	1,0–2,0	h) Kostenkontrolle durch Überprüfen der Leistungsabrechnungen der ausführenden Unternehmen im Vergleich zu den Vertragspreisen und dem Kostenanschlag	1,5
	g) Mitwirken bei der Kostenfeststellung, bei Anlagen in Gebäuden: nach DIN 276	1,0–1,5	i) Kostenfeststellung	1
			j) Mitwirken bei Leistungs- u. Funktionsprüfungen	1
	e) Fachtechnische Abnahme der Leistungen und Feststellen der Mängel	1,5–3,0	k) fachtechnische Abnahme der Leistungen auf Grundlage der vorgelegten Dokumentation, Erstellung eines	1,5

Anhang 3/7 Teilleistungstabelle Fachplanung Technische Ausrüstung

	HOAI 1996/2002 und 2009	Bewertung	HOAI 2013	Bewertung
			Abnahmeprotokolls, Feststellen von Mängeln und Erteilen einer Abnahmeempfehlung	
	h) Antrag auf behördliche Abnahmen und Teilnahme daran	0,3–1,0	l) Antrag auf behördliche Abnahmen und Teilnahme daran	0,5
			m) Prüfung der übergebenen Revisionsunterlagen auf Vollzähligkeit, Vollständigkeit und stichprobenartige Prüfung auf Übereinstimmung mit dem Stand der Ausführung	1,5
	j) Mitwirken beim Auflisten der Verjährungsfristen für Mängelansprüche	0,5–0,7	n) Auflisten der Verjährungsfristen der Ansprüche auf Mängelbeseitigung	0,5
	k) Überwachen der Beseitigung der bei der Abnahme der Leistungen festgestellten Mängel	1,0–2,5	o) Überwachen der Beseitigung der bei der Abnahme festgestellten Mängel	1
	i) Zusammenstellen und Übergeben der Revisionsunterlagen, Bedienungsanleitungen und Prüfprotokolle	0,5–1,0	p) Systematische Zusammenstellung der Dokumentation, der zeichnerischen Darstellungen und rechnerischen Ergebnisse des Objekts	1
LP 9		3		1
	b) Überwachen der Beseitigung von Mängeln, die innerhalb der Verjährungsfristen für Mängelansprüche, längstens jedoch bis zum Ablauf von vier Jahren seit Abnahme der Leistungen auftreten	1,0–2,8	a) Fachliche Bewertung der innerhalb der Verjährungsfristen für Gewährleistungsansprüche festgestellten Mängel, längstens jedoch bis zum Ablauf von fünf Jahren seit Abnahme der Leistung, einschließlich notwendiger Begehungen	0,5
	a) Objektbegehung zur Mängelfeststellung vor Ab-	0,8–1,0	b) Objektbegehung zur Mängelfeststellung vor Ab-	0,25

	HOAI 1996/2002 und 2009	Bewertung	HOAI 2013	Bewertung
	lauf der Verjährungsfristen für Mängelansprüche gegenüber den ausführenden Unternehmen		lauf der Verjährungsfristen für Mängelansprüche gegenüber den ausführenden Unternehmen	
	c) Mitwirken bei der Freigabe von Sicherheitsleistungen	0,25–0,5	c) Mitwirken bei der Freigabe von Sicherheitsleistungen	0,25
	d) Mitwirken bei der systematischen Zusammenstellung der zeichnerischen Darstellungen und rechnerischen Ergebnisse des Objekts	0,8–1,0		

Anhang 4 Honorarberechnung für Leistungen aus dem Bereich der Sicherheits- und Gesundheitsschutzkoordination (SiGeKo)

Die Leistungen der Sicherheits- und Gesundheitsschutzkoordination kommen zu den Grundleistungen der Objektplanung für Gebäude und Ingenieurbauwerke hinzu. Für die Honorarberechnung wird im vorliegenden Kommentar auf die Praxisempfehlungen des AHO vom März 2011 als Basis zurückgegriffen. Danach werden verschiedene kostenprägende Kriterien zugrunde gelegt, die sich in einer Umfrage als maßgebende Parameter für ein leistungsgerechtes bzw. übliches Honorar ergeben haben.

Die Grundlage für die Berechnung des Honorars für die Grundleistungen nach der BaustellV ist die nachfolgend dargestellte Honorarberechnungsformel[7]. Diese Formel basiert auf den Erfahrungen und den gewonnenen Erkenntnissen aus den zwei Honorarumfragen der Fachkommission Baustellenverordnung des AHO. Eine der wesentlichen Erkenntnisse der letzten Umfrage (2010), die sich in der Berechnungsformel widerspiegelt, ist, dass es einen Honoraranteil gibt, der nicht mehr von dem Umfang und der Komplexität des Bauvorhabens, welche sich näherungsweise in den anrechenbaren Kosten abbilden lässt, sondern ganz wesentlich auch von der Bauzeit abhängt. Die Abhängigkeit des Aufwands des Koordinators von der Bauzeit betrifft nur sehr geringfügig die Planungsphase, stark jedoch die Ausführungsphase. Aufgrund dieser Honorarauswertungsergebnisse hat sich die zweigeteilte Berechnungsformel für die Ermittlung des empfohlenen Honorars bei Erbringung von Grundleistungen nach BaustellV ergeben. Die Formel kann für eine Honorarofferte nur dann verwendet werden, wenn im Akquisitionsstadium die (voraussichtlichen) Baukosten vom Anfrager bekanntgegeben wurden.

Im ersten Teil der Formel wird der Aufwand berücksichtigt, der für die Grundleistungen des Koordinators in der Planungsphase[8] entsteht. Dieser Honoraranteil ist von den anrechenbaren Kosten, also der Komplexität und dem Umfang der Bauleistungen abhängig.

Im zweiten Teil der Formel wird der Aufwand berücksichtigt, der für die Grundleistungen des Koordinators in der Ausführungsphase[9] entsteht. Diese sind sowohl von den anrechenbaren Kosten als auch im Besonderen von der Bauzeit abhängig.

Die Honorarberechnungsformel für die Grundleistungen lautet:

$$\text{Honorar}_{gesamt} = \text{Honorar}_{Planung} + \text{Honorar}_{Ausführung}$$

$$\text{Honorar}_{gesamt} = 4{,}045 \times AK^{0{,}4282} + (460 + (0{,}001 \times AK/BZ)) \times BZ$$

hierbei sind:

---

7 Vgl. AHO-Praxishilfe, Heft 15, 2. Auflage März 2011, Seiten 21–22.
8 Vgl. Einleitung b) Leistungsbild Grundleistungen Planungsphase 1.1.
9 Vgl. Einleitung b) Leistungsbild Grundleistungen Ausführungsphase 1.2.

AK: die anrechenbaren Baukosten in EURO nach DIN 276-1: 2008-12 für Hochbauten (KG 200-500) und nach DIN 276-4: 2009-08 für den Ingenieurbau (KG 200-500)

BZ: die Bauzeit bzw. die geplante Bauzeit des Bauvorhabens, während der eine Koordinierung nach BaustellV stattfindet, in Monaten

Empfehlungen für die Verwendung anrechenbarer Baukosten:[10]

Für die Grundleistungen der **Planung der Ausführung** sind die Kosten auf der Grundlage der nach DIN 276-1:2008-12 bzw. DIN 276-4:2009-08 anrechenbaren Baukosten nach der Summe der geprüften Submissionsergebnisse (günstigste Angebote ohne Umsatzsteuer) aller voraussichtlichen im Verlauf der Baumaßnahme zu berücksichtigenden Gewerke zu ermitteln bzw. als endgültige Honorargrundlage des Planungsteils zu verwenden. Vertraglich kann geregelt werden, ob bis zum Vorliegen der geprüften Angebote Kostenschätzungen oder vergleichbare Ermittlungen herangezogen werden dürfen (jeweils ohne Umsatzsteuer).

Für die Grundleistungen der **Ausführung** sind die Kosten auf der Grundlage der nach DIN 276-1:2008-12 bzw. DIN 276-4:2009-08 anrechenbaren Baukosten nach der Summe der geprüften Kostenfeststellungen (Schlussrechnungen) aller im Verlauf der Baumaßnahme ausgeführten, zu berücksichtigenden Gewerke zu ermitteln bzw. als endgültige Honorargrundlage zu verwenden. Vertraglich kann geregelt werden, ob bis zum Vorliegen der geprüften Schlussrechnungen Auftragssummen oder vergleichbare Ermittlungen herangezogen werden dürfen (jeweils ohne Umsatzsteuer).

Berücksichtigung von **baulichen Anlagen im Bestand**: Aus den Referenzobjekten konnte ermittelt werden, dass je nach baulichem Umfang des Umbaus ein Zuschlag auf das Grundhonorar von bis zu 30 % gerechtfertigt ist. Es bleibt dem Anbieter überlassen, welcher Zuschlagssatz plausibel nachgewiesen werden kann. Jedenfalls sollte er vertraglich vereinbart werden.

Um aus Sicht des Anwenders der Honorarempfehlung eine schnelle Ermittlung des Grundleistungshonorars zu ermöglichen, sind nachfolgend die Ergebnisse der Honorarberechnungsformel in Tabellenform für Bauzeiten von drei Monaten bis 48 Monaten und Baukosten von 50.000 € bis 10 Millionen € dargestellt. Für höhere Baukosten und längere Bauzeiten lagen nicht genügend repräsentative Werte vor, sodass die Tabelle nur bis zu den genannten Grenzen verwendbar ist. Bei der Tabelle sind Zwischenwerte linear zu interpolieren. Gegenüber der Honorarberechnungsformel ergeben sich jedoch interpolationsbedingt Abweichungen. Es wird deshalb empfohlen, die Tabelle nur für eine überschlägige Ermittlung heranzuziehen. Das genaue Grundleistungshonorar sollte nach der o. g. Berechnungsformel ermittelt werden.

---

10 Vgl. AHO-Praxishilfe, Heft 15, 2. Auflage März 2011, Seite 20.

Anhang 4 Honorarberechnung für Leistungen aus dem Bereich der SiGeKo

Baukosten	Bauzeit (Monate) 3	Bauzeit (Monate) 6	Bauzeit (Monate) 9	Bauzeit (Monate) 12	Bauzeit (Monate) 18	Bauzeit (Monate) 24	Bauzeit (Monate) 36	Bauzeit (Monate) 48
50.000 €	1.849 €	3.229 €	4.609 €	5.989 €	8.749 €	11.509 €	17.029 €	22.549 €
100.000 €	2.045 €	3.425 €	4.805 €	6.185 €	8.945 €	11.705 €	17.225 €	22.745 €
200.000 €	2.341 €	3.721 €	5.101 €	6.481 €	9.241 €	12.001 €	17.521 €	23.041 €
300.000 €	2.586 €	3.966 €	5.346 €	6.726 €	9.486 €	12.246 €	17.766 €	23.286 €
400.000 €	2.806 €	4.186 €	5.566 €	6.946 €	9.706 €	12.466 €	17.986 €	23.506 €
500.000 €	3.009 €	4.389 €	5.769 €	7.149 €	9.909 €	12.669 €	18.189 €	23.709 €
600.000 €	3.201 €	4.581 €	5.961 €	7.341 €	10.101 €	12.861 €	18.381 €	23.901 €
700.000 €	3.385 €	4.765 €	6.145 €	7.525 €	10.285 €	13.045 €	18.565 €	24.085 €
800.000 €	3.562 €	4.942 €	6.322 €	7.702 €	10.462 €	13.222 €	18.742 €	24.262 €
900.000 €	3.733 €	5.113 €	6.493 €	7.873 €	10.633 €	13.393 €	18.913 €	24.433 €
1.000.000 €	3.901 €	5.281 €	6.661 €	8.041 €	10.801 €	13.561 €	19.081 €	24.601 €
1.500.000 €	4.690 €	6.070 €	7.450 €	8.830 €	11.590 €	14.350 €	19.870 €	25.390 €
2.000.000 €	5.429 €	6.809 €	8.189 €	9.569 €	12.329 €	15.089 €	20.609 €	26.129 €
2.500.000 €	6.135 €	7.515 €	8.895 €	10.275 €	13.035 €	15.795 €	21.315 €	26.835 €
3.000.000 €	6.819 €	8.199 €	9.579 €	10.959 €	13.719 €	16.479 €	21.999 €	27.519 €
4.000.000 €	8.140 €	9.520 €	10.900 €	12.280 €	15.040 €	17.800 €	23.320 €	28.840 €
5.000.000 €	9.418 €	10.798 €	12.178 €	13.558 €	16.318 €	19.078 €	24.598 €	30.118 €
6.000.000 €	10.666 €	12.046 €	13.426 €	14.806 €	17.566 €	20.326 €	25.846 €	31.366 €
7.000.000 €	11.891 €	13.271 €	14.651 €	16.031 €	18.791 €	21.551 €	27.071 €	32.591 €
8.000.000 €	13.099 €	14.479 €	15.859 €	17.239 €	19.999 €	22.759 €	28.279 €	33.799 €
9.000.000 €	14.292 €	15.672 €	17.052 €	18.432 €	21.192 €	23.952 €	29.472 €	34.992 €
10.000.000 €	15.473 €	16.853 €	18.233 €	19.613 €	22.373 €	25.133 €	30.653 €	36.173 €

Abbildung 1: Tabelle für die Honorarermittlung der Grundleistungen der Sicherheits- und Gesundheitsschutzkoordination gem. BaustellV, AHO-Leitfaden. 2. Auflage März 2011

Oft verlangt der Bauherr bereits zur Angebotsabgabe oder im Verlauf der Baumaßnahme Leistungen vom Koordinator, bei denen es sich nicht um originäre Leistungen nach der Baustellenverordnung handelt[11], sog. **Besondere Leistungen**. Grundsätzlich sollten diese Leistungen auskömmlich kalkuliert und nach Möglichkeit pauschaliert angeboten werden[12]. Sofern sie jedoch vor ihrer Erbringung nicht kalkulierbar sind bzw. durch unvorhersehbare Umstände »ad hoc« zu erbringen sind, wird ihre Vergütung als Zeithonorar zu ermitteln sein. Da die Durchsetzung eines angemessenen Stundensatzes leider oft zu problematischen Verhandlungssituationen mit dem Auftraggeber führt, sollte dieser für den »Fall des Falles« bereits im Vertrag zur Koordination nach BaustellV fest vereinbart werden. Die Leistungen nach Baustellenverordnung sind nicht in der novellierten Verordnung über die Honorare für Leistungen der Architekten und Ingenieure – HOAI 2013 geregelt. Dennoch besteht für beide Vertragsparteien die Pflicht, im Falle von Zeithonorarleistungen ortsübliche Stundensätze zu vereinbaren. Bei der Vereinbarung von Stundensätzen ist zu beachten, dass in diesen sämtliche Kosten eines Planerbüros aus projektbezogener Tätigkeit zu erwirtschaften sind. Möglichkeiten zur schnellen Ermittlung von auskömmlichen Stundensätzen können unter www.aho.de (AHO- Stundensatzrechner, aktualisiert 2015) kostenfrei heruntergeladen werden.

---

11 Vgl. Einleitung b) Leistungsbild Besondere Leistungen 2.
12 Vgl. AHO-Praxishilfe, Heft 15, 2. Auflage März 2011, Seite 27.

Honorarberechnung für Leistungen aus dem Bereich der SiGeKo **Anhang 4**

Bei der Vereinbarung von **Nebenkosten** hat sich eine analog der HOAI praktizierte Regelung bewährt. D. h. es bietet sich eine Vergütung als Pauschale, ein Prozentsatz in Abhängigkeit des Grundhonorars, oder eine Einzelnachweisregelung an.

Beispiel einer Honorarberechnung für Leistungen der Sicherheits- und Gesundheitsschutzkoordination (SiGeKo- Leistungen) nach der Baustellenverordnung für die Erschließung eines Neubaugebietes

Vorgang: Die Stadtverwaltung »Musterstadt« hat für die Erschließung des Neubaugebiets »Musterfläche« die erforderlichen Leistungen nach Baustellenverordnung an einen Koordinator (nach RAB 30) vergeben. Im »SiGeKo-Vertrag« ist eine Leistungserbringung und Honorierung nach AHO Leitfaden Nr. 15, März 2011 vereinbart. – Es hatte sich um die Gewerke Kanalisation, Wasserversorgung und Verkehrsanlagen gehandelt, die zusammengefasst eine Auftragssumme von 3.550.000 € (netto) gebildet hatten. Wegen der höheren Gefährdungspotenziale durch die Eingliederung der bestehenden Untergrundleitungen und der bestehenden Straßen war ein Umbauzuschlag von 25 % auf das Gesamt-Grundhonorar vereinbart worden. Für die Abrechnung der Planung waren als Honorargrundlage die zusammengefassten Submissionsergebnisse (günstigste Bieter, 3.550.000 €) und für die Ausführungsphase die festgestellten Baukosten (3.498.750,16 €) vereinbart worden. Als anrechenbare Bauzeit war die festgestellte Bauzeit gem. geprüftem Bautagebuch (14 Monate) vereinbart worden. Der Bauherr hatte verfügt, dass die Baustellenvorankündigung vom Koordinator verfasst und in seinem Auftrag an die zuständige Behörde weiterzuleiten sei. Im Zuge der Maßnahme hatte sich herausgestellt, dass die Unterlage wegen erheblicher, nicht vorhersehbarer Änderungen angepasst werden musste. Ferner waren auftragsgemäß eine Baustellenordnung ausgearbeitet und straßenverkehrsrechtliche Anordnungen bei der zuständigen Behörde beantragt worden. – Als Nebenkostenpauschale waren 6 % des Gesamthonorars vereinbart worden.

Ergebnis: Der Auftragnehmer rechnet seine erbrachten Leistungen nach Abschluss der Baumaßnahme wie folgt ab:

Anhang 4 Honorarberechnung für Leistungen aus dem Bereich der SiGeKo

**Honorarberechnung für die Sicherheits- und
Gesundheitsschutz- Koordination auf Baustellen (SIGeKo) nach BaustellV**
(aufgestellt als fiktive Schlussrechnung)

1.1 Grundleistungen zur Bearbeitung der Planung der Ausführung des Bauvorhabens
   Sicherheits- und Gesundheitsschutzplanung und Unterlage entsprechend dem
   Leistungskatalog nach AHO-Leitfaden Nr. 15. 2, Auflage März 2011, Kap. II 1 .1

anrechenbare Baukosten netto	AK=		3.550.000,00 €
nach der zusammengelassen, anrechenbaren Auftragssumme gem. KG 200-500 DIN 276-4:2009-08			
Planungs-Honorar = $4.045 \times AK^{0,4287}$		2.580.63 €	
Sonst. Zuschlag (z. B. durch Umbau)	25%	645,16 €	
Planungs-Honorar		3.225,79 €	3.225,79 €

Rückgerechneter Anteil des Grundhonorars insgesamt einschl. Zuschlag = 21%

1.2 Grundleistungen zur Bearbeitung der Ausführung des Bauvorhabens
   entsprechend dem Leistungskatalog
   nach AHO-Leitfaden Nr. 15, 2. Auflage März 2011, Kap. II 1.2

anrechenbare Baukosten netto	AK =		3.498.750,16 €
nach den zusammengefassten, anrechenbaren festgestellten Baukosten gem. KG 200-500 DIN 276-4:2009-08			
Bauzeit	BZ =	14 Monate	
(festgestellte Monate gem. geprüftem Bautagebuch)			
Ausführungs-Honorar =			
$(460 + (0,001 \times AK/BZ)) \times BZ =$		9.938,75 €	
Sonst. Zuschlag (z. B. durch Umbau)	25%	2.484,69 €	
Planungs-Honorar		12.423,44 €	12.423,44 €

Rückgerechneter Anteil des Grundhonorars insgesamt einschl Zuschlag = 79 %

Grundhonorar insgesamt ohne Zuschlag	12.519,38 €
Grundhonorar insgesamt mit Zuschlag	15.649,23 €

Honorarberechnung für Leistungen aus dem Bereich der SiGeKo **Anhang 4**

2.1 Besondere Leistungen (Bedarfsleistungen bei speziellen Randbedingungen) Nach AHO Leitfaden Nr. 15, 2. Auflage März 2011, Kap. II 2.1

Baukosten netto 3.550.000,00 €
nach der zusammengefassten, anrechenbaren Auftragssumme

Honorarsatz 100 v.H. 12.519,38 €
aus der Honorarformel (Planung und Ausführung)

Bedarfsleistungen	Vorschlag Satz (%) od. psch.	Betrag in
1 Anpassung der SiGe-Planung bei erheblichen Änderungen	- €	- €
2 Zusätzlicher Koordinierungsaufwand in der Ausführungsphase	- €	- €
3 Anpassen der Unterlage bei erheblichen Änderungen	300,00 €	300,00 €
4 Erstellung der Vorankündigung und Übermittlung an die zuständige Behörde	3,0 %	375,58
5 Abstimmungen beim Vorhandensein mehrerer Koordinatoren	- €	- €
Summe		**675,58 €**

Hinweis: Diese Leistungen seien im Bauverlauf zeitnah vereinbart worden.

2.2 Besondere Leistungen (Zusatzleistungen ohne Direktbezug zur Baustellenverordnung) AHO-Leitfaden Nr. 15, 2. Auflage März 2011, Kap. II 2.2

Anhang 4   Honorarberechnung für Leistungen aus dem Bereich der SiGeKo

	Zusätzliche Leistungen	Vorschlag Pauschale €	Betrag in €
1	Übernahme der Funktion des »beauftragten Dritten«	-€	-€
2	Planungsanalysen bezgl. Gefährdungen	-€	-€
3	Kostenanalysen zu Lösungen	-€	-€
4	Vorbereiten und Vergabemitwirkung von sicherheitstechnischen Einrichtungen	-€	-€
5	Angebotsprüfung bzgl. Sicherheitstechnik (z. B. bei Alternativen, Sondervorschlägen)	-€	-€
6	Regelmäßige Teilnahme an allgemeinen Baubesprechungen	-€	-€
7	Erstellung eines Baustellen-Einrichtungsplans	-€	-€
8	Erstellung einer Baustellenordnung	600,00 €	600,00 €
9	Erstellung von Fluchtwegeplänen und/oder Rettungskonzepten	-€	-€
10	Beratung bei verkehrssichernden Maßnahmen (i.S.v. 823 (1) BGB)	-€	-€
11	Erstellung von Verkehrslenkungsplänen	-€	-€
12	Einholen von straßenverkehrsrechtlichen Anordnungen	350,00 €	350,00 €
13	Entwicklung von Konzepten/Maßnahmen zu Sicherheitsfragen (»security«)	-€	-€
14	Platzhalter	-€	-€
15	Platzhalter	-€	-€
	Summe		950,00 €

Hinweis: Diese Leistungen seien im Bauverlauf zeitnah vereinbart worden.

Gesamthonorar		17.274,81 €
Nebenkostenpauschale	6%	1.036,49 €
Gesamthonorar (netto)		18.311,30 €
Gesetzl. Mehrwertsteuer	19%	3.479,15 €
Gesamthonorar (brutto)		21.790,45 €

aufgestellt
Auftragnehmer
Ort, Datum, Unterschrift

Zusammenfassung: Das gesamte Nettohonorar einschl. 6% Nebenkosten beträgt 18.311,30 €. Dies entspricht einem Honorarsatz von 0,52 % der festgestellten Baukosten (netto).

Zusammenfassung: Das gesamte Nettohonorar einschl. 6 % Nebenkosten beträgt 18.311,30 €. Dies entspricht einem Honorarsatz von 0,52 % der festgestellten Baukosten (netto).

Beispiel einer Honorarberechnung für Leistungen der Sicherheits- und Gesundheitsschutzkoordination (SiGeKo – Leistungen) nach der Baustellenverordnung für den schlüsselfertigen Bau von Wohngebäuden mit Tiefgaragen und Außenanlagen

Vorgang: Ein Bauträger hat für die Errichtung von 3 Wohngebäuden mit Tiefgaragen und Außenanlagen die erforderlichen Grundleistungen nach Baustellenverordnung für die Planungs- und die Ausführungsphase an einen Koordinator (nach RAB 30) angefragt. Gewünscht wurde eine Leistungserbringung nach AHO – Leitfaden Nr. 15, März 2011. Allerdings hatte der Auftraggeber keinerlei Baukosten bekannt gegeben, sodass zur Honorarermittlung nicht auf die Tabellen oder auf die Honorarformel zurückgegriffen werden konnte. Es war lediglich ein Ausführungszeitraum von ca. 71 Wochen genannt. Gefordert waren »alle erforderlichen Leistungen nach Baustellenverordnung« in Form eines Pauschalangebots.

Das Honorarangebot wurde vom Anbieter nach dem Grundleistungskatalog des AHO-Hefts Nr. 15 kalkuliert, wobei diese Leistungen zur Klarstellung nochmals explizit im Angebot beschrieben wurden. Die Preisermittlung erfolgte anschließend nach den örtlichen Randbedingungen anhand der bauseitigen Planunterlagen einschl. Bauzeitangabe und anhand der Eckwerte der bürointernen Einheitspreise (z. B. Stundensatz, Kilometerpreis, Nebenkostenprozentsatz). Die Maßnahme wurde vom Auftragnehmer wie folgt kalkuliert:

Anhang 4 Honorarberechnung für Leistungen aus dem Bereich der SiGeKo

Honorarberechnung für die Sicherheits- und Gesundheitsschutz-Koordination auf Baustellen (ermittelt über SiGe-Grundleistungsprofil nach AHO Heft 15, März 2011)
(aufgestellt als Kalkulations- / Beauftragungs- und Abrechnungsgrundlage unter Rückrechnung der Baukosten bei Verwendung der AHO-Honorarformel)

Auswertung nach AHO-Formel
(nur Grundleistungen Plng. + Ausf.)

Eingaben:

| Übertrag der Bauzeit (Mon) | 16,3 | Ergebnis |

| Baukosten (netto) | 10.696.550,00 € | (Variable) |

Ergebnis:
Rechnerisch. aus Baukostenvariab.:
Grundhonorar ohne NKs
netto **22.351,30 €** Ergebnis

Zum Vergleich Übertrag:

| kalkuliertes Nettohonorar ohne NKs | 22.351,30 € |

aufgestellt:
Auftragnehmer
Ort, Datum, Unterschrift

Ermittlung über Kalkulation:
(nur Grundleistungen Planungs- und Ausführungsphase)

Bauzeit z. B.: 1.8.16 (31. KW) - 9.12.17 (49. KW)

| | entspr. | 71 | Wochen | (Variable) |
| | ca. | 16,3 | Monate | Ergebnis |

Baustellenbesuche (h)
Fahrtzeit gesamt	0,85 h	(Variable)
Tätigkeit vor Ort	1,5 h	(Variable)
Protokollierung	2 h	(Variable)
	4,35 Stunden	Ergebnis
Stundensatz	85,00 €	(Variable)

Fahrtkosten (€)
Entfernung hin + zurück	38 km	(Variable)
Fahrzeugkosten €/Km	0,50 €	(Variable)
Fahrtkosten / Besuch	19,00 €	Ergebnis

| EP/ (Besuch+Protok.) | 388,75 € | Ergebnis |

Anzahl der Besuche pro Woche 0,75 Stück (Variable)

Endergebnisse:

Erforderliches Honorar Ausführungsph. 21.712,69 € Ergebnis
zuzügl. Honorar für Planung (%) mit NKs
5%   1.085,63 €   (Variable)

Ges.honorar mit NKs   22.798,32 €   Ergebnis

Ergebnisse der Umrechnung zwecks NK-Herausrechnung:
Grundhonorar (Pl.+A.)   22.351,30 €   Ergebnis
Nebenkostenpsch. (%):
2%   447,03 €   Ergebnis
Nettogesamthonorar   22.798,32 €

Zusammenfassung: Das gesamte Nettohonorar einschl. 2 % Nebenkostenpauschale beträgt 22.798,32 €.

Honorarberechnung für Leistungen aus dem Bereich der SiGeKo **Anhang 4**

Hinweis: Durch Umrechnung der Honorarformel bei nunmehr bekanntem Honorar und bekannter Bauzeit kommt man auf eine fiktive Baukostensumme von 10.696.550 €, womit sich ein Honorarsatz von ca. 0,21 % der Baukosten (netto) errechnet. Durch Vergleich der errechneten und ggf. der vom Bauherrn später bekannt gegebenen tatsächlichen Baukostensumme kann somit ein Plausibilitätsvergleich vorgenommen werden.

Allerdings muss berücksichtigt werden, dass der kalkulierte Stundensatz dieses Beispiels von ca. 85 € derzeit auf dem Markt für Leistungen nach der Baustellenverordnung nicht durchsetzbar ist. Nach den langjährigen Erfahrungen des Verfassers stagnieren – trotz Anpassung der HOAI-Honorare bereits im Jahr 2013 – die Stundensätze bei einem Wert von ca. 60 €. Kalkuliert man mit diesem Stundensatz, so beträgt das ermittelte Nettohonorar dieses Beispiels bei ansonsten unveränderten Werten lediglich 16.717,84 €.

Anhang 5 Leistungs- und Honorarordnung Projektmanagement in der Bau- und Immobilienwirtschaft (Auszug)[13]

2 Leistungs- und Honorarordnung Projektmanagement in der Bau- und Immobilienwirtschaft

§ 1 Anwendungsbereich

(1) Diese Leistungs- und Honorarordnung beinhaltet Vertragsvorschläge für Projektmanagementleistungen in der Bau- und Immobilienwirtschaft. Sie gilt, soweit die Vertragsparteien in abgeschlossenen Verträgen auf sie verwiesen haben.

(2) Projektmanagementleistungen sind entsprechend DIN 69901-5:2009-01 alle (technisch-wirtschaftlichen) Führungsaufgaben, -Organisationen, -techniken und -mittel für die Initiierung, Definition, Planung, Steuerung und den Abschluss von Projekten. Projektmanagementleistungen im Sinne dieser Leistungs- und Honorarordnung setzen sich aus Leistungen der Projektleitung und der Projektsteuerung zusammen.

(3) Leistungen der Projektsteuerung sind Unterstützungsleistungen des Auftragnehmers (Projektsteuerers) für einen Bauherrn (Auftraggeber) bei der Realisierung von Projekten in beratender Funktion (Stabsfunktion), wie sie in § 2 näher beschrieben sind.

(4) Leistungen der Projektleitung sind Unterstützungsleistungen des Auftragnehmers (Projektmanagers) für den Bauherrn (Auftraggeber) bei der Realisierung eines Projekts in Organisations-, Entscheidungs- und Durchsetzungsfunktion (Linienfunktion), wie sie in § 3 definiert sind.

(5) Leistungen der Projektentwicklung sind Aufgabenstellungen, die den Leistungen nach dieser Leistungs- und Honorarordnung entweder zeitlich vorgelagert sind oder rein immobilienwirtschaftliche Sachverhalte betreffen. Entsprechende Leistungen, wie etwa das Erstellen eines Bedarfsprogramms gemäß DIN 18205:1996-04, gehören nicht zu den Grundleistungen des Projektmanagements und bedürfen daher einer zusätzlichen Beauftragung (z. B. als Besondere Leistung).

(6) Projektmanagementleistungen sind von Leistungen der Planungsbeteiligten zu unterscheiden, wie sie z. B. in der HOAI beschrieben sind. Wenn Projektmanagern derartige Planungs- und Überwachungsleistungen übertragen werden sollen, bedarf dies einer besonderen Vereinbarung. Originäre HOAI-Leistungen sind unter Beachtung des Preisrechts der HOAI zu vergüten.

(7) Diese Leistungs- und Honorarordnung gilt insbesondere für folgende Projekttypen:
– Hochbauten (gemäß §§ 33 ff. HOAI),
– Ingenieurbauwerke (gemäß §§ 41 ff. HOAI),
– Verkehrsanlagen (gemäß §§ 45 ff. HOAI),

---

13 Auszug (Ziff. 2) aus AHO Heft Nr. 9 »Leistungs- und Honorarordnung Projektmanagement in der Bau- und Immobilienwirtschaft«, 4. Auflage 2015, S. 9–35. Abdruck mit freundlicher Genehmigung des Bundesanzeiger Verlags, Köln.

– Anlagenbauprojekte (z. B. Kraftwerke, Produktionsanlagen).

Bei anderen Aufgabenstellungen, insbesondere auch bei größeren, komplexen Projekten und größeren Infrastrukturmaßnahmen, sind das Leistungsbild und die Honorarregelung individuell anzupassen. Auf § 9 Abs. 2 wird hingewiesen.

(8) Diese Leistungs- und Honorarordnung legt zugrunde, dass Architekten- und Ingenieurleistungen auf der Grundlage der Leistungsbilder der HOAI beauftragt werden. Sofern individuelle Leistungsbilder vorgegeben werden, die von den Leistungsbildern der HOAI abweichen, muss geprüft werden, ob das Leistungsbild für Projektsteuerungsleistungen und davon abhängig auch die Vergütungsstruktur anzupassen sind.

(9) Rechtsberatungsleistungen i. S. d. Rechtsdienstleistungsgesetzes sind nicht Gegenstand dieser Leistungs- und Honorarordnung.

§ 2 Leistungsbild Projektsteuerung

(1) Sofern die Vertragsparteien keine anderweitigen Festlegungen treffen, gilt das Leistungsbild Projektsteuerung dieser Leistungs- und Honorarordnung zu den Grundleistungen als vereinbart.

(2) Das Leistungsbild der Projektsteuerung ist zeitlich in fünf Projektstufen und fünf Handlungsbereiche untergliedert. Die Untergliederung soll den Vertragsparteien eine leichtere Orientierung und stufenweise Beauftragungen sowie Teilbeauftragungen ermöglichen. Sofern die Vertragsparteien nicht etwas anderes vereinbaren, umfasst die Beauftragung sämtliche Projektstufen und Handlungsbereiche.

(3) Den Vertragsparteien steht es frei, die für Standardprojekte definierten Leistungen an die konkreten Projektumstände anzupassen, zu konkretisieren und ggf. um Besondere Leistungen zu ergänzen, die im Leistungsbild nicht abschließend beschrieben sind. Die Besonderen Leistungen des Leistungsbildes Projektsteuerung können auch für andere Leistungsphasen, denen sie nicht zugeordnet sind, vereinbart werden. Bei Änderungen des Leistungsbildes sind die Honorarvorschläge dieser Leistungs- und Honorarordnung zu überprüfen.

(4) Diesem Leistungsbild liegen folgende Definitionen zugrunde:
a) **Mitwirken** bedeutet:
    Der beauftragte Projektsteuerer fasst die genannten Teilleistungen in Zusammenarbeit mit anderen Projektbeteiligten inhaltlich abschließend zusammen und übermittelt diese mit einer eigenen Bewertung dem Auftraggeber zur Entscheidung.
b) **Erstellen/Aufstellen** bedeutet:
    Die schriftliche Ausarbeitung eines Arbeitsergebnisses.
c) **Abstimmen** bedeutet:
    Die Vorlage von Arbeitsergebnissen unter Herbeiführung der Zustimmung des Auftraggebers zur Umsetzung.
d) **Umsetzen** bedeutet:
    Abgestimmte Prozesse über das Informations- und Besprechungswesen einzuführen und deren Einhaltung zu überprüfen.

e) **Fortschreiben** bedeutet:
Die laufende Aktualisierung der erarbeiteten Unterlagen.
f) **Prüfen** bedeutet:
Eine umfassende inhaltliche Prüfung auf Vertragskonformität und Richtigkeit. Entsprechende Unterlagen sind mit einem Prüfvermerk zu versehen und vom Bearbeiter zu unterzeichnen. Die Prüfung der Rechnungen der Planungsbeteiligten und der sonstigen freiberuflich Tätigen umfasst eine entsprechende inhaltliche Kontrolle.
g) **Überprüfen** bedeutet:
Kontrolle eines abgeschlossenen Arbeitsergebnisses in Stichproben mit dem Ziel der Freigabe des Arbeitsergebnisses oder der Verwerfung/Zurückweisung. Der Auftragnehmer ist insbesondere nicht verpflichtet, Leistungen von Planern und Gutachtern im Detail zu kontrollieren. Vielmehr schuldet er eine stichprobenhafte Kontrolle der Leistungsergebnisse, u. a. auf Vollständigkeit, Plausibilität und Übereinstimmung mit den Projektzielen. Die Stichproben sind vom Auftragnehmer eigenverantwortlich so vorzunehmen, dass besonders kritische und fehlerträchtige Vorgänge fachgerecht kontrolliert und etwaige Mängel aufgedeckt werden können. Auch die Stichprobe ist zu dokumentieren.
h) **Analysieren und Bewerten** bedeutet:
Die Kontrolle eines laufenden Projektprozesses/Projektfortschritts bzw. von Leistungen der Projektbeteiligten in Stichproben mit dem Ziel einer Handlungsempfehlung an den Auftraggeber. Ansonsten beinhaltet die Leistung die Definition wie Buchst, g).
i) **Steuern** bedeutet:
Die zielgerichtete Beeinflussung der Beteiligten zur Umsetzung der gestellten Aufgabe.

Leistungs- und Honorarordnung Projektmanagement **Anhang 5**

Projektabschluss

- Organisation Inbetriebnahme
- Projektdokumentation analysieren und bewerten
- Informations-, Berichts-, Protokollwesen abschließen
- Entscheidungsmanagement abschließen
- Änderungsmanagement abschließen
- Risikomanagement abschließen
- PKMS abschließen
- Bedarfsplanung abschließen
- Ergebnisdokumentation abschließen
- Prüfen Kostenfeststellung
- abschließen
- Terminsteuerung Abnahme / Inbetriebnahme
- Abnahmen

Ausführung

Ausführungsvorbereitung

- Organisationsvorgaben mit Projektstrukturplanung entwickeln und abstimmen
- Grundlagen für Planung analysieren und bewerten
- Informations-, Berichts-, Protokollwesen informieren und abstimmen (Berichtswesen)
- Fortschreiben der Dokumentation der Projektvorgaben
- Entscheidungsmanagement umsetzen
- Änderungsmanagement umsetzen
- Risikomanagement
- PKMS analysieren und bewerten
- Grundlagen der Bedarfsplanung analysieren und bewerten
- Überprüfen der Ergebnisdokumentation analysieren und bewerten
- Überprüfen Vergabe-Soll-Werte
- Kostensteuerung
- Mittelabflussplanung
- Prüfen/Überprüfen der Rechnungen
- Kostenverfolgung einrichten und fortschreiben
- Terminrahmen erstellen und fortschreiben
- Steuerungsterminplanung (Gesamtprojekt) aufstellen und fortschreiben
- Steuerungsterminplanung phasenweise differenzieren
- Vergabe- und Vertragsstruktur
- Vergabeverfahren und Nachtragsverfahren strukturieren
- Vertragspflichten durchsetzen

Planung

- Überprüfen Kostenschätzung/-berechnung

Projektvorbereitung

- Grundlagen für Planung der Planung abstimmen
- Informations-, Berichts-, Protokollwesen abstimmen
- Festlegen der Projektziele / Dokumentation Projektvorgaben
- Entscheidungsmanagement vorschlagen und abstimmen
- Änderungsmanagement vorschlagen und abstimmen
- Risikomanagement
- Auswahl eines Projektkommunikationssystems (PKMS)
- Überprüfen der Grundlagen der Bedarfsplanung
- Planungsergebnisse analysieren und bewerten
- Kostenrahmen Investitions- und Nutzungskosten
- Planerverträge vorbereiten und verhandeln
- Versicherungskonzept

Projektstufen / Handlungsbereiche

- **A** Organisation Information Koordination Dokumentation
- **B** Qualitäten Quantitäten
- **C** Kosten Finanzierung
- **D** Termine Kapazitäten Logistik
- **E** Verträge Versicherungen

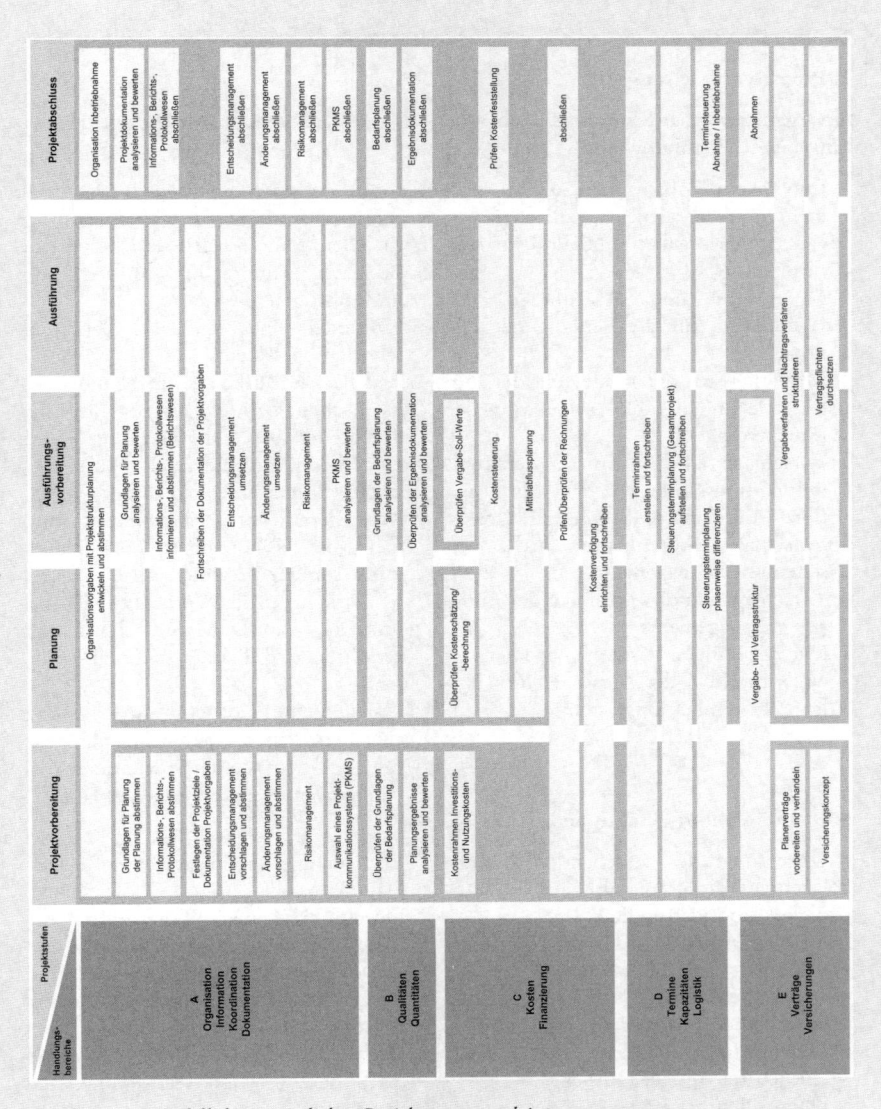

Bild 2: Prozessmodell der wesentlichen Projektsteuerungsleistungen

1485

Anhang 5 Leistungs- und Honorarordnung Projektmanagement

Grundleistungen

1. Projektvorbereitung

A Organisation, Information, Koordination und Dokumentation (übrige Handlungsbereiche einbeziehend)

1. Entwickeln, Abstimmen und Dokumentieren der projektspezifischen Organisationsvorgaben mit Projektstrukturplanung
2. Entwickeln und Abstimmen der Grundlagen für die Planung der Planung
3. Mitwirken bei der Festlegung der Projektziele und der Dokumentation der Projektvorgaben
4. Vorschlagen und Abstimmen der Kommunikationsstruktur des Informations-, Berichts- und Protokollwesens
5. Vorschlagen und Abstimmen des Entscheidungsmanagements
6. Vorschlagen und Abstimmen des Änderungsmanagements
7. Mitwirken beim Risikomanagement
8. Mitwirken bei der Auswahl eines Projektkommunikationssystems

B Qualitäten und Quantitäten

1. Überprüfen der bestehenden Grundlagen zur Bedarfsplanung auf Vollständigkeit und Plausibilität
2. Mitwirken bei der Klärung der Standortfragen, bei der Beschaffung der standortrelevanten Unterlagen, bei der Grundstücksbeurteilung hinsichtlich Nutzung in privatrechtlicher und öffentlich-rechtlicher Hinsicht
3. Überprüfen der Ergebnisse der Grundlagenermittlung der Planungsbeteiligten

Besondere Leistungen

1. Koordination von speziellen Organisationseinheiten des Auftraggebers
2. Erstellen von Vorlagen und besondere Berichterstattung in Auftraggeber- und sonstigen Gremien
3. Einrichten eines eigenen Projektkommunikationssystems
4. Erstellen der aufbau- und ablauforganisatorischen Grundlagen zur Planung, übergreifenden Überwachung und Steuern von mehreren verknüpften Projekten (Programme, Projektportfolios)
5. Konzipieren, Vorbereiten und Abstimmen von Risikomanagementsystemen mit besonderen Anforderungen
6. Mitwirken bei den Vorbereitungen besonderer behördlicher Genehmigungsverfahren (z. B. Planfeststellungsverfahren)
7. Erstellen eines Konzepts zur Erfassung aller betroffenen Dritten und der relevanten Öffentlichkeit sowie deren Beteiligung im weiteren Projektablauf

1. Erstellen und Abstimmen einer Bedarfsplanung
2. Durchführen einer differenzierten Anfrage bzgl. der Infrastruktur (Ver- und Entsorgungsmedien, Verkehr etc.) und Beschaffen der relevanten Informationen und Unterlagen
3. Vorbereiten und Durchführen von Ideen-, Programm- und Realisierungswettbewerben
4. Strukturieren der Prozesse zur Formulierung und Umsetzen der Nachhaltigkeitsstrategie in der Aufbau- und Ablauforganisation

C Kosten und Finanzierung

1 Mitwirken bei der Erstellung des Kostenrahmens für Investitionskosten und Nutzungskosten
2 Mitwirken bei der Ermittlung und Beantragung von Investitions- und Fördermitteln
3 Prüfen und Freigabevorschläge bzgl. der Rechnungen der Planungsbeteiligten und sonstigen Projektbeteiligten (außer bauausführenden Unternehmen) zur Zahlung
4 Abstimmen und Einrichten der projektspezifischen Kostenverfolgung

1 Erstellen von Wirtschaftlichkeitsuntersuchungen
2 Verwenden von auftraggeberseitig vorgegebenen EDV-Programmen mit besonderen Anforderungen in Bezug auf die Informationsverarbeitung und Dokumentation

D Termine, Kapazitäten und Logistik

1 Aufstellen und Abstimmen des Terminrahmens
2 Aufstellen und Abstimmen des Steuerungsterminplans für das Gesamtprojekt und Ableiten des Kapazitätsrahmens
3 Erfassen logistischer Einflussgrößen unter Berücksichtigung relevanter Standort- und Rahmenbedingungen

E Verträge und Versicherungen

1 Mitwirken bei der Erstellung einer Vergabe- und Vertragsstruktur für das Gesamtprojekt
2 Vorbereiten und Abstimmen der Inhalte der Planerverträge
3 Mitwirken bei der Auswahl der zu Beteiligenden, bei Verhandlungen und Vorbereitungen der Beauftragungen
4 Vorschlagen der Vertragstermine und -fristen für die Planerverträge
5 Mitwirken bei der Erstellung eines Versicherungskonzepts für das Gesamtprojekt

2. Planung

A Organisation, Information, Koordination und Dokumentation (übrige Handlungsbereiche einbeziehend)

1. Fortschreiben der projektspezifischen Organisationsvorgaben mit Projektstrukturplanung
2. Analysieren und Bewerten der Planungsprozesse auf Konformität mit den vorgegebenen Projektzielen
3. Fortschreiben der Dokumentation der Projektvorgaben
4. Überprüfen und Umsetzen der Kommunikationsstruktur- regelmäßiges Informieren und Abstimmen mit dem Auftraggeber (Berichtswesen)
5. Umsetzen des Entscheidungsmanagements
6. Umsetzen des Änderungsmanagements
7. Analysieren und Bewerten der Koordinationsleistungen des Objektplaners
8. Mitwirken beim Risikomanagement
9. Analysieren und Bewerten der ordnungsgemäßen Nutzung des Projektkommunikationssystems durch die Projektbeteiligten
10. Mitwirken bei der Herbeiführung der behördlichen Genehmigung

1. Vertreten der Planungskonzeption gegenüber der Öffentlichkeit unter besonderen Anforderungen und Zielsetzungen sowie bei mehr als fünf Erläuterungs- oder Erörterungsterminen
2. Betreiben eines eigenen Projektkommunikationssystems
3. Umsetzen von Risikomanagementsystemen mit besonderen Anforderungen
4. Mitwirken bei der Einbeziehung zu beteiligender Dritter und der Öffentlichkeit bei der weiteren Projektrealisierung

B Qualitäten und Quantitäten

1. Laufendes Analysieren und Bewerten der Leistungen der Planungsbeteiligten
2. Steuern der Planung der Bemusterungen
3. Überprüfen der Ergebnisdokumentation der Planungsbeteiligten zu den einzelnen Leistungsphasen der Planung

1. Steuern der Nachhaltigkeits- und Zertifizierungsprozesse
2. Steuern der Planung bei 3- bis n-dimensionaler Gebäudemodellbearbeitung sowie BIM-Administration

C Kosten und Finanzierung

1. Überprüfen der Kostenschätzung und -berechnung der Objekt- und Fachplaner sowie Veranlassen erforderlicher Anpassungsmaßnahmen
2. Kostensteuerung zur Einhaltung der Kostenziele

1. Erstellen einer Kostenschätzung/Kostenberechnung nach DIN 276
2. Erstellen der Nutzungskostenschätzung, -berechnung sowie Nutzungskostensteuerung

3 Planen von Mittelbedarf und Mittelabfluss
4 Prüfen und Freigabevorschläge bzgl. der Rechnungen der Planungsbeteiligten und sonstigen Projektbeteiligten (außer bauausführenden Unternehmen) zur Zahlung
5 Fortschreiben der projektspezifischen Kostenverfolgung (kontinuierlich)

3 Erstellen von Wirtschaftlichkeitsberechnungen
4 Durchführen eines Value Engineering mit Überprüfen der Planung auf Wirtschaftlichkeit, Vergabefähigkeit, Nachhaltigkeit, Energieverbrauch, Materialeignung, Logistik, Workflow

D Termine, Kapazitäten und Logistik

1 Fortschreiben des Terminrahmens
2 Überprüfen des Terminplans der Planungsbeteiligten für den Planungs- und Bauablauf, insbesondere auf Einhaltung des Terminrahmens
3 Fortschreiben des Steuerungsterminplans unter Berücksichtigung des Terminplans der Planungsbeteiligten für den Planungs und Bauablauf
4 Terminsteuerung der Planung einschließlich Analyse und Bewertung der Terminfortschreibungen der Planungsbeteiligten
5 Mitwirken bei der Aktualisierung der logistischen Einflussgrößen
6 Aufstellen und Abstimmen des Terminrahmens zur Integration des strategischen Facility Managements

1 Erstellen eines Terminplans für Planung und Bauablauf bei (noch) nicht vorliegenden Terminplänen der Planungsbeteiligten
2 Erstellen des Vergabeterminplans bei (noch) nicht vorliegenden Terminplänen der Planungsbeteiligten
3 Erstellen eines Logistikkonzepts
4 Abgleichen logistischer Maßnahmen mit Anlieger- und Nachbarschaftsinteressen

E Verträge und Versicherungen

1 Mitwirken bei der Durchsetzung von Vertragspflichten gegenüber den Beteiligten
2 Mitwirken bei der Umsetzung des Versicherungskonzepts für alle Projektbeteiligten

3. Ausführungsvorbereitung

A Organisation, Information, Koordination, Dokumentation (übrige Handlungsbereiche einbeziehend)

1 Fortschreiben der projektspezifischen Organisationsvorgaben mit Projektstrukturplanung

1 Betreiben eines eigenen Projektkommunikationssystems

Anhang 5 Leistungs- und Honorarordnung Projektmanagement

2 Analysieren und Bewerten der Planungsprozesse auf Konformität mit den vorgegebenen Projektzielen
3 Fortschreiben der Dokumentation der Projektvorgaben
4 Überprüfen und Umsetzen der Kommunikationsstruktur – regelmäßiges Informieren und Abstimmen mit dem Auftraggeber (Berichtswesen)
5 Umsetzen des Entscheidungsmanagements
6 Umsetzen des Änderungsmanagements
7 Analysieren und Bewerten der Koordinationsleistungen des Objektplaners
8 Mitwirken beim Risikomanagement
9 Analysieren und Bewerten der ordnungsgemäßen Nutzung des Projektkommunikationssystems durch die Projektbeteiligten

2 Umsetzen von Risikomanagementsystemen mit besonderen Anforderungen
3 Mitwirken bei der Einbeziehung zu beteiligender Dritter und der Öffentlichkeit bei der weiteren Projektrealisierung

B Qualitäten und Quantitäten

1 Laufendes Analysieren und Bewerten der Planungsergebnisse auf Konformität mit den vorgegebenen Projektzielen
2 Überprüfen der von den Planungsbeteiligten erstellten Angebotsauswertungen und Vergabevorschläge
3 Überprüfen der unmittelbaren und mittelbaren Auswirkungen von Nebenangeboten auf Konformität mit den vorgegebenen Projektzielen
4 Mitwirken bei den erforderlichen Bemusterungen

1 Versenden der Ausschreibungsunterlagen
2 Steuern der Nachhaltigkeits- und Zertifizierungsprozesse

C Kosten und Finanzierung

1 Überprüfen der von den Planern ermittelten Soll-Werte für die Vergaben auf Basis der aktuellen Kostenberechnung
2 Überprüfen der von den Planungsbeteiligten auf der Grundlage bepreister Leistungsverzeichnisse erstellten Kostenermittlungen

1 Erstellen von Wirtschaftlichkeitsberechnungen

3 Überprüfen der Angebotsauswertungen im Hinblick auf die Angemessenheit der Preise
4 Vorgeben der Deckungsbestätigungen für Aufträge
5 Kostensteuerung unter Berücksichtigung der Angebotsprüfungen und Kostenvergleiche der Planungsbeteiligten
6 Prüfen und Freigabevorschläge der Rechnungen der Planungsbeteiligten und sonstigen Projektbeteiligten (außer bauausführenden Unternehmen) zur Zahlung
7 Planen von Mittelbedarf und Mittelabfluss
8 Fortschreiben der projektspezifischen Kostenverfolgung (kontinuierlich)

D Termine, Kapazitäten und Logistik

1 Fortschreiben des Terminrahmens
2 Überprüfen der Vergabeterminplanung der Planungsbeteiligten
3 Fortschreiben des Steuerungsterminplans unter Berücksichtigung des Terminplans der Planungsbeteiligten für den Planungs- und Bauablauf
4 Überprüfen der vorliegenden Angebote im Hinblick auf vorgegebene Terminziele
5 Terminsteuerung mit Soll-Ist-Vergleichen betreffend Ausführungsplanung sowie Vorbereitung und Durchführung der Vergabe
6 Mitwirken bei der Aktualisierung und Prüfung der Entwicklung der logistischen Einflussgrößen

1 Fortschreiben der Terminplanung für Planung und Bauablauf
2 Erstellen und Fortschreiben des Vergabeterminplans
3 Fortführen des Abgleichens logistischer Maßnahmen mit Anlieger- und Nachbarschaftsinteressen

E Verträge und Versicherungen

1 Mitwirken bei der Durchsetzung von Vertragspflichten gegenüber den Beteiligten
2 Mitwirken bei der Strukturierung des Vergabeverfahrens
3 Überprüfen der Vertragsunterlagen für die Vergabeeinheiten auf Vollständig-

1 Mitwirken bei der Auswahl, Beschaffung, dem Aufbau und der Einführung von speziellen Informationssystemen (z. B. für das Facility Management)

keit und Plausibilität sowie Bestätigen der Versandfertigkeit
4 Mitwirken bei den Vergabeverhandlungen bis zur Unterschriftsreife
5 Mitwirken bei der Vorgabe der Vertragstermine und -fristen für die Besonderen Vertragsbedingungen der Ausführungs- und Lieferleistungen

4. Ausführung

A Organisation, Information, Koordination, Dokumentation (übrige Handlungsbereiche einbeziehend)

1 Fortschreiben der projektspezifischen Organisationsvorgaben mit Projektstrukturplanung
2 Analysieren und Bewerten der Planungsprozesse auf Konformität mit den vorgegebenen Projektzielen
3 Fortschreiben der Dokumentation der Projektvorgaben
4 Überprüfen und Umsetzen der Kommunikationsstruktur- regelmäßiges Informieren und Abstimmen mit dem Auftraggeber (Berichtswesen)
5 Umsetzen des Entscheidungsmanagements
6 Umsetzen des Änderungsmanagements
7 Analysieren und Bewerten der Koordinationsleistungen der Objektüberwachung
8 Mitwirken beim Risikomanagement
9 Analysieren und Bewerten der ordnungsgemäßen Nutzung des Projektkommunikationssystems durch die Projektbeteiligten
10 Unterstützen des Auftraggebers bei der Einleitung von selbständigen Beweisverfahren

1 Koordinieren besonderer Anforderungen der Betreiber-/Nutzerorganisation
2 Betreiben eines eigenen Projektkommunikationssystems
3 Organisatorisches und baufachliches Unterstützen bei Gerichtsverfahren
4 Umsetzen von Risikomanagementsystemen mit besonderen Anforderungen
5 Mitwirken bei der Einbeziehung zu beteiligender Dritter und der Öffentlichkeit bei der weiteren Projektrealisierung

B Qualitäten und Quantitäten

1 Analysieren und Bewerten der Leistungen der Objektüberwachung sowie Vorschlagen und Abstimmen von Anpas-

1 Steuern der Nachhaltigkeits- und Zertifizierungsprozesse

sungsmaßnahmen bei Gefährdung von Projektzielen
2 Anlassbezogenes örtliches Überprüfen der Leistungen der Objektüberwachung

C Kosten und Finanzierung

1 Kostensteuerung zur Einhaltung der Kostenziele
2 Prüfen und Freigabevorschläge bzgl. der Rechnungen der Planungsbeteiligten und sonstigen Projektbeteiligten (außer bauausführenden Unternehmen) zur Zahlung
3 Überprüfen und Freigabevorschläge bzgl. der Rechnungsprüfung der Objektüberwachung zur Zahlung an ausführende Unternehmen
4 Vorgeben von Deckungsbestätigungen für Nachträge
5 Fortschreiben der Planung zu Mittelbedarf und Mittelabfluss
6 Fortschreiben der projektspezifischen Kostenverfolgung (kontinuierlich)

1 Prüfen der Rechnungen der ausführenden Unternehmen

D Termine, Kapazitäten und Logistik

1 Fortschreiben des Terminrahmens
2 Überprüfen des Terminplans der Planungsbeteiligten, insbesondere auf Einhaltung des Terminrahmens
3 Fortschreiben der Steuerungsterminpläne unter Berücksichtigung des Terminplans der Planungsbeteiligten
4 Terminsteuerung der Ausführung unter Berücksichtigung der Objektüberwachungsleistungen

1 Erstellen einer detaillierten Inbetriebnahmeplanung unter Integration aller Projektbeteiligten einschließlich Nutzer

E Verträge und Versicherungen

1 Mitwirken bei der Durchsetzung von Vertragspflichten gegenüber den Beteiligten
2 Unterstützen des Auftraggebers bei der Abwendung von Forderungen Dritter (Nachbarn, Bürgerinitiativen etc.)

1 Koordinieren der versicherungsrelevanten Schadensabwicklung

Anhang 5 Leistungs- und Honorarordnung Projektmanagement

3 Überprüfen der Nachtragsprüfungen durch die Objektüberwachung und Mitwirken bei der Beauftragung
4 Mitwirken bei der Abnahmevorbereitung sowie bei der Durchführung der Abnahmen und Inbetriebnahme

5. Projektabschluss

A Organisation, Information, Koordination und Dokumentation (übrige Handlungsbereiche einbeziehend)

1 Mitwirken bei der organisatorischen und administrativen Konzeption und bei der Durchführung der Übergabe/Übernahme bzw. Inbetriebnahme/Nutzung
2 Veranlassen der systematischen Zusammenstellung und Archivierung der Projektdokumentation
3 Überprüfen der Zusammenstellung von Dokumentationsunterlagen durch die Planungsbeteiligten
4 Überprüfen und Umsetzen der Kommunikationsstruktur- regelmäßiges Informieren und Abstimmen mit dem Auftraggeber (Berichtswesen)
5 Abschließen des Entscheidungs-/Änderungs- und Risikomanagements
6 Organisieren des Abschlusses des Projektkommunikationssystems

1 Organisatorisches und baufachliches Unterstützen bei Gerichtsverfahren
2 Organisieren des Abschlusses des eigenen Projektkommunikationssystems
3 Abschließen des Risikomanagementsystems mit besonderen Anforderungen
4 Prüfen der Projektdokumentation der fachlich Beteiligten

B Qualitäten und Quantitäten

1 Analysieren und Bewerten der Auflistung der Verjährungsfristen für Mängelansprüche

1 Veranlassen, Koordinieren und Steuern der Beseitigung nach der Abnahme aufgetretener Mängel
2 Steuern der Nachhaltigkeits- und Zertifizierungsprozesse

C Kosten und Finanzierung

1 Überprüfen der Kostenfeststellung der Objekt- und Fachplaner
2 Prüfen und Freigabevorschläge bzgl. der Rechnungen der Planungsbeteiligten und sonstigen Projektbeteiligten zur Zahlung

1 Erstellen des Verwendungsnachweises

3 Überprüfen und Freigabevorschläge bzgl. der Rechnungsprüfung der Objektüberwachung zur Zahlung an ausführende Unternehmen
4 Überprüfen der Leistungen der Planungsbeteiligten bei der Freigabe von Sicherheitsleistungen
5 Abschließen der projektspezifischen Kostenverfolgung

D Termine, Kapazitäten und Logistik

1 Steuern der Inbetriebnahme, Abnahme und Übergabe

E Verträge und Versicherungen
1 Mitwirken bei der rechtsgeschäftlichen Abnahme der Planungsleistungen

§ 3 Leistungsbild Projektleitung

(1) Zu Leistungen der Projektleitung gehören – soweit die Vertragsparteien keine anderweitige Festlegung treffen – folgende Grundleistungen:
a) Rechtzeitiges Herbeiführen bzw. Treffen der erforderlichen Entscheidungen sowohl hinsichtlich Funktion, Konstruktion, Standard und Gestaltung als auch hinsichtlich Organisation, Qualität, Kosten, Terminen sowie Verträgen und Versicherungen;
b) Durchsetzen der erforderlichen Maßnahmen und Vollziehen der Verträge unter Wahrung der Rechte und Pflichten des Auftraggebers in dessen Namen;
c) Herbeiführen der erforderlichen Genehmigungen, Einwilligungen und Erlaubnisse im Hinblick auf die Genehmigungsreife;
d) Konfliktmanagement zur Ausrichtung der unterschiedlichen Interessen der Projektbeteiligten auf einheitliche Projektziele hinsichtlich Qualitäten, Kosten und Terminen, u. a. im Hinblick auf
   – die Pflicht der Projektbeteiligten zur fachlich-inhaltlichen Integration der verschiedenen Planungsleistungen und
   – die Pflicht der Projektbeteiligten zur Untersuchung von alternativen Lösungsmöglichkeiten;
e) Leiten von Projektbesprechungen auf Geschäftsführungs- bzw. Vorstandsebene zur Vorbereitung/Einleitung/Durchsetzung von Entscheidungen;
f) Führen von Verhandlungen mit projektbezogener, vertragsrechtlicher oder öffentlich-rechtlicher Bindungswirkung für den Auftraggeber;
g) Wahrnehmen der zentralen Projektanlaufstelle; Sorge für die Abarbeitung des Entscheidungs-/Maßnahmenkatalogs;
h) Wahrnehmen von projektbezogenen Repräsentationspflichten gegenüber dem Nutzer, dem Finanzier, den Trägern öffentlicher Belange und der Öffentlichkeit.

Anhang 5 Leistungs- und Honorarordnung Projektmanagement

(2) Soweit Interessen unterschiedlicher interner und externer Nutzer in einem Projekt zu koordinieren sind, gehört die Koordination der Nutzer dann zu den beauftragten Projektleitungsaufgaben, wenn der Auftraggeber diese Leistungen (siehe dazu im Einzelnen Heft Nr. 19 der AHO-Fachkommission »Neue Leistungsbilder zum Projektmanagement in der Bau- und Immobilienwirtschaft«, 2004) beauftragt hat.

(3) Soweit der Auftraggeber den Projektsteuerer nach Vertragsschluss mit Entscheidungs

kompetenzen/Vertretungsmacht gegenüber anderen Projektbeteiligten (i. d. R. durch Vollmacht) ausstatten will, ist dies von den Vertragsparteien einvernehmlich abzustimmen.

§ 4 Honorierung von Projektmanagementleistungen

(1) Die Vertragsparteien sind hinsichtlich der Honorierung von Projektmanagementleistungen grundsätzlich frei und können diese eigenverantwortlich regeln. Soweit die Vertragsparteien auf diese Leistungs- und Honorarordnung Bezug nehmen, gelten die nachfolgenden Bestimmungen für die Ermittlung des Projektmanagementhonorars.

(2) Diese Honorarordnung enthält Vorschläge für folgende Honorierungsalternativen:
a) die Honorierung nach anrechenbaren Kosten, entweder als Abrechnungsauftrag oder Pauschalauftrag;
b) die Honorierung nach Zeitaufwand, entweder als Abrechnungsauftrag oder Pauschalauftrag.

Insbesondere bei der Beauftragung von Teilleistungen oder besonderen Aufgabenstellungen, etwa Bauen im Bestand, kann sich ein entsprechender Abrechnungsauftrag nach Zeitaufwand empfehlen.

Treffen die Vertragsparteien keine andere Art der Bestimmung, erfolgt eine Honorierung nach anrechenbaren Kosten, die zum maßgeblichen Zeitpunkt gemäß §§ 6 und 7 ermittelt wird. Die Anwendung der Honorartafel gilt in diesem Falle als vereinbart.

(3) Dieser Leistungs- und Honorarordnung liegt zugrunde, dass der Auftragnehmer die übernommenen Leistungen sorgfältig und zuverlässig erbringt und dadurch den Projekterfolg fördert. Das schließt die Vereinbarung von Bonus-/Malus-Honorarvereinbarungen nicht aus, wenn wichtige Projektziele, die typischerweise einen herausragenden Einsatz des Auftragnehmers voraussetzen, erreicht werden sollen. Solche Regelungen bedürfen einer besonderen Vereinbarung. Der Anteil der Erfolgsvergütung soll 10 % der Gesamtvergütung nicht übersteigen.

(4) Die nachfolgend geregelten Pauschalhonorare nach anrechenbaren Kosten betreffen Projektsteuerungsleistungen (§ 2). Sofern der Auftraggeber dem Auftragnehmer Projektleitungsaufgaben (§ 3) überträgt, sind diese gesondert zu vergüten. Wird dem Auftragnehmer das Leistungsbild Projektleitung des § 3 ergänzend zur Projektsteuerung übertragen, erhält der Auftragnehmer, vorbehaltlich einer anderweitigen Bestim-

mung der Vertragsparteien, 50 % des Honorars für die Projektsteuerungsleistungen zusätzlich vergütet.

Falls die Projektleitung getrennt von der Projektsteuerung beauftragt wird, wird das Honorar aufwandsbezogen vereinbart.

§ 5 Bemessung des Projektsteuerungshonorars nach anrechenbaren Kosten

(1) Das Honorar nach anrechenbaren Kosten ist für die Grundleistungen des Leistungsbildes gemäß § 7, insbesondere der dortigen Honorartafel, zu ermitteln. Dabei sind folgende Festlegungen zu beachten:
a) Anrechenbare Kosten sind Teile der Kosten für die Herstellung, den Umbau, die Modernisierung, Instandhaltung oder Instandsetzung von Bauvorhaben sowie für die damit zusammenhängenden Aufwendungen. Sie sind nach den allgemein anerkannten Regeln der Technik oder nach Verwaltungsvorschriften (Kostenvorschriften) auf der Grundlage ortsüblicher Preise zu ermitteln. Sofern die Vertragsparteien nicht etwas anderes bestimmen, gilt für die Ermittlung der anrechenbaren Kosten die Kostenermittlung der DIN 276 in der Fassung vom Dezember 2008 (DIN 276-1:2008-12). Maßgeblich sind die Kostengruppen 100 bis 700 ohne 110, 710 und 760. Umsatzsteuer, die auf die Kosten von Bauvorhaben entfällt, ist nicht Bestandteil der anrechenbaren Kosten. Der Umfang der mitzuverarbeitenden Bausubstanz ist bei den anrechenbaren Kosten angemessen zu berücksichtigen.
b) Die anrechenbaren Kosten mehrerer Bauvorhaben des Gesamtauftrags werden addiert (auftragsbezogene Addition). Etwas anderes gilt dann, wenn die einzelnen Bauvorhaben durch gesonderte Projektteams geleitet/gesteuert werden müssen.
c) Die anrechenbaren Kosten bestimmen sich nach der Kostenberechnung, soweit diese nicht vorliegt, nach der Kostenschätzung und, soweit diese nicht vorliegt, nach dem Kostenrahmen.
d) Die Honorarpauschalierung ist vorläufig, solange die Kostenberechnung vom Auftraggeber noch nicht freigegeben ist. Die Parteien können bei Beauftragung vereinbaren, dass sich die anrechenbaren Kosten für die Projektstufen 1 bis 5 nach einer gemeinsam abgestimmten Kostenschätzung oder einem Kostenbudget richten sollen.
e) Die Einstufung in die Honorarzone der Honorartafel richtet sich nach Abs. 2.
f) Beim Bauen im Bestand gilt Abs. 4 dieser Vorschrift.

(2) Die Honorarzone wird bei Leistungen der Projektsteuerung wie folgt ermittelt:
a) Für die Ermittlung der Honorarzone ist auf folgende Bewertungsmerkmale abzustellen:

Honorarzone I:
Projekte mit sehr geringen Projektsteuerungsanforderungen, d. h. mit
- sehr geringer Komplexität der Projektorganisation
- sehr hoher spezifischer Projektroutine des Auftraggebers
- sehr wenigen Besonderheiten in den Projektinhalten
- sehr geringem Risiko bei der Projektrealisierung

Anhang 5 Leistungs- und Honorarordnung Projektmanagement

- sehr geringen Terminanforderungen oder Anforderungen an die Termineinhaltung
- sehr geringen Kostenanforderungen oder Anforderungen an die Budgeteinhaltung

Honorarzone II:
Projekte mit geringen Projektsteuerungsanforderungen, d. h. mit
- geringer Komplexität der Projektorganisation
- hoher spezifischer Projektroutine des Auftraggebers
- wenigen Besonderheiten in den Projektinhalten
- geringem Risiko bei der Projektrealisierung
- geringen Terminanforderungen oder Anforderungen an die Termineinhaltung
- geringen Kostenanforderungen oder Anforderungen an die Budgeteinhaltung

Honorarzone III:
Projekte mit durchschnittlichen Projektsteuerungsanforderungen, d. h. mit
- durchschnittlicher Komplexität der Projektorganisation
- durchschnittlicher spezifischer Projektroutine des Auftraggebers
- durchschnittlichen Besonderheiten in den Projektinhalten
- durchschnittlichem Risiko bei der Projektrealisierung
- durchschnittlichen Terminanforderungen oder Anforderungen an die Termineinhaltung
- durchschnittlichen Kostenanforderungen oder Anforderungen an die Budgeteinhaltung

Honorarzone IV:
Projekte mit überdurchschnittlichen Projektsteuerungsanforderungen, d. h. mit
- hoher Komplexität der Projektorganisation
- geringer spezifischer Projektroutine des Auftraggebers
- vielen Besonderheiten in den Projektinhalten
- hohem Risiko bei der Projektrealisierung
- hohen Terminanforderungen oder Anforderungen an die Termineinhaltung
- hohen Kostenanforderungen oder Anforderungen an die Budgeteinhaltung

Honorarzone V:
Projekte mit sehr hohen Projektsteuerungsanforderungen, d. h. mit
- sehr hoher Komplexität der Projektorganisation
- sehr geringer spezifischer Projektroutine des Auftraggebers
- sehr vielen Besonderheiten in den Projektinhalten
- sehr hohem Risiko bei der Projektrealisierung
- sehr hohen Terminanforderungen oder Anforderungen an die Termineinhaltung
- sehr hohen geringen Kostenanforderungen oder Anforderungen an die Budgeteinhaltung

b) Bei der Zurechnung eines Projekts zu einer Honorarzone sind entsprechend dem Schwierigkeitsgrad der Projektsteuerungsanforderungen die vorstehenden Bewertungsmerkmale bezüglich Komplexität der Projektorganisation, spezifischer Auftraggeberroutine, Besonderheiten in den Projektinhalten und Risiko der Projektrealisierung mit je bis zu 10 Punkten zu bewerten, bezüglich Termin- und Kostenvorgaben mit je bis zu 5 Punkten. Das Projekt ist dann nach der Summe der Bewertungspunkte folgenden Honorarzonen zuzurechnen:

Honorarzone I:
– Projektsteuerungsleistungen mit bis zu 10 Punkten

Honorarzone II:
– Projektsteuerungsleistungen mit 11 bis 20 Punkten

Honorarzone IM:
– Projektsteuerungsleistungen mit 21 bis 30 Punkten

Honorarzone IV:
– Projektsteuerungsleistungen mit 31 bis 40 Punkten

Honorarzone V:
– Projektsteuerungsleistungen mit 41 bis 50 Punkten

(3) Soweit dem Auftragnehmer Besondere Leistungen der Projektsteuerung übertragen werden, sind diese zusätzlich zu vergüten, wobei als Orientierungshilfe der maßgebliche Aufwand (unter Berücksichtigung der Vergütungssätze nach § 9 Abs. 2) herangezogen werden soll. Die Vertragsparteien können Abweichendes vereinbaren.

(4) Werden Projektsteuerungsleistungen für Bauvorhaben im Bestand beauftragt, können die Vertragsparteien das Honorar um bis zu 50 % erhöhen. Treffen sie keine besondere Vereinbarung, gilt eine Honorarerhöhung um 25 % als vereinbart.

(5) Die bloße Änderung von anrechenbaren Kosten nach Freigabe der Kostenberechnung führt nicht dazu, dass eine Anpassung des Honorars verlangt werden kann. Entsprechendes gilt, soweit die Vertragsparteien eine Pauschalierung des Honorars auf Basis anfänglich zugrunde gelegter anrechenbarer Kosten vereinbart haben.

Der Auftraggeber kann jedoch geänderte oder zusätzliche Projektsteuerungsleistungen anordnen, soweit dies für die Projektrealisierung zweckmäßig oder hinsichtlich der Projektdauer zumutbar ist. Sofern und soweit der Auftraggeber die vertraglich festgelegten Projektsteuerungsleistungen – inhaltlich oder zeitlich – ändert, ist die Vergütung entsprechend anzupassen.

§ 6 Teilleistungen der Projektsteuerung als Einzelleistung

(1) Dem Auftraggeber steht es frei, lediglich einzelne Projektstufen oder Handlungsbereiche zu beauftragen.

(2) Die anteilige Vergütung für die Grundleistungen einzelner Projektstufen ist wie folgt zu ermitteln:

Projektstufen	Bewertung der Grundleistungen in v. H. des Grundhonorars nach § 7
1 Projektvorbereitung (inkl. Grundlagenermittlung)	19
2 Planung (Vor-, Entwurfs- und Genehmigungsplanung)	21

Anhang 5   Leistungs- und Honorarordnung Projektmanagement

Projektstufen	Bewertung der Grundleistungen in v. H. des Grundhonorars nach § 7
3 Ausführungsvorbereitung (Ausführungsplanung, Vorbereiten der Vergabe und Mitwirken bei der Vergabe)	22
4 Ausführung (Objektüberwachung und Dokumentation)	30
5 Projektabschluss (Objektbetreuung)	8
Summe	100

Bild 3: Honoraranteile in v. H. des Grundhonorars für die Grundleistungen der Projektsteuerung

Werden ausnahmsweise einzelne vorangehende Projektstufen nicht beauftragt, so erhöht sich das Honorar für die beauftragten Projektstufen um max. 50 v. H. des Honorars dieser nicht beauftragten Projektstufen.

(3) Werden nicht alle Handlungsbereiche der Projektsteuerung übertragen, sondern ausschließlich die nachfolgenden Kombinationen von einzelnen Handlungsbereichen, so mindert sich das Honorar für die Grundleistungen gemäß Honorartafel nach § 7 Abs. 5 um folgende Prozentsätze:

– nur Handlungsbereiche Organisation und Verträge (A + E)   um 25 %
– nur Handlungsbereiche Kosten und Termine (C + D)   um 25 %
– nur Handlungsbereiche Qualitäten und Kosten (B + C)   um 25 %
– nur Handlungsbereiche Qualitäten und Termine (B + D)   um 25 %
– nur Handlungsbereiche Qualitäten und Verträge (B + E)   um 25 %
– nur Handlungsbereiche Kosten und Verträge (C + E)   um 25 %
– nur Handlungsbereich Qualitäten (B)   um 40 %
– nur Handlungsbereich Kosten (C)   um 40 %
– nur Handlungsbereich Termine (D)   um 40 %
– nur Handlungsbereich Verträge und Versicherungen (E)   um 40 %

Den Vertragsparteien steht es frei, die anteilige Vergütung unter Berücksichtigung des Mehraufwands für Bereithaltung des Projektsteuerungssystems und des notwendigen Koordinierungs- und Abstimmungsaufwands in anderer Form festzulegen.

§ 7 Honorartafel für die Grundleistungen der Projektsteuerung

(1) Die Honorarsätze für die in § 2 aufgeführten Grundleistungen der Projektsteuerung ergeben sich für Hochbauten, Ingenieurbauwerke, Verkehrsanlagen und Anlagenbauten aus der Honorartafel in Abs. 5. Das Honorar für die Projektsteuerung bei anderen Aufgabenstellungen, wie beispielsweise der Altlastensanierung inkl. Abbruch, Rückbau, Wiederverwendung und Verwertung, ist unter Berücksichtigung des (zu erwartenden) Aufwands festzulegen.

(2) Die Honorarsätze für Zwischenwerte der in der Honorartafel angegebenen anrechenbaren Kosten sind durch lineare Interpolation zu ermitteln.

Leistungs- und Honorarordnung Projektmanagement **Anhang 5**

(3) Das Honorar für Grundleistungen der Projektsteuerung bei anrechenbaren Kosten unter 0,5 Mio. € und über 500 Mio. € ist unter Berücksichtigung des (zu erwartenden) tatsächlichen Aufwands zu vereinbaren.

(4) Die Honorartabelle berücksichtigt mittlere Projektlaufzeiten für die Projektstufen 1–5 (z. B. für Hochbauprojekt, Investition 30 Mio. € [KGR 200–700 netto]: 30–35 Monate). Lange Projektlaufzeiten, insbesondere Bauzeiten, etwa durch abschnittsweise Realisierung oder Projektverzögerungen, sind bei den Tafelwerten nicht berücksichtigt.

(5) **Honorartafel zu § 7 – Teil 1**

ANRE-CHEN-BARE KOSTEN	HONORARE IN EURO								
	Zone I		Zone II		Zone III		Zone IV		Zone V	
	von	bis	von	bis	von	bis	von	bis	von	bis
Euro	Euro	Euro	Euro	Euro	Euro	Euro	Euro	Euro	Euro	Euro
500.000	18.065	22.164	22.164	28.248	28.248	33.962	33.962	38.121	38.121	44.082
1.000.000	32.442	39.696	39.696	50.578	50.578	60.718	60.718	68.179	68.179	78.814
1.500.000	45.426	55.480	55.480	70.674	70.674	84.755	84.755	95.194	95.194	110.017
2.000.000	57.507	70.128	70.128	89.319	89.319	107.026	107.026	120.232	120.232	138.929
2.500.000	68.915	83.932	83.932	106.886	106.886	127.983	127.983	143.801	143.801	166.136
3.000.000	79.787	97.064	97.064	123.593	123.593	147.894	147.894	166.199	166.199	191.985
3.500.000	90.214	109.636	109.636	139.585	139.585	166.935	166.935	187.623	187.623	216.705
4.000.000	100.259	121.728	121.728	154.964	154.964	185.230	185.230	208.213	208.213	240.459
4.500.000	109.971	133.403	133.403	169.809	169.809	202.875	202.875	228.074	228.074	263.367
5.000.000	119.387	144.705	144.705	184.179	184.179	219.940	219.940	247.287	247.287	285.524
5.500.000	128.537	155.672	155.672	198.121	198.121	236.485	236.485	265.918	265.918	307.005
6.000.000	137.444	166.336	166.336	211.674	211.674	252.557	252.557	284.020	284.020	327.873
6.500.000	146.129	176.720	176.720	224.871	224.871	268.195	268.195	301.636	301.636	348.178
7.000.000	154.609	186.847	186.847	237.739	237.739	283.433	283.433	318.804	318.804	367.963
7.500.000	162.899	196.736	196.736	250.302	250.302	298.299	298.299	335.557	335.557	387.266
8.000.000	171.012	206.401	206.401	262.580	262.580	312.819	312.819	351.921	351.921	406.120
8.500.000	178.958	215.858	215.858	274.591	274.591	327.013	327.013	367.922	367.922	424.551
9.000.000	186.747	225.118	225.118	286.351	286.351	340.902	340.902	383.580	383.580	442.586
9.500.000	194.389	234.192	234.192	297.874	297.874	354.502	354.502	398.915	398.915	460.246
10.000.000	201.890	243.090	243.090	309.171	309.171	367.828	367.828	413.944	413.944	477.551
10.500.000	209.259	251.821	251.821	320.256	320.256	380.894	380.894	428.682	428.682	494.518
11.000.000	216.501	260.393	260.393	331.136	331.136	393.712	393.712	443.143	443.143	511.164
11.500.000	223.621	268.813	268.813	341.823	341.823	406.294	406.294	457.339	457.339	527.503
12.000.000	230.626	277.088	277.088	352.324	352.324	418.650	418.650	471.283	471.283	543.549
12.500.000	237.521	285.223	285.223	362.647	362.647	430.790	430.790	484.984	484.984	559.314
13.000.000	244.308	293.225	293.225	372.799	372.799	442.721	442.721	498.452	498.452	574.809
13.500.000	250.994	301.098	301.098	382.787	382.787	454.453	454.453	511.697	511.697	590.045
14.000.000	257.580	308.847	308.847	392.617	392.617	465.992	465.992	524.726	524.726	605.030
14.500.000	264.072	316.477	316.477	402.294	402.294	477.345	477.345	537.547	537.547	619.775
15.000.000	270.472	323.992	323.992	411.825	411.825	488.519	488.519	550.168	550.168	634.288
15.500.000	276.783	331.396	331.396	421.212	421.212	499.520	499.520	562.595	562.595	648.575
16.000.000	283.009	338.691	338.691	430.462	430.462	510.353	510.353	574.834	574.834	662.645
16.500.000	289.151	345.882	345.882	439.579	439.579	521.024	521.024	586.891	586.891	676.504

Anhang 5 Leistungs- und Honorarordnung Projektmanagement

ANRECHENBARE KOSTEN	HONORARE IN EURO									
	Zone I		Zone II		Zone III		Zone IV		Zone V	
	von	bis	von	bis	von	bis	von	bis	von	bis
Euro	Euro	Euro	Euro	Euro	Euro	Euro	Euro	Euro	Euro	Euro
17.000.000	295.212	352.972	352.972	448.566	448.566	531.537	531.537	598.772	598.772	690.158
17.500.000	301.196	359.964	359.964	457.427	457.427	541.897	541.897	610.482	610.482	703.614
18.000.000	307.103	366.860	366.860	466.167	466.167	552.109	552.109	622.026	622.026	716.878
18.500.000	312.937	373.664	373.664	474.788	474.788	562.176	562.176	633.408	633.408	729.954
19.000.000	318.698	380.377	380.377	483.294	483.294	572.103	572.103	644.633	644.633	742.848
19.500.000	324.390	387.002	387.002	491.687	491.687	581.893	581.893	655.705	655.705	755.564
20.000.000	330.013	393.541	393.541	499.970	499.970	591.550	591.550	666.628	666.628	768.107
20.500.000	335.569	399.997	399.997	508.147	508.147	601.077	601.077	677.405	677.405	780.482
21.000.000	341.061	406.371	406.371	516.220	516.220	610.477	610.477	688.041	688.041	792.692
21.500.000	346.490	412.666	412.666	524.191	524.191	619.753	619.753	698.538	698.538	804.742
22.000.000	351.856	418.883	418.883	532.063	532.063	628.908	628.908	708.899	708.899	816.634
22.500.000	357.162	425.024	425.024	539.838	539.838	637.946	637.946	719.129	719.129	828.374
23.000.000	362.409	431.091	431.091	547.518	547.518	646.867	646.867	729.229	729.229	839.963
23.500.000	367.598	437.085	437.085	555.105	555.105	655.676	655.676	739.203	739.203	851.406
24.000.000	372.731	443.008	443.008	562.601	562.601	664.374	664.374	749.053	749.053	862.706
24.500.000	377.808	448.862	448.862	570.009	570.009	672.964	672.964	758.782	758.782	873.865
25.000.000	382.831	454.647	454.647	577.329	577.329	681.448	681.448	768.392	768.392	884.886
25.500.000	387.800	460.366	460.366	584.564	584.564	689.828	689.828	777.886	777.886	895.772
26.000.000	392.718	466.019	466.019	591.715	591.715	698.106	698.106	787.265	787.265	906.526
26.500.000	397.584	471.608	471.608	598.784	598.784	706.284	706.284	796.533	796.533	917.151
27.000.000	402.400	477.133	477.133	605.772	605.772	714.364	714.364	805.692	805.692	927.648
27.500.000	407.167	482.597	482.597	612.681	612.681	722.347	722.347	814.742	814.742	938.020
28.000.000	411.885	488.000	488.000	619.513	619.513	730.236	730.236	823.687	823.687	948.270
28.500.000	416.556	493.343	493.343	626.269	626.269	738.033	738.033	832.527	832.527	958.399
29.000.000	421.180	498.628	498.628	632.949	632.949	745.738	745.738	841.266	841.266	968.410
29.500.000	425.758	503.855	503.855	639.556	639.556	753.353	753.353	849.905	849.905	978.304
30.000.000	430.292	509.026	509.026	646.091	646.091	760.881	760.881	858.445	858.445	988.084
30.500.000	434.781	514.141	514.141	652.554	652.554	768.321	768.321	866.888	866.888	997.752
31.000.000	439.226	519.201	519.201	658.948	658.948	775.677	775.677	875.235	875.235	1.007.309
31.500.000	443.628	524.207	524.207	665.272	665.272	782.949	782.949	883.489	883.489	1.016.758
32.000.000	447.988	529.160	529.160	671.529	671.529	790.138	790.138	891.650	891.650	1.026.099
32.500.000	452.307	534.061	534.061	677.719	677.719	797.246	797.246	899.721	899.721	1.035.335
33.000.000	456.584	538.910	538.910	683.843	683.843	804.274	804.274	907.702	907.702	1.044.468
33.500.000	460.822	543.709	543.709	689.903	689.903	811.223	811.223	915.595	915.595	1.053.498
34.000.000	465.019	548.458	548.458	695.899	695.899	818.095	818.095	923.401	923.401	1.062.427
34.500.000	469.177	553.158	553.158	701.832	701.832	824.890	824.890	931.122	931.122	1.071.257
35.000.000	473.297	557.810	557.810	707.704	707.704	831.610	831.610	938.758	938.758	1.079.990
35.500.000	477.379	562.413	562.413	713.514	713.514	838.256	838.256	946.311	946.311	1.088.626
36.000.000	481.424	566.970	566.970	719.264	719.264	844.828	844.828	953.783	953.783	1.097.167
36.500.000	485.431	571.480	571.480	724.955	724.955	851.329	851.329	961.173	961.173	1.105.614
37.000.000	489.402	575.945	575.945	730.587	730.587	857.758	857.758	968.484	968.484	1.113.969
37.500.000	493.337	580.364	580.364	736.162	736.162	864.117	864.117	975.716	975.716	1.122.233

Leistungs- und Honorarordnung Projektmanagement **Anhang 5**

ANRE-CHEN-BARE KOSTEN	HONORARE IN EURO									
	Zone I		Zone II		Zone III		Zone IV		Zone V	
	von	bis	von	bis	von	bis	von	bis	von	bis
Euro	Euro	Euro	Euro	Euro	Euro	Euro	Euro	Euro	Euro	Euro
38.000.000	497237	584.739	584.739	741.680	741.680	870.406	870.406	982£71	982.871	1.130.407
38.500.000	501.101	589.070	589.070	747.142	747.142	876.627	876.627	989.949	989.949	1.138.492
39.000.000	504.931	593.357	593.357	752.548	752.548	882.781	882.781	996.952	996.952	1.146.490
39.500.000	508.727	597.601	597.601	757.899	757.899	888.868	888.868	1.003.880	1.003.880	1.154.401
40.000.000	512.489	601.804	601.804	763.196	763.196	894.889	894.889	1.010.734	1.010.734	1.162.227
40.500.000	516218	605.964	605.964	768.440	768.440	900.845	900.845	1.017.516	1.017.516	1.169.969
41.000.000	519.914	610.084	610.084	773.632	773.632	906.738	906.738	1.024.226	1.024.226	1.177.627
41.500.000	523578	614.162	614.162	778.771	778.771	912.566	912.566	1.030.865	1.030.865	1.185.203
42.000.000	527209	618.200	618.200	783.859	783.859	918.332	918.332	1.037.434	1.037.434	1.192.697
42.500.000	530.809	622.199	622.199	788.896	788.896	924.037	924.037	1.043.934	1.043.934	1.200.112
43.000.000	534378	626.158	626.158	793.883	793.883	929.680	929.680	1.050.365	1.050.365	1.207.447
43.500.000	537.915	630.078	630.078	798.820	798.820	935.262	935.262	1.056.728	1.056.728	1.214.704
44.000.000	541.423	633.960	633.960	803.708	803.708	940.785	940.785	1.063.025	1.063.025	1.221.883
44.500.000	544.899	637.804	637.804	808.547	808.547	946.249	946.249	1.069256	1.069.256	1.228.985
45.000.000	548346	641.610	641.610	813.339	813.339	951.654	951.654	1.075.421	1.075.421	1.236.012
45.500.000	551.764	645.380	645.380	818.083	818.083	957.002	957.002	1.081.522	1.081.522	1.242.964
46.000.000	555.152	649.112	649.112	822.780	822.780	962.293	962.293	1.087559	1.087.559	1.249.841
46.500.000	558511	652.808	652.808	827.431	827.431	967.527	967.527	1.093532	1.093.532	1.256.646
47.000.000	561.842	656.469	656.469	832.036	832.036	972.705	972.705	1.099.443	1.099.443	1.263.377
47.500.000	565.144	660.093	660.093	836.595	836.595	977.828	977.828	1.105292	1.105.292	1.270.037
48.000.000	568.418	663.683	663.683	841.109	841.109	982.896	982.896	1.111.080	1.111.080	1.276.627
48.500.000	571.665	667.238	667.238	845.579	845.579	987.910	987.910	1.116£07	1.116.807	1.283.145
49.000.000	574£84	670.758	670.758	850.005	850.005	992.870	992.870	1.122.475	1.122.475	1.289.595
49.500.000	578.076	674.244	674.244	854.388	854.388	997.778	997.778	1.128.083	1.128.083	1.295.975
50.000.000	581241	677.697	677.697	858.727	858.727	1.002.632	1.002.632	1.133.632	1.133.632	1.302.287
51.000.000	586.306	683.602	683.602	866.210	866.210	1.012.581	1.012.581	1.144.881	1.144.881	1.315.210
75.000.000	814.970	950.213	950.213	1.204.039	1.204.039	1.408.552	1.408.552	1.592.588	1.592.588	1.829.524
100.000.000	1.039.639	1.212.164	1.212.164	1.535.964	1.535.964	1.797.968	1.797.968	2.032.884	2.032.884	2.335.324
125.000.000	1.253.988	1.462.085	1.462.085	1.852.646	1.852.646	2.169.796	2.169.796	2.453.293	2.453.293	2.818.279
150.000.000	1.460.117	1.702.421	1.702.421	2.157.180	2.157.180	2.527.607	2.527.607	2.857.854	2.857.854	3.283.029
175.000.000	1.659.407	1.935.882	1.935.882	2.451.613	2.451.613	2.873.762	2.873.762	3.249.237	3.249.237	3.732.640
200.000.000	1.852.844	2.160.320	2.160.320	2.737.398	2.737.398	3.209.940	3.209.940	3.629.338	3.629.338	4.169.290
225.000.000	2.041.164	2.379.891	2.379.891	3.015.622	3.015.622	3.537.393	3.537.393	3.999.576	3.999.576	4.594.609
250.000.000	2.224.938	2.594.162	2.594.162	3.287.129	3.287.129	3.857.096	3.857.096	4.361.049	4.361.049	5.009.861
275.000.000	2.404.621	2.803.662	2.803.662	3.552.593	3.552.593	4.169.826	4.169.826	4.714.640	4.714.640	5.416.057
300.000.000	2.580.587	3.008.829	3.008.829	3.812.565	3.812.565	4.476.219	4.476.219	5.061.065	5.061.065	5.814.020
325.000.000	2.753.145	3.210.024	3.210.024	4.067.504	4.067.504	4.776.805	4.776.805	5.400.924	5.400.924	6.204.442
350.000.000	2.922.560	3.407.553	3.407.553	4.317.798	4.317.798	5.072.031	5.072.031	5.734.722	5.734.722	6.587.902
375.000.000	3.089.056	3.601.678	3.601.678	4.563.779	4.563.779	5.362.281	5.362.281	6.062.896	6.062.896	6.964.899
400.000.000	3.252.827	3.792.626	3.792.626	4.805.735	4.805.735	5.647.887	5.647.887	6.385.817	6.385.817	7.335.863
425.000.000	3.414.045	3.980.598	3.980.598	5.043.918	5.043.918	5.929.139	5.929.139	6.703.817	6.703.817	7.701.173
450.000.000	3.572.858	4.165.766	4.165.766	5.278.551	5.278.551	6.206.294	6.206.294	7.017.184	7.017.184	8.061.160

Anhang 5 Leistungs- und Honorarordnung Projektmanagement

ANRE-CHEN-BARE KOSTEN	HONORARE IN EURO									
	Zone I		Zone II		Zone III		Zone IV		Zone V	
	von	bis	von	bis	von	bis	von	bis	von	bis
Euro	Euro	Euro	Euro	Euro	Euro	Euro	Euro	Euro	Euro	Euro
475.000.000	3.729.403	4.348.289	4.348.289	5.509.830	5.509.830	6.479.580	6.479.580	7.326.177	7.326.177	8.416.123
500.000.000	3.883.798	4.528.305	4.528.305	5.737.932	5.737.932	6.749.201	6.749.201	7.631.026	7.631.026	8.766.326

§ 8 Das Projektsteuerungshonorar bei Einsatz von Kumulativleistungsträgern (Generalplanern, Generalunternehmern etc.)

(1) Bei Einsatz von Kumulativleistungsträgern wirken sich folgende Einflussfaktoren auf die Leistungserbringung und damit auf die Honorarhöhe aus:
– Art des Kumulativleistungsträgers (Generalplaner, Generalunternehmer, Totalunternehmer, Generalübernehmer, Totalübernehmer),
– Aufteilung des Gesamtprojekts in Teilprojekte,
– Schnittstelle zwischen Planung und Ausführung gemäß Vertrag zwischen Bauherr und Kumulativleistungsträger (z. B. bei Generalunternehmer: »Ausführungsplanung wird vom Auftraggeber beigestellt« oder »Ausführungsplanung wird vom Generalunternehmer erstellt«) sowie
– Anzahl der Pakete bei Beauftragung mehrerer Generalunternehmer.

(2) Die nachfolgende Tabelle enthält die Bewertungsvorschläge für mögliche Honorarsätze in v. H. des Grundhonorars nach § 7 Abs. 5 für verschiedene Einsatzformen von Kumulativleistungsträgern).

Nr.	AHO Projektstufe	HOAI Phase	AHO Honoraraufteilung	Einzelplaner/GU		Generalplaner (1–9)/ Einzelfirmen	Generalplaner/GU		Totalübernehmer nach PE
				GU (ohne Lph. 5)	GU (mit Lph. 5)		Lph. 5 bei GP	Lph. 5 bei GU	
1	Projektvorbereitung	PE + 1	19	19	19	16	16	16	19
2	Planung	2, 3, 4	21	21	21	16	16	16	13
3	Ausführungsvorbereitung	5, 6, 7	22	20	18	20	18	16	9
4	Ausführung	8	30	23	23	28	23	23	20
5	Projektabschluss	9	8	6	6	7	6	6	5
			100	89	87	87	79	77	66

Quelle: Preuß (2003, S. 48), fortgeschrieben (2014)

Bild 4: Honoraranteile bei Einsatz von Kumulativleistungsträgern

Unter Berücksichtigung der Veränderungen in § 6 »Teilleistungen der Projektsteuerung als Einzelleistung« wurden die mit der Zeit gewonnenen Erfahrungen bei der Projektbearbeitung mit Kumulativleistungsträgern in der Tabelle berücksichtigt. Die Herleitung der grundsätzlichen Unterschiede in den Honoraransätzen erfolgte in der 3. Auflage des Heftes Nr. 9 (Stand 2004) der AHO-Schriftenreihe.

§ 9 Honorierung nach Zeitaufwand

(1) Die Vertragsparteien können die Honorierung für Projektsteuerungsleistungen von den anrechenbaren Kosten dadurch entkoppeln, dass sie eine Honorierung nach Zeitaufwand vereinbaren. Dabei kann eine Abrechnung auf Basis des tatsächlich anfallenden Personalaufwands (Abrechnungsauftrag) oder eine Pauschalierung auf der Grundlage eines vorab geschätzten Personalaufwands vorgenommen werden (Pauschalauftrag).

(2) Eine Pauschalierung wird empfohlen, wenn die Projektrahmenbedingungen hinreichend klar sind, so dass eine verlässliche Kapazitätsplanung im Vorfeld ermöglicht ist.

Bei besonderen Projektanforderungen, insbesondere beim Bauen im Bestand, bei Sonderbauwerken, bei Infrastruktur- und Ingenieur- sowie Anlagenbauprojekten sowie bei besonderen nutzerspezifischen Leistungsanforderungen kann dagegen eine Honorarermittlung nach tatsächlichem Zeitaufwand (Abrechnungsauftrag) – insbesondere in der Anfangsphase der Tätigkeit – zweckmäßig sein.

(3) Im Falle einer Honorierung nach Zeitaufwand (als Abrechnungsauftrag oder als Pauschalauftrag) sollen die Vertragsparteien markt- und leistungsgerechte Mitarbeiterverrechnungssätze zugrunde legen. Sofern die Vertragsparteien keine anderweitige Bestimmung getroffen haben, gelten die nachfolgend aufgelisteten Monatsverrechnungssätze als vereinbart.

Die Verrechnungssätze enthalten sowohl die direkten Personalkosten aus Gehalt, Soziallöhnen und Sozialkosten als auch die indirekten Personalkosten der Geschäftsführung und des Sekretariats, die Allgemeinen Geschäftskosten sowie Wagnis und Gewinn. Die projektbezogenen Nebenkosten sind projektspezifisch als Prozentsatz der Verrechnungssätze zu berücksichtigen. Bei Projektlaufzeiten von mehr als 30 Monaten sind die Verrechnungssätze mit den voraussichtlichen Gehaltssteigerungssätzen zu versehen. Die Verrechnungssätze unterscheiden nach drei unterschiedlichen Qualifikationen. Die genannten Monatsverrechnungssätze enthalten keine Umsatzsteuer und keine projektspezifischen Nebenkosten.

Falls der Inhaber eigenständig Projektsteuerungsleistungen erbringt, werden im Einzelfall gesonderte Verrechnungssätze vereinbart.

Funktion	Monatsverrechnungssatz
Projektleiter/in	16.500–18.800 €/Mon.
Projektbearbeiter/in	12.500–14.500 €/Mon.

Anhang 5   Leistungs- und Honorarordnung Projektmanagement

Funktion	Monatsverrechnungssatz
Technisch-wirtschaftliche/r MA	8.400–10.500 €/Mon.

Bild 5: Mitarbeitermonatsverrechnungssätze für projektbezogene Einsatzzeiten

(4) Soll der Personalaufwand pauschaliert werden, so ist er anhand eines Terminrahmens und einer konkreten Personaleinsatzplanung für das jeweilige Projekt zu ermitteln.

Soweit die Vertragsparteien auf dieser Basis eine Honorarpauschale vereinbaren, ist das an den Auftragnehmer zu zahlende Honorar unabhängig von dem später tatsächlich notwendig werdenden Zeitaufwand. Sofern der Auftraggeber die vertragliche Projektsteuerungsleistung ändert, ist das Honorar entsprechend anzupassen.

§ 10 Nebenkosten

(1) Der Auftragnehmer erhält als pauschale Abgeltung für die Nebenkosten, die ihm bei der Projektsteuerungsleistung entstehen, eine pauschale Entschädigung in Höhe von 5 % des maßgeblichen Grundhonorars, sofern die Vertragsparteien nicht etwas anderes vereinbaren.

(2) In der Nebenkostenpauschale sind enthalten:
- das Bereithalten des vorhandenen eigenen Büros, einschließlich der eigenen EDV-Infrastruktur,
- Kosten für die Datenübertragung oder Kosten für die Versandkosten für eigene Arbeitsergebnisse in sonstigen Medien (z. B. per Post),
- Vervielfältigungskosten für die selbst erstellten Arbeitsergebnisse,
- Fahrtkosten für projektbedingte Reisetätigkeit, soweit diese nicht über einen 50-km-Umkreis um das Projekt hinausgehen, in Höhe der steuerlich zulässigen Pauschalsätze, sofern nicht höhere Aufwendungen nachgewiesen werden.

(3) Die Vertragsparteien können auch eine konkrete Nebenkostenabrechnung auf Nachweis vereinbaren.

§ 11 Zahlungen

(1) Das Honorar wird fällig, wenn die Leistung vertragsgemäß erbracht und eine prüffähige Honorarschlussrechnung überreicht worden ist, wenn nicht etwas anderes vertraglich vereinbart ist.

(2) Abschlagszahlungen können zum vereinbarten Zeitpunkt oder in angemessenen zeitlichen Abständen für nachgewiesene Leistungen gefordert werden.

Haben die Vertragsparteien einen Abschlagszahlungsplan vereinbart, ist dieser maßgeblich, es sei denn, eine Änderung der Projektabläufe macht eine Anpassung/Fortschreibung notwendig.

(3) Nebenkosten sind auf Nachweis fällig, sofern bei der Auftragserteilung nicht eine pauschale Vergütung (als zusätzlicher Honorarprozentsatz) vereinbart worden ist.

(4) Andere Zahlungsweisen können schriftlich vereinbart werden.

§ 12 Umsatzsteuer

(1) Der Unternehmer hat Anspruch auf Ersatz der gesetzlich geschuldeten Umsatzsteuer für nach dieser Leistungs- und Honorarordnung abrechenbare Leistungen, soweit nicht die Kleinunternehmerregelung nach § 19 des Umsatzsteuergesetzes angemeldet wird.

Satz 1 gilt auch hinsichtlich der um die nach § 15 des Umsatzsteuergesetzes abziehbare Vorsteuer gekürzten Nebenkosten, soweit diese weiter berechenbar sind.

(2) Auslagen gehören nicht zum Entgelt für die Leistungen des Auftragnehmers. Sie sind als durchlaufende Posten im umsatzsteuerlichen Sinn, einschließlich einer ggf. enthaltenen Umsatzsteuer, weiterzuberechnen.

Stichwortverzeichnis

Fett gedruckte Zahlen = Paragraf; Magere Zahlen = Randnummer; Einl. = Einleitung

1. HOAI-Novelle **58** 3
2. HOAI-Novelle **58** 6
3. HOAI-Novelle **58** 7
4. HOAI-Novelle **58** 10
5. HOAI-Novelle **58** 13
6. HOAI-Novelle
– Inkrafttreten **Einl.** 8
– Neuregelungen **Einl.** 12; **58** 21
Abbrucharbeiten 34 172, 245
Abbruchmaßnahmen 33 15
Abdichtung
– gegen Feuchtigkeit **34** 152, 169
**Abdichtungs- und Isolierungsarbeiten
34** 245
Abfallentsorgung 41 17
Abgebote 4 47; **34** 257
Abgrenzung Objektplanung Ingenieurbauwerke und Verkehrsanlagen 41 49
Ablaufplanung 34 77
Abnahme Einl. 15
– bei vorzeitiger Beendigung des Vertrages **Einl.** 153
– berechtigte Verweigerung **Einl.** 144
– besondere Formen **Einl.** 139
– Darlegungs- und Beweislast **Einl.** 137
– der letzten Leistung **Einl.** 151
– Folgen **Einl.** 138
– konkludente **Einl.** 134
– Mängel **Einl.** 142
– technische **34** 229
– Teilabnahme **15** 6
– Voraussetzungen **Einl.** 133; **15** 12; **34** 229, 256
– Zustandsfeststellung bei Verweigerung **Einl.** 20
Abnahmefiktion Einl. 15
– Frist **Einl.** 141
Abnahmesurrogat Einl. 144
Abnahmeverweigerung Einl. 154 ff.
– erhebliche Pflichtverletzung **Einl.** 143
– unberechtigte **Einl.** 144
Abschlagszahlung
– Anforderung **15** 102
– Angemessene zeitliche Abstände **15** 101

– Anspruch auf **15** 90
– Baukostenvereinbarungsmodell **15** 99
– Erbringung der Leistungen **15** 100
– Fälligkeit **15** 98
– Leitbildcharakter **15** 92
– nach Beendigung des Vertragsverhältnisses **15** 109
– nachgewiesene Leistungen **15** 97
– Parteivereinbarung **15** 89
– Pauschalhonorar **15** 99
– prüfbare Rechnung **15** 98
– Verhältnis zu § 632a BGB **15** 93
– Verzug **15** 102
– Zurückbehaltungsrecht **15** 18, 36, 89, 102
– § 632a BGB **Einl.** 14
Abschlagszahlungsforderung
– Verjährung **15** 105
Abschlagszahlungsklage
– prozessuales **15** 107
– Übergang auf die Schlusszahlungsklage **15** 110
– Umdeutung **15** 108
Abschlagszahlungsrechnung 15 22
Abschnittsweise Beauftragung 7 69; **57** 2; **58** 83
Abwasser
– -entsorgung **41** 13; **53** 15
**Abwicklungs- und Abrechnungsverhältnis
Einl.** 144
Adjudication Einl. 537
AGB
– Abkürzung von Verjährungsfristen **Einl.** 295
– Abschlagszahlungen **15** 114
– anrechenbare Kosten **11** 47
– Architekten- und Ingenieurverträge der öffentlichen Hand **Einl.** 306 ff.
– Aufrechnungsverbot **Einl.** 299
– Ausschluss des freien Kündigungsrechts des Auftraggebers **Einl.** 301
– Beweislastklausel **Einl.** 288
– Haftungsbeschränkungen **Einl.** 284, 376
– HOAI als Leitbild **Einl.** 310
– Honorarminderung **11** 47

1509

Stichwortverzeichnis

- Honorarvereinbarung 7 36
- Ingenieurvertrag **Einl.** 319
- Kardinalpflichten **Einl.** 291
- Kündigungsfolgeklauseln **Einl.** 302
- Kündigungsklauseln **Einl.** 277
- Malusregelung 7 178
- Mindestsatzunterschreitung **Einl.** 315
- Quotenhaftungsklausel **Einl.** 286
- Schadensbeseitigungsrechte **Einl.** 298
- Sicherheitseinbehalte **Einl.** 312
- Subsidiaritätsklauseln **Einl.** 285
- Teilabnahme **Einl.** 297; **15** 19
- Unterschreitung des Mindestsatzes 7 97
- Urheberrechtsklauseln **Einl.** 318
- Verbraucherverträge **Einl.** 281
- Verschuldensklausel **Einl.** 287; **34** 207

Akquisition
- Abgrenzung **Einl.** 47
- Grenze zwischen Auftrag und - **Einl.** 53
- reine **Einl.** 48

Akquisitionsphase Einl. 49; 7 61

Allgemein anerkannte Regeln der Technik
- Begriff 2 25

Altbausanierungsarbeiten 34 244

Alternative Lösungsmöglichkeiten 34 54

Alternativen/Varianten
- Analyse der - und deren Wertung mit Kostenuntersuchung (Optimierung) **34** 101

Altlasten
- Entsorgung **1** 8; **3** 16; **33** 15

Analyse
- der Grundlagen **34** 51

Andere Leistungen 3 1

Änderung
- des Leistungsumfangs **10** 12
- -sleistung **34** 159
- -svereinbarung 7 76

Anerkannte Regeln der Technik 2 1

Angebot
- Mischkalkulation **34** 210
- Überprüfung auf Richtigkeit **34** 210

Anhang
- Verbindlichkeit **Anlagen** 7

Anlagen Einl. 38
- Anlagen 2–15 **Anlagen** 5
- der Maschinentechnik **41** 42
- Kommentierung **Anlagen** 9
- Überblick **Anlagen** 2
- unverbindlich **Einl.** 33

- verbindlich **Einl.** 33

Anlagengruppe
- Nr. 1 Wasser-, Abwasser-, und Gasanlagen **53** 8, 15
- Nr. 2 Wärmeversorgungsanlagen **53** 16
- Nr. 3 Raumlufttechnik **53** 17
- Nr. 4 Starkstromanlagen **53** 18
- Nr. 5 Fernmelde- und Informationstechnische Anlagen **53** 19
- Nr. 6 Förderanlagen **53** 20
- Nr. 7 Nutzerspezifische Anlagen **53** 21
- Nr. 8 Gebäudeautomation **53** 22

Anordnungen
- Anpassung der Vergütung **Einl.** 18

Anordnungsrecht
- des Bestellers **Einl.** 17
- Vergütungsanpassung **Einl.** 25

Anordnungsrecht des Auftraggebers 10 21

Anrechenbare Kosten
- Definition 4 6
- Kündigung 4 39
- Prozessuales **6** 32
- Teilobjekte 4 39
- Vergleich mit der alten HOAI **4** 1
- Vorschriften betreffend die -n **4** 1, 5

Anscheinsbeweis Einl. 179

Anschlüsse 34 245

Anstellungsverhältnis 7 12

Anwendung des neuen Rechts
- auf Teile von Verträgen **57** 6

Anwendungsbereich
- Änderungen durch die HOAI 2009 **1** 1
- Geltung Paketanbieter **1** 11
- persönlicher **1** 17
- räumlicher **1** 30
- sachlicher **1** 4
- Sitz im Inland **1** 1, 28; **41** 1; **53** 1

Anzeige- oder Kenntnisgabeverfahren 34 128

Arbeitsbrücke 50 8

Arbeitsschutz 34 215

Architekt
- Arten der Vollmacht **Einl.** 109
- Aufklärung über die fehlende Architekten- und/oder Ingenieureigenschaft **1** 23
- Aufklärung über die Höhe des Mindestsatzes **Einl.** 120
- baugewerblich tätiger **Einl.** 55
- baugewerbliche Tätigkeit **Einl.** 369

Stichwortverzeichnis

- Bauhandwerkersicherung nach § 648a BGB **Einl.** 330
- Begriff **1** 18
- bei Verantwortlichkeit mehrerer Beteiligter **Einl.** 216
- Folgen vollmachtlosen Handelns **Einl.** 116
- Gutachten **Einl.** 212
- Haftung **Einl.** 212, 216
- Haftung im Kostenbereich **Einl.** 184
- Leistungspflichten **Einl.** 118
- Nacherfüllungsrecht **Einl.** 163
- Organisationspflicht **Einl.** 241
- Rechtsberatung **Einl.** 129
- rechtsbesorgende Tätigkeit **Einl.** 122
- rechtsgeschäftliche Abnahme **Einl.** 113
- rechtsgeschäftliche Eingriffe **Einl.** 112
- Sachwalterstellung **Einl.** 232
- Sekundärhaftung **Einl.** 232
- Sicherungshypothek **Einl.** 321
- Tod des ~en **Einl.** 275
- überwachender ~ **34** 242
- unlauterer Wettbewerb **Einl.** 360
- »unverbindliche« und der »kostenlose« Auftrag **Einl.** 60
- Urheberrecht **Einl.** 347
- Verjährung des Vergütungsanspruchs **Einl.** 340
- Vertragsstrafenvorbehalt **Einl.** 113
- Vollmacht **Einl.** 106
- Vollmacht zur Erteilung von Aufträgen **Einl.** 114
- Vorprellen (Vorpreschen) des ~en **Einl.** 45, 79
- Vorvertragliche Aufklärungs- und Beratungspflichten **Einl.** 119
- Werk **Einl.** 34
- ~ und Sonderfachleute **34** 113

Architekten- und Ingenieurleistungen
- kostenlose ~ **7** 7

Architekten- und Ingenieurverträge
- grenzüberschreitende ~ **1** 39

Architektenfehler Einl. 218

Architektenleistungen Einl. 35
- Entgegennahme von ~ **Einl.** 52
- Verwertung von ~ **Einl.** 50

Architektenvertrag
- Abnahme **Einl.** 132
- Anfechtung **1** 25
- Anwendungsbereich der §§ 305 ff. BGB **Einl.** 280
- Aufhebung **Einl.** 265
- Ausdrückliche Beauftragung **Einl.** 47
- Auslegung **Einl.** 65
- Bedingungen **Einl.** 64
- Beendigung **Einl.** 242
- Definition **Einl.** 23
- Entgegennahme oder Verwertung **Einl.** 47
- Ergebnisorientierung **Einl.** 37
- Folgen der Unwirksamkeit **Einl.** 105
- Form **Einl.** 95
- Inhalt **Einl.** 46
- kaufmännisches Bestätigungsschreiben **Einl.** 59
- kein Geschäftsbesorgungsvertrag **Einl.** 46
- Kompensationsabrede **Einl.** 81
- Leistungsumfang **Einl.** 117
- Organisationsverschulden **Einl.** 240
- Parteirolle im Prozess **Einl.** 89
- Rahmenvertrag **Einl.** 82 f.
- Rechtsnatur **Einl.** 34
- stillschweigende (konkludente) Beauftragung **Einl.** 47
- stufenweise und abschnittsweise Beauftragung **Einl.** 75
- Umfang **Einl.** 46, 66
- unbeendeter ~ **Einl.** 272
- Unwirksamkeit **Einl.** 92
- Vollauftrag **Einl.** 67
- Vorvertrag **Einl.** 82
- werkvertragliche Qualifikation **Einl.** 35
- Zustandekommen **Einl.** 46

Architektenwettbewerb Einl. 364

ARGE 7 12

Aufgabenstellung
- Klären der ~ **34** 28

Aufklärungspflicht 34 108

Aufmaß
- gemeinsames Aufmaß mit den bauausführenden Unternehmen **34** 222
- gemeinsames ~ **34** 222, 255

Aufrechnung Einl. 180, 181, 300

Aufrechnungsverbot Einl. 181, 299

Aufteilungspläne 34 139

Auftrag
- kostenloser ~ und unverbindlicher ~ **Einl.** 60
- Umfang **Einl.** 69

1511

Stichwortverzeichnis

Auftrag für mehrere Objekte
- anrechenbare Kosten 11 15
- Honorare bei mehreren Aufträgen und bei mehreren Auftraggebern 11 10
- mehrere Objekte insbesondere Gebäude 11 16
- Mindestpreischarakter 11 15
- Regelung des Abs. 1 S. 2 11 24
- Regelung des Abs. 2 11 35
- Regelungsgehalt 11 15
- sachlicher Anwendungsbereich 11 9
- Zusammenspiel mit anderen Vorschriften 11 1, 8

Auftraggeber
- Bauherrenmodelle Einl. 87
- Gesamtschuldner Einl. 87
- geschlossene Immobilien-Fonds Einl. 87
- Kündigungsrecht Einl. 242
- Mitwirkungspflichten Einl. 274
- Schuldbeitritt Einl. 86

Auftragserteilung
- Abgrenzung zur Akquisition 7 61
- Änderung des Leistungsziels 7 63
- »Auslegung« bei ~ 7 59
- »Definition« bei ~ 7 57
- Honorarprozess 7 81
- Umfang 7 61
- »verfassungsrechtliche Wirksamkeit« bei ~ 7 58
- vorherige Aufträge 7 61
- »Zielsetzung« bei ~ 7 59

Aufwandsentschädigung Einl. 49

Ausbau 35 14

Außergerichtliche Streiterledigung Einl. 534

Außergewöhnliche Leistungen
- Begriff 7 155

Außergewöhnlichen Konstruktionen 34 48

Ausführungsplanung
- Abgrenzung zwischen Entwurfs- und ~ 34 152
- Ergänzung 34 159
- Unvollständigkeit 34 169

Ausgleichs- und Ersatzmaßnahmen 34 94

Aushub- sowie Unterfangungsarbeiten 34 245

Auskunftsvertrag Einl. 215

Auslagen 14 2; 16 1

Ausländerdiskriminierung 1 28

Ausnahmefall
- Begriff 7 124
- objektiv 7 124
- subjektiv 7 124

Ausnahmen und Befreiungen
- Antrag auf ~ 34 131

Ausrüstungs- und Inventarverzeichnis
- Aufstellen von ~sen 34 270

Ausschachtungsarbeiten 34 245

Ausschreibung 7 128

Ausstattung und Kunstwerke 33 17

Badetechnische Anlagen 53 21

Balkendiagramm 34 219

Bauabschnitt
- wichtige und kritische ~e 34 244

Bauabzugssteuer 34 83, 223

Bauanfrage
- Bauvoranfrage 34 75

Bauantrag Einl. 72

Baubegehung 34 272

Baubehelfe 50 8

Baubeschreibung 34 129

Baubuch 34 22, 23, 165

Baubuch/Raumbuch
- Aufstellen von Leistungsbeschreibungen mit Leistungsprogramm unter Bezug auf 34 184

Bauelementkatalog 34 22

Bauen im Bestand 34 36, 280; 58 47

Bauforderungssicherungsgesetz (BauFordSiG) Einl. 336

Baufreigestelltes und genehmigungsfreies Vorhaben 34 108

Baugebiet
- Erschließung 41 55

Baugenehmigung
- Auflagen 34 106
- Bestandskraft Einl. 72; 34 106
- Risiken 34 108
- Umplanungen 34 110
- Vereinbarung 34 108
- ~sfreistellung 34 128

Baugerüst 34 251

Baugrube
- Aushub 34 245
- Umschließung 50 8

Baugrund
- -gutachten 34 114

Stichwortverzeichnis

- Untersuchung **Einl.** 409
- -beurteilung **34** 113
- -gutachten **34** 113
- -gutachter **Einl.** 384

Baugrunduntersuchungen 51 48
Bauhandwerkersicherung Einl. 19, 330
Bauherr
- Fachliche und organisatorische Unterstützung des -en **34** 144
- sachkundiger - **34** 120

Baukonstruktion
- Kosten **33** 4

Baukosten Einl. 194
- Begriff **6** 58
- Garantie **3** 20; **4** 33
- Vereinbarung **6** 1

Baukosteninformationszentrum 4 29
Baukosteninformationszentrum Deutscher Architektenkammern 34 64
Baukostenvereinbarungsmodell
- Anforderungen an die Prüfbarkeit **15** 52
- Vereinbarung bestimmter Baukosten **6** 56
- Zeitpunkt der Vereinbarung **7** 5, 23, 47, 85, 95, 173; **58** 34

Bauleiter
- verantwortlicher - **34** 213, 239

Bauordnungs- und Bauplanungsrecht 34 108
Bauphysik 34 169
Bauphysikalische Anforderungen 34 115
Baurechtsgestalter 34 258
Bausatzhausvertrag 34 114
Baustellenverordnung Einl. 441; **34** 33, 179

Baustoffe
- Verwendung neuartiger, nicht erprobter - **34** 48, 245

Bausubstanz
- Umbauten und Modernisierungen **6** 47
- vorhandene - **4** 52; **58** 39

Bausummengarantie Einl. 186
Bausummenüberschreitung Einl. 184
- Fehler **Einl.** 188
- Kündigung und sonstige Sanktionen **Einl.** 200
- Schaden **Einl.** 193
- Toleranzrahmen **Einl.** 192
- Ursächlichkeit **Einl.** 198

- Verjährung **Einl.** 201
- Verschulden **Einl.** 199

Bautagebuch
- Form des -s **34** 221
- Führen eines -s **34** 220, 254

Bautechnischer Nachweis 34 129
Bauteile
- Gesamtschau **11** 17
- konstruktive Selbständigkeit **11** 17
- nach funktionalen und technischen Kriterien **11** 17; **34** 245, 246

Bauteilkostenberechnung 34 94
Bautenstandsberichte 34 254
Bautenstandsbestätigung Einl. 213, 214
Bauträgervertrag Einl. 28
Bauüberwacher
- faktischer - **34** 248

Bauüberwachung
- örtliche - **43** 101; **58** 31; Anlage 2

Bauvertragsformular 34 204, 208
Bauvertragsrecht
- Regierungsentwurf **Einl.** 217

Bauvoranfrage Einl. 70; **34** 28, 87, 108, 111, 147
Bauvorlagenverordnung 34 129
Bauwerk
- als körperliche Sache **Einl.** 37

Bauwerks- und Betriebs-Kosten-Nutzen-Analyse
- Aufstellen einer - **34** 74, 273

Bauzeichnung 34 129
Bauzeitverlängerung
- vorhersehbare - **7** 148, 151

Beauftragung
- abschnittsweise - **57** 3
- rechtsgeschäftliche **Einl.** 48
- stufenweise - **57** 2

Bebauungsplan
- Allgemeines **19** 6
- Änderung der Größe des Planbereichs **21** 10
- Einordnung in die Honorarzone **21** 8
- Entwurf **19** 15
- Festsetzungen **34** 28
- Grundleistungen LP 1–3 **19** 10
- Honorarberechnung **21** 5
- Honorartafel **21** 7
- Planzeichenverordnung **19** 11

Stichwortverzeichnis

- Umweltbericht 17 3, 10; 19 14
Bedarfsplanung
- im Bauwesen – DIN 18205 1 10; 3 17; 34 39; 41 9; 43 19
Bedingung
- Beweislast Einl. 65; 7 7
Begriffsbestimmung 2 1
Behälter 50 8
Belastungsannahmen 34 156
Beraten
- zum gesamten Leistungsbedarf 34 29
Beratung
- in steuerlicher Hinsicht 34 47
Beratungs- und Aufklärungstätigkeit 34 45, 80
Beratungsleistung
- Anlage 1 1 5; 3 6
Beratungsleistungen 3 4
Beratungspflicht
- hinsichtlich der Kosten 34 46, 82
Beschaffung 33 21
Besondere Grundlagen des Honorars 33 1; 38 1; 54 1
Besondere Leistungen
- Abgrenzung von anderen Leistungen 3 15
- Anlage 2 3 13
- Anspruch auf Zusatzhonorar 3 13
- Arten 3 14
- Aufstellen von Zeit- und Organisationsplänen 34 29
- Beispiele 3 16
- Bestandsaufnahmen 34 29
- Folgen für die Honorierung 3 13
- Neuregelung 3 13
- Nutzen-Kosten-Analysen 3 1; 34 29; 58 30
Besondere Prüfverfahren
- Erarbeiten von Unterlagen für 34 143
Besondere Techniken
- Anfertigen von Darstellungen durch 34 76
Bestand
- Mindestzuschlag 58 43
- Zuschlag 58 43
Bestandsaufnahme 34 36, 269
Bestandsplan
- Erstellung 34 159, 269
Bestandsplanung 34 222
Bestandsschutz
- eines Gebäudes 34 242, 245
Bestandssicherung bei Abbruch 34 242

Bestandsverzeichnis 34 221
Bestimmtheit
- der vertraglichen Vereinbarung Einl. 93
Betonstahlmengen 51 76
Betriebsplanung 34 38
Bewehrung
- Abnahme 34 217
Bewehrungspläne 51 69
Bewertungsspielraum 7 24; 34 23
Bewertungstabellen Einl. 168
Bezuschussung
- Ansprüche im Zusammenhang mit – Einl. 209
Bildung 34 139
BIM-Manager 1 10
Bindungswirkung
- Abschlagsrechnung 15 75
- an eine nicht prüfbare Rechnung 15 76
- auf die Wirksamkeit der Honorarvereinbarung eingerichtet 7 119
- Auftraggeber darlegungs- und beweispflichtig 7 121
- Auftraggeber vertraut auf die Wirksamkeit der Honorarvereinbarung 7 117
- Darlegungs- und Beweislast 15 74
- Einzelfälle 15 77
- Einzelpositionen 15 88
- Rechnungsendbetrag 15 88
- rechtliche Begründung 15 72
- Teilschlussrechnung 15 75
- Umfang 15 87
- Vermögensdisposition 15 78
- Vertrauen auf die Wirksamkeit der Honorarvereinbarung 7 118
- Voraussetzungen kumulativ 7 115
- Vorbehalt 15 87
- wenn dem Auftraggeber die Zahlung des Differenzbetrages nach Treu und Glauben nicht zugemutet werden kann 7 120
- widersprüchliches Verhalten 7 113, 116
Biomasse 34 78
Bis-Satz 7 33, 37
Bitumendickbeschichtung 34 114, 169, 245
Blitzschutz 53 18
Boden
- -geologe Einl. 371
- -gutachter Einl. 395
- kontaminierter – 33 15
- -geologe Einl. 384

Stichwortverzeichnis

- -geologisches Gutachten 34 113
- -gutachten Einl. 384
- -pressung 34 113
- -untersuchung 34 113

Bodenmechanik 3 6
Bodenverhältnis
- Klärung der -se 34 113

Bonität 34 209
Bonus-/Malushonorar 7 171
Bonus-/Malusregelung 58 35
Bonushonorar
- Anknüpfungspunkt 7 173
- Baukosten 7 173
- Höhe 7 175
- schriftlich 7 172
- wesentliche Kostensenkung 7 171, 174

Böschung 45 7
Brandschutz 1 5; 34 115
Brücke 45 7; 50 8
Bürgersteig 38 24

Dachterrasse
- Aufbau 34 172

Damm 45 7
Dampfsperre 34 115
Darstellung der Grundstücksentwässerungen 34 129
Datenendgerät 53 9
Datennetz 53 9
Datenverarbeitungsanlage 53 9
Decke
- Gießen der -n 34 245

Dehn- und Trennfuge 34 116
Dehnfugen 51 52
Detailmodell
- Erarbeiten von -en 34 22, 23, 167

Detailplanung 34 169
Details 34 151
Dickbeschichtung 34 245
Dienstvertrag 1 4, 9
DIN 18 205 2 25
DIN 276 34 61; 58 37
- Checkliste 4 22
- Fassung 4 15
- Formblatt 4 22
- Inhalt 4 18
- Kostenkennwert 4 30
- Prüfbarkeit 2 25, 26; 4 1, 22, 31; 33 6

Dispens 34 107

Dokumentation Einl. 36; 34 264
Drainage 34 114
Dritthaftung
- Architekt Einl. 214

Drückendes Wasser 34 114
Durchlass 45 7
Dynamische Verweisung 4 16

EEWärmeG 34 31, 78
Eigenleistung 34 240, 248
Einbindung in die Umgebung 35 14
Einfache, gängige Arbeiten 34 243
Eingangsstufe 35 5
Einheitsarchitektenvertrag Einl. 277
Einholen der Angebote 34 192
Einrichtungsgegenstände 58 48
Einzelbauwerke 41 19
Einzelleistung
- Einzelheiten 9 6
- Objektüberwachung bei der Technischen Ausrüstung 9 3
- Vor- oder Entwurfsplanung als - 9 3
- Vorläufige Planfassung bei Landschaftsplänen 9 3

Einzelzeichnungen 34 151
Elektrischer Strom 53 18
Elektroingenieur Einl. 391
Elektrotechnik 53 9
Elementpläne 51 71
Energieberater 34 147
Energieberatung und -planung 34 136
Energieeinsparung 34 78, 105
Energieplanung 34 31, 156
EnEV 34 31, 50, 57, 71, 74, 78, 94, 115
Entgelt
- Begriff 1 34

Entscheidungshilfen 34 52
- Formulieren von 34 33

Entsorgungsanlage 53 21
Entwässerung 34 114
Entwässerungsanlage 45 7
Entwässerungsgesuch 55 29
Entwässerungsplanung 34 136
Entwurfsplanung
- Mangelhaftigkeit der - 34 112

Erd- und Wohnbau 3 6
Erfüllungsgehilfe
- Architekten Einl. 221

Erfüllungsverhältnis Einl. 144

1515

Stichwortverzeichnis

Ergänzen der Vorplanungsunterlagen aufgrund besonderer Anforderungen 34 71
Erlass 7 70
Erläuternde Angaben 34 56
Erschließung
- nicht öffentliche - 33 16; 34 28
Ersetzende Leistung 34 166
Erweiterungsbauten
- Begriff 2 1, 12
Erwerb
- anderweitiger Einl. 249
Estricharbeiten 34 245, 253
Euro-Umstellung Einl. 532
Extrapolation 7 90; 13 5

Fachbauleitung 34 212
Fachingenieur Einl. 383
Fachlich Beteiligte
- koordinieren der an der Objektüberwachung - 34 218
Fachplanung Einl. 32; 3 5; 50 1
Faktischer Bauleiter 34 279
Fälligkeit
- Abnahme 15 6
- Bedeutung 15 9
- Leitbildfunktion des § 15 15 8
- Verzug 15 9
Fassade 50 8
Fassadenplanung 1 7
Fernmelde- und informationstechnische Anlagen 53 9
Fernmeldetechnik 53 19
Fertigstellung 15 12
Fertigteile 34 161, 168
Feuerlöschanlagen 53 21
Fiktion 7 168
Finanzielle Belastung 34 28
Finanzierung 34 85
Finanzierungsmöglichkeit 34 47, 52
Finanzierungsplan
- Aufstellen eines -s 34 72
Finanzierungsstopp 7 166
Flächennutzungsplan
- Allgemeines 18 1
- Besondere Leistungen 18 31
- Bewertungsmerkmale 20 10
- Entwurf der öffentlichen Auslegung 18 32
- Honorarermittlung 20 4
- Honorarzone 20 8

- Leistungsbild – Allgemeines 18 12
- Leistungsphase 1 18 14
- Leistungsphase 2 18 25
- Leistungsphase 3 18 28
- Mindest- Höchstsätz 20 5
- Sitzungsteilnahme 17 3, 9; 18 9
Flächenplanung
- Bebauungsplan Einl. 32; 17 3
- Flächennutzungsplan 17 3
- Schema der Honorarberechnung 17 5
- Vertragspartnerschaft 3 5; 17 1, 4
Fliegende Bauten 50 8
Flora-Fauna-Habitat-Richtlinie (FFH-Richtlinie) 22 9
Förderrichtlinien 34 209
Förderung
- Ansprüche im Zusammenhang mit - Einl. 209; 34 85
Forderungsanspruch
- Honorar 15 124
Förderungsfähigkeit Einl. 70
Form der Erläuterung 34 58
Form und Zeitpunkt der Honorarvereinbarung 12 4
Formblätter 34 64
Formularvertrag
- Malusregelung 7 178
- Schriftformklauseln 10 38; 34 205
Formvorschriften Einl. 98
- Gemeindeordnungen Einl. 97
- kirchenrechtliche Regelungen Einl. 100
Fortschreiben der Ausführungsplanung während der Objektausführung 34 158
Fortschreibungspflicht 34 123
Freianlagen
- anrechenbare Kosten 33 24; 38 6, 21
- Besondere Leistungen 39 84
- Ermittlung der Honorarzone 40 5
- Honorarberechnung 39 3
- Honorartafel 40 1
- Leistungsbild 2 1; 38 1; 39 1
Freianlagenplaner Einl. 220
Freie Mitarbeit 7 12
Freundschaft 7 125
Fugenplan 34 169
Fundamente 34 116
Funktionale Ausschreibung 55 11
Funktionale Leistungsbeschreibung 34 22

1516

Stichwortverzeichnis

Funktionen
- Anzahl der - 35 14

Funktionsprogramm 34 39
Fußbodenhöhe und -aufbau 34 155
Fußgängerbereich 38 24
Fußgängerzone 38 24
Fußweg 38 24

Garantie Einl. 175
Gas
- Anlagen für - 53 15

Gebäude
- Abgrenzung zwischen Gebäuden und Ingenieurbauwerken 2 8
- bedingt anrechenbare Kosten 33 13
- Begriff 2 5; 58 33
- Besondere Leistungen aus Leistungsphase 4 34 142
- Besondere Leistungen für die Leistungsphase 9 34 269
- Besondere Leistungen für Leistungsphase 1 34 35
- Besondere Leistungen für Leistungsphase 2 34 69
- Besondere Leistungen für Leistungsphase 3 34 101
- Besondere Leistungen für Leistungsphase 5 34 162
- Besondere Leistungen für Leistungsphase 6 34 184
- Besondere Leistungen für Leistungsphase 7 34 201
- Besondere Leistungen für Leistungsphase 8 34 238
- Bewertungsschema Honorarzone 35 13
- Fragen der Haftung bei Leistungsphase 1 34 45
- Fragen der Haftung bei Leistungsphase 3 34 106
- Fragen der Haftung bei Leistungsphase 4 34 147
- Fragen der Haftung bei Leistungsphase 5 34 169
- Fragen der Haftung bei Leistungsphase 6 34 187
- Fragen der Haftung bei Leistungsphase 7 34 202
- Fragen der Haftung bei Leistungsphase 8 34 240
- Fragen der Haftung bei Leistungsphase 9 34 274
- Fragen der Haftung für Leistungsphase 2 34 80
- gemindert anrechenbare Kosten 33 6
- Honorar 33 5
- Honorarzone 35 10
- im Wesentlichen gleichartige - 11 38
- Leistungsphase 1 - Grundlagenermittlung 34 27
- Leistungsphase 2 - Vorplanung 34 52
- Leistungsphase 3 - Entwurfsplanung 34 88
- Leistungsphase 4 - Genehmigungsplanung 34 127
- Leistungsphase 5 - Ausführungsplanung 34 150
- Leistungsphase 6 - Vorbereitung der Vergabe 34 173
- Leistungsphase 7 - Mitwirkung bei der Vergabe 34 190
- Leistungsphase 8 - Objektüberwachung (Bauüberwachung) 34 212
- Leistungsphase 9 - Objektbetreuung und Dokumentation 34 260
- Serienbauten 11 41
- voll anrechenbare Kosten 2 1; 33 5

Gebäude und Raumbildende Ausbauten
- Honorar 35 1
- Honorar für Teilleistungen und in besonderen Fällen 34 13
- Honorarberechnung 34 10
- Honorartafel 35 4
- Leistungsbild 33 1; 34 1

Gefahrenquelle
- besondere - 34 245
- typische - 34 244

Gefahrenvorsorge 34 250
Gemeinsames Aufmaß 34 255
Genehmigungsfähiger Entwurf 34 106
Genehmigungsfähigkeit
- Einschränkungen und Ausnahmen 34 28, 59, 81, 106, 107, 147

Genehmigungsfreie Objekte 34 128
Genehmigungsplanung Einl. 72
Genehmigungsunterlagen
- Ändern der - 34 145

1517

Stichwortverzeichnis

Genehmigungsverfahren 34 28
Generalplaner
– Berufshaftpflichtversicherung
  Einl. 440
– Honorarabzug Subplaner
  Einl. 429
Generalplanervertrag Einl. 424
– Pay-when-paid-Klausel Einl. 427
– Subplanervertrag Einl. 427
Generalplanerzuschlag Einl. 433
Generalunternehmer
– Beauftragung zum Pauschalpreis 4 38;
  34 22, 32
Generalunternehmervertrag 34 204
Geologische Untersuchung 34 28
Geothermische Energie 34 78
Gerichtsstand
– Honorarklage 1 35
– Ort des Bauvorhabens 1 36
– Schadensersatzklage des Auftraggebers
  1 40
– Vereinbarung 1 38
Gesamtbetrachtung 7 98
Gesamtschuldnerausgleich Einl. 221
Gesamtschuldverhältnis
– Architekt und Sonderfachleute Einl. 219
– Ausgleichsanspruch Einl. 216, 221
– »gestörte« Gesamtschuld Einl. 226
– subsidiäre Haftung im Einl. 27
Gesamtwürdigung 7 132
Geschäftsgrundlage
– Störung; Wegfall 7 42, 116, 149, 165
Gesellschaftsvertragliche Beziehung 7 12
Gestaltung 35 14
Gräben 45 7
Grenze zwischen Ausführungsplanung und
  Objektüberwachung 34 172
Grundflächenberechnung 34 138
Grundlagen
– Erarbeiten der – für die anderen an der
  Planung fachlich Beteiligten 34 156
Grundleistungen/Besondere Leistungen/
  Haftungsfragen 34 7
Grundriss 34 56
Grundstück 34 63
Grundstückserwerb
– Beratung 34 28
Gründung 34 116
Gründungsberatung 34 113

Grundwasser- und Bodenverhältnisse
  34 156
Grundwassersituation 34 113
Grundwasserverhältnisse 34 114
Grünordnungsplan
– Berechnungsbeispiel 29 13
– Besondere Leistungen 24 31
– Bewertungsmerkmale für die Einordnung
  in die Honorarzonen 29 8
– einzelne Leistungsphasen 24 17
– Honorar 29 1
– Honorar für die Teilnahme an Sitzungen
  (Abs. 2) 24 38
– Honorarbemessung 24 7
– Leistungsbild 24 1
– Leistungsphase 1 – Klären der Aufgaben-
  stellung und Ermitteln des Leistungs-
  umfanges 24 20
– Leistungsphase 2 – Ermitteln der
  Planungsgrundlagen 24 21
– Leistungsphase 3 – Vorläufige Fassung
  24 22
– Leistungsphase 4 – Abgestimmte Fassung
  24 29
– Stufen der Honorarberechnung 29 3, 9
GRW 7 130
GRW 1995 Einl. 364
Gutachten Einl. 212
Gutachterverfahren Einl. 365
Gütezertifikat 34 245

Haftung
– funktionaler Mangelbegriff Einl. 158
– gegenüber Dritten Einl. 212
– Grundlagen Einl. 157
– im Kostenbereich Einl. 184
– Mangeltatbestände Einl. 157
– Sicherheits- und Gesundheitsschutz-
  koordination Einl. 472
– wegen Verzugs Einl. 183
Handeln
– im fremden Namen Einl. 107
Handwerkliche Selbstverständlichkeit
  34 243
Harmonisierungsklauseln Einl. 439
Heizungsingenieur Einl. 371, 393
Herrichten des Grundstücks 33 15
Herrichtungsplan 26 3
Hilfsbrücke 50 8

Stichwortverzeichnis

HOAI
- Abschnittsweise Beauftragung 58 83
- Angriffe auf die 1 3
- Anlagen **Anlagen** 1
- Anwendung des neuen Rechts auf Teile von Verträgen 57 6
- Außerkrafttreten 58 1
- Bauvorhaben im Ausland 1 32
- Ermächtigungsgrundlage 2 MRVG 2
- Europarechtskonformität 1 41
- Geltung für Nichtarchitekten und Nichtingenieure 1 20
- Gültige Fassung 57 1
- Höchstpreischarakter 7 20
- Inkrafttreten 58 1
- Inkrafttreten einer HOAI-Novelle nach Vertragsabschluss 58 85
- Leistungsbild 34 17
- Mindestpreischarakter 7 21, 95
- neuen Bundesländer 1 33
- Novellen **Einl.** 5
- Parteivereinbarungen über die Anwendung der alten/neuen HOAI 57 7
- persönlicher Anwendungsbereich 1 17
- räumlicher Anwendungsbereich 1 30
- Rechtsgrundlage **Einl.** 1
- Referentenentwurf **Einl.** 6
- Reformbestrebungen **Einl.** 6
- sachlicher Anwendungsbereich 1 4; 58 27
- Stufenweise Beauftragung 58 83
- System 6 6, 11
- Überblick **Einl.** 29
- Unwirksamkeit **Einl.** 4
- verbindliches Preisrecht 3 5
- Verträge zwischen Architekten und/oder Ingenieuren 1 21
- Wirksamkeit 2 MRVG 3
- Zeitpunkt des Vertragsabschlusses 58 82
- zwingender preisrechtlicher Charakter 7 19; 58 83

Höchst- und Mindestsatz
- Maßstab für die Ermittlung des richtigen ~ 7 25

Höchstpreischarakter
- Anerkenntnis 7 144
- Ausnahmen 7 140
- Darlegungs- und Beweislast 7 134
- Haftungsbeschränkungen 7 136
- Honorar für urheberrechtliche Nutzungsrechte 7 137
- Kenntnis 7 143
- mögliche Verstöße 7 132, 135
- Rechtsfolgen von Verstößen gegen ~ 7 141
- richtiger Höchstsatz 7 132

Höchstsätze
- außergewöhnliche und ungewöhnlich lange dauernde Leistungen 7 145
- Ausnahmefälle 7 145
- Form der Vereinbarung 7 146
- Inhalt der Vereinbarung 7 147
- Vereinbarungen über die Bauzeitverlängerung 7 148
- Zeitpunkt der Vereinbarung 7 163
- zusätzliche Voraussetzungen 7 164

Höchstzuschlag 6 53
hochwassergefährdetes Gebiet 34 114
Hochwasserschutz 34 114
Höhenangabe 34 116
Höhenmaße 34 152
Holzbau 51 70
Holzkonstruktionspläne 51 69
Holzmengen 51 76
Honorar
- Auftrag für mehrere Objekte 11 9
- bei Beauftragung von Einzelleistungen 9 1
- Berechnung 6 6; 9 1
- Einzelleistung 9 3
- Fälligkeit 15 1
- für Raumbildenden Ausbau 33 26
- Nebenkosten 14 2
- Rückforderung 15 115
- Überzahlung 15 116
- Verkehrsanlagen 46 1
- Verwirkungseinwand 15 61
- Wiederholungshonorar 6 1; 11 35

Honorar bei Bebauungsplan 21 5
Honorar bei Flächennutzungsplan 20 4
Honorar für besondere Fälle 8 1 ff.
Honorar für Leistungen
- bei der Technischen Ausrüstung 56 1
- bei Freianlagen 40 1
- bei Gebäuden und Raumbildenden Ausbauten 35 1
- bei Grünordnungsplänen 29 1
- bei Ingenieurbauwerken 44 1

1519

Stichwortverzeichnis

- bei Landschaftsplänen 28 1
- bei Landschaftsrahmenplänen 30 1
- bei Pflege- und Entwicklungsplänen 32 1

Honorar für Leistungen bei Verkehrsanlagen 48 1

Honorar für ungewöhnlich lange Dauer
- außergewöhnliche und ungewöhnlich lange dauernde Leistungen 7 145
- Begriff 7 156
- Darlegungs- und Beweislast 7 154
- Folgen der unwirksamen Vereinbarung 7 153
- Form der Vereinbarung 7 146
- Höhe der Vergütung 7 158
- Inhalt der Vereinbarung 7 147
- Störung der Geschäftsgrundlage 7 165
- Vereinbarungen über die Bauzeitverlängerung 7 148
- Zeitpunkt der Vereinbarung 7 163
- Zusätzliche Voraussetzungen 7 164

Honorarabrechnung
- 4 Komponenten 6 6
- Grundsätze 6 6
- Honorartafel 6 38
- Honorarzone 6 37
- Leistungsbild 6 36

Honorarabzüge 34 23

Honorarberechnung
- Grundlagen 34 10
- Kostenberechnungsmodell 6 14
- Parameter für die – 7 132
- Verkehrsanlage 48 4

Honorarbestimmungsrecht 7 34

Honorarforderung
- Aufrechnung mit überschüssiger Forderung 15 86
- Verjährung 15 55
- Verjährungsfrist 15 56

Honorarfragen Einl. 465

Honorarkürzung
- Höhe des Abzugs 8 17
- Nichtübertragung von Grundleistungen, Teilen von Grundleistungen 8 14
- Teilleistung, unvollständige Erbringung 8 44

Honorarminderung
- bei Anschlussaufträgen 11 45
- Darlegungs- und Beweislast 8 30
- dienstleistungsähnliche Tätigkeiten 8 25

- Höhe 8 32 ff.
- Keine konkrete Parteivereinbarung 8 31
- Rechtsprechung BGH 8 22 ff.
- Steinfort-Tabelle 8 33
- Voraussetzungen 8 29
- Weglassen übertragener Leistungen 8 21 ff.

Honorarprozess
- derzeit unbegründeter – 15 46
- gerichtliche Hinweise 15 43
- Klage 15 46
- Mangel der Prüfbarkeit 15 47
- Prozessuale Fragen 15 45
- Rechtsmittel 15 45
- Streitgegenstand 15 49
- Verteidigungsmöglichkeiten 15 44
- zweite Instanz 15 42, 49

Honorarreduzierung 11 27

Honorarschlussrechnung
- Abgrenzung der Prüfbarkeit von der sachlichen Richtigkeit 15 38
- Angaben über erbrachte Leistungen 15 33
- Angaben über Honorarzone und Honorartafel 15 32
- Anspruch des Auftraggebers auf 15 20
- Aufteilung der Rechnung 15 28
- Bindung 15 70
- Bindungswirkung 7 21
- Fälligkeitsvoraussetzungen 15 1
- Folgen fehlender Fälligkeit 15 41
- Fristbeginn ohne Rechnung 15 62
- Grundlagen der Prüfbarkeit 15 23
- Hinausschieben der Rechnung 15 60
- Kostenermittlung nach DIN 276 15 30
- Notwendigkeit 15 20
- Objektive Kriterien für die Prüfbarkeit 15 26
- Paragrafen der HOAI 15 35
- prüffähige 15 20
- richtige Kostenermittlung als Grundlage 15 29
- Rüge und Rügefrist 15 23
- sonstige Angaben 15 34
- System HOAI 15 27
- Überreichung 15 40
- vertragsgemäße Erbringung der Leistung 15 12
- Verwirkung 15 62
- Vortrag im Rechtsstreit 15 42

Stichwortverzeichnis

Honorartafel
- Fortschreibung 7 89
- Ingenieurbauwerke 44 1
- Rahmen 7 88
- Tragwerksplanung 52 1
- Verkehrsanlage 48 1; 58 25

Honorarvereinbarung
- Abgrenzung vom Baukostenvereinbarungsmodell 7 85
- AGB 7 36
- Änderung der ~ **10** 11
- Änderungsvereinbarung 7 78
- Aufhebung 7 80
- Aufklärungspflicht des Auftragnehmers 7 108
- Beendigung der Tätigkeit 7 72
- bei Auftragserteilung 7 30
- bei offenem Dissens 7 66
- bei Rahmenvertrag 7 69
- bei stufenweiser und abschnittsweiser Beauftragung 7 69
- bei unwirksamem Vertrag 7 65
- bei Vorvertrag 7 68
- Beschränkung durch den Vertragsgegenstand 7 35
- Bestätigung unwirksamer ~en 7 82
- Bestimmtheit der Vereinbarung 7 33
- Beurteilungsspielraum 7 101
- Beweislast 7 131
- Bewertungsspielraum 7 24
- Bindung an die (unwirksame) ~ 7 113
- Darlegungs- und Beweislast 7 106
- Einhaltung des Höchstsatzes 7 31
- Einhaltung des Mindestsatzes 7 32
- freie ~ 7 10
- Honorare außerhalb der Tafelwerte 7 87
- Instandhaltungen und Instandsetzungen 12 4
- Klage aus einer unwirksamen ~ 7 106
- Möglichkeiten 7 23
- Parameter für die Vereinbarung von Honoraren zwischen Mindest- und Höchstsatz 7 83
- Schadensersatzansprüche 7 111
- Schriftform 7 29
- spätere Abweichungen vom fingierten Mindestsatz 7 70
- Teilauftrag 7 64
- Transparenzgebot 7 37

- Treu und Glauben 7 109
- Umdeutung 7 142
- Umgehungsgeschäft 7 67
- Verschulden bei Vertragsschluss 7 110
- vertragsgemäße Erbringung 7 73
- vor Auftragserteilung 7 60
- Wirksamkeitsvoraussetzungen 7 28
- Zeitpunkt 4 35; 5 1, 10; 7 1, 56; 58 42

Honorarzahlungspflicht, Auslegung
- Entgegennahme der Leistungen **Einl.** 48
- Verwertung der Leistungen **Einl.** 48

Honorarzone
- Begriff 2 30
- Bewertungsschema 35 13
- Bewertungsspielraum 5 11
- Definition 5 3
- Ermittlung 5 5
- Gebäude 35 10
- Honorarvereinbarung 5 10; 35 9
- Ingenieurbauwerke 44 4
- Innenräume 35 16
- objektive Beurteilung 5 11
- Rechtsfrage 5 12
- Umbauten und Modernisierungen 6 48
- Technische Ausrüstung 56 11
- Verkehrsanlage 48 3
- Vorgehen zur Ermittlung der ~ 2 1; 35 8

Hydrologisches Gutachten 34 113

Informations- und Kontrollinteresse 15 23

Ingenieur
- Aufklärung über die fehlende Ingenieureigenschaft 1 23
- Beauftragung **Einl.** 376
- Begriff 1 19
- für Sanitär- und Elektroarbeiten **Einl.** 371
- für Siedlungswasserbau **Einl.** 397
- Haftung **Einl.** 379
- Haftungsabgrenzung zum Architekten **Einl.** 397
- Sekundärhaftung **Einl.** 385
- unlauterer Wettbewerb **Einl.** 360
- Verjährung des Vergütungsanspruchs **Einl.** 340

Ingenieurbauwerk
- Abfallentsorgung 41 17
- Abgrenzung Objektplanung, Ingenieurbauwerke und Verkehrsanlagen 41 49

Stichwortverzeichnis

- Abgrenzung zur Fachplanung Technische Ausrüstung 41 36
- Abgrenzung zur Objektplanung Freianlagen 41 25
- Abgrenzung zur Objektplanung Gebäude 41 22
- Abnahme von Leistungen 43 96
- Abstimmen der Zielvorstellungen 43 33
- Abstimmen mit Behörden 43 64
- Abstimmen und Koordinieren 43 78
- Abstimmen und Zusammenstellen der Leistungen der fachlich Beteiligten 43 85
- Abwasserentsorgung 41 13
- Analyse der Grundlagen 43 32
- Anforderungen an die Einbindung in die Umgebung 44 9
- Anlagen der Maschinentechnik 41 42
- anrechenbare Kosten 42 10; 58 50
- Antrag auf behördliche Abnahmen 43 98
- Anwendung der DIN 276 42 10
- Aufsicht über die örtliche Bauüberwachung 43 91
- Aufstellen der Vergabeunterlagen 43 77
- Aufstellen eines Preisspiegels 43 84
- Aufstellen und Überwachen eines Zeitplans 43 93
- Auftrag für mehrere Objekte 41 51
- Bauherrenaufgaben 43 73
- Bauzeitenplan 43 56
- Bedarfsplanung 41 9; 43 19
- bedingt anrechenbare Kosten 42 28
- Berechnungsbeispiel Regenüberlaufbecken 44 3
- Beschaffen und Auswerten amtlicher Karten 43 35
- Besondere Grundlagen des Honorars 42 1
- Besondere Leistungen 43 102
- Bewertungsmerkmale 44 6
- Durcharbeiten des Planungskonzepts 43 46
- Einholen von Angeboten 43 84
- Erarbeiten 43 67
- Erarbeiten der Grundlagen 43 68
- Erarbeiten eines Planungskonzepts 43 36
- erfasste Objekte und Leistungen 41 6
- Erläuterungsbericht 43 48
- Ermitteln der vorgegebenen Randbedingungen 43 23
- fachspezifische Bedingungen 44 11
- fachspezifische Berechnungen 43 49
- Festlegen der wesentlichen Ausführungsphasen 43 79
- Finanzierungsplan 43 50
- Formulieren von Entscheidungshilfen 43 26
- gemindert anrechenbare Kosten 42 24
- geologische und baugrundtechnische Gegebenheiten 44 7
- Grunderwerbsplan 43 60
- Grunderwerbsverzeichnis 43 60
- Grundlagen der Honorarberechnung 43 13
- Honorarberechnung 42 9; 44 3
- Honorartafel 44 1
- Honorarzone 44 4
- Klären der Aufgabenstellung 43 22
- Klären und Erläutern der wesentlichen fachspezifischen Zusammenhänge 43 39
- konstruktive und Technische Anforderungen 44 10
- konstruktive – für Verkehrsanlagen 41 18
- Kosten der Anlagen der Maschinentechnik 42 39
- Kosten der Außenanlagen 42 36
- Kosten der nichtöffentlichen Erschließung 42 36
- Kosten der öffentlichen Erschließung 42 35
- Kosten des Umlegens und Verlegens von Leitungen 42 36
- Kosten für die Herrichtung des Grundstücks 42 34
- Kosten für verkehrsregelnde Maßnahmen 42 37
- Kostenberechnung 43 52
- Kostenplan 43 56
- Kostenrichtwerte 42 12
- Kostenschätzung 43 43
- Leistungsbild 43 1
- Leistungsphase 1 – Grundlagenermittlung 43 22
- Leistungsphase 3 – Entwurfsplanung 43 45
- Leistungsphase 4 – Genehmigungsplanung 43 58
- Leistungsphase 5 – Ausführungsplanung 43 66

Stichwortverzeichnis

- Leistungsphase 6 – Vorbereitung der Vergabe **43** 73
- Leistungsphase 7 – Mitwirkung bei der Vergabe **43** 83
- Leistungsphase 8 – Bauoberleitung **43** 90
- Leistungsphase 9 – Objektbetreuung **43** 101
- Mengenermittlung **43** 76
- Mitwirken bei der Auftragserteilung **43** 89
- Mitwirkung bei Verhandlungen mit Bietern **43** 86
- Mitwirkung beim Erläutern **43** 41
- Mitwirkung im Planfeststellungsverfahren **43** 65
- Mitwirkung im Zuwendungsverfahren **43** 50
- Objektdefinition **41** 55
- Objektliste **44** 12
- Ortsbesichtigung **43** 28
- Planung oder Überwachung **42** 31
- Planungsanforderungen (Schwierigkeitsgrade) **44** 6
- Prüfung und Wertung der Angebote **43** 84
- sonstige Einzelbauwerke **41** 19
- technische Ausrüstung **41** 21; **44** 8
- Überarbeitung des Planungskonzepts **43** 42
- Übergabe des Objekts **43** 99
- Überwachung der Prüfungen der Funktionsfähigkeit **43** 97
- Unterlagen **43** 59
- Untersuchen von Lösungsmöglichkeiten **43** 34
- Ver- und Entsorgung mit Gasen **41** 17
- Verfahrens- und Prozesstechnik **41** 45
- Verhältnis zur Maschinentechnik sowie zur Verfahrens- und Prozesstechnik **41** 39
- Verhandlungen mit Behörden **43** 40, 51, 64
- Vervollständigen der Ausführungsplanung **43** 70
- Vervollständigen und Anpassen der Planungsunterlagen **43** 61
- voll anrechenbare Kosten **42** 23
- Vorabstimmen mit Behörden **43** 51
- Vorabstimmung mit Behörden **43** 40
- Wasserbau **41** 14
- Wasserversorgung **41** 12
- zeichnerische Darstellung **43** 47
- zeichnerische und rechnerische Darstellung **43** 68
- Zusammenfassen der Ergebnisse **43** 29
- Zusammenstellen aller Vorplanungsergebnisse **43** 44
- Zusammenstellen der Unterlagen **43** 59
- Zusammenstellen von Wartungsvorschriften **41** 1; **43** 100

Ingenieurleistung
- Abnahme **Einl.** 379
- Haftung für die in die HOAI aufgenommenen -en **Einl.** 389
- Mängelansprüche **Einl.** 381
- Verträge **53** 24

Ingenieurtechnische Kontrolle 34 217

Ingenieurvertrag
- Definition **Einl.** 23
- maßgeblicher Zeitpunkt für das Vorliegen eines Mangels **Einl.** 387
- rechtliche Einordnung **Einl.** 370
- Verjährung von Mängelansprüchen **Einl.** 388
- Werkvertrag **Einl.** 370

Inkrafttreten 58 1
Inländerdiskriminierung 1 29
Innenarchitekt
- Sicherungshypothek **Einl.** 328

Innengesellschaft 7 12
Innenraum
- Umbauzuschlag **34** 155

Innenräume
- Ermittlung der Honorarzone **33** 26; **34** 140; **35** 16

Instandhaltung
- Begriff **2** 1, 23; **12** 1

Instandhaltung und Instandsetzung 12 1
Instandsetzung
- Begriff **2** 1, 21; **12** 1

Interpolation 13 1

Kabel 34 113
Kanal 34 113
Kanal- und Spartenpläne 34 113
Kaufmännisches Bestätigungsschreiben 7 50
Klagänderung 15 18
Kläranlage 41 56; **50** 8

1523

Stichwortverzeichnis

Klären und Erläutern der wesentlichen Zusammenhänge, Vorgänge und Bedingungen 34 57
Kompensationsabrede Einl. 81; 7 9
Komplettheitsklauseln
– Wirksamkeit Einl. 317
Konsortialvertrag Einl. 435
Konsortium Einl. 434
Konstruktion 35 14
Konstruktionsplan 34 151
Konstruktive Ingenieurbauwerke für Verkehrsanlagen 41 18
Kontroll- und Abrechnungsanlage 53 9
Koordinieren der an der Objektüberwachung fachlich Beteiligten 34 218
Koordinierungs-, Einarbeitungsaufwand 8 18 ff.
– Übertragung einzelner Leistungsphasen 8 7
Koordinierungsaufwand 34 161
– erhöhter Einl. 431
Koordinierungspflicht 34 80, 122, 171, 180, 230
Koordinierungstätigkeit
– Schadensersatzansprüche 33 20; 34 150, 156, 253
Koppelungsverbot
– berufsstands- und nicht leistungsbezogen Einl. 1; 3 MRVG 13
– Folgen des Verstoßes 3 MRVG 22
– öffentliche Planungswettbewerbe 3 MRVG 18
– Zusammenhang mit dem Grundstückserwerb 3 MRVG 3, 14
Kosten
– bedingt anrechenbare ~ 33 13
– der Baukonstruktion 33 5
– gemindert anrechenbare ~ 33 6
– voll anrechenbare ~ 33 5
Kostenanschlag Einl. 210
– Nachträge 6 22, 24; 34 200, 211
Kostenberechnung
– Auskunft, Einsichtnahme und Herausgabe 6 27
– Begriff 2 28
– durch Aufstellen von Mengengerüsten 34 103
– Honorarpflicht 6 19
– Korrektur 6 20

– Nachholen 2 1; 6 14, 17, 25; 34 22, 96, 123
Kostenberechnungsmodell 6 7; 58 36
Kostenermittlung
– Anbindung an ~ 58 46
– Ausnahmen 4 33
– Begriff 4 9
– Fehler im Zusammenhang mit ~en Einl. 187
– Form und Inhalt 4 10
– Korrektur 6 21; 58 37
Kostenfeststellung 6 24; 34 228
Kostenfortschreibung 34 259
Kostengruppe 400 33 6
Kostenkontrolle 34 97, 124, 211, 259
Kostenlimit Einl. 202
– Toleranz Einl. 205; 4 33
Kostenlosigkeit
– Vereinbarung der ~ Einl. 63
Kostenobergrenze Einl. 202
Kostenrahmen Einl. 202
Kostenrahmen des Auftraggebers
– Abklärung 34 82
Kostenrichtwerte 42 13
Kostenschätzung
– Begriff 2 26
– vergleichende ~ 2 1; 6 16; 34 61, 62, 86, 186
Kostenverursachungsprinzip 34 103
Kostenvorschrift 4 11, 12
Küchentechnische Anlage 53 21
Kühlturm 50 8
Kündigung
– anrechenbare Kosten 4 39
– freie Einl. 272
– Honorar 8 45
– konkludente Einl. 302
– Kündigungsfolgeklauseln Einl. 302
– Kündigungsvoraussetzungsklauseln Einl. 302
– prüfbare Rechnung 15 51
– Schlussrechnung 15 68
– Schriftform Einl. 21
Kündigung aus wichtigem Grund Einl. 16, 242, 254, 256 ff.
– Abmahnung Einl. 263
– Verschulden Einl. 259
Kündigungsrecht nach § 649 BGB
– volle Vergütung Einl. 243

Stichwortverzeichnis

Künstlerische Oberleitung 34 2, 278; 58 41

Lageplan 34 129
Landschafts- und Grünordnungspläne 22 1
Landschaftspflegerischer Begleitplan
- Allgemeines 26 3
- Berechnungsbeispiel 31 12
- Besondere Leistungen 26 29
- einzelne Leistungsphasen 26 9
- Honorarbemessung 26 7
- Leistungsphase 1 – Klären der Aufgabenstellung und Ermitteln des Leistungsumfangs 26 11
- Leistungsphase 2 – Ermitteln und Bewerten der Planungsgrundlagen 26 12
- Leistungsphase 3 – Vorläufige Fassung 26 15
- Leistungsphase 5 – Abgestimmte Fassung 26 27
- Stufen der Honorarberechnung 22 1, 49; 26 1; 31 2

Landschaftsplan
- Allgemeines 23 11
- Berechnungsbeispiel 28 16
- Besondere Leistungen 23 33
- Bewertung der Leistungsphasen in Abs. 1 23 12
- Bewertung von Zweifelsfällen 28 12
- Bewertungsmerkmale für die Zuordnung 28 10
- Gesamtfläche als Bemessungsgrundlage 28 6
- Honorar 28 1
- Honorar für die Teilnahme an Sitzungen (Abs. 2) 22 58
- Leistungsbild 23 1
- Leistungsphase 1 – Klären der Aufgabenstellung und Ermitteln des Leistungsumfangs 23 16
- Leistungsphase 2 – Ermitteln der Planungsgrundlagen 23 19
- Leistungsphase 4 – Abgestimmte Fassung 23 31
- Leistungsphasen 23 13
- Stufen der Honorarberechnung 28 3
- Teilnahme an Sitzungen 22 44, 59

Landschaftsplan und Grünordnungsplan 22 42

Landschaftsplanerische Leistungen
- Allgemeines 22 4
- Besondere Leistungen 22 55
- Ermächtigungsgrundlage 22 33
- geschuldeter Erfolg 22 29
- Grundsätze der Vergütung 22 38
- Grundzüge der Regelung 22 34

Landschaftsplanung
- Allgemeines 22 1, 4

Landschaftsrahmenplan
- Berechnungsbeispiel 30 11
- Besondere Leistungen 25 20
- Einordnung in die Honorarzone, Bewertungsmerkmale 30 7
- Fläche des Plangebiets als Berechnungsgrundlage 30 5
- Grundzüge der Honorarbemessung 25 4
- Honorar 30 1
- Leistungsbild 25 1
- Leistungsphase 1 – Landschaftsanalyse 25 10
- Leistungsphase 2 – Landschaftsdiagnose 25 11
- Leistungsphase 3 – Vorläufige Fassung 25 12
- Leistungsphase 4 – Abgestimmte Fassung 25 18
- Leistungsphasen 25 6
- Stufen der Honorarberechnung 22 1, 48; 25 3; 30 3

Leasing 4 50

Leistung
- Abgrenzung von den Besonderen Leistungen 3 21
- Änderungen bzw. Ergänzungen 10 5
- ausdrücklich bestimmte – **Einl.** 74
- Begriff 3 9
- im Bestand 34 3; 36 1
- Teilerfolg, selbstständiger 8 34 ff.
- Vollendung der vertraglich geschuldeten – **Einl.** 134
- Wirtschaftlichkeit 3 1, 24

Leistung bei Flächennutzungsplan
- Bewertungsmerkmale 20 10

Leistungsbereiche
- Aufstellen von alternativen Leistungsbeschreibungen für geschlossene 34 185

1525

Stichwortverzeichnis

Leistungsbeschreibung
- Abstimmen und Koordinieren der ~-en 34 180
- mit Leistungsprogramm 34 22, 162

Leistungsbild
- Bebauungsplan 3 11
- Bedeutung des ~s nach § 34 34 14
- Flächennutzungsplan 3 11
- Freianlagen 3 11; 39 1
- Gebäude und Innenräume 34 1
- Gebäude und Raumbildende Ausbauten 3 11
- Grünordnungsplan 3 11
- Ingenieurbauwerke 3 11
- keine unmittelbaren Leistungspflichten **Einl.** 117
- Landschaftspflegerischer Begleitplan 3 11
- Landschaftsplan 3 11
- Landschaftsrahmenplan 3 11
- Pflege- und Entwicklungsplan 3 11
- Technische Ausrüstung 3 11
- Tragwerksplanung 3 11; 51 1
- Verkehrsanlagen 3 1, 11; 27 7; 58 29

Leistungsbild Bebauungsplan 19 4

Leistungsbild Grünordnungsplan
- Besondere Leistungen 24 31
- Honorar für die Teilnahme an Sitzungen (Abs. 2) 24 38
- Leistungsphase 1 Klären der Aufgabenstellung und Ermitteln des Leistungsumfanges 24 20
- Leistungsphase 2 Ermitteln der Planungsgrundlagen 24 21
- Leistungsphase 3 Vorläufige Fassung 24 22
- Leistungsphase 4 Abgestimmte Fassung 24 1, 29

Leistungsbild Ingenieurbauwerke
- Anlagen der Verfahrens- und Prozesstechnik 43 71
- Leistungsphase 1 – Grundlagenermittlung 43 21
- Leistungsphase 2 – Vorplanung 43 30
- Leistungsphase 3 – Entwurfsplanung 43 45
- Leistungsphase 4 – Genehmigungsplanung 43 58
- Leistungsphase 5 – Ausführungsplanung 43 66
- Leistungsphase 6 – Vorbereitung der Vergabe 43 73
- Leistungsphase 7 – Mitwirkung bei der Vergabe 43 83
- Leistungsphase 8 – Bauoberleitung 43 90
- Leistungsphase 9 – Objektbetreuung 43 1, 101

Leistungsbild Landschaftspflegerischer Begleitplan
- Leistungsphase 1 – Klären der Aufgabenstellung und Ermitteln des Leistungsumfangs 26 11
- Leistungsphase 2 – Ermitteln und Bewerten der Planungsgrundlagen 26 12
- Leistungsphase 3 – Vorläufige Fassung 26 15
- Leistungsphase 5 – Abgestimmte Fassung 26 1, 27

Leistungsbild Landschaftsplan
- Besondere Leistungen 23 33
- Leistungsphase 1 – Klären der Aufgabenstellung und Ermitteln des Leistungsumfangs 23 16
- Leistungsphase 2 – Ermitteln der Planungsgrundlagen 23 19
- Leistungsphase 4 – Abgestimmte Fassung 23 1, 31

Leistungsbild Landschaftsrahmenplan
- Besondere Leistungen 25 20
- Leistungsphase 1 – Landschaftsanalyse 25 10
- Leistungsphase 2 – Landschaftsdiagnose 25 11
- Leistungsphase 3 – Vorläufige Fassung 25 12
- Leistungsphase 4 – Abgestimmte Fassung 25 1, 18

Leistungsbild Objektplanung für Gebäude und Raumbildende Ausbauten 34 6

Leistungsbild Pflege- und Entwicklungsplan
- Allgemeines 27 3
- Besondere Leistungen 27 25
- Leistungsphase 2 – Ermitteln der Planungsgrundlagen 27 10
- Leistungsphase 3 – Vorläufige Fassung 27 16
- Leistungsphase 4 – Endgültige Planfassung 27 1, 23

Stichwortverzeichnis

Leistungsbild Technische Ausrüstung
- Besondere Leistungen in Leistungsphase 2 55 21
- Besondere Leistungen in Leistungsphase 3 55 27
- Besondere Leistungen in Leistungsphase 4 55 30
- Besondere Leistungen in Leistungsphase 5 55 36
- Besondere Leistungen in Leistungsphase 8 55 47
- Besondere Leistungen in Leistungsphase 9 55 51
- Haftung in Leistungsphase 6 55 40
- Leistungsphase 4 Genehmigungsplanung 55 29
- Leistungsphase 1 – Grundlagenermittlung 55 12
- Leistungsphase 2 – Vorplanung 55 17
- Leistungsphase 3 – Entwurfsplanung (System- und Integrationsplanung) 55 23
- Leistungsphase 5 – Ausführungsplanung 55 32
- Leistungsphase 6 – Vorbereitung der Vergabe 55 38
- Leistungsphase 7 – Mitwirken bei der Vergabe 55 41
- Leistungsphase 8 – Objektüberwachung (Bauüberwachung) 55 43
- Leistungsphase 9 – Objektbetreuung und Dokumentation 55 1, 50

Leistungsbild Tragwerksplanung
- Aufstellen detaillierter Stahl- oder Stücklisten 51 70
- Besondere Leistungen 51 71
- Elementpläne 51 71
- Leistungsphase 1 – Grundlagenermittlung 51 18
- Leistungsphase 2 – Vorplanung (Projekt- und Planungsvorbereitung) 51 25
- Leistungsphase 3 – Entwurfsplanung (System- und Integrationsplanung) 51 35
- Leistungsphase 4 – Genehmigungsplanung 51 55
- Leistungsphase 5 – Ausführungsplanung 51 67
- Leistungsphase 6 – Vorbereitung der Vergabe 51 76
- Leistungsphase 7 – Mitwirkung bei der Vergabe 51 78
- Leistungsphase 8 – Objektüberwachung 51 79
- Leistungsphase 9 – Objektbetreuung und Dokumentation 51 84
- Rohbauzeichnungen im Stahlbetonbau 51 74
- Werkstattzeichnungen 51 71
- wesentliche Änderungen der Genehmigungsplanung 51 73

Leistungsbild Verkehrsanlagen
- Besondere Leistungen 47 3, 4

Leistungsfähigkeit der Unternehmer 34 209

Leistungspflichten 34 14

Leistungsphase 1 – Grundlagenermittlung
- Besondere Leistungen 34 35
- Fragen der Haftung 34 45
- Leistungen 34 1, 27

Leistungsphase 2 – Vorplanung
- Besondere Leistungen 34 69
- Erörterung des Ergebnisses 34 68
- Fragen der Haftung 34 80
- Leistungen (Projekt- und Planungsvorbereitung) 34 1, 51

Leistungsphase 3 – Entwurfsplanung
- Besondere Leistung 34 101
- Erörterung des Ergebnisses 34 100
- Fragen der Haftung 34 106
- Leistungen (System- und Integrationsplanung) 34 1, 88

Leistungsphase 4 – Genehmigungsplanung
- Besondere Leistung 34 142
- Erörterung des Ergebnisses 34 141
- Fragen der Haftung 34 147
- Leistungen 34 1, 127

Leistungsphase 5 – Ausführungsplanung
- Besondere Leistungen 34 162
- Fragen der Haftung 34 169
- Leistungen 34 1, 150

Leistungsphase 6 – Vorbereitung der Vergabe
- Besondere Leistungen 34 184
- Erörterung des Ergebnisses 34 181
- Fragen der Haftung 34 187
- Leistungen 34 1, 173

Leistungsphase 7 – Mitwirkung bei der Vergabe)
- Besondere Leistungen 34 201

Stichwortverzeichnis

- Fragen der Haftung 34 202
- Leistungen 34 1, 190

Leistungsphase 8 – Objektüberwachung (Bauüberwachung)
- Besondere Leistungen 34 238
- Erörterung des Ergebnisses 34 237
- Fragen der Haftung 34 240
- Leistungen 34 1, 212

Leistungsphase 9 – Objektbetreuung und Dokumentation
- Besondere Leistungen 34 269
- Erörterung des Ergebnisses 34 265
- Leistungen 34 1, 260, 274

Leistungsphasen
- Auslegungshilfe 34 17
- Ergebnisorientierung 34 19
- Systematik 3 1; 34 19

Leistungsumfang
- Bestimmung Einl. 70; 34 16

Leistungsverweigerungsrecht 15 104

Leistungsziele
- Leistungsphase 1 Einl. 44

Leitbildcharakter 15 114
Leitbildfunktion 15 8
Leitungen 34 113
Leugnungstheorie Einl. 65
Logistikplanung 3 16

Malushonorar
- anrechenbare Kosten 7 176
- Höhe 7 178
- Vereinbarung 7 176
- Vertragsstrafe 7 178

Mängel
- gravierende 15 14
- unerhebliche 15 13
- versteckte 34 266
- wesentliche 15 15
- Zeitpunkt für die Beurteilung Einl. 160

Mängelansprüche
- Anscheinsbeweis Einl. 179
- Aufrechnung Einl. 180
- Geltendmachung Einl. 176
- Verjährung Einl. 228
- Verjährungsfrist Einl. 161
- Verrechnung Einl. 180
- Vorbehaltsurteil Einl. 180

Mangelbegriff
- funktionaler Einl. 159

Mangelbeseitigung
- Überwachung der - 58 40

Mangelhaftigkeit Einl. 161

Mängelrechte
- Erfüllung und Nacherfüllung Einl. 162
- Minderung Einl. 168
- Rücktritt Einl. 169
- Schadensersatz Einl. 170
- Selbstvornahme Einl. 165
- Voraussetzungen der sekundären Einl. 165
- vor der Abnahme Einl. 162

Maschinentechnische Anlagen 41 44
Mast 50 8
Materialprüfung 34 245
Medienversorgungsanlagen 53 21
Medizin- und labortechnische Anlagen 53 21
Medizintechnik 54 12
Mengenermittlung 34 174, 187
Mengengerüst 34 22
Mess- und Fernwirktechnik 53 9
Messestand 50 8
Minderung Einl. 168

Mindest- und Höchstsatz
- Begriffe 7 22
- Gesamtwürdigung 7 27

Mindestpreischarakter
- Gesamtbetrachtung für die Beurteilung eines Verstoßes gegen 7 102
- Verstoß 7 26, 95

Mindestsatz
- arglistige Täuschung 7 112
- Darlegungs- und Beweislast 7 98
- Folgen der unwirksamen Unterschreitung 7 103
- Gesamtbetrachtung 7 98
- Maßstab 7 98
- übliche Vergütung 7 96
- Unterschreitung in Ausnahmefällen 7 122
- versteckte Unterschreitung 7 24, 101
- Voraussetzungen für Honorare unterhalb des -es 7 97

Mischkalkulation 34 210

Miteigentumsanteile
- Berechnung der 34 139

Mittelsatz 7 37

Mitwirken
- bei der Auftragserteilung 34 199

Stichwortverzeichnis

– bei der Beschaffung der nachbarlichen Zustimmung 34 142
– bei der Freigabe von Sicherheitsleistungen 34 263
– bei der Kreditbeschaffung 34 73
Modelle 34 76
Modernisierung
– Abgrenzung vom Umbau 2 16
– Begriff 2 14
– Einordnung in die Honorarzone 6 48
– Honorarzuschlag 2 1; 6 43, 51
Muster 34 76

Nachbarrechtliche Verhältnisse 34 118
Nacherfüllung Einl. 165
Nacherfüllungsfrist Einl. 234
Nacherfüllungsrecht 34 110
Nachträge 34 173, 190
– Prüfung von ~n 6 22; 34 203
Nachtragsangebot 34 194, 203, 210
Nachtragsauftrag 34 188
Nachtragsbaugesuch 10 37; 34 135
Nachtragsgenehmigung 34 145
Nachtragsprüfung 34 173
Nachvertragliche Betreuungspflicht 34 268
Naturschutzrechtliche Befreiung 34 107
Nebenangebote 34 210
Nebenkosten
– Art und Weise der Abrechnung 14 14
– EDV-Kosten 14 5
– Entschädigungen 14 11
– erforderliche 14 2
– Fahrtkosten 14 9
– Fälligkeit 15 111
– Kosten für Datenübertragungen 14 6
– Kosten für ein Baustellenbüro 14 8
– Kosten für Familienheimfahrten 14 10
– Nachweis 15 111
– Pauschale 14 14
– Trennungsentschädigungen 14 10
– Versandkosten 14 1, 2, 3, 6
Nebenkostenerstattung
– Ausschluss 14 4
Nebenkostenforderung
– Fälligkeit 14 2
Nebenkostenpauschale
– Ermittlung der Pauschale 14 16
– Preisrechtliche Beschränkungen 14 15

– Rückforderungsanspruch 7 47; 14 14, 17
Netzplan 34 219
Neuanlagen
– Begriff 2 10
Neubauten
– Begriff 2 10
– und Neuanlagen 2 1
neues Recht nach BGB 2017 Einl. 39 ff.
Nichtplanung 34 116
Nutzerspezifische Anlagen 53 21
Nutzflächenberechnung 34 146
Nutzungsarten
– verschiedene ~ 11 21

Oberleitung
– Honorarvereinbarung 58 41
– künstlerische ~ 34 2, 278; 58 41
Objekt
– Begriff 2 3
– Beispiele für mehrere ~e 11 20
– gleiche bauliche Verhältnisse 11 40
– im Wesentlichen gleichartige ~e 11 38
– konstruktive Selbstständigkeit 11 17
– mehrere ~e 11 17
– Objektbedingungen 11 31
– örtlicher oder zeitlicher Zusammenhang 11 39
– Serienbauten 11 41
– tatsächlich errichtete ~e 7 100
– Typenplanung 11 41
– unterschiedliche ~e 2 4
– verschiedene 11 16
– verschiedene Nutzungsarten 2 1; 11 21
Objektbedingungen
– weitgehend vergleichbare ~ 11 31
Objektbegehung 34 262
– vor Ablauf der Verjährungsfristen Einl. 150
Objektbegriff 58 32
Objektbeobachtung 34 271
Objektbeschreibung 34 94
Objektbetreuung Einl. 36
Objektdefinition
– Beispiele 41 55
Objektliste 5 1, 5
Objektplanung Einl. 32; 3 5; 11 31; 33 1
Objektüberwachung Einl. 218
Objektüberwachungspflicht Einl. 225

1529

Stichwortverzeichnis

Objektverwaltung 34 271
Obliegenheit Einl. 221
Offener Dissens 7 66
Offenkundige Fehler 34 113
Offenkundiger Mangel 34 147
Öffentlich-rechtliche Vorschriften 34 137
Öffentliche Vergabe 34 206
Optimierung 34 186
Optionsvertrag 57 3
Organisationsfragen 34 28
Organisationsmängel Einl. 238
Organisationsobliegenheit
- Auftragnehmer Einl. 239
Organisationsverschulden
- Anscheinsbeweis Einl. 240, 241
Ortsüblicher Preis
- Begriff 4 44
- Besonderheiten bei Freianlagen 4 51
- Eigenleistungen 4 45
- Einbeziehung der Bausubstanz 4 52
- Kompensationsgeschäfte 4 48
- Provision 4 47
- Rabatt 4 47
- Skonti 4 47
- Vergünstigungen 4 46
- vorhandene Baustoffe oder Bauteile 4 1, 27, 43, 49

Paketanbieter 1 10, 12
Parteivereinbarung
- über die Anwendung der alten/neuen HOAI 57 7
Pauschalhonorar
- Änderung bzw. Anpassung 7 42
- Klage auf ~ 7 40
- Wirksamkeitsvoraussetzungen 7 23, 38
Pauschalhonorarvereinbarung
- Anforderungen an die Prüfbarkeit 15 52
- Anpassung 7 43
- Ausnahmen von der Anpassung 7 44
- Beweislast 7 41
- Geltungsumfang 7 39
- Kündigung 4 36; 15 52
Personalkosten Einl. 248
Perspektive 34 76
Pflege- und Entwicklungsplan
- Berechnungsbeispiel 32 11
- Besondere Leistungen 27 25
- Einordnung in die Honorarzone 32 7
- einzelne Leistungsphasen 27 7
- Grundfläche als Honorarbemessungsgrundlage 32 6
- Honorar 32 1
- Leistungsbild 27 1
- Leistungsphase 1 – Zusammenstellen der Ausgangsbedingungen 27 9
- Leistungsphase 2 – Ermitteln der Planungsgrundlagen 27 10
- Leistungsphase 3 – Vorläufige Fassung 27 16
- Leistungsphase 4 – Endgültige Planfassung 27 23
- Stufen der Honorarberechnung 32 3
- Zweifelsfälle bei der Einordnung in die Honorarzone 22 53; 32 9
Planung
- einwandfreie ~ Einl. 37
- endgültige ~ Einl. 73
- Fehler Einl. 225
- genehmigungsfähige ~ 34 128
- sachgerechte ~ 34 117
- Tiefe der ~ 34 155
- wirtschaftliche Gesichtspunkte 34 121
Planung der Planung 34 156
Planungsablauf 34 150
Planungsänderung
- Ausnahmen von der Vergütungspflicht 10 37
- entgegenstehende Vereinbarungen 10 38
- Pflicht des Auftragnehmers zur Erbringung von Änderungsleistungen 10 21
- Planung für ein anderes Objekt 10 24
- Schriftformklauseln 10 38; 58 44
Planungsbezogener Zielkatalog 34 53
Planungskonzept
- Durcharbeiten des ~s 34 92
- Erarbeiten des ~es 34 54
Planungsprozess
- projektorientierter ~ 34 53, 82, 158
Positivliste 33 4
Preisanpassungsklausel 7 149
Preisrecht
- Mindest- und Höchstpreischarakter 1 15
- Regelungscharakter der HOAI 1 13; 7 19
Preisspiegel
- Aufstellen, Prüfen und Werten von ~n nach besonderen Anforderungen 34 194, 201

Stichwortverzeichnis

Privater Wettbewerb 7 130
Projektentwicklung 1 9
Projektmanagement **Einl.** 477; 1 10
Projektorientierter Planungsprozess 34 53
Projektsteuerer
- Erfüllungsgehilfe **Einl.** 510
- gesamtschuldnerische Haftung **Einl.** 513 ff.
- rechtsberatende Tätigkeit **Einl.** 528
- Sekundärhaftung **Einl.** 509
- Vergütung **Einl.** 520

Projektsteuerung
- Abgrenzungsfragen **Einl.** 492
- Aufgabe **Einl.** 473
- Bedeutung **Einl.** 479
- Haftung **Einl.** 508
- Leistungsbild **Einl.** 488
- nach dem AHO/DVP-Vorschlag **Einl.** 488
- Projektmanagement **Einl.** 473
- Regelung in § 31 HOAI a. F. **Einl.** 479; 1 10; 34 218

Projektsteuerungsvertrag
- Kontroverse um die Einordnung **Einl.** 502
- Kündigung aus wichtigem Grund **Einl.** 519
- Kündigungsrechte des Auftraggebers **Einl.** 517
- rechtliche Qualifizierung **Einl.** 499

Prospekte
- Schaubilder, Zeichnungen für - und Veröffentlichungen **Einl.** 73; 58 32

Prozesswärmeversorgung 53 10

Prüfbarkeit
- angemessenen Frist 15 24
- Einwendungen gegen - 15 24
- Rechtsfrage/Sachverständigenfrage? 15 54
- Rüge der - 15 24
- zwei Monate 15 24, 67

Prüfbescheid 34 245
Prüfen der Ausführungspläne 34 166
Prüfen und Anerkennen von Plänen
- Dritter nicht an der Planung fachlich Beteiligter 34 161, 168

Prüfen und Werten der Angebote
- aus Leistungsbeschreibung mit Leistungsprogramm einschließlich Preisspiegel 34 193, 201

Prüfingenieur
- für Baustatik **Einl.** 418
- Honorierung **Einl.** 422

Prüfstatiker **Einl.** 420
- Haftung **Einl.** 421

Prüfung der Umweltverträglichkeit 34 40

Prüfungspflicht
- Grenze 34 49, 224

Punktbewertung 5 8

Qualitätskontrolle **Einl.** 36; 34 15

Rahmenvertrag 7 69, 125; 57 5
Raumakustik 3 6
Raumbildende Aufbauten
- Begriff 2 18

Raumbildende Ausbauten 2 1
Raumbildender Ausbau
- eigenständiges Objekt 33 26
- Honorar 33 26; 58 47

Raumbuch 34 22, 23, 155, 165
Raumlufttechnik 53 17
Raumprogramm 34 39

RBBau
- Richtlinien für die Durchführung von Bauaufgaben des Bundes im Zuständigkeitsbereich der Finanzbauverwaltungen **Einl.** 309

Rechnung
- Abschlagszahlungsrechnung 15 22, 89
- Informations- und Kontrollinteresse des Auftraggebers 15 23
- objektive Kriterien für die Prüfbarkeit 15 26
- offensichtliche Fehler 15 80
- Prüfbarkeit 15 24
- Schlussrechnung 15 22
- Teilschlussrechnung 15 22
- Zwischenrechnung 15 22; 34 223

Rechnungsprüfung 34 223, 257
Rechnungsprüfungspflicht
- Abschlagszahlungen 34 257

Rechtsangelegenheiten 34 142
Rechtsberatung 34 149, 205
Rechtsgeschäftliche Abnahme 34 256
Regelbeispiel 5 5, 8
Regelwerk zum Arbeitsschutz auf Baustellen (RAB) **Einl.** 449
Regenwasser 34 250

1531

Stichwortverzeichnis

Rekultivierungsplan 26 3
Restarbeiten Einl. 140
RiFT 7 91
Rohbauzeichnung 51 68
RPW 2008 Einl. 364
Rücktritt Einl. 169

Sachkosten Einl. 247
Sachverständigenfrage 34 23
Sachwalter 34 81
Sanierungsarbeiten 34 245
Sanierungskonzept 34 252
Schadensberechnung
– Weitergabe höherer Baukosten Einl. 197
Schadensersatz
– aus unerlaubter Handlung Einl. 170, 174
– neben der Leistung Einl. 171
– statt der Leistung Einl. 173
Schadensersatzanspruch
– Substanziierung Einl. 173; 34 18, 110
Schadensminderungspflicht Einl. 437
Schadstoffverringerung 34 78, 105
Schall- und Wärmedämmung 34 245
Schallschutz 3 6; 34 115, 212
Schalpläne 51 67
Schiedsgerichtsvereinbarung Einl. 536
Schiedsgerichtsverfahren Einl. 534
Schlussrechnung
– Unterschreitung der Mindestsätze der HOAI 15 20, 84
Schlusszahlung
– Leistungsphase 9 15 17
– Voraussetzungen für die Fälligkeit 15 10
Schmiergeldzahlung Einl. 102
Schornstein 50 8
Schriftform
– Änderung und nochmalige Unterschrift 7 53
– Ausnahmen 7 55
– Folgen des Verstoßes 7 54
– Geltungsbereich 7 47
– Inhalt 7 48
– Schuldbeitritt 7 53
– Telefax 7 51
– Zugang der Annahmeerklärung 7 52
Schwarzarbeit Einl. 104
Schwarzarbeiter 34 247

Scoping 24 34
Screening 24 32
Sekundärhaftung
– des Architekten Einl. 232
– des Fachingenieurs Einl. 306
– des Ingenieurs Einl. 385
Selbstvornahme Einl. 166
Serienbauten 11 35, 41
Sicherheits- und Gesundheitsschutz 34 179
Sicherheits- und Gesundheitsschutzkoordination
– Haftung Einl. 470
– Honorarfragen Einl. 465
– Leistungsbild Einl. 449
Sicherheits- und Gesundheitsschutzkoordinator Einl. 441; 34 29, 33
Sicherheitseinbehalt 15 59, 114
– formularmäßige Vereinbarung Einl. 312 f.
Sicherheitsleistung Einl. 332; 34 205
Sicherungshypothek Einl. 321
– einstweilige Verfügung auf Eintragung einer Vormerkung Einl. 326
Sicherungsverlangen Einl. 334
SiGeKo
– Haftung 34 90, 215, 250
Sitz im Inland 1 1; 58 26
Skizzen 34 56
Skonto 34 205
Skontoabzug 34 225
Solaranlagen 34 78
Sonderfachleute
– Auswahl 34 33, 50, 93, 111
Sonderkündigungsrecht
– Zielfindungsphase Einl. 24
Sonderverfahren 34 107
Sonderwunsch 34 82
Sonnenkollektor 34 78
Sonnenstudio 34 115
Sozialer und steuerlich begünstigter Wohnungsbau 34 126
Spekulationsangebot 34 202, 210
Spekulationsposition 34 209
Spezialkenntnis 34 249
Städtebauliche Gegebenheiten 34 28
Städtebauliche Leistungen 58 49
Städtebaulicher Entwurf 17 2
Stahlbau 51 70

Stichwortverzeichnis

Stahlbaupläne 51 69
Stahlmengen 51 76
Stand der Technik 34 119
Standardleistungsbuch 34 177
Ständige Geschäftsbeziehungen 7 125
Standort-Zuordnungen 34 65
Standortanalyse 34 37
Standortleistungsbuch 34 63
Standsicherheit der Nachbargrundstücke 34 113
Standsicherheitsnachweis Einl. 409; 34 129
Start- und Landebahn 45 7
Statiker 34 113
Statistische Übersichten 34 76
Statusbericht 2000 plus – Architekten/Ingenieure Einl. 6
Steinfort-Tabelle
– Honorarminderung 8 33
Steuerliche Gesichtspunkte 34 83
Stichprobe 34 243, 256
Stichprobenartige Überprüfung 34 247
Stichtag 57 5
Störung der Geschäftsgrundlage 7 42, 149, 165
Straßendecke 45 7
Straßenkörper 45 7
Straßenunterbau 45 7
Stufenweise Beauftragung 7 69; 57 2; 58 83
Stundenlohnarbeit 34 188, 210
Stützbauwerk 50 8
Stützmauer
– Lärmschutzanlage 45 7
Subplaner Einl. 427, 438; 7 12
Symptomrechtsprechung Einl. 176
– schriftliche Mängelanzeige Einl. 177; 34 18, 252
System- und Integrationsplanung 34 88
Systemplanung 34 91

Tafelendwert 15 4
Tafelwert
– Honorare unterhalb der -e 7 87, 94
Talsperre 50 8
Tätigkeit
– hoheitliche Einl. 420
Tätigkeitspflichten bei Mängeln 34 252
Technische Anlagen 33 6; 41 43; 42 25

Technische Ausrüstung
– Abrechnung von mehreren Anlagen 54 14
– Analyse der Grundlagen 55 17
– Anfertigen von Ausschreibungszeichnungen bei Leistungsbeschreibung mit Leistungsprogramm 55 39
– Anfertigen von Schlitz- und Durchbruchsplänen 55 34
– Anlagegruppen 53 14
– Anlagen verschiedener Honorarzonen in einer Anlagengruppe 56 20
– Anlagenbeschreibung 55 23
– Anlagengruppe Fernmelde- und Informationstechnische Anlagen 53 19
– Anlagengruppe Förderanlagen 53 20
– Anlagengruppe Gebäudeautomation 53 22
– Anlagengruppe Nutzerspezifische Anlagen 53 21
– Anlagengruppe Raumlufttechnik 53 17
– Anlagengruppe Starkstromanlagen 53 18
– Anlagengruppe Wärmeversorgungsanlagen 53 16
– Anlagengruppe Wasser-, Abwasser und Gasanlagen 53 8, 14
– anrechenbare Kosten 54 11
– anrechenbare Kosten bei der Medizintechnik 54 12
– Aufbau der Honorarregelung 53 5
– Aufstellen von Leistungsbeschreibungen mit Leistungsverzeichnissen nach Leistungsbereichen 55 38
– Aufstellen von Preisspiegeln nach Teilleistungen 55 41
– Aufstellen, Fortschreiben und Überwachen von Ablaufplänen 55 47
– Ausbilden und Einweisen von Bedienungspersonal 55 47
– Ausführungspläne 55 34
– Begriff 53 5
– behördliche Abnahmen 55 43
– Berechnung und Bemessung 55 23
– Besondere Grundlagen des Honorars 54 1
– Besondere Leistungen in Leistungsphase 2 55 21
– Besondere Leistungen in Leistungsphase 5 55 36
– Besondere Leistungen in Leistungsphase 6 55 39

1533

Stichwortverzeichnis

- Besondere Leistungen in Leistungsphase 1 55 14
- Besondere Leistungen in Leistungsphase 3 55 27
- Besondere Leistungen in Leistungsphase 4 55 30
- Besondere Leistungen in Leistungsphase 8 55 47
- Besondere Leistungen in Leistungsphase 9 55 51
- Betriebskostenberechnungen 55 27
- Bewertungsmerkmale 56 5
- Datenbeschaffung 55 14
- detaillierte Wirtschaftlichkeitsnachweise 55 27
- Durcharbeiten der Ergebnisse 55 32
- Durchführen von Leistungs- und Funktionsmessungen 55 47
- Durchführungen und Lastangaben 55 23
- Entwässerungsgesuch 55 29
- Erarbeiten der Wartungsplanung und -organisation 55 51
- Erarbeiten eines Planungskonzepts 55 17
- Erarbeiten von Daten für die Planung Dritter 55 27
- Ermitteln von Mengen 55 38
- Erstellen des technischen Teils eines Raumbuches 55 27
- fachspezifische Anforderungen 55 32
- fachtechnische Abnahme der Leistungen 55 43
- Festlegen aller Systeme und Anlagenteile 55 23
- Feststellen der Mängel 55 43
- Fortschreibung der Ausführungsplanung 55 34
- Fundamentpläne 55 32
- Funktionale Ausschreibung 55 11, 27
- Funktionsschema 55 19
- Gebäudesanierung 56 23
- Genehmigungsfähigkeit 55 23
- Haftung in der Leistungsphase 8 55 48
- Haftung in Leistungsphase 2 55 22
- Haftung in Leistungsphase 3 55 28
- Haftung in Leistungsphase 4 55 31
- Haftung in Leistungsphase 6 55 40
- Haftung in Leistungsphase 1 55 15
- Honorar 56 1
- Honorarberechnung 54 6
- Honorarerhöhung bei Umbauten und Modernisierungen 56 23
- Honorarfindung 56 4
- Honorarzonen 56 5
- Klären der Aufgabenstellung 55 12
- Klären und Erläutern der wesentlichen fachspezifischen Zusammenhänge 55 19
- Kostengruppe 300 Baukonstruktionen der DIN 276 54 23
- Leerohrplanung 55 32
- Leistungsbild 55 1, 6
- Leistungsphase – 2 Vorplanung 55 17
- Leistungsphase 1 – Grundlagenermittlung 55 12
- Leistungsphase 3 – Entwurfsplanung 55 23
- Leistungsphase 5 – Ausführungsplanung 55 32
- Leistungsphase 6 – Vorbereitung der Vergabe 55 38
- Leistungsphase 7 – Mitwirken bei der Vergabe 55 41
- Leistungsphase 8 – Objektüberwachung (Bauüberwachung) 55 43
- Leistungsphase 9 – Objektbetreuung und Dokumentation 55 50
- Leistungsphase 4 Genehmigungsplanung 55 29
- Mitwirken bei der Auftragserteilung 55 41
- Mitwirken bei der Freigabe von Sicherheitsleistungen 55 50
- Mitwirken bei der Kostenberechnung 55 23
- Mitwirken bei der Kostenfeststellung 55 43
- Mitwirken bei der Kostenkontrolle 55 26, 41, 43
- Mitwirken bei der Kostenschätzung 55 19
- Mitwirken bei der Verhandlung mit Bietern 55 41
- Mitwirken bei Verhandlungen mit Behörden 55 23
- Mitwirken bei Vorverhandlungen 55 19
- Mitwirken beim Aufmaß 55 43
- Mitwirken beim Aufstellen und Überwachen eines Zeitplanes 55 43
- Mitwirken beim Kostenanschlag 55 41

Stichwortverzeichnis

- Montage- und Werkstattzeichnungen 55 36
- Montagepläne 55 32
- Objektbegehung 55 50
- Objektliste 56 15
- Planungskonzept durchgearbeitet 55 23
- Planungsunterlagen, Beschreibungen und Berechnungen 55 29
- Prinzipschaltbilder 55 19
- Prüfen und Werten der Angebote 55 41
- Rechnungsprüfung 55 43
- sachlicher Anwendungsbereich 53 6
- Stromlaufpläne 55 32
- stufenweise Erarbeitung und Darstellung der Lösung 55 32
- Systemanalyse 55 14
- Überwachen der Ausführung des Objekts 55 43
- Überwachen und Detailkorrektur beim Hersteller 55 47
- Unterlagen 55 29
- Untersuchungen alternativer Lösungsmöglichkeiten 55 19
- Vergabevorschlages 55 41
- Verjährungsfristen 55 43
- Vorlagen 55 29
- Werkstattzeichnungen 55 32
- zeichnerische Darstellung 55 23
- zeichnerische Darstellung der Anlagen 55 32
- Zusammenfassen der Ergebnisse 55 12
- Zusammenstellen der Vorplanungsergebnisse 55 19
- Zusammenstellung der zeichnerischen Darstellung und rechnerischen Ergebnisse 55 50
- Zuschlag für Leistungen im Bestand 53 1; 56 23; 58 52, 54

Teilabbrucharbeiten 34 169, 245
Teilabnahme Einl. 26, 145, 152, 439
- Formularvertrag 15 7, 19
- Neuregelung über die - Einl. 148

Teilauftrag
- Spätere Honorarvereinbarung 7 64

Teilerfolge
- selbstständige 8 34 ff.

Teilgewerke-Rechtsprechung des BGH 8 9
Teilleistungen
- Auslegungshilfe darstellen Einl. 36; 34 17

- Honorar für - 34 13, 15

Teilnahme an Wettbewerben 7 128, 130
Teilobjekte
- anrechenbare Kosten 4 39

Teilrücktritt Einl. 169
Teilschlussrechnung 15 22, 106
Telefax 7 51
Textliche Ausführungen 34 155
Thermische Bauphysik 3 6
Tiefgarage 2 8; 11 20
Toleranzrahmen Einl. 191
Traggerüst 50 8
Tragwerksplaner
- Anlegung von Dehnungsfugen Einl. 413
- Beauftragung Einl. 403
- Haftung Einl. 408
- Sekundärhaftung Einl. 233
- Sicherungshypothek Einl. 402
- Überprüfung von Bodenverhältnissen Einl. 411
- Vertrag über die Tragwerksplanung (Statikervertrag) Einl. 399

Tragwerksplanung
- Anfertigen der Positionspläne 51 56
- Anfertigen der Schalpläne 51 67
- Anfertigen von Zeichnungen mit detaillierten, tragwerksrelevanten Eintragungen 51 62
- Anordnung von Dehnfugen 51 52
- Anrechenbare Kosten bei Ingenieurbauwerken 50 19, 23
- Anrechenbare Kosten für Traggerüste bei Ingenieurbauwerken 50 24
- Anrechenbare Kosten und DIN 276 50 22
- Aufstellen der Berechnungen militärischer Lastenklasse 51 63
- Aufstellen der prüffähigen statischen Berechnungen 51 43, 55
- Aufstellen von Leistungsbeschreibungen 51 76
- Baugrunduntersuchungen 51 48
- Bauphysikalische Anforderungen 51 55
- Bauphysikalische Nachweise zum Brandschutz 51 60
- Berechnung des Honorars 50 9
- Bergschadenssicherungen und Bauzustände 51 61
- Besondere Leistungen 51 22, 32, 43, 60, 78, 79, 84

1535

Stichwortverzeichnis

- Betonstahlmengen 51 76
- Bewehrungspläne 51 69
- Durcharbeiten der Ergebnisse Einl. 399; 51 67
- Eintragen der statischen Positionen in die Entwurfszeichnungen des Objektplaners 51 56
- Erarbeiten der Tragwerkslösung 51 35
- Ermittlung der anrechenbaren Kosten 50 13
- Genehmigungsfähigkeit 51 35
- Grundlagen der Honorarberechnung 51 9
- Grundlegende Festlegungen 51 37
- Gründung 51 33
- Haftung 51 23, 47
- Haftungsabgrenzung zwischen Statiker und Architekt Einl. 411
- Holzkonstruktionspläne 51 69
- Honorartafel 52 1
- Honorarvereinbarung 50 18
- Honorarzone 52 3
- Ineinandergreifen mit den Leistungen für die Objektplanung 51 16
- Klären der Aufgabenstellung 51 18
- Kostenermittlung als Bauherrenleistung 50 20
- Lastenplan 51 33
- Leistungsbeschreibung mit Leistungsprogramm 51 77
- Leistungsbild 51 1
- Leistungsphase 1 – Grundlagenermittlung 51 18
- Leistungsphase 2 – Vorplanung 51 25
- Leistungsphase 3 – Entwurfsplanung 51 35
- Leistungsphase 4 – Genehmigungsplanung 51 55
- Leistungsphase 5 – Ausführungsplanung 51 67
- Leistungsphase 6 – Vorbereitung der Vergabe 51 76
- Leistungsphase 7 – Mitwirkung bei der Vergabe 51 78
- Leistungsphase 8 – Objektüberwachung 51 79
- Leistungsphase 9 – Objektbetreuung und Dokumentation 51 84
- Mehraufwand bei Sonderbauweisen oder Sonderkonstruktionen 51 44
- Mitwirken bei der Kostenberechnung 51 39
- Mitwirken bei der Kostenkontrolle 51 42
- Mitwirken bei der Kostenschätzung 51 30
- Mitwirken bei der Objektbeschreibung 51 38
- Mitwirken bei Verhandlungen mit Behörden 51 41
- Mitwirken bei Vorverhandlungen 51 29
- Mitwirken beim Erarbeiten eines Planungskonzepts 51 27
- Nachweis der Erdbebensicherung 51 46
- Objekt-(Bau-)Überwachung 51 80
- Rohbauzeichnung 51 68
- Schwingungsuntersuchungen 51 65
- Stahlbaupläne 51 69
- Stahlmengen 51 76
- Standsicherheit 51 50
- Überschlägige statische Berechnung und Bemessung 51 35
- Untersuchung der Lösungsmöglichkeiten 51 28
- Vergleichsberechnungen 51 32
- Verhandlungen mit Prüfämtern und Prüfingenieuren 51 58
- Vervollständigen und Berichtigen der Berechnungen und Pläne 51 58
- Vorgezogene Stahlmengenermittlung 51 45
- Vorgezogene, prüfbare Berechnungen 51 43
- Vorläufige nachprüfbare Berechnung 51 33
- Wirtschaftlicher Leistungsbereich 51 53
- Zusammenstellen der Unterlagen 51 57
- Zusätzliche anrechenbare Kosten 50 1, 30

Trenn-, Seiten-, Rand- und Sicherheitsstreifen 45 7
Treu und Glauben 4 37
Tunnel 45 7
Tunnelbauwerke 50 8
Typenplanung 11 35, 41

Übergabe
- Begriff 34 234

Übergangsvorschrift 57 1
Überprüfung
- stichprobenartige – 34 247

Stichwortverzeichnis

- von Angeboten auf Richtigkeit **34** 210
Überreichung
- prüffähige Schlussrechnung **15** 40
Übersichtspläne 34 151
Übertragung einzelner Grundleistungen
- Honorar **8** 9
- Übertragung von Teilen einzelner Grundleistungen **8** 13
Übertragung einzelner Leistungsphasen
- Honorar **8** 1
Überwachung
- der Ausführung des Objekts **34** 212
- der Ausführung von Tragwerken **34** 216
- der Beseitigung der bei der Abnahme der Bauleistungen festgestellten Mängel **34** 236
- Intensität **34** 247
Überwachungstätigkeit
- Grenzen **34** 249
- Umfang und Intensität **34** 240
Überzahlung
- Darlegungs- und Beweislast **15** 116
- Verjährung **15** 122
- Verwirkung **15** 115, 123
Ufermauern 50 8
Umbau
- Einordnung in die Honorarzone **6** 48
- Honorarzuschlag **6** 43, 51; **58** 33
Umbauten
- Begriff **2** 1, 13
Umbauzuschlag
- Form und Zeitpunkt der Vereinbarung **6** 55
- Vereinbarung eines Umbauzuschlags unter 20 % **6** 53
Umdeutung 7 142
Umsatzsteuer
- bei Kündigung **16** 4
- gesetzlich geschuldete **16** 3
- Vergleich **4** 1, 31; **15** 21, 36; **16** 1, 5
Umweltbedingungen 34 28
Umwelterheblichkeit 34 40
Umweltprüfung 22 12
Umweltverträglichkeit 34 40
Unlauterer Wettbewerb Einl. 360
Unterfangungsarbeiten 34 245
Unterlagen
- Einreichen von ~ **34** 133

- Herausgabe von ~ **Einl.** 276
- Vervollständigen und Anpassen von ~ **34** 133
- Zusammenstellung von ~ **34** 131
Untersuchen von Lösungsansätze nach verschiedenen Anforderungen 34 69
Urheberrecht
- Änderungsverbot **Einl.** 348, 355
- Schadensberechnung **Einl.** 357
- Schadensersatzansprüche **Einl.** 357
- Unterlassungsanspruch **Einl.** 357
- Urheberpersönlichkeitsrecht **Einl.** 350
- Verwertungsrechte **Einl.** 350
Urkundeneinheit 7 49

Value-Engeneering 1 10; **7** 171
Varianten 34 55
Ver- und Entsorgung mit Gasen 41 17
Verbraucherbauvertragsrecht
- Anwendbarkeit **Einl.** 22
Verfahrens- und Prozesstechnik 41 45
Vergabe Einl. 36
Vergabenachprüfungsverfahren 34 206
Vergabevorschlag 34 209
Vergleich
- Gesamtwirkung **Einl.** 227
- Umsatzsteuer **7** 69
- Wirksamkeit **7** 70; **16** 5
Vergütung
- nach § 649 S. 2 BGB für ab dem 01.01.2009 abgeschlossene Verträge **Einl.** 252
- nach § 649 S. 2 BGB für bis zum 31.12.2008 abgeschlossene Verträge **Einl.** 244
- übliche ~ **Einl.** 12; **7** 90, 91
Vergütungspflichtige Leistung
- Freundschaft **Einl.** 54
- Mitgliedschaft in einem Verein **Einl.** 54
- Schwelle **Einl.** 54
- Verwandtschaft **Einl.** 54
Verhandlungen
- mit anderen an der Planung fachlich Beteiligten über Genehmigungsfähigkeit **34** 95
- mit Behörden über Genehmigungsfähigkeit des Objekts **34** 95

1537

Stichwortverzeichnis

- mit Bietern 34 195
Verjährung
- Anspruch auf Rückzahlung 15 122
- Beginn Einl. 68, 201, 228, 343
- Frist Einl. 341
- Fristbeginn bei nicht prüfbarer Rechnung 15 64
- Honoraranspruch Einl. 341
- Honorarforderung 15 55
Verjährungsbeginn
- Prüfungsfrist 15 58
- Überreichung der prüffähigen Honorarschlussrechnung 15 57
Verjährungsfristen Einl. 144, 234
- Auflisten der 34 258
- Auflisten der ~ für Mängelansprüche 34 235
Verkehrsanlagen
- Abgrenzung zu Freianlagen 45 8
- Abgrenzung zu Ingenieurbauwerken 45 11
- Anrechenbare Kosten 46 9
- Anrechenbare Kosten bei Straßen-, Gleis- und Bahnsteiganlagen 46 30
- Auftrag für mehrere Objekte nach § 11 45 12
- Ausstattung 46 10
- Bedingt anrechenbare Kosten 46 17
- Begriff 45 7
- Beispiele 45 15
- Berechnungsbeispiel 48 5
- Besondere Leistungen 47 4
- Erfasste Objekte und Leistungen 45 4
- Erhöhung für die Konzeption von Ingenieurbauwerken 46 28
- Gemindert anrechenbare Kosten 46 16
- Honorar 46 1
- Honorarberechnung 46 8; 48 4
- Honorartafel 48 1
- Honorarzone 48 3, 6; 58 51
- Kosten der Außenanlagen 46 19
- Kosten der Baukonstruktion 46 10
- Kosten der nicht öffentlichen Erschließung 46 20
- Kosten der öffentlichen Erschließung 46 19
- Kosten für das Herrichten des Grundstücks 46 18
- Kosten für die Nebenanlagen von Straßen-, Schienen- und Flugverkehrsanlagen 46 21
- Kosten für Erd- und Felsarbeiten 46 25
- Kosten für verkehrsregelnde Maßnahmen 46 21
- Leistungsbild 47 3
- Objektdefinition 45 15
- Objekte 48 6
- Planung oder Überwachung 46 23
- Übersicht über die anrechenbaren Kosten 46 24
- voll anrechenbare Kosten 46 10
- ~ in Gebäuden 45 1, 10
Verkehrsflächen von Flug- und Landeplätzen 45 7
Verkehrssicherungspflicht
- primäre 34 250
- sekundäre 34 251
Verkehrswert Einl. 194
- maßgebender Zeitpunkt Einl. 194
Vermessungsingenieur Einl. 371, 389
Vermögensinteressen des Bauherrn 34 84, 101
Verpflichtungserklärung Einl. 82
Verrechnung Einl. 180 f.
Verschuldensanteil
- Bemessung Einl. 222
Versorgungsleitung 34 113
Versuchsweise zeichnerische Darstellung 34 56
Verträge
- Abschluss der ~ 34 209
Vertragsbedingung
- Aufstellung von besonderen ~en 34 204, 207
Vertragspartnerschaft
- Probleme hinsichtlich der ~ Einl. 82
Vertragsstrafe 34 205
Vertragsstrafenanspruch 34 256
Vertragsstrafenvorbehalt 34 256
Vertrauenstatbestand 15 78
Verwaltungsvorschrift 4 12
Verwirkung
- Umstandsmoment 15 123
- Zeitmoment 15 63, 123
Verwirkungseinwand 15 61
Verzicht 7 70

Stichwortverzeichnis

Verzug **15** 103
Verzug des Auftragnehmers **Einl.** 183
Vogelschutzrichtlinie **22** 10
Vollmacht
- Anscheinsvollmacht **Einl.** 110
- Architekt **Einl.** 106
- ausdrückliche - **Einl.** 109
- Duldungsvollmacht **Einl.** 110
- konkludent erteilte - **Einl.** 109
- originäre - **Einl.** 110
- schriftliche - **Einl.** 109
- Umfang **Einl.** 111

Voranfrage
- Durchführen der **34** 75

Vorauszahlung **15** 113
Vorbehaltsurteil **Einl.** 182
Vorbereitung der erforderlichen Verträge **34** 204
Vorentwurfs- oder Entwurfsplanungen
- Mehrere - **10** 1

Vorhaben
- genehmigungspflichtige - **34** 129

Vorlagen
- Erarbeiten der - **34** 127

Vorprellen **34** 111
Vorschläge für die Mängelbeseitigung **34** 252
Vorschuss **15** 113
Vorteilsausgleichung **Einl.** 437; **34** 187
- Generalplanervertrag **Einl.** 437
- Generalunternehmervertrag **Einl.** 437

Vorverhandlungen mit Behörden **34** 59
Vorvertrag **57** 5
Vorzeitige Beendigung des Vertragsverhältnisses
- Abnahme **15** 69
- Fälligkeit und Verjährung **15** 68
- Schlussrechnung **15** 68

Wärme- und Feuchtigkeitsschutz **34** 155
Wärmebedarfsberechnung **34** 115
Wärmepumpe **34** 78
Wärmerückgewinnungsanlage **53** 10
Wärmeversorgungsanlage **53** 10, 16
Wäscherei- und Reinigungsanlage **53** 21
Wasser **53** 15
Wasserbau **41** 14
Wasserrechtliche Kenntnis **34** 107

Wasserversorgung **41** 12
Wechselseitige Bestätigungen **7** 50
Weiße Wanne **34** 114, 245
Werbeanlagen
- integrierte - **58** 48

Werkstatt- und Montagepläne **34** 168
Werkstoff
- Risiken von -en **34** 169

Werkvertragsrecht, Anwendbarkeit
- Außenanlage **Einl.** 42
- Bauwerk **Einl.** 42

Wertermittlungsgutachten **Einl.** 213
Wettbewerb
- öffentlicher - **7** 7
- privater - **7** 7, 130

Wettbewerbswidrige Angebote **7** 127
Wettbewerbswidrige Ausschreibungen von Auftraggebern **7** 128
Widerrufsrecht **Einl.** 94
Wiederaufbauten
- Begriff **2** 1, 11

Wiederholung **11** 25
Wiederholungsfaktor **11** 25
Wiederholungshonorar
- vermindertes - **11** 35

Windgeneratoren **34** 78
Winterfestigkeit **34** 172
Wirksamkeit
- der HOAI **Einl.** 4; **1** 28, 29, 41; **2** MRVG 3; **7** 19
- des Koppelungsverbots **3** MRVG 3

Wirtschaftliche Optimierung der Planung **34** 82
Wirtschaftlicher Rahmen **34** 28, 47
Wirtschaftlichkeit **34** 25
Wirtschaftlichkeitsberechnung **34** 102, 125
Wohnflächen- oder Nutzflächenberechnung **3** 17
Wohnflächenberechnung **34** 138, 146, 147
Wohnungs- oder Teileigentum **34** 146
Wohnungseigentum **3** 18; **34** 139

Zahlung
- Abweichende Zahlungsweisen **15** 113
- Vorauszahlungen **15** 113
- Vorschüsse **15** 1, 113

Zahlungsplan **34** 219

1539

Stichwortverzeichnis

Zeichnerische Darstellung
– des Gesamtentwurfs 34 90
– des Objekts 34 151, 154
Zeit- und Organisationsplan
– Aufstellen eines -s 34 77
Zeit-, Kosten- oder Kapazitätspläne
– Aufstellen, Überwachen und Fortschreiben von differenzierten -n 34 238
Zeithonorar
– Honorarvereinbarung 7 23; 58 42
Zeitliche Trennung
– Honorare bei -r 58 45
Zeitplan
– Aufstellen und Überwachen eines -s 34 28, 219
Zielfindungsphase Einl. 24, 44, 47 ff., 266 ff.
Zielkatalog
– planungsbezogener - 34 53

Zielvorstellungen
– Abstimmen der - 34 52
Zubehör 45 7
Zusammenfassen aller Entwurfsunterlagen 34 98
Zusammenfassen der Ergebnisse 34 34
Zusammenstellen aller Vorplanungsergebnisse 34 66
Zusammenstellen der Vergabe- und Vertragsunterlagen 34 191
Zusatzaufträge Einl. 114
Zusätzliche Leistungen 34 25; 58 28
Zuschlag 6 52
Zustandsfeststellung Einl. 154 ff.
Zuwendungsbestimmungen 34 209
Zweitarchitekt Einl. 368
Zwischenrechnung 15 22